psicología
y
psicoanálisis

traducción de
maría emilia g. de quevedo

diccionario de psicología

umberto galimberti

siglo veintiuno
editores

grupo editorial
siglo veintiuno

siglo xxi editores, méxico
CERRO DEL AGUA248, ROMERO DE TERREROS,04310 MÉXICO, DF
www.sigloxxieditores.com.mx

siglo xxi editores, argentina
GUATEMALA4824, C1425BUP, BUENOS AIRES, ARGENTINA
www.sigloxxieditores.com.ar

anthropos editorial
LEPANT241-243, 08013 BARCELONA, ESPAÑA
www.anthropos-editorial.com

edición al cuidado de ricardo valdés
portada: marina garone

primera edición en español, 2006
undécima reimpresión, 2016
© siglo xxi editores, s.a. de c.v.
isbn 978-968-23-2618-9

primera edición en italiano, 1992
© unione tipografico-editrice torinese, turín
título original: *dizionario di psicologia*

derechos reservados conforme a la ley
impreso en mujica impresor, s.a. de c.v.
camelia núm. 4
col. el manto, iztapalapa
ciudad de méxico

A Karl Jaspers,
psicopatólogo y filósofo
que me indicó la zona limítrofe
entre filosofía y psicología

PRÓLOGO

1] *Las disciplinas psicológicas*. Este diccionario asume como su ámbito temático tres estructuras disciplinarias: *a*] la *psicología* propiamente dicha, ilustrada en sus expresiones teóricas y, hasta donde me ha sido posible, en todas sus técnicas y características operativas; *b*] *la psicología de lo profundo* que, a partir del psicoanálisis, recorre todas las orientaciones que de éste se desarrollaron en sucesión histórica o que se constituyeron en divergencia teórica, dando origen a diferentes tendencias; c] *la psiquiatría* que, pese a ser una "-iatría", y por lo tanto una técnica terapéutica, subyace a una "-logía", es decir a una concepción de lo psíquico que condiciona y distingue, en ocasiones en forma muy radical, la calidad de la intervención médica. Estos tres ámbitos disciplinarios, cuya influencia recíproca produjo numerosas contaminaciones teóricas y frecuentes complicidades lingüísticas, han sido convocados en su oportunidad en cada una de las voces que los citan para permitir al lector recorrer las variaciones de significado, y en algunos casos incluso el cambio de sentido, que la misma palabra asume al pasar por los diferentes campos del saber psicológico.

2] *Las disciplinas afines*. Ya que el mundo de la psicología no está cerrado, sino se comunica con mundos contiguos, fue necesario dar cuenta de los antecedentes teóricos que están en la base de los modelos conceptuales implícitos en la psicología y los aparatos culturales, además de los instrumentos operativos procedentes de otras disciplinas y que la investigación psicológica modificó y relaboró para sus finalidades específicas. De hecho quise que en este diccionario la psicología no expusiera sólo la belleza de sus ramas sino también la profundidad de sus raíces, que se hunden en el terreno de la *filosofía* del cual nació la psicología y de donde con frecuencia todavía incluso, sin saberlo, continúa nutriéndose, para extenderse hacia las disciplinas afines que son la *epistemología*, por lo que se refiere a la justificación de los asuntos teóricos mismos; la *fenomenología*, por la modalidad de conducir la observación más allá de la división entre alma y cuerpo; la *antropología cultural*, por los modelos de investigación que ésta elaboró y transformó a partir de la psicología; la *sociología*, que tiene numerosas zonas limítrofes y continuos intercambios de informaciones teóricas y experimentales con la psicología; la *pedagogía*, a la que la psicología ofrece modelos interpretativos esenciales y de la que recibe respuestas significativas de acuerdo con la comprobación empírica; la *lingüística*, porque el lenguaje es el horizonte donde la psique se expresa, se narra, rinde cuentas; la *hermenéutica*, porque la palabra no existe más que en la huella de la interpretación histórico-cultural, de la cual la psicología no está aislada.

Junto a las ciencias humanas, las ciencias biológicas son para la psicología términos de referencia esenciales, como en el caso de la *genética*, cuyos rápidos desarrollos determinaron, si no el desplome, seguramente sí la sacudida de numerosas hipótesis culturales; la *endocrinología*, cuyos descubrimientos, lejos de haberse agotado, no dejan de desplazar el eje de referencia de la descripción psicológica del plano de la hipótesis interpretativa al de la comprobación experimental; la *neurofisiología*, hoy enriquecida por las importantes contribuciones provenientes de la clínica psiquiátrica, la farmacología, la neurocirugía e incluso la etología, que recientemente se emancipó de la psicología animal genérica. Por último, no faltan las contribuciones provenientes de la *estadística*, la *cibernética* y el *estudio de los tests*, que permiten traducir datos iniciales en datos elaborados y disponibles para hipótesis teóricas sostenidas con la confirmación experimental.

La relación constante entre *filosofía* y *biología*, aquí asumidas como disciplinas representantes de las cuales parten las referencias que recorren los caminos de las llamadas ciencias humanas y ciencias naturales, es uno de los rasgos característicos de este diccionario, que se propone hacer explícito el vínculo de la psicología con estas formas del saber de las cuales se ha ido emancipando progresivamente, ganando una *autonomía* propia que no debe interpretarse como *separación*, a menos que se reduzca la psicología a la pura clasificación de observaciones y de datos, sin consistencia crítica, referencia histórica ni estatuto epistemológico aduciendo que esto aún puede ser problemático.

3] *Las citas de los textos originales*. La precariedad del estatuto científico, que todavía no protege a la psicología de los ataques, las objeciones y las reservas que continuamente surgen y se le plantean desde afuera y desde adentro, hizo necesaria, en la compilación de este diccionario, una forma de proceder que, por ser la más fiel posible a la problemática y a la historia, siguió el camino de la *cita directa*. Las diferentes voces, por lo tanto, están acompañadas de fragmentos originales de la bibliografía psicológica que hacen referencia a quien introdujo el término o al debate que el uso del mismo provocó, con las consiguientes posturas que desplazan la acentuación de significado de un terreno a otro, a veces limítrofe, otras muy distante.

Después de una definición léxica muy general decidí pasar revista a los usos principales del término, siguiendo el criterio de la reconstrucción histórica o de la diversidad de significados que el término asume al ser llevado de un ámbito disciplinario a otro, documentándolo todo con la referencia directa a las fuentes, con el fin de evitar la arbitrariedad reconstructiva. Las citas están extrapoladas de los textos en versión italiana, en los casos en que ésta existe, e indicadas con el año de la primera edición en lengua original y la página de la traducción italiana. Cuando la traducción no me convencía o no existía pasé directamente a indicar el texto original.

Con el mismo criterio se redactó la *bibliografía* que acompaña cada voz que no sea simplemente técnica, donde aparece el autor y el año de la publicación de la obra original. Para consultar la ficha completa, la bibliografía está dispuesta en orden alfabético por autor al final del diccionario; cuando hay más de una obra de un mismo autor se siguió el orden cronológico, para resaltar las oscilaciones que el mismo término registra en el desarrollo de su pensamiento.

4] *Referencias*. Como la mayor parte de las voces está articulada en parágrafos que destacan claramente la contribución de las diferentes disciplinas psicológicas a la construcción o a la variación de sentido del término, las referencias, cuando son necesarias para evitar repeticiones o para destacar implicaciones, no envían a la voz completa sino sólo al *parágrafo* considerado necesario en la voz objeto de estudio. Esto permite al lector efectuar la confrontación de manera precisa, en el espacio que va de los diez a los quince renglones indicados, mediante el parágrafo y sus fracciones. En las referencias la indicación (*v.*) es posterior a la palabra central de la expresión con excepción de las "psicologías", que se consideró oportuno clasificar consecutivamente en la letra "p" con el fin de ofrecer un panorama lo más completo posible, los términos completos por más de una palabra están ordenados bajo el vocablo distintivo (por ejemplo: abandono, síndrome de; halo, efecto de; Benton, test de; Edipo, complejo de; Parkinson, enfermedad de). Este criterio se empleó siempre que la primera palabra no ofrezca suficiente caracterización, como en el caso de complejo, efecto, experimento, fenómeno, función, enfermedad, morbo, neurosis, psicosis, escala, síndrome, sistema, síntoma, terapia, test y similares.

5] *Reconocimientos*. Este diccionario lo recopilé por completo yo, a excepción de las voces o las partes de las mismas que, por requerir un conocimiento biológico específico, redactó o revisó mi esposa Tatjana Simonic, profesora de bioquímica en la Universidad de Milán; le doy las gracias no sólo por la contribución afectiva sino también por la asistencia y la generosa disponibilidad que siempre me brindó durante todos los años necesarios para la realización de este trabajo.

También agradezco a mis maestros, comenzando por Karl Jaspers, a quien conocí y traté en Basilea desde 1962 hasta 1965. A él le debo la senda que siguieron mis estudios en esa zona límitrofe entre la filosofía y la psicología. A lo largo de este camino conté con la asistencia de las enseñanzas de Emanuele Severino, a quien debo mi formación filosófica, sin la cual difícilmente habría podido acercarme al mundo psicológico desde sus fundamentos mismos, ya que prescindiendo de éstos es imposible llevar a cabo una reconstrucción histórica y teórica en los niveles en los que hoy la van desplegando en el ámbito psicoanalítico Mario Trevi y en el psiquiátrico Eugenio Borgna. En el curso de esta obra el constante trato de estos maestros resultó fundamental.

Agradezco, finalmente, a la casa editorial UTET, que desde el principio me concedió una ilimitada y amplia confianza y una asistencia asidua tanto en el plano de la intervención cultural como en el del apoyo psicológico.

UMBERTO GALIMBERTI

abandono, síndrome de (al. *Verlas-senheitssyndrom*; fr. *syndrome d'aban-don*; ingl. *abandonment syndrome*; it. *sindrome di abbandono*)

Inseguridad afectiva de fondo, relacionada con experiencias precoces de deprivación (*v.* **privación**) que se remontan a los primeros años de vida en los que el niño no ha percibido de modo significativo la presencia tranquilizadora de los padres o de su actitud afectiva. De esto resulta un estado de *inanición*, en el que se ve comprometida la vida de relación desde los juegos infantiles hasta la tendencia a las manifestaciones antisociales, escasa aplicación en el estudio y en el trabajo, inconstancia, inquietud y desconfianza básica (*v.* **anaclisis**, § 3).

BIBLIOGRAFÍA: Bowlby, J. (1951), Spitz R.A. (1958); Winnicott, D.W. (1984), Winnicott, D.W. (1987).

abasia (al. *Abasie*; fr. *abasie*; ingl. *abasia*; it. *abasia*)

Incapacidad para caminar y a veces para mantener la posición erecta aun cuando no haya lesión del sistema nervioso o del aparato osteomuscular. Es un síntoma típico del cuadro de las manifestaciones histéricas.

BIBLIOGRAFÍA: Freud, S. (1892-1895).

aberración (al. *Verirrung*; fr. *aberration*; ingl. *aberration*; it. *aberrazione*)

El término se deriva de la óptica, donde indica la deformación de una imagen proporcionada por un sistema óptico, entendiendo como tal también al ojo, y se utiliza en sentido figurado para referirse a errores de juicio o a conductas sexuales consideradas fuera de la norma. En esta segunda acepción el término es utilizado por S. Freud, que más tarde lo sustituye por **perversión** (*v.*).

BIBLIOGRAFÍA: Freud, S. (1905).

ablutomanía (al. *Waschungsmanie*; fr. *ablutomanie*; ingl. *ablutomania*; it. *ablutomania*)

Impulso irresistible a lavarse o a pensar reiteradamente al respecto. Es un síntoma que se presenta en las neurosis obsesivas.

abnegación (al. *Selbstverleugnung*; fr. *abnégation*; ingl. *self-denial*; it. *abnegazione*)

Renuncia intencional a la satisfacción de necesidades y deseos con el objetivo de servir a elevados valores morales o religiosos. Puede tratarse de una tendencia específica de la especie, como en el afecto materno, o de la consecuencia de una elección, como en los comportamientos ascéticos. En algunos casos recuerda la **sublimación** (*v.*) de la que habla el psicoanálisis, pero se distingue de ésta porque la abnegación es siempre un proceso consciente.

aborto (al. *Fehlgeburt;* fr. *avortement;* ingl. *abortion;* it. *aborto*)

Interrupción del embarazo. El punto de vista psicológico se concentra en los sentimientos ambivalentes de aceptación y rechazo al nacimiento próximo, que causan situaciones conflictivas cuya gravedad está en relación con la aceptación individual y social del aborto. Es frecuente que el recuerdo de abortos provocados en épocas lejanas, y superados aparentemente sin dificultad, reaparezca cargado de sentimientos de culpa durante episodios depresivos. Existe finalmente una *neurosis de aborto* en mujeres que lamentan haber arriesgado, con el aborto, la posibilidad de posteriores embarazos.

BIBLIOGRAFÍA: Brisset, C. (1967); Chertok, L. (1966).

abreacción (al. *Abreaktion*; fr. *abréaction*; ingl. *abreaction*; it. *abreazione*)

Reflujo de la emoción ligada a un hecho o al recuerdo de un hecho que, si no encontrase vías de desahogo, se manifestaría como síntomas patológicos. El término fue acuñado por J. Breuer y por S. Freud a partir del verbo *reagieren* con la adición del prefijo *ab-*, que alude a una supresión del **afecto** (*v.*). En efecto, "lo que sobre todo importa es *si frente al suceso afectante se reaccionó enérgicamente o no*. Por reacción entendemos aquí toda la serie de reflejos voluntarios e involuntarios en que, según lo sabemos por experiencia, se descargan los afectos: desde el llanto hasta la venganza. Si esta reacción se produce en la escala suficiente, desaparece buena parte del afecto; nuestra lengua testimonia este hecho de observación cotidiana mediante las expresiones 'desfogarse', 'desahogarse llorando', etc. Si la reacción es sofocada, el afecto permanece conectado con el recuerdo" (1892-1895, [1976: 34]). Es aquí donde el afecto no descargado se transforma en patógeno y "las representaciones devenidas patógenas se conservan tan frescas y con tanto vigor afectivo porque les es denegado el desgaste normal por abreacción y por la reproducción en estados de asociación desinhibida" (*ibid.*, [1976: 37]). El efecto catártico (*v.* **catarsis**), relacionado con la abreacción, puede lograrse también en la terapia analítica si se da la posibilidad de revivir el afecto y de descargarlo con una descarga emocional adecuada. Esto porque "el ser humano encuentra en el lenguaje un sustituto de la acción; con su auxilio el afecto puede ser 'abreaccionado' casi de igual modo" (*ibid.*, [1976: 34]). Breuer y Freud indican algunas situaciones que dificultan la abreacción: "En el primer grupo incluimos los casos en que los en-

fermos no han reaccionado frente a traumas psíquicos porque la naturaleza misma del trauma excluía una reacción (como por ejemplo la pérdida, que se presentó irreparable, de una persona amada), o porque circunstancias sociales la imposibilitaron, o porque se trataba de cosas que el enfermo quería olvidar y por eso adrede las reprimió de su pensar consciente, las inhibió y sofocó" (*ibid.*, [1976: 35-36]). A estas tres formas de inhibición Breuer y Freud hacen corresponder tres tipos de histeria: hipnoide, de retención y de defensa (*v.* **histeria**).

BIBLIOGRAFÍA: Freud, S. (1892-1895); Freud, S. (1893).

abstinencia (al. *Enthaltsamkeit*; fr. *abstinence*; ingl. *abstinence*; it. *astinenza*)

Abstención o limitación de determinados placeres, especialmente de la gula o del sexo, motivada por razones morales o religiosas, o bien por higiene o necesidad eventual. El término encuentra también un amplio uso en psicofarmacología para referirse a la adicción a las drogas.

1] ABSTINENCIA SEXUAL. Puede ser involuntaria cuando está causada por circunstancias externas o por una disposición psíquica inconsciente que inhibe la sexualidad, y voluntaria cuando está provocada por razones morales, religiosas o ascéticas. Otras causas pueden ser la angustia en relación con la sexualidad y a sus peligros, con consecuencias morbosas que van desde el nerviosismo a la regresión neurótica, o deberse a una insuficiencia cuantitativa de la **libido** (*v.*) que no logra alimentar simultáneamente la vida sexual y la espiritual. En este caso es posible afrontar a la insuficiencia desplazando todo el potencial disponible hacia donde es necesario. Por último, este tipo de abstinencia puede estar relacionado con procesos de **sublimación** (*v.*), especialmente evidentes en temperamentos místicos y artísticos.

2] ABSTINENCIA TERAPÉUTICA. Teorizada por S. Freud (*v.* **análisis**, § 1, *c*), para el cual "La cura tiene que ser realizada en la abstinencia." La referencia es al hecho de que "la técnica analítica impone al médico el mandamiento de denegar a la paciente menesterosa de amor la satisfacción apetecida" (1914 [1976: 168]). Freud regresa más tarde sobre el tema a propósito de la necesidad de asegurar que el sufrimiento del paciente no sea aliviado muy rápidamente: "Si la descomposición y desvalorización de los síntomas han mitigado el sufrimiento, tenemos que exigirlo en alguna otra parte bajo la forma de una privación sensible; de lo contrario corremos el riesgo de no conseguir nunca otra cosa que unas mejorías modestas y no duraderas" (1918 [1976: 158-159]). Por lo que se refiere a las consecuencias neuróticas producidas por la abstinencia sexual, Freud declara: "guardémonos de sobrestimar la importancia que pueda tener el problema de la abstinencia en cuanto a la posibilidad de influir sobre las neurosis. Sólo en una minoría de los casos el tipo de comercio sexual que se logra con poco esfuerzo puede poner término a la situación patógena de la frustración y a la estasis libidinal que es su consecuencia. Por consiguiente, no pueden ustedes explicar el efecto terapéutico del psicoanálisis refiriéndose al permiso que éste daría para gozar sexualmente de la vida. Pero buscan en torno otra cosa" (1915-1917 [1976: 395]).

3] SÍNDROME DE ABSTINENCIA. Abarca los síntomas asociados con una brusca interrupción del uso de drogas, que determina fenómenos de contrarregulación, de homeostasis, de naturaleza tanto psíquica como somática, que atacan sobre todo al sistema neurovegetativo. El bienestar que se logra con la interrupción del uso de drogas se reduce por el sufrimiento que surge por la interrupción misma. Esto determina un debilitamiento de los sentimientos éticos y de autoestima, que estaban al inicio de la interrupción de la dependencia, con el consiguiente peligro de recaída. El tratamiento procede generalmente con la suspensión gradual de la sustancia estupefaciente acompañada por la sustitución de la misma con tranquilizantes y neurolépticos.

BIBLIOGRAFÍA: Freud, S. (1914); Freud, S. (1915-1917); Freud, S. (1918).

abstracción (al. *Abstraktion*; fr. *abstraction*; ingl. *abstraction*; it. *astrazione*)

Procedimiento iniciado dentro de la filosofía para llegar a conceptos universales a partir de objetos individuales, prescindiendo (en latín *abtraho*) de sus características concretas espaciales y temporales.

1] FILOSOFÍA. En la tradición aristotélica escolástica la abstracción es obra del intelecto que, tras recibir las imágenes de las cosas, prescinde de sus connotaciones sensibles para llegar a su esencia inteligible y universal. "El matemático –narra Aristóteles– despoja las cosas de todas las cualidades sensibles (peso, forma, dureza, etc.) y las reduce a la cantidad discreta y continua; el físico prescinde de todas las determinaciones del ser que no se reducen al movimiento. Análogamente el filósofo despoja al ser de todas las determinaciones particulares (cantidad, movimiento, etc.) y se limita a considerarlo sólo en cuanto ser" (*Metafísica*, XI, 3, 1061 a). En la edad moderna J. Locke desarrolla, respecto a Aristóteles, la tesis opuesta, según la cual la abstracción es una denominación convencional para determinar un representante de los objetos particulares: "Mediante la abstracción –él dice– las ideas tomadas de seres particulares se transforman en las representaciones generales de todos los objetos de la misma especie, y sus nombres se transforman en los nombres generales, aplicables a todo aquello que existe, y se ajustan a tales ideas abstractas" (1688, II, 11, § 9). Por su parte I. Kant entiende por abstracción el procedimiento que aísla los elementos *a priori* del conocimiento de su contenido, con el objetivo de construir una experiencia objetiva que prescinda de los rasgos psicológicos que no permiten salir a la subjetividad individual. En semiótica C.S. Peirce diferencia una abstracción *precisiva* que, aislando determinados aspectos de las cosas, las analiza basándose en su identidad temática, y una abstracción *hipostática*, que produce entidades abstractas, como los entes matemáticos.

2] PSICOLOGÍA. En esta área la abstracción fue estudiada por M. J. Goldstein, M. Scheerer, J. Piaget y C.G. Jung.

a] *Goldstein y Scheerer* procedieron a la identificación de la actitud abstracta definida por estas características: aceptación voluntaria de un punto de vista, desplazamiento espontáneo de un punto de vista de la situación a otro, capacidad de tener presentes los diversos aspectos de una totalidad captando los puntos esenciales, repartiéndola en sectores, y poniendo en evidencia las partes comunes, rapidez en el proceder en modo simbólico, teniendo separado el yo del mundo exterior.

b] *Piaget*, después de definir la abstracción como el proceso que conduce a la formación de las ideas, distingue: 1] una abstracción *generalizada*, en la que se evidencian los caracteres esenciales de las cosas y sus relaciones, que después permiten la construcción de las clases; 2] una abstracción *aislante* que confiere un carácter autónomo a las propiedades y a las relaciones abstractas; 3] una abstracción *idealizadora* que construye los modelos ideales. La capacidad de abstracción es exclusivamente humana y presupone haber conseguido cierto estadio de desarrollo (*v.* **cognición**).

c] *Jung* define la abstracción como "la cualidad espiritual que libera el contenido o el hecho advertido como esencial por su relación con elementos advertidos como extraños, distinguiéndolo o, en otros términos, *diferenciándolo* de aquéllos". Para Jung la abstracción no es una prerrogativa sólo del pensamiento, sino de todas las funciones psicológicas, por lo que tendremos "un pensar abstractivo que extrae de lo que es extraño un contenido caracterizado por cualidades inherentes al pensamiento lógico; un sentir abstractivo que hace otro tanto con un contenido de orden sentimental [...] una sensación abstracta que se llamará sensación estética en contraposición a la sensación concreta, y una intuición abstracta como intuición simbólica en contraposición a la intuición fantástica". Por lo que se refiere a la relación entre abstracción y libido Jung afirma: "Yo me imagino el proceso de abstracción como extracción de la libido del objeto, como un refluir del valor del objeto al contenido abstracto subjetivo. Por lo tanto la abstracción representa para mí un proceso energético de *devaluación del objeto*. Para expresar el mismo concepto con otras palabras, la abstracción es un movimiento de la libido en el sentido de la *introversión*" (1921: 424-425).

BIBLIOGRAFÍA: Aristóteles (1973); Goldstein, M.J. y M. Scheerer (1965); Jung, C.G. (1921); Kant, I. (1781); Locke, J. (1688); Peirce, C.S. (1931-1935); Piaget, J. (1959).

absurdo (al. *Sinnlos*; fr. *absurde*; ingl. *absurd*; it. *assurdo*)

Éxito contradictorio de todos los procesos de pensamiento que no siguen los principios que regulan los recorridos del pensamiento lógico. En cuanto contradictorio, el absurdo está privado de significado (*v.* **signo**), pero no de **sentido** (*v.*), que es posible alcanzar utilizando procesos de **pensamiento** (*v.*) no contemplados por el pensamiento lógico.

abulia (al. *Abulie*; fr. *aboulie*; ingl. *abulia*; it. *abulia*)

El término, de origen griego, significa falta de voluntad (α privativa, βουλή, voluntad) y se refiere, o bien a un trastorno de la actividad *intencional*, por lo que el individuo se muestra incapaz de decidir aun cuando se trate de elecciones de escasa importancia, o a una alteración de la *motivación*, por lo que el individuo no es capaz de iniciar o de continuar una acción aun cuando ésta es deseada. La abulia en sentido estricto es rara y, salvo pocas excepciones, se manifiesta generalmente en las formas catatónicas de la esquizofrenia (*v.* **catatonia**). Más frecuente que la falta completa de la voluntad es una reducción o debilitamiento, definida con el término *hipobulia*. La abulia que ataca la capacidad de decisión y de realización también se llama **apraxia** (*v.*), mientras que aquella que ataca las capacidades intelectuales se llama *aprosexia* (*v.* **atención**, § 4, *d*).

El significado de la abulia debe buscarse en una reacción psicológica ante frustraciones afectivas, sobre todo en el ambiente familiar, o frente a tratos educativos inadecuados, como por ejemplo el hastío provocado por una actividad escolar aburrida y no activa. En cambio, cuando aparece como síntoma en los estados depresivos, va acompañada de ansiedad. La abulia fue estudiada por P. Janet, que la definió como "alteración de los fenómenos a través de los cuales se manifiesta la voluntad" (1903); por E. Bleuler, que la atribuyó a la ambivalencia que caracteriza a los conflictos internos y a las inhibiciones en determinadas formas obsesivas; por S. Freud, que la encontró en los casos de histeria, y por E. Kretschmer, que la incluyó entre los "fenómenos de la falta de espontaneidad".

BIBLIOGRAFÍA: Bleuler, E. (1911-1960); Freud, S. (1892-1895); Janet, P. (1903); Keller, W. (1954); Kretschmer, E. (1922); Ricœur, P. (1949-1960).

aburrimiento (al. *Langeweile*; fr. *ennui*; ingl. *boredom*; it. *noia*)

Condición psicológica caracterizada por insatisfacción, desmotivación, renuencia hacia la acción y sentimiento de vacío. Indicado en los tratados medievales con el nombre de *acedía*, el aburrimiento se estudió en el ámbito filosófico y psicopatológico siguiendo la tradición que de B. Pascal conduce a los moralistas franceses, para quienes el aburrimiento es el resultado de la alteración de los humores en presencia de condiciones morales despreciables, típicas de quien, habiendo abusado del placer, se encuentra en la imposibilidad de desear. Desde esta definición de base nacieron consideraciones más específicas en el ámbito filosófico, psiquiátrico y psicoanalítico.

1] FILOSOFÍA. En este ámbito las mayores aportaciones son las de S. Kierkegaard y M. Heidegger quienes, aunque con significados diferentes, ven en el aburrimiento un sentimiento ontológico que tiene que ver con la totalidad. Al respecto escribe Kierkegaard: "En el panteísmo existe en general la determinación de plenitud; en cambio en el aburrimiento ocurre lo contrario; está construido en el vacío, pero precisamente por eso es una determinación panteísta. El aburrimiento descansa en la nada que se difunde por la existencia; su vértigo es como aquel que provoca ver un abismo infinito, es infinito. El hecho de que esa excéntrica diversión se construya sobre el aburrimiento también se puede comprobar porque la diversión resuena sin eco, precisamente porque en una nada ni siquiera existe eso que hace posible una resonancia" (1843, tomo III, p. 28). Por su lado Heidegger considera el aburrimiento, al igual que la angustia y la alegría, como un sentimiento que permite aceptar la totalidad, porque: "Aun cuando –y justo cuando– estamos especialmente invadidos por las cosas y por nosotros mismos, nos asalta ese 'todo', por ejemplo en el aburrimiento auténtico. Éste está todavía lejano cuando lo que nos aburre es sólo este libro o aquel espectáculo, esa ocupación o aquel ocio, pero aflora cuando 'uno se aburre'. El aburrimiento profundo, que va y viene en la profundidad del ser-ahí como una niebla silenciosa, asocia todas las cosas, todos los hombres, y con ellos a nosotros mismos, en una extraña indiferencia. Este aburrimiento revela el ente en su totalidad" (1929: 66).

2] PSIQUIATRÍA. En este ámbito las caracterizaciones más relevantes del aburrimiento se encuentran con P. Mantegazza, quien identifica la esencia de este estado psicológico en el conflicto entre petición de actividad e incapacidad subjetiva para satisfacerla, anticipando de esta manera el núcleo teórico de las concepciones psicodinámicas del siglo XIX, y en H. Le Savoureux, quien considera el aburrimiento "un sentimiento primario al igual que el placer y el dolor", caracterizado por ausencia de intereses, monotonía de las impresiones, sensación de inmovilidad, vacío interior, lentificación del curso del tiempo, síntomas que pueden rastrearse a la presencia de energías no utilizadas: "El hombre sano que no gasta suficientemente sus energías disponibles, se aburre" (1914: 142). Siempre en el ámbito psiquiátrico P. Janet, evidenciando el carácter de fases en que se presenta el sentimiento de aburrimiento, aproxima el aburrimiento a la **depresión** (*v.*), de la cual representaría el inicio y la convalecencia. En cambio cuando la enfermedad se ahonda hasta extinguir en el sujeto todo motivo de deseo, el cuadro clínico resulta caracterizado más por el vacío de los sentimientos que por el sentimiento del vacío. En el ámbito fenomenológico E. Minkowski distingue el aburrimiento como sentimiento pasajero, por carecer de estimulación, del aburrimiento estructural caracterizado por interrupción del dinamismo vital y como vaciamiento de la experiencia vivida que cae bajo el dominio de lo monótono y de lo igual, mientras L. Binswanger ve en el aburrimiento un fenómeno de **deyección** (*v.*) en la forma de vivir la temporalidad: ya no la temporalidad auténtica (*eigentliche Zeitigung*) favorecida por la espera y por la tensión hacia una meta, sino la temporalidad deyecta (*verfallene Zeitigung*), que es la temporalidad objetiva del mundo, "medida por el lento avance de las manecillas del reloj", ya no un tiempo propio (*eigen*), sino un tiempo anónimo e inauténtico (*uneigentlich*).

3] PSICOANÁLISIS. En este ámbito la contribución más significativa fue la de O. Fenichel, para quien el aburrimiento es un conflicto entre la necesidad de actividad y la inhibición de la misma por un contraste entre ello y yo que no encuentra solución, por lo que "la tensión de la pulsión está presente, pero el objetivo de la pulsión está perdido". De esto resulta que "el displacer del aburrimiento no corresponde a una falta de tensión, sino más bien a una excitación cuya finalidad es inconsciente" (1945: 25), por lo que "la sensación de estar aburrido es muy probablemente, por lo menos en su exageración neurótica, un estado de excitación cuya finalidad está reprimida; cualquier cosa que la persona piense que puede hacer se percibe como inadecuada para relajar la tensión íntima. Las personas aburridas tratan de distraerse, pero por lo general no lo logran porque están fijadas a su objetivo inconsciente" (1945: 210-211). La interpretación de Fenichel la profundizó posteriormente R. Greenson, quien descubrió el elemento estructural y dinámico del aburrimiento en la inhibición de la fantasía por parte del yo, que ve en la fantasía una amenaza de la que debe defenderse. La negación entraña la experiencia desagradable de falta de tensión, mientras la imposibilidad de satisfacción pulsional explica la lentitud intolerable del transcurso del tiempo. Siempre según Greenson, el aburrimiento puede estar acompañado de agitación cuando resurgen las fantasías que, desviadas o distorsionadas por el yo que se defiende, conducen a acciones insatisfactorias y a proponer de nuevo los sentimientos de vacío.

Acerca de la relación aburrimiento-depresión habló A. Haynal, para quien "el aburrimiento es un humor organizado y defensivo contra la depresión. [...] El sujeto se aburre cuando vive su ambiente como pobre en estímulos; tal pobreza puede ser un dato real, o bien es el sujeto el que se manifiesta incapaz de encontrar estímulos en el mundo externo o riqueza en su mundo interior, o devalúa los estímulos que se le ofrecen [...] como en el caso de los deprimidos que lamentan ataques de aburrimiento [...] en el examen psicoanalítico resulta que los estímulos recibidos son devaluados por el ideal del yo o, en los casos más graves, por el superyó. Entonces se tiene la impresión de encontrarse frente a un bloqueo en la evolución del sistema superyó-ideal del yo, y a una falta de elasticidad del ideal del yo,

que permanece megalomaniático y por tanto devalúa los estímulos" (1976: 99-100).

La tensión entre yo e ideal del yo se identifica en la base de la relación de aburrimiento y agresividad, debida, en opinión de P. Luquet, a que la incapacidad por parte del yo de satisfacer la exigencia del ideal del yo causa un sentimiento de frustración que desencadena una gran agresividad inutilizable con finalidades sublimadas. A partir de esta premisa Haynal observa en el aburrimiento la explicación de la alternancia entre estados psicópatas y depresivos: "El sentimiento de aburrimiento coexiste con frecuencia con la frustración afectiva y la violencia (como destrucción del objeto desilusionante, frustrante); de esta manera se encuentra en la experiencia clínica una especie de alternancia entre estructura psicopatica y estados depresivos" (1976: 101).

BIBLIOGRAFÍA: Binswanger, L. (1957); Greenson, R. (1953); Haynal, A. (1976); Heidegger, M. (1929); Janet, P. (1926); Kierkegaard, S. (1843); Le Savoureux, H. (1913); Le Savoureux, H. (1914); Luquet, P. (1973); Maggini, C. y R. Dalle Luche (1991); Mantegazza, P. (1888); Minkowski, E. (1933); Pascal, B. (1968); Schopenhauer, A. (1919); Zapparoli, G.C. (1979).

acalculia (al. *Akalkulie*; fr. *acalculie*; ingl. *acalculia*; it. *acalcolia*)

La acalculia se refiere a la imposibilidad de realizar cálculos por ausencia o pérdida de la capacidad de representación numérica. Se distinguen dos tipos de acalculia: 1] *primaria*, cuando no se tiene la capacidad de identificar y diferenciar los símbolos aritméticos (acalculia *asimbólica*), o cuando no son posibles operaciones de cálculo (*anaritmética*), identificación de una cifra de más de un número, comprensión del significado del cero (acalculia *asintáctica*); 2] *secundaria*, cuando se verifica junto con otras formas de **afasia** (*v.*), **alexia** (*v.*), trastornos de la atención y de la memoria.

acatafasia (al. *Akataphasie*; fr. *acataphasie*; ingl. *acataphasia*; it. *acatafasia*)

Trastorno del lenguaje (*v.* **afasia**) que se presenta en quien no encuentra la expresión adecuada para sus propios pensamientos, de manera que las frases resultan confusas por la incorrecta sucesión de las palabras (desplazamiento) o por la escasa conexión entre la intención del pensamiento y las palabras adoptadas (descarrilamiento). Algunos autores clasifican la acatafasia entre las formas de **paralogía** (*v.*).

acatisia (al. *Akathisie*; fr. *acathisie*; ingl. *acathisia*; it. *acatisia*)

Incapacidad de permanecer sentado, frecuente en algunos pacientes parkinsonianos (*v.* **Parkinson, mal de**), en otras circunstancias hipoquinéticos, que por agitación se ven obligados a continuos cambios de posición o a un ininterrumpido sentarse y pararse. Este síntoma también se manifiesta como un efecto colateral de los neurolépticos (*v.* **psicofarmacología**, § I, 1, *a*).

BIBLIOGRAFÍA: Jaspers, K. (1913-1959).

acceso (al. *Anfall*; fr. *accès*; ingl. *attack*; it. *accesso*)

Manifestación imprevista y aguda de una sintomatología morbosa. El término se aplica con frecuencia a las crisis histéricas y epilépticas.

accesos delirantes agudos (it. *Bouffées deliranti acute*)

Formas episódicas caracterizadas por manifestaciones delirantes, disociaciones del pensamiento, aspectos confusos, acompañados a veces por alucinaciones. La importancia del reconocimiento de estas formas, identificadas por la psiquiatría francesa, radica en que pueden mejorar con las terapias antidepresivas, cosa que no sucede en las esquizofrenias a las que estos síntomas podrían remitir.

accidente (al. *Unfall*; fr. *incident*; ingl. *accident*; it. *incidente*)

Acontecimiento inesperado con consecuencias dañinas para el sujeto. Existe una inclinación a los accidentes interpretada por el psicoanálisis como una necesidad de castigo, realizado inconscientemente por el sujeto, según la dinámica que S. Freud describe a propósito de la neurosis de destino (*v.* **destino**, § 2).

acción (al. *Handlung*; fr. *action*; ingl. *action*; it. *azione*)

Movimiento deliberado que tiene como finalidad una intervención en el ambiente; como tal, se diferencia del movimiento reflejo o automatismo, que es una respuesta a determinadas estimulaciones (*v.* **movimiento**, § 1, *a*). El amplio uso del término requiere una especificación en los diversos contextos.

1] FILOSOFÍA. Acción es una categoría aristotélica que tiene su contrario en la **pasión** (*v.*). Para Aristóteles la acción prevé un agente y por lo tanto es el predicado de un sujeto. La acción humana, si se coloca al inicio de alguna cosa objetiva que tiene su propia autonomía respecto al agente, es llamada por Aristóteles ποίσις; si en cambio es un comportamiento que no se resuelve en la producción de objetos es llamada ποᾶξις, y se le atribuyen todas las calificaciones morales positivas o negativas que están en la base de la ética. Opuesta a la concepción aristotélica es la romántica, expresada en literatura por J.W. Goethe y en filosofía por J.G. Fichte, según la cual la acción es lo originario, y el yo, lejos de ser una sustancia, como pensaba Aristóteles, se resuelve completamente en su actividad.

2] NEUROFISIOLOGÍA. El término aristotélico *praxis* fue adoptado por la neurofisiología, que llama *praxia* al movimiento intencional dirigido al objeto externo en contraposición al automatismo del movimiento reflejo. Para esta diferenciación consúltese la voz **movimiento** (*v.*, § 1, *b*), donde la acción está considerada desde el punto de vista neuromotor, psicomotor, cognoscitivo y expresivo. Las estructuras neurológicas que están en la base de la acción se tratan en la voz **motricidad** (*v.*), mientras los trastornos de la acción se clasifican en la voz **apraxia** (*v.*). En este terreno nos limitaremos a los lugares en los que la neurofisiología habla explícitamente de *acción* en su doble acepción del potencial de acción y de la teoría de la acción de masa.

a] El *potencial de acción*, que no debe confundirse con el potencial específico de acción del que habla la psicología del **comportamiento** (*v.* § 3, *f*), es la perturbación electroquímica que se propaga a lo largo del axón de una neurona. Éste representa la unidad fundamental de la transmisión de la información desde un punto a otro del sistema nervioso, que se debe a la diferencia de potencial que existe a ambos lados de la membrana neuronal (*v.* **conducción nerviosa**). Cuando una célula es estimulada se despolariza hasta un valor crítico denominado "umbral". Cuando se supera el umbral se produce una inversión temporal de polaridad del potencial, con excitación de la célula. Esta variación del potencial eléctrico de la membrana (potencial de reposo), que se anula rápidamente (fase de despolarización) para después invertirse (fase de inversión) y al final regresar más lentamente a la norma, está en la base de todos los procesos de excitación. Por ejemplo, el potencial de acción que se propaga a lo largo de la membrana del axón (*v.* **neurona**) es el impulso nervioso que sigue la *ley del todo o nada*, es decir que la respuesta del sustrato excitado tiene siempre la misma intensidad, independientemente de la intensidad del estímulo. Esta ley es válida también para todas las fibras musculares (no para el músculo entero) y para el músculo cardiaco (*v.* **impulso**, § 1).

b] La *teoría de la acción de masa* prevé que amplias áreas del tejido cerebral, las llamadas "áreas de asociación" (*v.* **corteza cerebral**, § 6), funcionan como un todo. Esta teoría, formulada por K. Lashley basándose en la observación de que en las lesiones cerebrales la disminución depende más de la masa de corteza cerebral destruida que de la integridad de un área particular, se opone a la de P. Broca, según el cual existen áreas diferentes para las funciones específicas (*v.* **localización**).

3] PSICOLOGÍA. En este ámbito se suele definir la acción como un comportamiento motivado y voluntario, acompañado de emociones y controlado socialmente en su planificación consciente y dirigida a un fin. La diferencia entre las diversas posiciones depende de las diferentes acentuaciones de conceptos como fin, plan, decisión, resolución, identidad, autonomía, capacidad, involucramiento emotivo, que intervienen en la formulación de la definición de base.

a] Desde el *punto de vista cognoscitivo* se tiende a analizar la acción en orden secuencial y sobre varios niveles jerárquicos, como lo propusieron en 1960 G.A. Miller, E. Galanter y K.H. Pribram, que diferencian la *imagen*, depósito general de conocimientos utilizados como base para el desarrollo de un plan, el *plan*, "jerarquía de instrucciones" o informaciones que dirigen el comportamiento, dispuestos jerárquicamente sobre niveles tácticos y estratégicos subordinados, el TOTE (*v.*) (Test-Operate/Test-Exit), la unidad fundamental del comportamiento, que funciona como un circuito de retroalimentación (*feedback*) (*v.* **retroalimentación**).

b] Desde el *punto de vista motivacional* los estudios más significativos son los de H. Heckhausen, para quien la motivación es el resultado de un cálculo más o menos racional por lo que, entre diferentes alternativas de acción, se prefiere la que maximiza los resultados y las probabilidades de éxito. En este análisis se tiende a abandonar el antiguo concepto de "**voluntad**" (*v.*) sustituyéndolo por el de "energía mental", que hace referencia a la función directiva de la motivación, olvidando la activante.

c] Desde el *punto de vista del control social* las teorías más articuladas de la acción son las presentadas por G. Mead y E. Goffman, que elaboraron el concepto de *interacción simbólica* (*v.* **interacción**, § 3), según el cual la sociedad trasmite a sus miembros conocimientos de objetos, situaciones, acciones, que constituyen la base sobre la cual interactuar y, al mismo tiempo, controlar las acciones propias y de los otros, favoreciendo un control indirecto y difuso respecto al directo e impositivo. De aquí la conclusión de R.P. Abelson según el cual, puesto que las acciones están completamente preescritas en un "guión", la acción del agente consiste esencialmente en la selección y ejecución de cuanto ha sido ya preescrito.

d] La *psicología del trabajo* ha hecho de la acción su campo privilegiado de investigación, con W. Hacker, que ha centrado la atención en la regulación del motivo pulsional (*Antriebsregulation*), y en la de la ejecución (*Ausführungsregulation*). La representación consciente de la regulación sucede en tres niveles: el nivel del análisis intelectual, en el que se elaboran estrategias y planes; el nivel perceptivo, en el que se preparan esquemas de acción, y el nivel sensomotor, que orienta el movimiento que puede ser más o menos consciente. Una vez interiorizados, estos niveles permiten la autorregulación del trabajo en la que el agente sabe cuánta influencia cree poder tener, cuánta libertad, cuántos medios y materiales compatibles con la situación dada y con los objetivos por alcanzar.

e] La *investigación de mercado* estudia las acciones sociales más difundidas para planificar una intervención. Con esta finalidad promueve una *investigación de las acciones* que prevé una recolección sistemática de datos en función de un objetivo, una retroalimentación de los clientes con modificación de algunas variables incompatibles con la finalidad, y finalmente la planificación de las intervenciones basándose en la evaluación de los resultados recolectados y en la manipulación de las variables de sistema que están bajo el control del investigador. Se procede, por último, a un control, para examinar los efectos de la intervención.

f] La *psicología del comportamiento* introdujo dos nociones valorativas de las acciones, expresadas con el *potencial específico de acción* y con el *cociente de acción*. El primero designa, en la investigación conductista, el potencial que se necesita obtener para iniciar una determinada acción (*v.* **instinto**, § 1). Con este concepto se relaciona el introducido por K. Lorenz y llamado *energía específica de acción*, a propósito de las acciones instintivas que dependen de factores internos (*v.* **etología**, § 1). Según Lorenz se determina una acumulación de energía cada vez que una acción no es ejercida por mucho tiempo, con los consiguientes trastornos del comportamiento. El *cociente de acción*, en cambio, es un índice elaborado por A. Busemann que mide, en relación con la edad, las llamadas "fases accionales" detectables con base en el número de verbos empleados en el lenguaje corriente (fase accional) respecto a los adjetivos (fase cualitativa).

4] SOCIOLOGÍA. En este ámbito se ha puesto atención en proporcionar un esquema conceptual que determine las constantes de la acción. É. Durkheim insistió en los aspectos objetivos e institucionales de la acción social, que a su parecer consisten "en modos de actuar, pensar y sentir externos al individuo y dotados de un poder coercitivo en virtud del

cual se le imponen" (1895: 31). En el lado opuesto, M. Weber insistió en los aspectos subjetivos de la acción *social* y en el cálculo racional de adecuación de los medios a los fines. Weber, además, diferenció entre una acción social *tradicional* determinada de un hábito adquirido con el uso y con la costumbre, una acción social *afectiva*, típica de los momentos de intensa participación individual y colectiva, y una acción social *racional*, evaluada con miras a los fines por alcanzar, teniendo en cuenta los conflictos entre diversas racionalidades, que limitan las posibilidades de decidir entre fines contrastantes en referencia a un valor.

Entre la posición de Durkheim y la de Weber se ubica T. Parsons, para quien "dentro del área de control del actor, los medios empleados no pueden ser considerados, en general, como elecciones al azar o dependientes exclusivamente de las condiciones de la acción, sino que de algún modo tienen que estar sujetos a la influencia de determinado factor selectivo independiente, cuyo conocimiento es necesario para la comprensión de la marcha concreta de la acción" (1937: 44-45). En otros términos, la fuerza de las acciones sociales está en la integración entre motivaciones psicológicas y relaciones sociales establecidas en instituciones como el matrimonio, la familia, las organizaciones que manifiestan valores, normas y símbolos con los que se identifican los agentes individuales. El desarrollo de la teoría clásica de la acción encontró su más reciente vía en la teoría de los sistemas sociales preparada por N. Luhmann y J. Habermas; para ellos la acción no sucede según criterios de *eficiencia* que prevén la movilización de los recursos indispensables para un determinado fin, sino según criterios de *eficiencia* que prevén una correspondencia del fin alcanzable con los recursos disponibles.

5] PSICOANÁLISIS. Con el término acción el psicoanálisis entiende cosas bastante diferentes, entre las que pueden especificarse:

a] *Acción repetida o de evitación*. Absuelve a la función de resistencia ante el afloramiento de recuerdos que perturban (*v.* **actuación**). A este propósito S. Freud escribe: "El analizado no *recuerda* absolutamente nada de los elementos que ha olvidado y removido, él más bien los *lleva a cabo*. Reproduce estos elementos no en forma de recuerdos sino en forma de acciones; las *repite*, obviamente sin darse cuenta. Por ejemplo: el analizado no dice recordar haber sido soberbio y desconfiado hacia la autoridad de los padres, pero se comporta de esta misma manera con el médico" (1914 [1976: 154-155]).

b] *Acción forzada.* Ejecución de un acto contrario a la intención consciente o que va más allá de ésta, que tiende a repetirse acompañado de estados ansiosos que reflejan el esfuerzo del sujeto por impedirlo. Se trata generalmente de acciones estilizadas y rituales con un gran componente obsesivo, que dejan ver motivos o ideas inconscientes que se desean contener (*v.* **obsesión**).

c] *Acciones sintomáticas.* Se refiere a gestos frecuentes y habituales, aparentemente carentes de significado, que se achacan a tendencias inconscientes. Freud los diferencia de los **lapsus** (*v.*) porque se trataría de síntomas reveladores de fantasías particulares, y no del resultado de un conflicto entre dos intenciones contrarias, de las que sería resultado el lapsus (*v.* **acto**, § 2, *c*).

d] *Acción específica.* Es la acción que resuelve una tensión interna creada por una necesidad que espera una satisfacción. "Este alivio psíquico –escribe Freud– sólo es posible por el camino que designaré acción *específica* o *adecuada*. Tal acción adecuada consiste, para la pulsión sexual masculina, en un complicado acto reflejo espinal que tiene por consecuencia el aligeramiento de aquellas terminaciones nerviosas, y en todos los preparativos que se deben operar en lo psíquico para desencadenar ese reflejo. Algo diverso de la acción adecuada no tendría ningún punto, pues la excitación sexual somática, una vez que alcanzó el valor del umbral, se traspone de continuo en excitación psíquica; imprescindiblemente tiene que ocurrir aquello que libera a las terminaciones nerviosas de la presión que sobre ellas gravita, y así cancela toda la excitación somática existente por el momento y permite a la conducción subcortical restablecer su resistencia" (1894 [1976: 108-109]).

BIBLIOGRAFÍA: Abelson, R.P. (1976); Aristóteles (1973); Busemann, A. (1925); Durkheim, É. (1895); Fichte, J.G. (1794); Freud, S. (1894); Freud, S. (1914); Goffman, E. (1959); Habermas, J. (1963); Hacker, W. (1978); Harré, R. y P.F. Secord (1972); Heckhausen, H. (1987); Heider, F. (1958); Lashley, K. (1929); Lorenz, K. (1963); Luhmann, N. (1980); Mead, G.H. (1934); Miller, G.A., E. Galanter, y K.H. Pribram (1960); Muralt, A. (1958); Parsons, T. (1937); Weber, M. (1922).

aceleración (al. *Beschleunigung*; fr. *accélération*; ingl. *acceleration*; it. *accelerazione*)

Aumento del ritmo en el proceso de desarrollo, por lo que el crecimiento físico y la madurez se anticipan en el tiempo. La aceleración está comprobada en todos los pueblos civilizados desde la primera mitad del siglo pasado, con un sucesivo incremento en los últimos decenios. Las explicaciones se buscan en las diversas condiciones alimentarias, en la sobreabundancia de los estímulos, en el creciente dinamismo de las condiciones de vida que estimularían una mayor producción hormonal de la hipófisis. Las investigaciones, que han comprobado que el fenómeno es mucho más frecuente en la ciudad que en el campo, confirman la relación entre influencias ambientales y aceleración.

aceleración de las ideas (al. *Ideenbeschleunigung*; fr. *accélération des idées*; ingl. *acceleration of ideas*; it. *accelerazione ideica*)

Trastorno del pensamiento que presenta una alteración del flujo normal de las ideas, que se presentan una tras otra con mayor rapidez de lo normal, y con los nexos asociativos sustituidos por asonancias verbales. En los casos leves el habla se vuelve agitada y rápida; en los más graves se hace continua, imparable y finalmente incongruente por la progresiva reducción de los mecanismos lógicos, finalizantes y estructurantes del pensamiento. La aceleración de las ideas, frecuente en las situaciones de ansiedad y de euforia, es un síntoma clásico de los estados maniacos.

aceptación (al. *Annahme*; fr. *acceptation*; ingl. *acceptance*; it. *accettazione*)

El término se presenta: 1] en *psicología infantil*, a propósito de la aceptación o del rechazo de un niño por parte de los padres. Una falta de aceptación pone al niño en un estado de deprivación (v. **privación**) que compromete la confianza de base y la autoestima; 2] en *psicología analítica* se habla de aceptación de la **sombra** (v.), o sea de los aspectos considerados negativos de la propia personalidad; 3] en *psicoanálisis* S. Freud asocia con la aceptación "la pasividad y el masoquismo del sexo femenino" y llama "aceptantes psíquicas" a las jóvenes que en las sociedades primitivas permiten la práctica de la clitoridectomía.

BIBLIOGRAFÍA: Freud, S. (1931); Jung, C.G. (1951); Winnicott, D.W. (1984).

aceptación social (al. *Soziale erwünschtheit*; fr. *agrément social*; ingl. *social approval*; it. *desiderabilità sociale*)

Llamada también *aquiescencia* o *agrado social*, es una variable que distorsiona los resultados de los inventarios de personalidad, induciendo a algunos sujetos a responder en el sentido socialmente aprobado, independientemente de que tales respuestas proporcionen una adecuada descripción de sí mismos (v. **response set**).

acercamiento
v. ATRACCIÓN-REPULSIÓN, TEORÍA DE LA.

acmé (al. *Akme*; fr. *acmé*; ingl. *acme*; it. *acme*)

Del griego αχμη que significa "punto más alto"; el término es empleado para referirse al clímax del placer que se obtiene en el acto sexual (v. **orgasmo**).

acomodación (al. *Akkommodation*; fr. *accommodation*; ingl. *accommodation*; it. *accomodazione*)

Adaptación del ojo a las diversas distancias a través de las modificaciones de la curva del cristalino (v. **visual, aparato**, § 4). El término también se emplea para referirse al aumento del umbral de estimulación de una fibra nerviosa, cuando el estímulo aumenta.

acontecimiento (al. *Ereignis*; fr. *événement*; ingl. *event*; it. *evento*)

Suceso contingente o accidental no interpretable dentro de una sistematicidad o de una visión orgánica y unitaria. Corresponde a la experiencia práctica y, como tal, no es paradigmático ni universal. Al no estar incluido en una secuencia, sino caracterizarse más bien por su irrepetibilidad, en el acontecimiento no se pueden encontrar verdaderas causas, sino que como mucho se pueden identificar los "antehechos" que genéricamente lo justifican o en parte lo vuelven previsible. Hay dos tipos de previsión del acontecimiento: una *subjetiva*, basada en el "grado de confianza" de un individuo respecto a la verificación o no de determinado acontecimiento, y que se expresa como "cuota de apuesta", y una *objetiva*, en la que la probabilidad de un acontecimiento está en relación con un conjunto (*kollektiv*) de otros acontecimientos o pruebas. En este caso, escribe L. Geymonat, "la probabilidad de un acontecimiento en un *kollektiv* será la frecuencia límite, en el sentido que tiene este término en el análisis matemático, hacia el cual tienden las pruebas positivas del tal *kollektiv*" (1982: 27).

BIBLIOGRAFÍA: Geymonat, L. (1982).

acrasia (al. *Akrasie*; fr. *acrasie*; ingl. *acrasia*; it. *acrasia*)

Abatimiento de la voluntad que impide realizar una acción en neto contraste con los más firmes propósitos.

acrocefalia (al. *Akrozephalie*; fr. *acrocéphalie*; ingl. *acrocephalia*; it. *acrocefalia*)

Deformación esquelética congénita caracterizada por una cabeza anormalmente alta y en punta. Generalmente está asociada con deficiencia mental.

acrofobia (al. *Akrophobie*; fr. *acrophobie*; ingl. *acrophobia*; it. *acrofobia*)

Pánico a las alturas cuya intensidad puede estar influida por factores visuales y perceptivos.

actitud (al. *Haltung*; fr. *attitude*; ingl. *attitude*; it. *atteggiamento*)

Disposición relativamente constante para responder de ciertas maneras particulares a las situaciones del mundo por el residuo de experiencia pasada que de algún modo guía, orienta o influye de una u otra forma en el comportamiento. Por su carácter perdurable las actitudes se diferencian de las **expectativas** (*v.*) cuya disposición reactiva está circunscrita en el tiempo y calificada por el objeto; de los **instintos** (*v.*), que son predisposiciones a la acción más automáticas y forzosas; de las **costumbres** (*v.*), que son más mecánicas y menos individualizantes; de las **convicciones** (*v.*), que pueden formar parte de las actitudes pero limitadas a lo que se cree que pueda ser cierto, sin estar en posibilidad de manifestar lo que se está dispuesto a hacer. En psicología la actitud es una estructura hipotética –como en el psicoanálisis lo es el inconsciente– porque no puede ser observada directamente, sino sólo inferida de las manifestaciones verbales y la secuencia de los actos observados en relación con el objeto. Los campos en los que la actitud es objeto de especial atención son la psicología social, la psicología analítica y la psicología de la comprensión.

1] PSICOLOGÍA SOCIAL. En este ámbito se diferencian actitudes verbales o de comportamiento, permanentes o transitorias, conformes o no con el grupo de pertenencia. Cada una de estas actitudes se considera como una disposición relativamente permanente hacia la valoración positiva o negativa de cualquier entidad, por lo que el problema de la actitud se revela íntimamente ligado a los sistemas de valores que cada individuo puede cambiar con respecto al **colectivo** (*v.*) o manifestar originalmente por sí mismo (*v.* **individuación**). Decisivos en la formación de las actitudes son los *factores afectivos*, o sea las emociones agradables o desagradables que los individuos han probado en relación con los objetos a los que hace referencia la actitud; los *factores cognoscitivos*, que dependen del conjunto de informaciones, conocimientos, creencias que el sujeto adquirió de las cosas; la *disposición a la acción*, determinada por el grado de motivación alcanzado con cada uno de los objetos. Estos componentes guardan entre sí

una relación de recíproca dependencia, en el sentido de que la adquisición de nuevas informaciones referentes a un objeto puede cambiar el afecto vivido que lo inviste y, por consiguiente, el grado de disposición o falta de disposición a la acción.

La psicología social, con W.J. Mc Guire, identificó cuatro funciones principales de las actitudes: función *económica,* porque cada actitud proporciona una trama interpretativa capaz de reducir la complejidad de la realidad; función *utilitaria,* porque permite alcanzar los objetivos que pueden resultarle ventajosos al sujeto, como el aprecio dentro del grupo; función *expresiva,* como confirmación y justificación del comportamiento propio, y función *defensiva,* que permite afrontar determinados conflictos internos y externos.

Se procedió también a una *medición de las actitudes* con valor hipotético porque, como se dijo, éstas no pueden ser observadas directamente, sino sólo inferidas por las reacciones del sujeto en situaciones estandarizadas. El procedimiento más utilizado es el de la evaluación de las respuestas verbales a tests específicos, en los que se confronta al sujeto con una representación del objeto de la actitud. Otras mediciones se refieren a las distorsiones en los procesos perceptivos y cognoscitivos, o las modificaciones fisiológicas del sujeto frente a una imagen significativa para la actitud. Entre las escalas verbales de evaluación en las que el sujeto debe indicar su propia aprobación o desaprobación a lo largo de un continuo de valores, merecen citarse las escalas de T.W. Adorno para la identificación de la personalidad autoritaria (*v.* **autoridad**), y el cuestionario sobre actitudes sociales preparado por H.J. Eysenck. Se pudo constatar una relativa disonancia entre actitudes y comportamientos por lo que, por ejemplo, la reacción verbal de una actitud anticonformista no resulta muy predecible, porque el comportamiento que va contra las normas está más obstaculizado que la actitud conformista, cuya reacción verbal resulta generalmente más predecible.

Por último, en lo que concierne a la *modificación de las actitudes*, tres son los medios utilizados actualmente para inducir el cambio: la **persuasión** (*v.*), por la que si la fuente del mensaje tiene más prestigio o más autoridad en relación con quien recibe el mensaje y su grado de conocimiento, la posibilidad de que se produzca una actitud por parte del receptor es mayor, a menos que el mensaje transmitido sea tan nuevo o extraño para él como para inducir un refuerzo de la vieja actitud; la **disonancia cognoscitiva** (*v.*), por la que si un sujeto es invitado a cumplir una acción que entra en disonancia con su actitud se manifestará una modificación para restablecer la coherencia; la *repetición*, que prevé una exposición directa y repetida del individuo al objeto de la actitud para alcanzar una transformación en la evaluación del objeto.

2] PSICOLOGÍA ANALÍTICA. C.G. Jung acepta la actitud como uno de los elementos existenciales de su teoría psicológica: "Tener una actitud –escribe Jung– significa: estar listo para una determinada cosa, incluso si esta determinada cosa es inconsciente, ya que tener una actitud equivale a tener una dirección *a priori* hacia una cosa determinada, esté representada o no. [...] Que el punto de orientación de la actitud sea consciente o inconsciente no tiene importancia para la acción seleccionadora, dada que la elección por medio de la actitud está ya dada *a priori* y se efectúa automáticamente. En la práctica, sin embargo, es necesario identificar entre consciente e inconsciente, ya que con extraordinaria frecuencia sucede que subsisten simultáneamente las dos actitudes, esto es, una consciente y una inconsciente. Con esto se quiere decir que en la conciencia están predispuestos contenidos diferentes de los predispuestos en el inconsciente. La dualidad de la actitud se manifiesta especialmente en las neurosis" (1921: 426-427). A una actitud muy unilateral de la conciencia corresponde una actitud de signo opuesto en el inconsciente. De hecho la unilateralidad de la actitud consciente, escribe Jung, "llevaría a una pérdida completa del equilibrio si no subsistiese en la psique una función autorreguladora y *compensadora* que corrija la actitud consciente" (1921: 427).

Jung fue quien introdujo en psicología la diferencia entre actitud *extrovertida* y actitud *introvertida*: "La primera se orienta basándose en hechos externos tal como son dados, la otra se reserva una opinión que se interpone entre ella y la realidad objetiva. Cuando domina la orientación basada en el objeto y en los datos objetivos, y las decisiones y los actos más frecuentes y más importantes no están determinados por opiniones subjetivas, sino por las circunstancias objetivas, se habla de actitud extrovertida. Si esto es habitual, se habla de tipo extrovertido" (1921: 357-358), mientras "el tipo introvertido se diferencia del extrovertido por el hecho de que no se orienta basándose en el objeto y en el dato objetivo, sino más bien en factores subjetivos, por lo que en el introvertido, entre la percepción del objeto y el comportamiento del individuo, se inserta un punto de vista subjetivo, que impide que el comportamiento adquiera un carácter correspondiente al dato objetivo" (1921: 378-379; *v.* **extroversión-introversión**). La fenomenología de estas actitudes la usó después Jung con las que él considera **funciones** (*v.*) de la psique que, según su predominio, determinan una actitud preferente de pensamiento, de sentimiento, de intuición o de sensación (*v.* **tipología**, § 2).

3] PSICOLOGÍA DE LA COMPRENSIÓN. El estudio de las actitudes constituye la primera de las tres partes en las que se articula la *psicología de las concepciones del mundo* de K. Jaspers, que se abre con esta declaración: "Sólo dentro de las mismas actitudes los hombres entran en comunicación los unos con los otros, comprendiéndose recíprocamente. Si las actitudes son diferentes, uno vive, piensa, actúa, y pasa junto al otro sin tocarlo. Mientras las actitudes no estén una junto a otra como esferas de vida y de experiencia distintas, una visión del mundo puede perfectamente afirmar cada actitud, hacerla absoluta y aislarla, y de ahí negar a las otras. Haciéndolo así es fácil caracterizar y construir una serie de concepciones del mundo antitéticas entre sí" (1919: 65). Partiendo de esta premisa Jaspers diferencia:

a] *Las actitudes objetivas*, "que pueden ser activas y contemplativas. Por activas se entiende la plasmación de la realidad temporal. Por contemplativas se entiende la comprensión de una objetividad que en el fondo es atemporal" (1919: 66). Entre las actitudes contemplativas están la actitud intuitiva, "en la que se ve, se acoge, se vive y se experimenta el sentimiento de felicidad de la plenitud de lo ilimitado" (1919: 80) y la actitud estética y racional que caracteriza en estos términos: "la actitud estética circunscribe, aislando y anulando las correlaciones de la esfera visual circunscrita; la actitud racional en cambio circunscribe precisamente para llevar a lo circunscrito a una afinidad de correlaciones recíprocas" (1919: 87-88).

b] Las actitudes autorreflejas, donde "la conciencia, después de haberse dirigido al mundo de los objetos extraconscientes, efectúa una conversión en la psique misma, se 'refleja' desarrollando una vida psíquica refleja que tiene por objeto eso que llamamos yo, ello, personalidad" (1919: 108). Las actitudes autorreflejas abarcan la actitud hedonista, en la cual "la conciencia se entrega a una cosa, y el placer está en darse, no ya en la cosa misma" (1919: 111). En los antípodas está la actitud ascética por la cual, "a diferencia del hedonista que va en búsqueda de experiencias, situaciones, impresiones y ocupaciones materiales, con la intención de gozarlos, el asceta trata de reducir las impresiones evitando toda experiencia, con el fin de facilitar el extrañamiento" (1919: 112). Finalmente está la actitud autoformativa en la que "el hombre ve más allá de su estado momentáneo, y se ve a sí mismo como a un todo que se extiende en el pasado y en el futuro, por lo que los poderes del momento se coordinan con la propia vida concreta en la formación de la personalidad, bajo el signo de esta o aquella imagen-guía" (1919: 114).

c] Las actitudes entusiastas en las que "el hombre se siente tocado en su más íntima sustancia, en su esencialidad o –lo que es lo mismo– se siente aferrado y conmovido por la totalidad. Se establece entonces una íntima relación entre la esencialidad del sujeto y la del objeto, en una actitud que parece tener una estrecha semejanza con el ahogamiento místico y la abolición conjunta de la escisión de sujeto y objeto" (1919: 138). A partir de las actitudes Jaspers procederá a la descripción de las concepciones del mundo (*v.* **mundo**, § 1), y a las figuras de la vida del espíritu.

4] PSICOLOGÍA DEL TRABAJO (*v.*, § 1).

BIBLIOGRAFÍA: Adorno, T.W. (1950); Bloom, B.S. (1964); Eysenck, H.J. (1961); Festinger, L. (1957); Flores D'Arcais, G.B. y L. Arcuri, Florencia (1976); Jaspers, K. (1919); Jung, C.G. (1921); Mc Guire, W.J. (1969); Osgood, C.E, *et al.* (1957).

activa, terapia (al. *Aktive Therapie*; fr. *thérapie active*; ingl. *active therapy*; it. *terapia attiva*)

El término se usa en referencia a *a*] las variaciones en los procesos analíticos introducidos por S. Ferenczi con la denominación de **técnica activa** (*v.*); *b*] el método de reeducación psicomotriz, a través de actividades finalizadas, denominado **ergoterapia** (*v.*).

activación (al. *Aktivierung*; fr. *activation*; ingl. *arousal*; it. *attivazione*)

Estado de vigilancia del sistema nervioso central que se mantiene controlado por dos sistemas: uno *tónico*, que depende de las aferencias exterointeroceptivas, y uno *modulador*, que controla el nivel de actividad del primero e integra los estímulos que llegan a ambos sistemas por medio de procesos de *facilitación* y de *supresión* de la información. El sistema nervioso tiene una reacción proporcional al estado de activación, cuyos niveles en los diversos sujetos son distintos y van desde uno mínimo durante el sueño profundo, y uno óptimo durante la vigilia, para el desarrollo de las tareas normales, hasta un nivel de gran excitación en determinadas circunstancias. Las variaciones de nivel son producidas –además de por los fenómenos fisiológicos del organismo, como por ejemplo el ciclo vigilia-sueño (*v.* **sueño**, § 2)–, por fenómenos vinculados a la emoción, la motivación, la acción de fármacos o drogas. En la regulación de las transmisiones de los impulsos y en la modulación de los niveles de activación, además del sistema reticular, que recibe impulsos de la periferia y del sistema nervioso central, intervienen la actividad de la corteza cerebral, a la que estos impulsos son transmitidos, y el sistema límbico. Dichos sistemas, no obstante que presiden funciones diferentes, interactúan en las apropiadas para el desarrollo de las actividades del comportamiento.

Existe de hecho una relación entre los *niveles de activación* y los *estados de comportamiento*, no en el sentido de que la activación dirija el comportamiento, sino de que lo tonifica o lo disminuye. El nivel de activación, que está en relación con la motivación, con el interés y con el grado de dificultad de la inter-

vención, determina, al elevarse, el nivel de eficacia hasta el punto óptimo, después del cual
la relación se invierte, y un crecimiento ulterior determina una disminución del nivel de
eficiencia. Para ejecuciones simples un alto
nivel de activación asegura mejores resultados; para las complejas un nivel bajo favorece
respuestas más adecuadas.

El nivel de activación se consideró también en relación con la necesidad (v., § 1, a),
la teoría de la **personalidad** (v.), las clasificaciones tipológicas (v. **tipología**) y los estados neuróticos y psicóticos. En la personalidad introvertida, por ejemplo, se reconoce
un nivel mayor de activación y, por lo tanto,
una búsqueda de menor estimulación, mientras en la personalidad extrovertida se reconoció un nivel inferior de activación con la
consiguiente búsqueda de mayor estimulación. En psicopatología se ha constatado que
en las psicosis activas hay una elevada activación o, según la expresión inglesa, un *arousal* tónico y baja modulación, mientras en las
psicosis retardantes se presenta una inversión de valores. En el plano neurótico la distimia tiene un elevado despertar tónico y baja modulación, mientras en la histeria tiene
una elevada modulación y un bajo despertar
tónico. Estas comprobaciones encontraron
aplicación en farmacología, en la cual, basándose en los efectos psicológicos, los fármacos están divididos entre los que aumentan el nivel de activación y los que lo disminuyen. Para la medida fisiológica de la activación se recurre a la **electroencefalografía**
(v.), a la **electromiografía** (v.), a los **potenciales evocados** (v.), al **reflejo** (v.) psicogalvánico y de orientación.

BIBLIOGRAFÍA: Claridge, G.S. (1969); Duffy, E.
(1962); Lynn, R. (1966); Magoun, H.W. (1958);
Misiti, R. (1972); Strelau, J. y H.J. Eysenck
(1986).

actividad *(Tätigkeit*; fr. *activité*; ingl.
activity; it. *attività)*

Cualquier expresión de la vida de un organismo bajo la forma de procesos biológicos, fisiológicos, motores, de comportamiento y
mentales. La actividad puede ser *espontánea*,
como reacción inmediata del organismo al

ambiente; *provocada* artificialmente con cualquier estímulo adecuado; *intencional*, cuando
está motivada por un objeto a alcanzar o un
objetivo que perseguir. Todos los sectores de
la psicología se han ocupado de la actividad
en relación con su marco de referencia: el
conductismo la considera una respuesta al
ambiente; el *cognoscitivismo* una reorganización del ambiente a partir de las condiciones
subjetivas de naturaleza tanto afectiva como
mental; el *psicoanálisis* pone la actividad en
relación con las motivaciones inconscientes;
la *neuropsicología* en relación con los grados
de **activación** (v.) psicofísica para establecer
la disponibilidad del organismo completo a la
acción. El término es objeto de especial atención, aunque en una acepción completamente distinta, en tres ámbitos: la psicología clínica, la psicología de la escuela soviética y la
pedagogía.

1] PSICOLOGÍA CLÍNICA. Aquí se habla de actividad en relación con las distintas formas de terapia ocupacional (v. **ergoterapia**) que se
practican en las instituciones psiquiátricas,
como las *actividades de grupo* que involucran
a varios enfermos mentales para favorecer la
socialización, o las *actividades graduadas*, que
se basan en el esfuerzo psicofísico que requieren para aumentar progresivamente las capacidades del paciente por el incremento gradual de la complejidad del trabajo. Siempre
en este ámbito, S.R. Slavson introdujo el concepto de actividades *estimulantes*, orientadas
a activar la libido, y de actividades *inmovili-
zantes* orientadas a vincularla a un interés y
ocupación específicos. Se habla, por último,
de *actividad lúdica* con una doble acepción:
"normal", cuando libera el exceso de energía
no consumida de un organismo (v. **juego**), y
"patológica", cuando no logra producir hacia
el exterior los efectos deseados, por insuficiencia de intencionalidad o falta de organización. En este caso A.L. Baldwin habla de "casi acción".

2] PSICOLOGÍA DE LA ESCUELA SOVIÉTICA. En este
ámbito la actividad, entendida como actividad voluntaria que tiende a un objetivo socio-
históricamente determinado, tiene una importancia central. Su naturaleza es dialéctica
porque la *Tätigkeit* [actividad] de la que habla
K. Marx en *El capital* –*dejatelnost* en ruso–,

es, por un lado, la condición de desarrollo de los fenómenos psíquicos, y por el otro el producto que con ese desarrollo se inicia. Así la psicología de la escuela soviética supera la controversia entre mentalistas y conductistas, instaurando entre las dos posiciones un espacio de interrelación. La hipótesis materialista que caracteriza a la psicología de la escuela soviética hace pensar a P.J. Galperin que todo proceso psíquico, aun el más elevado, como el proceso mental, se desarrolla en el niño a través de sus actividades interpretadas verbalmente por los adultos; estas interpretaciones, al pasar después por numerosos estadios, llegan a la idea pura de un objeto o de un proceso que sería inalcanzable en el plano conceptual si no hubiera sido manipulado, a su vez, de algún modo. Por su parte A.R. Luria insiste en la anticipación psíquica de los objetivos interpretados como los reguladores más importantes de las actividades que, al duplicar procesos *cognoscitivos*, como las percepciones, las decisiones y las reproducciones mentales, y *motivacionales*, como la determinación de los fines, convierten la actividad en un verdadero proceso psicomotor. El análisis psicológico de la actividad fue clasificado por T. Tomaszewski en cinco momentos: determinación del objetivo; elaboración de los métodos para alcanzarlo; indicación y producción de los medios necesarios; decisiones del empleo del medio más adecuado; control final, mediante comparación de los procedimientos y de los resultados alcanzados.

3] PEDAGOGÍA. En este ámbito la actividad es central para la corriente de pensamiento que, retomando a J.-J. Rousseau, identifica el punto fundamental de la educación no en la transmisión de un saber, sino en la creación de un ambiente que favorezca la actividad espontánea de los niños para después conducirla, con progresivas adaptaciones, a la actividad organizada y finalizada (*v.* **activismo**, § 1).

BIBLIOGRAFÍA: Baldwin, A.L. (1967); Bernstein, N.A. (1967); Cranach, M. von y R. Harré (coords.) (1980); Galperin P.J. (coord.) (1972); Leontiev, A.N. (1975); Leontiev, A.N. (1975); Luria, A.R. (1973); Marx, K. (1867-1894); Slavson, S.R. (1952); Tomaszewski, T. (1978); Vygotsky, L.S. (1934).

actividad-pasividad (al. *Aktivität-Passivität*; fr. *activité-pasivité*; ingl. *activity-passivity*; it. *attivitá-passivitá*)

Pareja de opuestos que, en psicoanálisis y en antropología social, se ha utilizado con valor *masculino-femenino* en los siguientes términos:

1] PSICOANÁLISIS. S. Freud considera la actividad y la pasividad como dos aspectos de la vida pulsional que se manifiestan en la polaridad agresión-sumisión (*v.* **agresividad**, § 5), sadismo-masoquismo (*v.* **sadomasoquismo**) y masculino-femenino. Este paralelismo, considerado desde el punto de vista de la **pulsión** (*v.*, § 1), prevé una diferenciación que, por la polaridad activo-pasiva, se decide por la *meta pulsional*, mientras que por la polaridad masculino-femenino se decide por el *objeto sexual* postedípico, con la consiguiente preponderancia de los deseos activos o pasivos en relación con el objeto.

Según Freud, en efecto, en la fase preedípica (*v.* **Edipo, complejo de**) del desarrollo, los niños y las niñas tienen metas pulsionales activas y pasivas en el nivel **oral** (*v.*), **anal** (*v.*) y fálico (*v.* **fálica, fase**). En la fase edípica *el niño* tiene un deseo activo hacia la madre que implica una usurpación del papel paterno, y un deseo pasivo hacia el padre que implica tomar el lugar de la madre. Dado que la satisfacción de ambos deseos implica la amenaza de la **castración** (*v.*) el niño se separa, a través de un investimiento narcisista, de ambos padres y del complejo edípico. *La niña*, por la falta de pene, está obligada a suprimir los deseos activos, sustituyendo el deseo del pene con el deseo de tener un niño. Por esto se aleja de la madre, que se convierte en objeto de celos, y toma al padre como objeto de amor. En la niña no se da, por lo tanto, la misma separación decisiva del complejo edípico que se registra en el varón por efecto de la amenaza de castración.

En la pubertad la polaridad actividad-pasividad coincide definitivamente con la polaridad masculino-femenino: "No carece de importancia tener presentes las mudanzas que experimenta durante el desarrollo sexual infantil, la polaridad sexual infantil, la polaridad sexual a que estamos habituados. Una primera oposición se introduce con la elección de objeto, que sin duda presupone el sujeto y objeto. En el estadio de la organización pregenital sádico-anal no cabe hablar de masculino y femenino; la oposición entre *activo* y *pasivo* es la dominante. En el siguiente estadio de la organización genital infantil hay por cierto algo *masculino*, pero no algo femenino; la oposición reza aquí: g*enital masculino o castrado*. Sólo con la culminación del desarrollo en la época de la pubertad, la polaridad sexual coincide con *masculino* y *femenino*. Lo masculino, reúne el sujeto, la actividad y la posesión del pene; lo femenino, el objeto y la pasividad. La vagina es apreciada ahora como alberge del pene, recibe la herencia del vientre materno" (1923 [1976: 148-149]).

Asimismo, para Freud existen muchos casos de adultos en los que se encuentran desviaciones por lo que se refiere tanto al sujeto como a la meta sexual prevaleciente, por lo que no hay una plena correspondencia entre actividad-pasividad y masculino-femenino, sino que, en relación con la meta y al objeto pulsional, es posible diferenciar: 1] homosexuales activos, 2] homosexuales pasivos, 3] heterosexuales activos, 4] heterosexuales pasivos.

La ecuación que hizo Freud entre pasivo y femenino fue muy criticada por las psicoanalistas y en especial por K. Horney, S. Payns y M. Klein, para quienes no es aceptable, por ejemplo, la concepción según la cual las madres serían activas y los niños serían pasivos, antes que nada porque tanto el amamantamiento como la succión implican actividad, y en segundo lugar porque hablar en términos de actividad y pasividad hace creer que las relaciones son enfrentamientos, no interacciones. E. Jones, interviniendo en el argumento, considera que esta concepción de la actividad y de la pasividad está en el origen del punto de vista falocéntrico (*v*. **falocentrismo**) de Freud que, en opinión de Jones, confundió la actividad con iniciar la acción y la pasividad con la respuesta y la receptividad (*v*. **feminidad**).

2] ANTROPOLOGÍA SOCIAL. En antropología se tiende a subrayar que la diferencia masculino-femenino ha desempeñado un papel social notable, no tanto como diferencia biológica cuanto como *principio de orden* alrededor del cual se organizaron las primeras culturas primitivas, que no conocían ninguna forma de trabajo en la que participaran juntos hombres y mujeres. Si por ejemplo los hombres cazaban, a las mujeres se les dejaba la recolección, si el bosque era el espacio masculino, el campamento era el femenino. De este modo la oposición sexual se transforma en oposición del espacio y del tiempo vividos respectivamente por el hombre y por la mujer, se transforma en oposición socioeconómica entre un grupo de productores y un grupo de recolectores-consumidores. Se logra que la diferencia sexual, si bien por un lado es la causa de la *reproducción de la especie*, por el otro es el efecto de la *producción social*, y esto no sólo en el sentido obvio según el cual cada reproducción sexual está sometida al orden de una cultura, sino en el más profundo, según el cual el dispositivo significante de la diferencia sexual actúa en niveles que sobrepasan a tal punto los aspectos biológicos de la reproducción como para hacer pensar que la diferencia sea más *sexuada* que *sexual*, es decir, que apunte a algo más de lo que es. Si además se considera que las sociedades primitivas ignoraban el papel masculino en la fecundación, la pareja masculino-femenino, de *igualitaria* en el plano de la reproducción, se transforma en *jerárquica* en el de la producción social, en el sentido de que es como *padre*, y no como genitor, que el hombre dispone de las mujeres y las intercambia, interviene en la pareja madre-niño, separándola, inicia a los jóvenes en la sociedad de los varones; y es como *genitora* y no como madre que la mujer tolera todo esto, por lo que la diferencia sexual trasciende su significado biológico para convertirse en lugar simbólico de distribución de papeles sociales.

La sobreposición de la polaridad actividad-pasividad en la polaridad masculino-femenino que fue iniciada por Aristóteles: "la hembra ofrece siempre la materia, el macho el agente del proceso de transformación" (*Reproducción de los animales*, 738, b), está en el principio de una ulterior diferenciación entre la *forma*, el tipo, la noción, la idea, el modelo, del que el macho es el portador y la *materia* de la que la hembra es depositaria, promoviendo una diferencia entre lo biológico, todo femenino, y lo espiritual, todo masculino, con lo que se inicia la dialéctica que se desarrollará en el curso de la historia entre la materia y el modelo, entre la materia informe y el espíritu formador, en la cual la diferencia sexual se transforma en el pretexto para una producción de códigos simbólicos con efectos sociales.

BIBLIOGRAFÍA: Aristóteles (1973); Ferenczi, S. (1929); Freud, S. (1905); Freud, S. (1915); Freud, S. (1923); Freud, S. (1924); Freud, S. (1932); Galimberti, U. (1983); Horney, K. (1926); Irigaray, L. (1985); Jones, E. (1948); Klein, M. (1978); Malinowski, B. (1927); Mead, M. (1949); Payns, S. (1953); Róheim, G. (1950).

activismo *(al. Aktivismus; fr. activisme; ingl. activism; it. attivismo)*

1] Término empleado en pedagogía para indicar el conjunto de doctrinas que se desarrollaron en la primera mitad del siglo XX, en polémica con la educación humanística tradicional, con el objetivo de promover una participación activa de los jóvenes en el proceso de aprendizaje, organizado alrededor de proyectos operativos preparados de tanto en tanto a partir de las indicaciones teóricas de J. Dewey, contra el autoritarismo didáctico y la inserción de la escuela en un contexto social más amplio. Las aplicaciones escolares más significativas con esta orientación fueron experimentadas por M. Montessori para quien la escuela debe tener como objetivo crear las condiciones que permitan la exteriorización de energías creativas y de las disposiciones afectivas con frecuencia reprimidas por las estructuras educativas deseadas por los adultos; O. Decroly que, contra la adquisición nocionística, introduce los conceptos de "método global" y de "centros de interés" de los que es necesario partir para promover una enseñanza eficaz; E. Claparède que subrayó la exigencia de la enseñanza individualizada regulada no por el programa, sino por el *currículum* (*v.* **currículo**) del alumno, y de J. Piaget que hizo del activismo una teoría pedagógica dotada de métodos adecuados científicamente (*v.* **epistemología genética**).

2] El término activismo tiene también un segundo significado, con una connotación sustancialmente negativa, cuando se refiere al interés prevalente por la acción, cualquiera que ésa sea, sin una clara identificación de los objetivos o de adecuadas estrategias, con el único objetivo de distraer la atención de sí y de los propios conflictos, suprimiendo toda ocasión de autorreflexión que podría llevar a redefinir la dirección y la modalidad de la propia existencia.

BIBLIOGRAFÍA: E. Claparède (1909); O. Decroly y J. Boon (1921); J. Dewey (1982); M. Montessori (1916); J. Piaget (1970).

acto *(al. Akt; fr. acte; ingl. act; it. atto)*

En psicología con este término se hace referencia: 1] al contenido específico de una corriente de pensamiento denominada *psicología del acto*; 2] a una manifestación diversamente evaluable de una intención consciente o inconsciente. Con esta acepción se habla de "acto de estima", "acto de amistad", "acto de justicia", "acto heroico" y semejantes. Siempre en el terreno psicológico, al término *acto* se prefiere el término *acción* (*v.*), con excepción de algunos usos específicos adoptados en psicoanálisis, reflexología y sexología.

1] PSICOLOGÍA DEL ACTO. Iniciada por F. Brentano con la obra *Psycologie vom empirischen Standpunkt* (1874), la psicología del acto indica, con la **intencionalidad** (*v.*), el carácter específico de los fenómenos psíquicos cuya naturaleza es la de "tender hacia", de "referirse a". De este modo Brentano sobrepasa el subjetivismo kantiano, para quien el conocimiento es una construcción del sujeto que deja las cosas en su incognoscible *en sí*, e inicia el modelo de conciencia, ya famoso con la escolástica tardía y después retomado por la fenomenología de E. Husserl, según la cual la conciencia es una apertura original al mundo, o sea un *acto intencional*. Deteniéndose en el plano psicológico, sin llevar hasta sus últimas consecuencias las implicaciones gnoseológicas que introducía la noción de intencionalidad, Brentano evidencia tres clases de representaciones que se diferencian por la naturaleza del acto intencional que las constituye: el concepto, gracias al cual un objeto está simplemente *presente*; el juicio, gracias al cual una cosa es *afirmada* o *negada*; el sentimiento, por el cual una cosa es *amada* u *odiada*. Todos estos actos se refieren a un "objeto inmanente", así llamado porque no está más allá del fenómeno psíquico que le concierne sino que se hace uno con éste, pues no se puede constituir un fenómeno psíquico sino como inmediata y original relación con el objeto.

La fenomenología de Husserl (*v.* **fenomenología**) y la psiquiatría de L. Binswanger (*v.* **análisis existencial**), que retoman el concepto de intencionalidad de la conciencia introducido por B. Bolzano, crearán un contexto problemático alrededor de algunos conceptos fundamentales del psicoanálisis, como el de **proyección** (*v.*) y el de **transferencia** (*v.*), que, en armonía con los modelos tomados de la física en la que se inspiraba S. Freud, presuponen la existencia de *sentimientos en sí*, independientes de las cosas sentidas o de los hombres percibidos. En efecto, sólo asumiendo los sentimientos objetivamente aislados y autónomamente existentes como elementos no intencionales de un aparato físico se puede imaginar, por ejemplo, que un sentimiento de amor se desprenda de la madre y "se transfiera", durante el curso del tratamiento, hacia el analista. Cuando la fenomenología recupera la psicología del acto de Brentano, volviendo a poner en juego la intención original de la conciencia, la diferenciación entre fenómeno psíquico y fenómeno físico, que había introducido R. Descartes (*v.* **dualismo psicofísico**), revelará toda su dimensión de aporía y hará problemático tratar los *actos mentales* como se tratan las *cosas del mundo*, que se pueden "desplazar" o "transferir" a placer (*v.* **análisis existencial, § 1**).

2] PSICOANÁLISIS. En este terreno se usa la palabra acto en las siguientes acepciones:

a] *Acto casual*: acción privada de intencionalidad que, realizada por pura casualidad y sin el control del sujeto, favorece la realización de una finalidad inconsciente. Freud diferencia el acto casual del acto fallido: "por desdeñar [las acciones casuales] apuntalarse en una intención consciente y no hacerles falta entonces aquel disimulo. Aparecen por sí, y se las acepta porque no se sospecha en ellas un fin ni un propósito. Se las ejecuta 'sin intención alguna', de manera 'puramente casual', 'como para tener ocupadas las manos', y se da por sentado que con ese informe se pondrá término a toda busca de un significado de la acción. A fin de gozar de esa excep-

cionalidad, estas acciones, que ya no pueden apelar a la torpeza como disculpa, han de llenar obligatoriamente ciertas condiciones: *no deben ser llamativas*, y es preciso que sus efectos sean desdeñables. He recopilado gran número de estas acciones casuales observadas en mí mismo y en otros, y tras indagar a fondo cada uno de los ejemplos opino que merecen más bien el nombre de *acciones sintomáticas*" (1901 [1976: 188]). Se clasifican en estos actos: acciones habituales como jugar con la cadena del reloj, mesarse la barba, y en general las acciones que se repiten regularmente en determinadas situaciones, como garabatear con el lápiz que se tiene en las manos, hacer tintinear las monedas en los bolsillos, amasar el migajón y todos aquellos actos esporádicos que, descuidados o no advertidos por la conciencia, sirven, según Freud, para manifestar tendencias inconscientes reprimidas, así como fantasías y deseos.

b] *Acto fallido*: expresión introducida por Freud para definir manifestaciones típicas del inconsciente como los **lapsus** (*v.*), los errores de lectura y de escritura, el olvido de los nombres, el descuido, la pérdida de objetos y similares. El acto fallido tiene el valor de un síntoma porque revela la existencia de un conflicto entre la intención consciente y la pulsión suprimida. Aprovechando la reducción de la vigilancia del yo, la pulsión suprimida logra manifestarse alterando el comportamiento consciente. El acto fallido está entre los mecanismos de **desplazamiento** (*v.*).

c] *Acto sintomático*: cuando no es tratado como sinónimo de acto casual o de acto fallido, el acto sintomático manifiesta una cosa que el sujeto no sospecha y que de cualquier modo no desea comunicar. Aunque quien lo cumple no advierte haber introducido variantes en el modo habitual de actuar, y en general no ve y no siente los efectos de este acto, Freud afirma que "al observador de los seres humanos [estos actos] le delatan a menudo todo cuanto desea saber" (1901: 228).

3] REFLEXOLOGÍA. En este ámbito se habla de *acto reflejo* en referencia a las respuestas consecuentes a una estimulación. A diferencia del reflejo condicionado, que es una respuesta adquirida (*v.* **aprendizaje, § I, 1**), el acto reflejo es una respuesta automática e involuntaria (*v.* **reflejo**).

4] SEXOLOGÍA. En este ámbito el término acto, adoptado genéricamente para cualquier manifestación sexual, tiene un empleo específico a propósito del *acto breve* caracterizado por la obtención inesperada y repentina del orgasmo que puede manifestarse tanto en el hombre (*v.* **eyaculación**) como en la mujer. Causas determinantes pueden ser la excesiva tensión, la acumulación de ansiedad o la prolongada elaboración fantasiosa antes del contacto físico. Según una interpretación psicoanalítica, subyacente al acto breve habría un rechazo inconsciente hacia la pareja.

5] LINGÜÍSTICA. En este ámbito se habla de *acto lingüístico* en referencia a la acción que acompaña la emisión (*v.* **lingüística**, § 1, *g*).

BIBLIOGRAFÍA: Abraham, G. y W. Pasini (1975); Binswanger, L. (1936); Brentano, F. (1874); Brentano, F. (1911); Freud, S. (1901); Galimberti, U. (1979); Husserl, E. (1912-1928); Pavlov, I.P. (1927).

actuación (al. *Agieren*; fr. *mise en acte*; ingl. *acting out*; it. *agire*)

Término psicoanalítico introducido por S. Freud para indicar el intento del paciente en tratamiento analítico para no enfrentarse, por miedo, con sus conflictos inconscientes, buscando más bien soluciones en el plano de la realidad. El término, de origen latino y conservado en lengua alemana bajo la forma *Agieren*, es empleado por Freud, como el término *Abreagieren* (*v.* **abreacción**), que tiene la misma raíz, en sentido transitivo, y alude al hecho de "pasar al acto" deseos, fantasmas y pulsiones. De aquí la expresión inglesa *acting out*, ya adoptada en todas las lenguas y preferida al término freudiano *Agieren*. Un hombre que tiene miedo a las mujeres, pero que en el curso del tratamiento psicoanalítico no puede darse cuenta de ello por la angustia que experimenta, puede comenzar a entrelazar precipitadas relaciones con varias mujeres para demostrarse a sí mismo y al terapeuta que no tiene ninguna necesidad de conocer las causas de su angustia. Esto puede suceder porque la pulsión no ha adquirido nunca una expresión verbal, porque es demasiado intensa para poder descargarla con palabras, o porque al sujeto le falta la capacidad de elaboración. Ya que el psicoanálisis es "un tratamiento con las palabras" conducido en un estado de reflexión, la actuación, frecuente en los casos de psicopatía y en los trastornos del comportamiento, reduce la accesibilidad al tratamiento psicoanalítico.

En los textos de Freud el verbo *agieren* está casi siempre en relación con el verbo *erinnern*, que significa "recordar", porque, según Freud, la acción está siempre en el lugar de un recuerdo que, no efectuado, no permite al paciente comprender el carácter repetitivo (*v.* **compulsión**) de lo que pasa al acto. Por esto escribe Freud: "Por así decir, actúa ante nosotros en lugar de informarnos" (1938 [1976: 176]); o, cuando la acción sucede fuera de la **transferencia** (*v.*) propiamente dicha: "debemos resignarnos a que el analizado sucumba a la coacción a repetir (que ahora sustituye el impulso a recordar), no solamente en sus relaciones personales con el médico, sino también en todas sus otras actividades y relaciones de la vida presente: como por ejemplo cuando éste, durante el tratamiento, elige un objeto de amor, asume una tarea o da curso a una iniciativa" (1914). De los textos aquí reproducidos se desprende que al introducir la noción *Agieren* Freud no se preocupó de distinguirla con precisión de la de transferencia, en la cual es posible "actuar" sentimientos infantiles en la persona del analista. Esto explica por qué Freud lamenta el "paso al acto" sólo cuando el sujeto está fuera del tratamiento analítico: "Es muy indeseable para nosotros que el paciente, fuera de la transferencia, *actúe* en lugar de recordar; la conducta ideal para nuestros fines sería que fuera del tratamiento él se comportara de la manera más normal posible y exteriorizara sus reacciones anormales sólo dentro de la transferencia" (1938 [1976:177-178]).

O. Fenichel proporciona una formulación más precisa del *acting out*: lo define como "un actuar que inconscientemente disminuye la tensión interna e implica una descarga parcial de los impulsos mantenidos bajo freno; la situación presente, relacionada de algún modo en forma asociativa con el contenido eliminado, se usa como ocasión para la descarga de las energías suprimidas; el investimiento o catexis es trasladado de los recuerdos eliminados al 'derivado' actual y este desplazamiento permite la descarga" (1940 [1976: 64]).

La noción de *acting out* también se utiliza hoy fuera del psicoanálisis, como por ejemplo en el estudio de las estructuras caracterológicas de los individuos, entendidas como modelos habituales de reacción que se desarrollan a consecuencia del conflicto entre exigencias instintivas y mundo externo frustrante. Aunque tal modelo tenga origen en las situaciones familiares, el individuo lo conserva toda la vida como método típico de reacción a cualquier frustración. También este **desplazamiento** (*v.*) constituye un *acting out*.

BIBLIOGRAFÍA: Fenichel, O. (1940); Freud, S. (1914); Freud, S. (1913-1914); Freud, S, (1938).

actual (al. *Aktuell*; fr. *actuel*; ingl. *actual*, it. *attuale*)

Adjetivo adoptado: 1] en *psicoanálisis* para designar una forma de angustia llamada "angustia actual" o "neurosis de angustia" (*v.* **angustia**, § 2, *a*), y a un grupo de neurosis (*v.*, § 2) llamadas "actuales" porque están determinadas, no por conflictos de la edad infantil, sino por conflictos presentes que, por insuficiencia de elaboración psíquica, no logran vincularse a algún contenido representativo y por lo tanto se traducen directamente en síntomas somáticos; 2] en *psicología de la forma*, en la cual se habla de "génesis actual" a propósito de los contenidos perceptivos que emergen de una condición confusa e indiferenciada gracias a una intervención activa del observador.

actualización (al. *Aktualisierung*; fr. *actualisation*; ingl. *actualization*; it. *attualizzazione*)

Término empleado en dos contextos diferentes a propósito de: 1] los *contenidos de la memoria*, en los que O. Selz diferencia entre su búsqueda activa (actualización) y su aparición imprevista sin la participación del sujeto (*v.* **alóctono-autóctono**, § 3); 2] las *emociones*, en las que O. Külpe habla de actualización en aquellos casos en los que no se da un recuerdo o una representación de un senti-

miento sin que esto conlleve su reaparición con la misma intensidad emotiva con la que originalmente se lo vivió.

BIBLIOGRAFÍA: Külpe, O. (1922); Selz, O. (1922).

aculturación (al. *Akkulturation*; fr. *acculturation*; ingl. *acculturation*; it. *acculturazione*)

El término se toma de la antropología cultural, donde denota el fenómeno de transformación y de adaptación de un grupo que entra en contacto con otro. De la antropología el término pasó a la psicología social, donde se habla de aculturación a propósito de la adopción de la vida urbana por parte de los migrantes rurales o que provienen de territorios aislados. Según el psicoanálisis la aculturación está ligada a procesos de **introyección** (*v.*) y de **identificación** (*v.*).

BIBLIOGRAFÍA: Varios autores (1970); Kluckhohn, C. y A.L. Kroeber (1952).

acumulación
v. ESTADÍSTICA, § II, 2.

acupuntura (al. *Akupunktur*; fr. *acupuncture*; ingl. *acupuncture*; it. *agopuntura*)

Metodología clínica de origen chino que, no obstante que abarca un gran número de técnicas y diversas aplicaciones, se sirve de tres procesos básicos: 1] la inserción de agujas filiformes con las que se realiza la acupuntura propiamente dicha; 2] la combustión sobre la piel de pequeñas cantidades de hojas tratadas de *Artemisia vulgaris*, llamada moxibustión; 3] la perforación de pequeños vasos de la superficie cutánea con agujas especiales para obtener una microsangría en el nivel del acupunto. Como según la medicina china la naturaleza de una enfermedad está en relación con un estado *xu* (déficit, carencia) y con un estado *shi* (exceso) de las funciones de los aparatos del organismo, la aplicación de las agujas sigue procedimientos de "tonificación" o de "dispersión" dirigidos respectivamente a corregir el déficit o a la eliminación de los excesos de factores constitucionales. Las propiedades terapéuticas de los puntos de aplicación de las agujas dependen de su ubicación por lo que, por ejemplo, los puntos colocados sobre las extremidades son empleados para curar las extremidades mismas o las áreas lejanas alimentadas por canales a los que estos puntos pertenecen, mientras los puntos de la cabeza, de la cara y del tronco, además de servir para los desórdenes de estas zonas, permiten corregir los desórdenes de los correspondientes órganos internos. El *cun* (distancia) es la unidad de medida para la localización de los puntos que dividen el cuerpo en partes iguales, cuyo largo es determinado individualmente por la estructura del cuerpo de cada una de las personas. Con esta técnica, que no tiene nada de mágico o de misterioso, se han tratado en China numerosísimas enfermedades durante miles de años.

BIBLIOGRAFÍA: Autores varios. (1987).

adaptación (al. *Anpassung*; fr. *adaptation*; ingl. *adaptation*; it. *adattamento*)

Proceso a través del cual un individuo o un grupo establece con su ambiente natural o social una condición de equilibrio o, por lo menos, de ausencia de conflictos. El proceso ocurre a través de la combinación de operaciones *aloplásticas*, orientadas a modificar el ambiente, o *autoplásticas*, dirigidas a modificarse a sí mismos en virtud de un equilibrio aceptable. Cuando el resultado de estas operaciones no surte efecto se habla de *desadaptación*, refiriéndose generalmente al ambiente social. El concepto, presente en todas las teorías psicológicas, es asumido por el *funcionalismo* (v.) como principio explicativo de la génesis y del sentido de todas las actividades psíquicas. Fuera de la *biología*, donde por adaptación se entiende la modificación de las características biológicas que llevan a la sobrevivencia de la especie y su reproducción en el ambiente a través de la selección natural y las mutaciones filogenéticas (v. **filogenia-ontogenia**), en *psicología* los ámbitos disciplinarios en los que el término se usa más frecuentemente son los siguientes:

1] PSICOLOGÍA GENERAL. Ésta habla de adaptación en el *ámbito emotivo*, donde se distin-

guen emociones de emergencia, como el miedo, la rabia, la angustia, fundados en el dolor actual o en la espera del dolor, que disuaden al individuo de comportamientos lesivos, y de emociones de bienestar como el afecto, la alegría, el amor, fundados en el placer actual o en la espera del placer, que propician comportamientos favorables al sujeto. Esta autorregulación hedonista es el primer inicio de los procesos de adaptación que se desarrollan después en la dirección de las gratificaciones aplazadas respecto de las inmediatas; esto permite la superación del nivel emocional en formas más maduras de autocontrol. En el *ámbito perceptivo* se habla de "adaptación sensorial" a propósito de las modificaciones que sufre la sensibilidad en presencia de una intensificación o de una reducción de la estimulación, por lo que habrá una adaptación "negativa" cuando la sensibilidad de los receptores se reduce para compensar el exceso de estimulación, y una "positiva" cuando aumenta para hacer frente a la debilidad del estímulo. En la adaptación perceptiva y en la readaptación consecuente a las modificaciones en el campo visual desempeña un papel fundamental el aprendizaje (*v.* **percepción**, § 7).

2] PSICOLOGÍA SOCIAL. Considera que la adaptación es una de las más importantes modalidades del desarrollo psíquico del individuo, por lo que analiza cada variable del psiquismo individual como función de la adaptación social, entendida como *adecuación* a los estándares de comportamiento requeridos por la cultura ambiental de pertenencia, y como *anticipación* a los modelos esperados por la estructura social. Respecto a esta definición, que los psicólogos sociales llaman "estadística", toda forma de desviación de las normas de referencia es *desadaptación* que requiere una serie de iniciativas formativas, educativas, pedagógicas, terapéuticas, dirigidas a la *readaptación*, inspiradas en gran parte en los modelos del condicionamiento social. Existe además una concepción dinámica de adaptación fundada en el análisis de las *motivaciones* que actúan como base energética del comportamiento, de las *decisiones* que llevan a la acción conductual, y de las modalidades de desarrollo de la organización social, lo que implica una continua revisión de las técnicas adaptativas que se utilizan en cada ocasión.

3] PSICOANÁLISIS. Éste ha indicado, en los **mecanismos de defensa** (*v.*), procedimientos autoplásticos que, a través de la **represión** (*v.*), la **racionalización** (*v.*), la **proyección** (*v.*), la **formación reactiva** (*v.*) y las **formaciones sustitutivas** (*v.*) protegen al sujeto todo el tiempo necesario para que se encuentre una solución más realista para los conflictos que impiden una buena relación con la realidad. La adaptación a la realidad es justamente el objetivo primario del tratamiento analítico, al que es posible hacer seguir, de conformidad con la definición dinámica de adaptación, ese proceso de individualización (*v.*) en que ha insistido particularmente la psicología analítica de C.G. Jung.

BIBLIOGRAFÍA: Bertolini, E. (1971); Carli, R. (1972); Darwin, C. (1859); Freud, A. (1936); Freud, S. (1920); Jung, C.G. (1916); Leigh, E. (1971); Lorenz, K. (1963); Riva, A. (1972); Tempieri, G. (1972); Walk, R. (1978); Williams, G.C. (1966); Wilson, E.O. (1975).

adhesión o **apego** (al. *Anhänglichkeit*; fr. *attachement*; ingl. *attachment*; it. *attaccamento*)

Fuerte vínculo afectivo hacia una persona, una cosa, un ambiente, un modo de vida, que presenta en ocasiones rasgos de dependencia identificables a partir del modelo original que es el de la adhesión del niño a la figura materna. Desde el punto de vista psicoanalítico la adhesión es una forma de **fijación** (*v.*) a una fase anterior de desarrollo que persiste de manera inmadura y en ocasiones neurótica con los vínculos normales que poco a poco se desarrollan.

BIBLIOGRAFÍA: Bowlby, J. (1969-1980); Winnicott, D.W. (1987).

adiestramiento (al. *Belehrung*; fr. *enseignement*; ingl. *teaching*; it. *ammaestramento*)

Término que tiene relevancia en pedagogía, donde posee una doble connotación. Es posi-

tiva si la referencia es al mundo antiguo donde el maestro es depositario de un saber que los hombres comunes no poseen. Este significado se utiliza en los ámbitos religiosos, morales y artísticos. Tiene en cambio una connotación negativa si se refiere al alumno que, "enseñado", suele repetir lo que le fue dicho sin ninguna contribución crítica.

adivinación (al. *Mantic*; fr. *mantique*; ingl. *mantic*; it. *mantica*)

Arte de la profecía mediante la interpretación de símbolos y presagios o a través de la inspiración profética. Como práctica mántica la adivinación, al igual que la **magia** (*v.*), tiene la función de controlar lo imprevisto y lo inesperado mediante su reintegración al orden compartido por el grupo social en cuyo interior se da la descifración. En términos psicológicos esta práctica revela su eficiencia al reforzar la validez de opciones de comportamiento basándose en una lógica de tipo binario, donde se trata de decidir en una alternativa. Platón registra la adivinación entre las figuras de la "divina locura" y dice que "la profetisa de Delfos y las sacerdotisas de Dódona, en condiciones de locura, hicieron un gran bien a Grecia, tanto a los individuos como a la comunidad completa, mientras que poco o nada hicieron cuando estaban en condiciones de quien puede razonar" (*Fedro*, 244 b).

BIBLIOGRAFÍA: Platón (1973).

adolescencia (al. *Adoleszenz*; fr. *adolescence*; ingl. *adolescence*; it. *adolescenza*)

El término adolescencia es utilizado en psicología con dos acepciones: *a*] como *fase cronológica* entre la **pubertad** (*v.*) y la madurez; *b*] como *modalidad recurrente* de la psique cuyos rasgos (incertidumbre, ansiedad por el futuro, irrupción de instancias pulsionales, necesidad de tranquilidad y de libertad) pueden reaparecer más de una vez en el curso de la vida. En ambas acepciones el hilo conductor está representado por el concepto de *transformación*, que permite cambios en diversos niveles:

1] SEXUALIDAD. En el plano sexual el adolescente registra una transformación con la aparición de los caracteres sexuales secundarios y de la capacidad reproductora. Esto entraña la desaparición del cuerpo infantil mismo y la identificación con el papel sexual sobre el cual insisten las expectativas sociales que, al mismo tiempo, piden el control de las pulsiones instintivas. Ansiedad, tensiones, inhibiciones y frustraciones son los ingredientes de esta transformación que trae consigo el abandono de las figuras interiorizadas antes en el plano afectivo y su sustitución con figuras nuevas, que responden más a la nueva intencionalidad iniciada por el apenas abierto escenario sexual. Esta transición hacia la búsqueda de nuevos objetos de amor está invadida de ansiedades de abandono, episodios de regresión, pérdida de experiencias fusionales, superadas por la necesidad de separación de los anteriores objetos de amor, que ya no parecen idóneos para la nueva situación que se ha creado con la aparición de la sexualidad. De aquí nace la necesidad de aislamiento, el rechazo de un mundo que el adolescente considera responsable por la pérdida de la identidad precedente, con el consiguiente abandono de la dependencia de los padres hacia una relativa independencia y autodirección propias. Este paso se logra más o menos felizmente basándose en las soluciones que se dieron, en los primeros años de vida, a los problemas que se refieren a la seguridad y a la inseguridad, la libertad de explorar el ambiente, y la posibilidad que se haya dado en ocasiones al niño para tomar decisiones por sí mismo, cada vez más durante el período de la preadolescencia. A las presiones internas del adolescente, sobre todo de origen pulsional, se agregan las de los coetáneos y de la sociedad en general, que empujan hacia el logro de la independencia. El conflicto que se inicia entre el impulso interno y los requerimientos externos, por un lado, y por otro el temor de perder los afectos que hasta ahora los padres han brindado, explica la continua indecisión y los radicales cambios que caracterizan la actitud del adolescente en relación con sus propias necesidades, deseos, intenciones y proyectos.

2] COGNICIÓN. En el plano cognoscitivo se asiste a una progresiva adquisición de las capacidades de razonamiento, de abstracción, de formulación de hipótesis, que permiten al adolescente la reflexión sobre sus propios pensamientos y los de los demás que facilita la instauración de relaciones que ya no son egocéntricas. El éxito cognoscitivo, cuando recibe confirmación escolar, aumenta la autoestima del adolescente así como la estima por parte de los adultos y de sus coetáneos. Una mayor independencia en el razonamiento lógico y en el juicio amplía las perspectivas temporales con la posibilidad de formular hipótesis y proyectos, y acrecienta el sentido de responsabilidad que permite la aceptación de tareas y el ejercicio de la responsabilidad. J. Piaget describió las fases de transición del pensamiento infantil al de la adolescencia a través de procesos de asimilación y de acomodamiento que requieren una continua modificación de los esquemas interpretativos, del adolescente, basándose en la progresiva ampliación de la experiencia y en la simultánea variación de la propia identidad (v. **cognición**, § 2).

3] IDENTIDAD. En el plano de la identidad E.H. Erikson subrayó la importancia del paso del concepto de sí mismo construido sobre la opinión de los padres al concepto de sí mismo que se obtiene del juicio de los coetáneos, para los cuales son decisivos el aspecto físico, la capacidad intelectual, la atracción sexual, que antes eran del todo ajenas a la consideración de sí mismo. Una ansiedad excesiva en uno de estos sectores puede llevar a reacciones sobrecompensatorias, con actos de valor físico en los que, al hacer gala de las capacidades, existe la posibilidad de tranquilizar los propios miedos. En esta fase las actitudes sobreprotectoras de los padres pueden orillar a la construcción de una "identidad negativa" o "identidad contra", caracterizada por una clara oposición al mundo de los adultos y a todo aquello que lo representa. Pero como finalmente el adulto es siempre, para el adolescente, la meta a alcanzar, la identidad negativa se vive con ansiedad y sufrimiento, cuando no directamente con una conflictividad tan elevada que genera procesos neuróticos antes latentes. Por el lado de los padres la solicitud de independencia de parte del adolescente y su desafío a los modelos y a los valores expresados por los mismos padres puede constituir una amenaza a la relación de pareja, que no encuentra ya el equilibrio que hasta entonces había regido las relaciones familiares.

4] MORALIDAD Y SOCIALIDAD. En el plano moral y social la adolescencia representa un período de "idealismo" en la adhesión a los modelos y a los valores respecto al término medio con el que estos valores se realizan en el nivel social. Los signos de rigidez y de adhesión incondicional a los valores recibidos suelen constituir puntos de referencia esencial en un período de gran transformación, donde la propia imagen no está todavía bien armonizada con la imagen social para los fines de la propia coherencia interna, en esa dinámica de integración y diferenciación que en la adolescencia tiene sus puntos más críticos. El abandono del contexto familiar y la imposibilidad de realizar inmediatamente las aspiraciones sociales crean en el adolescente esa condición de marginalidad que no es marginación, sino más bien una especie de posposición concedida por una sociedad adulta que se defiende de la presión de las nuevas generaciones, y que puede convertirse en fastidio o en enfrentamiento entre individuo y sociedad. En lo que se refiere a la maduración social, por un lado, y la moral, por el otro, crea el paso progresivo de una moral heterónoma a una moral autónoma (v. **psicología de la edad evolutiva**, § 3, 4).

BIBLIOGRAFÍA: Autores varios (1983); Achfield, M.G. (1965); Alléon, A.M., O. Morwon y S. Lebovici (1985); Blos, P. (1987); Carta, I. (1991); Coleman, J.C. (1980); Coplen, G. y S. Lebovici (1973); Erikson, E.H. (1950); Erikson, E.H. (1968); Fabbrini, A. y A. Melucci (1992); Freud, A. (1958); Hemming, J. (1967); Inhelder, B. y J. Piaget (1967); Lanzi, G. (1983); Lutte, G. (1987); Martinelli, R. (1975); Muus, R.E. (1973); Petter, G. (1968); Piaget, J. (1930-1965); Quadrio, A. (1968); Quadrio, A. y L. Venini (1980).

adormecimiento (al. *Einschläferung*; fr. *endormissement*; ingl. *to fall asleep*; it. *addormentamento*)

Paso de la vigilia al sueño que, en condiciones normales, generalmente sucede en pocos segundos. En esta fase pueden surgir alucinaciones, llamadas "hipnagógicas", o visiones que desaparecen de improviso o que se continúan en el sueño (v. **hipnagógico-hipnopómpico**).

adualismo (al. *Adualismus*; fr. *adualisme*; ingl. *adualism*; it. *adualismo*)

Trastorno de la conciencia que se encuentra en la incapacidad de distinguir entre Yo y no-Yo, entre hechos subjetivos y hechos objetivos, entre sí mismo y el mundo externo. El fenómeno es frecuente en los episodios psicóticos (v. **escisión**).

adultismo (al. *Adultismus*; fr. *adultisme*; ingl. *adultism*; it. *adultismo*)

Proceso educativo que devalúa la condición de inicio del educando para valorar exclusivamente su capacidad de identificarse con el modelo adulto. Contra este método y contra el uso de la coerción que es inevitable para dirigir al niño y al adolescente al modelo adulto se expresó J.-J. Rousseau, quien fue el primero que dio una imagen cultural positiva de la infancia, antes devaluada respecto a la edad adulta. Hoy este método educativo ya se superó, pero el adultismo está todavía presente en el hecho de atribuir al niño la total responsabilidad ética de sus actos sin tener en consideración su nivel de comprensión y su capacidad emotiva, o en atribuir al niño, como su dotación de inicio y como su rasgo constitutivo, la capacidad de autodeterminación que es en realidad condición de la madurez.

BIBLIOGRAFÍA: Rousseau, J.-J. (1763).

adulto (al. *Erwachsene*; fr. *adulte*; ingl. *adult*; it. *adulto*)

Individuo que presenta las características de la madurez somática y psíquica. Convencionalmente se calcula la edad adulta a partir del tercer decenio de la vida hasta la incipiente involución en la vejez, hacia los 60 años. Desde hace poco se va abriendo camino, especialmente en el ámbito de la **psicología del trabajo** (v.), una *psicología de los* *adultos*, dirigida, sobre todo, a determinar, el máximo de la capacidad de rendimiento y de las aptitudes cuantificables con **tests** especiales (*v.*, § 2).

adultomorfismo (al. *Adultomorphismus*; fr. *adultomorphisme*; ingl. *adultomorphism*; it. *adultomorfismo*)

Tendencia a atribuir a los lactantes o a los niños pequeños pensamientos y sentimientos que un adulto tendría en análogas circunstancias. El término es usado a propósito de teorías psicológicas que expresan maneras de conducta infantil con términos del vocabulario adulto.

aerofagia (al. *Aerophagie*; fr. *aérophagie*; ingl. *aerophagia*; it. *aerofagia*)

Tragar aire en tal cantidad que produce dilatación abdominal e hiperventilación. En el ámbito psicológico se ha constatado su presencia en los comportamientos histéricos a causa de una situación depresiva; al curar ésta, el síntoma, que con frecuencia se basa en deseos inconscientes de gravidez o de satisfacción de un vacío, desaparece.

aespontaneidad (al. *Aspontaneität*; fr. *aspontanéité*; ingl. *aspontaneity*; it. *aspontaneità*)

Falta de reacción inmediata y natural capaz de detonar rápidamente el mecanismo de la acción. Es típica en los comportamientos condicionados (*v.* **espontaneidad**).

afanisis (al. *Aphanisis*; fr. *aphanisis*; ingl. *aphanisis*; it. *afanisi*)

El término, derivado del griego ἀφάνιζ, que significa "desaparición", fue introducido por E. Jones para señalar la desaparición del deseo sexual y regresar, en su opinión, a los residuos de la angustia de **castración** (*v.*).

BIBLIOGRAFÍA: Jones, E. (1948).

afasia (al. *Aphasie*; fr. *aphasie*; ingl. *aphasia*; it. *afasia*)

Desorden de los mecanismos psicosensoriales que intervienen en la comprensión y en la expresión del lenguaje y que se elaboran en una limitada región del hemisferio cerebral dominante, que abarca el área de la corteza asociativa y formaciones subcorticales (*v.* **lingüística**, § 2). Registrada entre los trastornos centrales del **lenguaje** (*v.*, § 5, *a*), la afasia abarca las alteraciones que afectan la palabra (afasia *verbal*) y las que afectan el discurso (afasia *discursiva*); forman parte de las afasias los defectos de adquisición del lenguaje atribuibles a la **sordera** (*v.*), las **disartrias** (*v.*) debidas a lesiones del aparato de fonación o de las vías nerviosas aferentes de los centros del lenguaje, y las alteraciones del lenguaje debidas a lesiones de otras estructuras cerebrales hemisféricas, como las lesiones frontales y subcorticales.

1] AFASIA VERBAL. Se incluyen en este grupo las alteraciones del lenguaje que se refieren a la elección y a la articulación de la palabra, y no a las **disartrias** (*v.*), que se refieren a la ejecución motriz de los fonemas y de las palabras. A este propósito es frecuente distinguir:

a] La *disfasia*, término más apropiado que "*afasia*" que en sentido estricto significa "completa falta de lenguaje". Se trata de la dificultad para recordar voluntariamente una palabra precisa a fin de nombrar el objeto que el sujeto asegura conocer exactamente. La disfasia, que obliga con frecuencia al empleo de perífrasis, puede aparecer en la edad infantil, o como consecuencia de un daño neurológico o efecto de un desorden afectivo precoz que afecta en modo particular la esfera de la relación. En el adulto, cuando se excluye el daño neurológico, la disfasia puede depender de estados de ansiedad, cansancio, intoxicación y vejez.

b] La *parafasia* se caracteriza por la aparición de una palabra equivocada que tiene con la palabra exacta una relación que puede ser conceptual, como "tenedor" en lugar de "cuchara" (parafasia *semántica*), o por asonancia, "casa" en vez de "pasa" (parafasia *morfológica*). Cuando la alteración concierne a la combinación de los fonemas se habla de parafasia *fonémica*, y de *neologismo* cuando el término adoptado no tiene ningún nexo ni ninguna consistencia de empleo con la palabra esperada.

2] AFASIA DISCURSIVA. Se incluyen en este grupo las alteraciones del lenguaje que abarcan las modificaciones cualitativas y cuantitativas del discurso. Se distinguen afasias con emisión verbal fluida, que corresponden a la realidad clínica encontrada por C.K. Wernicke, y afasias con emisión verbal lenta y reducida, que corresponden a la realidad clínica encontrada por P.P. Broca. En ambos casos se trata de grupos sintomáticos que permiten aislar las diversas formas en términos descriptivos.

a] La *afasia de Wernicke con emisión verbal fluida* ataca la comprensión o la emisión, no así la articulación del lenguaje que, aunque abundante, es escasamente informativo por exceso de repeticiones y por la sucesión asintáctica de las frases. Con frecuencia es imposible descubrir la intención verbal del sujeto que, la mayor parte de las veces, no está consciente de que su producción verbal no es comprendida por los otros. La afasia de Wernicke cambia de aspecto de un paciente a otro y se combina con alteraciones de **alexia** (*v.*) y **agrafia** (*v.*).

b] La *afasia de Broca con emisión verbal lenta y reducida* depende de la gravedad de la lesión del área de Broca (*v.* **corteza cerebral**) y va de la afasia completa a la afasia media o leve, en la que la reducción de velocidad del habla va acompañada de la falta de iniciativa verbal, con producciones pobres y titubeantes. Cuando la afasia no es completa o es de evolución progresiva es posible una parcial recuperación caracterizada por fragmentos de *agramatismo*, llamada también afasia *sintáctica* por la falta de las partículas gramaticales que sirven para unir los diversos vocablos, y por la incorrecta conjugación de los verbos, declinaciones de los sustantivos, congruencia de los adjetivos y de los adverbios (*paragramatismo*), que hacen difícil la comprensión de la frase aunque las palabras sean pronunciadas correctamente. Cada uno de los síntomas afásicos tiene un particular significado diagnóstico en relación con la cualidad y la cantidad de las lesiones, incluso si la teoría de las **localizaciones** (*v.*), sostenida por Broca, tiende a ser sustituida por la teoría de la plasticidad del sistema nervioso, con la consiguiente capacidad de que áreas que quedan intactas asuman las funciones de las áreas dañadas (*v.* **holismo**).

BIBLIOGRAFÍA: Basso, A. (1977); Broca, P.P. (1861); Freud, S. (1891); Gianotti, G. (1983); Goldstein, K. (1933); Jakobson, R. (1956); Jakobson, R. (1944); Luria, A.R. (1975); Marie, P. (1906); Nielsen, J.M. (1946); Pizzamiglio, L. (1968); Wernicke, C.K. (1874).

afección (al. *Affektion*; fr. *affection*; ingl. *affection*; it. *affezione*)

Este término tiene dos significados diferentes y sin relación entre sí.

1] Condición en la que se encuentra cualquiera que sufra una acción o una modificación. Este significado cubre una amplia área que coincide con la categoría aristotélica de "padecer". En este sentido el término fue utilizado por I. Kant, que llamó afecciones a "las representaciones en relación con las cuales el espíritu se comporta pasivamente" (1798: 7).

2] Inclinación emotiva persistente de diferente intensidad hacia una o más personas, en general de naturaleza no sexual. Según el vínculo que represente se llaman: afección parental, amistosa, conyugal. Desde el punto de vista psicoanalítico las afecciones están consideradas impulsos eróticos inhibidos para el alcance de su meta (*v.* **pulsión**). De esta manera, en la base de la amistad existiría una sublimación de los impulsos homosexuales, por lo tanto con una desexualización mayor que en las afecciones parentales, mientras que en las conyugales se asistiría a una sublimación de parte de los vínculos eróticos.

BIBLIOGRAFÍA: Freud, S. (1905); Kant, I. (1798).

afectividad (al. *Affektivität*; fr. *affectivité*; ingl. *affectivity*; it. *affettività*)

Esfera de los sentimientos y de las emociones que interactúan con la esfera motriz y con la intelectual, de la que se distingue sólo abstractamente. El más antiguo análisis de la afectividad se remonta a Platón, para quien la afectividad es perturbadora de la tranquilidad del alma necesaria para la pura intelectualización de las ideas; un estudio sistemático de los estados afectivos se inicia con R. Descartes para continuar ininterrumpidamente hasta nuestros días, sobre todo gracias a los trabajos fenomenológicos de J.P. Sartre y M. Merleau-Ponty y a los ontológicos de M. Heidegger, que llama *Befindlichkeit* a la situación afectiva de la existencia humana que tiene tanta importancia en el **análisis existencial** (*v.*).

1] PSICOLOGÍA. Después que W. Wundt elaboró una teoría de los sentimientos ordenada alrededor de las dicotomías placer-displacer, excitación-inercia, tensión-relajamiento, E.B. Titchener estableció una conexión entre estados afectivos y elementos sensoriales que, con la repetición, ambos disminuyen su intensidad. Son atributos de los estados afectivos *cualidad, intensidad* y *duración*; en cambio no les corresponde el atributo de la *claridad* porque, mientras si se concentra uno en las ideas logra hacerlas más claras, si se concentra en los estados afectivos sólo se llega a su disolución o a su alteración. El funcionalismo consideró los estados afectivos en relación con su capacidad de adaptación a la situación externa, mientras que en el ámbito tipológico E. Kretschmer construyó tipos psicológicos a partir de la connotación afectiva de fondo (*v.* **tipología**, § 1, *b*). Hoy, en el ámbito psicológico se tiende a abandonar el término "afectividad", considerado demasiado genérico, para sustituirlo con aquellos más específicos de **emoción** (*v.*) y de **sentimiento** (*v.*), reconociendo al primero, respecto al segundo, mayor intensidad y menor estabilidad.

2] PSIQUIATRÍA. E. Bleuler identificó en los trastornos de la afectividad, y en particular en la incongruencia entre situacion real y manifestación afectiva, uno de los síntomas fundamentales de la **esquizofrenia** (*v.*). Bleuler siempre habló de *bloqueo afectivo* (*v.* **bloqueo**) a propósito de la incapacidad de expresar afecto por la aparición contemporánea de dos sentimientos contradictorios, como la ira y la felicidad, y del **estupor** (*v.*) como resultado de la **ambivalencia** (*v.*) afectiva. En psiquiatría se habla además de *psicosis afectiva* para indicar los trastornos graves del humor, a los que le siguen trastornos secundarios del pensamiento y de la conducta relativa al afec-

to. Aquéllos son la **depresión** (*v.*), la **manía** (*v.*) y la alternancia de estas dos formas en la **ciclotimia** (*v.*, § 1). En cambio indiferencia, superficialidad y enfriamiento afectivo son frecuentes en las condiciones preseniles y seniles.

3] PSICOANÁLISIS. La afectividad es redefinida a partir de la dimensión inconsciente y cambia radicalmente la forma de investigación. En este ámbito, además, se prefiere, más que el término genérico "afectividad", el específico de **afecto** (*v.*), adoptado por todas las direcciones de la psicología de lo profundo. El psicoanálisis infantil, con J. Bowlby y R.A. Spitz, habla de *anafectividad* como de un rasgo típico de los niños precozmente abandonados (*v.* **abandono, síndrome de**) y deprivados (*v.* **privación**).

4] PEDAGOGÍA. La incidencia de la afectividad en los procesos de crecimiento y de maduración se considera a partir de la organización afectiva que connota la relación madre-niño, hasta la implicación relacional sobre base afectiva en el inicio de la juventud, según el recorrido identificado en el ámbito de la **psicología de la edad evolutiva** (*v.*, § 1), en este campo deudora de las contribuciones teóricas-clínicas dadas por el psicoanálisis.

BIBLIOGRAFÍA: Bleuler, E. (1911-1960); Bowlby, J. (1951); Freud, S. (1915-1917); Heidegger, M. (1927); Kretschmer, E. (1922); Levy Jacob, M. (1950); Merleau-Ponty, M. (1945); Paykel, E.S. (1982); Roveda, P. (1979); Sartre, J.-P. (1939); Spitz R.A. (1958); Titchener, E.B. (1910-1912); Winnicott, D.W. (1965); Winnicott, D.W. (1984).

afecto (al. *Affekt*; fr. *affect*; ingl. *affect*; it. *affetto*)

Término psicoanalítico que indica la expresión *cualitativa* de la cantidad de energía pulsional. El afecto puede ser doloroso o agradable, vago o específico, de descarga violenta o de tonalidad difusa. Según S. Freud el afecto siempre está unido a una **representación** (*v.*, § 1, *a*) porque afecto y representación son las dos modalidades con que se expresa cada pulsión.

1] PSICOANÁLISIS. El concepto de afecto aparece en las primeras obras de Freud, que interpreta la sintomatología histérica a partir de un evento traumático al que no siguió una descarga de afecto ligado a éste. En este caso la acción terapéutica consiste en provocar, por medio de la evocación del recuerdo, la revivificación del afecto, permitiendo la descarga. Si la **abreacción** (v.) no se realiza y el afecto queda bloqueado, los posibles resultados son, para Freud, tres: "conozco tres mecanismos: 1. conversión del afecto (histeria de conversión); 2. desplazamiento del afecto (obsesión); 3. transformación del afecto (neurosis de angustia, melancolía)" (1887-1902). Las tres variantes dan por sobrentendido que el afecto es autónomo de sus manifestaciones; para explicarlo Freud recurre a la distinción entre *afecto*, que es la traducción subjetiva de la cantidad de energía pulsional, y *quantum de afecto* (*affektbettrag*), que es la dimensión cuantitativa de la energía pulsional, a propósito de la cual escribe que "corresponde a la pulsión en la medida en que ésta se ha desasido de la representación y ha encontrado una expresión proporcionada a su cantidad en procesos que devienen registrables para la sensación como afectos" (1915 [1976:147]). Después formularía la hipótesis genética de los afectos, según la cual éstos serían "reproducciones de sucesos antiguos, de importancia vital, preindividuales llegado el caso, y en calidad de ataques histéricos universales, típicos, congénitos, los comparamos con los ataques de la neurosis histérica, que se adquieren tardía e individualmente" (1926 [1976:126]).

O. Fenichel distingue entre los mecanismos de defensa contra los afectos: *a*] el **bloqueo** (v.), que se revela en los sueños, en los síntomas y en las formaciones sustitutivas; *b*] la **postergación** (v.) con manifestación retardada de descarga afectiva; *c*] el **desplazamiento** (v.), que transfiere el afecto relacionado con una representación intolerable hacia otra representación de por sí indiferente, pero que después del desplazamiento del afecto se transforma en el centro de una atención obsesiva; *d*] la **formación reactiva** (v.), que se produce con la intención de dominar un afecto inaceptable con la exageración de la tendencia opuesta; *e*] el **aislamiento** (v.) del afecto de la conexión psíquica integral; *f*] la **proyección** (v.), a través de la cual se atribuyen a otros los afectos que no se acepta poseer.

2] PSICOLOGÍA ANALÍTICA. C.G. Jung afirma que "por afecto se debe entender un estado de sentimiento caracterizado, por un lado, por inervaciones corporales perceptibles y por el otro por un peculiar trastorno del decurso representativo. Como sinónimo de afecto también uso *emoción*. A diferencia de Bleuler, distingo el *sentimiento* del afecto, aunque no existen fronteras precisas: en efecto, cada sentimiento, cuando adquiere una cierta intensidad, da lugar a inervaciones corporales, transformándose por lo tanto en afecto. Por motivos de orden práctico seguirá siendo adecuado distinguir el afecto del sentimiento, ya que este último puede ser una función de la cual la voluntad puede disponer a su gusto, lo que generalmente no se puede decir del afecto" (1921:415). Jung profundiza en esta distinción y prosigue: "Concibo el afecto por un lado como un estado de inervación corporal de naturaleza fisiológica; tales estados, sumándose, actúan el uno sobre el otro; es como decir que, cuando el componente sentimental se acentúa, se asocia con éste un componente sensorial a través del cual el afecto se acerca a la *sensación*, diferenciándose claramente del estado de sentimiento. Considero los afectos particularmente exagerados, es decir, acompañados de violentas inervaciones corporales, como pertenecientes al campo de la función sensorial y no al de la función de sentimiento" (1921:415-416).

BIBLIOGRAFÍA: Fenichel, O. (1945); Freud, S. (1887-1902); Freud, S. (1892-1895); Freud, S. (1915); Freud, S. (1926); Jung, C.G. (1921).

afeminamiento
v. METATROPISMO.

aferente-eferente, nervio (al. *Afferent-Efferentsnerv*; fr. *nerf afférent-efférent*; ingl. *afferent efferent nerve*; it. *nervo afferente-efferente*)

Fibra nerviosa que, en forma de excitación (v. **excitabilidad**, § 1), transmite la información del centro a la periferia (nervio *eferente*), y de la periferia al centro (nervio *aferente*), o sea de zonas dominantes a zonas subordinadas y viceversa. Los órganos periféricos activados por los nervios eferentes, como pueden ser los órganos sensoriales, los músculos o las glándulas reciben el nombre de *efectores*.

afiliación (al. *Annahme*; fr. *affiliation*; ingl. *affiliation*; it. *affiliazione*)

Necesidad social que se manifiesta en el deseo de ser amado y aceptado por los demás y por lo tanto integrado en un grupo que dé garantías de apoyo y protección. La afiliación es, entre las necesidades no fisiológicas, una de las más motivadoras (*v.* **motivación**, § 6).

aflicción (al. *Kummer*; fr. *affliction*; ingl. *affliction*; it. *afflizione*)

Estado emotivo pesaroso que puede prolongarse por cierto tiempo, suscitado por la pérdida de algo a lo que se le atribuye un particular valor. La aflicción es tanto y más intensa cuanto mayor es el valor atribuido. Las manifestaciones más graves se presentan con la pérdida de las personas queridas (*v.* **duelo**). Son características de la aflicción: 1] dificultad respiratoria con postración, tensión y sensación de irrealidad, 2] abulia o ajetreo sin finalidad, 3] sentimientos de culpa o de remordimiento, 4] hostilidad hacia cualquiera que haya tenido relación con la cosa o la persona perdida, 5] identificación con la persona desaparecida, de la que se tiende a adoptar intereses, hábitos y en ocasiones los rasgos característicos. Generalmente estas perturbaciones desaparecen después de algún tiempo. Su persistencia después de un lapso razonable es síntoma de **depresión** (*v.*) que, respecto a la aflicción, que es un estado fisiológico, se registra en la patología.

afonía (al. *Aphonie*; fr. *aphonie*; ingl. *aphonia*; it. *afonia*)

Desaparición de la voz por razones orgánicas o psíquicas, como en el caso de la afonía histérica, que es ausencia temporal de la voz sin justificación orgánica. Se habla además de *fonoastenia* cuando la voz es excesivamente débil. También en este caso es de naturaleza psicógena.

afrasia (al. *Aphrasie*; fr. *aphrasie*; ingl. *aphrasia*; it. *afrasia*)

Incapacidad parcial (*parafrasia*) o total (*afrasia*) de pronunciar o componer palabras relacionadas en forma de frase. Considerada una forma de **afasia** (*v.*) relativa no a la palabra aislada, sino al orden en la frase, la afrasia se divide en *expresiva* o *perceptiva*, según el trastorno abarque la pronunciación o la comprensión de la construcción lingüística. En el ámbito de las paráfrasis se distingue la *vesánica*, en la que la información del discurso es completamente incoherente, y la *temática*, que divaga del argumento hasta el punto de perderse en la secuencia de las asociaciones que se suceden con un ritmo incontrolable.

BIBLIOGRAFÍA: Cippone De Filippis, A. (1974); Gianotti, G. (1983); Pizzamiglio, L. (1968).

afrodisiaco (al. *Aphrodisiakum*; fr. *aphrodisiaque*; ingl. *aphrodisiac*; it. *afrodisiaco*)

Adjetivo sustantivado que se refiere a todos aquellos factores que pueden determinar un estado de excitación sexual, elevar su nivel o alargar su duración. Existen afrodisiacos naturales, como olores, visiones y similares, y otros de naturaleza farmacológica o alucinógena.

agiria (al. *Agirie*; fr. *agirie*; ingl. *agiria*; it. *agiria*)

Defecto congénito en el desarrollo del cerebro caracterizado por la ausencia de circunvoluciones cerebrales.

agitación (al. *Aufregung*; fr. *agitation*; ingl. *agitation*; it. *agitazione*)

Estado de tensión que se manifiesta en el área psicomotriz con hiperactividad sin objetivo, continuos acomodamientos del cuerpo, incesante manipulación de los objetos, movimientos agitados que no tienen ningún propósito. Por tratarse de un síntoma con el que se descarga una tensión, el tratamiento de la agitación coincide con el tratamiento de la causa psicógena o de la forma neurótica que está detrás.

aglutinación (al. *Agglutination*; fr. *agglutination*; ingl. *agglutination*; it. *agglutinazione*)

Condensación de más de una palabra o raíces en una sola palabra. E. Kretschmer también habla de aglutinación de imágenes en los sueños, donde caras de más de una persona o diversos objetos de similar valor emotivo son vistos como una sola cosa. S. Freud había llamado **condensación** (*v.*) a este fenómeno onírico.

BIBLIOGRAFÍA: Kretschmer, E. (1922).

agnosia (al. *Agnosie*; fr. *agnosie*; ingl. *agnosia*; it. *agnosia*)

Incapacidad de distinguir un objeto presentado a la percepción, no obstante que las funciones sensoriales periféricas estén íntegras y no intervengan trastornos de la atención o de la conciencia. La agnosia aparece en presencia de lesiones que afectan las zonas asociativas temporoparioccipitales de ambos hemisferios; cuando se asocia con trastornos de actividad gestual (*v.* **apraxia**) toma el nombre de **apratognosia** (*v.*), mientras que cuando afecta la percepción del propio cuerpo toma el nombre de **somatoagnosia** (*v.*). Según el tipo de sensibilidad afectada o del objeto específico no reconocido se distinguen:

1] *Agnosia espacio-visual*, que abarca la orientación, la exploración y la incapacidad de reconstruir, a partir de elementos conocidos, una estructura topográfica. Este tipo de agnosia, que puede ser total, o unilateral cuando se manifiesta exclusivamente en un hemiespacio visual, es una de las más discutidas, porque los trastornos pueden encuadrarse en premisas teóricas diversas, como la psicología asociativa (*v.* **asociacionismo**), la **psicología de la forma** (*v.*), la **fenomenología** (*v.*), de las que se obtienen métodos de investigación y conclusión diferentes.

2] *Agnosia acústica*, la incapacidad de reconocer ruidos y sonidos debido a lesiones temporales bilaterales. Si la lesión abarca el hemisferio izquierdo se producen errores en la identificación del ruido o del sonido, si afecta al derecho se producen errores en la diferenciación de ruidos y sonidos.

3] *Agnosia táctil*, la incapacidad de reconocer las características de un objeto sirviéndose exclusivamente del tacto y sin la ayuda de otras informaciones. El trastorno tiene repercusiones en la ejecución gestual (*v.* **apraxia**).

4] *Prosopoagnosia* o agnosia de fisonomías, la incapacidad de reconocer personas conocidas y, en los casos más graves, también la propia imagen en el espejo. Esta falta de reconocimiento finaliza en cuanto se comienza a hablar, porque la voz y la entonación siguen siendo familiares. El trastorno puede depender de una lesión retro-rolándica derecha, que implicaría una desorganización de las conexiones cerebrales relativas a las experiencias visuales normalmente utilizadas para la identificación de los seres que conocemos, o de mecanismos psicopatológicos de carácter relacional, como sucede en algunos psicóticos y en ocasiones en los histéricos.

5] *Agnosia de los colores*, incapacidad de reconocer los colores en sujetos que antes de que apareciera la enfermedad los identificaban perfectamente. El trastorno puede ser total o afectar un solo hemicampo visual (*v.* **color**, § 3).

6] *Ceguera cortical*, debida a una lesión occipital bilateral, que permite al sujeto ver sólo los objetos colocados exactamente frente a él. Dichos sujetos con frecuencia ignoran su ceguera, y aunque retienen bien la información verbal, son incapaces de registrar y de evocar información visual.

BIBLIOGRAFÍA: Bay, E. (1950); Goldstein, K. y A. Gelb (1920); Lange, J. (1936); Merleau-Ponty, M. (1945); Milán, Il Saggiatore (1972); Teuber, H.L. (1966).

agorafobia (al. *Platzangst*; fr. *agoraphobie*; ingl. *agoraphobia*; it. *agorafobia*)

Fobia por los espacios abiertos. La ansiedad que surge cuando se intenta salir de la casa sin compañía puede ser leve o llegar a verdaderas crisis de pánico capaces de acarrear desmayos, sensaciones de vértigo y, en ocasiones, pérdida del control de esfínteres. Estos síntomas se reducen o desaparecen sin más cuando se es acompañado por una persona de confianza pero por la cual el agorafóbico nutre sentimientos ambivalentes. La agorafobia, más frecuente en las mujeres que en los hombres, que surge entre los 15 y los 35 años, tiende a empeorar durante los períodos de depresión y a atenuarse en la edad avanzada, aunque la tendencia a la cronicidad es frecuente. Según S. Freud la agorafobia esconde fantasías relacionadas con el exhibicionismo o con los deseos de entregarse sexualmente que surgen de modo más fácil cuando el sujeto se encuentra al aire libre, donde la presencia de los otros estimula estos deseos inconscientes. Según H. Deutsch la relación con el acompañante tiene todas las características de la relación edípica.

BIBLIOGRAFÍA: Deutsch, H. (1928); Freud, S. (1894).

agotamiento nervioso (al. *Nervenzusammenbruch*; fr. *dépression nerveuse*; ingl. *nervous break-down*; it. *esaurimento nervoso*)

Término que carece de un significado científico preciso y que sirve, como escribe G. Jervis, "para designar, de forma tranquilizadora y neutral, cualquier trastorno psíquico. Ni el sistema nervioso en general, ni el cerebro en particular, son sistemas u órganos que se agoten" (1975: 265). El lenguaje antiguo llamaba agotamiento a un proceso genérico de debilitamiento del organismo, que entraña una modificación de la estructura psicofísica del individuo después de situaciones física o psíquicamente desfavorables prolongadas, con reducción más o menos reversible del rendimiento y de los factores funcionales psíquicos y orgánicos. Se distinguían también dos formas principales de agotamiento, sobre la base de su sintomatología diferente, mientras quedaba completamente indiferenciado el origen de las mismas: 1] *agotamiento físico*, caracterizado por disminución de la fuerza muscular, por trastornos de la coordinación periférica que repercuten en lo físico en general, con consecuencias más o menos graves en la respiración y en la actividad cardiocirculatoria; 2] *agotamiento psíquico*, caracterizado por hiperexcitabilidad sensitiva, ansiedad, trastornos de la recepción, la percepción, la coordinación, la concentración, el sueño

y el pensamiento. Entre las causas se indicaban frustraciones, disgustos y preocupaciones que, a largo plazo, crean tal estado de tensión que provocan modificaciones fisicoquímicas de las células del sistema nervioso central en personas excesivamente escrupulosas, sobrecargadas de trabajo y de responsabilidades.

BIBLIOGRAFÍA: During, A. (1916); Finke, J. (1970); Jervis, G. (1975).

agrafia (al. *Agraphie*; fr. *agraphie*; ingl. *agraphia*; it. *agrafia*)

1] Pérdida parcial (*paragrafia*) o total (*agrafia*) de la capacidad de escribir que, junto con la de leer, (v. **alexia**) se manifiesta casi siempre en las **afasias** (v.) sensoriales. La agrafia, que afecta ya sea a la escritura espontánea o a la dictada, se manifiesta en formas menos graves en las que la escritura es aún posible, en las formas de agrafia literal (falta de sílabas o letras), agrafia verbal (falta de palabras), paragrafia literal (cambio de letras), paragrafia verbal (cambio de palabras). Además de la afectación del área cortical sobre la cara lateral del hemisferio izquierdo definida como giro angular o pliegue curvo, la agrafia puede depender de la simple desconexión entre áreas visuales y áreas auditivas, en sí mismas íntegras. Esto está demostrado por recientes estudios sobre casos de afasia en sujetos japoneses cuyo sistema de escritura está compuesto por ideogramas y por dos tipos de fonogramas (v. **escritura**). Sometidos a la prueba, dichos afásicos mostraron un trastorno selectivo referente a la escritura por fonogramas (donde es necesaria la conexión entre sistema visual y sistema auditivo) y no así para la escritura con ideogramas, donde el sistema auditivo no está involucrado.

2] Se debe distinguir entre la agrafia y la *disgrafia*, que es una dificultad en el aprendizaje de la escritura, con frecuencia relacionada con la dislexia (v. **alexia**, § 2) en niños con nivel de inteligencia normal. Se ha confirmado que los niños disgráficos presentan con frecuencia una problemática adaptación emotivo-afectiva, sin una repercusión proporcional a la gravedad de la perturbación gráfica.

BIBLIOGRAFÍA: Callewaert, H. (1954); Hecaen, H., R. Angelergues y J.A. Douzens (1963); Leischner, A. (1957).

agravación o agravamiento (al. Vergrösserung; fr. aggravation; ingl. aggravation; it. aggravazione)

Acentuación voluntaria de los trastornos realmente presentes y percibidos por el sujeto. El significado del término se considera de manera diferente que el de **simulación** (v., § 2), que indica la ostentación de síntomas no existentes. Obviamente, cuanto más grave es la enfermedad tanto menor es la tendencia del paciente a agravar los síntomas. La agravación, frecuente en los comportamientos histéricos, forma parte del **beneficio de la enfermedad** (v.).

agregado (al. Aggregat; fr. agrégat; ingl. aggregate; it. aggregato)

Expresión derivada de la sociología de V. Pareto y cambiada por T. Parsons que, con este término, indica cualquier tipo de estructura social de mayor o menor duración. La expresión se emplea en psicología social para designar a cierto número de individuos recabado durante una investigación por la introducción de determinadas categorías, como la cercanía geográfica, el nivel socioeconómico y similares. El agregado se distingue del **grupo** (v.) cuya cohesión no es exterior y artificial.

BIBLIOGRAFÍA: Parsons, T. (1951).

agresión (al. Angriff; fr. agression; ingl. aggression; it. aggressione)

Comportamiento del animal y del hombre orientado hacia metas lesivas o destructivas u objetivos que requieren la superación más o menos violenta de obstáculos. El objeto de agresión pertenece a la misma especie (agresión *intraespecífica*) o a otra especie (agresión *interespecífica*). El término se usa en etología, en politología y en sociología; es poco empleado en psicología donde se prefiere el término **agresividad** (v.).

agresividad (al. Aggressivität; fr. agressivité; ingl. aggresivity; it. aggressività)

Tendencia que puede estar presente en cualquier comportamiento o fantasía orientada hacia la heterodestrucción o la autodestrucción, o también a la autoafirmación. La primera definición predomina en psicoanálisis y en psiquiatría, la segunda, que responde a la etimología del término latino *aggredior*, que significa "camino hacia adelante", predomina en psicología, donde sin embargo es difícil llegar a una definición unívoca por conceptos y posiciones teóricas que proceden de disciplinas cercanas como la etología y la antropología. Los dos sentidos en que se usa el término tienen poco en común. Lo que los une es la presencia de competencia y la instauración del predominio y del sometimiento de cuantos sean percibidos como rivales. Entre éstos figuran las partes psíquicas internas que el sujeto rechaza y sobre las que ejercita una acción autodestructiva.

1] NEUROPSICOLOGÍA. Como recuerda L. Ancona, desde los años veinte la experimentación en este campo había identificado en una región de la base del encéfalo el llamado *locus niger*, sede de un mecanismo responsable del "estado de cólera". Sucesivas investigaciones permitieron identificar formaciones neurónicas múltiples que, oportunamente estimuladas, determinan el estado de agresión o de tranquilidad, hasta diferenciar, en la región centroencefálica, la reacción de la rabia primitiva, que se obtiene con la estimulación del hipotálamo posterior (crisis retículo-mesencefálica), de la de la cólera, que se consigue con la estimulación de los núcleos amigdaloides y de las estructuras hipocámpicas (crisis rinencefálicas). La explicación neurofisiológica aún no es concluyente, ya que se ha comprobado que idénticas estimulaciones producen comportamientos diferentes a causa de las variaciones del contexto, lo que hace pensar en una confrontación en la corteza entre lo que se percibe a través de las vías sensoriales y el estado de excitación central ligado a ello, de lo que depende la mayor o menor posibilidad de que un estímulo promueva procesos dirigidos hacia un filtro periférico ordenador de nuevos flujos sensoriales, o de que se abran las compuertas hacia un caótico flujo, a causa de cortocircuitos reflejos.

2] ETOLOGÍA. Las investigaciones realizadas en este campo llegaron a una lectura de la agresividad como forma de defensa y de afirmación del individuo y de la especie. Se manifiesta agresividad en condiciones de aislamiento, de insuficiencia de territorio, en la lucha por decidir el mando del grupo, lo que permite llegar a la conclusión de que con frecuencia las condiciones ambientales actúan con una fuerza estimulante no inferior a la estimulación neurológica, como en el caso del toro que, cuando se encuentra en la misma posición en la que se encontraba al entrar al ruedo, logra organizar sus energías de defensa y ataque mucho mejor que en cualquier otro punto del redondel. K. Lorenz mostró la transformación efectuada durante el curso de la evolución biológica de los movimientos de beligerancia en rituales de reclamo amoroso, consiguiendo un acercamiento pacífico en lugar de una reacción de agresión y fuga. De aquí Lorenz sacó la conclusión de que la agresividad no es una dimensión destructiva, sino una tendencia positiva que empuja a los seres vivientes a la conservación de la vida bajo las formas de defensa del territorio, búsqueda de la hembra, lucha por procurarse el alimento, que son algunas de las tantas formas en las que "el pretendido mal", como denomina Lorenz a la agresividad, contribuye a las formas más diversas de sobrevivencia.

3] PSICOLOGÍA EXPERIMENTAL. En este ámbito las investigaciones más significativas fueron realizadas por J. Dollard, L.W. Doob, y N.E. Miller, de la escuela de Yale, partiendo de la hipótesis del primer Freud que ligaba la agresividad a la frustración. Las conclusiones a las que llegaron con estas investigaciones son: a] el nivel de la conducta agresiva varía en relación con la relevancia de la frustración –que puede medirse basándose en la fuerza de la motivación–, el grado de interferencia durante el trayecto que conduce al objetivo; el número de las conductas motivadas que fueron frustradas; b] la conducta agresiva puede ser inhibida con base en el castigo que le espera al sujeto después de la conducta agresiva; c] la agresividad puede ser dirigida a objetos distintos de aquellos a los que estaba orientada la agresividad cuando el obstáculo frustrante no puede ser atacado o eliminado porque no es accesible o es demasiado peligroso; d] la autoagresividad se manifiesta cuando el sujeto se considera a sí mismo el agente frustrante o cuando la agresividad está inhibida por el sujeto, no por una causa externa; e] cada acto agresivo trae una catarsis que reduce la probabilidad de nuevas manifestaciones de agresión.

4] PSICOLOGÍA SOCIAL. En este ámbito se tiende a subrayar el aspecto adquisitivo de la agresividad. En 1939 los trabajos de K. Lewin, R. Lippit y R.K. White mostraron: a] debilitamiento de las inhibiciones debido a la idea de que la agresividad puede ser remunerativa o, en algunas circunstancias, hasta moralmente justificada; b] la estimulación de las ideas y de los sentimientos agresivos a causa de las imágenes cinematográficas, televisivas y periodísticas; c] la falsedad del efecto catártico tras el despliegue de la agresividad, en el sentido de que el agresor puede sentirse bien cuando descubre que su víctima está adecuadamente dañada, y la obtención de este objetivo tiene un efecto de refuerzo; d] los miembros de un grupo unidos por un líder autoritario tienden, al contrario de los de un grupo con un líder democrático, a descargar su agresividad sobre una sola víctima o chivo expiatorio. Siempre en el ámbito de la psicología social se explican, en relación con el ambiente, las reacciones de *ansiedad* que promueven la fuga y las de *agresividad* que propician la lucha, distinguiendo entre agresividad *silenciosa*, que permanece interiorizada y que se expresa en rasgos de carácter, y agresividad *creativa*, privada de connotaciones hostiles, que se expresa en competencia social y determinación en la obtención de los objetivos deseados. De aquí la conclusión de que la agresividad no se parece tanto a un instinto primario, como por ejemplo el hambre, sino que, al igual que la pulsión sexual descrita por Freud (v. **pulsión**), es culturalmente maleable, y está modelada en gran medida por la interacción social, donde se expresa como posibilidad de intercambios múltiples con una tasa muy alta de diferenciación.

5] PSICOANÁLISIS. El concepto de agresividad, en la formulación de la *pulsión de agresión* (*Aggressionstrieb*), fue introducido por A. Adler en 1908, junto al de "**nudo pulsional**" (v.), e interpretado como expresión de la voluntad de poder dirigida a la compensación de sentimientos de inferioridad. Además de la tendencia reactiva, Adler veía en la agresividad la forma de afirmación de sí que, si se reprimía, podía llevar a la tendencia a percibir a los otros como hostiles y enemigos, o a un exceso de docilidad, sumisión, autodevaluación. Por su parte Freud consideró la agresividad, en un primer momento, como un elemento de la pulsión sexual particularmente evidente en el sadismo, por lo tanto como una pulsión no libidinal del Yo dirigida al control del mundo externo, y por último como expresión de la **pulsión** de muerte (*v.*, § 2), en contraposición a las pulsiones sexuales y de autoconservación grabadas en las pulsiones de vida. Freud, además, distingue la pulsión de agresión (*Aggressionstrieb*) de la de destrucción (*Destruktionstrieb; v.* **destructividad**, § 1), porque mientras la primera está dirigida hacia el exterior, la segunda prevé también la autodestrucción (*Selbstdestruktion; v.* **pulsión**, § 1, *g* y § 2).

En correspondencia a las fases recorridas por el libido en el curso de su evolución, Freud distingue una agresión *oral*, que es la más primitiva y tiende a la fusión con el objeto que, como sea, queda destruido, ya sea porque queda incorporado o porque es vomitado, con todo el simbolismo relacionado con estas dos figuras que giran en torno a una identidad precaria; *anal*, que se expresa en el dominio y en el control del otro para exorcizar el miedo a ser traicionado, robado, desvalijado; *fálica*, que es una agresividad socializada, exhibicionista, que se expresa en la rivalidad y en la competencia por superar al otro o por defenderse a ultranza a uno mismo.

La reducción freudiana de la agresividad a pulsión de muerte fue criticada por O. Fenichel, para quien "no podemos negar la existencia y la importancia de los impulsos agresivos, pero no podemos probar que éstos son siempre y necesariamente aparecen por la exteriorización de exigencias autodestructivas aún más antiguas. Tal vez la agresividad, originariamente, no era un fin instintivo en sí, que caracterizaba una categoría de instintos, sino más bien un modo en que los fines instintivos luchaban contra las desilusiones, o hasta algo que surgía en forma espontánea" (1945:73). De aquí las conclusiones: *a*] no existe ninguna prueba de que los instintos agresivos sean expresiones de impulsos autodestructivos primarios, como el instinto de muerte; *b*] originalmente la agresividad no es un instinto autónomo, sino un modo de gratificar algunas exigencias instintivas en caso de renuncias, o al margen de éstas; *c*] el instinto o impulso instintivo arcaico de la incorporación de un objeto constituye lo mismo la matriz de los impulsos de amor, que de los de odio.

La agresividad ocupa una posición decisiva en la teoría de M. Klein, sobre todo en vista de las fantasías agresivas que el niño, en los primeros años de vida, dirige hacia la madre. La agresividad, que asume funciones diversas en el desarrollo de la personalidad, se expresa durante la fase oral en la tendencia del niño a morder el seno; según Klein allí ya se pueden encontrar los rasgos que definirán la relación entre el individuo y la realidad. En la fase anal, por medio del control de las funciones excretorias, la agresividad se descarga en objetos frecuentemente destruidos, para después dirigirse, en la fase fálica, hacia el progenitor del mismo sexo, favoreciendo el proceso de **identificación** (*v.*) con el mismo como defensa ante sentimientos de ansiedad y culpa. Todo esto es posible por el hecho de que el niño tiene una notable capacidad de proyectar sus propios sentimientos atribuyendo el amor y el odio a los objetos que, en consecuencia, se transforman en buenos o persecutorios (*v.* **kleiniana, teoría**, § 1). De este modo Klein invierte el primer esquema freudiano del predominio inicial de las pulsiones libidinales y de la aparición de la agresión sólo después de las frustraciones que sufren las pulsiones libidinales.

La **psicología del Yo** (*v.*), con H. Hartmann, considera que la dinámica de la agresividad es ajena a la pulsión de la muerte, pero que, como la libido, se relaciona con el principio del placer (descarga) y del displacer (acumulado), y por lo tanto es susceptible de neutralización y de sublimación, lo que permite interiorizarla sin consecuencias autodestructivas, dando al Yo energía utilizable. La agresividad no neutralizada ni sublimada desempeña un papel en el conflicto psíquico llevando a la formación de síntomas y rasgos del carácter. Sobre esta línea E.H. Erikson diferencia una agresividad *hostil*, producida por un Yo conflictivo que trabaja en términos defensivos, y una *constructiva*, producida por un Yo no conflictivo que se expresa en términos de actividad, energía y espíritu de iniciativa.

6] PSIQUIATRÍA. En este ámbito se habla de agresividad a propósito de los comportamientos antisociales de los individuos que se expresan a través de una identificación negativa, y como síntoma de muchas afecciones psiquiátricas, en las cuales la agresividad se muestra sin objetivos, acrítica y no coherente con la realidad, induciendo comportamientos físicos y verbales que expresan rabia y hostilidad. En referencia a los cuadros clínicos la psiquiatría describe: *a*] la agresividad explosiva de ciertas personalidades psicópatas y de ciertos epilépticos, que se manifiesta con verdaderas crisis de furia destructiva; *b*] en los esquizofrénicos los comportamientos heteroagresivos y autoagresivos suelen ser completamente imprevistos e impresionan por su incoherencia y por su falta de finalidad; *c*] en los paranoicos la agresividad puede expresarse como reacción de terror y angustia persecutoria. Por último, no se deben descuidar los estados delirantes y alucinatorios agudos de naturaleza funcional, tóxica y orgánica, que pueden presentar manifestaciones de agresividad; asimismo, en la senectud se puede notar una reaparición de las pulsiones agresivas, que pueden asumir un carácter patológico en los estados demenciales o predemenciales de los ancianos.

BIBLIOGRAFÍA: Adler, A. (1912); Ancona (1972); Bandura, A. (1973); Berkowitz, L. (1962); Caprara, G.V. (1981); Dollard J. *et al.* (1939); Eibl-Eibesfeldt, I. (1971); Erikson, E.H. (1950); Fenichel, O. (1945); Fornari, F. (1966); Freud, S. (1915); Freud, S. (1932); Geen. R.G. (1976); Hartmann, H. (1939); King, J.A. (1966); Klama, J. (1991); Klein, M. (1978); Kohnson, R.N. (1972); Lewin, K. (1951); Lewin, K., R. Lippit y R.K. White (1939); Lorenz, K. (1963); Marsh, P. (1978); Nemiah, J.C. (1959-1966); Scott, J.P. (1958); Tinbergen, N. (1953).

agrupamiento (al. *Ansammlung*; fr. *rassemblement*; ingl. *grouping*; it. *agruppamento*)

Término utilizado en el ámbito cognoscitivista para indicar las estrategias que favorecen la memorización gracias a la relación de las unidades mnésicas que puede ser construida a partir de las características perceptivas o semánticas del material mismo, o basándose en principios extrínsecos a ella. En una acepción más específica, el término fue utilizado por J.

Piaget para indicar el equilibrio de los cuadros asimilatorios que el pensamiento logra en el período de las operaciones concretas (*v.* **cognición**, § 2, *c*), al terminar el proceso de formación, en el que cada nueva asimilación modifica los esquemas anteriores, amenazando con una contradicción. El equilibrio, que es siempre un equilibrio móvil, logra su estabilidad cuando se está en posibilidad de: 1] clasificar y seriar elementos individuales considerados como invariables; 2] descomponer y recomponer el objeto basándose en las operaciones aprendidas; 3] relacionar medios con fines, lo que constituye un agrupamiento esencial de la inteligencia práctica mensurable en términos económicos; 4] traducir los tres sistemas descritos en forma de proposición, de la que nace la lógica de las proposiciones sobre la base de implicaciones y de incompatibilidad entre funciones proposicionales.

BIBLIOGRAFÍA: Piaget, J. (1947); Piaget, J. (1949).

agudo-crónico (al. *Akut-chronisch*; fr. *aigu-chronique*; ingl. *acute-chronic*; it. *acuto-cronico*)

Distinción adoptada para clasificar las manifestaciones de la sintomatología morbosa según ésta permita prever transitoriedad o evolución continua y progresiva. Para K. Jaspers la diferencia entre agudo y crónico coincide con la diferencia entre *proceso* morboso y *estado* morboso y, en el plano del pronóstico, entre *curable* e *incurable*: "La mayoría de las veces los procesos agudos se consideran curables o por lo menos sujetos a mejoramiento, mientras se considera que los estados crónicos son incurables" (1913-1959). En el ámbito psicológico el pronóstico de cronicidad se refiere a las actitudes que están a tal punto integradas con los rasgos del carácter que resultan inmodificables; a los conflictos activos de larga duración que generalmente constituyen la base de las neurosis; a las formas que presentan repetidos episodios disociativos que no permiten presagiar una restauración completa; a la larga permanencia en estructuras terapéuticas que son responsables de algunas formas de cronicidad (*v.* **institucionalización**).

BIBLIOGRAFÍA: Jaspers, K. (1913-1959).

aha-experiencia (al. *Aha-erlebnis*; fr. *Aha-expérience*; ingl. *Aha-experience*; it. *Aha-esperienza*)

Expresión propuesta por K. Bühler para indicar la experiencia de sorpresa frente a una imprevista e insospechada intuición. En oposición a la opinión corriente, para Bühler la obtención de un resultado no va siempre acompañada de un elevado grado de conciencia, sino se la alcanza sin un verdadero conocimiento metódicamente preparado. Para la psicología de la forma la aparición de cada nueva intuición consiste, no tanto en la casualidad de un conocimiento imprevisto, cuanto en la reestructuración figurativa y en la obtención del equilibrio entre campos cognoscitivos en tensión (*v.* **insight**, § 1).

BIBLIOGRAFÍA: Bühler, K. (1908); Köhler, W. (1929).

aion

Término griego que define el tiempo limitado en las dos direcciones definidas de la creación y del fin del mundo. En psicología C.G. Jung le dedicó a este concepto un libro "cuyo tema es la idea de eone (αἰών en griego). Basándome en los símbolos cristianos, gnósticos y alquímicos del sí, me esforcé por esclarecer la transformación de la situación psíquica en el interior del 'eón cristiano', compenetrado no sólo de la idea originariamente persa-hebraica del principio y el fin de los tiempos, sino también del presentimiento de una inversión, en cierto modo *enenantiodrómica*, de las dominantes" (1951: 1). La intención de Jung es localizar los componentes arquetípicos que caracterizan la psicología del hombre occidental producto de la tradición cristiana.

BIBLIOGRAFÍA: Jung, C.G. (1951).

aislamiento (al. *Isolierung*; fr. *isolament*; ingl. *isolation*; it. *isolamento*)

Mecanismo de **defensa** (*v.*, § 2) frecuente en las neurosis obsesivas, que consiste en aislar un pensamiento 1] de la carga afectiva a la que está vinculado 2] del contexto significativo en el que está introducido. De esta manera el pensamiento, la fantasía o el recuerdo pueden tener libre acceso a la conciencia, mientras la emoción o el contexto, por lo general dolorosos vinculados a ellos siguen siendo inconscientes. S. Freud, que relaciona ese aislamiento con el mecanismo arcaico de defensa que consiste en "no tocar" (*v.* **contacto**), escribe: "Sabemos que en la histeria es posible relegar a la amnesia una impresión traumática; es frecuente que no se lo consiga así en la neurosis obsesiva: la vivencia no es olvidada, pero se la despoja de su afecto, y sus vínculos asociativos son sofocados o suspendidos, de suerte que permanece ahí como aislada y ni siquiera se la reproduce en el circuito de la actividad de pensamiento. Ahora bien, el efecto de ese aislamiento es el mismo que sobreviene a raíz de la represión con amnesia." (1925 [1976: 115]) Por su parte Anna Freud subraya la importante función del aislamiento para determinar un tipo de resistencia a la asociación libre durante la terapia: "Sabemos que, en la formación sintomática, el yo neurótico-obsesivo usa la técnica defensiva del aislamiento. Por lo tanto deja los vínculos significativos y conserva así los impulsos pulsionales en la conciencia. En consecuencia, también la resistencia del paciente neurótico-obsesivo es diferente. No calla; habla aunque se encuentre en un estado de resistencia; pero al hablar abandonará todo vínculo detrás de sus asociaciones; aísla representación y afecto de manera que sus asociaciones nos parecen, en pequeña escala, tan insensatas como, en mayor escala, sus síntomas neuróticos-obsesivos" (1936: 173-174; *v.* **ceremonial**).

BIBLIOGRAFÍA: Freud, S. (1936); Freud, S. (1925).

ajetreo (al. *Abmühung*; fr. *affairement*; ingl. *bustle*; it. *affaccendamento*)

Trastorno del comportamiento caracterizado por actividad motriz ininterrumpida e inconclusa, que en ocasiones no encuentra reposo ni siquiera durante la noche. Puede tener origen orgánico como consecuencia de daños cerebrales, u origen psicógeno.

ajuste (al. *Anpassung*; fr. *adaptation*; ingl. *adjustment*; it. *aggiustamento*)

El término se refiere a: 1] la modificación del comportamiento habitual con miras a una mejor **adaptación** (*v.*) al ambiente social; 2] la capacidad de un individuo que presenta anomalías de comportamiento de naturaleza prevalentemente ambiental de mejorar su condición evitando situaciones frustrantes o favoreciendo las satisfactorias. Cuando los procesos de ajuste fallan se habla de *desajuste*, que puede ser familiar, escolar, conyugal, profesional, etc., y de *reajuste* cuando se presenta una reconversión positiva de un comportamiento temporalmente perturbado.

alarma, función de (al. *Alarmfunktion*; fr. *fonction d'alarme*; ingl. *alarm function*; it. *funzione di allarme*)

Todo aquello que determina el paso de un estado de vigilia relajado a un estado de atención general.

alcoholemia (al. *Blutalkohol*; fr. *alcoolémie*; ingl. *alcoholemia*; it. *alcolemia*)

Presencia de alcohol en la sangre por ingestión de bebidas alcohólicas. El examen que determina el grado de alcoholización se llama prueba de alcoholemia. Los cristales de bicromato de potasio cambian de color según la cantidad de alcohol presente en el aire espirado por el sujeto.

alcoholismo (al. *Alkholismus*; fr. *alcoolisme*; ingl. *alcoholism*; it. *alcolismo*)

El alcoholismo o etilismo es una condición de dependencia de la ingestión de bebidas que contienen alcohol. Se define como *crónico* cuando manifiesta un estado patológico consecuente a una excesiva ingestión de alcohol durante tiempo prolongado; *agudo* cuando se refiere a la simple embriaguez, en el cual la intoxicación alcohólica y las modificaciones de la actividad de conciencia y de comportamiento son episódicas y ocasionales.

1] INTRODUCCIÓN. El alcohol es un nutriente cuya oxidación produce calorías que, sin embargo, no pueden ser utilizadas eficientemente por los efectos tóxicos que comportan, sobre todo en el sistema nervioso, donde el alcohol actúa como un depresivo y como un narcótico. La ingestión de una dosis limitada produce un cierto grado de desinhibición de las emociones y de la instintividad, pero también la disminución del control por lo que se lleva a la ingestión de más alcohol; con el aumento de la dosis se registran perturbaciones visuales, reducción del campo de la atención y la conciencia, disminución en el tiempo de reacción a los estímulos, falta de coordinación motriz, por lo tanto sopor, sueño y, en casos extremos, coma. No existe un límite entre uso y abuso de bebidas alcohólicas. Esta diferencia debe evaluarse a partir de la relación entre el alcohol y el alcoholizado, y no deducirse de la cantidad habitualmente ingerida. Queda en pie, en todo caso, el principio de que un uso moderado de alcohol no provoca daños significativos, mientras que el uso excesivo produce casi siempre graves daños.

Los aspectos que se deben tener presentes para una definición de alcoholismo que no cometa injusticias con las numerosísimas definiciones debidas a las diversas maneras de afrontar el problema son esencialmente dos: el grado de dependencia y la gravedad de los daños orgánicos producidos por el alcohol. Por lo que se refiere al primer aspecto G. Jervis escribe que "la dependencia es el fenómeno por el cual el sujeto introduce más o menos habitualmente el alcohol en el equilibrio de su vida; en pocas palabras, recurre de manera regular al alcohol, en dosis que pueden ser limitadas, para enfrentar las dificultades de la existencia. Se forma aquí un círculo vicioso, puesto que el uso del alcohol provoca dificultades que son enfrentadas recurriendo al mismo alcohol. Contribuye a la dependencia alcohólica el acostumbramiento del organismo, que requiere dosis cada vez más elevadas para producir los efectos psíquicos deseados, y manifiesta trastornos después de retirar el tóxico" (1975: 228).

El otro aspecto se refiere a la presencia de daños orgánicos significativos y de alteraciones de la conducta. Los primeros, escribe Jervis, "generalmente comienzan a manifestarse con síntomas de gastritis (inapetencia), de colitis (diarrea), y trastornos del hígado. Los daños al hígado, a largo plazo, pueden producir cirrosis hepática. La insuficiencia alimenticia y sobre todo vitamínica, a consecuencia de la inapetencia, además del tipo de vida del bebedor, se agrava por una defectuosa absorción intestinal. Muchos trastornos físicos y psíquicos de los alcohólicos se deben, más que directamente al alcohol, a carencias vitamínicas del grupo B, entre ellos las neuritis y polineuritis que con frecuencia se manifiestan, al inicio, con trastornos perdurables de la marcha. Por lo que se refiere a los trastornos psíquicos y del comportamiento, el alcoholismo crónico determina alteraciones del humor, con irritabilidad e impulsividad, trastornos de la memoria y de la atención, indiferencia moral, disminución de la inteligencia. Los trastornos de la memoria son en ocasiones los más precoces y se manifiestan al principio como amnesias relativas a la embriaguez de la noche anterior" (1975: 228).

2] NOTAS HISTÓRICAS. La palabra "alcohol" deriva del árabe y significa "esencia noble y valiosa". El aspecto médico del fenómeno es mencionado ya por Ulpiano, un jurista de la época romana que considera el vicio del beber un problema médico y no jurídico. La primera formulación científica se debe, en los primeros años del siglo XIX, a G. Trotter, quien consideró el alcoholismo una enfermedad mental. Volvemos a encontrar esta posición en E. Kraepelin, que se interesó por la patogénesis del alcoholismo y de los métodos profilácticos y terapéuticos; en V. Magnan, que consideró el alcoholismo un fenómeno imputable a la melancolía periódica; en W. Griesinger, para quien el alcoholismo era similar a la conducta epiléptica. En el mismo siglo XIX fueron analizadas las complicaciones del alcoholismo y en particular el *delirium tremens*, entonces llamado "frenesí del bebedor", la alucinosis aguda y las psicosis alcohólicas. En estas descripciones aparecían consideraciones de tipo moralista, con algunos indicios socioculturales que en el siglo XX habrían de transformarse en la línea interpretativa dominante del fenómeno. En nuestro siglo las investigaciones sobre el alcoholismo han tenido su mayor difusión en los países anglosajones y han encontrado su centro de coordinación en el Yale Center of Alcohol Studies en la Universidad de Rutgers (Nueva Jersey), donde E. M. Jellinek pudo establecer que la dinámica del alcoholismo sigue sus propias leyes, cualesquiera que sean las condiciones que las han determinado. Estas condiciones, en época reciente, se buscaron en la dimensión social, determinando un involucramiento de la sociología en la investigación de las causas del alcoholismo.

3] ETIOLOGÍA. Las causas del alcoholismo son numerosas, y algunas tan dispares que, simplemente para elaborar un catálogo resumido, es necesario referirse a diversos ámbitos disciplinarios que van de la biología a la genética, de la sociología a la psicología, de la antropología al psicoanálisis. De esta manera podremos enlistar las causas principales:

a] La apetencia. Desde siempre las bebidas alcohólicas han prevalecido sobre las otras (agua, leche, etc.) por su efecto tónico y euforizante, por el momentáneo alivio que da a la angustia, por el sentido de solidaridad entre individuos que siempre ha significado "beber juntos".

b] La dimensión sociocultural. La importancia de este factor está demostrada por las variaciones de la proporción de alcoholismo en función de los grupos profesionales, los grupos sociales, las civilizaciones y el sexo, en el sentido de que un individuo encuentra estímulos y motivaciones para la ingestión de alcohol, porque se cree que es indispensable para ciertas profesiones, o porque es considerado signo de "virilidad".

c] La constitución biológica de cada individuo entraña una variación en la relación tolerancia-costumbre-dependencia que domina toda la etiología de la conducta del alcohólico. La *tolerancia* es la relación entre la concentración de alcohol en el organismo y el grado de intoxicación. Varía con la edad, el sexo, la predisposición hereditaria, los hábitos alimentarios, el estado orgánico y psíquico. Para que el alcohólico busque satisfacción en la bebida es necesario que, por lo menos inicialmente, posea un mínimo de tolerancia y, después, una forma de *costumbre* por la que el alcohol se transforma en una especie de elemento necesario para el equilibrio del metabolismo alterado. Cualquiera que sea el grado de tolerancia, el individuo puede llegar, más o menos rápidamente, a un estado de *dependencia*, que se manifiesta como imposibilidad de abstenerse del consumo de bebidas, por la aparición de síntomas físicos como sed, sequedad de boca, temblor, o por la pérdida de libertad por la que el sujeto, después de la primera copa, es incapaz de detenerse hasta no haber alcanzado el estado de ebriedad.

d] Las motivaciones psicológicas. Se deben considerar como incentivos que facilitan el alcoholismo los estados de tensión, las dificultades en las relaciones humanas, los sentimientos de inseguridad, la incapacidad de afirmación personal, la necesidad de gratificación y, para las teorías psicoanalíticas, una regresión a la fase oral de la libido y por lo tanto a una especie de actividad erótica sustituta.

4] LA EBRIEDAD ALCOHÓLICA. Desde el punto de vista estrictamente científico la ebriedad alcohólica es una psicosis exógena pasajera marcada por la cantidad de alcohol ingerido y por la tolerancia del sujeto. Según K. Kryspin-Exner "en la primera fase del aumento de la cantidad de alcohol en la sangre se verifica una cierta disminución del campo de la conciencia y fenómenos de desinhibición con humor generalmente eufórico, aumento de la impulsividad, de la facilidad de comunicación y debilitamiento de la crítica. El ulterior aumento de la intoxicación conlleva un efecto narcótico y, en la fase depresiva que sigue, una progresiva parálisis de las funciones nerviosas centrales" (1966: 52). Desde luego, el efecto desinhibidor del alcohol es la causa de los más variados tipos de reacción, estrechamente ligados a la estructura de la personalidad, por lo que es muy difícil juzgar si se trata de verdaderas reacciones de tipo exógeno injertadas al síndrome orgánico de la intoxicación alcohólica o de una liberación de aspectos del carácter hasta ahora controlados. En todo caso, en el estado de ebriedad el tipo de comportamiento no coincide con el habitual del sujeto que, sólo después de un sueño reparador, al que sigue una amnesia parcial o total de los actos realizados en la fase de ebriedad, es capaz de readquirir su comportamiento habitual.

5] CURSO DE LA TOXICOMANÍA ALCOHÓLICA. Las diversas formas de alcoholismo se inician generalmente con el llamado "beber sintomático", que consiste en recurrir al alcohol para calmar los más variados malestares psíquicos y somáticos. Así se determina un círculo vicioso: si el malestar implica angustia o ira, el alivio representado por el alcohol, al ser temporal, reclama que se restablezca de nuevo, generando así un malestar secundario con angustia, ira y nueva ingestión de alcohol. E.M. Jellinek dividió el alcoholismo en los siguientes tipos a los que aún se hace referencia para la determinación de la cualidad y el grado. Alcoholismo *alfa*: caracterizado por el beber excesivo sin pérdida de control o incapacidad de abstenerse. Alcoholismo *beta*: exceso de ingestión de alcohol complicado por enfermedades físicas como cirrosis, gastritis y neuritis, aún sin una verdadera dependencia psíquica o física. Alcoholismo *gamma*: dependencia psíquica y física con tolerancia adquirida e incapacidad para controlarse. Las motivaciones son sobre todo psíquicas. Alcoholismo *delta*: es una tipología que se encuentra en individuos que se muestran capaces de controlar la cantidad de alcohol ingerida, pero que difícilmente pueden abstenerse porque sobrevienen síntomas de abstinencia. Alcoholismo *épsilon*: el alcohólico se da a la bebida repentina y compulsivamente, sin ninguna motivación verdadera, y la intoxicación no le impide continuar con la posterior ingestión de alcohol. Comienzan a manifestarse los daños orgánicos, con la debilitación de los impulsos, labilidad emotiva, la debilidad crítica, además de una restricción del círculo de los intereses, y con una marcada disminución de la atención y de la memoria.

6] CUADROS PSICOPATOLÓGICOS DEL ALCOHOLISMO. En el fondo del alcoholismo se inscriben complicaciones, la mayoría de las veces con curso crónico, de orden neurológico y psicológico. Entre éstas podemos enumerar:

a] Delirium tremens, así llamado en referencia al visible temblor. La escena delirante con frecuencia se inicia con trastornos de la percepción, sobre todo nocturna, asociados con un sentimiento creciente de inquietud y de alucinaciones visuales que tienen por objeto animales como ratas, sapos, serpientes, mosquitos, generalmente numerosos y en movimiento. No faltan alucinaciones táctiles o acústicas, por lo común elementales, como ruidos, silbidos y música. El estado de ánimo del enfermo varía de la angustia a cierto grado de euforia, pero el paciente suele ser dócil y tener un escaso grado de agresividad. Al agravarse el cuadro se hace evidente la obnubilación de la conciencia y la agitación psicomotriz. Las alucinaciones se vuelven más estables y el sujeto trata de defenderse intentando huir o refugiarse de algún modo. Hay signos fisiológicos como la fiebre (cuanto más elevada peor es el pronóstico) y la sudoración marcada, con tendencia al colapso circulatorio. El pronóstico es más grave si aparecen crisis epilépticas, y fatal si el *delirium tremens* no se trata de manera oportuna. En promedio la crisis no dura más de tres días, y pasa después a un estado de confusión por un largo período.

b] *Síndrome de Korsakoff o psicosis polineurítica*. Esta forma, que puede tener origen traumático o etílico, es reconocible por la aparición de una *amnesia de fijación* caracterizada por la incapacidad de aprender nuevos datos, así como por el olvido casi total de lo que apenas se hizo, se dijo, se vivió (*v.* **memoria**, § 6). El sujeto trata de suplir sus trastornos con **fabulaciones** (*v.*) donde hechos banales de la vida cotidiana se mezclan con fragmentos mnésicos combinados y actualizados de diversas maneras, y con *falsos reconocimientos* caracterizados por la confusión de lugares y personas y por la mezcla de elementos visuales de diversos períodos de la vida, como con frecuencia sucede en los fenómenos de paramnesia (*v.* **memoria**, § 8).

c] *Alucinosis alcohólica*. Está caracterizada por la aparición, en plena lucidez, de alucinaciones auditivas y con menor frecuencia visuales, con fondo persecutorio y amenazante. El paciente se despierta sobresaltado porque oye diálogos amenazantes, voces que lanzan acusaciones, y así vive una experiencia de asedio en la cual, sin embargo, los perseguidores se mantienen bastante alejados del sujeto, de modo que siempre existe cierto grado de seguridad. En general se distingue entre una alucinosis alcohólica *aguda*, que abarca desde algunos días hasta algunos meses y se alivia con la abstinencia de alcohol, y una *crónica*, que suele terminar en un síndrome demencial.

d) *Delirio de celos o paranoia alcohólica*. Se desarrolla con base en diversos elementos convergentes, como los primeros indicios de impotencia sexual, el surgimiento de inseguridad interior, el desapego afectivo que generalmente se crea en relación con el sujeto bebedor el cual, en estas condiciones, comienza a expresar dudas sobre la conducta moral de su pareja, para llegar rápidamente a la certeza de que es traicionado, deformando e interpretando de manera grotesca hechos y circunstancias del todo irrelevantes. El síndrome difícilmente retrocede y el paciente que lo sufre tiende a volverse agresivo y peligroso (*v.* **celos**, § 3).

e] *Demencia alcohólica*. Es un decaimiento progresivo que reduce la capacidad de razonamiento y de síntesis, disminuye el fluir del pensamiento, no permite una fácil orientación en el tiempo y en el espacio, inhibe la atención, vuelve confusa la articulación de la palabra, también porque se presenta temblor de la lengua. El síndrome se desarrolla más o menos lentamente hacia un cuadro de **caquexia** (*v.*) con pronóstico final negativo.

f] *Encefalopatía*. Inflamación del encéfalo causada por la ingestión de alcohol que penetra por vía sanguínea y linfática (*v.* **encefalopatía**, § 6).

g] *Epilepsia alcohólica*. Caracterizada por convulsiones epilépticas (*v.* **epilepsia**) que, según algunos, constituyen la fase intermedia entre el *delirium tremens* y la alucinación alcohólica.

7] CRITERIOS DIAGNÓSTICOS E HIPÓTESIS TERAPÉUTICAS. El DSM-III-R enumera entre los trastornos mentales por alcohol: *a*] la *intoxicación alcohólica* (303.00) caracterizada por ingestión reciente de alcohol con modificaciones de la conducta, que manifiesta desinhibición de los impulsos sexuales y agresivos, labilidad emocional, deterioro de la capacidad de juicio, e inadecución en las actividades sociales y profesionales; *b*] la *intoxicación alcohólica idiosincrásica* (291.40), que no es provocada por trastornos físicos o mentales sino una marcada modificación desadaptativa del comportamiento; *c*] la *abstinencia alcohólica no complicada* (291.80), con los síntomas típicos de la interrupción o disminución del consumo en grandes cantidades por tiempo prolongado de alcohol, como náuseas, vómito, hiperactividad del sistema nervioso autónomo, ansiedad, depresión del estado de ánimo, cefalea e insomnio; *d*] el *delirium de abstinencia alcohólica* (291.00), que se verifica en el curso de una semana tras interrumpir la ingestión de notables cantidades de alcohol; *e*] la *alucinosis alcohólica* (291.30), con alucinaciones vivas y persistentes que se desarrollan generalmente en el curso de las 48 horas después de la interrupción de la ingestión de notables cantidades de alcohol, sin aparición de delirio; *f*] el *trastorno amnésico alcohólico* (291.10) consecuente al consumo prolongado de notables cantidades de alcohol; *g*] la *demencia asociada con el alcoholismo*, secundaria al consumo prolongado de grandes cantidades de alcohol, y persistente, después de la interrupción, por algunas semanas.

A causa de la multiplicidad de los factores causales que llevan al alcoholismo es necesario recurrir a formas terapéuticas siempre diferentes y estrechamente relacionadas con las causas que han determinado la conducta alcohólica. Después de una primera intervención de desintoxicación y de deshabituación, que se produce en general con la inducción de una intolerancia artificial obtenida mediante fármacos, como el *disulfiram*, se hacen necesarias tanto una intervención social por los aspectos socioambientales que pueden haber inducido al sujeto a la habituación alcohólica, como una intervención psicoterapéutica prolongada que llegue a involucrar también, además del sujeto, a los miembros de la familia. Las psicoterapias de grupo y con frecuencia las asociaciones comunitarias se han revelado muy útiles, así como la *terapia de aversión*, que consiste en crear una asociación entre consumo de alcohol y estímulos o efectos desagradables, o una relación causal entre ambas basándose en la teoría de la **atracción-repulsión** (*v*.).

BIBLIOGRAFÍA: American Psychiatric Association (1988); Benedetti, G. (1952); Blum, R.H. (1967); Chapetz, M.E. y H.W. Demonti (1963); Coirault, R. y H. Laborit (1956); Colmant, H.J. (1965); De Mijolla, A. y S.A. Schentoub (1973); Durand, Y. y J. Morenon (1972); Faurobert, M. (1962); Furlan, P.M. y R.L. Picci (1990); Gentis, R. (1958); Jellinek, E.M. (1940); Jellinek, E.M. (1960); Jervis, G.J. (1975);.Kryspin-Exner, K. (1966); Lereboullet, J. (1972); Magnan, V. (1874); Mendelson, J.H. (1966); Phillipson, R.V. (1970); Popham, R.E. (1970).

aleatoria, teoría (al. *Aleatorische Theorie*; fr. *théorie aléatoire*; ingl. *aleatory theory*; it. *teoria aleatoria*)

Orientación teórica que interpreta el curso temporal de los fenómenos del comportamiento con base en las circunstancias históricas contingentes, contraponiéndose así a la hipóte-

sis determinista (*v*. **determinismo**), basada en que el desarrollo humano, individual y colectivo depende de una secuencia de estados predeterminados cuya incidencia no es modificada por la contingencia histórica.

BIBLIOGRAFÍA: Gergen, K.J. (1982).

alegría (al. *Freude*; fr. *joie*; ingl. *joy*; it. *gioia*)

Sensación de placer difuso producido por la satisfacción de un deseo o por la previsión de una condición futura positiva. Desde este punto de vista la alegría se contrapone a la tristeza, caracterizada por una visión negativa del futuro. Cuando las condiciones que provocan la alegría se verifican independientemente de las acciones del sujeto, tal emoción es acompañada de estupor. Si se prescinde de la connotación temporal que interviene en la definición habitual de alegría, esta figura asume los caracteres que describió B. Spinoza acerca de la aceptación de la necesidad del todo, tema que retomó en forma más radical E. Severino, para quien "como superación de la totalidad de la contradicción de lo finito, el todo es la alegría. [...] La alegría es el inconsciente más profundo del mortal" (1980: 594-595).

BIBLIOGRAFÍA: Severino, E. (1980).

alelo (al. *Allele*; fr. *allèle*; ingl. *allele*; it. *allele*)

Forma alternativa de un mismo gen (*v*. **genética**, § 2) que, en un patrimonio genético diploide como el del hombre, está siempre presente en dos copias llamadas alelos. Cuando las dos copias de un determinado gen son iguales, el individuo es *homocigoto* cuando son diferentes el individuo es *heterocigoto* para ese gen en particular (*v*. **genética**, § 4).

alergia (al. *Allergie*; fr. *allergie*; ingl. *allergy*; it. *allergia*)

Hipersensibilidad física y psíquica a objetos y situaciones de estímulos muy precisos. Los trastornos pueden ser dermatológicos, respiratorios, gastrointestinales, etc. Generalmente se observa una asociación entre alergias y tensión emotiva. La remisión de los síntomas puede lograrse con fármacos, pero también con una intervención psicoterapéutica.

alestesia (al. *Alesthesie*; fr. *alesthésie*; ingl. *alesthesia*; it. *alestesia*)

Sensación táctil que se localiza en un punto diferente del que experimenta el estímulo.

Alexander, escala de (al. *Alexander-Test*; fr. *test d'Alexander*; ingl. *Alexander's performance test scale*; it. *scala di Alexander*)

Escala elaborada por W.P. Alexander para evaluar la inteligencia práctica (CIP) para varones y mujeres entre los 7 y los 20 años por medio de tres pruebas que se ejecutan con los cubos de Kohs (*v.* **cubo, test del**, § 2).

BIBLIOGRAFÍA: Meili, R. (1955).

alexia (al. *Alexie*; fr. *alexie*; ingl. *alexia*; it. *alessia*)

Pérdida parcial (*paralexia*) o total (*alexia*) de la capacidad de leer; no debe confundirse con la *dislexia*, que es una dificultad para el aprendizaje de la lectura.

1] La *alexia* depende de lesiones localizadas en el área cerebral posterior izquierda (pliegue curvo). Generalmente está asociada con formas de **afasia** (*v.*) y de **agrafia** (*v.*), mientras que cuando es pura constituye una **agnosia** (*v.*) particular, especializada en los símbolos gráficos del lenguaje. En la alexia *afásica* el sujeto llega a leer su propio nombre y algunas palabras simples, pero no palabras complejas, de las que con frecuencia no comprende el sentido. En la alexia *agnósica* el sujeto no es capaz de reconocer las letras (alexia literal) o las palabras (alexia verbal), en cuanto símbolos gráficos. Estos trastornos perduran también en sujetos que han recuperado un lenguaje oral correcto, o que son capaces de escribir, sin saber leer lo que han escrito.

2] La *dislexia*, llamada también *legastenia*, es en cambio una dificultad del aprendizaje de la lectura que se manifiesta con inversión de le-

tras ("la" en lugar de "al"), cambio de letras simétricas ("p" en lugar de "q") y elisiones de símbolos gráficos. La dislexia se llama *evolutiva* cuando aparece ligada a factores de maduración, y *específica* cuando su presencia no altera las capacidades generales de aprendizaje, aunque inevitablemente provoca una disminución del rendimiento escolar por las evidentes dificultades de lectura, que pueden ir acompañadas de retraso lingüístico y cierta torpeza en el comportamiento derivada de los trastornos emotivos debidos al déficit. Con oportunas intervenciones individuales o de grupo la dislexia puede ser resuelta en gran parte.

BIBLIOGRAFÍA: Autores varios (1982); Benton, A.L. y D. Pearl (1979); Mucchielli, R. y A. Bourcier (1975); Nielsen, J.M. (1946); Parlidis, G.T. y T.R. Miels (1981); Scalisi, T.G. y A.M. Longoni (1986).

alexitimia (al. *Alexithimie*; fr. *alexithimie*; ingl. *alexithimia*; it. *alexitimia*)

Carencia de palabras para expresar las emociones. Es frecuente en los pacientes psicosomáticos.

alfa, arco (al. *Alpha-Bogen*; fr. *alpha-arc*; ingl. *alpha-arc*; it. *arco alfa*)

Secuencia de un estímulo que induce a un comportamiento motor a través de una vía sensorial simple. Se distingue del *arco beta* que es la activación de vías corticales superiores a partir de un arco alfa, y no de un estímulo externo. Esta distinción reproduce la que J.B. Watson ha introducido en la psicología de la conducta entre "respuesta inmediata" y "respuesta retardada", llamada también "comportamiento implícito".

BIBLIOGRAFÍA: Watson, J.B. (1914).

algedónico (al. *Algehedonik*; fr. *algehédonique*; ingl. *algehedonic*; it. *algedonica*)

Término introducido por W. Wundt para indicar la dimensión placer-displacer que caracteriza la cualidad del sentimiento.

BIBLIOGRAFÍA: Wundt, W. (1896).

algesia (al. *Algesie*; fr. *algésie*; ingl. *algesia*; it. *algesia*)

Capacidad para percibir el dolor (en griego ἄλγος), que puede sufrir fuertes oscilaciones dependiendo de la actitud subjetiva, de las experiencias previas y de otras causas que determinan condiciones de percepción menor (*hipoalgesia*), mayor (*hiperalgesia*), o alterada (*paralgesia*). La insensibilidad al dolor, sin que falten las otras percepciones sensoriales, recibe el nombre de *analgesia*; puede ser de origen orgánico o psíquico, como se verifica en los casos de catatonia, histeria de conversión y estados hipnóticos. Desde un punto de vista psicoanalítico O. Fenichel escribe que "la hipoalgesia histérica es una especie de desvanecimiento localizado; ciertas sensaciones que podrían ser dolorosas, no son aceptadas. El mecanismo base probablemente está relacionado con la defensa arcaica del aplazamiento de los afectos" (1945: 256).

BIBLIOGRAFÍA: Fenichel, O. (1945).

algofilia (al. *Algophilie*; fr. *algophilie*; ingl. *algophilia*; it. *algofilia*)

Llamada también algomanía. Amor por el dolor. El término no debe confundirse con la *algolagnia*, en la que el amor por el dolor se une a la excitación sexual y donde se distinguen una algolagnia activa y una pasiva, según el placer se relacione respectivamente con el dolor infligido o padecido. Estos términos ahora son sustituidos por las expresiones **sadismo** (*v.*), **masoquismo** (*v.*) y **sadomasoquismo** (*v.*).

algofobia (al. *Algophobie*; fr. *algophobie*; ingl. *algophobia*; it. *algofobia*)

Incontrolable fobia al dolor.

algoritmo (al. *Algorithmus*; fr. *algorithme*; ingl. *algorithm*; it. *algoritmo*)

Conjunto finito de reglas que da una secuencia de operaciones para resolver un tipo específico de problema. Como precisa D.E. Knuth, "un algoritmo tiene cinco características importantes: 1] *Completitud*. Un algoritmo siempre debe terminar después de un número finito de pasos [...]; 2] *Definición*. Cada paso de un algoritmo debe ser definido de modo preciso; las acciones a cumplir deben estar especificadas, en cada caso, de manera rigurosa y no ambigua [...]; 3] *Ingreso*. Un algoritmo tiene cero o más ingresos, es decir cantidades que son asignadas antes que inicie el algoritmo. Estos ingresos son tomados de un conjunto específico de objetos [...]; 4] *Salida*. Un algoritmo tiene una o más salidas, es decir cantidades que tienen una relación específica con los ingresos [...]; 5] *Efectividad*. Todas las operaciones a cumplir en el algoritmo deben ser lo bastante básicas como para poder ser ejecutadas, en principio, en un tiempo precisamente limitado, por un hombre usando papel y lápiz" (1973: 2-6).

BIBLIOGRAFÍA: Knuth, D.E. (1973); Lanzarone, G.A. (1985).

alimentación (al. *Ernährung*; fr. *alimentation*; ingl. *feeding*; it. *alimentazione*)

Satisfacción de la necesidad fisiológica del hambre y de la sed de la que, desde el nacimiento y, en otras formas, aun en el período intrauterino, tiene necesidad el organismo para conservar la vida. La *necesidad* de alimentación es fisiológica, no psicológica, pero una condición de necesidad fisiológica tiene consecuencias psicológicas que toman el nombre de *pulsiones*, diferentes de la necesidad ya sea porque un organismo hambriento puede estar a tal punto debilitado que no manifiesta ninguna pulsión hacia la comida, ya porque un organismo saciado puede no manifestar ninguna disminución de la pulsión de comer.

1] FISIOLOGÍA. La necesidad de alimentación está determinada por el agotamiento de sustancias nutritivas en la sangre y se manifiesta con la pulsión del hambre, que se registra en el nivel glucostático en relación con el déficit de azúcar; en el termostático por los efectos de saciedad causados por las propiedades térmicas de las sustancias alimenticias; en el lipostático en relación con las reservas de grasas, y en el homeostático en relación con la actividad del hipotálamo, que regula el ciclo saciedad-hambre. El hambre puede ser genérica o específica para determinados alimentos según las necesidades del organismo y la educación del gusto. Una dieta a la que le falten algunos principios nutritivos esenciales tiene efectos significativos en el desarrollo y el funcionamiento del organismo, tanto en el aspecto físico como en el nivel nervioso. Lo mismo se puede decir de la *sed*, regulada por la necesidad hídrica del organismo controlada por el hipotálamo. La pulsión de la sed es advertida por los tejidos de la boca y de la garganta, de modo que tiene una estimulación local. Numerosos determinantes socioculturales intervienen para condicionar la necesidad fisiológica de la alimentación, tanto en su ritmo como en la elección de los alimentos (*v.* **motivación**, § 3). Del hambre, que tiene fundamento fisiológico, se debe distinguir el *apetito*, que es una estimación psicológica basada en el deseo de alimento.

2] PSICOLOGÍA. La alimentación está cargada de valores psicológicos desde los primeros días de vida, en los que se ha demostrado la importancia de las modalidades del amamantamiento por lo que se refiere a las actitudes y también al comportamiento posterior del niño hacia el mundo que lo acoge. Como el alimento es la primera relación que el niño tiene con el mundo, han alcanzado particular importancia los problemas relacionados con la nutrición difícil (*feeding problem*), a través de la cual el niño expresa sus incomodidades o su rechazo del ambiente. Según el psicoanálisis la alimentación, además de ser la primera forma de construcción de la identidad, está relacionada con el placer provocado por la estimulación de la boca, típica de la fase **oral** (*v.*, § 2) a la cual, en el sucesivo proceso evolutivo, el individuo puede quedarse fijado o tener una regresión. Debido a su importancia simbólica el alimento se convierte con frecuencia en la expresión de numerosos conflictos psíquicos, que van desde el *hambre nerviosa*, que es una respuesta a un estado de depresión y de vacío ansioso, a la *inhibición*, que puede referirse a la alimentación en general o a alimentos específicos que tienen para el sujeto un significado simbólico especial. En algunas ocasiones las prohibiciones alimenticias son idealizadas o racionalizadas en la elección de *dietas* especiales o en diversas formas rituali-

zadas de alimentación con el fin de prohibir el placer asociado con ella, con la participación de componentes superyoicos o dictados por el ideal del yo (*v.* **superyó** y **yo, ideal del**). Cuando la prohibición llega a constituir el centro del comportamiento del individuo, se ven las diversas formas de **anorexia** (*v.*) como rechazo sistemático del alimento, que tiene su correlativo de signo contrario en la **bulimia** (*v.*) que, como impulso irrefrenable al alimento, tiene como consecuencia una sobrealimentación continua que lleva a la **obesidad** (*v.*). La relación entre alimentación y estado psíquico es objeto de estudio de la **psicodietética** (*v.*).

BIBLIOGRAFÍA: Bruch, H. (1973); Bruch, H. (1978); Cassini, A. y A. Dellantonio (1982); Selvini Palazzoli, M. (1981); Silverstone, T. (1976).

allumeuse

Término francés (de *allumer*, encender) para referirse a la mujer que se complace en provocar en el hombre la excitación sexual sin permitirle la satisfacción.

alma (al. *Seele*; fr. *âme*; ingl. *soul*; it. *anima*)

Término que deriva del latín *anima*, que tiene la misma raíz que el griego ἄνεμος, "viento". El sentido que el término ha ido adquiriendo progresivamente en la cultura occidental es el de principio de la actividad espiritual y, como equivalente del término griego ψυχ~ (*v.* **psique**), al alma se le han han atribuido todas las actividades denominadas "psíquicas".

1] ANTROPOLOGÍA. En las culturas primitivas el alma es concebida como principio de la vida materializada en órganos del cuerpo, como el diafragma (φρήν) entre los antiguos griegos, o el corazón (*lev*) para el antiguo pueblo hebreo, así como en objetos externos que, transferidos, llevan consigo el alma (*v.*) del donante. En numerosas culturas está presente la noción de alma como principio diferente del cuerpo, y capaz de sobrevivir más allá de la muerte del cuerpo en una inmortalidad a la que se llega directamente o a través de una serie de reencarnaciones (v. **metempsicosis**). Esta concepción es común a ciertas religiones orientales como el budismo y el bramanismo, y a algunas occidentales, como la del antiguo Egipto, la religión órfica, y finalmente la griega, en la que se inicia la concepción filosófica del alma.

2] FILOSOFÍA. La filosofía griega, partiendo del orfismo, acentúa con Platón la diferencia entre alma y cuerpo, dando inicio al dualismo antropológico que era desconocido, por ejemplo, en el mundo hebreo, en el que el alma, denominada *nefesh*, no se contraponía, como principio espiritual, a la materialidad del cuerpo, sino que era un todo con éste. Con la traducción griega de los textos bíblicos las palabras hebreas se cargaron con los significados que la filosofía griega había elaborado; de aquí nació la concepción cristiana, que recalca el principio platónico del alma como entidad de naturaleza diferente del cuerpo. A la sustancialidad del alma se opuso Aristóteles, para quien el alma debía concebirse como forma (ἐντέλεχεια) del cuerpo, como principio determinante de la corporeidad: "el alma es alguna cosa del cuerpo" (*De anima*, II, 414, a). En la Edad Media Tomás de Aquino integró la concepción platónica del alma como sustancia con la aristotélica, que le reconocía al alma sólo la función intelectual, atribuyéndole al cuerpo la función sensible y vegetativa que Platón había asignado a otras dos almas.

En el Renacimiento las dos posiciones vuelven a emerger en la contraposición entre platónicos y aristotélicos, hasta que con R. Descartes el dualismo alma y cuerpo se radicaliza en las formas de la *res cogitans* y la *rex extensa*, dando inicio al **dualismo psicofísico** (v.), que considerará la psicología en sus manifestaciones filosóficas y científicas, hasta que la **fenomenología** (v.), con E. Husserl, destruya el presupuesto cartesiano, considerándolo un error seductor: "Es necesario ilustrar aquí los errores seductores en los que cayeron Descartes y sus sucesores" (1931: 6). La denuncia husserliana volverá a ser recogida por Binswanger, que considera el dualismo psicofísico "el cáncer de toda psicología" (1946: 22), porque no le permite emanciparse del modelo organicista de las ciencias de la naturaleza (v. **análisis existencial**, § 1).

Al itinerario cartesiano se acercó en el siglo XVIII el modelo empirista que, con D. Hume, había iniciado la visión del alma como un grupo de eventos psíquicos en continuo flujo y movimiento que tenían su origen en las impresiones sensoriales. De este modelo se desprendieron la hipótesis *positivista*, para la cual el alma es el conjunto de los estados de conciencia que resultan de la asociación de sus elementos más simples (v. **elementalismo**), y la *fisicalista*, que en las expresiones del materialismo científico de J.J.C. Smart y conductismo lógico de R. Carnap sostienen el carácter puramente nominal de la palabra alma, a la que no corresponde ningún contenido científicamente indicativo (v. **fisicalismo**). De la misma opinión es G. Ryle, para quien el término es fruto de un error de categoría que interpreta los hechos de la vida mental como pertenecientes a una categoría semántica diferente de aquella a la que realmente pertenecen.

3] PSICOLOGÍA ANALÍTICA. En psicología sólo C. G. Jung hizo amplio uso de la palabra "alma", empleada en dos acepciones, una general, en la que por alma se entiende la *interioridad* del hombre en contraposición a su máscara exterior, que Jung define como "**persona**" (v., § 2), y una específica, en la que el alma es la parte contrasexual del varón: "He designado con el término alma el femenino que forma parte del hombre como su feminidad inconsciente" (1912-1952: 425). Y: "Designo con el término persona la actitud hacia el exterior, el carácter exterior; con el término alma la actitud hacia el interior [...] Si la persona es intelectual, el alma es ciertamente sentimental. Esta *complementariedad* es válida también para el carácter del sexo" (1921: 419, 421). Se trata de la complementariedad entre consciente e inconsciente que Jung asume como uno de los fundamentos de su psicología. Basándose en ella "Ningún hombre es tan viril como para no tener en sí mismo nada de femenino [...]. La supresión de los rasgos femeninos [...] permite que estas figuraciones contrasexuales se acumulen en el inconsciente. La imagen de la mujer (el alma) se transforma en el receptáculo de estas figuraciones, de modo que el hombre, en su elección amorosa, sucumbe con frecuencia a la tentación de conquistar a la mujer que mejor corresponda al carácter particular de su propia feminidad inconsciente; una mujer, por lo tanto, que pueda acoger sin dificultad la proyección de su alma" (1928: 187-188).

En los sueños el alma aparece personificada en forma mítica, y en este caso revela la estructura arquetípica (v. **arquetipo**), o bien como madre, mujer, amante, hija, según la figura femenina en la cual se proyecta el alma en las diversas formas del desarrollo psíquico. Lugar eminente de la emotividad, fuente de creatividad, el alma, según parecer de Jung, puede poner en peligro a la conciencia a través de la **posesión** (v.) que transforma la personalidad, dando preeminencia a los rasgos que son considerados psicológicamente característicos del sexo opuesto. Cuando es poseído por el alma el hombre revela esos rasgos de emotividad incontrolables que se manifiestan en la inquietud, en la inestabilidad del humor y en el sentimentalismo, mientras "la pérdida permanente del alma conlleva [...] resignación, cansancio, pereza, irresponsabilidad" (1936-1954: 74). La falta de integración del alma expone a dos posibles riesgos: la *posesión*, porque "el alma inconsciente es una criatura sin relaciones, un ser autoerótico cuya única finalidad es tomar posesión de todo el individuo" (1946: 296), o bien la *unilateralidad*, porque "el alma es la personificación del inconsciente en general [...] si no reconocemos en las figuras inconscientes la dignidad de agentes espontáneos, caemos víctimas de una fe unilateral en el poder de la conciencia" (1929-1957 [1976: 51-52]).

J. Hillman, profundizando la distinción junguiana entre *alma* y *psique*, escribe que "Jung quiere estar seguro de que su concepto de 'alma' no se confunda con las ideas tradicionales de alma de la religión y de la filosofía. Por otro lado quiere definir el alma de manera que no sea equiparada a la psique, de la que es sólo uno de sus múltiples arquetipos" (1985: 97). Resulta que "el alma es un complejo funcional de la psique, que actúa como una personalidad mediadora entre la psique completa, que es predominantemente inconsciente, y el yo común. La imagen del alma como personalidad, en cuanto opuesta al común yo, es contrasexual; por esto, empíricamente, en un varón esta 'alma' es femenina" (1972: 65). Hillman retomó el concepto de alma en relación con la **creatividad** (v.) . Por lo que se refiere al primer tema Hillman escribe que "las conclusiones a las que nos inducen los

datos empíricos obtenidos del trabajo analítico son que el alma se transforma en psique a través del amor, y que es el eros que engendra la psique, porque nada se puede crear sin amor, que es el origen y el principio de todas las cosas vivientes, como en la cosmogonía órfica" (1972: 68). Finalmente, Hillman identifica el suicidio como un lugar eminente para aferrar la *realidad* del alma, porque en ninguna experiencia como en ésta "el cuerpo puede ser destruido por una 'fantasía del alma'" (1964: 17).

BIBLIOGRAFÍA: Aristóteles (1973); Binswanger, L. (1946); Carnap, R. (1931); Descartes, R. (1641); Dewey, J. (1925); Galimberti, U. (1979); Galimberti, U. (1987); Gava, G. (1977); Hillman, J. (1964); Hillman, J. (1972); Hillman, J. (1985); Hume, D. (1748); Husserl, E. (1931); Jung, C.G. (1912-1952); Jung, C.G. (1921); Jung, C.G. (1928); Jung, C.G. (1929-1957); Jung, C.G. (1936-1954); Jung, C.G. (1946); Malcolm, N. (1971); Moravia, S. (1986); Platón (1973); Ryle, G. (1949); Smart, J.J.C. (1963); Tomás de Aquino (1270); Wittgenstein, L. (1980).

alóctono-autóctono (al. *Allochthon-Autochthon*; fr. *allochtone-autochtone*; ingl. *allochthonous-autochthonous*; it. *alloctono-autoctono*)

Pareja de términos que asume significados diferentes en los diversos ámbitos disciplinarios: 1] la *psicología experimental* llama autóctona a la acción cuya motivación reside en el sujeto que la cumple, y alóctona a la causada por un estímulo externo; 2] la *psicología clínica* llama autóctona a cualquier idea que permanece obsesivamente en el ámbito de un trastorno con característica delirante y en el cual el sujeto tiene a veces la impresión de recibir su actividad representativa del exterior o de percibirla como extraña o independiente del resto de aquélla. 3] la *psicología de la memoria* llama "dinámica alóctona" a la **actualización** (v.) de los contenidos de la memoria promovida por una investigación intencional o por una motivación del sujeto, y "dinámica autóctona" a la determinada por el puro y simple desarrollo de las asociaciones, por lo que los contenidos llegan "a la mente" de modo imprevisto, sin que sean buscados, o de modo obsesivo, sin posibilidad de liberarse.

aloerotismo (al. *Objekterotik*; fr. *alloéro-tisme*; ingl. *alloerotism*; it. *alloerotismo*)

Término psicoanalítico empleado para designar el investimiento o catexis libidinal sobre objetos externos. Opuesto al **autoerotismo** (*v.*) donde la tendencia erótica está dirigida al sujeto mismo, el aloerotismo se subdivide en *homoerotismo,* cuando la satisfacción se consigue con una persona del mismo sexo y *hete-roerotismo,* cuando se relaciona con personas del otro sexo. S. Freud considera el aloerotismo como la fase final en el desarrollo de las relaciones objetales, caracterizada por una integración estable de las pulsiones y de su reducción en los canales de la genitalidad (*v.* **genital**, § 3).

BIBLIOGRAFÍA: Freud, S. (1905).

aloplástica-autoplástica (al. *Alloplas-tik-Autoplastik*; fr. *alloplastique-auto-plastique*; ingl. *alloplastic-autoplastic*; it. *alloplastica-autoplastica*)

Pareja de términos que indica la adaptación al ambiente lograda mediante la modificación del propio organismo y del propio yo (*auto-plástica*) o por la modificación del mundo externo (*aloplástica*). Para S. Ferenczi, que introdujo el término, la autoplástica es un método muy primitivo de adaptación en el que el organismo no tiene asidero en el mundo externo, sino sólo en sí mismo, por lo que está obligado a modificarse para adaptarse. A la autoplástica le atribuye Ferenczi la conversión histérica "en la que, como por arte de magia, se realiza un deseo a través del material corporal de que se dispone" (1919:110). Respecto al sueño, donde el deseo inconsciente se corporiza en una imagen visual, en la adaptación autoplástica se está en presencia de una regresión más profunda, porque el deseo se encarna en estados corpóreos. "*Desde el punto de vista temporal*, este argumento corresponde a una fase muy primitiva de la evolución filogenética y ontogenética, en la que el individuo persigue la adaptación transformando su propio cuerpo en lugar del mundo externo. En las conversaciones con Freud sobre el tema de la evolución acostumbramos llamar a esta fase primitiva *autoplástica*, en contraposición con la fase *aloplástica*, más avanzada. En la fase autoplástica debemos imaginar la psique simplificada aun *formalmente*, y por esto reducida a procesos fisiológicos reflejos. Si por lo tanto consideramos el conjunto de los procesos reflejos, no sólo como una especie de presagio de la psique, sino como su precursor, un bosquejo hacia el cual, no obstante su complejidad, la psique más evolucionada tiende a retroceder, encontraremos menos misterioso el salto de la psique al cuerpo; y no nos parecerán tan sorprendentes los fenómenos de materialización histérica con sus satisfacciones del deseo obtenidas por reflejo. Todo esto no es otra cosa que regresión a la *protopsique*" (1919: 142-143). Por analogía con la base anatómica de la acción refleja, que es una respuesta automática e involuntaria a los estímulos que actúan sobre el organismo (*v.* **reflejo**), Ferenczi llama a la adaptación autoplástica *arco psíquico reflejo*; se lo encuentra en los estados primitivos de desarrollo del individuo o de la especie, donde el proceso de adaptación se da a través de la automodificación del organismo que se traduce en la simple descarga motriz, más que mediante el sometimiento del mundo externo. Las primeras manifestaciones aloplásticas, con las que se sale de la condición autoplástica, son para Ferenczi la defensa y la fuga, con las que se intenta modificar el ambiente percibido como peligroso y amenazante.

BIBLIOGRAFÍA: Ferenczi, S. (1919); Ferenczi, S. (1930).

alorquia (al. *Allokirie*; fr. *allochirie*; ingl. *allochiria*; it. *allochiria*)

También llamada aloestesia. Condición en la que las sensaciones táctiles o dolorosas están localizadas en la parte correspondiente, pero opuesta, a la estimulada.

alquimia (al. *Alchimie*; fr. *alchimie*; ingl. *alchemy*; it. *alchimia*)

Disciplina teórica operativa que, partiendo de la hipótesis de la presunta afinidad entre los componentes visibles e invisibles del cosmos, se proponía, por un lado, transformar los metales viles en metales nobles y, por el otro, llevar la psique del operador o alquimista de la condición de humanidad impura a condiciones puras y nobles. En el lenguaje alquímico, "transformación" significa alcanzar la plenitud de la propia esencia secreta, liberándola de impurezas y corruptibilidad. Este proceso vale tanto para la obra como para el alquimista.

Según la reconstrucción histórica de F. Jesi, los primeros testimonios de investigación alquímica se remontan al siglo III d. C. ya sea en Occidente (Egipto), o en Oriente (India y China). Se trata de documentos que reflejan fases sucesivas de una doctrina que, por su carácter esotérico, durante largo tiempo fue transmitida sólo oralmente. La palabra deriva del antiguo egipcio *keme*, tierra negra, de donde deriva el término árabe *alkimya*. En Occidente también fue llamada "arte hermético" por Hermes Trismegisto, figura mitológica de sabio en el que se fundían el dios griego Hermes y el egipcio Tot. Además del carácter *operativo*, en el que los alquimistas reconocen la esencia de la teoresis, la alquimia también tiene un carácter *secreto*, porque secreta es la verdadera naturaleza de las cosas y secreto permanece el modo de poder combinarlas en ese "matrimonio místico", y para ilustrarlo fue empleado un lenguaje simbólico de fuerte carácter sexual.

Durante el Renacimiento, con T.B. Paracelso y G.B. Della Porta, la alquimia se orientó hacia la transformación de lo real y, sin abandonar su carácter de relación con lo sagrado, llegó a formas de intervención afines a los primeros pasos de la química y de la física. Un gran ejemplo de contaminación entre saber esotérico y saber científico está en la imponente cantidad de escritos alquímicos de I. Newton, que expresó el principio de la gravitación universal en los términos alquimistas de una ley sagrada y de un secreto divino. Después del rechazo de la alquimia por parte de la Ilustración, que en la *Enciclopedia* (1751, vol. I) afirmó que las operaciones alquímicas, "cuando son más conocidas, pierden ese no sé qué de extraño para incluirse en las filas de las operaciones de la química", el romanticismo la revaluó como lenguaje apropiado para expresar la relación entre el hombre y la naturaleza. En tiempos recientes el lenguaje alquimista fue revalorado en el campo filosófico por G. Bachelard que, mante-

niendo clarísimas diferencias entre alquimia y química, sostiene que las operaciones materiales que en ambas se cumplen señalan un "progreso psíquico" para el alquimista, y en el campo psicológico por C.G. Jung, que hizo de la transformación alquímica el modelo de la transformación psicológica por el llamado proceso de **individualización** (*v.*).

Sobre las imágenes alquímicas Jung construyó el modelo de lo que para él es la **transferencia** (*v.*) y la contratransferencia, con el consiguiente intercambio de material psíquico entre analista y paciente, a su parecer muy semejante al intercambio que permite el "matrimonio alquímico". "Describir los fenómenos de la transferencia es una empresa tan difícil como delicada, y no supe afrontarla más que recurriendo al simbolismo del Opus alquímico. Como creo haber demostrado, la *theoria* de la alquimia no es, en esencia, otra cosa que una proyección de contenidos inconscientes, es decir de aquellas formas arquetípicas características de todas las creaciones imaginarias en estado puro que se nos aparecen, ya en forma de mitos o fábulas, ya en los sueños, en las visiones y en los sistemas delirantes de cada uno de los individuos. La importante función que revisten en el plano histórico tanto los *hiéros gàmos* y el matrimonio místico como la *coniunctio* de los alquimistas, corresponde a la importancia central de la transferencia en el proceso psicoterapéutico, por un lado y en las relaciones humanas normales, por el otro. Por lo tanto no me pareció una empresa muy arriesgada adoptar como base e hilo conductor de mi exposición un documento histórico cuyo contenido deriva de siglos de esfuerzo espiritual" (1946: 320).

BIBLIOGRAFÍA: Bachelard, G. (1972); Evola, J. (1971); Jesi, F. (1981); Jung, C.G. (1929-1957); Jung, C.G. (1944); Jung, C.G. (1946); Jung, C.G. (1955-1956); Minguzzi, E. (1976).

alternancia psicosomática (al. *Psychosomatische alternanz*; fr. *alternance psychosomatique*; ingl. *psychosomatic alternation*; it. *alternanza psicosomatica*)

Fenómeno en el que a un mejoramiento psíquico corresponde un empeoramiento somático o viceversa, en sucesión tal que parece que una serie sustituye a la otra (*v.* **serie complementaria**).

BIBLIOGRAFÍA: Alexander, F. (1950); Marty P. *et al.* (1965).

altruismo (al. *Altruismus*; fr. *altruisme*; ingl. *altruism*; it. *altruismo*)

Conducta que favorece el cuidado de los otros y que puede llevarse hasta el sacrificio de uno mismo. El término se usa en: 1] *etología,* donde el término pierde toda connotación intencional subjetiva para referirse a los simples efectos de una conducta que se vuelve ventajosa, no para quien la promueve, sino para aquellos a los cuales está dirigida; tal es, por ejemplo, entre los animales, la conducta de los padres respecto a la prole; 2] *psicología social,* donde las conductas altruistas son explicadas por el principio de la atracción natural existente entre individuos de la misma especie, y en la aprobación social que siempre acompaña a las conductas altruistas. En este contexto B. Latané y J.M. Darley estudiaron el llamado "efecto del transeúnte", con el que se demuestra que el altruismo es mucho más frecuente en presencia de los otros que cuando se está solo; 3] *psicoanálisis,* en el que el altruismo es visto como una superación de las posiciones egoístas que caracterizan la fase narcisista del desarrollo.

BIBLIOGRAFÍA: Freud, S. (1915-1917); Latané, B. y J.M. Darley (1970); Rushton, J. (1980); Wilson, E.O. (1975).

alucinación (al. *Halluzination*; fr. *hallucination*; ingl. *hallucination*; it. *allucinazione*)

Percepción de alguna cosa que no existe y que no obstante se considera real. Dicha percepción, que es involuntaria y acrítica, tiene los caracteres de la sensorialidad y de la proyección. Como tal debe diferenciarse de la **ilusión** (*v.*), que es una distorsión perceptiva, en el sentido de que se percibe un objeto diferente del objeto que sirve de estímulo. Las alucinaciones más frecuentes son las de los órganos de los sentidos y, en particular, la vista y el oído. A éstas se agregan las alucinaciones menos frecuentes y más especializadas en su configuración. Las alucinaciones pueden ser experimentadas también por personas normales, como cuando se tiene la sensación de oír el sonido del timbre o de sentir olor a quemado. En estos casos, cuando la falsedad es reconocida al menos hasta cierto punto, se habla de *seudoalucinaciones.* Éstas son frecuentes en la fase de despertar (alucinaciones *hipnopómpicas*) o de dormir (alucinaciones *hipnagógicas*). El sujeto asiste a estos fenómenos con cierto estupor, pero de manera neutra e indiferente. Las alucinaciones hipnopómpicas provocan con frecuencia el despertar y en esas ocasiones se reconoce la irrealidad.

1] LAS DIVERSAS FORMAS DE ALUCINACIÓN. De acuerdo con los órganos de los sentidos interesados las alucinaciones se pueden subdividir en:

a] *Alucinaciones acústicas,* en las que el sujeto, que puede estar en condiciones de conciencia perfectamente lúcida y vigilante, oye voces y sonidos insistentes. Estas alucinaciones, que son las más frecuentes y las más comunes sobre todo en la esquizofrenia, se distinguen en alucinaciones acústicas elementales, o *acusmas,* como crujidos, silbidos continuos, ruidos y zumbidos, y alucinaciones más complejas, verdaderas voces que parecen provenir de una o más personas. El contenido, la mayor parte de las veces, es de naturaleza desagradable, como insultos, amenazas, reproches, órdenes y también continuos comentarios que causan especial fastidio. En ciertos casos se establece una especie de diálogo entre el sujeto y las voces. G. Jervis localiza la dificultad psicológica de quien oye las voces en el hecho de que el sujeto "no sabe distinguir entre una voz 'fuera de la cabeza' y una voz 'dentro de la cabeza', o sea un pensamiento formulado y transformado en palabras. El sujeto presa de una alucinación está en una condición psicológica caracterizada precisamente por *esta* dificultad; además tiene motivos específicos para no desear creer que él mismo produce esos pensamientos y esas voces, y para querer pensar, en cambio, que las voces están fuera de su cabeza, y son independientes de su voluntad. Por lo demás es lícito dudar de que las voces alucinatorias sean *percibidas* del mismo modo que las voces verdaderas: muy probablemente éstas sean *interpretadas* como voces verdaderas y creídas como tales" (1975: 231).

b] Alucinaciones visuales. No se presentan nunca en condiciones de conciencia lúcida y vigilante, sino cuando toda la relación con la realidad está alterada; entonces las percepciones se hacen inciertas, el significado de las cosas parece transformado, las sombras adquieren consistencia, las personas y los objetos no son ya reconocidos, mientras el mundo externo se puebla de imágenes oníricas. Las alucinaciones visuales abarcan *fotomos*, que son alucinaciones elementales no diferenciadas, como resplandores luminosos, colores, relámpagos, centelleos, o figuras geométricas simples; las *percepciones ilusorias en movimiento rápido*, donde se ven veloces secuencias escénicas fragmentarias en las que aparecen pequeños objetos en movimiento o animales como ratas, arañas, conejos, que parecen dirigirse hacia el sujeto asustado, y las *visiones* ricas en detalles, con frecuencia de contenido religioso, alegórico y mitológico, inmóviles o en rápida sucesión escénica. Las imágenes alucinatorias pueden ser de tamaño natural, minúsculas (alucinaciones liliputienses), o bien gigantes (alucinaciones gulliverescas). Estas visiones, la mayor parte de las veces a colores, tienen una tonalidad afectiva eufórica y exaltadora, como en las visiones místicas y en los estados extáticos, o bien pasional, como en las visiones eróticas. El desarrollo de las secuencias es similar al de los sueños.

c] Alucinaciones olfativas y gustativas. Las primeras se refieren a los malos olores, extraños o imposibles de precisar, las segundas a sabores insólitos. Ambos se acompañan de una tonalidad afectiva desagradable y su aparición asume con frecuencia un pronóstico desfavorable significativo, porque presentan un desarrollo crónico del cuadro.

d] Alucinaciones táctiles. Se localizan en la superficie cutánea dando la sensación de quemaduras, piquetes, insectos que hormiguean bajo la piel. Pueden ser discontinuas y agudas, como en las intoxicaciones de cocaína, o continuas como en los delirios alcohólicos. Con frecuencia las alucinaciones táctiles están asociadas con las alucinaciones visuales.

e] Alucinaciones cinestésicas o de esquema corporal. Se refieren a la sensibilidad interna del cuerpo cuyas dimensiones se perciben transformadas (*v.* **somatoagnosia**, § 1, *h*), o recorrido por sensaciones a las que no corresponde ningún estímulo (*v.* **cenestesia**, § 2).

f] Alucinaciones sexuales. Se presentan con sensaciones de orgasmo, tocamiento, estupros directos o a distancia, de los que el sujeto se defiende con medios inadecuados, como cinturones protectores o cerramiento de las cavidades naturales.

g] Alucinaciones motrices. Se manifiestan con la sensación de estar suspendido en el aire, de caer, resbalar, vacilar, rodar, de ser movido pasivamente de manera lenta o rápida, o bien de que los miembros son dislocados o ubicados en lugares distintos de los de su colocación natural.

h] Alucinaciones extracampales. Se verifican cuando se tiene la proyección del trastorno perceptivo fuera del campo sensorial normal, por lo que, sin voltear la cabeza, el sujeto advierte una mueca detrás de sí, dice que toca un ratón que está a algunos metros de distancia, oye voces no con los oídos, sino con las manos y similares.

i] Alucinaciones reflejas. Se verifican cuando la percepción de un objeto provoca alucinaciones en otro campo sensorial. El sujeto ve por ejemplo un perro y al mismo tiempo lo oye hablar, ve una cara conocida y detrás de ésta el rostro del diablo. Estas alucinaciones se explican como fenómenos de irradiación que se difuminan en las llamadas **sinestesias** (*v.*), como cuando, en presencia de un ruido estridente, se siente un escalofrío en la espalda.

j] Alucinaciones negativas. Se trata de la falta de percepción de un objeto real no obstante la normalidad de los órganos de los sentidos. Este tipo de alucinación puede ser inducido a través de la **hipnosis** (*v.*).

k] Alucinaciones mnésicas. Son alucinaciones de la memoria descritas por S. Freud. Consisten en material removido en el inconsciente que aparece en niveles de la conciencia bajo la forma de una imagen visual.

l] Imágenes eidéticas. No difieren mucho de una percepción alucinatoria, pero las visiones que producen no se confunden con la percepción real y son parcialmente controlables con la voluntad. Se verifican con relativa frecuencia en la infancia y son raras en el adulto (*v.* **eidetismo**).

2] ORIGEN Y SIGNIFICADO DE LAS ALUCINACIONES. En el pasado la psiquiatría oscilaba entre una explicación mecanicista y una psicogenética. Con la llegada de la **fenomenología** (*v.*), es de-

cir con E. Husserl, K. Jaspers, M. Merleau-
Ponty, L. Binswanger, E. Borgna y G. Jervis, se
fueron abandonando progresivamente las explicaciones mecanicistas y psicogenéticas para
ver los fenómenos alucinatorios en relación
con los fenómenos normales de la **percepción**
(*v*.) o la **representación** (*v*.), como quiere Merleau-Ponty, o en relación con los diversos límites que cada uno instaura entre yo-cuerpo-
mundo exterior, según las hipótesis de Binswanger y Borgna por un lado, y Jervis por el
otro, aunque siguiendo itinerarios diferentes.

a] *La teoría mecanicista* considera que las
alucinaciones son fenómenos secundarios a la
excitación no fisiológica de algunas zonas cerebrales. El origen de las alucinaciones sería
entonces una hiperactividad de los centros
sensoriales y de la corteza cerebral o un reflujo retrógrado de la imagen visual del centro
representativo al centro sensorial, casi una inversión de las aferencias, que llegarían al centro sensorial desde el interior, en vez del exterior, por una reducción de las diferencias de
umbral entre centros visuales superiores y
centros visuales sensoriales.

b] *La teoría psicogenética* considera que las
alucinaciones son independientes de los órganos de los sentidos y de los aparatos psicosen-
sibles, para encontrar su origen en los factores afectivos. La alucinación sería entonces la
representación inconsciente de un estado
afectivo profundamente vivido o de un deseo
intensamente sentido, incapaz de penetrar en
forma directa en el yo más que como un estímulo sensorial como si se tratara de una percepción del mundo exterior.

c] *La teoría fenomenológica* parte de la consideración de que los *estímulos* que provienen del
mundo externo se transforman, en los órganos
de los sentidos, en *señales* que llegan al cerebro
gracias a los nervios. Estas señales proveen *informaciones* sobre el ambiente que adquieren
significado sobre la base de la experiencia. "En
otras palabras –escribe Jervis– las informaciones se transforman en percepciones sólo si son
decodificadas, elaboradas e interpretadas, y es
sólo la experiencia la que enseña al sujeto cómo
utilizar cierto dato [...]. Si un experimentador
utiliza unos anteojos que hacen girar 180 grados la imagen, al principio la realidad aparecerá volteada, y el sujeto buscará con la mano, hacia arriba, un objeto que está abajo, y así sucesivamente. Pero si continúa utilizando los an-

teojos, buscando en la vida cotidiana normal la
coordinación de lo que ve con los movimientos
de su cuerpo, en el espacio de una semana percibe muchas imágenes en su posición normal
[...]. La imagen que tenemos de la realidad es,
por lo tanto, una *reconstrucción* y una *representación* de la mente" (1975: 232). Si las *informaciones* que se reciben no se combinan con la
propia actividad *imaginativa* basada en la experiencia, que se madura manipulando las cosas
con los otros (práctica social), no se tiene una
percepción pertinente de la realidad.

Las *representaciones* de la mente, de la fantasía y de la memoria son de hecho reconocidas
como ficciones sólo cuando el sujeto se reconoce *responsable* de estas representaciones. Pero
sabemos por la antropología que esta responsabilidad puede ser negada, y entonces el sueño, la fantasía, la imaginación, se interpretan
como enviadas por un dios, por un enemigo o
por un muerto. Incluso a nosotros nos sucede
lo mismo cuando, incapaces de asumir la responsabilidad, interpretamos nuestras fantasías
como algo *externo* y entonces, por efecto de esta falsificación inconsciente de la memoria, nacen modificaciones de esas representaciones
mentales que, por ser muy vivas, no son reconocidas como simples representaciones. Es el
caso de personas queridas muertas hace poco
tiempo que pueden ser vistas por los sobrevi-
vientes como "todavía vivas".

Si aplicamos al cuerpo las categorías interpretativas de la fenomenología, como hace Jervis, podemos constatar que "la atribución de situaciones táctiles, olfativas, auditivas, a causas
externas ('siento que me tocan personas malas', 'se perciben olores en el aire', 'se oyen ruidos y voces') es una explicación que el sujeto se
da del *origen* de la percepción, pero no concierne al *lugar* de la percepción. Existe, en efecto,
una ambigua superposición entre percibir un
olor *con* la nariz, un ruido *con* los oídos, y sen-
tirlos *en la* nariz y *en* los oídos" (1975: 235). Todo depende de la relación que cada quien instaura entre el *yo*, el *cuerpo* y el *mundo exterior*.
Una es, en efecto, la percepción de quien dice
"Yo *soy* mi cuerpo", otra la de quien dice "Yo
tengo mi cuerpo." En el primer caso el cuerpo
es el absoluto "aquí" de cada "allá", en el segundo el absoluto "aquí" es el yo, respecto al
cual el cuerpo ya es un "allá".

Esta ambigüedad del cuerpo, por la que es
"espacio interno" respecto al mundo circun-

dante, pero puede ser también "espacio externo" respecto al yo, hace que la ubicación de lo percibido sufra modificaciones. Si además, como hace notar Jervis, consideramos que algunas partes del cuerpo son un espacio que es "allá", como el dolor de un pie, y otras partes son más próximas al yo, como por ejemplo un trastorno en el ojo por el que se dice: "no veo bien", comprendemos cómo el investimiento o la catexis del yo en las diversas partes del cuerpo cambia de persona a persona y probablemente de acuerdo con la cultura y la actividad. Así, quien usa las manos se identifica mayormente con éstas, mientras las vísceras pueden estar a tal punto desinvestidas del yo como para estar, de algún modo, separadas. Lo mismo se puede decir de la autonomía que con frecuencia asumen los órganos genitales respecto al yo que en consecuencia, en la relación amorosa, puede encontrarse completamente involucrado o bastante separado.

La distinta delimitación entre yo, cuerpo y mundo es la base de las experiencias de *pertenencia* o de *separación* del cuerpo, de las representaciones o de las fantasías de una persona. La alucinación, en el fondo, puede ser interpretada como una representación *separada* del sujeto que se la representa. Esta separación está en la base de todo proceso de *despersonalización* (*v.* **escisión**, § I, 4), que caracteriza todas las condiciones psicóticas y las inducidas por alucinógenos como el LSD, en las que se puede sentir el cuerpo separado de uno, así como se puede sentir el mundo *en el* propio cuerpo. Si existe una definición imperfecta del espacio interno y del espacio externo, como por ejemplo la casa que se habita, que es vivida como más interna que la calle que se recorre, la representación mental adquiere autonomía y apariencia de realidad. De este modo la alucinación es un fenómeno secundario, debido al hecho de que el yo no controla suficientemente el propio espacio corporal y el espacio externo, lo cual es, además, una condición típica de la psicosis.

Borgna, a partir de la hipótesis de Merleau-Ponty: "Lo que protege al hombre sano contra el delirio o la alucinación no es su crítica, sino la estructura de su espacio [...] porque el espacio no es el ámbito (real o lógico) en el que las cosas se disponen, sino el medio en virtud del cual se hace posible la posición de las cosas" (1945: 326), escribe que en las alucinaciones "se tiene la modificación radical de alejarse y del des-alejarse, de dejarse acercar y de distribuir en el espacio lo que es cercano y lo que es lejano. En la descomposición o en el derrumbe de esta estructura fundamental (de este *existencial*) ya no es posible vivir el mundo de los sonidos en su obvia articulación espacial: las secuencias sonoras se vuelven imparables, son los temas de experiencias auditivas ('voces' simples o complejas, en su constitución verbal) que *no* reenvían a *otra* subjetividad, se difunden en el espacio y no dan tregua [...]. Aquí ya no existen límites que separen el propio cuerpo de las influencias y del contacto de los cuerpos de otros: el cuerpo de uno está expuesto a las agresiones y a las sugestiones de los otros, que sofocan toda autonomía y toda libertad de articulación corporal" (1988: 128-129).

BIBLIOGRAFÍA: Borgna, E. (1988); Ey, H. (1973); Galimberti, U. (1983); Gregory, R.L. (1966); Husserl, E. (1912-1928); Jaspers, K. (1913 1959); Jervis, G. (1975); Merleau-Ponty, M. (1945); Schorsch, G. (1934); Vernon, M.D. (1962).

alucinosis (al. *Halluzinose*; fr. *hallucinose;* ingl. *hallucinosis; it. allucinosi*)

Percepción sin objeto, con características físicas y espaciales como las de la **alucinación** (*v.*) pero sin los rasgos típicos de ésta, que son, en síntesis: la transformación fantástica de la realidad, la dirección autocéntrica del sujeto que interpreta cada fenómeno como si se refiriese a él, y la inaccesibilidad al examen crítico. Se dan diversos tipos de alucinosis: *aguda*, que surge después de intoxicaciones o traumas sin acarrear pérdida de lucidez o debilidad de las facultades intelectuales; *alcohólica crónica*, por prolongado abuso de alcohol (*v.* **alcoholismo**, § 6, *c*); *táctil crónica*, con sensaciones de pequeños objetos, líquidos, insectos que molestan en la piel. Es frecuente en las esclerosis de los vasos sanguíneos y en presencia de algunos tumores cerebrales.

ama de casa, neurosis del (al. *Hausfrauneurose;* fr. *névrose de la ménagère;* ingl. *housewife's neurosis;* it. *nevrosi della casalinga*)

Forma neurótica con fondo obsesivo que tomó en consideración W. Stekel; está caracterizada por una constante preocupación por la limpieza, que oculta complejos más profundos, con fondo fóbico-obsesivo. Hoy este concepto se ha hecho extensivo a todas las formas de insatisfacción o de frustración que las amas de casa pueden encontrar por las limitaciones de su vida social.

BIBLIOGRAFÍA: Abbiate Fubini, A.,(1974); Stekel, W., (1949).

amamantamiento (al. *Stillen*; fr. *allaitement*; ingl. *lactation*; it. *allattamento*)

Primera forma de **alimentación** (*v.*) que adquiere un específico significado psicológico por la relación planteada por H. Ellis y por S. Freud entre la función alimenticia y la función sexual, basada en la teoría del apoyo (*v.* **anaclisis**) de la segunda función sobre la primera. En este contexto Freud destacó la voluptuosidad que experimenta el niño, Ellis resaltó la de la madre. Eréctil, el pezón se comporta como el pene, y la boca del niño como una vagina activo-receptiva, de modo que le está reservado a la madre el papel masculino y al niño el femenino. Ellis llegó a sostener que durante el amamantamiento las nodrizas no sienten deseo hacia el hombre en el período en el que ejercitan su función, mientras se ha demostrado que los lactantes, en las primeras semanas en que son confiados a una nodriza, experimentan la **impronta** (*v.*) que se manifiesta por un mayor apego hacia la nodriza que hacia la propia madre. Siempre en el ámbito psicoanalítico, los problemas relacionados con el amamantamiento fueron considerados por D.W. Winnicott, que ve en el amamantamiento la primera forma de comunicación que condiciona las sucesivas experiencias comunicativas y de relación, y de M. Klein que, a partir del amamantamiento, construyó su teoría del seno "bueno" y del seno "malo" en torno al cual se estructuran las primeras configuraciones psíquicas (*v.* **kleiniana, teoría,** § 1).

BIBLIOGRAFÍA: Ellis, H. (1897-1910); Freud, S. (1914); Klein, M. (1978); Thomae, H. (1959); Winnicott, D.W. (1987).

amatofobia (al. *Amathophobie*; fr. *amathophobie*; ingl. *amathophobia*; it. *amatofobia*)

Fobia al polvo.

ambición (al. *Ehrgeiz*; fr. *ambition*; ingl. *ambition*; it. *ambizione*)

Deseo de éxito, afirmación, honor y riqueza que, desde el punto de vista psicoanalítico, tiene su base en una libido de fondo narcisista. Según el esquema del desarrollo de la libido previsto por S. Freud la ambición sería un rasgo que se manifiesta a partir de la fase fálica (*v.* **fálica, fase**) en la que se advierte el deseo de probar el propio valor y de ponerse en competencia, mientras para K. Abraham la fase de referencia sería la **oral** (*v.*): "El rasgo característico de la ambición que encontramos tan frecuentemente en nuestros psicoanálisis lo ha hecho remontar Freud, ya desde hace mucho tiempo, al erotismo uretral. Pero esta explicación no parece descender hasta las fuentes primigenias. Según mis experiencias, que concuerdan también con las de Glover, se trata más bien de un rasgo de carácter de origen oral, que es reforzado por otras fuentes, entre las que se debe recordar de manera especial la uretral" (1925: 200).

BIBLIOGRAFÍA: Abraham, K. (1925); Freud, S. (1908).

ambidextrismo o **ambidiestrismo** (al. *Ambidextrismus*; fr. *ambidextrie*; ingl. *ambilaterality*; it. *ambidestrismo*)

Sinónimo de ambilateralidad; el término se refiere a la misma habilidad en el uso de la mano derecha y la izquierda. En esto participan factores congénitos y educativos, además de la ejercitación que habilita la mano o el pie izquierdos, que por lo general desarrollan una función auxiliar, para la función realizada habitualmente por la mano o el pie derechos. El ambidiestrismo tiene su contrario en el *ambilevismo*, caracterizado por la escasa habilidad de las dos manos.

ambientalismo (al. *Umweltlehre*; fr. *théorie du milieu*; ingl. *environment theory*; it. *ambientalismo*)

Teoría según la cual las características de la conducta y de la personalidad están determinadas fundamentalmente por factores ambientales, y no por condiciones y capacidades innatas. La teoría psicológica más radicalmente ambientalista es el conductismo, (*v.*, § 2, *c*) de J.B. Watson y B.F. Skinner, según los cuales el organismo es absolutamente plástico y pasivo, por lo que su configuración depende sólo de los estímulos presentes en el ambiente. En sentido extenso puede llamarse ambientalista al sector de la psicología de la forma que, con K. Lewin, sostiene que el organismo es el resultado de la interacción de las fuerzas en acción en el campo (*v.*, § 2). Decididamente antiambientalistas son el **cognoscitivismo** (*v.*), según el cual no hay ambiente alguno que no sea estructurado originalmente por la representación del individuo, y todas esas teorías psicológicas que atribuyen una decisiva importancia a los factores hereditarios en la estructuración de las conductas (*v.* **innatismo**). Algunas de ellas son las teorías de los instintos específicos de W. Mc Dougall (*v.* **instinto**, § 2), las tipologías que adoptan el criterio somático-constitucional (*v.* **tipología**, § 1), la **etología** (*v.*) de K. Lorenz, mientras asumen una posición intermedia entre ambientalismo e innatismo el **psicoanálisis** (*v.*) de S. Freud y la teoría del desarrollo mental de J. Piaget (*v.* **cognición**, § 2).

ambiente (al. *Umwelt*; fr. *milieu*; ingl. *environment*; it. *ambiente*)

Complejo de los elementos que constituyen la realidad en la que se realiza un hecho determinado, y que influye en la vida del organismo o del individuo. El concepto tiene relevancia en el plano físico, biológico, psicológico, sociológico y pedagógico. En efecto, así como el ambiente físico sufre todas las transformaciones que el hombre realiza en éste para vivir, a veces el hombre está obligado a adaptarse a condiciones naturales y culturales que resultan inmodificables o que requerirían, para su transformación, una cantidad excesiva de trabajo.

1] FILOSOFÍA. La suposición de que el ambiente físico, y en particular el clima, determinan diversos temperamentos en los hombres estaba ya presente en Hipócrates, en el pensamiento antiguo. En el siglo XVII el problema del ambiente se transforma en proyecto de estudio pedagógico con J.-J. Rousseau, que intentó identificar cuánto, en el crecimiento del niño, podría ser imputable a la naturaleza y cuánto a la **cultura** (*v.*), y político, con C.L. Montesquieu, para quien el despotismo político y la esclavitud son casi inevitables en los climas tórridos, mientras que en los templados son posibles tanto la monarquía como la república. En el siglo XIX el ambiente se transforma, en biología, en elemento fundamental de la teoría de J.B. Lamarck, contrapuesta a la evolucionista de C.R. Darwin en un período en el que, en el campo propiamente filosófico, el idealismo se negaba a considerar el ambiente como un elemento limitante del desarrollo del espíritu. Sólo con K. Marx y con F. Engels el ambiente como sociedad, como politicidad, como pragmaticidad, como mundo del trabajo y como naturaleza en sentido geográfico, se vuelve la temática emergente que será tomada en consideración, aunque sea desde otro punto de vista, por el positivismo, que lo convertirá en uno de los ejes fundamentales para la interpretación del hombre. En nuestro siglo la influencia del ambiente sobre el individuo se transforma en objeto de especial atención y de formulaciones absolutamente originales en cuanto a su sentido en el existencialismo de J.-P. Sartre, que elabora los conceptos de "situación" y "condición humana", y de M. Heidegger, que da la noción de *Um-welt* o "mundo-ambiente" a la que recurrirá la psiquiatría fenomenológica de L. Binswanger.

2] PSICOLOGÍA. En este aspecto es común diferenciar entre el ambiente como *lugar* donde se da el crecimiento, y el ambiente como *factor* de crecimiento. En la primera acepción se incluye la descripción de todas las variables que caracterizan un determinado ambiente; en la segunda se va a buscar la fuerza condicionante y la influencia que las características ambientales determinan en el individuo. Esta diferenciación pone en movimiento las categorías más amplias de naturaleza y de cultura, en las que el ambiente como mero dato y como objeto naturalmente entendido cede el paso a la consideración del ambiente como algo ya estructurado, por lo tanto no sólo como *lugar natural* en el que sucede un hecho, sino como *factor cultural* que lo determina, lo facilita y lo condiciona de modo favorable o desfavorable. De aquí parte la diferenciación entre "ambiente" y "ambientes", por lo que resulta significativo hablar de ambiente familiar, social, escolar, hospitalario, carcelario, terapéutico, etc., según los indicios que se aceptan como idóneos en el estudio, diferenciados casuísticamente de los objetos. Estos conceptos de la psicología fueron adoptados por la *pedagogía*, que los aplicó al llamado "ambiente educativo", en el cual el dato naturalista está ya integrado de manera adecuada a la dimensión intencionalmente humana de la acción. Aquí la pedagogía se inspira en el modelo de J. Dewey para el cual la relación educativa está fundada en la relación de "experiencia" que une de modo interactivo al educando con el ambiente.

A propósito de la relación individuo-ambiente, en psicología se registran posiciones que atribuyen al ambiente la responsabilidad de la formación y del crecimiento del individuo, y otras que rebasan esta separación para producir un modelo conceptual nuevo, que asigna a la "relación" la tarea de explicar las influencias recíprocas. La primera está representada por J.B. Watson: "Denme una docena de niños normales, bien constituidos, en un ambiente oportuno para educarlos, y les garantizo que podría tomar a uno cualquiera y convertirlo en especialista en lo que quisiera –médico, abogado, artista, comerciante, y hasta mendigo y ladrón–, al margen de sus aptitudes, simpatías, tendencias, capacidades, vocaciones" (1914: 104). Esta posición fue atenuada, sin salirse del ámbito de la psicología del comportamiento, por B.F. Skinner, para quien "la estimulación ambiental es importante entre las variables de las cuales es función el comportamiento, pero no es la única" (1974: 113).

Hoy, más que ponderar las influencias relativas de la acción del individuo sobre el ambiente y viceversa, se trata de tomar las interrelaciones a partir de principios generales que prevén: *a]* la *continuidad* y la *indisolubilidad* de las relaciones que un organismo sostiene con el ambiente, del que el organismo no puede sustraerse ni por un solo instante, aunque no todos los factores actúan constantemente sobre él; *b]* la *especificidad* de las relaciones organismo-ambiente en el sentido de que las diferentes especies no son sensibles a los mismos factores y no poseen los mismos umbrales de sensibilidad; *c]* la *reciprocidad* de estas relaciones en el sentido de que el organismo modifica el ambiente físico que lo circunda y las condiciones de vida de los otros organismos.

A partir de estos principios G.H. Mead pudo escribir que "el organismo es, en cierto sentido, responsable del ambiente relativo, y así como el organismo y el ambiente se determinan recíprocamente y son mutuamente dependientes para su respectiva existencia, el proceso vital, para ser bien comprendido, debe ser considerado en función de sus interrelaciones" (1934: 147). A partir de estas interrelaciones Mead llega a construir un modelo de *conciencia* concebida no ya como una propiedad del individuo, sino como la resultante de la interacción entre individuo y ambiente: "La llamada conciencia debe ser transferida al interior de la relación entre el organismo y su ambiente. Nuestra selección constructiva en un ambiente –colores, valores emocionales y similares–, hecha en términos de sensibilidades fisiológicas, constituye esencialmente eso que entendemos por conciencia. Fuimos inducidos a colocar la conciencia, sobre la base de una larga tradición histórica, en la mente o en el cerebro. Los ojos y los procesos relativos atribuyen el color a los objetos en el mismo sentido en que un buey atribuye a la hierba las características de comida; es decir, no en el sentido de proyectar las sensaciones en los objetos, sino más bien en el de que el ojo se pone en relación con el objeto que hace posible la aparición y la existencia del color, entendido como una cualidad del objeto. Los colores son inherentes a los objetos sólo en virtud de su relación con un determinado organismo perceptor. La estructura fisiológica o sensorial del organismo perceptor determina el contenido experimentado por el objeto" (1934: 147).

K. Lewin, siguiendo con el modelo de interacción entre organismo y ambiente, elabora el concepto de *ambiente psicológico*, representado en forma gráfica por un campo que envuelve un área concéntrica que representa a la persona. Exteriormente el ambiente psicológico está delimitado por otro entorno que lo separa del espacio no psicológico del universo o mundo físico. El espacio psicológico, que pone en relación el universo físico y el individuo, está constelado de "valencias" que son experimentos de valor, positivo o negativo, que cierta región del ambiente psicológico lo presenta a una persona. La dinámica de la personalidad es observada a partir de la valencia que el ambiente psicológico acepte en cada ocasión para ella (v. **campo**, § 2).

3] PSICOANÁLISIS. En la literatura psicoanalítica la realidad externa y el mundo externo son usados con frecuencia como sinónimos de ambiente, de cuya influencia en la dimensión inconsciente el psicoanálisis se ocupa poco. En una acepción más específica la palabra ambiente se usa para indicar el *ambiente medio predecible*, o sea el ambiente del cual el niño construyó dentro de sí algunas expectativas a las que se adaptan los procesos de maduración. En oposición al punto de vista de S. Freud, según el cual el niño al inicio de su vida está completamente privado de un centro yoico, H. Hartmann supone que el niño nace con cierto número de modelos preconstituidos de respuesta y de comportamiento con los que puede contar el desarrollo. La literatura psicoanalítica alemana acuñó además el término *Merkwelt*, que se refiere al *ambiente percibible* por el sujeto, observado en relación con el ambiente total. No considerarlo en su justa medida, sobre todo en el análisis infantil, conduce a errores de **adultismo** (v.) que no permiten una correcta consideración del observado.

4] PSIQUIATRÍA. El ambiente fue objeto de estudio especial en el ámbito de la psiquiatría fenomenológica, para la cual el espacio y el tiempo circundantes no son *datos*, sino *construcciones*, por lo que nosotros no "somos" en el espacio y en el tiempo sino que "abrimos" el espacio y el tiempo como distancia o proximidad de las cosas, como empleo de cierto tiempo para recorrer el espacio necesario para alcanzarlas. En efecto el hombre, a diferencia de las cosas que *están* en el mundo, *tiene* un mundo, en el sentido de que el mundo no es sólo el lugar que lo hospeda, sino también y sobre todo el término en el que proyecta sus intenciones y planes. A par-

tir de la respuesta del mundo-ambiente (*Umwelt*) se decide la construcción o la destrucción del individuo. La relación con el ambiente es lo que le da al individuo una imagen dinámica y no estática de sí mismo, como alguien en el que convergen y se componen los elementos táctiles, visuales, musculares, en esa suerte de sensibilidad difusa gracias a la cual el individuo se siente vivir como la totalidad unitaria que subyace en cada acción, unifica cada sensación, refiriéndola a la unidad del ser que la psicosis destruye cuando, rasgando la imagen de sí mismo, hace vivir en el exterior cada una de sus partes como si fuera un todo.

Las desestructuraciones de las coordenadas temporales y espaciales del ambiente son aceptadas por la psiquiatría fenomenológica como indicadores de la calidad de enajenación. Así, en la manía el tiempo está acelerado, por lo que todo debe suceder "súbita" e "inmediatamente", como si la sucesión de los eventos estuviera retrasada respecto al tiempo anterior. De manera análoga, se percibe un espacio muy estrecho, por lo que todo está a la mano; en la escritura dos palabras llenan una hoja, en la sala una gesticulación excesiva lo ocupa todo. En la depresión, en cambio, el ambiente es una simple ocasión para volver a escenarios pasados donde el espacio y el tiempo presentes y futuros sufren una contracción debida a la incapacidad de proyectar. El pasado, además, vuelve a puntos de pérdida irremediables que repercuten en la disminución de la vida de relación, en el empobrecimiento de las manifestaciones expresivas, en la disminución de los procesos mentales y operativos, obstaculizados por la convicción de que es imposible modificar el ambiente.

5] PSICOLOGÍA AMBIENTAL. Sector de la psicología que se inició en los años sesenta con la intención de ordenar y desarrollar un complejo de conocimientos científicos sobre los efectos psicológicos determinados por el ambiente físico. Este tipo de investigación, que entrañó la colaboración entre psicólogos, especialistas en la conducta y programadores urbanos, encontró campos de aplicación en el proyecto de ambientes institucionales como escuelas, prisiones, hospitales, en los estudios sobre la modalidad de interacción entre los individuos con base en los espacios, las dimensiones de los lugares y los efectos de la densidad de población, las muchedumbres, los ruidos, la calidad de los transportes y de las viviendas. Las observaciones obtenidas, aunque útiles en términos de intervenciones operativas, todavía no han permitido a la psicología ambiental ordenar el material hacia perspectivas teóricas propias.

BIBLIOGRAFÍA: Bagnara, S. y R. Misiti (1978); Bagnasco, C., P. Baldi y F. Grasso (1979); Barker, R. (1968); Baum, A. y Y.M. Epstein (1968); Binswanger, L. (1960); Borgna, E. (1974); Brun, B. *et al.* (1977); Clausse, A., (1964); Downs, R.N. y D. Stea (1973); Flores D'Arcais, G.B. (1962); Freud, S. (1915-1917); Hartmann, H. (1939); Heidegger, M. (1927); Laeng, M. (1970); Lewin, K. (1935); Mead, G.H. (1934); Merleau-Ponty, M. (1942); Sartre, J.-P. (1943); Skinner, B.F. (1974); Spranger, E. (1955); Vuillet J. (1962); Watson, J.B. (1914).

ambigüedad (al. *Zweideutigkeit*; fr. *ambiguïté*; ingl. *ambiguity*; it. *ambiguità*)

Remite a significantes distintos, en ocasiones hasta contrarios, típicos de algunas formas expresivas verbales y visuales. La ambigüedad presupone calidades particulares inherentes al objeto, como la distancia, la escasa iluminación, la presentación demasiado rápida, pero, por lo que se refiere al significado, se refiere al sujeto que la percibe. El término tiene relevancia en los estudios de la percepción y en la **psicología de la forma** (*v.*, § II, 2), donde se evidencia de qué modo una misma cosa, según como sea vista, da origen a descripciones tan distintas que al final se convierten en la descripción de cosas diferentes. Famosa es la "figura ambigua" donde los rasgos del perfil de dos rostros que están frente a frente son los mismos rasgos que delimitan los contornos de una copa, por lo que frente a la misma figura tendremos quien hable de copas y quien de rostros, según *cómo* se articule la relación fondo y figura. En la teoría de la información ambigüedad es sinónimo de **incongruencia** (*v.*), mientras, como connotación psicológica atribuida a un sujeto, denota la escasa legibilidad de sus intenciones y del significado de sus acciones.

ambisexualidad (al. *Ambisexualität*; fr. *ambisexualité*; ingl. *ambisexuality*; it. *ambisessualità*)

Término introducido por S. Ferenczi, en sustitución del término freudiano **bisexualidad** (*v.*), para indicar las primeras manifestaciones emocionales que, por el hecho de no estar todavía diferenciadas, pueden orientarse hacia lo masculino o hacia lo femenino. Después el mismo Ferenczi prefiere *anfierotismo* más que ambisexualidad, porque "me parece que esta palabra denota el carácter psicológico de lo que pretendo expresar mejor que el término 'ambisexualidad', por mí propuesto en otras ocasiones" (1914: 102). El anfierotismo expresa "el investimiento (catexis) libidinal de los dos sexos en correspondencia con la relación libidinal hacia ambos padres" (1914: 102-103). En el ámbito fenomenológico el término fue adoptado también por A. Gaston, para el cual "tal vez más que 'bisexualidad', que acentúa demasiado el carácter biológico de la combinación masculino–femenino, sería preferible hablar de 'ambisexualidad', para subrayar mejor la ambigüedad psicológica originaria" (1987: 263; *v.* **hermafroditismo**, § 3).

BIBLIOGRAFÍA: Ferenczi, S. (1914); Gaston, A. (1987).

ambivalencia (al. *Ambivalenz*; fr. *ambivalence*; ingl. *ambivalence*; it. *ambivalenza*)

Es la presencia, en la relación de un sujeto con un objeto, de ideas, sentimientos, tendencias y actitudes de signo opuesto.

1] PSIQUIATRÍA. El término fue introducido por E. Bleuler, para quien "ya el individuo normal tiene a veces la impresión de tener como dos almas, teme un evento y desea que suceda [...]. Tales ambivalencias son más frecuentes y particularmente drásticas en las representaciones que nos hacemos de personas que odiamos o tememos y al mismo tiempo amamos, en particular si está en juego la sexualidad, en la que actúa un poderoso factor positivo y otro, negativo, casi igual de poderoso, del que dependen, entre otros, el sentimiento de vergüenza y todas las inhibiciones sexuales, además de la evaluación negativa de la actividad sexual como pecado y la correspondiente, positiva, que en la abstinencia sexual ve una elevada virtud" (1911-1960: 89). Para Bleuler la ambivalencia puede trastornar: el *intelecto*, por lo que el sujeto simultáneamente enuncia una idea y su contrario; la *voluntad*, por lo que al mismo tiempo quiere y no quiere cumplir una determinada acción; el *afecto*, por lo que en relación consigo misma la persona experimenta a la par un sentimiento de amor y de odio. Más tarde el término ambivalencia se restringió a la tonalidad afectiva, en cuanto que a la ambivalencia de la voluntad Bleuler la denominó *ambitendencia* (*Ambitendez*). Una o la otra están en el principio del negativismo: "Causas que predisponen a los fenómenos negativistas son: *a*] la *ambitendencia* que suscita simultáneamente a cada impulso un contraimpulso; *b*] la *ambivalencia* que a la misma idea le da tonalidades afectivas contrastantes y hace tener el mismo pensamiento en modo positivo y negativo al mismo tiempo; *c*] la *disociación esquizofrénica de la mente*, que impide que se pueda sacar una conclusión, de psiquismos contradictorios y coexistentes, de tal manera que el impulso más inadecuado tiene las mismas probabilidades de ser transformado en acción que el impulso correcto, y junto al pensamiento correcto, o en lugar de éste, puede pensarse su negativo" (1910-1911: 189).

2] PSICOANÁLISIS. S. Freud adopta el concepto bleuleriano de ambivalencia limitado al componente afectivo, y la interpreta como una forma de volcarse a lo opuesto (*v.* **opuestos**, § 1): "La mudanza de una pulsión en su contrario (material) sólo es observada en un caso: la trasposición del *amor* en *odio*. Puesto que con particular frecuencia ambos se presentan dirigidos simultáneamente al mismo objeto, tal coexistencia ofrece también el ejemplo más significativo de una ambivalencia de sentimientos" (1915 [1976: 128-129]).

El concepto de ambivalencia fue adoptado por Freud para explicar esa situación particular en la que, en el tratamiento analítico, una transferencia negativa, "en las formas curables de psiconeurosis, se encuentra junto a la transferencia tierna [...] Para este estado de cosas Bleuler ha acuñado la acertada expresión de 'ambivalencia'. Una ambivalencia así

de los sentimientos parece ser normal hasta cierto punto, pero un grado más alto de ella es sin duda una marca particular de las personas neuróticas [...] La ambivalencia de las orientaciones del sentimiento es lo que mejor nos explica la aptitud de los neuróticos para poner sus transferencias al servicio de la resistencia" (1912 [1976:104]). En esta acepción la ambivalencia es la expresión misma del conflicto entre pulsión, por un lado, y resistencia, por otro. De este conflicto, que caracteriza entre otros el complejo edípico, nace el síntoma neurótico como intención de aportar una solución; tal es por ejemplo la fobia que mueve el odio hacia un objeto sustitutivo, la neurosis obsesiva que remueve el impulso hostil reforzando el movimiento libidinal en forma de **formación reactiva** (*v.*), y así sucesivamente. Cuando en el desarrollo de su pensamiento Freud introduzca la distinción entre pulsión de vida y pulsión de muerte, reconducirá la ambivalencia al dualismo pulsional (*v.* **Eros-Tánatos**).

El concepto de ambivalencia fue retomado por K. Abraham, que lo emplea con una connotación genética que permite especificar la relación que el niño tiene con los objetos en las fases de su desarrollo. Abraham define como *preambivalente* la fase oral, en la cual la succión es una incorporación, pero no a tal grado como para poner fin a la existencia del objeto; *ambivalente* la fase sádico-anal, en la cual la hostilidad hacia el objeto está acompañada del deseo de retenerlo y de salvarlo de la destrucción; *postambivalente* la fase genital, en la que con la solución del complejo edípico puede decirse que la ambivalencia está superada.

El concepto de ambivalencia desempeña un papel esencial también para M. Klein, según la cual se trata de una connotación que asume el objeto investido por proyecciones afectivas y destructivas. Esta situación es superada por la separación entre objeto "bueno" y objeto "malo", porque un objeto ambivalente que sea a un mismo tiempo benéfico y destructivo no puede ser tolerado (*v.* **kleiniana, teoría**, § 1).

3] PSICOLOGÍA ANALÍTICA. C.G. Jung critica la postura de Bleuler, que considera a la ambivalencia la causa de fondo de la disociación esquizofrénica, y acepta la hipótesis de Freud, según la cual la ambivalencia es el resultado del conflicto entre pulsión y resistencia: "la resistencia es algo diferente de la ambivalencia; es un factor dinámico, que permite manifestarse a la ambivalencia, dondequiera que esté. Por lo tanto el elemento característico del estado mental patológico no es la ambivalencia, sino más bien la resistencia" (1911: 205). En el desarrollo posterior de su pensamiento Jung reconocería en la ambivalencia el rasgo característico del **símbolo** (*v.*, § 6) y del **arquetipo** (*v.*) admitidos por él como lenguaje del inconsciente, en contraposición al "concepto", interpretado como "signo", con el que la conciencia procede a su construcción racional: "El símbolo no puede derivarse de modo unilateral de las funciones mentales más altamente diferenciadas; más bien debe surgir en igual medida de los impulsos más bajos y primitivos. Para que esta cooperación de estados opuestos entre sí sea posible, ambos deben existir conscientemente en completa contraposición. Este estado debe entrañar una violentísima disensión consigo mismos, tal que tesis y antítesis se niegan recíprocamente, mientras el yo está obligado a admitir su incondicionada adhesión tanto a una como a la otra […]. Cuando subsiste una completa igualdad y equiparación de los opuestos, confirmada por la incondicionada coparticipación del yo en la tesis y la antítesis, se tiene una detención de la voluntad, ya que el acto volitivo resulta imposible cuando cada motivo tiene junto a sí su opuesto dotado de igual fuerza. Ya que la vida no soporta nunca una detención, nace una congestión de la energía vital, que conduciría a un estado de cosas insoportable si de la tensión de los opuestos no surgiera una nueva función unificadora que llevara más allá de los opuestos" (1921: 488-489).

BIBLIOGRAFÍA: Abraham, K. (1924); Bleuler, E. (1910); Bleuler, E. (1910-1911); Bleuler, E. (1911); Bleuler, E. (1911-1960); Freud, S. (1908); Freud, S. (1909); Freud, S. (1910); Freud, S. (1912); Freud, S. (1915); Freud, S. (1925); Galimberti, U. (1984); Jung, C.G. (1911); Jung, C.G. (1921); Klein, M. (1935).

ambiversión (al. *Ambiversion*; fr. *ambiversion*; ingl. *ambiversion*; it. *ambiversione*)

Coexistencia en el mismo individuo de los rasgos de la extroversión y de la introversión (*v.*

extroversión-introversión). Estas dos organizaciones principales del temperamento o de la personalidad, que denotan la actitud general del individuo en relación con el ambiente y la vida interior, pueden coexistir por un hecho constitucional o como resultado de un trabajo psíquico (*v.* **tipología**, § 2).

ametropía (al. *Ametropie*; fr. *amétropie*; ingl. *ametropia*; it. *ametropia*)

Defecto visual imputable a una modificación patológica de los medios de refracción o a una distancia no fisiológica entre la retina y el cristalino.

amimia (al. *Amimie*; fr. *amimie*; ingl. *amimia*; it. *amimia*)

Ausencia de **mímica** (*v.*). Se diferencia entre una amimia *motriz,* para referirse a la incapacidad de valerse de expresiones gestuales para expresar o para comunicar los pensamientos o para imitar los comportamientos mímicos de otros, y una amimia *sensorial,* que designa la incapacidad de percibir adecuadamente los gestos y la mímica facial de los otros. El término se emplea también para indicar la desaparición de la mímica en estados de estupor como la catatonia y la confusión mental.

amistad (al. *Freundschaft*; fr. *amitié*; ingl. *friendship*; it. *amicizia*)

Sentimiento que nace del encuentro entre dos o más personas que perciben una comunión de intereses, de valores y de ideales, y que por eso establecen interacciones íntimas fundadas en la comprensión y en la confianza recíproca. En los niños la amistad es una etapa importante para superar el estado egocéntrico; en la adolescencia se realiza de manera muy exclusiva, determinando un tipo de afecto muy similar al amor que, en ciertas fases, puede llegar también a crisis de celos o a formas de amistad especial con tonalidad sexual.

L. Binswanger encontró en la amistad una estructura esencial de la constitución humana cuya existencia (*Dasein*) es siempre una coexistencia (*Mit-dasein*): "El ser-junto-en-la-amistad es ese modo de ser en el que la exaltación del amor se 'fragmenta' como la luz del sol en el espectro del arcoiris, en diversas direcciones de significado" (1942: 227). Al igual que el amor, también la amistad es, para Binswanger, una relación "dual" que se interrumpe cada vez que en la comunicación interviene un tercero que de inmediato crea "pluralidad". La forma amistosa se funda en la participación (*Mit-teilung*) donde cada uno toma parte (*Teil*) del otro en tres formas posibles: 1] *Participar con alguien en algo*, donde el algo de la participación no se busca ni en uno ni en el otro de los dos, sino en un tercer elemento que es el ser-en-el-mundo en la forma específica de ser-por-alguna-cosa. Este algo puede ser una idea, un objetivo, una meta, o más simplemente un viaje juntos, una habitación que se comparte o cosas similares. La figura existencial que connota esta participación es el "compartir". 2] *Participarse algo el uno al otro*, donde los dos se intercambian contenidos respecto a los cuales ambos pueden ser no participantes. Esta forma de participación está regulada por la figura existencial de la "comunicación", que se intercambia en un papel del tipo de las noticias, de las informaciones, sin involucrar los respectivos mundos interiores, sino deduciendo el material de la comunicación del mundo externo. 3] *Participación en un mismo destino*; es la forma más auténtica de amistad, que no excluye las precedentes sino que las supera en la forma de ser-juntos (*Miteinandersein*), donde lo que se intercambia es el propio mundo interior *(Innenwelt)* en la figura existencial de "confiarse". En esta forma de participación, escribe Binswanger, "es necesario entender el término 'parte' (*Teil*) en la expresión 'tomar parte' (*Mit-teilung*) en tu destino. Tal término significa que yo me entrego contigo al mismo 'nos' (*Da*) desde el instante en que se constituye como 'ser-nos' (*Da-sein*). Si yo comparto contigo este 'nos', entonces me 'decido', me 'abro' contigo al mismo destino" (1942: 252). De aquí la conclusión: "Los amigos toman parte el uno del otro, no a través de la participación en un mundo común (*Milwelt)* sino que, al contrario, en la recíproca participación (*Mit-teilung*) de los amigos se constituye la comunidad del mundo" (1942: 256).

BIBLIOGRAFÍA: Alberoni, F. (1984); Binswanger, L. (1942); Mauss, R. (1973); Merlin, A. y L. Santucci (1961).

amor (al. *Liebe*; fr. *amour*; ingl. *love*; it. *amore*)

Relación dual que se basa en un intercambio emotivo de diversa intensidad y duración, originado en la necesidad fisiológica de la satisfacción sexual y en la necesidad psicológica del intercambio afectivo. Tema eminente de poetas y narradores, sólo recientemente se transformó el amor en objeto de investigación científica en el ámbito de la psicología, el psicoanálisis, la psicología del comportamiento y la fenomenología.

1] PSICOLOGÍA. En este ámbito se ha intentado identificar los componentes que intervienen en el evento amoroso y se distinguen cuatro formas de amor, basándose en el componente hegemónico. La subdivisión de C.S. Lewis que, más allá de su nomenclatura de clara derivación griega, es significativamente compartida, prevé: a] el *ágape*, que es una forma de amor dirigida hacia el otro para favorecer su sobrevivencia y bienestar, sin esperar a cambio especiales gratificaciones. Corresponde al amor altruista, paterno y, en el lenguaje de A.H. Maslow, al "B-love" o amor por el otro, contrapuesto al "D-love", que es el amor originado en las necesidades personales; b] el *afecto*, que tiene sus raíces en el primitivo "apego" del niño a la madre y cuya continuación está en la solicitud de cercanía y de familiaridad con el otro; c] la *philia*, basada en la expectativa de una gratificación real de parte del otro con el que se desea intercambiar. Es un amor que se nutre de admiración, de sostén y de atribución de cualidades positivas en el otro; d] el *eros*, que tiene su raíz profunda en el deseo sexual que genera deseo de posesión y de exclusividad; no está separado de la idealización del amado y de una tendencia al dominio total sobre él.

Se consideran factores constitutivos del amor, o "constelaciones", como las llama R.J. Sternberg: a] la *intimidad*, que implica los sentimientos de cercanía, unión y vínculo, típicos de las relaciones amorosas; b] la *pasión*, que tiene su centro en la sexualidad, de la que irradian atracción e idealización; c] la *decisión*, que a corto plazo implica la determinación de amarse, y a largo plazo el empeño de continuar haciéndolo en el futuro. En este caso es posible destacar que cada uno de estos componentes ejerce una influencia sobre los otros, por lo que un cambio en el esquema del empleo tiene consecuencias profundas sobre la intimidad y sobre la pasión, así como un fuerte interés pasional inducirá a buscar gratificaciones a corto plazo, dejando en el fondo las decisiones a largo plazo.

Finalmente, existe una interpretación del amor como expediente al que recurre la *personalidad inadecuada* que busca en la pareja los ideales que desea pero que no fue capaz de realizar, y una interpretación del amor como desarrollo natural de la *personalidad adecuada,* en la que el amor no es dictado por la necesidad de adquirir sino por una especie de sobreabundancia oblativa. En el primer caso el amor que nace está caracterizado por la *dependencia,* y su función eminente es la de remedio contra la ansiedad; en el segundo el amor es capaz de reconocer la *libertad* del otro y de vivir sin invadir los espacios de la autonomía individual. Otra distinción es la que existe entre el *amor-pasión,* caracterizado por una intensa excitación sexual que con frecuencia se encuentra en las fases iniciales del amor o, como dice la expresión de F. Alberoni (*v.* **enamoramiento**), en el amor en "estado naciente", y el *amor-estima* que se alimenta de la familiaridad y la cercanía, así como del reconocimiento de los valores expresados por las respectivas personalidades.

2] PSICOANÁLISIS. En este ámbito el amor está considerado desde dos perspectivas: basándose en la *teoría de las pulsiones* el amor es el deseo de la satisfacción sexual, mientras que desde el punto de vista de la *teoría del objeto* el amor puede ser "narcisista" si la elección recae en una persona que presenta alguna semejanza real o imaginaria con el sujeto que elige, o "anaclítico" si, basándose en la dependencia infantil, la elección se orienta hacia una persona que se asemeja a los padres o a figuras del ambiente infantil (*v.* **anaclisis**, § 2). Las dos modalidades de amor no pueden separarse radicalmente porque en cualquier relación amorosa están presentes componentes narcisistas y analíticos. Cuando el objeto del deseo posee muchas de las cualidades a las que el Yo aspira, pero que el sujeto no fue capaz de conseguir, se produce una hipervaloración del objeto, junto con una utilización del mismo como sustituto de la falta de ob-

tención del ideal del Yo. Alcanzada la meta sexual, el amor podría acabarse; pero, según opinión de Freud, "La certidumbre de que la necesidad que acababa de extinguirse volvería a despertar tiene que haber sido el motivo inmediato de que se volcase al objeto sexual una investidura permanente y se lo 'amase' aun en los intervalos, cuando el apetito estaba ausente" (1921 [1976: 105]). Además de contar con el resurgimiento del deseo, el amor encuentra un sostén ulterior en las "pulsiones sexuales de meta inhibida [ya que éstas] tienen, respecto de las no inhibidas, una gran ventaja funcional. Puesto que no son susceptibles de una satisfacción cabal, son particularmente aptas para crear ligazones duraderas; en cambio, las que poseen una meta sexual directa pierden su energía cada vez por obra de la satisfacción, y tienen que aguardar hasta que ella se renueve por reacumulación de la libido sexual; entre tanto puede producirse un cambio (de vía) del objeto" (1921 [1976: 131]).

Sin desmentir la afirmación freudiana, M. Balint, siguiendo la hipótesis de su maestro S. Ferenczi –según el cual de adulto el hombre seguiría siendo "estructuralmente" un niño que toda la vida pide amor–, habla de *amor primario* para esa forma de amor pasivo que, desde el nacimiento, se expresa como necesidad ciega y violenta de ser amados "siempre y donde sea, por todo lo que soy, sin la más mínima crítica, sin el menor esfuerzo de mi parte, sin intercambio" (1952: 191). Esta "avidez de amor" en la que consiste el amor primario se manifiesta en la insatisfacción, en la insaciabilidad, en la avidez característica del recién nacido, que para Balint continúa por toda la vida manifestándose en forma particularmente evidente en las relaciones sexuales. Las otras formas de amor indicadas por Freud, el amor narcisista y el amor anaclítico, son para Balint simples derivados o "subrogados" del amor primario.

Una consideración aparte merece el *amor materno,* que se refiere al sentimiento de afecto, de devoción y de dedicación de una mujer hacia su hijo. Considerado desde siempre un instinto, el amor materno no es inmune a los componentes culturales o psicológicos debido a los cuales, por ejemplo se aman aquellos por los que se realizan sacrificios, o a componentes sociales, de acuerdo con las expectativas de la familia, las expectativas colectivas para la protección de los indefensos, la imagen de sí misma que la madre siente que debe dar ante los otros. El amor materno, si es excesivo, no está exento de repercusiones sobre la futura identidad del hijo, cuya autonomía depende de la capacidad de soportar frustraciones, del miedo a las dudas que ha sabido superar, de la posibilidad que ha tenido de poner a prueba su propia capacidad.

3] PSICOLOGÍA DEL COMPORTAMIENTO. En este ámbito el amor se considera una *respuesta aprendida*. H.L. Miller y P.S. Siegel afirman que se trata de una "respuesta a una señal de esperanza genérica, a una difusa y vaga expectativa de placer. El objeto de amor, ya sea una 'cosa' o una 'persona', es un elemento de refuerzo generalizado, secundario y positivo" (1972: 14-15). En otras palabras, en la experiencia de amor, junto a la persona amada, el enamorado experimenta sentimientos placenteros y una reducción de las ansiedades que lo atormentan. El sentimiento placentero constituye el *refuerzo primario* que, como surge en presencia de la persona amada, traduce a esta última a un *refuerzo secundario* que permite suponer que, con su aparición, emergerán también los sentimientos placenteros. Esta interpretación forma parte del cuadro de los "comportamientos de adquisición" en los que la esencia del amor es vista como el aumento del bienestar para el enamorado y como una reacción positiva para su bienestar.

4] FENOMENOLOGÍA. En el ámbito fenomenológico el amor está considerado por L. Binswanger como la forma más elevada en la que se expresa el "nos" del "ser", o sea su apertura original: "El 'nos' del ser-nos en cuanto ser amante no indica esa apertura por la cual eso, en cuanto mío, está 'allá' a la vista de sí mismo, sino esa apertura por la cual el ser, en cuanto dual, está 'allá' a la vista de nosotros, de mí y de ti, del 'uno y del otro'. El ser-sí-mismo del amor, su esencia, no es un 'yo', sino un 'nos'" (1942: 65). Esto entraña una modificación de la espacialidad y de la temporalidad. El espacio del amor es, en efecto, abolición de todos los lugares, así como el tiempo se reúne en el instante eterno que sobrepasa las medidas temporales del presente, pasado y futuro. El lenguaje mismo, que para Binswanger es siempre un recubrimiento del pensamiento que lleva a persuadir, demostrar, aclarar, especificar, sufre una transformación, porque "la dualidad del amor no necesita

ninguna aclaración, porque, en sí y por sí, es ya esa misma luz. No necesita ninguna demostración, ni puede de ninguna manera ser demostrada. Es 'existencia' (*Dasein*) completamente revelada y no tiene necesidad de ser revestida, que es lo que hace el lenguaje" (1942: 186). "La falta de motivación del amor, que a la razón se presenta como irracionalidad, es justo su fondo, su 'razón' y su justificación" (1942: 117).

El centro del amor es el *corazón* que expresa la apertura de cada ser en el "nos" de la dualidad amante: "En el ser-juntos-en-el-amor el existir se descubre como 'corazón' y el 'nos' del ser-nos (el *da* del *Dasein*) se revela como la patria del corazón" (1942: 109). "En esta patria la dualidad en el amor es pura exaltación, plenitud inarticulada, indeterminada, indivisible, por lo tanto inefabilidad, inmovilidad silenciosa, casi sin respiración, una inmovilidad que de ninguna manera significa negación o privación, sino la suprema y más positiva, aunque muda, realización de todo el ser" (1942: 200). Cuando los amantes pasan del silencio al diálogo, éste no tiene un tema específico y ni siquiera una meta precisa, no es socrático, sofístico, político, ni económico; su característica es que expresa la autenticidad que es el propio sí radicado en el corazón. En sentido estricto el diálogo amoroso no tiene contenidos, porque lo que cuenta no es lo que uno dice, sino el hecho de decirlo.

El amor, por último, tiene para Binswanger una primacía ontológica sobre la muerte, que para M. Heidegger –a partir del cual origina Binswanger sus categorías interpretativas– era el sentido decisivo de la existencia. En la relación dual del amor, en efecto, el otro pertenece eternamente. Este poder eternizante del amor elimina la antítesis presente-ausente, porque cada uno puede morir solo como individuo, pero no como Tú para el Otro: "El 'nos' del amor es así plena y globalmente 'existente', tanto que toda especificación, aunque sea negativa como el dolor y la muerte, pierde su sentido, porque lo que *nos* satisface es sólo el amor en cuanto tal" (1942: 169). En el amor, en efecto, el Tú que se encuentra no es sólo el Tú empírico y perecedero, sino el descubrimiento del Tú como tal (*Duhaftigkeit*) con el que cada existencia está relacionada.

BIBLIOGRAFÍA: Autores varios (1988); Alberoni, F. (1979); Balint, M. (1952); Binswanger, L. (1942); Bowlby, J. (1969-1980); Buber, M. (1923); Carotenuto, A. (1987); Duby, G. (1984); Erikson, E.H. (1968); Freud, S. (1915-1917); Freud, S. (1921); Freud, S. (1924); Fromm, E. (1956); Jung, C.G. (1946); Lewis, C.S. (1960); Maslow, A.H. (1968); May, R. (1969); Miller, H.L. y P.S. Siegel (1972); Pope, K.S. (1980); Reik, T. (1957); Rougemont D. (de) (1939); Sadler, W.A. (1969); Santas, G. (1988); Scheler, M. (1923); Sternberg, R.J. (1986); Sternberg, R.J. y M.L. Barnes (1988); Trevi, M. (1986).

amoralidad (al. *Amoralität*; fr. *amoralité*; ingl. *amorality*; it. *amoralità*)

Ausencia de sentimientos morales, frecuente en los sujetos psicópatas, en los que se registra una falta de responsabilidad debida al hecho de que las propias acciones no son consideradas desde el punto de vista de su incidencia social y no están acompañadas por el sentimiento de pertenencia, que la fenomenología llama *Eigenheit*, gracias al cual el sujeto se reconoce en sus acciones (*v.* **psicopatía**).

amorfo (al. *Gestaltlos*; fr. *amorphe*; ingl. *amorphus*; it. *amorfo*)

Carácter no delineado, no emocional, inactivo.

ampliation

Término francés introducido por A.E. Michotte para denominar la percepción de la causalidad cuando un objeto *B* entra en movimiento en presencia de un objeto *A* que ya se mueve. El observador común supone entonces que el objeto *B* se ha movido a causa del objeto *A*, no obstante que entre los dos no existe ninguna relación causal. Esta comprobación indujo a Michotte a considerar que a la causalidad le subyace una estructura de la percepción, demostrando de tal manera la hipótesis que ya D. Hume había propuesto en su crítica al principio de la causalidad, basándose en el hecho de que en lo empírico no se constata nunca un *hoc propter hoc*, sino siempre y sólo un *hoc post hoc*, es decir no esto *por causa* de esto, sino esto *después* de esto.

BIBLIOGRAFÍA: Michotte, A.E. (1946).

amplificación (al. *Amplifikation*; fr. *amplification*; ingl. *amplification*; it. *amplificazione*)

Método introducido por C.G. Jung, como suplemento y en parte como contraposición al método de la **asociación** libre (*v.*, § 5, 6) de S. Freud, para la interpretación de las producciones inconscientes. Escribe Jung: "Para interpretar los 'productos' del inconsciente se me impuso también la necesidad de una interpretación totalmente diferente de los sueños y de las fantasías, que yo –cuando esto me pareció corresponder a la naturaleza del caso– ya no reduje, como Freud, a elementos pulsionales, sino que ubiqué en analogía con los símbolos de la mitología, de la historia comparada de las religiones y otros para reconocer el significado con el cual aquéllos se preparaban a actuar. Este método produjo de hecho resultados extremadamente interesantes, porque permitió además una nueva interpretación de los contenidos oníricos y fantásticos, por lo que resultó posible utilizar una reconciliación entre la personalidad consciente y las tendencias arcaicas, de otro modo incompatibles con la conciencia" (1930: 351).

Introducida por el contenido metafórico del simbolismo onírico, la amplificación permite a quien sueña abandonar la actitud personal y biográfica frente a la imagen onírica, para experimentarse en un contexto de rechazos arquetípicos (*v.* **arquetipo**) de significado universal, desde el momento en que para Jung cada hombre retoma, en sus procesos psíquicos, los temas que la humanidad ha vivido y expresado en los cuentos, en los mitos y en las producciones culturales en general. En este sentido Jung puede escribir que "tampoco los sistemas delirantes más individuales son absolutamente únicos e inimitables, pero ofrecen analogías evidentes e inconfundibles con los otros sistemas" (1936: 50). La amplificación junguiana al ampliar las bases sobre las que reposa la construcción de una interpretación, resulta afín a la idea moderna de la realidad "hológrafa" descrita por K. Wilber, cuya comprensión sólo es posible si se da cabida a perspectivas diversas pero simultáneas.

BIBLIOGRAFÍA: Jung, C.G. (1930); Jung, C.G. (1936); Wilber, K. 1982.

amplitud (al. *Weite*; fr. *ampleur*; ingl. *width*; it. *ampiezza*)

El término se utiliza en referencia: 1] a la *respuesta incondicionada*, en la cual la amplitud es un factor que mide la eficiencia de un refuerzo (*v.* **aprendizaje**, § I, 1, *a*); 2] a la *conciencia*, en la que la amplitud mide la extensión del campo y el número de las unidades de contenido al mismo tiempo presentes (*v.* **conciencia**, § 2).

anaclisis (al. *Anaklysis*; fr. *anaclisis*; ingl. *anaclisis*; it. *anaclisi*)

Término introducido por S. Freud, que lo derivó del griego ἀνακλίνω que significa "apoyarse en", y que empleó para la teoría de las pulsiones y para la elección del objeto.

1] TEORÍA DE LAS PULSIONES. Según Freud las pulsiones sexuales, antes de volverse independientes, se apoyan en las pulsiones de autoconservación que proveen una fuente orgánica, una dirección y un objeto. Esta relación se manifiesta especialmente en la actividad **oral** (*v.*), en la cual la satisfacción de la zona erógena se hace evidente sobre todo en su relación con la satisfacción de la necesidad de alimento. Aquí la pulsión de autoconservación, o pulsión del yo, provee a la pulsión sexual, en que "se apoya", su fuente o zona erógena y su objeto, el seno, procurando un placer que no se puede reducir a la pura y simple saciedad: "Al comienzo, claro está, la satisfacción de la zona erógena se asoció a la satisfacción de la necesidad de alimentarse. El quehacer sexual se apuntala primero en una de las funciones que sirven a la conservación de la vida, y sólo más tarde se independiza de ella [...] La necesidad de repetir la satisfacción sexual se divorcia entonces de la necesidad de buscar alimento" (1905 [1976: 165]). Además de la zona oral, el apoyo se aplica también a las otras zonas, sedes de pulsiones parciales, y esto constituye uno de los caracteres esenciales de la sexualidad infantil. A partir de estas premisas Freud, generalizando, concluye que "las pulsiones sexuales hallan sus primeros objetos apuntalándose en las estimaciones de las pulsiones yoicas, del mismo modo como las primeras satisfacciones sexuales se experimentan apuntaladas en las funciones corporales necesarias para la conservación de la vida" (1912 [1976: 174]).

2] ELECCIÓN DEL OBJETO. De la hipótesis anaclítica de las pulsiones Freud extrae la diferencia entre la elección *narcisista* o *anaclítica* del objeto de amor en la edad adulta: "Cuando la primerísima satisfacción sexual estaba todavía conectada con la nutrición, la pulsión sexual tenía un objeto fuera del propio cuerpo: el pecho materno. Lo perdió sólo más tarde, justo en la época en que el niño pudo formarse la representación global de la persona a quien pertenecía el órgano que le dispensaba satisfacción. Después la pulsión sexual pasa a ser regularmente autoerótica, y sólo luego de superado el período de latencia, se restablece la relación originaria. No sin buen fundamento el hecho de mamar el niño del pecho de su madre se vuelve paradigmático para todo vínculo de amor. El hallazgo de objeto es propiamente un reencuentro" (1905 [1976: 202-203]). En una nota agregada en 1915 a este texto Freud escribe: "El psicoanálisis enseña que existen dos caminos para el hallazgo de objeto, en primer lugar, el mencionado en el texto, que se realiza por apuntalamiento en los modelos de la temprana infancia, y en segundo lugar, el *narcisista*, que busca al yo propio y lo reencuentra en otros" (*Nota agregada en* 1915, en 1905 [1976: 203]). Basándose en esta distinción, en psicoanálisis se llamará "narcisista" a la elección que recae en una persona que presenta alguna semejanza real o imaginaria con el sujeto que elige, y "anaclítica" la elección que recae en una persona que presenta semejanzas con los padres o personas del ambiente infantil (*v.* **amor**, § 2).

3] LA DEPRESIÓN ANACLÍTICA. Expresión introducida por R.A. Spitz para indicar los trastornos que ocurren en el niño privado de la madre después de permanecer con ella por lo menos seis meses de vida. El cuadro clínico está definido de la siguiente manera por Spitz: "*Primer mes*: Los niños se vuelven llorones, exigentes, y se aferran a quien hace contacto con ellos [...] *Segundo mes*: Rechazo del contacto. Posición patognómica (los niños permanecen la mayor parte del tiempo acostados en la cuna). Insomnio. Pérdida continua de peso. Tendencia a contraer enfermedades intercurrentes.

Generalización del retraso motor. Rigidez de la expresión facial [...] *Después del tercer mes*: Se estabiliza la rigidez del rostro. Los llantos cesan y son sustituidos por gemidos raros. El retraso aumenta y se transforma en letargo [...] Si antes de que transcurra un período crítico, que se establece entre el final del tercer mes y el final del quinto, se le restituye al niño su madre, o se logra encontrar un sustituto aceptable para el lactante, los trastornos desaparecen con sorprendente rapidez" (1946: 313-342). La depresión anaclítica debe diferenciarse de las perturbaciones psicosomáticas que Spitz describe bajo la denominación de **hospitalismo** (*v.*).

BIBLIOGRAFÍA: Freud, S. (1905); Freud, S. (1917), Freud, S. (1910-1917); Freud, S. (1914); Spitz, R.A. (1946); Spitz R.A. (1958).

anafia (al. *Anaphie*; fr. *anaphie*; ingl. *anaphia*; it. *anafia*)

Ausencia del sentido del tacto (*v.* **sensibilidad**).

anafilaxis psíquica (al. *Psychische Anaphylaxe*; fr. *anaphylaxie psychique*; ingl. *psychic anaphylaxis*; it. *anafilassi psichica*)

Reaparición de síntomas ya extinguidos después de un evento semejante al que los había activado. Como en la anafilaxis física, se distingue un hecho inicial, llamado *sensibilizante,* del hecho posterior, denominado *activante.* En la anafilaxis psíquica la reaparición de los síntomas es una respuesta al suceso sensibilizante (el trauma original) y no al activante, que sólo cumple la función de llamada.

anal (al. *Anal*; fr. *anal*; ingl. *anal*; it. *anale*)

Adjetivo empleado en psicoanálisis para referirse a una zona del cuerpo, a una forma de erotismo, a una fase del desarrollo de la libido y a un cáracter tipológico.

1] ZONA ANAL. Región anatómica destinada a la defecación, que S. Freud considera erógena y, como tal, relacionada con una fase del desarrollo de la libido y con una forma de erotismo.

2] FASE ANAL. Es la segunda fase del desarrollo de la **libido** (*v.*, § 1, *b*) que se manifiesta aproximadamente entre los 2 y los 4 años, después de la fase **oral** (*v.*) y antes de la **fálica** (*v.*). En esta fase el niño alcanza el control del funcionamiento bifásico del esfínter anal, que se manifiesta en la evacuación y en la retención de las heces, en las que Freud reconoce valores simbólicos que le permiten establecer una correspondencia entre heces, regalo y dinero (*v.* **excrementos**). En esta fase comienza a configurarse la polaridad **actividad-pasividad** (*v.*, § 1) en la cual la actividad coincide con el **sadismo** (*v.*) y tiene su origen en la musculatura esfinteriana, y la pasividad coincide con el erotismo anal, con su origen en la mucosa esfinteriana. K. Abraham distingue en la fase anal dos períodos; en el primero el erotismo está ligado a la evacuación y el sadismo a la destrucción del objeto; en el segundo el erotismo está ligado a la retención y el sadismo al control posesivo. El paso de un período al otro constituye para Abraham un paso decisivo hacia el amor objetal. Para E.H. Erikson en la fase anal, a través de las funciones de liberar (*letting go*) y retener (*holding on*), maduraría en el niño la diferencia entre Sí y no-Sí, entre "mío" y "no-mío". S. Ferenczi ve en el control esfinteriano la primera forma de moralidad, por él llamada *moralidad esfinteriana*, en la que son perceptibles los precursores del superyó constituidos por la introyección de las prohibiciones de los padres en relación con la educación y el control de los esfínteres y con las correspondientes normas higiénicas. Esta tesis es adoptada también por M. Klein, según la cual en la calidad del control esfinteriano sería posible encontrar la mayor o menor rigidez del superyó.

3] EROTISMO ANAL. Según Freud este aspecto se refiere a "los niños que sacan partido de la estimulabilidad erógena de la zona anal [reteniendo las] heces, hasta que la acumulación de éstas provoca fuertes contracciones musculares y, al pasar por el ano, [ejercitan] un poderoso estímulo sobre la mucosa. De esa manera tienen que producirse sensaciones voluptuosas junto a las dolorosas. Uno de los mejores signos anticipatorios de rareza o nerviosidad posteriores es que un lactante se rehúse obstinadamente a vaciar el intestino cuando lo ponen en la bacinilla, vale decir, cuando la persona encargada de su crianza lo desea, reservándose esta función para cuando lo desea él mismo. Lo que interesa, desde luego, no es ensuciar su cuna; sólo procura que no se le escape la ganancia colateral de placer que puede conseguir con la defecación [...]. La retención de las heces, que al comienzo se practica deliberadamente para aprovechar su estimulación masturbadora, por así decir, de la zona anal o para emplearla en la relación con las personas que cuidan al niño, es por otra parte una de las raíces del estreñimiento tan frecuente en los neurópatas. La significación íntegra de la zona anal se refleja, además, en el hecho de que se encuentran muy pocos neuróticos que no tengan sus usos escatológicos particulares, sus ceremonias y acciones similares, que mantienen en escrupuloso secreto" (1905 [1976: 169-170]). Se consideran dentro del erotismo anal las llamadas *prácticas anales* dirigidas a producir una excitación sexual que varía de individuo a individuo según la sensibilidad nerviosa y la disposición psicológica de cada uno. Dichas estimulaciones se presentan en los juegos sexuales infantiles, en las relaciones homosexuales y heterosexuales y como técnica de masturbación (*v.* **erotismo**, § 2).

4] CARÁCTER ANAL. Freud define anal el carácter de las personas que "son particularmente *ordenadas, ahorrativas* y *pertinaces*. Cada uno de estos términos abarca en verdad un pequeño grupo o serie de rasgos de carácter emparentados entre sí. 'Ordenado' incluye tanto el aseo corporal como la escrupulosidad en el cumplimiento de pequeñas obligaciones y la formalidad. Lo contrario sería: desordenado, descuidado. El carácter ahorrativo puede aparecer extremado hasta la avaricia; la pertinacia acaba en desafío, al que fácilmente se anudan la inclinación a la ira y la manía de venganza [...] Si los nexos aquí aseverados entre el erotismo anal y aquella tríada de cualidades de carácter tienen por base un hecho objetivo, no será lícito esperar una modelación particular del 'carácter anal' en las personas que han preservado para sí en la vida madura la aptitud erógena de la zona anal; por ejemplo ciertos homosexuales. Si no estoy errado, la experiencia

armoniza bien en la mayoría de los casos con esta conclusión" (1908 [1976: 153-158]).

BIBLIOGRAFÍA: Abraham, K. (1921); Erikson, E.H. (1950); Ferenczi, S. (1911); Ferenczi, S. (1925); Freud, S. (1905); Freud, S. (1908); Klein, M. (1945).

analgésico (al. *Analgetikum*; fr. *analgésique*; ingl. *analgesic*; it. *analgesico*)

Fármaco destinado a aliviar o a suprimir el dolor. Según las características funcionales se distinguen analgésicos de *acción central*, que actúan en el **tálamo** (*v.*) y en el **hipotálamo** (*v.*), y de *acción periférica*, que actúan en las aferencias dolorosas. Ya que el dolor desencadena también factores psíquicos, como actitudes de expectativa, afectos y cogniciones, el mecanismo de acción de muchos analgésicos incide sobre los componentes sensoriales, pero también en los psíquicos. Los analgésicos narcóticos, y en especial los alcaloides del opio y sus derivados sintéticos (*v.* **droga**, § 1) pueden determinar farmacodependencia.

análisis (al. *Analyse*; fr. *analyse*; ingl. *analysis*; it. *analisi*)

El término deriva del griego ἀναλύω, que significa "desatar", y se refiere al procedimiento que tiende a separar un todo en sus diversos elementos constitutivos. Del área filosófica en la que nació este método y en la cual encontró su aplicación, sobre todo en lógica-matemática, el término análisis se adoptó en psicología como sinónimo de tratamiento psicoanalítico, o sea del proceso terapéutico que se propone hacer legibles las manifestaciones psíquicas mediante su reconducción a los mecanismos elementales que se suponen en su base. Se remite a las voces específicas el tratamiento de las diferentes formas de análisis que difieren con base en sus orientaciones teóricas presupuestas, y a la voz **psicoterapia** en los que se refiere a los criterios y los objetivos que permiten orientarse en este ámbito; aquí sólo incluimos el *método psicoanalítico clásico* que, por razones históricas, semánticas y metodológicas, está en la base de todas las formas psicoterapéuticas que las diversas direcciones de la psicología de lo profundo introdujeron e inauguraron.

El análisis clásico, ideado por S. Freud, atañe eminentemente al tratamiento de las **neurosis** (*v.*), porque a diferencia de las **psicosis** (*v.*), en las neurosis existe un yo capaz de soportar el tratamiento analítico y de colaborar con el analista durante todo el tiempo de la terapia, cuya duración no se puede determinar *a priori*. El objetivo del trabajo analítico puede esquematizarse en tres ideas fundamentales que Freud identificó en diferentes etapas: *a*] hacer consciente el inconsciente (1886-1905); *b*] elaborar las resistencias y en especial la transferencia (1905-1914); *c*] crear condiciones óptimas para el funcionamiento del yo (1923-1938). No se trata de tres objetivos diferentes, sino de una concentración diferente del centro alrededor del cual gira el trabajo analítico.

1] LA SITUACIÓN ANALÍTICA. Con esta expresión nos referimos al marco formal y a las reglas que constituyen los principios de la sesión analítica tal como es prevista por la ortodoxia de la escuela freudiana. Después de una o más entrevistas preliminares que permiten observar cómo se relaciona el paciente con el terapeuta y apreciar el funcionamiento de su yo, su motivación y su capacidad de desarrollar un trabajo psicológico, se procede con las sesiones, que se efectúan en un contexto que prevé las siguientes reglas:

a] *El contrato analítico* fija tiempos, frecuencia y modalidad de las sesiones, cantidad del pago, empeño en la sinceridad consciente e inconsciente. Este último aspecto es definido por Freud como **regla fundamental** (*v.*), en la que el analizado es invitado a decir todo lo que le venga a la mente, sin mentir para salvar una imagen de sí que se propone ofrecer (sinceridad consciente), y sin elegir lo que es relevante de lo que a su parecer no lo es (sinceridad inconsciente).

b] *El incógnito del analista* es una condición indispensable para que el analizado pueda proyectar y transferir sus vivencias sin que esta proyección y esta transferencia sean perturbadas por conocimientos extra analíticos sobre la personalidad del analista. Esta regla, definida como la *regla del espejo* (*v.* **transferencia**, § 2, *a*), se encuadra en el contexto más amplio del *entorno* (**setting**, *v.*, § 2) que delimita un área espacio-temporal vinculada con

reglas que determinan papeles y funciones, de modo que se puedan analizar las vivencias del paciente en un contexto casi experimental, para evitar estilos de relación típicos de la vida cotidiana que puedan alterar el régimen de **proyección** (*v.*) y de **transferencia** (*v.*), difícilmente evaluables en una situación no protegida por el entorno.

c] La **abstinencia** (*v.*, § 2) es otra regla que caracteriza la situación analítica; le prohíbe al analista la satisfacción de los deseos reales o transferenciales del paciente, y lo obliga a abstenerse de darle consejos sobre su vida real. La abstinencia contrasta con el principio del placer, al que tienden las dinámicas inconscientes, y tutela la autonomía del paciente.

d] *El diván* en el que se acuesta el paciente favorece la regresión necesaria para el tratamiento analítico con miras a la posterior reconstrucción y disloca al paciente de la forma habitual de la comunicación cotidiana, facilitándole el contacto con el mundo de los recuerdos, de los sueños y de la imaginación. El diván, derivado de los primeros tratamientos en que se utilizaba el efecto catártico de la hipnosis, se ha mantenido en la práctica analítica de Freud, mientras que fue abandonado por C.G. Jung por el supuesto de que en el contexto analítico la interacción no se da sólo entre la conciencia del analista y el inconsciente del analizado, sino entre consciente e inconsciente del analista y consciente e inconsciente del analizado, situación en la que los cuatro se encuentran de frente como en un baño alquímico (*v.* **alquimia**), desarrollando relaciones múltiples.

2] EL TRATAMIENTO ANALÍTICO. El tratamiento analítico no tiene un recorrido prestablecido que se pueda aplicar en cada caso, por lo que sólo se pueden indicar esquemáticamente las etapas que, a su vez, no son alcanzadas a lo largo de un camino lineal, sino de progresivas ganancias en términos de profundidad y de nivel de elaboración.

a] *La **anamnesis*** (*v.*) o reunión de los datos biográficos, que en el procedimiento analítico debe ser tarea exclusiva del paciente; aquéllos se han de tomar con la reserva de que la narración del paciente padece el efecto de la **represión** (*v.*), del **desplazamiento** (*v.*) y de la **proyección** (*v.*).

b] La **asociación libre** (*v.*, § 5) en la que se le pide al paciente que renuncie deliberadamente, hasta donde le sea posible, a la censura consciente, y por lo tanto que refiera todos sus pensamientos, sin preocuparse de los habituales convencionalismos sociales, de la lógica, del orden, y sin evaluar su importancia o futilidad, no obstante sus sensaciones de incomodidad y de vergüenza. Todo ello se basa en la hipótesis de que la neurosis es el fruto de la remoción de material que no ha tenido acceso a la conciencia o no ha estado suficientemente elaborado (*v.* **elaboración**, § 1) por ésta.

c] *El análisis de las resistencias,* porque si no existen ideas o pensamientos se supone que hay alguna fuerza que no permite la manifestación; en este caso se pasa a analizar las formas de **resistencia** (*v.*), que generalmente se acentúan a medida que se está más cerca del núcleo patógeno central. Al servicio de las resistencias operan **mecanismos de defensa** (*v.*), dirigidos a reducir o a suprimir toda turbación que el yo pueda sufrir a causa del ello o del superyó.

d] *El análisis de los sueños,* que Freud interpreta como una forma de satisfacción disfrazada por un deseo reprimido o suprimido. Como el sueño es una forma de **compromiso** (*v.*) entre el deseo pulsional y la censura, la interpretación debe transitar en sentido contrario el camino recorrido por el trabajo del sueño, transformando el contenido latente en el inconsciente en el contenido manifiesto expuesto por la escena onírica (*v.* **sueño**, § II, 2).

e] *El análisis de la* **transferencia** (*v.*) por la cual el paciente desplaza sobre el analista sus propios conflictos intrasubjetivos, que a su vez se derivan de las relaciones intersubjetivas reales o fantásticas que el paciente ha vivido en la infancia. La transferencia puede ser positiva o negativa según la cualidad del sentimiento, que puede ser afectuoso u hostil, reproduciendo el componente positivo o negativo del complejo de **Edipo** (*v.*). La transferencia, que el analista no debe provocar, para no impedir otros tipos de relaciones transferenciales que el paciente podría producir, es el vehículo principal que permite romper la amnesia infantil que impide llegar al núcleo neurótico y crear la corriente emotiva que permite la activación del **afecto** (*v.*) suprimido que está siempre relacionado con la **representación** (*v.*). Ya sea en su manifestación positiva, ya en la negati-

va, la transferencia puede funcionar a su vez como resistencia, porque el paciente renuncia a todas sus perspectivas de alivio con tal de que su amor por el analista sea correspondido, o porque está dispuesto a hacer vanos los esfuerzos del analista y a renunciar a su propio alivio con tal de que el analista sea derrotado. En relación con la transferencia del paciente entra en juego también la contratransferencia (*v.* **transferencia**, § 4) del analista frente al paciente, en la que se pueden encontrar también los conflictos neuróticos del analista, que lo hacen reaccionar como si el paciente fuera una figura significativa de su pasado. Al igual que la transferencia, también la contratransferencia es ambivalente, en el sentido de que defenderse conlleva una reducción de la **empatía** (*v.*) del analista en relación con el paciente y por lo tanto de la capacidad de compartir los sentimientos del otro experimentándolos en sí mismo.

f] *El final del análisis,* que siempre y como sea queda irresoluble, ya que no es posible fijarle un término al conocimiento de uno mismo, puede ser descrito de manera general de muchos modos, entre ellos: 1] la resolución de la neurosis infantil; 2] la resolución de la **neurosis de transferencia** (*v.*, § 3); 3] la concientización de los conflictos neuróticos suprimidos a través de la elaboración analítica (*v.* **elaboración**, § 3); 4] la genitalización de las pulsiones parciales que todavía no llegan a la organización (*v.* **genital**); 5] el aumento de la fuerza y de la autonomía del yo respecto a las pulsiones del ello y al despotismo del superyó, así como en relación con el mundo exterior. En la fase terminal del análisis es importante analizar la angustia de separación que puede darse en el paciente y su posible depresión. El análisis, nacido como tratamiento de los síntomas, se ha ido transformado en un intento de cambiar la estructura de la personalidad, y esta extensión de la tarea hace cada vez más difícil de predecir el momento de su final.

g] *Las fuerzas en juego* en la relación analítica en favor del buen éxito terapéutico son: 1] la *alianza terapéutica,* o sea la colaboración con el analista de esa parte del yo del paciente, relativamente libre de conflictos, que puede participar en una relación madura con el terapeuta para facilitar el tratamiento de los aspectos en conflicto; 2] la *cualidad positiva de la transferencia* que facilita la comunicación de aquellos aspectos de personalidad que el paciente generalmente prefiere suprimir, y que reactiva la afectividad unida a los contenidos comunicativos; 3] la natural tendencia del material suprimido a buscar una vía de salida por el *efecto catártico* que logra; 4] algunos *rasgos del superyó* que exigen que el paciente haga lo que se ha propuesto. Actúan en contra del proceso terapéutico: 1] *factores inconscientes* e irracionales que buscan la perpetuación de las defensas neuróticas, porque los sentimientos que están en la base aún son dolorosos; 2] la *transferencia negativa* que empuja al paciente a sustraerse o resistirse al análisis del terapeuta; 3] el *masoquismo* que tiende a no permitir que el paciente abandone sus propios sufrimientos; 4] el *beneficio secundario* (*v.* **beneficio de la enfermedad**) que deriva de la enfermedad y al que el paciente no está dispuesto a renunciar. De este cuadro emerge que el yo racional del paciente es el principal aliado del analista, por lo que en su ausencia, como en el caso de los niños o de los pacientes psicóticos o limítrofes (*borderline*), son necesarias algunas modificaciones, radicales incluso, de la técnica analítica como fue expuesta aquí.

BIBLIOGRAFÍA: Balint, M. (1957); Ferenczi, S. (1928); Freud, S. (1936); Freud, S. (1912); Freud, S. (1913-1914); Freud, S. (1913-1914); Freud, S. (1937); Fromm-Reichmann, F. (1959); Greenson, R.R. (1959-1966); Jung, C.G. (1928-1959); Schafer, R. (1983); Semi, A.A. (1988); Strotzka, H. (1978); Wisdom, J. (1964).

análisis de la conducta (al. *Verhaltenanalyse*; fr. *analyse comportamentale*; ingl. *behavioural analysis*; it. *analisi comportamentale*)

Procedimiento mediante el cual una conducta compleja se separa en términos de antecedentes y consecuentes para establecer las contingencias de refuerzo (*v.* **aprendizaje**, § I, 1-2) que determinan la frecuencia de las secuencias de comportamiento observadas. El análisis del comportamiento, como procedimiento de observación, no debe confundirse con la *terapia de la conducta*, que se propone corregir trastornos adquiridos (*v.* **conducta**, § 4).

análisis didáctico (al. *Didaktische Analyse*; fr. *analyse didactique*; ingl. *training analysis*; it. *analisi didattica*)

1] Tratamiento psicoanalítico al que se someten aquellos que quieren desempeñar la profesión de psicoanalista. Después de una experiencia de **autoanálisis** (*v.*), en 1912 S. Freud formuló la convicción según la cual, como no se puede practicar la actividad analítica si no se llega al conocimiento del inconsciente propio, el terapeuta "debe volver hacia el inconsciente emisor del enfermo su propio inconsciente como órgano receptor, acomodarse al analizado como el auricular del teléfono se acomoda al micrófono" (1912 [1976: 115]); es necesario por ello que quien se proponga ser psicoanalista se someta a un análisis didáctico, y a este propósito Freud rinde homenaje a la escuela de Zúrich por haber fijado "la exigencia de que todo el que pretenda llevar a cabo análisis en otros deba someterse antes a un análisis con un experto" (1912 [1976: 116]).

Acerca de la naturaleza de este análisis Freud tuvo todavía una posición muy prudente, sosteniendo que el análisis didáctico, "por razones prácticas [...] sólo puede ser breve e incompleto; su fin principal es posibilitar que el didacta juzgue si se puede admitir al candidato para su ulterior formación. Cumple su cometido si instila en el aprendiz la firme convicción en la existencia de lo inconsciente, le proporciona las de otro modo increíbles percepciones de sí a raíz de la emergencia de lo reprimido, y le enseña, en una primera muestra, la técnica únicamente acreditable en la actividad analítica" (1937 [1976: 250]). Institucionalizado en 1922 por la Asociación Psicoanalítica Internacional, el análisis didáctico encontró su más convencido defensor en S. Ferenczi, para quien "para resistir este asalto general del paciente, es necesario que el analista haya estado plena y completamente analizado él mismo [...]. Por principio no puedo admitir ninguna diferencia entre un análisis terapéutico y un análisis didáctico; a esto quiero ahora agregar esta idea: mientras ninguna empresa con fines terapéuticos tiene necesidad de ser conducida hasta la profundidad que tenemos en mente cuando hablamos de un fin completo del análisis, el analista mismo, del que depende la suerte de tantas otras personas, debe conocer y controlar también las debilidades más secretas de su propio carácter; y esto es imposible sin un análisis completo" (1928: 343).

2] El análisis didáctico se completa con el *análisis de control* o *supervisión*, en el que un analista en formación rinde cuentas a un analista más experto acerca de su manera de conducir los tratamientos. La supervisión puede ser *directa* cuando a través de medios técnicos adecuados, como el espejo unidireccional (cámara de Gesell), el supervisor observa directamente el trabajo del terapeuta en formación, como sucede con frecuencia en la formación de los terapeutas de familia, o *indirecta* cuando do, por medio de relaciones orales o escritas, el supervisor controla el trabajo del terapeuta en formación, y en especial su contratransferencia (*v*. **transferencia**, § 4).

3] A propósito del análisis didáctico J. Lacan observa: "cualquiera que sea la dosis de saber así transmitida, no tiene para el analista ningún valor formativo. Pues el saber acumulado en su experiencia incumbe a lo imaginario, contra lo cual viene a tropezar constantemente [...] [En la vía de su formación] el analista, en efecto, no podría adentrarse [...] sino reconociendo en su saber el síntoma de su ignorancia, y esto en el sentido propiamente analítico de que el síntoma es el retorno de lo reprimido en el compromiso, y que la represión aquí como en cualquier otro sitio es censura de la verdad. La ignorancia, en efecto, no debe entenderse aquí como una ausencia de saber, sino, al igual que el amor y el odio, como una pasión del ser; pues puede ser, como ellos, una vía en la que el ser se forma. Es efectivamente allí donde se encuentra la pasión que debe dar su sentido a toda la formación analítica, como resulta evidente con sólo abrirse al hecho de que estructura su situación. Se ha intentado percibir el obstáculo interno al análisis didáctico en la actitud psicológica de demanda en que se pone el candidato en relación con el analista, pero no para anularlo en su fundamento esencial, que es el deseo de saber o de poder que anima al candidato en el principio de su decisión. Como tampoco se ha reconocido que ese deseo debe tratarse del mismo modo que el deseo de amar en el neurótico, del que la sabiduría sabe desde siempre que es la antinomia del amor –si es que no es a eso a lo que apuntan los mejores autores al declarar que todo análisis didáctico

está en la obligación de analizar los motivos que han hecho escoger al candidato la carrera de analista. El fruto positivo de la revelación de la ignorancia es el no-saber, que no es una negación del saber, sino su forma más elaborada. La formación del candidato no podría terminarse sin la acción del maestro o de los maestros que lo forman en ese no-saber; en ausencia de lo cual nunca será otra cosa que un robot de analista" (1955 [1976: 343-345]).

BIBLIOGRAFÍA: Balint, M. (1965); Ferenczi, S. (1928); Freud, S. (1912); Freud, S. (1913-1914); Freud, S. (1937); Lacan, J. (1955); Schafer, R. (1983).

análisis directo (al. *direkte Analyse*; fr. *analyse directe*; ingl. *direct analysis*; it. *analisi diretta*)

Método de psicoterapia analítica introducido por J.N. Rosen para el tratamiento de las psicosis, en el cual el inconsciente, superando las defensas, se manifiesta abiertamente en las palabras y la conducta del sujeto. El análisis directo no haría más que explicitar lo que el sujeto sabe. Su eficacia no estaría ligada a un proceso de profundización y de conocimiento de las dinámicas inconscientes, sino a la instauración de una transferencia positiva en la que el paciente se sienta comprendido por el terapeuta, al que le atribuye la comprensión omnipotente de una madre ideal. Este tipo de análisis prevé además cierto número de intervenciones activas que, a diferencia de la neutralidad necesaria en el tratamiento de las neurosis, le permite al terapeuta entrar en el universo cerrado del psicótico. En este tipo de análisis no está contemplado el análisis de las resistencias y tampoco el recurso de la asociación libre, porque el inconsciente del paciente, tras haber superado la barrera defensiva, ya está manifiesto (*v*. **análisis**, § 2).

BIBLIOGRAFÍA: Pankow, G. (1969); Resnik, S. (1972); Rosen, J.N. 1953.

análisis existencial (al. *Daseinsanalyse*; fr. *analyse existentielle*; ingl. *existential analysis*; it. *analisi esistenziale*)

Llamado también *psiquiatría fenomenológica* o *antropoanálisis*, el análisis existencial es una dirección psicopatológica, y en menor medida psicoterapéutica, iniciada por L. Binswanger basándose en los principios de la nueva concepción del hombre introducida por la **psicología comprensiva** (*v.*) de K. Jaspers, por la fenomenología de E. Husserl y por la ontología de M. Heidegger cuyas contribuciones están expuestas en la palabra *fenomenología* (*v.*), en la que se aclara en qué sentido y con qué diferencias está interpretado el método fenomenológico.

1] EL VUELCO METODOLÓGICO. Partiendo de la convicción de que tanto la psiquiatría como el psicoanálisis derivan sus modelos conceptuales del esquema que inició R. Descartes y que la ciencia ha hecho propio cuando, para sus objetivos explicativos, separa al hombre en alma (*res cogitans*) y en cuerpo (*res extensa*), produciendo lo que según Binswanger es "el cáncer de toda psicología" (1946: 22), el análisis existencial destaca que esta división no es algo que se ofrezca a la evidencia fenomenológica, sino producto de la metodología de la ciencia que, consciente de que su poder y su eficiencia están vigentes exclusivamente en el orden cuantitativo y mensurable de la *res extensa*, se ve obligada a reducir lo psíquico a un epifenómeno de lo fisiológico que en psiquiatría se llama "aparato cerebral" y en psicoanálisis "orden pulsional". Lo que nace no es una psicología que "comprende" al hombre tal como es, sino una psicofisiología que lo "explica" como se explica cualquier fenómeno de la naturaleza (*v.* **psicología comprensiva**). Pero, escribe Binswanger, "la psicología jamás tiene nada que ver con un sujeto privado de su mundo, porque tal sujeto no sería otra cosa que un objeto, y mucho menos con la escisión sujeto-objeto, porque esta escisión no se puede entender sino como teniendo en su base el existir como humano en el mundo. La psicología comienza cuando entiende la presencia humana como original estar-en-el-mundo y considera las determinadas formas fundamentales en las cuales la presencia humana existe" (1921-1941: 101).

No obstante, ya que el hombre no *está* (*ist*) en el mundo como lo están las cosas, sino *se da* (*es gibt*) un mundo a través del **espacio** (*v.*, § 3) y el **tiempo** (*v.*, § II, 2), que inicia y que recorre con esa **intencionalidad** (*v.*) que es típica del hombre y no de las cosas, no será posible estudiar la existencia humana con las metodologías objetivas propias de las ciencias naturales que se ocupan de las cosas. Evitando sobrecargar la existencia de una estructura teórica a ella extraña, para dejar que se manifieste en la evidencia tal como ésa es (método fenomenológico), lo que aparezca no serán sus "carencias" o sus "excesos", sino sus *modos* de ser que, donde la existencia no está precodificada, no se revelarán como *dis-funciones*, sino simplemente como *funciones* de una cierta estructuración de la presencia, o sea de un cierto modo de estar-en-el mundo (*v.* **mundo**, § 3) y de proyectar un mundo. En este punto se puede renunciar a privilegiar un mundo con respecto a otro, el mundo del "sano" respecto al mundo del "enfermo" (*v.* **norma**) y, para diferenciar la manera específica en que se constituyan los "mundos" de las diferentes formas de enajenación mental, bastará, sin recurrir a ninguna visión del mundo aceptada preconstitutivamente como norma o modelo, con descubrir las hendiduras presentes en las estructuras trascendentales, comunes a cada existencia, que se dirigen a la formación de un mundo.

2] LAS ESTRUCTURAS TRASCENDENTALES DE LA EXISTENCIA. El estudio de las estructuras trascendentales de la existencia se trata en cada uno de los términos específicos que aquí sucintamente recapitulamos:

a] *El existir y la existencia*. Binswanger, siguiendo las enseñanzas de Heidegger, llama a su propia orientación psicológica *análisis del existir* (*Daseinanalyse*). En el *da* del *Da-sein* se evidencia ese sentido por el que el hombre es la sede en la cual *existe* (*ist da*) la manifestación del ser, en la que se expresa ese original relacionarse del ser en el hombre en el que consiste la existencia humana. En este sentido Heidegger puede decir que "la esencia del existir es la existencia" (1927: 106), donde por existencia entiende ese original *ec-sistere*, por el cual el hombre no está en el mundo como las cosas que in-sisten simplemente dentro del mundo, sino que está en el mundo como aquel que lo abre y lo cierra (*Ec-sistenz*). De estas premisas Binswanger puede concluir que no se puede considerar al hombre en el aislamiento de su subjetividad, como frecuentemente sucede en la práctica psicológica y psiquiátrica, sino en su original apertura al mundo, que no es producto de una relación, sino la dimensión original de la existencia humana.

b] *La presencia.* Con este término *(Anwesneheit)*, donde se encuentra *Wesen* (esencia), en el que se expresa la esencia del hombre, Binswanger, siempre siguiendo a Heidegger, identifica el horizonte de la investigación psicológica que deberá observar la manera en que cada existencia declina su presencia, la manera original de ser abierto al ser. Tal característica aparece en las formas en que la presencia humana *(Dasien)* se temporaliza *(sich zeitigt)*, se espacializa *(Raum gibt)*, se mundaniza *(weltlicht)*, coexiste *(Mit-dasein)*. Tiempo, espacio, mundo, coexistencia, no son cosas investigables con el método de las ciencias naturales, porque son las características con las cuales la existencia articula su presencia y su modo de ser al mundo (v. **presencia**).

c] *Arrojado y proyectado.* En cuanto originalmente abierta al mundo, la existencia está definida por su proyección (v. **proyecto**). Pero cada proyecto-en-el-mundo *(Ent-wurf)* está definido por el propio ser-arrojado-en-el-mundo *(Ge-worfen)*, cada trascendencia *(Über-schreitung)* supone una factibilidad *(Faktizität)*, cada trascendencia *(Transzendenz)* una situación *(Situation)* fundamentalmente intrascendible en cuanto está vinculada a la historicidad de cada existencia (v. **situación**). Cuando el ser-arrojado-en-el-mundo tiene la ventaja sobre el proyecto en el mundo, cuando la factibilidad tiene la ventaja sobre la trascendencia, entonces, afirma Binswanger, tenemos la caída existencial *(Verfallen)* o, como dice la expresión de Heidegger, la **deyección** (v.), en la que la existencia, en vez de expresarse en la posibilidad "propiamente suya" *(eigen)* y por lo tanto auténtica *(eigentlich)*, abandona su poder-ser por una posibilidad ya dada y por lo tanto inauténtica *(uneigentlich)*, porque no es suya, sino simplemente "hecha suya" (v. **autenticidad-inautenticidad**, § 2). Con la victoria del ser-echado sobre el poder-ser, la vida ya no se desliza, porque la posibilidad de trascender se queda anclada en la presencia constituida. Las cosas, escribe Binswanger, de invitadoras se vuelven incumbentes, de prometedoras angustiantes: "en lugar de la posibilidad de hacer que el mundo suceda, se da la no-libertad del ser dominado por un determinado proyecto de mundo no elegido, sino impuesto" (1944-1946: 25).

3] LOS MUNDOS DE LA ENAJENACIÓN. A partir de cómo la existencia realiza su esencia, es decir su presencia en el mundo, es posible, según Binswanger, identificar los mundos de las existencias no logradas a través del análisis de las estructuras trascendentales de la existencia que organiza un mundo que se aleja o no participa en el mundo *(Welt)* común *(Mitwelt)*. Tales son los mundos de:

a] *La melancolía.* En el melancólico la "retención", que es el acto intencional con el que se construye un pasado, es tan dominante que el presente se transforma en tiempo de incesante lamentación y el futuro se entreabre como ámbito de vacías intenciones. Como en el melancólico un hecho del pasado se convirtió en la totalidad de la experiencia, la verdadera pérdida de la cual se lamenta el melancólico y de la que se acusa no es tanto la pérdida de algo, sino la pérdida de la posibilidad de procurarse experiencia, o, lo que es lo mismo, de no estar en el mundo con las características de la trascendencia, que de un pasado envía a un futuro *(Zukunft)* auténtico que tiene los caracteres del por-venir *(zukommen)*, y no del ya venido (v. **depresión**, § 3, *b* y **tiempo**, § II, 2).

b] *La manía.* Si en el melancólico la presencia está perdida en el absoluto pasado, en el maniaco está concentrada en la transitoriedad del presente que no proviene de un pasado y que no se extiende hacia un futuro. La fugacidad del ahora parece el horizonte máximo de su contacto con el mundo, un contacto eufórico porque está al servicio de la absoluta y continua novedad, pero también superficial porque en el instante no hay espacio ni tiempo para la apertura de una biografía, para la continuidad de un sentido que las cosas suelen llevar consigo cuando una vida las frecuentó, cargándolas de esos significantes que son, a fin de cuentas, la resonancia de lo vivido (v. **manía**; **tiempo**, § 2 y **espacio**, § 3, *a*)

c] *La esquizofrenia.* Es una desestructuración de la posibilidad de acumular experiencia que consiste en el dejar ser *(frei-lassen)* entre las cosas aquellas relaciones que las cosas mismas conceden. En esto también radica la esencia de la libertad humana *(Freiheit)*, que no carga las cosas con significados excesivos, sino que las deja ser como son y como se ofrecen en su aparición. Es esta libertad la que el esquizofrénico se prohíbe por la imposibilidad, en el encuentro con las cosas, de detenerse junto a ellas de forma no perturbada. Según Binswanger, en la esquizofrenia no se trata tanto de buscar causas y síntomas, cuanto del tema (*Worüber*) en el cual la existencia esquizofrénica se disminuye, haciéndose comprensible a partir de aquél. Desde este punto de vista la esquizofrenia ya no se da como una "entidad clínica", sino como experiencias esquizofrénicas identificadas de vez en cuando por el tema que reduce las estructuras trascendentales de la existencia como el **tiempo** (*v.*, § II), el **espacio** (*v.*, § 3), lo vivido corpóreo (*v.* **cuerpo**, § 3), la participación comunicativa (*v.* **esquizofrenia**, § I, 3).

BIBLIOGRAFÍA: Binswagner, L. (1921-1941); Binswanger, L. (1944-1946); Binswanger, L. (1946); Binswanger, L. (1957); Binswanger, L. (1960); Borgna, E. (1988); Boss, M. (1957); Callieri, B. (1963-1987); Callieri, B. (1982); Cargnello, D. (1966); Galimberti, U. (1979); Heidegger, M. (1927); Husserl, E. (1912-1928); Jaspers, K. (1913-1959); Laing, R.D. (1967); Merleau-Ponty, M. (1945); Minkowski, E. (1933); Minkowski, E., V.E. Von Gebsattel, y E. Strauss (1923-1948); Rossi Monti, M. (1978); Sartre, J.-P. (1943); Scheler, M. (1923); Sichel, A. (1983); Schneider, K. (1946); Storch, A. (1965); Strauss, E. (1956); Tellenbach, H. (1961); Van den Berg, J.H. (1955); Wyrsch, J. (1960).

análisis factorial (al. *Faktorenanalyse*; fr. *analyse factorielle*; ingl. *factorial analysis*; it. *analisi fattoriale*)

Método matemático-estadístico que se propone llevar las correlaciones de un elevado número de variables a la acción de un número más limitado de factores, abstractos o derivados, según la hipótesis del principio de la variación de las variables. A esta reducción sigue la definición, hipotética o experimental, de una matriz posterior de muestras factoriales que, por medio de la estandarización de la varianza de cada uno de los factores, establece la incidencia de tal varianza en las variaciones de cada uno de los factores. El objetivo del análisis factorial es el común a todo método científico orientado a obtener de los

fenómenos observados una cantidad más reducida de conceptos fundamentales de cuya interacción es posible obtener explicaciones del fenómeno observado. Con este objetivo se recurre al *experimento factorial* organizado para poder estudiar la acción de dos (análisis *bifactorial*) o más factores (análisis *multifactorial*) en todas sus combinaciones, por separado o juntos. Si tratando con los factores A y B al mismo tiempo se obtiene la suma de los efectos de A y B tomados por separado, se dice que las acciones de A y B son independientes y que su interacción es *nula*. Si en cambio el tratamiento simultáneo de A y B da un efecto superior a la suma de los dos componentes aislados se dice que B *potencia* el efecto de A, si da un efecto inferior se dice que B *inhibe* el efecto de A. El análisis factorial, adoptado inicialmente en física y química, se difundió a las ciencias sociales y psicológicas para los problemas que son susceptibles de acciones de tipo cuantitativo, como en el caso de los tests mentales, las pruebas de aptitudes y la identificación de los factores de la personalidad. En psicología el análisis factorial encontró sus aplicaciones más importantes en:

1] *El análisis bifactorial de C.E. Spearman*, para el cual todas las actividades mentales dependen de la correlación entre un *factor general* (G) que actúa en todas las capacidades, y un *factor específico* (E) distinto para cada aptitud. La cualidad de la aptitud depende a su vez del nivel de los dos factores G y S que, presentes en diversa medida en cada uno de los individuos, contribuyen en forma diferente en cada una de las aptitudes. En el nivel operativo Spearman propone que un único test, altamente saturado en G, sustituya los conjuntos heterogéneos de pruebas que componen los tests de inteligencia, porque el factor G, presente en todas las habilidades, es base suficiente para una previsión del rendimiento del sujeto.

2] *El análisis multifactorial de L.L. Thurstone*, se basa en el supuesto de que la consideración del factor general aislado no arroja el resultado completo de las correlaciones entre variables, por lo que todos los factores deben estudiarse *juntos*, variando cuanto sea posible en un mismo experimento todos los factores que pueden tener una acción. Así se pueden obtener informaciones que de otra manera no podrían considerarse confiables. Todo esto a condición de que los experimentos factoriales estén balanceados y que los tratamientos abarquen el mismo número de factores y de individuos (v. **inteligencia**, § 3 f).

3] *Los factores de personalidad*, identificados por R.B. Cattell y por H.J. Eysenck a través de la aplicación del análisis multifactorial los cuales se remiten a la voz **personalidad**, § 2.

BIBLIOGRAFÍA: Cattell, R.B. (1952); Cattell, R.B. (1966); Eysenck, H.J. (1947); Guildorf, J.P. (1954); Kalveram, K.T. 1970; Spearman, C.E. (1927); Thurstone, L.L. (1947); Wald, R. (1950).

análisis infantil (al. *Kinderanalyse*; fr. *analyse des enfants*; ingl. *child analysis*; it. *analisi infantile*)

Tratamiento psicoanalítico del niño que difiere del que se realiza con el adulto a] *en el nivel técnico*, en el que el método de la asociación libre que caracteriza el **análisis** (v., § 2, b) del adulto es sustituido por el **juego** (v., § 5), que brinda al analista preciosos indicios de las fantasías inconscientes del niño y de los rasgos de su vida interior; b] *en el nivel teórico*, porque los padres y los sustitutos de los padres son para el niño figuras "actuales", de las que necesariamente depende por factores biológicos y sociales, por lo cual esa dependencia no puede ser interpretada como síntoma neurótico; además, la relación entre el analista y el niño es fruto de una decisión de los padres y, por lo tanto, ajena al niño-paciente. Las contribuciones más significativas en este campo fueron de A. Freud y M. Klein; esta última centró sus investigaciones en el concepto de "fantasma" que resulta de la proyección sobre los objetos de aspectos gratificantes (objeto bueno) o destructivos (objeto malo), basándose en el esquema teórico de las posiciones "depresivas" y "esquizo-paranoides" por las que pasa el niño (v. **kleiniana, teoría**).

BIBLIOGRAFÍA: Freud, A. (1965); Freud, A. (1970); Freud, A. *et al.* (1977); Klein, M. (1932); Lebovici, S. y M. Soulé (1970); Marks Mishne, Y. (1985); Pontecorvo, M. (1986).

análisis secuencial (al. *Folgeanalyse*; fr. *analyse séquentielle*; ingl. *sequential analysis*; it. *analisi sequenziale*)

Método de investigación que permite identificar la regularidad de la aparición de un suceso o de un comportamiento a continuación de otro. El método exige que se satisfagan tres condiciones: a] la *estabilidad*, por lo que las posibilidades de la aparición del suceso corresponden a las constantes del modelo; b] la *homogeneidad*, que garantiza que la probabilidad de la aparición del suceso no dependa de la adopción de esquemas de comportamiento distintintos; c] el *orden*, que aquí se refiere sólo a probabilidades condicionadas por un número significativo de sucesos precedentes.

análisis silvestre (al. *Wilde analyse*; fr. *analyse sauvage*; ingl. *wild analysis*; it. *analisi selvaggia*)

Tratamiento analítico conducido por quien no ha cumplido una adecuada formación según las normas previstas por las diversas sociedades analíticas, confiando en la improvisación y en sus intuiciones personales. "Analista silvestre" se autonominó, en polémica con la ortodoxia, Georg Walther Groddeck, médico y amigo de S. Freud, que usó el psicoanálisis, junto con otras terapias como dietas y masajes, gozando sin embargo de la estima de Freud, quien lo apreciaba mucho como analista y que se empeñó en que fuera publicada, en las ediciones del movimiento psicoanalítico, su obra *Der Seelensucher* [*El escrutador de almas*].

BIBLIOGRAFÍA: Freud, S. (1910); Groddeck, G.W. (1921).

análisis transaccional (al. *Transaktionale analyse*; fr. *analyse transactionnelle*; ingl. *transactional analysis*; it. *analisi transazionale*)

Forma de psicoterapia fundada por E. Berne, según el cual los trastornos psíquicos se derivan de las relaciones desadaptadas entre los diversos estados del yo (v. **ajuste**). Ésos son el estado *estereotípico* representado por el "padre" interiorizado que fija límites y determina capacidad de comportamiento y de crecimiento; el estado *neopsíquico* representado por el "yo-adulto" que tiene como característica el examen de la realidad y la evaluación de las probabilidades de un suceso, y el estado *arqueopsíquico* representado por el "yo-niño", fuente de las emociones y de la creatividad o de los modos de adaptación experimentados en la infancia. Si bien prevé también el tratamiento individual, el análisis transaccional se ha afirmado sobre todo como análisis de **grupo** (v., § III), en el que se da notable importancia a la comunicación no verbal como la mímica, la postura, el contacto sensorial, considerados como otras tantas transacciones de los diversos estados del yo entre una persona y la otra. Las formas privilegiadas en las que se dan estas transacciones son: 1] la *comunicación*, en la que se examinan los instrumentos que cada uno adopta para influir sobre el otro y para reforzar el mensaje; 2] los *juegos*, en los que interpretan los papeles dinámicos del perseguidor, del salvador y de la víctima, según esquemas que estructuran el tiempo y califican las relaciones; 3] las *emociones*, como la rabia, el miedo, la tristeza, la felicidad, el aburrimiento, los celos, que son analizadas para captar el fondo emotivo de la persona, y por último 4] el guión, en el que se examinan los proyectos decisivos de vida en la primera infancia bajo la influencia de los padres, para ver la suerte que tuvieron o el modo en el que influyeron sobre las elecciones que efectivamente se cumplieron.

BIBLIOGRAFÍA: Berne, E. (1964); Berne, E. (1972); Woollams, S. y M. Brown (1978).

analista laico (al. *Laienanalytiker*; fr. *analyste laïc*; ingl. *lay analyst*; it. *analista laico*)

Denominación del psicoanalista que no tiene título de médico. El término fue acuñado por S. Freud, que consideraba que el psicoanálisis debía convertirse en una profesión independiente de la medicina: "una profesión de curador laico de almas, los cuales no tienen necesidad de ser médicos y no deben ser sacerdotes", en la cual laico designa no sacerdotal y no médico.

BIBLIOGRAFÍA: Freud, S. (1926).

analizando (al. *Analysand*; fr. *analysant*; ingl. *analysand*; it. *analizzando*)

Aquel que se somete a tratamiento psicoanalítico (v. **análisis**). J. Lacan sustituyó el término "analizando" por el de "analizante" (*analysant*), para subrayar el carácter activo particularmente evidente en la relación de transferencia –que para Lacan representa la esencia del análisis–, en la que el analizante se constituye como polo de la relación.

BIBLIOGRAFÍA: Lacan, J. (1956).

analogía (al. *Analogie*; fr. *analogie*; ingl. *analogy*; it. *analogia*)

En psicología el término se emplea con cuatro acepciones que se derivan:

1] del *uso matemático*, en el que analogía indica igualdad de relaciones entre entidades diferentes. Este uso es recurrente en el análisis de los **tests** (v.);

2] del *uso biológico*, en el que analogía indica las semejanzas estructurales derivadas de condiciones funcionales similares, como el ala de los pájaros y de los insectos que funcionan de manera semejante, pero que tienen un origen embrional, estructuras y relaciones completamente diferentes (v. **homología**);

3] del *uso semántico*, que considera la sustitución de una palabra por otra por semejanza, por lo que se puede decir: "el invierno de la vida" basándose en la analogía entre vejez : vida = invierno : año (v. **metáfora**). A partir de la correlación metáforica se han elaborado los *tests de analogía*, que consideran una secuencia de palabras relacionadas, como por ejemplo: pájaro-aire, pez-..., en la que debe incluirse la palabra faltante que se escoge de una serie ofrecida, que tenga una analogía con el par precedente. También se pueden componer preguntas analógicas con figuras geométricas, imágenes, números;

4] del *uso simbólico,* que sustituye el pensamiento matemático cuantitativo por el pensamiento analógico-cualitativo ya descrito por Aristóteles y ampliamente utilizado en el lenguaje simbólico (*v.* **símbolo**). Con esta acepción C.G. Jung habla de *analogía libidinal* (*v.* **libido**, § 2, *a*).

BIBLIOGRAFÍA: Anastasi, A. (1954); Aristóteles (1973); Eco, U. (1980); Jung, C.G. (1912-1952); Jung, C.G. (1928); Lorenz, K. (1985).

anamnesis (al. *Anamnese*; fr. *anamnèsis*; ingl. *anamnesis*; it. *anamnesi*)

Término platónico (ἀνάμνησις) según el cual conocer es *recordar* los modelos ideales de los cuales las cosas son copias. Sin esta "reminiscencia" de las formas intangibles no se tiene un verdadero conocimiento de las cosas sensibles que esas formas reproducen. Al pasar a la medicina el término designa la historia de la enfermedad tal como la proporciona el paciente en la consulta, además de los datos biográficos anteriores a la aparición de la enfermedad misma, para relacionarlos con ella. En *psiquiatría* la anamnesis tomada del sujeto es integrada a las noticias objetivas obtenidas de los parientes cercanos o amigos, considerando la debilidad de la personalidad del paciente y la escasa capacidad de reaccionar al estrés emocional como el de una primera sesión psiquiátrica en la que se recibe la anamnesis. En *psicoanálisis* la anamnesis es integrada exclusivamente por el paciente y con reservas, porque puede padecer el efecto de la **represión** (*v.*) con **desplazamiento** (*v.*) y **proyección** (*v.*). Con este propósito S. Freud afirma: "No podremos emprender investigaciones etiológicas desde la anamnesis si la aceptamos tal como el enfermo la proporciona, o nos conformamos con lo que quiera revelarnos. Si los especialistas en sífilis dependieran todavía de la declaración del paciente para reconducir al comercio sexual una infección inicial de los genitales, podrían atribuir a un enfriamiento un número grandísimo de chancros en individuos supuestamente vírgenes, y los ginecólogos no hallarían difícil confirmar el milagro de la partenogénesis en sus clientes solteras" (1885 [1976: 129]).

BIBLIOGRAFÍA: Freud, S. (1885); Platón (1973).

anancasmo (al. *Anankasmus*; fr. *anancasme*; ingl. *anancasm*; it. *anancasmo*)

Idea o comportamiento repetitivo y forzado presente en las personalidades en las que dominan manifestaciones obsesivo-compulsivas. El tipo anancástico se caracteriza por la escrupulosidad, autocontrol y heterocontrol pedante, rigidez, concienzudez, regularidad, puntualidad y moralidad excesivas. El anancasmo manifiesta generalmente una forma protectora de posibilidades disociadas de la personalidad, y tiene su rasgo más evidente en la falta de libertad en la expresión de sí mismo más allá de los ritos autoimpuestos. Se presenta también una forma depresiva llamada "anancástica", en la que incurren frecuentemente los sujetos obsesivos (*v.* **depresión**, § 4, *b*).

androfobia (al. *Androphobie*; fr. *androphobie*; ingl. *androphobia*; it. *androfobia*)

Fobia a los hombres.

andropausia (al. *Andropause*; fr. *andropause*; ingl. *andropause*; it. *andropausa*)

En simetría con la menopausia (*v.* **menstruación**) se creó este vocablo que indica la extinción senil del deseo o del vigor sexual del varón. Por el informe Kinsey sabemos que esta formulación es aproximativa, ya que en los varones la sexualidad decrece gradualmente por lo que resulta imposible precisar la edad y la dependencia del estímulo. El problema de la andropausia representa un sector de la **psicología del envejecimiento** (*v.*).

BIBLIOGRAFÍA: Kinsey A.C. *et al.* (1948).

anencefalia (al. *Gehirnlosigkheit*; fr. *anencéphalie*; ingl. *anencephaly*; it. *anencefalia*)

Carencia del **encéfalo** (*v.*).

anetopatía (al. *Anethopatye*; fr. *anétho-pathie*; ingl. *anethopathy*; it. *anetopatia*)

Carencia de inhibiciones morales y falta absoluta de **ética** (*v.*). Frecuente en las personalidades psicópatas, la anetopatía es un rasgo común en la criminalidad habitual (*v.* **psicopatía**).

anfigénesis (al. *Amphigenese*; fr. *amphigenèse*; ingl. *amphigenesis*; it. *amfigenesi*)

Condición homosexual de la que no están excluidas las relaciones heterosexuales. La inversión anfigénica se diferencia, por lo tanto, de la inversión absoluta, en la que la sexualidad se dirige exclusivamente a miembros del mismo sexo.

anginofobia (al. *Anginophobie*; fr. *anginophobie*; ingl. *anginophobia*; it. *anginofobia*)

Fobia a asfixiarse.

angustia (al. *Angst*; fr. *angoisse*; ingl. *anxiety*; it. *angoscia*)

El término angustia se asocia generalmente con el de ansiedad porque la diferenciación terminológica es posible sólo en las lenguas de origen latino. En alemán, en efecto, existe un único término, *Angst*, y en inglés sólo *anxiety*. La palabra *Angst* suele ser traducida por los psicoanalistas como "angustia" y por los psicólogos como "ansiedad". Los psiquiatras prefieren hablar de "ansiedad" para referirse sólo a los aspectos psíquicos de la emoción en cuestión, y emplean el término "angustia" cuando hay manifestaciones somáticas concomitantes, a veces sumamente llamativas. Hay además quien considera la angustia como una fase más grave de la ansiedad, y que mantiene entre las dos palabras una rigurosa distinción porque interpreta la ansiedad como una condición fisiológica y psicológica no anormal en sí misma, en algunos casos útil para conseguir un objetivo, y a la angustia como expresión neurótica o psicótica de la ansiedad. De estas dos premisas surge la necesidad de un estudio conjunto de las dos voces, y de preci-

sar las variantes en los ámbitos en los que son especialmente marcadas.

1] FILOSOFÍA. Angustia es una palabra filosófica introducida por S. Kierkegaard para designar la condición del hombre en el mundo. A diferencia del **miedo** (*v.*) que es siempre miedo a alguna cosa determinada, la angustia no se refiere a nada preciso, sino que designa el estado emotivo de la existencia humana que no es una realidad, sino una *posibilidad*, en el sentido de que el hombre se convierte en lo que es, basándose en las elecciones que efectúa y en las posibilidades que realiza. Pero en cada posibilidad está presente la *posibilidad-de-sí* como la *posibilidad-de-no*, por lo que el hombre está siempre expuesto a la nulidad posible de aquello que es posible, y por lo tanto a la amenaza de la nada. "En lo posible todo es posible" escribe Kierkegaard, y al estar la existencia humana abierta al futuro la angustia está estrechamente relacionada con el porvenir, que es además el horizonte temporal en el que la existencia se realiza: "Para la libertad lo posible es el porvenir, para el tiempo el porvenir es lo posible. Así al uno como al otro, en la vida individual, corresponde la angustia" (1844: 113). El pasado puede angustiar en cuanto se representa como futuro, es decir como una posibilidad de repetición. Una culpa pasada, por ejemplo, genera angustia si no es "realmente" pasada, porque en este caso sólo produciría arrepentimiento. La angustia está vinculada a lo que es pero que puede también no ser, a la nada relacionada con cada posibilidad, pero como la existencia es posibilidad, la angustia es la carcoma de la nada en el corazón de la existencia.

En la filosofía contemporánea el tema de la angustia fue retomado por M. Heidegger en estos términos: "Con la palabra angustia (*angst*) no entendemos esa ansiedad (*Ängstlichkeit*) tan frecuente que en el fondo forma parte de ese sentimiento de miedo que surge con tanta facilidad. La angustia es fundamentalmente diferente del miedo. Sentimos miedo siempre de esta o de aquella cosa determinada, que en esta o en aquella determinada situación nos amenaza. El miedo a/de [...] es también siempre miedo por alguna cosa determinada [...] Con la angustia decimos, 'uno está desorientado'. Pero ¿frente a qué está desorientado y qué quiere decir ese 'uno'? No podemos decir frente a qué está uno desorientado porque está en la totalidad. Todas las cosas y nosotros mismos nos hundimos en una especie de indiferencia. Pero no en el sentido de que las cosas se desvanezcan, sino en el de que en su alejarse como tal las cosas se dirigen hacia nosotros. Este alejarse de la cosa en su totalidad es lo que en la angustia nos asedia, nos oprime. No queda ningún sostén. En el desvanecerse de la cosa sólo queda y nos sobrecoge este 'ninguno'. La angustia revela la nada. [...] El hombre mismo comprueba que la angustia revela la nada, en cuanto la angustia se desvanece. En la luminosidad de la mirada sostenida aún por el recuerdo todavía fresco, debemos decir: aquello de lo que y por lo que nos angustiábamos no era 'justamente'... nada. En efecto, la nada misma, en cuanto tal, estaba presente" (1929: 67-68).

K. Jaspers distingue una "doble angustia", la del existir (*Dasein*) y la de la existencia (*Existenz*). La primera es la angustia del hombre que no puede ocultarse que al final de la vida lo espera la muerte, y frente a la cual son posibles dos actitudes: o la desesperación o la negación con la consiguiente banalización de la vida; la segunda es la del hombre que se dio cuenta de que su existencia es una apertura, entendida como que su objetivo es la implosión de todos los sentidos en ocasión de la muerte. Respecto a la primera forma de angustia, "en la que la vida parece perderse angustiosamente en el vacío", en la segunda forma "la muerte existencial, frente a la muerte biológica, termina por llevar a la más completa desesperación, por lo que parece que no es posible otra vida más que la que se desarrolla entre el olvido y la ilusión de un vacío no sentido" (1933: 702-703).

2] PSICOANÁLISIS. El concepto de angustia es fundamental en la teoría psicoanalítica de S. Freud, quien le da una explicación psicógena respecto a las teorías somatógenas de la anterior psiquiatría, que atribuía la angustia al mal funcionamiento del sistema neurovegetativo. Hay dos fechas significativas para la elaboración de este concepto: 1895, cuando Freud diferencia la neurosis de angustia de la **neurastenia** (*v.*), por un lado, y de la **histeria** (*v.*) por el otro, y 1925, cuando distingue la angustia frente a una situación real, la angustia automática y la señal de angustia.

a] *La neurosis de angustia* (*Angstneurose*) se diferencia en el plano *sintomático* de la **neurastenia** (*v.*), en la que no se han evidenciado estados de espera ansiosa, accesos de angustia o sus equivalentes somáticos, mientras que en el plano *etiológico* debe diferenciarse de la **histeria** (*v.*), que es una neurosis de transferencia, mientras que la neurosis de angustia es una neurosis actual, en el sentido de que no está determinada por conflictos de la edad infantil, sino por conflictos actuales (*v.* **neurosis**, § 2, 3) que pueden llevar a la acumulación de tensión sexual somática que, por insuficiencia de elaboración psíquica, no logra unirse a ningún contenido representativo y por lo tanto se traduce directamente en síntomas somáticos como vértigo, disnea, trastornos cardiacos, sudoración, o en síntomas fóbicos, sin la posibilidad de interpretar un sustituto simbólico de la representación suprimida. La neurosis de angustia tiene en común con la histeria "una suerte de *conversión* [...] sólo que en la histeria es una excitación *psíquica* la que entra por un camino falso, exclusivamente por lo somático, y aquí [en la neurosis de angustia] es una tensión *física* la que no puede ir por lo psíquico y a raíz de ello permanece en el camino físico. Esto se combina con enorme frecuencia" (1892-1899 [1976: 234]). En la neurosis de angustia caen frecuentemente las mujeres vírgenes, las mujeres abstinentes, las que están sometidas al coito interrumpido o reservado, y las que están en el climaterio y no encuentran satisfacción a la acentuación de la necesidad sexual. Siempre según Freud, son susceptibles de neurosis de angustia los varones abstinentes, los que interrumpen bruscamente hábitos masturbatorios y los que practican el coito interrumpido o reservado.

b] *La angustia real* (*Realangst*) es un concepto de Freud de 1925 para referirse a la angustia que nace por un peligro externo que a los ojos del sujeto aparece como una amenaza verdadera. Como tal, la angustia real debe diferenciarse de la neurosis de angustia, en la cual la amenaza no es externa sino de origen pulsional. Esto no impide una contaminación de las dos formas de angustia, como en los casos en los que "el peligro es notorio y real, pero la angustia ante él es desmedida, más grande de lo que tendría derecho a ser a juicio nuestro" (1925 [1976: 155]); en segundo lugar:

"la exigencia pulsional a menudo sólo se convierte en un peligro (interno) porque su satisfacción conllevaría un peligro externo, vale decir, porque ese peligro interno representa uno externo" (1925 [1976: 157]).

c] La angustia automática (*automatische Angst*) se manifiesta según Freud cuando el sujeto no logra dominar, y ni siquiera descargar, un flujo de excitaciones demasiado numerosas o demasiado intensas, de origen interno o externo. Se trata por lo tanto de un defecto de las defensas del yo, que de esta manera se confirma como única sede de la angustia.

d] La señal de angustia (*Angstsignal*), en cambio, es un dispositivo accionado por el yo en presencia de un peligro con el objetivo de evitar la angustia automática. La señal de angustia reproduce de modo atenuado la reacción de angustia vivida precedentemente en una situación traumática, permitiendo poner en acción las oportunas medidas de defensa. "Cuando un individuo cae en una nueva situación de peligro, fácilmente puede volverse inadecuado para él que responda con el estado de angustia (que es la reacción frente a un peligro anterior), en vez de emprender la reacción que sería adecuada ahora. Empero, el carácter acorde a fines vuelve a resaltar cuando la situación de peligro se discierne como inminente y es señalada mediante el estallido de la angustia. En tal caso, esta última puede ser relevada enseguida por medidas más apropiadas. Así, se separan dos posibilidades de emergencia de la angustia: una, desacorde con el fin, en una situación nueva de peligro; la otra, acorde con el fin, para señalarlo y prevenirlo" (1925 [1976: 127-128]).

e] La histeria de angustia (*Angsthysterie*), llamada también *angustia fóbica*, debe distinguirse de la neurosis de angustia porque, a diferencia de esta última, que se traduce directamente en síntomas somáticos, la histeria de angustia es sometida a un trabajo psíquico que vincula la angustia a lugares o personas por las que se siente **fobia** (*v.*) porque recuerdan respuestas agresivas o sexuales, o porque pueden representar el castigo a un impulso prohibido. La defensa en la histeria de angustia se manifiesta mediante la angustia misma, que permite al yo evitar la situación, o por medio de la proyección de un peligro instintivo interno en un peligro perceptible externo.

Estas soluciones fueron ilustradas por Freud en *El pequeño Hans* y en *El hombre de los lobos* (*v.* **histeria**, § 1, *a*).

f] La angustia de castración (*Kastrationsangst*), en cambio está centrada en el fantasma de la castración, que en el varón se advierte como una amenaza por su deseo de poseer a la madre, mientras que en la niña se siente como una disminución que ella trata de negar, compensar o reparar. Dicha angustia, en la teoría freudiana, señala el final del complejo de Edipo (*v.* **castración**).

g] Otras formas de angustia fueron identificadas por los sucesivos desarrollos del psicoanálisis basándose en sus respectivas estructuras teóricas de referencia. Así O. Rank habla de **angustia de separación** (*v.*) como repetición de la experiencia traumática del nacimiento (*v.* **trauma**, § 4). Este concepto fue retomado por M. Balint con la expresión *angustia primaria*, que se manifiesta cuando la libido investida (investimiento) en la madre, al quedar inutilizada por su ausencia, se transforma en angustia. Tal es, por ejemplo, la angustia que el niño siente cuando está a oscuras, cuando está solo, cuando está en presencia de rostros desconocidos, en lugar de la cara familiar de la madre. La angustia primaria no se debe confundir con la *angustia de base* de la que habla K. Horney en el ámbito de la psicología interpersonal (*v.* **psicología social**, § 3, *d*), en la cual el sentimiento de soledad y de impotencia, sentido en relación con un mundo potencialmente hostil, se reconduce a la relación no gratificante del niño con sus padres. Siguiendo su hipótesis que, respecto a Freud, anticipa la época de conflictividad psíquica, encontrándola en el período preedípico, M. Klein relacionó la *angustia depresiva*, en la que la sensación "que sean destruidos los objetos buenos, y el yo con éstos, o que éstos estén en un estado de desintegración, debe unirse a los esfuerzos desesperados y continuos de salvar estos objetos buenos, ya sean internos o externos" (1935: 304), con la *angustia persecutoria* relativa a las amenazas que el niño siente incumbentes. A este propósito, escribe Klein: "Considero que esta distinción es de gran valor tanto en el plano teórico cuanto en el práctico. Téngase por lo tanto presente que la angustia persecutoria se relaciona sobre todo con la aniquilación del yo y que la angustia depresiva se relaciona predominantemente con el mal causado por los impulsos destructivos del sujeto hacia sus objetos de amor internos y externos" (1948: 444-445; *v.* **kleiniana, teoría**).

3] PSICOLOGÍA ANALÍTICA. A diferencia de Freud, C.G. Jung considera que no todas las formas de angustia tienen una base instintiva, porque también se presenta una angustia como intención de evitar o de llamar la atención del individuo hacia un estado de cosas indeseables. Logra, escribe Jung, que "si el yo es efectivamente el 'lugar de la angustia', como justamente dice Freud, y lo es hasta que no ha encontrado 'padre' y 'madre', Freud se encuentra atrapado por la pregunta de Nicodemo: '¿puede él regresar por segunda vez al vientre de su madre y ser parido?'" (1929: 363). En realidad Jung no afrontó de manera adecuada los procedimientos defensivos empleados por el yo para controlar la angustia, por un lado porque estableció una perfecta equivalencia entre yo y conciencia, que no le permitió tomar en consideración las partes inconscientes del yo que hacen cuentas con la angustia, por el otro porque el contenido específico de un complejo tiene siempre un significado *personal*, y por lo tanto no se deja registrar en las clasificaciones de la angustia ordenadas por Freud.

J. Hillman considera que la angustia es "el camino real para desmontar las defensas paranoicas [...] que son tanto más fuertes cuanto más se defienden del pánico instintivo" (1972: 74). Siguiendo la etimología que acepta "pánico" derivada de "Pan", dios del cuerpo, del instinto, de la masturbación, del estupro y del pánico que cadenciaba el ritmo de la danza trágica, en la que la violencia del placer se acompañaba de la angustia de la pesadilla, Hillman escribe que "estar sin miedo, privados de angustia, invulnerables al pánico, significa pérdida del instinto, pérdida de la conexión con Pan" (1972: 73). La angustia, entonces, ya no es un mecanismo psicológico de defensa o una reacción inadecuada a una sensación de peligro, sino eso que se pone en contacto con "las regiones elementales de la existencia, con la animalidad inquietante que nos habita" (1972: 68-69).

4] PSIQUIATRÍA. En psiquiatría se usa generalmente el término *ansiedad* para denotar un estado afectivo, por así decirlo, puro, y el término *angustia* para indicar un estado de ansiedad con un componente somático que generalmente se manifiesta en una sensación de opresión torácica. Naturalmente éste no es el único síntoma corporal, porque el estado de angustia puede traer consigo manifestaciones neurovegetativas, bioquímicas, endocrinas y de la conducta, que se traducen en una aceleración de la actividad cardiaca, trastornos vasomotores, respiratorios, de la musculatura estriada y otras alteraciones. Normalmente la ansiedad actúa como aguijón para resolver un problema o para eliminar una amenaza. Desde este punto de vista, si los niveles de ansiedad resultan muy bajos, hay una ejecución subóptima; en cambio, si son muy elevados hay una disminución del rendimiento. La presencia de la ansiedad provoca una respuesta del comportamiento que tiene el objetivo de reducirla, restableciendo la **homeostasis** (*v.*) psíquica del individuo. Cuando la ansiedad es patológica está considerada, desde el punto de vista psiquiátrico, como un síntoma y no como una enfermedad en sí; por lo tanto puede presentarse en cualquier enfermedad psiquiátrica u orgánica, con frecuencia como signo inicial. En la depresión, por ejemplo, está presente una actitud ansiosa en las convicciones delirantes de indignidad, de culpa y de pecados imperdonables, mientras en la esquizofrenia puede presentarse en las fases agudas por el surgimiento de alucinaciones delirantes o de delirios aterradores. Por último, en los sujetos que presentan una forma crónica de ansiedad son frecuentes otros síntomas, desde la dificultad para dormirse, sueño no reparador y con pesadillas, hasta la evolución en enfermedad psicosomática. En psiquiatría se suele diferenciar:

a] *La neurosis de ansiedad*, que es un cuadro psicopatológico de principio que puede ceder espontáneamente o evolucionar en cuadros más estructurados, como la neurosis fóbica (*v.* **fobia**), la **hipocondría** (*v.*), la **depresión** (*v.*), o enriquecerse con trastornos psicosomáticos. En el principio se localiza una debilidad de los mecanismos de defensa que no logran contener la ansiedad que se manifiesta en un estado permanente de inquietud. El sujeto vive en una condición penosa de incertidumbre, de dependencia de los demás, dominado por una continua necesidad de salvaguardia, con rasgos de prepotencia debidos a los aspectos inmaduros de su personalidad.

En la historia de estas personas emergen situaciones infantiles de abandono, de falta de amor, que han impedido una satisfactoria maduración de la personalidad. El desarrollo de la neurosis de ansiedad depende de factores externos cuyo carácter favorable o desfavorable condiciona el curso y la gravedad.

b] La ansiedad de espera que se advierte en la inminencia de una acción como hablar, escribir, dormir, presentarse ante otras personas, prepararse para un encuentro sexual. V.E. Frankl, que se ocupó en forma particular de este tipo de ansiedad, escribió que "la ansiedad realiza aquello que se teme. Se podría decir, con un aforismo, que mientras el deseo es el padre de cierto pensamiento, el miedo es la madre del evento enfermedad. Con frecuencia la neurosis surge en el momento en el que la ansiedad de espera invade la enfermedad" (1956: 125). Desde el punto de vista terapéutico la ansiedad de espera se reduce, según Frankl, prohibiendo la acción ansiógena, o invitando al paciente a imaginar precisamente las situaciones que más teme y suprimiendo la obligación de realizar ciertas cosas, para crear las premisas que permitan ejecutarlas de manera voluntaria y sin ansiedad.

c] La ansiedad de situación, una ansiedad fóbica que el psicoanálisis registra entre las formas de la *histeria de angustia*, y la psiquiatría entre las formas *obsesivas*. En el principio de las ansiedades de situación, como la fobia a ser observado, la fobia a la fealdad, la fobia a despedir mal olor, hay mecanismos de defensa contra impulsos exhibicionistas (*v.* **exhibicionismo**), por lo que se castiga fóbicamente el deseo de mostrar la excitación sexual. A su vez el exhibicionismo es un medio de compensación de complejos de inferioridad más profundos, y la neurosis surge cuando fallan los intentos de compensación.

d] La ansiedad fluctuante, un estado de tensión aprensivo y de inquietud que nace de la sensación de no estar a la altura de las tareas o de los papeles que se deben asumir ante la complejidad con la que la sociedad se va desarrollando poco a poco, haciendo que estén menos disponibles respuestas de comportamiento simples y eficientes como las que podrían haberse encontrado en las sociedades más simples del pasado. En una sociedad compleja, donde el control de las variables crea una serie de subsistemas en cuyo interior crecen y se precisan las leyes de selección, se requiere de los individuos una mayor movilidad e información para seleccionar los ámbitos en los que puede integrarse sin necesidad de afrontar peligrosas frustraciones. Todo esto crea en las personas la ansiedad fluctuante en relación con el sistema social en toda su complejidad, donde cada uno de los sujetos se juega su identidad y su libertad.

5] PSICOLOGÍA. El interés de la psicología por la ansiedad se ha ido desarrollando después del psicoanálisis y, en gran parte, sigue siendo dependiente de éste. La diferencia más significativa se refiere al método; mientras el psicoanálisis ve la ansiedad en una perspectiva explicativa, la psicología la ve desde un punto de vista descriptivo y la define en términos operativos. Con un condicionamiento progresivo causado por estímulos se observan y se miden las reacciones de ansiedad, su amplitud y su intensidad. Con esas mediciones J. B. Watson llegó a la conclusión de que la diferencia entre miedo y ansiedad, frecuentemente reforzada en el plano filosófico y psicoanalítico, no tiene correspondencia en el campo experimental, en el que las concomitantes fisiológicas y los fenómenos generales de reacción simpática, como el aumento de la frecuencia respiratoria y del pulso, la elevación de la presión sanguínea, la sudoración de las manos, la dilatación de las pupilas y la sequedad de la boca, son más o menos idénticas. Esta irrelevancia de las diferencias depende evidentemente del método experimental adoptado que, si bien es idóneo para medir *hechos*, no es capaz de identificar una diferencia que se ubica en el plano de los *significados*. J.-P. Sartre subrayó este límite de la metodología psicológica: "La psicología, entendida como ciencia de ciertos hechos humanos, no puede servir como punto de partida, porque los hechos psíquicos que encontramos no son nunca los primeros. Son, en su estructura esencial, reacciones del hombre hacia el mundo; por lo tanto presuponen al hombre y al mundo y no pueden adquirir su verdadero sentido si previamente no fueron explicadas estas dos nociones. [...] Por ejemplo, las modificaciones fisiológicas que corresponden a la cólera o a la ira no se diferencian más que por la intensidad de las concomitantes a la felicidad (ritmo respiratorio un poco acelerado, ligero aumento del tono muscular, aumento de nivel de los estados bioquímicos, de la presión arterial, etc.), y con todo la cólera no es una felicidad más intensa, sino algo totalmente diferente" (1939: 113, 121).

Es mérito de la psicología italiana, que dispone en su lengua de las dos palabras, "ansiedad" (*ansia*) y "angustia" (*angoscia*), haber acentuado las diferencias, no sólo en términos cuantitativos –por lo que la angustia sería una acentuación de la ansiedad– sino cualitativos, por lo que L. Ancona puede decir que "la angustia se adapta a un proceso psíquico sustancialmente diferente del de la ansiedad. En efecto, corresponde a la situación de trauma, es decir a un flujo de excitaciones no controlables porque son demasiado grandes en la unidad de tiempo. [...] La ansiedad corresponde, en cambio, a un proceso de adaptación frente a la amenaza de un peligro real; este proceso es una función del yo que le sirve como señal, después de haberla producido, para no verse sumergido por el flujo traumático de las excitaciones. En este caso el yo del sujeto es activo, pues produce la emoción que le sirve para encontrar dispositivos de defensa adecuados; la carga pulsional es estructurada y reproducida sin base económica, es decir sin actuación de descarga. Debe mantenerse la diferencia entre los dos procesos, interpretando su unificación como el aspecto de una cultura que presenta, frente a esta temática, menor sensibilidad para una probable actitud defensiva al respecto. Los procesos a los que se refiere son, en realidad, distintos desde el punto de vista económico, dinámico, estructural y el genético. Descuidar esta distinción produce, por lo tanto, contrariedad y confusión" (1972: 918).

BIBLIOGRAFÍA: Ancona, L. (1972); Balint, M. (1952); Frankl, V.E. (1956); Freud, S. (1892-1899); Freud, S. (1894); Freud, S. (1899); Freud, S. (1908); Freud, S. (1914); Freud, S. (1925); Frölich, W.D. (1982); Heidegger, M. (1929); Hillman, J., (1972); Horney, K., (1937); Jaspers, K. (1933); Jung, C.G. (1929); Kierkegaard, S. (1844); Klein, M. (1935); Klein, M. (1948); Lazarus-Mainka, G. (1976); Rank, O. (1924); Sartre, J.-P. (1939); Spitz R. A. (1958).

anhedonia (al. *Anhedonie*; fr. *anhédonie*; ingl. *anhedonia*; it. *anedonia*)

Incapacidad para experimentar placer. Es un síntoma frecuente en las depresiones, en las que el sujeto pierde todo interés por el sexo, por la comida, por la compañía y por todo aquello que antes atraía sus investimientos (catexis). Los síntomas van acompañados generalmente por una carencia de impulsos, con la consiguiente inercia.

anilinctus

Contacto de la lengua con el orificio anal y sus contornos efectuado en el estado de excitación precoital; puede complicarse con acciones de **coprofagia** (*v.*) y de sadomasoquismo. La palabra deriva del latín eclesiástico *anum lingere* con referencia, en la mitología cristiana, a las acciones que Satanás imponía a sus adeptos durante el aquelarre.

anima
v. ALMA.

animación (al. *Beseelung*; fr. *animation*; ingl. *animation*; it. *animazione*)

Condición sociopedagógica que favorece la participación en la creación y en el gozo de las iniciativas recreativas y culturales con el objetivo de valorizar la socialización y de facilitar las relaciones del individuo consigo mismo, con los demás y con el ambiente. Nacida en el ámbito escolar, la actividad de animación se fue desplazando progresivamente al plano social para operar en su territorio, con el propósito de evaluar los potenciales de creatividad y de iniciativa de cada persona.

BIBLIOGRAFÍA: Bertolini, P. y R. Farné (1978); Limbos, E. (1972).

animal, psicología
v. ETOLOGÍA; PSICOLOGÍA COMPARADA.

animismo (al. *Animismus*; fr. *animisme*; ingl. *animism*; it. *animismo*)

Término introducido por el antropólogo E.B. Tylor en referencia a la creencia de los primitivos según la cual todos los seres estarían animados por un principio vital semejante al que el hombre reconoce como su **alma** (*v.*, §

1). En el principio del animismo estaría, según É. Durkheim, el fenómeno de la **proyección** (*v.*), o sea el de atribuir a las cosas las características psíquicas que el hombre conoce en sí mismo. J. Piaget demostró la existencia de una fase animista en el desarrollo de la inteligencia, que constituye la base de las culturas mágicas (*v.* **magia**) y la fase a la que retroceden algunas experiencias esquizofrénicas.

BIBLIOGRAFÍA: Durkheim, É. (1912); Lévy-Bruhl, L. (1922); Piaget, J. (1947); Tylor, E.B. (1871).

animus

Término introducido por C.G. Jung para indicar el elemento masculino inconsciente de la mujer: "Si para el hombre hablamos de un *ánima*, para la mujer deberemos, en rigor, hablar de un *animus*" (1921: 421). El *animus* es aquello que une a la mujer con el mundo del espíritu y, si está dominada por el *animus*, se vuelve obstinada, agresiva, testaruda y autoritaria. Entre ánima y *animus* no existe un perfecto paralelismo porque, como subraya Emma Jung, "la mujer debe liberarse de la supremacía de lo masculino que le fue presentada como algo superior *a priori*, cosa que no ha sido culturalmente verificada por el hombre. [...] En segundo lugar no se ha resuelto el problema del *animus-logos*, es decir la formación de una espiritualidad verdaderamente femenina, que no se limite a ser sólo una imitación de la espiritualidad masculina" (1934: 35). Siempre según Jung, el *animus* formado sobre la figura del padre, del hermano y desarrollado sucesivamente, a lo largo del itinerario de las **proyecciones** (*v.*) en los seres masculinos que la mujer ha ido encontrando en su vida, se manifiesta en los sueños personificado en el **arquetipo** (*v.*) del héroe y del dios.

BIBLIOGRAFÍA: Jung, C.G. (1921); Jung, E. (1934).

anisometropía (al. *Anisometropie*; fr. *anisométropie*; ingl. *anisometropia*; it. *anisometropia*)

Desigualdad en la capacidad visual de los dos ojos por efecto de diversas relaciones de refracción.

anisotropía (al. *Anisotropie*; fr. *anisotropie*; ingl. *anisotropy*; it. *anisotropia*)

El término designa el fenómeno por el cual percibimos el espacio de modo diferente que en la configuración euclidiana; así por ejemplo, en ocasiones un segmento vertical es considerado más largo que uno horizontal aunque los dos sean de la misma longitud.

anognoscia
v. SOMATOAGNOSIA, § 1, *d.*

anomalía (al. *Anomalie*; fr. *anomalie*; ingl. *anomaly*; it. *anomalia*)

Término genérico que se refiere a los rasgos de comportamiento que se separan de la norma de manera no ocasional, sino sistemática. Se utiliza para referirse a jóvenes y adolescentes desadaptados (*v.* **ajuste**), que la jerga pedagógica define con un término no científico, **caracteriales** (*v.*), y en referencia a los rasgos de comportamiento de las *personalidades psicópatas* (*v.* **psicopatía**). Desde el punto de vista psicoanalítico hay quien considera la anomalía como el opuesto de la neurosis porque, a diferencia de esta última, está caracterizada por la falta de inhibiciones, no por su exceso. Las anomalías raramente son accesibles al tratamiento psicoanalítico.

anomia (al. *Anomie*; fr. *anomie*; ingl. *anomy*; it. *anomia*)

Falta de normas o reglas (del griego νόμος = ley). El término, de origen sociológico, fue introducido por É. Durkheim para describir esa situación en la que, por un lado, ya no se vive como una meta social actuar según las normas, y por el otro las metas sociales están definidas de manera tal que se considera irrelevante el alcanzarlas por medios ilícitos. Según Durkheim la división del trabajo social permite que el proceso de producción de las nuevas funciones sociales sea más rápido que el desarrollo de las normas éticas y de los valores que pueden integrarse en la conciencia colectiva. Se determina así un estado "anómico" de la sociedad, en la que se derrumban los valores que la habían mantenido integrada. Esto se refleja en los individuos que, privados de los valores y puntos de referencia colectivos, viven esa desadaptación social que lleva a la desintegración de la personalidad hasta el punto del suicidio "anómico".

El concepto de anomia fue retomado por R. K. Merton a propósito de las clases subalternas que, después de haber interiorizado los fines de la clase dominante, no tienen los medios culturales y económicos para alcanzarlos. Habrá entonces *conformistas*, que aceptan tanto los fines como los medios, *innovadores*, que aceptan los fines pero pretenden nuevos medios, *ritualistas*, que aceptan los medios pero no los fines, *renunciadores*, que no aceptan ni medios ni fines, y *rebeldes*, que rechazan medios y fines con miras a un nuevo orden social. A partir de esta clasificación, todos los que no son conformistas están considerados socialmente desviados (*v.* **desviación**).

En psicología J. Piaget habla de *anomia* como primer estadio en el desarrollo del juicio moral, caracterizado por la aceptación del propio punto de vista como único sin ninguna consideración de las opiniones de los demás (*v.* **autonomía-heteronomía**).

BIBLIOGRAFÍA: Durkheim, É. (1893); Durkheim, É. (1897); Merton, R.K. (1942); Piaget, J. (1932).

anonimato (al. *Anonymät*; fr. *anonymat*; ingl. *anonymity*; it. *anonimato*)

Pérdida de la identidad personal con reducción de la intensidad socioemocional y los contactos interpersonales, con el consiguiente sentimiento de extrañeza del mundo social al cual se pertenece. El fenómeno se observa en las sociedades complejas con fuerte organización burocrática, con rígidas divisiones de las tareas y de las funciones laborales que se convierten, si no en el único, sí en el principal canal de los intercambios interpersonales, donde la relación es manejada más por el papel desempeñado que por la especificidad del individuo.

BIBLIOGRAFÍA: Habermas, J. y N. Luhmann (1971); Laing, R.D. (1959); Luhmann, N. (1975).

anonimia (al. *Anonymität*; fr. *anonymie*; ingl. *anonymity*; it. *anonimia*)

Forma de existencia que se conduce según los estereotipos medios de la vida pública, con base en los valores más difundidos y los convencionalismos recurrentes. Esta figura está calificada por M. Heidegger como "existencia inauténtica", dominada por la dictadura del "sí", por lo que "cada uno es los demás, y ninguno es sí mismo" (1927, § 27) (*v.* **autenticidad-inautenticidad**), y en psicología por C. G. Jung como modo **colectivo** (*v.*) de vivir, en contraposición al modo de quien ha realizado su propia **identificación** (*v.*).

BIBLIOGRAFÍA: Heidegger, M. (1927); Jung, C.G. (1928).

anorexia (al. *Anorexie*; fr. *anorexie*; ingl. *anorexy*; it. *anoressia*)

Pérdida total o parcial del apetito. Es un síntoma que se relaciona con una enfermedad orgánica o una psicógena, vinculada con trastornos de la afectividad. Frecuente en los niños sobreprotegidos, este síntoma representa en ocasiones un modo de expresar hostilidad hacia los padres que le niegan su autonomía e independencia. En el ámbito de las anorexias tiene especial relieve la *anorexia mental*, estado patológico que surge en mujeres jóvenes por conflictos de tipo emotivo, los más comunes de los cuales se refieren a la aceptación del propio papel femenino, y por conflictos psicológicos madurados en el interior del núcleo familiar y en especial relacionados con la figura de la madre. Aparte de la negativa a alimentarse y de la aparente falta de preocupación total por el notorio adelgazamiento, el comportamiento aparece vivaz y normal, aunque la extrema debilidad puede llevar a condiciones mortales.

Según H. Bruch, tres son los signos que permiten distinguir una anorexia mental de las otras formas de anorexia: 1] el trastorno de proporciones delirantes de la imagen corporal, del que también depende la falta de preocupación por estados incluso gravísimos de demacración; 2] el trastorno de la percepción y de la cognición de los estímulos provenientes del cuerpo, de los que dependen, por ejemplo, la hiperactividad, no obstante el evidente agotamiento de las energías y la excesiva persistencia de las posturas corporales extremadamente incómodas, como si el cuerpo no sufriera; 3] el sentido paralizante de impotencia al que se une el terror a perder el control de los propios instintos orales y ser arrollados por el impulso incontrolado de comer (v. **bulimia**).

Desde el punto de vista psicodinámico M. Selvini Palazzoli escribe que "para el anoréxico la comida no es en absoluto negativa como cosa en sí misma, [...] sino que es amable, deseable, interesante, importante, continuamente presente en la mente. [...] El que se ha hecho peligroso y angustiante es el acto de alimentarse. Ninguna acción, ni siquiera un delito, asume para el anoréxico un significado tal de autodegradación y derrota como la saciedad" (1981: 83-84). En el origen de un comportamiento anoréxico está "una madre agresivamente sobreprotectora e inaccesible, incapaz de concebir a la hija como a una persona por su propio derecho. A menudo es la pareja de los padres, en su complementariedad patológica, o el grupo familiar completo, el saboteador de las necesidades de base del yo del anoréxico. [...] Cuando la pubertad del cuerpo femenino expone a la jovencita a una experiencia brusca y traumatizante, el propio cuerpo infantil debe ser desinvestido de la libido narcisista para reinvestir narcisistamente el nuevo cuerpo, pero este pasaje no se logra porque la paciente no es capaz de sentir como suyo el cuerpo adulto que va asumiendo, porque es muy semejante al de la madre, de la que el yo quiere ser diferente a cualquier precio. [...] Se estructura así una defensa del yo dominada por la renegación del cuerpo y del alimento-cuerpo para identificarse en una imago corporal ideal, desexualizada y acarnal" (1981: 111, 113).

La anorexia mental debe diferenciarse de las anorexias *reactivas*, que pueden surgir a cualquier edad en relación con un trauma emotivo humillante y desilusionante, de las anorexias *crónicas*, que se inician en la primera infancia y mejoran sólo transitoriamente en la adolescencia, persistiendo durante toda la vida con numerosos trastornos hipocondriacos, de los adelgazamientos por *dificultades mecánico-funcionales* para alimentarse, como disfagias, fobias, espasmos esofágicos y vómitos incontrolables, de los rechazos del alimento de origen *melancólico* o *esquizofrénico* y, por último, de las anorexias de origen *endocrino*.

BIBLIOGRAFÍA: Bruch, H. (1973); Bruch, H. (1978); Bruch, H. (1988); Feuchtinger, O. (1946); Selvini Palazzoli, M. (1981).

anorgasmia
v. ORGASMO, § 2.

anormalidad
v. NORMA.

anosmia (al. *Anosmie*; fr. *anosmie*; ingl. *anosmia*; it. *anosmia*)

Ausencia de la sensación olfativa debida a algún obstáculo en las vías respiratorias, a la alteración de los receptores o a lesión de los centros nerviosos interesados.

ansia
v. ANGUSTIA.

ansiolítico
v. PSICOFARMACOLOGÍA.

antagonista (al. *Antagonist*; fr. *antagoniste*; ingl. *antagonist*; it. *antagonista*)

El adjetivo tiene un doble empleo: 1] cuando se refiere a los músculos corresponde a la acción equilibrada entre flexores y extensores (agonistas y antagonistas) regulada por el sistema extrapiramidal; 2] cuando se refiere a los colores indica la máxima desemejanza cromática entre dos colores como el rojo y el verde, el amarillo y el azul que, mezclados, dan colores acromáticos. Los colores antagonistas son el opuesto de los complementarios (v. **color**).

anticipación (al. *Voraussicht*; fr. *anticipation*; ingl. *anticipation*; it. *anticipazione*)

Capacidad de proyectarse al futuro y de hacer presente el porvenir para la conciencia. La anticipación es una característica del yo necesaria para juzgar y programar acciones sucesivas adecuadas. Requiere un correcto examen de la realidad, sin el cual un proyecto de acción queda como simple deseo. La anticipación se requiere además en los procesos cognoscitivos por deducción e inducción, y en la investigación científica, que rebasa siempre los datos que ofrece la experiencia por medio de una intuición anticipadora. En la psicología del **aprendizaje** (v., § II, 2) E.C. Tolman llama *anticipación inferencial* a la capacidad del animal de reorganizar espontáneamente su comportamiento en el recorrido del laberinto cuando está a la expectativa de que lo muevan; mientras que en cognición, O. Selz habla de *error de anticipación* cuando en el pensamiento productivo se anticipa un elemento de la serie respecto a la secuencia.

El concepto de anticipación fue ampliamente tratado en filosofía por M. Heidegger, en la temática relativa al proyecto (*Entwurf*) como anticipación de la muerte, que permite la toma de conciencia de la propia finitud y de los límites correctos de la planeación humana. La anticipación de la muerte es además, para Heidegger, la única experiencia que el hombre tiene de la "propia muerte", porque la muerte de los otros no *le* atañe "propiamente". Mediante las figuras existenciales de Heidegger, la falta de anticipación es asumida por L. Binswanger como la característica básica de las formas depresivas, que reúne bajo el término "melancolía", caracterizadas por un delirio de pérdida en el cual la verdadera pérdida de la que se lamenta el melancólico, y de lo que se autoacusa, no es tanto la pérdida de algo (dinero, amor, reconocimiento, poder), sino "la pérdida de la posibilidad de obtener experiencia o, lo que es lo mismo, de no estar en el mundo con la modalidad humana de la anticipación, que de un pasado remite al futuro auténtico que tienen los caracteres del por-venir y no del ya venido" (1960: 51).

BIBLIOGRAFÍA: Binswanger, L. (1960); Galimberti, U. (1979); Heidegger, M. (1927); Jaspers, K. (1933); Selz, O. (1922); Tolman, E.C. (1932).

anticoncepción (al. *Empfängnisverhütung*; fr. *contraception*; ingl. *contraception*; it. *contraccezione*)

Uso de prácticas o instrumentos llamados *anticonceptivos* que permiten a la pareja fecunda efectuar el coito vaginal sin peligro de fecundación. Los requisitos fijados por la International Planned Parenthood Federation y aceptados por los centros de planificación familiar para que un anticonceptivo sea aconsejable son: *inocuidad*, que garantiza la no peligrosidad del medio; *eficacia*, que por lo general se manifiesta en porcentajes; *aceptabilidad*, que depende de los valores morales y de las condiciones sociológicas y psicológicas de la pareja; *facilidad de aplicación*, que es variable y subjetiva; por último, *bajo en costo*, sobre todo en los casos de aplicación en gran escala. Los medios anticonceptivos se basan: 1] en el *acuerdo consciente de la pareja*, como en el caso del método Ogino-Knaus que limita las relaciones sexuales al período infértil de la mujer, o el método de la temperatura vaginal, que se reduce durante la ovulación. Estos métodos pueden contender con los impulsos momentáneos de la pareja y con la condición femenina que, justo en el período de fecundidad, registra un incremento del deseo; 2] *métodos basados en la iniciativa masculina*, como el preservativo aplicado sobre el pene, en uso ya en la Antigüedad, cuando se fabricaba con vísceras de animales; el *coitus interruptus*, que prevé la extracción del pene de la cavidad vaginal momentos antes de la eyaculación. Este método tiene consecuencias psicológicas, porque requiere el control del compañero que compromete el relajamiento y el abandono normalmente requeridos en el coito. Por último vale la pena mencionar el *coitus reservatus*, que prolonga la duración de la unión, mediante el control de los reflejos, hasta impedir la eyaculación; 3] *métodos basados en la iniciativa femenina*, como el lavado vaginal, muy difundido y de relativa eficiencia, el diafragma, que se adhiere a las paredes vaginales, el dispositivo vaginal, que desvía el chorro espermático dirigido a la cavidad uterina, y por fin la "píldora" que, ingerida por vía oral, modifica las dosis hormonales, inhibiendo la ovulación y por lo tanto la fecundación o el alojamiento en el útero de óvulos fértiles. La anticoncepción oral se considera la más eficiente y muestra una total reversibilidad de la esterilidad temporal que determina, si bien su uso prolongado puede provocar algunos trastornos fisiológicos.

Desde el punto de vista fisiológico las pastillas son bien toleradas, pero se comprobó que en algunos casos provocan un estado depresivo, sobre todo en las mujeres con antecedentes de depresión, por la ingestión de sustancias con altos porcentajes de estrógenos. Las actitudes en relación con la anticoncepción varían según el significado psicológico, cultural y moral que se les confiere. En algunas mujeres, por ejemplo, el uso de anticonceptivos seguros puede eliminar las ansiedades determinadas por el miedo a una gravidez indeseada e incidir en forma benéfica en el comportamiento sexual, mientras en otras, cuyas instancias morales rechazan la idea de la anticoncepción, la ansiedad puede llegar a aumentar. Se descubrieron y describieron numerosos temores y fantasías relacionados con el uso de la anticoncepción que en la *mujer* se manifiestan como temor a perder la propia identidad a causa de la acción hormonal externa, de quedarse sin hijos, de estar obligada a formas de intercambio sexual hasta ahora temidas y rechazadas por los temores de la gravidez, mientras en el *varón* se manifiestan como temor de la disminución de potencia frente a la mayor exigencia sexual de la pareja, o en la aversión al uso de los anticonceptivos por un deseo más o menos consciente de castigar o de hacer dependiente a la mujer.

BIBLIOGRAFÍA: Bello, P.C. Dolto y A. Schiffmann (1985); Crosignani, P.G, (1984); Pasini, W, (1974).

anticonformismo
v. CONFORMISMO.

anticonvulsivo
v. PSICOFARMACOLOGÍA.

antidepresivo
v. PSICOFARMACOLOGÍA.

antipatía (al. *Abneigung*; fr. *antipathie*; ingl. *antipathy*; it. *antipatia*)

Disposición afectiva caracterizada por incompatibilidad en la relación con personas, grupos sociales, animales y cosas que no se logran aceptar. Si está especialmente acentuada puede traducirse en odio. Desde el punto de vista psicoanalítico la antipatía puede estar determinada por la **proyección** (*v.*) sobre personas, animales y cosas de la parte rechazada y, por lo tanto, suprimida de uno mismo.

antipsiquiatría
v. PSIQUIATRÍA, § 8.

antropoanálisis
v. ANÁLISIS EXISTENCIAL.

antropología (al. *Anthropologie*; fr. *anthropologie*; ingl. *anthropology*; it. *antropologia*)

Estudio del hombre en su expresión biológica (antropología física) y en su expresión sociocultural (antropología cultural). La diferencia nace, más que del objeto, de una exigencia metodológica, porque los métodos de las ciencias exactas, idóneos para el aspecto biológico del hombre, no lo son para el estudio de su manifestación histórica, social y cultural. Naturalmente las dos metodologías deben trabajar una junto a la otra, como observa C. Lévi-Strauss: "cada sociedad humana modifica las condiciones de su perpetuación física con un conjunto complejo de reglas como la prohibición del incesto, la endogamia, la exogamia, el matrimonio preferencial entre algunos tipos de parientes, la poligamia, la monogamia, o simplemente con la aplicación más o menos sistemática de normas morales, sociales, económicas y estéticas. Al conformarse a las reglas una sociedad favorece cierto tipo de uniones y excluye otras. El antropólogo que intentara interpretar la evolución de las razas o de las subrazas humanas como si sólo fuera el resultado de condiciones naturales se metería en el mismo callejón sin salida que el zoólogo que quisiera explicar la diferenciación actual de los perros con consideraciones puramente biológicas o ecológicas, sin tener en cuenta la intervención humana: llegaría a hipótesis absolutamente fantásticas o, más seguramente, al caos" (1958: 387).

La psicología comenzó a interesarse en la antropología con W. Wundt, autor en 1904 del libro *Völkerpsychologie*, dedicado a la psicología de los pueblos, pero en el que la descripción de los rasgos psicológicos colectivos no está organizada por ninguna hipótesis. Después el encuentro de las disciplinas psicológicas con las antropológicas, al que limitaremos los comentarios de esta voz, recorrió las direcciones que podemos señalar, esquemáticamente, así: 1] el psicoanálisis de S. Freud y el mito de las hordas primitivas; 2] la psicología analítica de C.G. Jung y las representaciones colectivas de L. Lévy-Bruhl; 3] el estructuralismo de C. Lévi-Strauss y la reinterpretación psicoanalítica de J. Lacan; 4] las relaciones entre culturas y personalidad individual que dieron inicio al movimiento de pensamiento denominado cultura y personalidad, además de los problemas epistemológicos que surgieron con el encuentro entre: 5] antropología y psicología (etnopsicología); 6] antropología y psicoanálisis (etnopsicoanálisis); 7] antropología y psiquiatría (etnopsiquiatría). En todos estos casos la psicología dialoga con una de las corrientes del pensamiento antropológico del que asimila poco a poco el método ya sea basándose en el principio que propone una correspondencia entre filogenia y ontogenia, o buscando los nexos entre los componentes colectivos que estructuran una sociedad, de la que todo individuo es miembro, y los componentes individuales, cuya forma y estructura ilustra la psicología.

1] EL PSICOANÁLISIS DE FREUD Y EL MITO DE LA HORDA PRIMITIVA. a] El primero en introducir un principio dinámico capaz de dar sentido a las correspondencias entre formación de la civilización y formación del individuo fue S. Freud, para quien el proceso de civilización implica la represión sexual: "acaso habría que admitir la idea de que en modo alguno es posible avenir las exigencias de la sexualidad con los requerimientos de la cultura, y serían inevitables la renuncia y el padecimiento, así como, en un lejano futuro, el peligro de extinción del género humano a consecuencia de su desarrollo cultural. Es verdad que esta sombría prognosis descansa en una única conjetura: la insatisfacción cultural sería la necesaria consecuencia de ciertas particularidades que la pulsión sexual ha cobrado bajo la presión de la cultura. Ahora bien, esa misma ineptitud de la pulsión sexual para procurar una satisfacción plena tan pronto es sometida a los primeros reclamos de la cultura pasa a ser la fuente de los más grandiosos logros culturales, que son llevados a cabo por medio de una sublimación cada vez más vasta de sus componentes pulsionales" (1912 [1976: 183]).

Este principio inspira Tótem y tabú, la obra en la que Freud se consagra en una cerrada confrontación entre teoría psicoanalítica y el mundo de los primitivos: En "la horda primordial darwiniana [hay] un padre violento, celoso, que se reserva todas las hembras para sí y expulsa a los hijos varones cuando crecen [...] Un día los hermanos expulsados se aliaron, mataron y devoraron al padre, y así, pusieron fin a la horda paterna [...] Odiaban a ese padre que tan gran obstáculo significaba para su necesidad de poder y sus exigencias sexuales, pero también lo amaban y admiraban. Tras eliminarlo, tras satisfacer su odio e imponer su deseo de identificarse con él, forzosamente se abrieron paso las mociones tiernas avasalladas entretanto. Aconteció en la forma de arrepentimiento; así nació una conciencia de culpa que en este caso coincidía con el arrepentimiento sentido en común. El muerto se volvió aún más fuerte de lo que fuera en vida; todo esto, tal como seguimos viéndolo hoy en los destinos humanos. Lo que antes él había impedido con su existencia, ellos mismos se lo prohibieron ahora en la situación psíquica de la 'obediencia con efecto retardado' que tan familiar nos resulta por los psicoanálisis. Revocaron su hazaña declarando no permitida la muerte del sustituto paterno, el tótem, y renunciaron a sus frutos denegándose las mujeres liberadas. Así, desde la conciencia de culpa del hijo varón, ellos crearon los dos tabúes fundamentales del totemismo, que por eso mismo necesariamente coincidieron con los dos deseos reprimidos del complejo de Edipo. Quien los contraviniera se hacía culpable de los únicos dos crímenes en los que toma cartas la sociedad primitiva" (1912-1913 [1976: 143, 145]), que en la hipótesis de Freud son el homicidio y el incesto (v. tabú, § 4; tótem, § 2 y sacrificio, § 2).

Ante la investigación de los antropólogos la teoría de Freud se revela poco creíble, pero no perdió su significado de alusión teórica dirigida a demostrar que la civilización se basa en la represión y en la sublimación de los instintos, para así orientar energías sexuales regresivas en energías laborales constructivas, y en una especie de "cambio de un trozo de posibilidad de dicha por un trozo de seguridad" (1929 [1976: 112]). En la base está el concepto según el cual la sustitución del principio del placer por el principio de realidad constituye el gran episodio traumático del desarrollo del hombre, entendido tanto como especie (filogenia), cuanto como individuo (ontogenia). Filogenéticamente este acontecimiento se verificó por primera vez en las hordas primitivas cuando el padre primigenio monopolizó el poder y el placer, obligando a los hijos a renunciar a ellos. Ontogenéticamente esto se verifica durante el período de la primera infancia, en el cual la sumisión al principio de realidad está impuesta por parte de los padres y de los educadores. Pero tanto en el plano de la especie como en el del individuo la sumisión se repite continuamente. El dominio del padre primigenio es seguido, después de la primera rebelión, por el dominio de los hijos, y el clan fraterno, desarrollado, se transforma en dominio social y político institucionalizado (*v*. **endogamia-exogamia**). El principio de realidad se materializa en un sistema de instituciones, y los individuos que crecen en el ámbito de un sistema de este género sienten las exigencias del principio de realidad como exigencias de leyes y órdenes, y las transmiten a la generación siguiente.

b] En esta hipótesis de Freud se basan los estudios y las investigaciones de G. Röheim, que atribuye el papel principal en la constitución de los diferentes modelos e instituciones culturales a la extraordinaria duración de la infancia humana y a las tensiones ligadas con ella a causa de la necesaria relación de dependencia del hijo respecto de la madre, con la consiguiente dificultad para la adquisición de un yo diferenciado. "Después de mis investigaciones antropológicas en el terreno –escribe Röheim– he sostenido que la cultura se debe al retraso, es decir a una disminución de los procesos de crecimiento, a una prolongación de las situaciones infantiles. [...] Llegué de esta manera a la conclusión de que así como los hombres vivientes, que conocemos verdaderamente, deben la formación de su carácter y de su neurosis a las situaciones infantiles, y así como las variaciones en la cultura se deben a variaciones en la situación infantil, la gran variación conocida como género humano tiene que deberse a la misma causa" (1943: 26).

c] Las simplificaciones de Röheim no favorecieron el diálogo inmediato entre antropología y psicoanálisis que afloró después que B. Malinowski tuvo a bien declarar: "Comprobé con mi análisis que las teorías de Freud no sólo corresponden *grosso modo* a la psicología humana, sino que siguen de cerca las variaciones de la naturaleza humana determinadas por las diversas construcciones de la sociedad.

Comprobé, en otras palabras, una profunda correlación entre el tipo de sociedad y el complejo nuclear que se manifiesta. Se trata de una notable confirmación del principal dictamen de la psicología freudiana, aunque esto nos podrá obligar a modificarle algunos detalles, o mejor dicho a hacer más elásticas determinadas fórmulas" (1923: 331).

Las investigaciones de Malinowski, en efecto, se centraban en el tabú del incesto, con la consecuente exogamia, en la que Freud, a partir del complejo edípico, organizó su concepción dinámica de la psicología. Escribe Malinowski: "El impulso sexual, que es en general una potente fuerza de subversión y de disgregación social, no puede invadir un sentimiento previamente existente, sin producir en éste una mutación revolucionaria. El interés sexual es, por lo tanto, incompatible con cada una de las relaciones familiares, tanto con los padres y los hijos como entre hermanos y hermanas, porque estas relaciones se constituyen en el período presexual de la vida humana y están fundadas en profundas exigencias fisiológicas de naturaleza no sexual. Si la pasión erótica pudiera invadir el ambiente de la casa, no sólo instituiría celos y elementos de competencia y desorganización de la familia, sino que subvertiría también los vínculos más fundamentales de parentesco, en los que se ha fundado todo el desarrollo de las relaciones sociales" (1931: 155).

El tabú del incesto tiene, por lo tanto, la función de evitar el estado de **anomia** (*v*.) que se crearía en la institución familiar si el impulso sexual pudiese manifestarse libremente entre todos los miembros de ella, para después extenderse a toda la sociedad. Esta *función* determina el *sentido*, según la teoría funcionalista que Malinowski hace extensiva a la práctica de la exogamia, útil para evitar la competencia en el interior del clan, creando, a través de los matrimonios, relaciones sociales pacíficas hacia el exterior. De esta manera, concluye Malinowski, "vemos que cada institución contribuye por una parte al trabajo de integración de una sociedad como un todo, pero por otra satisface las necesidades fundamentales del individuo" (1939: 962-963).

d] H. Marcuse regresó al tema de la horda primitiva y de la hipótesis freudiana subyacente; según él las condiciones alcanzadas por nuestra civilización podrían permitir la hipótesis de una sociedad que ya no tiene necesidad de ser represiva, y por lo tanto obtener ventajas laborales a costa de las pulsiones instintivas (*v.* **deseo**, § 5).

2] LA PSICOLOGÍA ANALÍTICA DE JUNG Y LAS REPRESENTACIONES COLECTIVAS DE LÉVY-BRUHL. *a*] Esta veta de investigación quiere identificar en la vida símbolos primitivos y arquetipos, entendidos como modelos originales de la psique en los que son identificables las formas de su evolución. Sede de estos modelos es, para Jung, el *inconsciente colectivo*, en el que está "la historia no escrita del hombre desde tiempos inmemoriales; la fórmula racional puede ser suficiente en el presente o en el pasado inmediato, pero no para la experiencia humana que, en su totalidad, exige la visión más amplia que sólo el símbolo puede dar [...]. Comprenderlo es necesario no sólo para conservar los tesoros incomparables de nuestra civilización, sino para abrirse una nueva vía hacia antiguas verdades que, por la rareza de su simbolismo, están perdidas a nuestra razón" (1942-1948: 183, 193).

Estas antiguas verdades custodiadas por la "mentalidad primitiva" se pueden encontrar, según el parecer de Jung, en las "representaciones colectivas" de las que habla Lévy-Bruhl: "Llamo colectivos –escribe Jung– a todos aquellos contenidos psíquicos que no son característicos de un solo individuo, sino, al mismo tiempo, para muchos, es decir de una sociedad, de un pueblo o de la humanidad. Tales contenidos son las 'representaciones colectivas místicas' de los primitivos descritos por Lévy-Bruhl y también los *conceptos* generales de derecho, estado, religión, ciencia, etc., comúnmente usados por los hombres civilizados. Pero no sólo conceptos y opiniones deben considerarse colectivos sino también los *sentimientos*, porque, como señala Lévy-Bruhl, para los primitivos las representaciones colectivas constituyen también los sentimientos colectivos. A causa de este valor colectivo del sentimiento denomina a las *représentations collectives* también *mystiques*, porque estas representaciones no son de orden puramente intelectual, sino también emocional" (1922: 429; *v.* **psicología analítica**, § 3).

b] Por su lado Lévy-Bruhl escribe: "Las llamadas representaciones colectivas, para limitarnos a definirlas brevemente, se reconocen por las siguientes características: son comunes a los miembros de un determinado grupo social; se transmiten de generación en generación; se imponen a los individuos y provocan en ellos, según los casos, sentimientos de respeto, de temor, de adoración, etc., por sus objetos. No tienen necesidad del individuo para existir, no porque impliquen un sujeto colectivo diferente de las personas que componen el grupo social, sino porque se presentan con caracteres de los que no se puede dar cuenta considerando sólo a los individuos como tales. Eso ocurre con la lengua, la cual, aun cuando por lo que se refiere a los términos no exista más que en el espíritu de los individuos que la hablan, es sin embargo una indudable realidad social, fundada en un conjunto de representaciones colectivas. Y como se impone a cada uno de estos individuos, los preexiste y los sobrevive. De esto surge una consecuencia extremadamente importante en la que los sociólogos con justicia han insistido y que se les había escapado a los antropólogos. Para comprender el mecanismo de las instituciones (sobre todo en las sociedades inferiores) es necesario antes que nada deshacerse del prejuicio según el cual se cree que las representaciones colectivas en general, y las de las sociedades inferiores en particular, obedecen a las leyes de la psicología fundada en un análisis del sujeto individual. Las representaciones colectivas tienen leyes propias que no pueden descubrirse –sobre todo cuando se trata de primitivos– basándose en el estudio del individuo 'blanco, adulto civilizado'. Por el contrario, del estudio de las representaciones colectivas y de sus vínculos en las sociedades inferiores, extraeremos conocimientos que nos permitirán arrojar luz sobre el origen de nuestras categorías y de nuestros principios lógicos. Ya Durkheim y sus colaboradores dieron algunos ejemplos de cuánto se puede obtener siguiendo esta vía, que sin duda conduce a una teoría del conocimiento positivo y nuevo fundado en el método comparativo" (1910: 32-33).

3] EL ESTRUCTURALISMO DE LÉVI-STRAUSS Y LA REINTERPRETACIÓN PSICOANALÍTICA DE LACAN. *a*] El principio a partir del cual Lévi-Strauss construye el método estructuralista (*v.* **estructuralismo**) se funda en la posibilidad de transferir los modelos analíticos de la lingüística del campo en el cual se los elaboró originalmente al de los fenómenos sociales. El gradiente está dado por la homología que Lévi-Strauss ve entre el *fonema*, átomo del sistema lingüístico, y la *estructura elemental del parentesco*, como sistema de actitudes y de relaciones entre individuos, fijados por reglas, interpretables y describibles en términos rigurosos como son los que se pueden obtener de la moderna lingüística estructural. "En el estudio de los fenómenos de parentesco (y tal vez en el de otros problemas), el sociólogo se encuentra en una situación formalmente semejante a la del fonolingüista; igual que los fonemas, los términos de parentesco son elementos de significado; también ellos adquieren tal significado sólo a condición de integrarse en sistemas; los sistemas de parentesco, como los sistemas fonológicos, están elaborados por el intelecto en el estadio del pensamiento inconsciente; finalmente el uso periódico, en regiones del mundo lejanas entre sí y en sociedades profundamente diferentes, de formas de parentesco, reglas de matrimonio, actitudes igualmente prescritas entre ciertos tipos de parientes, etc., inducen a creer que, en ambos casos, los fenómenos observables resultan del juego de leyes generales pero escondidas. Se puede por lo tanto formular el problema de la siguiente manera: en otro orden de realidad, los fenómenos de parentesco son fenómenos del mismo tipo que los fenómenos lingüísticos. ¿Puede el sociólogo, utilizando un método análogo por lo que se refiere a la forma (no por lo que se refiere al contenido) al que adoptó la fonología, hacer cumplir en su ciencia un progreso análogo al que hace poco se produjo en las ciencias lingüísticas?" (1958: 48).

La respuesta de Lévi-Strauss es positiva, como positiva es la respuesta de Lacan que, siguiendo el modelo de Lévi-Strauss y refiriéndose a los mismos autores, F. de Saussure y R. Jakobson, formula la hipótesis de la posibilidad de asociar los procesos metafóricos y metonímicos del lenguaje a la condensación y al desplazamiento respectivamente, que son los mecanismos de funcionamiento del inconsciente en sus formaciones (*v.* **metáfora**). En este sentido para Lacan tanto el sueño como el síntoma son analizables suponiendo "una estructura del lenguaje tal como se manifiesta en los lenguajes que llamaré positivos, los que son efectivamente hablados por masas humanas.

Esto se refiere al fundamento de esta estructura, o sea a la duplicidad que somete a leyes distintas los dos registros que se anudan en ella: el significante y el significado. Y la palabra registro designa aquí dos encadenamientos tomados en su globalidad, y la posición primera de su distinción suspende *a priori* del examen toda eventualidad de hacer que estos registros se equivalgan término por término" (1957 [1984: 426]).

Partiendo de estas premisas Lacan puede plantear la hipótesis de una correspondencia entre la estructura del inconsciente y la del lenguaje, que es idéntica en su dimensión sincrónica, dispuesta por planos en el interior de una misma clase de elementos articulados en categorías y subconjuntos, según precisas leyes de ordenación, como lo había previsto Lévi-Strauss, con quien Lacan reconoce su deuda: "Creemos que nuestro modo de utilizar el término 'estructura' puede ser autorizado por el modo introducido por Claude Lévi-Strauss" (1966: 865). La adopción de este método, en opinión de Lacan, no sólo liberaría al psicoanálisis de la aproximación de las ciencias humanas, sino que llegaría a eliminar la diferencia entre ciencias humanas y ciencias exactas: "La oposición de las ciencias exactas a las ciencias conjeturales no puede sostenerse ya desde el momento en que la conjetura es susceptible de un cálculo exacto (probabilidad) y en que la exactitud no se funda sino en un formalismo que separa axiomas y leyes de agrupación de los símbolos" (1966 [1984: 841-842]; *v.* **lacaniana, teoría**, § 3, 8).

4] CULTURA Y PERSONALIDAD. Así se llaman los estudios dirigidos a identificar la dinámica entre el momento psicológico individual del hombre (*v.* **personalidad**) y la realidad colectiva (*v.* **cultura**).

a] Las primeras contribuciones acerca de esta relación son de R. Benedict, para quien "las culturas son una psicología individual en proyección aumentada, de proporciones gigantescas y de una larga extensión temporal" (1932: 24). Y: "Ningún antropólogo que conozca culturas distintas de la nuestra ha pensado jamás en los individuos como autómatas que siguen mecánicamente las prescripciones de su civilización, y ninguna de las culturas hasta ahora estudiadas ha sido capaz de desarraigar las diferencias de temperamento entre los individuos que participan. Existe siempre una relación de dar y tener" (1934: 253).

b] Frente a las teorías freudianas en antropología F. Boas reacciona diciendo que "si bien podemos acoger favorablemente la aplicación de cualquier progreso en el método de las investigaciones psicológicas, no podemos admitir, como progreso en el método etnológico, la pura y simple transferencia de un método nuevo y unilateral de indagación psicológica de la esfera del individuo a la de los fenómenos sociales, de cuyo origen se puede demostrar que está históricamente determinado y sujeto a influencias que no son en absoluto equiparables a aquellas de las que depende la psicología del individuo" (1948: 298).

c] Para establecer correctamente la relación entre cultura y personalidad individual sería necesario escuchar a A. Kardiner quien, abandonando el problema de los orígenes, que a su parecer no puede dar una "explicación" de la sociedad, se dedica al estudio de las relaciones dinámicas entre individuo e institución, en las que "las variables son las instituciones que componen la realidad exterior, y la constante son las necesidades biológicas del individuo" (1939: 129). Con esta formulación, Kardiner respeta el esquema freudiano que opone el principio de realidad (instituciones) al principio del placer (necesidades biológicas). De su combinación nace el concepto de *personalidad de base* que, según Kardiner, es el elemento que puede actuar de mediador entre el análisis del individuo y el de la sociedad, porque las instituciones con las que un individuo está en contacto en su período formativo lo condicionan hasta inculcarle un cierto tipo de personalidad que, cuando está formada, determina a su vez sus reacciones en relación con las otras instituciones con las que va teniendo contacto. En consecuencia los individuos que constituyen una sociedad son plasmados al principio por las instituciones de la cultura en la que viven, pero después plasman las instituciones y crean otras nuevas. Definida como "configuración de la personalidad compartida por la mayor parte de la sociedad y resultante de las primeras experiencias que todos tienen en común" (1939: 46), la personalidad de base resultó un concepto utilísimo para la convergencia de los estudios psicológicos, por un lado, y antropológicos y sociales por el otro, aunque, precisa siempre Kardiner,

"no es un concepto delimitado y exacto; porque indica sólo que, en las limitaciones establecidas por las instituciones, el individuo está obligado a reaccionar de cierto modo, y cualquiera que sea el resultado que asume la forma del carácter individual, el ambiente institucional es el eje en torno al cual se articulan las diferentes polaridades individuales" (1939: 393-394).

d] R. Linton, que basó sus investigaciones en Kardiner, escribe que "en efecto, el problema más grave que la definición de la personalidad implica es el de su delimitación. El individuo y su ambiente constituyen una configuración dinámica, y la totalidad, cuyas partes están tan estrechamente interrelacionadas, está en una condición de relación tan constante que es muy difícil decir dónde se deben trazar las líneas de demarcación. Para los fines de la presente discusión la personalidad se considera como 'el agregado organizado de procesos y de datos psicológicos que conciernen al individuo'" (1945: 54). En este agregado intervienen elementos "universales", elementos "especiales" y elementos "alternativos", que Linton clasifica: "Ante todo son ideas, costumbres y reacciones emotivas condicionadas que son comunes a todos los miembros adultos y normales de la sociedad. Llamaremos a estos elementos 'universales'. [...] En segundo lugar tenemos los elementos de la cultura compartidos por los miembros de ciertas categorías de individuos socialmente reconocidos, pero que no son compartidos por toda la población. A estos elementos los llamaremos 'especiales'. [...] En tercer lugar, en cada cultura existe un número considerable de rasgos que son compartidos por ciertos individuos, pero que no son comunes a todos los miembros de la sociedad, y ni siquiera a todos los miembros de las categorías socialmente reconocidas. Llamaremos a estos rasgos elementos 'intercambiables o alternativos'. [...] Más allá de los límites de la cultura existe también una categoría de costumbres, ideas y reacciones emotivas condicionantes, las de las *características individuales*" (1936: 302-304). Los rasgos universales y especiales constituyen, en una cultura, los elementos aceptados y con frecuencia institucionalizados; en cambio los rasgos alternativos representan los elementos no necesarios, que hacen sentir su peso sobre todo en períodos de fuerte transformación social.

5] LA ETNOPSICOLOGÍA. Con esta denominación G. Devereux reúne los intercambios recíprocos entre psicología y antropología, que considera demasiado parciales, porque prefieren en unas ocasiones el método antropológico y en otras el psicológico, sin una especial atención epistemológica. Para superar esta parcialidad Devereux propone la hipótesis de que los diferentes métodos pueden ser fructíferos y válidos sólo si no se usan juntos sino en una relación de *complementariedad,* con la acepción que a este término asigna la física cuántica. "La necesidad de un 'doble discurso' (explicativo) no se deriva del hecho de que el comportamiento humano esté 'sobredeterminado', sino simplemente del hecho de que ningún punto de vista es exhaustivo en el estudio del hombre. Un fenómeno humano que sea explicado de un solo modo aún queda, por así decirlo, inexplicado aunque –y sobre todo– la primera explicación lo haga perfectamente comprensible, controlable y previsible en el cuadro de referencia que le es propio" (1972: 11). La complementariedad de los métodos hace relativas todas las controversias y sobre todo se enriquece con la variedad de los puntos de vista sobre el mismo fenómeno que ningún orden de explicación agota si no es en su cuadro de referencia. Partiendo de estas premisas metodológicas nació la **psicología transcultural** (*v.*) que, adoptando el método comparativo, confronta sujetos pertenecientes a diferentes culturas para poder diferenciar los aspectos universales del comportamiento humano de los que se desarrollan exclusivamente en relación con prácticas específicas culturales.

6] ETNOPSICOANÁLISIS. En este ámbito dos son las direcciones de la investigación; la primera, iniciada por Freud y por Jung, tiende a buscar en los modelos mentales y de comportamiento de los primitivos las líneas de fondos o, como dice Jung, los **arquetipos** (*v.*) que están en el principio de la constitución psíquica del hombre. Desde el punto de vista epistemológico subyacente a esta investigación existe la hipótesis de construir una psicología *objetiva,* igual para todos en sus elementos de principio, atravesada por un sutil **determinismo** (*v.*), porque el desarrollo psíquico de cada individuo no se desplazaría mucho del desarrollo psíquico de la humanidad en general en el curso de su progresiva evolución. No faltan

quienes maticen estas dos tesis, como en el caso de la definición de "esoedípico" aplicado a los primitivos que, al crecer en grupo y no con un padre y una madre bien definidos, no recorrerían las etapas edípicas descritas por Freud.

La segunda dirección de la investigación, sin excluir la aplicabilidad del psicoanálisis a la interpretación de las diferentes culturas, rechaza asumirla *a priori* como universalmente válida. Esta posición tiene su principal representante en Devereux, que dice: "No postulo en absoluto *a priori* la validez universal del psicoanálisis. En consecuencia, *metodológicamente* y sólo con fines demostrativos, negaré sin rodeos que exista una 'ciencia del psicoanálisis' en el sentido en el que existe una 'ciencia de la fisiología', y postularé que lo que se entiende en general por psicoanálisis es sólo una serie de conclusiones sociopsicológicas extraídas del estudio intensivo de la clase media vienesa de los años precedentes a la primera guerra mundial. Por esta razón, consideraré a Freud en *este* contexto, no como el fundador de una nueva ciencia, sino como un estudioso de psicología y de sociología particularmente meticuloso, que trabajó con los nativos de Viena y formuló una serie de conclusiones generales válidas sólo para los vieneses" (1972: 81-83).

7] ETNOPSIQUIATRÍA. En este ámbito se examina si es o no legítimo aplicar la nosografía de las enfermedades mentales, tal como fueron elaboradas en Occidente, a culturas no occidentales. Este tipo de investigación, llamada también *investigación psiquiátrica transcultural* (*v.* **psicología transcultural**), ha constatado la falta de homogeneidad por la que, o se está *en presencia* de síndromes reconocidos por nosotros, como la *histeria ártica* presente en Siberia, la *psicosis witiko,* caracterizada por deseos canibalescos, el **koro** (*v.*) que es una forma de delirio de castración, el **latah** (*v.*) que es una especie de imitación convulsiva del mundo circundante, el *amok,* una locura homicida que se da sólo en los varones; o se está en ausencia de formas psicóticas difundidas entre nosotros, como la esquizofrenia, que según algunos no se manifiesta entre las poblaciones no occidentalizadas, y la paranoia, difícilmente identificable porque puede estar enmascarada por los ritos religiosos. Estas comprobaciones le han dado valor a la tesis de la psiquiatría social y de la antipsiquia tría según las cuales el componente sociocultural es decisivo en el desarrollo de la enfermedad, y en consecuencia la discriminación entre "normal" y "patológico" es relativa. Sobre esta base se intentó una definición de desviación en términos relativos a la cultura y no a la naturaleza, con referencia a los valores medios compartidos por el grupo al que se pertenece (v. **norma**, § 3). En el Segundo Coloquio Panafricano de Psiquiatría efectuado en 1968 se llegó a la conclusión de que había que reconocer la *unidad* fundamental de los procesos psicopatológicos, por lo menos en sus formas más graves, y la *diversidad* de las manifestaciones externas, además de las dificultades de reconocimiento, por lo que un esquizofrénico, integrado y honrado en el grupo como chamán, no es percibido como patológico.

BIBLIOGRAFÍA: Beattie, J. (1964); Benedict, R. (1932); Benedict, R. (1934); Boas, F. (1918); Ceccarelli, F. (1978); Devereux, G. (1972); Freud, S. (1912); Freud, S. (1912-1913); Freud, S. (1929); Freud, S. (1934-1938); Galimberti, U. (1984); Galimberti, U. (1985); Jung, C.G. (1921); Jung, C.G. (1934-1954); Jung, C.G. (1942-1948); Jung, C.G. y K. Kerényi (1940-1941); Kardiner, A. (1939); Kardiner, A. y E. Preble (1961); Lacan, J. (1953); Lacan, J. (1957); Lacan, J. (1966); Lévi-Strauss, C. (1947); Lévi-Strauss, C. (1958); Lévy-Bruhl, L. (1910); Lévy-Bruhl, L. (1922); Lévy-Bruhl, L. (1927); Linton, R. (1936); Linton, R. (1945); Malinowski, B. (1923); Malinowski, B. (1926-1927); Malinowski, B. (1927); Malinowski, B. (1931); Malinowski, B. (1939); Malinowski, B. (1944); Marcuse, H. (1955); Mauss M. (1950); Mead, M. (1935); Mead, M. (1949); Róheim, G. (1943); Róheim, G. (1950); Sapir, E. (1949); Steiner, F.B. (1956); Warren N. (1977-1980); Whorf, B.L. (1956); Wundt, W. (1912).

antropomorfismo (al. *Anthropomorphismus*; fr. *anthropomorphisme*; ingl. *anthropomorphism*; it. *antropomorfismo*)

Tendencia a interpretar aspectos animados e inanimados del entorno en analogía con la experiencia interior del hombre. Esta definición general encuentra dos campos de aplicación: 1] La *teología*, en la que desde el pensamiento místico de los primitivos hasta hoy existe la tendencia a imaginar a la divinidad sobre el modelo del hombre. Contra esta tendencia combatieron la filosofía, desde Jenófanes hasta F. Nietzsche, y la ciencia, cuando en el siglo XVI invitó a abandonar las lecturas antropomórficas de la naturaleza para poder interpretarla *iuxta propria principia*. 2] La *etología*, en la que se atribuyen a los animales capacidades psíquicas semejantes a las del hombre. C. Darwin y K. Lorenz aceptan la impostación antropomórfica y describen el comportamiento animal sobre el modelo humano. A ello se opone la **psicología animal** (v.) de N. Tinbergen, para quien no existen elementos que justifiquen la analogía entre la experiencia subjetiva de los hombres y la de los animales.

BIBLIOGRAFÍA: Darwin, C. (1872); Feuerbach, L. (1841); Griffin, D. (1976); Lévy-Bruhl, L. (1931); Lorenz, K. (1963); Tinbergen, N. (1951).

anulación (al. *Ungeschehenmachen*; fr. *annulation*; ingl. *undoing*; it. *annullamento*)

Mecanismo de defensa por medio del cual el sujeto tiende a comportarse de manera tal que algo no se verifique, poniendo en acto formas de pensamiento y de comportamiento de signo opuesto. El fenómeno se encuentra también en comportamientos normales cuando se retracta una afirmación, se rehabilita un condenado, se atenúa la importancia de un pensamiento, de una palabra, de un acto. Pero mientras estas operaciones tienden a anular y a atenuar el *significado* o las consecuencias de una acción, en la anulación se tiende a negar la *realidad* de la acción, con una conducta que tiene semejanzas con el comportamiento mágico (v. **ceremonial**). Frecuente en las neurosis obsesivas de comportamiento forzado, la anulación fue descrita por S. Freud en estos términos: "Tales acciones obsesivas de dos tiempos, cuyo primer tiempo es cancelado por el segundo, son de ocurrencia típica en la neurosis obsesiva. Desde luego, el pensar consciente del enfermo incurre en un malentendido respecto de ellas y las dota de una motivación secundaria: las *racionaliza*. Pero su significado real y efectivo reside en la figuración del conflicto entre dos mociones opuestas de magnitud aproximadamente igual, y, hasta donde yo he podido averiguarlo, se trata siempre de la oposición entre amor y odio. Ellas reclaman un interés teórico particular porque permiten discernir un nuevo tipo de formación del síntoma. En vez de llegarse, como acontece por regla general en la histeria, a un compromiso que contenta a ambos opuestos en una sola figuración, matando dos pájaros de un tiro, aquí los dos opuestos son satisfechos por separado, primero uno y después el otro, aunque no, desde luego, sin que se intente establecer entre esos opuestos mutuamente hostiles algún tipo de enlace lógico a menudo violando toda lógica" (1909 [1976: 151-152]).

Ese mismo argumento lo han utilizado O. Fenichel, quien pone el acento en los conflictos interpulsionales que tienen sus raíces en la ambivalencia amor-odio, y A. Freud, que sitúa el conflicto entre las pulsiones y el yo que encuentra un aliado en una pulsión opuesta de la que se protege; como tal, la anulación debería clasificarse entre los mecanismos de defensa del yo.

BIBLIOGRAFÍA: Fenichel, O. (1945); Freud, A. (1936); Freud, S. (1909); Freud, S. (1925).

aparato olfativo (al. *Geruchssystem*; fr. *système olfactif*; ingl. *olfactory system*; it. *olfattivo, sistema*)

Aparato sensible a estímulos de naturaleza química que se perciben como *olores*. Los estímulos se deben a sustancias que, difundidas en el agua o en el aire, se ponen en contacto con células –receptores olfativos–, que se encuentran localizadas en el epitelio de la parte más alta de las fosas nasales. Las células olfativas son **neuronas** (*v.*) que dan origen a cilindroejes que se reúnen en haces y forman las fibras del nervio olfativo, que llega al bulbo olfativo, situado en el rinencéfalo, y de aquí, mediante conexiones sinápticas, origina la vía olfativa secundaria (o radiación olfativa) que se extiende a todo el telencéfalo, centro de reunión de los estímulos olfativos, de donde se originan las fibras eferentes. Una parte de los impulsos olfativos en el hombre alcanza el neocórtex, por lo que estamos conscientes de las sensaciones olfativas que a su vez determinan respuestas motivadas. Desde el punto de vista evolutivo el olfato es uno de los sentidos más primitivos: el área rinencefálica interesada es enorme en los peces y abarca ambos hemisferios cerebrales, mien-

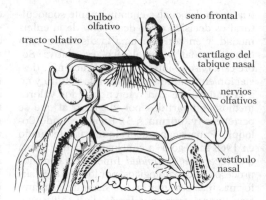

Sección de la pared lateral del tabique nasal.

tras en los perros representa un tercio del área total, y en el hombre un vigésimo.

Desde la Antigüedad ha habido diversos intentos de clasificación de los olores. Una reciente se basa en la semejanza de la estructura molecular de compuestos químicos que tienen olores parecidos. Se distinguen siete olores primarios: alcanforado, musgoso, floral, de menta, etéreo, picante y pútrido. Desde el punto de vista psicofísico el olfato reviste mucha importancia en la búsqueda del alimento y en el reclamo sexual, ya que es un sistema relevador de sustancias químicas que tienen un valor comunicativo entre individuos. En el hombre la composición de las secreciones de dichas sustancias varía de una persona a otra y en la misma persona, según los estados de ánimo. En sujetos muy trastornados se observa una sensibilidad incrementada hacia los olores corporales, como también un característico olor acre en algunas formas de esquizofrenia. Los niños se muestran más tolerantes que los adultos a los olores desagradables. Además, con los olores se vincula toda una serie de asociaciones de ideas, sensaciones y recuerdos relacionados con experiencias determinadas.

aparato psíquico (al. *Psychischer Apparat*; fr. *appareil psychique*; ingl. *psychic apparatus*; it. *apparato psichico*)

Modelo teórico con el que S. Freud designa la organización interna de la psique: "Nuestro supuesto de un aparato psíquico extendido en el espacio, compuesto con arreglo a fines, desarrollado en virtud de las necesidades de la vida, aparato que sólo en un lugar preciso y bajo ciertas condiciones da origen al fenómeno de la conciencia, nos ha habilitado para erigir la psicología sobre parecidas bases que cualquier otra ciencia natural, por ejemplo la física" (1938 [1976: 198]). Como es fácil comprobar, el concepto del aparato psíquico, que Freud formuló por primera vez en el "Proyecto de psicología" de 1895 y no abandonó nunca, aunque fue modificando, en el curso del tiempo, su estructura completa, muestra la influencia de la psicología fisicalista de la segunda mitad del siglo XIX, y en especial de la psicofísica de G.Th. Fechner, de quien Freud tomó las bases teóricas que le permitieron concebir la energía psíquica o **libido** (*v.*) en sentido *cuantitativo*, observable desde tres puntos de vista: dinámico, económico, temático.

1] EL PUNTO DE VISTA DINÁMICO. Este fenómeno concibe los fenómenos psíquicos como resultado de conflictos de fuerzas en los que se expresa la energía psíquica. Así la acción permanente del inconsciente encuentra una fuerza, también permanente, que le impide el acceso a la conciencia. Este carácter dinámico explica la **resistencia** (*v.*), la formación de **compromiso** (*v.*), los derivados de la **represión** (*v.*), la **conversión** (*v.*) y en general las relaciones psicofísicas por las que lo psíquico se convierte en lo somático y lo somático en lo psíquico, sin alterar las equivalencias dinámico-energéticas, ya sea que la energía psíquica se manifieste *con* el cuerpo o que se exprese *con* la mente.

2] EL PUNTO DE VISTA ECONÓMICO. Como escribe Freud, éste "aspira a perseguir los destinos de las magnitudes de excitación y a obtener una estimación por lo menos relativa de ellos" (1915 [1976: 187]). Desde el punto de vista económico el aparato psíquico, llamado antes *neurónico* y después *psíquico*, tiene la función de mantener en el nivel más bajo posible la energía que circula por él. Este "trabajo", como lo llama Freud, se manifiesta en la **descarga** (*v.*) de la energía, en su **desplazamiento** (*v.*), y en todas las operaciones de **investimiento** (*v.*) y de desinvestimiento en las que se manifiesta la dinámica psíquica. La concepción económica de la energía abarca las nociones de **catarsis** (*v.*), **abreac-**

ción (*v.*) y **supresión** (*v.*) y en general todas las dinámicas de las pulsiones por lo que se refiere a la fuente de la excitación, la meta a la que tienden, el objeto que de cuando en cuando invisten, por lo que, por ejemplo, un síntoma moviliza una determinada cantidad de energía tomándola de otras actividades; o bien el narcisismo, o investimiento libidinal del yo, se refuerza a costa del investimiento del objeto, etc. (*v.* **libido**, § 1). Desde el punto de vista económico tiene especial importancia la diferencia entre la energía *libre* del sistema inconsciente, la *ligada* del sistema preconsciente, y la *movible* de sobreinvestimiento para la conciencia. Freud hereda estas diferenciaciones de las teorías físicas de H.L.F. von Helmholtz, que designó energía *libre* a "la que es capaz de transformarse libremente en otros tipos de trabajos" y energía *ligada* "la que puede manifestarse sólo bajo la forma de calor" (1902:18). Después de una primera atribución de las dos formas de energía a la transmisión neuronal, Freud denomina *libre* a la energía inconsciente que tiende a la descarga en el modo más rápido y directo posible, y *ligada* a la que se manifiesta en el sistema consciente, en el que el movimiento hacia la descarga está retardado, controlado o desviado. El estado libre de la energía precede, para Freud, al ligado, que caracteriza un grado más alto de estructuración del aparato psíquico (*v.* **libido**, § 1, *e*).

3] EL PUNTO DE VISTA TEMÁTICO. Éste prevé que el aparato psíquico se compone de un conjunto de subsistemas con funciones y caracteres diversos, dispuestos según un orden que permite representarlo de manera espacial como lugares psíquicos. También aquí Freud es deudor de las teorías anatomofisiológicas de las localizaciones cerebrales del siglo XIX y en especial de la teoría de T. Meynert, que postulaba la conciencia como fenómeno de la "superficie" de la corteza cerebral y los instintos como expresiones epifenómicas de las estructuras "subcorticales". En efecto, escribe Freud: "Nuestros dos supuestos se articulan con estos dos cabos o comienzos de nuestro saber. El primer supuesto atañe a la localización. Suponemos que la vida anímica es la función de un aparato al que atribuimos ser extenso en el espacio y estar compuesto por varias piezas; nos lo representamos, pues, semejante a un telescopio, un microscopio o algo así. Si dejamos de lado cierta aproximación ya ensayada, el despliegue consecuente de esa representación es una novedad científica. Hemos llegado a tomar noticia de este aparato psíquico por el estudio del desarrollo individual del ser humano. Llamamos *ello* a la más antigua de estas provincias o instancias psíquicas: su contenido es todo lo que es heredado, lo que se trae con el nacimiento, lo establecido constitucionalmente; en especial, entonces, las pulsiones que provienen de la organización corporal, que aquí [en el ello] encuentran una primera expresión psíquica, cuyas formas son desconocidas para nosotros. Bajo el influjo del mundo exterior real-objetivo que nos circunda, una parte del ello ha experimentado un desarrollo particular; originalmente un estrato cortical dotado de los órganos para la recepción de estímulos y de los dispositivos para la protección frente a éstos, se ha establecido una organización particular que en lo sucesivo media entre el ello y el mundo exterior. A este distrito de nuestra vida anímica le damos el nombre de *yo*" (1938 [1976: 143-144]).

4] EL PUNTO DE VISTA GENÉTICO. Aunque no aparezca explícitamente entre las definiciones metapsicológicas con que Freud caracteriza el aparato psíquico, el punto de vista genético se puede localizar en todos los enunciados psicoanalíticos: de la historia de la sexualidad infantil (*v.* **sexualidad**, § 2) al supuesto de fases específicas del desarrollo de la libido (*v.* **fase**, § 2); de la hipótesis de un punto de **fijación** (*v.*) a la posibilidad de **regresión** (*v.*) aceptados como principios explicativos de la neurosis. Por lo demás el mismo Freud declara que "de las formaciones anímicas infantiles nada sucumbe en el adulto a pesar de todo el desarrollo posterior. Todos los deseos, mociones pulsionales, modos de reaccionar y actitudes del niño son pesquisables todavía presentes en el hombre maduro, y bajo constelaciones apropiadas pueden salir a la luz nuevamente. No están destruidos, sino situados bajo unas capas que se les han superpuesto, como se ve precisada a decirlo la psicología psicoanalítica con su modo de figuración espacial. Así, se convierte en un carácter del pasado anímico o no ser devorado por sus retoños, como lo es el histórico; persiste junto a lo que devino desde él, sea de una manera sólo virtual o en una simultaneidad real. Prueba de esta aseveración es que el sueño de los hombres normales revive noche tras noche el carácter infantil de éstos y reconduce su entera vida aní-

mica a un estadio infantil. Este mismo regreso al infantilismo psíquico (*regresión*) se pone de relieve en las neurosis y psicosis, cuyas peculiaridades pueden ser descritas en buena parte como arcaísmos psíquicos. En la intensidad que los restos infantiles hayan conservado en la vida anímica vemos la medida de la predisposición a enfermar, de suerte que ella pasa a ser para nosotros la expresión de una inhibición en el desarrollo. Ahora bien, lo que en el material psíquico de un ser humano permaneció infantil, reprimido como inviable, constituye ahora el núcleo de su inconsciente, y creemos poder perseguir en la biografía de nuestros enfermos, cómo eso inconsciente, sofrenado por las fuerzas represoras, está al acecho para pasar al quehacer práctico y aprovecha las oportunidades cuando las formaciones psíquicas más tardías y elevadas no consiguen sobreponerse a las dificultades del mundo real. En estos últimos años los autores psicoanalíticos han reparado en que la tesis: 'la ontogénesis es una repetición de la filogénesis' tiene que ser también aplicable a la vida anímica" (1913 [1976: 186-187]). Se deduce que el punto de vista genético debe tomar en cuenta dos componentes fundamentales: por un lado las experiencias de la primera infancia como influencias predisponentes, por el otro el tejido filogenético, ontogenéticamente repercutido, con su potencial carga patógena.

5] LAS DOS CONCEPCIONES DEL APARATO PSÍQUICO. En la visualización del aparato psíquico Freud estableció dos supuestos:

1] *En el primer supuesto* Freud distinguió tres sistemas: el **inconsciente** (*v.*), el **preconsciente** (*v.*) y el **consciente** (*v.*), cada uno de ellos con su función, su tipo de proceso, su energía de investimiento y sus contenidos representativos. Entre un sistema y el otro Freud supone censuras que controlan el paso de los contenidos psíquicos. Los sistemas pueden ser recorridos en sentido progresivo o regresivo, como en los sueños, en los que los pensamientos asumen la forma visual de las alucinaciones retrocediendo hasta los niveles de la percepción que se sitúa en el inicio del recorrido de la excitación.

2] *En el segundo supuesto* las instancias son el **ello** (*v.*), que es el polo pulsional de la personalidad, el **yo** (*v.*), que representa los intereses de la personalidad investida de la libido narcisista, y el **superyó** (*v.*), que se deriva de las exigencias y de las prohibiciones parentales y representa un papel judicial y de crítica. Este segundo supuesto, que aparece en los escritos posteriores a 1920, imagina los sistemas como personas relativamente autónomas en el interior de la personalidad. El primer supuesto está construido a partir del proceso de *represión* por el que tomaría consistencia el inconsciente, mientras que el segundo está caracterizado por un punto de vista genético más marcado que prevé una diferenciación gradual de las instancias psíquicas a partir del inconsciente, denominado **ello** (*v.*) en el segundo supuesto, que hunde sus raíces en el sustrato biológico (*v.* **estrato, teoría de los**).

6] CRÍTICAS A LA CONCEPCIÓN FREUDIANA DEL APARATO PSÍQUICO. Después de Freud los teóricos asumieron, a propósito del aparato psíquico, dos posiciones contrapuestas; algunos consideraron que era el elemento que justifica el derecho del psicoanálisis a plantearse como ciencia objetiva, no menos exacta en sus formulaciones que las otras disciplinas mejor establecidas desde tiempo antes y otros lo rechazaron porque consideraron que alcanza la objetividad sacrificando al sujeto con sus características no reducibles a lo físico. Desde este punto de vista la crítica más abundante viene de la psicología de orientación fenomenológica y en especial de L. Binswanger, para quien, una vez traducido a términos físicos el orden de los significados psíquicos, Freud no puede evitar la objetivación del sujeto requerida por la exigencia de las ciencias exactas pero señala que, en el caso de la psicología, se corre el peligro de perder precisamente lo que es peculiar de esta disciplina, a saber las características psíquicas de la subjetividad. Esto es especialmente evidente en el lenguaje, en el que el sujeto no puede decir de sí mismo "yo", sino que sólo puede entenderse a partir del aparato psíquico que *tiene* un yo, así como *tiene* un ello y un superyó. Además se pierde la **intencionalidad** (*v.*) del sujeto y su apertura al mundo que el aparato psíquico, por sus características diseñadas de acuerdo con el modelo de la física, no puede abarcar (*v.* **análisis existencial**, § 1).

BIBLIOGRAFÍA: Binswanger, L. (1936); Fechner, G.T. (1860); Freud, S. (1895); Freud, S. (1913); Freud, S. (1915); Freud, S. (1922); Freud, S. (1938); Helmholtz, H.L.F. von (1882); Meynert, T. (1890).

aparición (al. *Erscheinung*; fr. *apparition*; ingl. *apparition*; it. *apparizione*)

Término genérico que puede referirse a una alteración perceptiva (*v.* **percepción**), a una **ilusión** (*v.*) óptica con manifestaciones transitorias en los trastornos de la **conciencia** (*v.*, § 3), o a la percepción extrasensorial en los fenómenos parapsicológicos (*v.* **parapsicología**, § 1).

apatía (al. *Apathie*; fr. *apathie*; ingl. *apathy*; it. *apatia*)

El término, de origen griego, significa impasibilidad, insensibilidad, ausencia de pasiones (de πάνος con α privativa). Introducido por los estoicos para indicar la serenidad del alma que se alcanza con la independencia del influjo de las pasiones, lo retomó B. Spinoza para denominar el grado de perfección que se alcanza en la actividad racional cuando se libera del mundo de los afectos. I. Kant señaló la apatía como ideal de la razón y como estadio posterior al de la **simpatía** (*v.*), que sirve para guiar al hombre antes de que la razón alcance su madurez.

En psicología el término tiene un significado negativo y se refiere a la indiferencia afectiva por situaciones que normalmente suscitan interés o emoción. Frecuente en las depresiones, en las que están canceladas la capacidad de alegrarse y la posibilidad de cualquier proyección optimista en el futuro, la apatía es usual también en las esquizofrenias hebefrénicas en las que el sujeto, absorto en los fantasmas de su mundo interior, demuestra una escasísima capacidad de reaccionar emocionalmente a los estímulos del mundo exterior y a las relaciones interpersonales. La apatía puede manifestarse también en sujetos sanos que viven por largo tiempo situaciones rutinarias o frustrantes, en personas que han vivido recientemente un fuerte estado de ansiedad o de excitación, o una fuerte crisis afectiva, y finalmente en los que padecen prolongadas permanencias en hospitales, manicomios, prisiones u otros tipos de instituciones que reducen el intercambio con el mundo exterior.

BIBLIOGRAFÍA: Bleuler, E. (1911-1960); Young, P.T. (1943).

apercepción (al. *Apperzeption*; fr. *aperception*; ingl. *apperception*; it. *appercezione*)

Término históricamente importante, pero escasamente usado en la psicología contemporánea. Introducido por G.W. Leibniz, lo utilizaron en psicología J.F. Herbart y W. Wundt con dos significados diferentes. Para Herbart apercepción es el proceso por el cual la nueva experiencia se adapta a la totalidad de la experiencia pasada del individuo, formando con ésta un nuevo orden representativo. Para Wundt es el proceso por el cual un contenido de conciencia aparece con mayor claridad si va acompañado por un sentimiento de actividad, en contraposición a la sensación, que es pasiva. El concepto, además, fue utilizado por Wundt para diferenciar los vínculos asociativos, que se presentan automáticamente, de los apercept ivos, que resultan de una actividad consciente y reflexiva.

Hoy el término apercepción sobrevive únicamente como título de una prueba proyectiva que es el TAT (*v.*) (test de apercepción temática), y como categoría del esquema introducido por W. Stern para diferenciar las fases de apercepción en los niños: 1] estado de la sustancia; 2] de la acción; 3] de la relación; 4] de la cualidad, que se alcanza alrededor de los 14 años.

En psicología analítica el término apercepción fue retomado por C.G. Jung y diferenciado en dos modalidades: activa y pasiva. "La primera es un proceso gracias al cual el sujeto por sí, por motivos propios, conscientemente, toma con atención un nuevo contenido y lo asimila a otros contenidos listos para recibirlo; la segunda es un proceso por el cual un nuevo contenido se impone a la conciencia desde afuera (a través de los sentidos) o desde adentro (desde el inconsciente), obligando, por así decirlo, a la atención y a la consideración del sujeto a encargarse del proceso. En el primer caso el acento de la actividad cae sobre el yo, en el segundo cae sobre el nuevo contenido que se impone a la atención" (1921: 422).

BIBLIOGRAFÍA: Herbart, J.F. (1813); Jung, C.G. (1921); Leibniz, G.W. (1703); Murray, H.A. (1943); Stern, W. (1935); Wundt, W. (1896).

apetencia
v. ATRACCIÓN–REPULSIÓN, TEORÍA DE LA.

apetito
v. ALIMENTACIÓN, §1.

aplanamiento (al. *Abflachung*; fr. *aplatissement*; ingl. *flattening*; it. *appiattimento*)

Trastorno de la **afectividad** (*v.*) caracterizado por un empobrecimiento general de la reactividad emotiva, que nunca resulta adecuada al estímulo. El sujeto con una afectividad aplanada es descrito generalmente como monótono, emotivamente apagado, privado de vivacidad, insensible y frío. Quien sufre de aplanamiento se lamenta de que la realidad le parece extraña y que por consiguiente sus respuestas le resultan forzadas, falsas e inauténticas.

aplazamiento (al. *Aufschub*; fr. *renvoi*; ingl. *delay*; it. *differimento*)

Dilación de una acción respecto al estímulo interno o externo que lo provoca. El término se utiliza en:

1] *Psicología experimental*, donde I.M.L. Hunter, obligando al conejillo a actuar un poco después de la interrupción del estímulo, pudo cuantificar, gracias al aplazamiento de la acción, el tiempo que el estímulo permanece en la memoria.

2] *Psicoanálisis*, donde el aplazamiento se refiere a la satisfacción de la pulsión, y cuya dilación señala el paso del **principio del placer** (*v.*, § 1) al **principio de realidad** (*v.* § 3). El aplazamiento debe diferenciarse de la **postergación** (*v.*) (*Nachstellung*), que es un desplazamiento temporal de la reacción afectiva con el fin de diferenciarse del afecto.

BIBLIOGRAFÍA: Freud, S. (1920); Hunter, I.M.L. (1964).

aplicación (al. *Eifer*; fr. *application*; ingl. *application*; it. *applicazione*)

Capacidad de empeñarse en la ejecución de una actividad práctica o teórica con determinación, concentración y continuidad. El término, que indica también la calidad relativa del carácter de quien se aplica de tal modo, es de antiguo uso en la pedagogía escolar que trata de explicar causas, condiciones y modalidades (v. **escolar, formación**).

aplicada, psicología
v. PSICOLOGÍA APLICADA.

apnea psicógena (al. *Psychogenische Apnoe*; fr. *apnée psychogénique*; ingl. *psychogenic apnoea*; it. *apnea psicogena*)

Paro de origen nervioso de los movimientos respiratorios, frecuente en los niños entre los 6 meses y los 3 años de edad. Generalmente está causada por una manifestación imprevista de cólera después de la frustración de un deseo, o por una crisis de angustia. En esta situación el niño puede llegar a una interrupción momentánea de la respiración, acompañada de cianosis transitoria e incluso puede presentarse con convulsiones, sin que se trate de epilepsia. La apnea infantil debe diferenciarse de las formas de apnea que se registran durante el sueño y que causan el despertar (v. **sueño**, § 3, *b*).

apolíneo
v. TIPOLOGÍA, § 3, *b*.

a posteriori
v. A PRIORI–A POSTERIORI.

apoyo
v. ANACLISIS.

apoyo, psicoterapia de
v. PSICOTERAPIA, § 3.

apratognosia (al. *Aprattognosie*; fr. *aprattognosie*; ingl. *aprattognosia*; it. *aprattognosia*)

Trastorno de la acción que puede depender de una falta de reconocimiento del propio cuerpo (*somatognosia*), de trastornos de la percepción visual, auditiva, táctil y olfativa (*agnosia*), de un déficit de las capacidades gestuales (*apraxia*). Estos trastornos aparecen en presencia de lesiones que interesan las zonas asociativas de los dos hemisferios: el derecho, que tiene mayor importancia en el orden de las acciones, y el izquierdo, en el que se fijan las adquisiciones lingüísticas que nos permiten transmitir a los demás las informaciones relativas a nuestro esquema corporal y, a través de esto, al mundo que nos rodea. El "hacer", en efecto, implica un "saber" qué cosa se debe hacer. El elemento cognoscitivo, que puede estar comprometido en las diferentes formas de agnosia, no está nunca separado del elemento operativo, que puede estar comprometido en las diferentes formas de apraxia. Este vínculo, traducido al lenguaje neurológico, subraya la interdependencia entre los trastornos de las funciones superiores y las alteraciones de las vías nerviosas y sensoriales. La apratognosia es, por lo tanto, la clasificación que abarca la diversas formas de **agnosia** (v.), **apraxia** (v.) y **somatoagnosia** (v.).

apraxia (al. *Apraxie*; fr. *apraxie*; ingl. *apraxia*; it. *aprassia*)

Inhabilidad en la ejecución gestual (v. **gesto**, § 1 y **movimiento**, § 1, *b*) por lesiones corticales de las zonas de asociación (v. **motricidad**), o por defecto del control sensitivo (que es esencialmente propioceptivo) o del control sensorial (que es esencialmente visual, pero también laberíntico, auditivo, olfativo, etc.). Cuando la apraxia depende no sólo de la incapacidad de ejecución, sino también de un defecto de conocimiento relativo a lo que se debe hacer (v. **agnosia**), se habla de **apratognosia** (v.).

1] NEUROLOGÍA. En la literatura neurológica se distinguen cuatro formas de apraxia: a] *motriz* o *cinética*, debida a la pérdida de los esquemas de la memoria cinestésica para la ejecución de actos correctos, sobre todo los movimientos finos; b] *ideomotriz* o *idiocinética*, en la que el esquema de la memoria está conservado, pero no es accesible al llamado voluntario, por lo que es imposible ejecutar su orden o, por imitación, los mismos movimientos que pueden realizarse automáticamente; c] *ideativa*, por la incapacidad para formular un programa de acción, aunque no esté comprometida la capacidad de ejecutar cada una de las secuencias; *d*] *constructiva*, en la que se revela una incapacidad para integrar las partes con el todo por trastornos en la organización espacial.

2] PSICOMOTRICIDAD. En la bibliografía sobre psicomotricidad, que se construye en el modelo genético (*v.* **epistemología genética**) de J. Piaget, se llegó a la siguiente caracterización de las apraxias: *a*] *sensorio-cinética*, que no presenta trastornos en la representación del acto sino en la síntesis sensomotriz que es la base de su ejecución; *b*] *somato-espacial*, debida a una desorganización conjunta del esquema corporal (*v.* **cuerpo**, § 1) y de las coordinaciones espaciales; *c*] *simbólica*, debida a una desorganización general de la actividad simbólica que incluye también el **lenguaje** (*v.*, § 5). Piaget pone en evidencia la correspondencia entre estas tres formas de apraxia y los tres estadios del desarrollo cognoscitivo (*v.* **cognición**, § 2).

3] FORMAS DE APRAXIA. Las diversas formas de apraxia se identifican según se refieran a los objetos, a la gestualidad o a la reproducción de las formas. *a*] En el *uso de los objetos* se identifica una *apraxia propiamente dicha*, que depende de una lesión del área cortical parieto-temporo-occipital que conlleva una reducción o destrucción de los engramas que unen todas las experiencias aprendidas en el propio cuerpo y las aprendidas en las cosas y el espacio que las circunda, y una *dispraxia*, que es una dificultad para ejecutar movimientos precisos por incapacidad de adaptar la estructura del movimiento a la configuración del objeto, o por incapacidad de ordenar los movimientos en relación con el cuerpo (*v.* **somatoagnosia**). *b*] En la *gestualidad* se habla de apraxia tanto por lo que concierne a la imitación de los gestos de los demás como por lo que toca a la comunicación gestual que acompaña la comunicación lingüística (*v.* **gesto**, § 1, 3). *c*] En la *reproducción de las formas* la pérdida del "saber hacer" toma el nombre de *apraxia constructiva* o *amorfosíntesis*, porque en cada construcción para la reproducción de formas es necesaria una síntesis de dos mecanismos asociativos: el análisis visual-táctil dirigido por el hemisferio derecho, y la disponibilidad de las connotaciones simbólicas que dan el significado de las formas, bajo

la dirección del hemisferio izquierdo. En sentido amplio se habla de *apraxia unilateral* a propósito de la escasa o nula utilización de una de las extremidades superiores.

BIBLIOGRAFÍA: Ajuriaguerra, J. de (1960); Argyle M. (1965); Doron, R. (1971); Leroi-Gourhan, A. (1964-1965); Orlic, M.L. (1971); Piaget, J. (1936); Piaget, J. (1960).

aprehensión (al. *Auffassung*; fr. *appréhension*; ingl. *apprehension*; it. *apprensione*)

Término de origen filosófico empleado por I. Kant para denominar el acto con el cual el múltiplo sensible es sintetizado en las formas puras del espacio y del tiempo. En psicología algunos hablan de aprehensión para indicar una evaluación inmediata de objetos, cualidades o acontecimientos que tienen características de simplicidad, y la colocan entre la **percepción** (*v.*) y la **comprensión** (*v.* **psicología comprensiva**); otros la aceptan como sinónimo de **apercepción** (*v.*) para denotar la elaboración consciente de materiales recibidos por primera vez y correlacionados con los materiales existentes de la experiencia. Por último, el término es usado para indicar una sensación confusa y ansiógena dirigida al futuro, y en este caso se convierte en un sinónimo de ansiedad ante un peligro inminente o una perspectiva incierta.

aprendizaje (al. *Erlernung*; fr. *acquisition*; ingl. *learning*; it. *apprendimento*)

Proceso psíquico que permite una modificación perdurable del comportamiento por efecto de la experiencia. Con esta definición se excluyen todas las modificaciones de breve duración debidas a condiciones temporales, episodios aislados, acontecimientos ocasionales, hechos traumáticos, mientras que la referencia a la experiencia excluye todas aquellas modificaciones determinadas por factores innatos o por procesos biológicos de maduración. Por lo general suelen diferenciarse dos tipos de aprendizaje:

I. *El aprendizaje asociativo*, llamado también *simple o mecánico*, basado en la relación estímulo-respuesta, que permite la formación de las costumbres. Esto abarca el condicionamiento *clásico*, el condicionamiento *operante* y el aprendizaje de *respuesta combinada*.

II. *El aprendizaje cognoscitivo*, llamado *complejo*, que involucra funciones psíquicas superiores, como la percepción, la inteligencia y en general los procesos cognoscitivos propios del hombre y que pueden hacerse extensivos, de manera limitada, a los mamíferos superiores.

I. El aprendizaje asociativo

1] EL CONDICIONAMIENTO CLÁSICO. Con esta expresión nos referimos al descubrimiento hecho por el fisiólogo ruso I.P. Pavlov de que, al someter perros a algunos estímulos presentados durante el consumo del alimento, comprobó que dichos estímulos provocaban una secreción salival aun cuando el alimento no fuera efectivamente suministrado. De esta manera, en una jaula experimental, a un estímulo neutral, llamado condicionado (EC), como por ejemplo una luz intermitente y una señal acústica, le seguía un estímulo incondicionado (EI) que consistía generalmente en el suministro de alimento en el grado necesario para provocar la respuesta incondicionada (RN), o sea la salivación. Después de un número suficiente de tales "pruebas de condicionamiento", constituidas por la secuencia fija EC-EI-RI, el estímulo condicionado era capaz de provocar la respuesta no condicionada aun en ausencia del suministro de alimento. Pavlov explicó dichos *reflejos condicionados* basándose en la teoría del **asociacionismo** (v.) según la cual, después de la combinación del estímulo condicionado con el suministro de alimento, se crea en el animal una asociación tal entre los dos hechos que la presentación del estímulo condicionado activa la representación mental del alimento (o estímulo incondicionado), que a su vez evoca la salivación (o respuesta incondicionada), tal como la habría evocado la aparición real de la comida misma. Después de hacer extensivo el condicionamiento pavloviano a diversas especies animales y al hombre, en el que resultan condicionadas, por ejemplo, diversas funciones orgánicas, además de algunas reacciones emocionales, como el miedo o la ansiedad, ciertos autores sostienen que todos los tipos de aprendizaje pueden atribuirse al condicionamiento clásico, mientras otros son

de la opinión de que éste se limita a las reacciones que dependen del sistema nervioso autónomo, pero que es insuficiente para explicar las formas de aprendizaje que involucran procesos superiores.

Las leyes que se pueden deducir del condicionamiento clásico son las siguientes:

a] *El refuerzo*: en el condicionamiento clásico se da por el acoplamiento de EC y EI. El período durante el cual el organismo aprende la asociación entre EC y EI se llama fase de *adquisición* del condicionamiento, que puede ser *simultánea*, cuando EC precede por una fracción de segundo a EI y se mantiene activo hasta la aparición de la respuesta; *diferido* cuando EC se introduce bastantes segundos antes de EI y perdura hasta la aparición de la respuesta; de *indicio* cuando EC se retira antes de que se inicie EI. Cuando la respuesta se mantiene más o menos en el mismo nivel se habla de nivel estable de respuesta o *asíntota* de la curva de aprendizaje, respecto a la que nuevas pruebas de adquisición no llevan a ningún crecimiento de los resultados. Los recursos para medir la eficacia del refuerzo son la *amplitud* de la respuesta condicionada (RC) que, en el ejemplo de los perros de Pavlov, es la cantidad de saliva secretada; la *latencia*, que es el tiempo que transcurre entre EC y RC; el *número de pruebas* necesarias para alcanzar un nivel de condicionamiento preestablecido, y la *probabilidad de aparición de la respuesta*, ya que RC no se activa necesariamente en cada presentación de EC.

b] *La extinción* es la repetición del estímulo condicionado sin respuesta. La omisión repetida de EN que conlleva la eliminación del refuerzo hace disminuir gradualmente, hasta la extinción, las respuestas condicionadas. La extinción no excluye que RC, después de un período de reposo, pueda reaparecer aun sin la intervención de un refuerzo; en este caso se habla de recuperación espontánea.

c] *La generalización* es la capacidad de reaccionar a nuevas situaciones cuando éstas se parecen a otras ya familiares, por lo que si un perro aprende a salivar con el sonido sol, salivará también en respuesta a sonidos más altos o más bajos. Tanto las más elementales respuestas sensoriales como las respuestas de representaciones abstractas pueden ser objeto de una generalización, como en el caso del *condicionamiento semántico*, cuando un sujeto, condicionado por la palabra "bueno" da la misma respuesta condicionada cuando oye la descripción de una buena obra. Se llama *gradiente de generalización* a la relación entre la amplitud de RC y la diversificación de EC. De hecho se comprueba que la amplitud disminuye conforme se reduce la semejanza del estímulo condicionado con el estímulo original.

d] *La discriminación* es lo opuesto de la generalización, porque mientras esta última es una respuesta a las analogías, la discriminación es una respuesta a las diferencias, que se obtiene mediante refuerzo y extinción selectivos. Cuando por ejemplo un niño aprende por primera vez a decir "mamá", usará este nombre para cualquier mujer; después, mediante refuerzo y extinción diferenciada, la respuesta será finalmente circunscrita a la verdadera madre.

2] EL CONDICIONAMIENTO OPERANTE. Mientras en el condicionamiento clásico de tipo pavloviano la acción del organismo es una *respuesta* a un estímulo, en el condicionamiento operante es una *operación* que el organismo realiza en el medio con miras a un objetivo. Se considera que el condicionamiento operante, a diferencia del clásico, actúa en las reacciones del comportamiento a través del sistema nervioso central, al que debe recurrir para las respuestas voluntarias. El concepto de condicionamiento operante, introducido por E.L. Thorndike con la denominación de *condicionamiento instrumental* o de *aprendizaje por* **ensayo y error** (*v.* IV), se basa en la *ley del efecto*, formulada por el mismo Thorndike, según la cual las respuestas reforzadas por algo de lo que el animal tiene necesidad, que quiere o desea tienen mayores probabilidades de verificarse que otras. A la ley del efecto llegó Thorndike metiendo un gato en una jaula experimental, en la que era necesario levantar una palanca para salir y tener acceso al alimento. Verificando los tiempos de las pruebas se podía notar que el gato pasaba cada vez menos tiempo en la jaula, hasta que, después de unos veinte intentos, era capaz de salir en cuanto lo metían. Al igual que en los experimentos de Pavlov, también en este caso el refuerzo está representado por la comida, pero su aparición no depende de un estímulo condicionado sino de un **comportamiento** (*v.*, § 2) específico del animal. Ésta fue la razón por la cual B.F. Skinner llamó a este condicionamiento

"operante", enriqueciendo la experimentación con la introducción de refuerzos positivos (el alimento) y refuerzos negativos (la descarga eléctrica) que acercan el efecto placentero o alejan el desagradable cuando se da la respuesta correcta (*v.* **atracción-repulsión, teoría de la**).

Skinner y la psicología experimental a partir de él procedieron a determinar los llamados *parámetros del refuerzo*, y precisaron la *cantidad*, por la cual cuanto mayor es el refuerzo tanto más rápido es el aprendizaje; el *tiempo*, por el cual la recompensa o el castigo alcanzan la máxima eficiencia cuando son inmediatos; la *naturaleza* del refuerzo, por la cual el alimento, el agua y la suspensión de una descarga eléctrica, con la consiguiente reducción del hambre, de la sed o del dolor, están entre los refuerzos más eficientes. Con base en esta última comprobación fue posible explicar por qué los acontecimientos reforzadores aumentan la probabilidad de la respuesta, y formular la *teoría del refuerzo* como reducción de las pulsiones.

Gran parte de la conducta humana puede considerarse como expresión de un condicionamiento operante, como girar una llave en la cerradura para abrir una puerta, estudiar para ser aprobados; en estos casos el comportamiento no está provocado por un estímulo condicionante sino, como decía Thorndike, por la "consecuencia placentera" que se deriva de él. Se encuentran entre las "consecuencias placenteras" los refuerzos *verbales* de aprobación o de desaprobación, *sociales* de integración o de aislamiento con miras a un comportamiento cada vez más adaptado al ambiente. Desde este punto de vista el condicionamiento operante puede considerarse como una forma de terapia de la **conducta** (*v.*, § 4), en la que el terapeuta recompensa o refuerza con su propia actitud determinados discursos o acciones del paciente que están en la línea de la conducta deseada. Se recurre al condicionamiento operante en la terapia de niños **autistas** (*v.*), con la cual el terapeuta refuerza los sonidos más cercanos a las palabras, para después usarlos como base para la formulación de palabras correctas, y en todas las formas de aprendizaje programado, en las que las respuestas positivas funcionan como refuerzo para el aprendizaje sucesivo.

3] EL APRENDIZAJE DE RESPUESTAS COMBINADAS. *a*] Mientras el condicionamiento clásico y el condicionamiento operante, aun con sus significativas diferencias, se refieren a una sola respuesta que, aunque compleja, es identificable como un acto unitario, el aprendizaje de respuestas combinadas se refiere a un conjunto de actos o secuencias del comportamiento que deben ser coordinadas entre sí para que la respuesta sea adecuada a la situación. Entran en este campo todas las **habilidades** (*v.*), algunas de las cuales, como la *habilidad sensomotriz* y la *memorización mecánica*, fueron estudiadas en laboratorio, donde se pudo comprobar, en el primer caso, que andar en bicicleta, dar un salto mortal desde el trampolín, tocar el piano, no significan sólo destreza en la ejecución de la acción, sino la combinación de más habilidades, en el sentido de que quien anda en bicicleta debe estar atento al tráfico y evitar colisiones, que el clavadista debe calcular el tiempo en proporción a la altura, que el pianista debe leer las notas y tratar de tocar con sentimiento. Estas consideraciones ponen en evidencia el *control sensorial* de la actividad, más allá de la habilidad muscular. En la memorización mecánica, que a diferencia de la lógica prevé el aprendizaje palabra por palabra, elemento por elemento, mediante repetición, desarrolla un papel decisivo la solidez individual de las **asociaciones** (*v.*), tanto en la *memorización* serial, como aprender de memoria una poesía o las partes de un texto teatral, como en el aprendizaje por *pares asociados*, en el que una palabra desempeña el papel de estímulo a la palabra que se asocia con ella.

b] El aprendizaje de respuestas combinadas se mide por la *curva de aprendizaje*, representación gráfica que registra los niveles de capacidad de un sujeto en el curso de las pruebas sucesivas a que es sometido, y de las que es posible inferir el grado de aprendizaje sensomotor, por ejemplo en un ejercicio de gimnasia, o mnemotécnico-verbal, por ejemplo una poesía o una lengua. En la curva la abcisa indica los valores numéricos relativos al ejercicio, y por lo tanto el número de pruebas y el tiempo empleado en ejecutarlas, mientras la ordenada señala los valores numéricos relativos al aprovechamiento, y por lo tanto el número de errores cometidos y de elementos aprendidos. En las curvas de aprendizaje se pueden encontrar mesetas que corresponden a los períodos en los que, no obstante la práctica, el aprendizaje no mejora, así como, con la cesación del ejercicio, la curva del aprendizaje se convierte en *curva de retención y olvido* (*v.* **memoria**, § 4). Cuando el progreso del aprendizaje es rápido al principio y progresivamente se hace más lento, hasta llegar a un nivel de aprovechamiento uniforme, la curva que se obtiene se acelera en sentido negativo, y lo hace en sentido positivo cuando el progreso en el aprendizaje es muy lento al principio y después aumenta gradualmente hasta un nivel de capacidad óptima.

II. El aprendizaje cognoscitivo

Los tipos de aprendizaje considerados hasta este punto se pueden interpretar como secuencias de estímulo-respuesta de menor o mayor complejidad, y dan inicio a organizaciones del comportamiento en *costumbres* o *asociaciones*. En cambio, donde el papel de la percepción y del conocimiento es mayor, y la comprensión no se da por la suma de actividades fragmentarias sino que exige que se tomen en cuenta las *relaciones esenciales* y el *significado* de la situación, se habla de aprendizaje cognoscitivo o complejo, en el que la solución de un problema no se da por ensayo y error sino porque se capta la estructura de algo complejo. Las diferentes formas en las que se realiza el aprendizaje cognoscitivo son, entre las más estudiadas:

1] LA INTUICIÓN o **insight** (*v.*). Concepto elaborado por la teoría de la forma en referencia a las soluciones de un problema a las que se llega por una intuición imprevista. E. Köhler llevó a cabo algunos experimentos con un chimpancé que tenía a su disposición un bastón muy corto para alcanzar un fruto colocado fuera de la jaula, y utilizó el instrumento para acercar un bastón más largo con el cual poder tomar el fruto. El animal resolvió el problema no por ensayo y error, sino intuyendo las relaciones esenciales del mismo, que estaban en la relación entre los bastones y el fruto. De la repetición del experimento se pudo determinar: a] que la *intuición* o *insight* se facilita si los elementos esenciales para la solución del problema están dispuestos de manera tal que sus recíprocas relaciones puedan ser globalmente percibidas; b] que una solución obtenida por *intuición* o *insight* puede ser readaptada más rápidamente que la alcanzada por ensayo y error; c] que al no tratarse de un hábito motor, sino de una relación cognoscitiva entre un medio y un fin, una solución obtenida por *intuición* o *insight* puede ser aplicada a nuevas soluciones.

2] EL APRENDIZAJE POR SEÑALES. Es una teoría desarrollada por E.C. Tolman, según la cual el animal en el laberinto no aprende sólo una secuencia de movimientos que lo conducen a la salida, sino que desarrolla también una representación interna del laberinto que en caso de necesidad, como cuando la vía natural está obstruida, le permite utilizar desvíos que lo conduzcan a la meta. Esto es posible porque, en la secuencia de las señales que se suceden para alcanzar una meta, el animal adquiere una respuesta motriz, como puede ser la presión de una palanca, porque adquirió una expectativa, que es un hecho cognoscitivo. Tolman llamó *anticipación inferencial* a la capacidad del animal para reorganizar espontáneamente su comportamiento durante el recorrido del laberinto, cuando la expectativa es que fuera cambiado. A partir de esta observación Tolman llega a suponer una especie de *aprendizaje latente* no observable en el período en el que sucede, pero que se activa de improviso en caso de necesidad o de recompensa. Así, si a un grupo de ratones metidos en un laberinto se les retira el alimento cuando llegan a la meta, este grupo aprende menos que otro al que se le deja el alimento, pero si después de algunos días también al primer grupo le es suministrado el alimento, se comprueba que la habilidad llega rápidamente al nivel del grupo que siempre estuvo reforzado y, en ocasiones, lo supera, lo que demuestra que el grupo no reforzado había aprendido a orientarse en el laberinto sin el incentivo del alimento.

3] LA TRANSFERENCIA Y LA INTERFERENCIA RETROACTIVA. Son factores que facilitan o inhiben el aprendizaje. La transferencia es la influencia del aprendizaje de una actividad sobre el aprendizaje; la interferencia retroactiva es el efecto que el aprendizaje sucesivo ejerce en la retención del aprendizaje precedente (*v.* **memoria,** § 4, *b*). Las dos nociones son importantes para entender cómo se integran y se encadenan las actividades aprendidas permitien-

do a nuestra experiencia manifestarse como un *continuo* y no como una sucesión de actividades aisladas. Al respecto una explicación fisiológica afirma que la actividad nerviosa que se activa en la fase de aprendizaje no se detiene al cesar éste, sino que persiste por cierto tiempo como efecto consecutivo o **perseveración** (*v.*), permitiendo la consolidación y la continuidad de las asociaciones creadas.

4] LOS ESQUEMAS DE CODIFICACIÓN Y SELECCIÓN. Al perfeccionarse los experimentos fue posible elaborar modelos matemáticos construidos a partir de algunas hipótesis básicas de las que se derivan ecuaciones aplicadas a los datos experimentales. Un ejemplo es la *teoría del muestrario del estímulo*, en la cual con los cálculos adecuados, es posible prever la marcha del proceso de aprendizaje cuando se dispone sólo de los datos relativos a la ejecución de las primeras pruebas. Quien intuyó por primera vez esta posibilidad fue F.C. Bartlett que, en 1938, sugirió que nuestro conocimiento del mundo se constituye con estructuras dinámicas a las que llamó "esquemas", que no son instrumentos de almacenamiento pasivo del conocimiento sino más bien estructuras de codificación activa que asimilan y transforman selectivamente las nuevas informaciones provenientes del mundo perceptivo. La hipótesis fue confirmada por N. Chomsky en el campo lingüístico, en el que se pudo demostrar que las formas del pensamiento pueden ser deducidas de las reglas de la estructura sintáctica, que son, por lo demás, las reglas que el cerebro seguiría para ordenar y almacenar la información. En la actualidad la investigación prosigue en la dirección del descubrimiento de estructuras cognoscitivas que sean igualmente aplicables tanto a las técnicas de almacenamiento y de recuperación de datos de las computadoras como a las modalidades con las que el cerebro asimila y recupera la información.

III. Dispositivos, motivaciones y trastornos del aprendizaje

Los estudios de los modelos *asociativo* y *cognoscitivo* del aprendizaje fueron integrados por otros estudios en psicología, que subrayan la importancia de algunos dispositivos y estrategias de aprendizaje, además de la incidencia de la motivación en los procesos de adquisición, mientras en *psicopatología* se han considerado los trastornos del aprendizaje de acuerdo con las condiciones neurológicas y las condiciones sociales.

1] DISPOSITIVOS Y ESTRATEGIAS DE APRENDIZAJE. En este ámbito merecen ser recordados por su relevancia en los procesos de adquisición el *acostumbramiento* o **habituación** (*v.*) expuesto en 1970 por P. Groves y R. Thompson, la **impronta** (*v.*) estudiada por K. Lorenz, limitada a períodos críticos o especialmente delicados de la ontogenia, y el *aprendiendo a aprender* ilustrado por H.F. Harlow, para quien cualquier orden de problemas que admiten para su solución una regla común, como la elección entre el lado derecho o el izquierdo del laberinto, o entre un objeto blanco y uno negro, puede dar paso a un recurso para el aprendizaje que conlleva el remplazo de estrategias inadecuadas o factores de error por la adquisición de la regla o concepto que los une.

A los recursos del aprendizaje deben agregarse las *estrategias* que pueden ir desde las adoptadas espontáneamente por los individuos cuando quieren aprender alguna cosa, u organizadas de antemano en la compilación de textos, en el establecimiento de una disciplina, en la exposición con la ayuda de figuras, en la inserción de preguntas, hasta los llamados "organizadores de avanzada", orientados a vincular los materiales a aprender con conocimientos ya adquiridos. La adopción de estrategias espontáneas y la capacidad de utilizar las estrategias ya organizadas son indicadores del nivel de evolución alcanzado en los procesos cognoscitivos de quien aprende.

2] MOTIVACIONES EN EL APRENDIZAJE. En este aspecto nos preguntamos en qué *medida* influyen factores motivacionales en el aprendizaje, y de qué *manera* intervienen en la adopción de un comportamiento, antes que de otro. Las investigaciones se llevaron a cabo sobre todo en el ámbito de la psicología animal y en el de la psicología de la edad evolutiva. En el primer ámbito la motivación está conceptualizada como **pulsión** (*v.*) y como **necesidad** (*v.*), y por lo tanto como algo que modifica la **homeostasis** (*v.*) del organismo. En este sentido se orientan las experimentaciones de C.L. Hull y de R.C. Bolles quienes, trabajando con condicionamientos de atracción y de rechazo, llegaron a la conclusión de que la pulsión es la única influencia motiva-

cional en la respuesta instrumental y operativa realizada por el animal. Respecto a Hull, Bolles, sustituyendo el término "incentivo" por "expectativa", catalogó entre los procesos cognoscitivos –y no entre los asociativos–, la pulsión-motivación que en los animales favorece el aprendizaje de las estrategias de satisfacción.

En el campo de la psicología evolutiva, en cambio, el orden de las motivaciones va desde la curiosidad nacida de la mayor o menor inteligencia hasta la necesidad de aprobación por parte de los padres, desde problemas de liderazgo en relación con los compañeros hasta la necesidad de éxito, lo cual a su vez está condicionado por el tipo de sociedad en la que se vive, por el modelo de familia de la que se proviene, por las ventajas que se perciben, por la cantidad de ansiedad frente a un eventual fracaso que se logra controlar, por problemas de autoestima, por la tendencia a atribuirse a uno mismo los éxitos y a las circunstancias externas los fracasos, o viceversa; todo esto en relación con las características del esfuerzo y con el cálculo consciente e inconsciente de la relación entre esfuerzo y resultado.

3] TRASTORNOS DEL APRENDIZAJE. Esta expresión se puede usar en referencia a determinados aspectos del aprendizaje en el que el sujeto puede encontrar dificultad o, más en general, en referencia al hecho de que el sujeto tiene dificultad para aprender. Este segundo caso está codificado con la expresión "dificultad de aprendizaje", en sustitución de "limitado", en el lenguaje de la "British 1981 Act on Special Education", y se refiere a quien "presenta una falta de habilidad que le impide o le dificulta el uso de los elementos educativos de apoyo adoptados generalmente en las escuelas". Por lo que se refiere en cambio a las dificultades de aprendizaje *específicas*, éstas dependen, por un lado, de la definición de inteligencia como concepto unitario, y no como género, que abarca diferenciaciones actitudinales, y por el otro de la dificultad de medir la discrepancia entre los resultados alcanzados por el sujeto y su edad cronológica (*retraso*), o su presunto potencial de inteligencia (*retardo*).

Las dificultades de aprendizaje de los niños están descritas, además, basándose en las denominaciones asignadas por los estudios clínicos de tipo neurológico hechos en los adultos que han perdido la capacidad de manifestar determinadas capacidades después de sufrir diversas formas de daño neurológico, mientras, como dice K. Wedell, en los casos de los niños no se trata de pérdida de una facultad, sino de una falta de desarrollo o de adquisición de la misma. Los trastornos del aprendizaje, descritos en referencia a las capacidades que subyacen a la sintomatología, están clasificados como disfunciones de procesos psicológicos que darían lugar a la carencia de capacidades en el campo de la *motricidad*, como la falta de precisión; en el de la *cognición*, como la dificultad de concentración, los trastornos de la atención, la inhibición de la inteligencia; en el de la *motivación*, como la pereza, la resignación, la ansiedad; en el *somático*, como el agotamiento o la atonía vegetativa. Frente a la falta de pruebas que demuestren la vinculación entre defectos del aprendizaje y daños neurológicos comprobables, se introdujo la noción de "disfunción cerebral mínima", según la cual los trastornos del aprendizaje pueden ser provocados por formas subclínicas de daño neurológico. Se prepararon para esto diversos paquetes de **tests** (*v.*), a fin de evaluar los procesos psicológicos que estarían en la base de los trastornos del aprendizaje, y como consecuencia programas de recuperación para cada una de las funciones objeto de evaluación, además de medidas terapéuticas generales como la terapia del comportamiento y la psicología de lo profundo, aunque la tendencia más difundida es la de tratar los trastornos del aprendizaje desde el punto de vista sociológico, imputando su existencia a las condiciones de crecimiento, de educación, de cultura familiar inadecuada frente a los requerimientos de la sociedad actual.

4] PROBLEMÁTICAS VIGENTES. La teoría del aprendizaje está todavía abierta hoy a dos tipos de problemas: *a*] en el *aprendizaje por condicionamiento clásico* y *operante* se dividen los seguidores de la diferencia entre las dos modalidades adquisitivas y los que tratan de reconducir un tipo de condicionamiento al otro, además de los que consideran que una y otra teoría presentan sólo las operaciones usadas para estudiar el aprendizaje, y no un verdadero proceso subyacente; *b*] por lo que se refiere a la relación entre *aprendizaje asociativo* y *aprendizaje cognoscitivo*, hay quien tiende a subsumir el segundo en el primero y quien mantiene una rigurosa diferenciación porque el aprendizaje a veces es un reforzamiento de las respuestas, a veces una adquisición de esquemas sin los cuales no podrían darse las respuestas. Además, el nexo aprendizaje-acción es mucho menos cercano de lo que pretenden las teorías basadas en el estímulo-respuesta. Queda por fin, *c*] el problema de la *legitimidad de una teoría general* del aprendizaje construida sobre los éxitos obtenidos a partir de la experimentación realizada con animales. Esta reserva modificó la actitud de la terapia del **comportamiento** (*v.*, § 4), que hoy reconoce, además del papel del condicionamiento y del refuerzo, la importancia de los procesos cognoscitivos, del autorrefuerzo y de la imitación para llegar a la modificación del comportamiento.

IV. Nomenclatura de las diferentes formas de aprendizaje

Accidental: llamado también *ocasional*, cuando no se da en el sujeto ninguna intención de aprender, o bien, en el caso de los experimentos, no se da ninguna instrucción a quien debe aprender. Este tipo de aprendizaje está en la base de la experiencia que se adquiere en la vida cotidiana. Su contrario es el aprendizaje *intencional o propositivo*.

A aprender, *v.* arriba (§ III, 1).

Asociativo o *mecánico* o *simple*: *v.* arriba (§ I, 1).

Automático: se refiere a los robots que aprenden, y se define como la emulación de los procesos humanos de adquisición de conocimientos a través de algoritmos programados en calculadoras digitales.

Bicircular: se produce cuando quien actúa altera los valores que gobiernan el sistema dentro del cual sucede su acción. Dicha forma de aprendizaje, que entraña la discusión de los fundamentos lógicos de un sistema, es útil para determinar variaciones y previsiones de posibles futuros. Su contrario es el aprendizaje *monocircular*, en el que no sucede esta alteración y donde el único criterio de referencia es la eficiencia.

Concentrado: o sea sin intervalos entre las diferentes partes por aprender; su opuesto es el aprendizaje *repartido*, en el cual los intervalos no deben ser demasiado largos para no incrementar la curva del olvido. El aprendizaje concentrado, por ser un ejercicio ininterrumpido, puede reducir la eficiencia por saturación. Investigaciones a propósito han demostrado que los extrovertidos aprenden mejor con el método repartido y los introvertidos con el concentrado.

Conceptual: identificación y solución de problemas sólo con los instrumentos del pensamiento, sin objetos observables y manipulables. Este aprendizaje se contrapone al *mecánico*, al *perceptivo*, y al *motor*.

De comportamientos anormales: en psicología clínica es el estudio de las respuestas desajustadas (*v.* **ajuste**) provocadas por condiciones desfavorables del ambiente familiar y social.

Del opuesto: en una discriminación que ha sido aprendida previamente aprender el opuesto significa, en una pareja A-B, elegir B después de haber aprendido a elegir A. El aprendizaje del opuesto optimiza, en el reaprendizaje, el aprendizaje de la tarea inicial.

Diferido o *de respuesta diferida*: denota el aprendizaje que abarca un largo intervalo entre el condicionamiento y la respuesta.

En el sueño: a través de la presentación de un material verbal. En el sueño la curva del olvido tiene un comportamiento más plano por la reducción, respecto a la vigilia, de los procesos de interferencia con material mnemónico.

Global: el material por aprender o la tarea motriz propuesta es enfrentada en su conjunto, y no en la sucesión de sus partes.

Imitativo: la respuesta es copia más o menos fiel de la de otras personas. La imitación puede ser intencional o puede desarrollarse como proceso automático o semiautomático. En estos casos se usa el término *identificación*.

Innato: evidente en las primeras horas de vida de cualquier animal y del niño. Forma la base del apego a los padres y representa una base estable para el desarrollo posterior.

Intencional: el aprendizaje es el fin explícito que se propone el sujeto; este tipo de aprendizaje se opone al *ocasional* o *accidental*.

Intuitivo: llamado también aprendizaje por *insight* (*v.* arriba, § II, 1).

Latente: *v.* arriba (§ II, 2).

Mecánico: actividad mnemónica desligada de la comprensión cuando la tarea propuesta es pura y simple repetición. La experimentación de esta forma de aprendizaje entra en las investigaciones de la **memoria** (*v.*).

Mental: sucede por la elaboración cognoscitiva de la tarea, mediante la representación de lo que se debe realizar o por medio de su descripción verbal. En este tipo de aprendizaje se

basa la mayor parte de los sistemas educativos y de formación.

Monocircular: *v. bicircular*.

Motor: perfeccionamiento de las capacidades de movimiento por medio del ejercicio y la percepción cinestésica y visual de la propia motilidad.

Perceptivo: modificación del comportamiento después de la modificación de la percepción. Este tipo de aprendizaje es el eje de la polémica entre innatismo y empirismo en la psicología de la **percepción** (*v.*).

Por condicionamiento clásico, operante o instrumental: *v.* arriba (§ I, 1-2).

Por ensayo y error: procedimiento selectivo que, eliminando los errores, llega a la respuesta adecuada. Su contrario es el aprendizaje intuitivo.

Productivo: posibilidad de transferir a otras situaciones un aprendizaje adquirido en una situación determinada.

Receptivo: coordinación de material significativo en conocimientos que ya se poseen.

Relacional: se presenta cuando el aprendizaje no depende de una señal única sino de la coordinación de dos o más señales.

Repartido: es el opuesto del aprendizaje *concentrado* (*v.* arriba).

Secuencial: aprendizaje de secuencias únicas que contienen referencias asociativas (pares, opuestos, etcétera).

Serial: procede por organización y subdivisión en bloques mnésicos. La curva del aprendizaje serial prevé una acentuación de los errores en la segunda parte de la serie.

Significativo: elabora cognoscitivamente reglas que permiten asumir, prever y organizar con más rapidez el material, con una memorización mínima. Es el opuesto del aprendizaje mecánico (*v.* arriba).

Social: se realiza en la frecuentación de la sociedad a través de continuos procesos de adaptación (*v.*) al medio en el que se encuentra el individuo.

Vicario: incorporación de respuestas de comportamiento en el repertorio del individuo sin que las haya verificado directamente.

BIBLIOGRAFÍA: Bartlett, F.C. (1932); Bolles, R.C. (1975); Bruner, J.S. *et al.* (1956); Davis, A. (1948); Department of Education and Science (1972); Gagné, R.M. (1965); Gardner, H. (1983); Groves, P. y R. Thompson (1970); Harlow, H.F. (1949);

Hilgard, E.R. y G.H. Bower (1975); Hull, C.L. (1943); Köhler, W. (1917); Lévin, J.R. y M. Pressley (1983); Montuschi, F. (1976); Pavlov, I.P. (1927); Pavlov, I.P. (1953); Pressley, M. y J.R. Levin (1983); Roncato, S. (1982); Rosenfeld, G. (1966); Rosenthal, R. y L. Jacobson (1975); Skinner, B.F. (1938); Spielberg, C.D. (1972); Thorndike, E.L. (1911); Tolman, E.C. (1932); Vertecchi, B. (1984); Watson, J.B. (1913); Wedell, K. (1973); Weiner, B. (1980); Winston, Ph. (1977).

a priori-a posteriori

El significado más antiguo de esta diferenciación se remonta a Aristóteles y a su reelaboración medieval posterior; para él el razonamiento *a priori* procede del universal (lógicamente anterior) al particular (posterior), de las causas a los efectos, mientras que *a posteriori* procede del particular al universal, de lo que es primero para nosotros (efecto) a lo que es primero por naturaleza (causa). A partir del siglo XVII, sobre todo por obra del empirismo y del racionalismo, los términos fueron definidos en un sentido más general, que llama *a priori* a conocimientos que se realizan por medio de la razón, independientemente de la experiencia, como las proposiciones matemáticas y geométricas, y *a posteriori* a los que se obtienen de la experiencia sensible. La elaboración más sistemática y en profundidad de las dos expresiones se debe a I. Kant, para quien *a priori* es la forma de conocimiento espacial, temporal y de categoría que no sólo no depende de la experiencia sino que constituye la condición para su construcción, que resulta, por lo tanto, dotada de una validez universal y necesaria, mientras *a posteriori* es el conocimiento que, al ser derivado de la observación empírica, no posee las características de la universalidad y de la necesidad. Después del idealismo que, con G.W.F. Hegel, afirmó la total "aprioridad" de todo el saber, el positivismo, con H. Spencer, considera cualquier *a priori* como derivado de la experiencia, en el sentido de que eso que es *a priori* para cada uno de los individuos es el resultado de experiencias que la especie ha acumulado y les ha transmitido hereditariamente. En la filosofía del siglo XX el neopositivismo lógico niega la existencia de los *a priori*, porque lo que se indica con esta expresión no es otra cosa que una definición o una estipulación convencional.

aprobación (al. *Billigung*; fr. *approbation*; ingl. *approval*; it. *approvazione*)

Manifestación de consenso expresada en relación con una afirmación, una actitud, un comportamiento de un individuo o de un grupo. La necesidad de aprobación es una característica frecuente en los niños, en los adolescentes y en los jóvenes que todavía no han alcanzado una completa independencia (*v.* **dependencia**, § 1). En el adulto la necesidad de aprobación puede ser signo de un profundo sentimiento de inferioridad o de inseguridad acerca de la identidad y el valor propios, que el asentimiento de los otros es capaz de confirmar. La psicología se interesa especialmente en el problema de la *desaprobación social*, con el temor a la cual se educa al individuo desde la infancia con el objetivo de moldearlo a los valores sociales, culturales e ideales del grupo de pertenencia. E.M. Lamert considera que la desaprobación es la causa directa de la "desviación secundaria" (*v.* **desviación**), que es precisamente inducida por la desaprobación y que tiene como consecuencia la rigidez del desviante en su papel.

BIBLIOGRAFÍA: Lamert, E.M. (1951).

aprovechamiento
v. ESCOLAR, FORMACIÓN.

aprovisionamiento (al. *Versorgung*; fr. *approvisionnement*; ingl. *provisioning*; it. *approvvigionamento*)

Búsqueda y abastecimiento del alimento realizado por los animales en la fase de localización del lugar en el que se encuentra aquél y en el reconocimiento del objeto comestible. Investigaciones recientes han demostrado que en los animales el aprovisionamiento tiende a ser "óptimo", en el sentido de que con la mínima cantidad de energía se tiende a adquirir la máxima cantidad de alimento. Por lo que se refiere al *comportamiento apetitivo* que promueve el aprovisionamiento y el *acto consumatorio* que le sigue, *v.* **etología**, § 2.

aptitud (al. *Begabung*; fr. *aptitude*; ingl. *aptitude*; it. *attitude*)

Capacidad potencial que hace a un individuo apto para determinada actividad. Por lo general la aptitud se revela precozmente y, en la mayor parte de los casos, es preexistente al aprendizaje, aunque a falta de una posibilidad práctica de expresión puede quedar latente para toda la vida. Es común diferenciar entre aptitudes *físicas*, de las que forman parte las capacidades sensoriales y motrices como la precisión, la coordinación de los movimientos, la resistencia física, la velocidad de reacción, y las aptitudes *psíquicas*, que abarcan disposiciones favorables en una o más facultades mentales como la percepción, la memoria, la capacidad analítica, sintética, intuitiva y artística. Mientras las aptitudes físicas, perceptivas y mnemónicas alcanzan la máxima expresión alrededor de los 20-25 años, las intelectuales tienen una mayor duración, con una declinación estadísticamente comprobable a los 60 años. Se considera que las aptitudes están determinadas por la combinación de factores innatos y adquiridos en diferentes proporciones, y en especial en las aptitudes de carácter perceptivo y motor parece prevalecer el elemento innato, mientras en las intelectuales resulta determinante el papel del aprendizaje.

La evaluación de las aptitudes se lleva a cabo por medio de tests específicos, que se clasifican en *baterías aptitudinales múltiples*, que abarcan una amplia gama de ejecuciones para el análisis de muchos factores aptitudinales, y *tests de aptitudes específicas*, que permiten evaluar una determinada capacidad potencial para orientar la actividad del sujeto hacia el sector más adecuado. Estos tests son utilizados para la orientación tanto escolar como profesional (*v.* **orientación**, § 4) con miras a la promoción de las aptitudes y de su adaptación hacia los objetivos a realizar. En la adaptación no está excluida la corrección de la capacidad potencial y sobre todo su integración a otras formas aptitudinales, para que la aptitud más notable tenga la posibilidad de realizarse a partir del sustrato que funciona como base de apoyo para la aptitud específica. Entre los tests más empleados para la evaluación de las aptitudes recordamos:

1] El DAT (*differential aptitude test*), reactivo aptitudinal múltiple para la evaluación de las aptitudes de los adolescentes entre los 13 y los 17 años. El test está constituido por seis subreactivos suministrados por separado para la medición del razonamiento verbal, la habilidad numérica, el razonamiento abstracto, las relaciones espaciales, el razonamiento mecánico, la velocidad y la precisión. El conjunto de los puntajes obtenidos permite delinear un perfil aptitudinal y sugerir los ámbitos profesionales en los que el sujeto tendrá mayor posibilidad de aplicación.

2] El *test de Graves* (*Graves design judgement*) es un reactivo para la evaluación de las aptitudes estéticas en sujetos entre los 13 y los 30 años. Consta exclusivamente de dibujos abstractos para aislar los componentes estéticos de los afectivos que podrían ser provocados por el contenido especial del dibujo. Los criterios que presiden la construcción de las figuras abstractas son unidad, dominio, variedad, equilibrio, continuidad, simetría, proporción y ritmo. Como el juicio estético está fuertemente influido por la experiencia global, en la evaluación del test se tienen en consideración las variaciones relativas a edad, sexo, y escolaridad.

3] El CSPDT (*Crawford small parts dexterity test*) es un reactivo aptitudinal para las funciones motrices a fin de evaluar la idoneidad para el desarrollo de actividades laborales que requieren movimientos delicados, con un alto nivel de precisión.

4] El *test de Thurstone* que evalúa las capacidades mnemónicas, la precisión en el cálculo, la habilidad organizativa y, en general, las cualidades que caracterizan las aptitudes mentales en lo referente a las operaciones, lo profundo y el contenido (*v.* **inteligencia**, § 2, *a*, 3, *f*).

BIBLIOGRAFÍA: Autores varios (1976); Husen, T. (1972); Marzi, A. y L. Chiari (1960); Piaget, J. (1956); Reuchlin, M. (1971).

aracnofobia (al. *Arachnephobie*; fr. *arachnephobie*; ingl. *arachnephobia*; it. *aracnofobia*)

Reacción fóbica de repulsión hacia las arañas, más común entre las mujeres porque, según el psicoanálisis, esta fobia está vinculada al miedo a la destrucción materna que la mujer puede sentir inconscientemente dentro de sí misma y que traspone a la realidad externa, orientándola hacia un objeto sustitutivo, que en este caso particular es la araña.

arbitrariedad
v. CREATIVIDAD.

arcaísmo (al. *Archaismus*; fr. *archaïsme*; ingl. *archaism*; it. *arcaismo*)

Este término, junto con su correspondiente adjetivo *arcaico*, se refiere al material psíquico reconocido como perteneciente a una época pasada o a una fase primitiva del desarrollo. En el principio de la hipótesis –admitida con algunas reservas por el mismo Freud– de una herencia psíquica adquirida filogenéticamente, algunos elementos del material psíquico, pertenecientes al individuo o al grupo social, son reconocidos como manifestaciones de un pasado ancestral, o bien colocados en el ámbito de la mentalidad primitiva. Un desarrollo importante en esta dirección se dio con C.G. Jung, para quien arcaísmo es "el carácter *anticuado* de contenidos, de funciones psíquicas y de cualidad que tienen la calidad de *restos de naufragio*. Es éste el caso de todos esos rasgos psíquicos que coinciden esencialmente con las cualidades de la mentalidad primitiva. Arcaicas son las asociaciones por analogía de las fantasías inconscientes, la relación de identidad con el objeto, la *participation mystique*, el concretismo del pensar y del sentir, la coacción y la incapacidad para dominarse (*raptus* mental), la fusión de las diversas funciones mentales entre sí, al igual que la fusión de partes de la misma función, como la ambitendencia y la ambivalencia señaladas por Bleuler, o sea la conjunción de un sentimiento con su opuesto" (1921: 422-423). Frecuentemente se expresa material arcaico en las manifestaciones esquizofrénicas.

BIBLIOGRAFÍA: Freud, S. (1912-1913); Jung, C.G. (1921); Jung, C.G. (1934-1954); Lévy-Bruhl, L. (1910); Lévy-Bruhl, L. (1922).

arco histérico
v. CONTRACTURA.

arco reflejo
v. REFLEJO, § 1.

arco reflejo psíquico
v. ALOPLÁSTICA-AUTOPLÁSTICA.

Argyll-Robertson, fenómeno de (al. *Argyll-Robertsonsches Phänomen*; fr. *phénomène de Argyll-Robertson*; ingl. *Argyll-Robertson pupil*; it. *fenomeno di Argyll-Robertson*)

Pupila rígida, miótica, que responde a la acomodación pero no a la luz. Al introducir sustancias midriáticas la reacción de dilatación resulta muy lenta. Aparece en los sujetos afectados por enfermedades sifilíticas (lúes) o por lesiones cerebrales de distinto origen, como traumas, tumores, enfermedades infecciosas del cerebro, esclerosis múltiple.

aritmomanía (al. *Zählenzwang*; fr. *arithmomanie*; ingl. *arithmomania*; it. *aritmomania*)

Necesidad irresistible y obsesiva de contar una serie de elementos, cosas, objetos. Trastorno presente sobre todo en las neurosis obsesivo-compulsivas en las que representa uno de los intentos a los que el sujeto recurre para calmar la angustia.

ARM (**acquired releasing mechanism**)
v. INSTINTO, §1.

ARN (**ácido ribonucleico**)
v. GENÉTICA, § 1, *b*.

arquetipo (al. *Archetypus*; fr. *archétype*; ingl. *archetype*; it. *archetipo*)

Término empleado en la filosofía helénica tardía para indicar el modelo original, ἀρχέτυπος de las formas, de las cuales las cosas sensibles son simples copias. La expresión encontró su más amplio uso en la psicología analítica de C.G. Jung, quien sostiene haberlo tomado de

Platón que "fue el primero que puso en un lugar celeste las ideas de todas las cosas, o bien esos modelos originales o *Urbilden* que Platón consideraba más reales que las cosas mismas" (1934-1954: 4). Después Filón Hebreo, platónico de Alejandría, definió estos modelos originales con el término griego de ἀρχέτυπος, y finalmente Plotino, el fundador del neoplatonismo que floreció 200 años más tarde, los consideró emanaciones directas del fundamento primordial, divino o ὕους, que es el arquetipo de todos los arquetipos. Jung transfirió estas representaciones arquetípicas al estadio más bajo de la psique, en el **inconsciente colectivo** (*v*.): "Para nuestros fines tal designación es pertinente y útil porque se dice que, por lo que se refiere a los contenidos del inconsciente colectivo, nos encontramos frente a tipos arcaicos o mejor dicho primigenios, es decir imágenes presentes desde tiempos remotos. La expresión *représentations colecti ves*, que Lévy-Bruhl usa para designar las figuras simbólicas de las visiones primitivas del mundo, se podría emplear sin dificultad también para los contenidos inconscientes, ya que significan más o menos la misma cosa" (1934-1954: 4).

1] LA CONCEPCIÓN JUNGUIANA. Jung da una versión fenomenológica de la noción de arquetipo, inserta en la teoría de la percepción, y una mitológica que, además de no abarcar a la primera, crea las premisas para un determinismo cultural que compromete la libertad del hombre.

a] *La versión fenomenológica*. Prevé que los arquetipos sean *formas a priori* que organizan la experiencia, y en este sentido Jung los define como "ordenadores de representaciones" (1947-1954: 247), "modelos de comportamiento innatos" (1947-1954: 185), "factores de organización que existen *a priori* en la misma medida que los modelos funcionales innatos que constituyen en su conjunto la naturaleza humana"; el sentido de este innatismo y *apriorismo* es aclarado inmediatamente con un ejemplo: "el pollito no aprendió la manera en que saldrá del huevo: eso lo posee *a priori*" (1912-1952: 322). Así entendido, como factor formativo y elemento estructural, y no como una imagen o contenido heredable, el apriorismo del arquetipo no contradice el hecho de que el contenido de la experiencia de cada uno se obten-

ga *a posteriori* en el entorno. En esta acepción no existe ninguna dificultad para admitir la heredabilidad. Por tratarse, como dice Jung, de "posibilidades heredadas de representaciones, de 'vías' que se formaron progresivamente con base en la experiencia acumulada en la ascendencia genealógica, negar la heredabilidad de estas vías equivaldría a negar la heredabilidad del cerebro. Quien la niegue debería, para ser congruente, afirmar que el niño llega al mundo con un cerebro de simio. Pero como nace con un cerebro *humano*, antes o después este cerebro comenzará a funcionar de *modo humano*" (1928: 62) (*v*. **psicología analítica**, § 3).

b] *La versión mitológica*. Cuando los arquetipos de formas *a priori* que organizan la experiencia a la manera humana se vuelven "instintos de una energía específica" (1947-1954: 236) que, descuidada, puede "producir una inflación del yo" (1947-1954: 238), por lo que en su relación es necesario tener "un sabio temor, un miedo a la deidad que nunca pierda de vista su significado" (1947-1954: 239), entonces ya no estamos en el plano fenomenológico, en el que frente a los fenómenos se busca la forma que caracteriza a todos, sino en el plano *mitológico*, en el que los arquetipos "son creados con el material primigenio de la revelación y representan la sempiterna experiencia de la divinidad, cuyo presentimiento ha estado siempre abierto al hombre, protegiéndolo simultáneamente del contacto directo con ella" (1934-1954: 8). Se concluye que "desde que las estrellas cayeron del cielo y nuestros símbolos más altos palidecieron, domina en el inconsciente una vida secreta. Por eso tenemos ahora una psicología, por eso hablamos de inconsciente. Todo esto sería –y es, de hecho–, superfluo en una época y en un tipo de cultura dotados de símbolos" (1934-1954: 22). En nuestra vida secreta los arquetipos "no son para nada peligros imaginarios, sino riesgos efectivos, de los cuales puede, en ciertos casos, depender el destino. El peligro principal es el de sucumbir al fascinante influjo de los arquetipos, peligro especialmente concreto si 'no nos hacemos conscientes' para nosotros mismos las imágenes arquetípicas. Entonces ya existe una predisposición a la psicosis; puede suceder que las figuras arquetípicas, en las cuales, en virtud de su divinidad natural está ínsita una cierta autonomía, se liberen por entero de todo control consciente, consiguiendo plena independencia y generando fenómenos de posesión. En caso de posesión por parte del alma, por ejemplo, el enfermo quiere transformarse, mediante autocastración, en mujer, o tal vez teme que se le obligue a sufrir algo por el estilo" (1934-1954: 27). Por lo que se refiere a la relación entre arquetipo y producción artística *v.* **psicología del arte**, § 3.

2] LOS DESARROLLOS POSTERIORES. *a*] *J. Hillman*. De los dos significados de arquetipo inaugurados por Jung, Hillman, fundador de la psicología arquetípica, adopta el mitológico, radicalizándolo, por lo que los arquetipos se convierten en modelos originales en los que está escrita de antemano la historia psicológica de cada uno de nosotros: "Todos los sucesos en el reino del alma, lo cual es decir todos los sucesos y los comportamientos psicológicos, tienen una semejanza, una correspondencia, una analogía con un modelo arquetípico. Nuestras vidas siguen figuras míticas, nosotros actuamos, pensamos, sentimos solamente como nos lo permiten los modelos primarios establecidos en el mundo de las imágenes. Nuestras vidas psicológicas son miméticas de los mitos. Como señala Proclo, los fenómenos secundarios (nuestras experiencias personales) pueden ser llevados a un terreno primordial, con el cual entran en resonancia y al que pertenecen. La tarea de la *psicología arquetípica*, y de la terapia que de ella se desprende, es descubrir el modelo arquetípico de las formas de comportamiento. La hipótesis es siempre que cada cosa tiene un asidero en alguna parte; todas las formas de psicopatología tienen su sustrato mítico y pertenecen a los mitos, o en éstos tienen su residencia, Además, la psicopatología misma es un medio para ser influido por el mito o para entrar en él (1980: 135).

b] *E. Neumann*. La posición de Neumann no está lejana a la de Hillman; en el arquetipo distingue: 1] una *dinámica* que "se manifiesta en el hecho de que el arquetipo determina, de manera inconsciente, pero regular e independiente de la experiencia del individuo, el comportamiento humano. Como condición *a priori*, los arquetipos representan el caso psíquico del *pattern of behaviour* o modelo de comportamiento, familiar para el biólogo, que le da a cada ser viviente su modo específico. Este componente dinámico del inconsciente tiene para el individuo dirigido por éste un carácter definitivo, y siempre va acompañado por un fuerte componente emotivo"; 2] un *simbolismo* que

"consiste en la forma en la que un arquetipo se manifiesta en imágenes psíquicas específicas, percibidas por la conciencia y diferentes en cada arquetipo"; 3] un *contenido* "que es el sentido encerrado en aquél que se concreta en una imagen arquetípica que puede ser elaborada o asimilada por la conciencia"; 4] una *estructura* "que es la manera en que dinámica, simbolismo y contenido de sentido se organizan entre sí" (1956: 15-16).

c] *M. Trevi*. Diametralmente opuesta es la postura de Trevi, para quien "si los arquetipos son esas invariables 'metahistóricas' y universales de la imaginación –pero inevitables en el pensamiento y la acción humanos, de naturaleza formal y no de contenido, como después de innumerables titubeos Jung mismo parece configurarlos, entonces representan ese cosmos inmutable que, entronado en lo más profundo del inconsciente, debería rendir cuentas de la uniformidad oculta en la infinita variación de la cultura. Como tal aquéllos son 'hipóstasis' muy cercanas a las de la metafísica religiosa, y no logramos comprender cómo el hombre, en su perenne transcurrir cultural, pueda alcanzarlos y, aunque sólo sea sumariamente, describirlos. [...] En realidad el arquetipo, no obstante su ascendencia platónica, al anclar al hombre en lo inmutable lo devuelve a la naturaleza y en la naturaleza lo sumerge, aboliendo irremediablemente la excepcionalidad" (1987: 100-101).

3] LA PSICOLOGÍA ARQUETÍPICA. Dirección teórica y clínica de la psicología de lo profundo iniciada por Hillman para restituir al alma, objeto específico de la psicología, un lenguaje que no sea abstracto y conceptual como el que preside, en su opinión, las formulaciones de todas las direcciones de la psicología de lo profundo, sino *imaginal* (*v.* **imaginario**, § 1). Las imágenes manifestadas por los arquetipos tienen su descripción en los mitos, que no deben ser interpretados con un lenguaje extraño a ellos, como podría ser el de la psiquiatría y el de la psicopatología, porque el mito es el modo específico de narrar del "alma", que no puede ser distorsionado por la sobreposición de un lenguaje conceptual extraño. Escribe Hillman: "La psique, que tiene su propio reino, tiene también su lógica, la psicología, que no es una ciencia de cosas físicas, ni una metafísica de cosas espirituales. A este reino pertenecen también las patologías psicológicas.

Acercarse a éstas por uno o por otro lado es como verlas en términos de enfermedad médica o de sufrimiento, pecado y salvación; falta el objetivo del alma" (1975: 132). Por eso es necesario "destronar el yo" que, con su armadura conceptual, está siempre atento a los procesos psíquicos que distorsionan con su nomenclatura, para abrirse al alma entendida como una "puesta en escena de arquetipos" que los mitos describen con ese lenguaje *imaginal* propio del alma. Esto permite eliminar lo que para Hillman son las enfermedades inducidas por el lenguaje psicológico, que hacen estériles las metáforas del alma para transformarlas en abstracciones, necesarias para formular categorías diagnósticas; "crea la convicción de que en ella hay algo equivocado", agregando a su "enfermedad" la visión enferma que tiene de sí misma por efecto de esas categorías (1972a: 16).

BIBLIOGRAFÍA: Hillman, J. (1972); Hillman, J. (1972a); Hillman, J. (1975); Hillman, J. (1980); Hillman, J. (1983); Hillman, J. (1985); Hillman, J. (1987); Jung, C.G. (1912-1952); Jung, C.G. (1928); Jung, C.G. (1934-1954); Jung, C.G. (1947-1954); Neumann, E. (1949); Neumann, E. (1981); Trevi, M. (1987).

arranque, estructura de
v. CONSIDERACIÓN.

arreflexia (al. *Areflexie*; fr. *aréflexie*; ingl. *areflexia*; it. *areflessia*)

Ausencia de reflejos (*v.* **reflejo**), por lesión aguda en la vía córtico-espinal o piramidal y lesión en el sistema nervioso periférico.

arreglo neurótico (al. *Neurotisch Arrangement*; fr. *arrangement neurotique*; ingl. *neurotic arrangement*; it. *arrangiamento nevrotico*)

Construcción de falsas ideas que permiten al sujeto justificar su conducta neurótica con autoengaños oportunamente relacionados y apoyados con razones de apariencia lógica. A. Adler considera que el arreglo neurótico está presente en el principio de numerosos estilos

de vida (*v.* **estilo**), en los que con modalidades existenciales ficticias se trata de compensar, mediante falsas afirmaciones de superioridad, el sentimiento de inferioridad que está en la base.

BIBLIOGRAFÍA: Adler, A. (1926); Stekel, W. (1908).

arrepentimiento (al. *Reue*; fr. *repentir*; ingl. *repentance*; it. *pentimento*)

Sentimiento de aflicción moral que acompaña al reconocimiento de la propia culpa.

arrogancia (al. *Hochmut*; fr. *hauteur*; ingl. *haughtiness*; it. *alterigia*)

Rechazo a realizar acciones, aunque sean ventajosas, o a entablar relaciones con personas que no se consideran a la altura de la propia presunta dignidad, generalmente sobrevaluada. El carácter arrogante dificulta la comprensión interindividual, conduciendo a formas de inadaptación con el ambiente. Para el psicoanálisis la arrogancia es resultado, en parte, de un exagerado narcisismo, y en parte de agresividad hacia terceras personas como defensa ante su verdadera o presunta incomprensión.

arteriosclerosis (al. *Arterienverkalkung*; fr. *artériosclérose*; ingl. *arteriosclerosis*; it. *arteriosclerosi*)

Endurecimiento esclerótico de las arterias del cerebro por degeneración primaria de los vasos cerebrales o por degeneración secundaria debida a diversos factores como la hipertensión, la artritis terminal, la tromboanginitis. La degeneración hiperplásica de la membrana interna elástica determina, como signos neurológicos, afasia, agnosia, temblores, corea, parkinsonismo, mientras que la degeneración hipoplásica, además de reblandecimiento hemorrágico, produce, como síntomas mentales, aplanamiento emotivo, impulsividad, llanto fácil e ideas hipocondriacas. La arteriosclerosis va acompañada por un deterioro intelectual progresivo que puede llegar a la demencia arteriosclerótica (*v.* **demencia**, § II, 3, *b*).

Arthur, escala de (al. *Arthur-Test*; fr. *Échelle de Arthur*; ingl. *Arthur performance scale*; it. *scala di Arthur*)

Test de ejecución constituido por diversas pruebas no verbales, preparado para medir la inteligencia de niños de entre 4 y 15 años con defectos graves de audición. La escala incluye pruebas con **laberintos** (*v.*) y con **cubos** (*v.*), oportunamente adaptados por Grace A. Arthur para el tipo de sujeto examinado.

BIBLIOGRAFÍA: Anastasi, A. (1954).

ártica, histeria
v. ANTROPOLOGÍA, §7.

artificialismo (al. *Artifizialismus*; fr. *artificialisme*; ingl. *artificialism*; it. *artificialismo*)

Estadio del desarrollo mental del niño caracterizado por la tendencia a atribuir a todo fenómeno natural y a todo objeto causas de origen humano. El término fue acuñado por J. Piaget en el ámbito de las investigaciones de psicología de la edad evolutiva.

BIBLIOGRAFÍA: Piaget, J. (1926).

artritis reumatoide
v. LOCOMOCIÓN, §3.

ascendiente (al. *Einfluss*; fr. *ascendant*; ingl. *ascendancy*; it. *ascendente*)

Prerrogativa de un sujeto que por capacidad, prestigio, posición social, carisma, ejerce influencia sobre otra persona o sobre grupos sociales.

ascesis (al. *Askese*; fr. *ascèse*; ingl. *ascesis*; it. *ascesi*)

Palabra de origen griego referida originalmente al ámbito atlético, con el significado de ejercicio con miras a una prueba. Con la aparición de la filosofía y de la concepción dua-

lística del hombre el término se refirió al recorrido de liberación del alma del cuerpo para llegar a su purificación y elevación al mundo ideal. Este significado, modificado en la época helenística, en la que por ascesis se entiende la afirmación de un ideal de vida fundamentado en el control de uno mismo y de sus pasiones, reaparece en el mundo cristiano como recorrido de perfección que tiene como meta a Dios. En psicología se diferencia entre una ascesis que es expresión de una visión del mundo y de una elección de vida, de otra que es el resultado de obsesiones autopunitivas y autodestructivas. Con este propósito S. Freud habla, en el primer caso, de **sublimación** (*v.*) de los movimientos pulsionales, y en el segundo de un dinamismo subyacente o un superyó sádico en relación con el yo (*v.* **sadismo**), o un investimiento narcisístico de la libido alejada de los objetos y orientada al yo (*v.* **narcisismo**): "un anacoreta así, que se afana en desarraigar todo rastro de interés sexual [...] pudo haber extrañado enteramente de los seres humanos su interés sexual, sublimándolo empero en un interés acrecentado por lo divino, lo natural, lo animal, sin que ello lo hiciera caer en una introversión de su libido sobre sus fantasías ni en un regreso de ella a su yo" (1914 [1976: 78]).

BIBLIOGRAFÍA: Freud, S. (1914); Marcozzi, V. (1958).

asemia (al. *Asemie*; fr. *asémie*; ingl. *asemia*; it. *asemia*)

Pérdida de la capacidad de comprender o de utilizar signos y símbolos de sistemas comunicativos antes familiares. Es un trastorno del lenguaje que puede afectar los aspectos perceptivos y expresivos por separado o juntos. Trastornos específicos como la **afasia** (*v.*), la **alexia** (*v.*), la **agrafia** (*v.*) están incluidos en la condición más generalizada de asemia. Las causas pueden ser orgánicas o psíquicas. El término asemia ha ido sustituyendo progresivamente a *asimbolia*, introducido en 1870 por el neurólogo F. C. Finkelburg, y hoy mantenido en la expresión "asimbolia dolorosa" para indicar la incapacidad de advertir los estímulos del dolor y de reaccionar a éste por razones neurológicas y psicógenas.

La asimbolia dolorosa es parte de las formas de **somatoagnosia** (*v.*).

BIBLIOGRAFÍA: Finkelburg, F.C. (1870); Pick, A. (1908).

asexualidad (al. *Asexualität*; fr. *asexualité*; ingl. *asexuality*; it. *asessualità*)

Pérdida o ausencia del deseo y de los intereses sexuales, perceptible en diversas situaciones patológicas –por ejemplo en los estados depresivos– aunque no se verifiquen patologías en el aparato sexual. Para el psicoanálisis no se puede hablar de desaparición de los intereses sexuales porque, aun cuando éstos parecen ausentes, en realidad sólo están solamente inhibidos y reaparecen desviados en síntomas neuróticos, o sublimados.

asfixia (al. *Asphyxie*; fr. *asphyxie*; ingl. *asphyxia* it. *asfissia*)

Impedimento más o menos grave de la actividad respiratoria con actividad cardiaca conservada. La cantidad de anhídrido carbónico en la sangre que regula la respiración sube por encima de una presión parcial de 56 mm de mercurio, provocando la intoxicación del centro respiratorio. El sujeto presenta estado de inconsciencia, de hipotonía muscular, hipotermia, anestesia, midriasis, apnea y cianosis. La terapia es causal, junto con respiración artificial prolongada, inhalación de oxígeno, estímulos cutáneos y administración de analépticos. Puede ser consecuencia de enfermedades pulmonares, ahogo, estrangulación, presencia de cuerpos extraños en las vías aéreas superiores, edema laríngeo, envenenamiento con curare o con estricnina.

asimbolia
v. ASEMIA.

asimilación (al. *Assimilation*; fr. *assimilation*; ingl. *assimilation*; it. *assimilazione*)

Proceso por el cual se reciben interiormente ciertos aspectos del ambiente exterior transformando hechos y estímulos para adaptarlos a expectativas ligadas a la experiencia. El término tiene diferentes significados según los contextos en los que se usa.

1] PSICOLOGÍA SOCIAL. En este ámbito el término asimilación se refiere al proceso por el cual un individuo –o un grupo– absorbe modelos sociales o culturales, creencias religiosas, modos especiales de vida de otro grupo, en general más extenso y dominante. La asimilación intencional requiere una especial capacidad de aprendizaje y el ocultamiento de los rasgos culturales que contrastan con los del grupo más extenso y hegemónico. Los obstáculos a los procesos de asimilación pueden ser fuente de graves frustraciones y de sentimientos de inferioridad, así como la asimilación forzada puede conducir a comportamientos violentos y agresivos.

2] PSICOLOGÍA DEL APRENDIZAJE. El término asimilación fue introducido por W. Wundt, que lo definió como "el proceso formativo que aparece de manera más evidente en las representaciones cuando los elementos asimilantes nacen de la actividad reproductiva y los elementos asimilados de impresiones sensoriales inmediatas. Entonces los elementos de las imágenes mnemónicas son introducidos, en cierto modo, en el objeto externo, de manera que, especialmente si el objeto externo y los elementos reproducidos difieren notablemente entre sí, la percepción sensorial aparece como una ilusión que engaña sobre la verdadera naturaleza de las cosas" (1873-1874: 539). Este concepto lo retoma J. Piaget para indicar el proceso mediante el cual el niño incorpora en sus esquemas mentales preexistentes los objetos y los sucesos del mundo exterior. Piaget diferencia la *asimilación*, que transforma una situación para adaptarla a un esquema de acción ya organizado, del *acomodamiento*, en el cual el sujeto debe plegarse a una situación que no se deja transformar (*v.* **cognición**, § 3, *a*). De este esquema piagetiano se derivó la *teoría asimilación/contraste*, según la cual las informaciones que recaen en el ámbito de la tolerancia de la opinión propia son aceptadas y elaboradas por adaptación recíproca de los puntos de vista diferentes, mientras que las que divergen de ella son rechazadas, llegando en casos extremos a un efecto de contraste por el cual el destinatario de la información acentúa su posición de manera aún más radical.

3] PSICOLOGÍA ANALÍTICA. C.G. Jung, retomando el concepto de asimilación de Wundt, lo emplea para indicar "la adecuación de un nuevo contenido de conciencia al material subjetivo listo para recibirlo, razón por la cual se le da especial importancia a la semejanza del nuevo contenido con el material subjetivo preexistente, eventualmente incluso a costa de las cualidades específicas del nuevo contenido. La asimilación, en el fondo, es un proceso aperceptivo que se diferencia de la apercepción pura por la adecuación al material subjetivo. Respecto a Wundt uso el término asimilación en un sentido un poco más amplio, es decir como una adecuación del objeto al sujeto en general, y contrapongo a ésta la *desasimilación* como adecuación del sujeto al objeto, como el extrañarse del sujeto de sí, a favor del objeto, tanto si se trata de un objeto exterior, como de un objeto 'psicológico', por ejemplo una idea" (1921: 423-424). En la bibliografía junguiana el término desasimilación se usa con frecuencia como sinónimo de **proyección** (*v.*, § 4), en la que el sujeto remite a un objeto exterior un contenido subjetivo propio: "la proyección es por lo tanto un proceso de desasimilación, en cuanto un contenido subjetivo es extrañado e incorporado, por así decirlo, en el objeto" (1921: 473).

4] PSICOANÁLISIS. En este terreno se habla de asimilación simbólica a propósito del desplazamiento de energía entre elementos equivalentes que, poseyendo una misma posibilidad de investimiento, se prestan a una asimilación en virtud de su vínculo simbólico o de una asociación privada del sujeto que favorece el **desplazamiento** (*v.*) del investimiento.

5] TEORÍA DEL CARÁCTER. En esta teoría, elaborada por E. Fromm, la asimilación está considerada una forma equivocada de socialización, típica del que no sabe amar de manera altruista, para quien la relación social tiene que suceder forzosamente según formas asimilativas, que se dividen en diversas tipologías: el *receptivo*, que se socializa sólo recibiendo pasivamente de los otros (análogo al carácter oral de K. Abraham); el *explotador*, que si se socializa será sólo robando o con soluciones ingeniosas y astutas (análogo al carácter sádico-oral de Abraham); el *acumulador* que, dudando de poder socializarse e intercambiar con los demás, tiende a ahorrar y a acumular todo lo posible (similar al carácter anal); el *mercantil*, que se evalúa sólo en términos de su propia capacidad de venderse a los otros, haciendo depender su autoestima del hecho de ser aceptado por ellos.

BIBLIOGRAFÍA: Abraham, K. (1925); Fromm, E. (1976); Jung, C.G. (1921); Meili, R. y H. Rohracher (1968); Piaget, J. (1947); Wundt, W. (1873-1874).

asma bronquial (al. *Bronchialasthme*; fr. *asthme bronchique*; ingl. *bronchial asthma;* it. *asma bronchiale*)

Enfermedad respiratoria caracterizada por una combinación de broncoespasmo, edema e hipersecreción. El sujeto advierte una fuerte sensación de constricción y de sofocación; las inspiraciones son breves, las espiraciones con silbidos y estertores. Es más frecuente por la noche, y obliga al sujeto a adoptar una posición ortogonal. La alergia, la infección, la emoción, se consideran en el origen de la situación asmática. Se admite un sustrato de predisposición inmunofisiológica, que se manifiesta con hiperactividad bronquial con dilatación y constricción, en la que se inserta el mecanismo desencadenante alérgico y emocional. Las investigaciones *psicodinámicas* subrayaron el papel del componente emocional en la patogénesis, la terapia, y el pronóstico del asma bronquial. Se ha sostenido la importancia, como factor de predisposición, de experiencias de la primera infancia y, en especial, de una relación ambivalente con la madre. La sobreprotección, el condicionamiento precoz para el autocontrol, la supresión de toda manifestación agresiva, están entre los componentes etiológicos del trastorno. Para las *teorías de la conducta* el asma puede ser una respuesta aprendida y reforzada: los sujetos que han experimentado un primer ataque pueden reaccionar, por un proceso de condicionamiento, en circunstancias ambientales similares, aun en ausencia del estímulo original. Por ejemplo, si el temor en el fondo es el de sofocarse, cada situación en la que el sujeto se sienta oprimido aunque sólo sea psicológicamente, puede reforzar este temor y provocar otro ataque. El tratamiento psiquiátrico puede valerse de antidepresivos tricíclicos que, junto con la acción timoléptica, poseen propiedades anticolinérgicas y antihistamínicas. La acción psicoterapéutica es eficaz sólo en los casos de asma psicógena y a condición de que se identifique el conflicto del cual el asma es un síntoma.

BIBLIOGRAFÍA: Alexander, F. (1950); Kutter, P., W. Loch, H. Roskamp y W. Wesiache (1971); Wittkower, E.D. y H. Warnes (1977).

asociación (al. *Assoziation*; fr. *association*; ingl. *association*; it. *associazione*)

Sucesión de pensamientos que afloran en la mente espontáneamente o a partir de determinado elemento que funciona como estímulo al que el sujeto responde siguiendo determinadas reglas, o sin ningún control, de manera "disociada" (*v.* **escisión**, § I).

1] FILOSOFÍA. El concepto de asociación aparece ya con Platón, cuando el filósofo dice que con sólo ver la lira del amado o sus vestidos se tienen pensamientos y sentimientos similares a los provocados por el mismo amado, pero un verdadero estudio del fenómeno asociativo lo encontramos con Aristóteles, que establece las cuatro leyes de la asociación: la *semejanza*, por la que se relacionan dos contenidos parecidos de la memoria; el *contraste*, que relaciona dos elementos contrapuestos; la *cercanía espacial* y la *cercanía temporal*. Estas cuatro leyes aristotélicas, unidas a la concepción de que las ideas no son innatas sino deducidas, fueron retomadas por el empirismo inglés, en particular por J. Locke, para quien la conciencia no es otra cosa que la combinación de ideas deducidas de la experiencia: "Algunas de nuestras ideas tienen entre sí una correspondencia y una conexión *natural* y el oficio y la excelencia de nuestra razón están en buscarlas y tenerlas juntas en una unión y correspondencia que está fundada en su ser natural. Pero aparte de esto, hay otra conexión de ideas que se debe al *caso* o a la *costumbre*"

(1688, II, 33, § 5). La teoría de la asociación, después de I. Kant, fue abandonada por la filosofía como principio explicativo de la vida mental y recogida por la psicología científica, que la estudió con base experimental.

2] NEUROFISIOLOGÍA. En este ámbito los estudios están dirigidos a las *áreas de asociación* que sirven para coordinar funciones, como el aprendizaje, la memoria y el pensamiento, que involucran más de un sistema sensorial (*v.* **corteza cerebral,** § 6).

3] PSICOLOGÍA EXPERIMENTAL. *a*] *El aprendizaje asociativo.* La base experimental de la teoría de la asociación fue iniciada por I. Sechenov, que explicó determinados actos psíquicos y funcionales con mecanismos neurológicos que podían ser demostrados en laboratorio. El trabajo de Sechenov le permitió a I.P. Pavlov establecer una correspondencia entre las asociaciones y el condicionamiento que hace posible que animales y hombres establezcan vínculos asociativos entre estímulos y reacciones (*v.* **aprendizaje**, § I, 1). J.B. Watson considera que puede aplicar los resultados de Pavlov en el condicionamiento del comportamiento infantil, eligiendo oportunamente las influencias ambientales a las que hay que someter al niño, en las que resulte claro el vínculo asociativo entre las acciones cumplidas y la experiencia directa o indirecta de dolor o de placer físico (*v.* **conductismo**, § 2, *c*). El vínculo asociativo que regula el condicionamiento clásico iniciado por Pavlov fue retomado por B.F. Skinner, que introdujo el concepto de condicionamiento operante (*v.* **aprendizaje**, § I, 2), en el que ese vínculo no es puramente de naturaleza mecánica, sino que se compone con la operación que el organismo cumple en el ambiente para alcanzar un objetivo. A. Bandura y H.J. Eysenck aplicaron los resultados teóricos alcanzados en la terapia del comportamiento aprovechando el vínculo asociativo que relaciona la conducta indeseada con experiencias negativas que favorecen el descondicionamiento y la desensibilización a través de las técnicas descritas en el término **comportamiento** (*v.*, § 4).

b] *El test asociativo.* También en el ámbito de la psicología experimental F. Galton preparó el primer test asociativo para clasificar los tipos de inteligencia a partir de la respuesta que el sujeto da a la palabra estímulo. Por la duración de los tiempos de reacción, por las respuestas faltantes, por observaciones del comportamiento, Galton deduce la modalidad específica del aprendizaje de los diversos sujetos y la cualidad de su inteligencia. Sucesivamente se construyeron tests que toman como parámetros las características típicas del vínculo asociativo, como la contigüidad, la asimilación, la frecuencia, la intensidad, la duración, la relación, el grado de conocimiento, con las que se trata de comprender el mecanismo de aprendizaje tanto global como analítico, la interferencia de la memoria, la generalización de la percepción y la inhibición. C.G. Jung utilizó tests asociativos en el ámbito de la psicología analítica para identificar los complejos **inconscientes** (*v*. § 4) y en el ámbito de la psicología **forense** (*v*.) para corroborar la veracidad de los tests (*v*. **reacción**, § 2).

4] PSICOANÁLISIS. En este ámbito se habla de *asociación libre* como de la **regla fundamental** (*v*.), en el tratamiento analítico, para el reconocimiento del inconsciente y la interpretación de los sueños. Se le pide al paciente que renuncie de modo voluntario, hasta donde le sea posible, a la censura consciente o de expresar libremente sus pensamientos, sentimientos, esperanzas, sensaciones, ideas, sin fijarse si le parecen desagradables, insensatos, no pertinentes o no relevantes (*v*. **análisis**, § 1, *a*, 2, *b*). Según Freud, cada idea que le viene a la mente al sujeto es siempre un elemento que remite a otros, lo que permite descubrir vías asociativas que Freud designa con expresiones como: línea (*Linie*), hilo (*Faden*), concatenación (*Verkettung*), que forman redes o puntos medulares (*Knotenpunkte*) que pueden ser recorridos siguiendo un orden cronológico o un orden temático, como si se consultara un archivo. En esta consulta es necesario tener presentes las tres características del **aparato psíquico** (*v*.) que permiten aclararse con base en el principio *tópico* por el cual las asociaciones menos vinculadas a la trama que se va exponiendo no están en el mismo "lugar" controlado por la conciencia; en el principio *económico*, por el cual la energía de investimiento se desplaza de un elemento al otro, condensándose en los puntos nodales, y *dinámico*, por el cual las asociaciones se reú-

nen y se distribuyen de acuerdo con el conflicto defensivo presente en cada uno.

Freud asigna al descubrimiento de la asociación libre la emancipación del psicoanálisis de las metodologías hipnóticas (*v*. **hipnosis**), antes practicadas, que no le permitían al paciente una toma de conciencia de los contenidos inconscientes que emergían durante el tratamiento. El ejercicio de la práctica asociativa demostró que las asociaciones libres son cualquier cosa menos libres y casuales. Normalmente al paciente, obligado a observar la regla fundamental, no le viene a la mente nada que no esté en relación con la situación terapéutica inmediata o con la persona del médico, pero, advierte Freud, aunque "referido a una acción contemporánea", lo que acude a la mente "no significa el suceso real, sino más bien un subrogado según la categoría del análogo, una sustitución" (1892-1897: 52). La asociación libre está influida también por las **resistencias** (*v*.) que pueden resultar indicadoras de lo que el paciente quiere callar o evita conocer.

5] PSICOLOGÍA ANALÍTICA. C.G. Jung supo de estas ideas de Freud cuando ya había preparado por su cuenta una técnica de experimentación asociativa que lo había llevado a la conclusión de que existe una relación constante entre asociación, **afecto** (*v*.) y carga energética (*v*. **libido**, § 2) que, oportunamente investigadas, habrían permitido llegar a la manifestación del **complejo** (*v*., § 1) hegemónico en la psicología de cada uno. A partir de estas premisas Jung supuso la posibilidad de construir una psicología, por él llamada "compleja" (*komplexen Psychologie*), para ordenar los resultados alcanzados con la interpretación del material asociado, que Jung compara a la traducción de un texto que permite el acceso a un dominio secreto y bien custodiado: "el experimento de asociación es un medio para explorar el inconsciente directamente, por así decirlo, aunque por lo general es una técnica que nos procura una buena selección de actos fallidos que después son utilizados por el psicoanálisis para explorar el inconsciente. Éste es, al menos, el campo de aplicación actual y seguro del experimento de asociación" (1913: 171). Después Jung amplió el método asociativo recurriendo a temas universales a través de la **amplificación** (*v*.), que puede ser considerada una extensión del proceso asociativo dirigido a incluir un contenido histórico, cultural y mitológico, en el que el modelo antropológico o, como dice Jung, arquetípico (v. **arquetipo**), y el complejo personal, adquieren evidencia en el proceso asociativo.

6] PSIQUIATRÍA. En este ámbito nos ocupamos del proceso asociativo estudiando las causas de la *disociación* identificadas por P. Janet en la "debilidad de la síntesis psicológica" (v. **disgregación**) y por E. Bleuler en la "escisión primaria" (*Zerspaltung*); ésta corresponde a la debilidad de la síntesis psicológica indicada por Janet, seguida por la escisión secundaria (*Spaltung*), en la que cada una de las ideas, a falta de "representaciones finalizadas", se reúne bajo el dominio de complejos afectivos, como se expone en la voz **escisión** (v., § I, 1). De esta hipótesis de Bleuler obtendría Jung su teoría de los complejos autónomos (v. **complejo**, § 2-4).

BIBLIOGRAFÍA: Aristóteles (1973); Bandura, A. (1969); Bleuler, E. (1911); Claparède, E. (1903); Eysenck, H.J. (1979); Freud, S. (1892-1895); Freud, S. (1892-1897); Freud, S. (1895); Freud, S. (1938); Galton, F. (1897); Janet, P. (1930); Jung, C.G. (1904); Jung, C.G. (1913); Locke, J. (1688); Pavlov, I.P. (1927); Platón (1973); Robinson, E.S. (1932); Sechenov, I. (1965); Skinner, B.F. (1953); Watson, J.B. (1928).

asociacionismo (al. *Assoziationspsychologie*; fr. *associationnisme*; ingl. *associationism*; it. *associazionismo*)

Teoría psicológica derivada de la filosofía empirista de los siglos XVII y XVIII, según la cual cada evento psíquico complejo deriva de asociaciones de ideas simples, o sea de la combinación de elementos de orden sensorial que se organizan de acuerdo con determinadas leyes asociativas (v. **asociación**, § 1). El asociacionismo tiene como presupuesto el **elementarismo** (v.), y describe en el plano psicológico lo que la **reflexología** (v.) de I.P. Pavlov describe en el plano neurofisiológico. Iniciado con las investigaciones del aprendizaje animal y después hecho extensivo al aprendizaje humano, el asociacionismo encontró su primer exponente en H. Ebbinghaus, con sus investigaciones sobre la memoria para verificar la frecuencia de las asociaciones, o sea el número de las repeticiones necesarias para memorizar. Entran en este ámbito su investigación sobre las sílabas sin **sentido** (v.) y otras orientadas a subrayar el grado de actividad y de participación del sujeto en los procesos asociativos y de aprendizaje.

El asociacionismo encontró una parte de su desarrollo en el *conexionismo* de E.L. Thorndike, para quien cada forma de aprendizaje sucede de acuerdo con la relación de estímulo y respuesta cuya intensidad varía, además y que cambia también de un sujeto a otro de acuerdo con su naturaleza, descrita en las leyes asociativas tales como la *frecuencia* del estímulo; la *cercanía*, la *ley del efecto* según la respuesta al estímulo: cuando está acompañada de satisfacción recibe un refuerzo por el que existen fuertes probabilidades de que se repita, mientras, en caso de insatisfacción, se irá apagando gradualmente. En el campo del **aprendizaje** (v., § I) el asociacionismo ejerce aún hoy una influencia relevante, no obstante las críticas que le dirige la psicología de la **atención** (v., § 5).

BIBLIOGRAFÍA: Ebbinghaus, H. (1885); Thorndike, E.L. (1911); Thorndike, E.L. (1931); Warren, H.C. (1921).

aspiración (al. *Sehnsucht*; fr. *aspiration*; ingl. *aspiration*; it. *aspirazione*)

Actitud que el sujeto asume frente a un ideal o a una meta. Para la realización del ideal no existen certezas, y la aspiración puede permanecer en estado de deseo caprichoso. K. Lewin introdujo el concepto de *nivel de aspiración*, que indica el grado de exigencia que los sujetos atribuyen a una capacidad cuyo resultado y rendimiento están ligados a la noción subjetiva de éxito o de fracaso. Por vía experimental se observó que el nivel de aspiración aumenta después de repetidos éxitos con la misma capacidad, y disminuye después de repetidos fracasos. Además, después de la solución positiva de una tarea el tiempo de elección de la siguiente se reduce, y se muestra la tendencia a dirigirse inmediatamente hacia tareas más complejas. Después del fracaso el tiempo de elección se mantiene idéntico y en ocasiones puede hasta aumentar. El aumento del nivel de aspiración después del éxito y su disminución después del fracaso está definido por el desplazamiento *típico*. El desplazamiento *atípico*, en cambio, se da cuando, después de un éxito, el nivel de aspiración disminuye, mientras aumenta después de un fracaso. También la motivación al éxito actúa de manera determinante sobre el nivel de aspiración de los sujetos, junto con las situaciones sociales, las características personales, la conciencia de las propias capacidades, los impulsos momentáneos y las características de urgencia de la situación.

BIBLIOGRAFÍA: Frank, J.D. (1935); Lewin, K. (1935).

astasia (al. *Astasie*; fr. *astasie*; ingl. *astasie*; it. *astasia*)

Pérdida más o menos completa de la coordinación motriz, con imposibilidad de estar de pie. Es considerada por muchos como una forma extrema de **ataxia** (*v.*), que es el trastorno en la coordinación de los movimientos voluntarios, con frecuencia relacionado con la **abasia** (*v.*).

astenia (al. *Asthenie*; fr. *asthénie*; ingl. *asthenia*; it. *astenia*)

Falta o pérdida de fuerza. Hasta hoy no se tiene una ubicación nosográfica unívoca del término en los diversos sectores en que se lo emplea. 1] En *medicina general* indica la condición de debilidad con pérdida de la energía vital que se verifica en las enfermedades crónicas, en las convalecencias prolongadas, en los estados de cansancio a consecuencia de exceso de trabajo o de estrés emotivo. 2] En *psiquiatría* se usan de preferencia los términos **neurastenia** (*v.*) y psicastenia (*v.* **obsesión**, § 2), este último acuñado por P. Janet para indicar una marcada disminución de la tensión psicológica y una debilidad de la función integrativa superior del cerebro, que predispone a la neurosis (obsesiva). Se diferencia una astenia primitiva, constitucional, crónica de una astenia secundaria, consecuencia de traumas o de exceso de empeño mental y de trabajo, pero no existe acuerdo sobre la patogenia de los estados asténicos. 3] En *psicoanálisis* S. Freud habla de

neurastenia en el cuadro de las neurosis actuales (*v.* **neurosis**, § 2), identificando la causa en un insuficiente funcionamiento sexual –como la masturbación en lugar del coito– incapaz de liberar de modo adecuado la tensión libidinal. En todos estos ámbitos disciplinarios se coincide en reconocer que la sintomatología está caracterizada por una persistente e indefinible sensación de malestar y de cansancio físico y psíquico, predominantemente en la mañana, que impide realizar esfuerzos musculares e intelectuales aunque sean mínimos, de fragilidad emocional, hipersensibilidad, intolerancia, irritabilidad, tendencia a la desconfianza y a la hipocondría. El trastorno se afronta con terapias farmacológicas apropiadas y con terapia de apoyo. 4] En *tipología* E. Kretschmer, define como "asténico" al tipo caracterizado en el plano somático por el predominio de las medidas verticales, y en el plano psicológico por una disposición esquizotímica que, en el caso de psicosis, se desarrolla como esquizofrenia (*v.* **tipología**, § 1, *b*).

BIBLIOGRAFÍA: Freud, S. (1894); Janet, P. (1903); Kretschmer, E. (1921).

astenopia
v. PRESBICIA.

astereognosis
v. SOMATOAGNOSIA.

astigmatismo (al. *Astigmatismus*; fr. *astigmatisme*; ingl. *astigmatism*; it. *astigmatismo*)

Alteración de la refracción del ojo por la curvatura anormal de los diámetros principales de la córnea y, en algunos casos, del cristalino. Puede producir miopía, hipermetropía o ser mixta. Se acentúa por esfuerzos no uniformes de acomodamiento. Se corrige con lentes cilíndricos.

astrología (al. *Astrologie*; fr. *astrologie*; ingl. *astrology*; it. *astrologia*)

Estudio de los astros basándose en el principio de una correspondencia entre universo estelar y universo psíquico, por lo que resulta posible, conociendo los movimientos del primero, deducir o hasta predecir los movimientos del segundo (v. **horóscopo**). Surgida entre los caldeos, que fueron los primeros en establecer una correspondencia entre el universo (macrocosmos) y la humanidad (microcosmos), la astrología se difundió en Occidente en el período grecorromano por la necesidad universal de vincular los sucesos del mundo y los de los seres humanos. Los estudios astrológicos, proseguidos en el medievo no obstante las condenas eclesiásticas, se difundieron en el Renacimiento sobre todo gracias a Paracelso, G. Bruno y T. Campanella. En el marco moderno de las ciencias exactas, y en especial en el ámbito del positivismo decimonónico, fue atacada en nombre de la ley matemática que rige el movimiento de los astros, pero la antigua raíz de las correspondencias astrológicas, lejos de extinguirse, se ha difundido en el nivel del sentido común y con una particular importancia psicológica en la psicología analítica de C.G. Jung, que asume la astrología como una pantalla protectora en la que de manera individual y colectiva se hace consciente la motivación inconsciente de la interpretación de sí. La astrología se transforma, en este punto, en un símbolo utilizable, como la mitología, para exteriorizar en el escenario de las estrellas, como en otro tiempo en el escenario de los dioses, la propia interioridad.

BIBLIOGRAFÍA: Collin, R. (1980); Garin, E. (1976); Jung, C.G. (1951); Jung, C.G. (1952); Mutti, M.G. (1990); Rudhyar, D. (1970).

ataraxia (al. *Ataraxie*; fr. *ataraxie*; ingl. *ataraxia*; it. *atarassia*)

Término griego adoptado por estoicos y epicúreos para indicar el ideal de la imperturbabilidad que se alcanza a través del dominio de las pasiones y el control de sí. En psicofarmacología se llaman ataráxicos los psicofármacos de acción tranquilizante (v. **psicofarmacología**, § I).

atavismo (al. *Atavismus*; fr. *atavisme*; ingl. *atavism*; it. *atavismo*)

Término empleado en biología para indicar la aparición, en un individuo, de características

que se remontan a formas ancestrales y que no aparecen en las generaciones intermedias. En psiquiatría el término lo utilizó C. Lombroso, que atribuía al atavismo las conductas anormales con fondo antisocial y criminal. En psicoanálisis se habla de **regresión** (v.) atávica para indicar un regreso a formas primitivas de la organización psíquica (v. **arcaísmo**). Entre las regresiones atávicas S. Ferenczi indica la regresión oceánica (*talasale*): "que es como expresar la idea de que existe un deseo de regresar al océano abandonado en los tiempos primitivos" (1924: 269). A propósito de la atracción ejercida por el pasado, Ferenczi precisa que "el término 'pulsión' acentúa el aspecto adaptativo, el carácter de adecuación del funcionamiento orgánico, mientras 'fuerza de atracción' subraya en cambio el carácter de regresión. Naturalmente yo comparto la opinión de Freud, según el cual las pulsiones directas 'hacia adelante' toman su energía de la fuerza de atracción del pasado" (1924: 269).

BIBLIOGRAFÍA: Ferenczi, S. (1924); Lombroso, C. (1878).

ataxia (al. *Ataxie*; fr. *ataxie*; ingl. *ataxia*; it. *atassia*)

Falta (*ataxia*) o insuficiencia (*hipotaxia*) de **coordinación** (v., § 2). En *neuropsicología* se indica con este término un trastorno en la coordinación de los movimientos voluntarios, que no conlleva necesariamente la pérdida de la contractilidad muscular. Resultan comprometidos la posibilidad de aferrar un objeto, la sucesión de los movimientos, el equilibrio del tronco y de las extremidades en determinadas posiciones. Los movimientos atáxicos son torpes, a saltos, incontrolados (v. **locomoción**, § 2). Una forma específica de ataxia es la ataxia *óptica*, que no permite la coordinación entre gesto y mirada, por lo que el sujeto orienta mal su gesto porque no utiliza la información visual correctamente percibida. Es causada por lesiones que interrumpen las conexiones occipito-parietales, generalmente del lado derecho. Una forma particular de ataxia es el *síndrome de Balint* que, además de ataxia óptica, presenta parálisis psíquica de la mirada e inatención visual unilateral. Por lo que se refiere a la ataxia *locomotriz*, consúltese la voz

sífilis. En *psiquiatría* E. Stransky propuso la expresión ataxia *intrapsíquica* para la falta de coordinación entre pensamiento y emoción, típica del vivir esquizofrénico.

BIBLIOGRAFÍA: Balint, R. (1909); Stransky, E. (1903).

ataxiámetro (al. *Ataxiameter*; fr. *ataxiamètre*; ingl. *ataxiameter*; it. *atassiametro*)

Es un aparato que registra y mide los movimientos involuntarios de los sujetos, que deben estar en posición erguida, inmóviles, con los ojos cerrados. Se usa en las investigaciones experimentales sobre la sugestionabilidad.

atelesis (al. *Atelesis*; fr. *atélèse*; ingl. *atelesis*; it. *atelesi*)

Falta de integración típica de las disociaciones esquizofrénicas con especial referencia a las desarticulaciones entre mundo exterior y mundo interior (*v.* **autismo**), entre el yo y los contenidos de conciencia (anacoresis) y entre las formas elementales de la percepción y los respectivos contenidos de conciencia (*v.* **alucinación**).

ateliosis
v. ENANISMO, § 3.

atención (al. *Aufmerksamkeit*; fr. *attention*; ingl. *attention*; it. *attenzione*)

Capacidad de seleccionar los estímulos y de poner en acción los mecanismos responsables del almacenaje de las informaciones en los depósitos de la memoria de corto y largo plazo (*v.* **memoria**, § 5) con influencia directa en la eficiencia de las capacidades de respuesta en las tareas de vigilancia.

1] NEUROPSICOLOGÍA DE LA ATENCIÓN. Las estructuras neuronales que sustentan la atención son la formación **reticular** (*v.*), el **tálamo** (*v.*) y el **sistema límbico** (*v.*). El sistema reticular, además de una acción uniforme de

vigilia, proporciona una regulación fina de la atención mediante una acción inhibidora sobre los sistemas sensoriales que se excitan simultáneamente, para permitir la selección de un estímulo especial cuyo significado para el organismo está definido por factores biológicos y biográficos. En condiciones de atención la activación de la corteza cerebral se caracteriza por un trazo electroencefalográfico desincronizado, con ondas irregulares de alta frecuencia y de baja amplitud, y por la ausencia de ritmos alfa, presentes en cambio en la vigilia relajada. Las reacciones fisiológicas que tienen lugar con el despertar de la atención reciben el nombre de *reflejos de orientación* (*v.* **reflejo**, § 2, *b*); se encuentran tanto en los animales como en los hombres y se manifiestan con un movimiento somatopsíquico en el que el cuerpo se dirige a la fuente del estímulo mientras la conciencia se concentra en su significado, mandando a segundo término los sectores de la realidad que antes la habían ocupado. La repetición del estímulo reduce el reflejo de orientación porque sustituye al fenómeno de la **habituación** (*v.*), por lo que las neuronas de la atención cesan de funcionar aunque la señal del estímulo permanece sin variación. La atención conlleva siempre una supresión del movimiento espontáneo, dándole al organismo una apariencia de reposo vigilante. La mayor o menor facilidad de un estímulo sensorial para superar el mecanismo inhibidor y para despertar la atención está relacionada con la edad. El niño, por ejemplo, se distrae con suma facilidad y reacciona a cualquier estímulo de cierto nivel; conforme avanza la edad el sujeto aprende a usar la atención de modo más discriminatorio y a subordinar las otras actividades al dominio del sistema activo. Al respecto, escribe G. Benedetti, "se puede decir que la atención resulta de un desplazamiento del equilibrio entre acción e inhibición. Ese equilibrio móvil es uno de los modos de acción del sistema nervioso, porque sólo a través de la inhibición de innumerables estímulos irrelevantes provenientes del ambiente que bombardean al organismo, éste puede protegerse de excitaciones difusas, estériles y dispersoras; mientras sólo a través del mecanismo de la activación selectiva resulta posible una acción significativa del individuo en su ambiente" (1969: 164-165).

2] ATENCIÓN Y PERCEPCIÓN. En el ámbito perceptivo, la atención es un proceso de concentración de alguno de los muchos estímulos percibidos basándose en las características del estímulo, las necesidades internas, las expectativas y la experiencia pasada. La combinación de estos elementos está en la base de la variación de los niveles de atención entre un individuo y otro, por lo que la madre oirá el llanto de su niño por encima de la conversación, y el naturalista los rumores del bosque, mucho más de lo que percibía el paseante. Es común diferenciar entre una atención *espontánea* o *involuntaria*, en la que la respuesta de orientación del sujeto es provocada por las características de un determinado estímulo, y una atención *voluntaria* o *controlada*, caracterizada por una orientación consciente y deliberada del sujeto hacia un estímulo. Generalmente estas dos formas de atención tienen un funcionamiento alterno, pues la concentración voluntaria sobre un objeto inhibe la orientación espontánea sobre los demás y viceversa; además, la atención espontánea no implica ninguna fatiga, mientras que la voluntaria requiere un esfuerzo cuya intensidad varía en relación con las motivaciones del sujeto hacia el objeto examinado. Desde el punto de vista de la calidad de la atención como prerrogativa subjetiva se diferencia una atención *selectiva*, con características de concentración y selección que manifiesta, desde el punto de vista de la eficiencia del comportamiento, tiempos de reacción rápidos y eficientes y óptima discriminación, y una atención *difusa* con predisposición a la libre asociación que manifiesta, en el plano de la eficiencia del comportamiento, reflexión y pensamiento creativo. La atención también puede ser promovida por estímulos denominados *externos*, que inciden en la percepción normal del sujeto, o *internos*, para los cuales la familiaridad, la resonancia emotiva, los intereses personales, la motivación, pueden ser tanto conscientes como inconscientes (v. **percepción**, § 8).

3] ATENCIÓN Y APRENDIZAJE. La atención es también aprendizaje, en la medida en que permite seleccionar determinados estímulos para después dirigir el comportamiento hacia ellos. Eso ocurre, por ejemplo, en el mundo animal, con la selección de los estímulos que remiten a la comida, al nivel de activación de la atención en presencia de un peligro, al empleo de la atención difusa en sentido organizativo para los animales que viven en manada. Estas características valen también para el mundo humano, como lo han demostrado los experimentos de reflexología y de psicología del comportamiento; en este ámbito, además del reflejo de orientación caracterizado por el aumento de la tensión muscular, la orientación de los canales perceptivos hacia el estímulo, la adopción de una postura específica, se estudiaron con tests especiales la calidad del aprendizaje en condiciones de atención concentrada y de atención difusa. Los resultados han encontrado aplicación en pedagogía y en psicología de la edad evolutiva, en las que se pudo constatar que la atención del niño es predominantemente espontánea hasta los 7 años, con el consiguiente comportamiento fluctuante y la escasa capacidad de aplicarse en una actividad estructurada de manera consciente. De los 8 a los 11 años, cuando el niño es capaz de orientar su actividad hacia un objeto específico, aparece la atención voluntaria que, en el ámbito educativo y escolar, necesita ser estimulada con sagaces incentivos, que van desde la facilidad y la familiaridad del contenido hasta relaciones más complejas y cambiantes, siguiendo estrategias oportunamente preparadas.

4] TRASTORNOS DE LA ATENCIÓN. Los trastornos de la atención pueden ser *temporales*, como la desatención, la distracción, la distraibilidad, o *estructurales*, como la aprosexia.

a] La *desatención* es una reducción temporal de la atención debida a cansancio físico o mental. En el psicoanálisis Anna Freud sostiene que, subyacente a la desatención, existe una regresión del yo que se registra cada vez que nos encontramos en estado de **estrés** (v.)

b] La *distracción* es una interrupción de la atención por acción de otros estímulos ajenos a la actividad en curso. Éstos, que con su intensidad llaman la atención del sujeto, reducen la capacidad de los estímulos que lo abocaban a la actividad inicialmente seleccionada. La distracción puede ser superada con mayor gasto de energía por parte del sujeto o con una adaptación negativa a los factores de distracción. Se habla de distracción también en presencia de esa especial **abstracción** (v.) que implica estar absortos en un pensamiento, en un problema, en la ejecución de una labor, al punto de no responder a los estímulos o los sucesos externos aunque sean relevantes. Parece que en condiciones de distracción no disminuye la receptividad inconsciente de los estímulos, como ya lo había señalado P. Janet, según el cual las sugerencias enviadas en estado de distracción con frecuencia resultan más eficaces que las enunciadas de manera explícita después de haber llamado la atención. A este principio recurre la psicología de la publicidad con el envío de mensajes **subliminales** (*v.*).

c] La *distraibilidad*, a diferencia de la distracción, que es un evento temporal, es la propensión natural de un sujeto a distraerse. Normalmente, si se prolonga en los niños puede ser síntoma de desadaptación.

d] La *aprosexia* es la incapacidad estructural de mantener la atención porque la ideación está enrarecida o concentrada en pocos temas, como ocurre en los estados depresivos, porque es sobreabundante, como en los estados maniacos, por exceso de emociones o cargas afectivas que interfieren en los procesos de pensamiento, o por la presencia de ideas fijas, como acontece en los estados fóbico-obsesivos, que, imponiéndose de manera forzada a la conciencia, reducen la posibilidad de atención. La aprosexia puede ser selectiva, porque se ha podido constatar una excelente capacidad de atención en relación con algunos temas en particular.

5] LA PSICOLOGÍA DE LA ATENCIÓN. Los estudios sobre la atención llegaron a estructurarse como dirección psicológica en su polémica con el **asociacionismo** (*v.*). La propuesta la hizo G.H. Mead, basándose en la convicción de que "la psicología de la atención desautorizó la psicología de la asociación. Se descubrió que en nuestra experiencia se encuentran infinitas asociaciones referidas a cualquier cosa que se presente ante nosotros, pero la psicología asociacionista no logró explicar cómo es que el papel dominante lo adopta una asociación determinada y no otras. En efecto los asociacionistas postularon leyes según las cuales si una cierta asociación hubiera sido intensa, reciente y frecuente se habría transformado en dominante, pero de hecho con frecuencia se verifican situaciones en las cuales lo que parecía ser el elemento más débil de

la situación logra ocupar la mente por completo. Sólo cuando los psicólogos se volcaron al análisis de la atención fue posible explicar tales situaciones y entender que la atención voluntaria depende de la indicación de cualquier característica en el campo de la estimulación. Tales indicaciones hacen posible el aislamiento y la recombinación de las respuestas" (1934: 115).

BIBLIOGRAFÍA: Bagnara, S. (1984); Benedetti, G. (1969); Chance, M.R.A. y R.R. Larsen (1976); Freud, A. (1965); Hale G.A., M. Lewis (1979); Hebb, D.O. (1949); Janet, P. (1928); Kahneman, D. (1973); Lindsley, D.B. (1960); Mead, G.H. (1934); Moray, N. (1969); Norman, D.A. (1974); Parasuraman, R. (1983); Swets, J.A. y A.B. Kristofferson (1970); White, A.R. (1964).

atención flotante (al. *Gleichswebende Aufmerksamkeit*; fr. *attention flottante*; ingl. *suspended attention*; it. *attenzione fluttuante*)

Actitud subjetiva del analista que, al escuchar al paciente, no debe favorecer ningún elemento del discurso del analizado basándose en sus propias inclinaciones personales, en sus inevitables prejuicios y en sus presupuestos teóricos, aunque sean legítimos, sino que debe dejar actuar a su propia actividad inconsciente tal como se le solicita al analizado cuando se lo invita a proporcionar asociaciones libres (*v.* **asociación**, § 3). En este sentido S. Freud habla de atención *libremente* flotante (*gleichswebende Aufmerksamkeit*): "Así como el analizado debe comunicar todo cuanto atrape en su observación de sí atajando las objeciones lógicas y afectivas que querrían moverlo a seleccionar, de igual modo el médico debe ponerse en estado de valorizar para los fines de la interpretación, del discernimiento de lo inconsciente escondido, todo cuanto se le comunique, sin sustituir por una censura propia la selección que el enfermo resignó; dicho en una fórmula: debe volver hacia el inconsciente emisor del enfermo su propio inconsciente como órgano receptor, acomodarse al analizado como el auricular del teléfono se acomoda al micrófono" (1912 [1976: 115]). Puesto que la comunicación debe darse de inconsciente a inconsciente, como el inconsciente del paciente se manifiesta a través de un material que es fruto de una sustancial **deformación** (*v.*), si la atención del analista se dejase guiar por sus propios prejuicios o supuestos previos, difícilmente lograría llegar, partiendo de los derivados del inconsciente del paciente, a la verdadera dinámica inconsciente subyacente. Naturalmente, a la comprensión le provocan interferencia los problemas personales que el analista no ha resuelto. Por esto, escribe Freud, "no basta [que] sea un hombre más o menos normal; es lícito exigirle, más bien, que se haya sometido a una purificación psicoanalítica, y tomado noticia de sus propios complejos que pudieran perturbarlo para aprehender lo que el analizado le ofrece. No se puede dudar razonablemente del efecto descalificador de tales fallas propias; es que cualquier represión no solucionada en el médico corresponde, según una certera expresión de Wilhelm Stekel, a un 'punto ciego' en su percepción analítica" (1912 [1976: 115]).

BIBLIOGRAFÍA: Freud, S. (1912), Freud, S. (1911-1912); Stekel, W. (1911).

atimia (al. *Athymie*; fr. *athymie*; ingl. *athymia*; it. *atimia*)

Término hipocrático adoptado por la psiquiatría para indicar la atenuación o la desaparición de las manifestaciones vinculadas a la esfera de la afectividad y de la emotividad.

atipia (al. *Atypie*; fr. *atipicité*; ingl. *atypia*; it. *atipia*)

Discordancia de lo que es típico (*v.* **tipología**) o de lo que se apega a la **norma** (*v.*). El término se refiere al carácter de los individuos, a su comportamiento, y a los resultados de los tests.

atlético
v. TIPOLOGÍA, §1, *b.*

atmósfera, efecto de
v. PENSAMIENTO, § II, 6, *c.*

atomismo
v. ELEMENTARISMO.

átomo social
v. SOCIOMETRÍA.

atonía
v. TONO MUSCULAR.

atracción-repulsión, teoría de la (al. *Anziehung-Abstossungstheorie*; fr. *théorie de l'attraction-répulsion*; ingl. *attraction-repulsion theory;* it. *teoria della attrazione-repulsione*)

Esta teoría la encontramos, en los distintos autores, con diversas denominaciones como: *acercamiento-evitamiento* o *evasión* o *esquivamiento*, *acercamiento-alejamiento*, *aversión-afinidad*, todas las cuales se pueden referir a *atracción-repulsión* con diferentes matices que aquí indicaremos. Partiendo de las teorías del condicionamiento clásico y operante iniciadas respectivamente por I.P. Pavlov y por B.F. Skinner, además de la *ley del efecto* de E. Thorndike, según la cual las respuestas reforzadas por alguna cosa que el animal necesita, que quiere o desea, tienen mayor posibilidad de verificarse que otras (*v.* **aprendizaje**, § I, 1-2), se preparó, basándose en la cualidad del incentivo, un cuadro de posibles comportamientos, que prevé un:

a] *comportamiento apetitivo* activado por la aparición de un incentivo positivo o por la eliminación de un incentivo negativo;

b] *comportamiento adverso* activado por la aparición de un incentivo negativo o por la eliminación de un incentivo positivo;

c] *comportamiento de conflicto* con elección forzada en presencia de incentivos positivos y negativos;

d] *comportamiento de doble conflicto* en presencia de uno o más incentivos, todos con propiedades ambivalentes.

1] EL CONFLICTO ACERCAMIENTO-ALEJAMIENTO. La situación conflictiva, que en contextos de complejidad es también la más recurrente, fue expresada despues por K. Lewin a partir de su teoría del **campo** (*v.*, § 2), en la que una conflictividad es posible también en las situaciones aparentemente simples, en las que los incentivos presentes son apetitivos o adversos. En efecto, se dan casos en los que, según la terminología adoptada por Lewin, el campo está estructurado por las siguientes posibilidades:

a] *acercamiento-acercamiento,* cuando se trata de decidir entre dos opciones igualmente atractivas, como se ilustra en la fábula del asno de Buridano, que se deja morir de hambre porque no puede decidir entre dos montones de paja idénticos;

b] *alejamiento-alejamiento,* cuando nos encontramos entre dos opciones poco atractivas por lo que, si es posible, la solución se da con la salida del campo;

c] *acercamiento-alejamiento,* cuando una meta parece al mismo tiempo placentera y desagradable;

d] *doble conflicto,* en la que se reproduce la situación precedente, sólo que dos o más aspectos de la meta aparecen simultáneamente atractivos y repulsivos.

2] PROBLEMAS RELACIONADOS CON EL EVITAMIENTO O EVASIÓN. El evitamiento o evasión connota el comportamiento aversivo activado por la aparición de un *incentivo negativo,* como en el caso de la vigilancia del profesor que evita conductas inconvenientes, o por la desaparición de un *incentivo positivo,* como la ausencia de alimento apetitoso que evita que se consuma la comida. El evitamiento, si está relacionado con consecuencias desagradables o dañosas, tiene un gran valor adaptativo, aunque se presenta el problema de cómo un no-suceso puede reforzar un condicionamiento. La primera respuesta es la que une el evitamiento a la **expectativa** (v.) de que suceda el hecho desagradable; la segunda, sostenida por la teoría bifactorial (v. **análisis factorial**, § 1), considera que la respuesta del evitamiento se refuerza porque reduce el estado de miedo asociado con el estímulo que señala el acaecer del suceso aversivo. En la modificación del comportamiento se diferencia el *training* de evitamiento *pasivo* que, con la extracción del incentivo positivo, procura la extinción de comportamientos no deseados, y el *activo* que, a través del refuerzo negativo, induce a evitar peligros reales o imaginarios anticipados por la previsión. El término evasión se utiliza también en el léxico de R.D.

Laing para las falsificaciones de la realidad actuadas por el sujeto con ficciones fantásticas, con el objetivo de evitar la realización interpersonal y el enfrentamiento consigo mismo y con los demás.

3] TERAPIA DE AVERSIÓN. Con la eliminación de incentivos positivos y la introducción de incentivos negativos, la terapia de aversión tiende a reducir –hasta extinguirla– la atracción por un objeto físico, una pareja social, una situación, un vicio. La psicología experimental llegó a medir la intensidad del comportamiento aversivo con el *gradiente de aversión,* que toma en cuenta elementos instintivos y adquiridos. Los unos y los otros son interpretados por el psicoanálisis como mecanismos de defensa para la seguridad del yo. La terapia de aversión consiste en crear una asociación entre modelos de conducta indeseables y estímulos desagradables, o bien una relación causa-efecto entre los dos. La terapia de aversión, empleada para el tratamiento del alcoholismo, la farmacodependencia y las manifestaciones indeseables de la sexualidad, encuentra dificultad en hallar una conducta alternativa a la que, con la asociación aversiva, se tiende a eliminar. Hoy, a los métodos eléctricos y químicos utilizados en los años treinta y cuarenta, se prefiere la llamada *sensibilización concreta,* en la que a la sensación desagradable la sustituye su representación, o bien se recurre a la activación de procesos cognoscitivos (v. **aprendizaje**, § II) o a formas de autocontrol que ejercen presión en la **autoestima** (v.). Para la exposición de las diversas formas de terapia de la aversión, v. **comportamiento**, § 5.

BIBLIOGRAFÍA: Campbell, B.A. y R.M. Church (1969); Laing, R.D. (1959); Lazarus, R.S. (1966); Lewin, K. (1935); Lewin, K. (1951); Pavlov, I.P. (1927); Rachman, S. y J. Teasdale (1969); Skinner, B.F. (1953); Thorndike, E.L. (1911).

atribución, teoría de la (al. *Zuschreibungstheorie;* fr. *théorie de l'attribution;* ingl. *attribution theory;* it. *teoria dell'attribuzione*)

Teoría que explica las modalidades con las cuales, según el sentido común, se explican los comportamientos propios y ajenos atribuyéndolos a causas que pueden ser ambientales o personales. F. Heider demostró que en general se realizan con mayor frecuencia atribuciones a causas personales que a causas ambientales, porque la unidad entre agente y acción se percibe de manera más inmediata que la unidad entre acción y ambiente. Esto está en la base de los *errores de atribución* que deben imputarse –aparte de al error perceptivo– también a aspectos motivacionales, como por ejemplo el carácter defensivo de algunas atribuciones. Pruebas experimentales han demostrado, en efecto, que generalmente se tiende a explicar el comportamiento propio basándose en factores situacionales, mientras el comportamiento de los otros se explica casi siempre basándose en intenciones o disposiciones personales.

BIBLIOGRAFÍA: Amerio, P. (1982), Heider, F. (1958).

atrio (al. *Vorhof*; fr. *oreillette*; ingl. *auricle*; it. *atrio*)

Llamada también *aurícula*, es una cavidad presente en la parte superior del músculo cardiaco que consta de dos atrios, uno derecho y uno izquierdo. El atrio derecho recibe la sangre procedente de los tejidos corporales, pobre de oxígeno, llevada por las venas cavas; el atrio izquierdo recibe la sangre de los pulmones, rica en oxígeno, llevada por las venas pulmonares. De los atrios la sangre pasa a los compartimientos ventriculares (*v.* **ventrículo**) que constituyen la parte inferior del corazón.

atrofia
v. DISTROFIA.

audiología (al. *Audiologie*; fr. *audiologie*; ingl. *audiology*; it. *audiologia*)

Ciencia que tiene como objeto de estudio el sistema **auditivo** (*v.*) y como fin el diagnóstico de eventuales trastornos y su consiguiente intervención terapéutica. Actualmente el método más usado para la medición del umbral auditivo es el *audiométrico*, el que con un generador electroacústico de sonidos de frecuencia diversa e intensidad variable permite obtener los datos que se visualizan en una gráfica llamada *audiograma*.

auditivo, aparato (al. *Hörsystem*; fr. *système auditif*; ingl. *auditory system*; it. *uditivo, sistema*)

Aparato sensible a las vibraciones producidas por una fuente sonora. Una característica de este aparato es la coexistencia de dos tipos de receptores: los gravitatorios o centrífugos del **sistema vestibular** (*v.*) y los del sonido, cuya preponderancia justifica la denominación. El *oído* es el órgano del sentido cuyos mecanorreceptores (*v.* **receptor**) son sensibles a vibraciones generadas por ondas sonoras capaces de propagarse a través del aire, del agua y de otros medios materiales. Los atributos físicos de las ondas sonoras son la *amplitud*, determinada por la cantidad de energía que se manifiesta en la entidad de la compresión y la expansión, y la *frecuencia*, que se refiere al número de vibraciones por segundo, es decir al número de longitudes de onda que pasan por un punto en un segundo. El carácter subjetivo de la amplitud es la *intensidad*, por lo que un sonido parece débil o fuerte, mientras la correlación con la frecuencia es la *tonalidad*, por lo que un sonido parece bajo o agudo. Con la forma de las ondas, en relación con la sobreposición de vibraciones secundarias o armónicas a la vibración fundamental, está unido el *timbre* del sonido, que es diferente de un instrumento al otro. Los *sonidos* corresponden a vibraciones periódicas regulares; los *ruidos* a vibraciones irregulares. Cuando se producen juntos dos sonidos, éstos no pierden su entidad, como sucede cuando se mezclan dos colores, sino que producen una fusión oída como *armonía* (agradable) o como *disonancia* (desagradable).

Las ondas sonoras son las ondas longitudinales mecánicas que el oído humano es capaz de percibir, es decir las de frecuencias de entre 20 y 20 000 Hz, aunque la máxima sensibilidad auditiva parece corresponder a 3 000-4 000 Hz; las frecuencias superiores o inferiores son, respectivamente, los *ultrasonidos* y los *infrasonidos*. La intensidad también presenta un umbral mínimo y máximo en relación con

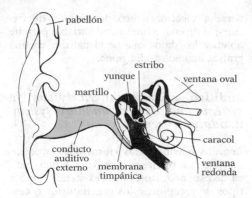

Sección del oído.

los cuales se introdujo la *escala de decibeles* (dB) donde el valor 0 corresponde a la intensidad mínima normalmente percibida, y 120 al valor máximo, más allá del cual se presenta una sensación de dolor.

Se suele dividir el oído en tres secciones denominadas oído externo, expuesto al aire; oído medio, que contiene aire pero no está en comunicación directa con el ambiente, y oído interno, que contiene líquidos.

1] *El oído externo* está constituido por el *pabellón*, que es la estructura cartilaginosa encargada de capturar los sonidos, y por el *conducto auditivo externo*, que los transporta al *tímpano*, una membrana que vibra en presencia de ondas sonoras. Como el movimiento del tímpano es de una levísima intensidad, es necesaria una amplificación, que se produce en el oído medio.

2] *El oído medio* presenta estructuras óseas encadenadas llamadas *martillo, yunque y estribo*, que intervienen como amplificadores de la vibración del tímpano, permitiendo el paso de la onda sonora del aire a las estructuras del oído interno, a través de una membrana llamada *ventana oval*.

3] *El oído interno* tiene su parte esencial en el caracol o coclea, que traduce la onda sonora en impulso nervioso. Las ondas de compresión, en efecto, hacen vibrar el líquido contenido en el canal coclear, manteniendo en movimiento la *membrana basilar* en la que se inserta el *órgano de Corti*, que contiene los receptores y las células que transmiten los impulsos a las fibras del nervio acústico. La decodificación de las informaciones auditivas se produce en el área de la corteza del lóbulo temporal, llamada *área acústica*, donde existe una represen-

tación "tonotópica", es decir una correspondencia entre las diferentes zonas corticales y las distintas frecuencias de los estímulos sonoros. Naturalmente todo esto es apenas el principio de la percepción, porque después el individuo reorganiza e interpreta las informaciones según las experiencias anteriores, la motivación y los estados emotivos.

aura (al. *Aura*; fr. *aura*; ingl. *aura*; it. *aura*)

1] Halo energético que se supone existe alrededor del cuerpo humano y que algunas personas dicen percibir bajo la forma de una luz de diversos colores, cuya tonalidad daría indicaciones del estado psicofísico del sujeto. Las aureolas en los retratos de los santos serían representaciones convencionales del aura que, por otra parte, está descrita en casi todas las culturas.

2] Síntoma premonitor que advierte de la inminencia de algún trastorno físico o mental, casi siempre presente en los episodios de **epilepsia** (*v.*) esencial antes de los síntomas principales. E. Bleuler la describe en estos términos: "el ataque es precedido con frecuencia por preludios que duran algunas horas, más raramente algunos días; en general están representados por 'humores', pero también por malos sentimientos y a veces por alucinaciones y estados crepusculares. En la mayor parte de los casos estos preludios desaparecen en el momento mismo en el que sucede el ataque" (1911-1960: 395). En general se suele diferenciar: *a*] auras *psíquicas* con alteraciones de la relación de tiempo, realidad, identidad, memoria y, en especial, de la intensidad de la experiencia; *b*] auras *sensoriales* con alucinaciones olfativas, gustativas, ópticas, generalmente elementales (resplandores, luces, cuerpos luminosos), así como auditivas, también éstas elementales (ruidos sordos o vibrantes); *c*] auras *viscerales* con dolores epigástricos; *d*] aura *cursoria* caracterizada por correr sin ningún objetivo. La calidad del aura está relacionada con el *focus* epileptógeno cerebral y varía según la localización específica de la lesión. Por este motivo en un individuo se repite siempre el mismo tipo de aura.

BIBLIOGRAFÍA: Bleuler, E. (1911-1960); Tart, C. (1972).

ausencia (al. *Absenz*; fr. *absence*; ingl. *absence*; it. *assenza*)

Pérdida transitoria de la conciencia y de la memoria, debida a causas que van de la intoxicación exógena a la alteración momentánea de la irrigación cerebral. Habitualmente se emplea este término en referencia a esa manifestación menor, respecto de la **epilepsia** (*v.*) generalizada, denominada ausencia epiléptica, y que se caracteriza por una breve pérdida de conciencia, interrupción de toda actividad, fijeza de la mirada y amnesia completa.

autarquía (al. *Autarkie*; fr. *autarchie*; ingl. *autarchy*; it. *autarchia*)

Término utilizado en psiquiatría para referirse al primer período de la infancia, en el que no se le exige nada al niño y se satisfacen inmediatamente sus necesidades. S. Ferenczi llamó a esta condición "omnipotencia incondicionada" porque el niño no tiene otra referencia que él mismo, entendiendo también el seno materno como parte de su cuerpo. Sólo más tarde, e involuntariamente, se orienta hacia los objetos, poniendo fin a esta fase autárquica.

BIBLIOGRAFÍA: Ferenczi, S. (1913).

autenticidad-inautenticidad (al. *Eigentlichkeit-Uneigentlichkeit*; fr. *authenticité-inauthenticité*; ingl. *authenticity-inauthenticity*; it. *autenticità-inautenticità*)

Polaridad de términos que adquieren un significado diferente según los ámbitos disciplinarios en que se los utiliza:

1] FILOSOFÍA. El par autenticidad-inautenticidad fue introducido por K. Jaspers para indicar lo que hay de más propio (*eigen*) en el fondo de la existencia, respecto a sus aspectos superficiales o adquiridos por imitación o aquiescencia: "Lo auténtico es aquello que es más profundo en contraposición a lo que es más superficial, por ejemplo lo que toca el fondo de cada existencia psíquica frente a lo que roza la epidermis, lo que dura frente a lo momentáneo, lo que creció y se desarrolló con la persona misma frente a lo que la persona aceptó o imitó"

(1919: 49). M. Heidegger reformuló esta polaridad de términos partiendo del hecho de que, como el hombre está en el mundo, puede adoptar el modo "común" de ver y juzgar las cosas, renunciando al modo propio. Disminuye entonces su especificidad y se aumenta el "se" impersonal (*Man*), por lo que "nos la pasamos y nos divertimos como se divierten; leemos, vemos y juzgamos de literatura y arte como se ve y se juzga. Nos mantenemos alejados de la 'gran masa' como se nos tiene alejados, encontramos 'escandaloso' lo que se encuentra escandaloso. El se, que no es un existir determinado, sino todos (pero no como suma), decreta el modo de ser de la cotidianidad" (1927, § 27). Bajo la dictadura del "se" la existencia es inauténtica. El sentido de esta expresión no es peyorativo, sino etimológico. La expresión alemana que equivale a "autenticidad" (*Eigentlichkeit*) contiene el adjetivo *eigen*, que significa "propio", como también el griego αὐτός que aparece en "auténtico". Bajo la dictadura del "se" el proyecto existencial es "inauténtico" porque la comprensión que realiza de las cosas no es la "propia", no es la que emana del "propio" proyecto, sino la que se tomó del modo "común" de considerar las cosas, en el que el hombre se encontró al venir al mundo.

2] PSIQUIATRÍA FENOMENOLÓGICA. L. Binswanger, adoptando las categorías de la analítica existencial de Heidegger, matiza la autenticidad y la inautenticidad de la existencia en la categoría de la temporalidad, que Heidegger mostró era solidaria con el ser. El presente de cada existencia está entre un pasado no elegido y un futuro por elegir; la autenticidad es propia de la existencia que se conjuga a sí misma en sintonía con la proyectualidad del porvenir, mientras la inautenticidad es propia de la existencia que no logra asomar del propio pasado, sino que se deja reabsorber por éste sin desarrollo ni progresión. En la incapacidad de trascender el propio pasado la existencia entrega su poder ser a una posibilidad ya dada, a una posibilidad que Binswanger define como "inauténtica" porque no es "suya", sino simplemente "hecha suya". Es la victoria del ser-echado sobre el proyecto, es la caída de las posibilidades del hombre en la repetición de posibilidades ya dadas. Entonces, escribe Binswanger, "las cosas, de invitantes, se transforman en obligatorias, de prometedoras en angustiantes, porque en lugar de dominar la situación, es decir de abarcarla en todas sus relaciones de sentido, la situación se hace aplastante, quitándole al ser su autodominio" (1944-1946: 99). En otro punto: "En la relación con el mundo la existencia se niega a sí misma como auténtica posibilidad de sí para caer en determinado proyecto de mundo del que se siente expulsada; en lugar de la libertad de hacer que el mundo acontezca se da la *no-libertad* del ser dominado por un determinado proyecto de mundo" (1944-1946: 25; *v.* **análisis existencial**, § 2, *c*).

3] PSICOANÁLISIS. El par de términos se utiliza en psicoanálisis para diferenciar los actos que se hacen de buena fe de los que se hacen de mala fe, que son verdaderos o falsos para el **ello** (*v.*). El comportamiento inauténtico se interpreta generalmente como defensivo, porque tiene por objetivo evitar encontrar algunos aspectos de la situación o de sí mismo que podrían generar angustia. La teoría psicoanalítica no tiene ningún criterio para fundamentar esta diferencia, aunque la práctica depende en gran parte de la capacidad del terapeuta para diferenciar entre sinceridad e insinceridad y, a propósito de esta última, entre insinceridad consciente e insinceridad inconsciente.

BIBLIOGRAFÍA: Binswanger, L. (1944-1946); Binswanger, L. (1946); Heidegger, M. (1927); Jaspers, K. (1919).

autismo (al. *Autismus*; fr. *autisme*; ingl. *autism*; it. *autismo*)

Término acuñado por E. Bleuler para describir a individuos completamente absortos en sus propias experiencias interiores con la consiguiente pérdida de cualquier interés por la realidad externa, las cosas y los otros. El término autismo, derivado del griego αὐτός, que significa "sí mismo", tiene un uso genérico y uno específico referido a los niños, y diferente de la denominación *autismo infantil precoz*.

En su acepción general el autismo presenta las características de una clausura de las relaciones comunicativas con el mundo exterior, con el consiguiente retiro en sí mismo, en la propia vida interior, autocéntrica y dominada por la subjetividad. El pensamiento autista se alimenta casi exclusivamente de producciones endógenas con materiales derivados sólo del sujeto, a partir de los sueños con los ojos abiertos, de las fantasías, de los delirios y de las alucinaciones; si después la realidad ofrece el material, el sujeto no es consciente, o lo dota inmediatamente de contenidos subjetivos. Autismo, desreísmo (*v.* **desrealización**) e **introversión** (*v.*) están estrechamente vinculados entre sí. Cuando el autismo presenta un acercamiento desreísta a la vida entonces, según Bleuler, es uno de los síntomas fundamentales de la esquizofrenia. En su aproximación a la vida el sujeto es completamente egoísta en el sentido literal y no valorativo del término; su yo, que vive excluyendo sistemáticamente la realidad externa, está en armonía sólo con sus ideas y con sus emociones, incapaz de dirigir sus energías hacia objetos fuera de sí mismo.

Es común diferenciar el *autismo infantil precoz*, no propiamente clasificable en los síndromes esquizofrénicos, porque, mientras el esquizofrénico *retira* su interés del mundo, el niño autista simplemente *no lo instaura*. Acerca de las razones de este síndrome las opiniones son muy diferentes: se va de la posición de L. Kanner, según el cual el autismo infantil es innato y no ocasionado por una educación equivocada, a la posición de B. Bettelheim, quien afirma que el autismo tiene raíces psicológicas semejantes a las del narcisismo, pues la libido está invertida en el yo, en lugar de en los objetos.

1] CARACTERES DEL AUTISMO INFANTIL PRECOZ. El niño autista, esencialmente normal en los primeros seis meses de vida, se vuelve anafectivo, mostrando escaso interés por cualquier estímulo tanto auditivo como visual y oponiéndose a toda manifestación de afecto. Un aspecto común de este cuadro es el retraso en el lenguaje, mientras el desarrollo motor está generalmente dentro de la norma. La afectación de las relaciones con los padres implica que el niño no atraviese las fases normales de ansiedad, de abandono o de miedo por las personas extrañas, así como no manifiesta ningún interés por la compañía de los demás, prefiriendo pasar su tiempo en actitudes de tipo ritualista y de carácter repetitivo. Resistente a cualquier cambio, por lo que por ejemplo el destete o el uso del cuchillo en la alimentación pueden representar serios problemas, el niño autista muestra un deseo obsesivo y angustiante por mantener el *statu quo* y ofrece un aspecto inteligente y pensativo, a pesar de tener una modesta inteligencia y con frecuencia un daño auditivo. Kanner ve en el autismo infantil los caracteres del ensimismamiento, la inaccesibilidad, la soledad, la incapacidad de relacionarse; el cuadro se completa con los juegos sumamente repetitivos seguidos por reacciones de ira si son interrumpidos, preferencia por los movimientos rítmicos como rodar y mecerse, ecolalia (*v.* **ecofenómeno**), sustitución del pronombre personal "yo" con "él" y el consiguiente discurso sobre sí mismo en tercera persona.

A Kanner también se debe la diferenciación entre autismo *infantil* y autismo *esquizofrénico:* en el primer caso el trastorno autista está presente desde la primera infancia, mientras el esquizofrénico parece normal en los dos primeros años de vida; además, el niño autista es apático, rígido, desapegado y más aislado que el esquizofrénico, que en cambio muestra con frecuencia una voluntad motriz excesiva y apego hacia el cuerpo del adulto. Los padres de los niños autistas pertenecen a un modelo sumamente coherente con caracteres de notable inteligencia, productividad y con un nivel social elevado; en apariencia fríos y emotivamente impasibles, parecen obsesionados por el deseo de educar niños perfectos.

2] INTERPRETACIONES DEL AUTISMO INFANTIL PRECOZ. En su primera publicación sobre el autismo infantil, Kanner escribe: "Debemos suponer que estos niños vienen al mundo con una incapacidad innata para establecer el contacto afectivo normal de *naturaleza biológica* con las personas, tal como sucede con otros niños que vienen al mundo con desventajas físicas o intelectuales congénitas. Si nuestra suposición es correcta, un estudio más profundo de estos niños debería contribuir a proporcionar criterios concretos a los conceptos todavía vagos de los componentes constitucionales de las reacciones afectivas. Parece, en efecto, que nos encontramos frente a ejemplos clásicos de un trastorno autista *innato* del contenido afectivo" (1943: 248).

Diametralmente opuesta es la tesis de L. Eisenberg, que inició sus investigaciones sobre el autismo en colaboración con Kanner. Según Eisenberg la etiología del autismo se debe buscar en la educación, a propósito de la cual escribe: "Los crían de una manera que puede ser definida como una caricatura del conductismo watsoniano, según un esquema que ellos encuentran muy adecuado. Se interesan en el niño sólo en la medida en la que él se demuestra capaz de ejecutar automatismos; de ahí la frecuencia, entre los niños autistas, de prodigiosas explosiones recitativas de cosas aprendidas de memoria. Se exige el conformismo, se quiere tener un niño 'perfecto' o, lo que es lo mismo, un niño que obedece, que ejecuta, que no tiene exigencias propias" (1957: 720). Y: "Se puede pensar que su potencial intelectual está limitado desde el principio, amén de que parece inevitable que un niño cuyo contacto con el ambiente está tan gravemente limitado sufra un deterioro intelectual irreversible, cuando las ocasiones de progreso se reducen a cero a causa de la ausencia de una experiencia normal, concepto revalidado también con los estudios realizados en animales" (1956: 610).

Entre la posición *"innatista"* de Kanner y la adquirida de Eisenberg se coloca L. Bender, que considera el autismo como una reacción defensiva secundaria por una lesión del sistema nervioso central: "Desde hace mucho considero que el autismo es un mecanismo de defensa que se encuentra frecuentemente en los jóvenes esquizofrénicos, en los niños con lesión cerebral, en los sujetos que han sufrido serios traumas o carencias afectivas graves. Estos niños se retiran del mundo para protegerse de la desorganización y la angustia vinculadas a esta patología de base [...] de su patrimonio genético, de su cerebro, de sus órganos perceptivos, de sus relaciones sociales" (1960: 83). De opinión exactamente opuesta es B. Rimland, para quien "los niños afectados por ese trastorno primario que es el autismo infantil precoz están genéticamente predispuestos a esta forma morbosa a causa de una inteligencia superior innata de la que se defienden con el autismo, que debe interpretarse como una desviación genética inhibitoria" (1964: 23).

R.A. Spitz intentó por primera vez una interpretación psicoanalítica del autismo, según la cual la carencia afectiva, junto a la ausencia de estimulaciones adecuadas, induce en el niño una depresión anaclítica (v. **anaclisis**, § 3) además de un grave retraso afectivo e intelectual. En esta línea está C.E. Goshen, que hizo extensivo el estudio del autismo a los núcleos familiares, e insistió en el efecto nefasto de la madre que no es capaz de estimular al niño y de enviarle señales coherentes durante ciertos períodos críticos de la primera infancia, en especial entre el sexto y el decimoctavo mes. Así el niño puede no llegar a aprender el significado del lenguaje y, en ciertos casos, caer en una condición de debilidad mental.

Finalmente Bettelheim resuelve la polémica entre causas orgánicas y causas psíquicas asumiendo esta posición: "Considero que el cuerpo y la psique en la primera infancia están tan poco diferenciados que esta discusión acerca de la hipótesis orgánica o psicógena aparecerá completamente ociosa en una era científica un poco más iluminada. En efecto, es necesario que el cerebro del niño sea estimulado por experiencias sensoafectivas para que las funciones cognoscitivas y la capacidad de relación se desarrollen plenamente, aunque el niño haya nacido con un potencial de funcionamiento mental y afectivo por completo normales" (1967: 421). Partiendo de esta premisa Bettelheim promueve su interpretación psicoanalítica en estos términos: "Creo que la causa inicial del retiro autista es la interpretación correcta, por parte del niño, de la actitud negativa con la que se aproximan las figuras más significativas de su ambiente. Esto, a su vez, provoca en él accesos de cólera hasta que comienza –igual que muchos adultos– a interpretar el mundo a imagen de su propia ira. Todos nosotros lo hacemos de vez en cuando, y todos los niños lo hacen con mucha más frecuencia que nosotros los adultos. El drama del niño destinado a transformarse en autista es que su visión fantasmática del mundo es confirmada después por su mundo real; y esto en una edad precoz en la que le falta cualquier otra experiencia más benigna capaz de equilibrarlo. Es este hecho el que lo conduce a adoptar la posición autista, y no la proyección de su yo agresivo, aunque tal proyección rápidamente tendrá su parte en el proceso" (1967: 47).

BIBLIOGRAFÍA: Bender, L. (1960); Bettelheim, B. (1967); Bleuler, E. (1911-1960); Eisenberg, L. (1956); Eisenberg, L. (1957); Goshen, C.E. (1963); Kanner, L. (1943); Rimland, B. (1964); Spitz, R.A. (1946); Wing, L. (1968).

autoacusación (al. *Selbstanklage*; fr. *autoaccusation*; ingl. *self-charge*; it. *autoaccusa*)

Palabras o actos con los que nos atribuimos la culpa de un comportamiento o actitud equivocados. En algunos casos la autoacusación precede al **autocastigo** (v.), legitimándolo como práctica expiatoria desculpabilizante y como actitud masoquista. Generalmente autoacusaciones y autorreproches caracterizan la depresión y la fase depresiva en los síndromes maniaco-depresivos cuidadosamente estudiados por L. Binswanger, que interpreta la autoacusación como el resultado de una desestructuración de la temporalidad, por lo que un hecho del pasado domina la visión completa del mundo, no permitiendo al presente acontecer y al futuro suceder. "En estos casos el pasado no es el pasado, por lo que el presente se transforma en el tiempo del incesante lamento y el futuro se entreabre como el ámbito de posibilidades vacías" (1960: 34). La autoacusación se debe distinguir de la **autocrítica** (v.) porque de lo que se acusa el individuo no es casi nunca la causa de la situación de la que se lamenta.

BIBLIOGRAFÍA: Binswanger, L. (1960).

autoafirmación (al. *Selbstbehauptung*; fr. *affirmation de soi*; ingl. *self-assertion*; it. *autoaffermazione*)

Capacidad de imponerse y de destacarse gracias a un buen conocimiento del mundo circundante, una buena capacidad de adaptación y un significativo control de sí. La autoafirmación no excluye conductas agresivas.

autoanálisis (al. *Selbstanalyse*; fr. *autoanalyse*; ingl. *self-analysis*; it. *autoanalisi*)

Investigación conducida por un individuo sobre sí mismo mediante procedimientos psicoanalíticos (v. **análisis**) como las asociaciones libres, el análisis de los sueños, la interpretación de los comportamientos. No sustituye al tratamiento psicoanalítico verdadero porque, además de esconder una posible resistencia al psicoanálisis, halaga el narcisismo y elimina ese resorte esencial de todo tratamiento psicoanalítico que es la transferencia (v.). S. Freud se sometió al autoanálisis y así habla de éste: "Pronto advertí la necesidad de hacer mi autoanálisis, y lo llevé a cabo con ayuda de una serie de sueños propios que me hicieron recorrer todos los acontecimientos de mi infancia, y todavía hoy opino que en el caso de un buen soñador, que no sea una persona demasiado anormal, esta clase de análisis puede ser suficiente" (1914 [1976: 19]). Anteriormente Freud no era de esta opinión, y en una carta a W. Fliess había escrito: "Mi autoanálisis sigue interrumpido. Ahora advierto por qué. Sólo puedo analizarme a mí mismo con los conocimientos adquiridos objetivamente (como lo haría un extraño); un genuino autoanálisis es imposible, de lo contrario no existiría la enfermedad" (1892-1899 [1976: 313]). Las reservas de Freud se refieren al autoanálisis cuando es sustitutivo del análisis entre dos; cuando en cambio es integrativo Freud lo recomienda en forma especial porque "cada psicoanalista sólo llega hasta donde se lo permiten sus propios complejos y resistencias interiores, y por eso exigimos que inicie su actividad con un autoanálisis y lo profundice de manera ininterrumpida a medida que hace sus experiencias en los enfermos. Quien no consiga nada con ese autoanálisis puede considerar que carece de la aptitud para analizar enfermos" (1910 [1976: 136]).

BIBLIOGRAFÍA: Anzieu, D. (1959); Freud, S. (1910); Freud, S. (1914).

autocastigo (al. *Selbstbestrafung*; fr. *autopunition*; ingl. *self-punishment*; it. *autopunizione*)

Castigo que un individuo se inflige a sí mismo para atenuar un sentimiento de culpa relacionado con una trasgresión, real o imaginaria, de normas o de principios morales. El autocastigo, interpretado por S. Freud como expresión de un superyó especialmente exigente en relación con el yo (v. **castigo**, § 3), alivia la ansiedad de un castigo que corresponde al ex-

terior. También algunos comportamientos antisociales, que tienen como consecuencia un castigo, pueden ser interpretados como intenciones inconscientes para resolver un sentimiento de culpa. En los casos más graves se puede asistir a fenómenos de automutilación (v. **autolesión**) o aun de **suicidio** (v.).

BIBLIOGRAFÍA: Bertolini, E. (1971); Freud, S. (1924).

autoconciencia (al. *Selbstbewusstsein*; fr. *conscience de soi*; ingl. *self-consciousness*; it. *autocoscienza*)

En psicología el término tiene el significado de conocimiento de uno mismo, por lo que con frecuencia se encuentra también la expresión *autoconocimiento* con el objetivo de diferenciar el uso psicológico de la palabra del filosófico, según el cual la autoconciencia es el principio trascendental que se pone como condición a todo conocimiento y, para el idealismo, también de toda realidad. Respecto a la accesibilidad con la que cada uno llega a conocerse a sí mismo se diferencia un *sí manifiesto* que se refiere a los aspectos conscientes de sí que se obtienen de la información de los otros; un *sí interior*, conocido sólo por el individuo; un *sí ciego*, conocido sólo por los otros, y un *sí desconocido*, que es desconocido por todos, aunque su existencia pueda ser inferida. Sobre la importancia de la autoconciencia como conocimiento de sí insistieron la *psicología descriptiva*, iniciada por W. Dilthey, quien definió la autoconciencia como "la forma más alta y más instructiva con la que podemos comprender la vida", y el *psicoanálisis*, que hizo de ella la condición indispensable para el ejercicio de la profesión psicoanalítica. La *psicología científica*, en cambio, no ha insistido mucho en ello porque de la autoconciencia no se puede eliminar la autoilusión, y porque todo cuanto uno sabe de sí mismo se deriva de la manera en la que uno fue considerado por los otros, con los consiguientes errores de autoevaluación y autodevaluación. Aunque no es algo que se puede proponer científicamente la autoconciencia es objeto de especial atención en el campo pedagógico, donde se ha podido demostrar que un desarrollo desviado de la autoconciencia, por efecto de la devaluación de los demás, puede producir sentimientos de inferioridad que perjudican el proceso educativo.

BIBLIOGRAFÍA: Dilthey, W. (1894); Hector, H. (1971); Kleinke, C.L. (1978).

autoconocimiento
v. AUTOCONCIENCIA.

autoconservación, pulsiones de
v. CONSERVACIÓN, § 2; YO, PULSIÓN DEL.

autocontrol (al. *Selbstbeherrschung*; fr. *maîtrise de soi-même*; ingl. *self-control*; it. *autocontrollo*)

Capacidad de la persona de dominar, seleccionar, coordinar o inhibir los afectos, deseos o pulsiones a fin de que la conducta no perjudique el logro de una o más metas consideradas sumamente deseables. Por requerir un aplazamiento de placeres y gratificaciones inmediatos, el autocontrol está clasificado por el psicoanálisis bajo la figura de la **sublimación** (*v.*), a través de la cual se desplaza la meta de las propias pulsiones instintivas, cuya inmediata satisfacción se considera inferior a los valores socioculturales que se propone realizar. Para el *conductismo*, en cambio, el autocontrol está determinado, aunque no siempre de manera consciente, por el valor relativo de la recompensa y por lo tanto por la ventaja que el individuo puede obtener. Esta "ley de efecto relativo" permite al individuo autocompensarse tan pronto como está en posibilidad de introducir, entre deseo y satisfacción, la variable del tiempo, que permite, mediante la introducción de refuerzos, tolerar mejor el aplazamiento de la satisfacción y, en los casos más afortunados, modificar el ambiente externo de manera que lo haga más gratificante (*v.* **aprendizaje**, § I, 1-2).

autocrítica (al. *Selbstkritik*; fr. *autocritique*; ingl. *self-criticism*; it. *autocritica*)

Juicio que el sujeto expresa de sí mismo, de sus acciones y de sus propios errores o defectos, después de un examen de su personalidad y su comportamiento. Se diferencia de la **autoacusación** (*v.*) porque esta última se refiere a algo que no se cometió o a algo que, pese a haberse cumplido, no es la causa de la situación que se rechaza o de la que se lamenta.

autóctono
v. ALÓCTONO-AUTÓCTONO.

autodevaluación
v. AUTOESTIMA.

autoecolalia
v. ECOFENÓMENO.

autoecoprasia
v. ECOFENÓMENO.

autoengaño (al. *Selbsttäuschung*; fr. *autotromperie*; ingl. *self-deception*; it. *autoinganno*)

Actitud mental de defensa por medio de la cual el individuo falsea a sabiendas la imagen que tiene de sí para no perder la autoestima o para no renunciar a la satisfacción de necesidades instintivas conscientemente rechazadas. De esta manera el sujeto logra engañar la censura del superyó, ofreciéndose a sí mismo falsas motivaciones, que justifican a sus ojos sus comportamientos y sus pensamientos. En el campo fenomenológico J.-P. Sartre interpreta el autoengaño como una falsa descripción de las propias experiencias, tanto externas como internas, recurriendo a conceptos de "necesidad" y de "moralidad" para librarse del sentido de responsabilidad que la propia libertad total conlleva.

BIBLIOGRAFÍA: Adler, A. (1912); Sartre, J.-P. (1943).

autoerotismo (al. *Autoerotismus*; fr. *autoérotisme*; ingl. *autoerotism*; it. *autoerotismo*)

Satisfacción sexual utilizando como único recurso el propio cuerpo, sin ningún objeto externo (*v.* **masturbación**). En el ámbito psicoanalítico el autoerotismo, tomado en su significado específico, se refiere al comportamiento sexual infantil en el que el placer está ligado al funcionamiento de un órgano sin recurrir a un objeto externo, y sin referencia a una imagen unitaria del propio cuerpo o a una primera prefiguración del yo, como en el caso del **narcisismo** (*v.*), por lo cual no coincide con el autoerotismo.

El término autoerotismo, en su significado general, fue introducido por H. Ellis que así lo definió: "Por autoerotismo entiendo los fenómenos de emoción sexual espontánea producidos en ausencia de cualquier estímulo externo, tanto directo como indirecto" (1897-1910: 19). S. Freud, retomando el término de Ellis y criticándolo porque "Havelock Ellis no hace sino estropear el sentido del término que él inventó cuando incluye la historia toda y la masturbación, en su íntegro alcance, dentro de los fenómenos de autoerotismo" (1905 [1976: 164 n. 15]), procede a una definición de autoerotismo sobre la base de una relación de la pulsión con su objeto: "La pulsión no está dirigida a otra persona, sino se satisface en el cuerpo propio" (1905 [1976: 164]). Después, introduciendo la diferencia entre fuente y objeto de la **pulsión** (*v.*, § 1), Freud dirá que las pulsiones sexuales "actúan de modo *autoerótico*, es decir, su objeto se eclipsa tras el órgano que es su fuente y, por lo común, coincide con este último" (1915 [1976: 127]).

La teoría del autoerotismo está ligada a una tesis fundamental de la concepción freudiana de la sexualidad que en un primer momento se apoya (*v.* **anaclisis**, § 1) en la pulsión de autoconservación y después, separándose, la pulsión sexual pierde su objeto y se hace autoerótica. Así, por ejemplo, el acto de chupar, desligándose del hambre, en la que se apoyaba para satisfacer la pulsión de autoconservación que le indicaba también el objeto, se separa de ella abandonándose autoeróticamente al fantasma.

La noción de autoerotismo, además de sustentar la separación de las pulsiones sexuales de las no sexuales, sirve para diferenciar la satisfacción autónoma de las varias pulsiones por ésta organizada y centrada en un yo que se hace objeto narcisista. En el narcisismo es en efecto el yo, como imagen unificada del cuerpo, el que es objeto del placer, mientras

en el autoerotismo las pulsiones parciales, no organizadas todavía en forma unitaria, se satisfacen aisladamente: "Es un supuesto necesario –escribe Fred– que no esté presente desde el comienzo en el individuo una unidad comparable al yo; el yo tiene que ser desarrollado. Ahora bien, las pulsiones autoeróticas son iniciales, primordiales; por tanto, algo tiene que agregarse al autoerotismo, una nueva acción psíquica, para que el narcisismo se constituya" (1914: 74). En conclusión el autoerotismo se organiza en ese estado original caracterizado por el fraccionamiento de la pulsión sexual, y está privado de un objeto total tanto externo como interno, como puede ser el yo narcisista, para alimentarse de un objeto parcialmente fantasmático (*v.* **pulsión**, § 2, *e*).

BIBLIOGRAFÍA: Ellis, H. (1897-1910); Freud, S. (1905); Freud, S. (1914); Freud, S. (1915); Spitz, R.A. (1957).

autoescopofilia
v. ESCOPOFILIA.

autoestima (al. *Selbstwertgefühl*; fr. *estime de soi*; ingl. *self-esteem*; it. *autostima*)

Consideración que un individuo tiene de sí mismo. Diversos estudios han demostrado que la autoestima se mantiene constante y es difícil modificarla aunque las pruebas objetivas desmientan la concepción subjetiva que el individuo tiene de sí. Desde el punto de vista psicoanalítico la autoestima se explica como un apoyo de naturaleza narcisista que el yo recibe del superyó, por lo que el sujeto no teme castigos o reproches. La autoestima disminuye en los estados de depresión, en los que el individuo se desprecia y se autodevalúa, mientras aumenta en los estados maniacos, en los que se presenta una hipertrofia del sujeto respecto al mundo circundante. La *autoevaluación* que está en la base de la autoestima puede expresarse como *sobrevaluación* o como *autodevaluación* o *subvaluación* por una consideración errónea que cada quien puede tener de sí mismo respecto a los otros o a la situación en la que actúa. Las dinámicas subyacentes a la oscilación de la evaluación que uno tiene de sí mismo están expuestas en la voz **ello** (*v.*, § 1) y en la voz **compensación** (*v.*, 2).

autohipnosis (al. *Autohypnose*; fr. *autohypnose*; ingl. *self-hypnosis*; it. *autoipnosi*)

Hipnosis (*v.*) lograda espontáneamente por el sujeto mediante autosugestión, o a través de la producción reiterada de simples estímulos sensibles, ópticos o acústicos, de intensidad no elevada. S. Freud, antes de la formulación del método analítico, consideraba que para algunos pacientes la **abreacción** (*v.*) podría alcanzarse con la autohipnosis. El estado autohipnótico encuentra amplia descripción y utilización en las técnicas de meditación como el **yoga** (*v.*), y en el **entrenamiento autógeno** (*v.*).

BIBLIOGRAFÍA: Freud, S. (1888-1892); Schultz, J.H. (1932).

autokinético, efecto
v. PERCEPCIÓN, §6, *a.*

autolesión (al. *Selbstbeschädigung*; fr. *automutilation*; ingl. *self-injury*; it. *autolesionismo*)

Daño que el individuo inflige a su propio cuerpo, observable tanto en los animales que en las jaulas se hieren a mordidas o arrojándose contra las paredes hasta llegar, en casos de hambre o de peligro extremo, a episodios de automutilación, como en el mundo humano en el que se asiste a manifestaciones de autolesión en los ritos religiosos o de iniciación viril, en las ceremonias fúnebres de ciertas culturas, en las pruebas de valor –como en el caso de Muzio Scevola que dejó quemar la mano en un brasero en los sacrificios de consagración que pueden llegar, como en el caso de Orígenes, hasta la autocastración, y en todas aquellas ocasiones en las que la automutilación puede servir para evitar condiciones de vida que se consideran intolerables, como el servicio militar o el encarcelamiento. La autolesión ocurre en las formas neuróticas

de fondo masoquista, en las formas histéricas, para obtener el beneficio secundario (*v.* **beneficio de la enfermedad**) de la enfermedad, y en las formas esquizofrénicas, como en el caso de Van Gogh que se amputó una oreja, en las que las lesiones infligidas son imputadas a voces que las habrían ordenado.

autómata
v. CIBERNÉTICA, § 3.

automatismo (al. *Automatismus*; fr. *automatisme*; ingl. *automatism*; it. *automatismo*)

Actividad no clasificable en el ámbito de los movimientos reflejos (*v.* **movimiento**, § 1, *a*), ejercida sin intención ni conocimiento. Las acciones automáticas, observadas por E. Bleuler, son descritas así: "Este tipo de acción no es sentida por el paciente como algo subjetivo; no se da cuenta de desearla, y no siempre es consciente de que está por ejecutarla. Si la acción dura cierto tiempo, sabe de ésta como un espectador extraño 'desde afuera' de su desarrollo" (1911-1960: 111). En psiquiatría se suele diferenciar y señalar diversos tipos de automatismo:

1] *Automatismo al mando*, por el cual un sujeto obedece acríticamente sin ejercer ningún juicio personal. La condición puede ser inducida por medio de la hipnosis y es frecuente en las formas catatónicas de la esquizofrenia. "El contrario del automatismo al mando –escribe Bleuler– es el *negativismo*. Ciertos pacientes no quieren hacer propio cuanto se exige y se espera de ellos (negativismo pasivo), o bien hacen lo contrario (negativismo activo), de manera que, en casos en los que el fenómeno es marcado, es posible dirigirlos exigiendo de ellos lo contrario de lo que se desea" (1911-1960: 109).

2] *Automatismo deambulatorio* que consiste, escribe Bleuler, "en un vagar ininterrumpido, al azar, o bajo la pulsión de una única idea confusa e incontrolable: ya sea de carácter simplemente motor (y el enfermo no se da cuenta de los transeúntes ni observa el tráfico como es necesario cuando se camina en el exterior), ya sea sin que nadie sospeche el carácter patológico" (1911-1960: 567).

3] *Automatismo mental*, que se refiere a procesos psíquicos vividos por el sujeto pero no reconocidos como suyos, y atribuidos a una acción extraña; son los casos de alucinaciones, "robos" del pensamiento y los **ecofenómenos** (*v.*).

4] *Automatismo de la escritura*, por el cual la mano de un sujeto escribe espontáneamente y forma frases racionales de las que el individuo no es consciente. Se encuentra con frecuencia en la conducta de los **médium** (*v.*) y en algunas formas de hipnosis (*v.* **escritura**, § 1).

BIBLIOGRAFÍA: Bleuler, E. (1911-1960).

automatización (al. *Automatisierung*; fr. *automatisation*; ingl. *automatization*; it. *automatizzazione*)

Proceso a través del cual una acción o una actividad, por efecto de la costumbre o del ejercicio, es cumplida sin esfuerzo y sin necesidad de un control continuo o de una especial atención en las diversas fases de su ejecución. La automatización constituye, para el individuo, un ahorro de energía. H. Hartmann la relacionó con la **autonomía** (*v.*), en el sentido de que "el yo se sirve para sus operaciones de los aparatos somáticos de la motilidad, además de la percepción y del pensamiento, y rápidamente, con el objetivo de la economía, llega a automatizarlos. La automatización tiene su flexibilidad y sirve intensamente a la autonomía; en efecto, no sólo los aparatos automatizados son los medios con los que se manifiestan las motivaciones autónomas y que permiten al yo, a través de un considerable ahorro de energía, cumplir con sus síntesis, sino que además su formación es una garantía para el mantenimiento de la autonomía relativa" (1958: 58).

BIBLIOGRAFÍA: Hartmann, H. (1958).

automatógrafo (al. *Automatograph*; fr. *automatographe*; ingl. *automatograph*; it. *automatografo*)

Instrumento de medición de los movimientos involuntarios (*v.* **movimiento**, § 1, *a*), cuyo desarrollo se traslada a una gráfica.

automonitoreo
v. AUTOPRESENTACIÓN, § 2.

automutilación
v. AUTOLESIÓN.

autonomía-heteronomía (al. *Autonomie-Heteronomie*; fr. *autonomie-hétéronomie*; ingl. *autonomy-heteronomy*; it. *autonomia-eteronomia*)

Polaridad de términos que designan respectivamente la condición de quien tiene en sí mismo la norma de su propio comportamiento (*autonomía*) o la tiene en otro (*heteronomía*). En la edad infantil la heteronomía representa una condición normal, mientras en la edad adulta es síntoma de falta de madurez. Para el psicoanálisis, desde el punto de vista de la teoría de las pulsiones, la autonomía se inicia con la fase anal y precisamente con el control de los esfínteres, a propósito del cual S. Ferenczi habla de *moralidad esfintérica*, en la que son legibles los precursores del superyó constituidos por la introyección de las prohibiciones y de los requerimientos de los padres en relación con la educación del control de los esfínteres y las normas higiénicas concomitantes (*v.* **anal**, § 2). Desde el punto de vista psicodinámico, la heteronomía se explica como falta de interiorización del superyó, que continúa estando representado por la figura de los padres y de la autoridad que los sustituye. No alcanzar la autonomía deja al sujeto en una condición de **dependencia** (*v.*). También en el contexto psicoanalítico E.H. Erikson ubica la conquista de la autonomía en la segunda fase de las ocho por él señaladas en el crecimiento de los individuos, mientras que J. Piaget señala tres fases: *anomia*, en la que el punto de vista propio es tomado como único, sin ninguna consideración por los de los demás; *heteronomía*, en la que el valor de las acciones reside en la autoridad de quien las prescribe; *autonomía*, en la que tiene lugar la interiorización de la obligación y la concientización de las exigencias de los otros (*v.* **psicología de la edad evolutiva**, § 4).

En el terreno de la teoría de la personalidad G.W. Allport introdujo el concepto de *autonomía funcional*, según el cual costumbres y capacidades originalmente vinculadas a exigencias biológicas-instintivas tienden después a funcionar de manera autónoma. En polémica con la teoría *ormica* de W. Mc Dougall y con la psicoanalítica de S. Freud, Allpört sostiene la independencia y la progresiva autonomización de las motivaciones de las pulsiones originales; de otra manera no se explicaría: 1] la persistencia de una costumbre aunque llegue a faltar el incentivo, como en el caso de la pobreza que conduce al ahorro y al atesoramiento, que después se continúan aunque ya no sean necesarios, determinando el comportamiento del avaro; 2] la infinita variedad de los objetivos a los que tiende el hombre frente al número limitado de las pulsiones originales; 3] la permanencia de un comportamiento coercitivo aun después de la desaparición del motivo original.

BIBLIOGRAFÍA: Allport, G.W. (1955); Erikson, E.H. (1950); Ferenczi, S. (1925); Piaget, J. (1932).

autónomo, sistema nervioso
v. SIMPÁTICO, SISTEMA NERVIOSO.

autoobservación (al. *Selbstbeobachtung*; fr. *autoinvestigation*; ingl. *self-observation*; it. *autoosservazione*)

Observación de sí mismo, considerada por S. Freud como una de las funciones del superyó que surge inmediatamente después de la introyección de la experiencia de ser observado por otros, de donde se origina, como instancia psíquica separada, la conciencia moral (*v.* **conciencia**, § 7, c): "Después que [...] hube concebido la idea de que la separación de una instancia observadora del resto del yo podía ser un rasgo regular dentro de la estructura del yo, esa idea no me abandonó más, y me vi empujado a investigar los otros caracteres y nexos de la instancia así separada. Enseguida se da el paso siguiente. Ya el contenido del delirio de observación sugiere que el observar no es sino una preparación del enjuiciar y castigar, y así colegimos que otra función de esa instancia tiene que ser lo que llamamos nuestra conciencia moral" (1932 [1976: 55]). La autoobservación, como examen lo más objetivo posible de sí, se distingue de la **introspección** (*v.*) como búsqueda ininterrumpida en la propia interio-

ridad, de base narcisista. Uno de los objetivos del tratamiento analítico es disminuir el elemento narcisista de la introspección y de acrecentar la capacidad de autoobservación.

BIBLIOGRAFÍA: Freud, S. (1932).

autopercepción, teoría de la (al. *Selbstwahrnehmungstheorie*; fr. *théorie de l'autoperception*; ingl. *self-perception theory*; it. *teoria dell'autopercezione*)

Teoría formulada por J.D. Bem según la cual el individuo no tendría una percepción directa de sus estados mentales, sino que sólo podría inferirlos del examen del propio comportamiento, como si fuera, respecto a su interioridad, un observador externo. Esta teoría no es compartida por L. Festinger quien, precisamente sobre la diferencia entre la autopercepción directa y la inferida del examen del comportamiento propio, formuló su teoría de la **disonancia** (*v.*) cognoscitiva.

BIBLIOGRAFÍA: Bem, J.D. (1972); Festinger, L. (1957).

autoplástica
v. ALOPLÁSTICA-AUTOPLÁSTICA.

autopresentación (al. *Selbstvorstellung*; fr. *autoprésentation*; ingl. *self-presentation*; it. *autopresentazione*)

1] Estrategia a la que se recurre para administrar la propia imagen hacia el exterior y controlar las impresiones que se dan de uno mismo. En la interacción social, en efecto, cada uno tiende a presentarse de manera distinta a personas distintas con la finalidad de ofrecer el mejor aspecto de la personalidad. Este concepto, ya estudiado por W. James, fue vuelto a proponer, con la acepción de "**persona**" (*v.*), por la psicología analítica de C.G. Jung, quien dice al respecto que "a través de su identificación más o menos completa con la actitud del momento, cada individuo puede engañar a los otros y a menudo también a sí mismo acerca de su verdadero carácter; es decir, asume una *máscara*, consciente de que corresponde por un lado a sus intenciones, por el otro a sus exigencias y a las opiniones de su ambiente, y así prevalece a veces un factor y a veces el otro. A esta máscara, es decir a esta actitud asumida *ad hoc*, la llamé *persona*, por el nombre de la máscara que se ponían los actores de la Antigüedad" (1921: 417). La analogía con el teatro fue adoptada también por E. Goffman, para quien cada individuo trata de mantener una imagen de sí adaptada a su situación social, utilizando una gama de imágenes o de tácticas de autopresentación para resolver positivamente su interacción social.

2] Del amplio contexto de la autopresentación M. Snyder destacó el concepto de *automonitoreo*, o sea el proceso autocognoscitivo que le permite al individuo acumular la mayor cantidad posible de información de sus propios pensamientos, emociones y acciones, además de las reglas y de las convenciones que lo guían en el nivel consciente, para poder ejercitar, mediante una elección estratégica de palabras y acciones, un control sobre la imagen que le da a los demás y, por lo tanto, sobre la impresión que causa hacia el exterior. Un elevado grado de automonitoreo le permite al individuo una gran variabilidad transituacional, y por lo tanto una notable adecuación a las diversas situaciones sociales. A una escasa capacidad de automonitoreo corresponde, además de rigidez y escasa adaptación, una conducta que se deja prever fácilmente y una presentación del individuo a los otros incierta, estereotipada y, en ocasiones, errónea.

BIBLIOGRAFÍA: Goffman, E. (1959); Goffman, E. (1965); Goffman, E. (1967-1969); Jung, C.G. (1921); Snyder, M. (1979).

autoridad (al. *Autorität*; fr. *autorité*; ingl. *authority*; it. *autorità*)

Complejo de características reconocidas de una institución o una persona, que se aceptan por consenso para la realización de determinados fines. M. Weber distinguió tres tipos de autoridad: *legal*, cuando está legitimada por un sistema de leyes establecidas para alcanzar las metas prefijadas; *tradicional*, cuando está legitimada por la costumbre y por la tradición; *carismática*, cuando encuentra su legitimación

en cualidades especiales del jefe y en su ascendencia. La degeneración de la autoridad toma el nombre de *autoritarismo*, que provoca **gregarismo** (*v.*), autodevaluación y en ocasiones rebelión, impulsividad y agresividad. Los estudios más completos sobre el autoritarismo fueron llevados a cabo por la Escuela de Fráncfort y en especial por T.W. Adorno quien, partiendo de supuestos psicoanalíticos, describió la *personalidad autoritaria* como una personalidad del ello muy fuerte, con el yo débil y con un superyó no interiorizado. Las características de esta personalidad descritas por Adorno en la *escala del fascismo* (F) son: respeto por las convenciones, sumisión al orden vigente, falta de introspección, superstición, creencias estereotipadas, admiración por el poder y la dureza, tendencias destructivas y cínicas, excesivo interés y preocupación por la sexualidad. Las orientaciones sociológicas contemporáneas, con N. Luhmann, consideran que la autoridad es indispensable para el funcionamiento de cualquier organización compleja, porque disminuye los tiempos de respuesta a las exigencias del medio (*v.* **poder**).

BIBLIOGRAFÍA: Adorno, T.W., *et al.* (1950); Fromm, E. (1936); Fromm, E. (1941); Horkheimer, M. (1936); Luhmann, N. (1975); Milgram, S. (1974); Mitscherlich, A. (1966); Trentini, G. (1980); Weber, M. (1922); Zambelloni, F. (1978).

autoritarismo
v. AUTORIDAD.

autorrealización (al. *Selbstverwirklichung*; fr. *autoréalisation*; ingl. *self-realization*; it. *autorealizzazione*)

Tendencia innata en todo individuo para realizar cabalmente sus propias potencialidades, desde el punto de vista de la madurez psíquica y emotiva, así como desde el del comportamiento exterior. Este concepto, derivado de la teorización junguiana del proceso de **individuación** (*v.*), tiene su equivalente en el de *autoactualización* empleado por A.H. Maslow en psicología humanista. Para Maslow existen cinco niveles de **necesidad** (*v.*, § 3) en el curso del desarrollo: después de las necesidades fisiológicas y de seguridad están desde las de amor y de estima hasta la de autorrealización que, por ser una meta ideal, se manifiesta más como proceso y como tendencia que como estadio efectivamente alcanzable. El concepto aparece también en la teoría de la personalidad de K. Goldstein y en la terapia no directiva de C.R. Rogers, para quien la autorrealización es una tendencia psíquica presente tanto en los sujetos sanos como en los enfermos, en los cuales está impedida por conflictos emocionales o por una imagen distorsionada (*v.* **psicología humanista**). El concepto de autorrealización está en el principio de la interpretación humanista de la **necesidad** (*v.*, § 3) y de la **motivación** (*v.*, § 6).

BIBLIOGRAFÍA: Bühler, C. y M. Allen (1972); Goldstein, K. (1934); Maslow, A.H. (1954); Rogers, C.R. (1951).

autorreferencia (al. *Selbsthinweis*; fr. *autoallusion*; ingl. *self-reference*; it. *autoriferimento*)

Suposición de que palabras, gestos, sonrisas, alusiones, cumplidos de las personas que nos circundan nos atañen personalmente, cuando un simple examen de la realidad podría demostrar que no es así. Las ideas de referencia modestas e inocuas son familiares en la experiencia de todos. Cuando son acentuadas y frecuentes son un síntoma típico de las personalidades paranoides (*v.* **paranoia**).

autorregulación
v. COMPENSACIÓN, § 3.

autoscopía (al. *Autoskopie*; fr. *autoscopie*; ingl. *autoscopy*; it. *autoscopia*)

Fenómeno alucinatorio en el que el sujeto se ve a sí mismo (*deuteroscopía*) como a un doble nebuloso, ofuscado o semitransparente, o bien partes completas de su cuerpo (*endoscopía*), con sentimientos de angustia y confusión. Llamada también alucinación *autoscópica* o, simplemente, *autoscopía*, del griego ἑαντός (sí mismo) y σποπέω (veo), el término, introducido por Aristóteles, vuelve con J.W.

Goethe, F. Dostoievski, H.G. de Maupassant y en la bibliografía mágica y parapsicológica, en la que el fenómeno se explica mediante la hipótesis de la imagen del propio doble existente como "cuerpo astral". En el ámbito científico las explicaciones siguen la hipótesis de H. Head, según el cual las impresiones y las sensaciones espaciales –cinestésicas, táctiles, ópticas– forman modelos organizados de nosotros mismos que están en la base del esquema corporal (*v.* **cuerpo**, § 1) responsable de la unificación (*Einsein*) o del alejamiento (*Ausein*) que cumplimos entre nosotros y nuestro cuerpo en relación con la realidad espacial. La conciencia corporal puede, en efecto, separarse del espacio objetivo, de manera positiva como en la danza o negativa como en los vértigos, con la consiguiente confusión de la realidad personal y externa. En el caso de las alucinaciones autoscópicas lo que se desestructura es la visión intuitiva de la imaginación espacial del cuerpo que cada hombre organiza sobre la base de su propia conciencia corporal. El fenómeno que se presenta, ya sea bajo la forma de verdadera percepción, ya como pura representación, delirio o conciencia con carácter de corporeidad, se registra en los procesos psíquicos disociativos por causas tanto endógenas como exógenas, pero en menor medida, también, en personas normales en estado de especial cansancio, con mayor frecuencia en los hombres que en las mujeres. Desde el punto de vista neuroanatómico parece que la región interesada es el tronco encefálico y la corteza parieto-occipital.

BIBLIOGRAFÍA: Head, H. y A. Green (1954); Jaspers, K. (1913-1959); Leischner, A. (1961); Menninger-Lerchenthal, E. (1935); Prel, K. (1899); Schilder, P. (1935-1950); Sollier, P. (1903).

autosugestión
v. SUGESTIÓN.

autotopoagnosia
v. SOMATOAGNOSIA, § 1, *a*.

autovaloración
v. AUTOESTIMA.

auxología (al. *Auxologie*; fr. *auxologie*; ingl. *auxology*; it. *auxologia*)

Ciencia que estudia las trasformaciones estructurales y funcionales del cuerpo humano durante la edad evolutiva, en la que resulta decisiva la relación entre el estadio de *crecimiento* físico, evaluado sobre la base de los índices de normalidad establecidos estadísticamente en relación con la edad, peso, sexo del individuo y la *maduración* de sus dinámicas psíquicas (*v.* **psicología de la edad evolutiva**). En referencia al desarrollo físico, son anormalidades del crecimiento el **enanismo** (*v.*) y el **gigantismo** (*v.*).

BIBLIOGRAFÍA: De Toni, G. (1970); Weiner-Elkind, H. (1969).

avaloración (al. *Unwertbestimmtheit*; fr. *avalutativité*; ingl. *unjudgment*; it. *avalutatività*)

Exclusión de los términos evaluativos y de los juicios de valor de la discusión de los comportamientos humanos individuales y sociales para garantizar la objetividad de la investigación, como recomendaba M. Weber, o porque no existe una norma que pueda establecer objetivamente quién es sano y quién es desviado, como sostienen la antipsiquiatría y la psiquiatría fenomenológica de L. Binswanger, para el cual cada forma mental, aun la que parece más delirante, tiene en sí su propia **norma** (*v.*, § 3).

BIBLIOGRAFÍA: Binswagner, L. (1921-1941).

avaricia (al. *Geiz*; fr. *avarice*; ingl. *avarice*; it. *avarizia*)

Tendencia a acumular bienes y dinero, que puede rastrearse, en opinión de S. Freud, a la primera forma de retención vivida en la fase **anal** (*v.*, § 4), la retención de las heces. La avaricia tiene su contrario en la **prodigalidad** (*v.*), que, también según Freud, se remonta al placer relacionado con la expulsión de las heces.

BIBLIOGRAFÍA: Freud, S. (1908).

aversión
v. ATRACCIÓN-REPULSIÓN, TEORÍA DE LA.

axón
v. NEURONA.

Babinski, reflejo de
v. REFLEJO, § 2, *g.*

Babinski, síndrome de
v. SOMATOAGNOSIA, § 1, *i.*

Babrock, test de
v. DETERIORO.

Baile de san Vito
v. COREA.

balbuceo (al. *Stottern*; fr. *bégaiement*; ingl. *stuttering*; it. *balbuzie*)

Trastorno del **lenguaje** (*v.*, § 5, *b*), llamado también *disfemia*, que se manifiesta con excitaciones involuntarias, interrupciones, bloqueos o repeticiones. La fluidez normal de la comunicación está comprometida y, en los casos más graves, el trastorno adquiere carácter espasmódico. Se diferencia un balbuceo *tónico*, en el que se crea un estado tensional que interesa tanto la vocalización como la gestualidad, y un balbuceo *clónico*, en el que se produce la repetición espástica de las sílabas. El balbuceo, más frecuente en los varones que en las mujeres, aparece en la edad comprendida entre los 2 y los 6 años, pero puede también manifestarse más tarde en sujetos que antes se comunicaban de manera fluida, como consecuencia de miedos y fuertes emociones. Existe un balbuceo *fisiológico* relacionado con las primeras dificultades que aparecen con el aprendizaje del lenguaje (*v.* **lalación**), un proceso *evolutivo* que puede caracterizar el período en el que el material que desea expresarse supera las posibilidades expresivas, por lo que se registra una especie de impetuosidad discursiva que puede hacerse *patológica* por la reacción de los padres o por su tendencia a hacer hincapié en el problema.

Sobre las causas del trastorno se han propuesto hipótesis *organicistas* que hacen referencia a la excitabilidad neurovegetativa, traumas cerebrales, encefalitis, y a suponer causas *psicógenas* que reenvían a conflictos adquiridos en la adaptación al ambiente, en la relación con los padres, en aspectos fóbicos que se instauran en el sujeto frente a los primeros obstáculos en la comunicación verbal, en las relaciones interpersonales con fuerte carga ansiógena, en las experiencias difíciles en contextos cargados de prohibiciones. Significativo es el hecho de que con frecuencia el niño balbuceante no presenta el síntoma cuando no se siente observado; esto permitió considerar al balbuceo una forma de *neurosis de contacto*. La terapia se expresa en forma de *psicoterapia* dirigida a resolver los conflictos psicológicos identificados en el origen del síntoma y atenuar las tensiones internas del sujeto, y además en la forma de *logoterapia* que se basa, tanto en ejercicios de regulación de la respiración y de relajamiento muscular, como en la reeducación de la expresión lingüística (*v.* **logoterapia**).

BIBLIOGRAFÍA: De Filippis, C. (1974).

Balint, grupo (al. *Balintgruppe*; fr. *groupe Balint*; ingl. *Balint-group*; it. *gruppo Balint*)

La expresión indica los grupos que se proponen enriquecer la formación psicológica de los médicos a través de la comprensión de las dinámicas relacionales. Fundados por M. Balint, dichos grupos se articulan en reuniones en las que un médico, en presencia del psicoanalista y de los colegas, refiere sus experiencias con el paciente. La relación es utilizada como el contenido **manifiesto** (*v*.) de un sueño sobre el que interviene el psicoanalista para extraer las motivaciones profundas que lo determinaron. El material más importante que se utiliza es la contratransferencia (*v*. **transferencia**, § 4) del médico y la manera en que utiliza su personalidad y sus conocimientos científicos. La finalidad del trabajo de grupo es ayudar al médico en el tratamiento de los pacientes en los que la conflictividad intrapsíquica determina o acompaña la enfermedad somática.

BIBLIOGRAFÍA: Balint, M. (1939); Balint, M. (1957).

Baliut, síndrome de
v. ATAXIA.

banda (al. *Bande*; fr. *bande*; ingl. *gang*; it. *banda*)

Agrupación espontánea de adolescentes, jóvenes o adultos cuya cohesión interna se logra progresivamente por medio del conflicto y el antagonismo con otros grupos o con la sociedad organizada (*v*. **grupo**). En su origen la banda se forma espontáneamente y, en el caso de los jóvenes, como respuesta a la necesidad de sociabilidad, de seguridad, de autonomía respecto al mundo adulto. Después el grupo se integra mediante el conflicto y la lucha y asume en ocasiones caracteres desviados. En este caso los sujetos que lo constituyen revelan rasgos de asocialidad, frustración, desadaptación, y su asociación tiene los caracteres de la protesta, de la rebelión y de la oposición a la sociedad. La organización interna del grupo es cuidadosa: se señalan papeles y competencias, hay un líder reconocido, un código de comportamiento, un lugar de encuentro. Así se desarrollan el *esprit de corps*, la solidaridad, la conciencia de grupo y el apego al territorio. Hoy el fenómeno de las bandas se analiza y se estudia sobre todo con referencia a la delincuencia juvenil.

BIBLIOGRAFÍA: Bertolini P. (1971); Spaltro, E. (1962); Thraser, M.F. (1966); Visconti, L. (1961); Zulliger, H. (1973).

barbitúrico
v. PSICOFARMACOLOGÍA, § I, 2.

bariglosia o barilalia (al. *Baryglossie*; fr. *baryglossie*; ingl. *baryglossia*; it. *bariglossia*)

Lenguaje dificultoso, torpe y confuso, causado generalmente por un defecto de la lengua o de la laringe.

baritmia
v. DEPRESIÓN.

barognosis (al. *Baragnosie*; fr. *baragnosie*; ingl. *baragnosis*; it. *baragnosia*)

Incapacidad de evaluar el peso de los objetos. Puede ser indicación de una lesión en el lóbulo parietal.

barrera (al. *Schranke*; fr. *barrière*; ingl. *barrier*; it. *barriera*)

El término, adoptado en general para indicar un límite o un impedimento a la actividad de un organismo, adquiere significados específicos en los diversos contextos.

1] En *neurofisiología* se habla de "barrera hematoencefálica" para referirse al obstáculo al libre flujo de los diversos contenidos de la sangre en el cerebro con el fin de defender y conservar el ambiente cerebral interno. Como lugar anatómico de la barrera hematoencefálica se señala el protoplasma de la neuroglia.

2] En *psicología social* se habla de barrera a propósito de los obstáculos que se oponen a la inserción de los individuos en el contexto sociocultural. Dichos obstáculos pueden ser de naturaleza socioambiental o estar relacionados con los límites de las capacidades individuales.

3] En *psicología del aprendizaje* el término barrera se refiere a las dificultades que limitan los procesos adquisitivos por retrasos en el desarrollo cognoscitivo o por impedimentos afectivos debidos a conflictos, miedos, ansiedades. Las frustraciones que se derivan de tales barreras, si son excesivas, terminan por reforzar las barreras mismas. La presencia de barreras, cuando no es patológica, puede constituir un elemento orientador para la selección de encauzamientos futuros.

4] En *los tests proyectivos* se diferencian las *respuestas-barrera*, que acentúan los elementos de cierre o los límites de frontera, de las *respuestas-penetración*, que evidencian roturas o permeabilidad, como en el caso de quien describe el mismo dibujo como una cobija o como una tela desgarrada.

5] En *psicoanálisis* se habla de "barrera contra el incesto" como dato antropológico y psicológico que permite desviar los impulsos incestuosos hacia objetos de amor diferentes de las imágenes parentales, o en general, de desviar la libido de los fines sexuales hacia metas desexualizadas.

6] En *psiquiatría* se habla de "barreras esquizofrénicas" para las formas de **autismo** (*v.*) que no le permiten al sujeto un contacto con la realidad externa y relaciones comunicativas adecuadas.

BIBLIOGRAFÍA: Freud, A. (1936); Freud, S. (1925); Lewin, K. (1935).

batofobia (al. *Bathophobie*; fr. *bathophobie*; ingl. *bathophobia*; it. *batofobia*)

Fobia a la profundidad o a la altura, acompañada de vértigos, por el temor de perder el control al encontrarse en lugares elevados o cerca de un abismo. En algunos casos puede hacerse tan intensa que se transforma en una verdadera patología y le impide al sujeto el acceso a tales lugares.

Bender gestalt test (al. *Bender Gestalt Test*; fr. *Test visuo-moteur de Bender*; ingl. *Visual motor gestalt test*; it. *Bender gestalt test*)

Test visomotor, basado en los principios de la psicología de la **forma** (*v.*), integrado por nueve dibujos geométricos, elegidos entre los originalmente dispuestos por M. Wertheimer, que el sujeto debe reproducir mental o gráficamente, ofreciendo de tal manera la posibilidad de evaluar el desarrollo visomotor, eventuales lesiones cerebrales o determinados desórdenes mentales. El test, aplicado a los niños entre los 5 y los 10 años, puede usarse también como test proyectivo para el diagnóstico de la personalidad (*v.* **test**, § 3, b).

BIBLIOGRAFÍA: Bender, L. (1938); Hain, J.D. (1964); Koppitz, E.M. (1964); Pascal, G.R. y B.J. Suttell (1951).

beneficio de la enfermedad (al. *Krankheitgewinn*; fr. *bénéfice de la maladie*; ingl. *morbid gain*; it. *guadagno della malattia*)

Ventaja que puede obtener el sujeto de la sintomatología neurótica. Para el psicoanálisis puede ser de dos tipos: el *beneficio primario*, o *paranósico*, que consiste en la reducción de la angustia debida a la descarga parcial, a través del síntoma, de la energía psíquica reprimida, y el *beneficio secundario*, o *epinósico*, que consiste en el uso del síntoma con el fin de manipular a personas y situaciones en beneficio propio. Los beneficios secundarios del síntoma satisfacen, la mayor parte de las veces, intensos deseos de pasividad y dependencia. Por lo general quienes están cerca del paciente son muy conscientes de los beneficios secundarios que éste obtiene mediante los síntomas, pero no de los beneficios primarios que se manifiestan directamente en la "fuga en la enfermedad", con el fin de evitar conflictos más penosos.

BIBLIOGRAFÍA: Fenichel, O. (1945); Freud, S. (1901); (1925).

Benham, ilusión de
v. ILUSIÓN, § 4, *c.*

Benton, test de (al. *Benton-Test*; fr. *test de Benton*; ingl. *visual retention test*; it. *test di Benton*)

Test de memoria visual que se utiliza en las investigaciones de psicología clínica para evaluar las funciones mentales de los niños y de los adolescentes. Como otros tests de este tipo, se basa en el presupuesto de una deficiencia de las diversas funciones; entre éstas, las que especialmente se consideran sensibles a los procesos patológicos son la memoria y la percepción espacial. El test de Benton consiste en diez cartas dispuestas en tres series equivalentes, cada una de las cuales contiene una o más figuras geométricas. En la práctica normal de aplicación los cartoncitos se le presentan al sujeto durante diez segundos con la solicitud de reproducirlos inmediatamente de memoria. Se pueden modificar las condiciones de aplicación de tres formas: 1] presentando cada carta por un tiempo más breve (5 segundos); 2] presentando cada carta por un tiempo más largo (15 segundos); 3] utilizándolos como simple test de copiado. El test pone en juego la percepción espacial, la memoria inmediata y la capacidad de reproducción visomotriz de los dibujos. La evaluación de la eficiencia se obtiene de dos sistemas de cifras, uno que considera el número de las pruebas correctas y el otro el número de los errores, y que sirven para calcular el puntaje final. Se obtienen ulteriores informaciones de tipo cualitativo empleando una clasificación precisa de los errores (omisiones, distorsiones, rotaciones, errores de dimensión, de colocación). La aplicación del test a sujetos normales proporciona una correlación suficientemente aceptable con el nivel de inteligencia.

BIBLIOGRAFÍA: Benton, A.L. (1963).

benzodiazepina
v. PSICOFARMACOLOGÍA, § I, 1, *b*.

beso (al. *Kuss*; fr. *baiser*; ingl. *kiss*; it. *bacio*)

Manifestación de amor y preludio erótico (*v.* **placer**, § 3) que S. Freud ve íntimamente relacionado con el placer funcional de la nutrición (*v.* **anaclisis**, § 1). A medida que la sexualidad se va emancipando de la necesidad de alimentarse, el beso se convierte en el modo con el que se descarga la tensión de la zona erógena **oral** (*v.*). De placer de órgano (*v.* **placer**, § 2), con el que concluye la sexualidad infantil, el beso se transforma en preliminar erótico en la sexualidad adulta, en la que cumple su "nueva función", que ya no es la de descargar la excitación sino la de crear una tensión suficiente para hacer posible el alcance de la satisfacción genital: "ciertas maneras intermedias de relacionarse con el objeto sexual (jalones en la vía hacia el coito), como el palparlo y mirarlo, se reconocen como metas sexuales preliminares [...]. Además, a uno de estos contactos, el de las dos mucosas labiales, se le ha otorgado en muchos pueblos (entre los que se cuentan los de más alta civilización) un elevado valor sexual, por más que las partes corporales intervinientes no pertenezcan al aparato sexual, sino que constituyen la entrada del tubo digestivo" (1905 [1976: 136]). Ya que la boca es para el hombre el primer modo de conocer el mundo circundante, la primera modalidad de tomar y recibir amor, el beso, escribe A. Carotenuto, "se transforma de inmediato en un aspecto revelador de este profundísimo deseo", por lo que "cualesquiera que sean sus orígenes, cuando ya no sentimos el deseo de unir nuestros labios con los de la persona amada, quiere decir que la relación ya está dañada" (1987: 82-83).

BIBLIOGRAFÍA: Carotenuto, A. (1987); Freud, S. (1905); Giachetti, R, (1984).

bestialismo
v. ZOOERASTIA.

beta, arco
v. ALFA, ARCO.

beta, movimiento
v. PERCEPCIÓN, § 6, *a*.

beta, ritmo
v. ELECTROENCEFALOGRAFÍA

bienestar
v. CINESTESIA.

bifactorial, análisis
v. ANÁLISIS FACTORIAL, § 1.

bigamia
v. MONOGAMIA.

bilingüismo (al. *Zweisprachigkeit*; fr. *bilinguisme*; ingl. *bilingualism*; it. *bilinguismo*)

En sentido estricto indica la presencia, en algunos sujetos educados en el uso simultáneo de dos lenguas, de un sistema coordinado de usos lingüísticos de tal modo que permite que el pensamiento se enlace directamente con las expresiones verbales pertenecientes a las dos lenguas, sin tener que realizar operaciones de traducción. En este caso, donde en el sujeto bilingüe están presentes dos esquemas de comportamiento verbal paralelos y diferentes, se habla de *bilingüismo coordinado*, porque se trata de dos lenguas aprendidas una independientemente de la otra. En un sentido más general el término indica simplemente la posesión del código verbal de una segunda lengua, y entonces se habla de *bilingüismo complementario*, dado que la segunda lengua fue aprendida en un momento posterior. Los estudios más recientes se orientaron hacia el bilingüismo infantil, por la influencia que este tipo de experiencia de aprendizaje puede tener en el desarrollo intelectual y en la personalidad.

BIBLIOGRAFÍA: Fishman, J.A. (1979); Titone, R. (coord.) (1978).

bimodalidad
v. LATERALIDAD.

Binet-Simon, escala de (al. *Binet-Simon Test*; fr. *échelle de Binet-Simon*; ingl. *Binet-Simon scale*; it. *scala di Binet-Simon*)

Escala de medición de la inteligencia preparada en 1905 por el psicólogo francés A. Binet, en colaboración con T. Simon. Ese instrumento, históricamente tan importante, nació de una investigación comisionada por el Ministerio de Educación Pública para el estudio de los métodos educativos de los niños subnormales en las escuelas de París. Se enmarca, por lo tanto, en la tendencia general de la psicología experimental de principios del siglo XX, ya marcada por un fuerte despertar del interés por el tratamiento humanitario de los sujetos anormales o retardados. Esta escala, instrumento en principio clínico y de aplicación exclusivamente individual, consta, en la primera versión, de treinta problemas de naturaleza heterógenea, organizados y dispuestos en orden creciente de dificultad, con predominio de pruebas verbales respecto a las pruebas de carácter perceptivo y sensorial. En efecto, no obstante que los tests fueron elaborados de modo que incluyeran una amplia variedad de funciones, en esencia se daba especial importancia a las capacidades de juicio, comprensión, razonamiento, consideradas por Binet componentes esenciales de la inteligencia. La escala de medición original fue sometida a una amplia revisión en 1908, con un aumento del número de las pruebas y su agrupación según niveles de edad. En el nivel correspondiente a los 3 años estaban reunidas las pruebas que podían ser superadas con éxito por los niños "normales" de esa edad, con la posibilidad, por lo tanto, de traducir el puntaje alcanzado por el sujeto sometido al test en términos de *edad mental*, es decir la **edad** (*v.*) equivalente a la de los niños normales cuyo rendimiento había igualado el sujeto.

Una segunda revisión, en 1911, determinó las variaciones de posición de las pruebas, su ampliación y la extensión a la edad adulta. Se hicieron adaptaciones y reelaboraciones en diferentes países. En Estados Unidos L.M. Terman efectuó una importante reelaboración de la escala que se hizo después famosa como la "Stanford-Binet". Por primera vez en un test psicológico se adoptó el *cociente de inteligencia*, es decir la relación entre la edad mental y la edad cronológica (*v.* **inteligencia**, § 2). Todos los tests elaborados con el modelo del Binet-Simon se refieren a una medida global de la inteligencia y no utilizan análisis diferenciales de las formas y de las estructuras de las capacidades intelectuales.

BIBLIOGRAFÍA: Avanzini, G. (1974); Binet, A. y T. Simon (1905); Binet, A. y T. Simon (1909).

bineural, cadena
v. NERVIOSO, SISTEMA.

biocenosis
v. ECOLOGÍA, § 1.

biodinámica (al. *Biodynamik*; fr. *biodynamique*; ingl. *biodynamics*; it. *biodinamica*)

El término, que en general significa la interacción fisiológica entre organismo y ambiente, se refiere en sentido específico a la teoría elaborada por J.H. Masserman con la intención de relacionar los principios fundamentales del psicoanálisis con los del conductismo, basándose en cuatro principios: 1] *motivación*: todos los organismos son impulsados a la acción por sus propias necesidades fisiológicas; 2] *ambiente*: cada organismo reacciona a su interpretación del ambiente decidida por sus necesidades, por sus capacidades perceptivas y por sus experiencias pasadas; 3] *adaptación*: en presencia de una frustración en el intento de alcanzar una meta, el organismo cambia la técnica o adopta otra meta; 4] *conflicto*: cuando dos motivaciones están en conflicto hasta el punto de situarse en términos excluyentes, el organismo entra en angustia, con el consiguiente comportamiento desadaptado o desorganizado. En el primer caso se habla de comportamiento neurótico, en el segundo de comportamiento psicótico.

BIBLIOGRAFÍA: Masserman, J.H. (1943); Masserman, J.H. (1955).

bioenergética (al. *Bioenergetik*; fr. *bioénergétique*; ingl. *bioenergetics*; it. *bioenergetica*)

Estudio de la personalidad humana desde el punto de vista de los procesos energéticos del cuerpo. A. Lowen, quien acuñó el término, escribe que "la bioenergética se basa en la obra de Wilhelm Reich", que "postuló la existencia de una energía cósmica que llamó orgón, cuya naturaleza no es eléctrica" (1975: 7, 37). La teoría del **orgón** (*v.*) separó a W. Reich de S. Freud, pero Reich no renunció a utilizar los descubrimientos del fundador del psicoanálisis, además de otras ideas derivadas de S. Ferenczi y de C.G. Jung, restructurándolas en un sistema nuevo que llegó a una formulación específica del *análisis del carácter* (*v.* **carácter**, § 3, *c, d*) y a una nueva forma de terapia.

Desde antes Reich había preparado un método terapéutico que actuaba directamente sobre la tensión muscular y sobre las estructuras respiratorias para producir un relajamiento emocional que permitiera la liberación de energía y sensaciones a través de los tejidos, con efectos benéficos en la psique. Lowen se apropió de los principales argumentos de la práctica terapéutica reichiana y, sobre la base del concepto de conexión cuerpo-mente, elaboró la teoría de la identidad funcional de tensión muscular y bloqueo emotivo, así como la de la relación entre inhibición de la reactividad emotiva y limitación de la respiración. Además, mientras Reich relacionaba los desequilibrios neuróticos con un bloqueo de las satisfacciones sexuales, atribuyendo al análisis la tarea de liberar la energía sexual inhibida, Lowen redujo la importancia de la sexualidad y modificó el objetivo terapéutico de Reich haciéndolo extensivo a la capacidad más general de probar placer y de experimentar la alegría de vivir.

En la base permanece el concepto reichiano de *pulsión*, en el que existe una alternancia de *expansiones* y *contracciones*. Este principio funcional, que se encuentra en todo organismo viviente, es percibido como condición de bienestar y placer que, entre los animales sexualmente diferenciados, encuentra su manifestación más intensa en el **orgasmo** (*v.*). El organismo se prepara para la pulsión orgásmica con un proceso de expansión psíquicamente percibido como placer, mientras que frente a una amenaza se prepara con un proceso de contracción percibido psíquicamente como displacer. Al hombre que vive en un ambiente represivo y autoritario se le impone una frustración de las sensaciones placenteras relacionadas con la alimentación o la estimulación oral, anal y genital. La frustración se acompaña de una reacción de cólera a la que sigue el miedo al placer que excita el simpático, generando una condición de *simpaticotonía crónica* que Reich considera el factor patógeno central de todas las enfermedades funcionales. En efecto, la hipertonía simpática pone al individuo en una constante actitud defensiva que limita la funcionalidad del organismo, dando origen a las diferentes enfermedades. Antes de este estado patológico la represión de los impulsos emocionales placenteros produce una serie de bloqueos que se organizan como una verdadera *armadura* o *coraza caracterial* (*v.* **carácter**, § 3, *c*), además de espasmos de la musculatura que se organizan en una *coraza muscular* que reduce la movilidad de las células y la irrigación sanguínea de los tejidos.

La armadura caracterial y la armadura muscular, que trastornan la funcionalidad del organismo (*v.* **biopatía**), son intercambiables en el plano patológico y terapéutico, en los que se puede constatar una correspondencia entre un bloqueo emocional y un bloqueo muscular que retienen las energías del organismo cuya manifestación es temida por la angustia del placer instaurada en su momento por la educación y por la experiencia represiva. De esto se deriva que no es suficiente, como pensaba Freud, traer a la conciencia factores psíquicos patológicos, sino que es necesario intervenir en la armadura muscular para modificar la emocional. A la simpaticotonía, determinada por esta última, se deben atribuir las inhibiciones de las *funciones digestivas* (por lo tanto la anorexia nerviosa, el cardioespasmo y la colitis espástica), el *trastorno del círculo*, con la consiguiente neurosis cardiaca e hipertensión arterial, el *desequilibrio glandular metabólico*, con hipertiroidismo, estados de estrés y diabetes, además de otros síndromes tratados en la voz **psicosomática**, § 2.

Reich, y después Lowen, llegaron a definir una tipología caracterial articulada (*v.* **carácter**, § 3, *c*, *d*) en la que a cada tipo corresponde una estructura y una actitud del cuerpo que manifiesta la defensa de los estímulos externos o internos que amenazan al individuo. En la terapia bioenergética es esencial la preparación, obra de Lowen, del concepto de *grounding*, que significa "tener los pies firmemente en la tierra". Se trata, en esencia, de reforzar y aumentar en el paciente el sentido de seguridad basal, haciéndole "sentir" la realidad del terreno, de su cuerpo, de su condición vital, en un intercambio energético entre pies y tierra. "Ya que la carga y la descarga –escribe Lowen– funcionan como unidad, la bioenergética trabaja simultáneamente en ambos miembros de la ecuación para elevar el nivel energético, abrir la vía a la autoexpresión y reinstaurar en el cuerpo el flujo de las sensa-

ciones. El acento, por lo tanto, se coloca en la respiración, en las sensaciones y en el movimiento; al mismo tiempo se busca relacionar el funcionamiento energético actual del individuo con su teoría precedente. Esta unión combinada gradualmente pone al desnudo las fuerzas interiores (conflictos) que impiden al individuo funcionar con su propio potencial energético. Cada vez que uno de estos conflictos interiores se resuelve, el nivel de energía aumenta. Esto significa que el individuo toma más energía y la descarga más en actividades creativas, que son fuente de placer y de satisfacción" (1975: 41).

BIBLIOGRAFÍA: De Marchi, L. (1970); Lowen, A. (1958); Lowen, A. (1975); Reich, W. (1926); Reich, W. (1942).

biofeedback
v. RETROALIMENTACIÓN.

biofilia
v. NECROFILIA.

biográfico, método (al. *Biographische Methode*; fr. *méthode biographique*; ingl. *biographical method*; it. *metodo biografico*)

Método desarrollado por K. Jaspers para poder construir análisis patográficos a partir de la vida del individuo, más que de hipótesis teóricas anticipadas que no llevan a la comprensión del sujeto (*v.* **psicología comprensiva**), sino a su objetivización, como en la actitud típica de todas las ciencias de la naturaleza. El método biográfico utiliza el acercamiento directo, el análisis del material autobiográfico (cartas, diarios, confesiones) y de documentaciones objetivas (testimonios, informes, peritajes), para obtener un cuadro a cuyo ordenamiento concurren categorías biográficas, como los tipos de personalidad (*v.* **tipología**), de **carácter** (*v.*) y de visión del mundo (*v.* **mundo**, § 1). Para evitar lo anecdótico y poder realizar una verificación cuidadosa de los resultados, se formalizaron algunos criterios como: 1] visión global del caso junto con las condiciones en las cuales se recogió el material documental; 2] presentación objetiva del decurso de la vida teniendo presente la inevitable distorsión inducida por la subjetividad del observador; 3] recolección y disposición del material bibliográfico según los estándares definidos por la transformación biológica, por los datos ambientales, por la estructura psicológica, por las fases de desarrollo de las figuras temáticas importantes, y por los criterios interpretativos adoptados. El método biográfico encontró su aplicación en el ámbito fenomenológico con L. Binswanger, y en el ámbito de la psicología forense con A. Homburger y K. Wilmanns, que adoptaron este método para la reconstrucción de las personalidades psicópatas y criminales.

BIBLIOGRAFÍA: Binswanger, L. (1944-1946); Binswagner, L. (1956); Homburger, A. (1912); Jaspers, K. (1913 1959); Jaspers, K. (1922); Wilmanns, K. (1906).

biónica (al. *Bionik*; fr. *bionique*; ingl. *bionics*; it. *bionica*)

Estudio de las funciones y mecanismos biológicos con miras a su utilización en el ámbito cibernético, en el que se prevé la posibilidad de aplicar a las máquinas los modelos derivados, por ejemplo, de la genética, relativos a la codificación y transmisión de los modelos hereditarios, o de la fisiología en los sistemas de recepción de los estímulos, de coordinación sensomotriz y similares, hasta llegar a la simulación de los procesos cognoscitivos (*v.* **simulación**, § 1) o de los mecanismos subyacentes a las formaciones neuróticas.

BIBLIOGRAFÍA: Bara, B.G. (coord.) (1978); Caianiello, E.R. y E. Di Giulio (1980); Feer, H. (1970); Moser, U., I. Zeppelin y W. Schneider (1968).

bionomía o **bionómica** (al. *Bionomik*; fr. *bionomique*; ingl. *bionomics*; it. *bionomica*)

Estudio de los factores ambientales que limitan o favorecen el desarrollo del organismo (*v.* **ambiente**).

biopatía (al. *Biopathie*; fr. *biopathie*; ingl. *biopathy*; it. *biopatia*)

Término introducido por W. Reich para indicar los procesos degenerativos a partir del *bion*, en el que se manifiesta la forma fija y estructurada de la energía, a diferencia del *orgón* (*v.*), en el que está en acción una forma móvil y vital. La acumulación de pulsaciones no consecutivas, con el consiguiente estancamiento de la circulación energética visible en la sucesión de las contracciones no seguidas por expansiones, está en la base de numerosas enfermedades de naturaleza **psicosomática** (*v.*, § 2) entre éstas el cáncer (*v.* **bioenergética**).

BIBLIOGRAFÍA: Reich, W. (1948).

biopsicología
v. PSICOBIOLOGÍA.

biorritmo
v. RITMO, § 1.

biosfera psíquica
v. PERSONALIDAD, § 3.

biótico, experimento (al. *Biotisches Versuchsansatz*; fr. *essai biotique*; ingl. *biotic experiment*; it. *esperimento biotico*)

Experimento realizado con sujetos que no saben que están sometidos a ello. La finalidad es poder observarlos en condiciones de realidad auténticamente vivida, sin los elementos de perturbación que siempre acompañan a las condiciones experimentales. El experimento se considera *casi biótico* cuando se realiza con sujetos que saben que están sometidos a él, pero ignoran los procedimientos y las finalidades. Una de las modalidades más frecuentes es la que prevé una ampliación o una prolongación de los tiempos, de manera que el sujeto pueda considerar que se encuentra en una fase preparatoria o posterior a la conclusión del experimento.

BIBLIOGRAFÍA: Gottschaldt, K. (1942); Spiegel, B. (1965).

biotipo (al. *Biotypus*; fr. *biotype*; ingl. *biotype*; it. *biotipo*)

Conjunto de individuos, genéticamente homogéneos, aislados por medio de acoplamientos consanguíneos y selección progresiva. Una población animal o vegetal de reproducción sexuada está constituida por numerosos biotipos.

BIBLIOGRAFÍA: Barbera, M. (1945).

biotono (al. *Biotonus*; fr. *bioton*; ingl. *biotone*; it. *biotono*)

El término, introducido por M. Verworn, se refiere a la energía vital potencial de un sujeto, relacionada con los procesos fisiológicos del organismo y en especial con la calidad y la rapidez de los procesos de recambio que determinan el ritmo y la intensidad funcional de todos los órganos. Si las fuerzas regenerativas y degenerativas se compensan el biotono está en equilibrio; si prevalecen las regenerativas está alto, si prevalecen las degenerativas está bajo. G. Ewald hizo extensivo tal concepto a las situaciones de tensión general del sujeto ligadas al temperamento y la personalidad, creando una especie de tipología con base en la cual del biotono dependería la intensidad de la vida psíquica y emocional.

BIBLIOGRAFÍA: Ewald, G. (1924).

bisexualidad (al. *Bisexualität*; fr. *bisexualité*; ingl. *bisexuality*; it. *bisessualità*)

En la acepción común expresa la mezcla de elementos masculinos y femeninos, propia de cada individuo, responsable de los conflictos que toda persona experimenta en la aceptación del propio sexo. El término bisexualidad lo propuso por primera vez W. Fliess quien, como testimonia la correspondencia, se lo sugirió a Freud; no obstante, el filósofo O. Weininger reivindicaba la prioridad de esta idea. "Cierto grado de hermafroditismo anatómico –escribe Freud– es la norma: en ningún individuo masculino o femenino de conformación normal se echan de me-

nos las huellas del aparato del otro sexo; o bien han perdurado carentes de función, como unos órganos rudimentarios, o bien se han modificado para tomar sobre sí otras funciones. La concepción que resulta de estos hechos anatómicos conocidos de antiguo es la de una disposición originalmente bisexual que, en el curso del desarrollo, se va alterando hasta llegar a la monosexualidad con mínimos restos del sexo atrofiado" (1905 [1976: 129]).

W. Fliess interpreta la teoría freudiana de la supresión invocando el conflicto existente en cada individuo entre tendencias masculinas y femeninas, por lo que el sexo dominante en la persona habría suprimido en el inconsciente la representación psíquica del sexo opuesto. Freud no estuvo nunca plenamente de acuerdo con esta reducción de la supresión hecha por Fliess, y hasta el final de su vida no cesaría de recordar que "la doctrina de la bisexualidad sigue siendo todavía muy oscura, y no podemos menos que considerar un serio contratiempo que el psicoanálisis todavía no haya hallado enlace alguno con la doctrina de las pulsiones" (1929 [1976: 103]). La causa debe buscarse en el hecho de que la teoría de las pulsiones está organizada alrededor de la primacía del falo (*v.* **falocentrismo**), y esto mal se adapta a la idea de una bisexualidad biológica compatible con esa primacía. Para reducir los matices biológicos y acentuar los psicológicos S. Ferenczi propuso sustituir "bisexualidad" por "**ambisexualidad**" (*v.*).

C.G. Jung aceptó la teoría de la bisexualidad replanteándola en el modelo de la androginia (*v.* **hermafroditismo**, § 4), y sobre todo en los conceptos de **animus** (*v.*) y de ánima (*v.* **alma**, § 3) sobre los que construyó las relaciones entre el yo y el inconsciente. En el área antropológica M. Mead criticó mucho el modelo psicoanalítico de la sexualidad, porque no toma en consideración los conceptos sociales de los papeles masculinos y femeninos. En su opinión un análisis correcto de la bisexualidad debería considerar también, además de los factores biológicos y constitucionales y la identificación con los padres, los modelos sociales y las confusiones incorrectas entre la polaridad activo-pasivo, por un lado, y masculino-femenino por el otro (*v.* **actividad-pasividad**).

BIBLIOGRAFÍA: Ferenczi, S. (1914); Fliess, W. (1906); Freud, S. (1905); Freud, S. (1929); Jung, C.G. (1928); Mead, M. (1935); Mead, M. (1949); Weininger, O. (1903).

Blacky pictures test
v. PINTURA.

blanco, síntoma (al. *Zielssymptom*; fr. *symptôme cible*; ingl. *target symptom*; it. *sintomo bersaglio*)

Síntoma o grupo de síntomas que, independientemente del diagnóstico global, sirven de blanco a la terapia, siendo sobre éstos donde una determinada terapia se revela especialmente eficaz.

blefarospasmo (al. *Blepharospasmus*; fr. *blépharospasme*; ingl. *blepharospasm*; it. *blefarospasmo*)

Cierre imprevisto y prolongado de los párpados debido a una contracción del músculo orbicular. El blefarospasmo, frecuente como síntoma postencefalítico, no se debe incluir entre los síntomas histéricos.

bloqueo (al. *Blockierung*; fr. *barrage*; ingl. *blockage*; it. *blocco*)

Paro o interrupción de una función, de una acción, de un pensamiento (*barrage* del pensamiento), de una emoción o de una respuesta, sin que pueda justificarlo un estímulo externo o una motivación subjetivamente reconocible. E. Bleuler escribe que "el pensamiento bloqueado del esquizofrénico se diferencia claramente del pensamiento bloqueado del melancólico; en este último el curso de las ideas en su conjunto es fatigoso y lento por la influencia de la afectividad; los bloqueos del esquizofrénico, en cambio, interrumpen de golpe un curso de ideas fluido, en ocasiones hasta brioso" (1911-1960: 61). Por su parte S. Freud habla de *bloqueo afectivo* en todos los casos en los que se tiene un "aislamiento del afecto", en el que una fatiga inconsciente vinculada a un deseo o a un recuerdo muy importante del pasado puede te-

ner libre acceso a la conciencia, mientras no se hace consciente, en cambio, la emoción ligada a la fantasía. Algunas formas de bloqueo pueden ser favorecidas por estados de ansiedad y de cansancio general, responsables de vacíos mentales imprevistos, de paros motores momentáneos en el curso de una actividad continuada, de un sentimiento de desorientación y de pérdida de lucidez perceptiva.

BIBLIOGRAFÍA: Bills, A.G. (1931); Bleuler, E. (1911-1960); Freud, S. (1909).

bloqueo de la libido
v. LIBIDO, § 1, *d.*

bolo histérico (al. *Hysterische Kugel*; fr. *boule hystérique*; ingl. *hysterical globe*; it. *globo isterico*)

También llamado *globo histérico*, consiste en una sensación dolorosa provocada por la impresión de tener un cuerpo extraño en el nivel faríngeo que interfiere con la respiración, que se puede volver ronca y jadeante. Los estados de ansiedad favorecen la aparición de tales fenómenos y en general de las neurosis esofágicas, que el psicoanálisis explica como manifestaciones de un rechazo inconsciente y, al mismo tiempo un deseo de **incorporación** (*v.*), con frecuencia debido a la presencia de tendencias agresivas. O. Fenichel sostiene que en las mujeres histéricas, cuya libido sufrió una regresión a la fase oral, la frecuencia del bolo aludiría a un deseo inconsciente de asimilación oral del pene.

BIBLIOGRAFÍA: Fenichel, O. (1945).

borderline
v. MARGINAL, SÍNDROME, § 1.

Borelli-Oléron, escala de (al. *Borelli-Oléron Test*; fr. *échelle de Borelli-Oléron*; ingl. *Borelli-Oléron scale*; it. *scala di Borelli-Oléron*)

Es una escala de inteligencia que se aplica a niños con defectos del aparato auditivo, en la fase comprendida entre los 4 años y medio y los 8. Consiste en pruebas de carácter ejecutivo y el puntaje se calcula según los valores medios relativos a las diversas edades de los sujetos.

BIBLIOGRAFÍA: Anastasi, A. (1954).

bovarismo (al. *Bovarysmus*; fr. *bovarysme*; ingl. *bovarysm*; it. *bovarismo*)

El término, tomado del personaje de la novela de G. Flaubert *Madame Bovary*, se refiere a las actitudes que confunden fantasía y realidad, sueños con los ojos abiertos y hechos del mundo real. La acentuación de esta tendencia puede llevar a la construcción de una personalidad ficticia y a un concepto de sí irreal y fantástico.

bradi-

Primer elemento de palabras compuestas adoptadas por el vocabulario psiquiátrico para indicar las formas de **lentitud** (*v.*) que dependen de causas orgánicas o psíquicas. Entre las formas más recurrentes recordamos:
• *bradiquinesia*: se refiere a la lentitud anormal o al retardo de los movimientos;
• *bradilalia*: se refiere a la lentitud al hablar asociada con la idea de una dificultad para mover la lengua. Si esta lentitud se manifiesta con una disminución de la velocidad de la vocalización hay quienes la llaman *bradilogia*; si en cambio se manifiesta con la disminución del ritmo en la articulación de las frases o con arrastre de las sílabas prefieren llamarla *bradifrasia*;
• *bradifrenia*: se refiere a la disminución de las funciones mentales acompañadas, en ocasiones por un retraso psicomotor. En este ámbito se diferencia entre la bradifrenia *focal*, cuando la disminución sucede en presencia de determinados pensamientos, y la bradifrenia *difusa*, cuando el trastorno no varía al cambiar el contenido de los pensamientos;
• *bradilexia*: se refiere a la lentitud en la lectura, que puede ser un aspecto de una disminución general de la actividad mental;
• *bradipraxia*: se refiere a la disminución de la acción, como en el caso, por ejemplo, del hipofuncionamiento de la tiroides;

• *bradipsiquia*: es una disminución de todas las funciones psíquicas por causas que pueden ser orgánicas, tóxicas o neuróticas, como en el caso de las formas depresivas.

bradiquinina
v. ENDOCRINO, SISTEMA, § 9, *d*.

Brentano, ilusión de
v. ILUSIÓN, § 4, *e*.

Broca, afasia de
v. AFASIA, § 2, *b*; LENGUAJE, § 5, *a*.

Broca, área de
v. CORTEZA CEREBRAL, § 5; LENGUAJE, § 2.

bromhidrosis (al. *Bromidrose*; fr. *bromidrose*; ingl. *bromidrosis*; it. *bromidrosi*)

Llamada también *caquidrosis*, la bromidrosis es una sudoración anormal con mal olor, debido a alteraciones de la crasis hemática, a enfermedades metabólicas o síndromes psiconeuróticos. *Bromidrosifobia* es la fobia excesiva por los malos olores.

brontofobia (al. *Brontophobie*; fr. *brontophobie*; ingl. *brontophobia*; it. *brontofobia*)

Terror incontenible por los truenos, que retoma el miedo de los primitivos ante los fenómenos naturales. Se encuentra con frecuencia en sujetos que presentan trastornos psíquicos que se remontan a viejos miedos en relación con la figura paterna.

bruxismo (al. *Bruxismus*; fr. *bruxisme*; ingl. *bruxism*; it. *bruxismo*)

Rechinar de los dientes, generalmente nocturno, como consecuencia de la contracción de los músculos de la masticación. Desde el punto de vista psicodinámico se ha supuesto que la causa es un sentimiento inconsciente de agresividad reprimida, relacionada con excesivas restricciones morales en la infancia que habrían llevado a contener o reprimir cualquier forma de hostilidad.

BIBLIOGRAFÍA: Ewen, S.J. (1971).

buen salvaje (al. *Guter Wilde*; fr. *bon sauvage*; ingl. *good savage*; it. *buon selvaggio*)

Expresión que remite a un concepto de naturaleza primordial y primitiva que, por no haber sido aún tocada por la civilización, plasma un ideal educativo en el que existe plena concordancia entre las necesidades del hombre y las capacidades para satisfacerlas. La invocación al buen salvaje, nacida con J.-J. Rousseau, es recurrente en muchos proyectos educativos de tipo utópico que han aparecido cíclicamente en el siglo XIX y en el XX.

BIBLIOGRAFÍA: Cocchiara, G. (1948); Gliozzi, G. (1967).

buen sentido (al. *Gesunder Menschenverstand*; fr. *bon sens*; ingl. *good sens*; it. *buon senso*)

Disposición mental al equilibrio y a la mesura que se manifiesta en la capacidad natural y espontánea de tomar decisiones válidas en la esfera práctica de la existencia o de expresar juicios sobre los problemas de la vida cuando no surgen soluciones de evidencia lógica inmediata. El buen sentido, que es independiente de las convenciones y de la opinión general, se diferencia del *sentido común*; este último con frecuencia está cargado de prejuicios y aplanado por las convenciones más difundidas, por lo que en el sentido común no se puede encontrar la forma de racionalidad, típica del buen sentido, que consiste en la capacidad de leer la situación concreta, adaptando a ésta las normas y los principios para realizar un encuentro eficaz entre teoría y praxis en el orden de lo realizable.

Equivalente al concepto de buen sentido es la expresión aristotélica "buena deliberación" que corresponde a sensatez (φρόνησις) y facultad de discernimiento. La deliberación, según Aristóteles, establece cuáles y cuántos son las acciones y los medios que se necesita poner en acción para alcanzar ciertos fines; como tal pertenece al orden de la praxis. Sobre el "buen sentido" se expresó también Descartes en el *Discurso del método*, en el que habla del "poder de bien juzgar y de diferenciar lo verdadero de lo falso". El buen sentido, al ser "la cosa del mundo mejor repartida", es para Descartes identificable con "la razón naturalmente igual en todos los hombres". En el campo pedagógico el concepto de buen sentido tiene importancia en la adaptación de la teoría a la praxis en referencia a los ritmos concretos de crecimiento y de desarrollo del educando.

BIBLIOGRAFÍA: Aristóteles (1973); Descartes, R. (1937); Siciliani de Cumis, N. (1980).

buena forma
v. PSICOLOGÍA DE LA FORMA, § II, 5.

bueno
v. KLEINIANA, TEORÍA, § 1.

bulimia (al. *Bulimie*; fr. *boulimie*; ingl. *bulimy*; it. *bulimia*)

Impulso irresistible por la comida al que el sujeto responde con una sobrealimentación continua que lleva a la **obesidad** (*v.*). En el ámbito psicoanalítico se suele interpretar la bulimia como una forma de fijación o regresión a la fase **oral** (*v.*, § 2), mientras que en el ámbito psiquiátrico se comprueba la frecuente asociación entre bulimia y estados depresivos o ansiosos, por lo que la comida se encarga de llenar un vacío o de aplacar la ansiedad. Se supone que la bulimia es la tendencia subyacente y negada en todo tipo de comportamiento anoréxico (*v.* **anorexia**), en el que la ingestión de alimentos se acompaña de vómito compensatorio autoprovocado o de la ingestión de purgantes.

BIBLIOGRAFÍA: Bruch, H. (1973); Bruch, H. (1978); Selvini Palazzoli, M. (1981); Silverstone, T. (1976).

Cábala (it. *qabbaláh*)

El término, que literalmente significa "tradición" en la acepción hebrea de "recepción" de las cosas divinas, designa la mística hebrea que se propone tomar el aspecto más profundo y auténtico de la ley, más allá de su significado exterior y puramente legalista. Con este fin la Cábala utiliza métodos y técnicas complejos que hacen referencia al simbolismo atribuido a las letras del alfabeto hebreo y a su valor numérico. Según el *Sefer yezirá* o *Libro de la creación* (sec. III-VI) Dios habría procedido a la creación mediante las 32 vías constituidas por 10 *sefirot* o números primordiales y por las 22 letras del alfabeto hebreo, en las que encuentran su expresión simbólica los elementos últimos de las cosas. De aquí la importancia de la ciencia de las combinaciones de las letras tratada en el *Sefer zohar* o *Libro del esplendor* (sec. XIII) donde están expuestas las tres técnicas más utilizadas: el *notaricon*, donde cada una de las letras de una palabra se utiliza como inicial de otra palabra, la *guemetría* que instituye equivalencias de significado entre palabras formadas por letras cuyos valores numéricos dan sumas iguales, y la *temurá*, que consiste en trasponer las letras que componen una palabra para obtener otra que tiene con la primera una exacta relación de oposición. Esta "vía de los nombres", como afirma el *Sha'aré zedec* que cita G. Scholem, dice que "cuanto más incomprensibles sean éstos tanto más alto es su rango, hasta que se llega a la actividad de una fuerza que ya no se somete a tu control, sino que más bien tiene bajo su control a tu intelecto y tu pensamiento" (1957: 205).

La cosmología cabalística, que concibió la relación entre Dios y el mundo como un proceso de emanación del *En-sof* infinito hacia las criaturas a través de los *sefirot*, fue reformulada por Y. Luria (1534-1572) en términos de contracción o movimiento hacia dentro, por lo que "Dios se vio obligado a hacer lugar en el mundo, abandonando una región de sí mismo". La psicología cabalística considera al hombre animado por la *nefesh* o vitalidad animal que nace con el cuerpo y lo habita hasta la muerte dirigiendo todas las manifestaciones psicofísicas, desde el *ruaj* que se despierta en el hombre que se enalteció por encima de su aspecto puramente vital, y de la *neshamá* o chispa divina que es "una parte de Dios allá arriba". A esta chispa (*Seelenfunkeln*) hace referencia S. Freud, quien habla de ella como de la "fuerza pulsionante –'il primo motore'– de todo obrar humano" (1910 [1976: 69-70]). Esto permite a H. Bloom realizar un acercamiento entre la Cábala de Luria y el psicoanálisis de Freud (1975: 45), sobre todo por lo que se refiere al *zelem* que mantiene unidos el alma y el cuerpo, determinando la personalidad de cada individuo en la forma enigmática en que nuestro cuerpo reacciona ante nuestra alma, y nuestra alma ante el cuerpo al que está unido: "El *zelem* –escribe Bloom– es el principio de la individualidad del que está dotado todo ser humano, la configuración o esencia que es exclusivamente suya" (1975: 75). Este motivo individualizador permitió también comparaciones con la psicología analítica de C.G. Jung respecto al proceso de **individuación** (*v.*) y a la **sicigia** (*v.*) masculina-femenina. Para la Cábala, en efecto, todo alma está constituida por un elemento masculino y uno femenino que sólo después del descenso al mundo se escinde, configurándose como exclusivamente masculina o femenina, para después reconstituirse en su unidad al final del camino cabalístico.

BIBLIOGRAFÍA: Bloom, H. (1975); Dal Pra, M. (1977); Freud, S. (1910); Jung, C.G. (1951); Michelini Tocci, F. (1986); Scholem, G. (1957); (1960); Scholem, G. (1974).

cacofonía (al. *Kakophonie*; fr. *cacophonie*; ingl. *cacophony*; it. *cacofonia*)

Alteración que puede llegar a ser grave del timbre de la voz, por lo cual algunas ocasiones resulta imposible al escuchar diferenciar los sonidos emitidos.

cadena del significante (fr. *chaîne significante*; it. *catena significante*)

Expresión lacaniana que indica la conexión de las unidades significantes consideradas desde el punto de vista de sus sobreposiciones recíprocas (*v.* **letra**). Para J. Lacan el significante no expresa el sentido sino que lo anticipa, por lo que "puede decirse que es en la cadena del significante donde el sentido *insiste*, pero que ninguno de los elementos de la cadena *consiste* en la significación de la que es capaz en el momento mismo. Se impone, pues, la noción de un deslizamiento incesante del significado bajo el significante" (1957 [1976: 482]). Esto se debe a que en opinión de Lacan el lenguaje inconsciente, no puede ser asimilado por el consciente, caracterizado por la diferencia entre significante y significado (*v.* **lacaniana, teoría**, § 8). Como lenguaje unidimensional, el lenguaje inconsciente pertenece al imaginario, y los términos que lo forman pueden transferir su energía hacia otros por desplazamiento (metonimia) o por condensación (*v.* **metáfora**). De esta manera el deseo inconsciente se dirige a la conciencia, pasando de un significante a otro a lo largo de la cadena o trama intrincada y compleja de los significantes. Al punto de intersección entre el recorrido del significante y la elipsis deslizante del significado Lacan lo llama *capiton*.

BIBLIOGRAFÍA: Lacan, J. (1957).

caída, experimento de (al. *Fallversuch*; fr. *essai de chute*; ingl. *fall experiment*; it. *esperimento di caduta*)

Prueba que consiste en medir la distancia de objetos que caen con la finalidad de evaluar la diferencia, en la percepción de la profundidad, entre la visión monocular y la binocular.

calambre
v. ESPASMO.

calcitonina
v. ENDOCRINO, SISTEMA, § 2, 3.

calibración
v. ESTANDARIZACIÓN.

cambio (al. *Verwandlung*; fr. *changement*, ingl. *change*; it. *cambiamento*)

Transformación de un individuo interpretada como proceso de autorrealización o como resultado de la tendencia a la mutación y de la resistencia a la misma. La primera tesis tiene como su principal exponente a K. Goldstein, para quien "el comportamiento normal corresponde a un continuo cambio de tensión por el que se alcanza, en una sucesión de fases, un estado de tensión que permite y empuja al organismo a realizarse con ulteriores actividades, según su naturaleza. Así, la experiencia con los pacientes nos enseña que debemos postular un único impulso, aquel que tiende hacia la autorrealización" (1934: 121). La segunda tesis la desarrolló K. Lewin, para quien, como el cambio implica el concepto de fuerza, es imposible utilizar éste sin usar el concepto de resistencia, por lo que el cambio es resultado de estos dos componentes. La noción de cambio varía según los diferentes modelos psicológicos dentro de los cuales se define.

1] EL MODELO CONDUCTISTA. En este ámbito el cambio es la modificación adaptativa del comportamiento como respuesta a estímulos ambientales que pueden ser tanto las técnicas de condicionamiento clásico y operante (*v.* **aprendizaje**, § 1) que activan un proceso tendencialmente predecible y controlable dentro de las leyes que regulan el aprendizaje, como las terapias que se proponen modificar las modalidades de respuesta escasamente adaptativas o no funcionales mediante el uso de refuerzos positivos o negativos. La importancia asignada a las técnicas de condicionamiento en el modelo conductista (*v.* **comportamiento**, § 4) permite que H.J. Eysenck diga: "Desde hace tiempo se considera que el pensamiento precede y controla a la acción. La terapia cónductista permite entender que con frecuencia puede ocurrir lo contrario, que la modificación del comportamiento de una persona mediante el proceso de condicionamiento puede realmente modificar su pensamiento o su cuadro cognoscitivo" (1975: 32).

2] EL MODELO PSICODINÁMICO. Entiende el cambio como la obtención de mayor conciencia de sí y de los otros o, como lo expresa la definición de C.R. Rogers, "una evolución interior y profunda de las estructuras personales del individuo hacia la fase que los clínicos definen como de 'mayor integración', de menor conflictividad, de mayor disponibilidad de energías para una vida productiva; una modificación del comportamiento que pierde los aspectos generalmente definidos como 'inmaduros' para adquirir los considerados 'maduros'" (1951: 50). Frente a la concepción mecanicista de S. Freud, que concede poca relevancia al cambio porque casi todo se definiría en los primeros cinco años de vida, reacciona E. Fromm: "Estoy convencido de que durante los primeros cinco años de vida acontece una cantidad de cosas realmente importantísimas para el desarrollo posterior; pero considero que los acontecimientos sucesivos son igualmente capaces de provocar cambios en el individuo. En cuanto al concepto freudiano de que el individuo repite continuamente algunas respuestas de comportamiento que serían el producto de sus reacciones emotivas a acontecimientos ocurridos en los primeros cinco años, éste es para mí un concepto excesivamente mecanicista [...]. El éxito de la terapia depende de los factores constitucionales, por un lado, y por el otro de la capacidad del paciente para modificar su sentido de responsabilidad personal y su empeño a la acción. Para que los cambios se produzcan el paciente debe tener la fuerza de voluntad y el impulso interior necesarios para producirlos" (1976: 385-386). De la misma opinión es C.G. Jung, para quien el cambio o **transformación** (v.) tiende a la **individuación** (v.), o sea a la realización de todas las potencialidades del individuo protegidas en su inconsciente que no es, como para Freud, sólo el lugar de lo reprimido, sino también el depósito de posibilidades por venir. El cambio individuativo se da, para Jung, mediante la **diferenciación** (v.) de las

partes inconscientes reprimidas, en "**sombra**" (v.), o de alguna manera autónomas al desarrollo del yo.

3] EL MODELO PSICOSOCIAL. Subraya el conocimiento y la intencionalidad en los procesos del cambio. Al respecto E. Spaltro escribe: "Estamos siempre ocupados con el problema de cambiar, por lo tanto no debemos preguntarnos por qué cambiar en términos de acción, sino en términos de acción y conciencia. En realidad la elección no está entre cambiar y no cambiar, sino entre cambiar o dejarse cambiar, entre *changing* y *change*" (1969: 259). La psicología social y de manera especial la psicología de la forma estudian el cambio respecto a la modificación de creencias y de actitudes, como en el caso, puesto en evidencia por L. Festinger, de la **disonancia cognoscitiva** (v.), por la que "si una persona sabe diferentes cosas que no son psicológicamente coherentes buscará, en una variedad de maneras, volverlas más coherentes [...]. La disonancia cognoscitiva es un estado motivacional que impulsa a una persona a cambiar sus opiniones o su comportamiento" (195: 16). Es afín la posición de S.E. Asch, para quien el cambio es el resultado de la interacción del individuo con el grupo, que permite "la introyección en el individuo de los pensamientos, de las emociones y de los supuestos de los otros, que extienden su mundo mucho más allá de donde podría llegar un esfuerzo sin ayuda. Permite también amplias relaciones de interdependencia, condición previa a su desarrollo interpersonal [...]. Así se modifica el ambiente psicológico de cada uno, porque vivir en una sociedad significa poner en relación eficiente la experiencia pública con la privada" (1952: 35). El problema del cambio se relaciona así con la influencia del grupo porque, como precisa M.S.H. Sherif, "aquel que diverge se siente incierto e inseguro en la posición que se desvía de sus propios juicios" (1967: 180).

4] EL MODELO SISTÉMICO. Vincula el concepto de cambio con el de **comunicación** (v.), que influye en la relación de quienes se comunican activando un proceso de cambio o de resistencia al cambio cuyas líneas de desarrollo están descritas y prescritas por las reglas del juego, y no por los actores que intervienen. El modelo sistémico sustituye los conceptos de causalidad, determinismo y libertad por el de interacción, que H.L. Lennard y A. Bernstein definieron como "un proceso secuencial de acciones y reacciones que tiene lugar antes de que se pueda describir cualquier estado o cambio de estado del sistema" (1960: 13). En este contexto el cambio no debe considerarse como una modificación en el individuo, sino como un modelo especial de relación, algo, según dicen P. Watzlawick y otros, que "ya no sea *reificado*, sino más bien estudiado en el contexto interpersonal donde se actúa" (1967: 123). De aquí se deriva que la prescripción de un comportamiento es una maniobra, dentro del sistema, con la que se intenta producir un cambio en el mismo (*v.* **psicología sistémica**).

BIBLIOGRAFÍA: Asch, S.E. (1952); Evans, R.J. (1981); Eysenck, H.J. (1975); Festinger, L. (1957); Fromm, E. (1976); Goldstein, K. (1934); Jung, C.G. (1928); Lennard, H.L. y A. Bernstein (1960), Lewin, K. (1936); Rogers, C.R. (1951); Sherif, M.S.H. (1967); Spaltro, E. (1969); Watzlawick, P. (1978); Watzlawick, P. (coord.) (1981); Watzlawick, P., J.H. Beavin y D.D. Jackson (1967); Watzlawick, P., J.H. Weakland y R. Fisch (1973).

campeón

v. ESTADÍSTICA, § II, 1.

campo (al. *Feld*; fr. *champ*; ingl. *field*; it. *campo*)

Lugar físico o metafórico donde aparece el objeto de investigación y con el que el ambiente global en el cual se presenta el objeto, constituye una totalidad de fenómenos coexistentes que interactúan. Así, por ejemplo, por *campo de conciencia* se entiende el conjunto de los contenidos de la conciencia que una persona posee en un cierto momento; por *campo visual* el límite de la visión periférica y, por lo tanto, el área dentro de la cual puede verse un objeto mientras el ojo fija inmóvil un punto. Además de este uso general, la noción de campo tiene un uso específico en las siguientes acepciones.

1] DEPENDENCIA DEL CAMPO. En el ámbito de la psicología de la percepción H. A. Witkin introdujo el concepto de *dependencia del campo* para quien, en la orientación espacial, confía más en el contexto visual que en las señales posturales y gravitacionales de su propio cuerpo. En este ámbito se comprobó que las mujeres son más dependientes del campo que los varones, que la dependencia del campo disminuye con la edad y que está relacionada con las características de la personalidad (*v.* **percepción**, § 9).

2] TEORÍA DEL CAMPO. El concepto de campo lo utilizó K. Lewin, quien formuló la *teoría del campo* según la cual se supone que están reunidos en un "espacio vital" (*v.* **espacio**, § 2, c), todos los factores psicológicos que influyen en el comportamiento de un individuo en un determinado momento. El espacio vital está compuesto por la *persona* y por el *ambiente psicológico*; fuera de ella está el *mundo*, que no influye en el comportamiento, pero al cual el espacio vital es permeable. Dentro del campo rige una geometría *topológica*, que difiere de la euclidiana porque no es métrica y porque la relación que une a los elementos prescinde del tamaño y distancia de los mismos. En el campo es decisiva la dirección, identificable mediante una geometría *vectorial*, en la cual las regiones del espacio, que tienen diferentes valores –positivos si el objeto es deseado, negativos si la intención es evitarlo–, se corresponden mediante fuerzas de atracción y repulsión que pueden describirse con vectores direccionales. Dentro del campo la actividad se desarrolla en términos de energía psíquica con tendencia al equilibrio del sistema; por eso cuando surge una tensión, indicadora de una necesidad, se activa un proceso que permite llegar a un nuevo equilibrio por la más breve de las vías entre las posibles en el orden dinámico del campo. Cuando la situación se vuelve conflictiva por la presencia simultánea de un valor negativo y uno positivo (el deseo de hacer una cosa y el miedo a hacerla), o de dos valores negativos aproximadamente iguales, se registra la tendencia al abandono del campo de manera temporal o definitiva, a menos que intervengan medidas del exterior que lo impidan. También se produce abandono del campo en presencia de una saturación de estímulos o de una repetición monótona de acciones siempre iguales. La contribución más significativa de esta teoría, llamada también *psicología topológica*, es que afectividad, percepción, cognición y motivación, que en el lenguaje de Lewin representan la región *interno-personal*, inciden mucho más en el comportamiento que la región *perceptivo-motriz*, que está fuera de la persona, en el límite con el ambiente psicológico que la circunda (*v.* **psicología de la forma**, § III, 3).

3] CAMPO FENOMÉNICO. En el ámbito de la epistemología psiquiátrica A. Gaston introdujo esta expresión con la intención de encontrar un criterio capaz de reorganizar las formas de enajenación no con base en la **etiología** (*v.*, § 1), siempre incierta y dependiente de las predicciones teóricas que presiden la interpretación, sino "siguiendo la operación psicológica misma a lo largo de una de sus condiciones necesarias: la dimensión temporal. En efecto es posible, mediante actos intencionales, integrar campos de 'agregación' de las formas de la enajenación usando como elementos de separación su particular modalidad de sucesión o su modo específico de *estar* simultáneamente, en otras palabras, analizando su relación con la continuidad del sujeto que las manifiesta y la continuidad temporal del sujeto que las observa [...]. Esta reintegración puede manifestarse en la constitución de los siguientes campos fenoménicos: el reactivo, el conflictivo, el periódico y el estable" (1987: 109). Forman parte del campo *reactivo* las **reacciones** (*v.*, § 6) predominantemente afectivas, las pasionales y las hiponoicas, que abarcan las experiencias agudas, crepusculares, oniroides y oníricas. Forman parte del campo *conflictivo* el estilo obsesivo, el hipocondriaco y el histérico; en el *periódico*, en cambio, aparecen la alternancia maniaca, la melancólica y la epiléptica, y por último en el *estable* encontramos el mundo de la psicopatía, el del delirio y el de la demencia.

BIBLIOGRAFÍA: Festinger, L. (1957); Gaston, A. (1987); Heider, F. (1958); Lewin, K. (1935); Lewin, K. (1936); Lewin, K. (1951); Witkin, *et al.* (1954); Witkin H.A. *et al.* (1962).

canabis
v. DROGA, § 2.

canal
v. COMUNICACIÓN, § 1.

canalización (al. *Kanalisierung*; fr. *canalisation*; ingl. *canalization*; it. *canalizzazione*)

Limitación de los tipos de comportamiento que se manifiestan durante el desarrollo humano, por la cual se elige un comportamiento entre los muchos posibles. La elección se hace basándose en la mayor o menor idoneidad de un comportamiento para satisfacer determinadas pulsiones. Su reiteración determina el refuerzo o la consolidación. Este concepto, utilizado hoy casi exclusivamente para los problemas de socialización, lo acuñó P. Janet para indicar el tipo de descarga hacia la que se orienta, en su reflujo, una tensión.

BIBLIOGRAFÍA: Janet, P. (1903); Murphy, G. (1947).

cancelación, test de (al. *Durchstreichtest*; fr. *test de barrage*; ingl. *cancellation test*; it. *test di cancellazione*)

El test de cancelación se utiliza para medir la atención o la mayor o menor familiaridad con las letras del alfabeto, por medio de la cancelación de algunas de ellas, basándose en un modelo o prescindiendo de cualquier esquema. B. Burdon lo introdujo con el uso de las letras del alfabeto; más tarde lo modificaron H. Piéron y E. Toulouse con la introducción de signos y figuras iguales a determinados modelos.

BIBLIOGRAFÍA: Meili, R. (1955).

canibalismo (al. *Menschenfresserei*; fr. *cannibalisme*; ingl. *cannibalism*; it. *cannibalismo*)

El término, que se refiere a la práctica real o ritual de comer la carne de los semejantes, lo adoptó el psicoanálisis para referirse a la fase oral del desarrollo libinal y, más específicamente, al elemento sádico presente en tal fase, donde se observa el deseo de **incorporación** (*v.*) del objeto amado que será sustituido, en el curso de la evolución psicosexual, por la **identificación** (*v.*). La incorporación o introyección representa una forma de identificación primaria análoga a la que caracteriza al canibalismo de los primitivos, motivado, según Freud, por la creencia de que "mediante el acto de la devoración uno recibe en sí partes del cuerpo de una persona, al mismo tiempo se apropia de las cualidades que a ella pertenecieron" (1912-1913 [1976: 85]). El mismo significado de apropiación se lo atribuyó Freud al "banquete totémico" realizado en los albores de la historia del hombre, cuando los hijos se aliaron entre sí y, después de matar al padre que prohibía el uso de las mujeres del clan (*v.* **endogamia-exogamia**), lo devoraron. El posterior sentimiento de culpa marcó el fin de la horda primitiva y el inicio de la organización social, de la moral y de la religión (*v.* **antropología**, § 1, a).

K. Abraham, quien subdivide la fase oral en dos subfases –de *succión*, caracterizada por la fusión de libido y agresividad, y de *mordedura*–, atribuye el adjetivo caníbal sólo a la segunda, donde distingue un canibalismo *parcial* de uno *total*. Este último "sin ninguna limitación es posible sólo en la base de un *narcisismo ilimitado*. En esta fase sólo se toma en consideración el deseo de placer del sujeto. Los intereses del objeto no son tomados en cuenta para nada; el objeto es destruido sin ningún escrúpulo. La fase del canibalismo parcial lleva consigo los claros signos de su origen en el canibalismo total, pero también difiere de forma radical. Aquí aparece el primer asomo de consideración del objeto. Pero este aspecto parcial podemos considerarlo como primer asomo del amor objetal en sentido estricto, ya que significa el inicio de una superación del narcisismo. Agregamos de inmediato que el individuo, en esta fase evolutiva, todavía está muy lejos de reconocer a otro individuo como tal, junto a sí mismo, y de amarlo física o psíquicamente en su totalidad. El deseo es todavía el de tomar una parte del objeto con el fin de incorporarlo; pero esto significa al mismo tiempo una renuncia a la meta puramente narcisista del canibalismo total" (1923: 342-343).

Si con Abraham el gesto caníbal es estudiado más por el lado de su finalidad, con M. Klein este concepto se utiliza en el área de la patología depresiva, donde la pulsión caníbal, si es excesiva, es causa de melancolía: "El proceso fundamental de la melancolía, según Freud y Abraham, es el de la pérdida del objeto amado. La pérdida real de un objeto real, o un acontecimiento análogo que tenga el mis-

mo significado, da como resultado que el objeto sea puesto en el yo. No obstante, a causa de un *exceso de pulsión caníbal* del sujeto, esta introyección aborta y le sigue la enfermedad" (1935: 298). Ya Abraham había dicho que "los estados más graves de rechazo de la alimentación del melancólico representan un autocastigo por los impulsos caníbales" (1924: 310), incluso si su interés por la representación caníbal del objeto perdido se dirige al "trabajo del duelo" en analogía con la "concepción de que el duelo, en su forma arcaica, se manifiesta devorando al asesinado" (1924: 307).

BIBLIOGRAFÍA: Abraham, K. (1923); Abraham, K. (1924); Freud, S. (1905); Freud, S. (1912-1913); Freud, S. (1914); Klein, M. (1935).

Cannon, síndrome de (al. *Cannon-Syndrom*; fr. *syndrome de Cannon*; ingl. *Cannon's syndrome*; it. *sindrome di Cannon*)

Conjunto de síntomas que indican un proceso de liberación de las energías de las que el organismo tiene necesidad en momentos de emergencia, como por ejemplo frente a un peligro, que activa los mecanismos de lucha o de fuga. W.B. Cannon le asigna esa reacción al sistema simpático y considera que está regulada en el tiempo en tres fases: alarma, resistencia (defensa, desarrollo de fuerza, adaptación) y ejecución.

BIBLIOGRAFÍA: Cannon, W.B. (1931).

cantidad (al. *Quantität*; fr. *quantité*; ingl. *quantity*; it. *quantità*)

Categoría que corresponde a la extensión y a la ponderabilidad. Para Aristóteles la cantidad se puede referir tanto al ser en su aspecto numérico y continuo, como al pensamiento, donde define la extensión del sujeto de un juicio, que puede ser universal (todos los hombres), particular (algunos hombres), singular (este hombre). A este esquema aristotélico se remonta I. Kant, quien asume la cantidad como título general de la primera clase de los juicios (universales, particulares, singulares) a los que corresponden las categorías de la totalidad, de la pluralidad y de la singularidad. En la lógica proporcional contemporánea la cantidad denomina la referencia que, en el lenguaje de F.L.G. Frege, se llama significado (*Bedeutung*), diferente del sentido (*Sinn*), que no tiene un valor "extensional", como el significado, sino "intencional".

Con R. Descartes, y posteriormente con el pensamiento moderno, la cantidad designa las llamadas "cualidades primarias", como el tamaño, la figura y el movimiento, que son objetivos y mensurables y que deben distinguirse de las "cualidades secundarias", como el color, el olor, el sabor, que por residir en los sentidos son subjetivas y no cuantificables. El progreso del saber científico se caracterizó por la progresiva traducción del orden cualitativo al orden cuantitativo, que permiten cálculo y ponderabilidad. Los efectos de esta traducción en el ámbito psicológico y las diferentes posiciones adoptadas frente a esta traducibilidad se pueden leer en la voz **cualidad**.

BIBLIOGRAFÍA: Aristóteles (1973); Descartes, R. (1641); Frege, F.L.G. (1892); Guénon, R. (1945); Kant, I. (1781).

capacidad (al. *Fähigkeit*; fr. *capacité*; ingl. *ability*; it. *capacità*)

Término genérico para designar la posibilidad y la idoneidad de un sujeto para desarrollar una actividad o para cumplir con una tarea. De ahí que cada definición de capacidad remita a la actividad en la cual ésta se ejerce y a la serie de operaciones que requiere y que no se pueden relacionar con un solo tipo de asunto. El uso de este concepto todavía es recurrente en la **psicología aplicada** (*v.*) para referirse a las tendencias innatas y a las adquiridas, oportunamente consideradas por la evaluación de los sujetos y por la previsión de su rendimiento en los tests aptitudinales.

En todos los demás sentidos el término "capacidad" aparece en la teoría de la información para indicar la cantidad de información considerada como índice máximo (capacidad de memorización) y la cantidad de información que puede recibirse en la unidad de tiempo. En la teoría de la **comunicación** (*v.*, § 1) se habla de la "capacidad del ca-

nal" a propósito del número de informaciones que puede transmitirse en una unidad de tiempo.

BIBLIOGRAFÍA: Langer, D. (1962); Piéron, H. (1954); Revesz, G. (1952); Vernon, P.E. (1950).

Capgras, síndrome de (al. *Capgras-Syndrom*; fr. *syndrome de Capgras*; ingl. *Capgras' syndrome*; it. *sindrome di Capgras*)

Identificación errónea y falso reconocimiento de cosas y de personas que se verifica en sujetos con fondo paranoide. Quien está afectado puede afirmar que personas extrañas son para él conocidas (reconocimiento de desconocido o ilusión del doble positivo), o que personas familiares han alterado su fisonomía al punto de no poder ser reconocidas (desconocimiento de conocido o ilusión del doble negativo). La alteración no se encuentra en el nivel de la percepción sino en el de la interpretación del significado, y como tal entra en el campo más amplio del delirio o de los trastornos de la memoria conocidos como experiencia del *déjà vu* y del *jamais vu* (*v.* **memoria**, § 8, *e*).

captación (al. *Erbschleicherei*; fr. *captativité*; ingl. *to gain*; it. *captatività*)

Actitud de quien busca atraer hacia sí formas de amor y de simpatía, por necesidad de seguridad o por incapacidad para oponerse al otro.

caquexia (al. *Siechtum*; fr. *cachexie*; ingl. *cachexia*; it. *cachessia*)

Acentuado deterioro del organismo debido a desnutrición, con progresiva destrucción de los tejidos del cuerpo hasta llegar a formas irreversibles. Debe diferenciarse de la *caquexia hipofisiaria* debida a la destrucción del lóbulo anterior de la glándula hipófisis (*v.* **endocrino, sistema**, § 1) que trae consigo, además de una disminución ponderable, alteraciones del metabolismo, impotencia, apatía y en ocasiones estado de confusión. La caquexia hipofisiaria es conocida también como *enfermedad de Simmonds*.

carácter (al. *Charakter*; fr. *caractère*; ingl. *character*; it. *carattere*)

Configuración relativamente permanente de un individuo a la que acompañan los aspectos habituales y típicos de su comportamiento que aparecen integrados entre sí, tanto en el sentido intrapsíquico como en el interpersonal. En la historia de la psicología el término "carácter", del griego χαρακτήρ, que literalmente significa "incisión", estuvo precedido por las palabras **temperamento** (*v.*) y **constitución** (*v.*), en las que subyacía la hipótesis de una dependencia fisiológica de la tendencia de los rasgos somato-constitucionales. El término carácter adquirió su autonomía cuando la tendencia se acopló con una instrumentación más "psicológica", gracias a los estudios fenomenológico-intuitivos, en los cuales la estructura de las categorías está mediada por las ciencias del espíritu, y a los estudios psicoanalíticos, en los que el carácter es el resultado de procesos psicodinámicos. Hoy al término *carácter* se prefiere **personalidad** (*v.*), definido siempre basándose en los criterios adoptados y, por lo tanto, describible de manera objetiva. El límite que separa el carácter de la personalidad depende de la convención científica y no consiste en un criterio objetivo, como se desprende también del hecho de que grandes áreas psicológicas y psicopatológicas usan de manera intercambiable los términos "carácter", "personalidad" y, en ocasiones, "tipo psicológico". Véase en la voz **personalidad** la ilustración de las teorías a partir de las cuales se discriminan los *rasgos peculiares* de un individuo, y en la voz **tipología** la descripción de los criterios adoptados para la clasificación de los *tipos puros*, obtenidos sobrevaluando los rasgos diferenciales. Aquí nos limitaremos a examinar la bibliografía en la que aparece la palabra "carácter" en el sentido arriba especificado.

1] LA ORIENTACIÓN FENOMENOLÓGICO-INTUITIVA. En este ámbito se trata de desvincular el estudio del carácter de la orientación somático-constitucional (*v.* **tipología**, § 1) adoptando los métodos de las ciencias del espíritu que, a partir de F. von Schiller y después con F. Nietzsche y W. Dilthey, nacieron con la intención de establecer una correlación entre la creación cultural y la modalidad psicológica con la que el individuo ve el mundo (*v.* **tipología**, § 3). A partir de la visión del mundo (*Weltanschauung*) se extraen raíces comunes, de contenido o formales, que después se asumen como rasgos de carácter que le permiten, por ejemplo, a E. Spranger, distinguir el carácter económico, estético, social, político y religioso, y a L. Klages diferenciar los caracteres dominados por los *instintos*, y por lo tanto por la atracción que las imágenes del mundo ejercen en el sujeto, de los que están dominados por los *intereses*, que suponen en cambio una conciencia y un yo desarrollado. A los estudios de Klages se acerca H. Remplein, según el cual el carácter está decidido por la elección predominante de los valores que se hallan en la base del comportamiento individual, valores que son decididos a su vez por sistemas de intereses en la acepción de Klages. Tendremos entonces el carácter *fuerte*, con un sentido de sí mismo estable y con notable perseverancia en la persuasión, y el carácter *débil*, con escaso sentido de sí y convicciones frágiles.

Para K. Jaspers el carácter es el aspecto "comprensible" del núcleo "incomprensible" en el cual se encierra la esencia de cada individuo (*v.* **psicología comprensiva**): "El carácter que podemos haber comprendido no es lo que verdaderamente constituye el hombre, sino una manifestación empírica siempre abierta a nuevas posibilidades. El hombre es su propia experiencia frente a la trascendencia, y estas dos cosas no son objeto del conocimiento indagador. La existencia no se puede asir como carácter, sino que aparece a través de los caracteres, que, en cuanto tales, no son definitivos" (1913-1959: 465). Por lo que se refiere a las diferentes actitudes del carácter, Jaspers distingue actitudes *objetivas*, *autorreflexivas* y *entusiastas*, cada una de las cuales prevé una subdivisión que se puede leer en la voz **actitud** (*v.*). Siempre en el ámbito fenomenológico, L. Binswanger utilizó una distinción en la declinación patológica del carácter con base en el bloqueo de la proyección orientada hacia el futuro del sujeto, por lo que se tendrá al *melancólico*, centrado por entero en el pasado, y al *maniaco*, incapaz de salir del presente asumido como tiempo absoluto (*v.* **análisis existencial**, § 3).

2] LA ORIENTACIÓN PSICOANALÍTICA CLÁSICA. A partir de tres niveles de referencia que se suceden cronológicamente en el desarrollo del pensamiento freudiano nacen las siguientes definiciones:

a] En 1908 S. Freud intenta una correlación entre los rasgos del carácter y ciertas zonas del cuerpo, a su vez correlacionadas con ciertos componentes sexuales. Esta posición la sostuvo y la defendió también K. Abraham, para quien los factores constitucionales y psicorreactivos favorecerían el surgimiento de puntos de fijación en las fases oral, anal y fálica, denominaciones éstas que forman parte de la dicotomía mayor del carácter **genital** (*v.*) o **pregenital** (*v.*), según si las pulsiones encontraron su centro en el aparato reproductivo o se quedaron relativamente autónomas en un estado "anárquico" y "perverso". El carácter **oral** *(v.*, § 4) se distingue por la fijación de la libido en la fase oral, donde la experiencia gratificante o frustrante en la relación con el seno materno resultará decisiva para la modalidad optimista o pesimista al afrontar el mundo con confianza o aprensión, con tolerancia o intolerancia ante las frustraciones. El carácter **anal** (*v.*, § 4), relacionado con el control de los esfínteres, determina rasgos que Freud define como "ordenados, parsimoniosos y obstinados". K. Abraham relaciona estas características con la fijación en el momento de retener las heces, porque una fijación en el momento expulsivo genera caracteres generosos y ambiciosos. El carácter *fálico* (*v.* **fálico, carácter**) presenta elementos narcisistas con una sexualidad orientada hacia la demostración de poder, y por lo tanto con rasgos de temeridad, seguridad de sí y gran determinación. El carácter **genital** (*v.*, § 4) lo describe Freud como un modelo hipotético al que se debería llegar después de haberse liberado de toda dependencia infantil y de haber conseguido el nivel capaz de producir la propia satisfacción con la satisfacción del otro, gracias a un equilibrio alcanzado entre autonomía y heteronomía.

b] En 1916 Freud hace una distinción entre síntomas neuróticos y rasgos del carácter; los primeros surgen de un fracaso de la represión, los segundos de su éxito y, por lo tanto, de los mecanismos de defensa. Los casos limítrofes de esta alternativa son el carácter *histérico*, que presenta debilidad emotiva, comportamiento impredecible, fuerte sugestionabilidad, tendencia a intercambiar la fantasía con la realidad, y el carácter *obsesivo*, en el cual los mecanismos de defensa, que desarrollaron óptimamente su trabajo, determinan un individuo controlado, cauteloso, poco espontáneo y con un rasgo constante de rigidez. En este contexto se introduce la noción de *neurosis del carácter*, en la que el conflicto psíquico no se traduce en síntomas que puedan aislarse nítidamente, sino en una organización patológica de toda la personalidad, en la que el carácter mismo termina por ser una formación defensiva orientada a proteger al individuo, no sólo de la amenaza pulsional, sino también de la aparición de los síntomas. Respecto al síntoma neurótico, la neurosis del carácter se distingue por la integración del mecanismo de defensa del yo. A la estructuración del carácter que se basa en los mecanismos de defensa contra los conflictos instintivos o del superyó se aproximan A. Freud y W. Reich con su concepción del carácter como "escudo defensivo".

c] En 1923 Freud precisa las relaciones entre yo y carácter basándose en los fenómenos de identificación con las figuras paternas y la interiorización de sus prohibiciones. En este ámbito se vuelven decisivos para la formación del carácter los procesos de **introyección** (*v.*), con la consiguiente formación de un yo ideal y de un superyó, y de **identificación** (*v.*), con el desarrollo de las diferentes funciones intrafamiliares y sociales. M. Klein analizó la formación del carácter sobre una base introyectiva con percepción, por parte del niño, de los elementos buenos y malos del objeto, mientras E. Fromm estudió el proceso de identificación con el desarrollo de las diferentes funciones sociales, con una tipología caracterial construida sobre los modelos del "tener", compensatorios de un fallido "ser" (*v.* **tener**).

3] LAS VARIANTES PSICODINÁMICAS. Las corrientes de pensamiento que se separaron de la postura freudiana del psicoanálisis y las que quedaron en su interior desarrollaron los siguientes modelos de interpretación del carácter.

a] *La psicología analítica*, con C.G. Jung, no habla de caracteres, sino de "tipos psicológicos" que se ponen de manifiesto en la combinación entre **actitud** (*v.*) y **función** (*v.*) según el esquema expuesto en la voz **tipología** (*v.*, § 2).

b] *La psicología individual*, con A. Adler, concibe el carácter como la resolución del conflicto entre voluntad de poder (*v.* **poder**, § 2), orientada a compensar complejos de inferioridad (*v.*), y sentimientos sociales (*v.* **sentimiento**, § 3), que responden a la necesidad de cooperación y coparticipación del individuo con sus limitaciones. Las diferencias de carácter se derivan del hecho de que la voluntad de poder, además de compensar la inferioridad y de defenderse de la agresividad de los demás, requiere valores que dependan de los contextos culturales en los que creció el individuo, y además está obligada, por las circunstancias de la vida, a retorcerse o a replegarse mediante artificios de defensa, abstención o engaño, que resultan decisivos en la configuración posterior del carácter.

c] *La teoría de W. Reich*, partiendo del supuesto de que la salud psíquica depende de la potencia orgásmica (*v.* **orgasmo**) inhibida por nuestra sociedad moralista y sexófoba, llega a afirmar que "el carácter consiste en una alteración crónica del yo que se podría definir como 'endurecimiento'. Ésta es la base a partir de la cual el modo de reaccionar típico de la personalidad se vuelve crónico. Su finalidad es proteger al yo de los peligros internos y externos. Como mecanismo de protección que se volvió crónico puede llamarse, con razón, 'armadura'. Armadura significa, sin duda, una limitación de la movilidad psíquica de toda la personalidad. Esta limitación es atenuada por relaciones que no son de carácter, es decir atípicas, con el mundo exterior, que parecen comunicaciones que quedaron libres en un sistema por lo demás cerrado" (1933: 187; *v.* **bioenergética**). A partir de esta definición Reich procede a una descripción de las diferentes tipologías del carácter construidas con base en la interacción de dos principios: uno *endógeno*, de fondo biológico, y uno *exógeno*, de fondo social. El primero está constituido por la energía sexual o libido que, vinculada a la actividad del sistema neurovegetativo, manifiesta la matriz vital del organismo viviente. Este principio, que Reich llama **orgón** (*v.*), es susceptible de medición y experimentación, mediante "medidores orgónicos" especiales que él usaba incluso con fines terapéuticos. El segundo principio depende "del orden social vigente que involucra la educación, la moral y la satisfacción de las necesidades que están determinadas en última instancia por la estructura económica vigente en la sociedad" (1933: 192). Los dos principios chocan entre sí, y la personalidad resulta del modo de resolver este conflicto que se manifiesta de tanto en tanto en las formas de carácter que Reich define como de tipo: *histérico*, de rasgo "nervioso, ágil, aprensivo e inconstante"; *coaccionado*, de rasgo "predominantemente inhibido, contenido y depresivo"; *fálico-narcisista*, que "se presenta seguro de sí mismo, en ocasiones arrogante, flexible, vigoroso, y a veces imponente", y *masoquista*, que "percibe como placer o como fuente de placer lo que el individuo normal percibe como displacer" (1933: 253, 254, 265).

d] *Los desarrollos de la bioenergética* llegaron, con A. Lowen, a la determinación de siete tipos de carácter diferenciados en: *oral*, "caracterizado por el deseo y por el placer de hablar como medio para obtener atención, interés y amor" (1958: 149); *masoquista*, caracterizado "por una agresividad orientada hacia adentro" (1958: 184); *histérico*, donde "un exceso de energía está siempre listo a arrollar al yo, como se comprueba en la llamada explosión histérica" (1958: 220); *fálico-narcisista*, "de sexualidad y agresividad exageradas para compensar una debilidad constitucional" (1958: 252-253); *pasivo-femenino*, que puede encontrarse en hombres y mujeres, "está caracterizado por la pobreza de expresiones emocionales y por la relativa inmovilidad física, porque por un lado falta la impulsividad de los caracteres pregenitales, y por el otro también la agresividad que caracteriza al hombre fálico" (1958: 278-279); *esquizofrénico*, donde "la escisión fundamental se produce entre los instintos agresivos y el eros, la fuerza espiritual. La psicosis se distingue de la neurosis porque en la psicosis la escisión instintiva es total, mientras en la neurosis es sólo parcial" (1958: 296 18); *esquizoide*, "mientras el esquizofrénico en su ruptura con la realidad pierde completamente su yo, el carácter esquizoide puede evitar el rompimiento y mantener su yo. Pero es un yo débil, vinculado al cuerpo por un lazo muy sutil" (*ibid.*: 316). A cada uno de estos tipos corresponde una estructura y una actitud del cuerpo que sirven como soporte y reserva energética para la defensa de la estructura del carácter de los estímulos externos e internos que lo amenazan.

e] *Las teorías de las relaciones*. Los desarrollos del psicoanálisis desplazaron el punto de partida de la construcción del carácter del *individuo* a la *relación* (*v.* **objeto**, § 4). En esta línea encontramos a M. Klein, quien parte de la relación madre-hijo para marcar la posición *esquizoparanoide* y la posición *depresiva* que, incluso si se manifiestan en los primeros meses de vida, pueden encontrarse en la edad adulta como núcleos de carácter (*v.* **kleiniana, teoría**, § 2), y a K. Horney, que pone el acento en los conflictos entre el individuo y el ambiente, entre la necesidad de una dependencia pasiva y la defensa ante una sociedad hostil. Su concepto fundamental es el de "ansiedad de base", producida por todo lo que trastorna la seguridad del niño en las relaciones con sus padres, a lo que aquél reacciona con actitudes diferentes, como la hostilidad, la sumisión o la evasión, que pueden volverse estables, adquiriendo el carácter de impulsos (*drives*) o de necesidades (*needs*) en la dinámica de la personalidad.

f] *Las teorías psicosociales*, además de la ya mencionada contribución de Reich, contemplan la hipótesis de O. Rank, cuyos "caracteres" dependen de la fijación a una de las tres fases de desarrollo, que son: la fase en la que el individuo quiere para sí mismo lo que los otros quieren (*carácter dependiente*), la fase del conflicto entre sus exigencias y las de los otros (*carácter neurótico*), y por último la fase en la que el individuo logra armonizar sus exigencias con las de los demás (*carácter integrado*).

E. Fromm considera el carácter como el resultado de un conflicto entre la búsqueda de seguridad y el deseo de libertad, dos exigencias que contrastan entre sí porque la seguridad limita la libertad, y la libertad es tanto más auténtica cuanto más prescinde de la seguridad. Partiendo de esta premisa Fromm clasifica cinco tipos de carácter: el *receptivo*, que depende de los otros, con sentido de inadecuación y orientación masoquista; el *parásito* o *explotador*, que adopta la ley del más fuerte, mostrando rasgos sádicos, hostiles y manipuladores; el *posesivo* o *acumulador* que basa la seguridad en la posesión de bienes materiales, estructurando una personalidad en la categoría del tener; el *mercantil*, que no le da importancia al valor individual sino a la función social y a su comerciabilidad; el *productivo*, que –a diferencia de los otros tipos, que corresponden a las fases históricas de la civilización occidental: feudalismo, capitalismo, burguesía calvinista-puritana, automatización de la sociedad moderna– no está caracterizado por ninguna fase del desarrollo histórico del hombre, porque representa la meta última y la instancia profunda de la naturaleza humana, dirigida al progreso y a la trascendencia de las posiciones históricas alcanzadas.

H.S. Sullivan le asigna a las relaciones interpersonales una importancia decisiva para la construcción del carácter; les corresponden tres procesos: los *dinamismos*, que son los esquemas de comportamiento en las relaciones (amor, odio, amistad, indiferencia, etc.); las *personificaciones*, que son imágenes, con frecuencia de origen infantil, que el individuo tiene de sí mismo y de los demás, imágenes que, cuando son compartidas, se hacen *estereotipos*, y los *procesos cognoscitivos*, diferenciados en prototáxicos, paratáxicos y sintácticos (*v.* **parataxia**).

4] LAS VARIANTES SOCIOLÓGICAS DE DERIVACIÓN PSICOANALÍTICA. Forma parte de este grupo la hipótesis de A. Kardiner según la cual en la base de la formación del carácter individual se puede observar el esquema general donde se reflejan los requerimientos fundamentales que la sociedad le impone al individuo. Tal esquema es transmitido por la educación. El carácter aparece, por lo tanto, como el nexo entre las generaciones, y su estructura se ve en estos parámetros como esencialmente dinámica y no genética. En este terreno se encuentran las investigaciones de T. W. Adorno sobre la personalidad autoritaria (*v.* **autoridad**), con su respectivo test de medición, y de H. Marcuse, a propósito de la tendencia a la uniformidad de carácter inducida por la organización de la civilización técnica.

5] LAS VARIANTES CLÍNICO-PSIQUIÁTRICAS DE DERIVACIÓN PSICOANALÍTICA. En este ámbito se evidenció, además del carácter *neurótico*, el *prepsicótico*, del cual hasta ahora se estudiaron tres variantes: el *esquizoide*, definido por el predominio del trastorno de la afectividad que se manifiesta en insuficiente contacto y sintonía con el ambiente, ambivalencia y mutismo, incluso en ausencia de trastornos del pensamiento y de la personalización; el *paranoico*, con brotes delirantes pero que, a diferencia de las ideas delirantes propias de la psicosis, nunca emergen sistemáticamente y no se extienden hasta avasallar y alterar el conjunto de la personalidad; el *psicópata* fácil del *acting out* (*v.* **actuación**) social por una escasa introyección de los controles psicosociales.

6] ESTUDIOS EXPERIMENTALES DEL CARÁCTER. Estos estudios, de época reciente, efectuados según el modelo de los estudios de la inteligencia, buscan identificar los "factores básicos de la personalidad", de cuya combinación resultaría la estructura de fondo del carácter. Este método, que inició W. Wundt y prosiguieron H. Ebbinghaus y A. Busemann, deduce el carácter de los llamados "cocientes de acción" (*v.* **acción**, § 3, *f*) que una serie de tests se encargan de medir, distinguiendo las bases hereditarias del carácter, que se pueden observar en los primeros años de vida, y los desarrollos relacionados con las vicisitudes de las transacciones sociales. Los resultados a los que se ha llegado muestran que las concordancias y las discordancias en los diferentes rasgos de carácter son idénticas en la época infantil y la época adulta por lo que se refiere a los datos endotímicos de la personalidad (afectividad, humor de fondo, impulso vital) que se revelan como más hereditarios que los rasgos corticales como la capacidad de pensamiento y la abstracción. Por último, en lo que toca a la influencia ambiental en la formación del carácter, estudios experimentales han demostrado que la función que desarrolla el ambiente en la modificación del carácter es tanto mayor cuanto más contrastantes son entre sí las cualidades del carácter, como se desprende de los tests proyectivos de H. **Rorschach** (*v.*).

BIBLIOGRAFÍA: Abraham, K. (1925); Adler, A. (1926); Adorno, T.W. *et al.* (1950); Binswanger, L. (1921-1941); Busemann, A. (1948); Freud, S. (1936); Freud, S. (1908); Freud, S. (1916); Freud, S. (1923); Fromm, E. (1955); Fromm, E. (1976); Horney, K. (1950); Jaensch, E.R. (1934); Jaspers, K. (1913-1959); Jaspers, K. (1919); Jung, C.G. (1921); Kardiner, A. (1939); Klages, L. (1926); Klein, M. (1935); Kretschmer, E. (1921); Lowen, A. (1958); Marcuse, H. (1964); Mead, M. (1935); Pfahler, G. (1929); Rank, O. (1936); Reich, W. (1933); Remplein, H. (1967); Sheldon, W.H., S.S. Stevens, W.B. Tucker (1940); Spranger, E. (1914); Sullivan, H.S. (1953).

caracterial (al. *Geistesgestörte*; fr. *caractérial*; ingl. *abnormal character*; it. *caratteriale*)

Término no científico utilizado por comodidad clasificatoria con el fin de designar a los sujetos que presentan anomalías del comportamiento que no pueden referirse a un cuadro nosológico definido. Generalmente se aplica, en el lenguaje pedagógico, a niños, muchachos o adolescentes desadaptados; no se utiliza con los adultos, a propósito de los cuales se prefiere hablar de personalidad psicópata (*v.* **psicopatía**).

caracteropatía (al. *Charakteropathie*; fr. *caractéropathie*; ingl. *characteropathy*; it. *caratteropatia*)

Término psiquiátrico utilizado para clasificar las anomalías de la personalidad que caracterizan a las personalidades psicópatas (*v.* **psicopatía**). Lo adoptó G. Robin para clasificar los trastornos psiquiátricos de la edad infantil. El término ha ido cayendo progresivamente en desuso con la desaparición de la concepción que la psicopatología infantil tenía modelos y estructuras causales diferentes a las del adulto.

BIBLIOGRAFÍA: Robin, G. (1950).

carcelaria, psicología
v. PSICOLOGÍA FORENSE.

cardiofobia (al. *Kardiophobie*; fr. *cardiophobie*; ingl. *cardiophobia*; it. *Cardiofobia*)

Miedo angustiante, excesivo, y con frecuencia insuficientemente motivado a las enfermedades del corazón.

cardiopatía (al. *Kardiopathie*; fr. *affection cardiaque*; ingl. *cardiopathy*; it. *cardiopatia*)

Término genérico utilizado para indicar las enfermedades del corazón; la medicina psicosomática ha puesto en evidencia las condiciones psicológicas que las predisponen, relacionadas con emociones de miedo, ansiedad, ira, que influyen en el sistema cardiocirculatorio, provocando cambios de frecuencia cardiaca, presión arterial, impulso sistólico. Estas manifestaciones aumentan a su vez el factor emotivo y el estado de ansiedad que las interpretaciones psicodinámicas remiten al problema de la separación del objeto primario de amor, que es la madre. Entre los factores desencadenantes están clasificados: 1] los *estrés sociales* como la incongruencia entre el estatus social de la infancia y el adquirido en la edad adulta, la movilidad social que implica cambios de costumbres, desarraigo del ambiente y pérdida de protección; 2] la *insatisfacción existencial* por la pérdida de prestigio, de personas queridas, del lugar de trabajo, o por la persistencia prolongada de problemas a los que no se encuentra la solución. Se ha delineado además la *personalidad cardiopática*, caracterizada por excesiva dedicación y responsabilidad en el trabajo, por incesante búsqueda de mejoramiento en el rendimiento, el estatus social y el prestigio profesional y por total incapacidad para disfrutar del tiempo libre y de la distracción. En el ámbito familiar la personalidad cardiopática ejerce un absoluto dominio sobre los miembros de la familia con la esperanza de ser amada por sus sacrificios laborales. El infarto parece sobrevenir en ocasiones de conflictos interpersonales que frustran la tendencia al dominio, acompañados por un comportamiento de resistencia orientado a negar la tensión interna, sin la posibilidad de descargar la agresividad o de aceptar la situación con resignación.

BIBLIOGRAFÍA: Alexander, F. (1950); Richter, H.E. (1969).

carencia
v. PRIVACIÓN.

carga psíquica
v. INVESTIMIENTO.

cariotipo
v. GENÉTICA.

carisma (al. *Charisma*; fr. *charisme*; ingl. *charism*; it. *carisma*)

Del griego χθρισμα, esta palabra ha encontrado su uso más amplio en el lenguaje teológico cristiano para indicar los dones concedidos por el Espíritu Santo, como la profecía, el poder de hacer milagros, el don de las lenguas, etc., para el bien de la comunidad. En la época moderna M. Weber reintrodujo la palabra a propósito de los "tipos carismáticos" que disponen de una especial capacidad mágico-sugestiva para ejercer la **autoridad** (*v.*) y obtener un inmediato y personal consenso de las masas (*v.* **poder**, § 2). Por lo que se refiere al significado de la autoridad carismática en el grupo véase **psicología social**, § 4, *a.*

BIBLIOGRAFÍA: Weber, M. (1904-1921).

carrera (al. *Karriere*; fr. *carrière*; ingl. *career*; it. *carriera*)

Secuencia de actividades relacionadas con la esfera del trabajo con miras a un avance compatible con las ambiciones, las actitudes y los valores de cada individuo. Los diferentes elementos están relacionados entre sí y la psicología se ocupa de éstos tanto en la vertiente objetiva como en la subjetiva, en el sentido de que puede haber carreras que en el plano de la realidad logran coincidir o no con la estructura psicológica del sujeto que las emprende. A la noción de carrera va vinculada la de **cambio** (*v.*), por lo que, como subraya J. van Maanen, "estudiar las carreras significa estudiar el cambio mismo" (1977: 3) que puede ser orgánico con el desarrollo de la personalidad o disorgánico, con la consecuencia, como escribe E.H. Schein, que "para muchas personas existe un período de crisis durante el cual debe evaluarse ulteriormente lo que se está haciendo para satisfacer las propias ambiciones y la importancia que está asumiendo el trabajo o la carrera en el espacio total de su vida" (1978: 47). La psicología del **trabajo** (*v.*) examina la carrera basándose en la "teoría de las fases", que prevé una fase de exploración y de prueba, una de elección más o menos conflictiva respecto a las propias aspiraciones, una de ponderación acerca de la carrera iniciada y una del fin de la carrera, con los concomitantes problemas de preparación para retirarse.

BIBLIOGRAFÍA: Maanen, J. van (1977); Schein, E.H. (1978); Williams, R. (1981).

caso, casual (al. *Zufall*, *Fall*; fr. *hasard*, *cas*; ingl. *random*, *case*; it. *caso*)

El término se puede referir al caso entendido como acontecimiento del que no se conocen las causas (*v.* **casualidad**), o al sujeto (caso clínico) portador de síntomas clasificables en cuadros nosológicos (*v.* **casuística**).

caso límite

v. MARGINAL, SÍNDROME, § 1.

castigo (al. *Bestrafung*; fr. *punition*; ingl. *punishment*; it. *punizione*)

Acontecimiento disuasivo aplicado con el fin de eliminar o modificar una conducta. Su significado cambia según los diferentes campos de aplicación.

1] PSICOLOGÍA EXPERIMENTAL. El castigo puede asumir la forma de una falta de refuerzo positivo (*v.* **recompensa**) o de un estímulo negativo, porque pone fin a modos de comportamiento adquiridos y facilita la adquisición de otros nuevos, como lo demuestran las investigaciones del aprendizaje (*v.*, § I) diferenciado realizadas con ratas. La dureza de un castigo se mide en términos de intensidad, duración y frecuencia; su eficiencia depende de la cercanía espaciotemporal entre comportamiento y castigo, además de la proporción entre la gravedad del comportamiento y la gravedad del castigo, porque de otra manera se obtiene el llamado "efecto paradojal", por el cual un castigo desproporcionado refuerza, en lugar de inhibir, un comportamiento que se intenta eliminar. Los resultados obtenidos en el ámbito de la psicología experimental encontraron aplicación en las terapias del comportamiento denominadas "aversivas" (*v.* **comportamiento**, § 5, *c*).

2] PSICOLOGÍA SOCIAL. El castigo es una respuesta de defensa de la sociedad ante comportamientos juzgados peligrosos y dañinos. En este ámbito es necesario distinguir entre la san-

ción *jurídica*, que castiga con base en la objetividad del hecho, y la sanción *social*, que tiene por objetivo el rescate moral del sujeto al cual se impuso el castigo. Especial importancia asume el castigo en el ámbito *pedagógico*, donde aquellos que sostienen la eficiencia recomiendan su excepcionalidad para evitar que sea contraproducente; que no sea mortificante para no reducir la autoestima del sujeto; que sea aplicado por quien tiene una buena relación afectiva con el educando; que sea inmediato, para que resulte evidente la relación culpa-castigo, y vaya seguido de actitudes y de aclaración y seguridad para evitar la ruptura definitiva con el adulto. Sobre la eficiencia educativa del castigo existen opiniones controvertidas, sobre todo en relación con la formación de una actitud moral autónoma y heterónoma, es decir basada en la relación de dependencia de premios y castigos, que no favorecen el sentido de responsabilidad personal y la autonomía de la conducta (*v.* **autonomía-heteronomia**).

3] PSICOANÁLISIS. En este ámbito se habla de *necesidad de castigo* (*v.* **autocastigo**) como exigencia interior para buscar situaciones dolorosas y humillantes y para complacerse en forma masoquista (*v.* **masoquismo**). Esta necesidad se manifiesta en los *sueños* como tributo pagado a la censura para la satisfacción de un deseo; en las *neurosis obsesivas* (*v.* **obsesión**, § 2), y en la *terapia* como deseo inconsciente de no liberarse del sufrimiento (*v.* **resistencia**). Al respecto S. Freud escribe que "no hay impresión más fuerte de las resistencias que la de una fuerza que se defiende por todos los medios contra la curación y a toda costa quiere aferrarse a la enfermedad y el padecimiento" (1937 [1976: 244]). Freud explica los comportamientos autopunitivos conjeturando un conflicto entre un superyó especialmente exigente y el yo: "Dijimos que la conducta –en la cura y en su vida– de las personas aquejadas despierta la impresión de que sufrieran una desmedida inhibición moral y estuvieran bajo el imperio de una conciencia moral particularmente susceptible, aunque no les sea consciente nada de esa hipermoral. Pero, si lo estudiamos de más cerca, notamos bien la diferencia que media entre esa continuación inconsciente de la moral y el masoquismo moral. En la primera, el acento recae sobre el sadismo acrecentado del superyó, al cual el yo se somete; en la segunda, en cambio, sobre el genuino masoquismo del yo, quien pide castigo, sea de parte del superyó, sea de los poderes parentales de afuera" (1924 [1976: 174]).

BIBLIOGRAFÍA: Azrin, N.H. y W.C. Holz (1966); Bandura, A. (1969); Boe, E.E. y R.M. Church (1969); Campbell, B.A. y R.M. Church (1969); Freud, S. (1924); Freud, S. (1937); Froidure, E. (1949); Vuri, V. (1974).

castración (al. *Kastration*; fr. *castration*; ingl. *castration*; it. *castrazione*)

Extirpación o daño irreversible de las glándulas sexuales, es decir de los testículos en el varón (*orquiotomía*) o de los ovarios en la mujer (*ovariotomía*). La castración determina la pérdida de la capacidad reproductiva y la interrupción del desarrollo de los caracteres sexuales secundarios, y cuando se realiza antes de la pubertad provoca *eunocoidismo* (*v.* **eunuco**), es decir el desarrollo de caracteres sexuales secundarios del sexo opuesto y una notable disminución del estímulo sexual. El concepto de castración asume relevancia no tanto en sentido anatómico cuanto en el nivel de la imaginación, donde da origen al *complejo de castración* que S. Freud describe como fantasía que surge en los niños de ambos sexos durante la fase fálica del desarrollo libidinal, cuando el niño se da cuenta de la diferencia anatómica entre los sexos y, partiendo de la convicción –que denominó Freud "teoría sexual infantil"– de que todos los seres están provistos de un pene, interpreta la ausencia del pene en la mujer como el resultado de una amputación.

El complejo de castración, que está íntimamente relacionado con el complejo de **Edipo** (*v.*), asume un significado distinto y provoca diferentes consecuencias en los dos sexos. Para el niño la castración, que representa un castigo por parte de los padres en relación con sus actividades sexuales y con su deseo edípico de poseer a la madre, se transforma en *angustia de castración* (*v.* **angustia**, § 2, f) que, alejando al niño del objeto materno, sigue el curso del complejo edípico, la inminente formación del superyó y la entrada al período de **latencia** (*v.*) sexual. Para la niña el complejo de castración induce a pensar en la ausencia del pene como una deshonra de la que es responsable la madre; esta fantasía genera un sentimiento de **envidia** (*v.*, § 1) en relación con este órgano, que la niña trata de compensar deseando el pene del padre y orientando por último su propia sexualidad hacia la receptividad. El miedo a la castración, que en ocasiones es alimentado con amenazas más o menos en broma por parte de los adultos, puede asumir diferentes formas, como cuando el objeto amenazado, después del **desplazamiento** (*v.*) se convierte en otra parte del cuerpo y la angustia de castración se transforma en el temor a perder la integridad física o psíquica; de manera semejante, el padre castrador puede ser sustituido por otros seres que lo representan simbólicamente y hacia los que se orientan a partir de entonces los propios miedos fóbicos.

Una resolución inadecuada del complejo de castración puede incidir en la formación del carácter y dar lugar, en el hombre, a rasgos de tipo fálico, o sea exageradamente agresivos y masculinos, o de tipo femenino, por lo tanto pasivos y dóciles, mientras en la mujer es frecuente un sentido de inferioridad determinado por una falta en la superación de la envidia del pene, con frecuencia compensado por una actitud masculina y competitiva respecto al hombre, además de una sexualidad seductora y agresiva, en ocasiones acompañada de frigidez. En las neurosis la temática de la castración puede cumplir una función muy importante que se evidencia durante el tratamiento analítico en los fenómenos de transferencia y de resistencia; por lo que se refiere a las expresiones sexuales, las más relacionadas con el complejo de castración son: a] la *homosexualidad masculina*, caracterizada por el desplazamiento de los intereses sexuales hacia personas del mismo sexo que no recuerdan la angustia de castración, por una hipervaloración compensatoria del falo y de la repulsión más o menos fóbica a los genitales femeninos; b] la *homosexualidad femenina*, caracterizada por el rechazo por parte de la mujer de su propia receptividad respecto al hombre; c] el *fetichismo*, donde el **fetiche** (*v.*) representa el pene simbólico y reconfortante.

El complejo de castración ha encontrado diferentes interpretaciones por parte de mujeres analistas para quienes, como dice H. Deutsch, las jóvenes pueden ser conscientes de su feminidad desde momentos muy tempranos, mientras que los muchachos pueden envidiar la capacidad reproductiva de su madre tanto como las jóvenes pueden envidiar el pene. Para otros psicoanalistas, entre ellos O. Rank y A. Stärke, el complejo de castración se puede comparar a las experiencias precedentes de pérdida de un objeto amado, como la separación del seno y la defecación, que representan experiencias originales sobre cuya base se estructura la sexualidad adulta. Por último, en la concepción psicoanalítica de J. Lacan la castración forma parte del problema de la falta, que abarca la *privación* como falta del objeto real, la *frustración* como falta del objeto imaginario y la *castración* como falta del objeto simbólico (*v.* **lacaniana, teoría**, § 9).

BIBLIOGRAFÍA: Deutsch, H. (1944-1945); Fenichel, O (1945); Freud, S. (1908); Freud, S (1908); Freud, S. (1923); Freud, S. (1924); Horney, K. (1924); Lacan, J. (1955-1956); Lacan, J. (1958); Loewenstein, R. (1935); Rank, O. (1907); Reich, W. (1933); Stärke, A. (1921).

casual, acto

v. ACTO, § 2, *a.*

casualidad (al. *Zufälligkeit*; fr. *hasard;* ingl. *casualness*; it. *casualità*)

Acontecimiento o serie de acontecimientos de los que no se conocen las causas o que contradicen cualquier concepción determinista (*v.* **determinismo**) de la realidad. La existencia *objetiva* del azar la sostuvo por primera vez Epicuro en el ámbito de la concepción atomista de la realidad, en la que los átomos tienden a desviarse espontánea o fortuitamente de su línea de caída vertical, desviación que Lucrecio llamó *clinamen*. En la edad moderna, con B. Espinoza y G.W. Leibniz se negó la objetividad del azar, atribuyéndolo a la insuficiencia de los conocimientos del sujeto, incapaz de abarcar las cosas en la totalidad de sus relaciones. En el siglo pasado C.S. Peirce, confrontando la noción de casualidad con la de necesidad, demostró que los dos conceptos, tomados en sí mismos, carecen de sentido, porque en un mundo donde se supusiese que todos los elementos se combinarían casualmente quedaría determinado, a fin de cuentas, un orden riguroso, muy superior al que nosotros conocemos. La polémica de Peirce se refería a la discusiones relativas al evolucionismo darwiniano, que en aquellos años sostenía el carácter absolutamente casual de las variaciones morfológicas de las especies vivientes. Sobre el tema regresó J. Monod, según el cual la variación inicial que da lugar a la evolución de los seres vivientes es un caso fortuito, pero después la mutación, una vez inscrita en el código genético, entra en el campo de la necesidad.

En el ámbito de los fenómenos psíquicos S. Freud estudió la casualidad y la volvió a situar en la ignorancia de las causas inconscientes. "Son dos las diferencias entre mi posición y la del supersticioso: en primer lugar él proyecta hacia afuera una motivación que yo busco adentro; en segundo lugar, él interpreta mediante un acaecer real el azar que yo reconduzco a un pensamiento. No obstante, lo oculto de él corresponde a lo inconsciente mío, y es común a ambos la compulsión a no considerar el azar, sino interpretarlo" (1901 [1976: 250]). Con este principio Freud interpreta cualquier acto casual (*v.* **acto**, § 2), como los actos fallidos, los lapsus y todas las acciones que parecen fortuitas e insignificantes. Para C.G. Jung "el azar es irracional, incluso si en un segundo momento es posible llegar a encontrar su causalidad racional" (1921: 469). Por lo tanto, la casualidad para Jung es histórica, en el sentido de que lo que parece casual puede ser inscrito posteriormente en una serie de razones causales, pero se da también en el caso de una casualidad que depende del hecho de que la razón no es capaz de abarcar el universo psíquico, para el que lo que queda excluido del orden de sus explicaciones puede parecer fruto del azar. Al concepto de casualidad se une en Jung el concepto de **sincronicidad** (*v.*) referido a acontecimientos correlacionados de manera "significativa" aunque no sea "causal", como la coincidencia de ciertos acontecimientos y la telepatía. Por lo que se refiere a *descubrimiento casual*, véase **creatividad**, § 2.

BIBLIOGRAFÍA: Freud, S. (1901); Jung, C.G. (1921); Jung, C.G. (1951); Monod, J. (1970); Peirce, C.S. (1923); Severino, E (1979).

casuística (al. *Kasuistik*; fr. *casuistique*; ingl. *casuistry*; it. *casistica*)

Análisis y clasificación de los casos, es decir, de los sujetos que presentan determinados síntomas clasificables en categorías abstractas que componen los cuadros nosológicos. El *caso tipo* es el que corresponde a la descripción teórica, mientras el *caso límite* es el que está en la frontera entre dos clases, por ejemplo entre la neurosis y la psicosis (*v.* **marginal, síndrome**). K. Jaspers se opuso a la casuística, achacándole la cosificación de los pacientes que, antes de ser "casos", son "biografías": "Tiene un significado fundamentalmente diferente que yo describa a un enfermo como un 'caso' de una condición general o bien en sí mismo, en su 'unicidad'. Si tengo en la mente un aspecto general, no necesito ninguna biografía total sino hechos importantes para este aspecto general, hechos que describo posiblemente con diversos casos. Si tengo en la mente al individuo único, trato de representar la totalidad de este *bios*; lo general me sirve como medio de aprehensión y de descripción, no como finalidad. El amor por el 'caso' no permite dejarlo sólo como un caso. La manera de intuir interiormente las formas vitales individuales acoge en sí a este individuo como histórico e insustituible. La casuística se refiere a un conocimiento general, la biografía a este individuo único" (1913-1959: 723). Jaspers sustituyó en las investigaciones psicopatológicas la casuística por el método **biográfico** (*v.*). También L. Binswanger se manifestó por el rechazo de la casuística; para él los alienados no *tienen* esquizofrenia, melancolía, manía, porque la enfermedad mental no pertenece al orden del "tener", sino al del "ser", y precisamente al modo de ser-en-el-mundo. Es necesario examinar, no la casuística, sino "la peculiaridad de estos mundos en su forma de constituirse; en otras palabras, los momentos estructurales constitutivos, y aclarar las recíprocas diferencias constitutivas" (1960: 21).

BIBLIOGRAFÍA: Binswanger, L. (1960); Jaspers, K. (1913-1959).

CAT (children's apperception test)

Test proyectivo que elaboró L. Bellak utilizando los mismos supuestos teóricos del TAT (*v.*) para su aplicación en el estudio de la personalidad de los niños. En los dibujos los animales toman el lugar de los seres humanos, básandose en el supuesto de que los niños tienen mayor empatía y facilidad para identificarse con los animales. Destinado a niños de 3 a 10 años, el test evidencia en términos psicodinámicos sus fantasías inconscientes (*v.* **test**, § 3, *b*).

BIBLIOGRAFÍA: Bellak, L. (1954); Bellak, L. y S.S. Bellak (1952).

catabalismo
v. METABOLISMO.

cataclonus (al. *Kataclonie*; fr. *cataclonie*; ingl. *cataclonia*; it. *cataclonia*)

Rápida sucesión de movimientos convulsivos, con contracciones y relajamiento muscular.

catafasia
v. ESQUIZOFASIA.

catalepsia (al. *Katalepsie*; fr. *catalépsie*; ingl. *catalepsy*; it. *catalessia*)

La catalepsia es un fenómeno psicomotor que consiste en el mantenimiento prolongado de posiciones o actitudes del cuerpo, en ocasiones incómodas y difíciles, por una alteración del tono muscular debida a una anomalía de inervación cuyas causas no se conocen. Presente con cierta regularidad en la esquizofrenia catatónica, aparece en ocasiones en la epilepsia y en algunas manifestaciones histéricas. Cualquier intención de modificar la posición del sujeto cataléptico lleva a fenómenos de resistencia (*v.* **negativismo**) o a asumir nuevas posiciones en un estado de *flexibilidad cerúlea*, que permite mover las extremidades a cualquier posición, donde quedan indefinidamente. La catalepsia puede ser inducida a través de la hipnosis o puede manifestarse simultáneamente en distintas personas como consecuencia de imitaciones o de identificaciones (catalepsia epidémica).

BIBLIOGRAFÍA: Kraepelin, E. (1892); Schultz, J.H. (1932); Wernicke, C.K. (1894).

catamnesis (al. *Katamnese*; fr. *catamnèse*; ingl. *catamnesis*; it. *catamnesi*)

En psicología clínica indica la historia de un caso posterior al tratamiento, y en especial a la serie de verificaciones y de controles que se realizan después de la rehabilitación del paciente, cuyo fin inmediato es definir lo más exactamente posible la situación del sujeto después de la terapia, y el fin último es la evaluación *a posteriori* del pronóstico inicial y de la eficacia del tratamiento.

cataplejía (al. *Kataplexie*; fr. *cataplexie*; ingl. *cataplexy*; it. *cataplessia*)

Atonía imprevista de intensidad variable y de breve duración (generalmente pocos segundos), acompañada de parálisis muscular parcial o generalizada, normalmente sin trastorno o pérdida de la conciencia. Después del ataque el tono muscular se restablece en forma espontánea con la misma velocidad. La causa se inscribe tanto en experiencias afectivas imprevistas –la risa, la felicidad, la alegría o la sorpresa– como en el estrés emotivo debido a angustia, rabia, disgusto o susto. Con frecuencia este estado forma parte del cuadro sintomático que presentan pacientes afectados de narcolepsia (*v.* **sueño**, § 3, *a*).

catarsis (al. *Katharsis*; fr. *catharsis*; ingl. *catharsis*; it. *catarsi*)

El término, del griego χάϑαϱσιζ, que significa "purificación", indica la liberación del individuo de una contaminación o "miasma" que daña o corrompe la naturaleza del hombre. Se conocen diferentes formas de catarsis, cada una de las cuales asigna a la palabra un significado especial. Identificaremos entonces: 1] la catarsis *médica*, de la que habla Hipócrates refiriéndose a la evacuación de humores patógenos y de excrementos, que puede ser natural, como el sangrado menstrual, o artificial cuando es inducida por eméticos o purgantes; 2] la catarsis *mágica* en los ritos sacrificiales con presencia de chivos expiatorios (*v.* **chivo expiatorio**) y en las ceremonias de purificación a que se someten los candidatos a las iniciaciones místicas; 3] la catarsis *ético-religiosa* presente en las creencias órficas y que describe Empédocles como forma de purificación que hace salir al hombre del ciclo de los nacimientos en las reencarnaciones para llevarlo a la morada de los dioses, liberado de los "humanos dolores". A la catarsis órfica se remonta Platón para crear; 4] la catarsis *filosófica*, como progresiva separación del alma y del cuerpo, porque "mientras tengamos nuestro cuerpo, y nuestra alma esté sumida en esta corrupción, jamás poseeremos el objeto de nuestros deseos; es decir, la verdad" (*Fedón*, 67 a); 5] La catarsis *estética*, que trató Aristóteles, conserva en cambio el significado médico de purificación mediante el arte trágico y el arte musical que, acercando al espectador a sus propias pasiones (catarsis *de los* sentimientos), le produce la purificación (catarsis *por los* sentimientos) mediante su expresión en la ficción escénica, más que en la realidad. De esta manera la catarsis estética se combina con la dimensión ética de la catarsis, y esta conjunción será confirmada por el neoplatonismo de Giamblico, para quien con la catarsis "las pasiones, purificadas, reposan", y de Proclo, para el cual "las purificaciones ya no consisten en excesos, sino en modestas y variadas activaciones". En la edad romántica regresa el significado estético de la purificación del arte con J.W. Goethe, J.C.F. Schiller y A. Schopenhauer, para quienes el arte es una vía de liberación de la voluntad irracional y de la "ciega pulsión" que la recorre.

La catarsis se vuelve *método terapéutico* con J. Breuer y S. Freud, que teorizan sobre ella en los años 1880-1885, partiendo del supuesto de que "los síntomas histéricos debían su génesis a que a un proceso anímico cargado con intenso afecto se le impidió de alguna manera nivelarse por el camino normal que lleva hasta la conciencia y a la motilidad (se le impidió *abreaccionar*), tras lo cual el afecto por así decir 'estrangulado' cayó en una vía falsa y encontró desagote dentro de la inervación corporal (*conversión*)" (1922: [1976: 232]). La catarsis consistía en inducir hipnosis en el paciente y provocar en él el recuerdo del acontecimiento traumático y del afecto asociado con él, de manera que pudiera ser abreaccionado (v. **abreacción**), es decir experimentado, encontrando una vía de desahogo. Pocos años después, cuando Freud renunció a la hipnosis por la dependencia que provocaba en el paciente, y porque se podía aplicar sólo a pocos individuos, mantuvo la catarsis, buscando obtenerla con el método de la presión, que consistía en inducir el recuerdo mediante la insistencia por parte del médico y la presión de su mano sobre la frente del paciente. Cuando en 1903 abandonó la sugestión, adoptando el método de las "asociaciones libres" (v. **asociación**, § 3), Freud renunció también a la catarsis, ya que se dio cuenta de que los síntomas no estaban determinados solamente por acontecimientos traumáticos, sino que representaban el resultado de un conflicto entre diferentes fuerzas psíquicas, por lo que la terapia no podía resolverse con unas cuantas sesiones, con el recuerdo de un episodio, sino que debía abocarse a la superación de las resistencias que mantenían reprimidos los conflictos y les impedían aflorar. Por lo tanto la catarsis dejó de ser la principal finalidad terapéutica puesto que no eliminaba las resistencias sino que las eludía, produciendo resultados sólo transitorios, mientras que "si lo reprimido es devuelto a la actividad anímica consciente, lo cual supone la superación de considerables resistencias, el conflicto psíquico así generado y que el enfermo quiso evitar, puede hallar, con la guía del médico, un desenlace mejor que el que procuró la represión" (1909: [1976: 24]).

La catarsis, suprimida como finalidad terapéutica, todavía aparece en el tratamiento analítico cada vez que un recuerdo o una experiencia transferencial aflora en la conciencia acompañado por una intensa descarga emotiva, mientras constituye todavía el centro de algunas formas de psicoterapia, como el **psicodrama** (v.) de J. L. Moreno cuando, al actuar una situación pasada, presente o futura, los conflictos y los acontecimientos problemáticos son revividos intensamente y no sólo recordados. Este tipo de catarsis, presente en todas las psicoterapias activas de grupo, es llamada también "catarsis de actividad".

BIBLIOGRAFÍA: Aristóteles (1973); Freud, S. (1892-1895); Freud, S. (1909); Freud, S. (1922); Giamblico (1984); Moreno, J.L. (1959); Platón (1973); Proclo (1985); Schopenhauer, A. (1819); Schützenberger, A.A. (1966).

catatimia (al. *Katathymie*; fr. *catathymie*; ingl. *catathymia*; it. *catatimia*)

Modificación de un contenido psíquico bajo la influencia de un **afecto** (v.). El término se utiliza en las alteraciones patológicas de la conciencia pero también para los fenómenos –frecuentes en el pensamiento mágico y prelógico de los primitivos y de los niños– en los que sucesos sin relación entre sí, como puede ser un trueno y la simultánea muerte de un hombre, serán vinculados por un afecto, por ejemplo el miedo que acompaña a los dos hechos. La identificación del afecto (en griego θυμός) traduce la casualidad de dos eventos simultáneos en una relación de causalidad. Muchas creencias populares y muchos temores infantiles tienen un fundamento catatímico.

E. Bleuler distingue la *catatimia*, cuando el curso del pensamiento es influido por una sola representación rica en carga afectiva, de la *olotimia* o *sintimia*, cuando por el tono de un estado afectivo (por ejemplo la melancolía) se deriva toda la ideación sucesiva: "El tono afectivo que configura un delirio sistematizado puede ser general (distimia depresiva o maniaca), o manifestarse solamente en cuanto a determinadas ideas, en relación con un complejo (por ejemplo los remordimientos de conciencia debidos a la masturbación). En el primer caso se manifiestan las formas delirantes *sintímicas*, en el segundo las formas delirantes *catatímicas* [...]. Si el onanista esquizofrénico es un melancólico, debido a su vicio infecta a la humanidad; si es un maniaco con su vicio la redime; que se haya constituido una idea delirante y se refiera al onanismo es un fenómeno de tonalidad catatímica, y si representa una epidemia o una redención es un fenómeno de tonalidad sintímica" (1911-1960: 64-65).

De la catatimia se debe diferenciar la *epitimia*, que es una restricción del campo de la conciencia alrededor de una situación deseada o temida, con los consiguientes fenómenos sugestivos, por lo que el sujeto se comporta frente a la representación de la situación igual que frente a la situación. El fenómeno es frecuente en las manifestaciones histéricas. Finalmente, en ocasiones se encuentra en la bibliografía psiquiátrica la expresión *crisis catatímica* a propósito de los actos de violencia, por lo general aislados, que se desencadenan de repente por una tensión retenida y ya no soportable.

BIBLIOGRAFÍA: Bleuler, E. (1911-1960); Lévy-Bruhl, L. (1922).

catatonia (al. *Katatonie*; fr. *catatonie*; ingl. *catatonia*; it. *catatonia*)

Trastorno grave de la actividad, de la voluntad y de la psicomotricidad que, en el plano clínico, se manifiesta con síntomas aquinéticos, pero también hiperquinéticos o paraquinéticos (*v.* **quinesia**). Fue descrita por primera vez en 1874 por K.L. Kahlbaum, que la consideró una entidad nosológica separada; E. Kraepelin la clasificó como un subtipo de la **esquizofrenia** (*v.*, § III, 4). En sus manifestaciones de tipo aquinético la catatonia va de una inhibición psicomotriz genérica al **estupor** (*v.*) catatónico y el paro psicomotor. Se instaura entonces una inmovilidad completa que puede durar desde minutos hasta semanas, con ausencia de reacción ante los estímulos, mutismo y rechazo de la comida, incontinencia o retención de esfínteres. En estas condiciones parece que perdura en el paciente un estado de conciencia intensamente angustiante, acompañado por la aceptación obediente de actitudes impuestas aunque incómodas, **negativismo** (*v.*), marcada sugestionabilidad, obediencia automática y adopción de formas imitativas, como ecolalia, ecografia, ecomimia, ecopraxia (*v.* **ecofenómeno**). Entre las manifestaciones paraquinéticas de la catatonia están los estereotipos y las repeticiones automáticas y sin objetivo; en las manifestaciones hiperquinéticas se presentan estados imprevistos de excitación psicomotriz, que llegan hasta el comportamiento violento y el furor. Desde el punto de vista psicoanalítico la catatonia se interpretó como un mecanismo profundamente regresivo, que llega hasta la eliminación de la acción como defensa ante la angustia. En la interpretación psicogenética se subraya el elemento reactivo del ambiente y la internación, confirmado por la reducción de las manifestaciones catatónicas con la menor frecuencia de las internaciones y el cambio de vida dentro de la institución.

BIBLIOGRAFÍA: Kahlbaum, K.L. (1874); Kraepelin, E. (1883).

catecolamina
v. NEUROTRANSMISORES; ENDOCRINO, SISTEMA.

catexis
v. INVESTIMIENTO.

catexis (al. *Besetzung*; fr. *cathèxe*; ingl. *cathexis*; it. *catexi*)
Neologismo que introdujeron los traductores ingleses de S. Freud para explicar el alemán *Besetzung* que tiene, entre otros significados, el de "ocupar" o "llenar" un lugar. A su vez esta palabra, en las traducciones italianas, ha sustituido la expresión más antigua de "carga psíquica". [En español muchos traductores utilizan el neologismo inglés "catexis" y otros usan el neologismo **investimiento** (*v.*) por la traducción en francés al término *investissement*.] El término catexis también lo utiliza H. A. Murray en su teoría de la **personalidad** (*v.*, § 13) para indicar la carga positiva o negativa con la que los objetos atraen o rechazan al individuo. La correspondencia subjetiva de la catexis es, para Murray, el sentimiento.

BIBLIOGRAFÍA: Murray, H.A. (1938).

Cattell-test 16 PF

Test objetivo que utiliza el **análisis factorial** (*v.*) en el cual, considerando un número significativo de supuestas manifestaciones de capacidad mental y calculando para cada una el coeficiente de correlación con todas las demás, se procede a la construcción de conjuntos que codifican un rasgo o función mental con referencia a las respectivas correlaciones. Lo elaboró R.B. Catell a partir de 16 factores de **personalidad** (*v.*, § 2). El test proporciona informaciones sobre "rasgos de profundidad" de la personalidad, entre los cuales se encuentran el dominio, la estabilidad emocional, el radicalismo, el autocontrol voluntario, etc., y ofrece, respecto al **MMPI** (*v.*), la ventaja de estar menos vinculado a la nomenclatura patológica.

BIBLIOGRAFÍA: Cattell, R.B. (1946); Cattell, R.B. (1952); Cattell, R.B. y L.G. Tiner (1949).

causalidad (al. *Kausalität*; fr. *causalité*; ingl. *causality*; it. *causalità*)

Conexión que establece una relación entre dos entidades por la cual la segunda es unívocamente previsible a partir de la primera, porque ésta contiene la razón del acontecer de aquélla (hipótesis racionalista), o porque la relación de sucesión entre la primera y la segunda es uniforme y constante (hipótesis empirista). La epistemología contemporánea, que abandonó el concepto de que las leyes científicas son traducciones realistas de los fenómenos naturales y lo sustituyó por el de los esquemas funcionales con los que convencionalmente se sintetizan las mediciones cuantitativas y las previsiones experimentales, remplazó el concepto de causalidad con el de "ley descriptiva", que ya no tiene la pretensión de "explicar" los fenómenos, sino sólo la de "comprenderlos" y "describirlos" mediante la formulación objetiva de secuencias uniformes que exigen una continua verificación por parte de la experiencia.

En psicología la superación de la causalidad se dio por obra de K. Jaspers, L. Binswanger y C.G. Jung, para quienes es imposible tratar a la psique en la misma dimensión que a los fenómenos naturales por la simple razón de que, a diferencia de éstos, la psique expresa una intencionalidad y realiza un sentido que es imposible reducir a las leyes mecanicistas de la causa y del efecto, no idóneas para captarlo. A una postura causal se atuvo S. Freud, para quien "de lo que llamamos nuestra psique (vida anímica), nos son consabidos dos términos: en primer lugar, el órgano corporal y escenario de ella, el encéfalo (sistema nervioso) y, por otra parte, nuestros actos de conciencia" (1938 [1976: 143]). De estos dos últimos datos Freud obtiene las dos hipótesis que forman la base de toda la teoría psicoanalítica; la primera consiste en *asumir* que "la vida anímica es la función de un aparato al que atribuimos ser extenso en el espacio y estar compuesto por varias piezas" (1938 [1976: 143]); la segunda consiste en *inferir* de las comprobadas lagunas en la serie de los actos conscientes que "lo psíquico es en sí incons-

ciente" (1938 [1976: 156]). Pero aquí tanto el juicio de que existen lagunas en la serie de los actos conscientes cuanto la inferencia de que "lo psíquico es en sí inconsciente" se apoyan sobre la aceptación indiscutible de la conjetura científica según la cual la realidad existe siempre sólo en la forma de una causalidad rigurosa y sin lagunas, por lo que si no es posible comprobar esta causalidad en el nivel de la conciencia será necesario afirmarla en el nivel inconsciente. La adopción del principio de causalidad lleva a Freud a construir una psicología según el modelo de las ciencias naturales: "Nuestro supuesto de un aparato psíquico extendido en el espacio, compuesto con arreglo a fines, desarrollado en virtud de las necesidades de la vida, aparato que sólo en un lugar preciso y bajo ciertas condiciones da origen al fenómeno de la conciencia, nos ha habilitado para erigir la psicología sobre parecidas bases que cualquier otra ciencia natural, por ejemplo la física" (1938 [1976: 198]).

A esta hipótesis se opone C.G. Jung, para quien, "si queremos trabajar verdaderamente como psicólogos, debemos conocer el 'sentido' de los fenómenos psíquicos" (1916-1917: 318). El sentido, en opinión de Jung, surge si la interrogación causal se sustituye por la orientada a un fin, por lo que por ejemplo "la fantasía ha de entenderse tanto causal como finalmente. Para la explicación causal constituye el *síntoma* de un estado fisiológico o personal, resultado de un acaecer anterior. Para la explicación finalista, en cambio, es la fantasía de *símbolo* que recurriendo a los materiales de que dispone, pretende caracterizar y aprehender un fin determinado, o mejor aún: una futura línea psicológica evolutiva determinara" (1921: [1976: 510]). "Naturalmente –continúa Jung– yo considero necesarias ambas maneras de ver, la causal y la finalista, pero quisiera hacer notar que, a partir de Kant, sabemos que los dos puntos de vista no se contradicen si se los considera como principios reguladores del pensamiento, y no como principios constitutivos del proceso mismo de la naturaleza" (1916-1917: 319; *v.* **psicología analítica**, § 2).

En psiquiatría la superación de la causalidad fue obra de K. Jaspers, con su distinción entre explicación (*erklären*) y comprensión (*verstehen*): "Para evitar ambigüedades y malentendidos utilizaremos siempre la expresión 'comprender' como la visión intuitiva de cualquier cosa desde adentro, y llamaremos 'explicar' al conocimiento de los nexos causales que siempre se ven desde afuera" (1913-1959: 30). En opinión de Jaspers la explicación es una *reducción* de lo que aparece en las hipótesis que se plantearon para explicar lo que se manifiesta, por lo que aquello que se observa no se considera en sí mismo, sino que se observa limitándolo a la posibilidad de remontarlo a aquello que ya se conoce, por lo que, dice Jaspers, "es posible *explicar* algo sin *comprenderlo*" (1913-1959Ñ 30; *v.* **psicología comprensiva**). El problema de la causalidad condiciona y diversifica los métodos utilizados en las ciencias psicológicas hasta dar con la posibilidad misma de la psicología de ubicarse como ciencia. Si en efecto la psicología reconoce en la subjetividad su área de investigación, "la subjetividad –escribe E. Husserl– no puede ser conocida desde ninguna ciencia objetiva" (1936: 353). De esta objeción de Husserl y de las reflexiones que le siguieron emanó la orientación fenomenológica de la psiquiatría (*v.* **análisis existencial**), donde los cuadros clínicos se construyen prescindiendo del principio de causalidad que en las ciencias objetivas es un principio cardinal.

BIBLIOGRAFÍA: Binswanger, L. (1921-1941); Freud, S. (1938); Husserl, E. (1936); Husserl, E. (1972); Jung, C.G. (1916-1917); Jung, C.G. (1921); Piaget, J. y R. Garcia (1971).

CDQ (**choice dilemmas questionnaire**)
v. RIESGO.

cefalea (al. *Kopfschmerz*; fr. *céphalée*; ingl. *cephalea*; it. *cefalea*)

Dolor de cabeza que puede interesar ambos lados del cráneo (*cefalea*) o uno solo (*hemicránea*).

1] La *cefalea* puede depender de un trastorno local, como un tumor, un hematoma, una artrosis cervical, o de una enfermedad sistémica como la hipertensión, las disfunciones gastrointestinales, tifoidea, estreñimiento, o de factores de orden psicológico, en cuyo caso se habla de cefaleas funcionales o psicosomáticas, cuyos orígenes deben buscarse en un con-

flicto interior entre pulsiones instintivas, generalmente de naturaleza agresiva, y exigencias de represión que impiden la **abreacción** (*v.*), o en una ansiedad reactiva ante una situación ambiental problemática para el sujeto.

2] La *hemicránea* se debe, en cambio, a espasmos de los vasos encefálicos, con la consiguiente vasodilatación. No obstante que está clasificada entre las formas de patogénesis vascular, hay quien considera que en la base del ataque doloroso existe un mal funcionamiento de los mecanismos neuronales, respecto a los cuales el trastorno vascular sería sólo una consecuencia. J.W. Lance intentó una conciliación entre la teoría periférica (vascular) y la central (nociceptiva), conjeturando un trastorno en la regulación basal por parte de algunos núcleos troncoencefálicos. También para la hemicránea es válida la incidencia del trastorno psicógeno que con frecuencia se asocia o sobrepone al orgánico.

BIBLIOGRAFÍA: Alexander, F. (1950); Lance J.W. *et. al.* (1983); Marty, P. (1951); Mayer, R. (1964).

ceguera (al. *Blindheit*; fr. *cécité*; ingl. *blindness*; it. *cecità*)

Ausencia de la vista (llamada también *amaurosis*) que puede ser temporal o definitiva, desde el nacimiento o posterior, de origen físico, psíquico o perceptivo.

1] CEGUERA FÍSICA. En psicología este tipo de ceguera es objeto de un sector de la psicología aplicada: la *psicología de los ciegos*, que estudia los aspectos, los rasgos y el desarrollo de la personalidad de los sujetos ciegos –que, respecto a los que ven, presentan diferentes capacidades motrices, sensoriales y cognoscitivas–, para favorecer un desarrollo lo más integral posible mediante procesos educativos y de rehabilitación. El interés sistemático por este problema se remonta a mediados del siglo XVIII, con los estudios de D. Diderot sobre la imaginación de los ciegos presentados en *Lettre sur les aveugles*, de 1749. En el siglo XIX se buscaron métodos idóneos para la enseñanza de la escritura con la adopción del método Moon, después abandonado, y del método Braille, que sustituye el alfabeto común por puntos en·relieve.

Investigaciones sobre la motilidad demostraron que está sumamente limitada en los sujetos ciegos, mientras los canales sensoriales, sobre todo el táctil y el auditivo, son más sensibles, no por una compensación fisiológica, como se cree, sino por el ejercicio más intenso y por una mayor posibilidad de concentración y de atención. Los límites debidos a la deprivación sensorial y a la inhibición motriz, la falta de contacto visual, con el consiguiente intercambio emotivo más difícil en los niños ciegos de nacimiento con su madre, la imposibilidad de aprender la gestualidad que acompaña la verbalización de los demás, inciden en el desarrollo del niño ciego, que alcanza las etapas fundamentales del mismo con relativo retraso respecto a los demás, sobre todo en las áreas que tienen que ver con la habilidad locomotriz o con tareas que requieren una buena adquisición de las coordenadas espaciales.

Además resulta fundamental la diferenciación entre ciegos de nacimiento, que desarrollan una personalidad particular que, sobre todo al principio, no contempla una experiencia de pérdida de una parte de sí, y quienes perdieron la vista más tarde y se enfrentan con sentimientos de inferioridad y con una depresión reactiva debida no sólo a la privación sobrevenida, sino al valor simbólico de la ceguera como pérdida del control sobre el mundo externo y sobre los demás. Estos sentimientos varían con la edad en la que hace su aparición la ceguera y con el grado de potencialidad visual que todavía se puede utilizar. En efecto, se calcula que sólo el 10% de los ciegos legalmente reconocidos son ciegos por entero. En los ciegos de nacimiento la intervención es sobre todo *educativa* respecto a la motilidad, la expresividad, la adquisición de una capacidad de relación, mientras que para los individuos que pierden la vista la intervención es sobre todo *psicológica*, puesto que esas habilidades están adquiridas, pero es necesario compensar el estado depresivo y reactivo que esta privación sensorial entraña.

2] CEGUERA PSICÓGENA. Se manifiesta como una pérdida temporal de la vista en ausencia de toda referencia orgánica. S. Freud la considera uno de los principales síntomas de la histeria de conversión y la explica observando que "si la pulsión sexual parcial que se sirve del 'ver' –el placer sexual de ver– se ha atraído, a causa de sus hipertróficas exigencias, la contradefensa de las pulsiones yoicas, de suerte que las representaciones en que se expresa su querer-alcanzar cayeron bajo la represión y son apartadas del devenir-consciente, queda perturbado el vínculo del ojo y del ver con el yo y con la conciencia en general. El yo ha perdido su imperio sobre el órgano, que ahora se pone por entero a disposición de la pulsión sexual reprimida. Uno tiene la impresión de que la represión emprendida por el yo ha llegado muy lejos, como si hubiera arrojado al niño junto con el agua de la bañera, pues ahora el yo no quiere ver absolutamente nada más, luego de que los intereses sexuales en el ver han esforzado hasta tan adelante. Empero, sin duda es más acertada la otra exposición, que sitúa la actividad en el lado del placer de ver reprimido. Constituye la venganza, el resarcimiento de la pulsión reprimida, el hecho de que ella, coartada de un ulterior despliegue psíquico, pueda acrecentar su imperio sobre el órgano que la sirve. La pérdida del imperio consciente sobre el órgano es la perniciosa formación sustitutiva de la represión fracasada, que sólo se posibilitó a ese precio" (1910: [1976: 214]). La ceguera psicógena no debe confundirse con la **hemianopsia** (*v.*), que depende de una lesión en el quiasma óptico.

3] CEGUERA PERCEPTIVA. Atañe a la forma, al tamaño, a la distancia y a los colores de los objetos. P. Schilder estudió la percepción errónea del tamaño a la que le falta la tridimensionalidad en los sujetos para quienes la distancia del objeto, su lejanía o cercanía, es el único espacio que parece real, por efecto de una experiencia psíquica de inalcanzabilidad de las cosas, por lo que sólo la distancia se aprecia sustancialmente. Además de la *ceguera cortical* debida a una lesión occipital (*v.* **agnosia**, § 6) y a la *ambliopía*, que es una debilidad visual funcional del ojo sin trastorno orgánico, existe una anomalía perceptiva especial determinada por la incapacidad de reconocer los colores que puede ser total o parcial, según la modalidad selectiva tal como está expuesto en la voz **color** (*v.*, § 3).

BIBLIOGRAFÍA: Freud, S. (1910); Maggiore, L. (1954); Merleau-Ponty, M. (1945); Monbeck, M.E. (1973); Monti Civelli, E. (1980); Nolan, C.Y.

y C.J. Kederis (1969); Romagnoli, A. (1973); Schilder, P. (1942); Walk, R. y J.H. Pick (coords.) (1981); Warren, D.H. (1977).

celo (al. *Brunst*; fr. *chaleur*; ingl. *heat*; it. *fregola*)

Ritmo biológico del apetito sexual que en los animales superiores generalmente tiene una periodicidad estacional. En el hombre y en el simio no hay un ritmo definible, aunque en la mujer se observa una cierta oscilación del apetito sexual vinculada al ciclo menstrual.

celos (al. *Eifersucht*; fr. *jalousie*; ingl. *jealousy*; it. *gelosia*)

Estado emotivo determinado por el temor, fundado o infundado, de perder a la persona amada en el momento en el que ésta revela afecto hacia otra persona. S. Freud distingue tres formas de celos, todas connotadas por la **ambivalencia** (*v.*), por la presencia simultánea de amor y agresividad, ambos orientados hacia la misma persona.

1] *Los celos competitivos* o *normales* están en su opinión, "...en lo esencial están compuestos por el duelo, el dolor por el objeto de amor que se cree perdido, y por la afrenta narcisista, en la medida en la que esta puede distinguirse de las otras; además, por sentimientos de hostilidad hacia los rivales que han sido preferidos, y por un monto mayor o menor de autocrítica, que quiere hacer responsable al yo propio por la pérdida del amor. Estos celos, por más que los llamemos normales, en modo alguno son del todo acordes a la *ratio*, vale decir, nacidos de relaciones actuales, proporcionados a las circunstancias afectivas y dominados sin residuo por el yo conciente; en efecto, arraigan en lo profundo del inconciente, retoman las más tempranas mociones de la afectividad infantil y brotan del complejo de Edipo o del complejo de los hermanos del primer período sexual." (1921 [1976: 217]). Para O. Fenichel los celos normales son una manifestación de la incapacidad de amar de forma auténtica, típica de los individuos cuyas relaciones están orientadas hacia la satisfacción de las propias necesidades narcisistas, por lo que el miedo a perder el amor del otro asume el significado de una disminución de la autoestima. Otros, por último, consideran que los celos son la expresión de una forma de amor infantil, basado en la dependencia, que se puede superar con la adquisición de una plena autonomía por parte del individuo.

2] *Los celos proyectivos* son característicos de los sujetos que, habiendo reprimido sus propias experiencias reales o los propios deseos de infidelidad porque están en desacuerdo con su conciencia moral, proyectan estas tendencias hacia el compañero cuya infidelidad temen, en forma obsesiva, para poder aliviar sus propios sentimientos de culpa hacia esos mismos impulsos.

3] *Los celos delirantes*, o delirio de celos, constituyen un verdadero trastorno psicopatológico caracterizado por la convicción, por lo general carente de fundamento real, de la infidelidad del compañero, y las consiguientes reacciones de comportamiento respecto a este último y sus presuntos amantes. Una manifestación característica de tal forma de celos es la afanosa búsqueda de indicios que comprueben la sospechada infidelidad, mediante preguntas asediantes, interpretaciones delirantes, alusiones o falsos recuerdos. Según Freud el delirio de celos está determinado, como los celos proyectivos, por tendencias reprimidas a la infidelidad, pero teniendo como objeto a un individuo del mismo sexo. "En su calidad de intento de defensa frente a una moción homosexual en extremo poderosa, podrían acotarse (en el caso del hombre) con esta fórmula: '*yo no soy quien lo ama; ella lo ama*'" (1921 [1976: 219]). El delirio de celos puede transformarse en una forma de delirio crónico sistematizado con carácter paranoico, o puede observarse asociado con otros trastornos psíquicos, en especial el **alcoholismo** (*v.*, § 6, *d*). En el paranoico el delirio de celos, que muestra siempre un carácter persecutorio, asume la forma de una construcción lógica y coherente cuyas conjeturas, aunque sean absurdas e injustificadas, las vive el sujeto con extrema convicción. También en el alcohólico crónico el delirio está bastante sistematizado, pero traiciona más fácilmente su falsedad en la elección de los rivales, que resultan por demás improbables. Esta forma de delirio encuentra explicación en los sentimientos de culpa, en la pérdida de autoestima y en la impotencia sexual que con frecuencia acompañan la condición de los alcohólicos.

BIBLIOGRAFÍA: Clanton, G. y L.G. Smith (1969); Fenichel, O. (1945); Freud, S. (1921); Sheperd, M. (1961); Sommers, P. van (1989).

cenestesia (al. *Gemeingefühl*; fr. *cénesthésie*; ingl. *cenaesthesia*; it. *cenestesia*)

Indica la percepción general e inmediata del propio cuerpo, determinada por el conjunto de las sensaciones, no siempre conscientes, hecha posible por la presencia de los propioceptores (*v.* **receptor**) en los aparatos internos del organismo. El conocimiento del sí somático por parte del sujeto se da por sensaciones de *bienestar*, generalmente asociado con el vigor o la relajación, y de *malestar*, identificado con frecuencia con la tensión y el cansancio. En uno y en otro caso la cenestesia es el resultado de una compleja interacción entre condición física y condición emotivo-afectiva, por lo que tanto los trastornos psíquicos como las enfemedades orgánicas pueden determinar una sensación de cenestesia negativa. A este propósito es oportuno distinguir:

1] La *cenestopatía*, que consiste en una experiencia de malestar continuo, no asociable con una parte específica del cuerpo, sino general y difuso, sin base orgánica.

2] Las *alucinaciones cenestésicas*, que se caracterizan por la sensación de una modificación del esquema corporal, por lo que se tiene la impresión de que el cuerpo se ensancha, se encoge o se fragmenta (*v.* **somatoagnosia**, § 1, *h*), o bien percibe sensaciones térmicas o táctiles en ausencia de un estímulo correspondiente (*v.* **alucinación**, § 1, *e*), o incluso de que sufre metamorfosis, por lo que algunas de sus partes se perciben como si se hubieran transformado en animales, objetos u otra cosa. Dichas alucinaciones deben diferenciarse de la cenestopatía debida a la falta absoluta de crítica por parte del sujeto, y por el carácter preciso de la percepción alucinatoria, por absurda que sea. Las alucinaciones cenestésicas son frecuentes en los síndromes psicóticos y en especial en la esquizofrenia, en la depresión grave y en los estados consecuentes a la ingestión de sustancias alucinógenas.

BIBLIOGRAFÍA: Galimberti, U. (1983); Schilder, P. (1935-1950).

cenestopatía
v. CENESTESIA, § 1.

censura (al. *Zensur*; fr. *censure*; ingl. *censorship*; it. *censura*)

Función del aparato psíquico que impide a los contenidos inconscientes inaceptables y a sus derivados el acceso a la conciencia. El concepto de censura experimentó diferentes modificaciones en el curso de la evolución de la teoría freudiana. Aparece por primera vez en los *Estudios sobre la histeria* (1895), en los que S. Freud habla de la censura como de una "fuerza que contrariaba el devenir-consciente (recordar) de las representaciones patógenas" (1893-1895 [1976: 275]). Algunos años más tarde Freud identificó un proceso defensivo análogo, que denominó *censura onírica*, en la base de los diversos mecanismos de deformación y encubrimiento del sueño por lo que, durante el sueño, la función de censura, que está siempre activa durante el estado de alerta, como fundamento de la represión, disminuye parcialmente, porque en ese estado los deseos reprimidos que emergen del inconsciente no pueden encontrar desahogo en la motilidad. La censura, aunque disminuida, permanece de alguna manera activa en el sueño para permitir el mantenimiento y satisfacer de esta manera el deseo del yo de dormir. En la teoría tópica elaborada en 1915 Freud postula una función de censura tanto entre el inconsciente y el preconsciente, como entre éste y la conciencia: "Lo inconsciente es rechazado por la censura en la frontera de lo preconsciente; sus retoños pueden sortear esa censura, organizarse en un nivel alto, crecer dentro del preconsciente hasta una cierta intensidad de investidura, pero después, cuando la han rebasado y quieren imponerse a la conciencia, pueden ser individualizados como retoños del inconsciente y reprimidos otra vez en la nueva frontera de censura situada entre preconsciente y consciente" (1915 [1976: 190]). Con el desarrollo de la segunda tópica (*v.* **aparato psíquico**, § 5), donde aparece la noción de superyó, Freud atribuye la actividad de censura a esta instancia, mientras que en los últimos escritos freudianos la censura está relacionada sobre todo a las funciones defensivas del yo que actúan de manera parcialmente inconsciente.

BIBLIOGRAFÍA: Freud, S. (1892-1895); Freud, S. (1915); Freud, S. (1915-1917); Freud, S. (1938).

centil
v. CUANTIL.

central, sistema nervioso
v. NERVIOSO, SISTEMA.

central, teoría (al. *Zentraltheorie*; fr. *théorie centrale*; ingl. *central theory*; it. *teoria centrale*)

Interpretación que sostienen algunos psicólogos según la cual la actividad mental puede explicarse mejor en términos de procesos que tienen lugar en el cerebro o en todo caso en el sistema nervioso central, mientras los movimientos periféricos tienen sólo una función de acompañamiento y facilitación de los procesos centrales. Esta teoría se opone a la *periférica*, para la cual la actividad mental es completamente reducible a acción, por lo tanto al lenguaje y a las diferentes formas de movimiento.

centramiento, efecto de
v. PERCEPCIÓN, § 8.

centroversión
v. CIRCUNAMBULACIÓN.

ceraneurosis
v. CERAUNOFOBIA.

ceraunofobia (al. *Keraunophobie*; fr. *kéraunophobie*; ingl. *keraunophobia*; it. *cheraunofobia*)

Fobia a los rayos, que simbólicamente se asocian con entidades o fuerzas superiores por las que el individuo se siente amenazado. Con base en esta asociación el psicoanálisis interpretó la ceraunofobia como un miedo hacia el padre que aparece durante el período edípico, por lo que estaría relacionada con la angustia de castración. H. Oppenheim introdujo el término *ceraunoneurosis* para referirse a las neurosis traumáticas provocadas por un centelleo.

BIBLIOGRAFÍA: Oppenheim, H. (1889).

cerebelo
v. ENCÉFALO, § 1, *a*.

cerebral, corteza
v. CORTEZA CEREBRAL.

cerebral, hemisferio
v. HEMISFERIO CEREBRAL.

cerebral, psicosíndrome
v. PSICOORGÁNICO, SÍNDROME, § 1-2.

cerebro
v. ENCÉFALO, § 1, *c*.

cerebrotomía
v. TIPOLOGÍA, § 1, *e*.

ceremonial (al. *Zeremoniell*; fr. *cérémonial*; ingl. *ceremonial*; it. *cerimoniale*)

Conjunto más o menos articulado de acciones que tienen un importante significado histórico y simbólico para un individuo o para un grupo social. El psicoanálisis se ocupó de los ceremoniales o rituales neuróticos que, en opinión de Freud, consisten "en pequeñas prácticas, agregados, restricciones, ordenamientos, que, para ciertas acciones de la vida cotidiana, se cumplen de una manera idéntica o con variaciones que responden a leyes. Tales actividades nos dan la impresión de unas meras 'formalidades', nos parecen carentes de significado. De igual manera se le presentan al propio enfermo, pese a lo cual es incapaz de abandonarlas, pues cualquier desvío respecto del ceremonial se castiga con una insoportable angustia que enseguida fuerza a reparar lo omitido" (1907 [1976: 101-102]). Se suele distinguir:

1] El *ceremonial defensivo*, frecuente en las neurosis traumáticas, donde representa una reacción inconsciente de defensa respecto al trauma original. Según A. Kardiner y L. Spiegel este ceremonial constituye la elaboración de una respuesta de defensa que no se efectuó en la situación traumática; esto aparece algunos años después del acontecimiento traumático y tiene el mismo carácter de la coacción, porque se desarrolla independientemente del control voluntario del sujeto.

2] El *ceremonial obsesivo* presente en las neurosis obsesivas, donde manifiesta un compromiso entre las exigencias instintivas y las defensas del yo que recurren a los mecanismos de la anulación y del aislamiento. Según Freud, con la **anulación** (*v.*) se tiende a "creer no sucedido" un acontecimiento desagradable o reprobable para el sujeto. Ese mecanismo está presente sobre todo en los síntomas bifásicos, donde a una acción que tiene un determinado significado le sigue otra de significado opuesto que cancela a la primera. Así son, por ejemplo, los ceremoniales inherentes al acto de lavarse y, en general, de la limpieza, que representan un intento de anulación de acciones o pensamientos precedentes considerados "sucios". El mecanismo del **aislamiento** (*v.*), en cambio, actúa de manera que una experiencia, aunque no sea olvidada, resulte privada de su aspecto emotivo. El aislamiento se manifiesta sobre todo en los ceremoniales relativos al **contacto** (*v.*), por lo que se nos prohíbe tocar determinados objetos y nos sentimos obligados a tocar otros. "Si uno se pregunta –escribe Freud–, por qué la evitación del contacto, del tacto, del contagio, desempeña un papel tan importante en la neurosis y se convierte en contenido de sistemas tan complicados,

halla esta respuesta: el contacto físico es la meta inmediata tanto de la investidura de objeto tierna como de la agresiva" (1925 [1976: 116]). Por lo que se refiere a la correspondencia entre ceremoniales obsesivos y rituales religiosos, además de las diferentes interpretaciones dadas por Freud y por C.G. Jung, véase la voz **rito**, § 2.

BIBLIOGRAFÍA: Fenichel, O. (1945); Freud, S. (1907); Freud, S. (1925); Jung, C.G. (1928); Kardiner, A. y L. Spiegel (1947).

chantaje (al. *Erpressung*; fr. *chantage*; ingl. *blackmail*; it. *ricatto*)

Condicionamiento de la conducta de los demás mediante la amenaza de hacer algo que pueda causar daño. En psicología se habla de chantaje afectivo a propósito de los comportamientos que implícita o explícitamente dejan entrever conductas autodestructivas con el fin de provocar la atención o el amor de los demás. El chantaje afectivo es una conducta frecuente en los niños, en los adolescentes, y en todos aquellos que viven una relación de absoluta dependencia de otra persona.

Charpentier, ilusión de
v. PERCEPCIÓN, § 6, *a*.

Charpentier, Koseleff, ilusión de
v. ILUSIÓN, § 5, *b*.

chi cuadrada (x^2)
v. ESTADÍSTICA, § II, 4.

chiste (al. *Witz*; fr. *mot d'esprit*; ingl. *wit*; it. *motto di spirito*)

Frase, alusión o breve narración que sirve para expresar, en forma enmascarada, y por lo tanto aceptable, lo que de otra manera sería mal recibido o inconveniente. S. Freud ve en el chiste una reducción de las inhibiciones que permite liberar una tensión psíquica, obteniendo un "alivio del gasto psíquico, sea este preexistente, sea reclamado en el momento;". Éstos son para Freud "los dos principios a los que se reconduce toda técnica del chiste, y, por lo tanto, todo placer derivado de tales técnicas" (1905 [1976: 123]). En el chiste intervienen los dos mecanismos psíquicos de la **condensación** (*v*.) y del **desplazamiento** (*v*.), que también trabajan en el sueño, por lo que Freud encuentra una correspondencia entre chiste y sueño y, en ambos casos, considera necesario referirse, del contenido manifiesto, al contenido **latente** (*v*.). Este itinerario, observable en el sueño así como en el síntoma, hace del chiste una vía de acceso para el inconsciente. Siempre para Freud, el chiste debe "entenderse como algo diferente a lo cómico" (1905: 10) y bastante cercano al *doble sentido* que, al igual que el chiste, deriva su placer del ahorro de un "dispendio inhibidor", mientras el placer de lo cómico proviene del ahorro de un "dispendio representativo (o el investimiento)" (1905: 211). Por esta diferencia, y por las diferentes interpretaciones dadas al chiste, sobre todo en el campo filosófico, véase la voz **cómico**.

BIBLIOGRAFÍA: Bergson, H. (1900); Freud, S. (1905); Olbrechts-Tyteca, L. (1974); Sully, J. (1904).

chivo expiatorio (al. *Sündenbock*; fr. *bouc émissaire*; ingl. *scapegoat*; it. *capro espiatorio*)

Objeto, persona o grupo en los cuales, por un mecanismo de **proyección** (*v*.), se descargan culpas que deben atribuirse realmente a uno mismo o a otros. Las comunidades primitivas se defendían de la violencia que crecía y se difundía *transfiriéndola* hacia la víctima expiatoria. Ésta, al atraer sobre sí toda la violencia dispersa entre los miembros de la comunidad, alcanzaba, por medio de su expulsión, la inocencia de los demás. El sacrificio del chivo expiatorio tenía, en efecto, el poder de transformar la violencia *maléfica* –como lo es la que se agita entre los hombres– en *benéfica*, como la que, enviada al mundo divino de donde proviene, produce entre los hombres las formas rituales de orden para conjurar su reaparición. Hoy la expresión "chivo expiatorio" se utiliza para aludir a ese estado de inocencia que se crea cuando las culpas se atribuyen a un integrante del grupo, con cuya expulsión se espera el regreso del orden (*v*. **sacrificio**, § 1).

BIBLIOGRAFÍA: Girard, R. (1972); Girard, R. (1982).

cibernética (al. *Kybernetik*; fr. *cybernétique*; ingl. *cybernetics*; it. *cibernetica*)

Ciencia interdisciplinaria que estudia el funcionamiento y las relaciones de cualquier sistema dinámico simple o complejo, producido por la naturaleza o por el hombre. El término cibernética proviene del griego κυβερνητικ~, que significa "arte del piloto". En sentido figurado lo utilizó Platón, quien definió la política "cibernética de los hombres", así como la Iglesia católica, que llamaba "cibernesis" a la conducción de un ministerio eclesiástico. Con su significado actual el vocablo lo introdujo en 1947 el matemático estadunidense N. Wiener, quien definió "cibernética" como el estudio del control y de la comunicación en el animal y en la máquina. En la base de tal orientación existe la convicción de que muchos de los fenómenos de los que se ocupan las diferentes ciencias, desde la biología hasta la economía, se fundan en los mismos principios de funcionamiento que gobiernan todos los tipos de sistemas, más allá de la dicotomía entre natural y artificial. Estos principios se refieren sustancialmente al control, mediante la transmisión y la elaboración de informaciones, de una parte del sistema sobre otra, con el fin de guiar la marcha hacia un objetivo propuesto.

Las máquinas de las que se ocupa la cibernética son aquellas en las que está presente la forma de control y corrección de las propias operaciones durante su misma ejecución, que toma el nombre de **retroalimentación** (*v*.) o *feedback*. Por ser una ciencia transversal, la cibernética utiliza como instrumento de investigación métodos de análisis y representación abstracta elaborados por las matemáticas, que permiten sintetizar los conocimientos provenientes de las diferentes disciplinas científicas. Los sistemas de los que se ocupa en el nivel abstracto se pueden identificar en su expresión concreta en la *genética*, por ejemplo, respecto a la codificación y transmisión de las informaciones hereditarias; la *fisiología*, en los sistemas de recepción de los estímulos sensoriales, de coordinación psicomotriz, y semejantes; los *procesos de comunicación*, que implican la codificación, la transmisión y la recepción de los mensajes (v. **comunicación**, § 1).

Por lo que se refiere a la *psicología*, ésta entra en relación con la cibernética cuando se ocupa de los procesos psicofísicos de recepción, análisis y elaboración de las informaciones. Tales procesos son ante todo los cognoscitivos, como la percepción, el lenguaje, el aprendizaje y la formación de conceptos, que se fundan en un constante intercambio de informaciones entre el organismo y el ambiente, donde la cibernética puede contribuir a analizar los principios estructurales, aunque no puede comprenderlos en su totalidad. En efecto, además de la estructura, en el funcionamiento de los procesos cognoscitivos influyen también los elementos emotivo-afectivos y de personalidad que proporcionan a los procesos mismos su carácter evolutivo y subjetivo, no reproducible mediante un sistema artificial. Las aplicaciones cibernéticas en psicología se basan sustancialmente en las teorías de la información, de la regulación y de los automatismos.

1] LA TEORÍA DE LA INFORMACIÓN. Partiendo del supuesto de que el hombre es un sistema capaz de elaborar informaciones, recibidas y transmitidas por los órganos de los sentidos a la conciencia, se considera posible aplicar la teoría matemática de la información a este proceso psicológico. En la base se encuentra el teorema de C.E. Shannon, de 1949, según el cual un mensaje sufre, en el curso de su transmisión, una serie de distorsiones, por lo que a su llegada está privado de una parte de la información que contenía. Tal fenómeno, por ser análogo al de la entropía, es cuantificado mediante cálculos de probabilidad semejantes a los utilizados en termodinámica, de manera que resulta posible determinar y medir el contenido informativo de cada mensaje respecto al número de símbolos utilizados, a su combinación y a las diferentes deformaciones. En general se considera que la cantidad de información es mayor cuanto más improbable es el mensaje, mientras la cantidad mínima de información está dada por un mensaje que permite sólo dos posibilidades de elección igualmente probables; esta elección se define como *bit* (*binary digit*) y constituye la unidad de medida de la información. La teoría de la información se aplicó en psico-

logía experimental sobre todo en las investigaciones de los procesos de reconocimiento de las señales, en las respuestas selectivas de los estímulos, en la transmisión y recepción del lenguaje. También en el ámbito de la psicología clínica se intentó explicar en términos de la cibernética diversos tipos de trastornos psíquicos, como las neurosis de ansiedad que, en opinión de N. Wiener, están determinadas por la permanencia y la expansión dentro del sistema nervioso central de emociones desagradables que en los sujetos normales se anulan después de un breve lapso de tiempo. La expansión del estímulo nocivo a través de un número cada vez mayor de neuronas provocaría en el individuo neurótico una disminución de las neuronas disponibles para los otros estímulos.

2] LA TEORÍA DE LA REGULACIÓN. Sostiene que dentro de los sistemas complejos está presente un mecanismo de control y regulación del comportamiento, por lo que, como afirma Wiener: "Cuando se tiene la intención de efectuar un movimiento según un determinado modelo, la diferencia entre tal modelo y el efectivo desarrollo del movimiento se utiliza como una nueva señal que determina una regulación tal del movimiento mismo como para mantenerlo lo más cerca posible de aquel proporcionado por el modelo" (1948, p. 29). En psicología la teoría de la regulación se aplicó al estudio de los mecanismos de coordinación sensomotriz aprendidos y a las investigaciones en psicología de la ingeniería sobre los sistemas hombre-máquina orientados a la optimización de las actividades laborales, que prevén una relación del hombre con la máquina con relativos problemas de coordinación (v. **ergonomía**). En el ámbito de la psicología clínica H. Feer explicó, mediante mecanismos cibernéticos de regulación de la información, la aparición de la psicosis maniaco-depresiva y de la esquizofrenia. Partiendo del supuesto de que cuanto menor es la probabilidad de que ocurra un acontecimiento tanto mayor es el asombro que su verificación suscita en el sujeto, Feer conjetura que cuanto mayor es el grado de atención del sujeto, tanto más sorprendente resultará cada acontecimiento, hasta el más banal; esto es especialmente evidente en el individuo psicótico que pone en los hechos de cada día una atención mucho mayor de la empleada normalmente, por lo que éstos se vuelven extraños, cargados de significado y por lo tanto tomados como presagios, mensajes que el sujeto trata de interpretar. En este sentido la psicosis puede ser leída como un trastorno del elemento del sistema psíquico que regula la aferencia de las informaciones.

3] LA TEORÍA DE LOS AUTOMATISMOS. Se basa en la hipótesis, ya comprobada, de que es posible representar los sistemas de elaboración de las informaciones mediante circuitos que pueden transferirse a aparatos mecánicos, llamados *autómatas*, que efectúan algunas operaciones consideradas propias del animal y del hombre. La aplicación de tal teoría en psicología concierne principalmente a la **simulación** (*v.*, § 1) en computadora de los procesos cognoscitivos de la percepción, del pensamiento, y en especial, de la solución de problemas, con el fin de poder analizar y conocer las estrategias de elaboración de la información y del aprendizaje, en la medida en que también el aprendizaje humano se apoya en los automatismos. La fase preliminar del aprendizaje es la *clasificación*, estrechamente relacionada con el reconocimiento de los signos que llegan al autómata mediante conmutadores de señales, mientras al organismo llegan a través de los órganos de los sentidos. Sigue el *almacenamiento* gracias a una memoria que elimina las interferencias y promueve los procesos asociativos regulados por el cálculo de probabilidades. Hay además una *optimización* del aprendizaje, formalizada matemáticamente con una medida de éxito, con miras a una *autoorganización* del autómata que busca la adaptación al ambiente con una probabilidad que depende de la calidad de la imagen que el programa interno es capaz de hacerse del ambiente externo. Otro sector de investigación en el que encuentra aplicación la teoría de los automatismos es el de la **inteligencia artificial** (*v.*), que parte de la hipótesis de A. Turing según la cual los circuitos utilizados en las máquinas electrónicas pueden poseer las mismas propiedades que el sistema nervioso y, por lo tanto, ser capaces de transmitir la información y memorizarla, revelándose, así, capaces de simular muchas actividades del pensamiento humano, sin excluir las que requieren una adaptación a la complejidad del ambiente. De interés para la psicología clínica están por último las investigaciones, todavía en una fase inicial, dirigidas a simular con una computadora los mecanismos de defensa neuróticos.

4] LA PSICOLOGÍA SISTÉMICA. Representa la aplicación más rigurosa del modelo cibernético a los procesos de **comunicación** (*v.*, § 7, *d*) y a las relaciones interpersonales dentro de grupos que, como escriben P. Watzlawick y otros, "pueden considerarse circuitos de retroalimentación donde el comportamiento de cada persona influye y es influido por el comportamiento de cualquier otra persona" (1967: 23). Este criterio lo utilizó también M. Selvini Palazzoli para el estudio de las relaciones psicóticas en el ambiente de la familia.

5] LA PEDAGOGÍA CIBERNÉTICA. Se ocupa del análisis y de la matematización de los diferentes aspectos de la enseñanza, sobre todo por lo que se refiere a los medios de instrucción y a los métodos didácticos. Tales disciplinas crearon procedimientos de medición para la cuantificación y la verificación de las diferentes fases del proceso de enseñanza-aprendizaje, de la proyectiva a la operativa y a la evaluativa; además desarrollaron una serie de métodos de instrucción programada que se valen del apoyo de la computadora. En el nivel teórico la aplicación del modelo cibernético en pedagogía pone en evidencia, mediante el concepto de retroalimentación, la centralidad del alumno como sistema receptor que tiene la tarea de modificar las informaciones que entran mediante la calidad de las propias respuestas; en este sentido la pedagogía cibernética se acerca a una visión activa y de autogestión de la enseñanza, donde el docente es concebido, no como el punto de partida de la relación educativa, sino como un instrumento cuya praxis se transforma basándose en los resultados que produce en el alumno y en los requerimientos de este último.

BIBLIOGRAFÍA. Arnold, W. (1971); Ashby, W.R. (1956); Boscolo, P. (1969); Caianiello, E.R. y E. Di Giulio (1980); De Michelis, G. (1985); Erismann, T.H. (1973); Feer, H. (1970); Frank, H. (1969); Itelson, L.B. (1964); Jackendoff, R. (1990); Johnson-Laird, P.N. (1990); Moser, U., I. Zeppelin y W. Schneider (1968); Selvini Palazzoli M. *et al.* (1988); Shannon, C.E. y W. Weaver (1949); Simon, H.A. (1969); Somenzi, V. (coord) (1965); Stenbuch, K.

(1965); Turing, A. (1950); Turing, A. (1965); Watzlawick, P. (coord.) (1981); Watzlawick, P., J.H. Beavin y D.D. Jackson (1967); Wiener, N. (1948).

ciclotimia (al. *Zyklothymie*; fr. *cyclothymie*; ingl. *cyclothymia*; it. *ciclotimia*)

Condición psicológica caracterizada por fases o ciclos en los que el humor (en griego θυμόζ) es alternativamente deprimido (*v.* **depresión**) o maniaco (*v.* **manía**). La alternancia puede intercalarse con un período de diferente duración donde el tono del humor es normal.

1] PSIQUIATRÍA. El término lo introdujo E. Kraepelin, quien distinguió las psicosis endógenas (*v.* **endógeno-exógeno**) en dos grupos: la *dementia praecox*, que después E. Bleuler rebautizó **esquizofrenia** (*v.*), y la *psicosis ciclotímica* o *psicosis maniaco-depresiva*, que es una patología del humor caracterizada por la alternancia de tonalidad depresiva y eufórica, conocida también como *psicosis circular* o **distimia** (*v.*) *bipolar*. Estas distintas denominaciones dependen del ritmo de los ciclos, que permite diferenciar la forma *doble*, donde una fase maniaca se traduce sin interrupción en una depresiva, a la que sigue un período de bienestar en el que se inicia un nuevo episodio; la *alternante*, en la que los episodios depresivos y maniacos están separados por períodos de normalidad; la *circular*, en la que existe una sucesión ininterrumpida y alternada de las dos fases. Por lo que concierne a los modelos interpretativos, en el ámbito psiquiátrico los más aceptados son el modelo *biológico*, que hace referencia a una predisposición genética hereditaria que debe buscarse en una descompensación metabólica de los neurotrasmisores cerebrales, o bien en los aspectos endocrinológicos y bioquímicos con especial referencia al metabolismo de las catecolaminas, y el modelo *psicosocial*, que hace referencia a repetidas frustraciones, pérdida de una figura significativa, sobre todo en la infancia y en la pubertad, fracasos continuos en la vida escolar y laboral, elevados niveles de aspiración social, personal y semejantes.

2] PSICOANÁLISIS. En este ámbito la *depresión* se interpreta como una respuesta a la pérdida de un objeto que puede ser real o imaginario, pero que está introyectado, del cual el sujeto se lamenta o se culpa (*v.* **depresión**, § 3, *d*), y la *manía* como una compensación antidepresiva para negar la pérdida y la culpa. La diferencia entre psicosis y neurosis reside en el diferente grado de regresión, de estructuración del yo, y en la cantidad de las angustias depresivas. M. Klein ha hecho importantes contribuciones en esta dirección; para ella la ciclotimia depende del rechazo a ver coexistir en la misma persona o situación los aspectos "buenos" y "malos", con la consiguiente escisión y tendencia a vivir sólo los aspectos negativos (depresión) o sólo los positivos (manía). La aceptación de los dos aspectos como complementarios es la condición para la superación de la posición depresiva (*v.* **kleiniana, teoría**, § 1, 2). Desde otro punto de vista O. Fenichel interpreta la ciclotimia como una forma de fijación en la fase **oral** (*v.*), ritmada por el ciclo saciedad y hambre, porque "el alternarse del hambre y la saciedad –escribe Fenichel– está indeleblemente impreso en la memoria. Toda ulterior alternancia de placer y de dolor se percibe como si siguiera el modelo de aquel recuerdo. Según este modelo, el placer se espera después de cualquier dolor, y el dolor después de cualquier placer. Y de esta manera se forma la idea primitiva de que cualquier sufrimiento implica el privilegio de una alegría compensatoria, y cualquier castigo permite el pecado sucesivo. El castigo y la pérdida del amor de los padres se percibía de manera análoga al hambre, y la absolución de manera análoga a la saciedad. Después que los padres fueron introyectados, el yo repite intrapsíquicamente el mismo modelo respecto al superyó. En las depresiones el yo ya no se siente amado por el superyó; fue abandonado, sus deseos orales no se realizaron. En la manía, la unión oral con el superyó que concede el perdón se restablece" (1945: 461).

3] TIPOLOGÍA. E. Kretschmer identificó en el ciclotímico uno de los tres tipos constitucionales (los otros dos son el esquizotímico y el viscoso), caracterizado en el plano físico por la constitución pícnica, baja y tosca, y en el plano del temperamento por alternancias del humor (v. **tipología**, § 1, *b*).

BIBLIOGRAFÍA: Binswanger, L. (1960); Fenichel, O. (1945); Freud, S. (1915); Freud, S. (1923); Klein, M. (1978); Kraepelin, E. (1883); Kretschmer, E. (1921).

ciego, experimento (al. *Blindversuch*; fr. *essai aveugle*; ingl. *blind test*; it. *esperimento cieco*)

Procedimiento de control realizado con el fin de excluir el llamado *efecto Rosenthal*, es decir la influencia de la actitud del experimentador en términos de expectativas, proyecciones, juicios, que pueden alterar la ejecución experimental o la evaluación de los resultados. Este procedimiento consiste, por ejemplo, en redactar un diagnóstico exclusivamente con los datos objetivos, sin contacto entre el experimentador y los sujetos experimentales, o bien en mantener al paciente en la ignorancia acerca del tratamiento al que es sometido como en el caso del método de investigación, aplicado sobre todo en la investigación farmacológica, para verificar la eficacia de un fármaco. A diferencia del *experimento simple ciego*, en el que sólo el paciente, pero no el médico, ignora la terapia suministrada, en el *experimento doble ciego* se divide a los pacientes en dos grupos: uno experimental, al que se le administra el fármaco por verificar, y uno de control, al que se le suministra una sustancia idéntica pero ineficaz (*v*. **placebo**). Para evitar que el personal médico y de enfermería, a causa de las diferentes expectativas, se comporte de manera diferente con los dos grupos, condicionando las reacciones de los pacientes, se lo mantiene también ignorante de quién recibe el fármaco y quién el placebo. Mediante repetidas y prolongadas mediciones se verificará finalmente si las diferencias entre el grupo experimental y el grupo de control llegaron a un nivel apreciable de significación **estadística** (*v*., § II, 4, *c*) capaz de corroborar la eficacia del fármaco.

BIBLIOGRAFÍA: Rosenthal, R.A. (1966).

científica, psicología
v. PSICOLOGÍA EXPERIMENTAL.

cierre (al. *Geschlossenheit*; fr. *clôture*; ingl. *closure*; it. *chiusura*)

Término que adquiere un significado específico en diversos contextos.

1] En la *psicología de la forma* (*v*., § I, 2, *d*) indica el principio según el cual existe una tendencia perceptiva a integrar y completar las figuras incompletas. A partir de este principio W.L. Taylor desarrolló un procedimiento de medición de esta tendencia, dándoles a los sujetos textos en los que se habían omitido algunas palabras que debían insertar para obtener un sentido completo.

2] En *psiquiatría* A. Hoch adoptó el término "cerrado" para indicar el tipo de personalidad, que se encuentra con mucha frecuencia entre los pacientes esquizofrénicos, caracterizada por reserva, aislamiento, incapacidad para establecer auténticas relaciones interpersonales. El tipo cerrado de Hoch corresponde en gran medida al del **esquizoide** (*v*.) que describió E. Bleuler.

3] En *psicoanálisis* W. Stekel ha utilizado la expresión "cerrado con candado" respecto a una actitud característica de los individuos neuróticos, que tienden a volver insoluble su propia situación por temor al cambio, rechazando con frecuencia toda posibilidad de alivio.

BIBLIOGRAFÍA: Hoch, A., S.E. Jeliffe y A. Meyer (1911); Kanizsa, G. (1980); Stekel, W. (1908); Taylor, W.L. (1953).

cigoto
v. GENÉTICA, § 1, *a*.

cilindrasas
v. NEURONA.

cinestesia o quinestesia (al. *Kinästhesia*; fr. *kinesthésie*; ingl. *kinesthesia*; it. *cinestesia*)

Percepción consciente de los propios movimientos, facilitada por la presencia de propioceptores (*v*. **receptores**) situados en los músculos, en los tendones y en las articulaciones, y coadyuvada por informaciones enviadas por los órganos de los sentidos, en especial por el de la vista. La cinestesia no debe confundirse con la **cenestesia** (*v*.), que se refiere a la percepción inmediata de bienestar o malestar del propio cuerpo, y que puede ser alterada por fenómenos alucinatorios con sensación de estar suspendido en el aire, caer, vacilar, resbalar, rodar, ser movido y similares (*v.* **alucinación**, § 1, *g*).

circadiano, ritmo
v. RITMO, § 1.

circuito reverberante (al. *Zurückwerfendesumkreis*; fr. *circuit réverbérant*; ingl. *reverberating circuit*; it. *circuito riverberante*)

Cadena de neuronas dispuestas en forma de anillo que pueden continuar excitándose unas a otras sin estimulación externa. Éste es uno de los mecanismos predispuestos para la conservación de los recuerdos (*v.* **memoria**).

circular, psicosis
v. CICLOTIMIA.

circunambulación (al. *Zirkumambulation*; fr. *circumambulation*; ingl. *circumambulation*; it. *circumambulazione*)

Danza de tipo circular, presente en numerosos ritos religiosos, que en su realización instituye un espacio sagrado respecto a uno profano. C.G. Jung, en sus análisis comparativos transculturales, subraya la aparición de la circunambulación en el simbolismo transformador de la misa y en los símbolos mandálicos de los sueños. La *circunambulación* tomada de la **alquimia** (*v.*), designa el acto de moverse alrededor del recinto o **temenos** (*v.*) que delimita el área de lo **sagrado** (*v.*) donde suceden procesos de transformación que desencadenan fuerzas contrapuestas que el recinto tiene la función de contener. En psicología la circunambulación es definida por Jung como "la rotación que denota la concentración de la atención y del interés en un centro concebido como centro de un círculo y, por lo tanto, formulado como un punto" (1951: 70), que para Jung es símbolo del sí (*v.* **psicología analítica**, § 4), o sea punto de irradiación de la totalidad superordenada hacia el yo que abarca tanto la conciencia como

el inconsciente. La circunambulación hacia la izquierda va en dirección del inconsciente, la que procede hacia la derecha se aleja de éste hacia la conciencia. Esta relación, esencial en el proceso de **individuación** (*v.*), pide un contenimiento de la tensión que se produce en el encuentro de los procesos psíquicos opuestos de la conciencia y del inconsciente, con el fin de evitar posibles escisiones y desintegraciones de la personalidad. También E. Neumann habla de la circunambulación, utilizando el término de *centroversión* o cercamiento del centro respecto a la actitud que conduce al individuo a referirse, lo más constantemente posible, al centro de su personalidad total o sí mismo.

BIBLIOGRAFÍA: Jung, C.G. (1942-1954); Jung, C.G. (1951); Neumann, E. (1949); Neumann, E. (1972).

circuncisión (al. *Beschneidung*; fr. *circoncision*; ingl. *circumcision*; it. *circoncisione*)

Corte del prepucio del pene practicado hasta ahora por los judíos, los musulmanes y algunas poblaciones de África, en las que constituye una parte esencial del rito de **iniciación** (*v.*). Según la modalidad con la que se ejecute, la circuncisión asume tres formas diferentes: la *incisión* del frenillo, la *circuncisión*, o sea la extirpación parcial del prepucio, la *subincisión*, es decir la incisión de la uretra hasta la base del pene, como sucede en ciertas poblaciones de Melanesia y de Nueva Guinea. Además de las motivaciones de orden higiénico, la psicología de lo profundo atribuyó a la circuncisión una serie de significados simbólicos, entre ellos la ritualización de la castración, con la que está inconscientemente asociada. Según S. Freud, "en la prehistoria de la humanidad era sin duda el padre quien ejecutaba la castración como castigo, atemperándola más tarde en circuncisión" (1914 [1976: 80]). Por su parte C.G. Jung interpreta la circuncisión como una forma atenuada de **sacrificio** (*v.*, § 3), con el mismo valor que el sacrificio de los animales domésticos o del primogénito. En la circuncisión, afirma Jung, "se sacrificaba sólo una parte, lo que ya equivalía a una sustitución del sacrificio por un acto simbólico. Al sacrificar estos objetos preciosos de deseo y de posesión nos deshacemos del deseo instintivo o libido, para readquirirlo en una forma renovada. Por medio del sacrificio nos redimimos del miedo a la muerte y nos granjeamos al Hades ávido de holocaustos" (1912-1952: 418-419). Los equivalentes femeninos de la circuncisión son la *clitoridectomía o escisión*, que consiste en la extirpación del clítoris, y la *infibulación*, que consiste en la oclusión de la vagina en las niñas. Estas prácticas las interpretan algunos como ritos de **iniciación** (*v.*), otros como un intento de contener la autonomía de la sexualidad femenina.

BIBLIOGRAFÍA: Di Nola, A. (1970); Freud, S. (1914); Freud, S. (1934-1938); Jung, C.G. (1912-1952); Reik, T. (1920-1930).

circunstancialidad
v. PENSAMIENTO, § III, 1, *d*.

civilidad
v. CULTURA.

claridad
v. COLOR, § 1.

clasificación (al. *Klassifizierung*; fr. *classification*; ingl. *classification*; it. *classificazione*)

Proceso de repartir en clases un conjunto de objetos basándose en criterios definidos con anterioridad. La clasificación abarca varios tipos de operaciones, entre ellas, división, coordinación, jerarquización y ordenación. Con frecuencia el término "clasificación" se une o se intercambia con los de "sistemática" y "taxonomía". Una puntualización terminológica ampliamente aceptada es la de J.H. Heywood, para quien "*Sistemática* es el estudio científico de la diversidad, de la diferenciación de los organismos y de las relaciones que entre éstos existen [...]. *Clasificación* es el proceso de ordenar en clases o grupos (*taxa*) donde un único grupo (*taxón*) no puede pertenecer a más de un solo grupo del nivel jerárquico inmediatamente superior [...]. *Taxonomía* es la parte de la sistemática que se encarga del estudio

de la clasificación, de sus bases, de sus principios, de sus reglas y de sus métodos" (1974: 41-42). Como principio de ordenación la clasificación nace con el hombre, que la utiliza en la búsqueda de su propia identidad y para orientar sus acciones en el mundo. A este principio responden los **tótem** (*v.*) de los primitivos que servían para establecer los grupos de pertenencia y los *tabúes* (*v.* **tabú**) que, por medio de la distinción de "puro" e "impuro", ordenaban los objetos accesibles y los inaccesibles, las acciones practicables y las impracticables. En psicología el problema de la clasificación se ubica en tres niveles: 1] clasificación de las enfermedades; 2] clasificación de los tipos; 3] formación del proceso clasificatorio en los niños.

1] CLASIFICACIÓN DE LAS ENFERMEDADES PSÍQUICAS. Se da fundamentalmente con base en la *sintomatología*, poniendo en primer lugar el signo más llamativo y después, poco a poco, cada uno de los demás. Esto se debe a que, a diferencia de lo que sucede en medicina, en psicología las causas son sólo supuestas y, cuando se las identifica con cierta probabilidad, experimentan complicación ulterior determinada por la interferencia de los aspectos somáticos y los psicógenos. Uno de los principios psicopatológicos que subyacen en las clasificaciones es el de K. Jaspers, según quien las formas psíquicas pueden dividirse en: *reacción*, que es la respuesta a un acontecimiento con valor psicológico; *desarrollo*, que es una situación que tiene su origen en una especial estructura de la personalidad "comprensible" con base en la teoría global del individuo; *proceso*, que es una situación "incomprensible" e indeducible de la historia personal de un individuo y está vinculada, presumiblemente, a una alteración orgánica; *fase*, que se refiere a una situación cíclica que tiende a reaparecer periódicamente.

En el campo psiquiátrico es de indudable utilidad la distinción entre **psicosis** (*v.*) y **neurosis** (*v.*). Las primeras se clasifican en psicosis orgánicas, donde es notable la alteración somática, y psicosis endógenas o funcionales, donde la causa somática no es conocida y la sintomatología es más compleja. Las segundas se consideran respuestas psicológicas anormales a los acontecimientos psíquicos internos o externos, y pueden manifestarse con síntomas psíquicos, por lo que se definen como psiconeurosis, o con manifestaciones psicosomáticas. Para el psicoanálisis el problema de las clasificaciones es de importancia secundaria, aunque no del todo irrelevante. En este ámbito caen, aunque no por entero, la diferencia cualitativa entre fenómenos normales, neuróticos y psicóticos, que se distinguen esencialmente por los diferentes niveles de profundidad de los conflictos interiores y de interrupción del desarrollo de la vida psíquica.

2] CLASIFICACIONES TIPOLÓGICAS. Son clasificaciones orientadas a identificar las diferentes formas de personalidad desde un punto de vista estadístico y no dinámico. A partir de determinados criterios –diferentes según las versiones teóricas adoptadas– se identifican tipos humanos paradigmáticos y ejemplares (estaticidad), dejando de lado la modificación del tipo por efecto del síntoma neurótico (dinamicidad). A este género de clasificación se dedica la voz **tipología**.

3] FORMACIÓN DEL PROCESO CLASIFICATORIO EN LOS NIÑOS. J. Piaget y B. Inhelder resaltaron las propiedades fundamentales de la clasificación que el niño adquiere conforme avanza en su desarrollo cognoscitivo: a] no existe ningún elemento carente de clase; b] las clases no están jamás aisladas sino siempre relacionadas entre sí; c] la clase "A" abarca la totalidad de los miembros en los que aparece la propiedad "a", y solamente a ésos; d] los elementos pertenecientes a una clase no pueden formar parte de otra del mismo rango; e] una clase está incluida en otra superior, donde están comprendidos todos sus elementos. Mediante un experimento en el que se ofrecían al niño figuras de diferentes formas, colores y dimensiones, los autores confirmaron tres niveles de clasificación: en una primera fase las propiedades arriba mencionadas están completamente ausentes y las figuras se reúnen basándose en los criterios de la cercanía espacial y cromática; en una segunda fase las propiedades se adquieren poco a poco, con excepción de la de inclusión, que se logra y se estabiliza apenas en un tercer nivel, entre los 8 y los 10 años. Por último, existen numerosos tests de clasificación según el tipo de cualidad intelectual que se quiera medir, y que se pueden dirigir sucesivamente a la división, la coordinación, la jerarquización y la ordenación, presentes en toda actividad clasificatoria.

BIBLIOGRAFÍA: Durkheim, É. y M. Mauss (1901-1902); Frazer, J.G. (1911); Freud, S. (1912-1913); Gaston, A. (1987); Heywood, J.H. (1974); Jaspers, K. (1913-1959); Jung, C.G. (1921); Lévi-Strauss, C. (1947); Piaget, J. y B. Inhelder (1959); Weber, M. (1922).

clastomanía (al. *Klastomanie*; fr. *clastomanie*; ingl. *clastomania*; it. *clastomania*)

Tendencia, en ocasiones compulsiva, a dañar y destruir objetos de cualquier género o naturaleza.

claustrofilia (al. *Klaustrophilie*; fr. *claustrophilie*; ingl. *claustrophilia*; it. *claustrofilia*)

Necesidad patológica de estar confinado en un lugar cerrado y protegido, lo que manifiesta una fuerte tendencia a aislarse de la realidad. La claustrofilia, que representa lo contrario de la **claustrofobia** (*v*.), se observa frecuentemente en los casos de neurosis obsesiva. La forma más grave de esta tendencia recibe el nombre de *claustromanía*. En el fondo actúa la fantasía de estar dentro del vientre materno, representado simbólicamente por los lugares cerrados.

claustrofobia (al. *Klaustrophobie*; fr. *claustrophobie*; ingl. *claustrophobia*; it. *claustrofobia*)

Miedo a los lugares cerrados o con mucha gente, como elevadores, tiendas, vagones de metro, cabinas telefónicas y demás. En algunos casos prevalece la sensación de sofocación y opresión, en otros la de ser encerrados o aprisionados. La claustrofobia y las reacciones que a ésta se asocian remiten filogenéticamente a las respuestas de terror típicas de los animales puestos en una situación en la que no existe posibilidad de fuga. Desde el punto de vista psicoanalítico, según O. Fenichel la claustrofobia puede ser interpretada como la expresión deformada de un impulso sexual o agresivo cuya manifestación directa está inhibida, o como un castigo dirigido a ese mismo impulso.

BIBLIOGRAFÍA: Fenichel, O. (1945).

cleptomanía (al. *Kleptomanie*; fr. *cleptomanie*; ingl. *kleptomania*; it. *cleptomania*)

Tendencia incontenible al robo, motivado no por el deseo de adueñarse de objetos de valor comercial y acumularlos, sino por una necesidad inconsciente que obtiene satisfacción en el acto mismo de robar. En algunos casos la cleptomanía tiene un carácter obsesivo, por lo que el sujeto está sometido a un conflicto entre el impulso de robar y una tendencia igualmente fuerte que lo contrarreste, de modo que así el robo provoca al mismo tiempo alivio y sentimiento de culpa; en otros casos, como en las personalidades psicópatas, que tienen un escaso sentido moral, el robo no parece producir cargos de conciencia. La cleptomanía se presenta con más frecuencia en las mujeres y en los adolescentes. Para O. Fenichel consiste "en la apropiación de cosas que dan la fuerza y el poder para combatir supuestos peligros, especialmente la pérdida de la autoestima o del afecto. La formulación inconsciente es: 'Si tú no me lo das, yo lo tomo'" (1945: 415-416). Siempre según Fenichel, dependiendo de la fase del desarrollo libidinal en la que el cleptómano tiene la mayor fijación, el objeto robado, como dispensador de gratificación y seguridad, podrá representar simbólicamente la leche, las heces, el pene; esto explicaría por qué la cleptomanía aparece con mayor frecuencia en las mujeres y en los muchachos, deseosos de apropiarse del poder asociado con el órgano masculino. Según K. Abraham y F. Alexander, en cambio, la cleptomanía se deriva de una frustración sufrida durante el período del amamantamiento y consiste en una revancha por el rechazo del seno por parte de la madre.

BIBLIOGRAFÍA: Abraham, K. (1924); Adler, A. (1912); Alexander, F. y H. Healy (1935); Fenichel, O. (1945).

cliente
v. PSICOLOGÍA ROGERIANA, § 2.

climaterio
v. MENSTRUACIÓN.

clímax

El término, que significa "punto más alto" o "culminación", se usa en ocasiones para indicar el punto culminante del **orgasmo** (*v.*).

clínica
v. PSICOLOGÍA CLÍNICA.

clisis (al. *Klisis*; fr. *clise*; ingl. *clisis*; it. *clisi*)

Término que utilizaron C.V. Monakow y R. Morgue para indicar la energía psíquica de un objeto instintivo con valor emotivo positivo, en contraposición a *eclisis*, que indica la carga psíquica de un objeto con valor negativo.

BIBLIOGRAFÍA: Monakow, C.V. y R. Morgue (1930).

clítoris (al. *Klitoris*; fr. *clitoris*; ingl. *clitoris*; it. *clitoride*)

Órgano del aparato genital femenino ubicado en la zona anterior de la abertura vulvar. El clítoris es una zona erógena, eréctil, capaz de determinar, mediante la estimulación directa o indirecta, un orgasmo, denominado clitoridiano que se diferencia en cualidad y en intensidad del vaginal y que es comparable al orgasmo del pene, en cuanto utiliza las mismas vías sensoriales. Con la resolución del complejo de Edipo tiene lugar, según Freud, un desplazamiento del investimiento del clítoris hacia la vagina, acompañado por la aceptación de una actitud pasivo-receptiva por parte de la niña. El orgasmo clitorideano, por lo tanto, debería ser completamente sustituido en la edad adulta por el vaginal, por lo que las mujeres llamadas clitorídeas están consideradas por el psicoanálisis como personalidades fálicas y masculinas, que esconden una envidia por el pene no resuelta y una falta de aceptación de su propia feminidad. Esta tesis fue cuestionada en gran parte por las sucesivas investigaciones neurofisiológicas (*v.* **orgasmo**, § 1). Algunos psicoanalistas que retomaron este aspecto de la teoría freudiana, como también muchos sexólogos, sostienen en cambio que el orgasmo clitoridiano no excluye necesariamente la capacidad del orgasmo vaginal, sino que puede ser complementario. Además, como subrayó K. Horney, el clítoris, produce un orgasmo interiorizado, determinando una especie de retirada de la mujer en sí misma, mostrando también un carácter esencialmente femenino y pasivo, a diferencia del orgasmo masculino, que es exteriorizado.

BIBLIOGRAFÍA: Benedek, T.F. (1959-1966); Deutsch, H. (1944-1945); Freud, S. (1905); Horney, K. (1939); Miller, J.B. (coord.) (1974).

cocaína
v. DROGA, § 1.

clitoridectomía
v. CIRCUNCISIÓN.

cloaca (al. *Kloake*; fr. *cloaque*; ingl. *cloaca*; it. *cloaca*)

Orificio del embrión en el que convergen las vías digestiva, urinaria y genital. Mientras en ciertos animales, como los reptiles y los pájaros, esta estructura perdura después del nacimiento, en el hombre, durante el segundo mes de vida intrauterina, se forma una pared, el espolón perineal, que separa el recto del seno urogenital, el cual se divide a su vez, en la mujer, en orificio urinario y genital. En el ámbito psicoanalítico se habla de *teoría cloacal* para referirse a una fantasía frecuente en los niños según la cual los neonatos salen del ano. Para S. Freud esta fantasía se deriva de la ignorancia, por parte del niño, de la existencia de la vagina, por lo que "si el hijo crece en el vientre de la madre y es sacado de ahí, ello ocurrirá por la única vía posible: la abertura del intestino. *Es preciso que el hijo sea evacuado como un excremento, una deposición*" (1908 [1976: 195]). Semejante concepto

lleva al niño a creer que los individuos de ambos sexos pueden dar a luz hijos. La teoría cloacal es sostenida además por el interés que las heces tienen en este período para el niño, todavía libre de la inhibición y del disgusto, y convencido de que el abdomen es un recipiente al que entra la comida y del que salen los excrementos, por lo que el neonato se asocia tanto con las heces como con la comida.

BIBLIOGRAFÍA: Freud, S. (1908).

clonía (al. *Muskelkrampf*; fr. *clone*; ingl. *clonus*; it. *clono*)

Sucesión rápida de contracciones alternadas de los flexores y de los extensores, que se observa en diferentes enfermedades del sistema nervioso. La contracción *clónica* se distingue de la *tónica*, caracterizada por rigidez muscular. En las convulsiones epilépticas (*v.* **epilepsia**) se verifica una alternación de contracciones clónicas y tónicas.

coacción
v. COMPULSIÓN

cociente (al. *Quotient*; fr. *quotient*; ingl. *quotient*; it. *quoziente*)

Índice de medición. Entre los cocientes más utilizados en psicología recordamos: el cociente de inteligencia (CI; *v.* **inteligencia**, § 2), el cociente de inteligencia práctica (CIP; *v.* **Alexander, escala de**), el cociente de desarrollo motor (CDM; *v.* **Oseretzky, escala de**), el cociente de desarrollo psicomotor (CDPM; *v.* **Gesell, escala de**), el cociente social (CS; *v.* **Vineland, escala de**), y el cociente de acción (CA; *v.* **acción**, § 3, *f*).

BIBLIOGRAFÍA: Meili, R. (1955).

código (al. *Kode*; fr. *code*; ingl. *code*; it. *codice*)

El término asume un valor diferente según la disciplina.

1] SEMIÓTICA. Conjunto de reglas que establecen la relación que se instaura entre significante y significado, por lo tanto entre expresión utilizada y contenido al que se refiere (v. **lenguaje**, § 1). U. Eco escribe al respecto. "Se entiende por código una convención que establece las características de correlación entre los elementos presentes de uno o más sistemas tomados como plano de la expresión y los elementos ausentes de otro sistema (o de más de un sistema correlacionados después con el primero) tomados como plano del contenido. Esta convención establece también las reglas de combinación entre los elementos del sistema expresivo, de manera que sean capaces de corresponder a las combinaciones que se desean expresar en el plano del contenido. Se necesita además que los elementos correlacionados (y los sistemas en los que se inscriben) sean mutuamente independientes y en principio utilizables en otras correlaciones. Asimismo, que los elementos del contenido sean expresables después también en una forma más analítica por medio de otras expresiones, llamadas las interpretantes de las primeras" (1975: 275).

2] PSICOANÁLISIS. Existen códigos colectivos para la interpretación de las imágenes oníricas por lo que, por ejemplo, los objetos verticales se refieren al pene y los cóncavos a la vagina, y códigos privados vinculados a la biografía del sujeto que se pueden reconstruir por medio de una serie de deducciones contextuales. En cada interpretación analítica subyace un requerimiento de código, un código propio del ello que, desconocido para el yo, se produce mediante reglas no diferentes de las de la **retórica** (v.), que dicen cómo se establecen sustituciones (de la parte con el todo, del efecto con la causa), **desplazamientos** (v.) y **condensaciones** (v.). El hecho de que no siempre se conozcan las correlaciones del inconsciente no significa que éste no esté estructurado de manera que produzca correlaciones. Lacan considera, por ejemplo, que el código relaciona, mediante cadenas connotativas, el universo de las representaciones con el de los afectos, tipos de relaciones objetales con tipos de angustias. Dichas correlaciones pueden evidenciarse mediante un complejo sistema de reglas que no excluye el error pero tampoco impide la

comprensión a la que se puede llegar adoptando un criterio no lejano al que se utiliza con los criptogramas de solución libre (v. **lacaniana, teoría**, § 4, 7). Para F. Fornari el código es el elemento *prescriptivo* puesto para controlar la *arbitrariedad* del símbolo. La capacidad de simbolizar, que permite la sustitución de una cosa por otra, es el elemento distintivo que ha permitido al hombre una relación con el ambiente que ya no se basa en la necesidad, como en el mundo animal, sino en la arbitrariedad. "Pero precisamente porque es arbitrario –escribe Fornari– el símbolo implica un código que lo reglamente: el código cultural [...]. En efecto, si cada individuo quisiera, como hace el esquizofrénico, imponer a los demás su simbolización privada, no existiría la posibilidad de una simbolización efectiva, ya que cada una de éstas tiene sentido dentro de una comunicación entre individuos que tienen intereses comunes para representar indirectamente cosas ausentes" (1976: 171-174).

3] GENÉTICA. Véase la voz correspondiente, § 1, *b*.

BIBLIOGRAFÍA: Bär, E. (1975); Eco, U. (1975); Eco, U. (1978); Fornari, F. (1976); Freud, S. (1899); Lacan, J. (1956); Thienemann-Thass, T. (1967).

codón

v. GENÉTICA, § 1, *b*.

coexistencia (al. *Mitdasein*; fr. *coexistence*; ingl. *coexistence*; it. *coesistenza*)

Término que introdujo la fenomenología y que utiliza el análisis **existencial** (v.) para indicar una estructura trascendental de la existencia humana que siempre y originariamente es una coexistencia. Escribe L. Binswanger: "Estar-en-el-mundo significa siempre estar-en-el-mundo con mis semejantes, estar junto con las otras presencias (*Mitdaseiende*)" (1946: 23). La forma de "estar-con", y por lo tanto de coexistir, había sido analizada por M. Heidegger a partir de la noción de cuidado (*Sorge*), por lo que el hombre tiene cuidado de las cosas (*bersorgen*), mientras que entre los hombres hay cuidado (*fürsorgen*). Este tener cuidado puede significar sustraer a los otros de sus cuidados o ayudarlos a ser libres de asumir sus propios cuidados. En el primer caso el hombre no se cuida tanto de los otros cuanto de las cosas que debe procurarles; en el segundo les ofrece a los otros la posibilidad de encontrarse a sí mismos y de realizar el propio ser. La primera es la forma *inauténtica* de la existencia como puro estar-juntos (*Miteinandersein*), la segunda es la forma *auténtica*, el verdadero coexistir como estar-ahí-con (*Mitdasein*). La existencia se descubre, así, como coexistencia originaria, y descubre el mundo (*Welt*) como mundo-común (*Mit-welt*). Utilizando estas estructuras teóricas que permiten asumir la coexistencia como una estructura original que no se agrega a la existencia, porque es precisamente el principio constitutivo, L. Binswanger, en la vertiente fenomenológica, y R.D. Laing, en la vertiente antipsiquiátrica, sustraen el análisis psicológico a la consideración del individuo tomado en su aislamiento y rescatan la psique de su reducción a mero hecho interior donde se interrumpe su esencial declinar en el mundo.

BIBLIOGRAFÍA. Binswanger, L. (1946); Galimberti, U. (1979); Heidegger, M. (1927); Laing, R.D. (1959); Laing, R.D. (1967).

cognición (al. *Kognition*; fr. *cognition*; ingl. *cognition*; it. *cognizione*)

Con este término nos referimos a las funciones que permiten al organismo reunir información relativa a su ambiente, almacenarla, analizarla, valorarla, transformarla, para después utilizarla y actuar en el mundo circundante. En términos de objetivo la cognición permite *adaptar* el comportamiento del organismo a las exigencias del ambiente o *modificar* el ambiente en función de las propias necesidades. El análisis de las funciones cognoscitivas (percepción, inteligencia, razonamiento, juicio, memoria a corto y largo plazo, representaciones internas, lenguaje, pensamiento, saber) puede efectuarse en el nivel *estructural* cuando se desean explicar las "características" del funcionamiento, o en el nivel *dinámico* cuando se quieren explicar las "razones" de un cierto funcionamiento. En el

primer caso se adoptan métodos experimentales (*v.* **psicología experimental**), en el segundo métodos clínicos (*v.* **psicología clínica**) con fondo psicodinámico.

1] LAS FUNCIONES COGNOSCITIVAS. Bajo esta denominación se suelen abarcar las siguientes actividades:

a] La **percepción** (*v.*) mediante la cual se consigue un conocimiento directo de cierta realidad presente frente a nosotros. La percepción es una actividad estructurante porque las numerosas estimulaciones que a cada instante o en instantes inmediatamente sucesivos se llevan a cabo en los órganos de los sentidos, a su vez conectados a la **corteza cerebral** (*v.*), no dan lugar a la percepción de una multiplicidad de elementos, sino a un número limitado de objetos diferenciados más o menos claramente de un fondo indiferenciado. En el desarrollo perceptivo se suelen distinguir los *factores autóctonos* de cercanía espacial o temporal, de semejanza formal o cromática, de permanencia en la dirección, de simetría y otros que clasificó M. Wertheimer (*v.* **psicología de la forma**, § I, 2); la *experiencia pasada*, que permite orientarse en lo "indistinto", reconociendo unidades ya percibidas, como en el caso de una oración pronunciada sin pausas o escrita sin signos de puntuación; la *orientación subjetiva*, que destruye las estructuras formadas en la base de los factores autóctonos, para liberar a los elementos constitutivos que pueden ser utilizados después por nuevas estructuras perceptivas, como la formación de conjuntos en diferentes niveles de abstracción; las *propiedades funcionales* de los objetos, percibidos no sólo por su espesor material sino por su función, que con frecuencia manda a segundo plano la percepción de su materialidad, como en el caso de un libro percibido más por su función que por su forma material.

b] La **representación** (*v.*), que permite tener mentalmente presentes situaciones u objetos percibidos en algún momento pero en ese instante ausentes. La estructuración representativa se da por grados caracterizados por una fase en la cual las representaciones son *irreversibles*, en el sentido de que el niño logra pensar una cosa a la vez, y *preoperatorias*, porque se pasa de una a otra por pura asociación o simple requerimiento; sigue una fase en la cual las representaciones adquieren el carácter de la *reversibilidad* o de la *operabilidad*, que confieren a la realidad una organización estable que permite formular juicios correctos y hacer previsiones incluso en situaciones diferentes a las experimentadas hasta entonces; finalmente, una fase *formal* en la que la representación lleva a la construcción de una entidad no perceptible gracias a la consolidación de las actividades específicas de la inteligencia.

c] La *inteligencia*, que funciona en diferentes niveles de estructuración que le asignan un objetivo a la actividad: **semiótica** (*v*.), cuando el sujeto aprende a sustituir un objeto o una actividad con un signo, un símbolo, una señal (lenguaje, gestos), y a reconocer un objeto o una situación (significado) por algo que la anuncia o la representa (significante); **clasificación** (*v*., § 3), cuando el sujeto reúne en un "conjunto" algunos objetos que parecen equivalentes respecto a una o más propiedades; *seriación* que, a diferencia de las clasificaciones, donde el acento se pone en lo que es común, establece una comparación entre lo que distingue a objetos en relación: tamaño, calidad, peso; *cuantificación*, que opera una síntesis entre clasificación y seriación, introduciendo la noción de número, que permite el cálculo; *abstracción*, que permite un conocimiento del ambiente que ya no está ligado al objeto o a la situación concreta, sino a una reconstrucción interna realizada gracias a las operaciones formales, que son la deducción, que predice un caso particular a partir de un conocimiento general, la inducción, que infiere una situación general a partir de un hecho particular, y la trasducción de una característica a otra. En el paso de un nivel al otro no sólo se verifica un progreso adquisitivo de ciertas *capacidades de estructuración* que antes no estaban presentes, sino también un progreso en lo que se refiere al conjunto de los *conocimientos concretos* cuya adquisición va de la mano con la de las capacidades de estructuración que los hacen posibles. Este desarrollo está condicionado por tres factores: 1] la herencia y la madurez del sistema nervioso; 2] la acción del ambiente y de la cultura en el individuo; 3] la capacidad individual del sujeto para reaccionar a la modificación del ambiente, adaptarse a éste e introducir las estrategias desarrolladas en el patrimonio de comportamientos de que dispone.

2] Los estadios del desarrollo cognoscitivo. Los estudió J. Piaget, quien señaló cuatro:

a] *Estadio perceptivo motriz* (de 0 a 18 meses): el niño está dotado primero de unos pocos esquemas de comportamiento innatos, como succionar, aferrar –que Piaget llama "reflejos"–, sin ninguna comprensión de su entorno o de la forma de afrontarlo. En este período hay acciones repetidas sin ninguna finalidad y sin ningún interés por el efecto del comportamiento. Hacia el duodécimo mes el niño comienza a percibir objetos bien definidos y visibles y a utilizar otros objetos para eliminar a los primeros, que asumieron el papel de obstáculo. En este nivel la actividad estructurante es simple y se da instaurando relaciones de orden dinámico entre objetos perceptivamente presentes.

b] *Estadio preoperativo* (de 18 meses a 6 años): el niño comienza a servirse de esquemas simbólicos que le permiten reunir operativamente, en una clase, objetos semejantes, no con una operación abstracta, sino en la práctica y en el uso cotidiano. Gracias a la progresiva adquisición de una actividad representativa es capaz de tener presentes mentalmente objetos que formaron parte de una experiencia perceptiva previa, acontecimientos que ocurrieron después, desde hace poco tiempo, y por último anticipar acontecimientos que aún son lejanos temporalmente. Junto al plano de la realidad se desarrolla también el de la fantasía, como continuación de la experiencia de la realidad o como compensación de deseos que no se han cumplido en la realidad. La actividad representativa tiene los caracteres de la *irreversibilidad*, que no permite tener presentes dos fases diferentes de un proceso, sino "una cosa a la vez", con la imposibilidad para remontarse de la segunda a la primera, y de la *preoperatividad*, porque cuando entre dos fases existe un nexo éste es casual o está mezclado con elementos fantásticos donde "una idea jala a la otra". En esta fase el niño no tiene una clara separación entre realidad objetiva y realidad subjetiva, por lo que es *egocéntrico* en el sentido de que cuando habla con los demás no tiene conciencia de que éstos pueden tener puntos de vista diferentes a los suyos o pueden saber cosas distintas de las que él sabe; es *animista*, con tendencia a atribuir a los objetos características que son suyas, como la conciencia o la intencionalidad, con la consiguiente incapacidad para distinguir entre cosas animadas e inanimadas; y *ar-*

tificialista, incapaz de diferenciar los objetos naturales de los artificiales.

c] *Estadio de las operaciones concretas* (de 6 a 11 años). Se observa una diferenciación de los niveles de la realidad objetiva y fantástica con la consiguiente reducción del egocentrismo, del animismo y del artificialismo. Las explicaciones de los acontecimientos físicos en función del propósito son remplazadas por las causales porque el niño adquiere la **reversibilidad** (*v.*, § 2) de los procesos, que permite remontar el acontecimiento a las condiciones que lo generaron. Esto se acompaña de la representación mental de la secuencia de las operaciones y de las acciones que intenta realizar, alcanzando progresivamente las nociones de inclusión en una clase, de seriación y de separación. En este estadio Piaget demostró de modo experimental que el niño comienza a adquirir las *relaciones espaciales* en términos de cantidad, distancia, longitud, superficie, peso, volumen, y las *relaciones temporales* en términos de duración, reconocida de modo cuantitativo cualquiera que haya sido la experiencia subjetiva del tiempo transcurrido de manera placentera o aburrida.

d] *Estadio de las operaciones formales* (de 11 a 13 años). Se asiste a una consolidación de las *invariables* espaciales y temporales que el niño aprendió a conocer en los últimos años del estadio preoperativo; aparece la capacidad de asumir como punto de partida de un razonamiento situaciones que no tienen una realidad perceptiva o que sólo son posibles, con la consiguiente idoneidad para adoptar en el razonamiento *procedimientos deductivos e inductivos*; y, en fin, aparece la capacidad de anticipar las primeras hipótesis científicas mediante el aislamiento de las variables pertinentes de la demostración lógica, hasta la capacidad de reflexionar sobre los propios procesos de pensamiento, que Piaget considera la quintaesencia del desarrollo cognoscitivo.

Por lo que se refiere a la contribución del *lenguaje* que, respecto al desarrollo cognoscitivo, permite organizar primero el mundo percibido y después el mundo lógico en forma cada vez más rigurosamente codificada, así como a la diferencia entre la hipótesis de Piaget y la de L.S. Vygotsky, para quien lenguaje y pensamiento tienen dos "raíces genéticas" diferentes, por lo que el niño puede usar formas primitivas de lenguaje para comunicar estados fisioló-

gicos o emotivos, o para llamar la atención, sin expresar un contenido preciso de pensamiento, véase la voz **lenguaje**, 3.

3] LA DINÁMICA DEL DESARROLLO COGNOSCITIVO. El paso de un estadio más simple a uno más complejo lo ilustró Piaget mediante la dialéctica entre procesos de asimilación y procesos de acomodación, mientras el desarrollo de conocimientos específicos se efectúa por medio de la constitución de situaciones cognoscitivas problemáticas.

a] *La dialéctica asimilación-acomodación* prevé la intervención de dos mecanismos: la *asimilación*, que es la incorporación de un nuevo objeto o idea en el esquema mental del que dispone el sujeto, y la *acomodación*, que es la tendencia a producir nuevos esquemas mentales para la integración de nuevos datos de la experiencia. De esta manera encontramos asimilación cuando la realidad o el problema se presenta en un nivel perceptivo, representativo o intelectivo más complejo y articulado de como lo había percibido, representado o entendido el sujeto; existe acomodación cuando el sujeto adopta un esquema nuevo porque el anterior se revela insuficiente. Piaget habla de *equilibramiento* cuando los procesos de asimilación y acomodamiento tienen una dinámica tal que el sujeto, sea niño o adulto, está satisfecho de sus propias experiencias cognoscitivas porque éstas la proporcionan explicaciones satisfactorias y coherentes de lo que sucede alrededor de él.

b] *La problematización* se efectúa mediante la ruptura del equilibrio, que puede ser *espontánea*, cuando el sujeto percibe una laguna o una contradicción entre unos datos y otros; *provocada*, cuando se demuestra que el problema es más complejo respecto a la solución dada y considerada satisfactoria. En ambos casos se crea una situación de desequilibrio y de tensión que L. Festinger llamó **disonancia cognoscitiva** (*v.*), que favorece las capacidades de estructuración o la adquisición de nuevos conocimientos para poder superarla.

4] LAS CONDICIONES DEL DESARROLLO COGNOSCITIVO. Para favorecer el desarrollo cognoscitivo intervienen diferentes factores que examinó G. Petter, quien así los clasifica:

a] El crecimiento del niño se efectúa entre adultos que presentan estructuras mentales más complejas y conocimientos mayores, que constituyen un buen terreno de requerimientos para la diferenciación de las estructuras mentales.

b] Además el niño está sometido a una educación intencional, orientada en forma psicológicamente adecuada, que estimula su deseo de exploración y de conocimiento.

c] Tiene la posibilidad de desarrollar, a partir del primer año de vida, una rica actividad imitativa que lo lleva a la adquisición de muchos esquemas mentales.

d] El juego de carácter simbólico lo entrena para utilizar objetos como símbolos de otros objetos no directamente presentes, favoreciendo la capacidad representativa y la evocación analítica de situaciones ya vividas.

e] La riqueza y la variedad de las relaciones sociales con coetáneos y con adultos favorecen el desarrollo cognoscitivo mediante la comparación entre la forma propia de enfrentar los problemas y la forma en que ve que los enfrentan los demás.

f] La constatación de la discordancia entre el juicio o la previsión, por un lado, y el resultado, por el otro, favorece el surgimiento de situaciones problemáticas que llevan a una corrección de las propias valoraciones.

g] Finalmente, el progresivo enriquecimiento del lenguaje permite un análisis más detallado y un grado de refinamiento en la percepción de lo real que lleva a una diferenciación significativa de los datos y su posible combinación. A estas condiciones, que son cualitativamente homogéneas a la actividad cognoscitiva, se agregan las que corresponden a la esfera afectiva, objeto de estudio en la **psicología dinámica** (*v.*).

BIBLIOGRAFÍA: Bruner, J.S. (1973); Bruner, J.S. *et al.* (1956); Dennet, D.C. (1978); Di Estefano G. (coord.) (1973); Festinger, L. (1957); Gardner, H. (1983); Gardner, H. (1985); Marsicano, S. (1991); Minsky, M. (1986); Morin, E. (1986); Neisser, U. (1967); Petter, G. (1972); Piaget, J. (1923); Piaget, J. (1926); Piaget, J. (1936); Piaget, J. (1947); Piaget, J. (1953); Vygotsky, L.S. (1926); Vygotsky, L.S. (1934); Vygotsky, L.S. (1934).

cognoscitiva, terapia (al. *Kognitive Therapie*; fr. *thérapie cognitive*; ingl. *cognitive therapy*; it. *terapia cognitivista*)

Forma de psicoterapia centrada en las distorsiones del pensamiento respecto a lo que la mayor parte de los individuos consideraría una forma realista de pensar y de interpretar la realidad. A.T. Beck, que es el mayor representante de la terapia cognoscitiva, considera la depresión, por ejemplo, como una distorsión de lo que él llama la "tríada cognoscitiva", que consiste en: 1] expectativas negativas respecto al ambiente; 2] una opinión negativa de sí; 3] expectativas negativas para el futuro, por lo que, escribe Beck, "las experiencias de vida del paciente activan los *esquemas cognoscitivos* que hablan del término de la pérdida. Los diferentes fenómenos emotivos, motivacionales, del comportamiento y vegetativos de la depresión se derivan de estas valoraciones negativas de sí" (1976: 129). El objetivo de la terapia cognoscitiva es de eliminar las distorsiones cognoscitivas para favorecer un tipo de pensamiento más realista.

Afín a la terapia cognoscitiva es la *terapia racional-emotiva*, según la cual en la base de las diferentes formas psicopatológicas existe en el sujeto una convicción irracional, como por ejemplo la de tener que ser siempre amado y aprobado por los demás. También en este caso es necesario modificar la idea distorsionada con el método del "adiestramiento para la autoinstrucción" que consiste en educar al paciente para que contraste por sí mismo sus propias convicciones distorsionadas con juicios más apropiados.

BIBLIOGRAFÍA: Beck, A.T. (1967); Beck, A.T. (1976); Guidano, V.F. y M.A. Reda (1980).

cognoscitivismo (al. *Kognitivismus*; fr. *cognitivisme*; ingl. *cognitivism*; it. *cognitivismo*)

Corriente de la psicología contemporánea que, en oposición al **conductismo** (*v.*), concibe la mente no como un receptor pasivo de las informaciones que llegan de los estímulos ambientales, sino como un cerebro electrónico activo que continuamente verifica la congruencia entre su proyecto de comportamiento y las condiciones objetivas existentes, filtrando las informaciones y autocorrigiéndose, como sucede con los servomecanismos de tipo cibernético. El cognoscitivismo, aparecido en los años sesenta con las investigaciones de U. Neisser, que hizo la primera formulación teórica en *Psicología cognoscitiva* (1967), ha visto un florecimiento de las investigaciones con A. Collins, G.A. Miller, D. Norman, G. Mandler, D.E. Rumelhart, J.S. Bruner, para desembocar en un primer *corpus* doctrinal con H. Gardner en *La nueva ciencia de la mente* (1985) y con M. Minsky, *La sociedad de la mente* (1986), donde la postura cognoscitivista, que reconoce su deuda con la filosofía a partir del *Menón* de Platón hasta el *Tractatus logico-philosophicus* de L. Wittgenstein, pasa por la *psicología científica* del siglo XIX y del XX, la **antropología** (*v.*), sobre todo por lo que se refiere al estudio de la mente de los primitivos, la **neuropsicología** (*v.*), con especial atención a los problemas de la **localización** (*v.*) y del **holismo** (*v.*), la *informática* (*v.* **información, teoría de la**) y la **cibernética** (*v.*), para el estudio de la inteligencia artificial. A partir de estas premisas se puede comprender cómo el cognoscitivismo no es una escuela psicológica sino una orientación que se remonta a las diferentes corrientes y escuelas psicológicas, oponiéndose en especial al conductismo, del que rechaza la relación estímulo-respuesta, para sustituirla con la hipótesis de que el organismo, lejos de ser un receptor pasivo, funciona de manera activa y selectiva respecto a los estímulos ambientales, siguiendo un preciso proyecto de comportamiento.

Las influencias culturales reconocidas por el cognoscitivismo son la *psicología del acto*, que inició F. Brentano (*v.* **acto**, § 1) quien, en polémica con las concepciones empiristas y asociacionistas, sostenía una función constructiva y selectiva de la percepción y de la memoria, en la base de la original intencionalidad de la conciencia; la *informática* y la *cibernética* que, además de ofrecer un lenguaje nuevo a la psicología, ponen a su disposición un modelo que permite concebir la mente como un sistema complejo capaz de elaborar informaciones y llevar a cabo elecciones entre los elementos que entran (*input*), operando una serie de transformaciones y de decisiones hasta la salida (*output*), que dependen de la elaboración cumplida, y no predeterminada desde el principio por los estímulos ambientales, con las consiguientes respuestas por parte del sujeto. A la coordinación elemental estímulo-respuesta la sustituye el cognoscitivismo con la nueva unidad global denominada

TOTE (*v.*), por las iniciales de los términos ingleses *test-operate*, *test-exit*, o "plano de comportamiento", según la cual el sujeto interactúa con el ambiente, no limitándose a recibir pasivamente los requerimientos, como prevé el conductismo, sino comprobando a intervalos de 500 µs, como lo demostraron las pruebas experimentales de M. Craik, la congruencia entre el propio plan de comportamiento y las condiciones ambientales.

Además de las investigaciones realizadas con programas para computadoras como simuladores de los procesos mentales superiores, el cognoscitivismo recuperó: 1] los métodos experimentales basados en la introspección que introdujo el **elementarismo** (*v.*) de W. Wundt y de E.B. Titchener, considerados por años, sobre todo por los conductistas, científicamente inatendibles; 2] las técnicas de medición de los tiempos de reacción, como indicadores de las operaciones mentales subyacentes; 3] el análisis de los protocolos en los que el sujeto relata verbalmente al experimentador lo que está haciendo mientras se ocupa de una tarea; 4] las diferentes modalidades con las que son descifrables: **percepción** (*v.*), **memoria** (*v.*), **atención** (*v.*) estado de alerta (*v.* **conciencia**, § 2), razonamiento, reinterpretado en la fórmula del *problem solving* (*v.* **problema**), y sobre todo el **lenguaje** (*v.*) que influye especialmente en la psicolingüística (*v.* **lingüística**, § 3) que, después de la elaboración cognoscitivista de las enseñanzas de N. Chomsky, desplazó su interés del mensaje lingüístico al usuario del mensaje; 5] la **simulación** (*v.*, § 1) de procesos mentales superiores por medio de programas de cómputo, mostrando por vía experimental que, a diferencia de la computadora, la mente es capaz de resolver problemas incluso cuando las informaciones de que dispone están incompletas o equivocadas, por lo que entre mente y computadora se pueden evidenciar relaciones de analogía, pero no es posible pensar en una reducción de la una a la otra.

H. Gardner fijó en cinco puntos clave los límites y las perspectivas del cognoscitivismo. 1] *Representación*: "Ante todo está la convicción de que, al hablar de las actividades cognoscitivas humanas, es necesario hablar de representaciones mentales y poner un nivel de análisis por completo separado del nivel biológico o neurológico, por un lado, y del sociológico o cultural, por el otro" (1985: 18). La razón está en el hecho de que la representación se encuentra en una posición intermedia entre *input* y *output*, y como tal se presta al estudio de las operaciones de unión, transformación, selección, elección del material representado. 2] *Computadora*: "La *computadora* elimina, en primer lugar la función de una 'prueba de existencia'; si de una máquina fabricada por el hombre se puede decir que razona, que tiene objetivos, que es capaz de corregir su propio comportamiento, de transformar su propia información y cosas semejantes, sin duda los seres humanos merecemos ser caracterizados de la misma manera" (1985: 54). 3] *Redimensionar las emociones*: "El tercer carácter de la ciencia cognoscitiva es la decisión deliberada de poner entre paréntesis ciertos factores que pueden ser importantes para el funcionamiento cognoscitivo, pero cuya discusión complicaría hoy, sin ninguna necesidad, la labor de la ciencia cognoscitiva. Entre ellos figura la influencia de factores afectivos o emocionales, la contribución de factores históricos y culturales y la función del contexto general en cuyas particulares acciones o pensamientos se verifican" (1985: 18). 4] *Interdisciplinaridad*: "Actualmente la mayor parte de los científicos cognoscitivistas vienen de las filas de disciplinas específicas, en especial filosofía, psicología, inteligencia artificial, lingüística, antropología y neurociencias. Se espera que un día los límites entre estas disciplinas puedan atenuarse o tal vez desaparecer completamente, para que exista una sola ciencia cognoscitiva unificada" (1985: 18-19). 5] *La filosofía clásica*: para H. Gardner es la matriz de la ciencia cognoscitiva: "Las discusiones de problemas llevadas a cabo por los filósofos griegos, así como las de sus sucesores del período iluminista, tienen un lugar relevante en muchas páginas de la bibliografía de la ciencia cognoscitiva. No pretendo decir con esto que tales problemas tradicionales hayan sido expresados necesariamente en la mejor forma, ni que puedan ser resueltos, sino más bien que sirven como lógico punto de partida para investigaciones en el campo de la ciencia cognoscitiva" (1985: 57).

BIBLIOGRAFÍA: Anderson, J.R. (1980); Bara, B.G. (1990); Bruner, J.S. (1983); Caramelli, N. (coord.) (1983); Ceruti, M. (1989); Collins, A. (1977); Dennet, D.C. (1978); Erdelyi, M.H. (1985); Gardner, H. (1983); Gardner, H. (1985); Lindsay, P.H. y D.A., Norman (1977); Mandler, G. (1981); Miller, G.A. (1979); Miller, G.A., E. Galanter, y K.H. Pribram (1960); Minsky, M. (1986); Morin, E. (1986); Neisser, U. (1967); Norman, D. (1980); Rumelhart, D.E. y A. Summerfield (coord.) (1977).

coherencia (al. *Kohärenz*; fr. *cohérence*; ingl. *coherence*; it. *coerenza*)

Llamada también *congruencia*, la coherencia manifiesta la ausencia de contradicciones dentro de un sistema, con la consiguiente compatibilidad de las partes que lo componen. En psicología se habla de coherencia en el nivel *perceptivo*, cuando mediante los "factores de coherencia", como la proximidad espacial, la semejanza, la diferenciación figura-fondo, es posible llegar desde una multiplicidad sin relación hasta una unidad (v. **psicología de la forma**, § I, 2), y en el nivel *cognoscitivo*, cuando se comprueba que cada individuo tiende a la compatibilidad entre sus opiniones y su comportamiento. Recordaremos a este propósito: a] *la teoría de la coherencia cognoscitiva* que elaboró L. Festinger, según la cual los elementos cognoscitivos pueden ser irrelevantes, consonantes o disonantes. En el caso de la **disonancia cognoscitiva** (v.) el individuo reacciona cambiando sus opiniones o modificando su comportamiento. La coherencia cognoscitiva incide en la toma de decisiones, en la exposición a las informaciones, en la búsqueda del apoyo social y en la actuación en condiciones de aceptación forzosa. Este último caso es especialmente relevante para la promoción del **cambio** (v.) en personas obligadas a la aceptación forzosa que después evolucionan en presencia de la disonancia cognoscitiva que el consenso forzado produce. b] *La teoría de los estados equilibrados* de F. Heider según la cual hay coherencia entre unidades cognoscitivas y sentimientos negativos o positivos que se prueban en relación con otras personas. Cuando el equilibrio se perturba por la adquisición de otras unidades cognoscitivas existe una tendencia a volver al equilibrio de los estados emotivos. Al mismo principio de la coherencia se remiten el *prin-*

cipio de la congruencia, de C.E. Osgood y el *análisis de los actos comunicativos*, de T.M. Newcomb.

BIBLIOGRAFÍA: Amerio, P., E. Bosotti y F. Amione (1978); Festinger, L. (1957); Heider, F. (1958); Newcomb, T.M. (1953); Osgood, C.E., *et al.* (1957); Secord, P.F. y C.W. Backman (1961).

cohesión *v.* GRUPO § II, 3; PSICOLOGÍA SOCIAL, § 4, *a*; MATRIMONIO.

cohortes, análisis de las (al. *Kohortenanalyse*; fr. *analyse des cohortes*; ingl. *analysis of cohorts*; it. *analisi delle coorti*)

Investigación transversal (*v.* **longitudinal-transversal, investigación**, § 2) de la variabilidad interindividual dentro de un grupo de individuos que tienen en común determinadas constantes. En psicología nos ocupamos sobre todo de la *cohorte de nacimiento*, con el fin de evaluar las diferencias entre individuos nacidos en el mismo intervalo de tiempo, como también de las diferencias entre sujetos que tienen una edad cronológica distinta y en los cuales las diferentes experiencias históricas vividas se revelan en diferencias típicas del comportamiento.

BIBLIOGRAFÍA: Baltes, P.B., S.W. Cornelius y J.R. Nesselroade (1978); Ryder, N.B. (1985).

coinema

Término que introdujo F. Fornari para indicar "las unidades mínimas del significado afectivo, entendidas como capacidad afectiva innata común a todo hombre" (1979: 16). La palabra, tomada del griego κοινός que significa "común", y de la que deriva también la palabra "comunicación", es el homólogo, en el plano afectivo, de lo que es *fonema* en el lingüístico. "El estatuto psíquico de los síntomas neuróticos de los sueños y de los lapsus –escribe Fornari– pasa a través de la relación expresión-contenido, y por lo tanto tiene, en definitiva, un estatus lingüístico. Reconocer los síntomas, los sueños, los lapsus, como si tuvieran un "significado", como "expresión de un contenido", y como favorecidos por una "intención", permitió a Freud aventu-

rarse en el campo del significado de los afectos, es decir en el campo de la *semiosis afectiva*, desprendiendo el trastorno psíquico de la tradición médica, para anclarlo en el lenguaje [...]. Partiendo de las invariables afectivas que presiden el simbolismo onírico se llega a postular unidades elementales del significado afectivo, comparables a las unidades elementales sonoras (fonemas) [...]. La teoría coinémica se propone llegar a explicar hechos empíricos, y justamente el coeficiente de semiosis afectiva implícita en cada frase [...]. Mediante la metapsicología coinémica el psicoanálisis elabora una teoría general de la semiosis afectiva como parte esencial de todo proceso de semiosis, en el sentido de que cada proceso de significación se postula como si siempre implicara también un significado de afectos regulado por códigos. Pero si la significación de los afectos es inherente siempre al lenguaje humano, la clarificación de la semiosis afectiva puede volverse propedéutica a una teoría general de la estructura profunda del lenguaje humano" (1979: 12-14; *v.* **lenguaje**, § 4, *e*). Por lo que se refiere a la relación entre coinema y producción artística, véase la voz **psicología del arte**, § 2, *e*.

BIBLIOGRAFÍA: Fornari, F. (1978); Fornari, F. (1978).

coito *v.* CÓPULA.

coleccionismo (al. *Sammlerung*; fr. *collectionnisme*; ingl. *collecting*; it. *collezionismo*)

Tendencia a reunir, clasificar y catalogar por una necesidad en ocasiones forzosa de orden y de sistematicidad. La mayor parte de las veces, en efecto, no es decisivo lo que se recoge, sino la sistematización de lo reunido. Si en el niño esta actividad favorece el conocimiento de los objetos y las operaciones de comparación y clasificación mediante analogías, diferencias y escalas (*v.* **cognición**, § 1, *c*), en el adulto se interpreta como un síntoma vinculado al erotismo anal, con el cual se relaciona la necesidad de control y de conservación. K. Abraham hace ver que esta sutil unión entre coleccionismo y erotismo se percibe incluso en el lenguaje común: "Con refinada sensibilidad para estas conexiones psicológicas, la lengua alemana llama a quien no ahorra sacrificios para obtener el objeto deseado *Liebhaber* (amador), y por lo tanto lo asimila a quien corteja a una mujer. La especie más marcada de 'amador' es el coleccionista" (1908: 208-209).

BIBLIOGRAFÍA: Abraham, K. (1908); Jones, E., (1948).

colectiva, psicología
v. PSICOLOGÍA DE MASAS.

colectivo (al. *Kollektiv*; fr. *collectif*; ingl. *collective*; it. *collettivo*)

Adjetivo sustantivado utilizado para indicar el conjunto de las normas, valores y comportamientos más o menos compartidos y difundidos en un grupo social. En *filosofía* M. Heidegger distinguió, a partir de la forma colectiva de vivir, la existencia auténtica de la inauténtica, que no surge del colectivo sino que se atiene a la "dictadura del sí" impersonal (*v.* **autenticidad-inautenticidad**). En *antropología* han hablado de representaciones colectivas É. Durkheim, a propósito de las representaciones que definen valores, ideas y prácticas que establecen un orden social y facilitan la comunicación entre los miembros del grupo (*v.* **representación**, § 3), y L. Lévy-Bruhl, al referirse a las representaciones "que son comunes a los miembros de un determinado grupo social, que se transmiten de generación en generación, que se imponen a los individuos y suscitan en ellos, según los casos, sentimientos de respeto, de temor, de adoración, etc., por sus objetos" (1910: 32; *v.* **antropología**, § 2).

A partir de las representaciones colectivas de Lévy-Bruhl, C.G. Jung, en el ámbito de la *psicología analítica*, llama "colectivo a todos aquellos contenidos psíquicos que no son algo característico de un solo individuo sino, simultáneamente, de muchos; es decir a una sociedad, a un pueblo o a la humanidad" (1921 [1950: 490]). A partir de aquí Jung distingue, además de una conciencia y un inconsciente personales, una conciencia y un inconsciente colectivos. La *conciencia colectiva* está constituida por el conjunto de valores, normas, prejuicios, costumbres y tradiciones de una colectividad

humana, como una civilización o un grupo más restringido, al que el individuo se uniforma, más o menos conscientemente, orientando sus propios comportamientos, opiniones, emociones, sobre la base de los principios compartidos. El *inconsciente colectivo* constituye una especie de tanque en el que se deposita la experiencia acumulada de la especie humana en el curso de la historia, por lo que, junto a los contenidos inconscientes personales, "hay –según Jung– otros que no proceden de adquisiciones personales, sino de la posibilidad heredada del funcionar psíquico, esto es, de la estructura cerebral heredada. Son las conexiones mitológicas, los motivos e imágenes que en todo momento y donde quiera pueden reaparecer sin tradición histórica ni migración previa" (1921 [1950: 533]; *v.* **inconsciente**, § 3, *b* y **psicología analítica**, § 3).

El proceso de **individuación** (*v.*) que Jung indica como meta del desarrollo psicológico consiste, entre otras cosas, en llevar a conciencia los contenidos colectivos para poderse diferenciar; en efecto, "si tales contenidos quedan inconscientes, el individuo, inconscientemente, está mezclado con otros individuos; en otras palabras, no está diferenciado, no está individualizado" (1928: 222). La **diferenciación** (*v.*) de lo colectivo no se debe entender como una elección individualista que se contrapone a las exigencias de la colectividad, sino como "un mejor y más completo cumplimiento de los destinos colectivos del hombre, ya que una adecuada consideración de la singularidad del individuo favorece una mejor prestación social de cuanto resulte si tal singularidad es descuidada o reprimida. La singularidad del individuo, en efecto, no debe entenderse absolutamente como heterogeneidad de su sustancia o de sus partes, sino más bien como una irrepetible combinación o gradual diferenciación de funciones y facultades que en sí y por sí son universales" (1928: 173). En el inconsciente colectivo se pueden encontrar los **arquetipos** (*v.*), definidos a veces como *formas a priori* de la imaginación humana, y en otras ocasiones como *contenidos* imaginables comunes a la experiencia psíquica de la humanidad y que condicionan el destino de la psique individual.

BIBLIOGRAFÍA: Durkheim, É. (1898); Heidegger, M. (1927); Jung, C.G. (1921); Jung, C.G. (1928);

Jung, C.G. (1934-1954); Lévy-Bruhl, L. (1910); Lévy-Bruhl, L. (1922).

cólera (al. *Zorn*; fr. *colère*; ingl. *anger*; it. *collera*)

Llamada también *ira*, la cólera, que debe distinguirse del **odio** (*v*.), es un estado emotivo-afectivo caracterizado por una creciente excitación que se manifiesta de modo verbal y/o motor y que puede culminar en comportamientos agresivos y destructivos en la confrontación con objetos, con otras personas, e incluso con el individuo mismo. En los niños hasta los 5 o 6 años las crisis de cólera son bastante frecuentes y contituyen una forma normal de oposición a los requerimientos y a las prohibiciones de los padres, o un instrumento de chantaje afectivo hacia ellos. Después de la primera infancia la perduración de las reacciones de cólera puede ser indicio de la existencia de trastornos de carácter afectivo. Según J. Breuer y S. Freud el aumento de la excitación que se verifica en la cólera con frecuencia se compensa mediante una descarga motriz, como por ejemplo un discurso, una acción o el llanto. Mientras algunas de tales reacciones pueden provocar un cambio de la situación, otras no tienen ninguna utilidad más que la de restablecer el equilibrio psíquico y hacer que la excitación vuelva al nivel inicial. En los casos en que sean inhibidos los comportamientos inmediatos de descarga motriz, escriben Breuer y Freud, "transportamos la excitación de la cólera de la reacción adecuada a otra y nos sentimos aligerados cuando es consumida mediante alguna inervación motriz intensa" (1892-1895 [1976: 213-214]).

BIBLIOGRAFÍA: Freud, S. (1892-1895).

colitis ulcerosa (al. *Colitis ulcerosa*; fr. *colite ulcéreuse*; ingl. *ulcerative colitis;* it. *colite ulcerosa*)

Inflamación aguda o crónica, parcial o generalizada, del colon. Para determinar el trastorno se han considerado factores alérgicos, genéticos, neurógenos, nutricionales, inmunológicos, infecciosos y psicosomáticos. Desde el punto de vista psicológico se han subrayado las peculiaridades simbióticas que caracterizan las relaciones del paciente con una figura clave, que con frecuencia es la madre, respecto a la cual desarrolla un sentimiento de extrema dependencia y una necesidad incolmable de atención y afecto. Cuando las condiciones de la realidad no satisfacen esta necesidad, se manifiesta un índice de ansiedad intolerable que desencadena la situación somática.

BIBLIOGRAFÍA: Alexander, F. (1950).

coloquio
v. ENTREVISTA

color (al. *Farbe*; fr. *couleur*; ingl. *colour*; it. *colore*)

Los colores se pueden definir desde un punto de vista *físico* respecto a su naturaleza, *fisiológico* respecto a los procesos que permiten la percepción y *psicológico* respecto a los significados emocionales y simbólicos que los diferentes colores adquieren en términos culturales e individuales.

1] PSICOFÍSICA DEL COLOR. Desde el punto de vista físico los colores son una especificación de la energía radiante, más precisamente las diferentes longitudes de onda del espectro electromagnético, que varía de más o menos 380 a 750 mμ. Además de la longitud de la onda, llamada *frecuencia*, son importantes, para los fines de la visión, la *intensidad*, proporcionada por la amplitud de onda, y la *pureza*, proporcionada por la composición espectral de la radiación. Respecto a los colores se hace referencia a tres atributos: *a*] la *tonalidad*, por la que se distingue un amarillo de un naranja o de un rojo. Esta característica es correlativa a una determinada banda de longitud de onda, pero se puede obtener también mediante fusión de dos o más longitudes de onda diferentes. Las tonalidades distinguibles por el ojo humano oscilan entre 200 y 250; *b*] la *claridad* o *luminosidad*, que proporciona la intensidad del estímulo luminoso, aunque se altera por variaciones de la longitud de onda, por lo que, por ejemplo, a igualdad de energía luminosa, los objetos verdes tienden a parecer de un gris más claro que los azules en la visión nocturna (efecto de Purkinje); *c*] la *saturación*, en la que se manifiesta la presencia de la tonalidad, aunque no está unida sólo a la homogeneidad de las radiaciones cromáticas sino que varía también con la longitud de onda y con la intensidad.

Entre los numerosos modelos estereométricos ideados para representar de manera ordenada todas las impresiones cromáticas, tomando en consideración las tres principales dimensiones fenoménicas –tonalidad, claridad y saturación–, recordamos: *a*] el *triángulo de los colores* donde los diferentes grados de saturación de un color pueden estar dispuestos para cubrir un área triangular cuya base está constituida por la escala de la luminosidad. El modelo resulta triangular porque, mientras la máxima saturación para cada color se tiene en correspondencia con una claridad media, la saturación disminuye progresivamente en presencia de un aumento o de una disminución de la luminosidad, hasta que el elemento cromático se anula cuando la claridad corresponde a la del blanco o a la del negro; *b*] el *cuadrado de los colores*, que toma este nombre porque las diferentes tonalidades están ordenadas a lo largo de los lados de un cuadrado ideal en cuyos vértices están los cuatro colores fundamentales (rojo, amarillo, verde, azul), mientras que en los lados se encuentran las tonalidades fenoménicamente intermedias entre dos colores fundamentales adyacentes. Siguiendo el mismo criterio, en lugar de usar un cuadrado se puede utilizar el círculo, como en el círculo de los colores de Hering; *c*] el *octaedro de los colores*, llamado también octaedro de Ebbinghaus, con forma de doble pirámide cuyos vértices están unidos por un haz central donde se colocan todas las tonalidades acromáticas del blanco al negro. La base común de las dos pirámides está constituida por el cuadrado de los colores y en los vértices están el rojo, el amarillo, el verde y el azul saturados al máximo. Ya que la saturación disminuye con el aumento y la reducción de la luminosidad, hacia arriba y hacia abajo se reduce también la distancia del haz central de los grises.

2] FISIOLOGÍA DE LA VISIÓN DE LOS COLORES. De las células retinales que actúan como fotorreceptores sólo los conos sirven en la visión diurna, permitiendo ver a color y ver tanto los acromáticos –el blanco, el negro y el gris intermedios– como los *cromáticos* –el rojo, el amarillo, el verde, el azul (*v*. **visual, aparato**, § 1-3). La investigación experimental todavía no ofrece una explicación universalmente aceptada de la codificación cromática. Las hipótesis mejor acogidas son *a*] la *teoría tricromática de Young-Helmholtz*, que postula la existencia de tres tipos de conos, cada uno de los cuales contiene un pigmento visual diferente que, aunque reacciona a todas las longitudes de onda, tiene una sensibilidad máxima para una de las tres longitudes correspondientes al rojo, al amarillo y al azul; *b*] la *teoría cuatricromática de Hering-Müller* conjetura también la existencia de tres pigmentos ópticos pero correspondientes a las parejas de colores complementarios rojo-verde, amarillo-azul y blanco-negro, que funcionarían de forma antagónica: a la asimilación de las sustancias visuales provocada por determinadas longitudes de onda correspondería la experiencia visual del verde, del azul y del negro, mientras a la desasimilación de tales sustancias correspondería la experiencia del rojo, del amarillo y del blanco. Además de estas dos teorías se formularon otras con la intención de llegar a un sistema único capaz de explicar todos los fenómenos cromáticos normales y patológicos, pero ninguno de tales intentos resultó hasta ahora plenamente satisfactorio.

3] TRASTORNOS EN LA VISIÓN DEL COLOR. La ceguera a los colores puede ser total y entonces se habla de *acromasia* (llamada también *acromatopsia*, *acromatismo* o *monocromatismo*), o bien parcial, y en este caso se distinguen la *dicromasia* (llamada también *dicromatismo*), en la cual dos de los pigmentos ópticos son eficientes mientras el tercero falta por completo, y la *tricromasia* (llamada *tricromatismo*), en la que los tres pigmentos del receptor están presentes en la retina, pero todos o uno de ellos con eficiencia fisiológica baja.

Si se toma como referencia la *teoría tricromática* que prevé un primer pigmento (amarillo), un segundo (verde) y un tercero (azul), se habla de *discromatopsia*, cuyas subespecies son la *protanomalía*, la *deuteranomalía* y la *tritanomalía* para indicar que la sensibilidad a los colores correspondientes es limitada; si en cambio está ausente por completo se habla de *anopsia*, cuyas subespecies son la *protanopia*, la *deuteranopia* y la *tritanopia*.

Si se parte de la *teoría cuatricromática*, se habla de *dicromatismo*, pues la experiencia cromática estaría limitada a sólo dos longitudes de onda. Se distinguen dos tipos de dicromatismo: uno consiste en la ceguera al rojo-verde y otro en la ceguera al amarillo-azul. El primero, llamado también *daltonismo* por su descubridor, el químico J. Dalton (1766-1844), que lo padecía, tiene como subespecies la *protanopia*, una ceguera más acentuada al rojo, y la *deuteranopia*, más acentuada al verde. En ambos casos se está ante la presencia de una baja luminosidad de la porción del espectro que corresponde a la mayor longitud de onda de los dos colores antagonistas, con la consiguiente incapacidad de distinguir el gris de lo que a la observación común aparece como rojo y verde. La segunda forma de dicromatismo tiene como subespecie la *tritanopia* y la *tetratanopia*, cuya ceguera se refiere a los colores antagonistas amarillo-azul, con la consiguiente incapacidad para distinguirlos del gris; esta forma también se llama *xantocianopsia*.

La ceguera a los colores es de origen hereditario; está determinada por un gen recesivo ligado al sexo, y ataca con mayor frecuencia a los hombres que a las mujeres. Se conocen también cegueras al color adquiridas, determinadas por lesiones de diferente naturaleza a los órganos del aparato visual (*v.* **agnosia**, § 5), o de envenenamientos, como en el caso de la *xantopsia*, cuando todos los objetos parecen pintados de amarillo después de ingerir fenacetina o santonina. Desde el punto de vista psicológico la ceguera a los colores no da lugar a verdaderas perturbaciones, sino sólo a limitaciones en las actividades vinculadas a la percepción cromática. Las diferentes formas de ceguera a los colores y los errores de visión cromática pueden comprobarse por medio de pruebas de discriminación, entre las que recordamos el *test de Ishihara*, que consiste en tablas con figuras o números constituidos por manchas puntiformes que se destacan en un fondo caracterizado por colores contrastantes elegidos de manera que la ceguera a los colores, basándose en el defecto específico, no permite distinguir determinadas figuras, mientras se destacan otras que escapan a la observación normal, y el *test de Nagel*, que consiste

en 16 tablas entre las que el sujeto que se somete al test debe aislar todas las que no contengan los colores que, basándose en el tipo de dicromatopsia, no son vistos o son difícilmente distinguibles.

4] LOS SIGNIFICANTES EMOTIVOS Y SIMBÓLICOS DEL COLOR. No obstante las diversas interpretaciones que se encuentran en las diferentes culturas y épocas históricas, los colores representan, en toda área geográfica y en todo nivel de conocimiento, una de las referencias más significativas de la interpretación simbólica del mundo externo e interno. Para cada cultura y para cada individuo cada color asume cierto significado y ejerce cierto efecto vinculado a imágenes, contenidos, figuraciones, que el sujeto percibe aunque no conozca. W. Kandinsky define el *rojo* "vivo, encendido, inquieto"; su significado simbólico se une fundamentalmente con el tema de la energía vital. En el polo opuesto encontramos el *azul* que J.W. Goethe define como "una nada excitante, una contradicción compuesta de excitación y paz". El *amarillo*, siempre para Goethe, es "el color más próximo a la luz. El ojo se alegra, el ánimo se tranquiliza: un calor inmediato nos envuelve". El *verde*, escribe Kandinsky, "no se mueve en ninguna dirección y no tiene ninguna nota de alegría, de tristeza, de pasión, no desea nada, no aspira a nada. Es un elemento inmóvil, satisfecho de sí, limitado en todas las direcciones." El verde, que resulta de la combinación de azul y amarillo, lo describió Goethe como un color estático y equilibrado; "ojo y ánimo reposan en este compuesto como si se tratara de algo simple. No se quiere y no se puede proceder más allá." Como síntesis de rojo y azul el *violeta* alude a la integración de los opuestos y de las ambivalencias, el *café* se une a la tierra y al carácter ancestral femenino y materno, el *gris* –que Kandinsky define como "inmovilidad desolada"– resulta de la mezcla del blanco y del negro, sin ser ni uno ni otro. M. Lüscher escribe que "se distingue por las negaciones. No es ni colorido, ni claro, ni oscuro. El gris es la nada de todo, su particularidad es la neutralidad más completa." El *negro* lo proporciona la ausencia total de luz, y por eso está unido a la oscuridad, al mundo de las sombras, a la muerte. Kandinsky lo define como "algo apagado, como un fuego consumido hasta el final, algo inerte como un cadáver que es insensible a todo lo que sucede a su alrededor y que deja que todo siga su camino". El *blanco* es la fusión de todos los colores del espectro, pues no contiene ningún dominio que lo haga inclinarse hacia alguna coloración; el blanco es símbolo de la pureza, y por lo tanto de la inocencia y de la castidad. Kandinsky lo define como "un silencio que no está muerto, sino más bien rico de posibilidades, es una nada joven o, más exactamente, una nada anterior al principio, al nacimiento. Tal vez así sonaba la tierra en los blancos períodos de la era glacial."

En la experiencia perceptivo-emotiva los colores con frecuencia se asocian con los sonidos, por lo que, por ejemplo, los sonidos altos remiten generalmente a colores claros y los sonidos bajos a colores oscuros; en algunos sujetos se verifican fenómenos de **sinestesia** (*v.*) de manera que, junto con la audición, perciben determinados colores. C.G. Jung plantea la hipótesis de que la preferencia individual por determinados colores puede tener correspondencia con la **función** (*v.*, § 2, *b*) que caracteriza el tipo psicológico (*v.* **tipología**, § 2), porque en su opinión el azul corresponde al pensamiento, el rojo al sentimiento, el amarillo a la intuición y el verde a la sensación. Por su lado R. Scholl y O. Kroh señalaron que algunos individuos perciben primero el color y otros la forma del objeto, y establecieron que los primeros son tipos vivaces, extrovertidos, afables y a veces superficiales y poco críticos, mientras que los segundos son generalmente tímidos, reservados, ambiciosos, críticos y refractarios al cambio. Existen algunos tests de personalidad, como el test de Lüscher o la pirámide de Pfister, en los que la preferencia por un color se asocia con determinados rasgos psicológicos.

BIBLIOGRAFÍA: Anderson, M. (1985); Arnheim, R. (1954); Arnheim, R. (1969); Bopst, H. (1962), Boynton, R.M. (1979); Brusatin, M. (1983); Goethe, J.W. (1808); Gombrich, E.H. (1982); Helmholtz, H.L.F. von (1866); Hering, E. (1920); Itten, J. (1979); Jung, C.G. (1921); Kandinsky, W. (1974); Kanizsa, G. (1980); Kast, W. (1983); Kroh, O. (1929); Le Grand, Y. (1957); Lüscher, M. (1976); Luzzato, L. y R. Pompas (1969); Mac Nicol jr, E.F. (1964); Maffei, L. y L. Mecacci (1979); Marletta, L. (1976); Mollon, J.D. (1983); Navarro, F. (1985); Petter, G. y B. Garau (1968); Pfister, M. (1981); Pierantoni, R. (1982); Riedel I. (coord.) (1983); Sambursky, S., G. Scholem, H. Corbin, D. Zahan y T. Izutsu (1973); Scholl, R. (1953); Schopenhauer, A. (1851); Sedlmayr, H. (1979); Steiner, R. (1976); Venturini, R., M. Lombardo Radice y M.G. Imperiali (1985); Widmann, C. (1988); Wittgenstein, L. (1977).

coma

v. CONCIENCIA, § 3, *d.*

comer (al. *Essen*; fr. *manger*; ingl. *to eat*; it. *mangiare*)

Como práctica cotidiana para el sustento del cuerpo, *v.* **alimentación**. Como fijación en una fase del desarrollo psicosexual, *v.* **oral**. Como fantasía de comer o de ser comido con la única finalidad de introducir algo en el propio cuerpo o de ser uno mismo con el cuerpo de otro, *v.* **incorporación**. Como rechazo neurótico y prolongado de la ingestión de alimento, *v.* **anorexia**. Como impulso irrefrenable por el alimento al que el sujeto responde con una hiperalimentación continua *v.* **bulimia**, que tiene como consecuencia la **obesidad** (*v.*).

comercio

v. PSICOLOGÍA COMERCIAL.

cómico (al. *Komisch*; fr. *comique*; ingl. *comic*; it. *comico*)

Adjetivo que se refiere a todo lo que provoca **risa** (*v.*) como efecto de la resolución imprevista de una tensión o de un contraste. Aristóteles lo definió como aquello que brinca de lo irrazonable o de la inconsecuencia lógica. Lo cómico lo estudiaron I. Kant, quien lo definió como el efecto de "una espera que se resuelve en la nada", y H. Bergson, para quien lo cómico brota de la reificación del espíritu que se verifica cada vez que el alma le saca la delantera al cuerpo. Por su parte S. Freud afirma que "nos parezca cómico lo que en comparación con nosotros gasta un exceso para sus operaciones corporales y en defecto para sus operaciones anímicas, y no puede desecharse que en los dos casos nuestra risa exprese una superioridad, sentida como placentera, que nos adjudicamos con relación al otro. Y cuando la proporción se invierte en ambos, cuando el gasto somático del otro es menor y hallamos su gasto anímico mayor que el nuestro, ya no reímos: nos asombramos entonces, y admiramos" (1905 [1976: 186]).

De otra opinión es J. Baudrillard, para quien la risa y lo cómico no son la expresión de un ahorro, sino de una disolución del sentido, de una implosión. Se adhiere a la tesis de Kant y dice que la comicidad nace cuando *"allí donde había algo, ya no hay nada... ni si-* quiera un inconsciente. Allí donde había una finalidad cualquiera (incluso inconsciente) o bien un valor (incluso suprimido), ya no hay nada. *El gozo es la hemorragia del valor*, la disgregación del código, del *logos* represivo. En lo cómico, el que se elimina es el imperativo moral de los códigos institucionales (situaciones, funciones, personas sociables); en el *Witz* es el imperativo moral del mismo principio de identidad de las palabras y del sujeto lo que se anula. Por nada. No para 'expresar' un 'inconsciente'" (1976: 245). El placer de la alusión, del **chiste** (*v.*), es para Baudrillard el placer de la ambivalencia de los significados que entran en cortocircuito entre sí, anulándose. Aquí el sentido no tiene importancia y se constituye por el *doble sentido*, donde nada se ahorra sino que todo se pierde con la risa. No se ríe de la proliferación del sentido sino de su reversibilidad, de su regreso hacia sí mismo, que desencadena el no-sentido del que se ríe como en un instante de liberación. Nunca se ríe solo, porque la risa no tiene sentido si no es en el intercambio, que tiene todo el carácter del intercambio simbólico, incluida la obligatoriedad. Guardarse un chiste es absurdo, así como no reírse es ofensivo, pulveriza las sutiles leyes del intercambio. Si la risa fuera un "ahorro psíquico", como afirma Freud, entonces, dice Braudrillard, cada uno se reiría solo; si se ríe siempre con los otros es porque es algo más que una economía inconsciente; existe la reciprocidad del intercambio en la anulación simbólica del valor y del sentido.

BIBLIOGRAFÍA: Aristóteles (1973); Baudrillard, J. (1976); Bergson, H. (1900); Freud, S. (1905); Olbrechts-Tyteca, L. (1974); Sully, J. (1904).

comida

v. ALIMENTACIÓN; MOTIVACIÓN, § 3.

como si (al. *Als ob*; fr. *comme si*; ingl. *as if*; it. *come se*)

Expresión que introdujo H. Vaihinger para indicar que los principios y los conceptos adoptados por la ciencia son hipotéticos, con una validez limitada a su utilidad práctica. En psicología clínica la expresión se utiliza en dos acepciones: para indicar un tipo de conocimiento y un tipo de personalidad.

1] EPISTEMOLOGÍA. En este ámbito Freud adopta la concepción de "como si" de Vaihinger para justificar su teoría del **aparato psíquico** (*v.*), que él mismo considera un esquema hipotético, al igual que todas las descripciones que en "la psicología sólo podemos describir con ayuda de comparaciones. No es algo particular de ella, también en otras ciencias e así (1926 [1976: 183]). Sobre este argumento vuelve K. Jaspers, para quien "Charcot y Moebius notaron y, con base en esto, comprendieron, la coincidencia de la extensión de los trastornos histéricos de la sensibilidad y de la motricidad con los burdos y falsos conceptos anatomofisiológicos que tiene el enfermo. Pero en realidad no se pudo demostrar tal representación en los enfermos como punto de partida del trastorno, sino que se comprendió el trastorno *como si* (*als ob*) estuviera condicionado por un proceso consciente. Sigue siendo dudoso si en estos casos se trata realmente de tal génesis, aunque falte la clarificación de los procesos psíquicos que pasan inobservados pero son reales, o sólo de una sorprendente caracterización ficticia de dichos síntomas. Freud, quien describió una gran cantidad de fenómenos 'comprendidos como sí', compara su actividad con la de un arqueólogo, que a partir de fragmentos interpreta una obra humana completa. La gran diferencia sólo radica en el hecho que el arqueólogo interpreta lo que fue, mientras que en el 'comprender como si' es muy dudosa la existencia real de eso que se comprendió" (1913-1959: 332).

2] CLÍNICA. En este ámbito se dice "como si" a un tipo de personalidad clasificado entre las formas marginales (v. **marginal, síndrome**, § 1), caracterizado por un débil contacto con el mundo objetivo, ausencia de **autenticidad** (v.), despersonalización (v. **persona**, 1) y **desrealización** (v.). Estos individuos, que algunos autores definen como **esquizoides** (v.), muestran una afectividad aparentemente normal y un buen contacto con el entorno cuando se encuentran en una condición de seguridad, pero pierden el contacto con la realidad en el momento en que tal condición falta. "Los pacientes –afirma O. Fenichel– parecen normales porque logran sustituir con 'seudocontactos' de distintos tipos un contacto sentido y real con las otras personas; se comportan 'como si' tuvieran una relación sentida con los demás. Pueden estar rodeados por muchas personas y participar en muchas actividades; pero no tienen verdaderos amigos" (1945: 500). Según H. Deutsch lo que determina una personalidad "como si" es una falta de síntesis de las diferentes identificaciones infantiles en una personalidad integrada, de manera que el individuo adopta cualquier actitud que le parezca adecuada a las diversas situaciones, pero no se reconoce en ninguna de éstas. La autora sostiene que los pacientes esquizofrénicos, antes de llegar al estadio agudo de delirio, atraviesan por una fase de personalidad "como si".

BIBLIOGRAFÍA: Deutsch, H. (1934); Fenichel, O. (1945); Freud, S. (1926); Jaspers, K. (1913-1959); Vaihinger, H. (1911).

compañero imaginario (al. *Einbildungsfreund*; fr. *camarade imaginaire*; ingl. *imaginary companion*; it. *compagno immaginario*)

Figura fantástica generalmente creada por niños solitarios que no tienen relaciones significativas con otros de su edad. Esta figura, a la que se le atribuye un nombre, un aspecto físico, una personalidad y una historia, funciona sobre todo como objeto de identificación o de diversificación, satisfaciendo la necesidad del niño de compartir sus experiencias.

comparación social (al. *Sozialvergleich*; fr. *comparaison sociale*; ingl. *social comparison*; it. *confronto sociale*)

Evaluación de las actitudes propias en relación con las actitudes medias más difundidas en el grupo de pertenencia. La comparación social, decisiva para la construcción de la **identidad** (v., § 1) y para los procesos sociales de **integración** (v., § 2), la estudió L. Festinger de acuerdo con las motivaciones que la promueven, como el deseo de parecerse a los demás y al mismo tiempo ser diferente, donde la diferencia se pone en juego con los que se consideran superiores para adquirir experiencia e informaciones, y con los que se consideran inferiores para satisfacer el propio deseo de superioridad. La comparación social es una de las bases para la comprobación de la propia consonancia o **disonancia cognoscitiva**.

BIBLIOGRAFÍA: Festinger, L. (1954); Festinger, L. (1957); Tajfel. H. (coord.) (1982).

comparada, psicología
v. PSICOLOGÍA COMPARADA.

comparativismo (al. *Komparativismus*; fr. *comparativisme*; ingl. *comparativism*; it. *comparativismo*)

Método que introdujeron los antropólogos para clasificar los datos culturales de los diferentes pueblos basándose en las analogías obtenidas por la identificación de una serie de constantes que sirven como parámetros de comparación interculturales. La introducción de este método se remonta al siglo XVIII, cuando se intentó reconstruir las condiciones de vida de los hombres de la prehistoria comparándolas con las de los pueblos primitivos que existían aún. El mayor defensor de este método en el siglo XIX fue E.D. Tylor, para quien "comparando los diferentes estudios de la civilización entre las razas históricamente notables, con ayuda de la inferencia arqueológica, con los avances de las tribus prehistóricas, parece posible establecer de manera aproximada la primera condición general del hombre, que desde nuestro punto de vista debe considerarse como una condición primitiva, cualquiera que sea el estado más remoto que pueda haberla precedido" (1871: 26). El método comparativo lo pusieron en duda F. Boas y los antropólogos funcionalistas del siglo XX, quienes lo consideraron infundado y científicamente poco probable, por lo que era preferible el *particularismo histórico*, que se limita al estudio de una sola cultura para aclarar las causas que llevaron al desarrollo de determinadas costumbres y a los procesos psicológicos que se llevaron a cabo durante su desarrollo. No obstante esta objeción, en 1937 el antropólogo G.P. Murdock creó un archivo comparativo que contiene y relaciona algunos rasgos relevantes de un gran número de culturas. Hoy este método ya no tiene un significado correlativo-sincrónico, sino simplemente descriptivo de los ámbitos donde aparecen analogías culturales. A este método se remontan las ciencias simbólicas (*v.* **símbolo**, § 4) para buscar identidad en culturas diferentes que se desconocen entre sí, la psicología arquetípica (*v.* **arquetipo**, § 3), con la intención de demostrar la unicidad del inconsciente colectivo en las diferentes formas de la existencia humana, la etnopsiquiatría (*v.* **antropología**, § 7) y la **psicología transcultural** (*v.*).

BIBLIOGRAFÍA: Boas, F. (1938); Hillman, J. (1979); Jung, C.G. (1934-1954); Morgan, L.H. (1877); Murdock, G.P. (1937); Tylor, E.B. (1871).

compasión (al. *Mitleid*; fr. *compassion*; ingl. *compassion*; it. *compassione*)

Participación emotiva en el dolor de los demás que se manifiesta mediante un sentimiento de solidaridad en cuya base, para A. Schopenhauer, existe el conocimiento de la participación común en el carácter doloroso de la existencia. Este conocimiento es la primera vía de liberación del engaño con el que la voluntad irracional utiliza a los hombres para la consecución de sus fines, que se refieren a la economía de la especie y no a la de los individuos. Para S. Freud, y para el psicoanálisis en general, la compasión es una forma de inhibición utilizada en la economía psíquica para reprimir los elementos de crueldad presentes en las pulsiones sexuales.

BIBLIOGRAFÍA: Freud, S. (1905); Schopenhauer, A. (1819).

compensación (al. *Kompensation*; fr. *compensation*; ingl. *compensation;* it. *compensazione*)

Mecanismo de autorregulación que tiende a equilibrar las carencias de un sistema para devolverlo a un estado de equilibrio.
1] PSICOLOGÍA DE LA PERCEPCIÓN. En el nivel sensorial se habla de compensaciones a propósito de la intensificación de una o más funciones perceptivas que se verifican después de la privación de un órgano de los sentidos, como en el caso del desarrollo y refinamiento de la sensibilidad táctil y auditiva en las personas ciegas, donde la compensación no aparece en forma automática, sino mediante el ejercicio.

2] PSICOLOGÍA INDIVIDUAL. A. Adler hizo del concepto de compensación el punto central de su psicología: "En 1907, en un estudio de la inferioridad de los órganos (*Studie über Minderwertigkeit der Organen*), demostré que las anomalías constitucionales congénitas no se deben considerar únicamente como fenómenos de degeneración, sino que pueden también dar paso a un rendimiento y a un 'hiperrendimiento' compensatorio, así como a fenómenos importantísimos de correlación, a los que el rendimiento psíquico intensificado contribuye de manera esencial. Este esfuerzo psíquico compensatorio se desarrolla con frecuencia para poder superar las situaciones difíciles de la vida por nuevas vías, y parece lo bastante experto como para cumplir de manera maravillosa con el fin de ocultar también un déficit percibido. La manera más común de esconder un sentimiento de inferioridad nacido en la primera infancia consiste en la construcción de una superestructura psíquica compensatoria, que intenta, en el *modus vivendi* nervioso, readquirir en la vida la superioridad y un punto de apoyo con disposiciones y seguridades bien preparadas y en plena actividad" (1920: 37). Adler amplió el modelo de la compensación de la inferioridad del órgano a la inferioridad real o presunta, respecto a otras personas, de los modelos sociales o de los propios ideales (*v.* **inferioridad**). Las reacciones compensatorias pueden darse en un ámbito diferente al de la deficiencia, o dentro del mismo, como en los casos en los que el individuo está impulsado a destacar precisamente en la actividad que le procuraba mayores dificultades. Los comportamientos compensatorios, además de no ser siempre adaptativos respecto a la realidad y a las relaciones sociales, suelen alcanzar un estado de equilibrio sólo aparente, porque no se resuelve la inferioridad de base que los determinó. Cuando la compensación se lleva más allá de la simple neutralización de la inferioridad de base, persiguiendo una finalidad exagerada y de dominio de los demás, Adler habla de *sobrecompensación* o *hipercompensación*, que en el lenguaje freudiano corresponde a la **formación reactiva** (*v*.).

3] PSICOLOGÍA ANALÍTICA. C.G. Jung, no obstante reconocerle a Adler el mérito de haber introducido el concepto de compensación, prefiere el mas general de *autorregulación*, porque "una teoría psicológica que quiera ser algo más que un simple apoyo técnico debe fundarse en el principio de los contrarios, sin el cual sólo podría reconstruir una psique neuróticamente desequilibrada. No hay equilibrio y no hay sistema autorregulador sin el término contrario. La psique es sin duda un sistema dotado de autorregulación" (1917-1943: 62). A partir de esta premisa Jung conjetura que la compensación puede ser una consecuencia del carácter autorregulador del aparato psíquico mediante el cual el inconsciente equilibra la actitud de la conciencia, en el sentido de que los contenidos excluidos de ella, porque son extraños a su orientación constituyen un contrapeso inconsciente, cuya fuerza aumenta de manera proporcional a la unilateralidad de la conciencia misma. "Normalmente –escribe Jung– la compensación por obra del inconsciente no constituye un contraste, sino un equilibramiento o una integración de la orientación consciente. El inconsciente, por ejemplo, suministra en los sueños todos los contenidos dispersos respecto a la situación consciente que fueron inhibidos por obra de la selección efectuada por la conciencia y cuyo conocimiento sería indispensable a la conciencia misma para los fines de una actitud completa. [...] La terapia analítica, por lo tanto, tiene la finalidad de volver conscientes los contenidos inconscientes para restablecer de esta manera la compensación" (1921: 431). El mecanismo de la compensación se manifiesta, según Jung, también en la **tipología** (*v*., § 2) individual:

"un introvertido, junto o por debajo de su actitud consciente, tiene una actitud extrovertida, para él inconsciente, que compensa automáticamente la unilateralidad de la conciencia" (1921: 522). Gracias a los mecanismos de compensación la psique logra alcanzar su **equilibrio** (*v*., § 6).

4] PSICOANÁLISIS. *Véase* **formación reactiva**.

5] BIOENERGÉTICA. A. Lowen habla de compensación en relación con las contracciones, las posturas, los movimientos que realiza el cuerpo para restablecer un equilibrio disminuido después de la rigidez de una determinada parte del cuerpo, en la cual se concentra la conflictividad psíquica y se manifiesta en el nivel somatico.

6] PEDAGOGÍA. En este ámbito se introdujo el concepto de *educación compensatoria* para los procedimientos de enseñanza orientados hacia los niños que crecieron en condiciones de privación económica, afectiva y cultural. En estos casos, mediante técnicas que van desde el condicionamiento operante (*v*. **aprendizaje**, § I, 2) hasta métodos de asistencia y de enriquecimiento global, se procura proporcionar un contexto más rico en estímulos que los ambiente educativos comunes, para suplir las carencias evolutivas de los niños desaventajados.

BIBLIOGRAFÍA; Adler, A. (1907); Adler, A. (1920); Bereiter, C. y S. Engelmann (1966); Frankenstein, C. (1970); Jung, C.G. (1917-1943); Jung, C.G. (1921); Jung, C.G. (1928); Jung, C.G. (1945-1948); Lowen, A. (1958).

competencia (al. *Wettstreit*; fr. *compétition*; ingl. *competition*; it. *competizione*)

Relación de oposición entre dos o más individuos o grupos para el logro de la supremacía. Según las motivaciones de quienes la llevan a cabo, la competencia puede abarcar desde el intercambio amistoso, como con frecuencia sucede en el juego o en el deporte, hasta la violencia y la destrucción. En ambos casos la competencia proporciona información sobre las características de los miembros del grupo social, permitiendo establecer una estructura jerárquica dentro del grupo mismo. Los estudios de las competencias se sirven de los experimentos de la teoría de juegos, donde se analizan las estrategias individuales para maximizar los beneficios personales a expensas de los demás.

En este contexto se aislaron algunas variables que parecen incidir con más intensidad en la conducta competitiva o, viceversa, de colaboración, como por ejemplo el tipo de recompensa, el comportamiento de la colaboración o competencia por parte de los "adversarios" y la posibilidad de comunicarse entre ellos. Para la orientación psicoanalítica la adopción de una actitud o de un comportamiento competitivo respecto a los demás, de la que el individuo no siempre está consciente, con frecuencia está motivada por sentimientos insconscientes de inferioridad que el sujeto trata de compensar mediante el logro de resultados exteriores.

BIBLIOGRAFÍA: Freud, A. (1936); Passingham, R. (1981).

complejo (al. *Komplex*; fr. *complexe*; ingl. *complex*; it. *complesso*)

Término que introdujo en psiquiatría C.G. Jung para indicar un conjunto estructurado y activo de representaciones, pensamientos y recuerdos, en parte o del todo inconscientes, dotados de una fuerte carga afectiva. El término ya lo había utilizado S. Freud en los *Estudios sobre la histeria*, en 1892-1895, pero es el mismo Freud quien reconoce que el psicoanálisis le debe el término a la escuela de Zúrich de E. Bleuler y Jung.

1] LA "PSICOLOGÍA COMPLEJA" Y LOS TESTS ASOCIATIVOS. Jung había llegado a la identificación de los complejos mediante experimentos asociativos (*v.* **asociación**, § 5), en los que "una sola palabra, un gesto que golpeó la herida, revela el comportamiento al acecho en el fondo del alma" (1907: 59). Por "complejo", que Jung nomina "complejo de tonalidad afectiva", el psicólogo de Zúrich entiende una masa de representaciones caracterizada por una tonalidad afectiva que, cuando es dolorosa, causa un retardo en las respuestas al test asociativo. Este retardo significa para Jung que la palabra estímulo tocó un "complejo", es decir "algunas representaciones, vinculadas entre sí

según las diferentes leyes de la asociación (semejanza, coexistencia, etc.), y seleccionadas y agrupadas en conjuntos más grandes por un afecto" (1907: 48). Al llegar a la conclusión de que la psique es un conjunto de complejos, Jung pensó definir inicialmente su teoría como *psicología compleja* (*komplexen Psychologie*), denominación que abandonó en 1929 cuando escribió: "Prefiero dar a mis teorías el nombre de 'psicología analítica', entendiendo con esta expresión un concepto general que abarca 'psicoanálisis', 'psicología individual' y otras tendencias en el ámbito de la 'psicología compleja'" (1929: 63).

2] EL COMPLEJO AUTÓNOMO DEL YO. Para Jung también el yo es un complejo (*v.* **yo**, § 3) que, cuando entra en relación con otros, puede dar paso a una situación conflictiva o a una identificación del yo con el complejo (*v.* **inflación**) o a un atropello del yo por parte del complejo con las consiguientes manifestaciones psicóticas. A este propósito Jung escribe: "En el sujeto normal el complejo del yo es la instancia psíquica suprema: con este término entendemos la masa de representaciones del yo, que imaginamos acompañada por el potente y siempre vivo tono afectivo del propio cuerpo. El tono afectivo es un estado afectivo que se acompaña de inervaciones somáticas. El yo es la expresión psicológica del conjunto íntimamente asociado de todas las sensaciones somáticas. La personalidad del sujeto, por lo tanto, es el complejo más sólido y más fuerte y (si hay salud) se impone por encima de todas las tempestades psicológicas. De esto se deriva que las representaciones que se refieren directamente a la propia persona son siempre las más estables e interesantes" (1907: 48).

3] LOS COMPLEJOS INCONSCIENTES. Los demás complejos los define Jung como "fragmentos psíquicos que deben su escisión a influjos traumáticos o a ciertas tendencias incompatibles. Los complejos, como lo demuestra la experiencia de la asociación, interfieren con la intención de la voluntad y alteran la actividad de la conciencia; provocan trastornos de la memoria y bloqueos en el proceso de asociación; afloran y desaparecen obedeciendo su propia ley; obsesionan temporalmente la conciencia, o bien influyen de modo inconsciente en la palabra y la acción. Por lo tanto se comportan como seres autónomos, y esto es especialmente evidente en los estados anormales. En las voces de los alienados asumen incluso un carácter de yo personal, análogo al de los espíritus que se anuncian mediante escritura automática y técnicas por el estilo. Una intensificación del fenómeno de los complejos conduce a estados morbosos, los cuales no son otra cosa que escisiones más o menos extensas o múltiples, en las que cada fragmento conserva una vida propia e insuprimible" (1937: 139-140). El complejo está ligado a la especificidad de la experiencia del sujeto y como tal pertenece al inconsciente personal, incluso cuando se introduce en las predisposiciones universales o **arquetipos** (v.) que Jung coloca en el inconsciente colectivo.

4] COMPLEJO Y DISOCIACIÓN. Jung descubre una relación entre la activación de los complejos y la disociación de la personalidad (v. **escisión**, § I, 2), debida al hecho de que el complejo inconsciente actúa como una personalidad parcial que escapa al control del complejo autónomo del yo. Con esto se confirma que cada uno de nosotros no es una individualidad, sino una multitud de complejos o personalidades parciales que están más o menos bajo el control del complejo autónomo del yo: "Hoy en día –escribe Jung– todos saben que la gente 'tiene complejos'. Lo que no es igualmente bien conocido, pese a ser más importante desde el punto de vista teórico, es que los complejos nos poseen. Pero ni siquiera la más simple formulación de la psicología compleja puede evitar el hecho impresionante de su autonomía, y cuanto más profundamente se penetra en su naturaleza –podría casi decir en su biología– más claramente revelan su carácter de *psique despedazada*" (1934: 114). En esta concepción de los complejos se decide la diferente visión que tienen del análisis Freud y Jung. Freud, que considera al complejo en sí mismo como un nudo que impide la libre circulación de la energía, se dispone a *desbaratarlo* (en griego ἀναλύω, de donde viene la palabra "análisis"); Jung, impresionado por la autonomía de los complejos y de su independencia del yo, teoriza un trabajo analítico que los *vincule* entre sí y con el yo para alcanzar el dominio de sí mismo.

5] LÍMITES DE USO DE LA PALABRA "COMPLEJO". El término, que encontró gran favor en el lenguaje común, se mantiene sólo en la psicología junguiana porque Freud, después de definirlo en una carta a E. Jones como "un concepto teórico poco satisfactorio", y en otra carta a S. Ferenczi como "una mitología junguiana", escribe que "la palabra 'complejo' terminó cómodo y muchas veces indispensable para la síntesis descriptiva de hechos psicológicos, ha adquirido carta de ciudadanía en el psicoanálisis. Ningún otro de los nombres y designaciones que el psicoanálisis debió inventar para sus necesidades ha alcanzado una popularidad tan grande ni ha sido objeto de un empleo tan abusivo en perjuicio de formaciones conceptuales más precisas" (1914 [1976: 28]). Después de esta precisión Freud mantuvo el término sólo a propósito del *complejo de* **Edipo** (v.) que, más que un complejo, designa la estructura fundamental de las relaciones interpersonales; también el uso de la expresión "complejo de castración" forma parte de la dinámica del complejo de Edipo. En cambio "complejo de **inferioridad**" (v.) es una denominación adleriana, en la que el término "complejo" tiene un significado genérico, como lo tiene en las diferentes especificaciones con las que se le encuentra en la literatura psicoanalítica.

BIBLIOGRAFÍA: Adler, A. (1920); Bleuler, E. (1911-1960); Freud, S. (1906); Freud, S. (1914); Jung, C.G. (1904); Jung, C.G. (1907); Jung, C.G. (1929); Jung, C.G. (1934); Jung, C.G. (1937); Wolff, T. (1935).

complementariedad (Al. *Komplementarität*; fr. *complementarité*; ingl. *complementarity*; it. *complementarietà*)

Funcionalidad de las partes en una relación recíproca. El término se utiliza en:

1] PSICOLOGÍA SOCIAL. Se habla de complementariedad: *a]* a propósito de la **pareja** (v.), cuando un miembro tiene lo que al otro le falta. Esta relación se distingue de la simétrica, en la que un miembro de la pareja es el espejo del otro. Cuando en una relación dual los miembros pretenden una relación que sea al mismo tiempo simétrica y complementaria, se establece una relación de **doble vínculo** (v.), caracterizada por señales incongruentes y contradictorias; b] dentro del *grupo*, donde la complementariedad, según la expresión de N.W. Ackerman, se ordena en una "forma *minus*", que se manifiesta en la neutralización de los efectos desintegradores provocados por los conflictos, y en una "forma *plus*", en la que se crean las condiciones para un crecimiento ulterior del grupo y de cada uno de los miembros que lo integran; c] en la relación *individuo-sociedad*, donde las instancias individuales que contrastan con las reglas sociales producen los procesos de acomodación que están en la base de la dinámica social.

2] PSICOLOGÍA DE LO PROFUNDO. En este ámbito se habla de complementaridad: a] en *psicoanálisis*, a próposito de la tendencia de las pulsiones de meta activa a asociarse con las pulsiones antitéticas de meta pasiva (como el comer y el ser comido) típico de la edad infantil (*v.* **pulsión**, § 1 f); b] en *psicología analítica*, donde C.G. Jung habla de la complementariedad de consciencia e inconsciente, cuyas funciones tienden a compensarse mutuamente (*v.* **compensación**, § 3).

BIBLIOGRAFÍA: Ackerman, N. W. (1962); Eisenstein, V.W. (1956); Freud, S. (1905); Jung, C.G. (1947-1954)

completar (al. *Ergänzung*; fr. *complètement*; ingl. *completion*; it. *completamento*)

Tendencia del sujeto a suplir las lagunas de estímulos insuficientes en la producción de sentido. El fenómeno es especialmente evidente en la percepción visual, donde intervienen factores que estructuran el campo, como el cierre, la inclusión, la buena forma (*v.* **psicología de la forma**, § I, II). También existen *tests de completar* en los que se invita al sujeto a rellenar las partes faltantes en secuencias figurativas, expresivas, numéricas o en narraciones a las que le falta la conclusión, con el fin de probar las capacidades perceptivas, intelectuales y creativas del sujeto, además de sus rasgos patológicos y sus problemáticas profundas. En el test de inteligencia **Wechsler-Belleveu** (*v.*) y en el método de los cuentos de Düss (*v.* **cuento**) se incluyen pruebas de completar.

complicación, experimento de (al. *Komplikationsversuch*; fr. *essai de complication*; ingl. *complication experiment*; it. *esperimento di complicazione*)

Experimento que consiste en hacer que un sujeto registre la posición de las manecillas del reloj en el momento en el que éste emite una señal acústica. Según adónde se dirija la atención, si hacia el sonido o hacia las manecillas, el registro será diferente. Este experimento ofrece una demostración de la *ley de la primera entrada*, según la cual de dos estímulos simultáneos se percibe primero aquel sobre el que se concentra la atención.

comportamiento (al. *Verhalten*; fr. *comportement*; ingl. *behaviour*; it. *comportamento*)

Conjunto estable de acciones y reacciones de un organismo frente a un estímulo proveniente del ambiente externo (estímulo) o del interior del organismo mismo (motivación). El término lo introdujo en el ámbito científico, en 1913, J.B. Watson, quien con la intención de hacer de la psicología "una rama experimental objetiva de las ciencias naturales" afirmó que esa disciplina tiene como único objeto de estudio las manifestaciones directamente observables del organismo, y como objetivo el control de la conducta. Son parte constitutiva del comportamiento las relaciones *espaciales*, porque el comportamiento es una mediación entre un espacio interno y un espacio externo, organizados en un sistema cuya consistencia está decidida por la "no contradicción"; las relaciones *temporales* que se reúnen alrededor de la memoria, sin las cuales el comportamiento no asume una forma de continuidad, y respecto a las cuales realiza una labor de reorganización, revelándose por un lado como efecto de la memoria y por el otro como causa de transformación; las relaciones de *conocimiento*, ya que, al ser un fenómeno observable, el comportamiento queda incluido en la relación observador y observado, dándole al que observa la tarea de definir la causa del comportamiento observado (que puede ser interna o externa) y el comportamiento normal del sistema observado, es decir un comportamiento de acuerdo con su observación. Como fenómeno multivariado, la conducta se estudió en diferentes niveles.

1] LAS BASES GENÉTICAS DEL COMPORTAMIENTO. El procedimiento más común para comprobar si existe una información genética encargada de controlar determinado carácter es recorrer un camino al revés, remontándose del fenotipo al genotipo (v. **genética**, § 3), es decir de la expresión final a la información inicial. Cuando este itinerario se puede trazar, los datos relativos a cierto tipo de conducta se determinan en familias isógenas y en los descendientes por cruzamiento entre las mismas. Aplicando después técnicas biométricas especiales para comparar los resultados obtenidos en los diferentes grupos experimentales se deduce si –y en qué medida– el tipo de comportamiento en estudio está controlado genéticamente. Entre los métodos más utilizados recordamos: a] la *selección direccional*, por la que se eligen los fenotipos polares de la distribución observada respecto a determinada conducta y se continúa dentro de cada una de las clases el cruzamiento a lo largo de varias generaciones. Si el carácter está genéticamente controlado se espera una respuesta a tal proceso de selección y se inducen algunas propiedades del genotipo; b] el *método gemelar* en el cual, con el análisis de la diferencia de concordancia o correlación entre gemelos homocigotos y heterocigotos, se intenta comprobar la existencia de un control genético; c] el *control de los cariotipos aberrantes* considerados responsables de las alteraciones del comportamiento; d] el *análisis de los mutantes metabólicos* en los que, además de cuadros clínicos específicos y bien definidos, se encuentran asociadas alteraciones de la conducta; e] el *coeficiente hereditario*, un índice global que permite afirmar la existencia y la intensidad del control genético de tipo aditivo.

El control genético se efectúa hoy en tres direcciones: a] los *procesos sensoriales y perceptivos* a partir de las diferencias individuales en el sentido del gusto, con la consiguiente variación del comportamiento en la elección de los alimentos; en la capacidad visual, con influencia notable en las características intelectuales y en la personalidad; b] los *procesos de respuesta* decididos por los caracteres neurofisiológicos que manifiestan el estado de actividad funcional del sistema nervioso central. Entre éstos

merece atención el electroencefalograma, que registra las modificaciones, generalmente rítmicas, del potencial eléctrico de la corteza con lo que se constata que cada persona tiene su electroencefalograma, cuya diferencia se refleja en los procesos de respuesta. Lo mismo ocurre con la habilidad motriz con la que se expresa la actividad nerviosa. De ésta dependen destreza, agilidad, estabilidad de los movimientos y, por lo tanto, actitudes y predisposiciones para determinados deportes y trabajos; c] las *capacidades intelectuales*, cuya dependencia del patrimonio genético está probada, de las que también dependen los diferentes elementos o habilidades en los que se puede determinar la inteligencia con las variaciones de un individuo a otro. El análisis de los mecanismos moleculares de la *memoria* y del *aprendizaje* demostró el control genético de estos dos factores decisivos para la calidad de la conducta. Lo mismo puede decirse de las *uniones sinápticas*, en las que se establecen las modificaciones que dan origen al complejo fenómeno de la memoria que implica el registro de una determinada información seguida del almacenamiento, evocación y ulterior manipulación de su uso. Se debe tener presente, en fin, que los genes, además de un *modo*, tienen un *tiempo* de acción, a lo que tal vez pueda imputarse la variabilidad observada en la expresión del comportamiento con una base genética idéntica.

La contribución que hasta ahora hizo la genética para la comprensión de los mecanismos biológicos subyacentes en el comportamiento humano es muy modesta y la complejidad aumenta al avanzar en la escala biológica, hasta volverse casi laberíntica en el hombre. Todavía es necesario aclarar las múltiples interrelaciones que existen dentro de la misma estructura genética, donde las unidades de información tienen una tipología funcional no casual, y tener una visión de las relaciones entre tales unidades con los efectores sobre los que actúan como estimuladores e inhibidores y con las fuerzas que constituyen el ambiente en el que éstos actúan.

2] LAS BASES NEUROFISIOLÓGICAS DEL COMPORTAMIENTO. En este ámbito se pudo establecer que nuestros comportamientos dependen de las estimulaciones nerviosas de los receptores sensoriales transmitidas al cerebro. J. Barbizet y P. Duizabo refieren que registrando en las regiones subcorticales y corticales los potenciales evocados por tales estimulaciones se pudieron comprobar la dirección, el objetivo y las vías colaterales de las proyecciones, y obtener respuestas motrices, sensoriales y afectivas con la estimulación de las neuronas que son excitadas. Además de la especificidad de las vías, que de la periferia conducen a la corteza las informaciones que provienen del mundo externo, se pudo comprobar la especificidad topográfica de las neuronas, que permite determinar áreas motrices, somatoestésicas, auditivas, visuales y olfatorias. Partiendo de estas premisas las investigaciones se orientaron, con I.P. Pavlov, hacia los reflejos nerviosos, entendidos como unidades fisiológicas o funcionales del sistema nervioso, donde el estímulo externo provoca un movimiento involuntario preciso y fijo bajo la forma de un mecanismo de causalidad linear. El reflejo se interpreta como una adaptación de comportamiento innato, pero ya que cada neurona receptora está conectada potencialmente con neuronas de diferentes posiciones del sistema nervioso central que pueden influirse una a la otra, es posible que se establezcan reflejos condicionados que se supone representan la base de todo el **aprendizaje** (v., § I). Naturalmente, el estudio de la actividad refleja sigue teniendo una notable importancia en el debate innato/adquirido (v. **innatismo**), aunque sea difícil decidir dónde termina el comportamiento involuntario y dónde comienza el voluntario.

Siempre con bases fisiológicas, es posible interpretar el comportamiento sobre el principio de la **homeostasis** (v.), que es la capacidad de autorregulación orientada a mantener la integridad de las estructuras y de las funciones del organismo. Sometido al principio de la homeostasis el comportamiento se organiza entre dos polos: el placer y el displacer. El comportamiento que restaura la homeostasis, y por lo tanto el bienestar, es gratificado con el placer, mientras la ruptura de la homeostasis se une al displacer. El eje placer/displacer orienta los dos esquemas de comportamiento fundamentales: dirigirse hacia el estímulo o dirigirse en sentido contrario al que corresponde, en el plano cognoscitivo, la pareja afirmación/negación. Estos esquemas de oposición condicionan los demás comportamientos.

3] LAS APORTACIONES DE LA NEUROPSICOLOGÍA EN LA INTERPRETACIÓN DEL COMPORTAMIENTO. En este ámbito se comprobó que el comportamiento es un proceso dinámico que, en el nivel cerebral, permite la comparación entre los datos relativos a una situación y las huellas mnésicas (v. **engrama**) que constituyen el soporte de las experiencias pasadas. Éstas pueden ser *adquisiciones instrumentales*, como el conocimiento del propio cuerpo y, mediante éste, del ambiente en el que se vive, o *bases para experiencias más elaboradas*, como conceptos, criterios de acciones, de aceptación o de rechazo que permiten programas, elecciones, respuestas apropiadas a las situaciones, con una significativa movilidad del comportamiento según las circunstancias. Además de estas habilidades que se deben remontar hasta la **memoria** (v.) están las relacionadas con el momento operativo de la **inteligencia** (v.): éstas permiten programas de exploración y de eficiencia que llevan a cabo conductas de investigación que a su vez permiten nuevas experiencias y nuevos programas, con variaciones significativas de un individuo a otro debidas a la influencia de las relaciones familiares, educativas, socioeconómicas, y sostenidas por esquemas neuronales. La contribución de la neuropsicología subraya de esta manera el rasgo adquirido del comportamiento, poniendo en evidencia la capacidad de *aprender a aprender*.

4] LAS APROXIMACIONES DE LA PSICOLOGÍA AL PROBLEMA DE LA CONDUCTA. Cada escuela psicológica tiene su interpretación del comportamiento porque, como dice Watson, "como ciencia, la psicología afronta la tarea de aclarar los factores complejos presentes en el desarrollo del comportamiento humano desde la infancia hasta la vejez y de encontrar las leyes para la regulación del comportamiento. [...] Lo que queremos que trate la psicología es precisamente el argumento de la adaptación al ambiente" (1913: 8-9). Entre las diferentes orientaciones de este problema central de la psicología vale la pena citar los siguientes:

a] La *orientación conductista* considera que el comportamiento es, fundamentalmente, una adaptación al ambiente que se puede explicar con el modelo del condicionamiento clásico u operativo, tanto si se trata de un comportamiento *instintivo*, es decir de las secuencias motrices en presencia de estímulos específicos, como de un comportamiento *motivado*, es decir sostenido por una intención y orientado hacia una meta. En ambos casos, en efecto, el comportamiento lo activa una necesidad del organismo dirigida a provocar una modificación del ambiente que permita la satisfacción de la necesidad misma. Con este propósito escribe E.L. Thorndike, enunciando la *ley del efecto* (v. **aprendizaje**, § II, 2): "Cada acto que, en determinada situación, produce satisfacción, termina por ser asociado con esa situación. De esta manera, cuando la situación se presenta, el acto relativo tiene mayores probabilidades que en el pasado de repetirse. Y a la inversa, cada acto que en determinada situación produce insatisfacción, termina por ser desasociado de ella. Así, cuando la situación se vuelve a presentar, el acto relativo a ella tiene menores probabilidades de repetirse que en el pasado" (1911: 81).

b] La *orientación cognoscitivista* interpreta el comportamiento a partir de la teoría de la **disonancia cognoscitiva** (v.) que L. Festinger formuló en estos términos: "Si una persona sabe algunas cosas que no son psicológicamente coherentes entre sí, buscará, en una variedad de formas, hacerlas cada vez más coherentes [...]. La disonancia empuja a una persona a modificar sus opiniones o su comportamiento" (1957: 61). Según esta conjetura el comportamiento es el resultado de progresivas adaptaciones orientadas a una creciente coherencia entre organismo y ambiente. A esta tesis se opone la hipótesis conductista; H.J. Eysenck afirma: "Desde hace tiempo se dice que el pensamiento precede y controla a la acción. La terapia conductista deja entrever que con frecuencia puede ser verdad lo contrario, que la modificación del comportamiento de una persona mediante el proceso de condicionamiento puede realmente modificar su pensamiento o su cuadro cognoscitivo" (1965: 32).

c] La *orientación psicodinámica* interpreta la conducta como el resultado del nivel de conflicto existente entre el **principio de placer** (v., § 1) orientado a la satisfacción de los deseos, y el principio de **realidad** (v., § 3) que impone el trabajo de adaptación al ambiente y, por lo tanto, entre instancias regresivas e infantiles e instancias progresivas y maduras. En este ámbito la conducta se ve, con la ópti-

ca dinámica que caracteriza a esta orientación, unida estrechamente a la noción de **cambio** (v.) o bien, en términos de C.R. Rogers, de esa "evolución interior y profunda de la estructura personal del individuo hacia esa fase que los clínicos definen como de 'mayor integración', menor conflictividad, mayor disponibilidad de energías para una vida productiva; una modificación del comportamiento que pierde los aspectos definidos como 'inmaduros' para adquirir los 'maduros'" (1951: 50). La posibilidad de un cambio en el comportamiento se amplió respecto a la óptica de S. Freud, para quien en los primeros cinco años de vida se consolidarían definitivamente las estructuras constitucionales del individuo, porque junto al modelo mecanicista de Freud se abrió paso una hipótesis voluntarista e intencional por lo que, como dice E. Fromm, el cambio del comportamiento "depende de factores constitucionales, por un lado, y por el otro de las capacidades del paciente para movilizar su sentido de responsabilidad personal y su empeño para actuar" (1979: 181).

d] La *orientación sistémica*, renunciando a explicar el comportamiento en términos de causa y de energía, y por lo tanto separándose de las teorías conductistas y psicodinámicas que parten de ese tipo de concepción, interpreta el comportamiento en términos de *feedback* o **retroalimentación** (v.), en el sentido que especificó P. Watzlawick, según quien "el comportamiento ya no debe ser reificado, sino más bien sólo estudiado en el contexto interpersonal en el que se actúa. [...] No es simplemente el resultado ni la causa de las condiciones ambientales, por lo general extrañas, sino la parte complejamente integrada de un sistema patológico en curso. [...] El sistema es, entonces, la mejor explicación, y el estudio de su organización actual la metodología apropiada" (1967: 123-124).

e] La *orientación psicosocial*. La psicología social se concentra, en lo referido al comportamiento, en las relaciones con los demás. Ya con Aristóteles la filosofía subrayaba que la socialidad no es un accidente que se agrega a la sustancia que es el individuo, porque el individuo originalmente es social o, para decirlo con M. Heidegger: "Ser-ahí es esencialmente con-ser" (1927: 207). La vida solitaria constituye una condición al límite de lo posible y, como dice F.V. De Feudis, "es una respuesta biológica *normal* a una carencia *anormal* de estimulación" (1975: 356). Las sociedades designan las formas de integración del individuo que se efectúan mediante una relación entre la finalidad del grupo y la del individuo. La integración crea así un campo de tensión en el nivel individual para lograr que se correspondan la homeostasis individual y la homeostasis de la población. El campo de significados sociales permite la canalización de las potencialidades de información de actos individuales mediante la estructuración social del comportamiento. La estructura jerárquica hace posible una organización de las tensiones de manera que los conflictos, siempre potenciales a causa de la relativa autonomía de los individuos, sean reutilizados constantemente por una serie de comportamientos de sumisión y de dominio. El dominado está en una continua situación de estrés debida a la interiorización de los conflictos, pero es precisamente esta tensión siempre presente la que permite una integración sólida de la sociedad. En este ámbito el espacio del comportamiento está necesariamente abierto a la *reciprocidad*, dado que cada acto se lleva a cabo entre lo individual y lo transindividual y se realiza como mediación entre más de un nivel de la realidad.

5] TERAPIA DEL COMPORTAMIENTO Y TÉCNICAS DE CONDICIONAMIENTO Y REACONDICIONAMIENTO. A partir del supuesto de que cada comportamiento, tanto "normal" como "trastornado", es el resultado de un aprendizaje y, por lo tanto, adquirido, se vuelve legítima la hipótesis de que es posible sustituirlo con modelos conductistas menos lesivos para el individuo y para el ambiente en el que funciona y vive. Las terapias conductistas se iniciaron en los años cincuenta, concentrándose exclusivamente en el comportamiento, no en sus posibles causas subyacentes, y en el papel activo y directivo del terapeuta que, además de las prescripciones, fija los objetivos y valora objetivamente los resultados. Las formas que se revelaron más dúctiles *a* la terapia conductista son las fobias, los estados de ansiedad, las obsesiones, los trastornos sexuales y el alcoholismo. Las técnicas de descondicionamiento y de reacondicionamiento más usadas son:

a] La *técnica de la exposición*, que consiste en exponer sistemáticamente al sujeto a la situación temida para que se reduzca la ansiedad que se asocia con ésta. El contacto con el acontecimiento puede darse por vía imaginaria o real, en tiempos rápidos o graduales, siguiendo la técnica de la *inundación*, que consiste en hacer imaginar al sujeto la situación temida, evitando cualquier posibilidad de fuga, para llevar la ansiedad al máximo nivel de intensidad y obtener así, como efecto terapéutico, su extinción, o siguiendo la técnica de la *desensibilización*, por la cual el paciente, puesto en condiciones de relajación muscular, es invitado a imaginar repetidamente, en forma siempre creciente, la situación que le provoca ansiedad. Al hacerlo asocia el acontecimiento temido al estado de relajación y aprende a enfrentar progresivamente las situaciones ansiógenas sin responder con reacciones de evitación. Esta técnica, elaborada en 1958 por J. Wolpe, prevé que la ansiedad, una vez que es sustituida por un comportamiento que no puede asimilar, como la relajación, se puede extinguir.

b] La *técnica de la implosión*, que desarrollaron T.G. Stampfl y D.J. Lewis a partir del supuesto de que los síntomas neuróticos representan reacciones de fuga provocadas por estímulos condicionantes de alejamiento, como puede ser un castigo u otra señal negativa. Para el tratamiento no se propone eliminar directamente los síntomas neuróticos, sino enfrentarlos eliminando el estímulo de alejamiento que motiva el comportamiento neurótico. Según el principio de la generalización y de la extinción (v. **aprendizaje**, § I, 1, *b-c*) se reduce la aversión al estímulo condicionado, y con esto se elimina la reacción de fuga que se conjetura existe en la base del comportamiento neurótico. Considerando que los estímulos que provocan la fuga pueden estar "ocultos" para el paciente porque son inconscientes, la técnica de la implosión, además de las teorías del comportamiento, utiliza algunos principios del psicoanálisis.

c] La *técnica de la aversión*, que asocia el comportamiento indeseable con estímulos –reales o producidos a través de vías imaginativas– dolorosos o desagradables, para extinguir las respuestas consideradas inadecuadas.

d] La *técnica del condicionamiento operante* que, partiendo del presupuesto de que cada comportamiento aprendido se mantiene por la gratificación que produce, refuerza positivamente el comportamiento deseado (*v.* **atracción-repulsión, teoría de la**).

Pruebas clínicas experimentales demostraron que tales técnicas son eficaces, aunque provocan objeciones por parte de la psicología de lo profundo para la cual, si el síntoma ansiógeno es, como afirma Freud, sólo la manifestación de un conflicto profundo o, como opina C.G. Jung, su manifestación simbólica, la extinción del síntoma no lleva a una verdadera resolución del conflicto, que por lo tanto más tarde renacerá de manera sustitutiva o, de no ser así, de cualquier manera subsistirá el hecho de que la aplicación de tales técnicas se lleva a cabo en un contexto de relación donde la influencia del terapeuta, en términos de expectativa, actitudes y sugerencias, no se debe descuidar.

BIBLIOGRAFÍA: Atlan, H. (1972); Balckham, G.J. y A. Silberman (1974); Bandura, A. (1969); Barbizet, J. y P. Duizabo (1977); De Feudis, F.V. (1975); Delaunay, Λ. (1978); Eysenck, H.J. y S. Rachman (1965); Festinger, L. (1957); Fromm, E. (1979); Heidegger, M. (1927); Hinde, R.A. (1974); Hull, C.L. (1952); Meazzini, P. (coord.) (1983); Merleau-Ponty, M. (1942); Meyer, V. y E.S. (1970); Piaget, J. (1967); Rogers, C.R. (1951); Skinner, B.F. (1953); Stampfl, T.G. y D.J. Lewis (1968); Thorndike, E.L. (1911); Tolman, E.C. (1932); Watson, J.B. (1913); Watson, J.B. (1914); Watzlawick, P., J.H. Beavin y D.D. Jackson (1967); Wolpe, J. (1958); Wolpe, J. y A.A. Lazarus (1966).

comportamiento, análisis del
v. ANÁLISIS DE LA CONDUCTA.

comportamiento, terapia del
v. COMPORTAMIENTO.

comprensión
v. PSICOLOGÍA COMPRENSIVA.

compromiso
v. FORMACIÓN DE COMPROMISO.

compromiso (al. *Verpflichtung*; fr. *engagement*; ingl. *engagement*; it. *impegno*)

Determinación de un sujeto para asumir una tarea y para actuar conforme al objetivo prefijado. El compromiso exige una correcta valoración entre medios y fines, y no se releva con una acción única, sino con la actitud general del sujeto que se compromete. Desde el punto de vista psicoanalítico el compromiso refiere a una adecuada estructuración del elemento superyoico.

BIBLIOGRAFÍA: Bertin, G.M. (1953).

compulsión (al. *Zwang*; fr. *compulsion*; ingl. *compulsion*; it. *coazione*)

1] La compulsión, denominada también *coacción* o *constricción*, indica una tendencia coercitiva e irracional que empuja al individuo a llevar a cabo determinados comportamientos, cuya inutilidad e inadecuación él mismo reconoce, pero cuya omisión le provoca una sensación de angustia. Los síntomas compulsivos, o coaccionados, si bien pueden manifestarse en diferentes patologías psíquicas, son característicos de la neurosis obsesiva (v. **obsesión**, § 2), en la que se distinguen las compulsiones que se refieren a ideas que el sujeto no puede dejar de pensar, y las que se refieren a actos, comportamientos o conductas que el individuo se siente obligado a cumplir. Según el psicoanálisis las compulsiones representan, como todos los síntomas, un compromiso entre las exigencias instintivas y las fuerzas defensivas: la naturaleza instintiva se manifiesta en la intensidad y en la inmediatez del requerimiento que las compulsiones presentan al sujeto, mientras la defensiva se expresa en su carácter punitivo. En los cuadros clínicos en los que prevalece el elemento instintivo el impulso perdura, pero pierde su valor de deseo y se transforma en necesidad coaccionada, como, por ejemplo, en el caso de los sujetos que se sienten obligados a masturbarse sin experimentar ningún placer. Cuando en cambio prevalecen las instancias antinstintivas del superyó, las compulsiones adquieren el valor de verdaderas amenazas, por lo que el sujeto percibe que está obligado a hacer o a no hacer determinada cosa, generalmente irrelevante, para no sufrir un castigo. En todo caso, afirma S. Freud, los síntomas "siempre devuelven también algo del placer que están destinados a prevenir, sirven a las pulsiones reprimidas no menos que a las instancias que las reprimen. Y aun, con el progreso de la enfermedad estas acciones, en su origen dirigidas más bien a preparar la defensa, se aproximan más y más a las acciones prohibidas mediante las cuales la pulsión tuvo permitido exteriorizarse en la niñez" (1907 [1976: 107]).

2] En el concepto general de compulsión se debe distinguir la *compulsión de repetición* que, siempre en opinión de Freud, se refiere a la tendencia psíquica que empuja al sujeto a repetir comportamientos, experiencias, situaciones ya vividas y, sus mecanismos, de algún modo adquiridos. El fenómeno es frecuente en el tratamiento analítico, en el cual el paciente, en lugar de recordar las experiencias reprimidas, para evitar el **cambio** (*v.*, § 2), o sea que con un fin defensivo, las repite, llevándolas a cabo (*v.* **actuar**). "Hemos visto ya que el analizado repite en lugar de recordar, y que lo hace bajo las condiciones de la resistencia. Vamos a ver ahora qué es realmente lo que repite. Pues bien: repite todo lo que se ha incorporado ya a su ser partiendo de las fuentes de lo reprimido: sus inhibiciones, sus tendencias inutilizables y sus rasgos de carácter patológico. Y ahora observamos que al hacer resaltar la compulsión de repetición no hemos descubierto nada nuevo, sino que hemos completado y unificado nuestra teoría. Vemos claramente que la enfermedad del analizado no puede cesar con el comienzo del análisis y que no debemos tratarla como un hecho histórico, sino como una potencia actual" (1914 [1976: 152]). La **transferencia** (*v.*, § 2, *a*) misma constituye una repetición de las experiencias pasadas, que son reproducidas en la situación analítica transfiriendo, hacia la persona del analista, las cargas afectivas vividas en su momento respecto a las figuras paternas.

A partir de 1920 Freud interpreta la compulsión de repetición como una manifestación del principio de **inercia** (*v.*), que en su opinión caracteriza cualquier expresión de la vida orgánica: "Ahora bien, ¿de qué modo se entrama lo pulsional con la compulsión de repetición? Aquí no puede menos que imponérsenos la idea de que estamos sobre la pista de un carácter universal de las pulsiones (no reconocido con claridad hasta ahora, o al menos no destacado expresamente), y quizá de toda vida orgánica en general. *Una pulsión se*

ría entonces un esfuerzo, inherente a lo orgánico vivo, de reproducción de un estado anterior que lo vivo debió resignar bajo el influjo de fuerzas perturbadoras externas; sería una suerte de elasticidad orgánica o, si se quiere, la exteriorización de la inercia en la vida ogánica. Esta manera de concebir la pulsión nos suena extraña; en efecto, nos hemos habituado a ver la pulsión como el factor que esfuerza en el sentido del cambio y del desarrollo, y ahora nos vemos obligados a reconocer en ella justamente lo contrario, la expresión de la naturaleza *conservadora* del ser vivo" (1920 [1976: 36]).

BIBLIOGRAFÍA: Fenichel, O. (1945); Freud, S. (1907); Freud, S. (1914); Freud, S. (1920).

comunicación (al. *Mitteilung*; fr. *communication*; ingl. *communication*; it. *comunicazione*)

En su acepción más amplia el término se usa en el plano biológico, ecológico, etnológico, etológico y humano para indicar ese intercambio de mensajes que abarca desde los organismos unicelulares a los animales, a las máquinas y al hombre, cuyos modos comunicativos se estudian, según la forma, la función y el destino, por la psicología, la lingüística, la sociología, la teoría de la información y la cibernética.

1] LA ESTRUCTURA DE LA COMUNICACIÓN. Tres son los factores que unifican todas las formas posibles de comunicación que R. Jakobson identifica en el *"emisor* que envía un *mensaje* al *receptor*. Para que el mensaje sea operativo requiere, en primer lugar, una referencia a un *contexto* (el 'referente' según otra terminología bastante ambigua), contexto que puede ser comprendido por el receptor, así como ser verbal y susceptible de verbalización; en segundo lugar exige un *código* completo, por lo menos parcialmente, común al emisor y al receptor (o, en otros términos, al codificador y al decodificador del mensaje); finalmente hay un *contacto*, un canal físico y una conexión psicológica entre el emisor y el receptor que les permite establecer y mantener la comunicación" (1963: 185). El esquema de Jakobson está universalmente aceptado; las diferencias se refieren a la simplificación o al enriquecimiento de las relaciones que el *mensaje* tiene con el contexto, con el contacto y con el código.

El mensaje viaja por un canal que está entre el emisor y el receptor o, según otra formulación, entre el codificador y el decodificador. Las señales pueden ser "discretas" o "continuas", y la cantidad de información que se puede transmitir manifiesta la "capacidad del canal". El canal puede estar perturbado por distorsiones, pérdidas o interferencias por parte de las otras señales que pueden rastrearse hasta una fuente de *ruido* que tiene la posibilidad de modificar el mensaje o volver problemática la decodificación. La característica principal del canal es su "capacidad", medida en la velocidad del flujo de información. El problema de la utilización óptima de un canal consiste en adecuar el código al canal para hacer óptima la velocidad de transmisión, permitiendo una información de alta inteligibilidad pese a todas las deformaciones debidas al ruido, y con una *redundancia* reducida, para que no se reduzca la velocidad de la transmisión. La cuota de información que se recibe y se decodifica a la salida (*output*) en el mismo sentido y significado con que se introdujo a la entrada (*input*) recibe el nombre de *transformación*, cuyos límites están dados por el ruido y por la amplitud del canal (*v.* **información, teoría de la**).

2] LAS FUNCIONES DE LA COMUNICACIÓN. Jakobson asigna a la comunicación lingüística seis funciones: *referencial*, que a su vez puede ser denotativa o cognoscitiva; *expresiva*, que corresponde a la que A. Marty llama emotiva;, *connativa*, *fáctica*, *metalingüística* y *poética*. "La diversidad de los mensajes no se basa en el monopolio de una o de otra función, sino en el diferente orden jerárquico entre éstas. [...] Incluso si la actitud hacia el referente, la orientación respecto al *contexto* (en pocas palabras la función llamada *referencial* 'denotativa', 'cognoscitiva'), es la función predominante de numerosos mensajes, se debe tomar en consideración la participación accesoria de las otras funciones en tales mensajes. [Dichas funciones son]: la función llamada 'expresiva' o *emotiva*, que se concentra en el emisor, y se refiere a una expresión directa de la actitud del sujeto respecto a quien habla. [...] La capa puramente emotiva, en el lenguaje, está representada por las interjecciones. [...] La orientación hacia el *receptor*, es decir la función *conativa*, encuentra su expresión gramatical más pura en el vocativo y en el imperativo que, desde el punto de vista sintáctico, morfológico y con frecuencia también fonémico se desprenden de las otras categorías nominales y verbales. Las frases imperativas presentan una diferencia fundamental respecto a las declarativas; éstas pueden comprobar la verdad, aquéllas no. [...] Hay mensajes que sirven esencialmente para establecer, prolongar o interrumpir la comunicación, para verificar si el canal funciona ('¡Bueno!, ¿me oyes?'). [...] Esta acentuación del *contacto* (la función *fáctica*, según la terminología de Malinowski) puede dar lugar a un intercambio excesivo de fórmulas estereotipadas, a diálogos completos con el único objetivo de prolongar la comunicación. [...] Cada vez que el emisor y/o el receptor deben comprobar si están utilizando el mismo código, el discurso se centra en el *código*; éste desarrolla una función *metalingüística*, o de exégesis. [...] La preparación respecto al *mensaje* en cuanto tal, es decir el acento puesto sobre el mensaje por sí mismo, constituye la función *poética* del lenguaje" (1963: 186-189).

3] LA COMUNICACIÓN ANIMAL. La forma más elemental de comunicación, pero también la más universal, es la comunicación animal, tomada como modelo por la misma cibernética para mostrar las diferencias entre la *comprensión* de la comunicación y la *instrumentación* con que se la ejecuta. Con este propósito escribe M. Bunge: "La comunicación es siempre entre animales, aunque no siempre sea directa. Por ejemplo, no nos comunicamos con las computadoras, pero sí por medio de éstas. [...] Una señal animal es un proceso físico ejecutado y controlado por un animal, perceptible por otros animales y capaz de alterar su comportamiento; el mensaje llevado por una señal animal es una representación codificada de acontecimientos del sistema nervioso central del individuo que realiza la señal; el significado de un mensaje para un receptor es el cambio en su sistema nervioso central que provoca la señal que lleva el mensaje; un animal entiende un mensaje si los acontecimientos provocados en su sistema nervioso central por la señal que los provoca son semejantes a los que suceden en el animal que lo emitió; dos animales se comunican si *comprenden* los mensajes de las señales que se intercambian. [...] No obstante que la comunicación pueda tener un valor, no es necesariamente *intencional*. Por ejemplo, las señales que se intercambian los insectos sociales, al estar programadas genéticamente, no son intencionales pero sí funcionales" (1979: 180-181).

La psicología animal define la comunicación como la transmisión de informaciones de un animal a otro mediante señales que son producto de una selección natural específica. La comunicación evolucionó tanto al servicio de la reproducción sexual –las señales relativas a las condiciones de receptividad sexual en las hembras o los comportamientos de cortejo–, como al de la delimitación del territorio, cosa que ocurre con la identificación de los distritos mediante el canto de los pájaros o la deposición de excrementos en los gatos y los perros. Además del ámbito de una misma especie existen tipos de comunicación entre especies diferentes, especialmente entre predador y presa, mientras entre los primates que viven en sociedad se encuentran formas de comunicación mediante expresiones faciales análogas a las del hombre.

4] LA COMUNICACIÓN NO VERBAL. En el intercambio comunicativo humano los elementos verbales y los no verbales están constantemente interrelacionados, al punto de que algunos autores consideran artificial diferenciarlos. Típicos de la comunicación no verbal son: 1] los *movimientos del cuerpo*, como los gestos, las expresiones de la cara, las actitudes; 2] los *fenómenos paralingüísticos*, como la risa, el bostezo, el llanto, los cambios de tono, las pausas y los silencios; 3] las *posiciones en el espacio*, como la distancia entre el hablante y los demás; 4] la *sensibilidad táctil y olfativa*, que se determina por la cercanía; 5] los *artefactos*, como la ropa, el maquillaje, los accesorios. Las formas de comunicación no verbal están determinadas por factores culturales y varían en relación con la situación psicológica del sujeto y con la persona con la que ésta pone en contacto. Puesto que cualquier comportamiento humano constituye una comunicación, nadie deja de ser un emisor, aunque en las relaciones interpersonales intervienen mecanismos de filtro que controlan el acceso de las informaciones, como cuando, por la presencia prolongada de los demás, se pierde el control de las informaciones que se emiten y que se asimilan. Mediante la comunicación no verbal ocurre la percepción de los demás y la clasificación en relación con una "teoría de la personalidad" implícita y personal cuyos elementos se derivan de las anteriores experiencias de relación.

5] LA COMUNICACIÓN SOCIAL. Toda comunicación es un hecho social, tanto si ocurre entre dos o más individuos como si se produce en el diálogo interior de un individuo consigo mismo. La razón se debe a que, como dice C.S. Peirce, cada señal es legible sólo dentro de una experiencia común o de un sistema basado en costumbres culturales comunes. Por esto C. Morris prevé, además de la *sintaxis*, que estudia las relaciones formales de los signos entre sí, sin referencia al contenido significativo, y de la *semántica*, que se refiere a la relación de los signos con lo que designan, una *pragmática*, que estudia la relación de los signos con quienes los utilizan en una situación determinada. Esta relación presenta las formas más diversas. Como dice E. Buyssens: "Todo acto de comunicación constituye una relación social. Esto se observa en mayor medida en la lengua: cada frase es asertiva, interrogativa, imperativa o condicional; esto se marca con la entonación, con la elección de las palabras y su orden. Se habla para informar al oyente, para pedirle información, para darle una orden, o para tomarlo como testigo de un deseo" (1967: 17).

Sobre esta base J. Lyons distingue la *comunicación* caracterizada por la *intención* del emisor de hacer al receptor consciente de algo, de la *información* en la cual esta intención está ausente, mientras que lo que cuenta es el *valor* o el *significado* que el receptor atribuye al mensaje, por lo que "vale la pena observar que el significado del emisor incluye la noción de intención, mientras el significado del receptor involucra la noción de valor o significación" (1977: 34). En la base de ambas, de la intención del emisor y del otorgamiento de significado de parte del receptor, está la noción de elección: "De esto depende uno de los principios fundamentales de la semántica: el principio de la elección, o sea la posibilidad de selección entre alternativas. [...] Este principio se expresa con frecuencia así: el significado o la significación implica elección" (1977: 34).

J. Derrida limita este principio insiste en la frecuencia de los *mensajes impersonales* en el ámbito de la comunicación social, porque es impersonal el emisario o porque el mensaje va dirigido a una pluralidad indeterminada de oyentes. Ésta es la razón por la cual Derrida aconseja no vincular de manera muy estrecha la definición del proceso sígnico con hechos o sucesos psicológicos como las intenciones del emisor o las operaciones mentales del intérprete. Esta posición la comparten N. Goodman, E. Goffman, N. Luhmann y J. Habermas, para quienes el estudio de las sociedades complejas debe basarse, más que en las reacciones sociales, en la comunicación. De aquí el interés por el aspecto semántico de la comunicación, por su naturaleza intencional o indiferenciada, las diferentes formas de retroacción, es decir de respuesta por parte del receptor, por la naturaleza manifiesta o latente de los mensajes, su capacidad para proporcionar informaciones de nivel racional o de actuar directamente en la fantasía colectiva mediante el elemento emotivo del mensaje y de los fenómenos proyectivos.

6] LA COMUNICACIÓN DE MASAS. Los medios de comunicación de masas, antes que fenómenos ideológicos, sociológicos y culturales, son un hecho de interés semiótico, es decir de producción de signos y de comunicación, por lo que es posible, según U. Eco, una *sociología del emisor*: el capital monopólico que determina los valores y los contenidos de la publicidad, los regímenes y los grupos sociales que se sirven de la radio y de la televisión, etc.; una *sociología del receptor*: análisis de los efectos de los medios masivos y de las diferentes investigaciones en el público; una *sociología de los canales* (los diferentes medios de masas) y sobre todo una *sociología de los mensajes*, para confirmar "si cuando el hombre habla es libre de comunicar todo lo que libremente piensa, o está determinado por el código. La misma dificultad para identificar 'nuestros pensamientos', de no ser en términos lingüísticos, permite legítimamente sospechar que *el código hable por* el emisor del mensaje. Los mecanismos, los automatismos del lenguaje, empujarían al hablante a decir algunas cosas y no otras" (1968: 51).

Sobre la omnipotencia del código en la comunicación de los grandes medios interviene J. Baudrillard, para quien este tipo de comunicación corre el peligro de convertirse en el modelo de toda forma de comunicación: "uno habla y el otro no, uno elige el código y el otro sólo tiene la posibilidad de someterse o de abstenerse. [...] Esta construcción 'científica' instituye por lo tanto un 'modelo de simulación' de la comunicación, de la que se excluyen inmediatamente la reciprocidad, el antagonismo de quien toma parte y la ambivalencia de su intercambio. [...] Cada cosa está en su lugar: la fórmula posee una coherencia formal que la garantiza como el único esquema posible en la comunicación" (1972: 192-194).

La posición de Baudrillard está atenuada por las consideraciones psicológicas relativas a las predisposiciones del sujeto receptor y a los procesos selectivos de percepción y de memoria que de esto resultan, y que T. Klapper clasificó así: *a*] la *exposición selectiva*, por la que los sujetos receptores eligen los medios de comunicación a los cuales someterse, y por lo tanto tienden a elegir aquellos que ofrecen una información; *b*] la *autoselección*, por la que los sujetos receptores, cuando se someten a materiales no gratos, no los perciben, o los modelan para adaptarlo a sus opiniones; *c*] la *memorización selectiva*, por la que los sujetos receptores tienden a recordar los aspectos con los que congenian, o la parte más agradable del contenido de una comunicación de masas. Esta atenuación del "terrorismo del código" que denunció Baudrillard no altera el hecho de que "lo que caracteriza a los medios de comunicación de masas –como dice Baudrillard– es que impiden cualquier mediación, es decir son 'intransitivos'" (1972: 182), y sobre todo no afecta el modelo de "lenguaje cerrado" del que habla H. Marcuse: "el control que ejercen los medios de comunicación de masas se da mediante la reducción de las formas lingüísticas y de los símbolos usados para la reflexión, la abstracción, el desarrollo, la contradicción, mediante la sustitución de imágenes por conceptos. Esto niega o absorbe al significado trascendente; no busca, pero establece e impone verdad y falsedad. [...] La nueva fineza del lenguaje mágico-ritual se debe ver en el hecho que las personas no creen o no les importa, pero sin embargo actúan en consonancia" (1964: 120).

7] LAS ORIENTACIONES DE LA PSICOLOGÍA EN EL PROBLEMA DE LA COMUNICACIÓN. En el nivel psicológico la comunicación se interpreta a partir de los supuestos de base que caracterizan las diferentes direcciones con un orden de significados y de acentuaciones con frecuencia distantes entre sí.

a] La *orientación conductista* interpreta la comunicación como una forma del comportamiento de cada organismo que constituye un estímulo para otro organismo. Escribe D.M. Mc Kay: "Un organismo que viva completamente aislado mantiene actualizado su sistema de orientación reaccionando a las señales físicas del estado del ambiente, recibidas a través de sus órganos sensoriales. Esta actualización adaptativa del estado de orientación se llama percepción. Podemos considerar la comunicación como una extensión de este proceso, en la medida en que parte del trabajo de organización en un organismo lo desarrolla otro organismo. Normalmente esto significa que el organismo receptor es llevado a adaptarse en respuesta a las señales físicas recibidas bajo la forma de símbolos; es decir, de indicaciones para orientar o no la actividad, bastante más allá de lo que constituye su percepción como acontecer físico. El punto de partida lógico para una teoría semántica de la comunicación parecería ser, por lo tanto, el análisis de las funciones organizativas, que de esta manera pueden hacerse extensivas de un organismo al otro" (1961: 470-471).

De esta postura general se deriva la concepción de la comunicación lingüística como comportamiento instrumental, que E.C. Tolman puntualiza así: "¿Qué representa la lengua para quien escucha? La respuesta es: un complejo de signos. El discurso oído, constituye una serie de objetos, presentes de manera inmediata, que el oyente toma como signos para sucesivas estimulaciones ambientales. [...] Las palabras oídas son los objetos-signos, y la estimulación ambiental que así se produce, es el significado, es decir el objeto significado. [...] En conclusión, para el hablante el discurso constituye, en cierto sentido, una ampliación del tamaño de los brazos, de las manos, del aparato indicador; para quien escucha, una ampliación de la receptividad de los ojos, de los oídos y de los aparatos sensoriales" (1932: 126).

b] La *orientación psicosocial* es la más interesada por el problema de la comunicación porque, como dice S. Moscovici, "el objeto central y exclusivo de la psicología social debería ser todo lo que se refiere a la ideología y a la comunicación desde el punto de vista de su estructura, génesis y función" (1972: 56). La razón la explica E. Sapir en estos términos: "Los hombres no viven sólo en el mundo objetivo, ni sólo en en mundo de la actividad social, entendido en su acepción normal, sino que dependen mucho de la lengua específica que constituye el medio de expresión de su sociedad. Es una ilusión creer que se pueda adaptar a la realidad sin la ayuda de la lengua, y que ésta sólo sea un medio accidental para resolver problemas específicos de expresión y de reflexión. La verdad es que el 'mundo real', en gran parte, está constituido inconscientemente en la base de las costumbres lingüísticas de un grupo. [...] El hombre ve, escucha, y tiene otras experiencias, en la medida en que las tiene precisamente porque las costumbres lingüísticas de su comunidad lo predisponen a ciertas elecciones interpretativas" (1929: 57-58).

S.E. Asch hizo de la comunicación el fundamento del desarrollo psicológico del individuo; para él "el factor psicológico decisivo del problema de las relaciones del hombre con la sociedad es la capacidad de cada cual de comprender y reaccionar a las acciones y las experiencias de los demás. Este hecho, que permite que cada persona entre en una relación recíproca, divide el fondo de todo proceso social y de los cambios más decisivos que se verifican en el individuo. Esto hace posible la introyección en cada uno de los pensamientos, las emociones y los propósitos de los demás, lo que extiende su mundo bastante más allá de lo que por su propio esfuerzo podría alcanzar. También permite amplias relaciones de interindependencia, condición previa a su desarrollo personal. [...] De esta manera se modifica el ambiente psicológico de cada quien, porque vivir en sociedad significa poner en relación eficiente la experiencia pública con la privada. Y esto es irrevocable, porque una vez que se entró en la sociedad entra en un círculo de relaciones que no se pueden deshacer" (1952: 134-135).

En el ámbito de las relaciones la psicología social se concentró en el problema de "comunicación e influencia", que ya J. Piaget había señalado cuando escribió: "En la esfera social se determina, entre el individuo en evolución y su ambiente inmediato, una influencia recíproca, cuyas diversas manifestaciones obedecen, en su sucesión, a leyes precisas" (1947: 187). Éstas son las leyes de la interacción, a propósito de las cuales Asch escribe: "El hecho de mayor importancia en lo relativo a las interacciones humanas es que éstas son acontecimientos representados psicológicamente en cada uno de los participantes. En nuestra relación con un objeto la percepción, la ideación y el sentimiento se encuentran en una sola de las partes, mientras que en las relaciones entre personas estos procesos están en ambas partes y en relación de dependencia los unos con los otros" (1952: 151).

c] La *orientación psicoanalítica*. Como el psicoanálisis es un tratamiento a través de la palabra, la comunicación constituye de alguna manera su centro. Pero se trata de una comunicación en la cual la dimensión subjetiva y emocional de la relación constituye el objeto privilegiado de la indagación, mientras el problema de los contenidos y de la estructura misma del lenguaje queda en el fondo. Con este propósito C. Musatti escribe que "mientras el analista, en sus relaciones con el paciente, por un lado actúa en el plano de la comunicación de tipo racional, por el otro, en cambio, mantiene con él un diálogo que se desarrolla fuera del esquema de la razón [...] así se llega a una conclusión extraña. El diálogo entre paciente y analista, cuando efectivamente se actúa la situación analítica, es un diálogo delirante, que se lleva a cabo fuera de la lógica ordinaria" (1972: III).

Pero la mayor contribución al problema de la comunicación en el campo psicoanalítico la ofreció J. Lacan, para quien "El inconsciente, a partir de Freud, es una cadena de significados que en algún sitio [en otro año, escribe él] se repite e insiste para interferir en los cortes que le ofrece el discurso efectivo y la cogitación que él informa" (1960 [1999: 779]). Y: "El inconsciente es esa parte del discurso concreto, en cuanto transindividual, que disminuye la disposición del sujeto para restablecer la continuidad de su discurso consciente" *ibid*, por lo que la interpretación "no se funda en ninguna asunción de los arquetipos divinos, sino en el hecho de que el inconsciente tiene la estructura radical del lenguaje, que en él un material opera según unas leyes que son las que descubre el estudio de las lenguas positivas, de las lenguas que son o fueron efectivamente habladas" (1961 [1999: 574]). L. Séve, llevando a las últimas consecuencias las premisas de Lacan, escribe: "Si se admite que el inconsciente está estructurado como una lengua, éste sin duda es un notable paso adelante respecto al patrimonio conceptual freudiano original, según el cual el inconsciente estaría estructurado como un organismo biológico; quien dice lengua dice también relación social, y esto les proporciona mucho más a los seres humanos concretos. ¿Pero entonces por qué quedarse a mitad del camino? Una vez reconocido que el problema del individuo no debe relacionarse con el instinto sino con una relación social, ¿por qué separar la relación lingüística del conjunto de las relaciones sociales?" (1969: 92).

A. Lorenzer, por último, ofrece una interpretación del psicoanálisis en términos de lenguaje y comunicación: "si consideramos el procedimiento cognoscitivo como una operación terapéutica, su descripción se puede completar de manera convergente: el 'auténtico' objeto que está detrás de los fenómenos lingüísticos son las formas de interacción extralingüísticas, es decir inconscientes, pero estas últimas sólo se pueden tomar en el contexto preciso de la historia personal, y esto en una forma que se manifieste concretamente, después de haber sido llevadas de nuevo a la lengua. La comprensión escénica sólo se completa en el momento en que resulta superflua: cuando la escena vuelve a estar presente por entero en formas simbólicas de interacción y el comportamiento ya es accesible otra vez a la comprensión común" (1971: 42).

d] La *orientación sistémica* utiliza modelos de tipo energético y de tipo relacional, con las consiguientes categorías de función, relación, retroacción, redundancia y contexto, referidas al mundo de la comunicación, y que P. Watzlawick *et al.* clasificaron en esta secuencia axiomática: "No se puede no comunicar. [...] Cada comunicación tiene un aspecto de contenido y un aspecto de relación. [...] La naturaleza de una relación depende de la puntuación de las secuencias de comunicación entre los comunicantes. [...] Los seres humanos comunican tanto con el módulo numérico como con el analógico. [...] Todos los intercambios de comunicación son simétricos o complementarios, según se basen en la igualdad o en la diferencia. [...] El elemento que unifica estos axiomas, propuestos de modo experimental, no es su origen sino su importancia pragmática, que a su vez se funda no tanto en determinadas características cuanto en las posibilidades de referencias interpersonales (en lugar de mónadas autónomas) que ofrecen" (1967: 46-63). La interpretación de los procesos de comunicación según estos axiomas permite "metacomunicar", es decir reconocer las reglas del juego en el que interactúan los sujetos, prescindiendo de todo tipo de consideración de la intencionalidad o de la conciencia de los comunicantes. Y esto es congruente con lo que afirma R.L. Birdwhistell: "Un individuo no comunica: participa en una comunicación o se convierte en parte de ésta. [...] No se debe considerar la comunicación, en cuanto sistema, sobre la sola base de un modelo de acción y de reacción, por complejo y determinado que sea. La comunicación, en cuanto sistema, debe considerarse en el nivel transaccional" (1959: 104; v. **cibernética**, § 4).

e] La *orientación psicopatológica*. Los resultados más recientes en este ámbito son los que llevaron a teorizar los aspectos patológicos intrínsecos a la comunicación o inducidos por ella. Un ejemplo clásico es el del **doble vínculo** (*v*.), en el cual una persona se encuentra frente a una comunicación que incluye un par de mensajes de diferente nivel o tipo lógico que están relacionados pero no son coherentes entre sí, por lo que en quien los recibe se determina un estado de confusión de esquemas de pensamiento y de comportamiento ya que, dado el contexto, no es posible ni obedecer ni desobedecer a la orden, y cualquier respuesta lleva a la autoperpetuación de alternativas incompatibles entre sí y con el contexto. Esta situación, de resultado esquizofrénico, puede presentarse tanto en los casos en que los mensajes se intercambien entre dos personas, como la madre y el hijo, o entre tres, como el padre, la madre y el hijo. La inseguridad que se deriva crea incapacidad para la autodeterminación, que no se produce sólo en situaciones familiares especiales, como lo comprobaron G. Bateson y M. Selvini Palazzoli, sino *estructuralmente*, a causa de la relativa incapacidad del lenguaje para representar o incluso para manifestar la semántica y la praxis, mucho más elaboradas, de la comunicación analógica e icónica. Allí donde se debe hacer una elección entre alternativas incompatibles, por la insuficiencia lingüística respecto a la complejidad de la situación real, se vuelve a plantear la patología del doble

mensaje, que en este nivel ya no es inducida sino estructural. En este caso, para usar una expresión de K. Jaspers, es la comunicación la que toca su "situación-límite".

BIBLIOGRAFÍA: Autores varios (1985); Argyle M. (1965); Asch, S.E. (1952); Bateson, G. (1972); Baudrillard, J. (1972); Birdwhistell, R.L. (1959); Birdwhistell, R. (1972); Bunge, M. (1979); Buyssens, E. (1967); Deag, J.M. (1980); Dei, B. (1986); Derrida, J. (1967); Eco, U. (1968); Eco, U. (1984); Enzensberger, H.M. (1970); Gamaleri, G. (1976); Goffman, E. (1967-1969); Goffman, N. (1983); Habermas, J. (1981); Hindf, R.A., (coord.) (1972); Jakobson, R. (1963); Klapper, T. (1960); Lacan, J. (1960); Lacan, J. (1961); Livolsi, M. (1969); Lorenzer, A. (1971); Luhmann, N. (1980); Lyons, J. (1977); Marcuse, H. (1964); Marty, A. (1908); McKay, D.M. (1961); McLuhan, M. (1960); Morris, C. (1938); Moscovici, S. (1972); Musatti, C. (1972); Ogden, C.K. e I.A. Richards (1932); Parry, J. (1973); Peirce, C.S. (1931-1935); Piaget, J. (1947); Sapir, E. (1921); Sapir, E. (1929); Scheflen, A. (1977); Selvini Palazzoli M. *et al.* (1988); Sève, L. (1969); Shannon, C.E. y W. Weaver (1949); Tolman, E.C. (1932); Watzlawick, P. (coord.) (1981); Watzlawick, P., J.H. Beavin y D.D. Jackson (1967); Wilden, A. (1978).

comunidad (al. *Gemeinschaft*; fr. *communauté*; ingl. *community*; it. *comunità*)

Conjunto de individuos que, en la colectividad más amplia en la que están insertos, se diferencian por factores de cohesión, de naturaleza biológica, étnica, religiosa, territorial, lingüística.

1] COMUNIDAD Y SOCIEDAD. La comunidad está caracterizada por un fuerte sentido de pertenencia y solidaridad por parte de sus miembros, cuya unión se funda en valores y objetivos de carácter más empático que racional. Respecto a la sociología de finales de siglo que con F. Tönnies concebía a la comunidad en contraposición a la sociedad, puesto que en la comunidad los individuos están unidos por una "voluntad natural" que establece relaciones afectivas de colaboración y amor, mientras que en la sociedad las relaciones estarían basadas en la "voluntad racional" dirigida a perseguir objetivos específicos, la sociología contemporánea considera artificiales tales diferenciaciones, porque en la realidad social las dos formas de convivencia no están separadas y las características de una se encuentran en la otra y viceversa. En psicología evolutiva R.A. Spitz considera que el origen del *sentido de comunidad* se debe buscar en la confianza de base que se establece en los primeros años de relación madre-hijo, mientras A. Adler interpreta el sentido de comunidad como aquello que, contraponiéndose a la voluntad individualista de poder, mantiene la cohesión dentro de la sociedad.

2] LA COMUNIDAD TERAPÉUTICA. Representa una forma de tratamiento en la que el ambiente social de una comunidad –como la institución psiquiátrica, los grupos-departamentos, las casas de descanso– es parte integral de la terapia. La primera comunidad terapéutica la instituyó en Inglaterra, en 1952, Maxwell Jones, con la intención de transformar el tradicional hospital psiquiátrico en una estructura abierta y democrática. La comunidad terapéutica cambió por completo el papel pasivo de los pacientes, favoreciendo la responsabilidad y la integración social, así como la reestructuración del yo mediante relaciones interpersonales significativas. El trabajo terapéutico se da tanto en el nivel individual, mediante el análisis psicodinámico de los conflictos, como en el nivel social, por medio de múltiples interacciones de grupo, en las que se presta especial atención a las dinámicas interpersonales y a las relaciones de función. La gestión de la terapia se efectúa mediante una programación y comprobación comunes entre médicos, psicólogos, enfermeras y asistentes sociales. La primera experiencia de comunidad terapéutica en Italia la realizó F. Basaglia en el hospital psiquiátrico de Gorizia, en los años 1961-1963; a partir de esa experiencia y teorizaciones dieron inicio las innovaciones legislativas que llevaron, en 1978, al cierre de los manicomios. Actualmente las comunidades terapéuticas no trabajan sólo en el campo de la psiquiatría sino también en el de la delincuencia juvenil, la desviación de los modelos sociales y, sobre todo, la toxicodependencia.

3] PSICOLOGÍA DE LA COMUNIDAD. Es el sector de la **psicología clínica** (*v.*) cuya intervención se realiza en instituciones sanitarias, escolares,

educativas dispersas en un territorio con miras a su transformación para hacerlas más adecuadas a las nuevas exigencias sociales.

BIBLIOGRAFÍA: Adler, A. (1920); Basaglia, F. (coord.) (1968); Borghi, L. (1974); Francescato, D. (1977); Francescato, D., A. Cortesini y S. Dini (1983); Goffman, E. (1961); Hochmann, J. (1973); Spitz R.A. (1958); Tönnies, F. (1887).

conación (al. *Versuch*; fr. *effort*; ingl. *conation*; it. *conato*)

Esfuerzo, inclinación, tendencia para actuar en forma propositiva, sustentado en las bases instintivas y la estructura de los deseos del individuo. El funcionamiento *conativo* se diferencia del cognoscitivo, sustentado en el pensamiento, la percepción y el juicio, y del *emotivo*, basado en la estructura emocional. En el Renacimiento este término, en la acepción latina de *conatus*, que traducía la ὁρμή estoica, indicaba el instinto o la tendencia de cada ser a su propia conservación, y con esta acepción lo encontramos en B. Spinoza, para quien *conatus* es el "esfuerzo de conservarse, y por lo tanto la esencia misma de la cosa" (1677, IV, 22), y en G.W. Leibniz, para quien "el *conatus* es al movimiento como el punto es al espacio, es decir como la unidad es al infinito: esto es el principio o el final del movimiento" (1671" 229).

BIBLIOGRAFÍA: Leibniz, G.W. (1671); Spinoza, B. (1677).

concentración (*al. Konzentration*; fr. *concentration*; ingl. *concentration*; it. *concentrazione*)

Forma de orientar la atención a la recepción y la organización de los contenidos de la realidad subjetiva u objetiva, en la que se requiere una restricción consciente del área de la atención y acumular las energías impulsivas en una configuración precisa. El nivel y la capacidad de concentración varían en relación con *factores fisiológicos* –como el estado de cansancio, el equilibrio hormonal, la eficiencia del sistema nervioso central– y a *factores psicológicos*, que se refieren a los intereses culturales personales, el equilibrio emocional, la situación presente en la que se inserta el sujeto. La concentración es especialmente importante en todas las técnicas que requieren una restricción del campo de la conciencia, como la **hipnosis** (v.), el **entrenamiento autógeno** (v.), que J.H. Schultz definió como "relajamiento concentrado", y en el **yoga** (v.), donde constituye el prerrequisito indispensable para la meditación. La concentración se mide mediante tests que requieren una atención especial en la recepción de señales ópticas o acústicas o en la realización de una tarea. Entre los tests de este tipo recordamos 1] el *Pauli*, en el que es necesario ejecutar sumas y restas simples en un tiempo preestablecido; la evaluación de la prueba se hace con base en el rendimiento, el porcentaje y el alcance de los errores, tomando en consideración variables como edad, sexo, profesión. Frecuentemente se utiliza en **psicología del trabajo** (v., § 5); 2] los *tests de cancelación* (v.), en los cuales se deben tachar ciertas letras; 3] las *tareas de selección*, en las que es necesario elegir y ordenar clases. La limitación de estos tests radica en que la naturaleza artificial de las tareas propuestas no permite predecir la capacidad de concentración de un sujeto en situaciones difíciles o simplemente reales, ni evaluar cuán estable sea esa capacidad a lo largo del tiempo.

BIBLIOGRAFÍA: Arnold, W. y R. Pauli (1970); Marschner, G. (1972); Mierke, K. (1966); Schultz, J.H. (1932).

concepto (al. *Begriff*; fr. *concept*; ingl. *concept*; it. *concetto*)

Resultado de un proceso de **abstracción** (v., § 1) con la consiguiente categorización de objetos o acontecimientos basándose en cualidades y realizaciones consideradas comunes. El concepto suele ser indicado por una palabra, por lo que es posible afirmar que conocer el significado del término "x" equivale a poseer el concepto "x", pero el concepto no es la palabra, en cuanto diferentes términos pueden indicar el mismo concepto, o bien es posible poseer un concepto aunque se ignore el nombre. Entendido como significado de un término, el concepto representa la unidad mínima de un pensamiento o de una proposición, y su carácter de validez universal está en relación con su comunicabilidad, que es tanto más unívoca cuanto más rigurosa es la correspondencia entre el concepto y la cosa denotada.

1] FILOSOFÍA. El problema de la naturaleza del concepto encontró en el ámbito filosófico dos soluciones principales. La primera lo concibe no como una representación de la mente humana, sino como la esencia misma de la cosa. Según tal visión, cuyo descubrimiento Aristóteles atribuye a Sócrates, el concepto es la correcta definición de una cosa que, por lo que se refiere a sus caracteres constitutivos y esenciales, se libera de la multiplicidad de las opiniones y de la precariedad de la experiencia. En la segunda interpretación, que se remonta a los sofistas, el concepto se considera un signo que da significado al objeto, por lo que es distinto tanto de la cosa que representa como de la palabra que se utiliza para expresarlo. En la filosofía contemporánea, siguiendo las huellas de I. Kant, el concepto ya no se asocia con la cosa real, sino a la representación de la cosa, por lo que su noción es instrumental y convencional. Con C.S. Peirce, finalmente, la noción de concepto se resuelve en la de significado (v. **signo**) y su estudio se realiza en el ámbito de la semántica (v. **lingüística**, § 1, *b*).

2] PSICOLOGÍA. En este ámbito se ocupa prevalentemente del aprendizaje de los conceptos. Algunos autores, entre ellos J. Piaget y L.S. Vygotsky, subdividieron el desarrollo del concepto en el niño en varias fases; durante la primera se da una síntesis de los objetos concretos con base en las semejanzas exteriores; en la segunda la generalización procede en relación con los nexos concretos entre las cosas; en la tercera se da la formación de los conceptos propiamente dichos, mediante un proceso de abstracción y aislamiento de cada uno de los elementos, independientemente de las relaciones concretas entre ellos. La adquisición de un concepto se verifica mediante diferentes experimentos en los que el niño debe clasificar objetos desconocidos basándose en algunos atributos, como color, forma, uso, etc. (v. **cognición**, § 2). En *psicología animal*, en un sentido obviamente figurado, se considera que un organismo posee la capacidad de formular un concepto cuando reacciona de manera coherente ante un estímulo inserto en diferentes contextos. Por ejemplo, se demostró que las palomas adiestradas llegan a desarrollar un concepto de ser humano, ya que son capaces de proporcionar determinada respuesta de comportamiento en presencia de la silueta de una persona, hombre, mujer o niño, mientras que de ningún modo reaccionan así frente a otros estímulos.

BIBLIOGRAFÍA: Bruner, J.S. *et al.* (1956); Handjaras, L. *et al.* (1983); Herrnstein, R.J., D.H. Loveland y C. Cable (1976); Piaget, J. (1936); Vygotsky, L.S. (1934).

conciencia (al. *Bewusstsein*; fr. *conscience*; ingl. *consciousness*; it. *coscienza*)

El concepto de conciencia evolucionó paralelamente al desarrollo de la filosofía, de la psicología y de la neurofisiología. Cada una de estas disciplinas, en su momento, hizo hincapié en los aspectos subjetivos, de comportamiento, o fisiológicos de la conciencia, proporcionando definiciones parciales y limitadas al campo de investigación. En sentido moderno el término lo introdujo G.W. Leibniz, quien distinguió por un lado las *petites perceptions*, es decir la suma de los estímulos subliminales, y por el otro la *apercepción*, mediante la cual las percepciones llegan al nivel consciente. Estas distinciones incluyen la hipótesis de un umbral sensitivo susceptible de experimentación psicofísica, y la separación entre contenidos psíquicos percibidos conscientemente y contenidos preconscientes. En el concepto de *apercepción* está implícito un conocimiento de la propia sensibilidad que C.K. Wernicke localizaría como "órgano" en la corteza cerebral. Contra la opinión de Wernicke, que hace de la conciencia una entidad en sí misma, se manifiesta W. Wundt, para quien, "al ser la conciencia de sí, por definición, la premisa de toda experiencia interior, no puede reconocer de manera inmediata la esencia de sí misma". Y ya que "la conciencia consiste en el hecho de constatar en nosotros mismos ciertos estados y fenómenos, la conciencia misma no es un estado o condición susceptible de separación de tales procesos interiores" (1873-1874: 128). Estas dos posiciones ejemplifican las direcciones seguidas en el estudio de la conciencia: como *fenómeno cualitativo* de la psique, o como *entidad fisiológica* neurofisiológicamente localizable.

1] LA ESTRUCTURA DE LA CONCIENCIA. En el ámbito neurofisiológico, con el desarrollo de la electroencefalografía y el descubrimiento de las funciones del sistema reticular, comenzó a desarrollarse la tesis que el estado de *vigilia*, que puede describirse con precisos índices fisiológicos, coincide con la conciencia misma, es decir con la autoconciencia. Al respecto C.W. Simon y W.H. Emmons escriben: "La conciencia se refiere a las fases de los estados de *vigilia* durante los cuales se tienen diferentes grados de conocimiento de los estímulos externos, y al estado de transición en el cual se presentan y se recuerdan estímulos internos, es decir sueños", (1956: 1067). El rastreo electroencefalográfico permite seguir el continuo entre la vigilia y el sueño en correlación con los comportamientos más complejos asociados con la conciencia y la no conciencia.

G. Benedetti resume en cinco puntos fundamentales la estructura de la conciencia: *a*] la conciencia es el resultado de actividades neurogénicas complejas que deben ser desarrolladas selectivamente por la acción inhibidora simultánea en los otros sistemas neurogénicos que, si funcionasen, impedirían la selectividad de las primeras. La selectividad se manifiesta en el electroencefalograma con los hechos de desincronización; *b*] los impulsos que brotan en el hecho perceptivo consciente se desarrollan a través de circuitos centroperiféricos que, activando la periferia sensorial, realizan una retroalimentación centroperiféricocentral; *c*] para el reconocimiento, en el hecho perceptivo entran en actividad zonas corticales que conservan las huellas de los acontecimientos pasados; *d*] para llegar al conocimiento de que lo que "está sucediendo" se verifica en la "propia" mente es necesaria la intervención del yo, para lo cual deben entrar en actividad las zonas encefálicas que aseguran el llamado "esquema corporal"; *e*] la actividad del análisis perceptivo de estas aferencias en el nivel cortical presuponen su integración en esquemas ideoverbales que desembocan en el lenguaje. A esta descripción neurofisiológica agrega Benedetti una definición fenomenológica de la conciencia centrada en tres elementos fundamentales: *a*] el conocimiento de la sensibilidad; *b*] el conocimiento de sí con percepciones internas organizadas en un complejo estable que es el yo; *c*] la capacidad de este yo que debe entenderse mediante los procesos mnemónicos del pasado y mediante los de anticipación del futuro (1969: 138-139).

Las aportaciones del conductismo y de la psicología experimental introdujeron una línea que desemboca en una definición de la conciencia en términos operativos, como la de J. A.M. Fredericks, según quien la conciencia es "un proceso psicofisiológico complejo que se manifiesta con el conocimiento que tiene el individuo de su propia identidad, su propio pasado y su propia situación perceptiva y emocional; la conciencia, además, está caracterizada por los aspectos objetivos del comportamiento y puede definirse biológicamente como un fenómeno que garantiza un proceso continuo y adecuado de informaciones y de adaptación entre el yo subjetivo, el sistema nervioso y el ambiente perceptivo" (1969: 51). A partir de esta definición Fredericks distingue los "estados" de los "contenidos" de conciencia, donde por *estados* se entiende el continuo de los niveles de **activación** (*v.*) que se pueden estudiar en la base de las estructuras anatómicas que actúan como mediadores (neurotransmisores); por mediciones fisiológicas como el electroencefalograma, los potenciales evocados, el reflejo psicogalvánico, por indicadores del comportamiento que relacionan los niveles de activación con el desempeño en las tareas de alerta, atención y detención. Por *contenidos*, en cambio, se entienden los fenómenos, estudiados en el pasado con el método de la introspección y hoy con orientaciones experimentales, que constituyen el objeto de la activación consciente.

2] EL CAMPO DE CONCIENCIA Y EL ESTADO DE ALERTA. La conciencia revela un campo experimental cuyas estructuras describieron H. Ey *et al.* en referencia a: "*a*] al acto fundamental que abre los ojos del sujeto al mundo y lo pone en condición de encontrarse frente a éste, es decir de dividir la propia experiencia en dos categorías: lo subjetivo y lo objetivo; *b*] al acto con el que el sujeto se introduce en su propia experiencia en cuanto logra distinguir lo imaginario de lo real en su espacio 'antropológico', es decir en su representación; *c*] al acto con el que el sujeto dispone su propia presencia en el mundo sin dejarse transportar fatal-

mente hacia un pasado ya transcurrido, ni arrastrarse hacia un porvenir abierto por el deseo" (1979: 33-34). Esta noción se reveló útil en el campo clínico para crear el marco de los trastornos de la conciencia, porque combina la referencia fisiológica con la experiencia vivida y descrita en términos fenomenológicos, permitiendo la comparación entre la descripción subjetiva y la observación objetiva del clínico. Las nociones de "campo" o "escena" ya las habían introducido Wernicke y K. Jaspers, pero el primero sólo en la vertiente fisiológica y el segundo en la fenomenológica, por consiguiente de manera que permitía una comparación entre el momento autodescriptivo y la observación desde afuera.

La estructuración del campo se da, según Ey, sobre la base del estado de vigilia con especial atención a la función de la *alerta*, que indica el estado de conciencia óptimo para el desempeño de determinadas tareas, gracias a la puesta en función de mecanismos específicos de detención y selección de los estímulos que después, mediante la atención, son almacenados en los depósitos de la memoria de corto y de largo plazo (*v.* **memoria**, § 5). El estado de alerta está en estrecha relación con los procesos facilitadores e inhibidores interpuestos entre el tallo cerebral y la corteza. Por tratarse de una función fisiológica, el estado de alerta puede sufrir modificaciones por efecto de la fatiga o de la postración física, o a causa de lesiones focalizadas o difusas del cerebro. El estado de alerta, interpretado en términos gestálticos, estructura el campo de conciencia en la relación figura-fondo, donde algunos objetos se perciben en forma clara y nítida respecto a los otros, presentes en el campo de la conciencia, pero no focalizados. En relación con el estado de alerta se habla también de *amplitud* o de *restricción* del campo de la conciencia, en el sentido de un estado de alerta dirigido intensamente a un objeto que funciona como escudo para todos los demás estímulos ambientales que pueden distraerla o desviarla. En este caso se habla de restricción del campo de la conciencia, mientras que cuando el estado de alerta es fluctuante y relajado, sin una concentración especial, se produce una mayor amplitud del campo de la conciencia, que, en condiciones normales, tiene presentes al mismo tiempo de cinco a ocho unidades de contenido.

3] TRASTORNOS DE LA CONCIENCIA. Si el estado de conciencia alerta o lúcido está caracterizado por la conciencia de sí y por la atención al ambiente, que son las estructuras fundamentales de la vida psíquica, es obvio que todo trastorno, cualquiera que sea su motivo o aspecto, influye en tales estructuras, determinando un atraso hacia los niveles inferiores de la vida psíquica, con manifestaciones que van del entorpecimiento al estado crepuscular, confuso y comatoso.

a] El *entorpecimiento* u *obnubilación* de la conciencia está caracterizado por disminución del estado de alerta y pérdida de diferenciación en el campo de la conciencia. El sujeto se ve somnoliento, más lento en los pensamientos y en la forma de reaccionar al ambiente, no tiene un conocimiento preciso de lo que sucede a su alrededor, no reacciona inmediatamente a los estímulos. Se notan trastornos en la concentración y en la memoria, desorientación en el tiempo y en el espacio, dificultad para comprender. Ejemplos típicos son el entorpecimiento por sedantes, por ingestión de bebidas alcohólicas, por enfermedades cerebrales como encefalitis, tumores, absceso cerebral, infecciones en el sistema nervioso central, traumatismo cráneo-encefálico, etcétera.

b] El *estado crepuscular* está caracterizado por una restricción del campo de la conciencia, con interrupciones de las relaciones con el ambiente, a excepción de una acción particular de tipo habitual como caminar, realizar un gesto mecánico, decir frases banales sin relación con el contexto o con el interlocutor. El comportamiento puede ser pasivo o agitado, o bien fuertemente coherente con las líneas o las fantasías a las que se redujo el campo de la conciencia. El estado crepuscular generalmente tiene un inicio agudo con repentina cesación del trastorno, seguido por un sueño con amnesia casi total. Según el contexto en el que surge se suele identificar un estado crepuscular *epiléptico*, que se presenta de manera imprevista con embotamiento mental, el sujeto parece perdido, aturdido y con graves trastornos de la afectividad. Síntomas análogos se presentan en el estado crepuscular *alcohólico* consecuente a hábitos etílicos, y en el estado crepuscular *histérico*, que el psicoanálisis interpreta como un intento por parte del sujeto de desconocer una experiencia psíquica o real especialmente desagradable.

c] El *estado de confusión* o *confusión mental* es una desestructuración más grave de la conciencia, que ya no es capaz de organizar las experiencias perceptivas en un conjunto coherente. El sujeto no distingue lo que sucede en su mente y lo que sucede en el mundo externo porque las percepciones se mezclan con los pensamientos, las representaciones, las imágenes y los sentimientos que se proyectan hacia el ambiente circundante. Si perdura en este estado se asiste a una pérdida cada vez mayor de las capacidades críticas y de juicio de la realidad externa, reducción de la memoria, sobre todo de corto plazo, aparición de estados oníroides hasta estados de total incoherencia con delirio. En el nivel del comportamiento el estado de confusión puede asumir las formas de la **catatonia** (*v.*), con inmovilidad motriz y ausencia de lenguaje, o *amencia*, que es un estado de confusión alucinatorio delirante agudo acompañado de agitación motriz, estado angustioso, incoherencia del lenguaje, contenidos de pensamiento muy cargados afectivamente, pero desestructurados y delirantes. La agitación motriz alcanza estados de excitación que llegan a una condición de verdadero pánico. Un estado de confusión mental se encuentra también en el *síndrome de pasaje* o *de tránsito* (*Durchgangssyndrome*), síndrome psicoorgánico reversible que representa el punto de transición entre los estados psicopatológicos agudos y los cuadros psicoorgánicos de comportamiento crónicos caracterizados por desintegración de la personalidad y demencia.

d] El *coma* es una condición de pérdida total de la conciencia y de la actividad voluntaria, semejante al sueño, donde el sujeto no puede ser despertado y no reacciona a los estímulos acostumbrados. El coma constituye el nivel mínimo de activación del organismo y puede ser provocado por causas endocraneanas, como hemorragia cerebral, trombosis, trauma, tumor, epilepsia, o extracraneanas, como diabetes, hipoglicemia, intoxicaciones con narcóticos o con alcohol. Se identifica un estado de *precoma* en el que la capacidad de percibir y la reactividad se conservan en parte, sobre todo por la sensibilidad al dolor, uno de *coma* en todo semejante al sueño, y uno de *coma profundo* que requiere métodos de reanimación que se pueden practicar hasta que el electroencefalograma muestra un trazo lineal, llamado "silencio eléctrico", que señala la muerte del cerebro.

e] Los *trastornos de la conciencia del yo*, que se distinguen de los trastornos caracterizados por la progresiva restricción del campo de la conciencia, pueden referirse a: 1] la *identidad del yo*, como en los fenómenos de despersonalización (*v.* **persona**, § 1), donde el sujeto se siente separado de su propia experiencia y casi como un observador extraño de sus procesos mentales y del propio cuerpo; 2] a los *límites del yo* (*v.* **yo, límites del**) donde el sujeto tiene la sensación que los propios pensamientos y sentimientos son percibidos por el ambiente circundante en una especie de difusión del pensamiento fuera de sí, o inducidos por el ambiente casi como si fueran formados desde afuera e introducidos en él; 3] la *conciencia alternante*, expresión con la que K. Jaspers describe las condiciones histéricas donde "la vida psíquica separada se presenta con un desarrollo tan rico que se cree tener relación con otra personalidad; pero cuando supera este estado la personalidad normal no conserva ningún recuerdo" (1913-1959: 436; *v.* **escisión**, § I, 3). Los trastornos de la conciencia del yo, cuando no están acompañados por experiencias esquizofrénicas, por lo general no entrañan una reducción del estado de alerta o trastornos llamativos del comportamiento.

4] LA CONCIENCIA DESDE EL PUNTO DE VISTA FENOMENOLÓGICO. La fenomenología, con E. Husserl, reaccionó a la interpretación psicológica de la conciencia entendida como entidad, facultad o cosa, para afirmar que la conciencia es un *acto* caracterizado por su *intencionalidad* directa hacia las cosas, por lo que, escribe Husserl, "yo no veo sensaciones de colores, sino objetos de colores, ni entiendo sensaciones auditivas, sino la canción del cantante" (1913: 374). Negada como cosa y confirmada como acto, la conciencia no es un campo interior en el que se reúnen las percepciones que provienen de afuera, sino un fuera-de-sí originario o, como dice M. Merleau-Ponty, una autotrascendencia: "Los actos del yo son de tal naturaleza que se sobrepasan a sí mismos, por lo que no existe intimidad de la conciencia. La conciencia es, de principio a fin, trascendencia, no trascendencia inmediata –porque semejante trascendencia sería el estancamiento de la conciencia– sino trascen-

dencia activa. La conciencia que tengo de ver y oír no es la anotación pasiva de un acontecimiento psíquico cerrado en sí y que me dejaría incierto acerca de la realidad de la cosa oída o vista [...] sino el movimiento profundo de trascendencia que es mi mismo ser, el contacto simultáneo con mi ser y con el ser en el mundo" (1945: 485-486).

En esta línea también se encuentra la analítica existencial de M. Heidegger quien, superando la diferenciación entre interioridad y exterioridad con la noción de ser-ahí (*Dasein*), que designa la condición del hombre que está originariamente en el mundo, afirma que "en el comprender, el ser-ahí no va más allá de una esfera interior, donde desde antes estaría encapsulado; el ser-ahí, en virtud de su modo fundamental de ser, ya está siempre 'afuera', junto al ente que encuentra en un mundo siempre descubierto" (1927: 133). J.-P. Sartre distingue el ser *para sí* de la conciencia del ser *en sí* de las cosas, negando que la conciencia pueda ser tratada como una cosa porque, a diferencia de las cosas, es presencia para sí misma: "El ser de la conciencia, en cuanto conciencia, es el de existir a distancia de sí, como presencia en sí, y esta nula distancia que el ser lleva en su ser es la nada" (1943: 122). En efecto, nada separa al sujeto de sí mismo en la conciencia que tiene de sí.

El teorema de la intencionalidad de la conciencia, que Husserl retomó de F. Brentano (*v.* **acto**, § 1) contra la postura naturalista de la psicología, y que volvió a recoger Jaspers, para quien "el ser de la conciencia no es como el de las cosas, sino que su esencia está en el estar dirigida intencionalmente hacia los objetos. Este fenómeno originario, tan evidente como sorprendente, se llamó intencionalidad" (1933: 118). La conciencia no sólo está dirigida hacia el objeto sino que también se refleja en sí misma como **autoconciencia** (*v.*), a propósito de la cual Jaspers escribe: "El 'yo pienso' y el 'yo pienso que pienso' coinciden hasta el punto de no poder existir el uno sin el otro. Lo que desde el punto de vista lógico parece absurdo, aquí es real, y precisamente el uno no es como uno, sino como dos; con esto no se trasforma en dos, sino que sigue siendo uno en una característica única" (1933: 119).

5] LA CONCIENCIA DESDE EL PUNTO DE VISTA PSICOANALÍTICO. La teoría psicoanalítica se constituyó negándose a definir la psique en términos de conciencia, y con este propósito S. Freud escribe: "¿Qué papel resta en nuetro esquema a esa conciencia antaño todopoderosa y que todo lo recubría? Ningún otro que el de un órgano sensorial para la percepción de cualidades psíquicas" (1899 [1976: 603]). En la metapsicología Freud describe el *sistema percepción-conciencia* desde el punto de vista *a] tópico*: situado en la periferia del aparato psíquico, recibe tanto las informaciones provenientes del mundo externo como las del mundo interno, por ejemplo el placer y el displacer; *b] funcional*: se opone al inconsciente porque en la conciencia no se registra ninguna señal duradera de las excitaciones, como ocurre en cambio en el inconsciente; *c] económico*: dispone de una energía móvil capaz de investir, con el mecanismo de la atención, este o aquel elemento; *d] dinámico*: tanto en relación con el "conflicto" donde se observa una intención consciente de evitar lo desagradable y de regular el principio del placer, como en relación con el "tratamiento", donde se observa la toma de conciencia, que Freud sigue considerando insuficiente para eliminar la represión y sus efectos.

Aunque marginalizada, la conciencia constituyó también para Freud el punto de partida para la justificación de un inconsciente que es el resultado de una inferencia a partir de las muchas lagunas de los actos de conciencia, que "no dan lugar a series conclusas e ininterrumpidas en sí mismas". Frente a esta constatación, "mientras en la psicología de la conciencia nunca se fue más allá de las series interrumpidas de fenómenos, que manifiestamente dependen de cualquier otra cosa, la otra concepción, aquella según la cual lo psíquico es en sí inconsciente, permitió desarrollar la psicología hasta hacer de ésta una ciencia natural como todas las demás" (1938: 584 y 585).

Freud, pasando de la primera articulación de la psique, que prevé la división en inconsciente, preconsciente y consciente, a la segunda, que distingue tres instancias: ello, yo, superyó (*v.* **aparato psíquico**, § 5), evita identificar la conciencia con el yo, limitándose a establecer un simple vínculo de pertenencia entre la conciencia y el yo: "Nos hemos formado la representación de una organización coherente de los procesos anímicos en una perso-

na, y la llamamos su *yo*. De este yo depende la conciencia; él gobierna los accesos a la motilidad, vale decir: a la descarga de las excitaciones en el mundo exterior; es aquella instancia anímica que ejerce un control sobre todos sus procesos parciales, y que por la noche se va a dormir, a pesar de lo cual aplica la censura onírica" (1922 [1976: 19-19]); donde es evidente que, cuando la conciencia duerme, el yo continúa vigilando, por lo que no hay coincidencia entre las dos instancias. Esta distinción entre yo y conciencia se retoma a propósito de la disociación psíquica en la que Freud identifica una escisión de la conciencia (*Bewusstseinspaltung*) de una escisión del yo (*Ichspaltung*) (*v.* **escisión**, § II).

6] LA CONCIENCIA DESDE EL PUNTO DE VISTA DE LA PSICOLOGÍA ANALÍTICA. La no coincidencia de lo psíquico con la conciencia, y el vínculo entre conciencia y yo, son las tesis de C.G. Jung, para quien "la conciencia es la función o la actividad que mantiene la relación de contenidos psíquicos con el yo. La conciencia no es idéntica a la psique, en cuanto ésta representa la totalidad de los contenidos psíquicos, no todos los cuales están necesariamente relacionados de modo directo con el yo, o sea que no están con el yo en una relación tal que a ellos corresponda la cualidad del conocimiento" (1921: 433-434). Por lo que se refiere a la relación entre yo y conciencia, Jung, basándose en su teoría de los complejos (*v.* **complejo**, § 2), entiende el yo como el complejo central de la conciencia: "por 'yo' entiendo un complejo de representaciones que para mí constituye el centro del campo de mi conciencia y que me parece posee un alto grado de continuidad y de identidad consigo mismo. Por lo tanto hablo también de un complejo del yo. El complejo del yo es tanto un contenido como una condición de la conciencia [...], ya que un elemento psíquico para mí es consciente en cuanto es referido al complejo del yo. Precisamente porque el yo es sólo el centro del campo de mi conciencia no es idéntico a la totalidad de mi psique, sino tan sólo a un complejo entre otros complejos. Distingo por lo tanto entre el yo y el sí mismo, en cuanto el yo es sólo el sujeto de mi conciencia, mientras el sí mismo es el sujeto de mi psique total, y por lo tanto también del inconsciente" (1921: 468).

7] LA CONCIENCIA MORAL. Con esta expresión, para la cual la lengua alemana no emplea el término *Bewusstsein*, sino *Gewissen*, se entiende el conjunto de procesos cognoscitivos y emocionales que están en la base de la formación de una guía interior que regula la conducta individual, en armonía con los valores reconocidos por el grupo social de pertenencia. Los procesos cognoscitivos son indispensables para el conocimiento de las normas y para valorar la adecuación de las propias acciones a las mismas; los procesos emocionales, como el miedo, la culpa y la vergüenza, parecen necesarios, en una primera fase llamada "heterónoma", para el favorecimiento de comportamientos adecuados.

a] *Desde el punto de vista cognoscitivo* J. Piaget mostró, partiendo de la disposición de los niños frente a las reglas del juego, que hasta el séptimo año el niño considera que las reglas son inviolables y los motivos de aquel que no las observó son irrelevantes. El fundamento de la inviolabilidad está en la imposición por parte de la autoridad externa, por lo que la observación de las reglas tiene una base *heterónoma*. Más tarde el niño reconoce que las reglas responden a una ventaja recíproca para los integrantes del grupo y aprende a valorar cada caso en su peculiaridad basándose en la idea de equidad. En esta fase la conducta, de heterónoma, se vuelve *autónoma*.

b] *Desde el punto de vista conductista* la interiorización de las reglas se da por efecto de un buen condicionamiento, capaz de desarrollar reacciones anticipadas de temor dictadas por el *miedo* a un castigo, por el sentimiento de *culpa* que surge después de haber cumplido una acción antes castigada, por la *vergüenza* que se experimenta cuando los otros descubren nuestras desviaciones. L. Kohlberg identificó tres niveles en la formación de la conciencia moral: 1] *premoral*, en el que se obedece a las reglas sólo para evitar los castigos; 2] *conformidad*, en el que se obedece para alejar la culpa derivada de la censura de la autoridad; 3] *principios*, en el que la obediencia se da en términos de recompensas y castigos objetivos. Una conciencia moral basada en la conciencia de los principios que regulan la convivencia se desarrolla mucho más tarde, en general después de la pubertad.

c] *Desde el punto de vista psicoanalítico* la formación de la conciencia moral está estrechamente relacionada con la formación del superyó (*v.* **autoobservación**) que, a su vez, es producto de la evolución del **complejo de Edipo** (*v.*) y por lo tanto de la forma de relacionarse con las figuras paternas y de interiorizar las prohibiciones. S. Freud le asigna a la formación del superyó, que para él es la base de toda formación ética, un valor terapéutico: "En todos los tiempos se atribuyó el máximo valor a esta ética, como si se esperara justamente de ella unos logros de particular importancia. Y en efecto, la ética se dirige a aquel punto que fácilmente se reconoce como la desallura de toda cultura. La ética ha de concebirse entonces como un ensayo terapéutico, como un empeño de alcanzar por mandamiento del superyó lo que hasta ese momento el restante trabajo cultural no había conseguido (1929 [1976: 137-138]). Por su parte C.G. Jung desarrolla un concepto de conciencia moral como emancipación de las normas colectivas, sin la cual es imposible un auténtico proceso de **individuación** (*v.*); por lo tanto, "la norma colectiva se hace cada vez más superflua en una orientación colectiva de la vida, y con esto la verdadera moralidad va a la ruina. Cuanto más está el hombre sometido a normas colectivas, tanto mayor es su inmoralidad individual" (1921: 464).

BIBLIOGRAFÍA. Aronfreed, J. (1968); Benedetti, G. (1969); Ey, H. (1963); Ey, H., P. Bernard y C. Brisset (1979); Fredericks, J.A.M. (1969); Freud, S. (1899); Freud, S. (1915); Freud, S. (1922); Freud, S. (1929); Freud, S. (1938); Heidegger, M. (1927); Husserl, E. (1913); Jackendoff, R. (1990); Jaspers, K. (1913-1959); Jaspers, K. (1933); Jung, C.G. (1921); Kohlberg, L. (1964); Merleau-Ponty, M. (1945); Misiti, R. (1972); Neumann, E. (1949); Piaget, J. (1932); Sartre, J.-P. (1943); Simon, C.W. y W.H. Emmons (1956); Wernicke, C.K. (1879); Wundt, W. (1873-1874).

concretismo (al. *Konkretismus*; fr. *concrétisme*; ingl. *concretism*, it. *concretismo*)

Forma de pensar y de sentir que se mantiene vinculada con la percepción inmediata de la realidad material y con la propia experiencia subjetiva, sin ser capaz de elevarse a la **abstracción** (*v.*); es típico del pensamiento infantil y del primitivo. "El pensamiento concreto –escribe C.G. Jung– se mueve entre conceptos y concepciones exclusivamente concretas y está siempre en relación con las impresiones que proporcionan los sentidos. Asimismo el sentimiento concreto nunca se separa de una referencia sensorial. [...] El concretismo es, por lo tanto, un *arcaísmo*. [...] En el hombre civilizado el concretismo del pensamiento consiste, por ejemplo, en la incapacidad de pensar en cualquier otra cosa que en los hechos de evidencia inmediata, tal como los proporcionan los sentidos; o bien en la incapacidad de diferenciar el sentir subjetivo del objeto de la sensación que proporcionan los sentidos. [...] Esta confusión impide una diferenciación del pensar y del sentir, y en ambos mantiene las funciones en la esfera de la sensación, es decir de la referencia sensorial; de tal manera pensar y sentir nunca pueden desarrollarse en función pura, sino que dependen permanentemente de la sensación. [...] Así se determina una relación sensorial entre las diferentes funciones psicológicas, relación que impide la autonomía psíquica del individuo a favor de los datos del hecho sensible" (1921: 432-433). Para J. Piaget el concretismo constituye la manifestación más evidente del realismo infantil y el pensamiento que lo manifiesta es incapaz de *irreversibilidad*, es decir, de recorrer mentalmente en sentido inverso las operaciones que se realizaron en un procedimiento lógico u operativo, por lo que, por ejemplo, un objeto dividido es para un niño una cosa diferente que la representación inicial del objeto entero (*v.* **cognición**, § 2, *b*).

BIBLIOGRAFÍA: Jung, C.G. (1921); Piaget, J. (1947).

condensación (al. *Verdichtung*; fr. *condensation*; ingl. *condensation*; it. *condensazione*)

Concentración de varios elementos psíquicos y de la energía a ellos vinculada en una única representación dotada de notable intensidad. La condensación se manifiesta en forma especialmente evidente en el sueño, donde, como afirma S. Freud, "es como si actuara una fuerza que sometiera el material a un prensado, a un esfuerzo unitivo. Luego, a consecuencia de la condensación, un elemento del sueño manifiesto puede corresponder a varios de los pen-

samientos oníricos latentes; y a la inversa, un elemento de estos últimos puede estar subrogado por varias imágenes en el sueño" (1932 [1976: 19]). La condensación, aunque es ante todo un procedimiento característico del pensamiento inconsciente, actúa en favor de la **censura** (*v.*), ya que contribuye a lo que Freud llama *trabajo onírico* (*v.* **sueño**, § II, 2), o sea al proceso de deformación y ocultamiento de los elementos inconscientes del sueño que determinan la discrepancia entre contenido latente y **contenido manifiesto** (*v.*). El mecanismo de la condensación está sumamente relacionado con el de **desplazamiento** (*v.*), en cuanto las energías psíquicas ligadas a cada uno de los pensamientos son desplazadas y concentradas en un único elemento. El sueño puede, por ejemplo, condensar en la imagen de una persona los rasgos de dos o más individuos, o bien fundir en un neologismo diferentes palabras. Un procedimiento análogo de condensación lo señaló Freud también en la formación de los síntomas, los lapsus, en los olvidos y en el chiste. Según E. Bleuler la condensación es especialmente frecuente en los pacientes esquizofrénicos que tienden a representar con una sola imagen diferentes lugares o personas. Según R. Jakobson y J. Lacan, en la condensación subyacen los mismos procesos que en el ámbito lingüístico dan inicio a la **metáfora** (*v.*).

BIBLIOGRAFÍA: Bleuler, E. (1911-1960); Freud, S. (1899); Freud, S. (1901); Freud, S. (1905); Freud, S. (1932); Jakobson, R. (1956); Lacan, J. (1957).

condescendencia
v. CONFORMISMO.

condición (al. *Bedingung*; fr. *condition*; ingl. *condition*; it. *condizione*)

Conjunto de elementos que pueden favorecer o impedir la realización de un acontecimiento o de un proceso. A diferencia de las causas, las condiciones no producen efectos directos o inmediatos sino que contribuyen, en diferentes grados, a hacer posible, hasta probable, pero de alguna manera nunca segura, la realización de un acontecimiento. Ya J.S. Mill advertía que raras veces se encuentra una relación causal entre un antecedente y un consecuente, mientras que es mucho más frecuente observar una relación entre diferentes antecedentes, todos igualmente necesarios, y un consecuente. Hoy la noción de condición sustituyó en gran medida a la de causa en muchos campos del conocimiento, desde la biología hasta la sociología, la teoría de la información y de sistemas, sobre todo después de que la misma física abandonó el concepto de causalidad en favor de los modelos estadísticos. Según C.G. Jung el *condicionalismo*, es decir la intención de explicar los acontecimientos mediante las condiciones de su verificación, conserva la misma orientación que el determinismo causal (*v.* **causalidad**), pues no hace más que hacer extensiva la simple relación causa-efecto a la complejidad de lo existente. En psicología, como en otros campos, el término se utiliza con frecuencia, en sentido amplio, como sinónimo del "estado" en el que se encuentra una persona; en este sentido se habla de condición patológica, cultural, social y semejantes.

BIBLIOGRAFÍA: Jung, C.G. (1916-1917).

condicionado, reflejo
v. APRENDIZAJE, § I, 1-2.

condicionamiento
v. APRENDIZAJE, § I, 1-2.

conducción nerviosa (al. *Nervöse Leitungsbahn*; fr. *conduction nerveuse*; ingl. *nervous conduction*; it. *conduzione nervosa*)

Propagación del impulso nervioso a lo largo de una fibra nerviosa debida al desencadenamiento inicial del potencial de acción (*v.* **acción**, § 2, *a*) en el punto estimulado y a su posterior propagación por la generación de una corriente que provoca la despolarización en una zona limítrofe. Con este mecanismo en las *fibras amielínicas* la excitación se propaga de manera *continua* a lo largo de la estructura completa. La velocidad de conducción es directamente proporcional a la raíz cuadrada del diámetro de la fibra. En las *fibras mielínicas*, en las cuales las membranas del cilin-

droeje (axón, neurita, neuroaxón) están revestidas por una capa de mielina (sustancia con propiedades aislantes), la propagación del potencial de acción se da saltando de un nodo al siguiente (nódulo de Ranvier), porque sólo en esos puntos puede darse la despolarización de la membrana por efecto de la corriente generada en la forma arriba descrita. En este caso se dice que la propagación se da de manera *saltatoria*, lo que permite un aumento de velocidad de conducción y un ahorro energético respecto al caso precedente. La velocidad, además, es directamente proporcional al diámetro de la fibra. La conducción del impulso es un fenómeno de *todo* o *nada* (*v.* **acción**, § 2, *a*), por lo que se propaga sin disminución; es *aislada* en cuanto no se difunde a las fibras vecinas; es *indiferente* porque puede propagarse tanto en dirección centrífuga como centrípeta. La existencia de fibras eferentes y aferentes no está en contradicción con la indiferencia de la conducción, porque la efectiva conducción polarizada está determinada por las **sinapsis** (*v.*) que operan la **transmisión** (*v.*, § 2) nerviosa.

conducta (al. *Betragen*; fr. *conduite*; ingl. *behaviour*; it. *condotta*)

El término, que con frecuencia se utiliza como sinónimo de **comportamiento** (*v.*), se distingue de este último porque, mientras el comportamiento se refiere al conjunto de las acciones y de las reacciones habituales de un organismo al ambiente, susceptibles de observación objetiva, la conducta hace referencia a una **actitud** (*v.*) interior en la cual se originan las acciones y las reacciones. Se deriva de ello que, desde el punto de vista de la observación exterior, la conducta es menos describible y comprobable que el comportamiento.

conducta antisocial (al. *unsoziales Verhalten*; fr. *conduite antisociale*; ingl. *antisocial behaviour*; it. *antisocialità*)

Conducta hostil hacia la organización del grupo social de pertenencia, que se manifiesta con actividades que violan las reglas que presiden el orden vigente. No existen criterios objetivos de evaluación del grado de la conducta antisocial porque la medida depende del nivel moral y cultural de determinado grupo o población. El psicoanálisis interpreta las conductas antisociales según estén determinadas por motivos conscientes, como en los delincuentes normales que siguen el ejemplo de un modelo criminal con ausencia de superyó y rasgos de **psicopatía** (*v.*), o por motivos inconscientes particularmente activos en los delitos culposos, en los que no es patente la intención de matar. Asimismo, para el psicoanálisis la conducta antisocial debe considerarse en la misma proporción que los síntomas, de los que se diferencia por una mayor participación del yo. La psicología social llama a la conducta antisocial *sociopatía abnorme*, para diferenciarla de la *sociopatía deficitaria*, llamada también *asocialidad*, caracterizada por la incapacidad de crear relaciones sociales o de pertenencia en un grupo (*v.* **psicología social**, § 5). No es raro que la sociopatía deficitaria se traduzca en sociopatía abnorme por la constitución de grupos de delincuentes (*v.* **delincuencia**).

BIBLIOGRAFÍA: Argyle, M. (1976); Bertolini, E. (1971); Danziger, K. (1971).

conducta proteica (al. *Täuschungsperhalten*; fr. *conduite protéanique*; ingl. *Protean behavior*; it. *proteanica, condotta*)

Serie de maniobras que utilizan los animales para engañar al predador y distraerlo del ataque. Ejemplos de ella son el **mimetismo** (*v.*), el reflejo de muerte aparente (*v.* **reflejo**, § 2, *d*), la automutilación de la cola en las lagartijas y otras estrategias. Por analogía el término se amplía también al nivel humano para designar las conductas caracterizadas por el recurso habitual al engaño y la falsedad.

conductismo (al. *Verhaltenspsychologie*; fr. *comportementalisme*; ingl. *behaviourism*; it. *comportamentismo*)

El conductismo, llamado también *behaviorismo*, es una orientación de la psicología moderna que, en el intento de darle a la psicolo-gía un estatus semejante al de las ciencias exactas, circunscribe el campo de la investigación a la observación del comportamiento animal y humano, rechazando cualquier forma de **introspección** (*v.*), que por su naturaleza escapa a la comprobación objetiva.

1] LOS ANTECEDENTES HISTÓRICOS Y LAS PREMISAS TEÓRICAS. Los antecedentes históricos de esta orientación deben buscarse a partir de la filosofía de R. Descartes hasta la cultura iluminista francesa en la cual, con J.O. de la Mettrie, E. de Condillac, C.A Helvétius y P.J.G. Cabanis, se intenta comprender y reconstruir el organismo animal, y más tarde también el del hombre, según el modelo de un aparato mecánico, que resuelve fuerzas y experiencias psíquicas, ideas e intenciones, de acuerdo con los estímulos y reacciones que, en los casos más elementales, se hacen coincidir con el esquema del reflejo simple y, en los más complejos, con el del reflejo condicionado. La intención de explicar el comportamiento animal sin utilizar la experiencia subjetiva humana y sin caer en arbitrarias atribuciones antropomórficas está presente también en la historia de la biología alemana del siglo XIX, sobre todo en la doctrina de los **tropismos** (*v.*), relativa a la atracción y a la repulsión respecto a determinados estímulos, que elaboró J. Loeb y retomó A. Bethe, sobre quien actuó la influencia de la teoría evolucionista de C. Darwin, que haría sentir sus efectos incluso en la orientación filosófica que se manifestaría con el positivismo de A. Comte y de H. Spencer, para quienes es importante atenerse a lo observable y verificable para favorecer el paso de todas las actividades humanas a la fase positiva, mediante la adopción generalizada del método científico.

Estas corrientes de pensamiento generaron en la Europa de finales del siglo XIX la exigencia cada vez más difundida de comprobar el aspecto objetivo y experimental de las investigaciones psicológicas que, en Rusia, desembocaron en los estudios de fisiología de I.P. Pavlov y la creación del concepto de condicionamiento (*v.* **aprendizaje**, § I, 1), y en Estados Unidos en la teoría filosófica funcionalista de W. James, quien considera la vida psíquica desde el punto de vista de las funciones que en ésta se desarrollan con el fin de conservar la vida (*v.* **funcionalismo**). J.B. Watson, el fundador del conductismo, se formó en la escuela de J.R. Angell, alumno a su vez de James, en la Universidad de Chicago, centro del funcionalismo norteamericano. En esos mismos años, oponiéndose a la psicología elementalista de W. Wundt y de E.B. Titchener, centrada en el método introspectivo (v. **elementarismo**), J.M. Cattell sostenía la necesidad de construir una psicología que fuera del todo independiente de la introspección, influido en ese sentido por James que, en la vertiente filosófica, conjeturaba que la esencia del estado afectivo radicaba en las reacciones viscerales y musculares, con la consiguiente problemática acerca de la existencia real de la conciencia, mientras que W. Mc Dougall, después de haber definido la psicología como "ciencia positiva de la conducta de los seres vivientes", introdujo el término "comportamiento" (*behaviour*).

2] EL CONDUCTISMO DE J.B. WATSON. La originalidad de Watson no radica tanto en la novedad cuanto en la orientación de las tesis mucho más radicales que las de sus predecesores. En *La psicología así como la ve el conductista* de 1913 escribe: "El lector no encontrará en mi obra discusiones sobre la conciencia, ni términos como sensación, percepción, atención, voluntad, etc. Son palabras que sin lugar a dudas suenan bien, pero noté que se puede precindir de ellas. [...] A decir verdad, ni siquiera entiendo qué significado puedan tener, ni creo que nadie haya logrado nunca usarlas sistemáticamente con propiedad" (1913: 12). El ideal que Watson se propone alcanzar es el de una psicología que trate exclusivamente las formas del comportamiento de los seres vivientes, tal como las puede documentar un observador externo, renunciando a cualquier procedimiento fundado en la autoobservación y en las experiencias subjetivas que pretenden alcanzar un conocimiento de la vida íntima de los otros individuos basándose en analogías con la propia. Al rechazar el método introspectivo con la intención de crear una psicología según el modelo de las ciencias naturales, se adoptan los conceptos de estímulo y reacción, además de las correspondientes leyes que manifiestan las relaciones causales. En esta estructura teórica se introducen las profundizaciones que llevan a las posiciones más características del conductismo, que son:

a] El *molecularismo*, que interpreta todo el comportamiento a partir de las unidades más pequeñas de conducta, identificadas primero en el concepto de *hábito* y después en el de reflejo condicionado.

b] El *periferalismo*, que reduce la "conciencia" a las reacciones que se observan en el sistema visceral y glandular, a las reacciones motrices de la musculatura voluntaria, ponderables mediante la relación elemental entre el estímulo y la respuesta. Incluso las funciones humanas más complejas, según Watson, se pueden traducir en términos de conducta observables, como el pensamiento, concebido como un lenguaje privado de expresiones sonoras y determinable con los movimientos imperceptibles de los órganos periféricos, potencialmente registrables.

c] El *ambientalismo*. Después de haber experimentado en su hijo Albert la teoría del reflejo condicionado, asociando un fortísimo y horrísono ruido metálico cuando Albert tenía contacto con los animales, que al principio habían representado para el niño un inocuo motivo de diversión, Watson explicó todas las diferencias individuales a través de los procesos de aprendizaje, por lo que es posible programar la profesión futura de cualquier niño simplemente si se eligen de modo oportuno las influencias ambientales a las que se debe someter, sin tomar en consideración sus disposiciones individuales. Subyacente está el concepto de que el ambiente es una entidad totalmente independiente del organismo, cuyas posibilidades de adaptación se obtienen creando ambientes de acuerdo con lo que se desea obtener. Escribe Watson: "Denme una docena de niños normales, bien hechos, y un ambiente adecuado para educarlos, y les garantizo tomar uno al azar y transformarlo en cualquier tipo de especialista que quiera: médico, abogado, artista, comerciante y hasta pordiosero o ladrón, independientemente de sus aptitudes, simpatías, tendencias, capacidades, vocaciones" (1914: 104).

3] EL NEOCONDUCTISMO. El neoconductismo, que en gran parte modificó los aspectos más radicales de la posición de Watson, desplazó su interés hacia el **aprendizaje** (*v.*, § I, 2) con el uso de metodologías experimentales en las cuales se cuantifican sistemáticamente las variables de la investigación. E.C. Tolman introdujo una concepción tendiente a objetivos del comportamiento, por lo que cada secuencia de movimientos está dirigida siempre hacia un objetivo preciso. De sus investigaciones efectuadas con ratones de laboratorio dedujo que el aprendizaje no se da por efecto de una recompensa, como sostenía Thorndike, sino por la repetición sistemática de una tarea mediante la cual se crea en el animal un "mapa cognoscitivo" del ambiente. Tolman, al reconocer una direccionalidad en la conducta del organismo, se emancipa del mecanicismo de Watson para introducir la noción de fin objetivamente determinable y describible, basándose en las expectativas que nacieron de anteriores experiencias. Otro concepto que introdujo Tolman es el de las *variables intermedias*, como la historia evolutiva del organismo y su condición impulsiva, que hacen más problemática la relación estímulo-reacción.

El tema del condicionamiento lo retomó C. L. Hull quien, después de introducir modelos matemáticos en el estudio de los procesos de aprendizaje, haciendo más rigurosa la psicología experimental, advierte que una simple cadena de reflejos no puede proporcionar la explicación de un hábito porque entre estímulo y reacción se ubican las tendencias de reacciones adquiridas, la generalización del estímulo, los estados impulsivos que cambian de un sujeto a otro, las insuficiencias fisiológicas, los procesos asociativos y la reacción anticipada hacia la meta. Con este propósito Hull modifica la noción de refuerzo, agregando a la gratificación externa también la interna, por lo que si a un nexo estímulo-reacción le sigue una satisfacción del impulso interno, existe otra posibilidad de que ese nexo se repita.

Con B.F. Skinner, el más esforzado defensor del método experimental, se produce un regreso a la ortodoxia watsoniana: "El comportamiento es un dato que se adecua a las leyes, que no es alterado por los actos arbitrarios de un eventual agente libre, en otras palabras, que está completamente determinado" (1959: 76). Y continúa: "Las explicaciones mentalistas embotan la curiosidad y llevan las investigaciones hacia un punto muerto. Es tan fácil observar sentimientos y estados de ánimo, en un momento y en un lugar que los hace aparecer como causas, que ya no estamos dispuestos a continuar indagando. Pero cuando se comienza a estudiar el ambiente no se puede negar su importancia" (1974: 14). En concordancia con la tradición positivista e inductista de la psicología y en contra de toda tentación especulativa, subjetiva e introspectiva, Skinner prepara una eficiente tecnología para mejorar el aprendizaje, partiendo del supuesto de que toda conducta es controlable y modificable por medio de estímulos eficaces y de variables sistemáticas, independientemente de las condiciones subjetivas. Ejercitar la conducta significa, para Skinner, plasmarla mediante refuerzo, premiando las inclinaciones orientadas en la dirección deseada y extinguiendo las propensiones indeseadas. Los mejores resultados se obtuvieron con el adiestramiento de animales y en la instrucción programada (*v.* **instrucción**) donde, introduciendo la noción de condicionamiento operante (*v.* **aprendizaje**, § I, 2), según la cual una secuencia de comportamiento adquiere fuerza si le sigue un refuerzo positivo, Skinner considera que es posible abandonar los "nexos intermedios" entre estímulo y respuesta en los que Hull había basado su explicación del comportamiento y la teoría correspondiente.

Por lo que se refiere a los modelos teóricos, el conductismo rechaza la comprensión en favor de la explicación (*v.* **psicología comprensiva**), a propósito de la cual dice H.J. Eysenck: "El término 'explicación' se debe usar en psicología exactamente con las mismas connotaciones con las que se emplea en las ciencias exactas. Esto significa en esencia que, más que comprensión el término adecuado es descripción, cuantitativa de ser posible; la comprensión, en un cierto sentido no científico, humanista, ideográfico, es función de muchas cosas, incluidos los actuales niveles de creencias arbitrarias y de supersticiones, y no puede ser comprobada en la realidad" (1970: 218).

4] LAS CRÍTICAS AL CONDUCTISMO. Las teorías conductistas han recibido muchas críticas por parte de la **psicología comprensiva** (*v.*) que rechaza recurrir exclusivamente al método explicativo de las ciencias naturales, a menos que se desee reducir al hombre a simple cosa; de la **psicología de la forma** (*v.*), que refuta el asociacionismo y la concepción mecanicista del aprendizaje, y de la *psicología* *cognoscitivista* (*v.* **cognoscitivismo**), que le achaca al conductismo no tomar en consideración los procesos cognoscitivos superiores del hombre. Por último, se le reprocha al conductismo transferir al hombre los resultados de las investigaciones experimentales realizadas en animales de laboratorio y, al respecto, D. Parisi comenta: "*a*] el conductismo es más función de la mente que de los estímulos y de las condiciones externas, mientras que el laboratorio es apropiado para establecer correlaciones entre conductas y situaciones estímulo; *b*] la conducta está gobernada por complejas estructuras de objetivos, mientras que en el laboratorio los fines del sujeto deben intervenir lo menos posible; *c*] la conducta (especialmente la humana) tiene un orden –y tal vez un tipo– de complejidad que resulta difícil reconstruir partiendo de segmentos aislados estudiados en laboratorio; *d*] las condiciones del ambiente en las que se verifica la conducta humana real tienen una densidad y una complejidad ignoradas en el microambiente del laboratorio; *e*] el comportamiento en el laboratorio se reduce a sus parámetros físicos, ignorando el hecho esencial de que en la vida real el comportamiento es, ante todo, portador de significados; *f*] la situación experimental usada en psicología es casi siempre un instrumento ciego, cuyas características internas se ignoran, y por lo tanto sólo proporciona resultados de escaso significado cognoscitivo; *g*] la psicología no pasó por una fase de descripción detallada del comportamiento real, sino que saltó de inmediato al estudio experimental de comportamientos artificiales, privándose de esta manera del indispensable mapa de orientación que debería guiar cada una de sus investigaciones; *h*] el método experimental, adoptado en esencia sólo por la psicología entre las ciencias sociales, constituye una barrera para los intercambios de teorías, conceptos y tipos de fenómenos estudiados en común por la psicología y esas otras ciencias, y este aislamiento de la primera disminuye notablemente su capacidad de penetración y de conocimiento" (1978: 252-253). La reducción de la psicología a la observación experimental que inició el conductismo tuvo un desarrollo equiparable en el campo filosófico con el materialismo científico y con el conductismo lógico, que se tratan en la voz **fisicalismo** (*v.*).

BIBLIOGRAFÍA: Bandura, A. (1969); Boring, E.G. (1950); Eysenck, H.J. (1970); Hull, C.L. (1943); Hull, C.L. (1952); Kerlinger, F. (1973); MacDougall, W. (1908); Meazzini, P. (1980); Parisi, D. (1978); Pavlov, I.P. (1927); Rachlin, H. (1970); Skinner, B.F. (1938); Skinner, B.F. (1953); Skinner, B.F. (1959); Skinner, B.F. (1974); Tolman, E.C. (1922); Tolman, E.C. (1932); Watson, J.B. (1913); Watson, J.B. (1914).

conexión interhemisférica
v. HEMISFERIO CEREBRAL.

conexión psíquica (al. *Psychische Verbindung*; fr. *liaison psychique*; ingl. *psychic connection*; it. *collegamento psichico*)

Relación entre los elementos psíquicos según la hipótesis de W. Wundt, para quien los atributos elementales de la psique, como las simples sensaciones, no quedan aislados, ni están asociados mecánicamente, sino que se unen por medio de la percepción, la atención y la conciencia. Wundt considera que la psicología tiene la tarea de analizar los procesos compuestos derivados de los vínculos psíquicos y de comprender las leyes que determinan tales vínculos (*v.* **elementarismo**).

BIBLIOGRAFÍA: Wundt, W. (1862).

conexionismo
v. ASOCIACIONISMO.

confesión (al. *Bekenntnis*; fr. *confession*; ingl. *confession*; it. *confessione*)

Admisión y reconocimiento de las propias culpas. C.G. Jung considera la confesión como el primer estadio del proceso psicoterapéutico, al que le siguen la aclaración, la educación y la transformación. En la fase de la confesión el sujeto se libera de sus secretos y de todo lo que oculta porque lo considera reprobable. El alivio que conlleva la confesión lo motiva el reconocimiento de la parte oscura de sí (*v.* **sombra**), con el consiguiente encuentro de la propia integridad que disminuyó por la escisión de la conciencia de los contenidos inaceptables. Liberado del exilio al que sus propios secretos lo habían desterrado, el sujeto tiene la posibilidad de relacionarse con todas las partes de sí mismo realizando lo que, para Jung, es el objetivo del tratamiento analítico, al que se llega procediendo en las fases sucesivas a la de la confesión, que es inicial y preparatoria.

BIBLIOGRAFÍA: Jung, C.G. (1929).

confianza (al. *Vertrauen*; fr. *confiance*; ingl. *trust*; it. *fiducia*)

Estado tranquilizador que se deriva de la convicción de la confiabilidad del mundo circundante, al que se percibe bien dispuesto hacia el objeto. Esta condición influye positivamente en el comportamiento, eliminando inquietudes y malestares que conducen a actitudes de cerrazón, rechazo y escepticismo. E.H. Erikson introdujo la expresión *confianza de base*, que después retomaron M. Balint y D.W. Winnicott, para indicar la etapa del desarrollo –correspondiente a la fase **oral** (*v.*, § 2)– durante la cual el niño percibe ser aceptado y querido por el ambiente circundante, adquiriendo esa seguridad que le permite, en oposición a lo que siente como confiable, reconocer el mal y la negatividad. La presencia de circunstancias traumáticas en este período puede influir en la confianza de base, con las consiguientes repercusiones de carácter depresivo o neurótico-impulsivo en la psicología del adulto.

BIBLIOGRAFÍA: Balint, M. (1952); Bowlby, J. (1951); Erikson, E.H. (1950); Spitz R.A. (1958); Winnicott, D.W. (1987).

confines del yo
V. YO, LÍMITES DEL.

conflicto psíquico (al. *Psychischer Konflikt*; fr. *conflit psychique*; ingl. *psychical conflict*; it. *conflitto psichico*)

Contraposición entre instancias contrastantes. El significado del término y su uso tienen connotaciones específicas en los siguientes contextos:

1] PSICOANÁLISIS. S. Freud asume la noción de conflicto como categoría central de la teoría psicoanalítica: "No queremos simplemente describir y clasificar los fenómenos, sino concebirlos como indicios de un juego de fuerzas que se desarrolla en la psique, como la expresión de tendencias orientadas hacia un fin, que trabajan juntas o una contra otra. Lo que nos esforzamos por alcanzar es una *concepción dinámica* de los fenómenos psíquicos. En nuestra concepción los fenómenos percibidos deben ponerse en segundo plano respecto a las tendencias, que no obstante son sólo hipotéticas" (1915-1917 [1976: 246-247]). En ocasiones el conflicto se presenta, en forma *manifiesta*, entre dos sentimientos contradictorios; a veces en forma *latente*, como en la neurosis, donde los elementos del conflicto manifiesto sólo son una cobertura deformada o síntoma de un conflicto latente. Al designar los términos en conflicto Freud pasó por tres hipótesis que tienen en común la aceptación de la sexualidad como un término del conflicto, respecto a la cual el antagonista se determina en formas diferentes según la fase de desarrollo que iba alcanzando la teoría de las pulsiones: 1] la primera formulación del conflicto se refiere al dualismo entre *principio del placer* y *principio de realidad* regulados por la **represión** (*v.*), a su vez motivada por la imposibilidad de reconciliar las representaciones sexuales con las aspiraciones éticas y estéticas del yo; 2] la segunda formulación opone las pulsiones *sexuales* a las pulsiones de *autoconservación* o pulsiones del yo, que abarcan también las tendencias agresivas; 3] la tercera reconduce todo conflicto a un dualismo casi mítico entre pulsiones de vida y pulsiones de muerte, en las que Freud ve la antigua oposición entre *Eros* y *Tánatos*, donde en las pulsiones de muerte, más que un polo del conflicto, se ve el principio mismo de la conflictividad, mientras en las pulsiones de vida se reúnen todas las oposiciones conflictivas antes clasificadas por Freud: "Tras larga vacilación y oscilación, nos hemos resuelto a aceptar sólo dos pulsiones básicas: *Eros* y *pulsión de destrucción*. (La oposición entre pulsión de conservación de sí mismo y de conservación de la especie, así como la otra entre amor yoico y amor de objeto, se sitúan en el interior del Eros.) La meta de la primera es producir unidades cada vez más grandes y, así, conservarlas, o sea, una ligazón [*Bindung*]; la meta de la otra es, al contrario, disolver nexos y, así, destruir las cosas del mundo" (1938 [1976: 146]).

2] PSICOLOGÍA INDIVIDUAL. A. Adler habla de *neurosis conflictual* a propósito de las actitudes carcaterizadas por una acentuada oposición al ambiente, sostenida por evaluaciones críticas que la protegen de la degeneración en delirio verdadero. En la base de la neurosis conflictiva hay un sentimiento de inferioridad del sujeto, acompañado por una fuerte antisocialidad.

3] PSICOLOGÍA DEL COMPORTAMIENTO. En este ámbito con frecuencia se identifican tres tipos de conflicto: *a*] *atracción-atracción*, cuando hay dos o más metas deseables pero mutuamente excluyentes; *b*] *repulsión-repulsión*, cuando la elección es entre dos perspectivas desagradables, por lo que se tiende a eludir el dilema; *c*] *repulsión-atracción* cuando el mismo objeto presenta incentivos positivos y negativos, como el placer de comer dulces y el displacer de engordar. En estas ocasiones son decisivas las maniobras de acercamiento; en el primer caso el hecho mismo de dirigirse a alguno de los dos polos aumenta la tendencia a moverse hacia esa dirección; en el segundo caso el hecho de acercarse aumenta la tendencia a retraerse; en el tercero el peligro parece menos real cuando el objeto está lejos, pero cuanto más se acerca el sujeto tiende a retraerse más, y la decisión se da en función de la intensidad de la pulsión en la que se basa la tendencia. Los conflictos de atracción-repulsión están en la base de problemas de comportamiento más o menos graves que giran alrededor de los temas: independencia-dependencia, cooperación-competencia, pulsión individual-normas colectivas, donde la solución del conflicto por lo general se da como un compromiso aceptable (*v.* **atracción-repulsión, teoría de la**).

4] PSICOLOGÍA COGNOSCITIVISTA. En este ámbito el conflicto se describió como una **disonancia cognoscitiva** (*v.*) entre las convicciones maduradas por el sujeto y su tendencia de comportamiento en contraste con éstas.

5] PSICOLOGÍA SOCIAL. En la organización social los conflictos pueden ser exportados del grupo en forma de la *cohesión defensiva* o *institucionalizados* mediante su formalización (*v.* **psicología social**, § 4, *a-b*).

BIBLIOGRAFÍA: Adler, A. (1912); Carli, R. (1972); Deutsch, M. (1973); Festinger, L. (1957); Freud, S. (1915); Freud, S. (1915-1917); Freud, S. (1922); Freud, S. (1938); Lewin, K. (1935).

conformismo (al. *Konformismus*; fr. *conformisme*; ingl. *conformity*; it. *conformismo*)

Tendencia a la adhesión "acrítica" a ideas, valores, actitudes, necesidades y aspiraciones dominantes en el grupo social de referencia. Son figuras del conformismo: *a*] la *complacencia* dictada por la necesidad de ser aceptado o por el temor de no obtener suficiente estima y afecto; *b*] la *condescendencia* que se manifiesta en los procesos de decisión con abstención del juicio y simple ejecución de cuanto es requerido por la autoridad, que puede asumir actitudes implícitamente amenazantes o bien benévolas para contrapesar los costos de la respuesta; *c*] la *aquiescencia* o *aceptación* que induce a los sujetos a responder en la forma socialmente aprobada al margen de su propia opinión (*v.* **aceptación social**). Al sujeto conformista se lo suele considerar pasivo e inseguro, y por lo tanto dependiente de la aprobación exterior que trata de obtener conformándose a los valores del grupo sociocultural al que pertenece, sin ejercer sobre éste ninguna influencia con contribuciones personales. El conformismo se manifiesta en las "modas" y en los "estilos de vida" colectivos que pueden ser aceptados espontáneamente, elegidos de modo consciente, o inducidos por condicionamientos más o menos explícitos (*v.* **colectivo**). T.W. Adorno mostró que el conformismo es típico de la personalidad autoritaria, que tiende a adecuarse a los valores tradicionales de la clase media (*v.* **autoridad**). Al conformismo se opone el *anticonformismo*, que puede ser tanto la expresión de una personalidad individuada (*v.* **individuación**), cuanto una forma de **excentricidad** (*v.*), o hasta una forma de conformismo frecuente en los grupos pequeños que quieren diferenciarse del contexto social más amplio en el que se actúa. S. Milgram distinguió el conformismo de la obediencia basándose en cuatro criterios expuestos en la voz **obediencia**.

BIBLIOGRAFÍA: Adorno, T. W., *et al.* (1950); Berg, I.A. y B.M. Bass (1961); Canistraro, P.V. (1975); Cavalli, L. (1965); Lindsay, P.H. y D.A. Norman (1977); Milgram, S. (1974).

confusión mental
v. CONCIENCIA, § 3, *c*.

confuso, estado
v. CONCIENCIA, § 3, *c*.

congénito (al. *Angeboren*; fr. *congénital*; ingl. *congenital*; it. *congenito*)

Característica o anomalía de un organismo presente desde el nacimiento, pero no necesariamente de origen genético.

congruencia
v. COHERENCIA.

conjunción de las pulsiones
v. FUSIÓN, § 2.

conjunectio oppositorum
v. OPUESTOS, § 2, *b*.

connotación
v. DENOTACIÓN.

conocimiento (al. *Kenntnis*; fr. *connaissance*; ingl. *knowledge*; it. *conoscenza*)

Término genérico que abarca todos los aspectos cognoscitivos (*v.* **cognición**), es decir percepción, memoria, imaginación, pensamiento, crítica y juicio, diferenciados, como ya lo habían hecho Platón y Aristóteles, de los llamados "oréticos", que son la volición y la afectividad. Tanto en el ámbito filosófico como en

el psicológico el conocimiento se considera una jerarquía acumulativa obtenida con la integración sucesiva de la experiencia y con el paso gradual de lo más concreto a lo más abstracto. Subyacente está la hipótesis teleológica que convalida retrospectivamente el orden cronológico de la adquisición cognoscitiva con el orden racional, hasta conjeturar con J. Piaget estructuras mentales que se abren según un criterio cada vez de mayor complejidad (*v.* **cognición**, § 2).

Hoy el descubrimiento de curvas decrecientes y regresivas de aprendizaje, la preponderancia de mecanismos selectivos que implican la inhibición de cierto número de posibilidades, a las que corresponde el mantenimiento y el potenciamiento de otras, puso en crisis la correspondencia entre desarrollo cronológico y desarrollo racional del conocimiento, y sobre todo la hipótesis piagetiana de estructuras mentales preformadas. Con este propósito C.F. Felman y S. Toulmin escriben: "El supuesto de las estructuras que identificó Piaget es que éstas se desarrollan *en la* mente del niño basándose en la propia ontogénesis natural, en lugar de ser entendidas como interiorizaciones de estructuras formales externas. ¿Será necesario deducir que la aparición espontánea de "estructuras mentales" en el curso normal del desarrollo no representan –supongamos– el contenido interiorizado de la educación, sino que constituyan más bien una expresión mental inmediata del desarrollo de las estructuras físicas o fisiológicas correspondientes? En tal caso podremos concluir que la evolución creó una armonía preestablecida, por lo que las estructuras fisiológicas se manifiestan naturalmente en la secuencia más apta a la ontogénesis de las capacidades cognoscitivas. [...] Entonces sería necesario, antes de aceptar como auténticas las 'estructuras mentales', buscar una confirmación de las hipótesis neurofisiológicas relacionadas" (1975: 48-49).

En el desarrollo del conocimiento se suele diferenciar una *estructura cognoscitiva* que se refiere a la organización individual de la propia experiencia basada en un modelo jerárquico de esquemas conceptuales correlativos, con los que se confronta la experiencia en curso, con el fin de facilitar la sectorización de las nuevas informaciones y aumentar la eficiencia de este proceso, y una *eficiencia cognoscitiva* proporcionada en el nivel de codificación de las informaciones, por lo general en forma de lenguaje, y en el nivel de comunicación por la transmisión de las informaciones y la correlación entre conocimiento y lenguaje.

J. Habermas relaciona el conocimiento con tres *intereses* humanos: técnico, práctico y emancipador, que modelaron el desarrollo del conocimiento definiendo los objetos, los métodos de indagación y los criterios de convalidación. El conocimiento *técnico*, que se refiere a las relaciones de las variables dependientes e independientes, permite elegir los mejores medios para determinados fines; el conocimiento *práctico*, que se refiere a los significados, las normas y las expectativas comunes, permite comunicarse con los demás y actuar cooperativamente; por último, el conocimiento *emancipador* permite liberarse de las convicciones comunes que limitan nuestra percepción de posibles objetivos y aspiraciones. Ejemplos de ideas que pueden ser propuestas como conocimiento emancipador son, respecto a la psicología del trabajo: "los trabajadores se consideran incapaces de dirigir democráticamente su propio lugar de trabajo porque su idea de sí mismos se formó bajo la influencia de un sistema educativo que se sostiene y sirve a los intereses de quienes se benefician normalmente de una conducción oligárquica de los sitios de trabajo" (1968: 270); mientras, respecto al psicoanálisis: "los sentimientos de culpa que nacen de la actividad sexual no se deben al hecho de que el sexo sea intrínsecamente negativo, sino al hecho de que de niños nos pudieron regañar muy severamente nuestros padres autoritarios cuando nos tocábamos de forma placentera" (1968: 250). Estas ideas pueden hacer crecer la libertad de elección, y su convalidación, por el hecho de que pueden ser sólo parciales o probables, y pueden activar un proceso de continua reflexión crítica. La posición de Habermas refleja la progresiva superación del conocimiento como teoría pura separada de la praxis, como lo era en la tradición filosófica a partir de Platón.

BIBLIOGRAFÍA: Bachelard, G. (1969); Feldman, C. F. y S. Toulmin (1975); Gil, F. (1978); Habermas, J. (1968); Körner, S. (1970); Piaget, J. (1970); Sohn-Rethel, A. (1971).

consciente (al. *Bewusste*; fr. *conscient*; ingl. *conscious*; it. *conscio*)

Término utilizado como adjetivo y como sustantivo. En el primer caso, como afirma S. Freud, se refiere a todo aquello de lo que el individuo está consciente: "Ahora llamemos 'consciente' a la representación que está presente en nuestra conciencia y de la que nosotros nos percatamos [...] hagamos de este el único sentido del término 'consciente'; en cambio, a las representaciones latentes, si es que tenemos fundamentos para suponer que están contenidas en la vida anímica [...] hablemos de denotarlas con el término 'inconsciente' (1912 [1976: 271]). Utilizado como sustantivo, el término indica el sistema o la estructura en la que se desarrolla la actividad psíquica consciente, y es prácticamente sinónimo de **conciencia** (*v.*).

En el modelo tópico del aparato **psíquico** (*v.*, § 3) que elaboró Freud en 1915, el *consciente* es uno de los tres sistemas, junto con el **inconsciente** (*v.*), que acoge los contenidos y los procesos psíquicos reprimidos por la conciencia, y el **preconsciente** (*v.*), donde están los contenidos que pueden volverse conscientes con un esfuerzo de la atención. Mientras la actividad inconsciente sigue las reglas del proceso **primario** (*v.*), como la tendencia a la gratificación inmediata y la facilidad de desplazamiento de la carga psíquica de un objeto a otro, la actividad consciente está gobernada por el proceso secundario, cuyas características son la capacidad para retardar la gratificación, es decir la descarga de la energía psíquica, y la mayor estabilidad del investimiento en los objetos.

El modelo tópico, basado únicamente en la diferenciación de consciente e inconsciente, no tardó en mostrarse inadecuado para explicar algunos fenómenos que Freud observó en la práctica clínica, y fue sustituido en parte, en 1922, por el modelo estructural, que divide el **aparato psíquico** (*v.*, § 4) en *ello, yo* y *superyó*, donde el yo no se puede comparar con el consciente porque, como sostiene Freud, "Hemos hallado en el yo mismo algo que es también inconsciente, que se comporta exactamente como lo reprimido, vale decir, exterioriza efectos intensos sin devenir a su vez consciente, y necesita de un trabajo particular para hacerlo consciente. He aquí la consecuencia que esto tiene para la práctica analítica: caeríamos en infinitas imprecisiones y dificultades si pretendiéramos atenernos a nuestro modo de expresión habitual y, por ejemplo, recondujéramos la neurosis a un conflicto entre lo consciente y lo inconsciente. Nuestra intelección de las constelaciones estructurales de la vida anímica nos obliga a sustituir esa oposición por otra: la oposición entre el yo coherente y lo reprimido escindido de él" (1922 [1976: 19]).

BIBLIOGRAFÍA: Freud, S. (1912); Freud, S. (1915); Freud, S. (1922).

consecutiva, sensación (al. *Nachempfindung*; fr. *sensation consécutive*; ingl. *aftersensation*; it. *sensazione consecutiva*)

Percepción sensorial que se posterga después de la desaparición del estímulo que la determinó, o que surge después de la cesación de aquél. Las sensaciones consecutivas más frecuentes se presentan en el ámbito de la percepción visual, donde se dividen en *positivas*, cuando tienen la misma luminosidad que el estímulo original o el mismo color (imagen homocroma), y *negativas*, cuando tienen una luminosidad opuesta a la de la imagen estímulo o un color suplementario (imagen heterocroma). La psicofisiología explica este fenómeno conjeturando una prolongación de la excitación neuronal del sistema visual aun después de la estimulación.

BIBLIOGRAFÍA: Jung, R. (1961).

consejo
v. CONSULTA.

consenso o acuerdo (al. *Übereinstimmung*; fr. *accord*; ingl. *accord*; it. *consenso*)

Acuerdo alcanzado mediante **persuasión** (*v.*) o resolución de un conflicto. En este segundo caso la psicología social identificó cuatro procesos para alcanzar el consenso: por autoridad, por determinación de la mayoría, por compromiso y por integración.

BIBLIOGRAFÍA: McIver, M. (1923).

conservación (al. *Erhaltung*; fr. *conservation*; ingl. *preservation*; it. *conservazione*)

El término se refiere a un instinto (biología), a una pulsión (psicoanálisis), y a una valoración (cognoscitivismo).

1] BIOLOGÍA. En este ámbito se habla de *instinto de conservación* a propósito de la tendencia innata en todo ser viviente a conservar su propio ser, proporcionando todo lo que lo sustenta y evitando todo lo que lo amenaza.

2] PSICOANÁLISIS. En este ámbito se habla de *pulsión de autoconservación* a propósito del conjunto de las necesidades ligadas a las funciones somáticas necesarias para la conservación del individuo (*v.* **yo, pulsión del**). Las pulsiones de autoconservación son tan numerosas como las funciones orgánicas (nutrición, defecación, micción, actividad muscular, visión, etc.) que constituyen las bases de apoyo (*v.* **anaclisis**, § 1) de la sexualidad y, por lo tanto, pueden manifestarse en el nivel oral, anal, fálico. S. Freud consideró la pulsión de autoconservación como una pulsión del yo contrapuesta a la pulsión sexual: "De particularísimo valor para nuestro ensayo explicativo es la inequívoca oposición entre las pulsiones que sirven a la sexualidad, la ganancia de placer sexual, y aquellas otras que tienen por meta la autoconservación del individuo, las pulsiones yoicas. Siguiendo las palabras del poeta, podemos clasificar como 'hambre' o como 'amor' a todas las pulsiones orgánicas de acción eficaz dentro de nuestra alma" (1910 [1976: 211-212]). En un segundo momento Freud vinculó la autoconservación a la libido narcisista, en contraposición a la libido objetal (*v.* **narcisismo** § 3); por último, con la teoría dualista de las pulsiones vinculó la autoconservación y la conservación de la especie a las pulsiones de vida contrapuestas a las pulsiones de muerte (*v.* **pulsión**, § 1 *g*, 2).

3] COGNOSCITIVISMO. J. Piaget habla de conservación respecto a la edad en la que el niño adquiere la noción y la capacidad de valoración en relación con la distancia, el peso, la sustancia y el volumen de las cosas. Esta edad se ubica entre los 6 y los 11 años, en el estadio de las operaciones concretas (*v.* **cognición**, § 2, *c*), con las que el niño alcanza un pensamiento "reversible", en el cual la capacidad de regresar mentalmente a las condiciones iniciales de un cambio permite comprender las transformaciones fenoménicas de un objeto y, al mismo tiempo, la inmutabilidad y, en consecuencia, la conservación de algunas de sus características.

BIBLIOGRAFÍA: Freud, S. (1910); Freud, S. (1915); Piaget, J. y B. Inhelder (1941).

consideración (al. *Betrachtung*; fr. *considération*; ingl. *consideration*; it. *considerazione*)

Opinión que uno tiene de sí mismo (autoconsideración) y de los demás. El término encuentra un uso específico en psicología social, donde indica el estilo de guiar de un líder que muestra interés y comprensión por los integrantes de su grupo (*v.*, § II, 6), cuida su bienestar y no se niega a explicar sus acciones. La consideración es una forma de liderazgo "emotivo", que se basa sobre todo en los valores del respeto y de la colaboración, diferente de la *estructura de inicio*, que es un estilo de liderazgo "funcional" en el que el líder del grupo especifica su propio papel, los deberes de los miembros, y los procedimientos que se deben utilizar para alcanzar un fin. No obstante los muchos estudios, no se ha identificado una correlación significativa entre un estilo de liderazgo determinado y la eficiencia del grupo.

BIBLIOGRAFÍA: House, R.J. y M.L. Baetz (1979); Stogdill, R.M. y A.E. Coons (coords.) (1957).

consigna (al. *Übergabe*; fr. *consigne*; ingl. *delivery*; it. *consegna*)

Conjunto de instrucciones sobre las características del desarrollo de la prueba proporcionadas por el experimentador al sujeto experimental. En este ámbito se constató que ciertos sujetos, intuyendo la hipótesis del experimento, hacen de todo para confirmarla. Además, la mayoría de los individuos, desde el momento que saben que su comportamiento es observado y evaluado, tratan de proporcionar una imagen lo más positiva posible de sí mismos, como en el caso que documentó H. Sigall en el cual los sujetos tenían que elegir entre manifestar sus aspectos negativos para colaborar con el experimentador, o mostrar sus características positivas, oponiéndose a la solicitud de aquél, y todos optaron por la segunda solución.

BIBLIOGRAFÍA: Luccio, R. (coord.) (1982); Milgram, S. (1965); Sigall, H., E. Aronson y T. van Hoose (1970).

consistencia (al. *Konsistenz*; fr. *consistence*; ingl. *consistency*; it. *consistenza*)

Término que se refiere, en la acepción de "consistencia interior", a la homogeneidad de cada una de las partes de un procedimiento de medición, como pueden ser los elementos de un test, y que se expresa en la altura media de las intercorrelaciones y en la altura de las correlaciones de cada una de las partes con el puntaje goblal. El coeficiente de consistencia es una medida de confiabilidad (*v.* **test**, § 1, *b*).

consolidación
v. MEMORIA, § 3, *c*.

consonancia (al. *Konsonanz*; fr. *consonance*; ingl. *consonance*; it. *consonanza*)

Término referido a un sistema cognoscitivo que posee una buena armonía interior, determinada por una congruencia entre conocimientos, creencias y actitudes. Su contrario es la **disonancia cognoscitiva** (*v.*). Con frecuencia, en lugar del término consonancia, se puede encontrar, utilizado con el mismo significado, el término **coherencia** (*v.*).

constancia (al. *Konstanz*; fr. *constance*; ingl. *constancy*; it. *costanza*)

El término se emplea con tres acepciones diferentes según los contextos:
1] PSICOLOGÍA DE LA PERCEPCIÓN. Se habla de constancia perceptiva a propósito del objeto, el tamaño, la forma, la posición, la luminosidad y el color (*v.* **percepción**, § 4).

2] PSICOANÁLISIS. S. Freud introduce el *principio de constancia*, según el cual "el aparato anímico se afana por mantener lo más baja posible, o al menos constante, la cantidad de excitación presente en él" (1920 [1976: 8-9]); esto se logra poniendo en acción mecanismos de evitación de las excitaciones externas, y de defensa o de descarga (v. **abreacción**) en relación con los aumentos de tensión interna. Desde el punto de vista económico (v. **aparato psíquico**, § 2) el principio de constancia está íntimamente relacionado con el principio del placer, en el sentido de que el placer puede acompañar un aumento de tensión, así como descargar la tensión vinculada al displacer: "El principio del placer se deriva del principio de constancia; en realidad, el principio de constancia se discernió a partir de los hechos que nos impusieron la hipótesis del principio de placer." En efecto, "si el trabajo anímico se empeña en mantener baja la cantidad de excitación, todo cuanto sea apto para incrementarla se sentirá como disfuncional, vale decir, displacentero" (1920 [1976: 9]). Freud declara haber extraído este principio de la psicofísica de G.T. Fechner, quien introdujo el *principio de estabilidad* que después encontramos en el concepto más amplio de **homeostasis** (v.) que elaboró W.B. Cannon.

3] PSICOLOGÍA INDIVIDUAL. A. Adler habla de constancia a propósito de la estabilidad alcanzada por una personalidad, que se manifiesta con su estilo de vida (v. **estilo**).

BIBLIOGRAFÍA: Adler, A. (1920); Cannon, W.B. (1932); Fechner, G.T. (1873); Freud, S. (1920); Kanizsa, G. (1980); Koffka, K. (1970).

constelación (al. *Konstellation*; fr. *constellation*; ingl. *constellation*; it. *costellazione*)

Agrupación de elementos psíquicos afines alrededor de un contenido consciente o inconsciente llamado núcleo, caracterizado por una fuerte carga energética. Según C.G. Jung, "de acuerdo con su valor energético el núcleo tiene una *fuerza de constelación*. De ahí se deriva una constelación específica de los contenidos psíquicos, de donde se origina el complejo, el cual es, por lo tanto, una constelación de contenidos psíquicos condicionada dinámicamente por el valor energético" (1928: 19). En un sentido menos específico se habla de *constelación*

emotiva en relación con el conjunto de personas con las que un individuo está más vinculado afectivamente y, con W. Stekel, de *constelación infantil* a propósito de los sentimientos agresivos del niño respecto al progenitor del sexo opuesto durante el período edípico.

BIBLIOGRAFÍA: Jung, C.G. (1928); Stekel, W. (1911).

constipación (al. *Verstopfung*; fr. *constipation*; ingl. *constipation*; it. *costipazione*)

Estreñimiento y retención de las heces. Cuando es de origen psicológico se interpreta como síntoma de **conversión** (v.) en el cual subyacen fantasías y deseos inconscientes de gravidez, o como neurosis de **órgano** (v., § 2) determinada por una actitud inconsciente de retención que el individuo manifiesta en todos los ámbitos de su existencia. Según O. Fenichel "una disposición para reaccionar a diferentes estímulos tanto con la constipación como con la diarrea, o con ambas, puede ser un equivalente de angustia o un indicador de fijación del paciente a la fase anal del desarrollo de la libido. [...] También puede ser un síntoma de agresividad continua y reprimida, en ocasiones como una venganza por desilusiones orales" (1945: 277).

BIBLIOGRAFÍA: Alexander, F. (1950); Fenichel, O. (1945).

constitución (al. *Konstitution*; fr. *constitution*; ingl. *constitution*; it. *costituzione*)

Conjunto de características relativamente estables e irreversibles que perduran en el sujeto, determinando las respuestas más constantes al entorno. Esta definición, bastante genérica, refleja todo lo que hay de común en los diferentes usos de este término; su imprecisión conceptual se debe a que este concepto, utilizado en medicina desde la Antigüedad, ha conocido a lo largo de los siglos las más diferentes definiciones según la época y el sector de investigación. Hoy el término está asociado, si acaso no identificado, con el concepto de *heredabilidad* (v. **genética**, § 4) con referencia cada vez más específica a los *valores biológicos* del individuo, alejándose de la hipótesis fenotípica que inspira la teoría constitucional de E. Kretschmer, porque mientras el fenotipo (*v.* **genética**, § 3) manifiesta el cuadro *modificable* del aspecto exterior de un individuo, la constitución se refiere a los rasgos relativamente *constantes* que se pueden encontrar en el nivel biológico. De estas premisas nació la *psicología constitucional*, es decir la orientación que busca en el estrato morfológico y fisiológico del individuo los factores que asumen cierta importancia en el nivel psicológico y en la explicación del comportamiento humano. Por lo que se refiere a la clasificación de los individuos por sus características psicológicas a partir de su constitución física, véa **tipología**, § 1.

BIBLIOGRAFÍA: Conrad, K. (1963); Eysenck, H.J. (1967); Jung, C.G. (1929); Kretschmer, E. (1921); Rees, L. (1961); Sheldon, W.H. (1942).

constricción
v. COMPULSIÓN.

construcción (al. *Konstruktion*; fr. *construction*; ingl. *construction*; it. *costruzione*)

Término que introdujo S. Freud para indicar el trabajo de reconstrucción de episodios olvidados de la historia del paciente a partir del material que el paciente mismo pone a su disposición. La construcción no debe confundirse con la **interpretación** (*v.*), ya que mientras esta última se refiere a elementos del material inconsciente que emergen en la conciencia del paciente, la construcción abarca diversos elementos que el analista le propone a aquél para que los verifique o los refute. Al respecto escribe Freud: "El camino que parte de la construcción del analista debía culminar en el recuerdo del analizado; no consigue llevar al paciente hasta el recuerdo de lo reprimido. En lugar de ello, si el análisis ha sido ejecutado de manera correcta, uno alcanza en él una convicción cierta sobre la verdad de la construcción, que en lo terapéutico rinde lo mismo que un recuerdo recuperado" (1937 [1976: 267]). Al haber sido activada por el analista, la construcción debe considerarse diferente de

la **elaboración** (*v.*, § 3), que efectúa el analizado con su propio material psíquico.

Bibliografía: Freud, S. (1937).

constructivismo
v. REDUCCIONISMO.

constructivista, método (al. *Konstruktive Methode*; fr. *méthode constructive* ; ingl. *constructive method*; it. *metodo costruttivo*)

Expresión que introdujo C.G. Jung para indicar que el material inconsciente puede ser reducido –en el sentido de "reconducido"– a las condiciones arcaicas e infantiles del individuo, como lo prevé el método de S. Freud (*v.* **reduccionismo**), pero que también puede ser interpretado en forma relacionada con un fin en el sentido que anticipa posibles desarrollos de la personalidad. Jung escribe: "Utilizo 'constructivista' y 'sintético' para indicar un método opuesto al reduccionista. El método constructivista concierne a la elaboración de productos inconscientes (sueños, fantasías). Parte del producto inconsciente como expresión simbólica que representa, por anticipación, un elemento de un futuro desarrollo psicológico" (1921: 434). De la diferencia entre método reduccionista y método constructivista, Jung deriva la diferencia entre **síntoma** (*v.*) y **símbolo** (*v.*): "La fantasía puede entenderse en sentido causal o en sentido orientado a un fin. En una explicación causal ésta aparece como un síntoma de un estado fisiológico o personal que es resultado de acontecimientos precedentes. En la explicación orientada a un fin, en cambio, la fantasía aparece como un *símbolo* que intenta caracterizar o identificar, con el auxilio de materiales ya existentes, determinado objetivo o, mejor dicho, una determinada línea de desarrollo" (1921: 443). El método constructivista se debe adoptar, en opinión de Jung, cuando la interpretación causal-reduccionista, propia del método de Freud, ya no revela nada que el paciente no sepa, por lo que se vuelve necesario "establecer el significado de la producción inconsciente en relación con la actitud futura del sujeto" (1921: 435).

Desde un punto de vista epistemológico el método constructivista orientado a un fin necesita de acuerdo con I. Kant, un diálogo; Kant demostró que la finalidad no es una categoría de la razón, aunque sí es una exigencia incondicionada del individuo. Jung desarrolla de manera profunda y coherente este diálogo, llegando a la conclusión de que "si queremos trabajar verdaderamente como psicólogos debemos conocer el 'sentido' de los fenómenos psíquicos. Por esto es absolutamente imposible considerar la psique en sentido 'sólo causal', y hay que verla también en sentido 'final'. [...] Naturalmente considero necesarias ambas formas de ver, la causal y la orientada a fines, pero quisiera hacer notar que, a partir de Kant, sabemos que los dos puntos de vista no se contradicen si se consideran como principios reguladores del pensamiento, y no como principios constitutivos del proceso de naturaleza mismo" (1916-1917; 318-319). Desde el punto de vista psicológico el método constructivista, llamado también *prospectivo* o *teleológico* por el punto de vista que lo inicia y lo hace posible, es más individualizado, porque se propone descubrir las líneas de desarrollo psíquico de cada sujeto, mientras que el método reduccionista o *causal* refiere todas las manifestaciones del sujeto a las leyes generales del desarrollo libidinal (*v.* **causalidad**). Para mayor profundidad véase **psicología analítica**, § 2.

BIBLIOGRAFÍA Jung, C.G. (1916-1917); Jung, C.G. (1921); Jung, C.G. (1957-1958); Kant, I. (1790).

constructo (al. *Konstrukt*; fr. *construction*; ingl. *construct*; it. *costrutto*)

Posición lógico-hipotética adoptada para prever una serie de fenómenos cuya realización no es observable, sino deducible del constructo adoptado. El constructo, que tiene un amplio uso en todos los métodos hipotéticos-deductivos adoptados en el ámbito científico, es recurrente en psicología: 1] en la elaboración de los tests; 2] en la teoría de los constructos personales que elaboró G.A. Kelly.

1] LA CONSTRUCCIÓN DE LOS TESTS. En este ámbito se presenta el problema de la validez del constructo que se obtiene cuando los rasgos que lo caracterizan varían o covarían de tal forma que garantizan constituir, en su conjunto, una unidad funcional que permite suponer una referencia a una serie idéntica de fenómenos que de otra manera no resultan observables. Características de un constructo son la *validez*, que mide la convergencia de las variables en el ámbito de cada observación o entre tipos de observación muy semejantes, y la *convergencia*, que resulta de las mediciones de la misma propiedad con diferentes métodos de observación (*v.* **test**, § 1).

2] LA TEORÍA DE LOS CONSTRUCTOS PERSONALES. Kelly propone que las actividades de una persona están psicológicamente determinadas y controladas por las formas en que prevé los acontecimientos. Estas previsiones, que Kelly llama constructos, se comprueban mediante el comportamiento capaz de ratificarlas o desmentirlas. Junto a los constructos de los que el sujeto está consciente (elaboraciones verbales) existen otros preverbales que obligan a discriminar entre los acontecimientos sin que exista una razón precisa. Son, por ejemplo, los constructos por los que una persona gusta o no gusta. Para identificar los constructos es necesario tener presentes algunos corolarios, como el de la *individualidad*, porque al elaborar los constructos de los acontecimientos las personas difieren unas de otras; el de la *comunidad*, por el cual si una persona emplea una elaboración de los constructos de experiencia análoga a la utilizada por otra, sus procesos psicológicos serán similares; el de la *socialidad*, por el que el nivel de comunicación aumenta basándose en la capacidad que los constructos elaborados por una persona tienen de penetrar en los procesos de elaboración de los de otra. La teoría de los constructos personales desembocó en una formulación autónoma en las diferentes teorías de la personalidad (*v.*, § 15) y reveló ser muy útil en el ámbito psicoterapéutico, donde el terapeuta sólo puede ponerse en el lugar del paciente y ver qué mundo se abre ante sus ojos si sus constructos personales no son rígidos y excluyentes.

BIBLIOGRAFÍA: Bannister, D. y F. Fransella (1971); Bechtoldt, H.P. (1959); Cattell, R.B. (1950); Cronbach, L.J. y P.E. Meehl (1955); Kelly, G.A. (1955); Mancini, F. y S. Semerari (coords.) (1985).

consulta (al. *Beratung*; fr. *consultation*; ingl. *counseling*; it. *consulenza*)

Forma de relación interpersonal en la que un individuo que tiene un problema, pero no posee los conocimientos o las capacidades para resolverlo, se dirige a otro individuo, el consultor, quien gracias a su experiencia y preparación puede ayudarlo a encontrar la solución. La relación de consulta, que está limitada en el tiempo y generalmente se refiere a un problema específico, forma parte de las diferentes modalidades de intervención de la psicología clínica, donde puede asumir diferentes formas, según el usuario al que se dirige.

1] LA CONSULTA CENTRADA EN EL CLIENTE. Se proporciona generalmente en los consultorios que hay en la zona, donde el psicólogo se ocupa de todos los problemas personales, familiares, evolutivos, pedagógicos, profesionales que no entran propiamente en la categoría de los desórdenes mentales. Esta intervención se diferencia de la psicoterapia tanto porque se dirige a personas consideradas "normales" como porque no se hace cargo del problema, sino que se limita a ofrecer un consejo sobre cómo afrontarlo, dejando al consultante la plena responsabilidad de sus acciones posteriores. Los procedimientos mediante los cuales se explica la intervención pueden ser de diferentes tipos: desde la **entrevista** (*v.*), que en general se limita al análisis de las dificultades presentes, hasta la información, los consejos prácticos, la aplicación e interpretación de tests. En todos los casos el consultor puede adoptar o no una orientación *no directiva*, limitándose a escuchar y a reflexionar sobre las cuestiones que presenta el cliente, de manera que este último elabore por sí mismo sus problemas y les encuentre una solución, o una orientación *directiva*, conduciendo la entrevista, con el fin de orientar al sujeto hacia determinadas modalidades de comportamiento.

2] LA CONSULTA CENTRADA EN EL COLEGA. Se dirige a los problemas que el personal sanitario, asistencial o educativo encuentra en su propio trabajo con los pacientes o con personas en dificultades. En este caso el consultor trabaja en forma indirecta, actuando como intermediario del colega que proporciona la atención directa. La consulta está orientada a una o más personas y puede versar sobre un caso específico, o bien sobre el método global de intervención adoptado por los consultantes. Los procedimientos de consulta varían desde los consejos respecto a la actitud a adoptar, las interpretaciones, los programas de formación. Según S.J. Korchin el modelo centrado en el colega "es el que más fácilmente parece responder al doble fin de la consulta: contribuir a la solución de los problemas del paciente y, simultáneamente, aumentar las capacidades de quien pide la consulta, con miras a la solución de los problemas futuros" (1979: 914).

3] LA CONSULTA CENTRADA EN LA ORGANIZACIÓN. Se refiere a la programación y a la organización de un servicio sociosanitario, educativo, o a la implantación de una estructura laboral productiva o de mercado. (*v.* **organización**).

4] LA ASESORÍA. Entre las formas de consulta adquirió especial importancia en estos últimos años la asesoría, que es una acción de apoyo terapéutico en las **decisiones** (*v.*), con el fin de crear las condiciones para una autonomía decisional mediante la consideración de los factores conscientes, como interés, los gustos, las aspiraciones económicas, el prestigio social y las inclinaciones profundas e inconscientes que se remontan a las necesidades afectivas de fondo y a los mecanismos de adaptación que están en la base de las dinámicas personales y del modo de ser del individuo. La finalidad de la asesoría es permitirle al individuo una visión realista de sí mismo y del ambiente social en el que se actúa, para que pueda afrontar mejor las elecciones relativas a la profesión, el matrimonio, la gestión de las relaciones interpersonales, reduciendo al mínimo la conflictividad debida a factores subjetivos. C.R. Rogers preparó una técnica de asesoría de grupo para la solución de los problemas personales con la ayuda del **grupo** (*v.*, § III, 2).

BIBLIOGRAFÍA: Altrocchi, J. (1972); Bartolini, G. (1976); Caplan, G. (1970); Carta, E. (1976); Korchin, S.J. (1976); Rogers C.R. *et al.* (1967); Scarpellini, C. (1972).

contacto (al. *Kontakt*; fr. *contact*; ingl. *contact*; it. *contatto*)

Comunicación física o psíquica entre un individuo y los objetos, las personas y las situaciones del mundo externo. La dificultad o superficialidad del contacto, caracterizada por una actitud excesivamente neutral que inhibe la auténtica expresión de sí y la profunda comunicación con el otro, se encuentra con frecuencia en los individuos neuróticos, y puede estar determinada por una actitud general defensiva o por inhibiciones específicas. La total incapacidad para establecer contacto es típica de una grave **regresión** (*v.*) o de la falta de desarrollo psíquico, como sucede con los pacientes esquizofrénicos y los niños autistas (*v.* **autismo**). E. Minkowski habla de "pérdida del contacto vital" para referirse a los sujetos, principalmente psicóticos, que ya no tienen la capacidad de participar de modo afectivo en las vicisitudes de su propia vida, mientras que para R. Tölle la personalidad histérica, aunque busque continuamente la relación con los demás, sólo es capaz de establecer contactos muy débiles y superficiales.

El miedo al contacto es típico de la neurosis obsesiva, a propósito de la cual S. Freud afirma que "la prohibición rectora y nuclear de la neurosis es la del contacto; de ahí la designación: angustia de contacto, *délire de toucher*. La prohibición no se extiende sólo al contacto corporal directo, sino que cobra el alcance del giro traslaticio: 'entrar en contacto'. Todo lo que conduzca al pensamiento hasta lo prohibido, lo que provoque un contacto de pensamiento, está tan prohibido como el contacto corporal directo; en el tabú reencontramos esta misma extensión" (1912-1913 [1976: 35])) (*v.* **tabú**, § 4). El mecanismo defensivo del **aislamiento** (*v.*) le garantiza al neurótico obsesivo la protección ante el contacto, que considera peligroso porque, en opinión de Freud, representa la meta tanto del amor como de la agresividad. "Si uno se pregunta por qué la evitación del contacto, del contagio, desempeña un papel tan importante en la neurosis y se convierte en contenido de sistemas tan complicados, halla esta respuesta: el contacto físico es la meta inmediata tanto de la investidura de objeto tierna como de la agresiva" (1925 [1976: 116]).

BIBLIOGRAFÍA: Freud, S. (1912-1913); Freud, S. (1925); Minkowski, E. (1927); Tölle, R. (1966).

contagio (al. *Ansteckung*; fr. *contagion*; ingl. *contagion*; it. *contagio*)

Transmisión, de un individuo a otro, de una enfermedad, de un influjo dañino, de una emoción o de un comportamiento. El término tiene importancia psicológica en relación con: 1] la *prohibición* (*v.* **tabú**, § 4) de tocar cosas o personas sagradas (*v.* **sagrado**) o impuras (*v.* **puro-impuro**). Este tipo de prohibiciones, que la humanidad conoció en sus fases primitivas, se encuentran en el nivel individual en los casos de neurosis obsesiva (*v.* **obsesión**, § 2), en la que se realizan **ceremoniales** (*v.*) y rituales para evitar el **contacto** (*v.*) con cosas o con personas investidas de una preocupación fóbica (*v.* **fobia**); 2] la *difusión* rápida o irracional de emociones y comportamientos que abarcan grupos completos en una excitación colectiva que se verifica con frecuencia en los comportamientos de las masas (*v.* **psicología de las masas**) donde, escribe S. Freud, "el individuo, al entrar en la masa, queda sometido a condiciones que le permiten echar por tierra las represiones de sus mociones pulsionales inconscientes [...] en estas circunstancias, la desaparición de la conciencia moral o del sentimiento de responsabilidad no ofrece dificultad alguna para nuestra concepción" (1921 [1976: 71]). En una relación entre dos personas se pueden encontrar fenómenos de contagio de ciertos trastornos psíquicos, que van desde la *folie à deux* (*v.*) hasta formas más leves como los tics, las fobias y los comportamientos rituales.

BIBLIOGRAFÍA: Freud, S. (1912-1913); Freud, S. (1921); Reich, W. (1933).

contaminación (al. *Kontamination*; fr. *contamination*; ingl. *contamination*; it. *contaminazione*)

En psiquiatría indica una forma de lenguaje, presente sobre todo prevalentemente en los pacientes esquizofrénicos, caracterizada por la fusión de palabras o partes de palabras que da origen a expresiones aparentemente privadas de sentido. También se pueden encontrar fenómenos de contaminación en sujetos normales, en estados de gran cansancio o en el sueño, en formas verbales o imaginarias. Según S. Freud la contaminación es un ejemplo de **lapsus** (*v.*) verbal en el que la combinación de dos expresiones genera una nueva frase: "la formación de sustituciones y de contaminaciones en el trasladarse es, pues, un esbozo de aquel trabajo condensador al que hallamos como diligente constructor del sueño" (1901 [1976:62]). En el campo diagnóstico se habla de contaminación para referirse a una respuesta patológica proporcionada en la interpretación de un test, como por ejemplo el proyectivo de **Rorschach** (*v.*), caracterizada por la **condensación** (*v.*) de dos contenidos heterogéneos en una interpretación inadecuada a la realidad.

BIBLIOGRAFÍA: Freud, S. (1901); Rorschach, H., (1921).

contención (al. *Stützung*; fr. *contention*; ingl. *containment*; it. *contenzione*)

Término empleado en psiquiatría para referirse a todas las prácticas dirigidas a contener los comportamientos de los enfermos mentales mediante técnicas que van desde la inmovilización del paciente hasta la administración de psicofármacos.

contenido latente-contenido manifiesto (al. *Latenter Inhalt-manifester Inhalt*; fr. *contenu latent-contenu manifeste*; ingl. *latent content-manifest content*; it. *contenuto latente-contenuto manifesto*)

Conceptos psicoanalíticos que hacen referencia a los significados de cualquier formación inconsciente, como un síntoma, un lapsus, y en especial un sueño, adquiridos mediante la interpretación analítica (contenido latente), en relación con la forma en que aparecen esos significados antes de la interpretación analítica (contenido manifiesto). El contenido latente, en el caso del sueño, es una estructura discursiva que proporciona la versión original, completa y verdadera del sueño que, por efecto de la **censura** (*v.*), es deformada y encubierta con los procesos de **condensación** (*v.*) y **desplazamiento** (*v.*) para

hacerles aceptables al yo deseos y pulsiones inconfesables. Lo que resulta de esta deformación es el contenido manifiesto expresado en las imágenes oníricas, tal como lo recuerda quien las soñó y las narra. S. Freud escribe: "El contenido manifiesto nos parece una traducción de los pensamientos del sueño a otro modo de expresión, del que tenemos que aprender a conocer signos y reglas sintácticas, confrontando el original con la traducción. Conocidos éstos, los pensamientos del sueño sin duda se nos hacen comprensibles" (1899: 257). Con esto, prosigue Freud, "no se está nunca seguro de haber interpretado completamente un sueño; aun cuando la solución parezca satisfactoria y libre de lagunas, siempre será posible que en el mismo sueño se manifieste algún otro significado" (1899: 259). Esta concepción la criticó desde un punto de vista fenomenológico G. Politzer, para quien el sueño no tendría, estrictamente, más que un solo contenido, porque lo que Freud entiende por contenido manifiesto no sería otra cosa que la narración que el sujeto hace de su sueño cuando todavía dispone de todos los significados que están manifiestos en el sueño. La crítica de Politzer, de cualquier manera, no redujo el empleo de estas dos expresiones, que se hicieron extensivas a cualquier formación del inconsciente respecto a su manifestación, como por ejemplo el síntoma (contenido manifiesto) respecto a su significado (contenido latente).

BIBLIOGRAFÍA: Freud, S. (1899); Freud, S. (1915-1917); Politzer, G. (1928).

contestatario (al. *Anfechtung*; fr. *contestation*; ingl. *contestation*; it. *contestazione*)

Denuncia del orden existente en el ámbito social o, más limitadamente, en el familiar, basándose en una exigencia transformativa que lleva consigo el proyecto de un orden nuevo. El planteamiento contestatario, que puede asumir rasgos violentos o destructivos cuando se suprimen los espacios del diálogo, se distingue de la *protesta*, que carece de todo aspecto propositivo.

BIBLIOGRAFÍA: Lisciani, G. (1969).

contextualismo (al. *Kontextualismus*; fr. *contextualisme*; ingl. *contextualism*; it. *contestualismo*)

Orientación interpretativa según la cual el acontecimiento psicológico no se puede explicar exclusivamente en términos causales, sino que debe ser visto en relación con la situación global en la que se verifica, y comprendido mediante el análisis del contexto. Sensibles al contextualismo son la **psicología de la forma** (*v.*), que estudia los efectos del contexto en los procesos cognoscitivos de la percepción, la memoria, el pensamiento y el lenguaje, la **psicología sistémica** (*v.*, § 1), que en el nivel clínico sostiene que no existe trastorno psíquico que pueda ser comprendido y modificado si se considera fuera del contexto en el que se manifiesta, y la *psicolingüística* (*v.* **lingüística**, § 3), para la cual el significado psicológico de un mensaje no puede emerger si se prescinde de las creencias y de los conocimientos compartidos por el emisor y por el receptor.

BIBLIOGRAFÍA: Bateson, G. (1972); Leech, G. (1974); Sarbin, T.R. (1977); Watzlawick, P. y J.H. Weakland (coords.) (1976).

contigüidad (al. *Kontiguität*; fr. *contiguité*; ingl. *contiguity*; it. *contiguità*)

Conexión de elementos que se atraen recíprocamente por efecto de su cercanía espacio-temporal. La teoría de la contigüidad, que ya Aristóteles había señalado como causa de la asociación de ideas (*v.* **asociación**, § 1), la retomó E.R. Guthrie en el ámbito de los estudios del aprendizaje, donde se pudo demostrar que si un estímulo encuentra un organismo que está ejecutando un movimiento, el estímulo tiende a convertirse en activador del movimiento por un proceso asociativo juzgado condición suficiente para el aprendizaje de la correlación.

BIBLIOGRAFÍA: Aristóteles (1973); Guthrie, E.R. (1952).

continencia (al. *Kontinenz*; fr. *continence*; ingl. *continence*; it. *continenza*)

Control de las manifestaciones instintivas, sobre todo de naturaleza sexual, por razones éticas o religiosas. Se distingue de la **abstinencia** (*v.*, § 1), que prevé una abstención total.

contracondicionamiento (al. *Gegenkonditionierung*; fr. *contre-conditionnement*; ingl. *counter-conditioning*; it. *controcondizionamento*)

Procedimiento que, utilizando los principios del condicionamiento clásico y operante (*v.* **aprendizaje**, § I, 1-2), tiende a obtener una respuesta del comportamiento incompatible con la respuesta condicionada precedente.

contractura (al. *Muskelziehung*; fr. *contracture*; ingl. *contracture*; it. *contrattura*)

En el ámbito psicológico la contractura, que S. Freud define como el "desplazamiento hacia otro lugar de una inervación muscular intentada entonces" (1925 [1976: 106]), reviste interés por tratarse de uno de los posibles síntomas de la histeria de conversión (*v.* **histeria**, § 1, *b*), en la que una excitación vivida de manera conflictiva cambia su curso natural. J. M. Charcot describió, entre las diferentes formas de contractura, el *arco histérico*, en el cual el cuerpo se apoya sobre los pies y sobre el occipucio, mientras el tronco, levantado, forma una especie de puente. Si la contractura se extiende a los músculos de la nuca y del dorso el arco se presenta en opistótonos, si se extiende a los flexores del tronco en empostótonos, si es hacia un lado del cuerpo en pleurostótonos.

BIBLIOGRAFÍA: Charcot, J. M. (1889); Freud, S. (1925).

contradependencia
v. DEPENDENCIA, § 2.

contradicción, espíritu de (al. *Widerspruchsgeist*; fr. *esprit de contradiction*; ingl. *spirit of contradiction*; it. *spirito di contraddizione*)

Actitud de sistemática oposición en relación con personas, opiniones y comportamientos. En el ámbito psicoanalítico se comprobó que tal actitud es frecuente en el período correspondiente a la fase **anal** (*v.*), en la que se asiste a un aumento de la agresividad interpretado como exigencia de autonomía del niño, que en esa fase comienza a ejercer una primera forma de control de su propio cuerpo y del mundo exterior a partir del control de los esfínteres. El segundo período en el que se presencia una acentuación del espíritu de contradicción está representado por la adolescencia que, como momento identificativo, se caracteriza por una actitud de oposición y de rebelión en relación con los padres y la autoridad en general. En el adulto el espíritu de contradicción, que se manifiesta como oposición sistemática al punto de vista de los demás, con absoluta incapacidad para modificar el propio, representa por lo general una forma de agresividad inhibida y una forma infantil de relacionarse con los demás. Se propuso la hipótesis de que el espíritu de contradicción oculta un sentimiento de culpa inconsciente provocado por un rígido superyó que el individuo trata de desviar hacia los demás.

contrafobia (al. *Gegenphobie*; fr. *contre-phobie*; ingl. *counter-phobia*; it. *controfobia*)

Búsqueda por parte del sujeto fóbico (*v.* **fobia)** de la situación a la que tiene o tuvo miedo. Este mecanismo, con el que se esfuerza por dominar la angustia enfrentando repetidamente el peligro, implica para algunos un placer de omnipotencia, para otros una libidización de la angustia.

contrainvestimiento
v. INVESTIMIENTO, § 5.

contrario, transformación en el
v. OPUESTOS, § 1, *a.*

contrasexual (al. *Gegengeschlechtlich*; fr. *contre-sexuel*; ingl. *counter-sexual*; it. *controsessuale*)

Expresión que adoptó C.G. Jung para indicar la dimensión psíquica, presente en todo individuo, correspondiente al sexo opuesto. En efecto, según Jung, cada individuo lleva en sí mismo elementos del sexo opuesto, de los que con frecuencia el sujeto no es consciente mientras el lado no dominado se reprime. Jung, que denomina *anima* (*v.*, § 3) la parte femenina del hombre, y *animus* (*v.*) la parte masculina de la mujer, considera que el aspecto contrasexual, que se encuentra durante el proceso de **individuación** (*v.*), representa por un lado la naturaleza de la relación que cada quien tiene con el sexo opuesto, y por el otro el caudal de las experiencias colectivas de conformidad con dicha relación. La parte contrasexual de cada uno se revela en los sueños, en las fantasías, en las imágenes y en los individuos de sexo opuesto, que constituyen el objeto de proyección de la parte contrasexual.

BIBLIOGRAFÍA: Jung, C.G. (1928).

contrasíntoma
v. FORMACIÓN REACTIVA.

contraste, ilusión de
v. ILUSIÓN, § 4, *d.*

contratación
v. NEGOCIACIÓN, § 1.

contrato analítico
v. ANÁLISIS, § 1, *a.*

contratraducción
v. TRANSFERENCIA, § 4.

contratransferencia
v. TRANSFERENCIA, § 4.

contraversión
v. CIRCUNAMBULACIÓN.

control (al. *Kontrolle*; fr. *contrôle*; ingl. *control*; it. *controllo*)

El significado de este término depende del contexto en el que esté ubicado.

1] PSICOLOGÍA EXPERIMENTAL. Se habla de control en relación con todos los procedimientos que permiten la verificación o la falsificación de un experimento mediante la repetición de todas las variables, con excepción de la que constituye el objeto de investigación, de manera que cualquier diferencia significativa entre la situación experimental y la de control puede rastrearse al efecto de las variables examinadas. También forma parte del ámbito de la psicología experimental el control del comportamiento por condicionamiento estímulo-respuesta practicado en las investigaciones sobre **aprendizaje** (v., § I, 1-2).

2] PSICOLOGÍA DINÁMICA. El control se refiere a la capacidad de inhibición, por parte de la conciencia, de tendencias, pulsiones y deseos instintivos. Forman parte de este ámbito los estudios sobre los "circuitos automáticos de control psíquico" que no necesitan la intervención de la conciencia, como por ejemplo las reacciones compensatorias que aparecen después de una experiencia frustrante, las justificaciones racionales de la propia conducta, la atribución de la responsabilidad al otro y las formas de satisfacción sustitutivas. Hoy se intenta simular estos mecanismos psíquicos de control con procesos cibernéticos (v. **simulación**, § 1).

3] PSICOLOGÍA SOCIAL. Se habla de control a propósito de todos los mecanismos, implícitos y explícitos, mediante los cuales un grupo de personas o una sociedad completa ejerce su influencia en el comportamiento de los individuos que los integran, comprobando las conductas y las desviaciones.

4] PSICOANÁLISIS. Se habla de "análisis de control" para referirse a la supervisión a la que se somete el analista en formación, confiando en un analista más experimentado (v. **análisis didáctico**, § 2), y de "control de esfínteres" a propósito de una etapa fundamental en el desarrollo psíquico del niño que adquiere la primera forma de **disciplina** (v., § 2).

convade (al. *Männerkindbett*; fr. *couvade*; ingl. *couvade*; it. *covata*)

Uso por el que el marido de la parturienta, durante y después del nacimiento del hijo, se acuesta en el lecho y se comporta como puérpera, mientras la mujer regresa de inmediato al trabajo. El comportamiento ritual de la *convade*, que ya describe Plutarco, se practicaba en la época grecorromana, y se mantuvo por largo tiempo en el sur de Francia y en el país Vasco; aún está presente en algunas poblaciones de América del Sur, como los tupinambá y los mundurucú de Brasil, y los ocainas del Amazonas, donde la duración de la *convade* después del nacimiento es mayor cuando el hijo es varón. Encontramos la misma costumbre en la población lindú de los korava, donde el hombre, poco antes de que la esposa dé a luz, se pone vestidos de mujer y se acuesta en un lugar apartado; tras el nacimiento, ponen al niño junto al padre al que atienden como a una puérpera. El ritual de la *convade* conoció diferentes interpretaciones por parte de los antropólogos. J.J. Bachofen le atribuyó la función de hacer hincapié en la paternidad durante el período de la transición de una cultura de tipo matriarcal a una cultura patriarcal; según E.B. Tylor y J.G. Frazer la *convade* representa, en cambio, una intención de traspasarle al hombre el dolor femenino para exorcizar las implicaciones mágico-espirituales relacionadas con el parto; para C. Lévi-Strauss la *convade* refleja el principio estructural de la simetría social, materializado en el intercambio de funciones. En el ámbito psicoanalítico la *convade* se interpretó como una manifestación de la envidia del parto por parte del hombre, mientras que para T.R. Reik la participación mágica del marido en los dolores de la esposa esconde deseos inconscientes de carácter hostil respecto a lo femenino, experimentado como oscuro y peligroso.

Bibliografía: Bachofen, J.J. (1861); Lévi-Strauss, C. (1947); Reik, T. (1920-1930).

convención (al. *Konvention*; fr. *convention*; ingl. *convention*; it. *convenzione*)

Regla del comportamiento social derivada de una costumbre que se formó con el tiempo y no está explícitamente formulada dentro del grupo, pero es conocida para todos los miembros. Como tal no es una prescripción, sino una característica obvia de la interacción social. Se habla de *convencionalismo* a propósito de las conductas que presentan una adhesión estereotipada a las convenciones sociales, se observa en las personalidades conformistas y poco indentificables. (*v.* **conformismo**).

convergencia-divergencia (al. *Konvergenz-divergenz*; fr. *convergence-divergence*; ingl. *convergence-divergence*; it. *convergenza-divergenza*)

Pareja de términos que se utiliza en:

1] FISIOLOGÍA DEL SISTEMA VISUAL. En la visión binocular se forma en la retina una doble imagen del objeto debida a la distancia de los ojos entre sí, por lo que el ojo izquierdo ve mejor el lado izquierdo del objeto y con el derecho ocurre el fenómeno análogo. Dicha disparidad retínica la corrige la *convergencia* de los ojos, que se acentúa conforme el objeto se acerca para compensar la disparidad de los dos ejes visuales en relación con el punto en que se fijan. Esta corrección permite apreciar distancia y profundidad (*v.* **visual, aparato**, § 4). Un defecto en la convergencia de los dos ejes no inhibe la percepción de la *doble imagen*. Típico es el ejemplo del *estrabismo*, que puede ser divergente o convergente, según la dirección de la desviación de los dos ejes visuales en relación con el punto, ya sea hacia afuera o hacia adentro. Raramente es hacia arriba o hacia abajo.

2] TEORÍA DE LA EVOLUCIÓN. En este ámbito se entiende por *convergencia* la tendencia a adaptaciones organizativas y funcionales parecidas en organismos que no siguieron el mismo proceso evolutivo, y por *divergencia* la tendencia a adaptaciones organizativas y funcionales diferentes, por efecto del ambiente, en organismos que tienen el mismo proceso evolutivo. Hoy estos fenómenos se evalúan también en el nivel molecular.

3] PSICOLOGÍA COGNOSCITIVISTA. J.P. Guildorf llamó *divergente* la forma de pensamiento capaz de respuestas flexibles y soluciones múltiples y originales, y *convergente* la forma de pensamiento que no se deja influir por las sugerencias de la imaginación, sino que tiende a la unicidad de la respuesta, hacia la que son llevados todos los problemas (*v.* **pensamiento**, § I, 2). El pensamiento divergente es una característica de la **creatividad** (*v.*, § 1). En

los tests cognoscitivos L. Hudson habla de *estilo convergente* cuando se logra buen resultado en los tests de inteligencia convencional, y de *estilo divergente* cuando existe una mayor habilidad en los tests flexibles, abiertos a más de una solución.

conversión (al. *Konversion*; fr. *conversion*; ingl. *conversion*; it. *conversione*)

Trasposición de un conflicto psíquico en un síntoma somático, en el que se manifiesta simbólicamente un recuerdo, una fantasía o un deseo reprimido. Los síntomas de conversión van desde los ataques convulsivos a los trastornos de naturaleza motriz, como la **afasia** (*v.*) y la **parálisis** (*v.*, § 1), o de naturaleza sensorial, como la **sordera** (*v.*) o la ceguera histérica (*v.*, **ceguera**, § 2). S. Freud introdujo este término para denominar "el salto de lo psíquico a la inervación somática", que en su opinión era difícil de concebir pero igualmente fácil de constatar en las manifestaciones histéricas, donde "en la histeria, el modo de volver inocua la representación inconciliable es *trasponer a lo corporal la suma de excitación*, para lo cual yo propondría el nombre de *conversión*. La conversión puede ser total o parcial, y sobrevendrá en aquella inervación motriz o sensorial que mantenga un nexo, más íntimo o más laxo, con la vivencia traumática" (1894 [1976: 50-51]). La histeria de conversión se distingue de la histeria de angustia o de la neurosis obsesiva por la predisposición del individuo, constitucional o adquirida, a la conversión, lo que Freud llama "complacencia somática" (v. **solicitación**, § 2).

Según O. Fenichel es prerrequisito físico del desarrollo de una conversión la erogeneidad generalizada del cuerpo, que permite manifestar, mediante cada órgano o función, una excitación sexual; la conversión, en efecto, como todos los síntomas, representa un compromiso entre el deseo inconsciente y las fuerzas defensivas que se oponen a su actuación, por lo que: "Desde el punto de vista del impulso reprimido –afirma Fenichel– el síntoma de conversión es la sustitución deformada de la satisfacción sexual para el histérico incapaz de una satisfacción sexual genuina. El hecho de que la 'satisfacción sustitutiva' del síntoma no sea conscientemente experimentada como placentera, sino por lo general como un profundo sufrimiento, se debe al efecto de las fuerzas represoras" (1945: 260). En el ámbito de lo psicosomático se suelen distinguir los síntomas de conversión de la neurosis histérica, pues se considera que los primeros tienen un significado simbólico más íntimamente relacionado con la historia personal del individuo y son menos definibles en una entidad nosográfica somática. Esta diferenciación, que resulta clara en el plano clínico, todavía es problemática en el plano de la formulación teórica.

BIBLIOGRAFÍA: Fenichel, O. (1945); Freud, S. (1892-1895); Freud, S. (1894); Freud, S. (1901); Freud, S. (1908).

conversión en el opuesto
v. OPUESTOS, § 1, *a.*

convicción (al. *Überzeugung*; fr. *conviction*; ingl. *conviction*; it. *convinzione*)

Opinión muy arraigada sobre bases consideradas objetivas. La convicción se distingue de la **persuasión** (*v.*) ya que, mientras esta última actúa de acuerdo con la esfera emotiva y subjetiva del hombre, la convicción madura en la esfera racional y objetiva y está menos sujeta a la variación de las modas culturales. Al mismo tiempo, como sostienen C. Perelman y L. Olbrechts-Tyneca, la convicción se refiere a los aspectos más superficiales de la mente y no es más que el primer paso hacia la acción, a diferencia de la persuasión, que incide en las partes más profundas de la psique. De la misma opinión era también J.-J. Rousseau, según quien en la educación del niño la convicción no sirve para nada si no se acompaña de la persuasión.

BIBLIOGRAFÍA: Perelman, C. y L. Olbrechts Tyteca (1952); Preti, G. (1968).

convulsión (al. *Krampf*; fr. *convulsion*; ingl. *convulsion*; it. *convulsione*)

Contracción violenta e involuntaria de la musculatura estriada, que se manifiesta de forma episódica e imprevista. Según el área de la corteza motriz involucrada, la convulsión se puede localizar en una parte o en una mitad del cuerpo, o bien generalizada en toda la musculatura, como sucede en las crisis epilépticas. La convulsión se llama *tónica* cuando las contracciones musculares se prolongan por muchos segundos, *clónica* cuando se alteran rítmicamente rigidez muscular y relajamiento, *tónico-clónica* cuando se verifica una sucesión de convulsiones tónicas y clónicas. Frecuentes en los niños, las convulsiones pueden ser de origen orgánico después de una lesión cerebral, de infecciones o intoxicaciones, de origen psicógeno como en la histeria, o provocadas artificialmente mediante fármacos específicos o electrochoque.

convulsiva, terapia (al. *Krampf-therapie*; fr. *thérapie convulsive*; ingl. *convulsive therapy*; it. *terapia convulsiva*)

Forma de tratamiento de la esquizofrenia que practicó por primera vez L.J. Meduna en 1936, que consiste en provocar crisis epilépticas artificiales basándose en la suposición de que entre esquizofrenia y epilepsia existe un especie de antagonismo, confirmado por el hecho que las dos formas no se presentan nunca juntas. Las convulsiones las provocaba Meduna mediante inyecciones intravenosas de cardiazol, metrazol y sustancias análogas, y U. Cerletti mediante electrochoque. Cerletti formuló la hipótesis de que las convulsiones provocan en el organismo, llevado a un estado próximo a la muerte, una reacción de extrema defensa biológica con la producción de una sustancia que llamó *agonina* o *acroagonina*. Posteriormente consideró que podía sustituir el electrochoque con inyecciones de tales sustancias obtenidas de animales sometidos a convulsiones eléctricas. Con la introducción de los psicofármacos, este género de tratamiento, cuyas contraindicaciones se exponen en la voz **electrochoque** (*v.*), ha ido disminuyendo constantemente.

BIBLIOGRAFÍA: Breggin, P.R. (1979); Cerletti, V. y L. Bini (1938); Kalinowsky, L.B. (1959-1966); Meduna, L.J. (1936).

cooperación (al. *Kooperation*; fr. *coopération*; ingl. *cooperation*; it. *cooperazione*)

Forma de interacción entre individuos que obtienen mutua ventaja de la relación recíproca. Los estudios sobre la cooperación se realizaron sobre todo en dos ámbitos disciplinarios.

1] ETOLOGÍA. El término se refiere a los insectos "sociales" como las abejas y hormigas, entre las cuales la colaboración entre los miembros favorece la sobrevivencia de toda la colonia, y para referirse a los animales de otras especies, en las cuales la cooperación es más rudimentaria y está orientada sobre todo al logro de intereses individuales, como en el caso de los lobos que cazan en manada para poder garantizar una mayor cantidad de comida que en la búsqueda solitaria.

2] PSICOLOGÍA SOCIAL. Las investigaciones sobre la cooperación se ocupan de las estrategias que adopta el individuo para maximizar sus propios beneficios y minimizar los costos en la colaboración con los demás. Los experimentos de cooperación emplean algunas matrices de tipo mutuo de la teoría de juegos en las que se ponen en evidencia las soluciones ventajosas y desventajosas para el individuo, las cuales encuentran después una aplicación adecuada en el ámbito de la psicología del trabajo y de la economía.

Bibliografía: Alcock, J. (1979); Krafft, W. (1966); Manning, A. (1972); Neumann, J. von J. y D. Morgenstern (1944).

coordinación (al. *Koordination*; fr. *coordination*; ingl. *coordination*; it. *coordinazione*)

El término puede referirse: 1] a la *relación* entre elementos situados en el mismo rango en un sistema de clasificación; 2] al *funcionamiento* armónico de la actividad muscular debido a las instrucciones del sistema nervioso central y ejecutadas por los músculos, y las informaciones que, a través de los órganos de los sentidos y del sistema nervioso periférico se transmiten al sistema nervioso central, influyendo en las instrucciones. En el hombre la coordinación de los movimientos especializados, como puede ser el uso de un instrumento musical, se inicia con un alto grado de control periférico, para después pasar a estar completamente bajo el control central (*v.* **movimiento**, § 1, *b* y **gesto**, § 1). Sobre los trastornos de la coordinación véase la voz **ataxia**.

coprofagia (al. *Koprophagie*; fr. *coprophagie*; ingl. *coprophagy*; it. *coprofagia*)

Llamada también *escatofagia*, la coprofagia es la ingestión de las heces, que se puede observar en los niños retrasados y psicóticos, o bien en algunos pacientes esquizofrénicos, como manifestación de una grave regresión. Rara vez se encuentra en los niños normales como manifestación de **pica** (*v.*) o sea la tendencia a ingerir sustancias no comestibles.

coprofilia (al. *Koprophilie*; fr. *coprophilie*; ingl. *coprophilia*; it. *coprofilia*)

Llamada también *escatofilia*, la coprofilia consiste en un interés especial por los excrementos que se transforman en objeto de placer y, en algunos casos, de excitación sexual. Según S. Freud las tendencias coprofílicas son completamente normales en el niño que, sobre todo en la fase **anal** (*v.*, § 2), no manifiesta ningún disgusto por los excrementos, e incluso se siente orgulloso de éstos y los utiliza como medio de autoafirmación en relación con los adultos. Con la educación las pulsiones coprofílicas se van reprimiendo gradualmente y el interés que en un principio estaba dirigido a las heces se desplaza a otros objetos que las simbolizan, entre los que está, en primer lugar, el dinero. Freud sostiene que "el interés excrementicio no está divorciado en el niño del interés sexual; la separación entre ambos sobreviene sólo después, pero permanece siempre incompleta [...] una parte de las inclinaciones coprófilas se muestra eficaz aun en la vida madura y se exterioriza en las neurosis, perversiones, malas costumbres y hábitos de los adultos" (1913 [1976: 361]).

BIBLIOGRAFÍA: Freud, S. (1913).

coprofobia (al. *Koprophobie*; fr. *coprophobie*; ingl. *coprophobia*; it. *coprofobia*)

La coprofobia es la fobia hacia las heces vistas como posible medio de **contagio** (*v.*, § 1) que se observa en algunas formas de neurosis obsesiva unida a la fobia por lo sucio o lo infectado (*v.* **misofobia**). Tal síntoma, en el cual el psicoanálisis ve el origen en la distinción de los primitivos entre puro e impuro (*v.* **puro-impuro**), se interpreta como una **formación reactiva** (*v.*) a los impulsos inconscientes tendientes a la **coprofilia** (*v.*).

coprolagnia (al. *Koprolagnie*; fr. *coprolagnie*; ingl. *coprolagnia*; it. *coprolagnia*)

Placer sexual relacionado con la manipulación de los excrementos propios y ajenos. Más frecuente que la coprolagnia, que puede constituir una práctica preliminar o bien sustitutiva de la relación sexual, es la *urolagnia*, la excitación sexual relacionada con orinar sobre el propio cuerpo o sobre el cuerpo de otro. Estas formas son manifestaciones que refieren a actitudes fetichistas, sádicas o masoquistas.

coprolalia (al. *Koprolalie*; fr. *coprolalie*; ingl. *copolalia*; it. *coprolalia*)

El término, que literalmente significa "lenguaje fecal", indica el impulso a usar palabras vulgares y obscenas, que se manifiesta de manera patológica sobre todo en los esquizofrénicos. En las neurosis obsesivas con frecuencia están presentes impulsos a la coprolalia de la que el sujeto se defiende mediante los mecanismos del **aislamiento** (*v.*), de la **formación reactiva** (*v.*), o de la actuación de actitudes compulsivas. Según S. Ferenczi "una palabra obscena posee el poder especial de obligar a quien escucha a imaginar *concretamente* el objeto, el órgano o el acto sexual que ésta define. Y que eso era así lo reconoció y manifestó claramente Freud en sus observaciones acerca de los movimientos y las condiciones de la obscenidad: 'Mediante la palabra obscena –escribe Freud– se obliga a la persona a la que se dirige a representarse el órgano o el acto correspondiente.' [...] Si nos unimos a la concepción freudiana del desarrollo del aparato psíquico de centro reactivo motor-alucinatorio a órgano del pensamiento, llegamos a la conclusión de que las palabras obscenas poseen cualidades que en una fase anterior al desarrollo psíquico debieron poseer *todas las palabras*" (1911: 110-111).

BIBLIOGRAFÍA: Ferenczi, S. (1911); Freud, S. (1905).

cópula (al. *Begattung*; fr. *copulation*; ingl. *copulation*; it. *copulazione*)

Unión del macho y de la hembra con miras a la reproducción. En la investigación experimental del comportamiento sexual de los animales superiores se distingue un mecanismo de unión (MC = mecanismo copulatorio) caracterizado por la penetración del órgano genital masculino en el femenino, precedido por un mecanismo de excitación (ME) que conduce a la erección del miembro masculino, y seguido del mecanismo de la eyaculación (MEY), activado por la emisión del esperma, y que inhibe otro mecanismo inmediato de excitación. Estos mecanismos son susceptibles de variaciones de tiempos y modos, no sólo de una especie animal a otra sino también de un individuo a otro, por razones fisiológicas o psicológicas que pueden comprometer la erección (*v.* **impotencia**, § 2) o los tiempos de la **eyaculación** (*v.*).

En el varón la cópula, o *coito*, puede ser interrumpida cuando se retira antes de la eyaculación, generalmente por motivos anticonceptivos (*coitus interruptus*), o reservada, cuando evita la eyaculación (*coitus reservatus*). Para S. Freud estas formas de copular pueden provocar una neurosis de angustia (*v.* **angustia**, § 2, a) porque "la tensión física crece, alcanza su valor de umbral con el que puede despertar afecto psíquico, pero por razones cualesquiera el anudamiento psíquico que se le ofrece permanece insuficiente, es imposible llegar a la formación de un *afecto sexual* porque faltan para ello las condiciones psíquicas: así la tensión física no ligada psíquicamente se muda en... angustia" (1894 [1976: 232]).

BIBLIOGRAFÍA: Beach, F.A. (1956); Freud, S. (1894); Freud, S. (1894).

coquetería (al. *Koketterie*; fr. *coquetterie*; ingl. *coquetry*; it. *civetteria*)

Actitud causada por el deseo de provocar el interés de los otros y de gustarles. La coquetería es un elemento del narcisismo utilizado por sujetos incapaces de mantener auténticas relaciones interpersonales y necesitados de la confirmación, el afecto y la aprobación de otros, respecto a los cuales se ubican como objeto del deseo, con el fin de mantener y de aumentar la consideración de sí mismo.

coraza caracterial
v. BIOENERGÉTICA; CARÁCTER, § 3, *c*.

corea (al. *Chorea*; fr. *chorée*; ingl. *chorea*; it. *corea*)

Enfermedad neurológica caracterizada por movimientos involuntarios, rápidos, sin finalidad y no repetitivos que tienden a involucrar todos los grupos musculares, generando una evidente inquietud psicomotriz (*v.* **quinesia**). Deben distinguirse:

1] *La corea de Huntington* que tiene su base en una atrofia de distinto grado de las células piramidales (*v.* **piramidal**, **sistema**), que entraña **disartria** (*v.*), **ataxia** (*v.*), trastornos neurológicos de distintos géneros y **demencia** (*v.*) progresiva. La evolución es de 10-15 años después de la aparición de los primeros síntomas y provoca la muerte.

2] *La corea de Sydenham o mal de san Vito* que se debe a infecciones bacterianas (estreptococo betahemolítico) que determinan movimientos rápidos e involuntarios de todos los grupos musculares, incluso los interesados en la mímica. Aparece entre los 6 y los 15 años de edad y se acompaña, en el plano psíquico, de inestabilidad del humor, irritabilidad, disminución de la atención y de la memoria. En el diagnóstico diferencial es importante excluir la corea de Huntington y los **tics** (*v.*), de base orgánica o psicógena. La curación se da después de algunos meses de haber iniciado el tratamiento con antibióticos (penicilina, eritromicina, etc.), antirreumáticos y neurolépticos (*v.* **psicofarmacología**, § I, 1, *a*).

coriogonadotropina
v. ENDOCRINO, SISTEMA, § 6, *c*.

corredor, **ilusión del**
v. ILUSIÓN, § 4, *b*.

correlación
v. ESTADÍSTICA, § II, 3.

cortejo (al. *Umwerbung*; fr. *cour*; ingl. *courtship*; it. *corteggiamento*)

Asidua e incesante sucesión de atenciones, cumplidos y galanterías que tienen la intención de seducir a un individuo por el cual se experimentan especiales sentimientos de amor. Ampliado al mundo animal, el término indica un conjunto de comportamientos realizados por los animales antes, durante y, a veces, después del acoplamiento. La duración del cortejo difiere de una especie a otra y puede ir de algunos segundos a algunos días. La complejidad de tales comportamientos y su carácter con frecuencia muy vistoso confieren al cortejo el valor de un ceremonial en el que parecen concentrarse no sólo las actitudes sexuales, sino también las agresivas y de miedo. El cortejo tiene la función de estimular el comportamiento sexual en ambos miembros de la pareja mediante el llamado del compañero aun a considerable distancia, el reconocimiento de los animales de la misma especie, la inhibición de los comportamientos no sexuales y la sincronización del acoplamiento, de manera que el acto sexual se desarrolle en la forma y el momento más adecuados.

BIBLIOGRAFÍA: Bastook, M. (1967).

corteza cerebral (al. *Hirnrinde*; fr. *ecorce cérébrale*; ingl. *cerebral cortex*; it. *corteccia cerebrale*)

Capa externa de los hemisferios cerebrales (*v.* **encéfalo**, § 2, *c*), denominada, por su color, *materia gris*, compuesta predominantemente de células, en contraste con la *materia blanca* subyacente, formada por fibras. Los hemisferios están separados, por una amplia fisura longitudinal, en hemisferio derecho, que controla las funciones del lado izquierdo del cuerpo, y hemisferio izquierdo, que controla las funciones del lado derecho. Cada hemisferio se divide en cuatro *lóbulos*: frontal, parietal, occipital y temporal, sede de *funciones localizadas* que pueden ser aisladas topográficamente e indicadas como *áreas corticales*; éstas, cuando están comprimidas por tumores o dañadas por traumas o enfermedades, determinan la alteración o la desaparición de las funciones correspondientes.

1] ÁREA ELECTROMOTRIZ. Está ubicada en la *parte frontal del lóbulo parietal* y controla todos los movimientos del cuerpo que está representado, como en un mapa de proyección, en forma invertida, por lo que las informaciones que parten de las extremidades inferiores del cuerpo son recibidas por células nerviosas que se encuentran en lo alto de la cabeza, mientras que las informaciones derivadas de las partes superiores se elaboran en el límite inferior del área. El área de corteza que tiene que ver con zonas especiales del cuerpo no depende de las dimensiones, sino de la sensibilidad de una zona. Las lesiones en esta área producen parálisis locales.

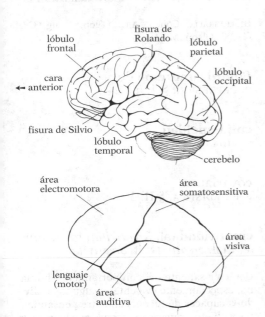

La corteza cerebral: subdivisiones y funciones.

2] ÁREA SOMATOSENSITIVA. Está ubicada en el *lóbulo parietal*, separada del área electromotriz por la cisura central que desciende lateralmente del ápice en dirección a las orejas. Da origen a experiencias sensoriales según el esquema proyectivo invertido, por lo que las extremidades inferiores del cuerpo están representadas en la parte superior del área del hemisferio opuesto, mientras las superiores están representadas en la parte inferior. Un traumatismo o una enfermedad en el área somatosensitiva causa trastornos en los procesos sensoriales, como la incapacidad para indicar con ojos cerrados la posición de los propios miembros, o de reconocer los objetos con el tacto, pero rara vez causa una anestesia completa.

3] ÁREA VISUAL. Está ubicada en el *lóbulo occipital*, donde las células reciben los datos que llegan de las células fotosensibles de la retina. La respuesta de las células varía de acuerdo con la posición de las zonas oscuras y de los haces luminosos que aparecen en el campo visual. Por ejemplo, algunas células reaccionan a una franja luminosa puesta horizontalmente, pero no a franjas que presentan una inclinación diferente; otras reaccionan sólo a franjas de luces verticales, por lo que se infiere que esta área, además de zonas luminosas, es capaz de percibir también la forma y el movimiento.

4] ÁREA AUDITIVA. Está ubicada en el *lóbulo temporal* y recibe las informaciones proporcionadas por el oído. Ambos oídos están representados en ambos lados, por lo que la pérdida de un lóbulo temporal no tiene una excesiva incidencia sobre el oído. Existe además una diferenciación topográfica ulterior por la que una parte es sensible a los tonos altos y una a los bajos.

5] ÁREA DEL LENGUAJE. El lenguaje es un fenómeno muy complejo para resolverse en términos de pura y simple localización, y los trastornos psicológicos de la palabra, las **afasias** (*v.*), se resisten a una localización precisa. En 1865 Paul Broca identificó, en la parte inferior de la circunvolución frontal, la más baja de las tres circunvoluciones cerebrofrontales, una zona, que se conoce como *área de Broca*, que es responsable del control de la lengua, de los maxilares y de la articulación de la palabra. Después se localizó el *área de Wernicke* o centro verboacústico (*v.* **lenguaje**, § 2). Una y la otra se encuentran en el hemisferio izquierdo para los diestros mientras que para los zurdos se ubica en el hemisferio derecho, que en este caso es el dominante.

6] ÁREAS DE ASOCIACIÓN. Así se llaman las áreas que no están directamente relacionadas con procesos sensomotores pero que sirven para coordinar aquellas funciones –como el aprendizaje, la memoria y el pensamiento– que involucran más de un sistema sensorial. Las áreas de asociación aumentan en su extensión conforme se asciende en la escala filogenética, hasta llegar, en el hombre, a las tres cuartas partes de la corteza cerebral. Como lo demostró B. Milner, los sujetos afectados por lesiones en los lóbulos frontales pueden desarrollar numerosas funciones intelectuales, pero muestran un déficit cuando entra en juego un diferimiento de la respuesta o cuando es necesario pasar con frecuencia de un método de trabajo a otro. K. Lashley, después de experimentar con ratones, formuló la *teoría de acción de la masa*, según la cual, por lo que se refiere al aprendizaje de problemas difíciles, el efecto de la lesión cortical depende de la cantidad y no de la ubicación del daño. Esto confirma que las áreas de asociación, a diferencia de las de proyección, no se pueden localizar con precisión (*v.* **acción**, § 2, *b*). Si bien todavía no son del todo conocidas las funciones de las áreas de asociación, sabemos que se encargan de la organización y el control de las actividades que coordinan la acción global del sistema nervioso, regulando y dirigiendo el flujo de informaciones en el sistema total.

Bibliografía: Benedetti, G. (1969); Lashley, K. *(1929);* Milner B. (coord.) (1966); Milner, B. (1966).

corticoesteroide
v. ENDOCRINO, SISTEMA, § 5, *a*.

corticotropina (ACTH)
v. ENDOCRINO, SISTEMA, § 1, *a*, 8.

cortisol
v. ENDOCRINO, SISTEMA, § 5, *a*.

costumbre (al. *Sitte*; fr. *coutume*; ingl. *custom*; it. *costume*)

Conjunto de modelos de comportamiento que regulan la conducta social de los individuos dentro de una cultura o de un grupo étnico. En una época la costumbre estaba vinculada sustancialmente a la tradición y se transmitía de una generación a otra, conservando un carácter de uniformidad y de continuidad en el tiempo. Después de la urbanización y del desarrollo tecnológico la transmisión de la costumbre se confió principalmente a la difusión de los modelos más recurrentes en los medios de comunicación de masas. Esta transformación produjo, por un lado, una homogeneización geográfica de las normas de comportamiento; por otro una devaluación de los valores que en el pasado constituían el fundamento de la costumbre, con la consiguiente uniformación a los ritmos de la moda. En el nivel psicológico la toma de conciencia por parte del sujeto de que se refiere acríticamente a las costumbres sociales más o menos difundidas determina, en opinión de C. G. Jung, la exigencia de diferenciarse con actitudes internas o externas más individuales y responsables (*v.* **colectivo** e **individualización**).

BIBLIOGRAFÍA: Cohen, A.K. (1966); Jung, C.G. (1928); Olson, M. (1965).

Cotard, **síndrome de**
v. DEPRESIÓN, § 4, *h*.

cotidianeidad
v. VIDA, § 2.

covarianza
v. ESTADÍSTICA, § II, 3.

creatividad (al. *Kreativität*; fr. *créativité*; ingl. *creativity*; it. *creatività*)

Carácter saliente del comportamiento humano, especialmente evidente en algunos individuos capaces de reconocer, entre pensamientos y objetos, nuevas relaciones que llevan a la innovación y al cambio. El criterio de *originalidad*, presente en toda actividad creativa, no es suficiente si está desligado de una *legalidad* general que permite que la actividad creativa sea reconocida por los demás individuos. La realización de la creatividad de acuerdo con reglas es lo que la distingue de la arbitrariedad.

1] PENSAMIENTO PRODUCTIVO Y PENSAMIENTO DIVERGENTE. Los estudios sobre la creatividad se iniciaron por la necesidad de analizar los aspectos de la inteligencia que los instrumentos tradicionales de medición, basados sobre todo en el razonamiento lógico, no eran capaces de evidenciar. Las primeras investigaciones en este sentido las realizó M. Wertheimer, quien se ocupó del *pensamiento productivo* que se realiza mediante "opiniones que no son fragmentarias, sino siempre referidas a los caracteres del conjunto, funcionan en relación con éstos y están determinadas por las exigencias estructurales requeridas por una situación sensata" (1945: 8). El pensamiento productivo, produciendo cambios y mejoras en el marco de la estructura, tiende a cerrar los sistemas y a consolidarlos como unidades. "Su peculiaridad consiste en darse cuenta de las características estructurales y de las exigencias de la estructura; en proceder de acuerdo con estas exigencias y hacerse guiar por éstas; en cambiar la situación en dirección de las mejoras estructurales" (1945: 9). Wertheimer le reconoce al pensamiento productivo un carácter explorador y de aventura que abre nuevas soluciones más allá de la usual, involucrando una multiplicidad de aspectos cognoscitivos.

Otro intento en el mismo sentido lo realizó J.P. Guildorf, con los estudios del *pensamiento divergente* que, a diferencia del *convergente*, que tiende hacia la unicidad de la respuesta a la cual se encaminan todas las problemáticas, presenta originalidad de ideas, fluidez conceptual, sensibilidad para los problemas, capacidad de reorganización de los elementos, producción de muchas respuestas diferentes. El pensamiento divergente, en el que se manifiesta la creatividad, entra en juego cuando los procesos convergentes se han desarrollado hasta el punto en que permiten un dominio adecuado en el sector de aplicación, por lo que hasta un determinado umbral intelectual entre los dos tipos de pensamiento, existe una estrecha interdependencia que tiende a disminuir en niveles muy altos de inteligencia.

2] NIVELES Y MEDICIONES DE LA CREATIVIDAD. Como la creatividad, por su naturaleza, se sustrae a las mediciones cuantitativas típicas del coeficiente intelectual, se procedió a la construcción de escalas capaces de medir lo que M. Wertheimer define como: "capacidad de reestructuración mental de los datos de acuerdo con vectores originados en las necesidades internas de los problemas" (1945: 82). Procediendo de esta manera se puso en evidencia un nivel de creatividad de tipo *combinatorio*, en el que están en juego los posibles acercamientos de los elementos del problema, uno de tipo *modificador* que trabaja con las relaciones posibles entre los elementos, y uno de tipo *transformador* que busca nuevos principios que permitan organizar el problema de otra manera. En los tres casos se requiere fluidez de pensamiento, flexibilidad asociativa, ideativa, figurativa; intuición, curiosidad y sensibilidad estética. Para medir estas características se identificaron indicadores que pueden ser agrupados en tres categorías. La primera mide la *intensidad* del flujo creativo de productos basándose en su número, en los elementos que los integran y en las estructuras que los organizan; la segunda mide el grado de *diferenciación* de un producto respecto a los otros del mismo sujeto o de un grupo de sujetos, es decir, la originalidad, la novedad y el ingenio; la tercera mide la *funcionalidad* de un producto respecto a uno o más criterios como el gozo, la belleza, la elegancia, etcéetera.

Según G. Calvi a la creatividad se vincula el *descubrimiento casual*, que se ubica fuera de las previsiones de la persona activamente empeñada en cierta dirección de investigación y que, por esta marginalidad, es reconocida y evaluada más o menos claramente. Este defecto de reconocimiento es el que hace que el descubrimiento se considere aparentemente casual. La *rigidez* de los procesos perceptivos, de aprendizaje y cognoscitivos se puede considerar como un indicador negativo de la creatividad, al igual que factores psicológicos y psicopatológicos como el dogmatismo, el autoritarismo, los estereotipos y otros que están en la base de la **rigidez** (*v.*, § 4). Por lo que se refiere al *control* del producto creativo, se asume como criterio el que define C.R. Rogers: "el producto relacional dado por unicidad del individuo, por una parte y los materiales, los sucesos, la gente, las circunstancias de la vida, por la otra" (1959: 71), donde es necesario tomar en consideración que con frecuencia los otros son jueces tanto menos autorizados cuanto más excepcionales son los productos a evaluar. En lo que se refiere al individuo, la creatividad se ve facilitada por las características de personalidad que permiten una continua reorganización de la vida subjetiva, y obstaculizada por bloqueos emocionales, dependencia, autoridad y neurosis. En fin, por lo que se refiere al grupo que acepta o rechaza el producto creativo, mucho depende de la presencia o de la ausencia de comunicación, de los niveles de distorsión y de la deseabilidad social del producto.

3] CARACTERÍSTICAS DE LA PERSONALIDAD CREATIVA. La masa de investigaciones experimentales llevadas a cabo con las técnicas más heterogéneas proporciona un perfil de la personalidad creativa tal como resulta de esta descripción esquemática: a] el creativo está motivado por la curiosidad, la necesidad de orden y el éxito; b] es autoritario, agresivo, autosuficiente, poco inhibido, no formal, no convencional, independiente y autónomo; c] tiene gran capacidad de trabajo, autodisciplina, versatilidad; d] es constructivamente crítico, no se satisface con facilidad; e] tiene una vasta gama de intereses de la que no forman parte los económicos; f] tiene intereses de tipo femenino, escasa agresividad masculina, no desea muchas relaciones sociales, es introvertido, emocionalmente inestable pero capaz de utilizar eficientemente su inestabilidad, no adaptado en sentido psicológico, pero sí social, es intuitivo y empático; g] se considera creativo y se describe como tal, es poco crítico en relación consigo mismo, ejerce enorme influencia sobre los demás.

4] CREATIVIDAD, LOCURA Y PERVERSIÓN. La relación entre genio y locura la señaló en 1864 C. Lombroso, quien demostró que Cellini, Goethe, Vico, Tasso, Newton y Rousseau habían sufrido ataques de "locura", para llegar a la conclusión de que la genialidad era la manifestación de una "psicosis degenerativa". K. Jaspers, quien examinó la misma relación en Nietzsche, Strindberg, Van Gogh, Hölderlin y Swedenborg, escribe: "El espíritu creativo del artista, no obstante que está condicionado por el desarrollo de una enfermedad, está más allá de la oposición entre normal y anormal, y puede representarse metafóricamente como la perla que nace del defecto del molusco: así como no se

piensa en la enfermedad del molusco al admirar la perla, de la misma manera, frente a la fuerza vital de una obra, no pensamos en la esquizofrenia que tal vez fue la condición para su nacimiento" (1922: 129-130). Y a propósito de Strindberg: "Emerge de manera incontestable una coincidencia científicamente demostrada entre el más alto grado del desarrollo creativo y el momento más claro de la explosión del trastorno psicológico. Este dato, que requiere ulteriores confirmaciones en el campo de la patología, es significativo también ya que parece modificar la opinión común según la cual la enfermedad mental equivale a la completa destrucción emotiva y patológica, si es verdad que, en el caso de Strindberg, tal coincidencia está probada por completo" (1922: 125).

Por lo que se refiere a la relación entre perversión y creatividad, J. Chasseguet-Smirgel, partiendo de la hipótesis de S. Freud según quien creatividad y perversión se arraigan en la fase pregenital de la evolución psíquica, conjetura que las dos figuras pueden tener en común la rebelión a la "ley fundamental promulgada por el complejo edípico" por lo que tanto la perversión como la creatividad viven en un régimen de doble verdad que, por un lado, reconoce la realidad, y por el otro la niega, realizándola en un régimen de falsificaciones idealizadas, indispensables para una producción creativa. La condición pregenital es interpretada además como el caos antes del cosmos regulado por leyes, por lo que la creatividad se nutre en el caos para reformular el cosmos (v. **psicología del arte**, § 2, d].

5] EL FOMENTO DE LA CREATIVIDAD. Existen técnicas de fomento de la creatividad que S. Arieti identifica a partir de las condiciones que favorecen el proceso creativo: a] la primera condición es la "capacidad de estar solo, que puede ser considerada como una deprivación sensorial parcial", gracias a la cual el individuo, reduciendo su exposición a los estímulos convencionales, tiene la posibilidad de oír su propio mundo interior, acercándose a las que el psicoanálisis llama "manifestaciones del proceso primario"; b] la segunda condición es la inactividad, que permite liberar la atención de las ocupaciones exteriores favoreciendo "el surgimiento de esas ideas fantásticas, con frecuencia desalentadas porque se consideran fuera de la realidad, pero extremadamente útiles para hacer breves incursiones a mundos irracionales" (1959-1966: 2230); c] "otro elemento importante es el recuerdo y la repetición interior de los conflictos traumáticos pasados" (1959-1966: 2230). Esto explica el rechazo, por parte de los creativos, del tratamiento psicoterapéutico, cuando no evitan o incluso buscan en el alcohol o las drogas un incremento del elemento psicopatológico, considerado terreno fecundo para la producción creativa; d] "otro requisito es el ingenio, término que usamos para indicar la propensión a aceptar la existencia de un mínimo común denominador oculto que une ordenadamente los diferentes fenómenos entre sí, en nosotros y fuera de nosotros. La creatividad, en efecto, implica con frecuencia el descubrimiento de 'este factor escondido', más que la invención de cosas nuevas" (1959-1966:2231); e] "la vivacidad y la disciplina son los otros requisitos del creativo" (1959-1966: 2231), puesto que la creatividad sí es originalidad, pero siempre sometida a las reglas para no perderse en la arbitrariedad.

6] LA CREATIVIDAD EN LA INTERPRETACIÓN PSICOANALÍTICA. S. Freud relaciona la creatividad con los procesos psíquicos primarios que, respecto a los secundarios, presididos por el yo y por su lógica, son "alógicos" y semejantes a los juegos infantiles, los sueños y los síntomas neuróticos en los cuales, en forma encubierta, se expresan deseos, fantasías y conflictos inconscientes del sujeto. A diferencia del neurótico, el artista encontró la forma de expresar los contenidos de su inconsciente mediante esa vía, la **sublimación**, (v.), en la que se establece una relación entre mundo imaginario y realidad. En todo caso el mundo creativo sigue siendo para Freud un mundo catártico que se origina para superar un estado de tensión psíquica. En este modelo se inspira también la teoría kleiniana, según la cual la actividad creativa puede ser de tipo depresivo, y por consiguiente presentarse como intento de reparar las fantasías destructivas, o de tipo esquizoide, análoga en sus mecanismo de formación a las producciones delirantes de los esquizofrénicos.

De todos modos estas explicaciones no pueden explicar por qué no todas las manifestaciones del inconsciente son creativas, y sólo algunas se transforman en obras de arte comprendidas y apreciadas por la colectividad. A este interrogante intentó responder E. Kris, quien

desplaza el terreno de la producción artística de los procesos primarios, donde la ubicó Freud, a los secundarios, donde el yo realiza una **regresión** (v.) activa que le permite nutrirse de la dimensión inconsciente y utilizar los mecanismos de los procesos primarios, como la **condensación** (v.) y el **desplazamiento** (v.), generalmente activo en los sueños, al servicio de la producción artística.

C.G. Jung rechaza el acercamiento creatividad-neurosis y escribe: "Para darle a la obra lo que le corresponde, es necesario que la psicología analítica excluya por entero todo prejuicio de carácter médico, porque la obra de arte no es una enfermedad y por lo tanto necesita una orientación completamente diferente de la médica. [...] La orientación exclusiva hacia los factores personales, que requiere la investigación de la causalidad personal, no es asimilable a la obra de arte, porque aquí no se trata de un ser humano sino de una producción que va más allá del individuo [...]; la verdadera obra de arte obtiene su significado especial del hecho de que fue capaz de liberarse de la estrechez y los obstáculos de todo lo que es personal, dejando lejos de sí todos los elementos caducos de la pura personalidad" (1922: 36-37). Creativo es entonces aquel que, en el producto, logra emanciparse de su propia individualidad para volverse intérprete de motivos universales de la humanidad que en él se activan inconscientemente.

7] LA CREATIVIDAD EN EL DEBATE PEDAGÓGICO. En este ámbito las posiciones más significativas son las que asumió J. Dewey, para quien la creatividad es esa forma de inteligencia más dúctil para seguir el devenir ininterrumpido de la experiencia, con la capacidad de proyectarse hacia el futuro aflojando las ataduras que lo retienen en la experiencia actual. J.S. Bruner considera que es acción creativa "cualquier acto que produzca una 'sorpresa productiva', es decir una modificación concreta inesperada en las diferentes actividades en las que el hombre se encuentra involucrado. Todas las formas de sorpresa productiva tienen su origen en una forma especial de actividad combinatoria, en una disposición de los datos en nuevas perspectivas. Todo acto creativo se sirve, por lo tanto, del proceso heurístico, que tiene como momento esencial el acto del descubrimiento: una operación de reordenación y de transformación de hechos evidentes que permite ir más allá de esos hechos, hacia una nueva intuición" (1964: 142). G. Calvi, compartiendo la tesis de E.P. Torrance según quien la creatividad crece en contextos no autoritarios y en la medida en que disminuyen los controles, afirma que "el alumno creativo resulta siempre objeto de presiones que lo inducen a reducir su desempeño, porque los procedimientos educativos tienen por objetivo el grupo homogéneo y se inspiran en valores de uniformidad, respecto a los cuales el creativo es una variable impredecible. A esto se agrega que los maestros parecen desear la creatividad de los alumnos pero con frecuencia son incapaces de favorecerla por determinadas límitaciones de personalidad" (1972: 705). Según Torrance, son desfavorables para la creatividad las escuelas que se rigen por el programa y no por la actividad del estudiante, y en las cuales la adquisición de los contenidos programados no permite itinerarios creativos.

BIBLIOGRAFÍA: Arieti, S. (1959-1966); Beaudot, A. (coord.) (1977); Bruner, J.S. (1962); Bruner, J.S. (1964); Calvi, G. (1972); Carotenuto, A. (1991); Chasseguet-Smirgel, J. (1985); Dewey, J. (1917); Freud, S. (1910); Freud, S. (1913); Gardner, H. (1989); Garroni, E. (1978); Getzels, S.W. y P.W. Jackson (1962); Guildorf, J.P. (1967); Hillman, J. (1972); Hofstadter, D.R. (1987); Jaspers, K. (1922); Jung, C.G. (1922); Kris, E. (1952); Lombroso, C. (1897); Rogers, C.R. (1959); Rubini, V. (1980); Segal, H. (1955; Storr, A. (1972); Torrance, E.P. (1963); Torrance, E.P., y R. Gupta (1964); Wertheimer, M. (1945).

crecimiento
v. AUXOLOGÍA.

credibilidad (al. *Glaubwürdigkeit*; fr. *crédibilité*; ingl. *credibility*; it. *credibilità*)

Característica de una persona, de un acontecimiento o de una cosa, que permite que se pueda confiar en ello. De especial interés para la psicología es la credibilidad en sentido jurídico, o sea la confiabilidad de un testimonio o de una confesión, como elementos probatorios que se pueden verificar mediante el uso de técnicas de diagnóstico y criterios de valoración elaborados en el ámbito de la psicología judicial (*v.* **psicología forense**, § 1).

credulidad (al. *Leichtgläubigkeit*; fr. *crédulité*; ingl. *credulity*; it. *credulità*)

Tendencia a creer en cualquier afirmación. Frecuente en los sujetos que carecen de capacidad **crítica** (*v.*), la credulidad es una característica completamente normal en los niños, en los que está destinada a desaparecer con la adquisición progresiva de capacidades de juicio y de autonomía respecto a las figuras de referencia. La credulidad se puede observar también en individuos adultos de inteligencia normal cuando se relacionan con personas a las que se les concede una excesiva autoridad.

crepuscular, **estado**
v. CONCIENCIA, § 3, *b*.

cretinismo (al. *Kretinismus*; fr. *crétinisme*; ingl. *cretinism*; it. *cretinismo*)

Forma de deficiencia mental con retraso del desarrollo esquelético debida a la ausencia o la insuficiencia de secreción de la glándula tiroides (*v.* **endocrino, sistema**, § 2). Se distingue un cretinismo *esporádico*, llamado también *mixedema congénito*, cuando, por causas aún desconocidas, falta la tiroides desde el nacimiento, y un cretinismo *endémico* debido a una disfunción de la tiroides que se agranda o se achica. El cretinismo se manifiesta en el curso de los primeros seis meses de vida con apatía, falta de risa y de llanto, dificultad para la alimentación, protrusión de la lengua y del arco dentario, dificultades posturales, retraso en la deambulación y en el lenguaje. En el plano psicológico la ideación es lenta, el espíritu de iniciativa reducido, la capacidad de atracción dificultosa y el discernimiento es insuficiente aun para realizar trabajos de escasa dificultad. En el plano emotivo el sujeto manifiesta una discreta capacidad afectiva, sobre todo hacia las personas que lo rodean, mientras en los casos más graves la pulsión sexual es tenue o nula.

BIBLIOGRAFÍA: Benda, C. (1949).

Creutzfeldt-Jakob, enfermedad de
v. DEMENCIA § II, 2, c.

criminal, psicología
v. PSICOLOGÍA FORENSE, § 2.

criminalidad
v. DELINCUENCIA.

criptoestesia
v. PARAPSICOLOGÍA, § 1.

criptomnesia
v. MEMORIA, § 8, a.

crisis (al. *Krisis*; fr. *crise*; ingl. *crisis*; it. *crisi*)

Término de origen griego (de κρίνω, elijo, discierno, discrimino, separo, decido) presente en la medicina hipocrática para indicar un punto decisivo de cambio que se presenta durante una enfermedad en el que generalmente se resuelve su curso en sentido favorable o desfavorable. En el ámbito psicológico se refiere a un momento de la vida caracterizado por la ruptura del equilibrio anteriormente adquirido y por la necesidad de transformar los esquemas acostumbrados de comportamiento que ya no son adecuados para afrontar la situación presente. K. Jaspers define la crisis como un punto de pasaje donde "todo sufre un cambio súbito del que el individuo sale transformado, dando origen a una nueva resolución, o yendo hacia la decadencia. La historia de la vida no sigue el curso uniforme del tiempo; estructura el propio tiempo cualitativamente, impulsa el desarrollo de las experiencias al extremo de hacer inevitable la decisión" (1913-1959: 748).

En psicología clínica se identifican las *crisis evolutivas* o de desarrollo, intrínsecamente vinculadas al crecimiento de cada individuo, como

la adolescencia, la madurez, la menopausia, la senectud y semejantes, y las *crisis accidentales*, como una enfermedad grave, la pérdida de una persona querida, o un cambio repentino en el trabajo. Las primeras, relacionadas con etapas biológicas específicas, asumen un valor diferente según el contexto cultural en el que se presentan. Así la adolescencia, como paso de la infancia a la edad adulta, de la dependencia a la autonomía, suele vivirse entre nosotros de manera conflictiva y prolongada, mientras en el marco de otras culturas no representa necesariamente un momento problemático. Las segundas se refieren, en cambio, a todas las situaciones de la vida cuya imprevista irrupción puede amenazar el equilibrio psicológico que alcanzó el individuo. L. Rapaport identificó tres condiciones que, asociadas entre sí, son capaces de provocar un estado de crisis: 1] un suceso imprevisto; 2] una conexión entre este acontecimiento y anteriores tensiones que habían ya determinado una situación conflictiva en el sujeto; 3] la incapacidad de la persona para hacer frente a la crisis de manera adecuada sirviéndose de sus mecanismos acostumbrados. Además se describieron las características más importantes del estado de crisis, entre ellas: 1] un estado de máxima apertura al cambio, hacia una solución positiva o negativa; 2] una duración limitada; 3] un cambio tanto en el nivel afectivo como en el cognoscitivo; 4] un "reproponer" si no se resuelve o si se encuentra una solución inadecuada. Se habla de *intervención en caso de crisis* para referirse a una forma de tratamiento psicológico de breve duración, orientada a proporcionar un apoyo o una guía al individuo, para prevenir las posibles consecuencias nocivas y crear las condiciones de un crecimiento del sujeto mediante la elaboración de nuevas modalidades para enfrentar los problemas modificados por la imprevista llegada del "acontecimiento crítico".

BIBLIOGRAFÍA: Caplan, G. (1964); Ewing, C.P. (1978); Jaspers, K. (1913-1959); Rapaport, L. (1962).

criterio (al. *Kriterium*; fr. *critère*; ingl. *criterion*; it. *criterio*)

Rasgo o característica adoptada como parámetro para juzgar un objeto o una persona. El criterio no satisface la exigencia lógica de la condición necesaria y suficiente sino que manifiesta una indicación contingente y en general confiable. L. Wittgenstein estableció que la conexión entre el criterio y lo que éste indica es de tipo lógico pero incompleta, porque su satisfacción no implica la presencia de aquello que el criterio indica y todavía no la descarta lógicamente. Así el comportamiento es una prueba no plenamente concluyente para juzgar que el sujeto está en cierto estado mental, por lo que se puede decir que la adopción de un criterio y su relación con lo que indica es un vínculo de *confirmación*, y no de *implicación*.

BIBLIOGRAFÍA: Wittgenstein, L. (1953).

crítica, capacidad (al. *Kritikfähigkeit*; fr. *aptitude critique*; ingl. *criticism*; it. *capacità critica*)

Capacidad para examinar una situación, elaborar juicios y asumir, en consecuencia, una posición personal en mérito. Tal capacidad constituye el fundamento de una actitud responsable respecto a las experiencias y relativamente autónoma respecto a los condicionamientos ambientales. Entre las formas de crítica que pueden utilizarse de manera muy diferenciada incluso por parte del mismo individuo se suele identificar: la crítica objetiva, basada en razonamientos considerados válidos por la mayor parte de los individuos; la crítica personal, fundada en las propias opiniones y convicciones, que reflejan la visión del mundo de quien las emite; la **autocrítica** (*v.*), que requiere la capacidad de distanciarse de las experiencias inmediatas propias para poder analizarlas. Se habla de *manía crítica* a propósito de la necesidad de destruir cualquier situación o persona. Esto se interpreta como una defensa frente al mundo externo o como una carencia de autocrítica. Cuando está dirigida hacia las propias experiencias, la manía crítica es indicadora de una profunda falta de confianza en sí mismo, frecuente en los estados depresivos (*v.* **autoacusación**).

cromatofobia (al. *Chromatophobie*; fr. *chromatophobie*; ingl. *chromatophobia*; it. *cromatofobia*)

Indica una **fobia** (*v.*) respecto a uno o más colores que, por el valor emotivo-simbólico

que éstos poseen (*v.* **color**, § 4), se remonta a experiencias psíquicas que el sujeto teme o rechaza.

cromofobia
v. CROMATOFOBIA.

cromosoma
v. GENÉTICA, § 2.

Cronbach, test de
v. PSICOLOGÍA DEL TRABAJO, § 5.

crónico
v. AGUDO-CRÓNICO.

cruda o resaca (ingl. *hangover*)

En varias lenguas se utiliza la expresión inglesa *hangover* para indicar el síndrome de "el día siguiente", es decir el efecto que sigue a una excesiva ingestión de alcohol o de sedantes. Los síntomas de la cruda incluyen náuseas, vómito, cefalea e hiperexcitabilidad.

CSPDT (Crawford small parts dexterity test)
v. ACTITUD, § 3.

ctónico (al. *Chthonisch*; fr. *chtonien*; ingl. *chthonic*; it. *ctonio*)

Del griego χθών, tierra, el adjetivo lo utiliza C.G. Jung para indicar los aspectos más profundos de la psique que él llama **arquetipos** (*v.*), y a propósito de los cuales dice que "son verdaderamente la parte *ctónica* del alma, esa parte por la que ésta está aferrada a la naturaleza, o donde por lo menos aparece de manera más comprensible su vínculo con la tierra y el mundo. En estas imágenes primordiales se nos presenta clarísimo el efecto psíquico de la tierra y de sus leyes" (1927-1931: 55). También son llamadas ctónicas las imágenes de serpientes o de dragones que aparecen en los sueños, en los mitos y en las fábulas, adoptadas como expresiones de los aspectos más arcaicos y subterráneos del inconsciente.

BIBLIOGRAFÍA: Jung, C.G. (1927-1931).

cuadrado de los colores
v. COLOR.

cualidad (al. *Qualität*; fr. *qualité*; ingl. *quality*; it. *qualità*)

Categoría que hace referencia a las determinaciones que es necesario enunciar para referir la *modalidad* con la que se presenta una cosa. Para Aristóteles tiene cuatro especificaciones: disposiciones y hábitos, capacidades e incapacidades, características perceptibles con los sentidos, como colores, sabores, olores, figura y forma geométrica. Esta taxonomía permanece constante durante la Edad Media, cuando la escolástica define la calidad *esse secundum quid*. R. Descartes toma sólo la tercera de las especificaciones aristotélicas: las características que se obtienen con los sentidos, pero a las que niega la realidad objetiva, por atribuirles sólo un carácter subjetivo, en términos de que colores, olores, sonidos tienen su sede sólo en quien los siente y no en las cosas, que deben considerarse exclusivamente desde un punto de vista cuantitativo. De esta manera se despide del universo que el mundo antiguo y medieval habían descrito en términos cualitativos, para entrar a un universo cuantitativo mensurable y calculable. Una de las primeras tareas que asumió la ciencia moderna, en efecto, fue la de traducir todas las cualidades en cantidades. Cuando esta operación se adopta en psicología, se pasa de la **psicología filosófica** (*v.*) a la **experimental** (*v.*) o científica, pero sigue en pie el problema de si la orientación exclusivamente cuantitativa logra o no describir a lo psíquico. Al respecto es posible distinguir tres posiciones:

1] LA PSICOLOGÍA EXPERIMENTAL. Iniciada con la **psicofísica** (*v.*) de G.T. Fechner y las sucesivas investigaciones de W. Wundt (*v.* **elementarismo**), la psicología experimental identificó en el estímulo físico cuantificable y mensurable la unidad de medida de lo psíquico (*v.* **Weber-Fechner**, **ley de**), decretando que las cualidades psíquicas se prestaban a un tratamiento cuantitativo y, por lo tanto, científico. La conmensurabilidad de los dos órdenes representó para la psicología una ganancia en términos de precisión y de observación, pero una pérdida en términos de descripciones de la experiencia subjetiva y de las variaciones perceptivas frente al mismo estímulo.

2] LA PSICOLOGÍA FENOMENOLÓGICA. A partir de la consideración de que referirse sólo al estímulo es restrictivo y, en todo caso, insuficiente para darse cuenta del valor y del significado que el hecho perceptivo asume para el sujeto, niega la superponibilidad de la realidad física y la perceptiva, volviendo a conferir a la cualidad un nuevo valor noseológico en un espacio disciplinario que niega a las ciencias experimentales la capacidad de interpretar en forma exhaustiva el mundo psíquico (*v.* **fenomenología**).

3] LA PSICOLOGÍA DE LO PROFUNDO. La psicología de lo profundo, aunque se sirve de modelos cuantitativos, como el de la energía psíquica o **libido** (*v.*), trata sus manifestaciones en términos cualitativos a partir de la distinción entre consciente e inconsciente, y comprueba, con S. Freud, que la actividad del sistema nervioso, aunque puede tratarse en términos puramente cuantitativos, también presenta diferencias cualitativas que se observan en los diferentes sujetos, cada uno de los cuales tiene su propia dinámica psíquica que sólo puede describirse en términos cualitativos a partir de la especificidad de los conflictos individuales. Entre las pruebas experimentales adoptadas en este campo se deben recordar las **asociaciones** (*v.*) verbales de C.G. Jung, en las que se registra una variedad de respuestas cualitativamente diferentes frente a la misma palabra estímulo.

BIBLIOGRAFÍA: Aristóteles (1973); Descartes, R. (1641); Fechner, G.T. (1860); Freud, S. (1895); Jung, C.G. (1904); Kant, I. (1781); Merleau-Ponty, M. (1945); Wundt, W. (1896).

cuantificación
v. PSICOMETRÍA.

cuantil (al. *Quantil*; fr. *quantile*; ingl. *quantile*; it. *quantile*)

Término estadístico que designa los parámetros de posición que subdividen en partes iguales a un conjunto de valores ordenados según un criterio asumido con anterioridad. Son tanto los *centiles* que dividen el conjunto de los datos en cien grupos de igual número como los *deciles* que lo dividen en diez, y los *quintiles* que los dividen en cinco. Como ejemplo: si la media es el cuartil central que divide la frecuencia en cuatro grupos iguales, tendremos un primer cuartil en el punto a cuya izquierda se expresa 25% del total de los datos y a cuya derecha se expresa el 75% restante. En forma análoga se pueden definir el segundo y el tercer cuartil. Siempre con referencia a la media, ésta coincide con el segundo cuartil, con el quinto decil o con el quincuagésimo centil.

cuantización
v. CUANTO.

cuanto (al. *Quantum*; fr. *quantum*; ingl. *quantum*; it. *quanto*)

Valor menor en el que es físicamente divisible una entidad cuantificable. El término se acuñó en la física moderna en relación con fenómenos como la energía, la radiación, la luz, la acción, cuya transmisión se consideraba continua en la física clásica, mientras la teoría cuántica plantea la discontinuidad, con la consiguiente transmisión en cuantos separados. *Cuantización* es la operación que transforma señales continuas en señales discretas, como en el caso de los modelos bidimensionales de imágenes disueltas en líneas y después en puntos de imágenes (cuanto de información), para ser compuestas de nuevo por el receptor en un complejo bidimensional.

En el psicoanálisis S. Freud postuló la existencia de "cuantos de energía psíquica" generados en el ello y después vinculados a las estructuras mentales que constituyen el yo. Con esta acepción la bibliografía psicoanalítica habla de "cuanto de afecto" y "cuanto de libido", a los que asignan un valor puramente especulativo, ya que no se dispone de ningún medio para medir la energía psíquica.

BIBLIOGRAFÍA: Freud, S. (1895).

cuartil
v. CUANTIL.

cuaternidad (al. *Vierheit*; fr. *quaternité*; ingl. *quaternity*; it. *quaternità*)

Dimensión simbólica que asumió C.G. Jung como fundamento arquetípico de la psique humana en la que se manifiesta "la totalidad de los procesos conscientes e inconscientes" (1921: 477). La cuaternidad es la base de: 1] la interpretación junguiana de las metáforas alquímicas (*v.* **alquimia**), donde la transformación de lo inferior a lo superior recorre el orden cuaternario del negro, blanco, rojo y oro; 2] la tipología psicológica (*v.* **tipología**, § 2) determinada por la disposición de las cuatro funciones: pensamiento, sentimiento, intuición y sensación; 3] el simbolismo religioso, donde la Trinidad de la tradición cristiana se vuelve a formular en la cuaternidad que se obtiene dándole consistencia ontológica al **mal** (*v.*), que no sólo sería "*privatio boni*", como pretende la tradición cristiana, sino una realidad que tiene en el diablo su personificación iconográfica y en la **sombra** (*v.*) individual y colectiva su correspondencia psicológica. Estas y otras referencias de orden histórico, mitológico, esotérico y onírico permiten a Jung decir que "cuaternidad es un símbolo del sí mismo" (1942-1948: 184), o sea de la totalidad psíquica (*v.* **psicología analítica**, § 4).

BIBLIOGRAFÍA: Jung, C.G. (1921); Jung, C.G. (1942-1948); Jung, C.G. (1944).

cubo, test del (al. *Würfel Test*; fr. *test du cube*; ingl. *cube test*; it. *test del cubo*)

Reactivo mental que sirve, según la versión adoptada, para medir la memoria, la inteligencia y la percepción. Al respecto se pueden mencionar: 1] los *cubos de Knox*, un reactivo de la memoria que se evidencia haciendo golpear al sujeto, según esquemas cada vez más complejos, cuatro cubos dispuestos en fila. Por tratarse de un test de ejecución puede utilizarse también con sujetos sordos o mudos; 2] los *cubos de Kohs*, un reactivo de la inteligencia que se evidencia formando, con cubos cuyas caras están pintadas de diferentes colores, determinados diseños, según modelos de creciente complejidad. Se emplea en la escala **Wechsler-Bellevue** (*v.*) para la medición del coeficiente de inteligencia (CI), y en la escala de **Alexander** (*v.*) para la medición de la inteligencia práctica (CIP). En el ámbito clínico el test se usa en el estudio de la **angustia** (*v.*) visoespacial; 3] el *cubo de Necker*, un reactivo de la percepción que permite, por ejemplo, medir la resistencia del sujeto a invertir el cubo cuando el lado opacado es el que está apoyado en la superficie.

BIBLIOGRAFÍA: Anastasi, A. (1954); Meili, R. (1955); Robb, G.P., L.C. Bernardoni y R.W. Johnson (1972).

cue

Término inglés utilizado en tres acepciones: 1] en la *psicología de la memoria*. M.J. Watkins y J.M. Gardiner llaman *cue* (pista) al indicio que permite recordar una secuencia de reactivos (*v.* **reactivo**) que tienen alguna relación con él, aunque sea accidental, como por ejemplo la longitud de una lista de nombres, el contexto en el que se presentó, la reacción emotiva del sujeto y demás; 2] en la *psicología del comportamiento* J. Dollard y N.E. Miller llaman *cue* al estímulo diferenciado que provoca una respuesta que varía de acuerdo con la experiencia individual (*v.* **personalidad**, § 4); 3] en *neuropsicología* D.O. Hebb distingue en los estímulos sensoriales la *cue function* (función clave), que es la función directiva que guía el comportamiento, y la *arousal function* que es la función del estado de alerta o **activación** (*v.*), sin la cual la primera no puede existir.

BIBLIOGRAFÍA: Dollard, J. y N.E. Miller (1950); Hebb, D.O. (1958); Watkins, M.J. y J.M. Gardiner (1982).

cuento (al. *Märchen*; fr. *conte*; ingl. *story*; it. *fiaba*)

Narración en la que se proyectan los deseos más profundos, que son realizados en los cuentos, y las ansiedades más secretas son superadas. En el ámbito pedagógico se suelen distinguir la fábula del cuento porque aquélla tiene una función moralista y de precepto, y los acontecimientos narrados sirven para subrayar los castigos a los que se enfrenta quien quebranta las reglas sociales, morales y religiosas de las que la narración se hace portavoz, mientras el *cuento* destaca y favorece la afirmación individual, y por consiguiente la divergencia y la autodeterminación, contra los valores colectivos de obediencia y de normatividad propios de la fábula. Los defensores del cuento consideran positivo narrar historias en las que el protagonista, con el que el niño se identifica, al final triunfa, porque la frágil personalidad infantil encuentra una compensación a sus estados depresivos y de miedo. Esto sobre todo –afirman los psicoanalistas– porque las situaciones de los cuentos remiten simbólicamente a las ansiedades, los miedos y las angustias infantiles que en la narración encuentran una solución positiva y tranquilizante. Los defensores de los cuentos se oponen, obviamente, al uso de las fábulas, en las que identifican más elementos que acrecientan los miedos y las ansiedades infantiles.

En el ámbito de la psicología analítica los cuentos, escribe M.L. von Franz, "son la expresión más pura y simple de los procesos psíquicos del inconsciente colectivo. Para la investigación científica del inconsciente, por lo tanto, valen más que cualquier otro material. Los cuentos representan los arquetipos en la forma más simple, más genuina y concisa. En esta forma tan pura las imágenes arquetípicas nos ofrecen los mejores indicios para comprender los procesos que se desarrollan en la psique colectiva. Mientras en los mitos, en las leyendas, o en cualquier otro material mitológico más elaborado descubrimos los modelos fundamentales de la psique humana investidos de elementos culturales, en los cuentos el material cultural específicamente consciente está presente en mucho menor medida; éstos reflejan entonces, con más claridad, los modelos fundamentales de la psique" (1969: 1). Los cuentos se utilizan en los tests proyectivos, como en el caso del reactivo que elaboró L. Düss en el ámbito del psicoanálisis infantil, que consiste en comenzar un cuento dejando al niño la conclusión que, oportunamente interpretada, permite la identificación de los rasgos patológicos y sintomáticos, o de problemáticas profundas.

BIBLIOGRAFÍA: Di Lorenzo, S. (1980); Düss, L. (1950); Koch Candela, M.C. (1988); Propp, V.J. (1928); (1946); Von Franz, M.L. (1969); Von Franz, M.L. (1971).

cuerpo (al. *Körper, Leib*; fr. *corps*; ingl. *body*; it. *corpo*)

El cuerpo es el campo de todos los acontecimientos psíquicos. A esta concepción se llegó después que la psicología inició su emancipación del ámbito filosófico, en el que estaba incluida, intentando reunir el nexo soma-psique que la filosofía había separado en la Antigüedad con el dualismo platónico, y en la edad moderna con la dicotomía cartesiana entre *res extensa* y *res cogitans* (v. **dualismo psicofísico**), que L. Binswanger considera "el cáncer de toda psicología" (1946: 22). Los puntos salientes para la superación de este dualismo son: 1] la elaboración del esquema corporal; 2] la teoría freudiana de las pulsiones; 3] la diferenciación fenomenológica entre cuerpo y organismo; 4] la concepción bioenergética; 5] la tipología constitucionalista.

1] EL ESQUEMA CORPORAL. En este ámbito los estudios más significativos los llevó a cabo P. Schilder, quien escribe: "Con la expresión 'imagen del cuerpo humano' entendemos el cuadro mental que hacemos de nuestro cuerpo, es decir la forma en que el cuerpo aparece a nosotros mismos. Recibimos sensaciones, vemos partes de la superficie de nuestro cuerpo, tenemos impresiones táctiles, térmicas, dolorosas, sensaciones que indican las deformaciones del músculo provenientes de la musculatura y de las cubiertas musculares, sensaciones provenientes de las inervaciones musculares y sensaciones de origen visceral. Pero más allá de todo esto está la experiencia inmediata de la existencia de una unidad corporal, que, si es verdad que es percibida, por otra parte es algo más que una percepción: la

definimos como *esquema de nuestro cuerpo* o *esquema corporal*, o bien, siguiendo la concepción de Head, quien subraya la importancia del conocimiento de la posición del cuerpo, *modelo postural del cuerpo*. El esquema corporal es la imagen tridimensional que cada uno tiene de sí mismo; podemos también definirlo como *imagen corporal*. Este término indica que no se trata simplemente de una sensación o de una imagen mental, sino que el cuerpo asume cierto aspecto incluso respecto a sí mismo; eso implica, además, que la imagen no es simplemente percepción, si bien nos llega a través de los sentidos, sino que conlleva esquemas y representaciones mentales, sin ser simplemente una representación" (1935-1950: 35).

El esquema corporal, por lo tanto, no sólo es el resultado de sensaciones y percepciones, sino también una *construcción* que el sujeto se hace mediante las representaciones que tiene de su propio cuerpo, en cuya elaboración participan los elementos libidinales y la sociología de las imágenes corporales. *El elemento libidinal* acentúa, por ejemplo, la importancia de las zonas erógenas, traduce en síntomas corporales procesos psíquicos, se modifica basándose en la presencia del dolor o del placer, desencadena procesos de hipocondría, histeria, despersonalización, que modifican la imagen del propio cuerpo, se conjuga con el narcisismo acentuando la erotización, etc. *El elemento social* participa en la construcción de la propia imagen corporal mediante los procesos de **identificación** (*v.*) y de **imitación** (*v.*), los modelos culturalmente propuestos, la comparación entre la propia imagen corporal y las de los demás, por lo que, como escribe Schilder, "no actuamos simplemente como un aparato perceptivo, sino que siempre hay personalidad que *siente* la percepción [...] por lo que espero demostrar que el modelo postural de nuestro cuerpo es una continua actividad interna de *autoconstrucción* y *autodestrucción*, que vive sin dejar de diferenciarse e integrarse" (1935-1950: 40).

Junto a la tendencia que lleva a unificar las partes del cuerpo en la unidad que después la imagen corporal se encarga de manifestar, está también la que lleva a destruir tales imágenes, personificando cada una de las partes y proyectándolas fuera de sí como fantasmas. Es la experiencia de la *disociación* (*v.* **escisión**, § I), donde ya no es posible reconocer la relación entre las partes y la totalidad del cuerpo, donde se borran las fronteras que delimitan nuestro cuerpo, distinguiéndolo del mundo. Con este propósito G. Pankow escribe que "las estructuras fundamentales del orden simbólico, que aparecen en el lenguaje y que abarcan la experiencia primaria del cuerpo, simplemente son deformadas en la neurosis, y son destruidas en la psicosis" (1969: 7), por lo que si la imagen es el modelo original de la dialéctica entre las partes y la totalidad y entre yo y el mundo, "una intervención psicoterapéutica tiene éxito cuando se llega a reintegrar la parte rechazada, excluida de cualquier contexto, a la unidad del cuerpo, y a restablecer el orden de este cuerpo sin el cual el enfermo no puede entrar en el orden de su historia" (1969: 201). Pero para eso es necesario conducir al paciente al reconocimiento de los *límites* del propio cuerpo, porque sólo viviéndose como limitado podrá encontrar un *mundo* como no-yo y, en el mundo, el *otro* como no idéntico a sí mismo, por lo que "si, en el nivel neurótico, psicoanalizar significa *echar a andar de nuevo* una dinámica inmovilizada procediendo mediante cadenas asociativas reprimidas pero existentes, en el nivel psicológico se trata de *fijar* en un vínculo estructural el absoluto heterogéneo, y si es necesario *insertar* lo que probablemente no llegó nunca a la existencia" (1969: 56).

2] LA TEORÍA FREUDIANA DE LAS PULSIONES. Ésta ve en el cuerpo la fuente de las representaciones de las que se alimenta la psique, y en ese sentido Freud escribe: "Una pulsión se distingue de un estímulo, pues, en que proviene de fuentes de estímulo situados en el interior del cuerpo, actúa como una fuerza constante y la persona no puede sustraérsele mediante la huida, como es posible en el caso del estímulo externo. En la pulsión pueden distinguirse fuente, objeto y meta. La fuente es un estado de excitación en lo corporal; la meta, la cancelación de esa excitación, y en el camino que va de la fuente a la meta la pulsión adquiere eficacia psíquica. La presentamos como cierto monto de energía que esfuerza en determinada dirección. De este esforzar recibe su nombre: pulsión. Se habla de pulsiones activas y pasivas; más correctamente debería decirse: metas pulsionales activas y pasivas; también para alcanzar una meta pasiva se re-

quiere un gasto de actividad. La meta puede alcanzarse en el cuerpo propio, pero por regla general se interpone un objeto exterior en que la pulsión logra su meta externa; su meta interna sigue siendo en todos los casos la alteración del cuerpo sentida como satisfacción. No hemos podido aclararnos si la pertenencia a la fuente somática presta a la pulsión una especificiada, ni cuál sería esta (1932 [1976: 89]). A partir de esta conjetura Freud elabora el concepto de **solicitación** (*v.*, § 2) *somática* para indicar la disponibilidad del cuerpo a volverse objeto de **conversión** (*v.*), es decir de trasposición de un conflicto psíquico a síntoma somático (*v.* **psicosomática**).

3] LA DIFERENCIACIÓN FENOMENOLÓGICA ENTRE CUERPO Y ORGANISMO. Se reveló, en su instrumentación teórica, como la más idónea para superar el dualismo cartesiano, a partir de la observación de E. Husserl: "Entre los cuerpos de esta naturaleza yo encuentro mi cuerpo en su peculiaridad única, es decir como el único que no es un simple cuerpo físico (*Körper*), sino cuerpo viviente (*Leib*)" (1931: 107). Así se establece la diferenciación entre el cuerpo objetivado de la ciencia, que se ofrece a la indagación anatómica y fisiológica (*Körper*), y el cuerpo propio tal como es vivido concretamente y experimentado por la existencia (*Leib*), al que sólo se le reconoce relevancia psíquica. En efecto, "mi cuerpo", que conozco en la multiplicidad de las experiencias cotidianas, se revela como lo que me inserta en un mundo, es decir aquello gracias a lo cual existe para mí un mundo, mientras el "cuerpo-cosa" (*Körperding*) ilustrado en los libros de anatomía y fisiología no es otra realidad, sino la misma pero presente en otra *modalidad*, en la modalidad objetivante de la ciencia. En el primer caso tengo presente mi cuerpo porque lo *soy* y con éste me "intenciono" en el mundo, en el segundo tengo presente mi cuerpo porque lo *veo*, porque, en el horizonte de la presencia, con él que siempre coincido porque de otra manera no estaría en el mundo, experimento mi cuerpo como mi *extrañeidad*. De estas premisas husserlianas nacería la psiquiatría de orientación fenomenológica o **análisis existencial** (*v.*), en el que se examinarán las modalidades con las que el "propio cuerpo" se espacializa, se temporaliza, se mundaniza, creando las experiencias (*Erleb-*

nisse) de un espacio no geométrico, de un tiempo no cronológico, de un mundo visualizado según las modalidades de la propia existencia (*Dasien*) y de la propia coexistencia (*Mitdasein*). La psiquiatría fenomenológica, al sustituir la tradicional relación "alma-cuerpo" con la relación "cuerpo-mundo", en la que el cuerpo es reconocido como una original apertura e intencionalidad hacia el mundo, logra interpretar las disfunciones patológicas como formas especiales de estructurar la propia presencia en el mundo, que tiene en el cuerpo su primer anclaje. Al disentir de las premisas y los desarrollos de estas impostaciones fenomenológicas, J.P. Sartre escribe que el "cuerpo es el objeto psíquico por excelencia, el único objeto psíquico" (1943: 429).

4] LA CONCEPCIÓN BIOENERGÉTICA, que elaboró W. Reich y desarrolló A. Lowen, conjetura una identidad funcional entre tensión muscular y bloqueo emotivo, que se manifiesta tanto en la estructura corporal como en el carácter (*v.* **bioenergética** y **carácter**, § 3, *c-d*).

5] LA TIPOLOGÍA CONSTITUCIONALISTA estableció, con E. Kretschmer, una correspondencia entre indicadores morfológicos del cuerpo humano (*v.* **genética**, § 3) y determinadas características de la personalidad, válidas tanto para individuos normales como psicóticos, con diferencias sólo cuantitativas (*v.* **tipología**, § 1).

6] TRASTORNOS DE LA PERCEPCIÓN CORPORAL. Se enumeran en las voces **cenestesia** (*v.*) y **somatoagnosia** (*v.*).

BIBLIOGRAFÍA: Alexander, F. (1950); Ammon, G. (1974); Bernard, M. (1972); Binswanger, L. (1946); Fenichel, O. (1945); Freud, S. (1932); Galimberti, U. (1983); Husserl, E. (1931); Lowen, A. (1958); Melchiorre, V. (1987); Merleau-Ponty, M. (1945); Pankow, G. (1969); Pasini, W. (1982); Reich, W. (1933); Sartre, J.-P. (1943); Schilder, P. (1935-1950); Weiss, E. y O.S. (1949).

cuerpo calloso
v. HEMISFERIO CEREBRAL.

cuerpo estriado
v. ENCÉFALO, § 1, *c*.

cuestionario (al. *Fragebogen*; fr. *questionnaire*; ingl. *questionnaire*; it. *questionario*)

Secuencia preestablecida de preguntas utilizadas en los sondeos de opinión, en el estudio de la personalidad y en la observación psicodiagnóstica. Respecto a la **entrevista** (*v.*) abierta o estructurada, el cuestionario permite evitar algunos factores que vuelven más compleja la evaluación comparada de las respuestas, como el involucramiento emotivo del experimentador, las respuestas imprevistas que exigen una repentina adaptación de las nuevas preguntas, las respuestas que se salen del campo de interés de la entrevista. El cuestionario puede ser *de respuestas cerradas* o *de respuestas abiertas*: el primero prevé la elección forzosa entre dos o más respuestas preestablecidas, que pueden evaluarse sobre la base de un protocolo de valores asignados a cada una de ellas; el segundo permite al sujeto expresar respuestas autónomas, y en este caso la evaluación de los resultados se vuelve más compleja porque es más rica en información.

A fin de que el cuestionario sea idóneo para proporcionar informaciones importantes en el ámbito que se intenta investigar es necesario que quienes se encargan de su elaboración tengan una gran experiencia, un profundo conocimiento de los problemas metodológicos vinculados a la elaboración de los "estímulos estandarizados" que son las preguntas, una considerable habilidad discursiva que permita el pleno control de la estructura de las preguntas con el fin de evitar formulaciones ambiguas y tendenciosas, que después hacen difícil precisar el grado de dificultad y de correspondencia. Para evitar la manipulación de las respuestas por parte de quienes se someten al cuestionario se oculta el objetivo del mismo, se organizan las preguntas de tal forma que la relación existente entre ellas pueda comprobar de alguna manera la sinceridad de las respuestas proporcionadas, se da la impresión de que se está examinando un aspecto de las capacidades que no corresponde a las efectivamente consideradas.

El cuestionario se utiliza en los *sondeos de opinión* (*v.* **opinión**), en los tests psicológicos y de aptitud para la selección de personal (*v.* **selección**, § 4) y en el *estudio de la personalidad*. En el primer caso prevé aplicaciones alternadas, más o menos distantes en el tiempo, para evaluar actitudes explícitas o implícitas, prejuicios, estereotipos, mediante preguntas y respuestas a las que se asignó determinado puntaje. Entre aquéllos recordamos el *modelo Lickert*, que presenta una serie de aseveraciones relacionadas con cierto tipo de actitud, con una escala de puntos que permite medir la proximidad o el alejamiento de la posición estandarizada, y el *modelo Guttmann*, que mide las expectativas y las posibles actitudes que podrán asumir los sujetos que revelan determinada posición en las respuestas a las preguntas.

En los cuestionarios para el estudio de la personalidad se suelen adoptar dos tipos de escalas: las *teóricas*, cuya preparación se relaciona con una teoría preliminar, dentro de la cual se colocará la actitud de la persona examinada, como en el caso del EPI (*v.*) (Eysenck Personality Inventory), preparado con base en la teoría de la personalidad que elaboró H.J. Eysenck, o las *empíricas*, diseñadas después de haber examinado a dos grupos heterogéneos de sujetos, como en el caso del MMPI (*v.*) (Minnesota Multiphasic Personality Inventory), en el que se examinan los rasgos patológicos de la personalidad mediante la comparación entre las respuestas de los sujetos examinados y las de los pacientes afectados por diferentes trastornos mentales.

Se han expresado reservas sobre la neutralidad y la objetividad de estos procedimientos, en especial en el ámbito psicodiagnóstico, donde existe el riesgo de la generalización y del condicionamiento que la estructura de la pregunta produce en la respuesta. Otra objeción se refiere a la interpretación cuantitativa de los resultados obtenidos, que si bien por una parte permiten la ponderabilidad, por la otra presentan el peligro de la convalidación, con la consiguiente exclusión de las variables individuales que en el ámbito psicológico constituyen la particularidad de la investigación.

BIBLIOGRAFÍA: Anastasi, A. (1954); Calvi, G. (1972); Eysenck, H.J. (1952); Oppenheim, A. (1966); Trentini, G. (coord.) (1980); Tyler, L.E. (1972).

culpa (al. *Schuld*; fr. *culpabilité*; ingl. *guilt*; it. *colpa*)

Término de origen jurídico utilizado para indicar la infracción involuntaria de una norma, en contraposición a la comisión de un delito (*dolus*) que es una infracción voluntaria y proyectada. I. Kant la define así: "Una trasgresión involuntaria pero imputable se llama culpa; una trasgresión voluntaria (es decir unida con la conciencia de que se trata precisamente de una trasgresión) se llama delito" (1797: 400).

1] FILOSOFÍA: LA CULPA COMO CONDICIÓN ONTOLÓGICA DE LA EXISTENCIA. M. Heidegger elevó la culpa a condición original e inextricable de la existencia humana, en el sentido que si al hombre se le puede imputar culpa, quiere decir que la posibilidad de ser culpable pertenece a su esencia: "Este-ser culpable constituye la condición ontológica de la posibilidad del ser-ahí de poder, existiendo, volverse culpable. Este ser-culpable esencial es cooriginariamente la condición existencial de la posibilidad del bien y del mal 'moral', es decir de la moralidad en general y de la posibilidad de sus modificaciones particulares. El ser-culpable original no puede ser determinado con base en la moralidad porque ésta la presupone como tal" (1927: 424-425). El concepto heideggeriano de culpa está vinculado a un "no": el *no* poderse comprender del hombre el "dónde", pues es "arrojado" al mundo con miras a un "proyecto" que, para realizarse, requiere no proyectarse en otras posibilidades. La culpa se arraiga, por lo tanto en la falta de fundamento de la existencia: "Por ser-culpable el ser-ahí no tiene necesidad de echarse una 'culpa' mediante acciones u omisiones; éste no puede más que ser auténticamente el 'culpable' que, por el hecho de ser, es" (1927: 426).

La imposibilidad de eliminar la culpa y su pertenencia originaria a la naturaleza humana vuelven también con K. Jaspers, quien clasifica la culpa entre las situaciones-límite de la existencia: "En mi situación soy responsable de lo que sucede por no intervenir, y si no hago lo que puedo hacer me vuelvo culpable de las consecuencias que se derivan de mi abstención. Por eso, tanto la acción como la no-acción implican consecuencias, por lo que en todo caso soy inevitablemente culpable. En esta situación-límite me vuelvo conscientemente responsable de lo que sucede, sin que yo lo haya querido. Si quien actúa conoce estas consecuencias se vuelve inseguro porque, al actuar, pensaba en otras consecuencias. En la situación-límite se siente *responsable* de su acción.

Responsabilidad significa estar dispuesto a asumir las culpas. De esta manera la existencia, manifestándose, se encuentra inmediatamente bajo una presión inexpugnable" (1933: 725-726). La culpa, que junto con la **angustia** (v., § 1) se considera expresión ontológica de la condición humana, vinculada al sentimiento de separación de una unidad original, se activa, en opinión de Jaspers, cada vez que el sujeto abandona cierta forma de seguridad con la duda de no poder volver a encontrarla (v. **psicología social**, § 2).

2] PSIQUIATRÍA: LA CULPA COMO RASGO CONSTITUTIVO DE LA DEPRESIÓN. Las contribuciones de Heidegger y de Jaspers dieron frutos en la orientación fenomenológica de la psiquiatría, que en la experiencia de la culpa encontró uno de los motivos de la depresión endógena, cuyo cuadro delinea así E. Borgna: "Las expresiones de culpa depresivas se pueden dividir en culpa *moral* (cuando se tiene la conciencia de haber violado normas fundamentales en instancias comunes al contexto social y cultural en el que se vive); culpa *religiosa* (cuando se tiene conciencia de no haber respetado normas vinculadas a los contextos de la fe en la que se cree), y culpa *existencial* (cuando el vivir se siente como fuente de culpa insostenible)" (1988: 135). La fenomenología de la culpa, que está en el centro de la condición depresiva, se deja explicar en términos heideggerianos basándose en la sensación de cerrazón hacia el futuro que hace del pasado –en el que se cometió la culpa presunta o real– un tiempo intraspasable y, por lo tanto, absoluto: "La culpa –sigue escribiendo Borgna– no se cancela, por consiguiente de la conciencia melancólica; se vuelve acontecimiento que se instaura, de una vez por todas, en la historicidad de los sucesos del paciente; en la medida en que se desvanece toda esperanza en el rescate de la culpa y desaparece del horizonte temporal la dimensión del futuro, la única que permite superar (sobrepasar) los acontecimientos del pasado, arrastrándolos al vórtice del devenir y sumergiéndolos en un significado *distinto* del que tuvieron en el pasado. La culpa no se transforma en su resonancia subjetiva y en su prospectiva moral; y esto tiene una relación estructural con la permanencia de la depresión" (1988: 140).

3] PSICOANÁLISIS: LA CULPA COMO CONFLICTO ENTRE INSTANCIAS YOICAS Y SUPERYOICAS. En este ámbito no se habla de culpa como *sentimiento de culpa*, es decir de la *emoción* que sigue a la violación de un precepto. El sentimiento de culpa puede ser consciente o inconsciente; en ambos casos deriva, según S. Freud, del conflicto entre el superyó y los deseos sexuales y agresivos infantiles, conflicto que es una representación interiorizada y una perpetuación de los conflictos entre el niño y sus padres. Si, como además se supone, el superyó deriva su energía de la agresividad misma del niño, el sentimiento de culpa resulta directamente influido por el grado en que el individuo manifiesta sus sentimientos agresivos, volviéndolos contra sí mismo como condena moral. El sentimiento de culpa inconsciente está en la base de las actitudes masoquistas, de la propensión a los accidentes, a las conductas delictivas, donde parece que el sujeto actúa para procurarse sufrimientos o castigos "como si –afirma Freud– se hubiera sentido un alivio al poder enlazar ese sentimiento inconsciente de culpa con algo real y actual" (1922 [1976:53]).

La dinámica del sentimiento de culpa varía en las diferentes formas neuróticas; mientras en las neurosis obsesivas, por ejemplo, el yo intenta defenderse de la condena del superyó, que percibe como injustificada porque está dirigida a los impulsos agresivos reprimidos de los que él no es consciente, en la depresión el yo se somete a la culpa porque el objeto al que se dirigen las acusaciones del superyó entró a formar parte, después de una identificación, del yo. Esto explica por qué el melancólico puede llegar al suicidio, mientras el neurótico obsesivo no adopta jamás esta solución. El sentimiento de culpa, directamente vinculado al superyó, adquiere relevancia sólo después de la formación de esta instancia, es decir hacia el quinto o sexto año de vida; como el superyó está constituido por las imágenes de los padres interiorizadas, se considera que su rigidez –y por consiguiente la entidad del sentimiento de culpa– está estrechamente ligada a la educación que, cuanto más autoritaria, tanto más determina un superyó punitivo y excesivos sentimientos de culpa. De esta premisa se concluye que la aparente falta de sentimiento de culpa que caracteriza por ejemplo a la personalidad psicópata (v. **psicopatía**) se deriva de trastornos psíquicos en la formación del superyó o de un Superyó formado sobre la base de modelos patológicos.

Las defensas contra el sentimiento de culpa pueden ir de la **negación** (*v.*) a la proyección de la culpa en el otro, de la solicitud indirecta de perdón mediante una excesiva gentileza al requerimiento de castigo por un comportamiento descortés y provocativo. Significativa es, en fin, la distinción entre sentimiento de culpa persercutorio y sentimiento de culpa depresivo que introdujo Roger Money-Kyrle. El primero está relacionado con el miedo al castigo, el segundo con el disgusto por el daño causado; en el primer caso se deriva la tendencia a la expiación de la imagen persecutoria, en el segundo la tendencia a la reparación. A esta segunda instancia se refería Freud cuando hablaba de la instancia moral relacionada con el sentimiento de culpa y del "sentimiento creativo de la culpa".

BIBLIOGRAFÍA: Binswanger, L. (1960); Borgna, E. (1988); De Seta, L. (1989); Freud, S. (1915); Freud, S. (1922); Freud, S. (1924); Goldberg, J. (1985); Heidegger, M. (1927); Jaspers, K. (1933); Kant, I. (1797); Lewis, H. (1971; Money-Kyrle, R. (1955); Ricoeur, P. (1960).

cultura (al. *Kultur*; fr. *culture*; ingl *culture*; it. *cultura*)

El término tiene dos significados: el primero, más antiguo, se refiere a la *formación* individual del hombre y en especial al patrimonio de conocimientos adquiridos y madurados. Corresponde al griego παιδεία en la acepción que utilizan Platón y Aristóteles, y al latín *humanitas* tal como se presenta en los textos de Cicerón y de Varrón. El segundo significado se refiere al conjunto de conocimientos, creencias, comportamientos y convenciones cultivados y transmitidos de generación en generación. En esta segunda acepción la palabra cultura se identifica con *civilización*, heredera del término francés *civilisation*, con el que durante el Iluminismo se comenzó a denominar ese refinamiento de las costumbres que superan la naturaleza de los impulsos, y del alemán *Zivilisation*, con el que se entiende el complejo de normas y de valores en los que una cultura, siempre en movimiento, se detiene y en-

cuentra su cumplimiento y su finalidad. Al respecto O. Spengler escribe: "La civilización es el destino inevitable de una cultura. Aquí se alcanza el vértice desde el cual se pueden resolver los problemas últimos y más difíciles de la morfología histórica. Las civilizaciones son los estados extremos y más refinados a los que puede llegar una especie humana superior. Son un fin: son el 'devenido' que sustituye al devenir, la muerte que sustituye a la vida, la cristalización que sustituye a la evolución. Son el término irrevocable al que se llega por una necesidad interna" (1917, § 12).

El ámbito disciplinario en el cual se elaboró el término cultura, mediante un diálogo ininterrumpido con todas las ciencias humanas, psicológicas y sociológicas en particular, es la *antropología cultural*. Véase en especial la voz **antropología** para lo relativo a las diversas modalidades del concepto de cultura: 1] en el psicoanálisis de S. Freud; 2] en la psicología analítica de C.G. Jung; 3] en la reinterpretación lacaniana del estructuralismo de C. Lévi-Strauss; 4] en el movimiento de "cultura y personalidad" de R. Benedict y A. Kardiner; 5] en la etnopsicología de G. Devereux; 6] en el etnopsicoanálisis de G. Röheim; 7] en la etnopsiquiatría, que investiga la naturaleza y la incidencia de las enfermedades mentales en las culturas primitivas. Aquí nos limitaremos a enumerar los criterios que subyacen a las diferentes definiciones de cultura, recorriendo transversalmente las distintas disciplinas en cuyo ámbito se formularon.

1] DEFINICIÓN DESCRIPTIVA. Un criterio característico de esta categoría es la concepción de la cultura como *totalidad omnímoda* de las cualidades mentales (conocimientos, creencias) y de los aspectos del comportamiento (hábitos y costumbres) que encuentran su expresión en las manifestaciones propiamente humanas que son el arte, la moral y el derecho. Prototipo de esta concepción es la definición de E.B. Tylor: "La cultura, o civilización, entendida en su más amplio sentido etnográfico, es ese conjunto complejo que incluye el conocimiento, las creencias, el arte, la moral, el derecho y la costumbre, y cualquier otra capacidad y hábito adquirido por el hombre como miembro de una sociedad" (1871: 17). Siguen este modelo F. Boas, quien en su definición, que sigue siendo descriptiva, introduce: *a*] la relación entre naturaleza e individuo; *b*] el análisis de los productos de la actividad cultural; *c*] el concepto de estructura como interconexión de los elementos descritos, y R.H. Lowie, para quien la descripción de los hechos culturales debe ser lo más exhaustiva posible, porque sólo en la interconexión adquiere su justa relevancia cada elemento cultural.

2] DEFINICIONES HISTÓRICAS. Las definiciones descriptivas están basadas en el criterio de la *enumeración*, cuyo límite implícito es que nunca puede ser exhaustivo, con la consecuencia de que lo que no puede ser explícitamente mencionado tiende a no ser tomando en consideración. Las definiciones históricas son formulaciones que, en lugar de proceder a una definición de la cultura en sí y por sí, destacan un rasgo, como la *evolución*, la *tradición* o la *herencia*, que asumen como criterio metodológico de ordenamiento. Sigue esta orientación L.H. Morgan, quien describe la evolución de la cultura según una secuencia cronológica que del "salvajismo" conduce, pasando por la "barbarie", a la "civilización": "Las instituciones modernas hunden sus raíces en el período de la barbarie, que a su vez contenía los brotes por haberlos recibido del período salvaje anterior. Aquéllas destacan además una descendencia lineal a lo largo de las eras, transmitida hereditariamente con la sangre, tanto como un desarrollo lógico" (1877: 1-2). En esta línea teórica encontramos a B. Malinowski, quien identifica la cultura con la herencia social, pero que afirma, a diferencia de cuanto sostenía Morgan, que se transmite "por adquisición". Lo mismo dice R. Linton: "La herencia social se llama cultura, término usado en sentido doble. De modo general 'cultura' significa la herencia social íntegra de la humanidad, mientras que como término específico 'una cultura' significa una tendencia especial de la herencia social" (1936: 78). En la misma línea encontramos a M. Mead, para quien "cultura es el conjunto complejo del comportamiento tradicional que desarrolló la raza humana y que fue aprendido sucesivamente por cada generación" (1937: 217), y a A.R. Radcliffe Brown, quien llama cultura "al proceso mediante el cual en un determinado grupo social el lenguaje, las creencias, las ideas, los gustos estéticos, los conocimientos, las capacidades, los diferentes tipos de usos,

pasan (y uso este verbo porque 'tradición' significa 'pasar, transmitir') de una persona a otra" (1949: 510-511).

3] DEFINICIONES NORMATIVAS. En este ámbito son recurrentes las definiciones que, prefieren el "normativo" al acercamiento "histórico", sustituyendo la *evolución* de las costumbres por la investigación de los *modelos* en los que se pueden encontrar las reglas del comportamiento o el esquema de los ideales y de los valores que lo rigen. Aquí encontramos a A.L. Kroeber, para quien "la sobreindividualidad, la organización de acuerdo con modelos, el relativo desinterés por las causas, son fundamentales para el criterio antropológico en sentido general" (1952: 217), y D. Bidney, según quien "el postulado de una realidad objetiva, independiente del observador, es un concepto fructífero, porque sirve de orientación normativa a la investigación y representa para el investigador una meta inteligible a la que puede acercarse" (1953: 419).

4] DEFINICIONES PSICOLÓGICAS. Forman parte de este grupo las definiciones que relacionan la cultura con el individuo y destacan el concepto de enculturación, a propósito del cual R. Linton escribe: "Cualquiera que sea el método mediante el cual el individuo recibe los elementos culturales característicos de su sociedad, en su mayor parte los interioriza. A este proceso se lo denomina 'enculturación'. [...] No obstante la completa enculturación del individuo, ésta aún conserva la capacidad de pensar y de encontrar nuevas formas de comportamiento frente a situaciones para las cuales resultan inadecuados los modelos de su cultura. La enculturación sólo limita los instrumentos conceptuales que puede utilizar y las direcciones en las que procede. El individuo representa la variable irreductible de toda situación social y cultural, la levadura en la masa de la cultura, y cada nuevo elemento de cultura se puede rastrear, en último análisis, a la mente de algún individuo" (1938: 235-236).

Forman parte de las definiciones psicológicas las que formulan los antropólogos que, tomando los movimientos de la concepción freudiana de cultura como complejo de normas represivas de las pulsiones, entrevén en la cultura un fenómeno de **sublimación** (*v.*) o un fenómeno de **frustración** (*v.*). Así, para G. Röheim "la cultura es la suma de todas las sublimaciones, de todas las sustituciones o formaciones reactivas, todo lo que en la sociedad inhibe los impulsos o permite su satisfacción deformada" (1934: 216; *v.* **antropología**, § 1), mientras para Λ. Kardiner "en toda cultura el hombre está obligado a enfrentar una necesidad que no puede ser satisfecha: el bloqueo de una actividad que es directa o indirectamente esencial para alcanzar una gratificación; un sentimiento cuyas manifestaciones no pueden expresarse, o una expectativa que no se puede realizar. Es oportuno seguir el curso necesario de estas vicisitudes, a las que conviene el nombre de frustración" (1939: 399-400; *v.* **antropología**, § 4, *c*).

5] DEFINICIONES ESTRUCTURALES. Forman parte de este ámbito las definiciones que conciben la cultura, no como un conjunto de contenidos, sino como una *estructura de relaciones* en la cual el desplazamiento de un término implica la modificación de la organización estructural completa. Así C. Kluckhohn y W.H. Kelly escriben: "Como resulta implícito en el término 'esquema' que aparece en nuestras definiciones, cada cultura tiene una organización, además de un contenido. Este hecho implica una exhortación de naturaleza práctica a los administradores y legisladores, a saber que una 'costumbre' que se intenta abolir o modificar no puede estar aislada. Cualquier modificación puede tener repercusiones en el área del comportamiento en la que menos nos lo esperamos" (1945: 298). Por su lado Lévi-Strauss escribe: "El sistema de relaciones que unen entre sí todos los aspectos de la vida social tiene una parte más importante, en la transmisión de la cultura, que cada uno de estos aspectos tomados aisladamente" (1958: 392; *v.* **antropología**, § 3).

6] DEFINICIONES DINÁMICAS. Aparecen en este grupo las definiciones que se interesan por las modalidades en que se forman y transmiten los factores culturales, porque, como escribe M.J. Herskovits: "El cambio es una constante de la cultura humana [...]. Por lo tanto es claro que los problemas de la dinámica cultural implican un análisis de las condiciones en las que en determinada escena cultural predominan conservadurismo y cambio, de la forma en la que se

desarrollan estas actitudes en relación con lo viejo y lo nuevo, de lo que condiciona la aceptación de las innovaciones, y del modo en que las innovaciones, una vez aceptadas, se plasman basándose en la matriz cultural en la que se insertan" (1948: 321). Entre los factores reconocidos como determinantes por la dinámica cultural está la capacidad singularmente humana de producir símbolos. En efecto, como escribe L.A. White, "la categoría u orden cultural de los fenómenos está constituida por hechos que dependen de una facultad peculiar de la especie humana, a saber la capacidad de utilizar símbolos. Estos hechos son las ideas, las creencias, las lenguas, los utensilios, los usos, los sentimientos, las instituciones que constituyen la civilización –o cultura, para usar el término antropológico– de cada pueblo, más allá de toda consideración de tiempo, lugar o grado de desarrollo" (1949: 43).

7] DEFINICIONES PSICOANALÍTICAS. Freud escribe que "la palabra 'cultura' designa toda la suma de operaciones y normas que distancian nuestra vida de la de nuestros antepasados animales, y que sirven a dos fines: la protección del ser humano frente a la naturaleza y la regulación de los vínculos recíprocos entre los hombres" (1929 [1976: 88]). En esta perspectiva las expresiones de la cultura son, para Freud, transformaciones de la energía pulsional que, mediante la **sublimación** (*v.*), tiene manera de manifestarse de forma socialmente aceptable (*v.* **antropología**, § 1). Según C.G. Jung el riesgo de la teoría freudiana es que "hace aparecer la civilización como sustituto de pulsiones insatisfechas, de modo que fenómenos psíquicos complejos, como arte, filosofía y religión, se transformaron en 'sospechosos', como si fueran 'nada más que' el resultado de una represión sexual" (1948: 512). Para Jung, en cambio, las expresiones culturales son manifestaciones de la capacidad simbólica originaria del hombre, que trasciende la estructura pulsional en su sentido y su significado (*v.* **antropología**, § 2). Por lo que se refiere a la noción de cultura de J. Lacan, véase **lacaniana, teoría**, § 3.

8] DEFINICIONES SOCIOLÓGICAS. En este ámbito la atención se dirigió a dos conceptos: a la *cultura de masas* y a la *cultura subalterna*. Con el primer término se entiende la cultura que se dirige a todos, construyéndose según un gusto medio tendencialmente homogéneo e interesando, con su acción sugestiva y emocional, los comportamientos superficiales del hombre, facilitando los estereotipos, los lugares comunes, los prejuicios, sin ninguna señal de crítica. Con el segundo término se entienden las culturas locales que están subordinadas porque tienen menor fuerza y posibilidades limitadas, no obstante que disponen en muchos casos de una buena organización de valores, o bien las culturas marginadas porque son "diferentes" o porque son "pobres", en las que sin embargo es posible encontrar un sistema codificado de valores, ideas y comportamientos compartidos por los miembros de esa cultura y transmitidos con pocas variaciones de una generación a otra, como en la "cultura de la pobreza". Los estudios sociológicos de la cultura no deben confundirse con la *sociología de la cultura*, que es un movimiento de la sociología alemana de los años veinte y treinta cuyos principales exponentes fueron M. Weber y K. Mannheim, empeñados en establecer las posibilidades de realización que ofrecen las diferentes formas de saber y de conocer, en sí autónomas o superhistóricas, de instituciones, grupos y sociedades históricamente constituidas.

BIBLIOGRAFÍA: Benedict, R. (1934); Bidney, D. (1953); Boas, F. (1938); Freud, S. (1929); Galimberti, U. (1985); Herskovits, M.J. (1948); Jung, C.G. (1948); Kardiner, A. (1939); Kluckhohn, C. y W.H. Kelly (1945), ; Kluckhohn, C. y A.L. Kroeber (1952); Kroeber, A.L. (1952); Lévi-Strauss, C. (1958); Linton, R. (1936); Linton, R. (1938); Lowie, R.H. (1917); Malinowski, B. (1931); Mannheim, K. (1956); Mead, M. (1937); Morgan, L.H. (1877); Murdock, G.P. (1970); Radcliffe Brown, A.R. (1949); Róheim, G. (1934); Spengler, O. (1917); Tylor, E.B. (1871); Weber, M. (1906); White, L.A. (1949).

cultura y personalidad
v. ANTROPOLOGÍA, § 4.

cumplimiento o satisfacción (al. *Erfüllung*; fr. *exaucement*; ingl. *fulfilment*; it. *esaudimento*)

Realización de un deseo, de una aspiración, de un auspicio, de un ruego. El término tiene relevancia en la interpretación freudiana del sueño como satisfacción de un deseo. El sueño, escribe S. Freud, "suplanta (*verdrängen*) el optativo y lo sustituye por un presente de indicativo; [...] El presente es el tiempo en que el deseo se figura como cumplido" (1899 [1976: 528]). La satisfacción onírica se debe, en opinión de Freud, por un lado, al hecho de que hay deseos inaceptables durante la vigilia para el durmiente porque son incompatibles con sus valores; por el otro, porque la satisfacción fallida provocaría el despertar del durmiente, como en el caso de la **pesadilla** (*v.*), interpretada como un fracaso del trabajo onírico. Hoy la teoría del sueño como satisfacción de los deseos está en parte abandonada, por un lado por el material psicoanalítico reunido, que muestra que los sueños de este tipo se refieren sólo a los niños o a condiciones corporales especiales, como la tensión sexual o la necesidad de orinar, y por el otro por las investigaciones fisiológicas que inducirían a pensar que no soñamos para proteger el sueño sino que, por el contrario, dormimos para soñar (*v.* **sueño**).

BIBLIOGRAFÍA: Freud, S. (1899).

cunilingus (al. *Kunnilinktion*; fr. *cunnilingus*; ingl. *cunnilingus*; it. *cunnilinguismo*)

Contacto oral con los órganos genitales femeninos (en latín, *cunnus*); el psicoanálisis lo interpreta con frecuencia como una fijación o una regresión a la fase **oral** (*v.*).

cura (al. *Kur*; fr. *soin*; ingl. *cure*; it. *cura*)

En general el término se refiere al conjunto de los medios terapéuticos que coadyuvan a pasar de la enfermedad a la salud. En esta acepción "cura" es sinónimo de "tratamiento" que, en el caso de los trastornos psíquicos, encuentra su expresión en las diferentes formas de **psicoterapia** (*v.*). Pero como el sufrimiento psíquico, a diferencia del físico, no es tanto un incidente que se deja circunscribir en el curso normal de la vida sino más bien una forma de rechazar la existencia, interpretando su sentido de diferentes maneras, el tratamiento psíquico no puede prescindir de la relación que destaca C.G. Jung entre psique y sentido: "Si queremos trabajar verdaderamente como psicólogos, debemos conocer el 'sentido' de los fenómenos psíquicos" (1917: 318). Jung, que define el tratamiento psicoterapéutico como "cura con las palabras", descarta que pueda existir una psicoterapia capaz de actuar como "cura" en el sentido de "**curación**" (*v*.), porque está en la naturaleza de cada existencia encontrar los obstáculos, en ocasiones bajo la forma de enfermedad, que dan una oportunidad de reflexión para ajustar formas impropias de **adaptación** (*v*., § 3) del yo, o para realizar la **integración** (*v*., § 2) de contenidos inconscientes portadores de sentido. Esta concepción de la cura, inscrita no en la categoría de la "curación" sino en la del "sentido" de la existencia, tiene analogías con la noción heideggeriana de "cura" como "cuidado" (*Sorge*), que caracteriza la relación con el otro (*v*. **coexistencia**), en la que se puede cuidar en la forma inauténtica de *besorgen*, que no tiene cuidado de los demás sino de las cosas que hay que procurarles, o en la auténtica del *fürsorgen*, que abre a los demás la posibilidad de encontrarse a sí mismos al brindar las condiciones para poder cuidarse de sí.

BIBLIOGRAFÍA: Heidegger, M. (1927); Jung, C.G. (1917); Jung, C.G. (1935).

curación (al. *Genesung*; fr. *guérison*; ingl. *recovery*; it. *guarigione*)

Resolución favorable y positiva de una condición morbosa que tuvo un inicio y un decurso. En el ámbito psicológico el concepto de curación es muy ambiguo porque, como escribe G. Jervis, con frecuencia "el trastorno psíquico no es una enfermedad que cambia el curso de la existencia, sino que es el cambio mismo de la existencia; es, por lo tanto, una experiencia, una parte de vida, una crisis y una vicisitud que cambian a la persona" (1975: 146). Si se considera que la vida es un continuo pasar de una situación de equilibrio psicológico a otra, que se vuelve necesaria con la progresiva ampliación de la experiencia, es posible que en estas fases de pasaje o **crisis** (*v*.) se presenten **descompensaciones** (*v*.)

que se pueden superar mediante las diferentes formas de "curación":

1] *La autocuración*, en la que se expresa la tendencia natural a la curación presente en todo organismo que, mediante mecanismos defensivos o evolutivos, tiende a restablecer la integridad perdida. Este concepto, que se remonta a Aristóteles, para quien el médico no cura sino que ayuda a la naturaleza a aliviarse, fue sostenido por los médicos renacentistas, quienes hablaron de *vis medicatrix naturae*, y después se amplió por analogía al mundo psíquico, en el que se puede observar curaciones, sin intervención externa, de manifestaciones neuróticas y hasta psicóticas. También se da la posibilidad de interpretar la misma neurosis como un intento de autocuración en el sentido que precisó C.G. Jung, para quien "el trastorno psicológico en una neurosis y la neurosis misma pueden ser definidos como 'un intento fallido de adaptación'. Esta formulación hace coincidir, si ello es posible, ciertos puntos de vista de Janet con la idea de Freud de que una neurosis sería, en cierto sentido, un intento de autocuración; esta concepción puede ser –y fue– aplicada en muchas enfermedades" (1916: 268).

2] *La curación por adaptación* o, como la define Jervis, por *defecto*, consiste en el hecho de que "la adaptación es en ocasiones la cronicidad de una crisis que explotó inesperadamente, otras veces es una forma de acostumbrarse a una situación de desequilibrio psíquico que se instauró en forma lenta y gradual. En todos estos casos el trastorno se puede paralizar en un equilibrio paradójico, por lo que no mejora, o empeora lentamente; o también puede poco a poco conducir al paciente y al núcleo de personas que viven con él a una 'normalización' más aparente que real; y es ésta la curación por defecto. La curación por defecto puede ser –raras veces– la premisa para alcanzar gradualmente la curación real, después de un cierto número de años" (1975: 153-154).

3] *La curación como crecimiento y maduración* exige, cuando es posible, una *comprensión* de las dinámicas subyacentes a la crisis, con la consiguiente revisión de los esquemas inadecuados para la comprensión de la realidad que llevaron a la crisis y a su superación.

En este caso se trata, como escribe Jervis, de "crecer en el propio sufrimiento, utilizar todo lo que sucede y sucedió durante la crisis, entenderse uno mismo y su propia manera de reaccionar, reincorporar racionalmente todos los elementos 'psiquiátricos' en un análisis de uno y de sus relaciones sociales, vivir la crisis como continuidad –en sentido positivo–, en lugar de vivirla como fractura" (1975: 155). Este tipo de curación es posible en general en las formas neuróticas, y menos en las psicóticas, en las cuales los significados que emergen en la crisis difícilmente pueden vivirse y comprenderse como pertenecientes a la propia historia. Como escribe Jervis, "la crisis psicótica tiene, en efecto, características por las que un 'aprendizaje de la crisis' puede ser difícil y penoso. En estos casos salir con estabilidad de la crisis significa por lo general *cambiar*, pero no necesariamente *entender*" (1975: 156).

BIBLIOGRAFÍA: Jervis, G. (1975); Jung, C.G. (1916).

curiosidad (al. *Neugier*; fr. *curiosité*; ingl. *curiosity*; it. *curiosità*)

Deseo de conocer que se manifiesta en una actitud exploratoria del ambiente circundante y del propio mundo interior. Según K. Lorenz la curiosidad, entendida como disposición a nuevas experiencias, es típica de los animales no especializados, como el hombre, que se adapta a una amplia variedad de condiciones ambientales. A diferencia de la mayor parte de los animales, en los cuales la tendencia exploratoria se extingue después del período del desarrollo, para mantenerse sólo en la forma refleja que se observa en los comportamientos exploratorios de los animales que se encuentran frente a una situación nueva que les impone miedo, en el hombre la curiosidad, además de estar en la base del comportamiento infantil, sobre todo en el juego y en las preguntas continuas, perdura aunque de manera diferenciada, a lo largo de toda la existencia.

En el ámbito psicoanalítico S. Freud encuentra la matriz de toda forma de curiosidad en la curiosidad sexual infantil que se desarrolla en la fase edípica como deseo de descubrir y de ver (*v.* **escopofilia**). En el curso del desarrollo esta curiosidad puede sublimarse y dar lugar a intereses de estudio o de investigación, o bien ser retomada con la consiguiente inhibición de cualquier interés cultural. Sobre esta base interpreta Freud las diferentes actitudes del hombre y de la mujer respecto al conocimiento: "La educación les deniega el ocuparse intelectualmente de los problemas sexuales, para los cuales, empero, traen congénito el máximo apetito de saber; las atemoriza con el juicio condenatorio de que semejante apetito de saber sería indigno de la mujer y signo de una disposición pecaminosa. Ello las disuade del pensar en general, les desvaloriza el saber. La prohibición de pensar rebasa la esfera sexual, en parte a consecuencia de los inevitables nexos, en parte de una manera automática, en un todo semejante al efecto que en los varones producen la prohibición religiosa de pensar o la relación de vasallaje de los buenos súbditos. No creo que la oposición biológica entre trabajo intelectual y actividad genésica explique la 'imbecilidad fisiológica' de la mujer, como lo sostuvo Moebius en su tan controvertido libro. Opino, en cambio, que el hecho indudable de la inferioridad intelectual de tantísimas mujeres debe reconducirse a la inhibición de pensar que se requiere para sofocar lo sexual" (1908 [1976: 177-178]).

BIBLIOGRAFÍA: Freud, S. (1905); Freud, S. (1908); Lorenz, K. (1970-1971); Moebius, P.J. (1900).

currículo (al. *Lebenslauf*; fr. *curriculum*; ingl. *curriculum*; it. *curricolo*)

En su significado más amplio, derivado del *curriculum vitae* latino, que se conserva en la expresión alemana *Lebenslauf* (curso de la vida), el término indica el itinerario de una persona a lo largo de sus experiencias de vida, de estudio y de actividad profesional, descritas teniendo presentes las etapas alcanzadas, las motivaciones y los criterios inspiradores. En su significado específico se refiere a la organización de los conocimientos en cada grado escolar. Los principios que lo determinan son la *secuencialidad*, que prevé la construcción del currículo en secuencias lógicamente coordinadas, y la *ciclicidad*, por la que cada una de las fases de la secuencia curricular es susceptible de revisión y mejoramiento en el curso de la realización. Respecto a la programación didáctica general, la programación curricular es más individualizada, porque parte de la situación concreta y específica que prevé: a] el análisis del contexto educativo mediante el estudio de las necesidades y de la realidad sociocultural en la que se encuentra la escuela; b] la formulación de los objetivos basándose en las teorías del aprendizaje y en las estrategias de la **instrucción** (v.); c] la identificación de los contenidos de la **enseñanza** (v.) y su distribución disciplinaria; d] la elección de los métodos considerando las posibles actividades interdisciplinarias; e] la comprobación de los resultados basándose en las diferentes técnicas de evaluación (v. **docimología**). Además, la programación curricular debe tomar en consideración estructuras cognoscitivas esenciales que quiere proporcionar, comportamientos que intenta activar, unidades didácticas previstas para alcanzar el objetivo, y posibles expansiones disciplinarias que resultaran necesarias.

BIBLIOGRAFÍA: Izzo, D. y G. Mancassola (1977); Meyer, M.S. (1972); Stenhouse, L. (1975).

dacriogelosis (al. *Dacryogelose*; fr. *dacryogelose*; ingl. *dacryogelosis*; it. *dacriogelosi*)

Alternación compulsiva de llanto y risa que se observa con frecuencia en la esquizofrenia hebefrénica (v. **esquizofrenia**, § III, 2).

dactilología (al. *Fingersprache*; fr. *dactylologie*; ingl. *finger spelling*; it. *dattilologia*)

Lenguaje para sordomudos basado en el uso de los dedos. El más difundido es el lenguaje estadunidense de señas que, que, apoyando a la lengua hablada, articula un alfabeto de los dedos mediante la mano que se mueve cerca de la boca para subrayar el movimiento.

daltonismo
v. COLOR, § 3.

DAM (draw a man test)
v. DIBUJO, § 2, *a*.

danza (al. *Tanz*; fr. *danse*; ingl. *dance*; it. *danza*)

Sucesión de movimientos rítmicos, generalmente guiados por música, presente en todas las culturas humanas, con finalidades y significados simbólicos a tal punto diferentes que hacen problemática una definición general. J. Kealiinohomoku, quien se planteó el problema de unificar las diferentes definiciones existentes, llegó a la siguiente formulación: "La danza es una forma de expresión transitoria, ejecutada con cierta forma y estilo del cuerpo humano que se mueve en el espacio. Se realiza mediante movimientos rítmicos especialmente seleccionados y controlados; el fenómeno que de esto resulta se reconoce como danza tanto por parte de quienes la ejecutan como por los mismos observadores de un determinado grupo" (1965: 6). A estas afirmaciones después agrega: "Se sobrentiende que la danza es un tipo de expresión emocional que necesita que coincidan tiempo y espacio. Se sirve de un comportamiento motor en numerosos ejemplos que están estrechamente relacionados con características finales de musicalidad" (1972: 387).

Según C.L. Boilès la danza organiza el movimiento de acuerdo con cuatro tipos de temporalidad: 1] el tiempo *real* que entraña la realización del movimiento; 2] el tiempo *cinético* que corresponde a la cantidad mínima del tiempo real necesaria para ejecutar el movimiento con eficiencia máxima; 3] el tiempo *rítmico* que es un continuo ordenado compuesto por unidades seleccionadas sobre una base cronométrica; 4] el tiempo *programático* que ordena la danza en segmentos específicos sujetos a un protocolo. El ritmo de la danza generalmente se controla con estímulos auditivos, que consisten en sonidos instrumentales o vocálicos, con estímulos *visuales*, que inducen variaciones de luminosidad, y con estímulos *táctiles* percibidos internamente como vibración no audible y como percepción del mismo tiempo de duración de los gestos del danzarín. La mayor parte de las veces estos estímulos se combinan de tal forma que, por ejemplo, los danzarines que están golpeando las manos como acompañamiento experimentan una percepción simultánea de ritmo: ellos oyen el sonido de las manos que golpean, ven que están golpeando las manos y perciben su golpeteo.

Los significados simbólicos y las funciones de la danza en la evolución de cada cultura son múltiples, porque la danza es sacrificio, acto mágico, participación con la divinidad, representación dramática, espectáculo, obra de arte que da forma y sustancia a las experiencias más profundas y, como expresión del mundo interior del individuo, se utiliza con finalidades terapéuticas. La terapia por la danza nació en Estados Unidos en los años cuarenta, con M. Chace y T. Schoop, que se proponían comunicarse con los psicóticos mediante el movimiento. Hoy sus seguidores afirman que una modificación en la forma de moverse, mediante la danza, se acompaña necesariamente de una transformación psicológica del individuo porque, como el cuerpo es un lugar simbólico que contiene y manifiesta la historia individual y colectiva, a través del mismo el sujeto puede llegar a una comprensión y una transformación de sí. Los parámetros fundamentales con los que se evalúa la terapia por la danza son el análisis del movimiento, la transformación de los esquemas motores habituales, la relación del sujeto con el espacio y el uso terapéutico del ritmo.

BIBLIOGRAFÍA: Boylès, Ch.L. (1978); Kealiinohomoku, J.A. (1965); Kealiinohomoku J.A. (1972); C. Koeklin (1926); Lapierre, A. y B. Aucouturier (1979); Sachs, C. (1985); Schützenberger, A.A. y M.J. Sauret (1977); Waterman, R. (1962).

darwinismo (al. *Darwinismus*; fr. *darwinisme*; ingl. *Darwinism*; it. *darwinismo*)

Doctrina de la evolución biológica que inició C. Darwin, según la cual en todos los seres vivientes, bajo la influencia de las condiciones ambientales, se producen pequeñas variaciones que se revelan más ventajosas para la adaptación, con el consiguiente cambio biológico del organismo seleccionado por vía natural (*v*. **evolución**). El darwinismo, al que se debe remontar también la concepción filogenética que prevé la derivación del hombre del animal, encontró su reformulación en el neodarwinismo, que se sirve de las aportaciones de la genética mendeliana, según la cual las variaciones hereditarias están determinadas por la redistribución de los factores genéticos y la selección natural de las diferencias de sobrevivencia de los diferentes patrimonios genéticos. La concepción filogenética darwiniana forma la base de la **etología** (*v*.) y de la **psicología comparada** (*v*.), en la que

se comparan las características del comportamiento animal con las del comportamiento humano. Por último, se habla de *darwinismo social* para referirse al conjunto de teorías psicológicas y sociológicas que, a partir de finales del siglo XIX, aplicaron las concepciones evolucionistas de Darwin al estudio de las transformaciones de los sistemas sociales y a la interpretación de los conflictos (*v*. **evolucionismo**, § 3).

BIBLIOGRAFÍA: Bayertz, K. (1982); Continenza, B. (1981); Coser, L.A. (1956); Darwin, C. (1871); Darwin, C. (1872).

DAT (**differential aptitude test**)
v. APTITUD, § 1.

dato (al. *Gegebene*; fr. *donnée*; ingl. *datum*; it. *dato*)

Elemento conocido o comprobado que constituye el punto de partida para formular una hipótesis, para realizar una investigación, para llegar a la resolución de un problema, o lo que se obtiene despejando el campo de investigación de falsificaciones y prejuicios. En la primera acepción el término se utiliza en el ámbito científico, en la segunda en el fenomenológico. En psicología experimental y clínica se distinguen los *datos introspectivos*, que surgen de la observación que el individuo realiza sobre sus propias actividades mentales y emotivas, de los datos objetivos, derivados de las observaciones que realiza el psicólogo en un contexto estandarizado y verificable. Tanto los unos como los otros forman parte de los datos *proporcionados por la observación* (que puede ser introspectiva, empático-participativa o experimental), que deben distinguirse de los datos *descriptivos* que se expresan en cuadros, gráficas y otras formas de elaboración **estadística** (*v*., § I, 1). Existen numerosos métodos para transformar en datos descriptivos el material en bruto de los datos que proporciona la observación. Estos métodos, sobre todo desarrollados en el ámbito de la **psicología experimental** (*v*., § 2, *d*), se conocen como elaboración de datos.

deambulación
v. LOCOMOCIÓN.

debilidad
v. RETARDO MENTAL.

debilidad mental
v. RETARDO MENTAL.

decil
v. QUINTIL.

decisión (al. *Entscheidung*; fr. *décision*; ingl. *decision*; it. *decisiones*)

Formulación de un juicio en relación con la ejecución o la no ejecución de una acción. La decisión no es espontánea sino que supone una reflexión y una consideración de las consecuencias posibles después de efectuada la elección. La elección, a su vez, se orienta hacia la alternativa que, según la previsión, procura mayor placer, recompensa o utilidad. Los criterios psicológicos del problema de la decisión varían dependiendo del punto de vista desde el cual se considera al hombre, que es el actor del proceso decisional.

1] PSICOLOGÍA FISIOLÓGICA. El concepto de decisión está en correlación con los mecanismos de **discriminación** (*v.*) perceptiva, que le permiten a un aparato sensorial recibir la mínima energía perceptible de un estímulo o la diferencia mínima de intensidad entre dos estímulos de la misma naturaleza. El concepto se utiliza en *psicología animal* para referirse a la selección, por parte del organismo, de una secuencia de comportamiento específica y la supresión simultánea de todas las demás. En este ámbito las investigaciones sobre los procesos de decisión se proponen identificar las reglas que sigue un animal al ejecutar determinada elección basándose en sus necesidades, motivaciones y percepciones del entorno. Siempre en este ámbito se llegó a identificar un *tiempo de decisión*, que modificó el concepto de *tiempo de reacción*, al que se le atribuía la mayor velocidad o la menor lentitud de las ejecuciones. El tiempo de decisión representa el tiempo que utiliza el cerebro para reconocer la presencia de un estímulo, seleccionar la respuesta que se debe utilizar y ordenar a los músculos que se muevan adecua-

damente; por lo tanto, cuanto más complicada sea la decisión que se debe tomar tanto más largo será el tiempo de decisión.

2] PSICOLOGÍA EXPERIMENTAL. En este ámbito se sirven de un conjunto de principios de orden estadístico elaborados de tal modo que, basándose en un análisis de costo-beneficio entre diferentes estrategias, se elija la que procura la máxima utilidad total. En este sentido la contribución de C.L. Hull se sintetizó en el postulado XIV de su sistema hipotético-deductivo: "Cuando en un organismo se cargan al mismo tiempo los potenciales de reacción a dos o más reacciones incompatibles entre sí, con una intensidad que supera el umbral de reacción, sólo se activa la reacción cuyo potencial momentáneo de reacción es mayor" (1952: 341).

3] PSICOLOGÍA CONDUCTISTA. En este ámbito el problema de la decisión y de los procesos decisionales es central, a tal punto que E.C. Tolman declara que "todo problema importante de psicología se puede estudiar esencialmente mediante el continuo análisis experimental y teórico de los factores que determinan la elección de un ratón en la encrucijada de un laberinto" (1951: 172). En esta concepción las declaraciones de los sujetos que "deciden" son el resultado de una ilusión acerca de los verdaderos y auténticos procesos que K. Lewin describe así: "La teoría generalmente admitida en psicología supone que la acción es resultado directo de la motivación. Me inclino a pensar que esta teoría deberá modificarse. Habrá que estudiar las condiciones particulares en las que determinada estructura motivacional conduce o no a una decisión o a un proceso equivalente, por lo que un estado de 'deliberación' (indecisión) cede el paso a un estado en el que el individuo 'se decidió' y está listo para actuar, aunque no actúe justo en ese momento. El acto de decidir representa una de estas transiciones. El paso de la situación conflictiva de indecisión a la decisión no significa simplemente que las fuerzas dirigidas hacia una alternativa se vuelvan más fuertes que las que están dirigidas hacia las otras. En este caso la fuerza resultante sería, con frecuencia, muy débil. La decisión más bien significa que el potencial de una alternativa se redujo a cero, o disminuyó tan decisivamente que la otra posibilidad y las fuerzas correspondientes dominan la situación" (1978: 208). Forma parte de este ámbito la teoría de la **disonancia cognoscitiva** (*v.*) que elaboró L. Festinger según quien en la vida psíquica existen al mismo tiempo elementos de conocimiento que no se ponen de acuerdo entre sí. El individuo, para decidir, debe reducir tal disonancia, y con frecuencia la acción es precisamente el medio para producir esta reducción que, de no efectuarse, conduciría a la parálisis.

4] PSICOLOGÍA DINÁMICA. En la orientación psicodinámica el problema de la decisión se afronta a partir de las pulsiones, de las motivaciones, de las defensas, de las funciones del yo respecto al **principio de realidad** (*v.*, § 3), para conseguir una gratificación aplazada y realista, en lugar de una inmediata e ilusoria. E. Jaques afirma al respecto que "decisión proviene de *de-caedere* (cortar); es decir, implica encaminarse por la vía elegida en el sentido de descartar definitivamente las otras posibilidades (o de decidir no buscar otras) y seguir la vía elegida en la realidad externa. [...] El momento de la decisión es el que más fácilmente hace surgir ansiedades: simboliza el corte y el parto; es el punto sin regreso; implica la pérdida de otras posibles líneas de acción a las que es necesario renunciar; es el momento del éxito o del fracaso. [...] En la fase de la decisión la suerte ya está echada, y comienza el trabajo externo, en el cual el trabajo simbólico interno y el uso de los conocimientos interactúan con la percepción del objeto real emergente" (1978: 88-89). F. Fornari insiste sobre la movilización de las ansiedades tanto persecutorias como depresivas; para él "la mayor cantidad de ansiedad que el hombre normal debe soportar proviene de dos fuentes esenciales: la primera la proporcionan las frustraciones afectivas, mientras que la segunda emana de las operaciones de elección y aleatorias que cada persona, en su actividad laboral, debe cumplir respecto a la ejecución de un trabajo que implica un margen más o menos amplio de imprevistos. Esto implica aceptar quedarse en la incertidumbre antes de poder saber si nuestra elección, es decir el producto de nuestro acoplamiento con lo real, tuvo buen o mal resultado" (1976: 231).

5] PSICOLOGÍA SOCIAL. Aquí el tema de la decisión aparece en el ámbito del estudio de las relaciones entre repertorios de comportamiento y categorías sociales, en las cuales pueden tener lugar fenómenos de aceptación y de no aceptación que influyen en el proceso decisional. G. Trentini, R. Carli y G. Padovani escriben al respecto: "Se puede describir la dinámica adaptativa de un sujeto como una elección para 'manifestar' o para 'no manifestar' un comportamiento especial basándose en una evaluación probable de aceptación o de no aceptación de este comportamiento por parte del otro polo de la relación" (1972:128). Los procesos de decisión en los grupos, en las organizaciones y en las instituciones constituyen un objeto de estudio relevante en psicología social, con el fin de optimizar las modalidades de funcionamiento de las organizaciones mismas. Por lo que se refiere a las estrategias de decisión, R.M. Gagné habla de selección y categorización de las informaciones recibidas para el uso de las estrategias que el sujeto tiene intenciones de adoptar, donde por estrategia se entiende "una secuencia de decisiones con miras a la consecución de una validación final" (1959: 18). La actuación de una estrategia puede ser conservadora o arriesgada, según el tipo de riesgo que se esté dispuesto a correr, y tiene como finalidad reducir el número de las alternativas posibles y de elegir las más probables. A la decisión, que es el momento resolutivo, sigue una verificación de la solución basándose en las consecuencias derivadas del tipo de solución adoptada, conocida como retroalimentación de la información (*information feedback*). En las voces **problema** (§ 3) y **riesgo** se puede ahondar en la dinámica que subyace a la decisión.

6] LA DECISIÓN EXISTENCIAL. Este concepto lo introdujo K. Jaspers para indicar la modalidad mediante la cual el individuo llega a su **autenticidad** (*v.*) en la realización de su sí: "Ni en el mundo –escribe Jaspers– ni en el hombre existe la síntesis de todas las posibilidades. En cambio toda verdadera realización está vinculada de alguna manera a una decisión. De acuerdo con la seriedad de tal decisión que, por el mismo hecho de elegir, también excluye y vuelve al hombre incondicional de su decisión, cualquier otra lucha es como un simple primer plano, como un juego del viviente en su rica plenitud de movimientos. Sólo cuando el hombre de la decisión pasa a una resolución que llena su ser, es auténticamente –existencialmente– hombre. [...] Pero la vía de la decisión no es elección entre dos posibilidades iguales, sino una elección como haber-ya elegido; las antítesis son sólo el medio de la interpretación. Pero el camino de la decisión no es para nada una síntesis niveladora de posibilidades, no es reconciliación en el conjunto, sino un conquistar terreno en la lucha contra cualquier otra cosa. El camino de la decisión es la historicidad concreta, el origen y la meta, antes y después de cada uno de estos contrastes, en los que aquélla, interpretándose, divide por un momento al ser" (1913-1959: 811).

BIBLIOGRAFÍA: Bellotto, M. (1985); Bruner, J. S. *et al.* (1956); Festinger, L. (1957); Fornari, F. (1976); Gagné, R.M. (1959); Green, D.M. y J.A. Swets (1966); Hardy, M. y S. Heyes (1982); Hull, C.L. (1952); Jaques, E. (1970); Jaspers, K. (1913-1959); Kaplan, M.F. y S. Schwartz (1975); Leukel, F. (1976); Lewin, K. (1978); McFarland, D.J. (1977); Tolman, E.C. (1951); Trentini, G., R. Carli y G. Padovani (1972); Yu, V.L. (1979).

decodificación (al. *Dekodifizierung*; fr. *décodage*; ingl. *decoding*; it. *decodificazione*)

Llamada también desimbolización, responde a un esquema válido para cualquier forma de comunicación en la cual el mensaje a transmitir es cifrado (codificado) por quien comunica, en signos que deben ser descifrados (decodificados) por quien los capta. Para que sea posible la comprensión es condición indispensable que las dos fases, del cifrar y del descifrar, estén en sintonía.

deducción (al. *Deduktion*; fr. *déduction*; ingl. *deduction*; it. *deduzione*)

En el significado más amplio el término indica la regla que une de manera necesaria una conclusión a una o más premisas. En la lógica moderna la deducción tiene carácter formal porque prescinde del contenido de las proposiciones del tema que trata, para considerar únicamente la estructura lógica.

defensa (al. *Abwehr*; fr. *défense*; ingl. *defence*; it. *difesa*)

Operación psíquica, en parte inconsciente, en ocasiones coaccionada, ejecutada para reducir o suprimir cualquier turbación que pueda poner en peligro la integridad del yo y su equilibrio interno. Está dirigida contra: *a*] la angustia debida a aumento de tensión instintiva provocada por impulsos que presionan para obtener gratificación; *b*] la angustia debida a presiones morales y amenzas del superyó; *c*] la angustia del yo frente a un peligro real. Freud la definió como "designación general de todas las técnicas de que el yo se vale en sus conflictos que eventualmente llevan a la neurosis" (1925 [1976: 153]). La defensa utiliza determinados *mecanismos* que difieren por su grado relativo de coherencia con la realidad tal como se la percibe. Con base en este principio se identifican defensas *egosintónicas*, cuando el mecanismo es coherente con las exigencias del yo, y *egodistónicas* o, como las define O. Fenichel, "patógenas", cuando la función yoica de examen de la realidad se interrumpe para ceder el paso a la reutilización de formas arcaicas de pensar, de percibir y de relacionarse con la realidad.

1] EL CONCEPTO DE DEFENSA. Fue el primer gran descubrimiento del psicoanálisis y perdura como una de sus principales contribuciones. Es enunciado por primera vez en el ensayo sobre *Las neuropsicosis de defensa* (1894), donde se presenta la hipótesis de que el neurótico y el psicótico, entonces poco diferenciados, se defienden de las representaciones incompatibles. Freud describe allí tres métodos de defensa en tres formas de enfermedad: la *represión* como característica de la histeria, la *formación reactiva* como característica de la neurosis obsesiva, y la *evasión* como característica de la fobia. Freud, volviendo al argumento en *Inhibición, síntoma y angustia* (1925), escribe: "En conexión con las elucidaciones acerca del problema de la angustia he retomado un concepto –o, dicho más modestamente, una expresión– del que me serví con exclusividad al comienzo de mis estudios, hace treinta años, y luego había abandonado. Me refiero al término "proceso defensivo" ('*Abwehrvorgang*'). Después lo sustituí por el de 'represión' (esfuerzo de desalojo), pero el nexo entre ambos permaneció indeterminado. Ahora opino que significará una segura ventaja recurrir al viejo concepto de 'defensa' estipulando que se lo debe utilizar como la designación general de todas las técnicas de que el yo se vale en sus conflictos que eventualmente llevan a la neurosis, mientras que 'represión' sigue siendo el nombre de uno de estos métodos de defensa en particular, con el cual nos familiarizamos más al comienzo, a consecuencia de la orientación de nuestras indagaciones" (1925 [1976: 152-153]).

En la historia del psicoanálisis, después de Freud, el siguiente paso fue la publicación de *El yo y los mecanismos de defensa* (1936) de Anna Freud, donde clasifica nueve mecanismos de defensa que su padre describió de manera no sistemática en sus obras. En 1966, en un prefacio a esta obra, A. Freud escribe: "Si en 1936 bastaba con enumerar e ilustrar los mecanismos del yo, estudiar la cronología y evaluar el alcance desarrollado en conjunto por la organización de las defensas para la conservación de la salud o de la enfermedad, ya no se puede hacer esto hoy sin relacionar las adquisiciones defensivas del yo con sus otros aspectos, es decir, con sus deficiencias primarias, sus aparatos y sus funciones, sus autonomías, etc." (1936: 151). Después del trabajo sistemático de A. Freud trabajaron sobre los mecanismos de defensa O. Fenichel, quien clasificó los mecanismos "patógenos", M. Klein, quien especificó los "primarios" como la escisión del objeto, la negación de la realidad psíquica, la identificación proyectiva, K. Horney, que dio a conocer otros mecanismos, como la búsqueda de poder, del prestigio, la posesión, la competitividad neurótica, y H.P. Laughlin, quien agregó otros como la idealización, la compensación, la fantasía.

Por lo que se refiere a la relación defensa-enfermedad, la historia del psicoanálisis registra dos posiciones, ambas con sus raíces en la obra de Freud. La primera sostiene una correspondencia entre cualidad de la enfermedad neurótica y cualidad de la defensa, y asume la defensa como criterio característico de la neurosis (donde las formas defensivas asumirían las características de la represión, de la formación reactiva y de la regresión) y de la psicosis (donde las formas defensivas serían negación, aislamiento y escisión). La segunda posición renuncia a esta correspondencia con base en el principio que enunció Freud en 1912 cuando, después de describir muchos casos, afirma: "El psicoanálisis nos ha advertido que debemos resignar la infecunda oposición entre momentos externos e internos, destino y constitución, enseñándonos que la causación de una neurosis se halla por regla general en una determinada situación psíquica que puede producirse por diversos caminos." (1912 [1976: 245]).

2] LOS MECANISMOS DE DEFENSA. Los mecanismos de defensa que el psicoanálisis señala entre los más adoptados pueden ser clasificados alfabéticamente de la siguiente forma (y para un estudio más amplio véanse cada una de las voces respectivas):

Actuación (*v.*). Intención de evitar enfrentarse con los propios conflictos inconscientes, buscando soluciones en el plano de la realidad, con el fin de resolver con acciones un conflicto interior que no se quiere reconocer.

Anulación (*v.*) de pensamientos, palabras, gestos o acciones que se logra mediante pensamientos y comportamientos de significado opuesto. Este tipo de defensa tiene un significado expiatorio.

Aislamiento (*v.*) de un pensamiento o de una experiencia desagradable de la carga afectiva relacionada o del contexto significativo en el que están implantados.

Denegación (*v.*). Defensa egodistónica que se niega a reconocer experiencias penosas, impulsos, datos de la realidad o aspectos de sí y del mundo perceptivo. Como actúa en contra del examen de la realidad, este tipo de defensa en ocasiones puede llevar al delirio.

Escisión (*v.*, § II, 3). Defensa de la angustia determinada por la ambivalencia del objeto, que se divide en "bueno" y "malo" para poder dirigir sobre las partes escindidas los sentimientos opuestos que éste inspira.

Formación reactiva (*v.*). Proceso defensivo que trata de dominar un impulso inaceptable, como por ejemplo un sentimiento agresivo, mediante la intensificación de la tendencia opuesta, como por ejemplo un exceso de solicitud y condescendencia.

Identificación (*v.*) con la persona o con el objeto perdido, perpetuando en la propia interioridad alguno de sus rasgos con el fin de calmar la depresión derivada por su pérdida.

Introyección (*v.*) en el sistema del yo del objeto externo para protegerse de la angustia de separación. La introyección es lo contrario de la **proyección** (*v.*).

Maniaca, defensa (*v.* **manía**). Fantasía de omnipotencia, acompañada de euforia, desinhibición, ilimitada confianza en sí mismo, para defenderse de manera reactiva de la depresión, imaginando tenerlo todo bajo control.

Negación (*v.*). Modalidad por la cual los contenidos reprimidos pueden llegar a la conciencia con la única condición de ser negados con proposiciones que, de acuerdo con los ejemplos de Freud, dicen: "Ahora usted pensará que quiero decir algo ofensivo, pero realmente no tengo ese propósito" (1925 [1976: 253]). La negación se distingue de la **denegación** (*v.*) porque no llega a un verdadero desconocimiento de la realidad interna y externa.

Neutralización (*v.*). Mecanismo de defensa egosintónico que permite "desagresivizar" y "desexualizar" la energía psíquica con miras a su utilización en actividades sublimadas (*v.* **sublimación**).

Obsesiva, defensa (v. **fobia**). Intención de defenderse de la propia ansiedad mediante rituales y comportamientos meticulosamente controlados con el fin de construir una barrera entre uno mismo y sus propias pulsiones.

Perceptiva, defensa. Aumento del umbral perceptivo respecto a estímulos que generan ansiedad o que asumen para el sujeto un significado reprochable.

Proyección (*v.*, § 3). Atribuir a otros un aspecto propio que se considera negativo, por lo que el sujeto puede censurarlo en los demás sintiéndose inmune.

Regresión (*v.*). Defensa de una angustia actual mediante técnicas de gratificación que pertenecen a un estadio psíquico precedente o infantil.

Represión (*v.*). Exclusión de la conciencia de representaciones relacionadas con una pulsión cuya satisfacción estaría en contraposición con otras exigencias psíquicas.

Sublimación (*v.*). Desplazamiento de una pulsión sexual o agresiva hacia una meta no sexual o no agresiva que encuentra una valorización en el nivel social. S. Freud la describió como "proceso [...] En ella, a las excitaciones hiperintensas que vienen de las diversas fuentes de la sexualidad se les procura drenaje y empleo en otros campos, de suerte que el resultado de la disposición en sí peligrosa es un incremento no desdeñable de la capacidad de rendimiento psíquico." (1905 [1976: 218]). La sublimación se considerada una defensa egosintónica que encuentra **aceptación social** (*v.*).

BIBLIOGRAFÍA: Fairbairn, W.R.D. (1946); Fenichel, O. (1945); Ferenczi, S. (1912); Freud, A. (1936); Freud, S. (1894); Freud, S. (1905); Freud, S. (1912); Freud, S. (1925); Hartmann, H. (1927); Horney, K. (1939); Klein, M. (1978); Laughlin, H.P. (1970); Madison, P. (1961); Rycroft, C. (1962).

defensa, neuropsicosis de
v. NEUROSIS, § 1.

defensa, psiquismo de
v. PSIQUISMO DE DEFENSA.

deficiencia mental
v. RETARDO MENTAL.

déficit (al. *Defizit*; fr. *déficit*; ingl. *deficit*; it. *deficit*)

Término latino adoptado para indicar una insuficiencia en el desarrollo de la personalidad o de cualquiera de sus aspectos. El déficit se puede expresar en términos cuantitativos indicados mediante **cocientes** (*v.*) que se obtienen sometiendo al sujeto a una serie de tests idóneos para medir el aspecto que se intenta indicar.

definición (al. *Definition*; fr. *définition*; ingl. *definition*; it. *definizione*)

Identificación del significado de un término mediante otros términos cuya comprensión se aseguró con anterioridad. Como proceso no puede proceder llegar al infinito; cada ámbito de discurso debe prever la existencia de términos no definidos cuya comprensión se asume por principio. Si el ámbito hace referencia a lenguajes artificiales, como los de la lógica y la matemática, la definición será simplemente un acuerdo; en los demás casos será la indicación del uso corriente del término o de la clase de objetos a los que el término se refiere, exponiendo los procesos de acuerdo con los cuales se construyen las clases.

deflación (al. *Deflation*; fr. *déflation*; ingl. *deflation*; it. *deflazione*)

Recaída muy rápida a la situación emotiva de base, después de una fuerte euforia (*v.* **ciclotimia**).

deformación (al. *Entstellung*; fr. *déformation*; ingl. *distorsion*; it. *deformazione*)

Efecto conjunto del trabajo del sueño (*v.* **sueño**, § II, 2), a través del cual, por motivos de **censura** (*v.*), el contenido **latente** (*v.*) se transforma de tal manera que difícilmente se reconoce el contenido manifiesto. Según S. Freud "tenemos derecho entonces a suponer que los causantes de la plasmación onírica son dos poderes (o corrientes, o sistemas) que hay en cada individuo, de los que uno forma el deseo expresado mediante el sueño, mientras que el otro ejerce una censura sobre ese deseo onírico y por ende lo obliga a desfigurar su exteriorización." (1899 [1976: 162]). La deformación del sueño es tanto más acentuada cuanto más reprobable es el deseo latente o más severas son las exigencias de la censura. Los mecanismos que actúan en la deformación son la **condensación** (*v.*), el **desplazamiento** (*v.*), la **representación** (*v.*, §1) y la **elaboración** (*v.*, § 2) secundaria.

BIBLIOGRAFÍA: Freud, S. (1899).

degeneración (al. *Ausfallserscheinung*; fr. *dégénérescence*; ingl. *degeneration*; it. *degenerazione*)

Anomalías del sistema nervioso o de otros órganos, que surgen por algún defecto en el curso del desarrollo y que se agrupan en típicos complejos sintomáticos de signos morfológicos y funcionales. En ocasiones estas anomalías se acumulan en algunas familias, dándoles un sello que se reconoce por determinadas características. El concepto de degeneración dividió a las escuelas psiquiátricas en torno a la posibilidad de deducir, por el aspecto corporal, los signos de la enfermedad psíquica, hipótesis ésta que sobrentiende que se deban buscar en el cuerpo las causas de la locura. Al respecto W. Griesinger escribió: "Estamos científicamente autorizados para vincular las funciones del alma al cuerpo y en especial al cerebro, como se vinculan las funciones a un órgano [...] y a considerar el alma inmediatamente y antes que nada como la suma de todos los estados del cerebro" (1845: 7). De estas premisas se desprende que "como la locura no es un complejo sintomático de diferentes estados del cerebro, se podría preguntar si es legítimo, en general, hacer de las enfermedades mentales un estudio especial y separado de las otras afecciones del cerebro, o si más bien la psiquiatría no debería formar parte por completo, al menos formalmente, de la patología cerebral" (1845: 12). K. Jaspers, aun afirmando que "la degeneración es un concepto que, si se quiere precisar en relación con hechos empíricos, se disuelve y, en la intención de llegar a las fuentes últimas de la vida, fracasa", sostiene que "la doctrina de la degeneración que evolucionó a partir de las anomalías morfológicas de las formas del cuerpo, no obstante ser criticada y rechazada por nosotros, tiene aún un fundamento que, aunque no podemos reconocer, de algún modo no podemos descuidar del todo. Prácticamente no podemos deducir las consecuencias, pero tales formas no nos son indiferentes" (1913-1959: 290-291). Un posible uso de la degeneración y de la teoría que sobre ésta se puede construir lo indicó Jaspers en la **fisiognómica** (*v.*), que establece una relación entre estructura del cuerpo y cualidades psíquicas, como ocurre en la tipología de E. Kretschmer, cuyos "tipos significan –según la opinión de Jaspers– figuras, vistas intuitivamente, que aclaran y enriquecen nuestra visión, como lo hace el arte, no como lo haría el pensamiento conceptual" (1913-1959: 292).

BIBLIOGRAFÍA: Curtius, F. (1933); Gaston, A. (1987); Griesinger, W. (1845); Jaspers, K. (1913-1959); Kretschmer E., (1921).

déjà vu, experiencia de
v. MEMORIA, § 8, *d.*

Delboeuf, ilusión de
v. ILUSIÓN, § 4, *e.*

deliberación (al. *Beschlussfassung*; fr. *délibération*; ingl. *deliberation*; it. *deliberazione*)

Proceso de reflexión en el que se evalúan y comparan diferentes alternativas posibles para después llegar, mediante la **decisión** (*v.*), a una **elección** (*v.*), que puede ser obstaculizada o retrasada por un conflicto entre dos o más alternativas. Cuando el proceso de deliberación está ausente, se habla en general de comportamiento impulsivo.

delincuencia (al. *Verbrechertum*; fr. *délinquance*; ingl. *delinquency*; it. *delinquenza*)

Conducta social desadaptada que se manifiesta en la infracción de las normas vigentes y de las reglas compartidas, y que en ocasiones llega a verdaderas acciones criminales. Delincuencia y criminalidad son conceptos relativos a la norma en vigor en el contexto social en el que se cumple la acción objeto del juicio ético, y además relacionados con la época histórica, que puede registrar una disminución o un aumento del umbral de tolerancia, por lo que en el ámbito psicológico existen modelos explicativos del comportamiento delincuente o criminal que con frecuencia se alejan del cuadro teórico de referencia.

1] EL MODELO BIOLÓGICO-CONSTITUCIONAL. Supone la existencia de un determinante biológico en la base del comportamiento delincuente o criminal; se buscan las correlaciones entre este último y rasgos físicos específicos o características genéticas. Esta orientación, que se inició con las teorías de C. Lombroso, abarca, por ejemplo, los recientes estudios que conjeturan un vínculo estrecho entre determinadas anomalías cromosómicas y delincuencia. Actualmente algunos seguidores de esta corriente observaron, entre los criminales, una preponderancia del tipo de constitución mesomorfa, asociada, a su vez, con el tipo de personalidad extrovertida (*v.* **tipología**, § 1). Otros investigadores, entre ellos J. Lange, realizaron numerosas investigaciones en gemelos, con el fin de identificar algún elemento genético en la base de la delincuencia, pero los resultados obtenidos, si bien destacan la existencia de algunas constantes, no sirven para confirmar la hipótesis de base, puesto que los gemelos, además del patrimonio genético, comparten también el contexto de la primera infancia. Otras investigaciones se desarrollaron después de que se observó en la población criminal un porcentaje más alto de sujetos afectados por el síndrome cromosómico XYY con respecto al resto de la población (*v.* **genética**, § 2).

2] EL MODELO PSICOANALÍTICO. En este ámbito la propensión a la delincuencia y a la criminalidad se remonta a los conflictos con las figuras paternas durante el período de la infancia en el que se desarrolla la conciencia moral. En consecuencia se considera que en la mayor parte de los casos los delincuentes son sujetos psicóticos (*v.* **psicopatía**) o "casos límite" (*v.* **marginal, síndrome**, § 1), en los cuales la formación del superyó se realizó de modo incompleto, con la consiguiente carencia del control de las pulsiones, o hubo identificación con personas criminales, con la respectiva atribución de la acción criminal a instancias superyoicas. Según S. Freud existen "criminales por sentimiento de culpa" que cometen delitos con miras al castigo que a sus ojos los rescata de los profundos sentimientos de culpa vinculados a los deseos edípicos, mientras que teorías psicoanalíticas más recientes relacionan las conductas criminales con trastornos emotivos padecidos en los primeros años de vida en la relación con la madre, o con contextos socioeconómicos y afectivos de grave deprivación (*v.* **privación**).

3] EL MODELO CONDUCTISTA. Se considera que la delincuencia está determinada por un fracaso en el aprendizaje y, en especial, en el proceso que O.H. Mowrer describió como "condicionamiento pasivo de evitación", determinado por la asociación con determinadas acciones prohibidas cumplidas por el niño espontáneamente, por un estado emotivo desagradable creado por el castigo; por efecto de tales asociaciones con sólo imaginar el acto prohibido basta para recordar la sensación desagradable e impedir que el acto se cumpla realmente. Según H.J. Eysenck la criminalidad es el resultado de una insensibilidad general congénita al condicionamiento, que se observa sobre todo en los individuos extrovertidos, que por lo tanto deben ser educados con procedimientos especialmente penetrantes.

4] EL MODELO PSICOSOCIAL. Este ámbito se ocupa de todos los elementos ambientales, como las condiciones familiares, culturales y económicas que pueden favorecer el desarrollo de la delincuencia, sin descuidar la influencia de los medios masivos de comunicación y de los procesos de identificación con las formas de crimen difundidas. Según N. Mailloux, en la base y en el origen de la estructura psicológica de la delincuencia estaría la proyección, por parte de la familia, de una imagen negativa, por lo general producto de la inseguridad de los padres, que se expresa en el temor de que el hijo termine mal, o en un exceso de protección, que deja entrever la desconfianza. Fuera de la familia el muchacho especialmente sensible a todos los juicios negativos pasa por la escuela o por las primeras experiencias de trabajo buscando una confirmación de tal imagen negativa. Según P.A. Achille la búsqueda de la identidad mediante la socialización se da en grupos en los que la identidad negativa encuentra un sustento y un apoyo, y los impedimentos del superyó todavía eficientes son obligados a callar por la voz de un superyó de grupo que lo remplaza. La identidad se alcanza mediante el comportamiento que el grupo impone como prueba de tal pertenencia, por lo que el joven poco a poco empieza a creer que "es" lo que "hace", mientras el grupo se encarga de suprimir, con su solidaridad, el sentimiento de culpa, mediante técnicas como: a] la negación de la *responsabilidad*, por lo que se proclama haber actuado bajo el impulso de fuerzas irresistibles; b] la negación de la *ofensa*, con lo que no se niega haber cometido un acto sino el daño causado o el alcance de la acción, y se rompe así el vínculo entre la persona y sus acciones, al igual que entre el acto y sus consecuencias; c] la minimización del valor de la víctima, a la que se juzga distraída o provocadora; d] la

proyección generalizada de las reglas del grupo delincuente a todos los grupos sociales, que se alimentarían de las mismas reglas de manera más refinada o menos manifiesta; e] la fidelidad al grupo dentro del cual madura la identidad personal, de manera que por un miembro se debe hacer todo, hasta asumir toda la responsabilidad, aunque se sea responsable sólo en parte.

M.F. Thraser clasificó cinco tipologías de grupos delincuentes: a] el tipo *difuso*, con solidaridad y fidelidad de los miembros lábiles y de breve duración, con líderes inexistentes u ocasionales; b] el tipo *solidificado*, que nace con la superación de conflictos intensos y frecuentes dentro del grupo, lo cual permite la selección de los miembros y su homogenización definitiva; c] el tipo *convencional*, que funciona como una verdadera asociación para la defensa de determinados intereses respecto a las influencias externas, que por lo tanto sirven de elemento de cohesión del grupo mismo; d] el tipo *criminal*, que resulta de la evolución prolongada del tipo difuso y del solidificado, y que nunca se introduce en una comunidad social; e] la *sociedad secreta*, con los rituales del secreto, ritos de iniciación, terminología de mando, códigos referentes al prestigio de los miembros del grupo. Lo que promueve estas tipologías de grupo es la disparidad entre aspiraciones y posibilidades de éxito. Esto explica por qué los sujetos "delincuentes" proceden principalmente de las clases sociales más bajas, que encuentran en el grupo el punto de apoyo para lograr lo que individualmente se sienten incapaces de hacer.

No obstante la aparente incompatibilidad de las hipótesis explicativas formuladas a partir de las diferentes orientaciones teóricas, hoy se registra la tendencia a integrar los diferentes sectores de investigación en una concepción, elaborada sobre todo en el ámbito de la psicología criminal (v. **psicología forense**, § 2), que tiende a considerar a la delincuencia y la criminalidad como resultado, no de una sola causa, sino de una compleja interacción de varios factores, difícilmente aislables entre sí, que intervienen para definir la tipología sociopática (v. **psicología social**, § 5).

BIBLIOGRAFÍA: Achille, P.A. (1972); Battacchi, M.W. (1970); Bertolini, E. (1971); Canepa, G. (1978); Casey *et al*. (1966); Cohen, A.K. (1955); Di

Leo, G. (1981); Eysenck, H.J. (1964); Freud, S. (1916); Friedlander, K. (1947); Grygier, T., J. Chesley y E.W. Tuters (1969); Heuyer, G. (1969); Lombroso, C. (1878); Mailloux, N. (1962); Mowrer, O.H. (1960); Palmer, S. (1976); Parenti, F. (1978); Scaparro, F. y G. Roi (1992); Thraser, M.F. (1966); Wes, D. y D.P. Farrington (1977).

delirio (al. *Wahn*; fr. *délire*; ingl. *delirium*; it. *delirio*)

Idea o conjunto de ideas que, aun sin tener correspondencia alguna con los datos de la realidad, no ceden a los argumentos de la discusión ni a los desmentidos de la experiencia. Dichas ideas de importancia central en la visión del mundo del delirante, resultan inaccesibles a las personas que pertenecen a su mismo ámbito cultural. Se suele diferenciar un delirio *lúcido*, en el que el sujeto está tranquilo y presente en la realidad en la que vive, de un delirio *confuso*, que surge y se acompaña de una alteración del estado de conciencia. K. Jaspers distingue entre *ideas deliroides* (*wahnhafte Ideen*) y verdaderas *ideas delirantes* (*echte Wahnideen*); las primeras están en la base de los delirios llamados *comprensibles*, porque se pueden rastrear hasta contenidos psíquicos que de algún modo las justifican, como un delirio de ruina en una fase depresiva o en una situación especial, como el encarcelamiento o el aislamiento social; las segundas se encuentran en la base de los delirios *incomprensibles*, que son para Jaspers los típicos de la esquizofrenia y de la paranoia (*v.* **psicología comprensiva**). También E. Kretschmer habla de *condición deliroide* a propósito del delirio paranoico que no evoluciona en esquizofrenia, sino que se cristaliza "enquistándose" en la personalidad del individuo sin ulteriores elaboraciones, o bien desaparece por completo.

1] GÉNESIS DEL DELIRIO. Las contribuciones más significativas en este sentido provienen de la psiquiatría de orientación fenomenológica (*v.* **análisis existencial**) y de la antipsiquiatría (*v.* **psiquiatría**, § 8). Partiendo de la convicción de que cada uno de nosotros tiene una visión particular del mundo, sobre la base de la cual organiza lo real, cuando esta visión, que es diferente en cada sujeto, sobrepasa cierto límite de experiencia común estamos en presencia de un delirio. G. Jervis subraya que lo que se desestructura es ante todo la categoría de la *familiaridad* con la que cada uno de nosotros suele tratar las cosas como extrañas o familiares. En condiciones de aislamiento, de opresión y de exclusión es posible que la familiaridad de las cosas ceda a favor de su total extrañeidad, que requiere, para poderla dominar y para reducir la ansiedad que siempre acompaña el encuentro con cosas desconocidas, una reorganización del mundo basándose en una idea que permita rastrear todas las cosas hasta puntos de referencia que, aunque no correspondan a lo real, le permitan al sujeto reconocerlas, evitándole la experiencia de habitar en un mundo por completo extraño.

Un segundo motivo que puede estar en la base de una formación delirante es, siempre para Jervis, la condición de *pasividad*, que implica la sensación de estar dominado por la realidad sin poder determinarla. Para liberarse de esta opresión existe la posibilidad, mediante el delirio, de inventarse una realidad o nexos de realidad que le permitan al delirante un mínimo de control. Lo mismo puede decirse sobre las condiciones de *aislamiento*, donde falta la interpretación social común de la realidad, suplantada por una interpretación privada. Estas dos condiciones, escribe Jervis, se influyen recíprocamente: "La experiencia de pasividad y la experiencia de aislamiento se refuerzan mutuamente: quien se siente 'pasivizado' por los acontecimientos y por la situación en la que se encuentra tiende a estar aislado de los demás y a aislarse de la realidad; quien está en situación de aislamiento de los demás tiende a sentirse 'pasivizado', influido, amenazado e impotente respecto a los acontecimientos" (1975: 245).

En las psicosis endógenas (*v.* **psicosis**, § 2, *c*) el delirio es el resultado de la pérdida de la relación consigo mismo, con la consiguiente pérdida de control de la realidad, a la que se dota de una interpretación diferente. Al mismo resultado se llega cuando, en presencia de fracasos o de un acto malogrado que no se pueden aceptar porque contradicen mucho la imagen que cada uno quiere preservar de sí mismo, se va a buscar responsables externos a quien achacarles el propio fracaso. Pueden encontrarse actitudes semidelirantes en personalidades con rasgos de carácter rígido y desconfiado, y por lo tanto poco adaptables a la realidad, o bien en personas que, gozando de una posición social elevada, están inclinadas a sospechar continuas amenazas a su poder.

Desde el punto de vista psicoanalítico la génesis del delirio tiene su explicación en el mecanismo de la **proyección** (v., § 3), por el cual se atribuyen a otros intenciones o actitudes que en realidad son propias. Así, por ejemplo, el temor de ser agredidos esconde con frecuencia una agresividad propia que no se quiere reconocer. Al atribuírsela al otro, la proyección permite tratar como algo lejano a nosotros la negatividad que nos pertenece pero que no logramos aceptar (v. **formación de compromiso**).

2] FUNCIÓN DEL DELIRIO. La génesis del delirio permite comprender su función, que generalmente es en esencia protectora, por lo que se necesita mucha cautela antes de "deshacer" un evidente delirio. El delirio que permite reestructurar una realidad que no se domina, ofrece un núcleo de significado alrededor del cual es posible reorganizar un mundo que, aunque sea de manera alterada, comienza a funcionar de nuevo. La explicación, aunque delirante, reactiva una existencia que se había bloqueado, ofrece un sentido al mundo que se habita y un significado, incluso hasta un protagonismo, al individuo mismo en ese mundo. Desde este punto de vista la función protectora del delirio, llamada también *reorientación en el delirio*, es aquella de la que, por ejemplo, escribe S. Freud: "y el paranoico lo reconstruye [al mundo], claro que no más espléndido, pero al menos de tal suerte que pueda volver a vivir dentro de él. Lo edifica de nuevo mediante el trabajo de su delirio. *Lo que nosotros consideramos la producción patológica, la formación delirante, es, en realidad, el intento de restablecimiento, la reconstrucción*." Las cursivas pertenecen a la edición de Amorrortu. (1910 [1976: 65]).

Sobre este tema regresa Jervis, para quien "el delirio como interpretación del mundo nace en el momento en que el sujeto busca *mensajes*, símbolos, una clave que le explique quién es él mismo y qué cosa es el mundo, qué cosa realmente está sucediendo, cómo puede entrar en este mundo que lo domina pero del cual está excluido y sobre el cual no tiene poder. El sujeto trata de reconstruir una realidad que se le disgregó parcialmente y que lo invade en una serie de fragmentos de experiencia, separados entre sí y ya no plenamente significativos. El mundo le parece insoportablemente extraño, hostil, amenazante, falso y desestructurado. La *reestructuración* de la realidad parte de una *interpretación de significado* alrededor de la cual todo el mundo se reorganiza y, por así decirlo, comienza a funcionar de nuevo. La *explicación* (delirante) reactiva una existencia que se había bloqueado en la angustia, en la pasividad, en la pérdida del sentido de las cosas. Inesperadamente el sujeto *intuye*: está invadido por fuerzas extrañas, algo sucede, existe un complot, o un encubrimiento; algo se le esconde pero él comienza a entender, ve significados nuevos y cifrados. Es el delirio. El delirio aquí tiene importantes afinidades psicológicas con la conversión religiosa, con la iluminación poética, y también con la percepción alterada, inducida en ocasiones por ciertas sustancias llamadas impropiamente alucinógenas" (1975: 245-246).

Sobre la función reestructurante del delirio también insiste E. Borgna, para quien "la esencia del problema está constituida, en cada caso, por el sentido, o por el contrasentido, que el delirio tiene en la vida del paciente. Una postura terapéutica adecuada hacia el paciente que delira (o que alucina) no puede ser la orientada a la eliminación de las manifestaciones psicóticas. Las experiencias delirantes y también las alucinatorias pueden sintetizar en sí mismas el sentido de una *nueva* fundación de relaciones: es decir, el sentido de una compensación fenomenológica que llene el vacío creado por la laceración psicótica. En la nulificación sin problemas del delirar y del alucinar (en esto existe una profunda afinidad entre los dos fenómenos) puede suceder que no sólo no haga ningún significado terapéutico real, sino que se queme la última desesperada razón de sobrevivencia, unida sólo a la presencia de las experiencias psicóticas" (1988: 96).

3] FORMAS DE DELIRIO. Los delirios, que pueden ser agudos, aislados, recurrentes o crónicos, se clasifican basándose en su contenido y se los distingue por las *ideas dominantes* (v. **idea**, § 6), que no son, como los delirios, convicciones y certezas, sino simples temores, preocupaciones o intereses que asumieron para el sujeto una importancia excesiva, has ta el punto de alterar la continuidad de la experiencia y su fluir habitual (*v.* **pensamiento**, § III, 2, *b*). La terminología de los delirios prevé, en orden alfabético:

delirio de celos, caracterizado por la interpretación de los detalles más insignificantes del comportamiento de la pareja como indicio y prueba de la traición. Es frecuente en los sujetos afectados por el **alcoholismo** (*v.*, § 6, *d*);

delirio de compensación de una situación vivida como negativa o desagradable, como por ejemplo una esterilidad, compensada por un delirio de gravidez;

delirio de culpa, típico de los melancólicos que se atribuyen culpas jamás cometidas para dar una justificación y una consecuencia a las penas que padecen (*v.* **culpa**, § 2);

delirio erótico de quien está convencido de ser secretamente amado por una persona por lo general importante o encumbrada;

delirio fantástico, que se alimenta de teorías filosóficas, religiosas, científicas, que resuelven problemas hasta ahora insolubles;

delirio de grandeza, que pone al protagonista en el centro de un destino grandioso (*v.* **megalomanía**);

delirio de interpretación, llamado "locura razonada" porque obedece a una necesidad de explicar todo de acuerdo con un sistema fundamental de significados privados;

delirio de negación, frecuente en los ancianos deprimidos, convencidos de que el mundo está llegando a su fin y que su propio cuerpo está muerto o vacío de vísceras;

delirio de persecución, típico de quien está convencido de la existencia de un complot en su contra, y por lo tanto está obligado a defenderse y sospechar de todos (*v.* **persecución**);

delirio del quejoso, que se centra en un daño realmente sufrido o imaginado, activando conductas que se expresan con solicitudes escritas, manifiestos, citatorios a juicio y semejantes;

delirio de referimiento, en el que el sujeto tiene la impresión de que todos se refieren a él con miradas, gestos y alusiones a su persona. Este delirio también es llamado paranoide (*v.* **paranoia**, § 3);

delirio de ruina (económica, familiar, de posición o de prestigio), frecuente en las formas depresivas acompañadas de delirio de culpa.

4] DELIRIO Y RACIONALIDAD. Los delirios casi siempre son individuales y es discutible hablar de *delirios colectivos*, como en el caso de interpretaciones religiosas o mágicas comunes a grupos, sectas o poblaciones completas, porque en este caso su elaboración y la posibilidad de compartirlas que alcanzan hacen utilizables en el nivel social los temas a los que se aplican. Lo que pensado individualmente puede parecer un delirio, con frecuencia es parte de una cultura dentro de la cual el delirio permite una elaboración significativa de la realidad. Es necesario abstenerse de asumir como norma para una correcta interpretación de lo real los criterios de la racionalidad históricamente vigente, respecto a la cual todas las formas que no están reguladas por ella, pueden parecer delirantes. A este propósito E. Borgna escribe que "la metamorfosis de los significantes (no su disolución, que se da en ulteriores niveles de deconstrucción semántica de lo real) define, desde otro ángulo, la *Gestalt* radical de cada experiencia delirante. En ésta lo real asume inesperadamente *otro* sentido y *otra* profundidad; nuevas vías se abren en el mundo crepuscular de las percepciones, y se va configurado una nueva identidad personal. La conciencia de un real distinto (diferente del que habitualmente tenemos delante de nosotros) no es, en el fondo, sino la conciencia de que *en lo* real los significantes se transforman vertiginosamente" (1988: 90). Partiendo de estas premisas "la fenomenología del delirio –escribe Borgna– intenta tomar esta realidad al articularse como *discurso*, que no puede compararse con las habituales definiciones sintomatológicas de que se sirve la psiquiatría clínica anclada al método de fundación e investigación de las ciencias naturales" (1988: 87).

A. Gaston insiste sobre la necesidad de superar la estructura de categorías de la psiquiatría clínica para una correcta interpretación del delirio; para él "la psiquiatría clásica, con su procedimiento naturalista, despoja de toda manifestación antropológica la inefable y extraordinaria experiencia psíquica que llamamos *delirio*, reduciéndola a simple síntoma, signo directo de una enfermedad, conocida o desconocida, que altera el funcionamiento de la mente. De esta manera el delirio circunscrito en la definición formal de trastorno del pensamiento y bloqueado en las oposiciones objetivantes de primario/secundario, derivable/inderivable, comprensible/incomprensible, pierde toda su movilidad existencial y asume el mismo valor sintomático que una simple fiebre o una banal inflamación sin importancia. Así se separa una compleja experiencia psíquica de la profundidad del alma que la generó. Si en cambio, como tratan de hacer muchos fenomenólogos, vemos el delirio en su globalidad de experiencia-distinta, más allá de su cristalización sintomática, como una de las formas de ser y de hacerse en el mundo, vuelve a adquirir su antiguo valor de gran figura de la locura. Cuando se lo observa en esta dimensión el delirio no puede agotarse en la simple definición de error incorregible del juicio o de falsificación personalista y acrítica de la realidad, manifestación inmediata del mal funcionamiento de una estructura, sino que se presenta como una posibilidad diferente y peculiar de relación yo-mundo" (1987: 141-142).

BIBLIOGRAFÍA: Basaglia, F. y F. Basaglia Ongaro (1971); Binswanger, L. (1965); Borgna, E. (1988); Federn, P. (1952); Freud, S. (1910); Gaston, A. (1987); Halleck, S.L. (1971); Jaspers, K. (1913-1959); Jervis, G. (1975); Kretschmer, E. (1922); Laing, R.D. (1959); Lemert, E. (1962); Reed, G. (1972); Serieux, P. y J. Capgras (1909); Shapiro, D. (1965).

delirium tremens
v. ALCOHOLISMO, § 6, a.

deliroide
v. DELIRIO.

delta, movimiento
v. PERCEPCIÓN, § 6, a.

delta, ritmo
v. ELECTROENCEFALOGRAFÍA.

demanda o petición (al. *Frage*; fr. *demande*; ingl. *request*; it. *domanda*)

Término que introdujo J. Lacan para indicar el lugar simbólico en el cual progresivamente se enajena el **deseo** (v., § 3). La demanda, que pertenece al orden del lenguaje, se sustituye con el dato psíquico del placer al que tienden las pulsiones y con el dato biopsíquico de la **necesidad** (v., § 4, a) del completamiento materno al que tiende el estado de carencia de ser o **hiancia** (v.). La necesidad primitiva del sujeto de ser un todo con su madre la impide el **padre** (v.), autor de la ley que prohíbe la identificación del sujeto con la madre. Reprimida e ignorada, la pulsión se sustituye con un símbolo que es la demanda de conocer y poseer. Entre deseo y demanda existe, para Lacan, una **dialéctica** (v., § 4): "El deseo se produce en el *más allá* de la demanda por el hecho de que al articular la vida del sujeto a sus condiciones, poda en ellas la necesidad, pero también se ahueca en su *más acá* por el hecho de que demanda incondicional de la presencia y de la ausencia, evoca la carencia de ser bajo las tres figuras del *nada* que constituye el fondo de la demanda de amor, del *odio* que viene a negar el ser del otro, y de lo *indecible* de lo que se ignora en su petición. En esta aporía encarnada [...] el deseo se afirma como condición absoluta" (1961: 625 [608]). Mediante la demanda, el deseo, siempre insatisfecho y siempre resurgente, se despliega en la palabra, y el lugar de este despliegue se llama **Otro** (v., § 1), que no es la suma de las personas interlocutoras, sino el orden mismo del lenguaje al que cada interlocutor debe someterse.

BIBLIOGRAFÍA: Lacan, J. (1961 [1984]).

demencia (al. *Dementia*; fr. *démence*; ingl. *dementia*; it. *demenza*)

Debilitamiento de las facultades mentales debido a la muerte de un importante número de células de la corteza cerebral que, en menor número, ya no son capaces de permitirle al sujeto elaborar los datos de su experiencia de manera útil para desarrollar las actividades de su vida cotidiana. Utilizado en el pasado como sinónimo de **locura** (v.), hoy el término se refiere al envejecimiento de las células de la corteza cerebral que se atribuye a causas que van desde la predisposición genética, que acelera el envejecimiento, a procesos arteriopáticos favorecidos por la hipertensión arterial y por la diabetes pasando por inflamaciones cerebrales (*v.* **encefalitis** y **meningitis**), lesiones traumáticas, y la ingestión de alcohol y drogas. Se puede incluir también en este cuadro la parálisis progresiva (*v.* **parálisis**, § 2), que es una forma de demencia debida a la infección del cerebro por el microorganismo de la sífilis.

I] EL CUADRO CLÍNICO. Las formas de aparición de la demencia son muchas y muy variables, y difíciles de diagnosticar. Sólo en una fase avanzada se pueden evidenciar:

1] *Trastornos de la memoria.* El paciente, además de no adquirir nuevas informaciones, olvida los hechos recientes conservando fragmentos de recuerdos pasados que con frecuencia revive como si fueran actuales. Reconoce las personas y los lugares habituales, pero es incapaz de recordar en correcta sucesión los diferentes episodios de su vida. El olvido de lo que se acaba de decir o de hacer lo lleva con frecuencia a continuas repeticiones. Constataciones experimentales demostraron que el orden de "desaprendizaje" sigue el del aprendizaje, por lo que, procediendo hacia el pasado, los recuerdos relativos a la infancia desaparecen al final, con una mayor sobrevivencia para los recuerdos que adquirieron una importancia personal para el sujeto.

2] *Trastornos de la acción.* El sujeto tiene dificultad para orientarse en el tiempo y en el espacio; pierde la familiaridad con los objetos, con la consiguiente dificultad para utilizarlos según el uso al que están destinados; pierde las costumbres familiares y usuales, hasta perder también, en los estadios más avanzados, los comportamientos más elementales.

3] *Trastornos de la atención, del juicio y de la previsión,* con los consiguientes comportamientos inadecuados a la situación y en ocasiones peligrosos, porque se obnubila la relación secuencial entre medios y fines o porque no se logra prever el efecto de las propias acciones.

4] *Trastornos del lenguaje,* con empobrecimiento del vocabulario y con aparición de manifestaciones afásicas y parafásicas (*v.* **afasia**) que dificultan la emisión verbal hasta el punto en que en ocasiones el lenguaje resulta incomprensible o repite ininterrumpidamente estereotipos lingüísticos.

5] *Trastornos del humor.* Cuando el paciente está consciente de su propia decadencia mental ocurren trastornos de carácter depresivo, acompañados de una especie de inquietud producida con frecuencia por la ansiedad ante el entorno; temiendo acciones inusitadas, aumenta los controles. Ya que las causas que forman la base del trastorno mental continúan actuando, el carácter progresivo de la demencia no concede formas de defensa, a no ser que se restrinja el campo de actividad a un ambiente conocido desde hace tiempo, dentro del cual el demente logra llevar adelante su vida gracias a hábitos establecidos y bien probados. La terapia es fundamentalmente ambiental, porque en estas manifestaciones los fármacos tienen una utilidad muy limitada. El restablecimiento en instituciones psiquiátricas es contraproducente porque obliga al paciente a enfrentar un ambiente nuevo, con nuevas reglas de vida y nuevas personas, frente a lo cual su capacidad mental se revela insuficiente y poco idónea para aprender una nueva realidad. La prevención de la demencia senil y arteriosclerótica consiste en una vida activa con estímulos culturales, normas dietéticas e higiénicas aptas para conservar en buenas condiciones el aparato circulatorio.

II] LA DEMENCIA SENIL Y PRESENIL. Excluyendo la "demencia precoz", que no es una forma de demencia, sino una vieja denominación de la **esquizofrenia** (*v.*), se suele diferenciar:

1] *La demencia senil.* Es la forma clásica de demencia que se manifiesta alrededor de los 70 años, revelando en el nivel clínico una atrofia cortical difusa, placas seniles, degeneración neurofibrilar y gránulo-vacuolar, y en el nivel fenoménico trastornos mnésicos, episodios de confusión, pérdida, con manifestación de comportamientos descuidados o peligrosos, ideas depresivas o persecutorias. Después el proceso demencial se vuelve global, con desorientación espaciotemporal, decaimiento mental generalizado, trastornos de la afectividad, con estados de apatía alternados con estados de ansiedad. La terapia es solamente sintomática o de asistencia general. En este cuadro entra la *presbiofrenia de Wernicke,* que es una forma clínica caracterizada por el predominio de los trastornos mnésicos.

2] *La demencia presenil*. Aparece entre los 50 y los 60 años bajo las siguientes formas:

   a] *el mal de Alzheimer*, caracterizado por lesiones múltiples de los tejidos cerebrales que interesan las regiones hipocámpicas y retrorolándicas, mientras que generalmente las circunvoluciones centrales, frontales y parietales no se ven afectadas. Esta forma de demencia comprende tres estados; en el primero aparecen las deficiencias intelectuales de la demencia, pero queda bien conservada la afectividad por lo que el enfermo presenta todavía buena iniciativa y osadía; en el segundo estadio se desarrollan los síndromes típicos de la enfermedad, como **afasia** (*v.*), **alexia** (*v.*), **agrafia** (*v.*), **agnosia** (*v.*), **logoclonía** (*v.*), necesidad de movimiento y repetición de acciones sin sentido. Las condiciones psicopatológicas se agravan progresivamente hasta llegar, en el tercer estadio, a un empobrecimiento intelectual completo y a una casi total pérdida de las funciones simbólicas. En un período que varía de los cuatro a los seis años sobreviene la muerte;

   b] *la enfermedad de Pick*, una atrofia cerebral circunscrita al área frontotemporal, con rarefacción neuronal y gliosis astrocitaria. Al microscopio las células aparecen inflamadas, con citoplasma claro y núcleo excéntrico. Los primeros signos son apatía, indiferencia, liberación de los instintos, impulsividad, regresión al nivel oral, que se manifiesta con glotonería y tendencia a llevarse a la boca objetos comestibles y no comestibles. Al progresar la enfermedad se llega al mutismo y a la pasividad total, incontinencia de esfínteres, **caquexia** (*v.*) y, por último, la muerte;

   c] *la enfermedad de Creutzfeldt-Jakob*, una forma de demencia determinada por un virus aún no identificado, cuya acción tiene una evolución patógena lenta. Las lesiones histológicas se caracterizan por rarefacción neuronal que interesa la corteza cerebral y en ocasiones los núcleos grises.

III] OTRAS FORMAS DE DEMENCIA. 1] *Demencia alcohólica*. Agravamiento del *síndrome de Korsakoff* (*v.* **alcoholismo**, § 6, *b*), caracterizado por deterioro de la memoria y de las facultades intelectuales, inestabilidad emotiva, deca-

dencia del comportamiento y del cuidado de sí mismo. Es frecuente la evolución del síndrome hacia un cuadro de **caquexia** (*v.*), con un final negativo.

2] *Demencia arteriosclerótica*. Se manifiesta después de los 60 años con lesiones múltiples de origen vascular de los tejidos cerebrales. Es favorecida por intoxicaciones crónicas de alcohol o tabaco, desequilibrios metabólicos, especialmente de grasas, y grandes tensiones en la vida pasada del sujeto. La enfermedad surge con una sintomatología de tipo depresivo acompañada en ocasiones de rasgos delirantes. Se observa insomnio, irritabilidad, deficiencia de la memoria para los acontecimientos recientes, pensamiento pueril, desórdenes espaciotemporales, aumento de la reactividad emotiva, con propensión al llanto y a la risa sin una correspondencia adecuada en términos de afectividad.

3] *Demencia epiléptica*. Debida, según la mayoría, a la degeneración de las células nerviosas después de alteraciones circulatorias durante los episodios convulsivos. Se registra en no más de 5% de los epilépticos.

4] *Demencia infantil*. Término en progresivo desuso, en su momento utilizado para describir una serie de trastornos cerebrales degenerativos crónicos de la infancia, incluyendo la psicosis infantil y el **autismo** (*v.*) infantil precoz. El cuadro describe una progresiva desestructuración de la personalidad con trastornos del lenguaje, que tiene cada vez más lagunas y se vuelve incomprensible, desaparición casi total de los afectos y de las funciones cerebrales superiores (corteza cerebral).

5] *Demencia postraumática*. Reducción o ausencia de las facultades intelectuales debidas a lesión cerebral. No se registra correlación entre la gravedad del trauma y la gravedad de las consecuencias psiquiátricas postraumáticas. Sólo se nota que individuos con personalidad pretraumática neurótica tienden a desarrollar formas dementes cada vez más graves.

BIBLIOGRAFÍA: Alzheimer, A. (1907); Chown, S. M. (1972); Jervis, G. (1975); Pearce, J. y E. Miller,

(1973); Perusini, G. (1910); Pick, A. (1901); Slaby, A.E. y R.J. Wyatt (1974); Spinuler, M. (1981); Wernicke, C.K. (1894); Williams, M. (1970).

demencia precoz
v. ESQUIZOFRENIA.

demofobia (al. *Demophobie*; fr. *démophoie*; ingl. *demophobia*; it. *demofobia*)

Miedo obsesivo a las muchedumbres y a las aglomeraciones, interpretado por el psicoanálisis como una defensa del individuo de sus propios impulsos exhibicionistas y escopofílicos (v. **escopofilia**).

demografía (al. *Demographie*; fr. *démographie*; ingl. *demography*; it. *demografia*)

Ciencia que se ocupa de la estructura y de las transformaciones de una población mediante la obtención de datos y el análisis estadístico orientado a los llamados "caracteres demográficos" de aquélla, que son los parámetros de edad, sexo, nivel económico, que sirven como diferenciadores de la cualidad de las respuestas. Esta acepción específica del término, que es la más utilizada en psicología, no descuida la acepción más general de la demografía entendida como problema de la cantidad de la población estudiada en el nivel biótico en el ámbito de la **ecología** (v., § 1).

demoniaco (al. *Dämonisch*; fr. *démoniaque*; ingl. *demoniac*; it. *demoniaco*)

En filosofía este concepto lo definió I. Kant como intención de aceptar como principio de las propias acciones el mal en cuanto mal; retomado por S. Kierkegaard, el término se utilizó para indicar la sensación de angustia frente al bien. En la *historia de las religiones*, además de todas las referencias al diablo como principio del mal, R. Otto define como "demoniaco" todo aquello que sugiere de manera irracional la presencia de lo sagrado y de lo **numinoso** (v.).

BIBLIOGRAFÍA: Kant, I. (1793); Kierkegaard, S. (1844); Otto, R. (1917); Wundt, W. (1900-1920).

Demoor, ilusión de
v. ILUSIÓN, § 5, *a*.

dendritas
v. NEURONA.

denegación (al. *Verleugnung*; fr. *déni*; ingl. *denial*; it. *diniego*)

Mecanismo de defensa con el que el sujeto se niega a reconocer experiencias dolorosas, impulsos, datos de la realidad o aspectos de sí. Freud, quien introdujo el término, lo utilizó para indicar la renuencia del sujeto para reconocer la percepción traumatizante que consiste en la falta de pene en la niña: "Es notoria su reacción frente a las primeras impresiones de falta del pene. Desconocen esa falta; creen ver un miembro a pesar de todo; cohonestas la contradicción entre observación y prejuicio mediante el subterfugio de que aún sería pequeño y ya va a crecer, y después, poco a poco, llegan a la conclusión, afectivamente sustantiva, de que sin duda estuvo presente y luego fue removido" (1923 [1976: 147]). Este proceso, escribe Freud, "...que me gustaría designar *desmentida*, que en la vida anímica infantil no es ni raro ni muy peligroso pero que en el adulto llevaría a una psicosis. La niñita se rehusa a aceptar el hecho de su castración, se afirma y acaricia la convicción de que empero posee un pene, y se ve compelida a comportarse en lo sucesivo como si fuera un varón" (1925 [1976: 271-272]). Más tarde el concepto de denegación se hizo extensivo a todas las percepciones dolorosas que, contrastando con el **principio del placer** (v., § 1), llevan a no reconocer la realidad o a transformarla alucinatoriamente para satisfacer el deseo. Freud ve en la negación el origen de la escisión del yo (v. **escisión**, § II, 2).

M. Klein, interviniendo en el argumento en polémica con H. Deutsch, quien sostenía la posición de Freud, escribe: "En este punto me alejo de usted por el hecho que mientras sostiene que la 'denegación' se relaciona con la fase fálica y el complejo de castración (por lo que se tiene en las niñas la denegación de la ausencia del pene), mis observaciones me condujeron a concluir que el mecanismo de denegación se origina en esa fase muy precoz del desarrollo en la que el yo, todavía inmaduro, trata de defenderse de la más opримente y más profunda de las angustias, es decir del miedo a los perseguidores interiorizados y al ello. Esto quiere decir que *antes de cualquier otra cosa, se niega la realidad psíquica*; sólo después de esto el yo puede proceder a denegar cantidades más o menos importantes de la realidad externa" (1935: 313). Según Klein la denegación forma la base de las **proyecciones** (*v.*), por lo que el sujeto niega tener determinados sentimientos que no acepta, atribuyéndolos a los otros, y de las *defensas maniacas*, orientadas a negar el significado interior de los sentimientos depresivos. La denegación no debe confundirse con la **represión** (*v.*) (*Verdrängung*), ni con la **negación** (*Verneinung*), en las que no hay un desconocimiento de la realidad interna o de la externa, sino una confirmación de tono negativo de la experiencia desagradable con proposiciones que, de acuerdo con los ejemplos de Freud, dicen, por ejemplo: "Usted me pregunta quién puede ser esta persona del sueño. *No* es mi madre" (1925a: 197).

BIBLIOGRAFÍA: Deutsch, H. (1944-1945); Freud, S. (1923); Freud, S. (1925); Klein, M. (1935).

denotación (al. *Andeutung*; fr. *dénotation*; ingl. *denotation*; it. *denotazione*)

En **semiótica** (*v.*) el término expresa la conexión de un significante con un significado según las reglas previstas por el **código** (*v.*) que instituye la relación entre los dos componentes del **signo** (*v.*). La denotación se distingue de la connotación en la que el significante se remite, no sólo a la unidad semántica prevista por el código, sino además a otras unidades, que son a su vez significantes de ulteriores unidades. En general denotación y connotación son una pareja de términos que señalan un diferencial semántico en la significación de las cosas, en el sentido de que la denotación está sostenida por la adecuación directa de un significante con la realidad significada, mientras que la connotación está cargada de valores simbólicos, sugestivos y emotivos que van más allá del significado denotativo. Tanto "desnudo" como "desvestido" se refieren a un cuerpo sin vestidos (denotación), pero tienen una connotación diferente.

C.E. Osgood acuñó la expresión *diferencial semántico* respecto a una técnica de medición que destaca la actitud del sujeto respecto al significado literal de los términos, que se puede evaluar con 15 escalas de adjetivos bipolares como "bueno-malo", "caliente-frío", graduadas en intensidad con el fin de evidenciar el significado connotativo de las palabras. El diferencial semántico se manifiesta gráficamente con la diferente ubicación de dos puntos en el espacio semántico que es posible construir y determinar matemáticamente partiendo de las coordenadas ofrecidas por las diferentes escalas. En el ámbito filosófico J. Baudrillard considera ideológica la diferencia entre denotación y connotación en cuanto "la denotación no es otra cosa que la más bella y la más sutil de las connotaciones [...] porque lejos de ser el término objetivo al que la connotación se opone como término ideológico, la denotación, neutralizando el proceso de la ideología que la produjo, es una connotación de segundo grado" (1972: 168-169).

BIBLIOGRAFÍA: Baudrillard, J. (1972); Eco, U. (1975); Osgood, C.E. (1967); Peirce, C.S. (1931-1935).

denterofálico, estadio
v. FÁLICA, FASE.

dependencia (al. *Abhängigkeit*; fr. *dépendance*; ingl. *dependence*; it. *dipendenza*)

Forma de relacionarse en la que un sujeto se dirige continuamente a los demás para ser ayudado, guiado y sostenido. El individuo dependiente, que tiene una escasa confianza en sí mismo, basa su propia autoestima en la aprobación y en la seguridad que le dan los demás, y es incapaz de tomar decisiones sin un incentivo externo.

1] PSICOANÁLISIS. En este ámbito se considera la dependencia del niño con respecto a la figura de los padres como un "hecho biológico" que, en opinión de Freud, es responsable de la formación de la personalidad tanto normal como patológica: "El biológico es el prolongado desvalimiento y dependencia de la criatura humana. La existencia intrauterina del hombre se presenta abreviada con relación a la de la mayoría de los animales; es dado a luz más inacabado que estos. [...] la significatividad de los peligros del mundo exterior e incrementa enormemente el valor del único objeto que puede proteger de estos peligros y sustituir la vida intrauterina perdida. Así, este factor biológico produce las primeras situaciones de peligro y crea la necesidad de ser amado, de que el hombre no se librará más." (1925 [1976: 145]). Freud atribuye la situación de dependencia del niño al miedo a perder el amor de los padres, del que se defiende con la "sumisión educativa" que, en el adulto, se transforma en el temor a ser desaprobado por la comunidad y, por lo tanto, en "sumisión social". En el largo período de dependencia infantil, típico de la raza humana, deben buscarse, según Freud, las raíces de la socialización del individuo, la necesidad de la religión, de las aspiraciones éticas y morales. Después de Freud R.A. Spitz y J. Bowlby destacaron las consecuencias dañinas que se derivan del descuido o de la interrupción del estado de dependencia infantil del que depende el desarrollo de la personalidad normal en su progresión de la dependencia a la **autonomía** (v.), mediante una diferenciación y una **individuación** (v.) cada vez mayores. Siempre desde el punto de vista psicoanalítico, la dependencia neurótica del adulto nos remonta a la **fijación** (v.) en la fase oral de la evolución libidinal, consecuencia de una actitud frustrante o hiperprotectora por parte de las figuras parentales. En este ámbito se pueden encontrar manifestaciones psicosomáticas, como el asma bronquial, interpretada como síntoma de una actitud de dependencia, sobre todo hacia la madre.

2] PSICOLOGÍA SOCIAL. La dependencia es una categoría que define las relaciones de grupo y de organización en la forma de simple *dependencia* típica de los sistemas organizativos del modelo de la cohesión defensiva; de la *contradependencia* en los sistemas de conflicto institucionalizado, donde la posición de cada individuo está definida en contraposición con la posición de los otros; de la *interdependencia*, cuando la relación del grupo está definida por la unicidad del objetivo que todos comparten (v. **psicología social**, § 4; **grupo**, § II, 2).

3] PSIQUIATRÍA. Además de dependencia del alcohol, las drogas, los fármacos (v. **toxicomanía**), se habla de dependencia de los objetos o las ideas cuando la relación del sujeto con el mundo está fuertemente connotada por determinados objetos o ideas, que son, además, el núcleo en el cual se desarrollan estructuras obsesivas o monomaniacas.

4] PSICOLOGÍA EXPERIMENTAL. H.A. Witkin introdujo el concepto de *dependencia del campo* para quien, en la orientación espacial, confía más en el contexto visual que en las señales posturales y gravitacionales. En este sentido se confirmó que las mujeres son más dependientes del campo que los varones, y que la dependencia del campo disminuye con la edad y varía basándose en las características subjetivas (v. **orientación**, § 1).

BIBLIOGRAFÍA: Bowlby, J. (1969-1980); Bowlby, J. (1979); Freud, A. (1965); Freud, S. (1925); Freud, S. (1927); Glatt, M.M. (1974); Loras, O. (1961); Mahler, M.S., F. Pine y A. Bergman (1975); Montefoschi, S. (1977); Spitz R.A. (1958); Witkin H. A. *et al.* (1962).

deporte
v. PSICOLOGÍA DEL DEPORTE.

depresión (al. *Depression*; fr. *dépression*; ingl. *depression*; it. *depressione*)

La depresión, o *melancolía*, es una alteración del tono del humor hacia formas de tristeza profunda, con reducción de la autoestima y necesidad de autocastigo. Cuando la intensidad de la depresión supera ciertos límites o se presenta en circunstancias que no la justifican, se vuelve de competencia de la psiquiatría, en la que se distingue una depresión endógena que, como lo dice el adjetivo, nace "desde adentro", sin remitir a causas externas, y una depresión *reactiva*, que es patológica sólo cuando la reacción ante acontecimientos luctuosos o tristes parecen excesivos.

1] NOSOLOGÍA. Como modificación del tono del humor (en griego θυμός), la depresión es un trastorno *distímico* (v. **distimia**) que tiene en la **euforia** (v.) su contrario, y cuando es muy marcada asume las formas de la **manía** (v.). Depresión y manía pueden presentarse en fases o ciclos de semanas con intervalos de períodos de bienestar, y en este caso se habla, de acuerdo con la clasificación de E. Kraepelin, de **ciclotimia** (v.). El equilibrio entre depresión y euforia está entre los más delicados de los equilibrios psíquicos. Regulado por los centros nerviosos situados en la base del cerebro, puede alterarse por las más variadas estimulaciones, que van desde los factores físicos, químicos, climáticos, hasta las experiencias de vida, la calidad de la educación recibida, los factores hereditarios, los ritmos biológicos cotidianos. Distinguir entre factores hereditarios y factores ambientales es casi imposible; por que padres tendencialmente depresivos someten a sus hijos a un clima familiar triste o a una educación rígida y culpabilizante que facilita la futura depresión. Cada individuo aprende por sí mismo las formas para evitar sus propios desequilibrios del humor, sobre todo aquellos de fondo depresivo, porque también la convención social deja entrever que prefiere y que integra mejor a los sujetos con un cierto grado de euforia, que favorece la pujanza, la proyección, la apertura a las posibilidades de la vida. Esto explica por qué las formas más frecuentes de depresión aparecen después de la edad mediana, cuando se vuelve más difícil esperar de la vida porque el futuro ya está en gran parte determinado por las elecciones que se realizaron antes. La vida de todos los hombres está atravesada por fases depresivas como episodios legítimos y comprensibles, y el sujeto es consciente de que podrá superarlas por sí mismo. Cuando esta conciencia falta o ya no es controlable, entonces el desequilibrio depresivo asume formas psiquiátricas, con características que suelen ser descritas así:

a] *Trastornos somáticos y neurovegetativos* que abarcan desde el insomnio, que con frecuencia anuncia el principio de una fase depresiva, la inapetencia con adelgazamiento rápido, la disminución de los intereses sexuales, hasta las disfunciones hepatobiliares que inspiraron históricamente la etimología de la melancolía (bilis negra).

b] *Trastornos de la afectividad* con sentimientos caracterizados por una profunda tristeza, monótona y sombría, que se resiste a los requerimientos externos. A esto se agrega una progresiva pérdida de interés por la vida, con frecuencia acompañada por un sentimiento de culpa vivida no con miras a una expiación y una salvación, sino como una fatalidad inevitable. De aquí la autoacusación continua a la que se somete el depresivo, siempre invadido por sentimientos de indignidad y de autodesprecio.

c] *Abulia en el comportamiento e inhibición del pensamiento*, que surge lento y monótono, con pérdida de iniciativa y de proyección. La atención, concentrada en temas melancólicos, vuelve pobre la ideación, dificultosas las asociaciones, penosos los recuerdos y difíciles las síntesis mentales.

d] *Tendencia al suicidio y deseo de muerte* acompañan constantemente la vida del deprimido que, de todas las formas de sufrimiento psiquiátrico, es sin lugar a dudas la más expuesta al deseo de muerte. En ocasiones, adquiriendo un significado subjetivo "altruista", frente a la amenaza de un porvenir cada vez más oscuro, el depresivo arrastra en su muerte también a sus propios familiares, para librarlos de la vida que él considera imposible continuar.

2] FORMAS CLÍNICAS. Se suele clasificar en tres grandes grupos clínicos las formas de depresión:

a] *Depresiones somatogénicas*, en las que se puede postular una relación causal directa con una enfermedad orgánica o una disfunción somática. En este ámbito se distinguen las depresiones *orgánicas* debidas a arteriosclerosis, tumores cerebrales, parálisis progresivas, etc., y las depresiones *sintomáticas* que se refieren a los cuadros depresivos postinfecciosos, postoperatorios, tóxicos, etcétera.

b] *Depresiones endógenas*, que son las formas clásicas de depresión conocidas y descritas desde la Antigüedad bajo la denominación de melancolía. En este ámbito se identifican las formas depresivas *periódicas* con curso monopolar, es decir con fases sólo depresivas, y depresiones *cíclicas* con curso bipolar, que alternan la fase depresiva con la maniaca. Un lugar aparte corresponde a los cuadros depresivos en las psicosis *esquizofrénicas*, donde la forma de la depresión puede sobreponerse a la sintomatología esquizofrénica y sustituirse a ésta como forma intermedia (v. **marginal, síndrome,** § 2). La depresión endógena prevé oscilaciones durante el día, con despertar precoz en las primeras horas de la madrugada y con la manifestación de ideas delirantes que tienen por objeto ideas de culpa, de ruina, de incurabilidad, o ideas hipocondriacas que por lo general tienen su origen en sensaciones de opresión y de angustia en la zona torácica.

c] *Depresiones psicógenas*, que encuentran su explicación en motivos psicológicos reconocibles y demostrables. El caso más evidente es la depresión *reactiva* por una experiencia vivida como pérdida. Eso ocurre con el duelo, la desilusión amorosa, el fracaso en la afirmación social, la frustración de las expectativas. En estos casos el criterio de diagnóstico está basado en un concepto de normalidad estadística referente a la relación entre causa y efecto excesivo e inadecuado. La relación entre la reacción de la personalidad y los mecanismos psicodinámicos que la determinan permite identificar la reacción depresiva *simple*, que describimos aquí, y la reacción depresiva *neurótica*, en la cual la motivación no está claramente presente en la conciencia y se confunde con la biografía del paciente y con su desarrollo afectivo. No todas las orientaciones psiquiátricas comparten la distinción entre depresión reactiva y depresión neurótica, así como la más amplia entre depresión endógena y depresión psicógena, pero éstas aún perduran y seguirán vigentes hasta que se llegue a una definición más satisfactoria del concepto de **endógeno** (v.).

3] INTERPRETACIONES DE LA DEPRESIÓN. Hay varias, que se distinguen por el esquema teórico propuesto para darles unidad a las diferentes manifestaciones que componen el cuadro clínico del deprimido:

a] *La psicología comprensiva* interpreta la depresión como una desestructuración de la *intencionalidad*. Al respecto K. Jaspers escribe: "El núcleo de la depresión está formado por una inmotivada y profunda *tristeza*, a la que se agrega una *inhibición* de toda la actividad psíquica, que además de sentirse muy dolorosamente en sentido subjetivo, también se puede constatar en términos objetivos. Todas las pulsiones instintivas se inhiben, el enfermo no tie-

ne ganas de nada. De una disminución del impulso al movimiento y a la actividad se llega a una completa inactividad. No puede iniciarse ninguna resolución, ninguna actividad. Las asociaciones ya no están disponibles. Los enfermos ya no piensan en nada, se lamentan de su memoria completamente trastornada, sienten su incapacidad de rendimiento, se lamentan de su propia insuficiencia, de la insensibilidad y del vacío. Experimentan su profunda aflicción como una sensación en el pecho y en el abdomen, casi como si se pudiese tocar. En su honda tristeza el mundo les parece como gris sobre gris, indiferente y desconsolador. Buscan sólo el lado desfavorable e infeliz de todo. En el *pasado* tuvieron muchas culpas (autorreproches, ideas de culpabilidad), el *presente* les ofrece sólo desgracias (ideas de ineptitud), el porvenir les aparece aterrador (ideas de empobrecimiento)" (1913-1959: 640-641).

b] *La psiquiatría fenomenológica*, con L. Binswanger, interpreta la depresión como una desestructuración de la *temporalidad* que, como vimos, ya mencionó Jaspers. Por efecto de esta desestructuración el pasado no es pasado, y por lo tanto no le permite al presente efectuarse y al futuro realizarse. La pérdida de un amor, de una carrera o de dinero, de la que se lamentan los deprimidos, son sólo símbolos de una pérdida mucho más vasta que es la del presente y la del futuro, porque las dimensiones del pasado se dilataron más allá de cualquier medida aceptable. "El lenguaje de los melancólicos –escribe Binswanger– hecho de 'si', y 'si no', 'si hubiera', 'si no hubiera', revela que el mundo en el cual se proyecta el melancólico es un mundo de *posibilidades vacías*, porque el pasado al cual le entregó su libertad ya no contiene ninguna" (1960: 34). En términos husserlianos, a los que se remite Binswanger en la descripción del cuadro de la melancolía, la *retention*, que es el acto intencional con el que se constituye un pasado, es tan dominante en la *praesentatio* y en la *protentio* que el presente se transforma en el tiempo de la incesante lamentación (*Immerweiterlarm*) y el futuro se entreabre como un ámbito de intenciones vacías (*Leerintentionen*). Con el trastorno de los tres estados temporales (v. **tiempo**, § 2, b) todo el proceso de la temporalización pierde su continuidad y, por lo tanto, la experiencia pierde su estilo.

Por eso la restitución del dinero no modifica en el hombre de negocios el estado de depresión, porque ésta tiene sus raíces en la desestructuración de las temporalidades, a consecuencia de lo cual un hecho del pasado se convirtió en la totalidad de la experiencia. Como tiende a subrayar Binswanger, "la verdadera pérdida de la que se lamenta el melancólico, y de la que se acusa a sí mismo, no es tanto la pérdida del dinero sino la pérdida de la *posibilidad de hacer experiencia* o, lo que es lo mismo, no estar en el mundo en la modalidad humana de la *trascendencia*, que de un pasado vuelve a mandar al futuro auténtico, que tiene los caracteres del suceso y no de lo ya sucedido" (1960: 38-51; *v.* **análisis existencial**, § 3, *a*).

c] *La antipsiquiatría* apunta hacia la relación entre depresión y respuesta social. G. Jervis parte de la premisa de que uno de los mecanismos fundamentales de elaboración y, por lo tanto, de superación de la depresión consiste, "en identificar en otras personas y en procesos sociales las causas del propio estado, es decir, en pasar de la situación psicológica de víctima a la de quien posee nuevamente su derecho a reaccionar y también a agredir; pero este paso no se da en la depresión. [...] En efecto, es característico de la situación psicológica del deprimido no tanto no encontrar alternativas más bien no lograr encontrar las causas (sociales) de esa situación de vida dolorosa y desilusionante que es el origen de la depresión. Quien no logra hallar en la sociedad y en la historia el plano más amplio en el cual se inscribe su propia condición de vida, se ve llevado a encerrarse en sí mismo y a buscar las causas del mal dentro de sí. De esta manera, el deprimido no se considera tanto culpable de su depresión como (en cuanto individuo aislado) de haberse construido una existencia en la que ya no cree" (1975: 261).

d] El *psicoanálisis*, con S. Freud, aplica "a la melancolía lo que averiguamos en el duelo. En una serie de casos, es evidente que también ella puede ser la reacción frente a la pérdida de un objeto amado [...] Tal vez el objeto no está realmente muerto, pero se perdió como objeto de amor [...] Esto nos llevaría a referir de algún modo la melancolía a una pérdida de objeto sustraída de la conciencia, a diferencia del duelo, en el cual no hay nada inconsciente en lo

que atañe a la pérdida [...] Siguiendo la analogía con el duelo, deberíamos inferir que él ha sufrido una pérdida en el objeto; pero de sus declaraciones surge una pérdida en su yo [...] Ahora bien, no hay dificultad alguna en reconstruir este proceso. Hubo una elección de objeto, una ligadura de la libido a una persona determinada; por obra de *una afrenta real o un desengaño* de parte de la persona amada sobrevino un sacudimiento de ese vínculo de objeto. El resultado no fue el normal, que habría sido un quite de la libido de ese objeto y su desplazamiento a uno nuevo, sino otro distinto, que para producirse parece requerir varias condiciones. La investidura de objeto resultó poco resistente, fue cancelada, pero la libido libre no se desplazó a otro objeto sino que se retiró sobre el yo. Pero ahí no encontró un uso cualquiera, sino que sirvió para establecer una *identificación* del yo con el objeto resignado. La sombra del objeto cayó sobre el yo, quien en lo sucesivo, pudo ser juzgado por una instancia particular como un objeto, como el objeto abandonado. De esa manera, la pérdida del objeto hubo de mudarse en una pérdida del yo, y el conflicto entre el yo y la persona amada, en una bipartición entre el yo crítico y el yo alterado por identificación" (1915 [1976: 243-247]).

Siempre en el ámbito psicoanalítico, K. Abraham realizó contribuciones posteriores a la comprensión de la melancolía; identificó la psicogénesis de la depresión en una grave ofensa a la autoestima sucedida en la infancia, que mina la confianza del sujeto en sí mismo, provocando una regresión al estadio oral, caracterizado por la dependencia ambivalente del seno. Esta ambivalencia hace que el sujeto asuma hacia sus propios objetos internos una actitud que es al mismo tiempo de dependencia y de hostilidad. En la depresión imagina haberlos destruido (de ahí los autorreproches) y al mismo tiempo se siente incapaz de sobrevivir sin ellos (de ahí la depresión). Esta posición la retoma M. Klein, para quien el factor que predispone a la depresión es la incapacidad del niño para colocar dentro del yo su "objeto bueno" y amado. Este hecho es responsable de un sentimiento de "maldad" que no logra ser proyectado hacia afuera, y por consiguiente queda incorporado en la imagen de sí mismo (v. **kleniana, teoría**, § 2).

e] *La psicología analítica* de C.G. Jung ve la depresión en clave prospectiva y no exclusivamente causal. Jung, adoptando como criterio interpretativo el modelo de la energía psíquica, interpreta la depresión como contención de esta energía aprisionada e incapaz de liberarse. En el estado de depresión es necesario, por lo tanto, penetrar lo más profundamente posible, para descubrir qué impide que la energía se libere y qué protege, "en el silencio y en el vacío que preceden al proceso creativo" (1946: 192), como proceso inexpresado al que es posible dar libre curso liberando la energía que, retenida, determina la depresión.

f] *La teoría cognoscitiva* de A.T. Beck invierte el cuadro sintomatológico de la depresión y considera que las distorsiones de la cognición, el pesimismo exagerado y los autorreproches no realistas son las causas, y no las consecuencias, del estado depresivo, que por lo tanto tendría su explicación en la distorsión de la "tríada cognitiva" compuesta de expectativas negativas respecto al ambiente, una opinión negativa de sí mismo y expectativas negativas para el futuro. De esto se deriva que de la depresión se sale corrigiendo la cognición de las propias experiencias y la distorsión del concepto del sí.

g] *La psicología experimental*, con M. Seligman y S. Maier, interpretó la depresión basándose en el modelo de la *impotencia aprendida*. Después de observar que los perros sometidos a estímulos dolorosos en una situación que no deja salida, no evitaban esos estímulos ni siquiera cuando era posible evadirlos, plantearon la hipótesis de que al deprimido se le impidió adquirir técnicas adaptativas para hacer frente a situaciones dolorosas, con la consiguiente adquisición de una actitud de impotencia. La experiencia con pruebas repetidas en las que el individuo terminó por comprobar que sus esfuerzos no daban ningún resultado en términos de recompensa, hizo que este conjunto de comportamientos aprendidos se generalizara e interiorizara en un rasgo de la personalidad.

4] SEMIOLOGÍA DE LAS FORMAS DEPRESIVAS. Las denominaciones más recurrentes, en orden alfabético, son:

a] *Depresión por agotamiento*. Expresión que introdujo P. Kielholz para designar una forma especial de depresión reactiva que sobreviene como consecuencia de una sobrecarga emocional prolongada o repetida. Es frecuente en hombres de negocios fatigados por responsabilidades que sobrepasan sus capacidades, y se manifiesta con ansiedad, astenia, desconfianza y explosiones afectivas inadecuadas.

b] *Depresión anancástica*. Indica una forma de depresión acompañada de tensión, angustia, ideas obsesivas y paranoides en individuos cuya personalidad premorbosa era de tipo rígido y obsesivo (*v.* **anancasmo**).

c] *Depresión ansiosa*. Es una forma que distingue la *ansiedad con carácter depresivo*, porque mientras en esta última el pesimismo se vive más como temor que como certeza, y asume el aspecto de malhumor o **disforia** (*v.*), más que el de tristeza o **distimia** (*v.*), en la depresión ansiosa la ansiedad tiene características más profundas y se manifiesta como sensación angustiante de muerte interior y de pérdida de la presencia de sí mismo y del mundo. En esta forma el riesgo de suicidio es mayor que en la ansiedad con carácter depresivo en la cual, como precisa Jervis, quien introdujo esta diferenciación, lo que se debe curar es la ansiedad, no la depresión.

d] *Depresión cíclica*. Está caracterizada por episodios de depresión alternados con episodios de euforia, sin que las causas externas parezcan tener carácter decisivo en el cambio de humor (*v.* **ciclotimia**).

e] *Depresión climatérica*. Melancolía que acompaña la interrupción de la menstruación. No obstante, no se puede demostrar una relación fisiológica simple entre trastornos endocrinos y psíquicos, ya que las alteraciones endocrinas causan efectos muy diversos según la edad y la madurez de la persona. Esta forma depresiva se interpreta como una forma melancólica endógena que surge, en ocasiones, por modificaciones hormonales de fondo.

f] *Depresión delirante*. Está animada por ideas de culpa inexpiable, de ruina irreparable, de negación corporal, de posesión y semejantes. En este ámbito se encuentra el síndrome de Cotard, en el cual el paciente está convencido de que debe vivir eternamente para poder expiar en parte sus culpas, o bien de cargar una culpa tan grande como para invadir el universo, o de estar privado de alguno de sus órganos o del interior de su cuerpo.

g] *Depresión por desarraigo*. Es una forma que en ocasiones se inicia por traslados o migraciones que alejan al individuo de los lugares donde vivió, con pérdida de sus costumbres y relaciones sociales.

h] Depresión endógena. Es una forma que surge sin causas aparentes, por lo que se supone que "viene de adentro", sin poder especificar la naturaleza de su formación. Véanse al respecto el análisis de las formas clínicas (§ 2) y las interpretaciones de la psicogénesis de los estados depresivos (§ 3).

i] Depresión estuporosa. La mayoría de los especialistas la interpretan como la manifestación clínica de la que brotan las otras formas de melancolía. En este estado, en efecto, se presenta un paro psicomotor (*estupor*), con rigidez de la cara, mirada absorta, mutismo absoluto y rechazo de la comida (*v.* **estupor**).

j] Depresión existencial. Término que introdujo H. Haefner para indicar la forma depresiva que no tiene relación con traumas psíquicos anteriores, sino con todo el sentido de la vida, cuando el sujeto percibe que se le escapan el alcance y la realización de fines y valores que representaron la aspiración de toda su vida.

k] Depresión involutiva. Puede aparecer en la mujer entre los 40 y 50 años y en el hombre entre los 50 y 60, generalmente con curso crónico. Con frecuencia se instaura después de sufrimientos psíquicos o enfermedades físicas. Generalmente en los precedentes anamnésicos del sujeto no hay antecedentes depresivos. La tonalidad emotiva está caracterizada por un profundo pesimismo relativo a la propia existencia, que emerge con toda su fuerza cuando concluye la juventud, que cede el paso a la madurez y la vejez.

l] Depresión neurótica. Se trata de trastornos del humor en sentido depresivo en el curso de las neurosis. Se distingue de la neurosis reactiva porque en la depresión neurótica la motivación no es conocida. La disminución del tono afectivo nunca es muy intensa y, aunque denuncia sentimientos de inseguridad, el sujeto revela, en esta fase depresiva, una mayor adhesión a la realidad.

m] Depresión anaclítica. Término que introdujo R.A. Spitz para indicar la depresión que se manifiesta en niños separados de la madre por largos períodos, después de haber sido tratados con amoroso cuidado. En los casos descritos estos niños se aíslan del mundo externo, de los adultos que los rodean y de cuantos intentan acercárseles. Los procesos de desarrollo manifiestan una clara disminución, con acentuadas tendencias regresivas (*v.* **anaclisis**).

n] Depresión puerperal. Puede presentarse en la madre, pero también en el padre, después del parto. G. Zilboorg la describe en términos psicodinámicos; la depresión puerperal reactiva en la madre un sentimiento de pérdida respecto a la condición previa de la gravidez, y en el padre la fantasía inconsciente del seno perdido, porque ahora será el niño el que tenga el seno de la madre-esposa.

o] Depresión reactiva. Es una forma caracterizada por una reacción posterior a sucesos tristes y luctuosos; como tal, es lo contrario a la depresión endógena. Al respecto véase lo tratado en las formas clínicas (§ 2) y las interpretaciones psicogenéticas de los estados depresivos (§ 3).

BIBLIOGRAFÍA: Abraham, K. (1911); Arieti, S. y J. Bemporad (1978); Beck, A.T. (1967); Binswanger, L. (1960); Bonime, W. (1959-1966); Borgna, E. (1992); Cazzullo, C.L. (1984); Choron, J. (1972); Erikson, E.H. (1950); Freud, S. (1915); Fromm, E. (1941); Haefner, H. (1954); Jacobson, E. (1971); Jaspers, K. (1913-1959); Jervis, G. (1975); Jung, C.G. (1946); Kielholz, P. (1972); Klein, M. (1940); Kraepelin, E. (1913); Kristeva, J. (1987); Parkes, C.M. (1972); Rado, S. (1927); Seligman, M. y S. Maier (1967); Spitz, R.A. (1964); Starobinski, L. (1960); Szalita, A.B. (1966); Tellenbach, H. (1961); Thomas, A., S. Chess y H.G. Birch (1968); Zilboorg, G. (1931).

depresiva, posición
v. KLEINIANA, TEORÍA, § 2.

deprivación
v. PRIVACIÓN.

derivado (al. *Abkömmling*; fr. *rejeton*; ingl. *derivate*; it. *derivato*)

Término que utiliza S. Freud en los textos metapsicológicos para indicar que vuelven a aflorar en la conciencia o en los actos productos relacionados con todo aquello que se reprimió en el inconsciente; son, por ejemplo, los **síntomas** (*v.*), las **asociaciones** (*v.*), los fantasmas (*v.* **fantasía**, § 1), etc. El término es comprensible si se toman en consideración las dos fases de la **represión** (*v.*): lo que es objeto de la represión original tiende a volver a anunciarse en la conciencia en forma de un "derivado", que puede ser sometido a la represión secundaria o discutido en la sesión analítica para tomar conciencia del remordimiento.

BIBLIOGRAFÍA: Freud, S. (1915).

dermatitis
v. PIEL, § 3-4.

dermatofobia
v. PIEL, § 6.

desadaptación
v. ADAPTACIÓN.

desajuste
v. AJUSTE.

desaprobación
v. APROBACIÓN.

desarrollo (al. *Entwicklung*; fr. *développement*; ingl. *development*; it. *sviluppo*)

Proceso evolutivo de un organismo con modificaciones de estructura, de función y de organización para tres órdenes de causas: *maduración* intrínseca, influencia del *ambiente* y *aprendizaje*, que se efectúa tomando posición activa frente al ambiente. En toda forma de desarrollo se observa un proceso gradual de *diferenciación* de complejos funcionales indiferenciados, de los que se articulan funciones específicas siempre nuevas, y de *centralización* simultánea que prevé una convergencia funcional para enfrentar las exigencias que implican diferentes funciones específicas. Al desarrollo se contrapone la *involución* que coexiste con el desarrollo en cualquier período de la vida, en el sentido de que el desarrollo mismo puede ser interpretado como demolición de estructuras funcionales más viejas que se vuelven ineficaces. Por último, se habla de *in-terrupción del desarrollo* en presencia de una cesación de los procesos normales de crecimiento. Además del nivel biológico (*v.* **evolución**), se habla de desarrollo en el nivel psicológico a propósito de los procesos pulsionales (*v.* **libido**, § 1, *b*) y cognoscitivos (*v.* **cognición**, § 2), objeto específico de estudio de la **psicología de la edad evolutiva** (*v.*). Se prepararon escalas para la medición del desarrollo de la **inteligencia** (*v.*, § 2), de la inteligencia práctica (*v.* **Alexander**, **escala de**), de la motricidad (*v.* **Oseretsky**, **escala de**), de la psicomotricidad (*v.* **Gesell**, **escala de**), de la madurez social (*v.* **Vineland**, **escala de**).

desatención
v. ATENCIÓN, § 4, *a*.

descalificación (al. *Disqualifizierung*; fr. *disqualification*; ingl. *disqualification*; it. *squalificazione*)

Concepto introducido en la pragmática de la comunicación para indicar las formas discursivas orientadas, como escriben P. Watzlawick y otros, a "invalidar las comunicaciones propias o las de los demás. Forma parte de esta técnica una amplia gama de fenómenos de la comunicación: contradecirse, cambiar de argumento o apenas tocarlo, decir frases incoherentes o incompletas, recurrir a un estilo oscuro o a usar modismos, malinterpretar, dar una interpretación literal a las metáforas y una interpretación metafórica a observaciones literales, etcétera". (1967: 68).

BIBLIOGRAFÍA: Watzlawick, P., J.H. Beavin y D.D. Jackson (1967).

descarga (al. *Abfuhr*; fr. *décharge*; ingl. *discharge*; it. *scarica*)

Término con el que S. Freud denominó el flujo hacia afuera de la energía acumulada del aparato psíquico debido a las excitaciones de origen tanto interno como externo. La descarga cumple la función económica de mantener en el nivel más bajo posible la energía que circula en el **aparato psíquico** (*v.*, § 2).

BIBLIOGRAFÍA: Freud, S. (1895); Freud, S. (1915).

descarrilamiento (al. *Entgleisung*; fr. *déraillement*; ingl. *derailment*; it. *deragliamento*)

Término psiquiátrico que denota una grave desorganización de los procesos psíquicos. E. Kraepelin identifica un descarrilamiento del *pensamiento*, en el cual el sujeto manifiesta ideas desconectadas e incomprensibles, un descarrilamiento del discurso, en el que el lenguaje está trastornado tanto en el tono como en el timbre de la voz, alternando frases susurradas con gritos violentos, y un descarrilamiento de la *voluntad*, en el cual las acciones voluntarias cotidianas sufren una fuerte desorganización. Esta última manifestación también se llama **parabulia** (*v.*).

BIBLIOGRAFÍA: Kraepelin, E. (1833).

descompensación (al. *Dekompensation*; fr. *décompensation*; ingl. *decompensation*; it. *decompensazione*)

Término que introdujo O. Brachfeld para indicar el estado psicológico caracterizado por la reaparición de sentimientos de inferioridad anteriormente compensados (*v.* **compensación**, § 2).

BIBLIOGRAFÍA: Brachfeld, O. (1954).

descomposición (al. *Zerlegung*; fr. *décomposition*; ingl. *decomposition*; it. *scomposizione*)

Escisión de una personalidad en entidades separadas. El término lo utiliza S. Freud para referirse a los delirios paranoicos (*v.* **paranoia**) donde la figura del perseguidor está escindida en personalidades separadas, cada una de las cuales se encamina a ulteriores separaciones.

BIBLIOGRAFÍA: Freud, S. (1910).

desconcentración
v. CONCENTRACIÓN; PENSAMIENTO, § II, 1, *h*.

descondicionamiento
v. COMPORTAMIENTO, § 5.

desconexión
v. ESCISIÓN.

desconexión interhemisférica
v. HEMISFERIO CEREBRAL.

desconfirmación (al. *Unbestätigung*; fr. *disconfirmation*; ingl. *disconfirmation*; it. *disconferma*)

Confirmación fallida de la propia identidad o de algunos de sus aspectos en la relación con los demás. Los estudiosos de la pragmática de la comunicación, partiendo del supuesto de que el sujeto alcanza su propia identidad en la interacción con el otro, consideran que una comunicación desconfirmada puede desmoronar el sentido que la persona tiene de sí misma. R.D. Laing localizó en la desconfirmación la forma habitual de relación en las familias de los esquizofrénicos: "Puede ser que ciertos aspectos de la personalidad de un individuo tengan una necesidad más aguda de confirmación que otros. Puede ser que ciertas formas de desconfirmación tengan más eficiencia destructiva del sentido que el individuo tiene de sí mismo, y sean, por lo tanto, de carácter esquizógeno. Subsiste evidentemente una ontogénesis de la confirmación y de la desconfirmación que apenas comienza a estudiarse. [...] En las familias de esquizofrénicos que se sometieron a minuciosos estudios se detecta un elemento constante: la exigua presencia de un comportamiento confirmatorio mutuo de los padres y de los hijos por parte de los padres, así como la ausencia de un comportamiento claramente desconfirmatorio. Más bien se encuentran interacciones subrayadas por seudoconfirmaciones, de actos que se presentan como acciones confirmatorias, y son sólo falsificaciones" (1959: 115-116).

BIBLIOGRAFÍA: Laing, R.D. (1959); Laing, R.D. y A. Esterson (1964); Watzlawick, P., J.H. Beavin y D.D. Jackson (1967).

desconocimiento
v. MEMORIA, § 8, e.

desconocimiento (al. *Verkennung*; fr. *désaveu*; ingl. *disavowal*; it. *disconoscimento*)

Deformación de la realidad perceptiva típica de las formas delirantes y de algunos episodios crepusculares (v. **conciencia**, § 3, b). En condiciones de normalidad el desconocimiento puede aparecer por exceso de cansancio, tensión o espera, o bien por efecto de una acentuada reducción de los estímulos, como situaciones de oscuridad y de aislamiento prolongado. En estos casos, contrariamente a las percepciones delirantes, en las cuales la deformación perceptiva persiste por largo tiempo, la recuperación del desconocimiento ilusorio de personas y de objetos es rápida. Para S. Freud el desconocimiento consiste en el rechazo inconsciente de una realidad dolorosa y conflictiva que se manifiesta de manera diferente en la neurosis y en la psicosis: "En la neurosis se evita, al modo de una huida, un fragmento de la realidad, mientras que en la psicosis se lo reconstruye." (1924 [1976:195]). Una forma especial de reacción de desconocimiento se verifica, según Freud, en los niños, que durante la fase fálica descubren la falta de pene en las niñas: "Desconocen esa falta; creen ver un miembro a pesar de todo" (1923 [1976: 147]) (v. **denegación**).

BIBLIOGRAFÍA: Freud, S. (1923); Freud, S. (1924).

descriptiva, psicología
v. PSICOLOGÍA DESCRIPTIVA.

desculturización (al. *Dekulturierung*; fr. *déculturation*; ingl. *deculturation*; it. *deculturazione*)

Término antropológico utilizado para indicar la aceptación, el rechazo o la integración de determinadas características culturales de una sociedad, en general técnicamente más avanzada, por parte de otra sociedad que de esta manera pierde sus caracteres culturales originales (v. **antropología**, § 4 y **cultura**, § 4).

desdoblamiento de la personalidad (al. *Doppelte persönlichkeit*; fr. *dédoublement de la personnalité*; ingl. *dual personality*; it. *sdoppiamento della personalità*)

Trastorno disociativo debido, según K. Jaspers, al hecho de que "dos series de procesos psíquicos se desarrollan simultáneamente, una junto a la otra, por lo que se puede hablar de dos personalidades, las cuales viven en forma individual, de manera que existen por ambas partes relaciones de sentimientos que no se fusionan con las del otro lado sino que permanecen extrañas entre sí" (1913-1959: 135). Hoy el desdoblamiento de la personalidad está clasificado entre las figuras de la *personalidad múltiple* (v. **escisión**, § I, 4).

BIBLIOGRAFÍA: Janet, P. (1930); Jaspers, K. (1913-1959).

desensibilización
v. COMPORTAMIENTO, § 5, a.

deseo (al. *Wunsch*; fr. *désir*; ingl. *desire*, it. *desiderio*)

El término, que en general se refiere a la búsqueda o a la intensa espera de cuanto se percibe como satisfactor de las propias exigencias y gustos, asume un significado que se determina cada vez en los diferentes ámbitos de investigación.

1] FILOSOFÍA. En este ámbito, donde nació la palabra, el deseo se refiere a la falta del objeto hacia el cual se dirige el apetito, y se lo piensa como el principio que empuja a la acción. Estos dos significados, relacionados entre sí, se encuentran en Aristóteles, quien define el deseo como "apetito de aquello que es placentero" (*Sobre el alma*, II, 3, 414, b), en R. Descartes, quien lo define como "agitación del alma causada por los espíritus que la disponen a querer para el porvenir las cosas que se representa como convenientes" (1649, § 86), y con B. Spinoza, para quien el deseo es "la tristeza que se refiere a la falta de la cosa que amamos" (1677, III, 36). J. Dewey introdujo un nuevo significado; entendió el deseo como "la actividad que trata de proceder para romper el dique que la retiene. El objeto que se presenta en el pensamiento como la meta del deseo es el objeto del ambiente que, si estuviera presente, aseguraría una reunificación de la actividad y la restauración de su unidad" (1922: 249). M. Heidegger, en fin, relacionó el deseo con la naturaleza proyectiva del hombre: "El ser por las posibilidades se manifiesta casi siempre como simple deseo. En el deseo el ser-ahí proyecta su ser en posibilidades que no sólo nunca se abocan a proporcionar cuidado, sino cuya realización nunca es ni seriamente proyectada ni realmente esperada" (1927: 41).

2] EL PSICOANÁLISIS FREUDIANO. Distingue la **necesidad** (*v.*, § 4) del deseo porque la necesidad provoca un estado de tensión interna que encuentra su satisfacción en una acción específica que procura el objeto adecuado, como puede ser la comida para el hambre, mientras el deseo está indisolublemente vinculado a las "huellas mnésicas", como las define S. Freud, que encuentran su satisfacción en la reproducción alucinatoria de las percepciones transformadas en "señales" de tal satisfacción. En este sentido se comprende por qué el fantasma (*v.* **fantasía**, § 1), que es la combinación estructurada de estas señales, es el correlato del deseo. Al respecto Freud escribe: "… la aparición de una cierta percepción […] cuya imagen mnémica queda, de ahí en adelante, asociada a la huella que dejó en la memoria la excitación producida por la necesidad. La próxima vez que esta última sobrevenga, merced al enlace así establecido, se suscitará una moción psíquica que querrá investir de nuevo la imagen mnémica de aquella percepción y producir otra vez la percepción misma, vale decir, en verdad, restablecer la situación de la satisfacción primera. Una moción de esa índole es lo que llamamos deseo; la reaparición de la percepción es el cumplimiento del deseo" (1900-1901 [1976: 557-558]). La concepción freudiana del deseo se refiere esencialmente al deseo inconsciente vinculado a signos infantiles indestructibles; la presencia simultánea de dos deseos de signo opuesto produce la situación que Freud llama "conflicto psíquico".

Para denominar el deseo Freud utilizó tres palabras: 1] *Wunsch*, para indicar el deseo en la acepción de desearle a alguien suerte; 2] *Lust*, para referirse al placer y a la felicidad; 3] *Begierde* que, como apetito, anhelo, querer, alude a la búsqueda de la satisfacción. Con esta abundancia semántica Freud reúne todos los aspectos de la dimensión "deseante", inscribiéndolos en una proyección del porvenir donde se ubica, en un nivel real o fantástico, la realización del deseo; esto, para Freud, no es tanto el deseo presente del adulto cuanto un deseo antiguo, vinculado a la primera infancia, que dejó una huella mnésica que, uniéndose al deseo actual, le proporciona carga, intensidad, tensión, que se expresa en el sueño o en el síntoma. Sueños y síntomas, en efecto, vinculan los deseos presentes con los deseos infantiles que proporcionan la tensión deseante que encuentra su realización alucinatoria en el sueño de la noche y en el síntoma de la enfermedad. En la realidad el deseo, orientado a evitar el máximo de frustración y obtener el máximo de gratificación, tiene por lo general una realización aplazada, y esto permite experiencias mentales que ponen a prueba las diferentes vías para llegar a una posible realización final. La introducción del **principio de realidad** (*v.*, § 3), que aplaza el placer y lo sustituye con frecuencia por la sublimación, permitirá a Freud proponer la hipótesis del origen de la civilización que, en su opinión, se inició el día en el que los hombres aprendieron a "… ha cambiado un trozo de posibilidad de dicha por un trozo de seguridad" (1929 [1976: 177]).

Según J. Gomila hay cuatro formas de deseo que Freud ve realizarse en el sueño: *a*] un deseo del estado de vigilia no satisfecho por causas externas; *b*] un deseo no satisfecho porque se reprimió; *c*] un deseo antiguo, profundo y reprimido; *d*] un impulso de deseo que sobreviene en el curso de la noche. Estas cuatro figuras, que permiten a Freud decir que siempre y de cualquier modo "el sueño es el cumplimiento (disfrazado) de un deseo (sofocado, reprimido)" (1900 [1976: 177]), permiten mantener la distinción entre la necesidad, que es consciente, y el deseo, enunciado en el sueño y en el síntoma, que es inconsciente. De esta distinción se desprende que la necesidad se "satisfaga", mientras el deseo se "realiza" de manera compatible con las defensas del yo, que son la causa del **desplazamiento** (*v.*), de la **condensación** (*v.*) y de la **sustitución** (*v.*), por efecto de los cuales el deseo se realiza de modos que lo hacen difícilmente reconocible respecto a su forma original.

Ésta se interpreta, según Freud, en el cuadro del complejo edípico, y padre y madre son las primeras metas ofrecidas para la realización del deseo. La madre, en efecto, es el primer objeto total buscado, y el padre es el primer obstáculo para la realización del primer deseo. De aquí el deseo de poseer a la madre unido al deseo de que muera o desaparezca el primer obstáculo, es decir el padre. En opinión de Freud contra este deseo, desde los tiempos más remotos, se moviliza el grupo social que se encarga, con dispositivos culturales, de perfeccionar el corte radical del cordón umbilical al que queda prendido, en su primera forma, el deseo. Los ritos de **iniciación** (*v.*) son para Freud formas de decir adiós del adolescente a la madre y a las mujeres de la familia a quienes dirige su deseo incestuoso (*v.* **incesto**). Sigue, en general, un período de reaprendizaje, en el que el joven iniciado aprende a desplazar su deseo en formas socialmente aceptables, distinguiendo ante todo, entre las mujeres, las que desde el punto de vista sexual pueden ser objeto de sus deseos y las que no pueden serlo (*v.* **endogamia-exogamia**).

3] PSICOANÁLISIS LACANIANO. A partir de la línea de la hipótesis freudiana, según la cual el deseo pone en movimiento el aparato psíquico de acuerdo con la percepción de lo agradable y de lo desagradable, J. Lacan ubica el deseo en la carencia esencial (*v.* **lacaniana, teoría**, § 9) que el niño experimenta una vez separado de la madre. Al no poder satisfacer esta falta, el deseo será llevado hacia sustitutos de la madre que la ley del padre prohíbe, para impedir la identificación del niño con la madre. Reprimida, desconocida, la pulsión es sustituible por un símbolo que encuentra su expresión en la **demanda** (*v.*) de conocer, de poseer. Las demandas, siempre insatisfechas, remiten a los deseos siempre reprimidos, y estos deseos se entretejen en una trama sin fines de asociación. El ejemplo de la anorexia mental, o rechazo de la nutrición, puede ilustrar esta implicación entre necesidad, deseo y demanda. La solicitud del niño de alimento manifiesta una necesidad orgánica, pero, más profundamente, se puede rastrear a una demanda de amor. La madre puede entender la verdadera demanda y abrazar al niño, negándole la comida, o bien puede creer simplemente en la necesidad y disponer la comida sin haber comprendido la verdadera demanda. Atiborrar al niño, satisfacer sus necesidades o impedirlas más acá y más allá de su demanda, lleva a sofocar la demanda de amor. La única salida para el niño, entonces, es rechazar el alimento para hacer brotar, por vías negativas, sus demandas de amor: "Es el niño al que alimentan con más amor –escribe Lacan– el que rechaza el alimento y juega con su rechazo como un deseo (anorexia mental). Confines donde se capta como en ninguna otra parte que el odio paga al amor, pero donde es la ignorancia la que no se perdona" (1961 [1999: 608]). De esta forma Lacan ubica al deseo entre la necesidad y la demanda, distinguiéndolo de la primera porque la necesidad mira hacia un objeto específico y se satisface con éste, y de la segunda porque, al exigir un reconocimiento absoluto, el deseo trata de imponerse sin considerar al "**otro**" (*v.*, § 1) al cual se dirige la demanda.

La noción de "otro", al que el deseo, mediado por la demanda, se dirige, le permite a Lacan una reformulación de la noción de deseo explícitamente mediada por la dialéctica hegeliana siervo-patrón. Esta **dialéctica** (*v.*, § 3-4), que en G.W.F. Hegel lleva de la conciencia hacia la autoconciencia, se encuentra en Lacan en el deseo: "El deseo del hombre encuentra su sentido en el deseo del otro, no tanto porque el otro detenta las llaves del objeto deseado, sino porque su primer objeto es ser reconocido por el otro" (1956 [1999: 257]). Lo que desea el hombre es que el otro lo desee: quiere ser lo que le falta al otro, ser la causa del deseo del otro: "El deseo mismo del hombre –escribe Lacan refiriéndose a Hegel– se constituye bajo el signo de la mediación; es deseo de hacer reconocer su deseo. Tiene por objeto un deseo –el del otro–, en el sentido de que el hombre no tiene objeto que se constituya para su deseo sin alguna mediación, lo cual aparece en sus más primitivas necesidades, como por ejemplo en la circunstancia de que hasta su alimento debe ser preparado, y que se vuelve a encontrar en todo el desarrollo de su satisfacción a partir del conflicto entre el amo y el esclavo mediante toda la dialéctica del trabajo (1950 [1999: 171-172]).

Esta dialéctica, que lleva al reconocimiento, encuentra su expresión en el lenguaje porque, escribe Lacan, "el deseo es algo infinitamente más elevado que una tendencia orgánica, esto está vinculado en primer lugar al lenguaje por el hecho que es el lenguaje el que le hace un lugar, y que su primera manifestación en el desarrollo del individuo se manifiesta al nivel del deseo de saber" (1966: 768). El deseo de ser reconocido por el otro somete al deseo a las condiciones del otro, que no es el otro en carne y hueso, sino el Otro que es el universo lingüístico al cual debe introducirse el deseo para manifestarse. "Si el deseo está efectivamente en el sujeto por esa condición que le es impuesta por la existencia del discurso de hacer pasar su necesidad por los desfiladeros del significante; si por otra parte [...] hay que fundar la noción del Otro con una O mayúscula, como lugar del despliegue de la palabra [...] hay que concluir que, hecho de un animal presa del lenguaje, el deseo del hombre es el deseo del Otro" (1961 [1999: 608]).

4] LA SOCIOLOGÍA ANALÍTICA DE W. REICH. Partiendo de la convicción de que "las instancias morales en el hombre, lejos de tener un origen sobrenatural, se derivan de las medidas educativas de los padres y de quienes los sustituyen desde la primerísima infancia", Reich considera que "en el centro de estas medidas educativas están las medidas que se orientan contra la sexualidad del niño. El conflicto que se crea inicialmente entre los deseos del niño y las prohibiciones de los padres continúa, para manifestarse después, en el hombre, como conflicto entre pulsión y moral. [...] La sociología analítica, al intentar analizar la sociedad como a un individuo, es llevada a pensar que la masa desea el fascismo" (1933: 59) que, para Reich, no es ni la ideología o la acción de un único individuo, de una nación, de un grupo étnico o político, ni, como lo considera la ideología marxista, un producto de factores socioeconómicos, sino la manifestación del *deseo* de la masa cuyas necesidades primarias e impulsos biológicos fueron reprimidos durante miles de años. El fascismo, al presentarse como misticismo organizado, satisface el deseo orgásmico de las masas reprimidas, que por lo tanto "desean el fascismo".

5] EL SOCIOANÁLISIS DE H. MARCUSE. Marcuse parte del análisis del deseo freudiano que desemboca en la incompatibilidad entre civilización y felicidad, porque el progreso está fundado en la represión de los deseos pulsionales y vive de la renuncia a la felicidad y de la sumisión a Eros. En efecto, Freud escribe: "De hecho, al

hombre primordial las cosas le iban mejor, pues no conocía limitación alguna de lo pulsional. En compensación, era ínfima su seguridad de gozar mucho tiempo de semejante dicha. El hombre culto ha cambiado un trozo de posibilidad de dicha por un trozo de seguridad." (1929 [1976: 111-112]). "La libertad individual no es un patrimonio de la cultura. Fue máxima antes de toda cultura; es verdad que en esos tiempos la más de las veces carecía de valor, porque el individuo difícilmente estaba en condiciones de preservarla. Por obra del desarrollo cultural experimenta limitaciones, y la justicia exige que nadie escape de ellas". (1929 [1976: 94]). A partir de estas premisas, Marcuse se pregunta si no será lícito presentarle al hombre una sociedad no represiva, en la que al falso bienestar del consumo le siga la libertad del deseo liberado. Escribe Marcuse: *"Eros y civilización*: con este título quería manifestar una idea optimista, eufemística, es más, concreta: la convicción que los resultados alcanzados por las sociedades industriales avanzadas pudieran permitirle al hombre invertir el sentido en el que avanza la evolución histórica, deshacer el nexo fatal entre productividad y destrucción, libertad y represión... que pudieran, en otras palabras, poner al hombre en condiciones de aprender la ciencia (gaya ciencia), es decir el arte de utilizar la riqueza social para modelar el mundo del hombre, sus deseos, sus instintos de vida, mediante una lucha concertada contra los agentes de la muerte" (1966: 33).

6] EL ESQUIZOANÁLISIS Y LAS MÁQUINAS DESEOSAS. G. Deleuze y F. Guattari, en polémica con la concepción edípica de Freud y con el marxismo freudiano de Reich y Marcuse, conciben el deseo como una máquina, análoga a la máquina del trabajo, reprimida por la represión social por temor al carácter revolucionario y subversivo del deseo. A esta obra de represión también contribuyó el psicoanálisis, cuya censura consiste en convertir el deseo en representación en el teatro íntimo del inconsciente, donde tendría la posibilidad de manifestarse sólo como sueño, fantasma, mito. Esta canalización del flujo del deseo se realiza en el marco de la familia y de la triangulación edípica (padre, madre, hijo), de manera que el deseo no "vaya más allá de los muros domésticos" para invadir la sociedad. En este momento el inconsciente ya no será la sede del deseo real sino un conjunto de creencias y de representaciones inducidas por la estructura social, por los agentes familiares y por el psicoanalista.

La contraprueba la constituyen los esquizofrénicos, irreductibles a la triangulación edípica, a los cuales no consideró Freud. En efecto, al tomar "imágenes" y "palabras" por "cosas", los esquizofrénicos no retienen el deseo en los límites de la representación, como quisiera el psicoanálisis de Freud y por lo tanto, como máxima refutación del sistema freudiano, permiten elaborar un "esquizoanálisis" donde el deseo no está considerado como simple productor de imágenes, sino como productor de cosas reales. Escriben Deleuze y Guattari: "Si el deseo produce, produce lo real. Si el deseo es productor, no puede serlo si no en realidad y de realidad. [...] Lo real, deriva, es el resultado de las síntesis pasivas del deseo como autoproducción del inconsciente. Al deseo no le falta nada, no le falta su objeto. Es más bien el sujeto que falta al deseo, o el deseo que falta al sujeto, porque no hay sujeto más que para la represión" (1972: 29).

BIBLIOGRAFÍA: Aristóteles (1973); Deleuze, G. y F. Guattari (1972); Descartes, R. (1649); Dewey, J. (1922); Freud, S. (1899); Freud, S. (1929); Galimberti, U. (1983); Gomila, J. (1978); Hegel, G.W.F., (1807); Heidegger, M. (1927); Lacan, J. (1950); Lacan, J. (1956); Lacan, J. (1960); Lacan, J. (1961); Lacan, J. (1966); Lyotard, J.F. (1974); Marcuse, H. (1966); Reich, W., (1933); Spinoza, B. (1677); Vigna, C. (1990).

desequilibrio
v. DESCOMPENSACIÓN.

desequilibrio (al. *Dekompensation*; fr. *déséquilibre*; ingl. *breakdown*; it. *scompenso*)

Momentáneo derrumbe de un equilibrio adquirido anteriormente que ya no resulta adecuado para hacer frente a las situaciones que se van presentando. Los desequilibrios pueden acompañar las fases críticas del crecimiento y de la evolución de la vida (*v.* **crisis**), pueden presentarse en forma más o menos acentuada, con resultados negativos o positivos, como se ilustra en la voz **curación**. A partir de su propia estructura conceptual el psicoanálisis define el desequilibrio como un derrumbe de los mecanismos de defensa del yo que, por lo tanto, se vuelven incapaces de mantener las relaciones habituales con la realidad externa y el control de las pulsiones.

deserotización (al. *Deerotisierung*; fr. *déérotisation*; ingl. *deerotization*; it. *deerotizzazione*)

Retiro del investimiento libidinal de un objeto o de su representación psíquica.

desescolarización (al. *Entschülerung*; fr. *déscolarisation*; ingl. *deschoolarisation*; it. *descolarizzazione*)

Modelo escolar que se presenta como alternativa al sistema escolarizado (v. **escolar, formación**). Sus simpatizantes, entre ellos I. Illich y P. Goodman, partiendo del supuesto de que la institución escolar, más allá de cualquier reforma, es incapaz de garantizar un aprendizaje autónomo y creativo en sintonía con la cultura y la historia en las que el individuo vive, proponen una sociedad desescolarizada, de educación permanente, en la que instrucción y experiencia estén constantemente asociadas y a cada individuo se le ofrezca la posibilidad de autoeducarse mediante el uso de estructuras educativas abiertas, puestas a disposición de la sociedad, en la cuales cada uno pueda elegir basándose en sus exigencias de aprendizaje.

BIBLIOGRAFÍA: Autores varios (1974).

desesperación (al. *Verzweiflung*; fr. *désespoir*; ingl. *despair*; it. *disperazione*)

Sentimiento que acompaña la convicción de una derrota inevitable e irreparable, presente en sujetos incapaces de soportar fracasos a causa de un limitado umbral de tolerancia a la frustración del deseo o al dolor. S. Kierkegaard diferenció la desesperación de la **an-**

gustia (*v.*) porque, mientras esta última refleja la incapacidad del hombre para realizarse plenamente en el mundo, la desesperación se refiere a la relación del hombre consigo mismo que, por causa de su limitación, no logra nunca estar a la altura de sus posibilidades. K. Jaspers, retomando este concepto kierkegaardiano, habla de "desesperación vital que nace del conocimiento de tener que morir en la incertidumbre de haberse realizado a sí mismo. No sé qué debo querer cuando, frente a todas las posibilidades que se me presentan, no quisiera renunciar a algunas de ellas, incluso si no sé si hay alguna que sea verdaderamente esencial para mí. Al no poder elegir, me abandono a la sucesión de los acontecimientos a sabiendas de mi no-ser existencial" (1933: 745). Al significado existencial y no patológico de la desesperación se dirigió recientemente también el psicoanálisis que, con A. Haynal, afirma que "la desesperación no es la melancolía, aunque en ocasiones puede convertirse en ella. La desesperación está presente en el abandono (*Hilflosigkeit*) del recién nacido y acompaña al hombre hasta el fin de su vida, fungiendo como motor de la elaboración (*Durcharbeitung*) psíquica" (1976: 15).

BIBLIOGRAFÍA: Haynal, A. (1976); Jaspers, K. (1933); Kierkegaard, S. (1849).

desexualización

v. SUBLIMACIÓN.

desfloración (al. *Entjungferung*; fr. *défloration*; ingl. *defloration*; it. *deflorazione*)

Rotura del himen, generalmente después del primer coito. Según el psicoanálisis la desfloración, que reactiva el complejo de **castración** (*v.*), puede determinar en la mujer una herida narcisista con las consiguientes tendencias agresivas respecto a la pareja, que actúan como factores inhibidores del orgasmo. Según algunos antropólogos que se basan en tesis psicoanalíticas, para desviar el resentimiento femenino en algunas sociedades primitivas la función del "desflorador" se delegaba a una persona extraña a la pareja, bajo el poder de una autoridad especial.

BIBLIOGRAFÍA: Bonaparte, M. (1951); Deutsch, H. (1925).

desidentidad (al. *Dysidentität*; fr. *disidentité*; ingl. *disidentity*; it. *disidentitá*)

Término que introdujo G. Lai para desarraigar el prejuicio de la identidad personal sostenido por la cultura occidental en todas sus manifestaciones, que se traduce, en el campo psicológico en la concepción según la cual la salud psíquica consistiría en la conservación de la propia identidad. En efecto, según Lai, las múltiples experiencias que cada uno elabora son estratificadas y heterogéneas, por lo que cada quien está obligado a desdoblarse y a multiplicarse en diferentes horizontes espaciales y temporales, transformándose incesantemente en una red multiforme de intercambios, intersecciones, agregaciones, de nuevas "identidades", en universos "desiguales".

BIBLIOGRAFÍA: Lai, G. (1988).

desilusión (al. *Enttäuschung*; fr. *désillusion*; ingl. *disillusion*; it. *disillusione*)

Pérdida de ilusiones o de ideales provocada por un examen de la **realidad** (*v.*, § 2).

desilusión o decepción (al. *Enttäuschung*; fr. *déception*; ingl. *disappointment*; it. *delusione*)

Reacción afectiva posterior a la falta de realización de una esperanza o de una ilusión. Para indicar este estado en el ámbito psicoanalítico se prefiere el término **frustración** (*v.*).

desindividuación (al. *Entindividualisierung*; fr. *déindividuation*; ingl. *deindividuation*; it. *deindividuazione*)

Situación en la que una persona pierde o no madura su propia identidad como individuo único, para encontrarla sólo como miembro de un grupo. Esta condición lleva al sujeto a una menor consideración de las reglas sociales, tanto porque el estado de relativo anonimato lo protege de las sanciones, como porque las formas interiorizadas de control, como el sentimiento de culpa, la vergüenza y el miedo, son más débiles.

BIBLIOGRAFÍA: Milgram, S. (1974); Bilbao; Zimbardo, P.G. (1970).

desinhibición (al. *Enthemmung*; fr. *disinhibition*; ingl. *disinhibition*; it. *disinibizione*)

Reducción o desaparición de la función inhibidora ejercida por el sistema nervioso central (*v.* **inhibición**, § 1). En psicopatología el término designa un aumento de la actividad psíquica acompañado por un exceso de impulsos afectivos y agresivos, además de hiperactividad motriz. Esta condición se presenta en la **manía** (*v.*), en algunos estados crepusculares (*v.* **conciencia**, § 3, *b*) y después de una ingestión excesiva de alcohol o drogas. También se habla de *desinhibición social* cuando condiciones especiales, como las guerras, las revoluciones, las crisis económicas, favorecen la reducción del control sobre los impulsos sexuales y agresivos. El psicoanálisis interpreta las actitudes desinhibidas de individuos o de grupos sociales como mecanismos defensivos respecto a sentimientos de culpa o como el resultado de una **desunión** (*v.*) de las pulsiones.

BIBLIOGRAFÍA: Freud, S. (1925 [1976]); Fulton, J.F. y F.D. Ingrahm (1929).

desintegración (al. *Zersetzung*; fr. *désintégration*; ingl. *disintegration*; it. *disintegrazione*)

Pérdida de organización de una estructura unitaria. El término se usa en psiquiatría como sinónimo de disociación (*v.* **escisión**) y en psicología social para referirse a los grupos que ya no logran organizarse en términos de funcionamiento como antes de la crisis desintegradora.

desintoxicación (al. *Entgiftung*; fr. *désintoxication*; ingl. *detoxication*; it. *disintossicazione*)

Terapia que tiene por finalidad liberar al paciente del uso y de la necesidad de sustancias tóxicas, tanto de la dependencia física del organismo, que tiene necesidad de la sustancia tóxica para su metabolismo, como de la dependencia psíquica que no le permite al sujeto desarrollar, sin la ingestión de la sustancia, su actividad cotidiana (*v.* **toxicomanía**). Generalmente, además de la hospitalización, considerada por muchos un requisito indispensable para el tratamiento, se está difundiendo como tendencia, el acoger a los toxicodependientes en comunidades terapéuticas, con la intención de crear las condiciones de interacción afectiva y social cuya falta se considera una de las causas primarias del inicio de la toxicodependencia. Entre las técnicas de deshabituación existen algunas que prevén la brusca interrupción de la ingestión de droga, y otras que observan una reducción gradual para controlar las crisis de **abstinencia** (*v.*, § 3). En este campo las técnicas psicoanalíticas se revelan escasamente eficientes, mientras que se obtiene cierto éxito con las técnicas de aversión, de inspiración conductista, basadas en la teoría de la **atracción-repulsión** (*v.*).

desinvestimiento
v. INVESTIMIENTO, § 4.

desmembramiento (al. *Zergliederung*; fr. *démembrement*; ingl. *dismemberment*; it. *smembramento*)

Término que utiliza P. Schilder para indicar la desestructuración completa del esquema corporal (*v.* **cuerpo**) en las psicosis evolutivas y en las esquizofrenias, donde el sujeto proyecta en el mundo externo partes de su cuerpo que después vive como objetos persecutorios. El término lo retomó G. Pankow: "Con el término desmembramiento defino la destrucción de la imagen del cuerpo de manera que sus partes pierden su vínculo con el todo para reaparecer en el mundo externo en forma de voces o de alucinaciones visuales" (1969: 88-89).

BIBLIOGRAFÍA: Pankow, G. (1969); Schilder, P. (1935-1950).

desmitificación (al. *Entmythisierung*; fr. *démythification*; ingl. *demythization*; it. *demitizzazione*)

El término, que en su significado genérico se refiere al retiro de la **proyección** (*v.*, § 3) absolutamente positiva que un sujeto o un grupo pueden asignar a un acontecimiento, un personaje o una época histórica, adquiere un significado más específico con la acepción de R. Bultmann, que habla de *desmitologización* (*Entmythologisierung*) a propósito del procedimiento que reduce en el mito el aspecto mágico-sacro a favor del aspecto histórico, sociológico, lingüístico, existencial (*v.* **mito**, § 6). Bultmann considera necesaria la desmitificación para liberar la autenticidad y la actualidad del mito de las envolturas del imaginario histórico de la época; en oposición a él se manifestó K. Jaspers, para quien el valor del mito no está en su actualidad sino en su carácter enigmático, que lo hace "clave" de la existencia. De la misma opinión es C.G. Jung, para quien toda operación racional desmitificada le quita al mito su eficiencia simbólica, reduciéndolo a simple signo de significantes racionales, psicológicamente ineficaces en relación con la **transformación** (*v.*) psíquica.

BIBLIOGRAFÍA: Bultmann, R. (1848-1952); Jaspers, K. (1954); Jung, C.G. (1912).

desmitologización
v. DESMITIFICACIÓN.

desmolisis (al. *Desmolyse*; fr. *desmolyse*; ingl. *desmolysis*; it. *desmolisi*)

Término que introdujo J.H. Schultz para indicar la disolución, mediante el entrenamiento **autógeno** (*v.*), de las inhibiciones inconscientes que impiden el desarrollo de la personalidad.

BIBLIOGRAFÍA: Schultz, J. H. (1932).

desobediencia (al. *Ungehorsam*; fr. *désobéissance*; ingl. *disobedience*; it. *disubbidienza*)

Comportamiento bastante frecuente en el niño que se niega a someterse a las órdenes impartidas por una autoridad, representada por los padres y por los maestros. El psicoanálisis considera la desobediencia, que también es una forma de afirmación de la propia individualidad, como un rasgo característico de la fase **anal** (*v.*, § 2) del desarrollo libidinal, que se sitúa entre el segundo y el tercer año de vida, cuando el niño cumple una importante diferenciación de la madre y hacia su propia autonomía, mediante un control progresivo de las funciones de su cuerpo y del mundo externo (*v.* **disciplina**, § 2 y **obediencia**).

BIBLIOGRAFÍA: Freud, A. (1965); Mahler, M.S., F. Pine y A. Bergman (1975).

desomatización (al. *Entsomatisierung*; fr. *désomatisation;* ingl. *desomatization*; it. *desomatizzazione*)

Etapa del proceso de diferenciación en el ámbito de la evolución psíquica. En lugar de las reacciones difusas de descarga vegetativa y motriz, características del primer período de la vida, hay acciones psíquicas "desomatizadas". El grado de desomatización constituye un indicador de la diferenciación de las instancias psíquicas y del estado de desarrollo del yo.

desorden (al. *Unordnung*; fr. *désordre*; ingl. *disorder*; it. *disordine*)

Término genérico utilizado en psicología clínica para indicar trastornos de naturaleza y entidad muy diferentes. Puede referirse tanto a **disfunciones** (*v.*) leves como a verdaderas enfermedades. La mayor parte de las veces se utiliza en la acepción de *desorden mental* en presencia de trastornos de la conciencia (*v.*, § 3), y de *desórdenes del comportamiento* respecto a las conductas desviadas, psicopáticas, toxicómanas, o caracterizadas de alguna manera por ausencia de inhibición (*v.* **desinhibición**) que, desde el punto de vista psicoanalítico, son lo opuesto de las conductas neuróticas, caracterizadas por exceso de inhibición.

desorganización (al. *Desorganisation*; fr. *désorganisation*; ingl. *disorganization*; it. *disorganizzazione*)

Falta de diferenciación y coordinación de las partes que en su conjunto no logran componer un todo funcional (*v.* **organización**).

desorientación (al. *Desorientierung*; fr. *désorientation*; ingl. *disorientation*; it. *disorientamento*)

Trastorno de la **conciencia** (*v.*, § 3) caracterizado por una reducción de la conciencia de sí mismo y de la relación con la realidad externa sobre la base de las coordenadas espaciotemporales y de las relaciones interpersonales (*v.* **orientación**, § 1).Se manifiesta en los estados psicóticos agudos, en las demencias y en situaciones no estrictamente psicopatológicas, como estados febriles, procesos infecciosos, intoxicaciones y momentos de aguda tensión emotiva.

despersonalización
v. PERSONA, § 1; ESCISIÓN, § I, 4.

desplazamiento (al. *Verschiebung*; fr. *déplacement*; ingl. *displacement*; it. *spostamento*)

Transferencia de la acentuación y de la intensidad de una representación a otra, unida a la primera por una cadena asociativa. Junto con la **condensación** (*v.*), el desplazamiento es uno de los caracteres principales del **proceso primario** (*v.*) que regula la forma en que funciona el inconsciente y de su contenido **latente** (*v.*). En la base está, según Freud, esa relativa independencia del afecto respecto a la representación que permite al primero desplazarse de una a otra: "*El desplazamiento y la*

condensación oníricos son los dos maestros artesanos a cuya actividad podemos atribuir principalmente la configuración del sueño. [...] Resultado de este desplazamiento es que el contenido del sueño ya no presenta el mismo aspecto que el núcleo de los pensamientos oníricos, y que el sueño sólo devuelve (refleja) una desfiguración (dislocación) del deseo onírico del inconsciente" (1899 [1976: 313-314]).

Además del **sueño** (*v.*, § II), el desplazamiento actúa en las *neurosis obsesivas* donde la angustia resulta circunscrita a una serie de rituales insignificantes (*v.* **obsesión**, § 2); en la **conversión** (*v.*), donde la energía cambia de registro, pasando del campo representativo al somático; en la **representación** (*v.*) que se facilita cuando, con el desplazamiento, se efectúa el paso de una idea abstracta a una equivalente capaz de visualizarse; en la **elaboración** (*v.*, § 2) *secundaria*, que tiende a volver coherentes sueños y síntomas con miras a determinadas finalidades que Freud identifica en la figura de la defensa: "la desfiguración onírica nos es ya conocida; la reconducimos a la censura que una instancia psíquica ejerce sobre la otra en la vida pensante. El desplazamiento onírico es uno de los medios principales para alcanzar esta desfiguración. *Is fecit, cui profuit*. Podemos suponer que el desplazamiento onírico se produce por influencia de esa censura, la de la defensa endopsíquica" (1899 [1976: 314]). Tanto en las neurosis obsesivas como en el sueño la censura utiliza el mecanismo de desplazamiento privilegiado, con fines defensivos, de las representaciones indiferentes capaces de insertarse en contextos asociativos muy lejanos al verdadero conflicto. Según R. Jakobson y J. Lacan, en el desplazamiento subyacen los mismos procesos que en el ámbito lingüístico dan origen a la metonimia (*v.* **metáfora**).

BIBLIOGRAFÍA: Freud, S. (1899); Freud, S. (1901); Freud, S. (1905); Freud, S. (1932); Jakobson, R. (1956); Lacan, J. (1957).

desrealización (al. *Entrealisierung*; fr. *déréalisation*; ingl. *derealization*; it. *derealizzazione*)

Pérdida del sentido de la realidad y del contacto que normalmente cada quien tiene con su propia experiencia entre las cosas y las personas de su entorno. La desrealización, frecuente en las esquizofrenias, a veces se acompaña de despersonalización (*v.* **persona**, § 1 y **escisión**, § I, 4), en la que el individuo ya no se percibe a sí mismo como presente en la vida cotidiana y como interactuante con sus semejantes. Las experiencias de desrealización tienen carácter episódico y pueden surgir también en personas normales en condiciones de fatiga profunda. La desrealización debe diferenciarse del *desreísmo*, condición mental en la que se ignoran las leyes de la lógica y las conexiones naturales (*v.* **pensamiento**, § III). Esto determina falta de armonía con los datos de la realidad, según el modelo del pensamiento mágico (*v.* **magia**), que espera la solución de los problemas no por la secuencia de los nexos causales sino por fórmulas, gestos, ritos.

desreísmo
v. DESREALIZACIÓN.

destinatario
v. COMUNICACIÓN, § 1.

destino (al. *Geschick*; fr. *destin*; ingl. *destiny*; it. *destino*)

Concepto muy antiguo según el cual la necesidad, en cuanto parte del orden total, domina a todos los seres del mundo.

1] FILOSOFÍA. Elaborada en la cultura "trágica" y "filosófica" de la antigua Grecia con las expresiones Μοῖρα, "Aquella que destina las partes", y Ἀνάγκη, "la Necesidad", en la época contemporánea la noción de destino la retomó F. Nietzsche, quien encuentra en el destino el sentido último al que se dirige la voluntad del hombre en la forma del *amor fati* que manifiesta su "sí" al eterno retorno de lo igual. Relacionado con la historia *(Geschichte)*, el destino *(Geschick)* lo toma M. Heidegger como "aquello que en las diferentes épocas históricas se anuncia ausentándose", haciendo posible de esta manera la aparición de determinado modo del ser. En fin, con E. Severino, el término destino asume el significado de sentido de la totalidad dentro de la cual

toda expresión de la voluntad es el sueño de una alienación: "En la mirada del destino –escribe Severino– la voluntad es mostrarse. No es 'fuerza', 'tendencia', 'apetito', 'impulso'. Lo que estos términos indican pertenece al mundo soñado de la alienación de la verdad, al mundo que es imposible que sea, pero cuyo sueño domina la tierra. Pero la aparición en la que consiste la voluntad es aparición de un contenido que no es el destino de la verdad: es la aparición de algo que pertenece al mundo soñado de la alienación de la verdad. Tal mundo es la tierra aislada, el contenido que se muestra dentro del aislamiento de la tierra" (1980: 573).

2] PSICOANÁLISIS. S. Freud considera el destino la última de las imágenes parentales que, después de los padres, los educadores, las autoridades, los individuos que el sujeto considera ejemplares, contribuye a la formación del superyó: "La figura última de esta serie que empieza con los progenitores es el oscuro poder del destino, que sólo los menos de nosotros podemos concebir impersonalmente. Es poco lo que puede objetarse al literato holandés Multatuli cuando sustituye la Μοῖρα [destino] de los griegos por la pareja divina Λόγος χαὶ Ἀνάγχη [razón y necesidad]; pero todos los que transfieren la guía del acontecer universal a la Providencia, a Dios, o a Dios y la Naturaleza, son sospechosos de sentir a estos poderes, no obstante ser los más exteriores y los más remotos, como si fueran una pareja de progenitores –vale decir, mitológicamente– y de creerse enlazados con ellos por ligazones libidinosas" (1924 [1976: 173-174]). A partir de esta interpretación del destino Freud identifica en el masoquismo el terreno fecundo para el surgimiento de la *neurosis de destino* típica de quien, mientras organiza inconscientemente las experiencias de su vida para sufrir continuas derrotas, sostiene conscientemente que es el destino el que se las procura: el masoquismo "crea la tentación de un obrar 'pecaminoso', que después tiene que ser expiado con los reproches de la conciencia moral sádica [...] o con el castigo del destino, ese gran poder parental. Para provocar el castigo por parte de esta última subrogación de los progenitores, el masoquista se ve obligado a hacer cosas inapropiadas, a trabajar en contra de su propio beneficio, destruir las perspectivas que se le abren en el mundo real y, eventualmente, aniquilar su propia existencia real" (1924 [1976: 175]).

Freud distingue la neurosis de destino de la *neurosis de carácter* (*v.* **carácter**, § 2, *b*), que no es un regreso desde el exterior de un deseo inconsciente de castigo, sino una repetición obligada, favorecida por los mecanismos de defensa. De la misma opinión es O. Fenichel para quien, con la neurosis de destino, el sujeto "controla sus sentimientos de culpa que espera satisfacer mediante su propio sufrimiento, congraciándose con un superyó muy exigente" (1945: 568). A la neurosis de destino se le puede aproximar la *neurosis de fracaso*, denominada así por R. Laforgue, y que corresponde a todos los sujetos que se niegan a sí mismos la satisfacción de un punto preciso vinculado con su deseo inconsciente. Dichos sujetos, capaces de tolerar las frustraciones externas de manera no patológica, muestran su patología cuando, frente a la posibilidad real de satisfacer su deseo, se procuran una especie de "frustración interna" para satisfacer a su superyó punitivo. Neurosis de destino y de fracaso encabezan la llamada conducta de **fracaso** (*v.*).

3] PSICOLOGÍA ANALÍTICA. M. Trevi descubre, identificado en el sí individual (*v.* **psicología analítica**, § 4) y en su posibilidad de darse, al depositario del destino, lo que condiciona la libertad y limita la proyección, dándoles a éstas, al mismo tiempo, realidad y concisión. Retomando la expresión nietzschiana "Transfórmate en lo que eres" y examinándola en el campo analítico, Trevi resalta las cuatro posibles variables: *a*] "Transfórmate en lo que eres" y posibilidad de darse del sí; *b*] "Transfórmate en lo que no eres" y posibilidad de cambio; *c*] "No te transformes en lo que eres" y liberación limitada de los condicionamientos; *d*] "No te transformes en lo que no eres" y fidelidad al dato original con preservación de la libertad finita (1990: 4-10). A partir de esta articulación Trevi considera que "el modelo intuitivo más eficiente de la conexión entre proyecto y destino es el del círculo, mediante el cual siempre el uno es condición y materia del otro: no se da proyecto sin destino, ni éste sin aquél. Sólo una libertad proyectada infinita e incondicionada es, en el nivel práctico, una necesidad sin salida, cuya sola concep-

ción llevaría al hombre a una inmovilidad aniquiladora y haría vana toda posibilidad de psicoterapia" (1990: 15).

BIBLIOGRAFÍA: Fenichel, O. (1945); Freud, S. (1924); Heidegger, M. (1946); Laforgue, R. (1939); Nietzsche, F. (1882-1886); Severino, E. (1980); Trevi, M. (1990).

destino, neurosis de
v. DESTINO, § 2.

destrucción, pulsión de
v. DESTRUCTIVIDAD, § 1.

destructividad (al. *Zerstörbarkeit*; fr. *destructivité*; ingl. *destructiveness*; it. *distruttività*)

Forma de agresión típicamente humana que no responde a finalidades defensivas o reactivas, sino a la necesidad de aniquilar hasta a uno mismo. Al respecto existen dos interpretaciones: la de S. Freud, que ve en la destructividad una manifestación pulsional, y la de E. Fromm, que ve una manifestación cultural.

1] FREUD: LA DESTRUCTIVIDAD COMO MANIFESTACIÓN PULSIONAL. Partiendo de la hipótesis de que "existen dos clases de pulsiones de diferente naturaleza: las pulsiones sexuales entendidas en el sentido más lato –el *Eros*, si prefieren esta denominación– y las pulsiones de *agresión*, cuya meta es la destrucción," (1932 [1976: 95]), Freud introduce el concepto de *pulsión de destrucción* que justifica así: "Tras larga vacilación y oscilación, nos hemos resuelto a aceptar sólo dos pulsiones básicas: *Eros* y *pulsión de destrucción*. (La oposición entre pulsión de conservación de sí mismo y de conservación de la especie, así como la otra entre amor yoico y amor de objeto, se sitúan en el interior del Eros.) La meta de la primera es producir unidades cada vez más grandes y, así, conservarlas, o sea, una ligazón (*Bindung*); la meta de la otra es, al contrario, disolver nexos y, así, destruir las cosas del mundo. Respecto de la pulsión de destrucción, podemos pensar que aparece como su meta última trasportar lo vivo al estado inorgánico; por eso también la llamamos *pulsión de muerte*. Si suponemos que lo vivo advino más tarde que lo inerte y se generó desde esto, la pulsión de muerte responde a la fórmula consignada, a saber, que una pulsión aspira al regreso a un estado anterior. [...] Mientras esta última produce efectos en lo interior como pulsión de muerte, permanece muda; sólo comparece ante nosotros cuando es vuelta hacia afuera como pulsión de destrucción. Que esto acontezca parece una necesidad objetiva para la conservación del individuo" (1938 [1976: 146, 147-148]).

Freud llegó a la concepción dualista de las pulsiones en términos de pulsiones sexuales y pulsiones destructivas en 1920, cuando modificó la teoría original de las pulsiones que preveía pulsiones sexuales y pulsiones de autoconservación (*v.* **pulsión**, § 2), o **pulsiones del yo** (*v.*). En efecto, la introducción del concepto de **narcisismo** (*v.*, § 3) en los años 1911-1914 puso en crisis esta primera diferenciación, porque introducía un elemento libidinal dentro de la pulsión del yo. A este problema se unió el de la **agresividad** (*v.*, § 5), que resultó fundamental para la elaboración definitiva de la teoría de las pulsiones. La agresividad, considerada inicialmente un elemento de la pulsión sexual, la asignó Freud, entre 1915 y 1920, a las pulsiones del yo no libidinales, dirigidas al control del mundo externo. Sólo después de la formulación de la segunda concepción del **aparato psíquico** (*v.*, § 5) que propone los sistemas del ello, el yo y el superyó, Freud comenzó a considerar el fenómeno de la agresividad como una pulsión autónoma, existente en el ello, junto a la pulsión sexual. En esta nueva concepción la agresividad se interpreta como una manifestación de la pulsión de muerte dirigida hacia afuera (*v.* **pulsión**, § 1, *g*, 2).

Freud llegó a la concepción de la destructividad como manifestación pulsional mediante tres consideraciones: *a*] la *coacción a repetir*, en la que es posible reconocer "la manifestación de la inercia que es propia de la vida orgánica" (1920); *b*] el *sadomasoquismo*, a propósito del cual escribe: "No nos asombrará enterarnos de que el sadismo proyectado, vuelto hacia afuera, o pulsión de destrucción, puede bajo ciertas constelaciones ser introyectado de nuevo, vuelto hacia adentro, regresado así a su situación anterior. En tal caso da por resultado el masoquismo secundario, que viene a añadirse al originario." (1924 [1976: 170]); *c*] la *agresividad*, a propósito de la cual Freud escribe que "Con la instalación del superyó, montos considerables de la pulsión de agresión son fijados en el interior del yo y allí ejercen efectos autodestructivos. Es uno de los peligros para su salud que el ser humano toma sobre sí en su camino de desarrollo cultural. Retener la agresión es en general insano, produce un efecto patógeno (mortificación) (*Kränkung*). El tránsito de una agresión impedida hacia una destrucción de sí mismo por vuelta de la agresión hacia la persona propia suele ilustrarlo una persona en el ataque de furia, cuando se mesa los cabellos y se golpea el rostro con los puños en todo lo cual es evidente que ella habría preferido infligir a otro ese tratamiento. Una parte de la destrucción de sí permanece en lo interior, sean cuales fueren las circunstancias, hasta que al fin consigue matar al individuo" (1938 [1976: 148]).

2] FROMM: LA DESTRUCTIVIDAD COMO MANIFESTACIÓN CULTURAL. Fromm rechaza la distinción freudiana entre pulsiones de vida y pulsiones de muerte, y acepta la postura etológica de K. Lorenz. Distingue así entre *agresividad benigna*, biológicamente adaptativa, y *agresividad maligna* o destructividad, producto puramente cultural, porque lo que en ésta se manifiesta es "la vida que se dirige contra sí misma con la intención de darse un sentido" (1973: 27). Esta conexión entre "destructividad" y "sentido" lleva a concebir la primera como un acontecimiento cultural, por lo que Fromm considera que debe proponer "el término 'agresión' para la agresión defensiva, reactiva, biológicamente adaptativa, y 'destructividad' para la propensión específicamente humana a destruir y a buscar el control absoluto" (1973: 12). "Por ser específicamente humana, y no derivada del instinto animal, la destructividad no contribuye a la sobrevivencia fisiológica del hombre, sino que es un elemento importante de su funcionamiento mental. Es una de las pasiones potentes y dominantes en ciertos individuos y culturas, y no en otros. Es una de las posibles respuestas a exigencias psíquicas radicadas en la existencia humana y se origina en la interacción de varias condiciones sociales con las necesidades existenciales del hombre" (1973: 278). Entre las figuras eminentes de la destructividad tanto Freud como Fromm señalan la **guerra** (*v.*), interpretada a partir de sus respectivas posiciones teóricas.

BIBLIOGRAFÍA: Fornari, F. (1966); Freud, S. (1920); Freud, S. (1924); Freud, S. (1929); Freud, S. (1932); Freud, S. (1932b); Freud, S. (1938); Fromm, E. (1973).

desublimación (al. *Entsublimierung*; fr. *désublimation*; ingl. *desublimation*; it. *desublimazione*)

Despliegue natural de una carga libidinal contenida antes en la **sublimación** (*v.*). H. Marcuse utiliza este término para indicar la posible liberación del eros en una sociedad que ya no tiene necesidad de ser represiva porque la opulencia ya no requiere un alto índice de transformación de la energía libidinal en energía laboral. En este contexto la desublimación tiene la posibilidad de manifestarse en *autosublimación*, guiada por un principio de **realidad** (*v.*) ya no forzoso, porque se volvieron mayores los espacios de libertad (*v.* **deseo**, § 5).

Con una rectificación parcial de esta tesis sostenida en *Eros y civilización*, Marcuse, en *El hombre unidimensional*, habla de *desublimación represiva*, debida al ambiente tecnológico que no le permite al hombre hacer extensiva al ambiente la atmósfera *erótica* (*sublimación*), sino que lo obliga a localizarla en la pura y simple satisfacción *sexual* (*desublimación*): "El ambiente del que el individuo podía obtener placer, que podía hacer objeto de investimiento afectivo (o catexis) poco menos gratificante que si se hubiera tratado de una amplia zona del cuerpo, ha sido drásticamente restringido. En consecuencia el 'universo' de la catexis libidinal también lo fue. El resultado es una localización y contracción de la libido, la reducción de la esfera erótica a la experiencia y a las satisfacciones sexuales. Compárese, por ejemplo, hacer el amor en un prado o en un automóvil, durante un paseo fuera de la ciudad o en una calle de Manhattan. En el primer caso el ambiente participa de la catexis libidinal, la solicita y tiende a asumir aspectos eróticos. La libido se derrama más allá de las zonas erógenas inmediatas, en un proceso de sublimación no represivo. En contraste, un ambiente mecanizado parece bloquear tal autotrascendencia de la libido que, impedida en el esfuerzo de extender el campo de gratificación erótica, se hace menos 'polimorfa', menos capaz de asumir formas eróticas que vayan más allá de la sensualidad localizada, y esta última se intensifica. La realidad tecnológica, al reducir así la energía erótica e intensificar la sexual, *limita el alcance de la sublimación* y, al mismo tiempo, reduce también la *necesidad* de ésta. En el aparato mental la tensión entre lo que se desea y lo que está permitido parece disminuir considerablemente, y el principio de realidad da la impresión de no necesitar ya una vasta y penosa transformación de las necesidades instintivas. El individuo debe adaptarse a un mundo que ya no parece pedirle que desconozca sus necesidades más íntimas... un mundo que no es esencialmente hostil" (1964: 91-92).

BIBLIOGRAFÍA: Marcuse, H. (1955); Marcuse, H. (1964).

desunión [de las pulsiones] (al. *Entmischung*; fr. *défusion*; ingl. *defusion*; it. *defusione*)

También llamado separación de los elementos de la mezcla, es un término que utilizó S. Freud para indicar una separación entre pulsiones que generalmente actúan fusionadas entre sí (*v.* **fusión**, § 2). En su opinión "No podemos contar con una pulsión de muerte y otra de vida puros, sino sólo con contaminaciones de ellas, de soluciones diferentes en cada caso. Por efecto de ciertos factores, a una mezcla de pulsiones puede corresponderle una de mezcla" (1924 [1976: 170]).

BIBLIOGRAFÍA: Freud, S. (1924); Freud, S. (1925).

desvanecimiento (al. *Ohnmachtsanfall*; fr. *evanouissement*; ingl. *faint*; it. *svenimento*)

Pérdida momentánea de la sensibilidad y de la conciencia provocada por una fuerte conmoción o por un fuerte estado de ansiedad. Cuando no tiene causas orgánicas el desvanecimiento se interpreta psicoanalíticamente como una estrategia inconsciente para librarse de un conflicto (*v.* **histeria**, § 1).

BIBLIOGRAFÍA: Freud, S. (1892-1895).

desvarío
v. PENSAMIENTO, § III, 1, *e.*

desventaja (al. *Rückstand*; fr. *désavantage*; ingl. *disadvantage*; it. *svantaggio*)

Término utilizado en el ámbito pedagógico para indicar las situaciones educativas deprimidas que están en el origen de muchas capacidades de respuesta individual insuficientes, sobre todo para los niños nacidos y crecidos en ambientes deprivados (*v.* **privación**). Este concepto proviene de los estudios sobre el comportamiento animal que llevaron a cabo D.O. Hebb y W.R. Thompson, quienes habían descubierto que la privación de estímulos sensoriales en las primeras fases de la vida obstaculizan el desarrollo de los afectos y de las habilidades. Muchos consideran que el paso de la privación sensorial a la cultural, denominada *desventaja social*, está poco justificada y es impropia, aunque no niegan la existencia de problemas sociales y educativos en sujetos culturalmente deprivados.

BIBLIOGRAFÍA: Autores varios (1971); Deutsch, M. *et al.* (1967); Hebb, D.O. y W.R. Thompson (1954).

desviación (al. *Verirrung*; fr. *déviation*; ingl. *deviation*; it. *deviazione*)

El término se utiliza en: 1] *sexología*, como sinónimo de **aberración** (*v.*) o **perversión** (*v.*), de acuerdo con la elección del objeto sexual o la forma de interactuar con éste. Al respecto el psicoanálisis interpreta las desviaciones sexuales como sintomáticas de neurosis precisas (*v.* **sexualidad**, § 2); 2] *psicología social*, para los comportamientos que se alejan de forma más o menos pronunciada de los modelos sociales medios (*v.* **desviación social**) o para las conductas sociales desadaptadas que se manifiestan en la infracción de las reglas sociales compartidas (*v.* **delincuencia**); 3] *estadística*, a propósito de la desviación estándar que describe la modalidad de la distribución de los valores medios entre los extremos (*v.* **estadística**, § I, 3).

desviación social (al. *Abweichung*; fr. *déviance*; ingl. *deviance*; it. *devianza*)

Comportamiento que se aleja de manera más o menos pronunciada de los modelos sociales dominantes. Este concepto es *normativo* porque se refiere, no a una característica intrínseca del comportamiento, sino a un juicio ético que se emite sobre éste, y *relativo* porque cambia con la transformación del grupo de referencia y del período histórico examinado. En la visión sociológica la desviación asume un carácter de peligrosidad respecto al sistema social (*v.* **delincuencia**), pero, al mismo tiempo, resulta funcional para el sistema mismo, en cuanto constituye, por una parte, una posibilidad de innovación, y por la otra una válvula de escape de las tensiones sociales mediante la identificación de chivos expiatorios.

Los primeros estudios sobre la desviación, que se iniciaron a principios del siglo XX con la escuela de Chicago, tendían a la identificación de los factores ambientales que favorecen el comportamiento desviado. Desde entonces se introdujeron diferentes interpretaciones; para la escuela estructural-funcionalista la desviación es la manifestación de la disociación entre los modelos culturales propuestos por el sistema social y los medios previstos por éste para alcanzarlos; para R.K. Merton la desviación surge cuando, rechazadas las metas y las vías institucionales, se buscan formas alternativas de adaptación; para A.K. Cohen está ligada a la pertenencia a una clase socialmente desaventajada, por lo que los individuos culturalmente deprivados, con la conciencia de no poder realizar las metas propuestas por el sistema, encuentran su identidad en una subcultura marginada (*v.* **delincuencia**, § 4). La actual investigación sociológica centra su interés en los procesos de marginación y de estigmatización de la desviación donde, sin rechazar el nexo entre desviación y violación de los valores compartidos, introduce un esquema de interacción social que se inicia con el acto de "desviación primaria" que conduce, por efecto de la reacción y de la desaprobación social, a la que E.M. Lamert llama "desviación secundaria" inducida por la desaprobación, y de tal manera estabiliza al desviado estable en su papel. Desde el punto de vista conceptual esta orientación percibe la desviación no tanto como una *violación* a las reglas compartidas (*v.* **delincuencia**) cuanto como el producto de una *interacción* social.

BIBLIOGRAFÍA: Cohen, A.K. (1955); De Leo, G. y Salvini, A. (1978); De Leo, G., *et al.* (1981); Heuyer, G. (1969); Lamert, E.M. (1951); Merton, R.K. (1942); Tomeo, V. (1985).

desvitalización
v. VITALIDAD.

detección de la señal, teoría de la
(al. *Theorie der Detektionszeichen*; fr. *théorie de la détection du signal*; ingl. *signal detection theory*; it. *teoria della detezione del segnale*)

Teoría para la evaluación de la percepción de un estímulo que, sirviéndose de modelos de probabilidad e interpretativos, toma en consideración la intervención de los criterios subjetivos; el proceso cognoscitivo se originaría de la relación entre percepciones imperfectas hechas por el hombre empírico –que, según la expresión de C.R. Peterson y L.R. Beach, es "intuitivamente estadístico"– y las correspondientes percepciones perfectas hechas por un hipotético hombre estadístico (*statistical man*). La variación de la percepción subjetiva respecto a la percepción estadística estaría en función de una mejor adaptación de la persona al ambiente. La utilización de esta variante subjetiva introduce un modelo dinámico en la concepción de la percepción, generalmente considerada, desde un punto de vista estático, como pasividad del sujeto.

BIBLIOGRAFÍA: Peterson, C.R. y L.R. Beach (1967).

detector de mentiras (al. *Wahrheitsmaschine*; fr. *machine de la verité*; ingl. *lie detector*; it. *macchina della verità*)

Instrumento ideado para registrar los cambios fisiológicos, como el ritmo respiratorio, la presión sanguínea, el ritmo cardiaco, la sudoración, etc., que, como acompañan el cambio del tono emotivo, se consideran indicadores de la dificultad del sujeto en determinadas situaciones. La hipótesis subyacente es que la represión de un recuerdo real o el efecto de una idea emotivamente significativa, y su sustitución por una mentira o falsedad, determina una reacción del sistema nervioso autónomo con los consiguientes cambios fisiológicos que el detector puede registrar. Las condiciones experimentales en las que se lleva a cabo la prueba y la frecuente manifestación de reacciones contradictorias reducen el nivel de credibilidad de los resultados.

detención (al. *Detention*; fr. *détention*; ingl. *detention*; it. *detenzione*)

Término utilizado en psicología experimental para designar el fenómeno por el cual, después de la prueba de condicionamiento, si el animal es retenido en el aparato donde se realizó la prueba, olvida más fácilmente el condicionamiento que si se lo saca de inmediato. Como fenómeno de extinción de la memoria, la detención demuestra la importancia de los factores ambientales en el intervalo de tiempo que transcurre entre el aprendizaje y la administración de un tratamiento amnésico. En psiquiatría se habla de *psicosis de detención* para referirse a quien vive períodos prolongados en estado de aislamiento, con escasas posibilidades de comunicación (*v.* **psicosis**, § 2, *b*).

deterioro (al. *Verschlechterung*; fr. *détérioration*; ingl. *deterioration*; it. *deterioramento*)

Progresivo compromiso de las funciones psíquicas por alteraciones anátomo-patológicas, procesos involutivos, consecuencias de traumas o como efecto de psicosis funcionales. Al principio se dañan las facultades intelectuales, como la ideación, la memoria, la atención, la crítica y el juicio; posteriormente se involucran la voluntad, la afectividad y el comportamiento, hasta llegar a una destrucción global de la personalidad. Existe la posibilidad de medir el deterioro recurriendo, por ejemplo, a los subtests de la escala **Wechsler-Bellevue** (*v.*), en los que se distinguen las "pruebas de lo que se tiene" (*hold tests*), que son más difíciles de alterar porque se refieren a adquisiciones de base, como la cultura general, la definición de vocablos, la reconstrucción de figuras, que son manifestaciones de la inteligencia "cristalizada", la que difiere de la inteligencia "fluida" que se aplica a nuevas situaciones y se mide con las llamadas "pruebas de lo que no se tiene" (*don't hold tests*). Otra posibilidad de medición la ofrece el *test de Babrock*, que toma en consideración el deterioro de las funciones verbales como indicador del deterioro mental.

determinante, tendencia (al. *Entscheidende Neigung*; fr. *tendance déterminante*; ingl. *determining tendency*; it. *tendenza determinante*)

Término que utiliza N. Ach para indicar la dependencia de los procesos psíquicos conscientes de las representaciones con finalidades conscientes o inconscientes vinculadas a las expectativas del sujeto. El término también aparece con Freud para explicar fenómenos como los lapsus y los actos fallidos que, lejos de ser casuales e irrelevantes, implican una tendencia inconsciente que los determina.

BIBLIOGRAFÍA: Ach, N. (1921); Freud, S. (1901).

determinismo (al. *Determinismus*; fr. *déterminisme*; ingl. *determinism*; it. *determinismo*)

Doctrina según la cual los fenómenos naturales están sujetos al principio de **causalidad** (*v.*). Aplicada al hombre, tal doctrina desemboca en el *determinismo psíquico*, según el cual cada uno de nuestros estados o actos psíquicos es la consecuencia necesaria de ciertos antecedentes fisiológicos o psicológicos, con la consiguiente reducción del espacio generalmente asignado a la libertad, a la espontaneidad y, en consecuencia, a la responsabilidad.

1] PSICOLOGÍA DE LO PROFUNDO. El determinismo psíquico está en la base de la construcción psicológica de S. Freud, quien pudo llegar a la noción de inconsciente, que es la noción cardinal del psicoanálisis, y darle legitimidad, mediante el riguroso uso de los principios de la causalidad, que está en la base de la lectura determinista de la psique. Freud escribe: La hipótesis del inconsciente "es *necesaria*,

porque los datos de la conciencia son en alto grado lagunosos; en sanos y en enfermos aparecen a menudo actos psíquicos cuya explicación presupone otros actos de los que, empero, la conciencia no es testigo [...] Estos actos conscientes quedarían inconexos e incomprensibles si nos empeñásemos en sostener que la conciencia por fuerza ha de enterarse de todo cuanto sucede en nosotros en materia de actos anímicos, y en cambio se insertan dentro de una conexión discernible si interpolamos los actos inconscientes inferidos. Ahora bien, una ganancia de sentido y de coherencia es un motivo que nos autoriza plenamente a ir más allá de la experiencia inmediata. Y si después se demuestra que sobre el supuesto de lo inconsciente podemos contruir un procedimiento que nos permite influir con éxito sobre el decurso de los procesos conscientes para conseguir ciertos fines, ese éxito nos procurará una prueba incontrastable de la existencia de lo así supuesto" (1915 [1976]: 163]). Del análisis de este razonamiento resulta, con suficiente evidencia, que tanto el juicio de que "los datos de la conciencia son muy fragmentarios", cuanto lo inferido por este juicio: "lo psíquico es en sí inconsciente", se apoyan en el supuesto determinista de la ciencia natural según el cual lo real existe siempre y solamente en nexos causales y sin lagunas.

A la concepción determinista se opusieron, en el terreno psicoanalítico, C.G. Jung, y en el psiquiátrico L. Binswanger. Jung escribe: "Nunca debemos perder de vista el hecho de que la *causa es una forma de ver*. Ésta afirma la relación necesaria y constante de la serie de acontecimientos a-b-c-d-z. Pero también la *finalidad es una forma de ver*, justificada en el plano puramente empírico por el hecho de que existen series de acontecimientos cuyo *nexo causal* sí es evidente, pero cuyo *significado* sólo se vuelve comprensible gracias al efecto final. [...] Si queremos trabajar de verdad como psicólogos, debemos conocer el 'sentido' de los fenómenos psíquicos. Y para esto [...] es absolutamente imposible considerar la psique en sentido 'sólo causal'; debemos considerarla también en 'sentido final'" (1916-1917: 318; *v.* **constructivista, método**).

Por su lado Binswanger escribe que "el *homo natura* de Freud no es un hombre real, sino una *idea* obtenida con una reflexión secundaria y reductiva del ser-hombre. Entonces, afirmar que el *homo natura* freudiano es tan sólo una idea no significa devaluar la ciencia, porque como todos sabemos la ciencia actúa exclusivamente con ideas, pero cuando, invirtiendo todos los términos del discurso, la ciencia coloca al principio de su construcción la idea del *homo natura*, convirtiendo en historia su 'desarrollo natural' y 'explicando' el arte, el mito y la religión con base en esa naturaleza y en esa historia, no encuentra al hombre tal como se da en su experiencia propiamente humana, sino esa idea de hombre que se obtiene de la destrucción preliminar de esta experiencia. En este caso el *homo natura*, este *Urmensch* freudiano, no representa el origen o el principio de la historia humana, sino una exigencia de la investigación naturalista [...] que reduce la totalidad de la experiencia humana a una modalidad especial de experiencia que es la causalidad" (1936: 172-174).

Hoy la concepción determinista de la psique la mantienen todos los que intentan llevar el psicoanálisis al nivel metodológico de las ciencias exactas, y la abandonan los que desplazaron la comprensión de los fenómenos psíquicos del nivel de la causa al del *significado*.

2] CONDUCTISMO. El conductismo, ubicando el organismo entre un estímulo y una respuesta, según la fórmula E-O-R, toma al organismo como una máquina que convierte E en R, el estímulo en una respuesta. Al hacerlo formula una teoría determinista, definiendo las leyes que relacionan estímulos (ambiente) y respuestas (movimiento). A partir de esta premisa el comportamiento se considera como un aparato experimental del que se debe excluir cualquier fenómeno psíquico no analizable con procedimientos objetivos. Esta postura la aclaró lapidariamente J.B. Watson: "Parece que por fin llegó el momento en que la psicología debe deshacerse de toda referencia a la conciencia, no verse frustrada por la preocupación de ubicar los estados mentales como objeto de observación" (1913: 60).

La posición radical de Watson la atemperó H.J. Eysenck, para quien la previsión absoluta del comportamiento es casi imposible por la complejidad, el número y la interacción de las variables que intervienen en el nivel del organismo (O) o, más ampliamente, de la/personalidad (P): "Nuestras acciones están determinadas en parte (en gran parte, si lo prefieren)

por el patrimonio hereditario y por el ambiente, y la función psicológica es la de descubrir las leyes según las cuales cobra cuerpo esta relación causal" (1972: 80), pero en otra parte, interviniendo en el problema de la comprensión y de la explicación (*v.* **psicología comprensiva**), Eysenck escribe: "Se considera que el término 'explicación' se debe usar en psicología exactamente con las mismas connotaciones con las que se usa en las ciencias exactas. Esto significa, en esencia, que la descripción, cuantitativa si es posible, es un sinónimo más apropiado que la comprensión; la comprensión, en cierto sentido no científico, humanístico, ideográfico, es, sin embargo, función de muchas cosas, aunque no se pueda comprobar en la realidad" (1970: 218).

También B.F. Skinner, el paladín más convencido del determinismo conductista, después de Watson, escribe: "No me considero un psicólogo E-R. En el estado actual no estoy seguro de que el concepto de 'respuesta' sea muy útil. El comportamiento es fluido, no está hecho de series de pequeñas respuestas una junto a la otra. La estimulación ambiental es importante entre las variables de las que es función el comportamiento, pero no es la única. Es erróneo pensar que existen estímulos internos y por lo tanto formular todo en términos de estímulo-respuesta" (1974: 113).

BIBLIOGRAFÍA: Bellotto, M. (1985); Binswanger, L. (1936); Eysenck, H.J. (1970); Eysenck, H.J. (1972); Freud, S. (1915); Galimberti, U. (1979); Giannattasio, E. y R. Nencini (1983); Jung, C.G. (1916-1917); Skinner, B.F. (1974); Waelder, R. (1963); Watson, J.B. (1913).

detumescencia (al. *Detumeszenz*; fr. *détumescence*; ingl. *detumescence*; it. *detumescenza*)

Reacción fisiológica posterior al orgasmo, caracterizada por el regreso a la normalidad de las zonas erógenas antes excitadas. Esas reacciones están acompañadas por fenómenos físicos y psíquicos de distensión y relajamiento. Cuando, no obstante la excitación, el orgasmo no se alcanza, el proceso de detumescencia es mucho más lento y está acompañado por tensión física y por una sensación de frustración.

deuteranomalía
v. COLOR, § 3.

deuteranopia
v. COLOR, § 3.

devaluación (al. *Entwertung*; fr. *déprécia-tion*; ingl. *depreciation*; it. *svalutazione*)

Desvalorización no justificada de uno mismo o de los demás. En el primer caso suele ser consecuencia de sentimientos de **inferiori-dad** (*v.*), y en ocasiones vinculada con sentimientos de **culpa** (*v.*, § 2) inconscientes; en el segundo caso es el efecto de una sobrecompensación del propio sentimiento de inferioridad (*v.* **compensación**, § 2).

deyección (al. *Verfallen*; fr. *déjection*; ingl. *dejection*; it. *deiezione*)

Término heideggeriano que sirve para indicar la caída (*fallen*) de la existencia cuando falta "la posibilidad que le es más propia", es decir su mundo auténtico (v. **autenticidad-inau-tenticidad**, § 2), de ser-en-el-mundo, para abandonarse al mundo anónimo e inauténtico que consiste en entregarse a la impersonalidad del "sí", por lo que "nos la pasamos y nos divertimos como se divierte; leemos, vemos y juzgamos de literatura y de arte como se ve y se juzga. Nos mantenemos alejados de la 'gran masa' como se nos mantiene alejados, vemos escandaloso lo que se ve escandaloso. El sí, que no es un Ser-ahí (*Dasien*) determinado, sino todos (pero no como suma), decreta el modo de ser de la cotidianeidad" (1927: 27). En psiquiatría este término lo retomó L. Binswanger para indicar las formas de existencia fallida en las que el sujeto pierde su proyección y la tendencia hacia la trascendencia, entendida como ir más allá del estado de la existencia que se alcanza una y otra vez para recaer en la repetición de las posibilidades ya dadas: "En la relación con el mundo –escribe Binswanger– la existencia se niega a sí misma como auténtica posibilidad de sí para caer en un determinado proyecto del mundo donde [se siente vil] se deyecta (verfallen); en lugar de la libertad de hacer que el mundo suceda, se infiltra entonces la no libertad de estar dominados por un determinado proyecto de mundo" (1946: 25; *v.* **análisis existencial**, § 2, *c*).

BIBLIOGRAFÍA: Binswanger, L. (1946); Binswagner, L., (1956); Heidegger, M. (1927).

díada (al. *Dyade*; fr. *dyade*; ingl. *dyad*; it. *diade*)

Término psicoanalítico que introdujo R.A. Spitz para indicar la relación madre-niño en los primeros años de vida (*v.* **familia**, § II, 1).

diagnóstico (al. *Diagnose*; fr. *diagnos-tic*; ingl. *diagnosis*; it. *diagnosi*)

Palabra de origen griego (διάγνωσις) ya utilizada en la medicina antigua con el significado de "reconocimiento". Con el diagnóstico, en efecto, se trata de reconocer los *signos*, tomados como indicios para la evaluación de facultades específicas o del cuadro global de la personalidad (*diagnóstico psicológico*), o bien de los *síntomas* de funciones alteradas que puedan relacionarse con entidades nosológicas de las que se conocen, a grandes rasgos, el curso y el éxito (*diagnóstico psiquiátrico*). Para el diagnóstico psicológico véase la voz **test** (*v.*), con la que se designa un reactivo psicológico capaz de proporcionar una medida objetiva y estandarizada de las diferencias entre las reacciones psíquicas de varios individuos o entre las reacciones psíquicas del mismo individuo en diferentes momentos y condiciones. Aquí nos limitamos a tratar el diagnóstico psiquiátrico que, a diferencia del médico, donde en general se conoce la causa de las formas clínicas, es de tipo *sindrómico* o *sindromático*, donde por **síndrome** (*v.*) no se entiende una enfermedad sino un conjunto característico de síntomas y signos que sólo en muy pocas ocasiones pueden remontarse a una causa única, conocida e identificable.

1] LA PROBLEMÁTICA DEL ESQUEMA DIAGNÓSTICO. Los límites del diagnóstico psiquiátrico dependen del hecho de que en este ámbito las causas de la enfermedad no son conocidas, sino sólo razonablemente supuestas, y donde en la suposición intervienen factores culturales, decisiones sobre qué es norma y desviación, tendencia del examinador a favorecer ciertos rasgos respecto a otros, con las consiguientes discrepancias frecuentemente muy notables en los diferentes diagnósticos emitidos en el mismo paciente, a lo que se debe agregar la diferencia de los cuadros nosológicos de referencia y las denominaciones relativas, que difieren de una época a otra y, durante la misma época, de una escuela a otra. Además, tomar un síndrome en psiquiatría significa cristalizar un momento de la evolución psíquica del sujeto, por lo que los diagnósticos, además de no ofrecerse como definitivos, tienden a no abarcar con su juicio a la persona completa, porque incluso el nivel de observación difícilmente va más allá de la observación del comportamiento. Además el diagnóstico no es exhaustivo, y se distingue siempre de la finalidad, –que decide el estilo diagnóstico– que puede ser terapéutica, farmacológica, de encuadre, nosológica o manipulativa.

Respecto a la problemática del esquema diagnóstico y sus límites hay una página célebre de K. Jaspers, quien describe la esencial insuperabilidad debida a la naturaleza misma del trastorno psíquico: "Conocemos en detalle sólo determinadas manifestaciones, relaciones causales, relaciones de sentido, y así sucesivamente, pero las formas de las unidades morbosas son como un tejido infinito, desmesurado, que no podemos componer. No encontramos cada una de las formas de enfermedad como plantas que ordenamos en un vivero. Por el contrario, con frecuencia resulta incierto saber qué es una 'planta'… una enfermedad. A la pregunta ¿qué diagnosticamos?, a lo largo del tiempo se ha respondido nombrando síntomas aislados, relaciones particulares, complejos sintomáticos, relaciones causales, y así sucesivamente, hasta que la idea de la unidad morbosa le proporcionó al diagnóstico su propio sentido, grandioso pero irrealizable al mismo tiempo. El diagnóstico debe tomar un proceso morboso que englobe todo lo que golpeó al hombre y que se presenta como una unidad determinada junto a otras unidades determinadas. Cuando bosquejamos un esquema general (el esquema diagnóstico) desearíamos ordenar juntos todos los puntos de vista de los que hablamos individualmente. Pero sin importar cómo hagamos el esquema, nos daremos cuenta de que no funciona; que clasificamos de manera provisional y forzada; que existen diferentes posibilidades, por lo que diferentes investigadores pueden construir esquemas diferentes; que la clasificación se haga tanto desde el punto de vista lógico como desde el plano real siempre resulta discordante. ¿Entonces por qué se siguen realizando estos esquemas vanos? En primer lugar porque queremos ver en el plano del conocimiento *qué conseguimos*, bajo la idea de la unidad morbosa, en el *panorama general* de las enfermedades psíquicas existentes; incluso cuando se debe reconocer un fracaso, en las más variadas y profundas divergencias nos volvemos consciente del estado de nuestra conciencia. En segundo lugar, porque con cada *descripción de la psiquiatría* se da, como base, una clasificación de las psicosis; sin tal esquema aquélla no puede ordenar su propio material. En tercer lugar porque como *medio de levantamiento estadístico* se requiere una gran cantidad de enfermos" (1913-1959: 648-649).

2] LAS MODALIDADES DIAGNÓSTICAS. Según el esquema que propusieron R. Rossi y F.J. Scarsi, las formas diagnósticas a las que con más frecuencia se recurre son:

a] *Diagnóstico sindrómico o sindromático*. Se procede a una evaluación de los síntomas y a su combinación en síndromes que se refieren a "cuadros típicos", inevitables por falta de conceptos claramente definidos y criterios de clasificación unívocos. Esto implica el examen sistemático de todas las funciones psíquicas, que permite encontrar cuál de ellas está alterada respecto a los "cuadros típicos" conocidos.

b] *Diagnóstico global*. No se realiza examinando todos los posibles síntomas, sino derivando algunos síntomas patognómicos (*target symptoms*) que sirven de guía en la terapia, pues son aquellos sobre los que ésta actúa. Pertenece al análisis global, pero difiere de éste, que procede por síntomas "patognómicos", el *diagnóstico de tipo empático* (*v.* **empatía**) que confía, más que en un examen de los síntomas, en la evaluación global de la forma de presentarse y del tipo de relación que el paciente instaura con su observador.

c] *Diagnóstico psicodinámico*. Es relativamente independiente de los síntomas y de los "cuadros típicos" en los que se puedan inscribir los mismos, porque la investigación está personalizada en los motivos inconscientes, en los conflictos profundos y en los mecanismos de defensa adoptados para protegerse del sufrimiento generado por estos conflictos. En este tipo de diagnóstico, más que describir los síntomas, se procede a enmarcar las razones conflictivas profundas (v. **psicología dinámica**).

3] LOS INSTRUMENTOS DIAGNÓSTICOS. El instrumento fundamental del diagnóstico psiquiátrico es la **entrevista** (v.) o diálogo con el paciente, que se inicia con la reunión de los datos anamnésicos (v. **anamnesis**) y actuales. Mientras en el diagnóstico psicodinámico y en especial en el de orientación analítica (v. **análisis**, § 2, a) la única fuente de los datos es el paciente mismo, en el diagnóstico psiquiátrico la recopilación de datos se hace extensiva a los familiares, que pueden proporcionar elementos que escapan al paciente o que él mismo disimula, para permitir una comparación entre la realidad externa tal como la perciben los demás y cómo la vive el sujeto entrevistado. En la entrevista psiquiátrica, a diferencia, por lo tanto, de la entrevista médica, donde la colaboración del paciente generalmente está asegurada porque el examen versa sobre el cuerpo entendido como organismo, el objeto lo constituye el mismo sujeto, cuya apertura se facilita o se inhibe con la actitud del entrevistador y con su capacidad para participar en la experiencia del paciente. Este elemento empático ayuda a la sinceridad y a la comprensión, en el sentido jasperiano de la palabra (v. **psicología comprensiva**), por parte del médico. Además en psiquiatría existe la necesidad de una evaluación global del paciente que no descuide su manera de presentarse, de moverse, de hablar, de reaccionar al ambiente, elementos que es posible no tomar en cuenta durante el diagnóstico.

La entrevista puede conducirse con *preguntas directas* relativas a los síntomas, para poder después proceder a su clasificación en un cuadro nosológico que se presume conocido, o de manera *abstencionista*, dejando que el entrevistado cuente su historia sin interferir, para tener un cuadro no alterado por los conocimientos de los que dispone el médico. En ambos casos es decisivo el clima empático (v.

empatía) que se crea entre médico y paciente para lograr una comunicación con más confianza y libertad. Además de la entrevista, otros medios auxiliares de investigación diagnóstica son: la investigación farmacológica con fármacos hipnóticos, neuroestimulantes y psicodislépticos o neurolépticos (v. **psicofarmacología**), la utilización de los reactivos mentales (v. **test**) y el examen neurológico para detectar aspectos orgánicos que pueden ser el origen de síndromes psíquicos.

4] EL DSM (*Diagnostic and statistical manual*). Con la intención de hacer en lo posible más homogéneos los criterios diagnósticos en psiquiatría, la American Psychiatric Association dispuso la publicación del *Diagnostic and statistical manual* [*Manual diagnóstico y estadístico*], con el fin de preparar nuevos métodos de clasificación y un nuevo glosario que, para ser lo más universal posible, se atiene a criterios exclusivamente descriptivos, clasificados según una *evaluación multiaxial* que prevé cinco ejes: 1] clasificación de todos los síndromes de interés psiquiátrico que implican un estado de sufrimiento para el sujeto o de disminución de su funcionamiento psíquico; 2] registro de los trastornos de la personalidad y de los específicos del desarrollo; 3] clasificación de los trastornos somáticos que pueden estar en el origen o simplemente ser concomitantes con los trastornos psíquicos; 4] registro y graduación de eventuales factores psicosociales y de estrés; 5] indicación del nivel de funcionamiento adaptativo alcanzado por el paciente respecto a las relaciones sociales, a la eficiencia laboral y al uso del tiempo libre. Alrededor del DSM existen controversias relativas a la etiología de los cuadros psiquiátricos y al tratamiento previsto para cada uno de ellos, mientras es reconocida por todos la oportunidad de la creación de un lenguaje unívoco para poder entenderse mejor.

BIBLIOGRAFÍA: American Psychiatric Association (1988); Anastasi, A. (1954); Balint, M. (1957); Bleuler, E. (1911-1960); Bohm, E. (1951); Borgna, E. (1988); Calvi, G. (1972); Freedman, A.M. H.I. Kaplan y E. Sadock (1976); Jaspers, K. (1913-1959); Rossi, R. y F.J. Scarsi (1983); Schneider, K. (1946); Sullivan, H.S. (1954); Trentini, G., R. Carli y G. Padovani (1972); Trentini, G. (coord.) (1980).

diagonal (al. *Strich*; fr. *barre*; ingl. *stroke*; it. *barra*)

Signo oblicuo "/" utilizado en lingüística para representar la relación entre significante y significado. Con Lacan este signo se convierte en línea de separación, porque el significante, a diferencia de lo enunciado por la lingüística de F. de Saussure, se desarrolla separadamente del significado, y esto sin que lo sepa el sujeto. "Si por ejemplo –escribe Lacan–, un niño asiste a un coito sin poseer la madurez necesaria que le permita atribuir al acto su significado, él lo asimila en el inconsciente, inscribiéndolo en una categoría de significantes que se organizan independientemente del significado" (1956: 251). Si esta autonomía del significante, desde el punto de vista de la lingüística, no tiene mucho sentido, lo tiene en cambio desde el punto de vista psicoanalítico, en el que el analista puede recoger y reconstruir cadenas de significantes, pero no puede recoger el significado, siempre desbordante y huidizo. De regresión en regresión se puede llegar al significante primario (el error), pero no al punto de anclaje de este significante en el imaginario, y todavía menos al punto de anclaje en lo biológico. El significado queda siempre fuera del texto. Es pretexto para la producción de significantes, que por lo tanto resultan siempre separados (diagonal) del significado auténtico, que sigue siendo inalcanzable (*v.* **lacaniana, teoría**, § 7).

BIBLIOGRAFÍA: Lacan, J. (1956); Saussure, F. de (1916).

dialéctica (al. *Dialektik*; fr. *dialectique*; ingl. *dialectics*; it. *dialettica*)

Palabra griega que se deriva del verbo διαλέγεσ–θαι, que significa "conversar con", "razonar con". En la historia del pensamiento occidental esta palabra asumió por lo menos tres significados: método de la división, lógica de lo probable, síntesis de los opuestos.

1] LA DIALÉCTICA COMO MÉTODO DE LA DIVISIÓN. La introdujo Platón y consiste en "dividir la idea en sus especies, siguiendo sus articulaciones naturales y evitando despedazar las partes como haría un trinchador inepto" (*Fe-*

dro, 265, d). En esta acepción la dialéctica es el procedimiento que articula un género en sus especies (diéresis), o que recoge las diferentes especies en el género que las abarca todas (síntesis).

2] LA DIALÉCTICA COMO LÓGICA DE LO PROBABLE. La introdujo Aristóteles, para quien "los dialécticos tratan de realizar sus investigaciones partiendo de premisas probables" (*Metafísica*, 995, b). Y continúa: "Probable es lo que parece aceptable a todos o a casi todos" (*Tópicos*, I, 1, 100 b). En esta acepción la dialéctica es el procedimiento racional no demostrativo que se utiliza cuando, al no disponer de premisas verdaderas, se está obligado a partir de premisas compartidas y plausibles.

3] LA DIALÉCTICA COMO SÍNTESIS DE LOS OPUESTOS. La introdujo el idealismo alemán y en especial G.W.F. Hegel, para quien "dialéctica es que el negativo es al mismo tiempo también positivo, es decir, que lo que se contradice no se resuelve en el cero, en la nada abstracta, sino que se resuelve esencialmente sólo en la negación de su contenido particular, o lo que es lo mismo, que tal negación no es una negación cualquiera, sino la negación de la cosa determinada que se resuelve, y es por lo tanto negación determinada" (1812-1816: 36). Lo que lo negativo tiene de negativo es su limitación, su no relacionalidad. En la síntesis, tesis y antítesis encuentran su conciliación, porque encuentran su relación, que puede ser de completamiento o de exclusión. Como síntesis de los opuestos, K. Marx asumió la dialéctica para la lectura e interpretación de los procesos socioeconómicos.

4] PSICOANÁLISIS. El término dialéctica lo utilizó J. Lacan con la acepción hegeliana del reconocimiento del otro. Para Lacan "el deseo del hombre encuentra su sentido en el deseo del otro, no tanto porque el otro posea las llaves del objeto deseado, cuanto porque su primer objeto es el de ser reconocido por el otro" (1956: 261). Esta dialéctica que lleva al reconocimiento encuentra su expresión, para Lacan, en el lenguaje, en el que debe introducirse el deseo de expresarse. Sin embargo el lenguaje preexiste a cada sujeto y a su deseo y por lo tanto se constituye como el **Otro** (*v.*, § 1), con lo que el deseo de cada cual debe entrar en una relación dialéctica (*v.* **deseo**, § 3). Posteriormente, cuando deba rendir cuentas del concepto freudiano de "inextinguibilidad del deseo inconsciente" y de la asimetría presente en la relación entre analista y analizando, asimetría que no permite ninguna relación dialéctica, Lacan abandonará el concepto de dialéctica para sustituirlo por el de estructura (*v.* **antropología**, § 3).

BIBLIOGRAFÍA: Aristóteles (1973); Hegel, G.W.F. (1812-1816); Lacan, J. (1956); Lacan, J. (1960); Marx, K. (1847); Marx, K., y F. Engels (1845-1846); Platón (1973).

diaria, fluctuación

v. RITMO.

dibujo (al. *Zeichnung*; fr. *dessin*; ingl. *drawing*; it. *disegno*)

Representación gráfica de un objeto, real o imaginario, ejecutada con medios naturales o con instrumentos especiales. El dibujo interesa en forma especial a la psicología de la edad evolutiva, puesto que constituye una de las más importantes actividades motrices y expresivas del niño que adquiere gradualmente el control de su propia actividad manual, llegando al dibujo representativo hacia los tres o cuatro años. En la adolescencia esta actividad por lo general sufre una inhibición, debida tanto a una socialización que ignora la importancia del dibujo como a la autocrítica del sujeto, que bloquea la espontaneidad. Como el dibujo es un medio a través del cual el individuo, mediante representaciones simbólicas, logra visualizar sus propios problemas y deseos interiores, se lo utiliza en psicología clínica, donde se emplean tests de dibujo como instrumentos psicodiagnósticos. Entre los más significativos recordamos:

1] EL TEST DEL DIBUJO DE LA FAMILIA. Utilizado para explorar cómo percibe el niño las relaciones afectivas con los familiares. La interpretación se da en el nivel *gráfico*, *formal* y *de contenido*, en el que la eliminación de un personaje o sus reducidas proporciones respecto a los otros manifiesta el deseo de negarle la existencia; en ocasiones el niño se elimina a sí mismo, indicando de tal manera su mala adaptación en la familia o su autodevaluación. El lugar que el niño ocupa en su dibujo es muy indicador, por lo que un niño consentido por los padres y tiranizado por el hermano se dibuja entre los dos padres como para hacerse proteger. También es significativa la valorización y la devaluación, en la que el personaje valorado se dibuja primero, o más grande, o con mayor cuidado y riqueza de detalles, mientras que el devaluado se dibuja en proporciones más pequeñas, aparte, sin el nombre cuando los demás lo tienen, y así sucesivamente. Con este test se puede obtener el índice de rivalidad entre los hermanos, que puede manifestarse con una reacción *depresiva*, mediante un dibujo autodevaluante, o *regresiva*, creando situaciones en las que se reproduce la época en la que el hermano aún no nacía. A través del dibujo, además, se expresa la manera de vivir la situación edípica y el nivel de superación.

2] EL TEST DEL DIBUJO DE LA FIGURA HUMANA. Se utiliza en sentido evaluativo y proyectivo. Los dos más conocidos son:

a] *El test de F. Goodenough*, llamado también *draw-a-man test*, o DAM, propuesto en 1926; consiste en la ejecución, individual o colectiva, por parte de niños entre los 4 y los 10-12 años, del dibujo de un hombre. La evaluación no se basa en criterios estéticos sino en el número de detalles expresados, en su coherencia y organización espacial. Por debajo de los 12 años el test puede proporcionar indicaciones suficientemente confiables del desarrollo intelectual del niño; después de esta edad, en cambio, puede representar un criterio útil de evaluación de eventuales trastornos psíquicos porque, al estar fuertemente vinculado a las influencias de la afectividad, el dibujo de la figura humana se puede utilizar como test proyectivo.

b] *El test de K. Machover* es un test proyectivo elaborado sobre la base de la prueba gráfica de inteligencia de Goodenough; consiste en el dibujo de una persona al que le sigue la ejecución del dibujo de otra persona del sexo opuesto. Este test, presentado en 1949, se remonta en su mayor parte a los conceptos de la teoría psicoanalítica, basándose en el hecho de que el dibujo de la figura humana no es otra cosa que la proyección de la imagen inte-

rior del propio cuerpo y del propio yo. El análisis del dibujo se efectúa teniendo en consideración una serie de parámetros formales, gra-
fológicos y de contenido, entre ellos la sucesión y las diferencias entre las dos figuras, la
expresión del rostro, las dimensiones y la ubicación del dibujo respecto a la hoja, el movimiento y la postura de la figura, el valor atribuido a las diferentes partes del cuerpo, la
vestimenta y otras variantes.

3] EL TEST DEL DIBUJO DEL ÁRBOL. Es un test
proyectivo que preparó E. Jucker y posteriormente elaboró K. Kock quien, a partir de
1949, lo aplicó a numerosos sujetos de diferentes edades, sexo, instrucción, nivel mental,
condiciones socioculturales. Este test se basa
en la hipótesis de que, como el árbol es en la
mayor parte de las culturas la representación
simbólica del hombre, su dibujo constituye la
manifestación de la personalidad global de un
individuo, mientras que los diferentes elementos que lo componen simbolizan los diferentes
aspectos de su personalidad. La interpretación
hace referencia ante todo al simbolismo espacial, que corresponde a la posición del dibujo
respecto a la hoja de papel, las diferentes partes del árbol y la dirección hacia donde se extienden; el desarrollo del árbol de abajo hacia
arriba permite considerar la parte inferior como una representación del aspecto más primitivo e infantil, pero también inconsciente e
instintivo de la personalidad; la parte superior
está identificada con la dimensión espiritual e
intelectual, mientras el tronco, según la interpretación de G. Durand, representaría al yo.
Además, el lado izquierdo indicaría el vínculo
con el pasado y la introversión, el lado derecho con la extroversión y la tensión hacia el
futuro. También el acento grafológico de algunas zonas del dibujo o la presencia de inarmo-
nía son indicadores útiles para la evaluación.
Por lo general el test del árbol se utiliza como
auxiliar de la entrevista en conjunto con otros
tests proyectivos, puesto que su validez incompleta y la excesiva subjetividad de la interpretación no lo hacen un instrumento diagnóstico seguro.

BIBLIOGRAFÍA: Balconi, M. y G. Del Carlo Giannini (1987); Boutonier, J. (1937); Corman, L.
(1967); Durand, G. (1963); Goodenough, F.
(1926); Kock, K. (1949); Machover, K. (1949);
Passi, Tognazzo, D. (1975); Wartegg, E. (1957);
Widlöcher, D. (1965).

dicromasia
v. COLOR, § 3.

dicromatismo
v. COLOR, § 3.

didáctica (al. *Didaktik*; fr. *didactique*;
ingl. *didactics*; it. *didattica*)

Sector de la pedagogía que se ocupa del aspecto teórico de la metodología de la **enseñanza** (*v.*) mediante la formación de los objetivos, la elección de los contenidos y el análisis de la realidad educativa. El momento de la
didáctica sigue lógica y metodológicamente al
momento teórico (*v.* **pedagogía**, § 1, 2, 3) y
precede a los actos educativos concretos. Ya
que el sentido y el valor de la didáctica dependen de las intenciones educativas de quien los
utiliza, es prácticamente imposible llegar a
una didáctica normativa que pretenda constituirse como ciencia exacta. El único elemento
que vincula los diferentes modelos didácticos
es la exigencia de una organización interdisciplinaria de la actividad escolar que supere el
aislamiento de cada uno de los maestros y de
cada una de las disciplinas, con miras a una
formación global; mientras entre los problemas teóricos el más debatido es el relativo a la
legitimidad de una íntima correlación entre
medios y fines.

1] RELACIÓN ENTRE PROCEDIMIENTOS TÉCNICOS Y
FINES IDEALES. Acerca de esta relación se contraponen la pedagogía tradicional y la pedagogía experimental. La primera, que se inspira en W. Dilthey, sostiene, como escribe G. De
Landsheere, que "sin una filosofía directiva la
investigación educativa no es más que un tec-
nicismo sin alma. Se educa en función de un
fin. Sin duda la técnica pedagógica nos proporciona el medio para actuar en el niño y llevar a cabo nuestra acción, pero no nos dice de
acuerdo con qué ideal es necesario actuar. Corresponde por lo tanto a la filosofía asignarle
un fin a la educación y coordinar los medios
utilizados" (1935: 12). De la misma opinión es

A. Visalberghi, para quien "es tan insensato evaluar los medios prescindiendo del fin como evaluar el fin prescindiendo de los medios. Es evidente que quienes tienen especial capacidad para ciertos procedimientos operativos o ciertos 'medios' (científicos, tecnólogos), estarán menos dispuestos a aceptar como válidos fines propuestos por otros, y menos aún fines que presenten relaciones con estos medios" (1965: 31). De esta postura se desprende la *instrucción programada* (*v.* **instrucción**, § 1) que elaboró B.F. Skinner y, más en general, la *didáctica experimental* que, como dice R. Buyse, "no se ocupa del problema de los 'fines', ni del problema de los 'medios'. [...] Sus problemas son puramente técnicos y su solución implica una aplicación didáctica. [...] Sus objetivos son netamente prácticos: no se trata de estudiar al alumno –como por mucho tiempo se ha estudiado al niño– por el placer, muy noble, por cierto, de conocerlo mejor, sino para informarlo mejor, instruirlo más rápida, más fácil, más seguramente" (1935: 59-60).

2] MODELOS DIDÁCTICOS. Se distinguen por la diferente aproximación a los sujetos y los elementos que interactúan en la trasmisión del saber. Se suele distinguir: *a*] el *modelo disciplinario*, en el cual el centro de la relación corresponde a las exigencias del conjunto de disciplinas a impartir, con la consiguiente preponderancia del programa respecto a las expectativas y a las motivaciones del educando; *b*] el *modelo curricular*, en el que la decisión de los contenidos a transmitir y las formas concomitantes se dan dentro de un marco general no directivo, porque en el centro del proceso están las posibilidades diferenciadas de los educandos (*v.* **currículo**); *c*] el *modelo activista*, que subraya la participación y la intervención activa del educando, basándose en la hipótesis que planteó J. Dewey según la cual cada uno de nosotros realmente aprende sólo cuando "hace" las cosas y "toca con las manos" los argumentos y los temas que se vuelven interesantes precisamente porque puede tratarlos en persona; *d*] el *modelo relacional*, que prefiere las relaciones interpersonales respecto a los contenidos por transmitir, en la opinión de que las relaciones afectivas y el contexto educativo favorable facilitan la adquisición intelectual y el aprendizaje, que re-

sulta más ágil, y se suprimen dificultades y conflictos de nivel emotivo.

BIBLIOGRAFÍA: Autores varios (1973); Autores varios (1976); Bertolini, P. y G. Cavallini (1977); Boscolo, P. (1969); Buyse, R. (1935); De Landsheere, G. (1935); Dewey, J. (1949); Dilthey, W. (1888); Fry, E.B. (1963); Gattullo, M. (1968); Russo, G. (1968); Skinner, B.F. (1967); Titone, R. (coord.) (1975); Visalberghi, A. (1965).

didáctico, análisis
v. ANÁLISIS DIDÁCTICO.

diencéfalo
v. ENCÉFALO, § 1, *c*.

dieta
v. ALIMENTACIÓN, § 2.

diferenciación (al. *Differenzierung*; fr. *différenciation*; ingl. *differentiation*; it. *differenziazione*)

Desarrollo y articulación de las diferencias a partir de un todo homogéneo e indiferenciado. El término encuentra su mayor uso en la *psicología de la evolución*, para indicar el aumento de la disponibilidad a la adaptación de un organismo o de un individuo al ambiente; en la *psicología cognoscitiva*, según la cual el desarrollo de la inteligencia de la edad infantil y de la edad adulta está sujeto no sólo a las conocidas variaciones cuantitativas, sino también a las variaciones cualitativas de las actitudes mentales originalmente globales e indiferenciadas entre sí; en *sexología*, donde se habla de diferenciación psicofísica, que se desarrolla de la fase fetal indiferenciada a la infantil, puberal, adulta, donde la diferenciación encuentra su máximo despliegue, para después involucionar en la indiferenciación sexual de la edad senil. Pero más allá de los ámbitos en los que este término recurre con su significado inmediatamente comprensible, en dos ámbitos –la psicopatología de K. Jaspers y la psicología analítica de C.G. Jung– la expresión asumió un relieve especial y permitió desarrollos especulativos.

1] LA PSICOPATOLOGÍA DE JASPERS. Aquí la diferenciación se expresa en tres niveles: "*a*] aumento y variación cualitativa de las formas de sentir, primero confusas y después claras, ricas y profundas; [...] *b*] análisis y síntesis de la conciencia objetiva que ve aumentar sus posibilidades de pensar, entender, comportarse, distinguir y confrontar [...] *c*] volverse conscientes de sí con la autorreflexión" (1913-1959: 15). Las posibilidades de diferenciación dependen para Jaspers de la disposición individual y del ambiente cultural, por lo que "una misma enfermedad, por ejemplo la demencia precoz, está caracterizada en un individuo por un nivel de delirio de celos o por algunas burdas ideas de persecución, mientras que en Strindberg estos mismos contenidos se desarrollan hasta alcanzar una amplitud excepcional y el sentimiento de vida modificado se transforma en la fuente de sus particulares creaciones poéticas. Toda enfermedad mental corresponde, por su manera de manifestarse, al nivel psíquico de diferenciación del sujeto que la padece" (1913-1959: 14).

2] LA PSICOLOGÍA ANALÍTICA DE JUNG. Jung asume el proceso de diferenciación como aquello sin lo cual es imposible la **individuación** (*v.*) que representa la meta de todo desarrollo psicológico. Definido como "desarrollo de diferencias, separación de partes de un todo" (1921: 436), la diferenciación es para Jung el opuesto al estado arcaico (*v.* **arcaísmo**), donde una **función** (*v.*, § 2, *b*), como el pensamiento, el sentimiento, la intuición, la sensación, no está diferenciada de otra, y en ocasiones ni siquiera en sí misma como, por ejemplo, un sentimiento de amor mezclado con uno de odio; por lo tanto, "en general la función no diferenciada está caracterizada también por el hecho de que ésta posee la cualidad de la *ambivalencia* y de la *ambitendencia*: o sea que toda posición lleva consigo visiblemente la propia negación, de ahí que resultan inhibiciones características en el uso de la función no diferenciada" (1921: 436).

La diferenciación es prerrogativa del yo consciente que se emancipó de ese fondo indiferenciado representado por el sí mismo (*v.* **psicología analítica**, § 4) que precede al desarrollo del yo: "El hecho de que el yo sea asimilado por el sí mismo debe considerarse una catástrofe psíquica [...] porque el yo consciente, que es diferenciado, se encontraría en un espacio absoluto y en un tiempo absoluto [...] su adaptación se vería trastornada y abierta de par en par la puerta a todos los incidentes posibles" (1951: 24). La emancipación del yo del sí mismo procede como diferenciación del inconsciente personal y colectivo, para después producirse también como diferenciación del consciente colectivo, etapa indispensable para transformarse en sí mismos o, como dice Jung, para individuarse (*v.* **individuación**).

El proceso de diferenciación, siempre en el ámbito de la psicología junguiana, encontró una descripción arquetípica con E. Neumann, quien delineó la historia del desarrollo de la conciencia en clave mítica a partir del **Uroboros** (*v.*), pasando por el mito de la **Gran Madre** (*v.*) y el mito del **Héroe** (*v.*), y en clave crítica con M. Trevi, para quien "no se trataría de configurar la individualización sólo como diferenciación de lo colectivo, sea consciente o inconsciente, sino de relacionar además el proceso de diferenciación con un proceso complementario que, por ahora, podríamos definir como aceptación crítica de las formas de vida y de los valores protegidos por la cultura. Esta última definición implica necesariamente la aceptación del yo como órgano de discriminación y de elección" (1987: 67).

BIBLIOGRAFÍA: Duhm, E. (1959); Foppa, K. (1970); Jaspers, K. (1913-1959); Jung, C.G. (1921); Jung, C.G. (1951); Neumann, E. (1949); Pawlik, K. (1968); Trevi, M. (1987); Witkin H.A. *et al.* (1962).

diferencial
v. ESTADÍSTICA, § I, 4.

diferencial, psicología
v. PSICOLOGÍA DIFERENCIAL.

diferencial semántico
v. DENOTACIÓN.

dificultad (al. *Schwierigkeit*; fr. *difficulté*; ingl. *difficulty*; it. *difficoltà*)

Impedimento que estorba llegar a una meta, o tarea que requiere un proceso de preparación para adquirir una habilidad específica. El término tiene un significado relativo puesto que la dificultad depende de las características individuales y de la situación en la que se presenta. En psicología experimental se habla de *índice de dificultad* de un test para referirse al número relativo de sujetos que resuelven una tarea dada.

dimensión (al. *Dimension*; fr. *dimension*; ingl. *dimension*; it. *dimensione*)

Medida de magnitud definida en todas sus extensiones. En *psicología de la personalidad* se habla de dimensión para referirse a los rasgos individuales cuantificables y describibles a lo largo de una línea cuyos extremos corresponden a dos rasgos opuestos de la **personalidad** (*v.*, § 2). En *psicología experimental* se entiende por tal una escala que abarca dos extremos, a lo largo de la cual se presenta una variación regular; por ejemplo la altura como dimensión del tono, la luminosidad como dimensión de la luz, la longitud como dimensión del tamaño, el grado de amabilidad como dimensión de la actitud. En la *psicología de la forma* se habla de dimensiones "perspectivas" de un objeto cuando, basándose en la ley de la perspectiva, las dimensiones son inversamente proporcionales a la distancia, y de dimensiones "reales" respecto a las obtenidas por medición.

dinámica de grupo
v. GRUPO, § II.

dinámica, psicología
v. PSICOLOGÍA DINÁMICA.

dinámico, punto de vista
v. APARATO PSÍQUICO, § 1.

dinero (al. *Geld*; fr. *argent*; ingl. *money*; it. *denaro*)

Para el psicoanálisis el dinero está inconscientemente identificado con los excrementos o, más en concreto, con el bastón fecal que, por su semejanza con el pene, explicaría la angus-

tia de **castración** (*v.*) que provoca cualquier temor de pérdida de dinero. S. Freud, una vez comprobado que el interés por el dinero es especialmente evidente en los sujetos con carácter **anal** (*v.*, § 4), propone la hipótesis de "que la oposición entre lo más valioso que el hombre ha conocido y lo menos valioso que él arroja de sí como desecho (*refuse* en inglés) haya llevado a esta identificación condicionada entre oro y caca" (1908 [1976: 157]). Freud obtiene también una confirmación en este sentido "del lenguaje usual, que llama 'roñosa', 'mugrienta' (en inglés: *filthy*) a una persona que se aferra al dinero demasiado ansiosamente" (1908 [1976: 156]); *v.* **excrementos**).

BIBLIOGRAFÍA: Freud, S. (1908); Freud, S. (1917); Simmel, G. (1900).

dionisiaco
v. TIPOLOGÍA, § 3, *b.*

diplacusia (al. *Diplakusia*; fr. *diplacusie*; ingl. *diplacusias*; it. *diplacusia*)

Defecto auditivo caracterizado por una percepción unilateral de la altura del sonido.

diplejia
v. PARÁLISIS, § 3.

diploide
v. GENÉTICA, § 1, *a.*

diplopía (al. *Diplopie*; fr. *diplopie*; ingl. *diplopia*; it. *diplopia*)

Percepción doble de un objeto causada por una parálisis de los músculos del ojo, por lo que la imagen no alcanza porciones correspondientes en las dos retinas. La diplopía monocular, en la que un solo ojo percibe dos imágenes, puede presentarse después de cambios patológicos de la córnea o del cristalino. No se excluyen la fatiga oculomotriz, las intoxicaciones, o las causas psicógenas de origen histérico. Cuando la visión no sólo es doble, sino múltiple, se habla de poliopía.

dipsomanía (al. *Dipsomanie*; fr. *dipsomanie*; ingl. *dipsomania*; it. *dipsomania*)

Ingestión excesiva de alcohol, episódica y recurrente, de manera impulsiva y forzada, que se alterna con períodos de relativa abstinencia. Es frecuente en los psicópatas, pero muchas veces se manifiesta también en personalidades con carácter esquizofrénico o depresivo. Los trastornos que se derivan son los del **alcoholismo** (*v.*, § 6).

dirección (al. *Menschenführung*; fr. *direction*; ingl. *management*; it. *direzione*)

Conjunto de medidas tomadas por individuos que tienen funciones de mando con el fin de promover la cooperación, la coordinación, la productividad de todos los miembros de una organización. K. Lewin, R. Lippit y R.K. White identificaron y experimentaron, en grupos de niños, distintos regímenes de dirección: el *democrático*, que contempla la participación de cada uno de los miembros en las decisiones del grupo, salvaguardando las características personales de cada miembro; el *autoritario*, en el cual todas las decisiones las toma el jefe sin consultar a los otros miembros, quienes para permanecer dentro del grupo deben uniformar sus tendencias a los requerimientos de la dirección, y el llamado *laissezfaire*, en el que cada miembro toma decisiones que, al no emanar de la confrontación con los otros, presentan características egoístas muchas veces en oposición a las exigencias del grupo. Los experimentos de Lewin se aplicaron también a los adultos, en especial en las situaciones de grupo dentro de las actividades productivas.

En este ámbito hay dos líneas de investigación que llegan a una definición de dirección. La primera, que promovió el ingeniero francés H. Fayol en 1916, asigna a la dirección empresarial tareas de coordinación, administración y control; la segunda, propuesta por A.A. Berle, Jr. y G.C. Means en 1932, parte de la consideración de la dispersión de la propiedad, mediante el capital accionario, entre un gran número de individuos y de instituciones escasamente interesados por el funcionamiento interno de la empresa, por lo que la dirección se convierte en una función profesional distinta de la posesión, asignada a individuos que constituyen una categoría o una clase en sí misma, con tareas que no son tanto de administración como de auténtico poder. Entre las dos concepciones se inserta la de J. Burnham, para quien la dirección no es sólo administración ni puro y simple poder, sino gestión del proceso real de producción mediante planificaciones "estratégicas" que abarcan los aspectos técnicos que evidenció Fayol y los de poder que subrayaron Berle y Means. Por estas características la contratación para la dirección no se realiza burocráticamente por carrera, sino por cooptación, en relación con la capacidad de quien asume la dirección de asimilar los valores propios de quien la tenía.

BIBLIOGRAFÍA: Berle, A.A. Jr. y G.C. Means (1932); Burnham, J. (1941); Drucker, P.F. (1978); Fayol, H. (1916); Lewin, K., R. Lippit y R.K. White (1939).

directiva, terapia (al. *Direktive therapie*; fr. *thérapie directive*; ingl. *directive therapy*; it. *terapia direttiva*)

Forma de terapia –que no debe confundirse con el análisis directo– en la cual el terapeuta asume una función activa y con frecuencia autoritaria, aconsejando, sugiriendo o solicitando al paciente que siga ciertas líneas de comportamiento. Este tipo de terapia encuentra frecuente aplicación en la **familia** (*v.*, § III).

BIBLIOGRAFÍA: Selvini Palazzoli M. *et al.* (1988).

disartria (al. *Dysarthrie*; fr. *dysarthrie*; ingl. *dysarthria*; it. *disartria*)

Llamada también *anartria*, la disartria es un trastorno de la coordinación de la palabra debida a lesiones del aparato fónico o de los centros nerviosos que lo unen a los centros del lenguaje. Las disartrias pueden estar acompañadas de un aspecto paralítico, caracterizado por insuficiencia de la tráquea, o de un aspecto distónico, caracterizado por actividad muscular excesiva que produce contracciones musculares bucofaringolaríngeas no selectivas. Entre las disartrias las más conocidas son las *paralíticas*, debidas a lesiones de las neuronas motrices centrales o periféricas; las *parkinsonianas*, causadas por lesiones de los núcleos grises centrales, y las *cerebrales*, originadas en lesiones en el cerebelo.

BIBLIOGRAFÍA: Espir, M.L.E. y C.F. Rose (1970); Gianotti, G. (coord.) (1983).

discalculia
v. ACALCULIA.

discapacidad

Disminución de una o más funciones físicas o psíquicas cuyo desarrollo y utilización resultan limitados. Se refiere a una gama sumamente amplia y diferenciada de privaciones por lo que, según las funciones comprometidas, se habla de discapacitados *sensoriales* para referirse a quienes presentan disminución en los órganos de los sentidos; *motores*, para los sujetos afectados en la locomoción, y *mentales* para referirse a los mongoloides, a las personas con retraso intelectual, a los psicóticos o los individuos con graves trastornos de la personalidad. Generalmente el discapacitado minusválido compensa la limitación de la función afectada con el desarrollo de otras funciones que resultan más adelantadas de lo usual. La fenomenología, con M. Merleau-Ponty, señala este desarrollo como una prueba de que el cuerpo no es interpretable sólo como organismo, sino, ante todo, como respuesta al mundo. Esta observación indujo a considerar la discapacidad en relación no sólo con los factores biológico-constitucionales, sino sobre todo con la interacción, siempre presente, entre éstos y los elementos ambientales. En efecto, también en las formas de disminución que tienen un claro origen fisiológico las influencias psicológicas, afectivas y sociales adquieren una función de fundamental importancia para determinar, además del desarrollo global del individuo, su forma específica de vivir su propia discapacidad (*v.* **rehabilitación**). Así, resulta evidente que la marginación social del sujeto discapacitado, como alguien diferente

y poco productivo, le impide la recuperación de algunas capacidades comprometidas o compensatorias, obligándolo a identificarse con sus propias limitaciones.

BIBLIOGRAFÍA: Autores varios (1977); Augenti, A. (1977); Canevaro, A. (1979); Merleau-Ponty, M. (1945); Zavalloni, R. (1977).

discinesia
v. QUINESIA.

disciplina (al. *Disziplin*; fr. *discipline*; ingl. *discipline*; it. *disciplina*)

Control de la conducta y del comportamiento de acuerdo con las reglas y los valores socialmente compartidos e individualmente interiorizados.

1] PEDAGOGÍA. Distingue una disciplina *preventiva*, orientada a prevenir comportamientos socialmente inadecuados, con una gradual inserción social del individuo mediante actividades estructuradas que requieren un empeño constante, de una disciplina *punitiva* orientada a modificar una conducta antisocial mediante un sistema de **castigos** (*v.*) que se supone funciona como disuasivo de posibles conductas desviadas. Investigaciones actuales demostraron que las modificaciones de tales conductas resultan más eficientes si actúan mediante premios que si usan castigos. La disciplina se considera indispensable para garantizar el orden y la funcionalidad de las instituciones educativas y, si no constituye una limitación a la individualidad de cada uno de los sujetos, es una útil preparación para el paso posterior de la disciplina a la autodisciplina.

2] PSICOANÁLISIS. El término "disciplina" aparece a propósito del "control de los esfínteres", etapa fundamental en el desarrollo psíquico del niño que comienza así a dominar las funciones de su propio cuerpo, para después pasar al dominio del mundo que lo rodea. O. Fenichel escribe al respecto que "este entrenamiento es la primera situación en la que el niño puede aprender o no a posponer o a renunciar a satisfacciones instintivas directas en consideración a lo que lo rodea. En tales ocasiones el niño adquiere el dominio activo de requerimientos instintivos decisivos" (1945: 314; *v.* **anal**, § 2).

BIBLIOGRAFÍA: Bernfeld, S. (1952); Fenichel, O. (1945); Genco, A. (1977); Knehr, H. (1973); Mahler, M.S., F. Pine y A. Bergman (1975); Rosati, L. (1977).

discordancia (al. *Uneinigkeit*; fr. *discordance*; ingl. *discordance*; it. *discordanza*)

Sinónimo de *disociación*, con que E. Bleuler sustituyó paulatinamente el término "discordancia" y la expresión "locura discordante". (*v.* **escisión**, § I).

discriminación (al. *Diskriminierung*; fr. *discrimination*; ingl. *discrimination*; it. *discriminazione*)

Identificación de una diferencia que determina una modificación del comportamiento. Esta definición general tiene diferentes especificaciones en:

1] PSICOLOGÍA DEL APRENDIZAJE. La palabra discriminación se utiliza para indicar: *a*] una *ley* por la cual, mediante refuerzos o extinciones, se obtiene una respuesta a las diferencias, ignorada por la "generalización", que es una respuesta a las analogías (*v.* **aprendizaje**, § I, 1, *d*); *b*] un *método* que consiste en premiar sistemáticamente al conejillo cada vez que elige uno entre dos estímulos alternativos por los cuales no está especialmente predispuesto, como en el caso del ratón que aprende a reconocer las rayas horizontales de las verticales, no obstante su dificultad relativa a la orientación visual.

2] PSICOLOGÍA SOCIAL. El término discriminación caracteriza una actitud de aceptación o rechazo de una persona o de un grupo basándose en sus respectivas características étnicas, raciales, socioeconómicas, etc. H. Tajfel demostró que el mismo proceso cognoscitivo que está en la base de la clasificación puede favorecer una actitud discriminatoria.

3] ESTADÍSTICA. En este ámbito se habla de *análisis discriminatorio* cuando se desean encuadrar los valores de un individuo en una población. Para esto es necesario disponer, por una parte, de varios criterios para reducir el error, y por otra del conocimiento de los valores correspondientes a los otros individuos cuya clasificación en las poblaciones es conocida (*v.* **estadística**, § II, 1).

BIBLIOGRAFÍA: Flores D'Arcais, G.B. (1964); Liberto, M. (1974); Sutherland, N.S. (1971); Tajfel, H. (1982).

discromasia
v. COLOR, § 3.

discurso (al. *Rede*; fr. *discours*; ingl. *speech*; it. *discorso*)

El término adquirió especial importancia en dos ámbitos disciplinarios:

1] SOCIOLOGÍA DE LA COMUNICACIÓN. Por "discurso" se entiende un mensaje enviado por un emisor a un receptor de acuerdo con un código común. En el discurso se verifican simultáneamente dos fenómenos: la constitución del discurso mismo, como proceso enunciativo, y la constitución de una producción de sentido que no se puede reducir a la suma de los diferentes significados de cada una de las frases; en la producción de sentido, en efecto, se refleja una acción de actores que enuncian, de funciones que se asignan, de estrategias que se organizan según lo que M. Foucault llama *orden del discurso*, donde se pueden encontrar las diferentes formas con las que se produce el discurso en una sociedad determinada, reflejando obligaciones, censuras y prohibiciones que la rigen. Entre los procedimientos de exclusión que controlan el discurso Foucault enumera: la *interdicción*, por la que no a cualquiera le está permitido hablar de cualquier cosa; el *rechazo* de los discursos de la infancia y de la locura; la *lógica* que, dividiendo el discurso en verdadero y falso, constituye una regla de expulsión discursiva. A los procesos de exclusión en los que se refleja el poder que establece cuáles discursos pueden circular, se agregan los procesos internos del discurso que lo obligan a determinados rituales, como el *comentario*, donde se acumulan glosas, repeticiones y apostillas; el *autor*, a quien se le pide que reconduzca a la unidad y la coherencia el inquietante lenguaje de la ficción; la organización de las *disciplinas* que requieren que el discurso se coloque en un horizonte teórico preciso; las *doctrinas* religiosas, políticas y filosóficas, que sujetan al hablante al discurso ya constituido; y, en fin, las *apropiaciones sociales* del discurso, por las que éste es distribuido en las clases sociales según los circuitos predispuestos del saber y del poder.

2] PSICOANÁLISIS LACANIANO. El término "discurso" tiene una importancia central en el pensamiento de J. Lacan porque, como a él le gusta precisar, "nuestra doctrina [...] no se fundaninguna asunción en una aceptación de los arquetipos divinos, sino en el hecho de que el inconsciente tiene la estructura radical del lenguaje, que en él un material opera según más leyes que son las que descubre el estudio de las lenguas positivas, de las lenguas que son o fueron efectivamente habladas" (1961: 589 [574]). Así el inconsciente se presenta estructurado como un lenguaje en el que se encuentran las figuras retóricas de la **metáfora** (*v*.) y de la metonimia, que corresponden, en el lenguaje psicoanalítico de S. Freud, a la **condensación** (*v*.) y el **desplazamiento** (*v*.). Lo que habla a través de lo que escapa al dominio de la conciencia puede organizarse como un discurso cuya estructura se puede simbolizar con algoritmos en los que el sujeto del discurso es desplazado de diferente forma según el tipo de discurso hegemónico, de los cuatro que Lacan considera: "El discurso del Patrón, el discurso de la Universidad, el discurso del Histérico, el discurso del Analista" (1970: 191). A propósito de este último tipo, la escucha del psicoanalista se enfocará no en lo que el discurso *dice*, sino en *cómo* lo dice. De esta manera se deroga la interpretación como instrumento normalizante para hacer regresar el discurso al orden prevaleciente, y se concede al sujeto en análisis la posición de *analizante*, que mide cierto discurso que escucha no para "corregirlo", sino para comprender las escansiones de sentido que introduce y entreabre (*v*. **lacaniana, teoría**, § 3, 4).

BIBLIOGRAFÍA: Foucault, M. (1971); Lacan, J. (1956); Lacan, J. (1961) [1984]; Lacan, J. (1970).

disergasia
v. ERGASIA.

disestesia (al. *Dysästhesie*; fr. *dysesthésie*; ingl. *dysesthesia*; it. *disestesia*)

Trastorno de la sensibilidad táctil, de origen orgánico o psíquico (*v*. **sensibilidad**).

disfagia (al. *Dysphagie*; fr. *dysphagie*; ingl. *dysphagia*; it. *disfagia*)

Dificultad para deglutir que, cuando no tiene bases orgánicas, se cataloga en el cuadro sintomático de las manifestaciones histéricas.

disfasia
v. AFASIA, § 1, *a*.

disfemia
v. BALBUCEO.

disfonía (al. *Dysphonie*; fr. *dysphonie*; ingl. *dysphonia*; it. *disfonia*)

Trastorno de la voz relacionado con la altura, la intensidad o el timbre de la fonación. Se distingue la voz nasal (*rinolalia*), gutural, en falsete, monótona y otras. El origen puede ser tanto orgánico como psicológico. Con frecuencia se verifican manifestaciones disfónicas en ocasión de emociones intensas.

disforia (al. *Dysphorie*; fr. *disphorie*; ingl. *dysphoria*; it. *disforia*)

Disminución del tono del humor acompañada de desconsuelo, ansiedad, irritabilidad y excesiva reactividad a los estímulos. Se inicia con una crisis y se manifiesta en personalidades de humor frágil. Difiere de la **depresión** (*v*.) verdadera porque es más sensible a las modificaciones causadas por los acontecimientos externos. La disforia encuentra su contrario en la **euforia** (v.).

disfunción (al. *Funktionsstörung*; fr. *dysfonction*; ingl. *dysfunction*; it. *disfunzione*)

Trastorno que interfiere en el funcionamiento normal de un sistema (v. **función**), donde por sistema se entiende también el cuerpo y la psique. Como el concepto de disfunción sobreentiende la noción de **norma** (v., § 3), Binswanger considera que en el ámbito psíquico se puede hablar de disfunción sólo a partir de modelos teóricos capaces de describir una psique "normal", respecto a la cual pueden valorarse las "carencias" y los "excesos" que se clasifican con el nombre de disfunción. Si se renuncia al supuesto que anticipa modelos teóricos para llegar al mundo enajenado tal como se presenta a la observación fenomenológica, entonces los modelos que aparecen como "disfunciones" respecto al modelo teórico se revelan como "funciones" de una cierta forma de ser-en-el-mundo y de proyectar un mundo (v. **análisis existencial**, § 2).

BIBLIOGRAFÍA: Binswanger, L. (1970).

disgrafía
v. AGRAFÍA, § 2.

disgregación
v. DESUNIÓN.

disgregación (al. *Zersetzung*; fr. *désagrégation*; ingl. *disintegration*; it. *disgregazione*)

En su acepción general el término es sinónimo de **escisión** (v.). En sentido específico P. Janet habló de *disgregación mental* a propósito de la "debilidad de la síntesis psicológica" que se registra cuando las ideas quedan aisladas entre sí, sin reunirse en unidades superiores de abstracción, o cuando el sujeto no es capaz de considerar otras ideas aparte de la que ocupa en ese momento su mente (v. **pen-**

samiento, § III, 1, *e*). En psicología de la familia se habla de *disgregación familiar* cuando disminuyen físicamente los elementos del núcleo familiar o los vínculos afectivos entre los respectivos miembros. Investigaciones estadísticas han demostrado que la disgregación familiar aparece en la anamnesis de 70 por ciento de los sujetos desadaptados.

BIBLIOGRAFÍA: Bertolini, P. (1965); Janet, P. (1930).

disgusto (al. *Ekel*; fr. *dégoût*; ingl. *disgust*; it. *disgusto*)

Reacción emotiva, con frecuencia asociada con náuseas, provocada por cualquier estímulo que le resulte especialmente desagradable a una persona. Por extensión el término se aplica no sólo a situaciones reales sino también a sentimientos de repulsión provocados por representaciones psíquicas. El disgusto se vuelve patológico cuando se manifiesta respecto a un estímulo que por lo general se considera placentero. El psicoanálisis interpreta esta forma como una defensa hacia ciertos impulsos sexuales, especialmente de carácter oral y anal. Al respecto O. Fenichel afirma que las "reacciones muy intensas de disgusto traicionan su carácter de formación reactiva. [...] El disgusto de los histéricos en respuesta a tentaciones sexuales puede considerarse una negación extrema de las tendencias sexuales receptivas inconscientes" (1945: 159).

BIBLIOGRAFÍA: Fenichel, O. (1945); Freud, S. (1905 [1976]).

dislalia (al. *Dyslalie*; fr. *dyslalie*; ingl. *dyslalia*; it. *dislalia*)

Trastorno de la articulación del lenguaje que debe atribuirse a los órganos periféricos: laringe, dientes, labios, lengua. Cuando en el trastorno se evidencia la sustitución habitual de una letra en lugar de otra se habla de *paralalia*. La forma más frecuente de dislalia es el *sigmatismo*, que consiste en un defecto en la pronunciación de la letra *s* y de las sibilantes en general, recurrente en los niños incluso en ausencia de anomalías de los órganos de fonación, porque las sibilantes son las consonantes más difíciles de pronunciar y, por lo tanto, las últimas que el niño domina plenamente. Cuando no es fruto de anomalías congénitas o adquiridas de la disposición dentaria (sigmatismo dental de los incisivos, centrales y laterales), el sigmatismo se interpreta como fruto de imitaciones o como manifestación de inmadurez. La dislalia, que se puede curar con una reeducación oportuna (*v.* **logoterapia**, § 1), debe distinguirse de la *alalia*, término con el que en el siglo XIX se indicaban los trastornos afásicos (*v.* **afasia**).

BIBLIOGRAFÍA: Cippone De Filippis, C. (1974); Luchsinger, R. y G.E. Arnold (1970); Pizzamiglio, L. (1968).

dislexia
v. ALEXIA, § 2.

dismegalopsia
v. MACROPSIA-MICROPSIA.

dismenorrea
v. MENSTRUACIÓN.

disminución del nivel mental (fr. *Abaissement du niveau mental*; it. *abbasamento del livello mentale*)

Expresión introducida por P. Janet para indicar una reducción de la conciencia caracterizada por la falta de atención y concentración típica de la sintomatología histérica y de otras neurosis psicógenas. El término lo retomó C.G. Jung para describir un estado límite en el que la conciencia relaja su vigilancia, permitiendo la invasión de contenidos inconscientes relacionados con complejos personales. Aun tratándose de un estado patológico que se verifica espontáneamente en sujetos con un yo débil, el fenómeno puede ser provocado voluntariamente reduciendo la atención mental, con el objetivo de hacer emerger material inconsciente para después integrarlo. La disminución del nivel mental es una condición indispensable para el ejercicio de la imaginación activa (*v.* **imaginación**, § 2) que permite una inspección directa del material inconsciente en sujetos con un yo lo bastante fuerte como para permitirse la reducción del umbral de vigilancia y poderlo readquirir.

BIBLIOGRAFÍA: Janet, P. (1903); Jung, C.G. (1907), Jung, C.G. (1947-1954).

dismnesia (al. *Dysmnesie*; fr. *dysmnésie*; ingl. *dysmnesia*; it. *dismnesia*)

Término genérico que se refiere a cualquier alteración de la memoria, tanto de tipo cuantitativo, como las amnesias y las hipermnesias, cuanto de tipo cualitativo, como las paramnesias (*v.* **memoria**, § 6, 7, 8).

dismorfia
v. DISMORFOESTESIA.

dismorfoestesia (al. *Dysmorphoesthesie*; fr. *dysmorphoesthésie*; ingl. *dysmorphoesthesia*; it. *dismorfoestesia*)

Llamada también *dismorfia*, la dismorfoestesia es la sensación de ser especialmente feos, impresentables, repugnantes, deformes. Puede presentarse en forma monosintomática, como en el período de la adolescencia, cuando la transformación de la pubertad puede ser rechazada por el individuo o vivida con una angustia más o menos marcada también por un repudio de la pubertad por parte de la familia, o en un cuadro de neurosis obsesiva o de esquizofrenia, en el que el rechazo del aspecto propio puede asumir caracteres fóbicos que perturban profundamente la manifestación de la personalidad. En estos casos se habla de *dismorfofobia* que, respecto a la dismorfoestesia de la adolescencia, que es una sensación transitoria, tiene rasgos más irreductibles.

BIBLIOGRAFÍA: Hay, G.G. (1970); Schachter, M. (1971)

dismorfofobia
v. DISMORFOESTESIA.

dismorfopsia
v. MACROPSIA-MICROPSIA.

disnea (al. *Dyspnee*; fr. *dyspnée*; ingl. *dyspnea*; it. *dispnea*)

Dificultad respiratoria caracterizada por la brevedad de la respiración. Cuando no es provocada por causas orgánicas la disnea se clasifica, según S. Freud, entre las manifestaciones de la histeria y de la neurosis de angustia: "...la disnea y las palpitaciones de la histeria y de la neurosis de angustia son sólo unos fragmentos desprendidos de la acción del coito. Y en muchos casos, entre ellos el de Dora, puede reconducir el síntoma de la disnea, del asma nerviosa, al mismo ocasionamiento: el espiar con las orejas el comercio sexual de personas adultas" (1901 [1976: 70]).

BIBLIOGRAFÍA: Freud, S. (1901).

disociación
v. ESCISIÓN, § I.

disomatognosia
v. SOMATOAGNOSIA, § 1, *h.*

disonancia (al. *Missklang*; fr. *dissonance*; ingl. *disharmony*; it. *disarmonia*)

Falta de compensación entre las diferentes partes de sí, con los consiguientes desequilibrios, unilateralidades y faltas de armonía. El término es frecuente en *psiquiatría* a propósito de ese rasgo típico de la esquizofrenia caracterizado por la inadecuación entre la reacción emotiva y la situación objetiva, tanto interna como externa; en *psicología cognoscitivista* a propósito de la **disonancia cognoscitiva** (*v.*), donde se asiste a un contraste entre las ideas y las opiniones del sujeto y sus tendencias de comportamiento; en *psicología analítica* respecto a la unilateralidad de la **actitud** (*v.*, § 2), de extroversión o introversión, y del desarrollo de las **funciones** (*v.*, § 2, *b*) de pensamiento, sentimiento, intuición y sensación; en *pedagogía* para los sujetos que presentan una mala **adaptación** (*v.*) o cualidades sobresalientes en algunos ámbitos, con graves deficiencias en otros.

disonancia cognoscitiva (al. *Kognitive dissonanz*; fr. *dissonance cognitive*; ingl. *cognitive dissonance*; it. *dissonanza cognitiva*)

Concepto que introdujo L. Festinger en el ámbito de la psicología cognoscitivista para describir la condición de individuos cuyas creencias, nociones y opiniones contrastan entre sí, con las tendencias del comportamiento, o con el ambiente en el que el individuo está funcionando. La disonancia puede originarse: *a*] por *incoherencia lógica* entre dos opiniones incompatibles; *b*] por *costumbres culturales* cuyos usos pueden estar en contraste con el contexto en el que están funcionando; *c*] por *inclusión* cuando determinada opinión está incluida en una más general, por lo que si un individuo de derecha prefiere, en una elección, a un candidato de izquierda, vive una discordancia entre los elementos cognoscitivos correspondientes; *d*] por la *experiencia pasada* que creó convicciones que se adaptan mal a nuevas experiencias. En todos estos casos, escribe Festinger, "la presencia de la disonancia hace surgir presiones para reducirla o eliminarla; la fuerza de las presiones para reducir la disonancia está en función del tamaño de la misma. En otras palabras, la disonancia actúa de la misma manera que un impulso o un estado de necesidad o de tensión; su presencia empuja a la acción para disminuirla, tal como, por ejemplo, la presencia del hambre empuja a la acción para reducirla. Además, por tratarse de un impulso, cuanto mayor es la disonancia tanto mayor será la intensidad de la acción para disminuirla, así como la voluntad de evitar situaciones que podrían aumentarla" (1957: 16).

La disonancia se reduce: *a*] mediante el cambio de la opinión propia; *b*] del comportamiento; *c*] del ambiente en el que se actúa; *d*] o con la integración de un nuevo elemento cognoscitivo que se agrega a los elementos consonantes para modificar la relación con los disonantes. Sin embargo, advierte Festinger, "no siempre es posible eliminar la disonancia o por lo menos reducirla marcadamente cambiando la acción o el sentimiento; las dificultades que se oponen al cambio del comportamiento pueden ser muy grandes; o bien el cambio mismo, mientras elimina ciertas disonancias, puede crear toda una serie de otras nuevas" (1957: 17). La teoría de la disonancia cognoscitiva se opone a la teoría de la **auto-percepción** (*v.*) que formuló J.D. Bem, según quien no hay disonancia por la simple razón de que el individuo no tiene una percepción directa de sus estados mentales sino que sólo puede inferirlos, igual que un observador externo, de su comportamiento.

BIBLIOGRAFÍA: Amerio, P., E. Bosotti y F. Amione (1978); Bem, J.D. (1972); Festinger, L. (1957); Neisser, U. (1967).

disortografía
v. ORTOGRAFÍA.

dispareunia (al. *Dyspareunie*; fr. *dyspareunie*; ingl. *dyspareunia*; it. *dispareunia*)

Forma de vaginismo en la que la penetración es posible pero dolorosa, por efecto de contracciones musculares pélvicas o por ausencia de lubricación vaginal debida a falta de excitación. Las causas, cuando no son de naturaleza orgánica, deben buscarse en los conflictos psicológicos que forman la base de la **frigidez** (*v.*) y del **vaginismo** (*v.*).

disparidad
v. EQUILIBRIO, § 2.

dispersión (al. *Streuung*; fr. *dispersion*; ingl. *scattering*; it. *dispersione*)

El término se utiliza: 1] en *psiquiatría*, para referirse a la reducción de los procesos asociativos entre una idea y otra, con el consiguiente trastorno del desarrollo lógico-causal del pensamiento, como es típico en los procesos disociativos (*v.* **escisión**, § I). Esto entraña una dispersión en el lenguaje, también llamada "tangencialidad", caracterizada por divagaciones en torno al argumento tratado en la realidad del contexto discursivo intersubjetivo. Dichas divagaciones, no relacionadas y privadas de referencias reales, pueden terminar el discurso o alejarlo irremediablemente de su objetivo, sin posibilidad de recuperación temática; 2] en *psicología clínica*, donde

el término se refiere a la incapacidad –que se encuentra en los niños que vivieron largos períodos de separación de los padres– para mantener afectos estables y significativos, no momentáneos o indiferenciados; 3] en *psicoanálisis*, donde E. Erikson introdujo el concepto de "dispersión de la función" a propósito de la tendencia del adolescente a "superidentificarse" con figuras mitificadas hasta comprometer su propia identidad (*v.* **rol**, § 2); 4] en *estadística*, donde la dispersión indica las medidas de variabilidad (*v.* **estadística**, § I, 3).

displacer
v. PLACER, § 1.

displasia (al. *Dysplasie*; fr. *dysplasie*; ingl. *dysplasia*; it. *displasia*)

Desarrollo corporal inarmónico caracterizado por malformaciones, infantilismo, eunucoidismo y masculinidad en la mujer. En la **tipología** (*v.*, § 1, *b*) constitucional de E. Kretschmer el *tipo displásico*, por sus proporciones anormales, se distingue de los tres tipos principales: asténico, pícnico y atlético.

BIBLIOGRAFÍA: Kretschmer, E. (1921).

disposición (al. *Anlage*; fr. *disposition*; ingl. *disposition*; it. *disposizione*)

Conjunto de inclinaciones, tendencias, actitudes, capacidades, relativamente constantes en cada individuo, que caracterizan su comportamiento. En la disposición se distingue el *rasgo*, que es la característica estable y perdurable que diferencia a un individuo de otro (*v.* **personalidad**, § 2), y el *estado*, que es una disposición psicológica y de comportamiento temporal. Por ejemplo, el hecho que una persona tenga ansiedad antes de un examen o de un veredicto (*estado*) no significa necesariamente que sea una persona de *rasgos* ansiosos.

1] PSICOLOGÍA. Hay quien considera, con G. Ryle, que las disposiciones son puramente hipotéticas porque caracterizan el "estado contingente" de una persona, es decir su potencialidad para reaccionar de determinado modo si se dan determinadas circunstancias, y quien en cambio considera que tienen una base genética que se manifestaría en condiciones ambientales favorables, como en el caso de las enfermedades psíquicas, en las cuales no se excluye una transmisión hereditaria. Más allá de la disputa entre innato y adquirido (v. **innatismo**), G.W. Allport define la disposición personal como el conjunto de las unidades de comportamiento-motivación-percepción que caracterizan a un individuo, mientras que R.B. Cattello y H.J. Eysenck aplicaron el análisis factorial para identificar las disposiciones fundamentales de una personalidad a partir de las cuales es posible, en su opinión, predecir su comportamiento en una situación bien definida (v. **personalidad**, § 2).

2] PSICOPATOLOGÍA. K. Jaspers distingue una disposición congénita (*Anlage*) de una disposición adquirida (*Disposition*), remontando a esta distinción la diferenciación psicopatológica entre **endógeno** (*v.*) y *exógeno*: "Disposición es el concepto general para todas las condiciones endógenas de la vida psíquica, y es de tal amplitud que cada vez que se usa este término debe saberse de cuál disposición se trata. Hay que distinguir entre disposición congénita y disposición adquirida. [...] Además se debe diferenciar entre disposición visible y disposición invisible, [...] entre disposición física (*Veranlagung*) y disposición psíquica. [...] ¿Pero cómo llegamos a los momentos específicos de la disposición que no sean casuísticos, sino de importancia real? Sólo estudiando la disposición en familias completas. Dos hechos nos guiarán en esto: la variación individual y la transmisión hereditaria. Así, indagando las direcciones de la variación y la herencia pensamos poder llegar a unidades, de las que debemos hablar no como disposiciones en general, sino como disposiciones particulares" (1913-1959: 488-489). Las disposiciones particulares son el resultado de la relación entre lo típico, lo que es hereditario y lo ambiental.

BIBLIOGRAFÍA: Allport, G.W. (1955); Cattell, R.B. (1950); Eysenck, H.J. (1947); Jaspers, K. (1913-1959); Ryle, G. (1949).

disprasia
v. APRAXIA, § 3.

distal
v. DISTANCIA, § 1.

distancia (al. *Entfernung*; fr. *distance*; ingl. *distance*; it. *distanza*)

Intervalo espacial que existe entre el sí, las otras personas y los objetos del mundo. El término encontró un uso específico en estos ámbitos:

1] PSICOLOGÍA DE LA PERCEPCIÓN. E. Brunswick y K. Koffka introdujeron la distinción entre *proximal* y *distal* para diferenciar los acontecimientos ambientales que están en íntimo contacto con el organismo, como los estímulos, de aquellos que, sin estarlo, actúan sobre él a distancia. A partir de esta distinción se definen como distales: *a*] la vista y el oído, en contraposición con los sentidos proximales del gusto y del tacto; *b*] la capacidad, sobre todo de las personas ciegas, de percibir los objetos en movimiento mediante el oído, basándose en el fenómeno de la *ecolocalización*; *c*] la capacidad de percibir acontecimientos lejanos en el espacio y en el tiempo sin la intervención de ninguno de los órganos de los sentidos (v. **parapsicología**, § 1). Se clasifican en la psicología de la percepción los estudios sobre la evaluación de la distancia y de la profundidad (visión tridimensional) a partir de la proyección de la retina que, al ser sobre una superficie, es bidimensional. La visión estereoscópica y los indicios psicológicos están entre los factores señalados para la explicación del fenómeno (v. **percepción**, § 5 y **visual**, **aparato**, § 4).

2] ETOLOGÍA. En este campo se entiende por "distancia" el espacio que el animal interpone entre sí y un miembro de su especie. La anulación de esta distancia señala manifestaciones afectivas, como en la relación con la prole, sexuales, como en el acoplamiento, o agresivas, como en la lucha. Según la especie animal las distancias pueden ser muy acentuadas, como en el caso de las aves predadoras, o muy cercanas, como en los cardúmenes, en los cuales la regularidad de la distancia es mantenida, no sólo por factores genéticos, sino también por la influencia del aprendizaje. Para determinar las distancias entre los animales de la misma especie está, por un lado, la necesidad de mantener un estrecho contacto sensorial y, por el otro, la de evitar formas de invasión del espacio individual. La ruptura del equilibrio entre estas instancias opuestas explica por qué, en condiciones de hacinamiento, es decir de distancia insuficiente, surgen con mayor frecuencia comportamientos agresivos.

3] PSICOLOGÍA SOCIAL. En este ámbito se habla de *distancia social* para referirse a la mayor o menor tendencia de individuos o grupos para instituir contactos con otros individuos o grupos. La distancia social abarca, además de la distancia espacial entre dos individuos, la semejanza o disparidad de sus intereses, sus ocupaciones, sus visiones del mundo. En las diferentes culturas las normas de conservación de la distancia son muy diferentes, y el significado atribuido a una estrecha cercanía o al contacto físico varía de una sociedad a otra y dentro de una misma cultura. Pero en general se asocia, con una estrecha cercanía, una experiencia de intimidad, mientras que una notable distancia manifiesta una actitud defensiva. Una distancia acentuada entre grupos con frecuencia manifiesta una diferencia de estatus social y favorece comportamientos hostiles y de rechazo. De alguna manera es posible que en situaciones especiales, ya sean casuales o voluntariamente construidas, en las que los individuos se encuentran involucrados en la misma ocupación, disminuyan los prejuicios y se anulen las hostilidades. La distancia social se mide mediante el sociograma (*v.* **sociometría**), o sea la representación gráfica de las relaciones entre dos o más personas, o con la *escala de las actitudes* de E.S. Bogardus, que tiene el fin de calificar el nivel de prejuicio, y por lo tanto de distancia, de un grupo respecto a los individuos pertenecientes a otros grupos.

BIBLIOGRAFÍA: Bogardus, E.S. (1928); Brunswick, E. (1934); Griffin, D. (1966); Ittelson, W.H. (1960); Koffka, K. (1970); Köhler, I. (1952); Lindzey, G. (1954); Moreno, J.L. (1953)

distanciamiento (al. *Abarbeitung*; fr. *dégagement*; ingl. *disengagement*; it. *disimpegno*)

Desapego emotivo del yo de la actividad que desarrolla.

1] PSICOANÁLISIS. Se distinguen los **mecanismos de defensa** (*v.*, § 2) del yo respecto a las pulsiones del ello de los *mecanismos de distanciamiento* del yo respecto a las propias operaciones defensivas. Pueden asumir la forma o la objetivación de la propia experiencia, con el consiguiente distanciamiento del yo, o de la familiarización con los propios mecanismos de defensa que permiten reducir la espera ansiosa de la situación traumática o fantasmática.

2] PSICOLOGÍA SOCIAL. D.E. Cumming y W.E. Henry elaboraron la teoría del distanciamiento social de las personas que cesaron la actividad laboral, encontrando una **adaptación** (*v.*) mediante la composición de la fuerza económica externa que impone a los individuos retirarse a determinada edad de la función de trabajadores que se ganan la vida dentro de un sistema económico, y un proceso interno adaptativo mediante el cual el individuo se decide a convivir con sus propias energías reducidas y aceptarlo. La teoría es muy debatida en el ámbito de la psicología del trabajo, sobre todo respecto a la prolongación de la vida que ofrece más tiempo libre entre la jubilación y la muerte (*v.* **psicología del trabajo**, § 2).

BIBLIOGRAFÍA: Bibring, E.; Cumming, D.E. y Henry W.E. (1961); Lagache, D. (1958).

distensión o relajación (al. *Entspannung*; fr. *relaxation*; ingl. *relaxation*; it. *distensione*)

Reducción de la tensión que comúnmente se asocia con relajamiento muscular y nervioso. Entre los métodos más difundidos que utilizan la práctica sistemática del relajamiento muscular o distensión se debe recordar el **entrenamiento autógeno** (*v.*) de J.H. Schultz; la elaboración de las resistencias a la distensión que realizó J. Ajuriaguerra utilizando los vínculos entre el tono muscular, las manifestaciones emotivas y la vida afectiva; el método del **yoga** (*v.*) y otros métodos afines.

BIBLIOGRAFÍA: Ajuriaguerra, J. (1953); Aurobindo, S. (1965); Lemaire, J.G. (1964); Schultz, J.H. (1932).

distimia (al. *Dysthymie*; fr. *dysthymie*; ingl. *dysthymia*; it. *distimia*)

Alteración del tono del humor (en griego θυ–μός) tanto en el sentido de una excitación inmotivada (*hipertimia*) como de una profunda tristeza (*hipotimia*). Se distinguen distimias *monopolares*, cuando los episodios son sólo depresivos o sólo maniacos, y *bipolares*, cuando un ciclo maniaco sigue a un ciclo depresivo. La distimia bipolar, llamada también "psicosis maniaco-depresiva", "psicosis ciclotímica", "psicosis circular" o "locura de doble forma", es el cuadro clásico de la "locura afectiva" ya descrita en épocas remotas y que E. Kraepelin puntualizó como forma característica de uno de los dos grandes grupos de psicosis endógenas, el otro era la *dementia praecox*, que más tarde E. Bleuler rebautizó **esquizofrenia** (*v.*). El DSM-III-R distingue las formas de distimia en:

1] *Trastornos afectivos mayores* que abarcan: *a*] los síndromes distímicos monopolares que pueden ser de fondo maniaco (*v.* **manía**) o de fondo depresivo (*v.* **depresión**); *b*] el síndrome distímico endógeno bipolar (*v.* **ciclotimia**).

2] *Otros tipos de trastorno afectivo* que incluyen la neurosis depresiva de origen reactivo o psicógeno (*v.* **depresión**, § 2, *c*), y los síndromes distímicos del período involutivo, que otras clasificaciones incluyen entre las distimias endógenas agregadas a las formas monopolares y bipolares (*v.* **psicología del envejecimiento**, § 3).

BIBLIOGRAFÍA: American Psychiatric Association (1988); Bleuler, E. (1911-1960); Giberti, F. (1982); Kraepelin, E. (1833); Leonhard, K. (1962).

distonía (al. *Dystonie*; fr. *dystonie*; ingl. *dystonia*; it. *distonia*)

Estado de tensión anormal que puede ser general, como en la distonía catatónica (*v.* **catatonia**), o local, como en la neurovegetativa o muscular.

1] La distonía *neurovegetativa* se manifiesta con trastornos de las funciones gástricas, cefaleas, sudoraciones, vértigos, anomalías en la actividad cardiaca y respiratoria, incluso en ausencia de alteraciones orgánicas. Estas formas de distonía, que dependen del mal funcionamiento del sistema **simpático** (*v.*) y parasimpático, están en estrecha relación con el modo en que el distónico siente el mundo circundante y reacciona a él, por lo que los trastornos son conversiones somáticas de causas psicógenas.

2] La distonía *muscular psicógena* está caracterizada por espasmos musculares como reacción a traumas o a conflictos psíquicos debidos, para W. Reich, a un exceso de represiones de las pulsiones sexuales (*v.* **bioenergética**), para O. Fenichel al intento de encauzar emociones que no se quieren manifestar, para C.W. Wahl a formaciones reactivas después de una privación de gratificaciones táctiles en la infancia.

BIBLIOGRAFÍA: Alexander, F. (1950); Fenichel, O. (1945); Reich, W. (1933); Wahl, C.W. (1959-1966).

distorsión (al. *Verstauschung*; fr. *distorsion*; ingl. *distortion*; it. *distorsione*)

El término, que por lo general se utiliza con el mismo sentido que **deformación** (*v.*), mantiene su especificidad semántica en el campo de las respuestas a los tests, donde se habla de distorsión para indicar la falsificación intencional de las respuestas (*faking*) y la alteración sistemática de las mismas por motivos inconscientes (*response-set*). Es el caso de un candidato que, deseoso de obtener un trabajo, se enfrenta a un inventario de actitudes sociales, tratando de imaginar cuál es el tipo de respuesta deseable para el examinador, con la consiguiente alteración de sus declaraciones. A diferencia del *faking*, el ***response set*** (*v.*) no tiene características intencionales, sino proyectivas y, como tales, inconscientes para el mismo examinado, por lo que la escala termina por medir algo no previsto por quien diseñó la prueba, por ejemplo, no las características del sujeto sino sus tendencias inconscientes.

BIBLIOGRAFÍA: Anastasi, A. (1954); Cronbach, L.J. (1960).

distracción
v. ATENCIÓN, § 4, *c.*

distribución
v. ESTADÍSTICA, § I, 1-2 y II, 2.

distribucionalismo
v. LINGÜÍSTICA, § 3, *a.*

distrofia (al. *Dystrophie*; fr. *dystrophie*; ingl. *dysthrophy*; it. *distrofia*)

Trastorno en la nutrición de los tejidos de un órgano o de una parte del cuerpo con el consiguiente exceso (*hipertrofia*), carencia (*hipotrofia*) o interrupción (*atrofia*) del desarrollo. Hay formas "funcionales" de hipertrofia e hipotrofia, que deben referirse respectivamente a intensa actividad o a inmovilidad de una parte del cuerpo, y que pueden desaparecer si se modifican las condiciones que las generaron. La hipertrofia y la hipotrofia son relativas al *volumen* de las células y como tales se deben distinguir de la **hiperplasia** (*v.*) y de la hipoplasia, que se refieren al número de las células.

Disulfiram
v. ALCOHOLISMO, 7.

disyección (al. *Disjektion*; fr. *désjection*; ingl. *disjection*; it. *disiezione*)

Sensación, bastante frecuente en los sueños, que consiste en un desdoblamiento de la unidad de la persona, por lo que un individuo tiene la impresión, por ejemplo, de ser al mismo tiempo actor y espectador de la misma situación, o bien de ser él mismo y otra persona.

diurno, residuo
v. RESTO DIURNO.

diurno, sueño
v. FANTASÍA, § 2.

divergencia
v. CONVERGENCIA-DIVERGENCIA.

diversión (al. *Abschweifung*; fr. *diversion*; ingl. *diversion*; it. *diversione*)

Actividad que lleva a distraerse de una preocupación oprimente o de una ocupación que es fuente de tensión y de estrés. Hay diversiones *distensivas*, que coinciden con las actividades recreativas, y diversiones *neuróticas*, que consisten en manipulaciones corporales como morderse las uñas o los labios, jalarse los cabellos, que poco a poco se vuelven habituales, y se traducen en verdaderos tics (*v.* **tic**).

división del trabajo
v. ORGANIZACIÓN, § 1.

doble ciego, **experimento**
v. CIEGO, EXPERIMENTO.

doble imagen
v. CONVERGENCIA-DIVERGENCIA, § 1.

doble personalidad
v. ESCISIÓN, § I, 3.

doble vía (al. *Doppel-Binär*; fr. *double binaire*; ingl. *double binary*; it. *doppio binario*)

Expresión utilizada en el lenguaje psiquiátrico para indicar la condición en la que el delirio no incide de forma total en la vida del sujeto, que no pierde el contacto con la realidad y, más allá del área delirante, conserva una buena adaptación social.

doble vínculo (al. *Doppel-bindung*; fr. *double lien*; ingl. *double bind*; it. *doppio legame*)

Concepto que introdujo G. Bateson y que después reutilizaron P. Watzlawick y la escuela de Palo Alto para indicar un tipo especial de co-

municación interpersonal caracterizado por
señales incongruentes y contradictorias que
ponen al destinatario en una condición de profundo dilema. Escribe Bateson: "Proponemos
la hipótesis de que cada vez que un individuo
se encuentra en una situación de doble vínculo, su capacidad de discriminar entre tipos lógicos sufre derrumbe. Las características generales de esta situación son las siguientes: 1] el
individuo está involucrado en una relación intensa, es decir una relación en la que siente que
es de vital importancia distinguir con precisión el género del mensaje que se le comunica, de manera que pueda responder de forma
apropiada; 2] y, además, el individuo se encuentra prisionero de una situación en la que
la otra persona que participa en la relación
emite el mismo tipo de mensaje de dos órdenes, uno de los cuales niega al otro; 3] y, finalmente, el individuo es incapaz de analizar los
mensajes que se emiten, con el fin de mejorar
sus capacidades de discriminar a cuál orden de
mensaje debe responder; es decir, no puede
producir un enunciado metacomunicativo. Según nuestra hipótesis éste es el género de situación existente entre el preesquizofrénico y su
madre; sin embargo es una situación que se
presenta también en las relaciones normales.
Cuando una persona queda atrapada en una situación de doble vínculo, tendrá reacciones de
tipo defensivo, semejantes a las de los esquizofrénicos" (1972: 252).

El doble vínculo, como figura principal de la
comunicación (*v*., § 7, *e*) patológica, al no permitir captar la verdadera intención de un mensaje e identificar la discrepancia entre los significantes manifiestos y los latentes, genera la convicción de que toda la realidad es paradójica, y
un comportamiento consecuente. La **psicología
sistémica** (*v*., § 2) supone que el comportamiento esquizofrénico está determinado por un
mensaje contradictorio proveniente de una única fuente, generalmente la madre, o sea de un
doble vínculo *unipolar*, mientras que el comportamiento criminal estaría caracterizado por
un doble vínculo *bipolar* proveniente de dos
fuentes, generalmente el padre y la madre. Además se expresó la posibilidad de que en una terapia psicoanalítica el terapeuta involucre al
paciente en una situación de doble vínculo.

BIBLIOGRAFÍA: Bateson, G. (1972); Laing, R.D. y A.
Esterson (1964); Selvini Palazzoli, M. *et al.*

(1975); Selvini Palazzoli M. *et al.* (1988); Watzlawick, P., J.H. Beavin y D.D. Jackson (1967).

docimología (al. *Dozimologie*; fr. *doci-
mologie*; ingl. *docimology*; it. *docimologia*)

Estudio de los diferentes sistemas de medición
y evaluación del aprovechamiento escolar, a
partir de la constatación de discordancias relevantes entre pruebas aptitudinales y evaluaciones escolares, y de las discrepancias en la
asignación de las calificaciones por parte de
los diferentes examinadores, así como también del mismo examinador después de un
tiempo. B.S. Bloom, en la introducción a su
taxonomía de los objetivos educativos, observó: "Algunos maestros consideran que sus estudiantes deberían 'realmente entender', otros
que deberían 'hacer íntimamente suyos' los conocimientos, otros que deberían 'entender el
núcleo o la esencia', o 'comprender'. ¿Todos
quieren decir lo mismo? Específicamente,
¿qué hace un estudiante cuando 'realmente entiende' que no hace cuando no entiende?"
(1956: 11). Para responder a estas preguntas se
procedió a la elaboración de datos que permiten transformar el puntaje bruto en un puntaje
que exprese la ubicación del resultado de cada
alumno respecto a los resultados de cierto número de sujetos, con lo que se distribuyen de la
misma manera que los de un fenómeno casual,
según la curva de distribución normal (*v*. **estadística**, § II, 2), en un extremo de la cual se advierten los resultados que deben considerarse
insuficientes. La docimología distingue además una evaluación *acumulativa*, que tiene carácter global y se da en los momentos terminales de un proceso educativo, y una evaluación
formativa, que se inscribe dentro del proceso
enseñanza-aprendizaje con el fin de introducir
las modificaciones que parezcan oportunas
respecto a las diferencias individuales eviden-
ciadas en el **currículo** (*v*.) de cada alumno. A
estas dos formas de evaluación hay quien aña-
de la evaluación *diagnóstica*, que se refiere a las
habilidades específicas necesarias para la consecución de los objetivos, poniendo en evidencia lagunas y diferencias individuales.

BIBLIOGRAFÍA: Autores varios (1976); Bloom, B.S.
(1956); Calonghi, L. (1956); Gattullo, M. (1968);

Gil, F. (1979); Skinner, B.F. (1967); Titone, R. (coord.) (1975).

dogmatismo (al. *Dogmatismus*; fr. *dogmatisme*; ingl. *dogmatism*; it. *dogmatismo*)

Actitud cognoscitiva caracterizada por el uso de principios y afirmaciones cuyos fundamentos nunca se ponen en discusión. El sistema de convicciones dogmático se llama también "cerrado", porque rechaza las opiniones diferentes y es incapaz de aprehender los múltiples aspectos de lo real. La falta de flexibilidad de la actitud dogmática, generalmente basada en la adhesión acrítica a un principio de autoridad externo, favorece disposiciones sociales como el etnocentrismo, la intolerancia, la discriminación. Se encontró un alto grado de dogmatismo en las personas autoritarias, que muestran rigidez en los estilos de pensamiento, baja tolerancia a los problemas y una fuerte sensibilidad a los condicionamientos sociales. Tanto el autoritarismo como el dogmatismo rechazan el progreso de la conciencia porque ésta amenaza su rigidez defensiva. Existe una "escala de dogmatismo", que construyó M. Rokeach en 1960, para cuantificar la presencia de tal actitud, y una escala F (fascismo) que elaboró T.W. Adorno para medir el dogmatismo que acompaña a una disposición autoritaria (*v*. **autoridad**) y antidemocrática típica de los sujetos que no interiorizaron el superyó.

BIBLIOGRAFÍA: Adorno, T.W. *et al.* (1950); Eckardt, W. y A. Newcombe (1969); Rokeach, M. (1960).

dolicomorfismo
v. EUMORFISMO.

dolor (al. *Schmerz*; fr. *douleur*; ingl. *pain*; it. *dolore*)

Sensación de sufrimiento que se presenta como respuesta subjetiva a un estímulo que el organismo percibe como nocivo o reductor de su bienestar. Desde el punto de vista psicológico el dolor es una de las tonalidades emotivas fundamentales que acompañan a la existencia.

1] EL DOLOR FÍSICO. Desde el punto de vista fisiológico el dolor se origina por la excesiva estimulación de los diferentes **receptores** (*v*.) situados tanto en la superficie externa como en el nivel de los tejidos internos del organismo, y transmitidos desde ahí por las vías nerviosas a los centros superiores de la corteza cerebral. Los receptores de la sensibilidad dolorosa cutánea parecen estar constituidos en algunas zonas por terminaciones nerviosas especiales, ramificadas en la epidermis y en la dermis y vinculadas por una cadena de tres neuronas en el centro de recepción terminal: la fibra de la primera neurona sensible se une en la médula espinal a la de la segunda, que recorre la porción espinotalámica, y ahí a la de la tercera neurona que llega al área sensible en los lóbulos parietales de la corteza cerebral. A causa de las diferentes concentraciones de receptores en las diversas áreas somáticas, el dolor que proviene de la superficie del cuerpo es más fácilmente localizable que el proveniente de las regiones internas, que resulta más difuso.

La más baja intensidad de un estímulo con la que se percibe el dolor se llama "umbral del dolor", que varía de un sujeto a otro y, en un mismo individuo, en diferentes períodos de tiempo, en relación con múltiples factores tanto fisiológicos como emotivos y culturales. Así se dan condiciones de menor (*hipoalgesia*) o mayor (*hiperalgesia*) percepción del dolor, casi hasta la insensibilidad (*analgesia*), sin ausencia de las otras percepciones sensoriales (*v*. **algesia**). En ocasiones se observa una forma de dolor *diferido*, o sea la irradiación de la sensación dolorosa de un órgano interno a la superficie cutánea, o de dolor *proyectado*, como en el caso del miembro fantasma (*v*. **somatoagnosia**). Las reacciones fisiológicas a un estímulo doloroso, como la inhibición de la actividad gastrointestinal, el incremento del consumo de oxígeno, el aumento de la presión arterial y del pulso se acompañan, en el nivel de comportamiento, con respuestas automáticas de alejamiento (*v*. **atracción-repulsión, teoría de la**). Además existen en el cuerpo sustancias opiáceas como las encefalinas y las **endorfinas** (*v*.), que reducen la transmisión de la información dolorosa. Los métodos de tratamiento del dolor actúan interrumpiendo la transmisión del estímulo doloroso mediante el bloqueo de los nervios conductores.

2] EL DOLOR PSÍQUICO. Análogamente al dolor físico, el dolor psíquico provoca una restricción del campo de la conciencia sobre temas penosos y deprimentes. Para S. Freud, si no supera cierto nivel, el dolor psíquico es esencial para la constitución del yo que, mediante la pérdida del objeto amado y la consiguiente **frustración** (v.), abandona el estado de omnipotencia infantil para llegar al **principio de realidad** (v., § 3). En términos de experiencia subjetiva para Freud el dolor psíquico es por entero comparable al dolor corporal, en el sentido de que "a raíz del dolor corporal se genera una investidura elevada, que ha de llamarse narcisista, del lugar doliente del cuerpo [...] ¡La intensiva investidura de añoranza, en continuo crecimiento a consecuencia de su carácter irrestañable, del objeto ausente (perdido) crea las mismas condiciones económicas que la investidura de dolor del lugar lastimado del cuerpo [...] El paso del dolor corporal al dolor anímico corresponde a la mudanza de investidura narcisista en investidura de objeto" (1925 [1976: 160]). La tolerancia al dolor y, más en general, la manera en que se vive la experiencia dolorosa, resulta diferente en cada persona porque está estrechamente vinculada a las experiencias dolorosas precedentes mediante las cuales el individuo se creó una representación mental y una experiencia emotiva del dolor. Por eso se dan fenómenos de **algofobia** (v.), que es un incontrolado miedo al dolor, o de **algofilia** (v.) que es una búsqueda del dolor que en ocasiones se acompaña de excitación sexual (*algolagnia*), como en los casos de **sadomasoquismo** (v.). La percepción del dolor, en efecto, está vinculada a la visión del mundo del sujeto, a su personalidad, al contexto histórico-cultural en que vive, por lo que es posible decir que el ambiente proporciona un código de significados mediante el cual adquiere su sentido particular el fenómeno del dolor.

3] LAS MANIFESTACIONES CULTURALES DEL DOLOR. En la reflexión filosófica sobre el dolor L. Wittgenstein sostiene que el hombre contiene y limita el dolor por medio del lenguaje. Antes de la palabra, en efecto, el dolor nos posee, como sensación sorda y muda. Al expresarlo ubicamos el acontecimiento doloroso en un lugar y le asignamos un significado. Según la reconstrucción de S. Natoli, la historia del hombre occidental conoce dos elaboraciones fundamentales de la experiencia del dolor: la griega, que concibe el dolor como inseparable de la vida, por lo que el hombre se hace héroe precisamente en el dominio del sufrimiento, y la judeocristiana, en la cual el dolor se asocia con la culpa, y la salvación con una vida sin dolor. En la época actual, caracterizada por el dominio de la técnica, el dolor se separa de la experiencia cotidiana y se delega a personas especializadas. Así sucede, como hace notar M. Foucault, que el acontecimiento doloroso, suprimido de la experiencia común, se relega a los lugares idóneos, los hospitales, donde el cuerpo se transforma en organismo y el dolor en enfermedad. El individuo resulta privado así tanto de la comprensión de su propio sufrimiento como de los instrumentos culturales para comunicarlo, porque el dolor, que estaba inscrito en el lenguaje que lo describe y lo interpreta, ahora está en manos de la visión organicista propia de la clínica que conoce el "mal" e ignora, por las características objetivantes de su método, esa experiencia subjetiva que es el "dolor". El acento en la dimensión subjetiva del dolor lo puso la fenomenología, para la cual el dolor es la ruptura de la coincidencia entre cuerpo y existencia, por lo que no es el órgano el que sufre, sino la existencia la que se contrae, alterando la relación con el mundo que ya no es cadenciado por las intenciones de la vida sino por el ritmo del dolor. Por esto al dolor se lo "soporta" pero no se lo "acepta", porque aceptarlo significaría aceptar un atraso de la presencia en el mundo que se desvanece como trasfondo de las intenciones, sustituido por el cuerpo que, por la presencia del dolor, se transforma en el único objeto de atención.

BIBLIOGRAFÍA: Baldissera, F. y G.M. Pace (1981); Bonica, J.J. (coord.) (1980); Foucault, M. (1963); Freud, S. (1925); Freud, S. (1929); Galimberti, U. (1983); Melzack, R. y P.D. Wall (1976); Natoli, S. (1986); Sternbach, R.A. (1968); Wittgenstein, L. (1953).

dominancia y dominio (al. *Dominanz*; fr. *dominance*; ingl. *dominance*; it. *dominanza*)

El término, que genéricamente significa superioridad, asume una acepción específica en diferentes contextos.

1] GENÉTICA. Propiedad del gen que determina su expresión fenotípica. Si los dos alelos de un gen son dominantes, el individuo presentará el carácter determinado por los genes; si uno de los dos es dominante y el otro recesivo, manifestará sólo el carácter del gen dominante, pero será también portador del gen recesivo que podrá expresarse en los hijos, mientras un carácter recesivo se pondrá de manifiesto sólo si ambos genes son recesivos (*v.* **genética**, § 2).

2] NEUROFISIOLOGÍA. En este ámbito se habla de *dominancia lateral* por la preeminencia de órganos o de áreas que se presentan en pares y están dispuestos especularmente en la parte derecha e izquierda del cuerpo (*lateralidad*). En este sentido se habla de *dominancia hemisférica* para referirse a la especialización diferente del hemisferio derecho o izquierdo para determinadas funciones (*v.* **lateralización**), de *dominancia ocular* y de *dominancia acústica*, de acuerdo con la mayor agudeza visual o auditiva, de *lateralidad* por la preferencia del uso de la mano derecha o izquierda. La dominancia lateral tiene su opuesto en la *ambilateralidad* o *ambidestreza* con la que se designa la igualdad morfológica y funcional de las dos partes.

3] ETOLOGÍA. Aquí el dominio se refiere al *modelo de relación*, presente en los animales sociales, sobre la base del cual se regulan las jerarquías del grupo, por lo general mediante un comportamiento agresivo o de amenaza por parte de un animal en relación con otro que resultará sometido. Además de la superioridad jerárquica, el dominio se puede referir a la prioridad de un animal respecto a otro para tomar reservas alimenticias e individuos del sexo contrario. Sin embargo, la correlación entre rango superior y prioridad de acceso a la comida y al acoplamiento no siempre existe, y varía según la especie y las condiciones ambientales. Cuando los animales están en libertad los comportamientos agresivos por lo general se ritualizan, de manera que la lucha se interrumpa en cuanto uno de los combatientes muestre sumisión; sólo en raros casos el combate por el dominio del grupo se prolonga hasta la muerte de uno de los contendientes. En algunas especies el rango superior puede transmitirse de forma hereditaria, tanto en términos genéticos, mediante la selección de cepas especialmente

agresivas, como en el nivel ambiental, por lo que animales bien abastecidos de alimento, y por lo tanto más fuertes y vigorosos que los demás, tendrán más posibilidades de dominar al grupo cuando los criterios de jerarquía se basen en la amenaza física.

4] PSICOLOGÍA. El término dominio se utiliza en psicología social para referirse a la disposición y a la capacidad de un individuo para asumir una función de poder respecto a los demás (*v.* **grupo**, § II, 6), y en *psicología individual*, donde A. Adler ve en la aspiración al dominio "la forma más difundida con la que se intenta esconder un sentimiento de inferioridad, nacido en la primera infancia, mediante la construcción de una superestructura psíquica compensatoria que intenta, en el *modus vivendi* nervioso, readquirir en la vida la superioridad y un punto de apoyo con disposiciones y seguridades bien preparadas y en pleno ejercicio" (1920: 37).

BIBLIOGRAFÍA: Adler, A. (1920); Leukel, F. (1976); Marler, P. y W.G. Hamilton (1966).

Don Juan (al. *Weiberheld*; fr. *Don Juan*; ingl. *Don Juan*; it. *Don Giovanni*)

Personaje de la literatura surgido como símbolo de la libertad sexual, de la infidelidad, del amor como empresa de la seducción sin pasión, del amor no individualizado que, en lugar de la profundidad de la relación, prefiere la intensidad del momento. A Don Juan, manifestación de la fase "estética" de la existencia que para S. Kierkegaard es esa forma de vida que no conoce la repetición y que por lo tanto se manifiesta en la irrepetibilidad del instante, se lo considera, desde el punto de vista psicoanalítico, como la expresión de una hipersexualidad motivada por la exigencia de combatir sentimientos de inferioridad mediante continuas demostraciones de éxito erótico. El tipo Don Juan, en opinión de O. Fenichel, no está en realidad interesado en la mujer, sino que la utiliza como instrumento de satisfacción de sus propias necesidades narcisistas, y su hipersexualidad es sólo una defensa contra tendencias homosexuales inconscientes.

BIBLIOGRAFÍA: Fenichel, O. (1945); Kierkegaard, S. (1843).

don´t hold test

v. WECHSLER-BELLEVUE, TEST DE.

dopamina

v. NEUROTRANSMISORES.

Doppler, efecto (al. *Doppler Effekt*; fr. *effet doppler*; ingl. *doppler effect*; it. *effetto doppler*)

En *acústica*, cuando la fuente del sonido se mueve hacia el oyente, la frecuencia que éste percibe aumenta respecto a la que oiría si la fuente estuviera fija. En *óptica* el mismo fenómeno se manifiesta con un ligero cambio de color, hacia el violeta, de la luz percibida con un espectroscopio.

dormir (al. *Schlaf*; fr. *sommeil*; ingl. *sleep*; it. *sonno*)

Estado fisiológico caracterizado por una interrupción de las relaciones sensoriales y motrices que vinculan al organismo con su ambiente, susceptible de modificaciones a consecuencia de estimulaciones adecuadas. Las dos teorías más antiguas del dormir son las de I.P. Pavlov, para quien se debe a una inhibición de la corteza cerebral, y la de W.R. Hess, quien lo refiere a una activación de estructuras hipnógenas diencefálicas. La concepción moderna puede verse como una síntesis de las dos teorías, a la que se llegó mediante el conocimiento de dos sistemas: el primero, responsable del *estado de vigilia*, es la **formación reticular** (v.) ascendente, cuya actividad provoca no sólo desincronización electroencefalográfica sino también modificaciones de la periferia en el sentido de una activación de todo el organismo, con variaciones del tono muscular y de los receptores sensoriales, que a su vez actúan en la formación reticular, estimulando aún más la función y provocando también excitación recíproca. El segundo sistema, responsable del *deseo de dormir*, está representado por diversas regiones hipnógenas en el telencéfalo y en diversos puntos del lóbulo frontal, cuya estimulación provoca sincronización electroencefalográfica y al mismo tiempo ganas de dormir, revelando una actividad antagonista a la de la formación reticular.

1] LAS FASES DEL SUEÑO. Mediante un electroencefalógrafo que controle la actividad eléctrica de un cerebro que duerme se revelan dos formas: una caracterizada por rápidos movimientos oculares que, de la expresión inglesa *rapid eye movements*, toma el nombre de sueño REM, y una caracterizada por ausencia de movimientos oculares, llamada no REM O NREM. El sueño NREM se compone de cuatro fases: la *fase 1* está caracterizada por sueño ligero con pérdida progresiva del ritmo alfa (v. **electroencefalografía**); el individuo se despierta fácilmente y con frecuencia refiere fantasías semejantes a sueños. Los umbrales del despertar son más altos durante la *fase 2*, caracterizada por ondas breves y aisladas, llamadas complejos K, y por una actividad de fondo de bajo voltaje; el contenido mental es fragmentario y más semejante a pensamientos, mientras el recuerdo está disperso y es menos confiable. Las *fases 3* y *4* se denominan delta porque presentan una disminución adicional del trazo electroencefalográfico con ritmos delta y con reducción progresiva del trazo electromiográfico, que indica el abandono del tono muscular (v. **electromiografía**).

El sueño REM, además de estar caracterizado por rápidos movimientos oculares, presenta una actividad electroencefalográfica veloz y de bajo voltaje, pérdida del tono muscular, aumento de la temperatura, del flujo sanguíneo y del ritmo respiratorio. La etapa REM es de actividad onírica, y tiene lugar principalmente en el último tercio de la noche, aunque el ciclo del sueño tiene grandes variaciones individuales. El recuerdo de los sueños después de despertar de la etapa REM es rico y detallado. Tanto el tiempo total que se estuvo dormido como la distribución de las diversas fases del sueño están estrechamente vinculados a la edad. En general el tiempo total que se duerme es máximo en la infancia, para después declinar hacia los esquemas de la edad adulta con una media de siete u ocho horas concentradas en un único período de la noche. La proporción de la fase REM es máxima durante la infancia, cuando abarca la mitad o más del sueño total del recién nacido, para después declinar hasta ocupar una quinta o cuarta parte del total en la edad adulta. Por lo regular las fases REM y NREM se alternan cuatro o cinco veces por noche. Cada ciclo abarca una fase NREM y una REM, y puede durar de 70 a 120 minutos. En el primer período de la noche prevalecen las fases 3 y 4 del sueño más profundo, en el último período la fase 2 y el REM. El porcentaje de las diferentes fases, en relación con el tiempo de duración total del sueño normal, prevé un 5-10% para la fase 1, un 50% para la fase 2, un 20% para las fases 3 y 4, y un 20-25% para la fase REM.

2] EL CICLO SUEÑO-VIGILIA. La cantidad de vigilia que precede al dormir influye tanto en el período de tiempo requerido para quedarse dormido (latencia del sueño), como el que transcurre durmiendo. Los sujetos privados de sueño en situaciones experimentales refieren sensaciones de confusión, desorientación e irritabilidad. Incluso los esquemas de sueño posteriores a una alerta prolongada se modifican, acentuándose la fase 4 del sueño NREM durante la primera noche de recuperación, y de REM en la segunda. Las dificultades para dormirse parecen vinculadas a la ansiedad de la vigilia, mientra la dificultad para permanecer dormidos o la tendencia a despertarse muy temprano, en cambio, parecen relacionadas con la depresión. El uso de fármacos hipnóticos reduce el sueño REM y su interrupción tiene un efecto, denominado "de rebote", caracterizado por insomnio y en ocasiones por pesadillas. Uno de los fenómenos más típicos de una larga privación de sueño son los *lapsos*, breves episodios de interrupción del estado de vigilia (v. **conciencia**, § 2), microsueños que se vuelven más frecuentes y más durables conforme se prolonga la privación. Al despertar del microsueño el sujeto puede tener una amnesia retrógrada para lo que sucedió y, como se ha observado en el nivel electroencefalográfico, una disminución neta de la actividad de fondo del ritmo alfa como en las intoxicaciones alcohólicas.

3] LOS TRASTORNOS DEL SUEÑO. Además del *insomnio* (v.), que tiene influencias significativas en los resultados durante el estado de vigilia y en el humor, y de la *hipersomnia*, asociada con disfunciones de la fisiología y de la química del sueño, los trastornos del sueño prevén:

a] *La narcolepsia* (llamada también *síndrome de Gélineau* o *enfermedad de Friedmann*),

en la que el sujeto pasa directamente del estado de vigilia al sueño REM, con un conjunto de síntomas que incluyen: breves, pero irresistibles ataques de sueño diurno; **cataplejia** (v.), que va desde una debilidad transitoria a la parálisis total de todos los músculos voluntarios; parálisis de sueño con incapacidad de ejecutar movimientos voluntarios al principio del sueño o al despertar (v. **parálisis**, § 3); alucinaciones hipnagógicas cuando el sujeto se está durmiendo.

b] *La apnea*, en la cual el sujeto deja literalmente de respirar cuando se duerme. En este ámbito se distinguen las apneas de las vías respiratorias superiores, que se presentan por lo general en sujetos obesos, que padecen una excesiva somnolencia diurna causada por los frecuentes despertares nocturnos debidos a la apnea; las apneas centrales, caracterizadas por la ausencia de todo esfuerzo respiratorio, que genera el despertar del paciente, el cual sin embargo no padece somnolencia diurna; dichas formas de apnea se deben distinguir de la **apnea psicógena** (v.) frecuente en los niños.

c] *La verbalización y el sonambulismo*. Se consideran trastornos menores del sueño la *verbalización* que se produce sobre todo durante el sueño NREM, y probablemente sin ninguna relación con la actividad onírica, y el *sonambulismo*, en el que el sujeto que duerme imprevistamente se levanta, camina y realiza actos más o menos complejos, demostrando así que logra percibir, por lo menos hasta cierto punto, la realidad externa. Una característica del sonambulismo es la amnesia, por lo que el sonámbulo al despertar no recuerda nada. Parece que la histeria predispone al sonambulismo.

d] *La somnolencia y el sopor*. Corresponden a los trastornos del estado de vigilia la *somnolencia*, que es un ligero embotamiento del estado de alerta con una disminución global de las diferentes actividades psíquicas, y el *sopor*, cuando la disminución del estado de vigilia rebasa la somnolencia, llegando a un entorpecimiento marcado de la psique que puede evolucionar hacia la plena recuperación del estado de conciencia mediante estímulos de cierta intensidad, o bien profundizarse hasta el coma (v. **conciencia**, § 3, *d*), en el cual ni siquiera estímulos muy intensos permiten una recuperación del estado de alerta.

BIBLIOGRAFÍA: Barucci, M. (1991); Bertini, M. y C. Violani (coords.) (1982); Bosinelli, M. (coord.) (1981); Cohen, D.B. (1979); Dement, W.C. (1972); Dunkell, S. (1977); Hartmann, E.L. (1973); Hess, W.R. (1954); Lugaresi, E., G. Coccagna, y P. Pazzaglia (1972); Moruzzi, G. (1975); Orem, J. y C.D. Barnes (coords.) (1980); Oswald, I. (1970); Pavlov, I.P. (1938).

dotado

v. INTELIGENCIA, § 2; PSICOPEDAGOGÍA, § 2.

Down, síndrome de (al. *Down-Syndrom*; fr. *syndrome de Down*; ingl. *Down's syndrome*; it. *sindrome di Down*)

Llamado también *mongolismo* o *trisomía 21*, el síndrome de Down, que toma el nombre de J. Langdon-Down, quien fue el primero en describirlo, en 1866, es una forma especial de retraso mental, asociado con características físicas específicas, determinado por la presencia de un cromosoma de más, por lo que el sujeto resulta tener un cariotipo de 47 cromosomas, en lugar de los 46 normales, o por un traslado por el cual el cromosoma de más del par 21 se pega a otro cromosoma. Se confirmó que la trisomía parcial, en especial de la mitad distal del brazo largo del cromosoma 21, es responsable de todas las manifestaciones clínicas (*v.* **genética**, § 2). Este síndrome se presenta con una frecuencia muy elevada: uno por cada 650 nacidos vivos, independientemente de la raza y de la extracción social, y constituye 25% de los retrasos mentales. La única constante que hasta ahora se comprobó es la edad de la madre, en el sentido de que el porcentaje de riesgo aumenta considerablemente con la edad. Las características clínicas, además del retraso mental y de malformaciones esqueléticas y vasculares, presentan rasgos físicos que determinan un aspecto típico de perfil y occipucio plano, fisuras palpebrales oblicuas, orejas malformadas, nariz pequeña y ancha, manos cortas y toscas con el quinto dedo curvado y dermatoglifias anormales. Los sujetos que alcanzan la edad adulta son fértiles. Desde el punto de vista psicológico los afectados por este síndrome

están bien dispuestos a los contactos humanos, revelan una buena capacidad imitativa, que en ocasiones da la impresión de una inteligencia superior a la real, y rara vez se revelan agresivos. Hoy es posible diagnosticar el mongolismo en los primeros meses de gestación mediante un análisis del líquido amniótico (amniocentesis). Recientemente se presentó la hipótesis de una correlación entre el mal de Alzheimer (*v.* **demencia**, § II, 2, *a*) y el síndrome de Down; sin embargo, incluso si el origen genético del primero se confirmara, la opinión mayoritaria es que resulta poco probable que los dos síndromes dependan de un único tipo de defecto genético.

BIBLIOGRAFÍA: Anderton, B.L. (1987); Collins, E.J. y R. Brinkwort (1980); Mastrojacovo, P., J.E. Rynders y G. Albertini (1981); Oliver, C. y A.J. Holland (1986).

dragón (al. *Drache*; fr. *dragon*; ingl. *dragon*; it. *drago*)

Figura primordial que aparece con frecuencia en la mitología y en las fábulas, que C.G. Jung describió como un **arquetipo** (*v.*) del inconsciente colectivo. El dragón asociado con la figura de la **Gran Madre** (*v.*), representa al guardián de los tesoros escondidos que el **héroe** (*v.*), o sea quien emprendió el camino de la **individuación** (*v.*), debe vencer para poder renacer en el seno materno del inconsciente, donde están protegidas las tendencias oscuras e indiferenciadas que el dragón representa. "Considerado como quien queda unido a la madre –escribe Jung– el héroe es el dragón; considerado como quien renace de la madre, es el vencedor del dragón" (1912-1952: 365).

BIBLIOGRAFÍA: Jung, C.G. (1912-1952); Neumann, E. (1949).

dramatización (al. *Dramatisierung*; fr. *dramatisation*; ingl. *to dramatise*; it. *drammatizzazione*)

Técnica que desarrolló J.L. Moreno en los años veinte en el ámbito del **psicodrama** (*v.*) con el fin de hacer vivir al sujeto situaciones pasadas, presentes o futuras, no solamente narrándolas, como sucede con las tradicionales técnicas psicoterapéuticas, sino representándolas para favorecer la catarsis y la toma de conciencia. La recitación permite repetir un acontecimiento pasado especialmente traumático para llegar a una conclusión menos dolorosa, así como interpretar numerosas variantes de una situación futura para prepararse a enfrentarla. Los individuos muy sensibles a las experiencias de grupo y dotados de una notable capacidad de dramatización son denominados por Moreno *dramatogénicos*.

BIBLIOGRAFÍA: Moreno, J.L. (1953).

dreamy state

Expresión inglesa comúnmente utilizada para indicar la disminución del estado de alerta que lleva la conciencia a un estado semejante al sueño, acompañado con frecuencia de alucinaciones visuales, auditivas y olfativas. Forma parte de la sintomatología de algunas formas de epilepsia, de enfermedades que interesan al lóbulo temporal, y aparece entre las consecuencias de la ingestión de alucinógenos (*v.* **droga**, § 2).

dressat

Expresión alemana comúnmente utilizada para indicar el tipo particular de **inhibición** (*v.*) para ejecutar ciertas acciones o para experimentar determinados sentimientos a causa de un rígido condicionamiento que después se transforma en un rasgo del carácter.

BIBLIOGRAFÍA: Künkel, W. (1928).

drill

Término inglés que puede sustituirse por la expresión "práctica repetitiva". Designa un adiestramiento, generalmente impuesto por un maestro, el *drill-master*, basado en la repetición sistemática de una tarea solicitada, para poder ejecutarla de manera cada vez más rápida y automática. Esa forma de aprendizaje se puede aplicar en cualquier campo y se utiliza especialmente en las actividades profesionales del sector industrial que requieren habilidades específicas.

drive

Término inglés que significa un estímulo lo bastante fuerte como para empujar al individuo hacia una acción que terminará con la reducción o la eliminación del *drive* mismo. Se distingue, en el ámbito de la teoría de la motivación, un *drive primario*, que es un estímulo, usualmente interno, que empuja al individuo a dar cierta respuesta basándose en su equipo innato, como por ejemplo los estímulos del hambre, el sueño, la sed, el sexo, y un *drive secundario*, en general aprendido, por el que un individuo terminará comiendo no sólo por hambre (*drive primario*), sino también basándose en la hora del día y en las costumbres sociales. N.F. Miller y J. Dollard hicieron amplio uso de este concepto en el estudio de las estructuras de la **personalidad** (*v.*, § 4), y J. Alcock en el estudio del comportamiento animal (*v.* **etología**, § 2).

BIBLIOGRAFÍA: Alcock, J. (1979); Miller, N.E. y J. Dollard (1941).

driving psíquico (al. *Psychischer Driving*; fr. *driving psychique*; ingl. *psychic driving*; it. *driving psichico*)

Técnica terapéutica descrita por D.E. Cameron, que prevé la repetición ininterrumpida, con el uso de una grabadora, de los contenidos mentales profundos que pueden ser sugeridos por el paciente mismo, como en el *driving autopsíquico*, o por otras personas que conocen las dinámicas psíquicas del paciente, como en el *driving heteropsíquico*.

BIBLIOGRAFÍA: Cameron, D. E. (1956).

droga (al. *Droge*; fr. *drogue*; ingl. *drug*; it. *droga*)

En el ámbito médico-farmacológico también se denomina medicamento o fármaco. El término tiene diferentes definiciones, según los criterios que se utilicen para identificarlo.

Desde el punto de vista farmacológico, el más correcto y exahustivo, la expresión "droga" se refiere a cualquier sustancia, sintética o natural, químicamente pura o no, cuya ingestión provoca una modificación de la conciencia, de la percepción y del humor. Tal definición abarca, además de las drogas consideradas ilegales y de uso controlado las bebidas alcohólicas, el café, el té, el tabaco, algunos vegetales y, naturalmente, todos los fármacos que tienen un efecto activo sobre la psique (v. **psicofarmacología**). Existen diferentes clasificaciones de las drogas; aquí utilizaremos la que redactó L. Lewin en 1927 y que actualizó H. Ey en 1979, porque hasta hoy está reconocida como la más completa y significativa.

1] ESTUPEFACIENTES Y OPIÁCEOS. Los clasificó Lewin bajo la denominación *euphorica*, que abarca el opio y sus derivados, como la morfina, la heroína, la codeína. En la misma clase se incluye los preparados sintéticos como la metadona, la meperidina y la dextromoramina. El opio se obtiene del *Papaver somniferum*, ya conocido para los sumerios y los antiguos griegos. En 1804 F.W. Sertürner, un farmacólogo alemán, aisló el constituyente activo, la *morfina*; desde 1850, con la introducción de la jeringa hipodérmica, se difundió su uso. En 1874 en Inglaterra, por medio de una modificación química, se produjo la *heroína*, que desde 1898 empezó a utilizarse para curar la morfinomanía. El uso prolongado del opio y sus derivados procura un grave estado de adicción. Existen diferentes tipos de toxicomanías opiáceas; entre las más comunes figuran las de los fumadores y los comedores de opio en Oriente y las de los morfinómanos y heroinómanos en Occidente. El cuadro clínico presenta adelgazamiento, palidez, estreñimiento, inapetencia, reducción de la libido, amenorrea, prurito, parestesias y temblores. Desde el punto de vista psicológico hay entorpecimiento, lentitud, aplanamiento de la vida afectiva, empobrecimiento de la voluntad, degradación moral y, en ocasiones, manifestaciones delirantes y alucinatorias. Los derivados del opio, y en especial la morfina, se utilizan en medicina en la terapia del dolor, porque inducen un estado de especial bienestar y serenidad. La administración se efectúa mediante inhalación, ingestión, por vía intramuscular o endovenosa. Naturalmente crea un notable estado de dependencia (v. **toxicomanía**) con crisis de **abstinencia** (v., § 3) y decaimiento psicofísico.

En el mismo grupo se encuentra la cocaína, alcaloide de la hoja de la *Erythroxylon coca*, planta originaria de las tierras altas de los Andes, que produce un efecto primario excitante y después inhibidor del sistema nervioso central; además, bloqueando la conducción nerviosa a la periferia del cuerpo, actúa como anestésico local. Si se ingiere en pequeñas dosis, por ejemplo masticando las hojas de *Erythroxylon*, la coca determina un efecto de alivio de la fatiga y aumenta la capacidad de resistencia; en dosis más elevadas produce un estado de excitación general con la sensación de incremento de las capacidades físicas y mentales, aumento del tono del humor, sentido de seguridad y bienestar. Después de pocas horas el sentido de euforia se transforma en un estado de depresión en el que el sujeto se siente cansado y abúlico. En los consumidores habituales pueden determinarse habituación y dependencia y, en algunos casos, delirios persecutorios y alucinaciones visuales y táctiles, con reacciones agresivas hacia el exterior.

2] ALUCINÓGENOS. Lewis los clasificó bajo la voz *phantastica*, y abarcan: el LSD, derivado del cornezuelo de centeno y aislado en 1930 en los laboratorios Sandoz, aunque su efecto era conocido desde siglos atrás, cuando la harina de centeno, usada para panificar, se contaminaba con centeno infectado; la *psilocibina*, elemento de un grupo de hongos de la familia de las *Agaricacee* que crecen en México; la *mescalina*, que se encuentra en el cactus peyote. Estas sustancias vegetales y sintéticas tienen una estructura química diferente pero la capacidad común de provocar en el hombre una modificación del estado de conciencia, con alteraciones perceptivas, del humor y, en la mayor parte de los casos, alucinaciones. Respecto a los efectos específicos que determinan, los alucinógenos también se llaman *psicotomiméticos*, pues su ingestión produce un estado transitorio que tiene muchos puntos en común con la psicosis; *phantastica*, porque provocan fuertes experiencias en el campo de la fantasía, *psicodélicos* porque determinan el aumento del campo de la conciencia. En términos de su estructura química los alucinógenos muestran semejanza con algunas sustancias presentes en el organismo humano; el LSD y la psilocibina son análogos a la serotonina, un neurotransmisor del sistema nervioso central, mientras la mescalina es afín a dos transmisores cerebrales, la dopamina y la noradrenalina. Los alucinógenos no provocan dependencia física, ni habituación o crisis de abstinencia, pero pueden producir dependencia psíquica.

El *uso* de los alucinógenos se puede encontrar en la historia de muchas culturas, en las que tales sustancias estaban –y están todavía, en algunos casos–, presentes en los rituales mágico-religiosos y en las prácticas propiciatorias o curativas de América del Sur, Asia y África, o en los rituales chamánicos de los países nórdicos. Numerosos son los estudios científicos sobre los alucinógenos que, partiendo de la hipótesis de una semejanza entre la "psicosis experimental" que éstos producen y las verdaderas psicosis, tratan de encontrar en los mecanismos de acción de las sustancias psicotomiméticas un modelo etiológico de la esquizofrenia. La supuesta correlación ya se desmintió, pues se observó que la naturaleza y las características del síndrome que provocan los alucinógenos dependen en gran medida de la personalidad de quien los usa, más que de la estructura química de la droga.

Los *efectos* de los alucinógenos están determinados por una serie de variables, como la dosis ingerida, el tipo de molécula, las condiciones psíquicas generales y coyunturales del individuo, como el tono del humor, las expectativas y el contexto ambiental y de relaciones en el que el sujeto vive. Los efectos que más frecuentemente se manifiestan son: *a*] en *dosis muy bajas* los alucinógenos provocan un aumento del tono del humor, por lo que, en ocasiones, se han usado en la terapia con pacientes depresivos; *b*] en *dosis medias* determinan una alteración del estado de conciencia, con modificaciones de la percepción, sobre todo visual, ilusiones, alucinaciones, intensificación de la percepción del color, distorsiones del sentido del tiempo y del espacio, trastornos del lenguaje y del esquema corporal. Las transformaciones del mundo externo van acompañados por transformaciones internas que pueden generar sensaciones de omnipotencia o dependencia, de extrema lucidez intelectual, como también la

aparición de recuerdos correspondientes a la primerísima infancia, fantasías y sentimientos de gran riqueza y expresividad emotiva. Son frecuentes las experiencias cósmico-místicas acompañadas de estados de iluminación o de identificación con uno o más objetos. La disposición interior del sujeto determina los contenidos de tales experiencias y el carácter agradable o angustiante con que los vive. Generalmente en este nivel el individuo mantiene la conciencia de que las distorsiones sensoriales las provoca la sustancia ingerida; *c*] en *dosis elevadas* las modificaciones son aún más intensas, se verifican vivencias de despersonalización (*v.* **persona**, § 1) y desorientación espaciotemporal en las que muchas veces el sujeto no es capaz de reconocer el carácter inducido. En algunos individuos se observaron reacciones de tipo psicótico, caracterizadas por ideas delirantes de carácter paranoico y estados ansioso-depresivos con tendencia al suicidio; además ciertos sujetos desarrollaron síndromes esquizofrénicos agudos con duración de algunos días o semanas. La peligrosidad de los alucinógenos radica, según L. Cancrini, en su capacidad de actuar sobre las defensas del yo, determinando la reaparición de conflictos reprimidos que la persona con un equilibrio psíquico insuficiente no es capaz de elaborar adecuadamente.

Se encuentran en el grupo *phantastica* también los derivados de la *Cannabis sativa*, entre los que se cuentan, además del *hachís* y la *marihuana*, más conocidos en Occidente, el *kif* de los países árabes, el *ganja* de la India y el *quira* del norte de África. En general se considera que el uso esporádico de tales sustancias no altera la estructura básica de la personalidad sino más bien algunas percepciones sensoriales, las referencias espaciotemporales y también el comportamiento exterior, favoreciendo por lo general la supresión de las inhibiciones e intensificando algunos rasgos del carácter. En ciertos casos, sobre todo por su uso prolongado y excesivo o por una condición psicológica especialmente precaria del individuo, pueden verificarse crisis de excitación motriz, ataques de angustia, fantasías depresivas, rara vez desorganizaciones del pensamiento y alucinaciones. El hachís y los otros derivados no inducen dependencia física, por lo que la suspensión de su uso no provoca crisis de abstinencia. La nocividad psicofísica de tales sustancias es evidentemente proporcional al nivel de ingestión, por lo que se considera que los riesgos vinculados con el uso esporádico son modestos y comparables a los de otras drogas consideradas legales, como el alcohol y el tabaco. El uso frecuente produce una cierta dependencia psicológica, mientras la hipótesis de la escalada, según la cual el uso de tales productos lleva progresivamente a la ingestión de drogas "pesadas", sobre todo la heroína, no se ha confirmado.

3] EMBRIAGANTES. Este grupo abarca el alcohol etílico, el éter, el cloroformo, la gasolina, el protóxido de nitrógeno, los pegamentos, el solvente para barnices, cuyo efecto se obtiene por inhalación. El alcohol etílico, producto de la fermentación de la fruta, es la sustancia que se conoció más antiguamente por sus efectos embriagantes. La destilación la introdujeron en Europa los árabes, quienes inventaron el alambique, y para los cuales el alcohol es una sustancia prohibida. Acerca de los efectos que se derivan de su ingestión véase la voz **alcoholismo**.

4] HIPNÓTICOS Y SEDANTES. Este grupo abarca los barbitúricos, el hidrato de cloral, los bromuros y las benzodiacepinas de las que se obtienen el Tavor, el Valium, el Rohypnol, el Ansiolín, producidos por síntesis para sustituir al éter como sedante. Utilizados como depresores del sistema nervioso, cuando se consumen con bebidas alcohólicas producen una sinergia, por efecto de la mezcla de las dos sustancias, que proporciona sensaciones no diferentes a las de la heroína. Estos productos desarrollan **tolerancia** (v.) y, si su ingestión fue abundante y prolongada, la interrupción puede provocar delirios y convulsiones.

5] EXCITANTES. Lewin los clasificó en el grupo de los *excitantia*. Abarcan sustancias de uso cotidiano, cuyo abuso, así como el del alcohol etílico, es socialmente aceptado: *café, té, alcanfor, tabaco*. En este grupo también se encuentran las *anfetaminas*, como la bencedrina, la pervitina, el maxitón y la metedrina, que tienen propiedades estimulantes de la actividad física y psíquica. Cuando se sintetizaron en el laboratorio, en 1920, las anfetaminas servían como constrictores de las mucosas y se vendían como productos para el resfriado, pero rápidamente se hicieron evidentes sus cualidades excitantes sobre el sistema nervioso central, en el que determinan un estado de hiperactividad, resistencia a la fatiga, seguridad, irritabilidad, insomnio, anorexia y taquicardia. La anfetamina provoca hábito y dependencia física y psíquica. El uso esporádico permite un trabajo mental prolongado, no necesariamente mejor, y una mayor capacidad para soportar la fatiga física. La farmacodependencia provoca insomnio, anorexia y adelgazamiento, mientras la suspensión determina depresión, astenia, hipersomnia. En la **toxicomanía** (v.), además del decaimiento físico y de las reacciones de ansiedad e inseguridad debidas a la abstinencia del fármaco, con cierta frecuencia se presentan crisis psicóticas idénticas a las de la esquizofrenia, con delirios de persecución, alucinaciones visuales y auditivas, que en general desaparecen unos días después de la suspensión del fármaco.

La mayor parte de las drogas provoca en el sujeto fenómenos de *dependencia*, es decir la necesidad de ingerir la sustancia por el bienestar que ésta induce y, después, para aliviar el sufrimiento causado por la abstinencia, y de *hábito*, que implica la tendencia a aumentar las dosis para mantener los efectos (v. **toxicomanía**). El alcance de la dependencia y la capacidad para interrumpir el hábito están en relación tanto con la naturaleza de la sustancia utilizada, como con la personalidad del individuo, la situación emotiva vigente y su condición social. El uso de las drogas por parte de un sujeto o de un grupo está íntimamente vinculado al significado individual y colectivo que se les atribuye a tales sustancias. De esta manera, mientras en las sociedades occidentales la naturaleza de las drogas utilizadas y la modalidad con la que se ingieren llevan generalmente a los mecanismos patológicos de la toxicomanía, en algunas poblaciones el uso de drogas, generalmente alucinógenas, constituye un fenómeno ritual, con implicaciones religiosas, que forman parte de la cultura misma.

BIBLIOGRAFÍA: Autores varios (1963); Abramson, H.A. (1967); Arnao, G. (1976); Arnao, G. (1979); Arnao, G. (1983); Benjamin, W. (1975); Blumir, G. y M. Rusconi (1976); Blumir, G. (1980); Cancrini, L. (coord.) (1972); Cancrini, L. (1980); Cancrini, L., M. Madagoli-Togliatti y G.P. Meucci (1977); Castaneda, C. (1968); Ciapanna, C. (1979); Commission of Inquiry into the Non-Medical use of

Drugs (1973); Deropp, S. (1980); Glatt, M.M. (1974); Hoffer, A. y H. Osmond (1967); Huxley, A. (1954); Josuttis, N. y H. Leuner (1972); Lamour, C. y M.R. Lamberti (1972); Levine, J. (1969); Lewin, L. (1927); Organización Mundial de la Salud (OSM) (1971); Rigliano, P. (1991); Rubin, V. (coord.) (1975); Szasz, T.S. (1974); Zoja, L. (1985).

dromofobia (al. *Dromophobie*; fr. *dromophobie*; ingl. *dromophobia*; it. *dromofobia*)

Llamada también *odofobia*, la dromofobia es el miedo inmotivado y la aversión a caminar y viajar. Afín a la **agorafobia** (*v.*), en las formas más acentuadas impide a quien la sufre salir de su casa.

dromomanía (al. *Wandertrieb*; fr. *dromomanie*; ingl. *domomania*; it. *dromomania*)

Llamada también *poriomanía, nomadismo* o *neurosis de vagabundeo*, la dromomanía se manifiesta como una necesidad insoportable de huir de la morada habitual o como una incontenible tendencia a vagar de un lugar a otro, con fugas imprevistas que en general se producen sin una relación suficientemente comprensible con la situación que las precede, sin ningún plan ni meta prestablecida. Cuando no se trata de una reacción a estados de **disforia** (*v.*) desencadenados por circunstancias externas, la dromomanía se interpreta como una intención de fuga de la propia angustia, de las voces, como en los casos de esquizofrenia, o del tormento generado por la sensación de persecución, como en los casos de paranoia. En el entorno clínico L.S. Selling observó que "el nomadismo con frecuencia acompaña estados psicóticos, mientras en los niños se presenta muchas veces como secuela de una encefalitis epidémica o de un trauma cerebral de parto". Desde el punto de vista simbólico la oposición a vivir establemente en un lugar puede indicar una idiosincrasia respecto a numerosos y decisivos significados existenciales vinculados a la figura del habitar, de la casa y de la morada.

BIBLIOGRAFÍA: Selling, L. S. (1947).

drop-out

El término se refiere a quien se sale de los modelos de comportamiento de la sociedad a la que pertenece, como los individuos que eligen interrumpir una ocupación socialmente aprobada para "viajar por el mundo" o para dedicarse a formas de agricultura de subsistencia o actividades artesanales, pero también para quien se margina en el mundo de la droga o en los vericuetos de las subculturas. En el ámbito educativo el término se refiere a los estudiantes que abandonan la escuela antes de haber completado un curso o alcanzado la titulación, mientras en el psicoterapéutico denomina a los pacientes que interrumpen el tratamiento sin haberse puesto de acuerdo con el terapeuta. En la base de estos comportamientos se puede interpretar un deseo de autenticidad o de transformación, puesto en escena (*v*, **actuación**) con la interrupción de cualquier acción socialmente aprobada y compartida en el nivel de las conductas medias.

DSM (*Diagnostic and statistical manual*)
v. DIAGNÓSTICO, § 4.

dualismo cartesiano
v. DUALISMO PSICOFÍSICO.

dualismo psicofísico (al. *Psychophysischer Dualismus*; fr. *dualisme psychophysique*; ingl. *psychophysical dualism*; it. *dualismo psicofisico*)

Separación entre alma y cuerpo introducido por R. Descartes al efectuar una diferenciación entre *res cogitans* y *res extensa*, es decir entre *sustancia pensante*, en cuyas meditaciones existe todo posible sentido del mundo y de cada yo personal y subjetivo que habita en el mundo, y *sustancia extensa* que, por sus características, es medible y cuantificable y, por lo tanto, interpretable con base en las leyes físicas que regulan la superficie y el movimiento. Como *res extensa* se debe considerar también el cuerpo humano interpretado como un conjunto de procesos en tercera persona: la vista, el oído, el tacto, la motricidad, para cada uno de los cuales está previsto un órgano, una causa y una ciencia específicos. Escribe Descartes: "¿Pero qué soy yo? Una cosa que piensa. ¿Y qué cosa es una cosa que piensa? Es una cosa que duda, que concibe, que afirma, que niega, que quiere, que no quiere, que también imagina, y que siente [...] y como ahora sé que nosotros no concebimos los cuerpos si no es por medio de la facultad de entender qué hay en nosotros, y no por la imaginación, ni por los sentidos; y que no los conocemos por el hecho que los vemos o los tocamos, sino solamente por el hecho de que los concebimos por medio del pensamiento, conozco evidentemente que no hay nada que me sea más fácil conocer que mi espíritu" (1641: 208-214).

El dualismo cartesiano sentó las bases para el nacimiento de la ciencia exacta, que se propone conocer a partir de consideraciones objetivas manifestables en la forma de la exactitud matemática. Pero precisamente aquí la psicología se encuentra en una contradicción insuperable porque, si la ciencia puede nacer sólo en presencia de un *cogito* despsicologizado, si la no interferencia de lo psíquico es la primera condición para la producción de un discurso científico, si la subjetividad empírica e individual es aquello que no debe intervenir si el análisis pretende ser objetivo, ¿cómo puede la psicología producirse como ciencia sin abolirse?

Alrededor de esta problemática señalamos las dos principales intervenciones. La primera en el *campo filosófico* con E. Husserl, para quien "es necesario ilustrar y evitar los errores seductores en los que cayeron Descartes y sus sucesores" (1931: 6). Se trata de la respuesta *fenomenológica*, que anticipó F. Brentano (*v.* **acto**, § 1), retomó M. Heidegger, desarrolló J.-P. Sartre y expresaron concretamente M. Merleau-Ponty y L. Binswanger, para quien "la división del hombre en alma (*res cogitans*) y cuerpo (*res extensa*) es el cáncer de toda psicología" (1946: 22), pues excluye la posibilidad de que se ubique como una ciencia exacta porque no se puede objetivar la subjetividad, que es la referencia específica de este ámbito disciplinario. La segunda respuesta la dio en el *campo psicológico* C.G. Jung, para quien "la distinción entre alma y cuerpo es una operación artificial, una discri-

minación que indudablemente se basa no tanto en la naturaleza de las cosas cuanto en su elemento peculiar de la actividad cognoscitiva del intelecto humano" (1921: 527). En el plano epistemológico se deriva, según opinión de Jung, que "la psicología debe abolirse como ciencia, y precisamente aboliéndose alcanza su finalidad científica. Cualquier otra ciencia tiene un 'fuera' de sí misma; pero no la psicología, cuyo objetivo es el sujeto de toda ciencia en general" (1947-1954: 240).

El dualismo cartesiano no sólo enfrentó objeciones radicales por parte de la **fenomenología** (*v.*) y de la **psicología analítica** (*v.*), sino que tuvo una aceptación bastante explícita en los supuestos teóricos del psicoanálisis freudiano (*v.* **aparato psíquico**), y un desarrollo en el ámbito del materialismo científico y del comportamiento lógico (*v.* **fisicalismo**).

BIBLIOGRAFÍA: Binswanger, L. (1946); Bunge, M. (1980); Campbell, K. (1970); Descartes, R. (1641); Eccles, J. (1982); Freud, S. (1915); Galimberti, U. (1979); Gava, G. (1977); Husserl, E. (1931); Jung, C.G. (1921); Jung, C.G. (1947-1954); Merleau-Ponty, M. (1945); Moravia, S. (1986); Sartre, J.-P. (1943); Wittgenstein, L. (1980).

dualismo psíquico
v. DESDOBLAMIENTO DE LA PERSONALIDAD; ESCISIÓN, § I, 2.

duda (al. *Zweifel*; fr. *doute*; ingl. *doubt*; it. *dubbio*)

Condición de incertidumbre que hace momentáneamente imposible cualquier toma de posición en el plano del conocimiento y de la acción.

1] PSICOANÁLISIS. S. Freud, quien tomó en consideración sobre todo la duda forzosa y obsesiva, descubre en esta figura una sexualización del pensamiento, en la que se manifiesta el conflicto no resuelto entre masculinidad y feminidad (*v.* **bisexualidad**) y la **ambivalencia** (*v.*, § 2) de amor y odio: "La duda corresponde a la percepción interna de la irresolución que se apodera del enfermo a raíz de todos sus actos deliberados, como consecuencia de la inhibición del amor por el odio. Es, en verdad, una duda en cuanto al amor, que debería ser lo más cierto subjetivamente; esa duda se ha difundido a todo lo demás y se ha desplazado con preferencia a lo ínfimo más indiferente. Quien duda en cuanto a su amor, ¿no puede, no debe, dudar de todo lo otro, de menor valía?" (1909 [1976: 188]).

2] PSICOLOGÍA ANALÍTICA. Para C.G. Jung la duda, que no se considera desde el punto de vista patológico, se interpreta como origen de la conciencia, como lo que la abre. A partir de la afinidad etimológica de "duda" y "doble" (en alemán: Zweifel y Zwei), Jung considera que "la duda manifiesta la escisión de la unidad original, revelando el doble aspecto de las cosas (ambivalencia)", que al respecto no aparecen como un todo positivo o un todo negativo, sino como participantes de la omnipresente dualidad del bien y del mal entre los cuales es necesario elegir. "Con la duda, por lo tanto, tiene lugar un desarrollo irreversible, un proceso de autonomía de la conciencia humana" (1942-1948: 137-138) que escapa de esa inconciencia acrítica que es típica de la identidad opaca, no recorrida por la doble duda.

3] PSIQUIATRÍA. En este ámbito la nomenclatura psiquiátrica de la escuela francesa introdujo la expresión "locura de la duda" (folie du doute), hoy clasificada entre las neurosis de base obsesiva-coaccionada, caracterizada por la presencia exasperante de dudas persistentes y repetitivas que alimentan la exigencia de continuas comprobaciones y controles, incluso sabiendo que son inútiles. La duda puede referirse al mundo externo con continuas comprobaciones de todas las acciones que se cumplen, o a la propia interioridad, con comprobaciones automáticas de las capacidades mnemónicas, aritméticas o cognoscitivas.

BIBLIOGRAFÍA: Bleuler, E. (1911-1960); Freud, S. (1909); Jung, C.G. (1942-1948).

duelo (al. *Trauer*; fr. *deuil*; ingl. *mourning*; it. *lutto*)

Estado psicológico consecuente a la pérdida de un objeto significativo que formaba parte integrante de la existencia. La pérdida puede ser de un objeto externo, como la muerte de una persona, la separación geográfica, el abandono de un lugar, o interno, como la desaparición de una perspectiva, la pérdida de la propia imagen social, un fracaso personal y semejantes. Del duelo, que siempre entraña una identificación con el objeto perdido, se sale mediante un proceso de elaboración psíquica, o "trabajo del duelo" como dice S. Freud, que prevé una fase de *negación*, en la que el sujeto rechaza la idea de que la pérdida haya sucedido; una fase de *aceptación*, en la que se admite la pérdida, y una fase de *separación* del objeto perdido con reinvestimiento hacia otros objetos de la libido que está ligada al objeto. El trabajo del duelo requiere cierto tiempo para retirar los investimientos libidinales, y la humanidad siempre ha utilizado este tiempo en ceremonias y prácticas rituales. Una interrupción en el trabajo del duelo lleva a la melancolía, que surge cuando el sujeto siente el objeto perdido como una parte ineliminable de sí, del cual no se puede separar más que separándose de sí mismo. En este caso el dolor del duelo, de normal, se vuelve patológico.

BIBLIOGRAFÍA: De Martino, E. (1958); Freud, S. (1912-1913); Freud, S. (1915).

duración (al. *Dauer*; fr. *durée*; ingl. *duration*; it. *durata*)

En psicología el término se utiliza para referirse a la percepción individual del tiempo, en cuanto experiencia subjetiva e inmediata. En este ámbito se distingue una *duración subjetiva* que varía de un individuo a otro, sin coincidir nunca con la duración objetiva, y una *duración perceptible*, decidida en el umbral por debajo del cual dos acontecimientos sucesivos son percibidos como simultáneos. El concepto de duración lo introdujo H. Bergson y encontró sus aplicaciones en psicopatología en la obra de E. Minkowski, quien lo empleó para explicar los estados psicológicos de la "actividad" contrapuesta a la "espera", y del "deseo" contrapuesto a la "esperanza", además de todos los estados psicopatológicos que se pueden explicar con las alteraciones del tiempo vivido (v. **tiempo**, § I, 4, *b*, II, 3).

BIBLIOGRAFÍA: Bergson, H. (1922); Minkowski, E. (1933); Minkowski, E. (1953).

durchgangsyndrome
v. CONCIENCIA, § 3, *c.*

Düss-test
v. CUENTO.

dynamism

Es la unidad más pequeña en el esquema de la estructura de la personalidad. Con H.S. Sullivan, para quien la personalidad es una entidad puramente hipotética que no se puede observar prescindiendo de las situaciones interpersonales, el *dynamism* es "el esquema relativamente persistente de transformaciones energéticas (equivalentes a formas de conducta) que caracterizan al organismo en su existencia como organismo viviente" (1953: 53). Entre los *dynamisms* que tienden a satisfacer las necesidades fundamentales del individuo el más importante es el *dynamism of self*, que consiste en la adopción de diferentes tipos de medidas protectivas y de controles en la conducta propia. El *dynamism of self* originalmente transmitido por la madre, es mantenido luego por las amenazas personales que el individuo advierte alrededor de sí.

BIBLIOGRAFÍA: Cesa-Bianchi, M. (1962); Sullivan, H.S. (1953).

EAF (esquema de acción física)
v. ETOLOGÍA.

eautoscopía
v. AUTOSCOPÍA.

Ebbinghaus, ilusión de
v. ILUSIÓN, § 4, *f.*

Ebbinghaus, ley de (al. *Ebbinghaus-sgesetz*; fr. *loi de Ebbinghaus*; ingl. *Ebbinghaus law*; it. *legge di Ebbing-haus*)

La ley de Ebbinghaus, formulada en 1885 basándose en un estudio experimental relativo a los procesos del aprendizaje y de la memoria, establece una relación constante entre la extensión del material por memorizar y el tiempo de aprendizaje. Para formular esta ley H. Ebbinghaus se sirvió de *sílabas sin sentido*, a fin de evitar la influencia del aprendizaje precedente que hubiera actuado en la memorización de palabras de uso común. Las sílabas aparecían una a la vez en la ventanilla de un dispositivo especial llamado *mnemómetro* y después, durante la segunda presentación de las mismas, se le pedía al individuo sometido al test adelantar uno por uno los elementos en sucesión. Los errores cometidos por el sujeto permitían trazar una curva capaz de indicar la capacidad de memorización, el grado de aprendizaje y el curso del olvido (*v.* **memoria,** § 4).

BIBLIOGRAFÍA: Ebbinghaus, H. (1885).

Ebbinghaus, octaedro de
v. COLOR, § 1

ebriedad
v. ALCOHOLISMO, § 4.

ecforia
v. MEMORIA, § 3, *d.*

eclesiógena, neurosis (al. *Ekklesioge-ne Neurose*; fr. *névrose ecclesiogénique*; ingl. *ecclesiogenic neurosis*; it. *neurosi ecclesiogene*)

Denominación reciente adoptada para los trastornos de la vida interior provocados por una educación rígida y represiva concomitante a una visión religiosa sexofóbica, como puede observarse en comunidades o sectas religiosas en las que se vuelve irreconciliable el conflicto entre mundo ideal y mundo pulsional, lo que no permite expresarse a la personalidad más que de manera obsesiva, escrupulosa y retorcida.

eclipse mental (al. *Geistesverschwin-dung*; fr. *éclipse mentale*; ingl. *mental eclipse*; it. *eclissi mentale*)

Expresión que adoptó P. Janet para indicar el *robo del pensamiento*, llamado también *noocleptia*, es decir la convicción, frecuente en los esquizofrénicos, de que les son robadas sus ideas en cuanto las conciben. El término también se utiliza en un sentido más general para referirse a los trastornos de la **conciencia** (*v.*, § 3).

BIBLIOGRAFÍA: Janet, P. (1903).

eclisis
v. CLISIS.

ecmnesia
v. MEMORIA, § 8, *c.*

ecmofobia (al. *Aikmophobie*; fr. *aich-mophobie*; ingl. *aichmophobia*; it. *aicmofobia*)

Llamada también aicmofobia, miedo a los objetos puntiagudos por el temor de poder usarlos como armas contra alguien, aunque no existe ninguna razón consciente para esta acción. El síntoma conduce con frecuencia a hábitos singulares, como comer sin cubiertos.

ecnoia (al. *Eknöe*; fr. *ecnoie*; ingl. *ecnoia*; it. *ecnoia*)

Reacción emotiva, excesivamente prolongada en el tiempo, a un sobresalto imprevisto. Es frecuente en los niños en los que se manifiesta con continuos sobresaltos, llantos prolongados y alteraciones, incluso notables, de funciones fisiológicas como el apetito, el sueño, la evacuación.

eco del pensamiento
v. ECOFENÓMENO.

ecofenómeno (al. *Echophänomen*; fr. *echophénomène*; ingl. *echophenomenon*; it. *ecofenomeno*)

Expresión que introdujo E. Kraepelin para designar todas las formas de repetición habituales, automáticas y afinalistas de palabras o frases típicas del sujeto (*autoecolalia*) o aprendidas de otros (*ecolalia*), de palabras o frases escritas (*ecografía*), de actitudes mímicas (*ecocinesis* o *ecomimia*), de movimientos propios continuamente repetidos (*autoecopraxia*), o de comportamientos de los otros (*ecopraxia* o *ecopatía*). E. Bleuler clasifica los fenómenos de eco entre las formas de **automatismo** (*v.*, § 3) que el sujeto percibe como ajenas o independientes del resto de su actividad representativa (*v.* **alóctono-autóctono**). G.W. Jacoby también introdujo en este grupo el *eco del pensamiento*, es decir la reproducción sonora de los pensamientos propios percibidos como voces externas: "Una forma especial de alucinación auditiva –escribe Jacoby– es aquella en la que las imágenes verbales acústicas del pensamiento mismo se proyectan hacia afuera de tal forma que el sujeto oye, repetida como un discurso, cualquier cosa que piense. Este eco de los pensamientos no sólo repite los pensamientos de los pacientes, sino que también preanuncia las acciones futuras" (1918: 35).

Antes de Kraepelin C.K. Wernicke, al tratar trastornos motores de los enfermos mentales, clasificaba los fenómenos de eco entre las manifestaciones que se presentan de forma estereotipada bajo la influencia, inconsciente incluso, de algunas excitaciones o estimulaciones sensoriales externas, conocidas con la denominación de verbigeraciones ansiosas. Según Kraepelin, en cambio, el fenómeno se debe a un exceso patológico de influenciabilidad, que debe incluirse entre los trastornos de la voluntad y de la acción. Por el contrario, A. Pick habla de una forma volitiva inferior, causada por una carencia de funciones jerárquicas superiores del sistema nervioso central; mientras, según E. Kretschmer, se trata de un proceso psicopatológico muy complejo originado por un recuerdo fragmentario del significado de símbolos verbales, por una extrema sugestionabilidad, por insuficiente introspección y ausencia de un poder de inhibición verbal superior. El criterio neurológico comprobó, con K. Kleist, en concomitancia con las manifestaciones de eco, lesiones en el lóbulo temporal, compresión del tronco encefálico o lesiones del tronco mismo. Los fenómenos de eco se observan en la forma catatónica de la esquizofrenia, en presencia de parálisis, encefalitis, demencia arteriosclerótica avanzada y, en ocasiones, en la epilepsia sintomática y en la histeria. Los fenómenos de eco aparecen también bajo la denominación que les asignó E. Brissaud a finales del siglo XIX con la nomenclatura elaborada a partir del prefijo *pali*- (*v.*) por lo que tendremos "paligrafía", "palilalia", "palikinesis" y semejantes.

BIBLIOGRAFÍA: Bleuler, E. (1911-1960); Bostroem, A. (1928); Brissaud, E. (1899); Jacoby, G.W. (1918); Kleist, K. (1934); Kraepelin, E. (1883); Kretschmer, E. (1922); Pick, A. (1921); Wernicke, C.K. (1880).

ecografía

v. ECOFENÓMENO.

ecolalia

v. ECOFENÓMENO.

ecolocalización

v. DISTANCIA, § 1.

ecología (al. *Ökologie*; fr. *ecologie*; ingl. *ecology*; it. *ecologia*)

El término lo introdujo en la segunda mitad del siglo pasado E.H. Haeckel con estas palabras: "Con el término ecología entendemos la ciencia de la economía de los organismos animales. Ésta tiene la tarea de estudiar las relaciones conjuntas de los animales con su ambiente orgánico e inorgánico, y sobre todo las relaciones benignas y hostiles con los animales y las plantas con las que aquéllos se ponen en contacto directo o indirecto. [...] Esta ecología hasta ahora constituyó la parte principal de la llamada 'historia natural' en el sentido habitual de la palabra" (1870: 333). Hoy el término se entiende como el estudio de las relaciones organismo-ambiente, donde por ambiente se puede comprender el conjunto de los organismos de la misma especie (criterio *demográfico*), un conjunto de organismos de especies diferentes (criterio *biocenótico*), un único factor químico o físico (criterio *autoecológico*), o bien el ambiente en su totalidad (criterio *ecosistémico*). E.P. Odum, reuniendo estos criterios bajo un perfil estructural y funcional, llegó a esta definición: "La ecología es el estudio estructural y funcional de la naturaleza, donde por *estructura* se debe entender: *a*] la composición de la comunidad biológica; *b*] la cantidad y la distribución de los materiales abióticos; *c*] el gradiente de las variables ambientales; y por *funciones*: *a*] la entidad del flujo energético biológico que recorre el ecosistema; *b*] la entidad del reciclaje de la materia y de las sustancias nutrientes; *c*] la regulación biológica y ecológica" (1971: 108-118).

1] DEMOGRAFÍA Y BIOCENOSIS. El problema demográfico se estructuró con las reflexiones de T.R. Malthus, que hasta ahora son de gran utilidad: "Pienso que puedo presentar dos postulados. Primero: que el alimento es necesario para la existencia del ser humano. Segundo: que la atracción entre los sexos es necesaria y que será siempre más o menos tal como en la actualidad. Asumiendo como buenos tales postulados afirmo que la potencialidad de la población humana es indefinidamente más grande que la potencialidad de la tierra para producir sustento. La población, cuando no se limita, crece de forma geométrica. Los medios de subsistencia crecen sólo de forma aritmética. Un conocimiento hasta superficial de los números es suficiente para comprender la enorme diferencia entre las dos potencialidades" (1798: 12). Más allá de las críticas presentadas, hoy observamos un desarrollo divergente, o de "tijera", entre población y recursos, que replantea la importancia de la consideración del desarrollo geométrico en los sistemas biológicos.

Por encima del nivel de investigación demográfica encontramos lo que Odum define como "nivel de la *integración funcional*, con base en el cual, con el aumento de la complejidad de la estructura, se presentan características adicionales" (1971: 6). Este nivel, comúnmente denominado *biocenótico*, se estudia con conceptos unificadores, como la productividad, el flujo de energía, la diversidad, estabilidad, madurez y sucesión ecológica, que la visión evolucionista introduce también en el nivel de la comunidad y el ambiente. No sólo las especies vivientes evolucionan en millones de años, sino también la biocenosis, en decenas de siglos.

2] ECOSISTEMA. La relación organismo-ambiente, suficiente para los estudios de nivel demográfico y biocenótico, necesita la introducción de otras variante y un enriquecimiento en el nivel de *ecosistema* que se puede definir, con las palabras de F.C. Evans, en estos términos: "En sus aspectos fundamentales, un ecosistema abarca la circulación, la transformación, la acumulación de energía y de materia a través de los seres vivientes y su actividad. Fotosíntesis, descomposición, pastoreo, rapiña, parasitismo y otras relaciones simbióticas son los principales procesos biológicos responsables del transporte y el depósito de materiales y de energía; las interacciones de los organismos involucrados en estas actividades determinan el tipo de red de distribución. La cadena alimenticia es un ejemplo de ésta" (1956: 1127).

Si se recorre la escala de los niveles de organización (población, comunidad, ecosistema) se desemboca en el concepto más amplio y comprensivo usado en ecología: la *biosfera*, cuyo análisis es capaz de hacer entender ampliamente los equilibrios globales de la productividad terrestre, los ciclos biogeoquímicos y sobre todo el efecto del hombre en la naturaleza. El concepto de biosfera, de esta manera, permite pensar en los ecosistemas en escala mundial y esbozar previsiones de acuerdo con la calidad y la cantidad de la vida en la tierra. En este ámbito se encuentra la *ecología política*, orientada a identificar los errores de gestión ambiental por parte de las ideologías y del poder político que se inspiran en el desarrollo ilimitado. Aquí el discurso ecológico se entreteje con el económico para llegar a un equilibrio de costo beneficio en cada elección productiva, y con el político para las decisiones por tomar basándose en las informaciones que se dispone.

BIBLIOGRAFÍA: Carson, R. (1962); Evans, F.C. (1956); Giddens, A., C. Offe, A. Touraine y P. Ceri (1987); Goldsmith, E. y R. Allen (1972); Haeckel, E.H. (1870); Malthus, T.R. (1798); Meadows, D.H. (1972); Odum, E.P. (1971); Ricklefs, R.E., (1973); Thompson, W.I. (1987); Tibaldi, E. y A. Zullini (1985).

ecomimia
v. ECOFENÓMENO.

económico, punto de vista
v. APARATO PSÍQUICO, § 2.

ecopraxia
v. ECOFENÓMENO.

ecosistema
v. ECOLOGÍA, § 2.

ectomorfismo
v. TIPOLOGÍA, § 1, *c.*

ectoplasma
v. PARAPSICOLOGÍA, § 2.

ecuación personal (al. *Persönliche Gleichgewicht*; fr. *equation personnelle*; ingl. *personal equation*; it. *equazione personale*)

Expresión que introdujo el astrónomo F.W. Bessel para indicar las variaciones interindividuales en la valoración del tiempo, con base en la observación de las estrellas en el trabajo de diferentes astrónomos. Hoy este término se utiliza en psicología *experimental* para indicar las variaciones individuales del experimentador y del sujeto sometido a experimento, para "igualar" o corregir los resultados de una observación, y en psicología *analítica* para señalar los límites de comprensión del psicólogo que deben atribuirse a su psicología personal. Escribe C.G. Jung: "La ecuación personal entra en acción desde el momento de la observación, ya que se ve lo que la propia individualidad permite ver" (1921: 21). Por esta razón Jung construye una **tipología** (*v.*, § 2) capaz de permitir a cada uno reconocer su propia ecuación personal: "La tipología representa un instrumento fundamental para determinar la ecuación personal del psicólogo práctico quien, mediante un exacto conocimiento de sus funciones diferenciadas y de las menos diferenciadas, puede evitar cometer muchos errores graves en la evaluación de sus pacientes" (1921: 558).

BIBLIOGRAFÍA: Jung, C.G. (1921).

edad (al. *Alter*; fr. *âge*; ingl. *age*; it. *età*)

En psicología el término es recurrente con la acepción de *edad cronológica*, que indica el período de tiempo transcurrido a partir del nacimiento del individuo. En este lapso de tiempo se distingue una primera edad (*v.* **infancia**), una edad evolutiva (*v.* **psicología de la edad evolutiva**), una madurez y una vejez, también llamada tercera edad (*v.* **psicología del envejecimiento**). En relación con la edad cronológica se evidencia una edad *mental* medida según los valores establecidos por las diferentes escalas de la inteligencia (*v.* **Binet-Si-**

mon, escala de), en las cuales el cociente de inteligencia resulta de la relación entre edad mental y edad cronológica (*v.* **inteligencia**, § 2). Junto a estos dos significados principales encontramos otros de uso común, como edad *escolar*, que corresponde al período de la enseñanza obligatoria; edad *corporal*, que puede ser superior o inferior a la media respecto a la edad cronológica; edad *social*, que mide el grado de autonomía alcanzado por el individuo y su capacidad para interrelacionarse. En todas estas definiciones hay un gran margen de relatividad, superable sólo en relación con el contexto en el que se realiza la división por edades.

edad evolutiva
v. PSICOLOGÍA DE LA EDAD EVOLUTIVA.

Edipo, complejo de (al. *Oedipuskomplex*; fr. *complexe d'Œdipe*; ingl. *Oedipus complex*; it. *complesso di Edipo*)

Estructura psíquica en la que se organizan los sentimientos amorosos y hostiles que el niño siente respecto a sus padres y de cuya superación depende, según S. Freud, el futuro perfil psicológico del sujeto. Por su importancia central en el desarrollo libidinal, Freud, además de la denominación mitológica que se refiere al *Edipo Rey* de Sófocles, agrega también la denominación de complejo nuclear (*Kernkomplex*) que, en su forma llamada *positiva*, se presenta como deseo de la muerte del progenitor del mismo sexo y deseo sexual por el progenitor de sexo opuesto, mientras en la llamada *negativa* se presenta invertido. El complejo alcanza su máximo entre los 3 y los 5 años, durante la **fase fálica** (*v.*), y su declinación señala el ingreso al período de **latencia** (*v.*). La característica de su superación decide la elección objetal en la edad adulta. Freud considera que este complejo tiene un alcance universal, y la antropología psicoanalítica se ha ocupado de encontrar las pruebas de su presencia incluso en las culturas en las que no predomina la familia conyugal (*v.* **antropología**, § 6).

Escribe Freud: "Dos factores son los culpables de esta complicación: la disposición triangular de la constelación del Edipo, y la bisexualidad constitucional del individuo. El caso del niño varón, simplificado, se plasma de la siguiente manera. En época tempranísima desarrolla una investidura de objeto hacia la madre, que tiene su punto de arranque en el pecho materno y muestra el ejemplo arquetípico de una elección de objeto según el tipo del apuntalamiento [anaclítico]; del padre, el varoncito se apodera por identificación. Ambos vínculos marchan un tiempo uno junto al otro, hasta que por el refuerzo de los deseos sexuales hacia la madre, y por la percepción de que el padre es un obstáculo para estos deseos, nace el complejo de Edipo. La identificación-padre cobra ahora una tonalidad hostil, se trueca en el deseo de eliminar al padre para sustituirlo junto a la madre. A partir de ahí, la relación con el padre es ambivalente; parece como si hubiera devenido manifiesta la ambivalencia contenida en la identificación desde el comienzo mismo. La actitud (postura) ambivalente hacia el padre, y la aspiración de objeto exclusivamente tierna hacia la madre, caracterizan, para el varoncito, el contenido del complejo de Edipo simple, positivo" (1923 [1976: 33-34]).

La declinación del complejo edípico en el niño es, para Freud, la amenaza de **castración** (*v.*) por parte del padre, que es determinante en la renuncia al objeto incestuoso. El proceso no es simétrico en los dos sexos, como lo consideraba C.G. Jung cuando conjeturó para la niña el **complejo de Electra** (*v.*). En efecto, para Freud, en el centro de la fase fálica está, tanto para el niño como para la niña, el falo, cuya pérdida es fantasmada en el niño "en calidad de castigo" y en la niña "como premisa" (1924: 184). De hecho "la niña no comprende su falta actual como un carácter sexual, sino que lo explica mediante el supuesto de que una vez poseyó un miembro igualmente grande, y después lo perdió por castración. [...] La renuncia al pene no se soportará sin un intento de resarcimiento. La muchacha se desliza –a lo largo de una ecuación simbólica, diríamos– del pene al hijo; su complejo de Edipo culmina en el deseo, alimentado por mucho tiempo, de recibir como un regalo un hijo del padre, parirle un hijo. Se tiene la impresión de que el complejo de Edipo es abandonado después poco a poco porque este deseo no se cumple nunca. Ambos deseos, el de poseer un pene y el de recibir un hijo, permanecen en lo inconciente, donde se conservan con fuerte investidura y contribuyen a preparar al ser femenino para su posterior papel sexual. [...] Pero en conjunto es preciso confesar que nuestras intelecciones de estos procesos de desarrollo que se cumplen en la niña son insatisfactorias, lagunosas y vagas" (1924 [1976: 186]).

De la resolución del complejo de Edipo dependen, para Freud: 1] la elección del objeto de amor que, después de la pubertad, cumple los investimientos que evocan las identificaciones y las amenazas inconscientemente percibidas en la época del complejo (v. **actividad-pasividad**, § 1); 2] el acceso a la genitalidad (v. **genital**, § 1), que no está garantizada por la simple maduración biológica, sino que requiere la organización de todas las pulsiones alrededor de ese "centro" que es el falo; 3] la estructuración de la personalidad y en especial de las instancias del superyó y del ideal del yo. Con este propósito Freud escribe: "La autoridad del padre, o de ambos progenitores, introyectada en el yo, forma ahí el núcleo del superyó, que toma prestada del padre su severidad, perpetúa la prohibición del incesto y, así, asegura el yo contra el retorno de la investidura libidinosa de objeto" (1924 [1976: 184]). En la niña, en cambio, "excluida la angustia de castración, está ausente también un poderoso motivo para instituir el superyó e interrumpir la organización genital infantil" (1924 [1976: 186]). La tendencia moderna del psicoanálisis es considerar el complejo de Edipo, no como la estructura primaria de la futura organización psíquica, sino como una estructura que necesita, a su vez, una interpretación en términos de conflictos anteriores a la edad edípica. En esta línea encontramos por ejemplo a M. Klein, que le atribuye fundamental importancia a los estados más precoces de la infancia, y remonta el complejo edípico a la presencia simultánea de figuras fantasmaticas "buenas" y "malas" (v. **kleiniana, teoría**, § 1).

Freud había intentado una hipótesis antropológica para sostener la universalidad del complejo edípico en *Tótem y tabú*, donde el homicidio del padre primitivo a mano de los hijos, a los que el padre había prohibido el uso de las mujeres, se considera como un momento primordial de la humanidad. Discutido y contradicho en su fundamento histórico, el mito freudiano de la horda primitiva (v. **antropología**, § 1, *a*) mantiene su validez en el nivel simbólico donde, como precisa J. Lacan, se debe interpretar, en la prohibición que obstaculiza el acceso a la satisfacción incestuosa, la instancia que vincula indisolublemente el deseo a la ley. De opinión opuesta son G. Deleuze y F. Guattari, para quienes la triangulación edípica ideada por Freud es un intento de contener la fuerza del **deseo** (v., § 6), potencialmente revolucionaria y subversiva, en el ámbito de los muros domésticos, a la que le da, para consumarse, a mamá y papá, o sueños, fantasmas y mitos, de manera que no se salga de este recinto y no se vuelva peligrosa para la sociedad.

En la vertiente antropológica las investigaciones de B. Malinowski en culturas en las que el padre carece de toda función represiva, o que ni siquiera actúa como padre porque no se le reconoce ninguna intervención en el proceso generativo, no existiría ningún complejo de Edipo, que por lo tanto sería exclusivo de la fórmula familiar monogámica que se desarrolló en Occidente. Esta hipótesis la contradijo C. Lévi-Strauss en el sentido de que, incluso donde no se encuentra un padre material, hay estructuras e instituciones organizativas en torno a la prohibición del incesto, que por lo tanto constituye la ley universal y mínima para una diferenciación entre cultura y naturaleza.

BIBLIOGRAFÍA: Ceccarelli, F. (1978); Deleuze, G. y F. Guattari (1972); Freud, S. (1912-1913); Freud, S. (1923); Freud, S. (1924); Klein, M. (1928); Lacan, J. (1960); Lévi-Strauss, C. (1947); Malinowski, B. (1927); Montefoschi, S. (1982); Propp, V.J. (1928-1946).

educación
v. PEDAGOGÍA.

EEG
v. ELECTROENCEFALOGRAFÍA.

efebofilia
v. PEDOFILIA.

efecto figural póstumo
v. ILUSIÓN, § 4, *a*.

efecto, ley del
v. APRENDIZAJE, § I, 1, 2; COMPORTAMIEN-
TO, § 4, *a*.

efector
v. AFERENTE-EFERENTE, NERVIO.

eferente, nervio
v. AFERENTE-EFERENTE, NERVIO.

eficiencia
v. RENDIMIENTO.

efidrofobia (al. *Ephidrophobie*; fr. *ephidrophobie*; ingl. *ephidrophobia*; it. *efidrofobia*)

Temor, en ocasiones inmotivado, a sudar, sobre todo en situaciones de relaciones y contactos personales.

ego
v. YO.

egocentrismo (al. *Egozentrismus*; fr.
egocentrisme; ingl. *egocentrism*; it. *egocentrismo*)

Tendencia a ponerse uno mismo en el centro
de todo acontecimiento, no por la búsqueda de una ventaja personal, como en el caso
del **egoísmo** (*v.*), y tampoco por elementos
eróticos referidos a sí mismo, como en el caso del **narcisismo** (*v.*), sino, como escribe J.
Piaget, por "una indiferenciación entre el *ego*
y el *alter*" (1947: 192). Esta condición es fisiológica en los niños, que orientan su percepción y su motricidad en un espacio, en un
tiempo y en un sistema de relaciones que no
están descentrados respecto a su individualidad. "Por mucho que pueda estar sometido a
las influencias intelectuales del ambiente –escribe Piaget– el niño las asimilaría siempre a

su manera; las deformaría sin darse cuenta,
para reducirlas a su perspectiva, por el hecho
mismo de que todavía no es capaz de distinguir su propia forma de pensar de la de los demás, faltándole toda posibilidad de coordinación y agrupación de los distintos puntos de
vista. Por lo tanto es egocéntrico porque está
privado de todo conocimiento de su propio
subjetivismo, tanto en el plano social como en
el físico" (1947: 191). Piaget también remonta
al egocentrismo esa forma de pensamiento
conocido como pensamiento intuitivo, a propósito del cual dice que "revela siempre la
existencia de un egocentrismo deformante, en
el cual toda relación depende estrictamente
de la acción del sujeto y no se descentra en un
sistema objetivo" (1947: 191).

BIBLIOGRAFÍA: Piaget, J. (1947).

egodifusión
v. PSICOLOGÍA SOCIAL, § 3, *c*.

egodistónico
v. EGOSINTÓNICO-EGODISTÓNICO.

ego-feeling
v. PSICOLOGÍA SOCIAL, § 3, *c*.

ego-identity
v. PSICOLOGÍA SOCIAL, § 3, *c*.

egoísmo (al. *Egoismus*; fr. *egoïsme*;
ingl. *selfishness*; it. *egoismo*)

Término que acuñaron los moralistas del siglo XVIII para indicar esa forma especial de
ser y de actuar adquirida por el hombre que,
escribe I. Kant, "limita todos los fines a sí
mismo y no ve nada útil más allá de lo que a
él favorece" (1798: 12). Kant distingue este
género ⌐ goísmo, llamado *moral*, del *lógico*,
por el ⁄ · el individuo no considera necesario som ꞏter su propio juicio a la evaluación
de los demás, y el *estético*, que representa la
actitud de quien no confronta su propio gusto con el de los demás. Lo elevó a categoría
absoluta M. Stirner, quien sostiene la moral

del *egoísmo*, pues cada individuo es la única realidad y el único valor. Con J.S. Mill el egoísmo se transforma en la base para una práctica altruista, porque la propia felicidad incluye siempre, de manera más o menos amplia, la tendencia hacia la felicidad de los demás. Aunque no es una categoría psicológica, la palabra egoísmo aparece en S. Freud como sinónimo de "interés del yo" (*Ichinteresse*), es decir como investimiento por parte de las pulsiones del yo antepuestas a la autoconservación del individuo cuya energía se distingue de la que favorece el **narcisismo** (*v.*, § 3) donde las que invisten al yo son las pulsiones sexuales.

BIBLIOGRAFÍA: Freud, S. (1915); Kant, I. (1798); Mill, J.S. (1843); Stirner, M. (1844).

egología (al. *Egologie*; fr. *egologie*; ingl. *egology*; it. *egologia*)

Término que introdujo E. Husserl para indicar la particular experiencia fenomenológica en la cual el yo emerge como "*datidad* original", diferente a todo lo que se refiere a los demás. El término lo utilizó S. Rado en una acepción más genérica para indicar el estudio del yo.

BIBLIOGRAFÍA: Husserl, E. (1931); Rado, S. (1956).

egomorfismo (al. *Egomorphismus*; fr. *egomorphisme*; ingl. *egomorphism*; it. *egomorfismo*)

Tendencia del individuo a percibir e interpretar la realidad de los demás sobre la base de su propia experiencia y de la estructura de su personalidad. Esta tendencia está en la base de todos los procesos proyectivos (*v.* **proyección**).

egopatía (al. *Egopathie*; fr. *egopathie*; ingl. *egopathy*; it. *egopatia*)

Actitud agresiva y hostil respecto a los demás debida a una sobrevaloración de sí. Es frecuente en las personalidades psicopáticas (*v.* **psicopatía**) que, mediante la hostilidad y la agresión, se reafirman en su propia fuerza y virilidad.

egosintónico-egodistónico (al. *Egosyntonik-Egodystonik*; fr. *egosyntonique-egodystonique*; ingl. *egosyntonic-egodystonic*; it. *egosintonico-egodistonico*)

Par de términos que se refieren a la compatibilidad (egosintónico) o incompatibilidad (egodistónico) de ideas o pulsiones con los ideales del yo y con el concepto que el sujeto tiene de sí. Se deriva una actitud que en un caso es de aceptación, y en el otro de conflictividad.

egotismo (al. *Egotismus*; fr. *egotisme*; ingl. *egotism*; it. *egotismo*)

Hipervaloración de sí y de las propias prerrogativas que induce al sujeto a hablar continuamente de él mismo y de las vicisitudes de su vida como las únicas que tienen un valor significativo.

Ehrenstein, ilusión de
v. ILUSIÓN, § 4, *g*.

eidetismo (al. *Eidetismus*; fr. *eidétisme*; ingl. *eidetic imagery*; it. *eidetismo*)

Fenómeno que sucede especialmente entre los niños y los jóvenes desde los seis años hasta la adolescencia, por el cual el sujeto ve, de forma viva y rica en detalles, imágenes ópticas, incluso siendo consciente de que no corresponden a una realidad presente. Este conocimiento diferencia a las imágenes eidéticas de las alucinaciones (*v.* **imagen**, § 6). E.R. Jaensch, quien estudió el fenómeno, distingue dos *tipos eidéticos*: en uno las imágenes pueden evocarse y cancelarse a voluntad; en el otro se imponen y desaparecen independientemente de la voluntad del sujeto. Con base en pruebas farmacológicas, el primer tipo se relacionó con la hipersecreción tiroidea y el segundo con la hipersecreción paratiroidea. Entre estos dos extremos Jaensch inserta los *tipos de integración* que, según la posición que ocupa su centro psíquico de gravedad, se clasifican como tipos con integración externa prevaleciente (*extraintregrados*) o con predominio de la integración interna (*intraintegrados*). A estos tipos contrapone Jaensch los *cenestésicos*, que se construyen un mundo externo subjetivo a partir de su interioridad.

BIBLIOGRAFÍA: Jaensch, E.R. (1919); Spieth, N.R. (1949).

ejecución, test de (al. *Sprachfreie Test*; fr. *test de performance*; ingl. *performance test*; it. *test di esecuzione*)

Pruebas mentales constituidas por reactivos de naturaleza práctica, como piezas para construir con cubos o para encajar, juegos de resolución empírica, como laberintos, recorridos difíciles y dibujos para completar, que verifican las habilidades de manipulación del sujeto y establecen el valor en relación con el grado de inteligencia. Se consideran test de ejecución la **escala de Alexander** (*v.*), la **escala de Arthur** (*v.*), los **cubos** (*v.*) de Kohs y de Knox, los **laberintos** (*v.*) de Porteus y la escala de **Borelli-Oléron** (*v.*).

BIBLIOGRAFÍA: Anastasi, A. (1954).

ejemplo (al. *Beispiel, Vorbild*; fr. *exemple*; ingl. *example*; it. *esempio*)

Descripción de un hecho o caso especial para ilustrar una generalidad teórica como un principio, una ley, una teoría. Con esta acepción Aristóteles introdujo la palabra como término técnico de la lógica y de la retórica, donde el ejemplo, en griego παράδειγμα, paradigma, asume el significado de "inducción retórica" (*Retorica*, II, 20) o "argumento fundado en el ejemplo" (*Analitici primi*, II, 24). En el ámbito pedagógico el ejemplo asume dos significados: el de *medio* orientado a favorecer la comprensión de los argumentos enseñados, y el de **testimonio** (*v.*) que debe dar el educador como –escribe P. Bertolini– "modelo dinámico de orientación existencial y cultural" (1988: 113). Este segundo significado se remonta a la concepción kantiana del ejemplo como modelo de comportamiento

ético-moral, cuyo valor reside en el sentido interior que es capaz de suscitar en cada uno.

BIBLIOGRAFÍA: Aristóteles (1973); Bertolini, P. (1988).

ejercicio (al. *Übung*; fr. *exercice*; ingl. *exercise*; it. *esercizio*)

Ejecución repetida de una actividad física o mental con miras a un adiestramiento, una instrucción o una formación. Con el ejercicio se alcanzan **habilidades** (*v.*) que permiten cumplir acciones con menor esfuerzo, porque han quedado impresas en las costumbres (*v.* **hábito**).

elaboración (al. *Verarbeitung*; fr. *elaboration*; ingl. *working over*; it. *elaborazione*)

Término que utiliza S. Freud en tres diferentes acepciones que tienen en común el concepto de *trabajo* aplicado a operaciones intrapsíquicas.

1] ELABORACIÓN PSÍQUICA. Trabajo realizado por el **aparato psíquico** (*v.*) con la intención de dominar las pulsiones cuya acumulación podría volverse patógena. Este trabajo consiste en integrar las pulsiones estableciendo entre ellas conexiones asociativas que permiten la gradual liquidación del trauma que, de otra manera, constituiría un "grupo psíquico separado" y, por lo tanto, potencialmente patógeno. Freud deriva el término de J.M. Charcot, quien ya había hablado de un tiempo de elaboración psíquica entre el trauma, como puede ser el duelo, y la aparición de los síntomas. Al retomar el tema Freud lo adapta a dos contextos: *a*] los casos de *histeria*, en los que el acontecimiento traumático puede ser liquidado con la **abreacción** (*v.*) o con la elaboración, que permite la integración del acontecimiento al complejo de las asociaciones; *b*] la *neurosis actual*, en la que "la tensión física crece, alcanza su valor de umbral con el que puede despertar afecto psíquico, pero por razones cualesquiera el anudamiento psíquico que se le ofrece permanece insuficiente, es imposible llegar a la formación de un *afecto sexual* porque faltan para ello las condiciones psíquicas: así, la tensión física no ligada psíquicamente se muda en ... angustia" (1892-1899 [1976: 232]). La elaboración psíquica sirve, por lo tanto, para superar el estancamiento libidinal y se sobreentiende la posibilidad de transformación de la cantidad física de energía en calidad psíquica encauzable en vías asociativas. Éste es también el trabajo de la elaboración analítica o terapéutica (*Durcharbeitung*), que presenta por ende analogías con el funcionamiento espontáneo del aparato psíquico.

2] ELABORACIÓN SECUNDARIA. Llamada en inglés *secundary revision* y en alemán *Bearbeitung*, la elaboración secundaria es un intento de hacer coherente el sueño, ya elaborado por los mecanismos de **condensación** (*v.*), **desplazamiento** (*v.*) y **representación** (*v.*), con el propósito de volverlo comprensible. La elaboración secundaria es un aspecto de la **censura** (*v.*) que interviene cuando el sujeto se acerca al estado de alerta o cuando relata el sueño creando vínculos racionales que lo vuelvan comprensible. Freud escribe: "La elaboración secundaria del producto del trabajo del sueño es un excelente ejemplo de la naturaleza y los requisitos de un sistema. Una función intelectual dentro de nosotros exige, de todo material de la percepción o del pensar del cual se apodere, unificación, trabazón e inteligibilidad, y no vacila en establecer un nexo incorrecto cuando, a causa de particulares circunstancias, no puede asir el correcto. De tales formaciones de sistema no tenemos noticia sólo por los sueños; también por las fobias, el pensar obsesivo y las formas del delirio. En las enfermedades delirantes (la paranoia) la formación de sistema es lo más llamativo y gobierna el cuadro clínico; pero tampoco se la puede ignorar en las otras variedades de neuropsicosis. En todos los casos nos resulta luego posible demostrar que ha sobrevenido un *reordenamiento* del material psíquico hacia una meta nueva; y ese reordenamiento es a menudo harto forzado a fin de que parezca concebible bajo el punto de vista del sistema" (1913 [1976: 98-99]). En este sentido la elaboración secundaria es para Freud comparable a la **racionalización** (*v.*).

3] ELABORACIÓN ANALÍTICA O TERAPÉUTICA. Llamada en inglés *working-through* y en alemán *Durcharbeitung*, la elaboración analítica es un proceso en el que el analizando asimila una interpretación moviendo un núcleo psíquico aislado en un nuevo sistema de asociaciones, sustrayéndose de esta manera a la influencia de los mecanismos repetitivos. Esta elaboración la favorece el terapeuta que, con sus interpretaciones, muestra que ciertos significados deben colocarse en contextos diferentes de aquellos en los cuales los habían colocado las resistencias del analizando. La elaboración, que es siempre tarea del analizando, no debe confundirse con la **construcción** (*v.*), que es la propuesta de elementos y temas por parte del analista en espera de una confirmación o de un rechazo por parte del analizando. La construcción por lo general se utiliza, como recuerda M. Klein, en el análisis con los niños.

BIBLIOGRAFÍA: Charcot, J.M. (1887-1889); Freud, S. (1892-1899); Freud, S. (1892-1895); Freud, S. (1899); Freud, S. (1912-1913); Freud, S. (1914); Klein, M. (1932).

elaboración del duelo
v. DUELO.

elación (al. *Elation*; fr. *elation*; ingl. *elation*; it. *elazione*)

Término utilizado en dos acepciones diferentes: 1] en el ámbito de la **psicología del sí** (*v.*, § 3, *b*) Bela Grunberger habla de ella en relación con esa vivencia de unicidad, de pacificación y de satisfacción privada de necesidades que se experimentó en el curso de la vida intrauterina y que constituye la base de la formación narcisista; 2] en el ámbito psiquiátrico D.K. Henderson y R.D. Gillespie hablaron de la elación como de un estado de felicidad, desproporcionado respecto a la situación que debería motivarlo, frecuente en los estados de **manía** (*v.*) como fase anterior a la exaltación, en la que aparecen elementos de grandiosidad y **euforia** (*v.*).

BIBLIOGRAFÍA: Grunberger, B. (1971); Henderson, D.K. y R.D. Gillespie (1972); Lewin, B.D. (1951).

elástico, tipo
v. TIPOLOGÍA, § 2.

elección (al. *Wahl*; fr. *choix*; ingl. *choice*; it. *scelta*)

Acto o secuencia de actos que conducen a preferir alguna cosa en lugar de otra. Tal acto, que tiene como su presupuesto la **libertad** (*v.*) y como su componente el **riesgo** (*v.*), se ubica entre la **deliberación** (*v.*) y la ejecución. Es asumido como fundamento de la **responsabilidad** (*v.*) individual, y con esta acepción adquiere una particular importancia en el ámbito de la **psicología forense** (*v.*). El término se utiliza como sinónimo de *decisión* (*v.*) cuando se refiere a la formulación de un juicio en relación con la ejecución o no de una acción, y de *selección* (*v.*, § 4) cuando la referencia es a los mejores elementos de una serie basándose en características medidas con criterios funcionales.

La palabra tiene además un uso específico en el ámbito psicoanalítico, donde se habla de una *elección de la neurosis* relativa a los procesos por los que, partiendo de los mismos mecanismos generales, que son la base de las formaciones neuróticas, un sujeto realiza una cierta neurosis en lugar de otra, y de una *elección de objeto*, que se refiere al tipo de persona asumida como objeto de amor. Dicha elección puede ser *anaclítica* cuando, con base en la dependencia infantil, está orientada hacia personas diferentes del sujeto que la realiza, o *narcisista* cuando se da con base en alguna semejanza real o imaginaria con el sujeto que elige (*v.* **anaclisis**, § 2). Se subrayó cierta incongruencia por parte de Freud con la adopción del término "elección" dentro de su sistema basado en un determinismo fundamental.

Electra, complejo de (al. *Elektrakomplex*; fr. *complexe d'Electre*; ingl. *Electra complex*; it. *complesso di Elettra*)

Expresión que introdujo C.G. Jung como equivalente femenino del **complejo de Edipo** (*v.*) formulado por S. Freud, para mostrar simetría en los dos sexos en la actitud relacionada con los padres. Escribe Jung: "Con los años en la niña se desarrolla la inclinación específica por el padre y la correspondiente actitud de celos hacia la madre. Esto se podría definir como el 'complejo de Electra'. Electra, como es conocido, se vengó de su madre Clitemnestra por asesinar a su marido, privando a Electra de su amado padre" (1913: 175). Freud se niega a introducir este complejo en la teoría psicanalítica: "Ya hemos discernido otra diferencia entre los sexos en su relación con el complejo de Edipo. Aquí tenemos la impresión de que nuestros enunciados sobre el complejo de Edipo sólo se adecuan en términos estrictos al niño varón, y que acertamos rechazando la designación 'complejo de Electra', que pretende destacar la analogía en la conducta de ambos sexos. El inevitable destino del vínculo de simultáneo amor a uno de los progenitores y odio al rival se establece sólo para el niño varón" (1931 [1976: 230-231]. El rechazo freudiano de la simetría de los sexos depende de su incompatibilidad con las otras posiciones adoptadas por Freud acerca de la sexualidad infantil, específicamente los diferentes efectos del complejo de **castración** (*v.*) para cada sexo, la importancia del vínculo preedípico de la niña hacia la madre y la prevalencia del falo para ambos sexos.

BIBLIOGRAFÍA: Freud, S. (1931); Jung, C.G. (1913).

electroconvulsiva, terapia
v. ELECTROSHOCK.

electroencefalografía (al. *Elektroenzephalographie*; fr. *electroencéphalographie*; ingl. *electroencephalography*; it. *elettroencefalografia*)

Técnica neurofisiológica para el registro de las corrientes eléctricas de ambos hemisferios cerebrales. Funciona mediante el *electroencefalógrafo*, un instrumento que permite la amplificación de señales cerebrales de bajo voltaje, haciéndolas legibles mediante registros gráficos que reciben el nombre de *electroencefalograma*, generalmente indicado con la sigla EEG. Así se advierten los diferentes biorritmos fisiológicos, o sea las oscilaciones de potencial eléctrico que se producen de manera continua en el nivel de la **corteza cerebral** (*v.*) y las modificaciones que experimentan por las diferentes excitaciones sensoriales, la actividad mental o algunas patologías como la **epilepsia** (*v.*), los trastornos circulatorios, los traumas, los tumores y los procesos infecciosos del sistema nervioso central.

Los *biorritmos cerebrales* se interpretan como derivados de la suma de los estados de despolarización parcial de las células corticales, además de la actividad a lo largo de los circuitos entre la corteza y las formaciones subcorticales. Dichos biorritmos se clasifican, en orden de frecuencia, en ritmo *delta*, con una frecuencia inferior a 4 Hz, *theta*, de 4 a 7 Hz, *alfa*, de 8 a 13 Hz, y *beta*, de 14 a 24 Hz. El ritmo alfa es la forma más común de actividad, y se la registra aplicando en el cuero cabelludo de 20 a 30 electrodos dispuestos en series lineales transversales y longitudinales, en condiciones de reposo y con los ojos cerrados. Este ritmo, registrable prevalecientemente en las regiones posteriores del cerebro, se bloquea al abrir los ojos (*reacción de detención*), y es sustituido por ondas más frecuentes y de amplitud mucho menor (*desincronización*). Si se pasa de un estado de reposo en vigilia a condiciones de descanso todavía mayores, hasta llegar al **sueño** (*v.*, § 1) profundo, el cuadro electroencefalográfico cambia por fases características hasta estar dominado por ondas sincrónicas *delta*, de frecuencia inferior y de voltaje mayor al ritmo *alfa*. El trazado EEG, en combinación con el registro de rápidos movimientos oculares, permite identificar los períodos en que se presentan sueños. Encontrar una desincronización simultánea de las ondas en amplias regiones de la superficie cerebral, después de la estimulación de cualquier sistema aferente, sugiere la existencia de un único dinamismo central regulador del nivel global de la actividad cortical.

electroencefalograma
v. ELECTROENCEFALOGRAFÍA.

electroestimulación (al. *Elektroreizung*; fr. *electrostimulation*; ingl. *electrostimulation*; it. *elettrostimulazione*)

Técnica de descondicionamiento utilizada en la **terapia conductista** (*v.*, § 5, *b*) asociando al comportamiento indeseable descargas eléctricas que inducen la aversión hasta la extinción de la respuesta inadecuada.

electromiografía (al. *Elektromyographie*; fr. *electromyographie*; ingl. *electromyography*; it. *elettromiografia*)

Técnica neurofisiológica encargada del registro de las corrientes eléctricas que acompañan la actividad muscular, sede de una actividad tónica que a cada instante asegura la tensión, adaptándola a las fases sucesivas del movimiento por una acomodación plástica de la musculatura. El registro de los potenciales de acción muscular, PAM por su sigla, se obtiene mediante electrodos de superficie o cutáneos que reciben la actividad eléctrica de las fibras musculares subyacentes, permitiendo distinguir tres estados de contracción (débil, media, máxima) a los que corresponden tres diferentes tipos de trazado electromiográfico. Las investigaciones electromiográficas han revelado los efectos *facilitadores* o *inhibidores* de la tensión muscular en diferentes tipos de actividad, y los efectos *gradientes*, que dependen de la interrelación existente entre tensión muscular y actividad mental o estados afectivos. Al respecto se ha comprobado que la actividad eléctrica muscular puede relacionarse con éxitos o fracasos en la ejecución de una tarea, con gratificaciones (incentivos) o frustraciones (castigos), y con los elementos instintivos o afectivos del comportamiento, relativamente independientes de las características específicas del tipo de ejecución solicitada, y más ligados a las características de la personalidad del sujeto.

electromotriz, área
v. CORTEZA CEREBRAL, § 1.

electronarcosis
v. ELECTROSHOCK.

electroshock o electrochoque (al. *Elektroshock*; fr. *electrochoc*; ingl. *electro-shock*; it. *elettroshock*)

Terapia electroconvulsiva (*v.* **convulsiva, terapia**) caracterizada por el pasaje de breve duración (de 0.1 a 0.8 segundos) de corriente eléctrica alterna con un voltaje que va de entre 110 a 140 volts, mediante dos electrodos puestos simétricamente en la piel de las regiones frontotemporales (electroshock *bilateral*) o bien mediante un electrodo en el vértice de la caja craneana y uno en la región temporal (electroshock *unilateral*). Una variante del electroshock (ES) es la *electronarcosis* (EN), que difiere por las modalidades de administración de la corriente y por su voltaje. El electroshock generalmente se practica dos o tres veces a la semana, con narcosis previa, hasta un total de 8 a 12 aplicaciones. El empleo de esta terapia, que ha ido disminuyendo por las críticas sobre la legitimidad del usar un instrumento mecánico para curar trastornos psíquicos, por la indeterminación de sus modalidades de acción y por sus efectos a largo plazo, se encuentra indicado para las *depresiones endógenas*, en las que se registra el máximo de eficacia; para las *interrupciones psicomotrices* y para casos de *esquizofrenia catatónica*. Las contraindicaciones hacen referencia a los daños miocárdicos, las vasculopatías cerebrales y los trastornos de la memoria especialmente para los hechos más recientes.

BIBLIOGRAFÍA: Breggin, P.R. (1979); Cerletti, U. y L. Bini (1938); Kalinowsky, L.B. (1959-1966).

elementarismo (al. *Elementarismus*; fr. *elémentarisme*; ingl. *elementarism*; it. *elementarismo*)

Orientación psicológica que inició W. Wundt y prosiguió E.B. Titchener, comúnmente reconocida como primera expresión de la psicología científica y experimental, porque adopta el modelo de la química de finales del siglo XIX con la intención de dar forma científica a descripciones que de otra manera sólo se confiarían a la intuición subjetiva. Wundt considera que los procesos mentales, al igual que las estructuras químicas, pueden resolverse en sus elementos simples o atómicos y sometidos a análisis, como sucede con los elementos químicos. Esto explica la orientación diferente de esta propuesta psicológica conocida, no sólo como elementarismo, sino también como *atomismo, estructuralismo* o *introspeccionismo*, por el método –la introspección– que

utilizó Wundt en el análisis de los datos de la conciencia, ordenados, recorriendo los procesos mentales en cuatro fases: la estimulación, la percepción que vuelve cognoscible el dato psíquico, la apercepción, que permite la identificación, y la voluntad, que provoca la reacción psíquica del sujeto. De esta forma la psicología se emancipó de la filosofía, en cuyo ámbito había crecido, para configurarse como ciencia de la procesualidad de la experiencia mediante la autoobservación y la sucesiva división de lo observado en los contenidos elementales de la conciencia, con miras al descubrimiento de las leyes que regulan su sucesión y combinación. La comprobación de que la introspección informativa es inadecuada para comprender los procesos psíquicos, pues no expresa lo que realmente sucede, sino más bien *cómo* piensa el sujeto que sucede, hizo críticas muy duras a la introspección de Wundt, sobre todo por parte del **conductismo** (*v.*), mientras la **psicología de la forma** (*v.*) rechazó el modelo de Titchener de la "estructura" mental como resultado de la suma de múltiples elementos simples, tesis que, en cambio, retomó y desarrolló el **asociacionismo** (*v.*).

BIBLIOGRAFÍA: Soro, G. (1991); Titchener, E.B. (1901-1905); Wundt, W. (1873-1874); Wundt, W. (1896).

elite (al. *Elite*; fr. *élite*; ingl. *elite*; it. *elite*)

Expresión de la lengua francesa que adoptó la sociología para indicar una minoría de individuos que poseen en forma elevada características valoradas positivamente en el ámbito económico, político o profesional. En todos los tipos de sociedad las elites se caracterizan por alta cohesión interna, constante proceso de interacción entre los individuos, extracción social común, homogeneidad de valores y de actitudes, así como determinados y constantes contactos personales, indispensables no sólo para la existencia del grupo sino para el desarrollo de sus dinámicas internas. A partir de estos rasgos se puede convenir que la idea de elite, como lo sostienen V. Pareto, G. Mosca y R. Michels, coincide con la idea de minoría política dirigente que se forma como proceso de oligarquización en toda sociedad, incluso democrática, en cuanto las minorías organizadas terminan por prevalecer sobre las mayorías desorganizadas. Al respecto Mosca escribe: "En todas las sociedades regularmente constituidas, en las cuales existe eso que se llama gobierno [...] encontramos constantemente un hecho: que los gobernantes, es decir quienes tienen en sus manos los poderes públicos y los ejercen, son siempre una minoría, y que por debajo de ellos existe una clase numerosa de personas que, sin participar realmente en grado alguno del gobierno, no hacen más que soportarlo; a ellos se los puede llamar los gobernados" (1884: 263). Por su parte Michels asocia "en la impotencia congénita de las masas la relativa necesidad de organización; pero quien dice organización dice tendencia oligárquica, porque es connatural a la naturaleza misma de la organización un elemento profundamente aristocrático. El mecanismo de la organización, mientras crea una sólida estructura, provoca en la masa organizada cambios notables, como el total vuelco de la relación del dirigente con la masa y la división de todo partido o sindicato en dos partes: una minoría que tiene la tarea de dirigir y una mayoría dirigida por la primera" (1911: 56-57).

Los aspectos de las elites más frecuentemente estudiados son el fundamento de su condición elitista, el hallazgo de su base, la acción específica desarrollada por ésta en la dinámica social, el índice de cohesión y la modalidad de resolución de los conflictos en su interior. Acerca de los procesos de formación de las elites hay dos líneas interpretativas. Una es la que encabeza Pareto, según quien la formación de una elite es "la capacidad individual en el ejercicio y en la práctica de cualquier actividad humana" (1916: 471). Estas capacidades, que hoy la sociología llama **aptitudes** (v.), son para Pareto disposiciones naturales transmitidas hereditariamente y cultivadas en el ambiente social, que ejercería influencias decisivas en la formación de las capacidades intelectuales, en la facultad de adaptación, de observación, de deducción y de reflexión. Para Michels, en cambio, la formación de las elites seguiría, *grosso modo*, tres leyes: 1] en cada órgano de una colectividad nacida por división del trabajo surge, en cuanto se consolida, un interés propio buscado en sí y por sí (tendencia oligárquica); 2] algunos estratos sociales, diferentes por las funciones que cumplen, tienden a unirse, dando origen a órganos que representan sus intereses particulares (desviación de los fines originales); 3] en la organización, un interés especial se transforma en un fin en sí mismo, con la escisión de la organización de la clase que representa (abandono del proyecto revolucionario). Para Michels las conexiones entre estos tres elementos están dadas por un falso principio de identidad (igualdad es participación) y por una inferencia indebida, en la que se oculta que "una representación perdurable significa, en todo caso, un dominio de los representantes sobre sus representados" (1911: 194).

En oposición a la visión sociológica, los historiadores consideran que el concepto de elite es ambiguo, que no se aplica a ninguna realidad histórica precisa, y que puede referirse al mismo tiempo a fuerzas sociales muy diferentes y hasta contradictorias. E. Globot sostiene que mientras no se logre definir y circunscribir una elite en términos de representación, de valores y de comportamientos comunes, las ciencias históricas no pueden utilizar este concepto. Desde luego, la definición de este concepto, que implica la revisión de las nociones de democracia, igualdad, clase y gobierno, entra en el amplio campo de la ideología y de la posibilidad de conciliarla con los parámetros de la ciencia.

BIBLIOGRAFÍA: Aron, R. (1950); Deutsch, A. (1967); Foucault, M. (1977); Goblot, E. (1925); Mannheim, K. (1929); Michels, R. (1911); Mosca, G. (1884); Pareto, V. (1916).

ello (al. *Es*; fr. *Ça*; ingl. *id*; it. *es*)

Pronombre personal neutro de tercera persona que en alemán se utiliza como sujeto de verbos impersonales, y que S. Freud encontró idóneo, igual que el pronombre latino neutro *id*, para designar el carácter no subjetivo e impersonal de las fuerzas pulsionales. Freud empleó este término a sugerencia de G. Groddeck, quien lo había utilizado para designar "esa extraña cosa por la que somos vividos" (1923: 25). El término ya lo había utilizado F. Nietzsche, y Groddeck lo aprendió de su maestro, E. Schweininger, ferviente admirador de aquél. Adoptado por Freud, el ello se vuelve, en el segundo tópico del **aparato psíquico** (*v.*, § 15), el polo pulsional de la personalidad, cuyos contenidos son en parte hereditarios e innatos, en parte reprimidos y adquiridos: "Vemos –escribe Freud– que no tenemos ningún derecho a llamar 'sistema *Icc*' al ámbito anímico ajeno al yo, pues la condición de inconciente no es un carácter exclusivamente suyo. Entonces, ya no usaremos más 'inconciente' en el sentido sistemático y daremos un nombre mejor, libre de malentendidos, a lo que hasta ahora designábamos así. Apuntalándonos en el uso idiomático de Nietzsche, y siguiendo una incitación de Georg Groddeck [1923], en lo sucesivo lo llamaremos 'el *ello*'. Este pronombre impersonal parece particularmente adecuado para expresar el principal carácter de esta provincia anímica, su ajenidad respecto del yo. Superyó, yo y ello son ahora los tres reinos, ámbitos, provincias, en que descomponemos el aparato anímico de la persona, y de cuyas relaciones recíprocas nos ocuparemos en lo que sigue" (1932 [1976: 67]).

El término ello, introducido en 1922, designa, desde el punto de vista económico, el contenedor original de la energía psíquica y, desde el punto de vista dinámico, un polo de conflicto con el yo y el superyó que, desde el punto de vista genético, son diferenciaciones del ello. En efecto, mientras en el primer tópico el inconsciente era el lugar de lo reprimido por el yo, en el segundo el ello incluye también la instancia que reprime, en el sentido de que las operaciones defensivas del yo son en gran medida inconscientes. El yo, en cierto sentido, pierde la autonomía que tenía en el primer tópico, que se basaba en la oposición entre pulsiones sexuales y pulsiones del yo, las cuales desarrollaban una función fundamental en la motivación defensiva. En el segundo tópico la oposición es entre pulsiones de vida y pulsiones de muerte (*v.* **Eros-Tánatos**), ambas inconscientes, de las que el yo toma su propia energía, ofreciéndola en forma desexualizada y sublimada. "Un individuo –escribe Freud– es ahora para nosotros un ello psíquico, no conocido (no discernido) e inconciente, sobre el cual, como una superficie, se asienta el yo, desarrollado desde el sistema *P* [preconciente] como si fuera su núcleo. [...] El yo no está separado tajantemente del ello: confluye hacia abajo con el ello. Pero también lo reprimido confluye con el ello, no es más que una parte del ello. Lo reprimido sólo es segregado tajantemente del yo por las resistencias de represión, pero puedo comunicar con el yo a través del ello" (1922 [1976: 25-26]).

La introducción de la noción de ello, con la consiguiente revisión del tópico del aparato psíquico, obliga a Freud a reexaminar también el grado de pertenencia al sistema consciente del yo y el superyó: "En la duda sobre si el yo y el superyó mismos pueden ser inconcientes o sólo despliegan efectos inconcientes, tenemos buenas razones para decidirnos en favor de la primera posibilidad. Sí; grandes sectores del yo y del superyó pueden permanecer inconcientes, son normalmente inconcientes. Esto significa que la persona no sabe nada de sus contenidos y le hace falta cierto gasto de labor para hacerlos concientes. Es correcto que no coinciden yo y conciente, por un lado, y reprimido e inconciente, por el otro. Sentimos la necesidad de revisar radicalmente nuestra actitud frente al problema de conciente-inconciente" (1932 [1976: 65]).

Con el segundo tópico, abierto con la introducción de la noción de ello, las instancias psíquicas del yo y del superyó se ven bajo un perfil *genético* (*v.* **estratos, teoría de los**) como resultado de los diferentes sistemas que Freud define a partir del ello: "un caos, una caldera llena de excitaciones borboteantes. Imaginamos que en su extremo está abierto hacia lo somático, ahí acoge dentro de sí las necesidades pulsionales que en él halla su expresión psíquica, pero no podemos decir en qué sustrato. Desde las pulsiones se llena con energía, pero no tiene ninguna organización, no concentra una voluntad global, sólo el afán de procurar satisfacción a las necesidades pulsionales con observancia del principio de placer. Las leyes del pensamiento, sobre todo el principio de contradicción, no rigen para los procesos del ello. Mociones opuestas coexisten unas junto a las otras sin cancelarse entre sí ni debitarse; [...] Dentro del ello no se encuentra nada que corresponda a la representación del tiempo, [...] Mociones de deseo que nunca han salido del ello, pero también impresiones que fueron hundidas en el ello por vía de represión, son virtualmente inmortales, se comportan durante décadas como si fueran acontecimientos nuevos. Sólo es posible discernirlas como pasado, desvalorizarlas y quitarles su investidura energética cuando han devenido concientes por medio del trabajo analítico" (1932 [1976: 68-69]).

BIBLIOGRAFÍA: Freud, S. (1922); Freud, S. (1932); Freud, S. y G. Groddeck (1973); Groddeck, G. (1923); Groddeck, G. (1933).

elogio (al. *Lob*; fr. *éloge*; ingl. *praise*; it. *lode*)

Aprobación de una persona, de su trabajo o de su comportamiento. En psicología se utiliza en los métodos de manipulación del comportamiento, en los que actúa como elemento de refuerzo (*v.* **aprendizaje,** § I, 1, 2).

elozoísmo
v. PANPSIQUISMO.

Elpenor, síndrome de (al. *Elpenoresyndrom*; fr. *syndrome d'Elpenore*; ingl. *Elpenore's syndrome*; it. *sindrome di Elpenore*)

Clasificado entre los trastornos del estado de **conciencia** (*v.*, § 3), el síndrome de Elpenor (del nombre del mítico marino Elpenor que, enviado por Ulises a explorar la isla de los Lotófagos, quedó en un estado de inconsciencia feliz después de haber comido uno de los frutos del loto), se manifiesta como un estado crepuscular, caracterizado por la restricción del campo completo de la conciencia y por desorientación espaciotemporal (*v.* **conciencia,** § 3).

emancipación (al. *Emanzipation*; fr. *emancipation*; ingl. *emancipation*; it. *emancipazione*)

El término, nacido en el ámbito jurídico para referirse al joven que al alcanzar la mayoría de edad se libera de la patria potestad, es utilizado por las ciencias psicológicas y sociológicas para referirse a esfuerzos, intenciones, movimientos, individuales o de grupo, que tienden a reducir la dependencia del individuo para adquirir una **autonomía** (*v.*) específica.

embarazo
v. GRAVIDEZ.

embolofrasia
v. EMBOLOLALIA.

embololalia (al. *Lieblingswort*; fr. *embololalie*; ingl. *embololalia*; it. *embololalia*)

Intercalación repetida en la estructura del discurso que cumple con la función de relleno, de superación de un obstáculo o una incertidumbre. Frecuente en la tartamudez, la embololalia se acentúa en condiciones de estrés emotivo y de cansancio. Cuando en cambio la intercalación se repite por hábito o por deseo inconsciente de asentimiento, como en las expresiones "es verdad", "es cierto", "así es", se prefiere la expresión *embolofrasia*.

embriagante
v. DROGA, § 3.

embuste
v. MENTIRA.

emergencia
v. ESTRÉS.

emetomanía (al. *Emetomanie*; fr. *emétomanie*; ingl. *emetomania*; it. *emetomania*)

Compulsión incontenible al vómito, frecuente en la sintomatología histérica.

émico-ético (al. *Emisch-Ethisch*; fr. *emique-ethique*; ingl. *emic-ethic*; it. *emico-etico*)

Distinción que acuñó K.L. Pike, quien definió como *émicas* las concepciones derivadas de la lógica interna de una cultura y como *éticas* las concepciones universales comunes a culturas diversas. El concepto, ampliamente utilizado en antropología, nació en el ámbito lingüístico, en el que se distingue entre *fonémica* y *fo-*

nética, donde un criterio émico toma en consideración las relaciones funcionales dentro de un sistema lingüístico, mientras un criterio ético describe los esquemas físicos del lenguaje, dejando de lado su aspecto funcional.

BIBLIOGRAFÍA: Pike, K.L. (1954); Triandis, H.C. (1972).

emoción (al. *Gemütsbewegung*; fr. *emotion*; ingl. *emotion*; it. *emozione*)

Reacción afectiva intensa de aparición aguda y de breve duración, determinada por un estímulo ambiental. Su aparición provoca una modificación en el nivel somático, vegetativo y psíquico. Las reacciones *fisiológicas* ante una situación emocionante afectan las funciones vegetativas como la circulación, respiración, digestión y secreción, las funciones motrices con hipertensión muscular, y las sensoriales con diferentes trastornos en la vista y el oído. Las reacciones *viscerales* se manifiestan con una pérdida momentánea del control neurovegetativo y la consiguiente incapacidad temporal de abstracción del contexto emocional. Las reacciones *expresivas* interesan a la mímica facial, las actitudes corporales, las formas habituales de comunicación. Las reacciones *psicológicas* se manifiestan como reducción del control de sí, dificultad para articular lógicamente acciones y reflexiones, disminución de las capacidades de método y de crítica.

I] NATURALEZA Y ESTRUCTURA DE LA EMOCIÓN. Acerca de la naturaleza de la emoción hay dos teorías que se contraponen: la *innatista*, de C. Darwin, según la cual las manifestaciones emotivas son residuos de respuestas funcionales en alguna época para el proceso evolutivo (por ejemplo, la risa burlona sería el residuo de la mueca del gruñido con el que el animal se prepara a atacar); y la *antiinnatista*, que se basa en la constatación de que muchas emocio nes tienen un significado diferente de una cultura a otra y, en el mismo sujeto, de un momento a otro, por lo que es imposible establecer una correspondencia entre situación y emoción, mientras es probable una interpretación de la emoción como variable individual en la lógica de la regulación, por lo tanto como efecto de una individuación de los mecanismos homeostáticos (*v.* **homeostasis**).

Si bien existe una oposición interpretativa de la naturaleza innata o adquirida de la emoción, no es tajante en su estructura, que prevé tres fases: *percepción, interpretación, disminución. a*] La primera fase corresponde a la percepción de una situación o a su evocación, que genera una *desestabilización* en todos los niveles de organización, de modo que es imposible establecer una relación de proporcionalidad entre estímulo y respuesta. Esta fase puede ser instantánea o diferida; en este segundo caso la reacción es más fuerte y dura más tiempo. De cualquier manera, no hay percepción que no esté acompañada de tonalidad emotiva. *b*] La segunda fase está caracterizada por un estado de *tensión* connotado por "privación" de los esquemas de organización habituales a los que suele recurrir el sujeto, y por "potencialidad" para una nueva actualización del campo de posibilidades. Cuanto más amplia es la desviación entre privación y potencialidad, tanto más duraderos y desestructurantes terminan por ser los efectos de la emoción. *c*] La tercera fase está caracterizada por la entrada en juego de los mecanismos homeostáticos que reestructuran esquemas de respuestas organizadas, produciendo *distensión*, que no es un regreso al estado anterior a la tensión, sino una ganancia organizativa obtenida de la potencialidad liberada por la desestructuración.

II] CLASIFICACIÓN DE LAS EMOCIONES. La clasificación de las emociones difiere sobre la base de los principios de ordenación que adoptan.

1] *Principios lógicos*. Este criterio se remonta a Aristóteles, que incluyó las emociones en la categoría de la *pasividad* en cuanto son "pasiones", no "acciones" (*Categorías*, 9 b, 27-34). Aristóteles consideraba también que las emociones tienen relación con el aparato cognoscitivo porque se dejan modificar por la persuasión (*Retórica*, II). De la misma opinión eran los estoicos, que consideraban a las emociones juicios irracionales distinguibles de la cualidad "buena" o "mala" del acontecimiento y de su "presencia" o "espera", que permiten determinar cuatro emociones principales: el *deseo* de un acontecimiento bueno y esperado, el *miedo* de un acontecimiento malo y esperado, la *felicidad* por un acontecimiento bueno y presente y el *displacer* por un acontecimiento malo y presente. En la época medieval, además de la categoría de la cualidad del acontecimiento y de su presencia, la clasificación se enriqueció con la intencionalidad hacia acontecimientos atemporales, que permitió incluir también entre las emociones la esperanza y la desesperación. Con la filosofía moderna las emociones fueron contrapuestas a la razón y consideradas en la base de todos los comportamientos irracionales, desde los religiosos hasta los morales, donde se evocan emociones, más que establecer hechos, hasta la fundación kantiana de la moral como exclusión de todas las emociones. Con el positivismo de finales del siglo xix las emociones se consideraron conciencia de acontecimientos fisiológicos, mientras que con la fenomenología de la primera mitad del xx fueron interpretadas como sentimientos ontológicos, porque colocan al hombre, no frente a esta o aquella cosa, sino frente a la totalidad (M. Heidegger), o como intención para restablecer una relación con el mundo después de una inesperada desestructuración (J.-P. Sartre), confirmando la naturaleza del hombre como originalmente intencionado hacia un mundo (*v.* **análisis existencial**).

2] *Principios psicológicos*. En este ámbito nacen clasificaciones que no son deducidas del "significado" de la emoción, sino inferidas a partir del comportamiento en su adaptación o desadaptación a la situación. Así, C.E. Osgood asume como criterios el placer (P), la activación (A) y el control (C) de la situación, de cuyas combinaciones resultan las emociones fundamentales como la felicidad (P +, A +, C neutro), la complacencia (P +, A –, C neutro), la repugnancia (P –, A +, C +), el horror (P –, A +, C –), el aburrimiento (P –, A –, C +) y la desesperación (P –, A –, C –). R. Plutchik cataloga las emociones basándose en los procesos adaptativos del comportamiento, por lo que tendremos el miedo (protección), la rabia (destrucción), la tristeza (reintegración), la felicidad (reproducción), la aceptación (afiliación), el disgusto (rechazo), la espera (exploración) y la sorpresa (orientación). De estas emociones consideradas *primarias* C.E. Izard derivó las *complejas*, como por ejemplo el amor, que es una mezcla de felicidad y aceptación. Estos dos modelos son paradigmáticos de la forma de proceder en el ámbito psicológico, en el cual se identifica un pequeño número de emociones fundamentales de cuya combina-

ción nacen las complejas, o se identifican unos pocos atributos fundamentales de muchas emociones de cuya combinación nacen las diferentes emociones. Como se ve, los dos criterios son sustancialmente empíricos, porque nada impide considerar como emociones fundamentales las que en la otra clasificación se ven como un atributo de muchas emociones.

3] *Principios sociológicos*. En este ámbito se distinguen emociones "egoístas", que pueden ser de afirmación de sí o de defensa de sí; emociones "altruistas", que van desde las sexuales y familiares hasta las propiamente sociales, y emociones "superiores", que producen tonalidades afectivas que superan la esfera del yo-tú, para abarcar lo social y lo humano. En este ámbito las emociones se consideran en relación con las ideologías, la ratificación y el refuerzo de las convicciones de grupo, con la frecuencia de determinadas emociones según el estado social, la cultura de pertenencia, la organización jerárquica o igualdad de la sociedad.

4] *Principios biológicos*. Si se consideran las emociones en relación con los sistemas biológicos con los que están vinculadas se obtienen clasificaciones que gozan, respecto de las precedentes, de un mayor grado de objetividad, aunque también de un menor indicador de sentido porque, como observa Sartre, "ciertas modificaciones cuantitativas y, por lo mismo, casi continuas en las funciones vegetativas, ¿cómo pueden corresponder a una serie cualitativa de estados irreductibles entre sí? Por ejemplo, las modificaciones fisiológicas que corresponden a la cólera no difieren sino en intensidad de las que corresponden a la felicidad (ritmo respiratorio un poco acelerado, ligero aumento del tono muscular, aumento de los intercambios bioquímicos, de la presión arterial, etc.); y con todo la cólera no es una intensa felicidad, sino algo totalmente distinto" (1939: 121). A criterios biológicos responden las clasificaciones de A.F. Ax, quien propone un nivel de indicadores fisiológicos de la respuesta emotiva (velocidad del pulso, latido cardiaco, respiración, temperatura de la cara, temperatura de las manos, reflejo cutáneo galvánico, corriente de acción muscular registrada arriba de los ojos), y después identifica la emoción. Comenzó por estudiar los tipos de reacción que varían de un sujeto a otro por lo que, por ejemplo, en presencia de una emoción de rabia había quien reaccionaba con ira y quien con ansiedad. Al invitar a los sujetos a describir la emoción de base no mejoraba el resultado, porque las respuestas se daban en términos que no ilustraban la emoción sino que describían las circunstancias de activación, es decir, lo que los había encolerizado o lo que les había causado placer o displacer.

III] INTERPRETACIÓN DE LAS EMOCIONES. Existen diferentes interpretaciones que tienen su origen en los principios que permitieron una subdivisión de las clasificaciones. Entre las más significativas recordamos las siguientes:

1] *La teoría de Darwin* ofrece una interpretación evolucionista de las emociones, basada en tres principios: *a*] *el principio de las costumbres asociadas*, por lo que si al luchar se muestran los dientes esta actitud se transformará en la forma de manifestar la cólera; si se unen los labios para escupir este movimiento se utilizará para indicar asco; *b*] *el principio de la antítesis*; por lo que si acurrucarse es un movimiento con el que nos defendemos de una agresión, estirarse y exponer el cuerpo indicará la emoción contraria; *c*] *la acción directa del sistema nervioso*, por lo que algunas reacciones, como la de acostarse y retorcerse en el dolor, son una respuesta fisiológica intensa y difundida, que hoy llamaríamos "activación", que después se asume como "costumbre asociada". El principio evolucionista de la teoría de C. Darwin podría justificar la difundida hipótesis de que en la emoción existan elementos primitivos, entre ellos el control que ejercen sobre ella las partes más antiguas del cerebro.

2] *La teoría de James-Lange* sostiene la importancia de la respuesta somática en la percepción subjetiva de las emociones, por lo que "se tiene miedo porque se escapa", "se siente ira porque se enfrenta físicamente". Esta interpretación, incluso en su paradoja, subraya el fenómeno de retroalimentación o *feedback* de las respuestas somáticas desencadenadas por las emociones, porque si alguien nos persigue escapamos antes de haber tenido tiempo de reconocer nuestro estado emotivo. La plausibilidad de la teoría está precisamente en el hecho de que el reconocimiento de la emoción se da después de la respuesta fisiológica.

3] *La teoría funcionalista* que elaboró J. Dewey integra la teoría de C. Darwin y la de C.G. Lange, interpretando las emociones como funciones psíquicas que permiten una valoración de la situaciones ambientales en función de su adecuación. Las emociones se acentúan en presencia de un grave obstáculo que impide la actividad adaptativa, por lo que si la lucha y la fuga son actividades adaptativas, sus connotaciones emocionales son modestas cuando pueden realizarse, y en cambio se hacen más agudas, asumiendo los tonos de la rabia o del miedo, si un obstáculo impide la acción. Las conexiones entre mala adaptación y reacción emotiva las destacó también P. Janet, quien define la emoción "reacción del fracaso" describiéndola como una forma de comportamiento no logrado o que no llega a la buena adaptación. Una función adaptativa y no de "fracaso" es la que sostienen S. Hall y J.R. Angell, exponentes del funcionalismo esta dunidense. Según él "las emociones parecen estar sólo en relación con el organismo físico y tan íntimamente vinculadas con las estructuras del cuerpo, mediante la herencia, que sirven para proteger del mal y permitir ventajas sin la intervención de la reflexión" (1904: 26). El aspecto común en las posturas de orientación funcionalista está en poner el acento en el significado de las funciones emotivas, no en su descripción, y en la relación de la emoción con el ambiente, más que en la conciencia o en el sistema nervioso.

4] *La teoría gestáltica* interpreta a la emoción como el afecto de buena o mala forma que el ambiente asume a los ojos del individuo: "Un paisaje –afirma K. Koffka– puede parecer triste incluso si personalmente estamos muy alegres. ¿Un álamo no puede tal vez aparecer soberbio? ¿Un joven abedul tímido? ¿Y acaso no fue Wordsworth el que inmortalizó los asfódelos?" (1935: 342). Estas connotaciones emocionales de nuestras percepciones no sólo son fruto de las proyecciones de nuestros estados de ánimo hacia el exterior, sino que se derivan de las formas (*Gestalten*) según las cuales los datos de las experiencias se organizan en nuestra percepción. La percepción es siempre una atribución de significado, y que un estímulo provoque la emoción, es ya de por sí una atribución de significado.

5] *La teoría conductista* de J.B. Watson interpreta la emoción como una respuesta periférica del organismo a estímulos periféricos. A partir de este principio Watson identifica tres emociones fundamentales: el *miedo* como respuesta a ruidos muy intensos o a falta de asistencia, la *cólera* como respuesta al desagrado provocado por ligaduras demasiado apretadas, el *amor* como respuesta a las caricias y al arrullo. Todas las demás emociones se instauran en el organismo mediante un proceso de condicionamiento a partir de las tres emociones primitivas interpretadas como respuestas periféricas a estímulos periféricos.

6] *La teoría homeostática* de W.B. Cannon, en cambio, le asigna al sistema nervioso central la función fundamental en el mecanismo de la emoción, por lo que en respuesta a una estimulación excesiva, como sucede en el caso de una situación emotiva, el organismo libera una cantidad de energía potencial que permite la preparación de reacciones intensivas adecuadas, aunque no separadas de una desorganización de los comportamientos debidos a esta liberación energética.

7] *La teoría de la activación* que sostienen M.B. Arnold y D.B. Lindsley integra los elementos más válidos de la teoría periférica con la centralista de Cannon, porque sostiene que el estímulo determina, en el nivel de la corteza, una excitación que a su vez tiene el efecto doble y simultáneo de provocar una actitud emotiva y de liberar esquemas dinámicos hipotalámicos que se manifiestan en el nivel periférico, cuyas alteraciones se perciben como estímulos iniciales, y de rebote modifican la actitud emotiva que tiene sede en la corteza.

8] *La teoría perceptivo-motivacional* toma de la teoría de la activación que la emoción no es sólo pasión sino también acción, pero precisando que la acción es asimismo "organización", lo que permite la construcción de una secuencia percepción-valoración-emoción-manifestación. Así, si la emoción, término medio de esta serie, se acerca a situaciones desagradables, activa una acción organizada para evitarlas y ponerles fin. R.W. Leper expresa esta teoría en tres principios: *a*] no es necesario acentuar el carácter de ruptura de las emociones porque los procesos emotivos prosiguen en la organización de comportamientos; *b*] estos comportamientos están motivados; *c*] la motivación está íntimamente relacionada con la percepción de la situación.

9] *La teoría fenomenológica* toma la relación emoción-motivación basándose en el principio de que el hombre vive en el mundo con *sentido*, un sentido que la emoción vuelve incierto y que la motivación reconstruye a partir de un núcleo de certeza que permite dirigirse hacia objetos que, después de la acción de incertidumbre provocada por la emoción, la motivación reconoce. La incertidumbre provocada por la emoción se debe a la sensación de no poder evadirse del presente, por lo que la existencia está obligada a la "in-sistencia" en un mundo sin pasado y sin futuro. Lo que restituye a la existencia estas dimensiones temporales es la motivación o búsqueda de sentido que destroza la insistencia emotiva, dilatándola en las dimensiones temporales que abarca el estado emotivo. En el plano del espacio, la búsqueda de sentido abre a la exploración obstaculizada por la emoción, que concentra el espacio en un punto que escapa a cualquier posible localización. La emoción refleja la constricción del mundo externo que vuelve imposible cualquier relación; la búsqueda de sentido, que se manifiesta en la motivación, proyecta una necesidad interna mediante la cual una interioridad se afirma en un ambiente. En la interacción de estos dos momentos el sujeto percibe su límite (emoción) como relación (búsqueda de sentido, o motivación).

10] *La teoría psicoanalítica* considera que las emociones son **afectos** (*v.*), o sea cuantos de energía, unidos a las ideas, y que su presencia altera el equilibrio psíquico e interfiere en la adaptación. Al respcto escribe H. Hartmann: "Desde el punto de vista de la psicología de las neurosis, la acción afectiva, en contraste con el ideal teórico de la acción racional, aparece con frecuencia como un miserable residuo de condiciones mentales primitivas o como una desviación de la norma. [...] Con todo, sabemos bien la parte crucial de la afectividad en la organización y la facilitación de muchas funciones del yo. Esto entendía Freud cuando dijo que no se debe esperar que el análisis libere al hombre de toda pasión" (1939: 131). El psicoanálisis no tomó la distinción que introdujo W. Mc Dougall en 1908 entre emociones primarias, como el miedo, la ira, la ternura, y emociones complejas, como la admiración, la envidia, el respeto, porque con frecuencia se han interpretado emociones simples, por ejemplo el odio, como consecuencia de las complejas, la ira, digamos, o se ha supuesto la existencia de emociones complejas como la envidia al principio de la vida psicológica.

11] *La teoría de conjunto* de I. Matte Blanco considera la emoción como el producto de un estímulo que se percibe como externo aunque provenga de nuestro cuerpo, porque "en cuanto objeto de percepción también nuestro cuerpo nos es extraño, es decir es extraño a nuestra intimidad" (1975: 289). El estímulo externo es asaltado por el "pensamiento de la emoción" que difiere del pensamiento de la vida ordinaria por tres características: *a*] la *generalización*, por la que el objeto parece poseer todas las características que, potencialmente, pueden evocar la emoción que se analiza. Así una emoción de amor hacia una mujer posee, a los ojos del enamorado, todos los posibles atractivos que evocan el amor, como se puede esperar no sólo para esa mujer sino para todas las mujeres en su capacidad de provocar amor; *b*] la *maximización*, por la que las características que se atribuyen al objeto se consideran en su grado más elevado; *c*] la *irradiación* del objeto concreto a todos los demás, que de tal manera son representados por el mismo objeto. Por esta razón el pensamiento emocional no ve a un individuo, sino, mediante la generalización a un conjunto o clase, por lo que la persona peligrosa se transforma en la "peligrosidad" al grado máximo y en todos sus aspectos. La identidad entre individuo y clase es la manera propia de pensar del inconsciente, de modo que la emoción es un pensamiento inconsciente que piensa "por colección de conjuntos infinitos" (1975: 304).

12] *La teoría cognoscitivista* considera que la respuesta emocional no se debe buscar en la reacción fisiológica o en la de la conducta, porque éstos son sólo subprocesos del proceso que es la *valoración cognoscitiva* de la información que ingresa, unida a su vez al significado que subjetivamente atribuimos a las experiencias que tenemos. K.H. Pribram sostiene que cada individuo, cuando se encuentra en situación de desequilibrio con el ambiente, actúa según planos de comportamiento elaborados por la mente antes que comience cualquier secuencia de comportamiento. La emoción surge cuando no puede efectuarse el plano del comportamiento y por lo tanto no se

puede alcanzar la situación de equilibrio con el ambiente. Se activarían entonces, como consecuencia de la emoción, "planos de detención" de la acción, que activan una nueva fase de recolección de información para la programación de nuevos planes. Cuando, después de reiterados intentos, no se logra superar el bloqueo de la ejecución del plan, se tiene una especie de "regresión" hacia planos de comportamiento más primitivos, como la fuga, la agresión o todos los comportamientos emotivos que indicamos como consecuencia de una "pérdida de control". Las reacciones emotivas no sólo están vinculadas a las actividades cognoscitivas, sino que esta conexión está al servicio de las necesidades biológicas, porque la finalidad original por la que evolucionaron las capacidades cognoscitivas es, según Plutchik, "la de hacer posible que el organismo elabore un mapa de su ambiente y prediga el futuro con referencia al significado emocional o motivacional de los acontecimientos circunstantes" (1980: 38). En este sentido se debe interpretar la hipótesis cognoscitivista por la cual los procesos cognoscitivos se desarrollan en el interior y a partir de las experiencias emocionales, entendidas como la primera forma por la cual el organismo se orienta en su ambiente con el fin de satisfacer sus necesidades biológicas. En esta hipótesis el número y la intensidad de las emociones son inversamente proporcionales a la cantidad de información de que dispone cada uno de los individuos.

IV] EMOCIÓN Y MOTIVACIÓN. Los estados emotivos actúan como *motivo* y como *concomitante* del comportamiento motivado. El sexo, por ejemplo, no es sólo una fuente de experiencias emotivas, sino también una potente motivación que determina un comportamiento; de la misma manera una emoción de pánico empuja a la fuga, así como una alegre favorece la búsqueda de su repetición. Entre las emociones que favorecen un comportamiento motivado recordamos:

1] *El* **miedo** (*v.*), que favorece una tendencia a evitar las situaciones en las que es probable que se manifieste el objeto o el acontecimiento temido. En sus formas extremas el miedo asume los aspectos patológicos conocidos como **fobias** (*v.*), que determinan intensamente la conducta de quienes las sufren.

Objeto de fobia pueden llegar a ser los lugares cerrados, los abiertos, los animales, lo sucio, las enfermedades y cualquier cosa cargada de un alto valor emotivo.

2] *La* **angustia** (*v.*) o ansiedad que es un miedo sin objeto, y por lo tanto indeterminado, que condiciona el comportamiento en términos positivos cuando los valores de ansiedad están en niveles bajos, y desestructurantes cuando están en niveles elevados, donde todo parece amenazante e invivible.

3] *Los* **celos** (*v.*) que, como emoción cargada del temor de perder el afecto de una persona en favor de un tercero que interviene en la situación afectiva, favorece comportamientos de control, reacciones violentas, actitudes hostiles, donde la emoción no actúa sólo como estado de excitación del individuo sino también como motivación de determinados comportamientos.

4] *La* **ira** (*v.*) que, como frustración de la actividad que tiende a una finalidad, se puede encontrar en toda secuencia motivacional interrumpida. Una vez despierta, la ira desencadena una actividad de venganza contra el objeto o la persona considerada responsable de la interrupción de la secuencia.

5] *La* **risa** (*v.*) que, como emoción placentera, favorece comportamientos capaces de obtenerla. Subyacente a la risa está una descarga de tensión que el organismo percibe como placentera y va en su búsqueda.

6] *El* **llanto** (*v.*), que favorece comportamientos vinculados al sentimiento que puede desencadenar oír una música o la contemplación de un panorama, la congoja que, manifestada, produce alivio, la participación afectiva en el dolor del otro, y la autocompasión que suaviza una ira impotente. Estos ejemplos muestran cómo algunas emociones proporcionan una interpretación del comportamiento motivado, donde está contenida una señal de que se está verificando algo importante desde el punto de vista motivacional.

V] EMOCIÓN Y TENSIÓN. El binomio motivación y emoción está en la base de todo el campo afectivo y se lo puede describir en términos de tensión, en la cual se manifiesta la relación ambigua entre interioridad y exterioridad que es anterior a la forma conflictiva que lo expresa. Tal tensión se manifiesta en todo ser como

tendencia a la apertura o la cerrazón, sin que sea posible alcanzar la una o la otra más que con el riesgo de una inevitable desestructuración. El proceso de objetivización de la tensión se realiza según tres modelos:

1] *Reducción de la tensión*, por lo que todas las acciones pueden interpretarse, según el modelo homeostático, como reductoras de tensión con miras a la autoconservación. Naturalmente esta reducción no debe llegar a la eliminación de la tensión, porque de otra manera se produciría el estancamiento del sistema y la cesación de toda interacción entre individuo y mundo.

2] *Producción de tensión*, comprobable en cada acción que sobrepasa la visualización lógica del sistema en el cual se manifiesta la acción. Este "otro lugar" respecto a la visión lógica es lo que S. Freud llama, por ejemplo, **ello** (*v.*), donde la existencia se transforma en una pura constatación no justificada y no justificable lógicamente, porque "es" antes de poder manifestarse de conformidad con un diseño. En el intervalo entre el existir inmotivado y la búsqueda de motivaciones se dan las condiciones para la producción de tensión.

3] *Deducción de la tensión*, a partir de las relaciones que la manifiestan. Las relaciones dan forma a la tensión y esta forma permite representar la existencia tensional. La tensión, que desde el punto de vista existencial es privación, desde el punto de vista insistencial es potencialidad. Desde esta asimetría se comprende por qué la tensión supera cualquier representación que intente figurarla, y sólo puede realizarse en su devenir, y sentida, para decirlo como I. Kant, como "exigencia incondicionada".

BIBLIOGRAFÍA: Angell, J.R. (1904); Aristóteles (1973); Arnold, M.B. (1960); Ax, A.F., (1953); Beck, A.T. (1976); Cannon, W.B. (1932); Cassini, A. y A. Dellantonio (1982); Changeux, J.P. (1983); Darwin Ch. (1872); Delaunay, A. (1978); Dewey, J. (1895); Ekman, P., W.V. Freisen y P. Ellsworth (1972); Fornari, F. (1963); Freud, S. (1920); Freud, S. (1937); Frijda, N. (1987); Hartmann, H. (1939); Heidegger, M., (1929); Izard, C.E. (1977); James, W. (1884); Janet, P. (1928); Jung, C.G. (1907); Kenny, A. (1963); Klein, M. (1957); Klein, M. y J. Rivière (1937); Koffka, K. (1935); Ladavas, E. (1982); Lange, C.G. (1885);

Leper, R.W. (1948); Levi, L. (coord.) (1971); Lindsley, D.B. (1951); Lorenz, K. (1963); Mac Lean, P.D. (1949); Mac Lean, P.D. (1973-1974); Matte Blanco, I. (1975); Mac Dougall, W. (1908); Merleau-Ponty, M. (1942); Osgood, C.E. (1966); Pancheri, P. (1980); Piaget, J. (1967); Plutchik, R. (1980); Pribram, K.H. (1980); Sartre, J.-P. (1939); Tinbergen, N. (1951); Watson, J.B. y R. Rayner (1920); Weiner, H. (1977); Wilson, E.O. (1975); Yerkes, R.M. y J.D. Dodson (1908); Zavalloni, R. (1962).

emotividad (al. *Emotivität*; fr. *emotivité*; ingl. *emotivity*; it. *emotività*)

Capacidad de experimentar **emociones** (*v.*), que puede ser escasa, normal o excesiva, según la forma y la intensidad de reacción del individuo a los diferentes estímulos que recibe. Presente en diferentes niveles en cada individuo, cuando resulta preponderante respecto a otros rasgos del carácter se habla de "personalidad emotiva", caracterizada por un exceso de reacciones a los estímulos y fragilidad psíquica, con la consiguiente dificultad para la adaptación socioambiental. En este campo es decisiva la categoría de la *intensidad*, porque los estados emotivos moderados son generalmente tónicos y saludables, mientras que los más fuertes tienen consecuencias debilitantes y desintegradoras. Investigaciones experimentales que llevaron a cabo R.M. Yerkes y J.D. Dodson demostraron que cuanto más difícil es la tarea a desarrollar tanto mayor es el efecto disgregador de la intensidad emotiva. Las diferencias emotivas individuales de carácter permanente se manifiestan con el **temperamento** (*v.*), las transitorias con el **humor** (*v.*). Los estados emotivos persistentes pueden provocar enfermedades psicosomáticas, al igual que una represión excesiva o la supresión de la vivencia emotiva (*v.* **psicosomática**, § II).

BIBLIOGRAFÍA· Riva, A. (1972); Yerkes, R.M. y J.D. Dodson (1908).

empatía (al. *Einfühlung*; fr. *empathie*; ingl. *empathy*; it. *empatia*)

Capacidad de identificarse con otra persona hasta comprender sus pensamientos y sus estados de ánimo. El término se introdujo en la estética romántica con J.G. Herder y Novalis, quienes lo utilizaron para explicar la resonancia interior de los objetos estéticos. T. Lipps intentó explicarlo con los procesos de imitación y proyección, por los que nos "sentimos" en el objeto o en la persona con la que nos identificamos, pero conservando la conciencia de la propia identidad como algo separado. El concepto lo retomó K. Jaspers y lo utilizó para distinguir la comprensión empática de la comprensión racional: "Cuando en nuestra comprensión los contenidos de los pensamientos parecen derivarse en forma evidente los unos de los otros, según las reglas de la lógica, comprendemos estas relaciones racionalmente (comprensión de lo que se dijo); cuando en cambio comprendemos los contenidos de las ideas como emanados de estados de ánimo, deseos y temores de quien piensa, entonces verdaderamente comprendemos de forma psicológica y empática (comprensión del individuo que habla)" (1913-1959: 330).

La empatía requiere un acomodamiento receptivo que permita, como dice G.H. Mead, "entrar en la función del otro" para valorar el significado que la situación que evoca la emoción reviste para la otra persona, además de la exacta interpretación verbal y no verbal de lo que se manifiesta. C.R. Rogers estudió la importancia de la empatía en la relación terapéutica, en la cual la comprensión no se produce en el nivel "gnósico" sino "pático", donde determinadas emociones que no pertenecen a las propias experiencias pueden valorarse por extensión de éstas. Donde no se da una experiencia común, como en el caso del delirio o de numerosas patologías psiquiátricas, resulta difícil establecer empatía, y esta dificultad con frecuencia se asume en el nivel diagnóstico como criterio para distinguir una neurosis de una psicosis. A propósito de la empatía existen dos interpretaciones:

1] LA INTERPRETACIÓN FENOMENOLÓGICA. En la base de la empatía se puede encontrar la condición existencial que es el ser en un mundo común (*Mitwelt*) a partir de las primeras experiencias de naturaleza puramente emocional en las cuales, como escribe M. Scheler, "el hombre vive más en los otros que en sí mismo, más en la colectividad que como individuo único" (1923: 14), por lo que buena parte de los elementos de fondo que forman la base de la estructura comunicativa tienen su raíz en la original posibilidad comprensiva que se manifiesta en la **simpatía** (*v.*). En efecto, Scheler critica el concepto de empatía porque en su opinión "el estado afectivo de B, implícito en la piedad que experimento, queda para mí como el estado afectivo de B: no va más allá de que lo compadezco, y no produce en mí un estado semejante o igual" (1923: 69). También Mead, tal vez siguiendo a Scheler, habla siempre de **simpatía**, pero con este término entiende identificación con otra persona, y por lo tanto precisamente empatía.

2] LA INTERPRETACIÓN PSICOANALÍTICA. S. Freud trata la empatía como sinónimo de identificación: "estamos muy lejos de haber agotado el problema de la identificación; en efecto, nos enfrentamos con el proceso que la psicología llama 'empatía' [*Einfühlung*] y que desempeña la parte principal en nuestra comprensión del yo ajeno, el de las otras personas" (1921 [1976: 102]). Tras esta precisión terminológica, Freud, escribe que "hay un camino que lleva desde la identificación pasando por la invitación, a la empatía, vale decir, a la comprensión del mecanismo que nos posibilita, en general, adoptar una actitud frente a la vida anímica del otro" (1921 [1976: 104]). Esta postura es, para Freud una especie de intuición que permite llegar a los campos y a los procesos de la vida psíquica del otro, extraña a la propia experiencia directa. Sobre la oportunidad de diferenciar las **intuiciones** (*v.*) de la empatía intervino R.R. Greenson, para quien la empatía abarca sensaciones, afectos e impulsos, mientras la intuición es una "reproducción de imágenes mentales", por lo que "la intuición reúne los elementos convincentes comprendidos por la empatía" (1961-1962: 142). Esta diferencia también se puede encontrar en la distinción que introdujo A. Gaston entre "comprensión empática" e "intuición empática".

BIBLIOGRAFÍA: Freud, S. (1921); Gaston, A. (1991); Greenson, R.R. (1961-1962); Herder, J.G. (1778); Jaspers, K. (1913-1959); Lipps, T. (1903-1906);

Mead, G.H. (1934); Rogers, C.R. (1961); Scheler, M. (1923); Stein, E. (1917).

emulación (al. *Nacheiferung*; fr. *emulation*; ingl. *emulation*; it. *emulazione*)

Imitación consciente y voluntaria de otras personas por parte de un sujeto que intenta demostrar que es igual o mejor en las actividades y en las cualidades meritorias. La emulación se distingue de la **rivalidad** (*v.*) porque no ostenta sentimientos hostiles.

enajenación (alienación) (al. *Entfremdung*; fr. *aliénation*; ingl. *alienation*; it. *alienazione*)

Proceso en el que el sujeto se transforma en un extraño para sí mismo o partes de sí mismo. El término, de origen filosófico, suele ser utilizado como sinónimo de **locura** (*v.*) y con esta acepción se utiliza en la **psicología forense** (*v.*).

1] FILOSOFÍA. Quien introdujo el término fue G.W.F. Hegel, quien habló de enajenación a propósito de la realidad espiritual que se objetiva en la naturaleza para después superar dialécticamente (*Aufhebung*) su enajenación, ya sea en la práctica, con el trabajo, ya en la teoría, con las actividades del espíritu, como el arte, la religión y la filosofía. L. Feuerbach modificó el uso hegeliano del término para designar el acto con el que el hombre se crea una divinidad, enajenando en ésta el orden de sus deseos y la solución de sus conflictos. El éxito de este concepto se debe a K. Marx para quien, en las sociedades capitalistas, el mundo de los objetos producidos por el hombre tiende a constituirse como el mundo autónomo de las mercancías, cuya razón de ser no está ya en satisfacer las necesidades de los productores sino las del capital, que se desarrolla según leyes propias, transformando el valor de uso de los bienes en valor de cambio, por lo que la actividad del hombre, en la que se expresa su vida, es "reificada", es decir traducida en cosa (*res*). En nuestro siglo H. Marcuse regresó al concepto de enajenación para designar la condición de la individualidad sometida por las fuerzas omnipresentes de la estructura tecnológica de las sociedades avanzadas.

2] PSIQUIATRÍA. El término enajenación normalmente se califica por el adjetivo "mental". Además del significado genérico de locura, la palabra enajenación es utilizada en dos sentidos específicos, sobre todo en las neurosis obsesivo-compulsivas, donde se habla de enajenación del sí cuando el sujeto, intentando mantener alejadas sus propias emociones, las transfiere fuera de sí, viviéndolas como fuerzas extrañas. Entonces sucede, por ejemplo, que uno se lave para limpiar sus propias culpas morales o sexuales, lo que es evidentemente la exteriorización de un proceso o necesidad interior de limpieza. En segundo lugar se usa en las esquizofrenias, donde ciertos órganos y áreas corporales, y en ocasiones el cuerpo entero, son enajenados y por lo tanto percibidos como si no pertenecieran a la persona o como si fueran distintos de como son. El resultado de esta enajenación es la despersonalización (v. **persona**, § 1 y **escisión**, § I, 4).

Pero más allá del empleo técnico del término, la palabra enajenación es significativa en psiquiatría por la brecha teórica que se abre entre la psiquiatría tradicional y la antipsiquiatría, que ha utilizado el concepto filosófico de enajenación tal como lo habían formulado Hegel y después Marx. A. Gaston replanteó este concepto, que estaba siendo obsoleto en psiquiatría; para él "cada hombre enfermo, que antes era el objeto privilegiado de la observación, objeto portador de síntomas en los cuales buscar una causa o, en la mejor de las hipótesis, atribuir un sentido, ahora se convirtió en *el* síntoma de un organismo más grande que lo abarca y que no funciona por un error de relación o un error de estructura: la locura como daño o deterioro del sistema, tal como antes era daño o deterioro del cuerpo. Los términos de este tipo presuponen, sin poder renunciar a ello, los conceptos de armonía, simetría y buen funcionamiento. Se vuelve a proponer de esta manera, e inalterada, la que es, según nuestra opinión, una de las aporías más condicionantes de la psiquiatría científica" (1987: 88).

Una vez abierta esta brecha teórica por la que, como dijo en otro lugar Gaston, "antes

enfermaba el alma de un hombre, ahora enferma el alma colectiva" (1985: 597), J. Gabel busca precisamente en la dialéctica sujeto-objeto, con la que Hegel había definido la enajenación, la clave para bosquejar la enajenación en los objetos de cada individuo y la enajenación del mismo en lo social: "Nadie ignora el importante papel desarrollado por el problema de las relaciones sujeto-objeto en las discusiones en torno al problema de la enajenación [...]. Entre la teoría de la identidad del sujeto y del objeto y la de reflejo –en otros términos entre idealismo y marxismo mecanicista–, es necesario buscar –y existe la esperanza dialéctica de encontrar– una tercera vía. La fenomenología de la alteración esquizofrénica indica justo esta tercera vía. Vimos que el esfuerzo de un importante sector de los teóricos de la esquizofrenia se orienta precisamente hacia el problema de la dialéctica sujeto-objeto. En esta investigación el deterioro de la unidad dialéctica sujeto-objeto preside el proceso de desconexión de lo real; identificación y espacialización aparecen, en cambio, como técnicas de compensación y hasta como medios aptos para contabilizar el fracaso dialéctico. En escala clínica, la identidad sujeto-objeto no aparece, por lo tanto, como una superación de la materialización, sino como una expresión de esta última. Se trata de una contribución de la fenomenología de la enajenación clínica al problema general de la enajenación, contribución que merece ser tomada en consideración" (1962). Utilizando la dialéctica sujeto-objeto, con la consiguiente objetivización de la subjetividad, es posible llegar a una definición de la enajenación que abarque tanto la enajenación individual como la social, tanto el objetivarse del individuo con las cosas (materialización clínica) como el encontrarse objetivado en el interior de esa subjetividad más amplia que es la sociedad, tal como se presenta históricamente de tanto en tanto (reificación social).

Para determinar las diversas formas de enajenación basadas en los criterios nosológicos asumidos, *v.* **enajenación**.

BIBLIOGRAFÍA: Binswanger, L. (1946); Clark, D.H. (1973); Cooper, D. (1978); Dörner, K. (1969); Feuerbach, L. (1841); Gabel, J. (1962); Gaston, A. (1985); Gaston, A. (1987); Hegel, G.W.F. (1817);

Jaspers, K. (1913-1959); Marcuse, H. (1964); Marx, K. (1848); Minkowski, E. (1966); Rusch, J. (1951); Spiegel, R. (1959-1966); Sullivan, H.S. (1939).

enamoramiento (al. *Sichverlieben*; fr. *amour-passion*; ingl. *falling in love*; it. *innamoramento*)

Definido como "amor en estado naciente" según la expresión de F. Alberoni (*v.* **amor**, § 1), S. Freud considera el enamoramiento una forma de *idealización* que tiene origen en tendencias sexuales más o menos eficientemente reprimidas. En el enamoramiento, escribe Freud, "nos ha llamado la atención desde el comienzo el fenómeno de la sobrestimación sexual: el hecho de que el objeto amado goza de cierta exención de la crítica, sus cualidades son mucho más estimadas que en las personas a quienes no se ama o que en ese mismo objeto en la época en que no era amado. A raíz de una represión o posposición de las aspiraciones sensuales, eficaz en alguna medida, se produce este espejismo: se ama sensualmente al objeto sólo en virtud de sus excelencias anímicas; y lo cierto es que ocurre lo contrario, a saber, únicamente la complacencia sensual pudo conferir al objeto tales excelencias. El afán que aquí falsea el juicio es el de la *idealización*" (1921 [1976: 106]).

Como fenómeno de **idealización** (*v.*) el enamoramiento vive la dinámica que es típica de esta figura, y precisamente "el yo resigna cada vez más todo reclamo, se vuelve más modesto, al par que el objeto se hace más grandioso y valioso; al final llega a poseer todo el amor de sí mismo del yo, y la consecuencia natural es el autosacrificio de este. El objeto, por así decir, ha devorado al yo. Rasgos de humillación, restricción del narcisismo, perjuicio de sí, están presentes en todos los casos de enamoramiento; [...] Contemporáneamente a esta 'entrega' del yo al objeto, que ya no se distingue más de la entrega sublimada a una idea abstracta, fallan por entero las funciones que recaen sobre el ideal del yo. Calla la crítica, que es ejercida por esta instancia; todo lo que el objeto hace y pide es justo e intachable. La conciencia moral no se aplica a nada de lo que acontece en favor del objeto; en la ceguera del amor, uno se convierte

en criminal sin remordimientos. La situación puede resumirse cabalmente en una fórmula: *El objeto se ha puesto en el lugar del ideal del yo*" (1921 [1976: 107]).

Como manifestación de una idealización, el enamoramiento se distingue de la identificación (*v.*, § 1), porque en el caso de la identificación "el yo se ha enriquecido con las propiedades del objeto, lo ha 'introyectado', según una expresión de Ferenczi"; en cambio, en el caso del enamoramiento "En el segundo, se ha empobrecido, se ha entregado al objeto, le ha concedido el lugar de su ingrediente más importante" (1921 [1976: 107]).

BIBLIOGRAFÍA: Alberoni, F. (1983); Carotenuto, A. (1987); Freud, S. (1921); Fromm, E. (1956); Santas, G. (1988); Sternberg, R.J. y M.L. Barnes (1988).

enanismo (al. *Nanismus*; fr. *nanisme*; ingl. *nanism*; it. *nanismo*)

Defecto de estatura debido a estados patológicos de diferente naturaleza:

1] *Enanismo hipofisiario*: se debe a la hipofunción de la hipófisis anterior (*v.* **endocrino, sistema**, § 1); aparece antes de la pubertad. Las características principales del síndrome, atribuibles a la deficiencia de hormona del crecimiento (GH) y de gonadotropina, se manifiestan con escasa estatura, con frecuencia asociada con hipogonadismo. El enano hipofisiario es bien proporcionado y con inteligencia generalmente normal.

2] *Enanismo ovárico*: es una consecuencia del hipergonadismo femenino debido a la actividad prematura de las gónadas (*v.* **endocrino, sistema**, § 6), que, por estímulo de las gonadotropinas, producen en la niña una cantidad de hormonas sexuales igual a la de la mujer sexualmente madura. Esto conlleva, además de la aparición temprana de todos los caracteres de la pubertad, un crecimiento en altura más rápido respecto a las coetáneas normales, pero a causa de la fusión prematura de las epífisis óseas, ya de adultas las pacientes resultan bajas y toscas.

3] *Enanismo de hipofunción tiroidea precoz*: es una forma de enanismo que, además del desarrollo somático retardado, presenta los caracteres del **cretinismo** (*v.*). Esta forma de enanismo también se denomina *ateleiosis*.

enantiodromía

v. OPUESTOS, § 2, *a*.

encantamiento (al. *Zauber*; fr. *enchantement*; ingl. *spell*; it. *incantesimo*)

El término se utiliza con tres acepciones: 1] para referirse a las prácticas mágicas (*v.* **magia**) que se proponen modificar el curso de las cosas con base en los propios deseos positivos o negativos; 2] para referirse a las situaciones en las cuales las producciones fantásticas u oníricas ejercen en el sujeto un dominio indudable; 3] para referirse a los estados de **fascinación** (*v.*) que el sujeto puede experimentar en presencia de algo o de alguien cuya fuerza se impone de manera incontrolable.

encanto (al. *Zauber*; fr. *charme*; ingl. *fascination*; it. *fascino*)

Particular fuerza atractiva y seductora ejercida por personas o por objetos. El encanto, experimentado más que ejercido, en gran medida debe su poderío al involucramiento de quien está aprisionado, a la fuerte voluntad de apropiación y con frecuencia a la adhesión incondicional que le tributa al referente de su hechizo. Semánticamente cercano a las pasiones y al amor, puede estar en el origen de diferentes formas de subyugación emotiva, ideológica y, en general, psíquica. El psicoanálisis refiere la aceptación servil y acrítica que puede producir la intensa acción del encanto a un residuo de la actitud infantil que lleva a los niños a sentir una especie de "temor erótico" respecto a los padres. Generalmente hay cierta correspondencia entre lo que fascina y la fisonomía de los ideales cultivados por quien lo experimenta. Caen con más facilidad rendidos ante estas acciones los sujetos psíquicamente frágiles. A la intensidad del fenómeno contribuye de manera notable la posibilidad implícita de permitir una proyección mejoradora y satisfactoria de sí mismo en el otro.

encefalitis (al. *Enzephalitis*; fr. *encéphalite*; ingl. *encephalitis*; it. *encefalite*)

Proceso inflamatorio del encéfalo que ataca la sustancia gris (*polioencefalitis*) o la blanca (*leu-coencefalitis*). Está determinado por bacterias, espiroquetas, virus, parásitos o sustancias tóxicas exógenas que penetran por vía sanguínea o linfática. Los caracteres patológicos son diferentes por la extensión, sede y forma de la alteración, que puede ser supurativa, necrótica, o hemorrágica. Entre las leucoencefalitis se distingue la *encefalomielitis* que, aunque se presenta en el curso de enfermedades infecciosas, no se debe a la penetración directa del agente patógeno, no tiene predilección por determinadas regiones y puede manifestar carácter recidivo o repetitivo. Además de estas formas principales se deben recordar la encefalitis *metastástica*, en la que el agente infeccioso da lugar a una diseminación de pequeños focos de inflamación; la encefalitis *purulenta*, que lleva a procesos supurativos y a la formación de un grupo de abcesos; la encefalitis *hemorrágica*, cuya naturaleza inflamatoria no está demostrada, por lo que se llama también seudoencefalitis, y la encefalitis *letárgica*, que es una enfermedad infecciosa que se manifiesta con parkinsonismo, y por lo tanto con rigidez de posición y movimiento, trastornos del sueño, entre éstos el **letargo** (*v.*) y narcolepsia (*v.* **sueño**, § 3, *a*), trastornos de la visión con defecto de la acomodación y espasmo ocular, trastorno locomotor, de la respiración y, en algunos casos, del metabolismo, trastornos psíquicos con rasgos de inquietud, agresividad y fondo depresivo. En el plano anatomopatológico se revelan, en la fase aguda, un proceso inflamatorio alrededor de los pequeños vasos y lesiones más o menos extensas de los nervios oculomotores, mientras que en la fase crónica son atacados también la corteza y los núcleos de la base. Del cuadro clínico de la encefalitis se debe distinguir la **encefalopatía** (*v.*), que tiene muy diversas causas.

encéfalo (al. *Gehirn*; fr. *encéphale*; ingl. *brain*; it. *encefalo*)

Centro de recolección y distribución de todos los impulsos sensitivos y motores y sede de elaboración de todas las funciones psíquicas. Junto con la **médula espinal** (*v.*), el encéfalo constituye el **sistema nervioso** (*v.*) central. Ambos se encuentran encerrados en cavidades óseas, cubiertos por tres envolturas, las **meninges** (*v.*), entre las que circula el *líquido cefalorraquídeo*; estas formaciones tienen la

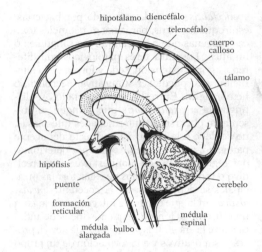

hipotálamo   diencéfalo
                           telencéfalo
                                cuerpo
                                calloso

                                    tálamo

hipófisis

puente   cerebelo

formación
reticular
                              médula
                              espinal
      médula bulbo
      alargada

Anatomía del encéfalo. Romboencéfalo: bulbo, puente, cerebelo; mesencéfalo: formación reticular; proencéfalo: diencéfalo, telencéfalo.

tarea de proteger a los órganos nerviosos de golpes y compresiones. Encerrado en la caja del cráneo, el encéfalo es la parte más voluminosa del sistema nervioso central.

1] ANATOMÍA. Desde el punto de vista anatómico, procediendo de los segmentos inferiores a los superiores, como prevé la esquematización que adoptó G. Girotti, encontramos:

a] *El romboencéfalo*: está constituido por dos formaciones en directa continuidad con la médula espinal: el *bulbo* y el *puente*. Situado dorsalmente a éstos encontramos el *cerebelo*, del que dependen el control muscular, la coordinación de los movimientos y, en parte, la conservación del equilibrio. Cuando se daña, estas funciones habituales se vuelven extremadamente difíciles, o hasta imposibles.

b] *El mesencéfalo* o *istmo del cerebro*: es un breve segmento en el que el puente se prolonga hacia arriba. Su tarea es controlar esos tipos de comportamiento interno sobre los que tenemos escaso o nulo control voluntario, como la respiración, el latido cardiaco y la digestión. Una estructura del istmo del encéfalo, la **formación reticular** (*v*.), conocida también como *sistema activante reticular* o *sistema reticular activador ascendente*, posee conexiones con la corteza cerebral y recibe estímulos de los órganos de los sentidos. Se considera que

es importante en la conservación del estado de alerta de la corteza. En su conjunto, el bulbo, el puente o protuberancia, el mesencéfalo y el diencéfalo forman una especie de cordón denominado *tronco del encéfalo* o *tallo encefálico*.

c] *El proencéfalo*, denominado también *cerebro*: está compuesto por el diencéfalo y el telencéfalo. El *diencéfalo* está formado por dos **tálamos** (*v*.), que son masas de sustancia gris, una por cada lado, y por el **hipotálamo** (*v*.), que es un estrato aplanado que une por debajo a ambos tálamos. El *telencéfalo* es la parte mucho más desarrollada en el hombre; tiene la forma de un gran ovoide subdividido, por una estrecha y profunda cisura longitudinal, en dos **hemisferios cerebrales** (*v*.), cada uno de los cuales está constituido en su interior por sustancia blanca, por una masa gris situada hacia la base, al lado del tálamo, llamada *cuerpo estriado*, y por sustancia gris que se extiende a lo largo de toda la superficie del hemisferio como un estrato de revestimiento, llamada **corteza cerebral** (*v*.). Cada hemisferio está dividido en varios *lóbulos* separados por cisuras más o menos profundas, pero con continuidad directa entre sí (*v*. **corteza cerebral**). La funcionalidad del encéfalo supera las simples actividades de las que están encargadas sus diversas partes gracias a otros numerosos centros y formaciones que tienen valor de enlace, de control, de integración y de elaboración, sin los cuales no serían posibles las actividades superiores.

2] EVOLUCIÓN. Desde el punto de vista evolutivo es posible visualizar el encéfalo como compuesto por tres estratos concéntricos.

a] *El núcleo central*, que incluye partes del romboencéfalo, del mesencéfalo, del tálamo y del hipotálamo, de los que dependen procesos vinculados a la sobrevivencia, como la respiración, el metabolismo, la regulación de las glándulas endocrinas y el mantenimiento de la **homeostasis** (*v*.), que asegura una temperatura corporal normal, una concentración salina estándar en la sangre, un latido cardiaco y una presión arterial regulares. Los elementos que garantizan la homeostasis, concebidos como estructuras sensibles a las modificaciones químicas o de otro tipo que representan informaciones provenientes del resto del cuerpo, están en íntima conexión con la formación reticular, que mantiene el estado de activación del organismo.

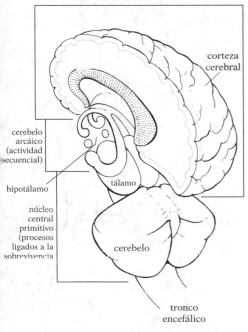

nuevo cerebro
(procesos mentales superiores)

corteza
cerebral

cerebelo
arcáico
(actividad
secuencial)

hipotálamo

tálamo

núcleo
central
primitivo
(procesos
ligados a la
sobrevivencia

cerebelo

tronco
encefálico

Los estratos del encéfalo humano desde el punto de
vista evolutivo.

b] El cerebro arcaico, o *paleoencéfalo*, que
está constituido por estructuras situadas a
lo largo del margen más interno de los hemisferios cerebrales: la paleocorteza o corteza primitiva, hoy conocida como **sistema
límbico** (*v.*), que regula las *actividades secuenciales*, como la alimentación, el ataque,
la fuga, el acoplamiento, que tienen lugar
en secuencias temporales más o menos amplias.

c] El nuevo cerebro, o *neoencéfalo*, constituido por la *corteza cerebral*, que controla los
procesos mentales superiores, como el pensamiento, el aprendizaje, la discriminación, la
elección, y los aspectos más flexibles o menos
estereotipados del comportamiento.

BIBLIOGRAFÍA: Benedetti, G. (1969); Girotti, G.
(1972).

encefalopatía (al. *Enzephalopathie*; fr.
encéphalopathie; ingl. *encephalopathy*;
it. *encefalopatia*)

Término general que denota diferentes formas de enfermedad del encéfalo entre las
cuales, además de la **encefalitis** (*v.*), que es
un proceso inflamatorio, las más significativas son:

1] La encefalitis hipertensiva, trastorno cerebral difuso debido a un aumento de la presión
endocraneana que se inicia con perturbaciones
visuales, afasia o hemiplejia, para después continuar con cefalea, vómito, convulsiones y coma. Cuando es crónica está caracterizada por
modificaciones de la personalidad, pobreza de
juicio y angustia.

2] La *encefalopatía por plomo*, debida a envenenamiento crónico (*v.* **plomo, intoxicación con**).

3] La *encefalopatía del boxeador*, debida a
repetidos traumas que dejan un daño cerebral caracterizado por lentitud en la ideación, pobreza en la concentración, temblores, disartria y, en algunos casos, rigidez
parkinsoniana. Pueden aparecer episodios
psicóticos con delirios de celos o depresión,
mientras son más frecuentes la irritabilidad
y las explosiones de cólera inmotivada. Desde el punto de vista anatomopatológico se
registra un engrosamiento de la bóveda craneana, áreas de atrofia cerebral, especialmente en las regiones frontales, y pequeñas
hemorragias puntiformes del tronco encefálico.

4] La *encefalopatía de enlace porta-cava*. En la
cirrosis hepática se puede formar un enlace o
anastomosis entre la vena porta y la vena cava,
de modo que falta la neutralización metabólica
del amoniaco, con los consiguientes fenómenos
neuropsiquiátricos debidos a un aumento de
amoniemia con efectos neurotóxicos.

5] La *encefalopatía postraumática* debida a
lesiones del cerebro, que incluye cefalea persistente, fosfenos, vértigo, reducción de la memoria, escasa capacidad de concentración y
fatiga mental y física.

6] La *encefalopatía de Wernicke*, que se manifiesta en el bebedor crónico (*v.* **alcoholismo**) por una grave carencia de vitaminas del
grupo B. Se manifiesta con confusión mental,
agitación motriz, principios de delirio persecutorio y alucinaciones.

encopresis (al. *Enkoprese*; fr. *encoprésie*; ingl. *encopresis*; it. *encopresi*)

Defecación involuntaria e incontrolada que, en niños que superaron los 2 o 3 años, si no tiene una causa orgánica, como la debilidad del esfínter, es de naturaleza psicógena debida a carencias afectivas o a relaciones inadecuadas con las figuras parentales.

encuesta
v. OPINIÓN; CUESTIONARIO.

enculturación
v. CULTURA, § 4.

endocrino, psicosíndrome
v. PSICOORGÁNICO, SÍNDROME, § 3.

endocrino, sistema (al. *Endokrinsystem*; fr. *système endocrinien*; ingl. *endocrine system*; it. *sistema endocrino*)

Sistema regulador de muchas funciones corporales mediante la producción de sustancias específicas, llamadas *hormonas*, que llegan de las sedes de producción a las de acción por el torrente sanguíneo. Los elementos del sistema endocrino pueden tener organizaciones diferentes: órganos endocrinos (glándulas), tejidos o células únicas dispersas en compañía de otros órganos. Las principales estructuras endocrinas son:

1] LA HIPÓFISIS. Enlazada mediante muchas vías nerviosas al **hipotálamo** (*v.*), la hipófisis es, de las glándulas endocrinas, la más importante, porque regula también la activación de otras muchas. Sus funciones, muy diferenciadas, se pueden remontar a la tripartición anatómica con que se suele considerarla.

a] *Hipófisis anterior o adenohipófisis*: ejerce un continuo control sobre otras glándulas mediante diferentes hormonas tróficas destinadas a ello, como la *somatotropina* (STH), u hormona del crecimiento (GH), que favorece el crecimiento mediante la estimulación del tejido esquelético, muscular, hepático, intestinal, renal. A su hipoactividad se debe el **enanismo** (*v.*), mien-

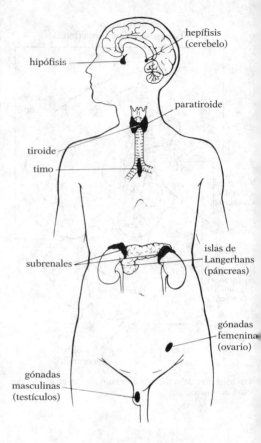

Posición de las glándulas endócrinas.

tras que a su hiperactividad corresponde el **gigantismo** (*v.*); la *tirotropina* (TSH), que estimula la secreción de las hormonas tiroideas; la *corticotropina* (ACTH), que tiene la tarea de mantener la funcionalidad suprarrenal; las *gonadotropinas*, que abarcan la hormona *fólico-estimulante* (FSH), que en los ovarios es responsable del crecimiento de los folículos y en los testículos de la estimulación de la espermatogénesis. En casos de hipoactividad hay manifestaciones de amenorrea y de falta de espermatogénesis. Asimismo determina la producción de la hormona *luteinizante* (LH), que en la mujer preside la maduración del folículo, la ovulación y la formación del cuerpo lúteo, mientras que en el hombre, junto con la FSH, regula la función testicular, por lo que es conocida como ICSH (hormona estimulante de las células intersticiales); de la *prolactina* (LTH), que es una hormona que actúa en las glándulas mamarias, provocando la producción y la secreción de la leche.

b] *Hipófisis posterior o neurohipófisis*: está ricamente inervada por el hipotálamo, cuyas neuronas (núcleos paraventriculares y supraóptico) sintetizan dos hormonas, transportadas después, a lo largo de los axones, hasta la neurohipófisis. Esas hormonas son la *oxitocina*, que actúa sobre la musculatura lisa del útero provocando la contracción (de aquí su importancia durante el parto) y sobre las glándulas mamarias, estimulando la actividad secretora y favoreciendo la producción de leche (su acción en el macho se ignora); y la *vasopresina* (ADH), la hormona antidiurética que regula el metabolismo hídrico del organismo mediante la concentración de la orina debida a la mayor reabsorción de agua en el nivel renal. Desarrolla además un efecto vasoconstrictor.

c] *Hipófisis intermedia*: es la sede de producción de la *melatropina* (MSH), responsable de la pigmentación de la piel. Se conjetura que actúa mejorando la adaptación del ojo a la oscuridad y a la síntesis de la púrpura visual.

2] LA TIROIDES. Está bajo el control hipofisiario por lo que se refiere a la producción y a la liberación de *triiodotironina* (T_3) y *tiroxina* (T_4), dos hormonas que ejercen su acción en el metabolismo, en el crecimiento, en el desarrollo y en la morfogénesis. La hipofuncionalidad de la tiroides (*hipotiroidismo*) en la edad infantil provoca graves consecuencias: interrupción del crecimiento, del desarrollo corporal y, con frecuencia, retraso mental (*v.* **cretinismo**); en la edad adulta causa cambios en el aspecto físico, torpeza mental y disminución de los valores del metabolismo basal. La hiperfuncionalidad (*hipertiroidismo*), al contrario, provoca un aumento de los valores del metabolismo basal y de otros parámetros, con el consiguiente adelgazamiento e hiperexcitabilidad nerviosa. Un tipo especial de células presentes en el tejido tiroideo, llamadas C, producen la *calcitonina* (o tirocalcitonina), que secretan también las glándulas paratiroideas. La síntesis y la liberación de esta hormona están reguladas por la calcemia, cuyo aumento es llevado a la normalidad por acción de la misma calcitonina.

3] LAS PARATIROIDES. Producen dos hormonas: la *paratohormona* (PTH) y la *calcitonina* (también producida por la tiroides), principales responsables, junto con la vitamina D, del control de la homeostasis del calcio y del fosfato en el organismo. Los efectos de estas dos hormonas en la calcemia son antagonistas.

4] LOS ISLOTES DE LANGERHANS. Representan la parte endocrina del páncreas y son la sede de la síntesis de dos hormonas: la *insulina* que, producida por las células β, es la única hormona de acción hipoglucemiante que influye, no sólo en el metabolismo de las glucosas, sino también de las grasas y las proteínas (su carencia causa la diabetes mellitus); y el *glucagón* que, producido por las células, es hiperglucemiante y, en general, antagonista de la insulina también para los demás parámetros metabólicos.

5] LAS SUPRARRENALES. Están constituidas por una parte *cortical* y por una *medular*, que tienen funciones endocrinas muy diferentes:

a] *La corteza* está bajo control de la hipófisis y produce una serie de hormonas, estructuralmente semejantes, pero con preponderancia funcional diferente. Los *glucocorticoides*, entre ellos el cortisol, y los *mineralcorticoides*, entre ellos la aldosterona, son capaces de influir de la misma manera en numerosos parámetros del organismo; sin embargo se dividen en los dos grupos puesto que los primeros muestran efectos más marcados en el metabolismo glucídico (hiperglucemia), mientras que los segundos regulan sobre todo el balance hídrico-salino, favoreciendo la reabsorción de los iones de sodio. Los *corticosteroides*, gracias a sus múltiples funciones, confieren capacidad para afrontar situaciones de **estrés** (*v.*) y para adaptarse a las condiciones más diversas. Además se utilizan en medicina como antiinflamatorios e inmunosupresores. Aparte de los corticoides, el tejido cortical también produce modestas cantidades de hormonas sexuales, tanto masculinas como femeninas.

b] *La médula* se puede considerar una extensión del sistema nervioso en el sentido de que en ella un estímulo nervioso se convierte directamente en un estímulo hormonal. Esta glándula endocrina produce dos catecolaminas: la *adrenalina* y la *noradrenalina*, que influyen sobre diferentes parámetros, como la presión arterial y el metabolismo lipídico y glucídico; su acción en el tejido patognomónico (activación o inhibición) está determinada por el tipo de receptor (α o β) que es estimulado, de modo que la distribución de tales receptores en los tejidos decide el tipo de respuesta. La adrenalina es liberada también en circunstancias de estrés, permitiendo un aumento inmediato de la actividad muscular como respuesta a la situación de emergencia (fuga o combate). Asimismo es un **neurotrasmisor** (*v.*).

6] LAS GLÁNDULAS SEXUALES. Llamadas también *gónadas*, se distinguen en masculinas y femeninas.

a] Los *testículos* son las gónadas masculinas que producen, bajo el control de la hipófisis, los *andrógenos* u hormonas sexuales masculinas, las más importantes de las cuales son la *testosterona* y la *androsterona*. De éstas dependen el desarrollo y la maduración de los órganos sexuales, la aparición y la persistencia de los caracteres sexuales secundarios. Los testículos también sintetizan pequeñas cantidades de hormonas femeninas.

b] Los *ovarios* son las gónadas femeninas que producen, bajo el control de la hipófisis, los estrógenos y los progestínicos. Los *estrógenos* son responsables de la aparición de los caracteres sexuales secundarios; además son indispensables para las funciones de los órganos sexuales y, en especial, para las modificaciones periódicas características como el ciclo menstrual. La liberación de estas hormonas, producidas por las células del folículo de Graaf, tiene un funcionamiento cíclico. Los *progestínicos*, representados principalmente por la *progesterona*, que es la hormona de la gravidez, son producidos por el cuerpo lúteo durante la segunda mitad del ciclo menstrual, pero son liberados inmediatamente antes de la ovulación y tienen la tarea de preparar la mucosa uterina para la anidación del huevo fecundado y el eventual mantenimiento de la gravidez. Si no se presenta el implante del huevo la producción de progesterona disminuye, llevando al acontecimiento menstrual. También la progesterona sigue una función cíclica. El cuerpo lúteo produce asimismo una hormona no esteroide, la *relaxina*, que causa la relajación de la sínfisis pubiana: su importancia podría limitarse únicamente al período del parto. Los ovarios sintetizan también pequeñas cantidades de hormonas sexuales masculinas.

c] *La placenta* es una formación endocrina que aparece y funciona solamente durante la gravidez. Produce la *gonadotropina coriónica humana* (HCG), cuyo efecto se superpone al del LH hipofisiario, por lo tanto sostiene la función del cuerpo lúteo que continuará produciendo progesterona. Además es capaz de producir directamente las hormonas sexuales femeninas.

7] EPÍFISIS. También denominada *glándula pineal*, produce la *melatonina*, cuyos efectos no son bien conocidos. Inhibe la actividad de las gónadas, impidiendo probablemente la liberación de las gonadotropinas. La liberación cíclica de melatonina sigue un ritmo circadiano y uno estacional, que influye en el ritmo de muchas funciones biológicas.

8] EL TIMO. Es un órgano que alcanza el máximo desarrollo durante la vida embrionaria y la infancia, hasta el período de la pubertad; posteriormente inicia una lenta involución que dura el resto de la vida. Sólo recientemente se aislaron sustancias activas desde el punto de vista endocrino, entre ellas la *timosina*, que estimula procesos relacionados con el desarrollo del sistema inmunitario y que presenta actividad antagonista con el ACTH y con las gonadotropinas. Esta observación podría explicar la correlación temporal entre involución del timo y pubertad.

9] HORMONAS DE LOS TEJIDOS. Son numerosas sustancias con acción reguladora que no son producidas por una glándula endocrina específica y no presentan una relevante funcionalidad patognomónica. Entre las principales están:

a] *las prostanglandinas*, grupo de sustancias producidas en su mayor parte en las células y que desarrollan acciones biológicas múltiples en varios aparatos;

b] *las hormonas gastrointestinales*, producidas por células endocrinas de la mucosa gástrica e intestinal y regulan funciones motrices y secretoras del estómago, del intestino, del hígado, del sistema biliar y del páncreas, entre ellas la *gastrina*, la *secretina*, la *pancreocimina*;

c] *la angiotesina*, que tiene fuerte efecto de vasoconstricción, influye en el metabolismo renal y estimula el suprarrenal;

d] *las quininas*, entre ellas la *bradiquinina*

que tiene un fuerte efecto vasodilatador, por lo que disminuye la presión sanguínea;

e] *la serotonina* que, además de ser un mediador sináptico del sistema nervioso central, tiene efecto en la mucosa intestinal, en los vasos sanguíneos y es liberada durante la coagulación de la sangre;

f] *los autocoides*, hormonas locales que sirven para la comunicación entre las células. Pueden estimular el crecimiento y la diferenciación, además actúan como agentes quimiotácticos. Entre éstos figura el *factor de crecimiento de los nervios* (NGF).

10] EL SISTEMA NERVIOSO CENTRAL VEGETATIVO. El sistema nervioso central y el sistema nervioso vegetativo (*v.* **nervioso, sistema**) albergan los mediadores químicos o **neurotrasmisores** (*v.*) que actúan en el nivel intersináptico trasmitiendo el impulso de una neurona a otra. Las interrelaciones entre sistema nervioso y sistema endocrino, objeto de estudio de la *neuroendocrinología*, se vuelven evidentes, entre otras cosas, en las reacciones a las llamadas situaciones de estrés, como traumas, exigencias emotivas, temperaturas extremas, infecciones, etc., con una movilización de los recursos del organismo mediante los centros hipotalámicos y que a la vez interactúa con la actividad de la hipófisis, vinculada anatómica y funcionalmente con el hipotálamo. El predominio funcional de determinada constelación hormonal en cada uno de los individuos es decisivo en la constitución y en el temperamento individual.

endogamia-exogamia (al. *Endogamie-Exogamie*; fr. *endogamie-exogamie*; ingl. *endogamy-exogamy*; it. *endogamia-esogamia*)

Términos utilizados en antropología para explicar la estructura del parentesco basándose en el principio de la legitimidad del apareamiento dentro del grupo social (*endogamia*) o fuera del mismo (*exogamia*). Lo introdujo J. F. McLennan. El concepto de endogamia lo tomó S. Freud, quien articuló en torno a él el trasfondo antropológico del **tabú** (*v.*, § 4) del incesto alrededor del cual gira la dinámica del **complejo de Edipo** (*v.*): "Mi punto de partida fue la llamativa coincidencia entre los dos tabúes decretados por el totemismo –el de no matar al tótem

y el de no usar sexualmente a ninguna mujer del mismo clan totémico– y los dos contenidos del complejo de Edipo –el de eliminar al padre y tomar por mujer a la madre. Así nos vimos tentados a equiparar el animal totémico al padre, cosa que por lo demás hacen expresamente los primitivos al venerarlo como el antepasado del clan. [...] Y tomando en consideración la conjetura de Darwin, para quien los seres humanos vivieron originariamente en hordas, cuyo jefe era un único macho, fuerte, violento y celoso, a partir de todos esos componentes se formó en mí la hipótesis –o la visión, como preferiría decir– del siguiente proceso: El padre de la horda primordial, como déspota irrestricto, había acaparado a todas las mujeres, asesinando o expulsando a los hijos peligrosos como rivales. Pero un día estos hijos se reunieron, lo vencieron, asesinaron y comieron en común, pues él había sido su enemigo, pero también su ideal. Tras el asesinato no pudieron entrar en posesión de su herencia, pues se estorbaban unos a otros. Bajo el influjo del fracaso y del arrepentimiento aprendieron a soportarse entre sí, se ligaron en un clan de hermanos mediante los decretos del totemismo, destinados a excluir la repetición de un hecho como aquel, y renunciaron en conjunto a la posesión de las mujeres por quienes habían asesinado al padre. En lo sucesivo debían buscar mujeres extranjeras; he ahí el origen de la exogamia, estrechamente enlazada con el totemismo. El banquete totémico era la celebración recordatoria de aquel asesinato enorme, del que nació la conciencia de culpa de la humanidad (el pecado original) y con el cual se iniciaron la organización social, la religión y la limitación ética" (1924 [1976: 62, 63 y 64]). Por lo que se refiere a las implicaciones teóricas relacionadas con este paso *v.* **antropología**, § 1 y **tótem**, § 2.

BIBLIOGRAFÍA: Freud, S. (1912-1913); Freud, S. (1924); Lévi-Strauss, C. (1947); McLennan, J.F. (1885); Montefoschi, S. (1982).

endógeno-exógeno (al. *Endogen-exogen*; fr. *endogène-exogène*; ingl. *endogenous-exogenous*; it. *endogeno-esogeno*)

Oposición conceptual utilizada en psiquiatría para indicar la causa interna (*endógena*) o externa (*exógena*) de un trastorno psíquico. El concepto de endógeno lo introdujo P.J. Moebius con el significado de *disposición congénita*, por lo que "cuando se puede demostrar o sospechar una causa fundamental que desde afuera penetra en el individuo, determinando la enfermedad, tenemos una enfermedad exógena. Cuando sólo existen condiciones cuantitativamente variables, la causa fundamental debe residir en el individuo y consistir en una disposición congénita, por lo cual hablamos de una enfermedad endógena" (1894: 7). El concepto de Moebius se deriva de la teoría de la **degeneración** (*v.*) vinculada a la teoría de la herencia.

Superada la teoría de la degeneración, el concepto de endógeno entra en una complejidad conceptual que K. Jaspers trata de aclarar en estos términos: "Los conceptos de 'endógeno' y 'exógeno' tienen un significado diferente según que sean utilizados sólo para las enfermedades físicas o psíquicas. Todos los factores que son exógenos para las enfermedades físicas (venenos, bacterias, clima) lo son también para las enfermedades psíquicas, pero, respecto a la disposición psíquica, llamamos exógenas asimismo a las enfermedades físicas y hasta las afecciones cerebrales somático-endógenas" (1913-1959: 490). Respecto a la psique, en efecto, externo, y por lo tanto exógeno, no sólo es el mundo sino también el soma. Por lo que se refiere a la expresión *disposición psíquica*, identificada con "endógeno", Jaspers aclara: "Se debe distinguir entre disposición (*Anlage*) congénita y disposición (*Disposition*) adquirida [...] entre disposición (*Anlage*) visible y disposición (*Disposition*) invisible. [...] Se debe diferenciar, finalmente, entre disposición (*Veranlagung*) física y psíquica. [...] ¿Pero cómo llegamos a momentos de disposición que no se hayan construido casuísticamente, sino que sean de importancia real? Sólo estudiando la disposición en familias completas. Dos factores nos guiarán en esto: la variación individual y la transmisión hereditaria" (1913-1959: 488-489).

Al conjuntar la herencia y la variación individual se obtiene la categoría del "típico", desarrollada por H. Tellenbach, que se asume como tercer campo de causalidad junto a lo somático y a lo psíquico: "Junto al soma y a la psique ahora se toma en consideración un 'endón' como 'tercer campo causal'. Su característica es, desde el principio, extremamente incierta. Esto da la impresión de que pertenece a la región del soma pero más bien como un 'como' y no

como una 'cosa' de la corporeidad." Lo endógeno, que perdura como lo que "en el suceder temporal del proceso del devenir, queda igual a sí mismo [...] es lo estable, lo que, aunque llevado por el fluir de la vida, permanece en el deber-ser-así, en el no-poder-huir-de-sí. [...] Y así entendemos por endógeno aquello que surge como unidad del carácter fundamental en cada cosa que sucede en la vida" (1961: 67-68). En tal caso, si en la acepción de Moebius y en la de Jaspers "endógeno" podía todavía contraponerse a exógeno, en la de Tellenbach se vuelve una región en sí mismo, junto con la región psíquica y la somática en la que se funda, pero de la que también se distingue.

BIBLIOGRAFÍA: Gaston, A. (1987); Jaspers, K. (1913-1959); Moebius, P.J. (1894); Tellenbach, H. (1961).

endomorfismo
v. TIPOLOGÍA, § 1, *c.*

endomusia (al. *Endomusie*; fr. *endomusie*; ingl. *endomusia*; it. *endomusia*)

Evocación mental de una melodía. En ocasiones el término se utiliza para indicar un tipo de pensamiento obsesivo.

endorfina (al. *endorphine*; fr. *endorphine*; ingl. *endorphin*; it. *endorfina*)

Transmisor químico endógeno involucrado en el mecanismo del dolor y en los procesos neuronales que se encuentran en la base de los sentimientos de felicidad, ansiedad y placer. La familia de las endorfinas abarca sustancias capaces de reproducir todos los efectos farmacológicos y de comportamiento del opio (*v.* **droga**, § 1), incluidas tolerancia y dependencia física; parece cumplir una función patogénica en los síndromes esquizofrénicos. Cuando los receptores están ocupados por un opiáceo exógeno, como la morfina, por un mecanismo de retroalimentación se suprime la síntesis de los opiáceos endógenos. Se conjetura también que una deficiencia genética de endorfinas puede ser un factor que predisponga a la inclinación por los narcóticos. Además de las endorfinas se deben recordar los neuropéptidos activos como la *leuencefalina* y la *metencefalina*, péptidos de peso molecular más bajo que tienen una acción analgésica.

endoscopía

v. AUTOSCOPÍA.

endotímico, sustrato (al. *endothymischer Grund*; fr. *substrat endothymique*; ingl. *endothymic basis*; it. *substrato endotímico*)

Término que aparece en la teoría de los **estratos** (*v.*, § 4) de la personalidad de P. Lersch para indicar la profundidad instintivo-emocional de la psique que condiciona el *sentimiento de la vida* en términos de serenidad, discreción, melancolía y ansiedad, el *sentimiento de sí* y, por lo tanto, las capacidades y el valor propios, los *impulsos del ánimo* influidos por la valoración de los datos ambientales. El sustrato endotímico puede ser controlado por la voluntad y por el pensamiento, que representan el estrato superior de la vida psíquica.

BIBLIOGRAFÍA: Lersch, P. (1938).

energía psíquica

v. LIBIDO.

enfermedad mental

v. PSIQUIATRÍA Y PSICOPATOLOGÍA.

enfermedad mental (al. *Geisteskrankheit*; fr. *infirmité mentale*; ingl. *insanity of mind*; it. *infermità mentale*)

Término que se utiliza en el ámbito de la **psicología forense** (*v.*) para referirse a la *enfermedad mental*, de competencia psiquiátrica y psicopatológica, y a la anomalía psíquica (*v.* **anomalía**) por lo que se refiere a los rasgos de comportamiento que se apartan de la norma sistemática, y no ocasionalmente, con la consiguiente limitación de la capacidad de proveer a la propia persona y a los propios bienes.

engrama (al. *Engramm*; fr. *engramme*; ingl. *engram*; it. *engramma*)

Huella mnésica –que conjeturó R. Semon en 1908– depositaria de cierto contenido informativo y conservada en el tejido nervioso en forma de "neurograma" por efecto de las modificaciones del "sustrato orgánico" causadas por estímulos que lo predisponen a responder siempre de la misma manera ante el mismo estímulo. Semon conjeturó que el complejo de todos los engramas adquiridos constituye la base de la memoria, donde todo lo que fue pensado, vivido o experimentado se mantiene en condiciones de disponibilidad, listo para emerger y regresar a la memoria con una simple evocación. Se supone que la base neurofisiológica que permite el proceso mnemónico puede consistir en modificaciones sinápticas bajo la forma de intercambios microestructurales de las sinapsis de las células cerebrales. Los engramas serían los módulos codificados de todas estas modificaciones sinápticas. Cuando estos módulos son activados llevan a la formación de impulsos, que son copias de los módulos responsables de la experiencia original, y que están disponibles para una decodificación y, por lo tanto, una reutilización para los fines de la memoria. En este cuadro hipotético sólo se sabe hoy con certeza la importante función atribuida al ácido ribonucleico (ARN), responsable de una síntesis específica de la que dependen el desarrollo sináptico y la consiguiente activación de la **memoria** (*v.*, § 1, 4, *a*). El concepto de engrama se ha utilizado en psicoanálisis y psicología analítica para explicar la memoria inconsciente y los procesos asociativos.

1] PSICOANÁLISIS. Según S. Freud la huella mnémica no es una imagen de la cosa, sino su transcripción en el aparato neuronal, donde los engramas son depositados en diferentes sistemas y en relación con otras huellas vinculadas entre sí por simultaneidad, causalidad y sucesión cronológica. Estos sistemas están en la base de las cadenas asociativas, mientras su grado de accesibilidad a la conciencia depende de la reactivación favorecida por el **investimiento** (*v.*), el contrainvestimiento y el desinvestimiento. Esta concepción se basa en la distinción que efectuó

Freud entre **representación** (*v*.) y monto de **afecto** (*v*.), por lo que en principio todos los recuerdos son transcritos, pero su evocación depende de la forma en que sean investidos: "...en las funciones psíquicas cabe distinguir algo (monto de afecto, suma de excitación) [...] que es susceptible de aumento, disminución, desplazamiento y descarga, y que se difunde por las huellas mnémicas de las representaciones como lo haría una carga eléctrica por la superficie de los cuerpos" (1894 [1976: 61]). La teoría de la huella mnémica obligó a Freud a establecer una incompatibilidad entre conciencia y memoria: "nos resulta difícil creer que esas huellas permanentes de la excitación puedan producirse asimismo en el sistema *Pcc*. Si permanecieran siempre concientes, muy pronto reducirían la aptitud de este sistema para la recepción de nuevas excitaciones; y si por el contrario devinieran inconcientes, nos enfrentarían con la tarea de explicar la existencia de procesos inconcientes en un sistema cuyo funcionamiento va a compañado en general por el fenómeno de la conciencia. Entonces no habríamos modificado ni ganado nada, por así decir, con esta hipótesis nuestra por la cual remitimos el devenir-conciente a un sistema particular. Aunque esta consideración carezca de fuerza lógica concluyente, puede movernos a conjeturar que para un mismo sistema son inconciliables al devenir-conciente y el dejar como secuela una huella mnémica" (1920 [1976: 25]).

2] PSICOLOGÍA ANALÍTICA. C.G. Jung utiliza el concepto de engrama para explicar la memoria inconsciente: "El inconsciente, considerado el campo histórico de la psique, contiene en forma concentrada la serie completa de engramas que desde tiempos inmemoriales condicionaron la estructura actual de la psique. Los engramas no son otra cosa que huellas funcionales que indican la frecuencia y la intensidad máximas de acuerdo con las cuales ha funcionado generalmente la psique humana. Estos engramas funcionales se presentan como motivos y figuras mitológicas que se verifican –en ocasiones idénticas, en otras muy semejantes– en todos los pueblos, y que también se pueden reconocer fácilmente en los materiales inconscientes del hombre moderno" (1921: 176).

BIBLIOGRAFÍA: Adams, A.E. (1971); Bussmann, H. (1971); Freud, S. (1887-1902); Freud, S. (1895); Freud, S. (1920); Jung, C.G. (1921); Semon, R. (1908).

enseñanza (al. *Unterricht*; fr. *enseignement*; ingl. *teaching*; it. *insegnamento*)

Aspecto de la educación orientado a la formación intelectual y mental del individuo. Las contribuciones más significativas de la psicología en este campo se deben a la escuela conductista de B.F. Skinner, quien sentó las bases teóricas para la enseñanza programada, y a la informática, que proporcionó modelos y procedimientos para la instrucción computarizada.

1] LA INSTRUCCIÓN PROGRAMADA. Esta forma de instrucción puede ser descrita así: el alumno, mediante procedimientos de enseñanza (métodos didácticos) dispuestos de antemano por el maestro, alcanza determinados objetivos que se confrontan, mediante procedimientos de control, con los objetivos propuestos por el maestro. De tal evaluación se deriva una retroalimentación (*v*.) de los procedimientos de instrucción que implica su revisión y un nuevo ajuste, de manera que los objetivos alcanzados tiendan a identificarse cada vez más con los propuestos. Siguiendo la esquematización que propuso M. Goppo, la instrucción programada prevé: *a*] la subdivisión de la disciplina a aprender en pequeñas partes (*frame*), llamadas también *encuadres* o *tramos*, que representan las unidades elementales de un programa, dispuestas en forma lógica, con introducción gradual de nuevo material poco a poco y retomando del anterior para asegurar la asimilación; *b*] la inmediata verificación de la exactitud de la respuesta que actúa como refuerzo para fijar la noción en la memoria. En caso de fracaso el alumno no es reforzado y debe repetir el *tramo* (*frame*), basándose en la teoría subyacente a este procedimiento, que es la del condicionamiento operante (*v*. **aprendizaje**, § I, 2); *c*] la participación activa del estudiante que se puede obtener con un programa que atraiga su interés y que se desarrolle según el ritmo de su aprendizaje; *d*] la revisión del programa de acuerdo con los resultados alcanzados. Las reglas fundamentales para una buena programación son la *significación* de los contenidos propuestos, la *racionalidad* de su sucesión, el *interés* del estudiante, la *revisión* de la validez del programa, la *evaluación* de los objetivos alcanzados usando tests de adquisición incorporados en el mismo programa.

Del método de Skinner se distingue el de N.A. Crowder, que utiliza unidades largas con preguntas y respuestas breves de opción múltiple, para permitirle al estudiante una mayor autonomía. Desde el punto de vista de la orientación psicológica del método de Skinner, basado en la teoría *conductista* del estímulo-respuesta, subraya la importancia del refuerzo, dado por el conocimiento inmediato del resultado, por la estabilización de ciertas orientaciones de la conducta y por la creación de automatismos que permiten maximizar el logro y minimizar los errores, considerando desviante el principio según el cual "echando a perder se aprende". El método de Crowder, en cambio, se apoya en la teoría de la informática (*v.* **información, teoría de la**), donde se alberga una concepción positiva del error, que tiene la función de estimular la reflexión y activar la capacidad del juicio, desarrollando un aprendizaje de tipo racional y cognoscitivo, más que de tipo mecánico. Crowder afirma también que el objetivo de su modelo de enseñanza programada no es tanto ofrecer un refuerzo cuanto determinar si se logró la comunicación, porque en caso de que fallase es posible introducir etapas correctivas de manera que se realice el proceso.

Parte de las formas de instrucción programada es el *mastery learning*, expresión inglesa que puede traducirse como "aprendizaje por dominio". Se refiere a una técnica de instrucción individualizada que prevé la subdivisión de las disciplinas en unidades didácticas, con el pronóstico previo de los tiempos necesarios para alcanzar el dominio de cada una de ellas, la determinación de los objetivos cognoscitivos que se quieren alcanzar, con la consiguiente disposición de los materiales didácticos construidos en función de los contenidos informativos que se quiere hacer aprender, el control de las aptitudes adquiridas después de determinado período del recorrido didáctico, y la fase de recuperación, con la previsión de itinerarios alternativos para quien no superó una prueba de control. Al final está prevista una prueba terminal que comprueba los *desempeños* que el estudiante realizó y superó en las fases intermedias del *mastery learning*.

2] LA INSTRUCCIÓN COMPUTARIZADA. Esta forma de enseñanza prevé que el estudiante, después de observada la imagen o escuchado el mensaje, elabore una respuesta que retransmite a la computadora para su evaluación. Si la respuesta es correcta la computadora le presenta la siguiente pregunta, pero si es errónea le presenta un material correctivo adecuado. La computadora representa la fase más avanzada en la serie de las *máquinas de enseñar*, que van desde la televisión de circuito cerrado hasta las máquinas de respuesta única, con un mínimo de exposición y un máximo de participación activa por parte de quien aprende. Skinner, quien ideó la primera máquina de enseñar, la preparó basándose en el método de la construcción de la respuesta por parte del estudiante, más que en el del reconocimiento, por lo que cuando la máquina le muestra el error al estudiante no debe comunicarle simultáneamente la respuesta correcta, porque sólo construyéndola logrará memorizarla.

La enseñanza computarizada tiene su centro en el programa (v. **programación**, § 1); se distingue un programa *lineal* que prevé una sucesión de un *tramo* al otro, independientemente de la solución dada, y un programa *ramificado*, que prevé la presentación de respuestas alternativas con pasajes sucesivos que dependen de la respuesta que proporcionó el estudiante. También en la instrucción computarizada se requiere: *a*] la *participación activa* del estudiante que, al interactuar con la máquina, "aprende trabajando"; *b*] el *regreso de la información* (*retroalimentación*) mediante el cual el estudiante sabe de inmediato si su respuesta es correcta; *c*] la *individualización de la instrucción* que permite que cada uno aprenda su propio ritmo, retrocediendo o avanzando con base en sus fases personales de aprendizaje.

BIBLIOGRAFÍA: Boscolo, P. (1986); Block, J.H. y L.W. Anderson (1978); Bruner, JH.S. (1966); Crowder, N.A. (1958); De Montmollin, M. (1967); Fortana Tommasucci, L. (1969); Fry, E.B. (1963); Groppo, M. (1972); Laeng, M. (1970); Skinner, B.F. (1967); Titone, R. (coord.) (1975); Tornatore, L. (1985).

enseñanza (al. *Unterricht*; fr. *enseignement*; ingl. *teaching*; it. *insegnamento*)

Transmisión formalizada de conocimientos que en su conjunto constituyen la instrucción (*v.*); ésta debe distinguirse de la *educación* (*v.* **pedagogía**), en la cual la enseñanza puede figurar poquísimo o no estar presente. La enseñanza, en su acepción específica, presupone la existencia de una cultura escrita y, por lo tanto, la utilización de señales especiales (*in-signum*) que se transmiten con cierta sistematicidad y metodología. Como actitud mediata, consciente, reflexiva e intencional, la enseñanza se ubica más allá de la experiencia directa del entorno, de donde también proceden informaciones y experiencias, pero en forma ocasional o bien simplemente respondiendo a las necesidades más inmediatas de la vida. Se suele articular la enseñanza en cuatro fases:

1] *El análisis de los objetivos*, a partir de los cuales se constituye una jerarquía que, de la ejecución de una tarea que constituye el objetivo, lleva a identificar las **habilidades** (*v.*) de nivel superior que eso implica, y después las evocadas por tales habilidades, hasta llegar a las más simples, que todos los alumnos poseen. Para cada tarea se puede construir, por lo tanto, una jerarquía de enseñanza que tiene en la cima el objetivo final, y que se articula en subobjetivos correspondientes a las habilidades subordinadas. La enseñanza tiene la tarea de hacer aprender y dominar las habilidades que el alumno no conoce, hasta llegar al nivel más alto de la jerarquía. La especificación de los objetivos requiere, por un lado su contextualización, es decir su inserción en una sintaxis; por el otro, su referencia a la situación de la instrucción, porque aprender quiere decir siempre elaborar conocimientos nuevos basándose en la experiencia pasada.

2] *La comprobación del nivel inicial*, que se centra: *a*] en la inteligencia general y en la actitud escolar del alumno mediante el uso de tests que pronostican el resultado escolar; *b*] en los conocimientos y en las habilidades ya adquiridas relativas a un área de estudio; *c*] en el nivel evolutivo de acuerdo con la identificación de prerrequisitos de tipo perceptivo o lingüístico, necesarios para la identificación del nivel de enseñanza. La comprobación de los prerrequisitos para la adquisición de cuanto se enseña es decisiva para los sujetos en condiciones de privación cultural o que presentan retraso mental. Éstos, en efecto, son inevitablemente penalizados por los tests de inteligencia, que son buenos pronosticadores del éxito o el fracaso escolar pero no tienen valor diagnóstico, y no sugieren nada para una eventual acción remedial.

3] *Las condiciones que favorecen la consecución de los objetivos*. Se encuentra en este ámbito el debate sobre la enseñanza expositiva o la enseñanza por descubrimiento, con desplazamiento, en la dinámica del aprendizaje, de la *centralidad* del maestro o del alumno, y el debate de la acción de la modelación cognoscitiva del alumno mediante la interiorización, por parte de este último, de la intervención externa del maestro. La *modelación* no es un condicionamiento, sino más bien una interacción en la que el alumno es conducido progresivamente de una regulación externa de sus facultades cognoscitivas (la guía del maestro) hacia una autorregulación cognoscitiva, adoptando de modo gradual tales actividades como parte de su repertorio. Así, por ejemplo, en el ámbito de la enseñanza de la lectura las habilidades de comprensión del texto no siempre están sometidas a una instrucción directa porque, aun cuando el maestro interviene directamente en la decodificación del signo escrito, por lo que se refiere a la comprensión su intervención tiene un carácter más informal e indirecto.

4] *La evaluación del aprendizaje* está orientada a comprobar si fueron alcanzados los objetivos de un currículo o de un curso de estudio. El problema de la evaluación abrió un nuevo sector de investigación en el ámbito pedagógico, la docimología (*v.*), que trabaja en estrecha relación con la estadística.

BIBLIOGRAFÍA: Autores varios (1976); Boscolo, P. (1986); Crowder, N.A. (1958); Gagné, R.M. (1974); Gattullo, M. (1968); Gil, F (1979); Russo, G. (1968); Skinner, B.F. (1967); Titone, R. (coord.) (1975); Vygotskij, L.S. (1926).

ensoñación
v. FANTASÍA, § 2.

entóptico, fenómeno (al. *Entoptische Erscheinung*; fr. *phénomène entoptique*; ingl. *entoptic symptom*; it. *fenomeno entottico*)

Percepción, en el propio ojo, de procesos que se desarrollan durante la observación y que normalmente no se perciben.

entótico, ruido (al. *Entotische Erscheinung*; fr. *rumeur entotique*; ingl. *entotic symptom*; it. *rumore entotico*)

Percepción auditiva provocada por la estimulación fisiológica del órgano interno, y no por efectos sonoros externos.

entrenamiento (al. *Ausbildung*; fr. *dressage*; ingl. *training*; it. *addestramento*)

Actividad sistemática dirigida a mejorar el conocimiento, la aptitud y la capacidad de los individuos enfocada a su actividad laboral o profesional. Respecto a la educación, el entrenamiento se refiere a un ámbito más circunscrito y a una esfera de acción más específica y práctica. El término, que se aplica sobre todo en la **psicología del trabajo** (*v.*) es adoptado también por la psicología animal para referirse a la adquisición de determinadas conductas por medio del condicionamiento y del refuerzo que premian la conducta deseada y castigan la no deseada (*v.* **aprendizaje**, § I). En el campo humano los mejores resultados se obtienen adaptando las estrategias del entrenamiento a las características específicas de los individuos y a su creatividad. Las nececidades del entrenamiento pueden ser relativas a la organización en su conjunto, a operaciones específicas en el ámbito de la organización, a las diversas exigencias de cada uno de los miembros. Un entrenamiento eficaz debe considerar la distribución en el tiempo de las sesiones del aprendizaje, el carácter total o parcial del contenido a aprender, con la consiguiente subdivisión de las unidades de aprendizaje, el refuerzo que compensa la adquisición hecha, la retroalimentación o conocimiento de los resultados obtenidos para medir la eficiencia de un programa en relación con los objetivos

y con la tipología de los individuos sobre los que se aplicará.

BIBLIOGRAFÍA: Campbell, J.P. (1971); Campbell, J.P. *et al.* (1970); Gagné, R.M. (1965); Martin, H.O. (1977).

entrenamiento autógeno (al. *Autogenes training*; fr. *training autogène*; ingl. *autogenic training*; it. *training autogeno*)

Método práctico de psicoterapia que elaboró el neurólogo berlinés J.H. Schultz quien, después de doce años de investigación, expuso en 1932 esta técnica de autodistensión psíquica y somática orientada a restablecer equilibrios funcionales alterados, para descondicionar situaciones patológicas incluso establecidas por mucho tiempo y para transferir dinamismos positivos a los estratos más profundos de la personalidad. Mediante técnicas autohipnóticas se aprende gradualmente una serie de seis ejercicios dirigidos a modificar el tono muscular, la funcionalidad vascular, la actividad cardiaca y pulmonar, y hasta el equilibrio neurovegetativo y el estado de conciencia. El objetivo es alcanzar una condición de pasividad absoluta, privada de actos volitivos, realizada en la indiferente contemplación de cuanto sucede espontáneamente en el propio organismo y en la propia mente. Como consecuencia del aprendizaje de esta nueva e insólita actitud se desarrollan de modo espontáneo modificaciones psíquicas y somáticas de sentido opuesto a las provocadas en nuestra mente y en nuestro cuerpo por un estado de tensión, de ansiedad y de estrés.

A la serie de ejercicios del ciclo inferior siguen los del ciclo superior, que ya no están orientados al soma sino a la psique. Con éstos es posible favorecer la producción de un material rico procedente del inconsciente, y enfrentar, mediante la realización de experiencias simbólicas y "preguntas al inconsciente", problemas existenciales vinculados a la cualidad de la propia constitución psíquica y a la forma de relacionarse con el mundo. El *training* autógeno, sin embargo no sólo es un método terapéutico sino también una fundamentación teórica que permite una superación de lo que S. Freud llamaba "el muro de la biología". Con el *training* autógeno, en efecto, la relación psique y soma se toma directamente en acción en sus supuestas correlaciones fundamentales, y la intención que se persigue es la de encontrar los puntos de contacto entre el mundo de los conflictos y el soma.

BIBLIOGRAFÍA: Bazzi, T. y G. Giorda (1982); Capolio, I. (1980); Langen, D. (1968); Schultz, J.H. (1932).

entrevista (al. *Unterredung*; fr. *entrevue*; ingl. *interview*; it. *colloquio*)

La entrevista es una forma de investigar en la cual la reunión de los datos se realiza mediante un proceso de comunicación verbal. Nació como método de investigación en el ámbito de las ciencias sociales, y fue adoptada por las ciencias psicológicas como intrumento de investigación que, junto con la observación, los reactivos y los procesos experimentales, permite obtener informaciones sobre las aptitudes, los conocimientos, las aspiraciones y los conflictos de un individuo o de un grupo. Según las diferentes formas y los diversos grados de estructuración que asume la entrevista con miras a los aspectos psíquicos que pretende analizar, puede presentarse como:

1] ENTREVISTA ESTRUCTURADA. Se utiliza sobre todo para el control empírico de las hipótesis y se emplea, por ejemplo, en la selección y promoción de personal, en las investigaciones de mercado y en los sondeos de opinión. Una de las formas más comunes es la *entrevista estandarizada*, donde la cualidad y el orden de las preguntas así como el comportamiento del entrevistador, están predeterminados, para permitir confrontar las respuestas dadas por un amplio número de sujetos. Tal forma de entrevista se sirve, además, de preguntas-filtro que, seleccionando los individuos idóneos para un determinado grupo de preguntas, aseguran una comprensión igual, por parte de todos los sujetos, del significado mismo de las preguntas. La *entrevista semiestandarizada*, en cambio, consiste en un complejo de preguntas que el entrevistador puede modificar, invertir, omitir o ampliar de acuerdo con el contexto de la entrevista y las respuestas del sujeto. Las entrevistas estandarizadas pueden aplicarse tanto de modo individual como colectivo, y no sólo en forma verbal sino también escrita, lo

que permite reunir en breve tiempo los datos inherentes a muchos sujetos mediante cuestionarios normalizados (*v.* **cuestionario**). Los métodos estandarizados de entrevista son precisos porque se reproducen fácilmente y permiten la cuantificación y la elaboración estadística de los datos, pero tienen una reducida profundidad de exploración.

2] ENTREVISTA DIAGNÓSTICA O PROFUNDA. Es un método de investigación abierto que mira hacia el aspecto cualitativo, no el cuantitativo, de los datos. Este procedimiento permite una mayor variabilidad de los temas y flexibilidad de comunicación, pero no la comparación de los datos entre sujetos, pues no es posible una estandarización de las informaciones obtenidas. La entrevista profunda tiene la finalidad de llegar a un diagnóstico de personalidad o a un diagnóstico clínico, y generalmente se integra con una anamnesis y con una aplicación de reactivos, sobre todo de carácter proyectivo (*v.* **test**, § 3, *b*). Tal forma de entrevista por lo general se desarrolla como una conversación en la que el entrevistador se sirve de una guía de los contenidos a sondear que sigue más o menos rígidamente, según su postura metodológica y la finalidad de la entrevista. Algunos autores, entre ellos G.W. Allport y H.S. Sullivan, sugirieron un esquema de los elementos útiles para la comprensión de la personalidad, que abarcan los datos relativos a las experiencias pasadas del sujeto, a la situación actual y a su visión del futuro.

3] ENTREVISTA TERAPÉUTICA. Es una forma de entrevista abierta que toma en consideración también la esfera emotiva en la interacción entre paciente y terapeuta y se sirve, no sólo del lenguaje verbal, sino asimismo de las modalidades expresivas no verbales. El terapeuta tiene un papel de observador participante respecto a los comportamientos, las actitudes y los sentimientos del paciente. En los diferentes tipo de entrevista varía no sólo la cualidad sino también la *forma de las preguntas*. En general, en las entrevistas estandarizadas se utilizan preguntas cerradas, que permiten al sujeto respuestas preestablecidas, mientras en la entrevista profunda las preguntas son abiertas. Se distinguen además las preguntas directas, cuya finalidad es siempre manifiesta, e indirectas, cuyo fin se oculta para evitar respuestas falsas o estereotipadas. El *comportamiento del entrevistador* es neutral cuando se atiene rigurosamente a las instrucciones de la investigación y no interviene ni para ayudar al sujeto ni para explicar las preguntas, y es activo cuando aporta una contribución personal. En este último caso puede asumir una actitud autoritaria, dirigiendo la entrevista como si fuera un interrogatorio, o no directiva, interviniendo sólo para estructurar y aclarar los datos que proporciona el sujeto. De cualquier manera, en todas las formas de entrevista es necesaria una buena preparación por parte del entrevistador para evitar lo más posible todas las actitudes que provocan distorsiones en las respuestas del sujeto, como por ejemplo influir mediante reacciones de aprobación y desaprobación, el prejuicio, la identificación o la proyección de las propias experiencias en el entrevistado. La *actitud del sujeto* respecto a la entrevista varía en relación con la situación psicológica actual y la disponibilidad respecto al entrevistador, así como al nivel cultural, la capacidad de expresión, las motivaciones, etcétera.

4] ENTREVISTA EDUCATIVA. Constituye uno de los métodos fundamentales de la pedagogía no directiva. Está basada en la participación en la situación del alumno, en el respeto a sus problemáticas y en la abstención de cualquier actitud de juicio o de rigidez prescriptiva.

BIBLIOGRAFÍA. Allport, G.W. (1937); Ancona, L. (1960); Anstey, E. (1977); Balint, M. (1963); Calvi, G. (1972); Chiari, S. (1964); Goodworth, C.T. (1979); Mannoni, M. (1974); Passi, Tognazzo, D. (1985); Rogers, C.R. (1951); Semi, A.A. (1985); Sullivan, H.S. (1954); Telleschi, R. y G. Torre (1988); Trentini, G. (coord.) (1980); Zavalloni, R. (1971).

entropía (al. *Entropie*; fr. *entropie*; ingl. *entropy*; it. *entropia*)

Forma degradada de energía cuyo incremento acompaña al desarrollo de todos los procesos de transformación espontánea. El concepto de entropía, introducido en relación con el segundo principio de la termodinámica por Sadi Carnot, entró en el vocabulario de casi todas las ciencias, sin excluir al psicoanálisis, que habla de la entropía en relación con la irreversibilidad de determinados cambios psíquicos por la degradación de la energía utilizada en los procesos de transformación. Al respecto escribe Freud: "Por tanto, también en las trasposiciones entre procesos psíquicos cabe considerar el concepto de una *entropía* que contraría, en proporción a su medida, la involución de lo acontecido (*Rückbildung des Geschehnen*)" (1914 [1976:105-106]). En la entropía, a la que denominó *inercia psíquica*, C.G. Jung había identificado ya la causa principal de todos los fracasos neuróticos. Pero, rebate Freud, "Creo que no tiene razón; es mucho más vasto y también en la vida de los neuróticos desempeña un papel sustantivo" (1914 [1976: 105]). Por lo que se refiere al uso del término entropía en la *teoría de la información*, *v.* **información, teoría de la**, § 3.

BIBLIOGRAFÍA: Freud, S. (1914); Jung, C.G. (1912-1952).

entusiasmo (al. *Begeisterung*; fr. *enthousiasme*; ingl. *enthusiasm*; it. *entusiasmo*)

Estado de exaltación que confiere a los sentidos y al pensamiento un poder que elimina los límites en los que normalmente se contiene. El término, de origen griego, donde ἐνθουσιάζω significa ser poseído por el dios (ἔνθεος), lo reutilizó K. Jaspers para describir la **actitud** (*v.*, § 3, *c*) psicológica que, a diferencia de la "objetiva", fundada en la separación entre sujeto y objeto, y de la "autorreflexiva", en la cual el sujeto se vuelve objeto en sí mismo, tiende a la fusión con la totalidad: "En la actitud de entusiasmo el hombre se siente tocado en su íntima sustancia, en su esencialidad o –lo que es lo mismo– se siente aferrado y conmovido por la totalidad, por la sustancialidad, por la esencialidad del mundo. Se establece una íntima relación entre la esencialidad del sujeto y del objeto en una actitud que parece tener una estrecha semejanza con la inundación mística y la abolición conjunta de la escisión de sujeto y objeto" (1919: 138). Desde el punto de vista pedagógico el entusiasmo, si es controlado, puede ser un elemento significativo para los fines de la formación de la personalidad y de la eficacia educativa, pues estimula la expansión de sí y la superación de las actitudes limitantes.

BIBLIOGRAFÍA: Jaspers, K. (1919).

enuresis (al. *Enuresis*; fr. *enurésie*; ingl. *enuresis*; it. *enuresi*)

Pérdida involuntaria e incontrolada de orina después del cuarto año, edad límite para la autorregulación del esfínter urinario. Una vez excluidas las causas orgánicas las razones se deben buscar en las influencias psicógenas negativas del ambiente, en las relaciones difíciles entre madre e hijo, en las que falta de afecto o excesiva rigidez empujan a actitudes de protesta y de **negativismo** (*v.*). Desde el punto de vista psicoanalítico se presenta la hipótesis de que la enuresis sea una forma de autoerotismo que sustituye a la **masturbación** (*v.* **erotismo**, § 3).

envejecimiento
v. PSICOLOGÍA DEL ENVEJECIMIENTO.

envidia (al. *Neid*; fr. *envie*; ingl. *envy*; it. *invidia*)

Sentimiento de hostilidad y rencor hacia quien posee algo que el sujeto envidioso desea, pero que no posee. En el ámbito psicoanalítico este sentimiento lo consideraron en contextos diferentes S. Freud y M. Klein.

1] LA ENVIDIA DEL PENE. Este tema ocupa un lugar central en la **psicología de la feminidad** (*v.*, § 1) que elaboró Freud, según quien "el complejo de castración de la niña se inicia, asimismo, con la visión de los genitales del otro sexo. Al punto nota la diferencia y [...] su significación. Se siente gravemente perjudicada, a menudo expresa que le gustaría 'tener también algo así', y entonces cae presa de la *envidia del pene*, que deja huellas imborrables en su desarrollo y en la formación de su carácter" (1932 [1976: 116]). La envidia del pene determina una disminución de la relación de la niña con la madre como objeto de amor (fase preedípica), con un desarrollo posterior de amor por el padre (fase edípica) que implica el deseo de tener un pene dentro de sí bajo la forma del deseo de tener un niño, o de gozar del pene en el coito, con renuncia de la actividad fálica (masturbación clitoridiana) y ventaja de la pasividad. "El descubrimiento de su castración –escribe Freud– es un punto de viraje en el desarrollo de la niña. De ahí parten tres orientaciones del desarrollo: una lleva a la inhibición sexual o a la neurosis; la siguiente, a la alteración del carácter en el sentido de un complejo de masculinidad, y la tercera, en fin, a la feminidad normal" (1932 [1976: 117]). Son residuos de la envidia del pene los celos, la envidia –que en opinión de Freud en las mujeres es mayor que en los hombres– y la sublimación de esta envidia que se manifiesta, siempre en opinión de Freud, "en la capacidad de ejercer una profesión intelectual" (1932: 231).

E. Jones definió como "falocéntrica" esta teoría freudiana que considera a la mujer un hombre frustrado, e interpretó el deseo de la niña de tener un pene como defensa contra la angustia provocada por los deseos que experimenta hacia el padre. Pero las críticas más constructivas son las que presentaron K. Horney, H. Deutsch y M. Klein, las principales exponentes femeninas del psicoanálisis, quienes rebatieron la tesis de Freud con todas sus consecuencias con una serie de argumentos que están expuestos en la voz **feminidad** (*v.*, § 2).

2] ENVIDIA Y AGRADECIMIENTO. Este par de términos expresa la relación que Klein considera "primitiva", porque se experimenta desde el nacimiento, y "fundamental", porque resulta decisiva en el desarrollo del niño. Después de haber definido la envidia como "un sentimiento de rabia porque otra persona posee y goza una cosa que deseamos", Klein continúa diciendo que "el impulso envidioso tiene por objetivo llevársela o dañarla. Además, la envidia implica una relación con una sola persona y puede rastrearse hasta la primera relación exclusiva con la madre" (1957: 14). En el desarrollo del niño la gratificación que siente por el seno estimula tanto sentimientos de envidia como de gratitud. Si la envidia no es excesiva, puede integrarse al yo y ser superada por los sentimientos de gratitud. Si predominan las experiencias buenas sobre las malas, la envidia disminuye conforme aumenta la gratitud; si en cambio la envidia es muy intensa, el proceso de escisión entre un objeto ideal y uno persecutorio, necesario para permitirle al yo salir de su ambivalencia, no puede mantenerse, porque es precisamente el objeto ideal el que da lugar a la envidia y el que es atacado y deformado. La imposibilidad de encontrar un objeto ideal que permita identificarse con él reduce la esperanza de hallar en algún lugar amor o ayuda, mientras la destrucción del objeto es fuente de persecución sin fin y, más tarde, de sentimientos de culpa. Una intensa envidia inconsciente es la base de relaciones terapéuticas negativas y da paso a formas patológicas, porque impide una buena introyección y esto, a su vez, la incrementa en una espiral sin fin (*v.* **kleniana, teoría**).

BIBLIOGRAFÍA: Alberoni, F. (1991); Freud, S. (1932); Jones, E. (1932); Klein, M. (1957); Schoeck, H. (1969); Vegetti Finzi, S. (1990).

eonismo
v. TRAVESTISMO.

EPI (*Eysenck personality inventory*)

Test objetivo que elaboró H.J. Eysenck a partir de su teoría de la **personalidad** (*v.*, § 2) que prevé dos dimensiones fundamentales: estabilidad-inestabilidad, introversión-extroversión. Se compone de 57 preguntas seleccionadas de tal manera que proporcionen medidas confiables de la función de la complejidad cognoscitiva y de los factores ansiolíticos en las situaciones de aprendizaje. La evaluación no sólo se obtiene mediante el análisis factorial, sino también basándose en la correspondencia entre los resultados del *test* y el comportamiento observado en los estudios de laboratorio.

BIBLIOGRAFÍA: Eysenck, H.J. y S.B.G. Eysenck (1963).

epidemiología (al. *Epidemiologie*; fr. *epidémiologie*; ingl. *epidemiology*; it. *epidemiologia*)

Estudio de la frecuencia y de la distribución de las enfermedades en una población en relación con el ambiente y el tipo de vida, con el fin de identificar las causas determinantes de la aparición de las formas morbosas, el ritmo

y la intensidad con la que éstas se manifiestan, y las condiciones que las favorecen o las impiden. Hay formas de investigación *longitudinales* o *diacrónicas*, que reúnen datos relativos a la incidencia, en tiempos diferentes, de la misma enfermedad, y *transversales* o *sincrónicas*, que reúnen datos relativos a la incidencia de la enfermedad al mismo tiempo en lugares y contextos diferentes (*v.* **longitudinal-transversal, investigación**). En el ámbito psiquiátrico la investigación epidemiológica no alcanza el grado de objetividad de las investigaciones de las enfermedades somáticas, pues la frontera entre "salud" y "enfermedad", es lábil (*v.* **norma**) y también influyen, el tipo de formación del examinador, la tolerancia social para ciertas formas de enfermedades mentales, la mayor o menor capacidad de los sujetos para tolerar o evidenciar el trastorno. A esto se agrega la dificultad de establecer cuándo surge la enfermedad mental, cuándo se la puede definir como tal, cuándo es clasificable bajo uno u otro criterio diagnóstico determinado (*v.* **diagnóstico**). No obstante la falta de concordancia sobre los criterios diagnósticos, los puntos sólidos que gozan de una suficiente documentación son: 1] los tipos fundamentales de trastornos mentales a partir de la distinción entre **neurosis** (*v.*) y **psicosis** (*v.*) y, entre estas últimas, la ulterior identificación entre **esquizofrenia** (*v.*) y **psicosis maniaco-depresiva** (*v.* **ciclotimia**), etc.; 2] la distribución de la patología psiquiátrica según la estratificación socioeconómica, por lo que se observa una mayor incidencia de la ansiedad en las clases acomodadas, y de los trastornos del comportamiento en las más necesitadas; 3] la variación en el tiempo de las formas patológicas, como por ejemplo la reducción de las formas histéricas respecto a las ansiosas y depresivas.

Las investigaciones epidemiológicas generalmente se realizan con *técnicas censales*, que se orientan hacia todo lo que es curado en el ámbito psiquiátrico, o con la técnica del *sondeo en la comunidad*, con trabajo de campo, *screening* de masas, aplicación de cuestionarios y de encuestas. Ambas técnicas tienen limitaciones de objetividad, debidas en el primer caso a la formación del observador y a las razones sociales que presionan hacia la hospitalización del paciente, y en el segundo a la dificultad para encontrar un código común de recopilación de los datos y de comunicación de los mismos entre observadores que con frecuencia utilizan criterios diagnósticos diferentes. No obstante estas limitaciones, las investigaciones epidemiológicas se van perfeccionando, utilizando principalmente dos indicadores: la *incidencia*, que es el número de casos aparecidos en determinada unidad de población en el curso de cierto período, y la *prevalencia*, que es el número de casos de cualquier tipo de fenómeno psicopatológico presentes en una unidad de población. Este último indicador puede compilarse respecto a una fecha precisa (prevalencia puntual), a un período de tiempo definido (prevalencia periódica), o al número de personas que se caracterizaron de alguna manera por fenómenos psicopatológicos en el curso de su vida.

El protocolo epidemiológico recorrido en el ámbito de la psiquiatría, integrado por las más modernas y recientes instrumentaciones relacionadas con la ciencia de la informática (programas de cómputo para sondeo, *tests* personales y de grupo, investigaciones automatizadas), consiste en dos estrategias principales de análisis de la población. La primera es el estudio del *caso individual*, donde la enfermedad, para ser identificada, debe estar ya presente en el grupo en el que se da el caso, y la segunda es el estudio del *grupo*, para tomar por ejemplo la incidencia de la clase social en el trastorno psiquiátrico y poder establecer si la condición social provoca una enfermedad psiquiátrica o bien si la enfermedad psiquiátrica se manifiesta de maneras distintas conforme se va subiendo o bajando en la escala social.

Las contribuciones de las investigaciones epidemiológicas evidenciaron cómo pueden ser determinantes, en el surgimiento de algunas psicopatologías, los factores *genéticos*, como las afecciones orgánicas o psíquicas heredadas por uno o más elementos de la familia o bien por gemelos; los factores *somáticos*, como las disfunciones orgánicas y las enfermedades contraídas antes, durante y después del nacimiento; los factores *sociales*, como el estilo de vida, la vivienda, la profesión, la movilidad y la migración, el estado civil, la urbanización y la ruralización, la familia, la seguridad económica y el aspecto cultural; los factores *ambientales*, como las deficiencias alimentarias, el lugar de trabajo, la exposición a infecciones, las consecuencias de radiaciones y otros semejantes. Estos factores se subdividen después en *predisponentes* o *precipitantes*, porque de su naturaleza depende la cualidad de la intervención. La epidemiología, en efecto, no se limita a la información relativa a la naturaleza de los fenómenos psicopatológicos, sino que también procura indicar las formas más idóneas de intervención, los costos sociales, la eficiencia de las estructuras para la terapia y la prevención, las operaciones en el seno de los modelos culturales, para un mayor conocimiento de los fenómenos psicopatológicos, sensibilizando hacia el conocimiento y a la prevención (*v.* **higiene mental**).

BIBLIOGRAFÍA: Bastide, R. (1967); Cooper, B. y H.G. Morgan (1973); Frighi, L. (1979); Hollingshead, A.B. y F.C. Redlich (1962); Magherini, G., R. Vigevani, G. Gurrieri e I. Nicoletti (1977); Plunkett, R. y J. Gordon (1960); Whittington, H.G. (1976); Wing, J.K. *et al.* (1978); Wing, J.K. y A.M. Hailey (1972).

epidermis
v. PIEL.

epifenómeno (al. *Begleiterscheinung*; fr. *epiphénomène*; ingl. *epiphenomenon*; it. *epifenomeno*)

Manifestación secundaria o accesoria relativa a un fenómeno pero independiente de éste tanto en su constitución como en su evolución. En medicina es sinónimo de síntoma colateral.

epigénesis (al. *Epigenese*; fr. *epigénèse*; ingl. *epigenesis*; it. *epigenesi*)

Término que introdujo K.F. Wolff para denominar su teoría de la generación de los órganos de un ser viviente a partir de una materia indiferenciada, en oposición a la *teoría del preformismo* que defendieron M. Malpighi y C. Bonnet, según la cual los órganos de un ser viviente están preformados en el óvulo o en el embrión a partir de cuya estructura germinal se desarrollan. El progreso de la investigación biológica modificó radicalmente los términos del problema, haciendo inútil la distinción entre epigénesis y preformismo. La epigénesis, eliminada del orden biológico, aparece en el entorno psicológico con S. Freud, quien concibe el desarrollo del yo a partir de un inconsciente indiferenciado, y con J. Piaget, quien habla de "secuencias epigenéticas" a propósito de la génesis psicológica de la inteligencia, que puede ilustrarse mostrando "cómo el equilibrio, todavía incompleto en el mecanismo de los factores que se presentan en cada nuevo nivel de desarrollo, encuentra un mejor asentamiento para transferirse al nivel sucesivo. Así, de una etapa a otra [...] se establece una continuidad entre las operaciones superiores y el desarrollo completo, concebido como una evolución guiada por necesidades internas de equilibrio" (1947: 65).

BIBLIOGRAFÍA: Freud, S. (1922); Piaget, J. (1947).

epilepsia (al. *Epilepsie*; fr. *epilepsie*; ingl. *epilepsy*; it. *epilessia*)

Disfunción neurológica que se manifiesta repentinamente y cesa de forma espontánea, con tendencia a repetirse de manera episódica en forma de pérdida de conciencia, que puede acompañarse de espasmo tónico y contracciones clónicas de los músculos. Le sigue la confusión postepisódica o un breve período de sueño o de entorpecimiento, sin recuerdo de lo acontecido. En ocasiones las crisis consisten en brevísimas interrupciones de la conciencia llamadas **ausencias** (*v.*), que con frecuencia pasan inadvertidas si no están acompañadas por otros fenómenos. La epilepsia, que no es una enfermedad sino un cuadro sintomático, atribuida en la Antigüedad y en el Medievo a la intervención de fuerzas sobrenaturales, –de allí el nombre de *morbus sacer, demoniacus* o *deificus*–, hoy se clasifica en primaria o funcional, secundaria u orgánica, a la que hay que agregar la epilepsia psicomotriz, conocida también como equivalente epiléptico.

1] CUADROS SINTOMÁTICOS. *a*] La *epilepsia primaria* o *funcional*, en todas sus formas de manifestación, es atribuida a una hiperexcitabilidad de las neuronas cerebrales, que puede transmitirse genéticamente o ser adquirida en el curso de la vida por alteraciones metabólicas generales. En este grupo se encuentra el *gran mal*, que consiste en un coma convulsivo breve en el que se presenta el grito del sujeto, la caída y la pérdida de conciencia. Sigue la rigidez que abarca toda la musculatura, el paro de la respiración y cianosis. Cerca de treinta segundos después se observa la fase clónica, que entraña una serie de sacudidas musculares agudas y bruscas posteriores a una serie de interrupciones de la fase tónica. Cesados estos espasmos, el sujeto puede caer en un sueño profundo con un despertar privado de recuerdos y desorientación. El *pequeño mal* en un tiempo indicaba una epilepsia menor; hoy este término se refiere a la interrupción de la conciencia o ausencia, acompañada de pequeñas sacudidas musculares.

b] La *epilepsia secundaria* u *orgánica* presenta una hiperexcitabilidad neuronal vinculada a una lesión anatómica cerebral: tumores, abscesos, resultados de lesiones traumáticas o inflamatorias, atrofias cerebrales circunscritas, microgirias locales, enfermedades cerebrales.

c] La *epilepsia psicomotriz*, también conocida como *equivalente epiléptico* (*v.* **equivalente**, § 4), comprende una desconcertante cantidad de trastornos que se repiten periódicamente y que por lo general asumen la forma de ejecución de movimientos sumamente organizados pero de carácter semiautomático. Estas crisis se acompañan más de confusión que de pérdida de conciencia, con posterior estado de amnesia.

Las crisis epilépticas generalmente están precedidas por la llamada *aura epiléptica*, que K. Jaspers describe así: "En ese momento el mundo externo desaparece, la conciencia se restringe e incluso, en esta restricción, puede elevarse a la máxima lucidez; de una angustia inicial, en plena lucidez de pensamiento, puede nacer una felicidad inmensa, hasta volverse terrible e insoportable; en esta fase se produce pérdida de la conciencia y el ataque" (1913-1959: 160). La mayor parte de los epilépticos llevan una vida normal gracias a los fármacos antiepilépticos que eliminan o reducen la aparición de las crisis. La epilepsia por lo general dura años y aparece con más frecuencia en la infancia y en la edad juvenil; si se presenta más tarde puede ser un signo precoz de un tumor cerebral.

Los epilépticos asumen una personalidad definida como "viscosa", un poco insistente y fastidiosa, con problemas psicológicos sobre todo en la adolescencia, cuando advierten dificultad en ser aceptados por parte de sus coetáneos. Lo repentino del ataque vuelve a los sujetos epilépticos tendencialmente ansiosos.

2] FORMAS DE EPILEPSIA. Numerosas son las descripciones de las diferentes formas de epilepsia, que con base en la naturaleza de los presuntos factores etiológicos se clasifican en:

acústico-cinética o *refleja*, porque es provocada por un estímulo externo, como puede ser un ruido inesperado y muy fuerte, con consiguiente convulsión muscular. Esta forma la estudió E. Bleuler;

afectiva, caracterizada por respuestas emotivas exasperadas con la culminación en ataques epileptiformes. La estudió H. Bratz; K. Bonhoeffer la rebautizó epilepsia *reactiva*;

alcohólica, expresión utilizada para indicar crisis epileptiformes en las que pueden incurrir los **alcohólicos** (*v.* § 6, *g*);

alucinatoria, caracterizada por alucinaciones o falsas percepciones que producen en el individuo un particular estado psíquico conocido como "estado de ensueño alucinado" (*dreamy state*), en el que se presenta una restricción del campo de la conciencia. Durante el ataque, que genera una sensación de peligro, acompañada de un humor especialmente sombrío, hay secuencias de carácter escénico figurativo, donde las imágenes aparecen desproporcionadas y de aspecto siniestro. A la experiencia perceptiva se agrega la espaciotemporal, en la que el tiempo parece detenido y las distancias sufren modificaciones inverosímiles, haciendo aparecer las cosas aumentadas (macroscopía) o disminuidas (microscopía);

continua o *cortical*, que consiste en la persistencia de contracciones clónicas en un área circunscrita del cuerpo. Por lo general estas contracciones interesan a los miembros superiores de un solo lado y se evidencian sobre todo en la mano;

coordinada, porque está caracterizada por una coordinación aparentemente intencional de los movimientos clónicos que parecen depender de la voluntad del individuo;

diencefálica, llamada también *vegetativa*, que se manifiesta con crisis de taquicardia, con hiperpnea, aumento de la presión sanguínea, salivación y sudoración. Se atribuye a una lesión localizada en el hipotálamo postero-lateral;

digestiva o *visceral*, caracterizada por una amplia sintomatología gastrointestinal (cólicos, eructos, náusea, vómito, dilatación epigástrica y diarrea);

jaksoniana, forma focal parcial de epilepsia en la que el estímulo está circunscrito a determinadas áreas cerebrales. El conocido "ataque jaksoniano" puede ser motor o sensible y aumentar hasta interesar una mitad completa del cuerpo partiendo de las zonas externas de las extremidades (pulgar e índice o dedo gordo del pie) o de la cara (comisura de la boca). No involucra a la conciencia;

larvada, que en la terminología francesa es sinónimo de epilepsia *enmascarada* o, más propiamente, de "equivalente epiléptico", por referencia a las manifestaciones semejantes a los paroxismos convulsivos de la epilepsia pero que no son de naturaleza epiléptica, como los ataques hemicraneanos o los simples desmayos;

nocturna, frecuente en los niños, que se manifiesta exclusivamente durante las horas de la noche, provocando cansancio muscular, agotamiento y pequeñas laceraciones en la lengua que se advierten al despertar: *psíquica*, estado epileptiforme caracterizado por excitación, confusión, estupor y otras condiciones semejantes al *dreamy state* o epilepsia alucinatoria. Por lo general, después de este tipo de ataques epilépticos el individuo vuelve en sí, sin conservar ningún recuerdo de cuanto sucedió.

La Comisión para la Clasificación Internacional de las Epilepsias y Síndromes Epilépticos (ICES) estableció cuatro grandes clases que denominó: 1] epilepsias y síndromes parciales; 2] epilepsias y síndromes generalizados; 3] epilepsias y síndromes no bien definidos, tanto parciales como generalizados; 4] síndromes especiales. Las primeras dos clases se subdividen en: *idiopáticas*, con aparición vinculada a la edad, y *sintomáticas*.

BIBLIOGRAFÍA: Autores varios (1969); Bleuler, E. (1911-1960); Bosches, L.D. y F.A. Gibbs (1972); Gathaut, H. (1975); Jaspers, K. (1913-1959); Lisham, W.A. (1978); Rubino, A. (1968); Strauss, H. (1959-1966).

epistemofilia (al. *Epistemophilie*; fr. *epistémophilie*; ingl. *epistemophilia*; it. *epistemofilia*)

Propensión a conocer y a indagar en detalle. El psicoanálisis tiende a considerar tal impulso como derivado de la **escopofilia** (*v.*), y por lo tanto como una extensión de la curiosidad sexual o como una sublimación de la **pulsión oral** (*v.*), en la cual la adquisición de conocimientos manifestaría en forma sublimada la pulsión a asimilar comida. M. Klein habla al respecto de *pulsiones epistemofílicas*, que surgirían en el niño en ese período en el que puede experimentar su propia pulsionalidad sin lograr satisfacerla por razones físicas y sociales. Es éste el período en el que nacen preguntas sobre el tema sexual que pueden ser inhibidas por el mismo niño o por quien lo cuida. Estas inhibiciones pueden tener repercusiones significativas en el estilo de aprendizaje en general porque, como escribe Klein, "en el caso de que se contraríe la curiosidad natural y el impulso a indagar todo lo que todavía no se conoce acerca de los hechos y los fenómenos sobre los que ya se adelantan hipótesis, se bloquearán o disimularán todas las indagaciones más profundas de las cosas (indagaciones en las que el niño tiene miedo de toparse con lo que está prohibido y es pecaminoso). Al mismo tiempo también se inhibirán las tendencias a estudiar a fondo las cuestiones. Así se establece una repugnancia por la investigación exhaustiva como tal, por lo que el innato e insuprimible placer de hacer preguntas se manifestará sólo en un nivel superficial y se orientará a satisfacer una curiosidad puramente epidérmica" (1921: 37).

BIBLIOGRAFÍA: Klein, M.(1921); Klein, M. (1923), Scritti 1921-1958 (1978).

epistemología genética (al. *Genetische Epistemologie*; fr. *epistémologie génétique*; ingl. *genetic epistemology*; it. *epistemologia genetica*)

Teoría que se propone encontrar la correspondencia entre las fases de desarrollo de los procesos cognoscitivos (*v.* **cognición**, § 2, 3), que es el campo de competencia propio de la *psicología genética*, y el desarrollo histórico de las formas de pensamiento que, mediante el progresivo paso de lo concreto a lo abstracto, desembocaron en la forma actual del procedimiento lógico. Por lo tanto se trata de confrontar entre psicología, historia y lógica con el fin de mostrar cómo las formas actuales del pensamiento lógico se pueden remontar a las formas genéticas que están en la base del origen y del sucesivo desarrollo con que se organizaron progresivamente las expresiones mentales. La epistemología genética la introdujo J. Piaget y según su definición es "una investigación esencialmente interdisciplinaria que se propone estudiar el significado de los conocimientos, de las estructuras operativas intelectuales o de las nociones, recurriendo por un lado a su historia y a su funcionamiento actual en una ciencia determinada (y estas informaciones son proporcionadas por especialistas de esta ciencia y de su epistemología), por otro lado a su aspecto lógico (según las investigaciones lógicas), y por último a su formación psicogenética o a sus relaciones con las estructuras mentales (este último aspecto lo examinan experimentalmente psicólogos de profesión interesados también en la epistemología). Ésta se propone tomar el conocimiento en su desarrollo y, suponiendo que este desarrollo dependa siempre simultáneamente de cuestiones de hecho y de norma, se esfuerza por conciliar sólo las técnicas que pueden decidir en tales cuestiones: la lógica, el análisis histórico-crítico de las ideas y la psicología de su desarrollo" (1965: 89).

Una vez establecido que la lógica procede por axiomatización y que debe evitar todo **psicologismo** (*v.*) o paso del hecho a la norma, quedan algunos problemas que los procedimientos lógicos no logran aclarar sin recurrir a la psicología genética; éstos son, para Piaget, "las relaciones entre los procesos mismos de la formalización y los del pensamiento 'natural', sobre qué recaen la lógica y la formalización y por qué esta última encuentra límites en el sentido que mostró Gödel" (1970: 75). Las respuestas de Piaget se articulan partiendo del principio de que "la formalización constituye, desde el punto de vista genético, una prolongación de las abstracciones que se reflejan ya en el funcionamiento y el desarrollo del pensamiento, pero una prolongación que, por medio de las especializaciones y de las generalizaciones de las que se vuelve amo y señor, adquiere una libertad y una fecundidad combinadas que superan ampliamente y por todos lados los límites del pensamiento natural, siguiendo un proceso análogo a aquellos según los cuales lo posible llega a arrojar luz sobre lo real" (1970: 77).

BIBLIOGRAFÍA: Caramelli, N. (1979); Ceruti, M. (1989); Petter, G. (1978); Piaget, J. (1951); Piaget, J. (1965); Piaget, J. (1970).

epitimia
v. CATATIMIA.

epoché
v. PRESENCIA.

EPPS (*Edwards personal preference schedule*)

Test objetivo que elaboró A.L. Edwards para reducir el halo de la **aceptación social** (*v.*) y la aquiescencia mediante la elección obligada entre reactivos cuya aceptación social es considerada equivalente. El carácter forzado de la elección permite poner de manifiesto preferencias relativas y no absolutas. Los reactivos se refieren a los rasgos de dominio, agresividad y autonomía, que para Edwards caracterizan a la personalidad individuada.

BIBLIOGRAFÍA: Edwards, A.L. (1954).

equidad, teoría de la (al. *Rechtlichkeitstheorie*; fr. *théorie de l'équité*; ingl. *theory of equity*; it. *teoria della equità*)

Teoría según la cual los individuos tienden a establecer relaciones sociales y a mantenerlas sólo si éstas responden a un criterio de igualdad en términos de ventajas y desventajas. Cuando esta igualdad se destruye se intenta restablecerla, o el sujeto se retira de la relación o se modifica la forma de percibirla.

BIBLIOGRAFÍA: Walster, E., G.W. Walster, y E. Bershind (1978).

equifinalidad
v. PSICOLOGÍA SISTÉMICA.

equilibrio (al. *Ausgeglichenheit*; fr. *equilibre*; ingl. *balance*; it. *equilibrio*)

La expresión, que en general significa balanceo de opuestos, se utiliza en todos los ámbitos disciplinarios en los que se emplea la noción de *sistema*, caracterizada por la presencia de fuerzas contrastantes entre sí. En psicología el término encuentra amplio uso.

1] LA TEORÍA DE LAS NECESIDADES. Siguiendo el modelo homeostático (*v.* **homeostasis**), que es una construcción eminentemente fisiológica, la teoría de las necesidades concibe el equilibrio como la abolición, mediante la satisfacción (*v.* **gratificación**), de la excitación que surge en el organismo con la aparición de la **necesidad** (*v.*, § 1, 2).

2] TEORÍA DE LAS MOTIVACIONES. En este ámbito se habla de *disparidad* a propósito de la condición de desequilibrio en los procesos afectivos, cognoscitivos, o entre unos y otros, lo que molesta al individuo, pero también lo motiva. El concepto de disparidad lo introdujo E. Freeman en 1939 y define la **motivación** (*v.*) como un desequilibrio del organismo que es inducido a la acción para restablecer la estabilidad y la coherencia.

3] TEORÍA COGNOSCITIVISTA. En este ámbito, en lugar de equilibrio, se habla de *factores de equilibración* que intervienen en presencia de una **disonancia cognoscitiva** (*v.*) que se verifica cada vez que el sujeto percibe una incoherencia entre sus opiniones y los propios comportamientos. Dichos factores intervienen para equilibrar el contraste, evitando una condición constante de conflictividad.

4] LA TEORÍA DEL CAMPO. K. Lewin conjetura que la actividad interna del **campo** (*v.*, § 2) se desarrolla en términos de "energía psíquica" con *tendencia al equilibrio*, de modo que cuando una parte de la región interna de la persona presenta una *tensión* que no está en equilibrio con las de las otras partes (indicador de una necesidad que puede ser de naturaleza fisiológica o psicológica), se llega, mediante un proceso, a un "nuevo equilibrio". La característica dinámica del equilibrio la destaca Lewin mediante la correlación de las necesidades en *valoraciones* de las regiones del ambiente psicológico, representables con *vectores* que indican la dirección, la intensidad y el punto de aplicación de las fuerzas que actúan en el campo y que permiten la movilidad en el mismo.

5] PSICOANÁLISIS. En la teoría económica del **aparato psíquico** (*v.*, § 2) que elaboró S. Freud el equilibrio es el resultado de la acción del principio de **constancia** (*v.*, § 2) que "se esfuerza para mantener lo más baja posible, o al menos constante, la cantidad de excitación presente en el aparato mismo" (1920: 195), poniendo en acción mecanismos para evitar las excitaciones externas y de defensa o de descarga de los aumentos de tensión de origen interno.

6] PSICOLOGÍA ANALÍTICA. Para C.G. Jung el equilibrio es la compensación inconsciente de la unilateralidad de la actitud consciente a la que la psique tiende naturalmente mediante mecanismos de autorregulación (*v.* **compensación**, § 3). Al respecto Jung escribe que "la 'compensación' es, como lo dice su mismo nombre, una confrontación o una comparación de datos o puntos de vista diferentes, comparación de la que emerge un 'equilibrio' o una 'rectificación'" (1945-1948: 310). En caso contrario se produce "El estado de estancamiento que siempre ha caracterizado a la *descomposición de las parejas de contrarios*. Durante la progresión de la libido las parejas de contrarios se unen en el discurso coordinado de los procesos psicológicos. Su cooperación permite la regularidad equilibrada del proceso, que sin reacción interna se volvería *unilateral* y, por lo tanto, absurdo. Por esto se concibe justamente cada extravagancia y exageración como una pérdida de equilibrio, porque es evidente en tal caso que falta la acción coordinadora del impulso contrario. Por lo tanto es conforme a la esencia de la progresión, que es la obra de adaptación lograda, el hecho de que impulso y contraimpulso, sí y no, logren ejercitar una acción simétrica y recíproca. [...] En el estancamiento de la libido, donde la progresión se volvió imposible, el sí y el no ya no pueden alcanzar valores iguales capaces de equilibrarse. [...] La tensión provoca un conflicto; el conflicto lleva a intentos de represión recíproca y, cuando la represión del polo opuesto tiene éxito, se infiltra la *disociación*, la 'escisión de la personalidad', la falta de unidad consigo mismo, con lo que nacerá una posibilidad de neurosis" (1928: 42).

7] PSICOLOGÍA SOCIAL. El concepto de equilibrio designa la congruencia entre los elementos del sistema, donde están incluidos intereses, necesidades, valores, tendencias opuestas. Con esta acepción el equilibrio social se vuelve sinónimo de **consenso** (*v.*) que, cuando se reduce, abre las puertas al conflicto que, a su vez, activa nuevos procesos equilibradores. En efecto, V. Pareto escribe que "cuando se altera un estado de equilibrio presente nacen fuerzas que tienden a restablecerlo" (1916: 1210) para reducir la agresión y favorecer el intercambio en el que se sostiene la relación social.

BIBLIOGRAFÍA: Cannon, W.B. (1932); Cassini, A. y A. Dellantonio (1982); Freud, S. (1920); Heider, F. (1958); Jung, C.G. (1928); Jung, C.G. (1945-1948); Lewin, K. (1936); Pareto, V. (1916); Piaget, J. (1959).

equivalente (al. *Aequivalent*; fr. *equivalent*; ingl. *equivalent*; it. *equivalente*)

El término asume diferentes significados según los contextos: 1] en *diagnóstico* se habla de "equivalencia de los tests" para indicar la correlación y la correspondencia en los resultados de dos o más de ellos. Esto permite, por un lado, reforzar los resultados obtenidos en cuanto a su validez, y por otro utilizar a corto plazo y en el mismo sujeto un test y después el otro para verificar una variación eventual en los resultados, evitando el inconveniente dado por el efecto de la práctica; 2] en *psicología experimental* se habla de "estímulos equivalentes" a propósito de los estímulos, suministrados al sujeto, diferentes de los que produjeron antes una determinada reacción. Si estos nuevos estímulos provocan la reacción adquirida, es posible establecer cuáles caracteres y en qué medida son determinantes por la equivalencia de los estímulos; 3] en los *estudios de la percepción* se habla de "principio de equivalencia" para indicar el fenómeno en el que el sistema de percepción utiliza una señal equivalente para eliminar una señal de perturbación; 4] en *psicología clínica* se habla de "equivalente" a propósito de los síntomas que se presentan en lugar de los característicos. Tales son los "equivalentes epilépticos", ataques sustitutivos respecto a los clásicos de la epilepsia, como puede ser un ataque crepuscular que ocupa el lugar de una crisis de "gran mal", los "equivalentes depresivos", que agrupan diferentes síndromes neuróticos, de carácter o psicosomáticos caracterizados por una escasa manifestación de la depresión vital, mientras dominan dolencias somáticas. Otros "equivalentes" son los que, aunque no se manifiestan con los rasgos típicos de la fobia, de la obsesión, de la histeria y de la neurastenia, responden positivamente al tratamiento con fármacos antidepresivos (*v*. **marginal, síndrome**).

erección (al. *Erektion*; fr. *erection*; ingl. *erection*; it. *erezione*)

Fenómeno fisiológico por el cual determinados órganos cavernosos como el pene, el clítoris, los pezones, pasan, por una notable efusión de sangre, de una fase de reposo caracterizada por el volumen relativamente pequeño y de consistencia laxa, a una fase de hinchazón y notable consistencia. La erección del pene, que es condición necesaria para el acto de la **cópula** (*v*.), puede ser insuficiente o del todo ausente, casos en los que se habla de **impotencia** (*v*., § 2).

erentofobia
v. ERITROFOBIA.

eretismo (al. *Erethie*; fr. *eréthisme*; ingl. *erethism*; it. *eretismo*)

Estado de excitación debido a causas orgánicas o psicógenas. El sustrato anatomofisiológico del eretismo reside en el sistema límbico y en el hipotálamo, aunque en la mayor parte de los casos la causa es psíquica y se remonta a condiciones de hipersensibilidad emotiva. En cada caso se especifica como "eretismo cardiaco", "eretismo sexual" y semejantes; P. Janet lo consideró como un aumento del nivel de **activación** (*v*.) que prepara para el esfuerzo a fin de alcanzar una meta (*v*. **expectación).**

BIBLIOGRAFÍA: Janet, P. (1903).

erg

Término que introdujo R.B. Catell en su teoría de la **personalidad** (*v*., § 2) cuyos rasgos

dinámicos se dividen en *ergs*, que son innatos e identificables con la constitución biológica del individuo, como pueden ser los instintos, y *metaergs*, que son rasgos adquiridos y se desarrollan progresivamente en intereses, actitudes y sentimientos.

BIBLIOGRAFÍA: Cattell, R.B. (1946).

ergasia (al. *Ergasie*; fr. *ergasie*; ingl. *ergasia*; it. *ergasia*)

Término que introdujo A. Meyer para indicar el comportamiento global del individuo en condiciones patológicas, más allá del concepto de función y disfunción de cada una de las facultades. Meyer distingue: la *mergasia*, que se refiere a las habituales reacciones neuróticas; la *timergasia*, para los estados depresivos que alternan con estados de manía excitada, debidos a desorden afectivo; la **parergasia** (*v*.), para los estados esquizofrénicos incoherentes; la *disergasia*, para los estados delirantes con abandono de los datos de la realidad; la *anergasia*, para los estados debidos a deficiencia del sistema orgánico, y la *oligoergasia*, para los estados debidos a deficiencias mentales constitucionales.

BIBLIOGRAFÍA: Meyer, A. (1958).

ergasiofobia (al. *Ergasiophobie*; fr. *ergasiophobie*; ingl. *ergasiophobia*; it. *ergasiofobia*)

Temor fóbico a actuar por miedo a que alguna acción conduzca a un resultado desastroso para sí o para los demás. Desde el punto de vista psicoanalítico esta fobia estaría relacionada con una fallida resolución del complejo de **castración** (*v*.).

ergasiomanía (al. *Ergasiomanie*; fr. *ergasiomanie*; ingl. *ergasiomania*; it. *ergasiomania*)

Necesidad incontenible de mantenerse ocupados con cualquier actividad. Es frecuente en los estados maniacos (*v*. **manía).**

ergastenia (al. *Ergasthenie*; fr. *ergasthénie*; ingl. *ergasthenia*; it. *ergastenia*)

Condición de debilidad y de cansancio debida a una actividad excesiva (*v.* **astenia**).

ergonomía (al. *Ergonomie*; fr. *ergonomie*; ingl. *ergonomics*; it. *ergonomia*)

Disciplina reciente, nacida de la **psicología del trabajo** (*v.*), que se propone adaptar las condiciones del trabajo a la naturaleza fisiopsicológica del hombre. Al respecto G. Grandjean escribe: "Los problemas ergonómicos no son nuevos; los hombres siempre han buscado aligerar las fatigas del trabajo inventando instrumentos prácticos. Los utensilios de ayer son las máquinas de hoy, dispositivos electrónicos, establecimientos químicos o bandas transportadoras. A las manos les quedaron poquísimas funciones creativas; en compensación, las infinitas funciones del cerebro se aprovechan cada vez más. El cambio de las condiciones de trabajo impuso a la ciencia la confrontación sistemática con la nueva situación: así nació la ergonomía" (1979: VII). En el pasado la ergonomía sirvió para aumentar la eficiencia y, por lo tanto, la productividad; hoy las investigaciones ergonómicas tienen como objetivo la reducción de la fatiga en las operaciones laborales, el cálculo de las dimensiones y la disposición de los lugares de trabajo que aseguren una correcta posición del cuerpo, el mejoramiento de las condiciones ambientales, como luz, microclima y ruido, además de una atención especial a las exigencias fisiológicas del hombre. Todos estos propósitos, cuya enumeración naturalmente podría continuar, tienen como principal finalidad humanizar el trabajo y mejorar de forma científica la salud y el bienestar del trabajador. Esto implica el estudio de la anatomía en las especificaciones de la *antropometría* y de la *biomecánica*, de la fisiología entendida como *fisiología del trabajo* y *fisiología ambiental*, de las *teorías de sistemas*, porque la máquina y el hombre pueden considerarse como elementos de un sistema único regulado por el intercambio de informaciones, que constituye la finalidad de la *ergonomía cognoscitiva* (*v.* **cibernética**, § 2). Los últimos desarrollos de la ergonomía desembocaron en la *sociotécnica*, que estudia la relación entre una organización de personas en el trabajo y el esquema del proceso de producción, con el fin de destacar las íntimas relaciones que existen entre el componente social, que es la base de la integración de las personas en el trabajo, y el elemento técnico entendido como disposición de los equipos y su uso. Estudios efectuados en el Instituto Tavistock, a cargo de E.L. Trist y de K.W. Bamforth, demostraron que las exigencias técnicas requieren tareas que tienen consecuencias en los rasgos psicológicos y en las modalidades de las realizaciones sociales de los individuos.

BIBLIOGRAFÍA: Bagnara, S. (1984); Grandjean, E. (1979); Murrel, K.F.H. (1965); Smith, H.F. y T.R.G. Green (1980); Trist, E.L. y K.W. Bamforth (1951).

ergoterapia (al. *Arbeitstherapie*; fr. *ergothérapie*; ingl. *work therapy*; it. *ergoterapia*)

Llamada también *terapia ocupacional* (del uso inglés) o *terapia activa* o *del trabajo* (del uso alemán), la ergoterapia es un método de reeducación psicomotriz que favorece actividades dirigidas a un fin. En su ámbito se distingue una ergoterapia *funcional*, que se expresa en actividades manuales creativas de diferentes géneros, como juegos individuales o de grupo, trabajos artesanales, actividades necesarias para la vida cotidiana, actividades recreativas, como la danza y la música, con el fin de reeducar las insuficiencias motrices y gestuales, y una ergoterapia *activa*, aplicada en el ámbito psicopatológico para reforzar o recuperar el sentido de identidad del paciente involucrándolo en actividades que requieran su empeño emotivo y mental, favoreciendo el contacto con los demás y la eventual reinserción en sociedad. La elección de las diferentes técnicas de intervención se efectúa sobre la base de la edad y de las exigencias específicas de cada uno de los individuos.

eritrofobia (al. *Erytrophobie*; fr. *erytrophobie*; ingl. *erytrophobia*; it. *eritrofobia*)

También llamada *ereutofobia*, es un rasgo fóbico caracterizado por el temor a ruborizarse. Quien lo padece justifica este rasgo con problemas de comunicación o de pudor, pero la interpretación psicoanalítica remonta la eritrofobia a un mecanismo de defensa que reprime una tendencia muy fuerte al exhibicionismo o a prácticas sexuales censuradas porque se consideran reprobables. O. Fenichel, en cambio, relaciona el fenómeno con la prolongación del miedo a la castración relacionado con la exposición del cuello y de la cara genitalizados. La eritrofobia se observa también en las ocasiones en que se adoptan los mecanismos de evitación (*v.* **atracción-repulsión, teoría de la**).

BIBLIOGRAFÍA: Fenichel, O. (1945); Freud, S. (1908).

Erlebnis
v. VISIÓN; EXPERIENCIA.

erogeneidad (al. *Erogenität*; fr. *erogénité*; ingl. *erogeneity*; it. *erogenità*)

Término que introdujo S. Freud para indicar una sensación de placer que no está limitada a una zona erógena sino difusa en toda la superficie cutáneo-mucosa y hasta en los órganos internos: "Existen zonas erógenas predestinadas, como lo muestra el chupeteo; pero este mismo ejemplo nos enseña también que cualquier otro sector de la piel o de mucosa puede prestar los servicios de una zona erógena, para lo cual es forzoso que conlleve una cierta aptitud. Por tanto, para la producción de una sensación placentera, la cualidad del estímulo es más importante que la complexión de las partes del cuerpo" (1905 [1976: 166]). La erogeneidad, concebida por Freud como un factor difuso más que específico, puede redistribuirse en el organismo mediante **desplazamientos** (*v.*) y desembocar en órganos en los que se concentra la atención en la forma del síntoma hipocondriaco (*v.* **hipocondría**).

BIBLIOGRAFÍA: Freud, S. (1905).

Eros
v. AMOR.

Eros-logos
v. LOGOS.

Eros-Tánatos (al.; fr.; ingl.; it. *Eros-Thanatos*)

Términos griegos utilizados en el ámbito psicoanalítico para denominar las pulsiones de vida (*Eros*) en contraposición a las pulsiones de muerte (*Thanatos*).

1] EL DEBATE PSICOANALÍTICO. El dualismo, de origen mítico, lo introdujo S. Freud a partir de 1920, emancipando el término Eros de su uso más común, casi sinónimo de sexualidad, como hasta entonces se utilizaba, y sin usar nunca, más que en correlación con él, Tánatos, término al que se prefiere la palabra "destrucción" (*v.* **destructividad**, § 1): "Los dos principios básicos de Empédocles –φιλία y νεῖχος–, son, por su nombre y por su función, lo mismo que nuestras dos pulsiones primordiales, *Eros* y *destrucción*, empeñada la una en reunir lo existente en unidades más y más grandes, y la otra en disolver esas reuniones y en destruir los productos por ellas generados" (1937 [1976: 247-248]).

Antes de introducir esta contraposición, Freud utilizaba la palabra Eros en la acepción amplia de sexualidad y entendía el término en el mismo sentido con que aparece en Platón: "… todos cuantos miran con desdén al psicoanálisis desde su encumbrada posición deberían advertir cuán próxima se encuentra esa sexualidad ampliada del psicoanálisis al Eros del divino Platón" (1905 [1976: 121]). Después abandonó el uso del término *eros* para sustituirlo por *pulsión de vida* (*v.* **vida**, § 4), temiendo que su uso sirviera sólo para camuflar la sexualidad: "Quien tenga a la sexualidad por algo vergonzoso y denigrante para la naturaleza humana es libre de servirse de las expresiones más encumbradas de 'Eros' y 'erotismo'. Yo mismo habría podido hacerlo desde el comienzo, ahorrándome muchas impugnaciones. Pero no quise porque prefiero evitar concesiones a la cobardía. Nunca se sabe adónde se irá a parar por ese camino; primero uno cede en las palabrs y después, poco a poco, en la cosa misma" (1921 [1976: 87]).

La contraposición de Eros y Tánatos no persuadió a C.G. Jung, para quien "el contraste lógico del amor es el odio, y si queremos hablar de *eros* la antítesis es *phobos* (el miedo)" (1917-1943: 45). Desde el punto de vista de la tipología psicológica Jung opone *Eros* a *logos*, haciendo de Eros la base de la psicología femenina, donde la relación psíquica supera la necesidad de una relación puramente sexual, y de logos la característica de la tipología masculina y de la mujer poseída por el *animus* (*v*. **logos**).

2] EL DEBATE FILOSÓFICO. El par freudiano de Eros y Tánatos abrió un debate filosófico que invadió la noción de deseo, sexualidad y placer. G. Deleuze y F. Guattari consideran que Eros y Tánatos no son antitéticos porque el primero preside la producción de características libres, mientras que el segundo, como capacidad de destruir y cambiar órdenes sociales e institucionales, es igualmente fecundo y creativo, por lo que "la pulsión de muerte es una verdadera creatividad institucional" (1972: 67). Freud no se dio cuenta de la creatividad de la pulsión de muerte porque de inmediato encauzó las pulsiones hacia el ámbito doméstico, "proponiéndolas para consumir a la madre y el padre", sin abrirlas a lo social, donde cada pulsión es potencialmente revolucionaria. Todo esto depende, en opinión de Deleuze y Guattari, del hecho de que Freud concibió Eros a la manera de Platón, como "falta" y no como "producción". A esta crítica no escapa ni siquiera la revisión lacaniana de la noción freudiana de deseo, porque si bien es verdad que para J. Lacan se llega al orden del lenguaje y a su "producción" mediante la represión del deseo incestuoso, no sale de los muros domésticos, porque se limita a sustituir el deseo (de la madre) con un signo (el nombre-del-padre) representante de la ley.

El rechazo de la antítesis Eros y Tánatos reaparece en H. Marcuse, para quien Eros convertiría en sí toda fuerza destructiva en energía creadora, por lo que los dos términos se funden en un solo proceso que, en opinión de Marcuse, no debe siquiera ser escindido en mitad sexual y mitad sublimada, porque "la esfera espiritual se vuelve el objeto directo de Eros y queda un objeto libidinal: no hay cambio de energía ni de meta" (1955: 226). También G. Bataille rechaza la antítesis de Freud porque considera que la esencia de Eros y del placer a éste vinculado se encuentra justamente en la felicidad de destruir, de perder, de dilapidar en una economía no acumulativa, como en los *potlatch* (*v*. **intercambio** § 1) de los primitivos, en todas las formas de consumo y desperdicio que Bataille llama *dépense*, por lo que Eros se nutre del dispendio infructuoso y la destrucción, que desarrolla una función trasgresora (*v*. **trasgresión**) y revolucionaria respecto a la cultura occidental de tipo acumulativo y conservador. J. Kristeva se aproxima a la tesis de Bataille; considera que la primera renuncia es precisamente la de la identidad sexual, en la que Eros se manifiesta antes de la triangulación edípica. También M. Foucault rechaza el antagonismo freudiano creación-destrucción relacionado con Eros y Tánatos porque es propio de toda creación que ocurre según leyes, y es propio de toda instancia prohibitiva y represiva producir estructuras de reglas que son después los espacios en los que históricamente se manifiesta el deseo. El debate filosófico, atenuando o extinguiendo la oposición entre pulsión de vida y pulsión de muerte, relega a Freud a la historia y tiende a mostrar que las categorías de las que se sirve no son "leyes eternas" sino ampliaciones de conceptos históricos y de épocas.

BIBLIOGRAFÍA: Bataille, G. (1957); Bottiroli, G. (1978); Deleuze, G. y F. Guattari (1972); Foucault, M. (1976-1984); Freud, S. (1905); Freud, S. (1920); Freud, S. (1921); Freud, S. (1937); Jung, C.G. (1917-1943); Kristeva, J. (1974); Lacan, J. (1966); Melchiorre, V. (1977); Marcuse, H. (1955).

erotismo (al. *Erotik*; fr. *erotisme*; ingl. *erotism*; it. *erotismo*)

Término que utilizó S. Freud en relación con las excitaciones y las satisfacciones relacionadas con la actividad pulsional y percibidas por las zonas erógenas específicas, que además son las aberturas de nuestro cuerpo hacia el mundo, por lo que tendremos erotismo oral, anal, uretral, fálico y genital.

1] EROTISMO ORAL. Se refiere a la satisfacción experimentada con la succión y después al ingerir alimentos, relacionado con un placer sexual típico de la **fase oral** (*v*., § 2), donde la meta sexual consiste en la **incorporación** (*v.*) del objeto según el modelo arcaico del mecanismo de **identificación** (*v.*) mediante el **canibalismo** (*v.*). El erotismo oral revela su ambivalencia en el hecho de que el amor se manifiesta con la devoración y la eliminación del objeto. Los miedos y fobias, tanto de los niños como de los adultos, hacia animales que devoran y muerden se derivan de deseos pulsionales no orales regresivamente manifestados en términos erótico-orales. Del erotismo oral se derivan los mecanismos actuados en la melancolía con introyección psíquica del objeto perdido, mientras se deben enumerar entre las perversiones los contactos buco-genitales que hacen su aparición en las relaciones amorosas (*v.* **oral**, § 3).

2] EROTISMO ANAL. Se refiere a las pulsiones típicas de la fase **anal** (*v.*, § 3), relacionadas con la retención y la expulsión de las heces, hechas posibles por el control de los esfínteres que después se extiende hacia el control del objeto, ya sea en la forma sádica de la destrucción y de la aniquilación, o en la de la conservación y la posesión. En esta fase, según Freud, la meta sexual no se juega, como en la fase genital, entre masculino y femenino, sino entre activo y pasivo (*v.* **actividad-pasividad**, § 1): "La actividad es sufragada por la pulsión ordinaria de apoderamiento, que llamamos 'sadismo', justamente, cuando la hallamos al servicio de la función sexual; [...] La corriente pasiva es alimentada por el erotismo anal, cuya zona erógena corresponde a la antigua cloaca indiferenciada. Un acusado relieve de este erotismo anal en el estadio de la organización pregenital deja en el varón, cuando se alcanza el estadio siguiente de la función sexual, la del primado de los genitales, una sustantiva predisposición a la homosexualidad" (1913 [1976: 342]; *v.* **anal**, § 3).

3] EROTISMO URETRAL. Está relacionado con la función urinaria que Freud interpretó como un equivalente de la masturbación: "La sintomatología de estas exteriorizaciones sexuales es pobre; del aparato sexual todavía no desarrollado da testimonio casi siempre el aparato urinario, que se presenta, por así decir, como su portavoz. La mayoría de las llamadas afecciones vesicales de esta época son perturbaciones sexuales; la *enuresis nocturna*, cuando no responde a un ataque epiléptico, corresponde a una polución" (1905 [1976: 172]). M. Klein, en cambio, interpreta el erotismo uretral como base para fantasías de agresión y destrucción mediante la orina: "Los análisis de los adultos y los de los niños muestran frecuentes fantasías en las que se imaginan la orina como un líquido cáustico, solvente y corrosivo y un veneno secreto e insidioso. Estas fantasías sádico-uretrales contribuyen en amplia medida a conferirle al pene el significado inconsciente de instrumento de crueldad y a la determinación de los consiguientes trastornos de la potencia sexual del varón" (1932: 183).

4] EROTISMO FÁLICO. Está relacionado con los impulsos sexuales que caracterizan la fase **fálica** (*v.*) del desarrollo, cuando el pene y el clítoris se vuelven zonas erógenas predominantes. El erotismo fálico debe distinguirse del genital, que surge solamente en la pubertad, cuando se instituye la posibilidad biológica de la descarga del semen y el orgasmo vaginal toma el lugar del clitorideano. El erotismo fálico se satisface con la masturbación, que en esta fase no es autoerótica, sino, como escribe Freud, "Se la puede pesquisar en la actitud edípica hacia sus progenitores; la masturbación es sólo la descarga genital de la excitación sexual perteneciente al complejo, y a esta referencia deberá su significatividad para todas las épocas posteriores" (1924 [1976: 184]).

5] EROTISMO GENITAL. Se refiere a los impulsos relacionados con la organización sexual definitiva que se establece después de la pubertad, donde la sexualidad "está al servicio de la procreación". En esta fase, prosigue Freud, "1] se conservan muchas investiduras libidinales tempranas; 2] otras son acogidas dentro de la función sexual como unos actos preparatorios, de apoyo, cuya satisfacción da por resultado el llamado 'placer previo', y 3] otras aspiraciones son excluidas de la organización y son por completo sofocadas (reprimidas) o bien experimentan una aplicación diversa dentro del yo, forman rasgos de carácter, padecen sublimaciones con desplazamiento de meta" (1938 [1976: 153]; *v.* **genital**, § 3).

BIBLIOGRAFÍA: Abraham, K. (1924); Bataille, G. (1957); Freud, S. (1905); Freud, S. (1913); Freud, S. (1924); Freud, S. (1938); Klein, M. (1932).

erotolalia (al. *Erotolalie*; fr. *erotolalie*; ingl. *erotolalia*; it. *erotolalia*)

Uso frecuente de expresiones de contenido erótico-sexual.

erotomanía (al. *Erotomanie*; fr. *erotomanie*; ingl. *erotomania*; it. *erotomania*)

Forma más o menos pronunciada de delirio con fondo paranoico en el que el sujeto cree que muchas personas del sexo opuesto están enamoradas de él. Con frecuencia se interpreta como un mecanismo de defensa contra las propias tendencias homosexuales.

error (al. *Irrtum*; fr. *erreur*; ingl. *error*; it. *errore*)

Juicio o valoración que trasgrede el criterio reconocido como válido en el campo al cual se refiere, o bien los límites de aplicabilidad del criterio mismo. La referencia al criterio de validez y de aplicación hace que el contrario del error no sea la verdad sino la exactitud o la corrección. En psicología el error representa un momento constitutivo del **aprendizaje** (*v.*, § I, 2) y se determina teniendo en consideración la información de que se dispone, que se valora sobre la base de un código o un sistema de creencias en posesión del sujeto. Con esta delimitación del área del error se superó en psicología la posición del pensamiento clásico, según el cual existiría un dato neutro que ofrece a la observación, en el nivel de la cognición, una percepción diferente de la interpretación. Siempre en el ámbito psicológico, no se utiliza el concepto de verdad o de objetividad del conocimiento considerado independiente de la subjetividad, puesto que la subjetividad es el "objeto" del saber psicológico.

La posición que poco a poco asumió la psicología está revalidada por la epistemología reciente, que concibe la verdad como un proceso de continua rectificación del error, que por lo tanto es esencial en el itinerario de la aproximación progresiva. Escribe a este propósito G. Bachelard: "El error es una de las fases de la dialéctica por la que forzosamente debe pasarse. Esto da origen a investigaciones más precisas y es el elemento motor del conocimiento"

(1928: 249). "El espíritu científico es esencialmente una rectificación del saber, una ampliación de los cuadros del conocimiento. Esto juzga al propio pasado histórico, al condenarlo. Su estructura no es otra cosa que la conciencia de los errores históricos. Desde el punto de vista científico, se piensa en la verdad como una rectificación histórica de un error prolongado; se concibe la experiencia como rectificación de la ilusión común primitiva. Toda la vida intelectual de la ciencia trabaja dialécticamente en este diferencial del conocimiento, en el límite de lo desconocido. La esencia misma de la reflexión consiste en comprender que no se ha entendido" (1934: 155).

Por su parte K.R. Popper descarta la imagen de un conocimiento inductivista que, fundado en una base empírica segura, progresa de forma lineal y acumulativa, expandiendo su núcleo original de verdad, y lo sustituye por un modelo de conocimiento y racionalidad que es ejercicio crítico de la conjetura por la progresiva eliminación de los errores: "La crítica de las conjeturas es de importancia decisiva: al poner en evidencia nuestros errores, nos hace comprender las dificultades del problema que estamos tratando de resolver. De esta manera adquirimos mejor conocimiento del problema y nos ponemos en posibilidad de proponer soluciones más avanzadas: la misma confrontación de una teoría –es decir, de cualquier intención seria de solución del problema– constituye siempre un paso adelante, que nos lleva más cerca de la verdad. Y ésta es la forma en la que podemos aprender de los errores. Nuestro conocimiento aumenta en la medida en que aprendemos de los errores" (1963: 3-4). "Evitar errores es un ideal mezquino: si no osamos afrontar problemas tan difíciles que vuelvan casi inevitable el error, no habrá desarrollo del conocimiento. En efecto, de nuestras teorías más atrevidas, aunque sean erróneas, es de las que más aprendemos. Nadie puede evitar cometer errores; lo más importante es aprender de ellos" (1968: 242).

Partiendo de la afirmación de Popper según la cual el método por **prueba y error** (*v.*) "es fundamentalmente el mismo que adoptan los organismos vivientes en el proceso de adaptación" (1940: 531), L. Lentini escribe que "se pueden distinguir tres niveles de adaptación: el nivel genético, el nivel del comportamiento y el nivel del conocimiento objetivo, como por ejemplo la elaboración de una tesis científica. En los tres niveles los cambios adaptativos se inician en estructuras ordenadas (respectivamente la estructura genética del organismo o genoma, el repertorio innato de posibles formas de comportamiento y las reglas de comportamiento transmitidas por la tradición, las teorías dominantes y los problemas vigentes); tales estructuras se transmiten siempre por instrucción, a través del código genético o de la tradición. A causa de los desafíos a los que éstos están sometidos se dan, como respuesta, transformaciones que tienen su origen dentro de la estructura y no se deben a instrucciones provenientes del ambiente; aquéllas, por lo tanto, se someten a *selección*, que elimina los esfuerzos insatisfactorios y deja sobrevivir sólo los satisfactorios, los cuales a su vez son transmitidos por instrucción" (1990: 119-120). Desde este punto de vista –y haciendo excepción para la variante que es el lenguaje– no hay diferencia entre el conocimiento animal y el científico, porque, como sostiene Popper, "desde la amiba hasta Einstein el desarrollo del conocimiento es siempre el mismo: tratamos de resolver nuestros problemas, y de obtener, por un proceso de eliminación, algo que parezca más adecuado a nuestros esfuerzos de solución" (1972: 347).

Por lo que se refiere a los errores de *muestra*, de *medición* y *estándar*, véase la voz **estadística**, § II, 4).

BIBLIOGRAFÍA: Bachelard, G. (1928); Bachelard, G. (1934); Coe, R.M. y A. Wilden (1978); Lentini, L. (1985); Lentini, L. (1990); Mach, E. (1905); Popper, K.R. (1940); Popper, K.R. (1963); Popper, K.R. (1968); Popper, K.R. (1972).

escala (al. *Skala*; fr. *echelle*; ingl. *scale*; it. *scala*)

Base objetiva para la medición, la confrontación y la clasificación que permite transformar un sistema empírico en un sistema numérico. Existen varios tipos de escalas de acuerdo con las diversas operaciones necesarias para construirlas.

1] La *escala nominal* denominada así porque aquí los números son nombres, en el sentido de que denotan objetos, personas o acontecimientos, como los números de teléfono o las clasificaciones "soltero", "casado", "viudo", "divorciado" en relación con el "estado civil". Las operaciones estadísticas que corresponden a esta escala son el "número de casos" y la "moda", que corresponden a las operaciones empíricas de la determinación de la igualdad o de la diferencia y de la enumeración.

2] La *escala ordinal*, donde los números representan rangos, como por ejemplo las votaciones académicas. La principal operación estadística que hace referencia a esta escala es la "media", que corresponde a la operación empírica que determina el "mayor" y el "menor".

3] La *escala a intervalos*, que está construida sobre la igualdad de las distancias pero sin incluir el cero, que es asumido convencionalmente, como en la escala del termómetro o en las fechas del calendario. La principal operación estadística que hace referencia a esta escala es la "desviación estándar", que corresponde a la operación empírica que determina la igualdad de los intervalos y que se presta a las operaciones matemáticas de la suma y de la resta.

4] La *escala proporcional* que difiere de la anterior porque el cero es real, como en las escalas de las longitudes y de los pesos. La operación estadística más importante es la "media geométrica" que corresponde a la operación empírica que determina la igualdad entre las relaciones y que se presta a las operaciones matemáticas de la multiplicación y de la división.

La operación con la que se elige entre las posibles escalas depende de la naturaleza del objeto, por lo que, en el caso del sexo, donde sería difícil establecer una diferencia de rango entre las dos clases, masculina y femenina, se adopta la escala nominal, mientras para la inteligencia, basándose en los tests que indican el cociente, se adopta la escala ordinal.

Además de estas cuatro escalas que corresponden a otros tantos niveles de elaboración matemática, tenemos también la *escala absoluta*, en la cual la relación entre número y objeto es tan rígida que no permite ningún cambio, como en el caso de los números de objetos que se encuentran en montones diferentes, y la *escala multidimensional*, cuando las variantes son muchas y cada elemento es un indicador del objeto medido, por lo que, por ejemplo, el bienestar de un individuo o de una población se puede expresar con indicadores, como la cantidad de alimentos, la calidad de las habitaciones, los estándares de instrucción, la variedad de diversiones, que, trasladados a números, se vuelven indicadores del bienestar considerado en sus elementos constitutivos precedentemente ordenados y calculados con base en escalas diferentes. Para los términos estadísticos dados a conocer aquí véase **estadística**.

Rating scales (rs) (*escalas estimativas*), en cambio, son escalas de evaluación, de uso frecuente en psiquiatría para cuantificar y clasificar los datos clínicos obtenidos con base en parámetros estandarizados. Creadas para evaluar los efectos clínicos de los psicofármacos, las *escalas estimativas* encontraron su uso en la evaluación cuantitativa de la sintomatología clínica y de sus posibles variaciones en el tiempo. Se distinguen de los **tests** (*v*.) porque no tienen una función diagnóstica ni tienden a identificar las características estructurales de la personalidad, sino simplemente a evaluar en forma objetiva las características de un cuadro psicopatológico. Naturalmente, cada una de estas escalas presupone siempre una orientación nosográfica precisa y por lo tanto la adopción de acuerdos para superar las variaciones semánticas y las diferencias lingüísticas.

BIBLIOGRAFÍA: Guildorf, J.P. (1954); Purghé, F. (1984); Stevens, S.S. (1951).

escapismo (al. *Eskapismus*; fr. *escapisme*; ingl. *escapism*; it. *escapismo*)

Mecanismo de defensa adoptado por el individuo que intenta sustraerse a situaciones indeseables o escapar de condiciones que influyen negativamente en sus funciones psíquicas y físicas. El escapismo también puede manifestarse como **amnesia** (*v*.) de las situaciones desagradables, o incluso con parálisis histéricas.

escatofagia
v. COPROFAGIA.

escatofilia
v. COPROFILIA.

escatofobia
v. COPROFOBIA.

escena originaria (al. *Urszene*; fr. *scène originaire*; ingl. *primal scene*; it. *scena primaria*)

El término lo introdujo S. Freud primero para referirse a experiencias infantiles traumatizantes, después para indicar la escena de la relación sexual de los padres que el niño habría visto, o reconstruido fantásticamente (*v*. **fantasía**, § 1) a partir de ciertos indicios. Esta experiencia, en la que el niño vive el coito, interpretado como coito anal, como un acto de agresión del padre en relación con la madre, proporciona un soporte para la angustia de **castración** (*v*.). La interpretación de la escena primordial fue objeto de discusión entre Freud, propenso a considerarla una experiencia real o reconstruida a partir de algún indicio realmente vivido, y C.G. Jung, para quien es una fantasía retrospectiva inducida por una necesidad de renacimiento. Freud, quien no niega la incidencia de las fantasías retrospectivas en las formaciones de las neurosis, sigue sosteniendo la idea que la escena primordial pertenece al pasado ontogenético o filogenético del individuo; a partir de los casos que él examinó concluye que "Infortunadamente, contra estos hechos nimios, pero irrefutables, naufragan los expedientes que quieren procurarnos las teorías de Jung y de Adler. Tal como están las cosas, más bien me parece que la fantasía de renacimiento es un retoño de la escena primordial, y no a la inversa, la escena primordial un espejamiento de la fantasía de renacimiento. Acaso sea lícito suponer también que en ese tiempo, a los cuatro años de su nacimiento, el paciente era demasiado joven para desear ya renacer" (1914 [1976: 94]).

BIBLIOGRAFÍA: Freud, S. (1914); Jung, C.G. (1912-1952).

escisión
v. CIRCUNCISIÓN.

escisión (al. *Spaltung*; fr. *clivage*; ingl. *splitting*; it. *scissione*)

Los términos *escisión* y *disociación* traducen ambos la expresión alemana *Spaltung*, que introdujo E. Bleuler. No obstante la equivalencia de su significado, en italiano [y en español] ambos términos tienen un uso diferente, en dos niveles: 1] disociación se utiliza en la bibliografía psiquiátrica, escisión en la psicoanalítica; 2] además, existe la tendencia a usar el término disociación para referirse a las funciones (por lo que se habla, por ejemplo, de disociación de la conciencia o del pensamiento), y de escisión para referirse a estructuras (por ejemplo: escisión del yo). Términos descriptivos equivalentes son *discordancia, disgregación, dispersión, incongruencia, desconexión*, que hacen referencia a la escisión de la unidad psíquica en elementos que quedan separados o arbitrariamente unidos.

I. PSIQUIATRÍA: LA DISOCIACIÓN

En la acepción arriba especificada el término disociación adquiere su significado de acuerdo con los criterios previstos para su delimitación. En general designa la distorsión, la limitación o la pérdida de los nexos asociativos normales, con la consiguiente incongruencia entre una idea y otra, entre ideas y resonancia emotiva, entre contenido de pensamiento y comportamiento, donde se puede interpretar una separación y al mismo tiempo una conexión arbitraria entre los diferentes elementos de la vida psíquica.

1] E. BLEULER Y LOS DOS NIVELES DE ESCISIÓN. Bleuler introdujo el término *Spaltung* para designar el síntoma fundamental de la esquizofrenia (*v.*, § I, 1, *b*): "La *Spaltung* es la condición preliminar de la mayor parte de las manifestaciones más complicadas de la enfermedad; imprime su sello particular a toda la sintomatología. Pero detrás de esta *Spaltung* sistemática en complejos ideativos determinados, encontramos una *Zerspaltung* incoherente, de formaciones igualmente sólidas y conceptos concretos. En el término esquizofrenia incluí estos dos tipos de *Spaltung*, cuyos efectos con frecuencia se fusionan" (1911: 296). En otras palabras, la disociación (*Spaltung*), en cuanto re-

forzamiento de grupos asociativos, es posterior a una disociación aún anterior (*Zerspaltung*), que consiste en una verdadera disgregación del proceso mental. Esta concepción bleuleriana de la disociación presenta analogías con la "debilidad de la síntesis psicológica" que conjeturó P. Janet (*v.* **disgregación**), y con eso que S. Freud describió como características del inconsciente, es decir la yuxtaposición de agrupamientos independientes entre sí, incluso aunque para Freud el inconsciente no se deriva de la "debilidad de la síntesis psicológica" que propuso Janet sino de la **represión** (*v.*).

Para Bleuler la disociación no es un mero dato de la observación sino una hipótesis del funcionamiento mental, cuyo trastorno primario o *Zerspaltung* está constituido por una disminución de las asociaciones: "Las asociaciones pierden su cohesión. Entre mil hilos que guían nuestros pensamientos, la enfermedad rompe aquí o allá, en forma irregular, ora uno o el otro, ora un cierto número, ora una gran parte. Por esto el resultado del pensamiento es insólito y con frecuencia incorrecto desde el punto de vista lógico" (1911: 10). El trastorno secundario o *Spaltung* es, en cambio, la agrupación de las ideas, a falta de representaciones finalizadas, bajo el dominio de complejos afectivos: "Dado que todo lo que se opone al afecto es reprimido más de lo normal, y lo que va hacia el afecto es favorecido en forma igualmente anormal, resulta al final que el sujeto ya no puede pensar nada que contradiga una idea cargada de afecto; el esquizofrénico, en su pretensión, sólo piensa en sus deseos; para él no existe nada que pueda impedir su realización. Por eso ciertos complejos de ideas, cuyo vínculo es más bien un afecto común, en lugar de una relación lógica, son no sólo formados sino reforzados. Al no haber sido utilizadas, las vías asociativas que conducen de tal complejo a otras ideas pierden, por lo que se refiere a las asociaciones adecuadas, su transitabilidad; el complejo ideativo cargado de afecto se separa cada vez más y llega a una independencia cada vez más grande (*Spaltung* de las funciones psíquicas)" (1911: 293).

2] C.G. JUNG Y LA AUTONOMÍA DE LOS COMPLEJOS. Jung está de acuerdo con Bleuler, su maestro, por lo que se refiere al trastorno secundario de la disociación (*Spaltung*) en cuanto agrupación de ideas bajo el dominio de complejos afectivos, mientras por lo que se refiere al trastorno primario (*Zerspaltung*) es "extremadamente difícil decidir si se trata de una debilidad primaria de la conciencia y de la correspondiente disociabilidad de la misma o bien de la fuerza primaria del inconsciente. Esta última posibilidad no puede ser excluida simplemente porque se pueda pensar que el rico material arcaico de la esquizofrenia sea la expresión de una mentalidad infantil, y por lo tanto primitiva, presente hasta ahora. Puede tratarse de un atavismo. Tomo seriamente en consideración la posibilidad de una 'interrupción del desarrollo', en la que permanece intacta una parte de la psicología primitiva mayor de lo normal, y no se adapta a las condiciones modernas. Es natural que en tales condiciones una parte considerable de la psique no logre caminar al mismo ritmo que la evolución normal de la conciencia. Con el curso de los años la distancia entre el inconsciente y el consciente aumenta y provoca un conflicto, al principio latente. Pero cuando se vuelve necesario un esfuerzo particular de adaptación y la conciencia debe recurrir a sus fuerzas instintivas inconscientes, el conflicto se vuelve manifiesto; el espíritu primitivo, hasta entonces latente, irrumpe inesperadamente con contenidos que son demasiado incomprensibles y demasiado estrafalarios para poder ser asimilados. En un gran número de casos semejante momento marca el principio de una psicosis" (1939: 255-256).

Después de identificar la causa de la disociación, además de la "debilidad primaria de la conciencia", en la "fuerza primaria del inconsciente", Jung encuentra, en la preponderancia del complejo del yo (*v.* **complejo**, § 2), el punto crítico que permite distinguir la neurosis de la psicosis, y específicamente: cuando "el complejo del yo es privado de su habitual posición de preponderancia [...] comienza la desintegración de la personalidad" (1939: 252), y: "la neurosis está más acá del punto crítico, la esquizofrenia está más allá" (1939: 250). A partir de estas premisas Jung inicia los pasos para distinguir la disociación histérica de la esquizofrénica: si "la diferencia fundamental entre neurosis y psicosis está en la conservación de la unidad potencial de la personalidad [...] en un paciente esquizofrénico el vínculo entre el yo y algunos complejos está más o menos roto. La escisión no es relativa, sino absoluta. [...] Es verdad que una neurosis se caracteriza por la relativa autonomía de sus complejos; en una esquizofrenia, sin embargo, los complejos se volvieron fragmentos autónomos, separados. [...] En una esquizofrenia la disociación no sólo es mucho más grave, sino con frecuencia irreversible. Ya no es fluida y variable, como en una neurosis, sino más bien como un espejo roto. La unidad de la personalidad, que en el caso del histerismo da a sus personalidades secundarias un carácter humanamente comprensible, está definitivamente hecha pedazos" (1939: 247). De esta manera Jung establece una continuidad entre normalidad, neurosis y psicosis, ritmada por el grado de control que el complejo del yo es capaz de ejercer sobre los demás complejos o personalidades autónomas.

3] FENOMENOLOGÍA DE LA DISOCIACIÓN. También R.D. Laing insiste en el tema de la continuidad; para él la disociación no es otra cosa que una acentuación de la inseguridad ontológica (*v.* **inseguridad**) común a todos los hombres, por lo que "incluso en circunstancias normales, un individuo puede sentirse más irreal que real, literalmente más muerto que vivo, diferenciado de modo incierto y precario del resto del mundo, de modo que su identidad y su autonomía siempre son cuestionadas. Puede faltarle la sensación de la continuidad temporal; puede fallarle el sentido de la coherencia y la cohesión personal. Se puede sentir como impalpable e incapaz de considerar genuino, bueno y de valor el material del que está hecho. Puede sentir su yo parcialmente separado de su cuerpo" (1959: 50). En el ámbito fenomenológico se suele distinguir una disociación *histérica* de una disociación *esquizofrénica*, porque el histérico se escinde en el nivel molar, y el esquizofrénico en el molecular.

a] La *disociación histérica*, que da como resultado lo que A. Binet y T. Flournoy llaman *doble personalidad* y K. Jaspers denomina *conciencia alternante*, es una condición –escribe Jaspers– en la cual "la vida psíquica separada se presenta con un desarrollo tan rico que se cree estar tratando con otra personalidad; pero, una vez que pasa ese estado, la personalidad normal no conserva ningún recuerdo"

(1913-1959: 436). En términos más explícitos, la disociación histérica la describe G. Jervis de la siguiente manera: "El sujeto histérico *disocia* lo que él mismo produce de su propia persona: en lugar de afirmar 'yo hago esto' es como si dijera 'esto me sucede'. El síntoma histérico es *presentado* como una descompostura o una interrupción accidental en el funcionamiento del cuerpo, del que el sujeto se proclama absolutamente no responsable. En el caso de una parálisis histérica de un brazo, por ejemplo, el trastorno se vive como distante de cualquier control (eso pasa allá en el brazo); en el caso de una convulsión o de una seudopérdida de conciencia, el histérico afirma 'ya no supe nada más', en el caso de un comportamiento más complejo (como una crisis de rabia estridente o de agresividad), el histérico afirma 'no quise, no era yo, no recuerdo nada, algo actuaba en mí'. En otras palabras, el sujeto se escinde entre personaje social y organismo 'enfermo', y atribuye a su propio organismo lo que retira del personaje social" (1975: 276).

b] La *disociación esquizofrénica*, en cambio, es descrita por Laing como "una fractura que divide al yo del cuerpo. Esta escisión parte en dos el ser del individuo, de forma que el sentido del yo se vuelve incorpóreo, mientras el cuerpo se convierte en el centro de un sistema del falso yo. Esta fractura primaria coexiste con la siguiente fractura yo/cuerpo/mundo, donde el cuerpo viene a ocupar una posición especialmente ambigua [...] donde se siembra la semilla de una persistente fusión o confusión en el punto de encuentro entre el aquí y el allá, entre el adentro y el afuera, ya que el cuerpo no es sentido con seguridad como 'yo' en oposición con 'no yo'" (1959: 197).

4] CLASIFICACIÓN DE LOS TRASTORNOS DISOCIATIVOS. El DSM-III-R reconoce como trastornos disociativos:

1] La *personalidad múltiple*, conocida también como **desdoblamiento de la personalidad** (*v.*), caracterizada por la "existencia dentro de la persona de dos o más personalidades o estados de personalidad diferentes (cada uno con características propias relativamente constantes en lo referente a percibir y juzgar el ambiente y a sí mismo). Por lo menos dos de las personalidades o de los estados de personalidad asumen en forma recurrente el pleno control del comportamiento del sujeto" (100.14).

2] La *fuga psicógena* cuya "alteración principal es una repentina e inesperada fuga de casa o del lugar habitual, con incapacidad para recordar el pasado. Adopción de una nueva identidad parcial o completa" (300.13).

3] La *amnesia psicógena*, cuya "principal alteración es un episodio inesperado de incapacidad para recordar importantes noticias personales, que se presenta en forma demasiado amplia para poder explicarse como un simple olvido" (100.12).

4] La *despersonalización* (*v.* **persona**, § 1) caracterizada por la "experiencia de sentirse separado, o de sentirse como un observador extraño de los procesos mentales y del cuerpo propios; la experiencia de sentirse como un autómata o como en un sueño" (300.60).

Los trastornos disociativos tienen repercusión en el lenguaje, donde se distinguen las siguientes formas de *disociación semántica*: 1] *aumento* del halo semántico, por lo que el lenguaje es ambiguo e indeterminado, pero aún comprensible; 2] *distorsión* semántica, en la cual el significado de una palabra es transferido a un nuevo símbolo (*v.* **neologismo**) o a otra palabra (*v.* **paralogía**); 3] *dispersión* semántica, en la que el significado está reducido o totalmente perdido, por lo que el lenguaje se vuelve incoherente; 4] *desintegración* semántica, donde el significado y la capacidad para comunicar están completamente perdidos y el lenguaje es utilizado como juego.

El psicoanálisis describe los trastornos asociativos con los mismos instrumentos utilizados para describir el proceso **primario** (*v.*) y el **sueño** (*v.*), es decir en términos de: 1] *condensación* (*v.*), por lo que dos o más fragmentos de ideas se fusionan en una nueva que, por lo tanto, resulta incongruente; 2] *desplazamiento* (*v.*) de la intensidad y del acento vinculados a una representación hacia otra representación evocada por la primera mediante una cadena asociativa personal; 3] *descarrilamiento* (*v.*), con el paso inesperado de un tema de pensamiento a otro debido a la aparición de una idea no congruente con el tema original; 4] *bloqueo* (*v.*) del pensamiento por interrupción del flujo ideativo debido a una detención de los procesos asociativos; 5] **hipertensión** (*v*.), cuando en el tema de un pensamiento lógico se introducen, alterándolo, ideas o conceptos no pertinentes o impropios.

II. PSICOANÁLISIS: LA ESCISIÓN

En este ámbito se habla de escisión (*Spaltung*) para referirse: *a*] al **aparato psíquico** (*v*.), separado en sistemas (inconsciente, preconsciente, consciente) y en instancias (ello, yo y superyó); *b*] a la *conciencia*, con las expresiones "escisión de conciencia", "escisión del contenido de conciencia", "escisión psíquica"; *c*] al *yo*, donde entra en acción el mecanismo de la negación evidente en las psicosis y en el fetichismo; *d*] al *objeto*, separado en "bueno" y "malo".

1] ESCISIÓN DE LA CONCIENCIA (*Bewusstseinspaltung*). Es la forma típica de la disociación histérica, caracterizada, según Freud, por la coexistencia de dos personalidades que pueden ignorarse recíprocamente: "El complejo sintomático de la histeria, hasta donde conseguimos entenderlo hoy, justifica el supuesto de una escisión de la conciencia con formación de grupos psíquicos separados, es cosa que debería ser universalmente aceptada tras los brillantes trabajos de P. Janet y J. Breuer y otros." A diferencia de Janet, Freud estima conveniente precisar que "la escisión de conciencia en modo alguno puede interpretarse como primaria [...] conseguí demostrar repetidas veces que *la escisión del contenido de conciencia es consecuencia de un acto voluntario del enfermo*, vale decir, es introducida por un empeño voluntario cuyo motivo es posible indicar" (1894 [1976: 47-48]). Aquí se inicia la noción freudiana de inconsciente como separado de la conciencia por efecto de la **represión** (*v*.).

2] ESCISIÓN DEL YO (*Ichspaltung*). Con esta expresión Freud se refiere a un proceso por el cual dentro del yo se constituyen dos actitudes psíquicas; una de ellas tiene en cuenta la realidad, la otra la niega, sustituyéndola por el contenido del deseo. Está en acción el mecanismo específico de la **negación** (*v*.), cuyo prototipo es la negación de la castración. La negación, en opinión de Freud, permite explicar los rasgos típicos de la psicosis y del fetichismo: "El problema de la psicosis sería sencillo y trasparente si el desasimiento del yo respecto de la realidad objetiva pudiera consumarse sin dejar rastros. Pero, al parecer, sólo ocurre rara vez, quizá nunca." Según Freud de esto se deriva que podemos suponer una "*escisión* psíquica. Se forman dos posturas psíquicas en vez de una postura única: la que toma en cuenta la realidad objetiva, la normal, y otra que bajo el influjo de lo pulsional desase al yo de la realidad. Las dos coexisten una junto a la otra. El desenlace depende de la fuerza relativa de ambas. Si la segunda es o deviene la más poderosa, está dada la condición de la psicosis. [...] El punto de vista que postula en todas las psicosis una *escisión del yo* no tendría títulos para reclamar tanta consideración si no demostrara su acierto en otros estados más semejantes a las neurosis y, en definitiva, en estas mismas. [...] Esta anormalidad, que es lícito incluir entre las perversiones, tiene su fundamento, como es notorio, en que el paciente (masculino casi siempre), no reconoce la falta de pene de la mujer, que, como prueba de la posibilidad de su propia castración, le resulta en extremo indeseada. Por eso desmiente la percepción sensorial genuina que le ha mostrado la falta de pene en los genitales femeninos, y se atiene a la convicción contraria. Pero la percepción desmentida no ha dejado de ejercer influjo, pues él no tiene la osadía de aseverar que vio efectivamente un pene. Antes bien, recurre a algo, una parte del cuerpo o una cosa, y le confiere el papel del pene que no quiere echar de menos" (1938b [1976: 203-204]). La escisión del yo la reconsideró J. Lacan, quien la planteó como condición de la "gestación" del yo mismo (*v*. **lacaniana, teoría**, 7).

3] ESCISIÓN DEL OBJETO (*Objektspaltung*). Es un mecanismo que propuso M. Klein como la forma más primitiva de defensa contra la angustia. El objeto hacia el que se dirigen las pulsiones eróticas y destructivas está escindido en objeto "bueno" y "malo", con repercusiones en la dinámica de las introyecciones y de las proyecciones (*v*. **kleiniana, teoría**, § 1). Terminológicamente afín, pero teóricamente diferente, es la escisión del yo en yo "libidinal" y yo "saboteador" que planteó W.R.D. Fairbairn como consecuencia de la escisión del objeto (*v*. **esquizofrenia**, § I, 2, *c*).

BIBLIOGRAFÍA: American Psychiatric Association (1988); Binet, A. (1891); Bleuler, E. (1911); Fairbairn, W.R.D. (1946); Freud, S. (1894); Freud, S. (1938); Freud, S. (1938); Janet, P. (1930); Jaspers, K. (1913-1959); Jervis, G. (1975); Jung, C.G. (1911); Jung, C.G. (1939); Klein, M. (1978); Lacan, J. (1966); Laing, R.D. (1959).

esclerosis (al. *Sklerose*; fr. *sclérose*; ingl. *sclerosis*; it. *sclerosi*)

El término se refiere a diferentes enfermedades neurológicas, entre las cuales las más significativas son:

1] La *esclerosis cerebral difusa*, que se refiere a un grupo de enfermedades progresivas que se presentan en los primeros años de vida, caracterizadas por una desmielinización muy extensa de la sustancia blanca de los hemisferios cerebrales, que desde el punto de vista clínico conlleva trastornos visuales que pueden llegar hasta la ceguera y trastornos mentales que conducen hasta la demencia.

2] La *esclerosis lateral amiotrófica*, caracterizada por degeneración de las neuronas motrices centrales y periféricas. Los síntomas, en el plano clínico, están representados por disartria, disfagia y espasticidad de los músculos, mientras en el plano psicológico lo están por falta de control voluntario en las reacciones emotivas. La edad más afectada es entre los 30 y los 50 años, con éxito negativo en una curva de tiempo que abarca entre los 3 y los 10 años.

3] La *esclerosis múltiple o en placas*, que interesa la sustancia blanca del sistema nervioso central. La alteración anatomopatológica está representada por áreas de desmielinización (placas), de la que resulta una reacción neuroglial. De acuerdo con la etiología se conjeturaron agentes infecciosos, influencia de factores hereditarios y constitucionales, mecanismos alérgicos. Se distinguen tres cuadros clínicos: una forma aguda, con período de sobrevivencia de uno a dos años; una forma crónica progresiva de curso lento que puede durar 20 o 30 años, y una forma con curso oscilatorio, con remisión de los síntomas durante los intervalos entre las crisis agudas. En el plano psicológico se han observado debilidad emotiva, episodios ansiosos con agitación psico-

motriz, disminución de la memoria y de la atención, crisis de risa y llanto convulsivo.

4] La *esclerosis posterolateral*, también llamada *mielosis funicular*, caracterizada por focos degenerativos que interesan los cordones de la médula espinal. Los síntomas fundamentales son trastornos motores y alteraciones de la sensibilidad profunda.

5] La *esclerosis tuberosa*, enfermedad crónica de etiología desconocida que surge en la primera infancia y se manifiesta con diferentes malformaciones y numerosos tumores neurogliales. En el plano psicológico está acompañada de insuficiencia mental.

6] La *esclerosis cortical laminar*, lesión atrófica de la corteza cerebral y cerebelar típica del alcoholismo, que conlleva degeneración de las células corticales, con el consiguiente deterioro psíquico y características típicas de la demencia.

7] La *esclerosis mesial temporal* que interesa a las zonas mesiales de la sustancia gris temporal. Aparece desde la infancia, por traumas del nacimiento o por epilepsia.

escolar, formación (al. *Schulbildung*; fr. *formation scolaire*; ingl. *school-formation*; it. *scolastica, formazione*)

Proceso que abarca muchos años y tiene por objetivo la educación (v. **pedagogía**) y la **instrucción** (v.) del individuo desde la edad infantil hasta la madurez, estimada en términos de desarrollo de las funciones intelectuales y de maduración de la personalidad (v. **psicología de la edad evolutiva**).

1] LAS FUNCIONES INTELECTUALES. Estas funciones están estimadas en términos de *aprovechamiento*, que indica el grado de capacidad al que puede llegar un alumno en relación con sus capacidades y con los objetivos prefijados por los educadores. Normalmente el aprovechamiento es progresivo, incluso cuando por motivos de naturaleza psicológica puede verificarse una interrupción en niveles bajos de **éxito** (v.), o hasta un resultado negativo, indicado como **fracaso** (v.). Las investigaciones en sociología educativa demostraron que en el aprovechamiento intervienen las expectativas de los padres, que tienen un peso más significativo que el de las expectativas de los maestros, y las expectativas del alumno sobre la base del principio que formuló R. Merton, según el cual quien tiene expectativas sobre algún acontecimiento con frecuencia actúa de modo de lograr que dicho acontecimiento se realice. Un segundo factor identificado es la correlación entre aprovechamiento y clase social, cuya influencia es evidente en los medios culturales disponibles en la percepción, por parte del estudiante, de la presión que recibe en su familia para la continuación de los estudios.

El aprovechamiento se mide a partir de una evaluación *inicial* que comprueba las condiciones de los alumnos a su ingreso a determinado segmento del proceso formativo; una *intermedia*, que permite la activación inmediata de procedimientos compensadores para los alumnos en dificultades, y una *final*, que tiene la tarea de comprobar los resultados alcanzados individualmente y su correspondencia con los requisitos mínimos que exige la escuela. A la *transmisión cultural* (*v.* **enseñanza**) y a la *evaluación* (*v.* **docimología**), que son las funciones didácticas fundamentales requeridas para el crecimiento de las funciones intelectuales, deben agregarse la *estimulación* de los estados afectivos vinculados al aprendizaje; la *consolidación* del aprendizaje para que todo aquello que se adquirió asuma el valor de prerrequisito de todo lo que se deberá aprender, y la *diferenciación* del aprendizaje para que responda lo mejor posible a las exigencias de individualización (*v.* **currículo**).

2] LA MADURACIÓN DE LA PERSONALIDAD. Esta maduración se da a partir de los primeros años de escuela mediante la evolución de las funciones psíquicas que, según G. Tempieri, permiten alcanzar: *a*] una *visión objetiva* de la realidad, abandonando la fase que atribuye la visión subjetiva del individuo. La falta de consistencia de los límites entre el propio yo, por una parte, y las demás personas y las cosas, por la otra, debe reducirse progresivamente, para que personas y cosas puedan volverse objeto de auténtico interés, y no de curiosidad momentánea y cambiante; *b*] con la superación de esta fase, la actividad casual es sustituida por la *actividad encaminada hacia*

un fin, que puede ser asumido espontáneamente o sugerido por el educador. A esta condición, esencial para dominar una situación, se agrega *c*] la adopción de una *guía interior del comportamiento*, que presupone la adquisición de un sistema de reglas y la percepción de la posible trasgresión; *d*] en el plano *intelectual* se exige un paso del pensamiento analógico al deductivo e inductivo, de la irreversibilidad preoperativa a las capacidades para realizar operaciones reversibles, cosa que requiere una representación menos subjetiva del espacio y del tiempo, una participación en el pensamiento causal, una capacidad progresiva para proceder por hipótesis, con la posibilidad de verificación y falsación, a partir de lo cual se inicia la adquisición de capacidades críticas (*v.* **cognición**, § 2); *e*] se presenta una conquista progresiva de la *independencia*, con menor necesidad de aprobación (dependencia afectiva) y de ayuda material para conseguir los fines (dependencia instrumental). La maduración de la personalidad no se da al mismo tiempo que el desarrollo de las funciones intelectuales, por lo que, en la formación escolar, también se establece la tarea de reducir las disonancias (*v.* **psicopedagogía**).

Sobre este tema intervino también S. Freud, para quien "la escuela secundaria debe hacer algo más que evitar empujar a los jóvenes hacia el suicidio; debe crear en ellos el placer de vivir y ofrecer apoyos y sostén en un período de su existencia en que los necesitan, por las condiciones de su desarrollo y para aligerar sus vínculos con la casa paterna y la familia. Me parece indiscutible que la escuela no hace esto y que en muchos aspectos se queda por debajo de su tarea, que es ofrecer un sustituto de la familia y provocar el interés por la vida que se desarrolla fuera, en el mundo. [...] La escuela nunca debe olvidar que tiene que tratar con individuos todavía inmaduros, a los que no es lícito negarles el derecho de demorarse en determinadas fases –por desagradables que sean del desarrollo. No debe asumir el privilegio de la inflexibilidad propia de la vida; no tiene que pretender ser más que un *juego* de vida" (1910: 301-302).

BIBLIOGRAFÍA: Ardigò, A. (1966); Boscolo, P. (1986); Brimer, M.A. (1978); Brookover, W.B. *et al.* (1976); Freud, S. (1910); Gelb, I.J. (1963); Hargreaves, D.H. (1967); Merton, R. (1962);

Pombeni, M.L. (1990); Pontecorvo, C. (1981); Sharp, R. y A. Green (1968); Tempieri, G. (1972); Vertecchi, B. (1987); Woods, P. (1979).

escolar, psicología

v. PSICOLOGÍA ESCOLAR.

escopofilia (al. *Schaulust*; fr. *voyeurisme*; ingl. *scopophilia*; it. *scopofilia*)

Placer sexual que se obtiene viendo (del griego σϰοπέω) las actividades y los órganos sexuales de otra persona (*escopofilia activa*), o los propios (*autoescopofilia*). La escopofilia denominada también *voyerismo*, es concomitante del **exhibicionismo** (*v.*), es decir el placer de ser vistos, como el sadismo lo es del masoquismo. Según S. Freud se trata de una pulsión parcial no integrada y por lo tanto no gobernada por la primacía de la genitalidad (*v.* **genital**, § 2) por lo que, en el acto sexual, los elementos voyeristas tienen primacía respecto a los propiamente genitales. Si se sublima, la escopofilia puede traducirse en curiosidad intelectual (*v.* **curiosidad**).

BIBLIOGRAFÍA: Freud, S. (1905).

escopofobia (al. *Scopophobie*; fr. *scopophobie*; ingl. *scopophobia*; it. *scopofobia*)

Miedo a ser vistos u observados.

escotofobia (al. *Dunkelheitsphobie*; fr. *scotophobie*; ingl. *scotophobia*; it. *scotofobia*)

Miedo a la oscuridad.

escotomización (al. *Skotomisierung*; fr. *scotomisation*; ingl. *scotomization*; it. *scotomizzazione*)

Proceso defensivo por el cual el sujeto se niega a percibir determinados aspectos de su situación ambiental o de sí mismo, o bien evita encontrar cualquier cosa que entre en conflic-

to con su propio yo. A diferencia de la **represión** (*v.*), la escotomización es un proceso consciente; su nombre se deriva de *escotoma*, que es el área oscura o parcialmente ciega del campo visual por efecto de daños a la retina o las áreas cerebrales.

BIBLIOGRAFÍA: Rycroft, C. (1968).

escritura (al. *Schreiben*; fr. *écriture*; ingl. *writing*; it. *scrittura*)

Conjunto definido de símbolos convencionalmente adoptados para expresar, conservar y transmitir información. Las unidades mínimas de escritura que manifiestan los significados visuales se denominan *grafemas*. Históricamente el sistema de escritura se desarrolló hacia un máximo de economía, pasando del uso de *pictogramas*, cuyos signos visuales son de tipo figurativo, con referencia a significados concretos, por los *ideogramas*, en los que el signo sirve a la escritura global de una idea o de un grupo de ideas, a los *fonogramas* donde el signo corresponde a un sonido silábico, consonántico o vocálico. De la escritura se ocupan, además de las ciencias históricas, la *fisiología* para referirse a los elementos nerviosos y musculares involucrados en ella; la *psiquiatría* respecto a la pérdida de la capacidad de escribir o sus anomalías, la *psicología* que, bajo el nombre de **grafología** (*v.*), asume el tipo de escritura como indicador de los rasgos del carácter; el *psicoanálisis*, respecto a los valores simbólicos vinculados al fenómeno de la escritura.

1] NEUROPSIQUIATRÍA. En este ámbito se tomaron en consideración los trastornos de la escritura, que van desde la omisión de las palabras hasta la duplicación de letras, los errores de significado típicos de los procesos de demencia o de parálisis progresiva, las alteraciones características del tamaño y la presión que se observan en las condiciones maniacas, los fenómenos de **grafomanía** (*v.*), frecuentes en personalidades paranoicas. Por lo que se refiere en cambio a la *agrafia* (*v.*), es decir a la pérdida completa de la capacidad de escribir y leer (*v.* **alexia**), se propuso la hipótesis de una desconexión entre áreas visuales y áreas auditivas incluso en presencia de una completa integridad. Forman parte de este campo también los estudios de la *escritura automática*, efectuada sin la dirección consciente de quien escribe, como durante un estado de trance hipnótico (*v.* **automatismo**, § 4). L.R. Wolberg presentó la hipótesis de que la parte del cerebro que controla la escritura automática tiene acceso a material no disponible para los centros que controlan el lenguaje, por lo que la verbalización hipnótica no proporcionaría informaciones tan significativas como las que se obtienen con la escritura automática. Por último, en la *escritura en espejo*, cartas o palabras se ordenan de derecha a izquierda, dando por resultado el equivalente de una escritura común reflejada en un espejo. Es la escritura instintiva normal de la mano izquierda, que después se corrige con el aprendizaje.

2] PSICOANÁLISIS. J. Lacan llamó escritura al lenguaje del inconsciente, justificando el uso de esta metáfora para referirse al concepto que utilizó S. Freud, de huella mnésica o **engrama** (*v.*, § 1), que es la transcripción del recuerdo basándose en cadenas asociativas reactivables de los procesos de investimiento. Según la opinión de Lacan el inconsciente escribe porque no puede decirse: "Un escrito como el que quiero está hecho para no leerse" (1964: 283), pero el hecho de que yo no lo pueda leer no significa que el inconsciente "no deje de escribir" (1972-1973: 132). El que escribe es el deseo del sujeto que, por efecto de la represión, adopta el régimen de escritura de la neurosis. La escritura está del lado de lo real y de lo inarticulable, en oposición a la palabra, que pertenece a lo simbólico (*v.* **lacaniana**, **teoría**, § 8).

BIBLIOGRAFÍA: Barthes, R. y P. Mauriès (1981); Derrida, J. (1967); Lacan J. (1979); Lacan J. (1983); Leischner, A. (1957); Wolberg, L.R. (1955).

escrupulosidad (al. *Genauigkeit*; fr. *méticulosité*; ingl. *scrupulosity*; it. *scrupolosità*)

Duda constante sobre la bondad y la corrección de las propias acciones, ejecutadas con rigurosa meticulosidad para evitar culpas o infracciones. Frecuente en sujetos que recibieron una rígida educación moral y religiosa, la escrupulosidad forma parte de las conductas rituales (*v.* **rito**, § 2) caracterizadas por un **ceremonial** (*v.*) obsesivo que favorece una serie más o menos compleja y estereotipada de actos con el fin de reducir la angustia determinada por pulsiones que el sujeto no puede satisfacer porque las juzga inaceptables (*v.* **obsesión**). A partir de estas premisas se justifica la interpretación de la escrupulosidad como un mecanismo de defensa respecto a un posible proceso disociativo subyacente.

escuela
v. ESCOLAR, FORMACIÓN.

esfera (al. *Sphäre*; fr. *sphère*; ingl. *sphere*; it. *sfera*)

Término que introdujo P. Schilder y que retomó E. Kretschmer para indicar la zona marginal de la conciencia en cuya periferia, según esta imagen topográfica, se reunirían, "como en un halo nebuloso, nociones conscientes y sentimientos asociados que tienen una oscura influencia en el origen de toda acción y de todo discurso" (1922: 85). A esta esfera se remontan las raíces del pensamiento intuitivo, productivo y artístico.

BIBLIOGRAFÍA: Kretschmer, E. (1922); Schilder, P. (1920).

esfínter (al. *Schliessmuskel*; fr. *sphincter*; ingl. *sphincter*; it. *sfintere*)

Banda anular de fibras musculares que tapan un paso o cierran un orificio natural. En el ámbito psicoanalítico se confiere un especial significado psicológico al control de los esfínteres anales, a los que están vinculados una fase del desarrollo de la libido, una forma de erotismo y un carácter tipológico (*v.* **anal**).

esfuerzo (al. *Anstrengung*; fr. *effort*; ingl. *effort*; it. *sforzo*)

Uso elevado de energía psíquica o física necesaria para la obtención de determinados objetivos o resultados. Se distingue un aspecto *negativo* del esfuerzo, que es percibido por el sujeto como tensión o fatiga en caso de que exista una pobre motivación en dirección al objetivo, y un aspecto *positivo*, proporcionado por el impulso motivacional que se expresa en el empeño. Cuando el esfuerzo es excesivo y prolongado puede producirse una condición de **estrés** (*v.*) que está en la base de numerosos trastornos de origen psicosomático.

esoedípico

v. ANTROPOLOGÍA, § 6.

esoterismo (al. *Esoterik*; fr. *esotérisme*; ingl. *esoterism*; it. *esoterismo*)

Complejo de doctrinas de carácter secreto, del griego ἐσωτερικος (interno) que ya encontramos en Pitágoras y Aristóteles para referirse a las enseñanzas reservadas a los discípulos, en contraposición a ἐξωτερικς (externo), que designa las enseñanzas que pueden divulgarse. Las doctrinas esotéricas caracterizan los fenómenos culturales como la **magia** (*v.*), la **alquimia** (*v.*), la **Cábala** (*v.*), las religiones misteriosas y gnósticas en las que el secreto se concibe como secreto del universo, inaccesible hasta para los mismos iniciados, que tienen la tarea de venerarlo y no de entenderlo (tradición mística), o como pacto secreto entre los iniciados en relación con los profanos (tradición mágica). Del esoterismo se debe distinguir el **ocultismo** (*v.*), que prevé que el secreto pueda llegarse a conocer con técnicas apropiadas, y no exige el vínculo del secreto respecto a los profanos. El esoterismo está presente en las culturas primitivas, sobre todo en los ritos de **iniciación** (*v.*), generalmente secretos, en los que se trasmitía a los iniciados el patrimonio sagrado de la tribu; lo encontramos junto a las religiones oficiales, como el tantrismo y el zen vinculados con el brahmanismo y el budismo, el sufismo junto al islamismo, el movimiento gnóstico y cabalístico junto al cristianismo. Aparecen formas esotéricas en el neopaganismo renacentista, en la recuperación del neoplatonismo, y en la masonería iluminista, con toda su dotación de símbolos, donde está protegida la clave de la interpretación simbólica del mundo. En este ámbito merecen ser recordados A.K. Coomaraswamy, por su contribución a la interpretación simbólica del arte; R. Guénon, por la ilustración de los símbolos de la ciencia sagrada más allá de todas las versiones proporcionadas por las religiones oficiales, y H. Corbin, que inició esa hermenéutica simbólica por la que el texto manifiesto es, en realidad, un secreto que se remonta a las imágenes simbólicas de la que el texto es sólo huella, indicaciones, vía: "Con el reconocimiento de la imagen el lenguaje es llamado desde su exterioridad (τὰἔξω) donde se alimenta el conflicto de las interpretaciones en su raíz interior (τὰἔσω), porque no es manifestable ni comunicable más que mediante el simbolismo individual, que es el símbolo de la propia individualidad" (1954: 38). Esta forma de hermenéutica, que Corbin denomina *ta'wîl*, que significa regreso, se actúa regresando "de lo esotérico (τὰ ἔξω) que es la apariencia, la evidencia literal, la ley, a lo esotérico (τὰ ἔσω), que es lo escondido. La tarea, entonces, es ocultar lo manifiesto y manifestar lo oculto. Una operación que no se cumple a golpe de silogismos, sino remontándose a través de lo aparente, a través de lo esotérico, hasta lo que está escondido" (1964: 29; *v.* **símbolo**, § 2).

En el ámbito psicológico C.G. Jung, acusado de esoterismo debido a sus intereses gnósticos y alquímicos, se defiende proporcionando una nueva interpretación del "secreto": "En el curso de nuestra conversación se presentó la palabra 'esotérico'. Se dice que la psicología del inconsciente conduce a una ética esotérica. Pero es necesario utilizar con prudencia semejante palabra. Esotérico tiene el mismo significado que ciencia oculta. Mas los verdaderos secretos no los conocemos, y tampoco los conocen ni siquiera los llamados esotéricos, los cuales no debían, por lo menos en su tiempo, traicionarlos. Pero los verdaderos secretos no se pueden traicionar, ni con ellos se puede fingir que se 'hace esoterismo', precisamente porque no se conocen. Los llamados secretos esotéricos son, a lo sumo, secretos artificiales, no verdaderos. El hombre tiene necesidad de secretos, y dado que de los verdaderos no se tiene ni la más mínima idea, los prepara falsos. Pero los verdaderos lo agreden desde la profundidad del inconsciente, de tal modo que puede suceder que revele cosas que en verdad debería haber mantenido secretas. Incluso en esto vemos el carácter numinoso de la recóndita realidad: no somos nosotros los que poseemos secretos; son éstos, los secretos verdaderos, los que nos poseen" (1959: 481).

BIBLIOGRAFÍA: Coomaraswamy, A. K. (1977); Corbin, H. (1954); Corbin, H. (1964); Corbin, H. (1979); Fulcanelli (1964); Fulcanelli (1965); Guénon, R. (1957); Guénon, R. (1962); Jung, C.G. (1959); Schuré, E. (1899); Wind, E. (1958).

espacio (al. *Raum*; fr. *espace*; ingl. *space*; it. *spazio*)

En la acepción más común el término se refiere a la extensión tridimensional capaz de contener objetos sensibles. A partir de esta noción general el pensamiento occidental elaboró diversas concepciones que atañen a la naturaleza del espacio, su realidad, su mensurabilidad y la experiencia de espacio que se tiene, esto último constituye el campo específico de la psicología.

1] LA FILOSOFÍA Y LAS DIFERENTES CONCEPCIONES DEL ESPACIO. La primera concepción filosófica del espacio es la pitagórica, que concibe el espacio como una dimensión geométrica divisible hasta el infinito. Las dificultades lógicas promovidas por la escuela eleática respecto a esta infinita divisibilidad que no permite, según la paradoja de Zenón de Elea, que Aquiles le gane a la tortuga, son tratadas por el atomismo de Demócrito, quien concibe el espacio como un vacío infinito que rodea a los átomos materiales. Para Platón el espacio es el fondo constante (χώρα) del devenir; es invisible y participa de lo inteligible, por lo que las figuras geométricas, que son sus determinaciones, pueden constituir el objeto de una ciencia racional. Para Aristóteles el espacio es el lugar (τόπος) de los cuerpos y coincide con su límite; de ello se deriva que no hay espacio donde no hay objeto material.

La concepción de Aristóteles es admitida por la filosofía medieval y la vuelve a exponer R. Descartes en los términos de su geometría, que resuelve el espacio en la extensión; ésta es la propiedad esencial de la materia, por lo que no existe vacío. A la extensión espacial como dimensión absoluta, inmóvil e infinita, diferente de los cuerpos, según el modelo neoplatónico, vuelve I. Newton, a quien se opone G.W. Leibniz, que niega la realidad objetiva y absoluta del espacio que, en su opinión, no es otra cosa que "el orden de coexistencia" de los objetos, y por lo tanto algo relacionado con

éstos y no separable de ellos. Leibniz polemiza también con la reducción cartesiana del espacio como extensión, puesto que la extensión no es otra cosa que una consecuencia y una expresión de la fuerza. En el ámbito empirista G. Berkeley y D. Hume consideran el espacio como una mera función psicológica derivada de la asociación de impresiones contiguas, mientras I. Kant asume el espacio, al igual que el tiempo, como una forma *a priori* con base en el conocimiento sensible.

En el siglo xx las posiciones más significativas asumidas a propósito del espacio son: *a]* la concepción de A. Einstein, quien une el espacio con el **tiempo** (*v.*, § I, 4), afirmando, en polémica con Descartes, que además de las tres dimensiones de la extensión se debe agregar el tiempo con la acepción del instante en el que se verifica el acontecimiento: "Nuestro espacio físico, tal como lo concebimos por medio de los objetos y de su movimiento, posee tres dimensiones, y las posiciones están caracterizadas por tres cifras. El instante en el que se produce el acontecimiento es la cuarta cifra" (1938: 217); *b]* la concepción de H. Bergson, quien ve el espacio como una parada repetitiva del arranque vital; *c]* la concepción de M. Heidegger, quien considera el espacio como una condición originaria de la existencia en cuanto ser-en-el-mundo (*v.* **mundo**, § 3), que se espacializa abriéndose a un mundo entendido como lugar de su proyectualidad.

2] LA PERCEPCIÓN DEL ESPACIO. Con este título nos referimos a los mecanismos perceptivos tal como los elaboró la psicología de la forma, a los valores antropológicos y simbólicos que condicionan la percepción, y a la dinámica de la acción que connota los datos perceptivos.

a] Los mecanismos perceptivos son aquellos factores que hacen posible la visión tridimensional, que evalúa distancia y profundidad, a partir de la proyección retínica que, por estar en una superficie, es en dos dimensiones. Entre estos factores merecen especial atención la visión estereoscópica y los indicios perceptivos de los que se trató en la voz **percepción**, § 5. Otros factores que estructuran la percepción espacial son la proximidad, la semejanza, la buena forma, el cierre, la relación figura-fondo y la significación tal como se expusieron en la **psicología de la forma** (*v.*, § II).

b] *La orientación espacial* asume como punto de referencia el propio cuerpo, respecto al cual se establece un *arriba* y un *abajo*, con un conjunto simbólico de nociones que se refiere al cielo y a la tierra, y a una *derecha* y una *izquierda*, cargadas de un significado antropológico unido a la mayor o menor "habilidad" para manipular las cosas. Estos significados antropológicos superan la valoración puramente geométrica del espacio, por lo que si de una página al derecho y de una volteada se puede decir que manifiestan una espacialidad geométrica idéntica, no se puede decir lo mismo en lo que se refiere a su significado. Voltear un objeto significa, en efecto, privarlo de su significado, así como su oscilación lleva consigo la oscilación del espacio visual. Siempre con referencia al cuerpo llamamos *cercanas* o *lejanas* a las cosas que necesitan un espacio menor o mayor para ser alcanzadas, y *límite* a la frontera de nuestras acciones. Desde el punto de vista antropológico el espacio se organiza a partir de un punto fijo, como la casa o, para los animales, el territorio, separado del espacio externo percibido como extraño. Estas connotaciones tienen reflejos mitológico-simbólicos, por lo que la mitología de los cazadores-recolectores se organiza alrededor de un espacio itinerante, mientras la de los agricultores sedentarios se organiza alrededor de un espacio radiante ordenado en círculos concéntricos alrededor de la casa.

c] *El espacio vital* es un concepto que se encuentra en **etología** (*v.*, § 2), para referirse al territorio defendido por el animal como indispensable para su sustento, y en la teoría dinámica de la personalidad que elaboró K. Lewin, quien llama espacio vital a la representación psicológica del ambiente en el que actúa el individuo y a las alternativas que se le abren basándose en las valoraciones positivas o negativas con que se cargan las cosas como deseadas u odiadas (*v.* **campo**, § 2).

3] LA PSIQUIATRÍA FENOMENOLÓGICA Y EL ESPACIO VIVIDO. A partir de las premisas fenomenológicas de E. Husserl y de las analítico-existenciales de M. Heidegger, la psiquiatría fenomenológica, con L. Binswanger, opone al espacio geométrico, como lo describen las ciencias de la naturaleza, el espacio antropológico por lo que el hombre *no* está en el espacio como todas las cosas del mundo, sino que *abre* un espacio como distancia y proximidad de las cosas y como horizonte de la proyectualidad. El espacio *objetivo* se sustituye con un espacio *expresivo*, por lo que el espacio de una casa no está en el número de metros cuadrados sino en tener "en las manos y en las piernas" las distancias y las direcciones principales cargadas de la intencionalidad que hace de un espacio geométricamente medible un dominio familiar. En este sentido al espacio *posicional*, donde las cosas se disponen basándose en un sistema abstracto de coordenadas supuestas por un espíritu geométrico que prescinde de todo punto de vista, lo sustituye la fenomenología con el espacio *situacional*, que se mide a partir de la situación en la que viene a encontrarse el cuerpo frente a las tareas que se propone y a las posibilidades de que dispone. El cuerpo, en efecto, es el único fondo de donde puede nacer un espacio externo, es el "respecto al cual" puede aparecer un objeto, es la frontera que no sólo no superan las relaciones ordinarias de espacio, sino de la cual parten ellas mismas.

Lo que hace del espacio corporal y del espacio externo un sistema único es la *acción*. Remando una canoa o lanzando una flecha contra un blanco se conoce el espacio como campo de acción, porque el espacio de la canoa sólo existe en el movimiento rítmico del remo que la hace deslizarse por el río, así como el espacio de la flecha sólo existe como una cierta potencia del cuerpo en un cierto mundo. Para que la acción sea eficiente es necesaria, además de la percepción del espacio *actual*, la percepción del espacio *virtual* sin el cual ninguna acción sería realizable, porque todo gesto quedaría concluido en sí mismo, con una opacidad que no refiere a ningún sentido. La elección es un elemento ulterior que interviene para relativizar las coordenadas espaciales, acercándonos o alejándonos de los objetos. En efecto, una meta está cercana o lejana según los medios que decido utilizar para alcanzarla; la elección de los medios depende, además, de las posibilidades de que dispongo o del interés que me hace aparecer la meta como "muy cercana" o "muy lejana". Aquí el espacio viene a asumir una connotación que no es geométrica sino existencial, y se deja recorrer por la corriente del deseo o por la renuncia, donde está en juego mi libertad que decide recorrerlo o dejarlo como separación definitiva entre yo y las cosas. Como estructura de la existencia el espacio puede desestructurarse según las modalidades con las que se enuncia la existencia.

a] *La desestructuración del espacio en la manía* se debe a la pérdida del espacio virtual, por lo que eso que queda es el espacio actual que, insuficiente para contener intencionalidad y proyectos, se percibe como *muy pequeño*, al no estar completamente ocupado por el cuerpo y por su gestualidad. Todas las cosas parecen estar al alcance de la mano y, privadas de distancia y de espesor, se vuelven intercambiables. El predominio de lo extensivo sobre lo intensivo y la radical incapacidad para separar las cosas hace que éstas pierdan relieve significativo y tiendan a homogeneizarse. Como consecuencia se presenta la incapacidad de la existencia maniaca para detenerse con las cosas y con las personas, con la consiguiente, irrefrenable distracción e incapacidad para constituir un mundo común (*Mitwelt*). De ello se deriva, como escribe D. Cargnello, una existencia que se enuncia en un espacio connotado "de un incierto aquí a un vago y, de alguna manera, mal determinado dondequiera. [...] La existencia maniaca transcurre y resbala, roza y rebasa, salta y abandona alternativamente cosas y personas; y esto con extrema facilidad, vagando de un lado a otro sin descanso, mas quedando siempre, en su vagabundeo, apenas en la superficie, en los límites, en la periferia de todo y de todos. Incluso esta peculiar forma de moverse es constitutiva de su manera de ser" (1966: 253).

b] *La desestructuración del espacio en la esquizofrenia* depende de la incapacidad para alejar una amenaza, por doquier difusa y personificada, con la consiguiente abolición de los límites entre el espacio propio (*Eigenraum*) y el espacio externo (*Fremd-raum*) que el cuerpo delimita. Entonces se puede estar en dramática contemporaneidad aquí y allá; las partes del cuerpo propio, perdido todo límite y toda frontera, se confunden con partes de cuerpos extraños, en esa "nivelada homogeneización" –como escribe A. Storch– por la que otros cuerpos habitan el mío que a su vez resulta triturado y desmoronado fuera de sí y fuera de cualquier dimensión humana.

Esta desestructuración de la espacialidad permite a E. Borgna explicar los fenómenos alucinatorios que caracterizan la experiencia esquizofrénica: "la relación que una experiencia visual (un color, por ejemplo) tiene con el objeto de color es radicalmente diferente de la relación que una experiencia auditiva tiene con su fuente sonora. Un sonido *se separa*, como agua que brota de una fuente, de su fuente sonora, mientras un color *se adhiere* fenoménicamente a un objeto. El contenido de una percepción visual *queda*, en resumen, en su lugar, mientras el de una percepción auditiva *se mueve* y se acerca. Un sonido nos sigue y nos asalta: no nos podemos defender hasta *después* de haber sido aferrados. En cambio, del contenido de una experiencia visual se puede escapar *antes* de haber sido aferrados" (1974: 510-511). La deformación espacial vivida por la experiencia esquizofrénica confunde estas dos formas de contacto con el mundo; por eso el esquizofrénico se siente perseguido y asediado por imágenes y voces que no logra "alejar" y a cuya obsesiva "cercanía" se siente entregado e indefenso. De la misma opinión es M. Merleau Ponty, según quien "lo que protege al hombre sano contra el delirio o la alucinación no es su crítica, sino la estructura del espacio. [...] La alucinación, en efecto, nace de la disminución del espacio vivido, del enraizamiento de las cosas en nuestro cuerpo, de la vertiginosa cercanía del objeto, de la unión del hombre con el mundo" (1945: 354).

4] EL PSICOANÁLISIS Y EL MODELO TÓPICO. El espacio es para S. Freud la metáfora que permite visualizar la psique como un conjunto de subsistemas dotados de caracteres y funciones dispuestos de acuerdo con un orden que permite representarlos en forma espacial como lugares psíquicos, según la disposición que se ilustra en la voz **aparato psíquico**, § 3.

5] PSICOLOGÍA SOCIAL. En psicología social se adoptó del modelo de la física el concepto de espacio social para indicar el universo de los procesos de acercamiento y alejamiento entre sujetos individuales y colectivos, según leyes no diferentes a las que regulan la atracción y la repulsión de los cuerpos físicos. En el espacio social cada individuo se puede indicar basándose en determinadas coordenadas como sexo, edad, profesión, religión, nacionalidad, etc., que están en la base de la comunicación, el trabajo, la interacción y la producción de significado. A. F. Bentley distingue entre *espacio social* y el *espacio sociológico*, que es el ámbito de las construcciones teóricas que elabora el análisis racional del espacio social. La disciplina que estudia el espacio como sistema de comunicación para los significados antropológicos que asume se denomina **proxémica** (*v*.).

BIBLIOGRAFÍA: Bachelard, G. (1957); Bentley, A.F. (1931); Binswanger, L. (1930-1957); Borgna, E. (1974); Callieri, B. (1977); Cargnello, D. (1966); Condominas, G. (1981); Derleth, A. (1950); Einstein, A. y L. Infeld (1938); Freud, S. (1915); Galimberti, U. (1983); Lefebvre, H. (1974); Lewin, K. (1936); Merleau-Ponty, M. (1945); Saumells, R. (1952); Storch, A. (1965).

espasmo (al. *Spasmus*; fr. *spasme*; ingl. *spasm*; it. *spasmo*)

Contracción inesperada e involuntaria de un músculo o de un grupo de músculos en cualquier parte del cuerpo, que asume diferentes denominaciones de acuerdo con los músculos interesados. Se distinguen, entre los más frecuentes, el *espasmo de Bell* o tic convulsivo; el *espasmo maleatorio* con contracciones de la mano, como en el calambre o espasmo del escribiente (*v*. **mogigrafía**); el *espasmo masticatorio o de Romberg*, que interesa los músculos de la masticación, y que se observa en los casos de histeria, tétanos y epilepsia; el *espasmo oculogiro* con desviación tónica de los globos oculares hacia arriba, en ocasiones acompañado por la desviación de la cabeza y por rigidez muscular (*v*. **oculogirismo**); el *espasmo de salaam* o *salutatorio*, caracterizado por movimientos rítmicos y periódicos de la cabeza y de la parte superior del cuerpo, frecuente en los niños pequeños con epilepsia; el *espasmo saltatorio*, con contracción de los músculos de las extremidades inferiores que inducen en el sujeto movimientos de salto (*v*. **locomoción**, § 2).

espástico (al. *Spastisch*; fr. *spastique*; ingl. *spastic*; it. *spastico*)

Sujeto que padece **espasmo** (*v*.), con hipertonicidad muscular, rigidez del cuerpo y falta de coordinación en los movimientos. Esta forma debe distinguirse de la *parálisis espástica*, en la que está suspendido el movimiento voluntario de los grandes músculos del esqueleto, que permanecen tónicamente contraídos.

espectrofobia (al. *Spectrophobie*; fr. *spectrophobie*; ingl. *spectrophobia*; it. *spettrofobia*)

Fobia a los espejos, a propósito de la cual S. Ferenczi escribe: "La fobia histérica a los espejos y el miedo angustioso de verse el rostro en el espejo tienen una doble raíz: 'funcional' y 'material'. La raíz funcional consiste en la angustia que se experimenta frente al conocimiento de sí mismo, la raíz material en la fuga frente a tendencias voyeristas y exhibicionistas. Como sucede en muchos casos, en las fantasías inconscientes del paciente las partes del rostro representan partes de los órganos genitales" (1915: 177).

BIBLIOGRAFÍA: Ferenczi, S. (1915).

espejo, estadio del *v*. LACANIANA, TEORÍA, § 5.

espejo, regla del *v*. TRANSFERENCIA, § 4, *a*.

espera (al. *Erwartung*; fr. *attente*; ingl. *waiting*; it. *attesa*)

Dimensión que caracteriza la actitud psíquica dirigida al futuro. E. Minkowski identifica en la espera lo contrario de la actividad: "El fenómeno vital que se contrapone a la actividad, no obstante estar situado en su mismo plano, no es, como la razón querría, la pasividad, sino la espera. [...] En la actividad tendemos hacia el porvenir; en cambio, en la espera vivimos, por así decirlo, el tiempo en sentido inverso; vemos el porvenir que viene hacia nosotros y esperamos que este porvenir se haga presente" (1933: 88-89). Por esto la espera es ansiosa. Las ansiedades de los primitivos, así como las de los psicóticos, están relacionadas con frecuencia con lo que V. E. Frankl llama *ansia de espera* (*v*. **angustia**, § 4, *b*), que suspende la actividad en la que habitualmente se manifiesta la vida. De aquí su carácter penoso que no tiene su opuesto en la espera agradable, sino en la actividad que es capaz de manifestarse en una temporalidad que no nos sorprende. En cambio, cuando la temporalidad es impredecible, cuando ninguna experiencia del pasado interviene para reducir el espacio del "todavía y no obstante todo lo posible", y por lo tanto del "siempre incumbente", asistimos a una existencia que se restringe con la intención de exponer el mínimo de sí misma a la amenaza de lo imprevisto.

BIBLIOGRAFÍA: Bompiani (1987); Frankl, V.E. (1956); Minkowski, E. (1933).

esperanza (al. *Hoffnung*; fr. *espoir*; ingl. *hope*; it. *speranza*)

Confianza en el futuro, incluso después de fracasos o expectativas vanas, que desde el punto de vista psicológico funciona como defensa ante las consecuencias patológicas de las frustraciones. Desde el punto de vista *conductista* T.M. French distingue "una esperanza basada en la oportunidad de alcanzar satisfacciones y una basada en recuerdos de satisfacciones anteriores. La primera estimula los mecanismos necesarios para los fines de una realización deseada, la segunda se resuelve en la simple representación de la satisfacción anticipada, es decir en la fantasía y en el soñar despierto" (1952: 50).

Desde el punto de vista fenomenológico la esperanza es, junto con la actividad, la espera y el deseo, una de las características con las que el sujeto *se proporciona* el futuro (*v.* **tiempo**). Escribe E. Minkowski: "En la esperanza yo vivo el devenir en la misma dirección que la espera, es decir en la dirección porvenir-presente, y no en la dirección presente-porvenir. Cuando espero, aguardo la realización de cuanto espero, veo el porvenir venir hacia mí. La esperanza va más lejos en el porvenir que la espera. Yo no espero nada ni para el instante presente ni para el inmediatamente posterior, sino para el porvenir que se abre más allá. Liberado de los grilletes del porvenir inmediato, vivo, en la esperanza, un porvenir más lejano, más amplio, lleno de promesas. Y la riqueza del porvenir ahora se abre frente a mí" (1933: 102). En la medida en que va más allá del futuro inmediato, la esperanza la asumió E. Bloch como una de las posibilidades clave de lectura de la filosofía de la historia, y J. Moltmann como sustrato de toda actitud religiosa, porque la esperanza "se funda en la diferencia óntica entre lo que es y lo que todavía no es" (1964: 353).

BIBLIOGRAFÍA: Bloch, E. (1959); Borgna, E. (1977); French, T.M. (1952); Fromm, E. (1968); Minkowski, E. (1933); Moltmann, J. (1964).

espiritismo (al. *Spiritismus*; fr. *spiritisme*; ingl. *spiritism*; it. *spiritismo*)

Creencia en la existencia de espíritus, con frecuencia identificados con las almas de los muertos, capaces de interactuar y comunicarse con los vivos mediante ciertas experiencias y rituales espiritistas. Según C.G. Jung "el subconsciente del sujeto usa percepciones elementales para la construcción automática de escenas complejas que se posesionan después de su conciencia debilitada" (1902: 26). "Este estado oniroide patológico –continúa Jung– es típico de quien se deja encantar con sus fantasías y se comporta exactamente como el niño que se pierde en su juego o como el actor que se absorbe totalmente en su papel. La diferencia con la escisión del estado sonámbulo de la personalidad no es de principio, sino sólo de grado, basada en la intensidad de la autosugestionabilidad y en la disgregación de los elementos psíquicos. Cuanto más se disocia la conciencia más plasticidad adquieren las situaciones de ensueño y en consecuencia más se reduce la parte consciente de la mentira y, en lo sustancial, la parte de la conciencia. Este ser arrastrado por el objeto que centraliza el interés es lo que Freud define como identificación histérica" (1902: 78).

BIBLIOGRAFÍA: Jung, C.G. (1902); Wundt, W. (1879).

espíritu (al. *Geist*; fr. *esprit*; ingl. *spirit*; it. *spirito*)

El término, que traduce el griego πνεῦμα y el hebreo *ruah*, significa, en su acepción más antigua, "soplo animador", "aliento" que da vida a toda la realidad. La teología y la filosofía cristianas hacen del espíritu el rasgo característico de Dios, de la realidad sobrenatural y del alma en cuanto relacionada con dicha realidad. La filosofía moderna, con R. Descartes, identifica el espíritu con la realidad pensante (*cogito*), mientras B. Pascal distingue en el espíritu el momento intuitivo (*esprit de finesse*) del momento racional (*esprit de géométrie*). En la época iluminista el espíritu, como producto de la educación y de las costumbres, es contrapuesto al alma como realidad psíquica que se deriva de la naturaleza. Para I. Kant el espíritu se refiere a la originalidad creativa de la razón que es la base de las producciones estéticas y, con esta acepción, el término es adoptado por la filosofía romántica con la que alcanza su solidez ontológica. Con G.W.F. Hegel el término espíritu se vuelve expresión de la totalidad articulada en espíritu subjetivo, objetivo y absoluto. A partir del uso hegeliano, W. Dilthey llamará ciencia del espíritu (*Geisteswissenschaften*) a las ciencias humanas, en contraposición a las ciencias de la naturaleza (*Naturwissenschaften*).

En el ámbito psicológico la noción de espíritu aparece con C.G. Jung, quien lo considera como el precipitado inconsciente de la estructura normativa y educativa heredada, es decir con una acepción iluminista traducida en realidad psíquica. Así concebido, el espíritu se vuelve el opuesto de la pulsionalidad con la que instaura esa relación tensional que abre el escenario de la conflictividad psíquica: "La limitación de las pulsiones mediante procesos espirituales se afirma en el individuo con la misma fuerza y con el mismo resultado que se constata en la historia de los pueblos. La retención de las pulsiones es un proceso normativo o, mejor, *nomotético*, cuya fuerza se deriva de la realidad inconsciente de las vías heredadas" (1928: 63). Jung, que acusa de "unilateralidad teórica la teoría sexual freudiana" (1928: 65) por haber rechazado la noción de espíritu, considera que "si se define la sexualidad como el portavoz de las pulsiones, se comprende por qué el punto de vista espiritual entrevé en ella su adversario principal [...] porque el espíritu intuye en la sexualidad a un igual. [...] ¿Qué sería, después de todo el espíritu, si no se le opusieran pulsiones iguales a él? Una forma vacía y nada más" (1928: 67).

BIBLIOGRAFÍA: Jung, C.G. (1928).

espíritu de competencia (al. *Kampfgeist*; fr. *esprit de compétition*; ingl. *competitive spirit*; it. *agonismo*)

Del griego ἀγών, que significa "competición", la expresión se refiere al espíritu de competencia dirigido a la promoción y al aumento de los niveles individuales de rendimiento.

split half
v. TEST, § 1, *b.*

espontaneidad (al. *Freiwilligkeit*; fr. *spontanéité*; ingl. *spontaneity*; it. *spontaneità*)

Característica de los comportamientos no condicionados por una estimulación externa. Los comportamientos espontáneos son intencionales y explicativos de las inclinaciones personales. J.L. Moreno habla de *estado de espontaneidad* como de la "condición que un sujeto debe alcanzar con el fin de sentir una emoción o cumplir con una función voluntariamente" (1947: 17). En el principio de la espontaneidad se recuerdan las ideas pedagógicas de J.-J. Rousseau y de E. Claparède, de las cuales provienen, en el ámbito educativo, las orientaciones activistas enfocadas a promover el desarrollo natural del educando y su autonomía, en clave no directiva. Por lo que se refiere al *tipo espontáneo* que describió F. von Schiller, *v.* **tipología**, § 3, *a.*

BIBLIOGRAFÍA: Gneco, A. (1977); Moreno, J.L. (1947).

esquema corporal
v. CUERPO, § 1.

esquema de acción
v. ETOLOGÍA, § 1; INSTINTO, § 1.

esquema de inicio
v. ETOLOGÍA, § 1; INSTINTO, § 1.

esquizoanálisis
v. DESEO, § 6.

esquizofasia (al. *Schizophasie*; fr. *schizophasie*; ingl. *schizophasia*; it. *schizofasia*)

Término que introdujo E. Kraepelin en la octava edición de su *Tratado* en lugar de "confusión verbal" (*Sprechverwirrtheit*) para indicar las alteraciones típicas del lenguaje de los esquizofrénicos, caracterizado por neologismos, paralogismos, asintaxis, distorsiones semánticas, abstraccionismo, generalizaciones a las que pueden corresponder una *esquizografía* y una *esquizomimia*. La *esquizofasia* debe diferenciarse de la *catafasia*, llamada también *verbigeración*, caracterizada por las repeticiones monótonas y continuas de frases, palabras o combinaciones vocálicas en las que no se encuentra ninguna función expresiva, informativa o comunicativa. Se puede encontrar en las formas de **estereotipia** (*v.*) y de **catatonia** (*v.*), donde la repetición reiterada de expresiones descontextualizadas se interpreta como un ritual de defensa contra impulsos y alucinaciones que de otra manera no se sabría controlar.

BIBLIOGRAFÍA: Kainz, F. (1960); Kraepelin, E. (1883); Piro, S. (1967); Pizzamiglio, L. (1968).

esquizofrenia (al. *Schizophrenie*; fr. *schizophrénie*; ingl. *schizophrenia*; it. *schizofrenia*)

Término psiquiátrico que acuñó E. Bleuler para designar una clase de psicosis endógenas funcionales, de curso lento y progresivo, cuya unidad ya había identificado E. Kraepelin con el nombre de *demencia precoz*. A partir de Kraepelin estaban identificadas tres formas, después transformadas en clásicas: hebefrénica, paranoide y catatónica. Al introducir el término *esquizofrenia* (del griego σχίζω, escindir y φρήν, mente) Bleuler intenta poner el acento en el rasgo considerado típico de la esquizofrenia, que es la disociación (*Spaltung*) en partes recíprocamente independientes de la vida psíquica.

La esquizofrenia, reconocida en psiquiatría y en psicoanálisis, aunque con notables divergencias, se articula en formas significativamente diferenciadas de las cuales se deducen, como rasgos comunes: *a*] la *disociación* como limitación, distorsión o pérdida de los nexos asociativos comunes en el desarrollo lógico del pensamiento, en la correspondencia entre idea y resonancia emotiva, entre contenido del pensamiento y comportamiento; *b*] el *autismo* (*v.*), desde el infantil hasta el más general, que se manifiesta con una separación respecto a la realidad, con replegamiento en sí mismo y predominio de la vida interior poblada por producciones fantásticas incontroladas; *c*] *trastornos de la afectividad*, tanto en el sentido de una inadecuación afectiva respecto a la situación (*v.* **paratimia**), como en el de una coexistencia de sentimientos o de actitudes contrastantes (*v.* **ambivalencia**); *d*] *trastornos de la personalidad* con pérdida de la conciencia y de la identidad, de los límites del propio yo y en algunos casos del propio cuerpo que se percibe como diferente del mundo externo; *e*] *alucinaciones* (*v.*, § 1) perceptivas, sobre todo auditivas y visuales; *f*] *delirios* (*v.*) que, a diferencia de los típicos de la **paranoia** (*v.*), nunca están muy sistematizados y organizados; *g*] *trastornos del lenguaje* (*v.*, § 5) tanto en el vocabulario, caracterizados por la frecuencia de neologismos, paralogismos, metáforas y símbolos, como en la sintaxis, con frecuencia telegráfica y paragramática, hasta la total incomprensibilidad típica de la **esquizofasia** (*v.*).

I. LA INTERPRETACIÓN DE LA ESQUIZOFRENIA

La esquizofrenia ha sido interpretada y definida de diferentes maneras en el ámbito psiquiátrico, psicoanalítico, fenomenológico y sistémico.

1] EL CRITERIO PSIQUIÁTRICO. *a*] *E. Kraepelin* fue el primero en distinguir las **psicosis** (*v.*) endógenas en dos grandes grupos: la psicosis maniaco-depresiva o **ciclotimia** (*v.*) y la demencia precoz, denominación con la que reunió la "hebefrenia", la "catatonia" y la "paranoia", que ya había descrito K. Kahlbaum, aceptando posteriormente una cuarta forma, la "simple", que sugirió Bleuler. Kraepelin distinguió de la demencia precoz la "**parafrenia**" (*v.*), en la que no se observa un decaimiento de la personalidad. Por considerarla endógena, excluyó que las causas de la esquizofrenia pudieran encontrarse en las condiciones externas, y por eso pensó primero en una patología orgánica del cerebro, después en un trastorno del metabolismo.

b] *E. Bleuler* motivó el cambio de nombre de la entidad nosológica que identificó Kraepelin en estos términos: "Llamo a la demencia precoz 'esquizofrenia' porque (como espero demostrar) la disociación (*Spaltung*) de las diferentes funciones psíquicas es una de sus más importantes características. Por motivos de conveniencia uso la palabra en singular, pese a que es evidente que el grupo incluye diferentes enfermedades" (1911: 5). Bleuler clasificó los síntomas de la esquizofrenia en *fundamentales*, que no son necesariamente primarios sino que están presentes en todo caso de esquizofrenia latente o diagnosticada, y *accesorios*, que pueden aparecer o estar ausentes. Entre los síntomas fundamentales Bleuler indicó la asociación comprometida, la afectividad inadecuada, la ambivalencia y el autismo; entre los accesorios las alucinaciones, los delirios, los trastornos del lenguaje y los síntomas catatónicos. Respecto a Kraepelin, quien consideraba el síndrome esquizofrénico como una vía más o menos rápida hacia la demencia, Bleuler intuye el rasgo principal en el trastorno asociativo y en la escisión de las funciones fundamentales de la personalidad, como analíticamente está expuesto en la voz **escisión** (*v.*, § I, 1).

c] *A. Meyer* introduce un elemento dinámico en la interpretación de la esquizofrenia, valorando los factores psicógenos y los factores ambientales precoces que actúan durante la infancia del sujeto. Según su opinión la esquizofrenia es "el resultado generalmente inevitable de: 1] conflictos de instinto o conflictos de complejos de la experiencia, y 2] incapacidad para efectuar una adaptación constructiva no dañina" (1910: 387). Llamó a su concepción "psicobiológica" porque tomaba en consideración tanto los factores biológicos cuanto los psicológicos que deben estudiarse longitudinalmente, es decir en el curso de la vida, a partir de las primeras fases, y denominó al trastorno **parergasia** (*v.*) para referirse a la incongruencia del comportamiento y de las acciones.

d] *S. Arieti* describe, mediante una investigación longitudinal, cuatro fases de la esquizofrenia: 1] en la base está "un estado de ansiedad y de vulnerabilidad cuyos orígenes deben buscarse en la primerísima infancia y que

el enfermo no sabe afrontar más que recurriendo a mecanismos arcaicos que se encuentran en estado latente en todo ser humano. En esta primera fase el paciente todavía está luchando entre el mundo de la realidad y el mundo de sus síntomas"; 2] "una vez alcanzada la segunda fase, esta lucha entre realidad y enfermedad ya finalizó. Ya no se manifiestan trastornos emotivos evidentes. Nos damos cuenta de que el enfermo regresó en la forma más completa a un nivel arcaico más bajo, donde prevalecen el pensamiento paleológico y la desocialización"; 3] "el paciente alcanza la tercera fase cuando su vida voluntaria está muy empobrecida y comienzan a prevalecer algunos hábitos primitivos. Los objetos externos ya no existen en sí mismos como objetos de contemplación, y los conceptos son destruidos gradualmente por la cognición primitiva"; 4] en la cuarta fase se observa el "hábito de acumular, que tiene, entre otras, la importante finalidad de equilibrar la trasmutabilidad y de conservar algunos objetos interiores en un mundo que se vuelve cada vez más vago y desvanecido. Al progresar la regresión el paciente presenta una tendencia, no sólo a recoger estos objetos, sino a volverlos casi parte de sí mismo introduciéndolos en las cavidades naturales del cuerpo (vagina, boca, ano, canales auditivos, etc.). Cuando la regresión está más avanzada y alcanza la fase terminal, el paciente ya no toma los objetos para acumularlos sino más bien para ingerirlos" (1974: 586-588).

e] *El DSM-III-R* identifica como rasgos característicos de la esquizofrenia (295.xx): 1] "*delirios extraños*, que tienen que ver con fenómenos que serían considerados completamente inadmisibles en la cultura del sujeto, por ejemplo transmisión del pensamiento, sensación de estar controlados por una persona muerta"; 2] "*alucinaciones importantes* durante todo el día, por muchos días, o muchas veces a la semana por muchas semanas"; 3] "incoherencia o marcada disminución de los *procesos asociativos*"; 4] "aplanamiento o burda inadecuación de la *afectividad*"; 5] "*comportamiento catatónico*". Entre los tipos de esquizofrenia distingue la *catatónica* (295.2x), caracterizada por estupor, negativismo, rigidez de postura, excitación no influida por estímulos externos; la *paranoide* (295.3x), con presencia de uno o más delirios sistematizados o de frecuentes alucinaciones auditivas relacionadas con un solo tema; la *desorganizada* (295.1x), caracterizada por incoherencia, marcada disminución de los nexos asociativos, comportamiento burdamente desorganizado, afectividad aplanada; la *indiferenciada* (295.9x), que no responde a los criterios para el tipo catatónico, el paranoide o el desorganizado; la *residual* (295.6x), donde están ausentes alucinaciones y delirios importantes, pero se presentan dos o más de los restantes síntomas indicados arriba.

2] EL CRITERIO PSICOANALÍTICO. *a*] S. *Freud* fue el primero en intentar una explicación de la esquizofrenia –para la que había propuesto el nombre de **parafrenia** (*v.*)– en términos psicodinámicos, a partir de la hipótesis de que las psicosis comparten con las neurosis funciones y mecanismos fundamentales, como la **represión** (*v.*) no lograda de ideas intolerables, el retiro del **investimiento** (*v.*) libidinal, la **regresión** (*v.*) a fases anteriores del desarrollo psíquico, con **fijaciones** (*v.*) posteriores. En el caso de la **paranoia** (*v.*) se produce un retiro del investimiento libidinal de los objetos del medio en el yo que es investido narcisistamente, mientras en el caso de la esquizofrenia "la regresión no llega sólo hasta la fase narcisista (que encuentra su manifestación en el delirio de grandeza), sino hasta el abandono completo del amor objetal y al regreso al autoerotismo infantil. Por consiguiente, la fijación que predispone a ella debe encontrarse mucho más lejos en el tiempo que en la paranoia, debe estar situada, entonces, al principio de la evolución que a partir del autoerotismo tiende hacia el amor objetal" (1910: 402). En este punto vuelve a emerger el proceso **primario** (*v.*), o sea la forma de funcionamiento del inconsciente, incluida la vida mental de la primera infancia, antes de que entre en función el sistema preconsciente. En la esquizofrenia, según Freud, no sólo hay una pérdida de realidad sino también una intención de restitución mediante la alucinación y el delirio, por la cual se tiende a restablecer, aunque sea en forma distorsionada, una relación con el mundo (*v.* **delirio**, § 2): "Y en cuanto a la fase de las alucinaciones tormentosas, también la aprehendemos, aquí, como fase de la lucha de la represión contra un intento de restablecimiento que pretende devol-

ver la libido a sus objetos. [...] Este intento de recuperación, que el observador tiene por la enfermedad misma, no se sirve, empero, de la proyección, como en la paranoia, sino del mecanismo alucinatorio (histérico)" (1910 [1976: 71] 401-402). De estas premisas Freud concluye, en el ensayo *Neurosis y psicosis* (1923), que mientras en la neurosis, en virtud de su obediencia a la realidad, el yo suprime una parte del ello, en la psicosis, al servicio del ello, se retira de una parte de la realidad y acepta parte del ello.

b] *C.G. Jung*, partiendo del concepto de escisión (*Spaltung*) de Bleuler, reconocido como rasgo fundamental de la esquizofrenia, considera que ésta no depende de la debilidad de la conciencia, como consideraban P. Janet y el mismo Bleuler, sino "de la fuerza primaria del inconsciente" (1939: 236), como se expuso analíticamente en la voz **escisión**, § I, 2, *a*, a la que se remite.

Aquí nos limitamos a enumerar las contribuciones de Jung, que fue el primero en aplicar conceptos psicoanalíticos a la esquizofrenia y en estudiar con métodos experimentales los procesos de **asociación** (*v.*, § 5), poniendo de manifiesto el vínculo entre contenido ideativo y carga afectiva. Él considera que, junto al "complejo del yo que, a causa de su directo vínculo con las sensaciones somáticas, es el complejo más estable y más rico en asociaciones" (1907: 49), existen otros complejos cargados afectivamente que pueden tomarle la delantera al yo, el cual cede a su dominio y sucumbe; entonces "el complejo del yo es privado de su habitual preeminencia y comienza la desintegración de la personalidad" (1939: 250). Una vez asumido el complejo del yo como punto crítico, "la neurosis está más acá del punto crítico, la esquizofrenia está más allá" (1939: 250). Cuando "el sujeto psicológicamente ya no puede librarse de un cierto complejo, hace asociaciones sólo con este complejo y por lo tanto permite que todas sus acciones estén consteladas por éste, por lo que aparece necesariamente cierto empobrecimiento de la personalidad" (1907: 77). Además, "si el complejo permanece inalterado, cosa que naturalmente sólo es posible a costa de un grave daño al complejo del yo y de sus funciones, debemos hablar de una *dementia praecox*" (1907: 76).

Además de los motivos personales, también pueden intervenir motivos arcaicos (*v.* **arque-**

tipo, § 1) para connotar los complejos no yoicos, que se adaptan mal a la vida del hombre civilizado, en cuyo caso la desintegración de la personalidad es todavía más catastrófica. Con su interpretación Jung minimiza la función de las fuerzas ambientales y personales, para subrayar la importancia de los factores congénitos, no excluyendo los orgánicos: "El estudio de la esquizofrenia es, en mi opinión, una de las tareas más importantes de la psiquiatría del futuro. El problema tiene dos aspectos: uno fisiológico y uno psicológico [...] su sintomatología refiere por un lado a un proceso destructivo de base, probablemente de naturaleza tóxica, y por el otro lado, en la medida en que en casos apropiados un tratamiento psicológico resulta eficaz, remite a un factor psicológico de la misma importancia" (1957-1959: 268).

c] *M. Klein y W.R.D. Fairbairn* interpretan la esquizofrenia a partir de las relaciones objetales, en las que los "objetos" son para Klein el resultado de la proyección y de la introyección realizada por dos fuerzas, amor y agresividad, que deciden la connotación positiva o negativa, mientras para Fairbairn son los objetos reales, a los que se refiere la libido favorecida por la naturaleza gratificante o frustrante del objeto. Para Klein la esquizofrenia es el resultado de la fallida superación de la "posición esquizoparanoide" caracterizada por la escisión del objeto en "bueno" y "malo", con introyección de los objetos "buenos" y proyección de los "malos", donde se reflejan las partes escindidas del sí (*v.* **kleiniana**, **teoría**, §1, 2). Para Fairbairn la esquizofrenia no depende de una regresión a fases anteriores del desarrollo libidinal, sino de la perpetuación de las técnicas (*v.* **técnica**) utilizadas para defenderse de la angustia en la experiencia **esquizoide** (*v.*) vivida en el curso de las vicisitudes objetales. En esta fase el niño encuentra objetos buenos (gratificantes) y malos (frustrantes), y como en este nivel no conoce otro funcionamiento que el identificador, siente a esos objetos como parte de sí. Con la intención de controlarlos los introyecta, prefiriendo sentirse malo que admitir la existencia de padres malos. La seguridad externa, por lo tanto, se paga a expensas de la interna, en la cual se observa una escisión del yo en un yo "central" dotado de fuerza propia, un yo "libidinal" vinculado a la imagen buena del objeto,

y en un yo "saboteador" (*v.* **saboteador interno**) vinculado a la imagen mala del objeto. El yo "libidinal" y el yo "saboteador" o agresivo están en la base de la formación del ello y del superyó, respectivamente, de la teoría psicoanalítica clásica. La esquizofrenia debe remontarse a la falta de integración de estas formas de yoicidad.

d] *H.S. Sullivan* interpreta la esquizofrenia como un trastorno descifrable a partir de la relación interpersonal. Ya Freud había indicado el rasgo esencial de esta forma de psicosis en la alteración que interviene en la relación entre el individuo y el ambiente, pero mientras Freud atribuía esta alteración a un retiro de la energía libidinal, Sullivan lo atribuye a las dificultades que se generan en las relaciones interpersonales y que llegan a distorsiones paratáxicas (*v.* **parataxia**), donde impresiones precedentes, sobre todo infantiles, son proyectadas hacia los demás, con el resultado de que transforma a las personas en algo diferente de lo que son. La distorsión paratáxica, si no es corregida, conduce a una validación cada vez menor, por parte de los demás, de la estima de sí. El sí mismo no convalidado se vuelve el sí mismo malo que el individuo trata de disociar de las experiencias de su conciencia. Las partes disociadas "regresan en la función hasta los niveles más arcaicos de la ontología psíquica" (1953: 361), con una regresión a funciones psíquicas infantiles o hasta fetales. En la base de esta interpretación de la esquizofrenia, por lo tanto, hay una hipótesis genético-evolutiva a cuyas fases primitivas vuelve la condición esquizofrénica.

e] *P.N. Pao*, recogiendo los datos de la experiencia terapéutica que se desarrolló en Chesnut Lodge, donde trabajaron Sullivan y F. Fromm-Reichmann, considera que la esquizofrenia es resultado de una interacción negativa entre herencia y ambiente: "El problema naturaleza-ambiente estaba en la base de todas las consideraciones que se refieren a la etiología. Cuando se propone a la 'naturaleza' como causa primaria de la esquizofrenia se piensa que en el 'interior' de la persona algo se revela gradualmente; lo 'externo' se ve como un hecho secundario. Cuando se conjetura el 'ambiente' como causa primaria, se piensa que la persona ha sido traumatizada por algo 'externo'; lo 'interno' (herencia-constitución) tiene una función insignificante. El conocimiento acumulado en los últimos decenios indica que ni la naturaleza ni el ambiente pueden conducir por sí solos a la esquizofrenia. Más bien la interacción de los dos factores en la primerísima fase de la vida del infante determina algunas experiencias que más tarde se desarrollan en los múltiples síntomas de la enfermedad esquizofrénica" (1979: 117). Los trastornos básicos de la experiencia, como los llama Pao, se producen "cuando la capacidad de responder del infante está deteriorada por un defecto constitucional o cuando la madre es incapaz de sentir empatía por el hijo. La falta de señal recíproca provoca una serie de experiencias trastornantes que, fusionándose, pueden ser de tal alcance que se vuelven fundamentales para la posterior evolución de la esquizofrenia. Si bien los trastornos se cristalizan en una fase muy lejana de la vida del esquizofrénico potencial, no necesariamente se realizan en el mismo momento. Algunos se producen antes que otros. Pero cada uno de los trastornos, una vez instaurados, encontrará su propia manifestación, relativamente independiente (y claramente trazada) en el cuadro clínico definitivo de la esquizofrenia. [...] Algunos de los mayores trastornos básicos de la experiencia capaces de incrementar la evolución de la esquizofrenia tienen lugar en las esferas de la relación objetal, del equilibrio libido-agresividad, del potencial de angustia, de los mecanismos de mantenimiento, de las respuestas perceptivas y afectivas, y de las imágenes corporales del sí" (1979: 124-125).

3] EL CRITERIO FENOMENOLÓGICO. En este ámbito se ve la esquizofrenia, al margen de toda investigación *causal* o *sintomática*, como una forma diferente de enunciar las estructuras trascendentales que son la base de toda existencia. Esta visión fue apoyada por K. Jaspers, quien, en el campo de las enfermedades mentales, rechazó la investigación causal típica de las ciencias naturales, porque la enfermedad no es un objeto natural sino un *proceso*. Buscar la causa significa realizar un esfuerzo reconstructivo y explicativo que se justifica sólo a partir de algo ya presupuesto, y no interpretar una experiencia vivida. Por su parte K. Schneider considera que los signos de la enfermedad mental no pueden ser considerados *síntomas*, porque el síntoma remite a una causa que, en el caso de las enfermeda-

des mentales, no se da más que presuponiéndola a partir de una teoría; por lo tanto los signos deben considerarse como significados que expresan algo, aunque este algo es fundamentalmente diferente de la experiencia común: "Es necesario abandonar el *significado* médico del término 'síntoma', porque una formación psicopatológica de estado y de curso no es una enfermedad que pueda producir síntomas" (1946: 93).

Tras abandonar causas y síntomas como instrumentos de investigación, la fenomenología, con L. Binswanger, insiste sobre el tema (*Worüber*) en el cual se enuncia la existencia esquizofrénica, volviéndose comprensible a partir del **tema** (*v*.). Desde este punto de vista ya no existe la posibilidad de hablar de "esquizofrenia" como de una entidad clínica, sino de experiencias esquizofrénicas identificadas casuísticamente por su tema, que enuncia las condiciones trascendentales comunes a toda existencia, como el tiempo, el espacio, el pasado, el futuro, la distancia y la proximidad de las cosas, la experiencia corporal, el adentro y el afuera, según las diferentes características de la forma común de experimentarlas. La misma disociación, reconocida por todos como el rasgo típico de la experiencia esquizofrénica, es una figura constitutiva de la existencia humana. En efecto, como escribe E. Borgna, "la experiencia del ser-desgarrados y del ser-triturados (del ser-escindidos) marca la existencia esquizofrénica como una mundanización diferente de la nuestra, pero no arrojada en el remolino del *no*-sentido y de la insignificancia" (1988: 71-72). La correspondencia entre la experiencia esquizofrénica y la artístico-poética brinda una confirmación que subraya Borgna: "Es verdad que en la experiencia esquizofrénica se vive en *otro mundo* agrietado por la fractura de la intersubjetividad, por las transformaciones espaciotemporales, por la expansión de la irrealidad, de lo imaginario y por la inmersión en la soledad autística, por la disolución de la identidad y de la unidad del yo, por la contra realidad de la alucinación y del delirio; y no obstante en ese *autre monde* están presentes estructuras de significado que, invertidas en su génesis pero temerarias en su semejanza, se encuentran en la fenomenología literaria de Hofmannsthal y de Pessoa: capaces de tomar en su propia interioridad de zahorí las huellas y las indicaciones de la escisión del yo, que es tal como para trascender cualquier simple connotación psicopatológica y para entrar, como las extrañeidades, después de todo, en el área de las posibilidades inmanentes de la condición humana" (1988: 81).

Así como la esquizofrenia no se debe interpretar como una entidad clínica, sino como una forma de experiencia humana, el método tampoco deberá ser el de la *observación* característico de las ciencias naturales, sino, como escribe E. Minkowski, el de la *penetración* o, como afirma la bibliografía psicológica alemana, el *Einfühlung* o **empatía** (*v.*), donde el instrumento cognoscitivo es la función cognoscitiva del sentimiento (*Gefühldiagnose*) que permite entrar en la experiencia esquizofrénica, más que efectuar disgregaciones en "partes" o "síntomas" que proporcionan una imagen abstracta y artificial de la esquizofrenia. En el "diagnóstico por el sentimiento" está en juego ese rasgo universal de lo humano que es la participación comunicativa (*Mitteilung*) que se puede encontrar en la base de la intersubjetividad. En el naufragio de la comunicación, que en la experiencia esquizofrénica caracteriza todo encuentro interpersonal, se manifiesta esa atmósfera imposible de objetivar entre médico y paciente que, como escribe H.C. Rümke, está en la base de la fundación diagnóstica de la esquizofrenia: "En el encuentro con el paciente esquizofrénico sentimos una curiosa incertidumbre y un sentimiento de extrañeidad que corresponden a la ruptura de la reciprocidad de relación normal que se da cuando dos personas se encuentran [...] nos enfrentamos a algo que es completamente extraño; naufraga la identificación; la mímica y el lenguaje pierden su carácter de comunicación" (1950: 125). Estas características del encuentro, que describen lo que Rümke llama "sentimiento de esquizofrenia" (*Schizophreniegefühl*), demuestran lo que para Binswanger constituye el rasgo más evidente de la experiencia esquizofrénica: la ruptura del mundo-común (*Mit-welt*; *v.* **análisis existencial**, § 3).

A partir de estas premisas, R.D. Laing observa que si la esquizofrenia es precisamente la "escisión" en el hombre, su "lejanía" de los demás, su "extrañeidad" con el mundo, ¿cómo se puede pensar en relacionarse aplicando una doctrina cuyos principios son la repro-

ducción exacta de la escisión esquizofrénica? "Los términos del vocabulario técnico común, en efecto, tienen una u otra de estas propiedades: o bien se refieren a un hombre aislado de los demás y del mundo (es decir a una entidad cuya propiedad esencial *no* es la de estar en relación con los demás y con el mundo), o bien a aspectos de esta entidad aislada falsamente elevados a sustancia. Términos como mente y cuerpo, psique y soma, psicológico y fisiológico; o como personalidad, yo, organismo, son abstracciones. En lugar del vínculo original de *yo* y *tú* se toma a un hombre aislado y se conceptualizan sus varios aspectos: el yo, el superyó, el ello. El otro se vuelve un objeto, interno o externo, o bien interno y externo al mismo tiempo. ¿Cómo es posible hablar verdaderamente de una relación entre tú y yo sirviéndose del concepto de interacción entre un aparato mental y otro?" (1959: 23). Aquí se vuelve a subrayar la imposibilidad de comprender la experiencia esquizofrénica con los métodos objetivantes con los que el saber psicológico, en el modelo de las ciencias exactas, buscó construir para sí mismo.

4] EL CRITERIO SISTÉMICO. G. Bateson, partiendo de la convicción de que todo es comunicación, incluso la aparente no comunicación, conjeturó que la esquizofrenia nace de una forma patológica de comunicación interpersonal caracterizada por señales incongruentes y contradictorias que ponen al destinatario en esa condición de profundo dilema que denominó doble enlace (*double bind*), cuyas características están ilustradas en la voz correspondiente (*v.* **doble vínculo**). Al no permitir captar la verdadera intención de un mensaje en una relación que el individuo siente de importancia vital, como en el caso del niño con su madre, se puede crear la convicción de que toda la realidad es paradojal y por lo tanto establecer un comportamiento consecuente con esta paradoja. A partir de estas premisas se preparó una terapia, llamada sistémica o pragmático-relacional, que funciona en las modalidades descritas en la voz **psicología sistémica**, § 2.

II. LOS FACTORES PATÓGENOS

Tras el examen de las diferentes interpretaciones proporcionadas por las diversas orientaciones de pensamiento resulta evidente que no existe concordancia sobre la esencia íntima del proceso esquizofrénico, si acaso, como en el caso de la fenomenología, no se considera desviante la investigación misma de las causas. Una vez presentada esta premisa se coincide en que en la base de la esquizofrenia nunca existe un solo factor sino muchos de los indicados (*hipótesis multifactorial*), que algunos buscan en el ámbito descrito por el *modelo médico*, orientando sus investigaciones al nivel genético, bioquímico, constitucional; otros al ámbito descrito en el *modelo relacional-dinámico*, con referencia a las influencias familiares, socioculturales o individuales respecto al desarrollo afectivo-instintivo de acuerdo con el modelo psicoanalítico. Además de la edad, que generalmente es juvenil, se tomaron en consideración los siguientes factores, que F. Giberti organiza así:

1] *Factores genéticos* concebidos como predisposición a enfermarse, propuestos a partir de la comprobación de la mayor frecuencia de casos de esquizofrenia en familias con uno o ambos padres esquizofrénicos. Sigue siendo desconocida la naturaleza de dichos factores y la forma de transmisión hereditaria.

2] *Factores bioquímicos* con referencia a alteraciones del metabolismo de algunas sustancias, en especial de las catecolaminas, y a la producción de sustancias tóxicas endógenas que presentan semejanzas còn la estructura química de algunas externas, como el LSD.

3] *Factores constitucionales* como los que destacó E. Kretschmer entre los índices morfológicos del cuerpo, las características de personalidad y la predisposición psicótica (*v.* **tipología**, § 1, *b*), o como los que señaló Jung, quien subrayó una constante entre introversión y esquizofrenia (*v.* **tipología**, § 2).

4] *Factores de personalidad*, como una precoz incapacidad para diferenciarse a sí mismo del mundo externo, para adquirir autonomía e independencia en el ámbito psicomotor, afectivo, intelectual, para regular los procesos psicofisiológicos, con el consiguiente exceso o escasez en la reacción ante estímulos o estrés.

5] *Factores familiares*, cuya incidencia está demostrada por la menor probabilidad de que enferme un gemelo monocigoto criado en una familia diferente de la de origen. Entre los factores que más inciden se enumeran la madre agresiva, punitiva y rechazante con un padre pasivo, ausente y distante; las características transaccionales con las que se realizan las relaciones entre los padres y entre padres e hijos; las alianzas distorsionadas de los miembros de la familia, en quienes en la edad adulta emerge la situación simbiótica entre madre e hijo o entre padre e hija; el tipo de comunicación, con mensajes ambiguos o contradictorios, como el evidenciado por la orientación sistémica; el caso del hijo, asumido como punto focal de las tensiones familiares, que se ve obligado a retirarse en forma fantástica, irreal, autística.

6] *Factores sociales*, como la inseguridad socioeconómica, las rápidas variaciones del estatus, la urbanización, la emigración, con la consiguiente modificación de las funciones personales.

7] *Factores psicodinámicos*, con referencia a un defectuoso desarrollo del yo, a una regresión y el retiro del interés por el mundo, a una incapacidad para controlar las pulsiones agresivas, a un uso arcaico y primitivo de las defensas en el caso de la **negación** (*v.*) de la realidad desagradable. En este campo se distinguen los síntomas regresivos como el **desreísmo** (*v.*) y la **despersonalización** (*v.* **persona**, § 1), de los reintegradores, como las alucinaciones y los delirios, interpretados como intenciones de reconstruir las partes perdidas de la realidad (*v.* **delirio**, § 2).

8] *Factores tóxicos, traumáticos, infecciosos*, que pueden producir las llamadas esquizofrenias sintomáticas o seudoesquizofrenias, en las que el rasgo más evidente es la sintomatología disociativa.

III. LOS CUADROS CLÍNICOS

La imposibilidad de señalar con precisión factores patogenéticos que sean causa de la esquizofrenia no permite delinear cuadros clínicos con base etiológica. Se adopta así el criterio sintomatológico, sobre la base del cual se distinguen las *esquizofrenias propiamente dichas*, que reproducen la clasificación de Kraepelin, quien las había diferenciado en esquizofrenia hebefrénica, paranoide y catatónica, a las que Bleuler agregó la simple. Se incluyen en este grupo, aunque presentan una sintomatología más diversificada: 1] los *síndromes seudoneuróticos, seudopsicopáticos y parafrénicos*; 2] los *síndromes de forma esquizofrénica* cuya sintomatología no coincide con las anteriores; 3] las *seudoesquizofrenias* de origen tóxico, infeccioso, inflamatorio, traumático.

1] *Esquizofrenia simple.* Está caracterizada por falta de los síntomas llamados productivos, como alucinaciones, delirios, ideas de referencia, mientras predomina un empobrecimiento gradual de las esferas afectivas intelectuales y volitivas. Los inicios se remontan a una época anterior a la pubertad, para manifestarse entre los 16 y los 22 años, con una evolución muy lenta caracterizada por una progresiva debilitación de las relaciones interpersonales, reducción de la afectividad, indolencia, escasa apreciación de la realidad, aislamiento. En el nivel del pensamiento se observa no tanto una disociación cuanto un creciente empobrecimiento de ideas y una reducción del flujo de las mismas. La evolución tiende a la cronicidad, con un desapego cada vez mayor por la vida.

2] *Esquizofrenia hebefrénica.* Aparece en la edad juvenil y la adolescencia, con inicio engañoso enmascarado por síntomas de tipo neurótico depresivo. A medida que aumenta la afectividad oscila entre la irritabilidad y la euforia; el comportamiento se vuelve incoherente e inmotivado; en el nivel de pensamiento, además de un déficit en la atención, se nota una regresión a características primitivas y desorganizadas, que se manifiestan con conductas inoportunas, estereotipadas, y en ocasiones descaradas y vulgares. Los delirios son numerosos y poco sistematizados. Los trastornos del lenguaje son llamativos, con asociaciones por asonancia, neologismos, ensalada de palabras. La declinación de la personalidad resulta evidente muy rápido por el poco cuidado de la propia persona y el comportamiento infantil, en ocasiones grotesco y burdamente absurdo. El pronóstico es desfavorable, con raras curaciones y remisiones.

3] *Esquizofrenia paranoide.* Se diferencia de la **paranoia** (*v.*) por la presencia de evidentes síntomas disociativos y porque compromete toda la personalidad. Aparece entre los 25 y los 45 años, manifestándose con episodios agudos que tienden a volverse crónicos. Los delirios, con fondo persecutorio, nacen de atribuirles a los demás un sentimiento negativo que el paciente experimenta en relación consigo mismo, después que toda la realidad asume un significado particular para confirmar el delirio, con reinterpretaciones y adaptación de la misma idea fundamental del sujeto. Acerca de la naturaleza de los delirios véase la voz **paranoia**, § 3.

4] *Esquizofrenia catatónica.* Tiene como rasgo característico el trastorno psicomotor, que puede asumir las formas akinéticas, caracterizadas por inmovilidad, obediencia automática, negatividad, rigidez, mutismo, o las formas hiperkinéticas, con agitación motriz con frecuencia violenta e incontrolable, impulsos agresivos y destructivos, y verbigeración. Las dos formas pueden presentarse alternativa o aisladamente (*v.* **catatonia**).

5] *Esquizofrenia seudoneurótica y seudopsicópata.* Se las denomina así porque la estructura disociativa no es inmediatamente identificable, y los síntomas neuróticos o psicopáticos representan los elementos más evidentes. Por eso se habla de casos limítrofes o *borderline* (*v.* **marginal**, **síndrome**, § 1).

6] *Síndrome parafrénico.* Abarca diversos cuadros disociativos, caracterizados por una buena conservación de la personalidad, que logra hacer convivir aspectos psicopatológicos productivos con una vida social relativamente normal (*v.* **parafrenia**).

7] *Síndrome con forma esquizofrénica.* Con esta expresión se hace referencia a cuadros psicóticos que, pese a tener aspectos esquizofrénicos significativos, presentan síntomas de otro tipo, como la ciclotimia, la neurosis obsesiva, el estado onirode-confusional, o rasgos de tipo caracterial, como asocialidad, dificultad para relacionarse, etc. Este grupo de síndromes se creó por la dificultad de forzar la variedad de comportamientos psicóticos en una clasificación rígida. Por esto hay quien lo elimina de las formas de esquizofrenia para incluirlo en las formas marginales (*v.* **marginal, síndrome**, § 2).

8] *Seudoesquizofrenias o esquizofrenias sintomáticas.* Se distinguen de las endógenas porque se puede comprobar la alteración orgánica, tóxica, infecciosa o traumática (*v.* **encefalopatía, psicoorgánico, síndrome; trauma; droga**).

IV. CURSO Y TERAPIA

El poco conocimiento de la naturaleza íntima de la esquizofrenia repercute también en el pronóstico, que varía de un individuo a otro por lo tocante a los respectivos recursos personales y a los factores familiares, ambientales, laborales y sociales, que pueden ser favorables o desfavorables. La observación clínica comprobó que cuanto más agudamente surge el episodio psicótico después de acontecimientos ocasionales, más altas son las probabilidades de que sea breve y se resuelva de manera definitiva; en cambio, cuando los factores que llevan a la experiencia esquizofrénica han actuado insidiosa y sistemáticamente por espacio de años, el pronóstico es más desfavorable y tiende a la cronicidad, con deterioro progresivo de la personalidad, aunque se vuelven menos frecuentes las manifestaciones delirantes o alucinatorias. En los casos de remisión pueden quedar residuos o "defectos esquizofrénicos", que van desde la reducción de los intereses, hasta la inadecuación emotivo-afectiva y algunas actitudes intelectuales y de comportamiento particulares en un contexto de personalidad un poco árida y en ocasiones rígida.

Por lo que se refiere a la terapia, además de la aplicación de electroconvulsionantes (*v.* **electrochoque**) y de la **insulinoterapia** (*v.*), hoy cada vez menos utilizadas, se recurre a los *tratamientos neurolépticos* (*v.* **psicofarmacología**, § I, 1, *a*) que actúan sobre todo en los síntomas alucinatorios, delirantes y de conducta, sedando la angustia y las reacciones agresivas excesivas, y a los *tratamientos psicoterapéuticos*, orientados sobre todo a la reconstrucción de las relaciones interpersonales, al descubrimiento de una identidad, a la indicación de objetivos posibles y motivadores con el fin de evitar ulteriores regresiones y fugas en el delirio. La orientación psicoterapéutica tiende a involucrar también a los familiares con el fin de reducir tensiones y malentendidos que favorecen el aislamiento o el desencadenamiento de los afectos o de la agresividad.

BIBLIOGRAFÍA: American Psychiatric Association (1988); Andreoli, V. (1973); Arieti, S. (1974); Ballerini, A. y M. Rossi Monti (1983); Bateson, G. (1972); Benedetti, G. *et al.* (1979); Bettelheim, B. (1967); Binswanger, L. (1957); Bleuler, E. (1911); Bleuler, E. (1911-1960); Borgna, E. (1976); Borgna, E. (1988); Callieri, B. (1954); Callieri, B. (1982); Cancrini L. (coord.) (1977); Cargnello, D. (1966); Conrad, K. (1966); Ey, H. (1977); Fairbairn, W.R.D. (1964); Freeman, T., J.L. Cameron y A. Mc Ghie (1958); Freud, S. (1910); Freud, S. (1914); Freud, S. (1923); Freud, S. (1924); Freud, S. (1938); Galimberti, U. (1979); Giberti, F. (1983); Jackson D.D. (coord.) (1960); Jaspers, K. (1913-1959); Jung, C.G. (1907); Jung, C.G. (1911); Jung, C.G. (1939); Jung, C.G. (1957 1059); Kahlbaum, K.L. (1874); Klein, M. (1978); Kraepelin, E. (1883); Lacan, J. (1958); Laing, R.D. (1959); Laing, R.D. (1967); Laing, R.D. y A. Esterson (1964); Lidz, T. (1973); Meyer, A. (1910); Minkowski, E. (1927); Pankow, G. (1969); Pao, P.N. (1979); Resnik, S. (1972); Rümke, H.C. (1950); Schneider, K. (1930); Schneider, K. (1946); Searles, H.F. (1971); Sèchehaye, M.A. (1950); Selvini Palazzoli, M. *et al.* (1975); Selvini Palazzoli, M. *et al.* (1988); Sullivan, H.S. (1953); Warner, R. (1987); Watzlawick, P., J.H. Beavin y D.D. Jackson (1967).

esquizofrenógeno (al. *Schizophrenerregend*; fr. *schizophrénogène*; ingl. *schizophrenogenic*; it. *schizofrenogeno*)

Adjetivo referido a uno de los progenitores, –generalmente la madre– cuya personalidad se presume desempeña una función en la determinación de la esquizofrenia del hijo. Suele tratarse de madres ansiosas, hiperprotectoras, obsesivas, posesivas, que esconden, bajo estos rasgos, una profunda hostilidad hacia el hijo que queda atrapado en la contradicción del **doble vínculo** (*v.*) de amor y de odio. Por extensión el adjetivo también se refiere a la familia del esquizofrénico en la que funcionan canales de comunicación ambiguos o contradictorios (*v.* **psicología sistémica**, § 2).

BIBLIOGRAFÍA: Bateson, G. (1972); Laing, R.D. y A. Esterson (1964); Selvini Palazzoli, M. *et al.* (1975); Selvini Palazzoli, M. *et al.* (1988); Watzlawick, P., J.H. Beavin y D.D. Jackson (1967).

esquizoide (al. *Schizoid*; fr. *schizoïde*; ingl. *schizoid*; it. *schizoide*)

1] El término lo introdujo E. Bleuler para referirse a los sujetos que presentan una escisión entre las funciones emotivas y las intelectivas, en las que él identificaba uno de los rasgos típicos de la esquizofrenia.

2] Posteriormente lo adoptó E. Kretschmer para indicar el tipo psicológico con los rasgos característicos de la **esquizotimia** (*v.*), que en caso de psicosis desarrolla más fácilmente la esquizofrenia que la psicosis maniaco-depresiva, a la que en cambio está predispuesto el ciclotímico (*v.* **tipología**, § 1, *a*). Por extensión el término se refiere a una persona distante y desconfiada, más inclinada hacia los contenidos fantásticos que hacia los datos de la realidad.

3] M. Klein usa la expresión "esquizoparanoide" para indicar una posición del desarrollo libidinal caracterizada por la escisión del objeto en "bueno" y "malo", con introyección de los objetos buenos y proyección de los malos (*v.* **kleiniana, teoría**, § 2).

4] W.R.D. Fairbairn denomina "esquizoide" la posición que Klein había llamado "esquizoparanoide", y la describe como esa experiencia de la primera infancia en la que el niño interpreta la frustración como prueba de que su amor es destructivo; para defenderse utiliza una escisión del yo en un "yo libidinal", que está unido a una imagen buena y acogedora del seno, y un "yo antilibidinal" vinculado a una imagen mala y rechazante del seno (*v.* **esquizofrenia**, § I, 2, *c*). Por extensión del uso infantil de estas defensas se llama "esquizoide" la personalidad que en la edad adulta recurre a ellas, adoptando **escisión** (*v.*), **denegación** (*v.*), **introyección** (*v.*), **proyección** (*v.*) para defenderse del sentimiento de culpa y de la depresión.

5] R.D. Laing utiliza el término con esta acepción: "El yo, en la organización esquizoide, es por lo general más o menos incorpóreo, es decir, es vivido como una entidad mental y se encuentra en la condición que Kierkegaard llamó 'cerrazón'. El individuo no vive sus acciones como otras tantas expresiones de sí mismo sino que éstas, disociadas y parcialmente autónomas, forman el sistema del 'falso yo'. El yo no se siente partícipe de estas acciones; por el contrario, éstas parecen cada vez más falsas y triviales, mientras el yo, encerrado en sí, considera verdadero sólo a sí mismo. [...] Extremadamente consciente de sí, el yo observa con agudo sentido crítico al falso yo, advirtiendo también el peligro de ser invadido por el sistema del falso yo o por una parte de éste. [...] Las relaciones consigo mismo se transforman en relaciones seudointerpersonales. El yo trata a los falsos yo como si fueran otras tantas personas diferentes, y los despersonaliza. [...] El individuo se construye un microcosmos interior; pero se trata tan sólo de un mundo autista, privado, intraindividual, que desde luego no puede sustituir al único mundo que existe realmente, ese que se comparte con los otros. Si semejante cosa pudiera lograrse, no surgirían las psicosis" (1959: 84-85).

BIBLIOGRAFÍA: E. Bleuler, E. (1911-1960); Fairbairn, W.R.D. (1946); Klein, M. (1978); Kretschmer, E. (1921); Laing, R.D. (1959).

esquizomanía (al. *Schizomanie*; fr. *schizomanie*; ingl. *schizomania*; it. *schizomania*)

Síndrome psicótico de etiología multideterminada, con sobreposición de síntomas esquizofrénicos y estímulos maniacos (*v.* **marginal, síndrome**, § 2).

esquizoparanoide, posición
v. KLEINIANA, TEORÍA, § 2.

esquizotimia (al. *Schizothimie*; fr. *schizothimie*; ingl. *schizothimia*; it. *schizotimia*)

Tendencia acentuada a la introversión y al aislamiento psíquico en la que E. Kretschmer ve la característica fundamental del tipo lepto-sómico o asténico, caracterizado en el plano somático por el predominio de las medidas verticales (v. **tipología**, § 1, *b*). A diferencia de la **ciclotimia** (v.), que prevé una oscilación del humor entre la depresión y la euforia, la esquizotimia está caracterizada por la profundidad de las experiencias íntimas que, en lugar de tener una reacción inmediata, como en la ciclotimia, tienen largos períodos de resonancia en la interioridad subjetiva, donde se dan procesos de elaboración e intelectualización. Al mismo tiempo que se retira el interés por la realidad externa se presenta una notable dificultad en las relaciones interpersonales, generalmente encubiertas por el formalismo social con el que el esquizotímico defiende su esfera privada y la adhesión a sus ideales, por los que es capaz de grandes sacrificios. A diferencia del ciclotímico, sujeto a explosiones de cólera destinadas a agotarse rápidamente, el esquizotímico vive una cólera fría, producida por la acumulación de pequeñas frustraciones que se descargan muy rara vez. La retirada de la realidad y el investimiento en la propia interioridad son disposiciones que, en el caso de surgir una psicosis, se manifiestan en la **esquizofrenia** (v.).

BIBLIOGRAFÍA: Kretschmer, E. (1921).

estabilidad, principio de
v. CONSTANCIA, § 2.

estadio (al. *Stufe*; fr. *stade*; ingl. *stage*; it. *stadio*)

El término, que también se utiliza en la acepción de *fase* o *período*, indica, en un proceso de desarrollo, unidades reconocibles e identificables de las demás por la aparición de determinados caracteres que indican modificaciones fundamentales. La determinación de los estadios, aunque no es arbitraria, no encuentra acuerdo unánime en la determinación de las diferentes unidades, también porque a la noción de estadio subyace una connotación estática que, vista en un proceso de desarrollo, puede considerarse sólo en un contexto de gran flexibilidad.

1] PSICOLOGÍA GENERAL. En este ámbito se habla de *estadios de la vida* según tiempos describibles basándose en la teoría interpretativa que se adopte, como se expone en la voz **vida**, § 1.

2] PSICOANÁLISIS. En este ámbito el término se utiliza en la acepción de estadio (*Stufe*) o en la de fase (*Phase*). S. Freud distingue: *a*] *estadios de la libido* que, de acuerdo con la zona erógena investida, dan una organización **oral** (v.), **anal** (v.), fálica (v. **fálica, fase**), **genital** (v.); *b*] *estadios de la evolución del yo* a lo largo del recorrido que desde el **principio del placer** lleva al **principio de realidad** (v., § 3), pasando por el estadio del **autoerotismo** (v.), del **narcisismo** (v.), de la elección homosexual (v. **homosexualidad**), y de la heterosexual (v. **heterosexualidad**), con progresiva diferenciación entre sí y el mundo, aplazamiento del placer y relativo dominio de las estimulaciones pulsionales mediante mecanismos de **defensa** (v., § 2). Dentro del estadio oral K. Abraham distingue uno de chupar y uno de morder, correspondiente a la aparición de los dientes (v. **canibalismo**). De acuerdo con la relación objetal R.A. Spitz distingue un estadio preobjetal, caracterizado por indiferenciación entre mundo externo y mundo interno; un estadio del objeto precursor, caracterizado por la respuesta de la sonrisa interpretada como signo de reconocimiento; un estadio del objeto libidinal caracterizado por la angustia ante la ausencia de la madre, y uno organizado por el gesto y la palabra. M. Klein, más que el término "estadio" prefiere "posición" (*position*) por el significado más flexible y fluctuante unido a esta expresión que se refiere a las formas depresivas y esquizoparanoides (v. **kleiniana, teoría**, § 2). Un significado en sí mismo lo asume el *estadio del espejo* que estudió J. Lacan como fase en la que acontece la primera identificación entre el niño y su imagen (v. **lacaniana, teoría**, § 5).

3] PSICOLOGÍA COGNOSCITIVISTA. J. Piaget ilustró los estadios del desarrollo cognoscitivo, que prevén un estadio perceptivo-motor, uno preoperativo, uno de las operaciones concretas y uno de las operaciones formales, regulados por los mecanismos de la asimilación y de la acomodación (v. **cognición**, § 2).

BIBLIOGRAFÍA: Abraham, K. (1920); Erikson, E.H. (1950); Freud, S. (1905); Jung, C.G. (1930-1931);

Klein, M. (1978); Lacan, J. (1949); Piaget, J. (1947); Spitz R.A. (1958).

estadística (al. *Statistik*; fr. *statistique*; ingl. *statistics*; it. *statistica*)

Ciencia que reúne, organiza y analiza los datos relativos a los fenómenos del mundo (estadística descriptiva) con miras a la utilización de las informaciones que éstas proporcionan con el fin de prever hechos no observados (estadística inferencial). En psicología el uso de la estadística tiene un lugar importante en la elaboración de los **tests** (*v.*) y las **escalas** (*v.*).

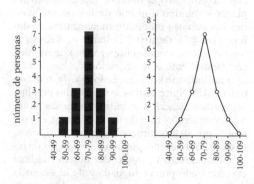

Diagrama de frecuencia.

1] ESTADÍSTICA DESCRIPTIVA. Se propone ofrecer los datos reunidos en forma de tablas y gráficas para exponer las principales características de un conjunto de datos.

1] LA REUNIÓN Y EL REGISTRO DE LOS DATOS. Esta reunión se da alineando los datos en orden numérico y agrupándolos en una *distribución de frecuencia*, dividiendo en intervalos la escala a lo largo de la cual se alinean, y contando los casos que encajan en cada intervalo, que recibe el nombre de *intervalo de clase*. La elección de los intervalos depende de lo que el experimentador intenta hacer con los datos reunidos, de la gama de valores por cubrir y del número efectivo de los puntos por agrupar. Las formas gráficas más usadas para expresar una distribución de frecuencia son los

histogramas de frecuencia, que se obtienen dibujando rectángulos que tienen por base los intervalos y por altura las frecuencias, y el *polígono de frecuencia*, que se obtiene del histograma uniendo con líneas los puntos del centro de la parte superior del mismo. El polígono proporciona las mismas informaciones que el histograma por medio de líneas, en lugar de rectángulos.

2] LAS MEDIDAS DE LA TENDENCIA CENTRAL. Son medidas que proporcionan el punto central de la escala a partir del cual los puntajes se reparten simétricamente. Tres son las medidas de este género: *a*] la *media aritmética* (M), que se obtiene sumando los puntos y dividiendo entre el número de casos; *b*] la *mediana* (Mdn), que es el punto de la escala que divide la distribución en dos mitades iguales, en el sentido de que tanto por encima como por debajo del punto está el 50% de los datos. Se obtiene alineando en orden los datos y contando después el número de los casos que están entre cada uno de los dos extremos y el punto central; *c*] la *moda* que corresponde al puntaje más frecuente en una distribución determinada. En una distribución naturalmente puede haber varias modas, por lo que el conjunto de los datos se llamará, según los casos, *unimodal* o *bimodal*. En una distribución normal, en la que los casos se disponen equilibradamente a ambos lados del punto central, media aritmética, mediana y moda coinciden y la distribución se denomina *simétrica*, mientras que es *asimétrica* aquella en la que hay un aumento de la media aritmética, como en el caso de un tren que parte siempre puntual o atrasado, pero nunca adelantado, por lo que tendremos una asimetría hacia el atraso con una *cola de distribución*, que es la dirección de los puntos extremos, hacia la derecha.

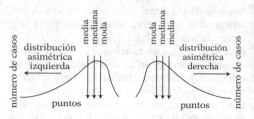

Curva de distribución asimétrica.

3] LAS MEDIDAS DE LA VARIABILIDAD O DISPERSIÓN. Son medidas que indican si los puntajes, en lugar de agruparse alrededor de su valor central, se dispersan en una gama amplia. Si la variabilidad es escasa significa que los casos individuales no se separan mucho de la media; si en cambio es elevada el uso de la media como valor representativo resulta muy escaso. Entre los índices utilizados para medir la variabilidad se cumplen ampliamente en psicología: *a*] la *gama total*, que está dada por la distancia entre el puntaje máximo y el mínimo; *b*] *varianza*, que representa la relación entre la suma de los cuadrados de los residuos de la media y los grados de libertad que expresan el número de datos "independientes"; *c*] la *desviación estándar*, que es la raíz cuadrada de la varianza. Varianza y desviación estándar toman en consideración todos los puntajes y no sólo los extremos, como ocurre con la gama total. Por ejemplo, si nos referimos a la gama total, la media expresada por una clase de alumnos con calificaciones que comprenden entre 5 y 7 no es diferente de la media de la clase cuyas calificaciones comprenden entre 3 y 9, mientras que si nos referimos a la varianza y a la desviación estándar surge la diferencia entre las dos clases, porque estos indicadores miden el residuo de los puntos de la media aritmética.

4] LOS PERCENTILES Y LOS RESIDUOS REDUCIDOS. La posición de un individuo respecto, por ejemplo, a las pruebas de un test, nunca está dada por una sola medida, como podría ser el número de pruebas realizadas, sino por esa unidad de medida que permite confrontar entre sí los resultados obtenidos por un sujeto en la misma prueba o en pruebas diferentes. Para resolver este problema se determina el *rango* de cada uno de los datos, es decir su posición relativa en la serie de las medidas ordenadas por tamaño, por lo que el rango 10 en una distribución de 20 datos indica una posición central, mientras en una distribución de 80 datos indica una posición bastante marginal. El *percentil* es la medida que se obtiene comparando los rangos con el número total de los sujetos de la muestra, por lo que si 30% de los sujetos de una muestra examinada en cierta prueba alcanzó un puntaje inferior a 74, en este caso el rango percentil de 74 es 30, mientras 74 es el 30º percentil. El uso de los

rangos percentiles permite, por un lado, describir la posición de datos individuales en el ámbito de una distribución y confrontar datos individuales de diversas distribuciones sin tener que reportar cada puntaje al total de los datos de la distribución, y por el otro crear un cómodo sistema de referencia para la aplicación de tests. Al adoptar los rangos percentiles se pierde esa parte de información ofrecida por los datos que es la distancia de las medidas entre sí. El problema se puede resolver asumiendo cada uno de los datos como *residuo de la media*. En este caso la media se considera igual a cero y los residuos serán positivos si son superiores a la media, negativos si son inferiores.

II] ESTADÍSTICA INFERENCIAL. Llamada también inductiva, se propone elaborar inferencias a partir de los datos reunidos.

1] UNIVERSO Y MUESTRA. El *universo estadístico* o *población* es el conjunto de todos los objetos de la misma especie asumidos como campo de estudio, por ejemplo la totalidad de los ciudadanos en un censo. La *muestra* es un subconjunto elegido por determinadas características que lo hacen idóneo para ser representativo de todos los objetos del universo en cuestión, como cuando las encuestas de opinión pública, en lugar de interrogar a todos los ciudadanos, se dirigen a una fracción de la población.

El método para determinar las muestras se llama *muestreo*, y puede ser razonado o causal. En el primer caso (*muestreo no probabilista*) el muestreo se hace basándose en una o más cualidades prestablecidas que los sujetos deben poseer, en el segundo (*muestreo probabilista*) la elección es aleatoria, y al no haber selecciones sistemáticas o polarizaciones indebidas, el índice de credibilidad es mayor. Ya que en una muestra no entran todos los datos presentes en la *población*, es decir en la colección de los elementos que forman un fenómeno, se presentan *errores de muestreo*, llamados también *variabilidad muestral*, que decrecen más rápidamente cuanto más aumenta la consistencia numérica de las muestras. Es posible identificar las características de un universo estadístico basándose únicamente en las informaciones derivadas de una sola muestra de tal universo. La credibilidad de este procedimiento, llamado *inferencia estadística*, depende de la dimensión de la muestra y de la fidelidad con que ésta represente al universo estadístico. Los métodos de muestreo se usan en todas las ramas de la psicología y en especial para la evaluación de las diferencias individuales, para la elaboración de esquemas experimentales y para las encuestas sobre actitudes y opiniones.

2] LA DISTRIBUCIÓN NORMAL O DE GAUSS. Es la forma gráfica que por lo general asume un conjunto tabulado de datos, cuya mayor concentración está al centro con un número decreciente hacia los extremos. La condensación de la máxima concentración de los casos en la media proporciona a la distribución normal forma de campana. Como esta curva se obtiene también cuando se representan acontecimientos aleatorios, como el lanzamiento de dados o el giro de la ruleta, la distribución normal tiene gran importancia en la teoría de probabilidades y, más en general, en los problemas de inferencia estadística. Si conocemos la media (M) y la desviación estándar (σ) de una curva de Gauss, sabemos que dos tercios de los casos (68%) tienden a caer en el intervalo de una σ de la media (± 1 σ), el 95% entre 2 σ y casi todos los casos en 3 σ. A partir de estos datos es posible hacer previsiones, por lo que si, supongamos, hemos determinado el CI de un grupo de personas y sabemos que la media del grupo es 120, con una desviación estándar de 10, podemos afirmar, desde el punto de vista de la probabilidad, que hay más de 68 posibilidades sobre 100, si sacamos al azar un sujeto del grupo, de elegir un individuo con un CI de entre 110 y 130. El concepto es útil para la confección de escalas interpretables independientemente del tipo de unidad utilizada en cada medición porque, conociendo las propiedades de la distribución

normal, es posible hacer asumir a la distribución obtenida en la muestra la forma de la distribución gaussiana, es decir *normalizar* las medidas brutas transformándolas en *unidades estándar*.

Según el aspecto que asumen en el histograma o en el polígono que las representan las distribuciones de frecuencia se diferencian, en el nivel descriptivo, en distribución "inclinada", "simétrica", "rápida", "aplastada", "de uno o más vértices", en "U", "J", "L", etc. Entre ellas merece atención especial la *curva acumulativa de frecuencia*, o *acumulación*, que es un procedimiento de cálculo estadístico en el cual a cada valor se le agregan los valores inferiores, calculando en las abscisas los valores de las variables tomadas en examen y en las ordenadas las frecuencias acumuladas relativas a esos valores. Por ejemplo, si el valor 0 de la variable x corresponde a una frecuencia 2 y el valor 1 a una frecuencia 3, la frecuencia acumulativa correspondiente al valor 1 será 5. Las frecuencias acumulativas, o f_c, pueden ser transformadas en frecuencias acumulativas porcentuales, o f_c %, dividiendo f_c entre el número de las observaciones y multiplicando por 100. Al valor máximo de las variables corresponderá la suma de todas las frecuencias y el 100% de las frecuencias acumuladas. La curva acumulativa de frecuencia permite determinar el número global de casos que pueden estar dentro de un determinado valor de la variable.

3] LA CORRELACIÓN. Expresa la correspondencia entre dos variables, y puede ser *positiva*

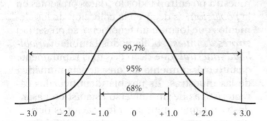

Curva normal de Gauss.

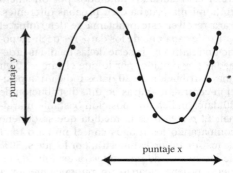

Matriz de dispersión hipotética.

cuando a valores altos o bajos de una corresponden valores altos o bajos en la otra; *negativa*, cuando a valores altos de una corresponden valores bajos de la otra o nula, cuando no hay correspondencia entre las dos variables. El índice del grado en que dos variables están correlacionadas entre sí se llama *coeficiente de correlación*, y expresa una medida que informa cuánto están asociados los tamaños de una variable con los de la otra. El índice estadístico que, en una distribución bivariada, designa el producto medio de las desviaciones de la media de ambas variables, recibe el nombre de *covarianza*, y se utiliza en el cálculo del coeficiente de correlación.

Para este cálculo el método más usado es el del *producto de los momentos* (r) que varía de +1.00 (correlación perfectamente positiva) a –1.00 (correlación perfectamente negativa), pasando por 0.00 (correlación nula). Además de este índice, que formuló K. Pearson y que es apropiado sólo cuando los datos de las dos distribuciones son medidos por lo menos en una escala en intervalos, existe también el coeficiente de correlación en *rangos* que formuló C.E. Spearman para las medidas que no superan el nivel de la escala ordinal, y el coeficiente de correlación *tetracórico* (φ) en los casos de variables dicotómicas, como por ejemplo la correlación entre dos reactivos con respuesta correcta o incorrecta. El coeficiente de correlación sirve también para elaborar predicciones; si tenemos por ejemplo un test de admisión a la universidad en el que se comprobó una correlación con las calificaciones de aprobación, podemos predecir el nivel de las calificaciones posteriores para esos alumnos. Naturalmente no se excluyen errores debidos al hecho de que las correlaciones son casi siempre inferiores a 1.00 por lo que, cuanto más cerca de 0.00 esté el coeficiente de correlación mayores serán los errores de las previsiones que se basan en él.

Es necesario ser cauto al usar el coeficiente de correlación, *a*] porque la correlación mide *relaciones lineales* entre dos variables, y por lo tanto no destaca correspondencias que podrían aparecer en una disposición gráfica en "S", llamada "matriz de dispersión hipotética"; *b*] porque la correlación *no demuestra una relación causal*, de modo que la existencia de una correlación entre las calificaciones reportadas por la escuela y el número de horas de estudio no permite concluir que el número de horas sea causa de esa calificación.

4] LA INFERENCIA ESTADÍSTICA. La inferencia estadística se ocupa de dos problemas fundamentales: *el control de las hipótesis* y la *estimación de los parámetros*. En este ámbito se toman en consideración sobre todo:

a] *Errores de medición*, por lo que la misma longitud medida por dos personas diferentes puede dar un resultado no perfectamente idéntico. En este caso rige la ley según la cual, conforme crece el número de observaciones de cada muestra, disminuye la dispersión de las medias de las diferentes muestras alrededor del parámetro.

b] *Errores de muestreo*, que se presentan cuando muestras aleatorias extraídas posteriormente de la misma población, o universo estadístico, normalmente distribuida, revelan medias diferentes que forman una distribución de medias de muestras alrededor de la verdadera media de la población. Tales medias muestrales forman a su vez una distribución de valores con su propia media (μ) y desviación estándar; tal desviación recibe el nombre de *error estándar*. En otras palabras, así como es posible expresar en unidades estándar la distancia de un dato de la media de la distribución, también lo es expresar en unidades estándar la desviación de las medias de la media de las medias.

c] *Significado de una diferencia entre medias*, que depende de su amplitud y de la variabilidad de las medias que se confrontan para evitar que diferencias casuales, debidas por ejemplo a errores de muestreo, sean asumidas como diferencias "significativas". Si por ejemplo al aplicar un test a dos grupos, *A* y *B*, se comprueba que el grupo *A* obtiene como "media" un puntaje superior del grupo *B*, pero con una sobreposición notable, por lo que algunos individuos del grupo *A* dan resultados bajos, mientras algunos individuos del grupo *B* dan un resultado óptimo, no se puede hablar de significación estadística en la diferencia de las medias si antes no se comprobó si las diferencias observadas en las muestras reflejan diferencias reales en los universos estadísticos o si son más bien producto de errores de muestreo. Para evaluar la significación estadística se han introducido tests de *significación* como el "*chi cuadrado*" (χ^2) que sirve para evaluar la diferencia entre dos o más grupos relativa a la distribución de frecuencias en dos o más clases nominales, como en el caso de la experimentación de un nuevo fármaco, para la cual se administran a dos o más grupos de pacientes dos fármacos diferentes, o el mismo fármaco en diferentes dosis, para evaluar si las diferencias observadas en las dos distribuciones son casuales o pueden considerarse "significativas".

El uso de métodos estadísticos en psicología se va ampliando cada vez más. Dichos métodos, introducidos por la psicofísica para la medición de los valores de umbral, se hicieron extensivos a la evaluación de la inteligencia, de las diferencias individuales y de las diferencias entre los resultados del grupo experimental y el grupo de control, a las encuestas de actitudes y opiniones, pero sobre todo a la elaboración de escalas y tests con la corrección mecánica de los mismos, hoy incluso con procedimientos de cálculo electrónico que permiten elaborar rápidamente una gran cantidad de datos.

BIBLIOGRAFÍA: Anastasi, A. (1954); Boldrini, M. (1960); Cifarelli, D.M. y E. Regazzini (1985); De Carlo, N.A. (1979); Edwards, A.L. (1969); Flores D'Arcais, G.B. (1964); Flores D'Arcais, G.B. (1968); Guildorf, J.P. (1963); Hays, W.L. (1963); McNemar, Q. (1969); Rubini, V. (1975); Vianello, S. (1967); Walker, H.M. y J. Lev (1953).

estándar (*standard*)

Término de origen inglés utilizado para indicar el patrón o el modelo tomado como término de referencia, de medida y de comparación. La expresión se utiliza en su *acepción común* para indicar las actitudes y los valores que determinan el comportamiento medio del hombre; en *psicofísica* para designar el estímulo mantenido constante, en una situación propuesta, respecto a los estímulos variables o a la variación de estimulación; en *estadística* (*v.*) para referirse a la desviación, al error y al puntaje.

estandarización (al. *Standardisierung*; fr. *standardisation*; ingl. *standardization*; it. *standardizzazione*)

Uniformidad de procedimientos en la aplicación de un **test** (*v.*) y en la determinación del puntaje correspondiente. Si no hay estandarización, no es posible la comparación entre los puntos obtenidos por personas diferentes porque no se respeta la regla que, en el caso de los tests, prevé que la única variable independiente es el individuo sometido a prueba. Para la estandarización de un test son necesarias normas estadísticas que se obtienen aplicándolo a una amplia muestra representativa del tipo de sujetos a los que está destinado. Tal grupo, llamado *muestra de estandarización*, sirve para determinar las normas que indican, no sólo el rendimiento medio, sino también la frecuencia relativa de los diversos grados de desplazamiento por encima o por debajo de la media (*v.* **estadística**, § II, 1). El procedimiento que fija los valores normales de respuesta para un test de nueva elaboración, sacándolos del examen de la distribución de los datos obtenidos en la muestra estandarizada, recibe el nombre de calibración.

BIBLIOGRAFÍA: Anastasi, A. (1954).

estasis de la libido
v. LIBIDO, § 1, *d*.

estatocinético, sistema
v. VESTIBULAR, SISTEMA.

estatus (*status*)

Término latino utilizado en la antigua Roma para designar la condición jurídica de una persona. En la sociología contemporánea el término se emplea con dos acepciones, que se refieren a la posición social o al prestigio. La *posición social* forma parte de un sistema de relaciones a las que se vinculan determinados derechos y deberes que se objetivizan en la compensación, la cual se manifiesta en alguna forma de riqueza, de propiedad, de poder o de autoridad. Cuando estas compensaciones no están equilibradas entre sí se habla de "incongruencia de estatus". El *prestigio* es, en cambio, la valoración de que es objeto una persona basándose en ciertas propiedades suyas que pueden derivar de sus esfuerzos personales, como la capacidad profesional (estatus *adquirido*), o del nacimiento (estatus *adscrito*).

A estos dos significados clásicos L. Gallino agrega un tercero, según el cual el estatus "es un complejo pluridimensional de recursos sociales de cosas valoradas o ambicionadas positivamente en una sociedad –sobre todo alguna forma de riqueza, posesión o propiedad, de poder o influencia, de prestigio– que se atribuyen o que de alguna manera confluyen en una determinada posición o, mejor dicho, en quien la ocupa. En esta acepción el estatus es el aspecto atributivo de una posición social, mientras el rol es su aspecto prescriptivo" (1978: 676). En todas las sociedades el estatus está acompañado de símbolos (*símbolos de estatus*) que lo connotan y que se manifiestan en los hábitos, en la decoración, en los objetos poseídos, caracterizados por su rasgo distintivo. Por lo que se refiere a la diferencia entre *estatus* y *rol*, véase la voz **rol**.

BIBLIOGRAFÍA: Bates, F.L. (1956); Blumberg, P. (1974); Gallino, L. (1978); Parsons, T. (1949).

estereokinesis (al. *Stereokinesie*; fr. *stéréocinésie*; ingl. *stereokinesis*; it. *stereocinesi*)

Percepción tridimensional de un objeto bidimensional en movimiento. Cuando el objeto está inmóvil se lo percibe en dos dimensiones. La estereokinesis, que corresponde a la percepción monocular de la profundidad, es un efecto del cambio simultáneo del largo y de la dirección de la línea de sombra.

BIBLIOGRAFÍA: Metzger, W. (1934).

estereoscopía
v. PERCEPCIÓN, § 5, *a*.

estereotipia (al. *Stereotypie*; fr. *stéréotypie*; ingl. *stereotypy*; it. *stereotipia*)

Rasgos de comportamiento caracterizados por un grado elevado de fijación y constancia, que abarcan la postura del cuerpo, el movimiento, la comunicación escrita o hablada y que, al margen de la situación, se repiten como un ritual en forma automática o vagamente simbólica. Las estereotipias abarcan un campo muy amplio; las más frecuentes son las que se encuentran en los síndromes esquizofrénicos, que J. Klaesi clasificó, basándose en su significado intrínseco más o menos simbólico y en su correlación con otros síntomas, en: 1] movimientos de defensa contra alucinaciones somáticas, como tocarse repetidamente partes del cuerpo; 2] movimientos interactivos con un fin claro sólo para el enfermo; 3] conductas ceremoniales con referencia a brotes delirantes; 4] movimientos "residuales", como por ejemplo los movimientos profesionales. En el test de Rorschach la estereotipia en las respuestas indica falta de imaginación.

BIBLIOGRAFÍA: Klaesi, J. (1922).

estereotipo (al. *Stereotyp*; fr. *stéréotypé*; ingl. *stereotype*; it. *stereotipo*)

Opinión preconstruida acerca de una clase de individuos, grupos u objetos, que reproduce formas esquemáticas de percepción y de juicio. Se demostró que la opinión sobre un grupo de población influye en el comportamiento del mismo provocando conductas acordes con el estereotipo. Aunque se los valora negativamente en cuanto tienden a mantener los prejuicios sociales, los estereotipos contienen verdades suficientes para predecir el comportamiento de individuos y de grupos.

BIBLIOGRAFÍA: Allport, G.W. (1954); Campbell, D. (1967); Duiker, H. y N. Frijda (1960).

esterilidad (al. *Sterilität*; fr. *stérilité*; ingl. *sterility*; it. *sterilità*)

Incapacidad para concebir y procrear en edad fecunda. Si no está determinada por causas orgánicas, la esterilidad puede considerarse una defensa contra los temores vinculados a la función procreativa. T.F. Benedek considera que estos temores pueden actuar como inhibiciones sexuales (*v.* **frigidez**), por lo que se evitan las relaciones, o como influencia orgánica, por ejemplo en el caso de un cambio del ciclo de manera que la ovulación se produce durante la menstruación, cuando por lo general no se mantienen relaciones en este período del ciclo. Los procesos psíquicos, escribe Benedek, interactuando con los procesos hormonales y neurológicos, "pueden actuar a través de los reflejos que tienen su origen en primitivas sensaciones de miedo y de rabia. La acción refleja puede contribuir a la esterilidad causada por el espasmo de las trompas de Falopio, de manera que el huevo no puede llegar al útero. El espasmo puede ser transitorio o persistente o, lo que es lo mismo, puede ser resultado de la respuesta a un miedo agudo a la gravidez, o un síntoma de conversión. Esta forma de esterilidad se presenta en las mujeres ansiosas e histéricas" (1959-1966: 992).

BIBLIOGRAFÍA: Benedek, T.F. (1959-1966).

esteroceptor
v. RECEPTOR, § 1.

estesiometría
v. SENSIBILIDAD, § 5.

estética
v. PSICOLOGÍA DEL ARTE.

estilo (al. *Stil*; fr. *style*; ingl. *style*; it. *stile*)

Característica de ser y actuar adquirida por el individuo que, en el proceso de su **individuación** (*v.*), madura un sistema propio de valores a los que corresponden actitudes y caracteres distintivos de su personalidad. A. Adler introdujo la noción de estilo de vida (*Lebensstil*) para indicar "el comportamiento de un hombre que nace del fin último que se propuso, identificable con la obtención de la potencia, de la superioridad, del predominio sobre los demás. Este fin influye en la concepción del mundo, en la imagen de la vida, en la dinámica expresiva" (1926: 143). Adler considera que el estilo de vida que cada individuo manifiesta desde la infancia es decisivo para el desarrollo posterior de la personalidad; es evidente la analogía con la hipótesis de S. Freud, que considera determinantes las primeras fases del desarrollo psicosexual (*v.* **libido**, § 1, *b*).

BIBLIOGRAFÍA: Adler, A. (1926).

estimación (al. *Schätzung*; fr. *estime*; ingl. *rating*; it. *stima*)

El término, que en sentido genérico manifiesta en algunas lenguas la valoración positiva que un sujeto puede tener de otro basándose en parámetros subjetivos, se utiliza en sentido específico en estadística cuando el experimentador utiliza los datos observados para conjeturar el valor de algún parámetro en el modelo que está usando. La estimación de un parámetro puede ser *puntual*, cuando proporciona un número, llamado estimado, que probablemente se aproxima al valor "verdadero" del parámetro, o *zonal*, cuando proporciona un intervalo que probablemente contiene el valor verdadero. Los problemas de estimación se clasifican en *paramétricos*, cuando los elementos de la familia de las distribuciones sólo difieren entre sí por los valores de los parámetros, y *no paramétricos* cuando difieren no sólo por los valores de los parámetros sino también por la forma funcional de las distribuciones. Así, en una serie de lanzamientos de una moneda la frecuencia observada en la caída de "cara" es una *estimación* para la probabilidad de que el lanzamiento sea de "cara"; la probabilidad, en un parámetro zonal, que el intervalo contenga el valor del parámetro, se llama *nivel de confianza*, mientras como medida del *error de estimación* se asume el error estándar (*v.* **estadística**, § II, 4). Se define como *escala de estimación* a una **escala** (*v.*) graduada en la que el sujeto coloca, según su valoración subjetiva, las características importantes en referencia a las cuales se inician los sucesivos procedimientos escalares.

BIBLIOGRAFÍA: Blackwell, D. (1947); Cifarelli, D.M. (1985); De Finetti, B. (1970).

estimulación afectiva, teoría de la
v. MOTIVACIÓN, § 2.

estímulo (al. *Reiz*; fr. *stimulus*; ingl. *stimulus*; it. *stimolo*)

Cualquier manifestación o variación de energía fuera o dentro del organismo que tenga lugar con cierta rapidez, que alcance una determinada intensidad y que perdure un determinado período.

1] NEUROFISIOLOGÍA. El sistema nervioso es estimulado a través de formaciones especiales llamadas **receptores** (*v.*), cada una de las cuales es sensible específicamente a determinada forma de energía, llamada *estímulo adecuado*, ya que también puede ser excitado por estímulos impropios, como los estímulos eléctricos adecuadamente aplicados. Cualquier estímulo, natural o artificial, dentro o fuera del organismo, es siempre un *agente externo* al sustrato excitable al que se aplica, y por lo tanto no se debe confundir con su efecto, es decir con las modificaciones biológicas que se producen dentro del elemento excitable a consecuencia de la estimulación misma. Por lo que se refiere a las características del estímulo de acuerdo con la duración, la intensidad, el umbral y la acumulación, véase la voz **excitabilidad**, § 1.

2] PSICOLOGÍA EXPERIMENTAL. En psicología **experimental** (*v.*, § 1) el estímulo es una variante en relación con las otras dos variantes que son el comportamiento o la personalidad (u organismo), correlacionadas entre sí según la fórmula C = f (S $\rightarrow_{\leftarrow}$ P), que describe la dependencia del comportamiento de la interacción entre estímulo y personalidad. El estímulo está, además, en la base de los estudios de la **percepción** (*v.*, § 2); por lo que se refiere a la relación estímulo-respuesta que está en la base del condicionamiento clásico y operante véanse la voces **aprendizaje** (*v.*, § I) y la ley de **Weber-Fechner** (*v.*), que establece la relación proporcional.

3] PSICOANÁLISIS. S. Freud, en la elaboración más madura de su pensamiento, tiende a diferenciar radicalmente el estímulo de la pulsión, en el sentido de que "Una pulsión se distingue de un estímulo, pues, en que proviene de fuentes de estímulo situadas en el interior del cuerpo, actúa como una fuerza constante y la persona no puede sustraérsele mediante la huída, como es posible en el caso del estímulo externo. En la pulsión pueden distinguirse fuente, objeto y meta. La fuente es un estado de excitación en lo corporal; la meta, la cancelación de esa excitación, y en el camino que va de la fuente a la meta la pulsión adquiere eficacia psíquica. La representamos como una cierto monto de energía que esfuerza en determinada dirección. De este esforzar (*Drän-*

gen) recibe su nombre: pulsión (*Trieb*)" (1932 [1976: 89]; *v.* **pulsión**, § 1).

BIBLIOGRAFÍA: Adrian, A.D. (1947); Freud, S. (1932); Hull, C.L. (1943); Ludel, J. (1978); Pavlov, I.P. (1927); Skinner, B.F. (1938).

estocástico, proceso (al. *Stochastischer prozess*; fr. *procès stochastique*; ingl. *stochastic process*; it. *stocastico, processo*)

Secuencia de acontecimientos regulados por leyes de probabilidad que permiten la predicción. Los acontecimientos pueden ser estocásticamente dependientes o independientes según la mayor o menor constancia de su vínculo secuencial. En psicología la teoría del proceso estocástico se utiliza para construir modelos que permiten un acercamiento al comportamiento de los objetos de investigación.

estrabismo
v. CONVERGENCIA-DIVERGENCIA, § 1.

estrategias evolutivas estables (EES)

Término tomado de la sociobiología (*v.* **genética**, § 5) que prevé que debe considerarse evolutivamente estable la estrategia que se volvió patrimonio de la mayor parte de una población y que por lo tanto, tiene poquísimas probabilidades de poder ser sustituida por una estrategia alternativa. El concepto de EES lo desarrolló J. Maynard Smith, quien distinguió una *EES pura*, cuando en cierta condición se realiza una estrategia particular, de una *EES mixta*, cuando hay varias estrategias disponibles con probabilidades predeterminadas. En este caso la optimalidad de la estrategia elegida depende en forma decisiva del conocimiento de la estrategia puesta en acción por los participantes. Las EES han sido estudiadas en relación con los procesos de condicionamiento y aplicadas a las diferentes teorías de juegos.

BIBLIOGRAFÍA: Maynard Smith, J. (1974); Maynard Smith, J. (1979); Maynard Smith, J. (1981).

estratos, teoría de los (al. *Schichtenleh-re*; fr. *théorie des strates*; ingl. *strata theory*; it. *strati, teoria degli*)

Metáfora geológica utilizada para ilustrar la estructura jerárquica de las funciones psíquicas donde, como escribe K. Jaspers, "la vida psíquica es imaginada como un conjunto en el cual todos los elementos tienen un lugar, pero de manera tal que cada uno de ellos está dispuesto, por así decirlo, en una pirámide de estratos, cuya cima se considera como el fin o como la realidad máximamente vital" (1913-1959: 575). La teoría de los estratos ya la había prefigurado Platón quien, en su tripartición del alma, asignó las funciones mentales a la cabeza, las emotivas al pecho, y las epitímicas o concupiscentes al abdomen. Pero sólo a finales del siglo XIX se comenzaron a distinguir los *estratos inferiores*, filogenéticamente más antiguos y resistentes, de los *estratos superiores*, más recientes y menos resistentes a los procesos de desestructuración considerados responsables de los procesos patológicos. De acuerdo con esta hipótesis H. Jackson postuló las nociones de evolución y disolución de las funciones que le proporcionaron a S. Freud el modelo para su teoría del desarrollo y de la regresión de la libido. Según Jackson, en efecto, las funciones evolucionan desde las inferiores, más simples, automáticas y organizadas, a las superiores, más complejas, voluntarias y menos organizadas. Con estas premisas, la conclusión de que la enfermedad mental es una disolución disonante de las funciones superiores a las inferiores que, por su mayor organización y por su automatismo, son más capaces de resistir al acontecimiento morboso (*ley de Jackson*) revela una analogía con la oposición freudiana entre la "fuerza" del ello y la "fragilidad" del yo, con la consiguiente "regresión" y "fijación" del aparato psíquico a los estadios inferiores de su desarrollo. La misma descripción topológica de los sistemas psíquicos por la que el superyó está "encima" del yo, y el yo "encima" del ello, cuyo análisis es análisis de lo "profundo", remite a las enseñanzas de T. Meynert, quien concebía la conciencia como epifenómeno de la "superficie" de la corteza cerebral y los instintos como expresiones epifenoménicas de las estructuras "subcorticales".

La metáfora geológica subyacente a la teoría de los estratos implica también que el "material" más remoto es más inaccesible que el siguiente, y que las enfermedades graves son de origen anterior que las más leves. La disgregación del funcionamiento jerárquico conlleva, en los niveles superiores, la aparición de síntomas "negativos", mientras en los niveles inferiores la desintegración funcional libera síntomas "positivos". No obstante algunas objeciones de orden anatómico, la teoría de los estratos es un modelo de interpretación que encontramos: 1] en la *jerarquización de las patologías*, por lo que en niveles superiores se encuentra, según H. Ey, la neurosis, en el nivel medio la psicosis, y en el nivel inferior la demencia; 2] en las interpretaciones inspiradas en la *psicología de la forma* que, con K. Conrad, interpreta la involución funcional como un cambio de forma en el campo de la experiencia, con una disminución gradual de las capacidades o respuestas psíquicas de un nivel "epicrítico" hacia un funcionamiento de tipo "protopático", indiferenciado y desintegrado; 3] en la *hipótesis estructural* de A. Wellek quien, conjeturando una estructura horizontal combinada con una estratificación vertical, introduce una dimensión de profundidad en el sentido de nuclearidad; 4] en las interpretaciones y *clasificaciones de los caracteres y de los tipos*, donde se distingue un sustrato **endotímico** (*v.*) de una superestructura personal (P. Lersch), una personalidad cortical superficial de una personalidad profunda (F. Kraus), un estrato racional diferente de uno afectivo o instintivo (H. Hoffmann); 5] en las investigaciones de *psicología experimental*, donde D. Plogg, con estimulaciones y sustracciones de estímulos en experimentos realizados en animales de laboratorio, habría confirmado que cada comportamiento organizado presenta una graduación jerárquica.

BIBLIOGRAFÍA: Conrad, K. (1960); Ey, H. (1963); Freud, S. (1895); Freud, S. (1915); Hoffmann, H. (1921); Jackson, H. (1884); Jaspers, K. (1913-1959); Kraus, F. (1926); Lersch, P. (1938); Meynert, T. (1890); Plogg, D. (1964); Wellek, A. (1950).

estrés

Intensa reacción emocional a una serie de estímulos externos que activan respuestas fisiológicas y psicológicas de naturaleza adaptativa. Si los esfuerzos del sujeto fallan porque el estrés supera la capacidad de respuesta, el individuo es vulnerable a la enfermedad psíquica, la somática o ambas. El término, ampliamente usado también en el lenguaje común con significados con frecuencia opuestos entre sí, lo introdujo en biología W.B. Cannon, pero sólo más tarde tuvo una definición unívoca gracias a H. Selye, según quien "el estrés es la respuesta no específica del organismo a cualquier requerimiento efectuado por éste" (1971: 12). El requerimiento abarca una gama muy amplia de estímulos, llamados *agentes estresantes*, que van desde los estímulos físicos, como el calor y el frío, hasta los esfuerzos musculares, la actividad sexual, el shock anafiláctico, los estímulos emocionales, mientras la respuesta biológica, siempre la misma, es consecuencia de una reacción defensiva del organismo que consiste en la activación del eje hipotálamo-hipófisis-ACTH-corteza suprarrenal, donde se liberan en círculo los corticosteroides (*v.* **endocrino, sistema**).

Tal reacción defensiva y adaptativa, denominada *emergencia* o *síndrome general de adaptación*, está caracterizada por una fase de *alarma* con modificaciones bioquímicas hormonales; una fase de *resistencia* en la cual el organismo se organiza funcionalmente en sentido defensivo, y una fase de *agotamiento* en la que se produce el derrumbe de las defensas y la incapacidad para adaptarse posteriormente. Según Selye el estrés no puede y no debe ser evitado porque constituye la esencia misma de la vida; por lo tanto no es una condición patológica del organismo, aunque en algunas circunstancias puede producir patología, como sucede cuando los estímulos actúan con gran intensidad y por largos períodos.

Investigaciones posteriores permitieron dar más flexibilidad a las concepciones de Selye, como en la hipótesis de J.W. Mason, según quien en la base de la respuesta biológica estarían, además de las estructuras anatomo-funcionales responsables de la activación emocional en el nivel fisiológico, el aparato psíquico al cual se remiten las reacciones endocrinas de diferente naturaleza, en muchos casos personales y específicas. La importancia de las emociones en las reacciones de estrés originó el concepto de *estrés psicológico*, que difiere del fisiológico puesto que la respuesta depende de la valoración cognoscitiva del significado del estímulo.

Existen definiciones de estrés basadas en la intensidad del *estímulo*, otras en la calidad de la *respuesta* fisiológica, otras más que describen el estrés a partir del *costo* requerido por el individuo en términos de sus características específicas para enfrentar los problemas y responder al entorno. Además de los estrés *psicofisiológicos* determinados por un exceso de estimulación, se han descrito también los estrés *psicosociales*, cuya dinámica prevé: 1] una *situación externa* caracterizada por dificultades interpersonales, sociales o individuales, como la soledad, abandono, fracaso laboral, excesivos requerimientos de rendimiento y similares; 2] una respuesta interna que encuentra sus manifestaciones en la ansiedad, la culpa, la ira o la depresión; 3] un *comportamiento externo* causado por esa respuesta, a veces adecuado y realista, a veces inadecuado, con liberación de impulsos incontrolados de naturaleza psíquica o psicosomática funcional. De hecho todos reconocen el estrés como elemento predisponente de los síndromes psicosomáticos (*v.* **psicosomática,** § II). Por lo que se refiere al estrés laboral, véase la voz **psicología del trabajo** , § 3.

BIBLIOGRAFÍA: Cannon, W.B. (1932); Cooper, C.L. y J. Marshall (1978); Cox, T., (1978); Lazarus, R.S. (1966); Lazarus, R.S. (1976); Mason, J.W. (1971); Pancheri, P. (1980); Reitano M. (coord.) (1980); Selye, H. (1971).

estro (al. *Brunft*; fr. *oestrus*; ingl. *heat*; it. *estro*)

El término, que deriva del griego οἶστρος, que significa frenesí, furor, se refiere al estado de receptividad sexual de las hembras de los mamíferos, vinculado al ciclo ovulatorio (*v.* **menstruación**). En sentido figurado el término también se refiere a las condiciones de inspiración poética o a la intensificación de las posibilidades fantásticas e imaginativas.

estroboscópico, movimiento
v. PERCEPCIÓN, § 6, *a.*

estrógeno
v. ENDOCRINO, SISTEMA, § 6, *b*.

estructura (al. *Struktur*; fr. *structure*; ingl. *structure*; it. *struttura*)

Orden intrínseco que garantiza a cualquier organismo su función y su conservación. Así, se habla de la estructura de un edificio para referirse a la correlación de sus partes, que asegura la estabilidad y la funcionalidad del todo. Este significado general encontró su especificidad en la obra del **estructuralismo** (*v.*), donde, como escribe C. Lévi-Strauss, "pensamos que, para merecer el nombre de estructura, los modelos deben satisfacer exclusivamente cuatro condiciones. En primer lugar, una estructura presenta el carácter de un sistema. Consiste en elementos tales que cualquier modificación de uno de ellos implica una modificación de todos los demás. En segundo lugar, cada modelo pertenece a un grupo de transformaciones, cada una de las cuales corresponde a un modelo de la misma familia, de manera que el conjunto de tales transformaciones constituyan un grupo de modelos. En tercer lugar, las propiedades indicadas aquí arriba permiten prever cómo reaccionará el modelo, en caso de modificación de uno de sus elementos. En fin, el modelo debe estar construido de tal forma que su funcionamiento pueda explicar todos los hechos observados" (1958: 311-312).

En psicología encontramos el término: 1] en su uso genérico cuando se habla de *estructura de la personalidad* en las teorías de la **personalidad** (*v.*), o de *estructuras psíquicas* en psicología dinámica, a próposito de los elementos psíquicos que interactúan entre sí; 2] J. Lacan, en cambio, utiliza el término en sentido específico; para él la estructura no es reductible a un fenómeno natural ni a un modelo teórico, sino "a los efectos que la pura y simple combinación del significante determina en la realidad en la que se produce". Así, por ejemplo, la estructura del lenguaje, que preexiste a todo sujeto, es "la máquina original que pone en escena al sujeto" (1966: 645; *v.* **antropología**, § 3 y **lacaniana**, **teoría**, § 8); en la **psicología de la forma** (*v.*, § II, 3), donde el sentido que emerge del todo precede y es superior al sentido que se obtiene de la suma

de las partes; y en *cibernética*, de donde la **psicología sistémica** (*v.*) deduce la modalidad de su propia orientación psicológica, en la cual la estructura es el modelo de las posibles relaciones entre las partes, que permite hacer previsiones probables.

BIBLIOGRAFÍA: Allport, G.W. (1955); Freud, S. (1915); Koffka, K. (1935); Lacan, J. (1966); Lévi-Strauss, C. (1958); Lewin, K. (1936); Watzlawick, P., J.H. Beavin y D.D. Jackson (1967).

estructuración
v. PSICOLOGÍA DE LA FORMA, § II, 3.

estructuralismo (al. *Strukturalismus*; fr. *structuralisme*; ingl. *structuralism*; it. *strutturalismo*)

El término se refiere en general a cualquier método o procedimiento que utilice el término **estructura** (*v.*), en especial a ese movimiento de pensamiento que en los años sesenta difundió a la antropología, la crítica literaria, el psicoanálisis y la epistemología la noción de estructura con la acepción específica en la que utilizaban el término en **lingüística** (*v.*) R. Jakobson y E. Benveniste. El método encontró aplicación en antropología con Lévi-Strauss, en psicoanálisis con J. Lacan (*v.* **lacaniana**, **teoría**, § 8), en filosofía con L. Althusser, en semiótica y en crítica literaria con R. Barthes.

Según la hipótesis estructuralista es posible tratar el mundo humano tal como las ciencias naturales tratan sus campos respectivos, a condición de que se descubran las relaciones sistémicas o estructuras que interpenetran los fenómenos socioculturales. La estructura es una constante de todo campo fenoménico, no empíricamente observable sino identificable mediante una regla de transformación que vuelva a conducir las diferencias que aparecen en el plano empírico a una misma combinación. De esto se deriva que la forma tiene primacía sobre los contenidos, la estructura sobre los elementos, la constante sobre las variantes empíricas, el sistema de relaciones sobre sus términos. El estructuralismo, basándose en estos supuestos teóricos, se opone: 1] a la distinción entre ciencias humanas y ciencias exactas, puesto que no prevé ninguna diferencia de método; 2] al historicismo, que favorece la categoría del tiempo como ámbito en el cual adquieren su significado los acontecimientos históricos; 3] a la **hermenéutica** (*v.*), como reenvío de interpretaciones en cuya circularidad se crea el espacio donde se puede interpretar al hombre; 4] a la **fenomenología** (*v.*) y al existencialismo, que consideran al hombre irreductible a los métodos de interpretación de las ciencias exactas.

En el ámbito psicológico el término estructuralismo designa: 1] a la *psicología experimental de W. Wundt*, quien interpreta la conciencia según el modelo de la "estructura química", descomponiéndola en sus elementos simples (*v.* **elementarismo**); 2] a la *concepción lacaniana del sujeto*, entendido como punto de intersección de las estructuras lingüístico-simbólicas que lo atraviesan y lo determinan (*v.* **antropología**, § 3; **lacaniana, teoría**)

BIBLIOGRAFÍA: Althusser, L. (1976); Barthes, R. (1964); Benveniste, E. (1966); Boudon, R. (1968); Foucault, M. (1966); Jakobson, R. (1963); Lacan, J. (1966); Lévi-Strauss, C. (1958); Rosiello L. (coord.) (1974); Schaff, A. (1974).

estupefaciente

v. DROGA, § 1.

estupidez (al. *Dummheit*; fr. *stupidité*; ingl. *stupidity*; it. *stupidità*)

Limitación en los procesos ideativos y en la capacidad de juicio.

estupor (al. *Erstaunen*; fr. *stupeur*; ingl. *stupor*; it. *stupore*)

Estado psicopatológico caracterizado por disminución psicomotriz, pensamiento improductivo y comportamiento pasivo, asociado con una ofuscación de la conciencia y una inhibición de las capacidades volitivas. El estupor no constituye un síndrome unitario, sino la forma exterior de diferentes estados interiores, como apatía, inhibición, angustia, torpor, perplejidad. Se manifiesta en las psicosis orgánicas, en los estados confusionales de la esquizofrenia, en las depresiones endógenas, en la histeria y en muchas enfermedades neurológicas.

BIBLIOGRAFÍA: Bleuler, E. (1911-1960); Lisham, W.A. (1978).

ética (al. *Ethik*; fr. *éthique*; ingl. *ethics*; it. *etica*)

Ciencia de la conducta que, si se considera desde el punto de vista de la intención del sujeto y de su disposición interior, asume, como quiere la distinción de G.W.F. Hegel, el nombre de *moral*, mientras que si se considera desde el punto de vista de los valores efectivamente realizados en la historia, toma el nombre de *ética*.

Desde el punto de vista psicológico la moral está considerada: *a*] como un *aspecto de la conciencia* con referencia a los procesos cognoscitivos y emocionales que están en la base de la formación de una guía interior que regula la conducta individual en armonía con los valores reconocidos por el grupo social de pertenencia. Para tratar este punto véase el § 7 de la voz **conciencia**, "La conciencia moral"; *b*] como un *proceso de adquisición* de la conciencia moral que se trata en el § 4 de la voz **psicología de la edad evolutiva** (*v.*) bajo el título "La maduración moral".

Por lo que se refiere a la ética, las discusiones más significativas se llevaron a cabo en el ámbito psicoanalítico, donde la teoría del mecanismo pulsional pone en juego muchos principios sobre los que se basaron históricamente las formulaciones éticas. S. Freud parte de la convicción de que "De hecho, al hombre primordial las cosas le iban mejor pues no conocía limitación alguna de lo pulsional. En compensación, era ínfima su seguridad de gozar mucho tiempo de semejante dicha. El hombre culto ha cambiado un trozo de posibilidad de dicha por un trozo de seguridad" (1929 [1976: 111-112]). Esta seguridad se obtuvo mediante la supresión de las pulsiones sexuales agresivas que, gracias al mecanismo del **desplazamiento** (*v.*) de su meta natural, pudieron ser sublimadas: "La pulsión sexual [...] Pone a disposición del trabajo cultural unos volúmenes de fuerza enormemente grandes, y esto sin ninguna duda se debe a la peculiaridad, que ella presenta con particular relieve, de poder desplazar su meta sin sufrir un menoscabo esencial en cuanto a intensidad. A esta facultad de permutar la meta sexual originaria por otra, ya no sexual, pero psíquicamente emparentada con ella, se le llama la facultad para la sublimación" (1908 [1976: 168]). Esta afinidad se debe buscar en el carácter ambivalente de las pulsiones por lo que, por ejemplo, los egoístas se vuelven altruistas porque incluyen un elemento erótico, como ser amado por los demás, que en parte es innato y en parte producto de una presión de la sociedad a través de la educación familiar. Sin embargo, advierte Freud, existe un límite para este desplazamiento; en efecto, "la experiencia enseña que para la mayoría de los seres humanos existe un límite más allá del cual su constitución no puede obedecer al reclamo de la cultura. Todos los que pretenden ser más nobles de lo que su constitución les permite caen víctimas de la neurosis; se habrían sentido mejor de haberles sido posible ser peores" (1908 [1976: 171]).

Un segundo mecanismo mediante el cual se llega a una ética común es, para Freud, la **identificación** (*v.*), definida como "la más temprana exteriorización de una ligazón afectiva con otra persona" (1921 [1976: 99]). Mediante la identificación la libido es distraída de su meta natural y dirigida hacia el ideal del yo, que en la vida individual infantil está representada por el padre (*v.* **yo, ideal del**). Cuando los elementos de una sociedad eligen el mismo ideal del yo se identifican entre sí.

El tercer mecanismo mediante el cual se genera una ética es la interiorización de la autoridad, que se hace posible por el sentimiento de **culpa** (*v.*, § 3) que genera el superyó: "No debiera hablarse de conciencia moral antes del momento en que pueda registrarse la presencia de un superyó; en cuanto a la conciencia de culpa, es preciso admitir que existe antes que el superyó, y por tanto antes que la conciencia moral. Es, entonces, la expresión inmediata de la angustia frente a la autoridad externa, el reconocimiento de la tensión entre el yo y esta última, el retoño directo del conflicto entre la necesidad de su amor y el esfuerzo a la satisfacción pulsional, producto de cuya inhibición es la inclinación a agredir" (1929 [1976: 132]).

El mecanismo de la sublimación, de la identificación y de la formación del superyó permite a Freud llegar a la conclusión de que

"en todos los tiempos se atribuyó el máximo valor a esta ética, como si se esperara justamente de ella unos logros de particular importancia. Y en efecto, la ética se dirige a aquel punto que fácilmente se reconoce como la desolladura de toda cultura. La ética ha de concebirse entonces como un ensayo terapéutico, como un empeño de alcanzar por mandamiento del superyó lo que hasta ese momento el restante trabajo cultural no había conseguido" (1929 [1976: 137-138]).

En las posiciones de Freud, pero haciendo hincapié en la responsabilidad de los procesos educativos, insiste W. Reich: "Las instancias morales en el hombre, muy lejos de tener un origen sobrenatural, se derivan de las medidas educativas de los padres y de quienes los suplen desde la más temprana infancia. En el centro de estas medidas educativas actúan aquellas que se dirigen contra la sexualidad del niño. El conflicto, que inicialmente se crea entre los deseos del niño y las prohibiciones de los padres, sigue manifestándose después como conflicto entre pulsión y moral en el hombre" (1933: 59).

Para J. Lacan la ética está relacionada con la ley por un doble vínculo: por un lado "la ley primordial es pues la que, regulando la alianza, sobrepone el reino de la cultura al reino de la naturaleza entregado a la ley del apareamiento", por el otro "en el *nombre del padre* es donde tenemos que reconocer el sostén de la función simbólica que, desde el albor de los tiempos históricos, identifica su persona con la figura de la ley" (1956 [1984: 266-267]). La **ley** (*v.*) simboliza el padre, quien prohíbe la seducción dual entre el hijo y la madre, permitiendo pasar de la fase natural a la simbólica: "El hombre habla, pero es porque el símbolo lo ha hecho hombre" (1956 [1984: 265). En la dimensión simbólica, a la cual lo condujo la ley del padre, el **deseo** (*v.*, § 3) se inclina por lo que marca la ley, de modo que la ética está garantizada por esta unión entre el deseo y la ley.

Para C.G. Jung, por último, la ética es una característica de la existencia colectiva (*v.* **colectivo**), y como la autenticidad de la existencia depende de su capacidad para individuarse, es decir llegar a sí misma más allá de las normas colectivas, Jung concluye que "la norma se vuelve cada vez más superflua en una orientación colectiva de la vida, y con ello la verdadera moralidad se destruye. Cuanto más es sometido el hombre a normas colectivas, tanto mayor es su inmoralidad individual" (1921: 464).

BIBLIOGRAFÍA: Freud, S. (1908); Freud, S. (1921); Freud, S. (1929); Jung, C.G. (1921); Lacan, J. (1956); Piaget, J. (1932); Reich, W. (1933); Reich, W. (1945); Viano, C.A. (1977).

etilismo
v. ALCOHOLISMO.

etiología (al. *Ätiologie*; fr. *etiologie*; ingl. *etiology*; it. *eziologia*)

Estudio de los factores que son causa (*v.* **causalidad**), en griego αἰτία, de una enfermedad.

1] PSIQUIATRÍA. En el ámbito psicopatológico, escribe A. Gaston, "una polémica violenta e hiriente, con frecuencia subterránea, caracteriza la investigación de las causas de la enajenación; este problema sigue sin resolverse y ni siquiera es evidente que sea correcto desde el punto de vista metodológico ubicar la aproximación a la enajenación en términos predominantemente etiológicos" (1987: 49). La especulación psiquiátrica del siglo XIX se había orientado sobre la base de la *Nosografía filosófica* de P. Pinel, quien ubicó las *sedes* de la enfermedad mental en el cerebro y en la región epigástrica, y las *causas* en las lesiones físicas, las disposiciones orgánicas, o las fuertes afecciones morales. Esta posición dio inicio a un doble registro interpretativo: de orientación *somática* y de orientación *psicológica*, que todavía hoy se enfrentan en términos menos categóricos que en el siglo pasado y con las advertencias con que Gaston las expone: "*a*] No tenemos todavía las capacidades técnicas y lógicas para descubrir las verdaderas causas de los estados psicopatológicos que representan cuadros parciales del objeto *locura*. *b*] Muchas *cosas*, muy diversas, pueden hacer aparecer en el campo fenoménico las grandes imágenes psicopatológicas de la locura; en este caso lo que fijamos como puro objeto causal debería ser considerado, más lógicamente, como *condición necesaria* (el 'sin el

cual no' platónico); necesaria aparece únicamente la condición, pero no el efecto, que sólo es posible. Cuanto más necesarias son las condiciones tanto más aparece el *efecto*, incluso en sus numerosas variaciones tipificables, es decir compuesto por algunos elementos invariables. [...] La variabilidad causal debería entonces ser responsable del 'porqué' de la locura, entendido como momento de manifestación, y de los elementos variables formales, pero nunca responsable del 'cómo' y de los elementos invariables. *c*] Debemos considerar la posibilidad, al menos como mero recurso heurístico, de que no exista una causa; esto podría orientar la investigación hacia campos 'periféricos', pero ricos en elementos significativos" (1987: 150-151).

2] PSICOLOGÍA DE LO PROFUNDO. En este ámbito uno de los puntos de oposición entre S. Freud y C.G. Jung fue precisamente la interpretación causal de los fenómenos psíquicos, que para Freud era el único método que cabía adoptar, mientras que para Jung era necesario ponerla junto al método finalista porque, escribió, "si queremos trabajar como verdaderos psicólogos, debemos conocer el 'sentido' de los fenómenos psíquicos", pero para esto "no debemos considerar a la psique en sentido 'sólo causal'; debemos considerarla también en sentido 'final'. [...] Naturalmente en mi opinión son necesarias ambas formas, la causal y la finalista, pero quisiera hacer notar que, a partir de Kant, sabemos que los dos puntos de vista no se contradicen si se consideran como principios reguladores del pensamiento, y no como principios constitutivos del mismo proceso natural" (1916-1917: 318-319). Subyacente a esta postura de Jung está el conocimiento de la irreductibilidad de la psique a los métodos que se revelaron válidos en el nivel orgánico, porque la psique, a diferencia del órgano corporal, expresa un "sentido" que ninguna investigación causal es capaz de ilustrar (*v.* **constructivista, método**). En esta posición se encuentra también la psiquiatría de orientación fenomenológica (*v.* **análisis existencial**).

BIBLIOGRAFÍA: Binswanger, L. (1936); Borgna, E. (1988); Gaston, A. (1987); Jung, C.G. (1916-1917); Pinel, P. (1798).

etnocentrismo (al. *Ethnozentrismus*; fr. *ethnocentrisme*; ingl. *ethnocentrism*; it. *etnocentrismo*)

Expresión que acuñó W.G. Sumner, en 1906, para denotar la actitud de quien presupone, acríticamente, la superioridad de su propia cultura respecto a las otras. La superación del etnocentrismo fue la primera conquista antropológica para el estudio de otras culturas. Como recuerda M.J. Herskovits, "el etnocentrismo es el punto de vista según el cual la propia manera de vivir es preferible a todas las demás. Muchos individuos, derivando lógicamente del proceso de enculturación de su propia infancia, experimentan este sentimiento en relación con su cultura, lo expresan verbalmente o no. [...] De alguna manera el etnocentrismo se debe considerar como un factor que contribuye a la adaptación y a la integración social. Para reforzar el yo en términos de identificación con su grupo, cuyas formas de vida se aceptan implícitamente como las mejores, esto es de la mayor importancia. Pero cuando, como sucede en la cultura euroamericana, esto se racionaliza y se pone en la base de programas de acción en beneficio de otros pueblos, origina problemas muy serios" (1948: 68). Como superación del etnocentrismo Herskovits propone el *relativismo cultural*, que se expresa en los tres principios que él mismo presentó al Consejo de Derechos Humanos de las Naciones Unidas en 1947: "1] El individuo realiza su personalidad a través de su propia cultura; por consiguiente el respeto a las diferencias individuales implica el respeto a las diferencias culturales. 2] El respeto a las diferencias entre las culturas encuentra su validación en la ciencia, que no ha descubierto ninguna técnica de evaluación cualitativa de las culturas. 3] Las costumbres y los valores son relativos a la cultura de la que se derivan" (1947: 115). T.W. Adorno interpretó el etnocentrismo como una característica típica de la personalidad autoritaria, para definir la cual elaboró un test (*v.* **autoridad**).

BIBLIOGRAFÍA: Adorno, T.W. *et al.* (1950); Herskovits, M.J. (1947); Herskovits, M.J. (1948).

etnografía
v. ETNOLOGÍA, § 1.

etnología (al. *Ethnologie*; fr. *ethnologie*; ingl. *ethnology*; it. *etnologia*)

Sinónimo de **antropología** (*v.*), aunque C. Lévi-Strauss, quien acepta el uso equivalente de los términos, tiende a mantener la diferencia teórica entre etnografía, etnología y antropología con estas definiciones:

1] ETNOGRAFÍA. "Todos los países [...] entienden la etnografía de la misma forma. Ésta corresponde a los primeras fases de la investigación: observaciones y descripciones, trabajo de campo (*field-work*). Una monografía dedicada a un grupo lo suficientemente restringido para que el autor haya podido recoger la mayor parte de su bagaje de informaciones gracias a una experiencia personal, constituye el modelo ideal del estudio etnográfico. Sólo basta agregar que la etnografía también engloba los métodos y las técnicas que se refieren al trabajo de campo, a la clasificación, a la descripción y al análisis de los fenómenos culturales particulares (se trate de armas, de utensilios, de creencias o de instituciones). En el caso de los objetos materiales, estas operaciones por lo general se continúan en el museo, que se puede considerar, en este aspecto, como una prolongación del 'campo'" (1958: 388-389).

2] ETNOLOGÍA. "Respecto a la etnografía, la etnología representa un primer paso hacia la síntesis. Aun sin excluir la observación directa, ésta tiende a conclusiones tan amplias como para volver difícil fundarlas exclusivamente en un conocimiento de primera mano. Esta síntesis puede darse en tres direcciones: geográfica, si queremos integrar conocimientos relativos a grupos vecinos; histórica, si queremos reconstruir el pasado de una o más poblaciones; por último sistemática, si aislamos a un cierto tipo de técnica, de costumbre o de institución para dedicarles una atención especial. [...] En todo caso, la etnología abarca a la etnografía como su momento preliminar y constituye su prolongación" (1958: 389).

3] ANTROPOLOGÍA. "[Aquí] nos encontramos frente a una segunda y última etapa de la síntesis, que tiene por base las conclusiones de la etnografía y de la etnología. [...] Por tanto se puede decir, en este sentido, que existe entre la antropología y la etnología la misma relación que se definió más arriba entre esta última y la etnografía. Etnografía, etnología y antropología no constituyen tres disciplinas diferentes, o tres concepciones diferentes de los mismos estudios. Son, en realidad tres etapas o tres momentos de una misma investigación" (1958: 390).

BIBLIOGRAFÍA: Lévi-Strauss, C. (1958).

etnopsicoanálisis
v. ANTROPOLOGÍA, § 6.

etnopsicología
v. ANTROPOLOGÍA, § 5.

etnopsiquiatría
v. ANTROPOLOGÍA, § 7.

etogenia (al. *Ethogenie*; fr. *ethogénie*; ingl. *ethogenia*; it. *etogenia*)

Teoría y metodología para el estudio de los mecanismos que regulan la interacción social entre los individuos. Tres son los tipos de interacción reconocidos y estudiados por la etogenia: 1] *automática,* en la cual los actores no son conscientes ni del hecho en sí ni del proceso de coordinación. Este tipo de interacción forma parte de los mecanismos causales, o casi causales como las costumbres; 2] *autónoma* es, en cambio, la interacción en la que los actores, siendo conscientes de lo que cumplen y de las reglas que adoptan, pueden ser requeridos para justificar la falta o la actuación impropia; 3] *significativa* es, por último, la interacción favorecida por el significado que ésta asume para el individuo que la actúa. Aquí confluyen el sistema de conocimientos y de creencias que están a disposición del individuo como recursos personales, aunque los haya obtenido del discurso colectivo al que pertenece. En este último caso la etogenia entreteje un diálogo con el **cognoscitivismo** (v.) para estudiar las modalidades con las que se aprenden las nociones, sobre la base de su consonancia o **disonancia** (v.) con el sistema de ideas que ya posee el individuo, y cómo estas ideas influyen en el acto, en la acción y en el comportamiento. En el ámbito etogénico se define *acto* al significado social de una acción, *acción* como comportamiento intencional que puede ser confirmado o refutado por el acto, y *comportamiento* como cualquier respuesta que se realiza en el plano físico. Entre acto y acción existe una relación muy semejante a la que hay entre fin y medio, donde el criterio de juicio no es de tipo moral sino que se refiere a la eficiencia.

BIBLIOGRAFÍA: Goffman, E. (1959); Goffman, E. (1965); Goffman, E. (1967-1969); Goodman, N. (1983); Harré, R. (1979); Reynolds, V. (1978).

etograma (al. *Ethogramm*; fr. *ethogramme*; ingl. *ethogram*; it. *etogramma*)

Clasificación completa de los módulos de comportamiento de un organismo que se puede construir a partir de unidades de comportamiento específicas e innatas. El etograma, fácil de compilar con las especies inferiores, se vuelve problemático conforme se asciende a las especies superiores, en las cuales variaciones de comportamiento, debidas a la intervención de las funciones superiores, vuelven problemática la posibilidad de una clasificación exhaustiva.

BIBLIOGRAFÍA: Reynolds, V. (1976).

etología (al. *Ethologie*; fr. *ethologie*; ingl. *ethology*; it. *etologia*)

Estudio del comportamiento (en griego ἔθος) de las diferentes especies animales. La etología, que se diferenciaba en una época de la **psicología animal** (v.) porque rechaza el estudio del animal en las condiciones artificiales de laboratorio, y de la **psicología comparada** (v.) porque no estudia los comportamientos comunes a las diferentes especies, sino los que distinguen a una especie de la otra, tiende hoy a absorber estos dos ámbitos disciplinarios, en deuda con ella por la elaboración de conceptos como innatismo, ambientalismo, instinto e *imprinting*.

1] EL INNATISMO. En relación con las conclusiones a las que llegó con los experimentos en animales que realizaron I.P. Pavlov y E.C. Tolman, sobre la base del condicionamiento clásico y operante (v. **aprendizaje**, § I), la etología, con K. Lorenz, sostiene la teoría llamada "objetivista", según la cual la acción del animal se determina por dos factores: el primero, interno del organismo, se define como *energía específica*; el segundo, procedente del ambiente, se define como *señal desencadenante*, que libera la energía específica; de alguna manera ésta es innata y no adquirida, no sólo en el sentido de que innata es la energía, sino que lo son también los *esquemas de activación* o *esquema de inicio* de la energía misma (v. **instinto**, § 1); así lo demuestran las reacciones de miedo y el comportamiento de huida frente a una serpiente en animales que, criados en cautiverio, nunca han visto una y por lo tanto no pudieron aprender a tenerle miedo por un proceso de aprendizaje. Escribe Lorenz: "Dos mecanismos fisiológicos fundamentalmente diferentes forman parte de la unidad funcional del comportamiento que Oskar Heiroth llamó 'acción instintiva específica'. Primero, el mecanismo desencadenante innato, que permite al animal un 'reconocimiento innato' de una situación biológicamente relevante; segundo, el movimiento de coordinación hereditaria y filogenéticamente programado que, activado por el mecanismo desencadenante innato, domina esta situación con una 'capacidad innata'. [...] Este concepto tiene un significado puramente funcional y es claro *a priori* que, en animales diferentes y en diferentes niveles de integración de sus capacidades cognoscitivas y de sus módulos de comportamiento, hay exigencias muy distintas en la selectividad de su respuesta a los estímulos, y que son muy diversos los mecanismos fisiológicos que satisfacen estas exigencias" (1978: 155-156).

Entre las leyes y las reglas que gobiernan el mundo animal que la etología ha hecho evidentes podemos mencionar: la ley *especie-específica*, según la cual hay comportamientos característicos de una sola especie, que impiden la hibridación; la ley *interespecífica*, que explica los comportamientos de lucha entre animales de especies diferentes motivados por la necesidad fisiológica de la nutrición; la ley *intraespecífica*, en la que la lucha entre animales de la misma especie encuentra su razón en la defensa del territorio y en la competencia sexual. Por último, por lo que se refiere a la agresividad humana, la etología, con Lorenz, no la considera innata y ni siquiera comparable con la animal en sus características de intensa e innecesaria; por lo tanto se debe atribuir a determinantes socioculturales no irreversibles (v. **agresividad**, § 2).

2] EL COMPORTAMIENTO. La etología interpreta en la "energía específica" interna una secuencia que conduce del *comportamiento apetitivo* al *acto consumatorio*, según el esquema que describió A. Manning: "Casi siempre se pueden observar tres fases en el comportamiento de un animal: 1] una fase de búsqueda del objetivo; 2] un comportamiento orientado hacia la consecución del objetivo después de identificado; 3] una fase de descanso tras de la consecución del objetivo. 1] Generalmente la fase de búsqueda se define como la fase del comportamiento apetitivo. La descripción de tal comportamiento se puede facilitar estableciendo una comparación con el comportamiento nutricional, del que probablemente se derivó el nombre. [...] Los esquemas de comportamiento de un animal ocupado en la búsqueda de comida, de agua o de pareja, son muy semejantes, pero los estímulos necesarios para efectuar la búsqueda son sumamente específicos en cada uno de los casos. 2] Cuando los animales identifican los estímulos que representan el objetivo, se observa una modificación de su comportamiento. Los esquemas de búsqueda son sustituidos por una serie de respuestas dirigidas a un fin, con frecuencia estereotipadas, es decir de *esquemas motrices rígidos* (o condiciones motoras hereditarias). Estas manifestaciones se definen como actos de cumplimiento o consumadores: comer es el acto de cumplimiento del comportamiento nutricional, beber está vinculado a la sed, el acoplamiento al comportamiento sexual y así sucesivamente. 3] Los actos de cumplimiento suelen ser seguidos por un período de descanso en el que el animal no responde a los estímulos derivados del objetivo, y no da muestras de comportamiento apetitivo. [...] En algunos casos la capacidad de respuesta se reconstruye lentamente, de manera que hay una relación casi directa entre el umbral (de respuesta) a los estímulos relacionados con el objetivo y el tiempo que transcurre después del acto consumatorio" (1972: 61-62).

Para explicar por qué junto a un instinto de depredación se presentan a veces otros diferentes, como por ejemplo el de anidar, la etología introduce la noción de *pulsión específica* o, en la terminología anglosajona, de *drive*, por lo que se puede decir con J. Alcock que existe "un *drive* de incubación, un *drive* de cortejo, un *drive* territorial, un *drive* de acoplamiento, un *drive* de construcción del nido y así sucesivamente" (1979: 145). Se han realizado críticas muy severas a este concepto, que para algunos parece solamente nominal, así como al concepto de *fitness* o aptitud genética que R.C. King definió como "la capacidad de un individuo para sobrevivir y para transmitir sus genes a la siguiente generación" (1972: 111). Existen además dificultades para medir científicamente dichas aptitudes, a propósito de las cuales D.P. Barasch escribe: "Casi siempre debemos conformarnos con medidas que intuimos están correlacionadas a la *aptitud* [...] como por ejemplo eficiencia para ingerir forraje, para evitar a los predadores, éxito para procurarse una pareja o a veces, simplemente, la frecuencia del acoplamiento. Además, ni siquiera está claro en qué punto debemos medir la *aptitud*: prole nacida (o incubada), el número de crías dispersas (o que volaron) con buenos resultados, o el número que sobrevivió hasta la edad reproductiva [...] o tal vez el éxito de la progenie en producir, a su vez, una prole" (1980: 212). En todo caso, cuando se habla de valor de supervivencia en etología no se refiere a la supervivencia de la especie, sino sólo a la del individuo.

3] EL IMPRINTING El innatismo y el esquema de acción fija (EAF) sufrieron el ataque de los especialistas en psicología comparada, ya que según ellos la flexibilidad del comportamiento en los animales es mayor de cuanto afirma la teoría de los instintos (*v.* **instinto**, § 1). El mismo Lorenz lo tomó en consideración hasta el punto de que reelaboró su teoría con la introducción del concepto de **impronta** (*v.*) o "aprendizaje precoz en una fase sensible", por lo que el animal que nace en un nido sigue al objeto que se le presenta al nacer, comportándose frente a éste como con la madre.

4] LAS ACTIVIDADES COGNOSCITIVAS. Éstas entran en una rama de la etología que introdujo D. Griffin, para quien sería necesario reexaminar la continuidad evolutiva de las características mentales entre el hombre y los demás animales: estos últimos, en opinión de Griffin, están provistos de una *experiencia mental* que les permite pensar en objetos o en acontecimientos distantes, en el tiempo y en el espacio, de las sensaciones inmediatas; un *conocimiento* entendido como paso de imágenes mentales interconectadas con el fluir de los acontecimientos; una *intención* proyectada hacia acontecimientos futuros, y una *conciencia* como presencia de imágenes mentales que le permiten al animal regular su comportamiento.

5] ETOLOGÍA HUMANA. En los años sesenta se comenzó a aplicar sistemáticamente conceptos de la etología para la comprensión del comportamiento humano. I. Eibl-Eibesfeldt documentó muchos "esquemas de acción fija", como las expresiones faciales y los gestos, análogos a los de los animales. Lo mismo vale para el afecto progenitor-hijo, para la interpretación de la agresividad, para las dinámicas activadas por la "jerarquía de dominio" o para la "estructura de atención", y sobre todo para la comunicación no verbal (*v.* **comunicación**, § 4).

BIBLIOGRAFÍA: Alcock, J., (1979); Barasch, D.P. (1980); Bowlby, J. (1969-1980); Continenza, B. y V. Somenzi (1979); Darwin, C. (1859); De Crescenzo, G. (1975); Dessì, F.F (1985); Eibl-Eibesfeldt, I. (1979); Griffin, D. (1976); Hinde, R. A. y J.S. Hinde (1976); Immelman, K. (1981); King, R.C. (1972); Köhler, W. (1917); Lorenz, K. (1963); Lorenz, K. (1978); Mainardi, D. (1977); Manning, A. (1972); McGrew, W.C. (1972); Poli, M. (1981); Thorpe, W.H. (1979); Tinbergen, N. (1951); Wilson, E.O. (1978).

EU (*expected utility*)
v. RIESGO.

euforia (al. *Euphorie*; fr. *euphorie*; ingl. *euphoria*; it. *euforia*)

Estado emotivo caracterizado por alegría, exuberancia y felicidad en correspondencia con un acontecimiento positivo y gratificante. Con frecuencia acompañada por excitación psicomotriz, la euforia puede asumir un significado patológico cuando la resonancia emotiva es desproporcionada a los datos de la realidad, como sucede con frecuencia en la **manía** (*v.*). Desde un punto de vista psicoanalítico B.D. Lewin interpreta la euforia como una liberación por parte del yo de los rasgos opresivos del superyó, mientras que en el ámbito psiquiátrico E. Bleuler habla de *euforia indiferente* cuando la felicidad y la alegría están privadas de profundidad emotiva o se superponen a estados de profunda depresión, como puede suceder en las formas de esquizofrenia caracterizadas por disonancia emotiva.

BIBLIOGRAFÍA: Bleuler, E., (1911-1960); Lewin, B.D. (1951).

euforizante
v. DROGA, § 1.

eugenesia
v. GENÉTICA, § 5, *a*.

eumorfismo (al. *Eumorphismus*; fr. *eumorphisme*; ingl. *eumorphism*; it. *eumorfismo*)

Se dice de un individuo con constitución física de proporciones normales (*normotipo*). El término corresponde a la clasificación de los tipos constitucionales de la escuela italiana que prevén, además del tipo eumorfo, el *dolicomorfo,* en el que prevalecen las líneas verticales, y el *braquimorfo,* en el que predominan las líneas horizontales. Esta tripartición corresponde a la de E. Kretschmer, que prevé el tipo *atlético* (eumorfo), *asténico* (dolicomorfo) y *pícnico* (braquimorfo; *v.* **tipología**, § 1, *b*).

eunuco (al. *Eunuch*; fr. *eunuque*; ingl. *eunuch*; it. *eunuco*)

Individuo privado de las glándulas genitales por defecto orgánico o a consecuencia de la **castración** (*v.*), que determina la pérdida de la capacidad reproductiva y la interrupción del desarrollo de los caracteres sexuales secundarios. Si la castración sucede antes de la pubertad provoca *eunucoidismo,* o sea el desarrollo de los caracteres sexuales secundarios del sexo opuesto y una notable dismi-

nución del estímulo sexual, mientras que en presencia de un déficit de los caracteres sexuales primarios y secundarios por desarrollo incompleto, se habla de individuo *enucoide.*

eunucoide
v. EUNUCO.

eunucoidismo
v. EUNUCO.

eupraxia (al. *Eupraxie*; fr. *eupraxie*; ingl. *eupraxia*; it. *euprassia*)

Capacidad normal para realizar movimientos coordinados (*v.* **movimiento**, § 1, *b* y **gesto**, § 1). El término lo introdujo Aristóteles para indicar la correcta actuación.

euritmia (al. *Eurhythmie*; fr. *eurythmie*; ingl. *eurhythmia*; it. *euritmia*)

Término utilizado en medicina para indicar la disposición armónica de las diferentes partes del cuerpo, y en las terapias con finalidad antropofísica para indicar la "ley del buen ritmo", orientadas hacia la armonía entre hombre y naturaleza, que se puede alcanzar si el hombre no se opone a la naturaleza sino que se percibe, en la experiencia corporal y mental, como parte de ella.

eutanasia (al. *Euthanasie*; fr. *euthanasie*; ingl. *euthanasia*; it. *eutanasia*)

El término, que en la antigua Grecia indicaba la serena aceptación de la muerte como natural culminación de la vida, hoy se refiere a todas las técnicas médico-farmacológicas adoptadas para acelerar la muerte en presencia de sufrimientos que se consideran insoportables desde el punto de vista físico o de la dignidad personal.

euténica
v. GENÉTICA, § 5, *a*.

eutimia (al. *Seelenfrieden*; fr. *euthymie*; ingl. *euthymia*; it. *eutimia*)

Término introducido por Demócrito para designar una condición especial del ánimo caracterizada por tranquilidad y ausencia de temores y emociones; hoy se utiliza como sinónimo de serenidad y buen (ἔυ) humor (θυμός).

evaluación (al. *Schätzung*; fr. *evaluation*; ingl. *evaluation*; it. *valutazione*)

1] Juicio de valor que encuentra sus principales campos de aplicación en la **psicología del trabajo** (*v.*), donde el examen de la productividad y de la eficiencia de cada individuo sirve para la selección, la promoción y el mejor uso del personal, y en la **formación escolar** (*v.*), donde atañe al aprovechamiento de un alumno o la eficiencia de una intervención educativa. La evaluación puede ser utilizada con fines selectivos (*v.* **selección**, § 4-5) o formativos, donde se considera la calidad del programa escolar o de trabajo para el que el sujeto, por sus cualidades, resulta más idóneo. Por lo que se refiere a la diferencia entre evaluación *acumulativa, formativa* y *diagnóstica*, véase la voz **docimología**.

2] Además de este significado específico, el término evaluación se utiliza en relación con la consideración que cada uno tiene de sí mismo, de los demás y de la situación en la que se encuentra operando (*v.* **autoestima**). Con esta acepción el término lo utiliza A. Adler, quien habla de *falsa evaluación* en relación con la subvaloración de los demás, generalmente acompañada por una sobrevaloración de sí con un objetivo compensatorio, como en el caso, que citó Adler, de la fábula de la zorra y las uvas.

BIBLIOGRAFÍA: Autores varios (1976); Adler, A. (1912); Calonghi, L. (1976); Grandi, G. (1977); Spaltro, E. (1967).

evasión (al. *Ausweichung*; fr. *evitement*; ingl. *elusion*; it. *elusione*)

El término se usa en psicología experimental para denotar el comportamiento aversivo activado por la aparición de un incentivo negativo o por la eliminación de un incentivo positivo. Es el caso de la vigilancia de un maestro (incentivo negativo) que evita malas conductas, o la ausencia de un alimento apetitoso (incentivo positivo) que evita el consumo de un alimento (*v.* **atracción-repulsión, teoría de la**). El término se utiliza también en el léxico de R.D. Laing para las confrontaciones de la realidad a cargo de la ficción fantástica con el fin de evitar la relación interpersonal y la confrontación consigo y con los demás.

BIBLIOGRAFÍA: Campbell, B.A. y R.M. Church (1969); Laing, R.D. (1959).

eviración
v. CASTRACIÓN.

evitación
v. ATRACCIÓN-REPULSIÓN, TEORÍA DE LA.

evolución (al. *Evolution*; fr. *evolution*; ingl. *evolution*; it. *evoluzione*)

Proceso mediante el cual un organismo, al cambiar las condiciones ambientales, pasa, con el transcurso del tiempo, de una forma de expresión más simple a una más articulada y compleja. El término "evolución" lo introdujo probablemente H. Spencer en su ensayo sobre el progreso de 1857, pero el éxito de la palabra se debe a C. Darwin quien, cambiando la teoría aristotélica de la inmutabilidad o fijación de las especies vivientes, introdujo el concepto de su evolución a partir de dos órdenes de hecho: 1] la existencia de pequeñas *mutaciones* orgánicas, que se verifican en los seres vivientes a intervalos regulares de tiempo, y que pueden ser ventajosas para los individuos que las presentan; 2] la lucha por la vida que *selecciona* a los más aptos para la supervivencia, garantizando mayor probabilidad a los que presentan cambios orgánicos ventajosos que después se transmiten por vía hereditaria (*v.* **darwinismo**). La teoría de la evolución ha penetrado tanto en las ciencias naturales como en las sociales y en especial en antropología, astronomía, biología, botánica, cosmología, ecología, lingüística, sociología, termodinámica, zoología,

etología (*v.*), y **psicología comparada** (*v.*), por lo que se refiere a conceptos de cambio, orden, dirección, progreso y perfección, incluso si el proceso evolutivo no siempre pasa por cada uno de los puntos.

1] LOS CONCEPTOS DE LA TEORÍA DE LA EVOLUCIÓN. Según R.C. Lewontin y R. Levins todas las teorías evolutivas hacen referencia a un cuadro conceptual que incluye los siguientes conceptos:

a] *Cambio*: entendido no como alteración excepcional en un universo por lo general estable y estático sino como condición natural que, en todos los campos, ve el estado actual como momento de un proceso dinámico.

b] *Orden*: por lo que todo cambio desemboca en un nuevo estado de organización ordenado respecto al precedente a lo largo de una escala de complejidades, homeostasis, adaptabilidad al ambiente, etc., que permite una cierta previsiblilidad en el curso de períodos relativamente breves, ponderables en generaciones.

c] *Dirección*: la noción de orden permite describir los procesos evolutivos en forma de aumento o disminución unidireccional de cierta característica. La dirección a la que se recurre más es a la *complejidad*, en el sentido de que se presume que la evolución del universo orgánico y social se desarrolla en la dirección que de lo homogéneo conduce a lo heterogéno, de lo simple a lo complejo. El aumento de la complejidad se entreteje con el concepto de **homeostasis** (*v.*), cuyo aumento, en el curso de la evolución, determinaría el regreso del sistema al estado precedente después de una perturbación. Complejidad y homeostasis están interrelacionadas en la teoría evolutiva mediante el concepto de *estabilidad* dinámica, vista como consecuencia de intensas interacciones entre elementos diversos con funciones diferentes.

d] *Progreso*: esta categoría era el criterio de interpretación con la que en el siglo XIX se interpretaba la evolución porque, como escribe Spencer, "desde los más antiguos cambios cósmicos determinables hasta los últimos resultados de la civilización, encontramos siempre que el progreso consiste esencialmente en la transformación de lo homogéneo a lo heterogéneo" (1857: 447). Hoy esta categoría se sustituyó con la de *optimización*, medida por el criterio de mínimo tiempo y máximo rendimiento, o se abandonó completamente porque se le juzgó teñida de ideología.

e] *Perfección*: Darwin estaba convencido de que la evolución llevaría a "esa perfección de estructura y de coadaptación que justamente provoca nuestra admiración" (1859: 78). En realidad, el organismo perfectamente homeostático, capaz de vivir mejor que cualquier forma especializada en cualquier ambiente, se considera una imposibilidad biológica. La termodinámica dice que la **entropía** (*v.*) va creciendo dondequiera hasta que, en definitiva el universo alcance un estado estacionario de entropía máxima, en el que no se podrá producir trabajo por interacción térmica. Por ello se puede seguir hablando de "perfección", pero sólo con el significado específico de "cumplimiento".

2] LOS PUNTOS EN COMÚN DE LAS DIFERENTES TEORÍAS EVOLUTIVAS. Desde el punto de vista epistemológico las teorías evolutivas, cada una de las cuales funciona en su respectivo campo con un aparato conceptual modelado sobre el objeto de estudio, concuerdan en algunos puntos comunes que se pueden clasificar así:

a] *La separación de la idea de evolución de la idea de progreso*, sobre todo si se piensa en un progreso lineal, necesario y constante. La idea de "progreso" se sustituyó por la de *dominio*, que implica la de "edad", por lo que a una cierta edad se observa el dominio de cierta especie respecto a otra. Otro criterio es el que vuelve problemática la dirección hacia la *complejidad* por la constatación de que las partes de un organismo tienden a reducirse en su número y a especializarse en su función (ley de Willinston). En ambos casos, renunciando tanto a la idea de progreso como a la de complejidad, se mantiene la noción de *orden*.

b] *El abandono del punto de vista teleológico*, que nace por favorecer un solo factor evolutivo, a partir del cual se interpreta el diseño de la evolución, descuidando los involutivos o los casuales.

c] *La eliminación de cualquier prejuicio de necesidad* inserto en el modelo del organismo individual. Normalmente un tipo de organización persiste mientras siga siendo posible su adaptación al ambiente. En ocasiones las mismas condiciones de adaptación producen la extinción por incapacidad del organismo para adaptarse al cambio del ambiente.

d] *La introducción de la categoría de la posibilidad* destruye las alternativas orden-desorden, fin-caso. La vida, en efecto, tiende a aferrarse a todas las posibilidades disponibles y a las oportunidades que se le presentan. Esto demuestra que la complejidad de un organismo no se proyectó antes, sino que es resultado de la explotación de las posibilidades favorables que se presentaron.

e] *La distancia entre el saber y la vida* no permite que los cuadros observados y construidos científicamente sean la reproducción exacta de los procesos vitales, en el sentido de que, utilizando los instrumentos a su disposición, la ciencia considera "explicado" sólo lo que se puede alcanzar con la ayuda de tales instrumentos.

BIBLIOGRAFÍA: Blanc, M. (1982); Danchin, A. (1982); Darwin, C. (1859); Dobzhansky, T., F.J. Ayala, G.L. Stebbing y J.W. Valentine (1977); Jacob, F. (1978); Lewontin, R.C. (1974); Lewontin, R.C. y R. Levins (1978); Mayr, E. (1981); Merrel, D.J. (1981); Monod, J. (1970); Patterson, C. (1978); Simpson, G.G. (1944); Spencer, H. (1857).

evolucionismo (al. *Evolutionismus*; fr. *evolutionnisme*; ingl. *evolutionism*; it. *evoluzionismo*)

Complejo de doctrinas filosóficas que ven en la **evolución** (*v.*) el principio idóneo para explicar cualquier tipo de realidad. El término se debe distinguir, por lo tanto, de la teoría general de la **evolución** (*v.*), que no va más allá de lo que una teoría científica puede legítimamente convalidar. Lo introdujo en la época positivista H. Spencer como principio explicativo de todos los aspectos de lo real, y el evolucionismo se empleó en el campo filosófico, teológico, sociológico, antropológico y psicoanalítico.

1] FILOSOFÍA. Spencer define la evolución como "una integración de materia y una disipación concomitante de movimiento, durante la cual la materia pasa de una homogeneidad indefinida e incoherente a una heterogeneidad definida y coherente, y el movimiento conservado subyace a una transformación paralela" (1862: 145). La evolución se entiende como progreso,

y además como progreso necesario que culmina, por lo que se refiere al hombre, "en la más grande perfección y en la más completa felicidad" (1862, § 176). En el siglo xx lo retomó H. Bergson, quien concibe la realidad como "impulso vital" en virtud del cual la vida se multiplica y se diversifica en todos sus aspectos y formas, incluso los espirituales, mientras, donde se interrumpe, genera la materia y, en el campo espiritual, la rigidez de la doctrina y de la repetición.

2] TEOLOGÍA. El evolucionismo encontró numerosas resistencias porque cuestionó el concepto de creación. P. Teilhard de Chardin intentó realizar una conciliación al interpretar la evolución como una manifestación de la naturaleza de un diseño divino que es posible comprender sólo si se abandona "la interpretación positivista del universo para entrar en la nueva física, capaz de comprender lo interno además de lo externo de las cosas, tanto el espíritu como la materia". El hombre ya no aparecerá entonces como el acontecimiento casual de un proceso evolutivo, sino como "el eje y la flecha de la evolución" (1938-1940: 36).

3] SOCIOLOGÍA. La teoría de la selección natural de Darwin se aplicó en el campo económico como justificación del liberalismo, por lo cual, si los hombres persiguen sus fines egoístas, terminan por realizar el bien común mediante la selección de los individuos, con la consiguiente jerarquización y orden en la sociedad, donde la competencia atempera los intereses individuales. En la vertiente opuesta K. Marx, quien quería dedicarle *El capital* a C. Darwin, ve en la evolución la posibilidad de modificar las leyes económicas, que el liberalismo no consideraba no históricas sino naturales, y la inevitabilidad de desembocar en la sociedad socialista por las contradicciones internas del capitalismo, juzgado como un organismo que, por efecto de sus mismas contradicciones, no podía más que desarrollarse hacia el comunismo.

4] LA ANTROPOLOGÍA. La evolución permea la concepción según la cual todas las sociedades se habrían desarrollado por fases evolutivas análogas; por lo tanto se vuelve posible la introducción del método comparativo sobre la base del cual a un fenómeno observado en una fase de una sucesión histórica deberá corresponder necesariamente un fenómeno homólogo en la fase correspondiente de un proceso paralelo. Entre los defensores del evolucionismo en antropología recordamos a E.B. Tylor quien, partiendo de una hipótesis eurocéntrica, estableció una jerarquía que preveía en el vértice a la civilización europea, respecto a la cual las otras formas de civilización, por la cualidad de sus creencias y de sus instituciones, debían colocarse en niveles más bajos, y L.H. Morgan quien, comparando los diferentes aspectos tecnológicos e institucionales de las diferentes culturas, estableció tres fases evolutivas que definió como "salvajismo", "barbarie" y "civilización".

5] PSICOANÁLISIS. Tanto Freud como C.G. Jung interpretan la conciencia como resultado de un proceso de emancipación, todavía inconcluso, del consciente, por lo que Freud escribe: "el psicoanálisis es un instrumento orientado a hacer posible la conquista progresiva del ello por parte del yo"(1922 [1976: 56]), y: "su propósito es fortalecer el yo, hacerlo más independiente del superyó, ensanchar su campo de percepción y ampliar su organización de manera que pueda apropiarse de nuevos fragmentos del ello. Donde ello era, yo debe devenir. Es un trabajo de cultura como el desecamiento del Zuiderzee" (1932 [1976: 74]). Por su lado Jung escribe que "el inconsciente es la historia no escrita del hombre desde tiempos inmemoriales; la formulación racional puede bastar para el presente o el pasado inmediato, pero no para la experiencia humana que, en su totalidad, exige esa visión más amplia que sólo el símbolo puede dar" (1942-1948: 183). El pensamiento simbólico es en efecto para Jung una forma de pensamiento más arcaica que las conceptuales.

BIBLIOGRAFÍA: Bergson, H. (1907); Freud, S. (1922); Freud, S. (1932); Jung, C.G. (1942-1948); Marx, K. (1867-1894); Morgan, L.H. (1877); Neumann, E. (1949); Rabut, A.O. (1957); Spencer, H. (1862); Teilhard de Chardin, P. (1938-1940); Tylor, E.B. (1871).

exaltación (al. *Aufregung*; fr. *exaltation*; ingl. *exaltation*; it. *esaltazione*)

Estado emotivo, por lo general temporal, caracterizado por entusiasmo, euforia y excesiva seguridad. La exaltación, típica de los estados maniacos, se manifiesta también en algunas formas de delirio y bajo la acción del alcohol o de drogas. Además puede representar una reacción emotiva a una situación especialmente estimulante, sin que por esto estén comprometidas las capacidades críticas del sujeto. Se debe distinguir la exaltación fijada (*Verstiegenheit*) de la que habla Binswanger, como se ilustra en la voz **fijación** (*v.*, § 2).

examen (al. *Prüfung*; fr. *examen*; ingl. *examination*; it. *esame*)

Indagación evaluativa para comprender a un individuo de acuerdo con los cuadros de referencia previstos para ello. Al respecto diferenciaremos:

1] EXAMEN CLÍNICO. Se utiliza para el **diagnóstico** (*v.*) de las enfermedades orgánicas mediante la adopción del método inductivo, que se traduce en el acopio de los datos, y del método hipotético deductivo, que coloca estos datos en los cuadros diagnósticos de los que se pueden deducir y después comprobar, en el material reunido, los "signos" de la enfermedad. Al respecto escribe D. Antiseri: "Síntomas, datos de laboratorio, hallazgos anamnésicos, radiografías, resultados de terapias, todas son cosas importantes para la medicina clínica, pero lo son en el sentido de que resultan relevantes por las conjeturas diagnósticas que formula el médico acerca del paciente; y esto se debe a que esas conjeturas pueden confirmarse o desmentirse por los síntomas, los datos anamnésicos, los resultados de laboratorio, las radiografías y el curso de las terapias" (1981: 90). En medicina por lo general se suele distinguir:

a] *El examen clínico sistemático*, que se desarrolla de acuerdo con las mismas etapas que caracterizan al esquema de la investigación científica: indagación del problema, formulación de las hipótesis preliminares, recolección de los datos adicionales, deducción de consecuencias posteriores, aplicaciones prácticas que, en el caso médico, se vuelven aplicaciones terapéuticas.

b] *El examen clínico orientado por problemas*, preferido por quienes son conscientes de que no existen observaciones puras y por ello los datos observados, de los cuales parte el examen sistemático, de hecho están ya interpretados. Al respecto escribe G. Federspil: "Toda observación clínica se instaura en un contexto de teorías. Esto es verdad, pero no implica necesariamente que las teorías sean diagnósticas. Nos parece del todo posible efectuar en un enfermo observaciones sistemáticas que, incluso disponiendo de los conocimientos teóricos anatomofisiológicos, prescinden de una dirección diagnóstica conocida. En otras palabras, los signos reunidos siempre se interpretan a la luz de algún conocimiento anatómico, bioquímico o fisiológico pero, en el momento de su registro, no son obligatoriamente aceptados en un complejo sindrómico o, sin más, en una hipótesis diagnóstica precisa, de la que constituyen la constatación experimental probada" (1977: 120). Este segundo tipo de examen, después de la elección de las evidencias clínicas, procede a la formulación de la hipótesis diagnóstica y, por lo tanto, a la decisión y la valoración de la relación costo beneficio en la estrategia terapéutica adoptada.

2] EXAMEN PSÍQUICO. Difiere del clínico porque debe comprobar lo que el paciente es y lo que siente ser. La comprensión de esta doble realidad no se basa tanto en sus elementos objetivamente evidenciables como en lo que K. Jaspers llama "comprensión" (v. **psicología comprensiva**) que, a diferencia de la explicación que procede por determinación de causas, trata de vivir como experiencia particular, propia, lo que el enfermo prueba en su interioridad. Este método prevé ciertas destrezas técnicas, entre ellas un tipo de entrevista que se acerque lo más posible a un encuentro en condiciones equivalentes, de manera que se ayuda al paciente en la narración de su propia biografía, que debe ser lo más detallada posible e incluir las relaciones más lejanas en relación con padres, familiares, escuela, experiencias en la adolescencia, sociabilidad, sexualidad, trabajo, ambiente sociocultural, desplazamientos, enfermedades, hasta llegar a la situación presente. Después será tarea del médico discriminar lo que el paciente es en ese momento de lo que es constitucional y psicodinámicamente, por medio del análisis de los datos evidenciables, como el aspecto, el comportamiento, las palabras pronunciadas, el grado de conocimiento o desconocimiento del significado de cuanto va diciendo. Después de esta primera fase será tarea del psicólogo darle sistematización cronológica a todo el material reunido, que podrá or-

ganizarse basándose en las hipótesis psicodinámicas que se considera útil adoptar en cada ocasión, con la colaboración del paciente, a su vez inducido, como subraya Jaspers, "a la autoobservación" (1913-1959: 876).

3] EXAMEN ESCOLAR Y PROFESIONAL. Tiene la finalidad de verificar el nivel de aprendizaje, el grado de cultura y madurez alcanzados y, en ciertos casos, la idoneidad de determinado currículo escolar o profesional. La función del examen es selectiva *a priori*, tanto en el caso de la carrera escolar como en la carrera profesional, y se desarrolla mediante pruebas objetivas y tests estudiados en función de lo que se pretende verificar. En ocasión de este tipo de pruebas se puede observar el surgimiento de la llamada *angustia neurótica de examen*, determinada por la compleja interacción de la tríada examinado, examinador y organización del examen. En este cuadro la ansiedad depende de la identificación inconsciente del examinando con situaciones de peligro vividas en el período del desarrollo, especialmente el infantil; de la ansiedad del examinador, que puede descargarse en el sujeto sometido al examen; de las características de la organización del examen, como por ejemplo la limitación de la repetición.

BIBLIOGRAFÍA: Antiseri, D. (1981); Bertolini, P. (1988); De Bartolomeis, F. (1953); Federspil, G. (1977); Federspil, G. (1980); Hotyat, F. (1969); Jaspers, K. (1913-1959); Moeller, M.L. (1969); Shorter, E. (1985).

examen de realidad
v. REALIDAD, § 2.

excedente libidinal
v. LIBIDO, § 2, *a*.

excentricidad
v. EXTRAVAGANCIA.

excentricidad (al. *Exzentrizität*; fr. *excentricité*; ingl. *eccentricity*; it. *eccentricità*)

Modo de pensar y de actuar que se aparta de las convenciones y de las costumbres sociales, con comportamientos anticonformistas pero que no llegan a ser actividades significativas por la poca relación que el excéntrico tiene con el grupo social de pertenencia. Clasificada junto con la **extravagancia** (*v.*) entre las formas de **psicopatía** (*v.*), la excentricidad se distingue en cuanto la anormalidad del comportamiento no perjudica, como en la extravagancia, una relación aceptable con la realidad. En la base de la excentricidad pueden actuar descompensaciones afectivas, excesivo autoritarismo, falta de seguridad interior y exigencia de autoafirmación.

excitabilidad (al. *Reizbarkeit*; fr. *excitabilité*; ingl. *excitability*; it. *eccitabilità*)

Propiedad fundamental del organismo capaz de reaccionar a estímulos de cierto nivel de intensidad (*v.* **umbral**). La excitabilidad es un fenómeno psicofísico de naturaleza compleja; convencionalmente suele distinguirse el *excitamiento*, que es una modificación fisiológica, de la *excitación*, que es su correspondiente psíquico.

1] NEUROFISIOLOGÍA. El excitamiento es una propiedad común a todo protoplasma viviente capaz de responder a estímulos mediante determinadas modificaciones biológicas. Esta propiedad es especialmente evidente en el tejido neuromuscular, donde el excitamiento está en la base de la **conducción nerviosa** (*v.*), es decir de la propiedad de transmitir la modificación que se determina por efecto del estímulo a lo largo de los puntos sucesivos al estimulado. La estimulación se da a través de los **receptores** (*v.*), cada uno de los cuales es específicamente sensible a cierta forma de energía, llamada *estímulo adecuado*, capaz de producir un impulso sólo si alcanza un determinado umbral. Con este propósito se distinguen estímulos *liminales*, cuya intensidad es apenas suficiente para determinar el excitamiento, y estímulos *subliminales* de intensidad inferior al umbral, por lo que no son capaces de producir el excitamiento. En todo caso se pueden presentar fenómenos de *suma* [*de estímulos*] como la rápida sucesión de estímulos subliminales en un intervalo de tiempo suficientemente breve. En la determinación de la excitabilidad tienen especial importancia la *intensidad* y la *duración*, por lo que se logra obtener el excita-

miento con una intensidad de estímulo cada vez menor con tal que se aumente la duración de la aplicación (*ley del excitamiento*). Pero para cada sustrato excitable existe una intensidad estimulante llamada *reobase*, por debajo de la cual ya no se logra obtener el excitamiento. Para tener una eficiencia estimulante cada variación energética debe alcanzar su máximo de intensidad en poco tiempo, porque al estado excitado que se va produciendo en el elemento estimulado se oponen, durante la misma aplicación del estímulo, procesos restaurativos que tienden a llevar al elemento al estado de reposo precedente. Dichos fenómenos restaurativos, en los que consiste el proceso de *acomodación*, actúan tanto más eficientemente cuanto más lenta es la variación energética.

2] PSICOLOGÍA. La excitación es la primera manifestación del neonato que, en el llanto, en la tensión, en la agitación, manifiesta su repertorio de respuestas al ambiente. En el niño la intensidad mayor o menor del fenómeno depende del temperamento individual, con variaciones en el mismo individuo debidas a los diferentes niveles del desarrollo psicosomático, además de factores orgánicos como la intoxicación o psicológicos como los trastornos de la afectividad. La descarga de la excitación tiene una acción tranquilizante, mientras que su represión puede provocar trastornos en el área emotiva. S. Freud adoptó de S. Exner, asistente del fisiólogo E. Brücke, en cuyo laboratorio trabajó el mismo Freud, la expresión *suma de excitación* para indicar que las excitaciones psíquicas actúan sólo si se produce su suma o acumulación que les permite superar un umbral de permeabilidad. La suma de excitación, que proviene de los estímulos internos a los que no se puede evadir con la fuga, como en el caso de los estímulos externos, somete a una continua estimulación el **aparato psíquico** (*v.*) que, por el *principio de la constancia* (*v.* **constancia**, § 2), "se afana por mantener lo más bajo posible, o al menos constante, la cantidad de excitación presente en él" (1920: [1976: 8-9]). En el ámbito psicológico se habla de *excitación mental* para referirse a ese especial estado de tensión emotiva que caracteriza las actividades creativas y que requieren un notable empeño, donde actúa un fuerte impulso motivacional, más que un estímulo externo o interno orgánicamente localizable; y de *excitación sexual* a propósito de la tensión placentera que caracteriza la primera fase del ciclo de reacciones sexuales que, si es interrumpida, puede generar las formas de tensión o de ansiedad que, en opinión de Freud, dan inicio a la *neurosis de angustia* (*v.* **angustia**, § 2, *a*). A la excitación sexual están vinculadas alteraciones fisiológicas como el aumento de la frecuencia cardiaca, de la presión sanguínea, de la tensión muscular tanto voluntaria como involuntaria, la lubricación vaginal en la mujer y la erección del pene en el hombre.

3] PSICOPATOLOGÍA. En este ámbito se habla de excitación cuando las reacciones del individuo se mantienen, por su intensidad y duración, más allá de los límites fisiológicos (*v.* **estrés**). En estos casos aparecen trastornos que afectan al intelecto, la voluntad y la emotividad, incapaces de contener la traducción motriz de las tensiones internas. Se registra excitación en los casos confusionales (*v.* **conciencia**, § 3), en los eufóricos (*v.* **manía**), en los ansiosos, como precedentes de crisis de **angustia** (*v.*), y en los esquizofrénicos, que las manifiestan con impulsos y gestos incontrolados.

BIBLIOGRAFÍA: Benedetti, G. (1969); Changeux, J.P. (1983); Freud, S. (1895); Freud, S. (1920) [1976]; Girotti, G. (1972).

excitación
v. EXCITABILIDAD, § 2.

excitamiento
v. EXCITABILIDAD, § 1.

excitante
v. DROGA, § 5.

excrementos (al. *Exkremente*; fr. *excréments*; ingl. *excrements*; it. *escrementi*)

Residuos alimenticios no utilizables que se expulsan del organismo. Para S. Freud la actitud del niño frente a sus propios excrementos pasa por las mismas fases conocidas de la humanidad en el curso de su evolución: "Si nos limitamos aquí a las averiguaciones sobre lo excrementicio, podemos comunicar, como el principal resultado de las indagaciones psicoanalíticas, que la criatura humana se ve precisada a repetir, en su primer desarrollo, aquellos cambios en la relación del hombre con lo excrementicio que, probablemente, principiaron con la erección del *Homo sapiens* desde la Madre Tierra. En la infancia más temprana no hay huella alguna de una vergüenza por las funciones excrementicias, de un asco ante los excrementos. El niño pequeño presta a estas secreciones, como a otras de su cuerpo, gran interés, le gusta ocuparse de ellas, y de tales menesteres sabe extraer múltiple placer. Como partes de su cuerpo y como operaciones de su organismo, los excrementos participan de la alta estima –que llamamos narcisista– con que el niño considera todo cuanto pertenece a su persona. El niño está, se diría, orgulloso de sus excreciones, y las usa al servicio de su autoafirmación frente a los adultos. Bajo el influjo de la educación, las pulsiones coprófilas e inclinaciones del niño caen poco a poco bajo la represión; el niño aprende a mantenerlas en secreto, a avergonzarse de ellas y a sentir asco ante sus objetos. Pero en rigor el asco no llega tan lejos como para recaer sobre las excreciones propias; se conforma con desechar tales productos cuando provienen de otro. El interés que hasta entonces se dedicaba a los excrementos es reorientado hacia otros objetos; por ejemplo, de la caca al dinero, que sólo más tarde cobra sustantividad para el niño. A partir de la represión de las inclinaciones coprófilas se desarrollan –o se refuerzan– importantes aportes a la formación del carácter. Y el psicoanálisis agrega, todavía, que inicialmente el interés excrementicio no está divorciado en el niño del interés sexual; la separación entre ambos sobreviene sólo después, pero permanece siempre incompleta; la comunidad originaria, establecida por la anatomía humana, se transparenta de muchas maneras incluso en el adulto normal" (1913 [1976: 360-361]).

BIBLIOGRAFÍA: Freud, S. (1913).

exhibicionismo (al. *Exhibitionismus*; fr. *exhibitionnisme*; ingl. *exhibitionism*; it. *esibizionismo*)

Impulso, predominantemente del varón, de exhibir los genitales con el fin de causar una reacción de sorpresa, terror y disgusto. S. Freud, que clasifica el exhibicionismo entre las aberraciones sexuales, lo considera normal en los niños, mientras lo interpreta, en los adultos, como una defensa patológica con el fin de obtener la atención y la consideración de los demás. El exhibicionista, en efecto, incapaz de entablar una relación sexual con una mujer, busca en la reacción de miedo que provoca, con un elemento sádico y punitivo, una confirmación ilusoria de su virilidad. Además de este significado específico, por extensión se habla de exhibicionismo para todo comportamiento motivado por el placer de ser visto y tomado en consideración. En esta acepción el exhibicionismo se hace extensivo también hacia las mujeres, cuyo deseo de ser vistas, incluso ser socialmente aceptadas, se interpreta psicoanalíticamente como un derivado de la **envidia** (*v.*, § 1) del pene, por lo que se siente la necesidad de probar que se tiene algo, a pesar de no tener el pene. Hoy hay más propensión a considerar al exhibicionismo, sobre todo en su acepción más amplia –que consiste también en el "oírse hablar", en mostrar los objetos que se poseen–, como una defensa maniaca contra la depresión, la frigidez, o el temor de perder la propia identidad, en el sentido de que "si soy objeto de miradas, quiere decir que existo".

BIBLIOGRAFÍA: Freud, S. (1905).

existencia
v. ANÁLISIS EXISTENCIAL, § 2, *a*.

existencial, análisis
v. ANÁLISIS EXISTENCIAL.

existencial, psicología
v. ANÁLISIS EXISTENCIAL.

éxito (al. *Erfolg*; fr. *succès*; ingl. *success*; it. *successo*)

Logro de una acción o de una actividad que confirma los objetivos del sujeto influyendo positivamente en su desarrollo psíquico e intelectual, así como en sus comportamientos y motivaciones. Según E.L. Thorndike el éxito es el principio explicativo del aprendizaje según el método del *aprendizaje instrumental*, donde rige la ley del efecto, sobre la base de la cual el vínculo estímulo-reacción aumenta en presencia de un éxito que actúa como refuerzo, mientras se reduce en su ausencia con la consiguiente dificultad para aprender (*v.* **aprendizaje**, § I, 2). Por lo que se refiere a la *motivación al éxito*, D.C. McClelland demostró que las personas con una fuerte motivación al éxito prefieren los riesgos y los objetivos moderados, más que los fáciles o difíciles, para tener una retroalimentación rápida y concreta de sus resultados; además prefieren tareas que dependen más de la responsabilidad personal que de la suerte (*v.* **motivación**, § 5). Se considera que la necesidad de éxito se incentiva por los métodos educativos que estimulan la autonomía de los niños y por las condiciones ambientales que pueden aumentar o reducir la motivación al éxito. Desde el punto de vista psicoanalítico no se habla de motivación sino de *sentimiento de éxito*, considerado como satisfacción de las aspiraciones del ideal del **yo** (*v.*).

BIBLIOGRAFÍA: Fromm, E. (1976); McClelland, D.C. (1967); Thorndike, E.L. (1963).

Exner, espiral de
v. PERCEPCIÓN, § 6, *a*.

exogamia
v. ENDOGAMIA-EXOGAMIA.

exógeno
v. ENDÓGENO-EXÓGENO.

exógeno, psicosíndrome
v. PSICOORGÁNICO, SÍNDROME, § 4.

expansividad (al. *Offenherzigkeit*; fr. *expansivité*; ingl. *expansiveness*; it. *espansività*)

Rasgo de la naturaleza humana, originalmente abierto al mundo y a los demás. Si es muy acentuada se manifiesta como falta de recato acerca de los propios sentimientos y emociones. En ocasiones el término se usa para referirse a tendencias megalomaniacas cuyos delirios, de grandeza y de potencia, también se llaman *delirios expansivos*. Desde el punto de vista psicoanalítico K. Horney interpreta la expansividad como una identificación con el propio sí idealizado, con acentuación del narcisismo y de la arrogancia.

BIBLIOGRAFÍA: Horney, K. (1950).

expectativa (al. *Erwartung*; fr. *expectative*; ingl. *expectation*; it. *aspettativa*)

Anticipación y actuación imaginaria de sucesos futuros capaces de realizar las aspiraciones. Esta noción está en el principio de la *teoría del aprendizaje* elaborada por E.C. Tolman para quien los organismos tienen la tendencia a enfrentar el futuro con conductas ya experimentadas, por lo que la expectativa es una suerte de reacción que anticipa, a partir de las experiencias precedentes, metas posibles de alcanzar. Los organismos expuestos a secuencias regulares de acontecimientos anticipan los componentes sucesivos de la secuencia cuando los primeros ya se hayan verificado. La noción de expectativa se utiliza en diversos campos y en especial en el sector de la *psicología del trabajo*, en la que V.H. Wroom, analizando la problemática de las motivaciones, desarrolla la teoría de la expectativa como teoría de la elección, y encuentra que la fuerza para llevar a cabo una tarea está dada por la suma de los valores de los resultados finales y del grado de expectativa de que determinado acto será seguido por esos resultados.

BIBLIOGRAFÍA: Tolman, E.C. (1932); Wroom, V.H. (1964).

expectación (al. *Wartenstand*; fr. *attente*; ingl. *waiting*; it. *aspettazione*)

Estado tensional relacionado con la inminencia de un suceso, con aumento del nivel de **activación** (*v.*) que, superado cierto límite, puede llevar a la inhibición de la acción. El término, introducido por P. Janet en sus in-

vestigaciones sobre la psicastenia, fue adoptado por él para el caso en que una tendencia se mantiene en estado de **eretismo** (*v.*), que es un estado tensional intermedio entre la latencia y el esfuerzo requerido para alcanzar una meta.

BIBLIOGRAFÍA: Janet, P. (1903).

experiencia (al. *Erfahrung, Erlebnis*; fr. *expérience*; ingl. *experience*; it. *esperienza*)

El término, que se introdujo en el ámbito de la filosofía antigua para indicar el elemento sensible del acto cognoscitivo, asumió en psicología dos significados, relativos 1] a la organización científica de la **observación** (*v.*), y 2] a la intuición directa de los contenidos emocionales. La distinción se volvió necesaria después de la postura metodológica que inició la **psicología descriptiva** (*v.*) de W. Dilthey, para quien "las ciencias del espíritu se distinguen de las ciencias de la naturaleza en que éstas tienen por objeto hechos que se presentan en la conciencia *desde afuera*, es decir como fenómenos dados singularmente, mientras que en aquéllas los hechos surgen originalmente *desde adentro*, como una conexión viviente" (1894: 143). Ya que el fenómeno tiene formas diferentes de presentarse en las ciencias de la naturaleza y en las ciencias del espíritu, el concepto de experiencia no puede asumirse en forma unívoca, porque "de todo objeto 'se tiene experiencia' en forma adecuada a su naturaleza" (1894: 253).

Para los fenómenos que se presentan desde afuera será necesario el tipo de experiencia que Dilthey llama *Erfahrung*, que literalmente significa "recorrer" las modalidades con las que en cada ocasión se presenta el fenómeno. A este tipo de experiencias corresponden la inducción, el **experimento** (*v.*) y la operación matemática, comunes a todas las ciencias de la naturaleza. Para los fenómenos que se presentan desde el interior, en cambio, es necesario remontarse a ese tipo de experiencias que se reúnen alrededor del *Erlebnis*, que literalmente significa "experiencia" (de *leben*, vivir; *v.* **experiencia**). Este tipo de experiencia, propia de las ciencias del espíritu, se articula en la descripción, en el análisis, en la comparación y en la hermenéutica (v. **psicología descriptiva**).

Ya que el fenómeno psíquico está polarizado tanto hacia *dentro*, en la experiencia subjetiva, como hacia *afuera*, por lo que se refiere a las acciones del sujeto dirigidas hacia un objeto, será necesario un doble criterio de experiencia: uno dirigido hacia la acción y al material objetivo (experiencia como *Erfahrung*), y uno dirigido hacia la experiencia subjetiva (experiencia como *Erlebnis*). La primera forma de experiencia encuentra su formulación en la **psicología experimental** (v.), en la cual el fenómeno psíquico se observa desde el punto de vista *objetivo*, cuantitativamente *mensurable* según escalas homogéneas, en una secuencia de *repetibilidad*, y con procedimientos *causales* y no finalistas. En este orden de experiencia encontramos el conocimiento, la percepción, la memoria, el pensamiento, el aprendizaje, que pueden comprobarse en el plano objetivo y no por el significado que asumen para el sujeto que realiza la experiencia. La segunda forma de experiencia utiliza el aspecto afectivo del fenómeno psíquico y el sentido que éste asume para el sujeto. Como tal, se trata de una experiencia *cualitativa*, *irrepetible*, *procesual* o dinámica, interpretable más en términos de *finalidad* que de causalidad. La experiencia varía de un sujeto a otro, por lo que es posible una comparación *transversal*, poniendo a diferentes sujetos en situaciones presuntamente parecidas, y una comparación *longitudinal*, en relación con las diversificaciones de la experiencia en el curso del desarrollo psíquico del mismo sujeto. Al conocimiento como **experiencia** (v.) se remontan la **psicología descriptiva** (v.), la **psicología dinámica** (v.), la **psicología de lo profundo** (v.) y la **fenomenología** (v.), que en la experiencia (*Erlebnis*) toma la esencia de lo psíquico (v. **análisis existencial**).

BIBLIOGRAFÍA: Dewey, J. (1916); Dewey, J. (1925); Dilthey, W. (1894); Galimberti, U. (1979); James, W. (1912); Merleau-Ponty, M. (1945).

experimentado (al. *Erlebnis*; fr. *vécu*; ingl. *experienced*; it. *vissuto*)

El término, que se usa con frecuencia en la expresión alemana *Erlebnis*, lo introdujo W. Dilthey en su **psicología descriptiva** (v.), en oposición a la **psicología experimental** (v.), que investiga los procesos psíquicos con los mismos métodos con los que se investigan los fenómenos de la naturaleza. Diferente de la experiencia común en cuanto *experiencia vivida*, en el adjetivo está el sentido del nuevo criterio gnoseológico de los hechos psíquicos: acercar la vida a la vida. Esto sólo es posible si el viviente es sorprendido en un acto vital que lo reexpresa (*Nacherleben*). Semejante procedimiento no es lógico, aclara Dilthey, porque "recomenzar es un revivir" (1896: 277). El ser de aquel que es percibido no es objetivado frente a un sujeto, sino "apropiado por éste como acontecimiento de su misma vida y *así* conocido. De esta forma es posible 'comprender' la verdadera esencia del otro sin recurrir a las divisiones reduccionistas propias de todas las ciencias que ven sus fenómenos 'desde afuera'. En su 'ser acontecimiento' el acontecimiento termina por ser acontecimiento del sujeto, porque su ser para nosotros es inseparable de eso que en él está presente para nosotros" (1894: 172).

La experiencia vivida por cada individuo no está separada de la alteridad, del ambiente y del mundo en general, porque el individuo no es de ninguna manera un mundo cerrado, como lo sobrentiende la distinción naturalista entre sujeto y objeto de derivación cartesiana (v. **dualismo psicofísico**). La relación con los otros y con la realidad natural es esencial para el individuo en el sentido de que forma parte constitutiva de su personalidad. Es decir, el mundo pertenece a esa vida interior de la que se tiene *Erlebnis*, de modo que no es un objeto que está contra, sino un elemento estructural de cada subjetividad. Así la vida resulta caracterizada por una serie de acontecimientos de los que se tiene *Erlebnis*; estos acontecimientos están relacionados entre sí por una conexión de sentido y significado (*Bedeutungzusammenhang*) de la que cada *Erlebnis* da testimonio. Entonces, si bien todos los *Erlebnisse* que se suceden en el tiempo hablan del fundamento estructural de cada individuo porque todos contribuyen a revelarlo, es su conexión articulada (*Strukturzusammenhang*) la que habla del desarrollo de este fundamento. Con el término "conexión estructural" no se reintroduce la categoría de la causalidad de las ciencias naturales precedentemente abandonada, porque, mientras en la relación causal los dos términos –causa y efecto– no pueden invertirse, en la conexión estructural un *Erlebnis* hace comprender otro *Erleb-nis* que, a su vez, hace comprender el primero, y todos a cada uno, así como cada uno a todos o, como dice Dilthey, "el todo como totalidad dotada de sentido" (1894: 172).

BIBLIOGRAFÍA: Dilthey, W. (1894); Dilthey, W. (1896); Galimberti, U. (1979); Jaspers, K. (1913-1959).

experimental, neurosis (al. *Experimen-telle neurose*; fr. *névrose expérimentale*; ingl. *experimental neurosis*; it. *sperimen-tale, nevrosi*)

Comportamiento desorganizado por incapaci-dad para controlar la situación experimental donde, bajo condiciones conocidas y controla-das, el animal es sometido simultáneamente a fuertes pero incompatibles tendencias a la ac-ción. Las neurosis experimentales o inducidas, iniciadas por I.P. Pavlov, tienden a estabilizarse y a reproducirse en forma aguda cuando al ani-mal se le vuelve a llevar al lugar del experimen-to, incluso en ausencia de los estímulos res-ponsables del conflicto. La psicología del aprendizaje asume como principio explicativo de las neurosis experimentales el reflejo condi-cionado (*v.* **aprendizaje**, § I, 1), mientras el psicoanálisis, con O. Fenichel, las interpreta como efecto de una insuficiencia en el control debido a un estímulo excesivo que el sujeto no logra controlar, como en la neurosis traumáti-ca (*v.* **trauma**, § 2), o a un bloqueo de la des-carga que lleva a una acumulación de tensión tal que estímulos que en otras condiciones se-rían inocuos actúan como si fueran traumáti-cos. Las neurosis experimentales, además de los animales, se pueden producir también en el hombre mediante la inducción de un conflicto, de un estado hipnótico o de un fármaco, con el fin de comprender comportamientos anorma-les bajo condiciones conocidas y controladas.

BIBLIOGRAFÍA: Fenichel, O. (1945); Pavlov, I.P. (1927).

experimento (al. *Versuch*; fr. *essai*; ingl. *experiment*; it. *esperimento*)

Procedimiento de la investigación científica que confirma o refuta una hipótesis causal en situaciones artificiales y controladas. Esen-cial para el experimento es la preexistencia de una hipótesis formulada con otros procedi-mientos cognoscitivos, como la **observación** (*v.*) o la **intuición** (*v.*). La confirmación o el rechazo de la hipótesis se da confrontando la situación experimental con la de control: en ambas se mantienen iguales los factores, a ex-cepción de uno, llamado *variable experimental* o *independiente*, que representa la causa hipo-tética. En la situación experimental se cam-bia sucesivamente la variable independiente ba-sándose en un plan previsto, se miden los resul-tados así obtenidos y se confrontan cuantitativa y cualitativamente la situación experimental con la de control, midiendo las diferencias sig-nificativas en términos matemáticos.

El experimento, introducido por F. Bacon como observación y distribución de los datos de la experiencia para poder formular una hi-pótesis relativa al fenómeno indagado, lo corri-gió G. Galilei con la introducción del elemento matemático, que permite disponer experimen-tos artificiales capaces de "provocar" a la natu-raleza para que proporcione respuestas "exac-tas". El modelo galileano lo cuestionó la episte-mología moderna que, con P. Duhem, hizo no-tar que los datos experimentales casi nunca permiten la formulación de una teoría unívoca, porque los criterios de la experimentación constituyen, por sí mismos, una teoría que predetermina el tipo de resultado que se quie-re conseguir. Más tarde el principio de incer-tidumbre de W. Heisenberg mostró, en el campo de la microfísica, que las condiciones de la observación provocan una perturbación de lo observado que no se puede eliminar. De aquí la crisis del concepto tradicional de expe-rimento, que así resulta hoy modificado segun la propuesta de H. Dingler: el experimento ya no constituye una observación objetiva o su-puesta de cierta manera, sino una operación práctica de la que se sirve la ciencia, no tanto para "conocer" la realidad, cuanto para "for-mularla" de acuerdo con sus propios fines.

En psicología se utilizan experimentos *biva-riantes* y *manipulativos*, que reproducen los procedimientos de las ciencias físicas, y experi-mentos *multivariantes y no manipulativos*, que son la expresión de las aportaciones estadísti-cas y de probabilidad. Las variables de la expe-rimentación fundamentalmente son tres: la si-tuación estímulo (E), la personalidad (P) y el comportamiento (c). La *situación estímulo* está compuesta por un ambiente físico, por la presencia de objetos naturales o artificiales, animales u otras personas, en cuyo caso se la denomina "social". Ésta puede ser analizada en el nivel de la estimulación física, como la luz, los olores, los ruidos, que actúan en los receptores sensoriales, o en el nivel de los contenidos perceptivos que reúne el sujeto. La conducta, respecto a la primera formulación de J.B. Watson, hoy abarca también las manifestaciones de las reacciones interiores y la interpretación de sus propios actos por parte del sujeto. El experimento, considerando el comportamiento como una respuesta, controla la **latencia** (*v.*), la **amplitud** (*v.*), la frecuencia (*v.* **estadística**, § I, 1) y la **duración** (*v.*) en diferentes niveles, desde el fisiológico hasta el psicológico y lingüístico. La *personalidad* es la más compleja de las tres variables porque, mientras el estímulo y el comportamiento son conocidos en los aspectos que operan en el experimento, los mecanismos que entran en juego en la personalidad son en gran parte ignorados. De la personalidad se habla, entonces, como de una variable *interviniente* (I), semejante a la incógnita de una expresión de la que se pueden conocer dos elementos: el estímulo y el comportamiento, que representan variables *complejas*, posibles de ser analizadas en un nivel de múltiples variables *elementales*.

El estudio de las relaciones estímulo-personalidad-comportamiento sigue tres modalidades experimentales: 1] estudio de las reacciones de la misma personalidad y variables sistemáticas, cualitativas o cuantitativas de la situación; 2] estudio de cómo personalidades que difieren por uno o más caracteres reaccionan a una misma situación; 3] estudio de las relaciones entre respuestas dadas a partir de diferentes situaciones. En los tres casos el experimento recorre cuatro fases: la *observación* de los datos de acuerdo con su presencia, ausencia, intensidad, duración; la *formulación de las hipótesis* en las relaciones que pueden existir entre los hechos observados; la *experimentación* que verifica la hipótesis mediante la confrontación entre situación experimental y situación de control; la *elaboración* de los datos con miras a su interpretación. En psicología los campos de aplicación del experimento tienen por objeto los procesos somáticos, los fenómenos psíquicos y sociales objetivables, las formas de decurso espontáneo o terapéuticamente modificado, la ecología y la **epidemiología** (*v.*) psiquiátrica. Acerca de la forma en que se introduce el experimento en las fases de la experimentación véase **psicología experimental**, § 2.

BIBLIOGRAFÍA: Beveridge, W.I. (1950); Candland, D.K. (1955); Cattell, R.B. (1966); Cesa-Bianchi, M. (1972); Flores D'Arcais, G.B. (1964); Hempel, C.G. (1952-1958); Jung, C.G. (1905-1937); Osgood, C.E. (1956); Pinkus, L. (1975); Reuchlin, M. (1962); Underwood, G.J. (1966).

expiación (al. *Sühne*; fr. *expiation*; ingl. *atonement*; it. *espiazione*)

Efecto curativo de la pena infligida a quien debe reparar un error o una culpa cometida voluntaria o involuntariamente. Desde el punto de vista psicodinámico la expiación desempeñaría una función liberadora en relación con el sentimiento de **culpa** (*v.*, § 3), mientras se afianzaría en la vertiente patológica cuando se busca constantemente en las formas del autocastigo, frecuente en las personalidades obsesivas, o cuando no se encuentra una expiación adecuada, como en los casos de las depresiones graves (*v.* **culpa**, § 2).

explicación
v. PSICOLOGÍA COMPRENSIVA.

exploración (al. *Durchsuchung*; fr. *exploration*; ingl. *exploration*; it. *esplorazione*)

Proceso adaptativo que permite al sujeto orientarse en una situación nueva, debido a que hubo un cambio repentino, o porque se encuentra en una configuración desconocida o simplemente más compleja que las habituales. La exploración, que requiere un nivel óptimo de **activación** (*v.*) del sistema nervioso, aparece en la primera infancia en la forma *locomotriz*, cuando el niño mueve su cuerpo para percibir las dimensiones del espacio, *investigativa*, mediante la manipulación de los objetos, y *orientativa*, en ocasión de la modificación del entorno. La disposición a la exploración, que en el niño se manifiesta en el **juego** (v.) y en la **curiosidad** (v.), es directamente proporcional a la seguridad de base que le permite entrar sin mucha ansiedad en ámbitos desconocidos.

explosividad (al. *Heftigkeit*; fr. *explosivité*; ingl. *explosiveness*; it. *esplosività*)

Reacción psicógena caracterizada, según la definición de E. Braun, quien introdujo el término, por la "manifestación de una situación afectiva en cortocircuito, que lleva al desencadenamiento repentino de un síndrome motor más o menos fuera del control de la voluntad" (1928: 56). Análoga es la definición de E. Kretschmer, para quien la explosividad es "un acto afectivo que se manifiesta como un paroxismo de rabia, cuya característica más impresionante se da con la descarga emotiva de tipo explosivo y de origen psicógeno" (1922: 106). Las reacciones de tipo explosivo son frecuentes en personalidades primitivas, en los niños y en los sujetos especialmente sensibles a las emociones, con escasa capacidad de dominio.

BIBLIOGRAFÍA: Braun, E. (1928); Kretschmer, E. (1922).

exposición, técnica de la
v. COMPORTAMIENTO, § 5, *a*.

expresión (al. *Ausdruck*; fr. *expression*; ingl. *expression*; it. *espressione*)

Forma de presentarse exteriormente un ser viviente, en su conducta y en su forma física, ante otro ser viviente. De la definición se desprende que no existe una *expresión en sí*, sino siempre sólo una *expresión para* determinados sistemas de recepción, con sus condiciones características. A este campo han hecho contribuciones la psicología de la expresión, la etología y la fenomenología.

1] PSICOLOGÍA DE LA EXPRESIÓN. Los antecedentes de la investigación moderna sobre la expresión están históricamente representados por la **fisiognómica** (v.), que intenta identificar los caracteres psicológicos y morales de

una persona por su aspecto físico, y por la *patognómica*, que trata de deducir de las anomalías morfológicas del cuerpo la cualidad de la degeneración neurótica y mental, además de las tendencias criminales. Hoy la psicología de la expresión, partiendo de la consideración de que la expresión está dada por la estructura "emisor-receptor", trabaja con métodos cibernéticos que permiten formular, de manera comprobable, las leyes *unipolares* de la expresión, donde un receptor observa, sin ser observado, a un emisor de expresión, y las *bipolares*, donde emisor y receptor interactúan, como en el contacto de las miradas o en las manifestaciones de turbación que nacen sólo en una interacción social. Con esta estructura metodológica la psicología de la expresión examina los *rasgos* de la personalidad, que son relativamente permanentes, y las *posturas*, que son las actitudes que en cada ocasión asume el emisor de expresión en su relación con el entorno. Estos dos elementos se consideran, desde el punto de vista *fenográfico*, por la forma como se determinan los hechos fisiognómicos en condiciones especiales; desde el *analítico-funcional* por la relación entre el sujeto y el medio de expresión; desde el *interpretativo-condicional* por las relaciones entre "interno" y "externo" y entre "psíquico" y "físico" del sujeto emisor. A partir de la distinción entre fenómenos no expresivos, como los simples movimientos funcionales del cuerpo, y movimientos expresivos, que comienzan más allá de la funcionalidad, la psicología de la expresión fijó, con L. Klages, las tres leyes fundamentales de la expresión: *a*] cada movimiento físico expresivo en la realización del impulso instintivo del sentimiento que en él se manifiesta; *b*] la expresión cumple, en intensidad, en duración y en secuencia, con la forma de una excitación psíquica, *c*] la expresión es una alegoría de la acción.

2] GENÉTICA. *v.*, § 1, *b*.

3] ETOLOGÍA. En este ámbito se estudian los movimientos expresivos en los animales, cuya evolución fue favorecida por la exigencia de unidades comunicativas unívocas y significativas, típicas de la especie y codificadas en el genotipo. R.A. Stamm distingue: "*a*] las estructuras expresivas periféricas, como los caracteres ópticamente activos de la figura física, los órganos del olfato, los caracteres cutáneos, agentes por contacto en los órganos táctiles; *b*] los fenómenos expresivos irreflexivos como la erección del pelo y de las plumas, el cambio de color, la reacción de las pupilas, las oscilaciones en las reacciones de las glándulas cutáneas y semejantes; *c*] las acciones expresivas reflejas, como las actitudes de amenaza, los falsos ataques, las invitaciones al juego, los movimientos de contacto y cortejo" (1965: 242). El estudio de la interpretación expresiva de los animales sirve para conocer las modalidades del comportamiento social, de la conservación de la estructura asociativa, las relaciones entre los compañeros preferidos y las diferencias interindividuales.

4] FENOMENOLOGÍA. En este ámbito se establecieron las bases teóricas indispensables para una interpretación de la expresión más allá de la tradicional relación alma-cuerpo, que inició Platón y reconfirmó R. Descartes, y en la cual se mantiene aún la psicología de la expresión cuando interpreta a ésta como una relación entre "psíquico" y "físico" (*v.* **dualismo psicofísico**). La fenomenología, sustituyendo la relación alma-cuerpo con la relación cuerpo-mundo, puede decir que el cuerpo ya no es "representativo" de impulsos del ánimo, sino inmediatamente "expresivo" de la calidad de su relación con el mundo. Desde este punto de vista la expresión es la modalidad de ser que define al hombre en cuanto portador y receptor de un sentido que manifiesta en su modo de ser y de relacionarse con el mundo. Al respecto M. Heidegger puede decir que "hablando, el ser-ahí se expresa, pero no porque haya caído en un *adentro* contrapuesto a un *afuera,* sino porque, al ser-en-el-mundo, comprendiendo, ya se está afuera" (1927: 205-206). Además de la palabra, mencionada aquí por Heidegger, el hombre dispone de otras formas expresivas como la **mímica** (*v.*), que acompaña a la expresión lingüística, el **gesto** (*v.*), al cual se confía la expresión corporal, y el **ambiente** (*v.*), que, construido por el hombre, revela su cultura y su forma de ver el mundo.

BIBLIOGRAFÍA: Bühler, K., (1933); Eibl-Eibesfeldt, I. (1957); Heidegger, M. (1927); Kirchhoff, R. (1957); Klages, L. (1936); Leroi-Gourhan (1964-1965); Lersch, P. (1955); Merleau-Ponty, M. (1945); Sartre, J.-P. (1939); Stamm, R.A. (1965).

expresividad (al. *Ausdrucksfahigkeit;* fr. *expressivité;* ingl. *expressiveness;* it. *espressività*)

Capacidad de **expresión** (*v.*) que, como escribe K. Pawlik, "cuando se refiere al objeto, indica su capacidad de provocar en el sujeto que lo percibe una actitud emocional espontánea y sentimentalmente orientada, mientras que cuando se refiere al sujeto indica la capacidad individual de comunicar sentimientos, emociones, pensamientos e ideas" (1968: 342). Siempre según Pawlik, en la expresividad "desempeñan una función importante factores actitudinales como la facilidad de palabra, de asociación, de imaginación, y algunos rasgos del temperamento original vinculado a la orientación extrovertida o introvertida de cada individuo" (1968: 375).

Los primeros estudios de la expresividad se remontan a C. Darwin, para quien las expresiones emotivas en los animales y en el hombre no dependen del ambiente o de la cultura sino que son universales e innatas. Esta tesis se confirmó con los estudios que se realizaron con ciegos de nacimiento, que no pudieron tomar del entorno las expresiones faciales correspondientes para determinadas emociones, y en los tests de reconocimiento que utilizan imágenes estandarizadas de expresiones emotivas. La tendencia actual es reconocer el carácter universal e innato de la expresividad sólo para las emociones primarias como el miedo, la felicidad, el dolor, la vergüenza, sin excluir la incidencia del aprendizaje y de la cultura por lo que se refiere a la expresividad de emociones más sofisticadas y complejas.

En este orden de significados se debe distinguir la *expresividad genética,* que indica el grado en que un carácter hereditario se manifiesta fenotípicamente en un individuo (*v.* **genética,** § 1).

BIBLIOGRAFÍA: Darwin, C. (1872); Ekman, P. y W.V. Friesen (1975); Izard, C.E. (1971); Pawlik, K. (1968).

éxtasis (al. *Ekstase;* fr. *extase;* ingl. *ecstasy;* it. *estasi*)

La expresión, que literalmente significa "estar fuera de sí", denota una condición en la que el individuo suspende la comunicación con el ambiente, reduciendo su sensibilidad a los estímulos externos, y se eleva a una esfera psíquica conocida sólo por él. K. Jaspers explica el fenómeno como una interrupción de la realización sujeto-objeto, que es la condición normal de nuestra experiencia, con miras a una búsqueda de sentido que sobrepasa el orden de lo sensible: "mientras la mayor parte de los fenómenos psíquicos que somos capaces de describir son descritos en el ámbito de una escisión de sujeto y objeto, como propiedad del lado subjetivo o del objetivo, por otra parte también hay experiencias psíquicas en las que la escisión de sujeto y objeto todavía no existe o está suspendida" (1919: 515). El éxtasis es una forma de esta suspensión, en el cual se puede constatar que "la vida psíquica contiene algo más que su sola objetivación" (1919: 512). Se conocen éxtasis *religiosos* que implican una experiencia de trascendencia que sobrepasa los límites de la individualidad personal para llegar a una expansión fuera de sí en comunión con la totalidad, con el infinito, con dios, según el contexto cultural-religioso en el que se manifiesta la experiencia, y éxtasis considerados *patológicos*, con ideas delirantes de contenido místico, asociadas o no con fenómenos alucinatorios visuales y auditivos. Generalmente el criterio que se asume para diferenciar las primeras de las segundas es el compromiso más o menos completo del contacto con la realidad o la posibilidad de su recuperación cuando la experiencia concluye.

BIBLIOGRAFÍA: Gardet, L. y O. Lacombe (1988); Jaspers, K. (1919).

extensión
v. SIGNO.

externalización
v. PROYECCIÓN.

extinción
v. APRENDIZAJE, § I, 1, *b.*

extracorpórea, experiencia
v. PARAPSICOLOGÍA, § 2

extraextensivo, tipo
v. TIPOLOGÍA, § 2.

extrañeidad (al. *Entfremdung*; fr. *extranéité*; ingl. *extraneousness*; it. *estraneità*)

En su sentido general, acentuado por la expresión alemana *Ent-fremdung*, que significa "alejamiento de sí", la extrañeidad es sinónimo de **enajenación** (*v.*). En su acepción específica indica una pérdida de familiaridad entre el yo y el mundo, entre el yo y el cuerpo, por una desestructuración de las dimensiones espaciotemporal e intersubjetiva, que modifica el sentido y la medida del cuerpo, del mundo y de los otros que interactúan con el sujeto. Desde el punto de vista fenomenológico las experiencias de extrañeidad invaden: 1] el *mundo*, entendido como mundo de las intersubjetividades y como horizonte de las propias intenciones. Al respecto escribe E. Borgna: "En la condición de extrañeidad ya no se pertenece al mundo-de-la-vida; se está en una distancia irreal y enigmática que quita consistencia a las realidades de las cosas y personales inmersas en una espiral de negaciones y de disolvencias" (1988: 59). 2] El *cuerpo*, ya no vivido como "propio cuerpo" (*Leib*), sino como mero organismo (*Körper*). Ahora el cuerpo, o cuerpo vivido, es el vehículo mediante el cual el yo habita un mundo que, por lo tanto, siente familiar, o, como dice Borgna, "moviéndose en los límites entre el yo y el mundo, el cuerpo vivido 'mundaniza' al yo y 'humaniza' al mundo" (1988: 60). En la extrañeidad del cuerpo está comprometida la categoría de la "pertenencia", por lo que, por ejemplo, el sujeto escucha su propia voz, pero no la percibe como suya. 3] El *yo*, ya no vivido como sede de la identidad, sino como una cosa del mundo. Esta falta de acuerdo consigo o *Stimmung*, como dice V.E. von Gebsattel, es la causa de una angustia devoradora que habla de la radical y profunda metamorfosis del yo y de la consiguiente contrarresonancia emocional que hace referencia al sentir que, en la relación con el mundo, se da antes del conocer. Para Borgna "la extrañeidad no es sólo una manifestación psicopatológica que se observa tanto en el ciclo formal esquizofrénico como en el ciclo formal depresivo, sino una posibilidad original de la condición humana de la existencia que encontramos, por ejemplo, en estas palabras de A. Camus: 'Bajemos un escalón más, y ahí está la extrañeidad: darse cuenta de que el mundo es 'denso', entrever hasta qué punto una piedra es extraña y para nosotros irreductible, con qué intensidad la naturaleza, un paisaje, pueden sustraerse de nosotros. En el fondo de toda belleza hay algo de inhumano, y he aquí que las colinas, la dulzura del cielo, el perfil de los árboles pierden al mismo tiempo el sentido ilusorio del que los revestimos, más distante ahora que un paraíso perdido'" (1988: 69).

BIBLIOGRAFÍA: Borgna, (1988); Gebsattel, V.E. von (1954); Jaspers, K. (1913-1959).

extrapolación (al. *Extrapolation*; fr. *extrapolation*; ingl. *extrapolation*; it. *estrapolazione*)

Término estadístico que indica la estimación del valor de una función fuera del ámbito dentro del cual son conocidos sus valores. Así, se puede extrapolar el número de los habitantes de una nación dentro de diez años a partir del último censo. El término se usa en ocasiones como sinónimo de **analogía** (*v.*).

extrapiramidal, sistema (al. *Extrapyramidensystem*; fr. *système extrapyramidal*; ingl. *extrapyramidal system*; it. *sistema extrapiramidale*)

Sistema motor que se origina en **neuronas** (*v.*) situadas en diferentes partes de la **corteza cerebral** (*v.*), entre ellas el área premotriz del lóbulo frontal. Sus fibras se dirigen a los ganglios de la base (cuerpo estriado) y al tronco encefálico para interconectarse en la vía final de las motoneuronas. Este sistema contribuye a la actividad muscular voluntaria regulando el tono y la postura mediante una compleja coordinación de la interconexión agonista-antagonista. Además está destinado a la regulación de la motilidad involuntaria asociada, en el movimiento (*v.* **quinesia**) fisiológico, con movimientos voluntarios, como los de balanceo de las extremidades superiores en la marcha (*v.* **locomoción**). Inhibe algunas manifestaciones primitivas, superfluas para cumplir

con los fines de un movimiento eficiente. Las lesiones en este sistema entrañan la aparición de discinesias (*v.* **quinesia**), como en los casos de parkinsonismo, **corea** (*v.*) y espasmos de torsión. Una hipertonía extrapiramidal con hipertonía muscular generalizada se observa en el **mal de Parkinson** (*v.*) y en la sobredosis de fármacos neurolépticos (*v.* **psicofarmacología**, § I, 1, *a*).

extravagancia (al. *Verschrobenheit*; fr. *extravagance*; ingl. *oddness*; it. *stravaganza*)

Forma de **psicopatía** (*v.*) caracterizada por un grado de **excentricidad** (*v.*) tal que llega a dificultar una relación aceptable con la realidad, conocida tambien como *excentricidad*. En ambos casos son traducción del alemán *Verschrobenheit*. Algunos clasifican la extravagancia entre las formas de psicopatía, y otros entre las formas iniciales de esquizofrenia. En efecto, como escribe L. Binswanger, "el cuadro de la extravagancia, en el sentido de una constitución psicopática por un lado y como proceso esquizofrénico por el otro, es tan semejante que la mayor parte de los estudiosos ve en los psicópatas extravagantes a esquizofrénicos" (1952: 32). Este síndrome lo describieron con especial atención I. Kant, E. Bleuler y L. Binswanger, quienes lo distinguieron de la **creatividad** (*v.*) en la medida en que, a diferencia de esta última, la extravagancia no toma en cuenta los datos de la realidad.

1] *La descripción de Kant*: "La extravagancia (*vesania*) es la enfermedad de una razón perturbada. El enfermo escapa de toda orientación de la experiencia, y sigue principios, que pueden estar por entero más allá del criterio de la experiencia, y desatina para comprender lo incomprensible. [...] En esta especie de perturbación mental no sólo hay desorden y desviación de la regla del uso de la razón, sino también sinrazón positiva, es decir otra regla, un punto de vista completamente diferente, en el cual, por así decirlo, el alma es desplazada, y desde el cual ésta ve todos los objetos de forma diferente, y así se encuentra transferida a un lugar lejano de ese *sensorio communi* que es necesario para la unidad de la vida" (1798: 103-104).

2] *La descripción de Bleuler*: "Los extravagantes tienen una vida psíquica privada de unidad y coherencia. Una comprensión distorsionada de las situaciones, operaciones lógicas estrambóticas, opiniones y con frecuencia también formas de expresarse muy particulares, los colocan exteriormente en un plano bastante cercano a los esquizofrénicos latentes, de los cuales no es fácil distinguirlos, no obstante esté establecido que tales tipos pueden remontarse incluso a una anomalía congénita. Son los únicos entre los psicópatas en los que claramente está perturbada no sólo o de manera fundamental la afectividad, sino también el curso del pensamiento" (1911-1960: 612).

3] *La descripción de Binswanger*: "El 'espacio' para un auténtico 'progreso', para el desarrollo, para la creación [...] presupone que la relación con la 'cosa' esté de acuerdo con la cosa, que le corresponda y que se atenga a ella; en otras palabras, que el que tiene que ver con ella no sólo tenga en consideración su objetividad y su realidad, sino que también las obedezca y que en esta obediencia se realice a sí mismo. Es imposible crear en o con el vacío, es decir sólo en la trascendencia subjetiva; la creación es posible sólo mediante una participación 'correspondiente' de la trascendencia subjetiva y de la trascendencia objetiva. [...] El sujeto extravagante está sordo frente a la 'naturaleza de la cosa', quiere sólo lo que 'se le metió en la cabeza', en cuanto único, sin consideraciones, no sólo hacia la cosa misma sino también hacia los demás que tienen que ver con el mismo 'medio'. Pero de cualquier especie que sea la 'cosa', ya sea un objeto, una idea, una acción, o la conducta de vida en general, quien no tiene consideraciones por ella, quien no la enfrenta y no la toma correctamente, quien no la trata de acuerdo con su naturaleza [...] distorsiona, tuerce la cosa, la malogra o la descuida, y así se malogra y se descuida a sí mismo *en ella*" (1952: 113-114).

BIBLIOGRAFÍA: Binswanger, L. (1952); Bleuler, E. (1911-1960); Kant, I. (1798).

extremidad fantasma

v. SOMATOAGNOSIA.

extroversión-introversión (al. *Extraversion-Intraversion*; fr. *extraversion-intraversion*; ingl. *extraversion-intraversion*; it. *estroversione-introversione*)

Par de términos que introdujo C.G. Jung para indicar dos tipos de **actitud** (*v.*, § 2), una orientada hacia hechos externos (extrovertida), la otra hacia factores subjetivos (introvertida). Combinando estos dos tipos de actitud con las cuatro **funciones** (*v.*, § 2, *b*) psíquicas identificadas en el pensamiento, en el sentimiento, en la sensación y en la intuición, construye Jung su **tipología** (*v.*, § 2).

1] EXTROVERSIÓN. Esta actitud está caracterizada, para Jung, por "orientación de la libido hacia afuera. Con este término indico una explícita referencia del sujeto hacia el objeto, en el sentido de un movimiento positivo del interés subjetivo hacia el objeto. [...] Se puede hablar de una extroversión *activa* cuando ésta se desea expresamente, y de una extroversión *pasiva* cuando el objeto provoca por fuerza la extroversión, es decir cuando es éste el que despierta el interés del sujeto, eventualmente incluso en contra de la intención del mismo" (1921: 438). Para el extrovertido, continúa Jung, "el objeto, en cuanto factor determinante, posee manifiestamente en su conciencia más importancia de la que pueda tener su opinión subjetiva. Desde luego también él tiene opiniones subjetivas, pero su poder determinante es menor que el de las condiciones objetivas externas" (1921: 338). Cuando esta actitud es constante, Jung habla de *tipo extrovertido*.

2] INTROVERSIÓN. Esta actitud, escribe siempre Jung, está caracterizada por "la orientación de la libido hacia dentro. Con esto se manifiesta una relación negativa del sujeto con el objeto. El interés no se mueve hacia el objeto, sino que se repliega de éste hacia el sujeto. Quien tiene actitudes en el sentido de la introversión piensa, siente, actúa de manera tal que permite entender claramente que su determinación principal es el sujeto, mientras que al objeto le corresponde, como máximo, un valor secundario. En la introversión puede predominar en ocasiones un carácter intelectual, en otras uno afectivo, así como puede estar caracterizada por la intuición o por la sensación. La introversión es *activa* cuando el sujeto quiere cierto aislamiento del objeto, *pasiva* cuando el sujeto no es capaz de llevar nuevamente hacia el objeto la libido que refluye de éste. Cuando la introversión es habitual, se habla de *tipo introvertido*" (1921: 466). Descuidada por la actitud consciente, "es el inconsciente el que asume el cuidado de la relación con el objeto, y lo hace de tal manera que destruye de la forma más radical las ilusiones de potencia y las fantasías de superioridad que la conciencia nutre. No obstante la devaluación que opera la conciencia, el objeto asume dimensiones pavorosas. Ocasiona que el yo promueva aún más violentamente la distancia del objeto y las intenciones para alcanzar el dominio sobre éste, hasta rodearse de un sistema formal de defensas (según la descripción exacta que hizo Adler) con la intención de proteger por lo menos la ilusión de una superioridad" (1921: 384).

3] LOS DESARROLLOS SUCESIVOS DE LA POLARIDAD EXTROVERSIÓN-INTROVERSIÓN. S. Freud, aunque acepta el concepto de introversión, lo rechaza como tipología y lo interpreta como consecuencia de la **frustración** (*v.*) que el sujeto experimenta en el contacto con la realidad, con el consiguiente replegamiento hacia sus propias imágenes y sus propios fantasmas: "Ella [la libido] "se extraña de la realidad, que en virtud de la pertinaz frustración ha perdido valor para el individuo; se vuelve hacia la vida de la fantasía, donde se crea nuevas formaciones de deseo y reanima las huellas de formaciones de deseo anteriores, olvidadas. A consecuencia del nexo íntimo de la actividad fantaseadora con el material infantil, […] la libido puede retroceder todavía más, hallar por el camino de la *regresión* unas vías infantiles y aspirar a tales metas" (1912 [1976: 240]). H.J. Eysenck adopta la diferenciación galénica para identificar al extrovertido con el colérico y el sanguíneo, y al introvertido con el melancólico y el flemático, confirmando el uso popular, y no psicológico, de extrovertido con exuberante y de introvertido con cerrado y reservado. Siempre según Eysenck, entre los psicópatas y los histéricos prevalece la extroversión, mientras que entre los fóbicos y los obsesivos hay una tendencia mayor hacia la introversión. La distinción jungiana entre actitud *introvertida* y *extrovertida* reaparece bajo otra denominación en H. Rorschach entre *intratensiva* y *extratensiva* (1921); en E.R. Jaensch entre *integrada* y *desintegrada* (1930), y en G. Pfahler entre *rígida* y *elástica* (1929).

BIBLIOGRAFÍA: Eysenck, H.J. (1961); Freud, S. (1912); Jaensch, E.R. (1930); Jung, C.G. (1921); Pende, N. (1928); Pfahler, G. (1929); Rorschach, H. (1921).

eyaculación (al. *Ejakulation*; fr. *ejaculation*; ingl. *ejaculation*; it. *eiaculazione*)

Emisión, en el macho, del líquido seminal, o esperma. La eyaculación, aunque debe distinguirse del **orgasmo** (*v.*), puede considerarse el reflejo final, pues lo determina la excitación sexual llevada a su clímax, y provoca de inmediato una rápida extinción del deseo sexual. Cuando la eyaculación se manifiesta casi inmediatamente después de los primeros acercamientos y, en algunos casos, incluso antes de la erección, tras la más leve excitación sexual, se habla de *eyaculación precoz*. Desde un punto de vista clínico ésta es considerada el más común de los trastornos de las funciones sexuales masculinas, con cierta incertidumbre debida a que no existe unanimidad para establecer la duración del coito sobre cuya base se pueda definir una eyaculación "precoz" o no. Se observa con frecuencia en las personalidades neuróticas o, por el contrario, en los casos en que el sujeto no ha superado o completado determinadas fases evolutivas de la madurez sexual, con el consiguiente bloqueo en el nivel **pregenital** (*v.*). No faltan elementos de desprecio hacia la mujer o de angustia frente a los órganos sexuales femeninos, variante de la **angustia de castración** (*v.* 2, f.). Debe distinguirse la eyaculación precoz de la *eyaculación retardada*, en la cual, no obstante la normalidad de la erección, se presenta un excesivo retardo, interpretado como una manifestación de elementos narcisistas o sadomasoquistas en los que se sobrentiende un rechazo de la relación o una actitud hostil respecto a la mujer. Al respecto K. Abraham escribe que "es tarea del tratamiento analítico liberar al paciente de su actitud narcisista e indicarle la vía para el normal traslado emotivo. Si se logra eliminar su rechazo por la mujer, estará libre la vía para el desarrollo normal de las funciones sexuales; de forma análoga, se logra eliminar el equivalente femenino de la *ejaculatio praecox*: la frigidez" (1917: 90).

BIBLIOGRAFÍA: Abraham, K. (1917).

fabulación (al. *Konfabulation*; fr. *fabulation*; ingl. *confabulation*; it. *confabulazione*)

La fabulación es una actividad representativa que da inicio a narraciones carentes de correspondencia concreta, pero con frecuencia verosímiles y estructuralmente coherentes. Se identifica una fabulación *infantil* en la que se expresa la tendencia a cargar de significados imaginarios el mundo concreto, repitiendo cuentos, narraciones fantásticas, reminiscencias de sucesos recientes y pasados en los que los significados reales se sustituyen con significados imaginarios, y una fabulación *patológica*, frecuente en el síndrome de Korsakoff (*v.* **alcoholismo**, § 6, *b*), en la **demencia** (*v.*) y en algunos estados delirantes, donde la fabulación desarrolla la función de compensar los vacíos de memoria o de expresar las experiencias reales congruentes con la estructura del delirio. Se caracteriza por un total desconocimiento del sujeto, que está plenamente convencido de lo que está diciendo, y en esto se distingue de la **seudología** (*v.*), frecuente en sujetos psicópatas o histéricos, en la cual el sujeto abandona su producción fantástica cuando se lo enfrenta a la evidencia de los hechos.

facilitación (al. *Ausschleifung*; fr. *facilitation*; ingl. *facilitation*; it. *facilitazione*)

El término encuentra aplicación en tres contextos: 1] en *fisiología*, donde lo introdujo T. Meyer y lo retomó posteriormente T. Ziehen en los respectivos estudios de la memoria, según los cuales la excitación, en su paso de una neurona a otra, debe vencer cierta resistencia, abriendo, mediante su repetición, una vía llamada "facilitada" respecto a otras que no lo son; 2] en *psicoanálisis*, donde S. Freud, para ilustrar el funcionamiento del **aparato psíquico** (*v.*) construido sobre el modelo neurológico, adopta la teoría de Meynert, hoy en desuso porque está poco probada; 3] en *psicología experimental*, donde se habla de "facilitación social" en el caso en que la presencia de una persona tiene un efecto motivacional en el rendimiento de un sujeto cuando las respuestas correctas son predominantes. Dicha facilitación se transforma en su contrario cuando prevalecen los errores.

BIBLIOGRAFÍA: Freud, S. (1895); Meynert, T. (1890); Zajonc, R.B. (1965); Ziehen, T. (1887).

facticidad
v. ANÁLISIS EXISTENCIAL, § 2, *c*.

factor (al. *Faktor*; fr. *facteur*; ingl. *factor*; it. *fattore*)

Elemento que participa en la determinación de una totalidad, pero que es susceptible de ser considerado y analizado independientemente de su correlación. En *estadística* el estudio de los factores inició un ámbito disciplinario preciso que toma el nombre de **análisis factorial** (*v.*), cuya aplicación en psicología se utiliza como principio de clasificación y, en la base de las diferentes teorías, como criterio para la determinación del **tipo de personalidad** (*v.*, § 2) que se obtiene relacionando con un número limitado de factores fundamentales las innumerables variables de referencia. Además de que en estadística se habla de factores también en **psicología diferencial** (*v.*) y en **pedagogía** (*v.*), donde por "factores de la educación" se entienden las partes interactuantes del proceso educativo cuya definición corresponde a las diferentes orientaciones teóricas.

factorial, análisis
v. ANÁLISIS FACTORIAL.

facultad (al. *Vermögen*; fr. *faculté*; ingl. *faculty*; it. *facoltà*)

Término utilizado en el campo filosófico para indicar las diferentes aptitudes y potencialidades del alma entendidas como sustancia del hombre. De origen platónico-aristotélico, la doctrina de las facultades, que generalmente se guía por intereses nosológicos y está dirigida a definir estrategias de control del comportamiento según una orientación ético-pedagógica, presenta numerosas variantes históricas a partir de la clasificación medieval de las facultades diferenciadas entre sí por los diversos actos y operaciones que cumplen. Con la vida dividida en tres niveles, la escolástica medieval atribuía a la vida *vegetativa* la facultad nutritiva, acrecentativa y generativa; a la vida *sensitiva* la facultad sensorial y apetitiva; a la vida *intelectual* la facultad cognoscitiva y volitiva. Además de conocer y desear, I. Kant considera que al alma también corresponde la facultad del sentimiento. Después de la proliferación de las diferentes *psicologías de las facultades* en el curso de la historia de la filosofía, hoy el término está en desuso y ya no constituye tema de investigación y de debate. Esto se debe a la influencia del **conductismo** (*v.*) y de la **psicología de la forma** (*v.*), para los que el comportamiento implica la actuación simultánea y la fusión de todos los principios o partes que una vez se le atribuían al alma, haciendo que la separación carezca de interés.

El término facultad conserva todavía un significado específico en el ámbito de la **psicología forense** (*v.*) para referirse a la ausencia de obstáculos jurídicos respecto a una acción. En este ámbito también se encuentra el concepto *facultativo*, afín al de *lícito*.

fading

Expresión inglesa utilizada: 1] en *pedagogía*, para referirse a la técnica didáctica que conduce a la limitación progresiva, hasta llegar a la supresión, de los auxiliares didácticos antes asignados en orden de unidades de aprendizaje; 2] en *psiquiatría*, para indicar la progresiva disminución de los procesos asociativos hasta la suspensión definitiva (*v.* **bloqueo**).

fagofobia (al. *Phagophobie*; fr. *phagophobie*; ingl. *phagophobia*; it. *fagofobia*)

Profunda aversión a la ingestión de comida. Es un síntoma típico de la **anorexia** (*v.*).

fagomanía (al. *Phagomanie*; fr. *phagomanie*; ingl. *phagomania*; it. *fagomania*)

Incontenible necesidad de comer más allá del impulso fisiológico del hambre. Puede aparecer en las formas de depresión como compensación a una desilusión o a un vacío interior.

faking
v. DISTORSIÓN.

fálica, fase (al. *Phallische-Phase*; fr. *phase phallique*; ingl. *phallic phase*; it. *fase fallica*)

Término psicoanalítico que denomina la tercera fase del desarrollo de la libido, posterior a la **fase oral** (*v.*, § 2) y la **anal** (*v.*, § 2). Se distingue de la **fase genital** (*v.*) que se manifiesta en la pubertad porque en la fase fálica el único órgano conocido tanto por el varón como por la mujer es el **falo** (*v.*), que crea entre los dos sexos la oposición: presencia del falo y ausencia del falo o **castración** (*v.*). El fantasma de la castración pone fin al **complejo de Edipo** (*v.*). El niño sale de la sexualidad infantil, que S. Freud define como "perversa y poliforma", organizando todas las pulsiones parciales alrededor de la zona genital. Esta fase, escribe Freud, "...muestra un objeto sexual y cierto grado de convergencia de las aspiraciones sexuales sobre este objeto, pero se diferencia en un punto esencial de la organización definitiva de la madurez genésica. En efecto, no conoce más que una clase de genitales, los masculinos. Por eso la he llamado el estadio de organización *fálico*" (1905 [1876: 181n]). La pareja de opuestos **actividad-pasividad** (*v.*) que predomina en la fase anal se transforma en la pareja *fálico-castrado* en la fase fálica, para llegar a la oposición *masculi-nidad-feminidad* en la fase genital. Desde el punto de vista masculino la amenaza de castración concluye el complejo edípico centrado en el amor por la madre y hace surgir en el niño un interés narcisista por su propio pene. Desde el punto de vista femenino la envidia del pene que experimenta la niña respecto al niño provoca resentimiento hacia la madre que no le dio pene, con la consiguiente elección del padre como objeto de amor puesto que puede dar el pene o su equivalente simbólico, que es el hijo.

En la fase fálica E. Jones distinguió un período *protofálico*, en el que el niño todavía no vive el fantasma de la castración y supone que todos poseen un órgano masculino (pene o clítoris) satisfactorio, y un período *deuterofálico*, caracterizado por la fantasía de que el mundo humano esté dividido, en lugar de hombres y mujeres, en sujetos con pene y sujetos castrados. K. Horney y M. Klein consideran que la descripción freudiana de la fase fálica es una consecuencia directa de su concepción falocéntrica (*v.* **falocentrismo**) que no encontraría justificación en los datos que es posible reunir de las observaciones infantiles, donde se comprueba que la niña tiene una intuición primitiva de la cavidad vaginal, por lo que no se daría la envidia del pene (*v.* **envidia**, § 1).

BIBLIOGRAFÍA: Freud, S. (1905); Horney, K. (1939); Jones, E. (1948); Klein, M. (1978).

fálica, mujer (al. *Phallisches Weib*; fr. *femme phallique*; ingl. *phallic woman*; it. *donna fallica*)

Imagen de mujer fantasmada como dotada de un falo externo o como si tuviera dentro de sí el falo masculino. De este fantasma, que el psicoanálisis encuentra con frecuencia en los sueños, se dan diferentes interpretaciones, que van desde un estancamiento en la **fase fálica** (*v.*) hasta una atribución del pene a la madre activa como proyección retrospectiva del órgano activo de la madre, que es el seno. El análisis de los homosexuales ha mostrado la presencia del fantasma ansiógeno según el cual la madre habría conservado dentro de sí el pene que recibió durante el coito. La expresión "mujer fálica" también se refiere, pero sin ninguna justificación fantasmática, a mujeres o a madres autoritarias con rasgos que se consideran masculinos. Por su parte S. Freud demostró que el fetiche es una sustitución del falo materno cuya ausencia niega el fetichista.

BIBLIOGRAFÍA: Fenichel, O. (1945); Freud, S. (1927).

fálico, carácter (al. *Phallischer Charakter*; fr. *caractère phallique*; ingl. *phallic character*; it. *carattere fallico*)

Carácter típico de quien concibe el comportamiento sexual como una demostración de potencia, en antítesis al carácter **genital** (*v.*), que lo concibe como participación en una relación. En la tipología caracterológica de W. Reich "el carácter fálico-narcisista se distingue exteriormente del carácter coaccionado y del carácter histérico. Mientras que el carácter coaccionado es predominantemente inhibido, contenido, depresivo, y el carácter histérico es nervioso, ágil, aprensivo, inconstante, el típico carácter fálico-narcisista, en cambio, se presenta seguro de sí, en ocasiones arrogante, elástico, vigoroso, a veces imponente. Cuanto más neurótico es el mecanismo interno más ostensibles son estas actitudes. [...] Por lo general esos individuos tienen el hábito de prevenir cualquier ataque previsto con un ataque por parte de ellos. [...] En los hombres fálico-narcisistas la potencia eréctil está bastante bien desarrollada, contrariamente a la orgásmica. Las relaciones con las mujeres suelen verse perturbadas por la poca consideración hacia el sexo femenino; no obstante esto, los representantes de este tipo con mucha frecuencia son precisamente objetos sexuales deseados porque desarrollan de modo exterior, en forma pura, todas las características de la virilidad. En las mujeres el carácter fálico-narcisista es más raro, pero no obstante está difundido. Las formas neuróticas están caracterizadas por una homosexualidad activa y por una notable excitación del clítoris; las formas genitalmente más sanas se distinguen por una gran seguridad en sí mismas que se basa en la fuerza y en la belleza física" (1933: 253-256).

BIBLIOGRAFÍA: Lowen, A. (1958); Reich, W. (1933).

fálico, culto (al. *Phalluskult*; fr. *culte phallique*; ingl. *phallic cult*; it. *culto fallico*)

Veneración ritual del falo presente en numerosas culturas de la Antigüedad. Emblema de la fuerza generativa y vital, pero también de la felicidad, así como de la locura erótica y su poder transfigurador, el falo se vuelve objeto de culto en las religiones ocultas, como en ocasión de las fiestas en honor de Dionisio, llamadas *faloforías* porque se caracterizaban por procesiones escoltadas por la efigie de un falo. Junto a estos significados el culto del falo indica, en opinión de E.C. Keuls, "un sistema cultural donde el órgano masculino se vuelve el símbolo de la autoritaria presencia del macho junto con el poder y la violencia" (1985: ix). Desde este punto de vista "la ostentación del falo no se refiere al órgano de unión y de placer recíproco sino más bien al arma, a la lanza, a la maza de guerra, al cetro de soberanía. Cuando el culto del falo se traduce en *falocracia* adquiere, en el nivel sexual, la forma de estupro, de indiferencia hacia la satisfacción sexual de la mujer, de la disposición arbitraria del cuerpo de las prostitutas, mantenidas prácticamente en esclavitud o, en todo caso, no autorizadas a sostenerse de otra manera. En la esfera política significa imperialismo y gestión patriarcal de los asuntos públicos" (1985: 6).

BIBLIOGRAFÍA: Bachofen, J.J. (1861); Detienne, M. (1977); Hillman, J. (1972); Keuls, E.C. (1985); Neumann, E. (1956).

fálico, erotismo
v. EROTISMO, § 4.

falo (al. *Phallus*; fr. *phallus*; ingl. *phallus*; it. *falo*)

Término que designa la función simbólica del pene en ese proceso intersubjetivo e intrasubjetivo que, mediante la superación del **complejo de Edipo** (*v.*), desemboca en la aceptación, por parte del sujeto, del propio sexo. S. Freud, quien utiliza el término *pene* (*v.*) para indicar el órgano en su realidad anatómica, adopta el término falo para describir la **fase**

fálica (*v.*) del desarrollo sexual, en la cual las pulsiones giran alrededor de tener falo o estar castrado, sobre la base de su teoría, conocida como **falocentrismo** (*v.*), según la cual, en la fase fálica, el falo es el término de referencia y de orientación pulsional en ambos sexos. Sobre la función simbólica del falo insiste también Lacan, para quien: "en la doctrina freudiana el falo no es una fantasía, si con esto es necesario entender un efecto imaginario. Y tampoco un objeto (parcial, interno, bueno, malo, etc.) si este término tiende a apreciar la realidad interesada en una relación. Aún menos es el órgano, pene o clítoris, que simboliza. No sin razón Freud se refirió al simulacro que éste tenía para los Antiguos. Ya que el falo es un significante, un significante cuya función, en la economía intersubjetiva del análisis, tal vez levanta el velo de la función que ocupa en los misterios. Porque es el significante destinado a designar en su conjunto los efectos del significado, en cuanto el significante los condiciona por su presencia de significante" (1958: 687). Como significante que distribuye los significados, el falo instaura una primera diferencia entre el tener y el no tener, por lo que una mujer "se constituye como en aquella que en el amor da lo que no tiene" (1958: 692), y además una segunda diferencia que se constituye en el reconocimiento de que tener falo significa no serlo. A partir de este reconocimiento es posible el paso al plano simbólico (*v.* **símbolo**, § 5, *e*).

BIBLIOGRAFÍA: Freud, S. (1905); Lacan, J. (1958).

falocentrismo (al. *Phallozentrismus*; fr. *phallocentrisme*; ingl. *phallocentrism*; it. *fallocentrismo*).

Expresión que se refiere a la teoría psicoanalítica freudiana que asume el falo como referencia de todas las pulsiones que, si no se orientaran hacia "la preminencia de la zona genital" (1905: 515), quedarían "como en la edad infantil, *carentes de un centro*" (1905: 537) y por lo tanto un estado "anárquico" y "polimorfo". Esto porque, escribe Freud, "...sus pulsiones parciales singulares aspiran a conseguir placer cada una por su cuenta, enteramente desconectadas entre sí. El punto de llegada del desarrollo lo constituye la vida sexual del adulto llamada normal; en ella, la consecución de placer se ha puesto al servicio de la función de reproducción, y las pulsiones parciales bajo el primado de una única zona erógena, han formado una organización sólida para el logro de la meta sexual de un objeto ajeno" (1905 [1976: 179]). Desembocar en la zona genital, que se centra en el falo, proporciona a las pulsiones el lugar y la dirección de los intercambios pulsionales suprimiendo toda ambivalencia que, cuando perdura, inscribe el comportamiento sexual en el ámbito de las desviaciones y de las perversiones (*v.* **perversión**).

BIBLIOGRAFÍA: Freud, S. (1905).

falocracia
v. FÁLICO, CULTO, § 2.

falsa valoración
v. EVALUACIÓN, § 2.

falsificación retrospectiva (al. *Nachträgliche Fälschung*; fr. *falsification rétrospective*; ingl. *retrospective falsification*; it. *falsificazione retrospettiva*)

Proceso de manipulación y consiguiente refinamiento del recuerdo de experiencias pasadas que se incorporan cuando con los datos originales de la memoria se mezclan informaciones falsas, fantásticas o de alguna manera extrañas a la experiencia vivida. Este proceso, que en algunos casos puede tener un inicio consciente, escapa al control del individuo, trasfigurando, junto a cada recuerdo, las imágenes de sí que él reconoce y refleja. Se puede suponer que cierta dosis de falsificación retrospectiva sea común a toda actividad mnemónica, no intencional y, en todo caso, irrelevante para el funcionamiento normal del proceso mediante el cual cada cual se relaciona con su pasado. En cambio asume formas patológicas en la demencia, en la histeria y en la paranoia, donde la memoria está contaminada por falsas convicciones inducidas por el delirio. La falsificación retrospectiva caracteriza también algunos síndromes neuróticos como respuesta a la exigencia inconsciente de

reprimir la propia identidad pasada, testimoniada por el recuerdo. En el caso de que no se presente con otros síntomas es difícil distinguirla de la actitud mentirosa consciente.

falso reconocimiento
v. MEMORIA, § 8, *d.*

falso, yo
v. YO FALSO.

familia (al. *Familie*; fr. *famille*; ingl. *family*; it. *famiglia*)

Entendida en el sentido más común, es decir como núcleo comunitario elemental que une a dos individuos de sexo diferente y a su prole, la familia representa el punto de intersección de numerosos estudios e investigaciones, correspondientes a campos disciplinarios muy diferentes entre sí. Este interés se debe al hecho de que la familia es reconocida casi universalmente como vía esencial para el acceso a la individualidad, al horizonte referencial inmediato, a las características reactivas primarias que connotan el comportamiento interindividual; por lo mismo actúa, por un lado, como una especie de esquema funcional que constituye el medio entre el individuo en su singularidad y el individuo como elemento de ese conjunto complejo que es la sociedad, y por el otro como la correlación más o menos directa de todas las investigaciones que se refieren a la formación y normalización de los comportamientos individuales y, en relación con esto, a la determinación genética de las patologías psíquicas.

Tras precisar que resulta improbable una valoración naturalista de la familia es más congruente la idea de que se trata de un fenómeno históricamente determinado cuya estabilidad y tipicidad está vinculada sólo con ciertos tipos de cultura (basta pensar en la familia ampliada, es decir que incluye más de una generación, típica de las sociedades feudales y de ciertas comunidades tribales), se puede asumir que constituye, en el mundo occidental, por lo menos en los últimos cuatro siglos, una estructura constante, orgánica. Pero no se trata de una entidad definitivamente consolidada y circunscribible, sino del espacio que refleja tal vez de modo más llamativo las diversas vicisitudes de la experiencia social. Así la familia es tanto un elemento de estabilidad y de estabilización como el espectro de la inquietud ideológica y cultural que, incluso en los momentos de mayor equilibrio, sigue permeando la vida comunitaria.

Este espacio de instancias contradictorias se interpreta claramente en la reconstrucción histórica del nacimiento de la psiquiatría y del psicoanálisis. La primera, desde el principio de su historia, le asigna a la familia la función de identificar los eventuales trastornos mentales en alguno de sus miembros y de denunciarlos, para asumirse después, en la forma medicalizada del asilo, como el lugar privilegiado de recuperación. Para M. Foucault el psicoanálisis, investigando las pulsiones inconfesadas del inconsciente, descubre precisamente en la familia, tanto el atentado contra el padre, o sea contra el momento institucional, como la responsabilidad de la familia en la génesis de los comportamientos neuróticos. El análisis del individuo, cuya génesis histórica reinterpretan indistintamente psiquiatría, psicología, psicoanálisis y pedagogía implica entonces, de manera necesaria, la referencia al ámbito de las relaciones primarias que maduran en la familia.

Como unidad social institucionalizada y coherente de cierta organización política y económica, la familia entra en el juego de las responsabilidades e irresponsabilidades de las que está llena la experiencia psíquica del individuo, con sus peculiaridades, su visión del mundo, sus eventuales anomalías, y la experiencia social debida a sus transformaciones que, como afirma el análisis de K. Gough, puede rastrearse al cambio de la relación de poder entre los sexos, la supresión de la división sexual del trabajo, la asignación a la sociedad de la carga económica de la reproducción respecto a la producción, la transformación radical de las formas de educación de los hijos, la desaparición del vínculo legal del matrimonio, con consecuencias considerables en el cambio de los sistemas de valores y de la misma institución familiar.

I] ORIENTACIONES DISCIPLINARIAS AL PROBLEMA DE LA FAMILIA

Conscientes del papel central de la familia para la determinación y la formación del comportamiento psíquico distinguimos los diferentes criterios con los que las disciplinas psicológicas han "tematizado" el problema.

1] PSICOLOGÍA SOCIAL. El estudio de la familia fue favorecido por los llamados "ambientalistas" que, contra los "organicistas", insisten en la influencia del ambiente en la formación del individuo. A partir de los estudios de T. Parsons, y adoptando la teoría estructural-funcionalista, la psicología social llegó a las siguientes conclusiones: a] la familia es un grupo social de carácter eminentemente *privado*, no sólo porque su nacimiento está vinculado al simple compromiso estipulado por los contrayentes, sino porque de ella brotan todas las funciones de orden colectivo, antes que nada las productivas, y después la responsabilidad de naturaleza política y la socialización secundaria; b] su estructura está destinada a ser *nuclear y de dimensiones reducidas*, relativamente aislada en cuanto a las relaciones de parentesco para hacer frente a los requerimientos del sistema productivo que exige plena disponibilidad y que no permite un número de hijos superior al mínimo indispensable para la reproducción de la especie; c] las *funciones* esenciales de la familia se limitarían a la socialización primaria de los hijos y a la maduración psicocultural de los cónyuges, quienes deben encontrar en la vida doméstica el espacio emocional para la solución de las tensiones generadas en las relaciones sociales de masa. Estos caracteres los sintetiza P. Donati así: "La familia se vuelve un simple 'órgano' (en el significado literal de instrumento) de la sociedad, a la que se encomiendan algunas funciones que no se pueden dejar libradas a la 'anarquía del mercado' (funciones sexuales y reproducción), o que sería ineficiente querer a toda costa volver rutinarias dentro de determinadas organizaciones profesionales (incluidos los servicios sociales), como ciertas capacidades de naturaleza doméstica que no pueden ser asumidas en su totalidad por la sociedad sin graves desperdicios o esfuerzos organizativos muy complejos" (1975: 21-22).

2] PSICOANÁLISIS. S. Freud, tomando a la familia como base para el desarrollo psíquico de todo individuo, elaboró cuatro conceptos que establecen una relación entre la configuración específica de la familia y su efecto en el desarrollo de la persona: *a*] la *teoría del trauma psíquico* sostiene que intensos sentimientos de ira, de amor o de miedo, sedimentados en el curso de los acontecimientos familiares, pueden transformarse en el epicentro de la formación neurótica; *b*] la *teoría del desarrollo psicosexual* considera que las reacciones específicas de los padres y de los hermanos al comportamiento del niño en las diferentes fases influyen sobre las capacidades de este último para la resolución de las presiones de las fuerzas intrapsíquicas contrastantes; *c*] una tercera formulación se centra en torno al **complejo de Edipo** (*v.*), considerado el núcleo de toda neurosis; *d*] por último el concepto de **identificación** (*v.*) establece que el *desarrollo del* **superyó** (*v.*), y en parte del yo, tiene lugar mediante un proceso de interiorización de los padres y de los otros miembros de la familia como objeto de una carga libidinal y hostil. Estos cuatro conceptos deben interpretarse a partir de la premisa de Freud según la cual la psique del niño no refleja con exactitud la realidad familiar, sino más bien una versión sumamente elaborada e imprecisa de esa realidad, distorsionada por los deseos, generados por las fuerzas pulsionales inconscientes, difíciles de controlar.

3] PSIQUIATRÍA. En este ámbito los estudios asumieron tres direcciones: *a*] las características de las relaciones entre padres e hijos que se presume existen en la base del trastorno mental, con identificación del aspecto patógeno de los padres; *b*] la estructura de la familia, como el orden del nacimiento, el número y el sexo de los hermanos, que se presupone vinculada a la psicopatología; *c*] la influencia de los factores genéticos o constitucionales en el niño y la reacción correspondiente de la familia. La reflexión de H.S. Sullivan basándose en las premisas metodológicas de la psiquiatría estableció un significativo desplazamiento en el análisis de las psicopatologías individuales, desde la dimensión intrapsíquica a la interpersonal, introduciendo la noción de *campo relacional*, que da inicio a una nueva perspectiva de investigación de la familia (*v.* **psicología social**, § 3, *d*). La reflexión psiquiátrica así orientada, sirviéndose de los numerosos requisitos psicoanalíticos para este estudio, así como de las aportaciones de las investigaciones sociológicas, desarrolla el concepto de **neurosis familiar** (*v.*), no reconociendo la casualidad de la presencia de trastornos psíquicos en más de un miembro de la misma familia. Esta orientación, que se desarrolló especialmente en Estados Unidos, uniendo observaciones clínicas, prácticas psicoterapéuticas en sujetos esquizofrénicos, reflexiones psicoanalíticas y psicopedagógicas, llegó a identificar funciones familiares específicas, orientadas a garantizar el desarrollo de una personalidad psíquica estable, y en especial funciones comunicativas, de sostén, responsabilidad, adaptación, a cuya deficiencia o desviación puede imputarse, por lo menos en parte, el desarrollo de algunas enfermedades mentales.

4] ANTIPSIQUIATRÍA. Alrededor de los años cincuenta el movimiento antipsiquiátrico propuso revisar toda la psiquiatría tradicional a partir de la hipótesis de que el verdadero origen del sufrimiento mental se debía buscar en la sociedad, que tiene en la familia su instrumento de mediación y de transmisión. Escribe D. Cooper: "El poder de la familia reside en su función de mediación social [...]. Así vemos que el módulo familiar se repite en las estructuras sociales de la fábrica, los sindicatos, la escuela, la universidad, las sociedades comerciales, la iglesia, los partidos políticos, el aparato gubernamental, las fuerzas armadas, los hospitales, los manicomios, y así sucesivamente. Siempre hay 'madres' y 'padres' buenos o malos, amados u odiados, 'hermanos' y 'hermanas' más jóvenes o más viejos, 'abuelos' difuntos o que mandan en secreto. Para utilizar los términos del descubrimiento freudiano, cada uno de nosotros transfiere parte de su propia experiencia familiar originaria –hecha en la 'familia de origen'– a la 'familia de procreación' (es decir a 'nuestra' esposa y a 'nuestros' hijos) y al ámbito del trabajo, cualquiera que sea; y esto sucede recíprocamente" (1971: 10). De la misma opinión son R.D. Laing y A. Esterson para quienes, sustituyendo el modelo individual por el modelo familiar que interiorizó cada individuo, "se vuelven visibles procesos que antes no lo eran, procesos que no son percibidos en el ámbito del paradigma psiquiátrico común" (1964: XXXIV).

II] ESTRUCTURA Y DINÁMICA FAMILIAR
Este ámbito se examina hoy a partir del concepto de **transacción** (v.) que, a diferencia del de **interacción** (v.), que se refiere a la actividad de un individuo sobre otro individuo, percibe las relaciones en un nivel suprapersonal como un sistema de procesos y de relaciones en su movimiento dentro de una situación determinada. Desde este punto de vista el sistema resulta caracterizado por tres elementos: *a*] la *totalidad* por lo que el sistema familiar no coincide con la suma de las partes sino que es independiente, porque lo que cuenta es la disposición de los elementos y no los elementos mismos, y porque las relaciones se consideran como si tuvieran una existencia objetiva independiente del cambio de la organización de la interacción; *b*] la *homeostasis*, por la que la familia está considerada como un sistema que, mediante procesos de autocorrección, tiende a mantenerse constante dentro de una gama de variaciones definidas; *c*] la *transformación* de cada uno de los elementos para el mantenimiento del equilibrio, por lo que se pasa de un nivel de organización a otro que implica la transformación de las propias necesidades y de los propios deseos conscientes e inconscientes, para mantener lo mejor posible los términos de la relación. Por esto hay quien como N.W. Ackerman prefiere, en lugar del término homeostasis, que se extrajo de las ciencias físicas, el término *homeodinámica*, porque "en el campo de las reacciones interpersonales una condición de paralización no puede subsistir por mucho tiempo; el cambio, la interacción y modificación continuos a que está sometido el individuo requieren una definición más elástica; de aquí el término 'homeodinámica'" (1959-1966: 1713). Entre las transacciones más significativas A. Riva indica:

1] LA DÍADA MADRE-HIJO. El nacimiento del niño permite en la familia la realización de las expectativas de los padres. El neonato vive al principio en una relación simbiótica con la madre, percibiendo empáticamente la condición emotiva de esta última, que entra en una especie de *regresión funcional* caracterizada por un regreso a los procesos primarios, con miras a entrar en sintonía con los procesos primarios del neonato. Si la regresión materna es muy acentuada se sientan las bases para una no estructuración del yo del niño, por incapacidad de adaptación de la fantasía a la realidad y por persistencia de la indiferenciación primaria neonatal. Las estructuras poco organizadas del niño tienen posibilidades adaptativas prácticamente ilimitadas, con una resistencia muy elevada a las frustraciones impuestas por el ambiente, a propósito de las cuales dice E.H. Erikson: "No son las frustraciones las que vuelven neuróticos a los niños, sino la carencia, en estas frustraciones, de un significado social" (1950: 124).

2] LA TRANSACCIÓN PADRES-HIJOS. Pasa a través de las expectativas conscientes e inconscientes de los padres que desean que el niño se conserve siempre pequeño o que sea precozmente adulto. En ambos casos los procesos adaptativos del niño tienden a sobrepasar las expectativas de los padres, por un lado porque los organismos jóvenes y todavía poco estructurados no son capaces de modular las respuestas en términos de *economía* (evitar el desperdicio de energía) y de *realismo* (adaptarse a lo que el ambiente verdaderamente requiere); por el otro porque las condiciones de inseguridad en las que el niño se encuentra lo empujan a desarrollar un proceso adaptativo que supera las exigencias del ambiente, con el fin de garantizarse un amplio margen de seguridad en relación con éste. La protección de los padres, obtenida con un sistema de relaciones sobreadaptativas, contrasta con la autoafirmación individualizante, por lo que la relación con los padres puede configurarse como un sistema transaccional *defensivo* caracterizado por una sobreadaptación, o como un sistema transaccional *conflictivo* caracterizado por el surgimiento de la autoafirmación.

Para un sistema transaccional *integrativo* es necesaria una plasticidad en la homeodinámica de la familia que le permita pasar de un nivel de equilibrio a otro. Esto es especialmente evidente durante y después de la fase edípica vivida por el hijo, quien también cuestiona la propia pareja de los padres, porque los ataques del niño orientados a escindirla convierten la transacción padres-hijos de triádica en "bi-diádica", en el sentido de la formación de dos díadas reguladas por relaciones de alianza y de hostilidad. Las exigencias emotivas del hijo hacen revivir a los padres los aspectos no resueltos de su crisis edípica personal, con la consiguiente implicación en el juego de las necesidades no satisfechas y de las compensaciones neuróticas que están en la base de las alianzas entre el padre y la hija contra la madre, o entre la madre y el hijo contra el padre.

Cuanto más grande es el potencial de agresividad acumulado en las transacciones familiares, tanto más alto es el potencial del superyó que se estructura como barrera defensiva y como meta reparadora. La función de las estructuras superyoicas individuales con el superyó del grupo familiar es una forma de restablecer esa simbiosis que la ruptura edípica pone continuamente en peligro y que es percibida como el paraíso perdido de la unidad familiar. En ese punto puede suceder que el hijo introyecte el superyó de los padres, con escaso desarrollo del propio, cosa que lleva a una situación de sustancial dependencia, o que la mayor violencia de las fantasías agresivas del hijo desarrolle en él un complejo de defensas superyoicas superiores a las de los padres, como en el caso de los comportamientos moralizadores y perfeccionistas impuestos por las nuevas generaciones a las más viejas.

3] LA RELACIÓN ENTRE HERMANOS. El nacimiento del hermano supone para el primogénito dificultades adaptativas porque la nueva situación le parece riesgosa en el sentido de que conlleva, en la elaboración fantástica, la pérdida del amor por parte de los padres. Las reacciones a esta situación pueden ser: *aceptación* del hermano con superación de la hostilidad y pérdida de la autoestima; manifestación de *agresividad* y de sadismo; actitud extremadamente *complaciente* como defensa contra las acciones agresivas fantaseadas y temidas; *negación* de la existencia del hermano como resultado final de fantasías homicidas que no se pudieron encauzar o descargar de manera diferente; *regresión* a la situación neonatal en competencia con el neonato. El segundogénito percibe la hostilidad del hermano y reacciona con comportamientos análogos. Pero su adaptación resulta, por lo general, mejor de la del primogénito, porque la situación de nacimiento ya prevé una estructura de tres, y porque los padres, además de mayor experiencia educativa, tienen menos expectativas inconscientes o éstas son de intensidad menor que las que se presentaron con el nacimiento del primogénito.

III] LA TERAPIA FAMILIAR
La psicoterapia de la familia contiene características propias del psicoanálisis, de la terapia de grupo y de la psicoterapia infantil, pero se distingue de las mismas porque tiene como objeto no a individuos aislados o grupos artificialmente construidos sino un grupo natural como la familia, y por finalidad la adaptación de la personalidad al ambiente o la creación de una nueva forma de relacionarse. El punto de partida es que uno de los miembros de la familia se considera "enfermo" y por lo general se lo señala como el "paciente identificado", aunque con frecuencia más de un miembro de la familia, si no todos, están más o menos trastornados. En este caso el terapeuta no se dirige a un paciente en particular sino a una serie de procesos morbosos interpenetrados que se afrontan con diferentes técnicas.

1] LA ORIENTACIÓN PSICOANALÍTICA. Adaptada a la terapia familiar por Ackerman, le asigna al terapeuta la tarea de: "*a*] demoler las negaciones inoportunas, los desplazamientos, las racionalizaciones del conflicto; *b*] rastrear los conflictos interpersonales a un nivel de interacción interpersonal evidente; *c*] neutralizar los modelos de recurso a un chivo expiatorio, modelos que fortalecen una parte de la familia y victimizan otra [...]; *d*] introducir en la vida emotiva del grupo actitudes, emociones, imágenes de relaciones más adecuadas, que la unidad familiar no había experimentado hasta entonces; *e*] el terapeuta sirve de instrumento personal para el examen de realidad" (1959-1966: 1717). En la base del tratamiento psicoterapéutico debe estar, según Ackerman, el reforzamiento del "sí social", capaz de modificar el "sí interior" de cada uno de los elementos y de constituir un nexo entre sociedad e individuo.

2] LA ORIENTACIÓN TRANSACCIONAL. Sostenida por J. Dewey y A.F. Bentley en el terreno filosófico y por J.P. Spiegel y F.R. Kluckhohn en el plano de la aplicación, postula que los acontecimientos que involucran al individuo enfermo y a su familia tienen lugar en un sistema general de subsistemas interdependientes, cada uno de los cuales (por ejemplo el individuo, la comunidad, el sistema de valores compartidos por la familia) puede ponerse temporalmente en el centro de la atención, en el supuesto de que la modificación de un subsistema entraña siempre la modificación del sistema completo. Abandonado el principio de causalidad, ya no se pregunta qué hay en la familia que *es causa* de la patología del individuo, sino cuáles de los procesos que acontecen entre los individuos y la familia están vinculados con los comportamientos que se definen como patológicos. De la orientación transaccional se deriva que la comprensión de la enfermedad mental ya no es identificable en un factor único y ni siquiera en una causalidad sobredeterminada, sino en la recíproca influencia de los mecanismos homeostáticos que ya no se equilibran. El tratamiento requiere la restauración de los controles homeostáticos en el plano cultural, sociológico, psicológico y somático.

3] LA ORIENTACIÓN SISTÉMICA-PRESCRIPTIVA. La elaboró M. Selvini Palazzoli, quien aplica "instrumentos conceptuales derivados de la cibernética, de la teoría general de los sistemas y del estudio pragmático de la comunicación" que, oportunamente integrados, permiten considerar a "la familia como un sistema autocorrectivo basado en reglas determinadas, donde el terapeuta debe hacer lo posible por hacer que salgan a la luz las reglas secretas (con frecuencia inconscientes y no verbalizadas) mediante las cuales la familia perpetúa su propia disfunción. El objetivo del terapeuta será, por lo tanto, cambiar tales reglas, es decir la modalidad funcional del sistema. La terapia es un intento de inducir una transformación en una estructura que tiene propiedades cibernéticas [...]. Como bien lo reveló K. Lewin, para entender cómo funciona determinada cosa es necesario primero intentar cambiar su funcionamiento" (1981: 222-223). El cambio se da mediante la **prescripción** (*v.*), "que invita a los miembros de la pareja a jugar un juego nuevo entre los dos, y entre los dos y todos los demás" (1988: 262). La metáfora del juego es requerida por el carácter intervencionista del terapeuta, que se configura como jugador en el sistema familiar que toma a su cuidado. En este ámbito "cualquier movimiento que se dé en un juego de relaciones funcionales *no* puede *no* pertenecer a una o a otra de las dos categorías. O es un movimiento que continúa con el juego en vigor, o es un movimiento que inicia e invita a jugar *otro*

juego (movimiento metajuego). Evidentemente los movimientos decisivos del terapeuta deben pertenecer a la categoría del metajuego" (1988: 259).

BIBLIOGRAFÍA: Ackerman, N.W. (1958); Ackerman, N.W. (1962); Ackerman, N.W. (1959-1966); Andolfi, M. *et al.* (1982); Ardigò, A. (1966); Ardigò, A. y C. Donati (1976); Bateson, G. (1972); Bettelheim, B. (1987); Bonetti, A. *et al.* (1975); Boszormeny-Nagy, I. y J.L. Framo (1965); Bowlby, J. (1969-1980); Cooper, D. (1971); Dewey, J. y A.F. Bentley (1949); Donati, P. (1975); Erikson, E.H. (1950); Fornari, F. (1963); Foucault, M. (1976-1984); Freud, S. (1929); Gough, K. (1975); Haley, J. (coord.) (1971); Héritier, F. (1979); Horkheimer, M. (coord.) (1936); Kardiner, A. (1939); Laforgue, R. (1936); Laing, R.D. (1969); Laing, R.D. y A. Esterson (1964); Lévi-Strauss, C. (1947); Lévi-Strauss, C. (1960-1967); Maisondieu, J. (1986); Marcuse, H. (1969); Ossicini, A. (1973); Parsons, T. y R.F. Bales (1955); Rigliano, P. y O. Siciliani (1988); Riva, A. (1972); Saraceno, C. (1975); Selvini Palazzoli, M. *et al.* (1975); Selvini Palazzoli, M. (1981); Selvini Palazzoli M. *et al.* (1988); Spiegel, J.P. y N.W. Bell (1969-1970); Spiegel, J.P. y F.R. Kluckhohn (1954); Spitz R.A. (1958); Sullivan, H.S. (1939); Sullivan, H.S. (1953); Vegetti Finzi, S. (1988); Vizziello, G.D., G. Disnan y M.R. Colucci (1991); Watzlawick, P., J.H. Beavin y D.D. Jackson (1967); Watzlawick, P. y J.H. Weakland (coords.) (1976); Winnicott, D.W. (1965); Winnicott, D.W. (1987).

familia, test de la
v. DIBUJO, § 1.

familiar, inconsciente
v. SZONDI, PRUEBA DE.

familiar, neurosis (al. *Familienneurose*; fr. *névrose familiale*; ingl. *family neurosis*; it. *nevrosi familiare*)

Con esta expresión se entiende la influencia patógena que la familia puede ejercer en cada uno de los miembros que la componen. La patogenicidad la identifica la *psiquiatría* en la no casualidad de la presencia de trastornos psíquicos en más de un miembro de la familia y en la deficiencia e incorrección de las funciones comunicativas, de sostén, de responsabilización, de adaptación, reconocidas como propias de la **familia** (*v.*, § I, 3). El *psicoanálisis* la identifica en la llamada "constelación familiar", es decir en la red de las relaciones inconscientes que se instauran entre los miembros de la **familia** (*v.*, § I, 2) a partir del **complejo de Edipo** (*v.*), que está en la base de la configuración neurótica de cada uno, incluyendo los procesos de **identificación** (*v.*), de interiorización del **superyó** (*v.*), de organización de la **libido** (*v.*), con la correspondiente elección de objetos de investimiento, etc. Con esto la neurosis familiar no se identifica como una entidad nosológica, sino como una modalidad expresiva en la que se reúnen las adquisiciones fundamentales del psicoanálisis.

BIBLIOGRAFÍA: Laforgue, R. (1936); Selvini Palazzoli M. *et al.* (1988).

familiar, terapia
v. FAMILIA, § III.

fanatismo (al. *Fanatismus*; fr. *fanatisme*; ingl. *fanaticism*; it. *fanatismo*)

Actitud de quien, en la adhesión incondicionada a una causa, pierde toda actitud crítica, convenciéndose de la absoluta incuestionabilidad y de la incontrovertible legitimidad de cada acto orientado a realizarla. I. Kant lo definió como una "trasgresión, iniciada según principios, de los límites de la naturaleza humana" (1788, § I, 3). El fanatismo, que caracteriza a los más intransigentes adeptos de movimientos políticos y religiosos, es con frecuencia responsable de manifestaciones de intolerancia y de violencia, mientras en el plano psicopatológico recurre con cierta frecuencia como nota característica de algunos delirios paranoicos.

BIBLIOGRAFÍA: Kant, I. (1788); Locke, J. (1667).

fantasía (al. *Phantasie*; fr. *fantaisie*; ingl. *phantasy*; it. *fantasia*)

El término se utiliza en dos acepciones: 1] como *actividad imaginativa* en general, en cuyo caso es la base de todo proceso creativo, y 2] como *fantasma*, expresión de origen psicoanalítico que se refiere a las condiciones, tanto normales como patológicas, en las que se realiza la satisfacción de deseos inconscientes. Por lo que se refiere al primer significado véase la voz **imaginación**; por lo que se refiere al segundo fue necesario clasificarlo bajo la voz *fantasía*, porque en la bibliografía psicológica inglesa y alemana se usa el mismo término para denominar la fantasía como actividad imaginativa así como el fantasma. Del fantasma, por último, debe diferenciarse *ensueño*, o "sueño diurno".

1] EL FANTASMA. Es un producto ilusorio que no resiste confrontación con la realidad. S. Freud opone al mundo interior, que tiende a satisfacer sus propios deseos por vía ilusoria (fantasma), un mundo externo que le impone al sujeto el principio de **realidad** (*v.*, § 3). Como actuación del deseo, también el fantasma es lugar de operaciones defensivas que pueden asumir las formas de la conversión en el **opuesto** (*v.*, § 1, *a*), de la **negación** (*v.*) y de la **proyección** (*v.*). Los fantasmas pueden ser conscientes, como en el caso de los sueños diurnos, o inconscientes, donde la referencia es al "núcleo original", como lo llama Freud, del sueño, del síntoma, del **actuar** (*v.*), de las conductas repetitivas que el tratamiento psicoanalítico debe "enuclear". Según opinión de Freud, en efecto, toda la vida del sujeto, incluidas sus conductas que parecen lejanas a la actividad imaginaria y dictada por las exigencias de la realidad, está modelada y estructurada por una fantasmática inconsciente.

La vida fantasmática, cualquiera que sean las experiencias personales se alimenta –siempre según Freud–, de *fantasmas originales* que tienen por fondo la vida intrauterina, la escena del coito parental o "**escena originaria**" (*v.*) (*Urszene*), la **castración** (*v.*) y la **seducción** (*v.*), que en su conjunto constituyen un patrimonio fantasmático transmitido filogenéticamente: "Opino que estas *fantasías primordiales* [...] son un patrimonio filogenético. En ellas el individuo rebasa su vivenciar propio hacia el vivenciar de la prehistoria, en los puntos en que el primero ha sido demasiado rudimentario. Me parece muy posible que todo lo que hoy nos es contado en el análisis como fantasía –la seducción infantil, la excitación sexual encendida por la observación del coito entre los padres, la amenaza de castración (o más bien, la castración)– fue una vez realidad en los tiempor originarios de la familia humana, y que el niño fantaseador no ha hecho más que llenar las lagunas de la verdad individual con la verdad prehistórica" (1915-1917 [1976: 338]). En las fantasías originales se representan las fases de paso y de crisis que van desde el origen del sujeto en la escena del coito de los padres, hasta el origen de la sexualidad en los fantasmas de seducción, y el origen de las diferencias de los sexos en los fantasmas de castración. De esta interpretación de Freud, propenso a considerar la escena primigenia como una experiencia real o reconstruida a partir de algún indicio realmente vivido, se aleja la interpretación de C.G. Jung, para quien la escena primigenia es una fantasía retrospectiva inducida por una necesidad de renacimiento (*v.* **escena originaria**).

Incluso en sus desarrollos posteriores el psicoanálisis sigue reconociendo, como escribe C. Rycroft, que "la actividad mental consciente está acompañada, sostenida, mantenida e influida por la fantasía inconsciente, la cual se inicia en la infancia y se ocupa primero de las relaciones biológicas, para después encaminarse hacia una elaboración simbólica" (1968: 58). Como sea, hay una diferencia de opiniones en lo que se refiere al valor de las interpretaciones relativas a la fantasía inconsciente. Para los psicólogos del yo las llamadas escenas primigenias, como el coito de los padres o el deseo de agredir el seno o el pene, son interpretaciones dramatizantes que tienen poco sentido para el sujeto adulto, mientras para la escuela kleiniana son las únicas interpretaciones eficientes porque, como escribe S. Isaacs, al resaltar el elemento intermedio entre instinto y pensamiento, "*a*] constituyen el elemento primario de los procesos mentales inconscientes; *b*] conciernen al cuerpo y representan los fines instintivos en relación con los objetos; *c*] requieren, para la adaptación a la realidad y al pensamiento según la realidad, el apoyo de fantasías inconscientes concomitantes" (1952: 49).

En la interpretación del contenido fantástico Jung une el método causal adoptado por Freud, al método **constructivo** (*v.*) que ofrece una perspectiva finalista, por lo que "para una explicación causal la fantasía aparece como un *síntoma* de un estado fisiológico o personal que es resultado de acontecimientos precedentes. Para la explicación finalista, en cambio, la fantasía aparece como un *símbolo* que intenta, con ayuda de los materiales ya existentes, caracterizar o identificar determinado objetivo o mejor dicho una determinada línea futura de desarrollo psicológico" (1921: 443).

2] LA ENSOÑACIÓN. Llamada también *sueño diurno* (*day dream*) o *sueño con los ojos abiertos*, la ensoñación expresa un deseo del presente que recurre a una experiencia placentera pasada para revivirla con la idea de una realización futura. La ensoñación tiene siempre un tono placentero, ya sea porque satisface alucinatoriamente deseos que en la realidad no pueden ser satisfechos o porque, cuando acrecienta injurias o injusticias sufridas, confiere a quien fantasea una especie de aura de martirio que implica una valoración de sí. Al respecto Freud escribe: "Las producciones de la fantasía más conocidas son los llamados 'sueños diurnos', [...] satisfacciones imaginadas de deseos eróticos, de ambición y de grandeza, que florecen con tanto más exuberancia cuanto más llama la realidad a moderarse o a ser paciente. La dicha de la fantasía muestra en ellos su esencia de manera inequívoca: de nuevo la ganancia de placer se hace independiente de la aprobación de la realidad. Sabemos que esos sueños diurnos son el núcleo y los modelos de los sueños nocturnos. Estos, en el fondo, no son sino sueños diurnos que se han vuelto utilizables por la liberación que durante la noche experimentan las mociones pulsionales, y que son desfigurados por la forma nocturna de la actividad anímica. Ya nos hemos familiarizado con la idea de que no necesariamente los sueños diurnos son concientes; existen también sueños diurnos inconcientes. Estos últimos son la fuente tanto de los sueños nocturnos cuanto... de los síntomas neuróticos" (1915-1917 [1976: 339-340]).

Como producto de la actividad fantástica construida con elementos tomados de lo real y extrapolados del tiempo, del espacio y del significado que les es propio, para ponerlos al servicio de los deseos más o menos conscientes, la ensoñación es el instrumento mediante el cual el sujeto confiere estructura y coherencia lógica a situaciones ficticias, imaginarias o inconsistentes, haciéndolas convincentes y persuasivas. La ensoñación es frecuente en los niños, quienes tienen mayor facilidad para sustraer de lo real su concreción, su credibilidad y el peso de los hechos concretos. Desde el punto de vista psicoanalítico la ensoñación se interpreta como el contraefecto de un deseo insatisfecho, mediante el cual el individuo se emancipa del límite de las situaciones objetivas, liberando el deseo de otra manera reprimido. Incluso cuando presenta características negativas como para estructurar un escenario que, en lugar de satisfacer, parece contradecir el deseo del sujeto, la ensoñación responde a la exigencia de una legitimación existencial, favoreciendo, igual que la **abreacción** (*v.*), una descarga emotiva que también puede efectuar una acción terapéutica.

En el ensueño se observa una contaminación entre pasado, presente y futuro, en el sentido de que se toma del pasado una experiencia placentera que sigue siendo importante para la vida psíquica y se la asocia con un deseo presente, para después proyectar hacia el futuro la posible realización. Freud considera idéntico el mecanismo que está en la base de la ensoñación y de los sueños, porque "Como los sueños, ellas son cumplimiento de deseo; como los sueños, se basan en buena parte en las impresiones de vivencias infantiles; y como ellos gozan de cierto relajamiento de la censura respecto de sus creaciones. Si pesquisamos su construcción, advertimos cómo el motivo de deseo que se afirma en su producción ha descompaginado, reordenado y compuesto en una totalidad nueva el material de que están construidas. Mantienen con las reminiscencias infantiles, a las que se remontan, la misma relación que muchos palacios barrocos de Roma con las ruinas antiguas, cuyos sillares y columnas han proporcionado el material para un edificio de formas modernas" (1899 [1976: 488-489]).

BIBLIOGRAFÍA: Bachelard, G. (1960), Bari, Dedalo; Freud, S. (1899); Freud, S. (1907) Freud, S. (1908) Freud, S. (1912) Freud, S. (1914) Freud, S. (1915-1917); Hartmann, H. (1927); Isaacs, S. (1952); Jung, C.G. (1921); Klein, M. (1978); Laplanche, J. y J.B. Pontalis (1964); Rycroft, C. (1968).

fantasma
v. FANTASÍA, § 1.

fármaco *v.*
PSICOFARMACOLOGÍA.

fascinación (al. *Bezauberung*; fr. *fascination*; ingl. *enchantment*; it. *fascinazione*)

Atracción impotente que se experimenta en presencia de algo o de alguien cuya fuerza se impone de forma irresistible. En psicología el término se utiliza para referirse a las técnicas adoptadas para producir **hipnosis** (*v.*) o inducir autohipnosis. En esta acepción específica el término debe diferenciarse de **encanto** (*v.*).

fascismo (F), escola del
v. AUTORIDAD.

fase
v. ESTADIO.

fasmofobia (al. *Phasmophobie*; fr. *phasmophobie*; ingl. *phasmophobia*; it. *fasmofobia*)

Angustiante temor a los fantasmas.

fasopatía (al. *Phasophathie*; fr. *phasophathie*; ingl. *phasopathy*; it. *fasopatia*).

Conjunto de trastornos vinculados al paso de una fase del desarrollo psíquico a otra (*v.* **estadio**, § 2). Por su carácter, dichos trastornos por lo general son de naturaleza transitoria (*v.* **crisis**).

fastidio (al. *Verdruss*; fr. *gêne*; ingl. *annoyance*; it. *fastidio*)

Intolerancia en relación con cosas, personas o situaciones que procuran incomodidad y malestar. Además de los factores de trastorno universalmente reconocidos, como ruidos ensordecedores, olores nauseabundos, condiciones climáticas difíciles, existen actitudes individuales hacia objetos, personas o situaciones especiales que pueden asumir un carácter obsesivo rastreable hasta un conflicto psíquico profundo del cual la sensación de fastidio es sólo un síntoma. En estos casos se prefiere la palabra **fobia** (*v.*).

fatalismo (al. *Fatalismus*; fr. *fatalisme*; ingl. *fatalism*; it. *fatalismo*)

Actitud de quien considera los hechos inmodificables e independientes de la voluntad y de las acciones humanas, en la creencia de que, por su misma naturaleza, escapan a cualquier forma de proyecto orientado a modificar preventivamente la marcha y el significado del acontecer. El fatalismo caracteriza una visión del mundo que puede producir comportamientos contradictorios, ya que indica tanto la aceptación constructiva de los acontecimientos juzgados inexorables como la servil sumisión y la inactividad de la actitud renunciadora. El término cambia de significado según se entienda por "destino" una fuerza ciega e indeterminable que recorre el devenir del mundo, volviéndolo ininteligible, o bien un orden racional pero inevitable que encabeza una voluntad inteligente pero no necesariamente comprensible. La palabra, además, puede referirse tanto al mundo natural como al histórico, directamente referido a la subjetividad humana. El pensamiento moderno distinguió con claridad estas dos dimensiones, eliminando casi sin reservas de la esfera psicológica el dominio del destino. La aceptación de lo inevitable de algunos acontecimientos, de cierta manera, sólo indica un fatalismo parcial, que en cambio asume tonos más intensos siempre que se acepta en términos radicales como exclusión de toda participación humana en la determinación del acontecer (*v.* **destino**).

fatiga (al. *Mühe*; fr. *fatigue*; ingl. *fatigue*; it. *fatica*)

Estado de debilidad posterior a un esfuerzo excesivo de naturaleza física o psíquica, o a un gasto prolongado de energía invertida en cualquier actividad. Tiene como efecto una reducción de rendimiento, funcionalidad, capacidad de concentración, acompañada por un rechazo del trabajo, la actividad o la función que se está obligado a sostener. Estas manifestaciones, que forman parte de los síntomas

de *fatiga*, revelan la superación de los límites de resistencia de los que son capaces el organismo y la psique.

BIBLIOGRAFÍA: Chute, E. (1947); Graf, O. (1955); Schidtke, H. (1965).

fatuidad (al. *Oberflächlichkeit*; fr. *fatuité*; ingl. *fatuity*; it. *fatuitá*)

Inconsistencia y vacuidad de un comportamiento, con frecuencia acompañado de manifestaciones verbales y gestuales excesivamente ostentosas a las que no corresponde una resonancia emotiva adecuada capaz de darles a la palabra y al gesto una consistencia significativa.

Fechmer, leyes de
v. WEBER-FECHNER, LEYES DE.

fecundación (al. *Befruchtung*; fr. *fécondation*; ingl. *fecundation*; it. *fecondazione*)

Fusión de los patrimonios genéticos haploides de un gameto masculino con uno femenino que permite la reproducción del ser vivo. El acto de la fecundación presupone la *fecundidad* del macho y de la hembra. En el varón el período de fecundidad comienza desde finales de la pubertad y prosigue ininterrumpidamente a lo largo de toda su vida; en la mujer va desde la aparición del ciclo menstrual, que se presenta en la pubertad, hasta la desaparición del mismo, alrededor de los 50 años. En este período la fecundidad se activa en fases intermitentes que por lo general abarcan entre el décimo y el vigésimo día del ciclo menstrual (*v.* **menstruación**).

feedback
v. RETROALIMENTACIÓN.

felicidad (al. *Glückseligkeit*; fr. *bonheur*; ingl. *happiness*; int. *felicità*).

Condición de bienestar muy intenso caracterizada por la ausencia de insatisfacción y por el placer relacionado con la realización de un deseo. En su nexo con el deseo la felicidad revela su carácter circunstancial, es decir su vínculo con condiciones de hecho globales y transitorias, de las que depende también su caducidad. La felicidad, además del presente, se puede referir al pasado, cuando se asocia con un estado previo endulzado por el recuerdo y aislado de la posibilidad de contaminarlo con nuevos acontecimientos, o al futuro como situación límite, punto extremo de la tensión que proyecta el hombre hacia la satisfacción de los deseos y de las aspiraciones que acompañan su vida. Junto a la noción de felicidad como pura y simple satisfacción del deseo, se fue afirmando históricamente una noción que, vinculando la felicidad a la virtud y a la sabiduría, desemboca en la idea de una felicidad colectiva, social y cultural, resultante del justo equilibrio entre deseos y datos de realidad, con el consiguiente análisis del sistema de los placeres y de su funcionamiento completo en el ámbito de las relaciones que vinculan al hombre con sus semejantes.

La idea de que la condición humana exija una dialéctica de dolor, esfuerzo y empeño para llegar a tal equilibrio, introduce la noción de felicidad en el espacio teórico en el que se compenetran público y privado, política y moral. Este paso lo señala así S. Freud: "Puesto que la cultura impone tantos sacrificios no sólo a la sexualidad, sino a la inclinación agresiva del ser humano, comprendemos mejor que los hombres difícilmente se sientan dichosos dentro de ella. De hecho, al hombre primordial las cosas le iban mejor, pues no conocía limitación alguna de lo pulsional. En compensación era ínfima su seguridad de gozar mucho tiempo de semejante dicha. El hombre culto ha cambiado un trozo de posibilidad de dicha por un trozo de seguridad" (1929 [1976: 111-112]). H. Marcuse, refiriéndose a la posición de Freud, conjetura que las condiciones opulentas que alcanzó la civilización occidental podrían permitir la hipótesis de una sociedad que ya no tiene necesidad de ser represiva, y por lo tanto de obtener resultados laborales a costa de los impulsos instintivos, y en la que fuese posible una reconciliación del **principio del placer** (v., § 1) con el **principio de realidad** (v., § 3), y donde el Eros pudiera hacer volver las actividades del hombre a sus matrices instintivas en las cuales está la raíz de su libre manifestación: "*Eros y civilización*: con este título quería expresar una idea optimista, eufemista, más concretamente la convicción de que los resultados alcanzados por las sociedades industriales avanzadas podrían permitirle al hombre invertir por completo el sentido del avance de la evolución histórica, obliterar el nexo fatal entre productividad y destrucción, libertad y represión; que podrían, en otras palabras, poner al ser humano en condiciones de aprender la gaya ciencia, es decir el arte de utilizar la riqueza social para modelar el mundo del hombre según sus instintos de vida, mediante una lucha contra los agentes de muerte [...]. Pero en la sociedad organizada integralmente la necesidad biológica no se traduce de modo inmediato en acción; la organización necesita la contraorganización. Hoy la lucha por la vida, la lucha por Eros, es lucha política" (1966: 33, 45). Tanto la posición de Freud como la de Marcuse, incluso en sus evidentes diferencias, concuerdan en excluir que exista una felicidad individual separada de la trama histórico-social en la que el individuo se está manifestando. En términos freudianos, no hay una felicidad ritmada sólo por el principio del placer, y que no tome en consideración el principio de realidad.

BIBLIOGRAFÍA: Freud, S. (1929); Marcuse, H. (1966).

fellatio

Palabra latina adoptada para indicar la práctica sexual secundaria caracterizada por la estimulación oral de los genitales masculinos, que debe adscribirse, en opinión de Freud, a la satisfacción de la zona oral: "Nadie pondrá en duda, creo, que la mucosa de los labios y de la boca puede considerarse una zona *erógena* primaria, pues una parte de esa satisfacción se ha conservado en el beso, que se juzga normal. La intensa activación de esta zona erógena a temprana edad es, por tanto, la dondición para la posterior solicitación somática de parte del tracto de mucosa que empieza en los labios. Si después, en una época en que el genuino objeto sexual, el miembro masculino, es conocido ya, se presentan circunstancias que hacen acrecer de nuevo la excitación de la zona de la boca, que ha conservado su carácter erógeno, no hace falta un gran dispendio de fuerza creadora para remplazar en la situación de satisfacción el pezón originario y el dedo, que fue su vicario, por el objeto sexual actual, el pene. Así, esta fantasía perversa de la succión del pene, desde todo punto de vista chocante, tiene el más inocente origen es la nueva versión de una impresión que ha de llamarse prehistórica, la de la succión del pecho de la madre o de la nodriza, que por lo común se reaviva en el trato con niños que son amamantados. Las más de las veces media entre pezón y pene" (1901 [1976: 46-47]).

BIBLIOGRAFÍA: Freud, S. (1901).

feminidad (al. *Weiblichkeit*; fr. *féminité*; ingl. *womanliness*; it. *femminilità*).

Complejo de rasgos de carácter, de comportamiento y de ideologías que connotan en sentido amplio la psicología femenina, especialmente discutida en el ámbito psicoanalítico, donde se observa un significativo contraste entre la teoría psicoanalítica clásica, que se inicia desde el elemento biológico, y la psicología interpersonal, que redefine la feminidad a partir del elemento sociocultural.

1] LA TEORÍA DEL PSICOANÁLISIS CLÁSICO. Freud, partiendo de la diferencia anatómica entre los dos sexos (*v.* **actividad-pasividad**), asocia con la feminidad el predominio de actitudes pasivas y masoquistas, encontrando en el origen de muchas patologías la resistencia de la mujer para aceptar su propio sexo porque esto implica la renuncia al pene, es decir al principio activo y contrario que corresponde al sexo masculino: "El complejo de castración de la niña se inicia, asimismo, con la visión de los genitales del otro sexo. Al punto nota la diferencia y –es preciso admitirlo– su significación. Se siente gravemente perjudicada, a menudo expresa que le gustaría 'tener también algo así', y entonces cae presa de la *envidia del pene*, que deja huellas imborrables en su desarrollo y en la formación de su carácter, y aun en el caso más favorable no se superará sin un serio gasto psíquico. Que la niña admita el hecho de su falta de pene no quiere decir que se

someta sin más a él. [...] El deseo de obtener al fin el pene anhelado puede prestar todavía su contribución a los motivos que llevan a la mujer madura al análisis y lo que razonablemente le cabe esperar de este último (p. ej., la aptitud para ejercer un oficio intelectual) es discernible a menudo como una metamorfosis sublimada de ese deseo reprimido" (1932 [1976: 116]). A partir de esta premisa Freud deduce los siguientes caracteres de la feminidad:

a] *Pasividad*: "Podría intentarse caracterizar psicológicamente la feminidad diciendo que consiste en la predilección por metas pasivas. [...] Quizás ocurra que desde el modo de participación de la mujer en la función sexual se difunda a otras esferas de su vida la preferencia por una conducta pasiva y unas aspiraciones de meta pasiva, en extensión variable según el imperio limitado o vasto de ese paradigma que sería su vida sexual" (1932 [1976: 107]).

b] *Masoquismo*: "Su propia constitución le prescribe a la mujer sofocar su agresión, y la sociedad se lo impone; esto favorece que se plasmen en ella intensas mociones masoquistas susceptibles de ligar eróticamente las tendencias destructivas vueltas hacia adentro. El masoquismo es entonces, como se dice, auténticamente femenino" (1932 [1976: 107]).

c] *Envidia y celos*: "...envidia y celos desempeñan en la vida anímica de las mujeres un papel todavía mayor que en la de los varones. No es que en estos últimos se encuentren ausentes tales cualidades, ni que en las mujeres no tuvieran otra raíz que la envidia del pene; pero nos inclinamos a atribuir a este último influjo el plus que hay en las mujeres" (1932 [1976: 116]).

d] *Debilidad del superyó*: "...por el influjo de la envidia del pene, la niña es expulsada de la ligazón-madre y desemboca en la situación edípica como en un puerto. Ausente de la angustia de castración, falta el motivo principal que había esforzado al varoncito a superar el complejo de Edipo. La niña permanece dentro de él por un tiempo indefinido, sólo después lo deconstruye y aun entonces lo hace de manera incompleta. En tales constelaciones tiene que sufrir menoscabo la formación del superyó, no puede alcanzar la fuerza y la independencia que le confieren su significatividad cultural" (1932 [1976: 120]).

e] *Autodevaluación*: "Es cierto que el extrañamiento respecto de la madre no se produce de un golpe, pues la muchacha al comienzo considera su castración como una desventura personal, sólo poco a poco la extiende a otras personas del sexo femenino y, por último, también a la madre. Su amor se había dirigido a la madre fálica; con el descubrimiento de que la madre es castrada se vuelve posible abandonarla como objeto de amor, de suerte que pasan a prevalecer los motivos de hostilidad que durante largo tiempo se habían ido reuniendo. Vale decir, pues, que por el descubrimiento de la falta del pene la mujer resulta desvalorizada tanto para la niña como para el varoncito, y luego, tal vez, para el hombre" (1932 [1976: 117]).

f] *Masculinidad*: "...mencionamos como la segunda de las reacciones posibles tras el descubrimiento de la castración femenina el desarrollo de un fuerte complejo de masculinidad. Se quiere significar con esto que, por así decir, la niña se rehúsa a reconocer el hecho desagradable; con una empeinada rebeldía carga todavía más las tintas sobre la masculinidad que tuvo hasta entonces, mantiene su quehacer clitorídeo y busca refugio en una identificación con la madre fálica o con el padre. [...] Como la operación más extrema de este complejo de masculinidad se nos aparece su influjo sobre la elección de objeto en el sentido de una homosexualidad manifiesta" (1932 [1976: 120]).

g] *Escaso sentido de la justicia*: "El hecho de que sea preciso atribuir a la mujer escaso sentido de la justicia tiene íntima relación con el predominio de la envidia en su vida anímica, pues el reclamo de justicia es un procesamiento de la envidia, indica la condición bajo la cual uno puede desistir de esta" (1932 [1976: 124]). Estas características de la feminidad tienen incluso un límite explícitamente admitido incluso por Freud: "Eso es todo lo que tenía para decirles acerca de la feminidad. Es por cierto incompleto y fragmentario, y no siempre suena grato. Pero no olviden que hemos descrito a la mujer sólo en la medida en que su ser está comandado por su función sexual" (1932 [1976: 125]).

2] LA TEORÍA DE LA PSICOLOGÍA INTERPERSONAL. La psicología interpersonal, desplazando la conjetura freudiana y visualizando la feminidad ya a no partir de la función sexual, sino de la condición sociocultural, altera completamente la descripción de Freud, interpretando esos caracteres negativos no como consecuencia de la diferencia anatómica entre varón y mujer, sino como interiorización, por parte de la mujer, de los valores con los que los hombres construyeron civilización y cultura al estilo masculino. Esta tesis, que inició en el campo de la sociología de G. Simmel, la favoreció en el terreno psicoanalítico K. Horney, quien escribe: "Al nuevo punto de vista que deseo ilustrar llegué a través de la filosofía, y a su vez gracias a algunos ensayos de G. Simmel (1911 y 1919). La posición que presenta Simmel, posteriormente elaborada de diferentes maneras, sobre todo por la parte femenina, es ésta: la nuestra es una civilización masculina. El estado, las leyes, la moralidad, la religión, las ciencias, son creaciones del hombre. A diferencia de otros autores, Simmel no deduce que las mujeres sean inferiores, sino que profundiza y analiza esta concepción de civilización masculina: 'Los requisitos del arte, del patriotismo, de la moralidad en general y de las ideas sociales en particular, la corrección en la valoración práctica y la objetividad en el conocimiento teórico, la energía y la profundidad en la vida... todas éstas son categorías que pertenecen, por así decirlo, en su forma y en sus pretensiones, a la humanidad en general, mientras que son masculinas en todo y para todo en su configuración histórica real. Si describimos estos elementos, considerados como ideas absolutas, con la palabra 'objetivos', descubriremos que en la historia de nuestra especie es válida la ecuación: objetivo = masculino'" (1926: 15). A partir de estas premisas Horney invierte el cuadro descrito por Freud con estos argumentos:

a] *Superioridad fisiológica*: "El primer descubrimiento sorprendente es que la diferencia genital entre los sexos ha sido siempre, o predominantemente, el punto cardinal de la concepción analítica, mientras que no se ha tomado en consideración la otra gran diferencia biológica: las diferentes funciones de macho y hembra en la función reproductiva [...]. Sin embargo, desde el punto de vista biológico la mujer tiene en la maternidad y en su potencialidad en este sentido una superioridad fisiológica indiscutible y nada insignificante, que se refleja con extrema claridad en el inconsciente de la psique masculina, en la intensa envidia revelada por el joven [...]. Respecto a la envidia del pene en la niña, la envidia masculina claramente tiene mejores perspectivas de sublimación y es por cierto una fuerza pulsional –si acaso no la fundamental– para crear valores culturales [...]. La fuerza tremenda del trabajo masculino en todos los campos ¿no se deberá tal vez precisamente al sentimiento de tener una función bastante modesta en la creación de los seres vivientes, que los obliga a sobrecompensar todo el tiempo en sus realizaciones?" (1926: 17-18).

b] *Masculinismo*: "El deseo de ser hombre, tan común en los análisis de mujeres adultas, tiene muy poco que ver con la primera e infantil envidia del pene, y se trata en cambio de una formación secundaria que caracteriza todos los fracasos encontrados en el desarrollo de la feminidad" (1926: 20), fracasos debidos al hecho de que, al estar la sociedad y la cultura organizadas para la compensación masculina, a la mujer se le dificulta el acceso.

c] *Incertidumbre interior*: "Un factor ulterior que actúa en la misma dirección es una consecuencia segura de la diferencia anatómica entre los sexos. El muchacho puede inspeccionar sus genitales para controlar si se cumplen las temidas consecuencias del onanismo; la niña, en cambio, queda literalmente a oscuras a este respecto, en la incertidumbre total. [...] Este factor tiene una función considerable en la vida mental femenina, contribuyendo a la particular incertidumbre tan frecuente en las mujeres" (1926: 22-23).

d] *Inferioridad inducida*: "Es probable que la mayor importancia atribuida sociológicamente al varón se derive de su posición superior de fuerza, que permite describir la relación entre los sexos en los términos de Georg Simmel, quien habla de esclavo y patrón, donde 'el patrón tiene, entre los demás, el privilegio de no tener que pensar constantemente en su propia posición, mientras que el esclavo no puede olvidarla jamás'. Y en efecto la niña está expuesta desde el nacimiento a la sugestión de su propia inferioridad –inevitable lo mismo si se transmite con delicadeza o con brutalidad–, experiencia que estimula sin cesar su complejo de masculinidad", que siempre era frustrado y reforzado porque "a causa del carácter puramente masculino de nuestra civilización, las mujeres encontraron mucha mayor dificultad para alcanzar una sublimación que satisfaga de verdad su naturaleza, ya que todas las profesiones normales son monopolio masculino. Esta situación debe haber influido a su vez en sus sentimientos de inferioridad y ya que, desde luego, no podían afirmarse profesionalmente como los hombres, esta inferioridad parecía quedar confirmada" (1926: 25-26).

e] *Masoquismo inducido*: no por la envidia del pene sino por las condiciones sociales que determinan en la mujer: "*a*] el bloqueo de los desahogos de expansividad y sexualidad; *b*] la dependencia económica de las mujeres con respecto de los hombres o de la familia que favorece una adaptación emotiva en la dirección de la dependencia emotiva; *c*] el confinamiento de las mujeres a esferas de la vida que están basadas especialmente en los vínculos emotivos, como la vida familiar [...]; *d*] procesos cruentos o hasta dolorosos como la desfloración, las menstruaciones y el parto, que pueden servir como desahogo a tendencias masoquistas; asimismo, *e*] el ser penetrada se presta más fácilmente a un imaginario masoquista, mientras que la penetración masculina puede ser vista como actividad sádica" (1935: 40-42).

A partir de estas premisas J.B. Miller llega a explicar "el conflicto que se desencadena en la mujer cuando sus capacidades son reconocidas abiertamente. El reconocimiento de su habilidad o de su válida realización provoca en ella visiones espantosas de destrucción. Parecería que, reconociendo su propia habilidad y eficiencia, temiese perder ese único sentido de sí que le fue concedido, la noción completa del significado de feminidad que adquirió, la única base en la que puede ser aceptada y estar en relación con los demás" (1974: 246). P. Chesler, tomando en consideración que las mujeres recurren a los tratamientos psiquiátricos con más frecuencia que los hombres, rechaza la tesis según la cual hay más consistencia "psíquica" en unas que en otros, sustituyéndola por la consideración que las condiciones socioculturales causaron más sufrimiento en la mujer, que tiene menos posibilidad de realización que el hombre, porque "biología, cultura patriarcal y relaciones padres-hija participan para garantizar los comportamientos y los ideales generalmente reconocidos como femeninos: el autosacrificio, el masoquismo, el narcisismo reproductivo, la dependencia, la devaluación de la mujer. El tratamiento que los clínicos reservan a las mujeres es la consecuencia directa de estos estereotipos. Un doble parámetro de salud mental, uno para las mujeres, uno para los hombres, domina la mayor parte de las teorías y una praxis terapéutica hecha de violencia y de paternalismo. La enfermedad mental representa, por lo tanto, uno de los puntos decisivos a través de los cuales pasa la toma de conciencia de la mujer" (1972: 21).

BIBLIOGRAFÍA: Babini, V.P., F. Minuz y A. Tagliavini (1986); Bachofen, J.J. (1861); Chesler, P. (1972); Deutsch, H. (1944-1945); Di Lorenzo, S. (1980); Freud, S. (1931); Freud, S. (1932); Gilligan, C. (1982); Harding, E. (1932); Harding, E. (1934); Horney, K. (1924); Horney, K. (1926); Horney, K. (1935); Jung, C.G. (1938-1954); Kinsey A.C. *et al.* (1953); Miller, J.B. (coord.) (1974); Moebius, P.J. (1900); Neumann, E. (1956); Simmel, G. (1911); Simmel, G. (1919).

feminismo (al. *Frauenbewegung*; fr. *féminisme*; ingl. *feminism*; it. *femminismo*)

Movimiento sociocultural tendiente a efectuar un reconocimiento de la identidad femenina en contraposición a los estereotipos ideológicos consignados por la tradición histórica y determinantes de la condición actual de la mujer, donde es interpretable, más o menos explícitamente, el escenario de las réplicas de la subordinación de la mujer hacia el hombre y su consiguiente exclusión del mundo de las decisiones históricas. A esta experiencia colectiva corresponde la experiencia más íntima e individual de una toma de posición crítica de la mujer respecto a lo que asume la apariencia de un destino sexual; de aquí la exigencia de confrontación de algunas actitudes y funciones que se suponen instintivas y connaturales a la **feminidad** (*v.*, §1) con las diferentes nociones culturales que analizan dialécticamente la experiencia femenina. Esto condujo a desarticular el repertorio de categorías en las que se introduce el reparto de figuras sociales y psíquicas sobre la base de la sexualidad, e hizo inevitable la abrogación de muchas dicotomías lingüísticas, cognoscitivas y científicas que muchas veces funcionan como un orden preliminar en el ámbito de las ciencias sociales.

A la reacción feminista contribuyeron en forma destacada los estudios psicológicos y psicoanalíticos que revelaron los contrastes latentes en la personalidad psíquica precisamente en términos de contrastes sexuales, es decir vinculados a la densidad y a la incidencia del sexo en la vida de los individuos. Por un efecto retroactivo, estas mismas disciplinas se vieron obligadas a revisar hacia atrás sus propias teorías a la luz de la abrogación de las creencias implícitas en su mismo actuar. Si nada es más sexual que la psique, por otro lado nada está más compenetrado de ideología que el mundo de la sexualidad y su regulación. En esta dinámica se revelaron mecanismos de asociaciones consuetudinarias que asimilan a la mujer con una ética pasiva, renunciadora, con una debilidad estructural que vuelve deseable la posesión de caracteres netamente masculinos; la mujer sería, en el mejor de los casos, un sucedáneo incompleto de las virtudes masculinas. La revisión de estas categorías permitió pensar en una "copresencia" de elementos de ambos sexos en cada individuo o producir nuevas definiciones de la androginia. La crisis de identidad en la que incurre la mujer y de la que el feminismo es la expresión macroscópica tiene, inevitablemente, un correlativo en el otro sexo, porque pone en circulación nuevas figuras sociales y redefine la reciprocidad de las funciones que vinculan a hombre y mujer.

Como aquí debemos limitarnos a la bibliografía psicológica que sirvió de fondo a la revisión del sujeto femenino llevada a cabo por el movimiento feminista, hay que decir que las pruebas biológicas y psicológicas de la inferioridad de la mujer, con la consiguiente legitimación de la subordinación hacia el varón, en la que creció la formulación psicoanalítica de la feminidad con S. Freud, las volvió a discutir C.G. Jung, quien con sus nociones de ánima (*v.* **alma** § 3) y de **animus** (*v.*) rompió el modelo de la contraposición de dos sexos plenos, uno completamente masculino y uno completamente femenino. Pero la principal contribución en este sentido la hicieron W. Reich y R.D. Laing. Para Reich "la neurosis es el producto de una supresión sexual y del consiguiente bloqueo de la energía sexual; su tratamiento presupone la represión de tales mortificaciones y una sana vida genital, pero todo aquello con lo que nos topamos en la vida social se contrapone a la actuación práctica de esta rigurosa máxima" (1933: 18). Si en este punto se considera que el conjunto de las neurosis femeninas se construyó a partir de la naturaleza sexual de la mujer, se comprende la necesidad de revisar toda la psicología de la mujer a partir de esa "oposición social" al ejercicio de la sexualidad que Reich indica como primera causa del "escudo de carácter" y de la "anorgasmia", que debe interpretarse no sólo en términos sexuales sino en términos de circulación de la energía psíquica, por lo que Reich puede concluir: "Veamos entonces que no significa nada decir que esta o esa otra mujer tiene envidia del pene. Lo que es importante es su efecto caracterológico y sintomático. Mucho más decisivo es el hecho de que en el yo se verificó una identificación con la madre que se manifiesta en esos rasgos de carácter que son definidos como 'femeninos'" (1933: 197).

Por su lado Laing, partiendo de la premisa que la civilización occidental dividió a los individuos en estereotipos antitéticos como hombre/mujer, negro/blanco, loco/sano, y responsabilizó a la familia de perpetuarlos, sostiene que sin una alteración de las categorías psicológicas construidas sobre modelos sociales no será posible describir una psicología femenina que no sea una simple calca de los estereotipos corrientes. En el ámbito psicoanalítico, dichos "estereotipos" los revisó K. Horney, para quien, si se abandona el supuesto freudiano que considera a la mujer a partir de la función sexual y se favorecen las condiciones socioculturales en las que aquélla vive, es posible alterar las conclusiones a las que llegó Freud en las modalidades expuestas en la voz **feminidad** (*v.*, § 2). Partiendo de las mismas premisas y proponiendo el problema de la relación entre la singularidad del yo psicológico y la colectividad de la comunidad histórica, R. Rossanda hace evidente una restricción inevitable: "En esta condición de limitación del yo en el tiempo y en el espacio está el elemento trágico, irresoluble en sentido estricto, de la imposible identificación entre persona y sociedad, político y personal. Ninguno de los grandes mecanismos que determinan mi existencia, ninguno de los engranajes históricos en

los que estoy irremediablemente implantada, dará cuenta de mí; no son mi identidad. Pero no poseo una identidad que no se forje en las relaciones de aceptación, rechazo, mediación con aquéllos [...]. Una brecha insuperable yace entre la interpretación que damos de la historia, como memoria y saber significante, y la experiencia de quienes la vivieron; éste es siempre el talón de Aquiles de las biografías" (1987: 13).

La distancia entre el momento biográfico-individual y el momento histórico-social se debe imputar, según L. Irigaray, al hecho de que la diferencia sexual perduró como un dato anatómico y no como algo "pensado" y por lo tanto positivo y significativo, capaz de abrir series de consideraciones que pudiesen entreabrir formas de percepción y de pensar el tiempo, el espacio, lo divino, lo humano, de manera diferente de como fueron pensados estos horizontes a partir de una psicología completamente masculina que las mujeres han adaptado a sí mismas sin reencontrarse. De la misma opinión es C. Gilligan, para quien la adquisición de la capacidad de juicio en la mujer está íntimamente vinculada a la especificidad de su identidad de género y se fija en la relación con los demás, dando paso a una ética de la responsabilidad colectiva. El hombre, en cambio, mediante un proceso de individuación y separación, llega a elaborar una moral fundada en la idea de consenso entre iguales, según la ética de las libertades individuales en las que se basa la sociedad de los derechos. Al respecto Gilligan escribe: "La disparidad entre la experiencia femenina y la representación del desarrollo humano, destacada en toda la literatura psicológica, se ha interpretado generalmente como el signo de una carencia del desarrollo de la mujer. ¿Pero no podría ser, en cambio, que la incapacidad de la mujer para encajar en los modelos existentes del crecimiento humano sea índice de una carencia de la representación, de una visión truncada de la condición humana, de la omisión de ciertas verdades sobre la vida?" (1982: 9-10).

BIBLIOGRAFÍA: Autores varios (1979); Beauvoir, S. de (1949); Cerroni, U. (1975); Chesler, P. (1972); Del Miglio, C.M. (1980); Foucault, M. (1976-1984); Gilligan, C. (1982); Horney, K. (1926); Imbasciati, A. (coord.) (1973); Irigaray, L. (1985);

Joannes, F.V. (1973); Kofman, S. (1980); Laing, R.D. (1959); Mead, M. (1935); Millet, K. (1969); Mitchell, J. (1974); Petrignan, S. (coord.) (1986); Reich, W. (1933); Reich, W. (1935); Resnik, S. (1979); Rossanda, R. (1987); Shorter, E. (1983); Vegetti Finzi, S. (1987).

fenoménico, campo
v. CAMPO, §3

fenómeno funcional (al. *Funktionales Phänomen*; fr. *phénomène functionnel*; ingl. *functional phenomenon*; it. *fenomeno funzionale*)

Expresión que introdujo H. Silberer para quien, en los estados hipnagógicos (v. **hipnagó-gico-hipnopómpico**), las imágenes no reproducen el contenido del pensamiento del sujeto sino su funcionamiento actual. Silberer considera, además, que en el simbolismo onírico existe la tendencia a pasar de lo material a lo funcional, de modo que si en un primer momento un objeto alargado recuerda el falo, después de una serie sucesiva de abstracciones puede terminar por significar el sentido de potencia en general. Esta interpretación, compartida también por C.G. Jung, tomará el nombre de interpretación anagógica (v. **interpretación**). S. Freud rechaza la interpretación anagógica del sueño pero acepta en forma limitada a los estados hipnagógicos, el paso de lo material a lo funcional, que considera "...una de las pocas adiciones de indiscutible valor que se han hecho a la doctrina del sueño. [...] Esta contribución [...] probablemente yo la descuidé por el hecho de que en mis sueños no desempeña un gran papel; en personas dotadas para la filosofía, habituadas a la instrospección, quizá sea muy nítida" (1914 [1976: 93-94]).

BIBLIOGRAFÍA: Freud, S. (1914); Jung, C.G. (1912-1952); Silberer, H. (1909).

fenomenología (al. *Phänomenologie*; fr. *phénoménologie*; ingl. *phenomenology*; it. *fenomenologia*)

Doctrina y método que inició G.W.F. Hegel y que reformuló en el siglo XX E. Husserl quien, mediante la *reducción eidética*, purifica los fenómenos psicológicos de sus características reales o empíricas para llevarlos al plano de generalidad de las esencias. La fenomenología nace con la polémica entre los psicologistas y los logicistas acerca del origen y la naturaleza de los conceptos lógico-matemáticos. Los psicologistas, y en especial F. Brentano, líder de la escuela de la psicología del acto (v. **acto**, § 1), referían todo concepto a la actividad intencional de la psique, en el sentido de que si bien la conciencia es siempre conciencia de algo, la forma en que se dirige a los objetos, es decir los "intenciona", determina el carácter de los objetos intencionados. Los logicistas, encabezado por F.L.G. Frege, rechazaban esta reducción de la lógica a la psicología porque encontraban una confusión entre la génesis psíquica de un concepto y su naturaleza formal, esencialmente no psíquica. Husserl recibió de Brentano el principio de la **intencionalidad** (v.) de la conciencia, que interpreta a ésta como una trascendencia hacia el objeto que se da a la conciencia "en carne y hueso", y de Frege la generalización de la noción de objeto, que no abarca sólo las cosas sino también las formas de categoría, las esencias y los objetos ideales (1912-1928, I, § 15). En la percepción de los objetos externos "parecer" y "ser" quedan separados, mientras en la "percepción inmanente", es decir en la conciencia que el yo tiene de sus propias experiencias, parecer y ser coinciden en esa "experiencia vivida" (*Erlebnis*) de la conciencia, que no implica la negación de la naturaleza ideal y universal de la esencia de todo cuanto se experimenta (v. **experimentado**).

1] LAS DIFERENTES DEFINICIONES DE "MÉTODO FENOMENOLÓGICO". A partir de Husserl el método fenomenológico, que encontró aplicación en la ética con M. Scheler, en la ontología con N. Hartmann, en la analítica existencial con M. Heidegger, en la psicología de la percepción con M. Merleau-Ponty, en la psicopatología con K. Jaspers y en la psiquiatría con L. Binswanger y E. Minkowski, no se asume en todos los campos con la misma acepción, sino con variaciones de significado que fundamentalmente se pueden agrupar en tres expresiones:

a] Para K. Jaspers: "Hegel utilizó la palabra fenomenología para indicar la totalidad de las manifestaciones del espíritu en la conciencia, en la historia y en el pensamiento. Nosotros la empleamos para el campo mucho más limitado de la *experiencia psíquica* individual. Husserl usó inicialmente el término para designar la 'psicología descriptiva' de las manifestaciones de la conciencia –y en este sentido se aplica en nuestras investigaciones–, pero después para la 'intuición de la esencia', que aquí no tomamos en consideración. La fenomenología para nosotros es un procedimiento *empírico* que sólo se mantiene para la comunicación por parte del enfermo. Que en todos estos procesos psicológicos se den de forma diferente que en las descripciones científicas naturalistas es un hecho evidente; el objeto no existe de por sí en forma sensible frente a nuestros ojos; experimentar es sólo un volver presente. Pero el principio lógico no es diferente. *Describir* exige, además de las categorías sistemáticas, formulaciones favorables y confrontaciones contrastantes, exposición de la afinidad de los fenómenos, de su ordenación en serie y de su clasificación en forma aislada, sin transiciones" (1913-1959: 58).

b] *Para M. Heidegger*: "La expresión fenomenología significa antes que nada un concepto de método. No caracteriza la consistencia de hecho del objetivo de la investigación filosófica, sino más bien su *cómo* [...]. El término manifiesta una consigna que podría ser formulada así: ¡a las cosas mismas! Y esto en contraposición a los castillos en el aire y a los hallazgos casuales; en contraposición a la aceptación de conceptos justificados sólo aparentemente y a los problemas aparentes que se imponen de una generación a la otra como verdaderos problemas" (1927: 7).

c] *Para M. Merleau-Ponty* con el método fenomenológico "no se trata de explicar o de analizar, sino más bien de describir. La primera consigna que Husserl impartía a la fenomenología incipiente, de ser una 'psicología descriptiva' o de llevar 'a las cosas mismas', es ante todo la recusación de la ciencia. Yo no soy el resultado o la encrucijada de las múltiples causalidades que determinan mi cuerpo o mi 'psiquismo', no puedo pensarme como una parte del mundo, como el simple objetivo de la biología, de la psicología y de la sociología, ni cerrar en mí el universo de la ciencia. Todo cuanto sé del mundo, incluso por medio de la ciencia, lo sé a partir de una visión mía, o de una experiencia del mundo sin la cual los símbolos de la ciencia no significarían nada. Todo el universo de la ciencia está construido en el mundo vivido, y si queremos pensar la ciencia misma con rigor, valorar exactamente su sentido y alcance, debemos ante todo despertar esta experiencia del mundo de la que aquélla es la segunda expresión. La ciencia no tiene y no tendrá nunca el mismo sentido de ser del mundo percibido, simplemente porque es una determinación o una explicación [...]. Volver a las cosas mismas significa volver a este mundo anterior al conocimiento del que el conocimiento *habla* siempre y respecto al cual toda determinación científica es abstracta, significativa y dependiente, como la geografía respecto al paisaje donde por primera vez aprendimos qué es un bosque, un prado o un río" (1945: 16-17).

2] LAS TEMÁTICAS FENOMENOLÓGICAS ADOPTADAS EN PSICOLOGÍA. La psicología y la psiquiatría han utilizado de la fenomenología en especial los siguientes temas:

a] *La relación intencional individuo-ambiente*, no en el sentido de que el individuo sea una entidad que se relaciona con otra entidad que es el ambiente, sino de que la relación, *el ser en el mundo*, es la situación original que se da a la experiencia fenomenológica (*v.* **mundo**, § 3).

b] *La espacialidad*, que despliega alrededor del sujeto un mundo ambiente (*Umwelt*) y que puede restringirse o ampliarse, desestructurarse, reorganizarse, porque el espacio no es una cosa sino la apertura original del hombre hacia el mundo (*v.* **espacio**, § 3).

c] *La temporalidad*, entendida no como pasado, presente o futuro, sino como capacidad para darse un pasado, un presente y un futuro. Cuando se desestructura esta capacidad tenemos los fenómenos patológicos de la depresión, que se sitúa íntegra en el pasado, o de la manía, que se manifiesta en un presente sin pasado y sin futuro (*v.* **tiempo**, § II).

d] *El cuerpo*, entendido no como organismo (*Körper*) según la descripción de la ciencia médica, sino como cuerpo viviente (*Leib*) abierto a un mundo e intencionado hacia las cosas. La enfermedad desestructura esta relación original entre cuerpo y mundo, haciendo del primero ya no un vehículo, sino un obstáculo por superar para ser en el mundo (*v.* **cuerpo**, § 3).

e] *Las cosas* son importantes no en cuanto hechos sino en cuanto expresan un *significa-*

do, por lo que incluso si el llanto y la risa, desde el punto de vista neurológico y anatómico, involucran la misma musculatura, no tienen, sin embargo, el mismo significado.

f] El hombre está en el mundo con sus semejantes (*Mitdasein*) que no existen simplemente al lado de él, sino que son cooriginados de la misma experiencia que cada cual hace de sí mismo.

g] No hay una *norma* que pueda diferenciar la salud de la enfermedad, porque tanto el "sano" como el "enajenado" pertenecen al mismo mundo, incluso si el enajenado le pertenece con una estructura de modelos perceptivos y de comportamiento diferentes, en los cuales la diferencia ya no tiene el significado de la "dis-función", sino simplemente el de la "función" de una cierta estructuración de la presencia, es decir de una cierta forma de ser en el mundo (*v.* **norma**, § 3). Para la aplicación de estos temas al mundo psiquiátrico véase la voz **análisis existencial**.

BIBLIOGRAFÍA: Binswanger, L. (1970); Binswanger, L. (1960); Borgna, E. (1988); Boss, M. (1957); Callieri, B. (1982); Cargnello, D. (1966); Galimberti, U. (1979); Galimberti, U. (1983); Gaston, A. (1987); Hartmann, N. (1941); Heidegger, M. (1927); Husserl, E. (1912-1928); Jaspers, K. (1913-1959); Landgrebe, L. (1968); Merleau-Ponty, M. (1945); Minkowski, E. (1933); Paci, E. (1965); Rossi Monti, M. (1978); Sartre, J.-P. (1943); Scheler, M. (1913-1916); Sichel, A. (1983); Van den Berg, J.H. (1955).

fenomenológica, psiquiatría
v. ANÁLISIS EXISTENCIAL.

fenotiacina
v. PSICOFARMACOLOGÍA, § I, 1, *a*.

fenotipo
v. GENÉTICA, § 3.

Feré, efecto (al. *Feré Effekt*; fr. *effet Feré*; ingl. *Feré phenomenon*; it. *effetto Feré*)

Disminución de la resistencia eléctrica, o incremento de la conductividad de la superficie de la piel, en caso de emociones o de aumento de la actividad psicológica. El efecto se manifiesta con más claridad en las regiones del cuerpo con mayor sudoración, y es posible medirlo con la aplicación de dos electrodos en la piel. El efecto Feré, también llamado reflejo psicogalvánico (*v.* **reflejo**, § 2, *a*), ofrece respuestas que se utilizan en el llamado **detector de mentiras** (*v.*).

festinación (al. *Beeilung*; fr. *festination*; ingl. *festination*; it. *festinazione*).

Aceleración involuntaria de la marcha que con frecuencia caracteriza a los afectados con el síndrome de Parkinson que presentan un caminar propulsivo (*v.* **locomoción**, § 2).

fetiche (al. *Fetisch*; fr. *fétiche*; ingl. *fetish*; it. *feticcio*)

Objeto investido de significado simbólico con el cual generalmente se asocia un poder mágico o una fuerza espiritual. Como indica el correspondiente latino *facticius*, que significa "hecho", "construido", el fetiche es el soporte de un desplazamiento semántico que transforma la cosa en su sentido y valor comunes para atribuirles un significado personal o de grupo. Cargado de valores atribuidos, el fetiche se vuelve objeto de culto y de rituales privados, en ocasiones limitados al contacto o a la simple vista del objeto, que refiere al todo del que forma parte o al significado posterior, del que es evocación.

En psicoanálisis el término fetiche se refiere a un objeto como zapatos, cabellos, aretes, ropa interior, pies, a los que se atribuye un significado sexual que ocupa el lugar del objeto de amor. Frecuente en los varones, el fetiche se utiliza para negar el miedo a la castración inducida por la falta del pene en la mujer. Mediante los procesos de **condensación** (*v.*), **desplazamiento** (*v.*) y simbolización (*v.* **símbolo**) de otros objetos, el fetichista se comporta como si el fetiche fuera esos otros objetos, y su incongruencia y su absurdo lo incomodan tan poco como al soñador mientras está soñando (*v.* **fetichismo** § 4).

BIBLIOGRAFÍA: Freud, S. (1927); Mauss, M. (1950).

fetichismo (al. *Fetischismus*; fr. *féti-chisme*; ingl. *fetishism*; it. *feticismo*).

Culto de un **fetiche** (*v.*) explicado en las formas más diferentes que remiten a sus respectivos ámbitos disciplinarios y que, en forma sintética, se pueden agrupar de la siguiente manera:

1] LA EXPLICACIÓN ANTROPOLÓGICA DE C. DE BROSSES. Interpreta el fetichismo como un remedio a la sensación de inquietud e impotencia que siente el hombre frente a los acontecimientos de la naturaleza que no controla. "Su impotencia –escribe Brosses– lo inquieta y pone a trabajar su imaginación, que se empeña en formarse una idea de ciertos poderes superiores a los suyos, que hacen lo que él no puede hacer, desde el momento que conocen y dominan las causas cuyos efectos él no tiene el poder de determinar" (1760: 215). Por eso en las situaciones incontrolables, como el juego de azar, la guerra, la navegación, el hombre tiende a volverse cada vez más supersticioso porque, como observa V. Valeri, por una parte el temor lo empuja a trascender lo visible suponiendo la existencia de poderes invisibles; por otra sus sentidos lo empujan a fijar su atención en objetos visibles que él hace que representen las fuerzas que escapan a su control. Por lo tanto las situaciones extrañas, irregulares e impredecibles son las "divinizadas", no las situaciones regulares y, así, controlables.

2] LA EXPLICACIÓN POSITIVISTA DE A. COMTE. Considera que el fetichismo es favorecido por el deseo de mantener una relación armoniosa con la naturaleza, por lo que cada vez que la reflexión racional percibe una desarmonía interviene la vida afectiva para imaginarla en forma fetichista. El fetichismo tiene, para Comte, tres características: es una forma de conocimiento empírico y no generalizante, tiende a buscar causas y no leyes, tiende a humanizar a la naturaleza para tratarla mejor. Por eso el fetichismo es lo contrario de la ciencia "positiva" que procede por generalizaciones, busca leyes y explica los fenómenos humanos a partir de los naturales, y no viceversa.

3] LA EXPLICACIÓN ECONÓMICO-SOCIOLÓGICA DE K. MARX. Interpreta el fetichismo como "una sutileza metafísica y un capricho teológico" que circula en la sociedad capitalista, en la cual, exactamente como en las sociedades arcaicas, los objetos no se consideran por lo que son (valor de uso), sino por lo que valen (valor de intercambio), o sea por su capacidad de permutarse con el oro o con el dinero que, como el *maná* de los primitivos, se difunde en los objetos, encubriendo su naturaleza intrínseca, "su cuerpo", dice Marx, con el fin de hacerlos pura expresión de su valor económico. "Si se prescinde del valor de uso de las mercancías, se prescinde también de las partes constitutivas o formas corporales que les dan valor de uso. La mercancía, entonces, ya no es ni mesa, ni casa, ni hilo, ni otras cosas útiles. Todas sus cualidades sensibles se cancelan [...] a favor de ese elemento común que se manifiesta en la relación de intercambio que es el valor" (1867-1894: 70). Tal como el *maná* que los primitivos atribuían a los objetos y a los animales cancelaba su naturaleza de objetos o de animales, para volverlos simples manifestaciones de esa fuerza mágica, el "valor" económico que el mercado de las sociedades capitalistas atribuye a las mercancías cancela su verdadera naturaleza, que con todo se manifiesta en el valor de uso, para volverlas simples signos de ese equivalente general que el oro y el dinero se encargan de expresar. El fetichismo, por lo tanto, no es la sacralización de este o aquel objeto, sino la sacralización del sistema que, generalizando el valor de intercambio, neutraliza la naturaleza de los objetos, para difundir el valor económico. Cuanto más "sistemático" se vuelve el sistema, más se refuerza la fascinación del fetichismo, por la imposibilidad de llegar al objeto sin pasar por su valor, que es "artificial", porque en el fetichismo las que hablan no son las cosas sino el código que las expresa a todas porque en todas se expresa.

4] LA EXPLICACIÓN PSICOANALÍTICA DE S. FREUD. Vincula el fetichismo a la angustia de **castración** (*v.*) que se manifiesta cuando el niño, a la vista del órgano sexual femenino, descubre que "la mujer no posee pene" (1927: 492). En este punto el niño adopta el fetiche como sustituto del falo, eligiendo el objeto de la impresión previa a la experiencia traumática, hacia la que manifiesta dos actitudes opuestas: ternura y hostilidad, indicio de una escisión del yo (*v.* **escisión**, § II, 2). Por lo tanto el fetichismo, como observa Valeri, no es una alucinación, porque no altera la representación sino que repudia la realidad. "En el conflicto entre la importancia de la percepción indeseada y la fuerza del contradeseo [con el fetiche] llegó a un compromiso" (1927: 493).

Por diferentes que sean, estas interpretaciones tienen en común la concepción del fetiche como un objeto constituido por una relación contradictoria con la realidad pero que no impide –sino que vuelve posible y soportable– una representación verdadera, a pesar de que la realidad subyacente sea inquietante, incontrolada o indeseada.

BIBLIOGRAFÍA: Baudrillard, J. (1972); Brosses, C. de (1760); Comte, A. (1830-1842); Freud, S. (1927) Freud, S. (1938); Lévy-Bruhl, L. (1935); Marx, K. (1867-1894); Mauss, M. (1950); Tylor, E.B. (1871); Valeri, V. (1979).

fiebre psicógena (al. *Psychogenes fieber*; fr. *fièvre psychogène*; ingl. *psychogenetic fever*; it. *febbre psicogena*)

Aumento de la temperatura corporal provocado por factores psicológicos, como por ejemplo la sugestión hipnótica (*v.* **hipnosis**), en sujetos especialmente sensibles o con personalidad de fondo histérico.

fiesta (al. *Festtag*; fr. *fête*; ingl. *feasting*; it. *festa*)

Forma temporal correspondiente a la organización social del tiempo, que mide con ritmo y ritualidad el tiempo festivo, cargado de valores sagrados (*v.* **sagrado**), y el tiempo de trabajo, caracterizado por la actividad laboral y productiva. En el ámbito antropológico y psicoanalítico se distinguen dos significados fundamentales de la fiesta:

1] LA FIESTA COMO REGENERACIÓN Y RECREACIÓN. Esta tesis la sostiene M. Eliade, para quien "todos los pueblos primitivos sintieron de manera profunda la necesidad de regenerarse periódicamente cancelando el tiempo transcurrido y ritualizando la cosmogonía [...]. La fiesta, en los pueblos creadores de la historia, asume por

lo tanto el sentido de la regeneración colectiva hecha posible por su mentalidad 'ahistórica'" (1969: 102-103). Esta regeneración se logra con la interrupción del tiempo profano mediante la irrupción del tiempo sagrado, caracterizado por la "nostalgia de los orígenes, que es la base de la idea primitiva según la cual la vida no se puede reparar, sino sólo renovar" (1969: 110). Desde un punto de vista sociológico el motivo ya lo había confirmado É. Durkheim, para quien la fiesta es la restauración periódica del acto instaurador de la sociedad, en la cual se reafirman los valores sociales y la representación jerárquica. Esta tesis la comparten M. Mauss y también R. Girard quien, comparando la fiesta con el sacrificio del **chivo expiatorio** (*v.*), que tiene un efecto catártico para la violencia que se acumula en la sociedad, dice que "la fiesta se basa en una interpretación del juego de la violencia que supone la continuidad entre la crisis del sacrificio y su resolución. Inseparable ya de su epílogo favorable, la crisis misma se vuelve objeto de festejo. [...] Por lo tanto, junto a la fiesta tal como la evocamos también debe existir una antifiesta; en lugar de ser precedidos por un período de licencia y relajamiento, los ritos de expulsión del sacrificio rematan un período de extrema austeridad, un aumento de rigor en el respeto de las prohibiciones; en ese momento la comunidad tomará precauciones extraordinarias para evitar la recaída en la violencia recíproca" (1972: 163-165).

El motivo de la regeneración lo retoma K. Kerényi, para quien "en la fiesta se asciende hasta un nivel donde todo está 'como el primer día', espléndido, nuevo y 'primigenio'; donde se está unido a los dioses, es más, donde se es uno con los dioses; donde sopla un viento de creación. Es ésta la esencia de la fiesta, y no excluye la repetición. Por el contrario; en cuanto los signos de la naturaleza, la tradición o la costumbre recuerdan al hombre la posibilidad de festejar, siempre es capaz de volverse partícipe de un ser y de un actuar inusitados. Tiempo y hombre se vuelven festivos. *Et renovabitur facies terrae*" (1940: 53). A una hipótesis semejante, pero indudablemente más funcional, llega V. Lanternari, quien encuentra en la fiesta "un rito de recreación periódica del ciclo vital, del mundo y del orden cósmico. Con la fiesta de año nuevo se anula lo catastrófico de las experiencias críticas; la colectividad se abre camino, confiada, hacia sus nuevas tareas ineludibles de trabajo productivo y fecundo" (1976: 144).

2] LA FIESTA COMO TRASGRESIÓN. Esta tesis la ilustró G. Bataille, para quien la fiesta satisface la necesidad incontenible de destrucción y de desperdicio que las sociedades primitivas, a diferencia de las actuales, sabían satisfacer, renunciando a la economía del ahorro y de lo acumulado en la que los antiguos identificaban la "parte maldita" (*v.* **intercambio**, § 1). Como interrupción del ritmo de producción, la fiesta, según Bataille, "Está representada por los gastos considerados improductivos, como el lujo, los cultos, la construcción de monumentos suntuosos, los juegos, los espectáculos, las artes, la actividad sexual perversa (es decir desviada de la finalidad genital), manifestaciones de otras muchas actividades que, por lo menos en condiciones primitivas, tienen su fin en sí mismas" (1949: 43-44). La riqueza no derrochada en la celebración festiva asume la connotación de "parte maldita", porque "el sentimiento de una maldición está vinculado a esta doble alteración del movimiento que exige de nosotros el gasto de la riqueza" (1949: 86). Análoga a esta interpretación es la lectura de la fiesta que hace R. Caillois, quien ve "en los excesos festivos el estado de indiferenciación originaria a partir del cual nació el orden. De hecho la edad de oro era, al mismo tiempo, la edad del caos, en la cual toda forma era inestable y contenía en sí otra forma. La fiesta, al recrear periódicamente una situación de indiferenciación, reproduce los tiempos primordiales y obtiene su poder de repetir el proceso de formación del orden. En este sentido la fiesta puede ser definida como el paroxismo de la sociedad que purifica y renueva periódicamente la sociedad. [...] Por eso todos los excesos son lícitos. Es necesario actuar contra las reglas, todo debe suceder al revés. En la época mítica el curso del tiempo se cambiaba: se nacía viejo y se moría joven. De esta manera se violan sistemáticamente todas las normas que protegen el justo orden natural y social" (1940: 82, 49). Por su parte S. Freud considera que "Una fiesta es un exceso permitido, más bien obligatorio, la violación solemne de una prohibición. Los hombres no cometen esos excesos porque algún precepto los ponga de talante alegre, sino que el exceso mismo está en la esencia de la fiesta; el talante festivo es producido por la permisión de todo cuanto de ordinario está prohibido" (1912-1913 [1976: 142]).

BIBLIOGRAFÍA: Bataille, G. (1949); Caillois, R. (1940); Durkheim, É. (1912); Eliade, M. (1969); Freud, S. (1912-1913); Girard, R. (1972); Jesi, F. (1977); Kerényi, K. (1940); Lanternari, V. (1976); Mauss, M. (1950).

figura de fondo

v. PSICOLOGÍA DE LA FORMA, § II, 2; PERCEPCIÓN, §3, *a.*

figura humana, test de la

v. DIBUJO, § 2.

figural, efecto póstumo

v. ILUSIÓN, § 4, *a.*

fijación (al. *Fixierung*; fr. *fixation*; ingl. *fixation*; it. *fissazione*)

El término lo adoptan, con diferentes significados, tanto el psicoanálisis como el análisis existencial.

1] PSICOANÁLISIS. Por fijación se entiende la detención de una cantidad de **libido** (*v.*) en ciertas zonas erógenas, fases de desarrollo, objetos, condiciones o formas de satisfacción experimentadas en el pasado, que no permiten a la parte fijada de la pulsión el posterior desarrollo. Las condiciones de la fijación son, para Freud, de dos tipos: hechos históricos específicos, como un trauma o la influencia de la constelación familiar, o bien la incapacidad del sujeto de abandonar una fase libidinal en la que encontró satisfacción, "no confiando en la posibilidad de encontrar un sustituto satisfactorio en una posición libidinal nueva" (1914: 586).

a] *Tipos de fijación.* Freud distingue: 1] la fijación de una *pulsión parcial* que en el desarrollo de la libido no se subordina a la organización genital de la sexualidad, sino que continúa buscando satisfacciones independientes, como en el caso de las perversiones, en las cuales la pulsión no busca su satisfacción en el coito; 2] la fijación a una *fase de la sexualidad pregenital*, por lo que una parte de la libido no logra desarrollarse y queda fijada en la **fase oral** (*v.*), **anal** (*v.*) o **fálica** (*v.*); 3] la fijación al *objeto*, por lo que por ejemplo una niña puede quedar fijada a la madre, en cuanto objeto preedípico, sin lograr establecer con el padre una relación edípica positiva; 4] la fijación a una *experiencia traumática* que después se manifiesta en las neurosis traumáticas (*v.* **trauma**, § 2).

b] *Fijación y elección de la neurosis.* Freud establece una relación entre puntos de fijación y forma de la sintomatología, por lo que la *histeria* tendría su punto de fijación en la fase fálica, con regresión a esta fase pregenital; la *neurosis obsesiva* en la fase sádico-anal del desarrollo libidinal; la *psicosis* en fases previas a la elección objetal; la *paranoia* en la regresión al narcisismo; la *esquizofrenia* en el principio del curso de desarrollo del autoerotismo hacia el amor objetal; la *melancolía* en la fijación del objeto perdido, abandonando otros investimientos objetales.

c] *La fijación y sus relaciones con la perversión, la neurosis y la formación del carácter.* Una misma fijación pregenital puede ser causa de una *perversión*, cuando el yo llega a la satisfacción de una tendencia pregenital; de una *neurosis*, cuando el yo entra en conflicto con la fijación pregenital; de una *peculiaridad de carácter*, cuando el yo logró establecer una defensa permanente contra la fijación o pudo sublimarla, como en el caso del interés artístico que nace de la sublimación de la pulsión parcial que es el placer de ver.

2] ANÁLISIS EXISTENCIAL. En este ámbito se habla de fijación (*Verstiegenheit*) en el sentido de una adhesión incondicional a un ideal, que ya no permite adherirse al flujo normal de la experiencia sino que requiere que ésta se incline ante las exigencias establecidas por el ideal fijado (*verstiegene Ideal*). L. Binswanger escribe que "la exaltación fijada se basa en una precisa desarticulación de la relación entre el ascenso y el proceder en el sentido de la amplitud. Si esta relación, cuando es 'feliz', puede ser definida como 'proporción antropológica', debemos definir la exaltación fijada como una forma de desproporción antropológica, como una relación 'infeliz' entre la altura y la amplitud en sentido antropológico" (1949: 17-18). Esta desproporción ya no permite que la existencia "haga" experiencia aumentándola en la dimensión de la amplitud, porque el ideal fijado bloquea cualquier asimilación posterior: "Ya se trate de una 'idea' exaltada o de una ideología (las ideologías son por lo general formas de exaltación fijadas), de un ideal o de un 'sentimiento' exaltados, de un deseo o de un proyecto, de un simple 'capricho' o de una 'acción exaltada', la expresión 'exaltación fijada' significa siempre que la existencia se 'desvaneció', se perdió en una *determinada* 'experiencia', que, por utilizar una imagen de Hofmannsthal, ya no es capaz de 'abrir las ventanas', de proyectarse hacia otro futuro' [...] de ampliar 'el horizonte de la propia experiencia', de volverlo a ver ni de comprobarlo porque se *fijó* en un punto de vista 'limitado'" (1949: 18).

El ideal fijado contiene ese orden que necesita quien, incapaz de dejar ser a las cosas como son, trata de imponer un orden con la intención de encontrar un punto de apoyo en el desorden y en la incoherencia de su propia experiencia. Al describir el caso de Ellen West, Binswanger observa que ella, "en lugar de dejar que las cosas sean, las dispone como deberían ser: el cuerpo no debe engordar sino mantenerse delgado, ella misma no debería ser así sino diferente: 'Señor, créame otra vez, pero créame mejor', escribe en una página de su diario" (1944-1946: 71), y de esta forma, disponiendo arbitrariamente de las cosas, de las situaciones, de sí y de los demás, fuerza cualquier desarrollo coherente de la presencia, obligada día a día a enfrentarse con todo lo que se escapa al ideal fijado. Lo mismo se puede decir del caso de David que describió R.D. Laing, cuyo yo "'en lugar' de 'ir hacia' las cosas y hacia las personas del mundo [...] trata de sobrevivir recurriendo a compensaciones aparentes, como las de abrigar determinados ideales" (1959: 94-95).

BIBLIOGRAFÍA: Binswanger, L. (1944-1946); Binswanger, L. (1949); Freud, S. (1905); Freud, S. (1914); Freud, S. (1915-1917).

filantropía (al. *Philanthropie*; fr. *philanthropie*; ingl. *philanthropy*; it. *filantropia*)

Amor por el ser humano que se encuentra en la base de posiciones teóricas que proponen el crecimiento espiritual de la humanidad y su bienestar total como fin último del progreso cognoscitivo y de la acción colectiva. Adoptado como ideal de conducta por el estoicismo en la Antigüedad y por el iluminismo en la edad moderna, hoy el término se utiliza para designar esa actitud humanitaria que con frecuencia va acompañada de una visión ingenua del mundo, y hasta de una incapacidad para manifestarse en un auténtico amor personal, como supone K. Jaspers, ya que para él "quien ama a todos los hombres no ama a ninguno" (1959: 395).

BIBLIOGRAFÍA: Jaspers, K. (1959).

filogenia-ontogenia (al. *Phylogenese-Ontogenese*; fr. *phylogénèse-ontogénèse*; ingl. *phylogenesis-ontogenesis*; it. *filogenesi-ontogenesi*).

La filogenia describe la línea evolutiva de una especie (del griego φῦλον, que significa raza, especie, grupo sistemático de plantas o de animales); la ontogenia describe el desarrollo de cada organismo individual (del griego ὄν, que significa ente) desde la fecundación hasta su desarrollo total. E. Haeckel definió como "ley biológica fundamental" la *recapitulación* que la ontogenia hace de la filogenia, en el sentido de que el desarrollo del individuo recorre el desarrollo evolutivo de la especie a la que pertenece. Este modelo biológico lo aceptó, en el ámbito psicoanalítico, S. Freud, pero introdujo una corrección a favor de una relativa autonomía del individuo respecto al modelo filogenético: "La ontogenia se puede considerar como una repetición de la filogenia, en la medida en que esta última no cambia por una experiencia vivida más recientemente. La disposición filogenética se puede observar detrás del acontecimiento ontogenético. Pero en el fondo la disposición es precisamente el sedimento de una experiencia anterior por la especie, a cuya experiencia más reciente vivida por el individuo se agrega como suma de momentos accidentales" (1914: 448). Por su parte C.G. Jung y después E. Neumann consideran que la antropología y la investigación de las culturas primitivas proporcionan la clave para recorrer los sedimentos arcaicos del inconsciente colectivo, el escenario de algunos sueños y la estratificación de experiencias psíquicas o arquetípicas (*v.* **ar-**

quetipo) que constituyen las formas *a priori* de la imaginación individual y colectiva desde la cual la conciencia se libera a partir del inconsciente, definido por Jung como "la historia no escrita del hombre desde tiempos inmemoriales" (1942-1948: 183).

BIBLIOGRAFÍA: Freud, S. (1912-1913); Freud, S. (1914); Freud, S. (1905); Jung, C.G. (1934-1954) Jung, C.G. (1942-1948); Lévy-Bruhl, L. (1910); Neumann, E. (1949).

filosófica, psicología
v. PSICOLOGÍA FILOSÓFICA.

finalismo (al. *Finalismus*; fr. *finalisme*; ingl. *finalism*; it. *finalismo*).

Posición teórica que parte de la hipótesis de que el mundo está organizado con miras a un fin, y que la explicación de cada acontecimiento se debe buscar en el fin al cual aquél está dirigido. En psicología la postura finalista aparece: 1] como *visión del mundo* que rechaza el **determinismo** (*v.*) según el cual todo acontecimiento psíquico es consecuencia de antecedentes fisiológicos y psicológicos, con la consiguiente reducción del espacio asignado a la libertad, a la espontaneidad y, en consecuencia a la responsabilidad; 2] como *método interpretativo* que ve en el acontecimiento psíquico no sólo un resultado de acontecimientos anteriores, sino el esbozo del futuro desarrollo con miras a la realización de sí (*v.* **constructivista, método**).

fisicalismo (al. *Physikalismus*; fr. *physicalisme*; ingl. *physicalism*; it. *fisicalismo*).

Posición teórica surgida en el ámbito del neopositivismo lógico que afirma la necesidad de efectuar una reglamentación de los lenguajes científicos adoptando, como paradigma de precisión y de exactitud de los enunciados, el lenguaje de la física, libre de implicaciones metafísicas y constituido por enunciados cuyo fundamento y significación estarían probados por su naturaleza de representaciones empíricas, dotadas de valor intersubjetivo. En la creencia de que este lenguaje tiene valor paradigmático tanto en términos de significado cuanto en términos gnoseológicos, los fisicalistas exigen que precisamente sea el lenguaje de la física el que decida la legitimidad y el valor de verdad que corresponden a los otros lenguajes científicos. De aquí el propósito de depurar el léxico de las ciencias "humanas" de los términos carentes de referencia empírica y de efectuar una prospección gramatical capaz de asegurar a estos lenguajes la precisión y la plena posibilidad de uso en sentido científico. En esta perspectiva reduccionista, cuyos exponentes más eminentes fueron O. Neurath y R. Carnap, despiertan un interés especial las ciencias psicológicas, en las cuales es más amplio el margen de aproximación conceptual y más frecuente el uso de enunciados no derivados de la experiencia sensible. La terminología que prevalece en estas ciencias, por ejemplo la utilizada para designar los hechos mentales, tendría que revisarse en la forma del *materialismo científico* que sostiene J.J.C. Smart o en la del *conductismo lógico* que encuentra en Carnap su mayor exponente.

1] EL MATERIALISMO CIENTÍFICO. Esta orientación parte del presupuesto de que en el mundo todas las cosas se resuelven, como escribe Smart, "en las entidades últimas de la física, pues no existe ninguna entidad no física y ninguna ley que no sea física, por lo que hombres y animales no son otra cosa que complicados mecanismos físicos" (1963a: 651). Estas premisas llevan a Smart a considerar no sólo que pensamientos y experiencias son puros y simples procesos cerebrales, sino que además el cerebro es capaz, por sí solo, de tener pensamientos y experiencias: "En alguna situación futura de la tecnología fisiológica podremos lograr mantener un cerebro humano *in vitro*. Dejando a un lado el problema de la moralidad de semejante experimento, supongamos que éste se realice. Por medio de electrodos adecuadamente conectados a las partes apropiadas de este cerebro logramos que éste tenga la ilusión de percibir cosas e incluso de sentir dolor, y que tenga la sensación de mover sus extremidades inexistentes, y así sucesivamente" (1963: 651). Frente a esta hipótesis reaccionó N. Malcolm, quien se pregunta "si estos hechos, todos concebibles, serían una prueba de que el

cerebro aislado de Hansen tuvo esas experiencias, o que *Hansen* tuvo esas experiencias cuando su cerebro y su cuerpo estaban separados" (1971: 73). El sentido de esta pregunta es que ningún experimento podría establecer que un cerebro piensa o siente porque, como dijo L. Wittgenstein, "un cerebro no es lo suficientemente semejante a un ser humano" (1953: 130). Malcom, compartiendo la afirmación de Wittgenstein, afirma que los hombres –no los cerebros– ven, oyen, piensan. Un hombre puede aparecer sorprendido o asustado, pero un cerebro no, pues no puede mostrar interés o cólera por el simple motivo de que ni siquiera puede tener interés u ocasión de cólera: "Un cerebro no puede ocuparse de ninguna de las actividades que se necesitan para la aplicación de estas experiencias porque no tiene la fisonomía precisa, ni la capacidad para participar en ninguna de las formas de vida que se requerirían para que fuese un sujeto de experiencia" (1971: 75).

2] EL COMPORTAMIENTO LÓGICO. En este ámbito se considera que el significado de términos mentales como "pensamiento", "cólera", "intención" puede explicarse íntegramente en términos de comportamiento corporal, haciendo referencia a las circunstancias físicas en las que éste se verifica, sin ninguna necesidad de recurrir a la introspección. Para utilizar las palabras de Carnap: "la psicología es una rama de la física" (1931: 197), en el sentido de que, partiendo de la descripción de estados y movimientos físicos, se puede llegar, por medio de construcciones lógicas o de inferencias basadas en leyes físicas, a descripciones mentales y viceversa, porque la relación de transferibilidad es simétrica, incluso si lo fundamental es el lado físico de esta equivalencia y lo derivado el lado mental. Al deducir los estados mentales de las descripciones físicas se convierte a la experiencia, ya no en una percepción inmediata, sino en una *deducción derivada*. Contra esta posición se dirigieron las críticas de Malcom y de M. Merleau-Ponty. Para el primero "nuestra percepción de los hombres en términos de descripciones mentales es *inmediata*, en el sentido de que estas descripciones no se basan en otras, de diferente género. Esto no significa negar que mi percepción de alguien preocupado o divertido depende de mi conocimiento de las circunstancias en las que se encuentra, sino que, dado este conocimiento, veo la diversión *en su cara* o el mal humor *en su actitud*, sin estar obligado a deducir esto de alguna otra cosa que yo vea" (1971: 94). Para el segundo la referencia perceptiva no es una imperfección provisional del conocimiento físico, sino una de sus características esenciales, porque, de hecho o de derecho, la *ley* y la estructura del objeto construido basándose en la ley *es un instrumento de conocimiento*, y como tal tiene sentido sólo en referencia al mundo perceptivo: "La reintroducción en la ciencia moderna de las estructuras perceptivas más inesperadas –escribe Merleau-Ponty–, en lugar de revelar, en un mundo físico en sí, las formas de la vida o hasta las del espíritu, se limita a testimoniar que el universo del naturalismo no ha podido cerrarse en sí mismo y que la percepción no es un evento naturalista" (1942: 237), en el sentido de que el dato perceptivo no es algo que se obtiene de la coordinación de las leyes físicas, porque éstas manifiestan una unidad de *correlación*, mientras que la unidad de la percepción es de *sentido*, y no nace de leyes sino de la relación original del cuerpo con el mundo. De esta opinión es también K. Goldstein, para quien "la capacidad determinada de reacción de un cuerpo viviente frente al mundo es un modelo irreductible (*Urbild*) al cálculo estadístico, porque el cuerpo modifica por sí mismo su propio ambiente de acuerdo con una norma interior absolutamente incalculable" (1934: 258).

BIBLIOGRAFÍA: Carnap, R. (1931); Changeux, J.P. (1983); Galimberti, U. (1979); Gava, G. (1977); Goldstein, K. (1934); Malcolm, N. (1971); Merleau-Ponty, M. (1942); Moravia, S. (1986); Putnam, H. (1975); Smart, J.J.C. (1963); Wittgenstein, L. (1953).

fisiognómica o **fisiognosis** (al. *Physiognomik*; fr. *physiognomique*; ingl. *physiognomy*; it. *fisiognomica*)

Disciplina que se propone identificar los caracteres psicológicos y morales de una persona partiendo de su aspecto físico y de las **expresiones** (*v.*, § 1) de su rostro. En la Antigüedad se la consideraba parte de la "fisiología práctica", y su objetivo era identificar el carácter de una persona mediante la confrontación con las características físicas de ciertos animales. El más antiguo rastro de fisiognómica se le atribuyó a Aristóteles. Hacia finales del siglo XVIII J.K. Lavater trató de hacer de la fisiognómica una ciencia rigurosa, con cuya elaboración colaboró también J.W. Goethe. En la línea de estos estudios C. Lombroso elaboró su antropología criminal orientada a demostrar la correspondencia entre soma y psique. Al estudiar el cráneo del bandolero Vilella, Lombroso encontró que la cresta occipital había sido sustituida por una fosita semejante a la que se observa en los simios antropoides. De esta manera se convenció de que algunas formas criminales se derivarían de un regreso a la instintividad incontrolada de remotos antepasados, de los que se reproducían también las notas morfológicas que permitían la identificación del delincuente.

En el terreno psicológico la fisiognómica encontró una perspectiva psiquiátrica con F. Curtius, quien intentó identificar en las anomalías morfológicas de las formas del cuerpo la degeneración neurótica y mental, además de las tendencias criminales, así como una perspectiva en el ámbito de la caracterología con E. Kretschmer, que acopló al tipo leptosómico el carácter esquizotímico, al tipo pícnico el carácter ciclotímico y al tipo atlético el carácter viscoso (*v.* **tipología**, § 1, *b*). K. Jaspers incluye la fisiognómica, junto con la mímica y la grafología, entre los fenómenos de concomitancia entre expresiones corporales y expresiones psíquicas. Concomitancia no significa correspondencia y mucho menos causalidad, sino simplemente coincidencia no científica, porque "hay un contraste insuperable entre ver una forma y medir un tamaño, una proporción" (1913-1959: 287). Tanto si se procede con la intuición de los artistas como si se recurre a la correlación estadística que mide la frecuencia con la que cuerpo y carácter coinciden, "lo que se plantea sólo es el problema, pero no la naturaleza de la relación" (1913-1959: 286).

BIBLIOGRAFÍA: Curtius, F. (1933); Jaspers, K. (1913-1959); Klages, L. (1936); Kretschmer, E. (1921); Lombroso, C. (1878).

fisiológica, psicología
v. PSICOFISIOLOGÍA.

fisionomía (al. *Physionomie*; fr. *physio-nomie*; ingl. *physiognomy*; it. *fisionomia*)

Perfil completo resultante del conjunto de los rasgos que caracterizan el rostro de cada individuo. La fisionomía constituye la base de los estudios de la **fisiognómica** (*v.*).

fitness
v. ETOLOGÍA, § 2.

flagelación (al. *Geisselung*; fr. *flagella-tion*; ingl. *scourging*; it. *flagellazione*)

Antigua forma de castigo y de penitencia que se efectuaba administrándose fuertes y dolorosos golpes con un látigo. Esta práctica, presente en el ritual sadomasoquista (*v.* **sadomasoquismo**) para lograr la excitación sexual, responde a una necesidad inconsciente de castigo.

flemático (al. *Phlegmatisch*; fr. *flegma-tique*; ingl. *phlegmatic*; it. *flemmatico*)

Temperamento caracterizado por una predisposición natural a reprimir las tensiones provenientes del mundo externo. Según Hipócrates, quien ideó las patologías y el carácter de los individuos como resultado de la armonía o desarmonía entre los elementos del organismo, el temperamento flemático se derivaría de un predominio de la flema, un humor frío de origen cerebral que enfriaría, disminuyéndola, la actividad de la persona (*v.* **tipología**, § 1, *a*).

flexibilidad (al. *Flexibilität*; fr. *flexibilité*; ingl. *flexibility*; it. *flessibilità*)

Factor psicológico que designa la capacidad de adaptación y de modificación de una persona y la maleabilidad de su comportamiento en relación con los factores internos o externos que afectan su vida (*v.* **aloplástica-autoplástica**).

fluctuante (al. *Schwankend*; fr. *flottant*; ingl. *fluctuating*; it. *fluttuante*)

Adjetivo adoptado en el ámbito psicoanalítico para referirse a la forma de atención que el analista reserva a los informes del paciente (*v.* **atención fluctuante**) y, en el ámbito psiquiátrico, para referirse a una forma de ansiedad (*v.* **angustia**, § 4, *d*).

fobia (al. *Phobie*; fr. *phobie*; ingl. *phobia*; it. *fobia*)

Temor irracional e invencible hacia objetos o situaciones específicas que, según el buen sentido, no deberían provocar temor. Tales son el miedo por los espacios abiertos (*v.* **agorafobia**), por los cerrados (*v.* **claustrofobia**), el miedo a enrojecer (*v.* **eritrofobia**), el miedo a lo sucio (*v.* **rupofobia**), el miedo a las enfermedades (*v.* **patofobia; hipocondría**), etc. La fobia se distingue del *miedo* porque, a diferencia de este último, no desaparece frente a la comprobación de la realidad, y al mismo tiempo se debe diferenciar del *delirio* porque el fóbico está perfectamente consciente de la irracionalidad de sus temores, pero sin embargo no logra resolverlos. En una época la psiquiatría trataba unitariamente la *fobia* y la **obsesión** (*v.*); hoy se tiende a diferenciar ambas figuras porque, como precisa G. Jervis, "la fobia es el intento de construir una defensa contra la propia ansiedad alejando obstinadamente la ocasión de manifestarse con una distante y precipitada actitud de rechazo que sólo sirve para evocar continuamente el fantasma; la defensa obsesiva, en cambio, es el intento de construir una serie de barreras mágicas que se interpongan a la ansiedad, un laberinto de conjuros, una estructura de comportamientos meticulosamente controlados, útiles para alejar hasta el infinito el momento de no control, el riesgo de la crisis" (1975: 269).

Las fobias están cargadas de *significados simbólicos* en el sentido de que las cosas, las personas o las situaciones temidas por el sujeto remiten, de modo más o menos deformado, hacia una pulsión reprimida, hacia un castigo por el impulso inconsciente e inaceptado, o hacia una combinación de ambos. La condición fóbica por lo general revela un estado de dependencia infantil y, por lo tanto, de una autonomía no alcanzada que se manifiesta en el miedo a actuar y, en consecuencia, en el inmovilismo. De esta manera el temor a los lugares abiertos o a alejarse del ambiente conocido (agorafobia) manifiesta una situación psicológica de inseguridad que se debe rastrear a una condición de dependencia de la familia y a sentimientos de culpa que se refieren a la propia autonomía. De la misma manera, la fobia por lo sucio (ripofobia) puede esconder el terror al sexo, al esperma y a la gravidez, o a inconfesables sentimientos de culpa. Las interpretaciones patógenas más aceptadas de la fobia son la psicoanalítica y la conductista.

1] PSICOANÁLISIS. La fobia es el producto de los mecanismos de defensa del yo que, con la **represión** (*v.*) y el **desplazamiento** (*v.*), transfiere un complejo interior que causa conflictos y ansiedad hacia un objeto externo que el sujeto fóbico considera más fácil evitar. S. Freud refiere la neurosis fóbica a la histeria de angustia (*v.* **angustia**, § 2, *e*), en la cual "...la libido desprendida del material patógeno en virtud de la represión no es *convertida*, no es aplicada, saliendo de lo anímico en una inervación corporal, sino que se libera como angustia. [...] En la histeria de angustia hay un trabajo psíquico, que es incesante desde el comienzo de ella, para volver a ligar psíquicamente la angustia liberada. Pero ese trabajo no puede conseguir la reversión de la angustia a libido ni anudarse a los mismos complejos de los cuales proviene la libido. No le queda más alternativa que bloquear cada una de las ocasiones posibles para el desarrollo de angustia mediante unos parapetos (*Vorban*) psíquicos de la índole de una precaución, una inhibición, una prohibición; y son estas construcciones protectoras las que se nos aparecen como fobias y constituyen para nuestra percepción la esencia de la enfermedad" (1908 [1976: 94-95]).

2] CONDUCTISMO. La fobia es el resultado de un mal aprendizaje que produce una respuesta inadecuada y desproporcionada a la situación real. En términos pavlovianos un estímulo incondicionado intrínsecamente negativo, si se presenta en coincidencia con un estímulo neutro, transfiere a este último la capacidad de provocar la respuesta condicionada, apropiada para el estímulo incondicionado, trans-

formándolo en estímulo condicionado (*v.* **aprendizaje**, § 1). Este esquema se comprobó en 1920 en el experimento de Watson y Rayner para inducir en un niño de 11 meses la fobia por los ratones blancos que, después de cinco experimentos, se transformaron de animalitos simpáticos e inocuos en objetos fóbicos.

BIBLIOGRAFÍA: Freud, S. (1895); Freud, S. (1908); Freud, S. (1925); Hesnard, A. (1961); Jervis, G. (1971); Marks, I.M. (1969); Meazzini, P. y A. Galeazzi (1978); Michaux, L. (1969); Pavlov, I.P. (1927); Watson, J.B. (1921).

focalización
v. PSICOLOGÍA DE LA FORMA, § IV, 1, *b*.

folículo-estimulante, hormona (FSH)
v. ENDOCRINO, SISTEMA, § 1, *a*.

folie à deux (al. *Kollektiver Wahnsinn*; ingl. *induced folly*; it. *follia a due*)

También llamada locura *inducida*, locura *simultánea*, o locura *colectiva*, denota esa situación en la que los dos integrantes de una pareja se encuentran en el plano comunicativo mediante una influencia delirante recíproca. La sintomatología por lo general es de carácter persecutorio o místico-religioso. Ya que la sugestionabilidad tiene una parte notable en la locura compartida, esta expresión se hace extensiva también a los casos en los que una personalidad paranoica o fanática condiciona y plagia al otro miembro, especialmente receptivo o sugestionable, de la pareja. La locura inducida puede ser compartida no sólo por dos sino por tres, por cuatro, y permanece idéntico el mecanismo que así describió S. Arieti: "El primero que se enferma es por lo general un individuo con una personalidad fuerte, prepotente y arrogante. Es capaz de hacer que acepten su propio sistema delirante su cónyuge, un hijo, un hermano, una hermana o un amigo que viva con él. Las víctimas por lo general son personas débiles, sumisas, que encuentran más fácil aceptar las ideas del donador, aunque sean psicóticas, que oponerse a ellas. La convicción indestructible del donador, así como la ansiedad que un rechazo a su autoridad provocaría en las víctimas, hace que éstas acepten sus delirios. Naturalmente, las víctimas deben estar preparadas por sus dificultades psicológicas personales para aceptar el lastre psicótico de otro. El pronóstico es bueno para los casos inducidos si son separados del donador y se someten a una terapia adecuada" (1974: 238).

BIBLIOGRAFÍA: Arieti, S. (1974).

folklore (al. *Folklore*; fr. *folklore*; ingl. *folklore*; it. *folclore*).

Término de origen inglés (de *folk*, pueblo y *lore*, que se refiere al complejo de costumbres y creencias típicas de una cultura) que introdujo J.W. Thoms en 1846 para denotar ese saber colectivo que se va depositando en el patrimonio de canciones, juegos, trabalenguas, cuentos y mitos que los pueblos transmiten en forma oral. V.J. Propp intentó circunscribir el folklore con la identificación de estas características:

1] *El residuo ritual*: "Con la decadencia o la desaparición del rito, el folklore se desprende de éste y comienza a vivir con vida propia" (1947: 148), donde por rito se deben entender tanto "las *representaciones* religiosas o las imágenes mentales cuanto la *práctica* mágico-religiosa, o sea todo el conjunto de acciones rituales y de otro tipo con las que el hombre primitivo cree actuar sobre la naturaleza y defenderse de ésta. El folklore resulta, por lo tanto, parte de la práctica religiosa-ritual" (1947: 158).

2] *La creación como replasmación*: "El proceso de volver a plasmar lo viejo en lo nuevo es el proceso creativo principal del folklore hasta nuestros días. Decir esto no significa, de ninguna manera, disminuir el principio creativo del folklore. El concepto de 'creación' no significa en absoluto la generación de algo completamente nuevo. Lo nuevo nace de manera regular de lo viejo. El folklore es creativamente activo por su misma naturaleza y sustancia, pero la creación se realiza sobre la base de ciertas *leyes*, y no arbitrariamente, y la tarea de la ciencia es, de hecho, la de descubrir estas leyes" (1947: 158).

3] *La variación*. Cada registro folklórico es una variante del tema del doble sentido: *a*] "La ejecución no repite al pie de la letra lo

que oyó, sino que transporta sus variaciones que, incluso si se cumplen con la lentitud de los procesos biológicos, caracterizan la versatilidad de las obras folklóricas respecto a la inmutabilidad de las obras literarias" (1947: 150); *b*] "El folklore heredado entra en contradicción con el viejo orden social que lo había creado, y lo niega transformando las figuras que esto creó en su opuesto, por lo que aquello que una vez fue sagrado se transforma en hostil, lo que era grande en malo y monstruoso. [...] Las formaciones folklóricas, por ende, no se crean como reflejo inmediato de la vida cotidiana, sino como resultado de las contradicciones, del enfrentamiento de dos épocas o dos sistemas y de sus ideologías" (1947: 156).

4] *Los estadios*. El estudio del folklore se da por estadios, "entendiendo por estadio el grado de cultura determinable con el conjunto de las características de la cultura material, social y espiritual" (1947: 157), y no procede mediante el uso de *categorías lógicas* porque la mentalidad subyacente al folklore "no conoce vínculos de causa-efecto, pues dominan otras formas de conexión. No hay generalizaciones, abstracciones ni conceptos; el espacio y el tiempo se conciben de manera diferente de los nuestros, las categorías de unidad y multiplicidad, de cualidad, de sujeto y objeto cumplen con una función completamente distinta de la que tienen en nosotros, en nuestro pensamiento. [...] Por eso en ocasiones, detrás de la realidad folklórica, buscaremos en vano una realidad de vida" (1947: 154).

El psicoanálisis utiliza el material folklórico para encontrar, como dice S. Freud, "el significado de los símbolos" o, como lo expresa C.G. Jung, "los arquetipos del inconsciente colectivo". Para justificar este uso está, por un lado, la hipótesis filogenética, según la cual las fases de desarrollo de la humanidad son recorridas en el inconsciente de cada individuo, y por el otro la falta de rigurosos nexos lógicos que asemejen el material folklórico al material inconsciente.

BIBLIOGRAFÍA: De Martino, E. (1959); De Martino, E. (coord.) (1962); Devereux, G. (1972); Frazer, J.G. (1911-1915); Freud, S. (1899); Fromm, E. (1951); Jung, C.G. (1934-1954); Lévi-Strauss, C. (1960-1967); Lévi-Strauss, C. (1985); Propp, V.J. (1947); Róheim, G. (1950).

fondo
v. PSICOLOGÍA DE LA FORMA, § II, 2; PER-
CEPCIÓN, § 3, *a.*

fonema
v. LENGUAJE, § 1; LINGÜÍSTICA, § 1, *a.*

fonética
v. LINGÜÍSTICA, § 1, *e*; LENGUAJE, § 3.

fonoastenia
v. AFONÍA.

fonología
v. LINGÜÍSTICA, § 1, *f.*

fonografismo (al. *Phonographismus*;
fr. *phonographisme*; ingl. *phonograp-
hism*; it. *fonografismo*)

Repetición automática, frecuente en el niño
autista (*v.* **autismo**), de discursos que se pro-
nunciaron en su presencia, sin que parezca
exista ningún motivo que pueda estimular al
niño a esta repetición.

forclusión [preclusión] (al. *Verwerfung*; fr. *forclusion*; ingl. *forclosure*; it.
forclusione)

Término que introdujo J. Lacan para expresar
el término freudiano *Verwerfung* donde se ani-
da, según Lacan, la característica de la psicosis.
A diferencia de la **represión** (*v.*) que prevé el regreso de lo reprimido, la forclusión cancela definitivamente un acontecimiento que jamás
volverá a entrar en la memoria psíquica: "Con-
sideraremos por tanto la *Verwerfung* como forclusión del significante. En el punto en que, y
veremos cómo, se llama el Nombre-del-Padre,
entonces puede responder en el Otro un puro y
simple agujero, que por carencia del efecto metafórico provocará un agujero correspondiente
en el lugar de la significación fálica" (1958:
554). En otras palabras, en la psicosis la forclusión del significante no permitiría la organización de un plano simbólico al cual hacer entrar

los diferentes significados que, privados de un
centro, como podría serlo en la metáfora freudiana el falo (*v.* **falocentrismo**), quedan entre
sí privados de relación. Los significados forclus-
sos, no estando integrados en el inconsciente
del sujeto, no reaparecen desde adentro, sino
"en sentido a lo real" y en especial en el fenómeno alucinatorio. Este concepto ya lo había anticipado Freud ahí donde limitaba el mecanismo
de la **proyección** (*v.*) al sujeto neurótico porque, en el caso de la psicosis, Freud aclaraba
que: "No era correcto decir que la sensación interiormente sofocada es proyectada hacia afuera; más bien inteligimos que lo cancelado adentro retorna desde afuera" (1910 [1976: 66]).

BIBLIOGRAFÍA: Freud, S. (1910); Freud, S. (1925);
Lacan, J. (1958).

forense, psicología
v. PSICOLOGÍA FORENSE.

forma (al. *Gestalt*; fr. *forme*; ingl. *form*;
it. *forma*)

Término de origen filosófico que designa el aspecto (εἶδος) de una cosa, en el que se manifiesta su esencia. En psicología el término designa
la **totalidad** (*v.*) cuyas partes no están unidas
mediante una simple relación de yuxtaposición
y de contigüidad, sino que obedecen a una ley
intrínseca que determina su significado en la
totalidad. Las leyes principales que regulan la
organización de una forma son: 1] la *relación
figura/fondo*, en la cual el fondo está indiferenciado respecto a la figura, que emerge en su
unidad, con todos los grados de complejidad,
estabilidad y claridad; 2] el *campo perceptivo*,
que aparece como un sistema dinámico que
tiende hacia una estructura en la cual se manifiesta la organización de las formas; 3] las *relaciones formales* entre los elementos del campo
que permiten la manifestación de la forma. Éstos son las relaciones de semejanza, proximidad, simetría, cierre y continuidad de dirección que, estudiadas por la **psicología de la
forma** (*v.*), han permitido llegar a los siguientes postulados: *a*] existen fenómenos psíquicos
complejos que no se pueden reducir a los elementales, los cuales, por el contrario, se derivan de los complejos; *b*] si la percepción de la

forma es inmediata, no se la podrá reducir a un proceso abstracto de deconstrucción que la disgregue en datos más primitivos, sino que será necesario confiar en la experiencia inmediata; *c*] el carácter original de la forma tenderá a hacerla una propiedad innata, y no adquirida, del sistema nervioso. La etología moderna proporcionó, con la noción de **impronta** (*v.*), un argumento a favor de este innatismo y, por lo tanto, de la concepción fisiológica de las formas.

forma, psicología de la
v. PSICOLOGÍA DE LA FORMA.

formación (al. *Bildung*; fr. *formation*; ingl. *formation*; it. *formazione*)

Proceso orientado al desarrollo completo del individuo en términos tanto de personalidad psicológica como profesionales. En el ámbito *antropológico* la palabra se refiere al proceso de civilización que se manifiesta en el doble significado de la palabra **cultura** (*v.*), entendida como educación colectiva y como sistema de valores compartidos. En el ámbito *pedagógico* se refiere al desarrollo de las adquisiciones espirituales prácticas y teóricas que acompañan la maduración del individuo y el resultado de ese desarrollo (*v.* **escolar, formación**). En esta acepción es sinónimo de *educación* (*v.* **pedagogía**). En el ámbito *psicológico* se habla de formación en la **psicología del trabajo** (*v.*) y en la **psicología industrial** (*v.*) a propósito de la formación *profesional*, entendida como aprendizaje programado, mediante enseñanza y estudio, de los conocimientos y las habilidades básicos que representan las condiciones preliminares para iniciar conscientemente una profesión. Por último, en el ámbito *psicoanalítico* se refiere a la formación de los *analistas*, que se lleva a cabo de acuerdo con los procedimientos previstos por el **análisis didáctico** (*v.*).

formación de compromiso (al. *Kompromissbildung*; fr. *formation de compromis*; ingl. *compromise formation*; it. *formazione di compromesso*)

Expresión psicoanalítica que introdujo S. Freud para indicar la simplificación de un conflicto entre dos exigencias contrastantes mediante la satisfacción parcial de ambas: "...individualizamos una disputa entre dos tendencias: una inconciente, en todo otro caso reprimida, que aspira a una satisfacción –cumplimiento del deseo–, y una que reprime y repele, y con probabilidad pertenece al yo conciente; como resultado de este conflicto tenemos una formación de compromiso –el sueño, el síntoma– en la que las dos tendencias han hallado una expresión incompleta" (1922 [1976: 238]). El compromiso puede asumir diferentes tonalidades según se acentúe la satisfacción del deseo o la defensa. El carácter de satisfacción del deseo predomina en la histeria, donde da inicio una **formación sustitutiva** (*v.*), mientras el carácter ascético de la defensa prevalece en la neurosis obsesiva, que desemboca en la **formación reactiva** (*v.*). Pero incluso si el compromiso "puede resultar más favorable a una o a otra parte [...] rara vez una de las dos influencias está completamente ausente [...]. Por eso mismo el síntoma es tan resistente: está sostenido por ambas partes" (1915-1917: 460, 515).

Freud interpreta también el **delirio** (*v.*) como una formación de compromiso: "...los síntomas del delirio –tanto fantasías como acciones– son resultado de un compromiso entre las dos corrientes anímicas y en un compromiso se toman en cuenta las demandas de cada una de las partes; y por lo demás cada una de ellas ha debido renunciar a un fragmento de lo que quería conseguir. Toda vez que se produjo un compromiso hubo ahí una lucha; [...] En verdad, cuando se forma un delirio esta lucha nunca toca a su fin. Ataque y resistencia se renuevan tras cada formación de compromiso, ninguna de las cuales resulta del todo satisfactoria" (1906 [1976: 44]).

BIBLIOGRAFÍA: Freud, S. (1906); Freud, S. (1915-1917); Freud, S. (1922).

formación del síntoma (al. *Symptomsbildung*; fr. *formation de symptome*; ingl. *symptom formation*; it. *formazione di sintomo*)

El síntoma neurótico es, para S. Freud, una **formación de compromiso** (*v.*) resultante del antagonismo de dos tendencias: una orientada hacia la satisfacción del deseo, la otra hacia su represión. La formación del síntoma es análoga, para él, a la del sueño y la del chiste, llamadas respectivamente trabajo onírico y trabajo ingenioso. La formación del síntoma no es consecuencia tanto de la **represión** (*v*.) a la que se debe responsabilizar de la **formación sustitutiva** (*v*.), sino al regreso de lo reprimido (*v*. **represión**). Escribe Freud: "...la represión crea, por regla general, una *formación sustitutiva*. [...] Sabemos también que la represión deja *síntomas* como secuela. ¿Haremos coincidir formación sustitutiva y formación de síntoma? Y si esto puede aceptarse globalmente ¿se superponen el mecanismo de la formación de síntoma y el de la represión? Por ahora parece verosímil que ambos divergen, que no es la represión misma la que crea formaciones sustitutivas y síntomas, sino que estos últimos, en cuanto indicios de un *retorno de lo reprimido*, deben su génesis a procesos por completo diversos" (1915 [1976: 148-149]).

BIBLIOGRAFÍA: Freud, S. (1915).

formación reactiva (al. *Reaktionsbildung*; fr. *formation réactive*; ingl. *reaction formation*; it. *formazione reattiva*)

Proceso defensivo que permite dominar un impulso inaceptable con la exageración de la tendencia opuesta. Las formaciones reactivas pueden localizarse en rasgos obsesivos precisos o generalizados hasta constituir rasgos del carácter, integrados al conjunto de la personalidad; en cualquier caso, asumen valor sintomático por sus aspectos de rigidez y de compulsión, por sus fracasos accidentales, y porque con frecuencia pueden provocar el resultado opuesto al conscientemente deseado. S. Freud llegó al concepto de formación reactiva desde los primeros estudios de las neurosis obsesivas, en los que puso en evidencia el mecanismo psíquico particular que consiste en oponerse a una representación dolorosa con un "síntoma primario de defensa o contrasíntoma", como la escrupulosidad o el pudor que se vuelven rasgos del carácter para reaccionar al impulso sexual al que el sujeto se había abandonado en el período de la "amoralidad infantil" (1894: 313).

La formación reactiva debe distinguirse de la **formación de compromiso** (*v*.) porque, mientras en esta última es fácil localizar la satisfacción del deseo reprimido, unido a la acción de defensa, en la formación reactiva tanto la representación sexual como el "reproche que provoca" están excluidos de la conciencia en pro de virtudes morales llevadas al extremo, por lo que es posible hablar de la formación reactiva como de una "defensa alcanzada", incluso si Freud no se oculta que "Por ejemplo, la histérica que trata con excesiva ternura al hijo a quien en el fondo odia, no por ello será en el conjunto más amorosa que otras mujeres, ni siquiera más tierna con otros niños." (1925 [1976: 148]). La formación reactiva no sólo se encuentra en las actitudes obsesivas, sino también en las histéricas, pero con la diferencia de que "La formación reactiva de la histeria retiene con firmeza un objeto determinado y no se eleva al carácter de una predisposición universal del yo. En cambio, lo característico de la neurosis obsesiva es justamente esta generalización, el afloramiento de los vínculos de objeto, la facilidad para el desplazamiento en la elección del objeto" (1925 [1976: 148]).

En la formación reactiva también intervino O. Fenichel para subrayar el carácter *permanente* del contrainvestimiento defensivo: "La persona que se construyó una formación reactiva no desarrolla ciertos mecanismos de defensa para utilizarlos cuando está amenazada por un peligro instintivo sino que cambió la estructura de su personalidad basándose en la supuesta presencia continua de este peligro, con el fin de encontrarse preparada si llega a verificarse" (1945: 172).

La formación reactiva no es sólo una manifestación patológica, sino también una condición para el desarrollo del individuo: "Las mociones sexuales de estos años infantiles serían, por una parte, inaplicables, pues las funciones de la reproducción están diferidas, lo cual constituye el carácter principal del período de latencia; por otra parte, serían en sí perversos, esto es, partirían de zonas erógenas y se sustentarían en pulsiones que dada la dirección del desarrollo del individuo sólo provocarían sensaciones de displacer. Por eso suscitan fuerzas anímicas contrarias (mociones reactivas) que construyen, para la eficaz sofocación de ese displacer, los mencionados diques psíquicos: asco, vergüenza y moral" (1905 [1976: 162]). Freud atribuye a la formación reactiva el nacimiento del **superyó** (*v.*) y la **sublimación** (*v.*) en la cual el impulso infantil ya no es reprimido, sino transformado.

BIBLIOGRAFÍA: Fenichel, O. (1945); Freud, S. (1894); Freud, S. (1905); Freud, S. (1925).

formación reticular (al. *Retikulärbildung*; fr. *formation réticulaire*; ingl. *reticular structure*; it. *formazione reticolare*)

Estructura no bien delimitada, situada en la parte profunda del tronco del **encéfalo** (*v.*) y constituida por una densa red de neuronas, donde ramas colaterales crean aferencia de las vías de los diversos sistemas de la sensibilidad (*sistemas aferentes específicos*). Además está vinculada a toda la corteza de forma difusa dando origen al *sistema aferente no específico*, que eleva el nivel global de la actividad cortical, de manera que todo el encéfalo esté preparado para efectuar los procesos concernientes a la recepción, elaboración y análisis de los mensajes específicos que llegan, y a dar respuestas adecuadas. La formación reticular es responsable del *nivel de alerta* del ritmo del *sueño* y de la *vigilia* y de los mecanismos de la *atención*. Además de esta actividad *tónica* de la formación reticular existe una actividad *fásica*, de menor duración, que se manifiesta en efectos más diferenciados y más fácilmente localizables que regulan el nivel de excitabilidad de determinadas áreas de la **corteza cerebral** (*v.*) respecto a otras, con inhibición de modalidades sensoriales extrañas a la que se dirige la atención, contribuyendo así a circunscribir el campo de la conciencia. En la formación reticular se origina el *sistema reticular facilitador descendente*, constituido por fibras dirigidas hacia las motoneuronas que actúan favoreciendo el tono muscular. La formación reticular preside además los estados de alerta (*v.* **conciencia**, § 2), actúa como mecanismo de **activación** (*v.*), influye en la función respiratoria y circulatoria y tiene íntimas conexiones con el **hipotálamo** (*v.*) y con el **sistema límbico** (*v.*).

formación sustitutiva (al. *Ersatzbildung*; fr. *formation substitutive*; ingl. *substitutive formation*; it. *formazione sostitutiva*)

Mecanismo que cumple con la función de satisfacer un deseo reprimido mediante una forma sucedánea sustituta. S. Freud enumera, entre las formaciones sustitutivas, los actos fallidos, los lapsus y los chistes. Aquí el contenido reprimido, que aflora en el síntoma, permite registrar un conflicto en el que la tendencia a satisfacer el deseo superó a la defensa. En este desplazamiento de la libido los síntomas se pueden remontar a un mecanismo económico que permite una satisfacción sustitutiva del deseo inconsciente. El intercambio entre los dos términos no es casual, sino que se apoya en la existencia de un nexo simbólico entre el deseo original y su sucedáneo, que se manifiesta en el síntoma. En cuanto deja entrever el deseo, la formación sustitutiva debe diferenciarse de la **formación reactiva** (*v.*) donde destaca la defensa.

BIBLIOGRAFÍA: Freud, S. (1894); Freud, S. (1925).

fotismo
v. SINESTESIA.

fotofobia (al. *Photophobie*; fr. *photophobie*; ingl. *photophobia*; it. *fotofobia*)

Miedo a la luz que genera una reacción fóbica de evitación.

fotomo
v. ALUCINACIÓN, § 1, *b*.

fototropismo
v. TROPISMO, § 2.

fracaso (al. *Misserfolg*; fr. *insuccès*; ingl. *failure*; it. *insuccesso*)

Resultado insatisfactorio o desastroso de determinada actividad por incapacidad para superar una serie de obstáculos, con la consiguiente pérdida del objetivo prefijado. Se puede comprobar una predisposición al fracaso, que da origen a la *conducta de fracaso*, que el psicoanálisis refiere a una "intención del inconsciente" de negarse la satisfacción de un éxito porque es incompatible con los sentimientos de culpa generados por una agresividad reprimida respecto al progenitor del mismo sexo en el cuadro de las relaciones edípicas, o por vergüenza y reprobación en relación con deseos de naturaleza sexual, autoerótica o incestuosa. El fracaso aparece entonces como el castigo de la culpa y, al mismo tiempo, su expiación. Cuando el fracaso es atribuido al destino tenemos la configuración de esa neurosis que S. Freud llamó *neurosis de destino* y L. Laforgue *neurosis de fracaso* (v. **destino**, § 2).

BIBLIOGRAFÍA: Freud, S. (1924); Laforgue, R. (1939).

frame
v. INSTRUCCIÓN, § 1.

frase
v. LENGUAJE, § 1.

Fraser, ilusión de
v. ILUSIÓN, § 4, *h*.

frecuencia
v. ESTADÍSTICA, § I, 1.

frenastenia
v. RETARDO MENTAL.

frenesí (al. *Raserei*; fr. *frénésie*; ingl. *frenzy*; it. *frenesia*)

Excitación y agitación que se observa en los episodios de **manía** (v.).

frenología (al. *Phrenologie*; fr. *phrénologie*; ingl. *phrenology*; it. *frenologia*)

Teoría que elaboraron F.J. Gall y C. Spurzheim, hoy abandonada, según la cual las facultades y las características psíquicas tienen su localización en partes específicas del cerebro, con una correspondencia entre la hipertrofia de una determinada característica y la hipertrofia de la región cerebral específica, por lo que hubiera sido suficiente una cuidadosa topografía del cráneo para deducir las características psíquicas del sujeto. La apreció mucho G.W.F. Hegel, quien la discute ampliamente en la *Fenomenología del espíritu*. La frenología abrió la vía al estudio de las funciones mentales localizadas (v. **localización**) y al descubrimiento de los centros del **lenguaje** (*v.*, § 2).

BIBLIOGRAFÍA: Gall, F.J. (1810); Gall, F.J. (1822-1823).

frigidez (al. *Frigidität*; fr. *frigidité*; ingl. *frigidity*; it. *frigidità*)

También llamada *anafrodisia*, la frigidez se refiere a la incapacidad de la mujer para alcanzar el **orgasmo** (v.) durante el coito. Cuando no es de naturaleza orgánica, esta incapacidad no es una enfermedad sino un síntoma de conflictos neuróticos subyacentes que pueden remontarse a un rechazo de la propia identidad sexual, a una homosexualidad latente, a vínculos edípicos no resueltos, a sentimientos de culpa respecto al placer sexual, vinculados con la educación, a recuerdos de experiencias negativas o dolorosas como violaciones o incestos, a sentimientos de inseguridad y de inadecuación frente a la relación, al temor de pérdida del autocontrol, al temor a la gravidez, al desafecto respecto a la pareja, con pérdida de atracción sexual, o al disgusto por sus comportamientos sexuales desilusionantes. S. Freud refiere la frigidez a "...la fijación de su libido al padre o a un hermano que lo sustituya–, [...] El marido nunca es más que un varón sustituto, por así decir; nunca es el genuino. Es otro –el padre, en el caso típico– quien posee el primer título a la capacidad de amor de la esposa; al marido le corresponde a lo sumo el segundo. Ahora bien, para que se desautorice a éste por insatisfactorio importa cuán intensa sea la fijación y cuán tenazmente se persevere en ella" (1910-1917 [1976: 199]).

La frigidez completa implica una total anestesia sexual; la relativa puede presentar las formas de: 1] insensibilidad vaginal con sensibilidad en la zona del clítoris; 2] interrupción de la excitación inmediatamente después del orgasmo; 3] angustia, tensión, insomnio, depresión tras la relación, cualquiera que sea el grado de satisfacción. Según C. Rycroft, "la frigidez puede considerarse un síntoma neurótico sólo si *a*] es persistente y *b*] se verifica también en las circunstancias más favorables. De otra manera es un signo de inexperiencia y de falta de sinceridad (por parte de la mujer o de su compañero)" (1968: 64).

BIBLIOGRAFÍA: Benedek, T. F. (1959-1966); Freud, S. (1910-1917); Kinsey A.C. *et al.* (1953); Moreno, M. (1970); Rycroft, C. (1968).

frotteurismo (al. *Frotteurismus*; fr. *frotteurisme*; ingl. *frotteurism*; it. *frotteurismo*)

Impulso a tocar y a restregarse contra una persona sin su consentimiento. El DSM-III-R cataloga el frotteurismo entre las formas de **parafilia** (*v.*)

frustración (al. *Versagung*; fr. *frustration*; ingl. *frustration*; it. *frustrazione*)

Situación externa o interna que no permite alcanzar satisfacción o lograr un fin. El término lo introdujo S. Freud quien consideraba que la frustración era útil para el desarrollo del yo y para su adaptación a la realidad. Más allá de cierto umbral la frustración se considera dañina porque activa mecanismos *agresivos*, como en el caso de quien utiliza todas sus energías para alcanzar la satisfacción, independientemente de las reglas del ambiente que lo rodea, o *regresivos*, con el retiro de la energía frustrada de los objetos reales para regresar a formas fantásticas donde se encuentran las huellas de formaciones precedentes. La frustración no sólo depende del mundo externo, sino también del interno, como puede ser una prohibición del superyó para alcanzar la satisfacción; tal es el caso que cita Freud de sujetos que se enferman en el momento en el que alcanzan el éxito. "Tanto más sorprendidos y aun confundidos quedamos entonces, cuando, como médicos, hacemos la experiencia de que en ocasio-

nes ciertos hombres enferman precisamente cuando se les cumple un deseo hondamente arraigado y por mucho tiempo perseguido. Parece como si no pudieran soportar su dicha, pues el vínculo causal entre la contracción de la enfermedad y el éxito no puede ponerse en duda" (1916 [1976: 323]).

Estas hipótesis de Freud las acogió sustancialmente la psicología experimental, que puso el acento en tres factores: la *naturaleza* del acontecimiento frustrante, la *fuerza de la motivación* subyacente a la finalidad frustrada y la *personalidad* del sujeto frustrado que, combinándose entre sí, pueden determinar, según la hipótesis de J. Dollard, una actitud agresiva (*v.* **agresividad**, § 3), según la de R. Barker una actitud regresiva, y según la de I.E. Farber una actitud de fijación, por lo que incluso cuando la finalidad es alcanzable no se observa una activación para alcanzarla. De acuerdo con el *aprendizaje* la frustración, según J.S. Brown y Farber, puede provocar dos efectos: un aumento del nivel general de motivación, o una reacción de fuga y de alejamiento, confirmando de esta manera la noción de "umbral" ya evidenciada por Freud.

En lo relativo a las pulsiones, Freud identifica las de autoconservación que, como para su satisfacción necesitan un objeto externo, son susceptibles de frustraciones, y las sexuales, que siempre pueden lograr la satisfacción en términos autoeróticos y fantasmáticos. La frustración está en la base de la regla de **abstinencia** (*v.*, § 2) en el tratamiento analítico, por la cual el paciente no debe lograr satisfactores sustitutivos a sus síntomas y debido a ello la actitud frustrante del terapeuta se considera más terpéutica que gratificante.

BIBLIOGRAFÍA: Barker, R., T. Dembo y K. Lewin (1941); Brown, J.S. e I.E. Farber (1951); Dollard J. *et al.* (1939); Farber, I.E. (1948); Freud, S. (1912); Freud, S. (1915-1917); Freud, S. (1916).

fuente de la pulsión
v. PULSIÓN, § 1, *b.*

fuga (al. *Flucht*; fr. *fuite*; ingl. *flight*; it. *fuga*).

El término tiene diferentes significados según el contexto de referencia:

1] PSIQUIATRÍA. Se habla de *fuga psicógena* a propósito de ese vagar sin meta con tal de escapar a situaciones intolerables que pueden ser externas, como ambientes insoportables, o internas, como conflictos insolubles que disponen o testimonian una disociación de la conciencia (*v.* **escisión**, § I, 4). En cambio se habla de *fuga de las ideas* a propósito de la producción ideativa rápida e inalcanzable en la cual las asociaciones se establecen por pura consonancia fonética o por condicionamientos externos, y por lo tanto con rápidos cambios de un argumento a otro, que incluso pueden ser comprendidos en su conexión por un oyente atento, porque no presentan la falta de lógica del pensamiento inconexo. La fuga de las ideas es un rasgo típico de las manifestaciones maníacas (*v.* **idea**, § 9).

2] PSICOANÁLISIS. Se habla de *fuga en el tratamiento* como defensa del paciente contra los sondeos del analista. El abandono de los síntomas es temporal y se observa, no sólo en los sujetos defensivos, sino también en los que le atribuyen un valor mágico al analista, con quien establecen una relación pasiva-dependiente. En cambio se habla de *fuga en la enfermedad* cuando el paciente busca en la enfermedad psíquica o somática la forma de escapar a sus conflictos psíquicos, reduciendo la tensión con la formación de los síntomas. La fuga en la enfermedad tiene afinidad con lo que S. Freud llamó **beneficio de la enfermedad** (*v.*).

3] PSICOSOMÁTICA. Se habla de *fuga visceral* cuando el sujeto, incapaz de llevar a cabo una acción acorde al peligro o a la situación difícil o ansiógena, como puede ser un examen, recurre a un comportamiento funcional infantil del aparato visceral que requería, en su momento, la intervención de los padres, percibidos como fuertes y omnipotentes.

BIBLIOGRAFÍA: Alexander, F. (1950); Binswanger, L. (1960); Freud, S. (1908).

función (al. *Funktion*; fr. *fonction*; ingl. *function*; it. *funzione*)

Cualquier actividad del organismo que participe en la preservación de la vida individual y en la conservación de la especie. Los procesos desfavorables se consideran **disfunciones**

(*v.*). Además de esta acepción genérica, el término "función" asume una connotación específica en el ámbito de la psicología del yo y de la psicología analítica.

1] PSICOLOGÍA DEL YO. En este ámbito H. Hartmann introdujo el concepto de *función autónoma del yo* para indicar actividades como hablar, respirar, caminar, que, habiéndose emancipado de los instintos, ya no pueden ser afectadas por el surgimiento de conflictos de origen pulsional, por lo que donde de verdad se produjo la emancipación ya no se observan fenómenos como los balbuceos, el asma, la parálisis. Las actividades que forman parte de la función autónoma del yo utilizan energía *desagresivizada* y *desexualizada*. A conclusiones parecidas llegó, en el ámbito de la teoría de la personalidad, G.W. Allport, quien introdujo el concepto de *autonomía funcional*, según el cual hábitos y capacidades, originalmente vinculados a exigencias biológico-instintivas, tienden después a funcionar de forma autónoma (*v.* **autonomía-heteronomía**).

2] PSICOLOGÍA ANALÍTICA. En este ámbito el término se utiliza en dos acepciones:

a] *La función trascendente*, que es el motor de la dinámica psíquica, en el sentido de que, elaborando los opuestos, como pueden ser los contenidos "conscientes" y los contenidos "inconscientes", permite llegar a una situación psíquica nueva. Escribe C.G. Jung: "El contraste de las posiciones implica una tensión cargada de energía que produce algo vivo, un tercer elemento que no es para nada, según el axioma *tertium non datur*, un aborto lógico, sino más bien una progresión que nace de la suspensión de la antítesis, un nacimiento vivo que produce un nuevo grado del ser, una nueva situación. La función trascendente se manifiesta como una característica de opuestos que se acercaron recíprocamente. Mientras estos opuestos se mantienen ignorados el uno del otro –con el fin natural de evitar conflictos– no funcionan, y se deriva de ello un cadáver insepulto" (1957-1958: 105).

b] *Las funciones psicológicas*, que Jung entiende como "manifestaciones de la libido que, aunque cambien las circunstancias, permanecen fundamentalmente iguales. [...] Yo distingo en total cuatro funciones fundamentales, dos racionales y dos irracionales, a saber *pen-*

sar, sentir, percibir sensorialmente e *intuir*" (1921: 445). Pensamiento y sentimiento son llamados racionales porque tratan de *valoraciones* de tipo racional o de tipo afectivo; sensaciones e intuiciones son llamadas irracionales porque no proceden por juicios sino por *percepciones*. La función que resulta más diferenciada en el desarrollo decide el *tipo* funcional que puede inclinarse hacia la extroversión o hacia la introversión que, para Jung, son las posibles **actitudes** (*v.*, § 2) que un sujeto puede asumir, ya sea que su libido esté más atraída, respectivamente, por el mundo externo o por el mundo interno. Combinando funciones y actitudes resultan ocho tipos psicológicos (*v.* **tipología**, § 2). El tipo resulta de la unificación de la función superior con la actitud extrovertida o introvertida. Pero, afirma Jung, "dada la unilateralidad del proceso evolutivo, una o más funciones permanecen necesariamente atrasadas en su desarrollo. Por consiguiente se las puede designar 'inferiores', y esto en el sentido psicológico pero no en el psicopatológico, ya que estas funciones que se atrasaron no están enfermas, sino sólo rezagadas respecto a la función favorecida" (1921: 446).

BIBLIOGRAFÍA: Allport, G.W. (1955); Hartmann, H. (1939); Jung, C.G. (1921); Jung, C.G. (1957-1958).

funcional, fenómeno

v. FENÓMENO FUNCIONAL.

funcionalismo (al. *Funktionalismus*; fr. *fonctionnalisme*; ingl. *functionalism*; it. *funzionalismo*)

En psicología el término se refiere a la orientación iniciada por W. James y J. Dewey que, en oposición a la orientación elementarista (*v.* **elementarismo**) e introspeccionista de W. Wundt, interpreta los fenómenos psíquicos no como *estructuras*, sino como *funciones* mediante las cuales el organismo se adapta al ambiente. Los principios del funcionalismo son:

1] *El evolucionismo* de C. Darwin, que permite superar el dualismo soma-psique e interpretar la psique como una función ulterior de la que están provistos los organismos superiores para adaptarse mejor al ambiente, por lo que, por ejemplo, la conciencia aparece cada vez que el comportamiento automático encuentra obstáculos que causan problemas cuya solución no está contenida en el repertorio automático, pero que es necesaria para la sobrevivencia. Una vez cumplida su función adaptativa la conciencia se eclipsa, dejando instaurados nuevos automatismos.

2] *El holismo*. En el plano epistemológico la observación de los fenómenos psíquicos no debe darse basándose en la fragmentación de los elementos que los integran, porque la totalidad individuo-ambiente es más explicativa que el análisis de cada una de las partes consideradas independientemente de su función total. De esta manera el funcionalismo se anticipa a la **psicología de la forma** (*v.*) y no comparte la orientación conductista, que explica la adaptación basándose en la separación conceptual de estímulo y respuesta. Al respecto Dewey, en *El concepto del arco reflejo en psicología*, de 1896, ya había demostrado que el arco reflejo (*v.* **reflejo**, § 1) representa un eslabón de una cadena unitaria que sólo artificialmente puede separarse en las dos unidades elementales del estímulo y la respuesta, porque cada conducta del organismo es un proceso global cuyo significado no debe buscarse en los elementos que la componen sino en la función total que cumplen.

3] *El utilitarismo*. No se debe preguntar "qué son los procesos mentales" y mucho menos cómo se pueden conocer introspectivamente, porque la pregunta funcional es "para qué sirven en términos globales y cómo funcionan", con la advertencia de que mente y cuerpo, desde este punto de vista, son analizables de la misma manera; por ejemplo, consideradas en conjunto la adaptación, la respiración o la percepción cumplen la misma función, que es la de conservar y proteger el organismo del ambiente.

Esta orientación metodológica influirá en el sector de la *lingüística*, que buscará las unidades lingüísticas basándose en su función; en la *antropología* de A. Radcliffe-Brown y B. Malinowski, quienes observan las estructuras de las sociedades primitivas y contemporáneas a partir de las funciones que éstas desarrollan en favor de la sociedad o partes de ésta, y de la *pedagogía* de E. Claparède, quien ve la actividad pedagógica a partir de su funcionalidad para alcanzar un equilibrio entre las aptitudes del educando y las exigencias y condicionamientos del ambiente.

BIBLIOGRAFÍA: Angell, J.R. (1907); Carr, H.A. (1925); Claparède, E. (1909); Dewey, J. (1887); Dewey, J. (1896); James, W. (1890); Titone, R. (1959).

fusión (al. *Verschmelzung*; fr. *fusion*; ingl. *fusion*; it. *fusione*)

El término se usa en psicología de la percepción y en psicoanálisis.

1] PSICOLOGÍA DE LA PERCEPCIÓN. Se habla de fusión *binocular* cuando las imágenes ligeramente diferentes que se imprimen en los dos ojos a causa de su distancia no se perciben como imágenes dobles, sino fusionadas en una impresión espacial estereoscópica. Lo mismo se debe decir de la fusión *tonal*, que da una impresión unitaria de los sonidos que llegan a los dos oídos. Por último se habla de fusión de *estímulos* cuando dos estímulos, que tienen una sucesión temporal y espacial diferente, se perciben como continuos. Es el caso de la sucesión de las secuencias fílmicas o del parpadeo entre estímulo luminoso y estímulo oscuro por la frecuencia de su sucesión.

2] PSICOANÁLISIS. En este ámbito S. Freud introdujo el concepto de *fusión* o *unión de las pulsiones* y de su **desunión** (*v.*) a propósito de las pulsiones de vida y las pulsiones de muerte: "Creemos, pues, que en el sadismo y el masoquismo nos encontramos con dos destacados ejemplos de la mezcla entre ambas clases de pulsión, del Eros con la agresión, y ahora adoptamos el supuesto de que ese nexo es paradigmático, de que todas las mociones pulsionales que podemos estudiar consisten en tales mezclas o aleaciones de las dos variedades de pulsión, desde luego que en las más diversas proporciones. Entonces, las pulsiones eróticas introducirían en la mezcla la diversidad de sus metas sexuales, en tanto que las otras sólo consentirían aminoramientos y matices de su monocorde tendencia." (1932 [1976: 97]).

BIBLIOGRAFÍA: Freud, S. (1932); Lindsay, P.H. y D.A. Norman (1977).

galactorrea (al. *Milchfluss*; fr. *galactorrhée*; ingl. *galactorrhea*; it. *galattorrea*)

Secreción de leche continua y persistente fuera del período del puerperio. Se observa en presencia de una abundante secreción de prolactina por parte de la hipófisis (*v.* **endocrino, sistema**, § 1) y en ocasiones por la ingestión de neurolépticos (*v.* **psicofarmacología**, § I, 1, *a*).

galactosemia (al. *Galactosaemie*; fr. *galactosaemie*; ingl. *galactosaemia*; it. *galattosemia*)

Enfermedad hederitaria recesiva debida a la ausencia de una enzima que impide la transformación de la galactosa en glucosa. Además de los inconvenientes derivados por la acumulación de este azúcar en la sangre, la galactosemia es causante de retraso mental.

Gall, teoría de
v. FRENOLOGÍA.

Galton, test de
v. ASOCIACIÓN, § 3, *b*.

galvánico, reflejo
v. REFLEJO, § 2, *a*.

gamacismo (al. *Gammazismus*; fr. *gammacisme*; ingl. *gammacism*; it. *gammacismo*)

Defecto bastante común en el lenguaje infantil que consiste en la incapacidad de pronunciar correctamente las letras "g" y "k" que son sustituidas por las dentales "d" y "t".

gamma
v. ESTADÍSTICA, § I, 3.

ganglio
v. NERVIOSO, SISTEMA.

ganja
v. DROGA, § 2.

Ganser, síndrome de (al. *Ganser Syndrom*; fr. *syndrome de Ganser*; ingl. *Ganser's syndrome*; it. *sindrome di Ganser*)

Síndrome psiquiátrico que describió por primera vez S.M.J. Ganser en 1898, caracterizado por un estado de conciencia crepuscular con trastornos en la orientación espaciotemporal, crisis de ansiedad y comportamientos excéntricos. El sistema peculiar que distingue el síndrome de Ganser de otras enfermedades psíquicas con un cuadro patológico análogo consiste en las llamadas respuestas "aproximadas", cuando el paciente proporciona respuestas equivocadas e incomprensibles a preguntas muy simples, como si hubiera perdido la mayor parte de los conocimientos adquiridos y también surge la sospecha de que el error es más intencional que real. El síndrome, frecuente en los detenidos en espera de juicio, en personas simples o en sujetos que se encuentran en condiciones estresantes, tiene una duración que va desde algunos días hasta algunas semanas, y por lo general va seguido de amnesia.

BIBLIOGRAFÍA: Ganser, S.M.J. (1898).

gargolismo (al. *Gargoylismus*; fr. *gargoylisme*; ingl. *gargoylism*; it. *gargoilismo*)

Enfermedad congénita del metabolismo, también llamada *enfermedad de Hurler*, que consiste en un defecto enzimático de origen genético responsable de la acumulación de sustancias lípidas en las células nerviosas. El gargolismo, que por lo general se presenta en los primeros meses de vida, determina graves alteraciones cerebrales, retraso mental, enanismo, macrocefalia y deformaciones esqueléticas y cardiacas. Este síndrome tiene un porcentaje muy alto de mortalidad precoz.

gastrina
v. ENDOCRINO, SISTEMA, § 9, *b*.

Gauss, campana de
v. ESTADÍSTICA, § II, 2.

Gelb, fenómeno de (al. *Gelbsches Phänomenon*; fr. *phénomène de Gelb*; ingl. *Gelb's phenomenon*; it. *fenomeno di Gelb*)

Ilusión óptica por la cual si diferentes estímulos luminosos son enviados a distancias iguales, pero con intervalos de tiempo diferentes, los estímulos temporalmente más cercanos aparecen también menos distantes en el espacio. Tal fenómeno lo utiliza la psicología de la forma como demostración de los efectos de campo, o sea de la influencia, en el reconocimiento de un evento, del contexto perceptivo en el que éste se efectúa.

Gélineau, síndrome de
v. SUEÑO, § 3, *a*.

gemelos, estudio de los (al. *Zwillingsforschungen*; fr. *études sur les jumeaux*; ingl. *twins studies*; it. *studi sui gemelli*)

Existen varios estudios de los gemelos orientados a comprobar las diferentes influencias: 1] entre herencia y ambiente; 2] entre aprendizaje programado y aprendizaje espontáneo; 3] entre proceso de individuación y condición de pareja.

1] *Herencia y ambiente*. La primera comparación es entre gemelos con idéntico patrimonio genético, o gemelos univitelinos, monocigotos u homocigotos, y gemelos con diferente patrimonio genético, bicigotos, heterocigotos o fraternos, ponen de manifiesto cómo varía la influencia de la herencia, idéntica en los monocigotos, en relación con el ambiente. En este ámbito se ha notado que los rasgos más relacionados con la herencia son la constitución somática y el coeficiente intelectual, y menos los rasgos psicológicos debidos a la mayor o menor influencia del proceso de diferenciación que se presenta dentro de la pareja de gemelos (*v*. **genética**, § 4). Por lo que se refiere a la patología, se ha observado un índice de concordancia de 60 a 10 en las parejas univitelinas respecto a las fraternas, y el dato es interesante para la orientación que sostiene la matriz orgánica de las enfermedades psíquicas, incluso si es difícil prescindir de la dinámica de la interacción organismo-ambiente.

2] *Aprendizaje*. Estos estudios se basan en el método del gemelo de control, que elaboró el psicólogo de la edad evolutiva A. Gesell quien, a partir de 1941, sometió a un gemelo homocigoto a aprendizaje intensivo respecto al otro, llamado gemelo de control, que continuaba naturalmente su crecimiento. Los experimentos realizados demostraron que la mayor habilidad del gemelo experimental, adiestrado, es poco a poco igualada por el gemelo de control conforme éste procede con su maduración natural.

3] *Individualización*. Este tercer tipo de estudios que iniciaron L. Gedda y R. Zazzo se propone identificar la especificidad de las dinámicas intrínsecas a la condición de pareja, donde la evolución de un estado inicial de indiferenciación de la madre a la conciencia de sí es notablemente complicada por la presencia de otro individuo que, sobre todo en los gemelos homocigotos, es en todo y para todo igual. De aquí las dinámicas de identificación y de diferenciación que no dependen ni de la herencia ni del ambiente, sino de la vida de pareja.

BIBLIOGRAFÍA: Burt, C. (1966); Gedda, L. (1948); Gedda, L. (1951); Gesell, A. y H. Thompson (1941); Heston, L.L. y J. Shields (1968); Kringlen, E. (1966); Mittler, P. (1971); Zazzo, R. (1960).

gen
v. GENÉTICA, § 2.

genealógico, hallazgo (al. *Ahnenfunds-tuck*; fr. *pièce généalogique*; ingl. *family find*; it. *reperto genealogico*)

Dato anamnésico (*v.* **anamnesis**), relativo a los miembros de la misma línea genética considerada en sentido ascendente o colateral, solicitado para la determinación de la herencia patológica en el campo psiquiátrico.

generación (al. *Zeugung*; fr. *génération*; ingl. *generation*; it. *generazione*)

Término derivado de la biología donde indica los procesos de la reproducción, o una agrupación, por sucesión, de la prole generada. Con esta segunda acepción el término pasó a las ciencias sociales donde indica: 1] una fase en la sucesión de la descendencia; 2] una serie de hermanos dentro de una familia; 3] un grupo de personas coetáneas dentro de una población; 4] gente de la misma época, y, con un matiz estadístico; 5] la duración media de la vida en una especie o en un grupo. Las investigaciones psicológicas se orientaron al estudio de las diferencias generacionales para enfocar, por un lado la influencia de las condiciones históricas en las características psicológicas de una generación (*v.* **cohortes, análisis de las**), y por el otro los conflictos generacionales determinados por las tendencias opuestas de las dos generaciones enfrentadas, una orientada a la conservación de lo existente, la otra al cambio y a la elaboración de nuevos valores. En este conflicto se basa la dinámica social, que es posible sólo cuando los individuos, que expresan una u otra tendencia, se "sienten" de la misma generación y, en esta relación, encuentran una parte de su identidad.

BIBLIOGRAFÍA: Eisenstadt, S.N. (1966); Esler, A. (coord.) (1974); Mannheim, K. (1974); Ortega y Gasset, J. (1974); Sheleff, L.S. (1981).

general, psicología
v. PSICOLOGÍA GENERAL.

generalización (al. *Verallgemeinerung*; fr. *généralisation*; ingl. *generalization*; it. *generalizzazione*)

En **psicología experimental** (*v.*, § 2, *d*) indica el procedimiento de naturaleza probabilística que permite, después de la comprobación de las hipótesis, formular las leyes que regulan el comportamiento de los fenómenos observados; mientras en **psicología del aprendizaje** (*v.*, § I, 1, *c*) indica la capacidad de reaccionar ante nuevas situaciones cuando éstas se parecen a otras ya aprendidas y que se volvieron familiares.

generativismo
v. LINGÜÍSTICA, § 3, *b*.

génesis actual
v. PSICOLOGÍA DE LA FORMA, § II, 10.

genética (al. *Genetik*; fr. *génétique*; ingl. *genetics*; it. *genetica*)

Término que acuñó en 1909 W. Bateson para indicar la ciencia de la *herencia*, por la cual los caracteres de los descendientes se derivan de los caracteres de los ascendientes. En el ámbito psicológico las bases genéticas se toman en consideración no tanto por la derivación de los caracteres físicos cuanto por la de los de *comportamiento*, para los que el problema no está en decidir entre herencia y ambiente, ya que la interacción es admitida por todos, basándose en el hecho de que ningún organismo puede crecer y desarrollarse sin el apoyo del ambiente, sino en comprender las limitaciones impuestas por la herencia al potencial evolutivo del individuo.

1] MATERIAL GENÉTICO: TRANSMISIONES Y EXPRESIONES. El depositario del patrimonio genético es el ácido desoxirribonucleico (ADN) que consiste en moléculas muy largas formadas por una concatenación lineal de unidades de bases (desoxirribonucleótidos) presentes en cuatro variedades. La secuencia específica de tales unidades de bases o monómeros decide las características específicas de cada célula y de cada organismo. Cada molécula de ADN está constituida por dos filamentos aplanados en toda su longitud, gracias a una complementariedad específica entre una parte (bases nitrogenadas) de los monómeros. El ADN desarrolla sus funciones a] transmitiéndose inalterado a la progenie, y b] determinando la expresión genética mediante la síntesis de proteínas.

a] *La transmisión genética*. La transmisión del ADN de una determinada célula a las células hijas es posible gracias a su capacidad de *replicación*, es decir de autoduplicación, que consiste en la síntesis de una copia molecular idéntica. Ya que cada uno de los dos filamentos dirige la síntesis del nuevo funcionando como "molde", las dos moléculas resultantes están constituidas por un filamento parental y por uno neoformado, por lo que se dice que la replicación del ADN es semiconservadora. Sólo después de duplicado el ADN puede comenzar la división celular o *mitosis* que, a partir de una célula madre, culmina en la formación de dos células hijas iguales, que contienen un patrimonio genético idéntico.

La transmisión del patrimonio genético de dos individuos progenitores al individuo hijo, en un proceso de *reproducción sexual*, se da por medio de dos células especiales llamadas *germinales*: una masculina (espermatozoide) y una femenina (célula huevo), caracterizadas por poseer la mitad del patrimonio génetico presente en las otras células que constituyen el organismo (células somáticas). Por ejemplo, el hombre tiene un patrimonio genético *diploide*, ya que toda la información genética está presente en pares, pero sus células germinales, mediante un proceso denominado *meiosis*, se vuelven *haploides*, es decir, pierden una de las dos partes originales de la información. Naturalmente la fusión de las dos células germinales, ambas haploides, mediante la *fecundación*, reconstruirá una nueva célula diploide (*cigoto*) que dará origen a un nuevo organismo diploide como los progenitores, con un patrimonio genético proveniente mitad de la madre y mitad del padre.

b] *La expresión genética*. La información genética contenida en el ADN se expresa determinando cualitativa y cuantitativamente la síntesis de las *proteínas*. Esto significa que la dotación proteínica presente en una célula determina directa o indirectamente su morfología y sus capacidades funcionales. En el proceso de síntesis de proteínas, la información genética,

contenida en el ADN como secuencia de desoxirribonucleótidos, debe pasar a las proteínas que las expresan como secuencia de aminoácidos. Las proteínas, en efecto, son también moléculas más o menos largas, constituidas por la concatenación lineal en secuencias específicas de unidades de bases (*aminoácidos*) de veinte tipos diferentes. La transmisión de la información del ADN a las proteínas es posible gracias a la existencia del *código genético*, que consiste en una correspondencia entre secuencia de nucleótidos (en tripletas) y aminoácidos, por lo que una o más (hasta 6) secuencias de tres nucleótidos corresponden a un determinado aminoácido de los veinte diferentes que constituyen las proteínas. Tal transmisión de información no se da directamente sino que necesita un intermediario representado por otro ácido nucleico, el ARN (ácido ribonucleico), estructuralmente muy semejante al ADN, en cuyo "molde" se forma, pero compuesto siempre por un solo filamento y constituido por una secuencia linear de ribonucleótidos (siempre presentes en cuatro variantes).

Hay tres tipos principales de ARN que intervienen en diferentes niveles permitiendo el mecanismo de la síntesis proteínica: a] el ARN *ribosomal* (ARN) que, junto con muchas proteínas, constituye los ribosomas, formaciones supramoleculares que constituyen la fase sólida en la que se da la síntesis de las proteínas; b] el ARN *de transferencia* (ARN) que está presente en muchos aspectos, cada uno de los cuales tiene la tarea de reconocer y vincular el aminoácido correspondiente, colocándolo de forma oportuna en el ribosoma, es decir teniendo en consideración el *codón* que se lee en la molécula de ARN. En realidad las moléculas de ARN también trabajan como *adaptadores*, porque por una parte reconocen por complementariedad el codón en el mensajero y por otra llevan a ese aminoácido determinado que se concatenará en ese punto de la secuencia de la proteína en formación; c] el ARN *mensajero* (ARN), una molécula que transporta la información, "copiada" del ADN, a los ribosomas, permitiendo la lectura del mensaje genético por parte de los diferentes ARN.

La transmisión de informaciones de ADN a ARN se llama *transcripción* porque se trata del mismo lenguaje (secuencia de los nucleótidos), mientras la transmisión de ARN a las proteínas se llama *traducción*, porque los lenguajes son diferentes (secuencias de nucleótidos contra secuencias de aminoácidos). Los ácidos nucleicos (ADN y ARN) y las proteínas son moléculas *informativas* porque, a diferencia de todas las demás moléculas del mundo biológico, llevan información. En un mismo organismo coexisten tipos de células morfológica y funcionalmente muy diferentes, aunque contengan el mismo patrimonio genético. Esto se debe a una diferente cualidad de expresión (dotaciones de proteínas diferentes) del patrimonio genético, que está en la base de los procesos de diferenciación y especialización celular.

2] GENES Y CROMOSOMAS. El *cromosoma* de un mamífero está constituido por una molécula única de ADN de doble filamento, formada por una secuencia de muchas decenas de millones de nucleótidos (una megabase es igual a un millón de bases en secuencia) y por una dotación de proteínas asociadas de forma bien definida. El ADN representa el patrimonio genético, las proteínas tienen una función fundamental en la organización estructural del cromosoma, pero también en su regulación funcional.

En la molécula de ADN coexisten rasgos de secuencias que llevan información para la síntesis de las proteínas y de los diferentes tipos de ARN, y rasgos de secuencia de diferente significado. Una secuencia que codifica para una molécula de proteína o de ARN recibe el nombre de *gen*; las otras partes presentan secuencias no codificantes de regulación y secuencia repetitivas, de significado dudoso o desconocido. Se calcula que las secuencias repetitivas comprenden el 30% del ADN contenido en una célula, mientras el restante 70% está representado por secuencias únicas o presentes en pocos pares. De este 70% sólo una pequeña parte (tal vez apenas el 2%) codifica para las proteínas, que por lo demás corresponden a decenas de miles de genes diferentes.

El patrimonio genético humano está constituido por 23 pares de cromosomas homólogos. Por ser diploides, cada célula del organismo (menos las germinales) contiene 46 cromosomas. Los cromosomas sólo se vuelven visibles al microscopio óptico en el momento de la división celular, cuando son funcionalmente inactivos, ya que están presentes en la forma más compacta posible para facilitar la propia y correcta distribución en las células hijas. Ya que el patrimonio genético es diploide, representado por dos pares homólogos pero no idénticos (v. **alelo**) es sumamente improbable que dos seres humanos tengan el mismo patrimonio genético, incluso si nacieron de los mismos padres. La única excepción está representada por los gemelos homocigotos.

Un atributo importante del gen es la *dominancia* o la *recesividad*. Si ambos miembros de un par de genes son dominantes, el individuo presentará el carácter determinado por los dos genes; si uno de los dos es dominante y el otro recesivo, la persona manifestará sólo el carácter del gen dominante, pero será también portador del gen recesivo, que podrá hacerse evidente en los hijos. Un carácter recesivo sólo se expresa si ambos genes son recesivos.

Un par de cromosomas de especial interés es el asociado al sexo (*heterocromosomas*). Una mujer normal tiene dos cromosomas X, un varón normal tiene un cromosoma X y uno Y. La mujer hereda un cromosoma X de la madre y uno del padre; el varón hereda el cromosoma X de la madre y el cromosoma Y del padre. En los individuos de sexo masculino sólo esta presente, por lo tanto, uno de los cromosomas X, lo que implica que los genes aportados por este último de alguna manera se manifiestan incluso si son recesivos. Esto explica por qué ciertas anomalías hereditarias se manifiesten prevalente o exclusivamente en los varones, como por ejemplo la *hemofilia*, grave alteración del proceso de coagulación de la sangre debida a un gen recesivo aportado por el cromosoma X, por lo que incluso la más pequeña herida implica riesgo de una hemorragia mortal.

Además de las anomalías derivadas por alteraciones de nivel molecular (mutaciones genéticas), se conocen también patologías más complejas debidas a mutaciones cromosómicas, donde las alteraciones abarcan partes específicas y constantes de un cromosoma, tanto que son observables en un mapa cromosómico, como en el caso del *síndrome del maullido de gato*, que es una forma grave de retraso mental y de desarrollo debido a la pérdida (supresión) parcial de un brazo del cromosoma 5, que implica, además del aspecto típico de la cabeza y del rostro, hipotonía muscular, anomalías esqueléticas diversas, anomalías cardiacas, malformaciones laríngeas. Incluso más fáciles de evidenciar son una serie de síndromes debidos a la presencia de un número alterado de cromosomas (mutaciones genómicas), de las cuales las más conocidas son el **síndrome de**

Down (*v*.) y diversos síndromes que entrañan alteraciones del número de los cromosomas sexuales (*v*. **Klinefelter, síndrome de** y **Turner, síndrome de**). El mapa que representa los cromosomas típicos de un individuo o de una especie, analizados tanto en su número como en su morfología, toma el nombre de *cariotipo*. En el caso de anomalías como el mongolismo se habla de cariotipo aberrante.

3] GENOTIPO Y FENOTIPO. Estos términos los introdujo el botánico danés W. Johannsen en 1909, distinguiendo el carácter genético de un individuo, es decir su dotación de ADN (*genotipo*), de las características manifiestas de dicho individuo, dadas por la interacción de factores ambientales y sociales (*fenotipo*). Lo que se reproduce y transmite a las generaciones futuras es naturalmente el genotipo, y no el fenotipo. Esta distinción representa uno de los conceptos más importantes, pero también más escurridizos de la biología moderna, porque no se conocen los vínculos entre genotipo y fenotipo, y porque además el genotipo no es directamente observable, por lo que es necesario deducirlo del fenotipo, con una inferencia frecuentemente riesgosa o imposible. El fenotipo trae consigo, en realidad, los condicionamientos ambientales y sociales que deberían aislarse para que fuera posible deducir exactamente el genotipo.

4] HERENCIA. Los experimentos de cría selectiva realizados en animales dieron pruebas concluyentes de que algunas formas de comportamiento son heredables. Entre los ejemplos están la habilidad demostrada en el laberinto por ratones nacidos cruzando animales que demostraban un rendimiento escaso y uno óptimo, el fototropismo en la *Drosophila melanogaster* (mosca de la fruta), y el temperamento en los perros. Ya que la cría selectiva no se puede aplicar en la investigación en el hombre, y además muchas características humanas están determinadas de forma compleja, hay que limitarse a las semejanzas que se evidencian en función de los vínculos de parentesco. Los estudios más significativos se realizaron con la **inteligencia** (*v*., § 1) para decidir cuánto es innato y cuánto es adquirido. Para obviar las dificultades relacionadas con la medición del coeficiente intelectual en un niño menor de 2 años, es decir cuando la influencia del ambiente familiar ya es considerable, se abocaron a los hijos adoptivos, que permiten aislar dicha influencia. En este sector se comprobó que la *correlación* entre la inteligencia de los padres naturales y la de los hijos sigue siendo más elevada que la que existe entre padres e hijos adoptivos (incluso si el niño se instala con la familia de adopción dentro de los primeros seis meses de vida), pero también que en la atmósfera favorable de la familia adoptiva la inteligencia se desarrolla hasta un nivel superior al previsto con base en la inteligencia de los padres naturales.

Otro campo de investigación lo constituyen los *gemelos homocigotos*, que son idénticos desde el punto de vista genético porque tienen origen en el mismo huevo fecundado, a diferencia de los *gemelos heterocigotos*, que desde el punto de vista genético, por originarse de dos células huevo diferentes fecundadas por dos espermatozoides diferentes, no presentan una semejanza mayor que la que se puede observar entre hermanos nacidos por separado. El estudio de los gemelos homocigotos criados en hogares distintos, es decir en diferentes condiciones ambientales, proporciona la medida directa de la herencia. Y en efecto, las correlaciones obtenidas por las parejas de los gemelos criados separadamente resultaron menores que las relativas a los gemelos criados juntos. Pero el punto que queda por aclarar no es tanto la *incidencia* de la individualidad genética, que es un hecho demostrado, sino cómo *se expresa* esta individualidad bajo la influencia de diferentes condiciones ambientales y sociales (*v*. **gemelos, estudio de los**).

Lo mismo se puede decir acerca de la relación entre herencia y *enfermedades mentales* donde el factor herencia se considera un sustrato orgánico que sólo crea predisposición, mientras que serían influencias de tipo ambiental las que harían nacer en este terreno el conjunto de las alteraciones psicopatológicas del sujeto. Ciertos estudios presentan la hipótesis de que la depresión endógena se transmite genéticamente a través del cromosoma X como carácter dominante, en especial en correspondencia con el brazo corto del cromosoma, donde se localizan también el gen responsable de la ceguera a los colores (daltonismo) y el de la hemofilia. Otros estudios realizados en casos de esquizofrenia en gemelos homocigotos y heterocigotos demostraron una incidencia más alta en los primeros que en los segundos, permitiendo suponer una base genética no tan evidente como en los síndromes con marcado déficit mental.

5] HERENCIA Y GENÉTICA DE POBLACIONES. La *herencia* se define como el porcentaje de variación del fenotipo en una población, debida a las variaciones en los genotipos. A causa de los diferentes factores selectivos que intervienen con el acoplamiento de los consaguíneos, la muerte de los menos aptos, y similares, se producen fluctuaciones del tipo de genes presentes en un grupo, por lo que, por ejemplo, algunos grupos humanos difieren por lo que concierne a los grupos sanguíneos, incluso si los tipos fundamentales son comunes a todos. El estudio de la distribución de los genes en los grupos formados por todos los individuos que se aparean entre sí se denomina *genética de poblaciones*, y está en la base de las hipótesis eugenésicas, raciales y sociobiológicas.

a] La *eugenesia* se propone estudiar las condiciones genéticas más favorables para el mejoramiento cualitativo de la raza humana y fijar las reglas para una buena reproducción. Como tal se distingue de la *euténica*, que se propone el mismo fin pero actuando en las condiciones ambientales (*peristasis*). Las experiencias de los primeros defensores de la eugenesia a partir de F. Galton, quien en 1889 acuñó el término, fueron reestructuradas cuando se entendió que la indispensable legislación social dañaba los derechos individuales, y que era casi imposible separar la herencia del comportamiento social.

b] Las *hipótesis raciales* intentan localizar en el material genético la matriz de las diferencias que se pueden comprobar en materia de inteligencia, de comportamiento social y de estilo de vida entre los sexos humanos, a los que generalmente se confieren funciones diferentes, y entre las razas humanas, algunas de las cuales se consideran genotípicamente superiores a las otras. Aparte de la arbitrariedad del criterio adoptado como indicador de la superioridad, es prácticamente imposible decir si las diferencias comprobadas tienen bases genéticas o ambientales, por lo que, como escribe W.B. Provine, "hoy es posible enunciar una sola conclusión: en este momento ninguna evidencia científica puede decir si las diferencias de capacidad intelectual observadas entre sexos y razas tengan un origen de carácter genotípico o am-

biental. Las pruebas indispensables para distinguir con precisión la variación en sus elementos no son posibles en las sociedades civilizadas, y las evaluaciones son poco confiables" (1979: 613).

c] La *sociobiología* adopta la hipótesis neodarwiniana según la cual la evolución procede por selección natural de las especies que manifiestan la mejor idoneidad global para reproducirse, sosteniendo que el comportamiento social de los animales y del hombre encontraría en el patrimonio genético individual las bases para las elecciones que favorecen la realización de tal idoneidad. Acerca de la forma en que se ejerce esa determinación existen esencialmente tres posiciones: la de E.O. Wilson quien sostiene una correspondencia puntual entre genes y comportamientos, la de R. Dawkins, quien confiere a rasgos culturales, denominados *memes*, la función de replicadores de las características capaces de volver más idónea la especie "hombre", y la intermedia, que considera que el patrimonio genético es condicionante sólo en el nivel de predisposiciones, plasmables después por el ambiente. Las mayores dificultades de la investigación eugenésica y sociobiológica se refieren a los métodos de comprobación experimental de las hipótesis propuestas, difícilmente practicables, sobre todo en el caso del hombre. El futuro de estas disciplinas depende de un conocimiento más profundo de la relación entre genotipo y fenotipo, y por lo tanto de la nueva embriología, en la cual se estudia especialmente esta relación.

BIBLIOGRAFÍA: Alberts, B. *et al.* (1989); Bateson, W. (1909); Buiatti, M. (1985); Carlson, E.A. (1966); Cavalli Sforza, L.L. y W.F. Bodmer (1971); Danchin, A. (1982); Darwin, C. (1859); Darwin, C. (1868); Dawkins, R. (1976); Dunn, L.C. (1978); Fantini, B. (1979); Galton, F. (1889); Gates, R.R. (1923); Gates, R.R. (1946); Jacob, F (1970); Johannsen, W. (1909); Lerner, I.M. (1958); Lewin, B. (1974); Lewontin, R.C. (1974); Mendel, G. (1864); Monod, J. (1970); Provine, W.B. (1978); Provine, W.B. (1979); Serra, A. (1972); Skrzypcaz, J.F. (1981); Stern, C. (1956); Stryer, L. (1988); Watson, J.D. y F.H.C. Crick (1953); Wilson, E.O. (1975); Wright, S. (1977).

genética, epistemología
v. EPISTEMOLOGÍA GENÉTICA.

genética, psicología
v. EPISTEMOLOGÍA GENÉTICA; COGNICIÓN, §
2, 3.

genético, punto de vista
v. ESTRATOS, TEORÍA DE LAS; APARATO PSÍ-
QUICO, § 4.

genio (al. *Genius*; fr. *génie*; ingl. *genius*;
it. *genio*)

Término que denota a quien está dotado de excepcionales capacidades creativas y es capaz
de alcanzar metas que van más allá de las expectativas comunes, de la predictibilidad y en
ocasiones de la misma comprensión del grupo
de pertenencia. Los resultados de la genialidad
desembocan en formas de pensamiento nuevas
y duraderas que se prestan a ulteriores desarrollos y que constituyen un punto de referencia perenne y universal. I. Kant la definió como
ese "talento que da la regla al arte"; el genio está más allá de las reglas no por extravagante sino por creador. Por estas características Kant
dice que "la palabra genio se deriva de *genius*,
que significa el espíritu propio de un hombre,
eso que se le dio al nacer, que lo protege, lo dirige y de cuyo sugerimiento provienen las ideas
generales" (1790: 46). El concepto de genio, retomado por A. Schopenhauer, es liberado de su
subjetividad ya que, dice, la genialidad "necesita un completo olvido de la propia persona y de
sus relaciones; de aquí se deriva que la genialidad no es otra cosa que la más completa objetividad, es decir la dirección objetiva del espíritu que se opone a la dirección subjetiva, la cual
tiende hacia la propia persona, o sea hacia la
voluntad" (1819: 36). La postura de Schopenhauer la confirma F. Nietzsche, para quien el
genio nace cuando se sacrifica el yo subjetivo
para dar voz al elemento creativo del espíritu
humano.
En la segunda mitad del siglo XIX, con C.
Lombroso, se inició el estudio de la relación
genio-locura, basándose en los llamados "fenómenos regresivos de la evolución", en los cuales un desarrollo muy avanzado hacia cierta dirección, va acompañado la mayor parte de las
veces de un freno hacia las otras direcciones.
El tema lo retomó K. Jaspers quien, incluso
comprobando una coincidencia entre los mo-

mentos más creativos de genialidad patológica
y los episodios más agudos de esquizofrenia,
considera que la patología puede acompañar a
la genialidad pero no explicarla (*v.* **psicología
del arte**, § 4, *a*). En el ámbito de la psicología
diferencial F. Galton trató de definir las características de los individuos geniales respecto a
las de la población total, fundando un laboratorio antropométrico donde registró y midió
un gran número de capacidades individuales.
Hoy el concepto de genio tiende a desaparecer
o a ser señalado estadísticamente con los valores más altos del coeficiente intelectual (*v.* **inteligencia**, § 2), incluso si después se precisa
que un índice muy elevado no es, por sí solo,
un indicador de genialidad, ya que los caracteres cualitativos de esta última escapan a las
mediciones cuantitativas.

BIBLIOGRAFÍA: Cremerius, J. (1975); Galton, F.
(1869); Jaspers, K. (1922); Kant, I. (1790); Lombroso, C. (1897); Nietzsche, F. (1873); Schopenhauer, A. (1819).

genital (al. *Genital*; fr. *génital*; ingl. *genital*; it. *genital*)

El término se utiliza en relación con una zona
erógena específica, una fase del desarrollo libidinal, una forma de erotismo y una tipología
del carácter.

1] ZONA GENITAL. Corresponde a los órganos
sexuales masculinos y femeninos destinados a
la reproducción. Se habla de prioridad genital,
escribe O. Fenichel, "cuando la función de los
genitales domina a las otras zonas erógenas, y
todas las excitaciones sexuales terminan por
estar orientadas genitalmente y descargadas
orgánicamente" (1945: 75).

2] FASE GENITAL. Fase del desarrollo psicosexual que S. Freud distingue en dos fases relativas a la organización genital infantil y a la
organización adulta. Durante la primera fase,
que se verifica en el niño hacia el cuarto año
de edad, se observa un desplazamiento del investimiento libidinal de las zonas pregenitales, es decir de la zona oral y anal, hacia los
órganos genitales y sus actividades, que asumen una importancia primaria. Esta fase
también se llama *edípica* ya que corresponde

a la aparición del **complejo de Edipo** (*v.*) en las relaciones objetales, o *fálica* (*v.* **fálica, fase**), pues, a diferencia de cuanto sucede en la sexualidad adulta, para ambos sexos el interés está concentrado en el pene, "poseído" por el niño y "envidiado" por la niña. La segunda fase, la propiamente genital, sólo se alcanza en la pubertad, después de la resolución del complejo edípico y la conclusión de un período de latencia sexual que abarca más o menos de los 6 a los 11 años. "Sólo con la culminación del desarrollo en la época de la pubertad, la polaridad sexual coincide con masculino y femenino. Lo masculino reúne el sujeto, la actividad y la posesión del pene; lo femenino, el objeto y la pasividad. La vagina es apreciada ahora como albergue del pene, recibe la herencia del viente materno." (1923 [1976: 149]). La transformación de la sexualidad infantil en la adulta sucede, por un lado, porque las *zonas erógenas* genitales adquieren una prioridad absoluta sobre las otras, por otro porque las *características* de satisfacción sexual, que antes se manifestaban en actividades llamadas parciales, se concreta ahora en la relación sexual completa y, por último, porque el *objeto* hacia el cual se dirige la pulsión sexual, que en el niño está constituido por su propio cuerpo o por partes de éste, se transforma en una persona del sexo opuesto, externa a la familia, hacia la cual se orientan tanto las corrientes sexuales como las de ternura.

3] EROTISMO GENITAL. Es el rasgo típico de la organización sexual adulta, donde las pulsiones parciales se incluyen en la relación sexual como actos preparatorios, cuya satisfacción constituye el llamado "placer preliminar", mientras que el placer sexual verdadero está al servicio de la función procreadora. El desarrollo del erotismo genital (*v.* **erotismo**, § 5) puede sufrir inhibiciones que provocan una **regresión** (*v.*) o una **fijación** (*v.*) de la libido en formas de sexualidad infantil, dando lugar a las que Freud llama **perversiones** (*v.*) Según W. Reich la genitalidad coincide con la capacidad de una total descarga energética mediante el orgasmo, cuyo flujo fallido determina los embotellamientos energéticos que se localizan en varias regiones del cuerpo, provocando lo que él define como "escudo del carácter" (*v.* **carácter**, § 3, *c*). E.H. Erikson sostiene que la genitalidad manifiesta una carac-

terística de la relación que puede tener una función transformadora para la sociedad a condición de que haya: "1] reciprocidad de orgasmo; 2] con un compañero amado; 3] del otro sexo; 4] con el que se pueda compartir una mutua confianza; 5] y con el que se pueda y se quiera regular los ciclos de trabajo, procreación, distracción, 6] así como asegurar también a la prole todas las fases de un desarrollo satisfactorio" (1950: 82). Para F. Fornari la genitalidad está profundamente vinculada al proceso de civilización. Contrariamente a la tesis de Freud, Reich y H. Marcuse quienes, aunque desde puntos de vista diferentes, concibieron la sexualidad como una fuerza natural, en perenne conflicto con la cultura, Fornari considera que la genitalidad es la manifestación misma de la civilización, a diferencia de la sexualidad infantil o pregenital, donde la relación con el objeto es todavía arcaica y no civilizada. Además, siempre según Fornari, la evolución cultural no lleva necesariamente a una represión sexual porque "la sexualidad humana, mediante la genitalidad y a través de la función de estímulo que la cultura ejerce en ésta, constituye una función altamente simbolizada y susceptible de nuevas simbolizaciones en una creatividad y capacidad generativa comparables sólo a las del instrumento cultural humano más específico, es decir a la creatividad y a la capacidad generadora del lenguaje" (1975: 91).

4] CARÁCTER GENITAL. Según Fenichel es la expresión de la completa normalidad y autonomía, y constituye por lo tanto un concepto ideal que alude a la capacidad para alcanzar la satisfacción mediante el orgasmo genital, un pleno sentimiento de amor respecto al objeto y una notable capacidad de **sublimación** (*v.*). Fenichel afirma además que, "mientras en los caracteres neuróticos los impulsos pregenitales mantienen su carácter sexual y trastornan las relaciones racionales con los objetos, en el carácter normal éstos sirven en parte al fin de proporcionar un placer preliminar bajo la prioridad de la zona genital; pero en gran parte son sublimados y subordinados al yo y al razonamiento" (1945: 557). El carácter genital difiere del fálico, en el cual, aunque está presente una prioridad genital, la sexualidad se vive como demostración de potencia, con poca consideración por el otro. A este propósito A. Lowen escribe: "El carácter fálico-narcisista actúa como si fuera sexualmente muy potente. Estos individuos se envanecen de sus conquistas y de su potencia, medida esta última sobre la base del número de relaciones al día. Pero en verdad la capacidad orgásmica, es decir la capacidad de experimentar placer, disminuye proporcionalmente. La razón de la frecuencia del acto sexual es, en efecto, el fracaso para alcanzar la satisfacción en una sola experiencia" (1958: 252).

BIBLIOGRAFÍA: Chasseguet-Smirgel, J. (1985); Erikson, E.H. (1950); Fenichel, O. (1945); Fornari, F. (1975); Freud, S. (1905); Freud, S. (1912); Freud, S. (1923); Lowen, A. (1958); Marcuse, H. (1966); Reich, W. (1933); Reich, W. (1942).

genitalización (al. *Genitalisierung*; fr. *génitalisation*; ingl. *genitalization*; it. *genitalizzazione*)

Desplazamiento de la libido hacia un órgano no sexual. El fenómeno es frecuente en la histeria de conversión (*v.* **histeria**, § 1, *b*).

genotipo
v. GENÉTICA, § 3.

geopsicología (al. *Geopsychologie*; fr. *géopsychologie*; ingl. *geopsychology*; it. *geopsicologia*)

Sector de la psicología, iniciado por C. Lombroso, que estudia la influencia del ambiente geofísico en la psicología de los individuos. En tiempos recientes las investigaciones geopsicológicas se orientaron hacia los problemas de adaptación y de modificación psíquica en condiciones ambientales especiales, como permanecer en grutas naturales, bases construidas en el fondo marino, espacios interplanetarios, y similares. En los últimos años, con la ampliación progresiva del campo de interés, la geopsicología convergió en gran parte con la **ecología** (*v.*).

BIBLIOGRAFÍA: Hellpach, W. (1923); Hellpach, W. (1944).

gerontofilia (al. *Gerontophilie*; fr. *gérontophilie*; ingl. *gerontophilia*; it. *gerontofilia*)

Predilección especialmente acentuada por las personas ancianas, que se convierten en objeto de un amor específico y en ocasiones de atención sexual. Para E. Jones la gerontofilia se debe remontar a una resolución fallida del **complejo de Edipo** (*v.*) vivido en su oportunidad, presumiblemente, con padres ancianos.

BIBLIOGRAFÍA: Meili, R. (1955).

gerontología
v. PSICOLOGÍA DEL ENVEJECIMIENTO.

Gerstmann, síndrome de
v. SOMATOAGNOSIA, § I, 1.

Gesell, escala de (al. *Gesell-test*; fr. *test de Gesell*; ingl. *Gesell's test*; *scala di Gesell*)

Escala que ideó A. Gesell para medir el desarrollo psicomotor en la infancia, y que reelaboraron O. Brunet e I. Lézine. Prevé cuatro tipos de pruebas diseñadas para medir el control postural y motor, la coordinación oculomotriz indispensable para la relación con los objetos, el desarrollo del lenguaje y las relaciones sociopersonales. La escala, que encuentra su aplicación en los niños desde la edad neonatal hasta los 2 años y medio, permite calcular el cociente de desarrollo psicomotor (CDPM) de la relación entre edad psicomotriz y edad cronológica.

BIBLIOGRAFÍA: R. Meili (1955).

gestalt, psicología de la
v. PSICOLOGÍA DE LA FORMA.

gesto (al. *Geste*; fr. *geste*; ingl. *gesture*; it. *gesto*)

Rasgo expresivo del hombre que, único entre los animales, tiene un cuerpo capaz de realizar gestos porque es el único que ha exteriorizado el orden de los instrumentos. Los rasgos fundamentales del gesto humano, que están esencialmente vinculados a la prensión, llevan al primer plano la mano, que I. Kant definió como "el cerebro externo del hombre" (1798: 188). A diferencia del primate más evolucionado, en efecto, el hombre tiene la mano libre al caminar, y esto permite que todo el cuerpo se libere en la manipulación del mundo y en una gestualidad expresiva. A ello se agrega el hecho de que, en el animal, utensilio y gesto se funden en un solo órgano, donde la parte motriz y la parte que actúa no presentan solución de continuidad entre sí. La pinza de un cangrejo y sus elementos mandibulares se confunden en un programa operativo mediante el cual se manifiesta el comportamiento del animal para la adquisición de los alimentos. En los animales superiores las cosas no cambian mucho: la mano sigue siendo incapaz de realizar gestos porque cumple todavía con una función de instrumento, si bien su acción no es autónoma y expresiva, sino funcional y combinada con las operaciones del rostro y, en especial, de los labios y de los dientes delanteros para resolver el problema de la alimentación. En el hombre, en cambio, la mano, y más en general los órganos externos del cuerpo, se liberaron progresivamente de la concepción funcional y, emancipándose, se transformaron de instrumentos útiles en gestos expresivos.

1] NEUROPSICOLOGÍA DEL GESTO. El gesto es un movimiento voluntario también llamado *praxia* que se distingue del movimiento reflejo o *automatismo* (v. **movimiento**, § 1). Las estructuras neurológicas que están en la base del gesto se exponen en la voz **motricidad** (v.). Aquí nos ocuparemos de la *intencionalidad* del gesto que, en cada momento de su ejecución, necesita un control sensitivo que es esencialmente propioceptivo, y un control sensorial que es eminentemente visual, pero también laberíntico, auditivo, olfativo. El déficit en estos niveles de control es responsables de las apraxias. Cada gesto intencional, elemental incluso, es fruto de un largo aprendizaje y de un número elevado de pruebas para poderlo ejecutar casi de forma automática. Cada experiencia sensomotriz repetida deja una huella en forma de un **engrama** (v.) en la corteza asociativa de los hemisferios cerebrales. El enriquecimiento de la dotación gestual se da tanto adaptando nuevas experiencias a los gestos familiares como aprendiendo nuevos gestos que con el ejercicio se vuelven más rápidos y más precisos. En cada gesto está contenido un momento cognoscitivo y un momento ejecutivo, porque para actuar no basta "hacer", sino que es necesario "saber" qué se hace. Los déficit de nivel cognoscitivo (v. **agnosia**) o ejecutivo (v. **apraxia**) concurren en las diferentes formas de **apratognosia** (v.), en las que se manifiesta la desorganización de la gestualidad.

2] FENOMENOLOGÍA DEL GESTO. Desde el punto de vista fenomenológico el gesto no está considerado como expresión de la reacción nerviosa a un acción de estímulo, sino como la respuesta del cuerpo a un mundo que se le impone. En efecto, fuera de esta relación no se puede encontrar en el orden gestual una *unidad de significado*, sino sólo una suma inexpresiva de movimientos a los que se reduce el gesto cuando su interpretación no se da en relación con el mundo sino con el sistema anatómico que lo produce. En consecuencia, para la fenomenología el gesto, más que el producto de estructuras anatómicas preexistentes, es una *elección* entre las vías predispuestas por estas estructuras con miras a una adecuación al mundo, por lo que, como escribe J.-P. Sartre, "incluso si la alegría y la cólera utilizan la misma musculatura facial no podemos decir que el colérico sea un ultra-contento" (1939: 121). Si por lo tanto la dinámica gestual no puede prescindir de la *situación*, que utiliza en igual medida el espacio ocupado por mi cuerpo y el externo, donde se encuentran los objetos, para comprender algo de la fisiología de los gestos es necesario partir del *ser-en-el-mundo* y no de la anatomía de un cuerpo que, aislado del mundo, sólo puede ofrecer de sí mismo la imagen que corresponde precisamente a un cuerpo que no es en el mundo. Tal es la imagen que, para la fenomenología, nos da la visión organicista cuando divide el comportamiento gestual en sus elementos simples hasta encontrar el proceso elemental estímulo-respuesta sobre el que se construye toda la dinámica gestual. Entonces el reflejo, como se observa en el hombre después de experimentaciones llevadas a cabo en laboratorios en animales, además de basarse en analogías presupuestas, lo que da no es el comportamiento del cuerpo humano en una *situación real*, sino su respuesta a un estímulo aislado, como sólo se puede producir en una situación experimental. La reacción que se obtiene es la respuesta que el cuerpo da a la previsión del experimentador, no a la vida; una respuesta que la fenomenología juzga "catastrófica", de situación-límite, como lo son, precisamente, las que se logra crear en el laboratorio. Por eso para el mismo estímulo se obtienen respuestas diferentes, o para estímulos diferentes la misma respuesta. La razón se debe buscar en el hecho de que el organicismo, para estudiar el orden gestual, está obligado a provocarlo, mientras que el gesto no es una *reacción* a un estímulo sino la *acción* de un organismo en un ambiente complejo y calificado como sólo la vida, y no la ciencia es capaz de ofrecer. En cada gesto, en efecto, está la relación del sujeto con el mundo, su forma de verlo, de sentirlo, su herencia, su educación, su ambiente, su constitución psicológica. En la violencia de un gesto o en su delicadeza, en su totalidad decidida o incierta, se contiene toda una biografía.

3] CINÉTICA DEL GESTO. Además de *expresión*, el gesto también es *comunicación*, y ya W. Wundt, estudiando el estrecho vínculo entre factores biológicos y factores culturales, encontró en la forma comunicativa del gesto el origen filogenético del lenguaje verbal. Como comunicación no verbal y preverbal el gesto es estudiado en sus diferentes aspectos, significados y funciones por la *cinética*, una disciplina derivada de la **semiótica** (*v.*), que interpreta la gestualidad como un lenguaje que, igual que el lenguaje verbal, está compuesto de partículas elementales de movimiento llamadas *cinos*, que corresponden a los morfemas de la lengua, por concatenación de movimientos llamados *cinemorfos* que corresponden a los fonemas, y por *construcciones* cinemórficas que corresponden a los sintagmas.

Desde el punto de vista cinético la comunicación gestual conoce diferentes grados de elaboración, con un repertorio muy complejo, semejante a una verdadera gramática, diferente para los *sistemas gestuales sustitutivos del lenguaje verbal*, como los lenguajes rituales de las prácticas religiosas, de las sociedades secretas, o los lenguajes codificados elaborados para sordomudos, y para los *siste-mas gestuales corrientes y familiares* que no poseen las rígidas características de un lenguaje sustitutivo, sino que implican de alguna manera un código sin el cual su sentido sería ilegible. Entre estos últimos se encuentran: *a*] los *gestos emblemáticos*, como el gesto de saludo o de victoria, en los cuales la relación entre signo y significado es convencional; *b*] los *gestos ilustradores*, que cumplen con la función de reforzar el lenguaje verbal indicando la dirección de un pensamiento (ideográfico), un objeto (deíctico), un movimiento en el espacio (espacial), o un movimiento del cuerpo (cinetográfico); *c*] los *gestos reguladores* que cumplen con la función de mantener un contacto o establecer una comunicación entre personas, como las sonrisas, los movimientos de confirmación de la cabeza; *d*] los *gestos portadores de afectos*, que manifiestan alegría, miedo, temor, disgusto, dolor; *e*] los *gestos adaptadores*, que regulan la posición del propio cuerpo en el espacio y en relación con los demás. Los gestos familiares se distinguen basándose en el contexto cultural y social donde se utilizan, si bien algunos, como los portadores de afecto, parecen tener una posibilidad más universal, incluso si cambia el significado que les atribuyen las normas socioculturales y por lo tanto también el grado de aceptación o de rechazo. Una objeción a la cinética, que da una interpretación del gesto basada en el modelo del lenguaje verbal, la presenta la *dramaturgia*, que con A. Artaud considera a la gestualidad como una forma de comunicación completa y autónoma respecto a la palabra, por lo que es posible invertir la relación establecida por la cinética diciendo que "las palabras son gestos, nada más que gestos" (1938, p. 73).

4] TRASTORNOS EN LA EJECUCIÓN GESTUAL, *v.* **apraxia.**

BIBLIOGRAFÍA: Autores varios (1970); Argyle M. (1965); Artaud, A. (1938); Birdwhistell, R.L. (1970); Goffman, E. (1959); Hinde, R.A. (1967); Kant, I. (1798); Kendon, A. (coord.) (1975); Leroi-Gourhan, A. (1964-1965); Morris, D. (1971); (1979); Orlic, M.L. (1971); Sartre, J.-P. (1939).

Giese test system

v. PSICOLOGÍA DEL TRABAJO, § 5.

gigantismo (al. *Gigantismus*; fr. *gigantisme*; ingl. *gigantism*; it. *gigantismo*)

Crecimiento exagerado de todo el cuerpo y de algunas de sus partes que se observa principalmente en sujetos de sexo masculino. Cuando es consecuencia de una excesiva producción de hormona del crecimento (ACTH) por parte de la hipófisis anterior (*v.* **endocrino, sistema,** § 1, *a*) recibe el nombre de gigantismo *hipofisiario*, y está caracterizado por el crecimiento anormal de todo el cuerpo (esqueleto, músculos, órganos internos) de forma armónica y fisiológicamente equilibrada si la hiperproducción de hormona cesa en el momento de la soldadura de las epífisis óseas. En la mayor parte de los casos esto no sucede y el exagerado desarrollo continúa en las extremidades distales (nariz, mandíbula), en cuyo caso se conoce como gigantismo *acromegálico*. También se reconoce una forma de gigantismo *eunucoide* que se presenta cuando el cunucoidismo (*v.* **eunuco**) surge antes de la pubertad. En este caso el retraso de la soldadura de las epífisis óseas conlleva un crecimiento exagerado con desarrollo desproporcionado de las extremidades respecto al tronco, acompañado de hipotrofia muscular y del aparato cardiovascular, con tendencia a la distribución del tejido adiposo con disposición femenina.

Gilles de la Tourette, síndrome de (al. *Gilles de la Tourette Syndrom*; fr. *syndrome de Gilles de la Tourette*; ingl. *Gilles de la Tourette syndrome*; it. *sindrome di Gilles de la Tourette*)

Síndrome caracterizado por la aparición, antes de los 10 años, de tics que inicialmente interesan sólo la cara, después la parte superior del cuerpo y por último todo el cuerpo, con intervalos cada vez más breves y próximos. En ciertos casos los movimientos involuntarios pueden estar acompañados de frases ecolálicas (*v.* **ecofenómeno**) interpretadas como intención de controlar las fases de movimientos involuntarios. En la mayor parte de los casos el síndrome tiene un desarrollo progresivo que puede llevar al deterioro mental.

ginandria
v. HERMAFRODITISMO.

ginecogracia
v. MATRIARCADO.

ginecomastia (al. *Gynäkomastie*; fr. *gynécomastie*; ingl. *gynaecomastia*; it. *ginecomastia*)

Hipertrofia unilateral o bilateral de las mamas en el varón que deben considerarse: *a*] como una variante no patológica y transitoria en el desarrollo del púber; *b*] como síntoma de condiciones intersexuales (*v.* **hermafroditismo**); *c*] como consecuencia de un tratamiento hormonal; *d*] como síntoma de enfermedad del **sistema endocrino** (*v.*, § 6); *e*] como fenómeno colateral de enfermedades no endocrinas.

ginofobia (al. *Weiberscheu*; fr. *gynécophobie*; ingl. *fear of women*; it. *ginofobia*)

Miedo a las mujeres que S. Freud refiere a la fantasía masculina de la **castración** (*v.*) que la mujer no sólo representa, sino que activamente recuerda en sujetos que, por las particulares características de la madre, no han alcanzado una resolución satisfactoria del complejo edípico. La ginofobia debe distinguirse de la **misoginia** (*v.*), que implica un conflicto homosexual no resuelto.

BIBLIOGRAFIA: Freud, S. (1924); Lederer, W. (1968).

glande (al. *Eichel*; fr. *gland*; ingl. *glans*; it. *glande*)

Parte terminal del pene y del clítoris que en los dos sexos representa una zona erógena primaria, rica en terminaciones nerviosas y sensitivas.

global, método (al. *Globalmethode*; fr. *méthode global*; ingl. *global method*; it. *metodo global*)

Método de aprendizaje que elaboró O. Decroly que procede de la totalidad del material por aprender al análisis de los diferentes elementos que lo constituyen, para posteriormente llegar a una síntesis final. En la base está la conjetura de que los niños perciben la realidad como un todo indiferenciado y sólo después llegan a procesos analíticos. La hipótesis fue convalidada por la **psicología de la forma** (*v.*, § II, 1) y las investigaciones de J. Piaget. Como después la función globalizante se manifiesta bajo el impulso de intereses vitales, el programa escolar, según Decroly, debe basarse, no en las materias tradicionales, sino en un argumento único que estimule los "centros de interés" del niño.

BIBLIOGRAFÍA: Decroly, O. (1929).

glosoespasmo (al. *Glossospasmus*; fr. *glossospasme*; ingl. *glossospasm*; it. *glossospasmo*)

Espasmo de algunos minutos de duración en el que se extiende e inmediatamente después se retrae la lengua.

glosolalia (al. *Glossolalie*; fr. *glossolalie*; ingl. *glossolalia*; it. *glossolalia*)

Pronunciación de sonidos ininteligibles o escritura de frases incomprensibles pero que aún muestran una semejanza con el lenguaje coherente, porque respetan la diferenciación entre las palabras y las frases del discurso. La glosolalia es frecuente en el sonambulismo, en los estados crepusculares de la conciencia, en los éxtasis religiosos, raramente en los síndromes esquizofrénicos. Cuando está privada por entero de contenidos recibe el nombre de *psitacismo*.

BIBLIOGRAFÍA: Samarin, W.J. (1968); Samarin, W.J. (1972).

glucagón
v. ENDOCRINO, SISTEMA.

glucemia (al. *Glykämie*; fr. *glycémie*; ingl. *glycemia*; it. *glicemia*)

Indicador de glucosa en la sangre que puede estar por debajo (*hipoglucemia*) o por encima (*hiperglucemia*) de los valores normales. En el ámbito psiquiátrico, M. Sakel introdujo la **in-sulinoterapia** (*v.*) para el tratamiento de la esquizofrenia, provocando en el paciente condiciones de hipoglucemia.

glucocorticoide
v. ENDOCRINO, SISTEMA, § 5, *a*.

goce (al. *Genuss*; fr. *jouissance*; ingl. *enjoyment*; it. *godimento*)

Íntima satisfacción y profunda plenitud de naturaleza sexual, intelectual o espiritual. J. Lacan interpreta el goce como la máxima antítesis de la **ley** (*v.*) que encuentra su fundamento en esta prohibición. El goce está pro-hibido porque es dicho entre las líneas del inconsciente cuyo deseo es para la ley un "significado imposible". Lacan además distingue el *goce del otro*, que no es el otro en carne y hueso sino lo que, estando más allá del lenguaje, no se deja expresar y por lo tanto se parece al goce de los místicos que, "incluso experimentándolo, no saben nada", del *goce fálico* que, refiriéndose a un significado concreto, está incluido en el lenguaje y por consiguiente es goce de la palabra y del lenguaje. Precisamente porque está conservado por el lenguaje, el goce fálico se mantiene en el plano de lo real sin llegar al imaginario, "marcado por un hueco que no le deja otro camino que el del goce fálico" (1972: 9).

BIBLIOGRAFÍA: Lacan, J. (1972); Lacan, J. (1972-1973).

Goldstein, test de (al. *Goldstein-Test*; fr. *test de Goldstein*; ingl. *Goldstein-test*; it. *test di Goldstein*)

Test elaborado a partir de la observación de sujetos con lesiones cerebrales, con base en la diferenciación entre dos comportamientos neuropsicológicos fundamentales: el *concreto* y el *abstracto*, que representan dos posibles características de funcionamiento mental en relación con el mundo externo y la experiencia interna. Este test de rendimiento, que excluye la capacidad verbal, insiste no tanto en el aspecto cuantitativo como en el cualitativo, por lo que lo decisivo no es la solución del problema sino las características con las que se llega a ella. El material que se utiliza son **cubos** (*v.*), colores, para probar la relación color-forma, y regletas que utiliza el examinador componiendo determinadas formas que el examinado debe reproducir gráficamente o de memoria.

BIBLIOGRAFÍA: Goldstein, K. y M. Schrer (1953).

golosinar (al. *Naschhaftigkeit*; fr. *gourmandise*; ingl. *gluttony*; it. *golosità*)

Deseo, en ocasiones irrefrenable, de comidas especiales, generalmente de sabor dulce. El golosinar, frecuente en la infancia, sobre todo en niños con privaciones desde el punto de vista afectivo; en el adulto se interpreta como una fijación o una regresión de la libido a la **fase oral** (*v.*, § 2) de su desarrollo. En estos casos el placer obtenido por la ingestión de algunos alimentos sustituye parcialmente formas de placer adulto relacionadas con la **sexualidad** (*v.*).

gónadas
v. ENDOCRINO, SISTEMA, § 6.

gonadotropina
v. ENDOCRINO, SISTEMA, § 1, *a*, 6 *c*.

goodenough, test de
v. DIBUJO, § 2, *a*.

Gordon, test de
v. PSICOLOGÍA DE LA MÚSICA, § 2.

BIBLIOGRAFÍA: Hull, C.L. (1952).

gradiente (al. *Gradient*; fr. *gradient*; ingl. *gradient*; it. *gradiente*)

Término que se utiliza en psicología experimental en las expresiones gradiente de finalidad y gradiente de aversión. El *gradiente de finalidad*, concepto que introdujo el psicólogo conductista C.L. Hull, indica la variación de la intensidad de la motivación en relación con la distancia de la meta; con el acercamiento de

esta última la motivación aumenta, mientras que disminuye hasta desaparecer o hasta orientarse hacia otra finalidad conforme la meta se aleja. En el campo experimental el gradiente de finalidad puede obtenerse midiendo la aceleración de los movimientos y la menor incidencia de errores en una rata conforme se acerca a la comida. El gradiente de finalidad es capaz de explicar también una serie de comportamientos no susceptibles de comprobación experimental, como por ejemplo la intensificación del esfuerzo físico en la fase terminal de una competencia deportiva, o el aumento de la motivación hacia el estudio y el trabajo al acercarse un plazo o una prueba. El *gradiente de aversión*, en cambio, indica la variación de intensidad de alejamiento de un estímulo que se percibe como dañino o nocivo (*v.* **atracción-repulsión, teoría de la**).

graduación social
v. DESEABILIDAD SOCIAL.

grafofobia (al. *Graphophobie*; fr. *graphophobie*; ingl. *graphophobia*; it. *grafofobia*)

Fobia por la escritura.

grafología (al. *Graphologie*; fr. *graphologie*; ingl. *graphology*; it. *grafologia*)

Estudio de la escritura orientado al conocimiento de la personalidad. El diagnóstico grafológico exige, además del examen analítico de las características de la escritura, el uso de factores irracionales como la **intuición** (*v.*) y la **identificación** (*v.*). La escritura individual cambia en el transcurso de la vida con el desarrollo de la personalidad. La correspondencia entre las características de la escritura y las características psíquicas dan correlaciones significativas pero insuficientes si no son corroboradas por otros tests. La escritura, en efecto, es la fijación de un movimiento expresivo donde se pueden interpretar la motricidad personal y los rasgos individuales que la destacan del modelo tomado. Para la interpretación hay diversos principios y reglas cuya validez se apoya en numerosas comprobaciones empíricas. Entre éstas recordamos: la *adquisición*, por la que se asumen estructuras formales de otras personas de quienes se recibe influencia; la *ambigüedad*, por la que de la presencia de un símbolo se puede deducir la fuerza de un impulso o la falta de inhibición; la *amplitud*, generalmente interpretada como símbolo de extroversión; el *curso lineal*, que cuando es ascendente se interpreta como símbolo de tensión, entusiasmo e ímpetu, mientras que cuando es descendente se entiende como inhibición, pasividad y cansancio; la inclinación a izquierda o a derecha; la *formación de los márgenes*, interpretada como manifestación de orden; la *ligadura*, que cuando es curva manifiesta una superioridad de las dimensiones sentimentales, y si es angulosa revela el predominio de las intelectuales; la *velocidad*, que indica una anticipación del pensamiento respecto al desarrollo de la escritura; la *variación* durante el curso de la vida que atestigua el desarrollo de las aptitudes, la superación de períodos de tensión o de crisis en el desarrollo, además de la propia imagen del momento actual. Existen, por último, criterios diagnósticos más precisos para la escritura de los niños, en los cuales el símbolo gráfico no está todavía estabilizado por la costumbre.

BIBLIOGRAFÍA: Callewaert, H. (1954); Klages, L. (1917); Moretti, G.M. (1914); Pophal, R. (1965); Pulver, M. (1945); Torbidoni, L. y L. Zanin (1976); Wieser, R. (1969).

grafomanía (al. *Graphomanie*; fr. *graphomanie*; ingl. *graphomania*; it. *grafomania*)

Impulso irreprimible a escribir que se manifiesta en la redacción de cartas amenazantes o de solicitud a las autoridades en sujetos paranoicos con delirios de grandeza o de persecución.

graforrea
v. LOGORREA.

gramática
v. LINGÜÍSTICA, § 3; LENGUAJE, § 1.

Gran Madre (al. *Grosse Mutter*; fr. *Déesse Mère*; ingl. *Great Mother*; it. *Grande Madre*).

Imagen de divinidad, muy difundida en el área mediterránea, en un período anterior al nacimiento de los dioses uránicos. Su representación pone en evidencia el simbolismo de la *vasija llena* en la acentuación de las zonas centrales del cuerpo femenino, senos y vientre, que con frecuencia forman un racimo único. La cabeza, carente de rostro, está inclinada hacia el centro del cuerpo, el fémur y los muslos enormes terminan en piernas muy finas, mientras que los pies diminutos son incapaces de sostener este enorme cuerpo-recipiente. También los brazos, que con los pies son los elementos activos de la acción y del movimiento, están apenas esbozados. La falta de agilidad y de forma hacen que la Gran Madre asuma una postura sedentaria en íntima unión con la tierra a la que con frecuencia está incorporada. Sentada, la Gran Madre es la diosa entronizada, por lo tanto la forma original del *trono* mismo. No por casualidad el nombre de la mayor diosa madre de los cultos primordiales es Isis, es decir el asiento, el trono que la diosa lleva en la cabeza; y el rey, que toma posesión de la tierra, o sea de la diosa madre, lo hace literalmente sentándose en su regazo. Además, con referencia al simbolismo del recipiente que, como regazo materno, contiene la oscuridad primigenia, el cielo nocturno generador, la fuerza subterránea de la tierra capaz de dar a luz, la Gran Madre también es representada como *árbol de la vida* que, sólidamente plantado con sus raíces en la tierra que lo nutre, se eleva y, con sus ramas y sus hojas, genera la sombra protectora donde la materia viviente encuentra su refugio. No es casual que la palabra *madera* esté emparentada con "madre" y "materia", a la que también se une con el griego *maderos* (húmedo, empapado) y con el latín *madidus* (sudoroso, mojado).

C.G. Jung interpreta a la Gran Madre como un **arquetipo** (*v.*) que condiciona profundamente la relación madre-niño, en el sentido de que este último proyecta en la madre real todas las cualidades positivas y negativas del arquetipo: "Lo que es benévolo, protector, tolerante; lo que favorece el crecimiento, la fecundidad, la nutrición; los lugares de la mágica transformación, del renacimiento; el instinto o el impulso auxiliador; lo que es secreto, oculto, tenebroso; el abismo, el mundo de los muertos; lo que devora, seduce, intoxica; lo que genera angustia, lo ineludible" (1938-1954: 83). La forma de relacionarse con el arquetipo de la Gran Madre resulta diferente en los dos sexos: más familiar para la mujer, que comparte con la madre los atributos femeninos, más inquietante en el hombre que logra emanciparse con mayor esfuerzo.

BIBLIOGRAFÍA: Bachofen, J.J. (1861); Giani Gallino, T. (coord.) (1989); Jung, C.G. (1934-1954); Neumann, E (1956).

grande male
v. EPILEPSIA.

gratificación (al. *Befriedigung*; fr. *gratification*; ingl. *gratification*; it. *gratificazione*)

El término, que en la bibliografía psicológica es equivalente a *satisfacción*, se refiere en general al estado emotivo que acompaña el logro de una meta o la satisfacción de una necesidad o de un deseo, mientras en su acepción específica hace referencia a la condición de homeostasis con la que W.B. Cannon indica el estado óptimo de economía corporal a cuyo mantenimiento tienden tanto los instintos como las pulsiones. Al respecto R.B. Raup formula el *principio de satisfacción*, según el cual el organismo constituye un sistema que tiende a conservar la situación estacionaria y a reactivarla en cuanto es alterada por cualquier variación interna o externa al organismo mismo. Desde esta perspectiva, necesidades, deseos, comportamientos de retirada, ataque o fuga, son formas diferentes con las que el organismo tiende a mantener constante su condición fisiológica (*v.* **necesidad**, § 1, 2). En el ámbito psicoanalítico la gratificación se interpreta como la meta a la que tiende el **principio del placer** (*v.*, § 1) que gobierna la conducta infantil antes que el **principio de realidad** (*v.*, § 3) se imponga gradualmente, obligando a aplazar la gratificación o a desplazarla al nivel fantástico. En el ámbito de la terapia analítica rige la ley de la **abstinencia** (*v.*, § 2) que prohíbe al terapeuta satisfacer los deseos del paciente, mientras que en

el tratamiento de los psicóticos, que presentan una pobre estructuración del yo, el terapeuta asume una actitud gratificante, caracterizada por una fuerte presencia y una aceptación incondicional, con el fin de cumplir la función de objeto reparador de la falta de experiencias gratificantes consideradas, en la edad infantil, esenciales para la constitución del yo.

BIBLIOGRAFÍA: Cannon, W.B. (1932); Freud, S. (1914); Freud, S. (1920); Greenson, R.R. (1967).

gratitud
v. ENVIDIA, § 2.

gratuidad (al. *Unentgeltlichkeit*; fr. *gratuité*; ingl. *gratuitousness*; it. *gratuità*)

El término puede indicar la ausencia de motivación en la acción que resulta privada de sentido, o la presencia de motivaciones tales que la acción no necesita ninguna compensación, pues tiene ya en sí misma su propio sentido. Con esta segunda acepción el término se utiliza para caracterizar las actividades educativas.

Graves, test de
v. ACTITUD, § 2.

gravidez (al. *Schwangerschaft*; fr. *grossesse*; ingl. *pregnancy*; it. *gravidanza*)

Condición femenina que va desde el momento de la concepción hasta el del parto; en el plano fisiológico está caracterizada por el aumento de los procesos metabólicos y, en el psicológico, por la acentuación de las tendencias receptivas y retentivas que llevan a una regresión del yo al nivel **oral** (*v.*) con la consiguiente reactivación de los conflictos, las ansiedades y las frustraciones vividas en su época respecto a la madre. El feto que la mujer grávida lleva dentro de sí es investido de libido narcisista como representante del propio **sí mismo** (*v.*) "bueno" o "malo", con la consiguiente aceptación o rechazo del niño por nacer. Numerosos estudios estadísticos que reunió N. Shainess evidenciaron que en el primer trimestre del embarazo los problemas psicológicos están vinculados al problema del aborto o al de la continuación de la preñez; en el segundo trimestre se observan reacciones psicosomáticas como hipertensión, cefalea, ansiedad, reacciones fóbicas relacionadas con la forma en que se resolvió el conflicto; en el tercer trimestre se observa un enervamiento emotivo o una acentuación del fondo depresivo, que H. Deutsch interpreta como consecuencia de la regresión narcisista que implica el retiro del investimiento de los objetos externos. Esta sintomatología puede encontrarse también en la *gravidez histérica*, o *seudogravidez* o *seudociesis*, en la que aparecen todos los síntomas típicos de la gravidez, desde la interrupción de la menstruación hasta el agrandamiento de las mamas y la dilatación del útero, aunque no haya habido concepción. La seudogravidez por lo general se interpreta como un síntoma de **conversión** (*v.*) determinado por un inconsciente deseo de parir o de obtener, con el estado de gravidez, una gratificación por parte del entorno. Por lo que se refiere a las psicosis que pueden surgir en el período de gravidez véase **psicosis**, § 2, *b*.

BIBLIOGRAFÍA: Benedek, T.F. (1959-1966); Deutsch, H. (1944-1945); Shainess, N. (1959-1966).

gregarismo (al. *Herdentrieb*; fr. *grégarisme*; ingl. *gregariousness*; it. *gregarismo*)

Llamado también instinto gregario o instinto de grey, indica una tendencia innata en muchas especies, incluido el hombre, a vivir en **grupo** (*v.*). S. Freud, que retoma el concepto con la acepción de "pulsión gregaria" para explicar los fenómenos de sugestión recíproca que se verifican dentro de un grupo, además de no considerar tal instinto como primario subraya que el gregarismo no puede ser plenamente comprendido si se descuida la función que desarrolla el jefe y el vínculo existente entre éste y cada uno de los individuos cuyos sentimientos hostiles de envidia y celos se transforman en la identificación recíproca (*v.* **psicología de la masa**). Con una acepción más general, el concepto de gregarismo se utiliza para referirse a la tendencia a conformarse con las elecciones del grupo, renunciando a expresar la individualidad. El fenómeno está muy difundido en las situaciones de desadaptación juvenil.

BIBLIOGRAFÍA: Adorno, T.W., *et al.* (1950); Freud, S. (1921); Napolitani, D. (1987).

grito (al. *Schrei*; fr. *cri*; ingl. *shout*; it. *grido*)

Sonido inarticulado emitido en las condiciones psicológicas más variadas, que van desde la alegría hasta el dolor, desde la amenaza hasta la exhortación. Como escribe E. Severino, "el grito está desde el principio de la vida del hombre en la tierra. El grito de caza, de guerra, de amor, de terror, de alegría, de dolor, de muerte. Pero también los animales gritan; y para el hombre primitivo gritan asimismo el viento y la tierra, la nube y el mar, el árbol y la piedra, el río. Pero *sólo el hombre se reúne alrededor del grito*, en ausencia de los acontecimientos que lo provocaron. Al grito están vinculados los aspectos decisivos de la existencia y en la evocación del grito las más antiguas comunidades humanas no sólo distinguen la trama que las forma, sino que anudan establemente los hilos de la trama, es decir, se establecen, se configuran en su existencia comunidades humanas" (1985: 41). Numerosas técnicas utilizan el grito con fines terapéuticos porque lo consideran el medio privilegiado para poner en contacto los sentimientos con sus expresiones y para liberar con la voz energías reprimidas y amenazantes.

BIBLIOGRAFÍA: Schützenberger, A.A. y M.J. Sauret (1977); Severino, E., "Il grido" (1985).

grupo (al. *Gruppe*; fr. *groupe*; ingl. *group*; it. *gruppo*)

Conjunto de individuos que interactúan entre sí ejerciendo una influencia recíproca y que comparten, más o menos conscientemente, intereses, finalidades, características y normas de conducta. La influencia recíproca entre los diversos miembros del grupo es más fuerte cuanto más pequeño es el grupo y disminuye conforme éste se amplía, por lo que el grupo se distingue de otras formas de agrupación social, como las multitudes o las comunidades, en las que no existe una interacción directa entre todos los individuos. El interés sociológico respecto al grupo, ya presente en la obra de É. Durkheim, señaló el paso de una concepción globalista de la sociedad, propia de la sociología del siglo XIX, a la orientación más analítica de la sociología contemporánea, abocada al estudio de la realidad social en términos de las múltiples estructuras, instituciones y grupos que la caracterizan.

I] TIPOLOGÍA DE LOS GRUPOS. Entre los diversos tipos de grupo existen diferenciaciones que se han asumido como características de las diferentes formas asociativas. Original y significativa para la elucidación del concepto de grupo fue la tipología que introdujo C.H. Cooley, que prevé la siguiente clasificación:

1] *Grupos primarios y grupos secundarios*. Los primarios, como la familia o el grupo de los compañeros de juego, están caracterizados por una interacción directa –llamada "cara a cara"– entre los miembros, basada principalmente en el acuerdo y en la identificación recíproca. "Los grupos primarios –escribe Cooley– son primarios porque le dan al individuo su primera y completa experiencia de la unidad social, y también porque no cambian en el mismo grado en el que se modifican las relaciones más elaboradas" (1909: 25). Los grupos secundarios, mucho más amplios que los primeros, están caracterizados en cambio por relaciones indirectas y formales, principalmente de tipo contractual. Hoy el concepto de grupo primario se sustituyó por la noción de "pequeño grupo", que resulta metodológicamente más idónea.

2] *Pequeño grupo*. En la base de esta denominación no está la dimensión del grupo sino la adopción de una lógica dualista respecto a la unitaria que considera al grupo desde el punto de vista de su dinámica interna. La lógica dualista, además de la figura de la *pertenencia* a un grupo, no prescinde de la simultánea y necesaria *no pertenencia* a todo el no grupo. "Cuanto más me siento pertenecer a un grupo –escribe E. Spaltro– tanto menos sensible soy a los hechos externos al grupo mismo, por lo menos en la generalidad de los casos. Los procesos de socialización, en efecto, pueden entenderse como dirigidos hacia el grupo, es decir como aumento de conciencia y de investimiento libidinal respecto al grupo, pero también como denega-

ción y desinvestimiento libidinal respecto al no grupo. Considero que a la tradicional línea de análisis de la dinámica de grupo es necesario unir el análisis de las consecuencias históricas de esta dinámica, es decir el análisis del no grupo. Para esto es necesario ocuparse de verdad de los 'pequeños' grupos, no por sus dimensiones sino por su lógica dual" (1972: 208). En el pequeño grupo se madura un nivel de *seguridad* y un control de la dinámica de la *culpa* cuyas formas constituirán la vara de medir con la que el individuo miembro del grupo tenderá a expresar sus juicios en el no grupo.

3] *Grupos de pertenencia y grupos de referencia*. El primero es el grupo al que el individuo pertenece y cuyas reglas conforman su comportamiento, el segundo representa un parámetro *comparativo*, para confrontar los comportamientos y las realizaciones propios, y *normativo*, como fuente de valores y de modelos con los cuales identificarse. Estas dos formas de grupo, que pueden coincidir, contribuyen a controlar y guiar el comportamiento de cada cual, influyendo en las expectativas y en consecuencia, en el grado de satisfacción y de insatisfacción.

4] *Grupo interno y grupo externo*. El primero es aquel en el que una persona está ubicada y se identifica, el segundo, que no es el no grupo, es un grupo al que el individuo no pertenece y hacia el cual puede tener sentimientos de aversión, de desaprobación o de temor que lo induzcan a adoptar tácticas de evitación (*v.* **atracción-repulsión, teoría de la**).

5] *Grupo natural y grupo experimental*. El primero está constituido por el grupo en el que el individuo nace, como la familia, o se encuentra, como los compañeros de juego; el segundo es un grupo que se contituye con miras a una finalidad, una realización o una intervención específica.

6] *Grupos formales y grupos informales*. El primero está regulado por una precisa estructuración de las relaciones internas y de las finalidades a seguir, el segundo por interacciones no organizadas que dependen de una circunstancia contingente.

II] DINÁMICA DE GRUPO. La expresión la introdujo K. Lewin y la utiliza la psicología social para indicar las relaciones dinámicas que se observan dentro de un grupo y que determinan el comportamiento y la evolución. Lewin, ampliando la concepción gestáltica (v. **psicología de la forma**) del sector de la percepción de la psicología social, interpretó el comportamiento del grupo como expresión de la situación global de **campo** (v., § 2), determinada por los campos psicológicos de cada uno de los miembros, por los canales de comunicación, por los subgrupos. El estudio de la dinámica de grupo, aunque hasta hoy no alcanzó una concepción sistemática de los mecanismos de interacción, puso en evidencia una serie de caracteres generales comunes a todos los grupos; entre los principales están:

1] *Pertenencia*. Sensación de participar y de ser bien aceptado por un grupo según características que difieren de la dependencia (v., § 2) y se refieren a un mayor grado de elección, de intimidad y de reciprocidad. A la pertenencia se llega mediante: a] el *contacto* entre los diversos miembros del grupo (cuanto más frecuente y más intenso es, tanto mayor es el intercambio de relaciones y el sentimiento de cercanía); b] la *identificación* de cada uno de los integrantes con las normas, los valores y las actitudes del grupo, del cual cada uno de los miembros obtiene un refuerzo de su propia identidad; c] la *homogeneidad* que minimiza las diferencias subjetivas de los individuos, acentuando los caracteres comunes del comportamiento, de la forma de pensar y de la imagen externa. Por efecto de esa asimilación los miembros del grupo se autodesignan generalmente como "nosotros".

2] *Interdependencia*. La pertenencia determina una connotación de interdependencia dinámica capaz de modificar progresivamente las motivaciones, las actitudes, las experiencias y los comportamientos de cada miembro, por lo que se comprueba que: a] la decisión del grupo modifica el comportamiento de cada individuo más que la modificación inducida por persuasión individual, incluso por parte de una persona de especial prestigio; b] el grupo constituye un sistema de referencia normativo, por lo que cada miembro es llevado a juzgar el comportamiento del otro en relación con las reglas, más o menos explícitas, presentes en el grupo; c] la productividad del grupo es notablemente superior a la suma de la productividad de cada uno de los miembros que lo conforman. (v. **psicología social**, § 4, c).

3] *Cohesión*. Vínculo que mantiene unidos a los miembros del grupo. El índice de cohesión actúa como *refuerzo* para cada uno de los miembros en la consecución de los objetivos que el grupo se propone. Hay numerosos factores que entran en juego para determinar la cohesión; entre ellos se cuentan las dimensiones del grupo, la ubicación, la existencia de elementos semejantes en el trabajo desarrollado, el flujo, la posición o el prestigio del trabajo. La mayor o menor cohesión del grupo decide el grado de *normatividad* que ejerce respecto a cada uno de sus miembros. Esto es especialmente evidente en la *cohesión defensiva* (v. **psicología social**, § 4, a) típica, por ejemplo, de los grupos de trabajo, en contraste con los objetivos de la administración, y en la *cohesión narcisista*, en la que se observa un desplazamiento de la identidad y autoestima del yo individual hacia el yo grupal. Por último, cuanto más reducidos son los grupos en el contexto social donde se encuentran operando, mayor es la cohesión interna. La cohesión es inversamente proporcional a la **individuación** (v.), de tal forma que a una disminución de cohesión corresponde un aumento de individuación. Una combinación entre cohesión e individuación se encuentra en la aceptación por parte del grupo del llamado "líder informal", cuyas ideas se vuelven propias dentro del grupo. La instauración de estrechos contactos entre los miembros del grupo determina la disminución de las relaciones con los que son ajenos a él, con formaciones de *autoestereotipos* y *heteroestereotipos* que se refieren, respectivamente, a la imagen que el grupo se construye y a la imagen que presenta ante los extraños al grupo. La cohesión es favorecida por las prácticas de aislamiento, como la segregación de las órdenes religiosas, o por la proyección de la agresividad hacia afuera, como dice S. Freud: "Siempre es posible ligar en el amor a una multitud mayor de seres humanos, con tal que otros queden fuera para manifestarles la agresión." (1929 [1976: 111]).

4] *Polarización*. Se presenta cuando las divergencias dentro del grupo ya no se pueden eliminar, por lo que se forman dos subgrupos cuya reunificación resulta improbable puesto que los mecanismos de agresividad, durante un tiempo proyectados hacia afuera, encuentran dentro del grupo su campo de manifestación.

5] *Diferenciación de las funciones*. Se verifica de forma espontánea o preestablecida, según el tipo de grupo. K.D. Benne y P. Sheats identificaron: *a*] funciones de acuerdo con las tareas del grupo, como coordinador, promotor; *b*] funciones relativas a la cohesión social del grupo, como mediador o congregador; *c*] funciones orientadas al mantenimiento de las exigencias individuales dentro del grupo (*v.* **función**, § 1). Cada sujeto puede asumir diferentes funciones en el ámbito de grupos diferentes y en el mismo grupo en momentos diferentes. La distribución de las funciones, incluso la relativa a las atracciones y repulsiones afectivas entre los miembros, se puede poner de manifiesto mediante el método sociométrico que ideó J. L. Moreno (*v.* **sociometría**), que identifica y reproduce en gráficas las preferencias que cada uno de los miembros del grupo manifiesta respecto a los demás, basándose en sus respuestas a determinadas preguntas (*v.* **función**, § 2).

6] *Institución del líder.* Constituye el paso decisivo en la diferenciación de las funciones, y depende de las características y de los objetivos del grupo, así como de las interacciones presentes en éste. Por lo general el grupo reconoce la función de guía basándose en dos escalas independientes de valores: una relativa a las capacidades técnicas de coordinación y otra relativa a la capacidad de ser bien aceptados. Ya que rara vez ambas están representadas en un mismo individuo, con frecuencia se constituye una especie de regencia de dos, semejante al doble rey, como el jefe de la tribu y el brujo en las sociedades antiguas o primitivas, donde un jefe obtiene benevolencia y popularidad, mientras el otro reúne en sí dotes de eficiencia y organización. Basándose en un estudio de los efectos de diferentes estilos de liderazgo en los miembros del grupo, K. Lewin encuentra que: *a*] el liderazgo *autoritario* determina una fuerte dependencia del líder, agresividad y competencia entre los miembros, insatisfacción por parte de los individuos respecto a las actividades del grupo, buen rendimiento en el trabajo; *b*] el liderazgo *democrático* determina poca dependencia y poca agresividad, notable cantidad de propuestas, satisfacción por las actividades del grupo y rendimiento cuantitativo modesto, pero cualitativamente superior; *c*] el liderazgo *permisivo* genera poca dependencia, agresividad entre los miembros, elevado número de propuestas creativas, insatisfacción y modesto rendimiento. Según Freud el líder es aquel hacia el cual todos los miembros proyectan su propio **ideal del yo** (*v.*), por lo que, por una parte, él debe adoptar una actitud distante y diferente respecto a la de los demás miembros del grupo para mantener su función de objeto de proyección, y por la otra debe manifestar su pertenencia al grupo para favorecer los procesos de identificación de los miembros.

7] *Rendimiento.* Respecto a la suma de las capacidades individuales, el grupo ofrece un mejor rendimiento a condición de que sea respetada: *a*] la plena comunicación entre los miembros; *b*] la aceptación por parte de todos de una adecuada solución, incluso si es propuesta por un único miembro; *c*] la autonomía de razonamiento respecto a los problemas. Por lo general la división del trabajo en el ámbito industrial, administrativo o científico satisface las últimas dos condiciones, pero obstaculiza la primera. Algunas investigaciones mostraron que una comunicación en la cual todas las informaciones confluyen en una única persona resulta más eficiente en el caso de las tareas simples, mientras en el caso de los problemas más complejos parece útil un contacto interindividual.

8] *Socialización.* La dinámica de grupo, como dice Spaltro, "no es otra cosa que el análisis del proceso de socialización examinado en sus detalles, es decir dentro de sí, en su dirección y desde el punto de vista de los objetivos a los que tiende" (1972: 242). Tales fines suelen ser: *a*] la obtención de un nivel de *seguridad* garantizado por la pertenencia al grupo que permite, con su protección, arriesgarse sin mucha ansiedad incluso en terrenos nunca experimentados; *b*] el control de la dinámica de la *culpa*, porque el superyó paterno se transforma en superyó de grupo, más fácil de controlar; *c*] la aceleración de los procesos de *aprendizaje*, porque el grupo sirve como retroalimentación continua mediante la comparación con los demás, y por lo tanto como medio para conocer continuamente los resultados alcanzados; *d*] el aumento de la eficiencia y de la funcionalidad de las *defensas* porque, siguiendo la ley del éxito dentro del grupo, se potenciarán los mecanismos que determinaron un efecto positivo, y se abandonarán los que, por el contrario, fallaron en su objetivo; *e*] la influencia en el ritmo del *desarrollo intelectual* sobre la relación que existe entre los procesos intelectuales y el lenguaje, y entre el lenguaje y la comunicación que en el grupo se incrementa; *f*] la *maduración afectiva*, más fácil en el grupo que en estado aislado, y controlada en las manifestaciones de las pulsiones, que el individuo puede incluso no saber organizar por sí solo (*v.* **psicología social**, § 1, 2, 3).

III] ANÁLISIS DE GRUPO. 1] *Las premisas teóricas.* El análisis de grupo es un método psicoterapéutico en el cual más de un paciente –de seis a doce– de ambos sexos, posiblemente representados por igual, con la presencia de uno o más terapeutas, son tratados con el uso de la dinámica de grupo, que ofrece indicaciones diagnósticas y terapéuticas que no se revelan en la situación analítica clásica basada en la dualidad analista-paciente. Los grupos pueden ser cerrados o abiertos, según los miembros cambien con mayor o menor frecuencia, y el principio que rige su formación –como afirma D. Napolitani, es el hecho de que "el nosotros es el lugar germinativo de cualquier posible yo y de cualquier posible tú" (1986: 26).

Dentro del grupo se toma conciencia de las relaciones internas, de la forma de cooperación, de la adhesión de cada cual a las normas y a los valores del grupo, del funcionamiento de un sistema de comunicación compartido por los miembros, que por lo general se asume como factor primordial. Como señalaba J. Piaget, en el análisis de grupo "en primer lugar no se encuentran los 'instintos', sino la polarización de tendencias que manan de la vida del grupo, y por lo tanto resistencia a la guía, canalización del temperamento en la línea de las funciones, reacciones determinadas en el individuo por el grupo y reacciones determinadas en el grupo por los temperamentos individuales" (1977: 350).

El grupo, introducido por Prat en 1907 para ayudar a los pacientes tuberculosos a enfrentar su enfermedad, se vuelve, con W.R. Bion, el instrumento para el tratamiento de cada uno de los miembros. Moreno introduce, como variantes interpretativas y terapéuticas, la "acción" bajo la forma de **psicodrama** (*v.*), en el cual el líder dirige una escena espontánea donde los miembros del grupo pueden reconstruir una determinada situación de la vida de cada cual. Hoy el análisis de grupo se practica, no sólo en las comunidades terapéuticas o en los centros diurnos con grupos de pacientes homogéneos, sino también por iniciativa de algunos terapeu-

tas, sobre todo para el tratamiento de trastornos de la personalidad y de toxicodependencia.

Para una buena estructuración del análisis de grupo es necesario afrontar problemas epistemológicos de suma importancia, como el desplazamiento del *principio de identidad* del individuo (que se caracteriza por su forma de percibirse en el espacio y en el tiempo, por la independencia de su variabilidad expresiva y por las modificaciones vinculadas a su crecimiento, su reproducción y su muerte) hacia el grupo que, como escribe D. Napolitani, "no es un objeto de nuestra percepción sensorial, porque ésta nos dice sólo algo de cada uno de los individuos en su unión serial, pero nada de los 'vínculos' que eventualmente existen entre sí. Esto, además, no tiene ningún carácter de constancia, ningún límite objetivamente definible, no crece, no se reproduce o muere de acuerdo con 'leyes naturales', es decir con regularidad y frecuencia, y es por definición un 'conjunto' en el cual cada parte, en cada momento, puede separarse para recuperar su plena autonomía" (1987: 39).

Si el individuo es "natural" y el grupo es "cultural", se plantea el problema de saber si al grupo se le pueden aplicar los mismos paradigmas teóricos y los métodos de investigación utilizados para el reconocimiento del individuo, o si, como la cultura está originalmente vinculada a la naturaleza del hombre, no se debería más bien derivar de los modelos grupales paradigmas y métodos para la investigación del individuo. Al análisis de grupo, por lo tanto, se le plantea el problema de inventar una perspectiva epistemológica que implique la superación de la dicotomía ontológica individuo/grupo, porque si, como escribe D. Napolitani, "el individuo es, en su identidad, una multiplicidad de relaciones identificadoras históricamente definidas, cada grupo social que promoverá o con el que se encuentre participando es, ante todo, una replicación dramática, es decir íntimamente transferencial, de su *grupalidad interna*, entendida como dispositivo que codifica el mundo y su propia relación con él" (1987: 48).

2] *Los métodos.* En el ámbito de las psicoterapias de grupo existe una distinción entre las que están basadas en técnicas predominantemente *extraverbales* y las basadas en técnicas *verbales*. De las primeras son ejemplo: las *terapias ocupacionales de grupo*, como la **ergotera-**

pia (*v.*) así como la **ludoterapia** (*v.* **juego**, § 5), y la **socioterapia** (*v.*), con el uso sistemático de experiencias emotivas mediante el desarrollo de funciones sociales, como en la gestión de autogobierno de los pacientes en una comunidad terapéutica. Entre los grupos predominantemente verbales es necesario diferenciar los *no analíticos*, como la **consulta** (*v.*, § 4), el **psicodrama** (*v.*), el **sociodrama** (*v.* **psicodrama**, § 3), y el grupo psicopedagógico, de los *analíticos*, que tienen en común la consecución de objetivos terapéuticos con el uso sistemático de la interpretación. En este último ámbito F. Napolitani distingue: *a*] el método *rotatorio*, donde por turno cada paciente habla de sí mismo libremente mientras los demás asumen la función de espectadores. La interacción de los miembros del grupo es por lo general reducida y las asociaciones del paciente están orientadas casi exclusivamente hacia el terapeuta, quien toma la iniciativa de las intervenciones. Las interpretaciones se dan casi siempre en el nivel intrapersonal, rara vez en el interpersonal –es decir, relativo a las interacciones de los miembros del grupo– y casi nunca en el transpersonal, es decir del grupo en sí; *b*] el método *colectivo*, donde cada paciente, en todo lo que dice, se expresa como portavoz del grupo y las interpretaciones están dirigidas constantemente hacia el grupo en su conjunto; *c*] el método *relacional*, en el que la atención no se dirige hacia cada uno de los pacientes y ni siquiera hacia el grupo en sí, sino a las dinámicas de relación, es decir las ansiedades y las defensas inconscientemente movilizadas por el paciente hacia el grupo y por el grupo hacia el paciente.

La hipótesis psicoanalítica que sustenta todas estas formas de análisis de grupo es, como dice F. Napolitani, que "existe una interdependencia entre el yo y el resto de la personalidad, así como la hay entre cada individuo y su grupo. Por lo tanto parece legítimo conjeturar que la conciencia de las características de esta interdependencia individuo-grupo favorece una progresiva conciencia de la interdependencia entre el yo y sus objetos internos. De éstos, algunos son reconocidos como propios y, por lo tanto, aceptados como parte de sí mismo, sólo *después* de haber sido proyectados al grupo, en el cual por lo general alguien los representa o el grupo mismo. Las interacciones que le siguen, en la medida en que llevan a la gradual aceptación del otro, vuelven a llevar al sí mis-

mo, mediante el proceso de identificación introyectiva que se establece, hacia esos objetos internos cuya enajenación había originado procesos de identificación proyectiva. Por lo tanto cada miembro de un grupo terapéutico se vuelve, para cada uno de los demás, una *'dramatis persona'* de todos los aspectos constitutivos de la personalidad del individuo enajenado después de los mecanismos de defensa" (1972: 707).

BIBLIOGRAFÍA: Amerio, P. y F. Borgogno (1975); Amerio, P. y G.P. Quaglino (1979); Badalato, G. y M.G. Di Tullio (1979); Benne, K.D. y P. Sheats (1955); Bion, W.R. (1961); Carli, R. y R.M. Panicia (1981); Contessa, G. (1977); Cooley, C.H. (1909); De Bartolomeis, F. (1978); De Negri Trentin, R. (1976); De Schill, S. (1978); Foulkes, S.H. (1964); Freud, S. (1929); Lai, G. (1976); Lewin, K. (1935); Lewin, K. (1948); Luft, J. (1968); Marcoli, F. (1988); Minguzzi, G. (1973); Moreno, J.L. (1946); Moreno, J.L. (1953); Napolitani, D. (1986); Napolitani, D. (1987); Napolitani, F. (1972); Olmsted, M.S. (1959); Ottaway, A.K.C. (1970); Pauletta D'Anna, G.M. (coord.), (1990); Piaget, J. (1977); Pichon-Rivière, E. (1971); Schützenberger A.A. y M.J. Sauret (1977); Shaw, M.E. (1976); Sherif, M. y Sherif C.W. (1953); Slavson, S.R. y M. Schiffer (1962); Spaltro, E. (1972); Thibaut, J.W. y H.H. Kelley (1959); Trentini, G. (coord.) (1987); Trentini, G. (coord.) (1987); Yolm, I.D. (1975).

guerra (al. *Krieg*; fr. *guerre*; ingl. *war*; it. *guerra*)

Desde el punto de vista psicoanalítico S. Freud interpreta la guerra como una proyección hacia afuera de la **pulsión de muerte** (*v.*, § 2) para poder agredirla, evitando así la condición de pesadilla y de angustia vinculada a su surgimiento en la conciencia individual y colectiva. Desde este punto de vista la guerra no sería una explosión de lo irracional sino un mecanismo de defensa que intenta controlar la angustia de la autodestrucción, proyectando la pulsión de muerte hacia afuera y racionalizándola como agresión al enemigo, hacia quien se la transfiere (*v.* **destructividad**, § 1). Para sostener esta interpretación F. Fornari identifica la característica con la que, en ocasión de la guerra, entra en acción el mecanismo del elemento paranoico: "Personalmente considero que la guerra represente una institución social orientada a curar angustias paranoides y depresivas presentes en todo hombre. [...] La guerra es una organización de seguridad, no porque permita defenderse de enemigos reales, sino porque logra encontrar y, en caso extremo, inventar, enemigos reales a los que matar; de lo contrario la sociedad se arriesgaría a dejar a los hombres sin defensa frente a la aparición de lo aterrador como puro enemigo interno" (1966: 12).

La guerra puede producir neurosis típicas, denominadas *neurosis traumáticas de guerra*, que A. Kardiner describe así: "En un ambiente que permanece tenazmente traumático no se puede instaurar un yo coherente ni un sistema de acción constante. El yo sólo se puede adaptar a un ambiente esperado dentro de límites de variaciones no muy amplias. El acontecimiento traumático rompe este equilibrio entre el yo y el ambiente, arrollando los dispositivos de adaptación que el yo tiene a su disposición. La ansiedad es insoportable y el yo puede incluso contraerse de forma tan completa como para que sobrevenga la muerte. Todo el aparato de adaptación, así, se desintegra. [...] Las consecuencias de la contracción del yo son las siguientes: 1] cambios en la adaptación eficiente hacia el mundo externo. La manifestación más importante de esta desadaptación la constituye la pérdida de interés por la actividad. El incentivo disminuyó porque el aparato es deficiente; 2] se modifica la concepción endoscópica de sí mismo, se pierde la confianza, y el objetivo se vuelve la fuga, en lugar de la iniciativa. El mundo ahora es un lugar hostil y el sujeto vive en el miedo constante de ser avasallado; 3] la alterada concepción de sí mismo y del mundo externo es tal que sustenta sueños catastróficos. No puede llevarse a cabo acción alguna, y el yo es arrastrado como lo fue antes. Ya que los instrumentos para mantener a raya al mundo (control) son inutilizables, el mundo arrolla al yo. Por lo tanto el mundo hostil y el yo empobrecido son dos aspectos de la misma patología. La *Weltanschauungsphantasie* del esquizofrénico es un fenómeno parecido" (1959-1966: 245-246).

Además de trastornos vegetativos y sensomotores, las neurosis de guerra presentan, entre los síntomas psicológicos más frecuentes, irritabilidad y estado de alarma, tendencia a la agresividad explosiva, reducción de las capacidades intelectuales y de las disposiciones afectivas, una alterada concepción de sí mismo respecto al mundo externo, desconfianza de base y sueños catastróficos que tienen por tema la incapacidad de tener éxito en la acción. En opinión de Kardiner estas neurosis están sujetas a mucha elaboración simbólica porque la energía psíquica no está libre, sino vinculada (*v.* **libido**, § 1, *e*) al trauma original, con consecuencias fóbico-repetitivas.

BIBLIOGRAFÍA: Ferenczi, S. (1916); Fornari, F. (1966); Freud, S. (1915); Freud, S. (1932); Kardiner, A. (1959-1966).

Guildorf, test de
v. INTELIGENCIA, § 2.

gurú (al. *Guru*; fr. *gourou*; ingl. *guru*; it. *guru*)

Guía espiritual a quien, en el hinduismo, se dirigen todos los que desean iniciar una vida que conduzca al conocimiento de sí y al ascetismo. El término se aplica por extensión a cualquier maestro de vida espiritual e, irónicamente, a las personas a quienes se les tributa un respeto o se les atribuye un carisma considerado excesivo.

gustativo, aparato (al. *Geschmackssystem*; fr. *système gustatif*; ingl. *gustative system*; it. *sistema gustativo*)

Forma de sensibilidad por contacto que responde a las sustancias en solución en el nivel de los receptores que se encuentran en las *papilas gustativas* de los bordes y la parte posterior de la lengua. Cada papila gustativa contiene de 10 a 15 células gustativas que se reproducen constantemente, a un ritmo que permite la renovación completa cada siete días. El número de las papilas disminuye con la edad, por lo que los ancianos son menos sensibles a los sabores que los niños. Los impulsos de las fibras nerviosas que se originan en las células gustativas son transmitidos, a lo largo de diversos nervios craneanos y vinculados sinápticamente con neuronas del tronco del **encéfalo** (*v.*, § 1, *b*), hasta el **tálamo** (*v.*), de donde prosiguen hacia la corteza en la cual, en el área sensitivo-somática, encontramos la representación de la lengua y la faringe. Se reconocen en el gusto cuatro unidades primarias: dulce, salado, amargo y ácido, que tienen asignados diferentes receptores, ubicados, para lo dulce, en la punta de la lengua, para lo amargo en la parte posterior, para lo ácido en los lados, mientras la sensibilidad para lo salado es difusa. El sentido del gusto da lugar a sensaciones inmediatas que, a diferencia de los sueños y de las imágenes, no se pueden reproducir mentalmente, sino que quedan, como los olores, asociadas con los elementos presentes en la situación en la que se producen. El deterioro o la ausencia del gusto recibe el nombre de *ageusia* o *ageustia* y se debe a lesiones cerebrales o a defectos en el desarrollo de los órganos de los sentidos, así como a causas psicógenas, como algunas formas de histeria o de depresión.

Guttmann, modelo de

v. CUESTIONARIO.

Haab, reflejo de
v. IDEOMOTOR, § 3.

habilidad (al. *Geschicklichkeit*; fr. *habilité*; ingl. *skill*; it. *abilità*)

Capacidad para interpretar e intervenir sobre la realidad para modificar la realidad misma o el propio sistema de referencia de capacidades cuando éste no corresponde a las ya cambiadas exigencias de la realidad. De la definición se desprende que la habilidad tiene que ver con la *flexibilidad* del propio comportamiento y como tal se distingue del **hábito** (*v.*) que presenta, en cambio, una cierta rigidez. Es común distinguir las habilidades en instintivas, sensomotrices, manuales, intelectuales y sociales.

a] Las *habilidades instintivas* son relativamente plásticas y no son ajenas al aprendizaje. Así los castores, molestados por los cazadores, aprenden a construir no ya techumbres sino madrigueras. Pájaros de la misma especie pueden construir sus nidos en formas diversas según las circunstancias y los materiales a su alcance. Abejas vecinas a las refinerías de azúcar dejan de libar flores y transportan azúcar. Estas modificaciones del comportamiento instintivo en relación con el ambiente se cuentan entre las habilidades porque revelan una flexibilidad del instinto.

b] Las *habilidades sensomotrices* se cuentan entre las formas de aprendizaje de respuesta combinada (*v.* **aprendizaje**, § 1, 3) porque andar en bicicleta o dar un salto mortal desde el trampolín no sólo requieren destreza en el cumplimiento de la acción sino una combinación de habilidades diversas, como el control sensorial, la atención, el cálculo y similares.

c] Las *habilidades manuales* se distinguen de las habilidades sensomotrices porque presentan relación con las intelectuales. Desde este punto de vista fueron consideradas en el aspecto pedagógico por J.H. Pestalozzi y por G. Kerschensteiner como medios de educación general y específica para las actividades prácticas y operativas, en el aspecto psicológico por J. Piaget como segundo estadio del desarrollo cognoscitivo por él definido como preoperatorio (*v.* **cognición**, § 2), y en el aspecto antropológico por C. Lévi-Strauss que, para analizar el pensamiento salvaje, tomó en consideración justamente las habilidades manuales empleadas para desarrollar toda suerte de oficios sacando ventaja de la pobreza misma de los medios disponibles.

d] Las *habilidades intelectuales* fueron catalogadas por L.L. Thurstone con la intención de descubrir los elementos fundamentales de la inteligencia, cuya flexibilidad estaría dada por la comprensión verbal verificable con pruebas de vocabulario, por la fluidez verbal o habilidad para encontrar velozmente palabras, por la habilidad numérica deducible de la rapidez del cálculo, por la habilidad espacial entendida como visualización de las relaciones entre formas en la ejecución de un dibujo de memoria, por la memoria, por la habilidad perceptiva para recoger detalles visuales, diferencias y semejanzas entre objetos representados y, en fin, por el razonamiento entendido como habilidad para distinguir una regla general sobre la base de los casos que son presentados.

c] Las *habilidades sociales* son formas de particular destreza en las relaciones interhumanas, adquiridas, a través de la experiencia directa en situaciones sociales complejas, por individuos caracterológicamente predispuestos. Son rasgos característicos la capacidad y la flexibilidad en las diversas circunstancias, la adecuación de las respuestas verbales y no verbales, la capacidad de imponerse o de modificar la situación o las posiciones tomadas por los otros.

BIBLIOGRAFÍA: Hinde, R.A. (1966); Kerschensteiner, G. (1926); Lévi-Strauss, C. (1962); Pestalozzi, G.H. (1800); Philips, E. (1978); Piaget, J. (1947); Thurstone, L.L. (1955); Trower, P. y B.M. Bryant (1978); Vernon, P.E. (1950).

hábitat (*habitat*)

Ambiente físico en el cual vive determinada especie vegetal o animal, así como la humana. El concepto se utiliza en **ecología** (*v.*), que estudia las relaciones entre individuos y ambiente. Cuando además del contexto natural se refiere también al social, en lugar de hábitat es preferible hablar de entorno.

hábito (al. *Gewohnheit*; fr. *habitude*; ingl. *habit*; it. *abitudine*)

Producto terminal del aprendizaje que se expresa en un modo de ser y de actuar que tiende a repetirse en forma más o menos idéntica. Por ser adquirido, el hábito se distingue de los automatismos innatos, conductas motrices que se activan frente a determinados estímulos (*v.* **movimiento**, § 1, *a*). En la base de la costumbre estaría, según algunos, la *inercia*, como tendencia a quedar al infinito en el mismo estado, según otros la *voluntad*, responsable de una serie de ejercicios que tienen por objetivo el ahorro energético, porque cuando una acción es habitual requiere menor gasto, con posibilidad de liberar conciencia y voluntad para nuevas tareas.

1] HÁBITO Y CONOCIMIENTO. Es una relación que ha sido analizada particularmente por el empirismo de la edad moderna que, con T. Hobbes y J. Locke, resolvió el conocimiento en los procesos asociativos que tienen su fundamento en las costumbres representativas. Esta dirección interpretativa encontró su apogeo con D. Hume, para el cual la conexión causal (*hoc propter hoc*) se debe al hecho de que, por haber visto muchas veces dos hechos unidos (*hoc post hoc*), el hábito nos lleva a esperar uno cuando se presenta el otro, y por lo tanto se establece un nexo causal cuando la experiencia por sí sola, nos ofrece sólo un nexo de sucesión. En tiempos más recientes P. Ricœur, después de haber definido el hábito como "un modo de sentir, de percibir, de actuar, de pensar, adquirido y relativamente estable", plantea la hipóte-

sis de que existen hábitos de la inteligencia y del corazón que condicionan el modo de percibir y de juzgar, por lo que "mis ideas son costumbres de mi espíritu" (1975: 267).

2] HÁBITO Y ACCIÓN. Es una relación evidenciada por Aristóteles, según el cual "se hace por hábito (ἔθος) aquello que se hace porque se ha hecho *frecuentemente*"; "el hábito es en algún modo similar a la naturaleza, porque 'frecuente' y 'siempre' son cercanos: la naturaleza pertenece a aquello que es siempre, el hábito a aquello que es frecuente" (*Retórica*, I, 1369b-1370a). La correspondencia aristotélica entre hábito y naturaleza es retomada por C. Darwin, para quien los hábitos pueden convertirse en reflejos estables que, por mecanismos genéticos, pueden ser hasta heredados. Esta dirección encontró seguidores en el campo psicológico con W. James, para el cual la adquisición de hábitos consiste en modificar los instintos naturales para una mejor adaptación a la realidad, por lo que al final resulta difícil distinguir el instinto natural del hábito adquirido que, superponiéndose, lo modifica. Considerado después desde un punto de vista colectivo, el conjunto de hábitos es definido por James como "el gigantesco volante de la sociedad, su más preciosa fuerza conservadora" (1890: 94), que permite a los individuos orientarse en el mundo social, adquirir niveles y modos aceptables de conducta y poder prever las conductas de los demás. Sobre este tema volvió J. Dewey, para el cual "todas las virtudes y los vicios son hábitos que incorporan fuerzas objetivas, son interacciones de elementos relativos a la estructura específica de un individuo con elementos dados por el mundo circundante". De este modo Dewey distribuye la responsabilidad de los hábitos en una equilibrada participación del individuo y de la sociedad, libera al hombre del concepto de "naturaleza" y de "cultura", al cual debería llevarlo la educación, porque precisamente la estructura de los hábitos no permite identificar una naturaleza que no esté ya aculturada. A partir de otras premisas H. Bergson se ha servido del concepto de hábito para explicar las obligaciones morales, que no serían, como quería I. Kant, exigencias de la razón, sino "hábitos sociales que garantizan la vida y la solidez del cuerpo social" (Bergson, 1932: 992).

3] HÁBITO Y COMPORTAMIENTO. Es una relación que destacó la psicología reflexológica y conductista acerca de los vínculos que se establecen entre estímulo y reacción en el condicionamiento, ya sea clásico u operativo (*v.* **aprendizaje**, § I). A partir de la hipótesis de que los hábitos son sistemas integrados de cierto número de reflejos condicionados que se forman desde modelos de reacción ya presentes, J. B. Watson llegó a considerar la personalidad como producto final de sistemas jerárquicos de hábitos. D.O. Hebb planteó que en los rastros mnésicos (*v.* **engrama**) está la base biológica de los hábitos, que tendrían sus raíces en las uniones funcionales entre las neuronas, mientras C.L. Hull buscó determinar matemáticamente la "fuerza del hábito" basándose en el potencial de excitación deducible de la calidad de reacción del estímulo. Si el potencial es alto, el hábito puede volverse funcionalmente autónomo y traducirse en motivación capaz de reforzar un nuevo aprendizaje.

4] HÁBITO Y AFECTIVIDAD. Es una relación destacada en el campo fenomenológico, donde en el hábito afectivo se entrevé el elemento que aprisiona la existencia en formas antiguas, impidiendo dar inicio a nuevas. Esta idea ya había sido anticipada por J.J. Rousseau, que subrayaba el mecanismo del hábito que reduce la disponibilidad a la transformación y al crecimiento. Sobre este tema regresó G. Bachelard, que señala el "factor de inercia del hábito" como elemento que reduce en el sujeto la actitud crítica, haciéndole parecer evidente lo que es simplemente familiar.

BIBLIOGRAFÍA: Aristóteles (1973); Bachelard, G. (1969); Bergson, H. (1932); Darwin, C. (1859); Dewey, J. (1922); Hebb, D.O. (1949); Hull, C.L., (1943); Hume, D. (1748); James, W. (1890); Merleau-Ponty, M. (1942); Ricoeur, P. (1975); Rousseau, J.-J. (1763); Watson, J.B. (1913).

habituación (al. *Gewohnung*; fr. *accoutumance*; ingl. *habit-forming*; int. *assuefazione*)

El término, que en general significa adaptación a circunstancias particulares, asume un significado específico por lo que se refiere a la dependencia *física* de sustancias tóxicas (*v.* **toxicomanía**).

habituación (al. *Habituation*; fr. *habituation*; ingl. *habituation*; it. *abituazione*)

Proceso inhibitorio que suprime graduadamente la **atención** (*v.*, § 1) y la respuesta del organismo tras un estímulo repetido. Esto se debe a que las neuronas de la atención cesan de funcionar aun si la señal del estímulo permanece invariada. Así, por ejemplo, si las vibraciones de un diapasón hacen caer una araña de la telaraña, en las pruebas sucesivas, aunque se recoja la información del estímulo, las reacciones se van haciendo más débiles, hasta cesar. La habituación está considerada una forma elemental de aprendizaje.

BIBLIOGRAFÍA: Groves, P. y R. Thompson (1970).

habitus (al. *Habitus*; fr. *habit*; ingl. *habit*; it. *abito*)

Término aristotélico (ἕξις) que indica la disposición constante a hacer o a actuar de cierto modo. Difiere del **hábito** (*v.*), porque éste, que se basa esencialmente sobre una repetición mecánica, no exige una toma de posición mental o voluntaria. La definición aristotélica de *habitus* como "disposición a estar bien o mal dispuesto hacia alguna cosa, sea hacia uno mismo o hacia otro" (*Metafísica*, v, 10, 1022b) ha sido retomada y ampliada por J. Dewey, para el cual "*habitus* es aquella especie de actividad humana que es influida por la actividad precedente y, en este sentido, es adquirida; que contiene dentro de sí cierto orden o cierta sistematización de los elementos mínimos de la acción; que es proyectiva, dinámica, dispuesta a la manifestación abierta; que es operativa en alguna forma subordinada y oculta, aun cuando no es una actividad obviamente dominante. También en su uso ordinario *habitus* es el término que denota estos hechos mejor que cualquier otra palabra" (1922: 40-41).

En psicología el término es utilizado de modo sistemático: *a*] en las teorías objetivistas de la **personalidad** (*v.*, § 4) donde J. Dollard y N.

E. Miller definen *habitus* como la vinculación o asociación entre un estímulo diferenciado y una respuesta que varía en relación con la experiencia individual, por lo que tendremos individuos "generalizantes" que tienden a dar la misma respuesta aunque varíe la situación-estímulo, e individuos "discriminantes" que tienden a dar respuestas diferenciadas frente a situaciones-estímulo semejantes; *b*] en las *teorías tipológicas somático-constitucionales*, donde E. Kretschmer sostiene la tesis de que hay una correlación entre el "*habitus* morfológico", expresado por los rasgos somáticos de un individuo, y su predisposición a cierto tipo de personalidad (*v.* **tipología**, § 1, *b*).

BIBLIOGRAFÍA: Aristóteles (1973); Dewey, J. (1922); Dollar, J. y N E. Miller (1950), Kretschmer, E. (1921).

hachís
v. DROGA, § 2.

half-show
v. MARIONETAS, JUEGO DE LAS.

halo, efecto de (al. *Hof-Effekt*; fr. *effet de halo*; ingl. *halo effect*; it. *effetto di alone*)

Término empleado en psicología para indicar la tendencia, frecuente en el campo escolar y en la selección profesional, a dejarse influir, para juzgar a una persona, por una impresión general o bien por rasgos, aspectos o actitudes que no tienen una verdadera relación con el objetivo de la evaluación. Los test objetivos (*v.* **test**, § 3, *a*) tienen, entre otras funciones, la de corregir los efectos de halo que pueden perjudicar el diagnóstico correcto.

hamartofobia (al. *Hamartophobie*; fr. *amartophobie*; ingl. *hamartophobia*; it. *amartofobia*)

Fobia a equivocarse o a pecar.

hambre
v. ALIMENTACIÓN.

haploide
v. GENÉTICA.

haplología (al. *Haplologie*; fr. *haplologie*; ingl. *haplology*; it. *aplologia*)

Trastorno del **lenguaje** (*v.*, § 5, *b*) que se manifiesta como tendencia a hablar demasiado velozmente, omitiendo unidades lingüísticas de diferentes niveles, encimándolas unas a otras, o invirtiendo el orden de la secuencia. Llamada también *cluttering* o *taquifrasia*, la haplología compromete la relación de copertenencia y coordinación entre el pensamiento y la palabra, limitando las posibilidades expresivas. Es frecuente en las manifestaciones maniacas y en ocasiones en las esquizofrénicas.

háptico (al. *Haptik*; fr. *haptique*; ingl. *haptics*; it. *attica*)

El término, que deriva del griego απτεσθα que significa tocar, se refiere al estudio de la percepción que se obtiene explorando activamente con las manos los objetos, y evaluando las impresiones cutáneas y las sensaciones cinestésicas, además de las de calor y frío. El adjetivo *háptico* también se emplea para calificar las ilusiones perceptivas que se tienen con la manipulación de los objetos.

Hawthorne, efecto (al. *Hawthorne Effekt*; fr. *effet Hawthorne*; ingl. *Hawthorne effect*; it. *effetto Hawthorne*)

Aumento de la actividad laboral que se verifica cuando los trabajadores saben que son objeto de atención o de experimentación, cualquiera que sea la naturaleza de los cambios que se puedan introducir con base en los resultados de los experimentos efectuados. La expresión se deriva de una serie de investigaciones que se llevaron a cabo en los años veinte en los talleres Hawthorne de la compañía Western Electric de Chicago.

hebefrenia
v. ESQUIZOFRENIA, § III, 2.

heces
v. EXCREMENTOS.

hedonismo (al. *Hedonismus*; fr. *hédonisme*; ingl. *hedonism*; it. *edonismo*)

Doctrina filosófica que se afirmó en la época alejandrina (siglo III a.C.), según la cual el placer es el fin supremo de la vida. En cuanto al concepto del placer se dividieron los cirenaicos, quienes consideraron placer lo alcanzable al momento, pues sólo consideraban real el presente, y los epicúreos, quienes introdujeron una especie de cálculo ético orientado a demostrar que con frecuencia la renuncia al placer momentáneo lleva a un placer más grande que, en la mayor parte de los casos, consiste en la ausencia de dolor. A la postura cirenaica se le asignó el nombre de *hedonismo*, y a la epicúrea el de *utilitarismo*. En psicología se llama hedonista a la teoría según la cual la motivación del comportamiento humano se explica exclusivamente en términos de búsqueda de lo placentero y fuga de lo desagradable, mientras en psicoanálisis el hedonismo caracteriza la condición infantil vinculada al **principio del placer** (*v.*, § 1) que es necesario superar para alcanzar el **principio de realidad** (*v.*, § 3).

BIBLIOGRAFÍA: Freud, S. (1920); Marcuse, H. (1955).

Helmholtz, ilusión de
v. ILUSIÓN, § 4, *i*.

hematoencefálica, barrera (al. *Blut-Hirn-Schranke*; fr. *barrière hémato-encéphalique*; ingl. *blood-brain barrier*; it. *barriera emato-encefalica*)

Entidad, no definible anatómicamente, que abarca varias estructuras (plexos coroides, pía madre, neuroglia peribasal) que funcionan como barrera poco permeable destinada a la regulación de los intercambios entre sangre y líquido cefalorraquídeo (*v.* **encéfalo; meninges**). Esta barrera defiende al sistema nervioso central de sustancias nocivas que logran atravesarla sólo cuando su concentración es relativamente alta.

hematofobia
v. HEMOFOBIA.

hemeralopía (al. *Hemeralopie*; fr. *héméralopie*; ingl. *hemeralopia*; it. *emeralopia*)

Llamada también *ceguera nocturna*, consiste en una dificultad especial para la visión crepuscular. Se debe a la escasa adaptación de la retina a la oscuridad a consecuencia de alteraciones en la función de los bastones (*v.* **aparato visual**). Aparece en estados de carencia de vitamina A o B_2.

hemianopsia o **hemianopía** (al. *Hemianopsie*; fr. *hémianopsie*; ingl. *hemianopsia*; it. *emianopsia*)

Pérdida de la vista de una mitad del campo visual. Puede ser *homónima* cuando interesa las dos mitades derechas o izquierdas del ojo, *heterónima* o *cruzada* cuando interesa la parte derecha de un ojo y la izquierda del otro, *unilateral* o *uniocular* cuando afecta a un solo ojo, *a cuadrante* cuando interesa un cuadrante del campo visual, por lo general en forma homónima. Puesto que depende de lesiones del quiasma óptico, la hemianopsia debe distinguirse de la ceguera psicógena, frecuente en las manifestaciones histéricas (*v.* **ceguera**, § 2).

hemicrania
v. CEFALEA, § 2.

hemiparesis
v. HEMIPLEJIA.

hemiplejia (al. *Hemiplegie*; fr. *hémiplégie*; ingl. *hemiplegia*; it. *emiplegia*)

La hemiplejia, llamada también *hemiparesia*, es la parálisis de una mitad del cuerpo, determinada generalmente por lesión en la vía piramidal, trombosis, embolia cerebral o hemorragia, contralateral respecto a la zona dañada, con lesión de las vías motrices.

hemisferio cerebral (al. *Gehirnhemisphäre*; fr. *hémisphère cérébrale*; ingl. *cerebral hemisphere*; it. *emisfero cerebrale*)

Semiovoide que constituye, con el otro semiovoide, del que está dividido por una estrecha y profunda fisura longitudinal, el *telencéfalo* (*v.* **encéfalo**, § 3), que es la parte que más está desarrollada en el hombre. Los dos hemisferios están recubiertos por un estrato externo llamado corteza cerebral y divididos en cuatro lóbulos: frontal, parietal, occipital y temporal, a los que corresponden las funciones clasificadas en la voz **corteza cerebral** (*v.*). Los dos hemisferios tienen una especialización diferente descrita en la voz **lateralización** (*v.*) y están conectados entre sí por haces de sustancia blanca denominados *conexiones interhemisféricas*, el más importante de los cuales es el *cuerpo calloso*, un amplio puente de fibras transversales entre la corteza del hemisferio derecho y el del izquierdo. Cuando por malformaciones, disecciones quirúrgicas o alteraciones patológicas existe una *desconexión interhemisférica*, se registra que cada hemisferio sólo es capaz de proporcionar respuestas adecuadas y correctas en situaciones que no requieren transferencia de información entre los dos hemisferios. Los trastornos que se manifiestan en presencia de una desconexión interhemisférica son **anomia** (*v.*), **apraxia** (*v.*), **somatoagnosia** (*v.*) táctil, visual, sensible del órgano izquierdo del cuerpo correlativo al hemisferio derecho, y viceversa, por defecto y alteración de la transferencia de las informaciones entre los dos hemisferios.

hemisomatognosia
v. SOMATOAGNOSIA, § 1 *g*.

hemofilia
v. GENÉTICA, § 2.

hemofobia (al. *Bluterphobie*; fr. *hémophobie*; ingl. *hemophobia*; it. *emofobia*)

Fobia por la sangre, conocida también como *hematofobia*.

heredabilidad
v. GENÉTICA, § 5.

hereditariedad
v. GENÉTICA, § 4.

Hering, círculo de
v. COLOR, § 1.

Hering, ilusión de
v. ILUSIÓN, § 4, *j*.

Hering-Müller, teoría tetracromática de,
v. COLOR, § 2, *b*.

hermafroditismo (al. *Hermaphroditismus*; fr. *hermaphroditisme*; ingl. *hermaphroditism*; it. *ermafroditismo*)

Condición caracterizada por la coexistencia, en el mismo individuo, de las gónadas de los dos sexos, por una diferenciación sexual fisiológica y morfológica, interna y/o externa patológica e incompleta. Del hermafroditismo se debe distinguir el *seudohermafroditismo masculino*, *androginia*, o *síndrome de Morris*, caracterizado por la presencia de gónadas masculinas en un sujeto con características somáticas femeninas, que determinan la errónea atribución del sujeto al sexo femenino que después, en la adolescencia, será desenmascarado por la aparición de los signos somáticos masculinos, y el *seudohermafroditismo femenino* o *ginandria*, mucho más raro, en el cual una elevada producción de andrógenos por parte de la corteza suprarrenal puede llevar a un sujeto fisiológicamente femenino a la aparición de un pene hipospádico y, por lo tanto, a una errónea atribución sexual. La constitución psicosexual del hermafrodita depende, además del sistema hormonal, de la asignación sexual que se le impuso desde el momento del nacimiento y durante el crecimiento.

1] LA PSICOLOGÍA DE LO PROFUNDO. A. Adler habla de "hermafroditismo psíquico y protesta viril" como de "un problema fundamental de las enfermedades nerviosas" (1920: 24) con referencia a la compensación asumida por el individuo que, por sufrir un sentimiento de inferioridad, está obligado a asumir actitudes de protesta viril para suplir sentimientos de debilidad y pasividad que siente dentro de sí como características femeninas. Del hermafrodita también habla C.G. Jung como de un símbolo de la copresencia, en cada uno de nosotros, de los elementos masculinos y femeninos que es necesario poner en relación para un desarrollo psíquico adecuado. El reconocimiento de esta copresencia permitió a Jung formular el concepto de ánima (v. **alma**, § 3), **animus** (v.) y de sí mismo (v. **psicología analítica**, § 4), entendidos como la totalidad psíquica de la que el hermafrodita es un símbolo rudimentario: "En el fondo, éste se remonta al sí mismo que abarca y ordena todos los contrarios" (1946: 318).

2] PSICOPATOLOGÍA. En este ámbito se habla de "hermafroditismo psíquico" cuando se observa una desestructuración o una constitución fallida de una identidad sexual que no le permite al individuo reconocerse en los caracteres fenotípicos de su propia sexualidad, con la consiguiente dificultad para asumir las funciones que la sociedad prevé para el varón y para la mujer. En algunos casos, cuando el sujeto se persuade de estar dotado de una personalidad femenina en un cuerpo masculino y viceversa, se trasviste (v. **travestismo**) o se somete a intervenciones quirúrgicas para la modificación del fenotipo (v. **genética**, § 3).

3] FENOMENOLOGÍA. A. Gaston sustituye el término hermafroditismo psíquico, acuñado en el entorno psicopatológico, y el término **bisexualidad** (v.), que acuñó S. Freud para ilustrar la condición de toda persona que aparece como "una mezcla de su carácter sexual biológico con rasgos biológicos del otro sexo" (1905 [1976: 129], con el término **ambisexualidad** (v.), que ya había adoptado S. Ferenczi "para subrayar, respecto al carácter biológico, la ambigüedad psicológica original" a la que la sociedad pide renunciar para identificar a cada individuo en un sexo: "Así el yo –escribe Gaston–, que ya constitutivamente debe confrontar su dato 'ambisexual' andrógino con su peculiar forma corporal, será coaccionado desde afuera hacia una elección rígida y ex-

clusiva que, además de características psicológicas, tendrá también las de la ideología social en la que se encuentra 'arrojado'. El yo, por lo tanto, se encontrará en la condición de tener que hacer coincidir un solo aspecto de su sexualidad 'psíquica' con el aspecto fenoménico del que es portador en la forma del cuerpo. Todo esto implica una elección y una renuncia, que de alguna manera nunca será total" (1987: 163).

4] ANTROPOLOGÍA. En este ámbito, junto al término hermafroditismo, aparece el concepto de *androginia* para indicar la condición sexual, potencialmente bipolar, que en las sociedades primitivas dura mientras el individuo no es orientado hacia un sexo preciso mediante la ejecución de un rito de **iniciación** (v.) rigurosamente codificado. A la condición andrógina también hace referencia Platón para indicar la condición original del hombre, antes de la separación infligida por los dioses, por lo que ahora una parte, que Platón llama σύμβολον, busca, mediante el amor, la otra parte de sí. Tiene por consecuencia que el hombre, en la condición actual, no es un hombre, sino el símbolo de un hombre. Esta imagen platónica, a través de la literatura alquímica, la retoma Jung, quien la adopta como símbolo de la unificación de los contrarios.

BIBLIOGRAFÍA: Adler, A. (1920); Eliade, M. (1962); Ferenczi, S. (1929); Freud, S. (1905); Gaston, A. (1987); Jung, C.G. (1946); Platón (1973); Singer, J. (1976).

hermanos, relaciones entre
v. FAMILIA, § II, 3.

hermenéutica (al. *Hermeneutik*; fr. *herméneutique*; ingl. *hermeneutics*; it. *ermeneutica*)

Arte o técnica de la **interpretación** (v.). El término, de origen griego, remite al dios Hermes, que lleva a los hombres los mensajes de los dioses y a los dioses las invocaciones de los hombres. La huella de su originaria valoración sagrada se perdió en la acepción moderna iniciada con F.D.E. Schleiermacher, para quien la hermenéutica se refiere a la comprensión de un texto cuyo sentido no es evidente inmediatamente por razones lingüísticas, históricas o psicológicas, de manera que es imposible saber hasta qué punto la interpretación tiende a reconstruir el sentido entendido por el autor y hasta qué punto aporte nuevos sentidos respecto a los textos. Con W. Dilthey la hermenéutica, organizándose en torno a la figura de "comprender" (*verstehen*), respecto a la de "explicar" (*erklären*), propia de las ciencias de la naturaleza, se vuelve la forma de las ciencias del espíritu cuyo objeto propio no es el **dato** (*v.*) sino la **experiencia** (*v.*) o *Erlebnis*, que "no es un fenómeno dado a través de los sentidos como reflejo de lo real en la conciencia, sino una conexión que se vive dentro de nosotros" (1900: 317). La dualidad entre ciencias de la naturaleza y ciencias del espíritu encuentra su negación en M. Heidegger, para quien las ciencias son históricas porque el hombre es el ser-en-el-tiempo, por lo que "la historicidad de la existencia de lo histórico [...] funda, en sentido existencial, la historiografía como ciencia" (1927: 396).

La fenomenología hermenéutica de Heidegger se vuelve una verdadera filosofía hermenéutica con H.G. Gadamer, para quien "comprender [...] es la *manera original de actuarse en el ser-ahí*, que es ser-en-el-mundo. Antes de cualquier diferenciación en las diversas direcciones del interés teórico o práctico, el comprender es el modo de ser del ser-ahí en cuanto poder-ser y 'posibilidad'" (1960: 306). La historicidad del hombre revela lo ilusorio del ideal iluminista de una comprensión sin prejuicios porque, sostiene Gadamer, "los prejuicios de cada cual son mucho más que sus juicios, son la realidad histórica de su ser" (1969: 318). Para entender esta proposición es necesario remontarse a la figura del *círculo hermenéutico*, donde se insiste en la pertenencia recíproca del sujeto y del objeto de la interpretación que precede y predetermina cualquier acto explícito de conocimiento, que es posible porque lo conocido ya está dentro del horizonte del "cognoscente" (*v.* **precomprensión**) y el "cognoscente", a su vez, está dentro del mundo que lo conocido codetermina. Tiene por consecuencia el rechazo de la objetividad (que es el ideal de las ciencias positivas) para determinados sectores del conocer, como las ciencias históricas.

La prospectiva hermenéutica la introdujo explícitamente en psicología M. Trevi quien, profundizando el concepto jungiano –"La psicología debe abolirse como ciencia y, justo aboliéndose como ciencia, alcanza su finalidad científica" (1987: 240)–, invita a todas las formas de psicología de lo profundo a renunciar a su presunta objetividad, porque "hacer psicología, elaborar sobre bases empíricas hipótesis de la naturaleza de la psique, abre una paradoja que debe ser aceptada en su aspecto innovador y heurístico, tal como el 'círculo hermenéutico, es aceptado, en su doble naturaleza de obstáculo y de estímulo, en el arte de la interpretación y en la consideración pensante que sobre ese arte se repliega para comprender la problemática. La 'psicología' como ciencia se ubica, así, fuera de cualquier comparación con las otras ciencias del hombre (y sin embargo distante de cualquier ciencia de la naturaleza), precisamente porque su objeto de investigación coincide con el mismo sujeto que indaga, y cualquier intento de 'ponerse fuera' de este último lleva inevitablemente las marcas de la subjetividad. El 'texto' que el psicólogo se propone indagar –la psique en su ilimitada fenomenología–, no puede ser tomado en una objetividad inmóvil y atemporal, sino siempre mediante ese horizonte semiabierto del sujeto en el momento en el que ese texto se repliega. Tal horizonte es al mismo tiempo legítimo (en cuanto visual y como observación que invade concretamente una existencia), y relativo, por ello limitado y controvertible. Más bien, ese horizonte adquiere dignidad a medida que, en la exploración sistemática de sus posibilidades, encuentra ese límite más allá del cual se entreabren otros posibles horizontes, de manera que, en última instancia, la verdad de un horizonte está en su autolimitación y, en cierto sentido, negación como verdad única, para dar cabida a las verdades que, asimismo, se autolimitaron en otros horizontes. De esa manera la 'verdad' de una psicología consciente es el diálogo abierto e infinito entre posibles horizontes. Este resultado dialógico de la psicología en cuanto ciencia constituirá la base metodológica para la solución del problema más urgente hoy en la psicología como ciencia" (1987: 16-17).

Por lo que se refiere a la relación entre hermenéutica y psicoanálisis, dos son las posiciones relevantes: la de J. Habermas, que sostiene que sólo una hermenéutica de lo profundo construida sobre el modelo del psicoanálisis puede dar cabida a una "crítica de la ideología", y la de P. Ricœur, que interpreta el psicoanálisis como una teoría que inicia, en relación con el yo pienso cartesiano, la misma sospecha que Descartes planteó acerca de la visión ingenua de la realidad. Se trata del juego que entreteje apariencia y realidad, oculto y patente, latente y manifiesto. La operación que Descartes condujo hacia el engaño de la apariencia, cuando estaba en juego la apariencia de la realidad, la conduce Freud hacia el engaño de la conciencia, ahora que está en juego la realidad del yo pienso. La conciencia es una falsa conciencia, y la hermenéutica de Freud, según la opinión de Ricœur, se encarga de desenmascararla. Cercana a la de Ricœur, pero contextuada de manera diferente, está la posición de J. Lacan expuesta en la voz **lacaniana, teoría**, § 8.

BIBLIOGRAFÍA: Aversa, L. (1987); Bultmann, R. (1933-1965); Dilthey, W., (1900); Ferraris, M. (1988); Freud, S. (1899); Fuchs, E. (1970); Gadamer, H.G. (1960); Habermas, J. (1973); Heidegger, M. (1927); Jaspers, K. (1947); Jung, C.G. (1947-1954); Lacan, J., (1966); Mura, G. (1990); Pareyson, L. (1971); Ricœur, P. (1965); Schleiermacher, F.D.E. (1829); Trevi, M. (1987); Vattimo, G. (1980); Vattimo, G. (1989).

héroe (al. *Held*; fr. *héros*; ingl. *hero*; it. *eroe*)

En el ámbito de la psicología de lo profundo existen tres interpretaciones de la figura del héroe. Para S. Freud "Un héroe es quien, osado, se alzó contra su padre y al final, triunfante, lo ha vencido" (1934-1938 [1976: 11]). Su importancia, continúa Freud, depende de la eficiencia de su personalidad o de la idea que representa; en todo caso "sabemos que en la masa de seres humanos existe una fuerte necesidad de tener alguna autoridad que uno pueda admirar, ante la cual uno se incline, por quien sea gobernado y, llegado el caso, hasta maltratado. Por la psicología de los individuos hemos averiguado de dónde proviene esta necesidad de la masa. Es la añoranza del padre –añoranza inherente a todos desde su niñez–, de ese mismo padre a quien el héroe de la saga se gloria de haber vencido [...] La claridad en el pensamiento, la fuerza de la voluntad, la pujanza en

la acción, son constitutivas de la imagen del padre, pero, sobre todo, la autonomía e independencia del gran hombre, su divina desprevención que puede extremarse hasta la falta de miramientos. Uno se ve forzado a admirarlo, tiene permitido confiar en él, pero no podrá dejar de temerlo. Debimos dejarnos guiar por la literalidad de la palabra: ¿quién otro que el padre pudo ser en la infancia el 'gran hombre'?" (1934-1938 [1976: 106]).

C.G. Jung, sin rechazar la interpretación de Freud, la amplía interpretando en la figura del héroe la imagen del sí mismo (v. **psicología analítica**, § 4), expresión con la que Jung denomina la totalidad psíquica de la que el yo es sólo una parte: "El héroe representa el *sí inconsciente* del hombre, y esto se manifiesta empíricamente como la suma y la quintaesencia de todos los arquetipos, incluso el arquetipo mismo del 'padre' y del viejo sabio" (1912-1952: 327). Y prosigue: "En la forma humana visible no es al hombre al que buscamos, sino al superhombre, al héroe o al dios, ser *semejante al hombre*, que manifiesta las ideas, las formas y las fuerzas que aferran al alma y la plasman" (1912-1952: 180).

E. Neumann interpretó el motivo paterno que se busca en la figura del héroe como el elemento que permite la oposición a la **Gran Madre** (v.), y por lo tanto como la separación del mundo materno sin la cual no se produciría ningún proceso de individuación: "Para el héroe la identificación con lo masculino, con aquello que llamamos 'cielo', es el supuesto que le permite aproximarse al combate contra el dragón. El momento culminante de la identificación es cuando él siente ser hijo del dios, encarnar en sí mismo toda la potencia del cielo. Esto es precisamente lo que significa el hecho de que los héroes siempre sean generados por un dios. Sólo el sostén del cielo, la sensación de originarse en lo alto, en la divinidad paterna, en el dios padre, comprendido no tanto como jefe de la familia cuanto como espíritu creador, hace posible la lucha contra el dragón de la Gran Madre. El héroe, al aparecer defensor de este mundo espiritual contra el dragón, se vuelve el liberador y el salvador, el anunciador de lo nuevo, el redentor, el portador de la sabiduría y de la cultura" (1949: 140).

BIBLIOGRAFÍA: Freud, S. (1934-1938); Jung, C.G. (1912-1952); Neumann, E. (1949).

heroína
v. DROGA, § 1.

heterocigoto
v. ALELO; GENÉTICA, § 4.

heteróclito-homóclito (al. *Heterokli-tisch-Homoklitisch*; fr. *hétéroclite-ho-moclite*; ingl. *heteroclite-homoclite*; it. *eteroclito-omoclito*)

Par de términos utilizado para designar a quien se desvía (heteróclito) y a quien se atiene (homóclito) a las normas que rigen dentro del grupo de pertenencia.

heteroerotismo
v. ALOEROTISMO.

heteronomía
v. AUTONOMÍA-HETERONOMÍA.

heterosexualidad (al. *Heterosexuali-tät*; fr. *hétérosexualité*; ingl. *heterose-xuality*; it. *eterosessualità*)

Fase terminal del desarrollo biopsicosexual en la cual, en opinión de S. Freud, se cumple el proceso de organización de la libido con un investimiento orientado hacia personas del otro sexo y con la consiguiente represión del elemento autoerótico (*v.* **autoerotismo**) y homosexual (*v.* **homosexualidad**).

BIBLIOGRAFÍA: Freud, S. (1905).

heterosugestión
v. SUGESTIÓN.

heurística (al. *Heuristik*; fr. *heuristi-que*; ingl. *heuristic*; it. *euristica*)

Método de investigación para la solución de un problema en ausencia de un plan sistemático de las diferentes hipótesis por la excesiva complejidad del problema mismo. Cuando no se dan **algoritmos** (*v.*), es decir una serie de reglas que, una vez ejecutadas, conducen automáticamente a la solución correcta, se recurre a operadores *heurísticos*, como por ejemplo el criterio de *analogía* entre el problema presentado y otro cuya solución se conoce. Naturalmente la operación heurística no ofrece las mismas garantías que la algorítmica, pero con frecuencia es inevitable para los problemas para los que aún no se han descubierto los algoritmos adecuados, que posiblemente ni siquiera existan.

BIBLIOGRAFÍA: Lindsay, P. H. (1977).

hiancia (fr. y otros idiomas, *béance*)

Término introducido por J. Lacan para nombrar la falla *(béance)* entre la falta-de-ser y el completamiento materno. Así como el andrógino descrito por Platón en *El banquete*, está dividido, por orden de Zeus, en dos seres, siempre el uno a la búsqueda del otro, por lo que cada hombre es el "símbolo de un hombre"; es decir, una parte siempre está buscando a la otra parte que lo completa, el recién nacido, con el corte del cordón umbilical, es arrancado del cuerpo de la madre y separado de la unidad precedente y originaria. Al haber perdido con el nacimiento su completamiento anatómico, cada individuo es una *falta-de-ser* cuya carencia se inscribe en la **necesidad** (*v.*, § 4, *a*), en la pulsión, en el **deseo** (*v.*, § 3), en la pregunta (*v.* **lacaniana, teoría**, § 9) y en el **otro** (*v.*, § 1). La *necesidad* es la transcripción orgánica de la *hiancia*, de esta falta, de este vacío que cada uno experimenta con su nacimiento. La *pulsión* es la energía en la búsqueda del completamiento que, al encontrar los límites constituidos por el recinto del cuerpo, se canaliza hacia las zonas erógenas, que son todas aberturas hacia el exterior en la búsqueda del *Otro*. Esta búsqueda se manifiesta como *deseo* que se orienta hacia múltiples objetos sustitutivos del cuerpo materno, por lo tanto en la *pregunta* que se expresa en palabras a través de las cuales es posible llegar al Otro, que es el orden simbólico al que se dirige ese "animal sometido por el lenguaje" que es el hombre. Esta cadena que conduce al Otro a través de la necesidad, de la pulsión, del deseo, de la pregunta, es promovida por esa fundamental falta-de-ser que es la *hiancia*.

BIBLIOGRAFÍA: Lacan, J. (1966); Platón (1973).

hidrocefalia (al. *Gehirwassersucht*; fr. *hydrocéphalie*; ingl. *hydrocephaly*; it. *idrocefalia*)

Aumento anormal de la cantidad de líquido cefalorraquídeo (*v.* **encéfalo** y **meninges**) en el encéfalo por una elevada producción del mismo, por un defecto de absorción o por bloqueo de su circulación. La más grave de las diferentes formas es la hidrocefalia congénita, que entraña un aumento considerable del tamaño de la cabeza con aplanamiento de las circunvoluciones cerebrales. En los niños que sobreviven se observa ceguera debida a atrofia de los nervios ópticos por compresión, dificultad para la deambulación, accesos convulsivos y retraso mental.

hidrofobia (al. *Hydrophobie*; fr. *hydrophobie*; ingl. *hydrophobia*; it. *idrofobia*)

Fobia al agua. El término se usa también como sinónimo de **rabia** (*v.*).

higiene mental (al. *Geisteshygiene*; fr. *hygiène mentale*; ingl. *mental hygiene*; it. *igiene mentale*)

Serie de medidas precautorias que sirven para prevenir la aparición de enfermedades mentales, para mantener el equilibrio psíquico y favorecer la adaptación al ambiente. Los movimientos de higiene mental nacieron en los primeros años del siglo XX, en Estados Unidos, por iniciativa de C.W. Beers y de A. Meyer, para mejorar los métodos terapéuticos, la profilaxis y la asistencia a los enfermos mentales, mediante una más amplia participación de estructuras públicas y de voluntarios. Actualmente la tarea de tutelar la salud psíquica se desarrolla en tres niveles de prevención: 1] *prevención primaria*, o sea mejoramiento de las condiciones de vida y de trabajo, educación sexual, eugénica y social, infor-

mación sanitaria, con la mejora de todos los factores que pueden contribuir a que surjan estados de desadaptación, de criminalidad o de verdaderas patologías psíquicas (*v.* **epidemiología**); 2] *prevención secundaria* o diagnóstico precoz de cualquier trastorno mental y tratamiento inmediato desde sus primeras manifestaciones; 3] *prevención terciaria* o cuidado de los logros de las enfermedades psíquicas con programas de resocialización, rehabilitación y reintegración al ámbito familiar y profesional.

BIBLIOGRAFÍA: Ahrenfeldt, R.H. (1966); Beers, C.W. (1941); Caplan, G. (1964); Frighi, L. (1979); Jervis, G.J. (1975); Vinay, M.P. (1970); Whittington, H.G. (1976).

hijo
v. FAMILIA, § II, 2.

hilaridad (al. *Heiterkeit*; fr. *hilarité*; ingl. *mirth*; it. *ilarità*)

Sentimiento provocado por un acontecimiento imprevisto y divertido que desencadena la **risa** (*v.*). Se distingue de la **alegría** (*v.*) porque descarga una emoción provocada por una situación momentánea, sin tener por objetivo la satisfacción de deseos largo tiempo acariciados o perspectivas futuras positivas.

himen (al. *Jungfernhäutchen*; fr. *hymen*; ingl. *hymen*; it. *imene*)

Repliegue membranoso de la mucosa vaginal situado en el orificio inferior de la vagina, entre la vagina misma y el vestíbulo. Su ruptura señala la **desfloración** (*v.*) de la mujer y está cargada, en las diferentes culturas y en el nivel psicológico, de numerosos significados simbólicos diferentes.

hiperacusia (al. *Hyperakusia*; fr. *hyperacousie*; ingl. *hyperacousia*; it. *iperacusia*)

Excesiva agudeza auditiva debida a causas orgánicas o psicofuncionales.

hiperalgesia
v. ALGESIA.

hipercompensación
v. COMPENSACIÓN, § 2.

hiperestesia
v. SENSIBILIDAD, § 5.

hiperextensión (al. *Hyperausweitung*; fr. *hyperextension*; ingl. *overinclusion*; it. *iperestensione*)

Trastorno de la **asociación** (*v.*), observable en la esquizofrenia, que consiste en la incapacidad de mantener los límites conceptuales, por lo que en el pensamiento lógico se establecen, inesperadamente, elementos extraños, secundarios y no pertinentes, que lo alteran y lo vuelven vago y confuso. En ocasiones se utiliza también la expresión *hiperinclusión*.

hiperglucemia
v. GLUCEMIA.

hiperinclusión
v. HIPEREXTENSIÓN.

hiperkinesis
v. QUINESIA.

hipermetropía
v. MIOPÍA.

hipermnesia
v. MEMORIA, § 7.

hiperplasia-hipoplasia (al. *Hyperplasie-Hypoplasie*; fr. *hyperplasie-hypoplasie*; ingl. *hyperplasia-hypoplasia*; it. *iperplasia-ipoplasia*)

Aumento anormal (*hiperplasia*) o disminución excesiva (*hipoplasia*) del número de células, que sin embargo mantienen intactas sus características anatómicas y funcionales. La *hiperplasia* debe distinguirse de la *neoplasia*, que es una producción incontrolada de células diferenciadas que son causa de formaciones tumorales. La *hipoplasia*, que implica un desarrollo insuficiente de un tejido o de un órgano, es "primitiva" cuando depende de la falta congénita de los elementos contituyentes, "secundaria" cuando la causa puede localizarse en una enfermedad contraída durante el período fetal o inmediatamente después del nacimiento. Hiperplasia e hipoplasia, al ser relativas al *número* de las células, se distinguen de la hipertrofia y de la hipotrofia, que se refieren al volumen de las mismas (*v.* **distrofia**).

hipersomnio
v. SUEÑO, § 3.

hipertensión-hipotensión (al. *Hyperblutdruck-Hypoblutdruck*; fr. *hypertension-hypotension*; ingl. *hypertension-hypotension*; it. *ipertensione- ipotensione*)

Aumento (*hipertensión*) y disminución (*hipotensión*) de la presión sanguínea, debido a un estado espástico de las arteriolas que provocan el aumento de la presión arterial. El origen puede ser orgánico o psicológico. En este segundo caso parece que debe referirse a una inhibición de los impulsos agresivos. El ataque agresivo, en efecto, que prevé una proyección mental, una modificación del sistema neurovegetativo y una actividad muscular, sufriría una interrupción en la segunda fase, dando lugar al síndrome en los sujetos predispuestos a alteraciones vasomotrices.

hipertimia
v. DISTIMIA.

hipertiroidismo
v. ENDOCRINO, SISTEMA, § 2.

hipertonía
v. TONO MUSCULAR.

hipertrofia
v. DISTROFIA.

hipnagógico-hipnopómpico (al. *Hypnagogik-Hypnopompik*; fr. *hypnagogique-hypnopompique*; ingl. *hypnagogic-hypnopompic*; it. *ipnagogico- ipnopompico*)

Hipnagógico es el estado de duermevela que precede al sueño, hipnopómpico el estado anterior al despertar. En ambas condiciones la conciencia es fluctuante y los pensamientos vagos y mortecinos. Pueden aparecer alucinaciones llamadas hipnagógicas si preceden al sueño, e hipnopómpicas si preceden al despertar. Las primeras desaparecen repentinamente o se trasladan al sueño, las segundas son residuos oníricos (*v.* **alucinación**).

hipnoanálisis (al. *Hypnoanalyse*; fr. *hypnoanalyse*; ingl. *hypnoanalysis*; it. *ipnoanalisi*).

Intento de fusionar **hipnosis** (*v.*) y psicoanálisis, contra la ortodoxia freudiana, que inició el psicoanálisis propiamente dicho a partir de la insuficiencia –y por lo tanto el abandono– del tratamiento hipnótico para la cura de las neurosis. A diferencia de la hipnoterapia (*v.*), que se propone objetivos limitados y específicos, el hipnoanálisis pretende acelerar el descubrimiento de la dinámica inconsciente mediante regresión inducida, efectos hipermnésicos, inducción de fantasmas y de sueños, creación de conflictos artificiales y técnicas afines. El hipnoanálisis surgió durante la primera guerra mundial, cuando el poco tiempo disponible y el gran número de neurosis de guerra no permitían un análisis en los términos previstos por Freud.

BIBLIOGRAFÍA: Völgyesi, F.A. (1950); Wolberg, L.R. (1955).

hipnoide, estado (al. *Hypnoider Zustand*; fr. *état hypnoïde*; ingl. *hypnoide state*; it. *stato ipnoide*)

Desdoblamiento de la conciencia caracterizado por representaciones muy intensas pero separadas del residuo de contenido de la conciencia. J. Breuer y S. Freud, quienes introdujeron el término, consideran el estado hipnoide como uno de los síntomas básicos de la histeria: "nuestro convencimiento de que *aquella escisión de la conciencia*, tan llamativa como *double conscience* en los casos clásicos consabidos, existe de manera rudimentaria en toda histera; entonces, la inclinación a disociar y, con ello, al surgimiento de estados anormales de conciencia, que resumiremos bajo el nombre de 'hipnoides', sería el fenómeno básico de esta neurosis. [...] la tesis a menudo enunciada: 'La hipnosis es histeria artificial', nos gustaría adjuntar esta otra: 'Base y condición de la histeria es la existencia de estados hipnoides'. Estos últimos, a pesar de su diversidad, coinciden entre sí y con la hipnosis en un punto: las representaciones que en ellos afloran son muy intensas, pero tienen bloqueado el comercio asociativo con el restante contenido de la conciencia" (1892-1895) [1976: 37-38]. Como grupo psíquico separado y cargado de afecto, dichas representaciones están en la base del **desdoblamiento de la personalidad** (*v.*), donde se manifiesta la disociación de la vida psíquica en consciente e inconsciente. Posteriormente Freud abandonaría esta concepción para declarar: "La tesis de los 'estados hipnoides', en la cual muchos recensionistas quisieron ver el núcleo de nuestro trabajo, nació por exclusiva iniciativa de Breuer. Yo considero ocioso y despistante romper con esa designación la continuidad del problema consistente en averiguar la naturaleza del proceso psíquico que acompaña a la formación de los síntomas histéricos." (1901 [1976: 26]).

BIBLIOGRAFÍA: Freud, S. (1888-1892); Freud, S. (1892-1895); Freud, S. (1901); Janet, P. (1892).

hipnopómpico
v. HIPNAGÓNICO-HIPNOPÓMPICO.

hipnosis (al. *Hypnose*; fr. *hypnose*; ingl. *hypnosis*; it. *ipnosi*)

Condición psíquica, heteroinducida o autoinducida (*v.* **autohipnosis**), caracterizada por un estado intermedio entre la vigilia y el sueño, denominado trance (*v.*), en el cual se asiste a una reducción de las capacidades críticas, un aumento de la sugestionabilidad y una limitación de la atención, exclusivamente por las solicitudes formuladas por el hipnotizador. Conocida y practicada desde la Antigüedad en las poblaciones de los países orientales, la hipnosis fue reintroducida en Europa por F.A. Mesmer quien, mediante adecuadas técnicas físicas, conjeturaba la posibilidad de hacer pasar un fluido magnético del hipnotizador al hipnotizado (*mesmerismo*), y por J. Braid, quien proponía una explicación de nivel neurológico (*neurohipnología*), e inició el método de la inducción verbal. Al estudio específico de la hipnosis se dedicó J.M. Charcot, quien distinguió los estados (letargo, catalepsia, sonambulismo) y las modificaciones orgánicas concomitantes relativas al tono muscular y a los movimientos reflejos. En la clínica de Charcot, S. Freud se interesó por el "estado hipnoide" (*v.* **hipnoide, estado**) al que también se aplicaría J. Breuer, según el cual este estado es manifestación de una escisión en la esfera psíquica, que se encuentra en el origen de las manifestaciones histéricas. Breuer y Freud utilizaron la hipnosis en el tratamiento de la histeria siguiendo el método catártico (*v.* **catarsis**) que consiste en dejar fluir y abreaccionar la carga emotiva inhibida, impidiendo de esta manera que la misma busque vías anormales de desahogo a través de la manifestación de síntomas. Después Freud se dio cuenta de que la condición de semiconciencia en la que se encuentra el paciente en condiciones hipnóticas no permite que éste elabore su propia experiencia psíquica, por lo que el síntoma desaparece para reaparecer bajo otra forma. Por eso abandonó el método catártico inducido por vía hipnótica para iniciar el psicoanálisis, fundado, en el plano clínico, sobre la regla de las **asociaciones libres** (*v.*, § 4) y, en el teórico, sobre la noción de **defensa** (*v.*), identificada en la figura que ya Freud había llamado "histeria de defensa". Hoy, junto al psicoanálisis, que abandonó toda forma de tratamiento hipnótico por estar convencido de la necesidad de participación consciente del paciente en el proceso terapéutico, sobreviven dos formas vinculadas al tratamiento hipnótico: la **hipnoterapia** (*v.*) y el **hipnoanálisis** (*v.*).

1] LA INDUCCIÓN HIPNÓTICA. Para hipnotizar es necesario un sujeto dispuesto a colaborar y a abandonarse al control del hipnotizador, quien por lo general le pide al sujeto que fije la mirada en un objeto pequeño, liberándose de todo otro pensamiento, hasta relajarse completamente en una condición semejante al sueño, aunque en estado de trance el electroencefalograma es el mismo que en estado de vigilia. Los aspectos dinámicos que caracterizan la inducción hipnótica son de tipo regresivo, y prevén: *a*] *la reducción de las aferencias sensoriales*, porque, en ausencia de una estimulación sensorial significativa, el sujeto "alucina", teniendo necesidad de mantener su corteza bajo la influencia de un estímulo continuo; *b*] *la restricción de la motilidad*, porque las acciones musculares voluntarias están en la base de la percepción realista y de la orientación adecuada del mundo; *c*] *la manipulación de la atención*, que se obtiene induciendo al sujeto a poner atención a sus propias funciones mentales con la consiguiente transferencia de afuera hacia adentro, es decir, de los receptores lejanos a los somatostésicos. Además, los estímulos monótonos y repetitivos, o bien los impositivos, de acuerdo con el método adoptado, agotan la atención disponible y producen un empobrecimiento ideativo, fuente de regresión, que se manifiesta en una sintomatología que, según los casos, prevé: surgimiento de ideas, recuerdos, afectos reprimidos, cambios de sensaciones corporales, impresiones de despersonalización, aparición o desaparición de manifestaciones histéricas de **conversión** (*v.*).

2] EL ESTADO HIPNÓTICO. Es el punto de llegada de la inducción que varía de un individuo a otro y en el ámbito de la misma experiencia individual. Los rasgos que lo caracterizan son: *a*] una modificación de la función del yo por efecto de la cual los procesos de pensamiento experimentan un cambio que los hace semejantes a los **procesos primarios** (*v.*), con sustitución de la estructura pulsional por la conceptual. Las ideas son remplazadas por imágenes visuales y acústicas, creando una condición en la que es posible inducir sueños mediante una orden y manipular las opiniones; *b*] una *transferencia hipnótica*, caracterizada por el hecho de que el hipnotizado, incapaz de iniciar cualquier actividad, espera a que el hipnotizador le comunique qué debe hacer; la atención se vuelve selectiva y escucha sólo la voz del hipnotizador; se reduce el control de lo real y se aceptan las distorsiones de la realidad inducidas por sugestión a las que, en estado hipnótico, se está más dispuesto. Por la misma razón el sujeto hipnotizado asume funciones inusitadas, como la reproducción de sus propios comportamientos de edades ya pasadas o rasgos de otras personas. Por último, los sujetos especialmente sensibles obedecen a la sugerencia de olvidar los acontecimientos en el curso de la sesión una vez despertados del estado de *trance*.

3] EL ESTADO POSTHIPNÓTICO. Es el intervalo de tiempo entre la conclusión del tratamiento hipnótico y la ejecución de la acción sugerida durante el estado hipnótico, cuando se determinó el momento en que debía realizársela. Después de la ejecución de la acción sugerida, que pone fin al espacio posthipnótico, suele haber racionalizaciones con el fin de justificar la acción cumplida.

4] LA RECEPTIVIDAD HIPNÓTICA. Además de variar de un individuo a otro y en un mismo individuo, es mayor en quien presenta inclinación a la imaginación o a soñar despierto; es más frecuente en los niños que en los adultos y, entre éstos, son más susceptibles los menos dotados intelectualmente. Una contribución positiva a la sugestión hipnótica parece deberse al haber sufrido en la niñez castigos muy severos con el consiguiente hábito de una obediencia automática e irreflexiva, mientras en el ámbito de la psicología experimental se ha podido confirmar que sujetos que poseen buen autocontrol y una notable capacidad de decisión son refractarios a la hipnosis.

5] LAS HIPÓTESIS INTERPRETATIVAS. Son numerosas y diferentes entre sí. Entre ellas recordamos:

a] la hipótesis de D. Rapaport, según quien el estado hipnótico corresponde a uno de los "estados de conciencia modificada" que se constituyen como "organizaciones casi estables" del aparato psíquico, en la misma medida que el sueño, la imaginación, el proceso hipnagógico, el vagabundeo, etcétera;

b] la hipótesis de H. Hartmann, que parte del concepto de "autonomía relativa del yo", que no sólo sería mediadora entre el ello y el ambiente externo, de acuerdo con la hipótesis de Freud, sino que dispondría de una autonomía reforzada por la automatización de los aparatos que presiden la motilidad, la percepción y el pensamiento. La hipnosis trabajaría en la reducción de esta autonomía, con la consiguiente invasión de contenidos inconscientes. La tesis de Hartmann fue retomada por M.M. Gill y M. Brenman, según quienes, con la pérdida de la autonomía del yo por efecto de la inducción hipnótica, el "subsistema del yo" se pondría a disposición de otro sujeto hacia el cual se establece una relación interpersonal regresiva;

c] la hipótesis de R.H. Rodhes sostiene en cambio que la mente humana funciona de acuerdo con dos módulos: uno *diacrítico*, que corresponde al funcionamiento de la mente "objetiva", capaz de desarrollar tanto procesos inductivos como deductivos, y uno *protopático* o módulo de la mente "subjetiva", que desarrolla sólo procesos deductivos y que por lo tanto es incapaz de cambiar sus propias generalizaciones como efecto de la experiencia. En el sujeto adulto normal y en estado de vigilia los procesos diacríticos prevalecen respecto a los protopáticos; en el sujeto soñador predominan los protopáticos, por lo que todas las ideas que se le presentan al sujeto, por fantásticas y anormales que sean, son aceptadas como verdaderas, porque la imposibilidad de inducción no permite su corrección. En el sujeto en hipnosis se observaría una disminución de la mente diacrítica y un aumento de la protopática.

BIBLIOGRAFÍA: Ancona, L. (1972); Barber, T.X. (1969); Benussi, V. (1925); Bernheim, H. (1964); Braid, J. (1846); Charcot, J.M. (1890); Chertok, L. (1969); Chertok, L. e I. Stengers (1989); Freud, S. (1888-1892); Freud, S. (1892-1895); Gill, M.M. y M. Brenman (1961); Granone, F. (1979); Haley, G. (1967); Hartmann, H. (1939); Hull, C.L. (1933); Janet, P. (1889); Jung, C.G. (1902); Mesmer, F.A. (1779); Rapaport, D. (1958); Rodhes, R.H (1950); Schilder, P. (1922); Völgyesi, F.A. (1950); Weitzenhoffer, A.M. (1953); Wolberg, L.R. (1945); Wundt, W.(1911).

hipnoterapia (al. *Hypnotherapie*; fr. *hypnothérapie*; ingl. *hypnotherapy*; it. *ipnoterapia*)

Terapia que se sirve de la **hipnosis** (*v.*) para alcanzar el efecto catártico que experimentó

J. Breuer, que en estado de semiconciencia provocaba el rebrotar en la memoria de representaciones con fuerte carga afectiva olvidadas o reprimidas; para sugestionar al paciente contra el síntoma o la tendencia que se propone suprimir, como el cigarro, la droga, el alcohol, o por el efecto generalmente relajante del sueño hipnótico. Se considera que la hipnoterapia no se puede utilizar en el tratamiento de las neurosis, porque, en ausencia de la elaboración consciente del paciente, se lograría sólo un desplazamiento sintomático, y ni siquiera en el tratamiento de las psicosis, porque el efecto desrealizante del tratamiento hipnótico se daría en un terreno ya dominado por las fuerzas del inconsciente.

BIBLIOGRAFÍA: Bernheim, H. (1964); Freud, S. (1892-1895); Haley, G. (1967); Völgyesi, F.A. (1950).

hipnótico
v. DROGA, § 4.

hipoacusia
v. SORDERA.

hipoalgesia
v. ALGESIA.

hipobulia
v. ABULIA.

hipocampo
v. LÍMBICO, SISTEMA.

hipocondría (al. *Hypochondrie*; fr. *hypocondrie*; ingl. *hypochondria*; it. *ipocondria*)

Llamada también *patofobia*, la hipocondría es una preocupación inmotivada por las propias condiciones de salud, acompañada de trastornos físicos y estados de angustia y depresión. En el sujeto se verifica un retiro de la libido del mundo externo, con la consiguiente concentración de la misma en sí y en el órgano interesado. Si en cambio la hipocondría es latente se produce una **formación reactiva** (*v.*) que se expresa en el absoluto descuido del cuerpo y la salud propias. Si bien puede constituirse como una neurosis en sí, la hipocondría también puede manifestarse dentro de otros cuadros morbosos, como la neurosis de angustia, la neurosis obsesiva-compulsiva y los estados emergentes de las psicosis.

S. Freud ubicó a la hipocondría entre las neurosis actuales (*v.* **neurosis**, § 2), considerándola una forma narcisista derivada del miedo a la castración. K. Jaspers la clasificó como síndrome típico de los "caracteres reflexivos" y por lo tanto la catalogó entre esas "formaciones que se derivan de la conciencia de sí mismo, de la atención directa a la propia existencia, de la intención de 'querer ser así'" (1913-1959: 478). El interés del hipocondriaco por su cuerpo no es normal porque el hombre sano, escribe Jaspers, "experimenta su cuerpo pero no piensa en él. [...] La autoobservación, la espera, el temor, introducen desorden en las funciones somáticas, hacen surgir dolores, provocan insomnio. Tanto el miedo a estar enfermos como el deseo de estarlo, en las reflexiones sobre el cuerpo, transforman la vida consciente en una vida con un cuerpo enfermo. Aunque el individuo no esté enfermo físicamente, no se trata de un simulador. Se siente realmente enfermo, su cuerpo se modifica de verdad, y él sufre como enfermo. El enfermo imaginario está, de una forma nueva, y precisamente por su naturaleza, enfermo de verdad" (1913-1959: 480).

BIBLIOGRAFÍA: Freud, S. (1914); Jaspers, K. (1913-1959).

hipoestesia
v. SENSIBILIDAD, § 5.

hipófisis
v. ENDOCRINO, SISTEMA, § 1.

hipofrenia
v. RETARDO MENTAL.

hipoglucemia
v. GLUCEMIA.

hipokinesis
v. QUINESIA.

hipomanía
v. MANÍA.

hipoplasia
v. HIPERPLASIA-HIPOPLASIA.

hipodermis
v. PIEL.

hipotálamo (al. *Hypothalamus*; fr. *hypothalamus*; ingl. *hypothalamus*; it. *ipotalamo*)

Compleja zona de sustancia gris, de dimensión no mayor que la punta del meñique, que se extiende en ambos hemisferios por debajo del **tálamo** (*v*.). Tiene una riquísima irrigación sanguínea y contiene neuronas sensibles a los cambios de temperatura y de nivel de muchas sustancias presentes en la sangre, por lo que, por ejemplo, una brusca disminución de la glucosa, (*v*. **glucemia**) provoca, por una parte, el flujo de la información hacia la hipófisis (v. **endocrino, sistema**, § 1) que, mediante la liberación de una hormona, eleva rápidamente la glucosa, y por la otra transmite impulsos a la corteza que, a su vez, sugiere al individuo que se procure alimento. El hipotálamo es responsable así, de la **homeostasis** (*v*.) del organismo, es decir del mantenimiento de un nivel relativamente constante de temperatura, concentración de glucosa, sales y hormonas en la sangre. Estudios sobre estimulación eléctrica y ablación demostraron que el hipotálamo efectúa una función importante en el control de la actividad del sistema nervioso autónomo y de las emociones, en este último caso en estrecha conexión con el **sistema límbico** (*v*.). Observaciones en pacientes con lesiones hipotalámicas permitieron localizar zonas responsables de comportamientos agresivos y de estados de excitación asociados con manifestaciones vegetativas, como el aumento de la presión sanguínea y la aceleración de la frecuencia cardiaca, además de zonas responsables de apatía, depresión y dis-minución global de las funciones psíquicas y motrices.

A la actividad de los centros hipotalámicos están vinculadas las tensiones inherentes a las necesidades instintivas, como la ingestión de alimentos y agua, la actividad sexual, el sueño. En la zona intermedia del hipotálamo encontramos el centro de la *saciedad*, que desarrolla una función inhibidora sobre el centro del *hambre*, situado en la parte lateral. A la *sexualidad* está destinada la parte anterior del hipotálamo, sensible a la presencia en la sangre de las hormonas producidas por las gónadas (*v*. **endocrino, sistema**, § 6), responsables de las manifestaciones características de la actividad sexual, a la que no son ajenos factores ambientales a los que se tiene acceso a través de la información sensorial. La estimulación de una misma área del hipotálamo lateral mediante diferentes agentes químicos puede inducir, en animales de ambos sexos, comportamientos masculinos o comportamientos maternales; esto permite suponer la coexistencia de estructuras potencialmente vinculadas a manifestaciones masculinas y femeninas en cada individuo.

Además, con la actividad del hipotálamo se vinculan dormir y el *estado de vigilia*, por lo que, por ejemplo, la estimulación del hipotálamo posterior provoca el despertar y un estado de excitación. Esta actividad del hipotálamo está en estrecha conexión con los circuitos corticorreticulares. Por último, en el hipotálamo se inician los mecanismos centrales de la *termorregulación*, con diferenciación de los mecanismos destinados a la defensa contra el frío de los destinados a la defensa contra el calor, que favorecen la dispersión de calor mediante la sudoración, la vasodilatación, el aumento de la ventilación pulmonar. Las formaciones del hipotálamo actúan directa o indirectamente en los centros reflejos inferiores, tronco del **encéfalo** (*v*.) y **médula** (*v*.), y a su vez están sometidas a control de integraciones superiores.

hipotaxia
v. ATAXIA.

hipotensión
v. HIPERTENSIÓN-HIPOTENSIÓN.

hipótesis
v. PSICOLOGÍA EXPERIMENTAL, § 2, b.

hipotimia
v. DISTIMIA.

hipotiroidismo
v. ENDOCRINO, SISTEMA, § 2.

hipotomía
v. TONO MUSCULAR.

hipotrofia
v. DISTROFIA.

histeria (al. *Hysterie*; fr. *hystérie*; ingl. *hysteria*; it. *isteria*)

Clase de neurosis que manifiesta cuadros clínicos muy diferenciados entre sí, caracterizados por síntomas físicos sin base orgánica e identificables por comportamientos que sugieren que los síntomas desarrollan funciones psicológicas que el psicoanálisis, la psiquiatría y la fenomenología, con sus respectivos lenguajes, han tratado de demostrar. Ya presente en los escritos de Hipócrates, quien consideraba la histeria exclusiva del sexo femenino y la atribuía a un mal funcionamiento del útero (en griego, ὕστερον), imaginado como un órgano móvil capaz de presionar a los otros órganos, la histeria, en la Edad Media, se trató con prácticas exorcistas, y en los siglos posteriores se conservó el término para agrupar todas esas enfermedades que se presentaban, como entonces se decía, *sine materia*. Frente a la ausencia de toda lesión orgánica, en el siglo XIX la interpretación de la histeria siguió dos direcciones: la de atribuir los síntomas a la sugestión y hasta la simulación, o bien la de conferirle la dignidad de enfermedad que, como las demás, tenía con su propia etiología. Ésta fue la línea que siguieron J.M. Charcot, quien la consideraba una afección neurológica, P. Janet, J. Breuer y S. Freud, los cuales abandonaron las teorías uterinas como origen de la histeria, pero conservando la idea de que está vinculada de alguna manera a la sexualidad. Las investigaciones sobre la etiología del histerismo fueron de la mano con los principales descubrimientos del psicoanálisis.

1] PSICOANÁLISIS. Fueron justamente los estudios sobre la histeria los que convencieron a Freud de la insuficiencia de la **hipnosis** (v.), que practicaba Breuer en el tratamiento de la misma, porque aquélla esconde, en lugar de evidenciar, las resistencias psíquicas. A partir de esta constatación Freud elaboró el método de la **asociación libre** (v., § 4), que le permitió identificar el origen de la histeria en una falta de **abreacción** (v.) de cargas afectivas vinculadas al recuerdo del acontecimiento traumático. Así, ya evidenciada la histeria de *defensa* que ejerce el sujeto contra representaciones capaces de provocar afectos desagradables, Freud identificó una histeria de *retención*, debida a la malograda abreacción de algunos afectos, y una histeria *hipnoide* que se origina en los **estados hipnoides** (v.). Después eliminó esta tripartición, al madurar la convicción de que el conflicto defensivo contra determinadas pulsiones sexuales y representaciones que pueden provocar afectos desagradables está en la base de la histeria y de todas las demás neurosis. Por último, reuniendo una casuística de experiencias infantiles de seducción paterna que nunca se dieron en la realidad, sino sólo en lo imaginario, Freud clasificó la histeria entre las *neurosis de transferencia* (v. **transferencia**, § 3), con su punto de fijación en la fase edípica, y con la represión y la disociación como mecanismos de defensa característicos. Entre las formas de histeria que mejor formuló Freud en el plano sintomatológico recordamos:

a] Histeria de angustia, cuyo síntoma central es la fobia y cuyo origen Freud describe así: "la libido desprendida del material patógeno en virtud de la represión no es *convertida*, no es aplicada, saliendo de lo anímico, en una inervación corporal, sino que se libera como angustia.". La formación de los síntomas fóbicos se origina en un "trabajo psíquico, que es incesante desde el comienzo de ella, para volver a ligar psíquicamente la angustia liberada." (1908 [1976: 95]). El objeto al que se une se vuelve un objeto fóbico (v. **angustia**, § 2, e).

b] Histeria de conversión, que se genera por efecto de la inervación somática de un contenido psíquico reprimido, eligiendo un órgano en lugar de otro en función de un simbolismo inconsciente, como la ceguera por el rechazo a ver, la parálisis por el rechazo a caminar (v. **conversión** y **solicitación**, § 2).

c] *Histeria de defensa* contra representaciones capaces de provocar afectos desagradables. En la investigación etiológica ésta es la causa que prefiere Freud por encima del "estado hipnoide" que sostiene Breuer.

d] *Histeria hipnoide*, que tendría su origen en los **estados hipnoides** (*v.*) durante los cuales el sujeto no es capaz de integrar en su propia experiencia vivencial las representaciones que aparecen en tales estados.

e] *Histeria de retención*, caracterizada por el hecho de que algunos afectos no se pudieron abreaccionar por la naturaleza del trauma, que choca contra las condiciones sociales o contra una defensa del sujeto mismo.

f] *Histeria traumática*, que Charcot introdujo para explicar los síntomas somáticos, en especial las parálisis, después de traumas físicos. Al tomarla en consideración Freud aclara que "*la analogía patógena entre la histeria corriente y la neurosis traumática, y justificar una extensión del concepto de 'histeria traumática'*. En el caso de la neurosis traumática, la causa eficiente de la enfermedad no es la ínfima lesión corporal; lo es, en cambio, el afecto de horror, el *trauma psíquico*." (1893: 92-93).

2] PSIQUIATRÍA. En este ámbito, en lugar del término histeria, se prefiere el de personalidad histérica para agrupar esos rasgos de personalidad que parecen recurrir con cierta regularidad y que tienen en común las características que K. Jaspers indica en la "tendencia a aparentar más que a ser" (1913-1959: 478). De aquí la mitomanía, la continua falsificación de la propia imagen, la teatralidad y la búsqueda de la espectacularidad. G. Jervis escribe al respecto que "los síntomas tienen la característica de expresarse en forma llamativa, pero sin una intensa participación de sufrimiento por parte del sujeto. El espacio que separa la histeria de la simulación de la enfermedad es sutil y ambiguo; la histeria se distingue de la simulación en la medida en que el sujeto no está plenamente consciente del significado y de la verdadera intencionalidad de su comportamiento" (1975: 277).

La exhibición del trastorno y la utilización del síntoma son dos mecanismos que utiliza el histérico que es, sigue escribiendo Jervis, "un sujeto que se encuentra en una situación de conflicto, por lo que por una parte tiene una necesidad que debe expresar (negarse a los demás, protestar, recibir afecto, agredir) y por la otra no puede permitirse expresar esta necesidad, porque sabe que si lo hiciera sería censurado, antes que por la sociedad, por sus propias instancias morales. El resultado de esta situación de conflicto es que la necesidad se expresa en forma distorsionada y enmascarada, con frecuencia simbólica, como *síntoma* (histérico); y que el sujeto se convence a sí mismo y a los demás de que su voluntad no está en absoluto involucrada. El síntoma histérico presenta la ventaja de ser *socialmente aceptable* (en cuanto síntoma de una –aparente– lesión orgánica); al mismo tiempo permite conseguir el fin propuesto, que puede ser la propia no disponibilidad, la propia valorización, la agresión, la ayuda por parte de los demás" (1975: 277-278). Rasgo fundamental de la histeria es cierto tipo de *disociación de la personalidad* que se describe en la voz **escisión** (*v.*, § I, 3).

3] FENOMENOLOGÍA. En este ámbito la histeria se describe como la condición de quien sólo puede vivir exponiéndose a la atención de los demás en esa especie de presencia "enajenada" que sólo los demás tienen el poder de volver presente. Es una presencia que se declina en la dirección del *esse est percipi*, donde el ser percibido, el ser visto, el ser escuchado es condición indispensable para poder ser en general. A cada *exhibición* sigue la *inhibición* en todo encuentro auténtico, porque el otro no es tratado como un "tú", sino sólo como un "medio" para poder existir. La presencia histérica nunca está en lo que el sujeto está haciendo, y su comunicación se resuelve en la *impresión* y en la *sugestión*, que no dejan libre al otro para aceptar o rechazar el mensaje, porque estos dos elementos actúan en el otro produciendo una reacción correspondiente a la expectativa del histérico. En efecto, sus síntomas, escribe T.S. Szasz, son "acontecimientos que hablan por sí solos" en términos más claros que recurriendo a la palabra que, en determinadas circunstancias, no sería oída y tal vez ni siquiera pronunciada. De ahí la *comunicación indirecta* típica del histérico, hecha de insinuaciones y alusiones, que permite esos contactos comunicativos a sujetos que temen, en la comunicación directa, exponer demasiado su lado débil o sus condiciones de necesidad.

Típica de la histeria es la figura, que ilustró J.-P. Sartre, de la personificación (*v.* **simulación**, § 2, *d*), en la que el individuo se deja capturar por un papel, por un personaje que asume y actúa. El histérico interpreta el papel del enfermo identificándose con sus síntomas. El hecho de que no lo haga conscientemente revela que, para poder mentirles a los demás, el histérico está obligado a mentirse a sí mismo. Pero quien interpreta un papel no es ese personaje; quien *representa* al enfermo no *está* enfermo. Esta distancia que el histérico mantiene entre ser y hacer, esta *belle indifférence* (*v.* **indiferencia**), como la llama Janet, no es una ficción, sino el intento extremo de proteger su propia existencia que, si irremediablemente tuviera que coincidir con sus propias acciones se vería reducida a cosa y suprimida en su posibilidad de trascenderse y de expresarse en un proyecto existencial. Por lo general el proyecto histérico revela un repertorio limitado de medios, una fuga de gran parte de la existencia; fuga a veces necesaria en personalidades que no disponen de grandes perspectivas para el futuro, por lo que en el juego de la vida se ven obligadas a la simple "representación de un papel" que pueda obtener y recabar la aprobación de la sociedad.

BIBLIOGRAFÍA: Briquet, P. (1859); Charcot, J.M. (1887-1889); Eysenck, H.J. (1957); Freud, S. (1888); Freud, S. (1892-1895); Freud, S. (1893); Freud, S. (1894); Freud, S. (1896); Freud, S. (1908); Galimberti, U. (1979); Janet, P. (1910); Jaspers, K. (1913-1959); Jervis, G. (1975); Laing, R.D. (1959); Resnik, S. (1979); Sartre, J.-P. (1943); Szasz, T.S. (1961); Veith, I. (1965).

histerismo
v. HISTERIA.

histograma
v. ESTADÍSTICA, § I, 1.

histórica, psicología
v. PSICOLOGÍA HISTÓRICA.

historietas (al. *Bilderstreif*; fr. *bande dessinée*; ingl. *strip cartoon*; it. *fumetto*)

Género narrativo realizado mediante una síntesis entre dibujo y palabra, que toma del lenguaje icónico las imágenes fijas y el color, del alfabético las palabras, y del cinematográfico el juego de los enfoques, de los planos y de las secuencias. M. McLuhan las calificó como "el medio frío". Se utilizan en el ámbito pedagógico para estimular la fantasía incitada a integrar las pocas informaciones expresadas con los símbolos gráficos, llenar el vacío entre un dibujo y el otro, imaginar la acción en movimiento. El elemento fantástico también está considerado en relación con la carga emotiva que suscita la narración y con la participación del lector.

BIBLIOGRAFÍA: Imbasciati, A. y E. Castelli (1975); Taddei, N. (1973); Volpi, D. (1977).

Hold test
v. WECHSLER-BELLEVUE, TEST DE.

holismo (al. *Holismus*; fr. *holisme*; ingl. *holism*; it. *olismo*)

Teoría según la cual el organismo biológico, como el social, es algo más que la simple suma de sus partes, cuya yuxtaposición no reproduce el todo (*v.* **totalidad**). Esta concepción se reveló especialmente significativa en el nivel neurológico, epistemológico, psicopatológico y psicológico.

1] NEUROLOGÍA. Desde el punto de vista neurológico el holismo se contrapone a la **localización** (*v.*), porque considera que el cerebro es un órgano sumamente integrado, involucrado por entero en las actividades intelectuales, cuya función no presenta disminuciones específicas a consecuencia de lesiones discretas. Los seguidores del holismo, entre ellos K. Goldstein, H. Head y sobre todo P. Marie, cuyo estudio sobre las afasias demostró que era injustificada o por lo menos exagerada la teoría de la localización sostenida por su maestro P. Broca, hablan de la plasticidad del sistema nervioso, o sea de la capacidad de las áreas restantes para asumir las funciones de áreas dañadas, y de la pérdida del pensamiento abstracto y de otras funciones a consecuencia de la *extensión*, más que del *sitio* de la lesión. La postura holista, asumida en neurología, encontró en el campo psicológico sus simpatizantes entre los estudiosos de la percepción en el ámbito de la **psicología de la forma** (*v*., § IV, 1, *d*) y entre los estudiosos de los procesos cognoscitivos en el ámbito del **cognoscitivismo** (*v*.), más reciente, que tiene en H. Gardner su mayor exponente.

2] EPISTEMOLOGÍA. Desde el punto de vista epistemológico el holismo llevó a una forma de aproximación psicológica que permite acercarse al hombre en su totalidad, más allá de los ámbitos sectoriales y limitantes de las disciplinas especializadas, por lo que, escribe F. Capra, "como sucede en todas las demás disciplinas, la aproximación sistémica de la nueva psicología tiene una perspectiva holista y dinámica. La concepción holista, que con frecuencia se asocia en psicología con el principio de la *Gestalt*, sostiene que las propiedades y las funciones de la psique no pueden comprenderse reduciéndolas a elementos aislados, tal como el organismo físico no puede entenderse plenamente analizando sus partes. La visión fragmentada de la realidad es un obstáculo para la comprensión de la mente, pero también es un aspecto característico de la enfermedad mental. La experiencia sana de sí mismo es una experiencia del organismo completo, cuerpo y mente, y las enfermedades mentales surgen con frecuencia de la incapacidad para integrar los diferentes elementos de este organismo. Desde este punto de vista la escisión cartesiana entre mente y cuerpo y la separación conceptual de los individuos de su ambiente nos parecen síntomas de una enfermedad mental colectiva compartida por la mayor parte de la cultura occidental, y como tales con frecuencia los perciben así otras culturas" (1982: 304).

3] PSICOPATOLOGÍA. Desde el punto de vista psicopatológico el principio holista está en la base de las reformulaciones jasperianas acerca de la forma de hacer psicopatología, porque "el problema de qué es el hombre realmente conduce, por lo que se refiere a la psicopatología, a la totalidad. Pero toda totalidad que encontramos en el proceso de investigación es una manifestación parcial respecto a la omnicomprensividad del ser humano. Todos los esquemas del ser humano, que se nos presentan objetivamente frente a los ojos y con los cuales podemos trabajar desde el punto de vista científico, no son los de la omnicomprensividad en la que se manifiesta el hombre, sino que están incluidos en ésta [...] aunque las formas de la omnicomprensividad no se puedan conocer, sino sólo iluminar, no nos debemos olvidar que el *hombre existe en cada momento como un todo*" (1913-1959: 804-807). Desde el punto de vista del método la concepción holista sobrepasa la separación entre el sujeto y el objeto en el que se manifiesta el conocimiento científico, para llegar a la concepción unitaria del hombre y su mundo según los modelos propuestos por la **fenomenología** (*v*.) de E. Husserl, que encontraron su aplicación psiquiátrica en el **análisis existencial** (*v*., § 1) de L. Binswanger. Él interpreta al individuo a partir de su experiencia total, a su vez interpretable mediante la explicación de las condiciones *a priori* (trascendentales) con las que cada uno construye su propia experiencia o visión del mundo, y que se manifiestan en la forma en que cada individuo se espacializa, se temporaliza, se mundaniza, coexiste.

4] PSICOLOGÍA. Desde el punto de vista psicológico los ámbitos disciplinarios en los que se adoptó el concepto de holismo son:

a] la *psicología de la forma* (*v*., § II) donde, como dice M. Wertheimer, "lo que sucede en el nivel global no es deducible de las propiedades de cada uno de los elementos ni de la forma en que éstos se articulan recíprocamente; por el contrario, son las leyes estructurales de la unidad global las que determinan la fenomenología de cada una de las partes" (1940: 20);

b] la *psicología sistémica* (*v*., § 1), que con el concepto de totalidad superó la concepción atomista en el estudio de los fenómenos psíquicos, la concepción causal anteriormente adoptada para su interpretación, y el dualismo de origen cartesiano, los cuales no permitían superar las dicotomías que generaban;

c] la *psicología analítica* (*v.*) de C.G. Jung, para quien el concepto de salud psíquica coincide con "la actuación y el despliegue de la *totalidad* originaria, donde los símbolos que el inconsciente utiliza con este fin son los mismos que la humanidad siempre ha usado para manifestar la totalidad" (1917-1943: 111), donde por totalidad Jung entiende la relación dinámica entre pares de **opuestos** (*v.*, § 2, *b*);

d] algunas orientaciones de las *teorías de la personalidad*, que encabeza K. Golstein, para quien la "ley del todo gobierna el funcionamiento de las partes" (1939: 141); A. Angyal, cuya concepción holista inicia el concepto de "biosfera"; A.H. Maslow y P. Lecky, quienes identifican el rasgo de fondo de la personalidad en la capacidad para mantener una organización unificadora (*v.* **personalidad**, § 3);

e] la *teoría del campo* (*v.*, § 2), de K. Lewin, para quien "los vectores que determinan la dinámica de un acontecimiento no pueden definirse más que en función de la totalidad concreta que abarca, al mismo tiempo, el objeto y la situación" (1977: 38).

BIBLIOGRAFÍA: Angyal, A. (1937); Bertalanffy, L. von (1968); Binswanger, L. (1921-1941); Capra, F. (1982); Gardner, H. (1975); Goldstein, K. (1934); Jaspers, K. (1913-1959); Jung, C.G. (1917-1943); Köhler, W. (1929); Lecky, P. (1945); Lewin, K. (1977); Marie, P. (1906); Maslow, A.H. (1954); Spann, O. (1950); Wertheimer, M. (1940).

holofrasis (al. *Holophrase*, fr. *holophrase*; ingl. *holophrase*; it. *olofrase*)

Elemento lingüístico que por sí solo corresponde a una frase completa. Es frecuente en el lenguaje de la primera infancia, donde tales palabras contienen el significado de lo que los adultos expresarían normalmente con una oración.

holotimia
v. CATATIMIA.

homeodinámica
v. FAMILIA, § II.

homeopatía (al. *Homöopathie*; fr. *homéopathie*; ingl. *homeopathy*; it. *omeopatía*)

Orientación terapéutica que ilustró inicialmente C.S. Hahnemann (1755-1843) quien, oponiéndose al principio hipocrático *contraria contrariis curantur*, sostiene que la mejor manera para curar una enfermedad es desarrollar artificialmente una parecida, basándose en el principio *simila similibus curantur*. Una de las reglas fundamentales de la homeopatía es administrar los fármacos siempre en forma aislada y del modo más diluido posible. El procedimiento de dilución se denomina *potenciamiento* del medicamento, al que se debe agregar la *dinamización*, que consiste en sacudir con fuerza la solución entre una dilución y otra. Con esto aumenta la carga energética de la sustancia medicamentosa mediante un proceso de dispersión superficial con probable efecto ionizante. Desde el punto de vista curativo se puede afirmar que J. Meuris, que "la homeopatía es una técnica de desensibilización de un organismo enfermo. Las investigaciones patógenas realizadas por experimentadores han permitido elaborar cuadros correspondientes a las diferentes sensibilizaciones a las que está expuesto el ser viviente. Cuando un enfermo presenta un cuadro que coincide con una patogenia, basta administrarle la sustancia correspondiente en dilución suficientemente alta para desensibilizarlo y aliviarlo. Es lo que demuestra una vez más la experiencia terapéutica. Si la sustancia se elige correctamente y se administra en una dilución lo bastante alta, el enfermo se alivia con rapidez pues ha recibido su *simillimum*, el remedio cuyo signos patógenos más se asemejan a los de su estado morboso" (1971: 18-19).

Se considera que el medicamento homeopático actúa en dos niveles de manifestación: el mental y el físico; el estímulo biológico que proporciona es capaz de producir una respuesta específica simultáneamente en el nivel psicoemotivo y el biológico. De aquí la eficacia de la homeopatía aun en casos de trastornos neuróticos y psicóticos, por lo que puede actuar como apoyo para la psicoterapia y, en algunos casos, sustituir la administración de los fármacos psicotrópicos tradicionales. La relación entre homeopatía y psicología de lo profundo la puso en evidencia E.C. Whitmont quien, subrayando la dimensión simbólica del *simillimum*, interpretado como esquema formal de la constitución interna, afirma que "el inconsciente nos ayuda manifestando problemas y dificultades interiores, con frecuencia dándonos también la respuesta precisa, y todo esto en el lenguaje intuitivo de los símbolos. Desde el momento en que el remedio psicológico se explica en el reflejo de la dificultad interior en una imagen de la naturaleza externa, a un trastorno interior corresponde su contraparte externa semejante. En términos psicológicos, por lo tanto, el *simillimum* se presenta como un principio-fuerza correctivo. Nos damos cuenta, por consiguiente, de que un acercamiento homeopático nos permite apropiarnos del lenguaje de la naturaleza creativa tanto dentro como fuera de nosotros" (1980: 57).

BIBLIOGRAFÍA: Granata, G. (1987); Hahnemann, C.S. (1834); Horvilleur, A. (1986); Meuris, J. (1971); Meuris, J. (1982), Vannier, L. (1955); Vannier, L. (1983); Whitmont, E.C. (1980); Whitmont, E.C. (1987); Zammarano, F (1951).

homeostasis (al. *Homöostase*; fr. *homéostasie*; ingl. *homeostasis*; it. *omeostasi*)

Término que introdujo W.B. Cannon para indicar la tendencia del organismo a mantener su **equilibrio** (*v.*, § 1) y a conservar sus características morfológicas y fisiológicas frente a los desequilibrios que pueden estar determinados por variaciones internas-externas que, en caso de no ser compensadas, entrañarían la desintegración del organismo. El concepto fue construido sobre el modelo fisiológico del organismo y ampliado después a la interpretación del comportamiento que tiende a la homeostasis, es decir al bienestar caracterizado por el **placer** (*v.*, § 1), y a reparar inmediatamente con un comportamiento apropiado la ruptura de la misma, que se funde con el displacer. El par placer-displacer orienta los dos esquemas de comportamiento fundamentales que son, en el plano de la acción, acercamiento y alejamiento del estímulo y, por lo tanto, ataque y fuga, y en el plano cognoscitivo afirmación y negación. Desde el punto de vista homeostático el comportamiento no es una acción del organismo en el entorno sino una retroacción del organismo que tiende a mantener

su equilibrio en relación con aquél, interpretado como el campo de la variación y del posible desequilibrio. Como afirmación de una lógica de repetición, la homeostasis tiene en la costumbre (*v.* **hábito**) su línea tendencial de manifestación, mientras cada acto creativo se sitúa por encima del nivel actual de homeostasis, y sólo se puede integrar pasando a un nivel homeostático superior de organización.

Además de la interpretación en términos de la **necesidad** (*v.*, § 1-2) y de la **motivación** (*v.*, § 1) que están en la base del comportamiento del individuo y se pueden interpretar como tendencias al establecimiento o restablecimiento de un equilibrio (*proceso homeostático*), o dirigidas a la ruptura continua de los equilibrios preexistentes (*proceso antihomeostático*), el concepto de homeostasis lo utilizó N.W. Ackerman para la interpretación de la dinámica psíquica (*homeodinámica*), tanto individual como de grupo, y en especial del grupo familiar (*v.* **familia**, § II): "En el cuadro clásico del psicoanálisis la homeostasis es el proceso integrador de la personalidad, el instrumento que pone en relación recíproca y equilibrada las funciones que componen la personalidad. Pensemos de manera específica en las estrechas interconexiones entre las funciones del yo, como la percepción, la asociación, la memoria, el juicio, la discriminación, el control, la defensa. No podemos dejar de observar que cada una de ellas no es una función diferenciada que opera en forma aislada, sino que todas sus funciones actúan juntas con cierta armonía. Es el cuadro de todas estas operaciones parciales, expresado como una unidad funcional, el que resulta pertinente para el problema de la homeostasis" (1958: 105). Además, ya que el equilibrio intrapsíquico no puede separarse del interpersonal, "el significado de la homeostasis consiste en la conservación de un determinado centro del sí, con la adición de nuevas dimensiones del sí en una serie infinita de integraciones de grupo" (1958: 107). En el ámbito del psicoanálisis clásico el concepto de homeostasis está presente en la formulación del **principio de constancia** (*v.*, § 2) que S. Freud recogió de la psicofísica de G.T. Fechner, quien introdujo el *principio de estabilidad*.

BIBLIOGRAFÍA: Ackerman, N.W (1958); Bernard, C. (1865); Cannon, W.B. (1932); Delaunay, A. (1980); Fechner, G.T. (1873); Freud, S. (1920).

homocigoto
v. ALELO; GENÉTICA, § 4.

homóclito
v. HETERÓCLITO-HOMÓCLITO.

homoerotismo
v. HOMOSEXUALIDAD, § 3.

homofilia (al. *Homophilie*; fr. *homophilie*; ingl. *homophilia*; it. *omofilia*)

Predilección por individuos del mismo sexo, que no necesariamente se traduce en actos sexuales como en el caso de la **homosexualidad** (*v.*).

homogeneidad
v. TEST, § 1, *b.*

homología (al. *Homologie*; fr. *homologie*; ingl. *homology*; it. *omologia*)

Semejanza estructural debida a afinidad filogenética. El término se utiliza en biología en la comparación de las formas y las estructuras de los diferentes organismos, por lo que dos organismos se dicen homólogos si se originan de modelos embrionarios equivalentes y tienen estructuras y relaciones semejantes. En este sentido son homólogas las articulaciones anteriores de los vertebrados, aunque se modifican en relación con las actividades funcionales diferentes (alas de las aves, articulación ambulacral de los ungulados, articulaciones prensiles de los primates, aleta pectoral de los cetáceos).

En cambio se utiliza el término **analogía** (*v.*, § 2) para indicar las semejanzas estructurales derivadas de condiciones funcionales semejantes, como las alas de las aves y de los insectos, que funcionan de manera similar, pero que tienen origen embrionario, estructuras y relaciones completamente diferentes. La existencia de órganos homólogos, es decir de origen común, aunque funcionen de manera diferente, se considera uno de los argumentos en favor de la teoría evolutiva (*v.* **evo-**

lución). Las nociones de homología y analogía han encontrado amplio uso en etología, donde se han transformado en métodos cognoscitivos, y en psicología, para el estudio, la descripción y la confrontación de tipos psicológicos (*v.* **tipología**).

BIBLIOGRAFÍA: D'Ancona, U. (1966); Immelman, K. (1981); Jung, C.G. (1921); Lorenz, K. (1985).

homosexualidad (al. *Homosexualität*; fr. *homosexualité*; ingl. *homosexuality*; it. *omosessualità*)

Denominada también *inversión*, la homosexualidad es la inclinación del interés sexual hacia individuos pertenecientes al mismo sexo. La ordenación nosológica de la homosexualidad y su clasificación en las desviaciones sexuales ha causado numerosas controversias. Desde el punto de vista cultural se puede decir que todas las culturas albergan personas con comportamiento homosexual, y que todo individuo pasa a través de una fase homosexual fisiológica. Las teorías sobre el origen de la homosexualidad forman parte de dos clases generales: la *biológica*, que dirige sus investigaciones hacia la correspondencia entre el sexo cromosómico y el anatómico (*v.* **genética**, § 2), y la *psicológica*, que ha proporcionado diversas interpretaciones, de las cuales recordamos entre las más significativas:

1] LA INTERPRETACIÓN DE S. FREUD: EL COMPLEJO DE EDIPO. Freud parte de la premisa de que "cierto grado de hermafroditismo anatómico es la norma: en ningún individuo masculino o femenino de conformación normal se echan de menos las huellas del aparato del otro sexo; o bien han perdurado carentes de función, como unos órganos rudimentarios, o bien se han modificado para tomar sobre sí otras funciones. La concepción que resulta de estos hechos anatómicos conocidos de antiguo es la de una disposición originariamente bisexual que, en el curso del desarrollo, se va alterando hasta llegar a la monosexualidad con mínimos restos del sexo atrofiado" (1905 [1976: 129]). Presentada esta premisa, Freud rechaza "transferir esta concepción al campo psíquico y comprender la inversión en sus distintas variedades como expresión de un herma-froditismo psíquico." (1905 [1976 :129]) prefiriendo la interpretación psicogenética, así expuesta en una nota de 1909 agregada al texto de 1905: "Es verdad que el psicoanálisis no ha aportado hasta ahora un esclarecimiento pleno sobre el origen de la inversión; no obstante, ha revelado el mecanismo psíquico de su génesis y enriquecido sustancialmente el planteo del problema. En todos los casos indagados comprobamos que las personas después invertidas atravesaron en los primeros años de su infancia una fase muy intensa, pero también muy breve, de fijación a la mujer (casi siempre a la madre), tras cuya superación se identificaron con la mujer y se tomaron así mismos como objeto sexual, vale decir, a partir del narcisismo buscaron a hombres jóvenes, y parecidos a su propia persona, que debían amarlos como la madre los había amado. Además con frecuencia hallamos que individuos que presuntos invertidos no eran en manera alguna insensibles al encanto de la mujer, sino que trasponían a un objeto masculino, sin solución de continuidad, la excitación que ella les provocaba. Así, durante toda su vida repetían el mecanismo por el cual se había engendrado su inversión. Su aspiración compulsiva al hombre aparecía condicionada por su incesante huida de la mujer" (1905 [1976: 131-132]).

Freud, profundizando en estas consideraciones, llega a la conclusión de que la *homosexualidad masculina* no evitaría el contacto con las mujeres, de las que más bien se rodea, sino la zona genital femenina, vivida, en la época del complejo edípico, con fantasías angustiantes de **castración** (*v.*), y buscaría la relación con hombres no por motivos de amor, sino sólo como testimonio de la existencia del pene que lo defiende de la fantasía de la castración. En la base de esta formación está para Freud la ausencia del padre, "de suerte que el varoncito quedó librado al influjo femenino. De todos modos, parece como si la presencia de un padre fuerte asegurara al hijo varón, en la elección de objeto, la decisión correcta por alguien del sexo opuesto. Tras ese estadio previo sobreviene una trasmudación cuyo mecanismo nos resulta familiar pero cuyas fuerzas pulsionantes todavía no aprehendemos. El amor hacia la madre no puede proseguir el ulterior desarrollo consciente, y sucumbe a la represión. El muchacho reprime su amor por la madre poniéndose él mismo en el lugar de ella, identificándose con la madre y tomando a su persona propia como el modelo a semejanza de cual escoge sus nuevos objetos de amor. Así se ha vuelto homosexual; en realidad, se ha deslizado hacia atrás, hacia el autoerotismo, pues los muchachos a quienes ama ahora, ya crecido, no son sino personas sustitutivas y nuevas versiones de su propia persona infantil, y los ama como la madre lo amó a él de niño. Decimos que halla sus objetos de amor en la vía del *narcisismo*, pues la saga griega menciona a un joven, Narciso, a quien nada agradaba tanto como su propia imagen reflejada en el espejo y fue trasformado en la bella flor de ese nombre" (1910 [1976: 93]).

Por lo que se refiere a la *homosexualidad femenina* (*v.* **lesbianismo**) Freud conjetura que se pueda llegar a ella, como en la masculina, por identificación con el padre con la intención de superar la desilusión edípica, o bien mediante una regresión a la fase de la primera relación objetal con la madre que, para la mujer, es homosexual. En todo caso, Freud precisa en una nota de 1914 agregada al texto de 1905: "La investigación psicoanalítica se opone terminantemente a la tentativa de separar a los homosexuales como una especie particular de seres humanos. En la medida en que estudia otras excitaciones sexuales además de las que se dan a conocer de manera manifiesta, sabe que todos los hombres son capaces de elegir un objeto de su mismo sexo, y aun lo han consumado en el inconciente." (1905 [1976: 132]).

2] LA INTERPRETACIÓN DE M. KLEIN: LA REGRESIÓN AL SENO MATERNO. La regresión a la fase oral, que Freud adoptó para explicar la homosexualidad femenina, la aceptó también Klein para la masculina, hipótesis que Freud no excluía, no obstante que en 1910 afirmaba: "Por ahora omitiremos averiguar el nexo que pueda conectar la homosexualidad con el mamar del pecho materno," (1910 [1976: 82]). Klein continuando esta hipótesis, escribe: "Al analizar niños y adultos de sexo masculino he observado un rechazo precoz del seno materno acompañado de fuerte odio, cada vez que intensos impulsos orales de succión se presentaban al mismo tiempo que otras pulsiones sádico-orales igualmente fuertes. Estas intensas tendencias destructivas contra el seno materno llevan a la introyección predominante de una 'mala madre' y, al imprevisto abandono del seno, sigue una fortísima introyección del pene paterno. Cuando los asaltos al seno y al cuerpo de la madre fueron especialmente fuertes, tanto que en la imaginación [del niño] la madre ha sido destruida por el pene del padre y por el propio, el niño tendrá aún más necesidad de un 'buen pene' con el cual restablecerla" (1932: 332).

3] LA INTERPRETACIÓN DE S. FERENCZI: EL HOMOEROTISMO. Según Ferenczi el término "homoerotismo" se "debe preferir al de 'homosexualidad', generador de equívocos, ya que a diferencia del término biológico 'sexualidad', pone en evidencia el aspecto psíquico de la pulsión". Presentada esta premisa, Ferenczi distingue un homoerotismo pasivo u objetivo de uno activo u objetivo: "Sólo el homoerótico pasivo merece el nombre de 'invertido', sólo en él se nota una verdadera inversión de los caracteres psíquicos, y en ocasiones también somáticos, sólo él representa una auténtica 'variedad intermedia'. Un hombre que en las relaciones con los hombres se siente mujer es, en relación con su propio yo, invertido (homoerotismo después de la inversión del sujeto, o, en breve, homoerotismo subjetivo); se siente mujer y esto no sólo en la relación genital sino en todas las circunstancias de su vida. Completamente diferente es el caso del verdadero 'homosexual activo': él se siente hombre en todos sentidos, y generalmente es muy enérgico y activo; ningún elemento femenino, ni somático ni psíquico, se observa en él. Sólo el objeto de su inclinación está cambiado, de manera que se le podría definir como homoerótico después de cambiar el objeto de amor, o, en breve, homoerótico objetivo" (1914: 101). Según Ferenczi el homoerotismo subjetivo es una auténtica "anomalía del desarrollo", mientras el homoerotismo objetivo es una "neurosis obsesiva" debida al hecho de que "si [...] el erotismo es inhibido o fuertemente limitado, como sucede necesariamente en la educación de la juventud, se tiene como consecuencia –primero en quien está individualmente predispuesto– una regresión a la coacción del heteroerotismo al homoerotismo, es decir el desarrollo de una neurosis obsesiva homoerótica" (1914: 110).

4] LA INTERPRETACIÓN DE C.G. JUNG: EL COMPONENTE CONTRASEXUAL. Para Jung la homosexualidad es un elemento de la sexualidad que debe analizarse desde un punto de vista estructural y desde uno psicogenético. Estructuralmente la homosexualidad se puede considerar como una identificación con los elementos contrasexuales que en el varón están representados por su ánima (v. alma, § 3) y en la mujer por su animus (v.). La personalidad de un hombre identificado con el ánima asume una inclinación femenina que lo induciría a buscar una pareja masculina. Desde el punto de vista psicogenético la homosexualidad dependería de un complejo materno o paterno sobredesarrollado. El tabú del incesto impediría llevar a cabo los impulsos heterosexuales y la homosexualidad sería la única manera de descargar la energía sexual, dejando toda la vitalidad emotiva dentro del ámbito de la relación del niño con el progenitor del mismo sexo. Jung, refiriéndose a la homosexualidad como tendencia interior, identifica los aspectos positivos en el "desarrollo del gusto y del sentido estético, al cual no daña un cierto elemento femenino; virtudes pedagógicas hechas perfectas por la capacidad femenina de identificación; sentido de la historia conservador en el mejor de los casos, en cuanto muestra el culto de los valores del pasado; sentido de la amistad que entre las ánimas masculinas crea vínculos de sorprendente ternura" (1938-1954: 87).

5] LA INTERPRETACIÓN DE G. GRODDECK: LA PRIMACÍA DE LA HOMOSEXUALIDAD. Groddeck sostiene la tesis de la universalidad del deseo homosexual que respondería a nuestra más auténtica inclinación natural, respecto a la cual la heterosexualidad representaría una variante posterior y problemática: "El ser humano se ama en primer lugar a sí mismo, se ama con todas las variedades de la pasión; su naturaleza lo empuja a procurarse todo tipo de gozo, y por lo tanto, ya que él mismo es varón o mujer, está a priori sujeto a la pasión por las personas del mismo sexo. No puede ser de otra manera, y cualquier investigación serena sobre cualquier persona nos dará las pruebas. De modo que no tiene sentido preguntarse si la homosexualidad constituya una inclinación anormal, una perversión. No se trata de esto; más bien es necesario preguntarse por qué es tan difícil ver objetivamente este fenómeno del amor por los pertenecientes al propio sexo, juzgarlo y hablar de ello desapasionadamente; y después es necesario preguntarse cómo sucede que, no obstante su predisposición homosexual, el ser humano también sea capaz de sentir atracción por el sexo opuesto" (1923: 287-288).

6] LA INTERPRETACIÓN SOCIOCULTURAL: la represión sexual. Los simpatizantes de esta tesis no niegan los resultados psicoanalíticos, pero sí la hipótesis subyacente a éstos que describe como un recorrido "natural" la evolución que del **autoerotismo** (*v*.) conduce a la **heterosexualidad** (*v*.) a través de la homosexualidad. Al respecto M. Mieli escribe que "la mayor parte de los psicoanalistas reconoce manifestaciones sexuales desde los primerísimos meses y en los primeros años de vida, y enumeran etapas evolutivas de tendencias más o menos conscientes que se pueden resumir en el esquema: *autoerotismo-homosexualidad-heterosexualidad*. Pero esta 'evolución' no es *natural*; refleja la influencia represiva del ambiente sociofamiliar sobre el niño; por otra parte, la vida real no implica necesariamente una 'superación del autoerotismo' y de la 'fase' homosexual para la heterosexualidad exclusiva. El ambiente en el que vivimos (en primer lugar la familia, célula del tejido social) es heterosexual; en cuanto tal obliga al niño, haciéndolo sentir culpable, a renunciar a la satisfacción de sus deseos autoeróticos y homoeróticos, y lo obliga a identificarse con un modelo monosexual de tipo heterosexual mutilado. Pero no siempre se logra, evidentemente. [...] A todos aquellos que se preguntan si se nace o se vuelve homosexual, es necesario responderles que se nace dotados de una disponibilidad erótica amplísima, antes que nada dirigida hacia sí mismos y hacia la madre y después poco a poco dirigida hacia 'todos' los demás, independientemente de su sexo, y hacia el mundo, y que se vuelve, a causa de la educastración, heterosexual u homosexual (reprimiendo los impulsos homoeróticos en el primer caso, los heterosexuales en el segundo)" (1977: 7-8).

7] DENOMINACIÓN DE LAS DIFERENTES FORMAS DE HOMOSEXUALIDAD. Se suele distinguir una homosexualidad *activa*, que se manifiesta en

la función masculina, de una *pasiva*, que se manifiesta en la función femenina y, junto a la homosexualidad *manifiesta*, se reconoce una homosexualidad *latente*, que no se refiere a sentimientos homosexuales reprimidos, sino a actitudes defensivas de sumisión adoptadas hacia hombres más fuertes. Esta actitud también la señaló K. Lorenz en animales que asumen conductas intimidantes, sumisas y para congraciarse cuando son atacados por un miembro de su misma especie. En fin, hay una homosexualidad *situacional* por falta de individuos de sexo opuesto, *anfígina*, que no excluye la heterosexualidad, y *sublimada*, que no se manifiesta en comportamientos homosexuales sino que deja su huella en obras y producciones creativas.

BIBLIOGRAFÍA: Ferenczi, S. (1914); Freud, S. (1905); Freud, S. (1910); Groddeck, G. (1923); Jung, C.G. (1938-1954); Kinsey A.C. *et al*. (1948); Kinsey A.C. *et al*. (1953); Klein, M. (1932); Lorenz, K. (1963); Mieli, M. (1977); Pasini, W., C. Crépault y U. Galimberti (1988).

honestidad (al. *Ehrlichkeit*; fr. *honnêteté*; ingl. *honesty*; it. *onestà*)

Conducta caracterizada por integridad moral, sinceridad, respeto por el prójimo y por la propiedad de los demás. H.E. Brogden preparó para esto un test capaz de medir el "factor de honestidad" basándose en la falta de sinceridad, en las mentiras y en las exageraciones comprobadas por el experimentador.

BIBLIOGRAFÍA: Brogden, H.E. (1940).

honor (al. *Ehre*; fr. *honneur*; ingl. *honour*; it. *onore*)

Sentido de la propia dignidad y respetabilidad en el plano social. De gran importancia desde la Antigüedad, el honor estaba considerado en la ética griega como uno de los bienes fundamentales de la vida social, y Aristóteles lo definió como "el premio de la virtud del bien hacer" (*Ética*, VIII, 14, 116 b, 3). Desde un punto de vista subjetivo implica una conducta inspirada en la honestidad y la integridad moral, pero todavía susceptible de decaer en amor propio o en formas de rigidez de conducta.

horda primigenia
v. ANTROPOLOGÍA, § 1, a; ENDOGAMIA-EXOGAMIA.

hormético (al. *Hormetik*; fr. *hormétique*; ingl. *hormetic*; it. *ormetico*)

El término, que también se utiliza también con la forma "horético", se deriva del griego ὁρμάω, que significa "enciendo", "empujo", "de donde proviene el sustantivo ὁρμή, "ataque, asalto" y, por trasposición metafórica, "empuje" o "impulso del ánimo". Con esta ultima acepción lo adoptó W. McDougall para caracterizar su teoría psicológica (v. **psicología hórmica**).

hormismo
v. PSICOLOGÍA HÓRMICA.

hormonas
v. ENDOCRINO, SISTEMA.

hormopatía (al. *Hormopathie*; fr. *hormopathie*; ingl. *hormopathy*; it. *ormopatia*)

El término, derivado del griego χρμ~, "arrojo", "ímpetu", "pasión", lo adoptó R. Brun para indicar las alteraciones de la esfera afectiva y, en especial, los trastornos impulsivos y emotivos rastreables a causas orgánicas o psicofuncionales.

BIBLIOGRAFÍA: Brun, R. (1951).

horóscopo (al. *Horoskop*; fr. *horoscope*; ingl. *horoscope*; it. *oroscopo*)

Imagen de la personalidad y de sus posteriores modificaciones deducidas por la relación entre el nacimiento y determinadas configuraciones astrales. Del griego ὥρα (período de tiempo) y σκοπεῖν (observar), el término "horóscopo" indicaba inicialmente el grado del signo zodiacal que surgía en el horizonte oriental en el momento exacto del nacimiento del individuo, y por esto fungía como "indicador de la hora". El término que en latín se denomina *ascendens* (signo ascendente) en la edad moderna se convierte en sinónimo de carta astral o carta del nacimiento para referirse al mapa completo de las posiciones planetarias presentes en el momento del nacimiento. En la base está la idea, que desde tiempos muy antiguos inspira a la **astrología** (v.), de una correspondencia entre el universo estelar y el universo psíquico, basándose en la íntima relación que vincula al hombre con el cosmos, por lo que es posible leer en los astros (macrocosmos) aquello que sucede en el ánimo humano (microcosmos).

El horóscopo se deduce de una representación, en un principio cuadrada y hoy circular, en la que aparecen la representación bidimensional de la elíptica con los doce signos zodiacales, el horizonte y el meridiano del lugar de nacimiento que, cruzándose, dividen el círculo en cuatro cuadrantes, a su vez subdivididos en tres partes, que originan las doce casas en las que están simbólicamente representadas las diferentes fases de la vida del hombre, los nueve planetas de nuestro sistema solar a los que se agregan el Sol y la Luna, así como los aspectos angulares entre planetas, luminarias y puntos cardinales de la carta astral. En la combinación que resulta de estos elementos cada uno de los cuales es portador de un intenso simbolismo, y en su lectura analógica, consiste la interpretación del horóscopo, de donde se espera poder obtener un cuadro de las características psicológicas fundamentales de la personalidad y de sus potencialidades aún no activadas. C.G. Jung le dio al horóscopo un cierto valor psicodiagnóstico; para él "el sentido fundamental del horóscopo consiste en el hecho de que, determinando la posición de los planetas, además de sus relaciones (aspectos), y asignando los signos zodiacales a los puntos cardinales, esto da un cuadro de la constitución psíquica primero y después física del individuo. El horóscopo, por lo tanto representa en esencia un sistema de las cualidades originales y fundamentales del carácter de una persona y se puede considerar un equivalente de la psique individual" (1951: 128).

BIBLIOGRAFÍA: Barbault, A. (1961); Boll, F., C. Bezold y W. Gundel (1966); Bouché-Leclercq, A.

(1899); Garin, E. (1976); Green, L. (1986); Jung, C.G. (1951); Jung, C.G. (1952); Mutti, M.G. (1990); Rudhyar, D. (1970).

horripilación (al. *Haarsträuben*; fr. *horripilation*; ingl. *horripilation*; it. *orripilazione*)

Manifestación visible de la contracción de los músculos erectores de los pelos a consecuencia del frío o de fuertes emociones.

hospitalismo (al. *Hospitalismus*; fr. *hospitalisme*; ingl. *hospitalism*; it. *ospedalismo*)

Término que acuñó R.A. Spitz para indicar las perturbaciones somáticas y psíquicas que sobrevienen a los niños que durante los primeros 18 meses de vida sufrieron una prolongada estancia hospitalaria en condiciones de absoluta privación de la madre. Spitz distingue esta carencia afectiva *total* de la depresión anaclítica (*v.* **anaclisis**, § 3) que se desarrolla después de una privación afectiva parcial en niños que anteriormente habían gozado de una relación materna normal. El hospitalismo se manifiesta con retardo del desarrollo somático, del dominio de la manipulación, de la adaptación al ambiente, del lenguaje y de la percepción afectiva. El término no debe confundirse con *hospitalización*, que se refiere a prolongadas recuperaciones hospitalarias, posteriores a la primera infancia o en la edad adulta, que producen reacciones semejantes a las que se registran en la **institucionalización** (*v.*).

BIBLIOGRAFÍA: Klinzing, D.R., D.G. Klinzing (1972); Spitz, R.A. (1945); Spitz R.A. (1958).

hospitalización
v. INSTITUCIONALIZACIÓN.

hostilidad (al. *Feindschaft*; fr. *hostilité*; ingl. *hostility*; it. *ostilità*)

Sentimiento de aversión manifiesto u oculto hacia el prójimo, que puede expresarse en formas deliberadas o impulsivas, por motivos de antagonismo, prejuicio o enemistad.

huella mnésica
v. ENGRAMA.

Hull, ley de (al. *Hullsches Gesetz*; fr. *loi de Hull*; ingl. *Hull's law*; it. *legge di Hull*)

Ley que formuló C.L. Hull en el ámbito de la teoría del aprendizaje, según la cual la fuerza de un hábito es directamente proporcional al número de asociaciones estímulo-respuesta relacionadas que experimentaron un refuerzo.

BIBLIOGRAFÍA: Hull, C.L. (1943).

humanista, psicología
v. PSICOLOGÍA HUMANISTA.

humildad (al. *Demut*; fr. *humilité*; ingl. *humility*; it. *umiltà*)

Actitud de modestia dictada por el conocimiento de los propios límites. Desde un punto de vista psicológico, cuando no es simple rechazo de la vanidad y de la presunción, la humildad puede ser un indicio de desvalorización de sí con la consiguiente sumisión a los demás, o un encubrimiento de fantasías de superioridad.

humillación (al. *Demütigung*; fr. *humiliation*; ingl. *humbling*; it. *umiliazione*)

Acción que ofende la autoestima de una persona o de un grupo. En los procesos educativos, en que se la contrapone al incentivo, favorece el surgimiento de sentimientos de inferioridad. La humillación, frecuente en las depresiones, la interpreta el psicoanálisis como frustración de aspiraciones narcisistas. Cuando acompaña a prácticas sexuales la búsqueda de la humillación se vuelve **masoquismo** (*v.*) en quien la recibe y **sadismo** (*v.*) en quien la inflige. W. Stekel, a propósito de las relaciones de pareja, habla de humillación que un miembro de la pareja, dentro de la casa, inflige al otro, con la intención de contener la atracción que experimenta por él y que inconscientemente teme como forma de debilidad o de dependencia. El miembro de la pareja humillado dentro de la casa es exaltado después fuera de la casa, frente a terceros.

BIBLIOGRAFÍA: Stekel, W. (1908).

humor (al. *Laune*; fr. *humeur*; ingl. *mood*; it. *umore*)

Tonalidad de base afectiva. Esta definición se refiere al *humor de fondo* como característica constante de la personalidad, con los rasgos duraderos y de relativa independencia de las situaciones y de los estímulos ambientales. De esto se distingue el *estado del humor*, que varía en un mismo sujeto según el momento, de acuerdo con el equilibrio somatobiológico, en los pensamientos, en las situaciones existenciales que se van viviendo. El tono del humor, que ocupa toda la gama que va de la felicidad a la tristeza, influye en la actividad intelectual, volitiva, de conducta, así como en las funciones vegetativas y somáticas. El humor, interpretado psicoanalíticamente como una descarga libidinal gradual que protege al yo de una explosión incontrolada, asume rasgos patológicos cuando oscila más allá de los umbrales compatibles con la importancia de la situación de gratificación o de frustración que vive el individuo. Las formas más llamativas de oscilación del humor se manifiestan en las depresiones y en los estados maniacos.

humorismo (al. *Humor*; fr. *humorisme*; ingl. *humour*; it. *umorismo*)

Interpretación aguda e indulgente del lado ridículo de cosas y personas. El humorismo facilita la interacción social, comunica concordia, induce cambios en la consideración del grupo, contribuye a comprobar la estabilidad de las relaciones. Como depende del contenido y del contexto social, el humorismo puede tener efectos diferentes en el promotor y en el destinatario, según cómo perciba este último los valores y las motivaciones del promotor, que a su vez resulta influido por las reacciones que provoca su humorismo. S. Freud dio dos interpretaciones del humorismo. La primera fue en términos *económicos*, como gasto afectivo ahorrado: "Su condición está dada frente a una situación en que de acuerdo con nuestros hábitos estamos tentados a desprender un afecto penoso, y he ahí que influyen sobre nosotros ciertos motivos para sofocar ese afecto *in statu nascendi*. [...] la persona afectada por el daño, dolor, etc., podría ganar un placer cómico. El placer del humor nace, pues –no podríamos decirlo de otro modo–, a expensas de este desprendimiento de afecto interceptado; surge de *un gasto de afecto ahorrado.*" (1905 [1976: 216]; *v.* **cómico**). Desde el punto de vista *dinámico* el humorismo se explica como una transferencia del acento psíquico del yo al superyó que, como representante de la instancia paterna, trata al yo como a un niño al que le muestra la irrelevancia de sus tormentos sonriéndole, ofreciéndole un consuelo y preservándolo del dolor, como si le dijera: "Véanlo: ese es el mundo que parece tan peligroso. ¡Un juego de niños, bueno nada más que para bromear sobre él!" (1927 [1976: 162]).

BIBLIOGRAFÍA: Freud, S. (1905); Freud, S. (1927); Goldstein, J.H. y P.E. McGhee (1927); Goldstein, J.H. y P.E. McGhee (1980).

Huntington, corea de
v. COREA, § 1.

Hurler, mal de
v. GARGOLISMO.

iatrogenia (al. *Iatrogenese*; fr. *iatrogenèse*; ingl. *iatrogenesis*; it. *iatrogenesi*)

Patología inducida por un diagnóstico médico equivocado o una terapia inadecuada. Desde el punto de vista psiquiátrico es objeto de estudio la *neurosis iatrogénica*, que se estructura en torno a una sintomatología aparentemente somática y es provocada o reforzada por el médico incapaz de reconocer la base emotiva. I. Illich, que acuñó el término, le confiere "ese amplio sentido idóneo para designar los efectos indeseados que la intervención médica provoca en la salud, no sólo con su efecto directo, sino por las transformaciones que esto produce en el nivel social y el nivel simbólico" (1975: 8). Con esta amplia acepción la antipsiquiatría y la psiquiatría social pueden ser consideradas, como escribe G. Bleandonu, "una lucha contra la 'no enfermedad' iatrogénica, es decir el conjunto de las manifestaciones que tienen como único origen el diagnóstico y el tratamiento prescrito" (1976: 115), y en ocasiones la recuperación hospitalaria causante de la neurosis institucional (*v.* **institucionalización**).

BIBLIOGRAFÍA: Berlinguer, G. (1973); Bert, G. (1974); Bleandonu, G. (1976); Illich, I. (1975).

iatrogénica, neurosis
v. IATROGENIA.

icónica, memoria
v. MEMORIA, § 9.

ictus amnésico
v. MEMORIA, § 6, *b*.

id
v. ELLO.

idea (al. *Idee*; fr. *idée*; ingl. *idea*; it. *idea*)

Derivado del griego ἰδεῖν, que significa "ver", el término adquiere un sentido específico con Platón, quien lo utiliza para indicar el objeto de una visión intelectual, en contraposición a la sensible. En psicología la palabra mantiene el mismo significado, porque indica cualquier contenido del pensamiento que no esté en relación directa con los estímulos sensoriales, si bien su formación es el producto de un proceso elaborado que puede rastrearse hasta experiencias sensoriales precedentes. La psiquiatría se ocupa de la declinación patológica de las ideas que, según las características que asuman, se distinguen en:

1] *Idea autóctona*: existe al margen de las relaciones con otras ideas, con caracteres persistentes y obsesivos. En los casos de delirio el sujeto atribuye la existencia de esta idea a causas o influencias de fuera.

2] *Idea impuesta*: es un contenido ideativo, un recuerdo, una imagen, una interrogante que se impone de manera obsesiva a la mente del sujeto, ocupando por completo el pensamiento con una presencia sin objetivos y exasperante. Las ideas impuestas, frecuentes en las neurosis obsesivas y en algunas formas de esquizofrenia, también se llaman *obsesivas* y *compulsivas*.

3] *Idea delirante*: es un contenido ideativo no reforzado por la realidad, y por esto erróneo y falso, pero que resulta inaccesible tanto a la crítica como a la experiencia. Es frecuente en las esquizofrenias.

4] *Idea directriz*: es la idea en torno a la cual se unen las otras ideas, que por eso resultan consecuentes y conexas. Uno de los trastornos asociativos de la esquizofrenia es la incapacidad de mantener la idea directriz y, por lo tanto, la coherencia ideativa.

5] *Idea de referencia*: es la interpretación de gestos, palabras, opiniones, noticias, de por sí indiferentes, como si contuvieran referencias al sujeto. Estas ideas no ceden a la crítica y a la evidencia; en los casos de paranoia tienen un contenido persecutorio y en los casos de depresión un contenido culpabilizante que el sujeto considera merecer.

6] *Idea dominante*: es un contenido ideativo que por su exagerada carga afectiva se impone sobre los demás e invade el campo del pensamiento. K. Jaspers distingue las ideas dominantes de las delirantes porque las primeras, a diferencia de las segundas, serían "comprensibles" basándose en la historia y en la personalidad del sujeto. De la idea dominante se suele distinguir la idea *prevaleciente* que, aunque aflora con frecuencia en la mente del sujeto, no asume las características de fijación anormal aquí descritas.

7] *Idea fija*: es una idea infundada e irrazonable mantenida tercamente a pesar de la evidencia de los hechos.

8] *Idea intrusiva*: es una idea que regresa continuamente a la mente, trastornando el curso de los pensamientos.

9] *Fuga de las ideas*: es la incapacidad de mantener un argumento porque constantemente se desvía por vías ideativas secundarias, con continua pérdida de la dirección del discurso. Jaspers, con su distinción entre proceso *asociativo*, que determina el argumento, y proceso *activo*, que decide el orden del pensamiento, considera que la fuga de las ideas se debe atribuir a una riqueza enorme de procesos asociativos, con deficiencia o hasta ausencia del proceso activo (*v.* **fuga**, § 1).

BIBLIOGRAFÍA: Jaspers, K. (1913-1959).

ideación (al. *Gedankenbildung*; fr. *idéation*; ingl. *ideation*; it. *ideazione*)

Actividad de formación, ordenación y vinculación de las ideas. En psiquiatría el término se utiliza para indicar el desarrollo normal del pensamiento, en oposición a su alteración en caso de trastorno mental (*v.* **idea**). Con esta acepción la ideación abarca: *a*] la formación de las ideas; *b*] la estructuración de las mismas en relaciones de vinculación; *c*] el razonamiento y la crítica. En lo que se refiere al segundo punto el asociacionismo considera que la ideación es el resultado de la combinación de elementos de naturaleza sensorial que se organizan con base en determinadas leyes asociativas (*v.* **asociacionismo**), mientras el cognoscitivismo sostiene que la ideación no está guiada por asociaciones sino por la comprensión lógica (*v.* **cognición**, § 2). En psiquiatría se habla de *ideación impuesta* u *obsesiva* a propósito de los mecanismos anancásticos, como el impulso a sumar, contar los pisos de los edificios, sumar los números de las placas, que se presentan de manera insistente e irrefrenable, trastornando el flujo normal del pensamiento, activando una ideación extraña que el sujeto no logra alejar aunque esté molesto y reconozca que es inútil e ilógica.

BIBLIOGRAFÍA: Gardner, H. (1983); Piaget, J. (1947); Thorndike, E.L. (1931).

ideal del yo
v. YO, IDEAL DEL.

idealización (al. *Idealisierung*; fr. *idéalisation*; ingl. *idealization*; it. *idealizzazione*)

Proceso psíquico que lleva a la exaltación del valor y de las cualidades del objeto. S. Freud prefiere diferenciar la idealización de la **sublimación** (*v.*) porque "la sublimación es un proceso que atañe a la libido de objeto y consiste en que la pulsión se lanza a otra meta, distante de la satisfacción sexual; el acento recae entonces en la desviación respecto de lo sexual. La idealización es un proceso que envuelve al objeto; sin variar de naturaleza, este es engrandecido y realzado psíquicamente. La idealización es posible tanto en el campo de la libido yoica cuanto en el de la libido de objeto" (1914 [1976: 91]). En el primer caso tenemos la formación del ideal del yo (*v.* **yo, ideal del**), en el segundo la idealización de otra persona, "origen –escribe Freud– del peculiar estado del enamoramiento".

La idealización debe diferenciarse también de la **identificación** (*v.*) porque, mientras esta última requiere una parcial modificación del yo, que debe modelarse en función del objeto, la idealización implica un empobrecimiento del yo en favor del objeto idealizado. La idealización difiere también de la *admiración* porque, a diferencia de esta última, que implica procesos de emulación e imitación, la idealización lleva a la dependencia y al servilismo, pues quien idealiza tiene necesidad de que exista una persona perfecta hasta el punto de negar la existencia de los atributos negativos que no satisfacen su necesidad.

M. Klein vio en la idealización una defensa contra los impulsos destructivos y las angustias persecutorias que el sujeto siente muy intensamente. Incapaz de hacer frente a la ambivalencia de los objetos, en parte buenos y en parte malos, quien idealiza tiene necesidad de un objeto absolutamente bueno, diferente de un objeto absolutamente malo. Cuando las idealizaciones se derrumban el objeto amado debe ser sustituido y el precedente se siente como extraordinariamente malo y persecutorio. El fracaso de la defensa constituida por la idealización lleva a la desilusión y a la depresión, porque lo que queda es la pérdida de la autoestima sacrificada en la idealización del otro.

BIBLIOGRAFÍA: Freud, S. (1914); Klein, M. (1957).

identidad (al. *Identität*; fr. *identité*; ingl. *identity*; it. *identità*)

En psicología se entiende con este término la identidad personal, es decir el sentido del propio ser *continuo* a lo largo del tiempo y *diferente*, como entidad, de todos los demás. Para J. Locke y D. Hume la identidad es un mecanismo psicológico que tiene su principio, no en una entidad sustancial que nosotros llamaríamos yo, sino en la relación que establece la memoria entre las impresiones continuamente cambiantes, y entre el presente y el pasado. Desde este punto de vista la identidad no es un dato sino una *construcción de la memoria*. Esta reflexión filosófica la aceptó sustancialmente la psicología, que habla de identidad y de crisis de identidad de acuerdo con la solidez o la fragilidad de esta construcción.

1] *Identidad consciente*. Es la reflexión que el sujeto hace sobre su propia continuidad temporal y su diferencia de los demás. Según

E.H. Erikson muchos aspectos del desarrollo del yo se pueden formular en términos de crecimiento del sentido de identidad, que se enfrenta a crisis de diferentes tipos en la edad evolutiva, o a pérdidas y trastornos en los delirios esquizofrénicos. Muchos de los problemas relativos a la identidad se deciden en el nivel de la **identificación** (*v.*), sobre todo con las figuras paternas, que ofrecen el primer modelo para la construcción de la identidad (*v.* **psicología del yo**, § 3).

2] *Identidad inconsciente*. Es exactamente el contrario de la identidad consciente, porque no alberga la distinción psíquica entre el yo y el objeto externo. C.G. Jung escribe al respecto que "en la participación mística de los primitivos, en el estado mental de la primera infancia y en el inconsciente del hombre civilizado y adulto [...] la identidad consiste sobre todo en una igualdad inconsciente con los objetos. Ésta no es una comparación, una identificación, sino una igualdad dada *a priori*, que nunca formó parte del ámbito de la conciencia. En la identidad se basa el ingenuo prejuicio de que la psicología del uno sea igual a la del otro, que para todo sirvan los mismos motivos, que lo que me gusta deba obviamente gustarle también a los demás, que lo que es inmoral para mí deba serlo también para los demás. [...] La identidad se revela en forma especialmente clara en casos patológicos, por ejemplo en el delirio paranoico de referencia, en el que se presupone como algo obvio en los demás la existencia del propio contenido subjetivo" (1921: 451).

BIBLIOGRAFÍA: Erikson, E.H. y G.S, Klein. (1959); Erikson, E.H. (1974); Jung, C.G. (1921).

identificación (al. *Identifizierung*; fr. *identification*; ingl. *identification*; it. *identificazione*)

Término psicoanalítico que designa el proceso con el que un sujeto asimila uno o más rasgos de otro individuo, modelándose sobre él.

1] En opinión de S. Freud la personalidad de cada uno se constituye y se distingue mediante una serie sucesiva de identificaciones que pueden ser: *a*] *heteropáticas* o *centrípetas*, cuando el sujeto toma prestada su identidad de otra persona; *b*] *idiopáticas* o *centrífugas* cuando el sujeto identifica al otro con su propia persona; c] *recíprocas,* cuando coexisten los dos movimientos y hay una fusión de la identidad propia con la de los demás. La identificación recíproca es la base para la formación del "nosotros". Freud distingue además una identificación *primaria,* en la que el individuo todavía debe diferenciar su identidad de la de los objetos, y aún debe adquirir sentido la diferenciación entre yo y tú. Ésta es la identificación que caracteriza a la primera infancia y en especial a la relación con la madre, que el niño todavía no percibe como diferente de sí mismo. La identificación *secundaria,* en cambio, es posterior a la diferenciación yo y tú, y es la identificación en sentido estricto, que cumple básicamente con dos funciones: a] como identificación con las figuras de los padres, por lo que las instancias psíquicas se distinguen del ello original y se estructuran en el complejo edípico, de manera que dan forma a la propia subjetividad; b] como mecanismo de defensa, ya que la identificación reduce la distancia entre el yo y el objeto, permitiendo la negación de las experiencias de separación de éste. Este mecanismo está activado, por ejemplo, en las experiencias de **duelo** (v.), donde el objeto perdido, mediante la identificación, puede continuar viviendo en el propio yo.

2] A estas formas de identificación A. Freud agregó la *identificación con el agresor,* en la que el sujeto asume la misma función agresiva, imita los rasgos y adopta las expresiones de fuerza que lo caracterizan. Esta identificación es una fase preliminar a la formación del superyó, en una época en la que la agresión todavía se percibe como externa y no se la interioriza aún en forma de autocrítica.

3] M. Klein introdujo el concepto de *identificación proyectiva* a propósito del fantasma que imagina introducirse como persona o como partes escindidas de sí dentro del cuerpo materno, para poder poseerlo, controlarlo y, en último caso, dañarlo. La escuela kleiniana propuso después el reverso de este mecanismo, introduciendo el concepto de *identificación introyectiva* para el fantasma que imagina que una persona o un objeto está, en todo o en parte, dentro de sí.

4] J. Lacan habla de *identificación simbólica* en dos niveles: a] con la imagen reflejada por el espejo (v. **lacaniana, teoría**, § 5), cuya

aceptación constituirá la base para la construcción de la imagen unitaria del propio cuerpo y la génesis del yo; b] con el deseo del **Otro** (v., § 1) que permite el paso del plano de lo imaginario al plano de lo simbólico.

5] Por último, se habla de *identificación múltiple* cuando hay más de un objeto o modelo con los que el individuo se identifica simultáneamente. Los efectos de este tipo de identificación se pueden observar en las crisis histéricas, en las que el sujeto recita simultáneamente o en sucesión la parte de las diferentes personas con las que se identificó, hasta llegar a representar un verdadero drama.

6] También la psicología toma el término del psicoanálisis y habla de identificación con tres acepciones: a] como proceso normal de adquisición de una función social, asumiendo en la infancia los rasgos del comportamiento de los adultos y en la edad adulta los de las personas que se admiran; b] como instrumento para aumentar la autoestima, comportándose como si uno fuera la persona con la que se identifica; c] como identificación de **grupo** (v., § II, 1) sobre la base de ideales e intereses comunes. La psicología considera la identificación como una forma de aprendizaje a través de la experiencia de los demás, contrapuesta al aprendizaje por **prueba y error** (v.) que se efectúa de manera personal. La elección de los modelos de identificación corresponde a personas que parecen satisfacer mejor las necesidades y aspiraciones del individuo.

BIBLIOGRAFÍA: Bernard-Weil, E. (1979); Florence, J. (1978); Freud, S. (1936); Freud, S. (1912-1913); Freud, S. (1914); Freud, S. (1915); Freud, S. (1921); Klein, M. (1932); Lacan, J. (1953-1979); Lagache, D. (1958); Olivetti Berardinelli, M. (1971).

identificación (al. *Einfühlung*; fr. *identification*; ingl. *identification*; it. *immedesimazione*)

Identificación en el objeto. El término se tomó de la estética de T. Lipps, para quien la identificación es "la objetivación de mí mismo en un objeto diferente a mí, pueda o no llamarse sentimiento lo que se objetiva. Mientras percibo un objeto experimento, como proveniente de él o como residente en él en cuanto percibido, un impulso hacia determinada modalidad del comportamiento interior. Ésta se me aparece como si me la hubieran dado o me la hubieran participado" (1903-1906: 193). Más tarde el término lo utilizó W. Worringer en oposición a **abstracción** (*v.*), y con esta acepción lo empleó C.G. Jung, para quien "la identificación es una especie de proceso de percepción caracterizado por el hecho de que por la vía afectiva es transferido hacia el objeto un contenido psíquico esencial, de manera que el objeto es asimilado por el sujeto y vinculado a éste de tal modo que el sujeto se siente, por así decirlo, en el objeto" (1921: 293). La relación de confianza con el mundo que instaura la identificación depende de la convicción inconsciente del carácter inanimado del objeto y por lo tanto de su imposibilidad de causar daño o sacar ventaja del sujeto. Por el contrario, la actitud que origina la abstracción percibe al objeto como poderoso y amenazador y se defiende de éste alejándose. Ambas actitudes son, según Jung, mecanismos de adaptación y de defensa, "porque para quien abstrae la imagen abstracta representa una fórmula, una defensa contra las influencias desintegradoras de los objetos inconscientemente dotados de vida; así, para quien se identifica, el movimiento hacia el objeto es una defensa contra la disolución provocada por los factores internos consistentes en las infinitas posibilidades de la fantasía y en los correspondientes impulsos hacia la acción" (1921: 300). En los términos en los que fue descrita, la identificación debe distinguirse de la **empatía** (*v.*), excepción hecha de S. Freud, quien trata los dos términos como sinónimos: "La identificación; en efecto, nos enfrentamos con el proceso que la psicología llama 'empatía' (Einfühlung)" (1921 [1976: 102]).

BIBLIOGRAFÍA: Freud, S. (1921); Jung, C.G. (1921); Lipps, T. (1903-1906); Worringer, W. (1908).

ideomotor

v. PSICOMOTOR.

ideorreal, ley

v. PSICOMOTOR, § 2.

idiogámico (al. *Idiogamisch*; fr. *idiogamique*; ingl. *idiogamic*; it. *idiogamico*)

Sujeto capaz de tener relaciones sexuales sólo con una o pocas mujeres especiales, mientras que en todos los demás casos manifiesta impotencia.

idioglosia (al. *Idioglossie*; fr. *idioglossie*; ingl. *idioglossia*; it. *idioglossia*)

También llamada *idiolalia*, es un lenguaje personal que se observa en ciertos niños que sufren de afasia auditiva y que, por el gran número de sustituciones, omisiones y trasposiciones de sonidos, resulta difícilmente comprensible. En sentido más amplio y no patológico el término se utiliza también para los lenguajes privados que funcionan dentro de un grupo de coetáneos muy identificados.

idiográfico-nomotético (al. *Idiographisch-nomothetisch*; fr. *idiographique-nomothétique*; ingl. *idiographic-nomothetic*; it. *idiografico-nomotetico*)

Distinción que introdujo W. Windelband para caracterizar el método de las ciencias de la naturaleza que siguen leyes generales (en griego ἵομος) respecto al método de las ciencias históricas o del espíritu, que no observan leyes generales sino que toman los acontecimientos en su especificidad y singularidad (en griego ιδιος). En el campo psicológico, de acuerdo con esta distinción, se habla de "estudio nomotético" y de "estudio idiográfico", según si la descripción del comportamiento, de la personalidad o de la patología se realice con base en parámetros generales y leyes psicológicas reconocidas como generalmente válidas, o siga el caso particular, tratando de entender la estructura a partir de su mundo. A esta distinción se remontan los problemas vinculados a la *comprensión*, que es siempre idiográfica, respecto a la *explicación*, que es siempre nomotética (*v.* **psicología comprensiva**). Lo mismo puede decirse del concepto de **norma** (*v.*) que es idiográfico si se establece en cada caso sobre la base de la estructura completa del sujeto examinado, mientras es nomotético si se establece en la frecuencia de uno o más rasgos de la personalidad en una cierta colectividad y en una determinada época histórica.

BIBLIOGRAFÍA: Allport, G.W. (1955); Jaspers, K. (1913-1959); Windelband, W. (1894-1911).

idiolalia

v. IDIOGLOSIA.

idiorretínica, luz (al. *Eigenlicht der Netzhaut*; fr. *lumière idiorétinique*; ingl. *idioretinal light*; it. *luce idioretinica*)

Impresión luminosa provocada por descargas espontáneas de los receptores de la retina. Se trata de un fenómeno fisiológico que sucede incluso en ausencia de estímulos luminosos y que se observa en condiciones de absoluta oscuridad.

idiosincrasia (al. *Idiosynkrasie*; fr. *idiosyncrasie*; ingl. *idiosyncrasy*; it. *idiosincrasia*)

Hipersensibilidad o repugnancia hacia personas, animales, cosas, comidas, olores, ruidos, que se observa con mayor frecuencia en las personalidades de rasgos fóbicos (*v.* **fobia**).

idiotismo

v. RETARDO MENTAL.

idoneidad, test de

v. PSICOLOGÍA DEL TRABAJO, § 5.

ilusión (al. *Täuschung*; fr. *illusion*; ingl. *illusion*; it. *illusione*)

Alteración perceptiva por la cual la percepción no se ajusta a las características del estímulo, determinando una discrepancia entre mundo físico y mundo percibido. K. Jaspers escribe que: "ilusiones se llaman todas las percepciones que se derivan de transformaciones de las percepciones reales, en las que los estímulos sensoriales externos se combi-

nan con elementos reproducidos en una unidad tal que los directos no se pueden distinguir de los reproducidos" (1913-1959: 70). La ilusión debe distinguirse de la **alucinación** (*v.*), que es una falsa percepción en ausencia de estímulos sensoriales adecuados, por lo que también se llama "percepción sin objeto". Esta distinción no se mantiene en el ámbito psicoanalítico, donde se prefiere el término alucinación para referirse a la satisfacción fantástica u onírica del deseo. La única excepción la representa D.W. Winnicott, quien habla de ilusión a propósito de las creaciones suscitadas por el deseo infantil no satisfecho a causa del comportamiento materno y compensado por un objeto transitorio (*v.* **objeto**, § 6). La ilusión, que de por sí no es indicativa de una patología especial, de alguna manera es más fácil de encontrar en ciertos trastornos de la afectividad y en algunos desórdenes mentales, como en los estados confusionales o los crepusculares (*v.* **conciencia**, § 3). Jaspers distingue tres tipos de ilusiones, que describe así:

1] ILUSIÓN DE DESATENCIÓN. Los estímulos sensoriales externos que, a causa de una atención de duración breve, son limitados, casi siempre se completan. Completamos, por ejemplo, cuando escuchamos una conferencia, y nos damos cuenta de tales complementos sólo cuando nos equivocamos. Casi no reparamos en todos los errores de imprenta de un libro, y los completamos o los corregimos exactamente según el significado del contexto. Todas estas ilusiones se corrigen de inmediato cuando llaman la atención" (1913-1959: 70).

2] ILUSIÓN AFECTIVA. "Cuando se camina solo a través de un bosque, aterrado, se confunde un tronco de árbol, un grupo de rocas, por una forma humana. El enfermo melancólico, en la angustia de ser asesinado, ve en la ropa colgada en la pared el cadáver de un ahorcado. Un ruido cualquiera le da la impresión del rechinido de cadenas que se arrastran y con las que lo encadenarán. Estas ilusiones tan cambiantes casi siempre resultan comprensibles con base en el contenido de las emociones" (1913-1959: 70).

3] PAREIDOLIA. "Sin emociones, ni juicio de realidad, pero también sin que, al llamado de la atención, las imágenes ilusorias deban desaparecer, la fantasía 'productiva' crea impresiones sensoriales incompletas, de nubes, en las paredes de un viejo muro y cosas parecidas, formaciones ilusorias absolutamente nítidas y con carácter de corporeidad" (1913-1959: 70). La pareidolia es, por lo tanto, una elaboración fantástica de estímulos sensoriales indefinidos que se vuelven nítidos por elementos intrapsíquicos reproducidos. Por su valor proyectivo, la pareidolia se produce artificialmente en las pruebas del **test de Rorschach** (*v.*), en las cuales se requiere la interpretación libre de las manchas de tinta. A estos tipos de ilusiones que puso en evidencia Jaspers deben agregarse las que se describen en la psicología experimental y que a continuación se enumeran.

4] ILUSIONES ÓPTICO-GEOMÉTRICAS. Se deben a distorsiones visuales con referencia a *a*] figuras de "objetos imposibles" que no se dan en la realidad; *b*] figuras que aparecen distorsionadas respecto a como son en realidad (*metamorfopsia*); *c*] figuras que, si se observan durante cierto tiempo, producen distorsiones en otras figuras observadas inmediatamente después (*efecto figural póstumo*).

Entre las explicaciones que se han dado recordemos: *a*] la *teoría de la empatía*, según la cual la distorsión perceptiva es inducida por el significado emotivo que revisten las figuras ilusorias; *b*] la *teoría de los movimientos oculares*, según la cual la distorsión debería imputarse a los trastornos que algunos rasgos de las figuras ilusorias inducen en los movimientos oculares; *c*] la *teoría de la perspectiva* por la cual, pudiendo considerar las figuras ilusorias como proyecciones planas de visiones tridimensionales, sería la perspectiva la que causa la distorsión, en el sentido de que, como la profundidad está "sugerida" por los rasgos perspectivos, el aumento de los rasgos más lejanos se debería a esta "sugerencia"; *d*] la *teoría de la gradación inapropiada de la constancia*, que se basa en una ampliación del concepto de "constancia, de dimensión" como compensación de los cambios que sufre la imagen retínica con la mayor distancia de los objetos, mediante el aumento de los rasgos más lejanos. Entre las ilusiones óptico-geométricas más frecuentes recordamos:

a] *efecto figural póstumo*: es una ilusión que distorsiona la percepción de una figura observada después de haber contemplado por largo tiempo otra, por lo que, por ejemplo, la exposición de una línea recta, después de haber visto una línea curva, tiende a hacer parecer a la primera como curvada en la dirección opuesta respecto a la curvatura percibida en la anterior;

b] *ilusión del corredor*: en una fuga en perspectiva los cilindros *a* y *b*, que son del mismo tamaño, parecen uno más grande que el otro;

c] *ilusión de Benham*: la rotación de un disco blanco y negro en la dirección de las manecillas del reloj induce percepciones subjetivas de colores diferentes a lo largo de las líneas, que parecen *a* azulosas, *b* verdosas, *c* rosadas, *d* magentas;

d] *ilusiones de contraste*: basándose en el fondo, las dos mitades *a* y *b* del anillo no parecen idénticas en luminosidad y reflejo, pese a que lo son;

e] *ilusiones de Delboeuf*: dos círculos de dimensiones iguales parecen diferentes siempre que se agregue en su interior y en su exterior otros círculos concéntricos. Esta ilusión es el desarrollo de la *ilusión de Brentano* original, por lo que si disponemos dos círculos de igual tamaño y después a uno de los dos lo rodeamos con un círculo concéntrico más grande, el segundo de ellos aparecerá más grande que el otro aunque son, objetivamente, de la misma medida;

f] *ilusión de Ebbinghaus*: dos círculos de igual tamaño parecen diferentes debido a la dimensión de los círculos que los rodean;

g] *ilusión de Ehrenstein*: distorsión de la perspectiva debida a la sobreposición de figuras geométricas que modifican la figura de base. Clásica es la figura cuadrada que, al atravesarse con líneas dispuestas como rayos, asume la forma de un trapecio;

h] *ilusión de Fraser*: distorsión de la perspectiva que hace aparecer como espirales líneas curvas que forman, todas, círculos perfectos;

i] *ilusión de Helmholtz*: los cuadrados formados por haces de líneas paralelas, verticales u horizontales parecen más grandes que un cuadrado de idénticas dimensiones del cual sólo se delinearon los lados. Esta ilusión demuestra que los espacios llenos se perciben como más grandes que los vacíos;

j] *ilusión de Hering*: las líneas paralelas *a* y *b* se perciben como curvadas hacia el centro;

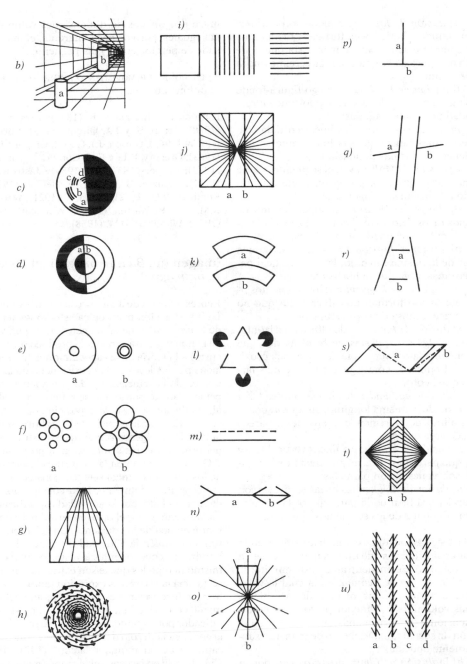

Algunos ejemplos de ilusiones óptico-geométricos: b) ilusión del corredor; c) ilusión de Benham; d) ilusión de contraste; e) ilusión de Delboeuf; f) ilusión de Ebbinghaus; g) ilusión de Ehrenstein; h) ilusión de Fraser; i) ilusión de Helmholtz; j) ilusión de Hering; k) ilusión de Jastrow; l) ilusión de Kanizsa; m) ilusión de Kundt; n) ilusión de Müller-Lyer; o) ilusión de Orbison; p) ilusión orizontal-vertical; q) ilusión de Poggendorff; r) ilusión de Ponza; s) ilusión de Sander; t) ilusión de Wundt; u) ilusión de Zöllner.

k] *ilusión de Jastrow*: aunque son del mismo tamaño, la figura en forma de media luna dispuesta encima parece más corta que la de abajo, que a su vez parece más cercana que la de encima;

l] *ilusión de Kanizsa*: el juego figura-fondo da la impresión de dos triángulos que en realidad no están dibujados;

m] *ilusión de Kundt*: las líneas cortadas parecen más largas que las líneas enteras que tienen las mismas dimensiones;

n] *ilusión de Müller-Lyer*: el segmento *a* se ve más largo que el *b*, por la diferente orientación de las líneas diagonales;

o] *ilusión de Orbison*: la superposición de unos rayos deforman el cuadrado *a* y el círculo *b*, que en realidad son regulares;

p] *ilusiones horizontales-verticales*: pese a ser de la misma longitud, la línea vertical parece más larga que la horizontal;

q] *ilusiones de Poggendorff*: los segmentos lineales *a* y *b* forman una línea recta que no aparece a causa de la interrupción;

r] *ilusión de Ponzo*: si dos líneas horizontales iguales son puestas entre otras dos que tienden a la convergencia, la línea más próxima al punto de convergencia parece más larga que la otra;

s] *ilusión de Sander*: las líneas punteadas *a* y *b* son de la misma longitud, aunque *a*, por la amplitud de la región que atraviesa, parece más larga que *b*;

t] *ilusión de Wundt*: las líneas verticales *a* y *b*, que parecen convexas por efecto de la figura sobrepuesta, son paralelas;

u] *ilusión de Zöllmer*: las líneas verticales son paralelas si bien no lo parecen por la orientación diferente de los segmentos oblicuos.

5] ILUSIÓN MEDIDA-PESO. Son distorsiones en la valoración del peso de un objeto basándose en su volumen. Se encuentran en este ámbito:

a] la *ilusión de Demoor*, en la cual la valoración normal de mayor peso de los objetos más voluminosos y menor peso de los de dimensiones más pequeñas se da en proporción directa al tamaño-peso o de manera exactamente opuesta;

b] la *ilusión de Charpentier-Koseleff*, por la que entre dos objetos del mismo peso, pero de diferentes dimensiones, el más pequeño se considera más pesado. Tal ilusión se verifica también con respecto al volumen, por lo que

entre dos objetos de dimensiones volumétricas iguales, pero de peso diferente, el más pesado se percibe como más pequeño.

6] ILUSIONES DE MOVIMIENTO APARENTE. *v.* **percepción**, § 6, *a-b*.

BIBLIOGRAFÍA: Brentano, F. (1874); Brown, J.F. (1928); Coren, S. y J.A. Girgus (1978); Ehrenstein, W. (1947); Gibson, J.J. (1933); Gregory, L.R. (1968); Gregory, R.L. y E.H. Gombrich (coords.) (1973); Jaspers, K. (1913-1959); Jastrow, J. (1981); Kanizsa, G. (1980); Koseleff, P. (1936); Robinson, J.O. (1972); Rubin, E. (1921); Warren, R.M. y R.P. Warren (1968); Winnicott, D.W. (1953); Winnicott, D.W. (1958).

imagen (al. *Bild*; fr. *image*; ingl. *image*; it. *immagine*)

Representación de alguna cosa en su ausencia. La investigación psicológica estudió los temas de la *producción* de la imagen y del *significado* de la imagen. Para explicar la producción se recurrió a la teoría de las **asociaciones** (*v.*) reguladas por las leyes de la coexistencia, de la sucesión, de la semejanza y de la tendencia a la perseverancia; por lo que se refiere en cambio al significado se pasa de la posición de N. Ach, compartida por la escuela de Würzburg, según la cual las imágenes son simples ilustraciones del proceso del pensamiento, a la posición de C.G. Jung, para quien la imagen es "expresión de los contenidos inconscientes constelados en ese específico momento. Esta constelación se da, por un lado, por la actividad específica del inconsciente y, por el otro, en virtud del estado momentáneo de la conciencia que siempre estimula también la actividad de materiales subliminales concernientes a ésta, e inhibe al mismo tiempo los que le son extraños. En consecuencia la imagen es expresión tanto de la situación inconsciente como de la momentáneamente consciente. La interpretación de su significado, por lo tanto, no puede partir sólo de la conciencia ni sólo del inconsciente, sino únicamente de su mutua relación" (1921: 452-453). Los diversos usos del término imagen son muchos, discontinuos y tan poco uniformes que para explicarlos no queda más que la ilustración de los usos específicos, que aquí exponemos en orden alfabético:

1] *Imagen compuesta*. Es el resultado de la **condensación** (*v.*) construida en el sueño, según opinión de Freud, por motivos de **censura** (*v.*).

2] *Imagen concreta*. Es típica del pensamiento primitivo incapaz de abstracción. A. Storch, que estudió la relación entre pensamiento de los primitivos y pensamiento de los esquizofrénicos, escribe que "el pensamiento del hombre primitivo trabaja con los contenidos totales de la percepción de fenómenos, sin una discriminación analítica de las partes esenciales que lo constituyen; piensa de acuerdo con imágenes concretas completas, exactamente tal como éstas se presentan en la realidad" (1924: 36).

3] *Imagen consecutiva*. Es la experiencia sensorial que perdura después de la desaparición del estímulo. E.R. Hilgard, quien introdujo el término, dice que "correctamente se refiere a la experiencia visual, indicando por ejemplo la imagen consecutiva negativa de una figura, o a la secuencia de imágenes coloreadas causadas por haber mirado fijamente el sol" (1953: 662).

4] *Imagen corporal*. Es la representación que cada quien tiene de su propio cuerpo y que da origen a lo que P. Schilder define como "esquema corporal". "El modelo postural de nuestro cuerpo no es una entidad fija y estática, sino una continua actividad interna de autoconstrucción y de autodestrucción, es decir, vive diferenciándose e integrándose sin cesar. [...] El modelo postural de nuestro cuerpo está correlacionado con el de los cuerpos de los demás" (1935-1950: 40; *v.* **cuerpo**, § 1). La realización de la imagen corporal depende de la integridad del sistema nervioso, por lo que se pueden tener trastornos de la imagen corporal en la autotopoagnosia, en la anosognosia, en el miembro fantasma de los amputados (*v.* **somatoagnosia**), o bien en presencia de trastornos de naturaleza psicógena, como en las alucinaciones cenestésicas en las cuales el sujeto puede percibir modificaciones de cualidades o de dimensiones relativas a una parte del cuerpo o al cuerpo completo (*v.* **cenestesia**, § 2).

5] *Imagen del mundo*. Es el aspecto objetivo de las **actitudes** (*v.*, § 3) subjetivas. K. Jaspers, quien introdujo el concepto, dice que "la psique existe dentro de la escisión de sujeto y objeto, mientras la observación psicológica ve desde el ángulo del sujeto actitudes, y desde el ángulo del objeto imágenes del mundo. Describir las imágenes del mundo significa establecer en general las formas, las direcciones y la localización del objetivo. Se tiende hacia una visión panorámica de qué es en sí lo contrario a lo psíquico. [...] Podríamos definir la imagen del mundo como la envoltura en la cual, por un lado, está prisionera la vida psíquica, y donde, por el otro, puede producir parcialmente desde adentro y poner afuera" (1919: 165). Jaspers distingue una imagen del mundo espaciotemporal, una psicocultura y una metafísica, a las que, en la vertiente subjetiva, corresponden las actitudes objetivas, autorreflexivas, entusiastas.

6] *Imagen eidética*. Es una imagen óptica que el sujeto, a pesar de saber que no corresponde a una realidad presente, ve en lugar de imaginar, por lo que puede describirla de forma mucho más pormenorizada de cuanto le sería posible con la simple memoria. E.R. Jaensch la describió diciendo que: la imagen eidética posee una cualidad seudoperceptiva, es más precisa en las reproducciones detalladas, y posee un grado de coherencia más elevado con el fondo de la proyección. Es frecuente en los niños y desaparece gradualmente en la adolescencia, perdurando en la edad adulta en algunos sujetos que, por ello, son denominados eidéticos (*v.* **eidetismo**).

7] *Imagen hipnagógica*. Es esa imagen que aparece entre el estado de vigilia y el sueño, mientras la que aparece entre el sueño y la vigilia, es decir antes de despertar, se llama *hipnopómpica*.

8] *Imagen idealizada*. Término que introdujo K. Horney para indicar una defensa neurótica que consiste en un falso cuadro de las propias virtudes y cualidades. Cuanto más irreal es la idealización de la propia imagen, tanto más vulnerable será el sujeto que la construyó.

9] *Imagen mental*. Es lo que une las percepciones que de otra manera resultarían casuales y carentes de relación. La destacó I. Kant, para quien la experiencia perceptiva no es pura recepción pasiva de las sensaciones sino también acción de la Imaginación. La noción imagen mental la retomó G. Ryle, quien la definió como "percepción sin sensibilidad" y también J.-P. Sartre, quien rechaza "darle a la imagen un contenido sensible, porque esto significa hacerla una *cosa* sujeta a las leyes de las cosas y no a las de la conciencia" (1936: 83).

10] *Imagen mnemónica*. Es la anticipación de una experiencia pasada inmediatamente antes de que ésta se repita, como sucede en los experimentos de condicionamiento, cuando el sujeto anticipa la repetición de la descarga eléctrica. Como predisposición interna al estímulo forma parte integrante de la reacción total del individuo, para quien la situación pasada regresa al servicio del presente.

11] *Imagen primordial.* Esta expresión la introdujo Jung: "Llamo primordial a la imagen cuando ésta tiene un carácter *arcaico*. Hablo de carácter arcaico cuando la imagen presenta una fuerte concordancia con conocidos motivos psicológicos. En este caso ésta es, por un lado, principalmente expresión de materiales *inconscientes colectivos*, y por el otro indica que la situación momentánea de la conciencia no está tan influida por el plano personal como, más bien, por el colectivo. [...] Desde un punto de vista causal y específico de las ciencias naturales se puede concebir la imagen primordial como un precipitado mnésico, un *engrama* (Semon) que se constituyó mediante la condensación de innumerables procesos semejantes entre sí. [...] La imagen primordial es el estado que precede a la *idea*; es su terreno original. Desde ésta la razón, gracias a la eliminación del *concretismo* específico y necesario para la imagen primordial, desarrolla un concepto –la idea, precisamente–, pero que se distingue de todos los demás conceptos por el hecho de que éste no lo da la experiencia sino que se demuestra como un principio que está en la base de la experiencia. La idea recibe esta cualidad de la imagen primordial, la cual, como manifestación de la estructura cerebral específica, concede a cada experiencia su forma determinada" (1921: 453-455).

BIBLIOGRAFÍA: Ach, N. (1921); Caprettini, G.P. (1979); Hannay, A. (1971); Hilgard, E.R., R.C. Atkinson y R.L. Atkinson (1953); Horney, K. (1939); Jaensch, E.R. (1919); Jaspers, K. (1919); Jung, C.G. (1921); Kant, I. (1781); Ryle, G. (1949); Sartre, J.-P. (1936); Sartre, J.-P. (1940); Schilder, P. (1935-1950); Shorr, J.B. (coord.) (1980); Storch, A. (1924); Warnock, M. (1976).

imaginación (al. *Einbildung*; fr. *imagination*; ingl. *imagination*; it. *immaginazione*)

Capacidad de representarse un objeto ausente o bien un afecto, una función somática, una tendencia instintiva no presentes en ese momento. Comparada con la actividad perceptiva, por un lado, y con la actividad del pensamiento racional, por el otro, la imaginación parece corresponder a un nivel más económico del funcionamiento psíquico y a un grado menor de organización. En ella, en efecto, se prescinde de las estructuras causales y temporales, de la continuidad crítica, pero no de las influencias de la emotividad, por lo que la imaginación puede ser interpretada tanto como una forma de regresión infantil cuanto como el inicio de un proceso creativo que encuentra soluciones que escapan a la estructura lógica.

1] LA IMAGINACIÓN INFANTIL. Es la primera forma con la que se infunde vida a la psique todavía poco diferenciada e impregnada de contenidos irracionales e inconscientes cargados de afectividad. Estudiada con este perfil por el psicoanálisis, la imaginación es identificada con la **fantasía** (*v.*) de la que nacen esos fantasmas alucinatorios que, a falta de aquello que se desea, ofrecen una especie de satisfacción sustitutiva. Al respecto D. Beres escribe: "Sólo con el desarrollo del proceso imaginativo, de la capacidad de crear una representación mental del objeto ausente, el niño procede de la respuesta inmediata, sincrética, sensomotriz-afectiva, a la respuesta aplazada, abstracta, conceptualizada, característicamente humana" (1960: 85). La imaginación, sustituyendo el objeto ausente, desempeña una función de defensa contra la ansiedad, de control de las tendencias instintivas y de compensación de la realidad frustrante. Con la diferenciación gradual de las funciones del yo el niño adquiere la capacidad de confrontar sus primeras imaginaciones con el **principio de realidad** (*v.*, § 3), que permite la actividad consciente de la percepción de lo real y de la adaptación a éste. Con esto la imaginación no se extingue sino que perdura durante toda la vida, cumpliendo con las funciones que O. Fenichel define como "anticipación de lo deseable" y "anticipación de lo probable". La función compensadora que la imaginación desempeña en la vida infantil también acompaña la vida neurótica, en la cual fantasías y sueños con los ojos abiertos sacian esos deseos que no se pueden satisfacer en la realidad. Verbalizadas en los procesos de **asociación** (*v.*), las situaciones imaginarias constituyen importantes elementos diagnósticos.

2] LA IMAGINACIÓN ACTIVA. A diferencia de S. Freud, C.G. Jung traza la distinción entre imaginación y fantasía y se sirve de ésta para fundamentar ese método de la imaginación activa que así describe: "Prefiero la expresión 'imaginación' a la de 'fantasía' porque entre las dos existe esa diferencia que los viejos médicos tenían ante los ojos cuando decían que *opus nostrum*, nuestra obra, debe realizarse *per veram imaginationem et non phantasticam*: mediante una imaginación auténtica y no ilusoria. En otras palabras: según esta definición la fantasía es pura irrealidad, un fantasma, una fugaz impresión; la imaginación, en cambio, es creación activa orientada hacia un objetivo. Y ésta es precisamente la distinción que hace poco señalé. Una fantasía es más o menos un invento individual y queda en la superficie de las cuestiones personales y de las expectativas conscientes. Por el contrario, imaginación activa significa, como dice la expresión, que las imágenes tienen una vida propia y que los acontecimientos simbólicos se desarrollan también según su lógica interna... eso como es obvio, si la razón consciente no interfiere. [...] Si nos concentramos en una imagen interior y cuidamos no interrumpir el natural deslizamiento de los acontecimientos, nuestro inconsciente producirá una serie de imágenes que formarán una historia completa. [...] En la última parte del análisis con frecuencia la objetivización de imágenes toma el lugar de los sueños. [...] Esto acelera el proceso de maduración, ya que, en efecto, el análisis es un proceso de maduración acelerado" (1936: 62-63).

3] LA IMAGINACIÓN CREADORA. Es la capacidad de combinar y fundir percepciones diferentes en una unidad (posterior al momento mismo de la percepción y de la memoria) que la imaginación organiza y estructura incluso antes de su representación visualizada. Es ésta la imaginación que guía la producción artística y que nunca está separada de la abstracción y de la conceptualización. R. Arnheim escribe: "Hay correspondencias entre las imágenes oníricas, o las que crea el arte, por un lado, y las imágenes mentales que sirven de medio al pensamiento, por el otro; pero aunque notan-

do la semejanza también nos damos cuenta de las diferencias, y son éstas, precisamente, las que pueden contribuir a caracterizar con mayor precisión las imágenes del pensamiento. La diferencia principal es que las imágenes del pensamiento, para cumplir con su propia función, deben representar todos los aspectos del razonamiento, dado que tales imágenes constituyen el *'medium'* en el que se configura el pensamiento. Un sueño o una pintura, por otro lado, son el producto de pensamientos que un observador puede tratar de extraer de la imagen por medio de la interpretación. [...] Pero las imágenes del pensamiento alcanzan lo que los sueños y las pinturas no logran, porque pueden combinar niveles diversos y diferentes de abstracción en una única situación sensorial" (1969: 283-284).

4] LA IMAGINACIÓN SOCIAL. Esta expresión denota, por un lado, la orientación de la actividad imaginativa hacia lo social en el sentido de representar a los actores, a las instituciones y a las relaciones recíprocas; por el otro, indica la participación de la imaginación individual en un fenómeno colectivo. La imaginación social se renueva en cada época y es responsable de esas contraseñas simbólicas que, como dice M. Mauss, le sirven a la colectividad para percibirse a sí misma y para elaborar su propia identidad, la distribución de las posiciones sociales, las creencias comunes, el sentido moral y todos esos parámetros de referencia no codificados que funcionan para cada uno de los individuos como criterio de juicio hacia sus semejantes y como símbolo de pertenencia al grupo. Los imaginarios sociales y los símbolos en los que se basan pertenecen a esos sistemas complejos como son los mitos, las religiones, las ideologías y las utopías que, a su vez, actúan como lugares privilegiados en los que se constituyen los discursos que difunden los imaginarios sociales.

BIBLIOGRAFÍA. Arnheim, R. (1969); Baczko, B. (1979); Beres, D. (1960); Fenichel, O. (1945); Hillman, J. (1972); Jung, C.G. (1936); Malrieu, P. (1967); Mauss, M. (1950); Mecchia, R. (1979); Sartre, J.-P. (1936); Voltaire (1751-1765).

imaginal, mundo
v. IMAGINARIO, § 1.

imaginario (al. *Imaginär*; fr. *imaginaire*; ingl. *imaginary*; it. *immaginario*)

El término se utiliza con dos acepciones diferentes según la referencia aluda al mundo mítico-arquetípico o a la subdivisión lacaniana de la psique:

1] EL IMAGINARIO MÍTICO-ARQUETÍPICO. Llamado también "mundo imaginable", el imaginario mítico-arquetípico es una forma de representación del mundo que G. Durand describe así: "La conciencia dispone de dos formas de representar al mundo. Una directa, en la que la cosa misma se presenta al espíritu, como sucede en la percepción o en la simple sensación; la otra indirecta cuando, por un motivo u otro, la cosa no puede presentarse 'en carne y hueso' a la sensibilidad, como por ejemplo en el recuerdo de nuestra infancia, en la imaginación de los paisajes del planeta Marte, en la representación de los electrones que giran alrededor del núcleo del átomo, o en un más allá que está después de la muerte. En todos estos casos de conciencia indirecta el objeto ausente es representado en la conciencia por una imagen" (1964: 9) generada por ese mundo imaginable que el *Thesaurus Linguae Latinae* define como "lo que es propio del ejemplar, del arquetipo, es decir de lo paradigmático".

Al respecto H. Corbin, al proponer la expresión *mundo imagine* para traducir lo que la lengua árabe llama *âlam al mithâl*, tiende a darle al imaginario la dimensión ontológica de "un mundo intermedio entre lo empírico de la percepción sensible y el mundo de la intuición intelectual de los puros ininteligibles; un mundo que es ontológicamente real como lo es el de los sentidos y el del intelecto. Este mundo exige facultad de percepción, poder imaginativo, una facultad con una función cognoscitiva, con un valor 'noético' que es tan real como el de la percepción sensorial o el de la intuición intelectual" (1983: 15). Lo que está siempre en actividad en el imaginario es, para Corbin "la epifanía, es decir el paso del estado de ocultación de la potencia al estado luminoso, manifiesto y revelado" (1976: 145).

Al mundo imaginal de Corbin hace explícita referencia J. Hillman cuando conjetura un "yo imaginal diferente del yo cartesiano basado en el **cogito**, o del yo de la voluntad" (1972: 211). Su naturaleza y sus funciones son descritas así: "La idea de un yo imaginal da forma conceptual a lo que sucede realmente en la psicoterapia junguiana, donde la adaptación al inconsciente, o a la memoria, se refleja en la personalidad yoica transformada del analizado. Su adaptación es ante todo a la 'realidad psíquica' (Jung), al 'mundo imaginal' (Corbin). Así como la voluntad y la razón concebían la adaptación en términos de control y de compensación a la realidad, la adaptación del yo imaginal significa poder imaginar la realidad. [...] El yo del sueño es otro nombre del yo imaginal. Es ese aspecto del complejo yoico que forma parte de la realidad imaginal. [...] El viejo yo ofrece una adaptación unilateral: es inadecuado para la psicología arquetípica porque reprime y descuida la parte imaginal del complejo del yo. Nuestro concepto del yo dejó afuera aquello que nos hubiera curado. Un yo imaginal no significa un yo pleno de imágenes inducidas por las drogas, o un yo pleno de cogniciones de la imagen. Significa más bien comportarse imaginativamente" (1972: 193-197). También G. Bachelard se remonta al imaginario como proyección mítica de la interioridad y habla de un "logos de la imaginación" diferente del conceptual porque se expresa en imágenes y símbolos que recorren mitos, sueños, creaciones poéticas. El imaginario así concebido se distingue de la **imaginación** (*v.*) porque no es una facultad, sino el mundo de sus productos.

2] EL IMAGINARIO LACANIANO. Para J. Lacan el imaginario es una de las tres dimensiones esenciales del campo psíquico que él articuló en real, imaginario y simbólico. La noción de imaginario la elaboró en la descripción de la fase del espejo, donde el niño se confunde a él mismo con su imagen reflejada. El imaginario es ese yo captado en el espejo, externo al sujeto y objetivizado. Estamos en la línea de la enajenación antes de que el simbolismo le restituya al niño su subjetividad y antes de la recaída en el imaginario por medio del lenguaje y de la dialéctica de las identificaciones. Las identificaciones imaginarias están señaladas por un irremediable carácter de falsedad que conduce a una secuencia de fracasos y desilusiones, mientras que la verdadera historia del yo puede desarrollarse sólo en el nivel simbólico, donde se enlazan el lenguaje y los convencionalismos sociales. En lo simbólico el mundo interior (*Innenwelt*) se constituye con el mundo circundante (*Umwelt*), mientras en lo imaginario se abre el ciclo infinito de los "ajustes" del yo a la búsqueda de su realidad (*v.* **lacaniana, teoría,** § 5).

BIBLIOGRAFÍA: Aversa, L. (1970); Corbin, H. (1976); Corbin, H. (1983); Durand, G. (1963); Durand, G. (1964); Galimberti, U. (1984); Guénon, R. (1945); Hillman, J. (1972); Lacan, J. (1949).

imago

Término jungiano que designa el prototipo inconsciente, elaborado a partir de la primeras relaciones intersubjetivas reales o fantásticas, con las que el sujeto percibe a los demás. La imago, por lo tanto, no es la **imagen** (*v.*) sino un esquema inconsciente con el que el sujeto considera al otro. No es ni siquiera una representación más o menos deformada de lo real, porque, como dice Jung, la imago de un padre terrible muy bien se puede formar incluso en presencia de un padre real bueno. La imago está vinculada al **complejo** (*v.*) con la diferencia de que, mientras el complejo se refiere al efecto que la situación interpersonal determinó en el sujeto, la imago designa la sobrevivencia fantástica de los miembros de la situación que concierne a la relación.

BIBLIOGRAFÍA: Jung, C.G. (1912-1952).

imbecilidad
v. RETARDO MENTAL.

imbecilidad (al. *Stumpfsinn*; fr. *hébétude*; ingl. *hebetude*; it. *ebetismo*)

Aplanamiento afectivo caracterizado por la falta de reacción emotiva a los estímulos externos, determinada por el retiro total o parcial de intereses del individuo en la relación con el mundo y consigo mismo. E. Bleuler la denominó *demencia afectiva*, la imbecilidad es un rasgo frecuente en los síndromes esquizofrénicos.

BIBLIOGRAFÍA: Bleuler, E. (1911-1960).

imitación (al. *Nachahmung*; fr. *imitation*; ingl. *imitation*; it. *imitazione*)

Reproducción consciente o inconsciente de un modelo de comportamiento. Forma parte del proceso de aprendizaje del niño y presenta, según J. Piaget, las siguientes fases de perfeccionamiento que van de la mano con el desarrollo de la inteligencia: 1] *imitación refleja* (de 0 a 2 meses) vinculada al contexto sensomotor anterior al lenguaje, como responder al grito con el grito; 2] *funcional* (de 2 a 6 meses), en la que la reproducción de los gestos se da por el puro placer del ejercicio de la función, independientemente de su significado; 3] *significante* (de 6 meses a 1 año) cuando la imitación tiende a un resultado orientado a la satisfacción de los deseos del niño; 4] *diferida* o *indirecta* (2 años) que se manifiesta en la ausencia de modelos y al mismo tiempo en la constitución del juego simbólico y del lenguaje; 5] *imitación propiamente dicha*, que se realiza por objetivos de conocimiento y de adaptación intelectual al ambiente. En este estadio la imitación se interioriza con un proceso equivalente al de la transformación del lenguaje en lenguajes internos.

La actividad imitativa, que muchos consideran como una facultad innata, está motivada, en sus fases más maduras, por la simpatía y por los intereses que el objeto imitado ejerce en el sujeto. Al respecto D. Katz escribe que "En la base de las acciones imitativas se encuentra siempre una especie de simpatía. El comportamiento de otras personas se vuelve activo en forma de un estímulo que induce a la imitación cuando corresponde a un interés, aunque sólo sea pasajero. De esto se derivan relaciones con la psicología de las necesidades [...] ya que si en nuestro comportamiento sentimos la influencia de nuestro prójimo o si permanecemos independientes, esto depende de la medida en la que este comportamiento sirve a nuestros fines, a nuestros intereses y a nuestras necesidades. [...] La persona o la acción que se imita debe tener valor para el sujeto" (1960: 368-369). Cuando a la simple reproducción la acompaña una producción original, la imitación, orientándose hacia la superación del modelo, entra en una nueva fase y se vuelve creativa y artística.

BIBLIOGRAFÍA: Katz, D. (1960); Modica, M. (1979); Piaget, J. (1945); Piaget, J. (1966).

imperativo (al. *Imperativ*; fr. *impératif*; ingl. *imperative*; it. *imperativo*)

Término que acuñó I. Kant, para quien "La representación de un principio objetivo, en cuanto obliga a la voluntad, se llama mandamiento de la razón; y la fórmula del mandamiento se llama imperativo. Todos los imperativos se expresan con el verbo *deber* (*sollen*), e indican la relación de una ley objetiva de la razón con una voluntad de tal manera que, según su constitución subjetiva, no está necesariamente determinada por esta ley" (1785: 103). A partir de esta definición Kant distingue un imperativo *hipotético,* en el que la obligación de una conducta depende del fin que se propone, y un imperativo *categórico* en el cual la obligación de la conducta depende de la naturaleza de la conducta misma, puesto que responde a los criterios de la universalidad y de la necesidad, caracteres de la razón que hacen del imperativo un principio apodíctico. En el ámbito psicoanalítico W. Stekel distingue un imperativo *autoritario,* que proviene del superyó y condiciona el comportamiento de forma inconsciente, como coacción (*v.,* § 2), en el que resuenan los imperativos infantiles, un imperativo *ético,* expresión de la conciencia moral, en el que se manifiesta la tensión del hombre hacia metas más altas, y un imperativo *inmoral* que se expresa en impulsos antisociales inconscientes que se traducen en acciones impulsivas contra los principios morales.

BIBLIOGRAFÍA: Kant, I. (1785); Kant, I. (1788); Stekel, W. (1911); Stekel, W. (1949).

implosión (al. *Implosion*; fr. *implosion*; ingl. *implosion*; it. *implosione*)

Término que introdujo R.D. Laing para describir ese rasgo de la inseguridad ontológica (*v.* **seguridad**) caracterizado por el hecho "de percibir el mundo como algo que de un momento a otro puede romperse y borrar toda huella de nuestra identidad. El individuo se siente 'vacío'. Pero este vacío es él mismo; si bien, en otras palabras, desea que el vacío sea llenado, teme la posibilidad de que esto suceda, porque se ha ido convenciendo de no ser nada más que este vacío espantoso. Entonces cualquier 'contacto' con la realidad se siente como una terrible amenaza, porque aquélla, tal como él la vive, es necesariamente *implosiva.* [...] La realidad como tal, amenazando con engullir o implotar, es el perseguidor" (1959: 54).

BIBLIOGRAFÍA: Laing, R.D. (1959).

implosiva, **terapia**
v. COMPORTAMIENTO, § 5, *b.*

imposición (al. *Auferlegung*; fr. *imposition*; ingl. *imposition*; it. *imposizione*)

Orden perentoria que se considera inmotivada o arbitraria y por ello mismo es origen de muchas frustraciones o actitudes de resistencia y rebelión. En psicología y en pedagogía la imposición generalmente se consideraba desadaptadora (*v.* **adaptación**), excepto en casos particulares de conductas antisociales.

impotencia (al. *Impotenz*; fr. *impuissance*; ingl. *impotence*; it. *impotenza*)

El término se utiliza con una acepción general que S. Freud llama estado de impotencia (*Hilflosigkeit*), y con una acepción específica que se refiere a la impotencia sexual (*sexuelle Impotenz*).

1] ESTADO DE IMPOTENCIA. Condición de la primera infancia en la que el niño es completamente dependiente de la madre para la satisfacción de sus necesidades. La ausencia temporal de la madre produce un estado de tensión en el que se crean las condiciones de la angustia que, incluso en la edad adulta, se remonta a esta situación traumática. El estado de impotencia lo rastrea Freud al nacimiento prematuro del hombre: "La existencia intrauterina del hombre se presenta abreviada con relación a la de la mayoría de los animales; es dado a luz más inacabado que estos. Ello refuerza el influjo del mundo exterior real, promueve prematuramente la diferenciación del yo respecto del ello, eleva la significatividad de los peligros del mundo exterior e incrementa enormemente el valor del único objeto que puede proteger de estos peligros y sustituir la vida intrauterina perdida. Así, este factor biológico produce las primeras situaciones de peligro y crea la necesidad de ser amado, de que el hombre no se librará más." (1925 [1976: 145]). El estado de impotencia, relacionado con la experiencia de satisfacción, permite comprender: a] la satisfacción alucinatoria del **deseo** (v., § 2) y la diferenciación entre proceso **primario** y **secundario** (v.); b] la influencia de la madre en la estructuración de la psique del hijo, especialmente notable en la relación posterior con el otro sexo; c] el hecho de que la impotencia que se advierte en el plano biológico repercute en el plano psicológico como impotencia para dominar las excitaciones y la tensión interna, por lo cual se "surgen para el yo todas las dificultades que conocemos como padecimiento neurótico." (1925 [1976: 146]).

2] IMPOTENCIA SEXUAL. Incapacidad funcional del varón para cumplir el acto sexual no obstante el deseo normal y la integridad del órgano sexual. Se distingue una impotencia *eréctil*, que no permite alcanzar o mantener la erección; una impotencia *eyaculatoria*, que es una incapacidad para expulsar el líquido seminal, y una impotencia *orgásmica*, que no permite alcanzar un orgasmo satisfactorio. E. Bergler refirió: a] la impotencia *eréctil* a mecanismos fálicos derivados de un apego no resuelto a la madre que, inhibido por el miedo a la castración, lleva a la represión del deseo sexual por la madre, que después se reactiva respecto a todas las mujeres; b] la impotencia *eyaculatoria* a mecanismos obsesivos que llevan a asociar la sexualidad con todo lo que es inmundo y sucio, por lo cual se lo debe evitar; a esto se agrega la necesidad de controlar los impulsos agresivos y sádicos suscitados por el acto sexual, entre los que no falta el placer de dañar a la mujer con una relación prolongada (v. **sadismo**); c] la impotencia *orgásmica* a mecanismos orales basados en la correlación entre la leche materna y el líquido seminal. En lo tocante a la impotencia orgásmica, W. Reich propone la hipótesis de que, ya que el orgasmo implica la pérdida temporal del yo, se renuncia a la satisfacción orgásmica para evitar esta angustia.

BIBLIOGRAFÍA: Bergler, E. (1949); Freud, S. (1910-1917); Freud, S. (1925); Gutheil, E.A. (1959-1966); Reich, W. (1942).

impresión (al. *Eindruck*; fr. *impression*; ingl. *impression*; it. *impressione*)

El término se utiliza para referirse: 1] al efecto producido por un estímulo externo en los receptores sensoriales; 2] a una emoción de elevada intensidad que es difícil olvidar; 3] al juicio que se deriva del primer encuentro con personas o con situaciones nuevas. En este último caso se habla de *primera impresión* provocada por lo inusual del nuevo encuentro, que induce a una investigación de tipo exploratorio, la cual desemboca en valoraciones, inevitablemente no fundadas, de tipo psicológico o estético, basadas en criterios que dependen del condicionamiento cultural.

impronta (al. *Prägung*; fr. *imprinting*; ingl. *imprinting*; it. *imprinting*)

Forma de aprendizaje por impresión perceptiva. Ya señalado por el naturalista inglés D.A. Spalding en 1873, el término, en la acepción alemana de *Prägung*, lo retomaron K. Lorenz y N. Tinbergen para señalar el fenómeno por el cual las aves de corral, apenas salen del cascarón, siguen al primer objeto que ven en movimiento y se comportan en relación con él como con la madre, para después, en la edad adulta, cortejarlo como si se tratase de un ejemplar de su propia especie. Lorenz llamó a este comportamiento "aprendizaje precoz en fase sensible" y lo diferenció de todas las otras formas de **aprendizaje** (v.) porque no tiene necesidad de recompensa, no está sujeto a la generalización del estímulo, y no cambia durante toda la vida. Gracias a los experimentos que Lorenz llevó a cabo con patitos fue posible señalar que la impronta: 1] es irreversible; 2] está limitada a la fase sensible o crítica de la vida, que corresponde a algunas horas después del nacimiento, y 3] que la actividad discriminatoria es relativa a los caracteres de la especie y no a los del individuo. Estudios más recientes se oponen a la irreversibilidad de la impronta que, en condiciones especiales, puede sustituirse por un nuevo estímulo; consideran que la duración del período crítico no es fija sino que cambia con la especie y las condiciones ambientales; hacen extensiva la hipótesis también al comportamiento humano, hasta suponer que la ausencia de estímulos adecuados en el período sensible está en la base de algunas formas de retraso mental. No faltan, naturalmente, quienes disminuyen la importancia de la impronta, refiriendo su significado al ámbito de las respuestas vinculadas con la disminución de la ansiedad provocada por el objeto impreso.

BIBLIOGRAFÍA: Bateson, G. (1966); Lorenz, K (1949); Tinbergen, N. (1951).

impulsiva, neurosis
v. IMPULSIVIDAD.

impulsividad (al. *Impulsivität*; fr. *impulsivité*; ingl. *impulsiveness*; it. *impulsività*)

Tendencia a actuar sobre la base de un **impulso** (*v.*), es decir sin reflexionar y sin considerar las consecuencias. Frecuente en el niño, en el adulto –como escribe E. Bleuler– "la impulsividad no es un síntoma bien definido, sino más bien una forma frecuente y de naturaleza variable en la que se manifiestan las acciones patológicas. Algunas de las acciones impulsivas son automáticas, otras tienen carácter de acción impuesta y dominada por el cuadro afectivo, o de 'descarga' de una tensión emotiva con la que los pacientes se sienten cada vez más incómodos" (1911-1960: 465). Sobre la identificación bleuleriana entre impulsividad y **automatismo** (*v.*) no está de acuerdo C.G. Jung, quien declara: "Preferiría no llamar impulsivos sino más bien automáticos a esos procesos que en un individuo alguna vez fueron conscientes, pero que con el tiempo se *automatizaron*. Por lo general, en efecto, no se comportan como impulsos, ya que en circunstancias normales no se presentan con un carácter perentorio; esto aparece sólo cuando hay una afluencia de energía ajena" (1921: 460).

Las acciones *impulsivas* son egosintónicas (*v.* **egosintónico-egodistónico**) porque el carácter intencional prevalece sobre el aspecto impuesto; por eso se distinguen de las acciones *compulsivas* en las cuales la **compulsión** (*v.*)

prevalece sobre la intención. La acción impulsiva, en efecto, es gratificante porque descarga mal humor, frustraciones y depresiones, si bien tales gratificaciones, por lo general de carácter sexual o agresivo, están patológicamente distorsionadas y revelan la incapacidad del sujeto para soportar tensiones y frustraciones. Pese al conflicto intrapsíquico, la impulsividad siempre es preferible a la **inhibición** (*v.*) y al sentimiento de **culpa** (*v.*, § 3); además, si bien la acción impulsiva se vive con satisfacción, después llegan remordimientos y arrepentimientos, aunque éstos están ausentes en las personalidades psicóticas. Son acciones impulsivas la **cleptomanía** (*v.*), la **piromanía** (*v.*), el impulso a caminar sin meta (*v.* **dromomanía**), la **grafomanía** (*v.*), la necesidad irresistible de comprar y todas las acciones que E. Kraepelin clasifica entre las **monomanías** (*v.*), y que hoy se llaman *neurosis impulsivas*. De éstas se debe distinguir el *trastorno impulsivo hiperhinético* del comportamiento infantil, caracterizado por hiperactividad, poca concentración, e irritabilidad, y que se considera depende de una disfunción diencefálica.

BIBLIOGRAFÍA: Bleuler, E. (1911-1960); Jung, C.G. (1921); Kraepelin, E. (1883).

impulso (al. *Antrieb*; fr. *impulsion*; ingl. *impulse*; it. *impulso*)

El término impulso traduce el alemán *Antrieb*, y debe distinguirse del término **pulsión** (*v.*), en alemán *Trieb*, que se usa en la psicología de lo profundo, así como del término **instinto** (*v.*), en alemán *Instinkt*, con la acepción con la que se utiliza en psicología.

1] NEUROLOGÍA. En este ámbito el impulso es una acción electroquímica ejercida sobre la célula nerviosa, la cual está separada de su ambiente por una membrana cuya superficie externa tiene una carga eléctrica positiva y la interna una carga eléctrica negativa. Este "gradiente eléctrico" se debe en parte al hecho de que la membrana posee una permeabilidad selectiva respecto a los diferentes iones con carga eléctrica positiva y negativa, y en parte a la peculiar capacidad de la célula viviente para descargar ciertos iones, en especial el de sodio, a través de su membrana. Cuando un estímulo mecánico, térmico, eléctrico, o químico llega a la célula, altera su equilibrio, aumentando inesperadamente la permeabilidad de la membrana al sodio, con el consiguiente transporte de iones de sodio hacia el interior de la célula. En el punto de la membrana excitado de esta manera se produce una marcada modificación de potencial, con despolarización de la membrana; el proceso prosigue hasta la inversión del potencial. Esta modificación del potencial de la membrana se llama potencial de acción. Una vez iniciado, el proceso continúa independientemente de la intensidad del estímulo, según la ley del todo o nada (v. **acción**, § 2, *a*). La intensidad del proceso excitatorio está determinada por la energía que la célula puede movilizar en sí misma, y no por las características del estímulo. Después de haber comenzado la excitación la célula es refractaria a cualquier otro estímulo, por intenso que éste pueda ser; una nueva excitación es imposible hasta que se haya restaurado el potencial precedente, y tal fase refractaria dura cerca de un milisegundo. A partir de esta premisa es posible decir que el impulso nervioso es generado por una migración de iones de sodio hacia el interior de la célula, mientras el potencial de reposo es restaurado por una migración de iones positivos hacia el exterior de la célula.

2] PSICOANÁLISIS. Sobre la base del modelo neurológico, S. Freud elaboró un esquema de interpretación según el cual los impulsos pasan del ello al yo, donde son descargados, inhibidos, o desviados por los mecanismos de defensa, o sublimados en manifestaciones no instintivas. Con esta acepción el impulso es el elemento energético del **aparato psíquico** (*v*.) regulado por una tópica, una dinámica y una economía psíquica.

3] PSIQUIATRÍA. En este ámbito el concepto de impulso se refiere a una tendencia dictada por una necesidad que da inicio a las que K. Jaspers llama "tendencias impulsivas, es decir fenómenos desinhibidos, irrefrenables, incontrolables", que asumen el aspecto de lo patológico "cuando nuestra comprensión no ve ninguna posibilidad por la que estos impulsos podrían ser suprimidos" (1913-1959: 127). Con esta misma acepción C.G. Jung define el impulso como "una *constricción perentoria* para actuar en una cierta forma. Esta constricción

perentoria puede derivarse de un estímulo externo o interno que activa, por la vía psíquica, el mecanismo del impulso, o bien por causas orgánicas que residen fuera de la esfera de las relaciones psíquicas causales. *Impulso* es todo fenómeno psíquico que no resulta de una causa establecida por una intención voluntaria sino por un requerimiento dinámico, ya sea tanto que éste provenga directamente de fuentes orgánicas, y por lo tanto, extrapsíquicas, como que esté condicionado, en esencia, por energías activadas simplemente por la intención voluntaria; con la reserva, en este último caso, de que el resultado producido sea mayor que el efecto al que apuntaba la intención voluntaria. En el concepto de impulso se encuentran, en mi opinión, todos los procesos psíquicos de cuya energía no dispone la conciencia" (1921: 459-460).

Por lo que se refiere a los trastornos del impulso, se suele distinguir el *exceso* y el *defecto* de actividad impulsiva. Los casos de carencia son característicos de las lesiones del lóbulo frontal y frecuentes en las depresiones endógenas, en la demencia senil, hasta llegar a casos extremos en las formas catatónicas de la esquizofrenia. El aumento anormal de los impulsos, en cambio, se registra en las formas maniacas, en los estados tóxicos y en las obnubilaciones de la conciencia. La bibliografía psiquiátrica distingue además entre *impulso* y *coacción*, donde el primero se refiere a representaciones impuestas de determinadas acciones hacia las que el sujeto se siente empujado, pero que en realidad no cumple nunca, mientras en la segunda se refiere a actos efectivamente ejecutados bajo coacción. El impulso suele ser atroz y abominable, la acción es inocua o insignificante. Otra distinción, que introdujo E. Kraepelin, es entre impulso *colateral*, que subyace a un impulso primario, condicionando su desarrollo, e impulso *cruzado* que, interviniendo, lo bloquea: "Los impulsos colaterales, que primero causan sólo rupturas en la acción, pueden volverse impulsos cruzados que llevan a un completo descarrilamiento de la voluntad" (1913: 75).

En los pacientes esquizofrénicos, por último, se observa con frecuencia el llamado *impulso verbal*, que consiste en repentinas enunciaciones de palabras o frases sin ningún nexo con lo que el sujeto está haciendo o diciendo en ese momento. S. Piro escribe al respecto: "el análisis semántico lleva a clasificar los impulsos verbales entre las manifestaciones de disolución semántica: se perdió el uso lingüístico del lenguaje porque el sujeto no es portador de intenciones de comunicarse o de expresarse lingüísticamente, y, en consecuencia, la producción verbal impulsiva está privada de significado; el distanciamiento entre el signo y el significado es completo y, es más, la palabra ya no es un signo (desemantización)" (1967: 28). Los impulsos verbales, si se presentan en personas normales, pueden ser interpretados como un síntoma de aparición de la esquizofrenia con lo cual adquieren un valor diagnóstico, mientras que si se observan en esquizofrénicos crónicos se interpretan como residuo último de una conducta verbal.

BIBLIOGRAFÍA: Benedetti, G. (1969d); Freud, S. (1915); Hull, C.L. (1952); Jaspers, K. (1913-1959); Jung, C.G. (1921); Kraepelin, E. (1883); Kraepelin, E. (1913); Piro, S (1967).

impureza
v. PURO-IMPURO.

imputabilidad
v. RESPONSABILIDAD.

inaccesibilidad (al. *Unzugänglichkeit*; fr. *inaccessibilité*; ingl. *inaccessibility*; it. *inaccessibilità*)

Imposibilidad de ser alcanzados por los demás mediante la comunicación. El término se utiliza comúnmente en psiquiatría para referirse a la condición de aislamiento psíquico propia del **autismo** (v.).

inadecuación (al. *Unzulänglichkeit*; fr. *inadéquation*; ingl. *inadequacy*; it. *inadeguatezza*)

Sentimiento de insuficiencia frente a determinadas situaciones: S. Freud, modificando el término de P. Janet, habla de *insuffisance psycologique* (inadecuación psicológica) en la base de la histeria y de la neurosis de angustia, como incapacidad para dominar la

tensión sexual o para realizar su satisfacción. El sentimiento de inadecuación no implica necesariamente sentimientos de **inferioridad** (v.), sino que con frecuencia está acompañado por manifestaciones de pesadumbre. Para A. Adler los sentimientos de inadecuación pueden generar formas de compensación en términos de voluntad de potencia (v. **potencia**).

BIBLIOGRAFÍA: Adler, A. (1920); Freud, S. (1892-1895); Freud, S. (1894); Freud, S. (1895).

inanición
v. ABANDONO, SÍNDROME DE.

inautenticidad
v. AUTENTICIDAD-INAUTENTICIDAD.

incapacidad (al. *Unfähigkeit*; fr. *incapacité*; ingl. *disability*; it. *incapacità*)

Término genérico utilizado para designar las escasas capacidades o la imposibilidad de un sujeto para desarrollar una actividad o para cumplir una tarea. En sentido más específico el término se utiliza en **psicología forense** (v.) con la acepción de "incapacidad para entender o para querer", tomada como criterio para la reducción de la imputabilidad y de la responsabilidad.

incentivo (al. *Anregung*; fr. *invitation*; ingl. *incentive*; it. *incentivo*)

Estímulo que proporciona una motivación para iniciar una actividad. Se contrapone a *disuasivo*, incentivo negativo que desanima la acción. Ambos términos los utiliza la psicología de la **motivación** (v., § 2) y corresponden al refuerzo positivo o negativo del que habla la psicología experimental a propósito del **aprendizaje** (v., § I, 2) y de la satisfacción de la *necesidad*, de acuerdo con la teoría "necesidad-pulsión-incentivo" (v. **necesidad**, § 2, *a*).

BIBLIOGRAFÍA: Bolles, R.C. (1975); Hull, C.L. (1943).

incesto (al. *Blutschande*; fr. *inceste*; ingl. *incest*; it. *incesto*)

Relación sexual entre personas que tienen vínculos de parentesco. El incesto está universalmente prohibido en todas las sociedades humanas; en algunas sólo está permitido a los soberanos para reforzar su estatus por encima de cualquier ley y prohibición. Las explicaciones de esta prohibición universal, investigadas sobre todo en el ámbito antropológico y psicoanalítico, son muchas y casi todas insatisfactorias por lo menos en parte.

1] ANTROPOLOGÍA. En este ámbito entre las principales interpretaciones, recordamos:

a] La teoría *biológica* que sostiene L. H. Morgan, según el cual los hijos nacidos de relaciones consanguíneas estarían más predispuestos a presentar malformaciones y enfermedades por el predominio, en estas uniones, de caracteres recesivos.

b] La teoría de la *familiaridad*, que sostiene B. Malinowski, según quien la relación sexual entre consanguíneos encontraría un obstáculo de tipo psicológico debido a las relaciones de familiaridad, que producirían una instintiva repugnancia por las relaciones sexuales.

c] La teoría *totémica* de É. Durkheim, de acuerdo con el cual los miembros pertenecientes al mismo clan totémico estarían convencidos de tener en común una misma sustancia materializada en la sangre que inspiraría la misma aversión que la sangre menstrual o sangre femenina, con la que no se debe tener ningún contacto.

d] La teoría *cultural* de C. Lévi-Strauss, según quien la primera regla de sobrevivencia para las comunidades primitivas era la de encontrar, en el exterior, enemigos o parientes. Para evitar el estado de continua beligerancia que habría destruido a las diversas comunidades no había otro medio que el de intercambiar a las mujeres: "La última explicación es probablemente que la humanidad se dio cuenta muy rápido de que, para poder liberarse de una salvaje lucha por la existencia, debía elegir simplemente entre 'casarse fuera, o ser asesinado fuera'. La alternativa era entre las familias biológicas que vivían en contacto y tendían a ser unidades cerradas y autoperpetuadas, sobrecogidas por temores, odios e ignorancias, y la instauración

sistemática, mediante la prohibición del incesto, de vínculos intermatrimoniales entre ellas, logrando de esta forma construir, además de los artificiales vínculos de parentesco, una verdadera sociedad humana, no obstante la influencia aisladora de la consanguinidad, e incluso en oposición a ella" (1960-1967: 168). Con la prohibición del incesto el orden de la cultura entra en la naturaleza, expresando la vida sexual como vida social; en efecto "la prohibición del incesto no es tanto una regla que prohíbe desposar a la madre, la hermana o la hija, como una regla que obliga a darles a otros la madre, la hermana o la hija" (1947: 617).

2] PSICOANÁLISIS. Freud hace de la prohibición del incesto el núcleo a partir del cual se articula el complejo edípico y su resolución: "El psicoanálisis nos ha enseñado que la primera elección de objeto sexual en el varoncito es incestuosa, recae sobre los objetos prohibidos, madre y hermanas; y también nos ha permitido tomar conocimiento de los caminos por los cuales él se libera, cuando crece, de la atracción del incesto. Ahora bien, el neurótico representa (*repräsentieren*) para nosotros, por lo común, una pieza del infantilismo psíquico; no ha conseguido librarse de las constelaciones pueriles de la psicosexualidad, o bien ha regresado a ellas (inhibición del desarrollo y regresión). En su vida anímica inconciente, pues, las fijaciones incestuosas de la libido siguen desempeñando –o han vuelto a desempeñar– un papel principal. Por eso hemos llegado a proclamar como el *complejo nuclear* de las neurosis el vínculo con los padres, gobernado por apetencias incestuosas." (1912-1913 [1976: 26]; *v.* **antropología**, § 1). C.G. Jung desplaza el problema del incesto del plano literario al simbólico para descubrir en las fantasías de incesto, por un lado, una regresión a las fuentes del desarrollo psíquico para una regeneración del propio mundo interior, y por el otro una representación que invita a acomodar partes de la psique que todavía no están integradas.

BIBLIOGRAFÍA: Ceccarelli, F. (1978); Durkheim, É. (1897); Freud, S. (1912-1913); Héritier, F. (1979); Jung, C.G. (1934-1954); Lévi-Strauss, C. (1947); Lévi-Strauss, C. (1960-1967); Malacrea, M. y A. Vassalli (coords.) (1990); Malinowski, B. (1927); Montefoschi, S. (1982); Morgan, L.H. (1877).

incidencia (al. *Einfallen*; fr. *incidence*; ingl. *incidence*; it. *incidenza*)

Frecuencia en la manifestación de un fenómeno. En psiquiatría el término se refiere a la tasa con que surge una enfermedad psíquica en una población determinada en cierto lapso de tiempo (*v.* **epidemiología**).

inclusión (al. *Einschliessung*; fr. *inclusion*; ingl. *inclusion*; it. *inclusione*)

Término que introdujo R.D. Laing para indicar la condición de seguridad ontológica (*v.* **seguridad**) caracterizada por la conciencia de morar en el propio cuerpo, vivido como sede original de la propia existencia. Su opuesto es la no inclusión (*unembodied*) que, para Laing, es la condición identificable en cualquier forma de esquizofrenia "en la que el individuo siente su yo más o menos dividido o separado de su cuerpo. El cuerpo se vive, más que como el núcleo mismo del ser, como un objeto entre los otros muchos objetos del mundo. En lugar de ser el centro del verdadero yo, el cuerpo se vive como el centro de un *falso yo*, que el yo 'verdadero', el yo 'interior', incorpóreo y separado, puede ver, según los casos, con ternura, con curiosidad, con odio" (1959: 79).

BIBLIOGRAFÍA: Laing, R.D. (1959).

incoherencia (al. *Widersprüchlichkeit*; fr. *incohérence*; ingl. *incoherence*; it. *incoerenza*)

Presencia de contradicción en un sistema, con la consiguiente incompatibilidad de las partes que lo componen (*v.* **coherencia**; **pensamiento**, § III, 1, *f*).

incongruencia (al. *Inkongruenz*; fr. *incongruité*; ingl. *incongruity*; it. *incongruenza*)

En *psiquiatría* el término denota la limitación, la distorsión o la pérdida de los habituales nexos asociativos entre una idea y otra, entre idea y resonancia emotiva, entre contenido de pensamiento y comportamiento, que se observa en la disociación mental (*v.* **escisión**). En *psicología* se refiere a la contradicción que puede determinarse entre la información recibida del entorno y la que ya está almacenada de circunstancias anteriores análogas o, en el caso de la **disonancia cognoscitiva** (*v.*), en contraste entre las nociones y los valores que posee el individuo y sus tendencias de comportamiento (*v.* **coherencia**). Investigaciones experimentales demostraron que existe un nivel óptimo de incongruencia, por lo que si una situación es muy incongruente el individuo se irrita, si lo es muy poco, se produce aburrimiento por falta de novedad o estímulo.

inconsciente (al. *Unbewusste*; fr. *inconscient*; ingl. *unconscious*; it. *inconscio*)

El término se utiliza como *adjetivo* para calificar los contenidos no presentes en la conciencia, y como *sustantivo* para indicar una zona de lo psíquico. Este concepto es central en todas las psicologías de lo profundo, para las cuales los contenidos de la conciencia no son originales sino derivados de procesos que, como escapan a la conciencia y son anteriores a ésta, son llamados "inconscientes".

1] LOS ANTECEDENTES FILOSÓFICOS. Los antecedentes filosóficos de la noción de inconsciente se pueden encontrar en G.W. Leibniz, quien subrayó la importancia de las "pequeñas percepciones" que "forman ese no sé qué, esos gustos, esas imágenes de las cualidades sensibles, claras en conjunto, pero confusas en las partes; esas impresiones que los cuerpos que nos rodean dejan en nosotros y que involucran al infinito; ese vínculo que cada ser tiene con todo el resto del universo" (1703: 17). El inconsciente vuelve con I. Kant quien, respondiendo a las objeciones de J. Locke, según el cual no se puede hablar de representaciones de las que no se es consciente, escribe que "podemos ser conscientes mediatamente de una representación de la que no lo somos inmediatamente" (1798: 17). Pero es con F.W.J. Schelling con quien el inconsciente se vuelve uno de los aspectos fundamentales del absoluto como identidad de naturaleza y espíritu, en el sentido de que "el inconsciente es la raíz invisible de la que todas las inteligencias no son otra cosa que potencias; es el eterno intermediario entre el sujeto que se autodetermina en nosotros y el objetivo o 'intuyente'" (1800: 280). A. Schopenhauer concibe el inconsciente como voluntad irracional más allá de las coordenadas del espacio y del tiempo, no regulado por el principio de causalidad que preside nuestras representaciones. E. von Hartmann, partiendo de Schelling y de Schopenhauer, introduce explícitamente el término "inconsciente", del que el espíritu y la materia no serían sino dos representaciones diferentes.

S. Freud, que hace del inconsciente el centro de la teoría psicoanalítica, reconoce los antecedentes filosóficos: "Acaso entre los hombres sean los menos quienes tienen en claro cuán importantísimo paso, para la ciencia y para la vida, significaría el supuesto de unos procesos anímicos inconcientes. Apresurémonos a agregar, empero, que no fue el psicoanálisis el primero en darlo. Cabe citar como predecesores a renombrados filósofos, sobre todo al gran pensador Schopenhauer, cuya 'voluntad' inconciente es equiparable a la 'vida pulsional' del psicoanálisis. Es el mismo pensador, por lo demás, que con palabras de inolvidable acento ha recordado a los hombres la significación siempre subestimada de su pujar sexual. El psicoanálisis sólo ha tenido prioridad en esto: no se limitó a afirmar en abstracto esas dos tesis tan penosas para el narcisismo (la significación de la sexualidad y la condición de inconciente de la vida anímica), sino que las demostró en un material que toca personalmente a cada quien y lo obliga a tomar posición frente a ese problema. Pero por eso mismo se atrajo la aversión y las resistencias que no osan enfrentarse con el gran nombre del filósofo." (1916 [1976: 135]).

Desde el punto de vista de la psicología experimental, centrada exclusivamente en la experiencia del consciente, G.T. Fechner retomó de J.F. Herbart el concepto de "umbral de la conciencia" (por debajo del cual las ideas son inconscientes) para representar la mente humana como un témpano del cual sólo la punta emerge en la superficie; mientras que en el campo médico, además de C.G. Carus, quien sostenía que "la clave para la comprensión de la vida consciente reside en la región del inconsciente" (1846: 148), la psicopatología francesa, con J.M. Charcot, P. Janet y T.A.

Ribot, se refirió a la vida psíquica inconsciente para explicar el automatismo psicomotor, la sugestión posthipnótica, el sonambulismo y los síntomas histéricos.

2] EL INCONSCIENTE EN LA TEORÍA PSICOANALÍTICA. En este ámbito el inconsciente está considerado desde un punto de vista descriptivo y desde un punto de vista tópico. En el uso descriptivo, "inconsciente" es un adjetivo que se refiere a todos esos contenidos psíquicos que no aparecen en el horizonte actual de la conciencia, mientras en el uso tópico "inconsciente" es un lugar (en griego, τόπος) del aparato psíquico (v.) en el que se encuentran todos esos contenidos a los que, mediante la represión (v.), se les negó el acceso al sistema consciente. Esta definición se refiere a la primera tópica que elaboró Freud, donde el inconsciente es concebido como un sistema, denominado Icc, cuyos contenidos están representados por las pulsiones y regulados por los mecanismos específicos del proceso primario (v.), en especial por la condensación (v.) y por el desplazamiento (v.). Cargados de energía pulsional o libido (v.), dichos contenidos tratan de entrar al sistema preconsciente-consciente (denominado Prcc), pero lo logran sólo mediante formaciones de compromiso (v.) después de ser sometidos a las deformaciones de la censura (v.). En cuanto a su naturaleza, Freud considera que se refieren a los deseos de la infancia que sufrieron una fijación (v.) en el inconsciente.

Al respecto escribe Freud: "El núcleo del Icc consiste en agencias representantes de pulsión que quieren descargar su investidura; por tanto, en mociones de deseo. [...] Dentro de este sistema no existe negación (Negation), no existe duda ni grado alguno de certeza. Todo esto es introducido sólo por el trabajo de la censura entre Icc y Prcc. [...] Por el proceso de desplazamiento, una representación puede entregar a otra todo el monto de su investidura; y por el de la condensación, puede tomar sobre sí la investidura íntegra de muchas otras. He propuesto ver estos dos procesos como indicios del llamado proceso psíquico primario. Dentro del sistema Prcc rige el proceso secundario; [...] Los procesos del sistema Icc son atemporales, es decir, no están ordenados con arreglo al tiempo, no se modifican por el trascurso de este ni, en general, tienen relación alguna con él. También la relación con el tiempo se sigue del trabajo del sistema *Cc*. Tampoco conocen los procesos *Icc* un miramiento por la *realidad*. Están sometidos al principio de placer; su destino sólo depende de la fuerza que poseen y de que cumplan los requisitos de la regulación de placer-displacer. Resumamos: *ausencia de contradicción, proceso primario* (movilidad de las investiduras), *carácter atemporal* y *sustitución de la realidad exterior por la psíquica*, he ahí los rasgos cuya presencia estamos autorizados a esperar en procesos pertenecientes al sistema *Icc*. Los procesos inconcientes sólo se vuelven cognoscibles para nosotros bajo las condiciones del soñar y de la neurosis, [...] En sí y por sí ellos no son cognoscibles," (1915 [1976: 183-185]).

En la segunda formulación del **aparato psíquico** (*v*., § 5) el término "inconsciente" ya no se utiliza como sustantivo sino como adjetivo, porque ya no se refiere a un sistema diferenciado, como en la primera tópica, sino a una cualidad que caracteriza, además del **ello** (*v*.), también parte del yo y del superyó. Aclarado esto, aún es posible decir que los caracteres que se le reconocen al inconsciente en la primera tópica, son atribuidos, en la segunda, al ello.

3] EL INCONSCIENTE COLECTIVO. Este concepto lo elaboró en el terreno antropológico C. Lévi-Strauss y en el de la psicología analítica C.G. Jung, con una atribución de significado completamente diferente.

a] Para Lévi-Strauss el inconsciente es, por un lado, el lugar de encuentro entre *observador* y *observado* y, por el otro, el lugar de encuentro entre *modelo y estructura*. En efecto, "dado que las subjetividades son incomparables e incomunicables, la posibilidad de comprensión sería imposible si la oposición entre los demás y yo no pudiera ser superada en un terreno que es también aquel en el cual lo subjetivo y lo objetivo se encuentran, vale decir el inconsciente. En efecto, las leyes de la actividad inconsciente están siempre, por un lado, más allá del aprendizaje subjetivo (podemos tomar conciencia, pero sólo como objeto); por el otro, son las que determinan las características de este aprendizaje. [...] Como término mediador entre los demás y yo, profundizando los datos del inconsciente, no prolongamos, si así se puede decir, en el sentido de nosotros mismos: alcanzamos un nivel, que no nos parece extraño porque encierra nuestro yo más secreto, más (mucho más normalmente) porque, sin obligarnos a salir de nosotros mismos, nos pone en coincidencia con formas de actividad que son, al mismo tiempo, *nuestras* y *de los demás*, condiciones de todas las vidas mentales de todos los hombres y de todos los tiempos" (1950, pp. XXXIV-XXXV).

b] Por su parte Jung, después de haber distinguido un inconsciente personal de un inconsciente colectivo (*v*. **psicología analítica**, § 3), escribe que "el inconsciente colectivo es una parte de la psique que se puede distinguir en términos de oposición, del inconsciente personal, por el hecho de que no debe su existencia, como éste a la experiencia personal. Mientras el inconsciente personal está formado esencialmente por contenidos que en un momento fueron conscientes pero que después desaparecieron de la conciencia porque fueron olvidados o reprimidos, los contenidos del inconsciente colectivo nunca estuvieron en la conciencia y por lo tanto nunca fueron adquiridos en el nivel individual, sino que deben su existencia exclusivamente a la herencia. El inconsciente personal consiste sobre todo en 'complejos'; el contenido del inconsciente colectivo, en cambio, está formado esencialmente de 'arquetipos'. El concepto de arquetipo, correlato indispensable de la idea de inconsciente colectivo, indica la existencia en la psique de determinadas formas que parecen estar presentes siempre y en todas partes. La investigación mitológica las llama 'motivos'; en la psicología de los primitivos corresponden al concepto de *représentations collectives* de Lévy-Bruhl; en el campo de la religión comparada Hubert y Mauss los definieron como 'categorías de la imaginación'" (1936: 43; *v*. **antropología**, § 2).

c] Sin utilizar la expresión "inconsciente colectivo", también Freud, en más de un texto, alude a él cuando en el inconsciente le reserva un lugar a contenidos no adquiridos por el individuo, o sea no ontogenéticos sino filogenéticos, que constituyen el "núcleo del inconsciente": "El contenido del *Icc* puede ser comparado con una población psíquica primitiva. Si hay en el hombre unas formaciones psíquicas heredadas, algo análogo al instinto (*Instinkt*) de los animales, eso es lo que constituye el núcleo del *Icc.*" (1915 [1976: 191-192]).

4] INCONSCIENTE Y LENGUAJE. Esta relación la consideró J. Lacan a partir de la dislocación de la centralidad de la conciencia, tal como fue propuesta por la cultura occidental, y en especial por R. Descartes, con su *Cogito ergo sum.* Para Lacan el hombre no vive en el *cogito*, sino en un "ello" (*ça*) profundo que "lo habla" y respecto al cual el hombre se encuentra en un estado de radical sumisión: "pienso en lo que soy –escribe Lacan– allí donde no pienso pensar" (1957b: 511). Si el hombre es el hablado, el que habla es el Otro (*v.*, § 1) del sujeto consciente, ese "ello habla" (*ça parle*) a propósito del cual Lacan precisa: "Enseñamos siguiendo a Freud que el Otro es el lugar de esa memoria que él descubrió bajo el nombre de inconsciente" (1958: 571). Si el inconsciente es lenguaje, "Nuestra doctrina [...] no se funda en ninguna asunción de los arquetipos divinos, sino en el hecho de que el inconsciente tiene la estructura radical del lenguaje, que en él un material opera según unas leyes que son las que descubre el estudio de las lenguas positivas, de las lenguas que son o fueron efectivamente habladas" (1961: 589). Justo porque el inconsciente es lenguaje, o, como dice Lacan, es "deseo derive lenguaje", se hace necesario un psicoanálisis lingüístico con el fin de penetrar en el "oscuro hablar del ello", en los "agujeros de sentido del discurso consciente donde la verdad del inconsciente se sitúa *entre líneas*" (1957: 429). Para descifrar la "retórica del inconsciente" Lacan se remonta a la lingüística estructural, y en especial a R. Jakobson, que le permite unir los mecanismos inconscientes que ilustró Freud a los procedimientos retóricos de la metáfora y de la metonimia. La **metáfora** (*v.*), en efecto, al indicar un objeto con el nombre de otro que tiene con el primero relaciones de semejanza, es accesible a la **condensación** (*v.*), mientras la metonimia, que nombra una cosa o una persona con el nombre de otra cosa o persona que tenga con ésta relaciones de dependencia o de contigüidad, es accesible al **desplazamiento** (*v.*), que eran los dos mecanismos que evidenció Freud como típicos del proceso primario donde se expresa el inconsciente.

5] INCONSCIENTE Y LÓGICA DE CONJUNTOS. El inconsciente que describió Freud encontró su formulación lógica en términos de conjuntos con I. Matte Blanco, quien lo interpreta a partir del *principio de generalización*, por lo que el inconsciente trataría a una cosa única, persona y objeto como si fuera un elemento de un conjunto que contiene otros elementos, y a este conjunto como un subconjunto de un conjunto más amplio y así sucesivamente hasta el infinito, y a partir también del *principio de simetría*, por lo que lo inverso de una relación es tratado como idéntico a la relación. Los efectos de estos dos principios son la supresión del concepto de sucesión, y por consiguiente, del espacio y el tiempo, la identidad entre la parte y el todo, así como la no observación del principio de no contradicción, que eran los caracteres que Freud describió como típicos del proceso primario. El resultado es que el inconsciente tiende a la indiferenciación de eso que la lógica consciente describe como diferenciación. La trama de estas dos formas de proceder: el inconsciente simétrico, homogéneo e indiferenciado, y el consciente asimétrico, heterogéneo y diferenciado, da origen a las que Matte Blanco llama *estructuras bi-lógicas*, que corresponden al entrelazamiento de las dos formas citadas, y entre las cuales la represión ocupa un lugar destacado.

6] LA CRÍTICA FENOMENOLÓGICA A LA NOCIÓN DE INCONSCIENTE. La formuló de la manera más radical M. Boss, quien encuentra injustificado el procedimiento de razonamiento que Freud adopta para la construcción del inconsciente. En efecto, escribe Freud: "Es *necesario*, porque los datos de la conciencia son en alto grado lagunosos; en sanos y en enfermos aparecen a menudo actos psíquicos cuya explicación presupone otros actos de los que, empero, la conciencia no es testigo. [...] Estos actos concientes quedarían inconexos e incomprensibles si nos empeñásemos en sostener que la conciencia por fuerza ha de enterarse de todo cuanto sucede en nosotros en materia de actos anímicos, y en cambio se insertan dentro de una conexión discernible si interpolamos los actos inconcientes inferidos." (1915 [1976: 163]). Según Boss, del análisis de este razonamiento resulta que tanto el juicio de que existe "una lagunosidad en la serie de los actos conscientes", como en el contenido deducido de este juicio que "lo psíquico es en sí inconsciente", se apoyan "en el supuesto científico operante en la ciencia natural según el cual lo real existe siempre y sólo en nexos causales rigurosos y sin brechas entre objetos actualmente presentes" (1957: 16). Por lo tanto el inconsciente no es una realidad psíquica, sino un producto del método con el que Freud enfrentó esta realidad. En efecto, sin el supuesto científico arriba enunciado Freud no habría podido "constatar" la discontinuidad de la vida consciente e "inferir" en consecuencia un sustrato real en el cual encontrar los tan buscados nexos causales libres de lagunas. "Ya que un inconsciente –continúa Boss– en cuanto inconsciente, es por definición incontrolable, sin riesgo se podía concebir que en él estaban todos los nexos causales no fragmentarios que no pueden ser percibidos en la realidad inmediatamente dada, y que sin embargo se consideraban indispensables para poder atribuirle a la psique una realidad propia" (1957: 17). Desde el punto de vista fenomenológico el resultado de semejante procedimiento discursivo no es tanto la "comprensión" de la vida psíquica como su "explicación" de acuerdo con el ideal explicativo de las ciencias naturales (*v.* **psicología comprensiva**).

BIBLIOGRAFÍA: Boss, M. (1957); Carus, C.G. (1846); Ellenberger, H.F. (1970); Fechner, G.T. (1873); Freud, S. (1912); Freud, S. (1915); Freud, S. (1916); Freud, S. (1922); Galimberti, U. (1979); Hartmann, E. von (1869); Herbart, J.F. (1813); Jung, C.G. (1929); Jung, C.G. (1936); Kant, I. (1798); Lacan, J. (1957); Lacan, J. (1957); Lacan, J. (1958); Lacan, J. (1961); Lacan, J. (1966); Leibniz, G.W. (1703); Lévi-Strauss, C. (1950); Matte Blanco, I. (1975); Ribot, T.A. (1914); Schelling, F.J.W. (1800); Schopenhauer, A. (1819).

incontinencia (al. *Inkontinenz*; fr. *incontinence*; ingl. *incontinence*; it. *incontinenza*)

El término se utiliza con dos acepciones para referirse a: 1] la *incontinencia de los esfínteres*, que es la incapacidad para contener voluntariamente la orina (*v.* **enuresis**) y las heces, por causas orgánicas, sobre todo de naturaleza neurológica focal, o por causas psíquicas que refieren a estados regresivos de naturaleza psicótica o neurótica, con pérdida de control por parte del yo; 2] la *incontinencia emotiva*, que es la incapacidad de contener las emociones, y la respuesta desproporcionada respecto a la relevancia del estímulo. También se planteó la hipótesis de que el excesivo involucramiento emotivo es con frecuencia más aparente que real y tiene la finalidad de esconder la pérdida de una verdadera participación afectiva en los acontecimientos.

incorporación (al. *Einverleibung*; fr. *incorporation*; ingl. *incorporation*; it. *incorporazione*)

Introducción y conservación, real o fantástica, de un objeto en el propio cuerpo. Típica de la **fase oral** (*v.*, § 2), la incorporación puede hacerse extensiva a la respiración, la visión y el oído, además de las fantasías relativas a la incorporación anal y a la retención del pene dentro del cuerpo. S. Freud atribuye a la incorporación tres significados: 1] procurarse un placer haciendo penetrar un objeto en uno mismo; 2] destruir el objeto; 3] asimilar las cualidades del objeto conservándolo dentro de sí. M. Klein vio en el segundo aspecto el rasgo típico de la fase sádico-anal, mientras K. Abraham señaló la relación entre la incorporación y el **canibalismo** (*v.*) de los primitivos.

Además de la incorporación *activa* aquí descrita, existe también una incorporación *pasiva*, que se presenta como fantasía de ser comido para volverse parte de una personalidad considerada más poderosa o exageradamente sobrevaluada. O. Fenichel habla de esto a propósito de "personas que nunca han alcanzado una completa individualidad por derecho propio, y por eso necesitan 'participar' en una unión más grande, para poder darse cuenta de su existencia. Son personas fijadas oralmente quienes siempre tienen necesidad de probarse a sí mismas que son amadas, sin ser capaces de amarse activamente a sí mismas" (1945: 396).

BIBLIOGRAFÍA: Abraham, K. (1923); Fenichel, O. (1945); Freud, S. (1920); Freud, S. (1920).

incubación (al. *Inkubation*; fr. *incubation*; ingl. *incubation*; it. *incubazione*)

La palabra, que en general se refiere a una fase de desarrollo que no puede ser observada, a cuyo término se produce la manifestación del proceso que se desarrolló, se utiliza en *el ámbito médico* para referirse a los procesos que tienen lugar entre la transmisión y la aparición de una enfermedad, y en *el ámbito cognoscitivo* a la fase preparatoria que caracteriza el pensamiento productivo (*v.* **pensamiento**, § I, 2), donde se distinguen en sucesión los momentos de la preparación, incubación, iluminación y realización.

independencia (al. *Unabhängigkeit*; fr. *indépendance*; ingl. *independence*; it. *indipendenza*)

Capacidad para subsistir y para obrar de manera autónoma y consciente. La consecución de esta condición, que se adquiere por grados, depende en gran medida de la actitud de los padres y de las oportunidades que éstos ofrecen al niño. Investigaciones realizadas con adolescentes, orientadas a comprobar la confianza en sus convicciones, el conocimiento de sus acciones y la capacidad para resolver problemas personales sin recurrir a otras personas, mostraron un menor grado de independencia en los hijos de padres autoritarios que limitaron el espacio de la iniciativa personal. Los niveles de independencia son proporcionales a los niveles de madurez alcanzada (*v.* **psicología de la edad evolutiva**).

indicio perceptivo
v. PERCEPCIÓN, § 5, *b.*

indiferencia (al. *Gleichgültigkeit*; fr. *indifférence*; ingl. *indifference*; it. *indifferenza*)

Llamada también *ameleia*, la indiferencia expresa falta de interés y de participación emotiva. Según S. Freud la actitud de indiferencia hacia el mundo externo es un producto del **narcisismo** (*v.*) primario en el cual el que está investido de interés no es el mundo sino el yo. Este tipo de indiferencia debe distinguirse de la *belle indifférence* de la que habla P. Janet a propósito de esos sujetos histéricos (*v.* **histerismo**, § 3) que parecen padecer síntomas de **conversión** (*v.*), con frecuencia penosos, sin una adecuada manifestación emotiva. La *belle indifférence* a su vez se debe distinguir de la *labilidad afectiva* que puede acompañar a las manifestaciones esquizofrénicas.

BIBLIOGRAFÍA: Freud, S. (1914); Janet, P. (1910).

individuación (al. *Individuation*; fr. *individuation*; ingl. *individuation*; it. *individuazione*)

Proceso de construcción de una individualidad a partir de una naturaleza común. C.G. Jung, quien ve manifestarse en el proceso de individuación el fin y el sentido de la existencia, y de todo tratamiento analítico orientado al reconocimiento de sí mismo, define la individuación como "un proceso de diferenciación que tiene por meta el desarrollo de la personalidad individual. La necesidad de la individuación es una necesidad natural, en cuanto que impedir la individuación, con la intención de establecer normas inspiradas especial o hasta exclusivamente en criterios colectivos, significa dañar la actividad vital del individuo" (1921: 463).

El proceso de individuación se articula en dos operaciones: **diferenciación** (*v.*, § 2) e **integración** (*v.*, § 2), que pueden considerarse en el nivel *intrapsíquico* y en el *interpsíquico*. En el primer caso individuarse significa diferenciar el yo de las instancias psíquicas inconscientes para pasar luego a un proceso de integración de las partes reprimidas que pueden participar en el crecimiento del yo. En el segundo caso individuarse significa diferenciarse de la adhesión acrítica hacia las formas colectivas de existencia, para pasar después a un nivel de integración crítica de formas y de modelos culturales existentes que sustituyan a los que presidieron hasta ese momento el crecimiento y que ahora ya resultan inadecuados.

El proceso de individuación se da después de concluido el proceso de **adaptación** (*v.*, § 3), que para Jung es una tarea irrevocable en la primera parte de la vida, mientras la individuación se observa como una tarea específica en algunos individuos que sienten la exigencia sobre todo en la segunda mitad de la vida, por lo que mientras la adaptación sería una tarea imprescindible para todos, la individuación sería prerrogativa de pocos. M. Trevi, al denunciar la "tendencia aristocrática en la concepción de la individuación" de Jung, observa que "en realidad, en todo momento de la existencia, la personalidad encuentra problemas de adaptación (y readaptación, y problemas de individuación (y desindividuación). No faltan en Jung señalamientos en este sentido. El nudo se resuelve quitando de en medio toda oposición ficticia entre adaptación e individuación, y haciendo del primero un aspecto interno e imposible de eliminar de la segunda. La individuación, que es un problema de toda la existencia, implica *en su interior,* por así decirlo, la tarea siempre abierta de la adaptación y de la búsqueda constante de nuevas formas de adaptación. Sólo de esta manera la individuación (que implica por definición un inmenso respeto por las características individuales de la personalidad) arroja una luz significativa sobre la adaptación, rescatándola de cualquier concepción rígida e insoportable de pasiva adecuación del individuo a las exigencias de la sociedad y de la cultura" (1987: 70-71).

De opinión opuesta es J. Hillman, para quien "el proceso de individuación no es la ley axiomática de la psique, el único objetivo o meta de los seres infundidos de alma. Afirmarlo, aunque sea nada más como hipótesis, o bien establecerlo con ejemplos, significa abandonar la psicología en favor de la metafísica. Significa formalizar e imponer un carácter sistemático a una sola idea psicológica, olvidando que la *individuación es una perspectiva.* Es un instrumento de la ideación: nosotros no vemos a la individuación, vemos a través de ésta" (1975: 256).

BIBLIOGRAFÍA: Aversa, L. (1987); Hillman, J. (1975); Jung, C.G. (1921); Jung, C.G. (1928); Jung, C.G. (1947-1954); Trevi, M. (1987).

individual, psicología
v. PSICOLOGÍA INDIVIDUAL.

individualidad (al. *Individualität*; fr. *individualité*; ingl. *individuality*; it. *individualità*)

Rasgo o conjunto de rasgos de la personalidad que caracterizan a un **individuo** (*v.*). C.G. Jung escribe: "Por individualidad entiendo la naturaleza específica y particular del individuo bajo todos los aspectos psicológicos. Individual es todo aquello que no es colectivo, por lo tanto aquello que sólo pertenece a un individuo único y no a un grupo mayor de individuos. Difícilmente se podrá confirmar el carácter individual de los elementos psíquicos, pero probablemente sí el de su agrupación y de su combinación particular específica" (1921: 463).

BIBLIOGRAFÍA: Jung, C.G. (1921).

individualismo (al. *Individualismus*; fr. *individualisme*; ingl. *individualism*; it. *individualismo*)

Teoría moral y política que le reconoce al individuo un valor primordial respecto a la sociedad de la que forma parte. Dicha teoría inspiró el *jusnaturalismo,* que reconoce en el individuo derechos originales e inalienables en todos los cuerpos sociales de los cuales entra a formar parte; el *contractualismo,* que considera a la sociedad humana o el Estado como el resultado de un acuerdo entre individuos que por lo tanto quedan como fundamento original; el *liberalismo,* que reivindica la supremacía de la iniciativa individual respecto a la intervención del Estado. En la base de todas estas posiciones está la supuesta coincidencia del interés del individuo con el interés común o colectivo.

El término también tiene un uso peyorativo para las conductas en las que el individuo no pone ningún límite a la satisfacción de sus propios intereses, aunque puedan perjudicar a la colectividad y, en una acepción más psicológica, para todas las conductas antisociales realizadas para la satisfacción de los intereses y necesidades particulares.

BIBLIOGRAFÍA: Bertin, G.M., (1976); Smith, A. (1776); Spencer, H. (1884).

individualización (al. *individualisierung*; fr. *individualisation*; ingl. *individualization*; it. *individualizzazione*)

El término es utilizado: *a]* en *psicoanálisis* por O. Rank para indicar el proceso de autodeterminación del individuo a partir de su rescate de los vínculos biológicos y psicológicos que lo unen al mundo de la madre, interpretado como símbolo del orden de la naturaleza; *b*] en *pedagogía* a propósito de las intervenciones educativas que hacen mayor hincapié en la especificidad del sujeto por educar que en las exigencias del programa a desarrollar (*v*. **currículo**).

BIBLIOGRAFÍA: Rank, O. (1924); Stenhouse, L. (1975).

individuo (al. *Individuum*; fr. *individu*; ingl. *individual*; it. *individuo*)

Entidad indivisible (del latín *in-dividuum*) que puede considerarse o en relación con la especie de la que forma parte y de la cual repite, por sus características, el tipo general, o en su singularidad. Con la primera acepción el término suele ser recurrente en las ciencias de la naturaleza, con la segunda en las ciencias psicológicas. En este segundo ámbito las posiciones más significativas son las que asumen K. Jaspers y C.G. Jung. Para el primero el individuo es el límite de la comprensibilidad: "El enigma es el límite representado por el *individuo* como tal. El individuo puede ser explicado sólo por sí mismo. No se lo puede asir en el conjunto: *individuum est ineffabile*. Aunque esté atrapado como ser biológico dentro de relaciones hereditarias y como ser psicológico en la comunidad y en la tradición espiritual, como, por decirlo así, en la intersección de dos líneas, el patrimonio hereditario y el ambiente, cosa por la que no es simple pasar, y que nunca se podrá resolver, sigue siendo él mismo, único, en sí, en una concreción histórica como plenitud del presente, como única ola incomparable entre las infinitas olas del mar, y al mismo tiempo espejo del todo" (1913-1959: 803).

Por su parte Jung, quien construye una psicología de lo profundo centrada en el individuo y no, como S. Freud, en la dinámica de "las pulsiones y sus destinos", ve al individuo como punto de intersección de infinitos ejes "colectivos" o "normativos", y considera que su excepcionalidad no está en los elementos atómicos que lo componen sino en las características de su composición. A esta definición, que podríamos llamar "estática", se agrega una "dinámica" que, coherente con la tradición filosófica que se inicia con el platonismo cristiano y llega hasta la más reciente tradición "personalista", considera al individuo como una finalidad por realizar en esa meta tendencial y jamás alcanzable que es la **individuación** (*v*.). Con esta acepción, escribe Jung, "Individuo quiere decir singular. El individuo psicológico está caracterizado por su psicología particular y, en cierto aspecto, irrepetible. La naturaleza específica de la psique individual aparece no tanto en sus elementos cuanto más bien en sus estructuras complejas. El individuo (psicológico) o individualidad psicológica existe inconscientemente *a priori*; conscientemente, en cambio, sólo en la medida en que subsiste la conciencia de un particular modo de ser, es decir en la medida en que subsiste una consciente diferencia de otros individuos. Junto con la individualidad física, y como su elemento correlativo, está dada también la individualidad psíquica, pero, como se dijo al principio, inconscientemente. Para hacer consciente la individualidad se necesita un proceso consciente de diferenciación: la individuación" (1921: 465).

BIBLIOGRAFÍA: Jaspers, K. (1913-1959); Jung, C.G. (1921); Trevi, M. (1987).

inducida, neurosis
v. EXPERIMENTAL, NEUROSIS.

industria
v. PSICOLOGÍA INDUSTRIAL.

inercia, principio de (al. *Trägheitsprinzip*; fr. *principe d'inertie*; ingl. *principle of inertia*; it. *principio di inerzia*)

Principio que postuló S. Freud según quien las neuronas tienden a descargar completamente la cantidad de energía que reciben. Adoptado como principio de funcionamiento de lo que Freud llama "sistema neuronal", el principio de inercia se volvería más tarde el principio básico que regula el funcionamiento del **aparato psíquico** (*v*.), sobre todo desde el punto de vista económico donde, en lugar de neuronas, encontramos representaciones organizadas en cadenas o en sistemas por los que circula la energía psíquica. De una metáfora a otra, también el principio del **nirvana** (*v.*), que Freud enunciará en su última concepción del mundo psíquico, puede ser interpretado como una confirmación de la intuición de fondo que guiaba el enunciado del principio de inercia que se formuló en el ámbito neurológico a partir de analogías tomadas de la física.

BIBLIOGRAFÍA: Freud, S. (1895); Freud, S. (1915); Freud, S. (1924).

inercia psíquica
v. ENTROPÍA.

inervación (al. *Innervation*; fr. *innervation*; ingl. *innervation*; it. *innervazione*)

El término se utiliza: 1] en *neuroanatomía*, donde indica el recorrido de un nervio que termina en determinado órgano. La función del nervio puede ser activada o inhibida, como en el caso de la "inervación recíproca", en la que uno de un par de músculos antagonistas es inhibido en correspondencia a las contracciones del otro (*v.* **inhibición**, § 1); 2] en *neuropsicología*, donde se habla de "inervaciones expresivas" a propósito de las vías nerviosas vinculadas con fenómenos emotivos como el llanto, la risa, la excitación sexual. Dichas inervaciones son involuntarias, pero pueden ser influidas en parte; 3] en *psicoanálisis*, donde S. Freud adopta el término para indicar un proceso fisiológico que convierte (*v.* **conversión**) energía psíquica en energía nerviosa que se canaliza hacia una parte del cuerpo, produciendo fenómenos motores o sensitivos: "he mostrado cómo a raíz del trabajo terapéutico uno se ve llevado a la concepción de que la histeria se genera por la represión, desde la fuerza motriz de la defensa, de una representación inconciliable; de que la representación reprimida permanece como una huella mnémica débil (menos intensa), y el afecto que se le arrancó es empleado para una inervación somática: conversión de la excitación." (1892-1895 [1976: 290-191]).

BIBLIOGRAFÍA: Benedetti, G. (1969); Freud, S. (1892-1895).

inestabilidad (al. *Instabilität*; fr. *instabilité*; ingl. *instability*; it. *instabilità*)

Término genérico adoptado para indicar todas las formas de discontinuidad del comportamiento con implicaciones psicomotrices. Se manifiesta con insuficiente capacidad de control emocional, labilidad mental, fácil reactividad y falta de dominio de los movimientos. En general el comportamiento es contradictorio, voluble y confuso, con reducida adaptabilidad social. Es imputable a trastornos tanto de origen orgánico como de la afectividad, o a estados neuróticos.

infancia (al. *Kindheit*; fr. *enfance*; ingl. *infancy*; it. *infanzia*)

El término, que etimológicamente se refiere al período en el que el niño todavía no habla (*in-fans*), se aplica a los primeros años de desarrollo, diferenciados en *primera infancia*, que va desde el nacimiento hasta los 2 años, y *segunda infancia*, que va desde el tercero hasta el sexto año. Se habla asimismo de *infancia fetal* para el período de desarrollo del prematuro que va desde el nacimiento hasta la fecha aproximada en la que debió acontecer el parto. La psicología francesa adopta la expresión *troisième enfance* para la edad que va de los 6 a los 12 años, la italiana el término *fanciullezza* (*v.* **tercera infancia**). La importancia de la infancia se debe al hecho de que el niño está indefenso y dependiente por más tiempo que los otros mamíferos. Esto explica por qué los rasgos característicos del comportamiento y de la personalidad del adulto dependen en gran parte de los acontecimientos y de las influencias de la infancia. Ésta se caracteriza por el desarrollo del organismo modelado por la *maduración* y por el *aprendizaje*. La primera progresa con un ritmo más o menos independiente del ambiente, el segundo depende íntimamente de la estimulación ambiental y está pautado por "períodos críticos" en los que el organismo es más plástico y rápido para adquirir formas de comportamiento esenciales para el desarrollo óptimo. En este ámbito resultan decisivos la *deprivación* ambiental en el primer período de vida, pues la carencia de estimulaciones repercute en los procesos de aprendizaje en la edad adulta (*v.* **privación**), y el *enriquecimiento* ambiental que determina, además de una mejor capacidad de aprendizaje, un aumento de las dimensiones del cerebro. El aumento de la estimulación, como quiera que sea, no es capaz de producir una aceleración en el desarrollo antes de que el niño haya alcanzado un grado adecuado de maduración (*v.* **psicología de la edad evolutiva**).

Todavía está abierto el problema de si el desarrollo es *continuo* o se efectúa en *estadios* o *fases*. 1] En el *nivel cognoscitivo* J. Piaget distinguió cuatro estadios: perceptivo-motor, preoperativo, de las operaciones concretas, y de las operaciones abstractas, que se ilustran en la voz **cognición** (*v.*, § 2). El paso de un estadio más simple a uno más complejo se efectúa mediante los mecanismos de la asimilación, que es la incorporación de un nuevo objeto o idea a un esquema mental con el que ya se cuenta a disposición, y de la acomodación que es la tendencia a producir nuevas adaptaciones en vista de nuevos acontecimientos (*v.* **cognición**, § 3). 2] En el *nivel emotivo* S. Freud describió el desarrollo de las relaciones afectivas en la sucesión de las fases que él denomina **oral** (*v.*, § 2), **anal** (*v.*, § 2), **fálica** (*v.*) y **genital** (*v.*, § 2), en las cuales el desarrolo libidinal va reorganizando el orden de las relaciones afectivas que tienen su articulación decisiva en el **complejo de Edipo** (*v.*), previo a la edad de la **latencia** (*v.*), concluida la cual se inicia la fase de la completa maduración genital. Cada una de estas fases se supera normalmente, pero en el caso de una interrupción en el desarrollo o, como dice Freud, de una **fijación** (*v.*), algunos de los problemas asociados con una fase precedente sobreviven más allá de los plazos normales.

El desarrollo de la personalidad del niño está influido por el amamantamiento y por los métodos de enseñanza de las funciones higiénicas. Las concomitancias psicológicas del intercambio del organismo con el ambiente en el nivel de nutrición y de expulsión tienen la misma importancia que las funciones mismas. El contacto físico con la madre determina las líneas fundamentales de las relaciones de confianza y desconfianza; después, con la ampliación del radio de las relaciones significativas de los padres al núcleo familiar, a los vecinos y a la escuela, se observa la configuración de las formas de autonomía, duda, vergüenza, espíritu de iniciativa, sentimiento de culpa, hasta la constitución de la **identidad** (*v.*) mediante los diferentes y sucesivos procesos de **identificación** (*v.*). Aquí es necesario distinguir la identificación en la *función sexual*, en la cual desarrolla un papel esencial la imitación del progenitor del mismo sexo, y la identificación *personal*, en la que el temperamento y otros rasgos del carácter se modelan en relación con los padres, los hermanos y los coetáneos. También otros factores, como el orden de nacimiento o la pertenencia a determinado grupo social, influyen la forma en que se percibe el individuo.

El proceso de socialización recibe un gran impulso por la adquisición del lenguaje a partir del primer año, en el que aparecen las primeras palabras pronunciadas, que son posteriores a las ya comprendidas. Hacia los 2 años el niño posee un vocabulario compuesto de sustantivos, adjetivos y verbos, hacia los 4 el lenguaje se enriquece con pronombres y conjunciones, y hacia los 6 es un lenguaje corriente con un inventario de 700 vocablos aproximadamente. Algunos factores que influyen en la adquisición del lenguaje son el sexo (las mujeres son más precoces), el número de hermanos (el hijo único aprende antes que el niño que tiene hermanos de edad semejante) y la clase social que, cuanto más acaudalada, más desarrolla la actividad verbal.

Por último, por lo que se refiere a los métodos disciplinarios necesarios para interiorizar los valores sociales a adquirir, existen técnicas orientadas al *amor*, con alabanzas, recompensas o privaciones de amor, como los castigos, y técnicas orientadas al *objeto*, con referencia a recompensas tangibles y castigos físicos. Los métodos punitivos, sobre todo si se usan sin coherencia, parecen poco eficaces, mientras los orientados al amor parecen favorecer la formación de la conciencia moral.

Por lo que se refiere a los trastornos del crecimiento, el diagnóstico distingue: 1] *Los trastornos del comportamiento*, que pueden deberse a disfunciones cerebrales orgánicas con consecuencias permanentes de diferentes entidades; reacciones transitorias a traumas ambientales; configuraciones neuróticas identificables por la presencia de elementos fóbicos o anoréxicos o hiperactivos, acompañadas de ansiedad liberada e irritabilidad por el estrecho margen de seguridad en las posibilidades de adaptación; 2] *Las psicosis infantiles*, entre las cuales el **autis-**

mo (*v.*), la **simbiosis** (*v.*) y la depresión anaclítica (*v.* **anaclisis**, § 3) son las más frecuentes; 3] *El **retardo mental*** (*v.*) considerado generalmente como una entidad diagnóstica en sí mismo, aunque de hecho es un síntoma que puede encontrarse en tipos diversos de enfermedad. Para la terapia de los trastornos del crecimiento se recurre al **análisis infantil** (*v.*) o a la **neuropsiquiatría infantil** (*v.*) cuando se supone que el trastorno, además de psicológico, puede ser neurológico.

BIBLIOGRAFÍA: Abraham, K. (1907-1925); Ariès, P. (1979); Balint, M. (1952); Chess, S. (1959-1966); Claparède, E. (1909); Cramer, J.B. (1959-1966); Erikson, E.H. (1950); Freud, A. *et al.* (1977); Freud, A. (1905); Klein, M. (1932); Lebovici, S. y M. Soulé (1970); Mahler, M.S., M. Furer y C.F. Settlage (1969); Meili, R. (1957); Piaget, J. (1928); Piaget, J. (1936); Piaget, J. (1966); Spitz R.A. (1958); Winnicott, D.W. (1984); Winnicott, D.W. (1987).

infantil, análisis
v. INFANTILISMO.

infantilismo (al. *Infantilismus*; fr. *infantilisme*; ingl. *infantilism*; it. *infantilismo*)

Persistencia de características infantiles, que pueden ser de orden *físico,* por un retraso en el desarrollo corporal imputable a desequilibrios del **sistema endocrino** (*v.*), o de orden *psíquico,* por la persistencia de rasgos típicos de la edad infantil como la dependencia, la sugestionabilidad, la obstinación, el egocentrismo, la inmadurez sexual, la inmediatez de las reacciones afectivas, la falta de sentido de la realidad y de responsabilidad. Forman parte del infantilismo las figuras psicoanalíticas de la **fijación** (*v.*) y de la **regresión** (*v.*) con lo que se entiende respectivamente la interrupción o el regreso de la libido a formas de satisfacción experimentadas en la infancia.

infatuación (al. *Scwärmerei*; fr. *infatuation*; ingl. *infatuation*; it. *infatuazione*)

Entusiasmo de breve duración caracterizado por un inicio impetuoso que pierde rápidamente el primer impulso en una declinación veloz y progresiva. La infatuación, que puede ser amorosa, política, o dirigirse al campo de las letras o de las artes, es común en la edad juvenil, y su permanencia denota la persistencia de rasgos infantiles.

inferencia
v. ESTADÍSTICA, § II.

inferioridad (al. *Minderwertigkeit*; fr. *infériorité*; ingl. *inferiority*; it. *inferiorità*)

Sentimiento de insuficiencia física o psíquica que surge de la comparación con los demás. A. Adler hizo del complejo de inferioridad el punto de partida de su teoría de la neurosis, identificando su origen principalmente en un defecto orgánico, de variada naturaleza, presente en el individuo desde el nacimiento. Esta *inferioridad de órgano* (*v.* **órgano**, § 1), vinculada a un sentimiento de humillación, influiría en todo el desarrollo psíquico del sujeto, orientándolo hacia la construcción de superestructuras defensivas y de precaución, con la intención, dictada por la *voluntad de potencia* (*v.* **potencia**, § 2), de exaltar su propia personalidad y de asegurarse una cierta superioridad sobre los demás. Lo que permite la consecución de tales fines es el mecanismo de **compensación** (*v.*, § 2) que actúa, en el nivel somático, reforzando el órgano débil, mientras, escribe Adler, "la estructura psíquica compensadora se manifestará en un grado muy pronunciado en los fenómenos psíquicos del presentimiento y de la anticipación mental, y en una intensificación activa de estos fenómenos: memoria, intención, introspección, identificación intuitiva, atención, sensibilidad exagerada, interés; en resumen, en *todas las fuerzas psíquicas aptas para garantizar la seguridad,* y a las que se deben agregar la fijación y el refuerzo de los rasgos de carácter que en el caos de la vida forman líneas de orientación utilizables y disminuyen de esta manera el estado de inseguridad" (1912: 25).

Los rasgos de carácter, como la vanidad, la desconfianza, la agresividad, la envidia, favorecidos por el sentimiento de inferioridad, pueblan el cuadro neurótico que hace al sujeto incapaz de una buena adaptación a la realidad y al mundo social, puesto que los fines que él persigue están orientados eminentemente hacia la compensación individual. Por esto, escribe Adler, "el carácter neurótico se revela como un fenómeno *al servicio de una finalidad ficticia*, por así decirlo, suspendido con este fin. No es el producto lógico, natural, de fuerzas originales, de orden biológico o constitucional; su dirección y sus tendencias le son impuestas por una superestructura psíquica hipercompensadora y por su línea de orientación esquemática" (1912: 17). A partir de estas premisas Adler observa en la sintomatología psíquica y psicosomática del neurótico una tensión *finalista* que, ya desde la infancia orienta al sujeto hacia ese conjunto de acciones y fenómenos psíquicos, dirigidos hacia el futuro, que constituirán su *estilo de vida* (*v.* **estilo**). Si bien Adler, en la investigación de la génesis del sentimiento de inferioridad, partió de supuestos organicistas, no dejó de atribuir importancia también a factores ambientales y de comportamiento como la educación, la familia, los conflictos económicos, la sexualidad.

Según S. Freud el sentimiento de inferioridad no depende necesariamente de una inferioridad orgánica, sino que es un síntoma de la tensión entre el yo y el superyó que lo condena. Así resulta una afinidad entre sentimiento de inferioridad y sentimiento de **culpa** (*v.*) a cuya distinción contribuyó D. Lagache, quien hace depender el sentimiento de culpa del "sistema superyó e ideal del yo y el sentimiento de inferioridad del ideal del yo respecto al cual el yo, se siente "inferior" (1958: 42).

BIBLIOGRAFÍA: Adler, A. (1912); Adler, A. (1920); Adler, A. (1926); Dreikurs, R. (1950); Freud, S (1932); Lagache, D. (1958).

infibulación
v. CIRCUNCISIÓN.

inflación (al. *Inflation*; fr. *inflation*; ingl. *inflation*; it. *inflazione*)

Término que introdujo C.G. Jung para indicar "una expansión de la personalidad que va más allá de los límites individuales, una 'hinchazón', para decirlo brevemente. En este estado se ocupa un espacio que de forma normal no se podría ocupar. Sólo se hace apropiándose de contenidos y cualidades que, pe-se a existir en sí y por sí, deberían estar fuera de nuestros límites" (1928: 141-142). Esta expansión de la psique individual lleva a una asimilación de la psique colectiva tanto consciente como inconsciente; en la terminología jungiana, que concibe al yo como un círculo menor incluido en ese círculo mayor que es la totalidad psíquica o sí mismo (*v.* **psicología analítica**, § 4), la inflación es una asimilación del yo al sí mismo a propósito de la cual dice Jung: "El hecho que el *yo sea asimilado por el sí mismo* debe considerarse una catástrofe psíquica [...] porque el yo consciente, que es diferenciado, se encontraría en un espacio absoluto y en un tiempo absoluto. [...] Su adaptación resultaría turbada y el camino quedaría completamente abierto a todos los incidentes posibles." Por otro lado, "la acentuación de la personalidad del yo y del mundo de la conciencia pueden fácilmente asumir proporciones tales como para 'psicologizar' las figuras del inconsciente, con la consecuencia de que *el sí mismo sea asimilado por el yo*. Si bien esto significa justo el proceso opuesto al arriba descrito, el resultado es el mismo: la inflación. En este caso el mundo de la conciencia debería demolerse a favor de la realidad del inconsciente, mientras en el primer caso la realidad debe ser defendida por un estado arcaico de sueño 'eterno' y 'omnipresente'" (1951: 24-25).

BIBLIOGRAFÍA: Jung, C.G. (1928); Jung, C.G. (1951).

influencia (al. *Einfluss*; fr. *influence*; ingl. *influence*; it. *influenza*)

Proceso psicológico que actúa en las actividades intelectuales, las emociones y las acciones de una persona o de un grupo, modificándolas de acuerdo con las expectativas de otra persona o grupo. Los estudios sobre la influencia fueron iniciados hacia finales del siglo XIX por la psiquiatría, que la clasificó entre las consecuencias de la sugestión hipnótica (*v.* **hipnosis**); después el argumento se volvió objeto de la psicología social, que lo consideró bajo las figuras de la **sugestión** (*v.*), el **plagio** (*v.*) y la **psicología de la masa** (*v.*), a partir de la generalización de G. Tarde según quien la influencia se verifica cada vez que los hombres se encuentran juntos, porque esta condición activa mecanismos de **imitación** (*v.*) y de **conformismo** (*v.*). En el ámbito cognoscitivista L. Festinger señaló que el individuo está privado de defensas frente a las opiniones compartidas y es llevado a creer que el error es siempre individual, mientras la verdad es social, de ahí la necesidad de ponerse en manos de los demás. Las investigaciones de la psicología social, por último, demostraron que el grupo tiende a expulsar a quien no acepta los valores compartidos, y a dividirse en mayoría y minoría cuando el consenso no es unánime. La influencia de la mayoría contribuye a mantener la uniformidad social, mientras la influencia de la minoría tiende a activar procesos de cambio social.

BIBLIOGRAFÍA: Festinger, L. (1957); Freud, S. (1921); Moscovici, S. y B. Personnaz (1980); Mugny, G. (1982); Reich, W. (1933); Tarde, G. (1890).

información, teoría de la (al. *Informationstheorie*; fr. *théorie de l'information*; ingl. *theory of information;* it. *teoria della informazione*)

Teoría que elaboraron C.E. Shannon y W. Weaver, que permite medir la cantidad media de información expresada en *bit* (*binary digit*), que puede transmitir un canal (*v.* **cibernética**, § 1). Surgió inicialmente en el ámbito de la radiotelegrafía para calcular con precisión la pérdida de información que se da en el curso de una transmisión entre la señal de entrada, su decodificación y la señal de salida, decodificada. La teoría se aplicó en psicología al estudio de la percepción, del aprendizaje, de la memoria, de la **inteligencia** (*v.*, § 3, *e*), y sobre todo de la **comunicación** (*v.*, § 1) a la que explícitamente se remite.

1] INFORMACIÓN Y RUMOR. La teoría de la información define como *variedad* al conjunto de todas las configuraciones posibles, de las cuales cada tipo particular de información representa un subconjunto. En la variedad se distingue la *información* del *rumor*; la primera representa una variedad codificada y estructurada, el segundo una variedad no codificada. Según la calidad de la investigación y de cuánto se espere, lo que es información desde

un cierto punto de vista se vuelve rumor desde otro, por lo que información y rumor son intrínsecamente intercambiables y decididos casuísticamente por el contexto. Así, por ejemplo, el proceso secundario (*v.* **proceso primario-proceso secundario**) con el que, según Freud, la conciencia ordena los mensajes que provienen del proceso primario inconsciente, es información, mientras el proceso primario es rumor, si bien, como quiere G. Bateson, "es la única fuente posible de nuevas configuraciones" (1972: 38). En este contexto, información es sinónimo de orden, y rumor de desorden. Para un determinado sistema –biológico, psicológico, social– la relación orden-desorden es esencial para la conservación del mismo, como en el caso de la conservación metabólica en los sistemas biológicos, o de la subsistencia en los sistemas sociales. La teoría clásica define la información como el producto de una reducción de la incertidumbre frente a diversas alternativas o posibilidades. Pero sin alternativas ni siquiera puede existir información.

2] MATERIA Y ENERGÍA. En cuanto variedad codificada, la información depende siempre, para la transmisión y la recepción, de indicadores o de vehículos de *materia-energía*, si bien, en los sistemas orgánicos y sociales, la particular organización de la materia y de los flujos de energía depende a su vez de los flujos y de los intercambios de información en el sistema y entre el sistema y el ambiente, en el sentido de que es precisamente la información la que activa *input* y *output* específicos de energía en formas y momentos particulares, reponsables de las combinaciones posteriores. En este contexto es decisiva la *fijación de los significantes*, que actúan como diferenciales ordenadores. Así, por ejemplo, el inconsciente es una *significación* fijada o "digitalizada" por la conciencia, que la extrapola de los significados. De la misma manera la memoria puede considerarse como un ámbito de significación donde la acción del recuerdo interviene con una operación de "digitalización" o de fijación mediante las operaciones lógicas de la oposición y de la contradicción. Tales son las oposiciones entre el sí y el otro, en las que insistió J. Lacan a propósito de los procesos de identidad y diferencia que maduran en la "fase del espejo" (*v.* **lacaniana, teoría**, § 3). Las oposiciones binarias pueden ordenarse en formas jerárquicas como la que hay entre dominante y subordinado, o quedar indistintas, creando las relaciones paradojales que Bateson ilustró en el **doble vínculo** (*v.*).

3] REDUNDANCIA Y ENTROPÍA. La teoría de la información elaboró además los conceptos de *redundancia* y de *entropía*. El lenguaje, en efecto, no se limita a usar el número de bites indispensables para la comprensión, sino que carga cada mensaje con un exceso de información que, con la intención de favorecer la comprensión, termina por hacer perder una parte del mensaje, con el resultado de una comunicación redundante con deficiencias informativas. Cuando el sistema comunicativo se desarrolla hacia el máximo desorden se habla de entropía, de la que se puede remontar a la fracción de ésta que es posible liberar como energía ordenada. El concepto de entropía debe diferenciarse del de rumor, porque mientras este último expresa un desorden que nace fuera del sistema finalizado y por lo tanto puede llevar a una evolución del sistema mismo, diferente es la situación determinada por la entropía, donde el desorden se genera internamente. Cuando un sistema biológico, físico, humano, social, económico, vive en competencia con sus ambientes (natural, humano, espacial, temporal) es probable que el desorden, que se trata de exportar hacia los ambientes, regrese al sistema de forma utilizable y entrópica.

BIBLIOGRAFÍA: Autores varios (1965); Adrian, A.D. (1947); Ashby, W.R. (1956); Bateson, G. (1972); Caianiello, E.R. y E. Di Giulio (1980); Jacob, F. (1970); Lacan, J. (1966); Lindsay, P.H. y D.A. Norman (1977); Monod, J. (1970); Pierce, J.R. (1961); Shannon, C.E. y W. Weaver (1949); Watzlawick, P., J.H. Beavin y D.D. Jackson (1967); Weltner, K. (1970); Wilden, A. (1979).

inhibición (al. *Hemmung*; fr. *inhibition*; ingl. *inhibition*, it. *inibizione*)

Proceso opuesto a la excitación (*v.* **excitabilidad**) caracterizado por una disminución o por un retraso en la reacción a los estímulos, que se manifiesta con una reducción de la actividad motriz, acompañada por un comportamiento abúlico y carente de iniciativa que puede llegar, en los casos límite, hasta la interrupción de la acción voluntaria. El término experimenta variaciones de significado según el contexto en el que se lo utiliza.

1] NEUROPSICOLOGÍA. La inhibición es una propiedad operativa del sistema nervioso central que, suprimiendo determinadas descargas nerviosas, permite el flujo de otras. En términos generales está vigente en el organismo el principio de que, en el sistema de conducción de las informaciones de los órganos de los sentidos, un núcleo de excitación siempre se encuentra en un contexto de inhibición de otros núcleos para que el primero pueda expresarse sin oposición. Así, por ejemplo, se habla de *inhibición recurrente* a propósito de algunos receptores del sistema óptico que, estimulados por impulsos nerviosos, inhiben la activación de otros receptores, determinando la adaptación del sistema óptico a las variaciones de iluminación, o bien de *inhibición recíproca* a propósito de una forma de integración nerviosa en la que uno de un par de músculos antagonistas es activamente inhibido en correspondencia a las contracciones del otro para permitir un movimiento coordinado, o también de *inhibición protectora* o *de defensa* para la disminución del efecto de un estímulo cuando su intensidad supera determinado grado.

2] REFLEXOLOGÍA. I.P. Pavlov llamó *inhibición interna* a ese proceso psíquico que tiene lugar en el sistema nervioso que determina la eliminación de una respuesta aprendida, e *inhibición externa* a la supresión temporal de una respuesta condicionada a causa de un estímulo de trastorno que acompaña al estímulo condicionante. Por *inhibición condicionada* se entiende la supresión de la respuesta condicionada cuando no se refuerza la combinación entre el estímulo condicionado, que por sí solo provoca la respuesta condicionada, y un nuevo estímulo al que el primero debería unirse. En cambio se tiene *inhibición de retraso* cuando un estímulo condicionado manifiesta su eficiencia cuando su acción se termina. Durante el período de latencia el estímulo condicionado es activamente inhibido. *Inhibición diferencial* es, en fin, la falta progresiva de respuesta a estímulos significativamente semejantes mas no idénticos al condicionado. Dicha inhibición es lo opuesto a la generalización de los estímulos (*v*. **aprendizaje**, § I, 1, *c*).

3] PSICOLOGÍA DEL APRENDIZAJE. En este ámbito se distingue una *inhibición proactiva*, cuando el aprendizaje anterior interfiere con la adquisición de nuevo material, y una *inhibición retroactiva*, cuando en el recuerdo de cualquier cosa aprendida antes se presenta una interferencia debida al aprendizaje posterior de nuevo material. En esta hipótesis se funda la teoría que explica el olvido por la interferencia de nuevos aprendizajes en la evocación del material ya memorizado (*v*. **memoria**, § 4, *b*). Forma parte de la inhibición retroactiva la *hipótesis Skaggs-Robinson*, según la cual la semejanza de dos contenidos a aprender determina una reducción de la retención.

4] PSICOLOGÍA DEL COMPORTAMIENTO. Aquí la inhibición permite la selección de un comportamiento dentro del repertorio de comportamiento global. Así, por ejemplo, la *inhibición recíproca* entre pulsiones, como la lucha, la fuga o la atracción sexual, puede dar paso a actividades de desplazamiento más aceptables; de la misma manera una *inhibición incompleta* puede dar paso a una alternación entre un comportamiento y otro, determinando una conducta ambivalente y movimientos intencionales truncados. En la terapia del **comportamiento** (*v*., § 5) se habla también de *inhibición recíproca* cuando una respuesta es inhibida porque entró en juego una respuesta competitiva con la primera. A partir de este principio J. H. Schultz demostró que el relajamiento muscular puede actuar como inhibidor de la ansiedad en cuanto produce, en el sistema nervioso autónomo, efectos de dirección opuesta a los que se asocian con la ansiedad (*v*. **entrenamiento autógeno**).

5] PSIQUIATRÍA. En este ámbito la inhibición se refiere a una disminución de la actividad psicomotriz que puede variar en su intensidad, pasando de un comportamiento generalmente abúlico y carente de iniciativas a una interrupción de cualquier acción voluntaria, para llegar hasta la inmovilización de la mímica y el mutismo. La inhibición, extrema en la catatonia y en ciertas depresiones endógenas graves, está presente también en ciertos estados confusionales, en algunas esquizofrenias y síndromes demenciales. E. Bleuler distinguió una *inhibición de la voluntad* y una *inhibición del pensamiento*. La primera se atribuye a un bloqueo total de la facultad de decisión: "Si el enfermo tiende a salir al exterior, tal eventualidad le parece horrible; si se propone quedarse en su habitación también esto le parece insoportable" (1911-1969: 106); o bien a una excesiva minuciosidad de la reflexión debida a la tendencia irreprimible a valorar todas las posibilidades eventuales. La segunda se explica como una fijación a una idea única (*v*. **monoideísmo**) con incapacidad de pasar de un pensamiento al otro o de relativizar la idea central, por lo general de carácter doloroso.

6] PSICOANÁLISIS. En este contexto el término se utiliza para indicar la represión impuesta a pensamientos, sentimientos o acciones por la intervención del superyó o del yo en las pulsiones instintivas. Cuando los frenos inhibidores son especialmente intensos pueden manifestarse, en el nivel de sexualidad, síntomas como la **impotencia** (*v*., § 2) o la **frigidez** (*v*.). S. Freud distingue *inhibiciones motrices*, como las parálisis histéricas y los actos fallidos; *inhibiciones sensoriales*, como las anestesias histéricas, e *inhibiciones mnésicas* como olvidos y lapsus. Una consideración especial se atribuye a la *inhibición en la meta*, referida a la pulsión que por obstáculos externos o internos no alcanza su forma directa de satisfacción, para expresarse en formas más aproximadas y esfumadas, como un sentimiento de ternura en lugar de un acto sexual inhibido. Freud considera la inhibición en la meta como un principio de sublimación, pero se ocupa por mantener diferenciados los dos procesos: "Las pulsiones sociales pertenecen a una clase de mociones pulsionales que todavía no hace falta llamar 'sublimadas', aunque se aproximan a estas. No han resignado sus metas directamente sexuales, pero resistencias internas les coartan su logro; se conforman con ciertas aproximaciones a la satisfacción, y justamente por ello establecen lazos particularmente fijos y duraderos entre los seres humanos. A esta clase pertenecen, sobre todo, los vínculos de ternura –plenamente sexuales en su origen– entre padres e hijos, los sentimientos de la amistad y los lazos afectivos en el matrimonio –que proceden de una inclinación sexual" (1922 [1976: 253]).

BIBLIOGRAFÍA: Benedetti, G. (1969d); Bleuler, E. (1911-1960); Boakes, R.A. y M.S. Halliday (coords.) (1972); Freud, S. (1922); Freud, S. (1925); Pavlov, I.P. (1927); Robinson, E.S. (1927); Schultz, J.H. (1932); Skaggs, E.S. (1925); Wolpe, J. (1958).

iniciación (al. *Initiation*; fr. *initiation*; ingl. *initiation*; it. *iniziazione*)

Rito, con frecuencia doloroso y cruel, orientado a introducir a un miembro en un nuevo estatus comunitario religioso o social. El fenómeno se estudia en los ámbitos antropológico, sociológico y psicológico con diferentes asignaciones de sentido.

1] ANTROPOLOGÍA. M. Eliade distingue tres formas de rituales: *a*] de *pubertad*, frecuente en las sociedades tribales, donde el adolescente, después de la superación de diversas pruebas, es admitido en la comunidad de los adultos; *b*] de *ingreso* a sociedades secretas, sectas y círculos esotéricos de carácter selectivo; *c*] de *adiestramiento* para trascender las condiciones medias de los hombres y llegar a tener poderes superiores, de tipo chamánico o mágico. Los rasgos comunes a estas formas de iniciación son, por un lado, la superación de una serie de pruebas físicas y psicológicas, las llamadas "pruebas de valor", con el fin de demostrar la idoneidad para la nueva función, y por el otro un cambio psicológico que, pasando a través de fases de muerte y resurrección simbólica, se consolida en una condición de vida modificada. En antropología social se suelen distinguir las iniciaciones que se proponen una *elevación* de estatus, como la de los adolescentes que alcanzan la madurez sexual, y la iniciación por *inversión* de estatus, como los ritos colectivos cíclicos en el cambio de estaciones. Para unas y otras hay una línea interpretativa que lee estos fenómenos en términos de catarsis, de liberación colectiva o de regreso a los orígenes que, para algunos, parecen explicaciones insuficientes, en la medida en que ni la duración limitada y formal del rito, ni el aspecto caricaturesco del mismo son garantía de eficiencia psicológica; otra línea interpretativa rechaza la lectura simbólica y prefiere la socioideológica, según la cual el rito de iniciación serviría sólo para reforzar las reglas sociales mediante su "actuación" ritual.

2] PSICOLOGÍA. En este ámbito, donde el discurso es conducido en el nivel intrapsíquico, registramos dos interpretaciones: *simbólica* en el ámbito analítico e *ideológica* en el ámbito cognoscitivista. Según C.G. Jung, por ejemplo, el rito se requiere cuando la energía psíquica debe desviarse de los hábitos adquiridos hacia una actividad nueva o hacia una nueva identidad que pide la muerte del viejo yo con miras a un renacimiento, exactamente como la terapia analítica en la cual, afirma Jung, "el proceso de transformación del inconsciente que tiene lugar durante el análisis es el análogo natural de las iniciaciones religiosas artificialmente inducidas, que se distinguen en principio de la iniciación natural por poner, en lugar de la producción simbólica intencional elegida, símbolos dictados *a priori* por la tradición" (1935-1953: 536). En el ámbito junguiano se tiende a interpretar la postura juvenil ante la droga como búsqueda de un rito de iniciación en una época y en una cultura en las que, como dice Jung, "el único proceso de iniciación hasta ahora existente y usado prácticamente en la esfera cultural occidental es el 'análisis del inconsciente' practicado por los médicos" (1935-1953: 528). En el ámbito cognoscitivista se prefiere la interpretación ideológica a la simbólica, y por lo tanto se sostiene que la notable dificultad que, en las iniciaciones, caracteriza a las "pruebas de valor", tiene la finalidad de salvaguardar el prestigio de las funciones o posiciones sociales a las que obtiene acceso el iniciado, desde el momento que el hecho de haber sufrido para alcanzar una meta es incompatible con la atribución de poco valor a la meta misma; esto induciría al sujeto a mantener alta la dignidad de su condición.

BIBLIOGRAFÍA. Augé, M. (1965); Eliade, M. (1967); Gennep, A. (1909); Jung, C.G. (1935-1953), Turner, V.W. (1969); Zoja, L. (1985).

iniciativa (al. *Anregung*; fr. *initiative*; ingl. *initiative*; it. *iniziativa*)

Capacidad para impulsar cosas nuevas. Presupone una fuerte motivación, audacia e independencia. La ausencia o la presencia de espíritu de iniciativa y su carácter racional, dan indicios de la personalidad del sujeto y de su empuje.

inmadurez
v. MADUREZ.

inmediatez
v. PSICOLOGÍA DE LA FORMA, § II, 9.

inmoralidad (al. *Unsittlichkeit*; fr. *immoralité*; ingl. *immorality*; it. *immoralità*)

Conducta trasgresora de las normas y de los valores reconocidos por la sociedad a la que se pertenece. Desde el punto de vista psicológico la inmoralidad se interpreta como una adquisición fallida de la conciencia moral (*v.* **psicología de la edad evolutiva**, § 4) con referencia a los procesos cognoscitivos y emocionales que están en la base de la formación de una guía interior que regula la conducta individual en armonía con los valores compartidos por el grupo social de pertenencia (*v.* **conciencia**, § 7).

innatismo (al. *Nativismus*; fr. *innéisme*; ingl. *innatism*; it. *innatismo*)

Concepción según la cual el organismo trae consigo desde el nacimiento programas de pensamiento y de comportamiento preconstituidos y transmitidos por vía hereditaria. En el ámbito psicológico se tiende a considerar innatos los *reflejos* es decir las actividades de los órganos efectores (músculos y glándulas) activados de forma regular y prácticamente invariable por los estímulos naturales o experimentales de un receptor; los *instintos*, entendidos como disposiciones preconstruidas para el desarrollo de determinadas actividades, como el instinto de reproducción o el instinto sexual, sin precisar en detalle cuáles mecanismos de comportamiento están implicados; y por último el *potencial de una especie*, que está determinado genéticamente, por lo que, incluso cuando se da cierta posibilidad de adaptación y de evolución, la ampli-

tud y la norma de las reacciones potenciales no son infinitas. En cambio está abierta la discusión de la incidencia del factor hereditario por lo que se refiere a las predisposiciones físicas y psicológicas, de las que se comprueba la existencia, se conoce la ley que regula la transmisión, pero, más allá de un cierto nivel elemental, resulta imposible afirmar si la causa se debe buscar en un programa genéticamente determinado o en el ambiente, entendido no sólo como el ambiente externo que cada quien encuentra después del nacimiento, sino también como el ambiente prenatal donde el organismo puede revelarse incapaz de asimilar una o más sustancias, o puede sufrir alteraciones debidas a accidentes en la gravidez.

En psicología la disputa entre innato y adquirido se resolvió en la postulación de la doble acción de la *herencia* (*v.* **genética**, § 4) y del **ambiente** (*v.*), donde no se niega la evidencia de que existen comportamientos innatos y no se excluye la compensación de la acción educativa en todo lo que es heredado. Según opinión de R. Droz esta posición se justifica a partir del hecho de que todos los aspectos del potencial de comportamiento de un organismo dependen completamente de su estructura genética y por lo tanto, en sentido amplio, de la herencia, aunque eso no significa que el comportamiento efectivo sea determinado exclusivamente por el equipo genético, porque cierto genotipo puede dar lugar a fenotipos variables en función de los efectos del entorno (*v.* **genética**, § 3). El problema del innatismo se propone en forma particular en **etología** (*v.*, § 1); K. Lorenz distingue, en la actividad de los animales, una "energía específica", que es innata, de una "señal desencadenante", de origen ambiental, y en los *estudios de la* **inteligencia** (*v.*, § 1), donde está abierto el debate del carácter innato o adquirido.

BIBLIOGRAFÍA: Droz, R. (1979); Hebert, J.P. (1977); Jensen, A.R. *et al.* (1969); Lawler, J. (1978); Lorenz, K. (1963); Meade, J.E. y A.S. Parkes (coords.), (1965); Pastore, N (1949); Watson, J.B. (1919).

innovación
v. PSICOLOGÍA DEL ARTE, § 2, *e.*

input-output

Términos utilizados en **cibernética** (v.) para indicar la señal de entrada (input) y la de salida (output) respecto a un sistema de referencia. Si el sistema es un canal, como en la teoría de la **información** (v.), input indica la entrada de una información, output la salida. Si el sistema es el organismo, como en psicología experimental, input indica el estímulo, output la reacción.

inquietante
v. PERTURBADOR.

inseguridad (al. *Unsicherheit*; fr. *insécurité*; ingl. *insecurity*; it. *insicurezza*)

Condición psicológica en la que el sujeto advierte una situación de peligro interior o exterior que no es capaz de dominar. A. Adler considera la inseguridad como un elemento determinante del sentimiento de **inferioridad** (v.) al que el individuo reacciona desarrollando una voluntad de potencia artificial, mientras R.D. Laing ve la inseguridad como la disminución de la condición ontológica de la existencia que, en su opinión, es aquella en la que "un individuo tiene experiencia de sí mismo como de una cosa viva, real e interior" (1959: 50). Con esta acepción la inseguridad ya no es un elemento de un cuadro neurótico, sino el síndrome de una escisión psicótica (v. **seguridad**).

BIBLIOGRAFÍA: Adler, A. (1912); Laing, R.D. (1959).

insight

Término inglés que literalmente significa "ver adentro". Como no tiene una traducción exacta, en italiano [y en español] se expresa con los términos "**intuición**" (v., § 5), o "iluminación", mientras en alemán se traduce, siempre de forma aproximada, como *Einsicht*. Con ese término, que asume significados diferentes en los diversos ámbitos disciplinarios, se entiende la resolución de un problema, incubado durante un tiempo, con una idea imprevista, vivida como experiencia interior, que permite volver a ver el problema en su globalidad, alcanzando en unos segundos la solución buscada.

1] PSICOLOGÍA DE LA FORMA. El concepto de *insight* lo introdujo en este ámbito W. Köhler para explicar el comportamiento de los simios antropoides que lograban de manera satisfactoria la solución de un problema cuando podían captar todos los elementos juntos en el mismo campo visual, por lo que *insight* es la percepción simultánea de una forma global significativa (v. **psicología de la forma**, § I, 6). Como forma de aprendizaje, el *insight* se distingue de los otros tipos porque nace de una nueva comprensión de relaciones que se dan de manera inmediata e imprevista (v. **aprendizaje**, § II, 1).

2] PSICOANÁLISIS. Después de mucha resistencia, también el psicoanálisis adoptó este término para indicar la capacidad de entender la propia dinámica psíquica y el tejido simbólico en el que se manifiesta. En este ámbito se distingue un *insight intelectual*, que es la capacidad de entender racionalmente las propias actitudes psíquicas, y un *insight emocional*, que implica una participación afectiva. El primero sin el segundo es interpretado como una **defensa** (v.), porque permite al sujeto entender y controlar aspectos de sí mismo, pero sin llegar a una transformación terapéutica. La capacidad de *insight* se considera una condición indispensable para practicar el psicoanálisis y para entender a los demás.

3] PSIQUIATRÍA. En este ámbito se habla, más que de *insight*, de falta de *insight*, cuando el sujeto no tiene la sensación de estar enfermo no obstante la evidencia de los síntomas, o cuando atribuye a causas externas las razones de su sufrimiento (v. **paranoia**).

BIBLIOGRAFÍA: Köhler, W. (1917); (1929); Rycroft, C. (coord.), (1971); Wertheimer, M. (1945).

insomnio (al. *Schlaflosigkeit*; fr. *insomnie*; ingl. *insomnia*; it. *insonnia*)

También llamado *agripnia*, el insomnio se manifiesta en la dificultad para dormirse incluso en un estado de cansancio y de necesidad fisiológica de **sueño** (v., § 3). Por extensión, el término se adopta también en los casos caracterizados por la sensación subjetiva de un sueño insatisfactorio. El insomnio, que generalmente se acompaña de ansiedad y agotamiento, puede ser: a] *ocasional*, en situaciones de intensa tensión emotiva, estrés, cambios de horarios o de lugares; b] *primitivo* o *habitual*, frecuente en sujetos aparentemente sanos, pero que con un examen más profundo revelan elementos ansiosos y de exagerada inquietud; c] *asociado con enfermedades* de naturaleza orgánica o psíquica; d] *senil*, típico de la vejez.

inspiración (al. *Inspiration*; fr. *inspiration*; ingl. *inspiration*; it. *ispirazione*)

El término puede significar ya sea una idea inesperada que permite volver a ver un problema permitiendo alcanzar en pocos segundos la solución buscada, y en este caso es sinónimo de *insight* (v.); o bien un requerimiento creativo que el sujeto percibe como transpersonal, porque su origen es externo a la conciencia y a los objetos sobre los que suele concentrarse (v. **creatividad**, § 1).

instinto (al. *Instinkt*; fr. *instinct*; ingl. *instinct*; it. *istinto*)

Respuesta organizada típica de cada especie, filogenéticamente adaptada a determinada situación ambiental. Esta definición general se especifica en los diferentes ámbitos disciplinarios. 1] ETOLOGÍA. En este terreno K. Lorenz interpreta el instinto como el resultado de dos factores llamados *energía específica*, que es innata y no adquirida, y *esquema de activación* o *esquema de inicio* de la energía misma en presencia de una *señal desencadenante* de origen ambiental (v. **etología**, § 1). Estos conceptos los precisó posteriormente N. Tinbergen, para quien el instinto es un "mecanismo nervioso organizado jerárquicamente, sensible a determinados estímulos ambientales que lo despiertan, lo ponen en funcionamiento y lo dirigen, a los que éste responde con movimientos bien coordinados que tienen por finalidad la conservación del individuo y de la especie"

(1951: 12). Esta definición supone una tensión interior denominada *potencial específico de acción* (v. **acción**, § 3, f) y un *mecanismo neurosensorial desencadenante* (IRM, *innate releasing mechanism*) que libera el potencial específico de acción, produciendo el acto instintivo o *esquema fijo de acción*, que es típico para cada especie y suele ser uniforme y rígido.

Según Tinbergen el potencial específico de acción, organizado por impulsos provenientes de un centro nervioso superior, junto con otros de naturaleza hormonal, sería bloqueado por un mecanismo inhibidor fisiológico mientras el animal no encuentra en el ambiente un estímulo específico (agua, compañero, huevo, alimento) capaz de activar su IRM, llamado también *esquema de inicio* o *esquema de activación*, haciendo posible la realización del comportamiento instintivo (nutrición, fecundación, migración, conquista del territorio, etc.). Si en cambio el animal no logra encontrar las condiciones para los actos (consumadores, migratorios, etc.), puede presentarse una disminución del umbral del IRM hasta su anulación, lo que orilla al animal a ejecutar movimientos sin sentido.

Tinbergen supone que, subiendo en la escala evolutiva, el esquema fijo de acción sufre variaciones con el aprendizaje, determinando esa interacción entre instinto y aprendizaje que inicia un mecanismo de activación modificado por la experiencia, que cuando es filogenética se llama IRME (*innate releasing mechanism modified by experience*), mientras que cuando es adquirido por el individuo ontogenéticamente se llama ARM (*acquired releasing mechanism*). En el hombre, en el cual la prolongación de los cuidados parentales permite un amplio margen de aprendizaje y de variabilidad de las expresiones de las necesidades primordiales, el comportamiento instintivo es sustituido por un comportamiento adaptativo, intencional, plástico y aprendido (v. **etología**, § 1-2).

2] PSICOLOGÍA. En este ámbito se reconocen en el comportamiento instintivo la *preformación*, porque no se aprende, la *especificidad*, motivo por el que se repite a grandes rasgos en todos los animales que pertenecen a la misma especie, la *uniformidad*, que no prevé diferencias individuales en el ámbito de la misma especie, la *constancia* durante toda la vida del individuo, la *estabilidad* a lo largo de las generaciones, y la *ignorancia del objetivo*, que se alcanza independientemente de la conciencia. El más notable representante de la interpretación instintiva del comportamiento, W. Mc Dougall, escribe: "El instinto es una disposición psicofisiológica innata que determina a quien la posee: 1] para percibir o poner atención a ciertos objetos; 2] para experimentar una excitación emotiva de determinada calidad al percibir determinado objeto; 3] para actuar respecto a éste, o por lo menos sentir el impulso hacia una determinada acción. [...] Así como el reflejo nervioso implica en el sistema nervioso la presencia del arco reflejo, así también la acción instintiva implica cierta base nerviosa perdurable y hereditaria" (1908: 21). Después McDougall distinguió en el comportamiento instintivo entre *inclinación natural* y *habilidad* natural por lo que, por ejemplo, cuando una avispa construye un panal exactamente igual al de todas las avispas de la especie, sin haberlo aprendido, muestra una "habilidad natural". Pero cuando la avispa construye el panal es empujada por una necesidad que involucra todas sus actividades: ésta es la "inclinación natural" que en el animal está indisolublemente integrada a la habilidad, a diferencia de lo que sucede en el hombre, donde se mantiene la inclinación mientras que la habilidad, es decir el modo de llevarla a cabo, puede tomar formas diferentes. La teoría de Mc Dougall también fue adoptada en el ámbito de la psicología de la personalidad, cuyo principal representante, G. Allport, aprueba a Mc Dougall porque sostuvo que "la tendencia interna" es el concepto indispensable de todas las ciencias de la psicología, y afirma que "ningún psicólogo que se ocupe de la personalidad puede evitar por entero postular disposiciones internas del organismo, para la coherencia de su conducta y para la motivación" (1960: 234).

3] PSICOANÁLISIS. S. Freud distinguió el instinto (*Instinkt*) de la pulsión (*Trieb*), considerando al primero un esquema de comportamiento hereditario semejante al instinto animal, y a la segunda como una fuerza tendencial relativamente indeterminada, por lo que se refiere tanto al comportamiento que induce, como al objeto al que se aplica. Esta distinción no siempre se mantiene en la bibliografía freudiana, sobre todo de la escuela inglesa, y esto genera una confusión entre el esquema rígido que caracteriza al instinto animal y el carácter relativamente indeterminado de la **pulsión** (*v.*).

BIBLIOGRAFÍA: Allport, G. (1960); Bergson, H. (1907); Bonaparte, M., (1934); Caprara, G.V., A. Carotenuto y A. De Coro (1976); Darwin, C. (1859); Delaunay, A. (1979); Flechter, R. (1968); Freud, S. (1915); Hediger, H. (1956); Lorenz, K. (1963); Mc Dougall (1908); (1933); Sdino, C. (1972); Tinbergen, N. (1951); Viaud, G. (1952); Zunini, G. (1962).

institucional, neurosis
v. INSTITUCIONALIZACIÓN.

institucionalización (al. *Institutiona lisierung*; fr. *institutionnalisation*; ingl. *institutionalization*; it. *istituzionalizzazione*)

Larga permanencia en instituciones cerradas como prisiones, orfanatorios, hospitales psiquiátricos, que pueden provocar, después de cierto tiempo, un síndrome denominado *neurosis institucional*, que G. Jervis describe así: "El interno se encierra en sí mismo, se vuelve abúlico, dependiente, indiferente, inerte, sucio, con frecuencia quisquilloso, tiene regresiones a comportamientos infantiles, desarrolla actitudes posturales y tics estereotipados y especiales, se adapta a una *rutina* de vida sumamente circunscrita y pobre, de la cual ya ni siquiera desea salir, con frecuencia elabora convicciones delirantes de tipo consolador (los llamados 'delirios institucionales'). El mundo sin historia y sin tiempo de los pabellones para crónicos, la escualidez y el vacío de la vida cotidiana, son responsables de esta sintomatología, que se describió también en los campos de concentración. Ésta es la razón por la que los internos crónicos se parecen entre sí. Una conducción activa, responsabilizadora y más humana de la vida del pabellón se traduce lentamente en la desaparición de este tipo de comportamiento institucional, hace desaparecer los 'pacientes catatónicos', y determina también poco a poco la disminución y la desaparición de los internados catalogados como 'incontinentes', 'sucios' y 'violentos'" (1975: 116).

Estas constataciones constituyen la motivación primaria de la lucha contra los manicomios encabezada por el movimiento de la antipsiquiatría (v. **psiquiatría**, § 8), para la cual, escribe siempre Jervis, "si bien es cierto que en la sociedad externa existen mecanismos psicológicos interpersonales de *inducción* de comportamientos juzgados como 'anormales' o 'enajenados', se puede observar que dentro del manicomio estos mecanismos inductivos son más activos y violentos, mientras el paciente tiene menores posibilidades de defenderse. En el caso específico del interno en el manicomio, y en especial del interno crónico, la estructura de vida a la que es obligado es una *estructura de comportamiento institucional*; ésta se convierte rápidamente en el comportamiento mismo de la persona, y está hecha de sumisión y de agresividad, de regresión y refugio en esquemas psicológicos empobrecidos y en comportamientos rígidos, desarticulados o monstruosos" (1975: 113).

BIBLIOGRAFÍA: Barton, R. (1966); Basaglia, F. (coord.) (1968); Foucault, M. (1963); Goffman, E. (1961); Jervis, G. (1975); Laing, R.D. (1967); Szasz, T.S. (1970).

istmo del cerebro
v. ENCÉFALO, § 1, *b*.

instrucción (al. *Schulausbildung*; fr. *instruction*; ingl. *instruction*; it. *istruzione*)

Aspecto de la educación orientado a la formación intelectual y mental del individuo. Las contribuciones más significativas de la psicología en este campo se deben a la escuela conductista de B.F. Skinner, quien sentó las bases teóricas para la enseñanza programada, y a la informática, que proporcionó modelos y procedimientos para la instrucción computarizada.

1] LA INSTRUCCIÓN PROGRAMADA. Esta forma de instrucción puede ser descrita así: el alumno, mediante procedimientos de enseñanza (mé-todos didácticos) dispuestos de antemano por el maestro, alcanza determinados objetivos que se confrontan, mediante procedimientos de control, con los objetivos propuestos por el maestro. De tal evaluación se deriva una **retroalimentación** (v.) de los procedimientos de instrucción que implica su revisión y un nuevo ajuste, de manera que los objetivos alcanzados tiendan a identificarse cada vez más con los propuestos. Siguiendo la esquematización que propuso M. Goppo, la instrucción programada prevé: *a*] la subdivisión de la disciplina a aprender en pequeños *frames*, llamados también *encuadres* o *tramos*, que representan las unidades elementales de un programa, dispuestas en forma lógica, con introducción gradual de nuevo material y retomando del anterior para asegurar la asimilación; *b*] la inmediata verificación de la exactitud de la respuesta que actúa como refuerzo para fijar la noción en la memoria. En caso de fracaso el alumno no es reforzado y debe repetir el *tramo* (*frame*), basándose en la teoría subyacente a este procedimiento, que es la del condicionamiento operante (v. **aprendizaje**, § I, 2); *c*] la participación activa del estudiante que se puede obtener con un programa que atraiga su interés y que se desarrolle según el ritmo de su aprendizaje; *d*] la revisión del programa de acuerdo con los resultados alcanzados. Las reglas fundamentales para una buena programación son la *significación* de los contenidos propuestos, la *racionalidad* de su sucesión, el *interés* del estudiante, la *revisión* de la validez del programa, la *evaluación* de los objetivos alcanzados usando tests de adquisición incorporados en el mismo programa.

Del método de Skinner se distingue el de N.A. Crowder, que utiliza unidades largas con preguntas y respuestas breves de opción múltiple, para permitirle al estudiante una mayor autonomía. Desde el punto de vista de la orientación psicológica el método de Skinner, basado en la teoría *conductista* del estímulo-respuesta, subraya la importancia del refuerzo, dado por el conocimiento inmediato del resultado, por la estabilización de ciertas orientaciones de la conducta y por la creación de automatismos que permiten maximizar el logro y minimizar los errores, considerando desviante el principio según el cual "echando a perder se aprende". El método de Crowder, en cambio, se apoya en la teoría de la informática (*v.* **información, teoría de la**), donde se alberga una concepción positiva del error, que tiene la función de estimular la reflexión y activar la capacidad de juicio, desarrollando un aprendizaje de tipo racional y cognoscitivo, más que de tipo mecánico. Crowder afirma también que el objetivo de su modelo de enseñanza programada no es tanto ofrecer un refuerzo cuanto determinar si se logró la comunicación, porque en caso de que fallase es posible introducir etapas correctivas de manera que se realice el proceso.

Parte de las formas de instrucción programada es el *mastery learning*, expresión inglesa que puede traducirse como "aprendizaje por dominio". Se refiere a una técnica de instrucción individualizada que prevé la subdivisión de las disciplinas en unidades didácticas, con el pronóstico previo de los tiempos necesarios para alcanzar el dominio de cada una de ellas, la determinación de los objetivos cognoscitivos que se quieren alcanzar, con la consiguiente disposición de los materiales didácticos construidos en función de los contenidos informativos que se quiere hacer aprender, el control de las aptitudes adquiridas después de determinado período del recorrido didáctico, y la fase de recuperación, con la previsión de itinerarios alternativos para quien no superó una prueba de control. Al final está prevista una prueba terminal que comprueba los *desempeños* que el estudiante realizó y superó en las fases intermedias del *mastery learning*.

2] LA INSTRUCCIÓN COMPUTARIZADA. Esta forma de enseñanza prevé que el estudiante, después de observada la imagen o escuchado el mensaje, elabore una respuesta que retransmite a la computadora para su evaluación. Si la respuesta es correcta la computadora le presenta la siguiente pregunta, pero si es errónea le presenta un material correctivo adecuado. La computadora representa la fase más avanzada en la serie de las *máquinas de enseñar*, que van desde la televisión de circuito cerrado hasta las máquinas de respuesta única, con un mínimo de exposición y un máximo de participación activa por parte de quien aprende. Skinner, quien ideó la primera máquina de enseñar, la preparó basándose en el método de la construcción de la respuesta por parte del estudiante, más que en el del reconocimiento, por lo que cuando la máquina le muestra el error al

estudiante no debe comunicarle simultáneamente la respuesta correcta, porque sólo construyéndola logrará memorizarla.

La enseñanza computarizada tiene su centro en el programa (*v.* **programación**, § 1); se distingue un programa *lineal* que prevé una sucesión de un *tramo* al otro, independientemente de la solución dada, y un programa *ramificado*, que prevé la presentación de respuestas alternativas con pasajes sucesivos que dependen de la respuesta que proporcionó el estudiante. También en la instrucción computarizada se requiere: *a*] la *participación activa* del estudiante que, al interactuar con la máquina, "aprende trabajando"; *b*] el *regreso de la información* (*retroalimentación*) mediante el cual el estudiante sabe de inmediato si su respuesta es correcta; *c*] la *individualización de la instrucción* que permite que cada uno aprenda a su propio ritmo, retrocediendo o avanzando con base en sus fases personales de aprendizaje.

BIBLIOGRAFÍA. Boscolo, P. (1986); Block, J.H. y L.W. Anderson (1978); Bruner, J.S. (1966); Crowder, N.A. (1958); De Montmollin, M. (1967); Fontana Tommasucci, L. (1969); Fry, E.B. (1963); Groppo, M. (1972); Laeng, M. (1970); Skinner, B.F. (1967); Titone, R. (coord.) (1975); Tornatore, L. (1985).

insuficiencia mental
v. RETARDO MENTAL.

insulina
v. ENDOCRINO, SISTEMA.

insulinoterapia (al. *Insulinstherapie*; fr. *insulinothérapie*; ingl. *insulin therapy*; it. *insulinoterapia*)

Tratamiento terapéutico que introdujo M. Sakel en 1933. Consiste en la inyección de insulina, primero en pequeñas dosis, después en dosis cada vez mayores, hasta obtener un coma hipoglicémico (*v.* **glicemia**). El coma, de treinta minutos de duración, repetido de treinta a sesenta veces, con una frecuencia de cinco o seis veces por semana, es interrumpido mediante la administración de adecuadas cantidades de glucosa. El tratamiento, que hasta ahora no ha recibido explicaciones unívocas y que tiende a ser abandonado por las críticas sobre su legitimidad, se aplica en todas las formas de esquizofrenia y en especial en las paranoides. La administración de insulina representa también la forma de tratamiento usual para muchas formas de diabetes.

BIBLIOGRAFÍA: Sakel, S. (1938).

integración (al. *Integration*; fr. *intégration*; ingl. *integration*; it. *integrazione*).

Composición de las partes en un orden donde la unidad adquiere importancia respecto a los elementos. El término tiene diversos matices de significado en los distintos ámbitos en los que se adopta.

1] En el *nivel biológico* se lo utiliza para indicar la *interrelación* entre las diferentes partes del organismo, como por ejemplo entre las funciones del sistema nervioso y las del sistema endocrino, que permiten al organismo configurarse como una unidad capaz de autorregulación, dotada de cierto grado de independencia del ambiente.

2] En el *nivel psíquico* es necesario distinguir entre el uso freudiano y el junguiano del término. Para S. Freud la psique es inicialmente un ello no organizado que encuentra su forma mediante ese proceso de integración que es el desarrollo del yo. En este proceso las defensas operan a costa de la integración y permiten libertad de la angustia al precio de la represión de partes de sí. En este cuadro el tratamiento analítico se aboca a la posible recuperación de lo reprimido con miras a la restauración en el yo de las partes no integradas. C.G. Jung utiliza el término integración con la acepción genérica de interacción entre consciente e inconsciente, entre parte masculina y femenina de la personalidad y, en general, entre los diferentes pares de opuestos, mientras en sentido específico la integración es un subproceso de la **individuación** (*v.*) que, en el nivel intrapsíquico, implica la recuperación de las partes reprimidas y, en el interpsíquico, la adopción diferenciada de los modelos culturales existentes en sustitución de los que, en el curso del crecimiento, se revelaron insuficientes.

3] En el *nivel perceptivo* el término indica la tendencia a tomar y a evaluar formas, figuras y situaciones en su conjunto, y no en cada una de sus partes (*v.* **psicología de la forma**, § II).

4] En el *nivel psiquiátrico* E. Bleuler entiende por integración o "síntesis" la unidad de la personalidad, que es lo contrario de la **escisión** (*v.*, § I, 1).

5] En el *nivel tipológico* E.R. Jaensch usa *integrado* y *desintegrado* (*v.* **tipología**, § 2) para las actitudes que Jung había llamado *introvertida* y *extrovertida* (*v.* **introvertido-extrovertido**, § 3).

6] En el *nivel social* indica la disposición de los individuos a coordinar sus comportamientos para poder reducir al mínimo la conflictividad, considerada primer elemento de desintegración. En este ámbito se habla de integración *sistémica* a propósito de las reglas que están en la base de la cohesión social, y de integración *social* para los grupos marginados que deben integrarse al grupo social. A propósito de la integración sistémica T. Parsons propuso la hipótesis de que la integración depende de la difusión de disposiciones comunes derivadas de modelos de valores interiorizados mediante la educación; É. Durkheim planteó la hipótesis de que la integración es un producto contractual derivado de la interdependencia vinculada a la división del trabajo; y por último C. Lévi-Strauss sugirió que la integración es el resultado del intercambio, entre individuos, de bienes económicos y culturales de todo tipo.

BIBLIOGRAFÍA: Bleuler, E. (1911-1960); Durkheim, É. (1893); Freud, S. (1922); Jaensch, E.R. (1930); Jung, C.G. (1947-1954); Köhler, W. (1929); Lévi-Strauss, C. (1947); Parsons, T. (1951).

intelecto (al. *Verstand*; fr. *intellect*; ingl. *intellect*; it. *intelletto*)

El término traduce el griego νοῦς, con la acepción aristotélica de intuición de los primeros principios, contrapuesta a διάνοια, que es el procedimiento discursivo de la demostración que la escolástica medieval tradujo con el término **razón** (*v.*). En el curso de la historia la noción de intelecto asumió significados diferentes, deducibles de la relación con las otras posibilidades cognoscitivas con las que se iba relacionando el intelecto.

1] *El intelecto y la discursividad demostrativa.* En la Antigüedad y la Edad Media el intelecto se consideraba la facultad antepuesta a la intuición de los primeros principios, no susceptibles de demostración directa, so pena de la repetición hasta el infinito. Tales son, por ejemplo, los principios de no contradicción y de identidad, además de las evidencias y de los axiomas a partir de los cuales, en las diferentes ciencias, se inician los procedimientos demostrativos.

2] *El intelecto y la sensibilidad.* En la edad moderna el intelecto se asume como forma del conocer en general, diferente en ese sentido de la voluntad que preside la actuación, o como conocimiento superior respecto a ese grado inferior que es la sensibilidad. Esta última distinción reaparece también con I. Kant, aunque éste mantiene la diferencia entre intelecto y sensibilidad, no de grado sino de naturaleza, pues el intelecto "piensa", mientras la sensibilidad "recibe". Sin los datos materiales brindados por la sensibilidad el intelecto no puede operar. Al hombre, en efecto, no le es dado un intelecto intuitivo capaz de aprehender la realidad sin la mediación de la sensibilidad.

3] *El intelecto y la razón.* Kant introduce esta distinción para diferenciar la conciencia condicionada por la sensibilidad que se atiene a los fenómenos (intelecto), de la exigencia de la incondicionada, que no se da fenoménicamente, en la que insiste la razón. La razón es superior al intelecto en cuanto a su exigencia, pero la exigencia queda insatisfecha por las limitaciones del conocimiento humano. Esta tesis de Kant fue superada por el idealismo, que asigna al intelecto el conocimiento abstracto, es decir el conocimiento de la cosa en su aislamiento, y a la razón el conocimiento concreto, es decir el conocimiento de la cosa en relación dialéctica con la totalidad o absoluto, idea del cual no puede estar ausente en el conocimiento de la parte como parte. Con el abandono del concepto de razón universal y total, sustituido por la progresiva afirmación de las razones discursivas (*v.* **razón**, § 3), también la noción de intelecto deja de ser temática en los términos ahora descritos.

intelectualización (al. *Intellektualisierung*; fr. *intellectualisation*; ingl. *intellectualization*; it. *intellettualizzazione*)

Tendencia a organizar los propios conflictos en términos de formulación teórica, con la intención de controlarlos mejor. K. Abraham y A. Freud la interpretaron como un mecanismo de defensa en el tratamiento analítico cuando, al manifestarse afectos y fantasmas, se prefiere la abstracción y la conceptualización. A. Freud no le niega utilidad a la intelectualización del adolescente para "dominar las pulsiones relacionándolas con ideas con las que puede jugar conscientemente" (1936: 254).

BIBLIOGRAFÍA: Abraham, K. (1919); Freud, A. (1936).

inteligencia (al. *Intelligenz*; fr. *intelligence*; ingl. *intelligence*; it. *intelligenza*).

No existe una definición unívoca de inteligencia, pero, como veremos, cada definición refleja la orientación de la línea de pensamiento que la formula. Esquemáticamente las diferentes definiciones pueden subdividirse en tres grupos: 1] *definiciones generales,* en las que la inteligencia se ve como ese proceso que permite al hombre o al animal dotado de estructura cerebral evolucionada resolver nuevos problemas que implican una reestructuración de la relación de adaptación con el ambiente; 2] *definiciones específicas,* que consideran la inteligencia como un conjunto de procesos mentales específicamente humanos que abarcan el razonamiento lógico, la capacidad de formular valoraciones, la capacidad de perseguir un fin incluso a largo plazo, eligiendo los medios apropiados, la capacidad de autocorrección y autocrítica; 3] *definiciones operativas,* nacidas por la dificultad de desembocar en una definición unívoca de inteligencia, por lo que se prefiere someter algunos aspectos a determinados tests cuya solución define, en cada ocasión, el comportamiento inteligente. Este tercer grupo de definiciones no se refiere a la inteligencia en su conjunto, ni mucho menos la mide, sino que se ocupa sólo de los aspectos previamente establecidos sobre los cuales se construyó el test.

1] EL DEBATE SOBRE EL CARÁCTER INNATO O AD-QUIRIDO DE LA INTELIGENCIA. La importancia atribuida a la herencia o al ambiente en la estructura y en la formación de la inteligencia ha experimentado fases alternas tanto por el progreso de los estudios, como por condicionamientos ideológicos y culturales. La creencia en el carácter innato de la inteligencia, regulada exclusivamente por mecanismos genéticos, ha dominado el pensamiento psicológico bajo la influencia, por un lado, de los estudiosos de psicología animal, según quienes la inteligencia es una organización de comportamientos que se activa automáticamente con el desarrollo morfológico, y por el otro a causa del creciente interés por los tests mentales, que encuentran una significativa afirmación de su valor predictivo en la noción de inteligencia que crece con proporciones fijas e invariables. La interpretación ambientalista de la inteligencia se fortaleció con los descubrimientos del psicoanálisis de la importancia de las primeras experiencias infantiles, y con las investigaciones sociológicas que lograron demostrar la influencia positiva o negativa de la situación ambiental en el desarrollo de la inteligencia. Hoy se tiende a interpretar la inteligencia sobre la base de la interacción dinámica entre herencia y ambiente, donde por herencia se entiende el *equilibrio genético*, es decir la interacción de algunos genes particulares con todos los genes que el individuo heredó, y por ambiente todo tipo de *estimulación* que el individuo recibe desde la concepción hasta la muerte. De aquí se deriva que cada factor ambiental ejercerá una influencia diferente según el material específico heredado en el que opera, así como cada factor heredado operará de forma diferente en las diversas condiciones ambientales.

Una articulación más detallada de la relación innato-adquirido (*v.* **innatismo**) la proporcionó D.O. Hebb, quien distingue una *inteligencia A* o inteligencia *potencial*, que se refiere a la estructura genéticamente determinada por el cerebro y a la capacidad potencial de las neuronas para conectarse; esta inteligencia potencial está contenida en el plan genético del individuo y es innata, y la *inteligencia B*, que se refiere a la cantidad de potencial genético que se realizó después de la interacción de la composición genética del individuo con los efectos del ambiente, donde por ambiente se entiende también el ambiente uterino; por esto, por ejemplo, en cuanto el huevo se fecundó el organismo que se presenta ya no sólo revela un potencial genético, sino también los efectos del ambiente de ese momento en las estructuras que se están desarrollando. La inteligencia B, entonces, es según Hebb la forma en que el cerebro funciona después que el ambiente favoreció o estorbó el desarrollo a partir del plan genético de sus células, y como es imposible estudiar un potencial hasta que no se haya realizado, los tests de inteligencia, afirma Hebb, miden sólo una muestra de la inteligencia B, o sea una inteligencia ya modificada por el ambiente. P.E. Vernon propuso un tercer tipo de inteligencia, *inteligencia C*, que se refiere a la cantidad desconocida de inteligencia B que puede ser medida con los tests. En efecto, así como B es una porción desconocida de A, C lo es de B. Los tests, en efecto, no son capaces de medir la totalidad de inteligencia B de un individuo, porque la inteligencia B es la forma con la que se responde al ambiente en su conjunto, y no existe un test que proporcione este resultado global.

2] EL COEFICIENTE DE INTELIGENCIA Y LOS TESTS DE MEDICIÓN. Los primeros tests de inteligencia los elaboró en Francia A. Binet (*v.* **Binet-Simon, escala de**), a quien debemos el concepto de edad mental sobre el cual los niños no inteligentes son considerados con retraso en el desarrollo cuando sus respuestas son semejantes a las de niños de edad cronológica inferior, mientras los niños inteligentes están adelantados. Este principio se ha mantenido en las revisiones posteriores de la escala Binet, la más famosa de las cuales es la Stanford-Binet, expuesta por L.M. Terman, quien introdujo el concepto de coeficiente intelectual (CI) como índice del desarrollo mental. Al CI expresado por la relación entre la edad mental (EM) y la edad cronológica (EC), hoy se prefiere el CI *de desviación*, adoptado en la forma más actual del Stanford-Binet. Consiste en fijar los puntos a cada edad cronológica, de manera que el CI medio sea de 100 con una desviación estándar de 16. De aquí se deriva que el CI ya no es una relación, sino un puntaje adaptado a la edad del sujeto examinado. Cerca del 70% de la población adulta e infantil tiene un CI que va de 85 a 115 puntos.

Una vez establecida la media, los niveles extremos de inteligencia están representados por el *subnormal* y por el *superdotado*. Alrededor de estas definiciones se elevaron las críticas de quienes niegan que la normalidad pueda ser definida por los tests de inteligencia, en el sentido de que grupos de sujetos que no tienen en común con el estrato dominante de determinada población los mismos valores culturales que están en la base de la fundamentación de los tests, están necesariamente en desventaja y pueden parecer subnormales, mientras que en su cultura están perfectamente integrados y son por entero normales. Para solucionar estos inconvenientes y aumentar el valor diagnóstico de los tests se probaron dos vías: *a*] *subdividir los reactivos de un test en más de una escala*, distribuyendo después los subtests según los datos del análisis factorial, donde cada una de las pruebas ya no expresa un resultado sino un factor que debe interrelacionarse con otros factores, de manera que resulte un cuadro ampliado y global que ofrezca la posibilidad de una más amplia descripción; en esta dirección se movió L.L. Thurstone; *b*] *ampliar el concepto de inteligencia* como lo propuso J.P. Guildorf, a quien se debe la distinción entre pensamiento *divergente* o pensamiento creativo, y pensamiento *convergente*, o pensamiento lógico (*v.* **pensamiento**, § I, 2). Según Guilford el CI no da importancia a la producción divergente, por lo que la correlación entre CI y **creatividad** (v., § 1) resulta baja. De ahí se deriva que, si es verdad que los sujetos creativos tienen también un elevado CI, un alto CI no es suficiente para garantizar la creatividad.

Los factores que identificó Thurstone para construir tests confiables son la comprensión verbal, la fluidez verbal, la habilidad numérica, la habilidad espacial, la memoria, la habilidad perceptiva y el razonamiento representado, sobre todo en esos tests que requieren la identificación de una regla general basándose en los casos que se presentan. Los tests que elaboró Guilforf prevén, en cambio, dos tipos de preguntas que, para la producción convergente, incluyen reactivos del tipo "¿Qué cosa es una cosa?", donde la información lleva a una sola respuesta correcta, mientras para la producción divergente el reactivo es "¿Qué uso puedes darle a esta cosa?", con posibilidades de respuestas con mucha o poca variación.

Las diferencias de edad mental entre grupos de niños seleccionados como intelectualmente más dotados o menos dotados tienen carácter duradero. Los puntajes en los tests relativos a diferentes habilidades primarias alcanzan el 80% de los valores adultos en edades que van entre los 12 y los 20 años. Entre los 25 y los 34 alcanza su culminación la inteligencia verbal, mientras la no verbal llega a ella algunos años antes. La declinación del puntaje de los tests de inteligencia resulta imprecisa cuando se basa en estudios transversales, mientras que en los longitudinales se observa que los puntajes basados en la rapidez de ejecución declinan rápidamente, a diferencia de los que requieren pruebas verbales y de razonamiento, que no dan señales de declinación por lo menos hasta los 60 años. Constituye una excepción el *pensamiento inteligente* sin lenguaje, como cuando se llega a la solución exacta del problema sin necesidad de verbalizar los conceptos que se utilizaron o incluso sin poder verbalizarlos, porque intentarlo produce una interferencia que aleja de la solución; asimismo es una excepción la *relación entre inteligencia y motivación*, por lo que los procesos intelectuales se vuelven más agudos cuando el problema que se tiene delante resulta vital para la adaptación al ambiente. Por lo que se refiere a la exposición de los diferentes reactivos adoptados para la medición de las diversas formas de inteligencia véase la voz **test** (§ 2, *a*) y los parágrafos específicos ahí clasificados.

3] LAS DIFERENTES CONCEPCIONES DE LA INTELIGENCIA. Las concepciones de la inteligencia dependen de la orientación cultural y de la estructura metodológica adoptadas por las diferentes corrientes de pensamiento.

a] *La concepción elementarista y asociacionista* considera la inteligencia como el producto de la suma y composición de los procesos elementales (v. **elementarismo**). W. Wundt distingue al respecto una percepción analítica, que se refiere al juicio que aísla un contenido, de una percepción sintética, que se acerca al concepto. Este motivo, retomado por el **asociacionismo** (v.), lleva a concebir el proceso intelectual como una progresión de sensaciones e imágenes que se asocian, sumándose. Esta tesis influyó en I.P. Pavlov y su teoría de los reflejos condicionados, así como en el conductismo estadunidense y en especial en C.L. Hull quien, sobre estas bases, logró explicar el pensamiento reproductivo obtenido mediante mecanismos de aprendizaje, pero no el pensamiento productivo que excluye el condicionamiento.

b] *La concepción de la escuela de Würzburg* reaccionó con O. Külpe a la teoría de la asociación evidenciando, con el método de la introspección provocada, la presencia de una actividad psíquica inasible y que no podía referirse a las sensaciones: el llamado "pensamiento sin imágenes". Después, dentro de esta corriente se corrigió la unilateralidad de la orientación admitiendo, junto a la acción de fuerzas organizativas y directivas del pensamiento, instancias asociativas llamadas "tendencias operantes". La escuela de Würzburg influyó en la obra de Binet, quien relacionó la inteligencia, por una parte, con el juicio como su punto de apoyo, y por la otra con las facultades de la atención, el razonamiento y la abstracción.

c] *La concepción de la psicología de la forma* une la inteligencia a la percepción en el sentido de que para ninguna de las dos existen elementos aislados y después asociados, sino totalidades que se organizan originalmente en sí mismas. Según K. Koffka hay una analogía entre la tendencia a cerrar una figura abierta y la tendencia a cerrar un problema; una y otra responden al *principio de la inclusión*, que debe considerarse como una forma cognoscitiva. Por su parte M. Wertheimer, en la descripción del pensamiento productivo, afirma que la inteligencia toma el problema como un conjunto cuyos datos están vinculados entre sí por relaciones especiales, la más significativa de las cuales es la que hay entre la estructura dada y la solución solicitada, que elimina todas las relaciones no esenciales (*v.* **psicología de la forma**, § III, 2).

d] *La concepción del conductismo*, en polémica con el introspeccionismo de la escuela de Würzburg, adopta el esquema estímulo-respuesta también para el acto mental, que J.B. Watson definió como un comportamiento idéntico a los otros, caracterizado por el hecho de ser implícito. De modo que para esa escuela, el pensamiento no es sino una respuesta –carente de palabras, gestos y movimientos– ante un cierto estímulo. A la objeción de J. Dewey, según quien la teoría conductista no explica la diferencia cualitativa de la actividad mental, los neoconductistas respondieron con las investigaciones de W.S. Hunter sobre las respuestas simbólicas, y con Hull quien propuso la teoría sobre los actos con valor de estímulo que pueden activar respuestas generalizadas o conceptos, mientras E.C. Tolman relacionó la diferencia cualitativa con la función desarrollada por las expectativas.

e] *La concepción de la teoría de la información* introduce en la relación estímulo (E) y respuesta (R), expresados como datos que entran (*input*) y que salen (*output*), la noción de organismo que, concebido al igual que un canal de comunicación, da la relación E-O-R, pero en la cual el organismo no está concebido como un canal inerte sino como un factor que interviene activamente en el proceso de comunicación, recogiendo informaciones incluso por sí mismo. Las características del organismo, en efecto, modifican los estímulos, y las respuestas modifican las propiedades del canal, por lo que la inteligencia resulta un complejo interactivo donde la variación de una parte tiene efectos sobre todo el sistema. En este ámbito se ubican las investigaciones de R.M. Gagné sobre "soluciones de problemas" (*problem solving*) que se inician con: 1] la presentación de la situación estímulo que predispone esquemas de comportamiento; 2] la selección y categorización de las informaciones recibidas; 3] la identificación de la estrategia por perseguir, conservadora (*conservative*) o arriesgada (*gambling*), de acuerdo con las características peculiares del sujeto; 4] el proceso de decisión en presencia de dos o más tipos de acción, cada uno de los cuales ofrece una solución apropiada; 5] la comprobación de la solución a partir de las consecuencias que se derivan del tipo de solución adoptada (*information feedback*); (*v.* **problema**).

f] *La concepción del análisis factorial* interpreta la inteligencia mediante la valoración de la máxima variabilidad dentro de una gran batería de tests en los términos de un número limitado de habilidades o, como dice Thurstone, de "factores primarios", presentes en cierta medida en cada reactivo, que deben entenderse como unidades operativas útiles para simplificar la descripción de la actividad mental. La posición de cada factor está determinada por tres propiedades: 1] las *operaciones*, como la comprensión, la memoria, el pensamiento divergente, el pensamiento convergente y la valoración; 2] el *producto*, que indica las características con las que se presenta la información; 3] el *contenido*, que puede ser figurativo, simbólico, verbal y de comportamiento. R.B. Cattell, dentro de esta orientación de la investigación, insistió en la necesidad de ubicar los factores intelectuales en el contexto más amplio de los factores de la personalidad, estudiando las aptitudes con un campo de variables que no sean las aptitudes mismas (*v.* **personalidad**, § 2).

g] *La concepción cognoscitivista* encuentra su impulso con J. Piaget, quien concibe la inteligencia como una forma de adaptación al ambiente con la intervención de diversas estructuras cognoscitivas en las diferentes fases de la adaptación, entendida como equilibrio entre asimilación y acomodación, donde por *asimilación* se entiende la incorporación por parte del individuo de nuevos datos obtenidos de la experiencia que no modifican los esquemas mentales, y por *acomodamiento* la adopción de esquemas mentales nuevos, más adecuados a la complejidad de lo real (*v.* **cognición**, § 3, *a*). En la base del dinamismo asimilación-acomodación está el concepto de "esquema" o estructura cognoscitiva que se presenta como totalidad organizada, observable tanto en las formas más simples, como los reflejos del neonato, cuanto en las más complejas con las que la inteligencia alcanza su expresión más completa, que consiste en la total reversibilidad del pensamiento. Por lo que se refiere a las *fases de paso*, véase la voz **cognición**, § 1, *c*. Los desarrollos más recientes en este ámbito están representados por los trabajos de H. Gardner, para quien no se puede hablar de inteligencia sino de "inteligencias en plural", y donde el acento se pone en la diferencia cualitativa de las inteligencias cuya *inclinación* (musical, lingüística, corporal, espacial, lógico-matemática) es inversamente proporcional a la *flexibilidad*, que expresa la versatilidad para cualquier aptitud, pero en la que no se llega a la perfección de una inteligencia determinada. En opinión de Gardner es decisiva, no tanto la medición cuantitativa de la inteligencia como la identificación de su *forma mentis*, o sea de su inclinación.

h] *La concepción psicoanalítica* interpreta la inteligencia como una prerrogativa del sistema **consciente** (*v.*), y por lo tanto íntimamente ligada a las exigencias impuestas por el **principio de realidad** (*v.*, § 3). Esto no significa que la inteligencia sea inmune a las influencias inconscientes que se evidencian en la solución de algunos problemas que se presentan de forma imprevista e intuitiva sin seguir todos los pasos intermedios, o a la estimulación de la **curiosidad** (*v.*) de la edad infantil, que se vuelve inteligencia en la edad adulta, o en una acción inhibidora (v. **inhibición**, § 6) que bloquea el curso normal de los procesos intelectuales. La posición de S. Freud, que en la inteligencia ve una elaboración secundaria de cuanto se expresa en el nivel de **proceso primario** (*v.*), la confirma J. Lacan, para quien inteligencia, en lugar de ser un campo privilegiado del yo, es una sutil actividad de ocultamiento del "texto cancelado", que en cambio es sacado a la luz por el proceso primario o inconsciente mediante las figuras de la metonimia y de la **metáfora** (*v.*). Contra estas posiciones se ubica H. Hartmann, para quien "la inteligencia es una función organizadora en lugar de un sustituto de todas las demás funciones. En cierto punto de su evolución la inteligencia se da cuenta del porcentaje que le espera, de ser una función entre las otras. [...] Sólo después de que esta mayor conciencia se haya puesto al servicio de la acción la inteligencia puede servir a las más altas funciones de síntesis y de diferenciación del yo" (1939: 68). La posición de Hartmann, incluso en su diferencia respecto a la que asumió Freud, sigue teniendo en común con esta última la concepción de una inteligencia "integrada" que, aun en su función específica de dirección del proceso consciente, tiene origen en una dimensión profunda, con la que queda constantemente vinculada.

BIBLIOGRAFÍA: Autores varios (1981); Binet, A. (1903); Bischof, L.J. (1954); Bruner, J.S. *et al.* (1956); Bruner, J.S. *et al.* (1966); Cattell, R.B. (1952); Claparède, E. (1909); Dewey, J. (1917); Duncker, K. (1963); Freud, S. (1911); Gagné, R.M. (1959); Gardner, H. (1983); Gardner, H. (1985); Getzels, S.W. y P.W. Jackson (1962); Guildorf, J.P. (1967); Hartmann, H. (1939); Hebb, D.O. (1966); Hull, C.L. (1930); Hunter, W.S. (1924); Köhler, W. (1929); Koffka, K. (1921); Lacan, J. (1966); Mead, G.H., *Mente* (1934); Oléron, P. (1957); Piaget, J. (1924); Piaget, J. (1936); Piaget, J. (1947); Ronco, A. (1963); Scabini, E. (1972); Terman, L.M. y M.A. Merrill (1960); Thurstone, L.L. (1940); Tolman, E.C. (1948);

Trentini, G. (1980); Vernon, P.E. (1969); Watson, J.B. (1913); Wertheimer, M. (1945); Wundt, W. (1896).

inteligencia artificial (al. *Künstliche intelligenz*; fr. *intelligence artificielle*; ingl. *artificial intelligence*; it. *intelligenza artificiale*)

Sector de investigación que se propone que ciertas máquinas resuelvan problemas que, según la opinión común, necesitan inteligencia. Desde hace tiempo las máquinas ya no son sólo instrumentos que aumentan la fuerza muscular del hombre o que acentúan la sensibilidad de sus órganos, sino también herramientas que ayudan o sustituyen al hombre en la solución de problemas de elección y búsqueda de estrategias óptimas. En este ámbito las investigaciones han adquirido dos direcciones que interactúan entre sí y que se encaminan, esquemáticamente, 1] a la **simulación** (*v.*, § 1) del pensamiento humano; 2] a la realización de un comportamiento. En el primer caso el interés está orientado al conocimiento de ese fenómeno natural que es la inteligencia; en el segundo lo está a la construcción de una máquina no directamente localizable en la naturaleza. El momento *operativo-instrumental* no es una simple aplicación del *modelo conocido*, sino que se retroalimenta con éste, obligando a reformular su definición. De aquí la interacción entre los estudios de la inteligencia artificial y la psicología que, como escribe M. Kochen, está obligada a replantear "las nociones de pensamiento, cognición, reconocimiento, formación de conceptos, solución de problemas, razonamiento inductivo y deductivo, inteligencia, proyecto y comprensión, en un contexto lógico-matemático, más que en el del lenguaje de la psicología humana en la cual se originaron esas nociones" (1971: 280).

En relación con las máquinas, *pensar* es "una habilidad especial para elaborar informaciones", *inteligencia* es "la capacidad para adaptarse a una situación inesperada" mediante un proceso llamado *aprendizaje* que se realiza cuando la máquina "es capaz de interactuar con su propio ambiente para tomar las informaciones necesarias para su autoorganización". A propósito de las relaciones entre inteligencia y aprendizaje hay quien considera que, si una máquina aprende, puede volverse "inteligente", y en cambio quienes opinan que sólo una máquina ya "inteligente" puede aprender. De estos simples ejemplos es fácil intuir a qué revisiones terminológicas y de definiciones se deberá someter la psicología conforme las condiciones que presiden la fabricación de la máquina obliguen a revisar el conocimiento del fenómeno natural (por ejemplo la inteligencia humana), en su momento tomado como modelo.

M. Minsky ofrece numerosos ejemplos por los que: *aprendizaje* es todo aquello que conlleva modificaciones, a largo plazo, en nuestra mente; *sentido común* es una estructura mucho más compleja respecto a las habilidades mentales que solemos admirar porque implica muchos tipos de representaciones diferentes y por lo tanto necesita una gama de habilidades diferentes; *cerebro* es una vinculación entre partes donde, más que el funcionamiento o los problemas que enfrenta, resulta más útil reconocer los esquemas de actividad que permiten afirmar que el cerebro A es confuso, que pierde tiempo en actividades repetitivas o que se concentró en un nivel de detalle estéril; *conciencia* es un término que no se refiere a la percepción de todo lo que sucede dentro de uno mismo, porque lo que la conciencia toma es de hecho sólo una pequeña parte del pasado reciente, donde el examen mismo distorsiona los registros que se intenta inspeccionar; *inconsciente* puede referirse, en consecuencia, a todo lo que la mente hace, porque son poquísimos los procesos de los que estamos conscientes; *memoria* es un concepto que se debe limitar a la manera en que reproducimos nuestros estados mentales "parciales" anteriores; *pensamiento lógico* sirve para resumir cuanto ya se descubrió, porque normalmente utilizamos el pensamiento analógico, basado en la aplicación a las circunstancias actuales de experiencias vividas y al parecer semejantes; *sí mismo* es una concepción mitológica según la cual en cada uno de nosotros estaría incluida una parte especial que contiene la esencia de la mente, basándose en la ilusión del agente único (1986: 647-659). Naturalmente estas definiciones pueden ser ampliadas o reducidas sobre la base de todo cuanto permite verificar los procedimientos de fabricación de máquinas inteligentes (*v.* **cibernética**, § 3).

BIBLIOGRAFÍA: Bara, B.G. (coord.) (1978); Betti, R (1979); Jackendoff, R. (1987); Johnson-Laird, P.N. (1988); Kochen, M, y B. Meltzer. (1971); Koyré, A. (1961); Minsky, M. (1986); Somenzi, V. (coord.) (1965); Viale, R. (coord.) (1989).

intención

v. SIGNO.

intencionalidad (al. *Intentionalität*; fr. *intentionnalité*; ingl. *intentionality*; it. *intenzionalità*)

Término que introdujo en el ámbito psicológico F. Brentano, para denominar esa característica fundamental de los fenómenos psíquicos que es su originaria referencia al objeto cuando aparece en el horizonte del sujeto experimental. Brentano distingue las representaciones, los juicios y los sentimientos basándose en la cualidad de su acto intencional, que en la *representación* vuelve al objeto simplemente presente, en el *juicio* afirmado o negado, en el *sentimiento* amado u odiado. La estructura bipolar de las últimas dos clases explica la posibilidad del error y del comportamiento atinado (*v.* **acto**, § 1).

Brentano se remonta a E. Husserl, para quien la intencionalidad ya no tiene que considerarse solamente como una característica de los fenómenos psíquicos que se deben contraponer a los fenómenos físicos, sino como la definición de la misma relación entre el sujeto y el objeto de la conciencia en general: "La característica de las experiencias vividas (*Erlebnisse*), que puede incluso señalarse como el tema general de la fenomenología orientada objetivamente, es la intencionalidad. Ésta representa una característica esencial de la esfera de las experiencias vividas puesto que todas las experiencias tienen, de alguna manera, intencionalidad. [...] La intencionalidad es eso que caracteriza a la conciencia en sentido pleno y que permite indicar la corriente de la experiencia vivida como corriente de conciencia y como unidad de conciencia" (1912-1928, I, § 84). De esta manera Husserl modifica el concepto de **conciencia** (*v.*, § 4) en el sentido de que ésta ya no es, como la consideraba R. Descartes, una cosa (*res cogitans*) que debe contraponerse a esa otra cosa que es el cuerpo y en general la materia (*res extensa*), sino un acto que se expresa en su original "referirse a" o "tender hacia", que M. Heidegger traducirá con el término *trascendencia* en el sentido de que la conciencia no es una cosa sino su trascenderse en otro.

L. Binswanger, aceptando la lección de Husserl y de Heidegger, creará la psiquiatría fenomenológica o **análisis existencial** (*v.*) que, superando el dualismo cartesiano (*v.* **dualismo psicofísico**) de alma y cuerpo, que Binswanger juzga "el cáncer de toda psicología" (1946: 22), concebirá al hombre, no como una cosa en el mundo según el modelo de las ciencias naturales, sino como ese ser originalmente *intencionado* hacia un mundo que cada uno estructura según las características con las que se espacializa, se temporaliza, se representa las cosas, coexiste. En las diferentes formas de abrirse al mundo, para Binswanger, se debe buscar la esencia de lo psíquico.

BIBLIOGRAFÍA: Binswanger, L. (1946); Brentano, F (1874); Galimberti, U. (1979); Husserl, E. (1912-1928).

interacción (al. *Wechselwirkung*; fr. *action réciproque*; ingl. *interaction*; it. *interazione*)

Acción o influencia recíproca entre dos variables en el curso de las cuales cada una sufre una modificación por efecto de la otra. Se habla de:

1] *Interacción estadística* en relación con los planos de investigación estadística de la varianza, donde se mide el efecto de variables independientes respecto a la variable dependiente (*v.* **estadística**, § I, 3).

2] *Interacción social* entre dos sujetos, cada uno de los cuales modifica su propio comportamiento en relación con el del otro, anticipándolo o respondiéndolo. Una forma universal de interacción ritualizada es el juego, que es posible sólo en un sistema de anticipación y de respuesta. Todo fenómeno de interacción social puede dividirse en diferentes niveles en los que aparecen los diferentes sujetos, ocupan una posición social, comparten determinados valores, o se reúnen por dinámicas más profundas, por lo que la cuestión del *sujeto* de la interacción coincide con la cuestión del *nivel* en el que se efectúa el análisis, como se expone detalladamente en la voz **relación** (*v.*).

3] *Interacción simbólica*: es el aspecto del comportamiento humano en el que G.H. Mead basó su teoría de que el hombre se distingue de los animales por la infinidad de significados simbólicos que es capaz de aprender y de almacenar viéndose como es visto por los demás. Esta visión del "Otro generalizado", según la expresión de Mead (*v.* **otro**, § 2), es lo que le permite a cada uno asumir funciones sociales cuya suma constituye el sí mismo de cada quien, que por lo tanto es el fruto de una interacción. La teoría simbólico-interaccionista de Mead es uno de los supuestos teóricos de la psiquiatría social, que atribuye la enfermedad mental más a los factores sociales que a los genéticos, y de los de análisis de **grupo** (*v.*, § III) que se proponen modificar una interacción simbólica incorrecta considerada responsable del malestar individual.

BIBLIOGRAFÍA: Blumer, H. (1969); Goffman, E. (1959); Goffman, E. (1967-1969); Hinde, R.A. (1979); Mead, G.H. (1934).

intercambio (al. *Austausch*; fr: *échange*; ingl. *exchange*; it. *scambio*)

Relación de dar y tener según una regla de reciprocidad y de equivalencia. La noción de intercambio ha sido objeto de numerosos estudios en el ámbito antropológico y psicológico.

1] ANTROPOLOGÍA. M. Mauss hizo del intercambio el principio explicativo de muchos comportamientos de los primitivos, entre los cuales "todo es materia de transmisión y de restitución, todo va y viene, como si hubiera intercambio constante de una sustancia espiritual que abarca hombres y cosas entre los clanes y los individuos, subdivididos en rangos, sexos, generaciones" (1950: 175). El intercambio tenía reglas rigurosas que preveían "la obligación de dar, la obligación de recibir, la obligación de intercambiar" (1950: 217). Como nadie estaba excluido de estas obligaciones, ni siquiera los difuntos y los dioses. Mauss habla de régimen de *prestaciones totales*, donde "los contactos perpetuos entre los clanes relacionan a las mujeres, a los hombres, a los niños, a los ritos, etc." (1950: 165), estableciendo entre grupos dife-

rentes una red de relaciones sociales garantizadas ritual y mágicamente. Ya que a cada bien recibido era necesario responder con un don mayor, "consumo y destrucción carecen verdaderamente de límites" (1950: 212). A este consumo suntuoso le dio Mauss el nombre de *potlatch*, el cual G. Bataille interpreta como consumo de la *parte maldita*, que es el exceso de energía que circula en lo social y que si no es consumida en la forma placentera del goce de cualquier manera será desperdiciada en la forma desagradable de la guerra (*v.* **fiesta**, § 2). J. Baudrillard le asigna a esta forma de intercambio total y de despilfarro ostentoso el *valor simbólico* de hacer coincidir las partes, en oposición al *valor de intercambio*, en vigor en las sociedades occidentales, que regula anónimamente la circulación de todos los sentidos, de todos los bienes y de todas las cosas. En la noción de intercambio, que C. Lévi-Strauss considera "una de las pocas enseñanzas que han ejercido una influencia profunda en todos los campos" (1950: xv), el antropólogo francés construye su modelo para la interpretación de las estructuras elementales del parentesco (*v.* **antropología**, § 3).

2] PSICOLOGÍA. En este ámbito la noción de intercambio ha sido objeto de estudio: 1] en *psicología experimental*, donde G.C. Homans demostró que a ella deben remitirse el concepto de refuerzo (v. aprendizaje, § I, 1), es un don que se intercambia contra una presentación positiva, y los de perfil, pérdida, ventaja y costo que regulan la economía del comportamiento; 2] en *psicología social*, donde J.W. Thibaut y H.H. Kelley encuentran en la noción de intercambio la base para las relaciones de negociación, de confianza, de contratación, además de los efectos de las amenazas, de las recompensas y de otras formas de presión y de solicitud que regulan las relaciones entre individuos y grupos.

BIBLIOGRAFÍA: Bataille, G. (1949); Baudrillard, J. (1976); Blau, P.M. (1964); Ekeh, P.P. (1974); Homans, G.C. (1961); Lévi-Strauss, C. (1947); Lévi-Strauss (1950); Mauss, M. (1950); Thibaut, J.W. y Kelley, H.H. (1959).

intercrítico, período

v. REMISIÓN.

interdependencia

v. GRUPO, II, 2; PSICOLOGÍA SOCIAL, § 4, *c.*

interdicción (al. *Entmündigung*; fr. *interdiction*; ingl. *interdiction*; it. *interdizione*)

Término jurídico que se refiere a la limitación de los derechos de la persona y, en especial, a la posibilidad de disponer de sus propios bienes en presencia de una condición de **enfermedad mental** (*v.*).

interés (al. *Interesse*; fr. *intérêt*; ingl. *interest*; it. *interesse*)

Factor dominante de la motivación que se traduce en un comportamiento observable. Los parámetros para el estudio del interés son la *duración*, que puede ser transitoria o estable, la *extensión*, relativa al número de los intereses de un individuo de los que depende su mayor o menor adaptación al ambiente, y la *intensidad* o grado con que se manifiesta un interés respecto a otros. La ausencia de intereses caracteriza algunas condiciones patológicas, como la depresión, y ciertas formas de esquizofrenia, mientras que en la estimulación de los intereses se basa la terapia ocupacional (*v.* **ergoterapia**).

Sobre la naturaleza de los intereses existen diferentes opiniones. Para J.F. Herbart el interés es una actividad espontánea de naturaleza intelectual que favorece la atención y está acompañada por una tensión afectiva; para J. Dewey es una forma diferenciada de la emoción que distingue al hombre en su evolución del animal. En esta matriz biológica se basa también la definición de E. Claparède, quien considera el interés estimulado por la necesidad; esto último causa sólo una tendencia que después el interés especifica, desarrollando una función intermediaria entre el ambiente interno y el externo. Para O. Decroly el interés, aun respondiendo a la llamada de las necesidades, requiere la intervención de la inteligencia y de la cultura, que favorecen la función globalizante del conocimiento. En este sentido también se expresa la psicología de la forma, para la cual es el interés el que hace emerger a la figura de un fondo, estimulando de esta manera la atención; para W. Mc Dougall el interés es en cambio la atención latente, mientras la atención es el interés en acción.

Revestidos de intereses, los objetos adquieren un "carácter de invitación" que puede ser positivo o negativo provocando comportamientos apetitivos o aversivos (*v.* **atracción-repulsión, teoría de la**). Cuando el interés es ambivalente se generan estados de conflicto, como en el caso en que se dirija a motivos de atracción desaprobados por causas de conveniencia moral o social. En efecto, junto a intereses que invitan la aprobación social puede haber intereses inconfesables hacia el prójimo y también hacia uno mismo, sobre los que con frecuencia actúa la **psicología de la publicidad** (*v.*). Los intereses, que comienzan con los juegos de la tercera infancia y continúan con las pasiones y los pasatiempos de la edad adulta, influyen en el desarrollo de la personalidad, interviniendo en el proceso de autoformación y orientando al sujeto hacia la elección de los sectores en los cuales especializará sus propias cogniciones y habilidades. Ya que el interés no tiene carácter coercitivo, es un buen indicador de cada individualidad cuyos intereses pueden ser evidenciados mediante cuestionarios y tests específicos.

En pedagogía se procedió a organizar una metodología del aprendizaje basada en el concepto de "interés", que sustituyó el concepto de "esfuerzo". Según Decroly, quien la ideó, es necesario organizar todas las actividades escolares alrededor de los "centros de interés" adecuados a la edad y por lo tanto plenamente correspondientes a las relativas necesidades básicas, evitando cualquier forma de adultismo. En el ámbito psicoanalítico S. Freud habla de interés del yo (*v.* **yo, interés del**) a propósito de la energía de investimiento de las pulsiones de autoconservación en oposición a la libido o energía de investimiento de las pulsiones sexuales, mientras A. Adler habla de *interés social* para indicar el deseo de pertenecer a un grupo, deseo en su opinión, innato en todos los seres humanos (*v.* **sentimiento**, § 3).

BIBLIOGRAFÍA: Adler, A. (1912); Chiari, S. (1973); Claparède, E. (1915); Decroly, O. (1929); Dewey, J. (1949); Freud, S. (1915-1917); Habermas, J. (1968); Herbart, J.F. (1806); Mc Dougall, W. (1908).

interfaz
v. PSICOLOGÍA SISTÉMICA, § 2.

interferencia
v. MEMORIA, § 4, *b*; APRENDIZAJE, § II, 3.

interhemisférica, conexión-desconexión
v. HEMISFERIO CEREBRAL.

interiorización (al. *Verinnerlichung*; fr. *intériorisation*; ingl. *interiorization*; it. *interiorizzazione*)

En el ámbito *sociopsicológico* el término se refiere a la adopción, por parte de un individuo, de valores, actitudes y modelos de comportamiento en vigor en su grupo social. Gran parte de la educación y de la socialización está orientada precisamente hacia la interiorización de esas normas sociales a las que antes se atenía a causa del castigo o de la recompensa. En el ámbito *psicoanalítico*, donde se prefiere la palabra **introyección** (*v.*), se alude al proceso con el que relaciones intersubjetivas se transforman en relaciones intrasubjetivas, como cuando la relación de autoridad entre el padre y el hijo se interioriza en la relación entre superyó y yo.

interoceptor
v. RECEPTOR, § 4.

interpersonal, psicología
v. PSICOLOGÍA SOCIAL, § 3, *d*.

interpretación (al. *Interpretation*; fr. *interprétation*; ingl. *interpretation*; it. *interpretazione*)

Atribución de un significado a un principio de sentido. El arte o la técnica de la interpretación tiene una historia e implicaciones teóricas y epistemológicas que se ilustran en la voz **hermenéutica** (*v.*). Aquí nos limitaremos a la interpretación psicoanalítica, que para S. Freud caracteriza el psicoanálisis distinguién-

dolo de las demás psicologías. La interpretación (*Deutung*) de un sueño, de un síntoma, de un lapsus, escribe Freud, consiste en determinar su significado (*Bedeutung*). Para esto es necesario apresar el significado latente (*v.* **contenido latente-contenido manifiesto**) de las producciones del paciente y, en el tratamiento, comunicárselo, para permitirle hacer consciente el inconsciente. La interpretación psicoanalítica se coloca a medio camino entre la explicación causal de las ciencias naturales y la comprensión fenomenológica de origen diltheyana y jasperiana. Igual que la explicación (la *Erklären*), en efecto, la interpretación psicoanalítica trata de establecer una conexión causal entre los acontecimientos, y al igual que la comprensión (el *verstehen*), además de no ser susceptible de una comprobación experimental, se sitúa en el espacio intersubjetivo de la relación analista-paciente (*v.* **psicología comprensiva**).

Las interpretaciones pueden referirse al contenido para revelar el significado latente sin pronunciarse por las fuerzas que lo mantuvieron inconsciente o por la relación terapeuta-paciente; a las *resistencias* que se oponen a la intención de hacer conscientes los procesos inconscientes; a la *transferencia* para evidenciar cuánto de los propios contenidos inconscientes son proyectados hacia el terapeuta. Los criterios para evaluar la interpretación correcta son la respuesta del paciente y la introducción armónica de la interpretación en el contexto general del material emergido, de la misma forma –como en el ejemplo de Freud– que la ubicación de cada una de las piezas en la composición general de un mosaico. La interpretación, en el tratamiento analítico, tiene que ver con un material ya interpretado por quien lo soñó en la elaboración secundaria (*v.* **elaboración**, § 2), que confiere una cierta coherencia a los elementos producidos por el trabajo del sueño. Freud escribe al respecto: "Ellos han experimentado la más profunda elaboración por parte de esa función psíquica similar al pensamiento de vigilia; parecen tener un sentido, pero en verdad ese sentido está alejadísimo del real significado del sueño. Si los analizamos, nos convencemos de que aquí la elaboración secundaria del sueño ha espigado de la manera más libre en el material, conservando las menos de sus relaciones. Son sueños que, por así decir, ya fueron interpretados antes que los sometiésemos a interpretación en la vigilia." (1899 [1976: 487]). Ulteriores profundizaciones sobre el tema de la interpretación en el ámbito psicoanalítico se pueden encontrar en la voces **sueño onírico** (§ II, 3) y **sobreinterpretación**.

C.G. Jung distinguió dos formas de interpretación, según la referencia se realice hacia el *objeto*, donde las figuras del sueño se asumen por lo que significan en la vida del paciente, o hacia el *sujeto*, donde las figuras se consideran expresiones simbólicas de motivos psíquicos inconscientes de quien sueña (*v.* **sueño onírico** § 4). Stekel introdujo la expresión *interpretación serial* para referirse a una serie consecutiva de sueños en los que se aclaran aspectos oníricos que quedaron oscuros para la interpretación de cada uno de ellos. Por último, H. Silberer llamó *interpretación anagógica* aquella que en lugar de referir el simbolismo onírico hacia las fuerzas instintivas, como la interpretación psicoanalítica, vuelve explícitos los significados universales ideales. Freud criticó este tipo de interpretación, que en su opinión señala un regreso hacia ideas prepsicoanalíticas, si acaso no hasta procesos de **racionalización** (*v.*) o a **formaciones reactivas** (*v.*), frecuentes en quienes no aceptan la matriz instintiva (v. **fenómeno funcional**). E. Jones une la interpretación anagógica de Silberer a la interpretación "prospectiva" de Jung, para quien el simbolismo onírico no es necesariamente reductible al instinto sexual, porque en ocasiones puede ser expresión de un esfuerzo orientado a la consecución de un ideal (*v.* **constructivo, método**).

BIBLIOGRAFÍA: Aversa, L. (1987); Bion, W.R (1970); Freud, S. (1899); Freud, S. (1911); Freud, S. (1922); Jones, E. (1948); Jung, C.G. (1912-1952); Silberer, H. (1914); Stekel, W. (1911); Trevi, M. (1986).

interpsíquico
v. INTRAPSÍQUICO-INTERPSÍQUICO.

intersexualidad
v. HERMAFRODITISMO.

intersubjetividad (al. *Intersubjektivität*; fr. *intersubjectivité*; ingl. *intersubjectivity*; it. *intersoggettività*)

Conjunción de las subjetividades que hace posible un mundo objetivo como producto de convenciones adoptadas por todos los sujetos. Tal es, por ejemplo, la producción científica obtenida mediante la adopción de acuerdos comunes que prescinden de los puntos de vista de cada uno de los sujetos. Con esta acepción, que inició R. Descartes, la intersubjetividad prescinde de las psicologías individuales. Junto a este concepto de origen cartesiano existe uno histórico-hermenéutico que se inició con E. Husserl, según quien el sujeto, al implicar la existencia del otro, lleva ya en sí el sedimento de una tradición intersubjetiva que tiene carácter histórico y que permite a cada uno vivir de acuerdo con experiencias comunes: "Somos múltiples sujetos sensibles, pero, en cuanto comunicamos, el sentido de todos sirve a cada sujeto, de tal manera que cada uno se encuentra frente a un mundo que se constituyó con todos estos sentidos y sabe que, por este motivo, experimenta un mundo igual al de los demás. Es como si hubiera un mundo colectivo correlativo a un sujeto único" (1912-1928: 126).

BIBLIOGRAFÍA: Descartes, R. (1937); Husserl, E. (1912-1928).

intrapsíquico-interpsíquico (al. *Intrapsychisch-Interpsychisch*; fr. *intrapsychique-interpsychique*; ingl. *intrapsychic-interpsychic*; it. *intrapsichico-interpsichico*)

Par de términos utilizados para indicar el lugar de una dinámica psíquica, que puede darse dentro del sujeto, entre dos o más instancias psíquicas (intrapsíquico), o entre el sujeto y otros sujetos (interpsíquico). Estos términos, sinónimos de intrasubjetivo e intrapersonal contrapuestos a intersubjetivo e interpersonal, se utilizan en la psicología de lo profundo en la interpretación de los sueños, según ésta se refiera a los personajes reales indicados por el sueño (*interpretación interpsíquica*) o a los contenidos psíquicos representados por dichos personajes reales (*interpretación intrapsíquica*).

intratensivo, tipo
v. TIPOLOGÍA, § 2.

intrauterino (al. *Intrauterin;* fr. *intrautérin;* ingl. *intrauterine;* it. *intrauterino*).

Término anatómico que se refiere a lo que se encuentra en el interior del útero. En psicoanálisis el termino se usa en relación con esos sueños y fantasías que manifiestan el deseo de regresar al útero materno. Esta **regresión** (*v.*) la interpreta la psicología analítica como elemento de una fantasía de **renacimiento** (*v.*) más elaborada.

introspección (al. *Introspektion*; fr. *introspection*; ingl. *introspection*; it. *introspezione*)

Observación de los propios contenidos psíquicos. Se distingue la introspección simultánea, en la que la observación sucede simultáneamente a la realización del acontecimiento psíquico, y una introspección *retroactiva*, en la que los hechos psíquicos son examinados después de su desarrollo. En un principio la utilizó la psicología experimental (*v.* **introspeccionismo**) como método de investigación de los procesos psíquicos superiores, luego la abandonó y sobrevivió como instrumento cognoscitivo en todas las corrientes psicológicas no conductistas y, en especial, en la psicología clínica, en la que es de notable importancia el informe de la experiencia subjetiva, y en la psicoterapia, donde es la premisa natural de la interacción entre terapeuta y paciente. El psicoanálisis distingue entre *introspección* como investigación ininterrumpida de la propia interioridad, de carácter narcisista, y **autoobservación** (*v.*), que es un examen lo más objetivo posible de sí. Uno de los objetivos del tratamiento analítico es disminuir el aspecto narcisista de la introspección y aumentar la capacidad de autoobservación y de *insight* (*v.*).

BIBLIOGRAFÍA: Ferruzzi, F. (1982).

introspeccionismo (al. *Introspektionismus*; fr. *introspectionisme*; ingl. *introspectionism*; it. *introspezionismo*)

Con este término se hace referencia: 1] al *método* de la información introspectiva que utilizó W. Wundt para poder analizar los procesos psíquicos superiores que escapan a un examen experimental conducido desde afuera (*v.* **elementarismo**); 2] a una *escuela* de pensamiento que encabeza O. Külpe, quien rechaza la reducción de los procesos psíquicos a los modelos interpretativos elaborados por la **psicofísica** (*v.*), incapaces de referir el contenido psicológico y la forma en la que el sujeto lo vive subjetivamente. Sólo con la *introspección provocada*, mediante la cual el sujeto refiere eso que interpenetra la tarea asignada y la respuesta, se puede tener una descripción de los fenómenos que se producen en el sujeto. N. Ach y A.E. Michotte establecieron una importante distinción entre el *contenido*, que es susceptible de inspección con la introspección, y la *función*, que no es describible introspectivamente, sino sólo retrospectivamente, porque es imposible, por ejemplo, experimentar al mismo tiempo la emoción del miedo y analizarla, tal como sucede en el estudio del mundo subatómico, donde la energía requerida para observar el fenómeno altera el fenómeno mismo. La psicología introspeccionista se agota con la aparición de la **psicología de la forma** (*v.*) que, con la adopción del método fenomenológico, tiene la posibilidad de observar la experiencia en su forma de organizarse y en las leyes que la regulan.

BIBLIOGRAFÍA: Ach, N. (1935); Külpe, O. (1893); Michotte, A.E. (1946); Wundt, W. (1896).

introversión
v. EXTROVERSIÓN-INTROVERSIÓN.

introyección (al. *Introjektion*; fr. *introjection*; ingl. *introjection*; it. *introiezione*)

Proceso con el que se incorpora en el sistema del yo la representación mental de un objeto externo, por lo que la relación del yo con el objeto se transforma en la relación del yo con la imagen del objeto introyectado. El término "introyección" lo acuñó, junto con el de **proyección** (*v.*, § 3), S. Ferenczi: "Mientras el paranoico expulsa de su propio yo los impulsos que se volvieron desagradables, el neurótico busca una solución recibiendo en el yo cuanto puede del mundo externo y haciéndolo objeto de fantasías inconscientes. [...] Este proceso –que es lo opuesto de la proyección– prodría llamarse *introyección*" (1909: 84). El concepto lo adoptó S. Freud, quien dijo al respecto: "El yo-placer originario quiere, [...] introyectarse todo lo bueno, arrojar de sí todo lo malo. Al comienzo son para él idénticos lo malo, lo ajeno al yo, lo que se encuentra fuera." (1925 [1976: 254-255]).

La introyección está caracterizada por su vínculo con la **incorporación** (*v.*), donde el límite somático, que es el prototipo de toda separación entre interno y externo, es sustituido, en la introyección, por el límite del **aparato psíquico** (*v.*), en el cual la oposición introyección-proyección se expresa de acuerdo con el modelo de la incorporación o, como escribe Freud, "Expresado en el lenguaje de las mociones pulsionales orales, las más antiguas: 'Quiero introducir esto en mí o quiero excluir esto de mí'." (1925 '1976: 254]). El concepto lo retoma M. Klein a propósito de la introyección de los objetos "buenos" y de la proyección de los "malos" con una reintroyección sucesiva (*v.* **kleniana, teoría** § 1). La introyección puede considerarse tanto una defensa, en cuanto protege de la angustia de separación, como un proceso normal de desarrollo, en cuanto permite desvincularse de los objetos externos y alcanzar progresivamente la **autonomía** (*v.*). La introyección está en la base de la formación del superyó mediante la interiorización de la figura del padre, y está íntimamente vinculada a la teoría freudiana de la **identificación** (*v.*).

También la psicología social habla de introyección a propósito de la aceptación de las normas y de los valores sociales, por parte de cada cual, dentro de su propia estructura motivacional y de comportamiento, y distingue este proceso de la *socialización*, en la cual la aceptación de las normas y de los valores compartidos no necesariamente está interiorizada.

BIBLIOGRAFÍA: Abraham, K. (1924); Allport, G.W. (1955); Erikson, E.H. (1950); Ferenczi, S. (1909); (1912); Freud, S. (1925); Klein, M. (1940).

intuición (al. *Anschauung*; fr. *intuition*; ingl. *intuition*; it. *intuizione*)

Comprensión de algo sin mediación conceptual. El término, de competencia más filosófica que psicológica, cuando no se utiliza en sentido genérico tiene una caracterización diferente según el campo de aplicación:

1] EPISTEMOLOGÍA GENÉTICA. Según J. Piaget la intuición es un aspecto del pensamiento del niño de los 4 a los 6 años, cuando todavía no tiene la capacidad de definir los conceptos si no es señalando los objetos correspondientes en relación con su uso, en función de la acción del momento y en un espacio egocéntrico (*v.* **egocentrismo**). Aquí la intuición prolonga los esquemas perceptivo-motores del período preverbal y prepara las nociones técnicas que se desarrollarán con el crecimiento.

2] PSICOLOGÍA DE LAS VISIONES DEL MUNDO. En este ámbito la intuición es una **actitud** (*v.*, § 3) que K. Jaspers define así: "La actitud intuitiva no es un ver rápido y distraído, más bien es un profundizar en sí mismos. No es que se ponga en claro una vez más eso que ya se sabía desde antes; más bien es la apropiación de algo nuevo y ya realizado en un proceso de la claridad en desarrollo. Todo lo que es intuitivo está incluido en la escisión de sujeto y objeto, pero su movimiento oscila entre el sujeto y el objeto de tal manera que existe en esto una conciencia de la contigüidad, de la afinidad, del parentesco con el objeto, allí donde la actitud racional crea la distancia máxima y la actitud mística la anula por entero, eliminando la escisión de sujeto y objeto" (1919: 81).

3] PSIQUIATRÍA FENOMENOLÓGICA. Aquí la intuición designa un tipo de conocimiento diferente a los demás: por la *modalidad* con la que se refiere al objeto, como dice H. Bergson cuando define la intuición como conocimiento inmediato e irracional, o por el *tipo* de objeto indagado, como sostiene E. Husserl a propósito de la intuición *eidética*, que es relativa a la esencia de las cosas, respecto a la intuición *empírica*, que toma los objetos individualmente. E. Minkowski, remontándose a Bergson y a Husslerl, escribe: "La simple mirada no es suficiente para captar la peculiaridad del fenómeno vivido; es necesaria la intuición analógica, que es el acto fenomenológico que no busca ni la causa ni la consecuencia de aquello, sino que se esfuerza, penetrándolo, por agotar el contenido. [...] Nuestro objetivo será aprehender en lo vivo el hecho psicopático en el momento mismo en el que se produce, en su forma viviente y según la resonancia particular que éste encuentra en nosotros" (1937: 40-42). Por su parte L. Binswanger considera que la sola descripción de los aspectos característicos de los "mundos" de los enfermos, los análisis de la vivencia y de las formas de existencia no bastan; es necesario llevar la intuición al límite máximo, tratando de "examinar la peculiaridad de estos mundos al constituirse, en otras palabras, estudiar los momentos estructurales constitutivos, y aclarar las diferencias constitutivas recíprocas" (1960: 21).

4] PSICOLOGÍA ANALÍTICA. C.G. Jung considera que la intuición es una de las cuatro **funciones** (v., § 2, b) de la psique, junto con el pensamiento, la sensación y el sentimiento. Su tarea es "transmitir las percepciones por vía inconsciente. [...] La intuición se presenta en forma *subjetiva* u *objetiva*; la primera es la percepción de hechos psíquicos inconscientes de procedencia esencialmente subjetiva; la segunda es la percepción de datos respecto a hechos basados en percepciones subliminales relativas al objeto y en pensamientos y sentimientos subliminales determinados por las mismas. Es necesario distinguir también formas *concretas* y *abstractas* de intuición, según el grado de coparticipación de la sensación. La intuición concreta proporciona percepciones que se refieren a la realidad de hecho de las cosas, mientras la intuición abstracta proporciona la percepción de conexiones ideales. La intuición concreta es un proceso reactivo, porque se deriva directamente de situaciones de hecho ya dadas. Por el contrario, la intuición abstracta, al igual que la sensación abstracta, tiene necesidad de un determinado elemento que la oriente, de una voluntad o de una intención. La intuición es, como la sensación, una característica de la psicología infantil y primitiva. Ésta proporciona al niño y al primitivo, frente al fuerte contraste de las impresiones sensoriales, la percepción de las imágenes mitológicas, fases preliminares de las ideas. La intuición se comporta en relación con las sensaciones en sentido compensa-

torio y es, al igual que éstas, la matriz en la cual se inicia el desarrollo del pensar y del sentir como funciones racionales. La intuición es una forma irracional, no obstante que muchas intuiciones puedan después ser separadas en sus elementos, de manera que también su producción puede conciliarse con las leyes de la razón" (1921: 467-468).

5] PSICOLOGÍA DE LA FORMA. En este ámbito la intuición se refiere a la forma de aprendizaje global que se da como reestructuración del campo mental, con la consiguiente reorganización súbita de experiencias pasadas que se integran en un orden nuevo. Esta forma de intuición, que la psicología de la forma llama *insight* (v., § 1), la aceptó también el psicoanálisis que, adoptando el término, distinguió un *insight* intelectual, que es la capacidad de entender racionalmente las propias dinámicas psíquicas, y un *insight* emocional, que implica una participación afectiva (v. **insight**, § 2 y **psicología de la forma**, § II, 8).

BIBLIOGRAFÍA: Bergson, H. (1889; Binswanger, L. (1960); Jaspers, K. (1919); Jung, C.G. (1921); Köhler, W. (1929); Le Roy, E. (1929); Masullo, A. (1955); Minkowski, E. (1937); Piaget, J. (1936); Schafer, R. (1971).

inundación
v. COMPORTAMIENTO, § 5, a.

inversión
v. HOMOSEXUALIDAD.

investimiento (al. *Besetzung*; fr. *investissement*; ingl. *catexis*; it. *investimento*)

Llamado también *carga psíquica*; el término se utiliza en el ámbito psicoanalítico para designar la adhesión de una cantidad de energía psíquica (v. **libido**, § 1, a) a un objeto, a una representación, o a una parte del cuerpo. S. Freud, quien introdujo este concepto en la perspectiva económico-dinámica del **aparato psíquico** (v.), distingue:

a] dos *formas* principales de energía de investimiento: la "libre", propia del proceso **primario** (v.), que se mueve de la forma más rápida y directa posible hacia la descarga, y la "ligada", propia del proceso secundario, cuyo movimiento hacia la descarga es retardado y controlado (v. **libido**, § 1, *e*);

b] tres *cualidades* de energía de investimiento: sexual, agresiva y neutralizada, que es la energía desexualizada y desagresivizada puesta a disposición de las actividades sublimadas (v. **neutralización**);

c] cinco *modalidades* en las que se puede expresar la energía de investimiento: ausencia de investimiento (acatexis), subinvestimiento, sobreinvestimiento, desinvestimiento, contrainvestimiento.

El concepto de investimiento tiene como base teórica la neurología de finales del siglo XIX, que habla de desplazamientos de excitabilidad en el sistema nervioso. Freud aplica esta hipótesis al tratamiento de la histeria que consiste en restabler los nexos entre el recuerdo del acontecimiento traumático y el afecto reprimido, favoreciendo así la descarga o la **abreacción** (v.). La desaparición de los síntomas somáticos es una consecuencia del florecimiento de experiencias afectivas reprimidas, así como la creación del síntoma se da por **conversión** (v.) de la energía psíquica, separada del recuerdo del acontecimiento traumático, en energía de **inervación** (v.).

Pese a ser uno de los conceptos fundamentales de la teoría psicológica de Freud, en ninguna de sus obras es posible encontrar un tratamiento teórico preciso de los procesos de investimiento en términos psicológicos, por el supuesto neurofisiológico que Freud atenúa en el desarrollo de su pensamiento sin renunciar nunca a él. Hoy el psicoanálisis habla de:

a] *investimiento del yo*, cuando la energía psíquica está vinculada a la porción consciente del yo y a los fenómenos ligados al yo, como la atención, el pensamiento y la conciencia;

b] *investimiento de la fantasía*, cuando la energía psíquica está vinculada a formaciones de deseo o a las fuentes inconscientes de las fantasías. Tanto el investimiento del yo como el investimiento de la fantasía se relacionan con el narcisismo primario;

c] *investimiento objetal*, cuando la energía psíquica está vinculada a un objeto externo o a su representación en la mente del individuo. El investimiento objetal es menos estable respecto a las otras dos formas y está asociado con manifestaciones de narcisismo secundario.

Las modalidades en las que puede expresarse la energía de investimiento son:

1] *Acatexis* o ausencia de investimiento. El término se utiliza también fuera de la teoría psicoanalítica para indicar ausencia emotiva respecto a determinadas ideas o experiencias, o la relación entre afecto e idea que reviste un alto significado para el sujeto.

2] *Subinvestimiento*, cuando la carga de energía psíquica invertida es escasa o bien no es adecuada a la importancia que el objeto de investimiento parece poseer para el sujeto.

3] *Sobreinvestimiento* o *superinvestimiento*, cuando se está en presencia de un exceso de carga psíquica. Freud utiliza el término sobre todo para referirse al proceso de la atención en el ámbito de su teoría de la conciencia: "Si aparece una señal de realidad, el investimiento perceptivo que está presente simultáneamente debe ser sobrecargado" (1895, p. 269), y además como defensa frente a los traumas: "En toda una serie de traumas, el factor decisivo para el desenlace quizá sea la diferencia entre los sistemas no preparados y los preparados por sobreinvestidura;" (1920 [1976: 31]).

4] *Desinvestimiento*, que es el retiro de la carga psíquica de una representación, de un objeto, de una instancia. La energía que se vuelve disponible puede ser utilizada por otra representación, otro objeto, otra instancia. Freud utiliza este concepto para explicar por ejemplo el **narcisismo** (v.), donde el investimiento hacia el yo aumenta proporcionalmente al desinvestimiento de los objetos.

5] *Contrainvestimiento*, actividad defensiva del yo que inviste de energía psíquica representaciones capaces de obstaculizar el acceso de deseos inconscientes o representaciones desagradables a la conciencia y a la motilidad. Para Freud el contrainvestimiento se verifica en un elemento del sistema preconsciente-consciente simbólicamente asociado con la representación reprimida. Dicho elemento difiere en relación con las diferentes formas de neurosis; en la neurosis fóbica el elemento contrainvestido es una sustitución –objeto de atenta vigilancia–, destinada a mantener reprimidos deseos y fantasmas vinculados; en la histeria de conversión el elemento contrainvestido es el órgano o aparato corporal en el que se instaura el síntoma somático, mientras en la neurosis obsesiva lo que se contrainviste es un elemento exactamente opuesto a la representación inconsciente, como, por ejemplo, una excesiva tendencia a la higiene que se opone a deseos anales. En algunos casos, sobre todo de neurosis obsesivas, el yo puede desarrollar una contracarga psíquica, tanto hacia las representaciones reprimidas como respecto al superyó y a los sentimientos de culpa.

Según O. Fenichel todos los mecanismos de **defensa** (v.), excepto la **sublimación** (v.), utilizan el proceso de contrainvestimiento; en efecto, mientras que en la sublimación la energía psíquica continúa fluyendo libremente, canalizada hacia un objeto y un objetivo diferentes respecto a los originales, en las otras formas defensivas "las contracargas psíquicas no transforman en ninguna otra cosa los instintos reprimidos; más bien los suprimen. Intentan simplemente detener su descarga, y de esta manera los fuerzan a perder el nexo con el resto de la personalidad y a quedar inmutables en el inconsciente" (1945: 163). El uso de una contracarga psíquica requiere un consumo permanente de energía de parte del yo, con empobrecimiento de las capacidades racionales, cansancio excesivo e insuficiente control de las emociones. Un bloqueo de las funciones del yo puede verificarse en la neurosis traumática, en la que toda la energía psíquica está concentrada en crear contrainvestimientos indispensables para dominar la excesiva excitación proveniente del exterior.

No obstante el amplio uso en el lenguaje psicoanalítico, el concepto de investimiento o carga psíquica presenta problemas que son, por un lado, la imposibilidad de conciliar la hipótesis económico-dinámica con los actuales conocimientos de bioquímica y neurofisiología que se refieren a los efectos de estímulo en el sistema nervioso central; por el otro, la oportunidad de usar, para una mejor explicación de los hechos clínicos, las más recientes hipótesis de la **cibernética** (v.) o de la teoría de la **información** (v.).

BIBLIOGRAFÍA: Fenichel, O. (1945); Freud, S. (1895); Freud, S. (1899); Freud, S. (1914); Freud, S. (1915); Freud, S. (1920); Freud, S. (1925); Holt, R. (1962).

involución
v. DESARROLLO.

involutiva, edad
v. PSICOLOGÍA DEL ENVEJECIMIENTO.

ira
v. CÓLERA.

IRM (innate releasing mechanism), v. INSTINTO, § 1.

ironía (al. *Ironie*; fr. *ironie*; ingl. *irony*; it. *ironia*)

Forma de humorismo desapegado que tiene como objetivo, según las enseñanzas socráticas, relativizar las falsas certeza y poner límites a actitudes intransigentes y dogmáticas. Desde un punto de vista psicológico S. Freud escribe que "Su esencia consiste en enunciar lo contrario de lo que uno se propone comunicar al otro, pero ahorrándole la contradicción mediante el artificio de darle a entender, por el tono de la voz, los gestos acompañantes o pequeños indicios estilísticos –cuando uno se expresa por escrito–, que en verdad uno piensa lo contrario de lo que ha enunciado. La ironía sólo es aplicable cuando el otro está preparado para escuchar lo contrario, y por ende no puede dejar de mostrar su inclinación a contradecir. A consecuencia de este condicionamiento, la ironía está particularmente expuesta al peligro de no ser entendida. Para la persona que la aplica tiene la ventaja de sortear con facilidad las dificultades de unas exteriorizaciones directas, por ejemplo en el caso de invectivas; en el oyente produce placer cómico, probablemente porque le mueve a un gasto de contradicción que enseguida discierne superfluo. Semejante comparación del chiste con un género de lo cómico próximo a él acaso nos reafirme en el supuesto de que el vínculo con lo inconciente es lo específico del chiste, y quizá sea eso lo que lo separa de la comicidad." (1905 [1976: 166-167]).

BIBLIOGRAFÍA: S. Freud (1905).

irracional (al. *Unvernünftig*; fr. *irrationnel*; ingl. *irrational*; it. *irrazionale*).

Término con el que se califica todo aquello que es *diferente* de la razón. Si la razón es un sistema de reglas, será irracional: 1] tanto lo que *deroga* dichas reglas, 2] como lo que es *irreductible* a las categorías con las que la razón construye y explica una experiencia. En la primera acepción lo irracional tiene una historia definida por los procedimientos de exclusión con los que la razón de tiempo en tiempo se define a sí misma (*v.* **razón**). En la segunda acepción lo irracional es aquello que, aunque *siendo* irreductible al plano de categoría con que opera la razón, constituye el elemento que este plano requiere para hacerse concreto y operante. Aplicándose a esto irreductible, la razón lleva a cabo un intercambio continuo con lo irracional, con la intención incesante de reducirlo a sus reglas explicativas, dispuesta también a cambiar la estructura de las reglas si éstas no resultan idóneas.

En el plano filosófico este nexo entre razón e irracional lo trató M. Heidegger, para quien el pensamiento (*Denken*) es una apertura que no debe resolverse en ese pensamiento tipo cálculo (*Denken als Rechnen*) en el que consiste la razón, porque semejante resolución haría de la razón "la peor enemiga del pensamiento", que se encontraría en la imposibilidad de pensar todo lo que no encaje en ese modelo de pensamiento ordenado de la lógica. En el ámbito psicológico C.G. Jung, a propósito de lo irracional, escribe: "Uso este concepto no en el sentido de antirracional (*Widervernünftigen*), sino en el de extrarracional (*Ausservernünftigen*), es decir de aquello que no se puede basar en la razón"; en efecto, "en lo que puede explicarse completamente por la vía racional no hay nada más, desde el principio, de lo que en efecto aportó por el pensamiento raciocinante" (1921: 469). Así se confirma que la razón es una estructura de reglas cuya conexión no agota la complejidad de lo real y cuya oferta de sentido (*Sinn*) no se resuelve en el conjunto de los significados (*Bedeutungen*) fijados por la razón; por lo tanto Jung puede concluir: "Aunque lo irracional como tal no pueda nunca ser objeto de una ciencia, una justa valoración de este factor sigue siendo de gran importancia para los fines de la psicología práctica. Ésta, en efecto, plantea muchos problemas que de ninguna manera pueden resolverse racionalmente, sino que requieren una solución irracional, es decir, no conforme a las leyes de la razón. La expectativa unilateral o hasta la firme convicción de que para cada conflicto debe también haber una posibilidad de arreglo acorde con la razón, puede impedir una verdadera solución de carácter irracional" (1921: 469-470).

BIBLIOGRAFÍA: Heidegger, M. (1954); Jung, C.G. (1921).

irracionalismo (al. *Irrationalismus*; fr. *irrationalisme*; ingl. *irrationalism*; it. *irrazionalismo*)

Término que designa las corrientes de pensamiento que se ocupan de lo **irracional** (*v.*), con la doble acepción con que es connotado este término. Se suele distinguir un irracionalismo *gnoseológico*, que se refiere a las posiciones teóricas para las cuales el orden de la razón no es capaz, por sí solo, de dar cuenta de la riqueza y la complejidad de lo real (ésas son las posiciones que asumen el escepticismo, el misticismo, el romanticismo que, junto con la función desarrollada por la razón, le reconocen una importancia fundamental a la intuición y al sentimiento, elevados al rango de formas de conocimiento); y un irracionalismo *ontológico*, que se refiere a las posiciones filosóficas para las cuales la realidad se sostiene sobre un principio que responde más a las exigencias de la vida que a las que desembocan en un sentido identificable con los instrumentos de la razón. A esta segunda forma de irracionalismo corresponde la filosofía de A. Schopenhauer, en la que S. Freud ve la anticipación de la teoría psicoanalítica: "Acaso entre los hombres sean los menos quienes tienen en claro cuán importantísimo paso, para la ciencia y para la vida, significaría el supuesto de unos procesos anímicos inconcientes. Apresurémonos a agregar, empero, que no fue el psicoanálisis el primero en darlo. Cabe citar como predecesores a renombrados filósofos sobre todo al gran pensador Schopenhauer, cuya 'voluntad' inconciente es equiparable a la 'vida pulsional' del psicoanálisis." (1916 [1976]: 135]). La teoría psicoanalítica, en efecto, como investigación favorecida por la "intención de demostrarle al yo que ni siquiera es el amo en su propia casa, sino que depende de unas mezquinas noticias sobre lo que ocurre inconcientemente en su alma." (1915-1917 [1976: 261]), puede enumerarse entre las formas de pensamiento que, por el hecho de admitir un principio no racional y no resoluble en el orden de la razón, como el inconsciente, son parte del ámbito del irracionalismo, según la definición que de este término aquí se propuso.

BIBLIOGRAFÍA: Freud, S. (1915-1917); Freud, S. (1916).

irreversibilidad
v. COGNICIÓN, § 2; CONCRETISMO.

irritabilidad (al. *Reizbarkeit*; fr. *irritabilité*; ingl. *irritability*; it. *irritabilità*)

Hipersensibilidad frente a estímulos normalmente aceptables. En los estados de ansiedad y en numerosas formas neuróticas y psicóticas la tolerancia a los estímulos es muy reducida, de lo que resulta una excesiva resonancia de todos los afectos. Cuando la irritabilidad produce reacciones verbales o gestuales se habla de *irritación*, que, según opinan J. Breuer y S. Freud, tiene la función de reducir el índice de excitación (v. **cólera**).

BIBLIOGRAFÍA: Freud, S. (1892-1895).

irritación
v. IRRITABILIDAD; CÓLERA.

Ishihara, test de
v. COLOR, § 3.

islotes de Langerhans
v. ENDOCRINO, SISTEMA, § 4.

isomorfismo (al. *Isomorphismus*; fr. *isomorphisme*; ingl. *isomorphism*; it. *isomorfismo*)

Teoría de la **psicología de la forma** (v.) según la cual habría identidad de formas entre nuestras experiencias y los procesos fisiológicos que constituyen su base. Como existen experiencias que se corresponden una a otra por una característica específica, mientras hay otras que, aun cuando se verifican en el mismo momento, no están estrechamente vinculadas y son percibidas como unidades en sí mismas, de acuerdo con W. Köhler "las unidades de experiencia se acompañan con unidades funcionales de los procesos fisiológicos subyacentes", y "se supone que el orden vivido en la experiencia es la representación fiel de un orden correspondiente de los procesos de los que depende la experiencia" (1929: 49). Por eso, cuando el campo visual muestra una cosa como una entidad separada, el proceso correspondiente en el cerebro está relativamente aislado de los procesos circundantes. Se deriva la necesidad de postular que en el cerebro tienen lugar procesos especiales subyacentes a la experiencia del yo en sus diversos estados. "Pero nosotros no sólo tenemos experiencias de objetos que nos rodean, y del yo en sus diferentes estados, sino también de una causalidad psicológica en la que algunos estados del yo se sienten como determinados por parte del ambiente, o a veces, al contrario, algunos acontecimientos del ambiente se sienten como determinados por actividades propias del yo. [...] En otras palabras, cuando se siente que el yo responde a las características de cierto objeto, los procesos subyacentes a la experiencia del yo en el cerebro deben ser influidos por los procesos que corresponden al objeto. Y especialmente las características específicas de los procesos correspondientes al objeto de alguna manera deben estar representadas en el área en que figuran los procesos subyacentes al yo, y bajo la influencia de este 'campo' los procesos correspondientes al yo deben cambiar de una u otra manera. Por el contrario, un actitud especial del yo en relación con un objeto debe tener una correspondencia fisiológica que se haga extensiva al lugar característico donde este objeto está representado fisiológicamente, de manera que el proceso correspondiente al objeto cambie bajo la influencia del campo del yo. En el primer caso ese estado del yo que experimenta el cambio no existiría de forma independiente; más bien se instauraría y mantendría por el campo del objeto. En el segundo caso, lo mismo valdría para el cambio del objeto, que sería causado y mantenido por el campo del yo" (1929: 219-220).

BIBLIOGRAFÍA: Köhler, W. (1920); Köhler, W (1929); Metzger, W (1941).

istmo del cerebro
v. ENCÉFALO, § 1, b.

item

Término inglés que indica cada una de las partes que constituyen una prueba reactiva. Se trata de una serie de pruebas que se someten a análisis y selección con el fin de satisfacer criterios formales y de contenido. El *análisis de los items* se inicia con el cálculo de los índices estadísticos de dificultad, valor medio, desviación estándar, selectividad, atendibilidad y validez. El conjunto total de los *items* se examina en detalle mediante el análisis de la distribución, mientras las correlaciones entre ellos se evalúan con análisis factorial. La *selección de los items* se realiza basándose en los datos estadísticos obtenidos en el terreno que se desea analizar, con el objetivo de darle una forma definitiva y completa al **test** (*v.*, § 1).

Jackson, ley de
v. ESTRATOS, TEORÍA DE LOS.

jamais vu, experiencia de
v. MEMORIA, § 8, e.

Jastrow, ilusión de
v. ILUSIÓN, § 4, k.

jefe (al. *Führer*; fr. *chef*; ingl. *leader*; it. *capo*)

Función diferenciada, en la composición del grupo, vinculada a las expectativas de dirección, control y modificación de la actividad de los otros integrantes con miras a la obtención de los objetivos del grupo. Son prerrogativas del jefe las capacidades necesarias para la resolución de la tarea impuesta (*task ability*) y las capacidades para satisfacer las exigencias de los demás integrantes del grupo (*like ability*). El psicoanálisis atribuye las relaciones entre el jefe y los secuaces (v. **gregarismo**) a la relación padres-hijos. Sobre las técnicas de identificación del jefe y los procedimientos para su formación véase la voz **grupo**, § II, 6.

BIBLIOGRAFÍA: Stella, S. y C. Kaneklin, (1974); Thibaut, J.W. y H.H. Kelley, (1959).

jerarquía (al. *Rangordnung*; fr. *hiérarchie*; ingl. *hierarchy*; it. *gerarchia*)

Ordenamiento por grados de una serie de elementos, cada uno de los cuales está subordinado al inmediatamente superior. El ordenamiento varía según los parámetros que se adopten, y su significado depende de los contextos de referencia.

1] NEUROPSICOLOGÍA. N. Tinbergen elaboró una teoría llamada "jerarquía de los centros", según la cual las estructuras del comportamiento se apoyarían en mecanismos centrales de coordinación, cuya energía, cuando es estimulada, no se descargaría directamente en la acción, sino que iría activando subcentros hasta llegar al sistema muscular y al acto. El modelo de Tinbergen fue objeto de una serie de críticas, sobre todo porque no considera la existencia de un mecanismo de retroalimentación (*feedback*), con base en el cual la acción se interrumpe no cuando, como se afirma, se agota la energía contenida en el centro superior, sino más bien cuando llega la señal retroactiva de que la acción misma alcanzó la meta. En todo caso no se ha desmentido la existencia de una organización jerárquica subyacente al comportamiento.

2] PSICOLOGÍA ANIMAL. Se aplica el concepto de jerarquía a las relaciones sociales entre los animales que viven en grupo. La más conocida entre las jerarquías observadas es la del "orden de picoteo", por la cual las gallináceas se someten a las que resultan superiores en la pelea y predominan sobre las más débiles. El orden jerárquico puede ser tanto de tipo lineal, por lo que A prevalece sobre B que prevalece sobre C, etc., como de tipo intransitivo, donde A prevalece sobre B y B sobre C en cuanto a fuerza, pero C predomina sobre A en cuanto a agilidad. La jerarquía de dominio se determina no sólo con base en el parámetro de la agresividad, sino también, por ejemplo, en relación con el grado de atención que un animal obtiene de los demás. Se considera que las jerarquías de dominio verdaderas, que necesitan un reconocimiento individual por parte de cada animal, están en función del control de la agresividad. Además se demostró que la presencia de una jerarquía estable en las gallinas determina un aumento en la producción de huevos.

3] PSICOLOGÍA SOCIAL. La formación de una jerarquía se considera uno de los principales mecanismos de la dinámica de **grupo** (*v.*, § II) sobre todo por lo que se refiere a la elección de un líder y a la diferenciación de las funciones de los integrantes. En la mayor parte de los casos junto a la jerarquía oficial, basada por lo general en la distribución de las funciones, existe otra, parcialmente independiente de la primera, basada en diferentes escalas de valores, ponderables con el método sociométrico que elaboró J.L. Moreno, que permite obtener las preferencias de naturaleza afectiva, el deseo de colaboración, y los contenidos proyectivos. Al pasar del análisis del grupo limitado al del grupo amplio, que es la sociedad, se confirmó que cuanto más fuerte es el índice jerárquico-funcional de una sociedad, menores son los motivos de novedad que dinamizan y renuevan el orden social, cuya limitada elasticidad termina por marginar todo lo que el orden jerárquico no considera necesario para su funcionalidad.

4] PSICOLOGÍA DEL TRABAJO. Se estudian las jerarquías empresariales, como formas de ordenamiento basadas en la división de funciones y en la disposición por grados superiores e inferiores fijados con rigidez y/o flexibilidad de acuerdo con los objetivos de rendimiento, capacidades y producción. El criterio que regula el análisis está dado por la ecuación vacío-disfunción, donde al vacío jerárquico corresponde un vacío decisional, con la consiguiente disfunción en la organización y la ejecución del trabajo. El vacío se puede satisfacer con la introducción de círculos jerárquicos, como sucede en la organización del trabajo que refleja el modelo de las sociedades jerárquico-funcionales, o de acuerdo con el orden de las necesidades, su naturaleza, su grado de posibilidad de satisfacción, que cada disfunción suele expresar.

BIBLIOGRAFÍA: Busino, G. (1979); Dawkins, R. (1976); Durkheim, É. (1893); Hofstätter, P.R. (1957); Lefebvre, H. (1967); Moreno, J.L. (1953); Tinbergen, N. (1951); White, R.K. (1981).

job

Término inglés utilizado en el ámbito de la **psicología del trabajo** (*v.*) con la acepción de *job enlargement*, para referirse a la ampliación del campo de acción profesional mediante la asignación de nuevas obligaciones, y de *job rotation*, para referirse al cambio regular de actividades y funciones laborales para la formación y el perfeccionamiento del trabajador.

Jost, ley de (al. *Jostsche satz*; fr. *loi de Jost*; ingl. *Jost's law*; it. *legge di Jost*)

Ley según la cual, entre dos asociaciones, la más distante en el tiempo resulta más resistente y menos sujeta al olvido (*v.* **memoria**, §5).

BIBLIOGRAFÍA: Jost, A. (1897).

judicial, psicología
v. PSICOLOGÍA FORENSE, § 1.

juego (al. *Spiel*; fr. *jeu*; ingl. *play*; it. *gioco*)

Actividad realizada por sí misma ya que contiene su propio aspecto gratificante, no por el fin que alcanza o por el resultado que produce, como sucede con la actividad laboral. Tanto en el mundo humano como en el animal el juego es prerrogativa de individuos jóvenes ocupados en la exploración del mundo circundante y el aprendizaje de las reglas para controlar el mundo en el modelo del adulto. En los animales, por ejemplo, se observan juegos que reproducen esquemas de comportamiento agresivo y defensivo, inhibidos en la culminación, con características inocuas y ficticias. En el mundo humano este elemento está confirmado, incluso si se presenta bajo formas mucho más complejas porque, además del patrimonio instintivo, entran en juego la vida emotiva, la intelectual, los procesos de socialización y de educación, que precisamente encuentran sus primeras manifestaciones en la actividad lúdica.

1] EL JUEGO Y LA VIDA EMOTIVA. La psicología dinámica, a partir de S. Freud, identifica en el juego dos aspectos:

a] *El aspecto catártico*, por el que el niño puede descargar en objetos-símbolo (los juguetes) ansiedades, tensiones, miedos, inseguridades, formas agresivas referidas a personas o a cosas del entorno, alcanzando una distensión del yo y un mayor dominio del ambiente, gracias a la repetida representación lúdica de la situación angustiante. Esto es posible porque, como subraya K. Lewin, el niño pasa más fácilmente que el adulto del plano de la realidad al de la representación donde, manifestando deseos y tensiones que no hallarían expresión en otra parte, puede encontrar un mayor sentido de seguridad que lo que le sea permitido experimentar en el plano de la realidad. En este contexto se comprende la utilidad de los "objetos de transición" (v. **objeto**, § 6), según la expresión de D.W. Winnicott, como muñecas, animales de peluche, cobijas, que muchos niños llevan consigo, porque obtienen ese sentido de seguridad que forma la base de las ulteriores relaciones afectivas que establecerán con las personas.

b] *El control de la realidad* interna y externa es, para Freud, el segundo aspecto que, mediante el juego y su repetición, el niño es capaz de alcanzar. En el juego, en efecto, cada niño apoya su mundo interior en objetos tangibles y reales que puede manipular y ordenar basándose en sus exigencias internas, pasando de la pura fantasía a la realidad por su carácter ficticio, tal como se presenta en el juego, permite al niño moverse con libertad, y al mismo tiempo transformar en activa una situación emotiva que de otra manera estaría obligado a vivir en forma pasiva, sin ninguna esperanza de poder controlarla. El sentido de potencia, de control y de dominio de los objetos y de las situaciones que ofrece el juego permite al niño pasar de una realidad ficticia a una más determinada y más semejante a la del adulto, en cuanto el juego se estructura, primero, con reglas inventadas al momento, y después con reglas sistemáticas que permiten experimentar la emoción de someterse a una tarea con una finalidad y competir con los demás de acuerdo con esquemas codificados.

2] EL JUEGO Y EL DESARROLLO INTELECTUAL. La psicología cognoscitiva, con J. Piaget, identificó en el juego un espacio de actividad que le permite al niño asimilar la experiencia en sus propios esquemas mentales, como preparación para la posterior adaptación al ambiente. Piaget propone tres estadios de juego:

a] *Juego perceptivo-motor*, típico de los primeros años de vida, en los que el niño aprende a aferrar, columpiar, arrojar, ejercitando su adaptación a situaciones nuevas y a una actividad de repetición que le permite el reconocimiento y la generalización. Este tipo de juegos no presupone una actividad de pensamiento ni una relación social, sino sólo un placer "funcional" vinculado al movimiento y a la percepción sensorial.

b] *Juego simbólico*, donde los objetos se consideran no sólo por lo que son sino también como símbolos de otros objetos no presentes, lo que permite evocar situaciones pasadas e imaginar acontecimientos en los que se manifiestan los deseos del niño. Este estadio del juego presupone una actividad de pensamiento, cargada de elementos subjetivos y egocéntricos, que permite al niño satisfacer sus propios deseos mediante una actividad sustitutiva que hace, por ejemplo, de un objeto, un cojín para "dormir la siesta", donde un esquema conocido, como el de dormir, se adapta a una situación completamente nueva. En los juegos simbólicos Piaget distingue aquellos en los que el niño es *actor*, es decir finge dormir, comer, caer, de aquellos en los que es *director*, por lo que hace dormir, caer, comer a los demás, y los juegos en los que el niño *se transforma* en otra persona, identificando al otro desde sí mismo, lo cual lo prepara para el paso del juego individual al juego colectivo.

c] *Juego con reglas* que interviene cuando el juego individual se vuelve colectivo, con funciones diferentes y complementarias, en las que prevalece la imitación de las situaciones o las actividades adultas. Todavía en este estadio continúa la atribución de significados ficticios a los objetos y a las situaciones, pero con un mayor respeto por las reglas objetivas. Estos juegos colectivos, por estar organizados de acuerdo con reglas, contribuyen a la evolución mental del niño, reduciendo su egocentrismo y preparándolo para el control impuesto por las reglas y la comprobación de que los demás las respeten. El entrenamiento para la confrontación y la coordinación de las diferentes perspectivas prepara al niño para la reflexión y la lógica que, para Piaget, son "genéticamente explicables como interiorizaciones de conductas sociales de discusión" (1945: 83).

3] EL JUEGO Y LA SOCIALIZACIÓN. La función socializante del juego no sólo comienza con el juego colectivo, sino, ya, en opinión de Winnicott, con los objetos de transición (v. **objeto**, § 6) que tienen la característica de no ser ya parte del cuerpo, como lo es el dedo que se chupa, y por lo tanto constituyen la primera experiencia de separación entre el yo y el no yo, entre realidad interior y realidad exterior. En el objeto de transición Winnicott ve el origen del juego como experiencia ilusoria de relación objetal sustitutiva de la relación privilegiada con la madre, y como concreción de fantasías que son proyectadas hacia afuera en objetos comunes y familiares.

Siempre en la línea de la socialización del juego, el niño pasa de una fase *asociativa*, en la que juega con los demás, compartiendo el material e intercambiando los objetos, a una fase de *colaboración*, en la cual se realiza una verdadera integración, con división de funciones, disciplina de grupo, subordinación de los deseos individuales a las exigencias del grupo. En este estadio aparece la primera división de las funciones, como la tendencia al mando o al gregarismo, y las primeras relaciones interpersonales de amistad y enemistad. La estandarización de los juegos y los modelos propuestos por los medios de masas y reproducidos por los niños en su actividad lúdica produce un patrimonio común al ofrecer un juego en el que cada uno interviene con su propia creatividad para variar las figuras basándose en sus características individuales.

4] EL JUEGO Y LA EDUCACIÓN. Desde el punto de vista educativo el juego responde a la dinámica del aprendizaje, en el cual las respuestas son modificadas por estímulos dirigidos a reforzar la respuesta o a extinguirla. Este proceso es cumplido por el juego porque permite pasar gradualmente de los problemas más simples a los más complejos, comprobar inmediatamente el acierto o el error, y avanzar a ritmo individual en la secuencia de los problemas expresados en forma de juego. El aprendizaje por medio del juego comienza muy precozmente, desde los niveles de los juegos funcionales de la primera infancia, en los que el niño consolida su propia sensomotricidad y construye gradualmente su imagen corporal (v. **cuerpo**, § 1). Después, con los juegos simbólicos aprende a evocar situaciones irreales y a vivir el espacio entre presencia y ausencia, con desarrollo de la capacidad de representación y separación del condicionamiento de la situación objetiva. Por último, en la edad escolar, con los juegos de acuerdo con reglas, se entrena para la ordenación y la clasificación, las consecuencias de sus elecciones y el control de las elecciones de los demás.

5] EL JUEGO COMO DIAGNÓSTICO Y TERAPIA. El juego puede considerarse también como un test del desarrollo alcanzado por el niño tanto en el nivel perceptivo-motor, como por lo que se refiere a la maduración intelectual. Es posible deducir el grado de progresión o de retraso evolutivo de la correspondencia entre edad y tipo de actividad lúdica. Además, si en el juego simbólico el niño proyecta sus deseos, ejerce sus defensas y libera sus tensiones, es posible tratar el juego como un *reactivo proyectivo* que manifiesta los contenidos psíquicos del jugador y, por lo tanto, el grado de libertad o de inhibición que el niño presenta en el juego, su nivel de agresividad y destructividad, el sentimiento de culpa después de romper un juguete. En la determinación diagnóstica interviene la dimensión terapéutica o *ludoterapia* que, en el nivel psicoanalítico, lo experimentaron y estudiaron tanto A. Freud como M. Klein. Sus métodos más tarde han sido aplicados también a los adultos que presentan señales de regresión de la personalidad a las fases de desarrollo más tempranas, anteriores a la misma diferenciación entre yo y mundo externo. En esta situación el sujeto vive en un mundo en el que realidad y fantasía se confunden, por lo que el juego, donde las dos dimensiones están fusionadas, se presenta como condición privilegiada de expresión y de comunicación.

BIBLIOGRAFÍA: Belisario, L. (1987); Belisario, L. (coord.) (1988); Bruner, J.S. (1981); Bruner, J.S. (1981); Chateau, J. (1946); Erikson, E.H. (1950); Fagen, R. (1981); Freud, A. (1960); Freud, A. (1908); Freud, A. (1914); Genovesi, G. (1976); Gross, K. (1930); Huizinga, J. (1938); Klein, M. (1955); Lowenfeld, M. (1935); Mazzetti, R.; Millar, S. (1968); Piaget, J. (1945); Piaget, J. (1964); Piaget, J. (1966); Quadrio, A. (1972); Volpicelli, L. (1962); Vygotsky, L.S. (1933); Winnicott, D.W. (1953); Winnicott, D.W. (1979); Zulliger, H. (1969).

juicio (al. *Urteil*; fr. *jugement*; ingl. *judgement*; it. *giudizio*)

Según el contexto, el término se refiere 1] a la operación lógica que une un predicado a un sujeto, expresando esta conexión en la proposición; 2] a la facultad de distinguir y valorar; 3] al acto con el que se acepta o se rechaza una tesis. En la segunda y tercera acepciones el juicio se muestra sumamente condicionado por el ambiente cultural en el que está ubicado el individuo.

1] PSICOLOGÍA COGNOSCITIVISTA. Desde el punto de vista cognoscitivo la capacidad de juicio forma parte del ámbito de las capacidades psíquicas más elevadas –las propias del pensamiento– que permiten al sujeto discernir, valorar, decidir, elegir. J. Piaget incluye el juicio en las "operaciones formales" que emergen y se consolidan en el curso del desarrollo psíquico y que dependen, además de la inteligencia, también de las experiencias emotivo-afectivas. Dichas operaciones "consisten esencialmente en 'implicaciones' (en sentido estricto) e 'incompatibilidades' que se establecen entre las proposiciones, que son expresión, a su vez, de clasificaciones y seriaciones" (1947: 178; *v.* **cognición**, § 2, *d*). La capacidad de juicio resulta comprometida en los estados de conciencia alterados, en condiciones especiales de estrés psíquico y físico, y en muchos trastornos psíquicos, entre ellos las insuficiencias mentales y las demencias.

2] PSICOANÁLISIS. Desde el punto de vista psicoanalítico la función del juicio se aclara en las primeras fases del desarrollo psíquico como aceptación en sí mismo o exclusión de sí mismo del objeto. S. Freud escribe que "El yo-placer originario quiere, [...] introyectarse todo lo bueno, arrojar de sí todo lo malo. Al comienzo son para él idénticos lo malo, lo ajeno al yo, lo que se encuentra afuera. La otra de las decisiones de la función del juicio, la que recae sobre la existencia real de una cosa del mundo representada, es un interés del yo-realidad definitivo, que se desarrolla desde el yo-placer inicial (examen de realidad)." (1925 [1976: 254-255]).

Siempre en el ámbito psicoanalítico, se habla de *juicio condenatorio* (*v.* **condena**) para referirse a la negativa del sujeto a satisfacer un deseo personal del que tiene conciencia. Según Freud es signo de crecimiento psíquico sustituir la **represión** (*v.*), que es un mecanismo de defensa automático, por el juicio de condena, que implica la toma de conciencia del sujeto. Pero sobre todo, escribe siempre Freud, "El estudio del juicio nos abre acaso, por primera vez, la intelección de la génesis de una función intelectual a partir del juego de las mociones pulsionales primarias. El juzgar es el ulterior desarrollo, acorde a fines, de la inclusión (*Einbeziehung*) dentro del yo o la expulsión de él, que originariamente se rigieron por el principio de placer. Su polaridad parece corresponder a la oposición de los dos grupos pulsionales que hemos supuesto. La afirmación –como sustituto de la unión– pertenece al Eros, y la negación –sucesora de la expulsión–, a la pulsión de destrucción. El gusto de negarlo todo, el negativismo de muchos psicóticos, debe comprenderse probablemente como indicio de la desmezcla de pulsiones por débito de los componentes libidinosos. Ahora bien, la operación de la función del juicio se posibilita únicamente por esta vía: que la creación del símbolo de la negación haya permitido al pensar un primer grado de independencia respecto de las consecuencias de la represión y, por tanto, de la compulsión del principio de placer." (1925 [1976: 256-257]).

3] PSICOLOGÍA ANALÍTICA. C.G. Jung, por su lado, hace extensiva la figura del juicio también al orden sentimental (*v.* **sentimiento**, § 2), porque "así como el pensar ordena los contenidos de la conciencia de acuerdo con conceptos, así el sentir ordena los contenidos de la conciencia según su valor. Cuanto más concreto es el sentir, tanto más subjetivo y personal es el valor que éste confiere; por el contrario, cuanto más abstracto es el sentir, tanto más general y objetivo es este valor. Así como un concepto completamente abstracto deja de coincidir con el carácter singular y particular de las cosas, coincidiendo sólo con aquello que en éstas es general e indiferenciado, así el sentir completamente abstracto ya no coincide con el elemento único y su cualidad sensible, sino sólo con la totalidad de los elementos y con su indiferenciación. Sentir es por tanto, igual que pensar, una función *racional*, ya que, como lo muestra la experiencia, los valores son atribuidos de acuerdo con las leyes de la razón, así como se forman de acuerdo con las leyes de la razón los conceptos en general" (1921: 482).

BIBLIOGRAFÍA: Freud, S. (1925); Jung, C.G. (1921); Piaget, J. (1947).

juicio adverso (al. *Verurteilung*; fr. *condamnation*; ingl. *conviction*; it. *condanna*)

Reprobación expresa en forma de juicio de una idea, una actitud o una conducta. En el ámbito psicoanalítico S. Freud escribe que "puede ser el destino de una moción pulsional chocar con resistencias que quieran hacerla inoperante. Bajo condiciones "[...] entra entonces en el estado de la *represión*. Si se tratase del efecto de un estímulo exterior, es evidente que la huida sería el medio apropiado. En el caso de la pulsión, de nada vale la huida, pues el yo no puede escapar de sí mismo. Más tarde, en algún momento, se encontrará en la desestimación por el juicio (juicio adverso) un buen recurso contra la moción pulsional. Una etapa previa al juicio adverso, una cosa intermedia entre la huida y el juicio adverso, es la represión" (1915 [1976: 141]). Por lo que se refiere a la negativa por parte del sujeto a satisfacer un deseo del que de alguna manera tiene conciencia, veáse la voz **juicio**, § 2.

BIBLIOGRAFÍA: Freud, S., (1915); Freud, S., (1925).

junguiana, psicología
v. PSICOLOGÍA ANALÍTICA.

juramento (al. *Schwur*; fr. *serment*; ingl. *oath*; it. *giuramento*)

Declaración solemne en la que se invoca la divinidad u otro valor, ampliamente compartido, como la soberanía del pueblo, como testimonio de la verdad de lo que se afirma o se niega. Además de utilizarse en los tribunales, donde la solicitud exige responsabilizarse por el testimonio, el juramento está difundido en algunos grupos sociales u organizaciones como símbolo de lealtad por parte de cada miembro, para protegerse del peligro de una desintegración interna. Para O. Fenichel el juramento, junto con las blasfemias y las palabras obscenas, constituye un residuo del lenguaje omnipotente infantil en el que a las palabras se les atribuye el mágico poder de condicionar la realidad externa y la sucesión de los acontecimientos. La regresión a este tipo de lenguaje es frecuente en las neurosis obsesivas, donde el sujeto vive cada afirmación como una bendición o una maldición que puede influir en el curso de los acontecimientos.

BIBLIOGRAFÍA: Fenichel, O. (1945), Roma, Astrola.

jurídica, psicología
v. PSICOLOGÍA FORENSE.

juvenilismo (al. *Juvenilismus*; fr. *juvénilisme*; ingl. *juvenilism*; it. *giovanilismo*)

Persistencia de caracteres juveniles, y hasta infantiles, en personas adultas o ancianas. Subyacente a esta actitud psicológica está el rechazo a reconocer el paso de las etapas de la vida o el temor de no ser ya aceptado o amado como cuando se era niño (*v.* **infantilismo)**.

BIBLIOGRAFÍA: Hillman, J. (1967); Hillman, J. (1973-1979).

juventud (al. *Jugend*; fr. *jeunesse*; ingl. *youth*; it. *giovinezza*)

Última fase de la edad evolutiva (*v.* **psicología de la edad evolutiva)** caracterizada por la maduración cabal y por el progresivo logro de la autonomía individual y de la responsabilidad personal. La persistencia de rasgos adolescentes en la juventud depende con frecuencia de las condiciones más o menos favorables para una rápida introducción en la sociedad adulta mediante la aceptación de las funciones profesionales y sociales. En la juventud, por último, se observa la estabilización de los rasgos que se revelarán característicos de la personalidad adulta.

BIBLIOGRAFÍA: Erikson, E.H. (1968).

Kabbala
v. CÁBALA.

Kanizsa, ilusión de
v. ILUSIÓN, § 4, *l.*

Kaspar-Hauser, experimento de (al. *Kaspar-Hauser-Versuch*; fr. *essai de Kaspar-Hauser*; ingl. *Kasper-Hauser experiment*; it. *esperimento di Kaspar-Hauser*)

Método orientado a la identificación, en el comportamiento animal, de los elementos genéticos y de los aprendidos, mediante la crianza en condiciones experimentales

BIBLIOGRAFÍA: Lorenz, K. (1965).

kif
v. DROGA, § 2.

kleiniana, teoría

Orientación psicoanalítica que inició M. Klein y que se distingue de la formulación clásica del psicoanálisis por algunas conclusiones –a las que Klein llegó a través del **análisis infantil** (*v.*)– convertidas después en referencias teóricas que asumieron gran relevancia en el ámbito freudiano. Las diferencias más marcadas respecto a Freud son: *a*] la *teoría del objeto*, que toma el lugar de la clásica teoría de las pulsiones, pues Klein le asigna una importancia fundamental a la resolución de la ambivalencia hacia la madre, y por lo tanto hacia una relación objetal (*v.* **objeto**, § 4), más que hacia un desarrollo pulsional; *b*] la *fantasía*, que en el niño estaría mucho más desarrollada de lo que acepta la teoría clásica,

por lo que la tarea del análisis consiste en interpretar las fantasías, más que en interpretar las defensas contra las pulsiones inconscientes. En el caso de los niños esto es posible con la utilización de juguetes que permiten actuar las representaciones fantásticas en las que se evidencian las diferentes posiciones; *c*] el *desarrollo del yo*, considerado como un proceso de continua **introyección** (*v.*) y **proyección** (*v.*) de objetos, y no como una progresión del sí mismo mediante una serie de estadios o fases; *d*] la *pulsión de muerte*, que es especialmente valorada y vista como un elemento de la ambivalencia innata; *e*] la *neurosis*, que tiene su origen en el primer año de vida y que consiste en no lograr pasar a través de la posición depresiva, y no, como previó Freud, en la fijación en las diferentes fases de desarrollo. Los temas centrales del pensamiento kleiniano se organizan alrededor de los conceptos de *objeto* y de *posición*.

1] EL OBJETO "BUENO" Y "MALO". A partir de la dualidad de las **pulsiones de vida** (*v.*, § 4) y de **muerte** (*v.*, § 2), que según Klein operan desde el origen de la existencia individual, se supone su proyección hacia el mismo objeto (el seno). La ambivalencia que así se crea, y que es ansiógena para el niño, la bloquea éste con el mecanismo de la escisión del **objeto** (*v.*, § 5) en "bueno" y "malo", adjetivos que Klein escribe casi siempre entre comillas para indicar el carácter fantástico de estas dos cualidades que, tratadas como objetos reales, tienen poderes, uno tranquilizador, el otro persecutorio. El seno es el primer objeto que es escindido en *seno bueno*, que es el que lo nutre, adoptado como prototipo de todos los objetos fáciles y gratificantes, y en *seno malo* que es el que se retira o se rechaza, adoptado como prototipo de todos los objetos persecutorios internos y externos, según la definición que de esta diferencia se da en la voz **objeto** (*v.*). A esta escisión están sujetos no sólo el seno, sino todos los objetos *parciales* (como el pene, las heces) y *totales* (como la madre, el padre) en una especie de círculo vicioso por el cual el niño por un lado *proyecta* su amor hacia el objeto "bueno" y su agresividad hacia el "malo", y por el otro *introyecta* el amor del objeto "bueno" y la persecutoriedad del "malo", percibidos como dirigidos hacia sí mismo.

Escribe al respecto Klein: "En la primerísima fase del desarrollo, en la psique del niño los objetos persecutorios y los objetos 'buenos' (seno) están ampliamente separados entre sí. Cuando, coincidiendo con la introyección del objeto real y total, éstos se acercan para juntarse y unificarse, el yo debe recurrir continuamente a ese mecanismo de gran importancia para el desarrollo de las relaciones objetales que es la escisión de las imagos en amadas u odiadas o, lo que es lo mismo, en buenas y peligrosas. Es lícito considerar que en realidad en este punto y en estas circunstancias se instaura la ambivalencia, la cual, a fin de cuentas, concierne a las relaciones objetales, es decir corresponde a los objetos totales o reales. La ambivalencia que se instituye en una escisión de las imagos le da al niño muy pequeño, por una parte, la posibilidad de adquirir más confianza y de creer más intensamente en sus objetos reales, y en consecuencia en los interiorizados, además de amarlos más y de dar vida siempre creciente a fantasías de restauración de los objetos amados. Por la otra, se comporta de tal manera que las angustias paranoicas y las defensas vinculadas con ellas se orienten hacia objetos malos. El apoyo que el yo recibe de un objeto real bueno se incrementa por una especie de mecanismo de fuga gracias al cual puede oscilar entre sus objetos buenos externos e internos. [...] Este proceso continúa hasta que el amor por los objetos reales y por los interiorizados, y la confianza en éstos, se establecen sólidamente. En este punto, en el desarrollo normal, la ambivalencia, que es en parte una protección contra el propio odio y contra los objetos odiados que provocan miedo, se reduce de mayor o menor manera. Con el aumento del amor por los objetos buenos y reales propios aumenta la confianza en la capacidad de amar y se reducen las angustias paranoides por los objetos malos; estos cambios conllevan una disminución del sadismo y formas

más adecuadas de controlar la agresividad y de darle desahogo" (1935: 323-324). La escisión en objetos buenos y malos deja también sus huellas en la edad adulta, sobre todo en las valoraciones unívocas de un hecho o de una persona, así como en algunas patologías psíquicas, en forma particular en los casos límite (*v.* **marginal, síndrome**, § 1).

2] LA POSICIÓN ESQUIZOPARANOIDE Y LA POSICIÓN DEPRESIVA. Klein adopta el término *posición* en lugar de fase o estadio (*v.*, § 2) porque el juego de ansiedades y defensas que describen las posiciones aparecen en una cierta fase pero resurge durante los primeros años de la infancia y después, en determinadas condiciones. La posición *esquizoparanoide* pone el acento en el mecanismo de la escisión del objeto (*esquizo*) y en el carácter persecutorio del mismo (*paranoide*). Aparece en los primeros cuatro meses de vida, pero se puede volver a presentar posteriormente, cristalizándose en los estados de **paranoia** (*v.*) o **esquizofrenia** (*v.*). En esta posición las pulsiones agresivas coexisten con las libidinales, el objeto es parcial y escindido en dos, los procesos que actúan son la introyección y la proyección, la angustia tiene un carácter persecutorio del cual el yo "muy poco integrado" se defiende, con la escisión y además con la **denegación** (*v.*), que le niegan toda realidad al objeto persecutorio, y con el control *omnipotente* del objeto. La posición *depresiva* se constituye hacia el cuarto mes y se supera en el curso del primer año, pero en fases sucesivas puede cristalizarse en el estado depresivo. La escisión entre objeto "bueno" y objeto "malo" se atenúa porque el niño descubre que el objeto que odia y el objeto que ama son el mismo, mientras se reduce el residuo entre objeto interno y objeto externo. En esta posición se percibe la persona total de la madre, y la angustia, de persecutoria, se vuelve depresiva, por el peligro fantástico de destruir y de perder a la madre a causa del propio sadismo. La superación de esta angustia se da con la inhibición de la agresividad y con la reparación.

3] LA REPARACIÓN. Es un intento de remediar los propios fantasmas destructivos que se refieren al objeto de amor, restableciendo la integridad del objeto materno, tanto interno como externo, o mediante defensas maniacas, es decir con un sentimiento de omnipotencia, o con mecanismos obsesivos que implican la repetición obsesiva de las acciones reparadoras, o con la **sublimación** (*v.*), que representa el resultado de la reparación, la victoria de las pulsiones de vida sobre las pulsiones de muerte: "El desarrollo libidinal es estimulado en cada fase por el impulso a reparar y, en última instancia, por el sentimiento de culpa" (1945: 398).

BIBLIOGRAFÍA: Hinshelwood, R.D. (1989); Klein, M. (1978); Klein, M. (1932); Klein, M. (1935); Klein, M. (1945); Klein, M. (1957); Klein, M. (1955); Klein, M. (1937); Segal, H. (1963); Steiner, R. (1975).

Klinefelter, síndrome de (al. *Klinefelter-Syndrom*; fr. *syndrome de Klinefelter*; ingl. *Klinefelter's syndrome*; it. *sindrome di Klinefelter*)

Síndrome causado por anomalía cromosómica (*v.* **genética**, § 2), que consiste en la presencia de un cromosoma X de más que determina un cuadro trisómico XXY. Se manifiesta en sujetos fenotípicamente masculinos con atrofia de los testículos, subdesarrollo de los caracteres sexuales secundarios, ginecomastia, ausencia de espermatogénesis y aparición de rasgos eunucoides. Desde el punto de vista psíquico se observan trastornos del carácter y del comportamiento orientados hacia la pasividad, inma-

durez, inseguridad, apatía y poca capacidad laboral y de aprendizaje.

Knox, cubos de
v. CUBO, TEST DEL.

Kohs, cubos de
v. CUBO, TEST DEL.

koro

Trastorno psíquico observado especialmente en las poblaciones de Malasia y del sureste asiático, consistente en la convicción –unida a un fuerte estado de ansiedad– de que el pene se está retrotrayendo progresivamente hacia el abdomen hasta desaparecer y causar la muerte del sujeto (*v.* **antropología**, § 7).

Korsakoff, síndrome de
v. ALCOHOLISMO, § 6, *b*.

korte, ley de
v. PERCEPCIÓN, § 6, *a*.

Kundt, ilusión de
v. ILUSIÓN, § 4, *m*.

laberinto (al. *Labyrinth*; fr. *labyrinthe*; ingl. *labyrinth*; it. *labirinto*)

Compleja red de recorridos, en parte ciegos, en parte con pasajes, utilizada en psicología experimental para estudiar el aprendizaje por **prueba y error** (*v.*) en los animales y, en condiciones especiales, también en el hombre. En el primer caso el animal aprende a evitar recorridos ciegos y a tomar en el menor tiempo posible el recorrido abierto, al final del cual se encuentra la comida; en el segundo caso el laberinto es una representación gráfica donde, partiendo del centro de la figura, se traza con un lápiz el recorrido correcto que lleva a la salida. La prueba del laberinto es una de las que integran el test de medición de la **inteligencia** (*v.*, § 2). Desde la vertiente simbólica el laberinto se interpreta como un sistema de defensa para proteger algo valioso y sagrado. El centro protegido del laberinto está reservado al iniciado que puede llegar después de superar determinadas pruebas. Traducido en clave psicológica, este centro es el símbolo de la interioridad más profunda y escondida del hombre. Por lo que se refiere al laberinto desde el punto de vista anatómico véase **vestibular, sistema**.

BIBLIOGRAFÍA: Anastasi, A. (1954); Eliade, M. (1952).

labilidad (al. *Unbeständigkeit*; fr. *faiblesse*; ingl. *instability*; it. *labilità*)

Inestabilidad de la condición emocional, fácilmente modificable por los estímulos internos y externos, visible en las primeras fases de la esquizofrenia, donde se asiste a una progresiva pérdida del control que generalmente ejerce el yo sobre los demás elementos psíquicos de la personalidad.

lacaniana, teoría

Las líneas principales de la teoría de J. Lacan se inician con S. Freud con miras a un avance teórico y crítico del mensaje freudiano que, como "tratamiento mediante la palabra", sólo es posible si se toma al pie de la letra que "el inconsciente está estructurado como un lenguaje", y como tal se debe tratar con los instrumentos que ofrecen el estructuralismo, por una parte, y la lingüística, por la otra. Las etapas recorridas por esta investigación y los resultados a los que llegó son:

1] RECHAZO DE LA PERSPECTIVA EGOLÓGICA Y LO-GOCÉNTRICA. Esta perspectiva es transmitida por la tradición filosófica que, a partir de R. Descartes, colocó la esencia del hombre en el *cogito*, por tanto en la conciencia o yo. Aceptando la lección de Freud: "El yo no es patrón en su casa", Lacan retiene que el individuo es vivido y habitado por una "x" elocuente y profunda (el ello) en relación con la cual se encuentra en un estado de radical sometimiento, por lo que no es posible decir que el hombre habla, sino más bien que el "hombre es hablado". Desde esta actitud anticartesiana, que lleva a fondo el ataque freudiano al narcisismo universal de la humanidad, Lacan puede decir: "Pienso donde no soy, por lo tanto soy donde no pienso" (1966: 512), y aún: "El yo está estructurado exactamente como un síntoma. No es otra cosa que un síntoma privilegiado dentro del sujeto. Es un síntoma humano por excelencia, la enfermedad mental del hombre" (1975a: 20).

2] EL ORDEN SIMBÓLICO. Esta postura antiegológica la acompaña la tesis del principio del orden simbólico, o sea la concepción, típicamente estructuralista, según la cual el individuo está atravesado por una trama impersonal de símbolos y de significantes que lo cons-

[649]

tituyen y que él no creó, pero dentro de la cual está atrapado como en el patrimonio de su propia historia y de su propia cultura: "Si el hombre llega a pensar el orden simbólico es porque ante todo está prisionero en su ser" (1966: 49). "Todos los seres humanos participan en el universo de los símbolos, están incluidos en él y lo sostienen mucho más de lo que lo constituyen; son mucho más los soportes que los agentes" (1975a: 198). Ya que el orden simbólico es el orden del significante, éste tiene una indudable preeminencia sobre el sujeto. Este rasgo acerca Lacan a Lévi-Strauss y a la problemática desarrollada por este último en *Las estructuras elementales del parentesco*, donde el individuo aparece como el efecto de un código simbólico radicado en las estructuras inconscientes de su psique (*v.* **antropología**, § 3; **símbolo** § 5, *e*).

3] EL INCONSCIENTE COMO LENGUAJE. Si "el inconsciente es lenguaje" (1966: 871), el psicoanálisis, para desarrollar de forma adecuada su propia tarea de hermenéutica de lo profundo, debe rehacerse en la lingüística; "La lingüística nos puede servir de guía, porque ésta es su función en la cima de la antropología contemporánea, y no podremos quedarnos indiferentes" (1966: 277). Como "x" elocuente, el inconsciente, como "lo que habla (*ça parle*)", no puede evitar asumir la forma de un discurso o de un mensaje proveniente de "otro lado", el "discurso del Otro". Con el término "**Otro**" (*v.*, § 1) Lacan entiende el orden simbólico, la intersubjetividad, pero en otros textos también la madre, el padre. Entonces el Otro coincide con la estructura de la alteridad que tiene diferentes formas según el contexto. Respecto al yo, el Otro es tanto lo inconsciente cuanto lo simbólico que ofrece al inconsciente las leyes del discurso con las cuales manifestarse. Pero en lo simbólico el inconsciente y su "oscuro hablar" sólo pueden "medio decirse", por lo que "la verdad del inconsciente debe situarse *entre líneas*" (1966: 429), porque, como quiere la metáfora de Lacan, el discurso humano se parece a esos manuscritos que contienen dos textos, uno de los cuales se canceló y recubrió con el otro, de tal forma que el primero puede ser entrevisto sólo a través de las fallas del segundo o, lo que es lo mismo, a través de los "agujeros de sentido" del discurso inconsciente: "El inconsciente, a partir de Freud, es una

cadena de significantes que de alguna parte (en otro escenario, escribe) se repite e insiste en *interferir* por los cortes que le ofrece el discurso y su categorización que informa" (1966: 801). Para mayor profundización véase la voz **lenguaje**, § 4, *f*.

4] SÍNTOMA, METÁFORA Y METONIMIA. La palabra del inconsciente se anuncia en el lenguaje del Otro que el sujeto recibe ya codificado bajo la forma de síntoma: "El síntoma es el significante de un significado removido de la conciencia del sujeto. Símbolo escrito en la arena de la carne y sobre el velo de Maia, éste participa del lenguaje mediante la ambigüedad semántica que nosotros ya resaltamos en su constitución" (1966: 274). Si "el inconsciente aquí es capítulo de mi historia que está marcado por un blanco y ocupado por una mentira: [si] es el capítulo censurado" (1966: 252), su verdad puede encontrarse mediante los síntomas que están escritos: "en los *monumentos*: y éstos en mi cuerpo, es decir el núcleo histérico de la neurosis en el que el síntoma histérico muestra la estructura de un lenguaje y se descifra como una inscripción que, una vez completada, puede ser destruida sin grave pérdida; en los *documentos de archivo*: y son recuerdos de mi infancia, impenetrables al igual que aquéllos, cuando no conozco su procedencia; en la *evolución semántica*: y esto corresponde a las existencias y a las acepciones del vocabulario que me es característico, así como a mi estilo y a mi carácter; en las *tradiciones*, hasta en las leyendas que de forma erotizada mueven mi historia; por último, en las *huellas*, que de esta historia conservan inevitablemente las distorsiones vueltas necesarias por el recuerdo del capítulo adulterado con los capítulos que la enmarcan, y de las cuales mi exégesis restablecerá el sentido" (1966: 252-253).

Para descifrar la "retórica del inconsciente" Lacan traduce los mecanismos inconscientes que ilustró Freud con las figuras descritas por la lingüística estructural de R. Jakobson (*v.* **antropología**, §3) y en especial reconduce a la **condensación** (*v.*) mediante la cual diversas ideas o imágenes se expresan con una sola palabra o imagen, a la *metáfora*, donde un objeto está indicado con el nombre de otro objeto que tiene con el primero relaciones de semejanza, y al **desplazamiento** (*v.*), que sustituye una idea o una imagen con otra a la que está vinculada por asociación, a la *metonimia*, donde una cosa o una persona es nombrada con el nombre de otra cosa o persona que tiene con ella una relación de dependencia o contigüidad. (Para el uso específico que Lacan hace de estos términos véase la voz **metáfora**, § 2.)

5] EL ESTADIO DEL ESPEJO Y LA DIMENSIÓN DEL IMAGINARIO. Con esta expresión Lacan se refiere a la progresiva conquista de la identidad del sujeto, que se inicia entre los 6 y los 18 meses, cuando el niño, puesto frente a un espejo, primero reacciona como si la imagen reflejada por el espejo fuera una realidad que es posible aferrar, después se da cuenta de que no es una realidad, sino una imagen, y por último entiende que esta imagen es la suya, diferente de la del adulto que lo acompañó frente al espejo. El estadio del espejo se configura como un primer bosquejo del yo, un primer esbozo de la subjetividad con la ayuda del imaginario; en efecto, es mediante la imagen del semejante que el sujeto, por un mecanismo de identificación, se remite a sí. A partir de aquí, observa Lacan, se abre la vía al futuro de ficción y al "destino delirante" (1966: 89) del yo obligado en una dialéctica incesante de identificaciones narcisistas con imágenes de fuera. Desde la dimensión del *imaginario*, que se inicia con el estadio del espejo, se entra en lo *simbólico*, recorriendo las vicisitudes del complejo edípico.

6] EL ESTADIO DEL EDIPO Y LA DIMENSIÓN SIMBÓLICA. Aquí también tenemos una articulación en tres tiempos: en el primero el niño desea sólo los cuidados de la madre, quiere ser todo para ella o, lo que es lo mismo, el complemento de aquello que le falta: el falo; en el segundo tenemos la intervención del padre que priva al niño del objeto de su deseo y a la madre de su complemento fálico: en esta fase el niño encuentra la ley-del-padre y su prohibición; en el tercero, si el niño acepta el "nombre-del-padre" o "metáfora paterna" que coincide con la aceptación del **padre** (*v.*) en el nivel simbólico, el niño se identifica con el padre, dejando de "ser" el falo de la madre, para volverse aquel que "tiene" el falo; si en cambio la prohibición paterna no es reconocida, el niño, además de quedarse identificado con el falo y sometido a la madre, no alcanza una comple-

ta autoconstitución de la subjetividad y un acceso a lo simbólico donde la palabra, la ley, el discurso y la norma se manifiestan en el nivel lingüístico y social, por lo que Lacan puede decir: "El hombre habla, pero porque es el símbolo el que lo hizo hombre" (1966: 269). Pero el símbolo presupone al Edipo y su resolución en el reconocimiento de la ley del padre en la que se manifiesta lo simbólico. Con esta secuencia Lacan se vincula a Lévi-Strauss, quien ve en la prohibición del **incesto** (*v.*) y en la consiguiente exogamia (*v.* **endogamia-exogamia**) la condición misma de la vida social y el orden simbólico sobre el que se sostiene.

7] LA ESCISIÓN Y LAS DOS REDES DEL SIGNIFICANTE Y DEL SIGNIFICADO. El acceso a lo simbólico conlleva una escisión (*Spaltung* en la terminología freudiana, *escisión* en la lacaniana) que "esconde" al sujeto, el cual, en el momento en el que se media a través del discurso que puso a su disposición el orden simbólico, pierde la relación inmediata consigo mismo, relación que lo caracterizaba en la fase prelingüística y presimbólica. Entre el yo del discurso que nombra al sujeto y el yo vivido existe una fractura: *Ichaspaltung*, que por un lado separa al sujeto de sí, y por el otro lo genera a sí mismo: "*Separare, séparer*, va a terminar en *se parere*, generarse por sí mismo. Dispensémonos de los favores seguros que encontramos en las etimologías del latín, para este deslizamiento del sentido de un verbo a otro. Basta con saber que este deslizamiento está fundado sobre su común acoplamiento a la función de *pars*" (1966: 846).

La separación entre consciente e inconsciente subyacente a la escisión del sujeto permite que se lo represente en lo que Lacan llama el algoritmo saussuriano

$$\frac{S}{s}$$

"que se lee *significante sobre significado*, donde el *sobre* responde a la *línea* que separa las dos etapas" (1966: 491). Mientras F. de Saussure pone el significado sobre el significante, el elemento material del lenguaje que nombra el significado, abajo, encerrando el todo con una elipse para indicar la correspondencia entre significante y significado, Lacan invierte la posición y lee la línea como una barrera que separa el significante (la letra o el nombre) del significado (el sentido de nuestra experiencia transmitida por el discurso), puesto que el significado, aunque exteriorizándose en el conjunto de los significantes, no se coloca en ningún lugar del significado. El orden del significante y el orden del significado son como "dos redes que no se cubren. La primera red, la del significante, es la estructura sincrónica del material del lenguaje en cuanto cada elemento asume su exacto uso por el hecho de ser diferente de los demás; tal es el principio de la repartición que regula, por sí solo, la función de los elementos de la lengua en sus diferentes niveles, desde el par de la oposición fonémica hasta las locuciones compuestas; aislar esas formas establecidas es la tarea de la más moderna investigación. La segunda red, la del significado, es el conjunto diacrónico de los discursos concretamente pronunciados, que reacciona históricamente sobre el primero, así como la estructura de éste ordena las vías del segundo. Lo que domina aquí es la unidad de significación, que muestra que no se resuelve nunca en una simple indicación de lo real, sino volviendo a enviar siempre a otro significado. Es decir que el significado no se realiza sino a partir de una toma de las cosas que es un conjunto" (1966: 404-405). De aquí deriva que "el sentido *insiste* en la cadena del significante, pero ninguno de los elementos de la cadena *consiste* en la significación de la que es capaz en ese mismo momento" (1966: 497).

8] NATURALEZA Y CULTURA: DOS SERIES PARALELAS. Con el incremento de la línea saussuriana de división entre significante y significado, que Lacan transformó en una división, por lo que "se impone la noción de un deslizamiento (*glissement*) incesante del signicado bajo el significante" (1966: 497), Lacan reinterpreta la noción freudiana de **represión** (*v.*) (*Verdrängung*) como "esa especie de discordancia entre el significado y el significante determinada por cada censura de origen social" (1966: 364). La cultura, donde se manifiestan lo social y lo simbólico que lo describe, aparece como un orden de significantes "otro" de la matriz original que protege la naturaleza del hombre, el que por lo tanto en la cultura está siempre enajenado.

El sujeto, afirmándose en el discurso, en el yo, en el comportamiento social, prolifera en formas múltiples que se da o que le son impuestas y que equivalen a otras tantas máscaras bajo las cuales se esconde aquello que está reprimido o, lo que es lo mismo, su naturaleza. Con el acceso al lenguaje se "superpone el reino de la cultura al de la naturaleza" (1966: 270) y esta sobreposición repercute en todos los niveles, que se pueden representar de la siguiente manera:

$$\frac{\text{Lengua}}{\text{Palabra}} = \frac{\text{Simbólico}}{\text{Imaginario}} =$$
$$\frac{\text{Cosa}}{} \qquad \frac{\text{Real}}{}$$

$$\frac{\text{Consciente}}{\text{Inconsciente}} = \frac{\text{Demanda}}{\text{Deseo}} =$$
$$\frac{\text{Biológico}}{} \qquad \frac{\text{Necesidad}}{}$$

La no coincidencia irreductible entre significante y significado permite que el lenguaje no reproduzca la verdad, sino que la distorsione, y por otro lado que la verdad no tenga otra forma de decirse más que en la distorsión lingüística. Entre el lenguaje y lo real hay inconmensurabilidad, y la verdad de lo real no puede hacer otra cosa que anunciarse en el lenguaje, sin que éste pueda expresarla ade-

$$\frac{\begin{array}{c}\text{Experiencia representativa}\\ \text{de la realidad}\end{array}}{\begin{array}{c}\text{Realidad biológica, concreta,}\\ \text{preconceptual}\end{array}} =$$

$$= \frac{\begin{array}{c}\text{S (Significante consciente)}\\ \text{S (Significante inconsciente)}\end{array}}{\text{s (significado perdido)}} =$$

cuadamente. En este sentido la verdad es inconsciente y se abre paso con el síntoma: "La verdad se funda en el hecho que habla, y no tiene otra forma de hacerlo. He aquí pues por qué el inconsciente, que dice la verdad sobre la verdad, está estructurado como un lenguaje, y por qué yo, cuando enseño esto, digo la verdad sobre Freud que supo, bajo el nombre de inconsciente, dejar hablar a la verdad" (1966: 872). "La verdad en psicoanálisis es el síntoma. Donde hay síntoma, hay una verdad que se abre camino" (1969: 165).

Lo inalcanzable de la verdad por parte del lenguaje y del saber inscribe a Lacan en una perspectiva **hermenéutica** (*v.*), por lo que ningún saber puede jactarse de ser una visión exhaustiva o una posesión final de la verdad: "Hay que comprender bien nuestro modo de pensar –escribe Lacan. No estamos jugando a lo paradojal de negar que la ciencia tenga conocimientos acerca de la verdad, pero no olvidamos que la verdad es un valor que responde a la incertidumbre por la que la experiencia vivida por el hombre está marcada fenomenológicamente, y que la búsqueda de la verdad anima históricamente, con la voz de lo espiritual, los impulsos de lo místico y las reglas del moralista, las vías del asceta y las salidas del mistagogo. Esta búsqueda, al imponerle a toda una cultura la superioridad de la verdad en el testimonio, creó una actitud moral que ha sido y sigue siendo para la ciencia una condición de existencia. Pero la verdad en su valor específico sigue siendo extraña al orden de la ciencia; la ciencia puede honrarse de sus alianzas con la verdad; puede proponerse como objeto su fenómeno y su valor; pero de ninguna manera puede identificarla como el fin que le es propio" (1966: 73).

9] LA CARENCIA. Es el rasgo distintivo que caracteriza cada etapa del itinerario que de la *necesidad* conduce al *deseo* y del deseo a la *pregunta*. La **necesidad** (v., § 4, a), en efecto, nace de la experiencia incompleta consiguiente a la separación del cuerpo materno y a la intención vinculada con ella de reintegrar la unidad perdida. La prohibición del padre a la reintegración de dicha unidad convierte la necesidad en **deseo** (v., § 3) que persigue una infinidad de objetos muy diferentes de los primordiales a los que se dirige la necesidad, pero con todo no adecuados para colmar la **hiancia** (v.) o carencia inicial, no obstante la fuga ininterrumpida de un significante al otro en la intención de reintegrar la plenitud perdida. Pero los significantes perseguidos por el otro, todos metafóricos o metonímicos respecto al verdadero significado, no permiten que aquél alcance su meta que está "de este lado" de la "línea de salida", de donde el deseo toma los impulsos: "El deseo se produce en el más allá de la demanda porque, articulando la vida del sujeto a las condiciones, aquélla aligera la necesidad, pero esto se profundiza en su 'más acá' porque –demanda incondicionada de la presencia y de la ausencia– evoca la carencia del ser bajo las tres figuras de la nada, que constituye el fondo de la demanda de amor, del odio que llega a negar el ser del otro, y de lo indeci-

ble de aquello que se ignora en su requerimiento. En esta aporía encarnada [...] el deseo se afirma como condición absoluta" (1966: 625).

Mediante la **demanda** (v.) el deseo, siempre insatisfecho y siempre resurgente, se despliega en la palabra, y el lugar de este despliegue es el **otro** (v., § 1), entendido no como la suma de las personas interlocutoras sino como el orden mismo del lenguaje al que el interlocutor debe subyacer. El deseo está *más allá* de la demanda porque su fuerza sobrepasa su formulación lingüística, pero al mismo tiempo se profundiza *de este lado* de la demanda porque su objeto reenvía a la carencia de ser radical que originalmente se manifestó en la necesidad de plenitud reprimida por la ley (el-nombre-del-padre) en el inconsciente (v. **padre**).

Si el ello es el lugar donde el yo debe regresar para descubrir la matriz del propio ser, no se deberá traducir el aforismo freudiano "Wo es war, soll Ich werden" como se suele traducir: "Ahí donde estaba el ello, debe venir el yo", sino: "El yo debe volver ahí donde estaba", o sea debe recorrer hacia atrás el camino que lleva al inconsciente: "El fin que el descubrimiento de Freud propone al hombre lo definió él, en el apogeo de su pensamiento, en términos conmovedores: *Wo es war, soll Ich werden. Là où fut ça*, donde fue así, *il me faut advenir*, debo volver" (1966: 519).

BIBLIOGRAFÍA: Althusser, L. (1976); Bär, E. (1975); Caruso, P. (1969); Clement, G. (1979); Eco, U. (1968); Fages, J.B. (1971); Francioni, M. (1978); Jakobson, R. (1963); Kremer-Marietti, A. (1978); Lacan, J. (1966); Lacan, J. (1953-1979); Lacan, J. (1975a); Lacan, J. (1978); Lacan, J. (1973); Lacan, J. (1975b); Lévi-Strauss, C. (1947); Lévi-Strauss, C. (1958); Rifflet-Lemaire, A. (1970); Saussure, F. de (1916.

LAD (*linguistic acquisition dispositive*) v. LENGUAJE, § 3, e.

lalación (al. *Lallen*; fr. *lallation*; ingl. *lallation*; it. *lallazione*)

Fenómeno fonético anterior al lenguaje articulado. Hacia el tercer mes de vida el niño comienza a articular sonidos consonánticos o vocálicos que repite por un tiempo más o menos largo con tonalidades variantes moduladas.

Esta fase, denominada *balbuceo* o *vocalización*, caracteriza los estados eufóricos del niño en los primeros meses de vida. Hacia el sexto mes la vocalización se organiza en la forma de *lalación*, donde aparecen las primeras sílabas y las palabras más simples. Tanto la vocalización como la lalación están vinculadas, según J. Piaget, a un placer funcional, y como tales se las puede incluir entre las reacciones circulares primarias características del período de desarrollo sensomotor (*v.* **lenguaje** § 3, *a*). En estas fases pueden darse sustituciones frecuentes de las consonantes más difíciles, como la "p", por la "r" o con la "l". Este defecto de articulación se conoce como *lambdacismo*.

BIBLIOGRAFÍA: Piaget, J. (1923); Stern, W. (1965).

lamarckismo (al. *Lamarckismus*; fr. *lamarckism*; ingl. *lamarckism*; it. *lamarckismo*)

Teoría evolucionista que formuló J.B. Lamarck, según la cual las características adquiridas por el individuo pueden ser heredadas por sus descendientes. Esta teoría, que prevé la herencia de los caracteres *adquiridos*, es incompatible con el **darwinismo** (*v.*), que prevé la evolución por selección natural con la sobrevivencia y la transmisión de variaciones casuales. Según E. Jones la teoría psicoanalítica resiente el hecho de que "Freud siguió siendo, desde el principio hasta el final de su vida, un obstinado seguidor de este desacreditado lamarckismo" (1953: 368). En efecto, supone una transmisión de las características adquiridas, como el sentimiento de culpa madurado por los hijos en ocasión del asesinato del padre (*v.* **antropología** § 1, *a*; **endogamia-exogamia**), como "algunas fantasías primitivas, sobre todo las del coito y de la castración, que Freud supone que son heredadas de una forma o de otra, con predisposición a manifestarse en situaciones oportunas" (1953: 366).

BIBLIOGRAFÍA: Jones, E. (1953); Lamarck, J.B. (1809).

lambdacismo
v. LALACIÓN.

lamentar (al. *Beklagen*; fr. *regret*; ingl. *regret*; it. *rimpianto*)

Sentir pesar por una experiencia placentera o significativa del pasado no completamente vivida y, en todo caso, irrepetible. Con frecuencia el malestar asociado con este estado de ánimo alimenta fantasías compensatorias en correspondencia con los deseos que permanecen insatisfechos.

Langerhans, islotes de
v. ENDOCRINO, SISTEMA, § 4.

lapsus

Término latino que utiliza Freud para referirse al uso no intencional de palabras equivocadas, imputable no a la incompetencia o a la ignorancia sino a motivaciones inconscientes escondidas. Como desviación de la acción respecto a la intención motivante, el *lapsus* entraña un resultado opuesto o de alguna manera diferente respecto al deseado. Paradigmático es el ejemplo que adoptaba Freud con este propósito: "Bien se recuerda el modo en que no hace mucho tiempo *abrió* las sesiones el presidente de la Cámara de Diputados austríaca: 'Compruebo la presencia en el recinto de un número suficiente de señores diputados; y por tanto declaro *cerrada* la sesión'. Sólo la hilaridad general le hizo notar su error y enmendarlo. En este caso, la explicación sin duda es que el presidente *deseaba* poder ya cerrar esa sesión de la cual nada bueno cabía esperar, y entonces –fenómeno frecuente– el pensamiento colateral se le impuso, al menos parcialmente, y el resultado fue 'cerrada' en lugar de 'abierta', o sea, lo contrario de aquello que tenía el propósito de decir." (1901 [1976: 62]). Freud, después de distinguir *lapsus* orales (*linguae*), escritos (*calami*) y de lectura, que consisten en el intercambio de algunas palabras por otras que tienen alguna semejanza con las escritas, ubica a los *lapsus*, como los olvidos, las equivocaciones, las perturbaciones, en el ámbito de los actos fallidos (*v.* **acto**, § 2, *b*), reveladores de un conflicto entre la intención consciente y la tendencia reprimida. Aprovechando la reducción de la atención de la conciencia, los impulsos inconscientes logran manifestarse alterando el comportamiento consciente y, en el caso de los *lapsus*, mediante los mecanismos del **desplazamiento** (*v.*) o de la **sobredeterminación** (*v.*).

BIBLIOGRAFÍA: Freud, S. (1901).

lascivia (al. *Lüsternheit*; fr. *lascivité*; ingl. *lasciviousness*; it. *lascivia*)

Tendencia hacia placeres amorosos que unen a la idea de la falta de pudor y de la desenfrenada excitación sexual también el elemento lúdico, como lo deja entender la etimología sánscrita *"las"*, que significa "jugar".

latah

Síndrome patológico del sureste asiático, como el *koro* (*v.*). Se manifiesta con la interrupción imprevista de las actividades psíquicas normales que resultan trastornadas por manifestaciones convulsivas o que recuerdan a la **catatonia** (*v.*), con la diferencia de que el sujeto está consciente de cuanto le sucede y se acongoja, pero sin poder modificar su estado. El *latah* se ha interpretado como una desorganización temporal del yo con la consiguiente incapacidad para defenderse de la acción de los estímulos externos (*v.* **antropología**, § 7).

latencia (al. *Latenz*; fr. *latence*; ingl. *latency*; it. *latenza*)

En *psicología experimental* indica el lapso de tiempo que transcurre entre la aplicación de un estímulo y el inicio de la respuesta observable (*v.* **aprendizaje**, § I, 1, *a*). En *psicoanálisis* indica en cambio el período que abarca entre el quinto o sexto año de vida y el inicio de la pubertad, en el cual, según la opinión de S. Freud, se verifica una interrupción de la evolución sexual acompañada de desexualización de las relaciones objetales y aparición de sentimientos como el pudor y la discreción, a partir de los cuales más tarde aparecerán aspiraciones morales y estéticas. Todo esto está explicado desde la declinación del **complejo de Edipo** (*v.*), con la consiguiente intensificación de la **represión** (*v.*) que tiene como efecto una amnesia del carácter sexual

de los primeros investimientos y el inicio de los procesos de sublimación. Freud habla de *período* de latencia y no de *fase* o **estadio** (*v.*), porque este segundo término se aplica para las nuevas formas de organización sexual, mientras la latencia es un lapso de tiempo que transcurre entre dos diferentes organizaciones de la libido. Por tratarse de una pausa biológica, Freud acepta que su génesis no exija ninguna explicación psicológica.

BIBLIOGRAFÍA: Freud, S. (1905); Freud, S. (1924).

lateralidad
v. DOMINANCIA, § 2.

lateralización (al. *Lateralisierung*; fr. *latéralisation*; ingl. *lateralization*; it. *lateralizzazione*)

Especialización de un **hemisferio cerebral** (*v.*) respecto al otro en el control de determinadas funciones. Por ejemplo, mientras las funciones sensoriales, perceptivas y motrices encuentran amplia representación en ambos hemisferios, las lingüísticas, en las personas diestras, presentan una lateralización en el hemisferio izquierdo. Con referencia a estas dos formas o estilos cognoscitivos se habla de *bimodalidad* de los dos hemisferios, localizando en el hemisferio izquierdo una especialización para las funciones racionales, analíticas y lógicas, con el consiguiente estilo operativo que se refiere a la acción en el mundo exterior y a la adquisición de informaciones en forma secuencial y temporalmente ordenada, y en el hemisferio derecho una especialización para la intuición, la imaginación, la recepción de los modelos de relación, con la consiguiente capacidad orientativa y adquisitiva en formas globales y holísticas. En nuestras acciones adoptamos en cada ocasión el estilo cognoscitivo más apropiado a la situación, aunque existen, por constitución personal o por educación, preferencias en el uso de las dos formas. Las mismas pueden ser, en los diferentes sujetos, integradas o activas en términos de oposición. La constatación, por último, de que los niños muestran una menor especialización hemisférica que los adultos, sugiere que el dominio hemisférico puede ser parte de un criterio de evaluación del desarrollo, así como la corroboración de que los dos hemisferios elaboran información de manera muy diferente puede ser un criterio para evaluar la influencia del dominio hemisférico en las diferencias individuales y entre las diferentes culturas.

BIBLIOGRAFÍA: Denes, F. y C. Umiltà (coords.) (1978); Levy, J. (1982); Mecacci, L. (1984).

latente, contenido
v. CONTENIDO LATENTE-CONTENIDO MANIFIESTO.

lectura (al. *Lektüre*; fr. *lecture*; ingl. *reading*; it. *lettura*)

Proceso de adquisición informativa que permite, previo reconocimiento de las combinaciones de los signos que constituyen las palabras del lenguaje escrito, la asociación del significante (signo) con el significado (sentido). El primer nivel involucrado en la lectura es el *perceptivo-visual*, que le permite al adulto una percepción media de 200-300 palabras por minuto, hecha posible por los movimientos de los ojos en una serie de pequeños y rápidos saltos llamados "sacádicos", con intervalos denominados "fijaciones", que duran un término medio de un cuarto de segundo y permiten enfocar el material recorrido con el movimiento sacádico. La palabra escrita se reconoce mediante la identificación de cada una de las letras que la componen en un proceso influido por la mayor o menor familiaridad con la forma de la palabra, que depende del ejercicio.

A la fase perceptivo-visual le sigue la *semántica*, que decodifica el significado de las palabras. Este proceso implica que se pase de una representación interior del significado basándose en el "léxico interior" que cada uno posee a partir de su propia experiencia lingüística. Esto explica la aparición posterior, tanto desde el punto de vista histórico como evolutivo, de la lectura respecto al lenguaje hablado. Las investigaciones de W.J. Ong al respecto pusieron en evidencia la sucesión histórica de estas fases, que separaron la palabra de la voz para materializarla primero en la página y después en la pantalla televisiva, haciendo del canal de la percepción que es la vista el medio privilegiado del conocimiento: "La afirmación de la escritura y, por consiguiente, de la lectura, significó un cambio en la conciencia humana que comenzó a privilegiar la 'evidencia' en el sentido literal de la 'visión' de la que depende la noción misma de 'objetividad' con la que se mide la ciencia" (1977: 28).

La dificultad en la lectura, cuando no se debe a un daño cerebral que se expresa en graves deficiencias neurológicas, se manifiesta en el segundo nivel, en el semántico, como *retraso primario* cuando no se es capaz de asociar los signos con los símbolos y como *retraso secundario* cuando la dificultad de la lectura depende de factores exógenos al mecanismo de combinación entre signos y símbolos, como pueden ser la angustia, el negativismo, el bloqueo emocional u ocasiones limitadas de enseñanza. A partir de esta primera diferenciación se llega a otras especificaciones llamadas **alexia** (*v.*), dislexia (*v.* **alexia**, § 2), bradilexia (*v.* **bradi**-), que en cada ocasión identifican el trastorno según las causas supuestas y las manifestaciones objetivas.

BIBLIOGRAFÍA: Challe, J. (1967); Ong, W.J. (1977); Sartori, G. (1984); Shury, R.W. (1977); Smith, F. (1971).

Lee, efecto de (al. *Lee-Effekt*; fr. *effet de Lee*; ingl. *Lee effect*; it. *effetto di Lee*)

Trastorno del comportamiento lingüístico debido al retraso de la retroacción acústica.

BIBLIOGRAFÍA: Lee, B.S. (1950).

legal, psicología
v. PSICOLOGÍA FORENSE.

legastenia
v. ALEXIA, § 2.

lengua
v. LINGÜÍSTICA.

lenguaje (al. *Sprache*; fr. *langage*; ingl. *language*; it. *linguaggio*)

Conjunto de códigos que permiten transmitir, conservar y elaborar informaciones mediante signos intersubjetivos capaces de significar algo diferente de lo que son en sí mismos. El lenguaje, no obstante estar desplazado respecto a la inmediatez sensible del signo, es evocado por éste mediante el acto de denotar y de connotar. La comunicación, como intercambio de informaciones mediante el uso de signos, es prerrogativa común tanto de los hombres como de los animales. Pero mientras el lenguaje animal es congénito, no evoluciona y se refiere sólo a acontecimientos inmediatos y concretos, el lenguaje humano, que es aprendido en su mayor parte, se desarrolla en el curso de la vida del individuo y de la especie y se puede referir a objetos abstractos mediante el uso de *símbolos* que son portadores de un significado mediante la referencia a algo distinto de ellos mismos, y de *conceptos*, que no se refieren a un sujeto único sino a una clase. Cuando el significado se refiere a un objeto o a una acción específica tiene un valor *denotativo*, cuando manifiesta alguna valoración o preferencia o está acompañado por valoraciones afectivas tiene un valor *connotativo*, que puede variar de persona a persona basándose en el *diferencial semántico* que muestra las diferentes valoraciones, dimensiones y variaciones de significado (*v.* **denotación**).

1] LA ESTRUCTURA DEL LENGUAJE. Todas las lenguas se basan en un cierto número de sonidos elementales, llamados *fonemas*, que más o menos corresponden a las diferentes formas de pronunciar las vocales y las consonantes en los respectivos alfabetos. Las unidades significativas más pequeñas de la estructura de una lengua reciben el nombre de *morfemas* y pueden ser raíces de palabras, prefijos, sufijos, y estar constituidos por dos o más fonemas. Una agrupación de morfemas que sigue ciertas reglas forma las *palabras* que, cuando se reagrupan en unidades significativas, estructuran las *frases*. En las frases se distingue una *estructura superficial* dada por la secuencia sonora presente en la formulación de la frase, y una *estructura profunda* que se refiere al significado transmitido, al pensamiento subyacente a la estructura de superficie. El sistema de reglas que une a las dos estructuras constituye la *gramática* de la lengua, cuyas reglas permiten que una serie arbitraria de sonidos o signos signifique algo. Para almacenar frases en la memoria es necesario reducir la estructura profunda mediante *reglas de transformación* que efectúan los recorridos por los cuales el pensamiento se vincula con la secuencia sonora.

Como mensaje enviado por un emisor hacia un receptor, el lenguaje exige un *código*, que es el conjunto de normas convencionales que regulan la producción lingüística, delimitándola dentro de determinados esquemas estructurales y semánticos que garantizan el intercambio comunicativo (*v.* **comunicación**, § 1). Como los fonemas a disposición de una comunidad lingüística pueden combinarse hasta el infinito, la comunicación resultaría imposible si a tal operación no se le pusieran límites que, impidiendo que interfiera el arbitrio individual, garantizan el reconocimiento unánime de un código común, el cual, además de establecer las reglas de combinación de los fonemas, también permite la asociación simultánea de sonido y significado, una vez que ésta haya sido históricamente autorizada. Además del código, la comunicación lingüística exige un *contexto* cuya *función referencial* reduce las oscilaciones del significado que caracteriza potencialmente a la mayor parte de los términos lingüísticos por efectos de sinonimia y de homominia. La función referencial, al hacer evidente el contexto, crea ese consenso, limitado en el nivel cognoscitivo, que transforma lo subjetivo en objetivo, lo individual en social, permitiendo a quien habla referirse a algo conocido para quien escucha. La transmisión del mensaje entre emisor y receptor exige un *canal* que, en el caso del lenguaje verbal, tiene como terminales, en quien habla, el aparato de fonación, y en quien escucha el aparato auditivo.

Al código está vinculada la función *metalingüística* orientada a la verificación semántica de los términos utilizados para expresar un mensaje; al usuario (emisor y receptor) está vinculada la función *expresiva* del lenguaje mediante la cual se manifiestan los estados afectivos y emocionales del hablante, la *conativa*, orientada a modificar el comportamiento del receptor, la *referencial*, para la referencia a un sistema común de significados compartida por el hablante y por el oyente, la *fác-*

tica, orientada a verificar la eficiencia del canal de comunicación, que el destinatario puede reducir con la disminución de su atención, y la *poética*, relativa a la estructura formal del lenguaje (*v.* **comunicación**, § 2).

2] LA BASE NEUROANATÓMICA DEL LENGUAJE. Está constituida por un área cortical única del hemisferio izquierdo (derecho en los individuos zurdos) que se extiende desde las áreas de proyección de las vías acústicas y ópticas hasta las áreas proyectivas de las vías motrices que controlan la musculatura bucofonatoria y manual. Se señala en especial el *área de Broca* o centro verbomotor, que es la sede de las huellas mnésicas necesarias para la ejecución de los movimientos articulados que permiten pronunciar palabras, y el *área de Wernicke* o centro verboacústico, sede de las asociaciones multimodales acústicas del lenguaje. Además intervienen en la elaboración del lenguaje las formaciones subcorticales que, junto con las corticales arriba mencionadas, constituyen la *zona instrumental del lenguaje*, a cuya lesión se deben algunas formas de **afasia** (*v.*), excepción hecha de las producidas por una alteración psíquica o por una adquisición defectuosa del lenguaje (*v.* **corteza cerebral**, § 5).

3] EL DESARROLLO DEL LENGUAJE. En este ámbito se suelen distinguir tres niveles: el desarrollo *fonético* por lo general se concluye hacia los 3 años según un orden que respeta el proceso de maduración del aparato de fonación a partir de la vocalización producida por la simple espiración, con la glotis más o menos abierta, de las consonantes "p" y "m": éstas son las primeras en aparecer, por lo que en todas las lenguas están presentes en las palabras que designan "papá" y "mamá"; el desarrollo *morfológico*, relativo al aprendizaje de la estructura específica de la lengua, que tarda mucho en verificarse; y el desarrollo *semántico*, que al principio se da de forma acelerada y después más lenta. A los 3 años el niño por lo general domina dos mil palabras, y por adquisición progresiva se llega a las veinte mil, consideradas la media del lenguaje adulto hacia los 20 años. En el plano teórico existen diferentes hipótesis relativas a los mecanismos responsables de la adquisición y del desarrollo del lenguaje.

a] *La hipótesis de J. Piaget* prevé que el lenguaje del niño, donde no se advierte alguna exigencia comunicativa, es originalmente *egocéntrico*. Las formas de este lenguaje son la *ecolalia*, que consiste en una repetición de sílabas y de palabras privadas de sentido que el niño pronuncia por juego; el *monólogo*, en el que el niño habla para sí como si pensara en voz alta; el *monólogo a dos* o *colectivo*, en el que el niño asocia a otros a su pensamiento o a su acción, sin preocuparse realmente por ser entendido o comprendido. La condición necesaria para pasar del lenguaje *egocéntrico* al *socializado* es el desarrollo de las estructuras del pensamiento, que nace de la acción y que se realiza como interiorización de ésta en las operaciones intelectuales. El lenguaje tiene una función auxiliar en este desarrollo ofreciendo la posibilidad de un progresivo distanciamiento de la materialidad de lo real, y de organizaciones de las estructuras lógicas preexistentes en formas más rigurosamente codificadas.

b] *La hipótesis de L.S. Vygotsky* retiene la noción de que la función original del lenguaje, tanto en los niños como en los adultos, es la comunicación, y por lo tanto también el lenguaje del niño es esencialmente social. No proviene del pensamiento y en su origen no aparece como su instrumento. Las líneas de desarrollo del pensamiento y del lenguaje, al principio concebidas como separadas o paralelas, en el curso del desarrollo se encuentran, y entonces el pensamiento se vuelve verbal y el lenguaje racional. El lenguaje egocéntrico es el lugar de encuentro y de interrelación de la función comunicativa original del lenguaje con la instrumental del pensamiento.

c] *La hipótesis de A.R. Luria* considera el aprendizaje del lenguaje como un hecho exclusivamente social, primer factor del desarrollo mental del niño. Luria le reconoce al lenguaje una función cognoscitiva en el sentido de que preside la estructura y el desarrollo de las diferentes actividades cognoscitivas, ejerciendo una acción en la *percepción*, que resulta estructurada y precisada mediante las categorías transportadas por las palabras; en el *pensamiento*, liberando al niño de la inmediatez de los estímulos físicos y permitiéndole interpretarlos mediante las palabras, y en la *acción*, que es orientada basándose en esquemas y en estructuras de pensamiento madurados gracias a la interiorización del lenguaje.

d] *La hipótesis de B.J. Skinner*, formulada sobre bases conductistas, explica el desarrollo del lenguaje a partir del refuerzo que proviene de los padres, y el pensamiento como un modo subvocalizado del lenguaje, a su vez entendido como forma de comportamiento motor. Conforme el niño advierte que sus emisiones fonéticas provocan reacciones en los demás, se inicia un proceso irreversible en el que, por un lado, el niño descubre las posibilidades infinitas de su aparato de fonación, y por el otro los padres y el entorno, mediante refuerzos positivos y negativos, proceden a la progresiva corrección y estructuración lingüística. Skinner distingue los mensajes verbales en *mand* (de *commands* y *demands*) que son órdenes y solicitudes vinculadas a estados de necesidad, y *tact* (de *contact*) que manifiestan contactos con el mundo en forma de descripción y observación. Respecto al refuerzo, son decisivos los *mand* si el resultado es positivo, caso en que se repiten continuamente, porque de otra manera se extinguen.

e] *La hipótesis de N.A. Chomsky* se inicia a partir de una crítica a la hipótesis conductista porque ésta, mientras explica la adquisición de cada una de las palabras, no explica la complejidad de la conducta lingüística en su conjunto y sobre todo la producción de frases siempre variables. Según Chomsky la comprensión y la producción del lenguaje están determinadas por "reglas generativas" (*v.* **lingüística**, § 3, *b*), de las cuales todo individuo dispone desde el nacimiento, al igual que de un mecanismo innato que Chomsky llama LAD (*linguistic acquisition device*). A Chomsky se deben las distinciones entre *estructura profunda*, de naturaleza cognoscitiva, y *estructuras superficiales*, de naturaleza fonética del lenguaje, convertibles la una en la otra mediante las reglas de transformación, y las nociones de *aptitud* y de *desempeño* que se refieren respectivamente a la habilidad para generar y para entender el conjunto infinito de frases de una lengua y la habilidad para realizar concretamente las posibilidades ofrecidas por la aptitud.

f] *La hipótesis de B.L. Whorf*, llamada también *hipótesis de la relatividad lingüística*, plantea que la lengua tiene una importancia determinante al modelar y al estructurar el universo cognoscitivo del hablante, por lo que no son las estructuras cognoscitivas las que modelan las características de un lenguaje, sino, por el contrario, las estructuras del mismo son las que condicionan las adquisiciones cognoscitivas. De aquí se derivan dos conclusiones: 1] el mundo está concebido de manera muy diferente por aquellos que utilizan lenguajes de estructuras completamente distintas; 2] la estructura del lenguaje es la causa de estas diferentes concepciones del mundo.

4] LENGUAJE Y AFECTIVIDAD. Esta conexión se estudió en el ámbito psicoanalítico y se consideró desde dos perspectivas: una dinámica, vinculada a la satisfacción de las necesidades biológicas y por lo tanto a las situaciones de placer y de displacer, y otra en relación con las fantasías y las primeras representaciones mentales vinculadas a las mismas experiencias de satisfacción e insatisfacción, pero esencialmente consideradas en el aspecto de la comunicación.

a] *La hipótesis de S. Freud* prevé que el nacimiento del lenguaje está vinculado a la actividad simbólica. El símbolo es una *representación de la cosa* utilizada para sustituir el objeto faltante; la atribución de materialidad a aquello que es mera representación permite al niño dominar la angustia relacionada con las situaciones de frustración. Junto con la representación de la cosa Freud supone la *representación de la palabra* vinculada a restos mnésicos de tipo acústico: "El sistema *Icc* contiene las investiduras de cosa de los objetos, que son las investiduras de objeto primeras y genuinas; el sistema *Prcc* nace cuando esa representación-cosa es sobreinvestida por el enlace con las vestiduras, podemos conjeturar, son las que producen una organización psíquica más alta y posibilitan el relevo del proceso primario por el proceso secundario que gobierna en el interior del *Prcc*" (1915 [1976: 198]). La explicación lingüística freudiana ve al representante inconsciente estrechamente unido a la imagen sensorial y a las experiencias subjetivas de las cuales se genera, y al consciente como un verdadero signo lingüístico-verbal resultado de la conceptualización abstracta del significado inconsciente, elaborada mediante el uso de un código socializado y compartido, adquirido mediante el aprendizaje del lenguaje. De aquí la posibilidad de un uso terapéutico de la palabra entendida como posibilidad para verbalizar y, mediante la verbalización de recuerdos, imágenes, afectos y pensamientos, reelaborar los propios conflictos inconscientes.

b] *La hipótesis de M. Klein* pone en la base de la adquisición del lenguaje el reconocimiento de objetos externos y de su autonomía respecto al sujeto. El niño no puede aprender el nombre (sustantivo) de una cosa si todavía no es capaz de distinguirse a sí mismo de los objetos externos y las propiedades del objeto de sus propias reacciones emotivas frente a él. El lenguaje, por lo tanto, sólo es posible con la maduración del yo y el desarrollo de las relaciones objetales, mediante el paso de la posición esquizoparanoide a la depresiva, en la cual el objeto y la posibilidad de su ausencia se reconocen (v. **kleniana, teoría**, § 1, 2).

c] *La hipótesis de D.W. Winnicott* parte de la constatación de que no existe el niño aislado sino la díada madre-niño. Después de un período de relación simbiótica en el cual la comunicación es infra y preverbal, el niño se encamina hacia el lenguaje a través de experiencias transicionales (v. **objeto**, § 6) posibilitadas por objetos como la orilla de la cobija que chupa antes de dormirse, que ya no se siente como parte del propio cuerpo y ni siquiera como perteneciente a la realidad externa. Del área de los fenómenos transicionales también nace el lenguaje como objeto intermedio y oscilante entre los investimientos narcisistas y los objetales.

d] *La hipótesis de W.R. Bion* prevé que el lenguaje verbal externo se apoya en un lenguaje interior procedente de simbolizaciones que anteceden a las de origen auditivo-verbal. Después la madre decodifica los mensajes que el niño le transmite, restituyéndolos al niño recodificados de manera más precisa y adecuada a la realidad. El lenguaje verbal es el punto de llegada de este proceso continuo e inicial.

e] *La hipótesis de F. Fornari* toma de Freud el principio de que el lenguaje nace de la actividad de simbolización pero, junto a los símbolos objetivos, Fornari introduce los símbolos intersubjetivos que llama **coinemas** (v.): "La teoría del coinema (del griego ϰοινός que significa '''común''') se propone aclarar los problemas fundamentales de la semiosis afectiva a partir de unidades mínimas de significado afectivo innatas en todo hombre" (1979: 16). Los coinemas son elementos de un "lenguaje que habla mediante *imagos*, es decir mediante representaciones de cosas, genéticamente preinscritas o inscritas naturalmente

en las estructuras biológicas que subyacen en el inconsciente humano" (1981: 20). El carácter innato de los códigos afectivos que constituyen el fundamento del lenguaje acerca la teoría fornariana a la chomskiana de la capacidad lingüística innata.

f] *La hipótesis de J. Lacan* toma al lenguaje como el fundamento constitutivo de la globalidad de la vida psíquica del hombre. El lenguaje tiene, respecto a la realidad y al sujeto humano, una función formativa y reguladora. Impone nombres, distinciones y diferencias, y, nombrando y distinguiendo, delimita y especifica ocupaciones y funciones, no sólo de los objetos sino también de los sujetos humanos. La función nominativa y reguladora del lenguaje, en la que se manifiesta el pacto originario del que nació la *cultura* humana, ejerce una especie de traición a la naturaleza biológica que se manifiesta en las necesidades (v. **lacaniana, teoría**, § 8). Cuando las necesidades alcanzan la dimensión psicológica, se vuelven deseos, que ya no tienen por objeto algo concreto, biológicamente determinado, sino un representante simbólico de esto que se vuelve el nuevo objeto buscado, pero incapaz ya de garantizar una completa satisfacción. Las representaciones psíquicas, que Lacan compara con los significados lingüísticos, no traducen fielmente los objetos del mundo real o las necesidades del hombre, sino que los traicionan encerrando al hombre en una dimensión simbólica impasable, y basando su vida en una inevitable distancia respecto a la realidad biológica. Una vez resuelta la actividad psíquica del hombre en el área del lenguaje, Lacan distingue las representaciones psíquicas conscientes, que corresponden a un código socializado y compartido, de las inconscientes, de carácter subjetivo e incomunicables. Lenguaje y afectividad encuentran en Lacan un punto de unión y al mismo tiempo de fractura, evidente en el paso del deseo del objeto a su representación simbólica e idealizada, acompañada por una añoranza por el objeto perdido por parte de un hombre prisionero de sus propios símbolos lingüísticos. El deseo irrealizado, en efecto, es enviado al **Otro** (v., § 1), expresión con la que Lacan denomina al orden lingüístico y al conjunto de sus códigos. Subyacente está la contraposición entre un pensamiento-afectividad libre e ilimitado y un lenguaje que lo hace prisionero y al mismo tiempo adaptado a la realidad.

5] TRASTORNOS DEL LENGUAJE. Los trastornos del lenguaje pueden derivarse de una variedad de causas de origen neurológico o psicológico. Se pueden deber a una lesión o a una malformación del cerebro o del sistema nervioso, en cuyo caso se habla de un trastorno *funcional*, por lo general causado por enfermedades cerebrovasculares, tumores cerebrales, lesiones en el nacimiento, infecciones y similares. Las investigaciones más recientes se orientaron hacia la especificación de los aspectos de la *conducta* del trastorno; adoptando el vocabulario de la lingüística moderna, se los dividió en trastornos *centrales*, trastornos de *producción* o *emisión* (o de *output*) y trastornos de *recepción* (o de *input*).

a] Los *trastornos centrales* están agrupados bajo el título general de **afasia** (*v.*) donde queda sin resolver el problema de si se trata de un trastorno de capacidad o de ejecución. En este ámbito se distinguen las afasias *sintagmáticas* o de combinación de las *paradigmáticas* o de selección. Los afásicos con lesión en el área de Broca, por ejemplo, tienen dificultades para combinar las unidades lingüísticas en secuencias coherentes, mientras los afásicos de Wernicke son incapaces de seleccionar las unidades lingüísticas apropiadas. Una segunda distinción se realiza entre dos tipos de unidades lingüísticas: el *fonema* (unidad primaria no significativa) y la *palabra* (unidad significativa). Al adoptar este punto de vista de naturaleza semiológica se constata que el afásico de Broca es incapaz de combinar los fonemas en palabras comunes, mientras el afásico de Wernicke produce una secuencia de palabras fluidas pero sin marcadores gramaticales.

b] Los *trastornos de producción o emisión* se manifiestan en el **balbuceo** (*v.*), por la incapacidad para liberar la tensión producida antes de la articulación, por lo que se observan esquemas de regreso, alargamiento de pausas, repeticiones, autocorrecciones y estructuras gramaticales incompletas; en la **haplología** (*v.*), (o *cluttering*) caracterizada por una emisión demasiado rápida de palabras con omisión de unidades lingüísticas y alteración del orden secuencial de las unidades; en la *disociación semántica* típica de los trastornos disociativos (*v.* **escisión**, § I, 4).

c] Los *trastornos de recepción* se clasifican bajo el nombre de *agnosia auditiva* (*v.* **agnosia**, § 2), cuando el oyente no es capaz de reconocer aquellos que deberían ser para él sonidos familiares, y de **asemia** (*v.*), cuando el sujeto no es capaz de reconocer signos y símbolos, como los que se usan en matemáticas, en química, en música, incluso cuando antes habían tenido significado para él. En todos estos casos los síntomas pueden ser leves y estar en la categoría señalada por los prefijos *bradi-*, que significa lento, *dis-*, que se refiere a un trastorno parcial o a una incapacidad específica, *para-*, que se refiere a una alteración cualitativa de la facultad, y no por el prefijo *a*, que significa ausencia total.

BIBLIOGRAFÍA: Bion, W.R. (1962); Bloomfield, L. (1933); Broca, P.P. (1861); Chomsky, N. (1957); De Filippis, C. (1974); Fornari, F. (1979); Fornari, F. (1981); Freud, S. (1915); Gianotti, G. (coord.) (1983); Green, J. (1976); Jakobson, R. (1944); Jakobson, R. (1963); Kainz, F. (1960); Klein, M. (1930); Lacan, J. (1966); Lenneberg, E.H. (1967); Lorenzer, A. (1971); Luria, A.R. (1971); Morris, C. (1946); Ong, W.J. (1982); Piaget, J. (1926); Pizzamiglio, L. (1968); Pizzamiglio, L (1972); Sapir, E. (1921); Sapir, E. (1949); Saussure, F. de (1916); Skinner, B.F. (1957); Stern, W. (1965); Vygotsky, L.S. (1934); Watzlawick, P., J.H. Beavin y D.D. Jackson (1967); Wernicke, C.K. (1874); Whorf, B.L. (1956); Winnicott, D.W. (1953); Winnicott, D.W. (1958).

leniency, efecto de (al. *Leniency-Effekt*; fr. *effet de leniency*; ingl. *leniency effect*; it. *effetto di leniency*)

Tendencia sistemática hacia el error de evaluación según la persona a juzgar sea conocida o desconocida, simpática o antipática.

BIBLIOGRAFÍA: Lennep, D.J. (1958).

Lennep, test de (al. *Lennep-Test*; fr. *test de Lennep*; ingl. *Lennep test*; it. *test di Lennep*)

Test proyectivo que ofrece información sobre las relaciones sociales de la persona a la que se le solicita que componga, de manera coherente, cuatro tablas de colores, cada una de las cuales representa una importante situación social. La interpretación por lo general sigue criterios cualitativos inspirados en la psicología de lo profundo.

BIBLIOGRAFÍA: Lennep, D.J. (1958).

lentitud (al. *Langsamkeit*; fr. *lenteur*; ingl. *slowness*; it. *lentezza*)

Uso de tiempo excesivo en el desarrollo de cualquier actividad de tipo intencional. La lentitud tiene mayor relieve en la edad evolutiva, pues interfiere con los procesos de aprendizaje y puede incidir negativamente en la funcionalidad de la inteligencia. Cuando la lentitud no depende de una motivación insuficiente, como con frecuencia ocurre en el aprendizaje escolar, sino de causas orgánicas o psíquicas, se adopta el vocabulario psiquiátrico que distingue las diferentes formas de lentitud con una nomenclatura caracterizada por el prefijo *bradi-* (*v.*).

lentitud psicomotriz
v. INHIBICIÓN, § 5.

leptosómico
v. TIPOLOGÍA, § 1, *b*.

lesbianismo (al. *Lesbismus*; fr. *lesbisme*; ingl. *lesbianism*; it. *lesbismo*)

Homosexualidad (*v.*) femenina, episódica o permanente, que se manifiesta como atracción amorosa entre mujeres. El nombre se deriva de la isla griega de Lesbos, donde vivía la poetisa Safo, quien se dedicaba a este género de amor, por lo cual también se habla de *safismo*. En las relaciones lesbianas con frecuencia se observa una división de las funciones, a imagen de la existente en la relación heterosexual, donde el sujeto más viril asume una función activa, o a imitación de la relación madre-hija, con posibles intercambios de funciones. En la base del lesbianismo estaría, según las diferentes hipótesis psicoanalíticas, un *narcisismo* exasperado que favorece una búsqueda de la propia identidad sexual mediante un reflejo en la compañera; una *hostilidad materna*, que le impediría a la hija tener una adecuada identificación femenina con la consiguiente aceptación de su propia función, o un *rechazo paterno* en relación con la hija que induce a ésta a identificarse de alguna manera con el sexo opuesto y a alimentar una marcada hostilidad en relación con éste. Al lesbianismo también se lo llama *tribadismo*, del verbo griego τρίβω, que significa "friccionar".

BIBLIOGRAFÍA: Bonaparte, M. (1934); Caprio, F. (1957); Ellis, H. (1897-1910); Hesnard, A. (1911); Simon, W. y H. Gagnon (1970).

letargo (al. *Lethargie*; fr. *lethargie*; ingl. *lethargy*; it. *letargia*)

Indiferencia afectiva generalizada asociada con inactividad, cansancio, somnolencia. Es un trastorno típico de la **encefalitis** (*v.*) y por su base orgánica debe diferenciarse de la obnubilación hipnótica y de las formas psicógenas de disminución de la atención (*v.* **conciencia**, § 3).

letra [fr. *lettre*,]

Término lacaniano que denota el conjunto de los elementos materiales del lenguaje o *significante*, diferente del *significado*, que es el sentido de nuestra experiencia transmitido por el discurso. Significante y significado, según Lacan, se configuran como dos redes cuyas relaciones no se corresponden, en cuanto el significado, aunque se exterioriza en la sucesión de las letras, no se ubica en ningún lugar del significante: "Entonces se puede decir que es en la cadena del significante que el sentido *insiste*, pero que ninguno de los elementos de la cadena *consiste* en la significación de que es capaz en ese mismo momento" (1957: 497; *v.* **cadena significante; lacaniana, teoría**, § 8).

BIBLIOGRAFÍA: Lacan, J. (1957).

leucoencefalina
v. ENDORFINA.

levitación

v. PARAPSICOLOGÍA, § 2.

léxico, test del (al. *Wortschatz-test*; fr. *test du lexique*; ingl. *word-choice test*; it. *test del lessico*)

Medición de la inteligencia lingüística mediante pruebas en las que el sujeto debe empeñarse en una búsqueda de definiciones, sinónimos y antónimos que, oportunamente evaluados, reflejan su dominio del sentido de las palabras.

liberación (al. *Befreiung*; fr. *libération*; ingl. *release*; it. *liberazione*)

El significado del término depende del contexto en el que se utiliza:
1] *Neurología.* Eliminación del efecto inhibidor de los centros nerviosos inferiores.
2] *Reflexología.* Mecanismo antepuesto a la eliminación de los agentes que causan dolor en la superficie o dentro del cuerpo. Tales son los reflejos previos a las lágrimas, el estornudo, la tos, el vómito y semejantes.
3] *Etología.* Estructuras de comportamiento innatas que "liberan" en un individuo un tipo de respuesta especie específico (*liberador*), como los instintos de protección de la prole, las señales de advertencia, el apego a la madre que sería liberado por el llanto y por la sonrisa del niño, y semejantes. La acción de los "liberadores" en el curso del desarrollo disminuye progresivamente y va siendo sustituida por los estímulos (v. **instinto**, § 1).
4] *Psicoanálisis.* Acto con el que se integran en la personalidad los elementos que se reprimieron antes. El proceso de liberación se encuentra con fenómenos de **resistencia** (v.).
5] *Psicoterapia.* Tratamiento que permite al sujeto manifestar deseos, pensamientos, impulsos que no es capaz de descargar adecuadamente en las condiciones ambientales normales. En esta acepción, liberación equivale a **catarsis** (v.).

ley (al. *Gesetz*; fr. *loi*; ingl. *law*; it. *legge*)

En psicología el término adquiere una importancia específica con J. Lacan, para quien la ley está representada simbólicamente por el **padre** (v.), quien prohíbe el incesto. Dicha prohibición está en la base del **deseo** (v., § 3): "La sentencia de que 'la ley hace el pecado' sigue siendo cierta desde la perspectiva escatológica de la Gracia en la que la formuló san Pablo. Se la ha verificado científicamente por la comprobación de que no hay sociedad que no contenga una ley positiva, así sea ésta tradicional o escrita, de costumbre o de derecho. Tampoco hay una en la que no aparezcan dentro del grupo todos los grados de transgresión que definen el crimen" (1951: 120). Todo esto está confirmado por la experiencia analítica, donde aparece que "el deseo es el contrario de la ley. En el fantasma sadiano se ve cómo el uno y la otra se sostienen" (1963: 788). Comentando la posición lacaniana, M. Safouan escribe que "la experiencia y la doctrina freudiana nos enseñan que sólo la ley de la prohibición del incesto, en cuanto funciona en el inconsciente como ley de castración, determina el acceso al deseo genital o al objeto. Esta enseñanza nos invita a reconocer en la Ley el principio de realidad. O la Ley se opone al deseo y la discordancia será insuperable, o bien el deseo es la Ley" (1971: 58). La canalización del deseo de acuerdo con la ley es un motivo que ya había señalado W. Reich a propósito de las masas que "desean el fascismo" (1933: 59; v. **deseo**, § 4; **psicología de la masa**).

BIBLIOGRAFÍA: Lacan, J. (1951); Lacan, J. (1963); Reich, W. (1933); Soufouan, M. (1971).

libertad (al. *Freiheit*; fr. *liberté*; ingl. *freedom*; it. *libertà*)

En psicología este concepto, que tiene en la tradición filosófica su propio espacio de elaboración y de profundización, se trató en el ámbito de la psicología de la personalidad, donde aquí se presenta en dos niveles: 1] ausencia de constricciones o de impedimentos (*libertad de...*); 2] capacidad para determinarse de acuerdo con una elección autónoma con miras a fines, con la búsqueda de los medios adecuados (*libertad para...*). En ambas acepciones no se trata nunca de una libertad absoluta, sino siempre condicionada por límites externos (ambiente) e internos (pulsiones). No se trata de un *dato* sino de una *conquista* que requiere reflexión sobre los propios actos para poder dirigirse conscientemente hacia los fines elegidos, y dominio sobre las fuerzas pulsionales que requieren satisfacción inmediata. Se suele distinguir la libertad de la **autonomía** (*v.*), introduciendo a la libertad en el ámbito del ser y a la autonomía en el campo más limitado de la relación, porque la autonomía es una libertad de los otros, es decir una no heteronomía, más que una autodeterminación. De la misma manera se distingue la libertad de la **espontaneidad** (*v.*), que es una simple e inmediata presentación de un sentimiento o de una intención pero aún sin la capacidad de suspender el proceso inmediato o espontáneo con la reflexión y el examen crítico para una decisión consecuente. También la **autoridad** (*v.*) es una relación dialéctica y no antitética con la libertad, pues el espacio de la libertad está limitado por los llamados "valores actuales", constituidos por hechos y actitudes, y por los "valores esperados", constituidos por los preceptos y por las normas que la coexistencia social impone. En los límites aquí indicados de su libertad el sujeto es hecho responsable de sus actos, y sobre esta noción de **responsabilidad** (*v.*) encuentra su legitimación la **psicología forense** (*v.*). Naturalmente también tiene su justificación la negación de la libertad sostenida por el **determinismo** (*v.*), según el cual todo discurso sobre la libertad está favorecido por la ignorancia de las causas que determinan el comportamiento. Sobre esta posición encontramos algunas orientaciones psicoanalíticas y conductistas.

BIBLIOGRAFÍA: Ayers, M.R. (1968); Berofsky, B. (coord.) (1966); Binswanger, L. (1936); Franklin, R.L. (1968); Freud, S. (1915); Fromm, E. (1941); Skinner, B.F. (1974).

libido

Término latino que significa "deseo"; lo utilizan S. Freud para designar la energía correspondiente al aspecto psíquico de la pulsión sexual, y C.G. Jung para designar la energía psíquica en general, presente en todo aquello que es *appetitus* o "tendencia hacia", no necesariamente sexual.

1] PSICOANÁLISIS. Si la pulsión sexual, como lo quiere la concepción de Freud, está en el límite de lo somático y de lo psíquico, la libido designa su aspecto psíquico: la libido es "la manifestación dinámica en la vida psíquica de la pulsión sexual" (1922: 448). En una primera fase Freud confronta la libido con las pulsiones del yo que tienden a la autoconservación (*v.* **yo, pulsión del**); en una segunda fase de su pensamiento la confronta con las pulsiones de muerte, identificándola con las pulsiones de vida o **Eros** (*v.*).

a] *Investimientos de la libido*. La libido puede investir a un objeto (libido objetal), o al individuo mismo (libido del yo). Comienza a manifestarse en el plano psíquico con el investimiento del yo (narcisismo primario), para después orientarse hacia los objetos exteriores. Según Freud existe un equilibrio energético entre estas dos formas de **investimiento** (*v.*), en el sentido de que la libido objetal disminuye cuando aumenta la **libido del yo** (*v.*).

b] *Organización de la libido*. En su desarrollo la libido recorre los niveles de organización o fases que se disponen respecto al *objeto* en una serie que lleva del autoerotismo al objeto heterosexual, pasando a través del narcisismo y de la homosexualidad, mientras respecto a la *zona erógena* investida tendremos una organización **oral** (*v.*), **anal** (*v.*), fálica (*v.* **fálica, fase**), hasta "la organización plena sólo se alcanza en la pubertad, en una cuarta fase, 'genital'" (1938 [1976: 153]). La falta de **desplazamiento** (*v.*) de la libido es causa de su **fijación** (*v.*), que le abre al sujeto el camino a la **regresión** (*v.*).

c] *Plasticidad y viscosidad de la libido*. Freud habla de plasticidad de la libido a propósito de su capacidad para cambiar de objeto o manera de satisfacción cuando no es posible una descarga directa en las gratificaciones pulsionales. Las figuras más frecuentes en las que se manifiestan las "vicisitudes de la pulsión" son para Freud la **represión** (*v.*) con eventual formación de síntomas o de sueños, la **sublimación** (*v.*), la **inversión** de la finalidad de la pulsión en su opuesto (*v.*, § 1, *a*), la orientación hacia sí mismo de la finalidad pulsional (*v.* **narcisismo**, § 2). La plasticidad de la libido puede considerarse el opuesto de la viscosidad (*Klebrigkeit*), término con el que Freud designa a la dificultad de la libido para cambiar sus investimientos una vez que se estabilizaron. La viscosidad, que varía en cada individuo, explica la lentitud del paso de una fase del desarrollo libidinal a otra, que no excluye regresiones en cuanto se da la posibilidad, y la lentitud del tratamiento analítico en el cual los pacientes "no pueden decidirse a separar sus investimientos libidinales de un objeto para desplazarlos hacia otro nuevo" (1937: 524).

d] *Estancamiento de la libido*. Fase preliminar de la neurosis y de la psicosis caracterizada por el hecho de que la libido ya no encuentra la manera de descargarse, por lo que sus formaciones intrapsíquicas se estancan y después se manifiestan en síntomas. Ejemplos de estancamiento son para Freud las neurosis de angustia (*v*. **angustia**, § 2, *a*), la **hipocondría** (*v*.) como acumulación de libido narcisista, y el **delirio** (*v*.), como desesperada intención de reorientar la energía libidinal hacia un mundo externo transformado.

e] *Energía libre y energía ligada*. Con estos términos Freud describe la manera en que la energía psíquica se manifiesta en el **proceso primario** (*v*.), donde se descarga de la manera más rápida y directa posible (energía libre), y en el proceso secundario, donde el movimiento hacia la descarga está retrasado y controlado (energía ligada). Esta diferenciación es válida para Freud tanto en el nivel *biológico*, donde la energía ligada está retenida en algunas neuronas o sistemas neuronales que la acumulan impidiendo o limitando el paso, como en el *psíquico*, donde un vínculo estable de representaciones recoge el investimiento energético limitando el libre reflujo de la energía (*v*. **aparato psíquico**, § 2). El concepto de vínculo se refiere: 1] al *yo* en su función inhibidora sobre el proceso primario, que da inicio al proceso secundario y al principio de realidad; 2] al *deseo* que se manifiesta a lo largo de cadenas de representaciones que presuponen vínculos de asociación; 3] a la *fijación* por la cual una cierta cantidad de energía no puede refluir libremente, quedando de esta forma vinculada. El deslizamiento del concepto de *libido* como pulsión exclusivamente sexual al de *energía* parece acercar a Freud a la teoría monista de la energía pulsional sostenida por Jung, pero

Freud reacciona a este acercamiento, como se puede interpretar en la voz **yo pulsión del**, manteniendo la diferenciación entre energía sexual, agresiva y neutralizada que se manifiesta en las actividades sublimadas (*v*. **neutralización**).

2] PSICOLOGÍA ANALÍTICA. *a*] Jung considera reductiva la connotación sexual con la que Freud había caracterizado a la libido, prefiriendo "entender con este término un valor energético susceptible de comunicarse con cualquier esfera de actividades: potencia, hambre, odio, sexualidad, religión, sin ser un instinto específico" (1912-1952: 140). Jung, ampliando el concepto de la libido, introduce las nociones de *excedente libidinal*, para esa parte de energía no canalizada en procesos materiales, y de *analogías libidinales* para la acción del símbolo que transforma la energía material en otras formas: "En nuestra naturaleza psíquica sólo podemos quitarle al curso natural una pequeña parte de energía [...] pero el hecho de que el símbolo haga posible esta desviación demuestra que no toda la libido se fijó de acuerdo con las leyes naturales, y que le quedó un cierto *quantum* de energía que podríamos definir como excedente libidinal" (1928: 56-57).

b] La libido para Jung no sólo es legible en términos causales sino también *finalistas*, en el sentido de que es un "tender hacia", un "desarrollar hacia" una mejor organización de la personalidad, también en el caso límite de la regresión de la libido: "La regresión está condicionada causalmente, por ejemplo, por la 'fijación a la madre'. Pero desde el punto de vista finalista la libido tiene una regresión hacia la *imago* de la madre para encontrar las asociaciones mnésicas mediante las cuales puede verificarse, por ejemplo, la evolución de un sistema sexual a un sistema espiritual. La primera explicación se consuma en el significado de la causa y descuida por completo el sentido finalista del proceso de regresión. De esta manera la estructura cultural se vuelve un puro y simple sucedáneo, precisamente porque el incesto es imposible" (1928: 31; *v*. **constructivo, método**).

c] La noción de libido también la utiliza Jung para explicar la **tipología** (*v*., § 2) psicológica y en especial la diferenciación entre introversión y extroversión. La introversión es "la orientación de la libido hacia adentro. Con esto se manifiesta una relación negativa del sujeto con el objeto. El interés no se mueve hacia el objeto, sino que se retira hacia el sujeto" (1921: 466); la extroversión "es la orientación de la libido hacia afuera. Con este concepto señalo una relación explícita del sujeto hacia el objeto, en el sentido de un movimiento positivo del interés subjetivo hacia el objeto" (1921: 438).

BIBLIOGRAFÍA: Freud, S. (1895); Freud, S. (1905); Freud, S. (1914); Freud, S. (1922); Freud, S. (1937); Freud, S. (1938); Jung, C.G. (1912-1952); Jung, C.G. (1912); Jung, C.G. (1928).

licantropía (al. *Lykanthropie*; fr. *lycanthropie*; ingl. *lycanthropy*; it. *licantropia*)

Creencia de origen mitológico en la metamorfosis del hombre en animal y, en especial, en lobo. En el nivel patológico se manifiesta como afección, hoy muy rara, que empuja al individuo enfermo, con frecuencia en las fases de luna llena, a simular el comportamiento y el aullido del lobo.

Lickert, modelo de
v. CUESTIONARIO.

líder
v. GRUPO, § II, 6.

límbico, sistema (al. *Randsystem*; fr. *système limbique*; ingl. *limbic system*; it. *sistema limbico*)

Conjunto de formaciones grises y blancas localizadas en la cara media e inferior de los hemisferios cerebrales. Abarca una parte de corteza cerebral (circunvolución del cuerpo calloso) y algunas estructuras subcorticales, como el *área del septum* , la *amígdala* y el *hipocampo*, donde se da la integración emotiva-instintiva-conductual del individuo, en un plano diferenciado y complejo respecto a la primera integración, que tiene lugar en el nivel del **hipotálamo** (*v.*). Además de ser el centro de las funciones gustativas y olfativas, el sistema límbico desarrolla una función fundamental en la fisiología de las emociones, de la afectividad y de la memoria, manteniendo en sintonía emotiva el yo del sujeto con el contenido de su experiencia presente y pasada, dando a la memoria un tono de "algo visto" y permitiendo la memorización de hechos que han estado acompañados de trastornos viscerales, es decir, de hechos emocionales.

Existen interacciones entre el funcionamiento epicrítico de la mente de naturaleza cortical y el funcionamiento protopático de origen límbico, con alternación o predominio del uno respecto al otro, según el momento, y con posibilidad de compromiso funcional de la cooperación de los dos sistemas. En efecto, la ordenación de los actos está unida al establecimiento de las conductas aprendidas en las que participan las formaciones límbicas, en especial el hipocampo, a las que en parte se deben reenviar la adquisición de comportamientos, la consolidación de huellas mnésicas y la fijación de nuevos recuerdos relacionados con los nuevos elementos emotivos y de motivación del aprendizaje, en el cual está específicamente implicado el sistema límbico. En efecto, se comprobó que, después de una lesión o una intervención quirúrgica en la zona prefrontal, se observa una disminución de la capacidad para concentrar la atención en un determinado problema, de fijar un orden consecutivo preciso de los actos, para anticipar el futuro inmediato sobre la base del pasado reciente.

lingüística (al. *Linguistik*; fr. *linguistique*; ingl. *linguistics*; it. *linguistica*)

Ciencia que tiene por objeto el estudio de la *lengua*, que es un código verbal humano mediante el cual se realiza, en formas históricamente determinadas, la facultad del **lenguaje** (*v.*). La lengua puede estudiarse en diferentes niveles que constituyen otros tantos ámbitos disciplinarios.

1] LINGÜÍSTICA. En este ámbito el estudio de la lengua presenta las siguientes expresiones:
a] *Morfología*. Estudio de la estructura de las palabras, de los procesos de flexión, deri-

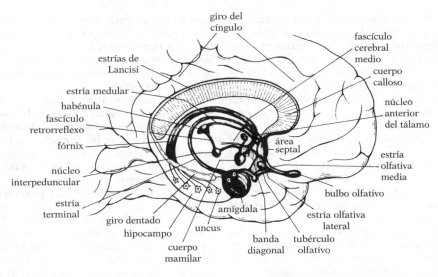

Representación esquemática del sistema límbico (rediseñado por C. Pirro, *Anatomía y fisiología integrada*, USES, Firenze, 1982).

vación y composición. En efecto, las palabras pueden segmentarse en unidades mínimas dotadas de significado llamadas *monemas* o, con otra terminología, *morfemas*, a su vez segmentables en unidades sucesivas no dotadas de significado llamadas *fonemas*, que dependen de los órganos de la fonación y del oído. La *flexión* de una palabra concierne a las desinencias que un mismo morfema puede asumir en una lengua: las flexiones nominales, adjetivales y pronominales según el género, el número y el caso se llaman *declinaciones*, mientras las flexiones verbales según los modos, los tiempos, las personas y los números se llaman *conjugaciones*. La *derivación* se refiere a la formación, a partir de una palabra dada, de otras palabras mediante la añadidura de uno o más afijos, mientras la *composición* se refiere a las palabras que se obtienen por la combinación de dos o más palabras.

b] *Semántica*. Estudio del significado, o sea de la relación entre el signo lingüístico y lo que éste designa. Se distingue una semántica *sincrónica*, que estudia el contenido de una lengua entendida como sistema de significados, y una semántica *diacrónica* o histórica, que estudia los cambios de significado de las palabras, es decir la sucesión de los estados sincrónicos de una lengua. Un problema central de la semántica es encontrar las unidades mínimas de significado descomponiendo los innumerables significados de cualquier sistema semiótico complejo, como son las lenguas, en un número limitado de unidades elementales de significado, llamados *sememas*, cuya enumeración puede bastar en cada ocasión para describir el significado del signo lingüístico considerado. La cuestión principal a este respecto es si tales unidades están representadas en las lenguas por el significado de las palabras o por los enunciados, en cuyo caso las palabras tendrían una potencialidad de significado que actuaría en el momento en el que entran a formar parte de un enunciado.

c] *Sintaxis*. Estudio de las reglas que presiden la combinación de los signos en su sucesión secuencial. Ya que las relaciones de dependencia y de determinación también se instauran entre elementos no contiguos entre sí, tanto en el caso de los elementos de una misma frase como para frases que componen enunciados más complejos, la sintaxis prevé una *estructura jerárquica* para implantar sus reglas. La sintaxis se puede estudiar como un sistema "cerrado" o como un sistema "difuso", es decir abierto a cambios. En este segundo caso se habla de *creatividad sintáctica* como posibilidad de construir un número infinito de diferentes mensajes con un conjunto de signos y de reglas de combinación. Entre semántica y sintaxis hay una interconexión, ya que el análisis del significado de las palabras no es posible mediante la simple suma de los rasgos semánticos, porque también es necesario tener en consideración la estructura interna o posición de estos rasgos dada por la estructura sintáctica.

d] *Pragmática*. Estudio de las relaciones entre los signos lingüísticos y quien los usa. Se encuentra en este ámbito el estudio de las motivaciones, intenciones, creencias, esperanzas, reacciones y acuerdos de los usuarios de los códigos verbales utilizados en la **comunicación** (*v.*, § 1, 2), que es una interacción entre organismos mediante sistemas de signos. Precisamente por su naturaleza la pragmática es, respecto a la semántica y a la sintaxis, la más rica en implicaciones psicológicas.

e] *Fonética*. Estudio de los sonidos de las lenguas en su realización concreta. Se distinguen una fonética *articulatoria* relativa a la producción de los sonidos, y una fonética *acústica* relativa a su percepción. En el ámbito experimental la fonética se sirve de métodos como la *palatografía*, que analiza la superficie de contacto entre la lengua y el paladar en la articulación de los sonidos, la *estroboscopía*, que analiza las vibraciones de la laringe, y la *espectrografía* que analiza el espectro acústico de los sonidos.

f] *Fonología*. Estudio de los sonidos en relación con su función comunicativa, es decir su función distintiva de significados clasificados según unidades abstractas o *fonemas*, cuyo conjunto constituye el sistema fonológico correspondiente a las diferentes lenguas. En esto la fonología se distingue de la *fonética*, que estudia los elementos fónicos independientemente de su función en la comunicación lingüística. Como en semántica, también en fonología se distingue una fonología *sincrónica*, que considera un sistema fonológico en un determinado estado de la lengua, y una fonología *diacrónica*, que lo estudia en su transformación histórica.

g] *Acto lingüístico*. Es la acción que acompaña a la dicción. En la dicción se cumplen por lo menos tres tipos de acciones: una *locutoria*, que es el acto *de* decir algo, una *ilocutoria* que se cumple *en el* decir algo, como "preguntar", "ordenar", "prometer", una *perlocutoria* que se

cumple *con* el decir algo, como "persuadir", "convencer". La forma en la que se interpreta una frase depende con frecuencia de su fuerza ilocutoria y de sus efectos perlocutorios, o sea del análisis de los actos lingüísticos que acompañan a la locución.

h] *Universales lingüísticos*. Son propiedades o mecanismos comunes a todas las lenguas en el nivel semántico, sintáctico y fonológico, donde se encuentran las condiciones que deben ser satisfechas por todas las gramáticas de las lenguas humanas. Los universales *sustantivos* describen las propiedades de cada una de las unidades lingüísticas, mientras que los universales *formales* prescriben las reglas de la combinación de los sustantivos en unidades lingüísticas efectivas. También en este ámbito funciona la distinción entre universales *sincrónicos*, deducidos del estado de las lenguas, y universales *diacrónicos*, relativos al cambio a lo largo del tiempo, a la forma en que se resuelven desequilibrios o lagunas de los repertorios fonéticos o lexicales, o bien a la forma en la que el contacto entre hablantes de diferentes lenguas influye en las respectivas producciones lingüísticas. Queda abierto el problema de si los universales son producto de circunstancias o historias semejantes o inherentes al lenguaje como fenómeno mental y de comportamiento distintivo del hombre.

i] *Langue* y *parole*. Diferenciación que introdujo F. de Saussure para distinguir el código, o conjunto de convenciones, en las que se manifiesta una lengua (*langue*), del acto del individuo que usa el código (*parole*). En esta distinción se refleja la que existe entre social e individual, como también la que hay entre abstracto y concreto. Entre lengua y palabra hay interdependencia en el sentido de que la lengua es, al mismo tiempo, el instrumento y la suposición de la palabra, y la palabra es la condición de la evolución de la lengua. Esto permite a De Saussure hablar de una *paradigmática* de la lengua y de una *sintagmática* de la palabra; en la primera se describe el código, en la segunda su ejecución: "Separando la lengua de la *palabra*, se separa al mismo tiempo: 1] lo que es social de lo que es individual; 2] lo que es esencial de lo que es accesorio y más o menos accidental. La *langue* no es una función del sujeto hablante: es el producto que el individuo registra pasivamente; nunca implica premeditación, y la reflexión sólo interviene para la actividad clasificatoria. La *parole*, por el contrario, es un acto individual de voluntad y de inteligencia, en el que conviene distinguir: *a*] las combinaciones con las que el sujeto hablante utiliza el código de la lengua con miras a la manifestación de su propio pensamiento personal; *b*] el mecanismo psicofísico que le permite externar tales combinaciones" (1922: 23-24).

Entre las articulaciones interdisciplinarias de las investigaciones lingüísticas asumen un relieve especial, desde el punto de vista psicológico, la neurolingüística, la psicolingüística y la sociolingüística.

2] NEUROLINGÜÍSTICA. Estudio de las relaciones entre el sistema nervioso y la actividad lingüística, considerada, desde el punto de vista neurológico, como una manifestación de la funcionalidad cerebral. Se supone que cada uno de los elementos verbales, que según los casos representa una actividad audioverbal o visográfica, está unido a una red neuronal específica para cada uno de los fragmentos de experiencia lingüística, ya se trate de un fonema, palabra, sintagma o una frase, red que asume en el cerebro la función de soporte material, de engrama de cada una de las experiencias verbales elementales. Así se llega a admitir la existencia de una red especial relativa a la palabra "padre", diferente de las redes de las sílabas "pa" y "dre", a su vez diferentes de las redes propias de la representación de los fonemas "p", "a", "d", "r", "e". Por esto oír "padre" y oír "e" corresponde a dos tipos diferentes de experiencia audioverbal, cada una con su representación particular. Las asociaciones entre los engramas verbales son numerosas pero no infinitas, por lo que, por ejemplo, no se puede hablar al revés, porque semejante intención choca con las asociaciones ya existentes. El número de las asociaciones estables entre los diferentes engramas verbales sirve para multiplicar las secuencias lingüísticas con que se cuenta y para hacer más o menos rápida y rica el habla. La patología confirma la existencia anatómica de una red neuronal antepuesta al lenguaje; en efecto una lesión poco extendida en el hemisferio dominante entraña una **afasia** (*v*.) que hace imposible la comprensión y la manifestación del lenguaje.

Además el ejercicio de la lengua conlleva: *a*] la actividad del sistema reticular ascendente y del tálamo izquierdo que aumentan el nivel de atención; *b*] la intervención del hemisferio no dominante que permite la evaluación de los datos visoespaciales actuales; *c*] la intervención de los lóbulos frontales que permiten discernir, en función de las experiencias múltiples que se registraron, el sentido particular del discurso del otro, y de adaptar el propio en función de los múltiples vínculos específicos que caracterizan las relaciones con el interlocutor.

En el plano de la patología, según la zona cerebral lesionada se registran: *a*] las diferentes formas de **afasia** (*v*.) vinculadas a la acción de la zona instrumental del lenguaje; *b*] los *trastornos de los comportamientos verbales* producidos por las lesiones frontales; *c*] los *trastornos del lenguaje* por lesiones talámicas izquierdas; *d*] los *trastornos* de la expresión oral y escrita de *origen visoespacial* que se observan en presencia de lesiones de la región temporoparioccipital del hemisferio no dominante. Además de esta alteración, hay quien agrega las **disartrias** (*v*.), que no son trastornos del lenguaje sino de la coordinación de la palabra mediante el cual aquél se manifiesta, como consecuencia de lesiones de las diferentes vías motrices que controlan el aparato de fonación.

3] PSICOLINGÜÍSTICA. Sector de la lingüística que estudia los mecanismos psicológicos en la base de la adquisición, la elaboración y el uso de una lengua. Hay dos escuelas de pensamiento que se dividen el campo: el distribucionalismo y el generativismo.

a] El *distribucionalismo* se afirmó en los años veinte en Estados Unidos con L. Bloomfield, quien adoptó la matriz teórica del conductismo rechazando cualquier recurso a la introspección. A partir del esquema estímulo-respuesta, y limitando la atención a los datos observables, el distribucionalismo considera la lengua como un *corpus* de frases reunidas por el lingüista como representativas de la lengua; dejando de lado la consideración del significado, describe los elementos en relación con las estructuras y a los contextos en los que se distribuyen (de ahí la denominación distribucionalismo) organizándose y combinándose entre sí. El análisis distribucional, después de haber descompuesto las frases hasta alcanzar las unidades mínimas llamadas "constituyentes inmediatos", encuentra los esquemas sintácticos abstractos que están en la base de las frases del *corpus*, distinguiendo los "esquemas privilegiados", que son los más recurrentes, de los "minoritarios". Procediendo de esta manera, el distribucionalismo fundó categorías gramaticales diferentes de las que presiden la gramática tradicional (nombre, predicado, sujeto, verbo), consideradas producto de la tradición filosófica más que de un análisis correcto del lenguaje. Esta corriente de pensamiento entró en crisis hacia el final de los años cincuenta con la llegada del generativismo que introdujo N. Chomsky.

b] El *generativismo* critica al distribucionalismo porque éste sólo es capaz de describir un conjunto de frases finitas o *corpus*, contradiciendo de esta manera la propia naturaleza de la lengua, que consiste en la capacidad para producir y para comprender un número virtualmente infinito de frases. De aquí la necesidad de proyectar una gramática capaz de generar (en sentido matemático) todas las frases posibles de una lengua, y por lo tanto una gramática que no procede inductiva sino deductivamente, mediante tres conjuntos de reglas finitas que son las reglas de la estructura sintagmática, las reglas transformacionales y las reglas morfofonémicas. Estas reglas sirven para el momento de ejecución de la lengua. Chomsky distingue la *aptitud*, que es el sistema de reglas que, interiorizado por el hablante, le permite comprender un número infinito de frases diferentes, y la *ejecución*, que se define por el conjunto de imposiciones que caracterizan los usos de la aptitud, porque la ejecución está subordinada a factores como la memoria, la atención, la situación, etc. También el generativismo, como ya lo hacía el distribucionalismo, rechaza la gramática tradicional para articular una que prevé tres elementos: uno creativo –el sintáctico– y dos interpretativos– el semántico y el fonológico. El generativismo sufrió una escisión entre los partidarios de la semántica y los de la sintaxis, divididos por la identificación del elemento que se considera el generador lingüístico.

4] SOCIOLINGÜÍSTICA. Es el estudio de las relaciones entre los fenómenos *lingüísticos*, considerados en el nivel gramatical, lexical y fonológico, y los fenómenos *sociológicos*, como edad, sexo, clase social, actividad de los hablantes, o bien formalidad e informalidad de las situaciones comunicativas. La sociolingüística se inició en los años sesenta cuando se comprendió que los fenómenos lingüísticos no pueden estudiarse adecuadamente sin estudiar al mismo tiempo a los usuarios de los mismos. Vista así, la *sociolingüística* se distingue de la *sociología del lenguaje*, porque su atención no está dirigida al análisis de las funciones sociales del lenguaje en todas sus manifestaciones expresivas y reguladoras, sino a las variaciones de la estructura y al uso de la lengua en relación con la variación del contexto social. Por otro lado, la sociolingüística se distingue de la *lingüística* porque, mientras esta última simula que la comunicación se da en condiciones ideales, como las que se crean en un laboratorio experimental, la sociolingüística también tiene en cuenta los factores extraestructurales respecto a las estructuras lingüísticas, que son las condiciones históricas y sociales efectivas en las que realmente se hablan las lenguas. En este ámbito se suele distinguir una *macrosociolingüística*, el estudio de los sistemas lingüísticos usados en los eventos comunicativos de una comunidad lingüística, donde los parámetros de referencia son: *a*] las variedades funcionales-contextuales que hacen referencia a los contextos de uso; *b*] las variedades geográficas, donde se localizan las lenguas nacionales, regionales y los dialectos; *c*] las variedades sociales, que dependen de la clase social de pertenencia; y una *microsociolingüística*, que tiene por objeto las reglas de la conversación y del discurso que dependen del contexto, de la situación, del objeto de la comunicación y, en general, de las reglas de tolerancia o censura existentes en determinada sociedad. Por lo tanto es competencia de la sociolingüística la relación entre lenguaje y **cultura** (*v.*), con la acepción antropológica del término.

BIBLIOGRAFÍA: Barthes, R. (1964); Benveniste, E. (1966); Bernstein, B. (1970); Berruto, G. (1980); Bloomfield, L. (1933); Chomsky, N. (1957); Fishman, J.A. (1970); Fodor, J.A. (1988); Gianotti, G. (coord.) (1983); Jakobson, R. (1963); Linsky, L. (1952); Luria, A.R (1975); Marcellesi, G.B. y G. Bernard (1979); Ogden, C.K. e I.A. Richards (1932); Parisi, D. (1981); Saussure, F. de (1916); Skinner, B.F. (1957); Stati, S. (1976); Trubeckoj, N.S. (1939); Weinreich, U. (1953); Whitaker,

H.H. (coord.) (1976-1980); Zurif, E. y A. Caramazza (coords.) (1978).

líquido cefalorraquídeo
v. ENCÉFALO; MENINGE.

litio, sales de
v. PSICOFARMACOLOGÍA, § II, 1.

Little, enfermedad de
v. PARÁLISIS, § 3.

llanto (al. *Weinen*; fr. *larmes*; ingl. *tears*; it. *pianto*)

Comportamiento expresivo caracterizado por secreción lagrimal, modificaciones de la respiración y participación de todo el cuerpo que manifiesta, como con la **risa** (*v.*), una reacción emotiva orientada a descargar tensión. Al respecto K. Jaspers escribe que "la risa y el llanto son pequeñas catástrofes de la vida corporal, en las que ésta, al carecer de salida, en cierta forma se desorganiza. Esta desorganización también es un símbolo, como lo es el simbolismo en toda mímica, pero en la risa y en el llanto no es transparente, porque ambas respuestas están al límite. La risa y el llanto existen sólo en el hombre, no en los animales, y por lo tanto son absolutamente humanas" (1913-1959: 295). Desde el punto de vista psicoanalítico el ataque asmático sería una transformación del llanto al que renunció el sujeto.

BIBLIOGRAFÍA: Jaspers, K. (1913-1959).

llanto de maullido de gato, síndrome del
v. GENÉTICA, § 2.

lóbulo
v. CORTEZA CEREBRAL.

lobotomía
v. PSICOCIRUGÍA.

localización (al. *Lokalisation*; fr. *localisation*; ingl. *localization*; it. *localizzazione*)

Teoría según la cual determinadas funciones psíquicas, no sólo simples, como los sentidos del tacto, de la vista y del oído, sino también complejas, como el lenguaje, la escritura y la representación de las ideas, están unidas a determinadas áreas de la **corteza cerebral** (*v.*). Esta teoría llegó a ser incontrovertible en el siglo XIX, después que el cirujano francés P. Broca refirió los casos de dos pacientes afásicos como consecuencia de lesiones en la porción inferior de la tercera circunvolución del lóbulo frontal, que por lo tanto podía definirse como sede del lenguaje expresivo. Más tarde C.K. Wernicke y J. Déjerine procedieron a ulteriores correspondencias y localizaciones. Investigaciones posteriores demostraron que lesiones circunscritas de la corteza cerebral nunca llevan a la pérdida de funciones aisladas, sino a la desorganización de un todo complejo de actividades psíquicas, y que una función puede trastornarse por lesiones con diferentes localizaciones en la corteza cerebral. Esta teoría, que recibe el nombre de **holismo** (*v.*), tiene hoy más crédito que la de la localización.

BIBLIOGRAFÍA: Broca, P. (1861); Capra, F. (1982); Gardner, H. (1975); House, E.L. y B. Pansky (1967); Luria, A.R. (1962); Marie, P. (1906); Wernicke, C.K. (1874).

locomoción (al. *Lokomotion*; fr. *locomotion*; ingl. *locomotion*; it. *locomozione*)

Conjunto de movimientos musculares coordinados que permiten a un organismo moverse con su propia fuerza en el espacio, basándose en coordinaciones motrices innatas típicas de la especie. La locomoción forma parte del capítulo más amplio de la **motricidad** (*v.*) precedida, en el caso del hombre, por un nivel inferior que incluye la médula espinal y por un nivel superior o cortical, y posibilitada por la presencia de un esqueleto articulado (*v.* **movimiento**).

1] NEUROLOGÍA DE LA LOCOMOCIÓN. Cada músculo está asociado con un conjunto de neuronas motrices agrupadas de acuerdo con una distribución estrictamente topográfica en la porción ventral de la sustancia gris espinal. La *neurona motriz* es una unidad motriz constituida por una neurona espinal que con sus terminaciones cilindroejes llega cerca de cada una de las fibras musculares, a las que transmite el impulso en el nivel de la placa motriz (*v.* **sinapsis**), donde se libera un mediador químico que es la acetilcolina. En este nivel la intensidad del efecto mecánico depende del número de fibras excitadas simultáneamente y de la frecuencia de los impulsos. En el nivel espinal hoy se reconoce autonomía respecto al nivel cortical, en el sentido de que ya no se lo considera como un dócil ejecutor de órdenes que vienen de arriba, sino como un intérprete de las órdenes recibidas y después transmitidas en función de sus modificaciones de receptividad.

2] TRASTORNOS DE LA LOCOMOCIÓN. En referencia a la marcha y a las diferentes formas de deambulación se suele distinguir: marcha *atáxica*, debida a la pérdida de sensibilidad en los pies por lo que el sujeto camina con las piernas estiradas, golpeando pesadamente los pies; marcha *cerebelar*, en la que falta coordinación entre los movimientos de las piernas y los del cuerpo; marcha *titubeante*, de origen psicógeno, que se observa en sujetos histéricos y esquizofrénicos; marcha *ondulante*, frecuente en los casos de distrofia muscular, por lo que los sujetos, para caminar, deben utilizar la musculatura del tronco, oscilando durante la marcha de un lado al otro; marcha *propulsiva*, típica de los parkinsonismos, que comienza arrastrando los pies y acelerando sucesivamente el ritmo del paso conforme se procede; marcha *espástica*, caracterizada por un porte rígido, piernas tensas y arrastrar de los pies.

3] INCIDENCIA DE LOS FACTORES PSICOLÓGICOS EN LOS TRASTORNOS DE LA LOCOMOCIÓN. Además de los trastornos locomotores de claro origen orgánico, existen otros en los cuales los factores psicológicos desempeñan una importante función etiológica. Entre éstos se deben mencionar *dolores lumbares crónicos* en ausencia de signos físicos, que deben imputarse a impulsos inconscientes de agresividad que el sujeto dirige a sí mismo en un estado de depresión; *reumatismo psicógeno*, caracterizado por dolores difusos y rigidez musculoesquelética, en una época atribuido al **estrés** (*v.*) y hoy a un tras-

torno del sueño por lo que durante la fase MOR aparecerían ritmos alfa que despiertan, con trastorno de la función de reposo propia de la fase MOR (*v.* **sueño**, § 1); *calambre ocupacional*, el más conocido de los cuales es el calambre del escribano, que obstaculiza la capacidad de escribir (*v.* **mogigrafía**). La investigación psicológica demostró la incidencia de circunstancias frustrantes y conflictivas en sujetos con características obsesivas y perfeccionistas; *cefalea psicógena* por contracturas musculares después de sentimientos de rabia reprimida; *artritis reumatoide* que, cuando no es imputable a causas inmunológicas e infecciosas, se atribuye a causas psicológicas, que se pueden remontar a una rigidez extrema en la educación y a figuras parentales especialmente punitivas, como se desprende de una significativa muestra de sujetos examinados que, en los tests psicométricos, además de la artritis reumatoide, mostraron puntajes elevados en las escalas de la hipocondría, la depresión y la histeria.

BIBLIOGRAFÍA: Carlsöo, S. (1972); Gray, J. (1968); Wichstrom, R.L. (1970).

locura (al. *Wahnsinn*; fr. *folie*; ingl. *folly*; it. *follia*)

El término, ya fuera de uso en el lenguaje científico, está presente en el lenguaje literario, sociológico y antropológico, en los cuales, a lo largo de los siglos, ha sido utilizado en campos de diferentes significados, que van desde la "divina locura" de la que habla Platón en *Fedro* a la "locura morbosa" de la que se ocupaba la psiquiatría en sus inicios. Aquí encontramos dos líneas interpretativas: la *iluminista* que con D. Diderot atribuye la locura al cuerpo, porque al alma no se le pueden atribuir nexos causales capaces de explicar la enfermedad, y la *romántica*, que interpreta la locura como el fondo del espíritu humano que, en palabras de F.W.J. Schelling, corresponde a la razón regular. Escribe Diderot: "El alma está siempre en el mismo estado, no es susceptible de ninguna alteración; por lo tanto no es a ella a la que se le debe atribuir esta pérdida, este error, este defecto de juicio que constituye el delirio, sino a la disposición de los órganos del cuerpo, adonde gustó de unirla el Creador; esto está fuera de duda" (1751-1772, D, 24). Por su parte Schelling escribe: "La esencia más profunda del espíritu humano [...] si éste se considera separado del alma, y por consiguiente de Dios, es la locura. La locura, por lo tanto, no nace sino que se manifiesta precisamente cuando cobra realidad aquello que no es esencial, es decir irracional. [...] La base de la razón misma es, por consiguiente, locura. Dado que la locura es un elemento necesario, pero que no debería manifestarse, no debería cobrar realidad. Justamente lo que llamamos razón [...] no es otra cosa que locura regulada" (1810: 361).

En nuestro siglo K. Jaspers, desplazando el registro de la interpretación psiquiátrica de la explicación a la comprensión (v. **psicología comprensiva**), estableció que la locura en sí es "incomprensible", y eso que conocemos no es más que la opinión de lo que es locura, que se remonta a una teoría metaindividual, en referencia a la cual se establece qué es norma y qué desviación. Esta postura la prosiguieron el análisis existencial de L. Binswanger y la psiquiatría social que, sin negar la existencia de la locura, precisa con G. Jervis que "la locura no es una ficción, pero la presencia de la 'enfermedad mental' no puede ser deducida por ningún examen clínico o de laboratorio. La locura, por lo tanto, quedará siempre como hipótesis; y entonces, tendremos otra vez, una opinión. La psiquiatría, que no logra comprender la locura, confía en la clasificación de los síntomas en panoramas de enfermedad. Las llamadas enfermedades mentales son, sobre todo y ante todo, clasificaciones de *opiniones* sobre los comportamientos denominados 'típicos' (es decir clasificaciones de los que se conocen como síntomas psiquiátricos) transformados, con un procedimiento metodológicamente incorrecto, en entidades morbosas, es decir en sucedáneos de 'enfermedades' de tipo físico" (1975: 72).

Los historiadores de la psiquiatría y el movimiento antipsiquiátrico confirman que la locura es el producto de un juicio de la razón y que la razón "tiene razón", porque de ella depende fijar las reglas de convivencia y las formas de interpretación, en esa conexión que M. Foucault destacó entre saber y poder, donde se deciden los procedimientos de exclusión que crean el ámbito de la locura. Al respecto escribe F. Basaglia: "cuando la razón comienza a juzgar a la locura la distancia entre razón y sinrazón ya está fijada, y es la distancia que se crea entre el sujeto del juicio y el objeto juzgado. La objetivación de la razón es la premisa indispensable para el dominio, y la razón podrá admitir la sinrazón como parte de sí sólo en cuanto ya la hizo objetiva" (1979: 264).

BIBLIOGRAFÍA: Basaglia, F. y F. Basaglia Ongaro (1979); Binswanger, L. (1921-1941); Borgna, E. (1988); Cooper, D. (1978); Diderot, D. y J.B. D'Alembert (coords.) (1751-1772); Dörner, K. (1969); Foucault, M. (1963); Galimberti, U. (1987); Gaston, A. (1985); Jaspers, K. (1913-1959); Jervis, G. (1975); Platón (1973); Schelling, F.W.J. (1810).

locura de la duda
v. DUDA, § 3.

locura moral
v. PSICOPATÍA.

logoclonía (al. *Logoklonie*; fr. *logoclonie*; ingl. *logoklony*; it. *logoclonie*)

Repetición espasmódica e insensata de fragmentos de palabras. Se observa en el mal de Alzheimer (*v.* **demencia**, § II, 2, *a*), en la **parálisis** (*v.*, § 2) progresiva y en algunas formas de afecciones orgánicas del cerebro.

logopedia
v. LOGOTERAPIA, § 1.

logorrea (al. *Logorrhoe*; fr. *logorrhée*; ingl. *logorrhea*; it. *logorrea*)

Locuacidad excesiva. Puede observarse en individuos normales como síntoma para cubrir su inseguridad o un estado particular de tensión emocional, o en comportamientos patológicos, en los cuales el flujo acelerado de los procesos ideativos repercute en un lenguaje caracterizado por una proliferación interminable de palabras desarticuladas entre sí, con poca importancia, y acompañada por exuberancia mímica y excesiva gestualidad. En su forma más acentuada la logorrea es típica de los estados maniacos (v. **manía**), pero también puede observarse en algunos estados confusionales y en intoxicaciones con alcohol, anfetaminas y alucinógenos. En el flujo logorreico, más allá de las múltiples digresiones expresivas, siempre se puede observar un tema dominante. A la logorrea corresponde, en la escritura, la *graforrea*, en la que el sujeto escribe incesantemente, de manera impulsiva, desordenada y en cualquier lugar, frases más o menos inconexas, pero en las cuales aún es posible encontrar, incluso en la desarticulación, un sentido.

BIBLIOGRAFÍA: Kranz, F. (1960).

logos

Término que se utiliza con diferentes acepciones a partir de la acepción original, nacida en Grecia, que hace referencia al orden del mundo. De aquí el significado de orden del discurso, o *razón*, que encabeza esa forma de argumentar que distingue el logos del **mito** (v.). Estos dos significados están reunidos en el fragmento de Heráclito: "No escuchándome a mí, sino al logos, es sabio reconocer que todo es uno" (1951: 50). Con el principio del cristianismo el logos denomina la encarnación del Verbo divino creador de todas las cosas y se identifica, como lo afirma el concilio de Nicea (325 d.C.), con la segunda persona de la Trinidad cristiana. En psicología el término recurre con C.G. Jung, que lo utiliza para indicar a veces el mundo del espíritu respecto al mundo de la materia, y otras los aspectos racionales que caracterizan lo masculino, como el juicio, la discriminación, el discernimiento, respecto a los afectos que caracterizan lo femenino, como el amor, la intimidad y la capacidad de relación. Siempre según Jung, Eros y logos constituyen un par de opuestos que subyace a la ley de la enantiodromía (v. **opuestos**, § 2, *a*), según la cual la excesiva dependencia de un principio acompaña a su opuesto, por lo que un sujeto que defiende demasiado su propia posición de logos es fácilmente asediado en su inconsciente por imágenes activadas por Eros. El par logos-Eros connota las figuras psíquicas que Jung llama **animus** (v.) y **alma** (v., § 3). La instauración del logos, para Jung, es la condi-

ción necesaria para una separación del mundo materno y para la apertura de la conciencia: "No hay conciencia sin diferenciación de los opuestos. Éste es el principio fundamental del logos que lucha eternamente para librarse del calor y de la oscuridad primaria del seno materno" (1938-1954: 95).

BIBLIOGRAFÍA: Eraclito, E. (1951); Juan Evangelista (1959); Jung, C.G. (1938-1954).

logoterapia (al. *Logotherapie*; fr. *logothérapie*; ingl. *logotherapy*; it. *logoterapia*)

El término sirve para dos prácticas terapéuticas que no tienen ninguna relación entre sí.

1] Reeducación de la expresión lingüística efectuada por terapeutas especializados para el tratamiento de la **afasia** (v.), del **balbuceo** (v.), de la **disartria** (v.) y de la **dislalia** (v.). En esta acepción la logoterapia también es conocida como *logopedia*.

2] Método psicoterapéutico que introdujo V.E. Frankl, que no se dirige tanto hacia los conflictos instintivos como hacia las dimensiones psiconoéticas que están en la base del aparato motivante de la personalidad, para que ésta pueda encontrar el sentido de su experiencia haciendo emerger las posibilidades que hasta entonces quedaron inactivas. El método tiende a promover las llamadas "reacciones contradictorias" (v. **paradoja**) que se obtienen poniendo al paciente en situaciones extremas en las que está obligado a reaccionar. El análisis de estas reacciones debería promover lo que Frankl llama el logos de la existencia, o sea "el factor espiritual en el que se conserva el significado que el sujeto trata de darle a su propia vida" (1956: 12).

BIBLIOGRAFÍA: De Filippis, C. (1974); Frankl, V.E. (1956).

longitudinal-transversal, investigación (al. *Längsschnitt-querschnittuntersuchung*; fr. *recherche longitudinale-transversale*; ingl. *longitudinal-cross method*; it. *ricerca longitudinale-trasversale*)

Métodos de investigación utilizados en el ámbito psiquiátrico y psicopatológico.

1] La *investigación longitudinal*, también llamada *diacrónica*, se manifiesta en la reunión de datos relativos a la variación de uno o más factores en diferentes momentos de la vida de un mismo individuo. En este ámbito encontramos el *método genético* que, a intervalos regulares de tiempo y durante muchos años, reúne observaciones sistemáticas de comportamientos individuales para determinar las fases en las que se desarrollan síndromes patológicos, y la *historia del caso clínico*, que reúne con la mayor amplitud posible informaciones del pasado del paciente.

2] La *investigación transversal*, también llamada *sincrónica*, está caracterizada por la reunión de datos relativos a la variación de un factor, en un mismo momento, en individuos, lugares y contextos diferentes. Entre los procedimientos transversales recordamos el *método estadístico*, que comprueba la frecuencia relativa con la que se verifican, en condiciones diferentes, las distintas formas de comportamiento patológico; el *análisis ambiental*, que estudia en forma comparativa la patología en ambientes culturales diferentes, y el *método experimental*, que cuando, por razones éticas, no puede efectuarse con el hombre, se lleva a cabo en animales obteniendo los datos característicos pero que sólo tienen valor analógico. Un campo de aplicación de la investigación longitudinal y transversal es la **epidemiología** (*v.*).

BIBLIOGRAFÍA: Baltes, P.B. (1968); Baltes, P.B. y H.W. Reese (1977).

LSD
v. DROGA, § 2.

lucidez (al. *Klarheit*; fr. *lucidité*; ingl. *lucidity*; it. *lucidità*)

Estado de conciencia integrada y orientada. El término también se utiliza para indicar   la fase de regreso a un estado normal después de un período de confusión mental (*v.* **conciencia**, § 3).

ludoterapia
v. JUEGO, § 5.

lúes
v. SÍFILIS.

luminosidad
v. VISUAL, SISTEMA, § 2; COLOR, § 1.

luteinizante, hormona (LH)
v. ENDOCRINO, SISTEMA, § 1, *a*.

luz
v. VISUAL, SISTEMA, § 2.

luz idiorretínica
v. IDIORRETÍNICA, LUZ.

Machover, test de
v. DIBUJO, § 2, b.

macrobiótica (al. *Makrobiotik*; fr. *macrobiotique*; ingl. *macrobiotics*; it. *macrobiotica*)

Teoría y práctica de la alimentación influida por la concepción **zen** (v.) y en especial por la polaridad **yin y yang** (v.), que son respectivamente el principio femenino, negativo, tenebroso, terrestre, y el principio masculino, positivo, luminoso, celeste, con los cuales todos los alimentos estarían marcados. Una combinación adecuada llevaría a un equilibrio de la alimentación que favorecería la salud del cuerpo en armonía con la unidad del universo. La dieta que de esto resulta es sin alcohol y sustancialmente vegetariana.

BIBLIOGRAFÍA: Thomshinsky, Ch. (1983).

macrogenitosomia (al. *Vierhügelsyndrom*; fr. *macrogénitosomie*; ingl. *macrogenitosomia*; it. *macrogenitosomia*).

Forma de pubertad precoz, con desarrollo sexual anticipado de los caracteres tanto primarios como secundarios, debido al hiperfuncionamiento de la hipófisis.

macrogiria-microgiria (al. *Makrogyrie-Mikrogyrie*; fr. *macrogyrie-microgyrie*; ingl. *macrogyria-microgyria*; it. *macrogiria-microgiria*)

Malformación congénita del encéfalo que presenta circunvoluciones demasiado amplias con surcos poco profundos (*macropsia* o *paquigiria*) o circunvoluciones demasiado pequeñas y sutiles (*microgiria*). En ambos casos se manifiestan formas de **retardo mental** (v.).

macrología (al. *Makrologie*; fr. *macrologie*; ingl. *macrology*; it. *macrologia*)

Discurso prolijo con escaso rigor lógico.

macropsia-micropsia (al. *Makropsie-Mikropsie*; fr. *macropsie-micropsie*; ingl. *macropsia-micropsia*; it. *macropsia-micropsia*)

Trastorno de la percepción que implica una visión empequeñecida (*micropsia*) o agrandada (*macropsia*) de los objetos, respecto a sus dimensiones reales. En este ámbito se habla de *dismorfopsia* cuando sólo aparece modificada la forma de los objetos, y de *dimegalopsia* cuando se presenta cambio del tamaño. El fenómeno aparece en casos de lesiones cerebrales de las áreas temporoccipitales, en los estados confusionales producidos por intoxicaciones o por alucinógenos, en el curso de retinitis, coroiditis o trastornos de la acomodación, así como en los delirios febriles, en epilepsias y neurosis; además se asocia con frecuencia con un trastorno de la conciencia de breve duración, que no llega hasta la alucinación porque el sujeto se da cuenta de la alteración perceptiva de la dimensión.

macrosomatognosia
v. SOMATOAGNOSIA, § 1, h.

madre (al. *Mutter*; fr. *mère*; ingl. *mother*; it. *madre*)

El término tiene relevancia en el ámbito de la psicología de lo profundo que, aun en la variedad de sus concepciones, de alguna manera se refiere a lo que los antropólogos llaman la *familia nuclear*, compuesta por el padre, la madre y los hijos, quienes constituyen las referencias fundamentales de la primera organización psíquica individual. En este contexto la referencia, por un lado, es al modelo original y arquetípico de la madre (*v.* **Gran Madre**); por el otro es a la madre real o a un sustituto de ésta, como la abuela, la tía, la niñera, la hermana mayor, o hasta el mismo padre y, en casos extremos, un objeto que tenga características idénticas a las de la madre o que cumpla con esas funciones protectoras que el niño espera de la figura materna. Para el psicoanálisis la madre desarrolla una función esencial en las fases preedípicas del desarrollo, en las cuales, según la hipótesis de M. Klein, primero es objeto parcial que satisface la necesidad y se la ama solamente por esta capacidad, y después se transforma en objeto total cuya personalidad y necesidades de alguna manera son reconocidas por el niño (v. **kleiniana, teoría**, § 1). Como primera referencia proyectiva, la madre puede ser buena o mala, ideal, persecutoria o fálica, según cómo la visualice la mente infantil, en ocasiones favorecida por la personalidad real de la madre. J. Bowlby, R.A. Spitz y D.W. Winnicott efectuaron estudios profundos de la angustia de **separación** (*v.*) y de las consecuencias de la **privación** (*v.*) materna debidas a la ausencia definitiva o temporal de la madre, o a su descuido por lo que se refiere a nutrir, manipular, abrazar, sonreír, calentar, etc., que, más allá de un cierto umbral, conlleva efectos irreversibles en el desarrollo de la personalidad. El binomio madre-hijo (*v.* **familia**, § II, 1) es reconocido por todos como una de las relaciones más significativas, porque es originaria; de ella el individuo puede emanciparse o bloquearse en una relación simbiótica (*v.* **simbiosis**), responsable de numerosas manifestaciones neuróticas y psicóticas.

BIBLIOGRAFÍA: Bowlby, J. (1969-1980); Jung, C.G. (1934-1954); Klein, M. (1978); Spitz R.A. (1958); Vegetti Finzi, S. (1990); Winnicott, D.W. (1987).

maduración

v. PSICOLOGÍA DE LA EDAD EVOLUTIVA.

madurez (al. *Reife*; fr. *maturité*, ingl. *maturity*, it. *maturità*)

Cumplimiento del proceso de maduración (*v.* **psicología de la edad evolutiva**) en los niveles *físico*, con el adecuado desarrollo del organismo; *psíquico* incluyendo el elemento emotivo y el cognoscitivo; *moral*, con la realización de la autonomía porque se alcanzó la interiorización de la obligación, y *social* por la capacidad de interactuar con los semejantes a partir de la aceptación común de normas superindividuales. Toda deficiencia o retraso en los procesos de integración de los diferentes rasgos de la personalidad de acuerdo con la edad cronológica decide el grado de *inmadurez*, que puede ser global o relativa a uno de los aspectos que connotan la madurez total.

maestro (al. *Lehrer*; fr. *maître*; ingl. *teacher*; it. *maestro*)

El término se refiere en sentido amplio a cualquier persona que desarrolle una función de guía o de enseñanza distinguiéndose en la ciencia, en el arte, en la vida moral o religiosa; en sentido específico, se aplica a la persona que enseña en la escuela elemental o que imparte una disciplina en particular. Con el maestro como guía se asocian las ideas de tarea espiritual, misión, vocación y formación; al maestro como docente la idea de profesionalidad, fruto de selección, orientación, adiestramiento y actualización.

BIBLIOGRAFÍA: Alfieri, F. (1974); Dottrens, R. (1961).

magia (al. *Magie*; fr. *magie*; ingl. *magic*; it. *magia*)

Creencia en la eficacia de prácticas, gestos, palabras, rituales, fórmulas, orientadas a controlar la naturaleza física y psíquica. Desde el punto de vista psicológico la magia tiene sus raíces en la precariedad de la existencia, siempre en busca de formas de protección y de seguridad. A falta de instrumentos de control de la realidad interior y de la realidad exterior, la primera forma de protección la representa la magia que entreabre un horizonte mítico, que E. De Martino definió como *metahistoria*, donde ya está descrito y anticipado el buen término del sentido de las acciones de los hombres. Esto permite que cuando a lo largo de la *historia* lo negativo asalta la existencia, el individuo no naufrague en la negatividad inesperada, porque sabe que existe un orden superior, un orden metahistórico –que la magia se encarga de describir–, en el cual esta negatividad, con rituales especiales, se puede reabsorber y resolver. Con tal perspectiva el individuo enfrenta lo negativo y las crisis de existencia que se abren con cada acontecimiento negativo apoyándose en una especie de "así-como" que el rito mágico refuerza. Como en el mito una determinada serie de acontecimientos encuentra su solución positiva, así, practicando los ritos de acuerdo con el diseño del mito, encontrará su solución una serie análoga de acontecimientos que le está sucediendo a un individuo en cierta situación de su existencia. De esa manera la protección mágica desarrolla una doble función, que consiste en dar inicio a un *horizonte representativo estable*, en el que cada cosa ya encontró su solución, y en *deshistorizar el devenir histórico*, cuya dramaticidad surge cuando ya no hay una metahistoria que contenga un sentido posterior respecto a aquel que la invasión de lo negativo hace aparecer como sentido final. Como horizonte de la crisis, la magia *controla* la negatividad de lo negativo evitando que se expanda; como lugar de deshistorización del devenir la *relativiza*, permitiendo enfrentar las perspectivas inciertas "como si" todo estuviera ya resuelto en el plano metahistórico, según los modelos que el deseo humano de protección prefigura.

J. Piaget señaló en los niños la presencia de un *pensamiento mágico* debido al hecho de que, como los primitivos, consideran que las cosas y los objetos en general están animados y cargados de intencionalidad. S. Freud, en cambio, tomó la esencia de lo mágico en la *omnipotencia* del *pensamiento*, que se encuentra tanto en los niños que todavía no consideran los datos de la realidad cuanto en los neuróticos obsesivos que con sus fijaciones y con sus rituales tratan de controlar, proyectándolo hacia el mundo exterior, su mundo interior, animado por fuerzas que de otra manera temen no poder controlar, con el riesgo siempre oprimente de una escisión (*v.* **rito**, § 2, *a*). C.G. Jung define la magia como una *identificación con fuerzas inconscientes* con el fin de propiciarlas o servirse de ellas, o de destruirlas, con el fin de neutralizar su potencia o de aliarse para poder ejercer una mayor influencia en el mundo exterior. Dichas fuerzas actúan como complejos autónomos del yo que, si no está vencido, trata de controlar con rituales mágicos.

BIBLIOGRAFÍA: Augé, M. (1979); De Martino, E. (1948); De Martino, E. (1959); Durkheim, É. (1912); Frazer, J.G. (1911-1915); Freud, S. (1912-1913); Jung, C.G. (1929-1957); Lévi-Strauss, C. (1962); Lévy-Bruhl, L. (1910); Malinowski, B. (1944); Mauss, M. (1950); Piaget, J. (1926); Róheim, G. (1955).

Mahler, síndrome de
v. SIMBIOSIS.

mal (al. *Übel*; fr. *mal*; ingl. *evil*; it. *male*)

Término correlativo a *bien*, que ha sido concebido por la tradición mitológica y filosófica con dos acepciones diferentes: *a*] como no-ser del bien (*privatio boni*); *b*] como principio antitético al bien dado por la realidad misma o por una consistencia ontológica. En psicología el tema lo trataron G.T. Fechner y C.G. Jung con la segunda acepción. Fechner admite en Dios la misma dualidad entre bien y mal, entre fuerzas racionales e instintivas que se encuentran en el hombre, mientras Jung, además de un principio constitutivo del sí que encuentra su configuración psicológica en la sombra (*v.* **psicología analítica**, § 3, 4), considera el mal en sus figuras mitológicas y arquetípicas, la más notable de las cuales es la del diablo. Jung escribe: "Para la concepción cristiana el mal es una *privatio boni*. Esta fórmula clásica priva al mal de la existencia absoluta y lo hace una sombra, que es solamente una existencia negativa dependiente de la luz. En cambio al bien se le atribuye positividad y sustancia. [...] Al afirmar que el mal sólo es una *privatio boni*, simplemente se niega la antítesis del bien-mal. ¿Pero cómo se puede hablar del 'bien' si no existe el 'mal'? Si se atribuye sustancia al bien es inevitable que se deba hacer lo mismo respecto al mal. [...] No se puede evitar la impresión de que en el desarrollo de esta idea hayan metido mano tendencias apotropaicas (de represión), en el intento comprensible de resolver, con el mayor optimismo posible, el doloroso problema del mal" (1942-1948: 165-166). El concepto del mal tiene relaciones en el plano subjetivo con el concepto de **culpa** (*v.*), y en el objetivo con el de **pecado** (*v.*).

BIBLIOGRAFÍA: Baudrillard, J. (1988); Borne, E. (1958); Fechner, G.T. (1851); Jung, C.G. (1942-1948); Nabert, J. (1955); Ricœur, P. (1960).

malestar
v. CENESTESIA.

malo
v. KLEINIANA, TEORÍA, § 1.

maná

Término con el que las poblaciones primitivas de Polinesia y Melanesia indican el *espíritu* de la cosa. Íntimamente relacionado con la noción de **sagrado** (*v.*, § 1), el maná, escribe R.H. Codrington, a quien se debe la difusión del término en Occidente, "es un poder y una influencia no física sino en cierta medida sobrenatural. Pero también se manifiesta en la fuerza física y en toda forma de poder o excelencia que el hombre posea. Este maná no está fijo en algo específico, sino que puede transmitirse a cualquier cosa. [...] Es una fuerza completamente diferente del poder físico, que actúa en todas las formas, para el bien y para el mal, y que es de enorme ventaja poseer y controlar" (1891: 118-119). Para M. Mauss "la noción de maná, como la de sagrado, no es, en última instancia, más que esa especie de categoría del pensamiento colectivo que da fundamento a estos juicios, impone una clasificación de las cosas, separa unas y une otras, establece líneas de influencia o límites de aislamiento" (1950: 124). A partir de la consideración de que no sólo tienen un maná las cosas sino también las plantas, los animales, los hombres, los muertos, los alimentos, Lévi-Strauss afirma que maná significa todo y nada, es símbolo en estado puro, sus-

ceptible de cargarse de cualquier contenido. Gracias a este excedente semántico es posible, observa Lévi-Strauss, el ejercicio del pensamiento simbólico, que sólo puede operar en presencia de significados que no estén rígidamente definidos sino que sean capaces de albergar una oscilación de sentido que permita unir entre sí cosas muy diferentes (*v.* **símbolo**, § 4, *d*).

BIBLIOGRAFÍA: Codrington, R.H. (1891); Lévi-Strauss, C. (1950); Mauss, M. (1950).

mancinismo
v. MANO.

Mand
v. LENGUAJE, § 3, *d*.

mandala

Figura geométrica, organizada sobre el círculo o el cuadrado como elementos básicos, que constituye un objeto de contemplación y de meditación en numerosas religiones. Esta forma se utiliza de diferentes maneras para delimitar los espacios sagrados (*v.* **temenos**), pero esencialmente para sostener el itinerario meditativo y ascético, puesto que permite la visualización de los diferentes planos de la realidad, de las relaciones recíprocas y de la totalidad que todo lo incluye. Para C.G. Jung el mandala representa la imagen arquetípica del Sí, donde encuentra expresión la totalidad psíquica (*v.* **psicología analítica**, § 4).

BIBLIOGRAFÍA: Jung, C.G. (1950).

manía (al. *Manie*; fr. *manie*; ingl. *mania*; it. *mania*)

Condición psicológica caracterizada por gran euforia, desinhibición, confianza ilimitada en uno mismo, fuga dispersora de iniciativas e ideas que invaden más allá de cualquier contexto biográfico, y a las que el sujeto se somete en forma completamente acrítica. K. Jaspers da el siguiente cuadro psicopatológico: "La manía está caracterizada por una alegría inmotivada y desbordante y euforia primaria, por una modificación del curso psíquico en el sentido de la fuga de las ideas y del aumento de las capacidades asociativas. La alegría de vivir estimula todas las pulsiones instintivas: la sexualidad aumenta, así como los impulsos para moverse, para hablar y para realizar una actividad se elevan desde el simple comportamiento vivaz hasta los estados de excitación. El curso de la vida psíquica del tipo de fuga de las ideas hace comenzar impetuosamente toda actividad que después se interrumpe y cambia con rapidez. Cada nuevo estímulo y cada nueva posibilidad distraen al enfermo. La masa de las asociaciones que encuentra a su disposición y que se presentan espontáneamente sin que las busque lo vuelven agudo y brillante, pero al mismo tiempo superficial y confuso. Sus capacidades le parecen superiores. En su constante optimismo las cosas, el mundo, el futuro, le aparecen al enfermo color de rosa. Todo es espléndido, todo irradia la máxima felicidad posible. Sus representaciones y sus pensamientos son comprensibles desde este punto de vista. No es accesible en absoluto a las otras representaciones mentales" (1913-1959: 640). Una condición de manía menos acentuada y socialmente más accesible recibe el nombre de *hipomanía*.

La manía la estudió en el ámbito fenomenológico L. Binswanger, quien encontró el núcleo esencial en una desestructuración de la temporalidad, por lo que al maniaco sólo se le concede vivir en un absoluto *presente*, sin pasado y sin futuro. Esta forma de temporalizarse produce una fragmentación que imposibilita la construcción de una historia interior a la cual hacer referencia para poder responder al propio pasado o para poder anticiparse hacia el futuro. Esto explica la facilidad con la que el maniaco emprende iniciativas que después no finaliza, produce ideas que después no sigue, porque faltan los vínculos que fijen esas ideas en el pasado y las proyecten hacia el futuro. De aquí la libertad de una despreocupación desenfrenada, esa falta absoluta de consideración para consigo mismo y para los demás en la que se manifiesta su exuberante hiperactividad hasta la exaltación, acompañada casi siempre de la superficialidad de su humor no ofuscado ni oprimido por ningún problema.

La volubilidad del maniaco, su discontinuidad, su distracción, muestran su incapacidad para relacionarse a sí mismo y a los demás con el contexto en el que cada cual está incluido o al cual se lo remite. Este defecto de **representación** (*v*.) permite que el maniaco no sólo perciba *el tiempo como más corto*, sino también *el espacio como más pequeño*. Esto explica sus manifestaciones de grandeza típicas de quien tiene la impresión de que todo está al alcance de la mano, su enorme necesidad de **espacio** (*v*., § 3, *a*) que se revela en la escritura con grandes caracteres, su porte majestuoso, franco y seguro, típico de quien no tiene freno porque no conoce límites, su vociferación y sus gesticulaciones exageradas, como si con su presencia corporal quisiera testimoniarse en todo el espacio, sin esa necesaria distancia de las cosas que se volvieron demasiado cercanas, demasiado a la mano, que tienden a homogeneizarse y a perder su relieve significativo, hasta esa nivelación que las vuelve intercambiables. En la actitud maniaca se observa además un predominio de lo extensivo sobre lo intensivo, de la apertura, del descubrimiento, de la dilatación de la profundidad, del arraigo, de la carga de sentido, por lo que los hombres son tratados sólo como cosas desde la perspectiva de la funcionalidad y de la instrumentalidad que, como escribe D. Cargnello, nunca permite encontrar a alguien, sino sólo a un "cualquiera-todo-ninguno" (1966: 269).

Al estilo de la existencia maniaca, en la cual la intermitencia del fragmento toma por asalto toda continuidad biográfica y vuelve imposible encontrar, en el aislamiento de los diferentes momentos, el sentido unitario de una biografía, subyace con frecuencia una depresión. Como escribe G. Jervis: "Si (con dificultad) se logra detener por un momento la fuga del maniaco, si se logra encontrar una relación con él, ver más allá de su máscara de excitación y euforia, se tiene una sensación que llena de espanto: el rostro que se descubre es trágico. Entonces el maniaco aparece como una persona en la que coexisten dos almas de significado opuesto; más allá de la euforia se descubre la depresión: y se tiene la clara sensación de que ésta es su realidad más verdadera" (1975: 280). Las conductas que alternan estados de euforia con estados de depresión se denominan ciclotímicas (*v*. **ciclotimia**) o maniaco-depresivas.

BIBLIOGRAFÍA: Binswanger, L. (1960); Cargnello, D. (1966); Galimberti, U. (1979); Jaspers, K. (1913-1959); Jervis, G. (1975).

maniaco-depresiva, psicosis
v. CICLOTIMIA.

manicomio
v. INSTITUCIONALIZACIÓN.

BIBLIOGRAFÍA: Binswanger, L. (1956).

manierismo (al. *Manieriertheit*; fr. *maniérisme*; ingl. *mannerism*; it. *manierismo*)

Estilo de comportamiento que abarca la gestualidad, la conducta, el habla, la escritura, caracterizado por rasgos artificiales que no dejan entrever espontaneidad o inmediatez. L. Binswanger incluye el manierismo entre las formas de existencia fallidas junto con la **fijación** (*v*.) y la **extravagancia** (*v*.), y lo define como "un estilo de vida en el cual el sujeto sigue ahora este modelo, ahora este otro que le ofrecen los demás, adoptando las *maneras* de un 'mundo' y luego las de otro. En el lugar de una verdadera madurez de la propia *ipseitas*, se presenta un *reflejo* de sí mismo en el espejo de uno u otro 'mundo'" (1956: 151). Binswanger, adoptando la diferenciación heideggeriana entre ser auténtico y ser inauténtico (*v*. **autenticidad-inautenticidad**) que se manifiesta en los modelos colectivos del se impersonal, afirma que el manierista no es capaz de vivir su propio "ser-*ahí*" en la autenticidad de su situación biográfica concreta, sino que se ve obligado a asumir un genérico "ser-*se*" que, como una máscara, suple la falta de un rostro propio: "El reflejo de sí mediante la adopción de un papel o de una máscara quitada a la publicidad del se, o bien –aunque es lo mismo– de un papel o de una máscara en el sentido polivalente de ser-se" (1956, 242). El manierismo se manifiesta en la esquizofrenia, y especialmente en sus formas hebefrénicas y catatónicas, como esfuerzo extremo para mantener una relación interpersonal mediante la adopción de un lenguaje y un comportamiento que sin embargo traicionan la falta de un sí auténtico y unitario.

manifiesto, contenido
v. CONTENIDO LATENTE-CONTENIDO MANIFIESTO.

manipulación (al. *Manipulation*; fr. *manipulation*; ingl. *manipulation*; it. *manipolazione*)

En psicología se entiende como cualquier comportamiento adaptativo, animal o humano, que le permite al organismo seleccionar o rechazar los objetos de su entorno y basándose en sus propias exigencias e interactuando con aquéllos en un nivel predominantemente motor. J. Piaget señaló la manipulación como una de las principales actividades del estadio perceptivo-motor que, después de la adquisición de esquemas simbólicos, prosigue de manera más estructurada en el estadio preoperativo del desarrollo cognoscitivo (*v*. **cognición**, § 2).

El término manipulación también es recurrente con una valoración negativa a propósito de las conductas que tienen por finalidad controlar y hacer actuar a los demás para alcanzar objetivos propios. Tales conductas se observan en los niños cuando utilizan el llanto o actitudes seductoras para la satisfacción de sus deseos; en los adultos que identifican el lado débil de la persona a la que intentan manipular; en los neuróticos de fondo histérico, que utilizan el síntoma para modificar la conducta de quienes los rodean; en la comunicación de masas mediante la información incesantemente repetida o alterada.

BIBLIOGRAFÍA: Freud, S. (1892-1895); Piaget, J. (1936); Victroff, D. (1972); Watzlawick, P., J.H. Beavin y D.D. Jackson (1967).

mano (al. *Hand*; fr. *main*; ingl. *hand*; it. *mano*)

Parte terminal de las extremidades superiores del hombre que, por su estructura anatómica particular y por la sensibilidad de los tegumentos, está destinada a las funciones de órgano táctil y prensil. A diferencia del animal, el hombre tiene las manos libres al caminar y esto permite que todo el cuerpo se libere en la manipulación del mundo, por lo que Kant no dudó en definir la mano como "el cerebro exterior del hombre" (1798: 188). Al fabricar instrumentos, que más tarde son copias agrandadas de sus funciones, la mano instaura, entre el cuerpo humano y el mundo, un orden de relaciones totalmente desconocidas para los animales que en el aparato labial y dental tienen su órgano de relación con el mundo, el punto más avanzado de su sistema corporal. Al exteriorizar el orden de los instrumentos la mano, en el hombre, se liberó para la expresión gestual. En el animal utensilio y gesto se funden en un solo órgano en el que la parte motriz y la parte que actúa no presentan solución de continuidad entre sí. La pinza de un cangrejo y sus elementos mandibulares se confunden en un programa operacional mediante el cual se manifiesta el comportamiento del animal para la adquisición de los alimentos. En los animales superiores la mano sigue siendo incapaz de realizar gestos porque todavía desarrolla una función de instrumento, porque su acción no es autónoma y expresiva, sino funcional y combinatoria con las operaciones de la cara y, especialmente, de los labios y de los dientes anteriores, para resolver el problema de la alimentación. En cambio en el hombre la mano, progresivamente liberada de la coerción funcional, se transformó de instrumento útil en **gesto** (*v.*) expresivo.

En términos de habilidad manipulativa existe un **dominio** (*v.*, § 2) de la mano derecha respecto a la izquierda, con la correspondiente involucración del hemisferio contralateral del cerebro. Este predominio de la *manolateralidad* presenta excepciones en algunos individuos caracterizados por *zurdera*, con predominio de la mano izquierda respecto a la derecha. Existen reactivos de habilidad manual entre los que están el *Manual ability* test que mide capacidad motriz y habilidades específicas, y el *Manipulation test* que toma en consideración dos elementos del movimiento: la precisión y la rapidez. Dichos tests se utilizan en la selección de personal para actividades laborales en las que se requieren especialmente estas características. La forma y las líneas de la mano las asumió la **quiromancia** (*v.*) como indicios para la interpretación del carácter.

BIBLIOGRAFÍA: Anastasi, A. (1954); Aschmoneit, W. (1972); Kant, I. (1798); Leroi-Gourhan, A. (1964-1965); Ullmann, J.F. (1974).

manolateralidad
v. MANO.

manual diagnóstico y **estadístico** (DSM)
v. DIAGNÓSTICO, § 4.

manual, **test de habilidad**
v. MANO.

máquina para enseñar
v. INSTRUCCIÓN, § 2.

mareo
v. VÉRTIGO.

marginación (al. *Randerweisung*; fr. *marginalisation*; ingl. *marginalization*; it. *emarginazione*)

Falta de integración en el tejido social de sujetos que, por razones étnicas, económicas o de comportamiento, son discriminados y excluidos de los círculos normales en que transcurren las relaciones sociales. El término, acuñado recientemente, lo adoptó la psicología social sobre todo para referirse a la **desviación social** (*v.*).

marginal, **síndrome** (al. *Randsyndrom*; fr. *syndrome marginal*; ingl. *borderline*; it. *marginale sindrome*).

Síndrome intermedio entre dos clases que escapa a la atribución precisa a una u otra. El aislamiento de estas entidades clínicas depende de la imposibilidad de incluirlas en los cuadros nosológicos clásicos, del hecho de que presentan una etiología multideterminada, o de la presencia profunda de conflictos de tipo psicótico, enmascarados en la superficie por mecanismos de defensa de tipo neurótico. De acuerdo con el esquema que propusieron R. Rossi y R. Peraldo Gianolino, señalamos, entre los síndromes marginales más conocidos, los siguientes:

1] FORMA MARGINAL ENTRE ESQUIZOFRENIA Y NEUROSIS. Se la llama también *borderline*, *limítrofe* o *esquizofrenia seudoneurótica*. En la superficie el cuadro clínico presenta un estado de ansiedad acompañado de astenia e inercia en relación con actividades o iniciativas y, en ocasiones, de temores hipocondriacos. En profundidad se encuentran los rasgos típicos de la esquizofrenia, con rigidez afectiva, dificultad en las relaciones interpersonales, distanciamiento de la realidad y aislamiento en sí mismos. Mientras en un primer contacto el pensamiento y el lenguaje parecen comunes y sin alteraciones, un examen más atento destaca ideas singulares e inusuales, concepciones y prejuicios extravagantes, sospechas y desconfianzas injustificadas, pero nunca un verdadero deterioro esquizofrénico.

Desde el punto de vista *psicodinámico* se considera que existe una situación de tipo psicótico con regresión parcial a las fases más primitivas del desarrollo psíquico y con producción de mecanismos neuróticos, como ansiedades, fobias y obsesiones que, de cierta forma, protegen al individuo del surgimiento de la psicosis. En el tratamiento se requiere cierta prudencia en la interpretación de los conflictos profundos y en la supresión de los mecanismos de defensa porque, una vez eliminada ésta, podría surgir la psicosis subyacente. El decurso es largo y, si no se trata reforzando las defensas del paciente y confrontando siempre las fantasías interiores con la realidad exterior, conduce a un tenaz aislamiento y a la incapacidad para realizarse en la vida. Diferente de la personalidad *limítrofe*, pero con algunos rasgos en común, se observa la personalidad **como si** (*v.*, § 2).

2] FORMA MARGINAL ENTRE ESQUIZOFRENIA Y PSICOSIS MANIACO-DEPRESIVA. Se ubica entre las dos grandes clases de las psicosis endógenas. La etiología está plurideterminada en el sentido de que se supone un proceso esquizofrénico en sujetos con fondo maniaco-depresivo, o viceversa. La sintomatología es polimorfa porque también está complicada por el carácter cíclico de fases retraídas, con humor depresivo e inhibición psicomotriz, y fases expansivas con humor eufórico y excitación psicomotriz. De estas formas marginales se dan tres manifestaciones: *a*] de *ansiedad-beatitud*, con alternación periódica; *b*] de *perplejidad-incoherencia*, con preponderancia de la primera en la fase depresiva y de la segunda en la fase expansiva; *c*] de *motricidad hipokinética* en los movimientos, en la gesticulación y

en el lenguaje en la fase depresiva, e *hiperkinética* en la expansiva.

3] FORMA MARGINAL ENTRE DEPRESIONES PSICÓTICAS Y NEURÓTICAS. Esta forma presenta una mezcla de síntomas neuróticos de la depresión y manifestaciones psicóticas típicas de la depresión endógena. Generalmente surge después de episodios desencadenantes como infecciones, partos, abortos, estrés, capaces de producir una depresión reactiva que se suma a la endógena. Son raras las crisis agudas, mientras es constante el elemento de lamentación por la disminución de la eficiencia y por los trastornos somatovegetativos que la acompañan. Esta forma marginal revela una alta tendencia a la cronicidad. También se suele clasificar en este grupo a los equivalentes neuróticos, de tipo fóbico, obsesivo, histérico, neurasténico, que responden positivamente al tratamiento con fármacos antidepresivos (*v.* **equivalente**, § 4).

BIBLIOGRAFÍA: Freud, S. (1923); Giberti, F. (1966); Liebowitz, M.R. (1979); Rossi, R. y R. Peraldo Gianolino (1983); Schmideberg, M. (1956); Schmideberg, M. (1959-1966); Searles, H.F. (1982).

marginalidad (al. *Marginalität*; fr. *marginalité*; ingl. *marginality*; it. *marginalità*)

Posición periférica respecto a un centro, a una clasificación, a un grupo. De acuerdo con el contexto de referencia se habla de:

1] *Conciencia marginal* a propósito del *grupo periférico* de sensaciones, percepciones, pensamientos, que pertenecen al área de la conciencia, pero en los que normalmente no se concentra la atención. M. Prince, quien introdujo el término, habla de "una zona crepuscular, donde los contenidos están tan débilmente iluminados por la conciencia que resultan escasamente reconocibles" (1916: 81).

2] *Síndrome marginal* (*v.*). Entidad nosológica intermedia entre neurosis y psicosis o, dentro de la psicosis, entre esquizofrenia y psicosis maniaco-depresiva, con rasgos que escapan a la atribución precisa a una o a otra clase.

3] *Neurosis marginal.* Categoría diagnóstica que introdujo J.H. Schultz en oposición a la neurosis nuclear porque, a diferencia de esta última, que se fija en un nivel profundo de la personalidad, la neurosis marginal se refiere a esos trastornos superficiales provocados por el ambiente circundante.

4] *Personalidad marginal.* En general se refiere a esas personas que, pese a tener derecho, no llegan a utilizar los recursos y los privilegios de que goza el resto de la comunidad. En un sentido específico R.E. Park habla de personalidad marginal a propósito de aquellos sujetos que se encuentran en una posición límite entre dos grupos étnica y culturalmente diferentes.

BIBLIOGRAFÍA: Freud, S. (1923); Guarrasi, V. (1978); Park, R.E. (1928); Prince, M. (1916); Schultz, J.H. (1958); Searles, H.F. (1982).

marihuana
v. DROGA, § 2.

marionetas, juego de las (al. *Puppenspiel*; fr. *jeu des marionnettes*; ingl. *puppet show*; it. *marionette, gioco delle*)

Técnica de diagnóstico y de psicoterapia que, utilizando la estrecha relación que existe entre la actividad lúdica y la actividad psíquica, hace jugar libremente a los niños con títeres, muñecos y marionetas con finalidades catárticas y proyectivas. En efecto, con este juego el niño, además de expresarse en improvisaciones espontáneas y libres, puede manifestar sus deseos profundos, liberar sus potencialidades e incrementar las capacidades de comunicación y de socialización, puesto que el juego prevé un espectador y un interlocutor. Esta técnica se utiliza sobre todo con niños inhibidos en el plano verbal y bloqueados en la relación comunicativa. Una forma modificada de la técnica del juego de las marionetas es el *half-show*, donde la representación es interrumpida cuando el drama representado llega a su culminación en términos de conflictividad. En este punto se le pregunta al niño el posible resultado de la historia, y de las soluciones que sugiere se puede deducir la situación psicológica actual del niño, su actitud en relación con ese conflicto en particular, su implicación emotiva y su grado de madurez.

mariposeo (al. *Flimmern*; fr. *papillotement*; ingl. *flicker*; it. *starfallamento*)

Rápida variación de la frecuencia de estimulación que produce un cambio periódico concomitante en la percepción visual o acústica. Cuando la intermitencia del estímulo es lenta la sensación correspondiente es discontinua; cuando se vuelve más rápida se tiene la sensación de mariposeo; cuando la rapidez se vuelve mayor se alcanza una fase en la cual la sensación es uniforme. El ritmo más lento de intermitencia necesario para la producción de una sensación uniforme recibe el nombre de *frecuencia crítica* o *punto crítico de fusión*.

marketing
v. PSICOLOGÍA COMERCIAL.

masa
v. PSICOLOGÍA DE LAS MASAS.

masa, teoría de la acción
v. ACCIÓN, § 2, *b*; CORTEZA CEREBRAL, § 6.

máscara
v. PERSONA, § 2.

masculino-femenino
v. ACTIVIDAD-PASIVIDAD.

masoquismo (al. *Masochismus*; fr. *masochisme*; ingl. *masochism*; it. *masochismo*)

El término designa: 1] una *perversión sexual* por la que el sujeto obtiene placer en el sufrimiento que le infligen los demás; 2] un *rasgo del carácter* propio de personas que se procuran maltratos, humillaciones y sufrimientos. El término lo introdujo R. von Krafft-Ebing, quien lo tomó del nombre de Leopold von Sacher Masoch, un novelista austriaco cuyos personajes obtenían placer erótico de maltratos y humillaciones. S. Freud, en la evolución de su pensamiento, considera el masoquismo en tres formas diferentes: en un primer momento (1905-1919) como una simple perversión imputable a una transformación del sadismo que se orienta contra el sujeto que lo manifiesta; en una segunda etapa (1919-1924) como un fenómeno regresivo causado por la necesidad inconsciente de castigo, por lo tanto no sólo como perversión sexual sino también como rasgo del carácter; en un tercer período (1924-1937) vincula el masoquismo a la pulsión de muerte (v. **muerte**, § 2), asignándole, en términos genéticos, esa prioridad que antes le había concedido al sadismo; distingue así un masoquismo primario de un masoquismo secundario, y, desde otra perspectiva, masoquismo erógeno, femenino y moral.

1] *Masoquismo primario y secundario*: el "primario" lo causa la fusión de la pulsión de muerte con la libido orientada contra el sujeto que la manifiesta; el "secundario" está determinado por la orientación hacia el sujeto de un sadismo originalmente dirigido hacia otro.

2] *Masoquismo erógeno, femenino y moral*: "erógeno" es el masoquismo primario que tiene bases biológicas y conlleva el placer en el dolor. Es una característica de la pulsión de muerte que no fue transferida a los objetos, al exterior; "femenino" es el masoquismo vinculado a elementos pasivos, presentes tanto en el hombre como en la mujer, que recuerdan la condición infantil del niño malo e indefenso, o la femenina, con fantasmas de castración y sometimiento, siempre y cuando quien inflija el sufrimiento sea la persona amada; "moral" es causado por un sentimiento de culpa que pide castigo. Aquí no se concreta el nexo con la sexualidad, y lo sustituye un yo masoquista que inconscientemente pide castigo a un superyó sádico, representante interior del padre con quien, por una deformación regresiva, se desea tener una relación femenina pasiva, con la consiguiente resexualización de la moral y despertar del complejo edípico. Por lo que concierne a las relaciones entre sadismo y masoquismo, véase **sadomasoquismo**.

T. Reik realizó caracterizaciones ulteriores del masoquismo; habló de masoquismo *verbal* para quien anhela que le digan palabras ofensivas y humillantes, *social* para quien quiere una actitud de subordinación y de sumisión, de *masa* por la renuncia a la propia individualidad dentro de masas entusiastas y devotas que representan una propia imagen idealizada.

BIBLIOGRAFÍA: Ellis, H. (1897-1910); Freud, S. (1905); Freud, S. (1920); Freud, S. (1924); Krafft-Ebing, R. von (1886); Nacht, S. (1938); Reik, Th. (1940).

masoterapia (al. *Massagebehandlung*; fr. *massothérapie*; ingl. *massotherapy*; it. *massoterapia*)

Práctica y tratamiento fisioterapéuticos que utilizan el masaje para mejorar la irrigación sanguínea de determinadas partes del cuerpo y para acelerar procesos curativos.

mass media
v. COMUNICACIÓN, § *b*.

Masters y Johnson, terapia de (al. *Masters und Johnson Behandlung*; fr. *therápie de Masters et Johnson*; ingl. *Masters and Johnson therapy*; it. *terapia di Masters e Johnson*)

Terapia de los trastornos sexuales que idearon W.H. Masters y V.E. Johnson a partir de la suposición de que gran parte de los trastornos sexuales no son de origen conflictivo sino de relación, en el sentido de que las parejas no logran comunicar la cualidad de su experiencia sexual y las fantasías de inadecuación que pueden estar en la base de la inhibición. El tratamiento, de base conductista, consiste en encuentros de la pareja con una pareja de terapeutas, un varón y una mujer, en los cuales el problema es ampliamente discutido y se asignan tareas precisas para disminuir el temor a la ineficiencia y para facilitar la comunicación.

BIBLIOGRAFÍA: Masters, W.H. y V.E. Johnson (1966).

mastery learning
v. INSTRUCCIÓN, § 1.

masturbación (al. *Masturbation*; fr. *masturbation*; ingl. *masturbation*; it. *masturbazione*)

También llamada *onanismo*, la masturbación es una manipulación de los genitales, que puede estar acompañada por fantasías de naturaleza erótica, dirigida a alcanzar el orgasmo. Se habla de masturbación *psíquica* cuando es suficiente la fantasía, sin estimulación de los genitales; de masturbación *simbólica* cuando se verifica un desplazamiento hacia objetos sustitutivos como retorcerse los cabellos, jalar el lóbulo de la oreja y semejantes; y de masturbación *obligada* cuando se repite de forma obsesiva sin referencia a fantasías sexuales o aun sin estar acompañada de placeres sexuales. Se conoce una *masturbación infantil* como simple vía de desahogo de la tensión instintiva, y una masturbación *adolescente* en ocasión de la maduración definitiva de los órganos genitales. Al instaurarse una relación con una pareja del otro sexo la masturbación tiende a reducirse o hasta desaparecer, para reaparecer en todas aquellas circunstancias caracterizadas por la ausencia de pareja del otro sexo. Considerada como una etapa normal del desarrollo sexual, la masturbación no causa alteraciones físicas o psíquicas más que si se reprime inadecuadamente o está acompañada de sentimientos de culpa o de inadecuación por la incapacidad para establecer relaciones sexuales completas. Se vuelve *patológica* cuando es práctica exclusiva o preferida a las relaciones sexuales normales. En estos casos, cuando no es una conducta consecuente a estados frenasténicos, esquizofrénicos o neuróticos, se interpreta como síntoma de regresión o fijación a estados anteriores al desarrollo psicosexual.

BIBLIOGRAFÍA: Freud, S. (1905); Freud, S. (1912); Klein, M. (1932); Marcus, I.M. y J.J. Francis (coords.) (1975); Spitz, R.A. (1957).

material (al. *Material*; fr. *matériel*; ingl. *material*; it. *materiale*)

Término psicoanalítico que se refiere al conjunto de los discursos, de los comportamientos, de los sueños, de las fantasías que ofrece el paciente a la interpretación analítica. El térmi-no se origina en la imagen de S. Freud, quien compara el trabajo analítico con el del arqueólogo que reconstruye a partir de los materiales descubiertos. Además refiere a la teoría de los **estratos** (*v.*), que es la base del modelo psicoanalítico freudiano.

materialismo científico
v. FISICALISMO, § 1.

materialización (al. *Materialisation*; fr. *matérialisation*; ingl. *materialization*; it. *materializzazione*)

El término se utiliza: 1] en **parapsicología** (*v.*, § 2) para referirse a ese fenómeno psicokinético donde la fuerza emanada del médium en trance toma forma de objetos o de partes del cuerpo humano; 2] en el vocabulario psicoanalítico de S. Ferenczi, quien llama materialización a la **conversión** (*v.*) histérica de los conflictos psíquicos en alteraciones somáticas.

BIBLIOGRAFÍA: Cavanna, R. (coord.) (1973); Ferenczi, S. (1919).

maternage (al. *Bemuttern*; fr. *materna-ge*, ingl. *mothering*; it. *maternage*)

Término de origen francés adoptado para indicar: 1] *los cuidados maternos* que la madre prodiga al infante; 2] *una técnica de psicoterapia de las psicosis* que tiende a instaurar con el paciente una relación análoga a la que existe entre una buena madre y su hijo, basándose en la hipótesis de que la psicosis depende de frustraciones precoces, fundamentalmente orales, que el niño sufrió en la primera infancia a causa de la madre. La relación de maternidad, escribe P.C. Racamier, sobre todo como técnica reparadora que satisface las necesidades básicas que, eludidas, no permiten una adecuada construcción psicológica, "nace del encuentro entre un paciente profunda y vitalmente ávido de ser colmado de manera pasiva de afecto, y un terapeuta capaz de comprenderlo y al mismo tiempo deseoso de acercarse a él como lo hace una madre con un niño abandonado" (1956: 601).

BIBLIOGRAFÍA: Racamier, P.C. (1956).

matriarcado (al. *Mutterrecht*; fr. *matriarcat*; ingl. *matriarchy*; it. *matriarcato*)

Sistema social, supuesto por historiadores y etnólogos, en el cual la mujer sería la que detentase la hegemonía del grupo. En la base está la hipótesis evolucionista, que sostiene J.J. Bachofen, según quien en sus inicios la humanidad habría seguido el modelo animal caracterizado por la supremacía femenina (*ginecocracia*), ya que la hembra es responsable de la especie. La hipótesis del matriarcado también la valorizó la constatación, en algunas poblaciones, de la *matrilinealidad*, o sea de un sistema de parentesco ordenado por línea materna que, en condiciones de poliandria, es el único que garantiza las relaciones de ascendencia y descendencia. La identidad entre matriarcado y matrilinealidad resultó no tener fundamento desde el punto de vista histórico y etnológico, pero esto no disminuyó la importancia mitológica del modelo gineco crático que encontró su manifestación en el arquetipo de la **Gran Madre** (*v*.) a la que se remontan los historiadores de la religión y los psicólogos de orientación junguiana.

BIBLIOGRAFÍA: Bachofen, J.J. (1861); Giani Gallino, T. (coord.) (1989); Jung, C.G. (1938-1954)0; Neumann, E. (1956).

matrices progresivas (al. *Matrizentest*; fr. *matrices progressives*; ingl. *progressive matrices test*; it. *matrici progressive*)

Test no verbal de inteligencia constituido por tablas, graduadas progresivamente por dificultad, que reproducen figuras abstractas que el sujeto debe completar basándose en relaciones precisas que se dan entre las partes. La prueba, que se compone de 60 reactivos divididos en cinco series, se utiliza mucho en psicología aplicada por su alto grado de confiabilidad para medir la capacidad operativa de tipo analógico, la capacidad de comprensión de la medida y de la percepción del espacio, la capacidad de análisis lógico-abstracta, además de las modalidades operativas de conjunto. El test, que puede aplicarse a los niños a partir de los 5 años, es adoptado preferentemente para los adultos, para aquellos que presentan dificultades lingüísticas y, según el proyecto del experimentador, para identificar qué recorrido de pensamiento es más familiar para el sujeto examinado.

BIBLIOGRAFÍA: Anastasi, A. (1954).

matrilinealidad
v. MATRIARCADO.

matrimonio (al. *Ehe*; fr. *mariage*; ingl. *marriage*, it. *matrimonio*)

Vida en común entre personas de sexo diferente que articula en su interior la solución a algunas exigencias fundamentales de la sociedad, como la necesidad de la exogamia (v. **endogamia-exogamia**), la prohibición del **incesto** (*v*.), la reglamentación de la actividad sexual y la división de las funciones. Esto explica la difusión del matrimonio y su importancia social, que ubica a esta relación en el centro de numerosos estudios antropológicos y sociológicos. Desde el punto de vista psicológico el matrimonio se implanta en el proceso de la evolución psíquica considerada desde la perspectiva de la *individuación* y de la *cohesión* que están en una relación inversamente proporcional, por lo que a una disminución de la cohesión corresponde un aumento de la individuación. Cuando la individuación alcanza un nivel suficiente de madurez y ya no se trata de una simple separación reactiva de los demás, y cuando la cohesión evoluciona de necesidad simbiótica a necesidad del otro en cuanto otro, se crean las condiciones de **mutualidad** (*v*.) que, según la definición de E.H. Erikson, es "una relación en la que los miembros dependen el uno del otro para el desarrollo de sus respectivas potencialidades" (1964: 231).

En este nivel, observa M. Bertini, la mutualidad contempla la dependencia entre dos personas independientes, donde la una tiene necesidad de la otra no para la satisfacción de sus propias necesidades sino para crecer a través de la experiencia con el otro. No están en línea con esta dinámica evolutiva los matrimonios vividos como un replanteamiento de la relación simbiótica que cada uno de los contrayentes vivió en la relación infantil con la madre (*v*. **simbiosis**), ni aquellos en los cuales la cohesión se sacrifica en ventaja de una defensa egocéntrica de la propia independencia. Estas dos conductas hacen del matrimonio un lugar favorito para la satisfacción de necesidades regresivas de fondo sadomasoquista, con manifestaciones de dependencia de un miembro de la pareja hacia el otro en caso de cohesión simbiótica con escasa individuación, o de posesión por parte de uno en relación con el otro por escasa cohesión y rasgos egocéntricos de la propia individuación. En este sentido se puede hablar de matrimonios precoces o contratos entre personas inmaduras cuando la relación calca las formas infantiles de cohesión caracterizadas por el rasgo simbiótico, o las formas incompletas de individuación caracterizadas por el rasgo egocéntrico. Por lo que se refiere al rasgo *simétrico* o *complementario* de la relación, a partir de la configuración del carácter de los dos miembros de la pareja, véase la voz **pareja**.

BIBLIOGRAFÍA: Ancona, V. (1968); Bertini, M. (1972); Blood, R.O. (1962); Christensen, H. (1964); Eisenstein, V.W. (1956); Erikson, E.H. (1964); Freud, S. (1910-1917); Fromm, E. (1941); Jung, C.G. (1925); Lévi-Strauss, C. (1947); Pinkus, L. (1955).

mayéutica (al. *Mäeutik*; fr. *maïeutique*; ingl. *maieutic*; it. *maieutica*)

El arte de la partera con el que Sócrates compara su enseñanza, que no consiste en transmitir una doctrina sino en crear las condiciones para que el alumno mismo saque a la luz los conocimientos que se forman en su mente. El método de la mayéutica fue contrapuesto al método *catequístico*, que consiste en la trasmisión del saber ya constituido.

BIBLIOGRAFÍA: Platón (1973).

mecanicismo (al. *Mechanismus*; fr. *mécanicisme*; ingl. *mechanicism*; it. *meccanicismo*)

Concepción que admite como únicos parámetros explicativos de la realidad la materia y el movimiento que, por tratarse de dimensiones cuantificables y mensurables, son susceptibles de cálculo matemático. El mecanicismo se manifiesta como concepción filosófica del mundo y como método de investigación. Con esta segunda acepción se adopta la física como modelo de todas las ciencias, incluyendo las llamadas ciencias "humanas", como la sociología y la psicología, a las que se pide que traduzcan a expresiones cuantitativas los resultados de sus observaciones. La adopción de este método liberó a la psicología de los modelos conceptuales de derivación filosófica, creando las premisas para el nacimiento de la psicología científica o **experimental** (*v.*). La concepción mecanicista está caracterizada por el **reduccionismo** (*v.*), porque conduce las diferentes manifestaciones fenoménicas hacia un sustrato único que se desempeña como principio explicativo, y por el **determinismo** (*v.*), porque rechaza toda hipótesis finalista, regulándose exclusivamente con el principio de causalidad.

mecanismo de defensa
v. DEFENSA, § 2.

media
v. ESTADÍSTICA, § I, 2.

mediación
v. NEGOCIACIÓN, § 4.

mediana
v. ESTADÍSTICA, § I, 2.

médica, psicología
v. PSICOLOGÍA MÉDICA.

medición
v. PSICOMETRÍA.

meditación (al. *Meditation*; fr. *méditation*; ingl. *meditation*; it. *meditazione*)

Práctica mental que, mediante ejercicios especiales, lleva a traspasar la experiencia habitual de tipo egocéntrico y racional con miras a la asimilación con una conciencia más amplia que permite experimentar el propio sí más profundo y en armonía con el todo, que ya no está puesto frente al yo y ya no está tan objetivado, como es típico en la forma de pensar occidental, sino percibido como totalidad de la que el yo forma parte. Toda meditación, que tiene métodos y finalidades justificadas dentro de la tradición espiritual que la favorece, utiliza la regulación de la respiración, la deprivación perceptiva, la atención concentrada, posturas corporales que favorecen la concentración, visualización de símbolos que representan las fases que se desean alcanzar, repetición cadenciosa de expresiones sonoras que separan del mundo de la palabra, regulado por categorías conceptuales y racionales.

La meditación puede provocar variaciones electrofisiológicas del sistema psicosomático, como la inducción de ondas alfa en el cerebro y, en las fases más avanzadas, de ondas teta (v. **electroencefalografía**), sincronización de las ondas anteroposteriores durante la sesión y sincronía entre los dos hemisferios; además se observan cambios en las respuestas galvánicas de la piel, disminución del ritmo respiratorio, disminución en el consumo de oxígeno y otras modificaciones bioquímicas. Se llega a una transformación en la percepción de los estímulos ambientales con preminencia de las percepciones visuales, auditivas o de otros sentidos, según la atención se concentre en una u otra fuente de estímulos. La ampliación de la conciencia y el traspaso de la habitual visión yoica y racional de sí y de la realidad, con la vivificación de motivos inconscientes activados por la concentración en símbolos apropiados, puede tener efectos terapéuticos y comprobables transformaciones psicológicas. Por tratarse de experiencias que están en el límite de la forma habitual de experimentar, la práctica de la meditación, para la cual no todos los sujetos revelan una particular predisposición, generalmente se da bajo la guía de un maestro, entre otras cosas para evitar riesgos vinculados a la debilitación del yo exigida en toda práctica meditativa.

BIBLIOGRAFÍA: Anagarika Govinda (1984); Campbell, A. (1984); Colemann, D. (1977); Eliade, M. (1969); Goldstein, J. y J. Kornfield (1988); Hirai, T. (1984); Levey, J. (1988); Naranjo, C. y R. Ornstein (1971); Robinet, I. (1987); Sekida, K. (1975); Tullmann, K. (1982).

médium

Persona a la cual, en situaciones especiales, generalmente de **trance** (v.), se la considera capaz de establecer contacto con el espíritu de los difuntos, cuyos mensajes trasmite mediante signos verbales, gráficos o mímicos. Se debe diferenciar al médium del *sensitivo*, a quien la **parapsicología** (v., § 1) le reconoce capacidades perceptivas de tipo extrasensorial (v. **sensitividad**).

médula espinal (al. *Rückenmark*; fr. *moelle épinière*; ingl. *spinal cord*; it. *midollo spinale*)

Parte axial del sistema nervioso central recorrido, a lo largo del eje, por un canal estrecho llamado epéndimo que continúa a partir de las cavidades de los ventrículos del encéfalo. En la parte alta la médula continúa con el bulbo raquídeo (v. **encéfalo**), mientras que en la parte baja se estrecha como un cono. Al seccionar la médula en cualquier punto encontramos, al centro la sustancia gris, formada por cuatro protuberancias llamadas *astas anteriores* y *posteriores*, unidas por un tramo transversal, y la sustancia blanca alrededor de la gris. La médula une el sistema nervioso central al periférico, formando un recorrido entre el encéfalo y la musculatura del cuerpo. De la médula dependen las más simples respuestas a estímulos constituidos por el reflejo que enlaza a una neurona de conexión entre la neurona sensorial y la neurona motriz. Este simple sistema de conexión es conocido como *arco reflejo* (v. **reflejo**, § 1). En las astas anteriores de la sustancia gris se encuentran las *neuronas motrices*, cuyas fibras están destinadas a inervar la musculatura estriada o voluntaria, mientras dorsalmente a las zonas antes dichas la sustancia gris abarca células de naturaleza sensitiva que controlan la **sensibilidad** (v.) visceral, la profunda, la táctil, la térmica, y la dolorosa. La mayor parte de las fibras que constituyen la sustancia blanca se dirigen hacia los centros del encéfalo o bien

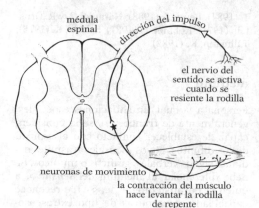

Arco reflejo simple.

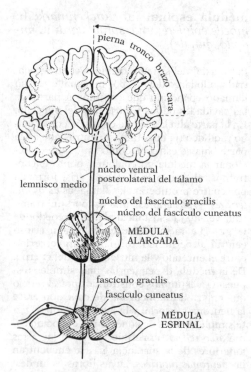

El recorrido de la médula espinal (rediseñado por E. Meda, G. Avanzino, *Fisiología humana*, UTET, Torino, 1987).

en sentido descendente, por lo que la médula, además de ser sede del aparato elemental reflejo, también debe considerarse aparato de **conducción** (*v.*).

megalomanía (al. *Megalomanie*; fr. *mégalomanie*; ingl. *megalomania*; it. *megalomania*)

Tendencia de la personalidad a sobrevalorarse a uno mismo y sus capacidades por falta de una oportuna evaluación crítica. Se registran delirios de megalomanía en las esquizofrenias de fondo paranoico, donde la que es investida de grandeza es la propia personalidad, y en las formas maniacas, en las cuales el sujeto vive una sensación de gran poderío sobre sus recursos y capacidades. Para S. Freud la megalomanía nace a expensas de la libido objetal que, retirada del mundo exterior, colma al yo de narcisismo de manera aumentada.

BIBLIOGRAFÍA: Freud, S. (1910); Freud, S. (1914).

megalopsia
v. MACROPSIA-MICROPSIA.

meiosis
v. GENÉTICA, § 1, *a*.

melancolía
v. DEPRESIÓN.

melanotropina (MSH)
v. ENDOCRINO, SISTEMA, § 1, *c*.

melatonina
v. ENDOCRINO, SISTEMA, § 7.

melodía
v. PSICOLOGÍA DE LA MÚSICA, § 3.

meme
v. MEMORIA, § 9; GENÉTICA, § 5.,

memoria (al. *Gedächtnis*; fr. *mémoire*; ingl. *memory*; it. *memoria*)

Capacidad de un organismo viviente para conservar huellas de sus experiencias pasadas y servirse de ellas para relacionarse con el mundo y con los acontecimientos futuros. La función en la que se manifiesta la memoria es el *recuerdo*, cuya disminución o desaparición determina el *olvido*. Como fenómeno normal que describe la fase descendente de todo proceso mnémico, el olvido debe distinguirse de la *amnesia*, fenómeno patológico que provoca trastornos del comportamiento.

1] NEUROFISIOLOGÍA DE LA MEMORIA. No existe un centro neuronal de la memoria. Las funciones mnésicas están correlacionadas con las formas nerviosas superiores y reguladas por la actividad cortical, cuyas células conservan las huellas mnésicas con una amplia posibilidad de actividad **vicaria** (*v.*). Según algunos la huella mnésica o **engrama** (*v.*) es totalmente hipotética porque, como escriben E.R. Hilgard y R.C. Atkinson, "la huella mnésica no es algo que nosotros conozcamos o comprendamos o que podamos señalar en el cerebro. Se refiere a cualquier representación de una experiencia que pueda ser recordada que persiste en nuestro sistema nervioso" (1967: 262). La memoria, por lo tanto, no está localizada en alguna zona en particular sino que es más bien resultado de la interacción de toda la actividad cortical. La persistencia del recuerdo permite suponer que en la estructura del cerebro se verifica una transformación duradera que prevé, según la hipótesis bioquímica, que en las células nerviosas la huella mnésica se deposita en forma de moléculas especiales de ácido ribonucleico (ARN) producido por la actividad neuronal. Esta hipótesis encontraría confirmación en la posibilidad, ya experimentada con animales inferiores, de transferir biológicamente la memoria de un individuo a otro. En efecto, existiría un paralelismo entre la transmisión genética de la memoria y la transmisión de la memoria genética, depositada en secuencias de ADN capaces de determinar todas las características de una especie dada y transmitirlas a la progenie (*v.* **genética**, § 1).

2] LOS DIFERENTES TIPOS DE MEMORIA. *a*] *La reintegración* es el tipo de recuerdo más completo capaz de localizar espacial y temporalmente en el propio pasado el acontecimiento recordado. Las investigaciones de la reintegración se realizaron más en el ámbito psi-coanalítico que en psicología experimental, donde es más difícil controlar los detalles de los acontecimientos que se remontan a la experiencia personal del sujeto. En lo tocante a reintegración S. Freud habla de "amnesia infantil" a propósito de la extrema dificultad para recordar los acontecimientos de la primera infancia. Las hipótesis no psicoanalíticas formuladas al respecto son que el niño experimenta el mundo de manera diferente al adulto, por lo que de adulto no logra recordar las escenas infantiles, o bien que el escaso almacenamiento depende del escaso desarrollo del lenguaje. Para Freud en la base de la amnesia infantil está la **represión** (*v.*).

b] *La evocación* es el recuerdo de algo sin ninguna referencia circunstancial con el propio pasado: así, recordamos cómo se maneja un coche pero sin recordar cómo y cuándo se aprendió, o bien se recita una estrofa de un poema aprendido en una fase de estudio muy lejana. Es posible efectuar una medida cuantitativa de la evocación que se obtiene haciendo repetir al sujeto, después de haber dejado pasar cierto tiempo, el material memorizado, invitándolo, por ejemplo, a recordar las respuestas asociadas con cada estímulo, en el caso de que se utilice el método de los pares asociados, y determinando el número de respuestas correctas.

c] *El reconocimiento* es la identificación, en una experiencia posterior, de un estímulo experimentado antes, como cuando un objeto, una persona o una situación nos parecen familiares o "ya vistos". Así, los animales estarían dotados de mecanismos innatos de reconocimiento que les permiten la identificación de sus semejantes, con la consiguiente modulación de su comportamiento; lo mismo sucede con los niños que ya a las seis semanas de vida reaccionan al reconocimiento esquemático de un rostro humano. Además del reconocimiento preciso también se da el *falso reconocimiento*, en el cual se tiene la impresión de conocer algo que en realidad es desconocido, como en la experiencia del *déjà vu* (*v.* § 8, *d*), y el *desconocimiento* de objetos, situaciones, personas conocidas, como en la experiencia del *jamais vu* (*v.* § 8, *e*). Hay numerosos tests para la evaluación del reconocimiento: entre los más simples está el que muestra al sujeto cierto número de fotografías y, después de determinado tiempo, se las vuelve a mostrar, mezclándolas con otras, y pidiéndole que indique las que ya vio.

d] *El reaprendizaje* es la repetición de una experiencia adquirida poco después de la primera adquisición. Mide la retención mnemónica mediante el cálculo del tiempo y del número de intentos requeridos para aprender el mismo material. Esta metodología fue preparada por H. Ebbinghaus y permite medir la conservación de la retención (*Esparn-methode*) aun cuando la prueba de evocación o de reconocimiento parezcan testimoniar un olvido total. La diferencia de tiempo o del número de intentos, manifestada en porcentaje, se considera la medida de la retención.

3] LAS FASES DE LA MEMORIA. *a*] *El registro* es la impresión, en el sistema nervioso, del acontecimiento perceptivo, por consiguiente la fase en la que la información entra al organismo y queda disponible durante un tiempo proporcional al de exposición.

b] *La retención* consiste en el almacenamiento de información sensorial (SIS), llamado también *registro sensorial* (RS), que le da sus características a los sistemas de extracción y su tiempo de operación (0.25-2 segundos) a los sistemas de reconocimiento de configuraciones, en las señales que llegan, con elecciones precisas de acuerdo con las entradas (*input*) importantes que deben discriminarse de las inútiles. En efecto, la enorme cantidad de información presente en una imagen sensorial no suele ser importante para interpretar el significado, por lo que se vuelve necesaria una selección retentiva.

c] *La consolidación* de la huella mnésica es actualmente sólo una teoría que supone, con buenas probabilidades convalidadas por bases experimentales, la existencia de un proceso nervioso conservador que lleva a la consolidación de la huella mnésica. Esto significa que, mientras este proceso no se cumple, la huella mnésica no está completamente consolidada, por lo que puede ser cancelada toda o en parte por acontecimientos o tratamientos que, en cambio, ya no son eficaces cuando ha concluido el proceso de consolidación. Los experimentos se efectúan suministrando, después de un aprendizaje, un tratamiento amnésico que pueda interferir en el proceso de consolidación de la huella mnésica y cancelar o reducir el recuerdo de la experiencia de aprendizaje.

d] *La recuperación*, o *ecforia*, para usar el término propuesto por R. Simon, quien en 1908 había introducido también el concepto de huella mnésica o engrama, es la devolución a la mente de material almacenado antes en el registro sensorial con la retención, hipotéticamente consolidado y disponible para el recuerdo efectivo. La recuperación de los recuerdos no es un proceso simple que siga la ley del todo o nada. Es posible olvidar algo, pero conservar a su alrededor informaciones que hacen posible la recuperación, como sucede con el fenómeno de las palabras "que están en la punta de la lengua", en el cual los vocablos que en su lugar asaltan la mente tienen características en común con la palabra "olvidada". La recuperación se facilita además por *imágenes mentales* que visualizan la acción, *esquemas de organización* del material por memorizar, *repetición frecuente* que realiza la obra de consolidación, y el **sobreaprendizaje** (*v.*), más allá de la simple adquisición material.

4] EL OLVIDO. Es el olvido parcial o total de las experiencias pasadas, que puede describirse gráficamente con la *curva del olvido*, que preparó por primera vez Ebbinghaus en 1885, que demuestra que la disminución del recuerdo es rápida al principio y más lenta después (*v.* **Ebbinghaus, ley de**). La intensidad del descenso de dicha curva obviamente depende de la calidad del material aprendido (verbal o motor, con o sin sentido), del tipo de memoria medida (reintegración, evocación, reconocimiento), y de las condiciones de aprendizaje, con las consiguientes repercusiones en el almacenamiento y en la consolidación. Para explicar el olvido existen tres teorías interpretativas:

a] *La teoría de la huella mnésica* que supone, además de un decaimiento espontáneo de la huella con el paso del tiempo por efecto de los procesos metabólicos normales del cerebro, una distorsión sistemática que es más responsable de los cambios cualitativos del recuerdo que de los cuantitativos. La **psicología de la forma** (*v.*, § III, 1) demostró cómo una relativa homogeneidad entre los elementos percibidos o la falta de una estructura clara y definida no sólo crea condiciones desfavorables para la fijación del recuerdo, sino también una inhibición retroactiva para los otros, por lo que en el recuerdo las figuras tienden a volverse más simétricas de lo que son, o bien intensifican su irregularidad; si además se parecen a un objeto determinado, esas semejanzas se acentúan con las consiguientes distorsiones, como en el caso de las narraciones de una misma historia repetida sucesivamente.

b] *La teoría de la interferencia o inhibición*, que supone una inhibición debida a la actividad que se desarrolla en el intervalo de tiempo que transcurre entre el aprendizaje y el recuerdo. Al respecto se distingue una interferencia o inhibición *retroactiva*, cuando cada nueva adquisición hace más difícil el recuerdo del material antes adquirido, y una *proactiva*, cuando hace más difícil aprender y recordar material nuevo (*v.* **inhibición**, § 3). La interferencia no sólo se registra entre tareas diferentes sino también entre secuencias de la misma tarea, con mayor interferencia retroactiva respecto a las primeras partes y mayor interferencia proactiva respecto a las últimas, mientras las partes centrales son objeto de ambas interferencias, por lo que son las más difíciles de recordar. Una disminución de la interferencia se obtiene reduciendo, y en última instancia eliminando, la actividad entre el aprendizaje y el recuerdo; esto explica por qué el olvido durante el sueño es mucho menor que el olvido durante la vigilia (*v.* **aprendizaje**, § II, 3).

c] *La teoría de la* **represión** (*v.*), que desarrolló S. Freud, quien concibió el olvido como un mecanismo de defensa orientado a proteger la psique de experiencias dolorosas que pueden referirse a deseos insatisfechos, a conflictos no resueltos o a impulsos socialmente reprobables. Este tipo de olvido no conlleva la desaparición o el deterioro de las huellas mnésicas, sino simplemente su recuperación fallida que el análisis se propone reactivar. Los mecanismos indicados por Freud como responsables de este olvido son la **condensación** (*v.*) y el **desplazamiento** (*v.*), mas no el tiempo: "En el caso de las huellas mnémicas reprimidas, se puede comprobar que no han experimentado alteraciones durante los más largos lapsos. Lo inconciente es totalmente atemporal. El carácter más importante, y también el más asombroso, de la fijación psíquica es que todas las impresiones se conservan, por un lado, de la misma manera como fueron recibidas, pero, además de ello, en todas las formas que han cobrado a raíz de ulte-

riores desarrollos, [...] Teóricamente, entonces, cada estado anterior del contenido de la memoria se podrá restablecer para el recuerdo aunque todos sus elementos hayan trocado de antiguo sus vínculos originarios por otros nuevos." (1901 [1976: 266-267]). C. Musatti, partiendo de la orientación freudiana según la cual el olvido por represión es un mecanismo de defensa psíquica, formula la *ley del optimismo mnésico*, según la cual "ejercemos precisamente una acción selectiva en el conjunto de nuestros recuerdos, en el sentido de que recordamos más fácil y prolongadamente los acontecimientos placenteros de nuestro pasado que a los desagradables. Esto demuestra la eficaz tendencia a olvidar que se desarrolla en presencia de elementos desagradables. Esta tendencia responde a una finalidad biológica intrínseca: la defensa ante el dolor" (1949: 40), que actúa incluso cuando se está obsesionado por recuerdos desagradables, porque éstos sustituyeron otros recuerdos sepultados más desagradables todavía.

5] MEMORIA A CORTO Y A LARGO PLAZO. Esta distinción, que introdujo A.M. Melton en 1963, supone la existencia de dos mecanismos de almacenamiento de las informaciones que, al ingresar, se colocan en la memoria a corto plazo (MCP), donde están sujetas a una rápida disolución, a menos que sean restauradas por la *repetición*, que puede ser de *mantenimiento* para su conservación en la memoria de corto plazo, o de *integración* en las estructuras de memoria de largo plazo (MLP). El material que escapa a la repetición cae en el olvido. La repetición no puede aumentar la capacidad del sistema de memoria, por lo que el mantenimiento sólo es posible si el número de las informaciones que ingresan es suficientemente pequeño. Por esto se suele representar el proceso de repetición como un anillo que deja la memoria de corto plazo para después regresar, donde es evidente que, si se deben repetir demasiadas informaciones, las últimas se perderán antes de que pueda comenzar el proceso de repetición. La velocidad de repetición tiene un ritmo muy semejante al del lenguaje hablado.

La memoria a corto plazo tiene una capacidad aproximada de cinco elementos que, cuando no se someten a repetición, se pierden de inmediato, como sucede cuando se comu-

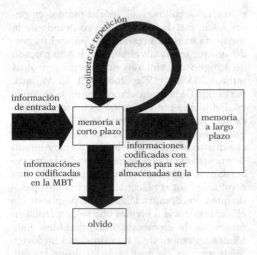

información
de entrada

cojinete de repetición

memoria a
corto plazo

informaciónes
no codificadas
en la MBT

informaciones
codificadas con
hechos para ser
almacenadas en la

memoria
a largo
plazo

olvido

Representación gráfica del proceso de repetición y memorización (rediseñado por Hilgard *et al.*, 1984).

nica oralmente un número telefónico. Se piensa que la memoria de largo plazo, en cambio es casi ilimitada, de manera que toda información que pasa de la MCP a la MLP, como por ejemplo el propio número telefónico, encontrará una ubicación permanente. En la MLP el olvido no está determinado por el deterioro rápido, como en la MCP, sino porque los *llamados* necesarios para su identificación, son incompletos, de modo que resulta difícil "pescar" la información adecuada, como en el caso de las palabras "que están en la punta de la lengua". La teoría de los dos procesos de la memoria ofrece varias explicaciones acerca de las causas del olvido: en la MCP el olvido está determinado por el hecho de que estímulos posteriores expulsaron la información que no pudo ser restaurada por la repetición de mantenimiento; en la MLP el olvido puede depender de que la información nunca se transmitió, o de que no están disponibles los "llamados" suficientes para su identificación.

Los mecanismos que favorecen el paso de la MCP a la MLP son la *atención* que, si bien en general favorece la memoria, en ocasiones la inhibe, como sucede cuando pensar en lo que se dijo impide poner atención a lo que se está diciendo; la *elaboración conceptual*, que asocia las informaciones que ingresan con conocimientos ya adquiridos, mejorando la recu-

peración posterior de la información pasada a la MLP; las *técnicas mnemónicas*, que imponen una organización de las informaciones que no tienen relación entre sí utilizando los *métodos de los lugares*, donde algunas ubicaciones geográficas sirven como sugerencias para volver a encontrar las informaciones; *el método de las asociaciones*, que vincula las informaciones introduciéndolas en una historia significativa; el método de las *palabras clave* a las cuales "se puede enganchar" informaciones no relacionadas, y otros métodos que favorecen la consolidación, sin la cual no se da el paso de la MCP a la MLP. Esto lo puede confirmar la *amnesia retrógrada*, que se presenta en sujetos que tras conmociones o lesiones cerebrales manifiestan una amnesia de los acontecimientos inmediatamente anteriores al incidente. Este hecho corrobora la teoría según la cual la actividad neuronal debe disponer de un período, después de determinada experiencia, para la consolidación de las informaciones, de manera que éstas puedan almacenarse de forma estable y definitiva en la MLP.

6] AMNESIA. La amnesia es una disminución más o menos grave de la capacidad de recordar. Puede tener causas *orgánicas* o *psicógenas*. En el primer caso las amnesias difieren según las estructuras cerebrales comprometidas por causas traumáticas, tóxicas, metabólicas, inflamatorias o degenerativas. La entidad del trastorno depende del lugar, su extensión y su eventual irreversibilidad. Una característica del trastorno amnésico, de acuerdo con la ley que formuló T.A. Ribot, es la de conservar, contrariamente al curso de la memorización, los datos adquiridos en un lejano pasado, dejando decaer primero los de más reciente adquisición. El trastorno puede estar circunscrito a un determinado lapso de tiempo y entonces se habla de *amnesia lagunar* que, según el tipo de laguna, puede ser simple, sistematizada o selectiva. Además, la amnesia lagunar puede ser transitoria o irreversible. Si en cambio el trastorno es *difuso*, con recuerdos imprecisos tanto para acontecimientos recientes como para acontecimientos remotos, y compromete el registro, la retención y la recuperación, se observa una modificación del comportamiento y de la personalidad. La amnesia puede ser *retrógrada* si se refiere a hechos anteriores a la aparición del acontecimiento amnesiógeno, *anterógrada* si se refiere a hechos posteriores, *retroanterógrada* si abarca ambos períodos.

a] Las amnesias orgánicas, que difieren según las estructuras cerebrales comprometidas, se dividen en: 1] *amnesias axiales*, en las cuales la lesión interesa el sistema reticular ascendente y el sistema límbico, indispensables para la memorización y la utilización de las informaciones. Se manifiesta con amnesia de fijación caracterizada por la incapacidad para aprender datos nuevos, de los cuales pocos minutos después no queda ningún recuerdo; evocación mediocre del pasado con trastornos en la narración; discreta adaptación al presente por lo poco que tiene que ver con situaciones familiares aprendidas hace mucho tiempo; 2] *amnesias corticales*, con destrucción parcial o total del almacenamiento mnésico representado por los engramas de la corteza de los dos hemisferios y drástica reducción de la posibilidad de formar nuevas asociaciones. Las lesiones que destruyen una parte del hemisferio no determinan una amnesia de fijación sino trastornos del lenguaje, de la adquisición y ejecución de los gestos, de la organización del comportamiento; 3] *amnesias globales*, difusas, con grados diferentes, y no sólo entrañan una reducción de las posibilidades mnésicas sino también una progresiva alteración y disminución del patrimonio cognoscitivo. Las amnesias globales, además de comprometer la memoria, abarcan todas las capacidades adquiridas del sujeto, incluyendo lenguaje y gestos.

b] Las amnesias orgánicas transitorias dependen de alteraciones orgánicas pasajeras en las cuales los trastornos de la memoria, por estar asociados con confusiones mentales y dificultad de la alerta, hacen difícil una valoración exacta de los procesos mnésicos. Estas amnesias se observan con frecuencia en las encefalopatías metabólicas, en las intoxicaciones y en las anoxias cerebrales. Entre las formas más frecuentes recordamos: 1] el *ictus amnésico*, que se manifiesta de manera imprevista con una amnesia de fijación y rápido olvido de lo que se dijo o se hizo. Después de la crisis, que dura varias horas, el sujeto recupera repentina o progresivamente sus capacidades mnésicas, manteniendo un vacío de memoria para el período crítico; 2] la *amnesia traumática*, que depende por lo general de un

trauma craneano, determina trastornos mnésicos en el período postraumático (amnesia anterógrada) y dificultad para evocar el período anterior al trauma (amnesia retrógrada).

c] Las amnesias seniles son alteraciones fisiológicas que se manifiestan con dificultad para evocar nombres propios aunque sean familiares, para encontrar objetos que forman parte de los hábitos normales, para adquirir datos nuevos si no tienen relación con los temas del propio interés pasado. Están casi anuladas las adquisiciones de nuevas técnicas de pensamiento o de nuevas estrategias mentales. El proceso se inicia de manera significativa a partir del cuarto decenio, con una progresión que resulta inferior en los sujetos que, por su buen nivel intelectual, son capaces de adquirir informaciones nuevas en su campo de interés personal.

d] Las amnesias psicógenas están provocadas por trastornos afectivos en sujetos con estructuras cerebrales íntegras. Freud identificó la causa del trastorno amnésico de origen psíquico en la **represión** (v.) con fines defensivos, de acontecimientos especiales de naturaleza afectiva o conflictiva. Suprimir la representación consciente del acontecimiento o del conflicto no implica suprimir el afecto vinculado con él, que se desplaza hacia otra representación, de manera que los elementos reprimidos no sean accesibles a todo aquello que podría activarlos. Pero esta inactivación no es absoluta, como lo demuestra el tratamiento analítico, capaz de hacer resurgir lo reprimido. Freud, rechazando la interpretación que se basa en la inmadurez funcional, entrevé en la *amnesia infantil* una represión que tiene que ver con la sexualidad, que se hace extensiva a casi todos los acontecimientos de la infancia y que se resuelve con la declinación del complejo edípico y con el inicio de la edad de la latencia. En la amnesia infantil Freud ve además la condición de las amnesias posteriores y, en especial, la de la *amnesia histérica*, síntoma neurótico por el que se olvida lo que no se "quiere" recordar porque es incompatible con el concepto que uno tiene de sí, y que se refiere a un período circunscrito o a un episodio particular.

7] HIPERMNESIA. Es el aumento de las capacidades mnésicas, que se da en dos formas:

a] La hipermnesia permanente, que abarca tanto las capacidades mnésicas globales, que están por encima de la media, como las circunscritas a algunos temas en particular, como cifras, fechas, poesías. Tal hipertrofia de la memoria no necesariamente corresponde a una inteligencia superior; en efecto también la poseen algunos sujetos con deficiencias mentales, los llamados *idiots savants*.

b] *La hipermnesia transitoria*, que consiste en la capacidad de obtener materiales generalmente inaccesibles a la conciencia. Puede verificarse en casos de trauma o estrés emotivos, durante estados febriles intensos o de elevada toxicidad, en caso de lesiones cerebrales, crisis epilépticas o maniacas, así como durante la terapia hipnótica o psicoanalítica.

8] PARAMNESIA. Es una alteración cualitativa de la memoria en la cual los recuerdos son deformados en su contenido, en su significado y en su localización espaciotemporal, debido a la psicopatología vigente en el momento de la elaboración. Además de la **fabulación** (*v.*), que en la variedad de sus manifestaciones presenta rasgos paramnésicos, las figuras más significativas de paramnesia son:

a] *La reminiscencia*, que se puede definir como una evocación sin reconocimiento, como en el caso de la *criptomnesia*, que se caracteriza porque vuelve a emerger un recuerdo que se confunde con una idea completamente nueva, o como en el caso del *plagio inconsciente*, como ocurre por ejemplo con un músico o un escritor que adoptan, sin darse cuenta, temas de otros músicos o escritores que antes escucharon o leyeron.

b] *La seudorreminiscencia*, que es una evocación equivocada porque es imaginaria, porque se refiere a una experiencia psíquica realmente vivida en el pasado, pero recordada con un contenido, un significado o una ubicación diferentes a las reales (*halomnesia*), o porque refiere como contenidos de la memoria experiencias jamás vividas (*seudomnesia*).

c] *La ecmnesia*, por la que el sujeto vive recuerdos de la infancia como si fuesen actuales. El fenómeno aparece en la demencia (*v.*, § I, 1) y en la alteración del estado de conciencia debida a lesiones cerebrales o a la ingestión de sustancias alucinógenas. Esta revivificación de la memoria, que escapa al control de la conciencia, vuelve incierta la clasificación psicopatológica del fenómeno entre las formas de hipermnesia y paramnesia. Existe

también quien clasifica el fenómeno entre los procesos de despersonalización (*v.* **persona**, § 1; **escisión**, § I, 4).

d] *La experiencia de déjà vu*, en la que una situación nueva se percibe como "ya vista". Tal experiencia, también llamada *falso reconocimiento*, con frecuencia se vive con la sensación de saber qué sucederá después. Los fenómenos de *déjà vu* son descritos frecuentemente por sujetos epilépticos e histéricos para quienes la experiencia puede durar horas o días, mientras que en los individuos normales dura como máximo algunos segundos. La sensación de familiaridad del *déjà vu* puede explicarse como una generalización equivocada de experiencias pasadas aplicadas a una situación que resulta parcialmente semejante; como la perseverancia de un estado emotivo previo causado por una dificultad de adaptación al contexto presente; como el recuerdo de fantasías inconscientes reactivado por la situación actual. Parecidos al *déjà vu* son el *déjà entendu*, con la sensación de haber oído ya lo que en ese momento se está oyendo, el *déjà fait*, en el que el sujeto está convencido de que lo que le está sucediendo ya le había ocurrido antes, el *déjà pensé*, como sensación de ya haber formulado en el pasado el mismo pensamiento. Según algunos la experiencia del *déjà vu* pudo contribuir al surgimiento de la idea de la **metempsicosis** (*v.*), en el sentido de que si se tiene la impresión de haber vivido ya una experiencia que en realidad es nueva, se puede pensar que se la vivió en una existencia anterior.

e] *La experiencia del jamais vu*, también llamada *desconocimiento*, en la que el sujeto percibe situaciones bien conocidas como nuevas y extrañas. Puede verificarse en las esquizofrenias, en algunas crisis epilépticas, en estados de toxicidad o de especial fatiga. Forman parte de este campo la convicción de que individuos o cosas han experimentado cambios repentinos o verdaderas transformaciones, de hombre a mujer, de joven a viejo, o que su fisonomía radicalmente se modificó (*v.* **Capgras, síndrome de**).

9] LAS PRINCIPALES INTERPRETACIONES TEÓRICAS DE LA MEMORIA. La naturaleza de la memoria y de la modalidad de su funcionamiento fueron abordadas de formas diversas y en ocasiones contrastantes por las diferentes escuelas psicológicas, basándose en sus respectivas orientaciones teóricas (v. **psicología**, § II). Las primeras investigaciones, a partir de Ebbinghaus, se basan en el modelo asociativo (v. **asociacionismo**), después impugnado por la **psicología de la forma** (v., § III, 1) según la cual la memoria no se puede explicar en términos de nexos asociativos, sino, como los procesos perceptivos, en términos de organización del conjunto memorizado que siempre tiende a asumir la estructura más simple, más económica y más regular. A esta tesis se opuso el **conductismo** (v.), que interpreta la memoria como un capítulo del estudio del **aprendizaje** (v.), que se puede explicar en términos de condicionamiento con el modelo estímulo-respuesta. En polémica con esta hipótesis se manifiesta el **cognoscitivismo** (v.), que impugna la tesis conductista relativa a la unicidad del proceso de memorización y distingue una memoria a largo, a corto y a cortísimo plazo o *memoria icónica*, que no estaría sometida a fenómenos de interferencia semántica, como sucede con las dos primeras formas. Además, la memoria a largo plazo no tendría ninguna relación con el ámbito perceptivo, que en cambio caracteriza a la memoria a corto plazo y a la icónica. El cognoscitivismo, que hizo de la memoria el objeto específico de su estudio, elaboró además modelos interpretativos derivados de las categorías conceptuales de la teoría de la **información** (v.) y de la **cibernética** (v.). En efecto, la fabricación de memorias para computadora permite elaborar modelos que también resultan válidos para el funcionamiento de la mente humana, y viceversa. En el ámbito de la sociobiología (v. **genética**, § 5), R. Dawkins propuso, como contrapartida cultural del gen, el *meme*, o sea la unidad de la heredabilidad cultural que tendría algunas de las propiedades de la evolución biológica, con la posibilidad de transmisión cultural de individuo a individuo. Dawkins también distingue los memes, que son las unidades de información conservadas en la memoria, de sus productos, que son sus manifestaciones exteriores perceptibles. El debate de esta hipótesis está todavía abierto. Por último, por lo que se refiere a la teoría psicoanalítica de la memoria y a la incompatibilidad, postulada por Freud, entre conciencia y memoria, véase la voz **engrama**, § 1.

BIBLIOGRAFÍA: Aganoff, B.W. (coord.) (1980); Anderson, J.R. y G.H. Bower (1973); Baddeley, A. (1982); Bartlett, F.C. (1932); Bergson, H. (1896); Coltheart, M. (1980); Cornoldi, C. (1986); Dawkins, R. (1979); Ebbinghaus, H. (1885); Freud, S. (1892-1895); Freud, S. (1894); Freud, S. (1901); Freud, S. (1915); Hilgard, E.R., R.C. Atkinson y R.L. Atkinson (1967); Hunter, I.M. (1964); Katona, G. (1940); Kennedy, A. y A. Wilkes (1975); Kintsch, W. (1970); Kintsch, W. (1977); Luria, A.R. (1962); McGaugh, J.L. y M.M. Herz (1972); Melton, A.M. (1963); Musatti, C. (1949); Rapaport, D. (1942); Reed, G. (1972); Robustelli, F. (1972); Roncato, S. (1982); Rosenfield, I. (1988); Rosenzweig, M.R. y E.L. Bennet (coords.) (1976); Roy John, E. (1967); Semon, R. (1908); Spinnler, H.B., A. Sterzi y G. Vallar (1977); Tarpy, R.M. y R.E. Mayer (1978); Viale, R. (coord.) (1989); Whitty, C.W.M. y O.L. Zangwill (coords.) (1977).

menarca
v. MENSTRUACIÓN.

menarquia
v. MENSTRUACIÓN.

meninge (al. *Hirnhaut*; fr. *méninge*; ingl. *meninx*; it. *meninge*)

Cada una de las tres membranas de tejido conjuntivo que envuelven al encéfalo y a la médula espinal, interponiéndose entre ellos y las paredes óseas. De afuera hacia adentro se denominan duramadre, aracnoides y piamadre; por ellas corren los vasos que sirven para la irrigación del sistema nervioso central. Entre la aracnoides y la piamadre hay un espacio que contiene el líquido cefalorraquídeo, que tiene la tarea de proteger los órganos nerviosos de golpes y compresiones. La inflamación de las meninges causa la *meningitis*, que puede ser cerebral o espinal, y que se manifiesta con fiebres, hemicráneas, trastornos de la conciencia, retracción y tensión de los músculos abdominales, hiperestesia cutánea, trastornos de la visión y alteración del líquido cefalorraquídeo. En caso de recuperación no son extraños los trastornos permanentes del sistema nervioso central.

meningitis
v. MENINGE.

menopausia
v. MENSTRUACIÓN.

menorragia
v. MENSTRUACIÓN.

menorrea
v. MENSTRUACIÓN.

mensaje
v. COMUNICACIÓN, § 1.

menstruación (al. *Menstruation*; fr. *menstruation*; ingl. *menstruation*; it. *mestruazione*).

Hemorragia cíclica debida a la descamación de la membrana uterina. La duración media es de cuatro a cinco días con intervalos de cuatro semanas en las mujeres sexualmente maduras y no fecundadas. La primera menstruación, que se designa con el nombre de *menarca* [o *menarquia*] aparece alrededor de los 13 años, con variaciones en cada raza y de acuerdo con la constitución, el clima y el modo de vivir. Al principio las menstruaciones son irregulares y muchas veces sin ovulación, que es el requisito de la fecundación. Cuando el flujo menstrual es regular en términos de cantidad y de frecuencia se habla de *menorrea*; cuando está alterado de *menorragia*, que se puede manifestar como hipermenorrea e hipomenorrea por lo que se refiere a la cantidad, y como polimenorrea y oligomenorrea por lo que se refiere a la frecuencia. Por último, se habla de *metrorragia* para las hemorragias uterinas independientes del ciclo ovárico.

Las menstruaciones se acompañan de dolor pélvico que recibe el nombre de *dismenorrea*, más acentuado en mujeres con un umbral muy bajo al dolor o con dificultad para aceptar la función femenina. Este dolor puede adquirir el significado de lenguaje sintomatológico para comunicar malestar conyugal, miedo al sexo, agresividad hacia la pareja. En efecto, las menstruaciones entrañan un elevado significado simbólico que va desde la fecundidad hasta la castración cruenta, de la purificación a la impureza, con repercusiones en la experiencia psíquica. Además, los desequilibrios hormonales y electrolíticos que preceden a la fase menstrual llevan a una exasperación de los rasgos del carácter, a un aumento de tensión con frecuencia acompañada de depresión, ansiedad hipocondriaca y hemicránea.

Amenorrea es la ausencia de menstruación, *fisiológica* en la edad prepuberal, en el estado de gravidez, puerperio y la menopausia, *patológica* cuando depende de defectos anatómicos, disfunciones hormonales o tumores, y *psicógena*, como en los casos de anorexia, de la que es un síntoma, y en las mujeres sometidas a estrés emocional relativo al trabajo, la vida sexual, acontecimientos graves, o cambios radicales y traumáticos de su existencia. La amenorrea puede ser *primaria* cuando no se produce la menarca al inicio de la madurez sexual, o *secundaria* cuando se registra una interrupción de los flujos menstruales en una mujer adulta que ya había tenido un ciclo normal. La amenorrea con frecuencia está asociada con síntomas de gravidez imaginaria (con inflamación del vientre, de los senos y náuseas, que pueden ser indicios de una personalidad histérica), y acompaña a muchas enfermedades psiquiátricas y en especial a las esquizofrenias. Existen diversas interpretaciones de la amenorrea psicógena que se refieren al temor por la integridad física o a la realización alucinatoria del deseo de gravidez.

Menopausia es el final de la actividad cíclica uterina en la mujer, con la consiguiente desaparición de las menstruaciones, en ese período involutivo de la vida que abarca entre los 45 y los 55 años que recibe el nombre de *climaterio*, caracterizado por una sintomatología neurovegetativa (sudoración, oleadas de calor), modificaciones somáticas y trastornos emocionales que se expresan en estados de ansiedad, insomnio, manifestaciones hipocondriacas, **depresiones** (*v.*, § 4, *e*) vinculadas a la pérdida de la capacidad procreadora y compensadas, en ocasiones, por un aumento de la actividad sexual, por investimientos afectivos con rasgos adolescentes, por investimientos sociales y laborales orientados a realizar un nuevo y satisfactorio nivel de ajuste. También se habla de un climaterio masculino, vinculado a la disminución de la potencia sexual, pero de naturaleza esencialmente psicológica.

BIBLIOGRAFÍA: Alexander, F. (1950); Benedek, T.F. (1959-1966); Harding, E. (1934); Pasini, W (1979); Weideger, P. (1975).

mentalidad (al. *Mentalität*; fr. *mentalité*; ingl. *mentality*; it. *mentalità*)

Conjunto de disposiciones psicológicas e intelectuales, de creencias fundamentales y hábitos, que caracterizan a un individuo, grupo, pueblo, período histórico, o fase del desarrollo individual o colectivo. Con este sentido se habla de mentalidad infantil, de mentalidad primitiva o de mentalidad de la época, que se traduce en comportamientos institucionalizados o en formas de vivir y de pensar típicas.

mentalismo (al. *Mentalismus*; fr. *mentalisme*; ingl. *mentalism*; it. *mentalismo*)

El término se utiliza: 1] como sinónimo de **psicologismo** (*v.*); 2] como sinónimo de **animismo** (*v.*); 3] y en sentido más específico como denominación de la teoría compartida por los cognoscitivistas, en contraposición a los conductistas, según la cual los procesos mentales existen independientemente de su manifestación en el comportamiento y pueden fungir como explicaciones del mismo.

mentalización (fr. *Mentalisation*, it. *mentalizzazione*)

Término que introdujo E. Claparède para indicar la elaboración psíquica de tensiones conflictivas. El término lo adoptó la escuela psicosomática francesa para explicar numerosos trastornos que el cuerpo registra por la insuficiente toma de conciencia de los conflictos psíquicos subyacentes. La insuficiente mentalización de las tensiones emotivas, fisiológica en los niños o gravemente ausente en los adultos, determina su descarga por vía somática (*v.* **conversión**).

BIBLIOGRAFÍA: Claparède, E. (1909).

mente (al. *Geist*; fr. *esprit*; ingl. *mind*; it. *mente*)

Término genérico que designa el conjunto de las actividades psíquicas. La palabra adquiere su importancia semántica a partir de R. Descartes, quien identifica la mente con la *res cogitans*, distinta del cuerpo o *res extensa* (*v.* **dualismo psicofísico**). A la *rex extensa* pertenecen todas las cosas materiales caracterizadas por la extensión y por el movimiento (*v.* **mecanicismo**) que siguen las leyes deterministas de la causalidad (*v.* **determinismo**); a la *res cogitans*, que privada de extensión y divisibilidad escapa al mecanismo y al determinismo, corresponde el pensamiento que concibió Descartes y el racionalismo que él inició como *sustancia*, y que D. Hume concibió, quien lleva hasta sus últimas consecuencias las premisas que inició el empirismo, como un conjunto de impresiones e ideas. Por su parte I. Kant, utilizando una síntesis superior a las aportaciones que le ofrecieron el racionalismo y el empirismo, concibe la mente como la actividad unificadora del material sintetizado por las intuiciones sensibles.

Con la llegada de la psicología científica el significado del término se traslada a los distintos sistemas de pensamiento, que lo determinan basándose en su propia estructura de categorías y en sus premisas teóricas, que se expresan en el **elementarismo** (*v.*), según el cual la mente se puede separar en sus elementos simples siguiendo el modelo que ofrece la ciencia química (*v.* **neurotrasmisor**); el **funcionalismo** (*v.*), que interpreta la mente como una función que permite al organismo adaptarse al ambiente; en el **asociacionismo** (*v.*), que considera la mente como una combinación de elementos de orden sensorial que se organizan basándose en determinadas leyes asociativas; en el **conductismo** (*v.*), que niega la posibilidad de indagar en los procesos mentales más allá de su versión de la conducta observable; en el **cognoscitivismo** (*v.*), que hace de la mente el centro de la subjetividad entendida como agente activo capaz de elaborar y transformar las informaciones que se derivan de la experiencia; en la **psicología de la forma** (*v.*), que ve en la mente la sede de la organización y de la configuración unitaria de los datos psíquicos, cuya complejidad no resulta de la suma de cada uno de los elementos; en la **fenomenología** (*v*.), que, aceptando de la *psicología del acto* (*v*. **acto**, § 1) la noción de intencionalidad, concibe la mente como apertura original del hombre hacia el mundo; en el **psicoanálisis** (*v*.) que identifica la mente con el área de la conciencia, concebida no como sustancia sino como proceso comprensible a partir de los condicionamientos inconscientes; en la **psicología sistémica** (*v*.), que visualiza la mente a partir de los procesos comunicativos que pueden indagarse con los modelos proporcionados por la **cibernética** (*v*.); en la **psicología social** (*v*.), que ve en la mente la manifestación de las interacciones entre individuos, oponiéndose a todo tipo de sustancialismo ontológico y de reduccionismo fisiológico; en el **fisicalismo** (*v*.), que en la forma del materialismo científico reduce la mente al cerebro, mientras en la forma del conductismo lógico reduce lo mental a una rama de la física que puede investigarse a partir del comportamiento corporal. Cada una de estas orientaciones inicia su propia metodología que refleja su respectiva perspectiva epistemológica, poniendo entre paréntesis el problema ontológico relativo a la naturaleza de la mente en torno al cual había investigado la psicología en su versión filosófica.

BIBLIOGRAFÍA: Bateson, G. (1972); Bateson, G. (1979); Brentano, F. (1874); Bruner, J.S. (1988); Campbell, K. (1970); Carnap, R. (1931); Changeux, J.P. (1983); Dennet, D.C. (1978); Descartes, R. (1641); Freud, S. (1938); Gardner, H. (1985); Gava, G. (1977); Jaynes, J. (1976); Johnson-Laird, P.N. (1990); Mead, G.H. (1934); Minsky, M. (1986); Moravia, S. (1986); Putnam, H. (1975); Ryle, G. (1949); Searle, J.R. (1988); Viale, R. (coord.) (1989); Weisenbaum, J. (1976).

mente-cuerpo
v. DUALISMO PSICOFÍSICO.

mentira (al. *Lüge*; fr. *mensonge*; ingl. *lie*; it. *menzogna*)

La mentira es un ocultamiento o una falsa reproducción de los hechos con el fin de buscar situaciones ventajosas, de evitar situaciones difíciles, de no causarse daño a uno mismo y a los demás. En el caso de la mentira infantil se debe considerar la dificultad para establecer una división neta entre la alteración de la realidad y la tendencia infantil a la reproducción fantástica. Al respecto S. Freud escribe: "Es comprensible que los niños mientan toda vez que así imitan las mentiras de los adultos. Pero algunas mentiras de niños bien criados tienen un significado particular y deben llamar a reflexión al educador en vez de enojarlos. Se producen bajo el influjo de unos motivos de amor hiperintensos y se vuelven fatales si provocan un malentendido entre el niño y la persona amada por él" (1913 [1976: 323]). En la persona adulta, además de la mentira consciente para conseguir determinados fines, puede existir una tendencia habitual a la mentira bajo la forma de exageración, alarde, falso recuerdo o verdadera mentira que llega a creer su mismo autor, y en ese caso se habla de **seudología** (*v*.), frecuente en personalidades histéricas o psicópatas. Por último, A. Adler introdujo la expresión "mentira de vida" para indicar aquellos autoengaños con los que muchos sujetos compensan su complejo de inferioridad.

BIBLIOGRAFÍA: Adler, A. (1912); Freud, S. (1913); Haenseller, H. (1968).

mercado
v. PSICOLOGÍA COMERCIAL.

merergasia
v. ERGASIA.

mescalina
v. DROGA, § 2.

mesencéfalo
v. ENCÉFALO, § 1, *b*.

mesmerismo
v. HIPNOSIS.

mesomorfismo
v. TIPOLOGÍA, § 1, *c*.

meta (al. *Ziel*; fr. *but*; ingl. *aim*; it. *meta*)

Objetivo que implica realizar una actividad para alcanzarlo. El término es recurrente en *psicología general* a propósito de las técnicas motivacionales que prevén la asignación de objetivos a alcanzar como etapas en el desarrollo de un trabajo finalizado y organizado; en la *psicología experimental*, como incentivo en los experimentos de condicionamiento y aprendizaje (*v.*, § I, 1, 2); en el *psicoanálisis*, como satisfacción de una tensión pulsional, cuya meta puede inhibirse o sublimarse (*v.* **pulsión**, § 1, *c*).

metabolismo (al. *Metabolismus*; fr. *métabolisme*; ingl. *metabolism*; it. *metabolismo*)

Conjunto de transformaciones bioquímicas y energéticas que suceden en el organismo y, por extensión metafórica, en la psique.

1] *Metabolismo orgánico*. En términos biológicos se distinguen dos momentos: el *anabolismo*, que es la transformación de las sustancias nutritivas en la materia específica de cada órgano y en el almacenamiento de materiales de reserva para crecer, mantenerse y resistir el desgaste, y el *catabolismo*, que es la transformación de las sustancias específicas y de los materiales de reserva en componentes más simples, los últimos de los cuales son eliminados a través de los órganos de excreción.

2] *Metabolismo psíquico*. S. Freud adopta el esquema orgánico como modelo en el que se reflejan las pulsiones de vida (anabolismo) y de muerte (catabolismo) que él identificó como los componentes generales de la dinámica psíquica (*v.* **pulsión**, § 1, *g*, 2). Con otra acepción K. Abraham adopta la expresión "metabolismo psíquico" para describir la condición típica del estado maniaco (*v.* **manía**) en la cual el sujeto, disponiendo de todos los impulsos en su momento inhibidos, y de la energía que entonces utilizó para inhibirlos, tiene continuamente hambre de nuevos objetos pero se deshace rápidamente de ellos porque no es capaz de efectuar un investimiento significativo en los mismos. O. Fenichel, subrayando el carácter oral de la actitud maniaca, escribe que "la aparente hipergenialidad del maniaco tiene un carácter oral y tiende a la incorporación de todo. Abraham describió esta condición cuando afirmó que el 'metabolismo psíquico' está aumentado en la manía. El paciente tiene hambre de nuevos objetos, pero también se libera muy rápidamente de ellos, y los abandona sin ningún remordimiento" (1945: 458).

BIBLIOGRAFÍA: Abraham, K. (1924); Fenichel, O. (1945); Freud, S. (1937); Freud, S. (1938).

metadona (al. *Methadon*; fr. *méthadone*; ingl. *methadone*; it. *metadone*)

Sustancia sintética del grupo de los estupefacientes (*v.* **droga**, § 1), que presenta propiedades farmacológicas comparables a las de la morfina, pero de la que se distingue por una mayor duración de la acción y una tolerancia que se desarrolla más lentamente. Por este motivo se utiliza en el control de los síndromes de abstinencia de drogas del grupo de las opiáceas y como tratamiento en la terapia de deshabituación, mediante la reducción progresiva de las dosis hasta la suspensión completa. La aplicación terapéutica de este producto continúa en discusión porque la metadona, a su vez, induce dependencia y, a largo plazo, puede provocar los mismos efectos que los demás estupefacientes.

metaerg
v. ERG.

metáfora (al. *Metapher*; fr. *métaphore*; ingl. *metaphor*; it. *metafora*)

Transferencia semántica que prevé la sustitución de una palabra por otra por "semejanza", a diferencia de la *metonimia*, donde la sustitución se verifica por "contigüidad". Esta definición, casi universalmente aceptada, la formuló R. Jakobson, para quien "el desarrollo de un discurso se puede dar según dos directrices semánticas diferentes: un tema conduce a otro tanto por semejanza como por contigüidad. La denominación más apropiada para el primer caso sería *directriz metafórica*, para el segundo *directriz metonímica*" (1956: 40). En la base de la metáfora existe, como ya lo había comprendido Aristóteles, una relación de analogía: "La metáfora consiste en darle a una cosa el nombre que pertenece a otra cosa, transferencia que se puede efectuar del género a la especie o de la especie al género, o de especie a especie o en la base de una analogía" (*Poética*, 21, 1457 b). Si digo "el anochecer de la vida" expreso una *metáfora donde B:A = D:C* (vejez:vida = anochecer:día); aquí la relación es de *semejanza*; si en cambio digo: "corona" en lugar de "rey", expreso una *metonimia*, porque entre corona y rey no existe una relación de semejanza sino de contigüidad.

1] FILOSOFÍA DEL LENGUAJE. Hay dos posiciones principales en torno de la metáfora: *a*] el lenguaje es metafórico por naturaleza, y toda convención lingüística nace después para limitar la riqueza metafórica que caracteriza al hombre en cuanto animal simbólico; *b*] la lengua es una estructura regida por reglas que dice cuáles frases se pueden generar y cuáles no. Respecto a estas reglas la metáfora es un desorden lingüístico que no produce conocimiento. Dentro de la primera posición hay quien afirma, como U. Eco, que la metáfora sólo es legible dentro de un código cultural, y quien como P. Ricœur piensa que la metáfora es el elemento creativo y productivo de la cultura. Eco escribe: "La imaginación sería incapaz de inventar (o reconocer) una metáfora, si la cultura, bajo la forma de posible estructura del sistema semántico global, no le proporcionase la red subyacente de las contigüidades arbitrariamente estipuladas. La imaginación no es otra cosa que un raciocinio que recorre con prisa las vías del laberinto semántico, y en la prisa pierde el sentido de su estructura férrea. La imaginación 'creativa' ejecuta ejercicios temerarios sólo porque existe un andamio que la sostiene y le sugiere los movimientos gracias a su red de paralelas puestas perpendicularmente una a otra. El andamio es la lengua. En ésta la Palabra (*performing the competence*) juega" (1971: 108). Ricœur, en cambio, está convencido de que la metáfora es "la capacidad creativa del lenguaje" en el sentido de que "el lugar de la metáfora, su lugar más íntimo y radical, no es el nombre ni la frase, ni siquiera el discurso, sino la cópula del verbo ser. El 'es' metafórico significa al mismo tiempo 'no es' y 'es'. Si así están las co-

sas está fundado que hablemos de verdad metafórica, pero dándole un sentido 'tensional' al término 'verdad'" (1975: 5).

2] PSICOANÁLISIS. Metáfora y metonimia corresponden respectivamente a las figuras que ilustró S. Freud como **condensación** (*v.*) y **desplazamiento** (*v.*), dos modos de los procesos inconscientes particularmente visibles en el sueño, el síntoma y el ingenio: aquí una imagen o una palabra representa por sí sola varias cadenas asociativas de las que constituye el punto de intersección (condensación), y el significado de una representación se transfiere hacia un elemento particular de ésta, o a algo que tiene algún vínculo con la primera representación (desplazamiento). Como se trata de procesos inconscientes, no siempre el vínculo que subyace a la metáfora o la metonimia se basa en un código cultural compartido; en ocasiones, como con frecuencia se constata en el lenguaje esquizofrénico, el vínculo es absolutamente individual y privado (en griego, ἴδιος) por lo que ya no se habla de metáfora o de metonimia, sino de *idiosincrasia*.

J. Lacan que, con Jakobson, puso en evidencia la correspondencia entre metáfora y condensación, y entre metonimia y desplazamiento, sostiene que la metáfora es intraducible, no porque no sería cercana al significado original sino porque sustituye un significante que falta: "La metáfora se coloca en el punto preciso donde el sentido se produce en el sinsentido" por lo que "se puede decir que es en la cadena del significante que el sentido *insiste*, pero que ninguno de los elementos de la cadena *consiste* en la significación de la que es capaz en aquel mismo momento" (1957: 497). Representando el deseo inconsciente que es *falta* (*v.* **lacaniana, teoría**, § 9), la metáfora, como cadena significante, gira alrededor de la falta de un significado original, por lo que no sustituye un objeto con otro sino que pone un objeto en lugar de una falta de objeto, origen del deseo. Respecto a la metáfora, la metonimia ofrece la posibilidad de representar el objeto que satisfaría el deseo inconsciente desplazándolo interminablemente a lo largo de la trama de las alusiones hacia objetos contiguos. Esto no significa que siguiendo esta trama el deseo encuentre su objeto, porque, para Lacan, es el deseo mismo el que es metonímico: "De hecho es la prohibición del incesto la que, privando al sujeto de todo conocimiento posible del objeto primordial, el cual se rodea de la amenaza de castración, funda el deseo en la falta, que así se instaura como deseo metonímico, deseo de cualquier otra cosa encontrada" (1970: 256). Para mayor profundización de acuerdo con la interpretación lacaniana del inconsciente como retórica véase la voz **lacaniana, teoría**, § 3, 4; para la interpretación freudiana de los mecanismos retóricos del inconsciente véase la voz **retórica**.

BIBLIOGRAFÍA: Aristóteles (1973); Black, M. (1954); Blumenberg, H. (1960); Eco, U. (1971); Eco, U. (1980); Freud, S. (1899); Freud, S. (1905); Henry, A. (1971); Jakobson, R. (1956); Lacan, J. (1957); Lacan, J. (1977); Ricœur, P. (1975); Rovatti, P.A. (1988); Weinrich, H. (1976).

metalenguaje (al. *Metasprache*; fr. *métalangage*; ingl. *metalanguage*; it. *metalinguaggio*)

Lenguaje en cuyo interior es posible hablar de otro lenguaje, llamado lenguaje-objeto, a condición de que el metalenguaje contenga los *nombres* para todas las expresiones del lenguaje-objeto; la *sintaxis* para las relaciones entre estas expresiones; la *semántica* para las relaciones entre las expresiones del lenguaje-objeto y las entidades extralingüísticas en cuyos términos éstas se interpretan. Un ejemplo de metalenguaje es la **metapsicología** (*v.*) que ideó S. Freud para la lectura del lenguaje psicológico.

metamorfosis
v. ILUSIÓN, § 4.

metanoia

Término griego proveniente de la lectura del Nuevo Testamento con el que se indica un cambio radical en el modo de pensar y de sentir, después de una experiencia que trasciende los valores que regulan generalmente la vida cotidiana. El término lo utiliza R.D. Laing para designar un proceso de transformación liberadora mediante el cual se sigue a la persona mentalmente trastornada durante el "viaje" a su caos interior, al final del cual se puede volver a emerger con una conciencia reno-

vada de sí: "En lugar de la ceremonia de degradación del examen psiquiátrico, del diagnóstico y del pronóstico, hay necesidad de un ceremonial de iniciación, en el curso del cual el individuo sea guiado en el espacio y en el tiempo interiores por personas que ya hayan estado ahí y hayan regresado" (1967: 140).

BIBLIOGRAFÍA: Laing, R.D. (1967).

metapsicología (al. *Metapsychologie*; fr. *métapsychologie*; ingl. *metapsychology*; it. *metapsicologia*)

Denominación que asignó S. Freud a su propia teoría general de la psique con la intención de conferirle al psicoanálisis el carácter y el método de las ciencias exactas. Freud escribe al respecto: "Muchas veces hemos oído sostener el reclamo de que una ciencia debe construirse sobre conceptos básicos claros y definidos con precisión. En realidad, ninguna, ni aun la más exacta, empieza con tales definiciones. El comienzo correcto de la actividad científica consiste más bien en describir fenómenos que luego son agrupados, ordenados e insertados en conexiones. Ya para la descripción misma es inevitable aplicar al material ciertas ideas abstractas que se recogieron de alguna otra parte, no de la sola experiencia nueva. [...] En rigor, poseen entonces el carácter de convenciones, no obstante lo cual es de interés extremo que no se las escoja al azar, sino que estén determinadas por relaciones significativas con el material empírico, relaciones que se cree colegir aun antes de que se las pueda conocer y demostrar." (1915 [1976: 113]). Las formulaciones metapsicológicas describen el **aparato psíquico** (*v.*) desde el punto de vista dinámico, económico y tópico.

BIBLIOGRAFÍA: Freud, S. (1915).

metatropismo (al. *Metatropismus*; fr. *métatropisme*; ingl. *metatropism*; it. *metatropismo*)

Tendencia a asumir actitudes y comportamientos típicos del otro sexo con preponderancia de las funciones pasivas en el hombre (*afeminación*) y activas en la mujer (*virilis-*

mo). Esta distinción depende, además de los modelos elaborados por la cultura de pertenencia, también de la distinción psicoanalítica que refiere la diferencia masculino-femenino al género más amplio de **actividad-pasividad** (*v.*).

metempsicosis (al. *Metempsychose*; fr. *métempsychose*; ingl. *metempsychosis*; it. *metempsicosi*)

Teoría según la cual las almas, después de la muerte del cuerpo, están sujetas a numerosas reencarnaciones. Plotino habla más correctamente de *metemsomatosis (Ennéades*, II, 9, 6, 3, 13) y refiere que esta creencia antiquísima es de origen oriental. El motivo, introducido en la Grecia Antigua por el orfismo, lo retomó el gnosticismo, que vio en la metempsicosis la vía para expiar las culpas y desarrollar la capacidad latente en el alma de abrirse al conocimiento (gnosis) total. Esta teoría persiste en el hinduismo y en el budismo, que prevén técnicas de liberación del ciclo de los nacimientos y las muertes mediante la extinción del deseo, o nirvana. En psicología se adelantó la hipótesis de que la idea de la metempsicosis puede haber surgido de la experiencia psicológica del *déjà vu* (*v.* **memoria**, § 8, *d*), en el sentido de que, si se tiene la impresión de haber vivido ya una experiencia en realidad nueva, se puede pensar que se la ha vivido en una existencia anterior.

BIBLIOGRAFÍA: Eliade, M. (1975-1983); Plotino (1959); Reed, G. (1972).

metencefalina
v. ENDORFINA.

método
v. PSICOLOGÍA, § III, 3.

metonimia
v. METÁFORA.

metrorragia
v. MENSTRUACIÓN.

mí
v. YO, § 5; SÍ MISMO, § 2.

microcefalia (al. *Mikrokephalie*; fr. *microcéphalie*; ingl. *microcephaly*; it. *microcefalia*)

Dimensiones reducidas del cráneo por desarrollo incompleto del encéfalo o por osificación anticipada. Puede ser congénita o producida por enfermedades prenatales; en ambos casos se acompaña de retraso mental.

microgiria
v. MACROGIRIA-MICROGIRIA.

micromanía (al. *Mikromanie*; fr. *micromanie*; ingl. *micromania*; it. *micromania*)

Convicción de que el propio cuerpo o alguna de sus partes se haya quedado o vuelto muy pequeño. Un ejemplo es el complejo del pene chico.

micropsia
v. MACROPSIA-MICROPSIA.

microsomatognosia
v. SOMATOAGNOSIA, § 1, *h*.

microzoopsia (al. *Mikrozoopsie*; fr. *microzoopsie*; ingl. *microzoopsia*; it. *microzoopsia*)

Alucinaciones visuales en las que el sujeto está convencido de ver animalitos rastreros u hormigueantes, acompañadas por una intensa reacción de ansiedad. Es típica del *delirium tremens* (*v.* **alcoholismo**, § 6, *a*).

midriasis (al. *Mydriasis*; fr. *mydriase*; ingl. *mydriasis*; it. *midriasi*)

Dilatación de la pupila, que es fisiológica en el caso de exposición a la oscuridad o en presencia de estímulos emotivos intensos; inducida por estimulación del simpático mediante sustancias simpaticomiméticas, como la cocaína y la adrenalina, o debida a parálisis del parasimpático por efecto de agentes parasimpaticolíticos, como la atropina y la escopolamina.

miedo (al. *Furcht*; fr. *peur*; ingl. *fear*; it. *paura*)

Emoción primaria de defensa provocada por una situación de peligro, que puede ser real, anticipada por la previsión, evocada por el recuerdo o producida por la fantasía. El miedo con frecuencia está acompañado por una reacción orgánica, de la que es responsable el sistema nervioso autónomo, que prepara al organismo para las situaciones de emergencia disponiéndolo, aunque de manera no específica, a la preparación para la defensa, que se traduce por lo general en actitudes de lucha y fuga; en cambio, cuando es ampliada y relativa a objetos, animales o situaciones que no pueden ser considerados aterrorizantes, asume los rasgos patológicos de la *fobia* (v.), que el psicoanálisis interpreta como una defensa ante la angustia. Siempre en el ámbito psicoanalítico, S. Freud distingue el *miedo*, que "requiere un objeto determinado, en presencia del cual uno lo siente", de la *angustia* (v., § 2), que "designa cierto estado como de expectativa frente al peligro y preparación para él, aunque se trate de un peligro desconocido", y del *susto* (v.), que "en cambio, se llama terror al estado en que se cae cuando se corre un peligro sin estar preparado: destaca el factor de la sorpresa." (1920 [1976: 12-13]).

BIBLIOGRAFÍA: Freud, S. (1920).

mielina (al. *Myelin*; fr. *myéline*; ingl. *myelin*; it. *mielina*)

Sustancia que envuelve como capa aislante las fibras del sistema nervioso, permitiendo un notable aumento en la intensidad de transmisión de los impulsos nerviosos. En el hombre la cubierta mielínica recubre todas las fibras de diámetro superior a un micrón (fibras mielínicas), y está ausente en las más finas (fibras amielínicas). Se interrumpe a intervalos regulares (nódulos de Ranvier) que a su vez son recubiertos por otra capa continua denominada *neurilema*. Los modelos de la actividad nerviosa se regulan paralelamente a la mielinización, que sólo se completa después del nacimiento.

migración (al. *Auswanderung*; fr. *migration*; ingl. *migration*; it. *migrazione*)

Desplazamiento de una unidad espacial a otra. En el caso de los animales se habla de *instinto migratorio*, que puede ser ontogenético, como en algunas especies de peces, que después de varios años recorren miles de kilómetros para reproducirse en el lugar de origen, o anual, como en algunas especies de aves que se desplazan entre el lugar de reproducción y el lugar de hibernación. En el caso del hombre la migración se da por causas económicas, políticas, raciales, religiosas, y es objeto de estudio de la psicología social.

BIBLIOGRAFÍA: Alberoni, F. (1960); Baker, R.R. (1978).

militar
v. PSICOLOGÍA MILITAR.

mimetismo (al. *Mimikry*; fr. *mimétisme*; ingl. *mimetism*; it. *mimetismo*)

Semejanza protectora que algunos animales o vegetales asumen con el entorno, para evitar ser identificados, o con otro organismo, por las ventajas que dicha semejanza le procura. Este segundo caso se observa entre los animales que pueden parecerse a una especie que no es apetecible, como en el caso de los insectos que desarrollan una zona abdominal parecida a la de las abejas para protegerse de los depredadores que evitan a las abejas. En sentido figurado el término también se aplica a las conductas típicas de los sujetos que evitan exponerse en el nivel individual.

BIBLIOGRAFÍA: Wickler, W. (1968).

mímica (al. *Mimik*; fr. *mimique*; ingl. *mime*; it. *mimica*)

Medio expresivo a cargo de los *gestos* (*v.*) y de los movimientos faciales. Puede ser espontánea, cuando expresa estados emotivos, o convencional, cuando es el resultado de procesos de aprendizaje o de características culturales. Puede acompañar al lenguaje verbal, proporcionándole una mayor expresividad, o sustituirlo, o traicionar una intención diferente a la que expresan las palabras. La ausencia de mímica recibe el nombre de *amimia*.

mineralcorticoide
v. ENDOCRINO, SISTEMA, § 5, *a*.

minoría (al. *Minderheit*; fr. *minorité*, ingl. *minority*; it. *minoranza*)

Grupo homogéneo que por su raza, lengua, cultura o religión se siente diferente a la mayoría de la población de un país. En el concepto de minoría confluyeron por extensión conceptos de otra naturaleza, como desigualdad social, prejuicios, exclusivismo cultural, intolerancia, que caracterizan a cualquier grupo que se encuentra en contraste con los valores compartidos y con las costumbres practicadas por la mayor parte de la colectividad. La cuestión de la minoría, que es competencia de la psicología social, abarca los problemas de la integración, la desviación y la garantía de los derechos.

BIBLIOGRAFÍA: Autores varios (1975); Park, R.E. (1928).

miokinético, test (al. *Myokinetischer Test*; fr. *test myocinétique*; ingl. *myokinetic test*; it. *miocinetico, test*)

Test objetivo de personalidad que preparó E. Mira y López basándose en el principio teórico, que también sostiene E. Kretschmer, de que en el hombre existe una íntima conexión entre procesos motores y procesos mentales. El test prevé que el sujeto recorra con un lápiz algunas figuras geométricas, la primera vez con ayuda de la vista y la segunda sin ella, una vez con la mano derecha y otra con la izquierda, para poder evidenciar las aptitudes conscientes y controladas por la personalidad, vinculadas a la mitad del cuerpo funcionalmente dominante, respecto a aquellas inconscientes y potenciales, vinculadas a la mitad del cuerpo funcionalmente menos evolucionada.

BIBLIOGRAFÍA: Kretschmer, E. (1921); Mira y López, E. (1962).

miopía (al. *Myopie*; fr. *myopie*; ingl. *myopia*; it. *miopia*)

Anomalía visual que sólo permite ver con claridad los objetos cercanos al ojo. Se produce cuando el globo ocular es demasido largo por lo que los rayos provenientes de un objeto distante se concentran en un plano anterior a la retina. En cambio, en el caso que el globo ocular sea muy corto y los rayos provenientes de un objeto distante se concentren en un plano posterior a la retina cuando el músculo ciliar está relajado, se habla de *hipermetropía*.

mirada (al. *Blick*; fr. *regard*; ingl. *look*; it. *sguardo*)

Forma fundamental de interacción entre los seres humanos a partir de las primeras fases de la vida cuando, a las pocas semanas, se inicia la relación madre-hijo. Las señales transmitidas con la mirada, aunque diferentes de una cultura a otra, expresan el mundo de las emociones y de las intenciones, a partir de las más simples, como las formas de acercamiento y de evitación, hasta las más complejas, que dan expresión al amor y al odio. En el ámbito fenomenológico la mirada ha sido considerada como la forma originaria del ser-para-otros en ese juego de las subjetividades en el cual es, como escribe J.-P. Sartre, la fuente de toda objetivación: "Antes que nada, la mirada de otro, como condición necesaria de mi objetividad, es para mí destrucción de toda objetividad. La mirada de otros me alcanza a través del mundo, y no es solamente transformación de mí mismo sino metamorfosis total del mundo. Yo soy visto en un mundo visto. La mirada de otros niega mis distancias de los objetos y despliega sus distancias" (1943: 340-341). De la mirada Sartre deriva la **vergüenza** (*v.*), el **pu-**

dor (*v.*), el espacio de las posibilidades de la existencia, y la esencia escondida del poder.

BIBLIOGRAFÍA: Foucault, M. (1975); Sartre, J.-P (1943).

misantropía (al. *Misanthropie*; fr. *misanthropie*; ingl. *misanthropy*; it. *misantropia*)

Aversión por la humanidad en general que se manifiesta en la búsqueda de la soledad y en comportamientos asociales. Puede manifestarse en síndromes paranoicos o depresivos. El término lo acuñó Platón quien atribuye la misantropía a una confianza mal correspondida (*v.* **misología**).

misofilia (al. *Misophilie*; fr. *misophilie*; ingl. *misophilia*; it. *misofilia*)

Interés y deseo patológicos por lo sucio, interpretado psicoanalíticamente como fijación o regresión a la fase anal (*v.* **coprofilia**).

misofobia (al. *Misophobie*; fr. *misophobie*; ingl. *misophobia*; it. *misofobia*)

Fobia por lo sucio, acompañada por el temor a ser contaminados. Se manifiesta con la tendencia a lavarse las manos sin cesar o a tocar los objetos cautelosamente o con guantes. Desde el punto de vista psicoanalítico sería manifestación de una formación reactiva por una fijación o regresión a la fase anal (*v.* **coprofobia**).

misogamia (al. *Misogamie*; fr. *misogamie*; ingl. *misogamy*; it. *misogamia*)

Aversión por el matrimonio interpretable, desde el punto de vista psicoanalítico, a partir de un complejo edípico no resuelto.

misoginia (al. *Misogynie*; fr. *misogynie*; ingl. *misogyny*; it. *misoginia*)

Aversión por las mujeres, observable en igual medida tanto entre las mujeres como entre los hombres, por efecto de un conflicto homosexual latente. Se debe distinguir de la **ginofobia** (*v.*), que se refiere a una fantasía masculina de castración.

misología (al. *Misologie*; fr. *misologie*; ingl. *misology*; it. *misologia*)

Aversión por los razonamientos y las formulaciones lógicas. Platón, quien introdujo el término, piensa que nace por haber creído, sin discernimiento, razonamientos que después se revelaron falsos, "de la misma manera de la misantropía que se infiltra en nosotros cuando sin práctica de la vida confiamos en alguien que después se descubre perverso y desleal" (*Fedón*, 89 d)

BIBLIOGRAFÍA: Platón (1973).

misticismo (al. *Mystizismus*; fr. *mysticisme*; ingl. *mysticism*; it. *mysticism*)

Experiencia religiosa que prevé una comunicación directa entre hombre y Dios posibilitada por el gradual abandono de la experiencia sensible y por la superación de la reflexión racional, gracias a la cual es posible una percepción de lo divino en formas sobrenaturales o extáticas (*v.* **éxtasis**).

Todo recorrido místico prevé grados que van desde la visión del mundo como lugar de manifestación de Dios (*cogitatio*), al recogimiento del alma sede de la imagen de Dios (*meditatio*), a la contemplación extática de Dios (*contemplatio*). Este esquema de la mística medieval se encuentra en todas las formas de misticismo tanto oriental como occidental que, bajo otras denominaciones y subdivisiones, trazan el recorrido que prevé una ampliación de la conciencia capaz de aceptar percepciones y significados que van más allá de la experiencia religiosa ordinaria (*v.* **psicología de la religión**). C.G. Jung, quien llama

Sí al representante psicológico de la imagen de Dios, interpreta el misticismo como una apertura de la conciencia a la manifestación del Sí en su aspecto **numinoso** (*v.*), según el significado que a este término le confirió R. Otto (*v.* **psicología analítica**, § 4). El misticismo se debe distinguir de la **participación mística** (*v.*) de la que habla L. Lévy-Bruhl.

BIBLIOGRAFÍA: Gardet, L. y O. Lacombe (1988); Jung, C.G. (1938-1940); O'Brien, E. (1965); Otto, R. (1917); Pozzi, G. y C. Leonardi (1988); Staal, F. (1975); Zolla E. (coord.) (1976-1980).

mistificación (al. *Mystifikation*; fr. *mystification*; ingl. *mystification*; it. *mistificazione*)

Distorsión más o menos consciente de la realidad que R.D. Laing remonta a una división del yo en yo verdadero y yo falso, típica de la escisión esquizofrénica, en la cual "parecería que el objetivo de una maniobra semejante es únicamente la defensa de una identidad 'íntima' de la destrucción que se imagina puede llegar de afuera" (1959: 159). Laing, refiriendo un caso de mistificación, observa que "su ideal era el de no manifestarse jamás a nadie. Por consiguiente, actuaba las mistificaciones más tortuosas, si bien su ideal hacia sí mismo era ser lo más plenamente sincero y honesto posible" (1959: 82). En casos semejantes se está en presencia de "un 'yo' que no sabe encontrar un 'mí'" (1959: 193). Laing acusa al psicoanálisis de ser una "ciencia mistificadora" porque el sistema teórico de referencia prevé una escisión de la unidad subjetiva semejante a la esquizofrenia, donde "en lugar de la unión original *yo* y *tú*, se toma a un único hombre aislado y se conceptualizan sus varios aspectos: el yo, el superyó, el ello. El Otro se vuelve un objeto, interior o exterior, creando entidades cuya cualidad esencial no es la de estar en relación con los otros y con el mundo" (1959: 23).

BIBLIOGRAFÍA: Laing, R.D. (1959).

mito (al. *Mythus*; fr. *mythe*; ingl. *mith*; it. *mito*)

Término griego que, en el ámbito de esa cultura, significa a veces "palabra", "noticia", "novela" ["Dadme noticias (μῦδον) del hijo", implora Aquiles en el Hades], a veces la cosa misma ["Vuelve a presentar la cosa (μῦδον) a los dioses."]. En esta segunda acepción el término aparece no sólo en Homero sino también en Eurípides: "Conocerás la cosa (μῦδον) como es." Posteriormente, con la aparición de otro tipo de narración o discurso llamado λό–γος, caracterizado por la argumentación racional, la narración mítica asume el carácter fabulado de "leyenda", "fábula", "cuento", y con esta acepción se encuentra con Platón, quien, a propósito del saber que se refiere al ser, dice que no es el caso de "contar fábulas (μῦδον)" (*Sofista*, 242 c). El mito tiene en común con el *logos* la intención de conocer y de explicar el mundo, por lo que el paso de uno al otro no es tanto un paso de la fábula a la verdad como un paso entre dos formas diferentes de perseguir esa intención. Para el mito no hay realidad que no se resuelva en el mundo interior subjetivo, ampliado y proyectado hacia afuera, así como no hay mundo interior, como realidad psíquica del sujeto, que no sea proyectado y materializado bajo la forma de potencia divina. La narración mítica, por lo tanto, vive la subjetivación de la realidad externa y la objetivación del mundo interior. Por efecto de esta fusión para el mito no hay mundo que no se resuelva en la visión colectiva del mundo, por lo que en todo mito es posible observar una determinada fase de desarrollo de la conciencia social colectiva. En este contexto adquiere toda su importancia la expresión de Heráclito: "No escuchándome a mí, sino al *logos*, es sabio aceptar que todo es uno" (Diels-Kranz, fr. 50), donde la exclusión de la subjetividad y de la manipulación del intérprete marca el paso del mito al *logos*, de la descripción de las cosas tal como son vividas por quien las narra a su descripción según como se dan. En el curso de la historia la palabra "mito" ha tenido un campo de aplicación muy amplio y un abanico de definiciones que dependen de los presupuestos culturales que las proponen.

1] LA INTERPRETACIÓN PRELÓGICA. Ésta es la tesis de L. Lévy-Bruhl, para quien el mito es "una forma de conocimiento prelógico que no se organiza en una jerarquía de conceptos, unos subordinados a los otros, por lo que las nociones se quedan simplemente sin orden, formando una especie de cúmulo donde las contradicciones tienen menos probabilidades de ser así percibidas, descubiertas y rechazadas" (1935: 22). En la base del mito estaría, para Lévy-Bruhl, esa **participación mística** (*v.*), típica del pensamiento primitivo, que no permite distinguir el mundo real del imaginario y onírico: "Desde el punto de vista del primitivo no existe esta distinción. A sus ojos todas las especies de seres legendarios son reales, y la narración de sus gestas verdaderas" (1935: 26). A la objeción que presentó P. Wirz, según quien "el mundo sobrenatural nació de la necesidad de encontrar la causa de este o aquel fenómeno particular" (1925: 51), Lévy-Bruhl responde que "este criterio es válido sólo para nosotros", porque para los primitivos el mundo que nosotros llamamos sobrenatural "es real, y hasta más profundamente verdadero que el de las experiencias cotidianas y comunes. También esto es objeto de experiencia [...] por lo que la existencia de esta realidad sobrenatural no es 'deducida', ya que es inmediatamente 'dada'" (1935: 45).

2] LA INTERPRETACIÓN SOCIOLÓGICA. Esta interpretación la comparten J.G. Frazer, É. Durkheim, B. Malinowski y V. J. Propp, para quienes el mito sería una justificación retrospectiva de los elementos constitutivos de la vida de grupo. Al respecto Malinowski escribe que "el mito es sobre todo una fuerza cultural [...] que continuamente se regenera, y cada cambio histórico crea su mitología que, sin embargo, se asocia sólo indirectamente con el hecho histórico, porque el mito es un producto constante del estatus sociológico que necesita precedentes, y de la regla moral que necesita sanciones" (1926-1927: 58). Por su parte, Durkheim escribe que "casi todas las grandes instituciones sociales surgieron de la religión. [...] Si la religión generó todo eso que existe de esencial en la sociedad, es porque la idea de la sociedad es el alma de la religión" (1912: 458-459). También comparte estas líneas interpretativas Propp quien, además de subrayar la relación constante entre mitos e instituciones sociales, intenta explicar la transformación histórica del motivo mitológico basándose en la exigencia social de adaptar el mito a los cambios progresivos de las instituciones, en correspondencia a los cambios de las condiciones de vida.

3] LA INTERPRETACIÓN ESTRUCTURALISTA. Esta interpretación la sostiene C. Lévi-Strauss, quien no acepta que el mito sea el fruto de una "he-rramienta mental" diferente que el primitivo tendría respecto al civilizado; en efecto, como "la ciencia [...] crea [...] sus instrumentos y sus resultados gracias a las estructuras que fabrica sin descanso y que son sus hipótesis y sus teorías", de la misma manera "el pensamiento mítico elabora estructuras combinando acontecimientos, o más bien residuos de acontecimientos" (1962: 34). Para darse cuenta de esto es necesario reconducir la multiplicidad de los mitos al "mito de referencia", desarticulándolo en sus secuencias, cada una de las cuales constituye un núcleo de posibles transformaciones. Si se observan estas secuencias se puede constatar cómo "los esquemas conductores se simplifican, se enriquecen o se transforman. Cada uno origina nuevos ejes, perpendiculares a los precedentes en otros planos, donde poco después se introducen secuencias tomadas tanto de los mitos provenientes de poblaciones muy lejanas, como de mitos en un primer momento descuidados porque parecían inútiles o imposibles de interpretar." Al proceder de esta forma se puede advertir que en la "imagen mítica hay una estructura estable y bien determinada" (1964: 15) en la que se puede observar claramente la estructura organizativa en la que se reconoce el grupo.

4] LA INTERPRETACIÓN FENOMENOLÓGICA. Esta interpretación tiene sus representantes en R. Otto, G. Van der Leeuw y M. Eliade, quienes consideran el mito como una hierofanía que posee a un mismo tiempo el carácter de acontecimiento histórico y de modelo ejemplar ahistórico (*v.* **arquetipo**). Por su carácter arquetípico el mito, según la expresión de Otto, es "**numinoso**" (*v.*), constituye para Van der Leeuw la última matriz del lenguaje e indica, para Eliade, la línea de demarcación entre lo sagrado, que mide el ritmo inmutable de aquello que siempre regresa, y lo profano, que tiene rasgos de la contingencia y de la caducidad. Arquetípico es, por ejemplo, el mito cosmogónico que contiene el "modelo ejemplar" para todas las creaciones, desde las biológicas hasta las espirituales, que pueden cambiar en sus formas históricas y concretas, pero nunca en el esquema ejemplar que el modelo mítico se encarga de mostrar y recordar.

5] LA INTERPRETACIÓN SIMBÓLICA. Esta interpretación encuentra su crédito en el ámbito filosófico a partir de G. Vico, para quien el mito recoge la manifestación simbólica en la que un pueblo se reconoce, por lo que "los poetas deberían ser los primeros historiadores de las naciones" (1744, § X). En el siglo XIX F.W.J. Schelling considera el mito como la forma primordial de la conciencia, donde se testimonia su nacimiento que se verificó cuando el hombre fue expulsado de la unidad edénica con el ser con el que moraba, y entregado a fuerzas que le fueron presentadas como figuras mitológicas. La interpretación mítica no debe seguir la vía de la alegoría, sino la de la genealogía de la conciencia, donde está la manifestación de Dios al hombre. En el siglo XX E. Cassirer interpreta el mito como el producto de la actividad simbólica que, alejándose de la inmediatez del dato sensible, lleva a la formación de esquemas que son el precedente de los modelos conceptuales: "El mito surge espiritualmente por encima del mundo de las cosas, pero en las figuras y en las imágenes con las que sustituye a este mundo, no se ve más que otra forma de materialidad y de vínculo con las cosas" (1925: 24). Siempre según Cassirer, "el sustrato real del mito no es de pensamiento sino de sentimiento. El mito y la religión primitiva no son completamente incoherentes, ni carentes por entero de sentido y de razón, pero su coherencia proviene mucho más de una unidad sentimental que de reglas lógicas. Esta unidad es uno de los impulsos más fuertes y más profundos del pensamiento primitivo" (1944: 124-125).

6] LA INTERPRETACIÓN TEOLÓGICA. Esta corriente, con R. Bultmann, interpreta el mito como manifestación de la apertura del hombre a los sentidos y a los significados que están más allá de los datos empíricos: "Para el pensamiento mitológico el mundo y su devenir están 'abiertos' a la intervención de potencias ultraterrenas", en contraste con cuanto afirma "el pensamiento científico, para el cual el mundo y su devenir están 'cerrados' a la intervención de fuerzas no mundanas" (1948-1952: 393). A partir de estas premisas Bultmann propone una desmitologización (v. **desmitificación**) relativa a la interpretación objetivante del mito, salvaguardando en cambio su intencionalidad, pasando del "qué" dice el mito al "por qué" lo dice, con la consi-

guiente crítica de la "cosmología" del mito en beneficio de su "interpretación existencial". Al debate que abrió Bultmann se unió E. Fuchs, para quien "el mito tiene su lugar en el drama cultural y dice cómo se desarrolla y sucede la verdad, mientras el logos sólo dice qué es verdad. Si se toma en cuenta la 'localidad' del mito y del logos, mito y logos, aun en su diversidad, revelan su complementariedad" (1970: 251). En línea con Bultmann, P. Tillich define el mito como "el símbolo de aquello que es eterno" (1926: 68) y como lo que "fracciona lo divino en sus múltiples representaciones, negando lo absoluto a cada una de éstas, sin suprimir su dirección hacia el absoluto" (1958: 50).

7] LA INTERPRETACIÓN DE LA AUTONOMÍA DEL MITO. K. Kerényi sostiene la tesis según la cual el mito es la manifestación pura de una imagen del mundo (*Weltbild*) que debe interpretarse más allá de cualquier condicionamiento étnico, cultural y lingüístico, rechazando toda orientación evolucionista e histórica, y afirma que el mito es una creación *del* hombre *alrededor* del hombre, y no tiene otra ley que la coherencia interior con la que se manifiesta. Su función es la de colocar al hombre dentro de un orden a partir del cual encuentra el sentido de su existencia. Para componer el mito participan la realidad humana y la realidad cósmica, que se funden en una relación de recíproca dependencia a la que se puede llegar por vía intuitiva. La autonomía del mito también la defiende F. Jesi, para quien la ciencia del mito es "la ciencia de moverse en círculos, siempre a la misma distancia, alrededor de un centro no accesible: el mito." El horizonte que así se describe es una especie de "máquina mitológica interpretable como un espacio donde medimos esta perenne equidistancia desde un centro no accesible, respecto al cual no se permanece indiferente, sino que se es estimulado para establecer la relación de 'moverse en círculos'" (1980: 105).

8] LA INTERPRETACIÓN PSICOANALÍTICA. S. Freud considera que el mito tiene sus raíces profundas en la **proyección** (v., § 3) de los contenidos del inconsciente, por lo que cada mito es explicable y rastreable, con los mismos procedimientos adoptados por las ciencias de la naturaleza, hasta un aspecto más o menos patológico de la vida psíquica recurrente en la fenomenología tanto del hombre antiguo como del moderno. Para C.G. Jung, en cambio, el mito es manifestación concreta y sensible de una estructura atemporal del inconsciente del hombre (*v.* **arquetipo**); como tal no se debe explicar (*Erklären*), sino comprender (*Verstehen*) en su significado simbólico. Jung, aceptando la lección de Kerényi sobre la autonomía del mito, encuentra en la producción mitológica la actividad autónoma de la psique que en el mito se expresa y se manifiesta. Como manifestación psíquica el mito no se debe "interpretar", sino "escuchar", porque en él se cuenta y se narra la psique.

BIBLIOGRAFÍA: Bertoletti, P. (1986); Bultmann, R. (1848-1952); Caillois, R. (1938); Cassirer, E. (1921-1929); Cassirer, E. (1925); Cassirer, E. (1944); Creuzer, G.F. (1810-1812); Diels, H. y W. Kranz (1951-1952); Dumézil, G. (1968); Durand, G. (1963); Durkheim, É. (1912); Eliade, M. (1957); Eliade, M. (1963); Ferraro, G. (1979); Frazer, J.G. (1911-1915); Freud, S. (1912-1913); Frobenius, L. (1933); Fuchs, E. (1970); Garello, E. (1987); Ginzburg, C. (1986); Hübner, K. (1985); Jesi, F. (1980); Jung, C.G. y K. Kerényi (1940-1941); Jung, C.G. y K. Kerényi (1939-1949); Kirk, G.S. (1969); Klages, L. (1929-1932); Lévi-Strauss, C. (1962); Lévi-Strauss, C. (1964); Lévy-Bruhl, L. (1927); Malinowski, B. (1926-1927); Otto, W. (1955); Propp, V.J. (1928); Scarduelli, P. (1971); Schelling, F.W.J. (1842-1846); Tillich, P. (1926); Tillich, P. (1958); Untersteiner, M. (1965); Van der Leeuw, G. (1933); Vernant, J.P. (1965); Vico, G. (1744); Wirz, P. (1925).

mitomanía (al. *Mythomanie*; fr. *mythomanie*; ingl. *mythomania*; it. *mitomania*)

Mendacidad patológica que pertenece a las formas de **seudología** (*v.*), inducida por la necesidad de un sujeto de valorarse frente a los demás intentando hacerse notar con historias ficticias o fantasiosas. El mitómano en ocasiones está consciente de la naturaleza fantástica de su narración, pero a veces termina creyéndosela, por la intensidad de su participación afectiva. Fisiológica en el niño que aún confunde fantasía y realidad, la mitomanía se vuelve patológica en sujetos adultos obligados a sustituir una realidad exterior o interior insoportable con una ficticia.

mitosis
v. GENÉTICA, § 1, *a*.

mixta, **neurosis**
v. NEUROSIS, § 3.

MMPI (*Minnesota multiphasic personality inventory*)

Test objetivo elaborado con el fin de identificar los rasgos patológicos de la personalidad mediante la confrontación entre las respuestas del sujeto y las de otros pacientes afectados por diferentes trastornos mentales. Consta de 550 preguntas a las que el sujeto debe responder "verdadero", "falso", "no sé". Estas respuestas se utilizan para calcular los puntajes obtenidos en cuatro escalas de validez: 1] el puntaje de la *duda* (?) deducido del número total de reactivos que tienen respuesta "no sé"; 2] el puntaje de la *mentira* (L) que reproduce el número de las respuestas falsas proporcionadas por el sujeto para presentarse bajo una luz más favorable; 3] el puntaje de la *validez* (F) que cuenta el número de pruebas que el sujeto no comprendió o a las que no prestó atención; 4] el puntaje de la *actitud* (K) que evalúa la actitud asumida por el sujeto en relación con el test, que puede ser de tipo defensivo, excesivamente autocrítica, o tendiente a obtener deliberadamente malos resultados. La combinación de los cuatro puntajes da el perfil de la personalidad.

BIBLIOGRAFÍA: Hathawai, S.R. y J.C. McKinley (1967).

mnemotécnica
v. MEMORIA, § 5.

mnemotropismo
v. TROPISMO, § 3.

mnésica, **huella**
v. ENGRAMA.

moda (al. *Mode*; fr. *vogue*; ingl. *fashion*; it. *voga*)

Difusión en gran escala de modelos sociales y culturales que encuentran una aceptación favorable y con frecuencia acrítica por parte del público.

modal
v. ESTADÍSTICA, § I, 2.

modelación
v. ENSEÑANZA, § 3.

modelo (al. *Modell*; fr. *modèle*; ingl. *pattern*; it. *modello*)

Término que se usa en psicología con dos acepciones: 1] como *modelo de una teoría*, donde por teoría se entiende un cuadro conceptual que se manifiesta con un lenguaje formalizado en el que a cada significado se le asigna una determinada expresión lingüística que, junto a las otras, es capaz de denominar todos los datos ofrecidos por la experiencia. Con esta primera acepción el modelo se puede considerar desde la perspectiva *epistemológica* (*v.* **psicología**, § I), la de la *orientación teórica* (*v.* **psicología**, § II) y la del *método* (*v.* **psicología**, § III); 2] como *modelo de un fenómeno* o de un conjunto de fenómenos con los que se intenta una construcción más o menos abstracta que reproduce las características estructurales del fenómeno observado. Con esta acepción se habla de modelo del instinto animal, modelo de desarrollo, modelo cultural, modelo de la personalidad y semejantes.

modestia (al. *Bescheidenheit*; fr. *modestie*; ingl. *modesty*; it. *modestia*)

Conocimiento de sí que rechaza la complacencia por ser consciente de los propios límites.

modificación
v. CAMBIO.

mogifonía
v. MOGILALIA.

mogigrafía (al. *Mogigraphie*; fr. *mogigraphie*; ingl. *mogigraphia*; it. *mogigrafia*)

Llamada también *calambre o espasmo del escribano*, es un espasmo transitorio, en ocasiones doloroso, que aparece en grupos musculares limitados por la reiterada ejecución de determinados actos habituales, por lo general en relación con las profesiones de escribiente, pianista, violinista y semejantes.

mogilalia (al. *Mogilalie*; fr. *mogilalie*; ingl. *mogilalia*; it. *mogilalia*)

Trastorno en la comunicación caracterizado por excitación y dificultad para pronunciar las palabras. Es fisiológica en el niño, sobre todo cuando el interlocutor inspira sumisión. La mogilalia debe distinguirse de la *mogifonía*, caracterizada por impotencia vocal y sensación de constricción en la garganta, típica de los profesionales de la palabra durante su trabajo.

molar (al. *Molar*; fr. *molaire*; ingl. *mogilalia*; it. *molare*)

Término de origen químico, que adoptó la psicología para indicar el tipo de investigación cuya indagación se desarrolla en un plano donde está en juego la globalidad del comportamiento, de la personalidad, del fenómeno psicosocial, respecto a las pequeñas unidades subyacentes, objeto de investigación *molecular*. En el análisis del comportamiento, por ejemplo, si el par estímulo-respuesta es objeto de un análisis molecular, la carrera de un ratón en un laberinto es objeto de un análisis molar.

molecular
v. MOLAR.

molecularismo
v. CONDUCTISMO, § 2, *a*.

monema
v. LINGÜÍSTICA, § 1, *a.*

mongolismo
v. DOWN, SÍNDROME DE.

monoaminooxidasa, inhibidores de la
v. PSICOFARMACOLOGÍA, § II, 1.

monocromatismo
v. COLOR, § 3.

monogamia (al. *Monogamie*; fr. *monogamie*; ingl. *monogamy*; it. *monogamia*)

Unión matrimonial de un hombre con una sola mujer. Se opone a la monogamia la unión de un hombre con dos (*bigamia*) o más mujeres (*poligamia*). El correlativo, o sea la unión de una mujer con más de un hombre, recibe el nombre de *poliandria*.

monoideísmo (al. *Monoideismus*; fr. *monoidéisme*; ingl. *monoideism*; it. *monoideism*)

Insistencia en una idea única, frecuente entre los trastornos de tipo senil. El término lo introdujo Descartes y permitió la formulación de la teoría según la cual se dan ideas separadas de las otras ideas por la falta de una cadena asociativa, y provistas de una energía particular que les permite imponerse de manera monotemática. Según P. Janet, una condición del monoideísmo se crea artificialmente en las sesiones hipnóticas, donde se imponen sólo las palabras del hipnotizador, mientras para E. Bleuler el monoideísmo es una forma de **inhibición** (*v.*, § 5) del pensamiento, incapaz de proceder de una idea a la otra, relativizando la idea central, generalmente dolorosa.

BIBLIOGRAFÍA: Bleuler, E. (1911-1960); Janet, O. (1889).

monólogo
v. LENGUAJE, § 3, *a.*

monomanía (al. *Monomanie*; fr. *monomanie*; ingl. *monomania*; it. *monomania*)

Patología relativa a un único tema en un sujeto con capacidades racionales y afectivas por lo demás normales. El término se remonta a J. Esquirol, quien había distinguido las psicosis en *parciales*, o monomanías, y *generales*. Entre las primeras había señalado la monomanía intelectual, la afectiva y la impulsiva, que corresponden respectivamente a la paranoia, la melancolía y el raptus del que el sujeto posteriormente vuelve. Hoy esta denominación tiende a abandonarse porque se considera al monomaniaco como un sujeto afectado por una psicopatología global.

BIBLIOGRAFÍA: Esquirol, J. (1838); Kraepelin, E. (1883).

monotonía (al. *Eintönigkeit*; fr. *monotonie*; ingl. *monotony*; it. *monotonia*)

Disminución de la tensión y de la actividad psíquica por carencia de estímulos o por uniformidad y repetitividad de la actividad en la que está ocupado el sujeto. Se manifiesta con características de cansancio, distracción, fastidio y aburrimiento. Se realizaron estudios sobre la monotonía en el ámbito de la **psicología del trabajo** (*v.*), donde se demostró que para los fines de un buen rendimiento resulta más dañosa la monotonía que el cansancio.

BIBLIOGRAFÍA: Ferrarotti, F. (1966).

moral
v. ÉTICA.

moralidad esfintérica
v. ANAL, § 2.

morfema
v. LENGUAJE, § 1; LINGÜÍSTICA, § 1, *a.*

morfina
v. DROGA, § 1.

morfología (al. *Morphologie*; fr. *morphologie*; ingl. *morphology*; it. *morfologia*)

Estudio de las formas organizadas en sistemas. El término se utiliza: 1] en *biología*, donde la morfología se refiere al estudio de la estructura de la célula (citología), de los tejidos (histología) y de la estructura macroscópica (anatomía), cuyo aspecto (fenotipo) ha permitido la construcción de diversos cuadros tipológicos a partir de los indicadores morfológicos que se pueden derivar de la forma corporal (v. **tipología**, § 1); 2] en **lingüística** (v., § 1, *a*), donde la morfología, como estudio de la estructura de la palabra y de los procesos de flexión, derivación y composición, se distingue de la semántica, la sintaxis, la pragmática, la fonética y la fonología.

moria (al. *Morie*; fr. *morie*; ingl. *moria*; it. *moria*)

Impulso a la broma y a la risa frecuente y a menudo inmotivada, acompañado por un estado de excitación psíquica y euforia. Generalmente aparece en las formas de demencia de tipo exógeno-orgánico.

Morris, síndrome de
v. HERMAFRODITISMO.

mosaico, test del (al. *Mosaiktest*; fr. *test du mosaïque*; ingl. *mosaic test*; it. *mosaico, test del*)

Test de personalidad que introdujo M. Lowenfeld en el cual el sujeto, que dispone de trozos de madera de diferentes dimensiones y colores, debe construir dibujos a modo de mosaico. Esta denominación también se refiere a los cubos de Kohs (v. **cubo, test del**), que es un reactivo mental introducido en la escala **Wechsler-Bellevue** (v.), para medir el coeficiente intelectual.

BIBLIOGRAFÍA Anastasi, A. (1954).

motilidad
v. MOVIMIENTO.

motivación (al. *Motivierung*; fr. *motivation*; ingl. *motivation*; it. *motivazione*)

Factor dinámico del comportamiento animal y humano que activa y dirige a un organismo hacia una meta. Las motivaciones pueden ser conscientes o inconscientes, simples y complejas, transitorias o permanentes, primarias, o sea de naturaleza fisiológica, o secundarias, de naturaleza personal o social; a ellas se agregan las motivaciones superiores, como los ideales existenciales que el individuo asume con miras a su autorrealización. Estas distinciones y sus niveles de articulación se exponen en la voz **necesidad** (v.) que, por la íntima dependencia que tiene con el concepto más reciente de motivación, se debe asumir como parte integrante de este término; aquí, después de una esquemática repartición de las motivaciones, se examinarán las diversas interpretaciones de la motivación a partir de las diferentes orientaciones teóricas.

1] CLASIFICACIÓN DE LAS MOTIVACIONES. El problema de la clasificación debe considerar los diferentes niveles de interpretación, los más significativos de los cuales son: *a*] la interpretación *intelectualista*, para la cual la motivación es la tendencia determinante de la personalidad consciente que se puede entender como libre **voluntad** (v.) y estudiar con el método de la introspección provocada; *b*] la interpretación *biológica*, que identifica sin reservas a la motivación con la **necesidad** (v.) fisiológica que activa en el organismo un estado de excitación que se promueve con miras a su extinción; *c*] la interpretación instintiva, en la cual, en el nivel humano, se entiende por **instinto** (v.) algo más plástico y menos coercitivo que en el animal, porque el elemento innato está modificado por el hábito aprendido; *d*] la interpretación *pulsional* con la acepción psicoanalítica de **pulsión** (v.), en la cual la motivación del comportamiento se debe buscar en el ámbito del inconsciente; *e*] la interpretación *antropológica*, que considera la motivación como resultado de la matriz cultural en la que el sujeto nace y crece; *f*] la interpretación *sociológica*, que pone el acento en la necesidad del individuo de sentirse en sintonía con el grupo y de valorizarse a sí mismo; *g*] la interpretación *humanista-existencial*, que hace una clara distinción entre necesidades y motivaciones, atribuyendo a estas últimas el orden de los valores y de los ideales. Este abanico interpretativo puede ser unificado por los conceptos de **homeostasis** (*v.*) y de **equilibrio** (*v.*, § 2), en referencia a los cuales la motivación, que está en la base del comportamiento de un organismo, puede ser interpretada como tendiente al establecimiento o restablecimiento de un equilibrio (proceso homeostático), o como orientada a la continua ruptura de los equilibrios preexistentes (proceso antihomeostático).

a] *Las motivaciones homeostáticas* abarcan los motivos fisiológicos (calor, frío, hambre, sed, dolor, sueño) cuya dinámica se expone en la voz **necesidad** (*v.*, § 1); a estos motivos es posible vincular los relativos a la vida de la especie (sexualidad, cuidado de la prole, defensa de los enemigos) y otros que presentan correlatos fisiológicos ciertos, aunque todavía no definidos, como la actividad, la manipulación y la curiosidad. Los defensores de la universalidad del modelo homeostático, que consideran la motivación como una *privación* a satisfacer, refieren también a este modelo las motivaciones sociales que encontrarían su origen y su forma en la dependencia que el niño manifiesta en relación con la madre para la satisfacción de sus propias necesidades. Las necesidades sociales, exploratorias, cognoscitivas y valorativas serían disfraces del modelo fisiológico aquí descrito.

b] *Las motivaciones antihomeostáticas* son aquellas que, en la definición de J. Nuttin, no responden, como las fisiológicas, a una *reducción de la necesidad*, sino que hacen evidente una *necesidad de estimulación* del organismo, y por lo tanto una tendencia no hacia el equilibrio sino hacia la ruptura del mismo, donde el solo hecho de haberse podido activar, de haber podido percibir y manipular, es recompensa suficiente para motivar un comportamiento. De aquí se deriva que mientras las motivaciones *fisiológicas* que tienden a la reducción de la estimulación siguen el modelo homeostático, las *exploradoras*, orientadas hacia la búsqueda de la estimulación, escaparían al modelo homeostático, logrando acciones que no tienen repercusiones biológicas en el organismo sino en algún objeto externo, que puede ser del *mundo de las cosas concretas*, como en las motivaciones que están en la base de la adquisición, la conservación, el orden, el atesoramiento, la construcción; del

mundo social, como en las motivaciones que están en la base de la afiliación, el poder, el éxito, la consideración, la exhibición; o del *mundo ideal*, orientado a la elaboración de proyectos, realización de ideales, conquista de conocimientos, hasta incluir las motivaciones que forman la base de la realización de sí.

2] LA TEORÍA DE LA PSICOLOGÍA EXPERIMENTAL. En este ámbito las motivaciones se explican según el modelo homeostático de la reducción de la necesidad, para cuya dinámica se propusieron dos hipótesis interpretativas: *a*] la teoría "necesidad-pulsión-incentivo", y *b*] la teoría de la "atracción y repulsión", que se tratan en la voz **necesidad** (*v.*, § 2). Además de esto se distingue entre *disposición motivacional* y *motivo activante*, que permiten identificar, entre los individuos puestos frente al mismo motivo activante, quien, a juzgar por el empeño mostrado, revela una disposición motivacional mayor. Siempre según el modelo homeostático, la actividad es interpretada como *instrumental* hacia la meta, pero teniendo presente que: *a*] la misma meta se puede alcanzar mediante comportamientos diferentes, donde no está excluido que determinadas circunstancias puedan ser tales que comportamientos opuestos conduzcan a la misma meta; *b*] de la misma manera, diferentes metas se pueden alcanzar con idéntico comportamiento; *c*] cada actividad puede servir a más de un objetivo, por lo cual actúa como plurimotivación activante.

D.C. McClelland, que la experimentó en el hombre, formuló la *teoría de la estimulación afectiva* según la cual la motivación, que siempre se adquiere basándose en los procesos de aprendizaje, acerca o aleja de acuerdo con el gradiente placer/displacer (v. **atracción-repulsión, teoría de la**), donde el placer está determinado por el incremento moderado en la intensidad de los estímulos y el displacer por un incremento excesivo. A su vez las motivaciones se adquirirían basándose en la experiencia realizada que ha permitido asociar indicios de placer y estados emotivos placenteros. Sobre la base de estas asociaciones la motivación es activada por un acercamiento con una expectativa de placer, o por un alejamiento con una expectativa de displacer, sin ninguna diferenciación entre placeres primarios o biogenéticos y secundarios o psicogenéticos.

3] LA TEORÍA CONDUCTISTA. En este ámbito la motivación se interpreta basándose en la secuencia "necesidad-pulsión-incentivo", que permite encontrar en cada motivación del adulto nada más que un derivado, a través del proceso de aprendizaje, de un limitado número de motivos presentes en la infancia. Para la teoría conductista dichos motivos se pueden identificar en los tres sistemas fisiológicos (hambre, necesidad de evacuación y sexo), y en los dos sistemas adquiridos (dependencia y agresividad), para los cuales valen las siguientes reglas: 1] la motivación de determinado comportamiento se puede rastrear hasta la infancia; 2] la diversificación depende del aprendizaje, interpretable según el modelo estímulo-respuesta, relacionado tanto con la educación individual, que puede ser gratificante o frustrante, como con la cultura colectiva, que recompensa con aprobación o desalienta con castigos los comportamientos adecuados o inadecuados. Por ejemplo, el hambre activa un comportamiento correlacionado con la comida que en la edad adulta se manifiesta con un comportamiento social, en hábitos y con instituciones vinculadas a este motivo originario. Tales son: *a*] producción y conservación de la comida (caza, pesca, actividad agrícola, secado, almacenamiento, refrigeración); *b*] preparación de la comida y su consumo (preferencias, aversiones, hábitos alimentarios, modales a la mesa); *c*] ceremonias basadas en la comida, pero poco vinculadas a la pulsión de hambre (ayunos, tabúes, comunión); *d*] satisfacciones simbólicas del hambre (alcoholismo, droga, tabaco, hábito de masticación continua); *e*] oposición a la alimentación (dietas, pérdida del apetito, anorexia). Además de estos comportamientos sociales nacen, subordinados a la necesidad primaria del hambre, perfiles individuales, caracterizados por dependencia y gregarismo en sujetos mal nutridos o frustrados en la satisfacción alimentaria durante la primera infancia, con la consiguiente carga de ansiedad en todas las situaciones que recuerden la primitiva incertidumbre acerca de la posibilidad de recibir alimento.

4] TEORÍA PSICOANALÍTICA. La teoría psicoanalítica desplaza la búsqueda de la motivación del plano consciente al plano inconsciente, donde las pulsiones sexuales y agresivas determinan los comportamientos basándose en las vicisitudes a las que se enfrentan, y que pueden ser: 1] la *descarga* de la tensión pulsional, que de esta forma alcanza su meta (*v.* **pulsión**); 2] la **represión** (*v.*) de la tensión pulsional a causa de los mecanismos de **defensa** (*v.*); c] el conflicto entre pulsión inconsciente y motivación consciente que lleva a la **racionalización** (*v.*), a la **negación** (*v.*), a la **proyección** (*v.*), a la **introyección** (*v.*), a la **regresión** (*v.*), a la **formación reactiva** (*v.*) y a la **sublimación** (*v.*).

En el ámbito de la psicología de lo profundo la orientación freudiana del problema de la motivación sufrió modificaciones por obra de A. Adler y de C.G. Jung. Para Adler el motivo universal y primario de la conducta humana es la compensación al sentimiento de inferioridad determinado por deficiencias morfológicas, funcionales, y por experiencias psíquicas de insuficiencia (*v.* **psicología individual**). Para Jung en la base de la actitud motivadora está el deseo de autorrealización que se traduce en el proceso de **individuación** (*v.*) en quienes ya alcanzaron un buen nivel de adaptación, y en un proceso de adaptación a la realidad en quienes todavía no la han alcanzado. De la orientación psicoanalítica freudiana también se separó la **psicología del yo** (*v.*) de H. Hartmann, quien reconoce en el yo una autonomía genética originaria capaz de manifestar motivaciones no atribuibles exclusivamente a la naturaleza instintiva. P.T. Young realizó un intento de mediación entre conductismo y psicoanálisis; para él los procesos pulsionales y sus reflejos afectivos no se manifestarían en términos mecanicistas sino que se orientarían basándose en los valores positivos, negativos o indiferentes, y en los valores de intensidad y de duración con los que estarían connotados todos los objetos que se presentan como metas de las dimensiones pulsionales. El comportamiento animal y humano estaría motivado por el principio hedonista orientado a maximizar los procesos afectivos de signo positivo y a minimizar los de signo negativo.

5] LA TEORÍA COGNOSCITIVISTA. La teoría cognoscitivista llama motivación a aquello que activa un comportamiento con miras a un objetivo cuya obtención implica: *a*] un *plano* para su realización, donde se mide la llamada "buena voluntad" como capacidad para perseguir el plan adoptado y para atenerse a los "planos de interrupción" que se predisponen para evitar un peligro o un agotamiento; *b*] un *nivel de aspiración* que no debe ser muy bajo porque de otra manera no hay una participación del yo, ni tan alto como para posibilitar el fracaso, con la consiguiente frustración. McClelland elaboró un método para la medición de la motivación hacia el éxito que utiliza las producciones imaginativas y las fantasías originalmente orientadas hacia el placer del éxito o el miedo del fracaso, con la consiguiente elección de objetivos altos, medios y bajos, sirviéndose de un cuestionario especial capaz de medir el nivel de ansiedad y su correlato fisiológico, que es el reflejo psicogalvánico. J.W. Atkinson, por su parte, propone una interpretación de la motivación hacia el éxito a partir del grado de dificultad para mentes seleccionadas. Un sujeto fuertemente motivado prefiere tareas con dificultades medias, porque las tareas con escasa dificultad no le representan una exigencia y las que tienen una gran dificultad lo exponen al fracaso. Por el contrario, los sujetos ansiosos prefieren objetivos fáciles que no requieren mucha ansiedad, o muy difíciles, porque con una tarea ardua no hay vergüenza ante un posible fracaso.

El modelo cognoscitivista no entiende la motivación como reducción de la tensión según el modelo homeostático, porque, como escribe J. Piaget, "cada conducta consiste no sólo en el restablecimiento del equilibrio, sino también en tender hacia un equilibrio más estable que el estado anterior a esa perturbación" (1964: 15). Las perturbaciones pueden ser de dos tipos: *a*] la **disonancia cognoscitiva** (*v*.) que demostró L. Festinger en individuos en los que creencias, nociones, opiniones se contrastan entre sí o con las tendencias del comportamiento, con la consiguiente activación de estrategias para alcanzar una consonancia; *b*] la *solución de problemas* (v. **problema**, § 2), que ya indicó J. Dewey como motivadora por excelencia: "La actitud científica puede, por así decirlo, definirse como aquello que es capaz de aportar felicidad por la duda. [...] No se llega lejos intelectualmente si no se 'ama pensar', ni se puede decir que ame pensar quien no tiene interés por los problemas en cuanto tales" (1929: 236). El problema, como escribe G. Mosconi, "es un producto del sujeto en el doble sentido de que es el mismo sujeto quien produce la incompatibilidad en su conjunto

cognoscitivo, ya sea por producción directa o por recepción del exterior de uno o de ambos elementos incompatibles, y es el mismo sujeto quien la descubre, tanto advirtiendo su presencia indeterminada, como determinándola claramente" (1981: 191).

6] LA TEORÍA DE LA AUTORREALIZACIÓN. De este grupo forman parte todas las investigaciones que ubican el inicio de la motivación humana en el proyecto de la realización de sí. El supuesto es que el hombre, a diferencia del animal, "se propone" hacer algo sin estar obligado o requerido a ello. En este nivel la motivación, antes que la acción, se exterioriza como acción cognoscitiva y se identifica con el concepto de **volición** (*v*.), en el que es posible distinguir un momento abstracto, que es la anticipación de la conducta, y uno concreto, que es su ejecución. En este nivel la motivación es relativamente independiente del estado orgánico y de la condición de necesidad. Forma parte de este grupo la teoría de la "autonomía funcional de los motivos" de G.W. Allport, para quien el estado normal del individuo no es la pasividad sino la actividad, que es automotivadora y funcionalmente independiente de los antecedentes fisiológicos y pulsionales. Esta tesis la comparten A.H. Maslow y H.A. Murray, quienes proporcionaron dos esquemas, descritos en la voz **necesidad** (*v*., § 3), en los cuales se traza una clara distinción entre motivaciones dependientes (*deficiency motives*) e independientes (*being motives*) de un estado de necesidad o de carencia por satisfacer. En la misma línea encontramos a K. Lewin, quien elaboró la **teoría del campo** (*v*., § 2) para explicar la dinámica motivacional; la teoría gestáltica (v. **psicología de la forma**, § III); las teorías psicoanalíticas culturalistas que expresaron H.S. Sullivan y E. Fromm (*v*. **psicología social**, § 3, *d*); la psicología fenomenológica-existencial (*v*. **análisis existencial**) que, con L. Binswanger, insiste en la diferencia radical entre la concepción del *hombre naturaleza*, como se presenta en el modelo de Freud, y la del *hombre cultura*, que no actúa sólo por las reclamaciones pulsionales sino también por sus proyectos trascendentes. Esta corriente de pensamiento identifica en la base de la motivación humana: *a*] la necesidad de *afiliación*, que se manifiesta en el deseo de ser amado y aceptado por los demás, con la consiguiente integración de un grupo de garantías de apoyo y protección; *b*] la necesidad social de *poder*, que empuja a subir en la jerarquía del grupo al que se pertenece, asegurándose prestigio y una posición de control; *c*] la necesidad de *realización*, tanto interna, como proceso de individuación que distingue de modo positivo al individuo del grupo, con una ganancia progresiva de autonomía, cuanto externa, en forma de responsabilidad y éxito social.

BIBLIOGRAFÍA: Adler, A. (1920); Allport, G.W. (1955); Ancona, L. (1972); Atkinson (1964); Bellotto, M. (1985); Berlyne, D.E. (1960); Binswanger, L. (1921-1941); Bolles, R.C. (1975); Cannon, W.B. (1939); Cassini, A. y A. Dellantonio (1982); Cattell, R.B. (1957); Cattell, R.B. y P. Child (1975); De Candido, D. (1984); Dewey, J. (1929); Festinger, L. (1957); Freud, S. (1915); Fromm, E. (1976); Haber, R.N. (1966); Hartmann, H. (1939); Henry, H. (1968); Lewin, K. (1935); Lindsley, G. (coord.) (1958); Maslow, A.H. (1954); McClelland, D.C. (1955); Mc Dougall, W. (1933); Mosconi, G. (1981); Murray, H.A. (1938); Nuttin, J. (1953); Nuttin, J. (1958); Peters, R.S. (1958); Pfaff D.W., (coord.) (1982); Piaget, J. (1964); Strologo, E. (1972); Sullivan, H.S. (1953); Young, P.T. (1961).

motoneurona
v. MOVIMIENTO; LOCOMOCIÓN, § 1.

motricidad (al. *Motorik*; fr. *motricité*; ingl. *motility*; it. *motricità*)

Capacidad de movimiento posibilitado por neuronas presentes en la corteza (*v.* **corteza cerebral**) del lóbulo frontal, en el *área motriz*, situada inmediatamente delante de la cisura de Rolando; en ella se origina el **sistema piramidal** (*v.*), importante conjunto de fibras nerviosas que descienden hasta alcanzar el tronco del **encéfalo** (*v.*, § 1, *b*) y los diversos segmentos de la **médula espinal** (*v.*) efectuando relaciones sinápticas con las neuronas motrices de las astas anteriores. La conexión es contralateral, en el sentido de que las fibras piramidales de cada hemisferio cerebral controlan la motricidad del lado opuesto del cuerpo. Los impulsos efectores o de comando enviados actúan en los diversos músculos esqueléticos realizando *movimientos voluntarios* que manifiestan una decisión autónoma del organismo en relación con el entorno. La proyección cortical de las partes del cuerpo capaces de movimientos finos como por ejemplo las de las manos y los labios, es mayor que la destinada a cumplir movimientos más gruesos, como los del tronco o de las partes superiores de las extremidades.

La actividad voluntaria se interseca con la actividad tónica y refleja que encabeza el *área premotriz* donde se inicia el **sistema extrapiramidal** (*v.*). La ejecución de un movimiento, en efecto, requiere un cierto grado de **tono** (*v.*) preexistente e implica a su vez modificaciones y reajustes complejos para que el movimiento adquiera la plasticidad y la desenvoltura que lo hacen apto para su objetivo. El sistema piramidal y el extrapiramidal están íntimamente vinculados, no sólo por la sobreposición parcial de los puntos corticales de origen de las respectivas fibras, sino también por las interacciones funcionales de ambos. Para los procesos motores son decisivas además las *informaciones sensoriales*, particularmente las de la esfera propioceptiva (*v.* **cinestesia**; **sensibilidad**) que permiten un control continuo y cuidadoso de los movimientos. Tales informaciones, además de a través del cerebelo y de las zonas sensoriales específicas, convergen también en forma directa en las neuronas de las áreas de la motricidad y por lo tanto actúan sin la intervención de percepciones conscientes.

En la organización funcional jerárquica que preside la motricidad el nivel inferior, que incluye la médula espinal y el bulbo raquídeo, ya no se concibe como un mero ejecutor de los comandos que provienen del nivel superior o cortical, sino como un "intérprete" de las órdenes recibidas y después transmitidas en función de las modificaciones de receptividad, lo cual permite reconocerlo como una estructura integradora provista de su propia autonomía. Por lo que se refiere al nivel superior, o sea al área cortical motora, A.R. Luria ofreció una síntesis articulada en cuatro puntos: *a*] la corteza poscentral "asegura que los impulsos motores sean conducidos a su destino correcto"; *b*] las regiones parietoccipitales proporcionan su "síntesis espacial"; *c*] el área premotriz de la corteza es responsable de la organización serial de los actos y de la conversión de cada acto motor en la fluida melodía kinética; *d*] los aparatos corticales situados en la región frontal del cerebro "programan" los complejos motores y comparan los efectos del movimiento efectuado con el comando motor original. Luria también señaló que un trastorno en los sistemas premotores se manifiesta tanto en la esfera propiamente motriz como en la de las operaciones intelectuales. Por lo que se refiere a las clasificaciones del movimiento y su desarrollo desde el punto de vista neuroanatómico, psicomotor, cognoscitivo y expresivo, véase la voz **movimiento**.

BIBLIOGRAFÍA: Benedetti, G. (1969); Luria, A.R. (1962); Luria, A.R. (1973).

movimiento
v. MOVIMIENTO; LOCOMOCIÓN.

movimiento (al. *Bewegung*; fr. *mouvement*; ingl. *movement*; it. *movimento*)

Primera manifestación vital del individuo, evidenciable ya en la vida intrauterina, y primera manifestación de la que se sirve el individuo para entrar en contacto con el mundo bajo la forma de la respuesta más o menos determinada por el entorno (*v.* **reflejo**) y de la intervención en el mismo (*v.* **acción**). Las bases neurofisiológicas que hacen posible el movimiento se expusieron en la voz **motricidad** (*v.*).

1] CLASIFICACIÓN DE LOS MOVIMIENTOS. Existen diferentes clasificaciones de los movimientos que difieren según el punto de vista adoptado como criterio. Si el criterio es exclusivamente motor tendremos los movimientos reflejos y las respuestas masivas; si es psicomotor tendremos las praxias y los movimientos creativos o simbólicos; si es la intencionalidad tendremos movimientos defensivos, apropiativos, informativos o expresivos. Dedicaremos al examen de estos aspectos la segunda parte de esta voz, limitándonos para su clasificación a la distinción general entre movimientos reflejos y movimientos voluntarios.

a] *Movimientos reflejos, o automatismos*. Son conductas motrices que se activan frente a determinados estímulos y que constituyen un indicador de normalidad o anormalidad del desarrollo. Ya están presentes en el período prenatal en el cual el feto dispone de un repertorio de patrones de movimiento genéticamente inscritos en sus células nerviosas. Estos instrumentos genéticamente predispuestos, privados de un significado funcional, lo adquieren en cuanto se enfrentan al entorno. Entre los movimientos fetales funcionalmente más significativos señalamos los gravitacionales, que permiten cambiar de posición, los locomotores, de arrastre y trepadores, los propulsivos, para el nacimiento, etc. Los módulos funcionales que presiden estos movimientos se llaman *automatismos primarios* y constituyen los organizadores del desarrollo motriz. Después del nacimiento se evidencian las reacciones de adaptación del **tono muscular** (*v.*) que permite formas elementales de locomoción, como por ejemplo el reflejo de marcha automática, el reflejo de orientación hacia el estímulo, que desarrolla una función fundamental en la alimentación, los reflejos de protección, evitación, y otros enumerados en la voz **reflejo** (*v.*).

b] *Movimientos voluntarios, praxias o gestos*. Son movimientos voluntarios orientados hacia el objeto con finalidad defensiva, apropiativa o simplemente lúdica, por el placer intrínseco de la actividad misma, independientemente del objetivo a alcanzar. Como entrañan intencionalidad, las praxias no pertenecen exclusivamente al ámbito neuromotor (*v.* **psicomotricidad**). Se realizan gracias a la existencia de estructuras funcionales comunes a la especie y mediante el aprendizaje, cuyo producto terminal es el hábito (*v.* **habitus**). Las praxias son, en cierto sentido, el producto de la socialización, porque si bien desempeñan las reacciones instintivas primordiales, como la alimentación, la defensa, la exploración y la orientación, tienen una característica de desarrollo profundamente influida por los factores ambientales. Los elementos más significativos que participan en la ejecución de un movimiento voluntario son: *a*] la *motricidad* (*v.*), que permite la ejecución de gestos coordinados vinculando las cualidades motrices del gesto en sus aspectos tónicos y kinéticos (*v.* **quinesia**); *b*] el *esquema corporal* (*v.* **cuerpo**, § 1), del que depende la coordinación espacial, porque el movimiento asume el cuerpo como punto de referencia y se efectúa en un espacio orientado; *c*] la *afectividad*, que confie-

re expresividad al **gesto** (*v.*) y una motivación
para actuar en la realidad externa, cosa que no
sería posible si no se hubiese creado una red de
relaciones afectivamente significativas con esa
realidad; *d*] la *inteligencia*, que preside el orden
de la representación y de la intencionalidad de
las praxis o gestos. Los trastornos de los movimientos voluntarios reciben el nombre de
apraxias (*v.*).

2] DESARROLLO DEL MOVIMIENTO. El desarrollo
del movimiento se puede considerar desde diferentes perspectivas: neuromotriz, psicomotriz, cognoscitiva y expresiva.

a] *Desde el punto de vista neuromotor* el movimiento se manifiesta en el embrión a las pocas semanas, alcanzando su totalidad hacia la
vigésima semana. Los movimientos fetales
pueden estar influidos por estimulación externa de naturaleza mecánica, acústica, farmacológica, o de situaciones metabólicas maternas especiales. En el período intrauterino ya
están predispuestos los patrones de la propul-
sión, de la respiración, de la deglución y de la
succión, que adquieren su funcionalidad con
el nacimiento, cuando se inicia la integración
con el ambiente mediante los movimientos reflejos, o automatismos, como ya se dijo. A esta fase sigue la de la *motilidad espontánea*, cuyos movimientos son con frecuencia respuesta a estímulos propioceptivos e introceptivos,
y tienen la característica de ser masivos, no
adaptados, muchas veces imprevistos y violentos. El desarrollo del **tono muscular** (*v.*)
se inicia con el control de la cabeza, la obtención de la posición sentada, la conquista de la
posición erecta, que es la premisa para la
marcha independiente. Con la **locomoción**
(*v.*) también se observa una progresiva mejoría de la **prensión** (*v.*) que entraña la evolución del tono de la mano, pasando por el desarrollo del reflejo prensil, hasta la prensión
voluntaria, cargada de intencionalidad.

b] *Desde el punto de vista psicomotor* J. Piaget
delineó seis estadios: 1] ejercicio de los reflejos;
2] reacciones circulares primarias caracterizadas por la repetición de una acción sensomotriz; 3] reacciones circulares secundarias caracterizadas por la adquisición de nuevos esquemas descubiertos accidentalmente durante la
ejecución de las reacciones circulares primarias; 4] coordinación de esquemas secundarios
que se evidencian en la aplicación de los esque-

mas descubiertos frente a situaciones nuevas;
5] reacciones circulares terciarias con ideación,
y no simple descubrimiento accidental de esquemas nuevos; 6] combinación mental de esquemas nuevos, superando intenciones empíricas. Estas fases forman parte del estadio perceptivo-motor que es el primero del desarrollo
cognoscitivo (*v.* **cognición**, § 2), y son favorecidas por la **asimilación** (*v.*), que para Piaget "no
es la prolongación en el plano del comportamiento de la asimilación biológica en el sentido
más amplio, porque cada reacción del organismo al ambiente consiste en asimilar éste a las
estructuras de aquél [...] en cada acción o praxia el sujeto no se absorbe en el objeto, sino que
el objeto es utilizado y 'comprendido' como relativo a las acciones del sujeto" (1960: 555).

c] *Desde el punto de vista cognoscitivo*, el
movimiento tiene relación con el **aparato visual** (*v.*, § 5), y por lo tanto con la **percepción**
(*v.*, § 6) porque no puede existir acción sin
una continua información del medio circundante y de la posición del propio cuerpo, de
modo que entre percepción y movimiento no
hay una relación de pasividad (percepción) y
actividad (movimiento), sino una continua interacción. Además el movimiento está en conexión con la *representación mental*, en el sentido de que la produce con la instauración de
nuevos esquemas por descubrimientos accidentales y, en la última fase del estadio perceptivo-motor, dispone de un nivel de organización a partir del cual se estructura la acción.

d] *Desde el punto de vista expresivo* el movimiento está, en un principio, en íntima relación con la **necesidad** (*v.*) evidente fin de los
primeros días de vida, y por lo tanto con la
emoción (*v.*), que se manifiesta mediante movimientos y genera movimientos; en fin, con
la comunicación no verbal o gestual, donde se
distinguen los gestos convencionales que poseen un significado universalmente aceptado,
y los gestos individuales expresivos de la propia personalidad o del propio estado emotivo
(*v.* **gesto**, § 2-3). La relación entre movimiento y afectividad se mantiene también en el nivel patológico, donde gestos y praxia son utilizados para enmascarar y al mismo tiempo
para expresar la conflictividad subyacente.

BIBLIOGRAFÍA: Autores varios (1982); Bower,
T.G.R. (1974); Cannao, M. *et al.* (1980); Carli, L.
y A. Quadrio (coords.) (1981); Hinde, R.A.

(coord.) (1972); Le Boulch, J. (1971); Piaget, J. (1936); Piaget, J. (1960).

movimiento aparente
v. PERCEPCIÓN, § 6, *a.*

movimiento gamma
v. PERCEPCIÓN, § 6, *a.*

muchedumbre
v. PSICOLOGÍA DE LAS MASAS.

mudez (al. *Stummheit*; fr. *mutisme*; ingl. *dumbness*; it. *mutismo*)

El término se refiere a: 1] la *imposibilidad de hablar* por desarrollo insuficiente o por destrucción de los órganos encargados del lenguaje. En este ámbito se distinguen la mudez primaria de la infancia, la sordomudez (*v.* **sordera**), la audiomudez, que no es inducida por sordera precoz, y la mudez secundaria o **afasia** (*v.*); 2] la *inhibición de la comunicación oral* que se manifiesta en las conversiones histéricas, en los estados de estupor y en algunas formas de esquizofrenia y de depresión melancólica, como manifestación de **negativismo** (*v.*). En este último caso se habla de *mutismo*. Existe una *mudez electiva* que se observa en niños taciturnos en sus relaciones interpersonales, excepción hecha de un restringido grupo de personas. Puede depender de situaciones traumáticas, como una separación imprevista de la madre o del rechazo a nuevas situaciones, como por ejemplo la experiencia escolar.

BIBLIOGRAFÍA: Kainz, F. (1960); Pizzamiglio, L. (1968).

muerte (al. *Tod*; fr. *mort*; ingl. *death*; it. *morte*)

Cesación definitiva de los procesos vitales de un organismo. Desde el punto de vista psicológico el interés de la muerte no radica en el hecho de que sea un acontecimiento físico final, sino en su anticipación. En efecto, el hombre sabe que debe morir. Sobre este tema la filosofía ha insistido siempre, desde Anaximandro, que en un fragmento dice: "De donde los seres humanos tienen origen, allí también tienen la destrucción según necesidad", hasta M. Heidegger, quien define la muerte como la posibilidad más propia de la existencia humana porque está de por medio su ser-en-el-mundo: "Ninguno puede asumir el morir de otro. Eso sí, cada uno puede 'morir por Otro'. Pero esto siempre significa sacrificarse por Otro 'en una cosa determinada'. Pero este morir-por... nunca puede significar que al Otro se le aparte de la propia muerte. Cada ser-ahí debe asumir la muerte en carne propia. En la medida en la que la muerte 'es', es siempre, esencialmente, mi muerte" (1927: 364). En efecto, no me es dada como muerte de mi prójimo, en virtud de mi constitutivo ser-con-otros, porque yo no experimento en sentido propio el morir de nadie, sino que, como máximo, asisto.

1] ANTROPOLOGÍA. El interés de la antropología cultural por la muerte se ha reunido en cuatro grandes temas:

a] *La muerte como hecho cultural* porque, como escribe L.V. Thomas, "en la actitud frente a la muerte se puede distinguir el aspecto por el cual el hombre se aparta parcialmente de la naturaleza y se vuelve animal aculturado. En efecto, se puede constatar que, entre todos los seres vivientes, el hombre representa la única especie animal cuya muerte está omnipresente durante toda su vida (aunque sólo sea en el nivel de fantasma); la única especie animal que acompaña la muerte con un ritual fúnebre complejo y rico en símbolos; la única especie animal que ha podido creer –y que con frecuencia todavía cree– en la sobrevivencia y en la resurrección de los muertos; en pocas palabras, la única especie para la cual la muerte biológica, hecho de la naturaleza, es superada continuamente por la muerte como un hecho de la cultura" (1975: 10).

b] *La muerte como acontecimiento social* porque, como escribe F. Boehm, "puesto que entre los primitivos las leyes naturales son desconocidas, no pueden imaginar una causa 'natural' de una enfermedad o la muerte, pero es necesario responzabilizar de esto a un ser personificado, a un animal o a un hombre malintencionado, a un mago o a una bruja, a un espíritu del mal o a un difunto que después de su muerte no fue tratado de la forma correcta" (1932: 177). Por el mismo motivo E. Fromm escribe que "en las sociedades en las que el proceso de individualización está todavía en sus inicios el final de la existencia individual no es un gran problema, ya que la misma experiencia de la existencia individual está menos desarrollada. La muerte todavía no se concibe como fundamentalmente diferente de la vida" (1941: 211). El mismo concepto lo sostiene P.L. Landsberg, para quien "cuanto más se desarrolla en el hombre el sentido individual de la vida, tanto más se da cuenta de la necesidad de su muerte. La intensidad de esta experiencia de la necesidad de la muerte en un hombre es proporcional al grado de su individualización" (1960: 54).

c] La muerte como intercambio porque, como escribe J. Baudrillard, "para los primitivos no existe muerte 'natural'; toda muerte es social, pública, colectiva, y es siempre efecto de una *voluntad* adversa que debe ser reabsorbida por el grupo (nada de biología). Esta reabsorción se da mediante la fiesta y los ritos" (1976: 182). Sobre el motivo del intercambio insiste también C. Lévi-Strauss, para quien "ciertas sociedades dejan reposar a sus muertos; si se les dedican regalos periódicos ellos se abstendrán de molestar a los vivos, y si regresan a visitarlos esto sucederá a intervalos y en ocasiones especiales. Y esta visita será benéfica, porque los muertos garantizan con su protección el regreso de las estaciones, la fecundidad de los huertos y de las mujeres. Todo sucede como si hubiera mediado un contrato entre vivos y muertos: a cambio del culto que se les dedica los muertos se quedarán con los vivos y los encuentros periódicos entre los dos grupos estarán siempre dominados por las preocupaciones y los intereses de los vivos" (1955: 217).

d] La muerte como pasaje está asegurada con el rito de la doble sepultura porque, como escribe R. Hertz, "en la primera tumba el cadáver, de alguna manera, sólo es depositado. El tiempo que pasa entre la primera y la segunda sepultura le sirve al muerto para deshacer definitivamente todos sus vínculos sociales y poder obtener el ingreso en el reino de los muertos y la condición de abuelo en la de los vivos. Así el muerto, destinado a las sombras a causa del incompleto proceso de putrefacción, se transforma en un antepasado" (1905-1906:

125). Este intervalo corresponde para los vivos al período de duelo, necesario para E. De Martino "Tanto porque eso que se pierde es una persona que era casi nosotros mismos, como porque la muerte física de la persona querida nos pone de la forma más cruda frente al conflicto entre lo que sucede irrevocablemente sin nosotros (la muerte como hecho de la 'naturaleza') y lo que debemos dejar pasar en el valor (la muerte como condición para explicarse la extrema fuerza regeneradora de la 'cultura'). El cansancio de 'hacer pasar' a la persona querida que se fue en sentido natural, y sin nuestro esfuerzo cultural, constituye precisamente esa variedad de afectos y de pensamientos que se agrupan bajo el nombre de congoja y de duelo" (1958: 5-6). Estos datos antropológicos encontraron amplio uso en el ámbito de la psicología analítica para una interpretación simbólica de la muerte en relación con el motivo del renacimiento.

2] PSICOANÁLISIS. En la última elaboración de su teoría de las pulsiones (v. **pulsión**, § 1, *g*) S. Freud introduce la *pulsión de muerte* (1920), que en contraposición a la pulsión de vida tiende a la reducción de todas las tensiones hasta volver a llevar al ser viviente al estado inorgánico, actuando primero hacia adentro como autodestrucción y después hacia afuera como pulsión de agresión y destrucción: "Los dos principios básicos de Empédocles, φιλία y νεῖκος, son, por su nombre y por su función, lo mismo que nuestras dos pulsiones primordiales, *Eros* y *destrucción*, empeñada la una en reunir lo existente en unidades más y más grandes, y la otra en disolver esas reuniones y en destruir los productos por ellas generados." (1937 [1976: 247-248]). A estas conclusiones llegó Freud por tres consideraciones: *a]* la *coacción a repetir*, en la que es identificable "la exteriorización de la inercia en la vida orgánica." (1920 [1976: 36]); *b]* el *sadomasoquismo*, en el cual se puede ver que una parte de la pulsión se pone al servicio de la sexualidad (sadismo) y una parte queda activa dentro del organismo, actuando sobre éste en forma masoquista (1924: 10); *c]* la *agresividad* que, originalmente vinculada a la frustración consecuente a la fallida satisfacción del principio del placer, es automatizada y tomada como manifestación de la pulsión de muerte, contrapuesta a la pulsión de vida, que abarca la pulsión sexual y la pulsión de autoconservación (*v.* **agresividad**, § 5). Freud considera que "a cada una de estas dos clases de pulsiones se coordinaría un proceso fisiológico particular (anabolismo y catabolismo); en cada fragmento de sustancia viva estarían activas las dos clases de pulsiones" (1922 [1976: 42]).

A partir de estas premisas extrae la conclusión: "Sobre la base de consideraciones teóricas, apoyadas por la biología, suponemos una *pulsión de muerte*, encargada de reconducir al ser vivo orgánico al estado inerte, mientras que el Eros persigue la meta de complicar la vida mediante la reunión, la síntesis, de la sustancia viva dispersada en partículas, y esto, desde luego, para conservarla. Así las cosas, ambas pulsiones se comportan de una manera conservadora en sentido estricto, pues aspiran a restablecer un estado perturbado por la génesis de la vida. La génesis de la vida sería, entonces, la causa de que esta última continúe y simultáneamente, también, de su pugna hacia la muerte; y la vida misma sería un compromiso entre estas dos aspiraciones." (1922 [1976: 41-42]). El psicoanálisis posfreudiano no siguió a Freud en el antagonismo de las dos pulsiones, con excepción de M. Klein, que las hace desarrollar una función fundamental ya desde el origen de la existencia humana (*v.* **kleniana, teoría**).

BIBLIOGRAFÍA: Baudrillard, J. (1976); Boehm, F. (1932); Bonaparte, M. (1952); De Martino, E. (1958); Freud, S. (1920); Freud, S. (1922); Freud, S. (1924); Freud, S. (1937); Fromm, E. (1941); Fuchs, W. (1973); Galimberti, U. (1985); Heidegger, M. (1927); Hertz, R. (1905-1906); Jung, C.G. (1934); Landsberg, P.L. (1960); Lévi-Strauss, C. (1955); Melchiorre (1964); Morin, E. (1971); Thomas, L.V. (1975); Urbain, J.D (1980).

muerte aparente, reflejo de
v. REFLEJO, § 2, *d.*

Müller-Lyer, ilusión de
v. ILUSIÓN, § 4, *n.*

multifactorial, análisis
v. ANÁLISIS FACTORIAL, § 2; PERSONALIDAD, § 2.

mundo (al. *Welt*; fr. *monde*; ingl. *world*; it. *mondo*)

Término utilizado con muchísimas acepciones a partir de la original, que hace referencia a la totalidad de las cosas existentes asumidas en el complejo sistemático de sus relaciones recíprocas. Desde esta perspectiva el concepto de mundo es coextensivo con el de universo. En psicología el término aparece con tres acepciones que han encontrado en el ámbito filosófico su fundamento, y en la orientación fenomenológica de la psiquiatría (*v.* **análisis existencial**, § 2) su aplicación más rigurosa. Nos referimos al concepto de visión del mundo (*Weltanschauung*) que propusieron W. Dilthey y K. Jaspers, al concepto de mundo-de-la-vida (*Lebenswelt*) que describió E. Husserl, y al concepto de ser-en-el-mundo (*In-der-Welt-Sein*) que indicó M. Heidegger como rasgo esencial de la humana existencia.

1] VISIÓN DEL MUNDO. Esta expresión se refiere, en general, al universo que cada pueblo, cada cultura, cada época y cada individuo se constituyen, confiriendo al mundo determinado sentido y determinado valor. Tal visión nunca está definida y concluida, sino que siempre es dinámica y abierta, porque depende de la atribución de sentido (*Sinngebung*) que el hombre le da cada vez al mundo. Con esta acepción se ve la libertad del hombre y las raíces últimas de su forma de ser íntimamente dependiente de la visión que tenga del mundo. Esta concepción, ya presente en la cultura alemana de finales del siglo XIX, la tematizaron filosóficamente Dilthey que, con la noción de *Weltanschauung* indicó la generalización de los datos culturales, artísticos y filosóficos que encarnan al espíritu de una época, y Jaspers, quien en la visión del mundo distinguió la vertiente subjetiva, constituida por las actitudes (*v.* **actitud**, § 3) y la vertiente objetiva representada por las *imágenes* (*v.* **imagen**, § 5), precisando que "actitudes e imágenes del mundo son abstracciones que separan lo que en la práctica coexiste" (1919: 255).

2] EL-MUNDO-DE-LA-VIDA. Husserl lo definió como "'terreno' de la vida humana en el mundo y, ante todo, precisamente la manera en la que se adhiere a esta función general de ser 'terreno'. [...] El mundo-de-la-vida es el mundo en el que nosotros vivimos intuitivamente, con sus realidades tal como se dan, primero, en la simple experiencia, y por lo tanto también en las formas en las que con frecuencia estas realidades se vuelven oscilantes en su validez" (1936: 182-183). Respecto al mundo de las ciencias, que reivindican la objetividad del conocimiento basándose en la ilusión naturalista que plantea operar en un mundo en sí existente, el mundo-de-la-vida, donde los sujetos están en colaboración y confrontación recíproca para la producción de su propio mundo-ambiente (*Umwelt*), está recorrido por el conocimiento de que cada actuación y cada realidad se da en la dimensión original y que no puede ir más allá de la subjetividad. A partir de estas premisas la psiquiatría fenomenológica imputa a todas las "doctrinas" psiquiátricas haber olvidado esta situación natural de la conciencia y haber hecho valer su mundo teórico y objetivizante, olvidando la subjetividad y las operaciones intencionales con las que el sujeto constituye su mundo. De esto se deriva, como primera consecuencia en el ámbito psiquiátrico, que es imposible establecer una norma capaz de distinguir al "sano" del "enajenado", porque tanto el uno como el otro pertenecen al mismo mundo, no obstante que el enajenado le pertenece con una estructura de modelos perceptivos y comportamientos diferentes, donde la diferencia ya no tiene el significado de la "dis-función", que sólo puede decidirse basándose en un cuadro teórico de referencia, sino simplemente el de la "función" de una cierta estructuración de la presencia, o sea de un cierto modo de ser-en-el-mundo.

3] SER-EN-EL-MUNDO. Expresión que introdujo Heidegger para designar el rasgo constitutivo de la existencia humana cuyo ser-ahí (*Dasein*) quiere decir precisamente ser-en-el-mundo. "Al 'decir-yo' se manifiesta el ser-ahí como ser-en-el-mundo" (1927: 470). Si el mundo pertenece a la existencia humana, no hay existencia humana sin mundo. Así Heidegger radicaliza la crítica a la identificación del mundo con la realidad natural, porque "el ser-ahí puede descubrir al ente como naturaleza sólo en una determinada manera de su ser-en-el-mundo" (1927: 137), que entonces es original respecto a cualquier visión y consideración objetivante del mundo. El mundo con el que el ser tiene que ver es el mundo ambiente (*Umwelt*) con el que se relaciona en términos de cuidado (*v.* **tratamiento**). En esta perspectiva, al mundo le corresponde esa valoración de ser rico en significados vinculados a la proyección del hombre, y sólo secundariamente, en el curso de la objetivación científica, el mundo puede ser privado de esa valoración y reducido a pura cosa. La psiquiatría fenomenológica, aceptando el concepto de ser-en-el-mundo, ya no hablará de melancolía, manía, esquizofrenia, sino de mundo melancólico, maniaco, esquizofrénico, en cada uno de los cuales identifica la característica individual de ser-en-el-mundo, la cualidad esencial con la que cada uno renuncia a la propia existencia que no se da sin mundo (*v.* **análisis existencial**, § 3).

BIBLIOGRAFÍA: Binswanger, L. (1930-1957); Dilthey, W. (1910); Heidegger, M. (1927); Husserl, E. (1936); Jaspers, K. (1919).

muscarina (al. *Muskarin*; fr. *muscarine*; ingl. *muscarine*; it. *muscarina*)

Alcaloide tóxico contenido en algunas especies de hongos venenosos; ejerce acciones colinérgicas en la musculatura lisa, en las glándulas y en el corazón. Además de aumentar la motilidad del tubo gastrointestinal, provoca broncoespasmo y miosis, estimula la secreción salival, lacrimal y sudorífera, y disminuye la frecuencia del corazón, en ocasiones hasta el paro y la caída de la presión. La acción de este veneno es inhibida por la atropina.

música

v. PSICOLOGÍA DE LA MÚSICA.

musicoterapia

v. PSICOLOGÍA DE LA MÚSICA, § 6.

mutación

v. EVOLUCIÓN; GENÉTICA, § 2.

mutismo

v. MUDEZ.

mutualidad (al. *Wechselseitigkeit*; fr. *mutualité*; ingl. *mutuality*; it. *mutualità*)

Relación entre dos individuos en que ninguno de los dos tiene una necesidad egocéntrica del otro. Desde esta perspectiva la mutualidad es el contrario de la **simbiosis** (*v.*), en la cual la relación está basada en la satisfacción de las propias necesidades egocéntricas (*v.* **matri-**monio). E.H. Erikson, al ilustrar el concepto de mutualidad, observa que "sólo aquel que se acerca a otro, tanto consciente como inconscientemente, con una actitud *activa* y *dadivosa*, más que de *petición* y de *dependencia*, será capaz de hacer del otro aquello que el otro puede ser" (1964: 232).

BIBLIOGRAFÍA: Erikson, E.H. (1964).

nacimiento, trauma del
v. TRAUMA, § 4.

narcisismo (al. *Narzissmus*; fr. *narcis-sisme*; ingl. *narcissism*; it. *narcisismo*)
Amor por la propia imagen, como en el antiguo mito de Narciso que, al enamorarse de su propia figura reflejada en el agua, se ahogó porque quiso contemplarla muy de cerca. El término lo introdujeron Havelock Ellis y Paul Näcke en 1898 para indicar esa "perversión sexual en la que el objeto preferido por el sujeto es el propio cuerpo". En el ámbito psicoanalítico S. Freud elaboró una distinción entre las siguientes formas de narcisismo.

1] NARCISISMO PRIMARIO. Está considerado como una fase intermedia entre el **autoerotismo** (*v.*) y el **aloerotismo** (*v.*), en la que el niño inviste toda su libido en sí mismo antes de dirigirla a los objetos externos. Respecto al autoerotismo, donde cada una de las pulsiones busca su propia satisfacción vinculada al funcionamiento de un órgano, en el narcisismo primario la satisfacción es todavía autoerótica, pero refiriéndose a una imagen unificada del propio cuerpo o a un primer bosquejo del yo. Esta fase, que en sí es funcional para la formación del yo, de no superarse predispone hacia la paranoia, así como una interrupción en la fase autoerótica predispone hacia la esquizofrenia. Con la reformulación de su pensamiento en ocasión de la introducción del concepto del ello (*v.* **aparato psíquico**, § 5) Freud suprime la distinción entre autoerotismo y narcisismo, porque ubica el narcisismo primario en una fase de la vida, anterior a la constitución del yo, cuyo modelo es la vida intrauterina caracterizada por la ausencia absoluta de relaciones objetales. Esta posición la rechazó M. Klein, ante todo porque el narcisismo como relación con la propia imagen no se puede pensar en un contexto absolutamente privado de relaciones, y en segundo lugar porque también el neonato experimenta relaciones objetales de amor y de odio (*v.* **kleiniana**, **teoría**, § 1).

2] NARCISISMO SECUNDARIO. Está caracterizado por un replegamiento hacia el yo de la libido sustraída a sus investimientos objetales. Ante todo, esto es posible porque los investimientos objetales no suprimen los investimientos del yo, de los cuales el ideal del yo es una típica confirmación (*v.* **yo**, **ideal del**), y en segundo lugar porque, escribe Freud, "era preciso ver en el yo más bien un gran reservorio de libido, desde el cual esta última era enviada a los objetos, y que siempre estaba dispuesto a acoger la libido que refluye desde los objetos." (1922 [1976: 252]).

3] IMPLICACIONES TEÓRICAS. La introducción del concepto de narcisismo obligó a Freud a modificar su teoría de las pulsiones que antes estaban diferenciadas, según la concepción difundida entre los biólogos, entre pulsión de autoconservación o pulsión del yo, orientadas a la conservación del individuo, y pulsiones sexuales orientadas a la conservación de la especie, y después fueron unificadas en la categoría más amplia de las pulsiones de vida (contrapuestas a las pulsiones de muerte), que sólo difieren en su interior por la referencia al objeto, que puede ser externo al yo o el yo mismo. En esta fase (1911-1914) Freud piensa también que, además de la pulsión del yo (*v.* **yo**, **libido del**), hay otra no libidinal, que denomina interés (*v.* **yo**, **interés del**).

4] DENOMINACIONES. Del término narcisismo derivan las siguientes expresiones:
    carga narcisista, representada por las reconfirmaciones de su propio valor que el niño espera de los padres, y el adulto de la sociedad;

herida narcisista, relativa a las ofensas a la autoestima o amor propio;

elección narcisista, referida a la naturaleza del objeto elegido previamente por su semejanza con el sujeto;

neurosis narcisista, término que tiende a desaparecer del uso psiquiátrico y psicoanalítico, pero que Freud utilizó para indicar la retirada de la libido de los objetos y su desplazamiento hacia el yo, contrapuesto a la neurosis de transferencia (*v.* **neurosis**, § 1). En efecto, por su incapacidad para investir sobre el otro, el narcisista, en el tratamiento analítico, tiene dificultades para instaurar una **transferencia** (*v.*);

carácter fálico-narcisista, que describieron W. Reich y A. Lowen, sobre todo desde la perspectiva sexual (*v.* **fálico**, **carácter**);

fase del espejo, que describió J. Lacan como fase esencial para la formación del yo y por el paso de lo biológico a lo imaginario (*v.* **lacaniana**, **teoría**, § 5).

BIBLIOGRAFÍA: Ciani N. (coord.) (1983); Ellis, H. (1897-1910); Freud, S. (1914); Freud, S. (1922); Grunberger, B. (1971); Klein, M. (1935); Kohut, H. (1971); Lacan, J. (1949); Lowen, A. (1958); Mancia, M. (1990); Reich, W. (1933).

narcoanálisis (al. *Narkoanalyse*; fr. *narcoanalyse*; ingl. *narcoanalysis*; it. *narcoanalisi*)

Técnica psiquiátrica que utiliza la administración de fármacos de efecto narcótico con fines diagnósticos y terapéuticos. Este método, originalmente denominado narcosíntesis lo introdujo R.R. Grinker, quien utilizaba pentotal sódico como ayuda en la psicoterapia de las neurosis de guerra. Según Grinker "la narcosíntesis permite al paciente revivir las emociones intensas experimentadas en su momento y enfrentarlas de manera más económica y racional" (1945. 12). La narcosíntesis, posteriormente denominada narcoanálisis, aprovecha el principio, que ilustró S. Freud, de la **abreacción** (*v.*), o sea de la descarga de la emoción vinculada a un hecho o a un recuerdo que, si no encuentra una vía de desahogo, genera síntomas patológicos. El narcoanálisis, menos brusco, más lento y repetitivo que la narcosíntesis de Grinker, prevé una mayor presencia interpretativa del mé-

dico en el proceso terapéutico. El principio del narcoanálisis es el mismo que actúa en las metodologías adoptadas en los interrogatorios judiciales con la suministración del suero de la verdad (*truth drugs*), que hoy ya no se utiliza después que se comprobó que aun en condiciones de narcoanálisis el sujeto puede mantener cierta capacidad de simulación.

BIBLIOGRAFÍA: Grinker, R.R. y J.P. Spiegel (1945); Horsley, J.S. (1936).

narcolepsia
v. SUEÑO, § 3, *a*.

narcosis (al. *Narkose*; fr. *narcose*; ingl. *narcosis*; it. *narcosi*)

Estado de inconsciencia reversible producido con medios farmacológicos con el fin de inhibir la sensibilidad al dolor (*v.* **algesia**) en el nivel central. Es sinónimo de anestesia general (*v.* **sensibilidad**, § 5).

narcosíntesis
v. NARCOANÁLISIS.

narcoterapia (al. *Schlafkur*; fr. *narcothérapie*; ingl. *narcotherapy*; it. *narcoterapia*)

Tratamiento terapéutico que se adoptó para el tratamiento de algunas formas psiconeuróticas mediante inducción y mantenimiento de un estado de sueño casi ininterrumpido por diez a quince días.

náusea (al. *Übelkeit*; fr. *nausée*; ingl. *nausea*; it. *nausea*)

Sensación de malestar que se advierte en el nivel epigástrico y faríngeo, acompañada de contracción involuntaria de los músculos gástricos y de abundante salivación. Esta condición, cuando no depende de causas orgánicas, la interpreta S. Freud como manifestación física de un profundo sentimiento de rechazo que se manifiesta con la náusea y el vómito en los casos de **histeria** (*v.*, § 1), "...cuando el sentimiento de suciedad moral produce un sentimiento físico de asco" (1892-1895 [1976: 221]), y en los casos de *neurosis de angustia* (*v.* **angustia**, § 2, *b*): "La actividad digestiva experimenta en la neurosis de angustia unas pocas, pero características, perturbaciones." (1894 [1976: 98]). La interpretación de Freud es aceptada también en el ámbito psicosomático, donde E. Weiss y O.S. English escriben que "la náusea, cuando no está avalada por una causa orgánica, en ocasiones puede significar que el paciente 'no puede digerir' alguna condición de adaptación" (1949: 36).

El sentimiento de la náusea también lo consideró en el ámbito filosófico J.-P. Sartre, para quien es la experiencia emotiva de la gratuidad de la existencia que encarna, en la materialidad de su robusta presencia, la perfecta equivalencia de las posibilidades existenciales: "Todo era pleno, todo estaba en acto, no había intermedio, todo, hasta la más imperceptible oscilación, estaba hecho con un poco de existencia. Y todos estos existentes que se atareaban alrededor del árbol no venían de ningún lugar y no iban a ninguna parte. De pronto existían, y después, de pronto, ya no existían: la existencia no tiene memoria; de aquello que desaparece no conserva nada, ni siquiera un recuerdo. La existencia por todas partes, al infinito, existencia de más, siempre y por todas partes; la existencia... que sólo está delimitada por la existencia. Me dejé caer sobre la banca, aturdido, obtuso por aquella cantidad de seres sin origen: por todos lados brotes, desarrollos; mis oídos zumbaban de existencia, mi carne misma palpitaba y se entreabría, se abandonaba al pulular universal, una cosa repugnante" (1938: 179). Para Sartre la náusea no es una sensación del sujeto sino una sensación que invade al sujeto y lo absorbe: "La náusea no está en mí: yo la siento *allá abajo* en el muro, en los tirantes, por todas partes alrededor de mí. Forma una misma cosa con el café, soy yo que está en la náusea" (1938: 34).

BIBLIOGRAFÍA: Fenichel, O. (1945); Freud, S. (1892-1895); Freud, S. (1894); Sartre, J.-P (1938); Weiss, E. y O.S. English (1949).

necesidad
v. DESTINO.

necesidad (al. *Bedürfnis*; fr. *besoin*; ingl. *need*; it. *bisogno*)

Estado de tensión más o menos intenso debido a la falta de algo que responde a exigencias fisiológicas más o menos poderosas, a exigencias superfluas transformadas, por costumbre, en necesarias, a exigencias psicológicas percibidas como indispensables para la realización de uno mismo, o a exigencias sociales aprendidas en el entorno. La necesidad, relacionada con el **incentivo** (*v.*), la **pulsión** (*v.*), el deseo (*v.*) y la **motivación** (*v.*), se percibe subjetivamente como un estímulo que empuja al individuo hacia una meta en la que se anula la tensión provocada por la sensación de insatisfacción que acompaña al estímulo mismo. Al estado de tensión o excitación al que se refiere la definición primaria de necesidad se le atribuye la capacidad de evocar la representación de los objetivos perseguidos y la capacidad de activarse superando los obstáculos que se interponen. La necesidad se manifiesta en diferentes niveles que involucran otros tantos ámbitos disciplinarios. Éstos se superponen en parte a los evocados por la **motivación** (*v.*), donde la necesidad aparece como figura primaria.

1] FISIOLOGÍA. En este ámbito se suelen diferenciar estas clases de necesidades:

a] *Necesidades relativas a la vida del individuo*, como el hambre, la sed (*v.* **alimentación**) y la evacuación, caracterizadas por un aspecto *activador* que dispone al organismo a una acción, y *direccional*, con miras a una meta que satisfaga la necesidad. De la *necesidad*, que es un estado fisiológico de privación, debe diferenciarse la *pulsión*, que es la consecuencia psicológica que se manifiesta en el plano del comportamiento. La pulsión no aumenta forzosamente con la necesidad. Un organismo hambriento puede estar tan debilitado que también su pulsión resulta debilitada. De modo experimental lo que se puede medir no es la necesidad sino la pulsión, adoptando como punto de referencia la inquietud del animal experimental y la velocidad en la ejecución de los actos aprendidos para la conquista del alimento. El mecanismo saciedadhambre está regulado por el **hipotálamo** (*v.*) según el modelo *homeostático* (*v.* **homeostasis**) que prevé la cancelación, gracias a la satisfacción, de la excitación surgida en el organismo con la aparición de la necesidad.

b] *Necesidades relativas a la vida de la especie* como la **sexualidad** (*v.*), el cuidado de la prole, la defensa de los enemigos. Estas funciones están reguladas por las hormonas (*v.* **endocrino, sistema**) y vinculadas, más que a la necesidad, al incentivo. En los animales el incentivo está constituido por el olor de la hembra en celo, por el cambio en la coloración y las dimensiones de las áreas genitales que atraen al macho y lo conducen al cumplimiento del ciclo sexual, mientras que en los seres humanos los comportamientos sexuales y los cuidados parentales tienen una matriz cognoscitiva y social que libera del condicionamiento directo del mecanismo neurohormonal. Lo mismo se puede decir sobre el comportamiento de fuga y de agresión, que en los animales está completamente sometido al control hormonal, mientras que en el hombre está relacionado con la actividad neuronal superior y, por lo tanto, con los procesos psíquicos.

c] *Necesidades con correlaciones fisiológicas* son la **actividad** (*v.*), la **manipulación** (*v.*) y la **curiosidad** (*v.*). En efecto, es prerrogativa de todo organismo colocarse en una relación de intercambio activo con el mundo, y esta actividad tiene un efecto tónico independiente de las necesidades específicas que deban ser satisfechas. Así se explica la necesidad del juego en los cachorros y en los niños, mientras algunas pruebas experimentales demostraron que los animales aprenden ciertas tareas para ser compensados con la posibilidad de estar activos. La actividad se traduce rápidamente en manipulación y en curiosidad, que toma la forma de la exploración locomotriz que se encuentra con regularidad en el desarrollo de los animales superiores y en los niños.

2] PSICOLOGÍA EXPERIMENTAL. La actividad inducida hacia el objetivo de satisfacer la necesidad está explicada basándose en dos teorías:

a] *La teoría "necesidad-pulsión-incentivo".* La necesidad está considerada como una privación que pide satisfacción o como una estimulación dolorosa que pide evitarla. Esto determina un estado activo del comportamiento, conocido con el término *pulsión*, caracterizado por tensión y por energía dirigida a la persecución de una meta; si es coronada por

el éxito le permite al organismo alcanzar un objeto del entorno (que satisface la necesidad o reduce el dolor) llamado *incentivo positivo* que, al provocar un comportamiento "consumatorio", concluye la secuencia del comportamiento motivado. El incentivo, además de reducir la tensión, puede también *intensificarla*, como ocurre con el hambre a la vista de los alimentos exhibidos en un aparador; puede *encauzarla*, creando una propensión por ciertos alimentos y también puede *regularla*, como cuando dosifica la cantidad de alimento de acuerdo con el agua disponible para consumirlo.

b] *La teoría de la atracción–repulsión* nació de la constatación de que las necesidades con correlaciones fisiológicas –como la actividad, la manipulación y la curiosidad– no entran en el modelo necesidad-pulsión-incentivo, que el incentivo no siempre desarrolla un papel de reducción de la pulsión, que el incentivo negativo tiene como consecuencia dirigir el comportamiento lejos de sí (repulsión) y, finalmente, que existen incentivos mixtos de atracción y de repulsión. De estas constataciones se desprende que son posibles cuatro formas de comportamiento que nos limitaremos a nombrar, remitiendo para su exposición, a la voz **atracción-repulsión, teoría de la**, que prevé un comportamiento causado por a] la *atracción*, b] la *repulsión*, c] el *conflicto*, d] el *doble conflicto*. Este esquema experimenta modificaciones posteriores por efecto del aprendizaje, que puede traducir objetos originalmente neutros en objetos con valor incentivante. Este componente determina el paso definitivo del orden de la necesidad al de la **motivación** (*v.*).

3] PSICOLOGÍA DE LA PERSONALIDAD. Siguiendo el modelo homeostático –una estructura eminentemente fisiológica que ve en la necesidad un principio de **activación** (*v.*) que, a través de la satisfacción (*v.* **gratificación**), tiende al mantenimiento del **equilibrio** (*v.*)–, la psicología de la personalidad toma en consideración las necesidades no fisiológicas que nacen del problema de la adaptación, entendida como interacción dinámica entre organismo y ambiente. Aquí la necesidad, configurándose como *necesidad de autorrealización*, rebasa incluso a la **motivación** (*v*, § 6) regulada por necesidades que no son ya fisiológicas sino psicológicas y sociales. Remitimos a esa voz para un estudio adecuado, y aquí nos limitamos a nombrar dichas necesidades según los esquemas de A.H. Maslow y de H.A. Murray.

a] *El esquema de Maslow*, además de la ordenación jerárquica de las necesidades, desde las fisiológicas hasta las psicológicas, como seguridad, pertenencia, amor, estima y autorrealización, prevé, en los extremos de la escala, los *motivos D* (*deficiency motives*, motivos de carencia), y los *motivos B* (*being motives*, motivos del ser), que entran en función cuando los primeros han sido satisfechos. Maslow critica las investigaciones experimentales sobre la necesidad a las que les achaca ser fragmentarias y no considerar al hombre al máximo de sus posibilidades, simplemente porque éstas no son susceptibles de una experimentación llevada a cabo con los métodos de la ciencia (*v.* **psicología humanista**).

b] *El esquema de Murray* diferencia las necesidades organógenas de las psicógenas, las primeras de naturaleza fisiológica y las segundas de naturaleza motivacional; su clasificación, que aún hoy ejerce una notable influencia, prevé: 1] necesidades que tienen *relación con objetos* inanimados, como adquisición, conservación, orden, atesoramiento y construcción; 2] necesidades que manifiestan *ambición*, fuerza, deseo de éxito y de prestigio, como superioridad, aplauso, consideración, exhibición, integridad, defensa, reacción; 3] necesidades relativas al *ejercicio del poder*, como dominio, sumisión, semejanza, autonomía, independencia; 4] necesidades relativas a los *agravios* hacia los otros y hacia sí mismos, como agresión, humillación, reproche; 5] necesidades relativas a los *afectos* personales, como carácter gregario, rechazo, protección, socorro; 6] necesidades *socialmente* importantes, como juego, conocimiento, exposición. Obviamente esta variedad se puede reducir también con procedimientos sistemáticos de clasificación, uno de los cuales es el método del **análisis factorial** (*v.*). Murray preparó un test de personalidad, el TAT (*v.*), para la evaluación de las necesidades de cada uno de los individuos; de él se desprende que quien tiene necesidad de orden superior reacciona con un enriquecimiento de la actividad, a diferencia de los demás, que se mantienen en un nivel de ejecución, con un fuerte elemento repetitivo (*v.* **personalidad**, § 13).

c] *La teoría del campo de Lewin* distingue claramente la necesidad *animal*, que no tiene una proyección y una estrategia, sino que es sólo una reacción a un estado de necesidad, de la necesidad *humana*, que tiene una dimensión, una dirección y un vector, para lo que es posible calcular la intensidad y la duración de los efectos observados en el comportamiento gracias al análisis con los instrumentos provistos por la teoría del campo (*v.* **campo**, § 2).

4] PSICOLOGÍA DE LO PROFUNDO. En el ámbito psicoanalítico S. Freud no habla tanto de necesidad cuanto de *pulsión* y *motivación*. Como estado fisiológico de privación la necesidad es interpretada por él de acuerdo con el modelo homeostático, mientras que en lo referente a la pulsión, que es el aspecto psíquico de la necesidad, ésta va al encuentro de las vicisitudes que Freud expone en su *metapsicología* (*v.* **pulsión**), donde surge también el rasgo motivador relacionado con el impulso pulsional (*v.* **motivación**, § 4). Por su lado C.G. Jung, después de haber aceptado la *vis a tergo* de la pulsión indicada por Freud, subraya la importancia de la *vis a fronte*, que es la necesidad de realización de sí (*v.* **individuación**). En el ámbito de la psicología de lo profundo la necesidad constituyó un objeto temático para J. Lacan y para S. Montefoschi.

a] Para Lacan (*v.* **lacaniana, teoría**, § 9), la necesidad es esa carencia radical que se constituye en ocasión del destierro del vientre materno. Sobre esta carencia o, como dice Lacan, sobre esta **hiancia** (*v.*), se inscribe la pulsión que no se limita, como para Freud, a ser una calificación erótica de la necesidad, sino que se transforma en el medio para suplir esta falta con las "zonas erógenas", que son otras tantas aberturas hacia el exterior donde la necesidad, a través del **deseo** (*v.*) antes, y de la **demanda** (*v.*) después, llega al **Otro** (*v.*) que satisface, en el orden simbólico, esa exigencia de completamiento inscrita en la necesidad y en la hiancia que la connota. Para Lacan, la pulsión, tomada en esta conexión con la necesidad y como primera respuesta a ésta, se localiza en el organismo antes de cada representación psíquica.

b] Para Montefoschi el concepto de necesidad se debe emancipar del concepto de falta de una condición esencial para la existencia, porque "decir que el ser viviente tiene necesidad de respirar y de nutrirse equivale a concebir un viviente que ya existe en ausencia de respiración y de nutrición *por tener necesidad*, cuando la nutrición, la respiración y la vida se dan en el mismo momento" (1977: 30). La necesidad, emancipada de las llamadas "necesidades primarias", se inscribe en la figura de la *relación* en estos términos: "La necesidad, por lo tanto, no es algo ya dado; antes bien, se *crea* cada vez, de acuerdo con un modelo de relación, como un momento de *falta* de la situación existencial necesaria para garantizar la relación ulterior. La *falta* que caracteriza el estado de necesidad no se da, por lo tanto, en cada individuo, sino en la relación" (1977: 31). Montefoschi, refiriéndose a las relaciones posibles, que son de **intersubjetividad** (*v.*) y de **interdependencia** (*v.* **dependencia**, § 2), afirma: "La dinámica de la relación intersubjetiva sólo puede crear la necesidad de la libertad de los sujetos, en cuanto la libertad es la única condición que garantiza la sobrevivencia de la intersubjetividad; la dinámica de la interdependencia, por el contrario, no puede dar lugar más que a la necesidad de la dependencia, como condición de existencia producida por ésta y esencial para su sobrevivencia. Dentro del primer modelo de relación, por lo tanto, el objeto de la necesidad es la condición de libertad; esta condición no se agota en ninguna modalidad de existencia específica, no se concreta en situaciones definidas de una vez para siempre, sino que, al contrario, por ser el primer requisito de las *posibilidades*, siempre da lugar, para su misma realización, a nuevas formas de vida [...]. Las necesidades que la dinámica de la intersubjetividad van creando así poco a poco son necesidades de transformación. Dentro del segundo grupo de relaciones el objeto de la necesidad es la condición de dependencia; esta condición se concreta en la *reificación* de las situaciones de la vida que manifiestan, pidiendo y confirmando, la dependencia [...]. Los objetos que se producen en la dinámica de la interdependencia nunca pueden, por ende, ofrecer nuevos desbloqueos a la existencia, puesto que perpetúan una situación *dada*. [...] Las necesidades que en [ésta] se producen son siempre y solamente necesidades de conservación" (1977: 31-32).

5] SOCIOLOGÍA. El debate sociológico sobre las necesidades gira alrededor de una serie de dicotomías que se remontan a la gran diferenciación entre necesidades *primarias* o esenciales y necesidades *secundarias* o inducidas en el sentido descrito por K. Marx, según el cual "la producción no produce sólo el objeto del consumo, sino también el modo de consumirlo [...]. La producción suministra no sólo un material para la necesidad, sino también una necesidad para el material" (1859: 180). En los años cincuenta H. Marcuse retomó este tema; para él "es posible diferenciar entre necesidades verdaderas y necesidades falsas. Las necesidades 'falsas' son las que se le sobreimponen al individuo por parte de los intereses sociales particulares a los que urge su represión; son necesidades que perpetúan la fatiga, la agresividad, la miseria y la injusticia [...]. La mayor parte de las necesidades que hoy prevalecen, la necesidad de relajarse, de divertirse, de comportarse y de consumir de acuerdo con los anuncios publicitarios, de amar y de odiar lo que los otros aman y odian, pertenecen a esta categoría de falsas necesidades. Éstas tienen un contenido y una función social que están determinados por poderes externos, sobre los cuales el individuo no tiene ningún control; el desarrollo y la satisfacción de las mismas tienen carácter heterónomo" (1964: 25). Con esta visión la autonomía del individuo desaparece casi por entero y su comportamiento se presenta como el resultado de una suma de reflejos condicionados: "La reproducción espontánea, por parte del individuo, de necesidades que le fueron impuestas, no constituye una forma de autonomía; sólo comprueba la eficiencia de los controles" (1964: 28). La posición de Marcuse ejerció influencia en el ámbito psicológico, sobre todo en E. Fromm y en su diferenciación relativa a las modalidades existenciales ordenadas sobre la categoría del **tener** (*v.*), centrada en las necesidades de posesión, poder, avidez y afirmación, y en la del *ser*, que está en la base de la necesidad de autorrealización.

BIBLIOGRAFÍA: Bolles, R.C. (1975); Cassini, A. y A. Dellantonio (1982); Claparède, E. (1931); Freud, S. (1915); Freud, S. (1920); Fromm, E. (1976); Hull, C.L. (1943); Jung, C.G. (1928); Lacan, J. (1966); Lewin, K. (1935); Marcuse, H. (1964); Marx, K. (1859); Maslow, A.H. (1954); Mac Dougall, W. (1933); Montefoschi, S. (1977); Murray,

H.A. (1938); Murray, H.A. (1943); Pfaff D.W., (coord.) (1982).

Necker, cubo de
v. CUBO, TEST DEL, 3.

necrofagia
v. NECROFILIA.

necrofilia (al. *Nekrophilie*; fr. *nécrophilie*; ingl. *necrophilia*; it. *necrofilia*)

Investimiento erótico de escenas macabras que llega a rituales con significados fúnebres buscados, contemplados y en ocasiones ejecutados, hasta llegar, en casos muy raros, a relaciones sexuales con cadáveres. Para E. Fromm la necrofilia debe interpretarse como la forma más radical de la agresividad humana, que se opone a la *biofilia* o amor por la vida. Asociada con pulsiones sádicas, la necrofilia no está exenta de un rasgo fetichista en la acepción del fetichismo del cadáver. Forman parte de este cuadro la *necrofagia*, que induce a alimentarse de cadáveres, y el *necrosadismo*, que consiste en la mutilación y la destrucción de los cadáveres con los que antes se tuvieron relaciones.

BIBLIOGRAFÍA: Callieri, B. y A. Semerari (1966); Epaulard, A. (1901); Fromm, E. (1973); Sperri, T. (1959).

necrofobia (al. *Nekrophobie*; fr. *nécrophobie*; ingl. *necrophobia*; it. *necrofobia*)

Fobia por los cadáveres, que se puede hacer extensiva a todo aquello que tenga que ver con la muerte.

necrosadismo
v. NECROFILIA.

negación (al. *Verneinung*; fr. *dénégation*; ingl. *negation*; it. *negazione*)

Término psicoanalítico que introdujo S. Freud para indicar esa característica por la que contenidos reprimidos pueden penetrar en la conciencia sólo a condición de ser negados con proposiciones que, siguiendo los ejemplos que mencionó Freud, dicen: "Ahora usted pensará que yo quiero decir algo ofensivo, pero realmente no tengo ese propósito", o bien: "usted pregunta quién puede ser esta persona del sueño. Mi *madre* no es". Como comentario Freud escribe: "Por tanto, un contenido de representación o de pensamiento reprimido puede irrumpir en la conciencia a condición de que se deje *negar*. La negación es un modo de tomar noticia de lo reprimido; en verdad, es ya una cancelación de la represión, aunque no, claro está, una aceptación de lo reprimido. Se ve cómo la función intelectual se separa aquí del proceso afectivo. Con ayuda de la negación es enderezada sólo una de las consecuencias del proceso represivo, a saber, la de que su contenido de representación no llegue a la conciencia. De ahí resulta una suerte de aceptación intelectual de lo reprimido con persistencia de lo esencial de la represión." (1925 [1976: 253-254]). Freud distingue la negación (*Verneinung*) de la **denegación** (*v.*) (*Verleugnung*), que es un rechazo a reconocer experiencias dolorosas, impulsos, datos de la realidad o aspectos de sí.

BIBLIOGRAFÍA: Freud, S. (1925).

negativismo (al. *Negativismus*; fr. *négativisme*; ingl. *negativism*; it. *negativismo*)

Rasgo frecuente en las formas de **catatonia** (*v.*) que destacó E. Bleuler y que calificó como negativismo *pasivo* cuando el sujeto opone resistencia a la ejecución de un comportamiento, *activo* cuando ejecuta comportamientos antitéticos y opuestos, *intelectivo* cuando el sujeto, después de haber formulado una idea, piensa de inmediato la contraria (*v.* **automatismo**, § 1). C.G. Jung resume así las que para su maestro Bleuler, son las "causas predisponentes de los fenómenos negativistas: 1] la *ambivalencia*, que con cada impulso causa, simultáneamente, un contraimpulso; 2] la *ambitendencia*, que a la misma idea le da dos tonalidades afectivas contrastantes, y piensa la misma idea al mismo tiempo en forma positiva y negativa; 3] la *disociación esquizofrénica*, que impide que se saquen conclusiones de pensamientos contradictorios y coexistentes" (1911: 203). Llevadas estas causas al fenómeno más amplio de la **resistencia** (v.), Jung señala a Bleuler que "el psicoanálisis demostró ampliamente que la resistencia nunca es arbitraria y sin sentido, y que por lo tanto los juegos de contraste nunca son puramente casuales. El carácter sistemático de la resistencia es válido también para la esquizofrenia" (1911: 204). Esta nota tiene importancia histórica porque marca la primera aplicación del método analítico al campo de las manifestaciones psicóticas.

El término negativismo se utiliza en ocasiones en el ámbito de la psicología evolutiva para referirse al **rechazo** (v.) sistemático del niño a los requerimientos del adulto, que E.H. Erikson interpreta como funcional para la construcción de la personalidad.

BIBLIOGRAFÍA: Bleuler, E. (1911-1960); Erikson, E.H. (1950); Jung, C.G. (1911).

negligencia (al. *Nachlässigkeit*; fr. *négligence*; ingl. *negligence*; it. *negligenza*)

Escasa aplicación en la ejecución de una tarea hacia la cual no se está motivado o se siente un rechazo latente. La negligencia, frecuente en la edad evolutiva, puede depender de las dificultades que encuentra el adolescente en su proceso de crecimiento o del hecho de que los objetivos o los modelos propuestos no son percibidos como sintónicos con los propios ideales o con la estructura profunda de la personalidad.

negligencia (al. *Verwahrlosung*; fr. *négligence*; ingl. *neglect*; it. *discolaggine*)

Comportamiento descuidado y socialmente desadaptado en niños o adolescentes provenientes de un ambiente caracterizado por graves carencias afectivas o por una educación exageradamente severa (v. **desviación social**).

BIBLIOGRAFÍA: Aichhorn, A. (1978).

negociación (al. *Verhandlung*; fr. *négociation*; ingl. *negotiation*; it. *trattativa*)

Interacción verbal que tiene por objetivo alcanzar un acuerdo entre dos partes separadas por intereses contrastantes y no inmediatamente homogéneos. La negociación, objeto de estudio de la psicología social, se encuentra en todos los ambientes de la sociedad, incluyendo la familia, el lugar de trabajo, el mercado, las relaciones internacionales, con una realización proporcional al grado de libertad recíproca alcanzada por las partes empeñadas en esta forma sutil de conflicto que tiene por objetivo evitar una forma de conflicto más grave. La negociación generalmente se desarrolla de las siguientes maneras:

1] *Contratación posicional*, donde las partes hacen por táctica requerimientos mezquinos y concesiones mínimas, porque los negociadores tienen un nivel alto de aspiraciones, disponen de buenas alternativas para llegar a un acuerdo, esperan que la otra parte realice concesiones a largo plazo, tienen la capacidad de poner en práctica amenazas efectivas, no les resulta importante el tiempo dedicado a la negociación, no es inminente un punto muerto en la búsqueda del acuerdo. Cuando no da lugar a un conflicto en espiral, la contratación posicional obtiene resultados favorables para las partes.

2] *Soluciones preeminentes* que se presentan cuando para una de las partes se manifiesta una única alternativa practicable, y lo mismo le sucede también a la otra parte. Esta solución aumenta la probabilidad de alcanzar un acuerdo y de acelerar los tiempos de negociación por la rapidez de las respectivas concesiones.

3] *Soluciones del problema* que se adoptan cuando la contratación posicional no llega a ningún resultado; entonces las partes, median te informaciones o declaraciones directas, van a la búsqueda de los intereses que están por encima de las respectivas posiciones, esperando actuar sobre aquéllos, más que sobre las posiciones inicialmente asumidas en la mesa de negociaciones. Este tipo de solución manifiesta la debilidad de uno de los dos contratantes, exponiéndolo en el futuro a extorsiones a partir de las informaciones obtenidas. Generalmente la "solución del problema" se produce en un nivel diferente de aquel del cual se había partido en un principio.

4] *Mediación*, a la que se recurre cuando la "solución del problema" no es posible, por lo que se requiere la intervención de una tercera persona que tenga una buena relación con ambas partes, para garantizar su imparcialidad. La mediación debe distinguirse del *arbitraje*, donde la tercera parte impone una transacción. El arbitraje favorece la rápida solución del conflicto, pero impide que las partes tengan la oportunidad de alcanzar acuerdos ventajosos para ambas.

BIBLIOGRAFÍA: Bacharach, S.B. y E.J. Lawler (1981); Druckman, D. (1977); Gulliver, P.H. (1964); Rubin, J.Z. y B.R. Brown (1975); Schelling, T.C. (1960); Young, O.R. (1975); Zartman, I.X. (1978).

neoencéfalo
v. ENCÉFALO, § 2, *c*.

neofasia (al. *Neophasie*; fr. *néophasie*; ingl. *neophasia*; it. *neofasia*)

Creación de un lenguaje exclusivamente personal caracterizado por conglomerados fonéticos, gramaticales y sintácticos que no tienen equivalencia con la lengua comúnmente hablada; incluye el uso frecuente de neologismos (*v.* **neologismo**) utilizados con la intención de manifestar lo que al sujeto, por lo general esquizofrénico, le parece imposible expresar con el uso del lengue común.

neofrenia (al. *Neophrenie*; fr. *néophrénie*; ingl. *neophrenia*; it. *neofrenia*)

Término que introdujo K.L. Kahlbaum quien, adoptando como criterio de clasificación de las enfermedades mentales la edad del sujeto, distinguía la *neofrenia* o locura de la infancia, la *hebefrenia* o locura de la adolescencia, hoy clasificada como una de las formas de **esquizofrenia** (*v.*, § III, 2), y la *presbiofrenia* o locura de la vejez. Esta última expresión también

la adoptó C.K. Wernicke para indicar una forma particular de demencia senil (*v.* **demencia**, § II, 1).

BIBLIOGRAFÍA: Kahlbaum, K.L. (1863); Wernicke, C.K. (1894).

neologismo (al. *Neologismus*; fr. *néologisme*; ingl. *neologism*; it. *neologismo*)

Acuñación de palabras nuevas para expresar en forma adecuada nuevas nociones. De importancia psicológica es el neologismo que caracteriza el lenguaje esquizofrénico, el cual, mediante la combinación de palabras que se refieren a cosas heterogéneas, se adopta para expresar, con una simbología personal y exclusiva, la inasibilidad de experiencias de otra manera inexpresables. K. Jaspers señala que "según su génesis, se pueden identificar cuatro grupos de neologismos: 1] se forman *intencionalmente* palabras nuevas para indicar sensaciones o cosas para las cuales el lenguaje no tiene palabras. Estos términos técnicos de creación propia son en parte palabras completamente nuevas, etimológicamente incomprensibles; 2] se dan *sin intención*, sobre todo en las fases agudas, formaciones de palabras nuevas que después se usan de manera secundaria, como indicaciones, y se transfieren al estado crónico. A la pregunta ¿qué significa? la respuesta es 'las palabras se presentan así, sin explicación' [...]; 3] los neologismos se dan en los enfermos como *contenidos alucinatorios*. En este caso los enfermos, igual que en el anterior, con frecuencia se admiran de estas palabras extrañas, desconocidas para ellos mismos [...]; 4] se presentan producciones de *sonidos articulados* a los que probablemente los mismos enfermos no vinculan ningún sentido. No se trata de formas lingüísticas sino sólo de residuos lingüísticos cuyo significado desapareció por entero" (1913-1959: 316-317). En la base de la creación de neologismos, también en el caso del lenguaje esquizofrénico, está la necesidad de llenar un vacío semántico mediante procedimientos que aprovechan *a*] el *halo semántico* que cada palabra trae consigo; *b*] el *significado dominante* de una palabra utilizado en contextos que necesitarían el uso de significados derivados, *c*] o *aprovechando los prefijos o los sufijos* de las palabras para crear rimas o similitudes que hacen referencia a procesos asociativos que intervienen en la exposición del pensamiento principal. En este último caso el neologismo sería la consecuencia de un trastorno de la atención que no activaría la inhibición progresiva e instantánea de las asociaciones irrelevantes para el concepto que se está expresando. Con frecuencia un buen conocimiento del paciente esquizofrénico permite conocer los neologismos utilizados.

BIBLIOGRAFÍA: Chapman, L.J., J.P. Chapman y G.A. Miller (1964); Jaspers, K. (1913-1959); Maher, B.A. (1972).

nervioso, sistema (al. *Nervensystem*; fr. *systéme nerveux*; ingl. *nervous system*; it. *sistema nervoso*)

Conjunto de órganos interesados en la coordinación y el control de las funciones de la vida vegetativa, de relación y psíquica. Si se considera la aparición y la evolución de este sistema en la **filogenia** (*v.*), ya se ve que los organismos unicelulares (protozoos), aunque carecen de aparato nervioso, poseen un protoplasma donde ya están presentes dos funciones que son fundamentales en el sistema nervioso: la función *receptora* o sensibilidad a los estímulos (*v.* **receptor**) y la función *efectora* o capacidad de reacción (*v.* **aferente-eferente, nervio**).

El verdadero principio del sistema nervioso está en el *retículo nervioso* que se encuentra en los celenterados, como los pulpos, donde las células especializadas llamadas **neuronas** (*v.*) están difundidas irregularmente en los estratos superficiales del cuerpo. Al estimular cualquier parte del retículo nervioso el impulso se difunde, produciendo una contracción muscular localizada en la zona en la que son activadas las neuronas. Conforme se asciende en la escala zoológica comienza a identificarse la *cadena bioneurónica* formada por dos elementos nerviosos diferenciados y articulados entre sí: la célula nerviosa de *sensibilidad* o *sensorial* y la célula nerviosa *motriz*, que vincula una zona de superficie con un determinado efector.

En los invertebrados se observa una progresiva *centralización* debida al agrupamiento de células nerviosas que constituyen masas más o menos circunscritas, situadas cada vez más profundamente y vinculadas, por un lado, a las células receptoras que se quedaron en la superficie y, por el otro, a los órganos efectores. Cada segmento del cuerpo de un animal está provisto internamente de un *ganglio* central donde están reunidas las células nerviosas de movimiento. Al ganglio llegan las prolongaciones (fibras nerviosas) de las células nerviosas sensoriales situadas en la superficie, y de éstas parten las fibras nerviosas dirigidas a las células musculares. En los ganglios están presentes además células intermedias que los conectan en cadena.

En los vertebrados, en lugar de los ganglios, aparece un verdadero cordón continuo de tejido nervioso, la **médula espinal** (*v.*), en la que se encuentran las células encargadas de la inervación de cada uno de los segmentos del cuerpo. En los centros superiores, en lugar del primitivo ganglio cefálico, se encuentra un órgano complejo, el **encéfalo** (*v.*), que, elaborando las informaciones recibidas, gobierna la actividad de las diferentes partes. Las formaciones superiores del sistema tienden a atraer hacia sí la coordinación y la integración de las funciones de las formaciones inferiores más antiguas y a facilitar, atenuar o impedir las reacciones locales. Siempre en la evolución de los vertebrados, se distingue un *sistema nervioso vegetativo*, encargado de las funciones de las vísceras, que permite al organismo realizar cada vez mejor la **homeostasis** (*v.*), o sea la estabilidad de las funciones fundamentales independientemente de las condiciones ambientales, acentuando la autonomía del organismo respecto al ambiente. Se suele dividir el sistema nervioso en:

1] SISTEMA NERVIOSO CENTRAL (SNC). Abarca la **médula espinal** (*v.*) y el **encéfalo** (*v.*) de los cuales se originan los nervios espinales y los nervios craneales respectivamente. Llamado también *sistema nervioso de la vida de relación*, en cuanto preside las relaciones del organismo con el mundo exterior, el sistema nervioso central está unido a las diferentes partes del cuerpo mediante los nervios que están conectados con los órganos de la **sensibilidad** (*v.*) (receptores cutáneos, oído, ojo, papilas gustativas, papilas del olfato, etc.), y con los de la **motricidad** (*v.*) voluntaria, que son los músculos esqueléticos. Dicho sistema se encarga de la recepción de los estímulos provenientes del entorno, de la transmisión de los impulsos nerviosos causados por éstos hasta los centros superiores (mensaje nervioso), de la elaboración de tales impulsos (percepción), del envío de impulsos efectores o de mando de los centros a los músculos. La evolución del sistema nervioso central alcanza en el hombre un grado muy elevado, que va más allá de las simples exigencias de una adaptación biológica al ambiente, hasta permitir actividades libres del determinismo de las exigencias externas, como el pensamiento, la voluntad y los afectos.

2] SISTEMA NERVIOSO AUTÓNOMO, SIMPÁTICO O VEGETATIVO (SNA). Abarca el *ortosimpático* y el *parasimpático* (v. **simpático**, **sistema nervioso**), de donde se originan los nervios simpáticos o vegetativos que lo vinculan a los órganos viscerales del cuerpo, en los cuales el SNC recibe los mensajes que señalan el estado de su funcionamiento y a los que envía impulsos efectores que gobiernan sus funciones. Al regular las relaciones con el medio corporal interno, el sistema autónomo tiene importancia, desde el punto de vista psicológico, por lo que se refiere a su intervención en los procesos de la vida instintiva, emotiva, en las afecciones psicosomáticas y en otras sintomatologías.

3] SISTEMA NERVIOSO PERIFÉRICO (SNP). En éste se agrupan los nervios que provienen de la médula espinal, del tronco encefálico y del sistema simpático. Su función es la **conducción nerviosa** (v.) de los centros hacia la periferia en las fibras que presiden la **motricidad** (v.), y de la periferia hacia los centros superiores en las fibras que presiden la **sensibilidad** (v.).

Además de los elementos funcionales específicos, el sistema nervioso está provisto de un tejido de sostén llamado *neuroglia*, que desempeña tres funciones: nutrición, aislamiento por lo que respecta a la conducción nerviosa, y reparación de las acciones destructivas. Las células nerviosas, en efecto, no son capaces de reproducirse y cada pérdida, irreparable, es sustituida por una cicatriz del tejido de sostén.

neuralgia (al. *Neuralgie*; fr. *névralgie*; ingl. *neuralgia*; it. *nevralgia*)

Sensación dolorosa que irradia a lo largo del recorrido de un nervio. Cuando no es de origen orgánico se clasifica generalmente entre las manifestaciones de la **histeria** (v.).

neurastenia (al. *Neurasthenie*; fr. *neurasthénie*; ingl. *neurasthenia*; it. *nevrastenia*)

Término que introdujo el médico estadunidense G. Beard en 1884 para designar un cuadro clínico caracterizado por cansancio físico y mental, irritabilidad, insomnio, cefalea, reducción de la actividad sexual y otros síntomas muy diversos. S. Freud delimitó el campo de este síndrome clasificándolo en el cuadro de las neurosis actuales, separándolo de la neurosis de angustia (v. **neurosis**, § 2), e identificando la causa en un insuficiente funcionamiento sexual, como la masturbación respecto al coito, incapaz de liberar de manera adecuada la tensión libidinal. En el campo psiquiátrico el término se utiliza para esos casos en los que la ansiedad está somatizada, es decir vivida en el cuerpo y con el cuerpo, que es experimentado, según escribe G. Jervis, "como fuente de inseguridad y de amenaza. Los trastornos neurasténicos por lo general tienen las siguientes características: *a*] agotamiento con irritabilidad y malhumor, y un modesto grado de depresión del humor; *b*] trastornos *aparentemente* debidos a enfermedades viscerales, pero en realidad de naturaleza psíquica [...] siempre vividos con mucha ansiedad por parte del paciente; *c*] temor de enfermedad, y preocupaciones por la salud [...] en relación con los trastornos seudosomáticos; *d*] en ocasiones crisis imprevistas de *ansiedad-alarma*, frecuentemente con temor de muerte inminente" (1975, p. 281). Las crisis de ansiedad polarizadas del propio estado de salud reciben el nombre de *alarma neurasténica*.

BIBLIOGRAFÍA: Beard, G. (1884); Freud, S. (1894); Freud, S. (1898); Jervis, G.J. (1975).

neurilema
v. MIELINA.

neuritas
v. NEURONAS.

neurocirugía
v. PSICOCIRUGÍA.

neuroendocrinología
v. ENDOCRINO, SISTEMA, § 10.

neuroestimulante
v. PSICOFARMACOLOGÍA, § II, 2.

neuroglia
v. NERVIOSO, SISTEMA.

neurograma
v. ENGRAMA.

neurohipófisis
v. ENDOCRINO, SISTEMA, § 1, *b.*

neurolepsia (al. *Neurolepsie*; fr. *neurolépsie*; ingl. *neurolepsy*; it. *neurolessia*)

Expresión –que hoy se usa poco– para indicar un estado caracterizado por **hipnosis** (*v.*) y por bloqueo de los reflejos vegetativos.

neurología (al. *Neurologie*; fr. *neurologie*; ingl. *neurology*; it. *neurologia*)

Disciplina médica que estudia los aspectos clínicos y patológicos de la estructura y de las funciones del **sistema nervioso** (*v.*). La colaboración entre neurología y **psiquiatría** (*v.*) es esencial para todos aquellos trastornos psicológicos que subyacen en un estrato orgánico, como los trastornos degenerativos, inflamatorios, tóxicos, traumáticos, y aquellos connotados por síndromes **psicoorgánicos** (*v.*), como los trastornos de la circulación sanguínea, los defectos metabólicos, los problemas relacionados con la alimentación y los trastornos del lenguaje, mientras son pocas las indicaciones que sobre una base neurológica se puedan obtener para las manifestaciones endógenas como la **esquizofrenia** (*v.*) o la **ciclotimia** (*v.*). La contribución de esta ciencia a la comprensión de los problemas psicológicos se destaca con parágrafos especiales en las diferentes voces.

neurometría (al. *Neurometrie*; fr. *neurométrie*; ingl. *neurometry*; it. *neurometria*)

Técnica que mide las fluctuaciones de voltaje de las corrientes eléctricas del cerebro, así como las oscilaciones temporalmente sincronizadas con los estímulos ambientales. De la descripción electroencefalográfica se pueden obtener, mediante técnicas computarizadas, dichas oscilaciones, denominadas **potenciales evocados** (*v.*) o potenciales correlativos a un acontecimiento (ERP: *event related potentials*).

BIBLIOGRAFÍA: Mecacci, L. (coord.) (1982).

neurona (al. *Neuron*; fr. *neurone*; ingl. *neuron*; it. *neurone*)

Célula especializada que constituye la unidad básica del **sistema nervioso** (*v.*). En su esquema fundamental está constituida por un *cuerpo celular* que contiene el núcleo, por filamentos ramificados que emergen del cuerpo celular y son denominados *dendritas*, por una prolongación única llamada *cilindroeje* que cuando se prolonga en una *fibra nerviosa* se reviste, después de cierto trayecto, de una cubierta de sustancia aislante y recibe el nombre de *axón*. La *vaina mielínica* que rodea al axón tiene un efecto aislante y permite que la velocidad de conducción de un impulso sea mayor que en las neuronas carentes de **mielina** (*v.*). La velocidad con la que un impulso recorre un axón puede llegar hasta 120 metros por segundo para los axones mielínicos de gran diámetro, o ser de un metro por segundo para los axones amielínicos de diámetro inferior.

Se distinguen las neuronas *sensoriales*, que llevan las informaciones al cerebro a partir de los órganos sensoriales; las neuronas *motrices*, que llevan las informaciones del cerebro a los músculos, y las neuronas de *conexión*, que vinculan a los dos tipos de neuronas. El estímulo que llega a la neurona debe ser lo suficientemente intenso como para producir un impulso, es decir, debe estar por encima del *umbral de respuesta*, rebasada la cual no sufre

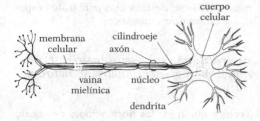

Representación esquemática de una célula nerviosa.

ningún debilitamiento en su recorrido hasta el punto terminal del axón. La intensidad del impulso a lo largo del axón no cambia nunca, ya que está presente o falta por entero. Este fenómeno se conoce como *ley del todo o nada* (*v.* **acción**, § 2, *a*). A cada activación sigue un *período refractario absoluto* de unas dos milésimas de segundo, durante el cual ningún otro impulso tiene la posibilidad de pasar, cualquiera que sea la intensidad del estímulo. Sigue un *período refractario relativo* en el que la neurona sólo puede ser activada con estímulos intensos con un umbral de respuesta más alto de lo común. La conducción de cualquier mensaje se da bajo la forma de impulsos nerviosos, pero su interpretación depende de la zona del cerebro que reciba el mensaje, que en un punto podría ser interpretado como una mancha de luz, en otro como un sonido.

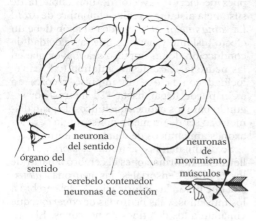

Ejemplo del uso de las neuronas de sentido, de movimiento y de conexión

Las conexiones entre cada una de las neuronas se dan mediante las **sinapsis** (*v.*), término que indica la relación de contigüidad entre las ramificaciones terminales de un cilindroeje o de una fibra nerviosa que pertenece a una determinada neurona y las dendritas o el cuerpo celular de otra neurona. Entre las neuronas no existe continuidad directa.

Los axones de las neuronas motrices que finalizan en los músculos terminan con una serie de ramificaciones que van a dar, a su vez, a *placas motrices*, cada una de las cuales está conectada a una única fibra muscular. Un impulso a una placa motriz determina la contracción del músculo; de estas uniones neuromusculares dependen las miríadas de respuestas posibles según el músculo estimulado. Las actividades físicas provocadas por la estimulación de los músculos por parte de los nervios se denominan *respuestas motrices* (*v.* **motricidad**).

neuropsicología (al. *Neuropsychologie*; fr. *neuropsychologie*; ingl. *neuropsychology*; it. *neuropsicologia*)

Estudio de las actividades mentales y de comportamiento en el nivel neurofisiológico. La neurofisiología y la psicología experimental son diferentes por su método y por su objeto de estudio. Sólo tienen en común el cáracter rigurosamente científico de la investigación, que renuncia a interpretaciones no verificables. La *neurofisiología*, en efecto, es el estudio de las estructuras nerviosas, mientras la *psicología experimental* es el estudio del comportamiento en condiciones rigurosamente definidas. Su síntesis está justificada por dos hechos: por un lado, la neurofisiología de los fenómenos psíquicos requiere la definición de situaciones psicológicas experimentales, sin las cuales no es posible estudiar, desde el punto de vista neurofisiológico, el comportamiento; por el otro la psicología experimental, que formula leyes del comportamiento a partir de la observación, encuentra en la neurofisiología la posibilidad de comparar sus hipótesis estructurales, de modificar sus argumentos y de concebir nuevos experimentos.

La neuropsicología, cuyo tema central son las actividades mentales y las conductas, se ocupa tanto de las funciones propiamente *noéticas* como de las *tímicas* que se pueden distinguir sólo desde el punto de vista teórico, porque en el acto comunicativo están íntimamente fundidas. De estas actividades forman parte la *memoria* (*v.*) y el *aprendizaje* (*v.*), que en la neuropsicología ocupan una posición central; la *percepción* (*v.*), sin la cual no hay ni memoria ni aprendizaje; los *procesos cognoscitivos* (*v.* **cognición**) y *volitivos* (*v.* **volición**) que constituyen el capítulo más especulativo de la neuropsicología; la *motivación* (*v.*), el *sentimiento* (*v.*) y el *instinto* (*v.*), considerados desde el punto de vista psicológico y somático y, en fin, esos aspectos más generales como la *alerta* (*v.* **conciencia**, § 2), la *atención* (*v.*), el *sueño fisiológico* y el *sueño onírico* (*v.* **sueño**), que representan las situaciones de base de nuestro organismo, en las que se introducen los distintos estados de *conciencia* (*v.*), considerados en relación con las estructuras neurofisiológicas en las que subyacen.

La neurología, al ubicarse en los límites entre lo somático y lo psíquico, con la intención de superar este dualismo que no ha permitido una comprensión del hombre en su integridad, abre nuevos puntos de vista que proponen alternativas y problemas que atraviesan los que constituían antes dos sectores claramente separados. Por eso sus zonas limítrofes son también sus zonas de apertura hacia la medicina *psicosomática*, con la intención de aclarar esos mecanismos psicobiológicos hasta ahora interpretados sólo en las coordenadas de la psicología dinámica; hacia el *psicoanálisis*, al que ofrece el reconocimiento de algunas de sus hipótesis, mediante hallazgos experimentales neuropsicológicos; hacia la *filosofía*, a la que proporciona bases experimentales para la solución de algunos problemas vinculados a las estructuras causales, espaciales y temporales de la existencia humana.

Estas aperturas están legitimadas por la convicción de que la actividad mental no sólo debe estudiarse cada vez más con métodos fisiológicos parecidos a los de la investigación biológica, sino también que aquélla, por su misma complejidad de desarrollo, impone una evolución de los métodos de investigación para que continuamente tengan en consideración el fenómeno *comunicativo* y de *integración individual* al que llegan los mecanismos fisiológicos subyacentes. Por lo tanto ya no se trata del órgano o el organismo aislado,

desde donde se intenta llegar a los mecanismos que forman la base de esta relación, sino de la interacción del organismo con los otros organismos y con el ambiente.

BIBLIOGRAFÍA: Barbizet, J. y P. Duizabo (1977); Benedetti, G. (1969d); Bisiach, E. (1977); Hecaen, H. (1972); Luria, A.R. (1973); Walsch, K.W. (1978).

neuropsicosis de defensa
v. NEUROSIS, § 1.

neuropsiquiatría
v. PSIQUIATRÍA.

neuropsiquiatría infantil (al. *Kinderneuropsychiatrie*; fr. *neuropsychiatrie enfantine*; ingl. *child neuropsychiatry*; it. *neuropsichiatria infantile*)

Disciplina que se ocupa de la fisiología y de la patología del aparato neuropsíquico del niño. Es una especialidad que desde hace años va adquiriendo su autonomía respecto a las ciencias neurológicas y psiquiátricas por dos razones: 1] porque los cuadros y las situaciones clínicas en el niño son fluctuantes y variables en función de su *desarrollo*, de modo que los déficit que pueden llegar a identificarse tienen que relacionarse no sólo con la normalidad sino también con las dinámicas del crecimiento y con su posible evolución vinculada con éstas; 2] porque el diálogo médico-paciente en todo caso se desarrolla a través de los padres. La neuropsiquiatría infantil, disciplina pluridimensional, toma de la neurología la semiótica de base tanto clínica como instrumental, de la psiquiatría la orientación diagnóstica y terapéutica, y de la pediatría los conocimientos de patología prenatal y perinatal, además de los conocimientos acerca de las enfermedades psicosomáticas, endocrinológicas, metabólicas e infecciosas.

En el nivel clínico la neuropsiquiatría infantil se ocupa de la *patología del desarrollo del sistema nervioso del neonato*, que abarca la patología neurológica del inmaduro, la patología metabólica, la patología malformativa; de *neurología pediátrica*, que va desde las epilepsias hasta las encefalopatías y los tumores cerebrales; del *desarrollo afectivo* con sus trastornos, que son la base de las neurosis y de las psicosis infantiles, de las depresiones y del autismo infantil; del desarrollo de las *funciones neuropsicológicas*, sobre todo relacionadas con la psicomotricidad y con el lenguaje, además de las *problemáticas neuropsicopedagógicas* vinculadas a la desadaptación escolar.

Además de la particularidad de los trastornos psíquicos de la edad infantil, la neuropsiquiatría infantil debe su autonomía a sus especiales métodos diagnósticos y terapéuticos, desarrollados a los largo de varios decenios. En el *diagnóstico*, en el caso de los niños, es determinante –aún más que en el adulto– una cuidadosa investigación del entorno, para establecer la importancia de los padres, el tipo de educación recibida, la relación con hermanos, hermanas y otros familiares, la situación escolar y los problemas de adaptación. Además, forma parte del diagnóstico neuropsiquiátrico infantil la comprobación de características constitucionales y el estado de desarrollo, para que se pueda decidir cuánto es patológico y cuánto fisiológico. Por otro lado, cuanto menor es la edad del niño más pasa a segundo plano el diálogo exploratorio, mientras adquiere importancia el **juego** (*v.*, § 5) espontáneo o guiado que, en el caso del niño, asume la importancia que en el adulto tiene el sueño, por ejemplo. Al juego se agrega el **dibujo** (*v.*) como posibilidad de expresión y de libertad, y la narración de cuentos (*v.* **cuento**) para la observación de los procesos asociativos, perceptivos y emotivos.

Al igual que el diagnóstico, también la *psicoterapia* se sirve del juego en todas sus formas, que van desde el dibujo hasta la ejecución de sencillos trabajos manuales, representaciones escénicas, y así como del ejercicio, que tiende a desarrollar ciertas insuficiencias funcionales y a armonizarlas recíprocamente, como en la terapia de las dislexias o en el tratamiento psicomotor en niños cuyas capacidades parecen insuficientes o alteradas. La terapia neuropsiquiátrica infantil, por último, no toca sólo al niño sino que involucra a todos aquellos que tienen una influencia determinante, como padres y educadores, para resolver situaciones conflictivas o errores en las intervenciones (*v.* **análisis infantil**).

neuroquímica

v. PSICOQUÍMICA.

neurosa

v. NERVIOSO, SISTEMA, § 1.

neurosis (al. *Neurose*; fr. *névrose*; ingl. *neurosis*; it. *nevrosi*)

Trastorno psíquico sin causa orgánica cuyos síntomas son interpretados por el psicoanálisis como expresiones simbólicas de un conflicto que tiene sus raíces en la historia del sujeto y que constituye un compromiso entre el **deseo** (*v.*) y la **defensa** (*v.*).

Parece que el término, históricamente, lo introdujo el médico escocés William Cullen, en un tratado de medicina de 1777 en el cual las neurosis estaban consideradas afecciones *funcionales*, es decir "sin inflamación de la estructura", con una *sede orgánica* precisa, por lo que se hablaba de neurosis digestiva, neurosis cardiaca, o neurosis uterina, en los casos de histeria. Fue P. Pinel quien puntualizó la ausencia de un sustrato orgánico evidenciable, J.-M. Charcot quien definió la naturaleza exclusivamente psicológica, y S. Freud quien ilustró los aspectos dinámicos subyacentes y proporcionó una primera clasificación organizada alrededor del eje que separa las *neurosis actuales*, en las que la etiología es buscada en la ausencia o inadecuación de la satisfacción sexual, de las *psiconeurosis*, en las que lo determinante es el conflicto psíquico.

1] LAS PSICONEUROSIS. Denominadas en los primeros escritos de Freud *neuropsicosis de defensa*, las psiconeurosis manifiestan un conflicto entre el deseo y la defensa y, ahondando en sus raíces, en la edad infantil del sujeto. Este grupo abarca: *a*] las *neurosis de transferencia* (*v.* **transferencia**, § 3), que a su vez se distingue en dos grupos: el primero abarca la histeria de angustia (*v.* **histeria**, § 1, *a*), la histeria de conversión (*v.*, **histeria**, § 1, *b*) y la neurosis obsesiva (*v.* **obsesión**, § 2); el segundo las neurosis llamadas artificiales, que nacen en el contexto de la relación terapéutica; *b*] las *neurosis narcisistas* (*v.* **narcisismo**), que están caracterizadas por un recogimiento de la libido hacia el yo. En un primer momento Freud las concibió como equivalentes de las psicosis funcionales, y de inmediato las redujo a las formas melancólicas, en las cuales la pérdida del objeto induce al sujeto a introyectarlo, dirigiendo las cargas libidinales, que en un tiempo investían el objeto externo, hacia el objeto fantasmático que está en el yo.

2] LAS NEUROSIS ACTUALES. Reciben este nombre porque no están determinadas por conflictos de la edad infantil sino por conflictos actuales; por eso en sus manifestaciones no existe el mecanismo del **desplazamiento** (*v.*) que caracteriza en cambio a las psiconeurosis, cuyos síntomas son una manifestación simbólica y sobredeterminada por un antiguo conflicto, sino que lo que aparece es el resultado evidente de la ausencia o la inadecuada satisfacción sexual. Freud incluyó entre las neurosis actuales: *a*] la *neurosis de angustia* (*v.* **angustia**, § 2, *a*), que no debe confundirse con la histeria de angustia (*v.* **angustia**, § 2, *e*), caracterizada por una falta de descarga de la excitación sexual; *b*] la *neurastenia* (*v.*), donde la descarga es insuficiente por una inadecuada satisfacción (por ejemplo, la **masturbación**); *c*] la *hipocondría* (*v.*). Puesto que, según la opinión de Freud, el factor principal del trastorno se ubica en el campo somático, mientras en las psicosis se encuentra en el campo psíquico, las neurosis actuales no forman parte del tratamiento psicoanalítico porque sus síntomas no se manifiestan en el nivel simbólico y por lo tanto no ofrece fácilmente un significado que pueda ser dilucidado. Hoy el concepto de neurosis actual tiende a desaparecer de la nosografía, porque también en los síntomas de las neurosis actuales se encuentran huellas simbólicas de conflictos más antiguos. Además, el carácter somático predominante en las neurosis actuales induce a reunirlas en la clasificación de las afecciones **psicosomáticas** (*v.*), con la precisión de que en este ámbito no se tiene en cuenta sólo la falta de satisfacción de las pulsiones sexuales, sino también su represión.

3] LAS NEUROSIS MIXTAS. Son neurosis cuyos síntomas remontan a etiologías entre sí diferentes. Además del hecho de que las neurosis nunca se presentan en su estado puro, existen síntomas psiconeuróticos con frecuencia combinados con síntomas actuales, o bien síntomas de una psiconeurosis que coexisten con síntomas de otra, hasta los llamados casos límite o *borderline* como, después de Freud, fueron denominadas las afecciones en las que intervienen a un mismo tiempo elementos neuróticos y psicóticos (*v.* **marginal, síndrome**).

4] OTRAS FORMAS NEURÓTICAS. Éstas no fueron señaladas tanto por Freud cuanto por la práctica analítica posterior a él. Entre ellas recordamos: *a*] las *neurosis del **carácter*** (*v.*, § 2, *b*), que estudiaron W. Reich, F. Alexander y E. Glover, definidas también como "asintomáticas", porque el conflicto entre el deseo y la defensa determina, no síntomas específicos y circunscribibles, sino estructuras patológicas estables de la personalidad, por lo que se habla de caracteres obsesivos, fóbicos, histéricos, o bien, haciendo referencia a las diferentes fases del desarrollo libidinal, de carácter **oral** (*v.*, § 4), **anal** (*v.*, § 4), **fálico** (*v.*), **genital** (*v.*, § 4); *b*] la *neurosis de **abandono*** (*v.*) que, según C. Odier y G. Geux, quienes la identificaron, no formaría parte de ninguno de los cuadros clásicos de la nosografía freudiana; *c*] la *neurosis de destino* (*v.* **destino**, § 2), que tiene sus raíces en la obligación de repetir; *d*] las *neurosis familiares* (*v.* **familiar, neurosis**), en las cuales las neurosis individuales se completan y se condicionan recíprocamente; *e*] la *neurosis de fracaso* (*v.* **destino**, § 2), que identificó R. Laforgue referida a los sujetos que parecen no poder soportar alcanzar las metas mismas que desearon ardientemente; *f*] las *neurosis traumáticas* (*v.* **trauma**, § 2) consecuencia de un choque emotivo; *g*] las *neurosis inducidas* (*v.* **experimental, neurosis**).

5] NEUROSIS Y PSICOSIS. Hoy el pensamiento analítico está en gran parte de acuerdo con la delimitación clínica que se adopta en el campo psiquiátrico entre neurosis y psicosis, donde la diferencia está establecida en referencia: *a*] a la *etiología*: la neurosis tiene un origen exclusivamente psicógeno con escasas referencias somáticas; *b*] la *gravedad*, que es un criterio discutible porque se dan manifestaciones neuróticas de mayor relieve clínico respecto a algunas formas psicóticas; *c*] la *función de lo real*, que resulta conservada en las neurosis y más o menos gravemente dañada en las psicosis; *d*] la *conciencia crítica*, por la que el neurótico, a diferencia del psicótico, se da cuenta de la insensatez de algunas de sus fantasías o de sus ansiedades; e] la *adaptación social*, con frecuencia aceptable en las neurosis mientras es problemática o difícilmente tolerable en las psicosis. Desde un punto de vista psiquiátrico no forman parte del grupo de las neurosis ni de las psicosis las llamadas *formas marginales* (v. **marginal, síndrome**), las formas de *psicopatía* (v.), mientras que, dentro de ciertos límites, están considerados aparte los *trastornos sexuales*; f] en los escritos freudianos pertenecientes a la segunda tópica del **aparato psíquico** (v., § 5), en la neurosis el yo, obedeciendo las exigencias de la realidad, reprime las reivindicaciones pulsionales, mientras en la psicosis se verificaría un rompimiento entre el yo y la realidad, que en un primer momento dejaría al yo bajo el dominio del ello, mientras en un segundo momento el yo reconstruiría, con el delirio, una nueva realidad de acuerdo con los deseos del ello. Por cuanto se refiere a la diferencia entre neurosis y psicosis en C.G. Jung, véase la voz **escisión**, § I, 2.

6] NEUROSIS Y COTIDIANEIDAD. El estudio de las neurosis coincide con la historia del psicoanálisis y de la psiquiatría, por lo mucho que ésta ha influido sobre aquél. Los trastornos neuróticos forman parte de la realidad cotidiana de todos y, por variados que sean, todos presentan un índice de ansiedad alrededor de la cual se organiza la sintomatología. La ansiedad es un estado psicológico normal de espera y alerta; se vuelve neurótica cuando es la manifestación de un estado conflictivo. Freud identificó en el deseo y en la defensa los términos del conflicto que tendría sus raíces en la rivalidad sexual que él describió bajo el nombre de **complejo de Edipo** (v.). Hoy se tiende a ampliar los términos del conflicto más allá del recinto familiar y del acontecimiento sexual, para concebir el malestar neurótico como un contraste entre una instancia *represiva*, de origen individual, familiar o social, y una instancia de *libertad*, que no se refiere sólo a la sexualidad sino al concepto de sí, a las propias aspiraciones, por lo que los factores neurotizantes actúan a lo largo de toda la vida del individuo, con límites que se pueden establecer sólo artificialmente. La medicación no favorece la resolución del conflicto neurótico porque, al radicar éste en

la contradicción que existe entre las instancias individuales de libertad y las reglas de convivencia, que para cada uno de los individuos no pueden ser más que represivas, el conflicto no se puede resolver sino mediante el acto existencial de la *elección*. Pero sucede que no siempre la situación es clara, por lo que el sujeto puede encontrarse actuando en formas diferentes y contradictorias entre sí o, en caso extremo, incompatibles. De aquí, como escribe G. Jervis, la necesidad de "volver a definir la situación" (1975: 289), en el sentido de modificar el cuadro cognoscitivo como para adquirir los instrumentos idóneos a fin de realizar elecciones que hagan compatibles las instancias contradictorias que están en la base del conflicto neurótico. La relación de neurosis y cotidianeidad refuerza la convicción, cada vez más difundida, de que la neurosis no es una enfermedad, sino una forma incorrecta de poner en relación esos términos en conflicto, en los que se articula la vida cotidiana.

BIBLIOGRAFÍA: Fenichel, O. (1945); Freud, S. (1894); Freud, S. (1898); Freud, S. (1915-1917); Freud, S. (1923); Jervis, G. (1975); Musatti, C. (1949); Semi, A.A. (coord.) (1988).

neurotransmisor (al. *Neuroübertrager*; fr. *neurotransmetteur*; ingl. *neurotransmitter*; it. *neurotrasmettitore*)

Sustancia química que permite el paso del impulso nervioso de una **neurona** (v.) a otra o bien a la placa motriz de un músculo. El neurotransmisor es sintetizado por la neurona presináptica, almacenado en las vesículas sinápticas, liberado en relación cuantitativa con la intensidad del estímulo en el espacio sináptico, donde se une a un **receptor** (v.) en la membrana postsináptica de una neurona o de la placa motriz, realizando de esta manera el paso del impulso nervioso. El neurotransmisor debe ser rápidamente destruido o reabsorbido en la terminal presináptica para permitir la transmisión de un nuevo impulso. Se conocen numerosos neurotransmisores, entre ellos acetilcolina, noradrenalina, adrenalina, dopamina, serotonina, ácido gamma-aminobutírico, taurina y algunos aminoácidos y neuropéptidos. Cada neurona es capaz de producir un solo tipo de mediador químico, pero puede ser receptora de impulsos transmitidos en el nivel de sinapsis que funcionan con mediadores diferentes.

neutralidad (al. *Neutralität*; fr. *neutralité*; ingl. *neutrality*; it. *neutralità*)

Cualidad que define la actitud del analista que, al conducir el tratamiento, debe ser neutro en relación con los valores religiosos, morales y sociales y no favorecer, basándose en sus convicciones, ciertos rasgos del contenido a interpretar por encima de otros. La regla de la neutralidad, que S. Freud recomienda siempre, es una de los tantas características que distinguen al psicoanálisis de los métodos de sugestión, que implican la influencia deliberada del médico en su paciente (v. **abstinencia**, § 2).

BIBLIOGRAFÍA Freud, S. (1911-1912).

neutralización (al. *Neutralisierung*; fr. *neutralisation*; ingl. *neutralization*; it. *neutralizzazione*)

Término psicoanalítico que indica la desexualización y la desagresivización de la energía psíquica (v. **libido**, § 1, *e*) con miras a su utilización en actividades sublimadas (v. **sublimación**). Para H. Hartmann, y en general para la **psicología del yo** (v.), utilizan energía neutralizada no sólo las actividades sublimadas, como preveía S. Freud, sino también las funciones autónomas del yo, como la capacidad de anticipar, proyectar, decidir y establecer relaciones objetales de acuerdo con los datos de la realidad. Para Hartmann los trastornos del proceso de neutralización están en la base de las manifestaciones patológicas y en especial de la esquizofrenia.

BIBLIOGRAFÍA: Freud, S. (1922); Hartmann, H (1939); Hartmann, H. (1947).

nictación (al. *Niktitation*; fr. *nictitation*; ingl. *nictitation*; it. *nittitazione*)

Movimiento involuntario de parpadeo, rápido y repetitivo. Frecuente en los niños, la nicta-

ción pertenece a las diferentes formas de **tics** (v.) y de espamos habituales, con frecuencia asociada con otros movimientos parecidos que abarcan otros grupos de músculos. En los casos más agudos con parpadeo prolongado se habla de **blefarospasmo** (v.)

nictalopía (al. *Tagblindheit*; fr. *nyctalopie*; ingl. *nyctalopia*; it. *nictalopia*)

Anomalía del aparato visual (v. **visual, aparato**) que, por una particular sensibilidad retínica, permite ver mucho mejor los objetos menos iluminados que los más iluminados. Puede ser *congénita*, como en el caso del albinismo, debida a la falta de pigmentación en el iris, así como en la piel, el cabello y el vello, o *adquirida*, por obnubilación central de la córnea o del cristalino, a causa de lo cual la pupila está obligada a dilatarse para la formación de la imagen con los rayos periféricos, ya que no puede utilizar los que llegan a lo largo del eje central.

nihilismo (al. *Nihilismus*; fr. *nihilisme*; ingl. *nihilism*; it. *nichilismo*)

Término de origen filosófico que introdujo L. S. Mercier, quien en 1801 calificaba como *rienniste* la filosofía subyacente a la *Enciclopedia* de los iluministas, en cuanto desde su punto de vista ésta negaba los valores sobre los que se había construido la civilización occidental. Desde entonces el término adquirió su contenido semántico, permeando la edad romántica con A. Schopenhauer, H. Heine, G. Buchner, M. Stirner, la literatura rusa con F. Dostoievski, y la filosofía de Nietzsche, quien se transforma en el punto de referencia de las corrientes nihilistas del siglo XIX sobre todo en el ámbito existencialista, teológico y estético, oscilando entre el significado *ontológico* del término, donde se cuestiona la consistencia misma del ser, y el significado *ético*, donde se cuestiona la consistencia de los valores. El término encontró su mayor amplitud y radicalización con E. Severino, para quien nihilista es toda la historia de Occidente nacida de la persuasión, madurada en la antigua Grecia, de que el ente se transforma pasando del ser a la nada.

En psicología y en psicopatología el término encontró su más amplio tratamiento con K. Jaspers, para quien en la base del nihilismo está "una voluntad que experimenta y juzga el ser, el valor, el sentido, como cosas igualmente nulas, y que actúa en consecuencia en el único 'sentido' que quedó: disminuir para ser 'nada'. Este tipo de nihilismo difícilmente se presenta en forma empírica" (1919: 332); en cambio, según la opinión de Jaspers, son frecuentes dos actitudes: la defensa del nihilismo y el abandonarse al nihilismo.

1] *La defensa del nihilismo* se manifiesta en una búsqueda exterior como compensación de la nada interior: "Se desarrolla una inquieta búsqueda fuera, búsqueda que nos ofrece la forma típica del nihilismo medio de nuestros días; [...] en la ciencia no se busca el conocimiento sino la edificación, en el arte no la idea sino el éxtasis, en la mística no la fuerza sino la disolución ('liberación'). Bajo la rica cubierta de los impulsos del alma irresponsable se esconde la nada" (1919: 340-341).

2] *El abandonarse al nihilismo* presenta estos rasgos: "el hombre está completamente seguro de sí para deshonra de todas las palabras y las fórmulas nihilistas. Ni siquiera padece indecisión; está lejos de cualquier forma de desesperación. Este hombre abrazó toda la esfera del nihismo y la hizo suya. Pero tal esfera es, para él, un medio. Él está dominado incondicionalmente por sus instintos, no quiere negarse nada; se queda en la esfera del placer sexual y de la lucha por la conquista de la autoridad y del poder. En este caso cualquier nihilismo es inocuo" (1919: 343).

3] *El nihilismo en las psicosis*. Escribe siempre Jaspers: "Existen estados melancólicos –con violentísimos impulsos al suicidio, que se puede impedir sólo con el engaño de medios exteriores– en los cuales el hombre vive en una verdadera desesperación, sin esperanza. Ya nada existe, todo es mera ilusión, todo es pura mistificación. Todos los hombres están muertos. El mundo ya no existe. Los médicos y los asistentes que aparecen son simples 'figuraciones'. Sólo el enfermo no puede no existir. Es el 'judío errante'. Pero no existe realmente. También él es una simple figuración de existencia. Nada tiene ningún valor. El enfermo no puede experimentar sentimiento alguno, como él mismo dice, y de esta manera tiene los más desmedidos impulsos de desesperación. Ya no

es el hombre de otros tiempos. Sólo es un punto. En los sentimientos y en las divagaciones mentales esta experiencia se precisa en los detalles de la forma más rica: el cuerpo está putrefacto, vacío, la comida, cuando es deglutida, se precipita hacia un espacio vacío. El sol está apagado, etc. En este estado sólo existe la intensidad del afecto, la desesperación como tal" (1919: 348-349).

BIBLIOGRAFÍA: Jaspers, K. (1913-1959); Jaspers, K. (1919); Severino, E. (1972); Vercellone, F. (1992).

ninfomanía (al. *Nymphomanie*; fr. *nymphomanie*; ingl. *nymphomania*; it. *ninfomania*)

Término arcaico, o simplemente residuo cultural recurrente para designar el hipererotismo en la mujer; los viejos manuales de clínica especificaban como ninfomanía *grave* los casos en los cuales el deseo sexual llega a dominar la existencia completa de la persona, y ninfomanía *platónica* cuando sólo la vida psíquica está a merced del irrefrenable deseo sexual. Escribe S. Vegetti Finzi "Retirada por la objetivación neutralizante de la observación médica, la ninfómana ahora se revela como lo que es, una figura del imaginario inconsciente. Lo que la hace especialmente deseable parece ser la función activa que desempeña en la relación sexual. Frente a su audaz anhelo el hombre se coloca en el polo pasivo de 'presa' que tradicionalmente corresponde a la mujer. El varón, imaginándose forzado en la posesión violenta de la otra, de una pareja sexual que sostiene por sí sola todo el peso del deseo, puede sentir que satisface los elementos femeninos de su sexualidad pero sin percibirse inscrito por esto en una posición homosexual. Especularmente la mujer puede representar sus elementos fálicos, penetrantes y posesivos aun estando fijada a una identificación femenina, a una sexualidad vaginal receptora. Se invierten las funciones psicológicas, aunque los intercambios corporales quedan sustancialmente invariables. [...] Como no conoce catarsis, el deseo ninfomaníaco se repropone perpetuamente como obligación a repetir, en una reiterada búsqueda del objeto que sobrepasa los límites de la necesidad y de la petición. Como búsqueda de amor la ninfómana es una imagen de Eros, del principio de la vida que une a los seres entre sí, pero como figura de la eterna insatisfacción, de la petición coercitiva que no admite respuesta, de la tensión insatisfecha, es una figura de Tánatos, del principio de muerte. La máscara bifrontal de la ninfómana representa, al mismo tiempo, el amor y la muerte, el deseo y la angustia" (1986: 7-9).

BIBLIOGRAFÍA: Bienville, J.D.T. de (1986); Vegetti Finzi, S. (1986).

niño
v. INFANCIA.

nirvana, principio del (al. *Nirvanaprinzip*; fr. *principe du nirvâna*; ingl. *nirvana principle*; it. *principio del nirvana*)

Expresión que introdujo Barbara Low y que S. Freud aceptó en relación con la economía del **aparato psíquico** (*v.*, § 2) para indicar la tendencia del aparato mismo para reducir, y en caso extremo cancelar completamente la cantidad de excitación proveniente de afuera o de adentro (*v.* **inercia, principio de**). Nirvana es un término sánscrito con el que en el budismo tradicional, como recuerda el mismo Freud (1920: 243), se indicaba una de las cuatro vías de la salvación consistentes en obtener la extinción de las pasiones y la cesación del sufrimiento inherente a la voluntad de vida. En el pensamiento occidental este concepto lo tomó A. Schopenhauer, a quien Freud reconoce explícitamente como su precursor (1916: 663-664), para indicar "la negación de la voluntad de vivir cuya exigencia surge del conocimiento de la naturaleza dolorosa y trágica de la vida" (1819, § 71).
    A partir de estos antecedentes Freud afirma que "hemos discernido como la tendencia dominante de la vida anímica, y quizá de la vida nerviosa en general, la de rebajar, mantener constante, suprimir la tensión interna de estímulo (*el principio de Nirvana*, según la terminología de Barbara Low [1920: 73]), de lo cual es expresión el principio de placer, ese constituye uno de nuestros más fuertes motivos para creer en la existencia de pulsiones de muerte." (1920 [1976: 54]). La hipótesis de Freud, según la cual

la "sustancia viviente", hecha orgánica por desequilibrios energéticos, tiende a alcanzar nuevamente la condición de materia primitiva, conduciría a la identificación del principio del nirvana con el **principio del placer** (*v.*, § 1) si no interviniera una variante que Freud explica así: "todo displacer debería coincidir con una elevación, y todo placer con una disminución, de la tensión de estímulo presente en lo anímico; el principio de Nirvana (y el principio de placer, supuestamente idéntico a él) estaría por completo al servicio de las pulsiones de muerte, cuya meta es conducir la inquietud de la vida a la estabilidad de lo inorgánico, y tendría por función alertar contra las exigencias de las pulsiones de vida –de la libido–, que procuran perturbar el ciclo vital a cuya consumación se aspira. Pues bien; esta concepción no puede ser correcta. [...] Deberíamos darnos cuenta de que el principio del nirvana, súbdito de la pulsión de muerte, ha experimentado en el ser vivo una modificación por la cual devino principio de placer; y en lo sucesivo tendríamos que evitar considerar a esos dos principios como uno solo. Ahora bien, si nos empeñamos en avanzar en el sentido de esta reflexión, no resultará difícil colegir el poder del que partió tal modificación. Sólo pudo ser la pulsión de vida, la libido, la que de tal modo se conquistó un lugar junto a la pulsión de muerte en la regulación de los procesos vitales. Así obtenemos una pequeña, pero interesante, serie de copertenencias: el principio de *Nirvana* expresa la tendencia de la pulsión de muerte; el principio de *placer* subroga la exigencia de la libido, y su modificación, el principio de *realidad*, el influjo del mundo exterior." (1924 [1976: 166]).

BIBLIOGRAFÍA: Bataille, G. (1957); Brown, N.O., (1959); Freud, S. (1916); Freud, S. (1920); Freud, S. (1926); Low, B. (1920); Schopenhauer, A. (1819); Schopenhauer, A. (1983).

nistagmo (al. *Nystagmus*; fr. *nystagmus*; ingl. *nystagmus*; it. *nistagmo*)

Complejo de movimientos oculares involuntarios caracterizados por dos fases: una rápida que define la dirección del nistagmo, y una lenta en la dirección opuesta. El nistagmo, que puede ser vertical u horizontal, equilibra la posición de los ojos en relación con los movimientos del cuerpo. Además de este tipo de nistagmo llamado *optokinético* (*v.* **visual**, **aparato**, § 5, *c*) que es de naturaleza fisiológica, se dan otros tipos de naturaleza nerviosa, enumerados en la clase de los **tics** (*v.*) o de los espasmos habituales.

nivelación (al. *Nivellierung*; fr. *nivellement*; ingl. *levelling*; it. *livellamento*)

Distorsión sistemática del recuerdo que lleva a una mayor simetría y a una eliminación de las irregularidades y de los elementos incongruentes. Esto se constata experimentalmente en la tendencia a reproducir como regular y completa una figura geométrica que está presentada como irregular y con diferentes lagunas (*v.* **percepción,** § 9), y en el nivel psicoanalítico en la tendencia a reproducir el material onírico según una lógica y una coherencia interior que implica la exclusión o el olvido de los detalles incongruentes.

no condicionado, reflejo
v. APRENDIZAJE, § I, 1-2.

nocturno, residuo
v. RESTO DIURNO.

noético (al. *Noetisch*; fr. *noétique*; ingl. *noetic*; it. *noetico*)

Adjetivo que connota el ámbito de los procesos cognoscitivos (*v.* **cognición**) diferentes de los emocionales y pulsionales, según la orientación iniciada con Platón y Aristóteles, quienes distinguían el ámbito noético (del griego νοεῖν = "pensar") del sensible (αἴσθησῖς), que abarca la sensación, la percepción, la pasión que dependen de la "cosa sensible" (αἴσθητον) de la cual el proceso noético prescinde por **abstracción** (*v.*). En términos evolutivos, la teoría de los estratos (*v.* **estratos**, **teoría de los**), como subraya P. Lersch, llama "superestructura noética" a las operaciones mentales consideradas filogenéticamente sucesivas y cualitativamente superiores a las manifestaciones del nivel endotímico.

BIBLIOGRAFÍA: Lersch, P. (1938).

nomadismo
v. DROMOMANÍA.

nombre del padre
v. PADRE.

nomológico (al. *Nomoloisch*; fr. *nomologique*; ingl. *nomological*; it. *nomologico*)

Adjetivo que se refiere a todo aquello que sucede en forma no casual, sino conforme a una ley (νόμος) que, al garantizar la regularidad del acontecimiento, permite, dentro de ámbitos determinados, formular inferencias y predicciones. Con esta acepción, en el ámbito epistemológico se habla de "redes nomológicas" (*nomological netting*) a propósito de las teorías científicas a partir de las cuales se justifica un proceso explicativo.

BIBLIOGRAFÍA: Gadenne, V. (1976); Royce, J.R. (1978).

nomotético
v. IDIOGRÁFICO-NOMOTÉTICO.

nooanaléptico
v. PSICOFARMACOLOGÍA, § II, 2.

nooclopia
v. ECLIPSE MENTAL.

nooléptico
v. PSICOFARMACOLOGÍA, § I, 2.

noradrenalina
v. NEUROTRANSMISOR; ENDOCRINO, SISTEMA, § 5, *b*.

norma (al. *Norm*; fr. *norme*; ingl. *norm*; it. *norma*)

Regla de carácter descriptivo a la que se hace referencia para disponer de un criterio de jui-

cio, de valor o de comprensión. Esta definición general encuentra su especificación en el
carácter estadístico, axiológico o funcional de
la norma, cuyo significado depende de la modalidad paradigmática que asume en cada
ocasión.

1] LA NORMA ESTADÍSTICA. Se deduce de la frecuencia media con la que recurren los acontecimientos considerados. Esta norma tiene un
carácter descriptivo que evidencia, en términos exclusivamente cuantitativos, la frecuencia de un acontecimiento particular, sin ninguna consideración de orden cualitativo. Esto
significa que son considerados "normales" todos los acontecimientos que alcanzan una frecuencia media tal como para poder fungir como norma, independientemente del valor positivo o negativo de los mismos en función de
un sistema de valores, mientras se consideran
"anormales" los acontecimientos que no alcanzan una frecuencia media. La norma estadística, que designa el comportamiento más
frecuente en una población expuesta a determinada situación, puede volverse prescriptiva
en cuanto uso y costumbre difundidos; puede
ser investida además por una carga afectiva,
por lo que quien actúa de manera diferente
puede ser visto como desviado. En psicología
clínica y en psiquiatría la norma estadística termina teniendo una notable incidencia en la definición de la polaridad sano/enfermo a la que
se refiere la polaridad normal/anormal, en el
sentido de que el comportamiento medio, al ser
más difundido, termina por adquirir también
valor normativo. En este caso se tratan como
constituyentes de la naturaleza humana y por
lo tanto universales normas que sólo están
histórica y sociológicamente determinadas.

2] LA NORMA AXIOLÓGICA. Se deduce de un sistema de valores del cual se originan criterios
de juicio para la valoración de los acontecimientos y de los comportamientos tomados
en consideración. De los valores emanan
normas *proscriptivas* que imponen la abstención de determinados comportamientos, y
normas *prescriptivas* que imponen ciertos
comportamientos. Proscripciones y prescripciones son normas específicas que deben entenderse como medios procesales para la
realización de las normas generales, que se
acercan a los valores mismos y en ocasiones

coinciden con ellos. A diferencia de la norma
estadística, que se funda en un parámetro
cuantitativo, la norma axiológica genera valoraciones cualitativas en términos de "bien"
y de "mal", o sea de conformidad o deformi-
dad del valor ideal. Este tipo de normatividad la inició Platón, quien fijó en la *idea* la
norma a la que la *cosa* se acerca o se aleja.
En tiempos recientes este tipo de normatividad que manifiesta los valores en los que se
funda una determinada cultura volvió a ser
propuesta por É. Durkheim y también por
W.G. Sumner, quien trazó una tipología que
considera: *normas de uso*, que tocan las costumbres consuetudinarias arraigadas en las
tradiciones en las que un grupo social se reconoce; *normas de costumbre*, que se refieren
a situaciones importantes como la organización de la familia, la conducta pública de los
individuos, la forma de desempeñar las funciones y semejantes; entre las normas de costumbre, las más cercanas a los valores de
fondo que caracterizan a un sistema social
son destacadas como *normas morales* que,
codificadas en reglas de comportamiento, se
vuelven *normas jurídicas* a partir de las cuales se establece si una conducta es correcta o
desviante. La norma axiológica no dejó de
ejercer su influencia en los juicios psiquiátricos de "normalidad", donde con frecuencia
una norma culturalmente *prescriptiva* se tomó como norma *constitutiva* de la naturaleza humana en general.

3] LA NORMA FUNCIONAL. Se deduce no de los
valores a los que se adhiere la colectividad,
sino de la función que la norma desarrolla en
relación con la regulación de los comportamientos, de las acciones, de las relaciones sociales, con la valoración de los costos y de los
beneficios que la adhesión o la no adhesión a
la norma conllevan en términos de ventaja
social. Este tipo de normatividad está caracterizada, como subraya T. Parsons, por el
contenido, que debe ser de importancia social y garantizar la atingencia y la conformidad de medio y fin. De este primer criterio ya
nace un índice de desviación en el caso de que
la conformidad a los fines esté deducida de la
conformidad a los medios permitidos, o de que
la conformidad a los medios no vaya acompañada por la adhesión a los fines que propone
una determinada sociedad. Además del conte-

nido, intervienen en la connotación de la norma funcional la *aceptación* social que se deduce del consenso, la capacidad de la *autoridad* para obtener la conformidad de los sujetos, la calidad de la *sanción* represiva o restitutiva de ventajas sociales, la *transmisión* de la norma según características, tiempos e instrumentos idóneos para darla a conocer e interiorizar. Este tipo de norma, que no apela ni a una *media* estadística ni a una *valoración* de tipo ideal, y que no busca justificación de tipo científico-naturalista, la propuso K. Jaspers como la más idónea en el ámbito clínico para *comprender* al enajenado a partir de su estatus, y no del comportamiento más difundido o de los valores compartidos por el grupo social de pertenencia (*v.* **psicología comprensiva**). A partir de las premisas jasperianas, L. Binswanger despoja a la distinción entre "normal" y "anormal" de su significado axiológico-ideal, ya que, evitando sobrecargar lo existente de una estructura teórica que le es extraña para dejar que se imponga a la evidencia tal como es, lo que aparezca no serán sus "carencias" o sus "excesos", sino su *manera* de ser que, donde el hombre no está precodificado, no se manifestarán como *disfunciones* sino simplemente como *funciones* de una cierta estructuración de su presencia, o sea de un cierto modo de ser-en-el-mundo y de proyectar un mundo. De esta manera se puede renunciar a privilegiar un mundo respecto al del "enfermo", y para distinguir en su constitución específica los "mundos" de las diferentes formas de enajenación mental bastará –sin recurrir a ninguna visión del mundo asumida *a priori*, como norma y modelo– con descubrir las cuarteaduras presentes en las estructuras trascendentales que presiden la formación de un mundo. Éstas son, para Binswanger, la estructura en la que el hombre se temporaliza, se espacializa, se mundaniza, coexiste, etcétera.

4] LA FORMA Y EL CONTENIDO DE LA NORMA. Una posición intermedia entre la negación de la posibilidad de toda norma, sostenida por el relativismo cultural, en el que se inspiran la antipsiquiatría y la psiquiatría fenomenológica, y la imposibilidad de eliminar el concepto de norma que está en la base de toda actitud científica, la basó epistemológicamente M. Natanson con su distinción entre forma

(*Form*), que refiere a la factualidad de la norma, a su puro y simple ser-ahí, y contenido (*Inhalt*) que refiere a una u otra tematización contingente de la norma. "En el contexto de la condición humana –escribe Natanson– es cosa universalmente válida que los hombres, donde y cuando sea, tengan que reconocer *que* se da una modalidad de acción adecuada y correcta para ciertas situaciones, aunque sean diferentes las opiniones sobre aquello (*was*) que deba ser, en determinadas situaciones, la acción correcta –tanto dentro de una cultura como en el contexto de culturas diferentes–; pero que (*dass*) se espere de algún modo algo tematizable como comportamiento normal es una constante de la experiencia humana" (1963: 903). Esta posición la reconsideró E. Borgna, quien evidencia cómo "en la experiencia que, en los límites de una convencionalidad radical, llamamos 'psicótica', el mundo-de-la-vida se vuelca no sólo en sus articulaciones temáticas (de contenido), sino también en sus connotaciones formales constituidas (precisamente) por la intersubjetividad y por la espaciotemporalidad" (1979: 28), por lo que el problema de la norma se vuelve a proponer también donde se lo quería suspender.

5] LA NORMATIVIDAD DEL SENTIDO COMÚN Y DEL SENTIDO PRIVADO. Un criterio al que el estudio de la enajenación parece vincularse hoy es aquel antiguo enunciado de Heráclito: "Los despiertos tienen un mundo común, pero cada uno de los dormidos se retira a un mundo propio" (Diels-Kranz, fr. A, 99). Con este enunciado se vincula I. Kant, para quien "el único signo general de la locura es la pérdida del sentido común (*sensus communis*) y la penetración del sentido lógico personal (*sensus privatus*)" (1798: 107); hablando de la *vesanía* como desorden y desviación de la norma, dice que en ella se observa una "'desracionalización positiva', es decir otra regla, como si el alma fuera 'desplazada' a un punto desde el cual ve todos los objetos de forma diferente, y se encontrara en un lugar lejano de aquel *sensorio communi* que es necesario para la unidad de la vida. [...] Pero es digno de admiración el hecho de que las fuerzas del ánimo puestas en desorden se acomoden sin embargo en un *cierto sistema*, y que la naturaleza trate de llevar aun en la desracionalización un *principio de vinculación*, de manera que el pensamiento, aunque no pueda alcanzar objetivamente la verdadera cognición de las cosas, cuando menos no se quede, por el lado subjetivo, como inerte sustento de la vida animal" (1798: 104).

A Gaston se vincula con Kant cuando dice: "Nos damos cuenta con 'admiración', precisamente, de que todo lo mental sigue constituyéndose en un *cierto sistema* y que, más allá del desorden inmediato, existe una tendencia hacia otro orden, una remisión a otro nivel de sentido, que aprehendemos intuitivamente, pero con el cual no logramos establecer una relación significativa. Este nivel de sentido diferente se conjuga, como nos lo muestra cotidianamente la observación clínica, bajo el rígido cono de sombra del sentido privado, lógico y –es necesario agregar– emocional. Desde la perpleja, angustiante y total 'me concierne' de la experiencia delirante hasta la monótona y vacía lamentación de la pérdida del deprimido, desde la incumbencia somática del hipocondriaco hasta la rabiosa repetitividad del obsesivo, el predominio más o menos profundo del *privatus* sobre el *communis*, conocido o desconocido, querido o padecido, parcial o total, nos *desplaza* hacia otro lugar, en el cual nuestra *continuidad* se tiñe más o menos de enajenación" (1987: 152).

BIBLIOGRAFÍA: Basaglia, F. (1953-1980); Binswanger, L. (1921-1941); Borgna, E. (1979); Borgna, E. (1988); Durkheim, É. (1895); Galimberti, U. (1979); Gaston, A. (1987); Jaspers, K. (1913-1959); Kant, I. (1798); Laing, R.D. y A. Esterson (1964); Natanson, M. (1963); Parsons, T. (1951); Sumner, W.G. (1962).

normalización (al. *Normalisierung*; fr. *normalisation*; ingl. *normalization*; it. *normalizzazione*)

Acción tendiente a volver a llevar una conducta hacia una *norma* (*v.*). Toda acción reeducativa en el campo pedagógico y psicológico puede ser considerada como una forma de normalización. El término también se utiliza en **estadística** (*v.*, § II, 2), donde indica el procedimiento de transformación de distribuciones no normales en una distribución normal.

normotipo
v. EUMORFISMO.

nosología (al. *Nosologie*; fr. *nosologie*; ingl. *nosology*; it. *nosology*)

Estudio de las enfermedades descritas a partir de los signos y de los síntomas que revelan la alteración de las funciones, y su clasificación en entidades de curso típico y según el éxito previsible. En psiquiatría, a diferencia de lo que sucede en la medicina organicista, la agrupación de los síntomas no lleva a un dato etiológico seguro (*v.* **etiología**), porque las causas de las enfermedades no resultan de datos objetivos sino sólo razonablemente supuestos. En efecto, en la descripción de las enfermedades con miras a su clasificación en un cuadro sistemático, además de encontrar el problema de la relación entre aproximaciones idiográficas y nomotéticas (*v.* **idiográfico-nomotético**), no se puede ignorar que los criterios sobre la base de los cuales se realiza la clasificación están vinculados a teorías científico-clínicas susceptibles por definición, de ser refutadas y coherentemente modificadas o abandonadas, por lo que ninguna clasificación nosológica puede pretender el carácter último y absoluto que aquéllas proponen. Este estatus precario se presenta de manera especialmente evidente en la nosología psiquiátrica, cuya posibilidad está vinculada a la problemática de la fundación de la **norma** (*v.*).

Para tratar el punto del actual estado de los problemas que enfrenta la nosología de las enfermedades mentales es correcto partir de la que A. Gaston considera la "transformación fundamental que se produce históricamente dentro de la medicina. Se trata, en síntesis, de pasar de aquello que se puede llamar medicina *preanatómica* –clínica, en sentido estricto–, a la medicina *anatómica*. Dentro de la primera ideología se describía y se clasificaba una entidad nosológica basándose exclusivamente en su manifestación sintomática, es decir en lo que se presentaba de forma manifiesta; dentro de la segunda se vuelve fundamental para la descripción y la clasificación referirse a la 'lesión' (entendida ésta inicialmente en sentido estricto y, progresivamente, en sentido cada vez más amplio). Es decir, se vuelven fundamentales la indagación y la referencia a un 'defecto' escondido" (1987: 91-92).

1] EL CRITERIO ANATÓMICO. Dentro de la concepción anatómica es posible distinguir tres infraestructuras metodológicas: *a*] la *subestructura anatómica* clasifica basándose en la referencia constante y progresiva de la estructura y, por lo tanto, al repertorio anatómico. En este ámbito nace el concepto de **neurosis** (*v.*), que interpreta la locura basándose en una particular y privilegiada relación con el sistema nervioso. Cuando se descubran enfermedades sin relación anatómica, el modelo se abandonará en favor de otro tipo de clasificación nosológica que se vincula a la *b*] *infraestructura etiológica*, en la que el elemento causal se asume como medio unificador de las muchas formas de lo "pático" y por lo tanto como operador nosológico. La ideología etiológica (*v.* **etiología**) se unirá con la de la herencia dando inicio al concepto de **degeneración** (*v.*) o desviación morbosa que, transmitiéndose, se manifiesta con carácter progresivo, de generación en generación, hasta la extinción de la descendencia misma. Con la aparición de enfermedades no imputables a la herencia se abandonará el modelo etiológico para adoptar *c*] la *estructura anatomofuncional*. La insuficiencia de la posibilidad de una conexión *síntoma-lesión anatómica* empujará la investigación hacia la posibilidad de una conexión *síntoma-alteración psíquica*, pasando a través de la *función* y, por consiguiente, a través de la fisiología. Esta reflexión tiene su punto de partida en la famosa exposición de P. Broca, de 1861, sobre las **afasias** (*v.*, § 2, *b*). En este nivel lo psíquico y lo fisiológico coinciden. Ninguna de estas metodologías produce una nosología con rasgos suficientemente completos, por lo que se deberá esperar el paso a una nueva fundamentación basada en la patología de la afectividad.

2] EL CRITERIO AFECTIVO. Dentro de la concepción afectiva, donde encontramos a K.L. Kahlbaum y E. Bleuler, se "purifica" la gran clasificación de las *neurosis* que, constituida para encerrar en una unidad superior las enfermedades nerviosas crónicas, terminará por abarcar, paradójicamente, todas las formas morbosas cuya relación con el sistema nervioso no podrá ser documentada por la investigación misma de manera específica y unívocamente demostrable. Así nace la gran distinción nosológica, que hasta ahora forma la base de la psiquiatría contemporánea, entre *neurosis*, con manifestación principalmente somática, como la hipocondría y la histeria, y *psicosis*, con manifestación principalmente psíquica, como la melancolía y la manía (*v.* **neurosis**, § 5). Cuando hacia el final del siglo se rompa definitivamente la relación entre neurosis y alteración anatómica del sistema nervioso, se llegará primero a ese límite máximo de indistinción que dará expresión al término *psiconeurosis* (*v.* **neurosis**, § 1), y después a esa redefinición terminológica que prevé la emancipación de un género (la psicosis) de la clasificación de pertenencia (las neurosis). De estas dos clasificaciones quedaban excluidos los llamados *comportamientos sintomáticos*, algunos de los cuales se presentaban como respuestas inmediatas de una persona a acontecimientos o situaciones especiales, otros como modos especiales de ser que por sus particulares cualidades estaban con frecuencia "en el límite" y chocaban con las reglas sociales. Estas afecciones, consideradas *sine materia*, serían subdivididas en dos clases más: las *reacciones psicógenas* (*v.* **psicógeno**) y las *psicopatías* (*v.*) o *caracteropatías* (*v.*).

De la historia de la evolución nosológica se desprende, escribe Gaston, que "la nosología resulta ser una especie de mera 'onomástica', es decir una sucesión de puros nombres propios con los cuales se decidió indicar algunas manifestaciones experimentales características consideradas anormales; nombres propios que además han perdido hoy, en gran parte, hasta su simple referencia etimológica. Cuando Kant, en su *Ensayo sobre las enfermedades de la cabeza* de 1764, sostiene que no ve nada mejor que imitar el método de aquellos médicos que tratan de ser de gran utilidad para sus enfermos dándole un nombre a su enfermedad, nos deja entrever que éste es el primer y necesario paso para conocer mejor la génesis, la etiología de las mismas enfermedades" (1987: 103). En este caso se explican los impulsos antinosológicos que han cuestionado la posibilidad misma de una nosología.

3] ANTINOSOLOGÍA. En este ámbito podemos incluir: *a*] la *psicología de lo profundo*, en especial la de C.G. Jung, donde la patología está en relación directa con la *cualidad* del desarrollo de la personalidad, y las formas de enajenación son manifestación de mecanismos de defensa y de niveles de maduración (*v.* **psicología analítica**); *b*] la *fenomenología*, cuya fundamentación analítico-existencial enfrenta la locura más allá de la dicotomía salud/enfermedad (v. **norma**, § 3) por lo que cada historia personal es un estilo de vida y rebasa siempre los límites de todo género y de toda clase (v. **análisis existencial**); c] la *antipsiquiatría*, que interpreta la locura no como una enfermedad médica, sino como la única respuesta posible a la "patología social", por lo que no tiene sentido una nosología (v. **psiquiatría**, § 8); d] de la indeterminación nosológica nació la exigencia de crear un lenguaje común, pulverizando las viejas unidades morbosas en una miríada de síntomas y complejos sintomáticos analizados estadísticamente y clasificados en el *Manual diagnóstico-estadístico* (DSM) (v. **diagnóstico**, § 4), donde cada individuo es evaluado basándose en "ejes de referencia", "categorías", "códigos" y "árboles decisionales" a lo largo de los cuales, mediante elecciones binarias, se sigue un camino, estadísticamente predeterminado, que lleva a las unidades morbosas de referencia. Según Gaston "se crea la base para la 'computarización' de la locura" (1987: 104).

BIBLIOGRAFÍA: American Psychiatric Association (1988); Basaglia, F. (1953-1980); Binswanger, L. (1921-1941); Bleuler, E. (1911-1960); Borgna, E. (1988); Broca, P.P. (1861); Cohen, R. (1970); Fenichel, O. (1945); Foucault, M. (1961); Foucault, M. (1963); Freud, S. (1938); Gaston, A. (1987); Jaspers, K. (1913-1959); Jung, C.G. (1939); Kahlbaum, K.L. (1874); Kraepelin, E. (1883); Meynert, T. (1890); Minkowski, E. (1966); Morel, B.A. (1860); Nagera, H. (coord.) (1969); Romano, D.F. (1974); Schneider, K. (1946); Semi, A.A. (coord.) (1988); Wernicke, C.K. (1894); Zilboorg, G. y G.W. Henry (1941).

nostalgia (al. *Sehnsucht*; fr. *nostalgie*; ingl. *nostalgia*; it. *nostalgia*)

Palabra que introdujo J. Hofer que, en su *Dissertatio medica de nostalgia*, de 1688, proponía sustituir el término *Heimweh* con el término *nostalgia*, resultado de dos palabras griegas: νόστος (regreso) y ἄλγος (dolor), para manifestar el dolor vinculado al deseo de regresar a la patria. El término corrió con suerte tanto en el ámbito científico, donde lo volvió a usar Albrecht von Haller, médico y científico considerado, junto con L. Spallanzani, el fundador de la fisiología, y P. Pinel que en Francia, en la escuela médica de Montpellier, en París, fundó la psiquiatría científica, como en el ámbito filosófico con J.-J. Rousseau e I. Kant. Este último desplazó la referencia del dolor nostálgico del orden *espacial* (la patria, el pueblo natal, la casa familiar), al orden *temporal*, o sea al tiempo de la juventud en el que se conocieron esa patria, ese pueblo natal, esa casa familiar: "La nostalgia propia de los suizos (y, por cuanto he escuchado de la boca de un general que la había experimentado, también de los ciudadanos de algunos pueblos de Westfalia y Pomerania), que los asalta cuando se ven llevados a otros países, es el efecto de la aspiración, provocada por el regreso de las imágenes de la serenidad y de los compañeros jóvenes, hacia esos lugares, donde ellos gozaban las alegrías simples de la vida; pero más tarde, después de una visita a esos lugares, se descubren muy desilusionados de sus expectativas, y así también se descubren curados; consideran que esto se debe a que allá todo se alteró profundamente, pero la verdad es que aquí ya no encuentran su propia juventud" (1798: 64).

Desde el punto de vista psicológico la nostalgia forma parte de los síndromes de separación que pueden evolucionar en un cuadro depresivo, aun cuando, como escribe S. Vecchio, este sentimiento puede revelarse como "una dimensión que interviene directamente, como protagonista, en la escena psicoanalítica, abriendo brechas y ventanas en ese mundo de la lejanía que, en el molde de las experiencias dolorosas y vitales de la separación-individuación, se propone como eje de referencia de un sentimiento complejo. Por estas ventanas irrumpen los mismos temas que encontramos en la mitología, el arte, la poesía, los cantos y las baladas populares, con una recurrencia extraordinaria, en cualquier lugar y en cualquier época" (1989: 10).

BIBLIOGRAFÍA: J. Hofer, J. (1688); Kant, I. (1798); Prete, A. (coord.) (1992); Vecchio, S. (coord.) (1989).

nostralidad
v. PSICOLOGÍA SOCIAL, § 3, *i.*

novela familiar (al. *Familienroman*; fr. *roman familial*; ingl. *family romance*; it. *romanzo familiare*)

Expresión que introdujo S. Freud en referencia a los fantasmas con los que el sujeto modifica o elabora en forma imaginaria las figuras de sus padres, ya sea por la desilusión experimentada con los padres reales, que no están a la altura de la omnipotencia con la que el niño los había dotado, como defensa contra los elementos sexuales del período edípico, o como expresión de la rivalidad fraterna. Pertenecen a este género de fantasías la sospecha de no ser hijo de los propios padres, la invención de salvar la vida del padre o de la madre, la atribución de aventuras amorosas a uno o a otro de los padres. Semejantes fantasmas surgen bajo la influencia del **complejo de Edipo** (*v.*).

BIBLIOGRAFÍA: Freud, S. (1908).

no-yo (al. *Nicht-Ich*; fr. *non-moi*; ingl. *not-me*; it. *non-io*)

Con este término se entiende, en filosofía, lo que está opuesto al yo, y en psicología lo que es externo a la esfera yoica de pertenencia.

1] FILOSOFÍA. Con el nacimiento de la noción de **yo** (*v.*), que acuñó R. Descartes, adquirió importancia la noción correspondiente de no-yo que J.G. Fichte identifica con el mundo de los objetos, opuesto al yo empírico, pero no al yo trascendental, que "en el yo opone al yo el no-yo", por lo que "el yo empírico se presenta como determinado por el no-yo" (1974: 106). Al poner en crisis la noción de yo, primero con Nietzsche, quien considera el yo una noción gramatical con la que se nombran fuerzas heterogéneas irreductibles a una identidad, y después con M. Heidegger, quien disuelve la noción de yo en la de "ser-en-el mundo", también la noción de no-yo decae como opuesto a un yo puro, para resolverse en las nociones de *alteridad* y *diferencia*, que vuelven a formular el ámbito no-yoico ya sin referirlo a un sujeto.

2] PSICOLOGÍA. En este terreno el término no-yo se usa en líneas generales para denominar el mundo externo al yo que el niño conquista gradualmente, distinguiendo su propio cuerpo, primera esfera de pertenencia, del mundo exterior. Cuando esta distinción no se constituye o, una vez lograda, se pierde por cierto período, se entra en el mundo de la **psicosis** (*v.*), donde muchas manifestaciones, en especial esquizofrénicas, se entienden a partir de esta pérdida de distinción. En un sentido más específico H.S. Sullivan utiliza la expresión no-yo a propósito de las partes disociadas del yo y nunca integradas que se manifiestan en el episodio esquizofrénico, determinando, con el episodio ya concluido, la transformación paranoide de la personalidad: "Después del episodio esquizofrénico (por lo general inmediatamente después), se da la que llamo transformación paranoide de la personalidad. En estas situaciones se vuelve imposible conservar con suficiente disociación las tendencias –hasta ahora desasociadas– de la personalidad; las cuales sin embargo todavía están, en términos del yo personificado, *separadas*. En consecuencia, la cosa hasta ahora disociada, y que estaba de alguna manera vinculada con el 'no-yo', se personifica claramente como 'no-yo'; es decir como *otras personas*. Y en las demás personas se descarga la culpa de aquello que hasta ahora debía quedar disociado, y que es un aspecto intolerable de las propias posibilidades personales" (1953: 403).

BIBLIOGRAFÍA: Descartes, R. (1641); Fichte, J.G. (1794); Freud, S. (1922); Sullivan, H.S. (1953).

NREM (*no rapid eye movements*)
v. SUEÑO, § 1.

nuclear, **complejo**,
v. EDIPO, COMPLEJO DE.

núcleo (al. *Kern*; fr. *noyau*; ingl. *nucleus*; it. *nucleo*)

Elemento constitutivo y esencial de una entidad, donde lo esencial puede referirse a esa *porción diferente por peculiaridades estructurales* en las unidades de un órgano, como puede ser en biología el núcleo de una célula, que es un compartimiento intracelular, limitado por una doble membrana, presente en todas las células, en el que se localiza el patrimonio genético (v. **genética**, § 1), o a esa *entidad primordial* en la que se inicia un desarrollo posterior, como en el caso del núcleo central del **encéfalo** (v., § 2, *a*) considerado desde el punto de vista evolutivo. En psicología la expresión "núcleo" aparece con una acepción específica en dos contextos: 1] en *psicoanálisis*, donde S. Freud habla de "complejo nuclear" a propósito del **complejo de Edipo** (v.) y de "núcleo del inconsciente" respecto a los contenidos inconscientes no adquiridos por el individuo, es decir no ontogenéticos, sino filogenéticos (v. **inconsciente**, § 3, *c*); 2] en *psicología del yo*, donde E. Glover elaboró un modelo dinámico según el cual el yo comienza a constituirse a partir de cierto número de núcleos separados, que se estructurarían durante el desarrollo, hasta formar el sentido continuo de la identidad personal, por lo que hay una experiencia de sí primero fragmentaria y discontinua y después unitaria y continua. En cambio es simétricamente opuesta la hipótesis que elaboró en el ámbito de la teoría del objeto W.R.D. Fairbairn, quien postula que se da en un principio un yo unitario, que sólo posteriormente está sujeto a posibles fragmentaciones.

BIBLIOGRAFÍA: Fairbairn, W.R.D. (1946); Freud, S. (1915); Freud, S. (1922); Freud, S. (1924); Glover, E. (1970).

nudo pulsional (al. *Triebverschränkung*; fr. *entrelacement pulsionnel*; ingl. *intertwining of drives*; it. *intreccio pulsionale*)

Término que introdujo A. Adler y que después retomó S. Freud, quien proporciona dos ejemplos en el caso clínico del pequeño Hans, para indicar esa situación en la que el mismo objeto (v., § 1) sirve para la satisfacción de más de una pulsión (v. **pulsión**, § 1, *d*).

BIBLIOGRAFÍA: Adler, A. (1908); Freud, S. (1908); Freud, S. (1915).

numinoso (al. *Numinose*; fr. *numinose*; ingl. *numinous*; it. *numinoso*)

El término expresa la relación ambivalente de temor y veneración que caracteriza al encuentro con lo **sagrado** (v., § 4). Acuñado a partir del latín *numen*, "potencia divina", el término lo introdujo en el ámbito de los estudios de fenomenología de las religiones R. Otto, para quien "lo numinoso se libera de la esfera de lo racional, y es un *arreton*, un inefable, en cuanto es absolutamente inaccesible a la comprensión conceptual" (1917: 17). Vinculado al "sentido del *mysterium tremendum* –continúa Otto–, el sentimiento que emana de lo numinoso puede penetrarnos como un doloroso flujo de un recogimiento armonioso, relajante, vago. O bien puede traspasar el alma con una continua resonancia fluyente que vibra y perdura mucho tiempo hasta que desaparece para volver a dejar el alma con su tono profano. Esto puede también irrumpir imprevistamente con espasmos y convulsiones. Puede arrastrar a las más extrañas excitaciones, al frenesí, al orgasmo, al éxtasis. Reviste formas salvajes y demoniacas. Puede precipitar en un horror espectral y espeluznante. Tiene sus antecedentes y sus manifestaciones primordiales crudas y bárbaras, y tiene la capacidad de transformación en lo bello, en lo puro, en lo glorioso. Puede volverse la silenciosa y temblorosa humildad de la criatura... ¿en presencia de quién?, ¿de qué? En presencia de aquel que es el misterio inefable, superior a toda criatura" (1917: 23).

El término lo tomó en el ámbito de la psicología analítica C.G. Jung, para quien la experiencia de lo numinoso, que por sí sola no tiene carácter psicopatológico, establece una confrontación con una fuerza que trae consigo un sentido todavía no revelado que fascina al sujeto. Al respecto Jung escribe: "La religión, como lo indica el vocablo latino *religio*, es una observancia cuidadosa y escrupulosa de aquello que R. Otto definió precisamente como *numinosum*, es decir una esencia o energía dinámica no originada por algún acto arbitrario de la voluntad. Al contrario, esta energía se apodera del sujeto humano y lo domina; éste siempre la víctima, más que el creador. El *numinosum*, cualquiera que sea su causa, es una condición del sujeto independiente de su voluntad. En todo caso, tanto las diferentes doctrinas religiosas como el consenso siempre y dondequiera interpretan tal condición como debida a una causa extraña al individuo. El *numinosum* es una cualidad de un objeto visible o el influjo de una presencia invisible que causa un cambio especial en la conciencia" (1938-1940: 17). En lo numinoso Jung reúne la experiencia de los **arquetipos** (v).

BIBLIOGRAFÍA: Jung, C.G. (1938-1940); Otto, R. (1917).

nutrición

v. ALIMENTACIÓN.

obediencia (al. *Gehorsam*; fr. *obéis-sance*; ingl. *obedience*; it. *ubbidienza*)

Forma de aceptación por la que se realiza un comportamiento en respuesta a una orden directa. Una variante de la obediencia es *observancia*, expresión que se prefiere en el derecho canónico para indicar la sumisión de los religiosos a sus superiores, y [acatamiento], usada en el lenguaje militar y jurídico como referencia a la ejecución de una orden. En psicología, además de la *obediencia automática* que ilustra E. Bleuler como rasgo específico de la **catatonia** (*v.*), y de la *obediencia pospuesta* que, como afirma S. Freud, acata una orden o una amenaza recibidas en otro momento y por largo tiempo reprimidas, la obediencia se considera, en el ámbito de la psicología social, como el mecanismo psicológico que vincula la acción individual a los fines comunes que una sociedad se propone. S. Milgram distinguió la obediencia del **conformismo** (*v.*) basándose en los siguientes criterios: 1] *jerarquía*: el conformismo regula el comportamiento de los sujetos de igual estatus, mientras la obediencia vincula un estatus superior a uno inferior; 2] *imitación*: el conformismo es imitación, la obediencia no lo es; 3] *explicación*: en la obediencia la prescripción es explícita, mientras en el conformismo es implícita; 4] *voluntariedad*: como en el conformismo la presión es implícita, el sujeto interpreta su conducta como voluntaria, lo que no ocurre en la obediencia.

BIBLIOGRAFÍA: Bleuler, E. (1911-1960); Freud, S. (1908); Milgram, S. (1974).

obesidad (al. *Fettsucht*; fr. *obésité*; ingl. *obesity*; it. *obesità*)

Aumento anormal de peso por excesivo almacenamiento de lípidos de reserva (triglicéridos) en las células del tejido adiposo. En la etiología de la obesidad convergen muchos factores: genéticos, metabólicos, endocrinos, neurológicos, psicológicos y socioculturales. Desde el punto de vista *psicobiológico* el obeso, a diferencia del sujeto de peso normal, no lograría mantener el balance calórico porque es relativamente insensible a las informaciones internas (indicaciones de la motilidad gástrica, glicemia, nivel de insulina sérica, nivel de acumulación adiposa), e hipersensibilidad a las formaciones externas (percepciones de lo apetitoso del alimento, sensaciones cenestésicas orogástricas, fenómenos de aprendizaje y hábitos sociales) que llegan a los núcleos hipotalámicos. Desde el punto de vista *psicodinámico* H. Bruch sostiene que la obesidad nace en la díada madre-hijo, considerada como unidad psicosomática (*v.* familia, § II, 1), donde la madre, hiperprotectora, ofrece alimento al hijo no por motivos nutricionales sino como expresión de afecto y dedicación, y como medio para tenerlo vinculado a ella. La alimentación sobreabundante tranquiliza la ansiedad y los sentimientos de culpa de la madre y constituye una respuesta a otros requerimientos del hijo que ella no es capaz de satisfacer. Los sujetos obesos crecen sin un adecuado sentido de seguridad, con una imagen corporal alterada, con dificultad para reconocer los estímulos internos que indican hambre y saciedad, y a su vez con incertidumbre acerca de su identidad sexual. La fijación en el nivel **oral** (*v.*), donde la ingestión de alimento es con frecuencia el equivalente simbólico del bienestar recibido en la relación con la madre, asociada con sensación de pasividad y sumisión, produce la llamada *obesidad reactiva*, en la cual la hiperfagia es un mecanismo compensatorio a ciertas dificultades de la existencia, como carencia de amor, soledad, acontecimientos traumáticos.

BIBLIOGRAFÍA: Bruch, H. (1973); Stunkard, A.J. (1980).

objetal
v. OBJETO, § 3-4.

objetiva, psicología
v. PSICOLOGÍA OBJETIVA.

objetivo
v. OBJETO, § 3.

objeto (al. *Objekt*; fr. *objet*; ingl. *object*; it. *oggetto*)

Término recurrente en el lenguaje psicoanalítico, donde se utiliza con las acepciones que se enumeran a continuación:

1] OBJETO Y PULSIÓN. A propósito de la **pulsión** (*v.*, § 1, *d*) S. Freud distingue un *impulso*, que es la carga energética que dirige al organismo hacia una meta; una *fuente*, que es la zona somática sede de la excitación, por ejemplo la boca; una *meta*, que es la satisfacción de la tensión pulsional, por ejemplo la incorporación, y un *objeto* mediante el cual se cumple la satisfacción, por ejemplo el seno. Del objeto Freud dice que "Es lo más variable en la pulsión; no está enlazado originariamente con ella, sino que se le coordina sólo a consecuencia de su aptitud para posibilitar la satisfacción. No necesariamente es un objeto ajeno; también puede ser una parte del cuerpo propio. En el curso de los destinos vitales de la pulsión puede sufrir un número cualquiera de cambios de vía (*Wechsel*); a este desplazamiento de la pulsión le corresponden los más significativos papeles. Puede ocurrir que el mismo objeto sirva simultáneamente a la satisfacción de varias pulsiones; es, según Alfred Adler [1908], el caso del *entrelazamiento de pulsiones*. Un lazo particularmente íntimo de la pulsión con el objeto se acusa como *fijación* de aquella. Suele consumarse en períodos muy tempranos del desarrollo pulsional y pone término a la movilidad de la pulsión contrariando con intensidad su desasimiento." (1915 [1976: 118]).

De esta y de otras definiciones de Freud es posible deducir que el uso de la palabra "objeto" se da siguiendo dos series contrapuestas, en las que se agrupan los diversos significados: la primera serie distingue entre objeto *externo*, tanto en el sentido de que pertenezca al mundo externo como de que se refiera a una parte del cuerpo del niño vivida como externa, y objeto *interno*, que es la representación del objeto a la que el sujeto reacciona como si estuviera frente al objeto externo del que se derivó mediante **introyección** (*v.*). La segunda serie distingue entre objeto *parcial*, que es tanto una parte del cuerpo (seno, heces, pene) cuanto su equivalente simbólico (objeto parcial puede ser también una persona en su totalidad, como la madre, pero vista como si fuera un objeto que existe sólo para satisfacer las propias necesidades), y objeto *total*, que es la persona con la que el sujeto entra en relación, percibiéndola como diferente de sí, con la que es posible instaurar una relación psicológica.

Al objeto parcial hacen referencia las pulsiones parciales, o sea las pulsiones de las cuales va en busca cada una de su propia satisfacción porque todavía deben encontrar un centro alrededor del cual organizarse. Tal centro es la genitalidad (*v.* **genitalidad**, § 2), por lo que las pulsiones y objetos parciales se refieren a las fases **pregenitales** (*v.*) que se establecen entre los varios objetos parciales, como en la secuencia niño-pene-heces-dinero-regalo, o como en el caso de la mujer que pasa del deseo del pene al deseo del hombre, con la posibilidad de una **regresión** (*v.*) del hombre al pene como objeto de su deseo, y las **fijaciones** (*v.*) a un objeto, llamadas también *constancia de objeto*, como en el caso del **fetichismo** (*v.*) y en todos aquellos casos en los que el sujeto rechaza las sustituciones de un objeto familiar.

2] OBJETO Y AFECTIVIDAD. Forman parte de este grupo todos los correlativos del amor y del odio que caracterizan la relación entre una persona total o instancia del yo y otra persona, entidad o ideal percibido como objeto total. Tales objetos se encuentran cuando se alcanzó la fase genital, y con ellos el sujeto tiene una relación, ya no biológica, sino propiamente psicológica. A la elección objetal que reconoce al otro en su alteridad, y no sólo como instrumento de satisfacción de las propias necesidades, se llega después de haber superado la fase narcisista (*v.* **narcisismo**) que asume como objeto de amor el propio cuerpo. Esta fase, escribe Freud, "consiste en que el individuo empeñado en el desarrollo, y que sintetiza (*zusammfassen*) en una unidad sus pulsiones sexuales de actividad autoerótica, para ganar un objeto de amor se toma primero a sí mismo, a su cuerpo propio, antes de pasar de este a la elección de objeto en una persona ajena." (1910 [1976: 56]).

3] OBJETO Y CONOCIMIENTO. Por último, hay una tercera connotación de la palabra objeto, relativa a la psicología del conocimiento, que se refiere a aquello que se ofrece con caracteres fijos y permanentes y de forma tal como para ser reconocido por todos, independientemente de pulsiones, deseos y opiniones individuales. El adjetivo correspondiente al objeto del conocimiento es *objetivo*, mientras el adjetivo correspondiente al objeto de la afectividad es *objetal*, por lo que se habla de "conocimiento objetivo" (*v.* **realidad**, § 2) y de "elección objetal" para los correspondientes de la afectividad.

4] LA RELACIÓN OBJETAL. Después de Freud el psicoanálisis prefirió al término "objeto" la expresión "relación objetal", queriendo subrayar la originalidad de la relación respecto al individuo considerado en su aislamiento. La relación es propiamente una interrelación, en el sentido de que no se limita a indicar la forma con la que el sujeto constituye sus objetos, sino también la forma en que éstos actúan en él. Tal es, por ejemplo, la posición de M. Klein, según la cual los objetos proyectados e introyectados ejercen una acción persecutoria o tranquilizadora en el sujeto (*v.* **kleiniana**, **teoría**, § 1). Las relaciones objetales se refieren, en psicoanálisis, a los momentos evolutivos, como la relación objetal oral, anal, fálica y en psicopatología a las formas de enajenación como, por ejemplo, las relaciones objetales melancólicas, maniacas, etcétera.

5] LA ESCISIÓN DEL OBJETO. Concepto que introdujo M. Klein, según quien el objeto hacia el que convergen las pulsiones eróticas y destructivas esta escindido en objeto "bueno" y objeto "malo", que experimentan destinos diferentes en el juego de las proyecciones y de las introyecciones. La escisión es un mecanismo primitivo de **defensa** (*v.*, § 2) contra la angustia y se refiere, en las situaciones esquizoparanoides, a objetos parciales, y en las depresivas al objeto total. Por efecto de la introyección de

los objetos, también el yo es escindido en "bueno" y "malo" (*v.* **kleiniana**, **teoría**, § 1).

6] OBJETO TRANSICIONAL. Término que introdujo D. W. Winnicott para indicar un objeto material, como puede ser la orilla de una cobija o un muñeco de peluche, que el niño entre los 4 y los 12 meses tiene cerca de sí para dormirse. Es un fenómeno normal que permite al niño pasar de la primera relación con la madre a la relación objetal. El objeto transicional, aunque constituye un momento de pasaje hacia la percepción de un objeto claramente separado del sujeto, no pierde su función en el período posterior, donde reaparece sobre todo en ocasión de fases depresivas. Según Winnicott el objeto transicional pertenece a ese campo intermedio de la experiencia que es el campo de las **ilusiones** (*v.*), cuyos contenidos no se pueden rastrear hasta la realidad interior ni hasta la exterior. Ésta constituye la parte más importante de la experiencia del niño y de su prolongación a la edad adulta, y es la base de la vida imaginativa posterior.

7] OBJETO PERCEPTIVO. Véase la voz **percepción**, § 3.

BIBLIOGRAFÍA: Abraham, K. (1924); Ancona, L. (1970); Freud, S. (1910); Freud, S. (1915); Klein, M. (1921-1958); Koffka, K. (1935); Winnicott, D.W. (1953); (1958).

oblatividad (al. *Oblativität*; fr. *oblativité*; ingl. *oblativity*, it. *oblatività*)

Actitud de completa dedicación a las exigencias y a las necesidades de otros jerarquizadas con respecto a las propias. La oblatividad debe distinguirse de la **captación** (*v.*), en la cual la dedicación está en función de una autorreaseguración.

obnubilación
v. CONCIENCIA, § 3, *a*.

obscenidad (al. *Schlüpfrigkeit*; fr. *obscénité*; ingl. *obscenity*; it. *oscenità*)

Ostentación de aquello que ofende el buen gusto y el sentido usual del pudor. Debido al carácter relativo e históricamente cambiante de estos conceptos la precisión de lo que es obsceno depende de los acuerdos vigentes en cada ocasión en el grupo social, y de la susceptibilidad personal.

observación (al. *Beobachtung*; fr. *observation*; ingl. *observation*; it. *osservazione*)

Realización de registros perceptivos que pueden ser sistemáticos u ocasionales. En el primer caso se habla de observación *experimental*, que está proyectada y caracterizada por el control de las variables; en el segundo de observación *natural*, en el que las condiciones de la observación no están programadas. Esta distinción se complica según la mayor o menor extensión que se asigna a la palabra "observación" y de acuerdo con la relación que se instaura entre observación y teoría. Escribe C.G. Hempel: "El concepto de observación se puede entender en forma amplia como para incluir no sólo la percepción sino también la sensación y la introspección, o bien, en una forma más estrecha, implicando sólo la percepción de lo que, como máximo, es públicamente comprobable, o sea perceptible también por parte de los demás" (1952-1958: 106).

El segundo problema que complica la definición es la relación entre observación y teoría. Según K. Popper "no existe nada que se pueda considerar como experiencia observacional pura, es decir experiencia absolutamente libre de expectativas y de teoría" (1935: 514), porque "una observación es una percepción planificada y preparada. No 'tenemos' una observación (como podemos 'tener' una experiencia sensorial), sino que 'hacemos' una observación. Una observación está precedida siempre por un interés particular, una cuestión, o un problema; en síntesis, por algo teórico" (1945: 447). Todavía más radical es la posición de P.K. Feyerabend, para quien "la experiencia se origina junto con asuntos teóricos, no antes de éstos, y una experiencia sin teoría es tan incomprensible como (se supone que lo es) una teoría sin experiencia. [...] Todos estos descubrimientos piden a gritos una nueva terminología, en la que ya no separe lo que está unido tan íntimamente en el desarrollo del individuo y de la ciencia en su complejidad" (1975: 137).

Debido a las diferencias en materia epistemológica que definen en psicología el objeto de estudio y las diferentes formas de indagar, el problema de la observación se vuelve, como escribe M. Bellotto, "un problema-síntoma del conflicto de los diferentes acercamientos psicológicos que contienden acerca de su propia cientificidad" (1985: 603).

1] LA OBSERVACIÓN EN LA PSICOLOGÍA EXPERIMENTAL. En este ámbito la observación se entiende como observación del objeto mantenido y supuesto independiente del observador. De esta posición que inició W. Wundt, para quien "cualquier observación cuidadosa implica que el objeto de la observación (en este caso el proceso psíquico) sea independiente del observador" (1873-1874: 5), dieron testimonio el **conductismo** (*v.*) y el **cognoscitivismo** (*v.*) en su impugnación del método introspectivo que no permite obtener resultados que cualquiera pueda controlar y, por lo tanto, científicos. Al respecto G. Trentini escribe: "La ciencia es realmente tal si se deriva de una observación neutral, apta para recoger los hechos y las relaciones entre los hechos 'tal como son', objetivos y verdaderos" (1980: 17). A esta posición ya se había opuesto R. Oppenheimer, según quien "el peor de todos los posibles malentendidos sería que la psicología quisiera tomar como modelo una física que ya no existe, que ha sido completamente superada" (1956: 138).

2] LA OBSERVACIÓN EN LA PSICOLOGÍA CLÍNICA. En este ámbito la observación asume un significado completamente diferente porque, como puntualiza L. Pinkus, "el punto crítico de la psicología clínica está en la observación que, en lugar de ser ascética y controlada, como en las otras ramas de la ciencia, es de hecho una observación participante, un trabajo que es en realidad fruto de una interacción, en diferentes niveles, entre observador y observado. Ésta constituye, por un lado, la riqueza específica e insustituible de la psicología [...] por el otro constituye o constituiría su límite 'científico'" (1975: 78-79). Esta condición de inevitable acientificidad de la psicología, que ya E. Husserl había puesto en evidencia bajo el título de "el enigma de la psicología", debida a que "la subjetividad objetivada es la misma subjetividad que produce todas las posibles objetivaciones [...] por lo que la subjetividad no puede ser conocida por ninguna ciencia objetiva" (1934-1937: 353), lleva a E. Spaltro a formular el principio de incertidumbre psicológica, según el cual "nosotros no conocemos nunca a los demás, sino sólo nuestra relación con ellos [...] porque los demás, al entrar en relación con nosotros, nos influyen, de modo que no logramos conocer a los demás por lo que son, porque no conocemos los aspectos que nosotros ya influimos, usando mecanismos cognoscitivos que además sufrieron su influencia. Esta imposibilidad de conocer a los demás, y nuestra necesidad de tener en cuenta la doble influencia que se deriva de la relación con ellos, constituye precisamente el 'principio de incertidumbre psicológica' parecido al principio de incertidumbre de Heisenberg que tanta importancia tuvo en la física teórica moderna" (1980: x, 4).

3] LA OBSERVACIÓN EN LA PSICOLOGÍA FENOMENOLÓGICA. En este ámbito la observación desplazó la atención del *síntoma* al *significado*, por lo que frente al desorden de la locura no se buscaría ordenar los datos según el principio de la clínica psiquiátrica sino, como propone L. Binswanger, de interpretarlos como modalidades particulares con las que se declina una existencia que, precisamente mediante esos síntomas, llega a una coherencia interna. Al actuar de esta manera se puede transformar la observación clínica, porque la confrontación, como escribe A. Gaston, "ya no debería basarse en *diferencias* o *semejanzas* de síntomas, sino en determinados desarrollos y realizaciones de la *presencia*. En lugar de una entidad nosográfica tendremos analogías entre determinadas estructuras de la *presencia* y determinados desarrollos de ésta" (1987: 75). Con la observación fenomenológica cesa la mirada naturalista sobre el hombre que lo objetiva, reduciéndolo al estatuto de "cosa observada", y comienza la investigación de "sentido" que cada biografía, por el simple hecho de ser "humana", inevitablemente manifiesta.

4] LA OBSERVACIÓN NATURAL. En este ámbito la observación no ejerce ningún control sobre el objeto y, como tal, se contrapone a la *artificial*, efectuada en el laboratorio, ya sea experimental o clínica. La observación natural puede utilizar la relación observador-observado y también prescindir de ésta. En el primer caso el proceso de conocimiento se da de tal manera que los dos polos funcionen en un proceso circular y la interpretación aproveche esta recíproca influencia; en el segundo el observador considera su influencia como un factor del ambiente en el que está implantado el observado y, por consiguiente, como una variable externa a la relación observador-observado. La primera posición aprovecha la circularidad hermenéutica, la segunda salvaguarda la objetividad asumida en términos hipotéticos. Uno de los defensores de la observación natural es J. Piaget: "Si se parte de un plan predeterminado, necesariamente todo resulta falseado. Todo lo que es realmente interesante debe por fuerza quedar fuera de cualquier plan predeterminado. La razón por la que no tengo planes experimentales predeterminados es que yo busco cosas nuevas" (1928: 56).

BIBLIOGRAFÍA: Belloto, M. (1985); Binswanger, L. (1921-1941); Borgna, E. (1988); Feyerabend, P.K. (1975); Galimberti, U. (1979); Gaston, A. (1987); Hempel, C.G. (1952-1958); Husserl, E. (1934-1937); Oppenheimer, R. (1956); Piaget, J. (1928); Pinkus, L. (1975); Popper, K.R. (1935); Popper, K.R. (1945); Spaltro, E. (1980); Trentini, G. (1980); Wundt, W. (1873-1874).

obsesión (al. *Zwangsvorstellung*; fr. *obsession*; ingl. *obsession*; it. *ossessione*)

El término, que se deriva del latín *obsidere*, que significa asediar, bloquear, ocupar, describe la condición de quien está obstaculizado por la necesidad irreprimible de cumplir determinados actos o de abstenerse de otros, o está obligado a ocuparse de pensamientos o ideas particulares que no es posible evitar, repitiendo indefinidamente esta obligación de la que no logra separarse y de la que tampoco obtiene satisfacción. Aunque el sujeto está consciente de la insensatez de sus actos o de sus ideas obsesivas, no puede evitar reproducirlas en una especie de ritual que, actuado para calmar la ansiedad, se vuelve autónomo, transformándose en un mecanismo repetitivo que no difiere de los rituales mágicos de los niños, mágico-religiosos de los primitivos, y supersticiosos de los adultos (v. **rito**, § 2). El *ritual* se transforma en *trastorno* cuando, manifestada su ineficiencia para contener la ansiedad, se vuelve a su vez, por su carácter coercitivo, motivo de ansiedad.

Las obsesiones incluyen ideas, pensamientos, razonamiento con frecuencia atravesado por la duda y por la interrogación, imágenes, sentimientos, recuerdos o impulsos que, sin ningún nexo reconducible a un estímulo externo, se proponen de manera interactiva y automática y contra la voluntad del sujeto. Por lo tanto tienen un carácter de *irreductibilidad* porque el sujeto no logra liberarse de ellas, de *extrañeidad* porque se imponen contra la voluntad de quien las padece como algo intrusivo, de *invasividad* porque tienden a ocupar progresivamente toda el área de la conciencia, de *compulsividad* porque el sujeto no logra liberarse, y para defenderse organiza contrarrituales que complican más su vida, haciéndola rígida en un **ceremonial** (*v.*) que limita, si acaso no suprime, su libertad y su autonomía.

1] PSIQUIATRÍA. En el ámbito psiquiátrico se suelen distinguir cuatro formas principales de obsesiones: *a*] *simples*, que consisten en imágenes, palabras, motivos musicales que se imponen automáticamente en la conciencia; *b*] *interrogativas*, que se refieren a temas religiosos, filosóficos o morales que involucran al sujeto en problemas irresolubles, porque están más allá de su alcance, hasta llegar a la "locura de la duda" (*v.* **duda**, § 3), en la que cada cosa o acto está sujeto a interrogación, sin ninguna posibilidad de salir de la alternativa, con el consiguiente bloqueo de toda decisión; *c*] *inhibidoras*, en las que escrúpulos y sentimientos de culpa, con las consiguientes fobias adoptadas con finalidades de cautela, paralizan toda actividad; *d*] *impulsivas*, donde el sujeto se siente empujado a ejecutar propósitos agresivos, sexuales, criminales, que él mismo considera inconvenientes. Al respecto K. Jaspers da una interpretación del impulso obligado (*Zwangsantrieb*) que puede hacerse extensiva a todas las formas obsesivas: "Me encuentro frente a mí mismo de manera tal que quiero seguir un impulso del instinto y sin embargo combato contra eso, que yo mismo quiero y al mismo tiempo no quiero. [...] Por efecto de esta coacción que proviene del interior el sujeto, en lugar de la conciencia normal para dirigir la secuencia de los contenidos a los que se dirige, tiene la conciencia

obligada para no poder liberarse de ellos" (1913-1959: 144).

2] PSICOANÁLISIS. En el ámbito psicoanalítico no se habla de obsesión sino de *neurosis obsesiva*, entidad nosográfica universalmente admitida, que aisló S. Freud en el último decenio del siglo XIX: "Me fue preciso dar comienzo a mi trabajo con una innovación nosográfica. He hallado razones para situar, junto a la histeria, la neurosis de obsesiones (*Zwangsneurose*) como afección autónoma e independiente, aunque la mayoría de los autores clasifican las obsesiones entre los síndromes constitutivos de la degeneración mental o las confunden con la neurastenia" (1896 [1976: 146]). Después de Freud, P. Janet, que agrupó en una afección psiconeurótica síntomas antes atribuidos a cuadros nosológicos muy diferentes, describió con el término *psicastenia* el equivalente de la neurosis obsesiva, que él atribuyó a un estado deficitario, a una debilidad de las síntesis mentales, a una **astenia** (*v.*, § 2) psíquica, en contraste con la explicación de Freud. Para este último la neurosis obsesiva indica una *fijación* o una *regresión* a la fase **anal** (*v.*, § 2) en la que se manifiesta la lucha ambigua de poder expulsar o retener las heces, de donde se inicia el mecanismo de la duda, típica de toda obsesión, a la que se agrega la represión por parte de un superyó particularmente rígido e imperativo, de fuertes pulsiones autoagresivas y heteroagresivas. Escribe Freud: "La situación inicial de la neurosis obsesiva no es otra cosa que la de la histeria, a saber, la necesaria defensa contra las exigencias libidinosas del complejo de Edipo. Y por cierto, toda neurosis obsesiva parece tener un estrato inferior de síntomas histéricos, formados muy temprano. Empero la configuración ulterior es alterada decisivamente por un factor constitucional. La organización genital de la libido demuestra ser endeble y muy poco resistente (*resistent*). Cuando el yo da comienzo a sus intentos defensivos, el primer éxito que se propone como meta es rechazar en todo o en parte la organización genital (de la fase fálica) hacia el estadio anterior, sádico-anal. [...] El reforzamiento de la regresión significa el primer éxito del yo en la lucha defensiva contra la exigencia de la libido. [...] el superyó se vuelve particularmente severo desamorado, el yo desarrolla, en obediencia al superyó, elevadas formaciones reactivas de la conciencia moral, la compasión, la limpieza." (1925 [1976: 108-109]).

Por lo que se refiere a los síntomas Freud escribe: "la tendencia general de la formación de síntoma de la neurosis obsesiva. Consiste en procurar cada vez mayor espacio para la satisfacción sustitutiva a expensas de la denegación (frustración). Estos mismos síntomas que originariamente significaban limitaciones del yo cobran más tarde, merced a la inclinación del yo por la síntesis, el carácter de unas satisfacciones, y es innegable que esta última significación deviene poco a poco la más eficaz. Así, el resultado de este proceso, que se aproxima cada vez más al total fracaso del afán defensivo inicial, es un yo extremadamente limitado que se ve obligado a buscar sus satisfacciones en los síntomas. El desplazamiento de la relación de fuerza en favor de la satisfacción puede llevar a un temido resultado final: la parálisis de la voluntad del yo, quien, para cada decisión, se encuentra con impulsiones de pareja intensidad de un lado y del otro. El conflicto hiperintensificado entre ello y superyó, que gobierna esta afección desde el comienzo mismo, puede extenderse tanto que ninguno de los desempeños del yo, que se ha vuelto incapaz para la mediación, se sustraiga de ser englobado en él." (1925 [1976: 112-113]). Freud explicó después la etiología de la neurosis obsesiva desde el punto de vista del *mecanismo* que prevé el **desplazamiento** (v.) del afecto hacia representaciones más o menos distantes del conflicto original, hasta hacerlo irreconocible desde el punto de vista de la *vida pulsional*, con los rasgos de **ambivalencia** (v.), **fijación** (v.) o **regresión** (v.) a la fase anal, y desde el punto de vista *tópico* como interiorización de la relación sadomasoquista en forma de tensión entre yo y superyó.

3] PSICOLOGÍA INDIVIDUAL. Siempre en el ámbito de la psicología de lo profundo encontramos la explicación de A. Adler, quien reconoce en los obsesivos un exceso de subjetivismo que exalta el valor de su propio pensamiento, aunque se lo advierta en parte como absurdo, en contraposición al ambiente, a la objetividad y al sentimiento social. La voluntad de potencia asume una función impositiva y aumenta la "distancia neurótica" del sujeto hacia sus semejantes. Esta interpretación, junto con las otras de derivación psicoanalítica, la rechazó el conductismo, según el cual los mecanismos obsesivos se derivarían de condicionamientos patológicos aprendidos en relación con los estímulos externos.

BIBLIOGRAFÍA. Adler, A. (1920); Freud, S. (1896); Freud, S. (1909); Freud, S. (1925); Janet, P. (1903); Jaspers, K. (1913-1959).

obstinación (al. *Hartnäckigkeit*; fr. *obstination*; ingl. *obstinacy*; it. *ostinazione*)

Actitud insuperable de quien no cede a las razones y consideraciones de los demás y está firme en su propia posición. Según el psicoanálisis existe una obstinación fisiológica que los niños atraviesan en la fase anal, cuando oponen una resistencia especialmente tenaz hacia la disciplina de las funciones intestinales (moral esfintérica) y a la acción educadora y en ocasiones represiva de los adultos vinculada con aquélla (v. **anal**, § 2). Según la psicología de la edad evolutiva la obstinación acompaña los períodos caracterizados por una acentuada tendencia a la **autonomía** (v.) que se observan, además de en la fase anal, también en las crisis de la adolescencia.

oceánico, sentimiento (al. *Ozeanisches Gefühl*; fr. *sentiment océanique*; ingl. *oceanic feeling*; it. *oceanico, sentimento*)

Expresión con la que R. Rollard, el poeta amigo de S. Freud, designa un especial sentimiento de participación en el todo que estaría en la base de cualquier forma de religión. Según Freud, en cambio, semejante sentimiento no se puede considerar como la fuente de las necesidades religiosas, sino que corresponde a una condición originaria de no separación de la realidad, anterior a la aparición del sentido del yo. "El lactante no separa todavía su yo de un mundo exterior como fuente de las sensaciones que le afluyen. Aprende a hacerlo poco a poco, sobre la base de incitaciones diversas. [...] De tal modo, pues, el yo se desase del mundo exterior. Mejor dicho: originariamente el yo lo contiene todo; más tarde segrega de sí un mundo exterior. Por tanto, nuestro sentimiento yoico de hoy es sólo un comprimido resto de un sentimiento más abarcador –que lo abrazaba todo, en verdad–, que correspondía a una atadura más íntima del yo con el mundo circundante. Si nos es lícito suponer que ese sentimiento yoico primario se ha conservado, en mayor o menor medida, en la vida anímica de muchos seres humanos, acompañaría, a modo de un correspondiente, al sentimiento yoico de la madurez, más estrecho y de más nítido deslinde. Si tal fuera, los contenidos de representación adecuados a él serían, justamente, los de la limitación y la atadura con el Todo, esos mismos con que mi amigo ilustra el sentimiento 'oceánico'" (1929 [1976: 67, 68-69]). Para Freud el sentimiento oceánico, por consiguiente, puede rastrearse hasta el sentimiento infantil de **omnipotencia** (*v.*), pues en su base estarían las mismas dinámicas.

BIBLIOGRAFÍA: Freud, S. (1929); Rolland, R. (1960).

oclofobia (al. *Ochlophobie*; fr. *oclopho-bie*; ingl. *oclophobia*; it. *oclofobia*)

Fobia a las multitudes.

ocnofilia (al. *Ocnophilie*; fr. *ocnophilie*; ingl. *ocnophilia*; it. *ocnofilia*)

Término que usa M. Balint para designar una relación de tipo primitivo entre dos personas, con una total dependencia del sujeto hacia el objeto, sobrevalorado hasta el punto de hacer sumamente difícil cualquier progreso hacia la independencia.

BIBLIOGRAFÍA: Balint, M. (1952).

octaedro de los colores
v. COLOR, § 1.

oculogirismo (al. *Okulogyrismus*; fr. *oculorotation*; ingl. *oculogyric spasm*; it. *oculogirismo*)

Crisis recurrentes de tipo tónico, de duración indeterminada, caracterizadas por la desvia-

ción de los globos oculares hacia arriba con simultánea torsión del cuello, acompañadas de rigidez motriz, lentitud ideativa y estado de ansiedad. El oculogirismo puede presentarse junto con otras manifestaciones de naturaleza **extrapiramidal** (*v.*) o como efecto secundario de una terapia neuroléptica (*v.* **psicofarmacología**, § I, 1, *a*).

ocultismo (al. *Okkultismus*; fr. *occultisme*; ingl. *occultism*; it. *occultismo*)

Conjunto de conocimientos y de prácticas que tiene por objeto todo aquello que queda escondido, "oculto", precisamente, a la capacidad cognoscitiva normal del hombre. En la base del ocultismo está el argumento de que todo el universo oculta una realidad misteriosa en la que es posible interpretar las correspondencias entre macrocosmos y microcosmos que se pueden descubrir mediante el uso del pensamiento intuitivo y analógico (*v.* **analogía**, § 4). De aquí el uso de los **símbolos** (*v.*), más idóneos que los conceptos, para descubrir esa realidad última subyacente a la realidad empírica. Algunas ciencias ocultas como la **astrología** (*v.*) y la **alquimia** (*v.*) fueron la base de las modernas ciencias experimentales, mientras que otras, como la **magia** (*v.*) y la **parapsicología** (*v.*) recibieron interpretaciones significativas en el plano teórico, pero sin entrar en el ámbito de la investigación científica controlada y reconocida. La ciencia oculta, a la que pueden ingresar sólo los iniciados, está también acompañada de una práctica oculta orientada a la realización de las potencialidades latentes en el hombre mediante prácticas *mágicas* dirigidas a dominar, con ritos y ceremonias, el propio dinamismo psíquico; *fisiológicas* con la adopción de un régimen alimentario acorde con la propia constitución psicofísica; *emotivas*, para dominar los estímulos de origen sensorial con miras al dominio de sí; *intelectuales*, con la sustitución del pensamiento espontáneo por el pensamiento guiado por prácticas de **meditación** (*v.*); *espirituales*, mediante la aplicación a temas y argumentos que puedan despertar y agudizar el ascetismo y la abstracción mística. Dichas prácticas encontraron una especial aclaración con la psicología de lo profundo y en especial con el análisis de C.G. Jung, para quien lo oculto manifiesta contenidos que, en cuanto inconscientes, escapan al control de la conciencia y no se dejan enunciar con los instrumentos del pensamiento racional.

BIBLIOGRAFÍA: Alexandrian, F. (1983); Jung, C.G. (1902); Leslie, A.S. (coord.) (1978); Pareti, G. (1990); Seguy, H., E. Faivre y M. Hutin (1970); Yates, F. (1964).

ocupacional, terapia
v. ERGOTERAPIA.

odaxesma (al. *Odaxesmus*; fr. *odaxesme*; ingl. *odaxesmus*; it. *odaxesmo*)

Término que introdujo el médico inglés Marshall Hall (1790-1859) para referirse a las mordidas que el paciente se inflige en la lengua, en la cara interior de las mejillas y en los labios durante un ataque epiléptico. Hoy el término también se utiliza para referirse al prurito de las encías anterior a la erupción de los dientes.

odio (al. *Hass*; fr. *haine*; ingl. *hate*; it. *odio*)

Decidida hostilidad acompañada de rechazo, repugnancia y en ocasiones, deseo de causar daño. Este sentimiento, desde siempre considerado antitético del amor, tiene para S. Freud un origen propio, descrito así: "Amor y odio, que se nos presentan como tajantes opuestos materiales, no mantienen entre sí, por consiguiente, una relación simple. No han surgido de la escisión de algo común originario, sino que tienen orígenes diversos, y cada uno ha recorrido su propio desarrollo antes que se constituyeran como opuestos bajo la influencia de la relación placer-displacer. [...] El odio es, como relación con el objeto, más antiguo que el amor; brota de la repulsa primordial que el yo narcisista opone en el comienzo al mundo exterior prodigador de estímulos. Como exteriorización de la reacción displacentera provocada por objetos, mantiene siempre un estrecho vínculo con las pulsiones de la conservación del yo, de suerte que pulsiones yoicas y pulsiones sexuales con facilidad pueden entrar en una oposición que

repite la oposición entre odiar y amar. Cuando las pulsiones yoicas gobiernan a la función sexual, como sucede en la etapa de la organización sádico-anal, prestan también a la meta pulsional los caracteres del odio." (1915 [1976: 132-133]).

Separados en cuanto a su origen, amor y odio coexisten en una especie de "ambivalencia emotiva", como la llama Freud, cuando el campo está desapegado de la relación placer-displacer. Esto se verifica en el caso de que "el amor y el odio se dirijan simultáneamente hacia el mismo objeto, [realizando] el ejemplo más significativo de ambivalencia emotiva" (1915: 28). Este tema fue retomado por M. Klein, con su descripción del objeto bueno y malo (*v.* **kleiniana, teoría**, § 1), cuya indiferenciación no permite una clara distinción del amor y del odio, y A. Adler, quien ve en el odio la ventaja de la voluntad de poder sobre el sentimiento social (*v.* **psicología individual**).

BIBLIOGRAFÍA: Adler, A. (1912); Freud, S. (1915); Klein, M. (1921-1958); Klein, M. y J. Rivière (1937).

odofobia
v. DROMOFOBIA.

ofidiofibia (al. *Ophidiophobie*; fr. *ophidiophobie*; ingl. *ophidiophobia*; it. *ofidiofobia*)

Temor morboso por las serpientes.

oligoergasia
v. ERGASIA.

oligofrenia
v. RETARDO MENTAL.

oligotimia
v. PSICOPATÍA.

olor
v. OLFATIVO, APARATO.

olvido

v. MEMORIA, § 4.

olvido (al. *Vergessen*; fr. *oubli*; ingl. *for-getfulness*; it. *dimenticanza*)

Incapacidad mnemónica para recordar un nombre o una palabra en el momento en que se requiere su uso, o de tener presente un proyecto o un propósito cuando se presenta la posibilidad de realizarlo. Después de habérselos atribuido a la **represión** (*v.*), S. Freud demostró que los olvidos, así como los actos fallidos y los lapsus, "no son contingencias sino actos anímicos serios; tienen su sentido y surgen por la acción conjugada –quizá mejor: la acción encontrada– de dos propósitos diversos." (1915-1917 [1976: 39]). La intención contraria al proyecto consciente generalmente es inconsciente y responsable del olvido, cuyo contenido suele estar relacionado con recuerdos desagradables (*v.* **memoria**, § 4, *c*).

BIBLIOGRAFÍA: Freud, S. (1901); Freud, S. (1915-1917) [1976].

ombligo del sueño

v. SOBREINTERPRETACIÓN.

omisión

v. PENSAMIENTO, § III, 1, *e*.

omnipotencia (al. *Allmacht*; fr. *omnipotence*; ingl. *omnipotence*; it. *onnipotenza*)

Término derivado del lenguaje teológico, en el que designa la ilimitada potencia de Dios, y adoptado por el psicoanálisis para describir el sentimiento que caracteriza a la primera infancia, en la que el niño cree poder controlar con su deseo toda la realidad completa. Tal sentimiento se reduce con las posteriores experiencias de frustración que acompañan a la progresiva separación del yo del mundo exterior, que se resiste a la satisfacción inmediata del deseo. Especial atención se ha reservado a la *omnipotencia del pensamiento*, común tanto al mundo de los niños como al de los primitivos y de los neuróticos obsesivos que, con rituales de tipo

mágico, tratan de controlar el mundo circundante o la parte enajenada de sí.

BIBLIOGRAFÍA: Freud, S. (1909); Freud, S. (1912-1913).

onanismo

v. MASTURBACIÓN.

oneirofrenia (al. *Oneirophrenie*; fr. *oneirophrénie*; ingl. *oneirophrenia*; it. *oneirofrenia*)

Síndrome caracterizado por trastornos de la percepción que inducen un estado de aislamiento soñador acompañado por alucinaciones con frecuencia aterrorizantes y por reacciones emotivas intensas. Según algunos, en la base de este síndrome habría una hiperactividad de la hipófisis, con la consiguiente alteración en el intercambio glucídico; según otros, en cambio, la oneirofrenia sería el principio de un proceso psicótico que, cuando no se resuelve con una completa remisión de los síntomas, evolucionaría hacia un proceso esquizofrénico o uno distímico con características maniacas.

onicofagia (al. *Onychophagie*; fr. *ony-chophagie*; ingl. *onychophagy*; it. *onicofagia*)

Impulso a comerse las uñas. La onicofagia, frecuente en los niños pero observable también en los adultos, es una vía para descargar la ansiedad a la que subyace un simbolismo agresivo o autodestructivo, no separado de un aspecto ritual que, paradójicamente, desarrolla una función reconfortante.

oniomanía (al. *Oniomanie*; fr. *oniomanie*; ingl. *oniomania*; it. *oniomania*)

Impulso irresistible a comprar sin una necesidad real. Es frecuente como forma compensatoria en estados depresivos.

onírico, trabajo

v. SUEÑO, § II, 2.

onirismo (al. *Traumartige seelentätig-keit*; fr. *onirisme*; ingl. *oneirism*; it. *onirismo*)

Alteración de la conciencia, no por su restricción, como en el estado crepuscular (*v.* **conciencia**, § 3, *b*), sino por la presencia de una producción fantástica vivaz y en ocasiones delirante acompañada por alteraciones psicosensoriales que se mezclan con la experiencia de la realidad. Se suele distinguir un *estado oniroide*, en el cual el sujeto mantiene una discreta capacidad para orientarse en el espacio y en el tiempo con excepción de los elementos elaborados en sus creencias fantásticas, y un *estado onírico*, que se manifiesta clínicamente de la misma manera pero con el agravante de que desaparece toda distinción entre realidad y fantasía. Algunas de las causas más frecuentes son los agentes patógenos del sistema nervioso central (encefalitis viral, meningitis, sífilis), las intoxicaciones exógenas, como el alcohol o las drogas, la insuficiencia vascular cerebral, los tumores y los traumatismos craneanos.

onirología (al. *Traumforschung*; fr. *onirologie*; ingl. *oneirology*; it. *onirologia*)

Estudio e interpretación de los **sueños** (*v.*, § II-V) con las herramientas desarrolladas por las diferentes teorías psicológicas y en especial por el psicoanálisis que inició S. Freud, emancipando el material onírico de la *oniromancia*, ampliamente practicada en la Antigüedad y todavía difundida en la creencia popular, que interpreta los sueños en términos de presagio y adivinación.

BIBLIOGRAFÍA: Alexandrian, F (1983); Freud, S. (1899).

oniromancia
v. ONIROLOGÍA.

onomatomanía (al. *Onomatomanie*; fr. *onomatomanie*; ingl. *onomatomania*; it. *onomatomania*)

Síndrome obsesivo caracterizado por la fija-ción de ciertas palabras o frases especiales que el sujeto es irresistiblemente arrastrado a repetir de manera incesante, ya sea porque les atribuye un valor mágico, funesto o benéfico, que sería peligroso olvidar, o porque, como en algunas formas de esquizofrenia, el vocablo se siente como un cuerpo extraño invasor que se desea expulsar del contexto de la propia experiencia.

onomatopeya (al. *Onomatopoesie*; fr. *onomatopée*; ingl. *onomatopoeia*; it. *onomatopea*)

Unidad léxica que imita un sonido que recuerda el objeto o la acción correspondiente. Según E. Bleuler la onomatopeya es la base de muchos **neologismos** (*v.*) acuñados por los esquizofrénicos.

BIBLIOGRAFÍA: Bleuler, E. (1911-1960).

ontoanálisis
v. EXISTENCIAL, ANÁLISIS.

ontogenética, secuencia (al. *ontogenestische Sequenz*; fr. *séquence ontogénétique*; ingl. *ontogenetic sequence*; it. *ontogenetica, sequenza*)

Modelo del desarrollo psicosexual que S. Freud conjetura por analogía con el desarrollo epigenético descrito en embriología, donde se habla de "período crítico" al que está sometido cada órgano en sus fases de crecimiento rápido, durante las cuales cualquier trastorno puede resultar definitivamente nocivo para el órgano y por consiguiente para todo el organismo. Freud indica como períodos críticos las fases oral, anal, fálica, latente y genital, en las que una crisis puede determinar fenómenos de **fijación** (*v.*) o de **regresión** (*v.*) que resultan decisivos para el desarrollo posterior del individuo.

BIBLIOGRAFÍA: Freud, S. (1905).

ontogenia
v. FILOGENIA-ONTOGENIA.

ontológica, inseguridad
v. SEGURIDAD.

operación (al. *Operation*; fr. *opération*;
ingl. *operation*; it. *operazione*)

En psicología este término, tomado de la matemática, se utiliza en referencia a la actividad mental a propósito de la cual se distinguen, después de las operaciones protomentales, las concretas y las formales según si, de acuerdo con la teoría de J. Piaget, la transformación reversible de una estructura en otra suceda por modificación del contenido o de la forma.

1] *Operaciones protomentales* son las modalidades con las que las informaciones constituidas por las aferencias neurológicas se pueden organizar de manera que adquieran un significado reconocible. Los primeros significados organizados en la mente del neonato son datos de esos significados interiores primitivos que el psicoanálisis llama "objetos internos" (*v.* **objeto**, § 1) y que corresponden a los elementos dinámico-afectivos que forman la base de los procesos *simbolopoiéticos* posteriores, mediante los cuales se dan las decodificaciones de los mensajes paternos y las interacciones con el entorno.

2] *Operaciones concretas* son acciones que, uniendo motricidad, percepción e intuición, desembocan en la actividad de seriación, que agrupa individuos, unidades numéricas, largos, anchos y pesos.

3] *Operaciones formales* son las que nacen cuando la actividad mental se emancipa de lo concreto e instaura relaciones en el plano abstracto, que prescinden de los contenidos relacionados en cada ocasión. Al respecto Piaget escribe que "el pensamiento formal madura durante la adolescencia. Al contrario del niño, el adolescente lleva sus reflexiones más allá de lo inmediatamente presente y elabora teorías sobre todas las cosas experimentando un especial placer en perderse en consideraciones imposibles de poner en práctica. [...] En esta fase el pensamiento ya no encuentra su certeza en la coincidencia de las conclusiones con la experiencia, sino más bien en una especie de necesidad intrínseca del razonamiento mismo (*vis formae*)" (1947: 177; *v.* **cognición**, § 2).

BIBLIOGRAFÍA: Piaget, J. (1947).

operacionalismo
v. OPERACIONISMO.

operacionismo (al. *Operationismus*;
fr. *opérationnisme*; ingl. *operationism*;
it. *operazionismo*)

El operacionismo, u operacionalismo, es una teoría sobre la definición de los conceptos que formuló el físico P.W. Bridgman según quien el significado de un concepto está dado por el conjunto de las operaciones y de los procesos que indica. Por lo tanto deben abandonarse todos esos conceptos metafísicos, absolutos o demasiado vagos, para los cuales no existe ningún método de verificación. Aplicado en sociología o en psicología este criterio permite eliminar las definiciones abstractas sustituyéndolas con los procesos efectivos que se llevan a cabo para identificar un significado. Un ejemplo a propósito lo ofrece B.F. Skinner, para quien "el positivismo lógico u operacionismo sostiene que ya que no existen dos observadores que coincidan en lo que sucede en el mundo de la mente, en consecuencia, desde el punto de vista de la ciencia física, los acontecimientos mentales son inobservables; no puede existir verdad por consenso y debemos abandonar el examen de los acontecimientos mentales para volcarnos en cambio a la forma en que se estudian. No podemos medir sensaciones y percepciones como tales, pero sí la capacidad del individuo para discriminar entre los estímulos, y entonces el *concepto* de sensación o percepción se puede reducir a la *operación* de discriminación" (1945: 74). El operacionismo ha ejercido una influencia especial en el **conductismo** (*v.*) y en el **fisicalismo** (*v.*).

BIBLIOGRAFÍA: Bridgman, P.W. (1927); Bridgman, P.W. (1934-1959); Curi, U. (1973); Skinner, B.F. (1973); Skinner, B.F. (1953).

opinión (al. *Meinung*; fr. *opinion*; ingl. *opinion*; it. *opinione*)

Conocimiento o creencia que no incluye ninguna garantía de verdad. En filosofía, desde Parménides hasta E. Husserl, siempre se ha procurado distinguir la opinión (δόξα) de la ciencia (ἐπιστήμη), asumiendo como discriminante el criterio de validación y fijándolo con términos cada vez más rigurosos. Las opiniones son atendibles pero apodícticamente incontrolables; ni siquiera se pueden trazar los límites entre la certeza psicológica y la certeza objetiva. L. Festinger, en su estudio sobre la formación de las opiniones individuales, subraya la importancia del grupo de pertenencia con el que se confronta para construir las propias opiniones o para reducir la divergencia cambiando la posición propia, la de los demás, o restringiendo el espacio o "campo" de confrontación, para no presenciar un exceso de **disonancia cognoscitiva** (v.).

Un capítulo importante de la psicología social es el estudio de la *opinión pública* para establecer si es espontánea o provocada; si surge de los grupos primarios o secundarios, si desciende de estructuras personales profundas, de la afectividad, de la especificidad del universo vivido, de procesos de racionalización o de otro lado. Las escalas de Thurstone, de Lickert, de Bogardus y otros tratan de medir y de determinar la predisposición de la opinión, que estaría entre lo innato y lo adquirido, entre lo consciente y lo inconsciente, entre el individuo y la sociedad, parámetros a partir de los cuales es posible definir el contenido de la opinión, el grado de adhesión que ésta provoca y las respuestas que es capaz de estimular y de provocar.

Los principales instrumentos utilizados para el estudio de las opiniones son las encuestas y los sondeos. Se denomina *encuesta* al conjunto de las técnicas que permiten interrogar con conversaciones directas o con cuestionarios estandarizados a una o a más personas sobre el tema objeto de la encuesta (v. **entrevista**), mientras, cuando los interrogatorios se efectúan según un plan preciso, ordenado en forma de un **cuestionario** (v.), se habla más correctamente de *sondeo*.

Las técnicas que se utilizan para recabar las opiniones están precedidas por una *decisión* respecto a lo que es necesario preguntar a la opinión pública, a quién interrogar y cómo. Esta decisión se toma siempre en función de una cuestión práctica a resolver o a conocer mejor. Los sondeos psicosociológicos en general son sondeos empíricos, desprovistos de armazón teórica. Aunque el criterio de la representatividad exige que se puedan comprobar las informaciones obtenidas, cuando se trata de sondeos sociales esta comprobación, que

es posible cuando la muestra está regida por la teoría aleatoria, en los hechos es impracticable, porque no se puede sustituir un elemento en la estructura de una muestra, así como es difícil proceder a permutas o a intercambios sin modificar las relaciones entre las partes y el conjunto.

El límite de todos los sondeos de opinión consiste en el hecho de que se opera una materialización del entrevistado extraída de su experiencia. Al respecto G. Busino escribe: "El modelo de referencia del investigador es un individuo abstracto (el obrero, el estudiante, el policía, el terrorista), arrancado de sus relaciones sociales, sustraído de sus deseos, de sus influencias, de sus constricciones, de sus controles, en pocas palabras de su vida cotidiana, hecha con frecuencia de pequeñas cosas y rara vez de las cosas que interesan a los investigadores, a los sindicatos, a los partidos, a la Iglesia, a los intelectuales o a los gobernantes. Las entrevistas para un sondeo nunca toman en consideración las particularidades de la vida cotidiana de los entrevistados: los datos recogidos abstraen los contenidos de la cotidianeidad que los hacen nacer y que con frecuencia no llegan a encontrar expresiones adecuadas" (1980: 14).

Para reducir la arbitrariedad de los sondeos se introducen los siguientes correctivos analíticos: el análisis *factorial*, que reagrupa las preguntas para encontrar una representación de conjunto de respuestas muy dispersas y el grado de fidelidad de la representación obtenida; el análisis *discriminante*, que divide la población en grupos para encontrar las variables que mejor los caracterizan; el análisis *canónico*, que une dos conjuntos de variables medidos en la misma población; el análisis de *segmentación*, que explica una variable con la otra, estableciendo un orden jerárquico decreciente entre las dimensiones y sus asociaciones sucesivas, según el tamaño de las diferencias que entrañan por la frecuencia de una característica.

Respecto a la libertad de opinión S. Moscovici escribe que "a pesar de las enormes presiones que se ejercen para que se alcance una uniformidad de pensamiento, de gusto y de comportamiento, los individuos o los grupos no sólo son capaces de resistirla, sino que además llegan a crear nuevas maneras de comprender el mundo, de vestirse y de vivir, nuevas ideas políticas, filosóficas y artísticas, y a convencer a otros de aceptarlas. La lucha entre las fuerzas del conformismo y las de la innovación nunca pierde su encanto, y es decisiva tanto para las unas como para las otras" (1979: 10).

BIBLIOGRAFÍA: Alexandre, V. (1971); Allport, F.H. (1937); Boursin, J.L. (1978); Busino, G. (1980); Childs, H.L. (1965); Festinger, L. (1954); Lazarsfeld, P.F. (1957); Moscovici, S. (1979); Sauvy, A. (1977); Smith, M.B., J.S. Bruner y R.W. White (1956); Stoetzel, J. (1963); Trentini, G. (coord.) (1980).

opio
v. DROGA, § 1.

oportunismo (al. *Opportunismus*; fr. *opportunisme*; ingl. *opportunism*; it. *opportunismo*)

Actitud de quien, viendo sólo con su propia conveniencia, está dispuesto a renunciar a sus principios e ideas para adherirse, basado en las circunstancias, a las de los demás, aceptando compromisos más o menos honorables. Con frecuencia es índice de inseguridad y debilidad interior, unida a un sustancioso escepticismo hacia la posibilidad de afirmar con éxito convicciones personales.

oposición (al. *Entgegenstellung*; fr. *opposition*; ingl. *opposition*; it. *opposizione*)

Término utilizado en psicopedagogía para todas aquellas actitudes que manifiestan rechazo a cuanto es aconsejado, solicitado o recomendado, como la pasividad, la desobediencia, el rechazo a la comida, la indisciplina, la revuelta, hasta la adopción de comportamientos antisociales. Tales conductas representan con frecuencia una reacción a un exceso de autoridad o, en su base, revelan carencias afectivas. La forma patológica de la oposición es el **negativismo** (*v.*).

optimismo (al. *Optimismus*; fr. *optimisme*; ingl. *optimism*; it. *ottimismo*)

Actitud psicológica que juzga favorablemente la realidad y ve el futuro con confianza. En el ámbito psicoanalítico O. Fenichel ve las raíces del optimismo en una lactancia prolongada acompañada de satisfacciones orales: "Una satisfacción oral sorprendentemente prolongada da por resultado una marcada seguridad en sí mismo y un optimismo persistente durante toda la vida, en caso de que la desilusión que siguió a esa satisfacción no haya creado un estado vengativo, acompañado por una exigencia continua" (1945: 549). C. Musatti formuló la *ley del optimismo mnésico* según la cual "nosotros ejercemos una acción selectiva en el conjunto de nuestros recuerdos, en el sentido de que recordamos más fácilmente y por más tiempo los acontecimientos agradables que los sucesos desagradables de nuestro pasado [...] Esta tendencia responde a una finalidad biológica intrínseca: la defensa del dolor" (1949: 40; *v.* **memoria**, 4, *c*).

BIBLIOGRAFÍA: Fenichel, O. (1945); Musatti, C. (1949).

opuestos (al. *Entgegensätze*; fr. *opposés*; ingl. *opposites*; it. *opposti*)

Términos antitéticos, en cuanto a su significado, unidos por una relación que puede ser *dialéctica*, cuando da inicio a una síntesis, o *polar* cuando mantiene un estado de tensión que forma la base de todos los dinamismos psíquicos.

1] PSICOANÁLISIS. S. Freud utiliza el término con dos acepciones:

a] *Volcamiento o conversión en el opuesto* para referirse a la transformación de una pulsión en su contrario. Según Freud "*El trastorno hacia lo contrario* se resuelve, [...] en dos procesos diversos: la vuelta de una pulsión *de la actividad a la pasividad*, y el *trastorno en cuanto al contenido*. Por ser ambos procesos de naturaleza diversa, también ha de tratárselos por separado. Ejemplos del primer proceso son los pares de opuestos sadismo-masoquismo y placer de ver-exhibición; la meta activa –martirizar, mirar– es remplazada por la pasiva –ser martirizado, ser mirado–. El trastorno en cuanto al contenido se descubre en este único caso: la mudanza del amor en odio" (1915 [1976: 122]). Para explicar este fenómeno Freud introduce el concepto de *reflexión*, en el sentido de que la meta pulsional es el sujeto mismo de la pulsión: "una vuelta (*Wendung*) de la pulsión desde el objeto hacia el yo no es en principio otra cosa que la vuelta desde el yo hacia el objeto" (1920 [1976: 53]). La reflexión que explica la conversión en el opuesto obliga a Freud a modificar la concepción del **masoquismo** (*v.*) y de todas aquellas formas en las que se observa la correlación **actividad-pasividad** (*v.*), porque "el masoquismo, la pulsión parcial complementaria del sadismo, ha de entenderse como una reversión (*Rückwendung*) del sadismo hacia el yo propio." (1920 [1976: 53]). La conversión en el opuesto es un fenómeno frecuente también en el sueño: "La oposición entre dos pensamientos, la relación de *inversión*, halla en él una figuración en extramo notable. Es expresada por el hecho de que otro fragmento del contenido del sueño –como si fuera con posterioridad– es trastornado hacia su contrario" (1900 [1976: 643]). Sobre el tema de la conversión en el opuesto también regresará Anna Freud, la cual observa en este fenómeno uno de los mecanismos de defensa más primitivos, como por ejemplo la identificación con el agresor, que según su opinión forma la base de las formaciones **reactivas**. (*v.*).

b] Par o polaridad de opuestos. Según Freud "la vida anímica en general está gobernada por *tres polaridades*, las oposiciones entre: Sujeto (yo)-Objeto (mundo exterior). Placer-Displacer. Activo-Pasivo. [...] La oposición entre yo y no-yo (afuera), [o sea,] sujeto-objeto, se impone tempranamente al individuo, como dijimos, por la experiencia de que puede acallar los estímulos esteriores mediante su acción muscular, pero está indefenso frente a los estímulos pulsionales. Esa oposición reina soberana principalmente en la actividad intelectual, y crea para la investigación la situación básica que ningún empeño puede modificar. La polaridad placer-displacer adhiere a una serie de la sensación cuya inigualable importancia para la decisión de nuestras acciones (voluntad) ya pusimos de relieve." (1915 [1976: 128-129]). La importancia de esta polaridad se revela al mantener constante o lo más baja posible la cantidad de excitación en el aparato psíquico (*v.* **constancia**, § 2), donde la tendencia es a procurarse placer como reducción de la tensión y a evitar el displacer debido a un aumento de la misma. "La oposi-

ción activo-pasivo no ha de confundirse con la que media entre yo-sujeto y afuera-objeto. El yo se comporta pasivamente hacia el mundo exterior en la medida en que recibe estímulos de él, y activamente cuando reacciona frente a estos. [...] La oposición entre activo y pasivo se fusiona más tarde con la que media entre masculino y femenino, que, antes que esto acontezca, carece de significación psicológica." (1915 [1976: 129]). Presentadas estas premisas, Freud concluye: "*las mociones pulsionales son sometidas a las influencias de las tres grandes polaridades que gobiernan la vida anímica*. De estas tres polaridades, la que media entre actividad y pasividad puede definirse como la *biológica*; la que media entre yo y mundo exterior, como la *real*; y, por último, la de placer-displacer, como la *económica*." (1915 [1976: 134]).

2] PSICOLOGÍA ANALÍTICA. C.G. Jung toma en consideración los opuestos a partir del principio de que la vida psíquica es un sistema que se autorregula (*v.* **compensación**, § 3), que no puede alcanzar el equilibrio más que mediante una atemperación de los contrarios que pueden manifestarse bajo la forma de la "enantiodromia" o en la de "*coniunctio oppositorum*":

a] La ley de la enantiodromia. Con este término, modificado de Heráclito, Jung entiende el "curso hacia el opuesto" que se verifica cada vez que se observa una unilateralidad de la actitud de la conciencia en la polaridad consciente-inconsciente: "Este fenómeno característico se verifica casi universalmente ahí donde una directiva completamente unilateral domina la vida consciente, de manera que con el tiempo se forma una contraposición inconsciente igualmente fuerte, que primero se manifiesta con una inhibición de las actividades de la conciencia y después con una interrupción de la dirección consciente" (1921: 437-438). Según Jung, "a la ley cruel de la enantiodromia escapa solamente quien sabe diferenciarse del inconsciente, ya no reprimiéndolo –porque de otra forma el inconsciente lo asalta por la espalda– sino más bien poniéndoselo claramente enfrente como algo diferente a sí mismo" (1917-1943: 74).

b] La "coniunctio oppositorum" es una expresión que Jung obtiene de la literatura alquimista y utiliza como metáfora para indicar esa operación de la psique que tiende, no a anular el contraste, sino a superarlo, operando una síntesis facilitada por el operar simbólico que, de acuerdo con la etimología griega de συμ–βάλλειν, que significa "juntar", "com-poner" (*v.* **símbolo**, § 6), realiza una unidad superior mediante la unión de las polaridades opuestas, que pueden ser tanto las polaridades presentes en la psique de cada individuo, como racionalidad y pulsionalidad, masculino y femenino, pensamiento y Eros, consciente e inconsciente, cuanto la polaridad de los dos términos de la relación terapéutica: paciente y analista. "El hombre sin relaciones –escribe Jung al respecto– no posee totalidad, porque la totalidad es siempre alcanzable sólo mediante el ánima, la cual por su parte no puede existir sin su contraparte, que se encuentra siempre en el tú. La totalidad consiste en la combinación de yo y tú, que aparecen como partes de una unidad trascendente cuya esencia no se puede aprehender más que simbólicamente, por ejemplo mediante el símbolo del *rotundum*, de la rosa, de la rueda o de la *coniunctio Solis et Lunae*" (1946: 250). Ya que la *coniunctio* que se verifica dentro del individuo constituye el encuentro de dos procesos psíquicos opuestos, cuando sucede determina la muerte de la identidad anterior, a la que sigue el renacimiento del nuevo individuo, correspondiente al *Lapis* de los alquimistas, simbolizado, tanto en los textos alquimistas como en los sueños, con la figura del hermafrodita (*v.* **hermafroditismo**, § 1), del niño divino. El renacimiento consiste, según Jung, en el emerger de una nueva configuración del sí, o sea de un nuevo centro de la personalidad que trasciende al yo, y en el que se incluyen, en un equilibrio dinámico, procesos psíquicos considerados hasta ese momento opuestos e irreconciliables (*v.* **psicología analítica**, § 4).

3] PSICOLOGÍA DEL CARÁCTER. Con A. Wellek la relación entre los opuestos se asume como principio explicativo de la estructura del carácter, pero donde los opuestos están considerados no en su síntesis dialéctica sino en la tensión de su polaridad, que le asegura la dinámica en la cual se manifiesta en cada ocasión la configuración del carácter.

BIBLIOGRAFÍA: Freud, A. (1936); Freud, S. (1900); Freud, S. (1905); Freud, S. (1915); Freud, S. (1920); Freud, S. (1922); Jung, C.G. (1917-1943); Jung, C.G.(1921); Jung, C.G. (1929-1957); Jung, C.G. (1934-1954); Jung, C.G. (1946); Jung, C.G. (1955-1956); Wellek, A. (1950).

oral (al. *Oral*; fr. *oral*; ingl. *oral*; it. *oral*)

Adjetivo que se utiliza en el ámbito psicoanalítico para referirse a una zona del cuerpo, a una fase del desarrollo de la organización libidinal, a una forma de erotismo, a un carácter tipológico y a un espacio primitivo.

1] ZONA ORAL. Región anatómica que corresponde a la boca y a las partes que la circundan y están vinculadas a ella.

2] FASE ORAL. Según Freud es la primera organización pregenital de la libido que se forma en los primerísimos meses de la vida del niño y que dura aproximadamente hasta los 2 años. Esta fase está caracterizada, por un lado, por la actividad de *succión*, fuente de placer y, por el otro, por la *introyección*, es decir el posesionamiento del objeto mediante la introducción oral (*v.* **incorporación**). Al incorporar los objetos el niño se une a ellos, y con ellos se identifica. La comunión mágica de "convertirse en la misma sustancia" se realiza con el acto de comer. Por este motivo la fase oral también la llama Freud *canibálica* (*v.* **canibalismo**). K. Abraham distingue dos estadios en la fase oral: el primero, de tendencia receptivo-pasiva, anterior a la erupción de los dientes, en la que no hay ningún objeto, sino sólo el placer de chupar; el segundo, posterior a la dentición, que se manifiesta mordiendo los objetos y constelando elementos de agresividad o sadismo oral.

3] EROTISMO ORAL. El elemento principal del erotismo oral está constituido por la *succión*, a propósito de la cual Freud escribe: "El chupeteo (*Ludeln* o *Lutschen*), que aparece ya en el lactante y puede conservarse hasta la madurez o persistir toda la vida, consiste en un contacto de succión con la boca (los labios), repetido rítmicamente, que no tiene por fin la nutrición. Una parte de los propios labios, la lengua, un lugar de la piel que esté al alcance –aun el dedo gordo del pie–, son tomados como objeto sobre el cual se ejecuta la acción de mamar. [...] La acción de mamar con fruición cautiva por entero la atención y lleva al adormecimiento o incluso a una reacción motriz en una suerte de orgasmo. No es raro que el mamar con fruición se combine con el frotamiento de ciertos lugares sensibles del cuerpo, el pecho, los genitales externos. Por esta vía, muchos niños pasan del chupeteo a la masturbación. [...] Destaquemos, como el carácter más llamativo de esta práctica sexual, el hecho de que la pulsión no está dirigida a otra persona; se satisface en el cuerpo propio, es *autoerótica*, [...] Al comienzo, claro está, la satisfacción de la zona erógena se asoció con la satisfacción de la necesidad de alimentarse. El quehacer sexual se apuntala (*anlehnen*) primero en una de las funciones que sirven a la conservación de la vida, y sólo más tarde se independiza de ella. Quien vea a un niño saciado adormecerse en el pecho materno, con sus mejillas sonrosadas y una sonrisa beatífica, no podrá menos que decirse que este cuadro sigue siendo decisivo también para la expresión de la satisfacción sexual en la vida posterior. La necesidad de repetir la satisfacción sexual se divorcia entonces de la necesidad de buscar alimento, un divorcio que se vuelve inevitable cuando aparecen los dientes y la alimentación ya no se cumple más exclusivamente mamando, sino también masticando. El niño no se sirve de un objeto ajeno para mamar; prefiere una parte de su propia piel porque le resulta más cómodo, porque así se independiza del mundo exterior al que no puede aún dominar, y porque de esa manera se procura, por así decir, una segunda zona erógena, si bien de menor valor. El menor valor de este segundo lugar lo llevará más tarde a buscar en otra persona la parte correspondiente, los labios. (Podríamos imaginarlo diciendo: 'lástima que no pueda besarme a mí mismo')", (1905 [1976: 163, 164, 165]). Para mayor información véase **erotismo** § 1.

4] CARÁCTER ORAL. Según O. Fenichel "todo el acento positivo o negativo en el tomar o en el recibir indica un origen oral. Una satisfacción oral sorprendentemente pronunciada da por resultado una marcada seguridad en sí mismos y un optimismo que pueden persistir durante toda la vida, en el caso que la desilu-

sión que siguió no haya creado un estado vengativo, acompañado por una exigencia continua. Una excesiva privación oral, por otro lado, determina una actitud pesimista (depresiva) o sádica que pretende una reparación. Si una persona se queda fijada al mundo de los deseos orales presentará, en su comportamiento general, una aversión a cuidar de sí misma y solicitará a los demás que la cuiden. De conformidad a los dos objetivos contrastantes de los dos subestadios del erotismo oral, esta solicitud de asistencia puede manifestarse mediante una extrema pasividad o mediante un comportamiento sádico-oral sumamente activo. [...] Las tendencias sádico-orales tienen un carácter semejante al vampirismo. Las personas de este tipo piden y exigen siempre mucho, no abandonan su objeto y se pegan por 'succión'. [...] El comportamiento de las personas con características orales muestra con frecuencia signos de identificación con el objeto del que quieren nutrirse. Ciertas personas actúan como nutridoras en las relaciones con todos sus objetos. Son siempre generosas y colman a los demás de regalos y de ayuda, en condiciones favorables de la economía de la libido en forma altruista y genuina, en condiciones desfavorables de manera muy cortante. Su actitud tiene el significado de un gesto mágico: 'Ya que te cubro de amor, quiero ser cubierto de amor también yo'. [...] Otras personas carecen completamente de generosidad, y nunca dan nada a los demás, actitud que tiene sus raíces en una identificación con la madre que los desilusiona. En efecto, su actitud es de reivindicación: 'No he obtenido cuanto quería, y no daré a los demás lo que quieren" (1945: 549-550).

5] ESPACIO ORAL. Se trata de una primitiva toma de conciencia del espacio por parte del niño. Ésta se da mediante el tacto y los movimientos de búsqueda del seno materno.

BIBLIOGRAFÍA: Abraham, K. (1924); Fenichel, O. (1945); Freud, A. (1946); Freud, S. (1905); Klein, M. (1932); Lowen, A. (1958); Reich, W. (1933); Winnicott, D.W. (1987).

Orbison, ilusión de
v. ILUSIÓN, § 4, *o*.

oréctico (al. *Orektik*; fr. *orectique*; ingl. *orectic*; it. *oressico*)

El término deriva del griego ὀρύσσω que significa "excavar" y, por trasposición metafórica, "excavar en el deseo". En la época alejandrina se lo utilizó también con el significado de "comer". Esta acepción aparece en la bibliografía psicoanalítica para referirse a todo aquello que tiene que ver con el deseo y el apetito. En el ámbito de la teoría de la personalidad C. Burt prefiere el término "orético", de ὀρύττω, que es la variante antigua de ὀρύσσω, para indicar el opuesto de "cognoscitivo".

BIBLIOGRAFÍA: Burt, C. (1938); Burt, C. (1940).

oreja
v. AUDITIVO, APARATO.

organicismo (al. *Organismusgedanke*; fr. *organicisme*; ingl. *organicism*; it. *organicismo*)

Orientación teórica que tiende a explicar los trastornos psíquicos basándose en factores orgánicos, como lesiones anatómicas, disfunciones fisiológicas y alteraciones bioquímicas. Se contrapone a la orientación *psicogenética*, que insiste en la función de factores psíquicos de naturaleza inconsciente, de experiencia, social y cultural. Respecto a la psiquiatría del siglo XIX hoy todavía el debate está vivo pero con tonos menos rígidos por efecto de la asimilación de la lección psicoanalítica y fenomenológica (v. **psiquiatría**; **psicopatología**).

organismo (al. *Organismus*; fr. *organisme*; ingl. *organism*; it. *organismo*)

Unidad viviente compuesta por partes que cumplen funciones diversas pero coordinadas para el funcionamiento del todo. En psicología el término se aplica al animal, al hombre y al grupo social organizado. En **psicología experimental** (*v.*, § 1) el organismo es una variable correlacionada a otras dos, que son la situación-estímulo y el comportamiento, expresadas con la fórmula $C = f(S \rightleftarrows 0)$ que describe el comportamiento como fruto de la interacción entre la situación-estímulo y el organismo.

organización (al. *Organisation*; fr. *organisation*; ingl. *organization*; it. *organizzazione*)

Proceso mediante el cual las partes se distinguen y se coordinan entre sí para formar un todo funcional. En su acepción específica el término se utiliza en psicología social y en psicoanálisis.

1] PSICOLOGÍA SOCIAL. En este ámbito se entiende por organización una unidad social deliberadamente construida y programada para la obtención de fines específicos. El estudio de las organizaciones sociales fue iniciado por M. Weber, quien identificó en la burocracia la forma fundamental de las organizaciones del estado y de las empresas modernas que actúan con fines racionales. Algunos de los elementos que constituyen una organización se estudiaron sobre todo en los países anglosajones: los *aspectos formales* tal como resultan de los modelos teóricos de proyección; los *aspectos informales* relativos a las motivaciones aun inconscientes que actúan en los individuos o en los grupos que operan en la organización formal; la *organización real*, que es el resultado de las adaptaciones y de las modificaciones requeridas para la verificación en el campo del proyecto formal, y por último las *dinámicas* subyacentes a la organización social, como la cohesión defensiva, el conflicto institucionalizado y el sistema de interdependencia tratados en la voz **psicología social**, § 4.

Dentro de la organización las funciones se articulan en desempeños que interactúan entre sí, donde están previstos comportamientos definidos que obedecen a reglas conocidas por los miembros de la organización, de manera que, como escribe T. Parsons, "cada función se vuelve para los otros un conjunto de *expectativas* respecto a los comportamientos y a las tareas que la constituyen" (1951: 79). La *división del trabajo* dentro de la organización crea una jerarquía de niveles, cada uno de los cuales controla al que está debajo en términos normativos, coercitivos y remunerativos a los que corresponden, según A. Etzioni, otros tantos tipos de empleo: moral, utilitario y enajenado.

La congruencia entre poderes ejercidos y empeño requerido es condición necesaria para la obtención de los objetivos por parte de la organización.

En la organización la racionalidad es medida por la relación que existe entre *decisión* e *información*. Cuanto más completa es la información más congruente es la decisión a los fines de la organización. El flujo informativo es ascendente como reunión de datos, descendente como transmisión de órdenes, y de nuevo ascendente como control de la ejecución, y asimismo como indicación de anomalías y trastornos imprevistos. Un sector particular de la sociología de las organizaciones es el estudio de la *conflictividad interna* consecuente a la división del trabajo y a la relación jerárquica que de ella deriva, de la relación entre la organización concebida como sistema cerrado y el *ambiente social* en el que se establece, de la relación entre la modificación de la organización y la *modificación tecnológica*.

De las organizaciones industriales de las que se ha ocupado especialmente la **psicología del trabajo** (*v.*, § 2) se pasó al estudio de las organizaciones de servicios, como escuelas, hospitales, organismos públicos, donde la contaminación del elemento ideológico con el elemento funcional optimizador crea problemáticas diferentes que las de organizaciones reguladas por un solo elemento como puede ser, para las organizaciones industriales, las utilidades. No faltan estudios de modelos alternativos de organizaciones, como la división horizontal (y por lo tanto no jerárquica) del trabajo, la rotación de las funciones, la libre circulación de la información y, en fin, la posibilidad de control de la organización por parte de sus miembros.

2] PSICOANÁLISIS. En este ámbito el término "organización" se refiere a la **libido** (*v.*, § 1, *b*) que en su desarrollo recorre los niveles de organización vinculados a las zonas erógenas (oral, anal, fálica, genital), caracterizadas cada una por el predominio de una actividad sexual y de una relación objetal específica. Al definir los niveles de organización de la libido S. Freud siguió dos criterios que no tienen una perfecta correspondencia entre sí: basándose en el criterio del *objeto* los diferentes modos de organización se disponen según una serie que lleva del autoerotismo hacia el objeto heterosexual pasando por el **narcisismo** (*v.*) y la

homosexualidad (*v.*); basándose en el criterio del investimiento de la *zona erógena* Freud distingue la organización **oral** (*v.*), la **anal** (*v.*), la **fálica** (*v.*), hasta la "La organización plena sólo se alcanza en la pubertad, en una cuarta fase, 'genital'." (1938 [1976: 153]).

BIBLIOGRAFÍA: Argyris, C. (1965); Bass, B.M. (1965); Brown, J.A.C. (1954); Etzioni, A. (1964); Freud, S. (1905); Freud, S. (1938); Gross, A. y A. Etzioni (1985); Katz, D. y R.L. Kahn (1968); Marcuse, H. (1964); Parsons, T. (1951); Spaltro, E. (1967); Stoetzel, J. (1963); Tannenbaum, R. (1970); Taylor, F.W (1911-1947); Weber, M. (1922).

órgano (al. *Organ*; fr. *organe*; ingl. *organ*; it. *organo*)

Complejo de tejidos, delimitado en relación con el resto del cuerpo, que asumió determinada forma anatómica y cumple una determinada función. En psicología de lo profundo y en psicosomática el término se utiliza con tres acepciones:

1] *Inferioridad de órgano*. Concepto que introdujo A. Adler, según quien muchas manifestaciones psicológicas se explican en términos de compensación de una deficiencia orgánica (*v.* **inferioridad**).

2] *Neurosis de órgano*. Concepto que introdujo F. Alexander para indicar disfunciones orgánicas de características psicógenas, sin la presencia simultánea de alteraciones anatomopatológicas (*v.* **psicosomática**, § I, 11).

3] *Placer de órgano*. Concepto que introdujo S. Freud para indicar el placer que caracteriza la satisfacción de las pulsiones parciales que se dan en el órgano en que se producen (boca, ano, pene), sin relación directa con el cumplimiento de una función: "de las pulsiones sexuales puede enunciarse lo siguiente: Son numerosas, brotan de múltiples fuentes orgánicas, al comienzo actúan con independencia unas de otras y sólo después se reúnen en una síntesis más o menos acabada. La meta a que aspira cada una de ellas es el logro del *placer de órgano*;" (1915 [1976: 121]). Para la relación entre "placer de órgano" y "placer de función" véase la voz **placer**, § 2.

BIBLIOGRAFÍA: Adler, A. (1912); Alexander, F. (1950); Freud, S. (1915).

órganos de los sentidos
v. SENTIDOS, ÓRGANOS DE LOS.

orgasmo (al. *Orgasmus*; fr. *orgasme*; ingl. *orgasm*; it. *orgasmo*)

Cúspide de la excitación sexual con descarga de la excitación acompañada de sensaciones muy intensas de placer. Se puede verificar en la fase final del coito heterosexual u homosexual, pero también mediante la masturbación y, en algunos casos, como consecuencia de fantasías eróticas.

1] FISIOLOGÍA DEL ORGASMO. Desde el punto de vista de la inervación central se comprobó la existencia de un centro espinal del orgasmo en el segmento sacro de la médula espinal. Éste recibe los estímulos de los receptores corticales más elevados, por lo que el orgasmo es el resultado de una combinación de mecanismos corticales y espinales. Las investigaciones histológicas, por su lado, demostraron que las células sensoriales, conocidas como "corpúsculos genitales", que son los órganos perceptivos terminales del orgasmo, están localizadas predominantemente en el clítoris (*glans clitoridis*) en las mujeres, y en los hombres en el glande del pene (*glans penis*). Dichas células se pueden encontrar también en los labios menores y en los músculos de la parte baja de la vagina, pero en general la vagina no tiene nervios sensitivos y embriológicamente es homóloga del cuerpo del pene. Los resultados de las investigaciones histológicas desmienten la hipótesis psicoanalítica de que las sensaciones localizadas en el clítoris deben ser transferidas, con la madurez genital, a la vagina, y que el clítoris debe perder su importancia para los fines del orgasmo. Al respecto T.F. Benedek escribe que "las influencias corticales, la atracción sexual, el amor, la fantasía, la voluntad de aceptar la función sexual, no sólo estimulan el centro espinal, sino que permiten a la mujer relajarse y experimentar las sensaciones placenteras que, comenzando por el clítoris, se difunden por las paredes vaginales y por fin involucran a todo su cuerpo en el orgasmo. Ya que la estimulación física en el contacto vaginal no se verifica primariamente en la pared y en la mucosa vaginal, y ya que cualquier estimulación en el clítoris es factor importante para determinar el orgasmo, la diferencia entre el llamado orgasmo clitoridiano y el vaginal no es explicable en términos del origen y la localización diferentes de la respuesta orgásmica, sino de su diferente intensidad y del grado con el cual contribuyen los diferentes factores corticales" (1959-1966: 982). En el varón el orgasmo va acompañado de la emisión de fluido seminal, pero no coincide con la **eyaculación** (*v.*), porque ésta puede verificarse aun sin placer orgásmico. Después de la eyaculación sigue en el varón un período de refractariedad a los estímulos sexuales, cosa que, en la mayor parte de los casos, impide un nuevo orgasmo inmediato. En cambio la mujer puede prolongar el orgasmo por un tiempo relativamente largo y repetirlo varias veces consecutivamente (orgasmo múltiple).

2] PSICOLOGÍA DEL ORGASMO. La conexión de los mecanismos espinales con los corticales explica la incidencia de los factores psicológicos para la obtención o la falta del orgasmo (*anorgasmia*) en el ciclo de las relaciones sexuales. Se suele distinguir una anorgasmia *primaria*, que se refiere a cualquier forma de estimulación sexual, incluida la masturbación, y una anorgasmia *secundaria*, vinculada a determinadas prácticas sexuales. La primera forma es rara en el varón, pero es frecuente en las mujeres por incompatibilidad con los estándares sexuales del compañero, por actitudes anormales adquiridas en determinados contextos socioculturales, o por conflictos profundos que hacen aparecer amenazante la obtención del placer. El tipo de amenaza varía desde el miedo a la **castración** (*v.*) hasta el temor de impulsos sádicos reprimidos, por lo que el yo debe renunciar a la sensación de placer vinculada con el orgasmo para satisfacer las exigencias del superyó y mantener así una aceptable integración de la personalidad.

Desde el punto de vista psicológico S. Freud identificó en la incapacidad para alcanzar el orgasmo la etiología de las neurosis de **angustia** (*v.*, § 2, *a*) verificables en muchos casos de abstinencia sexual y de práctica del coito (*v.* **cópula**) interrumpido: "Estos casos se unifican, pues tras examinar un gran número de ejemplos es fácil convencerse de que interesa solamente que la mujer alcance o no la satisfacción en el coito. Si no la alcanza, está dada la condición

para la génesis de la neurosis de angustia."
(1894 [1976: 100-101]). Esta última, según la
opinión de Freud, está privada de una etiología
psíquica porque es manifestación inmediata de
un embotellamiento de la sexualidad que no
permite la metabolización de las sustancias sexuales hasta volver las neurosis de angustia parecidas, en los síntomas, a los fenómenos de intoxicación y de abstinencia de determinados alcaloides, con las consiguientes palpitaciones,
irregularidad en el latido cardiaco, estados ansiosos agudos, sudoración imprevista y otros
síntomas que interesan al sistema vegetativo:
"Y es inevitable imaginar estos procesos como
de naturaleza química en último análisis, de
suerte que sería lícito individualizar en las llamadas neurosis actuales los efectos somáticos,
y en las psiconeurosis –además de ellos–, los
efectos psíquicos de las perturbaciones del metabolismo sexual. Desde el punto de vista clínico se impone sin más la semejanza de las neurosis con los fenómenos producidos a raíz de la
intoxicación con ciertos alcaloides y la abstinencia de ellos, con la enfermedad de Basedow
y la de Addison; y así como estas dos últimas
patologías ya no pueden calificarse de 'enfermedades nerviosas', muy pronto las 'neurosis'
propiamente dichas, a pesar del nombre que se
les ha dado, tendrán que ser eliminadas de esta
clase." (1905 b [1976: 270]).

W. Reich comparte esta interpretación de
Freud encontrándola "más comprensiva y más
científica que la interpretación del significado
de los síntomas en las 'psiconeurosis'" (1942:
103). Según su opinión "la potencia erectiva y
la eyaculatoria son sólo premisas indispensables para la *potencia orgásmica*, que consiste
en la capacidad para abandonarse, sin ninguna
inhibición, al flujo de la energía biológica, y de
descargar la excitación sexual acumulada, mediante contracciones placenteras involuntarias
del cuerpo. No hay un solo neurótico que tenga esta capacidad, y la gran mayoría de los
hombres sufre de neurosis del carácter" (1942:
116). De esta premisa, la conclusión es que:
"La gravedad de cada enfermedad psíquica es
directamente proporcional a la gravedad del
trastorno genital. El pronóstico y el éxito terapéutico dependen directamente de la posibilidad para realizar la plena capacidad de satisfacción genital" (1942: 111).

D. Cooper rechaza la posición de Reich:
"Quiero decir algunas cosas sobre el orgasmo

en términos de experiencia, en lugar de en términos mecanicistas que describen las reacciones corporales a la manera de Wilhelm Reich.
El orgasmo es el aniquilamiento de la mente
en la cúspide de una experiencia sexual. En el
orgasmo no hay ningún deseo, no hay ningún
instinto, no hay pasión ni amor. No hay dos
personas en el orgasmo porque no queda ni
siquiera una persona. No hay experiencia del
momento orgásmico dado que este momento
es precisamente la evacuación de toda experiencia" (1976: 95). Desde este punto de vista
la resistencia para experimentar el orgasmo
es la resistencia para perder el control del
propio yo y de la continuidad de la propia experiencia, por lo que, escribe Cooper, "si el orgasmo es raro en la mujer, es aún más raro en
los hombres" (1976: 96).

BIBLIOGRAFÍA: Benedek, T.F. (1959-1966); Cooper,
D. (1976); Freud, S. (1894); Freud, S. (1905);
Freud, S. (1905b); Gutheil, E.A. (1959-1966); Pa-
sini, W., C. Crépault y U. Galimberti (1988);
Reich, W. (1942); Reich, W. (1945).

orgía (al. *Orgie*; fr. *orgie*; ingl. *orgy*; it.
orgia)

Fiesta colectiva caracterizada por la promiscuidad sexual que forma parte, según M.
Eliade, de la economía de lo **sagrado** (*v.*),
donde el exceso representa la forma en que
se busca poner en circulación la energía vital: "Los excesos representan una parte precisa y saludable de la economía de lo sagrado. Al destruir las barreras entre hombre, sociedad, naturaleza y dioses ayudan a la circulación de la fuerza de la vida, de las si-
mientes, de un nivel al otro, de una zona de
la realidad a todas las demás. Aquello que estaba vacío de sustancia se sacia; el fragmento se reintegra a la unidad; las cosas aisladas
se funden en la gran matriz universal. La orgía hace circular la energía vital y sagrada"
(1948: 371). Por su lado G. Bataille ve en la
orgía la trasgresión del límite que organiza el
erotismo más allá de la sexualidad animal; al
trasponer todo límite la orgía hace caer el orden social hacia el caos como premisa para
la reconstrucción de un nuevo orden: "El
movimiento de la fiesta asume en la orgía
esa fuerza desencadenada que generalmente

coincide con la negación de todo límite. La fiesta es de por sí negación de los límites de la vida impuestos por el trabajo, pero la orgía es la señal de un completo atropellamiento. No era casual que durante las orgías de las saturnales el orden social fuera destruido, y el patrón sirviera al esclavo y el esclavo estuviera acostado en el lecho del patrón. Tales excesos encuentran su más profundo significado en la arcaica concordancia de voluptuosidad sexual y rapto religioso. En este sentido la orgía, cualquiera que fuera el desorden que desencadenaba, organizó el erotismo más allá de la sexualidad animal. [...] La orgía no se orienta hacia la religión *fasta*; su eficacia se manifiesta por el lado *nefasto*; requiere el frenesí, el vértigo y la pérdida de la conciencia. Se trata de empeñar la totalidad del ser en una ciega precipitación hacia la pérdida, que es el momento decisivo de la religiosidad. [...] Ante todo desorden del ser que se pierde y que ya no opone nada a la desencadenada proliferación de la vida. Tan inmenso desencadenamiento parece divino, tanto enaltecía al hombre por encima de la condición a la que estaba condenado espontáneamente. Desorden de gritos, desorden de gestos y de danzas, desorden de abrazos, desorden, por fin, de los sentimientos, animado más allá de cualquier medida por una convulsión. Las perspectivas de la pérdida hacían necesaria esta fuga en lo indistinto, donde desaparecían los elementos estables de la actividad humana, en la que ya no había nada que no se confundiera" (1957: 121-123).

Si se relacionan estos modelos antropológicos con el ámbito psicológico se puede pensar en la orgía como una **regresión** (*v.*) a fases preyoicas en las que el campo estaba ocupado por las pulsiones parciales que, todavía sin organizar en torno a un centro, se manifestaban en sus rasgos "perversos y polimorfos", o bien como cesión del yo con miras a una nueva regeneración de sí. En la orgía, en efecto, el régimen no está regulado por la relación yo-tú, sino más bien por una disminución del yo que libera pulsiones parciales que se orientan hacia objetos parciales" (*v.* **pulsión**, § 2, *e*).

BIBLIOGRAFÍA: Bataille, G. (1957); Eliade, M. (1948).

orgón (al. *Orgon*; fr. *orgon*; ingl. *orgone*: it. *orgone*)

Término que introdujo W. Reich siguiendo una línea proveniente de la física cuántica y de la idea de S. Freud de que la energía psíquica existe en forma libre y ligada (*v.* **libido**, § 1, *e*). Reich llamó *orgones* a las formas móviles de la energía cósmica presente por doquier, y *biones* a las formas fijas y estructuradas. La característica principal del orgón es la pulsación, cuya acumulación está en el origen de la necesidad periódica de todos los organismos de la descarga orgásmica. El estancamiento sexual es la causa principal del cáncer debido a la acumulación de pulsiones no descargadas (*v.* **biopatía**). Reich atribuyó al descubrimiento del orgón el mérito de superar la separación entre lo psíquico y lo físico y de poder fundar la psiquiatría sobre bases "objetivas y cuantitativas", porque "la energía orgónica cósmica funciona en el organismo viviente como energía específicamente biológica. Como tal dirige al organismo completo, y se manifiesta tanto en las emociones como en los movimientos orgánicos puramente biofísicos. De esta manera la psiquiatría, por primera vez desde su nacimiento, se implanta con sus propios medios en los procesos científicos-naturales objetivos" (1933: 438; *v.* **bioenergética**).

BIBLIOGRAFÍA: Reich, W. (1933); Reich, W. (1942); Reich, W. (1948).

orgullo (al. *Hochmut*; fr. *orgueil*; ingl. *pride*; it. *orgoglio*)

Conocimiento del valor y de las posibilidades propios que, cuando está contenido dentro de los límites justos, refuerza la autoestima y facilita la asunción de responsabilidades. De lo contrario es síntoma de una hipertrofia del yo o de una compensación de sentimientos de inferioridad que se traducen en falta de estima hacia el prójimo, aislamiento y alteración de las relaciones sociales y afectivas. El orgullo puede alcanzar niveles patológicos en las formas de excitación mental acompañadas por debilitamiento de la autocrítica, como en los cuadros de características maniacas, paranoicas y en las formas de parálisis progresiva de forma ambiciosa.

En el ámbito psicoanalítico M. Klein habla de *orgullo del pene* para indicar el sentimiento de superioridad vinculado a la posesión del órgano sexual masculino: "por el hecho de ser un arma, primero de la omnipotencia destructiva del niño y después de la creativa, el pene se vuelve uno de los medios más importantes que tiene para vencer la angustia. Así, al servicio de su sentimiento de omnipotencia, coadyuvándolo en la tarea de la prueba de la realidad, favoreciendo sus relaciones objetales –en realidad cumpliendo con la importantísima tarea de dominar la angustia– el pene se viene a encontrar en relación de especial afinidad con el yo, y se transforma en representante del yo y del consciente" (1932: 343).

BIBLIOGRAFÍA: Klein, M. (1932).

orientación (al. *Orientierung*; fr. *orientation*; ingl. *orientation*; it. *orientamento*)

Conocimiento de sí y de la propia relación con la realidad externa basándose en las coordenadas espaciotemporales y en las relaciones interpersonales. El significado primitivo de la palabra indica el conjunto de las acciones aptas para determinar un punto (el oriente) como parámetro de referencia con el fin de disponer algo y de dirigir una actividad. Junto a este significado general existen usos específicos del término para referirse a los diferentes ámbitos disciplinarios.

1] PSICOLOGÍA DE LA PERCEPCIÓN. En el nivel psicosensorial existen diferentes tipos de orientación: *a*] el *reflejo de orientación* (v. **reflejo**, § 2, *b*), común al hombre y a los animales, que manifiesta la respuesta global del sistema nervioso que activa un complejo de reacciones fisiológicas en presencia de un estímulo nuevo que emerge en el entorno acostumbrado; *b*] la *orientación topográfica*, que se refiere a la ordenación tanto en el espacio geométrico como en el lugar geográfico; *c*] la *orientación cronológica*, que se refiere a la conciencia del tiempo pasado, presente y futuro, con la consiguiente capacidad de colocar los acontecimientos en su correcta secuencia temporal; *d*] la *orientación autopsíquica*, que corresponde a una adecuada conciencia de subjetividad y de

la cualidad propias del mundo de relación; *e*] la *orientación situacional*, que se refiere a la capacidad para establecer relaciones de acuerdo con las situaciones que se van presentando, con la capacidad de modificar las propias actitudes basándose en las modificaciones de aquéllas.

En referencia a estas formas de orientación, en el nivel psicosensorial se habla de defectos de la orientación cuando por causas orgánicas, afecciones cerebrales, trastornos de **conciencia** (*v*., § 3) que comprometen el estado de alerta pueden presentarse: *a*] inseguridad o incertidumbre de orientación (*defecto de orientación*); *b*] error de orientación (*falsa orientación*); *c*] total ausencia de orientación (*desorientación*); *d*] orientación delirante o reorientación en el delirio (*v*. **delirio**, § 2).

2] PSICOLOGÍA ANIMAL. Además del ya citado *reflejo de orientación*, la psicología animal habla de orientación *primaria* o *de posición* por lo que se refiere al equilibrio del cuerpo y a la posición de reposo, y de orientación *secundaria* o *tendiente a una meta* en relación con el movimiento hacia un objetivo externo, que puede ser el alimento o un compañero.

3] PSICOLOGÍA DE LA EDAD EVOLUTIVA. En este ámbito se habla de *orientación en la vida*, que señala todas las fases de pasaje y origina la diferenciación, que se alcanza alrededor de los 2 años, entre sí mismo y el mundo exterior, hacia el cual se inicia un uso *intencional* de las respuestas motrices y emotivas. En esta fase el niño pasa de una etapa de omnipotencia a una adquisición del principio de *causalidad* que, mediante la presencia de los obstáculos y la experiencia de las no realizaciones, permite aprender que no basta desear para tener, sino que es necesario poner en acción estrategias de tipo causal que permitan obtener un efecto proporcional a la acción. En este punto se inicia la experiencia de la *elección* basándose en los mecanismos de acción disponibles, con la consiguiente hipótesis de comportamiento y verificación en el ambiente.

El ambiente familiar, con la calidad de *aceptación* que logra manifestar, tiende a favorecer o a perjudicar la orientación, entendida tanto como construcción de la propia identidad cuanto confianza en la propia capacidad de intervención en el mundo; si la aceptación es "personal", y por lo tanto anterior a la calidad y a la capacidad de acción del niño, genera la seguridad que permite el riesgo, el error, la independencia y la iniciativa; si en cambio es "funcional", de esquemas presupuestos o de expectativas implícitas o manifiestas, la orientación es más insegura y puede ir acompañada de la angustia del riesgo y de la culpa.

En el período escolar se amplía y se estructura la orientación interpersonal ya iniciada en la familia. En esta fase el niño entra en contacto con adultos con los que no tiene una experiencia de "pertenencia"; tiene la posibilidad de redimensionar las figuras paternas mitificadas; encuentra algunos modelos de referencia en el modo de pensar, valorar y actuar. Al final del período escolar, escribe H.S. Sullivan, "se llega al punto en el cual se puede aplicar un concepto que yo llamo *orientación en la vida*. Una persona está orientada en la vida en la medida en que formuló (o puede ser fácilmente inducida a formular, o tener capacidad de intuir) los siguientes tipos de datos: las tendencias integrativas (necesidades) que caracterizan sus relaciones interpersonales, las circunstancias apropiadas para sus satisfacciones relativamente exentas de angustia, y las metas más o menos remotas para acercarse a las cuales la persona está dispuesta a renunciar a las diversas ocasiones de satisfacción o de aumento de su prestigio. En otras palabras, un aspecto importante en la orientación de la vida es la medida con que la presión gobierna la actitud hacia las ocasiones que se presentan" (1953: 12).

4] PSICOLOGÍA DE LA EDUCACIÓN. En este ámbito se habla de *orientación escolar* con miras a dirigir al adolescente hacia la enseñanza más adecuada para el desarrollo de sus potencialidades, cuantificables mediante técnicas psicométricas e investigaciones psicodiagnósticas (*v.* **psicopedagogía**).

5] PSICOLOGÍA DEL TRABAJO. Aquí los criterios adoptados para la *orientación profesional*, que toman en cuenta, además de los criterios de eficiencia, también la realización de la personalidad, son de naturaleza diagnóstico-aptitudinal, caracterológica-afectiva, sociocultural y de personalidad, y se los trata en la voz **psicología del trabajo** (*v.*, § 4).

6] PSICOLOGÍA ANALÍTICA. C.G. Jung llama *orientación* al principio general de una **actitud** (*v.*, § 2) que, según se sea extrovertido o introvertido, se orienta prevalecientemente hacia el mundo exterior o el interior. La actitud, combinándose con la **función** (*v.*, § 2, *b*), especializa posteriormente su orientación configurando el perfil tipológico de cada individuo (*v.* **tipología**, § 2).

7] PSIQUIATRÍA FENOMENOLÓGICA. Se habla de orientación a propósito de las modalidades con las que la existencia humana se temporaliza (*sich Zeitigt*) y se espacializa (*Raum gibt*) declinando la propia manera de ser-en-el-mundo. De las diferentes formas de orientarse, favoreciendo una dirección del tiempo respecto a otras, manteniendo y aboliendo la distancia entre el espacio propio y el espacio externo, dependen las diferentes formas de enajenación según las modalidades que están descritas en las voces **espacio** (*v.*, § 2, *b*, 3) y **tiempo** (*v.*, § II).

BIBLIOGRAFÍA: Binswanger, L. (1930-1957); Jung, C.G. (1921); Meschieri, L. (1962); Pavlov, I.P. (1927); Pombeni, M.L. (1990); Scarpellini, C. (1972); Scheller, H. (1963); Sokolov, E.N. (1963); Sullivan, H.S. (1953); Voronin, L.G. (1965).

ornitofobia (al. *Ornithophobie*; fr. *ornithophobie*; ingl. *ornithophobia*; it. *ornitofobia*)

Fobia por los pájaros.

orquiectomía
v. CASTRACIÓN.

ORT (*object relations technique*)

Técnica de las relaciones objetales que desarrolló H. Philipson a partir de las conjeturas teóricas del TAT (*v.*) y de las teorías psicoanalíticas de M. Klein (*v.* **kleiniana, teoría**). El test, de naturaleza proyectiva, se compone de tablas figuradas con las situaciones tipo de las relaciones objetales (*v.* **objeto**, § 4) consideradas en referencia a cuatro dimensiones: 1] el contenido de la realidad en la situación; 2] las desviaciones de interpretaciones dadas comúnmente; 3] las relaciones objetales desde el punto de vista fenomenológico y psicodinámico; 4] la evaluación de la historia desde el punto de vista de la estructura, de su finalidad y de su conclusión.

BIBLIOGRAFÍA: Philipson, H. (1962).

ortografía (al. *Orthographie*; fr. *orthographie*; ingl. *orthography*; it. *ortografia*)

Forma correcta de escribir de acuerdo con las normas. Los fenómenos de *disortografía*, cuando no dependen de lesiones orgánicas (v. **agrafia**) o de dificultad de aprendizaje con frecuencia vinculada a la dislexia (v. **alexia**, § 2), son normales y son superados con ejercicios apropiados en los primeros años de escuela. El fenómeno es más acentuado en las lenguas en las que existe discrepancia entre fonética y escritura. Desde el punto de vista psicológico, además de la interferencia del *lapsus calami*, que S. Freud indica como síntoma de un conflicto inconsciente (v. **lapsus**), E. Bleuler destaca la disortografía de los esquizofrénicos, por su tendencia a despedazar las palabras y recomponerlas basándose en sus procesos asociativos privados.

BIBLIOGRAFÍA: Bleuler, E. (1911-1960); Freud, S. (1901); Leischner, A. (1957).

ortosimpático
v. SIMPÁTICO, SISTEMA NERVIOSO, § 1.

oscilación diaria
v. RITMO.

Oseretzky, escala de (al. *Oseretzky motometrische Skala*; fr. *échelle de développement de la motricité d'Oseretzky*; ingl. *Oseretzky's motor development scale*; it. *Oseretzky, scala di*)

Serie de pruebas que examinan diferentes aspectos de la actividad motriz en sujetos de edades que van entre los 4 y los 16 años con el fin de recabar la edad motriz (EM), cuya relación con la edad cronológica da el coeficiente de desarrollo motor (QSM).

BIBLIOGRAFÍA: N. Oseretzky (1925).

ostentación (al. *Schaustellung*; fr. *ostentation*; ingl. *ostentation*; it. *ostentazione*)

Actitud dirigida a llamar la atención o atemorizar. En el comportamiento sexual se observa durante el cortejo, mientras en el comportamiento competitivo puede asumir el carácter intimidador de la amenaza.

otro (al. *Andere*; fr. *autre*; ingl. *other*; it. *altro*)

El término adquiere un significado específico de acuerdo con los contextos de referencia.

1] TEORÍA LACANIANA. El término "otro" indica el punto de anclaje del **deseo** (v., § 3). "El deseo del hombre –escribe Lacan– encuentra su sentido en el deseo del otro, no tanto porque el otro detenta las llaves del objeto deseado, sino porque su primer objeto es ser reconocido por el otro." (1956 [2000: 257]). El deseo de ser reconocido por el otro, que Lacan media por la dialéctica hegeliana, somete el deseo a las condiciones del otro, que no es el otro en carne y hueso, sino, antes que nada, el Otro con la "O" mayúscula que representa el universo lingüístico y simbólico en el que el deseo, para expresarse, se debe insertar: "si el deseo está efectivamente en el sujeto por esa condición que le es impuesta por la existencia del discurso de hacer pasar su necesidad por los desfiladeros del significante; si por otra parte [...] hay que fundar la noción del Otro [*Autre*] con A mayúscula, como lugar del despliegue de la palabra [...] hay que concluir que, hecho de un animal presa del lenguaje, el deseo del hombre es el deseo del Otro" (1961: 608).

Además del lenguaje que preexiste al sujeto y está más allá de él, que no puede expresar su deseo más que llegando al lenguaje, también el inconsciente es una otredad de la cual cada uno de los sujetos se siente dependiente, por lo que "nosotros enseñamos, siguiendo a Freud, que el

Otro es la unión de esta memoria que él descubrió bajo el nombre de inconsciente, memoria que él considera como el objeto de una pregunta que queda abierta, en cuanto condiciona la indestructibilidad de ciertos deseos" (1956).

Lacan integra así estas dos condiciones del Otro: el sujeto se dirige a los objetos (llamados "otro" con "o" minúscula) en una relación imaginaria y constituye un yo. Al hacerlo olvida –para después retomarlo– que la palabra del yo se sitúa entre el Otro que es el inconsciente freudiano y el Otro que es el orden simbólico y lingüístico al que debemos entrar para expresar su deseo inconsciente (*v.* **lacaniana, teoría**).

2] PSICOLOGÍA SOCIAL. La noción de "otro" fue introducida por G.H. Mead con la acepción de *otro generalizado*: "La comunidad o el grupo social que le da al individuo su unidad de sí se puede denominar el 'otro generalizado' (*generalized other*). La actitud del 'otro generalizado' es la actitud de la comunidad completa [...] que influye en el comportamiento de los individuos involucrados en ella y que a su vez la desarrollan [...] que ejerce su control sobre la conducta de cada uno de los miembros [...] que se introduce como factor determinante en el modo de pensar del individuo. En el pensamiento abstracto el individuo asume la actitud del 'otro generalizado' en relación consigo mismo, descuidando la expresión de ello en otros individuos en particular; y en el pensamiento concreto él asume esa actitud tal como se manifiesta en sus actitudes en relación con el comportamiento típico de los individuos con los cuales se vincula en una situación o acción social bien definida. Pero sólo con asumir, en uno u otro de estos casos, la actitud del 'otro generalizado' en relación con sí mismo, puede pensar, ya que sólo así el pensamiento puede verificarse –o el 'lenguaje de gestos' interiorizado que constituye el pensamiento–. Y sólo por

la aceptación de los individuos de la actitud o de las actitudes del otro generalizado hacia sí mismos se hace posible la existencia de un 'universo de habla', como el del sistema de significantes comunes y sociales que el pensar presupone en su contexto" (1934: 170-172).

3] PSICOLOGÍA DEL COMPORTAMIENTO. El concepto de otro está considerado en relación con el desarrollo del concepto de sí que se obtiene por medio de la imagen de sí (descriptiva) y de la estima de sí (evaluativa), alcanzadas a través de la relación con los otros a partir de los *otros significativos*, que son las personas que estimamos, los padres y los amigos. La relación con el otro pasa de una fase de **identificación** (*v.*) en la cual, sobre todo los niños, si admiran de modo particular a un adulto, tratan con frecuencia de identificarse con él adoptando sus convicciones, sus valores e imitando sus acciones, a una fase de *confrontación* con la consiguiente modificación del concepto de sí mismo por **diferenciación** (*v.*).

BIBLIOGRAFÍA: Hardy, M. y S. Heyes (1982); Lacan, J. (1956); Lacan, J. (1957); Lacan, J. (1961); Mead, G.H. (1934).

oxicefalia (al. *Oxykephalie*; fr. *oxycéphalie*; ingl. *oxycephaly*; it. *ossicefalia*)

Anomalía congénita caracterizada por el cierre prematuro del cráneo, que produce un alargamiento de la cabeza hacia arriba. Esta anomalía no tiene consecuencias en el desarrollo precoz, pero requiere una intervención correctiva precoz para conservar la vista.

oxitocina
v. ENDOCRINO, SISTEMA, § 1, *b.*

padre (al. *Vater*; fr. *père*; ingl. *father*; it. *padre*)

El término tiene importancia en el ámbito psicoanalítico, donde S. Freud lo utiliza con la misma acepción que adoptan los antropólogos cuando se refieren a la *familia nuclear* compuesta por padre, madre, hijos, que constituyen las referencias fundamentales de la primera organización psíquica individual (*v.* **familia**, § I, 2). En este contexto el padre está considerado en el nivel *mítico-simbólico*, como el padre de la horda primigenia que prohíbe la endogamia (*v.* **antropología**, § 1, *a*; **endogamia-exogamia**), y en el nivel *real* como padre efectivo que prohíbe el incesto en el escenario del **complejo de Edipo** (*v.*). A esta segunda acepción también hace referencia J. Lacan quien, con la expresión *Nombre-del-Padre*, subraya la función simbólica del padre que, en cuanto representante de la **ley** (*v.*) es más decisiva que su función real de padre para permitir al niño el paso del registro de la **necesidad** (*v.*, § 4, *a*) al del **deseo** (*v.*, § 3) que encuentra su expresión en el requerimiento del **Otro** (*v.*, § 1), que es el orden simbólico: "la preclusión del Nombre-del-Padre en el lugar del Otro, y en el fracaso de la metáfora paterna es lo que da a la psicosis su condición esencial, con la estructura que la separa de la neurosis" (1958: 571; *v.* **lacaniana, teoría**, § 6).

BIBLIOGRAFÍA: Freud, S. (1912-1913); Freud, S. (1915-1917); Freud, S. (1924); Freud, S. (1934-1938); Lacan, J. (1958); Mendel, G. (1968).

palabra
v. LINGÜÍSTICA, § 1, *i*; LENGUAJE, § 1.

paleofrenia (al. *Paleophrenie*; fr. *paléophrénie*; ingl. *paleophrenia*; it. *paleofrenia*)

Sinónimo de **esquizofrenia** (*v.*) que adoptaron J. Oliver y A.L. Osborne con el fin de resaltar lo que en su opinión es el rasgo esencial de la esquizofrenia, o sea la regresión del pensamiento a formas primitivas (*v.* **paleológico**).

paleológico (al. *Paleologik*; fr. *paléologique*; ingl. *paleologic*; it. *paleologico*)

Término que introdujo S. Arieti para indicar el rasgo característico de la forma de pensar de la personalidad esquizofrénica, cuyo proceso asociativo no se daría según los módulos de la lógica aristotélica, sino según modalidades que ya L. Lévy-Bruhl, E. Bleuler y C.G. Jung habían indicado como típicas de las culturas primitivas. En efecto, escribe Arieti, "en el pensamiento paleológico una clase es un conjunto de objetos que tienen en común un predicado o una parte (por ejemplo la virginidad); gracias a la posesión común de tales predicados o de tales partes, estos objetos se identifican o se vuelven equivalentes" (1974: 327). El mecanismo subyacente al pensamiento paleológico, que crea identidad no con base en el sujeto sino por tener un predicado común, también lo consideró S. Freud en la base de los procesos de **condensación** (*v.*) y **desplazamiento** (*v.*) que se dan en el nivel onírico.

BIBLIOGRAFÍA: Arieti, S. (1974); Freud, S. (1899); Jung, C.G. (1912-1952); Lévy-Bruhl, L. (1922).

paleoncéfalo
v. ENCÉFALO, § 2, *b*.

pali-

Prefijo de diferentes palabras compuestas, con el significado de repetición o reiteración obsesiva, como:

palikinesis, reiteración motriz que se puede observar en los estados catatónicos;

palifrasia, repetición rítmica y estereotipada de una frase;

paligrafía, obsesiva repetición de una sílaba, una palabra o una frase en la escritura;

palilalia, repetición rítmica o estereotipada de una palabra, frecuente en los trastornos con sustrato orgánico, como el parkinsonismo (*v.* **Parkinson, mal de**) o la **demencia** (*v.*), pero que puede manifestarse también en algunas formas de esquizofrenia;

palilexia, impulso morboso a releer muchas veces la misma palabra o la misma frase;

palipraxia, repetición automática de un gesto o de una acción, con frecuencia asociada con otras formas de reiteración automática.

Estos fenómenos los denominó así E. Brissaud a finales del siglo XIX, y esta denominación coexiste con la de **ecofenómeno** (*v.*).

BIBLIOGRAFÍA: Brissaud, E. (1899).

pam

v. ELECTROMIOGRAFÍA.

pancreocimina

v. ENDOCRINO, SISTEMA, § 9, *b.*

pánico (al. *Panik*; fr. *panique*; ingl. *panic*; it. *panico*)

Episodio agudo de ansiedad caracterizado por tensión emotiva y terror intolerable que obstaculiza una adecuada organización del pensamiento y de la acción. El pánico, que puede asociarse con fenómenos de despersonalización (*v.* **persona**, § 1; **escisión**, § I) y de **desrealización** (*v.*), está acompañado por trastornos vegetativos como hipersudoración, palidez, palpitaciones, disnea y temblor. Una crisis de pánico puede manifestar una intensa reacción emotiva que se refiere a un peligro real o a tensiones interiores percibidas como amenazantes. Tiende a agotarse espontáneamente, dejando una sensa-

ción de profundo cansancio. J. Hillman, remontando el pánico al miedo de la propia instintividad animal que tiene en Pan, el macho cabrío dios de la naturaleza, su expresión mitológica, escribe: "Estar sin miedo, privados de angustia, invulnerables al pánico, significa pérdida del instinto, pérdida de conexión con Pan" (1972: 73). P. Prini rastrea en cambio el pánico, como signo de la finitud humana, expresada, en el mito de Júpiter, a la emoción temerosa del cielo tronante: "No es un miedo al que el hombre pueda reaccionar defendiéndose o fugándose, o simplemente tratando de salvarse, como frente al arma de un asaltante, a la aparición amenazante de un animal o al caos provocado por una catástrofe natural. El pánico, que los griegos llamaban φόβος, es el Miedo con mayúscula, que no se precisa en ningún sujeto de referencia y contra el cual no hay nada que hacer" (1989: 51). Se han evidenciado dos formas particulares de pánico: 1] el *pánico primordial*, o "angustia elemental", que se remonta a defectos primarios del yo debidos a una pobre diferenciación del **no-yo** (*v.*), que entraña un insuficiente nivel de desarrollo personal y de conciencia de sí; 2] el *pánico homosexual* que describió E.J. Kempf en 1921 como un episodio agudo de angustia vinculado al miedo de estar a punto de sufrir un ataque sexual por parte de una persona del mismo sexo, o a ser considerado homosexual.

BIBLIOGRAFÍA: Hillman, J. (1972); Kempf, E.J. (1921); Prini, P. (1989).

panpsiquismo (al. *Panpsychismus*; fr. *panpsychisme*; ingl. *panpsychism*; it. *panpsichismo*)

Del griego πᾶν (todo) y ψυχή (alma), designa el conjunto de las doctrinas filosóficas que atribuyen propiedades y atributos psíquicos a toda la realidad material. El panpsiquismo se distingue del **animismo** (*v.*) en cuanto no postula la existencia de un alma en cada una de las cosas, sino sólo de una fuerza animadora, y del *hilozoísmo*, que atribuye a la materia cualidades biológicas inmanentes pero no psíquicas. La concepción panpsiquista, identificable en la doctrina neoplatónica del alma del mundo, tuvo una amplia difusión durante el Renacimiento como interpretación metafísica de la magia explicada con base en la vinculación de todas las cosas entre sí, en la concepción leibniziana de la mónada como elemento espiritual de la materia, en la filosofía de la naturaleza de F.W. Schelling, y en la reducción de todos los fenómenos a una matriz voluntarista de A. Schopenhauer. También se pueden observar elementos panpsiquistas en las teorías psicofísicas de W. Wundt y de G.T. Fechner.

BIBLIOGRAFÍA: Eliade, M. (1975-1983); Fechner, G.T. (1873); Lévy-Bruhl, L. (1935).

pansexualismo (al. *Pansexualismus*; fr. *pansexualisme*; ingl. *pansexualism*; it. *pansessualismo*)

Orientación según la cual todo el comportamiento humano podría explicarse sobre la base de la motivación sexual. S. Freud rechazó explícitamente cualquier vínculo entre pansexualismo y psicoanálisis. "En efecto, es un error acusar al psicoanálisis de 'pansexualismo' sosteniendo que deduce todo el acontecer psíquico de la sexualidad y a ésta la refiere. El psicoanálisis, por el contrario, precisó desde el principio una distinción entre las pulsiones sexuales y otras pulsiones, provisionalmente denominadas 'pulsiones del yo'. No le pasó nunca por la cabeza querer explicar 'todo', y ni siquiera a las neurosis las derivó solamente de la sexualidad, sino también del conflicto entre los impulsos sexuales y el yo" (1922: 455).

BIBLIOGRAFÍA: Freud, S. (1922).

pantalla del sueño (al. *Traumhintergrund*; fr. *écran du rêve*; ingl. *dream screen*; it. *schermo del sogno*)

Expresión que introdujo B.D. Lewin, según quien cada sueño sería proyectado en una pantalla blanca correspondiente al seno materno que el niño alucinaría en el sueño posterior a la succión de la leche. La pantalla satisfaría la necesidad de dormir. Cuando aparece sola, en esa forma onírica denominada "sueño blanco", indicaría una regresión al narcisismo primario.

BIBLIOGRAFÍA: Lewin, B.D. (1946).

pantoclastia (al. *Allmächtige*; fr. *pantoclastie*; ingl. *pantoclastia*; it. *pantoclastia*)

Estado paroxístico de exaltación, caracterizado por el derrumbe de toda inhibición, y por una fuerte agresividad y agitación psicomotriz que induce a comportamientos violentos y destructivos. Se observa en las manifestaciones agudas de algunas formas de esquizofrenia y de manía.

paquigiria
v. MACROGIRIA-MICROGIRIA.

parabulia (al. *Parabulie*; fr. *parabulie*; ingl. *parabulia*; it. *parabulia*)

Ambivalencia de la voluntad (*v.* **ambivalencia**, § 1), por la que un individuo que cree cumplir una acción determinada se detiene y la sustituye con otra no relacionada con la primera u opuesta a ella. El fenómeno se observa con frecuencia en las manifestaciones esquizofrénicas.

paradoja (al. *Paradox*; fr. *paradoxe*; ingl. *paradox*; it. *paradosso*)

Término de origen griego que designa todo aquello que contradice la opinión común (δό–ξα). Junto a este significado general existe uno más técnico, utilizado en la pragmática de la comunicación humana, que P. Watzlawick, J.H. Beavin y D.D. Jackson definen así: "La paradoja es una contradicción que se deriva de la deducción corregida por premisas coherentes, pero en la que no se toman en consideración los tipos lógicos o niveles discursivos que se colocan en planos diferentes" (1967: 185). Suelen distinguirse tres tipos de paradojas: *lógico-matemáticas*, que dan inicio a antinomias; *definiciones paradojales*, que generan antinomias semánticas, y *paradojas pragmáticas* caracterizadas por órdenes contradictorias, como en el caso del **doble vínculo** (*v.*) que estudió G. Bateson. Este último puso en evidencia las características de la interacción que tiene lugar en las relaciones interpersonales del esquizofrénico, a propósito del cual Watzlawick, Beavin y Jackson escriben que "si el esquizofrénico está intentando *no* comunicar, entonces la 'solución' de su dilema es el uso de mensajes ininteligibles que dicen de él que no está diciendo nada" (1967: 221). Además de la paradoja usada como instrumento de no comunicación, existe también la *prescripción paradojal* como instrumento terapéutico para pasar del trastorno de la comunicación a su corrección (*v.* **prescripción**; **psicología sistémica**, § 2).

BIBLIOGRAFÍA: Bateson, G. (1972); Russell, B. y A.N. Whitehead (1910-1913); Selvini Palazzoli, M. *et al.* (1975); Watzlawick, P., J.H. Beavin y D.D. Jackson (1967).

parafasia
v. AFASIA, § 1, *b.*

parafilia (al. *Paraphilie*; fr. *paraphilie*; ingl. *paraphilia*; it. *parafilia*)

Término acuñado por el *Manual diagnóstico y estadístico de los trastornos mentales* (DSM-III-R; *v.* **diagnóstico**, § 4) para reunir en una única clase los siguientes trastornos sexuales: **exhibicionismo** (*v.*), **fetichismo** (*v.*), **frotteurismo** (*v.*), **pedofilia** (*v.*), **masoquismo** (*v.*) sexual, **sadismo** (*v.*) sexual, **transvestismo** (*v.*) y **voyerismo** (*v.*). A propósito de estos trastornos el DSM distingue una forma *leve*, caracterizada por la presencia del impulso pero sin realizarlo; una *moderada*, cuando la realización es ocasional y una *grave* cuando es repetitiva y habitual.

BIBLIOGRAFÍA: American Psychiatric Association (1988).

parafrasia
v. AFRASIA.

parafrenia (al. *Paraphrenie*; fr. *paraphrénie*; ingl. *paraphrenia*; it. *parafrenia*)

Psicosis delirante que se manifiesta tendencialmente en la edad adulta y que se desarrolla de manera progresiva para después asumir un curso crónico. Según E. Kraepelin las construcciones delirantes, caracterizadas por ilusiones y en ocasiones por alucinaciones, por lo general auditivas, olfativas, gustativas y cenestésicas, pero sobre todo por fabulación con fondo persecutorio construida en forma infantil, aproximan la parafrenia a la esquizofrenia, de la que por otra parte se distingue en cuanto, más allá del delirio, la cohesión de la personalidad y la coparticipación afectiva en la realidad se conservan bien, al grado de permitirle al sujeto una relativa autonomía y capacidad de relación social. Kraepelin distingue la *parafrenia sistemática* con elementos comunes a la paranoia; la *parafrenia expansiva*, con ideas de grandeza y estados de excitación; la *parafrenia confabuladora* caracterizada por delirios de persecución y de grandeza, basados en falsificaciones de la memoria y, por último la *parafrenia fantástica*, acompañada por alucinaciones auditivas, delirios no sistemáticos y narraciones fantásticas.

El término lo adoptó también S. Freud como sinónimo de demencia precoz y esquizofrenia (*v.*, § I, 2, *a*), es decir en un sentido completamente diferente al de Kraepelin. En efecto, escribe Freud: "Estimo bien justificado el paso que dio Kraepelin al fusionar en una nueva entidad clínica, junto con la catatonía y otras formas, mucho de lo que antes se llamara 'paranoia', aunque fue un desacierto escoger para esa unidad el nombre de '*dementia praecox*'. También a la designación de 'esquizofrenia', propuesta por Bleuler para ese mismo grupo de formas, cabría objetarle que sólo parece utilizable si uno no recuerda su significado literal; [...] Entiendo que lo más adecuado es bautizar a la *dementia praecox* con el nombre de '*parafrenia*', que, en sí mismo de contenido indeterminado, expresa sus vínculos con la paranoia (que conservaría su designación) y además, recuerda la hebefrenia, incluida en ella" (1910 [1976: 69-70]). Después, frente al resultado del término "esquizofrenia" con el que Bleuler rebautizó la demencia precoz, Freud renunció a su propuesta terminológica.

BIBLIOGRAFÍA: Bleuler, E. (1911-1960); Freud, S. (1910); Kraepelin, E. (1883).

paragnosia
v. PARAPSICOLOGÍA, § 1.

paragrafia
v. AGRAFIA, § 1.

paragramatismo
v. AFASIA, § 2, *b*.

paralalia
v. DISLALIA.

paralaxa
v. PERCEPCIÓN, § 6, *a*.

paralelismo psicofísico (al. *Psychophysischer Parallelismus*; fr. *parallélisme psychophysique*; ingl. *psychophysical parallelism*; it. *parallelismo psicofísico*)

Expresión que acuñó G.T. Fechner para indicar que los acontecimientos físicos y los psíquicos constituyen dos series paralelas de acontecimientos que no actúan los unos en los otros, sino que cada uno es promovido por un acontecimiento de su misma serie, coincidiendo con un suceso correspondiente en la otra. A partir de esta concepción lo físico y lo mental son dos aspectos del mismo hecho analizable de acuerdo con dos perfiles. Este modelo teórico lo retomó W. Wundt, para quien "todos los contenidos empíricos que pertenecen simultáneamente a la esfera de consideración mediata o científica y a la inmediata o psicológica están en relación recíproca, en el sentido de que cada acontecimiento elemental del campo psíquico manifiesta un acontecimiento correspondiente en el campo físico" (1889: 602). Esta postura metodológica permitió a la **psicología experimental** (*v.*) organizarse como ciencia autónoma, mediante el estudio de las secuencias causales de los fenómenos observables, sin interferencia de los fenómenos mentales no observables.

BIBLIOGRAFÍA: Fechner, G.T. (1851); Wundt, W. (1889).

paralexia
v. ALEXIA.

paralgesia
v. ALGESIA.

parálisis (al. *Paralyse*; fr. *paralyse*; ingl. *paralysis*; it. *paralisi*)

Disminución o pérdida de la contractibilidad de uno o más músculos debida a lesiones de la musculatura o de las vías nerviosas centrales o periféricas. Desde el punto de vista psiquiátrico reviste una importancia especial la parálisis histérica de origen psicógeno y la parálisis progresiva debida a la sífilis.

1] LA PARÁLISIS HISTÉRICA. Se manifiesta como resultado de conflictos inconscientes sin ninguna patología orgánica comprobable, y se interpreta en el ámbito psicoanalítico como un fenómeno de **conversión** (*v.*). A diferencia de las parálisis orgánicas, la parálisis histérica tiene una delimitación demasiado precisa y una intensidad excesiva. Estas dos características indican que el trastorno es completamente independiente de la anatomía del sistema nervioso. En efecto, escribe S. Freud, "la parálisis histérica muestra inclinación a acusarse en exceso, puede ser intensa en extremo y, no obstante, limitarse de manera estricta a un pequeño sector, mientras que la parálisis cortical regularmente aumenta su extensión con el acrecentamiento de su intensidd. La sensibilidad muestra en las dos variedades de parálisis un comportamiento por entero opuesto. Los caracteres especiales de la parálisis cortical están condicionados por las peculiaridades de la estructura encefálica y nos permiten una inferencia hacia atrás sobre la anatomía del encéfalo. La parálisis histérica, por el contrario, se comporta como si no existiera una anatomía del encéfalo. La histeria no sabe nada de esta última. La alteración que está en la base de la parálisis histérica puede no tener ninguna semejanza con lesiones orgánicas, y debe ser buscada en las constelaciones de abordabilidad de un determinado círculo de representación" (1897 [1976: 241-242]).

2] LA PARÁLISIS PROGRESIVA. Es una meningoencefalitis crónica provocada por el *Treponema pallidum* (*v.* **sífilis**) que se desarrolla hacia una forma demencial progresiva, asociada a trastornos neurológicos. Existe una forma infantil congénita, una juvenil y una senil; pero con mayor frecuencia la parálisis progresiva se manifiesta en la edad media de la vida, después de una incubación larguísima que puede durar hasta 40 años, con anomalías del comportamiento, extravagancias, reducción de las capacidades críticas y de juicio, pérdida de la atención y de la concentración, amnesias, trastornos del lenguaje y de la escritura, debilitamiento de los valores éticos y liberación de las pulsiones, lo que puede llevar a actitudes agresivas y sexuales fuera de la norma. A este cuadro clínico pueden sumarse tanto trastornos de tipo maniaco o megalomaniaco, con manifestaciones irrazonables que pueden desembocar en delirios absurdos, o síndrome depresivo delirante o catatónico. El tratamiento terapéutico se basa en el uso de la penicilina y el resultado está vinculado a la duración de los síntomas neurológicos antes de iniciar el tratamiento. La recuperación orgánica no conlleva necesariamente la desaparición de la sintomatología psíquica, debido a la permanencia de lesiones cerebrales irreversibles.

3] OTRAS FORMAS DE PARÁLISIS. Merecen una mención la *parálisis agitante*, que corresponde al **mal de Parkinson** (*v.*); la *parálisis cerebral* o *enfermedad de Little*, probablemente debida a lesiones intrauterinas, que entraña una atrofia bilateral simétrica de las células nerviosas y una gliosis, sobre todo de la vía piramidal, con consecuencias en las extremidades, en especial las inferiores, que se vuelven débiles y espásticas (diplejia); otros síntomas están representados por movimientos involuntarios, **ataxia** (*v.*) y, en ocasiones, por convulsiones epilépticas; la *parálisis periódica familiar*, debida a un trastorno hereditario que se manifiesta con ataques de parálisis periódicos e imprevistos que pueden durar desde algunas horas hasta tres o cuatro días; la enfermedad, que parece vinculada al metabolismo del potasio, comienza generalmente durante la adolescencia; la *parálisis del sueño* que suele manifestarse al despertar y dura pocos segundos, durante los cuales hay una completa incapacidad para efectuar cualquier movimiento, aunque se conserva el estado de conciencia del sujeto y no existen lesiones orgánicas centrales. Este síndrome parece depender de una alteración de la bioquímica del sueño (*v.* **sueño fisiológico**, § 3, *a*) que también incluye algunas inhibiciones centrales en los primeros instantes del despertar.

BIBLIOGRAFÍA: Freud, S. (1897); Zeh, W. (1964).

paralogía (al. *Paralogie*; fr. *paralogie*; ingl. *paralogia*; it. *paralogia*)

Trastorno de la estructura y de los procesos del **pensamiento** (*v.*, § III, 1, *e*) que se manifiesta, como escribe K. Jaspers, "con un habla indirecta, caracterizada por contenidos con un significado muy preciso pero expresados de manera confusa, desordenada e ilógica, pese a que la capacidad está intacta" (1913-1959: 210). Puede configurarse como *descarrilamiento* cuando el proceso del pensamiento, pese a no ser lineal, mantiene alguna relación con los asuntos de base; como *negativismo paralógico* cuando las respuestas del sujeto no tienen ninguna relación con el objeto del discurso; como *paralogía temática* cuando el pensamiento es desplazado del argumento principal a uno periférico pero querido para el sujeto, y en el que se detiene con insistencia. Según K. Schneider todas las paralogías tienen en común el hecho de que siempre tienen una referencia lógica de alguna manera aprehendible y reconocible desde afuera.

BIBLIOGRAFÍA: Jaspers, K. (1913-1959); Schneider, K. (1930).

paramimia
v. PARATIMIA.

paramnesia
v. MEMORIA, § 8.

paranoia (al. *Paranoia*; fr. *paranoïa*; ingl. *paranoia*; it. *paranoia*)

Palabra griega que utilizaron Esquilo, Eurípides y Platón como sinónimo de locura. Su significado se precisó con la psiquiatría del siglo XIX, que la definió como una psicosis caracterizada por un delirio más o menos sistematizado, centrado en temas de persecución, grandeza o celos. No está acompañada de alucinaciones ni de síntomas disociativos o de deterioro, por lo que la personalidad paranoica conserva pensamiento, inteligencia, voluntad y vida de relación que no presentan grandes trastornos más allá de los inducidos por la temática delirante. Su curso es crónico.

1] LA UBICACIÓN NOSOLÓGICA. La ubicación nosológica de este síndrome ha experimentado muchas vicisitudes a lo largo del tiempo. Antes de E. Kraepelin la paranoia era una entidad muy amplia que abarcaba la mayor parte de las formas de delirio crónico. Kraepelin la incluyó entre las formas de la demencia precoz, junto con la hebefrénica y la catatónica (v. **esquizofrenia**, § III). Este criterio lo retomó E. Bleuler, quien rebautizó la demencia precoz como "**esquizofrenia**" (v., § I, 1, b), agregando a las formas que indicó Kraepelin también la "simple". S. Freud aceptó el criterio de Kraepelin: "Estimo bien justificado el paso que dio Kraepelin al fusionar en una nueva entidad clínica, junto con la catatonía y otras formas, mucho de lo que antes se llamara 'paranoia',"; sin embargo opinaba que era importante "la paranoia como un tipo clínico independiente, aunque su cuadro harto a menudo se complique con rasgos esquizofrénicos; en efecto desde el punto de vista de la teoría de la libido, se la puede separar de la *dementia praecox* por una diversa localización de la fijación predisponente y un mecanismo distinto del retorno [de lo reprimido] (formación de síntoma), no obstante tener en común con aquella el carácter básico de la represión propiamente dicha, a saber, el desasimiento libidinal con regresión al yo." (1910 [1976: 69-70]).

El DSM-III-R, en su intento de unificar criterios y denominaciones diagnósticas (v. **diagnóstico**, § 4), adopta el término paranoia para designar: 1] un *tipo de personalidad* caracterizada por la "tendencia persecutoria e inmotivada, que aparece en los primeros años de la edad adulta y se hace presente en una variedad de contextos, a interpretar las acciones de las personas como deliberadamente humillantes o amenazantes" (301.00); 2] un *trastorno delirante* "no insólito (es decir, concerniente a situaciones que se verifican en la vida real como: ser seguido, envenenado, infectado, amado en secreto, tener una enfermedad, ser engañado por el propio cónyuge o amante) con duración mínima de un mes" (297.10); 3] una *forma de esquizofrenia* caracterizada por la "presencia de uno o más delirios sistematizados, o de frecuentes alucinaciones auditivas relacionadas con un tema único" (295.3x).

2] LA PERSONALIDAD PARANOICA. Presenta rasgos de desconfianza, sospecha, reserva, temor a la agresividad de los demás, rigidez, con imposibilidad para aceptar la discusión de sus creencias e hipersusceptibilidad a las críticas, elevada concepción de sí misma, con obstinación e intolerancia hacia los demás, y formas fanáticas de vida. Estos rasgos contrastan con la extremada lucidez de la conciencia, la perfecta conservación de la memoria, falseada sólo por el contenido delirante, una lógica bien soportada por una dialéctica impecable, a la que se agrega un aspecto exterior ordenado y una conducta correcta. Entre las causas que se suponen como base de la personalidad paranoica se señalaron, en el ámbito psicodinámico, la estructura profundamente narcisista que induce al paranoico a utilizar de modo habitual mecanismos de **negación** (v.) y **proyección** (v., § 3). Freud supone, en cambio, que en la base existe un mecanismo de defensa contra la propia homosexualidad que el sujeto niega con delirios de celos (No soy yo el que lo ama a él, sino ella), de persecución (Yo no lo amo, lo odio, y por eso él me odia y me persigue), de erotomanía (No lo amo a él sino a ella, porque ella me ama), o con absoluta negación (No amo a nadie, sólo a mí mismo).

3] EL DELIRIO PARANOICO. Se estructura después de los 30 años, a partir de una disposición psicológica interna, fortalecida por hechos ocasionales reales o interpretados como reales. Los temas delirantes pueden ser de carácter *persecutorio*, donde los perseguidores están localizados en grupos bien precisos, identificables en la sociedad o entre los familiares; de *celos*, con búsqueda minuciosa de las pruebas; de *reivindicación* por agravios presunta o realmente sufridos; de *envenenamiento*, que requiere una vigilancia absoluta de cada cosa; de *erotomanía*, por la convicción de ser amado secretamente por alguien, en general importante; *místico-reformista*, con la consiguiente fundación de sectas o de movimientos político-religiosos. Una variedad especial de delirio que puso en evidencia E. Kretschmer es el *delirio de relación de los sensibles*, donde el sujeto considera que hechos, situaciones, personas, discursos, de alguna manera se refieren a él en términos negativos. Estos temas delirantes están caracterizados por interpretaciones anormales de la realidad, sostenidas por una trama de causa-efecto muy rigurosa y por una intensa participación afectiva.

Para terminar recordamos la *posición paranoide*, con su eje en el fantasma de persecución de los "objetos malos parciales", que reveló M. Klein como fase que atraviesa el niño en los primeros cuatro meses de vida (*v.* **kleiniana, teoría**, § 2), y la *paranoia involutiva* de K. Kleist, a la que se dirigen las personas ancianas, desarrollando alteraciones psíquicas anteriores como temas quejumbrosos, reivindicativos o de grandeza.

BIBLIOGRAFÍA: American Psychiatric Association (1988); Bleuler, E. (1911-1960); Borgna, E. (1980); Cargnello, D. (1984); Freud, S. (1910); Freud, S. (1915); Freud, S. (1921); Klein, M (1932); Kleist, K. (1951); Kraepelin, E. (1883); Kretschmer, E. (1918).

paranormales, fenómenos
v. PARAPSICOLOGÍA.

paraplejia (al. *Paraplegie*; fr. *paraplégie*; ingl. *paraplegia*; it. *paraplegia*)

Parálisis de la parte inferior del cuerpo, en especial de las extremidades inferiores; puede ser solamente motriz, pero casi siempre va acompañada de trastornos de la sensibilidad Se distingue la *paraplejia atáxica* (*v.* **ataxia**), que se refiere a la inestabilidad de posición y de marcha asociada con la paraplejia.

parapraxia (al. *Parapraxie*; fr. *parapraxie*; ingl. *parapraxis*; it. *paraprassia*)

Acción errónea o inadecuada para una situación dada. En el ámbito psicoanalítico el término se sutituyó por el de "acto fallido" (*v.* **acto**, § 2, *b*).

parapsicología (al. *Parapsychologie*; fr. *parapsychologie*; ingl. *parapsichology*; it. *parapsicologia*)

Estudio de aquello que está más allá (παρά) de los fenómenos conocidos por la psicología. Tales fenómenos, llamados también por ese motivo "ocultos" (*v.* **ocultismo**), se dividieron en dos clases:

1] PERCEPCIÓN EXTRASENSORIAL (ESP). Se refiere, según la denominación que le asignó J.B. Rhine, a la percepción de un objeto, de un estado o de un acontecimiento sin la intervención de ninguno de los cinco sentidos. La percepción extrasensorial, llamada también *criptestesia* o *paragnosia*, abarca la *clarividencia*, por la que un individuo logra percibir acontecimientos situados en un lugar o en un tiempo diferente al que él ocupa; la *retrocognición* o percepción –que no depende de recuerdos o de deducciones–, de los acontecimientos del pasado; la *precognición* o percepción de los acontecimientos futuros o imposibles de conocer a través de las vías normales de la percepción, de la inteligencia y de la intuición; la *telepatía*, llamada también *transmisión del pensamiento* o *telestesia*, que es el conocimiento de pensamientos o de estados de ánimo de una persona que por lo general se encuentra espacialmente lejos. Dos sujetos en comunicación telepática parecen poder comunicarse y transmitirse mensajes.

2] PSICOKINESIS (PK). Es la influencia mental ejercida directamente por un sujeto en un sistema físico sin la intervención de ninguna forma de energía conocida en la actualidad. La psicokinesis abarca la *levitación* o elevación del cuerpo, que queda suspendido en el aire sin apoyo; la *telekinesis*, que desplaza, levanta, o transporta objetos sin ningún contacto directo o indirecto; la *materialización* en forma de objetos de una sustancia –llamada *ectoplasma* o *teleplasma*– emanada por el médium en trance. A estas dos clases de fenómenos parapsicológicos hay quienes quisieran agregar la *experiencia extracorpórea*, alteración de la conciencia que tiene la sensación de no estar localizada en el mismo lugar ocupado por el cuerpo, como sucede con frecuencia en la experiencia onírica.

3] COMPROBACIÓN CIENTÍFICA. De todas las épocas y de todos los países nos llegan observaciones ocasionales que se refieren a fenómenos parapsicológicos, pero las investigaciones experimentales comenzaron a interesarse críticamente en el tema apenas en la segunda mitad del siglo XIX, con los trabajos de la Society for Psychical Research que se constituyó en Londres en 1882. Bajo la guía de W. Mc-

Dougall, hacia 1930 comenzaron en la Duke University de Carolina del Norte los trabajos de investigación de la percepción extrasensorial que dirigió J.B. Rhine, mientras en 1950 se fundó en Friburgo. la Gesellschaft für Parapsychologie und Grenzgebiete der Psychologie, que presidió H. Bender. Los experimentos más significativos, que llevó a cabo Rhine, consistían, para la percepción extrasensorial, en la identificación de naipes antes de que se los volteara y, para la psicokinesis, en influir con el deseo el lanzamiento de dados efectuado por una máquina. Los resultados de estas investigaciones, que se condujeron con sumo rigor, aunque tienen un valor muy limitado desde un punto de vista estadístico, son suficientes para justificar el interés de la ciencia por el fenómeno, no obstante que las explicaciones hasta ahora proporcionadas aún no encuentren su formulación científica. Entre éstas recordamos la hipótesis de Rhine que se refiere a una actividad inconsciente, denominada PSI, sobre las que es fácil influir, que funcionaría fuera de las dimensiones físicas de espacio, tiempo y materia. Dicha PSI, responsable de los fenómenos ESP así como de los PK, puede actuar en sentido positivo, dando el resultado esperado; negativo, dando el resultado opuesto, o cambiando de dirección y haciendo adivinar, por ejemplo, no la carta a continuación presentada sino la siguiente. Junto a esta suposición está la propuesta de W. Crookes relativa a la intervención de ondas electromagnéticas, según la hipótesis que ya había formulado F.A. Mesmer, para quien existiría un magnetismo que vincularía acontecimientos cósmicos. El problema de la parapsicología, además de defenderse de las supersticiones populares, es el de encontrar estructuras de categorías que permitan ofrecer un plano explicativo aceptable de los fenómenos que por ahora sólo están enunciados y, en parte, científicamente experimentados.

BIBLIOGRAFÍA: Angela, P. (1979); Bender, H. (1976); Bowles, N. y F. Hyndes (1978); Cavanna, R. (coord.) (1973); Driesch, H. (1952); Freud, S. (1922); Green, C. (1968); Huisman, D. (coord.) (1973); Jung, C.G. (1902); Leslie, A.S. (coord.) (1978); Rhine, J.B., W. McDougall y W. Prince (1934); Rhine, J.B. y J.G. Pratt (1962); Schmeidler, W. (1969); Tart, C. (1977); Withe, R. (coord.) (1976); Wolman, B. *et al.* (1977).

paraptia
v. SENSIBILIDAD, § 5.

parasimpático
v. SIMPÁTICO, SISTEMA NERVIOSO, § 2.

parasitosis, delirio de
v. PIEL, § 5.

parataxia (al. *Parataxische Weise*; fr. *parataxie*; ingl. *parataxic mode*; it. *paratassia*)

Distorsiones de las relaciones interpersonales debidas, según H.S. Sullivan, a la activación de impresiones anteriores, maduradas sobre todo en la primera infancia y proyectadas en los demás, con el resultado de que se transforma a las personas en algo diferente de lo que realmente son. La forma *paratáxica* de hacer experiencia es posterior a la *protáxica*, típico del niño que aún no alcanza la distinción entre él mismo y el mundo, y previa a la forma *sintáctica*, que permite superar la parataxia comparando las propias valoraciones con las de los demás para alcanzar lo que Sullivan llama "validación consensual". La distorsión parataxica también se puede encontrar en el concepto freudiano de **transferencia** (*v.*, § 1, a), que prevé la repetición con los demás, de las características de la relación que se tuvo con los padres en la época del complejo edípico, pero a diferencia de Freud, Sullivan no usa ni el concepto de libido, ni el de compulsión a la repetición, porque considera que las deformaciones paratáxicas se desarrollan de las primeras relaciones que el niño tiene con personas significativas, en una época precedente a la apertura del escenario edípico. La deformación, además, no se debe imputar al fantasma sexual sino a la calidad fragmentaria de la experiencia que caracteriza la forma prototáxica de relacionarse con el mundo de las cosas y de las personas.

BIBLIOGRAFÍA: Sullivan, H.S. (1953).

parathormona (PTH)
v. ENDOCRINO, SISTEMA, § 3.

paratimia (al. *Parathimie*; fr. *parathimie*; ingl. *parathimia*; it. *paratimia*)

Trastorno de la afectividad que se traduce en una respuesta emotiva contradictoria respecto a la situación, como por ejemplo el estallido en una carcajada incontenible ante el anuncio de una noticia triste. Cuando la paratimia se manifiesta mediante expresiones mímicas o gestuales se denomina *paramimia*. Ambas se observan con frecuencia en las personalidades esquizofrénicas (*v.* **esquizofrenia**).

paratiroides
v. ENDOCRINO, SISTEMA, § 3.

parcial (al. *Partial*; fr. *partiel*; ingl. *partial*; it. *parziale*)

Adjetivo que se utiliza en el lenguaje psicoanalítico para referirse: 1] a la **pulsión** (*v.*, § 2, *e*), cuando ésta tiende a la propia satisfacción sin estar todavía integrada en la organización que, en varias fases, está prevista para el desarrollo de la libido; 2] al **objeto** (*v.*, § 1) real o fantástico al que tiende la pulsión parcial en su referencia a partes del cuerpo (seno, heces, pene) y a sus equivalentes simbólicos. También una persona (objeto total) puede estar identificada con un objeto parcial cuando se vive como simple instrumento de satisfacción de la propia pulsión.

BIBLIOGRAFÍA: Freud, S. (1915).

pareidolia
v. ILUSIÓN, § 3.

pareja (al. *Paar*; fr. *couple*; ingl. *couple*; it. *coppia*)

Estructura interrelacional entre dos compañeros, que puede ser *simétrica* cuando un compañero es el espejo del otro, o *complementaria* cuando uno tiene lo que al otro le falta. En el primer caso es la igualdad la que da base a la pareja, en el segundo la diferencia. Desde un punto de vista patológico puede suceder que en una pareja simétrica se libere una competitividad agresiva, mientras en una complementaria

puede acentuarse la rigidez de la relación simbiótica con fondo sadomasoquista o con manifestaciones típicas de **folie à deux** (*v.*). Por lo que se refiere a la interpretación de la pareja en términos de **mutualidad** (*v.*), basándose en la competencia de los procesos de individuación y de cohesión, véase la voz **matrimonio**, mientras acerca de la psicoterapia, el método que se ha revelado más eficiente es el ideado por la **psicología sistémica** (*v.*, § 2), en el que se propone la modificación de los esquemas de interacción.

BIBLIOGRAFÍA: Eisenstein, V.W., (1956); Freud, S., (1910-1917); Fromm, E., (1956); Jung, C.G., (1925); Selvini Palazzoli, M. *et al.*, (1975); Watzlawick, P., J.H. Beavin y D.D. Jackson, (1967).

parentela
v. ANTROPOLOGÍA, § 3.

parergasia (al. *Parergasie*; fr. *parergasie*; ingl. *parergasia*; it. *parergasia*)

Acción inconsecuente. E. Kraepelin adopta esta expresión para esas formas de **parabulia** (*v.*) en las que el impulso a cumplir con una acción es interrumpido, antes de que el sujeto realice el primer movimiento, por otra acción que no tiene ninguna relación con la primera. A. Meyer, en cambio, utiliza el término para indicar un estado de profunda regresión con abandono de la realidad y reconstrucción de sí a partir de los propios contenidos delirantes, con la consiguiente incongruencia en el comportamiento (*v.* **ergasia**; **esquizofrenia**, § I, 1, *c*).

BIBLIOGRAFÍA: Kraepelin, E. (1883); Meyer, A. (1958).

parestesia
v. SENSIBILIDAD, § 5.

Parkinson, mal de (al. *Parkinson-Krankheit*; fr. *mal de Parkinson*; ingl. *Parkinson's disease*; it. *morbo di Parkinson*)

Enfermedad crónica y progresiva del sistema nervioso central que lleva, en el cuarto o quinto decenio de la vida, a una sintomatología caracterizada por akinesia (*v.* **quinesia**, § 1) con disminución en la velocidad de los movimientos, rigidez de la musculatura, cada vez más hipertónica y contracturada, trastornos vegetativos como hipersalivación e hipersudoración, temblor de las extremidades y en ocasiones también de la cabeza, y trastornos psíquicos caracterizados por la aparición de un estado depresivo reactivo. El tratamiento, que es sólo sintomático, utiliza dopamina y antidepresivos. El mal de Parkinson se distingue del *parkinsonismo*, o *síndrome parkinsoniano*, que surge como efecto colateral de los neurolépticos o después de intoxicaciones crónicas, arterioesclerosis, tumores cerebrales, encefalitis y traumas cerebrales.

parkinsonismo

v. PARKINSON, MAL DE.

paro psicomotor (al. *Psychomotorischstillstand*; fr. *arrêt psychomoteur*; ingl. *psychomotor failure*; it. *arresto psicomotorio*)

Colapso repentino de los circuitos reactivos, que determina la ausencia de respuestas a los estímulos, con el consiguiente estado de inmovilidad y posiciones fijas.

parorexia (al. *Parorexie*; fr. *parorexie*; ingl. *parorexia*; it. *paroressia*)

Trastorno del apetito que abarca tanto la **anorexia** (*v.*) como la **bulimia** (*v.*).

paroxismo (al. *Paroxysmus*; fr. *paroxysme*; ingl. *paroxysm*; it. *parossismo*)

Extrema intensidad en las manifestaciones de un síntoma. Por analogía el término también se refiere a la fase excesiva de una situación o de una reacción afectiva caracterizada por la pérdida del control habitual.

parricidio

v. ANTROPOLOGÍA, § 1, *a*; ENDOGAMIA-EXOGAMIA.

participación mística (al. *Mystische Teilnahme*; fr. *participation mystique*; ingl. *mystical participation*; it. *partecipazione mistica*)

Término que introdujo L. Lévy-Bruhl para indicar la modalidad en que, según su opinión, los primitivos perciben la realidad. "Utilizaré el término *mística* no en alusión al misticismo religioso de nuestras sociedades, que es algo muy diferente, sino en su significado literal, por lo que por 'místico' se entiende la creencia en fuerzas, en influencias, en acciones no perceptibles para los sentidos, y sin embargo reales" (1910: 62). La mentalidad primitiva, animada por la categoría afectiva de lo sobrenatural pensado como causa de los fenómenos naturales (*v.* **sagrado**, § 2), establece relaciones emocionales entre objetos que, desde el punto de vista de la causalidad física, no revelan vinculaciones entre sí. En el ámbito psicológico C.G. Jung adopta este concepto para los casos en los que "el sujeto no puede distinguirse claramente del objeto, sino que está vinculado a éste en una relación directa que se puede llamar identidad parcial. Esta identidad está fundada en la unidad originaria de objeto y sujeto; la participación mística, por lo tanto, es un residuo de este estado primordial. [...] Entre hombres civilizados ésta se verifica por lo general entre personas, rara vez entre una persona y una cosa" (1921: 471). En el ámbito psicoanalítico esta condición que ilustró Jung está descrita como *identificación proyectiva*, y en ella una parte de la personalidad se proyecta hacia el objeto, por lo que éste se experimenta como si se tratara del contenido proyectado (*v.* **proyección**, § 4).

BIBLIOGRAFÍA: Jung, C.G. (1921); Lévy-Bruhl, L. (1910).

parto (al. *Geburt*; fr. *accouchement*; ingl. *birth*; it. *parto*)

Expulsión o extracción del feto del cuerpo materno. Aunque es natural, dicha expulsión no pocas veces está acompañada de ansiedad y miedo, que pueden activar en la madre una serie de reacciones *post partum* que van desde la *depresión* consecuente a la interrupción de la continuidad físico-emotiva de la

792 PASIÓN / PATOGRAFÍA

unidad madre-niño, hasta la *psicosis puerpe-ral*, llamada así porque surge inmediatamente después del parto, en el período del puerperio, que pone a prueba los recursos tanto físicos como psíquicos de la mujer, con el consiguiente aumento de su vulnerabilidad. En la psicosis puerperal se observa un estado de desorganización de la experiencia, en el que se mezclan angustia, confusión mental y onirismo, o bien una sucesión de estados melancólicos, maniacos y catatónicos. La aparición es rápida y en ocasiones brutal, pero en la mayor parte de los casos el pronóstico es positivo. Esta secuencia hace pensar que la debilidad del yo que caracteriza el período que precede y sigue al parto puede hacer manifiestos motivos psicóticos latentes que después desaparecen con la progresiva adquisición de un estado de seguridad al que contribuyen la presencia del niño y la sucesiva lactancia, que ayuda a la madre, que todavía no está lista para abandonar la simbiosis después del parto. Desde el punto de vista del niño el parto, cuando es distócico, puede tener consecuencias físicas, como encefalopatías, hemiplejías diplejías, o psíquicas, vinculadas al llamado trauma del nacimiento (*v.* **trauma**, § 4).

BIBLIOGRAFÍA: Osterman, E. (1963); Rank, O. (1924); Romito, P. (1992); Shainess, N. (1959-1966).

pasado
v. TIEMPO, § II.

pasaje, síndrome de
v. CONCIENCIA, § 3, *c*.

pasante, efecto del
v. ALTRUISMO.

pasión (al. *Leidenschaft*; fr. *passion*; ingl. *passion*; it. *passione*)

Término que pertenece a la tradición filosófica, en la cual posee un significado contrario y correlativo a la acción. En manos de la pasión el sujeto, en efecto, no actúa sino padece (en griego, παθεῖν). En el ámbito psicológico el concepto de pasión se aclaró con tres significados más específicos: 1] *relación* (o **afecto**) (*v.*), que es una modificación pasiva de carácter intenso y duradero; 2] *emoción* (*v.*), que es una reacción de aparición aguda y de breve duración determinada por un estímulo ambiental; 3] *pulsión* (*v.*), con la acepción psicoanalítica de la palabra.

pasividad (al. *Passivität*; fr. *passivité*; ingl. *passivity*; it. *passività*)

Característica de adaptación que manifiesta una personalidad reacia a la acción, propensa a la dependencia, a la receptividad y a la sumisión. Puede tratarse de una actitud adquirida en determinadas circunstancias para manifestar desaprobación o desinterés, o de un rasgo de carácter que revela carencia de iniciativa y de recursos. El término adquirió un significado específico en la contraposición freudiana **actividad-pasividad** (*v.*), que incluye la polaridad masculino-femenino.

patofobia
v. HIPOCONDRÍA.

patognómica
v. EXPRESIÓN, § 1.

patografía (al. *Pathographie*; fr. *pathographie*; ingl. *pathography*; it. *patografia*)

Reconstrucción de la patología de un personaje histórico a través del testimonio biográfico disponible y de las obras producidas, como manifestaciones del espíritu de esa persona. K. Jaspers dice al respecto que "el espíritu no puede enfermarse. Pero el espíritu está sostenido por la existencia concreta. La enfermedad de la existencia tiene consecuencias para la realización del espíritu, que puede ser inhibido, diferido, o hasta favorecido y actuado en forma única" (1913-1959: 778). De aquí la oportunidad de las patografías, que son "biografías que quieren presentar al psicopatólogo los aspectos interesantes de la vida psíquica y aclarar el significado de sus manifestaciones y de sus procesos para la génesis de las obras de algunos individuos" (1913-1959: 778). Las obras no deben tratarse como "síntomas" de la enfermedad sino como materiales que revelan las características con las que el autor dio cuenta de su propio mundo espiritual, exponiéndolo en una obra. Esta característica es en extremo instructiva para el psicopatólogo: "En condiciones favorables un individuo se vuelve sistemáticamente consciente de su propio mundo a través de la poesía y de la obra de arte, los pensamientos filosóficos y la construcción de imágenes del mundo. Lo que nos es comunicado con el lenguaje, y que se pone frente a nuestros ojos con las obras, proporciona las piedras angulares con las que nos damos cuenta del aspecto que tiene el mundo cuando un enfermo se vuelve consciente de ello. En lugar de descubrir indirectamente una simple configuración concreta del mundo, reunimos la totalidad de un espíritu en su propia objetivación" (1913-1959: 321). Las patografías se distinguen según el método que se adopte en la interpretación del mundo espiritual del autor. Tendremos patografías fenomenológicas, como las de Jaspers, o psicoanalíticas, como las de S. Freud.

BIBLIOGRAFÍA: Freud, S. (1910); Jaspers, K. (1913-1959); Jaspers, K. (1922).

patología
v. PSICOPATOLOGÍA.

patoneurosis (al. *Pathoneurose*; fr. *pathonévrose*; ingl. *pathoneurosis*; it. *patonevrosi*)

Término que acuñó S. Ferenczi "a propósito de las neurosis posteriores a enfermedades orgánicas o heridas [...] donde resulta que la libido retirada del mundo exterior no se dirige hacia el yo en forma completa sino, principalmente, hacia el *órgano* enfermo o herido; en la región atacada por la enfermedad o en la que está abierta una herida, en efecto, notamos síntomas que debemos atribuir a un aumento de la libido. [...] Tal vez un día será posible explicar las transformaciones específicas de carácter que experimentan los enfer-

mos orgánicos como formaciones reactivas del yo a estas transferencias de la libido" (1917: 252).

BIBLIOGRAFÍA: Ferenczi, S. (1917).

pattern
v. MODELO.

pavor nocturnus

Angustia que surge durante la noche, frecuente en los niños que se despiertan aterrorizados, con los ojos desorbitados. Por lo general después de reconfortarlos vuelven a dormirse tranquilos, y al despertar hay una amnesia total de lo acontecido. Si los episodios son frecuentes es aconsejable un control electroencefalográfico para excluir la posibilidad de **epilepsia** (v.). Por lo general el *pavor nocturnus* no es un síntoma aislado sino que está acompañado por otros trastornos, como la **enuresis** (v.), inquietud motriz, reacciones ansiosas generalmente debidos a conflictos con el ambiente familiar y a la incapacidad para afrontar las situaciones. A. Dührssen, adoptando categorías psicoanalíticas, explicó el *pavor nocturnus* como una reacción de defensa contra una excesiva sumisión y como una descarga de impulsos motores y agresivos.

BIBLIOGRAFÍA: Dührssen, A. (1965); Schwidder, W. (1951).

pecado (al. *Sünde*; fr. *péché*; ingl. *sin*; it. *peccato*)

El término, que pertenece al lenguaje religioso y por lo tanto encuentra su sentido en las diversas concepciones religiosas, se refiere en general a la trasgresión de un mandato divino. El concepto de pecado tiene vínculos, en la vertiente subjetiva, con el concepto de **culpa** (v.), y en el plano objetivo con el de **mal** (v.). En las formas religiosas más arcaicas prevalece la conexión con el *mal* y por lo tanto el tratamiento puramente objetivo del pecado, entendido como difusión de una realidad maléfica que contamina a los hombres sin que éstos tengan responsabilidad personal alguna; con el desarrollo de la reflexión religiosa prevalece el vínculo con la *culpa* que, cuando se refiere a la interioridad subjetiva y se vincula con la libertad individual, asume el rasgo de pecado personal actual; si prevalece el vínculo con la imperfección entendida como rasgo esencial de la condición humana, en cambio, el pecado trasciende el horizonte personal para configurarse como característica íntimamente relacionada con la condición misma de la existencia. Con esta acepción se habla de pecado original (*v.* **culpa**, § 1).

Con el advenimiento del psicoanálisis la vertiente subjetiva del pecado es explicada en términos de sentimiento de culpa, en gran parte inconsciente, que se manifiesta con efectos neuróticos de los que estaría ausente cualquier culpabilidad percibida como tal. La dinámica subyacente debería remontarse, en opinión de Freud, a la relación entre yo y superyó, expresiones interiorizadas de la relación conflictiva que el niño experimenta, en la fase edípica, entre él mismo y sus padres (*v.* **culpa**, § 3).

BIBLIOGRAFÍA: Di Nola, A. (1972); Freud, S. (1912-1913); Freud, S. (1922); Hesnard, A. (1954); Le Goff, J. (1980); Mensching, G. (1931); Ricœur, P. (1960).

pedagogía (al. *Pädagogik*; fr. *pédagogie*; ingl. *pedagogy*; it. *pedagogia*)

Ciencia de la *educación*, actividad típicamente humana que, a través de influencias y actos efectuados voluntariamente por un individuo sobre otro, en general por un adulto sobre un joven, tiende a formar las disposiciones que corresponden a los fines de la sociedad y de la cultura en la que el individuo está inserto. Ya que la educación está siempre vinculada con los estilos de vida históricamente determinados, la pedagogía, al delinear los criterios de formación, siente los efectos de los ideales políticos, de los intereses económicos y del tipo de sociedad en la que funciona. Esta dependencia planteó la pregunta de si la pedagogía es una ciencia en sí misma, con fines específicos, o si más bien no se trata de un conjunto de disciplinas diferentes que convergen en el problema educativo. Queda en pie también el problema de si la pedagogía debe indicar

los *fines* de la educación, o más bien limitarse a describir los *procedimientos*, si debe ser *depositaria*, en el sentido de transmitir al joven los valores y el saber de su sociedad, o *problematizante*, en el sentido de liberar en la comunicación las instancias creativas e interrogativas del educando.

Emancipada de la filosofía, de la que era un corolario práctico, en la segunda mitad del siglo XIX la pedagogía se manifestó en una dimensión *teórica* en la cual cobran relieve las investigaciones sobre la naturaleza del hombre y de los valores concebidos como metas o fines a realizar, y en una dimensión *metodológica* que, sobre una base experimental, verifica las técnicas educativas que, naturalmente, no están separadas de las posturas teóricas que las inspiran. Hoy se tiende a limitar el concepto de "educación" para hacer más científico y, por lo tanto, más controlable, cada uno de los actos del proceso. A partir de esta posición se habla de educación en términos de **aprendizaje** (*v.*), y en éste se distinguen los elementos descriptivos, prescriptivos y evaluativos, cada uno de los cuales es sometido a análisis y acompañado de comprobaciones. Con base en esto se distingue la **instrucción** (*v.*) de la **formación** (*v.*); a la primera se refieren los actos intencionales y explícitos orientados hacia el aprendizaje; a la segunda la totalidad de los acontecimientos que intencionalmente ejercen una influencia en el individuo.

En el proceso educativo dos son los elementos de referencia universalmente reconocidos: *a*] la *educabilidad de la humanidad* fundada en el reconocimiento de la pertenencia del hombre a un mundo cultural en el que puede conjeturarse un cambio que sea "progresivo", en la acepción kantiana del término: "En la humanidad existen muchos brotes, y a nosotros cabe desarrollar proporcionalmente nuestras disposiciones naturales y darle a la humanidad todo su despliegue para que ésta alcance su fin" (1803: 49); *b*] la *edad juvenil* del educando, que se reconoce no está todavía maduro para la vida como la que en general se desarrolla en el nivel adulto (*v.* **psicología de la edad evolutiva**).

El proceso educativo basa su cientificidad, por un lado, en los conocimientos psicológicos a los que hace referencia y, por el otro, como técnica de la instrucción, a las metodologías de proyección y de control que poco a poco elabora y experimenta. Naturalmente, la referencia a los diversos ámbitos del saber psicológico decide el acento diferente de la postura educativa, con la consiguiente variación de métodos y de programas, que obviamente sienten los efectos de las distintas orientaciones teóricas a partir de las cuales se iniciaron. Aquí nos limitaremos a examinar las *orientaciones teóricas* de la pedagogía, porque los *aspectos metodológicos* se trataron en las voces específicas, como **enseñanza** (*v.*), **aprendizaje** (*v.*), **currículo** (*v.*), **didáctica** (*v.*), **docimología** (*v.*), **enseñanza** [2] (*v.*), **instrucción** (*v.*), **orientación** (*v.*, § 4), y **escolar, formación** (*v.*). Por lo que se refiere a la relación entre psicología y psicopedagogía, con especial atención a la pedagogía diferencial, véase la voz **psicopedagogía.**

1] LA PEDAGOGÍA COMO EDUCACIÓN FILOSÓFICA. Éste fue el inicio de la pedagogía, a partir de Platón y de Aristóteles que, bajo el nombre de παιδεία, la entendieron como formación del hombre a partir de los supuestos de la concepción política y moral que habían elaborado, respectivamente. Durante el medievo disminuye el interés por el contexto social mientras se acentúa, con Agustín de Hipona y Tomás de Aquino, el interés por la enseñanza, ya no concebida en forma mayéutica, como había previsto Sócrates, sino catequética, en el sentido de la transmisión de los contenidos de la fe. Durante el iluminismo J.-J. Rousseau conjetura, a partir de sus supuestos filosóficos, una pedagogía atenta a la inocencia de la naturaleza que debe salvaguardarse de la influencia de la sociedad y de la cultura, mientras con el idealismo, que repropuso en Italia el actualismo de G. Gentile, la pedagogía es reabsorbida por completo por la filosofía, con escasa atención a las contribuciones que podían llegar de las ciencias positivas.

2] LA PEDAGOGÍA COMO PRAXIS. La primera postulación en esta dirección la tenemos con Comenio que, con su *Didactica magna* (1657), funda la pedagogía como metodología de la educación. Dos siglos después esta posición la refuerza J.H. Pestalozzi, quien ubica al niño como sujeto central del proceso educativo, y a la organización de la escuela como institución fundamental para el desarrollo de la sociedad.

En el siglo XIX destacan las figuras de F.W.A. Fröebel, para quien la centralidad del juego y de la actividad son el núcleo de su concepción pedagógica, y J.F. Herbart, a partir de quien es posible hablar de pedagogía como de un campo específico del saber, unido a la ética, que dicta los fines de la educación, y a la psicología, que tiene la tarea de indicar los medios operativos. Pero la pedagogía como praxis encuentra su máxima expresión con J. Dewey quien, invirtiendo la relación tradicional, que subordinaba la pedagogía a la filosofía, concibe a la filosofía como una teoría de la educación, porque la característica de la praxis educativa es establecer problemas, orientar y finalizar la reflexión sobre sí misma, reconducir las teorizaciones a su uso funcional, que se transforma en el terreno de su comprobación. A partir de estas premisas Dewey inicia una metodología educativa basada en la experiencia activa del niño, concebido no como simple receptor de informaciones sino como alguien que resuelve situaciones problemáticas a las que debe ser sometido gradualmente.

3] LA PEDAGOGÍA COMO EXPERIMENTACIÓN. Se inició a paritir del ideal positivista de finales del siglo XIX y encuentra sus diferentes expresiones en M. Montessori, O. Decroly y E. Claparède, quienes inician los primeros procedimientos científicos de control de la metodología didáctica y las primeras relaciones entre la pedagogía y la psicología, mientras en el ámbito sociológico É. Durkheim desarrolla el concepto de educación como socialización, auspiciando la colaboración entre pedagogía y sociología en el sentido de que "todas las prácticas educativas, cualesquiera que puedan ser, cualesquiera las diferencias que puedan existir entre ellas, tienen en común un carácter esencial: todas son el resultado de lo ejercido por una generación sobre otra que la sucede, con el fin de adapta a esta última al ambiente social en el que está destinada a vivir" (1911: 29). A partir de estas contribuciones la pedagogía abandona gradualmente a la filosofía para acercarse a la psicología y la sociología, de las cuales obtiene indicaciones que permiten ejecutar el proceso educativo. Al adoptar los procedimientos experimentales la pedagogía no sólo se emancipa de la posición filosófica que tradicionalmente la había condicionado, sino también de la práctica empírica porque, como escriben D.T. Campbell y J.C. Stanley, "la experimentación interviene como medio para aumentar la importancia de un proceso de verificación, control, selección. La experimentación, por lo tanto, no debe considerarse como una fuente de ideas necesariamente en contraste con la sabiduría tradicional, sino más bien como un proceso de refinamiento que se sobrepone a la acumulación presuntamente apreciable de sabias prácticas" (1963: 174). Entre las formas más avanzadas de pedagogía se debe mencionar la pedagogía cibernética (*v.* **cibernética**, § 5).

BIBLIOGRAFÍA: Adler, A. (1930); Ardigò, A. (1966); Becchi, E. (1969); Boscolo, P. (1980); Brezinka, W. (1974); Campbell, D.T. y J.C. Stanley (1963); De Bartolomeis, F. (1953); Dewey, J. (1929); Dewey, J. (1949); Durkheim, É. (1911); Frank, H. (1969); Gentile, G. (1913); Herbart, J.F. (1802); Kant, I. (1803); Hubert, R. (1946); Kilpatrick, W.H. (1915); Papi, F. (1978); Peters, R.S. (1965); Scheffler, I. (1960); Schwartz, S. (1972); Sharp, R. y A. Green (1968); Tornatore, L. (1985); Visalberghi, A. (1965); Visalberghi, A. (1978); Zavalloni, R. (1969).

pederastia (al. *Päderastie*; fr. *péderastie*; ingl. *pederasty*; it. *pederastia*)

Relación sexual con niños o adolescentes, preferentemente del mismo sexo.

pedofilia (al. *Pädophilie*; fr. *pédophilie*; ingl. *pedophilia*; it. *pedofilia*)

También llamada *efebofilia*, la pedofilia es una atracción erótica hacia niños o adolescentes del mismo sexo o del otro, que no se traduce necesariamente en actos sexuales, como en el caso de la **pederastia** (*v.*). En el ámbito psicoanalítico se destaca, además de la evidente incapacidad para sostener una relación amorosa adulta, un elemento narcisista que se manifestaría en la tendencia del pedófilo a amar, en el niño, su propio ser en el período de la infancia, adoptando el mismo trato recibido, o su opuesto. No falta quien ve en la sublimación de la pedofilia el origen de una propensión pedagógica.

pena (al. *Strafe*; fr. *peine*; ingl. *pain*; it. *pena*)

Aflicción de naturaleza física o moral que se impone al individuo frente al ilícito cometido, ya sea en la modalidad de la ley, que juzga las acciones basándose en los códigos y penaliza la infracción con el **castigo** (*v.*) o en la de la existencia, que intenta purificarse del mal mediante vías de expiación. Como afirma G.W.F. Hegel, "la pena no es solamente la conciliación de la ley consigo misma o la afirmación del valor absoluto del derecho, sino también la conciliación del reo con su ley, en la que el individuo encuentra la satisfacción de la justicia y la propia ipseidad" (1821: 190). Desde el punto de vista sociológico se asigna a la pena la función de *expiación* del error, de *reeducación* del individuo y de *intimidación* como prevención social. En el ámbito psicológico no falta quien ponga en discusión de forma crítica tales funciones, considerando la pena, sobre todo en el plano reeducativo, psicológicamente contraproducente.

BIBLIOGRAFÍA: Hegel, G.W.F. (1821); Serra, C. (coord.) (1980).

pene (al. *Penis*; fr. *pénis*; ingl. *penis*; it. *pene*)

Órgano sexual masculino, llamado *pene* cuando se refiere a sus características anatómicas y funcionales, y *falo* (*v.*) cuando la referencia se orienta hacia su función simbólico-imaginaria, que abre el escenario de la fase que S. Freud llama fálica (*v.* **fálica, fase**). Según M. Klein la posesión del pene genera en el macho un sentimiento de orgullo y de superioridad en relación con la mujer, a la que Freud atribuye la *envidia del pene* (*v.* **envidia**, § 1), un sentimiento que surge con el descubrimiento de la diferencia sexual (*v.* **feminidad**) que, cuando no se asimila, puede generar en la mujer trastornos de la receptividad sexual, como **frigidez** (*v.*) y en el varón angustia de **castración** (*v.*), basándose en la idea infantil, y según algunos arcaica, de la existencia de un pene también en la mujer.

BIBLIOGRAFÍA: Aron, J.P. y R. Kempf (1978); Freud, S. (1905); Klein, M. (1932); Lacan, J. (1958).

penetración
v. CÓPULA.

pensamiento (al. *Denken*; fr. *pensée*; ingl. *thought*; it. *pensiero*)

Actividad mental que abarca una serie muy amplia de fenómenos, como razonar, reflexionar, imaginar, fantasear, poner atención, recordar, que permite estar en comunicación con el mundo exterior, consigo mismo y con los demás, además de construir hipótesis del mundo y de nuestra forma de pensarlo. Puede deteriorarse, como en el delirio, o desorganizarse, como con la irrupción de las emociones. Existen diferentes tipos de pensamiento, estudiados en su forma y expresión, y definiciones muy diferenciadas por efecto de los presupuestos teóricos en los que se inician las diferentes orientaciones psicológicas.

I. *LOS TIPOS DE PENSAMIENTO*

Existen diferentes tipologías que clasifican las formas de pensamiento según dicotomías íntimamente dependientes de los criterios que adoptan las diferentes escuelas psicológicas. Entre éstas las más significativas son:

1] PENSAMIENTO INTUITIVO Y PENSAMIENTO LÓGICO. El primero es un pensamiento que aprehende la situación sin ser capaz de describir los pasos cumplidos. Es frecuente en los procesos creativos, en los cuales revela vínculos con las estructuras de lo profundo y, por la modalidad con la que se articula, se lo llama "prelógico" (*v.*). El segundo utiliza los instrumentos lógico-racionales, justificando en cada paso las estructuras operativas que adopta.

2] PENSAMIENTO PRODUCTIVO Y PENSAMIENTO MECÁNICO. Esta distinción la introdujo M. Wertheimer, para quien la productividad no es un enriquecimiento del pensamiento, sino su reformulación para una mejor comprensión de la situación. A la productividad se contrapone el mecanicismo del pensamiento, que opera aplicando reglas. A esta distinción se puede remontar la subdivisión que distingue el *pensamiento creativo*, con escasos vínculos y constricciones externas, pero con profunda dependencia del mundo interior, del *pensamiento rí-*

gido, que se limita a la elaboración y el ordenamiento de las informaciones; así como la división entre *pensamiento divergente*, capaz de respuestas flexibles y soluciones múltiples y originales, y *pensamiento convergente*, que no se deja influir por los brotes de imaginación, para limitarse a utilizar la información con miras a una sola respuesta correcta (*v.* **creatividad**, § 1 e **inteligencia**, § 2).

3] PENSAMIENTO REALISTA Y PENSAMIENTO MÁGICO. El primero se atiene a los datos de realidad; el segundo, típico de la fase infantil y de la forma primitiva de pensar, como lo demostró L. Lévy-Bruhl, vive de **participación mística** (*v.*) con los objetos y las cosas, que considera animadas y dotadas de intencionalidad. Además del pensamiento mágico, al pensamiento realista se oponen también el *pensamiento desreístico*, cuyos contenidos se refieren a las necesidades y a las fantasías del sujeto al punto de desconocer la realidad, como en las situaciones delirantes, y el *pensamiento autístico* que E. Bleuler describe como separado de la realidad "en un imaginario mundo entretejido de satisfacciones, de deseos y de ideas de persecución" (1911-1960: 446).

4] PENSAMIENTO EXTROVERTIDO Y PENSAMIENTO INTROVERTIDO. Es una distinción que introdujo C.G. Jung, quien llama *extrovertido* al pensamiento que tiene a la vista el objeto en su datidad (materialización), concretización y realidad, e *introvertido* al pensamiento que se alimenta de la resonancia interior que los objetos tienen para el sujeto (*v.* **extroversión-introversión**).

5] PENSAMIENTO SECUENCIAL Y PROCESOS MÚLTIPLES. Es un ordenamiento que introdujo el cognoscitivista U. Neisser, que reúne todas las dicotomías arriba señaladas, que interactúan entre sí porque "tanto cuando estamos despiertos como cuando estamos dormidos, en nosotros coexisten con frecuencia flujos de pensamiento más o menos independientes. Sin embargo, por lo general, está en curso una *secuencia principal* que se ocupa de materiales particulares con operaciones sucesivas. Esta secuencia corresponde al flujo de la conciencia y puede estar influida o no por otros procesos que suceden de manera simultánea, mientras que la conciencia está intrínsecamente concentrada en un solo tema; se puede estar consciente de *un* flujo de pensamiento, pero no de los detalles de muchos de ellos. La secuencia principal por lo general tiene el control de la actividad motriz. En los casos en los que esto no sucede (cuando la conducta no corresponde a la conciencia), el comportamiento parece exótico y patológico" (1963: 143). Si se adopta esta hipótesis las formas desreísticas, creativas, intuitivas, productivas del pensamiento dependerían de los *procesos múltiples* de la actividad mental. El criterio que utilizó Neisser tiene un paralelismo con el de S. Freud entre proceso primario y proceso secundario, que se basaría en los procesos secuenciales propios de la conciencia.

II. *LAS DIFERENTES CONCEPCIONES DE LA NATURALEZA DEL PENSAMIENTO*

Las definiciones e interpretaciones de la naturaleza del pensamiento dependen de las diferentes orientaciones teóricas de las escuelas psicológicas y de las metodologías adoptadas para acercarse al problema.

1] EL ASOCIACIONISMO. Esta corriente tomó en consideración los procesos elementales del pensamiento, enfocando el momento asociativo y el momento de la atención en lo que pasa por la mente. Los resultados que alcanzó F. Galton con sus experimentos psicométricos indicaron tres categorías de asociaciones, en las cuales la imagen mental está vinculada: *a*] a los sonidos de las palabras; *b*] a las impresiones sensoriales; *c*] al elemento imaginario. Las conclusiones alcanzadas fueron criticadas aduciendo que eran las únicas que se podían alcanzar a partir del método adoptado, con resultados significativos en el ámbito cuantitativo, pero insuficientes para explicar la variante cualitativa de los procesos de pensamiento.

2] EL INTROSPECCIONISMO. El introspeccionismo, iniciado por W. Wundt y E.B. Titchener (*v.* **elementarismo**), después fue retomado por el **cognoscitivismo** (*v.*) con el método de la introspección provocada y sistemática a partir de los protocolos verbales (*v.* **problema**), en los que el sujeto es invitado a describir los procesos de pensamiento que sigue en la resolución de problemas propuestos. Los límites de este método de investigación se deben remontar al hecho de que el acto de observar modifica el proceso, y que la comprensión de la descripción introspectiva es filtrada por la forma de experimentar del observador.

3] EL CONDUCTISMO. Esta corriente renuncia a servirse de los datos de conciencia porque experimentalmente no se pueden indagar, con la consiguiente reducción del pensamiento a ese dato verificable que es el lenguaje, interpretado en el modelo estímulo-respuesta, a partir del cual el pensamiento es una respuesta a la estimulación ambiental. Las críticas a esta orientación llegaron de la vertiente cognoscitivista, que en el nivel experimental demostró que el pensamiento no se limita a recibir informaciones pasivamente, sino que las filtra y las elabora para ajustar las respuestas a las condiciones objetivas existentes.

4] LA PSICOLOGÍA DE LA FORMA. Esta orientación estudió los valores productivos del pensamiento respecto a las secuencias mecánicas que resultan de la pura aplicación de reglas, las formas de *insight* (*v.*, § 1) que reestructuran cognoscitivamente el campo fenoménico mediante una intuición comprensiva respecto a la aplicación de soluciones aprendidas con procedimientos de tipo casual, como los de **prueba y error** (*v.*) y, en suma, la naturaleza globalista del pensamiento, que es originaria y a la que no se llega por la simple adición de las secuencias parciales seguidas (*v.* **psicología de la forma**, § III, 2).

5] EL PSICOANÁLISIS. La orientación psicoanalítica interpreta el pensamiento como la facultad del proceso secundario o consciente que, a diferencia del proceso **primario** (*v.*), de naturaleza inconsciente, opera según el **principio de realidad** (*v.*, § 3), por lo que lo que es representado ya no es lo agradable, porque satisface el deseo, sino lo real, aunque sea desagradable. El proceso primario elimina la tensión pulsional alucinando, por ejemplo, una situación de satisfacción, por lo tanto inmediata e independiente de la realidad externa, mientras el proceso secundario, demorando la satisfacción, busca la satisfacción en el plano de la realidad no ilusoriamente. Posteriores contribuciones en esta dirección vienen de la **psicología del yo** (*v.*), según la cual hay a disposición del yo una energía neutralizada y no perturbada por el fluir de las pulsiones, que le permite al yo la ejecución de muchas de sus funciones, y de la teoría de W. R. Bion, quien conjetura una función *alfa* que mentaliza las impresiones sensoriales, aún internas, transformándolas en formaciones de pensamientos, del cual la primera forma es el pensamiento onírico. A la mentalización corresponde también la desmentalización de la experiencia, que transforma los elementos *alfa* en elementos *beta*, expulsados de la mente mediante la identificación proyectiva, por lo que ya no forman parte de la experiencia interior sino que van a poblar los objetos externos que se animan con partes que el sujeto proyectó fuera de sí (*v.* **proyección**, § 3).

6] EL COGNOSCITIVISMO. Es la corriente psicológica que de manera más significativa ha retomado las teorías tradicionales, nacidas en el ámbito filosófico, acerca de los procedimientos de abstracción, la comprobación de las hipótesis, los procesos deductivos e inductivos mediante los cuales el pensamiento encuentra su articulación. El cognoscitivismo, partiendo del presupuesto de que la mente no se limita a registrar informaciones, sino que las filtra y las elabora, interviniendo en forma activa, considera: *a*] que los *conceptos* no son el producto de la abstracción, que permite reunir bajo una denominación común los rasgos idénticos de los objetos, separándolos (*ab-traho*, de donde proviene *abstracción*) de los peculiares, sino la manifestación con la que se organizó la experiencia, por lo que los conceptos son predictivos, en el sentido de que permiten tratar los acontecimientos futuros si el sujeto los organiza con el mismo estilo de experiencia; *b*] que la *experiencia* es resultado de un constructo personal que funciona en un esquema *cerrado*, que impide el enriquecimiento de la experiencia misma, o en un esquema *abierto*, que reduce su componente esquemático a medida que reúne los contenidos empíricos que necesitan una continua reestructuración de la forma de vivir la experiencia; *c*] que el *efecto atmósfera* actúa en los procedimientos lógicos por lo que, en el ejemplo silogístico, una premisa universal y una particular producen una atmósfera particular; una premisa afirmativa y una negativa crean una atmósfera negativa; una hipótesis agregativa crea una atmósfera de cautela orientada a aceptar conclu-

siones débiles y prudentes, y así sucesivamente; *d*] que en la *comunicación* el mensaje puede alterar el contexto comunicativo, con los consiguientes malentendidos y desconocimientos que la lógica, que preside la programación de las computadoras, hace evidente.

III. *LOS TRASTORNOS DEL PENSAMIENTO*

El primer intento de descripción sistemática y de clasificación se remonta a P. Pinel quien, ya a finales del siglo XVIII, había distinguido los trastornos de asociación de aquellos que había que imputar a la memoria. En los países de lengua alemana W. Griesinger distinguió "el pensamiento de curso anormal con conservación de la relación formal" y la "anormalidad del pensamiento derivado de anormalidad del contenido". Esta distinción se considera hasta ahora un buen criterio diferenciador Ya que el pensamiento se manifiesta en el lenguaje, K. Schneider inició las investigaciones que, a partir de la afasia, intentan identificar los trastornos subyacentes del pensamiento. No faltan investigaciones orientadas a establecer si los trastornos funcionales del pensamiento son de origen focal o global, y si las disfunciones se deben verificar en el nivel asociativo, como sostiene la escuela de Wurzburgo en el nivel de estructuras sintetizadas, como considera la psicología de la forma.

La psicología clínica, con H. W. Gruhle, distinguió: *a*] un pensamiento de dirección normal pero trastornado en su manifestación, por ejemplo con inhibiciones, distracción, confusión, decaimiento mental y bloqueo del pensamiento; *b*] un pensamiento normal que sin embargo asume direcciones anormales, como ocurre con las ideas obsesivas, las ideas dominantes y el delirio; *c*] finalmente, un pensamiento trastornado tanto en la dirección cuanto en el desarrollo, como en los trastornos esquizofrénicos. La orientación actual adopta la distinción entre *trastornos formales* y *trastornos del contenido*; de cualquier manera se le debe ver simplemente como un criterio ordenador, porque numerosos son los casos –como por ejemplo la inhibición del pensamiento–, que pueden ser interpretados como una menor disponibilidad de material, al igual que como una alteración del ritmo del pensamiento.

1] LOS TRASTORNOS FORMALES DEL PENSAMIENTO. Forman parte de este ámbito las siguientes formas:

a] La *inhibición*, que es una disminución en el flujo del pensamiento, acompañada de pobreza de ideas y de fijación en ciertos contenidos. Generalmente se asocia también con un trastorno de la comprensión (*v.* **inhibición**, § 5).

b] La *fuga de las ideas* que, en cierto sentido, es lo opuesto a la inhibición: el sujeto está invadido por una profusión de ideas que ya no logra ordenar y controlar, porque éstas florecen por vía asociativa en un flujo continuo, lo que se hace evidente en el lenguaje, en el cual, como nota L. Binswanger, "la sintaxis hipotática, que se articula en frases primarias y secundarias, es sustituida por la parataxia, o sea una simple sucesión de frases" (1945: 51; *v.* **fuga**, § 1; **idea**, § 9).

c] La *prolijidad* en la cual no está perdida la meta del pensamiento, pero se la alcanza de manera muy indirecta a través de la inferencia de pensamientos secundarios.

d] La *circunstancialidad*, en la que el pensamiento se pierde en detalles de poca importancia y pasa fácilmente a otros argumentos tratados con la misma sobreabundancia de detalles.

e] La *disgregación*, caracterizada por la pérdida de control en la forma de percibir las impresiones, por lo que se colocan en primer plano ciertos detalles, con la consiguiente fragmentación del campo de la experiencia debida a la eliminación de orientaciones superiores. Forman parte de la disgregación la *fusión* o inclusión de hechos heterogéneos, con la consiguiente insensatez del pensamiento; la *digresión*, en la cual la invasión de pensamientos secundarios termina por sustituir el hilo principal; la *omisión*, en la que todas las secuencias del pensamiento principal se eclipsan aun sin la intervención de pensamientos secundarios; la omisión se denomina también *bloqueo del pensamiento* (*v.* **bloqueo**); el *desvarío*, en el que se observa un intercambio entre los pensamientos referidos a las cosas y los pensamientos referidos al propio mundo interior. Forman parte de este ámbito las formaciones delirantes (*v.* **delirio**, § 3), la **extravagancia** (*v.*) y la **paralogía** (*v.*), con mezcolanza y confusiones de conceptos.

f] La *incoherencia*, debida principalmente a un trastorno de la atención, con las consi-

guientes asociaciones por asimilación o por contraste.

g] La *fabulación*, generalmente atribuida a los trastornos orgánicos del pensamiento, como la demencia; se interpreta como la intención de mantener un pensamiento iniciado en una dirección coherente, mientras las informaciones reales no son suficientes para ello, o como la intención de colmar las lagunas de una memoria gravemente afecta (*v.* **fabulación**).

h] La *desconcentración*, o incapacidad para hacer converger la actividad mental en un pensamiento, con la consiguiente reducción de la capacidad de reflexionar y de llegar a un juicio.

2] LOS TRASTORNOS DEL CONTENIDO DEL PENSAMIENTO. Forman parte de este ámbito las siguientes formas.

a] Las *ideas dominantes* (*v.* **idea**, § 6) que, por tener un importante elemento afectivo, son vividas por el sujeto como verdades absolutas por el lado afectivo, que está íntimamente ligado. Son defendidas o perseguidas con tenacidad, aunque causen contrariedades e inconvenientes, y se imponen sobre cualquier otro pensamiento. Se suelen distinguir ideas dominantes *objetivas*, que por lo general son de tipo religioso o político, e ideas *subjetivas*, que se refieren a la propia conveniencia, al honor o a enfermedades imaginarias; y también ideas *activas*, que impulsan a la acción, e ideas *pasivas*, que se expresan sólo con sugestivas estructuras teóricas.

b] Los *delirios* que se organizan alrededor de un pensamiento de celos, de persecución, de grandeza (*v.* **delirio**, § 3), que el sujeto utiliza para reorganizar su experiencia, ya desestructurada, alrededor del pensamiento delirante, y para restablecer un contacto con la realidad, de otra manera perdida. Al respecto escribe G. Jervis que en el delirio "la *reestructuración* de la realidad parte de una *intuición de significado* alrededor de la cual todo el mundo se reorganiza y, por decirlo así, vuelve a funcionar. La *explicación* (delirante) reactiva una existencia que se había bloqueado en la angustia, en la pasividad, en la pérdida de sentido de las cosas. De improviso el sujeto *intuye*: está invadido por fuerzas extrañas, algo sucede, hay un complot o una maquinación; le están ocultando algo pero ya comienza a entender, ve significados nuevos y cifrados" (1975: 245-246).

BIBLIOGRAFÍA: Amerio, P. y G.P. Quaglino (1980); Bartlett, F.C. (1958); Binswanger, L. (1945); Bion, W.R. (1962); Bleuler, E. (1911-1960); Bolton, N. (1977); Bruner, J.S. *et al.* (1956); Claparède, E. (1933); Conrad, K. (1966); Duncker, K. (1963); Galton, F. (1879); Gardner, H. (1983); Gardner, H. (1985); Gedo, J.E. y A. Goldberg (1973); Griesinger, W. (1845); Hofstadter, D.R. y D.C. Dennet (1981); Imbasciati, A. y D. Calorio (1981); Jaspers, K. (1913-1959); Jervis, G.J. (1975); Keats, J.A., K.F. Collis y G.S. Halford (1978); Kraepelin, E. (1909); Legrenzi, P. y A. Mazzocco (1973); Mancia, M. (1980); Minsky, M. (1986); Morin, E. (1986); Mosconi, G. y V. D'Urso (1974); Neisser, U. (1963); Piaget, J. (1970); Rapaport, D. (1954); Rycroft, C. (1968); Sells, S.B. (1936); Storr, A. (1972); Wason, P.C. y P.N. Johnson-Laird (1972); Wertheimer, M. (1945).

peotilomanía (al. *Peotillomanie*; fr. *péotillomanie*; ingl. *peotillomania*; it. *peotillomania*)

La peotilomanía clasificada por algunos entre las formas de seudomasturbación, por otros entre los tics nerviosos, consiste en tocarse continuamente los genitales con las manos.

pequeño mal
v. EPILEPSIA.

percentil
v. ESTADÍSTICA, § I, 4.

percepción (al. *Wahrnehmung*; fr. *perception*; ingl. *perception*; it. *percezione*)

Conjunto de funciones psicológicas que permiten al organismo adquirir informaciones acerca del estado y los cambios de su entorno gracias a la acción de órganos especializados, como la vista, el oído, el olfato, el gusto y el tacto. Además es posible obtener informaciones sobre el estado del propio cuerpo a través de la **sensibilidad** (*v.*) propioceptiva o interoceptiva. La percepción, aunque para algunos no es separable, según otros se distingue de la **sensación** (*v.*); mientras esta última se refiere a los datos elementales del conocimiento sensible que no pueden ser divididos en elementos más simples, la percepción es un proceso más complejo que unifica una multiplicidad de sensaciones, refiriéndolas a un objeto diferente del sujeto y de los otros objetos. Esta forma de percepción, llamada *externa*, se distingue de la percepción de los propios estados *interiores*, que no forman parte de los estudios de la percepción.

1] TEORÍA DE LA PERCEPCIÓN. En el ámbito filosófico hay sustancialmente dos interpretaciones de la conciencia perceptiva: la *empirista-asociacionista* que, con D. Hume y J.S. Mill, considera la percepción como la suma de sensaciones elementales, y la *apriorista*, que con I. Kant considera que la percepción es una elaboración de los datos sensoriales efectuada por la conciencia según formas *a priori*. Terminó por prevalecer esta segunda tesis, aunque con significativas variaciones, en las tomas de posición filosófica posteriores, y en especial con el pragmatismo de C.S. Peirce y de W. James, con el neorrealismo de A.N. Whitehead, con el espiritualismo evolucionista de H. Bergson y con la fenomenología de E. Husserl y de M. Merleau-Ponty, que preparó el terreno para la **psicología de la forma** (*v.*); esta última, con M. Wertheimer, K. Koffka y W. Köhler, sostiene que en la percepción se tiene conciencia inmediata de un todo organizado, que no está determinado por la suma de sus elementos sino por leyes estructurales interiores al todo. Con una serie imponente de pruebas experimentales la psicología de la forma intentó determinar las leyes de la aparición de las formas y las de su transformación. El funcionalismo perceptivo, con G.W. Allport, uniéndose a la crítica al asociacionismo que realizó la psicología de la forma, subrayó el elemento subjetivo representado en las necesidades, las expectativas, los fines, las motivaciones, como factor codeterminante del acto perceptivo. En esta perspectiva la percepción parecía, más que un dato objetivo, un punto de vista hipotético del objeto, susceptible de modificaciones. En esta línea se ubica también el pragmatismo estadunidense, con su interpretación de la vida psíquica como transacción entre organismo y ambiente. Hoy, en el estudio de la percepción prevalece la postura experimental, coadyuvada por las conclusiones a las que llega la cibernética en la comprensión de los procesos cognoscitivos (*v.* **cognición**, § 1, *a*).

2] ESTÍMULO Y PERCEPCIÓN. El estudio clásico de la percepción se inició con el famoso esquema estímulo-respuesta (E-R), en el cual la respuesta del sujeto está en función de la estimulación que recibió, por lo que R-f(E). Este esquema prevé que *a*] los objetos materiales del mundo externo son fuente de estimulación para receptores especiales, agrupados en órganos sensoriales, que son excitados; *b*] la excitación de los receptores depende de la constitución anatomofuncional en relación con la calidad de energía estimulante; *c*] la excitación, una vez ocurrida, da origen a algo que el sujeto percibe como "contenido psíquico". Este esquema se complica por el hecho de que el sujeto no se limita a experimentar los estímulos, sino que con frecuencia los busca de manera activa, por lo que los elementos de la conducta y los internos, como emociones y motivaciones, determinan lo que puede percibir. Así el esquema elemental se vuelve más complejo, porque necesita, en los diferentes niveles, respuestas diferenciadas.

a] *En el nivel psicofísico* se trata de establecer la relación existente entre un estímulo, definido como fenómeno físico de intensidad ponderable, y la respuesta que se deriva, de él, proporcionada por una sensación de determinada intensidad. Al respecto se definieron los *umbrales inferiores absolutos* proporcionados por la intensidad mínima de un signo físico que desencadena una respuesta del sujeto; los *umbrales superiores absolutos*, más allá de los cuales ya no existe una sensación específica; los *umbrales diferenciales*, que establecen qué modificaciones de incremento o disminución debe experimentar una señal para que el sujeto la perciba como diferente; la construcción de *escalas psicofísicas* para la medición de los umbrales regulados por la *ley de Fechner*, según la cual la intensidad de una sensación subjetiva es proporcional al logaritmo del excitante físico. Esta ley, válida para la relación entre excitante físico y reacciones fisiológicas del receptor, encuentra una correspondencia aproximada por lo que se refiere a la relación entre intensidad del excitante físico y la sensación psicológica o subjetiva que se deriva (*v.* **Weber-Fechner, ley de**).

b] *En el nivel psicofisiológico* la relación entre estímulo y percepción se estudia en rela-ción con los receptores, los órganos sensoriales y sus vías nerviosas correspondientes. Aquí, además de la transformación física del estímulo de la fuente de la variación de energía, que está fuera del organismo, hasta las variaciones experimentadas por los receptores y de allí hasta las originadas por las vías nerviosas que conducen a los puntos neurológicos centrales (*v.* **excitabilidad**), se estudió la función de la *duración*, o sea del tiempo que necesita la sensación para alcanzar su valor definitivo con base en las condiciones ambientales y psicológicas. En efecto, los procesos de adaptación requieren cierto tiempo, que puede ser de algunos minutos, como en la adaptación de los ojos a la luz, de media hora, como en la adaptación a la oscuridad, o aún más largo, como en el caso del oído sometido a una estimulación larga o especialmente sonora. Forma parte de este campo el estudio de las *ilusiones perceptivas* y en especial de las óptico-geométricas (*v.* **ilusión**, § 4), imputadas, según las orientaciones, a inadecuaciones anatómicas del ojo, a la función desarrollada por los movimientos oculares, a la cercanía del estímulo a visiones parciales anteriormente percibidas por el sujeto, y a particularidades de la misma configuración estimulante, que volvería imposible una correcta percepción de esta última.

c] *En el nivel gestáltico* la relación estímulo-respuesta parece insuficiente para explicar la percepción que, lejos de ser la simple suma de las sensaciones elementales que la integran, está determinada por la organización de las mismas, o sea de las relaciones que guardan entre ellas. Además, en el nivel psicofísico y psicofisiológico no se puede explicar la discrepancia que existe entre *objeto real*, cuyas características proporcionan una estimulación, y *objeto fenoménico*, que es el resultado de la configuración o forma percibida. Clásico es el ejemplo de la luna que cuando está en el cenit parece mucho más chica que cuando está en el horizonte, mientras que siempre tiene las mismas dimensiones. Las leyes de la *Gestalt* o forma, con base en las cuales se constituye el objeto fenoménico a partir de los estímulos que ofrece el objeto real, las formuló la **psicología de la forma** (*v.*, § II).

d] *En el nivel fenomenológico* la percepción nunca se refiere a algo, sino a un conjunto del que algo emerge. El algo que emerge es el resultado de nuestra necesidad sensorial: "Ya que estamos en el mundo –escribe M. Merleau-Ponty– estamos condenados al sentido y no podemos hacer nada ni decir nada que no asuma un nombre en la historia" (1945: 29). A partir de estas premisas la fenomenología niega que se pueda separar el *acto* de la percepción del *objeto* percibido, porque "ver" significa "ver algo". "Cuando Descartes nos dice que la existencia de las cosas visibles es dudosa, pero que nuestra visión, considerada como simple pensamiento de ver, no lo es, es una posición insostenible [...] porque la visión se toma a sí misma y se logra en la cosa vista" (1945: 484-486). De esta manera la fenomenología recupera la **intencionalidad** (*v.*) de la percepción, rechazando poder considerarla independiente del objeto percibido.

e] En el nivel cognoscitivo, *v.* **cognición**, § 1, *a*.

3] LA CONSTITUCIÓN DEL OBJETO PERCEPTIVO. De la gran cantidad de estímulos que activan a nuestros receptores nosotros aislamos algunos conjuntos que nos proporcionan los objetos de la percepción. A esto se llega mediante la relación figura-fondo y la segmentación del campo visual.

a] *La relación figura-fondo* es el elemento fundamental en la estructuración de los estímulos que se inicia en la ruptura del "campo de estimulación homogénea", como puede ser un cielo sin nubes. El paso siguiente lleva a una localización espacial diferente de diversos estímulos, en el sentido de que existe la tendencia a localizar lo que se asume como figura más cerca que lo que se deja como fondo. Entre las condiciones de base que llevan a elegir cierta figura con respecto al fondo están el *tamaño* relativo de las partes y sus *bordes*. En igualdad de condiciones tiende a emerger como figura la más pequeña, la que queda incluida o la que tiene bordes cóncavos en lugar de convexos, según los criterios que puso en evidencia E. Rubin (*v.* **reversibilidad**, § 1).

b] *Las leyes de la segmentación del campo visual* que participan en su organización y en la constitución del objeto perceptivo son: la *cercanía*, por la cual las partes más cercanas de un conjunto tienden a la unidad figurativa; la *semejanza* de partes en el conjunto perceptivo; el *cierre*, por el cual las regiones delimitadas por bordes cerrados tienden a ser percibidas como figuras respecto a las de contornos abiertos o incompletos; la *continuidad de dirección* respecto a las formas discontinuas o cambiantes; la *buena forma*, que es la más equilibrada y armónica, cuyas partes parecen pertenecerse, requerirse o acercarse recíprocamente; la *experiencia pasada*, que favorece la percepción de objetos con los que se tiene mayor familiaridad (*v.* **psicología de la forma**, § I, 2).

4] LA CONSTANCIA PERCEPTIVA. Si se cambian las relaciones espaciales entre observador y objeto, la identidad, el tamaño y la forma del objeto no varían (constancia perceptiva) aun cuando se transforme la proyección del mismo objeto en la retina. El valor adaptativo de esta constancia es evidente, porque al mantener una percepción estable de los objetos, no obstante las variaciones de las condiciones perceptivas, somos capaces de habitar con mayor habilidad en el mundo que nos rodea. En este campo las mejores contribuciones provienen de la fenomenología, que distingue los siguientes tipos de constancia.

a] *La constancia del objeto*, por la que una persona familiar es percibida de la misma manera y con sus características ya se la vea de pie, acostada, de frente, a pocos pasos, etc. Esta constancia la proporciona la invariabilidad de las *relaciones* entre los elementos importantes que tenemos en el conjunto de la situación estimulante.

b] *La constancia del tamaño*, que se refiere al fenómeno por el cual, cuando un objeto está alejado, tendemos a corregir los efectos de la distancia y seguimos viéndolo en sus dimensiones normales, aunque la imagen retiniana haya cambiado. Esto depende de la relación entre el tamaño *real* de la imagen en la retina y la distancia *aparente* del objeto, evaluada mediante los indicios de profundidad. mientras esta relación permanezca constante, en el sentido de que como el tamaño en la retina disminuye hay un aumento proporcional en la distancia aparente, el tamaño percibido sigue siendo el mismo.

c] *La constancia de forma*, que permite percibir una mesa como rectangular aun cuando, por efecto de su orientación diferente, la imagen retiniana correspondiente sea trapezoidal. En este caso resulta esencial la relación entre la forma de la imagen retiniana y la inclinación aparente del objeto, perceptible utilizando los indicios que lo revelan.

d] *La constancia de posición,* por la que reconocemos la persistencia de la posición de los objetos no obstante la miríada de impresiones cambiantes que acompañan nuestros desplazamientos. La estabilidad del mundo perceptivo depende también de nuestra experiencia pasada.

e] *La constancia de la luminosidad y del color,* que depende del hecho de que juzgamos la luminosidad de un objeto en relación con el entorno, por lo que el porcentaje de luz utilizable reflejada en un objeto es el mismo, independientemente del grado de iluminación. La constancia no se dará cuando el objeto y su entorno no estén iluminados por la misma fuente. Lo mismo ocurre con la constancia del color de un objeto que, respecto a la luz, tiene también, a su favor, nuestra memoria del objeto, por lo que si vemos una naranja a través de un tubo estrecho que no permita reconocerla, aparecerá del color correspondiente a la luz que lo ilumina, y ya no de "su" color. Las constancias perceptivas son muy precoces en el desarrollo infantil temprano, por lo que queda abierto el problema de si la corrección que produce la constancia perceptiva se debe al conocimiento o depende de mecanismos innatos.

5] LA PERCEPCIÓN DEL ESPACIO: DISTANCIA Y PROFUNDIDAD. La percepción del espacio presenta el problema de cómo es posible ver en forma tridimensional, es decir evaluando distancia y profundidad, a partir de la proyección retiniana que, al ser sobre una superficie, es de dos dimensiones (*v.* **visual, aparato**, § 4).

a] *La visión estereoscópica,* que permite apreciar distancia y profundidad mediante la convergencia de los ojos (por la que cuanto más cercano está el punto de observación mayor es la convergencia necesaria), y la disparidad de las imágenes retinianas (por la que el ojo izquierdo no recibe, debido a su distancia del derecho, la misma imagen). La combinación de estos dos factores fisiológicos no sería suficiente si no intervinieran los indicadores psicológicos que, en la visión monocular, permiten apreciar distancia y profundidad en ausencia de los mecanismos de la visión binocular.

b] *Los indicadores psicológicos,* que son: la sobreposición de los objetos (por lo que si uno cubre a otro no se puede dejar de conjeturar que el primero está más cerca); la perspectiva (que produce una convergencia a la distancia, como se puede comprobar viendo una vía de ferrocarril); el claroscuro (que ayuda a delimitar los contornos de los objetos tridimensionales); el movimiento (por el que si nos movemos en una dirección determinada los objetos lejanos parecen moverse con nosotros, mientras los cercanos parecen moverse en sentido contrario); la conciencia empírica del tamaño efectivo del objeto (por la que si a un hombre alejado se lo percibe más pequeño el sujeto lo interpreta simplemente como lejano).

6] LA PERCEPCIÓN DEL MOVIMIENTO. Condición general necesaria para que se produzca la percepción visual de los movimientos es la existencia de una *modificación temporal* en el estado de la estimulación de la retina. Siempre que ésta sea estimulada homogéneamente en el tiempo, tendremos las premisas para la percepción del movimiento. La modificación temporal, además, no debe ser ni muy lenta ni muy rápida, porque existe un umbral inferior y uno superior de velocidad para la percepción del movimiento. A partir de estas premisas es fácil intuir que la percepción del movimiento no depende exclusivamente de los efectos de los movimientos físicos de los estímulos del entorno, y ésta es la razón por la que podemos ver un movimiento aparente aun en ausencia de un movimiento real.

a] *El movimiento aparente* se registra en diferentes condiciones reguladas por las *leyes de Korte,* que definen las relaciones proporcionales que deben subsistir, para que el fenómeno se dé, entre la distancia espaciotemporal de los estímulos y su intensidad, que debe crecer de manera proporcional a la distancia espacial e inversamente proporcional a la temporal, determinada por el tiempo de exposición. Las formas de movimiento aparente son:

el *efecto autokinético,* por lo que si en completa oscuridad se observa un único punto luminoso, después de pocos segundos la luz parece moverse en forma oscilatoria o alejándose. Los pilotos de los vuelos nocturnos se defienden de este fenómeno alineando una estructura de referencia en el borde del parabrisas;

la *paralaje,* por la que un observador percibe el desplazamiento angular aparente de un objeto cuando lo observa desde dos puntos de vista diferentes. El término también se refiere al movimiento aparente de objetos, en realidad inmóviles, que a un observador en movimiento le parecen dirigirse unos hacia otros a una velocidad más o menos sostenida, según la menor o mayor distancia desde el punto de observación. En esta segunda acepción el fenómeno de la paralaje es uno de los que contribuyen a la percepción de la profundidad y la evaluación de la distancia en la visión monocular;

el *movimiento estroboscópico* es la base del cine, en el que la ilusión del movimiento se crea por la rápida sucesión de distintos estímulos inmóviles; una forma más simple de movimiento estroboscópico es la conocida como *fenómeno pi* o *movimiento beta*, por el cual la rápida sucesión en el encendido de una serie de foquitos se percibe como un movimiento efectivo de la luz.

Otras formas de movimiento aparente son el *movimiento alfa*, que se revela en la percepción de la variación del tamaño, como cuando se tiene la impresión de que el segmento central se alarga o se acorta según se quite los segmentos orientados hacia adentro o hacia afuera de una figura;

el *movimiento gamma*, por el que un objeto parece expandirse y contraerse por efecto del aumento o la reducción imprevista de la iluminación;

el *movimiento delta*, por el que un objeto parece desplazarse por el rápido cambio de la luz;

el *efecto túnel*, por el que con el encendido sucesivo de dos luces, entre las cuales y delante de las cuales hay una pantalla, se tiene la impresión de que la luz desaparece detrás de la misma para después reaparecer, como si hubiera atravesado un túnel;

la *ilusión de Charpentier*, que es el movimiento aparente de un punto luminoso en la oscuridad. El fenómeno se verifica cuando el cansancio de la musculatura ocular determina un pequeño movimiento de los ojos que, en ausencia de puntos de referencia a causa de la oscuridad, el sujeto percibe como externo. No debe confundirse con la ilusión de Charpentier-Koseleff, relativa a la evaluación de la relación medida-peso (*v.* **ilusión**, § 5);

la *espiral de Exner*, que es un movimiento aparente inducido por una figura en espiral dibujada en un disco giratorio, que provoca la impresión de separarse de éste y de retirarse sobre sí misma según el disco se haga girar, hacia la derecha o hacia la izquierda. En el momento en que se detiene se observa un

efecto figural póstumo (*v.* **ilusión**, § 4, *a*) del movimiento en dirección contraria a la del movimiento provocado inicialmente.

b] *La velocidad aparente* es la velocidad percibida, que difiere de la física por efecto de una discrepancia que, según los experimentos de J.F. Brown, depende de tres factores. 1] *tamaño del objeto*, por lo que de dos objetos de tamaño diferente que se mueven en campos iguales, el más pequeño parece moverse más rápidamente; 2] *dimensiones del campo*, por lo que de dos objetos iguales que se mueven en campos de diferentes dimensiones el que está situado en el campo visual más pequeño parece moverse más rápido; 3] *distancia ojo-objeto*, por lo que de dos objetos en movimiento situados a diferentes distancias del espectador el más lejano parece poseer una velocidad mayor que el más cercano.

c] *El movimiento real* depende de la relación entre los objetos dentro del campo visual. Cada vez que hay movimiento el observador debe decidir qué se mueve y qué está parado en relación con algún esquema de referencia. Lo que se mueve recibe el nombre de "unidad dinámica", en contraposición a las "unidades estáticas". La percepción de la velocidad depende de diferentes factores: la *luminosidad*, por la que cuanto más iluminado está el objeto tanto más lento parece; la *orientación*, por la que los objetos cuya disposición coincide con la dirección del movimiento parecen más rápidos respecto a los perpendiculares a la dirección; el *campo*, por el que cuanto mayor es el campo en el que se ve moverse el objeto tanto menor es su velocidad aparente, mientras cuanto más rico en puntos y detalles internos es el campo tanto más rápido parece el objeto. Finalmente, en lo referente al movimiento real se habla de *movimiento inducido*, cuando el sujeto percibe el movimiento del objeto mientras el que se mueve es el fondo. Así sucede cuando vemos la luna a través de una leve capa de nubes en movimiento, o cuando viajamos en un tren y sólo disponemos de la información visual, a diferencia de lo que ocurre cuando caminamos o corremos y la sensación proveniente de las extremidades nos informa de nuestro movimiento.

7] LA FUNCIÓN DEL APRENDIZAJE EN LA PERCEPCIÓN. Uno de los problemas tradicionales de la percepción es si nuestra capacidad de percibir es fruto del aprendizaje o innata. La disputa es

antigua y dividió a los filósofos que se ocupa-
ron de esto en innatistas, como R. Descartes y
G.W. Leibniz, y empiristas, como J. Locke y G.
Berkeley, quienes sostenían que aprendemos
de cierta manera basándonos en la experiencia
de los objetos que forman parte de nuestro
mundo. La psicología experimental confirmó
esta segunda posición, ni siquiera desmentida
por la observación común, por lo que el esquia-
dor experto es capaz de percibir la diferencia
entre los diferentes tipos de nieve, que puede
pasar desapercibida a quien no vive en ese ambiente; o bien palabras mal escritas se leen correctamente porque el conocimiento de lo que
debería ser se impone sobre lo que es. Lo mismo indican los experimentos con anteojos especiales que producen deformaciones burdas,
como la inversión de arriba a abajo del campo
visual, o sutiles, como el desplazamiento de la
vista hacia la derecha o hacia la izquierda. En
todos estos casos se observa una *readaptación
perceptiva* a la nueva visión del mundo por
efecto del influjo de la anterior. Esto no impide
que los animales criados desde pequeños en
completa oscuridad revelen defectos en la retina, por lo que se dedujo que es necesaria cierta cantidad de luz para el desarrollo anatómico
del sistema óptico. De aquí la conclusión de
que tanto el proceso de maduración como la
experiencia interactúan en el desarrollo de las
capacidades perceptivas.

8] LA SELECCIÓN PERCEPTIVA. La percepción tiene
un carácter selectivo porque el sujeto no reacciona a todos los estímulos que le llegan sino
que, mediante la **atención** (v., § 2), enfoca cierto número, ignorando los que lo distraen. Así
podemos prestar atención a una conversación
abstrayéndonos de las múltiples voces que nos
rodean. Esto hace pensar que de todos los estímulos que nos llegan a los sentidos se seleccio-
nen sólo aquellos que nuestros procesos mentales superiores nos indican son importantes
para los fines de la actividad psicológica que se
está desarrollando en ese momento. La capacidad de atención aumenta hasta la edad adulta,
mientras disminuye proporcionalmente el
aprendizaje accidental, o sea la capacidad de
aprovechar los aspectos secundarios del campo perceptivo. Además se constata que los jóvenes son atraídos por estímulos nuevos, complejos e inesperados, mientras los adultos son
atraídos por configuraciones ni muy simples ni

muy complejas. Forman parte del *reflejo de
orientación* (v. **reflejo**, § 2, *b*) que es una respuesta, acompañada de reacciones fisiológicas, a cada cambio del estímulo ambiental, y el
efecto de centralización, por el que un estímulo
percibido mejor también es sobrevalorado, con
la consiguiente deformación del campo perceptivo. Además existen factores subjetivos
que actúan para seleccionar la percepción. Entre éstos recordamos: *a*] las *necesidades orgánicas*, por lo que quien tiene hambre, por ejemplo, se inclinará a seleccionar los estímulos
provenientes del alimento; *b*] el *refuerzo* inducido por recompensas o castigos en relación
con lo que se percibe; *c*] los *valores* que el sujeto atribuye a los objetos, por lo que un billete
atrae más la atención que un pedazo de papel
equivalente. Los experimentos efectuados demuestran que el valor individual que se le confiere al objeto influye en la velocidad de reconocimiento y en el tamaño percibido.

9] PERSONALIDAD Y CONTEXTO SOCIAL EN EL RECO-
NOCIMIENTO PERCEPTIVO. La percepción no está
modulada sólo por la acción del estímulo externo, sino también por la estructura de la personalidad y por el contexto social en el que tiene lugar. Existen personalidades sensibles a las
diferencias que surgen en el campo perceptivo
(*acentuadores*) y personalidades menos sensibles (*niveladores*; v. **nivelación**). Los primeros,
a diferencia de los segundos, manifiestan desagrado en cualquier situación "abierta", y tendencia a "cerrar" las estructuras perceptivas y
a mantenerlas constantes, eliminada toda ambigüedad. En su juicio son rigurosamente dico-
tómicos (verdadero/falso, bueno/malo), y rechazan cualquier término medio, aun en el plano perceptivo. Siempre en el ámbito de las diferencias individuales, se distinguen los sujetos
dependientes del campo, que apoyan su percepción exclusivamente en los datos que ofrece el
campo visual, y los sujetos *independientes del
campo*, que organizan el campo visual con referencia sobre todo a la posición cenestésica de
su propio cuerpo. Desde el punto de vista psicológico se comprobó que los primeros, a diferencia de los segundos, tienen poca confianza
en sí mismos, miedo de sus impulsos y falta de
autoestima (v. **campo**, § 1). Lo mismo se puede decir de los sujetos que se muestran sensibles al estímulo subliminal, que presentan características de flexibilidad y tolerancia, res-

pecto a los que no son sensibles, que revelan un carácter más rígido, más ansioso, con mecanismos de defensa acentuados. Por lo que se refiere a la distinción tipológica construida con base en la percepción de las "imágenes eidéticas", véase **eidetismo**.

En el ámbito perceptivo el contexto social actúa en dos niveles: en *lo que es percibido* y en la *percepción interpersonal*. Para el primer caso los experimentos demostraron que un individuo cambia sus propias percepciones cuando está incluido en un grupo de "cómplices" del experimentador que dan evaluaciones diferentes; de aquí se deduce una tendencia a acercarse a la norma propuesta por la mayoría. Lo mismo se puede decir de la percepción interpersonal: en nuestra sociedad un individuo que evita el contacto ocular es percibido como maleducado, frío, indiferente, mientras quien nunca interrumpe este contacto es percibido como entrometido, desagradable e indiscreto. Naturalmente, en otros contextos sociales pueden funcionar reglas diferentes, por lo que es el contexto el que decide el significado de la percepción interpersonal. Pero el contenido social decide también la capacidad para percibir las diferencias, y sobre la base de este juicio no se aprecian las diferencias, como cuando se dice "todos los ricos son iguales", "todos los chinos se parecen", y cosas similares. Estas últimas consideraciones muestran las vías para una posible cooperación entre la psicología experimental, con todos sus datos sobre las variaciones perceptivas, la psicología de lo profundo, por un lado, por la influencia de las motivaciones inconscientes en el acto perceptivo, y la psicología social, por el otro, por la influencia del contexto social en la percepción individual.

BIBLIOGRAFÍA: Adrian, A.D. (1947); Ancona, L. (1970); Arnheim, R. (1969); Asch, S.E. (1952); Broadbent, D.E. (1958); Brown, J.F. (1928); Canestrari, R. (1972); Droz, R (1980); Fechner, G.T. (1860); Frances, R. (1962); Gibson, J.J. (1950); Ittelson, W.H. (1960), Kanizsa, G. (1980); Katz, D. (1946); Koffka, K. (1935); Köhler, W. (1929); Ludel, J. (1978); Merleau-Ponty, M. (1945); Metzger, W. (1953); Piaget, J. (1961); Purghé, F. y A. Imbasciati (1981); Rubin, E. (1921); Solokow, Y.N. (1963); Taylor, J.R. (1962); Vernon, M.D. (1962); Wertheimer, M. (1923); Zapparoli, G. y F. Ferradini (1963).

percepción-conciencia, sistema
v. CONCIENCIA, § 5.

percepto (al. *Perzept*; fr. *percept*; ingl. *percept*; it. *percetto*)

Interpretación del significado de un estímulo sensorial por parte del sujeto. El término, que se refiere al plano de la percepción, se acuñó por analogía con "**concepto**" (*v.*), entendido como su correlativo en el plano intelectual. Se elaboró un *análisis del percepto* para la identificación de los rasgos de la personalidad deducibles de las respuestas del sujeto a las imágenes que se le presentan; se habla de *perceptualización* para referirse a la pérdida progresiva de los procesos superiores de conceptualización que se observa en muchos esquizofrénicos, cuyas ideas se refieren siempre a hechos específicos y concretos, y cada vez menos a clasificaciones conceptuales o a categorías lógicas. La perceptualización es una forma del **pensamiento paleológico** (*v.*) caracterizado, entre otras cosas, por el **concretismo** (*v.*).

perceptualización
v. PERCEPTO.

pereza (al. *Faulheit*; fr. *paresse*; ingl. *laziness*; it. *pigrizia*)

Trastorno de la voluntad que se manifiesta en la propensión a no enfrentar actividades que requieren esfuerzo y empeño. Cuando las causas no se pueden atribuir a algún trastorno orgánico, como el hipotiroidismo, la insuficiencia suprarrenal y el adenoidismo, la pereza puede ser indicio de conflictos psíquicos que refieren a carencias afectivas o a incomprensiones parentales que generan abatimiento, apatía e inercia.

perfeccionismo (al. *Perfektionismus*; fr. *perfectionnisme*; ingl. *perfectionism*; it. *perfezionismo*)

Tendencia a exigir de uno mismo o de los demás el ejercicio de las capacidades al máximo posible, o hasta por encima de las capacidades respectivas, con el fin de satisfacer aspiraciones que el psicoanálisis ve originadas en las ambiciones de los padres (*perfeccionismo parental*) y después introyectadas por el ideal del yo que se vuelve exigente en relación con el yo, con la posibilidad de generar una situación conflictiva entre las metas prefijadas y las posibilidades con que se cuenta para llevarlas a cabo (*v.* **yo, ideal del**).

perfil (al. *Profil*; fr. *profil*; ingl. *profile*; it. *profilo*)

Representación gráfica de los resultados de una batería de tests que evidencia los resultados que alcanza un sujeto. Según los reactivos (*v.* **test**) adoptados es posible obtener perfiles de personalidad, perfiles mentales, pedagógicos, profesionales, etcétera.

periférico, sistema nervioso
v. NERVIOSO, SISTEMA, § 3.

período
v. ESTADIO.

peristasis
v. GENÉTICA, § 5, *a*.

peritaje (al. *Schätzung*; fr. *expertise*; ingl. *appraisal*; it. *perizia*)

Investigación cognoscitiva que se traduce en una declaración escrita a solicitud de un comité que tiene necesidad de consulta e informaciones en uno de los campos de la **psicología aplicada** (*v.*) en el nivel de diagnóstico individual o de las condiciones de vida del individuo, del grupo o de la sociedad de la que trate el peritaje.

1] *Diagnóstico individual*. En este ámbito puede haber peritajes *descriptivos,* que dan una representación o una imagen de la personalidad que se indaga; *evaluativos,* que exigen una comparación entre los datos del sujeto individual y las normas colectivas asumidas como referencia; *consultivos,* con valor de diag-

nóstico y de pronóstico de comportamientos considerados en relación con los factores ambientales y situacionales que los condicionaron. El procedimiento del peritaje depende en gran medida de la posición del perito en relación con la teoría de la **personalidad** (*v.*), sobre todo si el método adoptado no es inductivo, con recolección y evaluación de los datos, sino deductivo, en el cual los datos son examinados a partir de una teoría general. Los resultados de los peritajes, por su carácter empírico, casi siempre se presentan como declaraciones de probabilidad.

2] *Diagnóstico de las condiciones de vida*. En este ámbito el objeto ya no es el individuo, sino la importancia psicológica de los aspectos naturales del ambiente, los provocados, las relaciones interpersonales y las circunstancias externas, favorables o desfavorables para alcanzar la finalidad que estableció quien solicitó el peritaje. Cuando se trata de problemas generales el peritaje debe comunicar el estado actual de la ciencia y la opinión general conocida y consolidada. Donde faltan estas informaciones, el peritaje, tanto psicológico como psiquiátrico, no es el lugar indicado para aclarar relaciones de causalidad hasta el momento desconocidas, y ni siquiera para proporcionar explicaciones aparentes en las que el perito se pronuncia a favor de una de las opiniones contrastantes. El peritaje se solicita especialmente en el ámbito de la psicología **forense** (*v.*), **industrial** (*v.*), escolar (*v.* **psicopedagogía**), y en cualquier caso en que el solicitante tenga necesidad de informaciones psicológicas o psiquiátricas.

BIBLIOGRAFÍA: Arnold, W. (1970); Cronbach, L.J. (1960); Pauli, R. y W. Arnold (1972).

permisividad (al. *Freizügigkeit*; fr. *complaisance*; ingl. *permissivity*; it. *permissività*)

Consentimiento para que el individuo lleve a cabo sus propias experiencias sin estar rigurosamente limitado por factores externos, como las leyes, u obsesionado por motivos internos, como los sentimientos de culpa determinados por la educación o por los convencionalismos sociales. Con esta acepción se habla de "educación permisiva" o de "sociedad permisiva" con un significado que, según la ocasión, oscila entre la posibilidad vinculada al enriquecimiento de la propia experiencia y la negación unida a la incapacidad para atenerse a obligaciones y deberes.

perplejidad (al. *Bestürztheit*; fr. *perplexité*; ingl. *perplexity*; it. *perplessità*)

Trastorno de la conciencia acompañado de ansiedad e inquietud, generada en condiciones normales por la duda acerca de las soluciones posibles en una situación determinada y, en condiciones patológicas, de incertidumbre por lo que se refiere a la propia subjetividad y a la realidad en la que el individuo se encuentra. Desde el punto de vista fenomenológico la perplejidad, escribe B. Callieri, "es la problemática más radical de la intersubjetividad, de relacionarse, de situarse. [...] El [sujeto] normal sale de la perplejidad realizando una de sus diferentes posibilidades, una decisión. El perplejo psicótico, en cambio, nunca logra decidirse, porque no puede referirse a su propio fondo" (1977: 83).

BIBLIOGRAFÍA: Callieri, B. (1977).

persecución (al. *Verfolgung*; fr. *persécution*; ingl. *persecution*; it. *persecuzione*)

Sentimiento de desconfianza, duda, sospecha, susceptibilidad y desconfianza en el prójimo que lleva a un desconocimiento peyorativo de las intenciones de los demás, vividas como malévolas. Frecuente en los sujetos cansados por los repetidos fracasos o por verdaderas persecuciones, este sentimiento, cuando se vuelve dominante, puede desencadenar un **delirio** (*v.*, § 3) que, en la personalidad paranoica, es en apariencia lógico, estructurado, coherente, estable, hasta el punto de poder coexistir con un resto de psiquismo bastante íntegro, mientras que en las personalidades esquizofrénicas con frecuencia está enriquecido por alucinaciones auditivas y es muy absurdo en sus contenidos relativos a la imagen del perseguidor y de sus medios de persecución. Un síndrome delirante de fondo persecutorio se observa también en los estados confusionales, en la parálisis progresiva, en los procesos involutivos de los ancianos, en los síndromes demenciales y en las

toxicomanías. En la base de los sentimientos de persecución el psicoanálisis interpreta una omnipotencia inconsciente y primitiva de la primera infancia, con un marcado narcisismo y la consiguiente incapacidad para soportar límites y frustraciones impuestos por la realidad. M. Klein, en cambio, interpreta un mecanismo inconsciente de defensa del yo frente a la angustia de destrucción como efecto de la propia agresividad que, cuando es insoportable, primero se niega y después se proyecta hacia la realidad exterior y hacia los demás (*v.* **angustia**, § 2, *g*).

BIBLIOGRAFÍA: Freud, S. (1915-1917); Klein, M. (1935).

perseveración (al. *Perseveration*; fr. *persévération*; ingl. *perseveration*; it. *perseverazione*)

Repetición monótona y sin propósito de un comportamiento verbal o gestual que no se consuma ni siquiera después de haber alcanzado el objetivo por el que se inició. Mientras en el ámbito clínico la perseveración indica la incapacidad de un individuo para desprenderse de un cierto contenido de pensamiento en el que queda prisionero, como es fácil comprobar en los síndromes demenciales o predemenciales, en el ámbito de la psicología experimental indica la incapacidad para pasar de una tarea a otra, abandonando un orden establecido para perseguir un objetivo nuevo (*v.* **aprendizaje**, § II, 3).

persistencia (al. *Ausdauern*; fr. *persistance*; ingl. *persistence*; it. *persistenza*)

Característica de la voluntad que persigue un objetivo con disposición a aceptar y superar dificultades y obstáculos gracias a una fuerte motivación orientada al logro del objetivo.

BIBLIOGRAFÍA: French, J.W. (1948).

persona (al. *Person*; fr. *personne*; ingl. *person*; it. *persona*)

El término se utiliza en psicología con dos acepciones: 1] como sujeto de relaciones según los diferentes modelos teóricos, elaborados sobre todo en el ámbito filosófico y retomados por la psicología en las diferentes construcciones teóricas de la *personalidad* (*v.*); 2] como *máscara*, según el significado latino, que se refería a la máscara con que los actores se cubrían la cara y, por extensión, a la función que un individuo representa en lo social.

1] LA PERSONA COMO SUJETO DE RELACIONES. La persona se ha concebido sustancialmente, en el ámbito filosófico, con tres acepciones que se sucedieron a lo largo de la historia: *a*] como *sustancia* primaria y fundamento indivisible de la individualidad, de rasgos excepcionales e irrepetibles, capaz de actuar con libertad, con la consiguiente responsabilidad sobre sus propias acciones. Este concepto, que encontró su teorización más completa en la noción cristiana de "alma", es hasta hoy la base de la concepción jurídica del individuo (*v.* **psicología forense**); *b*] como *autorrealización* del individuo consigo mismo, según el modelo cartesiano que identifica a la persona con el yo concebido como conciencia y posteriormente, con el idealismo, como autoconciencia; *c*] como *relación con el mundo* según la hipótesis marxista, que concibe a la persona como resultado de las relaciones que el hombre tiene con la naturaleza y con sus semejantes, y según la hipótesis fenomenológico-existencialista que, rechazando la reducción del hombre a la conciencia, concibe al individuo como un ser-en-el-mundo (*v.* **mundo**, § 3), donde el mundo está pensado como constitutivo de la esencia humana.

En el ámbito psicológico la persona está considerada como punto de encuentro, siempre dinámico, de factores genéticos y socioambientales responsables de los constituyentes conscientes e inconscientes de cada individuo. El concepto de persona se distingue del de **individuo** (*v.*), por el *reconocimiento* que proviene de los demás, en el sentido de que un individuo sólo es capaz de desarrollar capacidades autorreferenciales adecuadas si es tratado por los demás como si ya las poseyera. Esta interdependencia psicológica también es la base de los procesos de *despersonalización* en los que el individuo ya no se percibe a sí mismo como presente en la vida cotidiana y como interactuante con sus semejantes. Esta condición, también caracterizada por vacío emotivo, apatía, dificultad para organizar de manera congruente los pensamientos, está acompañada asimismo por **desrealización** (*v.*) o pérdida progresiva del sentido de la realidad.

2] LA PERSONA COMO MÁSCARA. Para C.G. Jung éste es el aspecto que el individuo asume en las relaciones sociales y en la relación con el mundo. Como mediador entre el yo y el mundo externo, la *persona* tiene su lugar en el *alma* (*v.*, § 3) que media entre el yo y el mundo interior: "Designo con el término *persona* la actitud hacia afuera, el carácter exterior; con el término *ánima* la actitud hacia adentro. [...] Si la persona es intelectual, el ánima es ciertamente sentimental. Esta complementariedad también es válida para el carácter del sexo. Una mujer muy femenina tiene un ánima masculina, un hombre muy viril tiene un ánima femenina, porque cuanto más viril es su actitud externa más se cancelan en ella sus rasgos femeninos, que por lo tanto aparecen en el inconsciente" (1921: 419-420). Si el ánima es la adaptación a lo personal e interior, la persona es la adaptación consciente a lo que es colectivo. Por ello no se la debe interpretar como un rasgo patológico o falso, aunque puede llegar a serlo cuando el individuo se identifica completamente con su propia persona, con el consiguiente conocimiento escaso de su interioridad e incapacidad para percibir todo aquello que va más allá de su propia función social. Las consecuencias son visibles en los rasgos de rigidez en la actitud externa, que por lo general esconden una forma de fragilidad psicológica.

BIBLIOGRAFÍA: Ayer, A.J. (1964); Cattell, J.P. (1959-1966); Chisholm, R. (1976); Follins, S. y J. Azoulay (1966); Harré, R. (1983); Jung, C.G. (1921); Rorty, A. (coord.) (1976).

personalidad (al. *Persönlichkeit*; fr. *personnalité*; ingl. *personality*; it. *personalità*)

Conjunto de características psíquicas y modalidades de comportamiento que, en su integración, constituyen el núcleo irreductible de un individuo, que perdura como tal en la multiplicidad y en la diversidad de las situaciones ambientales en las que se manifiesta y actúa. Este concepto adquiere importancia en la historia de la psicología a partir de los años treinta, cuando dejan de usarse las nociones de **temperamento** (*v.*) y de **carácter** (*v.*), aun cuando grandes áreas psicológicas y psicopatológicas continúan empleando "carácter" y "personalidad" como sinónimos. El estudio de la personalidad se realiza con el *método* **idiográfico** (*v.*) que señala la diferencia entre un individuo y otro, y como tal se distingue de la **tipología** (*v.*), que construye modelos o "tipos puros" para clasificar a los individuos, cada uno de los cuales, visto en sí mismo, siempre personifica a un "tipo mixto". En esta entrada nos ocupamos de las *teorías* de la personalidad que reflejan los supuestos teóricos en los que se basan las respectivas investigaciones; para la *evaluación* de la personalidad véase la voz **test**, § 3.

1] LAS TEORÍAS SOMÁTICO-CONSTITUCIONALISTAS. Estudian la personalidad a partir de las correspondencias entre las características físicas de un individuo y las psicológicas. Esta teoría, iniciada por Hipócrates y retomada por Galeno, ha recorrido la historia hasta replantearse hoy en las tipologías que crearon E. Kretschmer, W. Sheldon, N. Pende y otros. Ya que esta teoría aspira, más que a la individualización de una personalidad, a la construcción de modelos, véase completa la voz **tipología** (*v.*, § 1); aquí nos limitaremos a destacar que una persona que tiene una determinada constitución física y se comporta de acuerdo con las expectativas que se tienen respecto a ella a partir de su constitución, recibe un refuerzo positivo que favorece su buena adaptación al medio.

2] LAS TEORÍAS FACTORIALES. R.B. Cattell y H.J. Eysenck aplicaron el **análisis factorial** (*v.*) al estudio de la personalidad. Según Cattell la personalidad es aquello que permite predecir lo que hará un individuo en una situación determinada a partir de sus *rasgos*, es decir sus estructuras mentales, que también tienen una base biológica. Junto con los rasgos *de superficie*, grupo de variables correlacionadas de poco interés, porque son inestables y cambian en cada individuo, existen rasgos *de origen*, que se detectan con procedimientos más complejos, pero que son más útiles para la predicción porque son estables. Ésos son los rasgos

comunes, como los de la capacidad, del temperamento, del dinamismo, y los rasgos *únicos*, como los patológicos. Entre los rasgos dinámicos se distinguen los *ergs*, que son innatos e identificables con la constitución biológica de los individuos, y los *metaergs*, que son adquiridos y se desarrollan progresivamente en intereses, actitudes y sentimientos. Gran importancia adquiere el instrumento con el que estos rasgos se obtienen. Cattell distingue al respecto el instrumento L o *biográfico*, que prevé el juicio por parte de un observador sobre el comportamiento de la persona; el instrumento Q o de *autovaloración*, que se obtiene mediante cuestionarios e inventarios, y el instrumento T, que se sustenta en tests objetivos (*v.* **Catell-test 16 PF**).

Eysenck, partiendo del supuesto de que es necesario orientar el estudio de la personalidad hacia términos de *dimensiones* o unidades de comportamiento determinables y medibles, define la personalidad como "la suma total de los esquemas de conducta del organismo, actuales y potenciales, heredados y adquiridos. Aquélla se origina y se desarrolla mediante la interacción funcional de los cuatro sectores principales en los que están organizados estos esquemas de conducta: el sector *cognoscitivo* (inteligencia), *conativo* (carácter), *afectivo* (temperamento), *somático* (constitución)" (1947: 40). Eysenck definió la personalidad entendida en términos de entidad factorial a partir de cuatro niveles de organización: el nivel de los *tipos* o factores generales, de los *rasgos* o factores de grupo, de las *respuestas habituales* que se presentan en circunstancias iguales o semejantes, de las *respuestas específicas* que aparecen una sola vez.

Entre la teoría constitucional y la factorial se ubica la *teoría dimensional* de H. Sjoebring, quien hace referencia al sustrato neurofisiológico, en el que analiza la *amplitud* de cada proceso nervioso, basándose en los elementos que involucra; su *difusión*, y el grado de *resistencia* que encuentra. Sobre la base de estos conceptos Sjoebring construyó una tipología a partir de cuatro *radicales*: la *capacidad*, que corresponde a la inteligencia; la *validez*, que se refiere a la energía del sistema nervioso, la *solidez*, que proporciona la constancia de la estructura de la personalidad, y la *estabilidad* proporcional a la repetición, que lleva a la costumbre (*v.* **habituación**).

3] LAS TEORÍAS HOLÍSTICAS. Estas teorías subrayan el aspecto unitario de la personalidad en su momento biológico y psicológico, y afirman con K. Goldstein, quien realizó investigaciones fundamentales con pacientes que sufrieron lesiones cerebrales en la guerra, que "la ley del todo gobierna el funcionamiento de las partes, y por lo tanto es más útil estudiar clínica e integralmente a una persona que examinar en muchos sujetos una función psíquica aislada. [...] En la evolución de una personalidad se manifiesta más precozmente una *conducta concreta* que representa una reacción automática orientada hacia los estímulos, y posteriormente una *conducta abstracta* que es una respuesta elaborada y razonada por los estímulos. En condiciones patológicas el individuo puede perder la conducta abstracta y tener una regresión a la concreta" (1939: 141).

A. Angyal extendió el concepto de integración al medio en el cual vive el individuo, introduciendo el concepto de *biosfera*, que incluye individuo y ambiente como aspectos de una única realidad que sólo se pueden separar abstractamente. En la biosfera se reconocen tres dimensiones: *vertical*, manifestada por la unión que existe entre conducta externa y tendencias profundas; *progresiva*, proporcionada por la inserción de cada acto en una secuencia de actos orientados hacia una finalidad; *transversal*, donde cada acto se inserta en un comportamiento integrado.

A.H. Maslow considera la personalidad como una integración de *necesidades* (*needs*) básicas, diferenciadas en necesidades fisiológicas, como el hambre y la sed, necesidades de seguridad, de pertenencia, de amor, y necesidades cognoscitivas y estéticas (*v.* **necesidad**, § 3, *a*); mientras P. Lecky identifica el rasgo de fondo de la personalidad en la capacidad para mantener una organización unificada y consistente en un ambiente inestable, del cual asimila los valores que le resultan congruentes y rechaza los de otros.

4] LAS TEORÍAS OBJETIVISTAS. Son teorías favorecidas por la exigencia de basar las teorizaciones en observaciones empíricas, controlables experimentalmente. Forman parte de este ámbito la *escuela reflexológica rusa* y el *conductismo americano*. I.P. Pavlov, partiendo de la psicología animal, elabora una teoría de la personalidad a partir de los conceptos de *fuer-za*, que depende de la poca sensibilidad a los estímulos periféricos y su consiguiente umbral sensorial elevado; *equilibrio*, correlacionado con algunos índices electroencefalográficos, y *movilidad*, proporcionada por la capacidad para una rápida adaptación.

En el ámbito *conductista*, después de una primera fase unida al nombre de J.B. Watson, con J. Dollard y N. Miller, el primero psicólogo social y el segundo experimentalista, se intentó un vínculo entre la doctrina psicoanalítica y la teoría del aprendizaje. El elemento fundamental en la estructura de la personalidad es el **hábito** (*v.*), o *habit*, que es una asociación entre un estímulo diferenciado (*v.* **cue**) y una *respuesta* que varía en relación con la experiencia individual. El factor dinámico de la personalidad es el **drive** (*v.*) o impulso suficientemente intenso como para activar al individuo; esto no dirige la conducta, sólo la "energiza", obligando al individuo a responder para reducir o eliminar el impulso. Se distinguen *drives primarios*, asimilables hasta cierto punto al instinto, y *drives secundarios*, adquiridos con el aprendizaje. El aprendizaje se realiza con la intervención de cuatro elementos: *a*] el *drive* que activa la acción; *b*] el *cue* que guía la respuesta, que puede ser "directa" cuando sigue inmediatamente al estímulo, o "indirecta" cuando permite considerar el efecto de una acción antes de ejecutarla; *c*] la *respuesta* que, con el desarrollo de la personalidad, está siempre influida por el tipo de cultura; *d*] el *refuerzo*, del que depende la posibilidad o imposibilidad de formar un hábito.

5] LA TEORÍA DEL APRENDIZAJE SOCIAL. La elaboró J.B. Rotter, quien define a la personalidad como "la forma característica de reaccionar en una situación identificable" (1967: 462). Las variables que intervienen en esta modalidad son: el *comportamiento potencial* proporcionado por la cualidad de la interacción entre individuo y ambiente, la *expectativa* del individuo con base en su experiencia pasada; el *refuerzo* cuyo efecto está en íntima correlación con la *motivación*. De estos cuatro elementos se pueden obtener fórmulas para la predicción de un comportamiento dirigido hacia una meta.

6] LAS TEORÍAS PSICODINÁMICAS. Estas teorías han contribuido notablemente a la evolución de la concepción de la personalidad considerada en relación con las diferentes tendencias que están en equilibrio inestable, por lo que el comportamiento es el resultado de interacciones de disposiciones diferentes, con frecuencia en conflicto. Esta conflictividad explica el carácter *dinámico* de la personalidad, que hunde sus raíces en sus aspectos genéticos. Desde el punto de vista *genético* la personalidad, según S. Freud, se manifiesta en varias fases de equilibrio, correspondientes a las fases del desarrollo psicosexual –**oral** (*v.*), **anal** (*v.*), **fálica** (*v.*), de **latencia** (*v.*), **genital** (*v.*)–, cada una de ellas caracterizada por una crisis evolutiva que debe ser superada para alcanzar la identidad personal. Una **fijación** (*v.*) en una fase del desarrollo determina una detención en la maduración de la personalidad que se revelará, en la edad adulta, con manifestaciones típicas de esa fase. Desde el punto de vista *dinámico* Freud conjetura tres instancias del aparato psíquico que denomina **ello** (*v.*), donde están las pulsiones sexuales y agresivas innatas, **yo** (*v.*, § 1), que abarca el área del conocimiento y preside el comportamiento en su adaptación a modalidades socialmente aceptables, y **superyó** (*v.*), que manifiesta las exigencias de la realidad social que encuentra su primera encarnación en la figura del padre. En la última fase de su pensamiento Freud introduce los conceptos de **Eros** y **Tánatos** (*v.*), en los que se manifiesta, respectivamente, la tendencia a la conservación del individuo y de la especie, y la tendencia, típica de todo ser viviente, a regresar a la etapa inorgánica.

Freud llegó a estas conclusiones después de una evolución de su pensamiento cuyas etapas están analíticamente consideradas y expuestas en la voz **carácter** (*v.*, § 2) que es el término que Freud utiliza. Véase el parágrafo 3 para las *variantes psicodinámicas* que introdujeron las corrientes de pensamiento que se separaron de la postura freudiana del psicoanálisis (Jung, Adler, Reich) o que permanecieron en ella pero con variantes significativas (Klein, Horney, Rank, Fromm, Sullivan).

7] LAS TEORÍAS DE LA PERCEPCIÓN. Son teorías que se inician a partir de la constatación de que la percepción no está modulada sólo por la acción del estímulo externo sino también por la estructura de la personalidad, cuyas tendencias perceptivas generan los pares *analítico-sintético*, con base en la tendencia a tomar los particulares o los conjuntos; *acentuador-nivelador*, basado en la tendencia a cerrar o no cerrar el espacio fenoménico percibido; *dependiente-independiente del campo*, según la percepción dependa o no de los datos ofrecidos por el campo visual. Para la ilustración de estas distinciones véase la voz **percepción** (§ 9); para la distinción entre los sujetos de *integración* y los sujetos *sinestésicos* véase la voz **eidetismo**.

8] LA TEORÍA PRAGMÁTICO-RELACIONAL. Esta teoría, surgida en Palo Alto en los años cincuenta, alrededor de G. Bateson y de P. Watzlawick, considera a la personalidad como un sistema, o sea como un orden dinámico de partes y de procesos mutuamente interactuantes donde están en vigor las leyes de la *totalidad*, por lo que el cambio de una parte genera el cambio del todo, de la *retroacción* o circularidad que, abandonado el concepto de causalidad lineal, establece que la actividad de cada elemento influye y es influida por la actividad de cada uno de los demás; de *equifinalidad*, con base en la cual se afirma que un sistema es la mejor explicación de sí mismo porque los parámetros del sistema prevalecen sobre las condiciones en las que tuvo su origen. Se deriva de esto que la "explicación" no se debe buscar en el pasado, o sea en datos que no pertenecen al sistema, sino en los parámetros y en las reglas internos del sistema mismo. La personalidad humana está caracterizada, según esta teoría, por la *comunicación*, que no tiene un opuesto, porque tanto la actividad como la inactividad, tanto las palabras como el silencio, tienen valor de mensaje, o sea influyen sobre los otros, quienes, a su vez, no pueden dejar de responder a la comunicación, comunicando a su vez (*v.* **psicología sistémica**).

9] LAS TEORÍAS FENOMENOLÓGICAS-EXISTENCIALES. Estas teorías encontraron su expresión en K. Jaspers y en L. Binswanger. El primero señala que la personalidad está manifestada por la **actitud** (*v.*, § 3), que puede ser *objetiva*, *autorreflexiva*, o *entusiasta*, a las que corresponden respectivamente la imagen del mundo *espacio-sensorial*, *psíquico-cultural*, *metafísico*. Según Jaspers, "sólo en el interior de las mismas actitudes se ponen los hombres en comunicación unos con otros, comprendiéndose recíprocamente. Si las actitudes son diferentes, uno vive, piensa, actúa, pasando junto al otro sin tocarlo" (1919: 65).

Por su lado Binswanger, partiendo de la concepción heideggeriana del hombre (*Dasein*) como originalmente abierto al mundo (*In-der-Welt-sein*) y a los otros (*Mit-dasein*), distingue una experiencia *auténtica* en el sentido etimológico de "propia" (αὐτός) de una *inauténtica*, porque no es propia, sino simplemente "apropiada" después de haberla obtenido de los modelos colectivos de existencia (*v.* **autenticidad-inautenticidad**, § 2). Convencido, según las enseñanzas de E. Husserl y de M. Heidegger, de lo decisivo del carácter temporal de la existencia, Binswanger distingue los tipos de personalidad basándose en la modalidad para abrirse al tiempo: favoreciendo el *futuro*, y por lo tanto la proyectividad, como sucede en las personas realizadas, o bien el *presente*, sin relación con el pasado y con el futuro, como en la personalidad maniaca, o bien el *pasado*, en un mundo de absoluta lamentación sin posibilidades de asomarse hacia las otras figuras del tiempo, como en el melancólico. La personalidad, en la concepción fenomenológica-existencial, está íntimamente relacionada con la noción de **mundo** (*v.*, § 3), que no es algo que "hay" sino algo que el individuo "se da" basándose en sus características para espacializarse, temporalizarse, coexistir, etc. (*v.* **análisis existencial**, § 2-3).

10] LA TEORÍA COGNOSCITIVISTA. Esta teoría elabora un concepto de personalidad centrado en la "mente", de la que dependen la actividad del organismo, las características de adaptación y las secuencias de conducta, porque nosotros no tenemos nada que ver con el mundo sino con la experiencia del mundo que elabora nuestra mente, una mente concebida como sistema informativo en el que todos los datos ambientales y sensoriales se organizan según códigos de entrada para el almacenamiento y la elaboración, y códigos de salida para las respuestas, cada uno con retroalimentación (*feedback*) de los demás. El desarrollo de la personalidad se da mediante la elisión de la **disonancia cognoscitiva** (*v.*), que se produce cada vez que el individuo recibe informaciones que entran en disonancia con su ordenamiento mental anterior. La in-

congruencia que se genera, ya que resulta intolerable para el individuo, puede ser resuelta con un cambio en el entorno, con una modificación de su comportamiento, o con una reestructuración de su propio mundo cognoscitivo. Este ejercicio, continuamente requerido por las relaciones con el ambiente, en continuo cambio, es la condición del crecimiento de la personalidad.

11] LA TEORÍA FUNCIONALISTA DE G.W. ALLPORT. También llamada "psicología del individuo", esta teoría se centra en la unicidad de cada una de las personas debida a la forma absolutamente individual con la que se construyen: *a*] las características estables de la personalidad (*v.* **proprium**); *b*] los mecanismos de defensa; *c*] la percepción de la situación; *d*] las peticiones y las esperanzas ligadas a la situación, donde tienen un valor esencial *cultura* y *rol*. La madurez de la personalidad está decidida por el grado de *autonomía funcional de los motivos*, por lo que un sistema motivacional adulto, no obstante que se origina en sistemas propios de las fases anteriores, se presenta funcionalmente independiente de éstas. Una vez diferenciados los factores congénitos de los adquiridos Allport declara que "la estructura dinámica de la personalidad es única, aunque las semejanzas debidas a la especie, a la cultura, a las fases de desarrollo, pueden producir similitudes suficientes como para justificar el uso de dimensiones universales. [...] Si bien no negamos la posible existencia de instintos en la infancia, o la persistencia de ciertas formas instintivas de actividad para toda la vida, el principio de autonomía funcional considera a la personalidad desarrollada como un fenómeno postinstintivo" (1955: 545).

12] LA TEORÍA DEL CAMPO DE K. LEWIN. Concibe los datos psicológicos como organizados en un *campo de fuerzas* análogas a un campo electromagnético, con tendencia al equilibrio del sistema. En el campo la *persona* ocupa la posición central, rodeada por el *ambiente psicológico* con el que interactúa mediante un sistema de *tensiones* que pueden nacer del cambio del ambiente psicológico o dentro de la persona, como una necesidad. El estado de tensión activa de *procesos* como pensar, actuar, recordar, percibir, sigue operando mientras no se alcanza el equilibrio del sistema mediante los recorridos trazados por las dos geometrías, la topológica y la odológica, descritas en la voz **campo**, § 2.

13] LA PERSONOLOGÍA DE H. A. MURRAY. Concibe a la personalidad como un sistema en el que puedan identificarse las **necesidades** (*v.*, § 3, *b*) vinculadas a estados interiores de insatisfacción; las *presiones*, vinculadas a los objetos y que representan las propiedades reales (alfa), o percibidas (beta) de los mismos en relación con la satisfacción de las necesidades; el *tema*, que es la unidad coherente de necesidades y presiones y que da significado a ciertos comportamientos y, por último, las *catexis*, positivas o negativas, con las que los objetos atraen o rechazan al individuo y que tienen su correspondencia subjetiva en el *sentimiento*. Estos rasgos que forman la personalidad se pueden evidenciar con el test de apercepción temática (*v.* TAT) que ideó Murray.

14] LA TEORÍA BIOSOCIAL DE G. MURPHY. Considera como elementos de base de la personalidad las *disposiciones fisiológicas* de origen genético y embriológico; las *canalizaciones* mediante las cuales concentraciones de energía encuentran la forma de descargarse en la conducta; las *respuestas condicionadas* continuamente reforzadas, y los hábitos *perceptivos y cognoscitivos*, que son el producto tanto de la canalización como del condicionamiento. En el desarrollo de la personalidad Murphy distingue tres fases: *global*, donde el sistema es homogéneo e indiferenciado; *diferenciado*, con separación e independencia de las partes; *integrado*, caracterizado por la independencia de las partes.

15] LA TEORÍA DE LOS SIGNIFICADOS PERSONALES DE G.A. KELLY. Cada individuo está guiado por las previsiones que formula acerca de los acontecimientos a los que se enfrentará. Esta actividad anticipadora lo lleva a formular "significados personales", categorizaciones dicotómicas que él adapta a cada elemento presente en el medio. La organización de estos significados, su extensión, jerarquización y modificación, proporciona el cuadro de la personalidad del individuo (*v.* **constructo**, § 2).

16] LA TEORÍA DEL SÍ DE C.R. ROGERS. El concepto de personalidad se articula en tres figuras

principales: el *organismo*, que es el individuo en su totalidad; el *campo fenoménico*, que es la totalidad de la experiencia, y el *sí*, que se desarrolla gracias a la interacción entre organismo y ambiente, en continuo cambio por efecto de los procesos de aprendizaje y maduración. Su característica es la tendencia a la coherencia, por lo que todas las experiencias que no están en armonía con el sí se perciben como amenazadoras. Una personalidad está completa cuando hay coincidencia entre el campo fenoménico de las experiencias y la estructura conceptual del sí, lo que implica, desde el punto de vista subjetivo, una ausencia de tensión, y desde el punto de vista objetivo una adaptación realista y un sistema de valores idéntico al alcanzado por cualquier otro individuo bien adaptado (*v.* **sí mismo**, § 5).

17] LA TEORÍA MARXISTA DE LA PERSONALIDAD. La desarrolló I. Sève, que parte de la refutación de las posturas biologista y abstracta idealista sobre la personalidad: "la ilusión de que se puede agotar el conocimiento del hombre con un procedimiento sustancialmente idéntico al que es válido para los animales es una increíble aberración... la aberración fisiologista" (1969: 193). Pero lo mismo se debe decir de la postura idealista, que parte de la abstracción "hombre", cuya esencia busca prescindiendo de la "teoría de las relaciones y de los procesos en cuyo ámbito se produce una personalidad concreta" (1969: 302). Para Sève sólo partiendo del estudio concreto de las relaciones sociales pueden ser comprendidos los procesos de la existencia individual y las leyes del desarrollo histórico de la personalidad, porque ésta es "el efecto de la inclusión específica de un individuo en un determinado sistema de relaciones sociales" (1969: 316).

Para Sève la personalidad humana tiene como fundamento la *temporalidad*, no entendida fenomenológicamente como **tiempo vivido** (*v.* § II, 3), sino como conjunto de actos cumplidos que se inscriben en la *actividad abstracta*, que es la "actividad personal del trabajo socialmente productivo" (1969: 375), o en la *actividad concreta*, que es "toda la actividad personal que se refiere directamente al individuo mismo, como por ejemplo los actos de satisfacción directa de las necesidades personales, el aprendizaje de nuevas capacidades, ajenas al ejercicio y las exigencias del trabajo social" (1969: 375). La actividad responde a la satisfacción de las *necesidades* que, a su vez, la producen de manera más sofisticada, según el esquema N-A-N que Sève propone transformar en el esquema A-N-A, en el que se afirma la prioridad de la actividad sobre la necesidad, ya que la necesidad de actuar y de manifestarse es prioritaria respecto a las necesidades concretas. Actividad y necesidad entran en una relación dialéctica con la cuarta categoría de la psicología de la personalidad de Sève: la *capacidad*, que si bien por un lado es requerida como condición para el cumplimiento de un acto, por el otro está posibilitada por un conjunto de actos que no se limitan a "poner en acción las capacidades ya existentes, sino que producen un resultado determinado que el ejercicio de tales capacidades permite alcanzar" (1969: 346). El desarrollo de la personalidad, según Sève, consiste, en efecto, en la acumulación progresiva de capacidades siempre nuevas.

BIBLIOGRAFÍA: Adler, A. (1926); Allport, G.W. (1955); Angyal, A. (1941); Atkinson, J.W. (1983); Bateson, G. (1972); Binswanger, L. (1921-1941); Caprara, G.V. y R. Luccio (coords.), (1986); Carotenuto, A. (1991); Cattell, R.B. (1946); Cattell, R.B. (1950); Cattell, R.B. y P. Kline (1977); Cesa-Bianchi, M. (1962); Dollard, J. y N. E. Miller (1950); Eysenck, H.J. (1947); Eysenck, H.J. (1952); Eysenck, H.J. (1970); Fairbairn, W.R.D. (1941); Festinger, L. (1957); Freud, S. (1967-1980); Fromm, E. (1941); Gardner, H. (1985); Goldstein, K. (1934); Guildorf, J.P. (1959); Horney, K. (1950); Imbasciati, A. (1986); Jaspers, K., (1919); Jung, C.G. (1921); Kelly, G.A. (1955); Klein, M. (1978); Kretschmer, E. (1921); Lecky, P. (1945); Lewin, K. (1935); Lowen, A. (1958); Luccio, R. (1972); Maslow, A.H. (1954); Murphy, G. (1947); Murray, H.A. (1938); Pavlov, I.P. (1927); Piaget, J. (1936); Reich, W. (1933); Rogers, C.R. y R.F. Dymond (1954); Rotter, J.B. (1972); Sève, L. (1969); Sheldon, W.H., S.S. Stevens y W.B. Tucker (1940); Sjoebring, H. (1963); Sullivan, H.S. (1953); Wallace, A.F.C. (1961); Watzlawick, P., J.H. Beavin y D.D. Jackson (1967); Witkin, *et al.* (1954).

personalidad anormal
v. PSICOPATÍA.

personalidad de base
v. ANTROPOLOGÍA, § 4, *c.*

personalidad múltiple
v. ESCISIÓN, § I, 4.

personificación
v. HISTERIA, § 3; SIMULACIÓN § 2, *d.*

personificación (al. *Personifizierung*; fr. *personnification*; ingl. *personification*; it. *personificazione*)

Actividad psicológica que traduce los motivos y los complejos psíquicos en imágenes personificadas. El fenómeno lo estudió C.G. Jung en la psicología de los primitivos, que llegan a la personificación mediante un proceso de **identificación** (*v.*) inconsciente y de **proyección** (*v.*) de su experiencia psíquica en objetos o personas reales. La personificación es un lenguaje típico del **alma** (*v.*, § 3) que no actúa por conceptos, sino por imágenes. En esta perspectiva la *despersonificación* puede considerarse, en opinión de Jung, como una "pérdida del alma". Este concepto lo tomó J. Hillman y lo llevó a sus últimas consecuencias, hasta visualizar el análisis como una exploración de las relaciones que el paciente tiene con sus propias personificaciones. De las personificaciones se nutren tanto la psicología **analítica** (*v.*) como la psicología **arquetípica** (*v.* **arquetipo**, § 3) que representan con imágenes (sombra, ánima, sí mismo, Gran Madre, Viejo Sabio, Niño Divino, etc.) lo que el psicoanálisis freudiano manifiesta con conceptos, con el objetivo de apegarse lo más posible al lenguaje imaginario del inconsciente y de sus producciones oníricas, donde los motivos psicológicos no se manifiestan con conceptos sino con figuras personificadas. Obviamente, la personificación también tiene su lado patológico en las situaciones, generalmente de fondo paranoico o esquizofrénico, en que las personificaciones se viven como personas reales.

BIBLIOGRAFÍA: Hillman, J. (1972); Hillman, J. (1937-1979); Jung, C.G. (1912-1952).

perspectiva (al. *Perspektive*; fr. *perspective*; ingl. *perspective*; it. *prospettiva*)

Factor que permite evaluar distancia y profundidad (*v.* **percepción**, § 5). El término también tiene un uso figurado que se refiere a la visión de un hecho en relación con los puntos de vista desde los cuales se lo toma en consideración.

BIBLIOGRAFÍA: Pierantoni, R. (1982).

persuasión (al. *Überredung*; fr. *persuasion*; ingl. *persuasion*; it. *persuasione*)

Creencia cuya certidumbre se apoya en una base subjetiva, como ya lo indicaba Platón cuando distinguía "el pensamiento que se genera en nosotros por la vía de la enseñanza y la opinión por la vía de la persuasión. El primero se funda en un razonamiento verdadero, al otro le falta base; el uno es sólido frente a la persuasión, la otra se deja modificar" (*Timeo*, 51 e). En psicología, donde se mantiene la diferencia entre persuasión y **convicción** (*v.*), se define como *coercitiva* la persuasión inducida en quien está en estado de no libertad, y como *oculta* la formación o la modificación de la opinión de una masa obtenida con estímulos subliminales que operan por debajo del nivel de la conciencia. Además se ideó una *terapia de la persuasión* que, en lugar de actuar sobre los factores emotivos lo hace sobre los racionales, por lo que, como escribe O. Diethelm, "el médico trata de aclararle al paciente el desarrollo de los síntomas, su reacción frente a las dificultades situacionales y de personalidad, las interrelaciones de estos factores y la forma de superar las dificultades existentes" (1936: 12).

BIBLIOGRAFÍA: Diethelm, O. (1936); Perelman, C. y L. Olbrechts-Tyteca (1952); Platón (1973); Preti, G. (1968).

perturbación (al. *Erregung*; fr. *dérangement*; ingl. *perturbation*; it. *turbamento*)

Alteración de la condición psicológica normal determinada por factores emotivos que inci-

den en la actividad mental ordinaria y en su intencionalidad, que resulta imprevista y transitoriamente limitada o interrumpida.

perturbador (al. *Unheimlich*; fr. *perturbant*; ingl. *uncanny*; it. *perturbante*)

Término que introdujo S. Freud para quien "la palabra alemana '*unheimlich*' es, evidentemente, lo opuesto de '*heimlich*' (íntimo), '*heimisch*' (doméstico), '*vertraut*' (familiar); y puede inferirse que es algo terrorífico justamente porque *no* es consabido (*bekannt*). Desde luego, no todo lo nuevo y no familiar es terrorífico; el nexo no es susceptible de inversión. Sólo puedfe decirse que [...] Mientras mejor se oriente un hombre dentro de su medio, más difícilmente recibirá de las cosas o sucesos que hay en él la impresión de lo omiso" (1919 [1976: 220-221]). Cuando esta orientación se pierde el mundo ya no es familiar (*heimlich*), ya no es la casa (*Heim*) del hombre, sino que se vuelve la morada de lo siniestro, de lo insólito, de lo inquietante, cuya omnipotencia, según las técnicas de la magia antigua, se distribuye por igual entre personas y cosas.

Freud, recuperando también el segundo significado de *heimlich*, que se refiere a lo que está escondido y es secreto, afirma que cuando aquello que debía quedar escondido y secreto (*heimlich*) aflora (*Unheimlich*), el propio mundo interior sufre una sacudida, y lo que antes era familiar se presenta insólito: "este elemento perturbador en realidad no es nada nuevo o extraño sino algo familiar a la vida psíquica desde tiempos muy antiguos y que se volvió extraño sólo por el proceso de represión. La relación con la represión ahora también se aclara con la definición de Schelling, según quien lo perturbador es algo que debería haber quedado oculto y que en cambio afloró" (1919: 102).

BIBLIOGRAFÍA. Freud, S. (1919).

perversión (al. *Perversion*; fr. *perversion*; ingl. *perversion*; it. *perversione*)

Comportamiento psicosexual que se manifiesta en formas atípicas respecto a la norma. La extensión de este concepto, por lo tanto, depende íntimamente del tipo de norma que se asume como criterio de referencia. S. Freud, quien asume como criterio de referencia el completo desarrollo de la **libido** (*v.*) que, después de haber recorrido la fase **oral** (*v.*), **anal** (*v.*) y **fálica** (*v.*), se manifiesta en la fase **genital** (*v.*) como relación heterosexual, define como perversa cualquier conducta que se aleja de la norma ya sea en relación con el *objeto* sexual, como en el caso de la **homosexualidad** (*v.*), la **pedofilia** (*v.*), la **zooerastia** (*v.*); en relación con la *zona* corporal, cuando el placer sexual se alcanza con partes del cuerpo no destinadas de por sí al ejercicio de la sexualidad o en relación con su *meta* sexual, que se puede alcanzar sólo en presencia de condiciones de por sí extrínsecas, como en el caso del **fetichismo** (*v.*), el **travestismo** (*v.*), la **escopofilia** (*v.*), el **exhibicionismo** (*v.*), el **sadomasoquismo** (*v.*) y parecidas. De este repertorio se desprende que Freud limita el concepto de perversión a la esfera sexual, no porque no reconozca otros instintos más allá de la sexualidad, sino porque considera que sus desviaciones, como en el caso de los trastornos de la alimentación, depende de las repercusiones de la sexualidad en las funciones nutritivas.

Una vez asumida como norma la organización genital, todas las formas de **regresión** (*v.*) o de **fijación** (*v.*) a estadios anteriores, en los que la sexualidad se manifiesta mediante pulsiones parciales estrictamente vinculadas a las diferentes zonas erógenas, se consideran perversas. Desde luego, si se considera que la sexualidad es originalmente "perversa" puesto que nunca se separa por completo de su origen, cuando el placer no se buscaba en una actividad específica, sino anexa a actividades dependientes de otras funciones, como la alimentación, la defecación, etc. (*v.* **anaclisis**), entonces es perversa cualquier actividad sexual que no se haya desprendido definitivamente de la **polimorfa** (*v.*) que caracteriza a la sexualidad infantil.

Freud define la perversión como el negativo de la **neurosis** (*v.*) en el doble sentido de que *a*] el perverso actúa impulsos que el neurótico reprime (*v.* **represión**); *b*] frente a la angustia el perverso se defiende con regresiones a formas de sexualidad infantil, mientras el neurótico adopta otras formas de defensa, posteriores o sustitutivas de la regresión. Por el contrario, es posible interpretar la sintomatología neurótica como una manifestación enmascarada de las mismas tendencias manifiestas de modo visible en las perversiones. La naturaleza esencialmente técnica de la norma que asume Freud sustrae la conducta perversa de la esfera del juicio moral para asignarla a una interrupción o a una regresión en el itinerario del desarrollo de la libido: "Es instructivo que bajo la influencia de la seducción el niño pueda convertirse en un perverso polimorfo, siendo descaminado a practicar todas las trasgresiones posibles. Esto demuestra que en su disposición trae consigo la aptitud para ello; tales trasgresiones tropiezan con escasas resistencias porque, según sea la edad del niño, no se han erigido todavía o están en formación los diques anímicos contra los excesos sexuales: la vergüenza, el asco y la moral. En esto el niño no se comporta diversamente de la mujer ordinaria, no cultivada, en quien se conserva idéntica disposición perversa polimorfa. En condiciones corrientes, ella puede permanecer normal en el aspecto sexual; guiada por un hábil seductor, encontrará gusto en todas las perversiones y las retendrá en su práctica sexual. [...] es imposible no reconocer algo común a todos los seres humanos, algo que tiene sus orígenes en la uniforme disposición a todas las perversiones" (1905 [1976: 173-174]).

El concepto de perversión se amplía si se asume como norma el orden social dominante, cuyos valores interioriza el individuo a través del proceso educativo. En este caso cualquier incapacidad para contener los impulsos menos socializados es fuente de conductas consideradas perversas y cuyos rasgos G. Jervis define así: "*a*] el sujeto tiene, desde siempre, dificultad para contenerse en la satisfacción de sus propios impulsos; *b*] tiene constantes dificultades para evaluar la discrepancia de sus actos con respecto a las normas dominantes y, al mismo tiempo, tiene dificultades para evaluar las consecuencias de estos actos; *c*] de hecho con estos actos imprevistos acarrea serios daños también psicológicos para sí mismo y/o significativos sufrimientos a otras personas; *d*] es de inteligencia normal, y no presenta claros trastornos neuróticos, ni reales trastornos psicóticos; *e*] tiende a reiterar de manera estable formas de comportamiento desaprobadas por la moralidad dominante, con frecuencia –no siempre– con contenido sádico" (1975: 293).

BIBLIOGRAFÍA: Autores varios (1967); Chasseguet-Smirgel, J. (1985), Freud, S. (1905); Freud, S. (1905b); Jervis, G. (1975); Ruittenbeek, H.M. (1967).

pesadilla (al. *Alpdruck*; fr. *cauchemar*; ingl. *nightmare*; it. *incubo*)

Reacción de miedo durante el sueño, generalmente provocada por un sueño aterrorizante. En la demonología medieval el *íncubo* es un demonio masculino, de aspecto monstruoso, que seduce a las mujeres durante el sueño. Le corresponde *súcuba*, demonio femenino responsable de las poluciones nocturnas de los hombres. El término adquirió el significado de sueño espantoso, angustiante, que se concluye con un despertar tan imprevisto como liberador. Según la interpretación psicoanalítica las pesadillas, que S. Freud llama *sueños de angustia*, resultan de un fracaso del trabajo onírico (*v.* **sueño**, § II, 2-3) y precisamente de una falla de la defensa: "La observación es que los sueños de angustia a menudo tienen un contenido despojado de toda desfiguración; por así decir, se ha sustraído de la censura. El sueño de angustia es muchas veces un cumplimiento no disfrazado de deseo, no desde luego el de un deseo admisible, sino el de uno reprobado. La angustia desarrollada ha ocupado el lugar de la censura. Mientras que del sueño infantil puede enunciarse que es el cumplimiento franco de un deseo permitido, y del sueño desfigurado común, que es el cumplimiento disfrazado de un deseo reprimido, al sueño de angustia sólo le conviene esta fórmula: es el cumplimiento franco de un deseo reprimido. La angustia es el indicio de que el deseo reprimido ha resultado más fuerte que la censura, le ha impuesto su cumplimiento de deseo o estuvo a punto de hacerlo." (1915-1917 [1976: 198]).

BIBLIOGRAFÍA: Freud, S. (1915-1917).

pesimismo (al. *Pessimismus*; fr. *pessimisme*; ingl. *pessimism*; it. *pessimismo*)

Tendencia a creer, en oposición al **optimismo** (*v.*), que en el mundo el mal prevalece sobre el bien y que cualquier existencia es, en general, dolor o, como escribe A. Schopenhauer, "voluntad de vida que se desgarra y se atormenta a sí misma" (1819: 349). Esto sucedería, como explica E. von Hartmann, por una especie de principio inconsciente "que, volviéndose progresivamente consciente, destruye las ilusiones que sostienen al mundo" (1869: 85). Según el psicoanálisis la actitud pesimista se deriva de una privación infantil (*v.* **privación**, § 3) y en especial de un destete precoz, a partir de donde madura una personalidad con rasgos depresivos, tendientes a sobrevalorar los obstáculos y las dificultades (*v.* **abandono**, **síndrome de**).

BIBLIOGRAFÍA: Hartmann, E. von (1869); Schopenhauer, A. (1819); Spitz R.A. (1958).

petición
v. DEMANDA.

petting

Término inglés que se refiere a los juegos eróticos que sirven de preludio (*v.* **placer**, § 3) a las verdaderas relaciones sexuales.

PHI, fenómeno
v. PERCEPCIÓN, § 6, *a*.

pica (al. *Pikacismus*; fr. *picacisme*; ingl. *picacism*; it. *picacismo*)

El término se deriva del latín *pica*, urraca, que es un ave omnívora; se refiere al comportamiento de los niños que en el primer año de vida tienden a tratar cualquier objeto como comestible. La prolongación de este comportamiento es frecuente en los niños retardados o que viven en ambientes indigentes, con graves privaciones y carencias. En el adulto el pica es indicio de una actitud regresiva y con frecuencia se presenta en la conducta de los esquizofrénicos.

Pick, enfermedad de
v. DEMENCIA, § II, 2, *b*.

pícnico
v. TIPOLOGÍA, § 1, *b*.

picnolepsia (al. *Pyknolepsie*; fr. *pycno-lepsie*; ingl. *pycnolepsy*; it. *picnolessia*)

Interrupción frecuente pero breve de la conciencia, que algunos consideran unida a la epilepsia, mientras otros la clasifican como trastorno histérico. La enfermedad, que se manifiesta en los niños, tiene un curso monótono, sin deterioro intelectual, con pronóstico generalmente favorable.

Picwick, **síndrome de** (al. *Pickwickssyndrom*; fr. *syndrome de Pickwick*; ingl. *Pickwick's syndrom*; it. *Pickwick, sindrome di*)

Ataque imprevisto de sueño con contracciones musculares y paro respiratorio en sujetos obesos. Las crisis, que se consideran debidas a hipersensibilidad de los centros respiratorios, mejoran con la pérdida de peso.

piedad
v. COMPASIÓN.

piel (al. *Haut*; fr. *peau*; ingl. *skin*; it. *pelle*)

Membrana continua que envuelve todo el cuerpo, conectada con los órganos subyacentes al tejido celular subcutáneo. La piel, o *cutis*, está constituida por tres estratos sobrepuestos: uno profundo o *hipodermis*, uno intermedio o *dermis*, y uno superficial o *epidermis*, que cumplen con tareas de protección contra la acción química, física, microbiológica, y de regulación hídrica y térmica. La piel es, además, la sede de la **sensibilidad** (*v.*) cutánea y opone una resistencia al flujo de la corriente eléctrica con diferentes valores, según las zonas, que manifiestan la medida de su conductividad. La actividad electrodérmica está gobernada por el **simpático** (*v.*) a través de las fibras colinérgicas.

Desde el punto de vista psicológico la piel tiene importancia como sede de las emociones y como zona erógena. O. Fenichel identificó en la piel la manifestación de por lo menos cuatro cuadros sintomáticos: "1] De la misma manera que los músculos se ponen rígidos cuando luchan contra impulsos reprimidos, también las funciones vasomotrices de la piel son utilizadas como 'escudo', que después se traduce en un ataque de dermatosis. 2] La piel es una importante zona erógena. Si la exigencia de utilizarla como tal es reprimida, las tendencias recurrentes en pro y en contra de estimulaciones cutáneas encuentran su expresión somática en alteraciones dermatológicas. [...] 3] La piel, como superficie del organismo, es la parte visible externamente; por eso es el lugar en el que se manifiestan conflictos que se refieren al exhibicionismo. Estos conflictos, a su vez, implican no sólo el elemento de un instinto sexual al que se oponen el miedo y la vergüenza, sino también verdaderos apoyos narcisistas para tranquilizarse. 4] Los equivalentes de la angustia también pueden ser localizados como reacciones de la piel. La angustia es, fisiológicamente, un estado simpático-tónico, y las reacciones simpático-tónicas de los vasos de la piel pueden representar angustia" (1945: 287-288). Entre las manifestaciones dermatológicas producidas por conflictos merecen una mención:

1] *El acné*, que es la alteración de los folículos pilosos y de las glándulas sebáceas, con formación de pequeñas protuberancias cutáneas irritables e infectables, provocado por trastornos intestinales o por disfunciones hormonales. Una variante es el acné juvenil, típico del adolescente, caracterizado por pústulas que se forman por lo general en la piel del rostro, en concomitancia con el desarrollo psicosexual, especialmente activo en ese período.

2] *El prurito* que, cuando no depende de trastornos dermatológicos o internos, indica por lo general un desplazamiento hacia la piel de gratificaciones sexuales, de impulsos masoquistas, si acaso no manifiesta una desviación de las tendencias agresivas que no se pueden manifestar de otra manera.

3] *La dermatitis autoprovocada* por el sujeto inconscientemente durante el sueño o en momentos de concentración. Las lesiones autoprovocadas deberían imputarse a sentimientos agresivos erotizados dirigidos hacia personas significativas con las que el sujeto se identificó de manera ambivalente.

4] *La dermatitis atópica*, con frecuencia asociada con otras manifestaciones alérgicas, atribuibles a un insuficiente contacto cutáneo entre la madre y el niño.

5] *El delirio de parasitosis* en sujetos convencidos, más allá de las aseveraciones dermatológicas, de que tienen la piel infestada de parásitos.

6] *La dermatofobia*, miedo excesivo a sufrir lesiones en la piel.

7] *La alopecía*, caída de los vellos y de los cabellos causada por atrofia del bulbo piloso. Las formas agudas y juveniles, además de causas orgánicas, permiten sospechar trastornos neuróticos vinculados a condiciones de angustia intensa e inesperada.

8] *La urticaria* que, cuando no es provocada por intoxicaciones por sustancias alimenticias, la interpretan L. Saul y C. Bernstein como un conflicto emotivo que no tiene posibilidad de descargarse de otra manera. De la misma opinión es Fenichel, quien la atribuye a "una reacción alérgica a ciertas hormonas movilizadas por las emociones" (1945: 289).

BIBLIOGRAFÍA: Alexander, F. (1950); Anzieu, D. (1985); Alexander, F. (1990); Fenichel, O. (1945); Hill, O.W. (1976); Pillsbury, D.M., W.B. Shelley y A.M. Kligman (1956); Saul, L. y C. Bernstein (1941); Weiss, E. y O.S. English (1949).

pigmalionismo (al. *Pygmalionismus*; fr. *pygmalionisme*; ingl. *pygmalionism*; it. *pigmalionismo*)

Tendencia a enamorarse de las propias creaciones, como le sucedió a Pigmalión, mítico rey de Chipre que, después de enamorarse de una estatua de Venus que él mismo esculpió, la quiso desposar. El término se utiliza para indicar la tendencia inconsciente del terapeuta a plasmar a su paciente, manteniéndolo en un estado de dependencia para evitar la separación que sigue al proceso de crecimiento y de progresiva autonomía.

pineal, glándula
v. ENDOCRINO, SISTEMA, § 7.

pintura (al. *Malerei*; fr. *peinture*; ingl. *painting*; it. *pittura*)

Medio de expresión que valorizó C.G. Jung por la representación de imágenes interiores derivadas de sueños, imaginaciones o fantasías que permiten al sujeto, mediante la producción pictórica, objetivar las figuras de su inconsciente y tomar una cierta distancia de su condición psíquica. Al ayudar a los contenidos inconscientes a asumir una expresión se le facilita la toma de conciencia y, en consecuencia, la relación entre el yo y el inconsciente, que para Jung es la condición esencial de todo equilibrio psíquico.

Además de esta dimensión terapéutica, la pintura se utiliza también en el campo diagnóstico como test proyectivo para el estudio de las diferencias individuales en relación con situaciones de frustración (*Picture frustration test*; *v.* **Rosenzweig, test de**) o con los rasgos del carácter, basándose en la elección de los cuadros preferidos entre los veinte mostrados (*Picture story test*). Para el estudio sistemático de las dinámicas de la personalidad G.S. Blum elaboró el *Blacky pictures*, test proyectivo para adultos, también aplicable a los niños, compuesto por once ilustraciones que representan de forma explícita una situación del desarrollo psicosexual, como el erotismo oral, el sadismo anal, la intensidad edípica, la rivalidad fraternal, etc. La técnica del test prevé cuatro momentos: comentario de la ilustración, respuestas a preguntas prefijadas, elección de las preferencias entre ilustraciones simpáticas y antipáticas, justificación de los motivos de la elección. Del examen total del protocolo se manifiestan los aspectos más significativos de la personalidad desde un punto de vista psicodinámico.

BIBLIOGRAFÍA: Blum, G.S. (1965); Jung, C.G. (1934-1950); Selg, H. (1968); Symond, P.M. (1948).

piramidal, sistema (al. *Pyramidensystem*; fr. *système pyramidal*; ingl. *pyramidal system*; it. *piramidale, sistema*)

Sistema de fibras motrices que se originan en **neuronas** (*v.*) del área motora situadas en la corteza de los lóbulos frontal y parietal, que se dirigen, por el tronco del encéfalo, a los distintos segmentos de la médula espinal, donde se conectan, directamente o mediante neuronas internunciales, con las neuronas motrices contralaterales de las astas anteriores, para contro-

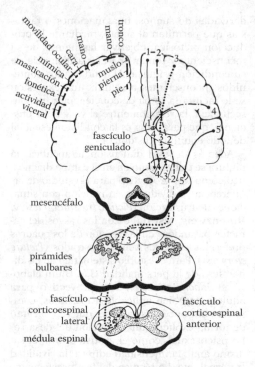

Sección del sistema piramidal. 1) fibra corticopontina; 2) fibra corticoespinal; 3) fibra corticoespinal; 4) fibra corticonuclear; 5) fibra corticopontina (rediseñado por C. Cavallotti, F. Amenta, *Vía y centros nerviosos*, USES, Firenze, 1982).

lar así la motricidad del lado opuesto del cuerpo respecto al hemisferio cerebral de origen. Las fibras piramidales conducen los impulsos destinados a realizar los movimientos voluntarios de los diferentes músculos esqueléticos. En la representación topográfica cortical de las diferentes zonas musculares las partes caudales del organismo están localizadas en la porción superior del área motriz, las cefálicas en la inferior. Existe una correlación directa entre la extensión del área cortical interesada y las partes del cuerpo con mayor (la mano) o menor (el tronco) complejidad de movimientos. Las lesiones del área motriz comprometen la movilidad del lado opuesto del cuerpo.

piromanía (al. *Pyromanie*; fr. *pyromanie*; ingl. *pyromania*; it. *piromania*)

Impulso patológico a causar incendios, en el cual se observan, según O. Fenichel, "intensas

exigencias sádicas que gobiernan la vida sexual donde la fuerza destructiva del fuego simboliza la intensidad de la necesidad sexual. Los pacientes están llenos de impulsos vengativos, los cuales deben su forma a fijaciones uretrales específicas" (1945: 417). La relación entre piromanía y fijación uretral se basa en la hipótesis de S. Freud, según quien el pirómano está impulsado por la fantasía de apagar el fuego con la propia orina.

BIBLIOGRAFÍA: Fenichel, O. (1945); Freud, S. (1905).

pitiatismo (al. *Pithiatismus*; fr. *pithiatisme*; ingl. *pithiatism*; it. *pitiatismo*)

Método terapéutico que ideó J. Babinski, neurólogo francés alumno de J.M. Charcot, quien distinguió con precisión los fenómenos histéricos de los neurológicos-orgánicos, atribuyendo los primeros a efectos producidos por autosugestión y, en cuanto tales, considerándolos curables por sugestión (*v.* **sugestión**).

BIBLIOGRAFÍA: Babinski, J. (1908).

placa motriz
v. SINAPSIS.

placebo (al. *Placebo*; fr. *placebo*; ingl. *placebo*; it. *placebo*)

Sustancia farmacológica inactiva suministrada para reforzar las expectativas favorables de respuesta del paciente en el tratamiento que utiliza elementos de sugestión y factores simbólicos vinculados al fármaco o a la figura del médico. Utilizado para "complacer más que para curar al paciente", como recitan los diccionarios del siglo XVIII, el placebo tendría como alternativa el no tratamiento, pero, como observa E.A. Moja, "el 'no tratar' a los pacientes no es un acto neutro; la intervención médica, aparte de las variables biológicas que introduce, también constituye siempre un mensaje que modifica, con frecuencia marginalmente, pero a veces en forma marcada, el curso natural de la enfermedad, en sentido depresivo ('no me cuida') o ansioso ('tal vez en esta ocasión no está claro el origen de mi dolor'); agresivo ('no valora mi dolor') o tranquilizador ('no tengo nada grave')" (1990: 14).

El placebo también se utiliza como control en el curso de la investigación de los fármacos para verificar los efectos de su administración mediante la confrontación entre un grupo tratado con el fármaco y un grupo tratado, sin saberlo el médico ni el paciente, con una sustancia inactiva. El efecto de la administración, además de verificar la eficiencia del fármaco, también permite evidenciar los llamados *reactores al placebo*, es decir esos sujetos que, al reaccionar positivamente a la administración de la sustancia inactiva, revelan marcadas tendencias a la sugestionabilidad y la aquiescencia.

BIBLIOGRAFÍA: Fischer, S. (1967); Kissel, P. y D. Barruchand (1964); Moja, E.A. (1990); Steinbook, R.M. y M.E. Jones (1965).

placenta

v. ENDOCRINO, SISTEMA, § 6, *c.*

placer (al. *Lust*; fr. *plaisir*; ingl. *pleasure*; it. *piacere*)

Experiencia de bienestar puntual y transitoria que se inicia con la supresión del dolor o displacer. Placer y displacer constituyen los principios reguladores básicos de la vida psíquica. Al respecto las contribuciones más significativas las ofreció el psicoanálisis, que habló del placer con diversas acepciones.

1] PRINCIPIO DEL PLACER. La idea de basar en el placer el principio de regulación de la actividad psíquica la propuso G.T. Fechner, quien enunció el: "principio del placer por la acción", que debe entenderse no como finalidad perseguida por la acción humana, como lo prevén las teorías hedonistas, sino como efecto de la representación de la acción que se debe cumplir y de sus consecuencias. A partir de estas premisas S. Freud define el principio del placer como la reducción de la cantidad de excitación, y al *displacer* como el aumento de la misma. El principio del placer, como principio económico orientado a la reducción de la tensión, tiene re-

lación: *a*] con el *principio de* **constancia** (*v.*, § 2), que ya había propuesto Fechner como "principio de estabilidad" y que después retomó W.B. Cannon, quien lo reformuló con el concepto más amplio de **homeostasis** (*v.*), donde está subyacente el principio según el cual "el aparato psíquico se esfuerza por mantener lo más baja posible, o cuanto menos constante, la cantidad de excitación presente en él" (1932: 185); *b*] con el *principio del nirvana* (*v.*), que después Freud reformuló como figura de la pulsión de muerte, en cuanto este principio prevé la reducción a cero de la tensión: "Y puesto que hemos discernido como la tendencia dominante de la vida anímica, y quizá de la vida nerviosa en general, la de rebajar, mantener constante, suprimir la tensión interna de estímulo (el principio de Nirvana, según la terminología de Barbara Low) [...], de lo cual es expresión el principio de placer, ese constituye uno de nuestros más fuertes motivos para creer en la existencia de pulsiones de muerte." (1920 [1976]: 54]).

El principio del placer lo pensó Freud en oposición al **principio de realidad** (*v.*, § 3), en el sentido de que en principio las pulsiones tienden a una descarga inmediata y, si esto es imposible, alucinando en el sueño o en la fantasía la satisfacción del deseo; después, al experimentar la realidad, se aprendería a conseguir una satisfacción aplazada en el tiempo con un comportamiento menos alucinador y más adaptativo.

2] PLACER DE ÓRGANO Y PLACER DE FUNCIÓN. Es una dicotomía que introdujo Freud para explicar la sexualidad infantil, en la cual placer propiamente sexual se apoya antes (*v.* **anaclisis**, § 1) en el placer de una función, como por ejemplo el de la alimentación, y después se independiza como búsqueda del placer del órgano, en nuestro ejemplo de la zona erógena bucolabial, independientemente de la necesidad de alimentación. En el placer del órgano la pulsión parcial encuentra satisfacción en el mismo lugar en el que se realiza, independientemente de la satisfacción de otras zonas: "Con miras a una caracterización general de las pulsiones sexuales puede enunciarse lo siguiente: Son numerosas, brotan de múltiples fuentes orgánicas, al comienzo actúan con independencia unas de otras y sólo después se reúnen en una síntesis más o menos acabada. La meta a que aspira cada una de ellas es el logro del *placer de* *órgano*; sólo tras haber alcanzado una síntesis cumplida entran al servicio de la *función de reproducción*, en cuyo carácter se las conoce comúnmente como pulsiones sexuales." (1915 [1976: 121]). El concepto de placer de función hoy se extiende también al ejercicio de las propias capacidades y se supone que está en la base de las repeticiones sucesivas que se observan sobre todo en los niños.

3] PLACER PRELIMINAR Y PLACER TERMINAL. Son denominaciones que introdujo Freud para distinguir el placer asociado con la tensión creciente (placer preliminar) y el placer asociado con el efecto de descarga (placer terminal). El placer del órgano en el que concluye la sexualidad infantil se vuelve preliminar en la sexualidad adulta, donde cumple una "nueva función", que ya no es la de descargar la excitación sino la de crear una tensión suficiente para permitir alcanzar la satisfacción genital. "ciertas maneras intermedias de relacionarse con el objeto sexual (jalones en la vía hacia el coito), como el palparlo y mirarlo, se reconocen como metas sexuales preliminares. Por una parte, estas prácticas conllevan un placer, en sí mismas; por la otra, aumentan la excitación que debe mantenerse hasta que se alcanza la meta sexual definitiva" (1905 [1976: 136]). La interrupción en el placer preliminar, o el titubeo excesivo, lo considera Freud una **perversión** (*v.*): "Las perversiones son, o bien: *a*) trasgresiones anatómicas respecto de las zonas del cuerpo destinadas a la unión sexual, o *b*) *demoras* en relaciones intermediarias con el objeto sexual, relaciones que normalmente se recorren con rapidez como jalones en la vía hacia la meta sexual definitiva" (1905 [1976: 136]).

BIBLIOGRAFÍA: Cannon, W.B. (1932); Fechner, G.T (1848); Freud, S. (1895); Freud, S. (1905); Freud, S. (1915); Freud, S. (1920).

plagio (al. *Plagiat*; fr. *plagiat*; ingl. *plagiarism*; it. *plagio*)

Término jurídico derivado del derecho romano que con esta expresión designaba la reducción de una persona libre al estado de esclavitud. En psicología el término se utiliza con dos acepciones: *a*] en referencia a quien reduce a una persona a un estado de total sumisión a su poder; *b*] en referencia al *plagio inconsciente* que se puede definir como una remembranza sin reconocimiento, como en el caso de músicos o escritores que, sin darse cuenta, adoptan temas de otros músicos o escritores antes oídos o leídos (*v.* **memoria**, § 8, *a*). En la primera acepción del término no se debe excluir un elemento de plagio en las relaciones de transferencia (*v.* **transferencia**, § 1-3) que tienen lugar en las relaciones psicoterapéuticas.

plasticidad (al. *Plastizität*; fr. *plasticité*, ingl. *plasticity*; it. *plasticità*)

Capacidad de un organismo para realizar transformaciones con miras a una adaptación cada vez mejor a las condiciones de existencia. Se habla de plasticidad: 1] en el nivel *fisiológico* para la reorganización de las conexiones nerviosas, en presencia de cambios traumáticos, o no, que tienen un significado funcional para el organismo; 2] en el nivel *psicológico* como capacidad de transformación en la base de las nuevas condiciones que se presentan en el curso del crecimiento y del desarrollo interiores; 3] en el nivel *cognoscitivo* como capacidad para reestructurar la inteligencia y los procesos cognoscitivos durante los cambios en el campo de la experiencia; 4] en el nivel *libidinal* como capacidad de la pulsión de cambiar el objeto o la forma de satisfacción. La plasticidad es variable en cada individuo y favorece las condiciones de adaptación y de crecimiento (*v. libido*, § 1, *c*).

BIBLIOGRAFÍA: Freud, S. (1915-1917); Hollis, M. (1977).

pleroma (al. *Zwischenwelt*; fr. *pléroma*; ingl. *pleroma*; it. *pleroma*)

Término frecuente en la bibliografía gnóstica, donde se utiliza para indicar la plenitud del ser divino que, en su omnicomprensión, encierra en sí todas sus emanaciones. C.G. Jung adopta este concepto como expresión simbólica del sí donde los opuestos que despliega la vida psíquica se recogen y se componen (*v.* **psicología analítica**, § 4).

BIBLIOGRAFÍA: Jonas, H. (1934-1954); Jung, C.G. (1951).

plomo, intoxicación por (al. *Bleivergiftung*; fr. *empoisonnement à plomb*; ingl. *lead poisoning*; it. *piombo, intossicazione da*)

También llamado *saturnismo*, es una intoxicación debida a la absorción prolongada de pequeñas cantidades de plomo. Puede ser aguda o subaguda, por ingestión accidental, pero con mayor frecuencia es crónica. Del plomo que se absorbe una parte se deposita en varios órganos, otra se elimina, y otra se queda en la sangre. Esta última es la responsable de las manifestaciones tóxicas que interesan diferentes zonas corporales, como la musculatura lisa, los vasos, el sistema hematopoyético y el sistema nervioso. La encefalopatía crónica que se puede derivar se manifiesta con cefalea, insomnio, depresión, amnesia y parálisis, mientras la aguda presenta un síndrome delirante y con frecuencia es mortal.

población
v. ESTADÍSTICA, § II, 1.

poblaciones, genética de las
v. GENÉTICA, § 5.

poder (al. *Macht*; fr. *pouvoir*; ingl. *power*; it. *potere*)

Posesión, por parte de un sujeto o de un grupo, de los medios necesarios para alcanzar los fines que se propone, superando la resistencia activa y pasiva de otros sujetos o grupos. Este concepto, que corresponde específicamente a las ciencias sociales y políticas, es de interés para la psicología social por la motivación que empuja a un individuo o a un grupo a la conquista del poder, y por las figuras del poder para el tipo de organización social que se deriva.

1] LA MOTIVACIÓN SOCIAL AL PODER. Esta motivación empuja a subir lo más posible en la jerarquía del grupo de pertenencia, para alcanzar un liderazgo que puede ser *autoritario*, con fuerte dependencia del líder; *democrático*, con poca dependencia pero superior en rendimiento cualitativo, o *permisivo*, con poca dependencia y poco rendimiento (*v.* **grupo**, § 6). T.W. Adorno, partiendo de supuestos psicoanalíticos, identificó en la personalidad "sedienta de poder" una falta de interiorización del superyó en presencia de un yo débil y de un ello muy fuerte. Dichas personalidades, caracterizadas por poca capacidad introspectiva, tienden a **actuar** (*v.*) en el ámbito social las dimensiones que no logran elaborar dentro de sí. Adorno elaboró la llamada escala F (de fascismo) capaz de medir, en las personas motivadas por el poder, el grado de convencionalismo, superstición, prepotencia, arrogancia, cinismo e hipersexualidad (*v.* **autoridad**).

2] LAS FIGURAS DEL PODER. Estas figuras las toma en consideración la psicología social por las consecuencias que provocan en la organización del grupo y por las modalidades adoptadas para lograr los objetivos y para resolver los conflictos. Se suele distinguir, además del poder *tradicional* legitimado por la costumbre y por la tradición, el poder *carismático*, que encuentra su legitimación en cualidades particulares del jefe y en su ascendencia (*v.* **carisma**), y el *burocrático*, legitimado por un sistema de reglas funcionales que, además de suprimir la afectividad en el ámbito de las relaciones, determina las posibilidades de iniciativa, autoridad y responsabilidad. Aquí el poder ya no se funda en las características personales sino que se deriva de la función ejercida dentro de la organización, y se legitima basándose en los fines que ésta se propone alcanzar, según las normas que regulan las responsabilidades y los mecanismos recíprocos que permiten un control recíproco en el área del poder. El poder burocrático representa una forma de control de las motivaciones hacia el poder de los diversos individuos y un intento de racionalización de la organización porque, al eliminar la *dependencia* típica de la organización carismática, favorece la *interdependencia* de los sujetos incluidos en las funciones de la organización. Pero para alcanzar este objetivo es necesario evitar la *contradependencia* conflictiva que, naturalmente, lleva a la parálisis decisional (*v.* **organización**, § 1; **psicología social**, § 4).

BIBLIOGRAFÍA: Adorno, T.W., *et al.* (1950); Ferrarotti, F. (1972); Lasswell, H.D. (1948); Luhmann, N. (1975); Parsons, T. (1963); Russell, B. (1938);

Stoppino, M. (1974); Trentini, G. (1980); Von Mises, L. (1983); Weber, M. (1922).

Poetzl, fenómeno de (al. *Poetzl-Phänomen*; fr. *phénomène de Poetzl*; ingl. *Poetzl's phenomenon*; it. *Poetzl, fenomeno di*)

Aparición en el nivel onírico de materiales que, por la breve exposición, no tuvieron posibilidad de imprimirse en la memoria consciente.

BIBLIOGRAFÍA: Poetzl, O. (1967).

Poggendorff, ilusión de
v. ILUSIÓN, § 4, *q.*

polaridad
v. OPUESTOS, § 1, *b.*

polarización
v. GRUPO, § II, 4.

poliandria
v. MONOGAMIA.

polideterminación
v. SOBREDETERMINACIÓN.

polimorfa (al. *Polimorphie*; fr. *polimorphie*; ingl. *polymorphy*; it. *polimorfia*)

Rasgo típico de la sexualidad infantil en la cual las pulsiones parciales están vinculadas a cada una de las zonas erógenas de las cuales la sexualidad debería emanciparse, con el progresivo desarrollo de la libido, para adquirir la "forma" que en la fase **genital** (*v.*, § 2) se manifiesta en la actividad heterosexual con miras a la reproducción. La permanencia en la edad adulta de una sexualidad polimorfa es para S. Freud el origen de las diferentes formas de **perversión** (*v.*): "Es instructivo que bajo la influencia de la seducción el niño pueda convertirse en un perverso polimorfo, siendo descaminado a practicar todas las trasgresiones posibles. Esto demuestra que en su disposición trae consigo la aptitud para ello; tales trasgresiones tropiezan con escasas resistencias porque, según sea la edad del niño, no se han erigido todavía o están en formación los diques anímicos contra los excesos sexuales: la vergüenza, el asco y la moral. En esto el niño no se comporta diversamente de la mujer ordinaria, no cultivada, en quien se conserva idéntica disposición perversa polimorfa. En condiciones corrientes, ella puede permanecer normal en el aspecto sexual; guiada por un hábil seductor, encontrará gusto en todas las perversiones y las retendrá en su práctica sexual. [...] es imposible no reconocer algo común a todos los seres humanos, algo que tiene sus orígenes en la uniforme disposición a todas las perversiones" (1905 [1976: 173-174]).

BIBLIOGRAFÍA: Freud, S. (1905); Freud, S. (1905b).

polineurítica, psicosis
v. ALCOHOLISMO, § 6, *b.*

poliopía
v. DIPLOPÍA.

política
v. PSICOLOGÍA POLÍTICA.

polución (al. *Pollution*; fr. *pollution*; ingl. *pollution*; it. *polluzione*)

Emisión involuntaria del líquido seminal acumulado en las ampollas de los conductos deferentes y en las vesículas seminales, que se verifica espontáneamente en sujetos que no practican una constante actividad sexual coital o masturbatoria. Se distingue una polución *diurna* o *espermatorrea*, con periódicas repeticiones del fenómeno durante el día (sin erección u orgasmo), y una polución *nocturna*, que desarrolla una función compensadora de una actividad sexual insuficiente.

Ponzo, ilusión de
v. ILUSIÓN, § 4, *r.*

poriomanía
v. DROMOMANÍA.

pornografía (al. *Pornographie*; fr. *pornographie*; ingl. *pornography*; it. *pornografia*)

Ilustración o representación de situaciones eróticas donde la sexualidad es centrípeta y no centrífuga, o sea no remite a otros sentidos y a otros significados que no sean la pura y simple reproposición de sí misma. En la pornografía la sexualidad emerge como único tema, haciéndose funcional y hasta anulando la subjetividad y el mundo circundante. Desde el punto de vista psicoanalítico O. Fenichel escribe que "los que aman la pornografía con frecuencia manifiestan dos actitudes contradictorias dirigidas a tranquilizarlos: 1] el hecho de que se impriman detalles concernientes a la sexualidad prueba la existencia objetiva de la sexualidad; por el mecanismo de la 'división de la culpa', este mismo hecho disminuye el sentimiento de culpa volviendo más 'objetivas' las fantasías sexuales; 2] asimismo, la sexualidad temida no llega a ser real; se disfruta de ella por identificación, leyéndola en un libro, no realizando una experiencia concreta, y así resulta menos peligrosa" (1945: 394).

BIBLIOGRAFÍA: Fenichel, O. (1945); Grant, J.H. (1973); Kronhausen, E.P. (1970).

posesión (al. *Besessenheit*; fr. *possession*; ingl. *possession*; it. *possessione*)

Convicción de estar poseído por una entidad extraña al propio yo. Platón atribuye la posesión a la "divina locura", de la que enumera cuatro formas: profética, presidida por Apolo; iniciática, presidida por Dionisio; poética, presidida por las musas, y la locura de amor, que es un demonio posesivo que media (μετα–ξύ) entre los hombres y los dioses. Con esta acepción Sócrates habla del amor como una forma de posesión. El mismo "entusiasmo" alude a la condición del hombre habitado por un dios (ἐν θεχς), por lo que la que habla no es el alma racional sino el dios que la posee. Eurípides dice que "cuando el dios se posesiona del cuerpo lo obliga a decirles el futuro a quienes lo enfurecen" (*Bacantes*: 299-300), mientras Cicerón, en el *De divinatione* (I, 31), escribe que "no es Casandra la que habla, sino el dios encerrado en su cuerpo". En la terminología psicoanalítica el dios es sustituido por un complejo inconsciente que se impone al yo, haciéndole cumplir acciones que no ha previsto. La noción freudiana de **coacción** (*v.*), se puede referir a la posesión mientras C.G. Jung hace referencia explícita a la posesión del yo por parte del **arquetipo** (*v.*). Así, en el caso, por ejemplo, del arquetipo del padre, "el peligro –escribe Jung– está precisamente en esta identificación inconsciente con el arquetipo; ésta no sólo tiene una influencia sugestivo-dominante sobre el hijo, sino que también produce en este último la misma inconsciencia, de manera que él, por un lado, sucumbe a la influencia de afuera y por el otro no logra defenderse desde adentro" (1909-1949: 337).

BIBLIOGRAFÍA: Galimberti, U. (1984); Jung, C.G. (1909-1949); Platón (1873).

posesionamiento (al. *Besitzergreifung*; fr. *prise*; ingl. *taking possession*; it. *impossessamento*)

Pulsión no sexual que puede unirse a la sexualidad, pero que tiene como meta específica el dominio del objeto con la fuerza. S. Freud considera que esta función *a*] se encuentra en la base de la crueldad infantil, que no tendría como objetivo el sufrimiento de los demás sino la posesión del objeto; *b*] en la base de la actividad sádica, contrapuesta a la pasividad masoquista. Más tarde, con la introducción de la pulsión de muerte, Freud incluirá el posesionamiento como uno de sus casos específicos. Se separa de la interpretación de Freud la de Y. Hendrick quien, en el ámbito de la psicología genética, interpreta el posesionamiento como una necesidad natural de dominar el ambiente y de ejecutar con éxito una función. Como tal se trata de una pulsión del yo, originalmente no sexual, si bien puede ser libidinizada y reaparecer con el sadismo (*v.* **pulsión**, § 1, *g*, 2, *c*).

BIBLIOGRAFÍA: Freud, S. (1905); Freud, S. (1913); Hendrick, Y. (1943).

posesividad (al. *Besitzanzeigung*; fr. *possessivité*; ingl. *possessiveness*; it. *possessività*)

Tendencia a querer adueñarse en forma exclusiva del objeto amado. Cuando el objeto es una persona, la posesividad se traduce en relaciones exclusivas fundadas en vínculos estrechísimos y en sentimientos de celos tendientes a limitar la autonomía del otro. Para el psicoanálisis la posesividad, que surge durante la primera infancia, en correspondencia con la fase **anal** (*v.*, § 2), se manifiesta en el vínculo materno donde, además de la dependencia, el niño expresa una sustancial incapacidad para soportar las frustraciones provenientes de la relación con la madre, cuando la misma no tiene los rasgos de la exclusividad.

posicionalidad
v. EXPRESIÓN, § 1.

posición
v. KLEINIANA, TEORÍA, § 2.

posición social
v. ESTATUS.

posodínica (al. *Posodynik*; fr. *posodinique*; ingl. *posodynics*; it. *posodinica*)

Capacidad para soportar el dolor que distingue, en la tipología de J. Bahnsen, el tipo eucólico, generalmente dispuesto a soportar el sufrimiento, del discólico, totalmente incapaz de sufrir.

BIBLIOGRAFÍA: Bahnsen, J. (1867).

postergación (al. *Nachstellung*; fr. *postposition*; ingl. *postposition*; it. *posposizione*)

Término psicoanalítico que indica una de las formas de defensa de los afectos que consiste, como escribe O. Fenichel, en "explosiones retardadas de los afectos. El desplazamiento temporal, que simplemente resulta en una manifestación retardada de la reacción afectiva, evitando de esta forma la posibilidad de comprender el motivo, es el caso más frecuente de desplazamiento afectivo. Este tipo de defensa en general se erige contra los afectos de rabia, irritación o dolor. La rabia, obviamente, se puede soportar sin necesidad de descargarla por un breve período, pero no más; después debe desahogarse, no importa contra quién [...] la postergación es un caso especial entre los muchos tipos de desplazamiento de los afectos" (1945: 183-184). Por este significado defensivo la postergación se debe distinguir del **aplazamiento** (*v.*, § 2), que se refiere a la satisfacción de la pulsión cuya dilación, en opinión de Freud, señala el paso del **principio del placer** (*v.*, § 1) al **principio de realidad** (*v.*, § 3).

BIBLIOGRAFÍA: Fenichel, O. (1945).

posterioridad (al. *Nachträglichkeit*; fr. *après-coup*; ingl. *deferred action*; it. *posteriorità*)

Reelaboración de una experiencia que en el momento en que tuvo lugar no se pudo integrar a un contexto significativo. El término, introducido por S. Freud, se refiere a experiencias, impresiones, huellas mnésicas, que se reelaboran posteriormente en función de nuevas experiencias o de una madurez posterior. En una carta a W. Fliess del 6 de diciembre de 1896 Freud escribe: "Tu sabes que trabajo en el supuesto de que nuestro mecanismo psíquico se ha generado por estratificación sucesiva, pues de tiempo en tiempo el material preexistente de huellas mnémicas experimenta un *reordenamiento* según nuevos nexos, una *retrascripción* (*Umschrift*)." (1896 [1976: 274]). El acontecimiento traumático, percibido pero no comprendido, se vuelve un trauma sólo en ocasión de su reelaboración. Por ejemplo, es el caso de una escena sexual percibida pero no comprendida por el niño, que se vuelve trauma sólo cuando, con el desarrollo de la sexualidad, el acontecimiento reprimido reaparece con todo su significado. El concepto de posterioridad también está presente en C.G. Jung, quien habla de "fantasmas retroactivos (*Zurückphantasien*)" y que retomó J. Lacan, quien escribe: "el *nachträ-*

glich (recordemos que fuimos los primeros en extraerlo del texto de Freud), el *nachträglich* o *après-coup* [efecto *a posteriori*] según el cual el trauma se implica en el síntoma, muestra una estructura temporal de un orden más elevado" (1966: 842). También el análisis existencial de orientación fenomenológica sostiene que el pasado nunca es verdaderamente pasado porque actúa como elemento estructurador en cada experiencia sucesiva.

BIBLIOGRAFÍA: Freud, S. (1986); Freud, S. (1914); Jung, C.G. (1917-1943); Lacan, J. (1966); Merleau-Ponty, M. (1945).

posthipnótico, estado
v. HIPNOSIS, § 3.

postraumática, neurosis
v. TRAUMA, § 3.

postura
v. CUERPO, § 1; REFLEJO, § 1.

potencia (al. *Macht*; fr. *puissance*; ingl. *potency*; it. *potenza*)

Concepto relativo a diferentes ámbitos disciplinarios en los que asume significados diversos:

1] ANTROPOLOGÍA. Fuerza que los pueblos primitivos atribuyen a las cosas dotadas de **maná** (*v.*) y capaces de ejercer su influjo en los hombres. El *maná*, esta "fuerza anónima e impersonal", como la define É. Durkheim, es la "potencia" de las cosas, que después pasa del campo mágico-religioso al social del "poder", como proyección de la colectividad, y al científico como "energía". No sólo las cosas están dotadas de potencia, sino también las palabras, que son la base de las formas rituales y sacramentales, de los juramentos, de las bendiciones, de las maldiciones y de los **tabúes** (*v.*), que tienen la potencia de prohibir la acción.

2] PSICOLOGÍA DE LO PROFUNDO. C.G. Jung utiliza el modelo antropológico, después de haber interpretado el *maná* como proyección en las cosas de la "fuerza" que el hombre percibe dentro

de sí, utiliza la noción de potencia a propósito de las imágenes inconscientes de naturaleza arquetípica que pueden arrastrar al yo, y de las alucinaciones acústicas de los esquizofrénicos, quienes oyen voces que tienen la misma potencia que las palabras rituales y sacramentales de los primitivos. A. Adler adoptó el concepto de *voluntad de potencia* como principio básico de la psicología individual que fundó. La voluntad de potencia, en efecto, es la fuerza motriz que actúa en los niveles inconsciente y consciente para la afirmación individual. Tiene un valor de compensación que permite al individuo poner remedio a su íntima inseguridad, y asume rasgos neuróticos sólo cuando funciona separada del "sentimiento social", donde las voluntades de potencia de los diferentes individuos encuentran su límite y su medida (*v.* **psicología individual**).

3] SEXOLOGÍA. En este ámbito se habla de *potentia coeundi* en relación con la capacidad de erección en el varón y de recepción en la mujer, y de *potentia generandi* respecto a la capacidad generativa referida a la producción de células germinales maduras en ambos sexos.

BIBLIOGRAFÍA: Adler, A. (1912); Adler, A. (1920); Durkheim, É. (1912); Jung, C.G. (1928); Mauss, M. (1950); Reich, W. (1942).

potencial de acción
v. ACCIÓN, § 2, *a*.

potencial específico de acción
v. ACCIÓN, § 3, *f*.

potencial evocado (al. *Evocates Potential*; fr. *potentiel evoqué*; ingl. *caused potential*; it. *potenziale evocato*)

Variación de potencial registrada en áreas corticales inmediatamente después de una estimulación periférica visual, acústica o táctil. Un estímulo visual, por ejemplo, "evoca" una variación de potencial en el área occipital, que no se puede identificar en un trazado electroencefalográfico normal porque se confunde con el resto de la actividad eléctrica cerebral. Por lo tanto se usan técnicas especiales que, con el uso de la computadora, permiten distinguir la respuesta evocada que interesa de la actividad eléctrica de fondo. Esto se logra: 1] para la *respuesta evocada visual* (VER), se obtiene poniendo electrodos en las regiones occipitales de un sujeto que observa atentamente un modelo de cuadrados blancos y negros alternados. La estimulación determina la aparición de ondas particulares con una latencia correspondiente al cambio de la señal visual. El experimento sirve para el estudio de las vías ópticas y de los procesos psicológicos vinculados a la percepción y a la atención; 2] para la *respuesta evocada acústica* (BAER) que se obtiene haciendo escuchar a intervalos regulares un clic que determina la aparición de ondas que corresponden a la activación del nervio acústico. Este procedimiento se utiliza para la localización de eventuales daños en el sistema auditivo; 3] para la *respuesta evocada somato-sensible* (SER), mediante la aplicación de estímulos eléctricos en las fibras sensibles de las manos y de los pies, que permite obtener informaciones del estado de conductibilidad de los impulsos y localizar áreas dañadas. Las modificaciones en los potenciales evocados se pueden deber a la acción de fármacos sobre la vía de conducción correspondiente o las estructuras cerebrales a las que conduce.

potlatch
v. INTERCAMBIO, § 1

praesentatio
v. TIEMPO, § II, 2.

pragmática
v. LINGÜÍSTICA, § 1, *d.*

pragmática de la comunicación
v. PSICOLOGÍA SISTÉMICA, § 2.

pragmático-relacional, **terapia**
v. PSICOLOGÍA SISTÉMICA, § 2.

praxia
v. MOVIMIENTO, § 1, *b*; GESTO, § 1.

precocidad (al. *Frühreife*; fr. *précocité*; ingl. *precocity*; it. *precocità*)

Anticipación cronológica respecto a los tiempos normales de desarrollo y de maduración física y mental. Dicha anticipación, que se puede referir a la personalidad completa o a alguno de sus aspectos específicos, no es por sí misma indicio de genialidad (*v.* **genio**), y por lo general tiende a volver a su cauce con el crecimiento y con la dinámica evolutiva del individuo.

precognición
v. PARAPSICOLOGÍA, § 1.

precomprensión (al. *Vorverständnis*; fr. *précompréhension*; ingl. *precomprehension*; it. *precomprensione*)

Esbozo preliminar del significado de un texto determinado por los conocimientos ya poseídos por el sujeto que se presta a interpretarlo. La figura de la precomprensión, que deben tomar en consideración todas las ciencias interpretativas, entre ellas el psicoanálisis, la evidenció M. Heidegger y posteriormente la profundizó H.G. Gadamer, para el cual "quien se pone a interpretar un texto efectúa siempre un proyecto. Sobre la base del sentido más inmediato que el texto le muestra esboza de modo preliminar un significado del todo. Además, también el texto muestra su sentido más inmediato sólo cuando se lee con ciertas expectativas. La comprensión de lo que se recibe para que sea comprendido consiste en la elaboración de este proyecto preliminar, que desde luego se revisa constantemente basándose en lo que resulta de la penetración ulterior en el texto" (1960: 314).

BIBLIOGRAFÍA: Gadamer, H.G. (1960); Heidegger, M. (1927).

preconsciente (al. *Vorbewusst*; fr. *préconscient*; ingl. *preconscious*; it. *preconscio*)

Término que utilizó S. Freud para designar la primera tópica del **aparato psíquico** (*v.*, § 5), donde el preconsciente, como *sustantivo*, designa un sistema, abreviado *prec*, diferente del inconsciente y de la conciencia, mientras que como *adjetivo* designa todo aquello que no está presente en el campo actual de la conciencia, aunque es accesible directamente, como por ejemplo un recuerdo. En la segunda tópica, elaborada después de 1920, el término preconsciente sólo aparece como adjetivo. El preconsciente está separado del inconsciente por una censura que trata de impedir a los contenidos inconscientes el acceso al preconsciente, y de la conciencia por otra censura cuya tarea no es la de impedir sino la de seleccionar, en el sentido de que, seleccionando, evita que lleguen a la conciencia recuerdos perturbadores. Desde el punto de vista dinámico la energía del sistema inconsciente está libre, mientras que la del preconsciente está vinculada (*v.* **libido**, § 1, *e*); además el preconsciente, al igual que la conciencia y a diferencia del inconsciente, está regulado por el proceso secundario (*v.* **proceso primario-proceso secundario**). Si en el tratamiento terapéutico el reconocimiento de contenidos inconscientes encuentra resistencias la comunicación de los contenidos preconscientes no puede provocar más que reticencias.

BIBLIOGRAFÍA: Freud, S. (1915); Freud, S. (1922).

predicción (al. *Voraussage*; fr. *prédiction*; ingl. *prediction*; it. *predizione*)

Proceso de inferencia referido a un acontecimiento futuro esperado a partir de los datos de que se dispone. Se consideran *valores predictivos* la medición de ciertos factores, como el puntaje de un test de inteligencia, para anticipar comportamientos futuros, como, en nuestro ejemplo, el éxito o el fracaso escolar.

predisposición (al. *Anlage*; fr. *prédisposition*; ingl. *predisposition*; it. *predisposizione*)

Tendencia de naturaleza hereditaria a contraer determinadas enfermedades físicas o psicológicas, rasgos específicos de carácter, o habilidades especiales en relación con las actividades físicas o mentales. La predisposición no siempre se debe referir a factores naturales; en ocasiones depende de respuestas reforzadas con el tiempo (*v.* **aprendizaje**, § II, 1) o de condicionamientos ambientales, culturales o educativos. Por los resultados estadísticos parece estar confirmada la *predisposición a los accidentes* en determinados sujetos, como rasgo de su personalidad. Se trata por lo general de individuos que resuelven tensiones intrapsíquicas con acciones autodestructivas, interpretadas como una necesidad de autocastigo por la propia agresividad, impulsividad o intolerancia a la frustración. Esta predisposición se denomina *traumatofilia* (*v.* **trauma**, § 1).

preedípico (al. *Präoedipal*; fr. *préoedipien*; ingl. *preoedipal*; it. *preedipico*)

Adjetivo que califica, para S. Freud, el período anterior a la instauración del **complejo de Edipo** (*v.*). Dicho período está caracterizado, en ambos sexos, por el apego a la madre. Pero como en el varón este apego también caracteriza la fase edípica Freud, para mantener la distinción entre las dos fases, afirma que, en la preedípica, no se percibe al padre como rival. De opinión contraria es M. Klein, según quien el padre está presente precozmente, como lo indica el fantasma del pene paterno imaginado en el cuerpo de la madre. J. Lacan, subrayando que el falo no es el **padre** (*v.*) y no asume el valor simbólico de instancia prohibitoria típica del padre, distingue entre el triángulo edípico y el preedípico, caracterizado por la relación madre-niño-falo. Por referirse a una situación interpersonal, el término "preedípico" se debe distinguir del término "**pregenital**" (*v.*), que se refiere al tipo de actividad sexual que se manifiesta en el período anterior a la fase **genital** (*v.*, § 2).

BIBLIOGRAFÍA: Freud, S. (1931); Klein, M. (1978); Lacan, J. (1958).

preformación, teoría de la
v. EPIGÉNESIS.

pregenital (al. *Prägenital*; fr. *prégénital*; ingl. *pregenital*; it. *pregenitale*)

Adjetivo que utiliza S. Freud para indicar la organización de la **libido** (*v.*, § 1, *b*) y la forma en que se manifiestan pulsiones sexuales en el período anterior a la genitalidad (*v.* **genital**). En el período pregenital las pulsiones no tienen un centro y se manifiestan fijándose sucesivamente en las zonas **oral** (*v.*), **anal** (*v.*) y fálica (*v.* **fálica, fase**), en las que se puede quedar fijado (*v.* **fijación**) o a las que se puede regresar (*v.* **regresión**). En el nivel tipológico se habla de "pregenital" para referirse al tipo de personalidad que no ha superado positivamente el **complejo de Edipo** (*v.*), mientras en el nivel patológico se habla de "neurosis pregenital" cuando el rasgo prevaleciente de la neurosis es la fijación a fases pregenitales del desarrollo libidinal. En la pregenitalidad se pueden encontrar las raíces de las que Freud denomina **perversiones** (*v.*) a las que con frecuencia están vinculados elementos significativos de **creatividad** (*v.*, § 4).

BIBLIOGRAFÍA: Chasseguet-Smirgel, J. (1985); Freud, S. (1905).

pregnancia (al. *Prägnanz*; fr. *prégnance*; ingl. *pregnancy*; it. *pregnanza*)

Densidad de significado. En la **psicología de la forma** (*v.*, § I, 2) la pregnancia está considerada un factor estructurante de la percepción, por lo que formas ambiguas, incompletas o ligeramente asimétricas tienden a ser percibidas como más definidas, completas y simétricas. Participan en la pregnancia los factores de cercanía, semejanza, buena forma y cierre.

prejuicio (al. *Vorurteil*; fr. *préjugé*; ingl. *prejudice*; it. *pregiudizio*)

Anticipación acrítica de un juicio. Se lo puede considerar desde el punto de vista *cognoscitivo* en relación con las opiniones que sostienen la forma global de considerar las cosas; desde el punto de vista *emotivo* se apoya en motivaciones individuales de naturaleza predominantemente inconsciente, o en convicciones maduradas por la pertenencia a un grupo ét-

nico o social. El prejuicio se ha considerado a partir de diferentes cuadros teóricos.

1] PSICOANÁLISIS. S. Freud considera el prejuicio hacia el grupo externo como elemento cohesivo para el grupo de pertenencia: "Siempre es posible ligar en el amor a una multitud mayor de seres humanos, con tal que otros queden fuera para manifestarles la agresión." (1929 [1976: 111]). Aunque parte de las premisas teóricas del conductismo, J. Dollard llega a conclusiones análogas a las psicoanalíticas, interpretando el prejuicio en relación con la frustración, por lo que cuando la agresividad que nace de una frustración no se puede descargar de forma directa debido a alguna inhibición o impedimento interior, se dirige, en forma de prejuicio, hacia algún objetivo sustituto que está disponible (*v.* **agresividad**, § 3). A conclusiones semejantes llega también T.W. Adorno quien, elaborando el concepto de "personalidad autoritaria" (*v.* **autoridad**), sostiene que las personas autoritarias transforman su incapacidad para resolver sus propios problemas interiores en prejuicios hostiles hacia el débil, el ajeno y el diferente.

2] PSICOLOGÍA SOCIAL. G.W. Allport interpreta el prejuicio como una forma de simplificación cognoscitiva adoptada en el nivel social para moverse más fácilmente en el mundo que nos rodea. En efecto, el prejuicio permite mantener intacto y no someter a revisión el sistema de valores, lo que conlleva una selección de las informaciones que recibimos de las demás personas en sintonía con lo que sabemos de las categorías a las que éstas pertenecen. Cuanto más marcada es la involucración emotiva en relación con ciertos valores más fuertes son la tendencia a filtrar las informaciones que recibimos de los demás y la consiguiente discriminación, que se vuelve particularmente evidente en las condiciones de conflicto o de competencia.

3] FENOMENOLOGÍA Y HERMENÉUTICA. En estos ámbitos el prejuicio se considera una condición imposible de eliminar vinculada a la dimensión que J. Jaspers llama "**situación**" (*v.*), con referencia al lugar de nacimiento, a la educación recibida, a la cultura en la que se creció y de la que no se puede prescindir, por lo que el problema no consiste tanto en la eliminación de los prejuicios cuanto en la disposición a su corrección continua mediante una apertura no condicionada hacia el mundo de la experiencia. Análoga es la posición que asume en el ámbito hermenéutico H.G. Gadamer, para quien "prejuicio significa sólo un juicio que se pronuncia antes de un examen completo y definitivo de todos los elementos objetivamente relevados" (1960: 317-318). Prejuicio es también erigir como absoluto al método científico que garantiza su objetividad, excluyendo otras formas de conocimiento que no recurren a la metodología de las ciencias exactas, como por ejemplo el conocimiento histórico-hermenéutico, para el cual la actitud es la de "ser en el mundo precisamente con el propio prejuicio", donde por "precisamente" se entiende "abierto" a la persuasión de los demás en la circularidad de las interpretaciones que constituye la esencia del procedimiento hermenéutico (v. hermenéutica). A partir de esta premisa Gadamer puede concluir diciendo que " 'prejuicio' no significa en absoluto juicio falso; el concepto implica que éste puede ser evaluado tanto positiva como negativamente" (1960: 318).

BIBLIOGRAFÍA: Adorno, T.W., et al. (1950); Allport, G.W. (1954), Dollard J. et al. (1939); Freud, S. (1921); Freud, S. (1929); Gadamer, H.G. (1960); Jaspers, K. (1933); Tajfel, H. (1981).

preliminares sexuales
v. PLACER, § 3.

prelógico (al. Vorlogisch; fr. prélogique; ingl. prelogical; it. prelogico)

Forma de pensamiento cuyas relaciones no están reguladas por leyes lógicas, como puede ser el principio de no contradicción, que prohíbe identificar una cosa con otra, o el principio de causalidad, que busca nexos de vinculación entre las cosas, sobrepasando las asociaciones denominadas de la concomitancia espacial o de la simple sucesión temporal. Esta forma de pensamiento caracteriza, según L. Lévy-Bruhl, la mentalidad de los primitivos, según C.G. Jung el pensamiento psicótico, y según J. Piaget las primeras fases del pensamiento infantil, que presentan aspectos análogos a algunas formas del pensamiento mítico (v. mito, § 1; sagrado, § 2).

BIBLIOGRAFÍA: Jung, C.G. (1912-1952); Lévy-Bruhl, L. (1922); Piaget, J. (1936).

premio
v. RECOMPENSA.

prensión (al. Greifen; fr. préhension; ingl. prehension; it. prensione)

Secuencia de movimientos de las extremidades superiores utilizada para asir voluntariamente los objetos. En su intencionalidad la prensión puede estudiarse a partir del cuarto mes; antes, la mano está dominada por la hipertonía de los flexores y por esto generalmente está cerrada formando un puño; después del segundo mes el niño aferra todo aquello que estimula la palma de la mano condicionada por el reflejo prensil, que después desaparece para dejar el lugar a la prensión voluntaria, posible sólo cuando se afinan las percepciones visuales que permiten valorar la distancia, y las kinestésicas que permiten darle al brazo la posición adecuada (v. cinestesia).

preocupación (al. Besorgnis; fr. préoccupation; ingl. worry; it. preoccupazione)

Temor preventivo acompañado de un estado de ansiedad que tiene absorto a un individuo, impidiéndole el contacto afectivo y la relación con la realidad externa. Cuando no está justificada con datos de la realidad la preocupación tiene rasgos patógenos, con motivaciones que deben buscarse en el nivel inconsciente.

presbiacusia (al. Presbyakusie; fr. presbyacousie; ingl. presbyacusia; it. presbiacusia)

Disminución del umbral superior del oído con la edad.

presbicia (al. Presbyopie; fr. presbytie; ingl. presbyopia; it. presbiopia)

Disminución de la capacidad para acomodar el cristalino que se presenta con la edad, por lo que resulta difícil la visión de los objetos cercanos. De la presbicia se debe distinguir la *astenopía*, que es una debilidad visual por cansancio del ojo en la visión cercana, frecuente en los casos de **astenia** (*v.*).

prescripción (al. *Vorschrift*; fr. *prescription*; ingl. *prescription*; it. *prescrizione*)

Técnica utilizada en la aproximación sistémica de la terapia **familiar** (*v.*, § III, 3) donde el terapeuta imparte indicaciones y asigna tareas que involucran a los miembros del grupo familiar. La prescripción puede ser *reestructurante* cuando ordena la adopción de un comportamiento o de una conducta, o *paradojal* cuando destruye la paradoja a la que el terapeuta es sometido por el núcleo familiar, que pide cambiar pero sin modificar en nada las conductas respectivas, o cuando prescribe las reglas de relaciones, identificadas como no funcionales, para obligar al núcleo familiar a trasgredir la prescripción misma, activando el proceso de cambio (*v.* **paradoja**; **psicología sistémica**, § 2).

BIBLIOGRAFÍA: Selvini Palazzoli, M. *et al.* (1975); Selvini Palazzoli M. *et al.* (1988); Watzlawick, P., J.H. Beavin y D.D. Jackson (1967).

presencia (al. *Anwesenheit*; fr. *présence*; ingl. *presence*; it. *presenza*)

Automanifestación de todo lo que hay por el solo hecho de existir. La presencia está "ya ahí", ofreciéndose a nuestra experiencia antes de cualquier juicio y de cualquier reflexión común o científica que la interprete en cierto orden, adoptando determinadas categorías. En este sentido la presencia es una unidad precategorial que sirve de fondo a cualquier construcción categorial. Para comprender la presencia E. Husserl dice que es necesario que ocurra una *epoché*, o sea una suspensión del juicio con el que solemos considerar lo que tenemos enfrente. Poniendo entre paréntesis cada estructura categorial llegamos a la experiencia originaria de la presencia. M. Heidegger distingue entre la presencia de las cosas (*Vorhandenheit*) que están simplemente ante los ojos (*vor*), por lo tanto

a la mano (*zu Hand*) y, así, utilizables (*Zuhandenheit*), y la presencia del hombre (*Dasein*) que no *es* en el mundo como lo son las cosas, sino que *abre* un mundo recorrido por su intencionalidad: el *Dasein* "no tiene y no puede tener la forma de ser propia de aquello que está simplemente presente dentro del mundo" (1927: 108). En el *ahí* del *ser-ahí*, en el *da* del *Da-sein*, sale a la luz ese sentido por el que el hombre es el lugar en el que *está* (*ist da*) la manifestación del ser, en el que se manifiesta ese originario relacionarse del ser con el hombre en el que el ser se hace presente (*Anwesen*) y el hombre se dirige (*Zu-wendung*). Identificado en la apertura originaria al ser, o presencia (*Anwesenheit*), el rasgo específico del hombre se comprende, como para Heidegger, que una psicología que parta de la consideración de la naturaleza de los entes (dimensión óntica), y no de la originaria apertura al ser (dimensión ontológica), fracase en su objetivo "psicológico", porque no considera que el hombre no es una cosa en el mundo, sino aquel para quien se abre un **mundo** (*v.*, § 3).

L. Binswanger, partiendo de estas premisas, afirma que una psicología que quiera ser fiel a su objeto no debe aplicarle al hombre las categorías científicas que se aplican a las cosas del mundo, sino que debe partir del hombre y considerar las características existenciales con las que se abre al mundo, es decir el mundo donde la presencia (*Dasein*) se espacializa (*Raum gibt*), se temporaliza (*sich zeit*), se mundaniza (*weltlicht*), coexiste (*Mitdasein*). Para fundar una psicología es necesario remontarse más allá de lo psíquico, no para encontrarse con lo orgánico que describe la biología, sino para afirmarse en el horizonte en el que se pueden hallar las condiciones trascendentales del acontecer psicológico. Binswanger llama a este horizonte *presencia*, y *fenomenológico* al método que permite que un hecho psicológico muestre su significado, su dirección y su sentido. Así, escribe Heidegger, se pone el acento en lo que quiere significar Husserl cuando afirma que la persona no es una cosa, una sustancia, un objeto, por lo que "la unidad de la persona exige una constitución esencialmente diferente a la de las cosas naturales" (1927: 114). Por lo que se refiere al análisis de la presencia (*Daseinsanalyse*) con sus características de ser-en-el-mundo, véase **análisis existencial**, § 2, *b*.

BIBLIOGRAFÍA: Binswanger, L. (1921-1941); Binswanger, L. (1930-1957), Galimberti, U. (1979); Heidegger, M. (1927); Husserl, E. (1936).

presente
v. TIEMPO, § II.

presentificación (al. *Vergegenwärtigung*; it. *presentificazione*)

Término que se utiliza en el ámbito fenomenológico para indicar 1] el acto con el que el sujeto hace presente el pasado de su vida; 2] el acto con el que se aleja de su presencia para hacer presente la presencia de los demás (*v.* **presencia**). En ambos casos se pide una depresentificación (*Entgegenwartigung*) que permite la reactualización del pasado y la **representación** (*v.*) de los demás.

BIBLIOGRAFÍA: Binswanger, L. (1921-1941).

presentimiento (al. *Vorgefühl*; fr. *pressentiment*; ingl. *presentiment*; it. *presentimento*)

Previsión incierta y confusa, que generalmente se refiere a un acontecimiento desagradable, acompañada de inquietud y aprensión.

presión de la pulsión
v. PULSIÓN, § 1, *a*.

prestigio
v. ESTATUS.

presunción (al. *Vermutung*; fr. *présomption*; ingl. *presumption*; it. *presunzione*)

El término puede referirse al tipo de juicio formulado sobre la base de simples indicios o a la sobrevaloración de las propias cualidades y acciones.

prevención (al. *Voreingenommenheit, verhütung*; fr. *prévention*; ingl. *prevention*; it. *prevenzione*)

El término se refiere al juicio desfavorable pronunciado en ausencia de pruebas (*v.* **prejuicio**), o a todo aquello que contribuye a reducir la aparición de enfermedades o de desviaciones (*v.* **epidemiología**). Con esta segunda acepción también se usa el término *profilaxis* en el caso de enfermedades orgánicas, o *psicoprofilaxis* cuando se trata de prevenir el surgimiento de comportamientos patológicos, como por ejemplo la ingestión de drogas o de alcohol, o de preparar para acontecimientos traumáticos, como por ejemplo el parto, mediante informaciones y prácticas educativas. La prevención es un sector de la **psicología clínica** (*v.*, § 2, *f*).

priapismo (al. *Priapismus*; fr. *priapisme*; ingl. *priapism*; it. *priapismo*)

Erección persistente del pene que debe imputarse a una disfunción orgánica y no a deseo sexual. El término se utiliza en ocasiones, en forma más genérica, como sinónimo de **satiriasis** (*v.*).

primario, proceso
v. PROCESO PRIMARIO-PROCESO SECUNDARIO.

primitivo (al. *Primitiv*; fr. *primitif*; ingl. *primitive*; it. *primitivo*)

Término utilizado para definir: 1] *el objeto de estudio de la* **antropología** (*v.*), donde su uso se deriva del patrimonio evolucionista de la disciplina, condicionada por la actitud etnocéntrica que presupone acríticamente la superioridad de la propia cultura respecto a las otras (*v.* **etnocentrismo**). Esta mentalidad se superó con el relativismo cultural que propusieron M.J. Herskovits y el mismo L. Lévy-Bruhl quien, después de haber usado ampliamente la noción de "primitivo", escribe: "Con este término impropio, pero de uso casi indispensable, designamos simplemente a los miembros de las sociedades más simples que conocemos" (1910: 36); 2] *una forma de pensamiento*, llamado "**prelógico**" (*v.*), que se encuentra en la interpretación mítica de la realidad (*v.* **mito**, § 1) a partir de la participación **mística** (*v.*) que el "primitivo" tendría con un orden sobrenatural (*v.* **sagrado**, § 2).

BIBLIOGRAFÍA: Herskovits, M.J. (1948); Lévy-Bruhl, L. (1910).

principio de constancia
v. CONSTANCIA, § 2.

principio del placer
v. PLACER, § 1.

principio de realidad
v. REALIDAD, § 3.

privación (al. *Entsagung*; fr. *privation*; ingl. *deprivation*; it. *privazione*)

Falta o insuficiente satisfacción de una necesidad considerada fundamental. Aunque la privación tiene lugar en un lapso de tiempo limitado, sus efectos pueden repercutir, en ocasiones en forma irreversible, en el futuro, con consecuencias más o menos relevantes de acuerdo con lo que faltó. Cuando en cambio la privación es objeto de una elección motivada y voluntaria se adopta el término **renuncia** (*v.*).

1] En *psicología experimental* se estudia especialmente la privación sensorial (*sensorial deprivation*) que se verifica con la disminución de la estimulación sensorial, visual, auditiva y táctil normal, con consecuencias reversibles de pérdida de identidad, alteraciones del pensamiento organizado, modificaciones del esquema corporal y, en casos extremos, alucinaciones y delirios.

2] En *psicología social* la referencia señala las condiciones de aislamiento (*social deprivation*) que influyen negativamente en el aprendizaje, en el desarrollo de la personalidad y en el proceso de socialización.

3] En *psicoanálisis* S. Freud distingue la frustración de la privación: "Con miras a emplear una terminología uniforme, llamaremos 'frustración' (denegación) al hecho de que una pulsión no pueda ser satisfecha; 'prohibición', a la norma que la establece, y 'privación', al estado producido por la prohibición" (1927 [1976: 10]). Freud puso el acento en las consecuencias de la privación sexual, mientras el psicoanálisis posteriormente hizo énfasis en la privación materna en relación con la ausencia definitiva o temporal de la madre, o con su descuido en lo tocante a nutrir, manipular, abrazar, sonreír, calentar y semejantes, que, después de cierto umbral, entraña efectos irreversibles en el desarrollo de la personalidad (*v.* **abandono**, **síndrome de**).

BIBLIOGRAFÍA: Bowlby, J. (1951); Freud, S. (1927); Spitz R.A. (1958); Spurlock, J. (1970); Winnicott, D.W. (1984); Zubek, J.P. (1969).

probabilidad (al. *Wahrscheinlichkeit*; fr. *probabilité*; ingl. *probability*; it. *probabilità*)

Cálculo de las posibilidades relativas a la verificación de un acontecimiento. Los valores de probabilidad se indican en una escala que va de cero (cuando existe la certeza de que un acontecimiento no puede verificarse) a uno (cuando se está seguro de que el acontecimiento se verificará siempre en toda ocasión). Se distingue una probabilidad *subjetiva*, relativa a la percepción que cada uno tiene de los acontecimientos que posiblemente ocurrirán, y una probabilidad *objetiva*, que se obtiene aplicando la teoría matemática de la probabilidad, capaz de determinar cuántas veces pueden ocurrir acontecimientos diferentes o combinaciones de acontecimientos. A la elaboración de las inferencias a partir de los datos reunidos se aplica la estadística inferencial (*v.* **estadística**, § II).

problema (al. *Problem*; fr. *problème*; ingl. *problem*; it. *problema*)

Situación práctica o teórica que espera una solución. El cognoscitivismo, especialmente, se ha aplicado a la solución de problemas (*problem-solving*), distinguiendo los bien definidos, que tienen un objetivo claramente manifiesto, y los no bien definidos, que necesitan una reformulación. Las etapas para la resolución son:

1] Los *protocolos*. Los hay de diferentes tipos; en el nivel experimental el más utilizado es el *protocolo verbal* que se obtiene obligando al sujeto a dar a conocer sus propios procesos mentales cuando trata de resolver un problema. Al mismo protocolo se recurre en psicología clínica cuando se trata de deducir la naturaleza de las operaciones internas presentes en las estructuras mnésicas del paciente, considerando cómo se reflejan éstas en las descripciones que los mismos pacientes dan de sus propios pensamientos. El análisis que se obtiene de los protocolos verbales es aproximativo y ulteriormente se puede precisar mediante un método adecuado para identificar los acontecimientos que intervienen en el proceso. Tal método recibe el nombre de "diagrama del comportamiento".

2] El *diagrama del comportamiento en la solución de los problemas* prevé el examen de los siguientes factores:

a] los *estadios de conciencia,* que se refieren a todas las informaciones que el sujeto conoce del problema. Estas informaciones tienen límites debidos a la memoria a corto plazo, que reduce la posibilidad de producir previsiones mentales, pero pueden ser compensados por la memoria a largo plazo, que permite evocar y utilizar esquemas de comportamiento ya probados;

b] las *operaciones* que el sujeto ejecuta para resolver el problema y que determinan una progresión de los estados de conciencia, donde es posible identificar los diferentes niveles alcanzados y dividir el proceso en una serie de pequeños pasos. Del análisis resulta que el sujeto reorganiza el problema general en objetivos y soluciones intermedios, cada uno de los cuales vuelve a asumir todas las informaciones alcanzadas hasta ese momento;

c] la *investigación de las soluciones*, que puede ser *hacia adelante*, de las premisas a la solución mediante la superación de las fases intermedias, o *hacia atrás*, remontando los pasos intermedios hasta la posición inicial, como cuando en un mapa se vuelve hasta el punto de partida para identificar la vía que conduce a cierto lugar;

d] los *operadores* que son los medios utilizados para reducir la distancia entre los términos del problema y la solución. Dichos operadores pueden ser el **algoritmo** (*v.*), serie de reglas que, correctamente seguidas, permiten obtener la solución correcta, y la **heurística** (*v.*) que es la adopción de procedimientos que demostraron ser eficaces en la solución de problemas anteriores. El fundamento de la heurística es la **analogía** (*v.*).

3] La *decisión* (*v.*) representa, en los problemas prácticos, el equivalente de la solución en los problemas teóricos. Cuando de debe elegir entre varias alternativas se opta por el *valor óptimo* expresado por la máxima ganancia con la mínima pérdida. Naturalmente existe una diferencia entre las reglas que se deberían seguir y las que de hecho se siguen, porque cuando las elecciones no se refieren a cantidades simples, como podría ser el dinero, intervienen el sistema personal de valores y el cálculo de las probabilidades, con frecuencia influido por la categoría subjetiva relativa a la disposición al **riesgo** (*v.*). Además de estos datos subjetivos, la norma para el comportamiento óptimo está condicionada también por el "valor esperado" asociado con las decisiones posibles, y por la probabilidad de los acontecimientos que no dependen del sujeto que debe tomar la decisión.

BIBLIOGRAFÍA: Adams, J.L (1974); Davis, G.A. (1973); Gagné, R.M. (1959); Maier, N.R.S. (1970); Mosconi, G. y V. D'Urso (1974); Wason, P.C. y P.N. Johnson-Laird (1972); Wertheimer, M. (1945); Wickelgren, W.A. (1974).

proceso primario-proceso secundario (al. *Primärvorgang-sekundärvorgang*; fr. *processus primaire-processus secondaire*; ingl. *primary process-secundary process*; it. *processo primario-proceso secondario*)

Par de términos que introdujo S. Freud para indicar dos formas de funcionamiento del **aparato psíquico** (*v.*) correspondientes a la actividad inconsciente y al pensamiento consciente.

1] El *proceso primario* está caracterizado por el hecho de que la energía psíquica (*v.* **libido**) fluye libremente, pasando de una representación a la otra mediante los mecanismos del **desplazamiento** (*v.*), donde una representación puede sustituir a otra cargándose con la intensidad libidinal vinculada a la primera, y de la **condensación** (*v.*), donde en una única representación pueden confluir los significados vinculados a cadenas asociativas diferentes. La energía libre que recorre el proceso primario obedece al **principio del placer** (*v.*, § 1) porque tiende a la gratificación inmediata a través de la descarga de la tensión pulsional mediante la satisfacción alucinatoria del deseo. El proceso primario es claro en la actividad onírica caracterizada por ausencia de medios lingüísticos, falta de la noción de tiempo, coexistencia de los opuestos, falta de reconocimiento de la realidad.

2] El *proceso secundario* está caracterizado por el hecho de que la energía no fluye en forma incontrolada sino que está vinculada (*v.* **libido**, § 1, *e*) a representaciones investidas en forma estable. Obedece al **principio de realidad** (*v.*, § 3), por lo que se aplaza la satisfacción de la pulsión basándose en las exigencias de la realidad. La actividad mental del proceso secundario se manifiesta en el pensamiento alerta, en la atención, en el juicio, en el razonamiento y en la acción controlada por el yo, cuya tarea principal es la de inhibir al proceso primario, al que todavía está sometido por los mecanismos de **defensa** (*v.*, § 2) patológicos. Freud considera que los procesos primarios son ontogénetica y filogenéticamente anteriores a los secundarios (de aquí la terminología), pues el desarrollo del yo es posterior a la **represión** (*v.*) del proceso primario cuyos procedimientos no están considerados idóneos para afrontar el mundo externo y los datos de la realidad.

BIBLIOGRAFÍA: Freud, S. (1895); Freud, S. (1915).

prodigalidad (al. *Verschwendung*; fr. *prodigalité*; ingl. *prodigality*; it. *prodigalità*)

Tendencia a dilapidar los bienes, que se manifiesta como estilo de conducta o como manifestación episódica en una fase eufórico-maniaca. S. Freud une la prodigalidad al erotismo anal como continuación del placer vinculado a la expulsión de las heces, contrapuesto a la **avaricia** (*v.*), relacionada con su retención (*v.* **anal**, § 4)

BIBLIOGRAFÍA: Freud, S. (1908).

pródromo (al. *Prodrom*; fr. *prodrome*; ingl. *prodrome*; it. *prodromo*)

Síntoma que precede y señala el surgimiento de una enfermedad.

productividad
v. RENDIMIENTO.

productivo, pensamiento
v. CREATIVIDAD, § 1; PENSAMIENTO, § I, 2.

proencéfalo
v. ENCÉFALO, § 1, *c.*

profano
v. SAGRADO.

profesional, orientación
v. PSICOLOGÍA DEL TRABAJO, § 4.

profilaxis
v. PREVENCIÓN.

profundidad
v. PERCEPCIÓN, § 5; VISUAL, APARATO, § 4.

profundo (al. *Tief*; fr. *profond*; ingl. *depth*; it. *profondo*)

Adjetivo que se utiliza para indicar: 1] las *psicologías* que admiten la existencia de estratos psíquicos no directamente percibidos como pertenecientes al yo, pero tampoco referibles a una única categoría llamada inconsciente (*v.* **psicología de lo profundo**); 2] el *material* psíquico que se deriva de las primeras fases de la vida o de áreas reprimidas de la personalidad; 3] la *interpretación* que llega a los primeros acontecimientos de la existencia individual o a todo aquello que está retenido por la **resistencia** (*v.*). En relación con el material y la interpretación, la metáfora geológica de la profundidad sobrentiende que los acontecimientos de las primeras fases de la vida son de más difícil acceso y de mayor importancia que los recientes, denominados también "superficiales" (*v.* **estratos, teoría de los**).

progenitores
v. FAMILIA, § II, 2.

progesterona
v. ENDOCRINO, SISTEMA, § 6, *b.*

programa
v. PROGRAMACIÓN.

programación (al. *Programmierung*; fr. *programmation*; ingl. *programming*; it. *programmazione*)

Elección, precisión y determinación de un conjunto de intervenciones coordinadas que en su conjunto forman el *programa*, cuya finalidad es predisponer las condiciones para la organización lo más racional posible de una determinada actividad.

1] En *informática* programar significa preparar un programa, o sea una serie de órdenes e instrucciones preordenadas que, ejecutadas en la forma prestablecida, permiten a la computadora desarrollar la tarea deseada. Las operaciones necesarias son: *a*] formulación del problema y elección del procedimiento matemático; *b*] traducción a código del programa; *c*] subdivisión del procedimiento matemático en cada una de las operaciones; *d*] prescripción de dichas operaciones con órdenes o programas parciales.

2] En *pedagogía* el concepto de programación está contrapuesto tanto al concepto de *programa*, con el que se entiende una exposición pormenorizada de los contenidos y de los instrumentos con los que se ejecutan los contenidos, con rasgos marcadamente prescriptivos, como al concepto de *espontaneidad*, que no anticipa un recorrido educativo orientado. La programación exige: *a*] la definición de los objetivos que se determinan previamente; *b*] el conocimiento de la realidad educativa en la que se opera; *c*] la identificación de los instrumentos adecuados en cada ocasión para la realización de las elec-

ciones metodológicas; *d*] la comprobación del trabajo desarrollado y del método utilizado durante el recorrido mismo. Por lo que se refiere a la instrucción programada, véase la voz **instrucción**, § 1.

BIBLIOGRAFÍA: Bertolini, P. y G. Cavallini (1977); Boscolo, P. (1969); Marigliano, B. y B. Vertecchi (1977); Somenzi, V. (coord.) (1965); Stenhouse, L. (1975).

progreso (al. *Fortschritt*; fr. *progrès*; ingl. *progress*; it. *progresso*)

Proceso de avance continuo por acumulación de adquisiciones que contribuyen al mejoramiento de las condiciones materiales y morales de la humanidad. En el ámbito científico la idea básica para la formulación de la noción de progreso es la de **evolución** (*v.*) que introdujo en el nivel biológico C. Darwin, y que después el positivismo hizo extensiva a la historia humana. La criticaron F. Nietzsche y después la Escuela de Francfort y la antropología estructural de C. Lévi-Strauss, quien mostró lo impropio que es aplicar a las civilizaciones pasadas los criterios "acumulativos" que caracterizan los estilos de la civilización europea. La noción de progreso se sustituyó con la de **desarrollo** (*v.*), en la cual no entran en juego valoraciones cualitativas que sólo son posibles a partir de un sistema de valores asumido como vara de medir.

BIBLIOGRAFÍA: Lasch, C. (1991).

prolactina (LTH)
v. ENDOCRINO, SISTEMA, § 1, *a.*

prolepsis (al. *Prolepse*; fr. *prolepse*; ingl. *prolepsis*; it. *prolessi*)

Alteración del lenguaje, típica de la edad infantil, debida a que la representación de las palabras es más rápida que la formación de los sonidos, por lo que un sonido previsto para la sílaba posterior aparece antes en la secuencia verbal.

BIBLIOGRAFÍA: Pizzamiglio, L. (1968); Stern, W. (1965).

prolijidad

v. PENSAMIENTO, § III, 1, *c.*

promiscuidad (al. *Promiskuität*; fr. *promiscuitè*; ingl. *promiscuity*; it. *promiscuità*)

Convivencia de hombres y mujeres en el ámbito de grupos de formación temporal, con carácter obligatorio o voluntario. El término connota una alusión a la licenciosidad sexual entre los integrantes del grupo.

prompting

Expresión inglesa que se refiere a las sugerencias (*prompts*) proporcionadas durante un proceso de aprendizaje. La sugerencia se realiza en forma de presentación parcial de la respuesta inmediatamente antes de la presentación del estímulo. Esta técnica se utiliza con frecuencia en la **instrucción** (*v.*, § 1) programada, en la cual la estructura de la proposición, las palabras de referencia o los ejemplos adoptados permiten entrever la respuesta exacta. Algunas investigaciones efectuadas mostraron que el método del *prompting* puede ser efectivo para el refuerzo (*v.* **aprendizaje**, § I) mediante la confirmación de la respuesta.

pronóstico (al. *Prognose*; fr. *pronostic*; ingl. *prognosis*; it. *prognosi*)

Predicción de la probabilidad de evolución de una acción o de un estado basándose en el comportamiento presente y pasado. El pronóstico, que es mucho más exacto cuanto más lo es el **diagnóstico** (*v.*), se distingue, basándose en el método y en el objetivo, en *clínico*, con especial referencia a cómo se presentará en "este" paciente una enfermedad; *estadístico*, con base en la confrontación de casos controlados y científicamente elaborados; *tipológico*, por la reducción de los nexos factoriales obtenidos estadísticamente o basándose en la experiencia clínica. El pronóstico, además de en el ámbito clínico, también tiene importancia en **psicología forense** (*v.*) para identificar factores de reincidencia y para preparar condiciones de tratamiento penal.

pronunciación

v. LENGUAJE.

propaganda (al. *Propaganda*; fr. *propagande*; ingl. *propaganda*; it. *propaganda*)

Procedimiento sistemático de persuasión de las masas a través de los medios de comunicación que transmiten mensajes de alto nivel de sugestión, sintetizados en lemas que se graban fácilmente en la memoria y se extrapolan por los valores medios y por los cánones valorativos que son la base del sentido común. La intención de la propaganda es informar y, al mismo tiempo, reducir el espacio de las opciones para manipular las opiniones y las elecciones individuales mediante la presentación reiterada de modelos que asumen los rasgos típicos del estereotipo.

BIBLIOGRAFÍA: Miotto, A. (1953).

propiocepción

v. SENSIBILIDAD, § 2.

propioceptor

v. RECEPTOR, § 1.

propósito (al. *Vorhaben*; fr. *propos*; ingl. *purpose*; it. *proposito*)

Determinación de un objetivo y búsqueda de los medios adecuados para alcanzarlo. La investigación de los medios distingue el propósito de la intención o del simple deseo porque, como ya observaba Aristóteles, "no todas las cosas que queremos nos las proponemos" (*Etica eudemia*, 1226 b, 19), por la diferencia que existe entre el deseo, la intención y la respectiva realización.

BIBLIOGRAFÍA: Aristóteles (1973).

proprium

Término que acuñó G.W. Allport para sustituir las expresiones "yo" y "sí" –que se volvieron equívocas por sus muy diversos usos–, a fin de indicar el ámbito central de la personalidad en la que se puede encontrar el núcleo de la identidad personal.

BIBLIOGRAFÍA: Allport, G.W. (1955).

prosopagnosia
v. AGNOSIA, § 4.

prospectivo, método
v. CONSTRUCTIVISTA, MÉTODO.

prostaglandina
v. ENDOCRINO, SISTEMA, § 9, *a.*

prostitución (al. *Prostitution*; fr. *prostitution*; ingl. *prostitution*; it. *prostituzione*)

Oferta indiscriminada de prestaciones sexuales a cambio de compensación. La prostitución, que puede ser tanto masculina como femenina, considerada sagrada en algunas culturas antiguas, ha sido admitida, tolerada, regulada en el curso de la historia basándose en los principios morales que se van imponiendo como normas de convivencia. La psicología individual, al delinear psicológicamente a las personas implicadas en la prostitución, considera al *cliente* como una personalidad temerosa de tener una relación interpersonal auténtica, lo que se compensa con relaciones de rasgos sádicos que pueden convivir con un moralismo formal ostentado en la familia y en la sociedad; al *protector* como un individuo gravemente carente de sentimientos sociales que encuentra su autovaloración patológica en la sumisión de la mujer; a la *prostituta* como un sujeto que, cuando no está condicionado por factores económicos o ambientales, presenta rasgos de masoquismo y de agresividad en la línea de la **protesta viril** (*v.*) que se expresa en el uso del poder de atracción que la mujer tiene sobre el varón y en el manejo de su propia sexualidad.

BIBLIOGRAFÍA: Harding, E. (1934); Millet, K. (1971); Parenti, F. (1975); Simmel, G. (1900).

protanomalía
v. COLOR, § 3.

protección contra las excitaciones (al. *Reizschutz*; fr. *pare-excitation*; ingl. *protective shield*; it. *schermo antistimolo*)

Protección contra las excitaciones externas. El término lo introdujo S. Freud para referirse a un aparato que tendría la función de proteger al organismo de los estímulos provenientes del mundo externo, los cuales, con su intensidad, presentarían el riesgo de reducir y, en última instancia, destruir al organismo mismo. Posteriormente, sobre la base de este modelo neurofisiológico, Freud atribuyó al protector antiestímulo un significado psicológico por el cual la protección contra el estímulo está garantizada por un investimiento y un desinvestimiento del sistema percepción-conciencia (*v.* **conciencia**, § 5) que garantiza una "periódica no susceptibilidad a la excitación" (1924: 68).

BIBLIOGRAFÍA: Freud, S. (1895); Freud, S. (1924).

proteína
v. GENÉTICA, § 1, *b.*

protesta viril (al. *Männlicher protest*; fr. *protestation virile*; ingl. *masculine protest*; it. *protesta virile*)

Término que introdujo A. Adler para referirse tanto a los hombres como a las mujeres, a fin de describir el rechazo de la función femenina debido a una distorsión en el aprendizaje de las diferencias sexuales, sobre todo en las sociedades fundadas en la supremacía masculina. En la mujer la protesta viril asume los rasgos de la agresividad y el activismo con tendencia a dominar a cualquiera que esté cerca; en el varón esa protesta se deriva de una duda neurótica acerca de la propia virilidad, justificada por una inferioridad de **órgano** (*v.*, § 1), o por comparaciones interpersonales de las que el sujeto experimenta un sentimiento de **inferioridad** (*v.*) que compensa con una idealización ficticia de falsa masculinidad. La protesta viril, aunque tiene raíces predominantemente sociales, con frecuencia utiliza vías de compensación sexual como el donjuanismo (*v.* **Don Juan**), la **ninfomanía** (*v.*), el **sadismo** (*v.*)

BIBLIOGRAFÍA: Adler, A. (1920).

protocolo
v. PROBLEMA, § 1.

protofálico, **estadio**
v. FÁLICA, FASE.

protopsique (al. *Urpsyche*; fr. *protopsyché*; ingl. *protopsyche*; it. *protopsiche*)

Denominación que introdujo S. Ferenczi para referirse al conjunto de procesos reflejos que considera un prototipo de la psique, a la cual vuelve la psique evolucionada cuando tiene regresión: "Si por lo tanto consideramos el conjunto de los procesos reflejos no sólo como una especie de presagio de la psique, sino como un precursor, un esbozo hacia el cual, aun en su complejidad, tiende a regresar la psique más evolucionada, encontraremos menos misterioso el salto de la psique hacia el cuerpo; y no nos parecerán tan sorprendentes los fenómenos de materialización histérica, con sus satisfacciones de deseos obtenidas por vía refleja. Todo esto no es otra cosa que regresión hacia la *protopsique*" (1919: 42-43).

BIBLIOGRAFÍA: Ferenczi, S. (1919).

prototáxico, **modo**
v. PARATAXIA.

prototrauma
v. TRAUMA, § 4.

provocación (al. *Herausforderung*; fr. *provocation*; ingl. *provocation*; it. *provocazione*)

Comportamiento efectuado para suscitar la reacción de los otros. Desde el punto de vista psicoanalítico la provocación se considera un mecanismo de **defensa** (*v.*, §2) para justificar la propia hostilidad o agresividad utilizando como pretexto la hostilidad y la agresividad demostrada por los otros.

proxémica (al. *Proxemik*; fr. *proxémique*; ingl. *proxemics*; it. *prossemica*)

Disciplina que estudia la organización del **espacio** (*v.*, § 5) como sistema de comunicación. En la vida asociativa el espacio es comunicativo, tanto como canal que permite emitir y recibir informaciones cuanto porque la cantidad y el cambio de la distancia entre personas que interactúan califican el mensaje, dándole tono y relieve. Las investigaciones proxémicas identificaron tres tipos de organización espacial: *a*] el espacio *preordenado* es aquel determinado por la intervención del hombre con miras a la actividad individual o social que se debe desarrollar; *b*] *semiordenado* es aquel en el que existen límites, pero donde las zonas funcionales son flexibles y ocasionales; *c*] *informal* es el que se refiere a las distancias mantenidas o variadas por las personas que interactúan en las relaciones sociales según esquemas convencionales o culturales. En este ámbito se distinguen cuatro tipos de distancia: íntima, personal, social y pública, medidas por la díada *cercanía-lejanía*, articuladas en escalas graduadas en los distintos sistemas de mensajes, y por la díada *contacto-no contacto*, de donde parten las percepciones de intimidad, frialdad, falsedad, invasión, agresividad, etc. Límites, contornos, zonas, esquemas, estructuras espaciales tienen en cada cultura determinaciones precisas aunque invisibles, y significados profundos y arraigados que condicionan comportamientos individuales y sociales.

BIBLIOGRAFÍA: Eco, U. (1968); Hall, E.T. (1964); Hinde, R.A. (coord.) (1972).

proximal
v. DISTANCIA, § 1.

proyección (al. *Projektion*; fr. *projection*; ingl. *projection*; it. *proiezione*)

El término, que se deriva de la geometría, donde indica la correspondencia, punto por punto, entre una figura en el espacio y una figura plana, tiene diferentes usos según el ámbito disciplinario en el que se lo adoptó, y un significado específico en psicoanálisis, donde indica la operación mediante la cual un sujeto localiza fuera de sí (*externalización*), en personas o cosas, aquello que rechaza o no reconoce como propio.

1] NEUROLOGÍA. Por proyección se entiende la correspondencia entre estructura central y estructura periférica, por lo que se dice que un área cerebral constituye la proyección de un aparato somático receptor o efector en sentido centrípeto o centrífugo (*v*. **corteza cerebral**).

2] PSICOFISIOLOGÍA. En este ámbito se entiende por proyección un movimiento del centro hacia la periferia por lo que, por ejemplo, las sensaciones olfativas están localizadas por proyección en el nivel del aparato receptor, o bien en la posición que el objeto estímulo ocupa en el espacio, en lugar del punto de estimulación del cuerpo.

3] PSICOANÁLISIS. Mecanismo de **defensa** (*v*., § 2) inconsciente con el que el sujeto reacciona ante excitaciones desagradables de las que no puede escapar, negándolas como propias y atribuyéndolas a cosas o personas externas. Para S. Freud la proyección es la base de la **superstición** (*v*.), de la **mitología** (*v*. **mito**, § 8) y del **animismo** (*v*.): "Creo, de hecho, que buena parte de la concepción mitológica del mundo, que penetra hasta las religiones más modernas, no es otra cosa que *psicología proyectada al mundo exterior*. El oscuro discernimiento (una percepción endopsíquica, por así decir) de factores psíquicos y constelaciones de lo inconsciente se espeja [...] en la construcción de una *realidad suprasensible*, que la ciencia debe volver a mudar en *psicología del inconsciente*" (1901 [1976: 251]). El mecanismo proyectivo, para Freud, actúa en la **paranoia** (*v*.), en la cual el sujeto atribuye a otros representaciones intolerables que desconoce en sí mismo, pudiendo actuarlas bajo la apariencia de una acción de defensa de sus enemigos; en la **fobia** (*v*.), donde "El yo se comporta como si el peligro del desarrollo de la angustia no le amenazase desde una moción pulsional, sino desde una percepción, y por eso puede reaccionar contra este peligro externo con intentos de huida: las evitaciones fóbicas" (1915 [1976: 181]);

en los *celos proyectivos*, donde el sujeto se defiende del propio deseo de ser infiel imputando la infidelidad a su pareja (*v*. **celos**, § 2).

Freud, basándose en su propia concepción de la **pulsión** (*v*.), establece: *a*] un acoplamiento entre **introyección** (*v*.) y *proyección*, donde el yo "Recoge en su interior los objetos ofrecidos en la medida en que son fuente de placer, los introyecta (según la expresión de Ferenczi [1909], y, por otra parte, expele de sí lo que en su propia interioridad es ocasión de displacer. (Véase *infra* el mecanismo de la proyección.)" (1915 [1976: 130]); *b*] una relación entre **represión** (*v*.) y *proyección*, articulada en la siguiente forma: en las neurosis obsesivas la defensa primaria consiste en la represión del recuerdo patógeno y en su sustitución con un síntoma primario de defensa, que es la desconfianza en sí mismo; en la paranoia la represión se da con la proyección hacia el mundo exterior por medio de un mecanismo primario de defensa, que es la desconfianza en los demás. Cuando el mecanismo de defensa fracasa se produce el delirio, que puede descifrarse como un regreso de lo reprimido desde afuera.

Anna Freud, implicando la diferenciación entre interno y externo, sostiene que "la introducción y la proyección aparecen en la época que sigue a la diferenciación entre el yo y el mundo externo" (1936: 185), mientras M. Klein asume el mecanismo de introyección y proyección del objeto "bueno" y "malo" (*v*. **kleiniana, teoría**, § 1) como aquello que permite efectuar la distinción entre interno y externo.

4] PSICOLOGÍA ANALÍTICA. Para C.G. Jung "la proyección es un proceso de desasimilación, en cuanto un contenido subjetivo es extraído por el sujeto e incorporado, por así decirlo, en el objeto. Puede tratarse tanto de contenidos dolorosos, incompatibles, de los cuales el sujeto se deshace mediante la proyección, como de valores positivos que por cualquier motivo resultan inaccesibles para el sujeto, por ejemplo por devaluación de sí" (1921: 473). Jung distingue una proyección *pasiva* y una *activa*: "La primera es la forma habitual de todas las proyecciones patológicas y de muchas de las normales, que no surgen de una intención sino que no son más que un proceso que ocurre automáticamente. La segunda forma se encuentra como elemento esencial del acto de identificación. La identificación es realmente, en su complejidad, un proceso de introyección, ya que sirve para poner al objeto en íntima relación con el sujeto. Para establecer esta relación el sujeto separa de sí un contenido, por ejemplo un sentimiento y lo transfiere al objeto, el cual es reavivado, y así incluye al objeto mismo en su propia esfera subjetiva" (1921: 473).

5] PSICOSOMÁTICA. En este ámbito se habla de proyección a propósito de la transferencia de un estado de tensión hacia un órgano del cuerpo, fijándolo en el nivel orgánico con el fin de desconocer el origen afectivo.

6] PSICOLOGÍA. A partir de la hipótesis de que exista una correlación entre mundo interior (*Innenwelt*) y mundo circundante (*Umwelt*), que cada uno interpreta a partir de su propio mundo interior, se elaboraron técnicas proyectivas (v. **test**, § 3, *b*) en las que el sujeto, enfrentado a estímulos ambiguos, debe proporcionar respuestas interpretativas que, adecuadamente decodificadas, permiten identificar los rasgos esenciales de su personalidad.

7] FENOMENOLOGÍA. En este ámbito se rechaza el concepto de proyección porque se considera que la psique está originalmente abierta hacia el mundo, y no que es un aparato interior de donde ideas y sentimientos pueden ser extraídos y referidos desde afuera. Para la fenomenología en la base del concepto de proyección èxiste el supuesto naturalístico que concibe las cualidades psíquicas como objetos físicos, por lo que se sostiene que es posible desplazar un sentimiento o una idea tal como se desplazan las cosas, olvidando que sentimientos e ideas están originalmente referidos hacia el mundo.

BIBLIOGRAFÍA: Abt, L.E. y L. Bellak (1961); Alexander, F. (1950); Boss, M. (1957); Ferenczi, S. (1909); Freud, A. (1936); Freud, S. (1901); Freud, S. (1910); Freud, S. (1915); Galimberti, U. (1979); Jung, C.G. (1921); Klein, M. (1978); Murstein, J.B. (1965).

proyecto (al. *Entwurf*; fr. *projet*; ingl. *project*; it. *progetto*)

Plan de acción que requiere capacidad para valorar el futuro anticipándolo a partir de una correcta evaluación del presente y del pasado. El término adquiere importancia psicológica con L. Binswanger, para quien el proyecto es el rasgo constitutivo de la existencia humana, que no es en el mundo, como las cosas, sino abierta en el mundo como *proyecto* de sus posibles actitudes y de sus posibles acciones. Este concepto lo medió M. Heidegger, para quien el hombre puede proyectar (*ent-werfen*) un mundo, y en este proyecto encontrar su identidad (*Selbstheit*) en cuanto es arrojado al mundo (*ge-worfen*). La **situación** (*v.*) en la que se encuentra arrojado condiciona su proyecto del mundo, así como este proyecto *trasciende* su situación originaria. En cuanto arrojado, el hombre no elige ocuparse del mundo sino que consiste en esta ocupación. El mundo no es aquello de lo que el hombre se ocupa, sino aquello que lo pre-ocupa, en el sentido de que lo ocupa antes de que el hombre pueda elegir si ocuparse o no. A esta pre-ocupación Heidegger le da el nombre de **cura** (*v.*). Como poder-ser, el hombre no es sólo la posibilidad de realizar su proyecto sino también la posibilidad de fracasar. A esta posibilidad Heidegger le da el nombre de **deyección** (*v.*) que, en la expresión alemana *Verfallen*, manifiesta el sentido de una caída (*fallen*) del hombre al nivel de las cosas del mundo. En éste Binswanger ve el rasgo constitutivo de la desestructuración de la existencia "que se niega a sí misma como auténtica posibilidad de sí para caer en un determinado proyecto de mundo en el que se siente deyectada; en lugar de la libertad de hacer que el mundo suceda, se infiltra la no libertad de ser dominados por un determinado proyecto de mundo" (1946: 25; *v.* **análisis existencial**, § 2, *c*).

BIBLIOGRAFÍA: Binswanger, L. (1946); Binswanger, L. (1956); Heidegger, M. (1927).

proyectual, psicoterapia
v. PSICOANÁLISIS.

prueba y error (al. *Versuch und Irrtum*; fr. *preuve et erreur*; ingl. *trial and error*; it. *prova ed errore*)

Forma de **aprendizaje** (*v.*, § I, 2) que se adopta cuando, para la solución de una tarea, no se dispone de algún esquema prestablecido. La psicología experimental comprobó la incidencia del refuerzo (negativo para el comportamiento indeseado y positivo para el deseado) en la formación del modelo de comportamiento que se adquiere poco a poco.

BIBLIOGRAFÍA: Hull, C.L. (1943); Thorndike, E.L. (1911).

prurito
v. PIEL, § 2.

PSI
v. PARAPSICOLOGÍA, § 3.

psicagogia (al. *Psychagogik*; fr. *psychagogie*; ingl. *psychagogy*; it. *psicagogia*)

El término, que en las religiones primitivas indicaba la evocación del alma de los muertos por parte del hechicero-sacerdote, mantiene su significado etimológico de "conducción del alma", capaz de actuar en la orientación de los afectos y de los motivos profundos que es posible localizar en la personalidad del educando. Instrumento de la psicagogia es la palabra en su aspecto persuasivo, por lo que Aristóteles incluía la retórica entre las artes psicagógicas. El término también se utiliza, en sentido negativo, en referencia al uso instrumental de la influencia que se ejerce sobre los demás, donde la figura más recurrente es el **plagio** (*v.*).

BIBLIOGRAFÍA: Aristóteles (1973).

psicalgia (al. *Psychalgie*; fr. *psychalgie*; ingl. *psychalgia*; it. *psicalgia*)

Dolor que no remite a ninguna causa orgánica. Es frecuente, como dolor de cabeza, en las formas depresivas y timopáticas. A menudo el mismo paciente reconoce el origen emocional.

psicastenia (al. *Psychasthenie*; fr. *psychasténie*; ingl. *psychasthenia*; it. *psicastenia*)

Término que introdujo P. Janet para describir el cuadro obsesivo (*v.* **obsesión**, § 2) a diferencia del cuadro histérico. S. Freud prefirió el término de "neurosis obsesiva", identificando en la base de la sintomatología no una carencia (*v.* **astenia**, § 2) en la síntesis mental, como lo consideraba Janet, sino un conflicto que monopoliza la energía psíquica del sujeto. Hoy, en psiquiatría, con este término se entienden los síndromes neurasténicos (*v.* **neurastenia**) con predisposición constitucional de curso crónico.

BIBLIOGRAFÍA: Freud, S. (1894); Janet, P. (1903).

psicoanaléctico
v. PSICOFARMACOLOGÍA, § II.

psicoanálisis (al. *Psychoanalyse*; fr. *psychanalyse*; ingl. *psychoanalysis*; it. *psicoanalisi*)

Disciplina fundada por S. Freud que se propone como 1] un *complejo de teorías psicológicas* y 2] una *técnica exploratoria y psicoterapéutica*. Aquí nos limitaremos a la exposición de la teoría psicológica que elaboró Freud, comúnmente denominada *psicoanálisis clásico*, enviando a la voz **análisis** (*v.*) el tratado de la técnica exploratoria y psicoterapéutica, y a la voz **psicología de lo profundo** (*v.*) los desarrollos del psicoanálisis a cargo de los mayores exponentes del neofreudismo y de los fundadores de escuelas disidentes.

1] LA HIPNOSIS Y EL MÉTODO CATÁRTICO. En el siglo XIX, cuando el trastorno psíquico era considerado fundamentalmente como un epifenómeno secundario del trastorno orgánico, el fenómeno de la **hipnosis** (*v.*), que permitía hacer desaparecer o inducir síntomas en los histéricos, convenció a los médicos de la época, y en especial a J.M. Charcot, de canalizar la investigación en una dirección más psicológica, lo que exigió una autonomía de lo psíquico de lo orgánico. A partir de esta premisa Freud adoptó, con el tratamiento hipnótico, el método que J. Breuer había llamado *catártico* (*v.* **catarsis**), que partía del supuesto de que el surgimiento del trastorno psíquico no estaba condicionado por la existencia de un trastorno orgánico sino por un bloqueo de la energía afectiva vinculada a recuerdos dolorosos olvidados.

2] EL CONFLICTO PSÍQUICO. Breuer atribuía el bloqueo de la energía afectiva al hecho de que los acontecimientos dolorosos se habían vivido en un estado de conciencia **hipnoide** (*v.*). Al conjeturar así la posibilidad de una doble conciencia, Breuer se unía a la teoría de P. Janet que suponía una restricción del campo de la conciencia o "disminución del nivel mental". Freud rechazó estas teorías deficitarias para sustituirlas por el concepto de **conflicto** (*v.*), que presupone una concepción dinámica y energética de la psique, en el sentido de que el trastorno no nace porque le *falta* algo a la organización psíquica, sino por el *choque* de energías opuestas, la vida pulsional por un lado y las instancias de control por el otro.

3] EL SUEÑO. Como vía de acceso para comprender el significado del síntoma neurótico, manifestación del conflicto psíquico, Freud eligió el **sueño** (*v.*, § II) que después se volvió "la vía regia" para entrar al inconsciente. En el sueño, en efecto, los contenidos inconscientes tienen la posibilidad de manifestarse por la reducida vigilancia de la conciencia. Naturalmente esta manifestación debe negociar con el mecanismo de la **censura** (*v.*) que actúa como fuerza antagónica al **deseo** (*v.*, § 1) inconsciente que se manifiesta en el sueño. Esto lleva a formas de compromiso que en el nivel onírico se manifiestan en los procesos de *simbolismo* (*v.* **símbolo**, § 5), **desplazamiento** (*v.*) y **condensación** (*v.*).

4] EL INCONSCIENTE. La vida psíquica se va delineando así como una oposición entre **consciente** (*v.*) e **inconsciente** (*v.*, § 2) donde, a diferencia de la concepción habitual de la vida psíquica, según la cual la conciencia sola es el psiquismo, Freud afirma que lo psíquico es, en sí y por sí, inconsciente, y que la conciencia es uno de sus pequeños aspectos, que mantiene su importancia porque es "la única luz que nos ilumina en la oscuridad de la vida psíquica".

5] LA METAPSICOLOGÍA. Después de este giro Freud comienza a eleborar un complejo de teorías clasificadas bajo el nombre de **metapsicología** (*v.*), orientadas a describir el **aparato psíquico** (*v.*), donde son identificables los factores psíquicos, situados de este lado de la conciencia, responsables de las formaciones psíquicas. Ese aparato se considera, desde un punto de vista *tópico*, como una entidad espacial en la cual ubicar los fenómenos psíquicos; *dinámica*, desde una perspectiva en la que se describen las fuerzas que se oponen o no al paso de un sistema al otro, y desde un punto de vista *económico*, en el cual se considera la cantidad de energía utilizada en los procesos psíquicos. En una primera fase Freud conjeturó como sistema psíquico al *consciente*, el *preconsciente* y el *inconsciente*, en una segunda fase al *ello*, el *yo* y el *superyó*. La primera tópica está construida a partir del proceso de *represión* (*v.*), de donde adquiriría consistencia el inconsciente, mientras la segunda tópica, que se inicia con los escritos posteriores a 1920, está caracterizada por una especie de *genetismo* (*v.* **aparato psíquico,** § 4) que prevé la diferencia gradual de las instancias psíquicas a partir del inconsciente, que echa sus raíces en el sustrato biológico.

6] EL ELLO Y LA TEORÍA DE LAS PULSIONES. La investigación de los contenidos fantasmáticos del **ello** (*v.*) condujo a Freud a la formulación de una doctrina general de las pulsiones en la cual la **libido** (*v.*, § 1) se manifiesta recorriendo esas zonas erógenas, cada una de las cuales representa una fase de su evolución. Las fases principales son la **oral** (*v.*), donde los contenidos de los fantasmas tienden a constituirse en datos perceptivos primarios, como los gustativos, olfativos, táctiles, etc.; la **anal** (*v.*), que se inicia con la educación del control de los esfínteres configurando la experiencia del niño en relación con el ambiente; la *fálica* (*v.* **fálica, fase**) caracterizada por el **complejo de Edipo** (*v.*), con la consiguiente angustia de **castración** (*v.*), y **genital** (*v.*) que aparece en la pubertad, con la plena maduración de los órganos sexuales. El desarrollo de la libido puede desenvolverse naturalmente, o sufrir interrupciones por la interferencia de la **fijación** (*v.*) y de la **regresión** (*v.*), que detienen el desarrollo psíquico o lo devuelven a fases anteriores con la consiguiente formación de síntomas neuróticos.

7] EL YO Y LOS MECANISMOS DE DEFENSA. Si el ello manifiesta las exigencias que lo biológico presenta a lo psíquico, el **yo** (*v.*) es aquello que modera estas exigencias, dictadas por el **principio del placer** (*v.*, § 1), con las que impone el **principio de realidad** (*v.*, § 3), promovidas por el mundo externo con el que el yo, a diferencia del ello, tiene relaciones. El yo es capaz de utilizar la **angustia** (*v.*, § 2) como señal de alarma frente al peligro del mundo pulsional, y de organizar los **mecanismos de defensa** (*v.*, § 2) que permiten adaptar las exigencias del ello con las del mundo exterior. Tales mecanismos son la **identificación** (*v.*) que, a partir de la **incorporación** (*v.*), permite al yo sentir como propias las cualidades positivas, y proyectar (*v.* **proyección**) fuera de sí las que percibe como hostiles; la *represión* (*v.*) que mantiene inconscientes y por lo tanto extrañas al yo las representaciones instintivas temidas, y la **sublimación** (*v.*), que permite desplazar la pulsión de su meta sexual hacia una meta considerada más noble y socialmente aceptada.

8] EL SUPERYÓ Y LA INSTANCIA MORAL. En la evolución del organismo defensivo contra los peligros del ello se va formando una instancia superior, denominada **superyó** (*v.*), que gana su propia autonomía hasta imponerse en ocasiones al yo mismo, con los rasgos de incoercibilidad propios del ello. El superyó se forma a través de la identificación del niño con la imagen de los educadores en el período correspondiente a la desaparición del complejo de Edipo, o por la transformación en instancias autopunitivas de las cargas pulsionales agresivas del ello. Freud vincula al superyó la formación de la instancia ética y, a ésta, el origen de la civilización: "De hecho, al hombre primordial las cosas le iban mejor, pues no conocía limitación alguna de lo pulsional. En compensación, era ínfima su seguridad de gozar mucho tiempo de semejante dicha. El hombre culto ha cambiado un trozo de posibilidad de dicha por un trozo de seguridad" (1929 [1976: 111-112]).

9] PULSIÓN DE VIDA Y PULSIÓN DE MUERTE. La contraposición entre felicidad y seguridad reproduce la contraposición entre *libido*, o energía pulsional, manifestada por el ello, y *pulsión de conservación*, representada por el yo que interioriza las prohibiciones del ambiente, o realidad, a la libre expresión de las pulsiones. A partir de 1920, con *Más allá del principio del placer*, el conflicto psíquico ya no se considera entre lo biológico por un lado y las exigencias del mundo externo por el otro, sino, dentro de lo biológico, entre *pulsión de vida*, en la que se manifiestan los impulsos libidinales o *Eros*, y *pulsión de muerte*, en la que se expresa la tenden-

cia de todo ser viviente a la autodestrucción, o *Tánatos* (*v.* **Eros-Tánatos**). Si el Eros tiende a crear organizaciones de la realidad cada vez más complejas y armonizadas, Tánatos tiende a hacer regresar lo viviente a una forma de existencia inorgánica, casi una nostalgia por fases de organización inferiores, antagonistas de los impulsos de vida.

BIBLIOGRAFÍA: Fenichel, O. (1945); Fine, R. (1979); Freud, S. (1967-1980); Freud, S. (1929); Jones, E. (1953); Musatti, C. (1949); Semi, A.A. (coord.) (1988); Vegetti Finzi, S. (1986-1990).

psicobiología (al. *Psychobiologie*; fr. *psychobiologie*; ingl. *psichobiology*; it. *psicobiologia*)

Organización psicoterapéutica que ideó A. Meyer quien, a partir de una concepción del hombre como unidad indivisible, propone un tratamiento capaz de integrar lo psíquico con lo biológico, reteniendo la separación que es producto de las metodologías de estudio. Es central el concepto de *integración* que, en opinión de Meyer, se puede alcanzar a partir de cualquier nivel: físico, químico, fisiológico y psicológico, mediante "análisis y síntesis distributivos", donde el malestar se descompone primero en los diferentes niveles de la integración malograda y después se recompone de acuerdo con vías correctas. Para esta finalidad sirven tanto los tratamientos psicoterapéuticos como los físicos, cuya eficiencia debe comprobarse en el nivel de comportamiento objetivamente observable (de ahí la denominación de "psicobiología objetiva"). La meta se puede alcanzar ya sea creando las condiciones para la modificación del comportamiento o transformando el ambiente, cuando se lo considera responsable de la anomalía del comportamiento.

BIBLIOGRAFÍA: Meyer, A. (1951); Muncie, W. (1959-1966)

psicocirugía (al. *Psychochirurgie*; fr. *psychochirurgie*; ingl. *psychosurgery*; it. *psicochirurgia*)

Conjunto de intervenciones quirúrgicas en el cerebro para modificar actividades psíquicas alteradas. La psicocirugía representó una práctica terapéutica difundida pero muy discutida por la irreversibilidad de las lesiones producidas y por las consiguientes modificaciones en la personalidad. Las intervenciones más frecuentes fueron las *lobotomías prefrontales y bilaterales* que, mediante la interrupción de los circuitos neuronales o de las conexiones anatómicas, permitían mitigar la **excitabilidad** (*v.*) nerviosa, con la consiguiente indiferencia, desapego emocional, reducción de los intereses e inercia. Dichas intervenciones se practicaban en casos de esquizofrenias con pánico, con insuficiente control instintivo y afectivo.

BIBLIOGRAFÍA: Freeman, W. (1959-1966).

psicodélico
v. DROGA, § 2.

psicodiagnóstico
v. DIAGNÓSTICO.

psicodietética (al. *Psychodiätetik*; fr. *psychodiététique*; ingl. *psychodietetics*; it. *psicodietetica*)

Estudio de las relaciones entre alimentación y estado mental tanto en el caso de que la dieta sea una causa directa de los síntomas psíquicos, como en el caso de que el trastorno psíquico influya en el comportamiento alimentario (*v.* **alimentación**).

psicodinámica
v. PSICOLOGÍA DINÁMICA.

psicodisléptico
v. PSICOFARMACOLOGÍA, § III.

psicodrama (al. *Psychodrama*; fr. *psychodrame*; ingl. *psychodrama*; it. *psicodramma*)

Técnica psicoterapéutica que introdujo en los años veinte el sociólogo y psiquiatra J.L. More-

no quien, oponiéndose a la división de la personalidad –arbitraria, en su opinión– que realizó S. Freud, destacó la unidad existencial de la persona, que puede ser tratada en sus trastornos de conducta, en sus exigencias motivacionales y en sus fantasías mediante una representación escénica improvisada en la que los participantes son invitados a exteriorizar sus experiencias en el escenario.

1] EL PSICODRAMA CLÁSICO. Tal como lo ideó Moreno, el psicodrama prevé una *escena* donde se desarrolla la acción; un *protagonista* de la representación; un *grupo psicodramático* cuyos integrantes, denominados "yo auxiliares, tienen la función de recitar las partes que el paciente puede necesitar para representar adecuadamente su propia situación [...] encarnando personas reales del ambiente del paciente, como el padre, la madre o el hijo, o figuras simbólicas como Dios, el Juez o Satanás, características del mundo del paciente" (1959: 82), y un *público* que, como al coro de la tragedia griega, hace eco al protagonista manifestando sus propias emociones frente a los acontecimientos representados. El *psicodramaturgo* que promueve la acción, proponiendo primero el concepto de (*v.* **actuar**) *acting out*, que asumirá en psicoanálisis un significado regresivo o defensivo, asume una actitud directiva, invitando a los participantes a actuar verbalmente, con el contacto físico y con la expresión corporal, a la que Moreno asigna una función catártica (*v.* **catarsis**).

2] EL PSICODRAMA PSICOANALÍTICO. Esta forma de psicodrama se desarrolló alrededor de los años cuarenta como técnica de análisis infantil primero y después de adultos, pero con razones técnicas y teóricas diferentes que el psicodrama clásico. El psicodrama psicoanalítico, rechazando el método catártico por su poca eficiencia transformadora de la estructura psíquica profunda, prohíbe el contacto físico entre los participantes, asigna a los analistas presentes la tarea de constituir el objeto de la **transferencia** (*v.*) y a los participantes el de las **identificaciones** (*v.*), mientras la finalidad de la representación, que se desarrolla en ausencia de público, no es la catarsis sino la interpretación, no de la realidad representada, sino del imaginario del paciente-protagonista en el plano de lo simbólico. Las sesiones se realizan con horarios fijos, en espacios que no tienen accesorios teatrales, y son conducidas por dos analistas, por lo general de sexo diferente, a los que corresponde la tarea de la interpretación de los conflictos que el psicodrama pone en evidencia.

3] EL SOCIODRAMA. Tanto en la concepción de Moreno como en la psicoanalítica el sociodrama difiere del psicodrama porque no se dirige al paciente-protagonista sino al grupo en su totalidad, para resolver problemas de función y de grupo.

BIBLIOGRAFÍA: Gasseau, M. y G. Gasca (1991); Greenberg, I.A. (coord.) (1974); Moreno, J.L. (1946); Moreno, J.L. (1947); Moreno, J.L. (1950); Moreno, J.L. (1953); Moreno, J.L. (1959); Schützenberger, A.A. (1966); Schützenberger, A.A. y M.J. Sauret (1977).

psicofarmacología (al. *Psychopharmakologie*; fr. *psychopharmacologie*; ingl. *psychopharmacology*; it. *psicofarmacologia*)

Rama de la farmacología que estudia, con bases experimentales y fines terapéuticos, la acción de las sustancias químicas en las funciones psíquicas. La psicofarmacología, ciencia joven, nacida a principios de los años cincuenta con la introducción de la cloropromacina por parte de J. Delay y P. Deniker, requiere la aportación de muchos ámbitos disciplinarios, como la genética, la bioquímica, la neurofisiología y la psicofisiología, en un proceso de integración que todavía no se ha realizado completamente. Después de unos veinte años de gran entusiasmo, hoy se tiene la certeza de que los psicofármacos tienen una acción más sintomática que causal, en el sentido de que la marcha del trastorno psíquico resulta modificada más en sus manifestaciones exteriores que en sus dinámicas profundas.

La clasificación de los psicofármacos es un problema controvertido por dos razones: porque las clasificaciones estrictamente farmacológicas no corresponden a las distinciones clínicas, tanto en el plano terminológico como en el de los criterios generales, y porque las clasificaciones basadas en la actividad clínico-terapéutica son discutibles, en cuanto estos fármacos tienen una serie de acciones diferentes que se encuentran en grupos distintos. Se adoptaron criterios de: 1] clasificación de tipo *pragmático* que, basándose en el efecto terapéutico, divide a los psicofármacos en inhibidores psíquicos, activadores psíquicos y psicomiméticos o simuladores de psicosis; 2] clasificaciones de tipo *psicofisiológico* que, basándose en el efecto que tienen en las actividades bioquímicas y neurofisiológicas del sistema nervioso, dividen a los psicofármacos en neurolépticos, ansiolíticos, antipsicóticos, psicogenéticos y antidepresivos; 3] clasificaciones de tipo *clínico* que siguen el criterio descriptivo de Delay y Deniker, que prevé una distinción en psicolépticos, psicoanalépticos y psicodislépticos, a los que nos atendremos en este espacio.

I] PSICOLÉPTICOS. Son fármacos que producen relajamiento y depresión de la actividad psíquica. Se subdividen en *timolépticos* o depresores de los afectos, y *noolépticos* o depresores del estado de alerta.

1] Los *timolépticos* comprenden los *neurolépticos*, que desarrollan una actividad antipsicótica, y los *tranquilizantes*, que disminuyen los niveles de ansiedad en todas sus formas.

a] Los *neurolépticos* responden a cinco propiedades clínicas que clasificaron Delay y Deniker: creación de un estado de indiferencia psicomotriz; eficiencia en la reducción de los estados de excitación y de agitación; disminución progresiva de los síntomas agudos y crónicos de las psicosis; producción de síntomas extrapiramidales y neurovegetativos; preponderancia de efectos subcorticales. Incluyen los *alcaloides de la rauwolfia*, entre los cuales el más conocido es la *reserpina*, con efecto predominantemente antimaniaco y con reducción de todos los elementos concomitantes, desde los motores a los verbales, como logorrea y fuga de ideas; las *fenotiacinas*, con acción antidelirante y antialucinatoria, utilizadas en las terapias de las psicosis agudas y crónicas y en los estados de excitación disociativa; los *tioxantenos*, con acción no muy diferente a la explicada para las fenotiacinas, pero de menor intensidad, que por su efecto antidepresivo se utilizan en las formas depresivas de los estados esquizofrénicos y en algunas formas paranoides; las *butirofenonas*, que se utilizan en presencia de manifestaciones maniacas porque reducen la movilidad, la agitación, la logorrea y la fuga de ideas. Los neurolépticos de acción prolongada se distribuyen generalmente en una curva de la que resulta que a una acción antipsicótica más marcada corresponde un efecto sedante menos intenso y viceversa.

b] Los *tranquilizantes* o sedantes *ansiolíticos* son sustancias que reducen la ansiedad patológica, la tensión y la agitación, sin efecto terapéutico en los trastornos de los procesos cognoscitivos y perceptivos. Tienen una modesta acción en la excitación psicótica y les falta acción neuroléptica, o sea que no provocan fenómenos neurológicos como en los síndromes extrapiramidales o en las crisis neurodislépticas. Pertenecen a este grupo los *alcaloides*, con efecto ansiolítico moderado acompañado de relajamiento muscular, y las *benzodiacepinas*, que disminuyen los niveles de ansiedad neurótica, reactiva a los acontecimientos, y vinculada a fenómenos depresivos. Ingeridas por largos períodos y en dosis elevadas, las benzodiacepinas pueden causar dependencia y en ocasiones crisis de abstinencia.

2] Los *noolépticos* son fármacos que reducen el nivel de alerta, deprimen las funciones mentales e inducen el sueño. En esta clase encontramos los *barbitúricos*, que son hipnóticos utilizados, con administración nocturna, como sedantes, ansiolíticos y reductores de la excitación psicomotriz. En una época se los adoptó en la terapia del insomnio, pero hoy su uso se va reduciendo con la aparición de psicofármacos más específicos. También forman parte de la clase de los noolépticos los *anticonvulsionantes* utilizados como antiepilépticos.

II] PSICOANALÉPTICOS. Son fármacos que estimulan la actividad psíquica, clasificados en *timoanalépticos* o *antidepresivos*, cuando su acción abarca los afectos, y en *nooanalépticos* o *neuroestimulantes*, cuando abarca el estado de alerta.

1] Los *timoanalépticos* o *antidepresivos* actúan en el tono del humor que tienden a elevar y en las manifestaciones del pensamiento, que tienden a reavivar, además de tener un efecto ansiolítico y un efecto estimulante en la acción de la alerta, con la consiguiente producción del insomnio. Se suele dividir a los timoanalépticos en dos grupos: los *tricíclicos*, así denominados por su estructura química, que se emplean en las depresiones endógenas,

y los *inhibidores de la monoamina-oxidasa* (IMAO), así denominados porque inhiben las enzimas encargadas de oxidar y degradar las aminas biógenas, permitiendo en el sistema nervioso central una acumulación tal como para determinar que se potencie su acción en el nivel de los neurotransmisores. Se utilizan especialmente en las depresiones reactivas. Respecto a los tricíclicos, la acción estimulante de los IMAO es mucho mayor y puede determinar, al final del tratamiento, un efecto eufórico. Si bien forman parte estrictamente de los fármacos psicoanalépticos, en estos últimos años han tenido una gran difusión las *sales de litio* para los síndromes maniaco-depresivos, porque disminuyen la gravedad y aumentan los intervalos de bienestar, hasta llegar a una estabilización duradera del tono del humor.

2] Los *neuroestimulantes* o *nooanalépticos* estimulan el estado de alerta, aumentan la agudeza en los procesos perceptivos y disminuyen la sensación de cansancio físico y mental. El grupo más importante es el de las *anfetaminas* que, además de los efectos positivos en las actividades físicas e intelectuales, causan una disminución de las capacidades asociativas y, a largo plazo, farmacodependencia.

III] PSICODISLÉPTICOS. Son fármacos que trastornan la actividad mental, como la mescalina, el LSD y la psilocibina. En un tiempo se utilizaron con algunas técnicas psicoterapéuticas breves que aprovechaban la singular vivacidad evocativa que se obtenía con estos fármacos; hoy su uso se abandonó y el interés por estos fármacos forma parte con más frecuencia del capítulo de las drogas (*v.* **droga**, § 2).

BIBLIOGRAFÍA: Giberti, F., R. Rossi y C. Baconcini (1983); Hoch, P.H. (1959-1966); Malitz, S. (1959-1966); Malitz, S. y P.H. Hoch (1959-1966); Silverstone, T. y P. Turner (1974).

psicofísica (al. *Psychophisik*; fr. *psychophysique*; ingl. *psychophysics*; it. *psicofísica*)

Disciplina iniciada por E.H. Weber y G.T. Fechner, que trata de establecer las leyes que regulan las relaciones existentes entre un estímulo, concebido como fenómeno físico de intensidad definida y mensurable, y la respuesta, constituida por una correspondiente sensación de determinada intensidad. La relación entre estímulo y respuesta se expresa con la **ley de Weber-Fechner** (*v.*), según la cual la intensidad de una sensación subjetiva es proporcional al logaritmo de la intensidad del estímulo. Con S.S. Stevens la interpretación de la ley fue modificada en el sentido de que la proporción que estableció Fechner no conduce tanto a la medición de la sensación cuanto a la de la reacción fisiológica al estímulo.

La psicofísica, prototipo de todas las concepciones psicobiológicas cuantificacionistas posteriores, emancipó a la psicología del ámbito filosófico en el cual esta ciencia se había manifestado hasta entonces en términos fundamentalmente cualitativos, se volvió un elemento esencial del **elementarismo** (*v.*) wundtiano, y continuó con su filón de investigación interesándose por los problemas del **umbral** (*v.*), y del **scaling** (*v.*), o valoración graduada, aplicado no sólo a la conexión funcional entre estímulo y sensación sino también a la evaluación de los intereses y de las actitudes, hasta llegar a la medición de la opinión pública. Las teorías psicofísicas las adoptó también ahora la **psicología del arte** (*v.*, § 1), que utiliza las técnicas para sus propias investigaciones estéticas.

BIBLIOGRAFÍA: Arnheim, R. (1985); Fechner, G.T. (1860); Stevens, S.S. (1961); Stevens, S.S. (1968); Weber, E.H. (1834).

psicofísico (al. *Psychophisisch*; fr. *psychophysique*; ingl. *psychophisical*; it. *psicofísico*)

Adjetivo utilizado como sinónimo de psicosomático (*v.* **psicosomática**), o en referencia al dualismo que separa la psique del cuerpo (*v.* **dualismo psicofísico**).

psicofisiología (al. *Psychophysiologie*; fr. *psychophysiologie*; ingl. *psychophisiology*; it. *psicofisiologia*)

Estudio de los mecanismos fisiológicos que presiden los procesos psíquicos y en especial las relaciones recíprocas entre los procesos

mentales y el sistema nervioso. El primer impulso para la investigación psicofisiológica se dio a mitad del siglo XIX con E.H. Weber, quien logró destacar la correlación entre la variación de la sensación y la variación del estímulo, que después T.G. Fechner enunció en términos psicofísicos con su famosa ley (*v.* **Weber-Fechner, ley de**). Siguieron los descubrimientos de P.J.M. Flourens quien, con sus operaciones quirúrgicas efectuadas en el cerebro de animales, llegó a conjeturar una integración global del sistema nervioso, y de P. Broca, quien formuló la hipótesis relativa a la localización de la función lingüística (*v.* **lenguaje**, § 2) en una zona circunscrita del encéfalo. Una contribución en relación con la experimentación fue la de I.P. Pavlov, con sus investigaciones de los reflejos condicionados (*v.* **reflexología**), por lo que en cierta forma es posible decir que la psicología se emancipa de la filosofía y se vuelve científica gracias a la fisiología, desde el momento en que tanto Weber como Fechner, Pavlov y W. Wundt son fisiólogos.

En los últimos decenios, gracias a la aparición de la **electroencefalografía** (*v.*), la investigación psicofisiológica logró notables progresos, sobre todo en la investigación de las **sensaciones** (*v.*), la **atención** (*v.*), la **percepción** (*v.*), el **sueño** (*v.*), la vigilia (*v.* **sueño**, § 2), el **aprendizaje** (*v.*), el **pensamiento** (*v.*) y el **lenguaje** (*v.*), presentándose como uno de los sectores más científicos de la investigación de los procesos mentales. La fenomenología criticó acerbamente a la orientación psicofisiológica y la acusó de **reduccionismo** (*v.*) extremo, pero sigue representando el aspecto determinante y más autorizado de la escuela rusa que tiene su mayor exponente en A.R. Luria. Hoy la psicofisiología vuelve a ser un campo fecundo de investigaciones psicológicas sobre todo por lo que se refiere a las contribuciones de otras disciplinas, como la **neuropsicología** (*v.*), que estudia la función de los diversos constituyentes del sistema nervioso para la determinación de las actividades mentales y de la conducta, y la **psicoquímica** (*v.*) que estudia las relaciones entre los estados de conciencia y las reacciones químicas del sistema nervioso central.

BIBLIOGRAFÍA: Changeux, J.P. (1983); Helmholtz, H.L.F. von (1866); Luria, A.R. (1962); Mancia, M.

(1980); Milner, P.M. (1970); Pavlov, I.P. (1927); Stegagno, L. (1991); Thompson, R. (1967); Wundt, W. (1873-1874).

psicogalvánico, reflejo
v. REFLEJO, § 2, *a*.

psicogénesis (al. *Psychogenese*; fr. *psychogénèse*; ingl. *psychogenesis*; it. *psicogenesi*)

Estudio del origen y el desarrollo de las funciones psíquicas y sus alteraciones. En psiquiatría el término se refiere a la teoría según la cual las enfermedades mentales tendrían un origen psíquico, en contraposición a la orientación de la *somatogénesis*, según la cual su origen debe buscarse en el trastorno orgánico.

psicógeno (al. *Psychogen*; fr. *psychogène*; ingl. *psichogenic*; it. *psicogeno*)

Atributo que califica el origen puramente psíquico y no orgánico del trastorno mental o de la anomalía del comportamiento.

psicogeriatría
v. PSICOLOGÍA DEL ENVEJECIMIENTO, § 3.

psicokinesis (PK)
v. PARAPSICOLOGÍA, § 2.

psicoléptico
v. PSICOFARMACOLOGÍA, § I.

psicolingüística
v. LINGÜÍSTICA, § 3.

psicología (al. *Psychologie*; fr. *psychologie*; ingl. *psychology*; it. *psicologia*).

Estudio de la **psique** (*v.*). El término lo acuñó el reformista y humanista alemán P. Schwarzherde, más conocido con el nombre helenizado de Philipp Melanchton (1497-1560). Se re-

fiere a contenidos que ya habían encontrado forma de enunciarse en las construcciones mitológicas, religiosas, culturales y filosóficas desde los albores de la civilización y hasta la segunda mitad del siglo XVIII cuando, con W. Wundt, la investigación psicológica se separa de la filosofía especulativa para abrirse a la metodología de las ciencias naturales, adoptando criterios de experimentación y de cuantificación. Con el advenimiento de la psicología científica, que sólo tiene poco más de cien años de vida, no disminuyó la investigación filosófica, pero desplazó el nivel de su investigación del plano de los *contenidos*, donde había estado antes del nacimiento de la psicología científica, al plano *epistemológico*, en el cual se discuten los supuestos teóricos que son la base de las diferentes construcciones psicológicas.

La *psicología científica* explicó el concepto de *psique* con el de *comportamiento* que, en el caso de los animales, equivale al "comportamiento observable desde afuera", y en el caso de los seres humanos se extiende a los "procesos psicológicos", tanto conscientes como inconscientes, mediante los cuales un sujeto construye sus respuestas de comportamiento. Tales procesos, denominados también "mecanismos de la mente" o "funciones psíquicas", se refieren tanto a la inteligencia, a la memoria, a la percepción, a las experiencias interiores, como a los sentimientos o las expectativas y los mecanismos inconscientes. Del comportamiento considerado *normal* se ocupa la psicología; del clasificado como *anormal* la **psicopatología** (*v.*). La psicología científica se articula en formas diferentes según el criterio que se adopta en cada oportunidad. Entre los más difundidos recordemos el criterio *epistemológico*, que tiende, más que a la clasificación de las diferentes áreas psicológicas, a la definición de las características que vinculan a la psicología con las ciencias naturales o las ciencias humanas; el criterio de la *orientación teórica* o *modelo* de pensamiento, que es la base de una construcción psicológica; el criterio que define los *métodos de investigación* adoptados por los distintos ámbitos psicológicos, y el criterio que designa los *objetivos* que se proponen las diferentes investigaciones psicológicas. Criterios de menor importancia son los que se refieren a la *instrumentación*, a la *técnica* y a la *función* específica objeto de estudio.

I] EL CRITERIO EPISTEMOLÓGICO. En este ámbito se tiende, más que a una clasificación de las áreas psicológicas, a identificar el tipo de cientificidad que corresponde a la psicología. Naturalmente, la orientación teórica de pertenencia desempeña una función que ve como opositores a quienes sostienen una cientificidad de tipo *naturalista*, por la cual los procesos psíquicos se consideran en sí mismos, prescindiendo del contexto histórico en el que se manifiestan, y los que afirman una cientificidad de tipo *histórico hermenéutico*, que acerca la psicología a la metodología de las ciencias del espíritu. Al primer modelo corresponden la psicología **experimental** (*v.*) y el **conductismo** (*v.*), al segundo la psicología fenomenológica-existencial (*v.* **fenomenología**; **análisis existencial**) y la **teoría de la personalidad** (*v.*).

A partir de esta primera gran distinción encontramos ulteriores diferenciaciones entre los *reduccionistas*, que postulan una jerarquía de las ciencias a partir de la física, con la consiguiente interpretación de la psicología desde la perspectiva de la neurofisiología, y los *antirreduccionistas*, que consideran que la psicología tiene un estatus epistemológico que no puede referirse a los demás. De aquí se deriva una nueva división entre los *cuantificadores*, según los cuales los datos psicológicos pueden traducirse en conceptos mensurables, y los *anticuantificadores*, para quienes los datos psíquicos no son susceptibles de medición.

Respecto al método, encontramos fundamentaciones de orientación *subjetivista* sobre todo en el campo clínico, y otras de corte *objetivista*, en las cuales las características de interpretación del dato están precodificadas para eliminar toda variable subjetiva. Otra contraposición es la que divide a los cognoscitivistas, quienes afirman que la psicología puede progresar sólo mediante la invención de *modelos* de interpretación de los fenómenos psicológicos, y los conductistas quienes insisten en que no hay que alejarse de las reglas del *experimento* científico para no explicar el dato psicológico con abstracciones sólo justificables en el nivel filosófico. Cada una de estas posiciones, que animan el debate sobre el estatus epistemológico de la psicología, crea alineaciones que rediseñan permanentemente la geografía de las áreas psicológicas.

II] EL CRITERIO DE LA ORIENTACIÓN TEÓRICA. Si se parte del modelo de pensamiento que es la base de la construcción psicológica encontramos: 1] el *elementarismo* (*v.*), según el cual los fenómenos psíquicos deben separarse en sus elementos simples siguiendo el modelo que ofrece la ciencia química; 2] el *funcionalismo* (*v.*), que interpreta los fenómenos psíquicos como funciones mediante las cuales el organismo se adapta al ambiente; 3] el *asociacionismo* (*v.*), que considera cada acontecimiento psíquico complejo como derivado de la asociación de ideas simples, o sea de la combinación de elementos de orden sensorial que se organizan con base en determinadas leyes asociativas; 4] el *conductismo* (*v.*), que resuelve la totalidad psíquica en la conducta observable, cuya dinámica debe interpretarse en el proceso de aprendizaje considerado en función de la adaptación al ambiente; 5] el *cognoscitivismo* (*v.*), que no pone en el centro de su construcción psicológica el comportamiento sino la mente, con la intención de recuperar al sujeto como agente activo, capaz de elaborar y de transformar las informaciones que se derivan de la experiencia; 6] la *psicología de la forma* (*v.*), que partiendo del estudio de la percepción adopta la organización y la configuración unitaria como principio explicativo de los datos psíquicos, cuya complejidad no resulta de la suma de cada uno de los elementos; 7] la *psicología de lo profundo* (*v.*) que, a partir del **psicoanálisis** (*v.*) de S. Freud, y a lo largo de sus sucesivas ramificaciones consideradas ortodoxas o heterodoxas respecto a las posturas del psicoanálisis clásico, interpreta los procesos mentales conscientes a partir de los condicionamientos inconscientes; 8] la *psicología de la comprensión* (*v.*), según la cual los fenómenos psíquicos no se deben "explicar" con el modelo de las ciencias naturales, sino ser "comprendidos" con el modelo de las ciencias histórico-hermenéuticas; 9] la *fenomenología* (*v.*), que no considera al sujeto en su aislamiento sino en su relación originaria con el mundo, que se puede interpretar a partir de las características descritas por el **análisis existencial** (*v.*); 10] la *psicología sistémica* (*v.*) que estudia al sujeto psicológico a partir de sus procesos comunicativos y de relaciones mediante el instrumental que le ofrece la **cibernética** (*v.*).

III] EL CRITERIO DE LA METODOLOGÍA DE INVESTI-
GACIÓN. A partir del método, las áreas psicológicas se pueden ordenar en cuatro grandes
grupos:

1] *El método experimental* es común a diferentes orientaciones caracterizadas por el rigor metodológico, que procede por la formulación de hipótesis y su comprobación experimental. Adoptan este método: *a*] la **psicología
experimental** (v.), orientada a identificar la
relación entre dos acontecimientos, del cual
el segundo (efecto, o variable dependiente) es
consecuencia del primero (causa, o variable
dependiente), en una lógica de tipo lineal congruente con el principio de causalidad. La
cientificidad de este procedimiento exige que
el experimentador esté fuera de la interacción
entre las variables para no causar interferencia; *b*] el **conductismo** (v.), que coloca al organismo (O) entre un estímulo (E) y una respuesta (R), para poder estudiarlo como una
máquina que convierte a E en R, y así formular las leyes que correlacionan estímulos (ambiente) y respuestas (movimientos); *c*] el **cognoscitivismo** (v.), que indaga los procesos
mentales construyendo modelos, experimentalmente verificados, capaces de explicar cómo se estructura el organismo para proporcionar una respuesta que no es, como para el
conductismo, pura reacción a un estímulo, sino organización del mundo que rodea al individuo a partir de su globalidad; *d*] la **psicología diferencial** (v.), que va a la búsqueda de
las diferencias individuales adoptando el método comparativo de la psicología experimental, que prevé la manipulación de determinadas variables independientes en el curso de la
experimentación.

2] El *método clínico* que, a diferencia del experimental, pone la atención en el aspecto subjetivo que califica al objeto de la psicología: el
hombre. Aquí el término "clínico" no se refiere
a un objetivo terapéutico sino a la relación interpersonal, típica de la clínica, utilizada como
instrumento de conocimiento. Forman parte de
este ámbito: *a*] la **psicología comprensiva** (v.),
que parte de la interacción entre observador y
observado para captar, más que los vínculos entre las variables específicas en juego, al hombre
concebido como unidad inescindible y porta-
dora de sentido; *b*] la *psicología fenomenológica*
que, mediante el análisis **existencial** (v.), identifica las características con las que un indivi-

duo es en el mundo, se alberga en su visión del
mundo; *c*] la **psicología de la forma** (v.), que
sustituye la concepción conductista, que concibe al individuo como respuesta al ambiente,
por la concepción del individuo como organiza-
dor del ambiente; *d*] la **psicología dinámica**
(v.) que, si bien adopta del método experimental la lógica lineal de causa y efecto, la utiliza en
la vertiente del análisis subjetivo tal como se da
en la relación de interacción subjetiva.

3] El *método estadístico* que reúne, organiza y analiza los datos relativos al objeto considerado con miras a la utilización de las informaciones obtenidas a fin de prever hechos
no observados. En psicología el uso de la estadística tiene un lugar muy importante en la
elaboración de **tests** (v.) y **escalas** (v.), junto
con el empleo del análisis **factorial** (v.) que
responde a la exigencia de definir el problema
de la **personalidad** (v., § 2) en una ecuación
matemática. El uso del cálculo no debe hacer
pensar que con la adopción de este método se
llegue a un nivel absoluto de objetividad, porque la elección de los tests y la de los sujetos
a los que se les aplican se efectúa sobre la base de supuestos fundamentalmente psicológicos. En **estadística** (v.) la hipótesis formulada debe ser sometida, antes que a la prueba
experimental, a la prueba lógica, para permitir que las verdades *posibles* lleguen al nivel de
verdades *probables*. La posición estadístico-
probabilista, además de haber ampliado las
posibilidades de la investigación mediante la
elaboración de los datos, ha permitido establecer una especie de correspondencia entre
la metodología utilizada en el ámbito experimental y la empleada en el ámbito clínico. En
relación con el ambiente, el objeto y el procedimiento seguido, el método *experimental* tiene por objeto fracciones de comportamiento
estudiadas en un ambiente artifical con procedimientos hipotético-deductivos; el método
clínico tiene por objeto el comportamiento
global estudiado en un ámbito natural con
procedimientos indicativos, y el método *estadístico* tiene por objeto la variabilidad estudiada en un ambiente artificial con un procedimiento estadístico.

4] El *método cibernético* que, partiendo de
la teoría de los sistemas, renuncia a la explicación causal de matrices experimentales para adoptar el método holístico, en el cual el
sentido emerge de la interacción dinámica de

las partes. Además de la **psicología sistémica** (v.), que ha hecho del modelo cibernético la base de sus enfoques pragmáticos y relacionales, el modelo cibernético ha influido sobre la psiquiatría interpersonal, la psicosociología de la organización y hasta al cognoscitivismo en la construcción de sus modelos.

IV] EL CRITERIO DEL FIN BUSCADO. Aquí la distinción está entre fines teóricos y fines operativos.

1] Los *fines teóricos* son buscados por: *a*] la **psicología general** (v.) que está dotada de un *corpus* de estudios teórico-experimentales desarrollados en los departamentos universitarios, donde la investigación se conduce tanto en el nivel nomotético, que tiene como objetivo las leyes generales que regulan los fenómenos psíquicos, como en el idiográfico, relativo a la descripción de cada uno de los acontecimientos y situaciones; *b*] la **psicofísica** (v.), que estudia las leyes que regulan las relaciones entre los impulsos físicos y las reacciones sensoriales en respuesta a los mismos; la **psicofisiología** (v.), que estudia la relación entre aparato neurológico y acontecimiento psíquico; *c*] la **psicología animal** (v.), que ha proporcionado el instrumental conceptual y experimental para el estudio del comportamiento humano; *d*] la **psicología de la edad evolutiva** (v.), que se ocupa del proceso de formación y desarrollo mental, emotivo y social del individuo desde la etapa infantil hasta la adulta; *e*] la **psicología social** (v.) que se emancipó de la psicología general y de la sociología para estudiar las interacciones humanas y las relaciones interpersonales en el nivel de individuos, grupos e instituciones; *f*] la *psicolingüística* (v. **lingüística**, § 3), que estudia los aspectos psicológicos del comportamiento verbal; *g*] la **psicopatología** (v.), que estudia las características de los comportamientos clasificados como "anormales" con el fin de encontrar las causas y las constantes; *h*] la **psicología dinámica** (v.), que estudia los procesos, por lo general inconscientes, que determinan la conducta humana.

2] *Los fines operativos* se manifiestan en la llamada **psicología aplicada** (v.), que abarca todos los ámbitos operativos en los que se utiliza la psicología. Entre éstos recordamos:

a] La **psicología clínica** (v.), donde el adjetivo "clínica" no debe interpretarse en el sentido del método, sino en el de la operación terapéutica. Forman parte de este sector: 1] la **psicología médica** (v.), que estudia las complejas interrelaciones entre médico y paciente; 2] la *psicología de la comunidad* (v. **comunidad**, § 3), cuando la intervención médica se realiza en instituciones de tipo comunitario; 3] la **psicosomática** (v.), que estudia el desarrollo de las enfermedades somáticas en relación con acontecimientos psíquicos; 4] la **sexología** (v.) que estudia y trata los trastornos sexuales en el nivel tanto psicológico como funcional; 5] la **psicología del envejecimiento** (v.), que se ocupa de la edad involutiva y de los problemas vinculados a la vejez; 6] la *psicología de los ciegos* (v. **ceguera**, § 1) en relación con los problemas vinculados a la condición de quien no ve; 7] la **psicología diferencial** (v.), cuando el conocimiento de las características individuales es esencial para la intervención clínica; 8] la **psicoterapia** (v.), tanto con orientación psicoanalítica como sin ésta, individual o de grupo, para adultos o para niños, de sostén o de reeducación, y también otras que dependen de las orientaciones teóricas que las inspiran; 9] el *psicodiagnóstico* (v. **diagnóstico**), que se sirve de los métodos y de los instrumentos preparados por la **psicometría** (v.) según los métodos de la elaboración **estadística** (v.); 10] la *psicoprofilaxis* (v. **prevención**) dirigida a prevenir el surgimiento de conductas anómalas o peligrosas derivadas del consumo de alcohol o de drogas.

b] La **psicología del trabajo** (v.) que abarca problemas como la organización del trabajo, la formación, la orientación, la selección para mejorar la eficiencia de las actitudes y la satisfacción del personal. Forman parte de este campo: 1] la **psicología comercial** (v.), que indaga las necesidades y expectativas de los consumidores existentes y potenciales; 2] la **psicología industrial** (v.), que tiene por objeto la adaptación del ambiente técnico a las exigencias psíquicas del hombre; 3] la **psicología de la publicidad** (v.), dirigida a los sectores de la propaganda comercial y política; 4] la **psicosociología** (v.), a la cual no debe confundirse con la psicología social, que basándose en orientaciones teóricas en gran parte proporcionadas por la psicología del trabajo se ocupa de las dinámicas interrelacionales que se instauran dentro de los grupos y de las organizaciones.

c] La *psicología de la educación* (v. **pedagogía**), que se ocupa de los diferentes aspectos de los procesos pedagógicos y formativos a la luz de los datos de la **psicología de la edad evolutiva** (*v.*). Forman parte de este ámbito: 1] la *psicopedagogía*, que comprueba qué incidencia psicológica tienen las diferentes modalidades educativas; 2] la *psicología escolar* que, además de los problemas de **orientación** (*v.*, § 4) y **formación** (*v.*), tiene por objeto la adaptación y la desadaptación escolar, así como la introducción de alumnos con desventajas físicas y psíquicas. En este ámbito entran las aplicaciones de la psicología del aprendizaje y los estudios relativos a las modalidades para impartir la **instrucción** (*v.*), la **enseñanza** (*v.*) y la evaluación (*v.* **docimología**).

d] La *psicología forense* (*v.*), que se ocupa de la comprobación de la integridad psíquica del acusado, de la pericia de los testigos y de las confesiones reunidas en el curso de la investigación. Forman parte de este ámbito: 1] la *psicología carcelaria*, dedicada a la asistencia y a la reeducación de los detenidos; 2] la *psicología criminal*, que estudia los diferentes factores que intervienen para determinar los comportamientos antisociales; la psicología forense coopera con varias disciplinas de naturaleza sociológica y pedagógica.

e] *Otras psicologías* que forman parte de la psicología aplicada son: 1] la *psicología del arte* (*v.*), que colabora con la estética y la crítica de arte en el análisis de los fenómenos y de los productos artísticos; 2] la *psicología étnica* (*v.* **antropología**, § 5-7) que se ocupa de la psicología de los pueblos que pertenecen a culturas diferentes a la occidental; 3] la *psicología de las masas* (*v.*), que estudia los fenómenos colectivos y su influencia en el comportamiento individual; 4] la *psicología política* (*v.*), que resalta las condiciones necesarias para alcanzar y para mantener el poder, así como las razones de su debilitamiento y de su degeneración; 5] la *psicología militar* (*v.*), relativa a muchos aspectos de esta realidad, entre ellos las aptitudes individuales para el mando y para las funciones específicas; 6] la *psicología del deporte* (*v.*), que abarca la selección y el entrenamiento de los atletas, las relaciones con los compañeros de equipo, las motivaciones de la afición; 7] la *psicología ambiental* (*v.* **ambiente**, § 5) que coopera con los especialistas en el ambiente con el fin de mejorarlo en función de su finalidad.

v] EL CRITERIO DEL OBJETO DE ESTUDIO. Con respecto a este criterio se habla de psicología del **aprendizaje** (*v.*), de la **percepción** (*v.*), de los *procesos cognoscitivos* (*v.* **cognición**), etc., con referencia a las que en un tiempo la psicología denominaba "facultades" y hoy llama "funciones" o "procesos"; o bien con referencia a la totalidad del individuo, por lo que tendremos una psicología de la **personalidad** (*v.*) o del *yo* (*v.*) articuladas con base en las diversas direcciones teóricas que las inspiran.

psicología académica
v. PSICOLOGÍA GENERAL.

psicología adleriana
v. PSICOLOGÍA INDIVIDUAL.

psicología ambiental
v. AMBIENTE, § 5.

psicología analítica (al. *Analytische psychologie*; fr. *psychologie analytique*; ingl. *analytical psychology*; it. *psicologia analitica*)

Denominación de la psicología de lo profundo que elaboró C.G. Jung, quien en 1912 se separó de su adhesión previa al pensamiento psicoanalítico de Freud con la obra *Símbolos de la transformación*, en la que expone una interpretación de la energía psíquica o **libido** (*v.*) ya no limitada sólo a las manifestaciones pulsionales, como la considera Freud, sino también ampliada a las manifestaciones culturales con finalidades creativas. El símbolo, que Freud concebía como simple signo manifiesto de un contenido latente (*v.* **símbolo**, § 5, *a*), lo entiende Jung como instancia operativa que favorece el desarrollo y la transformación del hombre (*v.* **símbolo**, § 6) con miras a ese proceso de **individuación** (*v.*) que en el pensamiento junguiano sustituye al concepto de **curación** (*v.*).

1] EL SÍMBOLO Y EL PROCESO DE TRANSFORMACIÓN. Por medio de una clara distinción entre el *signo*, que refiere a una cosa conocida (campanario = falo; caverna = vientre materno), y el *símbolo*, que refiere a algo fundamentalmente desconocido y para lo cual no hay una manifestación racional adecuada, en la producción simbólica individual y colectiva Jung discierne *excedentes de sentido* respecto al conjunto de los significados codificados que favorecen las transformaciones individuales y colectivas en las que se manifiesta, en el nivel individual, el sentido de cada una de las biografías y, en el nivel colectivo, el de la historia. De esta manera Jung extiende el concepto de *psique*, lo emancipa del fondo naturalista en el que Freud lo había incluido, identificando la psique con la pulsionalidad del hombre en cuanto organismo biológico, e introduce en este concepto la noción de *historia*, que las investigaciones psicológicas anteriores habían dejado fuera de su ámbito porque la metodología de las ciencias exactas, hacia las que también tiende la psicología, no permite el control y la comprobación en términos de exactitud: "Cuando ocurre que el símbolo ofrece un gradiente mayor que el que brinda la naturaleza es posible traducir la libido en otras formas. La historia de la civilización ha demostrado suficientemente que el hombre posee un relativo excedente de energía susceptible de utilizarse en forma diferente del curso puramente natural. El hecho de que el símbolo haga posible esta desviación demuestra que no toda la libido se fijó conforme a las leyes de la naturaleza, y que quedó un cierto *quantum* de energía que podríamos definir como excedente libidinal" (1928: 56-57; *v.* **símbolo**, § 6).

2] MÉTODO CAUSAL Y MÉTODO FINALISTA. Esta concepción del símbolo, que además de efectuar "la transformación de la energía de la forma biológica a la forma cultural" (1928: 70) manifiesta un excedente de sentido respecto a los significados codificados individual y colectivamente, requiere un cambio en la metodología interpretativa, y más precisamente un paso del método causal al finalista, con miras a la *explicación* no de determinado malestar sino del *significado* y del sentido que ese malestar oscuramente señala. Agregar un panorama *prospectivo* al panorama *explicativo*, al que se había limitado el psicoanálisis de Freud, significa interpretar los *síntomas* de las enfermedades no sólo como *signos* de desestructuración que debe reestructurarse, sino

como símbolo de **transformaciones** (*v.*) que deben efectuarse: "La *causa* –escribe Jung– imposibilita cualquier desarrollo. Como contrario exacto de cualquier evolución prospectiva, la *reductio ad causum* bloquea la libido a los datos de hechos elementales. Desde el punto de vista del racionalismo esto es sin lugar a dudas una ventaja, pero desde el de la psique es la no vida, el aburrimiento incurable. Con esto, desde luego, no se intenta negar que para muchos hombres la fijación de la libido a los hechos fundamentales es absolutamente necesaria. Pero cuando esta exigencia está satisfecha, la psique no puede fijarse eternamente en este punto; debe seguir desarrollándose, y por lo tanto las *causas* se transforman en la psique en medios para alcanzar un *fin*, en expresiones simbólicas de un camino por recorrer" (1928: 32-33).

Desde este punto de vista se inicia una nueva interpretación de los síntomas, de las fantasías y de los sueños. Así, por ejemplo, escribe Jung: "La fantasía puede ser entendida en sentido causal o en sentido finalista. Ante una explicación causal aparece como un *síntoma* de un estado fisiológico o personal que es resultado de acontecimientos precedentes. En cambio, ante la explicación finalista aparece como un *símbolo* que, con la ayuda de materiales ya existentes, intenta caracterizar e identificar determinado objetivo o más bien determinada línea de desarrollo" (1921: 443). Lo que se dijo para la fantasía también vale para el universo psíquico: "Cuando se tiene que ver con cosas psíquicas, preguntarse '¿por qué ocurre tal cosa?' no es necesariamente más productivo que preguntarse '¿con qué fin sucede?'" (1945-1948: 303). Aquí está en juego el paso del orden de la explicación (*Erklärung*), precedida por las categorías de la razón, al orden del sentido (*Sinn*) que dichas categorías trascienden, pues el universo psíquico es más amplio que el universo racional (*v.* **constructivo, método**).

3] EL INCONSCIENTE Y LAS FIGURAS. Para Jung el inconsciente *precede* a la conciencia, como su raíz, y no la sigue como consecuencia de la represión; su contenido no es sólo el residuo del pasado sino que manifiesta también el *proyecto de existencia* y, por lo tanto, el posible futuro. Al igual que Freud, Jung no esconde que el inconsciente es sólo una *hipótesis*: "Defino como hipotéticos los procesos inconscientes porque el inconsciente, por definición, no es accesible a la observación directa, sino que sólo puede ser 'inferido'" (1946: 182). Pero, continúa Jung, "¿Tal vez alguien conoce una mejor expresión para una cosa que, en sentido moderno, aún no ha sido comprendida?" (1942-1948: 184).

Una vez justificado el uso del término, Jung delinea los criterios metafóricos o figuras con las que nos es dado representarlo. Éstas son el **anima** (v., § 3), que en su acepción genérica se refiere a las características interiores del hombre que no pueden encontrarse en su aspecto exterior, al que Jung llama "persona", mientras en sentido específico se refiere a la feminidad inconsciente del varón opuesta a su virilidad consciente. El ánima está representada en los sueños bajo una forma mítica y en este caso revela su estructura básica arquetípica (v. **arquetipo**, § 1), o bien como madre, como esposa, como amante, como hija, según la figura femenina de donde se tomó o en la que, en las diversas fases del proceso psíquico, se proyecta. Otras figuras son el **animus** (v.), que manifiesta el elemento masculino inconsciente en la mujer, que une a ésta con el mundo del espíritu, mientras que cuando es evasivo, es esto lo que la hace obstinada, agresiva, empecinada, dominadora; y la **sombra** (v.), que Jung define como "la parte negativa de la personalidad, es decir la suma de las cualidades desventajosas que posiblemente se tienen escondidas y también la suma de las funciones desarrolladas defectuosamente y de los contenidos del inconsciente personal" (1917-1943: 67). A estas figuras falta agregar la **persona** (v., § 2), término que Jung utiliza con el significado latino de "máscara" para describir el comportamiento que satisface las exigencias de la vida social. Esta actitud exterior es una de las máscaras que el yo puede asumir sin identificarse para no perderse a sí mismo. Jung agregó y describió numerosos ejemplos de complementariedad entre *persona* y *anima* cuya polaridad es de signo opuesto.

Para Jung el inconsciente no contiene sólo huellas de experiencias vividas, olvidadas y reprimidas, sino también un estrato más profundo donde está depositado el patrimonio psicológico de la humanidad. A este estrato Jung lo denominó *inconsciente colectivo*, que se distingue del inconsciente personal porque,

escribe Jung, "mientras el inconsciente personal está formado esencialmente por contenidos que en un tiempo fueron conscientes, pero después desaparecieron de la conciencia porque fueron olvidados o reprimidos, los contenidos del inconsciente colectivo nunca estuvieron en la conciencia y por lo tanto nunca se adquirieron de manera individual, sino que deben su existencia exclusivamente a la herencia. El inconsciente personal consiste sobre todo en 'complejos'; el contenido del inconsciente colectivo, en cambio, está formado esencialmente de 'arquetipos'. El concepto de arquetipo, que es una correlación indispensable de la idea de inconsciente colectivo, indica la existencia, en la psique, de formas determinadas que parecen estar presentes siempre y donde quiera. La investigación mitológica las llama 'motivos'; en la psicología de los primitivos éstos corresponden al concepto de *représentations collectives* de Lévy-Bruhl; en el campo de la religión comparada Hubert y Mauss los definieron como 'categorías de la imaginación'" (1936: 43) (v. **antropología**, § 2). Con la introducción de los modelos arquetípicos (v. **arquetipo**, § 1) Jung demuestra que, para la descripción de la psique, prefiere el modelo *imaginal* respecto al modelo freudiano de tipo *conceptual*. Esto no autoriza a considerar que los arquetipos tienen el mismo papel que las imágenes fijas y condicionantes del desarrollo sucesivo del hombre, porque no son "contenidos" sino "formas *a priori*" de aprendizaje, disposiciones para adquirir experiencia de una manera más que de otra: "Me opongo –escribe Jung– al equívoco según el cual los arquetipos estarían determinados en su contenido, es decir, serían una especie de 'representaciones' inconscientes. Por lo tanto todavía debo subrayar otra vez que no están determinados desde el punto de vista del contenido, sino solamente en lo que concierne a la forma, y también esto de modo muy limitado" (1936: 81).

4] EL EJE YO-SÍ Y EL PROCESO DE INDIVIDUACIÓN. Con el término "sí" Jung entiende el potencial máximo del individuo y la unidad total de la personalidad. Como principio unificador de la psique "el sí no es sólo el centro –escribe Jung– sino también el perímetro completo que abarca consciente e inconsciente juntos; es el centro de esta totalidad, así como el yo es el centro de la mente consciente" (1944: 444). Del sí Jung habla con dos acepciones: como *momento inicial* de la vida psíquica y como su realización y *meta*. Si bien no deja de subrayar que se trata de una forma de aproximación a la totalidad psíquica, y no de una formulación filosófica o teológica, la semejanza entre su hipótesis y las metáforas religiosas ofrece una vía de acceso a esta figura y a la dinámica que, a partir de ella, se expresa como *proceso de* **individuación** (*v.*), que Jung define así: "La individuación es una tarea heroica y trágica, dificilísima, porque implica un sufrimiento, una *pasión del yo*, es decir del hombre empírico, común, tal como ha sido hasta ahora, a quien le acontece ser recibido en una esfera más amplia, y despojarse de esa obstinada autonomía que se cree libre. Él sufre, por así decirlo, la *violencia del sí*" (1942-1948: 156).

Como *antecedente* del yo, y por lo tanto de la apertura de la conciencia racional (*v.* **yo**, § 3), el sí es la manifestación indiferenciada de todas las posibilidades humanas que se expresan mitológicamente en la divinidad, de la que un día el hombre se emancipó dando inicio, con la razón, a su identidad y diferencia, que le permitieron salir de la noche de lo indiferenciado en la que vive la locura. Como figuras *ulteriores* respecto al ámbito circunscrito de la conciencia racional el sí representa la referencia para una nueva búsqueda de sentido mediante la recuperación de motivos existenciales que en su tiempo se reprimieron para una adecuada construcción del yo, por lo que mientras el sí que *precede* al nacimiento de la conciencia muestra el rostro peligroso de la no lograda emancipación de la locura, el sí como *ampliación* de la conciencia representa el lugar donde se activa la creatividad y, más ampliamente, los posibles futuros. Esta segunda figura del sí, en el nivel terapéutico, debe activarse en la segunda mitad de la vida, cuando el yo es lo bastante fuerte como para soportar la confrontación con el sí, y está suficientemente deseoso de nuevos brotes existenciales para renovar su propia vida. Este proceso, que Jung llama *individuación*, no se da con miras a una **curación** (*v.*), sino del logro de la propia **autenticidad** (*v.*), precisamente de aquello que cada uno es "en el fondo".

5] TIPOLOGÍA Y HERMENÉUTICA. El concepto de individuación no permite hablar del hombre en términos generales ilustrando los mecanismos psicológicos de una presunta "naturaleza humana" porque, para Jung, los hombres son fundamentalmente "individuos", y como tales diferentes entre sí en la forma de pensar, de intuir, de sentir y de experimentarse a sí mismos en el mundo. De aquí nace la exigencia de una **tipología** (*v.*, § 2) en la cual, después de la gran distinción entre **introversión** y **extroversión** (*v.*), aparecen los tipos psicológicos de pensamiento, sentimiento, intuición y sensación, funciones éstas que de un individuo a otro algunas están diferenciadas y a disposición del yo, y otras indiferenciadas y como tales inconscientes (*v.* **función**, § 2, *b*). A Jung no le interesa tanto la *clasificación*, que incluso puede cambiar, como su utilidad en relación con el *proceso de individuación* que requiere el reconocimiento y la aceptación de las funciones inferiores de la personalidad que permanecieron indiferenciadas y arcaicas para integrarlas en la dinámica del individuo psicológicamente maduro. La tipología, además, plantea problemas hermenéuticos, en el sentido de que la calidad tipológica del psicólogo condiciona sus posibles interpretaciones y, al no existir un punto de vista superior que permita una visión objetiva de la psique, ésta se rastreará por senderos y recorridos debidos a la "cualidad tipológica" del intérprete para la comprensión psicológica (*v.* **ecuación personal**).

En opinión de Jung la psicología, poniéndose fuera del alcance de cualquier enfrentamiento con las otras ciencias del hombre, porque su objeto de investigación coincide con el mismo objeto que indaga, y toda intención de quedarse fuera lleva inevitablemente los estigmas de la subjetividad, "debe abolirse como ciencia, y precisamente al abolirse, alcanza su finalidad científica" (1947-1954: 240). Esta consideración presenta problemas hermenéuticos y epistemológicos que Jung indicó pero que no desarrolló, por su continua oscilación entre la senda de una psicología superhistórica y presumiblemente "objetiva", y la vía más observada que, sin ignorar el "subjetivismo" implícito en toda investigación de la psique, evita el relativismo, para aceptar la paradoja inevitable del "círculo hermenéutico" (*v.* **hermenéutica**).

6] DESARROLLO DE LA PSICOLOGÍA ANALÍTICA. Después de Jung la psicología analítica recorrió dos sendas que se separan del junguismo clásico: la vía *arquetípica* de E. Neumann y J. Hillman, y la *hermenéutica-epistemológica* de M. Trevi.

a] *La vía arquetípica*. Para Neumann, "en el desarrollo ontogenético la conciencia yoica del individuo debe recorrer las mismas fases arquetípicas que determinaron el desarrollo de la conciencia en la humanidad. En su vida cada quien repite las huellas que la humanidad recorrió antes. [...] Esa evolución dejó sus rastros sedimentados en la serie de imágenes arquetípicas de la mitología" (1949: 13-14). Por su parte Hillman, después de señalar que "la tradición filosófica occidental mantuvo un prejuicio contra las imágenes, prefiriendo las abstracciones del pensamiento" (1972a: 57), pide un vuelco de la tendencia para que también tome en consideración que "el instinto actúa y al mismo tiempo forma una imagen de su acción" (1972a: 62). Y ya que "el lenguaje onírico, el lenguaje delirante y alucinatorio, el lenguaje popular, hablan en términos de personas, lo mismo debe hacer una psicología que quiera hablar de la psique en lo que es su verdadero discurso" (1972a: 57; *v.* **arquetipo**, § 3).

b] *El itinerario hermenéutico-epistemológico*. En esta vertiente Trevi inició la distinción entre *psicología* y *consideración psicológica* para resolver el problema de la objetividad y de la subjetividad que no permite a la psicología ubicarse como ciencia: "El módulo constructivo de la 'psicología' –escribe Trevi– lleva inevitablemente a proponer una hipótesis como absoluta y a organizar una descripción objetiva de la psique, un discurso concluyente 'de la' psique, una 'teoría' y, por último, como se verá, un tejido dogmático. El módulo constructivo de la 'consideración psicológica', en cambio, lleva hacia la nucleación de procedimientos epistemológicos cada vez más penetrantes y sutiles, y a la cautela metodológica que podría corresponder a la denominación de arte hermenéutico o ejercicio inagotable de la interpretación. El primer módulo constructivo conduce a la exclusión de las otras 'psicologías' o bien, inadvertidamente, a un sincretismo acrítico. El segundo módulo constructivo conduce al diálogo de los puntos prospectivos y por lo tanto también de las 'psicologías', todas 'verdaderas' con tal de que sean coherentes en sus premisas, en sus elecciones de 'imputación causal', y todas relativas e histórica, psicológica y existencialmente condicionadas. El módulo constructivo de la 'psicología' elabora un modelo y lo universaliza; el módulo constructivo de la 'consideración psicológica' tiende a la elaboración de un diálogo abierto entre los modelos posibles. En pocas palabras, uno tiende hacia el logos psicológico, el otro hacia el diálogo" (1987: 93).

BIBLIOGRAFÍA: Adler, A. (1966); Aversa, L. (1987); Baudouin, C. (1963); Bennet, E.A. (1962), Carotenuto, A. (1977); Donn, L. (1988); Galimberti, U. (1984); Glover, E. (1950); Hall, C.S. y V.J. Nordby (1973); Hannah, B. (1976); Hillman, J. (1972); Hillman, J. (1972b); Hillman, J. (1975); Homans, P. (1969); Humbert, E.G. (1983); Jung, C.G. (1912-1952); Jung, C.G. (1912); Jung, C.G. (1928); Jung, C.G. (1936); Jung, C.G. (1942-1948); Jung, C.G. (1944); Jung, C.G. (1945-1948); Jung, C.G. (1946); Jung, C.G. (1947-1954); La Forgia, M. (1991); Montefoschi, S. (1985); Moreno, M. (1978); Neumann, E. (1949); Neumann, E. (1956); Trevi, M. (1986); Trevi, M. (1987); Trevi, M. (1991); Trevi, M. y A. Romano (1975); Trombetta, C. (coord.) (1989); Von Franz, M.L. (1978); Wehr, G. (1985); Whitmont, E.C. (1969); Wolff, T. (1981).

psicología animal (al. *Tierpsychologie*; fr. *psychologie animale*; ingl. *animal psychology*; it. *psicologia animale*)

Sector de la psicología que estudia el comportamiento animal mediante la observación, la descripción y los procedimientos experimentales. En la actualidad este campo de investigación se identifica con la **psicología comparada** (*v.*) o con la **etología** (*v.*), según si el interés se vuelca en la comparación entre animales de diferente especie, o en la relación entre los animales y su ambiente.

psicología aplicada (al. *Angewandte psychologie*; fr. *psychologie appliquée*; ingl. *applied psychology*; it. *psicologia applicata*)

Sector de la psicología que mediante las elaboraciones desarrolladas en el nivel teórico por las diferentes orientaciones y escuelas psicológicas, así como con modelos de referencia proporcionados por otras disciplinas, recaba técnicas y modalidades operativas para intervenir en problemas concretos, individuales o colectivos, que pueden abarcar todos los aspectos del comportamiento humano. Las primeras aplicaciones de la psicología se remontan a finales del siglo XIX con la Psychological Corporation, la primera organización psicológica americana creada explícitamente para servir a los intereses de la institución escolar y de la industria. En Italia una importante contribución a los estudios de psicología aplicada, en su tiempo denominada *psicotécnica*, fue la que hizo entre las dos guerras mundiales A. Gemelli. Hoy la psicología aplicada cubre una gran variedad de sectores que pueden agruparse en cuatro grandes áreas: la **psicología clínica** (*v.*), la **psicología del trabajo** (*v.*), la psicología de la educación (*v.* **psicopedagogía**) y la **psicología forense** (*v.*), que abarcan a su vez numerosas formas diferenciadas de aplicación que se clasificaron, sólo en sus modalidades más consolidadas, en la voz **psicología**, § IV, 2.

La psicología aplicada se presta a dos tipos de intervención. El primero está orientado al control de los individuos y de su adaptación en función de las estructuras consideradas no modificables. En este caso la psicología se ve como subalterna de los cuadros de referencia teóricos y técnicos que existen, y su tarea es intervenir en los individuos para armonizarlos con la situación ambiental con miras a una mejor producción escolar, laboral, sanitaria, etc. La otra orientación, en cambio, pretende transformar estas estructuras en función de los individuos que las operan con miras a un crecimiento psicosocial y una maduración personal. Si bien la primera orientación no oculta el uso instrumental y manipulativo de la psicología, por lo que aún ahora recibe muchas críticas, la segunda tampoco es del todo inocente, porque el nivel de crecimiento y de maduración individual puede ser ideológicamente condicionado. En uno y en otro caso, de cualquier manera, la psicología aplicada goza de menor autonomía científica que la psicología pura o teórica.

BIBLIOGRAFÍA: Anastasi, A. (1964); Arnold, W. (1970); Reritz, L. (1960), CarlI, R. y R.M. Paniccia (1981); Dorsch, F. (1963); Curi, U. (1977); Piéron, H. (1959); Reuchlin, M. (1971); Romano, D.F. (1974).

psicología arquetípica
v. ARQUETIPO, § 3.

psicología asociacionista
v. ASOCIACIONISMO.

psicología atomista
v. ELEMENTARISMO, § 3.

psicología carcelaria
v. PSICOLOGÍA FORENSE.

psicología científica
v. PSICOLOGÍA EXPERIMENTAL.

psicología clínica (al. *Klinische psychologie*; fr. *psychologie clinique*; ingl. *clinical psychology*; it. *psicologia clinica*)

Con el término "clínico" se entiende: 1] un *método* y 2] una *disciplina* aplicada que ocupa un lugar importante en el ámbito de la salud mental.

1] EL MÉTODO CLÍNICO. A diferencia del método *experimental* (*v.* **psicología**, § III, 1-2), el clínico utiliza la relación interpersonal como instrumento de conocimiento. Al no poseer la rigurosa objetividad del método experimental, porque considera al individuo en su ambiente natural y no en las condiciones artificiales del laboratorio, en la globalidad de su comportamiento y no en aspectos sectoriales, el método clínico no alcanza el cientificismo del experimental, pero obtiene resultados e informaciones que aún es imposible lograr con los otros métodos. Frente al método *estadístico* (*v.* **psicología**, § III, 3), que se ocupa de cuanto tienen en común todos los miembros de una especie, el método clínico desarrolla su investigación en cada individuo o en cada grupo, pero no por eso se identifica con la fundamentación *diferencial* de la psicología (*v.* **psicología diferencial**), porque, a diferencia de ésta, tiende a formular leyes e interpretaciones mediante la generalización de los indicios deducidos de cada uno de los casos. En relación con el problema de la *cuantificación* y de la *comprobación*, los psicólogos que adoptan el método clínico están divididos entre quienes consideran que son dos objetivos por alcanzar y quienes opinan que la aplicación de estas dos características, propias del método experimental, son un impedimento para aproximarse al fenómeno estudiado.

2] LA DISCIPLINA APLICATIVA. Como disciplina específica, la psicología clínica es un sector de la *psicología aplicada* (*v.*) que se sirve de los conocimientos de las principales orientaciones psicológicas, como la **psicología general** (*v.*), **social** (*v.*), de la **edad evolutiva** (*v.*), **dinámica** (*v.*), y **de lo profundo** (*v.*) para solucionar los problemas de distinta magnitud y naturaleza que involucran la personalidad del individuo y que inciden más o menos gravemente en su bienestar psíquico. La acepción *clínica* refiere a la *patología* y por lo tanto al tratamiento como reconducción a la *normalidad* que, en el caso del requerimiento sanitario, es fisiológica, mientras en el psicológico-clínico se basa en una fenomenología social específica, sumamente variable. Esto conlleva, como escribe R. Carli, "una diferencia fundamental: en el primer caso, en efecto, el requerimiento puede ser validado y aceptado por el médico, y por lo tanto archivado, porque es irrelevante respecto al procedimiento diagnóstico y terapéutico. En el caso del psicólogo clínico, en cambio, el requerimiento se inscribe históricamente en una relación pasada, se realiza actualmente en la relación con el psicólogo, y no tiene intervención de ningún síntoma; el 'verdadero' síntoma del paciente que se dirige al psicólogo clínico es la solicitud misma, y la forma en que ésta se presenta, se declina, se despliega en la relación con el psicólogo mismo" (1987: 23).

Dos tendencias recorren estas dos áreas disciplinarias: una de *soporte* y una de *intervención*. La primera prevé que el psicólogo clínico proporcione informaciones y soportes cognoscitivos, mediante la instrumentación de tipo diagnóstico y psicométrico, al personal de las instituciones, como el médico en las instituciones sanitarias, el maestro en la escuela, el personal directivo en las empresas; la segunda se refiere a cualquier intervención terapéutica (*v.* **psicoterapia**) orientada a adaptar al individuo a las situaciones preconstruidas o a acompañarlo en su proceso de transformación y de crecimiento. En uno y otro caso las principales funciones de la psicología clínica son:

a] El **diagnóstico** (*v.*) o valoración clínica que permite obtener informaciones útiles de la naturaleza, la entidad y, eventualmente, las causas de la problemática del paciente, con el fin de llegar a la identificación de los medios necesarios para su solución. La elección del método evaluativo depende de la finalidad de la valoración, que puede ser exclusivamente descriptiva o funcional para un eventual tratamiento de los aspectos del individuo que se desean evidenciar y, en fin, de la orientación teórica que sigue el clínico. Existen dos métodos evaluativos principales vinculados a las dos tradiciones de la psicología clínica: *el enfoque psicométrico* (*v.* **psicometría**) que se ocupa de la comparación de los individuos, basándose en características y rasgos definidos, mediante procedimientos estandarizados como los **tests** (*v.*) objetivos o proyectivos, con el fin de inferir los aspectos del sujeto vinculados al trastorno, y el *enfoque psicodinámico* (*v.* **psicología dinámica**), que utiliza procedimientos menos objetivos pero más específicos porque están vinculados a las dinámicas psicológicas del individuo, con el fin de identificar el tipo de tratamiento más adecuado.

b] *La terapia*, en la cual confluyen todos los modelos terapéuticos referidos a las diferentes orientaciones teóricas, que se distinguen por sus diversas concepciones de salud mental y por los medios que se consideran necesarios para alcanzar las finalidades que se propusieron. La elección del modelo terapéutico está determinada, no sólo por la naturaleza del problema, sino también por la orientación teórica del clínico (*v.* **psicoterapia**).

c] *La investigación*, que comprende el estudio del *proceso* de la terapia y la *comprobación* de los resultados mediante la confrontación con grupos de control que permiten confirmar la eficiencia del tratamiento. Además de la comprobación de los procedimientos diagnósticos y terapéuticos, la investigación también se interesa en proyectar nuevas intervenciones clínicas, la investigación epidemiológica (*v.* **epidemiología**) y el trabajo interdisciplinario con disciplinas afines, como la **psicopatología** (*v.*) y la **psiquiatría** (*v.*).

d] *La formación* del personal de salud, que necesita un conocimiento psicológico de base y nociones especiales relativas a los diferentes sectores de especialización. Se hace extensiva a los educadores, los asistentes sociales y los mismos psicólogos interesados en el conocimiento de los métodos terapéuticos.

e] *La consulta* en centros como jardines de niños, escuelas, cárceles, juzgados para menores, juzgados familiares, centros de adaptación o de atención de desviaciones, con el fin de orientar la intervención del operador que está enterado de la naturaleza de los problemas que se le presentan.

f] *La prevención*, que pretende prevenir el surgimiento de comportamientos patológicos, como la ingestión de drogas o de alcohol, mediante el trabajo de información y de divulgación científica denominado psicoprofilaxis (*v.* **prevención**).

3] EL SABER CLÍNICO Y SU PRÁCTICA. Respecto a la intervención clínica se deben recordar las reservas de M. Foucault, según quien la investigación clínica y el diagnóstico hacen referencia a un cuerpo artificial, *el cuerpo del saber*, en el cual el cuerpo del hombre enfermo debe calzar como en una prenda de vestir para garantizar la objetividad de la investigación, porque la enfermedad es considerada verdadera sólo si es objetiva, comprobable y definible según las modalidades unívocas que vuelven transmisible su conocimiento. La manera subjetiva de vivir la enfermedad, los vínculos que ésta presenta con el mundo del que el sujeto forma parte y es manifestación, deben interferir lo menos posible para no comprometer la intervención científica en la cual cada uno de los síntomas debe corresponder a un cuadro nosográfico preciso. Para Foucault los fines fundamentales de la clínica son, en efecto, la organización del saber médico, la organización de la enfermedad y la organización de la enseñanza. Esta triple organización cumple la función de escudo entre el médico que se convierte en funcionario de un saber y el hombre que se quiere conocer que se convierte en un "caso" de ese saber. Debido a este escudo hay una reducción de la comunicación y se instaura un poder que pasa a las manos de quien posee el código cifrado, la posibilidad de definir las reglas y de establecer quién se desvía de ella.

Desde la vertiente fenomenológica parecidas objeciones plantea contra la actitud clínica R.D. Laing, quien se pregunta: "¿Cómo puede un psiquiatra considerar directamente al paciente para describirlo, si el vocabulario psiquiátrico a su disposición sólo sirve para mantenerlo alejado? [...] Los términos del vocabulario técnico común, en efecto, tienen una u otra de las siguientes propiedades: o se refieren a un hombre aislado respecto a los demás y al mundo (es decir a una entidad cuya cualidad esencial no es la de estar en relación con los demás y con el mundo), o se refieren a aspectos falsamente elevados a sustancia de esta entidad aislada. Términos como mente y cuerpo, psique y cuerpo, psicológico y fisiológico; o como personalidad, yo, organismo, son abstracciones. En lugar del vínculo original de *yo* y *tú* se toma a un único hombre aislado, y se conceptualizan sus diferentes aspectos: el yo, el superyó, el ello. El Otro se vuelve un objeto, interno o externo al mismo tiempo. ¿Cómo es posible hablar verdaderamente de una relación entre tú y yo sirviéndose del concepto de interacción entre un aparato mental y otro?" (1959: 22-23). Las posiciones de Foucault y de Laing tienden a proponer una corrección de la psicología clínica en términos de construcción del saber y de uso lingüístico, denunciando la imposibilidad para comprender a las personas con procedimientos que, por ser científicos, están obligados a la despersonalización.

BIBLIOGRAFÍA: Balint, M., (1957); Basaglia O.F. (1978); Bergin, A.E. (1966); Carli, R. (1987); Eysenck, H.J. (1971); Foucault, M. (1963); Galimberti, U. (1979); Korchin, S.J. (1976); Laing, R.D. (1959); Mackay, D. (1975); Musatti, C. (1953); Organización Mundial de la Salud (OMS) (1973); Phares, E.J. (1979); Pinkus, L. (1975); Schraml, W.J. (coord.) (1969); Shorter, E. (1985); Strotzka, H. (1978).

psicología cognoscitivista
v. COGNOSCITIVISMO.

psicología colectiva
v. PSICOLOGÍA DE LAS MASAS.

psicología comercial (al. *Handelspsychologie*; fr. *psychologie commerciale*; ingl. *commercial psychology*; it. *psicologia commerciale*)

Sector de la **psicología aplicada** (*v.*) que tiene por objeto el conocimiento del mercado, las necesidades y las expectativas de los consumidores, para realizar productos que, mediante la **psicología de la publicidad** (*v.*) serán presentados como idóneos para satisfacer determinadas exigencias. Entre las técnicas de la psicología comercial, además de los sondeos de **opinión** (*v.*) y las investigaciones de mercado, figuran el análisis motivacional que se propone transformar la situación de mercado en beneficio de determinado tipo de producción, y que utiliza entrevistas semidirigidas (v. **entrevista**, § 1), **cuestionarios** (v.), tests de actitudes, de imagen de marca y proyectivos, discusiones de grupo guiadas con el fin de realizar elecciones precisas de mercado y de identificar el tipo ideal de consumidor, lo que a su vez permitirá decidir el precio, la campaña promocional, el tipo de distribución y las formas de venta.

El avance de los sistemas de producción y distribución, la ampliación y el cambio de los sistemas de competencia, la transformación continua de las necesidades del público, la liberalización de los intercambios, presentan problemas cuya solución se confió a los especialistas en mercadotecnia, quienes manifiestan una forma de pensamiento gerencial que considera la presencia simultánea de diversas casas productoras como una competencia entre teorías de predicción alternativas del comportamiento del mercado. Aquéllos adoptan una posición intermedia entre hipótesis teóricas y comprobaciones empíricas para transformar a las empresas en sujetos de predicción sobre cómo reaccionará el mercado ante determinado estímulo, por ejemplo un cambio de precio o la presentación de un nuevo producto, para después confiar al mercado la comprobación de la validez de la propia predicción. De esta manera la competencia, antes que verificarse en la naturaleza del producto, se verifica en la validez de la predicción.

Por eso la investigación de mercado emplea: 1] *investigaciones exploratorias*, que tratan de encontrar más preguntas respecto a las que se responden, con el fin de definir las oportunidades más significativas que el mercado ofrece o, más simplemente, de obtener nuevas ideas con las cuales hacer más eficiente la dirección estratégica; 2] *investigaciones descriptivas*, orientadas a conocer la forma en que se percibe el producto, las motivaciones que están en la base de la adquisición, el comportamiento que efectivamente asume el consumidor; 3] *investigaciones causales*, orientadas a descubrir las correlaciones entre las características de los productos presentes en el mercado y las características psicológicas de los consumidores que los adquieren. Las investigaciones causales parten de las descriptivas y realizan un trabajo reductivo de los datos mediante el uso de instrumentos estadísticos, como las mediciones de la covarianza y las escalas multidimensionales (*v.* **estadística**).

G. Trentini distinguió las operaciones de mercadotecnia según la visión que está en la base de su estructuración. Ésta puede ser: *técnica*, cuando está orientada hacia las actividades que dirigen el flujo de bienes y servicios del productor al consumidor; *social*, cuando el consumidor se asume como fin de la producción y las necesidades y exigencias tienen primacía sobre la oferta; *manipulativa*, cuando el objetivo es crear al cliente induciendo necesidades y exigencias; *sintálica*, cuando se tiende a una relación de auténtica comunicación entre productor y consumidor, con un intercambio que manifiesta un provecho recíproco, cuyos beneficios no son simplemente monetarios.

BIBLIOGRAFÍA: Alberoni, F. (1964); Churchill, G.A. (1979); Green, P.E. y E.F. Ronald (1973); Guatri, L. (1960); Mostyn, B. (1978); Nicosia, F.M. (1966); Petroni, G. (1969); Tagliacarne, G. (1964); Trentini, G. (1972).

psicología comparada (al. *Vergleichende psychologie*; fr. *psychologie comparée*; ingl. *comparative psychology*; it. *psicologia comparata*)

En *sentido lato* es el sector de la psicología que se ocupa de la comparación de la psicología de los diferentes seres o clases de seres, por lo que tendremos una psicología comparada de las edades, de los sexos, de los pueblos, de los individuos, de las clases sociales, de las profesiones, etc. En este sentido pueden considerarse como formas de psicología comparada la *psicología genética* (*v.* **cognición**, § 2-3), que estudia las fases de desarrollo en los niños; la *psicología étnica* (*v.* **antropología**, § 5-7), que estudia grupos étnicos diferentes, y la **psicología diferencial** (*v.*) que estudia la variabilidad interindividual dentro de los grupos homogéneos y entre ellos.

En *sentido específico* la psicología comparada coincide con el sector de la *psicología animal* (*v.*) que se ocupa de los comportamientos de diferentes especies animales o que estudia las manifestaciones más elementales del comportamiento humano mediante la experimentación con animales de laboratorio. Con esta segunda acepción la psicología comparada se distingue de la *etología* (*v.*), que estudia a los animales no en condiciones artificiales, sino en relación con su ambiente.

La hipótesis de base de la psicología comparada ya se puede encontrar en la teoría de C. Darwin relativa a la *continuidad biológica* de las especies, donde el hombre se considera como un punto de llegada de un complejo desarrollo evolutivo (*v.* **evolución**), por lo que es posible un análisis comparado capaz de encontrar en las actitudes, en los hábitos, en las capacidades del hombre, las huellas de su pasado animal. El mismo Darwin contribuyó al nacimiento de la psicología comparada con una investigación de 1872 acerca de las emociones en el animal y en el hombre, pero sobre todo fue la obra de G.J. Romanes sobre la inteligencia animal, de 1882, la que dio impulso a este nuevo campo de investigación que llevó a contar, hacia finales del siglo XIX, con una cantidad de datos para sostener la hipótesis de la continuidad psicológica.

Contra el riesgo de recurrir a explicaciones antropomorfas en la interpretación del comportamiento animal, L.H. Morgan expuso en el ensayo *Introduction to comparative psychology* (1894) la regla según la cual no se debe interpretar una acción como resultado de una facultad psicológica superior cuando es posible interpretarla como resultado de una facultad psicológica inferior. A estos estudios teóricos siguieron los experimentales de E.L. Thorndike, quien llevó a cabo muchas investigaciones sobre el comportamiento por **ensayo y error** (*v.*) de gatos y perros en jaulas experimentales; estas investigaciones las criticó W. Köhler, según quien los resultados de Thorndike eran inadmisibles por las condiciones antinaturales en las que se tenía a los animales que, en condiciones normales, no hubieran resuelto los problemas por ensayo y error, sino por *insight* (*v.*, § 1) o intuición de la situación que se afronta a partir de una *gestalt* (*v.* **psicología de la forma**), y no mediante intentos. Por esa misma época el neurofisiólogo I.P. Pavlov realizaba sus investigaciones del reflejo condicionado, sentando las primeras bases del estudio científico del **aprendizaje** (*v.*, § 1) tanto animal como humano.

Además del aprendizaje, son objeto de estudio de la psicología comparada la inteligencia, la memoria, la percepción y la agresividad, consideradas en situaciones experimentales en las cuales las acciones pueden ser aisladas y manipuladas, lo que permite distinguir la influencia hereditaria de la influencia ambiental en animales que tienen determinada herencia y recibieron un adiestramiento controlado. Especial desarrollo tuvo recientemente la *psicología social comparada* estudiada en primates, que permitió constatar numerosas analogías con la conducta humana. Este tipo de estudio, que requiere la observación del animal en su hábitat, está en los límites entre la psicología comparada y la etología.

BIBLIOGRAFÍA: Autores varios (1970); Bandura, A. (1969); Darwin, C. (1872); Dimond, S.J. (1970); Fox, M.W. (1968); Gay, W.I. (1968); Köhler, W. (1917); Lorenz, K. (1949); Manning, A. (1972); Morgan, L.H. (1894); Pavlov, I.P. (1927); Poli, M. (1951); Romanes, G.J. (1882); Steinberg, H. *et al.* (1964); Thorndike, E.L. (1911); Tolman, E.C. (1932); Werner, H. (1965).

psicología compleja
v. COMPLEJO, § 1.

psicología comprensiva (al. *Verstehende psychologie*; fr. *psychologie compréhensive*; ingl. *comprehensive psychology*; it. *psicologia comprensiva*)

Escuela de pensamiento que introdujo en psicología un método de interpretación de los fenómenos psíquicos diferente del utilizado en las ciencias naturales porque, de acuerdo con la distinción que introdujo W. Dilthey: "Las ciencias del espíritu se distinguen de las ciencias naturales porque el objeto de éstas son hechos que se presentan en la conciencia *desde afuera*, es decir como fenómenos dados singularmente, mientras que en las ciencias del espíritu los hechos surgen originalmente *desde adentro* como una conexión viviente", por lo que "nosotros *explicamos* la naturaleza, pero comprendemos la vida psíquica" (1894: 143-144). A partir de esta distinción K. Jaspers fundó la psicología comprensiva basada en la distinción entre comprender (*verstehen*) y explicar (*erklären*): "Para evitar ambigüedades y malentendidos utilizaremos siempre la expresión 'comprender' para la visión interior de algo desde adentro, y nunca llamaremos comprender, sino 'explicar' al conocimiento de los nexos causales objetivos que siempre se ven desde afuera. Comprender y explicar, por lo tanto, tienen siempre significados precisos" (1913-1959: 30).

La *explicación* es una reducción de lo observado a las hipótesis anticipadas según el modelo de las ciencias exactas, mientras la *comprensión* se acerca al objeto, no para traducirlo a un esquema anticipado, sino para tomar las estructuras de significado que emergen desde su vertiente y no desde la de quien observa. En este sentido escribe Jaspers: "es posible *explicar* plenamente algo sin *comprenderlo*" (1913-1959: 30), es decir reconducirlo hacia las hipótesis anticipadas sin hacer que emerja el significado que *en esto* se manifiesta. Esta enmienda metodológica emancipó a la psicología de la metodología de las ciencias naturales, sustituyendo el instrumento de interpretación que es la *ley universal* por otro, más propiamente psicológico, que es el *significado* que se manifiesta en cada uno de los casos.

De esta manera la psicología comprensiva tiene vínculos con la distinción que introdujo W. Windelband entre método **idiográfico** (*v.*) y método nomotético, y con la postura fenomenológica de la psiquiatría que inició L. Binswanger promoviendo el **análisis existencial** (*v.*) que busca las características con las que cada uno de los enajenados declina su propia manera de ser en el mundo, con una coherencia que no se debe buscar en la norma colectiva sino en la unidad de sentido que producen sus formas de manifestarse. Jaspers, teniendo en cuenta esta unidad de sentido, distinguió las actitudes y los comportamientos "comprensibles" de los "incomprensibles", según emergiese o no un sentido unitario en la multiplicidad de las manifestaciones.

BIBLIOGRAFÍA: Binswanger, L. (1921-1941); Dilthey, W. (1894); Galimberti, U. (1979); Jaspers, K. (1913-1959); Windelband, W. (1894-1911).

psicología conductista
v. CONDUCTISMO.

psicología constitucional
v. CONSTITUCIÓN; TIPOLOGÍA, § 1.

psicología criminal
v. PSICOLOGÍA FORENSE, § 2.

psicología de la atención
v. ATENCIÓN, § 5.

psicología de la comprensión
v. PSICOLOGÍA COMPRENSIVA.

psicología de la comunidad
v. COMUNIDAD, § 3.

psicología de la educación
v. PSICOPEDAGOGÍA.

psicología de la expresión
v. EXPRESIÓN, § 1.

psicología de la edad evolutiva (al. *Entwicklungspsychologie*; fr. *psychologie de l'âge évolutif*; ingl. *development psichology*; it. *psicologia dell'età evolutiva*)

Sector de la psicología que estudia el proceso de desarrollo y de organización del individuo desde el nacimiento hasta aproximadamente los 25 años de edad cronológica. Durante este período la personalidad va adquiriendo, mediante procesos evolutivos tanto biológicos como psicológicos, una mayor y más eficiente armonización de las energías de que dispone, con creciente posibilidad de autonomía y de formas nuevas y más maduras de comprensión, de participación afectiva y de socialización. La referencia a la edad cronológica permite distinguir la *primera infancia*, que abarca el primer año de edad; la *infancia*, del segundo al tercer año; la *niñez*, del tercero al sexto año; la *tercera infancia*, del sexto al décimo año; la *preadolescencia*, del décimo al decimotercer año; la *adolescencia*, del decimotercero al vigésimo año, y la *juventud*, del vigésimo al vigesimoquinto año. Naturalmente estas subdivisiones son convencionales y pueden aceptarse sólo si se considera la elasticidad que entra en juego con las diferencias individuales.

El paso de una edad a la otra por lo general se presenta a través de inevitables períodos de **crisis** (*v.*) para adaptar la propia visión del mundo a las nuevas formas, más complejas, de la realidad, tanto interior, donde aparecen motivos psíquicos antes ausentes, como exterior, por la ampliación de la esfera del conocimiento. Estos períodos tienen un valor dinámico y una duración diferente que depende de factores de maduración y de aprendizaje, de la incidencia de las condiciones ambientales y de la historia del individuo que lo hace más o menos idóneo para equilibrar las fuerzas emotivas con el desarrollo de las capacidades de control. Estos períodos de crisis con llevan el riesgo de un empobrecimiento de la energía con menoscabo del **equilibrio** (*v.*) general que puede despedazarse, determinando verdaderas crisis patológicas. Como nunca se alcanza un equilibrio pleno, que se queda siempre como un concepto límite, en psicología de la edad evolutiva se prefiere hablar de **madurez** (*v.*), por lo que se entiende un sujeto capaz de libertad, de adhesión a la realidad, de empeño a la existencia, de aceptación de responsabilidades, con el reconocimiento de sus propios límites y la capacidad para utilizar en forma creativa sus propios recursos. La madurez psicológica también se ve como *normalidad* psicológica, donde en el concepto de **norma** (*v.*) intervienen los valores compartidos de la cultura en la que el individuo madura. Los procesos de maduración se verifican en los niveles afectivo, cognoscitivo, social y moral.

1] LA MADURACIÓN AFECTIVA. En este nivel las mayores contribuciones las ha ofrecido el psicoanálisis, según el cual se pasa de una primera fase dominada por el **principio del placer** (*v.*, § 1) a una canalización posterior de las energías emocionales hacia los requerimientos de la **realidad** (*v.*, § 3) mediante los mecanismos del aplazamiento de las descargas emotivas y de su orientación y reorganización en función de las exigencias de la realidad. En este proceso asumen especial importancia las *pulsiones libidinales*, tanto en la dirección objetal como en la narcisista. La **libido** (*v.*) es la energía que condiciona la experiencia del placer que abarca diversas zonas erógenas (oral, anal, fálica, genital) de acuerdo con las fases específicas de maduración, para colocarse en la edad adulta al servicio de la actividad sexual. Junto a las pulsiones libidinales intervienen la *pulsiones agresivas*, que resultan de la integración entre sistemas innatos de naturaleza instintiva y sistemas aprendidos. También para este género de pulsiones se observa la evolución de una agresividad *oral* que tiende a la obtención inmediata de lo que el niño desea sin ninguna capacidad para esperar, a una agresividad *anal*, que tiende al rechazo y busca la posesión, hasta una agresividad *fálica* caracterizada por competitividad y rivalidad.

Libido y agresividad participan para definir la dinámica de la relación objetal con un primer nivel autoerótico y narcisista, un segundo nivel donde los objetos comienzan a ser diferenciados en cuanto aportan o no aportan satisfacción, un tercer nivel caracterizado por un narcisismo socializado, donde el sujeto desarrolla una habilidad para utilizar a las personas de su entorno para hacer cosas que por sí solo no podría hacer, un cuarto nivel donde alcanza la capacidad para establecer una relación sin ambivalencias que generalmente desemboca en una unión heterosexual. Los niveles evolutivos de la libido, de la agresión y de la relación objetal (*v.* **objeto**, § 3) señalan un progresivo desprendimiento del sujeto de sí mismo y hacia una capacidad cada vez mayor de socialización y una creciente conjunción del interés por sí mismo con el interés por el otro. Esta evolución desemboca en la definición de la *identidad sexual* y *personal* mediante sucesivos procesos de **identificación** (*v.*), en los cuales el sujeto se apropia de un conjunto de rasgos percibidos en los otros que participan en la formación del carácter y en la integración de las funciones instrumentales que están a su disposición.

2] LA MADURACIÓN COGNOSCITIVA. Este nivel se refiere a los cambios del comportamiento inteligente y de las funciones que le son propias: percepción, memoria, lenguaje, pensamiento conceptual, solución de problemas, etc. Aunque está fuertemente influido por las dinámicas de las fuerzas emotivas, el desarrollo cognoscitivo depende de una buena madurez de la base neurológica y de una buena adaptación al ambiente; la inteligencia es un caso típico de comportamiento adaptativo donde es necesario enfrentar al ambiente organizando y reorganizando el pensamiento y la acción, mediante los dos procesos que J. Piaget llamó asimilación y acomodación (*v.* **cognición**, § 3, *a*). En el primero el sujeto adapta los estímulos ambientales no familiares a las organizaciones cognoscitivas, adquiridas en situaciones pasadas, de que dispone; en el segundo cambia las organizaciones cognoscitivas cuando las respuestas aprendidas ya no resultan adecuadas.

Desde el nacimiento hasta los 18 meses predominan las actividades perceptivo-motrices, de los 2 a los 6 años la inteligencia representativa preoperativa; de los 6 a los 11 la inteligencia representativa adquiere capacidades operativas concretas; después de los 11 la inteligencia está en capacidad de realizar operaciones formales (v. **cognición**, § 2). El orden de sucesión de las distintas etapas es constante, aunque la edad en la cual se cumplen es susceptible de variación para efectos de la diversa maduración, del ejercicio, del ambiente cultural en el cual se desarrolla el sujeto. Cuando hay una buena relación entre las fuerzas que presiden el desarrollo emotivo y las específicas del desarrollo de la inteligencia, el comportamiento inteligente tiene la posibilidad de expresarse en manifestaciones creativas. A diferencia de la inteligencia, cuya definición está convencionalmente limitada a los procesos lógicos abstractos, la **creatividad** (*v.*) responde en forma funcional a situaciones con alto nivel problemático, donde se manifiesta el estilo de la personalidad. Por esto, en lugar del estudio de la inteligencia, sobre la base de los reactivos mentales estandarizados y con orientación eminentemente intelectual (*v.* **inteligencia**, § 2), hoy se prefiere considerar la inteligencia en su relación con la personalidad, de donde emergen las varias *formae mentis* (*v.* **inteligencia**, § 3, *g*).

3] LA MADURACIÓN SOCIAL. Este aspecto, que se refiere a la capacidad de vivir una relación social satisfactoria, depende de la experiencia que el individuo hace de y con los demás, y del equilibrio dinámico que en él han alcanzado agresividad, dominio, dependencia, aislamiento, cooperación, colaboración y concepto de sí. Por medio de diversas comprobaciones efectuadas, como refiere M.L. Falorni, se constató que desde el sexto mes hasta el principio del tercer año el niño pasa de un descuido infantil por los demás a una mayor atención por los otros niños, acompañada de actitudes activas caracterizadas por manifestaciones afectivas o de disputa. Desde el tercero hasta el sexto año se registra un desarrollo sensible de la socialización, con las primeras formaciones de grupo que sin embargo necesitan la presencia del adulto para contener los rasgos agresivos y dominantes que tienden a determinar la ruptura del grupo. Después del sexto año la participación en el grupo es más duradera; la finalidad asociativa se va definiendo mejor; mejora la actividad organizada, aunque la socialización es todavía fundamentalmente egocéntrica. Ya en estos niveles emergen las diferencias individuales en relación con la seguridad, la actividad, la iniciativa, la capacidad para comunicar, para manipular las cosas, para asumir funciones dominantes o gregarias. Durante la tercera infancia las relaciones sociales se amplían y se intensifican, tanto porque la superación de la fase edípica permite orientarse en relación con nuevas identificaciones y con la tipificación sexual, como porque las expectativas y las presiones del ambiente inducen a adecuarse a los modelos de la cultura a la que se pertenece.

La socialización permite comprobar el nivel de aceptación o no aceptación por parte del grupo con las consiguientes nuevas formas de reflexión sobre uno mismo. Las amistades son menos casuales, inestables, pasajeras, y esto permite iniciar la confrontación entre cómo se percibe un sujeto y cómo lo perciben los demás, con la consiguiente confirmación o crisis del propio yo. En esta comprobación ocupa un lugar privilegiado el **juego** (*v.*) que, con sus reglas, simula la realidad, permitiendo experimentar la diferenciación de las funciones y la oportunidad de participar con las reglas. En la preadolescencia el grupo asume un significado más preciso de defensa frente al adulto y de primera comprobación de las diferencias sexuales, constituyéndose transitoriamente como grupo del mismo sexo en respuesta a una necesidad de profundizar y de confirmar las propias tipificaciones sexuales. Las carencias afectivas en la infancia, el inadecuado desarrollo de los procesos de identificación sexual en la edad infantil o factores más específicamente culturales pueden acentuar dificultades en la socialización y en la realización de nuevas síntesis entre las propias energías y las propias experiencias. Estas dificultades pueden ser transitorias y ser parte de las típicas crisis de la adolescencia, o pueden configurarse como verdaderas formas de desadaptación social. La realización de un primer esbozo significativo de identidad personal caracteriza el fin de la adolescencia; cuando esto no se verifica se observa un distanciamiento entre la edad cronológica y la maduración psicológica, que resulta limitada u obstaculizada con los consiguientes fenómenos de desadaptación nocivos para la madurez posterior (v. **psicología social**, § 3, c).

4] LA MADURACIÓN MORAL. Este ámbito que, como subraya Falorni, manifiesta la síntesis de todos los procesos de desarrollo, está poblado de dificultades, por un lado porque se refiere al conjunto de las tendencias emotivas, cognoscitivas y operativas, por el otro porque implica juicios de valor que cambian según los ambientes culturales y, dentro de la misma cultura, de una época a otra. Piaget identificó tres estadios de crecimiento moral: un primer período caracterizado por **anomia** (v.), en el que se tiende a considerar el propio punto de vista como único, sin ninguna percepción de los puntos de vista y de los sentimientos de los demás; un segundo período caracterizado por *heteronomía* (v. **autonomía-heteronomía**), en el cual el valor de las acciones reside en la autoridad de quien lo prescribió y su ejecución depende del temor al castigo; un tercer período caracterizado por *autonomía*, que prevé la interiorización de la obligación y el conocimiento de las exigencias de los demás. En este nivel se habla de **responsabilidad** (v.), en relación con la cual L. Kohlberg identificó tres estadios: *premoral*, que obedece a las reglas sólo para evitar el castigo; *de conformidad*, que obedece a las reglas para evitar el sentimiento de culpa derivado de la censura de la autoridad; *de principios*, que obedece a las reglas basándose en convicciones maduradas y en consideraciones objetivas. A los 10 años existirían respuestas al primer estadio, a los 13 al de conformidad, mientras que las respuestas al tercero, fundadas en la conciencia de los propios principios morales, se desarrollarían sólo en la edad adulta. En el nivel moral la respuesta de la conducta precede a la conciencia cognoscitiva, en el sentido de que el niño parece "hacer" con mayor frecuencia cosas correctas

antes de "saber" que son correctas. Por su parte, la constricción del adulto alienta el conocimiento de los datos de la realidad, mientras la cooperación con los compañeros alienta la interiorización subjetiva de la norma moral.

Desde el punto de vista psicoanalítico la formación del sentido moral depende de la constitución interior del **superyó** (v.), que se forma en relación prevaleciente con la figura paterna vinculada a la dinámica de la **culpa** (v.). Si el superyó, por efecto de la constricción excesiva, es demasiado rígido, el yo encuentra dificultades para estructurarse y, con el desarrollo de la angustia y de la culpabilidad, se crean las disposiciones para una orientación neurótica de la personalidad; en cambio, si el superyó es débil a causa de una actitud educativa opuesta, el yo, manifestándose incapaz de soportar disciplinas y reglas, termina por asumir actitudes desadaptadas o comportamientos antisociales. Hay, por último, una tendencia del sujeto a conocer y juzgar su conducta. En este ámbito Falorni identificó tres tipos de respuestas de preadolescentes a situaciones de juicio moral: en términos de castigo, en términos de adhesión a las reglas, en términos de consecuencias para los intereses y los sentimientos de los demás. En el primer caso se habla de moralidad externa dependiente de un superyó débil; en el segundo de moralidad convencional basada en la represión por parte del superyó, y en el tercero de moralidad verdadera, fruto de la integración entre yo y superyó. En la adolescencia el individuo llega a construir un sistema de valores casi definitivo, salvo cuando las ambivalencias, prolongándose excesivamente, terminan con volver dificultosa la realización de la propia identidad personal.

BIBLIOGRAFÍA: Baldwin, A.L. (1967); Belisario, L. (1987); Bourcier, A. (1966); Canestrari, R. y M.W. Battacchi (1963); Claparède, E. (1909); Cousinet, R. (1950); De Rita, L. (1955); Deutsch, H. (1977); Erikson, E.H. (1950); Fabbrini, A. y A. Melucci (1992); Falorni, M.L. (1968); Fonzi, A. (1957); Fornari, F. (1963); Freud, A. (1960); Freud, A. (1965); Freud, S. (1905); Freud, S. (1914); Freud, S. (1923); Haworth, M.R. (1964); Issacs, S. (1929); Issacs, S. (1944); Jersild, A.T. (1955); Jersild, A.T. (1967); Josselyn, I.M. (1962); Josselyn, I.M. (1962); Juritsch, M. (1966); Klein, M. (1932); Kohlberg, L. (1964); Lutte, G. (1964); Mahler, M.S. (1968);

Maier, H. (1965); Mussen, P.H. (1963); Ossicini, A. (1973); Osterrieth, P. (1957); Perugia, A. (1962); Petter, G. (1968); Piaget, J. (1930-1965); Piaget, J. (1932); Piaget, J. (1966); Ponzo, E., G. Ferrante y A. Groppelli (1965); Quadrio, A. (1968); Spitz, R.A. (1957); Spitz R.A. (1958); Strang, R. (1959); Tobach, E., R.L. Aronson y E. Shaw (1977); Werner, H. (1965); Winnicott, D.W. (1971); Winnicott, D.W. (1984); Winnicott, D.W. (1987).

psicología de la feminidad
v. FEMINIDAD.

psicología de la forma (al. *Gestaltpsychologie*; fr. *psychologie de la forme*; ingl. *gestalt psychology*; it. *psicologia de la forma*)

También denominada *psicología de la gestalt*, que en alemán significa "forma", "figura", "configuración", la psicología de la forma es una corriente de la psicología contemporánea según la cual los procesos mentales del conocimiento, y en especial los de la experiencia perceptiva, se organizan en configuraciones unitarias cuya totalidad, como ya sostenían Platón y Aristóteles, es cualitativamente diferente a la suma de cada uno de los elementos que la componen e irreductible a éstos. Además de Platón y de Aristóteles, los antecedentes de tal concepción se encuentran en I. Kant, quien, en oposición al asociacionismo sostenido por el empirismo inglés, consideraba la percepción como un acto unitario, y en F. Brentano quien, en oposición al elementarismo de W. Wundt, reivindicó, con su psicología del acto (*v.* **acto**, § 1), la intencionalidad de la conciencia. En nuestro siglo se observa una convergencia entre la psicología de la forma y la **fenomenología** (*v.*) que inició E. Husserl. Esta convergencia encontró su punto de mayor contacto en la *Fenomenología de la percepción* de M. Merleau-Ponty. La psicología de la forma, que surgió en Alemania hacia 1912 alrededor de la revista *Psychologische Forschung*, que fundaron M. Wertheimer, K. Kofka y W. Köhler, se difundió rápidamente en Europa y más tarde en América en los mismos años en que se estaba difundiendo el **conductismo** (*v.*) y la psicología de la forma, en muchos aspectos representa su antítesis exacta.

I] LOS FUNDAMENTOS DE LA PSICOLOGÍA DE LA FORMA. Dichos fundamentos se lograron mediante progresivos descubrimientos que, en orden cronológico, pueden enumerarse así:

1] *Las cualidades formales*. C. von Ehrenfels llamó "cualidades formales" a determinados objetos percibidos –por ejemplo una melodía– que no pueden considerarse la simple suma de sensaciones elementales como pueden ser los sonidos. Sin negar que los procesos perceptivos resultan de la suma de los procesos sensoriales, Ehrenfels distinguió dos órdenes: uno inferior, constituido por cada una de las sensaciones, y uno superior, constituido por las cualidades formales que se agregan o se sobreponen a las primeras.

2] *Los factores estructurantes*. Wertheimer, regresando a la hipótesis de Ehrenfels, negó que existiesen representaciones inferiores que dependiesen perceptivamente de otras superiores, y afirmó que son corrientes transversales las que estructuran originalmente el dato sensorial, que en el nivel perceptivo se presenta como ya integrado a un campo donde encuentra su significado. Son factores estructurantes: *a*] la *cercanía*, por lo que una serie de figuras que no tienen otro criterio de organización se agrupan, en función de su proximidad, en columnas, en filas, en diagonal (*v.* figura 1); *b*] la *semejanza*, por lo que figuras parecidas se evidencian en el campo perceptivo (*v.* figura 2); *c*] la *buena continuación*, por lo que una distribución espacial de elementos se percibe como derivada del movimiento continuo de cada uno de los elementos a lo largo de todos los puntos que constituyen la configuración (*v.* figura 3); *d*] el *cierre*, por lo que cuando una estructura potencialmente integrada tiene vacíos o partes faltantes, se la percibe como una figura cerrada y regular (*v.* figura 4).

3] *Las corrientes transversales*. Mientras la psicología asociacionista explicaba la percepción de los objetos definidos a partir de un número infinito de estimulaciones, utilizando la hipótesis de una presunta tendencia a unir entre sí, en forma de objetos, cierto número de sensaciones que en otras ocasiones se experimentaron unidas entre sí, Wertheimer, aun admitiendo cierta influencia de la experiencia pasada, no considera que ésta sea condición de los factores estructurantes, sino, por el contrario, que estos factores estructuraron también la experiencia anterior, y plantea la

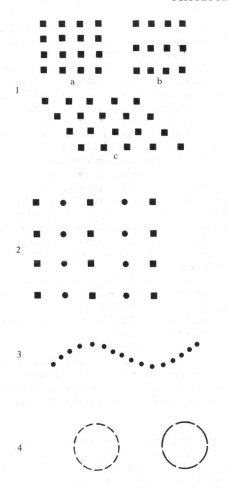

Factores estructurantes. 1) Reagrupamientos de figuras según el criterio de proximidad: a) en columna; b) en fila; c) en diagonal. 2) Reagrupamiento de figuras por semejanza de los elementos. 3) Principio de la buena continuación. 4) Principio de cierre.

hipótesis de que cuando una zona del sistema nervioso es estimulada junto con otra, entre las dos se establecerían corrientes nerviosas secundarias que constituirían la correlación fisiológica de la impresión de forma. Wertheimer llamó a esta conexiones *corrientes transversales*.

4] *La teoría del campo.* Esta teoría fue elaborada por Köhler a partir de las ciencias físicas, según las cuales algunos conjuntos físicos se pueden obtener sumando las diferentes partes entre sí, mientras que otros resultan inexplicables uti-

lizando simples esquemas aditivos, como cuando una carga eléctrica, aplicada a un punto de una esfera, se propaga según el aumento o la disminución de su cantidad pero de acuerdo con una estructura que depende de la forma de la esfera. Según Köhler, lo mismo vale para la agregación de las unidades perceptivas y para su correlato fisiológico. La teoría del campo la retomó después K. Lewin y la desarrolló en relación con las dinámicas psicológicas (*v.* **campo**, § 2).

5] *El isomorfismo* (*v.*). Es un principio que postuló Köhler, quien conjetura una correspondencia entre el orden percibido en el espacio ambiental y el orden funcional que caracteriza la dinámica de los procesos cerebrales subyacentes al acto perceptivo, por lo que nuestro cerebro no reacciona a estímulos independientes entre sí y sólo unidos posteriormente, como sostenía el **elementarismo** (*v.*), sino que funciona desde el principio como un sistema dinámico total, y no como "un simple mosaico, donde la experiencia sensorial es una anexión de hechos que se agregan el uno al otro, formando un mosaico tan rígidamente organizado como su base fisiológica" (1929: 81).

6] El *insight* (*v.*, § 1). La resolución de los problemas, tanto prácticos como teóricos, no sigue sólo una vía de "**ensayo y error**" (*v.*), como sostenían los conductistas a partir de la experimentación en los animales, sino que procede mediante una intuición (*insight*) que reorganiza el campo y encuentra la solución del problema independientemente del adiestramiento previo en el cual se había experimentado con las vías equivocadas y las correctas. Köhler atribuye capacidad de *insight* no sólo a los hombres sino también a los simios antropoides que, a diferencia de los otros animales, antes de actuar se detienen a "pensar".

II] LOS CRITERIOS QUE REGULAN LA ESTRUCTURA PERCEPTIVA. Mientras para los asociacionistas el todo es la suma de las partes, para los psicólogos de la forma las partes están en función del todo por lo que, por ejemplo, un triángulo puede desaparecer perceptivamente cuando sus lados pasan a formar parte de una estructura más compleja que provoca un cambio en su función; de ello se deriva que ya no se puede hablar de *sensaciones* únicas que, en forma constante, corresponderían a determinados estímulos (hipótesis de la constancia), sino solamente de *percepciones*, cada una de las cuales, en su carácter formal, está regulada por los siguientes criterios:

1] *Globalidad*. Toda figura tiene su organización interna, por lo que cada uno de los elementos se percibe en función del todo en el que está introducido. Sólo a partir del todo, y no de cada una de las sensaciones obtenidas de los respectivos estímulos se comprenden las ilusiones óptico-geométricas (*v.* **ilusión**, § 4) como por ejemplo en el caso de las flechas de Müller-Lyer, donde el segmento *a* parece más largo que el *b*, o de las paralelas de Hering que parecen estar curvadas en el centro. La psicología de la forma considera las ilusiones óptico-geométricas como prueba de los "efectos de campo", o sea de la tendencia originaria de las percepciones en la configuración.

2] *Figura-fondo*. La forma se desprende siempre del fondo como entidad identificable porque tiende al unitarismo y al cierre. En casos especiales figura y fondo pueden invertirse sin modificación del campo perceptivo, como en las figuras reversibles de E. Rubin, en las que se pueden ver alternativamente una copa (en blanco) o los perfiles de dos rostros (en negro; *v.* **percepción**, § 3, *a*; **reversibilidad**, § 1).

3] *Estructuración*. Los hechos perceptivos se someten a la tendencia espontánea de organizar en configuraciones, como cuando componiendo grupos de estrellas vemos que el cielo se organiza en constelaciones.

4] *Significación*. Cada forma es vivida como significante y, por más que se alternen los puntos de vista, no hay un momento en que intervenga la impresión transitoria o definitiva de la insignificación.

5] *Buena forma*. Es la forma que, en el nivel perceptivo, se tiende a favorecer respecto a las otras, ya sea porque es más continua, más simétrica, más cerrada, o porque está constituida por elementos que se mueven en la misma dirección. Para el principio de la buena forma los estímulos que producen formas de las características arriba mencionadas tienen una mayor tendencia a la agrupación, por lo que en la percepción rápida, o bien en la evocación mnésica, la forma irregular (o mala) tiende a volverse regular (o buena). En cambio la buena forma tiende a mantener su propia característica incluso cuando se modifican las condiciones bajo las cuales se presenta.

6] *Trasposición*. Las relaciones comparativas del tipo: A mayor o menor que B son transferibles a combinaciones de otros términos.

7] *Utilizabilidad*. La idoneidad de un medio para la realización de un determinado fin se capta mediante una inmediata reorganización del campo en el que se encuentra.

8] *Intuición*. La estructuración del campo no se da sólo por "ensayo y error" sino también por una reorganización del campo perceptivo que permite encontrar intuitivamente la solución y su utilidad (*v.* **insight**, § 1).

9] *Proximidad*. La percepción de las formas no presupone necesariamente la descomposición y el análisis del conjunto de sus elementos, pero puede darse de modo inmediato, como al percibir la ira de un hombre aunque se ignoren los diversos rasgos que sostienen la impresión.

10] *Génesis actual*. Cada forma se percibe con sus elementos dinámicos que contribuyen a un desarrollo, a partir de una situación inicial, hacia formas finales articuladas y dotadas del máximo de significado.

11] *Espacio vital*. El comportamiento de un ser viviente se realiza siempre en un campo o "espacio vital" donde sufre la influencia de fuerzas de atracción y de repulsión que provienen de los datos ambientales (*v.* **espacio**, § 2, *c*).

III] INTERPRETACIÓN DE LOS PROCESOS MNÉSICOS, INTELECTUALES Y AFECTIVOS. Los criterios conjeturados por la estructura perceptiva se utilizaron también para una interpretación diferente de los procesos mnésicos, intelectuales y afectivos, y para una estructuración de un procedimiento terapéutico.

1] *Los procesos mnésicos*. Antes de la psicología de la forma se consideraba que la fijación y la evocación de los recuerdos podían depender de una huella cerebral más o menos duradera, correspondiente a cada una de las sensaciones, y que todo aquello que despertaba tales huellas podía reproducir el contenido de la sensación primitiva en forma de representación. Köhler demostró que la situación de privilegio creada por un elemento de la organización facilita la fijación, tanto como una relativa homogeneidad entre los elementos o la falta de una estructuración clara crea, no sólo condiciones desfavorables para la fijación del recuerdo, sino también una inhibición retroactiva (*v.* **memoria**, § 4, *b*) para los demás. Esto lo lleva a concluir que es la *estructuración* de los datos, más que los datos mismos, la que incide en la memoria que, a su vez, tiende a eliminar los caracteres inciertos e indefinidos de una forma para acentuar su regularidad, su definición y su significado.

2] *Los procesos intelectuales.* El punto de vista clásico distinguía entre *términos* y *relaciones*, asignando los primeros a la percepción y las segundas a la inteligencia, que los tomaba mediante un proceso de abstracción. La psicología de la forma mostró que percibir la relación entre los términos es más fácil que percibir los términos más allá de su relación, y que la estructuración del campo no se da después de haber examinado los diferentes elementos sino, que precede a su identificación. En el proceso de estructuración los errores no son materiales que deban desecharse y separarse de las pruebas que tienen éxito, porque son fases del progreso hacia la solución definitiva por la posibilidad que ofrecen para descubrir, en los elementos del problema las propiedades funcionales que después se utilizan (*v.* **pensamiento**, § II, 4). En los procesos intelectuales Wertheimer subrayó además la importancia del *pensamiento productivo* (*v.* **pensamiento**, § I, 2) que no es un enriquecimiento del pensamiento sino su reformulación para una mejor comprensión de la situación. En efecto, la dificultad de un problema depende de la resistencia de sus elementos a ser organizados de acuerdo con una estructura diferente, resistencia que es tanto más fuerte cuanto más conocidos son los elementos del problema que tienen habitualmente una determinada función.

3] *Los procesos afectivos.* El pensamiento clásico tendía a resolver afectos, emociones y acciones con la teoría de los **reflejos** (*v.*, § 1) presuponiendo una estructura anatómica fija de los transmisores nerviosos; la psicología de la forma en cambio, considera que el estímulo no actúa mecánicamente y de modo determinado, sino trastornando una situación de equilibrio o desencadenando la reacción que mejor puede resolver las tensiones que aquél produjo. Se deriva que es necesario sustituir la idea de reflejos elementales con la idea de que el todo posee una unidad real. Lewin demostró que el "ambiente vivido" determinado por nuestras percepciones, por nuestras acciones y por las necesidades actuales, en relación con las cuales los diferentes puntos del **campo** (*v.*, § 2) tendrían valor positivo o negativo, determina una fuerza de atracción y de repulsión registrada por nuestros estados afectivos, los cuales tienden al equilibrio que se alcanza mediante nuevas acciones. Un ejemplo es la tensión que se determina cuando una tarea en la que el sujeto trabaja es interrumpida imprevistamente, lo que no permite la obtención del equilibrio hacia el que el trabajo tendía.

IV] LA CONCEPCIÓN PSICODINÁMICA. La psicología de la forma elaboró, con F. Perls, una teoría psicodinámica, a partir de la experiencia personal considerada como una sucesión de relaciones figura-fondo en la que las necesidades específicas del momento emergen respecto al contexto, para después desaparecer, una vez satisfechas, y ser sustituidas por nuevas configuraciones. Si una necesidad no se satisface y la forma no se completa, se creará un conflicto psíquico. El bienestar y la salud mental se derivan sobre todo del conocimiento por parte del sujeto del continuo proceso de formación, disolución y reformulación de la forma que va asumiendo en cada ocasión su existencia según los contextos en los que se está manifestando y en las diferentes configuraciones que van asumiendo los mismos: "La calidad más importante e interesante de una forma –escribe Perls– es su *dinámica*, la imperiosa necesidad que posee una forma y que la lleva a cerrarse y a completarse. Todos los días experimentamos esta dinámica. A veces el mejor nombre que se le puede dar a una forma incompleta es, simplemente, situación inconclusa" (1969: 131).

1] *La dinámica psíquica.* A partir de esta premisa Perls formula los conceptos que están en la base de esta concepción psicodinámica:

a] Incomplentitud. Una situación incompleta polariza una carga de energía destinada a completarla; la falta de conclusión implica la presentación repetitiva de la misma situación en lugares y tiempos sucesivos, y le dificulta al individuo el paso eficiente a los nuevos contextos que se presentan.

b] Focalización. La capacidad para enfocar los elementos más significativos, dejando en el fondo los otros, permite al individuo sano movilizar sus energías en estrategias ventajosas.

Pero el contacto con el fondo debe quedar abierto y fluido para evitar la rigidez de las figuras focalizadas cuando pierden significado respecto al nuevo contexto. En cambio, la tendencia del neurótico es la de dejar en el fondo los síntomas que deberían focalizarse, y en esto se concentra sobre todo la actividad terapéutica.

c] Interacción. La dinámica psíquica no está sostenida sólo por motivos internos sino también por relaciones con el mundo externo, donde estos motivos se proyectan y posteriormente se cargan. En este ámbito la terapia gestáltica hace amplio uso de las nociones de **campo** (*v.*, § 2) que planteó Lewin a partir del modelo del campo magnético.

d] Holismo. La condición de los individuos estaría determinada por una especie de "holismo situacional" caracterizado por la aparición de necesidades organizadas para la sobrevivencia y el crecimiento. Este concepto lo propuso K. Goldstein, para quien existe una continua negociación entre individuo y ambiente, orientada a llegar a una situación óptima desde el punto de vista de la recuperación del equilibrio energético, mediante fases de acumulación, distribución y descarga de energía.

2] *La teoría de la neurosis*. La psicología de la forma elaboró una teoría de la neurosis a partir de la relación individuo-ambiente donde, para sobrevivir, el individuo debe modificar continuamente sus técnicas de manipulación a fin de satisfacer sus necesidades, evitando todo tipo de rigidez –primera fuente de cualquier neurosis– donde los hechos experienciales se agregan a la personalidad y no se integran. En este sentido la psicoterapia gestáltica habla de:

a] introyección para esos contenidos que la personalidad no asimiló y, por ello, fuente de conceptos e ideas contradictorias que generan situaciones de conflicto, además de un agotamiento de la energía utilizada para mantener a raya a esos cuerpos extraños no asimilados;

b] proyección o tendencia a hacer responsable al ambiente de todo aquello que, por no estar asimilado, genera incomodidad y conflicto;

c] confluencia, cuando el individuo no advierte ningún límite entre él mismo y el mundo, y reviviendo esta condición neonatal resulta incapaz de tener contactos adecuados con los demás y consigo mismo;

d] retroflexión, cuando el individuo traza una línea limítrofe entre él y el ambiente, dirigiendo sus energías ya no hacia afuera sino hacia adentro, asumiéndose a sí mismo como escudo, en lugar del ambiente. Las formas de intervención se distinguen sobre la base de estos mecanismos neuróticos, todos caracterizados por la llamada "forma incompleta" (*unfinished business*).

BIBLIOGRAFÍA: Ehrenfels, Ch. von (1890); Fagan, J. e I.L. Shepherd (1971); Goldstein, K. (1934); Guillaume, P. (1937); Hartmann, G.W. (1935); Kanizsa, G. (1980); Kanizsa, G., P. Legrenzi y M. Sonino (1983); Katz, D. (1946); Koffka, K. (1935); Köhler, W. (1929); Lewin, K. (1936); Meinong, A. von (1889); Merleau-Ponty, M. (1945); Musatti, C. (1929); Naranjo, C. (1973); Perls, F. (1969); Perls, F. (1973); Perls, F., R.F. Hefferline y P. Goodman (1951); Rubin, E. (1921); Wertheimer, M. (1925); Zerbetto, R. (1986).

psicología de la gestalt
v. PSICOLOGÍA DE LA FORMA.

psicología de las masas (al. *Massenpsychologie*; fr. *psychologie de la masse*; ingl. *mass psychology*; ingl. *psicologia della massa*)

Estudio del comportamiento de grupos no organizados o que presentan una organización provisional, en los que todos los individuos actúa en forma semejante sin tener relaciones significativas entre sí. El que inició este género de estudios fue G. Le Bon, quien examinó la acción de las masas revolucionarias francesas y en general los comportamientos de las multitudes, donde se verifica una especie de "alma colectiva" que, en la situación anónima de la masa, plasma y modifica la acción de las personas, induciéndolas a la aceptación de comportamientos en los que, como individuos, no se reconocerían: "Lo que más impacta de una multitud psicológica es que los individuos que la integran –independientemente de su tipo de vida, ocupación, temperamento e inteligencia– adquieren una especie de alma colectiva por el solo hecho de pertenecer a la multitud. Tal alma hace pensar y actuar en una forma completamente diferente a como cada uno de ellos –aisladamente– sentiría, pensaría y actuaría" (1895: 24). Según Le Bon la psique del individuo, razonable y consciente, desaparecería en una condición de masa en la cual prevalecen instintos inmediatos e incontrolables que, de acuerdo con los estímulos recibidos, pueden ser generosos o crueles, heroicos o viles, pero siempre irracionales. G. Tarde explicó la psicología de las masas a partir del proceso de imitación que se desarrollaría entre una multitud y un líder que, en la medida en que logre sugestionarla, asegura la uniformidad cognoscitiva y afectiva de la masa y, al mismo tiempo, también su sumisión. Tarde aplica su interpretación asimismo a los "líderes de opinión", previendo la era de las comunicaciones de masas, con la consiguiente transformación de las multitudes en público. En esta línea también encontramos a J. Ortega y Gasset según quien es el mismo sistema productivo de marcada organización técnica el que crea al hombre masificado, pasivo, nivelado y consumidor, con aspiraciones que no van más allá de los modelos de vida dominantes, oportunamente publicitados y difundidos.

En el ámbito psicoanalítico S. Freud no comparte la hipótesis de Le Bon, que describe a un individuo consciente que en los momentos de agrupamiento cede a un inconsciente colectivo irracional. En su opinión en los fenómenos de agrupamiento se observa una reducción de la **represión** (*v.*) con la que cada individuo normalmente controla sus propias pulsiones, por efecto de una **regresión** (*v.*) a fases más primitivas e indiferenciadas, típicas de la condición de masa: "el individuo, al entrar en la masa, queda sometido a condiciones que le permiten echar por tierra las represiones de sus mociones pulsionales inconcientes. Las propiedades en apariencia nuevas que entonces se muestran son, justamente, las exteriorizaciones de eso inconciente que sin duda contiene, como disposición [constitucional], toda la maldad del alma humana; en estas circunstancias, la desaparición de la conciencia o del sentimiento de responsabilidad no ofrece dificultad alguna para nuestra concepción." (1921 [1976: 71]). A partir de estas premisas Freud identifica en la condición de masa una situación que permite al individuo liberarse de los impulsos instintivos inconscientes ofreciendo una evasión a la libido reprimida, la cual puede encontrar en la masa y en los modelos de líder emergente una especie de sublimación que se manifiesta en una desviación de los instintos

de su meta original. A este aspecto positivo se deben agregar la superación provisional del narcisismo y la apertura a la alteridad para la activación de factores eróticos: "Mientras perdura o en la extensión que abarca, los individuos se comportan como si fueran homogéneos; toleran la especificidad del otro, se consideran como su igual y no sienten repulsión alguna hacia él. De acuerdo con nuestros puntos de vista teóricos, una restricción así del narcisismo sólo puede ser producida por este factor: una ligazón libidinosa con otras personas." (1921 [1976: 97]; *v.* **contagio**).

Una interpretación positiva del concepto de masa se elaboró en el ámbito marxista, que le asigna, no un desahogo emotivo, sino una eficiente movilización que es posible cuando las masas alcanzan la condición de conciencia de clase. La visión marxista y psicoanalítica unidas encontraron su manifestación en la escuela de Francfort, con M. Horkheimer, T.W. Adorno y H. Marcuse, quienes señalaron cómo las masas, incluso las socialmente emancipadas, están sujetas en realidad a un desconocido proceso de enajenación determinado por la persuasión oculta ejercida por el poder económico y político a través de la industria cultural y los medios de comunicación de masas (*v.* **comunicación**, § 6) que inducen a una uniformidad de comportamientos y formas de pensar. En esta línea se introduce la contribución de E. Fromm, dirigida a restituirle al individuo el sentido de su significado, que es recuperable si aquél se sustrae del régimen enajenante del "tener" para medirse con los valores manifestados por el propio "ser". También W. Reich llegó a una conjugación de marxismo y psicoanálisis con su crítica de la civilización contemporánea, moralizadora y sexofóbica que inhibe la energía orgásmica del individuo con graves efectos en la estructura de su **carácter** (*v.*, § 3, *c*). Los deseos orgásmicos insatisfechos de las masas son para Reich la base de todas las formas de misticismo organizado, del cual el fascismo es el ejemplo más notorio, donde se puede manifestar la estructura del carácter del hombre medio cuyos impulsos libidinales fueron reprimidos: "El fascismo es la aspiración orgásmica condicionada por la desviación mística y por la inhibición de la sexualidad natural" (1933: 23), porque "después de que las circunstancias y los cambios sociales transformaron las exigencias biológicas originarias del hombre en estructuras de carácter, la estructura de carácter reproduce, en forma de ideológicas, la estructura social de la sociedad" (1933: 12).

Una concepción de la masa como *alter ego* del poder es la que expresa E. Canetti en un ensayo que está en los límites entre la teoría científica y el trabajo onírico, donde la investigación procede midiendo las categorías formales aplicables a la masa, nucleando los valores simbólicos, el nexo masa-religión, masa-historia, y describiendo el mecanismo paranoico del poder que sólo existe nutriéndose de multitudes.

Junto a la psicología de las masas, contrapuesta a la psicología del individuo, existe una psicología de las masas como sector de la **psicología social** (*v.*), que tiene como sujetos de investigación los procesos de masificación, el involucramiento de los individuos en fenómenos dinámicos, como la escolarización, la urbanización, la división del trabajo, la emigración, y el sistema de relaciones sociales que ya no se da a través de las pequeñas comunidades tradicionales (religiosas, locales, de oficio), sino de organizaciones colectivas que ejercen un poder creciente en las decisiones públicas y en sus elecciones individuales, todo ello basado en la hipótesis de que el carácter de masas de la sociedad incide en la psicología individual, modificándola.

BIBLIOGRAFÍA: Canetti, E. (1960); Cantril, H. (1941); Freud, S. (1921); Freud, S. (1934-1938); Fromm, E. (1955); Horkheimer, M. (1968); Horkheimer, M. y T.W. Adorno (1947); Le Bon, G. (1895); Marcuse, H. (1964); Moscovici, S. (1981); Ortega y Gasset, J. (1930); Reich, W. (1933); Tarde, G. (1890).

psicología de la multitud
v. PSICOLOGÍA DE LAS MASAS.

psicología de la música (al. *Musikpsychologie*; fr. *psychologie de la musique*; ingl. *psychology of music*; it. *psicologia della musica*)

Sector de la **psicología aplicada** (*v.*) que estudia el fenómeno musical en sus aspectos neuropsicológicos, psicológicos y psicoterapéuticos, con la intención de esclarecer lo que sucede en el oyente cuando escucha una obra musical, arrojar luz sobre la estructura y los caracteres del proceso creativo que es la base de la producción musical, sobre la relación entre las reacciones mentales sostenidas por el valor semántico de la música y las reacciones sentimentales irreflexivas y la tonalidad afectiva, en la relación entre la base sentimental-emotiva y la simbolización hacia la cual refiere la música.

1] NEUROPSICOLOGÍA. La música es una actividad neurofisiológica muy compleja que involucra al lóbulo temporal derecho, indispensable para reconocer y ejecutar las melodías, y al lóbulo temporal izquierdo, del que dependen la elaboración del lenguaje, la escritura y la composición. Las investigaciones experimentales pusieron en evidencia un dominio del oído derecho-hemisferio izquierdo para los mensajes verbales, y un dominio del oído izquierdo-hemisferio derecho para los mensajes melódicos. Las lesiones en estos niveles determinan las diversas formas de *amusia*, diferenciadas en expresiva y receptiva, según la pérdida se refiera, respectivamente, a la capacidad de expresarse musicalmente o a recordar y reconocer melodías.

2] PSICOLOGÍA EXPERIMENTAL. En este ámbito se efectuaron investigaciones relacionadas con la fisiología del oído para comprobar la reacción de diferentes sujetos a los estímulos musicales, a la percepción de los tonos, a la intensidad, el timbre, el volumen, la densidad; investigaciones sobre la capacidad musical en sentido lato realizadas con tests como el de Seashore, relativo a la apreciación de las propiedades de los sonidos, o el de Gordon, que utiliza el criterio global para comprobar la apreciación de contenidos musicales significativos, así como investigaciones sobre las percepciones musicales para probar el talento creativo, interpretativo o ejecutivo, a fin de poder establecer la idoneidad para el aprendizaje y la producción musical.

3] PSICOLOGÍA DE LA FORMA. En este campo se efectuaron investigaciones sobre la *melodía* concebida como sucesión temporal y rítmica de sonidos de diferente altura, tono y duración, que en su conjunto se perciben como unidad significativa. La melodía se compone de unidades menores, que reciben el nombre de motivos, y puede sufrir variaciones dentro del *tema*. La psicología de la forma ha insistido en el carácter unitario de la melodía, que trasciende la suma de las partes que la componen y que no es alterada por sus variaciones.

4] PSICOANÁLISIS. Aquí la música está considerada desde la perspectiva de la sublimación de la pulsión sexual y, con F. Fornari, se procedió a la interpretación de su significado profundo en relación con la recuperación de la experiencia intrauterina que, como experiencia originaria, es la base de la tendencia a soñar y separarse de la realidad, en el recuerdo jamás adormecido de una condición feliz perdida.

5] ANTROPOLOGÍA SOCIAL. En este campo convergen la *etnomusicología* que propone, para la expresión y la recepción de la música, la existencia de un "esquema interno" aprendido y específico para cada cultura, y la *sociología musical* que, con T.W. Adorno, puso de manifiesto las relaciones entre el producto musical y la realidad social dentro de la cual se expresa.

6] PSICOTERAPIA. En este ámbito se utiliza la música, en su aspecto creativo, ejecutivo y de escucha, tanto por su valor *catártico* como por el *expresivo*, que resulta especialmente idóneo para externar experiencias difícilmente traducibles al lenguaje verbal. La música utilizada en forma exclusiva o como coadyuvante de otros tratamientos, al despolarizar la atención y debilitar los flujos informativos que no provienen del mensaje musical, introduce al sujeto en una atmósfera psicológica donde se hacen más débiles las relaciones con los aspectos conscientes de la personalidad y más favorables las condiciones para vivir de manera más intensa los propios contenidos profundos. A esto, que es considerado el efecto primario, se agregan efectos secundarios como la reducción de la tensión psíquica, la disminución o el aumento de las formaciones defensivas, la instauración de reflejos condicionados y otras manifestaciones que, oportunamente controladas y analizadas, se pueden utilizar con fines terapéuticos.

BIBLIOGRAFÍA: Adorno, T.W. (1962); Alain, O. (1965); Alvin, J. (1965); Anello, A. y R. Venturini (1981); De La Motte Harber H. (1982); Fornari, F. (1984); Lorenzetti, L.M. (coord.) (1989); Lorenzetti, L.M. y A. Peccagnini (coords.) (1980); Mila, M. (1965); Nattiez, J.J. (1979); Revesz, G. (1944); Rosano, C. (1977); Seashore, C.E. (coord.) (1938).

psicología de la percepción
v. PERCEPCIÓN.

psicología de la personalidad
v. PERSONALIDAD.

psicología de la publicidad (al. *Werbepsychologie*; fr. *psychologie de la publicité*; ingl. *psychology of publicity*; it. *psicologia della pubblicità*)

Sector de la **psicología comercial** (*v.*) que trabaja con sondeos de **opinión** (*v*) y con el estudio de las **motivaciones** (*v.*) que son la base de la adquisición de un producto. Esto último, en efecto, no cumple sólo con una función real, que en última instancia es la de satisfacer una necesidad, sino también con una función simbólica que tiene sus raíces en motivaciones profundas; la psicología de la publicidad las indaga en forma directa, con encuestas, o en forma proyectiva, donde lo que se toma en consideración no es tanto el contenido objetivo de las respuestas cuanto la actitud afectiva que determinado producto evoca. Esto permite estudiar la estructura de la personalidad de los que apoyan o critican una mercancía determinada, los intereses que ésta causa y las inhibiciones que impiden efectuar una elección. Para aumentar el "carácter de invitación" de un producto se procede a maximizar el valor en términos de realidad (*v.* **propaganda**), ya sea adaptando la imagen a los gustos dominantes en los consumidores o cambiando las actitudes de los consumidores para adaptarlas a la imagen del producto. Estos tres métodos, al disminuir la *distancia semántica* entre la imagen del producto y el consumidor, aumentan el *gradiente de valor* del producto.

BIBLIOGRAFÍA: Autores varios (1968); Alberoni, F. (1964); Bindra, D. y J. Stewart (1969); Dogana, F. (1976); Fabris, G. (1970); Frontori, L. (1988); Frontori, L. (coord.) (1992); Miotto, A. (1953); Nicosia, F.M. (1966); Victroff, D. (1972).

psicología de la religión (al. *Religionspsychologie*; fr. *psychologie de la religion*; ingl. *psychology of religion*; it. *psicologia della religione*)

Estudio de las características psicológicas de la religiosidad, donde el objeto de investigación no es la realidad religiosa sino la realidad humana en la que aparece una fe religiosa. En efecto, a la psicología de la religión sólo le interesa el aspecto subjetivo, no el objetivo, de la realidad religiosa, y por lo tanto las formas de experiencia, de comportamiento y de interiorización del dato religioso. Al fenómeno religioso se acercaron tanto la psicología científica como la psicología de lo profundo, con diferentes modelos interpretativos y metodológicos.

1] LA PSICOLOGÍA CIENTÍFICA. En este ámbito se distinguen tres tipos de criterio: *a*] el *objetivo*, que estudia el fenómeno religioso en términos de comportamiento y define la conducta de un individuo en sus manifestaciones observables y describibles; *b*] el *subjetivo*, donde el fenómeno religioso está considerado en su dimensión profunda como orientación de la personalidad y caracterización existencial; *c*] el *genético*, donde la atención está dirigida al desarrollo de la dimensión religiosa en las fases de crecimiento del individuo, a través de estadios que conducen, como lo indican las investigaciones de J. Piaget, del antropomorfismo a la espiritualización, con la consiguiente interiorización del sentimiento religioso. Forman parte de este ámbito de estudios las investigaciones de É. Durkheim acerca de la relación entre el sentimiento religioso y los diferentes aspectos de la vida social; las de W. James, quien describió las diferentes formas de la conciencia religiosa, ofreciendo una especie de tipología del hombre religioso considerado desde el punto de vista neuropatológico, psicológico y filosófico; de T. Flournoy, quien dirigió sus estudios hacia la vertiente patológica y parapsicológica, y de H. Höffding quien, bajo la influencia de S. Kierkegaard, estudió el fenómeno religioso en relación con la afectividad en su diversificación en las diferentes tipologías existenciales.

2] LA PSICOLOGÍA DE LO PROFUNDO. En este ámbito tenemos dos interpretaciones diferentes que se apoyan, respectivamente, en la teoría del psicoanálisis y en la psicología analítica.

Para S. Freud la religión es una ilusión orientada a compensar el sentido de impotencia infantil: "Ahora bien, cuando el adolescente nota que le está deparado seguir siendo siempre un niño, que nunca podrá prescindir de la protección frente a hiperpoderes ajenos, presta a estos rasgos de la figura paterna, se crea los dioses ante los cuales se atemoriza, cuyo favor procura granjearse y a quienes, empero, trasfiere la tarea de protegerlo. Así el motivo de la añoranza del padre es idéntico a la necesidad de ser protegido de las consecuencias de la impotencia humana; la defensa frente al desvalimiento infantil confiere sus rasgos característicos a la reacción ante el desvalimiento que el adulto mismo se ve precisado a reconocer, reacción que es justamente la formación de la religión" (1927 [1976: 24]). La religión creada del deseo más antiguo de la humanidad en términos antropológicos (*v.* **tótem**, § 2), y de la infancia, en términos individuales, la religión es una ilusión pero no un delirio porque, observa Freud, no se pone necesariamente en contradicción con la realidad. En cambio puede observarse, siempre en opinión de Freud, una correspondencia entre acciones obsesivas y prácticas religiosas (*v.* **rito**, § 2, *a*): "Por cierto no soy el primero que reparó en la semejanza de las llamadas *acciones obsesivas* de los neuróticos y las prácticas mediante las cuales el creyente da testimonio de su fe. Me lo certifica el nombre de 'ceremonial' que se ha dado a algunas de esas acciones obsesivas. Ahora bien, paréceme que esa semejanza es algo más que meramente superficial, a tal punto que de una intelección sobre la génesis del ceremonial neurótico sería lícito extraer conclusiones por analogía con respecto a los procesos anímicos de la vida religiosa" (1907 [1976: 101]; *v.* **tabú**, § 4).

De orientación opuesta es C.G. Jung, para quien "la religión, como lo indica el vocablo latino *religio*, es una observación cuidadosa y escrupulosa de lo que Rudolf Otto definió atinadamente como lo *numinoso*, es decir una esencia o energía dinámica que no se origina por ningún acto arbitrario de la voluntad. Al contrario, esta energía se apodera del sujeto humano y lo domina; éste siempre es la víctima, más que el creador. [...] Lo *numinoso* es una cualidad de un objeto visible o el influjo de una presencia invisible que causa un cambio especial en la conciencia. Ésta es, por lo menos, la regla general" (1938-1940: 17). Jung llama sí al representante psicológico de la imagen de Dios, y concibe al sí como el principio ordenador de la personalidad que preside el sentido y la configuración (*v.* **psicología analítica**, § 4; y **sagrado**, § 10).

BIBLIOGRAFÍA: Argyle, M. y B. Beit-Hallahmi (1975); Durkheim, É. (1912); Flournoy, T. (1902); Freud, S. (1907); Freud, S. (1912-1913); Freud, S. (1927); Girard, R. (1972); Höffding, H. (1901); James, W. (1902); Jung, C.G. (1938-1940); Otto, R. (1917); Piaget, J. y B. Inhelder (1966); Pinkus, L. (1991); Vianello, R. (1980); Zunini, G. (1966).

psicología de la vida
v. VIDA, § 1.

psicología de lo profundo (al. *Tiefenpsychologie*; fr. *psychologie en profondeur*; ingl. *depth psychology*; it. *psicologia del profondo*)

Denominación que se refiere a todas las psicologías que adoptan un método de investigación que opera vinculando el yo a estratos psíquicos que no se perciben directamente como pertinentes al yo mismo, pero tampoco referibles a una categoría única llamada inconsciente. Forman parte de este ámbito, además del **psicoanálisis** (*v.*) que inició S. Freud, denominado también *psicoanálisis clásico*, las orientaciones que a partir de éste se desarrollaron en sucesión histórica con el nombre de *neofreudismo*, y las que se constituyeron en divergencia polémica, dando origen a diferentes escuelas.

1] EL PSICOANÁLISIS CLÁSICO. Está constituido por el *corpus* doctrinario de Freud (*v.* **psicoanálisis**) y por los escritos de contemporáneos suyos que, si bien con diferentes acentuaciones, permanecieron en la vía que trazó el maestro. Las etapas de la consolidación institucional del psicoanálisis son el Congreso Internacional de Psicoanálisis que se efectuó en Salzburgo en 1908, donde se establecieron las propiedades específicas del psicoanálisis para distinguirlo de otras doctrinas que utilizaban el lenguaje y la práctica de modo incorrecto y en formas que Freud definió como "psicoaná-

lisis salvaje" (*v.* **análisis salvaje**). Inmediatamente después de este congreso Freud fundó la Sociedad Psicoanalítica de Viena, y K. Abraham creó la Sociedad Psicoanalítica de Berlín. En 1911 E. Jones fundó la Asociación Psicoanalítica americana, en 1913 S. Ferenczi la Sociedad Psicoanalítica de Budapest. En 1920 se creó la *International Zeitschrift für Psychoanalyse*, que fue la principal revista del movimiento psicoanalítico. Dicho movimiento en parte se disolvió por la oposición de la cultura nazi, para resurgir después de la guerra y reconstituirse en el movimiento psicoanalítico internacional articulado en las diferentes sociedades nacionales.

2] LOS DESARROLLOS ORTODOXOS. Forman parte de este grupo las orientaciones de los neofreudianos que, partiendo de los fundamentos metodológicos y epistemológicos que inició Freud, han desarrollado y en ocasiones modificado en algunos aspectos relevantes la doctrina de Freud. En los Estados Unidos los neofreudianos estuvieron influidos por las tesis de la **antropología** (*v.*) cultural y por el **conductismo** (*v.*) norteamericano; su síntesis acentúa la importancia de los valores ambientales en la génesis y el desarrollo de la personalidad. Los mayores representantes son K. Horney, quien niega la importancia primaria de los factores sexuales para insistir en los factores socioculturales; H.S. Sullivan, quien desplaza el análisis de la personalidad de los conflictos intrapsíquicos a los interpersonales, porque considera que la personalidad es producto de la interacción de campos de fuerza interpersonales en los que ocupan un lugar importante las situaciones sociales en las cuales el sujeto se encontró en el curso de su vida; E. Fromm, quien inició una especie de psicoanálisis social, abrevando, además de Freud, también de Marx, y desarrollando una crítica de la sociedad capitalista, incapaz de satisfacer las necesidades psíquicas fundamentales, como el amor y la libertad, que son la base del crecimiento del hombre (*v.* **psicología social**, § 3, *a*).

En Inglaterra se desarrollaron tres corrientes de pensamiento: una que promovió Anna Freud, que pone el acento en la **psicología del yo** (*v.*), y que después continuaron H. Hartmann, E. Kris y R.M. Loewenstein; otra que desarrolló la teoría del **objeto** (*v.*, § 6) y de las relaciones objetales, y que encontró en D.W. Winnicott su principal representante; una tercera, denominada "escuela inglesa", que con M. Klein proporcionó notables contribuciones clínicas y modelos teóricos innovadores (v. **kleiniana, teoría**).

En Francia surge, por obra de J. Lacan, la "escuela freudiana" que interpreta el modelo psicoanalítico a partir de las indicaciones ofrecidas por la lingüística ya adoptada por el estructuralismo francés (v. **lacaniana, teoría**), mientras en Italia el psicoanálisis, que introdujo E. Weiss, quien fundó la *Rivista Italiana di Psicoanalisi*, encontró sus mayores exponentes en C. Musatti, en E. Servadio y en F. Fornari, quien formuló la teoría coinémica (v. **coinema**).

3] LOS DESARROLLOS DIVERGENTES. Se desarrollaron orientaciones divergentes respecto al psicoanálisis clásico que dieron origen a escuelas distintas, las principales de las cuales son: la **psicología analítica** (v.) de C.G. Jung; la **psicología individual** (v.) de A. Adler; la teoría de W. Reich, que después continuó A. Lowen con la fórmula **bioenergética** (v.); el **análisis transaccional** (v.) que ideó en Estados Unidos E. Berne; la **psicosomática** (v.) que tuvo un desarrollo significativo con F. Alexander; el *análisis activo* (v. **técnica activa**) de W. Stekel, que se aleja de Freud no tanto por los principios teóricos cuanto por la práctica terapéutica. También dentro de cada una de estas escuelas se abrieron análisis divergentes caracterizados por las diferentes contaminaciones con otras corrientes de pensamiento y por la acentuación de determinados temas y problemas.

BIBLIOGRAFÍA: Abraham, K. (1975); Adler, A. (1920); Alexander, F. (1950); Berne, E. (1972); Ferenczi, F. (1988-1992); Fornari, F. (1966); Freud, A. (1978-1979); Freud, S. (1967-1980); Fromm, E. (1955); Hartmann, H. (1927); Hartmann, H., E. Kris y R.M. Loewenstein (1946); Horney, K. (1939); Jones, E. (1951); Jung, C.G. (1969); Kein, M. (1978); Lacan, J. (1966); Lowen, A. (1975); Musatti, C. (1949); Reich, W. (1971-1977); Stekel, W. (1911); Sullivan, H.S. (1953); Vegetti Finzi, S. (1986-1990); Weiss, E. (1960); Winnicott, D.W. (1958); Zoja, L. (1985).

psicología de los ciegos
v. CEGUERA, § 1.

psicología de los pueblos
v. PSICOLOGÍA TRANSCULTURAL; ANTROPOLOGÍA, § 5-7.

psicología del acto
v. ACTO, § 1.

psicología del aprendizaje
v. APRENDIZAJE.

psicología del arte (al. *Kunstpsychologie*; fr. *psychologie de l'art;* ingl. *psychology of art*; it. *psicologia dell'arte*)

Campo de la psicología que, en colaboración con la estética y la crítica de arte, utiliza teorías y métodos psicológicos para el análisis de los fenómenos y las producciones artísticas. El campo de investigación se refiere, en sentido estricto, a las artes figurativas, pero también a la música, la literatura, hasta abarcar las producciones de la cultura en sentido amplio. La psicología del arte, utilizando los resultados de la investigación psicológica base, incluidas las técnicas experimentales, los estudios comparativos, las investigaciones clínicas, aborda las áreas de estudio que se refieren a los *procesos* cognoscitivos, como la imaginación, la memoria, el lenguaje, la creatividad; a la *personalidad*, con los diferentes elementos motivacionales, emotivos, aptitudinales; a la *producción* como capacidad representativa, gráfica y simbólica. La investigación se desarrolla en varias direcciones: análisis del proceso creativo, de los productos artísticos, de las relaciones entre el artista y la obra, y entre la obra y el usuario.

1] LA PSICOLOGÍA CIENTÍFICA. La psicología científica del arte nace en el siglo XIX con la obra de G.T. Fechner, iniciador de las investigaciones experimentales sobre los mecanismos de la visión y la percepción, así como de los análisis cuantitativos de la proporción figurativa, de la luz, de las preferencias cromáticas, que se insertaban en el contexto más amplio de los debates ya en curso de las teorías del color de M.E. Chevreul, J.W. Goethe, de A. Schopenhauer, y de la teoría de la percepción de H. Helmholtz. Fechner distinguía la estética filosófica, que procede desde principios para llegar a las producciones artísticas, de la estética empírica, que va desde lo particular para encontrar principios generales comprobables experimentalmente. Muchas de las tesis de Fechner ya se superaron, porque su trabajo resiente los límites de una orientación puramente cuantitativa, pero se le debe reconocer el mérito de haber creado las premisas para la elaboración de refinadas técnicas psicométricas utilizables en las investigaciones estéticas. De él escribe R. Arnheim: "La biología fantástica de Fechner, al igual que sus otras visiones místicas, tenía muy pocas probabilidades de encontrar el favor de las ciencias exactas. Pero al contradecir los hechos de la naturaleza física tal como los conocemos nos recuerda con gran fuerza lo que sabemos de la génesis psicológica y en particular del proceso creativo propio de las artes, donde, de manera nada típica, una concepción primaria global lleva a articular cada vez más la forma mediante un proceso de diferenciación. Los elementos que componen semejante concepción desarrollan una forma por cuenta propia y tratan de asumir su lugar en un todo cuya composición final está fuertemente influida por la interrelación de las partes" (1986: 6).

2] EL PSICOANÁLISIS. La teoría psicoanalítica promovió nuevos e importantes avances en el sector de los estudios del arte, centrados en el supuesto nexo entre impulsos creativos y motivaciones profundas, con el fin de descubrir los elementos irracionales e intuitivos de la producción artística, hasta entonces valorada sólo por los contenidos manifiestos (v. **contenido latente-contenido manifiesto**).

a] Al trazar las líneas esenciales de investigación para el acercamiento a la obra de arte S. Freud se movió en dos direcciones: una orientada a iluminar la obra en sí misma, con el fin de descifrar su mensaje, y la otra dirigida hacia las relaciones que interpenetran entre la obra y la vida del artista, con especial atención en su infancia. En la primera dirección se ubican los ensayos de la *Gradiva* de Jensen y del *Moisés* de Miguel Ángel; en la segunda el ensayo sobre Leonardo, primer ejemplo de biografía psicoanalítica donde se intenta superar toda barrera inflexible entre lo normal y lo patológico.

Conflictividad, convertibilidad de las energías psíquicas, reacción, defensa, sublimación, simbolización: estos conceptos, que son la base del edificio psicoanalítico, llevan a Freud a definir el arte como satisfacción sustitutiva de una relación interrumpida con la realidad, y el artista como aquel que, en desacuerdo con la vida, es capaz de realizar, mediante la fantasía y las especiales aptitudes propias, sus deseos de amor y de gloria y de encontrar, traduciéndolos "en una especie de cosas verdaderas", la vía para regresar a la realidad: "El *arte* logra por un camino peculiar, una reconciliación de los dos principios. El artista es originariamente un hombre que se extraña de la realidad porque no puede evadirse a esa renuncia a la satisfacción pulsional que aquella primero le exige, y da libre curso en la vida de la fantasía a sus deseos eróticos y de ambición. Pero él encuentra el camino de regreso desde ese mundo de la fantasía a la realidad; lo hace, merced a particulares dotes, plasmando sus fantasías en un nuevo tipo de realidades efectivas que los hombres reconocen como unas copias valiosas de la realidad objetiva misma. Por esa vía se convierte, en cierto modo, realmente en el héroe, el rey, el creador, el mimado de la fortuna que querría ser, sin emprender para ello el enorme desvío que pasa por la alteración real del mundo exterior. Ahora bien, sólo puede alcanzarlo porque los otros hombres sienten la misma insatisfacción que él con esa renuncia real exigida, porque esa insatisfacción que resulta de la sustitución del principio de placer por el principio de realidad constituye a su vez un fragmento de la realidad objetiva misma" (1911 [1976: 229]).

De esta forma el arte se ubica en una región intermedia entre la realidad que frustra los deseos y el mundo de la fantasía que los satisface, un dominio donde quedaron vivas las aspiraciones de la omnipotencia primitiva que la sublimación puede valorar: "La observación de la vida cotidiana de los seres humanos nos muestra que la mayoría consigue guiar hacia su actividad profesional porciones muy considerables de sus fuerzas pulsionales sexuales. Y la pulsión sexual es particularmente idónea para prestar esas contribuciones, pues está dotada de la aptitud para la sublimación; o sea que es capaz de permutar su meta inmediata por otras, que pueden ser más estimadas y no sexuales" (1910 [1976: 72]).

La introducción del concepto de **sublimación** (v.) no agota la expresión artística, y Freud tiende a precisarlo definiendo los límites de la investigación psicoanalítica aplicada al objeto artístico: "Las pulsiones y sus transmudaciones son el término último que el psicoanálisis puede discernir. De ahí en adelante, deja el sitio a la investigación biológica. Nos vemos precisados a reconducir tanto la inclinación a reprimir como la aptitud de sublimar a las bases orgánicas del carácter, que son precisamente aquellas sobre las cuales se levanta el edificio anímico. Y puesto que las dotes y la productividad artísticas se entraman íntimamente con la sublimación, debemos confesar que también la esencia de la operación artística nos resulta inasequible mediante el psicoanálisis. La investigación biológica de nuestra época se inclina a explicar los rasgos principales de la constitución orgánica de un ser humano mediante la mezcla de disposiciones masculinas y femeninas en el sentido de las sustancias materiales [químicas]; tanto la belleza física como su zurdera de Leonardo ofrecerían muchos apuntalamientos para esto. Empero, no abandonaremos el terreno de la investigación psicológica pura. Nuestra meta sigue siendo demostrar el nexo entre vivencias externas y reacciones de la persona a lo largo del camino del quehacer pulsional. Si bien es cierto que el psicoanálisis nos esclarece la condición de Leonardo como artista, nos vuelve comprensibles sus exteriorizaciones y limitacioes" (1910 [1976: 126]).

Freud, introduciendo el tema del arte en el panorama más amplio de la problemática de la cultura en la sociedad contemporánea, concluye: "la utilidad de la belleza; tampoco se alcanza a inteligir su necesidad cultural, a pesar de lo cual la cultura no podría prescindir de ella. La ciencia de la estética indaga las condiciones bajo las cuales se siente lo bello; no ha podido brindar esclarecimiento alguno acerca de la naturaleza y origen de la belleza; como es habitual, la ausencia de resultados se encubre mediante un gasto de palabras altisonantes y de magro contenido. Por desdicha, también el psicoanálisis sabe decir poquísimo sobre la belleza. Al parecer, lo único seguro es que deriva del ámbito de la sensibilidad sexual; sería un ejemplo arquetípico de una moción de meta inhibida. La 'belleza' y el 'encanto' son originariamente propiedades del objeto sexual" (1929 [1976: 82]).

b] Freud había reconocido los límites de su teoría del arte y estaba consciente del carácter

sagrado del fenómeno artístico; la responsabilidad de los excesos interpretativos consistentes en un uso indiscriminado y omnicomprensivo de la teoría y de los métodos psicoanalíticos se debe atribuir más a los seguidores del movimiento que a su fundador. Entre ellos se deben recordar las contribuciones de M. Klein quien, llamando la atención hacia las operaciones expresadas en los procesos de simbolización del artista, desarrolla la hipótesis de que la operación artística es una defensa contra la realidad interior habitada por la fantasía inconsciente de haber destruido el objeto bueno, por lo que la creatividad artística estaría animada por una tendencia reparadora (v. **kleiniana, teoría**).

c] En cambio las temáticas que se refieren a la relación entre la obra de arte y el usuario son el centro de los trabajos de E. Kris, quien hace del yo la sede privilegiada de la realización estético-formal del arte, llegando a la conclusión de que la comunicación estética no reside en la intención original del artista sino en la recreación que de su obra realiza el usuario, quien activa las potencialidades simbólicas presentes en ella, desconocidas e impredecibles para el artista mismo.

d] J. Chasseguet-Smirgel, consciente de las resistencias que encuentra el psicoanálisis al aventurarse en el campo extraterapéutico, particularmente tenaces cuando se trata de arte y de procesos creativos, afronta los temas de la forma, el estilo, la sublimación, superando los límites restrictivos del método biográfico y sirviéndose de los resultados de la psicología del yo, en especial del concepto de "relación objetal". Su tesis es que la función de la actividad creativa es la reparación del sujeto, no del objeto, como afirmaba Klein, y que sólo el acto creativo, cuya conclusión es la reparación del sí, constituye una sublimación real. De esta manera el artista se transforma en ese ser libre y autónomo que es capaz de colmar de manera activa el déficit narcisista de su propia historia, mediante una experiencia vinculada a la armonía, al ritmo, capaz de compensar agresividad y angustia (v. **creatividad**, § 4).

e] Siempre en el ámbito del movimiento psicoanalítico freudiano, F. Fornari desarrolla una investigación del arte como producción de signos. A partir del supuesto de que todo discurso humano –no sólo el verbal– tiene un doble estatus: lexical-operativo y afectivo-coinémico (*v.* **coinema**), afirma que los lenguajes artísticos activan el elemento afectivo-coinémico a partir de los restos vinculados a la **escena originaria** (*v.*). El artista se sumerge en la significación indistinta de las relaciones coinémicas para llevarla, bajo el signo de la distinción y de la forma, en un ir y venir incesante entre profundidad y superficie, entre noche y día, interno y externo. El coinema, llegando a la estructura lingüística diurna, a la superficie, se hace visible; ya no habla en función de sí mismo; la que habla es la sintaxis de los significados que constituyen la obra. Así se está en presencia de una producción de signos nuevos donde creación y goce artístico son desplazados del plano subjetivo al plano objetivo simbólico, lingüísticamente comunicable. Más que la clásica figura de la "sublimación", Fornari prefiere la de "innovación", porque "el estudio psicoanalítico del proceso creativo demuestra que la actividad creativa, tanto artística como científica, se puede rastrear hasta *procesos de innovación*, los cuales se manifiestan mediante reestructuraciones, tanto del campo cognoscitivo como del campo afectivo, en las que está involucrada toda la personalidad del artista y del científico" (1974: 306).

3] LA PSICOLOGÍA ANALÍTICA. C.G. Jung se introduce en forma significativa en el debate de las relaciones entre psicología y arte, y el contraste con Freud también se deja sentir en esta temática. Jung resalta los riesgos de la metodología freudiana que, dirigiéndose a los antecedentes psicológicos identificables en la base de la obra, se alejan insensiblemente del sujeto, haciendo de cada artista un caso clínico y de cada obra de arte una enfermedad. Para Jung la obra de arte es una producción que va más allá del individuo, ya que su significado no se puede encontrar en las condiciones humanas que la produjeron: "Para dar a la obra de arte lo que le corresponde, es necesario que la psicología analítica excluya por entero cualquier prejuicio de carácter médico, ya que la obra de arte no es una enfermedad, y por lo tanto requiere una orientación completamente diferente de la médica. [...] La orientación exclusiva hacia factores personales, que requiere la investigación de la causalidad personal, no es en absoluto admisible para la obra de arte, ya que no se trata de un ser hu-

mano sino de una producción que va más allá del individuo. Se trata de una cosa que no tiene personalidad y para la cual nada de lo que es personal puede ser criterio de juicio. La verdadera obra de arte obtiene su significado particular del hecho de que logró liberarse de la estrechez y del obstáculo de cuanto es personal, dejando lejos de sí todo elemento caduco y contingente de la pura personalidad. [...] Su sentido y su carácter están en ésta, y no en las condiciones humanas que la precedieron; casi se podría decir que ésta utiliza al hombre y a sus decisiones personales simplemente como terreno nutritivo, utilizando las energías según leyes propias, y modelándose a sí misma de acuerdo con aquello en lo que quiere convertirse" (1922: 36-37).

La psicología analítica considera que el impulso creador es un "complejo autónomo", que tiene una vida psíquica independiente de la conciencia. Sus orígenes no se deben buscar en el inconsciente personal del autor, porque en este caso se trataría de arte "sintomático" y no "simbólico", sino en la esfera de la mitología inconsciente, cuyas imágenes primordiales son esas propiedades comunes a la humanidad que el inconsciente colectivo conserva y activa como posibilidades de representación, por lo que la obra de arte nos ofrece una perfecta imagen que, sometida a análisis, se revela en su valor de *símbolo*, de posibilidad arquetípica de imágenes primordiales (*v.* **arquetipo**, § 1). Al respecto Jung precisa que "no existen representaciones innatas, sino posibilidades innatas de representaciones que ponen límites definidos a la fantasía más audaz; es decir, existen categorías de actividad de la fantasía, en cierta forma ideas *a priori* cuya existencia no se puede demostrar sin la experiencia. *Éstas aparecen solamente en la materia formada*, como *principios reguladores de su formación*; esto significa que no podemos reconstruir el modelo primitivo de la imagen primordial más que por medio de conclusiones obtenidas de la obra terminada. La imagen primordial o arquetipo es una figura, demonio, hombre, o proceso, que se repite en el curso de la historia, siempre que la fantasía creadora se ejerce libremente. Ésta, en primer lugar, es una figura mitológica. Examinándola de cerca, notamos que es en cierta forma el resultado de innumerables experiencias típicas de todas las generaciones pasadas. Se podrían descubrir los residuos psíquicos de innumerables acontecimientos del mismo tipo. Representa una media de millones de experiencias individuales y proporciona una imagen de la vida psíquica, subdividida y proyectada en las formas múltiples del *pandemonium* mitológico" (1929: 48-49). Cuando la fantasía creadora se ejerce libremente, se desencadenan estas imágenes primordiales en las que resuena la voz de la humanidad. Es como si el artista que las utiliza hablara con mil voces, elevando aquello que es transitorio hacia lo eterno. Toda relación con el arquetipo, vivida o expresada, es "conmoviente", en el sentido de que actúa liberando en nosotros una voz que, por medio del artista, trabaja para la educación del espíritu.

4] LA PSICOLOGÍA FENOMENOLÓGICA-EXISTENCIAL.

a] K. Jaspers analiza la producción de escritores y artistas vinculándola a las fases sobresalientes de su vida patológica. Estas patografías se ubican, por un lado, en el terreno científico de las investigaciones de psiquiatría aplicada; por el otro, en el terreno filosófico de los complejos problemas existenciales, irreductibles a interpretaciones de tipo empírico objetivo. De esta manera, las obras de Strindberg, las telas de Van Gogh y la poesía de Hölderlin, interpretadas en su correlación con los rasgos patológicos de la biografía, lejos de encerrarlas en los reducidos espacios de la enajenación asumen el significado de momentos paradigmáticos de las máximas posibilidades humanas. El espíritu creativo del artista, no obstante estar condicionado por el devenir de la enfermedad, está, escribe Jaspers, "más allá de la oposición entre normales y anormales, y se puede representar metafóricamente como la perla que nace del defecto de la ostra. Así como no se piensa en la enfermedad de la ostra, frente a la fuerza vital de una obra no pensamos en la esquizofrenia que fue tal vez la condición de su nacimiento" (1922: 116).

b] Esta relación entre vida y creación artística la comparte M. Merleau-Ponty, para quien "la vida no *explica* la obra, pero no obstante comunica. La verdad es que *esa obra por hacer exigía esa vida*. [...] Existe una relación entre la constitución esquizoide y la obra de Cézanne porque la obra revela un sentido metafísico de la enfermedad –lo esquizoide como

reducción del mundo a la totalidad de las apariencias rígidas y 'puestas entre paréntesis' de los valores expresivos–, porque la enfermedad entonces deja de ser un hecho absurdo y un destino para convertirse en una posibilidad general de la existencia humana, cuando ésta se enfrenta de manera consecuente a una de sus paradojas –el fenómeno de la expresión– y porque finalmente, en ese sentido, es una sola y misma cosa ser Cézanne y ser esquizoide" (1948: 39).

5] LA CRÍTICA DE ARTE Y LA PSICOLOGÍA. La crítica de arte utiliza criterios psicológicos de tipo experimental y elementos de crítica estética, colocándose en una posición dialéctica respecto a los métodos del psicoanálisis, al que no niega cierta legitimidad, sobre todo en las investigaciones de tipo biográfico.

a] Con Arnheim psicología y crítica de arte se encuentran en la vertiente de las artes figurativas, dando origen a una estética psicológica fundada en el incremento de las temáticas de la percepción visual. Arnheim, sirviéndose en forma libre y original de los principios de la psicología de la forma, afirma que el proceso visual es un acto creativo, una percepción de estructuras significantes, no el registro mecánico de elementos fraccionados. Si esto es verdad por lo que se refiere a la simple percepción de un objeto, lo es con mayor razón para la apreciación artística, tanto en la vertiente de la creación como en la del goce. A la luz de tales principios se afrontan los problemas del equilibrio, de la forma, del espacio, de la luz, del color, del movimiento, con el fin de demostrar, contra la teoría formalista, que en el arte se realiza una "transustanciación" completa de la forma en la expresión significativa, y que toda producción artística es la encarnación figurativa de significados que no son dados sino producidos por esa facultad que Arnheim llama intuición: "La actividad mental no se limita a la elaboración de las informaciones recibidas de afuera. La cognición tiene lugar biológicamente como una de las formas mediante las cuales el organismo persigue sus metas. La cognición distingue los objetivos deseables de los hostiles y se concentra en aquello que es importante desde un punto de vista vital; identifica lo que es importante y por lo tanto reestructura la imagen según la necesidad de aquel que percibe. El mundo del cazador no tiene el mismo aspecto que el del botánico o el poeta. El ingreso (*input*) de estas diferentes fuerzas determinantes, tanto las cognoscitivas como las motivacionales, se plasma hasta formar una imagen perceptiva única de la facultad mental a la que damos el nombre de intuición. En conclusión, la intuición es la base de todo y merece todo el respeto que podamos tributarle" (1986: 32-33).

b] También la obra de E.H. Gombrich se ubica en el ámbito de la psicología de la percepción, teniendo como objeto las artes figurativas a las que se aplican los métodos de la psicología experimental, y asimismo con aperturas dialécticas a la metodología psicoanalítica. El pensamiento de Gombrich se caracteriza, por un lado, por la hipótesis de que la historia de los descubrimientos visuales, al igual que la de los descubrimientos científicos, está escandida por el proceso esquema-corrección, según el cual los artistas crean continuamente nuevos códigos revisando las hipótesis iniciales si los resultados no responden a las expectativas; por el otro, por haber enfrentado los problemas derivados de la aplicación de la teoría psicoanalítica al arte. Las conclusiones a las que conduce el análisis freudiano no son, según Gombrich, las corrientes que buscan en el mundo del arte los contenidos inconscientes, haciendo de la forma un simple envoltorio para esos contenidos. En el arte es el mismo envoltorio el que determina los contenidos, y sólo las ideas inconscientes que pueden ser adecuadas a la realidad de las estructuras formales se vuelven comunicables. Para Freud, en efecto, escribe Gombrich, "la creación artística se coloca en el mismo plano de la investigación de la verdad por obra del científico, y Freud manifiesta su confianza en que un día será posible descubrir los orígenes psíquicos de esta actitud mental. Pero, también aquí, su confianza se refiere a una futura psicología del artista, no a una psicología de las artes. Él nunca negó los límites de su método, y mucho menos los escondió detrás de una cortina de palabras altisonantes, como ha sucedido con tanta frecuencia, y aún sucede, en el campo de la teoría del arte" (1984: 126).

c] A. Hauser, favoreciendo el punto de vista sociológico respecto al psicológico, escribe que "la creación artística no se puede explicar simplemente con la transferencia de energías psíquicas de un sector a otro. La sublimación puede ser un factor del proceso creativo, pero de ninguna manera es idéntica al acto creativo. Aun si se la considera una premisa necesa-ria o una forma preliminar de la obra de arte, es necesario además tomar en consideración otros muchos momentos. Entre éstos se cuentan, además del deseo de satisfacer la propia libido instintiva, la voluntad de crear, que no es necesariamente idéntica a la de la reproducción; la aspiración de expresarse y comunicarse, que no necesariamente es un rasgo narcisista; la ambición de obtener la aceptación del público, que no se puede derivar exclusivamente de la necesidad de amor del artista" (1958: 46). Según Hauser la interpretación psicoanalítica del arte, por lo tanto, resiente el condicionamiento de la época y de la cultura de Freud, "cuyo concepto de enajenación estaba condicionado históricamente, y con toda seguridad habría asumido otro aspecto sin el patrimonio del pensamiento romántico del que su doctrina quedó impregnada" (1974: 17). Al inclinarse por el método sociológico de orientación dialéctica, más que por el psicológico, Hauser no se deja atrapar en el esquema del método adoptado, reconociendo que "no todo el acontecer es histórico y dialéctico; otros muchos acontecimientos se mueven en una dirección simplemente continua, discursiva y que introduce simples diferenciaciones en el punto de vista precedente. Hay fases del desarrollo que no se estructuraron dialécticamente y que conducen a constelaciones donde las posibilidades que se abren no se contradicen entre sí, sino que se bifurcan y permiten efectuar una elección entre más de dos alternativas. No obstante la dialéctica sigue siendo una forma fundamental del proceso histórico" (1974: XIX).

BIBLIOGRAFÍA: Arnheim, R. (1954); Arnheim, R. (1966); Arnheim, R. (1971); Arnheim, R. (1986); Cassirer, E. (1921-1929); Chasseguet-Smirgel, J. (1971); Fechner, G.T. (1871); Formaggio, D. (1973); Fornari, B. y F. Fornari (1974); Fornari, F. (1978); Freud, S. (1906); Freud, S. (1910); Freud, S. (1911); Freud, S. (1913); Freud, S. (1929); Goethe, J.W. (1808); Gombrich, E.H. (1960); Gombrich, E.H. (1965); Gombrich, E.H. (1984); Hauser, A. (1958); Hauser, A. (1974); Jaspers, K. (1922); Jones, E. (1949); Jung, C.G. (1922); Jung, C.G. (1929); Klein, M. (1930); Koffka, K. (1935); Kris, E. (1952); Merleau-Ponty, M. (1948); Pierantoni, R. (1982); Schopenhauer, A. (1819); Sedlmayr, H. (1979); Segal, H. (1955); Sindoni Ricci, P. (1984).

psicología del deporte (al. *Sportpsychologie*; fr. *psychologie du sport*; ingl. *psychology of sport*; it. *psicologia dello sport*)

Sector de la **psicología aplicada** (*v.*) que estudia el comportamiento humano antes, durante y después de la actividad deportiva, en relación con la personalidad, la motivación, los índices de ansiedad y de agresividad, las dinámicas de grupo en las pruebas colectivas, porque el atleta experimenta situaciones psíquicas extremas y sensaciones impulsivas correspondientes que no se pueden comprobar en las actividades normales. Además de las investigaciones de neuropsicología, que se sirven de técnicas psicofísicas como el registro electrofisiológico, y las investigaciones de la conducta, como el control de los tiempos de reacción, la psicología del deporte preparó un test para la medición de la ansiedad (*sport competition anxiety test*, SCAT), la agresividad, la activación, cuyo nivel está en relación con la motivación, el interés y el grado de dificultad de la intervención. Para favorecer el rendimiento se prepararon técnicas habilitadoras como la relajación, el **entrenamiento autógeno** (*v.*), la biorretroalimentación (*v.* **retroalimentación**), la **hipnosis** (*v.*), la preparación para las relaciones interpersonales en vista del desempeño en el nivel de equipo. Con criterios de atribución (*v.* **atribución, teoría de la**) y cognoscitivos (*v.* **cognición**), las investigaciones de psicología del deporte se extienden a las áreas de la personalidad, de la motivación y de la influencia social, con análisis multivariantes e interactivos.

BIBLIOGRAFÍA: Antonelli, F. y A. Salvini (1978); Cortilli, G., F. Saibene y B. Rossi (1986); Dal Lago A. (1990); Elias, N. y E. Dunning (1986); Martens, R. (1977); Most, P.H. (1982).

psicología del envejecimiento (al. *Alterungspsychologie*; fr. *psychologie du viellissement*; ingl. *ageing psychology*; it. *psicologia dell'invecchiamento*)

Sector de investigación en el que convergen diversas disciplinas que estudian el fenómeno del envejecimiento, los diferentes procesos vinculados con él y las formas de intervención. Este campo de investigación se ha desarrollado durante nuestro siglo después del progresivo aumento del promedio de vida con la consiguiente necesidad de desarrollar formas de prevención para los ancianos. Para este fin participan las investigaciones biomédicas, las psicosociales y las psiquiátricas.

1] LAS INVESTIGACIONES BIOMÉDICAS. Indagan si el envejecimiento constituye un fenómeno secundario de las condiciones de vida en que se encuentran los individuos o si, en cambio, está programado genéticamente, como lo afirma por ejemplo la hipótesis de L. Orgel, según quien el envejecimiento dependería de una serie de errores de transcripción de las informaciones genéticas presentes en el ADN. Naturalmente no se excluye la hipótesis de una interacción entre influencias genéticas y condiciones vitales, donde se abarcan tanto las condiciones de hecho en las que transcurrió una vida, como las disposiciones psicológicas con las que se le hizo frente.

2] LAS INVESTIGACIONES PSICOSOCIALES. Se orientan en tres direcciones: la senilidad *psicofísica*, con todo el conjunto de modificaciones del aspecto y las consecuentes repercusiones psicológicas; la senilidad *social*, decidida por la comunidad con la cesación de la actividad laboral, y por último la senilidad *psíquica*, determinada por el perfil del carácter y de la condición de soledad que acentúa los rasgos depresivos. Los resultados de estas tres fuentes de información, como señalan A. Maderna, D. Ianni y P. Membrino, revelan que a la vuelta de pocos años el adulto se enfrenta a una fase de transformación muy rápida para la que con frecuencia no está preparado. Entre los factores más significativos mencionamos la condición de jubilado, que evade la red de relaciones sociales en la que el sujeto había desarrollado la parte central de su vida, la disminución del ingreso, la disolución del grupo socioafectivo donde había construido los vínculos más íntimos, con el alejamiento de los hijos, la pérdida de parientes y de amigos, la apertura de un tiempo libre sin una red de referencias que antes había llenado el tiempo ocupado. En este contexto, escribe A. Maderna, "se abre el espacio de la soledad, una soledad que en realidad siempre existió pero que estaba enmascarada por una amplia gama de modalidades centradas en relación con el 'hacer', con el menoscabo de otras en relación con el 'sentir'. Y al sujeto que se 'graduó' de anciano de pronto le faltan en rápida secuencia los lugares y las formas del 'hacer'; la falta de costumbre para 'sentir', es decir, para desempeñar una gama de operaciones centradas en la convivencia de la propia interioridad, implica una desbandada a la que muchos no logran adaptarse" (1987: 536).

La depresión del anciano difiere de la depresión del adulto porque a aquél de pronto le falta la proyectividad que en el adulto tiene todavía bases de realidad, y porque la figura de la muerte ya no tiene los caracteres fantasmáticos de la posibilidad, sino sólo los ineludibles de la cercanía y de lo inevitable. A esto se agrega que en la cultura occidental los valores de la exterioridad, de la salud y de la vida, acompañados por el exorcismo de la muerte, educan para una fuga constante de las dimensiones de la existencia, como la reflexión, la emoción, el silencio y la espera, que se abren después de decenios a sujetos acostumbrados a considerarlos valores secundarios. La reacción senil a este estado puede ser la prevaricación o la resignación. El primer espacio cada vez es menos practicable por el progresivo despedazamiento de la familia en núcleos reducidos y ya no sobrepuestos; el segundo lleva a la espera de la muerte o a la búsqueda de un refugio en fantasías, en ocasiones delirantes, que permiten vivir en una representación metafórica.

A diferencia de lo que sucedía en las sociedades elementales, donde la figura del viejo era una manifestación simbólica fundamental para el grupo, hoy, como escribe Max Weber, "cuando la vida de todo individuo civilizado está inserta en un progreso hacia el infinito, por su mismo significado inmanente no puede tener ningún fin. En efecto, siempre existe un progreso ulterior que debe cumplir quien está dentro, por lo que nadie muere porque llegó a la cúspide, que está situada en el infinito. Abraham, o cualquier campesino de los tiempos antiguos, moría 'viejo y satisfecho de la vida' porque su vida, y también su significado, en el atardecer de su día, le había presentado todo lo que le podía ofrecer, porque no quedaban para él enigmas por resolver y, por lo tanto, podía estar 'satisfecho'. Pero un hombre civilizado, que participa en el enriquecimiento de la civilización con ideas, conocimientos, problemas, puede estar

'cansado de la vida' pero no satisfecho [...] por lo tanto su muerte es un acontecimiento absurdo. Y si la muerte carece de sentido, no lo tiene tampoco la vida civilizada como tal, en cuanto, precisamente por su absurda 'progresión', hace de la muerte un absurdo" (1919: 20-21).

3] LAS INVESTIGACIONES PSIQUIÁTRICAS. Se ocupan de los trastornos psíquicos de las personas ancianas cuyas formas patológicas, diferenciándose de las de los adultos, permiten que estas investigaciones se constituyan en forma autónoma bajo la denominación de *psiquiatría geriátrica* o *psicogeriatría*. En efecto, entre los ancianos resultan más frecuentes las causas orgánicas de los trastornos psíquicos, sobre todo en las formas de **demencia** (*v.*); en segundo lugar, la senilidad confiere un carácter particular a los síndromes psiquiátricos observables en los adultos, por lo que se habla, por ejemplo, de esquizofrenia o depresión senil, por último, con frecuencia se comprueban síndromes reactivos a la experiencia senil específica, que requieren, además de los tratamientos psiquiátricos normales, intervenciones de tipo social.

Las características más comunes de la vejez reconocidas en las investigaciones psicológicas y psiquiátricas son: *a*] la reducción de la *memoria a corto plazo* mediante la cual se logra almacenar las informaciones muy rápidamente y evocarlas en pocos segundos; *b*] la lentitud del *tiempo de reacción*, que es el tiempo que utiliza el cerebro para reconocer la presencia de un estímulo, seleccionar la respuesta apropiada y coordinar los músculos para un movimiento adecuado; *c*] la tendencia a la *rigidez,* con la consiguiente dificultad para traducir una serie de instrucciones verbales en acciones, para comprender nuevas informaciones, para desaprender viejas costumbres; *d*] la declinación de la *inteligencia*, en cambio, no parece tan imputable a la vejez cuanto a la falta de ejercitación. Recientes estudios han demostrado directamente que, no obstante la declinación de la memoria a corto plazo y el aumento del tiempo de reacción, el cociente de inteligencia no sufre una disminución concomitante; es más, algunos aspectos del comportamiento inteligente, en ciertos casos, mejoran con la vejez.

BIBLIOGRAFÍA: Barucci, M. (1990); Beck, W.S. (1979); Burgalassi, S. (1975); Butturini, U. y M. Passeri (1972); Cesa-Bianchi, M. (coord.) (1978);

Laicardi, C. y A. Piperno (1980); Lehr, U. (1976); Maderna, A., D. Ianni y P. Membrino (1987); Oliverio, A. (1977); Pinto Minerva, F. (1974); Weber, M. (1919).

psicología del desarrollo
v. PSICOLOGÍA DE LA EDAD EVOLUTIVA.

psicología del mercado
v. PSICOLOGÍA COMERCIAL.

psicología del sí
v. SÍ MISMO, § 3.

psicología del trabajo (al. *Arbeitspsychologie*; fr. *psychologie du travail*; ingl. *occupational psychology*; it. *psicologia del lavoro*)

Sector de la **psicología aplicada** (*v.*) que se propone constituir un cuerpo de conocimientos de las actividades laborales humanas para mejorar la eficiencia de las actividades y la satisfacción de las personas. La frecuente incompatibilidad de estas dos instancias desplaza en ocasiones a la psicología del trabajo hacia una concepción estrictamente productiva o una concepción basada en el desarrollo del hombre, con diferente aprovechamiento de los datos obtenidos del estudio de las actitudes hacia el trabajo y de la organización del mismo.

1] LAS ACTITUDES. Las actitudes hacia el trabajo que son objeto de especial atención son: *a*] la *gratificación*, que puede ser intrínseca y por lo tanto vinculada al contenido del trabajo, o extrínseca, como la retribución, el reconocimiento de los superiores, las perspectivas de promoción y la organización en general; *b*] la *enajenación* implícita en toda actividad laboral, donde una parte del sí se exterioriza en el producto que con frecuencia el trabajador no percibe como equivalente a la energía utilizada para su producción; *c*] la *dedicación* hacia la organización, que depende de la mayor o menor aceptación de las finalidades y de los valores de la organización, con la consiguiente disposición a realizar esfuerzos en su favor; *d*] la *motivación*, que se mide por el empeño

invertido para obtener una gratificación intrínseca o extrínseca. Una actitud positiva hacia el trabajo repercute en mejor cantidad y calidad de la producción, y en el nivel subjetivo en una disminución del estrés laboral.

2] LA ORGANIZACIÓN. La organización del trabajo surge de un análisis científico de los tiempos y de los movimientos, de una estandarización de los instrumentos y de las herramientas, de una asignación determinada de tareas y objetivos, de una especialización que no está divorciada de una individualización del trabajo, de una asignación de responsabilidades mediante una selección científica del personal para aumentar motivaciones, gratificaciones y productividad. Al aplicar a la organización los resultados que alcanzó la teoría sociotécnica de los sistemas, se pudo comprobar que desde el punto de vista de la experiencia personal la *significación* del trabajo está influida por las características de las atribuciones; la *responsabilidad* por los resultados del trabajo lo está por la autonomía del trabajador respecto a los procedimientos y a la selección de los tiempos, mientras que el *conocimiento* de los respectivos resultados depende de la retroalimentación proveniente del trabajo mismo. Estos tres elementos se ven favorecidos por la variedad de las tareas, por la vinculación a una tarea más general, por la duración óptima del ciclo laboral, por los criterios al fijar los estándares de trabajo, por la creación de tareas que requieran un grado de capacidad tal que estimule a la persona al darle una contribución reconocible al producto terminado. Por último, en lo que se refiere a los problemas vinculados a la *división del trabajo*, a las relaciones entre *decisión* e *información*, a la *conflictividad* interna y a la influencia del *ambiente social* en el que se trabaja, véase la voz **organización**, § 1.

3] EL ESTRÉS. El estrés del trabajo nace cuando las exigencias de la organización ponen a prueba las respuestas del sujeto, cuyo costo en términos psicológicos y somáticos puede ser superior a los recursos con los que cuenta. Se encuentran fuentes potenciales de estrés en la función del sujeto en la organización, las relaciones interpersonales en el trabajo, por presiones en la competencia por hacer carrera, el clima y la estructura de la organización, la amenaza que ésta representa para la libertad y la autonomía, las características con las que se presentan los procesos de decisión, la calidad de los intercambios entre la vida fuera y dentro de la organización, con el consiguiente traslado de las crisis y el estrés de un sistema al otro. Aquí la psicología del trabajo penetra en el sector de la clínica y, en especial, en el que tiene por objeto los síndromes psicosomáticos (*v.* **psicosomática**) en los que el **estrés** (*v.*) se manifiesta finalmente.

4] LA ORIENTACIÓN PROFESIONAL. Es una investigación que abarca toda el área de la personalidad con miras a su actuación concreta en un campo socioeconómico determinado a partir de la constatación de que una buena afirmación laboral es un factor primordial para la obtención del estatus adulto, porque de esa afirmación depende la posibilidad de una completa emancipación, de independencia económica, de la obtención de la madurez emotiva, social y psicosexual. C. Scarpellini indica, entre los criterios adoptados para la evaluación de la personalidad, los siguientes: *a*] *diagnóstico-aptitudinal*, que identifica en cada sujeto las capacidades y las disposiciones congénitas que lo hacen más apto para ciertas profesiones que requieren precisamente esas habilidades; *b*] *caracterológico-afectivo*, para evaluar los intereses que en los diferentes sujetos activan y acrecientan las aptitudes; con este análisis se entra en la dinámica psíquica de la personalidad, y las técnicas de orientación tratan más los aspectos afectivos que los psicosensoriales; *c*] *sociocultural*, donde los factores que más afectan a la orientación son los derivados del hábitat del individuo que condicionan las aspiraciones y las informaciones en un plano de realismo que limita la organización ilusoria de omnipotencia; *d*] *personalista*, donde la atención ya no se orienta exclusivamente a la capacidad productiva, sino a la realización de la personalidad. Esta orientación considera tanto el aspecto evolutivo del individuo como el psicosocial, porque se inserta en la dinámica basada en la percepción de sí mismo que implica confrontaciones con modelos de identificación, evaluación de las propias respuestas a las expectativas sociales, afirmaciones de autonomía y de colaboración.

A partir de estas evaluaciones se inicia la *dinámica de la elección*, que considera: *a*] la *voca-ción*, que es una atracción de fondo emotivo en la cual el sujeto vive un esquema anticipador de estado operativo en el que se ve a sí mismo y en el que prueba su realización; *b*] la *elección*, que debe tomar en cuenta la proporción entre el nivel de aspiración y la capacidad de eficiencia en el plano personal, además del principio de realidad, o sea de las posibilidades que ofrece el mercado de trabajo en el plano objetivo. La poca congruencia entre los dos niveles produce todas las formas de irrealismo que abarcan desde la incapacidad pasando por la incompetencia, hasta la desadaptación.

5] LA SELECCIÓN. La selección del personal puede ser *negativa*, con la eliminación de los menos idóneos, o *positiva*, por la elección de los mejores (*v.* **selección**, § 4). Existen para ese fin: *a*] *Test de idoneidad*, que preparó L. J. Cronbach, quien entiende por idoneidad "el complejo de las condiciones psíquicas que posibilitan el cumplimiento de una actividad determinada" (1960: 83). Además de las capacidades intelectuales, expresivas y de los talentos propios de cada uno de los sujetos, los tests de Cronbach toman en cuenta "inventarios de intereses" para el aumento de motivaciones que se registra cuando el sujeto constata que sus propios intereses son tomados seriamente en consideración en su ámbito ocupacional; *b*] *el Giesetestsystem*, batería de tests que preparó el psicólogo alemán F. Giese y que después reelaboró F. Dorsch para verificar el aspecto *cualitativo* de algunos parámetros de rendimiento, como la habilidad manual, la inteligencia práctica, la capacidad técnica, la capacidad directiva y otras especificaciones, siempre de orden cualitativo; *c*] *el test de Pauli*, que introdujo R. Pauli y que después reelaboró W. Arnold, para la medición de la calidad de la concentración, la atención, la constancia, el rendimiento, el cansancio y la modalidad de desarrollo de la actividad laboral.

6] LAS DISCIPLINAS AFINES. Son afines a la psicología del trabajo, pero diferentes de ésta por su especificidad, la **ergonomía** (*v.*), la **psicología industrial** (*v.*), la **psicología comercial** (*v.*) y la **psicología de la publicidad** (*v.*).

BIBLIOGRAFÍA: Arnold, W. y R. Pauli (1961); Cooper, C.L. y J. Marshall (1978); Cronbach, L.J.

(1960); Herzberg, F. (1966); Kornhauser, A. (1965); Meili, R. (1955); Novara, F. y R.A. Rizzi (1971); Scarpellini, C. (1972); Spaltro, E. (1967); Tannenbaum, R. (1964); Taylor, F.W. (1911); Warr, P.B. (1978); Wroom, V.H. (1964); Zaleznik, A., C.R. Christensen y F.J. Roethlisberger (1961).

psicología del tráfico (al. *Verkehrspsychologie*; fr. *psychologie du trafic*; ingl. *traffic psychology*; it. *psicologia del traffico*)

Sector de la **psicología aplicada** (*v.*), que se ocupa del estudio científico de las conductas psicológicas habitualmente asumidas en el tráfico carretero, ferroviario, aéreo, con el fin de optimizar el sistema hombre-máquina (*MMS, man-machine-system*) integrado por recorrido-conductor-vehículo, que se puede representar mediante diagramas donde la variación de un elemento del sistema modifica al sistema completo. Especial importancia tienen las relaciones entre la psicología del tráfico y la psicología perceptiva (*v.* **percepción**) desde el momento que las informaciones más importantes provienen del sistema auditivo y del visual, sobre todo en relación con la capacidad de discernimiento, de adaptación, de sensibilidad a la visión diurna o nocturna, a la visión cromática, a la percepción de la profundidad. La psicología del tráfico, además, hace amplio uso de los tests de personalidad (*v.* **test**, § 3) para estudiar la relación entre cansancio y rendimiento y evaluar la respuesta a la sobrecarga de estímulos, además de los valores de concentración y de distracción. A esto se agregan los tests que evalúan la disposición individual al **riesgo** (*v.*), donde interviene una hipervaloración de la propia personalidad o una devaluación de las propias condiciones físicas precarias debidas a la edad o a la ingestión de sustancias que cuentan, entre sus efectos con una disminución de los reflejos y una reducción del desempeño. Las indicaciones obtenidas de la observación de los comportamientos de conducción se utilizan para el mejoramiento de los vehículos, tanto en términos de disposición de los instrumentos de manejo como de rendimiento mecánico para hacer más orgánico y armónico el sistema hombre-máquina.

BIBLIOGRAFÍA: Forbes, T.W. (1972); Spörli, S. (1968).

psicología del yo (al. *Ichpsychologie*; fr. *psychologie du moi*; ingl. *ego psychology*; it. *psicologia dell'io*)

Orientación psicoanalítica que integra el modelo intrapsíquico de S. Freud, fundado en la economía de las pulsiones y de las fantasías inconscientes, con el modelo culturalista e interpsíquico que favorece el mundo externo y los relativos problemas de adaptación a partir de la biología evolucionista de C. Darwin.

1] LOS MECANISMOS DE DEFENSA DEL YO. El desplazamiento del eje psicoanalítico de los conflictos ello-yo-superyó hacia las relaciones con el mundo ya lo había iniciado Anna Freud, para quien "el aumento de la atención prestada al yo durante el proceso terapéutico puso fin al período en el cual el análisis se consideraba exclusivamente como psicología de lo profundo, y el análisis se volvió 'análisis de la personalidad completa' en el verdadero sentido de la palabra" (1936: 1055). Con la obra *El yo y los mecanismos de defensa* A. Freud asume el yo como objeto e instrumento de investigación, conjeturándolo como la estructura psíquica que tiende a organizar y a volver permanentes y funcionales las defensas, oponiéndose a la desestructuración de los obstáculos que interpuso a los requerimientos pulsionales además de la eliminación del síntoma que, como formación de **compromiso** (*v.*), se vive en forma **egosintónica** (*v.*). Los mecanismos de **defensa** (*v.*, § 2) son activados contra tres tipos de angustia que atacan al yo frente a la moral, a la realidad y a las pulsiones. La mayor parte de las veces el conflicto es endopsíquico y se deriva de un exceso de angustia que induce el superyó, contra el cual el yo se defiende, inhibiendo las representaciones pulsionales y los afectos que le están vinculados.

2] LA AUTONOMÍA PRIMARIA DEL YO. De estas premisas partió H. Hartmann, para quien la función del yo es la de crear un equilibrio entre organismo y ambiente, donde el primer término está descrito a partir del funcionamiento de los aparatos biológicos y el segundo con los instrumentos de las ciencias sociales. Además el ambiente, que para Freud estaba en contraste con la economía libidinal, aquí se vuelve a diseñar como *hábitat* natural al que el yo se adapta por progresivas modificaciones que coinciden con las fases de la misma estructuración, posibilitadas también por el hecho de que para Hartmann existen, en lo psíquico, "zonas libres de conflicto", donde los procesos racionales se dan sin la interferencia de los impulsos pulsionales. Esto garantiza la *autonomía primaria del yo* en cuyo ámbito maduran la protección del estímulo, la movilidad, la percepción y la memoria, que permiten las modificaciones hacia dentro (autoplásticas) y hacia afuera (aloplásticas) mediante las cuales el yo reduce las tensiones que se le presentan. En esta perspectiva el **principio del placer** (*v.*, § 1) cede su primacía al **principio de realidad** (*v.*, § 3), que permite al yo evaluar las exigencias del mundo exterior y proporcionar respuestas adecuadas. La orientación teórica de Hartmann hace posible insertar en el modelo psicoanalítico freudiano el modelo genético cognoscitivista (*v.* **cognición**) de J. Piaget, y volver a colocar en el centro de la investigación psicológica y de las dinámicas del sujeto a la conciencia del **yo**, (*v.*, § 2).

El pensamiento de Hartmann lo retomaron D. Rapaport, quien une psicoanálisis y teoría general de los sistemas (*v.* **psicología sistémica**, § 1) con el fin de elaborar esquemas comunes para las disciplinas de la naturaleza y del hombre, y sobre todo E. Kris que, después de elaborar con Hartmann y R.M. Loewenstein el cuadro conceptual completo de la psicología del yo, expresó el análisis psicológico en términos *previsionales*, examinando las posibilidades autocurativas innatas en cada sujeto y en especial en cada proceso de maduración, abriéndose de esta manera a los modelos de las ciencias experimentales y estadísticas que hacen de la previsión el objetivo de sus investigaciones. La reivindicación de una cierta autonomía del yo con respecto al inconsciente permitió a Kris volver a formular el concepto de **sublimación** (*v.*) e independizar en parte los productos culturales de las matrices pulsionales, con la consiguiente posibilidad de analizar el producto artístico independientemente de la biografía de su autor (*v.* **psicología del arte**, § 2, *c*).

3] LA CONSTRUCCIÓN DE LA IDENTIDAD YOICA. A la psicología del yo también se une E.H. Erikson, quien le asigna al yo la tarea de sintetizar las diferentes partes del mundo interior entre

sí y con la realidad exterior, desplazando la centralidad de la psique, del mundo de las pulsiones y del desarrollo sexual, a la construcción de la *identidad*, que se alcanza con el cumplimiento de la evolución diacrónica de las diferentes partes de la personalidad, consideradas en íntima relación con los requerimientos sociales: "Crecer –escribe Erikson– significa estar divididos en diversas partes que se mueven a velocidades diferentes" (1950: 197), donde la identidad se percibe como continuidad histórica del yo que resistió a los cambios. El yo es la esfera en la que confluyen las experiencias fisiológicas, psicológicas y sociales porque el hombre "es simultáneamente, en cada uno de sus momentos, un organismo, un yo y un miembro de la sociedad, y siempre está involucrado en los tres procesos de organización: su cuerpo está expuesto al dolor y a la tensión, su yo a la angustia y, en cuanto miembro de una sociedad, es sensible al pánico que puede invadir a su grupo" (1950: 106). De allí se deriva un esquema evolutivo que no recorre las fases freudianas del desarrollo psicosexual, sino etapas escandidas por el factor psicosocial, que van desde la contraposición inicial organizada en las relaciones confianza-desconfianza hasta la meta final caracterizada por la integridad personal contrapuesta al aislamiento (*v.* **vida**, § 1, *b*).

BIBLIOGRAFÍA: Erikson, E.H. (1950); Erikson, E. H. y G.S, Klein. (1959); Freud, A. (1936); Hartmann, H. (1927); Hartmann, H. (1939); Hartmann, H. (1947); Hartmann, H., E. Kris y R.M. Loewenstein (1946); Kris, E., (1952); Rapaport, D., (1967).

psicología descriptiva (al. *Beschreibende psychologie*; fr. *psychologie descriptive*; ingl. *descriptive psychology*; it. *psicologia descrittiva*)

Corriente de organización metodológica que inició W. Dilthey con la intención de emancipar a la psicología de los métodos propios de las ciencias naturales que, trasladados a la psicología, amenazan con hacer perder la subjetividad que es precisamente el objeto específico de la psicología. Escribe Dilthey: "Las ciencias del espíritu se distinguen de las ciencias de la naturaleza en cuanto éstas tienen como su objeto los hechos que se presentan a la conciencia *desde afuera*, es decir como fenómenos que se dan singularmente, mientras en aquellas los hechos surgen originalmente *desde adentro*, como una conexión viviente", por lo que "nosotros *explicamos* la naturaleza, pero *comprendemos* la vida psíquica" (1894: 143-144). Debido a las diversas formas en que se presenta el fenómeno en las ciencias de la naturaleza y en las del espíritu, el concepto de **experiencia** (*v.*) no se puede asumir de manera rígidamente unívoca, porque "de cada objeto 'se experimenta' en forma adecuada a su naturaleza" (1894: 253). Por lo tanto, si la *Erfahrung* es la experiencia requerida para abordar los fenómenos que se ofrecen desde afuera, la *Erlebnis* será la experiencia necesaria para llegar a los fenómenos que se constituyen sólo en la experiencia inmediata.

De los dos planos de experiencia surgen dos series de operaciones que para las ciencias de la naturaleza son la inducción, el experimento y la operación matemática, mientras que para las ciencias del espíritu son la descripción, el análisis, la comparación y la hermenéutica. No podía ser de otra manera, por la distinta relación en la que se encuentra el investigador respecto al fenómeno estudiado y por la diferencia de los respectivos ideales cognoscitivos. En efecto, escribe Dilthey, "el ideal de la construcción de las ciencias de la naturaleza es la *conceptualidad*, cuyo principio está constituido por la equivalencia de las causas y de los efectos [...] en cambio el ideal de las ciencias del espíritu es la *comprensión* de la individuación histórico-social del hombre, con base en la vinculación y la comunidad presente en cada vida psíquica" (1896: 265). Deriva de allí que "la psicología debe tomar la vía contraria a la seguida por los que afirman el mundo de la construcción. Su proceder debe ser *analítico, no constructivo*. Debe partir del desarrollo de la vida, no derivar de procesos elementales" (1894: 168-169).

Dilthey, oponiéndose a la **psicología experimental** (*v.*) que, según su opinión, examina la psique del hombre como si se tratara de un mero objeto de la naturaleza, descarta el principio de causalidad utilizado en las ciencias naturales para adoptar la modalidad de conocimiento que consiste en comprender la vida psicológica desde adentro, ya que sólo es propiamente humano aquello que está íntimamente experimentado, *erlebt*, es decir vivido,

con la advertencia de que *Erlebnis*, lo "vivido", requiere métodos de validación diferentes a los propios de las ciencias naturales (*v.* **experimentado**).

Pasar de una psicología explicativa (*erklärende*) a una psicología descriptiva (*beschreibende*), significa entonces pasar de una psicología que "quiere explicar la constitución del mundo psíquico según sus elementos, sus fuerzas, sus leyes, como una especie de 'mecánica' psicológica" (1894: 139) a una psicología que, "partiendo de la conexión de la vida psíquica considerada en su totalidad, analiza, pero no sólo con el intelecto, sino con la cooperación de todas sus fuerzas, cada uno de los miembros de esta conexión, describe e indaga lo más profundamente posible los elementos y las funciones que los unen, sin iniciar ninguna construcción causal de los procesos psíquicos" (1894: 175). Esta descripción no es una crónica o un inventario puramente repetitivo, sino que trata de recoger en la concatenación estructural de los *Erlebnisse* la conexión de significado en la que se expresa la vida del hombre, evitando de esta manera el obstáculo de una interpretación reduccionista basada en una hipótesis de partida. La psicología descriptiva de Dilthey ha realizado una notable contribución a lo largo del itinerario que, desde una psicología concebida en forma naturalista conduce, a través de la **psicología comprensiva** (*v.*) de K. Jaspers, al **análisis existencial** (*v.*), que se propone *comprender* al hombre sin la necesidad de *explicarlo* mediante sistemas causales que le son extrínsecos.

BIBLIOGRAFÍA: Bolzano, F. (1874); Dilthey, W. (1894); Dilthey, W. (1896); Galimberti, U. (1979); Jaspers, K. (1913-1959); Jaspers, K. (1919).

psicología diferencial (al. *Differentielle psychologie*; fr. *psychologie différentielle*; ingl. *differential psychology*; it. *psicologia differenziale*)

Sector de la **psicología aplicada** (*v.*) que tiene por objeto la naturaleza y la magnitud de las diferencias en los comportamientos animales y en los procesos psíquicos entre individuos, grupos, sexos, clases de edad, clases sociales, culturales y etnias. El antecedente teórico de esta disciplina está en la tesis darwiniana según la cual las diferencias entre los individuos de una misma especie son las responsables de la **evolución** (*v.*) de ésta. A partir de esta premisa F. Galton trató de definir las características de los individuos geniales respecto a las de la población total, y creó un laboratorio antropométrico donde registró y midió un gran número de capacidades individuales. Después de él W. Stern sentó las bases de esta disciplina, que más tarde tuvo un desarrollo con características estadísticas, psicodinámicas y psicopedagógicas.

1] *En el ámbito estadístico* A. Binet mostró que las diferencias individuales (*v.* **inteligencia**, § 2), en lugar de formar categorías diferentes, se distribuyen a lo largo de una escala continua donde, para la mayor parte de las variables, la distribución se acerca a la curva en forma de campana de Gauss (*v.* **estadística**, § II, 2), caracterizada por una mayor concentración de casos en el centro, y una progresiva disminución hacia los extremos. C.E. Spearman, L.L. Thurstone, J.M. Cattell, R.B. Cattell y H.J. Eysenck introdujeron el **análisis factorial** (*v.*) para el estudio de las diferencias de **personalidad** (*v.*, § 2), unificando en categorías comunes (factores) las relaciones ya encontradas entre las variables. Para identificar las variables se recurre al uso de los **tests** (*v.*, § 3, *a*) objetivos, que pueden ser relativos a cada una de las capacidades o a la personalidad completa.

2] *En el ámbito psicodinámico* el estudio de las diferencias individuales encontró su más significativa fundamentación teórica en la **tipología** (*v.*, § 2) de C.G. Jung, a partir del principio regulador de la psicología analítica que él inició y que halla su expresión total en el proceso de **individuación** (*v.*).

3] *En el ámbito psicopedagógico* se utiliza la psicología diferencial para proporcionar, de cada sujeto, un conocimiento relativo en relación con la norma y la situación de los otros miembros del grupo, de acuerdo con el nivel de inteligencia superior o inferior, las diferencias en la esfera afectiva, y los niveles de adaptación y de desadaptación (*v.* **psicopedagogía**, § 2).

BIBLIOGRAFÍA: Anastasi, A. (1937); Anastasi, A. (1954); Binet, A. y T. Simon (1905); Cattell, J.M. (1904); Cattell, R.B. (1950); Dobzhansky, T. (1973); Eysenck, H.J. (1961); Galton, F. (1869); Jung, C.G. (1921); Piéron, H. (1949); Piret, R. (1971); Reuchlin, M. (1967); Spearman, C.E. (1927); Stern, W. (1935); Thurstone, L.L. (1936).

psicología dinámica (al. *Dynamische psychologie*; fr. *psychologie dynamique*; ingl. *dynamic psychology*; it. *psicologia dinamica*)

Denominación que agrupa a las corrientes psicológicas que valoran los mecanismos psicogenéticos que son la base de la construcción psíquica donde se manifiestan y compensan fuerzas diversas. La psicología dinámica presupone el modelo teórico de energía tomado de la física y de la lógica lineal de causa-efecto, propia de la **psicología experimental** (*v.*), pero utilizada en la vertiente del análisis subjetivo tal como resulta en la relación de interacción intersubjetiva. El término lo introdujo S. Freud para caracterizar la orientación de sus investigaciones: "No deducimos la escisión psíquica de una incapacidad congénita para la síntesis del aparato psíquico, sino que la explicamos dinámicamente, mediante el conflicto de fuerzas psíquicas, contrastantes, reconociendo en ella el resultado de una oposición activa de las dos agrupaciones psíquicas entre sí" (1909: 144).

El punto de vista dinámico (*v.* **aparato psíquico**, § 1) implica, además de la consideración de la noción de fuerza, también la de conflicto (*v.* **conflicto psíquico**) que vuelve a remitir, en último análisis, a un dualismo pulsional que, además de los antagonismos de las **pulsiones** (*v.*), se refiere a las fuerzas contrapulsionales y a los mecanismos de **defensa** (*v.*, § 2) de cuya interacción se deriva el comportamiento humano. La sistematización teórica de tales conceptos implica la postulación de una **metapsicología** (*v.*) que prevea una estructura psíquica que, en el caso del psicoanálisis, conjetura un superyó, un yo y un ello, así como un desarrollo psicológico articulado en fases o estadios evolutivos caracterizados por la localización anátomo-funcional de la **libido** (*v.*). A estas fases corresponden las etapas de la evolución biológica y psicológica, además de la interpretación patológica comprensible a partir de la estructura dinámica fijada en la sede metapsicológica. Forman parte de la psicología psicodinámica, además del psicoanálisis freudiano, la **psicología analítica** (*v.*) de C.G. Jung, la **psicología individual** (*v.*) de A. Adler, el psicoanálisis de la escuela inglesa que inició M. Klein (*v.* **kleiniana, teoría**), la **bioenergética** (*v.*), que comenzó con W. Reich, el psicoanálisis reinterpretado por J. Lacan (*v.* **lacaniana, teoría**), y las otras teorías psicológicas que se inician en la consideración de la psique, el concepto de energía y de conflicto entre fuerzas opuestas. El concepto de dinámica también entró a formar parte de la **psicología general** (*v.*), y **experimental** (*v.*), donde se lo asocia con todos los factores psíquicos, como **necesidades** (*v.*) tendencias, **instintos** (*v.*), que forman parte de la **motivación** (*v.*) del comportamiento humano.

El modelo conceptual propio de la orientación psicodinámica marcó áreas de investigación en **psicología social** (*v.*), desde los estudios sobre las **dinámicas de grupo** (*v.*, § III) a partir de K. Lewin, hasta los más recientes análisis de las instituciones. La referencia a Lewin permite evidenciar los vínculos de la psicología dinámica con la **psicología de la forma** (*v.*), por un lado, y por el otro con la psicología experimental. A partir de la convicción de que el progreso de la ciencia moderna se debe en gran parte al hecho de que la causa de los acontecimientos ya no se busca en un solo objeto, sino en la relación entre el objeto y aquello que lo rodea, Lewin llega a la conclusión de que "la situación ambiental asume una importancia igual a la del objeto, y en especial la *dinámica* de los procesos se debe derivar siempre de las relaciones entre el individuo concreto y la situación concreta y, en la medida en que tales procesos conciernen a fuerzas de origen interior, de las mutuas relaciones entre los diversos sistemas funcionales que forman al individuo" (1935: 48). Para hacer esto Lewin utiliza conceptos dinámicos como fuerza, valencia, tensión, fluidez, barrera, etc., y conceptos observacionales como ambiente, región, frontera, locomoción, etc., con la intención de llegar no sólo a una descripción estructural de los fenómenos, sino también a su interrelación y dinámica (*v.* **campo**, § 2).

En el campo de la teoría de la personalidad (*v.*, § 11), el punto de vista dinámico lo asumió y defendió denodadamente G.W. Allport, para quien "algunas definiciones de la psico-

logía ponen el acento en la experiencia, algunas en el comportamiento, otras en las relaciones psicofísicas, algunas en los procesos mentales conscientes, otras en el inconsciente, otras más en la naturaleza humana, pocas en la 'totalidad' de la existencia psíquica del hombre" (1955: 12). A partir de este cuadro de conjunto Allport concluye: "Deseo demostrar que una adecuada psicología del devenir no se puede manifestar exclusivamente en términos de estímulo, excitación emocional, asociaciones y respuesta. Necesita los principios subjetivos e interiores de organización del tipo indicado con los términos 'sí' o 'yo'. Que se usen o no estas palabras es un hecho de poca importancia, siempre y cuando, al definir el desarrollo de la personalidad, se dé pleno reconocimiento a los principios dinámicos que ésta implica" (1955: 85).

Forman parte de la psicología dinámica los *estudios de la motivación* (*v.*) realizados desde el punto de vista "genético", inclinado a considerar el origen y el significado de las "variables motivacionales", "funcional" por lo que se refiere a su organización unitaria con miras a una finalidad, y "dinámico" respecto al estudio de los efectos que las variables motivacionales tienen en el comportamiento.

BIBLIOGRAFÍA: Allport, G.W. (1955); Freud, S. (1909); Freud, S. (1915); Jervis, G. (1993); Jung, C.G. (1928); Klein, M. (1958); Lacan, J. (1950); Lewin, K. (1935); Maslow, A.H. (1954); Murray, E.J. (1964); Trentini, G. (1974).

psicología elementarista
v. ELEMENTARISMO.

psicología escolar (al. *Schulpsychologie*; fr. *psychologie scolaire*; ingl. *school psychology*; it. *psicologia scolastica*)

Sector de la **psicopedagogía** (*v.*) que utiliza los métodos y los datos que ofrecen la **psicología general** (*v.*), la **psicología de la edad evolutiva** (*v.*) y la **psicología diferencial** (*v.*) para enfrentar los problemas de inserción, desadaptación y formación escolar con un trabajo que se desarrolla en la escuela y con la escuela mediante intervenciones informativas para padres, cursos de formación para maestros, asistencia psicológica de carácter psico-diagnóstico y psicoterapéutico para alumnos problemáticos. Forman parte de su ámbito de competencia los problemas relativos al **aprendizaje** (v.), a la **enseñanza** (v.) y a los procedimientos utilizados en la **instrucción** (v.), en la **didáctica** (v.) y en la formación escolar (v. **escolar, formación**), además de los problemas relacionados con la orientación (v., § 4) escolar y profesional, y con la evaluación (v. **docimología**).

BIBLIOGRAFÍA: Bellomo, L. y C. Ribolzi (1979); Blandino, G. y B. Cannella (1978); Boscolo, P. (1980); Boscolo, P. (1986); Gagné, R.M. (1965); Russo, G. (1968).

psicología estética
v. PSICOLOGÍA DEL ARTE.

psicología estructuralista
v. ELEMENTARISMO.

psicología étnica
v. PSICOLOGÍA TRANSCULTURAL; ANTROPOLOGÍA, § 5-7.

psicología existencial
v. ANÁLISIS EXISTENCIAL.

psicología experimental (al. *Experimentelle psychologie*; fr. *psychologie expérimentelle*; ingl. *experimental psychology*; it. *psicologia sperimentale*)

En sentido amplio la psicología experimental coincide con la **psicología** (v.) como ciencia que se independizó de la filosofía gracias a la adopción de la metodología de las ciencias naturales, que prevén criterios de experimentación y de cuantificación. A diferencia de la **psicología filosófica** (v.), que se proponía asir la esencia y la naturaleza de la psique, la psicología experimental se plantea lo que sus métodos le permiten, es decir la comprensión de la forma en que actúa y se desarrolla el ser psíquico. *En sentido metodológico* la psicología experimental es ese sector de la psicología

científica que, para comprender, adopta el método *experimental*, diferente del *clínico* usado por la **psicología clínica** (v.) y del *cibernético* empleado por la **psicología sistémica** (v.). La *experimentación* requiere el conocimiento de todas las condiciones en las que determinado hecho se manifiesta de manera tal que permite su reproducción. Para esto es necesario un examen atento de las *variables* en juego y el cumplimiento riguroso de las *fases* que caracterizan el procedimiento experimental.

1] LAS VARIABLES DE LA EXPERIMENTACIÓN. En el ámbito psicológico las variables son esencialmente tres: la situación estímulo (E), la personalidad (P), en algunos casos también denominada organismo (O), y el comportamiento (C).

*a] La situación **estímulo*** (v.) está constituida por un ambiente físico en el que hay objetos, animales u otras personas. La situación puede ser *social*, como la descrita; *fisiológica*, si se refiere a estímulos físicos como la luz, los olores, los ruidos; *perceptiva* si se refiere a la forma en la que el sujeto recibe los contenidos del ambiente, etc. El comportamiento depende de la interacción entre el estímulo y la personalidad y se expresa con la fórmula $C = f (E \rightleftarrows P)$.

*b] El **comportamiento*** (v.) se puede observar en niveles diferentes según el análisis se refiera a un *aspecto*, como podría ser el aspecto fisiológico, o a la *estructura* de conjunto como resultado global. Dado que el comportamiento es una respuesta de la personalidad a la situación estímulo, en los experimentos se considera la latencia de la respuesta, su amplitud, su frecuencia y su duración.

*c] La **personalidad*** (v.) u *organismo* (v.) es la individualidad psicofisicosocial que distingue a cada individuo de la población de sujetos a la que pertenece. En relación con las otras dos variables (E y C) la personalidad puede estudiarse en el nivel de *funciones* psicológicas para ver cómo una misma personalidad reacciona a las variaciones sistemáticas de la situación; en el nivel *comparativo* o *diferencial* para comprobar cómo reaccionan individuos diferentes ante la misma situación; en el nivel *estructural* para confrontar las respuestas dadas a partir de situaciones diferentes.

2] LAS FASES DE LA EXPERIMENTACIÓN. Las fases que caracterizan el procedimiento experimental son:

a] *La* **observación** (*v*., § 1) que, para utilizarse con fines científicos, debe ser *sistemática*, en un ambiente que, aunque artificial, como puede ser el ambiente de laboratorio, debe poder superponerse al natural, y *controlada*, es decir que permita someter los datos descritos a procedimientos de comprobación.

b] *La formulación de hipótesis* que se proyectan más allá de los hechos observados con el fin de favorecer ulteriores comprensiones. Entre las hipótesis se distinguen las *inducidas*, que nacen de la observación de los hechos, y las *deducidas*, de las que se pueden obtener consecuencias comprobables, mientras que el conjunto de las hipótesis está validado por aproximaciones sucesivas. La verificación de una hipótesis es lo que permite distinguir una hipótesis científica de cualquier otra forma de suposición. En psicología la comprobación siempre es parcial debido a la dependencia del comportamiento de dos grupos de variables, la situación-estímulo y la personalidad, cada uno de los cuales implica a su vez un número muy elevado de variables. Además, la comprobación parcial de una hipótesis excluye la hipótesis inversa, pero no la interferencia de otras variables que pueden cumplir una función complementaria.

c] *El* **experimento** (*v*.) consiste en crear un conjunto experimental en el cual se aíslan las variables cuya modificación altera el fenómeno observado. Se denomina *independiente* a la variable que se hace cambiar a placer del experimentador, y *dependiente* la que cambia con la modificación de la primera. En psicología se utilizan experimentos *bivariantes y manipulativos* que reproducen los procedimientos de las ciencias físicas, así como experimentos *multivariantes y no manipulativos* que son expresión de las aportaciones estadísticas y probabilistas (*v*. **estadística**).

d] *La elaboración de los datos* se da mediante procedimientos estadísticos gracias a los cuales se puede representar matemáticamente, tabular y exponer en gráficas y relaciones (*v*. **estadística**, § I, 1). La elaboración de los datos y su confrontación tiende a la *explicación* del fenómeno observado que, si se comprueba oportunamente, permite ese procedimiento de naturaleza probabilista denominado *generalización*, que lleva a la formulación de las *leyes* que regulan el fenómeno. Tales leyes, que hacen referencia a una explicación

causal de los acontecimientos, posteriormente se elaboran y enmarcan en *teorías explicativas*, que pueden ser de tipo *reduccionista* (*v*. **reduccionismo**), donde las diversas manifestaciones de la personalidad se refieren a un único principio explicativo –como por ejemplo en S. Freud, a la teoría de la libido–, o de tipo *constructivo*, que no lleva todas las manifestaciones de la personalidad a un sustrato particular sino a un modelo, caracterizado por la matemática probabilista, que funge como común denominador de diferentes modelos posibles y que no debería estar en contradicción con ninguno de éstos. Éste es el método explicativo que J. Piaget consideró más idóneo para el objetivo específico de la psicología en el ámbito cognoscitivista (*v*. **epistemología genética**) y que prefirió C.G. Jung en el ámbito de la psicología de lo profundo (*v*. **constructivo, método**).

BIBLIOGRAFÍA: Boring, E.G. (1950); Candland, D.K. (1968); Cattell, R.B. (1966); Cesa-Bianchi, M. (1972); Fraisse P., J. Piaget y M. Reuchlin (1963); Jung, C.G. (1905-1937); Osgood, C.E. (1956); Piaget, J. (1951); Stevens, S.S. (1951); Trentini, G. (1962); Underwood, G.J. (1966); Woodworth, R.S. y H. Scholsberg (1956).

psicología fenomenológica
v. FENOMENOLOGÍA; ANÁLISIS EXISTENCIAL.

psicología filosófica (al. *Philosophische psychologie*; fr. *psychologie philosophique*; ingl. *philosophical psychology*; it. *psicologia filosofica*)

También denominada *psicología racional*, según la expresión que introdujo C. Wolff en 1732, la psicología filosófica es el antecedente histórico de la psicología experimental o científica, y expresa las concepciones del alma elaboradas por las diferentes filosofías a partir de Platón y hasta nuestros días. Las diversas definiciones proporcionadas se pueden reducir sustancialmente a dos: 1] la concepción del alma en sentido *constitutivo-ontológico* concibe el alma como una *sustancia*, según el modelo aristotélico que la define como "principio de los seres vivientes" (*Del alma*, I, 1, 402 a, 6). Esta concepción, que reconoce la inmortalidad del alma y por lo tanto hace de ella el principio imperecedero del hombre, recorre toda la historia de la filosofía antigua y medieval; 2] la concepción del alma como principio *regulador metodológico* concibe el alma como una *actividad unificadora* que, con intuiciones y categorías, construye la experiencia fenoménica, es decir la forma en la que las cosas se entregan a la actividad cognoscitiva del hombre. Esta concepción, que inició R. Descartes, encontró su máxima expresión con I. Kant. Con W. Wundt (*v.* **elementarismo**) la psicología abandona la orientación filosófico-deductiva por la científico-experimental.

BIBLIOGRAFÍA: Aristóteles (1973); Descartes, R. (1641); Kant, I. (1781); Wolff, Ch. (1732); Wundt, W. (1989).

psicología fisiológica
v. PSICOFISIOLOGÍA.

psicología forense (al. *Forensische psychologie*; fr. *psychologie juridique*; ingl. *forensic psychology*; it. *psicologia forense*)

Sector de la **psicología aplicada** (*v.*) que se ocupa de todas las problemáticas psicológicas que surgen con la práctica judicial y en especial con los casos en los que resulta indispensable la comprobación de la integridad psíquica del acusado. A la curación médica de la locura, que se dio hacia finales del siglo XVIII, siguió la exigencia de diversificar las responsabilidades jurídicas de los individuos con el fin de garantizar un trato especial a quien se considera enfermo de mente o simplemente afectado de anormalidades psíquicas. De esta manera se asume como principio de la imputabilidad de las acciones, y por lo tanto como criterio para la atribución de la responsabilidad jurídica, el principio de la "capacidad de entender y de querer". La delimitación de las circunstancias que permiten afirmar o negar esta capacidad se fue afinando poco a poco de manera casuística, pero sólo después de la segunda guerra adquirieron suficiente consistencia como para constituir un verdadero repertorio de referencias para el trabajo de investigación y para la práctica de los psicólogos en este sector, que también se enriqueció con el perfeccionamiento metodológico al que llegaron los diferentes campos relativos a la psicología.

En todas sus expresiones (judicial, criminal y carcelaria) el trabajo de la psicología forense se manifestó en dos direcciones: la *diagnóstica* y la *terapéutica*. En el primer ámbito utiliza los métodos propios del diagnóstico de la personalidad: análisis sociocultural del contexto de origen del acusado, análisis psicológico y del carácter, cuidadoso examen de las declaraciones hechas en el curso del proceso para reconstruir la dinámica del gesto trasgresivo y para establecer la normalidad o ausencia de la misma del estado psíquico del individuo en el momento en que cometió el hecho delictivo. De especial importancia son los **peritajes** (*v.*) efectuados sobre los testimonios al cuestionar su confiabilidad con base en su credibilidad. Los peritajes se realizan mediante un cuidadoso estudio del contexto judicial, de las condiciones psicosociales de los testigos y de sus versiones, en relación con la marcha global del proceso, la figura de los abogados, del juez y de todos aquellos que asumen una función específica en el contexto judicial.

Las tendencias jurídicas modernas, que en términos generales reconocen la excepcionalidad de algunos casos frente a la ley, parten de la intención de concebir el derecho en términos preventivos y de aplicarlo teniendo en consideración la singularidad de los casos, en especial cuando se trate de fenómenos de delincuencia juvenil, de toxicodependencia, o de alguna clase de marginación social, que pueden encontrar una aclaración y una correcta evaluación precisamente gracias a la intervención del peritaje psicológico o psiquiátrico y, en consecuencia, a la adaptación de la pena o simplemente a un destino diferente, en instituciones psiquiátricas o de rehabilitación, de quienes son considerados culpables. La segunda dirección es la terapéutico-preventiva; el psicólogo actúa ya no como asesor sino como operador que desarrolla su trabajo de asistencia en los centros penitenciarios y en los reformatorios para favorecer la resocialización, prevenir la reincidencia y, en fin, garantizar los derechos civiles de los reos y apoyar una interpretación específica, en cada caso, de los términos legales. En el ámbito de la psicología forense se distinguen:

1] LA PSICOLOGÍA JUDICIAL. Este sector tiene por objeto de estudio todas las figuras que pertenecen al contexto legal –es decir víctimas, acusados, testigos, jueces–, y hace extensiva su área de competencia al problema del peritaje de los testimonios y de las confesiones reunidas en el curso de la investigación y del proceso. Para comprobar la credibilidad de una declaración se vale de una serie de criterios evaluativos y de técnicas diagnósticas que permiten sopesar la personalidad global del sujeto, las condiciones emocionales en las que se encontraba en el momento del acontecimiento y sus eventuales implicaciones personales. Pero la psicología judicial tiende sobre todo a resaltar las condiciones sociales, políticas, culturales y profesionales presentes en la experiencia colectiva con el fin de perfeccionar la sentencia judicial y los términos de la culpabilidad.

2] LA PSICOLOGÍA CRIMINAL. Este sector tiene por objeto de estudio los diferentes factores que participan para determinar comportamientos antisociales. Esto prevé diferentes orientaciones, expuestas en la voz **delincuencia** (*v.*), cada una de las cuales investiga las causas del fenómeno en un ámbito específico. Otros sectores de investigación estrechamente relacionados son la *estadística* criminal, que tiene por objeto de estudio los crímenes más comunes, el número de autores masculinos y femeninos, las formas de reincidencia y las ocasionales, la constancia y las variantes del comportamiento; la *victimología,* que estudia las dinámicas psicosociales predisponentes de las víctimas y los daños que éstas sufren; los estudios para la *prevención* de la criminalidad, que tomen en consideración las aportaciones de las disciplinas sociológicas para la identificación de los medios más eficientes.

3] LA PSICOLOGÍA CARCELARIA. Este sector tiene por objeto de estudio las condiciones psíquicas que se determinan en individuos privados de la libertad, con la finalidad de identificar y definir los sistemas de tratamiento más idóneos a fin de no generar en el sujeto efectos psíquicos negativos y para reducir al mínimo la posibilidad de reincidencia en el delito al salir de la cárcel. En este sentido la psicología carcelaria, mediante procedimientos específi-cos de diagnóstico y pronóstico, puede contribuir a la elección, para cada detenido, del lugar y el sistema de ejecución de la pena más adecuada para alcanzar estos objetivos, no obstante que las últimas investigaciones parecen centrarse, más que en la elaboración de una modalidad de encarcelamiento ideal, en la delineación de alternativas concretas y factibles al tradicional encarcelamiento basado en la privación de la libertad.

BIBLIOGRAFÍA: Autores varios (1981); Amato, S. (1985); Beccaria, C. (1764); Bisio, B. (1977); Ceretti, A. (1992); De Vincentiis, G. (1972); Di Gennaro, G., M. Bonomo y R. Breda (1976); Erismann, T.H. (1947); Feldam, M.P (1977); Ferracuti, F. (coord.) (1990); Ferrio, C. (1950); Foucault, M. (1975); Gallo, E. y V. Ruggiero (1983); Gluech, E.T. (1950); Greganti, G. (1976); Gullotta, G. (coord.) (1979); Kojève, A. (1982); Lacan, J. (1951); Lombroso, C. (1873); Lombroso, C. (1890); Madinier, G. (1973); Mannheim, H. (1965); Musatti, C. (1931); Pitch, T. (1989); Ponsod, A. (1967); Rawls, J. (1971); Reid, J.E. y F.E. Inbau (1966); Romano, B. (1984); Schneider, H.J. (1979); Serra, C. (coord.) (1980); Zatti, P. (1975).

psicológica, función
v. FUNCIÓN, § 2, *b.*

psicología funcionalista
v. FUNCIONALISMO.

psicología general (al. *Allgemeine psychologie*; fr. *psychologie générale*; ingl. *general psychology*; it. *psicologia generale*)

La psicología general, también denominada *psicología pura* o *psicología académica*, no constituye propiamente un sector de investigación sino más bien una elaboración y una síntesis de las teorías y de los resultados experimentales obtenidos en el campo psicológico, relativos a los procesos de **aprendizaje** (*v.*), de **emoción** (*v.*), el **lenguaje** (*v.*), la **memoria** (*v.*), la **motivación** (*v.*), el **pensamiento** (*v.*), la **percepción** (*v.*), considerados en forma predominantemente independiente del contexto existencial. Si bien está probada por una amplia tradición histórica y por un *corpus* de estudios desarrollados en las instituciones universitarias, la psicología general, que algunos desean hacer coincidir con la **psicología** (*v.*) sin adjetivos y otros con la **psicología experimental** (*v.*), ha provocado objeciones que se pueden resumir en la que formuló G.W. Allport, para quien "querer abstraer el espíritu humano universal de una población de individuos activos, estimulantes y bien adaptados es realmente una empresa de dudosa validez. Este espíritu humano generalizado es un mito; le faltan las características más esenciales, el lugar, las peculiaridades orgánicas, la relación mutua de cada una de las partes y la conciencia de sí" (1955: 12). Para superar estas justificadas objeciones la psicología general, además de los temas tradicionales de su investigación, se expresó como **psicología de la personalidad** (*v.*), articulando dentro de sí un aspecto *nomotético*, que se refiere a las leyes generales, y uno *idiográfico*, que se ocupa del rasgo psicológico en su especificidad y singularidad.

BIBLIOGRAFÍA: Allport, G.W. (1955); Ancona, L., (coord.) (1972); Griffith, C.R. (1943); Hardy, M. y S. Heyes (1982); Hebb, D.O. (1966); Hilgard, E.R., R.C. Atkinson y R.L. Atkinson (1957); Katz, D. (1960); Legrenzi, P. (coord.) (1980); Luria, A.R. (1975); Miller, G.A. (1962); Thomson, R. (1968).

psicología genética
v. EPISTEMOLOGÍA GENÉTICA; COGNICIÓN, § 2-3.

psicología geriátrica
v. PSICOLOGÍA DEL ENVEJECIMIENTO.

psicología histórica (al. *Historische psychologie*; fr. *psychologie historique*; ingl. *historical psychology*; it. *psicologia storica*)

Estudio de las modificaciones y las transformaciones experimentadas a lo largo del tiempo por las formas de comportamiento humano y sus bases psicológicas. Esta orientación

la inició W. Wundt con su obra *Völkerpsychologie* [*psicología de los pueblos*] en diez volúmenes, donde, con la intención de superar las ineficiencias de la metodología experimental centradas en el estudio de acontecimientos aislados en el laboratorio, creó la perspectiva según la cual la comprensión de las formas de conducta y de los procesos psíquicos concomitantes sólo puede alcanzarse mediante la reconstrucción de sus orígenes y cambios históricos. Forman parte de este terreno de estudio los ensayos de C.G. Jung sobre la civilización en transición, el análisis de D.C. McClelland sobre la dependencia de la motivación del acaecer de las circunstancias históricas, la discusión de L.S. Vygotsky sobre la dependencia de los procesos cognoscitivos de las condiciones culturales, y las investigaciones de E. Fromm acerca del cambio histórico en la incidencia de las neurosis. Hoy la psicología histórica se mueve en tres direcciones. 1] el estudio de los modelos psicosociales para mostrar la contingencia histórica de los postulados universales de la naturaleza humana; 2] el estudio de las condiciones históricas favorables al desarrollo de cualidades psíquicas particulares, como la creatividad, el sentido del deber, etc.; 3] el estudio de los modelos diacrónicos del **cambio** (*v.*) tanto individuales como colectivos.

BIBLIOGRAFÍA: Fromm, E. (1955); Jung, C.G. (1918-1959); McClelland, D.C. (1961); Vygotsky, L.S. (1934); Wundt, W. (1900-1920).

psicología hórmica (al. *Hormische psychologie*; fr. *psychologie hormique*; ingl. *hormic psychology*; it. *psicologia ormica*)

Teoría de los instintos que elaboró W. McDougall y sostuvieron G.F. Stout y J. Dewey, según la cual en la base del comportamiento existen pulsiones instintivas primarias (en griego ὁρμή) que, tras ser modificadas por el aprendizaje y la operación de la inteligencia, se constituyen en los factores psicológicos complejos conocidos como *sentimientos* a los cuales se remiten las actitudes y creencias de carácter emocional. Además el comportamiento humano está guiado por la intencionalidad y por la tensión finalista (*purposive striving*), que constituye la clave de la comprensión psicológica, inaccesible a las orientaciones mecanicistas con las que McDougall entabló una dura polémica. Por extensión hoy se adopta el término *hormismo* para todas las concepciones psicológicas que asumen la hipótesis finalista (*v.* **finalismo**) como principio explicativo.

BIBLIOGRAFÍA: McDougall, W. (1912); McDougall, W. (1934); Watson, J.B. y W. McDougall (1929).

psicología humanista (al. *Humanistische psychologie*; fr. *psychologie humaniste*; ingl. *humanistic psychology*; it. *psicologia umanistica*)

Orientación psicológica que inició A.H. Maslow quien, convencido de la irrelevancia –en términos de significado existencial– de las investigaciones psicológico-experimentales y de los presupuestos deterministas que son la base de la teoría psicoanalítica, acentúa la irreductibilidad de cada sujeto, cuyas motivaciones para la acción no pueden reducirse de manera inmediata a las pulsiones subyacentes, sino que son favorecidas por valores no cuantificables, como la necesidad de exploración, la creatividad, la visión del mundo, en las que se expresa la identidad, la cualidad de la relación con los demás y, sobre todo, la **autorrealización** (*v.*), que es la base de la interpretación humanista de la **necesidad** (*v.*, § 3), de la **motivación** (*v.*, § 6) y de la **personalidad** (*v.*, § 3).

En el plano teórico las líneas orientadoras se derivan del *existencialismo*, que ofrece una amplia descripción de la existencia (*v.* **análisis existencial**); de la **fenomenología** (*v.*), que describe la modalidad con la cual la existencia se enuncia en los hechos de la experiencia, y del *pragmatismo*, donde la atención para la acción está correlacionada con la estructura motivacional, cuya autonomía respecto a la dinámica pulsional reivindica Maslow. La psicología humanista, en efecto, considera que el conocimiento de las motivaciones propias, que sólo le es dado al sujeto mismo, y que no puede ser inferido por los resultados, permite a cada uno evitar el **autoengaño** (*v.*) y llegar al conocimiento del **sí mismo** (*v.*, § 5), más allá de las máscaras que todos están obligados a utilizar en el momento público de su existen-

cia. En el plano terapéutico la psicología humanista no excluye las diferentes técnicas y metodologías, y admite métodos *físicos,* como la terapia **bioenergética** (*v.*), *afectivos,* como la integración de grupo (*v.* **psicodrama**), *relacionales,* como el **análisis transaccional** (*v.*), con muchos elementos de confluencia con la psicoterapia rogeriana (*v.* **psicología rogeriana**).

BIBLIOGRAFÍA: Bühler, C. y M. Allen (1972); Cohen, J. (1958); Maslow, A.H. (1954); Maslow, A.H. (1968); May, R. (1967); May, R. (1969); Murray, H.A. (1938); Rogers, C.R. (1951).

psicología individual (al. *Individualpsychologie*; fr. *psychologie individuelle*; ingl. *individual psychology*; it. *psicologia individuale*)

También denominada *psicología individual comparada*, es la teoría psicológica que elaboró A. Adler y que, junto al psicoanálisis freudiano y a la psicología analítica junguiana, constituye la tríada clásica de las "psicologías de lo **profundo**" (*v.*). Adler consideraba que hay dos instancias innatas en el hombre, expresables como *voluntad de potencia* (*v.* **potencia**, § 2), entendida como necesidad innata para sobrevivir y para afirmarse, y como *sentimiento social* (*v.* **sentimiento**, § 3), que debe entenderse como sentimiento tanto para cooperar con la comunidad cuanto para participar emocionalmente con los demás individuos. La coexistencia de estas dos instancias representa la "salud mental", mientras su conflicto lleva a la neurosis. "Toda neurosis –escribe Adler– se puede entender como una intención culturalmente equivocada de liberarse de un sentimiento de inferioridad para buscar un sentimiento de superioridad. La vía de la neurosis no lleva a la línea de la actividad social, no tiende a la solución de los problemas que se presentaron sino que, por el contrario, desemboca en el estrecho círculo familiar y obliga al paciente a terminar en una postura de aislamiento. El gran círculo social es eliminado, del todo o en gran parte, con un *arrangement* de hipersensibilidad y de intolerancia" (1920: 30).

En la base de la voluntad de potencia, concepto que Adler reconoce tomar de F. Nietzsche –"de todos los filósofos importantes que han dejado algo, Nietzsche es el más cercano a nuestra forma de pensar" (en H. Nunberg y E. Federn, 1973: 351)–, está ese fisiológico *sentimiento de inferioridad* (*v.* **inferioridad**) que caracteriza al niño desde su nacimiento y que, no superado, se transforma en *complejo de inferioridad*. Pueden contribuir a incrementar el complejo de inferioridad lo que Adler llama la inferioridad de órgano, entendida como insuficiencia física o estética, y la constelación familiar, entendida como rivalidad entre los hermanos, a los que Adler atribuye más importancia que a los padres.

La psicología individual rechaza el **determinismo** (*v.*) psicoanalítico a favor de una *proyectualidad* y de un *finalismo* que encuentra su expresión en lo que Adler llama el *estilo de vida* (*v.* **estilo**) que caracteriza a cada individuo: "No somos capaces de pensar, de sentir, de querer, de actuar, sin tener en mente una finalidad. Porque todas las causalidades no bastan para que el organismo viviente domine el caos del futuro y elimine el desorden del que seríamos víctimas. Toda acción se detendría en la fase de prueba confusa, no se llegaría a la economía de la vida psíquica y, sin unidad, sin fisonomía y sin ninguna nota personal, nos pareceríamos a los seres vivientes del rango de la amiba" (1920: 12-13). La dimensión finalista también se asigna al inconsciente que se anuncia en el sueño, que Adler interpreta como "un puente tendido hacia el futuro". El inconsciente, rechazado en su aspecto tópico, se visualiza en su aspecto dinámico como proyección por venir que se manifiesta en lo simbólico que produce, que no debe interpretarse de acuerdo con un esquema válido para todos, sino de manera "contingente", es decir respetuosa de la experiencia psíquica individual y del ámbito cultural donde crece el sujeto.

La proyección, por parte del hombre, de planos de vida, puede implicar una valoración de sí y del mundo que se separa de la objetividad, produciendo esas *ficciones* que permanecen en el ámbito de la normalidad psíquica mientras no alejen demasiado al individuo de sus semejantes y no alteren la coherencia del pensamiento. Adler, al abandonar el determinismo pulsional del psicoanálisis, también se ve obligado a reconsiderar las pulsiones sexuales y agresivas, concibiendo a las primeras como manifestaciones de la "coparticipación emotiva" y a las segundas como manifestaciones del instinto de sobrevivencia, contra la hipótesis de Freud, que las interpretaba como figuras de la pulsión de muerte (*v.* **muerte**, § 2).

Al concebir la neurosis como resultado del fracaso de la compensación, con la consiguiente dificultad para pasar de la posición egocéntrica a la de cooperación e integración social, Adler orienta el problema de la neurosis al plano del yo, reconociendo en el sujeto un conocimiento sustancial de sus propias motivaciones y en consecuencia una responsabilidad por lo menos parcial en la evolución de su estilo de vida. De esta manera anticipa el desplazamiento del interés analítico del inconsciente hacia el yo que encontrará su formulación, por un lado, en la *psicología del yo* (*v.*) de H. Hartmann, E. Kris y E.H. Erikson, y por el otro en la *psicología interpersonal* (*v.* **psicología social**, § 3, *d*) que expresan K. Horney, E. Fromm y H.S. Sullivan.

En el plano psicoterapéutico la terapia adleriana no recurre a la libre asociación (*v.* **asociación**, § 4); considera la **transferencia** (*v.*) como un elemento facilitador pero no utilizable en el nivel interpretativo, y presupone una participación activa por parte del terapeuta, orientada a desenmascarar los falsos objetivos hacia los que tiende el paciente y a proporcionar metas existenciales más idóneas y estimulantes. De aquí la influencia de Adler en el pensamiento pedagógico contemporáneo.

BIBLIOGRAFÍA: Adler, A. (1912); Adler, A. (1920); Adler, A. (1926); Ansbacher, R. (1972); Nunberg, H. y E. Federn (coords.) (1973); Parenti, F. (1983); Sperbes, M. (1976).

psicología industrial (al. *Industrielle psychologie*; fr. *psychologie industrielle*; ingl. *industrial psychology*; it. *psicologia industriale*)

Rama de la **psicología aplicada** (*v.*) que examina el factor humano en el contexto industrial. Nace en Inglaterra con la fundación del Institute of Industrial Psychology por parte de C.S. Meyers, que así la define: "Su objetivo es descubrir las mejores condiciones humanas posibles en los trabajos profesionales; que estén vinculadas a la mejor elección de una vocación, a la selección del personal más adecuado, a los medios más eficientes para evitar el cansancio y el aburrimiento, al estudio y a la actuación de los incentivos más válidos para el trabajo, a las causas de la irritación, del descontento y de la inquietud, y a los remedios correspondientes, a los mejores métodos de trabajo y entrenamiento, a la reducción de los esfuerzos innecesarios y de las fatigas debidas a malos movimientos y posiciones, a la iluminación inadecuada, a la ventilación y a la temperatura, a la ubicación equivocada del material y a la defectuosa disposición de las instalaciones, de los transportes internos o de la organización" (1958: 38-39). Hoy a esta serie de problemas se les hace frente con una ciencia específica, la **ergonomía** (*v*.), mientras a la psicología industrial se le asignaron problemas de *formación*, basándose en el principio de que si se satisfacen las aspiraciones y las necesidades de los trabajadores y se desarrollan sus capacidades, la productividad misma aumenta, comportándose como una variable dependiente respecto a la variable independiente que es el hombre con sus exigencias, entre las cuales están las psíquicas, de identidad y de reconocimiento de su función. Las técnicas de formación utilizan un instrumental de origen psicosocial y en parte clínico, oportunamente adaptadas y modificadas ya que están orientadas hacia personas que se suponen "normales".

BIBLIOGRAFÍA: Bize, R. y J. Milhaud (1958); Brown, J.A.C. (1954); Jaques, E. (1961); Jaques, E. (1971); Meyers, C.S. (1958).

psicología infantil
v. INFANCIA.

psicología interpersonal
v. PSICOLOGÍA SOCIAL, § 3, *d*.

psicología introspeccionista
v. INTROSPECCIONISMO.

psicología judicial
v. PSICOLOGÍA FORENSE.

psicología junguiana
v. PSICOLOGÍA ANALÍTICA.

psicología legal
v. PSICOLOGÍA FORENSE.

psicología médica (al. *Medizinische psychologie*; fr. *psychologie médicale*; ingl. *medical psychology*; it. *psicologia medica*)

Psicología aplicada (*v*.) a los problemas de la medicina; se refiere a los conocimientos psicológicos que todo médico debería tener y utilizar en su interacción con los enfermos. Desde el momento en que los límites entre enfermedad psíquica y enfermedad orgánica resultan cada vez más borrosos, la psicología puede ofrecer medios de investigación y de intervención terapéutica adecuados a las situaciones de trastorno emocional, indicando cómo utilizar en forma técnicamente correcta las capacidades individuales de relación humana que todo médico emplea día con día en el ejercicio de su profesión. Además, como observa M. Balint, una gran cantidad de trastornos físicos se presentan a la observación del médico antes de que hayan alcanzado el estado de enfermedad "organizada". En este caso los pacientes se lamentan de síntomas vagos y no bien definidos que después resultan estar vinculados a situaciones estresantes (*v*. **estrés**) de su existencia, y que no se logra enmarcar fácilmente en una categoría específica de diagnóstico. En este caso los síntomas necesitan ser interpretados como respuestas psicofísicas a determinadas situaciones de la vida, con frecuencia en relación con las personas significativas del ambiente del paciente, en especial en el ámbito de la familia y del trabajo.

La psicología médica, como escribe P.B. Schneider, "proporciona esa serie de actitudes y de capacidades operativas que permiten ampliar el concepto de enfermedad en medicina. En especial poniendo constantemente el acento en la interacción de los factores biológicos, psicológicos y sociales, así como en la importancia de que las modalidades de respuesta de la personalidad adulta a situaciones estresantes estén determinadas por el desarrollo previo de la personalidad durante la infancia, lo que hace que este tipo de acercamiento sea el más idóneo para proporcionar la respuesta a esa pregunta fundamental que debemos hacernos en relación con la enfermedad, a saber, por qué esa persona en particular desarrolló ese síntoma específico en ese momento particular de su vida" (1969: 12). La psicología médica exige del médico, además de un conocimiento de los métodos terapéuticos para aconsejar este o aquel tipo de terapia, un conocimiento de las dinámicas psíquicas vinculadas a los problemas de identificación, los conflictos que se refieren a la función del sexo, la acción de sentimientos exagerados de culpa y de angustia, los principales mecanismos de defensa, los procesos de interacción humana, así como también la conciencia, por parte del médico, de sus propias reacciones emocionales ante los problemas suscitados por el contacto con los pacientes. Balint creó grupos para la formación del médico en su relación con el paciente (*v.* **Balint, grupos de**).

BIBLIOGRAFÍA: Balint, M. (1957); Jaspers, K. (1950-1955); Kretschmer, E. (1922); Pinkus, L. (1985); Schneider, P.B. (1969); Shorter, E. (1985).

psicología militar (al. *Wehrpsychologie*; fr. *psychologie militaire*; ingl. *military psychology*; it. *psicologia militare*)

Sector de la **psicología aplicada** (*v.*) que estudia los diferentes aspectos psicológicos de la realidad militar. La psicología militar, que surgió en Estados Unidos después de la primera guerra mundial, tuvo un notable impulso por efecto de los modernos sistemas de mando, de armamento, de tecnología avanzada, con relaciones cada vez más amplias con la **psicología industrial** (*v.*) debido a la interconexión entre tecnología militar y desarrollo industrial. Los ámbitos específicos de intervención son: 1] la selección del personal mediante tests especiales orientados a identificar las aptitudes específicas con miras a las actividades y a las áreas de aplicación; 2] los estudios ergonómicos (*v.* **ergonomía**) para la mejor adaptación hombre-pertrecho, para el control del rendimiento, del cansancio y de la eficiencia hombre-dispositivo bélico; 3] la racionalización de los sistemas de aprendizaje, con medición del rendi-

miento y de la capacidad de respuesta; 4] las investigaciones psicosociológicas dirigidas a las relaciones interpersonales, el estilo de mando, el comportamiento en situaciones excepcionales, la motivación, la relación entre autoridad y obediencia, la mayor o menor adaptación del individuo al grupo de los compañeros y al sistema jerárquico; 5] las técnicas de cooperación respecto al espíritu de cuerpo, a la sobrevivencia, a la superación de la desconfianza y de las crisis de angustia, ingredientes de la "guerra psicológica" que pretende reforzar o quebrantar la confianza, según se oriente a los soldados propios o a los enemigos.

BIBLIOGRAFÍA: Galtung, J. (1967); Hill, C.W. (1955); Osgood, C.E. (1957); Rapaport, A. (1964); Simoneit, M. (1933).

psicología objetiva (al. *Objektive psychologie*; fr. *psychologie objective*; ingl. *objective psychology*; it. *psicologia oggettiva*)

Orientación y método de la psicología que concierne al estudio del comportamiento (*v.* **conductismo**) que puede observarse y someterse a medición mediante un instrumental que permite la comprobación por parte de cualquier observador (*v.* **psicología experimental**), con la consiguiente exclusión de todos esos factores subjetivos no directamente observables o sometibles a experimentación.

psicología política (al. *Politische psychologie*; fr. *psychologie politique*; ingl. *political psychology*; it. *psicologia politica*)

El término se utiliza con dos acepciones: 1] como sector de la **psicología aplicada** (*v.*) orientado a obtener el consenso de los electores mediante sondeos de opinión, encuestas y otras técnicas preparadas por la **psicología de la publicidad** (*v.*); 2] como estudio del comportamiento político a partir de modelos psicológicos, como la *relación amigo-enemigo*, que observa la política como una actividad orientada a agrupar y defender a los amigos y a disgregar y combatir a los enemigos, o como la *ética de* *grupo*, donde el político actúa y es juzgado con base en su capacidad de representar y expresar al grupo que lo eligió y sus exigencias. Los dos modelos no son necesariamente antitéticos dado que, como escribe J. Freund, encuentran su mediación en la instancia estatal o gubernativa: "Cuanto más se desarrolla una oposición en la dirección de la distinción amigo-enemigo, tanto más política se vuelve. La característica del estado es la de suprimir dentro de su ámbito de incumbencia la división de sus miembros o de grupos internos en amigos y enemigos, con el fin de no tolerar algo que vaya más allá que las simples rivalidades de competencia o las luchas de los partidos, y de reservar al gobierno el derecho a designar al enemigo externo. [...] Por lo tanto es claro que la oposición amigo-enemigo es políticamente fundamental" (1965: 445).

BIBLIOGRAFÍA: Calvi, G. (1983); Freund, J. (1965).

psicología racial
v. PSICOLOGÍA FILOSÓFICA.

psicología reflexiva
v. REFLEXIÓN, § 2.

psicología rogeriana

Orientación teórica y terapéutica que ideó C.R. Rogers sobre la base de sus observaciones clínicas, que lo condujeron a rechazar la hipótesis psicoanalítica del "conflicto de naturaleza sexual" en favor de una concepción positiva del individuo, llamado "organismo", que tiende naturalmente a su propia realización.

1] TEORÍA DE LA PERSONALIDAD. Todo individuo vive en un mundo de experiencias del que es el centro. Este mundo constituye su campo perceptivo, dentro del cual cada organismo busca la satisfacción de sus propias necesidades. A partir de la interacción con el mundo de la experiencia se inicia la constitución de la estructura del **sí mismo** (*v.*, § 5), que es una configuración dinámica pero coherente de percepciones y de relaciones que permiten adquirir los valores ambientales, que pueden estar de acuerdo o en desacuerdo con la tendencia del organismo a actualizarse según sus propias valoraciones, que no siempre coinciden con las de los demás. Cuanto mayor sea la incongruencia entre el proceso del organismo de valoración y los valores externos introyectados, tanto mayor será el área de conflicto y la dificultad para ser plenamente sí mismo. Las experiencias que se registran en la vida del individuo pueden ser: *a*] organizadas alrededor del sí mismo, determinando la dinámica y el cambio de éste con miras a una mejor adaptación al mundo; *b*] ignoradas porque en ellas no se percibe ninguna relación con el propio sí mismo; *c*] simbolizadas en forma correcta o distorsionada, con consecuencias en la percepción de su comportamiento, reconocido como "correcto" o "incorrecto" por el individuo. Toda experiencia no coherente con la estructura del sí mismo puede ser vista como una amenaza, y cuanto más numerosas son estas percepciones, tanto más rígida se vuelve la organización del carácter. El individuo es más "sano" en la medida en que su sí mismo es dinámico y capaz de sustituir su sistema de valores con devaluaciones o revaluaciones, con base en el fluir de la experiencia.

2] PSICOTERAPIA. De esta orientación teórica se deriva una terapia llamada "no directiva" o "centrada en el cliente", denominado así, en lugar de "paciente", para subrayar las condiciones de igualdad en las que se desarrolla el diálogo terapéutico, donde el terapeuta no asume el papel de experto o de poseedor de un saber objetivo capaz de establecer lo que es "sano" y lo que es "enfermo", y donde el "cliente" no se somete a una interpretación que le llega desde afuera o de una estructura teórica preconstituida, sino que expresa su "estado de incongruencia", partiendo del cual solamente puede volverse en verdad sí mismo a lo largo de las líneas de desarrollo de sus propias vivencias, modificando las que estén distorsionadas e integrando las que sean ignoradas, porque son incompatibles con la estructura del propio sí mismo. El objetivo de la terapia, en efectó, no es ayudar al cliente a resolver un problema, sino facilitarle las capacidades innatas de autorregulación y de autorrealización.

BIBLIOGRAFÍA: Becker, A.M. y E. Jager (1978); Rogers, C.R. (1951); Rogers, C.R. (1961); Zucconi, A. (1986).

psicología sexual (al. *Geschlechtspsychologie*; fr. *psychologie sexuelle*; ingl. *sexual psychology*; it. *psicologia sessuale*)

Sector de la psicología que estudia los aspectos psíquicos subjetivos y de conducta relacionados con el surgimiento, la maduración y la declinación de la **sexualidad** (*v.*). En un sentido más específico, pero hoy un poco obsoleto, por psicología sexual se entiende ese sector de la psicología diferencial que estudia las distinciones psicológicas entre individuos en cuanto pertenecientes a dos sexos diferentes (*v.* **actividad-pasividad**).

psicología sistémica (al. *Systempsychologie*; fr. *psychologie systémique*; ingl. *systemic psychology*; it. *psicologia sistemica*).

Orientación psicológica que se desarrolló en los años cincuenta en Palo Alto, California, a partir de la teoría de los tipos lógicos de B. Russell, de la teoría de los sistemas del biólogo austriaco L. von Bertalanffy y de la teoría del **doble vínculo** (*v.*) de G. Bateson. La psicología sistémica, a partir del concepto básico según el cual todo es **comunicación** (*v.*, § 7, *d*), incluso la aparente no comunicación, considera poder investigar el mundo psíquico desde el sistema de la comunicación regulado por las leyes: de la *totalidad*, por lo que el cambio de una parte genera el cambio del todo; de la *retroacción*, que prevé el abandono del concepto de causalidad lineal por el de circularidad, donde cada punto del sistema influye y está influido por todos los demás, y de la *equifinalidad*, por lo que cada sistema es la mejor explicación de sí mismo, porque los parámetros del sistema prevalecen sobre las condiciones de las cuales el mismo se originó. Esta psicología tiene como presupuesto teórico la teoría general de los sistemas y como resultado práctico la terapia sistémica o pragmático-relacional.

1] TEORÍA GENERAL DE LOS SISTEMAS. Estudio de la organización de una totalidad denominada *sistema*. La tesis de que el todo no se reduce a la suma de las partes era ya conocida en la Antigüedad, pero sólo con el nacimiento de la **cibernética** (*v.*) se determinan las reglas morfológicas, estructurales y funcionales que permiten el estudio del sistema en su articulación jerárquica y en su interacción con otros sistemas con los que se dan intercambios de materiales, energías o informaciones, como en el caso del "sistema familia", constituido por un conjunto de unidades vinculadas por relaciones significativas en continuo intercambio con el ambiente social más amplio (sistema abierto). Según Von Bertalanffy, quien intentó emancipar la teoría general de los sistemas de la cibernética, "existen modelos, principios y leyes que se aplican a sistemas generalizados o a sus subclases, independientemente de su género particular, de la naturaleza de los elementos que la componen y de las relaciones o 'fuerzas' que guardan entre sí. Por ello resulta lícito necesitar una teoría no tanto de los sistemas de tipo más o menos especial, sino de los principios universales que se pueden aplicar a los sistemas en general. En este sentido postulamos una nueva disciplina que llamamos teoría general de los sistemas. Su objeto de estudio consiste en la formulación y en la derivación de aquellos principios que son válidos para los 'sistemas' en general" (1968: 66).

En psicología la opción sistémica permite superar: *a*] la concepción *atomística* del estudio de los fenómenos psíquicos que había caracterizado a la psicología experimental de W. Wundt (*v.* **elementarismo**), el **asociacionismo** (*v.*) y al **conductismo** (*v.*) clásico; *b*] la concepción *causal*, porque los fenómenos ya no se consideran entidades abstractas y aisladas según el principio de la causalidad lineal, sino una globalidad que debe estudiarse en la interacción dinámica de las partes; *c*] las formas de *dualismo* (*v.* **dualismo psicofísico**) tanto de origen cartesiano –como la dicotomía alma y cuerpo–, cuanto de origen freudiano, como la distinción entre consciente e inconsciente. Escribe al respecto Mara Selvini Palazzoli: "El cambio consiste en abandonar la visión mecanicista-causal de los fenómenos que dominó las ciencias hasta hace poco tiempo para adquirir una visión sistémica. Esto significa que los miembros de la familia se consideran elementos de un circuito de interacciones. Los miembros del circuito no tienen ningún poder unidireccional en el conjunto. En otras palabras, el comportamiento de un miembro de la familia influye inevitablemente sobre el comportamiento de los otros.

Sin embargo, es epistemológicamente equivocado considerar el comportamiento de este miembro como la *causa* del comportamiento de los otros miembros, puesto que cada miembro influye en los otros pero también es influido por los otros. [...] Finalmente, esta nueva epistemología permite superar esos dualismos cartesianos cuya persistencia ya es un obstáculo, en lugar de una ayuda para el progreso. En efecto, si se piensa que en un circuito sistémico cada elemento está inserto e interactúa con su totalidad, las dicotomías orgánico-psíquico, consciente-inconsciente pierden significado" (1975: 13, 16).

Entre los precursores de la teoría general de los sistemas se cuenta a L.S. Vygotsky, para quien "el resultado más esencial de la psicología de los últimos años ha sido el hecho de que la orientación analítica de los procesos psicológicos ha sido sustituida por una orientación holístico-estructural. [...] La esencia de este nuevo punto de vista está en el hecho de que el concepto de 'conjunto' pasó a primer plano. El conjunto tiene sus propias características, y define características y funciones de los objetos que lo distinguen" (1934: 43). Otro antecesor es J. Piaget, quien rechaza el **elementarismo** (*v.*) declarando que "una operación aislada no es una operación, porque la esencia de las operaciones es constituir sistemas" (1947: 82); así como la **psicología de la forma** (*v.*) que, con M. Wertheimer, afirma que "existen relaciones que conducen a un estado en el que las causas y la naturaleza de los procesos del conjunto no pueden ser conocidos a partir del conocimiento de sus elementos, que existen desde antes como partes separadas, posteriormente unidas e interconectadas. Y viceversa, cualquier comportamiento del conjunto es gobernado por las leyes estructurales internas del conjunto mismo" (1945: 121).

Los exponentes de la opción sistémica, a partir de Bateson, desplazan la atención del *significado* de los fenómenos psíquicos hacia el *contexto* (*v.* **contextualismo**) de los mismos, que los vuelve más comprensibles que su interpretación endopsíquica. La noción de contexto es la base de la **teoría del campo** (*v.*, § 2) de K. Lewin, para quien "los vectores que determinan la dinámica de un acontecimiento no pueden ser definidos más que en función de la totalidad concreta que abarca, al mismo tiempo, el objeto y la situación" (1977: 38), y de la *orientación relacional* de P. Watzlawick, para quien "un fenómeno sigue siendo inexplicable mientras el campo de observación no es lo suficientemente amplio para incluir el contexto en el que aquél se verifica" (1967: 14).

Este supuesto metodológico, que encontramos en la **teoría de la personalidad** (*v.*, § 11) que formuló G.W. Allport, en la *psicolingüística* (*v.* **lenguaje**, § 3, *e*; **lingüística**, § 3, *b*) de N. Chomsky y en la *teoría de la información* de U. Neisser (*v.* **cognoscitivismo**), conduce a las consecuencias que Watzlawick describe así: "La imposibilidad de ver 'trabajar' a la mente hizo adoptar, en los últimos años, un concepto elaborado en el sector de las comunicaciones, el de 'caja negra'. [...] El *hardware* electrónico es tan complejo que a veces conviene abandonar la estructura interior de un dispositivo y estudiar exclusivamente sus relaciones específicas de entrada-salida. Incluso si en efecto estas relaciones no excluyen interferencias con todo lo que ocurre 'realmente' dentro de la caja, los conocimientos que de aquí se pueden deducir no son indispensables para estudiar la función del dispositivo en el sistema más grande del que forma parte. Si aplicamos el concepto a problemas psicológicos y psiquiátricos, de inmediato se ve la ventaja heurística que presenta: no tenemos necesidad de recurrir a ninguna hipótesis intrapsíquica (que fundamentalmente no se puede comprobar) y podemos limitarnos a comprobar las relaciones de entrada y salida, es decir la comunicación" (1967: 36-37).

Selvini Palazzoli resumió así los instrumentos que se utilizan en la orientación relacional de base sistémica: "El concepto de contexto como matriz de significados, la coexistencia en el hombre de los dos lenguajes, el analógico y el digital, la noción de puntuación en la interacción, el concepto de necesidad de definición de la relación y los diferentes niveles verbales y no verbales en los que tal definición puede realizarse, la noción de posición simétrica o complementaria en la relación, las fundamentales nociones de paradoja sintomática y de paradoja terapéutica" (1975: 16).

2] LA TERAPIA SISTÉMICA O PRAGMÁTICO-RELACIONAL. A partir de la teoría general de los sistemas se derivó una forma de terapia que parte de la idea de que siempre que un sistema es alejado de su estado de equilibrio, por un *input* que puede provenir del interior o del exterior del sistema mismo, se abre una fase caracterizada por un período de reorganización del sistema, incierta y expuesta a muchos posibles desarrollos. En esta fase se inserta la operación terapéutica en la cual el terapeuta, con sus comunicaciones y teorías de referencia, está considerado como un sistema que entra en contacto con otro sistema que es el paciente, el grupo, la familia o la comunidad. El encuentro de los dos sistemas crea una *interfaz* o área de contacto donde el terapeuta introduce una información que modifica el sistema del individuo, de la familia o del grupo. La información puede estar dotada, al mismo tiempo, de valor positivo y negativo. La resolución de esta **paradoja** (*v.*) es una parte de la resolución de la crisis, porque si se compone la disonancia que se creó por la entrada de la información terapéutica, el individuo, la familia, el grupo tienen a su disposición las nuevas estructuras para reorganizar, en otro nivel, el sistema que entró en crisis.

En un sistema de familia, por ejemplo, el terapeuta puede tratar de identificar a la persona que tiene la capacidad y el poder de iniciar el cambio o de permitir que éste se realice. Investigará qué convicciones pueden cuestionarse o qué modelos deben abandonarse para hacer posible el cambio. En una organización buscará a las personas clave cuyo cambio de actitud posibilite el cambio en el sistema organizativo. En un individuo averiguará qué actitudes o conceptos están abiertos al cambio sin poner en peligro la identidad más profunda. En una segunda fase, el terapeuta comunica su convicción de la presencia de datos paradojales y discordantes como problemas por resolver, controlando el nivel de ansiedad o de tensión en el sistema. Una ansiedad excesiva, en efecto, conduce a una regresión desorganizante o a un intento de expulsar al terapeuta considerado responsable de las angustias del sistema. Un nivel de ansiedad muy bajo proporciona poca motivación para el cambio. La solución positiva de los problemas implica un nuevo tipo de estabilidad dinámica, una nueva organización cognoscitiva de datos, una disminución de la ansiedad y sentimientos de acrecentada capacidad de respuesta y de autoestima.

BIBLIOGRAFÍA: Allport, G.W. (1955); Bateson, G. (1972); Bertalanffy, L. von (1968); Chomsky, N. (1957); Duhl, F.J (1969); Gardner, H. (1985); Goffman, E. (1967-1969); Gray, W., F.J. Duhl y N.D. Rizzo (1969); Laqueur, H.P. (1969); Lewin, K. (1977); Mead, G.H. (1934); Morin, E. (1986); Neisser, U. (1967); Paul, N.L. (1969); Piaget, J. (1947); Selvini Palazzoli, M. *et al.* (1975); Selvini Palazzoli, M. *et al.* (1988); Togliatti, M.M. y U. Telfener (coords.) (1991); Vygotsky, L.S. (1934); Watzlawick, P. (1977); Watzlawick, P. (coord.) (1981); Watzlawick, P., J.H. Beavin y D.D. Jackson (1967); Wertheimer, M. (1945).

psicología social (al. *Sozialpsychologie*; fr. *psychologie sociale*; ingl. *social psychology*; it. *psicologia sociale*)

Disciplina que estudia las interacciones humanas y las relaciones interpersonales en el nivel de individuos, grupos e instituciones, además de las diferentes temáticas que se identifican en las situaciones sociales, como la influencia social, la atracción social, la comunicación, la cohesión, el cambio, que son la base de las dinámicas que regulan la vida de los grupos, de las organizaciones y de las instituciones sociales.

1] EL PROCESO DE SOCIALIZACIÓN. La socialización es una característica ontológica, es decir connatural a la condición humana; el hombre es un animal social en el sentido de que gana su individualidad a partir de la relación, para tender, con su individualidad conquistada, hacia la relación. Este concepto es conocido para la filosofía desde los tiempos de Aristóteles, a quien se debe la definición del hombre como "animal social", y en el siglo XX ha sido reconfirmado y recreado por la **fenomenología** (*v.*) y, en especial, por M. Heidegger en el campo filosófico y L. Binswanger en el psicopatológico (*v.* **análisis existencial**); para ellos la existencia (*Dasien*) es originalmente coexistencia (*Mit dasien*). En el terreno psicológico el proceso de socialización se propuso en tres fases:

a] La relación diádica se manifiesta en la primera experiencia, que el niño vive con la figura materna, la cual garantiza la gratificación de sus necesidades fundamentales. Esta gratificación es la base de la *seguridad afectiva* garantizada por la continua presencia de señales positivas y por la reconfirmación después de breves períodos de ausencia. La progresiva repetición de presencia-ausencia-presencia de la madre genera en el niño confianza en el regreso o, como la define E.H. Erikson, una *confianza de base*, caracterizada ya no por la presencia de la señal gratificante sino por la aceptación de su ausencia, que disminuye la dependencia, lo que permite pasar a la fase sucesiva (*v.* **familia**, § II).

b] *La relación triádica.* La autonomía progresiva le permite al niño una más amplia experiencia que favorece la confrontación con la figura paterna, percibida como figura *normativa* y como *objeto de competencia.* La normatividad del padre, señalada también por la madre, quien tiende a utilizar la función autoritaria de aquél, reduce la omnipotencia infantil, favoreciendo la experiencia de limitación de las propias posibilidades, que el niño no deja de ampliar influyendo y condicionando la voluntad paterna. Este ejercicio, activado por la *necesidad de poder*, es la base de la relación con la figura paterna que después determinará la relación con el otro en la relación social. En esta fase el niño madura el sentimiento de *culpabilidad* determinado por el hecho de que su autonomía disminuye la seguridad afectiva, así como la seguridad afectiva disminuye su propia autonomía, con el consiguiente sentimiento de *dependencia* (*v.*, § 2) que, cuando se vuelve insoportable, puede generar actitudes de *contradependencia*, caracterizadas por una agresividad orientada a afirmar la propia autonomía en relación con el medio. La alternancia de actitudes dependientes y contradependientes es el ejercicio indispensable para la conquista de la fase que Erikson llamó de **autonomía** (*v.*).

c] *La relación de grupo* se inicia con la relación fraterna para pasar a la lúdica y después a la escolar, caracterizadas por la relación de *competitividad* que tiene como centro de referencia la norma representada por la pareja de los padres, por el maestro, por el líder del grupo. Dicha norma se vuelve la base a partir de la cual se estructuran los procesos de gratificación y de sanción que permiten al niño comprobar sus capacidades de realización y de producción. Cuando esta conciencia de sus propias capacidades se interioriza, se reducen los elementos competitivos a favor de los valores de iniciativa y colaboración que favorecen, según la expresión de D.C. McClelland, la *realización positiva*, o sea la probabilidad de éxito (*v.* **grupo**, § II).

2] LA PSICODINÁMICA DE LA SOCIALIZACIÓN. El proceso de socialización tiene como elementos de su dinámica dos características que para K. Jaspers son "ontológicas" –porque son típicas de la condición humana–, representadas por la *angustia*, con su correlativo positivo que es la seguridad, y por la *culpabilidad*, que participa en los procesos de socialización y de pertenencia. Por tratarse de características ontológicas, la angustia y la culpabilidad –como a partir de otras premisas también lo puso en evidencia S. Freud–, son imposibles de eliminar pero pueden reducirse fisiológicamente. La *angustia* se supera con la progresiva experimentación de la ausencia, que permite poco a poco tolerar la falta de seguridad garantizada por la presencia del objeto gratificante. Cuando la superación no se produce o resulta dificultosa se suele recurrir a sistemas artificiales de seguridad, como la enfermedad, el síntoma, la fijación en el desarrollo psíquico, la ingesta compensadora de anestésicos como el alcohol o la droga. La *culpabilidad*, relacionada con el concepto de separación de la unidad original, se activa cada vez que el sujeto, tras haber abandonado una cierta forma de seguridad, no sabe si podrá reencontrarla.

Los dos procesos, activados por la angustia y la culpabilidad, actúan en el paso de la familia al grupo lúdico y de éste a la escuela, donde el niño experimenta el abandono de una seguridad alcanzada en el grupo primario de la familia para ganar otra en el grupo siguiente; es decir vive la ruptura de un equilibrio por otro equilibrio. En este paso el niño experimenta: *a*] una modificación de los procesos de *identificación* (de los padres a los maestros); *b*] una evolución de la seguridad objetal, representada por la presencia física del objeto gratificante, a una *seguridad anobjetal*, la confianza en una relación incluso en ausencia temporal de los sujetos con los que se entabló; *c*] la maduración de un sentido de *pertenencia* a unidades supraindividuales como los grupos, o abstractas como los valores, y no sólo de pertenencia interindividual. La pertenencia presupone la experimentación previa de una pertenencia absoluta, sin la cual después no se vive la inseguridad sino la angustia, no se vive la extrañeidad sino el anonimato; *d*] el paso del mundo de las *funciones*, es decir de las necesidades biológicas, instintivas y afectivas, al mundo de los *valores*, que puede implicar la renuncia a la necesidad o al interés propios. En el mundo de los valores, que permite aceptar la culpabilidad y renunciar a la seguridad personal sobre la base de un amplio sentimiento de grupo, se expresa el punto de llegada de la madurez social.

3] LAS DIFERENTES INTERPRETACIONES DEL PROCESO DE SOCIALIZACIÓN. Los procesos de socialización son objeto de diferentes interpretaciones que dependen de las orientaciones teóricas de las que arrancan las diferentes hipótesis. Entre las figuras más significativas recordamos las siguientes.

a] El conductismo considera que la socialización es la respuesta a las acciones de los demás, asumidas como *estímulo social* respecto al cual el individuo se comporta como si estuviera frente al estímulo físico, reaccionando por condicionamiento, generalización del estímulo y refuerzo de las respuestas (*v.* **aprendizaje**, § 1).

b] El psicoanálisis, con Freud, considera el mundo social como un polo del conflicto en relación con el otro polo constituido por las exigencias pulsionales del individuo. El yo es el resultado de estas dos instancias representadas por el **ello** (*v.*) y por el **superyó** (*v.*), que interioriza la normatividad social, originalmente encarnada en el padre, y más tarde ampliada a lo social, tras la resolución del complejo de Edipo. Esta posición la modificó M. Klein, quien anticipa la relación social a fases preedípicas al pasarse, en la infancia, de la posición esquizoparanoica a la depresiva (*v.* **kleiniana, teoría**, § 2), y de la **psicología del yo** (*v.*) de H. Hartmann, para quien existen en el yo dos partes: una, denominada *conflict-born*, que reproduce el yo freudiano en su surgimiento del conflicto entre las exigencias pulsionales y las exigencias del ambiente, y otra, llamada *conflict-free*, libre de conflictos, que permite al individuo asimilar el ambiente activamente, y no por resultados conflictivos.

c] La psicología de la edad evolutiva, con Erikson, concibe la socialización como una etapa del proceso evolutivo que alcanza el individuo cuando realiza la *ego-identity*, que tiene su contrario en la *ego-diffusion*. La *ego-identity* no es el sentimiento de la propia identidad, con la percepción de lo interhumano como otra cosa, diferente de uno mismo, sino, en palabras de Erikson, "la condición de la persona que tiene una creciente confianza de que su capacidad para mantener una igualdad y una continuidad interior coincida con la igualdad y la continuidad de significado que aquélla tiene para los demás" (1950: 72). Erikson relaciona las fases de estructuración de la *ego-identity* con las estructuras de la temporalidad, donde el pasado se manifiesta con la organización de los factores del ego, el presente con su equilibrio, y el futuro con la confianza de que tal equilibrio se mantendrá. El concepto de *ego-identity* tiene su antecedente en el concepto de *ego-feeling* de P. Federn, basado en el sentimiento de uno mismo que disminuye en las condiciones psicóticas. El correlativo negativo de la *ego-identity* es la *ego-diffusion*, que es la dependencia del ambiente interhumano considerada como signo de regresión del ego. Respecto a las etapas que llevan a la maduración social véase **psicología de la edad evolutiva**, § 3.

d] La psicología interpersonal que expresaron K. Horney, E. Fromm y H.S. Sullivan emancipa la formación del yo de los condicionamientos biológicos a los que la remitió S. Freud, para referirla a la interacción humana considerada como originaria y condicionante de la misma evolución biológica. Según Sullivan cada miembro de una relación de dos personas se involucra como parte de un campo interpersonal, y no como una entidad separada, en procesos que son influidos por el campo y que a su vez influyen en él. Entre éstos los más significativos son las dinámicas *conjuntivas*, como la necesidad de intimidad, que llevan a la integración de una situación con la consiguiente reducción o resolución de la tensión, y las *disyuntivas*, que llevan a la desintegración de la situación, que se vuelve condición necesaria para una nueva configuración.

*e] El **funcionalismo*** (*v.*) interpreta el proceso de socialización, tanto el correcto como el estereotipado, en términos de "utilidad psicológica", sobre la base de la correspondencia de las relaciones sociales con las necesidades, las ideas y las actitudes de cada individuo. Se deriva de ahí que el estudio de la socialización requiere un análisis de las leyes psicológicas que regulan la motivación, y la percepción, en el sentido de que una cosa sólo puede parecer motivadora si se la percibe como útil.

f] *El* **cognoscitivismo** (*v.*), en oposición al **conductismo** (*v.*), que concibe el proceso de socialización como la respuesta a un estímulo, considera que la socialización se ve favorecida por un interés real por el ambiente, que el sujeto percibe con base en su nivel cognoscitivo, que depende de sus experiencias anteriores. Un sujeto no interactúa originalmente con los otros sino con la representación que tiene de los otros, los cuales, a su vez, tienen una representación de él. Esto implica la existencia de un *campo de la representación* en el que se dan las condiciones que influyen en la interacción individual o social, la cual a su vez reorganiza el campo de representación, reduciendo la disonancia.

g] *La* **psicología de la forma** (*v.*), basándose en el principio de que los elementos parciales están determinados en gran medida por la estructura total, subraya la tendencia a la asimilación y al contraste del individuo frente al grupo, a la percepción del individuo respecto al grupo, además de la tendencia a la "buena forma", por lo que en la relación social todo cambio o contraste tiende a absorberse para reducir el posible efecto desestructurante. Esto explica por qué los mensajes negativos que pueden aparecer en una relación tienden a ser interpretados de modo que no modifiquen el estado de amistad, y que las señales que deberían poner en crisis la propia ideología tienden a ser racionalizadas para evitar el derrumbe de la estructura ideológica.

h] *La* **psicología sistémica** (*v.*) considera que cada personalidad está inscrita originalmente en un sistema de comunicación social donde cada miembro influye y es influido por la actividad de cada uno de los demás miembros, en una red polinodal en la cual los parámetros del sistema prevalecen por encima de las condiciones en las que éste se originó, por lo que si se actúa sobre esos parámetros, más que sobre el pasado individual de cada uno, es posible lograr una modificación de las relaciones interindividuales que bloquean el desarrollo de cada una de las personalidades y la modalidad de su forma de relacionarse.

i] *La fenomenología* puso en evidencia, en su **análisis existencial** (*v.*), el concepto *de lo nuestro* (*Wirheit*), donde uno se relaciona con el otro ya sea bajo la forma auténtica de la accesibilidad (*Zugänglichkeit*) o bajo la inau-

téntica de la manipulación (*Handlichkeit*) donde el tú deja de ser persona y se vuelve una cosa utilizable para los propios objetivos. En este segundo caso el mundo de las personas que nos circundan (*Mitwelt*) se resuelve en el mundo de las cosas que nos rodean (*Umwelt*). La relación social deja de darse entre hombres para resolverse en relaciones entre funciones.

4] LA ORGANIZACIÓN SOCIAL. Las configuraciones sociales, desde el pequeño grupo hasta la sociedad en su conjunto, se organizan por dinámicas muy diferentes entre sí, que R. Carli estudió y redujo a tres figuras fundamentales.

a] *La cohesión defensiva* se caracteriza por la polarización de todas las energías del grupo contra un elemento externo, real o fantaseado, percibido como amenazante. De esta manera los miembros encuentran dentro del grupo la posibilidad de satisfacer su necesidad de pertenencia y de filiación, y la represión de sus tensiones internas referidas a un objeto externo, percibido como perseguidor y amenazante. El proceso de oposición alimenta la cohesión de cada individuo dentro del grupo. La eliminación de las tensiones internas, mediante el mecanismo descrito, va de la mano con la gestión del poder, encomendado por lo general a una personalidad carismática que representa simbólicamente la unidad del grupo, y a la cual los miembros del grupo confieren todas las características que desearían tener o que tenderían a negar porque se perciben como condenables por el propio contexto social. En un sistema social de cohesión defensiva disminuye la comunicación dentro del grupo a favor de la convergencia de los miembros de este entorno a creencias y actitudes unívocas, como si fuera más importante "ser" en el grupo que "hacer" algo en el grupo. La temática afiliativa induce a asumir actitudes de seducción en relación con el jefe, en las que se vislumbra la profunda dependencia, con una interrupción de la evolución en la maduración del grupo, bloqueada en una fase en la que se busca sobre todo la seguridad y se evitan las frustraciones vinculadas a la participación en decisiones y en el riesgo de elecciones personales (*v.* **grupo**, § II, 3).

b] *El conflicto institucionalizado*. En esta segunda forma de organización el conflicto no se percibe como amenazador, y por eso puede formalizarse mediante la radicalización estereotipada de las diferencias de los individuos en el nivel de tensiones ideales. La relación es posible gracias a la acentuación de las diferencias individuales, y la función de cada uno en el grupo se define en contraposición a la de los otros. Como las reacciones de cada individuo son fácilmente previsibles y corresponden al guión que todos conocen, todos los elementos pueden manifestar su opinión siempre que nada cambie en la estructura de la organización. Se deriva de esto que en el sistema de conflicto institucionalizado las comunicaciones son muy elevadas pero poco eficientes, porque lo que importa es que los diferentes elementos sean coherentes constantemente con la función estereotipada que se les atribuye. El poder no se basa en las características personales sino en las funciones ejercidas dentro de la organización. Frente a las relaciones de *dependencia* típicas del sistema de cohesión defensiva, en los sistemas de conflicto institucionalizado la regla es la *contradependencia*.

c] *El sistema de interdependencia* está caracterizado por una necesidad continua de confrontación con los objetivos del grupo, percibidos como comunes, y en los métodos a adoptar. Esto limita los grados de libertad del individuo y no ofrece las ventajas de protección que eran propias de las relaciones de dependencia, porque el ejercicio del poder se ve como una responsabilidad que el grupo puede confiar a sus miembros, y no como un medio de seguridad frente a las vivencias individuales de impotencia. El fin común obliga a una elaboración de previsiones para interpretar lo real y a intervenir frecuentemente poniendo a prueba la realidad, lo que lleva a modificar continuamente las previsiones formuladas. La amenaza a la propia cohesión se enfrenta aceptando y realizando procesos de **cambio** (v.), es decir con nuevas estrategias y nuevos significados en los cuales se basa la propia experiencia social. Los conflictos no se superan formalmente sino que se analizan en su forma de presentarse y generarse, actitud ésta favorecida por el objetivo común, para la realización del cual cada uno de los miembros se percibe como funcionario (v. **grupo**, § II, 2).

5] SOCIOPATÍA Y RESOCIALIZACIÓN. Por *sociopatía* se entiende una falta de socialización (*asociali-*

dad) o la realización de una relación social en contraste con las normas vigentes (*antisocialidad*). En el primer caso se habla de sociopatía *deficitaria*, caracterizada por la incapacidad para vivir una relación social y la pertenencia a un grupo; en el segundo de sociopatía *anormal*, que puede asumir las formas típicas de la **psicopatía** (v.) o las de la dependencia absoluta del individuo con un grupo respecto a rasgos decididamente antisociales y coercitivos. La *resocialización* se propone para el segundo tipo de sociopatía; se prevé una primera fase desocializante seguida de una segunda resocializante con otros tipos de valores y de formas de cohesión (v. **delincuencia**, § 4). Las dos fases sólo están separadas en términos teóricos, porque un grupo de pertenencia no resulta punto de atracción psíquica más que si se constituye otro capaz de involucrar la tensión y los intereses que todavía siguen libres. En cambio, en el caso de los sociopatías de carácter deficitario no se puede hablar de resocialización, sino más bien de intervenciones orientadas a reducir la **disonancia cognoscitiva** (v.) que ha impedido el proceso de socialización. En efecto, cuando hay contradicción entre los instrumentos cognoscitivos de los que se dispone y el ambiente social del que se debería formar parte, el conflicto y la consiguiente tensión se reducen mediante un cambio en el propio orden cognoscitivo o absteniéndose de formar parte de la complejidad social.

BIBLIOGRAFÍA: Amerio, P. (1982); Arcuri, L., R. De Negri Trentin y P. Salmaso (1979); Argyle, M. (1974); Asch, S.E. (1952); Bandura, A. (1977); Bartoli, P. (1981); Cargnello, D. (1966); Carli, R. (1972); Clark, D.H. (1974); Danziger, K. (1971); De Grada, E. (1972); Di Giacomo, J.P. (1985); Doise, W. (1976); Durkheim, É. (1895); Erikson, E.H. (1950); Farr, R.M. (coord.) (1982); Federn, P. (1952); Ferrarotti, F. (1980); Festinger, L. (1957); Foa, U.G. y E.B. Foa (1974); Fraser, C. y K. Scherer (coord.) (1979); Fromm, E. (1955); Girard, G. (1980); Homans, G.C. (1961); Jones, M. (1968); Lindzey, G. (1954); McClelland, D.C. (1961); McDougall, W. (1908); Mead, G.H. (1934); Miller, N.E. y J. Dollard (1941); Napolitani, D. (1987); Palmonari, A. (coord.) (1976); Palmonari, A. y P. Ricci Bitti (1978); Parsons, T. y R.F. Bales (1955); Scabini, E. (coord.) (1982); Spaltro, E. (1972); Sullivan, H.S. (1953); Tajfel, H. (coord.) (1982); Tajfel, H. y C. Fraser (1978);

Trentini, G. (coord.) (1987); Turner, J.H. (1978); Weber, M. (1922); White, G. (1977).

psicología topológica
v. CAMPO, § 2.

psicología transcultural (al. *Transkulturelle psychologie*; fr. *psychologie transculturelle*; ingl. *cross-cultural psychology*; it. *psicologia transculturale*)

Disciplina que procede en forma comparativa (v. **comparativismo**) confrontando, a propósito de un mismo aspecto o comportamiento, muestras de sujetos pertenecientes a diferentes culturas, para poder distinguir los aspectos universales del comportamiento humano de aquellos que se desarrollan exclusivamente en relación con prácticas culturales específicas. Nacida de la intersección entre los estudios de **antropología** (v., § 5), que divulgaron la gran variedad de características psicológicas que el hombre puede presentar, y los conductistas, para los cuales esta variedad depende de los diferentes horizontes culturales, la psicología transcultural se ha ocupado de: a] el problema de la legitimidad o ilegitimidad del uso de los mismos tipos de tests en poblaciones diferentes; b] la relación que vincula la cognición de los fenómenos a las categorizaciones lingüísticas culturalmente variables, según una línea de investigación que iniciaron E. Sapir y B.L. Whorf; c] las variaciones observables en los fenómenos de la percepción, registrando, por ejemplo, el carácter culturalmente variable de las ilusiones ópticas y de la percepción de figuras (v. **ilusión**, § 4); d] los diferentes grados de aptitud para el trabajo y de eficiencia productiva demostrados por los sujetos pertenecientes a civilizaciones y a culturas diferentes; e] las diferentes formas de trastornos mentales que no pueden referirse a los cuadros nosológicos elaborados por la psiquiatría occidental (v. **antropología**, § 7).

BIBLIOGRAFÍA: Beattie, J. (1964); Devereux, G. (1972); Sapir, E. (1949); Triandis, H. (coord.) (1980); Warren N. (coord.) (1977-1980); Whorf, B.L. (1956).

psicología transpersonal (al. *Transpersönliche psychologie*; fr. *psychologie transpersonnelle*; ingl. *transpersonal psychology*; it. *psicologia transpersonale*)

Teoría psicológica que no considera al yo personal como la última instancia de referencia, como sucede en la teoría psicoanalítica y la conductista, porque entiende que el yo pertenece a un todo que lo alberga como una de sus partes, y con el que es posible relacionarse mediante experiencias mentales que van más allá del yo para tomar aquello que lo trasciende. Este principio conductor se puede encontrar en la visión "cosmológica" del pensamiento griego antiguo, de la tradición hindú y de la china, donde el hombre, entre el cielo y la tierra, se concibe como uno de los tres. Los otros dos son *Urano* y *Gea* en la tradición griega, *Purusha* y *Prakriti* en la tradición hindú, *Tien* y *Ti* en la tradición del Lejano Oriente, que juntos componen el cosmos, concebido, más que como un sistema físico, como el orden necesario al que el hombre, en cuanto parte, debe asimilarse. Posteriormente, cuando ese símbolo *cósmico* se traduce en un símbolo *antropo-teológico*, la trascendencia de lo humano se realiza mediante experiencias místicas y prácticas meditativas orientadas hacia Dios. Según la psicología transpersonal numerosos malestares psicológicos se derivan de la represión de las potencialidades que permitirían al hombre trascender, sin negarlo, su propio yo, y satisfacer la exigencia de trascendencia yoica presente en cada hombre, que, además del yo, dispone de esa instancia superior que C.G. Jung denominó *sí mismo* (v. **psicología analítica**, § 4).

BIBLIOGRAFÍA: Jung, C.G. (1951); Maslow, A.H. (1968); Pearce, J. (1974); Tart, C. (1969); Tart, C. (1975); Walsh R. y F. Vaughan (1980).

psicología zoológica
v. PSICOLOGÍA COMPARADA; ETOLOGÍA.

psicologismo (al. *Psychologismus*; fr. *psychologisme*; ingl. *psychologism*; it. *psicologismo*)

El término designa: 1] desde el punto de vista *histórico*, la tendencia a asumir como punto de partida de la filosofía los datos de la conciencia que se ofrecen a la reflexión del hombre sobre sí mismo, refiriendo el conocimiento de la realidad al de las modificaciones psíquicas. Pertenecen a esta corriente G.F. Fries y F.E. Beneke, quienes, en polémica con el idealismo hegeliano, asumieron como tarea y método de la filosofía la autoobservación de la conciencia empírica; 2] en sentido *polémico* el término se refiere a quienes remiten la validez de un conocimiento a su génesis psicológica. Con esta acepción polémica el término fue utilizado por I. Kant a propósito de las formas *a priori* del conocimiento, cuya validez (*quaestio juris*) no debía resolverse en su "derivación fisiológica", es decir en su simple acontecer en la mente del hombre (*quaestio facti*). En el siglo xx la polémica contra el psicologismo la encabezaron el empirismo lógico de R. Carnap (*v.* **fisicalismo**, § 2) y la fenomenología de E. Husserl, quienes advertían contra el riesgo de "psicologizar lo eidético" identificando las esencias con la conciencia que se tiene de ellas ocasionalmente (*v.* **fenomenología**).

psicometría (al. *Psychometrie*; fr. *psychométrie*; ingl. *psychometry*; it. *psicometria*)

Rama de la psicología que intenta traducir a términos numéricos y cuantitativos los aspectos de la actividad psíquica o de la personalidad, normal o patológica, que de otra manera permanecerían como objeto de una evaluación subjetiva y descriptiva. Desde el punto de vista epistemológico representa la aplicación del modelo médico naturalista a la psicología, con la intención de formular "objetivamente" lo que de otra manera quedaría en el nivel de la intuición "subjetiva". Los métodos psicométricos se sirven de los reactivos mentales o **tests** (*v.*) y de las **escalas** (*v.*) de evaluación, que son posibles a partir del concepto de *medición*, con la advertencia de que en matemáticas este concepto se refiere a la relación entre una medida y otra de la misma especie, asumida como unidad, mientras que en psicología indica, por un lado, la posibilidad de establecer una correspondencia exacta entre número y hecho empírico medido (*isomorfismo*), y por el otro la certeza de la *invariabilidad* de los hechos empíricos sometidos a medición.

Se debe a S.S. Stevens la precisión de que en el ámbito psicológico el número debe tener un significado diferente del que posee en las ciencias exactas, porque en psicología no tiene sentido sumar, restar, multiplicar, dividir. Aquí el número no indica tanto una cantidad en sentido matemático cuanto un *índice*, que puede ser de *posición*, cuando señala la presencia, en mayor o menor medida, de una cualidad, o de *referencia* respecto a un continuo que no puede utilizarse aritméticamente. En este sentido los números valen más por su relación que por la entidad que expresan, y lo que proporcionan es un *esquema de referencia* respecto al cual tratar los datos empíricos. Esta posición que asume la psicometría se alinea con las tendencias más recientes de las matemáticas que, con B. Russell y G. Peano, subrayan la no indispensabilidad de la cantidad para la medición. Para mayor profundización véase la voz **estadística**.

BIBLIOGRAFÍA: Anastasi, A. (1954); Guildorf, J.P. (1954); Luce, R.D., R.R. Bush y E. Galanter (1963); Marhaba, A. (1976); Meschieri, L. (1972); Purghé, F. (1984); Stevens, S.S. (1951).

psicomotor (al. *Ideomotorisch*; fr. *idéo-moteur*; ingl. *ideomotory*; it. *ideomotorio*)

El término define, en general, los movimientos producidos involuntariamente mediante representaciones emotivas o afectivas en personas distraídas o ausentes. El término se utiliza para referirse a:

1] *Imagen ideomotriz*, representación causada por la emoción que ocasiona movimientos involuntarios.

2] *Ley ideomotriz*, llamada también *efecto Carpenter*, por el fisiólogo inglés W.B. Carpenter, quien constató que hasta que se logra mantener concentrada la atención en los movimientos observados o imaginados se manifiesta la tendencia a realizarlos, con la consiguiente inervación de los grupos de músculos correspondientes. Dicha ley tomó después el nombre de *ley ideorreal*, cuando W. James reconoció la absoluta regularidad psicológica y la conjeturó sobre la base de los fenómenos de sugestión.

3] *Reflejo ideomotor* o *de Haab*: se refiere al reflejo de contracción de las pupilas que se verifica cuando se ve un objeto luminoso en un ambiente oscuro.

BIBLIOGRAFÍA: Carpenter, W.B. (1846); James, W. (1890).

psicomotricidad (al. *Psychomotorik*; fr. *psychomotricité*; ingl. *psychomotility*; it. *psicomotricità*)

El término se refiere a la actividad motriz (*v.* **movimiento**) influida por los procesos psíquicos y en el sentido de que refleja el tipo de personalidad individual. La psicomotricidad va más allá del dualismo cuerpo-mente para estudiar y educar la actividad psíquica mediante el movimiento del cuerpo. La educación psicomotriz debe comenzar en los primeros meses de vida, estimulando la facultad de reacción frente a la realidad y favoreciendo el paso de la tensión espontánea a la voluntaria, mediante el progresivo mejoramiento de los movimientos que en el niño, en un principio, son caóticos, porque son provocados por una excitación generalizada. En la edad adulta la forma de moverse es reveladora del aspecto tipológico del individuo y de su forma de ser en el mundo, que se manifiesta al caminar, gesticular, escribir y, en general, en la articulación de la corporeidad, donde se dan a conocer no sólo el estado actual de la persona sino también sus rasgos constitutivos. Asimismo en la edad senil, cuando los movimientos se vuelven inciertos, entrecortados, privados de energía y de variedad, la educación psicomotriz permite que el anciano no se aleje excesivamente del mundo que lo rodea y conserve un adecuado concepto de sí mismo. A partir del supuesto piagetiano según el cual las actividades cognoscitivas resultan de los esquemas sensomotrices (*v.* **cognición**, § 2), la psicomotricidad también es adoptada para el desarrollo de los deficientes mentales quienes, mediante un mejor control del cuerpo y de las coordenadas espaciales, alcanzan un comportamiento general más adecuado y un desarrollo de las funciones psíquicas para la reducción de los estados de ansiedad y de angustia que siempre acompañan una relación insegura con el mundo y una falta de dominio del propio cuerpo.

BIBLIOGRAFÍA: Buytendijk, F. (1957); Cannao, M. *et al.* (1980); Carli, L. y A. Quadrio (coords.) (1981); Lapierre, A. y B. Aucouturier (1980); Le Boulch, J. (1969); Piaget, J. (1956); Picq, L. y P. Vayer (1968); Vayer, P. (1971).

psiconeurosis
v. NEUROSIS, § 1.

psicopatía (al. *Psychopathie*; fr. *psychopathie*; ingl. *psychopathy*; it. *psicopatia*)

La psicopatía, llamada también *oligotimia*, es un trastorno de la personalidad que, incapaz de realizar una integración adecuada en su propio contexto sociocultural, se encuentra con mucha frecuencia en condiciones de trasgredir normas éticas y sociales que condicionan la convivencia humana. Por este rasgo peculiar, no episódico sino fundamentalmente estable y constitutivo, a la psicopatía también se la denomina *sociopatía* (*v.* **psicología social**, § 5). Por su definición se comprende cuán discutible es el concepto y, en última instancia, cuán omnicomprensivo de toda manera de desviación o de simple diferencia en la forma de interpretar la norma socialmente aceptada. El término lo introdujo J.A. Koch quien, en 1891, rebautizó como "inferioridad psicopática" las formas de existencia que la psiquiatría previa definía como afectada de "locura moral" o "imbecilidad moral". Con esta acepción el término aparece también en Von Krafft-Ebing, quien lo utiliza para definir las perversiones y las anomalías sexuales, y en psicología criminal, rama que lo adopta para clasificar las formas de "personalidad anormal" con referencia a la "norma" que regula las relaciones sociales. K. Schneider distinguió la psicopatía de la **psicosis** (*v.*) porque la personalidad psicopática no está desestructurada, y de la **neurosis** (*v.*) porque el trastorno no nace de un conflicto, sino de una predisposición constitucional.

Los rasgos de carácter de la personalidad psicopática alrededor de los cuales se registra un mayor consenso son: 1] una *inmadurez afectiva* que esconde un infantilismo de fondo, con la consiguiente intolerancia a las frustraciones, incapacidad para manifestar sentimientos positivos como simpatía y gratitud, vida sexual impersonal y no compartida; 2] *apatía moral*, con falta de sentimientos de remordimiento y de culpa, falta de responsabilidad, falsedad e insinceridad sistemáticas; 3] *conducta antisocial* no episódica o impulsiva sino constante y programada, que con frecuencia lleva a conductas delictivas realizadas con frialdad e indiferencia.

Acerca de las causas, en el pasado dominaba la interpretación organicista que formuló C. Lombroso, quien incluyó a la psicopatía entre las formas de "degeneración"; hoy prevalece la interpretación psicogénica que refiere la psicopatía a una falta de integración de la afectividad en el curso de los primeros años de vida, con las consiguientes carencias en el plano emotivo y dificultad de identificación, que llevan a un ideal del yo informe y confuso (*v.* **yo, ideal del**). El psicoanálisis de orientación freudiana ve el origen de la personalidad psicopática en las primeras relaciones del niño con una figura materna inconsistente, anafectiva o ambigua, de donde surge la posterior constitución psicológica caracterizada por un yo débil y un superyó ausente, con la concomitante falta de represión de los requerimientos pulsionales del ello, que serían realizados inmediatamente, no aplazados y elaborados. De aquí la proyección continua de la agresividad hacia el mundo externo y la imposibilidad de una elaboración intrapsíquica por falta de interiorización de los conflictos.

No obstante la incertidumbre sobre las causas de la psicopatía y los límites que definen sus rasgos, el término se utiliza ampliamente como categoría diagnóstica en el ámbito de la psicología criminal (*v.* **psicología forense**, § 2).

BIBLIOGRAFÍA: Catalano Nobili C. y G. Cerquetelli (1974); Cleckley, H.M. (1959-1966); Craft, M. (coord.) (1966); Koch, J.A. (1891); Krafft-Ebing, R. von (1886); Lloyd, R. y S. Williamson (1968); Mc Cord W. y J. Mc Cord (1964); Schneider, K. (1950); Wulff, E. (1974).

psicopatología (al. *Psychopathologie*; fr. *psychopathologie*; ingl. *psychopathology*; it. *psicopatologia*)

Disciplina psicológica que en la perspectiva del desarrollo psíquico indaga, más que las causas orgánicas, el funcionamiento anormal de la actividad psíquica, con el objetivo de identificar, en forma sistemática, las causas específicas. En el siglo XIX la psicopatología era una rama de la **psiquiatría** (*v.*) y por lo tanto correspondía a la medicina, más que a la **psicología** (*v.*), entonces caracterizada todavía por una inclinación filosófica. Sus investigaciones estaban orientadas sobre todo a las causas, identificadas preponderantemente en el organismo, y a las técnicas para curar los síntomas. Su gradual emancipación de la psiquiatría fue posible gracias a los aportes de la teoría de los niveles de organización de H. Jackson, la consideración temporal del síntoma de S. Freud, la distinción entre comprensión y explicación de K. Jaspers, la relación intuición y tiempo de E. Minkowski y el criterio distintivo entre anormalidad y norma que fijó L. Binswanger. Estas contribuciones, aun cuando heterogéneas, han permitido a la psicopatología constituirse como ciencia autónoma que, a diferencia de la psiquiatría, que se expresa en la clasificación sistemática de los síntomas basándose en cuadros construidos con el modelo: síntoma = trastorno = desviación de una función, observa el síntoma como un signo que indica una forma diferente de elaborar la experiencia. Lo hace, por lo tanto, con una interpretación ya no psiquiátrica sino propiamente psicológica, en la cual la normalidad y la patología ya no reproducen la "norma" y la "desviación" sino que expresan dos formas diferentes de vivir una experiencia que dan respuestas distintas, aunque obedecen a las mismas leyes que gobiernan la vida psíquica.

1] JACKSON Y LOS NIVELES DE ORGANIZACIÓN. Según Jackson las funciones evolucionan desde las inferiores, más simples, automáticas y organizadas, a las superiores, más complejas, más voluntarias y menos organizadas. A partir de estas premisas se llega a la conclusión de que la enfermedad mental es una disolución inarmónica de las funciones superiores a las inferiores que, por su mayor organización y por su automatismo, son más aptas para resistir el acontecimiento morboso (*v.* **estratos, teoría de los**).

2] FREUD Y LA TEMPORALIDAD DEL SÍNTOMA. La teoría jacksoniana fue retomada y reformulada por Freud, quien distingue en el **aparato psíquico** (*v.*) entre una formación superior o consciente y una inferior o inconsciente que se puede indagar a partir del síntoma: "Desde el síntoma, el sendero llevó a lo inconciente, a la vida pulsional, a la sexualidad," (1932 [1976: 53]). Al remontarse, a través de los síntomas, hasta los contenidos regresivos, Freud puede alcanzar una forma de causalidad que no es sólo negativa, como en el caso de la lesión orgánica conjeturada por la psiquiatría de su tiempo, sino productiva en el sentido de que "lo que llamamos fenómenos (síntomas) de una neurosis son consecuencias de ciertas vivencias e impresiones a las que, justamente por ello reconocemos como traumas etiológicos." (1934-1938 [1976: 71]). De esta manera el síntoma no es sólo un signo sino un efecto de una causalidad histórico-dinámica.

3] JASPERS Y LA DISTINCIÓN ENTRE EXPLICACIÓN Y COMPRENSIÓN. Los síntomas observados pueden ser relacionados entre sí adoptando el método de la explicación causal (*Erklären*) propio de las ciencias naturales, o el de la comprensión psicológica (*Verstehen*), propio de las ciencias del espíritu: "En el amplio significado de la palabra 'comprender' distinguimos también terminológicamente dos significados diferentes: la comprensión *estática*, la actualización de estados psíquicos y la objetivación de cualidades psíquicas, y la comprensión *genética*, el identificarse en el otro, comprender las relaciones psíquicas" (1913-1959: 29). Con Jaspers la relación médico-paciente se vuelve el lugar privilegiado de la experiencia psicopatológica, en el cual es posible comprender "la inquietud del ánimo, el movimiento, la relación" (1913-1959: 29). Los hechos así "comprendidos" y relacionados entre sí adquieren un nuevo significado en referencia al todo, a propósito del cual Jaspers escribe que "en la comprensión genética se intensifica el 'círculo hermenéutico': el todo se debe comprender a partir de los datos de hechos particulares, lo que por otra parte es la premisa para la comprensión de los mismos hechos particulares" (1913-1959: 31). De esta manera "cada vida psíquica es un todo como forma temporal" (1913-1959: 719); por lo tanto se estructura como un *proceso* donde, en el nivel psicopatológico, se observa "un desplazamiento, una transformación y una enajenación de la personalidad" (1913-1959: 741; *v.* **psicología comprensiva**).

4] MINKOWSKI Y LA RELACIÓN INTUICIÓN Y TIEMPO. Minkowski le asigna a la psicopatología una visión diferente de la simple observación psiquiátrica, una visión "centrada en el fenómeno vivido que no busca la causa ni el efecto del mismo, sino que se esfuerza, penetrándolo, por satisfacer su contenido" (1937: 40). Su finalidad "será la de asir en vivo el hecho psicopático en el momento en que se produce, en su cualidad viviente y según la resonancia particular que encuentra en nosotros" (1937: 42). Dado que los hechos psíquicos, escribe Minkowski, están "encadenados en el tiempo", "las manifestaciones exteriores y lo que exteriorizan no satisfacen por completo la vida mental", por lo que "el análisis fenomenológico de la vida-tiempo, en el cual se inspira la psicopatología, nos pone en guardia frente a cualquier forma que trate de pasar por alto el elemento 'en el tiempo'" (1937: 18; *v.* **tiempo**, § II, 3).

5] BINSWANGER Y EL PROBLEMA DE LA NORMA. Con Binswanger se pasa de la simple fenomenología **minkowskiana** del tiempo vivido al análisis de los momentos constitutivos de la temporalidad, de la espacialidad, de la forma de relacionarse con las cosas y con los hombres que, vistas fenomenológicamente, no revelan "carencias" o "excesos" sino *formas de ser* que, donde el hombre no está precodificado por cuadros nosológicos preconstituidos, no se revelan como *dis-funciones*, sino simplemente como *funciones* de una cierta estructuración de su presencia, es decir de una cierta forma de ser-en-el-mundo y de proyectar un mundo. Todo esto priva a la distinción psiquiátrica entre "anormal" y "anormal" de su significado axiológico-ideal, porque se puede renunciar a favorecer un mundo respecto a otro, el mundo del "sano" respecto al del "enfermo", y para distinguir en su constitución específica los "mundos" de las diferentes formas de enajenación mental bastará –sin recurrir a ninguna visión del mundo preconstitutivamente asumida como norma o modelo– con descubrir las grietas presentes en las estructuras trascendentales que presiden la formación de un mundo. Con Binswanger, y en términos generales con la **fenomenología** (*v.*), la psicopatología alcanzó su autonomía disciplinaria, que interpreta la enajenación como un *proceso* cuyas causas, si bien no se pueden *explicar* con el método de las ciencias exactas, se pueden *comprender* si se llega a las *formas trascendentales* que presiden la construcción que cada uno hace de su propio mundo.

BIBLIOGRAFÍA: Ammaniti, M., F. Antonucci y B. Iaccarino (1975); Binswanger, L. (1960); Borgna, E. (1988); Callieri, B. (1982); Freud, S. (1932); Freud, S. (1934-1938); Galimberti, U. (1979); Gaston, A. (1985); Gaston, A. (1987); Jackson, H. (1884); Jaspers, K. (1913-1959); Minkowski, E. (1937); Minkowski, E. (1966); Scharfetter, C. (1976-1991); Sims, A. (1988).

psicopedagogía (al. *Psychopädagogie*; fr. *psychopédagogie*; ingl. *psychopedagogy*; it. *psicopedagogia*)

También denominada *psicología de la educación*, es un sector de la psicología aplicada que utiliza los métodos y los datos que ofrecen la **psicología general** (*v*.), la **psicología de la edad evolutiva** (*v*.) y la **psicología diferencial** (*v*.) para el estudio de los problemas educativos. Además de una psicopedagogía *general* que se manifiesta en la elaboración de los contenidos de los programas escolares y de las características didácticas (*v*. **didáctica**) en relación con las capacidades cognoscitivas (*v*. **cognición**) y de **aprendizaje** (*v*.) del alumno en las diferentes fases de su desarrollo, existe una psicopedagogía *especial* o *diferencial*, dedicada al estudio de las variantes educativas para los niños deficientes o superdotados.

1] PSICOPEDAGOGÍA GENERAL. En este ámbito las líneas de estudio están orientadas, por un lado, a las modalidades psicológicas características con las que se imparte cierta educación con miras a un cierto aprendizaje; por el otro, a las resonancias psíquicas que el proceso educativo conlleva y a las consecuencias psicológicas derivadas de la aplicación de los diferentes métodos educativos. Forman parte del primer ámbito los problemas de **didáctica** (*v*.), las modalidades de **enseñanza** (*v*.), los procedimientos utilizados en la **instrucción** (*v*.), las problemáticas vinculadas a la formación escolar (*v*. **escolar, formación**), las técnicas psicométricas empleadas para la **orientación** (*v*., § 4) escolar y otras investigaciones que ven la psicología al servicio de la pedagogía. En el segundo ámbito es la psicología la que se ubica críticamente frente a las metodologías educativas, cuando el interés por el desarrollo cognoscitivo termina por descuidar el afectivo y emocional que, después de las aportaciones que proporcionó en tal sentido el psicoanálisis, se revela no sólo como meta a alcanzar sino también como condición que favorece u obstaculiza el aprendizaje mismo.

2] PSICOPEDAGOGÍA ESPECIAL O DIFERENCIAL. En este terreno se estudian los casos individuales concretos caracterizados por desviación de la norma, es decir los *insuficientes mentales*, que se distinguen en *retrasados*, en los cuales la insuficiencia está vinculada a un problema de desarrollo, y *deficitarios*, caracterizados por un trastorno de las estructuras mentales básicas, que puede ser de origen biológico o psicosociológico, o sea imputables a una falta de enriquecimiento por parte del ambiente, o a la inhibición de las posibilidades receptivas por parte del sujeto (*v*. **retardo mental**). Además de los insuficientes, la psicología diferencial se ocupa de los *superdotados*, que presentan una facilidad fuera de lo común para el aprendizaje intelectual, o una excelencia en términos de creatividad, y que plantean el problema de un adecuado aprovechamiento de sus dotes, además de la adaptación al contexto de una población normal (*v*. **inteligencia**, § 2). Entre estos dos extremos, insuficientes y superdotados, también la población normal puede presentar problemas de psicopedagogía diferencial respecto a los procesos adquisitivos de *asimilación* (con los que se percibe la realidad sobre la base de los esquemas propios) y de *acomodación* (donde está prevista una modificación del esquema mental para adecuarse a la realidad) que, como demostró J. Piaget, son la base del desarrollo cognoscitivo (*v*. **cognoscitivo**, § 3, *a*).

BIBLIOGRAFÍA: Autores varios (1969); Anastasi, A. (1937); Boscolo, P. (1980); Busnelli, C. (1972); Claparède, E. (1909); Gagné, R.M. (1965); Metelli Di Lallo, C. (1964); Piaget, J. (1928); Pontecorvo, C. (1981); Russo, G. (1968); Zavalloni, R. (1969).

psicoprofilaxis
v. PREVENCIÓN.

psicoquímica (al. *Psychochemie*; fr. *psychochimie*; ingl. *psychochemistry*; it. *psicochimica*)

También llamada *neuroquímica*, es una especialización de la **psicofisiología** (*v.*) que estudia la bioquímica del cerebro para identificar relaciones definidas entre estados de conciencia y reacciones químicas, en especial los metabolitos cerebrales, con atención especial a los **neurotransmisores** (*v.*), en relación con los estados mentales normales o patológicos.

psicoorgánico, síndrome (al. *Psychorganische syndrom*; fr. *syndrome psychorganique*; ingl. *psychorganic syndrome*; it. *psicorganica, sindrome*)

Alteración psíquica que se manifiesta al mismo tiempo que un proceso patológico del organismo, con características que destacan la correlación. El cuadro clínico es identificable sobre la base no de la etiopatogénesis sino de la localización de la enfermedad, su extensión, su gravedad y la modalidad del curso de la misma, que presenta variaciones dependientes de factores de personalidad y de las condiciones ambientales. C. Conforto y A.M. Risso reunieron los síndromes psicoorgánicos en cuatro grupos:

1] PSICOSÍNDROME CEREBRAL DIFUSO. Depende de una extensa lesión cerebral imputable a degeneración senil, enfermedades degenerativas del sistema nervioso, vasculopatías cerebrales, agentes traumáticos o intoxicaciones; implica una involución progresiva de las funciones intelectuales que puede llegar hasta la **demencia** (*v.*), con la consiguiente disgregación de toda la personalidad. La involución se manifiesta al principio con trastornos de la memoria, sobre todo en su aspecto evocativo (*v.* **memoria**, § 2, *b*), dificultad de atención y de concentración, compromiso de la inteligencia, de la crítica y del juicio.

2] PSICOSÍNDROME CEREBRAL COMO FOCO DE INFECCIÓN. Está caracterizado por una lesión en una zona cerebral específica, con síntomas que varían según el área interesada. Para el *lóbulo frontal*, sede de áreas corticales con funciones asociativas importantes en la integración de las funciones psíquicas más elevadas, los síntomas más característicos se refieren a las modificaciones de la afectividad y de las funciones intelectuales; para el *lóbulo parietal*, que preside la percepción del propio cuerpo y del espacio externo, los trastornos se refieren al esquema corporal (*v.* **cuerpo**, § 1) y a la organización propositiva de los movimientos; para el *lóbulo temporal*, que desempeña una función esencial en el reconocimiento de las señales acústicas, los síntomas más significativos son agnosia acústica que repercute en las formas expresivas, trastornos emotivos y estados de ensoñación; para el *lóbulo occipital*, que integra y elabora las aferencias visuales, los trastornos son de fondo alucinatorio: desde los más elementales, relativos a luces y colores, hasta los más complejos, como las visiones escénicas; para las *lesiones mesencefálicas* se observa una alteración de la personalidad, con disminución de iniciativa y manifestaciones infantiles.

3] PSICOSÍNDROME ENDOCRINO. Debido a la correlación entre el sistema nervioso y el sistema endocrino, las alteraciones del equilibrio hormonal conducen a trastornos que atacan la esfera instintivo-afectiva, con alteraciones en el desarrollo de la inteligencia y de la personalidad cuando el trastorno endocrino surge en las fases evolutivas de forma grave y crónica. Los trastornos varían según la estructura endocrina interesada, por lo que se remite a la voz **endocrino, sistema**.

4] PSICOSÍNDROME EXÓGENO AGUDO. Es una complicación psíquica de curso agudo de las enfermedades somáticas, debida a toxinas que actúan en las estructuras cerebrales tras padecimientos infecciosos, parasitarios, dismetabólicos de un solo órgano (aparato respiratorio, circulatorio, hígado, riñones), o a intoxicaciones por fármacos o drogas. La sintomatología, cuando no se limita a ofuscación de la conciencia (*v.*, § 3), asume formas que recuerdan mucho la sintomatología de las psicosis endógenas (*v.* **psicosis**, § 2, *c*).

BIBLIOGRAFÍA: Bini, L. y T. Bazzi (1959); Bleuler, M. (1954); Conforto, C. y A.M. Risso, (1983).

psicopompo (al. *Die seelen der verstor-benen geleitend*; fr. *psychopompe*; ingl. *psychopompous*; it. *psicopompo*)

Figura iniciática que acompaña al alma en los procesos de transición. Esta función, que el mito griego atribuía a Hermes, quien acompañaba a las almas de los muertos, hoy se asigna a los que cumplen la función de guía psicológica.

psicosis (al. *Psychose*; fr. *psychose*; ingl. *psychosis*; it. *psicosi*)

Término psiquiátrico, adoptado también por el psicoanálisis, para indicar condiciones psicológicas cuyas características permiten distinguir las psicosis de las **neurosis** (*v.*) y de las **psicopatías** (*v.*). Dichas características, que pueden presentarse en forma aguda o crónica, temporal o permanente, reversible o irreversible, se manifestan en una pérdida más o menos total de la capacidad para comprender el significado de la realidad en que se vive y para mantener entre uno mismo y la realidad una relación de sintonía suficiente para permitir un comportamiento autónomo y responsable en el ámbito cultural en que se vive. El término "psicosis" lo introdujo en 1845 E. von Feuchtersleben, con el significado general de "enfermedad mental" o "locura", pero con una primera diferenciación interna sobre la base de la cual, como señala G. Zilboorg, "toda psicosis es al mismo tiempo una neurosis, porque, sin los nervios como intermediarios no puede llegar a manifestarse ningún cambio psicológico, pero no todas las neurosis son psicosis" (1941: 423). Con la reformulación del concepto de neurosis por obra del psicoanálisis el concepto de psicosis se definió por oposición al de neurosis, basándose en las diferencias que se enumeraron en la voz **neurosis**, § 5.

1] EL CUADRO SINTOMÁTICO DE LAS PSICOSIS. Al no existir una definición unívoca de psicosis y un límite preciso de demarcación con otras enfermedades o trastornos de la mente, se suele indicar la condición psicótica mediante un cuadro sintomático que prevé: *a*] una alteración profunda en la percepción de la *realidad* externa, con frecuencia deformada, con falta total o parcial de relación cognoscitiva

con la misma; de ello se deriva un comportamiento rígido, inseguro o contradictorio; *b*] disgregación en niveles profundos de la *personalidad*, con la consiguiente dificultad para seleccionar los pensamientos, controlar la imaginación y los sentimientos, que a veces parecen ausentes y en ocasiones excesivos por hipertrofia de la afectividad, con frecuencia acompañada de regresiones a comportamientos primitivos; *c*] reducción o pérdida de la *distinción entre pertenencia y extrañeidad*, por lo que disminuyen los límites entre el cuerpo y el mundo externo, así como la inviolabilidad de los pensamientos, de la imaginación, de los sentimientos, separados de los de los demás; *d*] *alucinación* y *delirios* debidos a la indistinción entre el sí y su cuerpo, entre el sí y el mundo externo, entre el cuerpo y el mundo externo; todo esto va acompañado por una grave alteración del pensamiento lógico y de la capacidad de comunicación lingüística y no lingüística; *e*] grave *desadaptación social* debida a falta de "comprensión" –en el sentido jasperiano del término (*v.* **psicología comprensiva**)– de los síntomas, de los que con frecuencia el mismo psicótico, al contrario del neurótico, no es consciente.

Estas características, que en su conjunto tratan de delinear el cuadro psicótico, pueden manifestarse en forma *aguda* y después desaparecer sin dejar huellas, o perdurar en forma *crónica* con fragmentos de lucidez que sin embargo no garantizan ninguna continuidad de la experiencia. También se da el caso de la *alternancia* de momentos en los que el sujeto vive en armonía con la continuidad de su propia existencia y con las formas elementales de la vida social, y momentos en los que el equilibrio se destruye.

2] LA CLASIFICACIÓN DE LAS PSICOSIS. Más allá del cuadro sintomático se suele dividir a las psicosis en:

a] *Psicosis orgánicas*, caracterizadas por un cuadro sintomático secundario a una causa que actúa directa o indirectamente en el soma. Dichas psicosis pueden ser de naturaleza inflamatoria, endocrina, metabólica, infecciosa, tóxica, traumática, neoplásica, degenerativa o genética. Pueden surgir en forma *aguda* y presentar desorganización de la ideación y de los procesos del pensamiento, estados oníricos en los que se confunde sueño y realidad, alucinación, brotes delirantes –con frecuencia persecutorios–, acompañados en el nivel afectivo de ansiedad hasta niveles de pánico, o de excitación con euforia y furor. El comportamiento puede variar desde la inmovilidad y el negativismo hasta la pantoclastia, las fugas y las agresiones. Puede durar horas, días, semanas, con remisión o tendencia a la cronicidad. Las psicosis orgánicas *crónicas* pueden surgir, además de como evolución de una psicosis orgánica aguda, en forma engañosa a partir de la edad del crecimiento hasta el deterioro mental en el adulto y la involución senil. Pueden tener un curso estable o estar consteladas de episodios agudos, así como evolucionar hacia un decaimiento demencial.

Entre las psicosis orgánicas merecen ser recordadas: la *psicosis arteriosclerótica* debida a la degeneración de las arterias cerebrales, que entrañan un defecto de la circulación sanguínea. Se manifiesta con reducción de las funciones cognoscitivas, alteración del lenguaje y estados confusionales (*v.* **arteriosclerosis**); la *demencia senil*, debida a atrofia cerebral difusa que conlleva disminución de la memoria, de las capacidades críticas, de la elasticidad y ductilidad mental, con la consiguiente pérdida de contacto con la realidad y con la continuidad de los propios pensamientos y sentimientos (*v.* **demencia**, § II, 1); la *psicosis tóxica*, debida a intoxicación con fármacos o con alucinógenos, que desaparece cuando cesa la ingestión del fármaco o de la droga. Esta psicosis también ha sido inducida experimentalmente como *psicosis modelo*, con el fin de obtener indicaciones de anomalías bioquímicas y metabólicas específicas presentes en la esquizofrenia; la *psicosis asociada* con enfermedades infecciosas, que generalmente retrocede con la reducción del estado febril; la *psicosis traumática*, determinada por lesiones orgánicas o asociada con éstas (*v.* **trauma**).

b] *Psicosis reactivas* que surgen después de un gravísimo trauma de carácter psíquico, no orgánico, provocado por acontecimientos externos, como la *psicosis de duelo* tras la muerte de una persona querida; la *psicosis de choque* observada en muchos soldados que vivieron experiencias de horrores de guerra y de bombardeos; la *psicosis de detención*, típica de quien vive períodos prolongados en estado de aislamiento con pocas posibilidades de comunicación con el entorno; en estas condiciones pueden darse estados de ansiedad

acompañados por una tendencia a la interpretación delirante, casi siempre de tipo persecutorio, y en ocasiones por fenómenos alucinatorios; las *psicosis de embarazo*, que se observa en la segunda mitad de la **gravidez** (*v.*) con cuadros psicóticos agudos, que pueden manifestar una sintomatología de fondo esquizofrénico o de fondo depresivo, con fantasías de suicidio; en la base pueden existir situaciones conflictivas vinculadas al estado de gravidez, al temor del parto o a la angustia de la inminente función materna, como en la *psicosis puerperal* que se manifiesta inmediatamente después del **parto** (*v.*), con sentimientos de culpa, impulsos agresivos, fantasías proyectivas hacia el neonato, estados confusionales ricos de elementos oníricos; el pronóstico, después de un curso que varía de días a meses, es por lo general favorable si no existen episodios anteriores de tipo psicótico; la *psicosis inducida* por el ambiente en el que se vive, donde la presencia de un personaje, por lo general paranoico con elaboraciones delirantes de fondo megalomaniaco, persecutorio o místico, termina por condicionar o absorber a otro individuo que de por sí no presenta una personalidad psicótica sino, más bien, inmadura, sugestionable y débil.

Existen además formas psicóticas en las cuales la distinción entre etiología orgánica y etiología ambiental es muy incierta, como en el caso del **autismo** (*v.*, § 1) infantil, que puede manifestarse desde el nacimiento o después de un período de desarrollo normal, en el cual es imposible precisar si la causa fue una debilidad constitucional o congénita del yo, preexistente a sus relaciones con la realidad externa, o si sobreviene en el momento en que el niño se niega a escindir su relación simbiótica con la madre. Lo mismo puede decirse de las *psicosis de la edad evolutiva*, caracterizadas por la incapacidad para establecer relaciones satisfactorias con la realidad social dentro y fuera de la familia.

c] *Psicosis endógenas o funcionales*, así denominadas porque no se observa una causalidad etiopatogénica de naturaleza somatobiológica (*v.* **endógeno-exógeno**). Dichas psicosis, en el siglo XIX, se vieron como manifestaciones de la llamada *psicosis única*, según la denominación de E.A. Zeller, maestro de W. Griesinger y representante de la interpretación monista de la pluralidad de los fenómenos psicopatológicos. Con E. Kraepelin la idea de psicosis única fue sustituida por la interpretación bipolar, que distinguió a las psicosis endógenas en dos grandes grupos: la **esquizofrenia** (*v.*) y la **ciclotimia** (*v.*), o *psicosis maniaco-depresiva*. A éstas se agregó recientemente la **paranoia** (*v.*), que otros mantienen como subclase de la esquizofrenia. Las psicosis endógenas fueron objeto de estudios particulares por parte de la psiquiatría fenomenológica (*v.* **análisis existencial**, § 3), que las consideró modalidades particulares de enunciar las condiciones ontológicas de la existencia, como el temporalizarse, el espacializarse, el coexistir, el proyectarse; y por el psicoanálisis que, adoptando el modelo de la segunda teoría del **aparato psíquico** (*v.*, § 5) que elaboró S. Freud a partir de 1920, interpreta la psicosis endógena como una ruptura entre el yo y la realidad externa debida a la presión ejercida por los requerimientos del ello sobre el yo, el cual, ante la imposibilidad de reprimirlas de acuerdo con las exigencias de la realidad externa, como sucede en el proceso de formación de las neurosis, sucumbe al ello para después recuperarse parcialmente con la construcción de una realidad propia en el delirio, que aunque está organizado de conformidad a los deseos del ello, representa de alguna manera una recuperación de la relación objetal (*v.* **delirio**, § 2). En la última fase de su pensamiento Freud postuló, en la base de la psicosis endógena, ese mecanismo de defensa y de rechazo de la realidad que es la **negación** (*v.*), que tiene sus raíces en la negativa del niño a aceptar la ausencia del pene en el cuerpo femenino, y su insistencia en percibir el contraste con el dictado de la realidad objetiva. En el plano terapéutico Freud consideraba irrealizable el tratamiento analítico del psicótico, ya que la discontinuidad del yo, típica de su condición, no permite la alianza terapéutica (*v.* **análisis**, § 2, *g*) considerada esencial para todo tratamiento.

M. Klein difuminó la distinción entre neurosis y psicosis considerando a estas últimas como la reaparición de situaciones típicas de los primeros años de vida, cuando en todos se presentan valoraciones psicóticas y potencialidades precisas en este sentido. Para C.G. Jung, por último, la psicosis se debe a la ruptura del mecanismo compensador de la psique entre la parte consciente y la parte inconsciente, con lo que los complejos autónomos inconscientes se imponen sobre el complejo del yo, que ya no logra mantener el control de las formaciones inconscientes (*v.* **complejo**, § 4).

BIBLIOGRAFÍA: Arieti, S. (1974); Arieti, S. y J. Bemporad (1978); Aulagnier, P., S. Leclaire y S. Resnik (1978); Bettelheim, B. (1967); Binswanger, L. (1944-1946); Binswanger, L. (1930-1957); Binswanger, L. (1960); Bleuler, E. (1911-1960); Borgna, E. (1988); Cargnello, D. (1966); Ey, H. (1955); Feuchtersleben, E. von (1938); Freud, S. (1896); Freud, S. (1922); Freud, S. (1938); Galimberti, U. (1979); Gaston, A. (1987); Griesinger, W. (1843); Jaspers, K. (1913-1959); Jung, C.G. (1907-1959); Klein, M. (1978); Kraepelin, E. (1883); Lacan, J. (1958); Lacan, J. (1955-1956); Laing, R.D. (1959); Minkowski, E. (1966); Pankow, G. (1969); Pankow, G. (1977); Resnik, S. (1972); Szasz, T.S. (1961); Zeller, E.A. (1818); Zeller, G. (1961); Zilboorg, G. y G.W. Henry (1941).

psicosíndrome
v. SÍNDROME.

psicosíntesis (al. *Psychosynthese*; fr. *psychosynthèse*; ingl. *psychosynthesis*; it. *psicosintesi*)

Término que inicialmente utilizó C.G. Jung para subrayar el carácter constructivo y prospectivo de su método de investigación psicológica frente al procedimiento causal que adoptó S. Freud (*v.* **constructivo, método**). El término después se abandonó y se sustituyó por el de **psicología analítica** (*v.*). Actualmente se aplica a la orientación psicológica que inició el psiquiatra italiano R. Assagioli, quien elaboró un modelo teórico y una técnica psicoterapéutica.

1] EL MODELO TEÓRICO. El modelo teórico parte de la concepción del hombre como un ser incompleto, atravesando por una sensación de vacío, carencia, separación, nostalgia por la unidad perdida. De aquí el deseo de completarse mediante un proceso *madurativo* que lleva a la realización de sus potencialidades, y un proceso *unificador* de los diferentes motivos psíquicos todavía sin armonizar. De estas premisas se desprende que los conflictos pueden estar entre pasado y futuro (que se resuelven con la madurez) y entre multiplicidad y unidad (que se resuelvan con el trabajo de síntesis y autorrealización). En este "camino existencial" son centrales el concepto de "sí", entendido como núcleo de la identidad, respecto al yo consciente sumergido y con frecuencia perdido en la multiplicidad de las situaciones existenciales, y la noción de "voluntad", entendida como conciencia de sí y de la propia capacidad de actuar sobre uno mismo, además de reaccionar a los acontecimientos externos. Contrapuesto al yo está el *inconsciente* tripartita: inconsciente *inferior*, que corresponde al inconsciente freudiano como lugar de lo reprimido; *medio*, que abarca los contenidos cercanos al estado de conciencia; *superior*, que se refiere a todas las potencialidades realizadas por el individuo en el curso de su maduración.

2] LA TÉCNICA PSICOTERAPÉUTICA. El tratamiento prevé tres fases: *a*] *analítica* o de comprensión existencial, en la que se comprueba la situación actual del paciente según el esquema que, partiendo del sufrimiento, prevé una involución regresiva hacia la enfermedad o bien una evolución progresiva hacia la maduración; *b*] *desidentificación* del sujeto con la situación existencial en la cual se encuentra, seguida de una progresiva *autoidentificación* consigo mismo, que puede alcanzarse mediante un distanciamiento psíquico de las problemáticas que dominan el campo de la conciencia; *c*] *sintética*, donde el yo actúa sobre la situación para transformarla mediante maniobras aloplásticas, referidas al ambiente, y autoplásticas, referidas a sí mismo. El proceso sintético y madurativo se realiza por medio del desarrollo de las propias potencialidades y no a través del sufrimiento y la aceptación de los límites. El tratamiento terapéutico tiene dos finalidades fundamentales: la transformación de la relación, de dependiente a autonóma, con el logro de la maduración del paciente, y la curación existencial, entendida no como pérdida de los síntomàs sino como posesión y disponibilidad de sí.

BIBLIOGRAFÍA: Alberti, A. (1986); Assagioli, R. (1973); Assagioli, R. (1977); Ferrucci, P. (1981).

psicosocioanálisis (al. *Psychosozioanalyse*; fr. *psychosocioanalyse*; ingl. *psychosocioanalysis*; it. *psicosocioanalisi*)

Corriente psicoanalítica que asume como estructura de base de la vida psíquica el aspecto relacional que destacó W.R. Bion frente a la orientación psicoanalítica de S. Freud, centrada en las dinámicas internas de cada individuo. A partir de este modelo la investigación psicosocioanalítica toma en consideración al individuo, en su aspecto de sujeto generado (*genitus*) y de sujeto operante (*faber*), en relación con el grupo, de cualquier dimensión y naturaleza, considerado en su aspecto afectivo (*globus*) y en su aspecto operativo (*officina*). Este esquema relacional, escribe L. Pagliarani, "destaca con *genitus* y *globus* el mundo de los afectos, de las emociones, de las angustias, de los fantasmas, afrontado por el psicoanálisis individual y de grupo, mientras con *faber* y *officina* destaca el mundo de la operatividad, del hacer, del producir, afrontado por el psicoanálisis" (1990: 11).

Desde el punto de vista terapéutico el psicosocioanálisis prevé tratamientos de breve duración que connotan la *psicoterapia proyectual*, cuyas características destaca Pagliarani de la siguiente manera: "Por 'proyectual' entendemos una psicoterapia orientada según los principios y los métodos del psicoanálisis, enfocada fundamentalmente a los problemas y a los conflictos actuales, dirigida al desarrollo de la persona y a la reproyección realista de su vida activa y de relación, diferente de un psicoanálisis clásico por el hecho de que las incursiones a los orígenes –con todas sus consecuencias– son alentadas sólo en la medida de lo necesario para refundamentar la vida presente (sonda 'arqueológica', pero siempre para incrementar la innovación 'arquitectónica'). Por lo tanto es más arquitectura que arqueología" (1910: 10).

BIBLIOGRAFÍA: Bion, W.R. (1961); Marcoli, F. (1988); Pagliarani, L. (1975); Pagliarani, L. (1985); Pagliarani, L. *et al.* (1990).

psicosociología (al. *Psychosoziologie*; fr. *psychosociologie*; ingl. *psychosociology*; it. *psicosociologia*)

Existen tres acepciones comunes para este término: 1] una genérica, que identifica la psicosociología con la **sociología social** (*v*.); 2] una segunda que utiliza el término para las investigaciones de mercado (*v*. **psicología comercial**), de **opinión** (*v*.) y para los análisis motivacionales (*v*. **motivación**); 3] una tercera que emplea el término en sentido específico para las técnicas de intervención y de formación en **organizaciones** (*v.*) como la escuela, el hospital, la empresa y en general las instituciones, adoptando orientaciones teóricas y conceptuales mediadas por la **psicología social** (*v.*), la **psicología del trabajo** (*v.*) y la **psicología clínica** (*v.*) para enfrentar problemas de conflicto, comunicación, liderazgo, colaboración, jerarquía, que aquejan a las instituciones y a las organizaciones complejas.

BIBLIOGRAFÍA: Carli, R. y L. Ambrosiano (1981); Lapassade, G. (1970); Stella, S. y G.P. Quaglino (1976).

psicosomática (al. *Psychosomatik*; fr. *psychosomatique*; ingl. *psychosomatics*; it. *psicosomatica*)

En sentido restringido con este término se entiende la rama de la medicina que se ocupa de trastornos orgánicos que, al no revelar en su base una lesión anatómica o un defecto funcional, se refieren a un origen psicológico. En un sentido más amplio se entiende la concepción que superando el dualismo **psicofísico** (*v.*) que según el modelo cartesiano separa el cuerpo de la mente, ve al hombre como un todo unitario en el cual la enfermedad se manifiesta en el nivel orgánico como síntoma y en el nivel psicológico como desajuste. La medicina psicosomática, adoptando este punto de vista, invierte el esquema etiológico clásico que veía la *lesión* del órgano como causa de su *disfunción*, a su vez causa de la *enfermedad*, y propone que la persistencia del **estrés** (*v.*) funcional, que tiene su origen en la vida cotidiana del individuo que lucha por la existencia, genera la *disfunción* del órgano, causa de la *lesión* que es, a su vez, causa de la *enfermedad*.

I] MODELOS INTERPRETATIVOS.

1] *S. Freud y la teoría del conflicto*. Según Freud el trastorno psicosomático es el resultado de un conflicto psíquico entre la pulsión que tiende a la satisfacción del deseo y la instancia defensiva que tiende a su represión. El síntoma orgánico en la enfermedad psicosomática es "significante" porque en él se identifica la satisfacción deformada y parcial de la pulsión y las exigencias de represión. Al respecto Freud habla de *conversión histérica* (*v.* **histeria**, § 1, *b*) cuando el síntoma corporal es el representante de un contenido psíquico inaceptable y por lo tanto reprimido, y de *neurosis de angustia* (*v.* **angustia**, § 2, *a*) cuando está presente una excitación sexual que se transforma en síntoma directamente, sin mediación psíquica. La línea terapéutica contempla rastrear el síntoma orgánico al conflicto *reprimido*, para encontrarle una forma de solución; la *integración* (*v.*, § 2) de la pulsión en el cuadro del yo con su consiguiente satisfacción, o la **sublimación** (*v.*), de manera que no sea necesaria la represión o la descarga en lo orgánico.

2] *G. Groddeck y la enfermedad como defensa*. Según Groddeck todo proceso patológico –y por lo tanto no sólo la patología del histérico– es un proceso defensivo en el cual puede refugiarse el enfermo protegiéndose del mundo externo que lo humilla y que le exige respuestas que superan sus capacidades. El proceso patológico es por consiguiente, en opinión de Groddeck, un recorrido simbólico en el que se observan las dificultades que cada uno encuentra al ser en el mundo o, como dice Groddeck, las resistencias del **ello** (*v.*) para manifestarse como quiere el yo. "Me convencí –escribe Groddeck– de que la distinción entre alma y cuerpo es sólo verbal y no sustancial, que cuerpo y alma constituyen un todo único, y que en esta totalidad está escondido un ello, una fuerza por la que somos vividos, mientras creemos ser nosotros los que vivimos" (en Freud, 1970: 11).

3] *W. Reich y la interpretación energética*. Todos los procesos biológicos siguen la vía de carga y descarga de acuerdo con la fórmula: tensión mecánica, carga eléctrica, descarga eléctrica y distensión mecánica. Cuando se impide la descarga, todo el organismo vive en un estado de carga sin desahogo; si esta condición se vuelve un estado crónico, se forma, en el nivel psíquico una coraza de carácter y, en el nivel físico, una coraza muscular (*v.* **carácter**, § 3, *c*). Estas corazas son una continua operación de control de las emociones y una potente estructura de defensa ante éstas. Esto es especialmente evidente en el nivel sexual, donde cuando la carga, percibida como placentera, no es seguida por la descarga, la acumulación de energía se traduce, en el nivel físico, en tensión muscular, y en el psíquico en experiencia angustiante. Los trastornos orgánicos y los psíquicos, por lo tanto, pueden referirse a las corazas en las que se manifiesta la sobrecarga crónica de la que dependen el hipertono simpático y la contracción muscular responsable de los trastornos de los tejidos y de las funciones con las que interfiere. Un diafragma bloqueado, por ejemplo, se opone como una barrera entre el pecho y el vientre; la respiración se ve reducida, tal como lo está la percepción de toda sensación profunda, con exclusión del vientre, de sus "incómodos mensajes", y su sustitución por sensaciones de ansiedad y de temer. Las teorías de Reich son la base del *análisis bioenergético* que inició A. Lowen, para quien no es posible disolver las contracturas musculares sin resolver el conflicto análogo de naturaleza psíquica, ni tampoco posible elaborar sólo las neurosis, porque su correspondiente corporal no resuelto mantendrá los trastornos (*v.* **bioenergética**).

4] *K. M. Bikow y el condicionamiento anormal.* Este modelo interpretativo se basa en la observación de los mecanismos de reacción al estímulo que involucran a las estructuras cerebrales superiores, cuyo mal condicionamiento repercute en las estructuras corticales y en los centros vegetativos, con la consiguiente respuesta patológica orgánica. La terapia consiguiente implica la suspensión del vínculo asociativo responsable de las respuestas alteradas por condicionamiento incorrecto y su sustitución con un vínculo asociativo normal.

5] *M. Boss y la manera de ser-en-el-mundo.* De acuerdo con la hipótesis del **análisis existencial** (*v.*), según la cual lo psíquico manifiesta las modalidades con las que un cuerpo es-en-el-mundo, Boss considera que la enfermedad manifiesta la modalidad única en la que el cuerpo se abre y se "intenciona" hacia el mundo, o bien las modalidades excluidas que, al no manifestarse en una experiencia global, se anuncian patológicamente. Desde este punto de vista las regiones del cuerpo afectadas por la enfermedad corresponden a la relación con el mundo patológicamente interrumpida o exasperada. Por lo tanto no existe una psicogénesis o una somatogénesis que interactúe en una relación causal, porque, en ocasión de la enfermedad corporal, la que está alterada es la relación con el mundo.

6] *P. Schilder y la imagen corporal.* Schilder subrayó cómo la percepción de un síntoma, su valor para el sujeto, las fantasías y los temores relacionados, están vinculados a la imagen corporal (*v.* **cuerpo**, § 1) que tiene el paciente. Los estrés psicosociales y las enfermedades psíquicas aumentan la incidencia de los trastornos de la imagen corporal, que se manifiestan mediante alteraciones somáticas que afectan partes o funciones del cuerpo investidas de significados simbólicos conscientes o inconscientes, que influyen en la actitud del sujeto hacia su propio cuerpo.

7] *V. von Weizsäcker y el círculo gestáltico.* Con esta expresión Weizsäcker entiende que los acontecimientos de la esfera corporal percibidos como transformaciones físicas, los de la esfera psíquica manifestados con pensamientos, sueños, fantasías, y los de la esfera social que se traducen en relaciones e interacciones con los demás, son tres aspectos en los que se manifiesta una única realidad existencial que en las tres esferas dispone de tres lenguajes diferentes, pero traducibles entre sí a condición de que se descubran las leyes que, regulan la descodificación y la recodificación de los mensajes en los tres ámbitos, resultan indispensables para la plena comprensión de los fenómenos en curso.

8] *W.B. Cannon y las respuestas de "ataque y fuga".* Según Cannon las enfermedades psicosomáticas se deben al **estrés** (*v.*), o sea a respuestas emocionales muy intensas o muy prolongadas, que activan respuestas fisiológicas y psicológicas cuya finalidad es atenuar el estrés. El comportamiento activado puede ser de "ataque" o de "fuga" según Cannon, o de "adaptación" según Selye. Cuando los esfuerzos del sujeto fallan porque el estrés supera la capacidad de respuesta, puede ser vulnerable a la enfermedad debida a una disminución de las defensas del organismo.

9] *J.C. Nemiah y la interpretación neurofisiológica.* A partir de la constatación de que el paciente psicosomático presenta: *a*] incapacidad para describir con precisión sus síntomas; *b*] incapacidad para identificar sensaciones afectivas y distinguirlas entre sí; *c*] inadecuación entre las explosiones emocionales y los estados afectivos internos correspondientes; *d*] rigidez, distancia y desarticulación en la postura y en la mímica, Nemiah conjeturó que, a causa de factores genéticos o de defectos de desarrollo, existiría una carencia de conexiones neuronales entre las áreas del sistema límbico, encargadas de la reelaboración de las pulsiones y de los afectos, y las áreas corticales, sede de las representaciones conscientes, de los sentimientos y de las fantasías. Dedujo de ello que las estimulaciones de las pulsiones no se elaboran en el nivel cortical sino que son desviadas hacia el hipotálamo, que genera estimulaciones sumamente intensas y prolongadas a cargo del sistema vegetativo.

10] *J. McDougall y la hipótesis psicodinámica*. El paciente psicosomático es un sujeto incapaz de formular fantasías como medio de gratificación de pulsiones instintivas. La carencia de fantasía permite que la atención se centre en el ambiente y en la realidad externa a la que el paciente psicosomático está sobreadaptado. El surgimiento de la energía instintiva, en ausencia de una representación fantástica en la cual poderse manifestar, se descarga sobre el cuerpo con resultados nocivos. Con base en esta hipótesis McDougall es capaz de distinguir la *histeria de conversión* (v. **histeria**, § 1, *b*), que es el resultado de fantasías reprimidas, del *síntoma psicosomático*, que se deriva en cambio de la incapacidad de formular fantasías que protegen el cuerpo de la enfermedad en presencia de estimulaciones psíquicas anormales.

11] *F. Alexander y la neurosis de órgano*. Alexander introduce la distinción entre los síntomas de la histeria, que descargan en el cuerpo una tensión psíquica, y las neurosis de órgano, causadas por modificaciones fisiológicas que acompañan al estado emotivo, como por ejemplo la presión sanguínea bajo la influencia de la cólera, que no descarga la cólera sino que acompaña su aparición. En el plano psicodinámico, por lo tanto, se instaura una diferencia entre el *síntoma de conversión*, que manifiesta simbólicamente el conflicto reprimido, y la *neurosis de órgano* que, como concomitante fisiológica, no simboliza nada y no satisface nada. Por lo que se refiere a las diferentes formas de enfermarse en el nivel de neurosis de órgano, Alexander se remonta a las funciones del **simpático** (v.) y del parasimpático que regulan las funciones vegetativas, porque el simpático actúa principalmente en los procesos catabólicos de movilización de los recursos energéticos para enfrentar situaciones de emergencia, mientras el parasimpático estimula los procesos anabólicos de acumulación de las reservas de energía. Los dos sistemas son en muchos casos antagonistas, en el sentido de que la estimulación de uno inhibe la actividad del otro.

A partir de estas premisas Alexander define la actividad del simpático como una preparación del organismo para la lucha y para la fuga, y la del parasimpático como un desistimiento de las actividades orientadas hacia afuera, es decir una "retirada vegetativa". A la hiperactividad de los dos sistemas refiere Alexander la primera distinción de las neurosis de órgano: a la represión de los instintos de *lucha y fuga* los cuadros sintomáticos de los trastornos cardiacos, vasculares, de las cefaleas y de la artritis reumatoide, y a la *retirada vegetativa* los trastornos gastrointestinales y los respiratorios en los cuales, en lugar de una acción orientada hacia afuera, tenemos una modificación autoplástica que sustituye la acción.

II] SÍNDROMES PSICOSOMÁTICOS.
La variedad de modelos interpretativos permite ilustrar sólo aproximadamente los síndromes clínicos de fondo psicosomático que aquí enumeraremos a partir del aparato involucrado, remitiendo para cada síndrome a las voces específicas que se dedicaron a éstos:

1] *Trastornos de la alimentación* que se agrupan en torno a dos excesos representados por la **anorexia** (v.) y por la **bulimia** (v.), con la consiguiente obesidad.

2] *Trastornos gastroentéricos* vinculados a un desarrollo precoz de las emociones, con sensaciones elementales de seguridad y confianza por un lado e insatisfacción y necesidad por el otro, relacionado a su vez a condiciones de saciedad y hambre. Las manifestaciones más evidentes son la **úlcera péptica** (v.) y la **colitis ulcerosa** (v.).

3] *Trastornos cardiocirculatorios* determinados por estrés sociales, incongruencia entre el estatus y las aspiraciones, pérdida de protección, que exigen vigilancia continua y permanente estado de preparación para "lucha y fuga", lo que se manifiesta en el nivel psicosomático en la **cardiopatía** (v.) isquémica y en la **hipertensión** (v.) esencial.

4] *Trastornos respiratorios* determinados por factores emocionales con factores de predisposición que deben buscarse en la relación ambivalente con una madre hiperprotectora. El síndrome más significativo es el **asma bronquial** (v.).

5] *Trastornos urogenitales* que aparecen en momentos particularmente importantes de la vida reproductiva, como la **menstruación** (*v.*), la **gravidez** (*v.*), la **anticoncepción** (*v.*), el **parto** (*v.*), el **aborto** (*v.*), o con el fin de la capacidad reproductiva, con la menopausia. También forma parte de este grupo la **enuresis** (*v.*), o incapacidad de inhibir el reflejo urinario.

6] *Trastornos sexuales* que se manifiestan en el **fetichismo** (*v.*), la **zoorastia** (*v.*), el **exhibicionismo** (*v.*), la **escopofilia** (*v.*), el **sadismo** (*v.*), el **masoquismo** (*v.*), el **transexualismo** (*v.*), el **travestismo** (*v.*) y, en fin, en algunas formas de **masturbación** (*v.*) y de **homosexualidad** (*v.*).

7] *Trastornos locomotores,* donde el factor psicológico cumple una importante función etiológica en los dolores lumbares, el reumatismo psicógeno, las artritis reumatoides, las **cefaleas** (*v.*) de contracción muscular, el **bruxismo** (*v.*) y las diferentes formas en las que está involucrada la **locomoción** (*v.*, § 3).

8] *Trastornos dermatológicos* en los cuales la piel, junto con su función protectora, termostática, táctil, dolorífica, inmunitaria y excretora, desarrolla también funciones de manifestación de las emociones, por lo que enrojece, palidece, suda, así como de significativa zona erógena, donde se reflejan también algunos trastornos sexuales (*v.* **piel**).

De las hipótesis interpretativas arriba expuestas y de los síndromes enumerados se puede concluir que el sujeto psicosomático, a diferencia del neurótico y del psicótico, presenta una insuficiencia –constitucional o adquirida– de *procesos de mentalización*, es decir de elaboración psíquica de las emociones mediante el pensamiento, tanto intelectual o consciente como imaginativo y fantástico, y una acentuación del *pensamiento orgánico*, siempre rígidamente adherido a la realidad concreta e incapaz de vida fantástica. La insuficiente mentalización puede depender tanto del sujeto psicosomático, que no la maduró en la infancia, cuanto de la madre, polo psíquico de la díada madre-hijo concebida como unidad psicosomática. En efecto, es necesario tener presente que el niño muy pequeño está completo sólo por medio de la existencia de su madre, y que la forma de ser de esta última es esencial para su devenir (*v.* **familia**, § II, 1).

BIBLIOGRAFÍA: Alexander, F. (1950); Ammon, G. (1974); Boss, M. (1959); Bikow, K.M. (1935); Cannon, W.B. (1929); Deutsch, F. (1959); Dunbar, H.F. (1943); Fenichel, O. (1945); Freud, S. (1893); Freud, S. (1894); Freud, S. (1910); Freud, S. (1970); Gabrielli, F. (1983); Groddeck, G. (1923); Groddeck, G. (1933); Jores, A. (1956); Lowen, A. (1958); Lowen, A. (1975); Marty P. *et al.* (1965); McDougall, J. (1989); Mitscherlich, A. (1966-1967); Nemiah, J.C. *et al.* (1976); Pancheri, P. (1984); Pinkus, L. (1989); Reich, W. (1942); Reich, W. (1948); Santagostino, P. (1987); Schilder, P. (1935-1950); Selye, H. (1976); Todarello, O. y P. Porcelli (1992); Uexküll, Th. Von. (1965); Weiss, E. y O.S. English (1949); Weizsäcker, V. von (1926-1949).

psicotécnica

v. PSICOLOGÍA APLICADA.

psicoterapia (al. *Psychotherapie*; fr. *psychothérapie*; ingl. *psychotherapy*; it. *psicoterapia*)

Proceso interpersonal, consciente y planificado, orientado a influir entre los trastornos del comportamiento y las situaciones de sufrimiento con medios puramente psicológicos, por lo general verbales, pero también no verbales, con miras a una finalidad elaborada en común, que puede ser la reducción de los síntomas o la modificación de la estructura de la personalidad, por medio de técnicas que difieren según la orientación teórica a la que se remontan. El campo de la psicoterapia es tan amplio que necesita, para poderse orientar, criterios de subdivisión.

1] EL CRITERIO DEL MÉTODO. Este criterio inicia una primera distinción entre terapias fundadas en la *relación humana paciente-terapeuta* y terapias basadas en *procedimientos técnico-experimentales*.

Forman parte del primer grupo las psicologías de orientación psicoanalítica (*v.* **análisis**), que pueden ser individuales o de **grupo** (*v.*, § III) y que se proponen una modificación estructural de la personalidad mediante la superación de la neurosis de **transferencia** (*v.*, § 3) y de la subyacente neurosis infantil (*v.* **neurosis**). A este grupo pertenecen el **psicoanálisis** (*v.*), la **psicología individual** (*v.*), la **psicología analítica** (*v.*) y las formas psicoterapéuticas que hacen referencia a las diferentes orientaciones de la **psicología de lo profundo** (*v.*).

Del segundo grupo, en cambio, forman parte las terapias conductistas (*v.* **comportamiento**, § 5), que se proponen una modificación del síntoma que se remonta a un aprendizaje inadecuado mediante un "reacondicionamiento" del sujeto con un aprendizaje más adecuado, y las técnicas de **retroalimentación** (*v.*) para la curación de los trastornos psicosomáticos mediante el control aprendido de las funciones fisiológicas.

A mitad del camino entre estos dos tipos de terapia se ubican las formas de tratamiento basadas en el método de la *sugestión*, como la **hipnosis** (*v.*), en la que existe una relación de transferencia sin la cual no sería posible inducir la restricción de conciencia necesaria para la eliminación de ciertos síntomas, y el **entrenamiento autógeno** (*v.*), basado en la práctica de la relajación muscular sistemática para la disminución de la tensión emotiva.

2] EL CRITERIO DEL DESTINATARIO. El destinatario de la terapia puede ser el individuo, la pareja, la familia o el grupo. En el caso de la *psicoterapia individual* es necesario distinguir el tratamiento del individuo adulto (*v.* **análisis**) del tratamiento del niño (*v.* **análisis infantil**), que por sus características exige una atención psicoterapéutica diferenciada. En el caso de la *psicoterapia de grupo* hay un tratamiento de orientación psicoanalítica (*v.* **grupo**, § III) o de orientación sistémica (*v.* **psicología sistémica**, § 2) que resulta particularmente eficiente en la psicoterapia de la **familia** (*v.*, § III) y de la **pareja** (*v.*), donde lo que se propone es la modificación de los esquemas de interacción. Una forma particular de terapia de grupo es el **psicodrama** (*v.*), en el cual la acción terapéutica no se confía sólo al analista, sino a la interacción entre protagonista y coro.

3] EL CRITERIO DEL FIN PERSEGUIDO. Este criterio permite distinguir:

a] las *terapias de apoyo* o *de sostén*, que se proponen dar un soporte emotivo al paciente, ayudándolo en sus dificultades existenciales mediante una intervención activa del terapeuta que aconseja, guía y en ocasiones dirige;

b] las *terapias reeducativas*, que buscan la readaptación del individuo mediante la clari-

ficación de sus conflictos conscientes. Se pueden incluir en este grupo la terapia **cognoscitivista** (*v.*), que conjetura una posibilidad de curarse mediante una reestructuración del campo cognoscitivo; la terapia conductista (*v.* **comportamiento**, § 5), donde la interacción verbal ya no es el aspecto esencial del acto terapéutico; la psicoterapia rogeriana (*v.* **psicología rogeriana**, § 2) que se realiza mediante una progresiva toma de conciencia acompañada de catarsis; la psicoterapia interpersonal (*v.* **psicología social**, § 3, *d*) de H.S. Sullivan, fundada en el principio de la socialización y de la aculturación en el proceso de formación de la personalidad, en la cual se favorecen los hechos conscientes respecto a los inconscientes; la psicoterapia sistémica (*v.* **psicología sistémica**, § 2), que interpreta el comportamiento patológico, y en especial el esquizofrénico, como efecto de una comunicación perturbada que la terapia debe corregir; la terapia humanista (*v.* **psicología humanista**), derivada de la teoría de la motivación; la logoterapia, que no se orienta hacia los conflictos instintivos sino hacia las dimensiones psiconoéticas;

c] las *terapias reconstructivas*, que no tienden a la readaptación sino a la reconstrucción de la personalidad mediante la identificación de sus instancias inconscientes, y a una progresiva maduración emotiva posibilitada por la adquisición del conocimiento de sí. Pertenecen a este tercer grupo todas las terapias de orientación analítica (*v.* **análisis**). Las diferentes formas de psicoterapia se ilustran en cada una de las voces, ordenadas alfabéticamente por el adjetivo calificativo (por ejemplo: psicoterapia cognoscitivista, *v.* **cognoscitivista, terapia**).

BIBLIOGRAFÍA: Autores varios (1986;) Adler, A. (1920); Balint, M. (1957); Benedetti, G. *et al.* (1979); Bergin, A.E. (1978); Bloch, S. (1982); Breggin, P.R. (1979); Bruch, H. (1974); Cancrini, L. (1982); Freud, S. (1915-1917); Fromm-Reichmann, F. (1959), Galli, G. (coord.) (1973); Haley, J. (coord.) (1971); Harper, R.A. (1975); Jung, C.G. (1928-1959); Klein, M., P. Heimann y R. Money-Kyrle (coords.) (1955); Klerman, G. *et al.* (1984); Kutter, P., W. Loch, H. Roskamp y W. Wesiache (1971); Pankow, G. (1969); Patterson, C.H. (1980); Schafer, R. (1983); Schneider, P.B. (1969); Schultz, J.H. (1932); Schützenberger, A.A. y M.J. Sauret (1977); Selvini Palazzoli, M. *et al.* (1975); Semi, A.A. (1985); Semi, A.A. (coord.) (1988); Slani, R. y O. Siciliani, L. Burti (1990); Strotzka, H. (1978); Sullivan, H.S. (1953); Watzlawick, P., J.H. Beavin y D.D. Jackson (1967).

psicotomimético
v. DROGA, § 2.

psilocibina
v. DROGA, § 2.

psique (al. *Psyche*; fr. *psyché*; ingl. *psyche*; it. *psiche*)

Palabra griega que etimológicamente significa el "soplo" que anima y da vida a un cuerpo. En este sentido Aristóteles habla de ψυχ~ como idéntico a βίος, a la vida. Los latinos tradujeron "psique" por *anima*, manteniendo el **dualismo** (*v.*) platónico del alma y el cuerpo que R. Descartes reformularía con el dualismo *res cogitans* y *res extensa*, en el que está vigente la distinción entre lo mental y lo físico (*v.* **dualismo psicofísico**). Con el nacimiento de la psicología científica, en el siglo XIX (*v.* **psicología**), fue abandonado el término "alma", porque estaba muy cargado de implicaciones filosóficas, metafísicas y morales, para adoptar el término "psique", más neutro y más técnico. Su significado depende de los diferentes sistemas de pensamiento, que lo determinan basándose en su estructura categorial y en sus premisas teóricas reunidas y expuestas en la voz **psicología**.

BIBLIOGRAFÍA: Galimberti, U. (1987).

psiquiatría (al. *Psychiatry*; fr. *psychiatrie*; ingl. *psychiatry*; it. *psichiatria*)

Cuidado del alma. El término se acuñó en la época iluminista para designar a la rama de la medicina que se ocupa de las enfermedades mentales, que en la Antigüedad y la Edad Media se consideraban de origen sobrenatural, divino o demoniaco. En el siglo XVIII V. Chiarugi en Italia y P. Pinel en Francia dictaron las primeras normas para un tratamiento médico racional de los enfermos de la mente, hasta

entonces recluidos en condiciones inhumanas. Siempre en Francia, en 1838 J.E.D. Esquirol publica un tratado en el que aparece una primera distinción nosográfica entre "locos", que de la normalidad llegan a la locura, y "deficientes mentales", que presentan rasgos de insuficiencia desde el nacimiento. En los años posteriores se consolidan los estudios psiquiátricos adoptando la observación clínica y el método anatomopatológico, a partir del supuesto que las enfermedades mentales están determinadas por alteraciones o lesiones del cerebro. Esta postura *organicista* promueve una ciencia, la *neuropsiquiatría*, que, nacida de la convicción de la imposibilidad de dividir entre enfermedad mental y enfermedad neurológica, se manifiesta hoy como investigación de las relaciones entre la orientación psiquiátrica y la orientación neurológica.

La psiquiatría del siglo XVIII, además de organicista, era descriptiva, y por lo tanto tenía un interés predominante por la clasificación de las enfermedades mentales con base en sus síntomas, como en la obra de E. Kraepelin, en la que también se inspiró la psiquiatría italiana con E. Morselli. Con el nacimiento del psicoanálisis, y con su progresiva adquisición por parte de la psiquiatría, se pasó del nivel *descriptivo* al *dinámico*, en el cual la interpretación organicista del trastorno mental se sustituyó con la interpretación *psicogenética*, interesada en el estudio de los procesos y de los mecanismos psicológicos que son la base de la enfermedad mental. Con esta novedad metodológica de la psiquiatría, que se difundió en diferentes direcciones, se separó la **psicopatología** (*v.*), que se apropió del concepto de enfermedad como "proceso", cuyas causas se deben buscar en el ámbito psicológico con métodos diferentes que los utilizados por las ciencias biológico-naturalistas.

1] LA ORIENTACIÓN CIENTÍFICO-NATURALISTA. Este modelo, también denominado *médico-biológico*, se remonta al fundamento anátomo-cerebral y fisiológico-cerebral de la enfermedad mental, donde la enfermedad –y no la persona del enfermo– se configura como horizonte temático a partir de las obras de W. Griesinger y de E. Kraepelin, quienes colocan a la psiquiatría en los lindes de las ciencias naturales, reguladas por la concepción de una causalidad lineal. Hoy esta orientación, que todavía constituye la base de tantas praxis psiquiátricas, se sirve de las contribuciones de la *genética* (*v.*) por la función de la herencia en las enfermedades mentales; de la *neuropsicología* (*v.*) por la correlación entre los aspectos psicopatológicos y las alteraciones de las estructuras anatómicas; de la *endocrinología* (*v.* **endocrino, sistema**) por las alteraciones debidas a los trastornos de la regulación y de la reactividad del sistema hormonal, de la *constitucionalística* (*v.* **tipología**, § 1) por las relaciones entre patología mental y constitución física; de la *neurología* (*v.*) por la importancia de los factores biológicos en los trastornos degenerativos, inflamatorios, tóxicos, traumáticos, neoplásicos, etc.; de la *psicofarmacología* (*v.*) por la contribución a la terapia psiquiátrica y por el significativo número de investigaciones posibles en el ámbito neurofisiológico. Esta orientación construyó el vocabulario de la clínica y de la nosografía, reuniendo los síntomas en unidades sindrómicas construidas con base en su apariencia fenoménica, en su esencialidad y accesoriedad, según los síntomas estén siempre presentes y sean fundamentales o inconstantes y concomitantes.

2] LA ORIENTACIÓN PSICODINÁMICA. Esta orientación se sirve de las contribuciones que ofrece el **psicoanálisis** (*v.*) y más en general de la concepción psicodinámica (*v.* **psicología dinámica**) del aparato psíquico, con la valorización de los aspectos psicológicos e interpersonales respecto a los médico-biológicos. Supuesto fundamental, aunque no compartido por todas las interpretaciones psicodinámicas de la psique, es la noción de **inconsciente** (*v.*), en la que están contenidas las tendencias pulsionales-emotivas de las que el sujeto no tiene conciencia. A partir de este supuesto hay una interpretación del trastorno psíquico en términos de **conflicto** (*v.*) entre instancias psíquicas diferentes que se pueden comprender a partir de una *concepción energética* de la vida psíquica (*v.* **libido**), con acciones y reacciones de esas tensiones biológicas que son las pulsiones frente a los datos y a los acontecimientos de la realidad. La terapia prevé una toma de conciencia de tales conflictos con su progresiva superación mediante modificaciones de la relación de los términos en conflicto.

3] LA ORIENTACIÓN FENOMENOLÓGICO-HERMENÉUTICA. Esta orientación dirige su atención no a los síntomas concebidos como indicios de enfermedad, sino al *sentido* que la experiencia psicopatológica tiene en la experiencia subjetiva. La delineó K. Jaspers (*v.* **psicología comprensiva**) y después la retomó y perfeccionó L. Binswanger (*v.* **análisis existencial**). Esta orientación argumenta la relación entre mundo interior (*Innenwelt*), mundo de los otros (*Miltwelt*) y mundo-ambiente (*Umwelt*), que se entretejen, no en una relación de causalidad lineal, sino en la modalidad del círculo hermenéutico (*v.* **hermenéutica**), donde también el trastorno psíquico está consignado a un horizonte de sentido. Esta orientación, que sustituye la "explicación" de la enfermedad por la "comprensión" del enfermo psíquico, logra evidenciar aspectos cualitativos que escapan al análisis cuantitativo de la orientación científico naturalista.

4] LA ORIENTACIÓN CONDUCTISTA. Esta orientación, que tiene como antecedente la **reflexología** (*v.*) de I.P. Pavlov, interpreta el trastorno psíquico como un defecto de **aprendizaje** (*v.*), por lo que es necesario reacondicionar al paciente para que pueda proporcionar respuestas adecuadas a la realidad, abandonando las respuestas desadaptadas aprendidas en situaciones ansiógenas. Desde este punto de vista el trastorno psíquico se resuelve en el síntoma al que se limita la investigación, excluyendo explícitamente la posibilidad de una averiguación introspectiva que no ofrece garantías científicas y objetivables.

5] LA ORIENTACIÓN COGNOSCITIVISTA. Parte del supuesto de que el individuo no tiene que ver con el mundo, sino con la experiencia del mundo que su mente elabora, igual que un sistema informativo en el que los datos ambientales y sensoriales se organizan según códigos de entrada (*input*) para el almacenamiento y la elaboración, y códigos de salida (*output*) para las respuestas, cada uno con una retroalimentación de los otros. Sobre esa base el cognoscitivismo considera el trastorno psíquico como el efecto de una **disonancia cognoscitiva** (*v.*) que se verifica cada vez que el individuo experimenta informaciones que no se ponen de acuerdo con su anterior orden mental, con la consiguiente incongruencia que produce una tensión que sólo se resuelve con una reestructuración del campo cognoscitivo (*v.* **cognoscitivismo**; **cognición**).

6] LA ORIENTACIÓN SISTÉMICA. Esta orientación, que promovió la escuela de Palo Alto en los años cincuenta alrededor de G. Bateson y de P. Watzlawick, considera a cada una de las personalidades introducida originalmente en un sistema de comunicación en el cual, como en todo sistema, están vigentes los criterios de la *totalidad,* por lo que la parte se puede comprender sólo a partir del todo; de la *retroacción,* por lo que la actividad de cada uno de los elementos influye y es influida en la actividad de cada uno de los elementos, y de la *equifinalidad,* según la cual cada sistema es la mejor explicación de sí mismo porque los parámetros del sistema prevalecen sobre las condiciones a partir de las cuales se originó el mismo. Se desprende que la "explicación" del trastorno psíquico no se debe buscar en el pasado, o sea en datos que no pertenecen al sistema, sino en los parámetros y en las reglas interiores del sistema mismo, que puede ser modificado por la intervención terapéutica que, como un sistema, interviene, con su comunicación, para modificar el otro sistema representado por el paciente, la familia, el grupo o la comunidad, a través de esa *interfaz* o área de contacto donde los dos sistemas se ponen en relación (*v.* **psicología sistémica**).

7] LA ORIENTACIÓN SOCIOLÓGICA. Esta orientación se centra en la relación que se da entre salud mental y factores sociológicos. Anticipada ya por la teoría interpersonal de la psiquiatría de H.S. Sullivan, esta línea se desarrolló en Francia con H. Baruk, quien ha estudiado la influencia de la vida colectiva en los trastornos psíquicos individuales, además de los trastornos típicos de una sociedad que repercuten en cada individuo, y con R. Bastide que, bajo el nombre de *psiquiatría social,* reunió tres órdenes de estudios: los procesos de desocialización individual; las correlaciones entre desorganización social y desorganización individual, y las relaciones entre las enfermedades mentales y determinados hechos étnicos o socioambientales, como la estratificación en clases, la estructura de la familia, las diversas formas religiosas, además del problema relativo a la transferibilidad de los cuadros nosológicos de la psiquiatría occidental a otras culturas (*v.* **antropología,** § 7).

8] LA ANTIPSIQUIATRÍA. Esta orientación se inició en Estados Unidos en los años sesenta con E. Goffman y T.S. Szasz; en Inglaterra con R.D. Laing, en Francia con F. Guattari; en Italia con F. Basaglia, quienes contribuyeron a la renovación de la posición de la **psicopatología** (*v.*) y de la asistencia psiquiátrica, con el rechazo de la concepción del manicomio y de cualquier tratamiento obligado o impuesto por una autoridad, partiendo del concepto de que los trastornos mentales no pueden ser curados como las enfermedades del organismo, porque en la gran mayoría de los casos los sufrimientos psíquicos son resultado, no de enfermedades o de disfunciones, sino de condicionamientos ambientales o de contradicciones sociales. En la base está la premisa teórica del carácter exclusivamente *sociogenético* de las enfermedades psíquicas, que conlleva como corolario la afirmación del carácter ideológico y político de la psiquiatría clásica y, sobre todo, de la orientación médico-biológica que, desapareciendo detrás de su estrecha y rigurosa formulación teórica, se recupera en la clínica mediante la **farmacoterapia** (*v.*) que se volvió la estructura en la que se apoya cualquier tratamiento, aunque su acción sintomática e indiferenciada no deshace los nudos clínicos vinculados a la manifestación y al desarrollo de la enfermedad mental.

9] LA PSIQUIATRÍA TRANSCULTURAL. Véase **antropología**, § 7.

BIBLIOGRAFÍA: Abraham, G. (1977); Arieti, S. (coord.) (1959-1966); Basaglia, F. (coord.) (1968); Bastide, R. (1950); Bateson, G. (1972); Binswanger, L. (1921-1941); Bleuler, E. (1911-1960); Borgna, E. (1988); Castel, R. (1976); Cazzullo, C.L. (1970); Cooper, D. (1967); Esquirol, J.E.D. (1838); Eysenck, H.J. (1961); Festinger, L. (1957); Foucault, M. (1963); Freud, S. (1967-1980); Galimberti, U. (1979); Gaston, A. (1987); Giberti, F. (1983); Goffman, E. (1961); Gray, W., F.J. Duhl y N.D. Rizzo (1969); Griesinger, W. (1845); Jaspers, K. (1913-1959); Jervis, G. (1975); Jung, C.G. (1907-1959); Kraepelin, E. (1883); Laing, R.D. (1959); Laing, R.D. (1967); Marzuoli, U. (1961); Minkowski, E. (1966); Morselli, E.

(1885-1894); Pinel, P. (1800); Silverstone, T. y P. Turner (1974); Sullivan, H.S. (1939); Sullivan, H.S. (1953); Szasz, T.S. (1961); Szasz, T.S. (1970); Watzlawick, P., J.H. Beavin y D.D. Jackson (1967); Zilboorg, G. y G.W. Henry (1941).

psiquismo de defensa (al. *Abwehrpsychismus*; fr. *psychisme de défense*; ingl. *psychism of defence*; it. *psichismo da difesa*)

Pensamientos, acciones y omisiones cuya intención es controlar, en forma más o menos mágica, la idea obsesiva principal (*v.* **obsesión**).

psitacismo
v. GLOSOLALIA.

pubertad (al. *Geschlechtsreife*; fr. *puberté*; ingl. *puberty*; it. *pubertà*)

Primera fase de la **adolescencia** (*v.*), caracterizada por la aparición de los caracteres sexuales secundarios y la maduración de las funciones sexuales. Como período de transición y de notable modificación fisiológica, la pubertad está caracterizada por frecuentes conflictos psicológicos unidos a la aceptación o el rechazo de la modificación corporal, que conlleva una reconfiguración de la identidad y de la forma de relacionarse con el mundo circundante. En condiciones normales la pubertad genera crisis de nivel *sexual* por el rápido y violento surgimiento de la instintividad en condiciones en las que faltan posibilidades de contacto, estabilidad de vínculos, oportunidad de hacer convivir necesidades sexuales con actitudes de fuerte idealización; en el nivel *sociológico* por el inicio del desprendimiento definitivo del grupo doméstico original en favor de un espacio social donde reconstruir la propia identidad; en el nivel *sintomático* pues esta fase de paso está caracterizada por mal humor, por lo general de naturaleza depresiva, pérdida de iniciativa y de motivación, actitudes de protesta contra la autoridad, fugaces fenómenos histéricos, obsesivos o eritrofóbicos. En la edad de la pubertad se registran también las primeras manifestaciones psicóticas de la **esquizofrenia** (*v.*, § III, 2) de tipo hebefrénico,

o de la **anorexia** (*v.*). Ya las culturas primitivas, conocedoras del carácter crítico de esta fase de paso, se ocupaban de acompañar esta edad con rituales de **iniciación** (*v.*), muy variados según los modelos culturales, pero todos orientados a facilitar el paso de la infancia a la edad adulta.

BIBLIOGRAFÍA: Erikson, E.H. (1968); Freud, A. (1958); Oliverio, A. y A. Oliverio Ferraris (1978); Schfield, M.G. (1965); Tanner, J.M. (1962).

publicidad
v. PSICOLOGÍA DE LA PUBLICIDAD.

pudor (al. *Scham*; fr. *pudeur*; ingl. *shame*; it. *pudore*)

Tendencia a conservar la posesión de la intimidad defendiéndola de las posibles intrusiones del otro. Para constituirse el pudor necesita tres condiciones: el cuerpo, el otro, que puede ser tanto una presencia real cuanto una presencia interiorizada, y la dialéctica del ver y del ser visto. Estas tres condiciones las subrayó G.W.F. Hegel, para quien el "pudor es el inicio de la ira contra algo que no debe ser. El hombre que se vuelve consciente de su destino superior, de su esencia espiritual, no puede no considerar inadecuado aquello que sólo es bestial, y no puede no esforzarse por esconder esas partes de su cuerpo que sólo sirven para las funciones animales que no tienen una directa determinación espiritual, ni una expresión espiritual" (1836-1838: 981). El tema lo retoma J.-P. Sartre, quien considera el pudor una defensa de la mirada de los demás que nos roba nuestra subjetividad, reduciéndonos a objeto de su mirada (*v.* **vergüenza**).

A partir de estas premisas B. Callieri y G. De Vincentiis subrayan la fundamental *ambigüedad del pudor* que, si bien por un lado constituye una defensa de la subjetividad frente a la siempre opresiva objetivización que la mirada del otro puede provocar, por el otro puede esconder un rechazo de la propia corporeidad con la resolución de la subjetividad en la dimensión espiritual, como está explícito en la definición de Hegel, a la que puede agregarse una excesiva defensa ante el prójimo, con el consiguiente agrietamiento de la dimensión ontológica que la fenomenología denomina "coexistencia" (*Mitdasein*). En este caso el pudor se vuelve síntoma de una patología particularmente evidente en la situación *fóbica (v.* **fobia**), en la que se presenta un desplazamiento de la angustia hacia el objeto o hacia la situación sexual, que se convierten en la referencia constante de una lucha contrafóbica, y en la *neurosis obsesiva (v.* **obsesión**, § 2), donde la defensa ante pulsiones sádicoanales da inicio, según Callieri, a "conductas rígidas, perfeccionistas, a veces inhumanas y feroces, que van del respeto escrupuloso de las reglas, conformismo y 'buena resistencia' a la más despiadada severidad consigo mismo y el hipermoralismo" (1974: 84-85). Se registran transgresiones al pudor en la *histeria,* donde "la impudicia no es un fin en sí mismo sino que está dirigida a llamar la atención de los demás" (1974: 83); en la *psicopatía,* donde la impudicia es "ostentada con frecuencia a despecho de toda norma social, con una mezcla inseparable de rasgos histéricos y de protesta más o menos declarados y con clara falta de sentimiento de culpa" (1974: 86), y en la *manía,* "en la que se encuentra una pérdida radical de intimidad" (1974: 76).

BIBLIOGRAFÍA: Callieri, B. y G. De Vicentiis (1974); Hegel, G.W.F. (1836-1838); Sartre, J.-P. (1943); Scheler, M. (1913); Wanrooij, B.P.F. (1990).

pueblos, psicología de los
v. PSICOLOGÍA TRANSCULTURAL; ANTROPOLOGÍA, § 5-7.

puer aeternus

Expresión que introdujo C.G. Jung para indicar un término de un par arquetípico activo en la psique, que tiene su opuesto en el *senex.* El "niño eterno" presenta una psicología que en la vertiente neurótica está caracterizada por la dificultad para separarse de la matriz originaria, del problema para encontrar una ubicación estable, de impaciencia, vivacidad imaginativa que no supera el umbral de la ideación continua y el deseo de volver a comenzar siempre desde el principio

desde las vertientes más diversas, mientras en el plano de la individuación asume el valor positivo de la disponibilidad y la capacidad para renovarse.

BIBLIOGRAFÍA: Hillman, J. (1967); Hillman, J. (1973-1979); Jung, C.G. (1940); Von Franz, M.L. (1970).

puerilidad
v. INFANTILISMO.

puerocentrismo (al. *Puerozentrismus*; fr. *puerocentrisme*; ingl. *child-centering*; it. *puerocentrismo*)

Orientación pedagógica que coloca al niño en el centro de la dinámica educativa, adecuando la instrumentación educativa a sus exigencias y necesidades. Fueron abanderados del puerocentrismo J.J. Rousseau y J. Dewey, cuyas premisas todavía hoy se reconocen en la orientación atavística de la **pedagogía** (*v.,* § 2).

BIBLIOGRAFÍA: Genco, A. (1977).

puerperio
v. PARTO.

pulsión (al. *Trieb*; fr. *pulsion*; ingl. *drive*; it. *pulsione*)

El término se utiliza: 1] en *psicología experimental,* donde denomina el elemento psicológico de ese estado fisiológico que es la **necesidad** (*v.,* § 1-2), y 2] en el *ámbito psicoanalítico,* donde S. Freud lo usa sistemáticamente y lo distingue de los conceptos de **instinto** (*v.*) y de **estímulo** (*v.*). Freud concibe el *instinto* como un comportamiento animal determinado por la herencia, característico de la especie, preformado en su desarrollo y adaptado a su objetivo; la *pulsión,* en cambio, es un elemento constitutivo psíquico que produce un estado de excitación que empuja al organismo a la actividad, también está genéticamente determinada pero susceptible de ser modificada por la experiencia individual. Respecto al *estí-*

mulo escribe Freud: "Una pulsión se distingue de un estímulo, pues, en que proviene de fuentes de estímulo situadas en el interior del cuerpo, actúa como una fuerza constante y la persona no puede sustraérsele mediante la huida, como es posible en el caso del estímulo externo. En la pulsión se pueden distinguir fuente, objeto y meta. La fuente es un estado de excitación en lo corporal; la meta, la cancelación de esa excitación, y en el camino que va de la fuente a la meta la pulsión adquiere eficacia psíquica. La representamos como cierto monto de energía que esfuerza en determinada dirección. De este esforzar (*Drängen*) recibe su nombre: pulsión (*Trieb*)" (1932 [1976: 89]).

1] TEORÍA DE LAS PULSIONES. Para Freud "la 'pulsión' aparece como un concepto fronterizo entre lo anímico y lo somático, como el representante (*Repräsentant*) psíquico de los estímulos que provienen del interior del cuerpo y alcanza al alma, como una medida de la exigencia de trabajo que es impuesta a lo anímico a consecuencia de su trabazón con lo corporal" (1915 [1976: 117]). En la pulsión es posible identificar un impulso, una fuente, una meta y un objeto, que Freud define así:

a] El impulso. "Por *esfuerzo (Drang)* de una pulsión se entiende su factor motor , la suma de fuerza o la medida de la exigencia de trabajo que representa (*repräsentieren*). Ese carácter esforzante es una propiedad universal de las pulsiones, y aun su esencia misma. Toda pulsión es un fragmento de actividad; cuando negligentemente se habla de pulsiones pasivas, no puede mentarse otra cosa que pulsiones con una meta pasiva" (1915 [1976: 117-118]).

b] La fuente. "Por *fuente (Quelle)* de la pulsión se entiende aquel proceso somático, interior a un órgano o a una parte del cuerpo, cuyo estímulo está representado (*repräsentiert*) en la vida anímica por la pulsión. No se sabe si este proceso es por regla general de naturaleza química o también puede corresponder al desprendimiento de otras fuerzas, mecánicas por ejemplo. El estudio de las fuentes pulsionales ya no pertenece a la psicología; aunque para la pulsión lo absolutamente decisivo es su origen en la fuente somática, dentro de la vida anímica no nos es conocida de otro modo que por sus metas. El conocimiento más preciso de las fuentes pulsionales en modo alguno es imprescindible para los fines de la investigación psicológica. Muchas veces puede inferirse retrospectivamente con certeza las fuentes de la pulsión a partir de sus metas. [...] Lo que distingue entre sí a las operaciones psíquicas que proceden de las diferentes pulsiones puede reconducirse a la diversidad de las fuentes pulsionales" (1915 [1976: 118-119]).

c] "La meta (Ziel) de una pulsión es en todos los casos la satisfacción que sólo puede alcanzarse cancelando el estado de estimulación en la fuente de la pulsión. Pero si bien es cierto que esta meta última permanece invariable para toda pulsión, los caminos que llevan a ella pueden ser diversos, de suerte que para una pulsión se presenten múltiples metas más próximas o itermediarias, que se combinan entre sí o se permutan unas por otras. La experiencia nos permite también a hablar de 'pulsiones de meta inhibida' en el caso de procesos a los que se permite avanzar un trecho en el sentido de la satisfacción pulsional, pero después experimentan una inhibición o una desviación. Cabe suponer que también con tales procesos va asociada una satisfacción parcial" (1915 [1976: 118]).

d] "El objeto (Objekt) de la pulsión es aquello en o por lo cual puede alcanzar su meta. Es lo más variable en la pulsión; no está enlazado originariamente con ella, sino que se le coordina sólo a consecuancia de su aptitud para posibilitar la satisfacción. No necesariamente es un objeto ajeno; también puede ser una parte del cuerpo propio. En el curso de los destinos vitales de la pulsión puede sufrir un número cualquiera de cambios de vía (*Wechsel*); a este desplazamiento de la pulsión le corresponden los más significativos papeles. Puede ocurrir que el mismo objeto sirva simultáneamente a la satisfacción de varias pulsiones; es, según Alfred Adler [1908], el caso del *entrelazamiento de pulsiones*. Un lazo particularmente íntimo de la pulsión con el objeto se acusa como *fijación* de aquella. Suele consumarse en períodos muy tempranos del desarrollo pulsional y pone término a la movilidad de la pulsión contrariando con intensidad su desasimiento" (1915 [1976: 118]; v. **objeto**, § 1).

e] Las vicisitudes. Según Freud la pulsión puede encontrarse con cuatro vicisitudes: 1] el *volcamiento en el opuesto* (*v*. **opuestos**, § 1, *a*), que puede suceder bajo la forma de la sustitución de una función activa (por ejemplo el sadismo) por la pasiva (masoquismo), o de la inversión del contenido, como en el caso del amor que se transforma en odio; 2] el *volverse hacia el sujeto* utilizado como objeto pulsional, con la consiguiente conversión de la meta pulsional activa en meta pulsional pasiva (*v*. **reflexión**, § 3); 3] la *represión* (*v*.), que incluye todos los mecanismos de defensa (*v*., § 2); 4] la **sublimación** (*v*.), donde la energía pulsional se descarga en actividades que sólo conservan un nexo simbólico con la meta primaria de la pulsión.

f] *La ambivalencia*. En la edad infantil se observa una tendencia de las pulsiones con meta activa a ser asociadas con las pulsiones antitéticas con meta pasiva, como el deseo de comer y de ser comido. Después se produce una **difusión** (*v*.) de las pulsiones, y la persistencia de la **ambivalencia** (*v*., § 2), en la edad adulta se considera un residuo infantil. Dicho fenómeno es conocido también como fenómeno de la *pulsión complementaria* (*v*. **complementariedad**, § 2).

g] *El dualismo*. Según Freud las pulsiones se pueden catalogar en dos grupos que, por ser antagónicos entre sí, son responsables de los conflictos y, por lo tanto, de las neurosis. Esta teoría experimentó una evolución histórica que puede dividirse en cuatro fases:

Primera fase (1894-1911). Freud acepta la distinción, difundida entre los biólogos, entre pulsión de autoconservación (*v*. **conservación**, § 2) o pulsión del yo (*v*. **yo, pulsión del**), que tiende a la conservación del individuo, y pulsión sexual, orientada a la conservación de la especie.

Segunda fase (1911-1914). La introducción del concepto de **narcisismo** (*v*., § 3) oscurece la distinción entre pulsiones sexuales y pulsiones del yo, manteniéndola sólo en relación al objeto hacia el cual está dirigida la libido, que puede ser un objeto externo o el propio yo. En esta fase Freud todavía piensa que, además de la pulsión libidinal del yo, hay otra no libidinal, que denomina interés (*v*. **yo, interés del**).

Tercera fase (1915-1920). La agresividad, primero considerada como un elemento de la pulsión sexual, particularmente evidente en el sadismo, ahora es asignada a las pulsiones no libidinales del yo, y concebida como una pulsión dirigida al control del mundo externo.

Cuarta fase (1920-1939). Se conserva la antítesis entre las pulsiones sexuales y las agresivas, pero éstas entran a formar parte de entidades más amplias, que son respectivamente las pulsiones de vida y las pulsiones de muerte (*v*. **Eros y Tánatos**). Las pulsiones de autoconservación son asociadas con las pulsiones sexuales como parte de las pulsiones de vida, mientras la agresividad es interpretada como figura de las pulsiones de muerte.

2] DEFINICIÓN DE CADA UNA DE LAS PULSIONES. Freud siempre mostró una actitud crítica frente a todas las teorías de las pulsiones que pretendiesen establecer un catálogo postulando tantas pulsiones cuantos tipos conocidos de actividades hay, lo que no le impidió poner un adjetivo a determinadas pulsiones en el curso del establecimiento de ese dualismo pulsional que describimos arriba. Éstos son:

a] *Pulsiones de agresión* (*Aggressionstrieb*). Este concepto lo introdujo A. Adler junto con el de "**nudo pulsional**" (*v*.). Freud lo asume a partir de 1920 para introducirlo en la dicotomía más amplia de las pulsiones de vida y las pulsiones de muerte como una figura de estas últimas, que se caracterizan por su meta, que es la destrucción del objeto (*v*. **agresividad**, § 5).

b] *Pulsión de destrucción* (*Destruktionstrieb*). Figura de la pulsión de muerte diferente de la pulsión de agresión, porque esta última está orientada hacia afuera, mientras la pulsión de destrucción prevé también la autodestrucción (*Selbstdestruktion*; *v*. **destructividad**, § 1).

c] *Pulsión de posesionamiento* (*Bemächtigungstrieb*). Pulsión no sexual que puede unirse a la sexualidad pero que tiene como meta específica el dominio del objeto por medio de la fuerza (*v*. **posesionamiento**).

d] *Pulsión sexual* (*Sexualtrieb*). Impulso interior que Freud ve actuar en un campo más amplio que el de la actividad sexual, primero como pulsión parcial unida a cada una de las zonas erógenas y después, mediante una evolución, en su organización final bajo la primacía de la genitalidad. El aspecto psíquico de esta pulsión se designa con el término **libido** (*v*.), que constituye un polo del conflicto psíquico y es objeto privilegiado de la represión. La pulsión sexual, contrapuesta en la primera teoría de las pulsiones a las pulsiones de autoconservación, en la segunda formulación de la teoría es absorbida por las pulsiones de vida o Eros, y de esta forma contrapuesta a las pulsiones de muerte o tánatos. La pulsión sexual, concebida inicialmente como sometida al **principio del placer** (*v.*, § 1) y siempre dispuesta a amenazar el equilibrio psíquico, es reformulada después como una fuerza que tiende al vínculo y a la constitución, así como a mantener unidades vitales (*v.* **sexualidad**, § 2).

e] *Pulsión parcial* (*Partialtrieb*). Subdefinición de la pulsión sexual que, antes de manifestarse en la organización final que se alcanza con la **genitalidad** (*v.* § 2) propia de la pubertad, se manifiesta en forma anárquica y polimorfa en las pulsiones parciales que se distinguen por su fuente, anclada a determinada zona erógena (oral, anal, fálica), y por la especificidad de su meta. Las pulsiones parciales expresan la sexualidad infantil, y en el adulto se manifiesta en las formas preliminares (*v.* **placer**, § 3) del acto sexual y en las **perversiones** (*v.*): "La pulsión sexual, cuya exteriorización dinámica en la vida del alma ha de llamarse *libido*, está compuesta por pulsiones parciales en las que puede volver a descomponerse, y que sólo poco a poco se unifican en organizaciones definidas. Fuentes de estas pulsiones parciales son los órganos del cuerpo, en particular ciertas destacadas *zonas erógenas*. Pero todos los procesos corporales que revisten importancia funcional brindan contribuciones a la libido. Las pulsiones parciales singulares aspiran al comienzo a satisfacerse independientemente unas de otras, pero en el curso del desarrollo son conjugadas cada vez más: son centradas" (1922a [1976: 240]).

f] *Pulsiones de autoconservación* (*Selbsterhaltungstrieb*). Pulsión vinculada a las funciones somáticas necesarias para la conservación de la vida del individuo, como por ejemplo el hambre. Asimiladas a las pulsiones del yo, en una primera etapa fueron contrapuestas a las pulsiones sexuales, y posteriormente unificadas con estas últimas en el ámbito de las pulsiones de vida, contrapuestas a las pulsiones de muerte (*v.* **Eros-Tánatos**).

g] *Pulsiones del yo* (*Ichtrieb*). Pulsiones cuya energía está al servicio del yo en el conflicto defensivo. Asimilada con la pulsión de auto-

conservación, primero fue contrapuesta a las pulsiones sexuales y después, unida a éstas, contrapuesta a la pulsión de muerte (*v.* **yo, pulsión del**).

h] *Pulsión de muerte* (*Todestrieb*). En la última formulación de la teoría de las pulsiones, elaborada en 1920, la pulsión de muerte es contrapuesta a la pulsión de vida, en cuanto tiende a la reducción de todas las tensiones hasta reconducir al ser viviente al estado inorgánico, actuando primero hacia adentro, como autodestrucción, y después hacia afuera, como pulsión de agresión y de destrucción (*v.* **muerte**, § 2).

i] *Pulsiones de vida* (*Lebenstrieb*). Polo opuesto de la pulsión de muerte, la pulsión de vida, denominada también Eros, abarca, en la última teoría freudiana de las pulsiones, las pulsiones sexuales y las pulsiones de autoconservación que tienden a instaurar unidades de vida cada vez más grandes y a mantener la cohesión (*v.* **vida**, § 4).

BIBLIOGRAFÍA: Adler, A. (1912); Freud, S. (1905); Freud, S. (1914); Freud, S. (1915); Freud, S. (1920); Freud, S. (1922a); Freud, S. (1922b); Freud, S. (1932).

pupilar, reflejo
v. REFLEJO, § 2, *e*.

Purkinje, efecto de
v. COLOR, § 1.

puro-impuro (al. *Rein-unrein*; fr. *pur-impur*; ingl. *pure-impure*; it. *puro-impuro*)

Par de opuestos que caracterizan actitudes, comportamientos y significados reconocidos en la base de numerosos modelos culturales que adoptan esta posición para resolver el problema del **mal** (*v.*), creando esquemas de orden que se apoyan en la antítesis de un polo positivo y uno negativo. En muchas culturas la impureza es una condición que interrumpe la posibilidad de relación con la divinidad, colocando al individuo que la porta en una condición de separación del grupo, que lo evita como se evita lo **tabú** (*v.*). En casi todas las culturas la impureza hace referencia a la esfera sexual y atañe al coito, que se debe evitar en determinados períodos de tiempo, el incesto, el parto, la menstruación, la gravidez, el puerperio, pero también el contacto con cadáveres y con determinados alimentos. A la impureza está vinculado el **contagio** (*v.*), con la consiguiente reacción de terror y adopción de procedimientos de aislamiento. Es posible liberarse de la impureza con ritos especiales escrupulosamente ejecutados y que, con su repetición, aseguran la diferenciación, la separación y hasta la jerarquización social, con la división en castas o

con la aplicación de la categoría negativa a determinados grupos sociales, como las mujeres o los extranjeros. La categoría de lo impuro y la ritualidad necesaria para la purificación aparecen muchas veces como formas de pensamiento y como comportamiento frecuente en las neurosis obsesivas (*v.* **obsesión**, § 2).

Acerca de la controvertida relación entre puro e impuro y entre sagrado y profano véase la voz **sagrado**.

BIBLIOGRAFÍA: Eliade, M. (1965); Freud, S. (1912-1913).

querulomanía (al. *Nörgelei*; fr. *plaintivi-té*; ingl. *paranoia querulans*; it. *querulo-mania*)

Actitud de lamentación prolongada que nace de la convicción real o imaginaria de haber sufrido una injusticia. Puede degenerar en **delirio** (*v*., § 3), activando en el sujeto conductas que se manifiestan con denuncias por indemnización presentadas por escrito, con manifiestos, citatorios judiciales, etcétera.

quimioceptor
v. RECEPTOR.

quimiotropismo
v. TROPISMO, § 2.

quinesia o **quinesis** (al. *Kinesie*; fr. *cinésie*; ingl. *kinesis*; it. *cinesia*)

Capacidad para realizar contracciones coordinadas de los músculos esqueléticos, que desemboca en un movimiento complejo y armónico orientado hacia una determinada finalidad. Existe una amplia gama de trastornos quinésicos, llamados también quinéticos, que se indican con el término *disquinesia*, y que en algunos casos se deben a patología del **sistema extrapiramidal** (*v*.), en otros acompañan la presencia de trastornos psíquicos. Entre las disquinesias se identifican:

1] *Trastornos de tipo cuantitativo*: a] *hiperquinesia*, caracterizada por exceso de actividad motriz debida a la falta de inhibición de movimientos involuntarios. En psiquiatría el término se usa como sinónimo de la hiperactividad que se observa frecuentemente en los estados maniacos; b] *hipoquinesia*, caracteriza-

da por una reducción que puede llegar hasta la ausencia (*aquinesia*) de la motilidad involuntaria, como se observa en los síndromes parkinsonianos, en algunas fases de la esquizofrenia, en las depresiones endógenas y como manifestación inducida por determinada situación o pensamiento (aquinesia selectiva).

2] *Trastornos de tipo cualitativo* denominados *paraquinesia*, caracterizados por la producción de movimientos anormales y sin finalidad, presentes también en los **tics** (*v*.). Para posteriores informaciones en relación con la neurofisiología del movimiento véase la voz **motricidad**; sobre la distinción entre movimientos involuntarios y voluntarios y su desarrollo desde el punto de vista neuroanatómico, psicomotor y expresivo véase **movimiento**, para los trastornos del movimiento véase **apraxia**.

quinésica
v. GESTO, § 3.

quinesioterapia (al. *Kinesiotherapie*; fr. *kinésithérapie*; ingl. *kinesiotherapy*; it. *chinesiterapia*)

Es una forma de tratamiento que utiliza el movimiento del cuerpo, mediante ejercicios de relajación, respiración, gimnasia rítmica, experiencias de improvisación y expresión corporal, con el fin de liberar energía y sentimientos profundos reprimidos por tensiones y defensas que se manifiestan en el nivel corporal en muchas formas, entre ellas la "coraza muscular" de la que habla la **bioenergética** (*v*.).

BIBLIOGRAFÍA: Feldenkreis M., (1971); Lapierre, A. y B. Aucouturier, (1979); Schultz, J.H., (1932).

quinina
v. ENDOCRINO, SISTEMA, § 9, *d*.

quirología (al. *Chirologie*; fr. *chirologie*; ingl. *chirology*; it. *chirologia*)

Estudio de la forma y de las líneas de la mano para llegar a la interpretación del carácter. Parte integrante de la **fisiognómica** (*v.*), que considera poder deducir los rasgos psicológicos y morales de una persona partiendo de su aspecto físico, la quirología se manifiesta en dos direcciones: la *quirognomía*, que es un sector de la psicología constitucional que elabora tipologías psicológicas a partir de los rasgos somáticos (*v.* **tipología**, § 1), y la *quiromancia* que, partiendo de la hipótesis de que la configuración de la mano constituye la expresión somática de la constelación astral presente en el momento del nacimiento, considera que puede delinear las características más profundas y significativas del individuo, prediciendo, en consecuencia, los acontecimientos futuros. Según esto cada parte de la mano se pone en relación con los aspectos específicos de la existencia subjetiva, cuyas tendencias e inclinaciones resultarían de las líneas de la mano izquierda, mientras que las de la mano derecha testimoniarían las modificaciones efectuadas por la adaptación a la realidad. Además de las líneas se toman en consideración la configuración, la consistencia, la tonalidad muscular, la apertura, las dimensiones, el color y otras características, a las que se les asigna un significado específico, de cuya combinación se deducen las características individuales.

BIBLIOGRAFÍA: Bashir, M., (1984); Frisoni, F., (1984); Gardini, M., (1984); Keiner, F., (1962); Kretschmer, E., (1921).

quironomía
v. QUIROLOGÍA.

quiromancia
v. QUIROLOGÍA.

rabia (al. *Wutt*; fr. *rage*; ingl. *rage*; it. *rabbia*)

Infección viral del sistema nervioso transmitida por la mordedura de un animal (perro, gato) que está infectado. Los síntomas son, en el estado prodrómico, irritabilidad, malestar general, sueño agitado, dolores que irradian a partir de la herida; en el estado de excitación, además de una exaltación de los síntomas previos, una sed intensa que no puede ser satisfecha a causa de los espasmos laringo-faríngeos; con el progreso de la enfermedad se registran convulsiones, con manifestaciones de furia y tendencia a morder, hasta llegar a un estadio de parálisis en la que cesan las convulsiones, los músculos se relajan, y finalmente sobreviene la muerte por parálisis bulbar.

El término se hace extensivo a las manifestaciones intensas y violentas de **ira** (*v.*) frecuentes en los niños. W.B. Cannon introdujo el concepto de *falsa rabia* para las manifestaciones explosivas, semejantes a la rabia, acompañadas de hiperactividad motriz, que se registran en animales descorticados y en los seres humanos que presentan daño cortical con actividad no inhibida del hipotálamo; S. Rado habla de *rabia insolente* para la resistencia o la oposición furiosa de los niños a los requerimientos de los adultos a partir de la edad en la que se inicia el entrenamiento de los esfínteres. A la rabia insolente la acompaña el "miedo culpable", que constituye, en opinión de Rado, la base del comportamiento obsesivo posterior.

BIBLIOGRAFÍA: Cannon, W.B. (1932); Ostow, M. (1959-1966); Rado, S. (1959-1966).

rabieta (al. *Zorn*; fr. *rogne*; ingl. *tantrum*; it. *capriccio*)

Manifestación imprevista e incontrolada de rabia y de agresividad, generalmente impotente, adoptada como respuesta a una situación frustrante. Este comportamiento, típico del niño, se puede observar también en los adolescentes, en adultos inmaduros con escasa capacidad de soportar las frustraciones, y en personas ancianas sujetas a procesos involutivos caracterizados por dependencia y posesividad. Cuando degenera en un acceso de ira, siempre temporal y desproporcionado respecto a la motivación aparente, el capricho puede presentarse de manera espectacular y clamorosa, como cuando el niño llora, grita, patalea, se avienta al suelo, agita los brazos, arremete contra quien está alrededor, muerde o arroja objetos contra las paredes. La explosión de rabia así descrita puede ser una manifestación transitoria en un niño normal, o bien un indicador de conflictos internos, de depresión o de ansiedad, especialmente cuando estos ataques son reiterativos, demasiado largos y violentos. Los caprichos infantiles generalmente se interpretan como un medio para obtener atención, conseguir de alguna manera un fin o una gratificación, sobre todo en el caso de padres excesivamente indulgentes, protectores y solícitos, por lo tanto fáciles de condicionar con semejantes manifestaciones. En el curso del crecimiento las causas y los comportamientos típicos de los caprichos se modifican; desaparece, por ejemplo, la excesiva violencia de la reacción y su generalización, con la consiguiente orientación de la ira hacia el objeto o hacia la persona responsable de la frustración.

racional, psicología
v. PSICOLOGÍA FILOSÓFICA.

racional-emotiva, terapia
v. COGNOSCITIVA, TERAPIA.

racionalidad (al. *Vernünftigkeit*; fr. *rationalité*; ingl. *rationality*; it. *razionalità*)

El término adquiere importancia histórica y especulativa con la crítica de la razón universal que, a partir de los griegos, recorrió la filosofía occidental hasta la concepción idealista que, con G.W.F. Hegel, enuncia que "aquello que es racional es real, y aquello que es real es racional" (1821: 15). Cuando el modelo universal y unitario es sustituido por las diferentes razones discursivas cuyo valor es confiado a la funcionalidad (*v.* **razón**, § 3), el concepto de racionalidad adquiere peso y se define en relación con: 1] el *individuo*, como coherencia de su conducta en referencia al sistema de valores y de fines adoptados; 2] los *grupos* y las instituciones, como capacidad de expresar los intereses colectivos; 3] los *sistemas*, cuando expresan dentro de sí un orden inteligible.

En psicología se habla de racionalidad en el ámbito de la teoría de las **decisiones** (*v.*) a propósito de la elección de los medios y de las conductas más adecuadas de acuerdo con los fines que se desea alcanzar. Son criterios de racionalidad la *coherencia* entre pensamiento y acción y entre medio y fin; la *transitividad* que permite pasar del proyecto a su realización mediante el recorrido de las preferencias juzgadas de acuerdo con su funcionalidad, por lo que si *A* es más funcional que *B*, y *B* que *C*, *A* es preferida a *C* según las leyes de la transitividad; la *optimización*, que permite alcanzar el fin con el mínimo uso de medios. Esto requiere la mayor información posible sobre las alternativas viables, y en consecuencia un porcentaje de *creatividad* (*v.*), que por lo tanto queda incluida entre los coeficientes de racionalidad, sobre todo cuando hay desproporción entre las posibilidades de información y elaboración y la complejidad de la situación en la que se actúa (*v.* **problema**).

En el ámbito de la *psicología analítica*, C.G. Jung considera racional "aquello que está de acuerdo con los valores objetivos que se constituyen a través de la media de las experiencias concernientes a hechos psicológicos tanto externos como internos" (1921: 474). Esto porque "la razón humana no es otra cosa que la expresión de la adaptación realizada a la media de lo que acontece, y que se condensó en los complejos representativos organizados gradualmente, los cuales a su vez constituyen los valores objetivos. Las leyes de la razón, por lo tanto, son las leyes que caracterizan y regulan la actitud adaptada, la actitud media 'justa'. Racional es todo lo que concuerda con estas leyes, mientras irracional es todo lo que no coincide con ellas" (1921: 474). Jung no considera que en el ámbito psicológico la solución racional sea siempre la más indicada; con frecuencia el proceso de individuación necesita soluciones que superen "la actitud media justa" (*v.* **colectivo**), que entonces, por definición, se colocan en el ámbito de lo **irracional** (*v.*).

BIBLIOGRAFÍA: Hegel, G.W.F. (1821); Jung, C.G. (1921); Kekes, J.A. (1976); Olson, M. (1965); Williams, B.A.O. (1969); Wilson, B. (1971).

racionalización (al. *Rationalisierung*; fr. *rationalisation*; ingl. *rationalization*; it. *razionalizzazione*)

Término psicoanalítico que introdujo E. Jones para indicar los procedimientos con los que un sujeto trata de dar una explicación –que resulte coherente en el plano lógico y aceptable en el plano moral– de un sentimiento, una acción, una conducta, un ritual o un síntoma cuyos motivos profundos no se desea descubrir. Como intención de hacer aparecer coherentes y aceptables determinados estilos de vida, la racionalización no se debe confundir con la **intelectualización** (*v.*), que es la formulación de los conflictos propios en términos teóricos con la intención de dominarlos mejor. En su acción la racionalización hace referencia a ideologías, convicciones morales, creencias religiosas, posturas políticas, donde es evidente la acción del superyó para reforzar las defensas del yo, aunque algunos consideran que la racionalización no es exactamente un mecanismo de **defensa** (*v.*, § 2) porque, a diferencia de éste, no está orientada contra la satisfacción pulsional, sino más bien al enmascaramiento del conflicto. Se habla de racionalización también a propósito del *sueño* cuyas imágenes se insertan en un contexto coherente, como lo desea la **elaboración** (*v.*, § 2) secundaria, y del **delirio** (*v.*, § 4), con la intención de hacerlo menos absurdo y por lo tanto más sistemático y aceptable.

BIBLIOGRAFÍA: Freud, S. (1899); Freud, S. (1910); Jones, E. (1908).

rango (al. *Rang*; fr. *rang*; ingl. *rank*; it. *rango*)

El término se utiliza en: 1] *estadística* (*v.*, § I, 4), donde indica la posición de cada uno de los datos en una serie ordenada cuantitativamente y, 2] *psicología social*, donde define la posición de un individuo o de un grupo en una clasificación jerárquica vertical. El rango puede ser unidimensional cuando está basado en un solo criterio, como el grado de servicio entre los militares, o pluridimensional cuando se define a partir de varios criterios en relación con los cuales un individuo puede asumir una posición elevada respecto a cierto parámetro y baja respecto a otro, con tendencia a adaptar la posición baja (por ejemplo la cultural) y la alta (por ejemplo la económica). La diferencia de rango destaca la distribución del poder social, el espacio de libertad de que se goza, y las corrientes de comunicación entre los miembros del grupo que resultan influidos por el rango de pertenencia.

raptus

Impulso violento e imprevisto que lleva a actitudes destructivas que pueden llegar hasta el homicidio y el suicidio por efecto de una sobrecarga afectiva o por falta de control en situaciones imprevistas e impredecibles. Puede observarse en crisis depresivas (*raptus melancholicus*), en la esquizofrenia, en episodios de **desesperación** (*v.*), o bien en presencia de acontecimientos insoportables o en circunstancias estresantes como *reacciones psicógenas de cortocircuito* (*v.* **reacción**, § 4).

rating scale
v. ESCALA.

rauwolfia
v. PSICOFARMACOLOGÍA, § I, 1, *a.*

Raven, matrices de
v. MATRICES PROGRESIVAS.

razón (al. *Vernunft*; fr. *raison*; ingl. *reason*; it. *ragione*)

El término es recurrente en dos acepciones fundamentales: 1] una general, que se refiere al λόγος griego que M. T. Cicerone tradujo con *ratio*; 2] una específica que se refiere a la διά–νοια griega concebida como procedimiento discursivo que se manifiesta en la demostración, en oposición al νους que la escolástica medieval expresa con *intellectus*, con la acepción aristotélica de la intuición de los primeros principios. Si se va a la voz **razonamiento** para el estudio específico del conocimiento racional de tipo discursivo, es posible trazar una historia de la noción de razón tal como se desarrolló en el curso del tiempo.

1] LA RAZÓN COMO ORDEN ONTOTEOLÓGICO. La razón está pensada inicialmente como orden del cosmos en el que se expresa la relación universal que es la integración de las partes con el todo. La filosofía nace como reflexión sobre la relación entre los muchos y el Uno, en el que se expresa la causa de su ser y el significado de su existencia. El pensamiento humano es tanto más razonado cuanto más se conforma al orden cósmico en el que se expresa esta relación, que Platón representa en el modelo hiperuránico, más allá del mundo sensible, donde la razón encuentra su primera organización y articulación. La distribución de las ideas en géneros y especies crea esa red de inclusiones y exclusiones que, además de permitir la identificación de los significados mediante los procedimientos de identidad y diferencia, sienta las bases para la elaboración de las reglas de inferencia. Si hay error, éste reside en la indeterminación del género inclusivo –por lo tanto en un déficit de identidad– o en la combinación de géneros incompatibles entre sí, o sea en una derogación del principio de no contradicción.

Esta gran construcción platónica, que dio inicio, a partir de la Antigüedad, a una gramática y una lengua lógicas, no es reconocida por Platón como una simple posición de reglas lingüísticas; la identifica con la objetividad del ser mismo (ontología) que encuentra su más amplia expresión en la idea del Bien

Supremo (teología) del cual dependen todas las demás ideas. Cuando el fundamento de la razón, pase de ser de ontoteológico a egológico, el convencionalismo implícito en Platón se volverá explícito; es decir, el hombre se convencerá de que lo que preside el orden de las ideas no es un Dios, sino su yo, o sea su representación, cuyas formas deciden las modalidades con la cual las cosas aparecen y son conocidas. Desde R. Descartes hasta G.W.F. Hegel será el *ordo idearum* el que decida el *ordo rerum*; las ideas dejarán de ser sustancias para aparecer cada vez más como categorías cognoscitivas previstas por el hombre.

2] LA RAZÓN LEGISLADORA Y EL ORDEN CIENTÍFICO. Con el nacimiento de la ciencia, en la edad moderna, la razón elabora convenciones a partir de las cuales favorece el conocimiento del mundo. Su fundamento ya no es teológico sino *egológico*; ya no apela a las leyes de la naturaleza o a las leyes de Dios sino a las predicciones del yo: la razón se vuelve *legisladora*, es decir, dicta las leyes de la representación del mundo. Esta función legislativa de la razón da inicio a un saber que, proponiendo métodos e hipótesis, conoce las cosas por la forma en que se disponen en el campo de la representación prevista. "Estar" de la cosa es un "estar contra" (*ob-jectum*) el *ego* intersubjetivo que dispuso el orden de la representación. La objetividad que nace así es el producto de la representación intersubjetiva que permite a la cosa aparecer en las modalidades previstas y predispuestas. Cuando el *sujeto* impersonal de la representación se sustituya por el *orden* de la representación, es decir por el conjunto de discursos que abarcan también el discurso que habla del sujeto, se volverá insostenible un modelo universal y unitario de razón humana, que por lo tanto será sustituido por las diferentes *razones discursivas* cuyo valor se debe buscar en su funcionalidad.

3] LA RAZÓN FUNCIONAL Y EL ORDEN INSTRUMENTAL. Con la cesación de todo fundamento unitario y universal la razón ya no tiene un carácter sustancial sino *funcional*, en el sentido de que ya no es el principio de un ordenamiento sino el *funcionamiento* de un orden, con instrumentos cada vez más estipulativos en el plano de la forma y cada vez más conjeturales en el plano del contenido. Los contenidos empíricos son evidenciados mediante la formalización de los instrumentos de observación, mientras el campo de la observación experimenta una ampliación progresiva gracias a los instrumentos teóricos que forman el marco de las condiciones de experiencia. La razón funcional produce un tipo de conocimiento cuya articulación no está decidida por los campos del saber sino por los *instrumentos* que los producen.

El paso de la noción tradicional de "campo" a la de "instrumento" delinea una espacialidad que no tiene tanto que ver con la extensión cuanto con la operación. Cada disciplina es un espacio operativo en el cual cada uno de los instrumentos que interactúan es reflejo del sistema. Por sistema no se entiende un absoluto lógico u ontológico, ni una totalidad realizada de manera definitiva, sino el conjunto de las unidades discursivas que produjeron los instrumentos en el espacio operativo que crearon. Obviamente los sistemas de género pueden desarmarse, por lo que el saber producto de las razones discursivas responde a una lógica de construcción y "desconstrucción" que permite ver cómo cada instrumento cambia de sentido al cambiar de lugar, y cómo cada lugar está abierto a la aleatoriedad de las migraciones lingüísticas y a la inscripción en juegos siempre diferentes. Las diversas formas en que se configuran las nociones de razón en las distintas épocas históricas también decide, en consecuencia, el significado que va asumiendo la noción de **irracional** (*v.*).

razonamiento (al. *Vernunftschluss*; fr. *raisonnement*; ingl. *reasoning*; it. *ragionamento*)

Procedimiento discursivo que, con base en razones, articula pasos y llega a una conclusión. Desde la época de Aristóteles suelen distinguirse el razonamiento *deductivo*, por el cual una conclusión particular se deduce de una premisa general, siguiendo las reglas de la argumentación formal o demostrativa; el razonamiento *inductivo*, que llega a una conclusión general partiendo del examen de casos particulares; la *argumentación informal* cuando las razones en que se basa el razonamiento responden a reglas de inferencia estadística o a principios de analogía que evidencian igualdad de relaciones o probables extensiones de conocimiento favorecidas por semejanzas genéricas encontradas en situaciones diferentes. Por lo que se refiere a alcanzar el estadio de las operaciones formales en las que se manifiestan las diferentes formas de razonamiento, véase **cognición**, § 2, *d*).

reacción (al. *Reaktion*; fr. *réaction*; ingl. *reaction*; it. *reazione*)

Respuesta a un estímulo y, más en general, a un acontecimiento que actúa como factor estimulante. El término se especifica de manera apropiada en los diferentes contextos.

1] PSICOLOGÍA DEL APRENDIZAJE Y DEL COMPORTAMIENTO. En este ámbito se considera que la reacción es la unidad de comportamiento del organismo que se expresa como respuesta a un determinado estímulo del ambiente. Si la relación causal que vincula la respuesta al estímulo es congénita se habla de reacción *in condicionada*, si es aprendida de reacción *condicionada*. Cuando el estímulo, además de la reacción vinculada a él, provoca otras semejantes a la primera y de alguna manera unidas a ésta, se habla de *generalización* del estímulo, y se llama reacción *aversiva* a la que se caracteriza como evitación de un estímulo desagradable o doloroso.

Se define como *tiempo de reacción* al intervalo que transcurre entre la exposición al estímulo y la emisión de la respuesta que, respecto a los resultados medios de las pruebas, puede ser *anticipada* o *retardada*. Los tiempos de reacción varían de un individuo a otro y, en el mismo individuo, de un momento a otro. Además del tiempo, la reacción se mide también por su *amplitud*, evaluada en términos de cantidad (como la cantidad de saliva secretada ante la estimulación que la prevé), por su *capacidad discriminatoria*, y por el tiempo necesario para su *extinción* después de la eliminación del refuerzo. Para la exposición detallada de estos conceptos véase la voz **aprendizaje**, § I, 1-2.

2] INVESTIGACIONES SOBRE LA ASOCIACIÓN VERBAL. En este ámbito se entiende por reacción la palabra pronunciada en respuesta a una palabra estímulo. C.G. Jung, en sus investigaciones experimentales, comprobó que los tiempos de reacción resultaban alterados respecto al tiempo acostumbrado en presencia de palabras estímulo vinculadas a un complejo inconsciente. Este retardo, acompañado de errores, se observaba también en la reproducción de la palabra estímulo a la que se invitaba al sujeto en la segunda etapa de la prueba. Jung utilizó los resultados de estas investigaciones para identificar complejos inconscientes y, por un tiempo, también la psicología forense para comprobar la veracidad de los testigos (*v.* **asociación**, § 3, *b*).

3] COGNOSCITIVISMO. En el desarrollo perceptivo motor durante los primeros 18 meses de vida del niño J. Piaget identificó *"reacciones circulares* en las que puede reconocerse un aspecto cognoscitivo a partir de las reacciones *primarias* que dan inicio a *ritmos*, como sacar sistemáticamente la lengua o chuparse el pulgar, que llevan de un estado a otro para recomenzar en el mismo orden en el nivel de reacciones *secundarias*, que distinguen los ritmos iniciales de acuerdo con *esquemas múltiples*. Éstos son el esbozo de los primeros hábitos, que dan inicio a las reacciones *terciarias*, en las que hay un comienzo de *reversibilidad*, fuente de las futuras operaciones de pensamiento" (1966: 25-26). En esta secuencia se pasa de una fase completamente egocéntrica a una orientada hacia los objetos, para llegar a la distinción entre objetos y personas, porque estas últimas actúan según esquemas que pueden relacionarse con los de la acción propia. Para mayor información véase la voz **cognición**, § 2.

4] PSIQUIATRÍA. En este ámbito se distingue entre la *reacción aguda de tipo exógeno*, que es de origen somático, tóxico o psicofarmacológico (por los efectos colaterales de los medicamentos), y que puede expresarse en manifestaciones maniacas, depresivas, hipocondriacas, paranoicas, y la *reacción psicógena*, que es una respuesta caracterizada por fuerte carga afectiva y profunda implicación emotiva, sin el freno de un juicio o de una reflexión racional, como efecto de circunstancias traumatizantes (catástrofes naturales, accidentes, vicisitudes bélicas, etc.), o de mecanismos que se activan en la profundidad de la psique y que escapan al control del yo. En este segundo caso la reacción psicógena forma parte del amplio campo del desarrollo de la personalidad.

Las reacciones psicógenas por lo general

son de breve duración y reproducen mecanismos elementales impulsivos, con manifestaciones como el estado de estupor, la inmovilidad completa, la pérdida de iniciativa, que recuerda el comportamiento reflejo de muerte aparente (v. **reflejo**, § 2, *d*) propio de ciertos animales amenazados. En estos casos se observa siempre un nexo comprensible entre circunstancia traumatizante y cuadro sintomatológico. Otras veces la reacción psicógena no surge inmediatamente después del acontecimiento sino más tarde, con manifestaciones más complejas y postergadas, como en los casos de depresión reactiva o de reacción maniaca, con intención de negar el acontecimiento sufrido. Por último, forman parte de las reacciones psicógenas las denominadas de *cortocircuito*, que se manifiestan con fugas del hogar, agresiones, intentos de homicidio o de suicidio a consecuencia de frustraciones postergadas o prohibiciones reiteradas en personalidades inmaduras atrapadas por impulsos emotivos que escapan a la reflexión crítica. En estos casos el juicio de responsabilidad tiene enorme importancia en **psicología forense** (*v.*), donde es indispensable saber si el sujeto era capaz de reflexionar racionalmente. Por esto se considera si el acto tiene el aspecto de una entidad extraña a la vida del sujeto, si se ejecutó sin planeación, si mientras ejecutaba el acto el sujeto no tuvo consideraciones ni siquiera consigo mismo, circunstancias éstas aptas para probar su capacidad de entender y desear.

5] PSICOANÁLISIS. En este ámbito el término "reacción" es frecuente en referencia a la: *a*] **abreacción** (*v.*), que es una reducción de la emoción vinculada a un hecho o al recuerdo de un hecho que, si no encontrara una vía de desahogo, se manifestaría como síntoma patógeno; *b*] **formación reactiva** (*v.*), proceso defensivo que permite dominar un impulso inaceptable con la exageración de la tendencia opuesta; *c*] *reacción terapéutica negativa*, resistencia a la curación que se registra en algunos tratamientos psicoanalíticos en los que se observa un agravamiento de los síntomas cada vez que el progreso del análisis justificaría una mejoría. S. Freud, después de atribuir el fenómeno a la dificultad del sujeto para renunciar a sus fijaciones, a la transferencia negativa, al deseo de demostrar la superioridad respecto al

analista, a la inaccesibilidad narcisista, al beneficio de la enfermedad, llega a la conclusión de que en la base hay un sentimiento de culpa inconsciente que en sujetos con marcadas estructuras sadomasoquistas sólo puede ser expiado manteniendo el sufrimiento.

6] FENOMENOLOGÍA. A. Gaston denomina *reactivo* a uno de los cuatro campos fenoménicos (*v.* **campo**, § 3), que distingue del conflictivo, el periódico y el estable porque en el reactivo los rasgos que caracterizan a las formas de enajenación son: *a*] reacciones predominantemente *afectivas*, donde "el individuo es impotente en la emoción, arrastrado por una espiral afectiva que la reflexión no logra interrumpir"; *b*] reacciones predominantemente *pasionales*, donde "el deseo vuelve absoluta la elaboración del acontecimiento, distorsionando, mediante una reflexión rígida, oscura, profundamente egocéntrica, el aspecto común y comunicable del sentido"; *c*] reacciones predominantemente *hipnóticas*, que se desarrollan en una conciencia alterada (de la obnubilación crepuscular al oniroidismo y al onirismo), donde la experiencia psíquica presenta profundas analogías con la experiencia del sueño [...] la experiencia reactiva interrumpe la continuidad temporal del sujeto. Finalizada la reacción, si la amnesia no es total, el yo establece en general, con la experiencia vivida, una relación análoga a la que establece con el sueño (1987: 114-117).

7] PSICOPEDAGOGÍA. En este ámbito se definen como *trastornos reactivos* todos los comportamientos –como los fracasos escolares no motivados, las formas de insubordinación y las conductas antisociales– que resultan como consecuencia de traumas sufridos o de situaciones conflictivas no resueltas.

BIBLIOGRAFÍA: Freud, S. (1925); Freud, S. (1937); Gaston, A. (1987); Hull, C.L. (1943); Jaspers, K. (1913-1959); Jung, C.G. (1904); Kretschmer, E. (1922); Piaget, J. y B. Inhelder (1966).

reactivación (al. *Reaktivierung*; fr. *réactivation*; ingl. *reactivation*; it. *riattivazione*)

Término utilizado en el ámbito psicoanalítico para indicar la reaparición de un conflicto o de una configuración psíquica perteneciente a una fase anterior del desarrollo. En este sentido se habla de reactivación del complejo de Edipo o de otras experiencias infantiles, como es fácil comprobar, por ejemplo, en la experiencia de **transferencia** (v.).

reactividad
v. REACCIÓN.

reactivo mental
v. TEST.

readaptación
v. ADAPTACIÓN, § 2.

reaferencia (al. *Reafferenz*; fr. *reafférence*; ingl. *reafference*; it. *riafferenza*)

Teoría que elaboró E. von Holst para explicar la capacidad de distinguir los estímulos que se originan dentro del organismo de los externos, producidos por el ambiente. El movimiento de los ojos, por ejemplo, no produce la percepción de movimiento de los objetos cuando éstos están inmóviles, pero sí cuando se mueven. Esto es posible porque el movimiento voluntario de los ojos está acompañado del envío, desde los centros nerviosos hasta la periferia, de impulsos que simulan las consecuencias del movimiento mismo (*par de eferencia*). Dicha información regresa después a los centros nerviosos mediante impulsos aferentes que permiten percibir las consecuencias esperadas. Cuando éstas coinciden con las efectivas, percibidas gracias a la "reaferencia", no se advierte el movimiento; cuando no coinciden se tiene la percepción de movimiento. La diferencia entre la percepción esperada (que resulta del par de eferencia) y la efectiva (reaferencia) representa por lo tanto una modificación real que se da en el ambiente.

BIBLIOGRAFÍA: Holst, E. von y H. Mittelstaedt (1950).

reagrupamiento
v. AGRUPAMIENTO.

reajuste
v. AJUSTE.

realidad (al. *Realität*; fr. *réalité*; ingl. *reality*; it. *realtà*)

En psicología este término se utiliza con diferentes acepciones a cuya formulación contribuyó en particular la psicología de lo profundo.

1] REALIDAD PSÍQUICA. Con esta expresión la psicología de lo profundo denomina la realidad interna hecha de deseos, imágenes, pensamientos, fantasías, sentimientos, diferente de la realidad externa constituida de cosas y personas. Conferir realidad a la interioridad significa reconocer que sus expresiones actúan en el sujeto de la misma manera que los estímulos que provienen de la realidad externa, en el sentido de que, como señala S. Freud, "hasta hoy no hemos logrado registrar diferencia alguna, en cuanto a las consecuencias de esos sucesos infantiles, por el hecho de que en ellos corresponda mayor participación a la fantasía o a la realidad" (1915-1917 [1976: 338]). De aquí la conclusión: "Ellas poseen realidad *psíquica*, por oposición a una realidad *material*, y poco a poco aprendemos a comprender que en *el mundo de las neurosis la realidad psíquica es la decisiva*" (1915-1917 [1976: 336]). La realidad psíquica se manifiesta, además de en las neurosis, en los sueños, donde los procesos inconscientes no tienen en consideración la realidad externa sino que la sustituyen con la realidad psíquica. Las relaciones entre realidad psíquica y realidad externa o material se regulan, según Freud, con los procesos de **introyección** (v.) mediante los cuales se transfieren objetos de la realidad externa a la interna, y de **proyección** (v., § 3) por los cuales las experiencias interiores se relacionan con cosas o personas de la realidad externa.

C.G. Jung considera que la realidad psíquica es más real que la realidad material, no sólo porque fantasías e imágenes influyen en la percepción y en las interpretaciones de la percepción más que la realidad externa, sino también porque tanto a la realidad sensible (mundo de la materia) como a la intangible (mundo del espíritu) sólo se puede llegar mediante las imágenes producidas por la realidad psíquica, por lo que, escribe Jung, "es un prejuicio casi ridículo no admitir otra existencia más allá de la corporal. En realidad la única forma de existencia de la que tenemos conocimiento inmediato es la psíquica. Muy bien podríamos decir que la existencia física no es más que una deducción, ya que conocemos la materia sólo en cuanto percibimos imágenes psíquicas transmitidas a través de los sentidos. Cometemos un error verdaderamente grave olvidando esta verdad simple y sin embargo fundamental. Incluso si una neurosis no tuviera otra causa que la imaginación, seguiría siendo un hecho real. Si un hombre imaginara ver en mí a su peor enemigo y me matase, yo estaría muerto por pura imaginación. La imaginación existe y puede ser tan real, perniciosa y peligrosa como las condiciones físicas" (1938-1940: 21-22).

2] EXAMEN DE REALIDAD. Función del yo que permite distinguir los estímulos provenientes del mundo externo de los internos, evitando la confusión entre la *percepción* de los objetos externos y su *representación* provocada por la intensidad de un deseo o de un recuerdo. Freud lo definió como una "de las grandes *instituciones* del yo" (1915: 100). El examen de realidad es atribuido al sistema de la conciencia que, inhibiendo el investimiento del deseo, del recuerdo o de la imagen, no permite que el sistema perceptivo sea vencido por las excitaciones internas. Esta inhibición falta en la *infancia*, cuando es frecuente la satisfacción alucinatoria del deseo; disminuye en el *sueño*, en el cual "Con esta 'condición de no investidura' [...] que adquiere el sistema *Cc* se imposibilita el examen de realidad, y las excitaciones que, independientemente del estado del dormir, han emprendido el camino de la regresión lo encontrarán expedito hasta el sistema *Cc*, en el interior del cual se las tendrá por una realidad indiscutida" (1915 [1976: 232-233]), y está en la base de los **delirios** (*v.*) y de las **alucinaciones** (*v.*) frecuentes en las psicosis que, desde este punto de vista, pueden ser definidas como fracasos del examen de realidad.

3] PRINCIPIO DE REALIDAD. Junto con el principio del placer (*v.* **placer**, § 1), el principio de realidad es uno de los dos que regulan el funcionamiento de la psique. En el infante, cuya vida psíquica está regulada exclusivamente

por el principio del placer, existe la tendencia a descargar inmediatamente en la realidad y, si esto no es posible, en forma alucinatoria, la tensión pulsional cuyo aumento es fuente de displacer. Después, escribe Freud, "la ausencia de la satisfacción esperada, el desengaño, trajo por consecuencia que se abandonase ese intento de satisfacción por vía alucinatoria. En lugar de él, el aparato psíquico debió resolverse a representar las constelaciones reales del mundo exterior y a procurar la alteración real. Así se introdujo un nuevo principio de actividad psíquica; ya no se presentó lo que era agradable, sino lo que era real, aunque fuese desagradable. Este establecimiento del *principio de realidad* resultó un paso grávido de consecuencias" (1911 [1976: 224-225]).

La aparición del principio de realidad se produce con el desarrollo de las funciones conscientes, como la atención, el juicio, la memoria, el pensamiento, y sustituye la descarga inmediata de la pulsión por una transformación de la realidad para hacerla adecuada a una satisfacción postergada del deseo. En este proceso el principio del placer no desaparece sino que continúa reinando y presidiendo los procesos inconscientes y sus manifestaciones oníricas. Desde el punto de vista *económico* el principio de realidad corresponde a una transformación de la energía libre en energía ligada (*v.* **libido**, § 1, *e*); desde el punto de vista *tópico* afecta al sistema preconsciente-consciente; desde el punto de vista *dinámico* pone al servicio del yo una parte de la energía pulsional, mientras desde el punto de vista *genético*, además de las pulsiones de autoconservación (*v.* **conservación**, § 2), que ya reconocen el principio de realidad, también las pulsiones sexuales se adaptan progresivamente, aunque sólo de modo parcial: "Bajo el influjo de las pulsiones de autoconservación del yo, [el principio del placer] es relevado por el *principio de realidad*, que, sin resignar el propósito de una ganancia final de placer, exige y consigue posponer la satisfacción, renunciar a diversas posibilidades de lograrla y tolerar provisionalmente el displacer en el largo rodeo hacia el placer. Ahora bien, el principio del placer sigue siendo todavía por largo tiempo el modo de trabajo de las pulsiones sexuales, difíciles de 'educar'; y sucede una y otra vez que, sea desde estas últimas, sea en el interior del mismo yo, prevalece sobre el principio de realidad en detrimento del organismo en su conjunto" (1920 [1976: 10]).

4] LO "REAL" EN LA ACEPCIÓN DE J. LACAN. Para Lacan "real" es lo que se resiste a la simbolización porque "no existe ninguna esperanza de alcanzar lo real mediante la representación" (1975: 184). La no coincidencia irreductible entre significante y significado hace que el lenguaje no logre expresar adecuadamente la verdad de lo real, que siempre queda más allá: "Ya que lo real no espera, y no espera el sujeto, porque no espera nada de la palabra. Pero está ahí, idéntico a su existencia, y listo para sumergir los esplendores que 'el principio de realidad' construye en él con el nombre de mundo externo" (1966: 380). De esta manera Lacan vuelve a proponer, como rasgo típico de su pensamiento, la inconmensurabilidad entre naturaleza y cultura (*v.* **lacaniana, teoría**, § 8).

BIBLIOGRAFÍA: Freud, S. (1899); Freud, S. (1905); Freud, S. (1911); Freud, S. (1915); Freud, S. (1915-1917); Freud, S. (1920); Jung, C.G. (1933) Jung, C.G.; (1938-1940); Jung, C.G. (1947-1954); Lacan, J. (1966); Lacan, J. (1975).

realización
v. AUTORREALIZACIÓN.

realización simbólica (al. *Symbolische verwirklichung*; fr. *réalisation symbolique*; ingl. *symbolic realization*; it. *realizzazione simbolica*)

Expresión que introdujo M.A. Sèchehaye para indicar el método con el que se intenta reparar las frustraciones que sufrió el paciente esquizofrénico durante sus primeros años de vida mediante la satisfacción simbólica de sus necesidades con el fin de abrirles una vía de acceso a la realidad. La técnica se practica mediante el llamado **maternage** (*v.*), y el psicoterapeuta desempeña la función de "madre buena".

BIBLIOGRAFÍA: Sèchehaye, M.A. (1947).

reaprendizaje
v. MEMORIA, § 2, *d*.

rebelión (al. *Auflehnung*; fr. *rébellion*; ingl. *rebellion*; it. *ribellione*)

Gesto o conducta que expresa rechazo a normas establecidas o a vínculos de autoridad mediante una resistencia agresiva o con claros actos de revuelta. Se observa en los niños cuando se ven obligados a adaptar su conducta al **principio de realidad** (*v.*, § 3), en los adolescentes en la fase de emancipación de los padres, y en los adultos cuando resisten o rechazan un orden constituido. K. Horney habla de *rebelión neurótica* a propósito de la resistencia activa que los adolescentes, resignados en la vida real, desarrollan en el nivel fantástico.

BIBLIOGRAFÍA: Horney, K. (1950).

recalentamiento, efecto de
v. RENDIMIENTO.

recapitulación
v. FILOGENIA-ONTOGENIA.

receptividad (al. *Empfänglichkeit*; fr. *réceptivité*; ingl. *receptivity*; it. *recettività*)

Capacidad para recibir. El término se utiliza con referencia a: 1] la *sensibilidad* que percibe los estímulos provenientes del mundo, en contraposición a la actividad intelectual, que los elabora; este significado, madurado en el ámbito filosófico, también fue aceptado en el campo científico, en el que se denominan **receptores** (*v.*) a los órganos sensoriales; 2] un *tipo psicológico* sensible a los mensajes que provienen del mundo externo y del mundo circundante, en contraposición al tipo cerrado y defensivo; 3] la *condición femenina* que S. Freud considera psicológicamente pasiva, como consecuencia de su fisiología receptiva (*v.* **feminidad**, § 1).

receptor (al. *Rezeptor*; fr. *récepteur*; ingl. *receptor*; it. *recettore*)

El término asume significados diferentes en el nivel fisiológico y en el molecular.

1] FISIOLOGÍA. En términos fisiológicos el receptor es la estructura destinada a la recepción de estímulos que, una vez excitada (v. **excitabilidad**), transmite la excitación al sistema de conducción y después a los centros nerviosos y a los efectores periféricos. Esto implica que las diferentes formas de energía son transformadas en impulsos nerviosos. En las formas de organización biológica más evolucionadas, como el hombre, cada receptor responde solamente a un tipo particular de estímulo adecuado, y sobre esta base es posible realizar una clasificación que distingue mecanorreceptores, termorreceptores, fotorreceptores, quimiorreceptores, etc. Gracias a los receptores el organismo es capaz de recibir y elaborar informaciones que se originan en el ambiente.

Según la sede en la que actúan los estímulos y las finalidades a la que están destinadas esas estructuras, se distinguen tres grandes grupos de receptores: a] los *esterorreceptores*, distribuidos en la superficie del organismo y destinados a la recepción de los estímulos ambientales para cumplir la vida de relación (v. **sentido**, **órganos de los**); b] los *interoceptores* que, localizados dentro de las vísceras, reciben estímulos para cumplir la vida vegetativa; c] los *proprioceptores*, situados en los músculos, en los tendones, en las articulaciones y en el laberinto no acústico, donde están destinados a la recepción de estímulos internos originados por el movimiento del organismo, y por lo tanto indirectamente vinculados con la vida de relación.

2] BIOQUÍMICA. En términos moleculares el término "receptor" se refiere a moléculas de naturaleza proteínica que tienen la función de reconocer específicamente una segunda molécula y unirse a ella, permitiéndole así actuar en el nivel local. Tales receptores pueden estar localizados en la superficie externa de las membranas celulares o bien dentro de las células, y cumplen con una función esencial en los procesos de comunicación entre las diferentes partes del organismo, para asegurar el desarrollo armónico y coordinado de las funciones de cada una de las zonas basándose en las necesidades del momento. Las informaciones son llevadas a los receptores por las *hormonas* que, a través de la sangre, llegan a las células objetivo incluso a distancias notables, gracias a *mediadores químicos locales* capaces de actuar sólo en células más cercanas, y a *neurotransmisores* que posibilitan el paso del impulso nervioso en el nivel de **sinapsis** (v.).

recesividad
v. GENÉTICA, § 2.

rechazo (al. *Ablehnung*; fr. *refus*; ingl. *refusal*; it. *rifiuto*)

Desconocimiento consciente o inconsciente de acontecimientos dolorosos o desagradables mediante el mecanismo más simple de la **represión** (v.) o el más grave de la **negación** (v.), que pueden comprometer una evaluación adecuada de los datos de realidad y la consiguiente adaptación a las circunstancias externas. E.H. Erikson, suponiendo en el adolescente una adquisición de identidad a partir de una fase de dispersión, ubica el rechazo a lo diferente de uno mismo y al distanciamiento del otro como una fase que delinea negativamente la nueva identidad del sujeto.

BIBLIOGRAFÍA: Erikson, E.H. (1950); Freud, S. (1915).

rechazo (al. *Unterdrückung*; fr. *répression*; ingl. *repression*; it. *repressione*)

Acto consciente con el que el sujeto excluye del campo actual de su conciencia un contenido psíquico desagradable. El rechazo, por su carácter consciente, debe distinguirse de la **represión** (v.) que es inconsciente. Desde el punto de vista **tópico** (v. **aparato psíquico**, § 3) el rechazo actúa en el nivel de la censura (v.) que S. Freud propone entre consciente y preconsciente, donde en el preconsciente es suprimido el **representante** (v.) del contenido psíquico, mientras la suma de **afecto** (v., § 1), vinculada a éste se desplaza hacia otra representación o se suprime. Desde el punto de vista dinámico el rechazo tiene lugar por motivos morales.

BIBLIOGRAFÍA: Freud, S. (1915).

rechazo paterno (al. *Ablehnung des kindes*; fr. *réjection envers l'enfant*; ingl. *parental rejection*; it. *reiezione parentale*)

Sentimiento de aversión que los padres pueden alimentar en relación con un hijo y que por lo general compensan con ostentoso cuidado y excesivas atenciones que no llevan a una separación definitiva. El psicoanálisis, que considera el rechazo como un fenómeno inconsciente, interpreta la manifestación de sentimientos positivos como una **formación reactiva** (*v.*) orientada a compensar las pulsiones inconscientes intolerables en el plano de la aceptación social.

recidiva (al. *Rückfälligkeit*; fr. *récidivité*; ingl. *recidivism*; it. *recidività*)

El término se refiere a: 1] la reaparición de una enfermedad, un síntoma o un trastorno psíquico que parecía haber remitido; 2] la recaída en un comportamiento antisocial por parte de un individuo sometido a un tratamiento reeducativo. En este segundo caso la recidiva, más que manifestar una tendencia al parecer irreversible a la antisocialidad, se refiere a la insuficiencia o a la inadecuación de las intervenciones educativas.

recompensa (al. *Belohnung*; fr. *récompense*; ingl. *reward*; it. *ricompensa*)

Premio concedido por el logro de un resultado positivo. Además de satisfacer la necesidad de gratificación, la recompensa estimula al sujeto a repetir lo que ha realizado con éxito y a adquirir nuevos comportamientos susceptibles de recompensa. En este sentido la recompensa actúa como *refuerzo positivo* en el **aprendizaje** (*v.*, § I, 1-2), así como el **castigo** (*v.*, § 1) funciona como estímulo negativo para eliminar comportamientos adquiridos. En el ámbito pedagógico el uso sistemático de la recompensa no facilita la adquisición de un comportamiento autónomo, sino sólo el comportamiento condicionado por la espera del premio prometido o habitual. Se deriva que se adaptan mal al hombre las conclusiones a las que llegó el conductismo en el terreno de la experimentación animal, donde mostró que los animales no reforzados por el premio, no obstante haber aprendido la ejecución correcta de la tarea a la que eran sometidos, sólo utilizaban concretamente los conocimientos latentes con la recompensa.

BIBLIOGRAFÍA: Froidure, E. (1949); Thorndike, E.L. (1911); Vuri, V. (1974).

recondicionamiento
v. COMPORTAMIENTO, § 5.

reconocimiento (al. *Anerkennung*; fr. *reconnaissance*; ingl. *recognition*; it. *riconoscimento*)

El término se utiliza como figura de la **memoria** (*v.*, § 2, *c*) con referencia a la identificación, en una experiencia posterior, de un estímulo anteriormente experimentado; y como figura de la **motivación** (*v.*, § 6) que está en la base de la forma de autorrealización que en el ámbito social induce a la consecución del prestigio, del poder y de la afirmación de sí para satisfacer las exigencias que desde el punto de vista psicoanalítico se consideran unidas al **narcisismo** (*v.*), al ideal del yo (*v.* **yo**, **ideal del**) o a tendencias agresivas sublimadas.

recreación o **recreo** (al. *Erholung*; fr. *récréation*; ingl. *recreation*; it. *ricreazione*)

Interrupción temporal de una actividad obligatoria, como la escolar o laboral, para descargar la tensión acumulada y reducir el cansancio mediante la relajación y la distracción necesarias para recrear las condiciones de concentración y de empeño para el proseguimiento de la actividad.

recuerdo
v. MEMORIA.

recuerdo encubridor (al. *Deckerinnerung*; fr. *souvenir-écran*; ingl. *screen-memory*; it. *ricordo di copertura*)

Expresión psicoanalítica referida a esos recuerdos infantiles que se presentan con una claridad y una insistencia que contrasta con la aparente insignificancia de su contenido. En opinión de S. Freud dichos recuerdos se refieren a experiencias reprimidas (v. **represión**) o a fantasmas vinculados a éstas que, al no poder ser recibidos por la conciencia, aparecen disfrazados de inocencia en una especie de formación de **compromiso** (v.) análoga a la que está en la base del acto fallido (v. **acto**, § 2, b) o del **síntoma** (v.). El mecanismo subyacente es el **desplazamiento** (v.), análogo al que actúa en los sueños. En los recuerdos encubridores, escribe Freud, "no se conserva sólo algo esencial de la vida infantil, sino en verdad todo lo esencial. Sólo hace falta saber desarrollarlo desde ellos por medio del análisis. Representan (*repräsentieren*) tan acabadamente a los años infantiles olvidados como el contenido manifiesto del sueño a los pensamientos oníricos." (1914 [1976: 150]).

BIBLIOGRAFÍA: Freud, S. (1899); Freud, S. (1914).

recuperación (al. *Wiedererlangung*; fr. *récupération*; ingl. *recovery*; it. *recupero*)

El significado del término depende de los contextos: 1] en *fisiología* indica la recuperación de la excitabilidad normal de una fibra nerviosa después de la fase refractaria que sigue a cada fase de excitación; 2] en *psicología clínica* a la recuperación de la funcionalidad de un órgano o del organismo completo después de una afección; 3] en el funcionamiento de la *memoria* a la evocación del material almacenado antes en el registro sensorial con la retención de manera que esté disponible para el recuerdo efectivo (v. **memoria**, § 3, d).

reduccionismo (al. *Reduktionismus*; fr. *réductionnisme*; ingl. *reductionism*; it. *riduzionismo*)

En sentido estricto el término se refiere a la tesis epistemológica que establece un orden jerárquico de las diferentes formas del saber a partir de la física, a la cual la química, la biología, la psicología y la sociología están subordinadas en orden descendente. En sentido amplio se habla de reduccionismo para toda hipótesis explicativa que refiere las diferentes manifestaciones fenoménicas a un único sustrato que actúa como principio explicativo. Tales son, por ejemplo, las posiciones del **conductismo** (v., § 2) más radical, como el de J.B. Watson, quien refiere las manifestaciones psíquicas a las condiciones neurofisiológicas, y el método de S. Freud, quien interpreta la psique utilizando sólo la hipótesis causal a partir de la teoría de la **libido** (v.). En la hipótesis reduccionista la psicología aparece como una ciencia provisional, en espera de que la biología explique lo que ahora se está describiendo en lenguaje psicológico.

Al reduccionismo se opone el *constructivismo*, que no remite las manifestaciones psicológicas a un sustrato particular, sino a un modelo interpretativo que se desempeña como denominador común de diferentes modelos posibles, con ninguno de los cuales está en contradicción. J. Piaget, indicó este método, en el terreno cognoscitivista, como el más adecuado a la naturaleza del objeto psicológico (v. **epistemología genética**) y lo mismo hizo C.G. Jung en el ámbito de la psicología de lo profundo (v. **constructivo**, **método**).

BIBLIOGRAFÍA: Freud, S. (1915); Jung, C.G. (1917-1943); Pavlov, I.P. (1927); Piaget, J. (1970); Watson, J.B. (1913).

redundancia
v. INFORMACIÓN, TEORÍA DE LA, § 3.

reeducación (al. *Umerziehung*; fr. *rééducation*; ingl. *reeducation*; it. *rieducazione*)

El concepto, que tiene la misma extensión de significado que "educación", se refiere a todos los procesos de **entrenamiento** (v.) y de **rehabilitación** (v.) desarrollados en relación con sujetos limitados, desadaptados, trastornados, toxicómanos, con el objeto de llevarlos a un nivel de adaptación social y de formación personal en el que puedan manifestar al máximo posible sus aptitudes y capacidades. En el campo psicológico las técnicas reeducativas varían, según el tipo de desadaptación, de las formas de recondicionamiento (v. **comportamiento**, § 5) y las que prevén una reconstrucción de la personalidad mediante experiencias existencialmente significativas (*v.* **psicoterapia**, § 3).

BIBLIOGRAFÍA: Autores varios (1977); Bertoloni, P. (1965); Pranzini, V. (1978); Zavalloni, R. (1977).

reelaboración
v. ELABORACIÓN.

reencarnación
v. METEMPSICOSIS.

reevocación
v. MEMORIA, § 2, *b.*

refente
v. LACANIANA, TEORÍA.

referencia (al. *Hinweis*; fr. *référence*; ingl. *reference*; it. *riferimento*)

El término asume significados diferentes según los contextos. En *psicología de la forma* se habla de esquema de referencia a propósito del fondo respecto al cual emerge una figura, o de la presencia, en el horizonte perceptivo, de elementos que configuran de diversas maneras o deforman el dato perceptivo. En *psiquiatría* se habla de ideas de referencia a propósito de la tendencia a encontrar un significado personal en todo lo que sucede (*v.* **delirio**, § 3). En *psicología analítica* C.G. Jung distingue, en la interpretación de los sueños, una referencia al objeto (*Objektstufe*) o al sujeto (*Subjektstufe*), según las figuras oníricas sean interpretadas por lo que significan en la vida del individuo o como expresiones simbólicas de sus componentes psíquicos inconscientes (*v.* **interpretación**).

referente (al. *Referent*; fr. *référent*; ingl. *referent*; it. *referente*)

Entidad semiótica y extrasemiótica a la que hace referencia un **signo** (*v.*). El referente debe distinguirse del significado porque, como escribe U. Eco, todo signo tiene la "posibilidad de significar (y por lo tanto de comunicar) algo a lo que no corresponde ningún estado real" (1975: 89). Acerca del problema del referente, es decir de aquello a lo que el lenguaje y los signos hacen referencia, existen sustancialmente dos posiciones: la de quienes consideran que el signo se refiere siempre a una entidad real, y la que opina que no existe posibilidad de salir del ámbito semiótico (*v.* **semiótica**) porque, escribe siempre Eco: "Tomemos el término 'silla'. El referente no será la silla en la que me siento mientras escribo. Incluso para los simpatizantes de una semántica referencial el referente será, en tal caso, todas las sillas existentes (existidas y que existirán). Pero 'todas las sillas' no es un objeto perceptible con los sentidos. Es una clase, una entidad abstracta. [...] El significado de un término (el objeto que el término denota) es una unidad cultural. En toda cultura una unidad cultural es simplemente algo que esa cultura definió como unidad distinta, diferente de las demás" (1975: 98-99). En semiótica se atribuye al referente un carácter extensivo y al significado un carácter intencional, entendiendo por *extensión*, por ejemplo, la clase de todos los objetos azules, y por *intención* la propiedad de ser azul (*v.* **signo**). Por lo que se refiere al particular significado que el referente asume en la teoría lacaniana véase **lacaniana, teoría**, § 7.

BIBLIOGRAFÍA: Carnap, R. (1953); Ducrot, O. (1980); Eco, U. (1975); Jori, M. (1985); Peirce, C.S. (1931-1935).

reflejo (al. *Reflex*; fr. *réflexe*; ingl. *reflex*; it. *riflesso*)

Respuesta automática e involuntaria a los estímulos que actúan en el organismo. Son acciones reflejas las contracciones musculares, las secreciones de glándulas, las variaciones del tono muscular, las modificaciones de la actividad cardiaca, circulatoria y respiratoria, con la posibilidad de una regulación para adaptarse a las necesidades vitales de cada momento, como se expone en la voz **movimiento**, § 1, *a.*

1] EL ARCO REFLEJO. La base anatómica de la acción refleja es el arco reflejo, constituido, según la esquematización de G. Girotti, por: *a*] un *órgano receptor*, que puede ser una simple terminación nerviosa sensitiva o un órgano de los sentidos más o menos complejo; *b*] una *vía aferente*, representada por una neurona sensitiva; *c*] una o más *neuronas internunciales* que actúan como intermediarias y que incluso pueden estar ausentes; *d*] una vía *eferente* representada por las neuronas motrices; *e*] un *órgano efector*, que puede ser una formación muscular o una glándula. Para la realización de una acción refleja es necesario que todos los puntos del arco correspondiente estén íntegros.

Para el estudio experimental de los reflejos con frecuencia se hace referencia a los *reflejos motores*, que permiten la medición de la intensidad de la respuesta basándose en el diferente grado de tensión desarrollado por un determinado músculo. En este ámbito se distinguen *reflejos flexores*, que se refieren por ejemplo a la flexión de una extremidad después de un estímulo doloroso con el fin de ale-

jarse de la causa, y *reflejos extensores* o antigravitatorios, como los que permiten mantener alta la cabeza y otras partes del cuerpo. Los músculos esqueléticos son mantenidos en un módico grado de contracción denominado **tono muscular** (*v*.) que involucra pocas unidades motrices del músculo, con una rotación continua para evitar fenómenos de fatiga. La particular distribución del tono en los diferentes músculos del cuello, del tronco y de las extremidades determina la *postura*, es decir la actitud peculiar del cuerpo.

Las principales características de los reflejos son: *a*] la *localización*, debida al hecho de que cada arco reflejo corresponde a una específica parte del cuerpo y hace que entre en actividad un determinado grupo muscular; *b*] la *suma*, por la que dos estímulos cada uno de ellos insuficiente para provocar el reflejo, aplicados en rápida sucesión (suma temporal) o en dos vías sensitivas convergentes en la misma neurona efectora (suma espacial) pueden determinar la respuesta; *c*] el *reclutamiento*, por el que si se sigue estimulando una vía sensitiva la contracción del músculo aumenta gradualmente hasta alcanzar un máximo; *d*] la *descarga póstuma*, por la que al cesar un estímulo reflexógeno que haya tenido una cierta duración la contracción del músculo continúa por algún tiempo, disminuyendo lentamente; *e*] la *inervación recíproca*, por la cual la excitación refleja de determinado grupo muscular va acompañada por lo general con la inhibición refleja del grupo muscular antagonista; *f*] la *vía final común*, constituida por la neurona efectora del arco reflejo, en la que convergen numerosas vías facilitadoras e inhibidoras que ejercen influencias múltiples y con frecuencia discordantes. Gracias al desarrollo del encéfalo alcanzado en los mamíferos superiores y sobre todo en el hombre, la autonomía funcional del aparato axil elemental de la médula espinal se redujo notablemente a favor de los dispositivos reflejos de los diferentes segmentos del encéfalo (*v*. **médula espinal**).

2] OTROS USOS DEL TÉRMINO "REFLEJO" DE IMPORTANCIA PSICOLÓGICA. Las investigaciones de los reflejos han realizado significativas contribuciones al estudio de los niveles de **activación** (*v*.) del sistema nervioso, cuyas mediciones fisiológicas corren por cuenta de la **electroencefalografía** (*v*.), así como de la

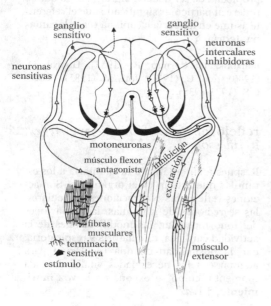

Representación esquemática de un reflejo: a la derecha el principio del arco reflejo simple, a la derecha la inervación recíproca

electromiografía (*v.*) y de los potenciales **evocados** (*v.*), el reflejo psicogalvánico y el reflejo de orientación.

a] El *reflejo psicogalvánico* es el conjunto de las modificaciones de corriente eléctrica que se registran aplicando en la piel dos electrodos. Dichas modificaciones, que pueden relacionarse con la actividad de las glándulas sudoríparas, se manifiestan cuando al sujeto se le presentan estímulos visuales, acústicos, olfativos, etc. Se ha podido confirmar, por ejemplo, que si un estímulo tiene un significado emotivo específico, como en el caso de palabras tabú, después de un tiempo de latencia de aproximadamente dos segundos tras el inicio de la estimulación hay primero una disminución de la resistencia, con una alteración de algunos segundos, seguida por un regreso al nivel de base. Además se comprobó una íntima correlación entre el reflejo psicogalvánico y los estados de activación y de alerta, los procesos de condicionamiento, la defensa perceptiva, los estados emotivos, pero todavía sin lograr definir la naturaleza biofísica de este proceso cuyos datos, sin embargo, son utilizables por el llamado **detector de mentiras** (*v.*).

b] El *reflejo de orientación*, que puso en evidencia I.P. Pavlov, es la respuesta global del sistema nervioso, que activa un complejo de reacciones fisiológicas en presencia de un estímulo nuevo que surge en el ambiente habitual. Dichas reacciones, que aumentan la capacidad perceptiva y el comportamiento exploratorio orientado hacia el elemento desconocido, son de tipo *somático*, con movimiento de los ojos, de las orejas y de la cabeza hacia la fuente del estímulo; *vegetativo*, con modificaciones cardiacas, vasculares y cutáneas que implican aumento de la tensión muscular, disminución de la traspiración cutánea, vasoconstricción periférica con vasodilatación en la cabeza, reacciones pupilares y respiratorias; *electroencefalográfico*, con modificación de la frecuencia del potencial de base y desincronización del ritmo alfa (*v.* **electroencefalografía**); *sensorial*, con disminución del umbral perceptivo. El reflejo de orientación tiene una reacción específica a las características del estímulo y a su extinción después de un cierto tiempo. La repetición del mismo estímulo provoca costumbre (*v.* **habituación**), mientras un estímulo que no se adapta al reflejo de orientación adquirido provoca uno nuevo.

Desde el punto de vista de la conducta el reflejo de orientación produce un aumento de las capacidades discriminativas y selectivas de los estímulos, una concentración de la **atención** (*v.*, § 1) y una disminución del umbral perceptivo. Pavlov, después de haber estudiado este reflejo en su laboratorio, escribió que "el reflejo de orientación desemboca en una curiosidad (instinto cognoscitivo) que está en el origen de toda ciencia y que lleva a una orientación ilimitada en el mundo circundante" (1927: 142), conjeturando un vínculo entre la motivación cognoscitiva y el aspecto emocional del reflejo de orientación. En la bibliografía estadunidense dicho reflejo se denomina *arousal* (*v.* **activación**), que se refiere tanto a las mediciones del comportamiento –como las capacidades selectivas, discriminatorias y mnemónicas–, como a las mediciones fisiológicas, como la electroencefalografía, la electromiografía y el reflejo psicogalvánico.

c] El *reflejo, incondicionado y condicionado*, es la respuesta a un estímulo. Si la respuesta es congénita se habla de reflejo incondicionado; si es aprendida, de reflejo condicionado. Este último está en la base de todas las formas de aprendizaje asociativo, tanto en el condicionamiento clásico como en el condicionamiento operante (*v.* **aprendizaje**, § I, 1-2).

d] El *reflejo de muerte aparente* se refiere a la rigidez motriz que algunas especies animales oponen a graves situaciones de peligro, simulando la muerte. Este mecanismo filogenético reaparece en el hombre frente a circunstancias traumáticas de fuerte intensidad que, superando los recursos psíquicos del sujeto, le impiden respuestas adaptativas más articuladas. E. Kretschmer atribuye la parálisis histérica, acompañada por la disminución de la esfera consciente y por estados estuporosos hipnoides, a la matriz biológica de este reflejo.

e] El *reflejo pupilar* es la modificación del tamaño de la pupila por contracción o dilatación del iris, que se observa cuando se pasa de la luz intensa a la oscuridad, o en presencia de emociones como el miedo o estados de ansiedad en general.

f] El *reflejo de salivación* determina la secreción de saliva como respuesta a la estimulación interna de la mucosa (reflejo incondicionado) o a la percepción o imaginación de alimentos (reflejo condicionado).

g] El *reflejo de Babinski* es un reflejo patológico que el neurólogo parisiense identificó en la zona de la médula espinal y de la vía piramidal y que interviene en enfermedades nerviosas orgánicas. Se manifiesta en cuanto se rozan las plantas de los pies, y se expresa con una flexión dorsal del dedo gordo, en lugar de una flexión plantar normal. En los lactantes esta manifestación es fisiológica hasta que la vía piramidal está formada por completo.

Naturalmente existen otros numerosos tipos de "reflejos" cuya estructura formal, expuesta en la voz **movimiento** (*v.*, § 1, *a*), no difiere de la que puede interpretarse en los ejemplos de "reflejo" aquí descritos.

BIBLIOGRAFÍA: Claridge, G.S. (1969); Dewey, J. (1896); Duffy, E. (1962); Girotti, G. (1972); Kretschmer, E. (1922); Lynn, R. (1966); Magoun, H.W. (1958); Mecacci L. (coord.) (1982); Pavlov, I.P. (1927); Strelau, J. y H.J. Eysenck (1986); Thorndike, E.L. (1911).

reflexión (al. *Überlegung*; fr. *réflexion*; ingl. *reflection*; it. *riflessione*)

Conocimiento de las propias formas de conocer. A tal significado general también hace referencia el uso más común que define como "reflexiva" la conducta que antes de juzgar o de actuar toma conciencia crítica de sus formas de juzgar y de actuar.

1] FILOSOFÍA. En la Antigüedad el término reflexión (ἐπιστροφή) se refería al conocimiento que el intelecto tiene de sí, en cuanto no sólo conoce sino que sabe que conoce. Este significado, que se extendió también a la filosofía escolástica, sufrió una modificación en la edad moderna con J. Locke, quien distinguió la reflexión –que nos proporciona las ideas de nuestras operaciones mentales, como percibir, dudar, creer, razonar– de la sensación, que nos proporciona las ideas que vienen de afuera. Para D. Hume la reflexión es una reproducción de las impresiones inmediatas, de donde se originan las ideas que se distinguen de las impresiones por su menor fuerza y vivacidad. I. Kant distingue la "reflexión lógica", que es la comparación entre múltiples experiencias para encontrar lo que tienen en común, de la "reflexión trascendental", que determina las relaciones recíprocas

entre las cosas con base en los siguientes pares de conceptos: identidad y diversidad, común y opuesto, interno y externo, materia y forma. G.W.F. Hegel distingue una reflexión intelectual, que contrapone al sujeto con el objeto, de una reflexión racional, que expresa la inmanencia recíproca de los opuestos. Con esta segunda acepción la reflexión supera la abstracción del intelecto. En nuestro siglo E. Husserl habla de reflexión fenomenológica a propósito de ese pensamiento que no tiene por objeto el mundo sino las características de su propia forma de darse. Con esta acepción el concepto de reflexión fue retomado por la psiquiatría fenomenológica (*v.* **análisis existencial**, § 2).

2] PSICOLOGÍA REFLEXIVA. Es el nombre que se asigna a esa corriente psicológica que considera los elementos de la experiencia en su relación con la subjetividad, que analiza las condiciones generales de las propias actividades mentales. El método utilizado es la **introspección** (*v.*).

3] PSICOANÁLISIS. S. Freud entiende por reflexión el abandono, por parte de la pulsión, de su propio objeto, para replegarse en el yo, como en el caso del masoquismo interpretado como sadismo orientado contra sí mismo (*v.* **opuestos**, § 1, *a*).

4] PSICOLOGÍA ANALÍTICA. C.G. Jung habla de la reflexión como de un impulso típicamente humano que, antes de descargar la instintividad hacia afuera, la desvía hacia una actividad endopsíquica, transformando un proceso natural en un contenido de conciencia: "No pensamos habitualmente que la reflexión haya sido instintiva, sino que asociamos este término con un estado consciente del espíritu. *Reflexio* significa repliegue, y en el ámbito psicológico se definiría con este término el hecho de que el proceso de reflexión, que canaliza el estímulo hacia la descarga instintiva, es *interrumpido* por la psiquificación. Los procesos psíquicos ejercen una acción de atracción sobre el instinto de actividad que procede del estímulo como consecuencia de la intromisión de la reflexión, de manera que el impulso es desviado hacia una *actividad endopsíquica* antes de descargarse hacia afuera. La *reflexio* es una desviación hacia adentro, con la consecuencia de que, en lugar de una reacción instintiva, surge una *sucesión de contenidos* o *estados* que se podrían definir más o menos como *reflexión* o repensamiento. De tal manera, a la obligatoriedad subyace cierta libertad, y en lugar de la previsibilidad se da una relativa imprevisibilidad de las consecuencias [...] mediante el impulso de reflexión el proceso de estimulación es transformado más o menos completamente en contenidos psíquicos, es decir se transforma en una *experiencia vivida: un proceso natural transformado en un contenido de la conciencia.* La reflexión es *el instinto civilizador 'par excellence'* y su fuerza se manifiesta en la autoafirmación de la civilización frente a la naturaleza desnuda" (1937: 135-136).

BIBLIOGRAFÍA: Jung, C.G. (1937); Marc, A. (1949).

reflexología (al. *Reflexologie*; fr. *réflexologie*; ingl. *reflexology*; it. *riflessologia*)

Corriente de pensamiento que inició I.P. Pavlov, fundador de la escuela reflexológica rusa, quien describió en términos neurofisiológicos lo que el **asociacionismo** (*v.*) exponía desde el punto de vista psíquico, es decir que cada proceso, incluso el más complejo, es la combinación de elementos simples a los cuales debe ser reconducido. El elemento simple es, para Pavlov, el reflejo condicionado (*v.* **aprendizaje**, § I, 1), es decir la asociación cortical de una respuesta aprendida y una innata. Todo el aprendizaje, y por lo tanto el aparato mental, se desarrolla por la diferenciación progresiva de respuestas aprendidas gradualmente y asociadas con anteriores adquisiciones.

BIBLIOGRAFÍA: Pavlov, I.P (1927).

refractariedad (al. *Unempfindlichkeit*; fr. *nature réfractaire*; ingl. *refractoriness*; it. *refrattarietà*)

El término, proveniente de la física, donde define la característica de los cuerpos que resisten elevadas temperaturas sin fundirse, se utiliza en sentido figurado para indicar resistencia e insensibilidad a los requerimientos. En neurofisiología se habla de *período refractario*

a propósito del lapso de tiempo inmediatamente posterior al estímulo, durante el cual un nervio o un músculo no responden a un segundo estímulo. En forma análoga, en psicología de la atención y de la memoria se habla de *impermeabilidad psicológica* a propósito de los intervalos de tiempo, de una duración de medio segundo, en los que no es posible proporcionar ninguna respuesta después de haber dado una, porque los mecanismos centrales están ocupados en la retroalimentación proveniente de la respuesta precedente.

BIBLIOGRAFÍA: Bagnara, S. (1984); Welford, A.T. (1968).

refuerzo
v. APRENDIZAJE, § I, 1-2.

registro
v. MEMORIA, § 3, *a.*

registro sensorial
v. MEMORIA, § 3, *b.*

regla fundamental (al. *Grundregel*; fr. *règle fondamentale*; ingl. *fundamental rule*; it. *regola fondamentale*)

Regla que estructura la situación analítica (*v.* **análisis**, § 1, *a*; 2, *b*), por la cual al analizando se lo invita a decir todo lo que piensa sin elegir u omitir nada de lo que le venga a la mente. Este procedimiento, que vuelve más accesible el determinismo inconsciente subyacente a las ideas que en el nivel consciente parecen casuales e imprevistas (*Einfall*), lo señaló S. Freud como una de las tres vías de acceso al inconsciente: "La elaboración de las ideas que se ofrecen al paciente cuando se somete a la regla psicoanalítica fundamental no es el único de nuestros recursos técnicos para descubrir lo inconsciente. Para el mismo fin sirven otros dos procedimientos: la interpretación de sus sueños y la apreciación de sus acciones fallidas y casuales" (1909 [1976: 28]). Este método que, escribe Freud, se obtuvo "mediante el *experimento de la asociación*, tal como lo han desarrollado Jung y sus discípulos" (1909 [1976: 28]), lo reconsideró posteriormente J. Lacan, quien lo interpretó como eso que permite traducir la relación entre analista y analizado, una relación de lenguaje (*v*. **lacaniana, teoría**, § 3).

BIBLIOGRAFÍA: Freud, S. (1909); Freud, S. (1922); Jung, C.G. (1904); Lacan, J. (1961).

regresión (al. *Regression*; fr. *régression*; ingl. *regression*; it. *regressione*)

Vuelta a fases anteriores del desarrollo psíquico, que se manifiesta en las formas de pensamiento, en las relaciones objetales y en la estructuración del comportamiento. El término, de uso frecuente en el lenguaje psicológico y psiquiátrico, lo elaboró en el ámbito psicoanalítico S. Freud, quien en un párrafo agregado en 1914 a *La interpretación de los sueños* (1899) escribe: "Distinguimos [...] tres modos de regresión: *a*] una regresión *tópica*, en el sentido del esquema aquí desarrollado de los sistemas Ψ; *b*] una regresión *temporal*, en la medida en que se trata de una retrogresión a formaciones psíquicas más antiguas, y *c*] una regresión *formal*, cuando modos de expresión y de figuración primitivos sustituyen a los habituales. Pero en el fondo los tres tipos de regresión son uno solo y en la mayoría de los casos coinciden, pues lo más antiguo en el tiempo es a la vez lo primitivo en sentido formal y lo más próximo al extremo perceptivo dentro de la tópica psíquica" (1899 [1976: 541-542]).

La regresión *tópica*, que hace referencia al punto de vista tópico del **aparato psíquico** (*v*., § 3), es especialmente evidente en los sueños donde la energía, que en el estado de alerta iría a los músculos y se descargaría en acciones, es obligada, por las inhibiciones que operan en el sueño, a regresar a los órganos sensoriales, provocando alucinaciones. La regresión *temporal* se refiere a un regreso del sujeto a fases superadas en el desarrollo libidinal (*v*. **libido**, § 1, *b*), en la relación objetal (*v*. **objeto**, § 4), en los procesos de **identificación** (*v*., § 1), etc. La regresión *formal* se refiere a un regreso a formas de expresión y de comportamiento menos diferenciadas respecto a las funciones psíquicas más complejas y más estructuradas que fueron alcanzadas. Este concepto, que se apoya en la teoría de los **estratos** (*v*.) que Freud tomó de H. Jackson, lo retomó la psicología de la forma a

propósito de la estructuración de una forma, de un comportamiento, de la conciencia, etcétera.

Todo esto es posible porque, como escribe Freud, "el estado anímico anterior no se haya exteriorizado durante años, tan cierto es que subsiste, que un día puede convertirse de nuevo en la forma de manifestación de las fuerzas del alma, y aun en la única forma, como si todos los desarrollos más tardíos hubieran sido anulados, hubieran involucionado" (1915 [1976: 287]). La regresión puede verse como un proceso defensivo por el cual el sujeto trata de evitar la angustia frente a una situación, mediante un regreso a una fase anterior de su desarrollo, incluso si después este regreso contribuye a aumentar sus dificultades. La regresión puede ser breve y temporal, como el llanto del adulto, el arrebato de ira que reproduce el comportamiento infantil frente a situaciones a las que no se puede hacer frente, o bien grave y duradera con efectos catastróficos, como en la esquizofrenia y en la catatonia, que reproducen respectivamente el estado del lactante y el estado fetal. Hacia una regresión también se va en el tratamiento analítico donde el paciente, regresando a fases anteriores, tiene la oportunidad de volver a partir hacia una nueva organización psíquica. Esta interpretación *finalista* de la regresión es citada frecuentemente por C.G. Jung (*v*. **libido**, § 2, *b*).

BIBLIOGRAFÍA: Freud, S. (1899); Freud, S. (1915); Freud, S.(1915b); Freud, S. (1915-1917); Jung, C.G. (1928).

regreso del remordimiento
v. REMORDIMIENTO.

regulación, teoría de la
v. CIBERNÉTICA, § 2.

rehabilitación (al. *Ehrenrettung*; fr. *réhabilitation*; ingl. *rehabilitation*; it. *riabilitazione*)

El término, que se deriva del derecho romano, donde indica el restablecimiento del estado jurídico precedente a una condena después de la demostración de no culpabilidad, pasó más tarde al ámbito de la medicina social como cuarta rama de la práctica médica después de la **prevención** (*v*.), el **diagnóstico** (*v*.) y la **terapia** (*v*.). La finalidad de la rehabilitación es quitar al paciente del estado de marginación en el que se encuentra por efecto de su afección, para introducirlo en una condición laboral y social lo más parecida posible a la de los otros sujetos sociales. Las etapas de la rehabilitación son: 1] el *reconocimiento* de las dificultades del sujeto que pueden pesar en su vida futura; 2] la *integración* social mediante la **reeducación** (*v*.) de las facultades afectadas, acompañada de la activación de las residuales, y la ubicación profesional que ponga al sujeto en condiciones de funcionar con el reconocimiento objetivo de sus capacidades; 3] la *aceptación social* de los miembros de la comunidad, tanto en el nivel psicológico para facilitar las relaciones personales en un ambiente gratificado por el compromiso interhumano, como en el nivel práctico, con la creación de centros de asistencia caracterizados por la combinación de las diferentes actividades rehabilitadoras, y de comunidades terapéuticas en las que el paciente participa activamente en su propio proceso de rehabilitación. Los centros de asistencia y las comunidades terapéuticas enriquecidas con terapias ocupacionales han sustituido progresivamente, para los sujetos afectados por trastornos psíquicos, los hospitales psiquiátricos cuya función era más albergar que rehabilitar.

BIBLIOGRAFÍA: Jones, M. (1962); Wing, J.K. y B. Morris (1981); Zavalloni, R. (1977).

reichiana, teoría
v. BIOENERGÉTICA; CARÁCTER, § 3, *c*.

reificación (al. *Verdinglichung*; fr. *réification*; ingl. *reification*; it. *reificazione*)

Proceso que lleva a tratar conceptos abstractos como si fueran cosas concretas. El término lo introdujo K. Marx a propósito de la sociedad capitalista, donde las relaciones sociales entre los hombres se presentan como relaciones entre "cosas", expresadas en la forma universal de la producción y circulación de las mercancías. En el ámbito psicológico se habla de reificación cuando modelos interpretativos o conceptos metapsicológicos como yo, superyó, ello, seno bueno, seno malo, objeto interior, etc., son ingenuamente tratados como realidad.

Se habla también de reificación a propósito de algunas experiencias esquizofrénicas en las cuales las palabras y los pensamientos asumen el espesor y la consistencia de las cosas, modificando en consecuencia el comportamiento del sujeto que, escribe C.G. Jung, "se queda en un estado de dependencia primitiva de simples palabras. Las palabras, en efecto, al querer sustituir a las cosas (lo que en realidad no pueden hacer) asumen formas hipertróficas, se vuelven extravagantes, extrañas, inusitadas; se convierten en eso que los esquizofrénicos llaman 'palabras poderosas'" (1942-1954: 277). Acerca del concepto de reificación como esencia de la enajenación, véase la voz **enajenación**, § 2.

BIBLIOGRAFÍA: Gabel, J. (1962); Jung, C.G. (1942-1954); Marx, K. (1867-1894).

reintegración
v. MEMORIA, § 2, *a*.

reiteración (al. *Wiederholung*; fr *réitération*; ingl. *iteration*; it. *iterazione*).

El término se utiliza: 1] en *psiquiatría*, para indicar el carácter repetitivo de comportamientos, gestos, acciones, expresiones verbales, que caracterizan las formas de **estereotipia** (*v*.); 2] en *estadística*, para aquellos procedimientos orientados a controlar la casualidad de la elección de la muestra (test de reiteración).

relación (al. *Beziehung*; fr. *relation*; ingl. *relation*; it. *relazione*)

Relación entre dos variables tomadas en una situación determinada, según las formas de la identidad, de la sucesión, de la oposición, de la coexistencia, de la dependencia, de la causalidad y semejantes. Con esta acepción general se habla por ejemplo, en **psicología médica** (*v*.) de *relación terapéutica* a propósito de la relación médico-paciente, en psicoanálisis de *relación analítica* (v. **análisis**, § 2, *g*), connotada por las proyecciones de transferencia y contratransferencia (v. **transferencia**); siempre en psicoanálisis se habla de *relación objetal* a propósito de la relación del sujeto con los objetos del mundo externo y con los objetos interiores (v. **objeto**, § 4); en psicología de la familia se habla de *relación dual* a propósito de la relación madre-hijo, de *relación triádica* y de *relación fraternal* respecto de las relaciones familiares que se desarrollan después de la primera relación con la madre (v. **familia**, § II). Estos ejemplos, tomados de los diferentes ámbitos disciplinarios, demuestran la tendencia cada vez más difundida en psicología a considerar la *relación como fenómeno originario* respecto a la constitución individual, en el sentido de que el individuo se constituye siempre a partir de una relación, y no como individualidad aislada que instaura relaciones.

La relación es objeto de estudio específico con la acepción de *relación social* o **interacción** (v., § 2) de la que se ocupan la **sociología** y la **psicología social** (v., § 1). Las contribuciones de la sociología se remontan a G. Tarde, quien identificó los tres tipos fundamentales de relación en la imitación, la adaptación y la oposición; a G. Simmel, para quien las relaciones son los resultados de dos procesos: de acercamiento, que es la base de la relación asociativa, y de distanciamiento, que es la base del aislamiento y de la independencia; a T. Parson, quien estudió las disposiciones para desarrollar ciertas relaciones, que él dividió en relaciones adquiridas por el sujeto mediante la socialización y relaciones prescritas al sujeto por el sistema social. En psicología social la atención se dirigió hacia la dinámica de las relaciones basada en el principio **atracción-repulsión** (v.), que tiene su base en la noción de *placer*, de cuyo crecimiento o disminución dependen el desarrollo o la disminución de la relación, hasta la **soledad** (v.) determinada por la discrepancia entre los niveles de interacción deseados y los alcanzados.

Ya que la relación tiene propiedades que no pueden encontrarse en el comportamiento de un solo participante, el estudio de la interacción resulta depender fuertemente de las posibilidades de comunicación verbal y no verbal, de los paradigmas de aprendizaje activos en una trama social y de los aspectos funcionales que expresa una relación en términos de reducción conflicti-

va o de ventaja individual y colectiva. R.A. Hinde, uniendo estos elementos, estableció algunos parámetros que permiten definir una relación. Entre éstos el contenido de la interacción, la cantidad, la cualidad y la frecuencia de relaciones, los límites de reciprocidad, con la consiguiente evaluación de pérdidas y ganancias, las percepciones interpersonales de cada uno de los miembros del par, y el grado de confiabilidad que cada uno de ellos inspira en el otro. A partir de estos parámetros de relación es posible una descripción de la estructura social, que es la suma estadística de las estrategias de los comportamientos individuales.

BIBLIOGRAFÍA: Bowlby, J. (1969-1980); Duck, S.W. y R. Gilmour (1981); Hinde, R.A. (1974); Hinde, R.A. (1979); Parsons, T. (1951).

relajamiento (al. *Entspannung*; fr. *relaxation*; ingl. *relaxation*; it. *rilassamento*)

Disminución de una tensión física o psíquica que se puede obtener recurriendo a terapias preparadas con ese fin, la más conocida de las cuales es el entrenamiento **autógeno** (v.). Desde el punto de vista psicoanalítico la inhibición voluntaria de la tensión puede revelarse como un fenómeno de protección para no enfrentar la conflictividad subyacente, responsable del estado tensional.

relatividad, principio de la (al. *Relativitätssatz*; fr. *principe de la relativitè*; ingl. *principle of relativity*; it. *principio della relatività*)

Norma que exige valorar los fenómenos psicológicos en el campo específico de relaciones dentro del cual en cada ocasión es dado registrarlos. Dichas relaciones son tanto las condiciones experimentales cuanto el ambiente cultural, cuya peculiaridad debe conocerse para poder establecer el orden de los valores y de las normas vigentes en referencia a las cuales se puede decir qué cosa es "normal" y qué "desviante" (v. **norma**).

relativismo cultural
v. ETNOCENTRISMO.

relaxina
v. ENDOCRINO, SISTEMA, § 6, *b.*

religión
v. PSICOLOGÍA DE LA RELIGIÓN.

reloj biológico
v. TIEMPO, § III, 3.

REM (*rapid eye movements*)
v. SUEÑO, § 1.

reminiscencia
v. MEMORIA, § 8, *a.*

remisión (al. *Nachlass*; fr. *rémission*; ingl. *remission*; it. *remissione*)

Atenuación o desaparición de los síntomas o de los signos (*v.* **signo**, § 4) de un trastorno que se manifiesta en ocasión de una mejoría de las condiciones psíquicas. Si la remisión es temporal se habla de *período intercrítico*, como fase transitoria entre una aparición precedente y una posterior de los síntomas.

remordimiento (al. *Gewissensbiss*; fr. *remords*; ingl. *remorse*; it. *rimorso*)

Incomodidad interior vinculada a sentimientos de **culpa** (*v.*) por haber trasgredido instancias de orden moral que hacen que el sujeto advierta su conducta deplorable. Se presenta frecuentemente en los estados de **depresión** (*v.*) en los que el sujeto se reprocha o se autoacusa de culpas que agiganta o que ni siquiera ha cometido.

renacimiento (al. *Wiedergeburt*; fr. *renaissance*; ingl. *rebirth*; it. *rinascita*)

Concepto que aparece en la bibliografía religiosa y antropológica para referirse a experiencias espirituales o rituales de transformación. Retomado por C.G. Jung y reformulado en términos psicológicos, el concepto de rena-cimiento acompaña al proceso de **individuación** (*v.*) cuyos pasos están marcados por la muerte de la vieja personalidad y por un renacer caracterizado por una "ampliación" de la personalidad. Este proceso, que tiene su correspondiente antropológico en los ritos de iniciación, también puede presentarse en el simbolismo onírico.

BIBLIOGRAFÍA: Gennep, A. Van (1909); Jung, C.G. (1912-1952); Zoja, L. (1985).

rencor (al. *Groll*; fr. *rancoeur*; ingl. *grudge*; it. *rancore*)

Hostilidad, que rara vez se traduce en agresión explícita, contra alguien a quien se considera responsable de un comportamiento ofensivo o frustrante de necesidades fundamentales o expectativas esenciales para la realización de una persona. Puede registrarse también en presencia de acontecimientos experimentados como traiciones afectivas, como el abandono por ausencia prolongada o por muerte, causa no rara de un rencor inconsciente capaz de comprometer el desarrollo normal de la afectividad. El rencor no debe confundirse con el **resentimiento** (*v.*), el cual emerge de un profundo sentimiento de impotencia que anula toda intención de venganza.

rendimiento (al. *Leistung*; fr. *rendement*; ingl. *archievement*; it. *rendimento*)

Relación entre el resultado obtenido y el esfuerzo realizado para obtenerlo. Para la medición del *nivel de rendimiento, eficiencia* o *productividad*, se hace referencia a la cantidad y a la calidad de tareas realizadas en una unidad de tiempo, que es posible registrar por medio de los *tests de rendimiento* (*v.* **test**, § 2). Éstos consisten en una serie de pruebas de dificultad creciente, en una muestra suficientemente representativa, con el fin de evaluar determinadas funciones psíquicas o determinadas aptitudes. En el rendimiento actúa el llamado *efecto calentamiento* (*warming-up*), que consiste en una familiarización con la situación en la que se debe operar, que determina un cambio favorable de disposición. En cambio se habla de "pérdida de calentamiento" (*warming-up decrement*) cuando una actividad es interrumpida y después retomada. El rendimiento, que inmediatamente después de la pausa será inferior, tiende luego a aumentar y a superar el nivel precedente. Por lo que se refiere a la diferencia de rendimiento entre la suma de los resultados individuales y los resultados de grupo, véase **grupo**, § II, 7. En el ámbito escolar y el profesional se habla de *sobrerrendimiento* y *subrendimiento* para expresar la diferencia entre el nivel de rendimiento alcanzado y la previsión inicial basada en la evaluación de las capacidades del individuo en relación con las tareas asignadas.

renegar
v. DENEGACIÓN.

renuncia (al. *Verzicht*; fr. *renonciation*; ingl. *renunciation*; it. *rinuncia*)

Abstención voluntaria de gozar algo satisfactorio. En el ámbito psicoanalítico S. Freud analiza la renuncia del yo a los requerimientos instintivos que provienen del ello: 1] en observancia del **principio de realidad** (*v.*, § 3), porque faltan las condiciones para la satisfacción de un determinado requerimiento o porque su satisfacción provocaría un daño al yo; 2] en observancia a los requerimientos del superyó que, como sucedáneo interiorizado de las figuras paternales, refuerza las prohibiciones aprendidas en su oportunidad de los padres. Esto explica por qué la obediencia al superyó puede estar acompañada por el placer, el mismo placer que el niño experimenta cuando, mediante determinadas renuncias, se garantiza el amor de los padres. Para Freud la renuncia instintiva es una de las formas típicas de "enfermarse de los nervios".

BIBLIOGRAFÍA: Freud, S. (1912); Freud, S. (1916).

reobase
v. EXCITABILIDAD.

reparación
v. KLEINIANA, TEORÍA, § 3.

repetición
v. MEMORIA, § 5.

repetir, coacción a
v. COMPULSIÓN, § 2.

replicación
v. GENÉTICA, § 1, *a*.

representación (al. *Vergegenwärtigung*; it. *appresentazione*)

Es una presencia en ausencia o, si se quiere, es esa ausencia a la que remite la presencia por una necesidad de sentido. Es un fenómeno que comprobamos diariamente en el nivel perceptivo: cuando decimos que vemos una casa en realidad vemos sólo uno o algunos de sus lados, pues los otros están escondidos por la presente de manera inmediata, pero se percibe que ésta remite a las otras que, de esta manera, están "representadas". En la medida en que una presencia remite a ulteriores unidades de sentido, la presencia "representa". Este término, acuñado por E. Husserl, lo aplicó en psiquiatría L. Binswanger para explicar la modalidad con la que cada uno de nosotros, presente para sí mismo, se representa al otro: "Tampoco Husserl puede evitar, naturalmente, algún *analogon* (con el ego) en la constitución del *alter ego*, pero él explica justamente que en la concepción analogizante del *alter ego*, en primer lugar como otro cuerpo, no se opera ningún *razonamiento* por analogía: la representación 'no es un silogismo, un acto del pensamiento'" (1960: 71–72). Los defectos de representación no permiten la constitución de una coexistencia (*Mitdasein*) y el nacimiento de un mundo-común (*Mit-welt*), porque "la representación presupone un modelo de presentación, por ser más exactamente una presencialidad relacionada con la percepción en sí misma (del cuerpo extraño), de tal modo que se funde con ésta en la función especial de copercepción. Ambas, percepciones y presencias, se encuentran aquí unidas en la común función de *una* percepción *única*, de una percepción que se presenta y se representa en sí *al mismo tiempo* y no obstante hace surgir, para el objeto en su conjunto, la conciencia de su ser como sí mismo. En consecuencia mi ego constituye en sí el ego que es para él el otro" (1960). Los defectos de representación son frecuentes en las conductas maniacas, en las que la ausencia del sí en sí mismo no permite la constitución del otro respecto al sí.

BIBLIOGRAFÍA: Binswanger, L. (1960); Husserl, E. (1931).

representación (al. *Darstellung*; fr. *figuration*; ingl. *representation*; it. *raffigurazione*)

Traducción de todos los significados, de todos los pensamientos abstractos y de todos los nexos lógicos en imágenes, que constituyen el único instrumento a disposición del sueño. S. Freud interpreta la representación como una forma de regresión a la infancia, en la cual los afectos se vinculaban a determinadas imágenes que el sueño reutiliza: "Entre los diversos anudamientos colaterales de los pensamientos oníricos esenciales se prefieren los que permiten una figuración visual" (1899 [1976: 349-350]). Por esto "no hace falta suponer una particular actividad simbolizante del alma en el trabajo del sueño, sino que el sueño se sirve de tales simbolizaciones, que están contenidas ya listas en el pensamiento inconciente, debido a que ellas satisfacen mejor los requerimientos de la formación del sueño por su figurabilidad, y las más de las veces también por estar exentas de censura" (1899 [1976: 355]). En la representación participan los mecanismos de la **condensación** (*v.*) y del **desplazamiento** (*v.*).

BIBLIOGRAFÍA: Freud, S. (1899).

representación (al. *Vorstellung*; fr. *représentation*; ingl. *representation*; it. *rappresentazione*)

El término indica tanto el *acto* con el que la conciencia reproduce un objeto externo, como una cosa, o interno, como un estado de ánimo o un producto fantástico, cuanto el *contenido* de tal operación de reproducción. En filosofía este concepto hizo surgir un problema noseológico que separó a quienes, como R. Descartes, consideran que la conciencia es una escena en la cual encuentran una existencia de segundo grado (*iterum praesens*) los objetos de la realidad, y quienes, como E. Husserl, consideran la representación como el medio por el que la conciencia se dirige intencionalmente hacia los objetos, que por lo tanto están presentes en la conciencia en forma inmediata, no duplicada.

En psicología se entiende por representación la renovación de la experiencia perceptiva en ausencia del estímulo sensorial. Como tal, la representación ocupa un espacio intermedio entre la particularidad de la percepción y la universalidad del concepto al que se llega por abstracción. Además de este significado general, el término representación tiene un uso específico en psicoanálisis y en psicología social.

1] PSICOANÁLISIS. El concepto de representación es recurrente en S. Freud con tres acepciones, cada una de las cuales refiere a tres contextos de su teoría.

a] *Representación y afecto*. La representación es aquello del objeto que se transcribe en los "sistemas mnémicos" (*v.* **engrama**, § 1). Estos sistemas, que vinculan las huellas mnémicas por simultaneidad, causalidad, sucesión cronológica, son reactivados por el **investimiento** (*v.*) o por el contrainvestimiento afectivo (*v.* **afecto**, § 1), que permite el recuerdo: "en las funciones psíquicas cabe distinguir algo (monto de afecto, monto de excitación) [...] algo que es susceptible de aumento, disminución, desplazamiento y descarga, y se difunde por las huellas mnémicas de las representaciones como lo haría una carga eléctrica por la superficie de los cuerpos" (1887-1902 [1976: 61]). Así, en la neurosis obsesiva la suma de afecto es desplazada de la representación vinculada al acontecimiento traumático hacia otra representación no significativa, mientras en la histeria es convertida en energía somática y la representación se desplaza hacia una zona o una actividad somática. La represión interesa exclusivamente a la representación, porque el cuanto de afecto no es reprimido, sino más bien suprimido (*v.* **supresión**).

b] *Representación-cosa y representación-palabra*. La primera es esencialmente visual y es típica del sistema inconsciente; la segunda es acústica y típica del sistema preconsciente-consciente, porque supone el sistema de verbalización. El vínculo entre representación de palabra y representación de cosa es establecido por el sistema consciente regulado por el proceso secundario, mientras la representación de la sola cosa, no necesariamente en sí misma, sino en los sistemas mnésicos en los que se introduce por alguna cualidad suya, como lo demuestran las cadenas asociativas, es propia del sistema inconsciente regulado por el proceso **primario** (*v.*): "La representación consciente abarca la representación-cosa más la correspondiente representación-palabra, y la inconsciente es la representación-cosa sola" (1915 [1976: 198]). En el sueño y en la esquizofrenia las representaciones de palabras son tratadas como representaciones de cosas.

c] *Representación-meta*. Con esta expresión Freud se refiere a la orientación posterior a las representaciones tanto conscientes como inconscientes, cuya concatenación no está regulada sólo por las leyes mecánicas sino también la atracción que una representación privilegiada ejerce sobre las otras representaciones. En el caso de pensamientos conscientes la atracción la ejerce la representación de la meta perseguida, mientras en el inconsciente lo hace la representación del deseo que proviene de la experiencia de la satisfacción.

2] PSICOLOGÍA ANALÍTICA. C.G. Jung no profundiza en el concepto de representación más que con la acepción de *representación colectiva*, como se puede leer en la voz **antropología**, § 2.

3] PSICOLOGÍA SOCIAL. El concepto de representación social se elaboró a partir de la noción de "representación colectiva" (*v.* **colectivo**) que desarrolló É. Durkheim en oposición a las representaciones individuales. Su función es, como escribe S. Moscovici, la de "definir sistemas de valores, ideas y prácticas con una doble función: ante todo la de establecer un orden que permita a la persona orientarse en su mundo social material y dominarlo, y en segundo lugar la de facilitar la comunicación entre los miembros de una comunidad proporcionándoles un código con el fin de denominar y clasificar los diferentes aspectos de su mundo y su historia individual y de grupo" (1961: 54). Al coordinar los elementos del ambiente social y darles coherencia la representación social confiere significado al comportamiento, integrándolo en un sistema más amplio de conducta y de relación. Los procesos que dan inicio a la representación social son la *objetivación* en imágenes de esa entidad de otro modo abstracta que es el sistema social, y el *anclaje* de cada elemento social en la red de categorías de la sociedad, para volver familiar lo que de otra manera sería difícilmente perceptible.

4] PSICOLOGÍA COGNOSCITIVA. Véase **cognición**, § 1, *b*.

BIBLIOGRAFÍA: Di Giacomo, J.P. (1985); Durkheim, É. (1898); Freud, S. (1968); Freud, S. (1895); Freud, S. (1915); Moscovici, S. (1961); Nicolaïdis, N. (1984); Villoni Betocchi, G. (coord.) (1986).

representación colectiva
v. ANTROPOLOGÍA, § 2; REPRESENTACIÓN, § 3.

representante (al. *Repräsentant*; fr. *représentant*; ingl. *representative*; it. *rappresentante*)

Término freudiano que, en el marco de la teoría de la **pulsión** (*v.*), designa la expresión psíquica de la pulsión (*representante ideativo*, *Vorstellungrepräsentant*), o la pulsión misma como representación psíquica de la excitación endosomática (*representante psíquico*, *psychische Repräsentant*).

S. Freud considera la pulsión como concepto limítrofe entre lo psíquico y lo somático, en el sentido que ésta tiene su *fuente* en la excitación endosomática y su *meta* en el horizonte psíquico. Entre soma y psique Freud concibe una vinculación que no está regulada ni por un paralelismo ni por la causalidad, sino por una relación comparable con la que existe entre un mandante y su representante, o, en términos lingüísticos, entre el significado y su significante. Cuando en el contexto discursivo el mandante es la excitación endosomática (*Reiz*), es la pulsión la que desarrolla la función de representante psíquico; en cambio, cuando, siempre en el contexto discursivo, el mandante es la pulsión (*Trieb*), el representante de la misma (*Triebrepräsentant*) es la representación o representante ideativo (*Vorstellungrepräsentant*), que es denominado representante psíquico (*psychische Repräsentant*) cuando se considera que la representación está unida al afecto que la inviste (*v.* **representación**, § 1, *a*).

Estas distinciones son esenciales para comprender la **represión** (*v.*) que inviste al representante ideativo y no al afecto, y la **fijación** (*v.*) consiguiente: "Pues bien tenemos razones para suponer una *represión primordial*, una primera fase de la represión que consiste en que a la agencia representante (*Representanz*) psíquica (agencia representante-representación) de la pulsión se le deniega la admisión en lo conciente. Así se establece una *fijación*; a partir de ese momento la agencia representante en cuestión persiste inmutable, y la pulsión sigue ligada a ella" (1915 [1976: 143]).

BIBLIOGRAFÍA: Freud, S. (1915); Nicolaïdis, N. (1984).

represión (al. *Verdrängung*; fr. *refoulement*, ingl. *repression*; it. *rimozione*)

Término psicoanalítico que se refiere a un proceso inconsciente que permite excluir de la conciencia determinadas representaciones vinculadas a una pulsión cuya satisfacción estaría en oposición con otras exigencias psíquicas. En cuanto proceso inconsciente la represión debe distinguirse de la **supresión** (*v.*), que es consciente; además, lo que se reprime no es la pulsión sino su **representante** (*v.*) ideativo, mientras el afecto al que está unido es desplazado (*v.* **desplazamiento**) o suprimido.

S. Freud distingue tres fases en la represión: 1] la *represión originaria* que impide el acceso a la conciencia de los representantes ideativos (pensamientos, imágenes, recuerdos) de la pulsión. Esta primera forma de represión constituye el núcleo inconsciente que actúa como polo de atracción en relación con los elementos por reprimir. Esto explica también por qué Freud habla con frecuencia del inconsciente como de lo "reprimido", 2] la *represión secundaria*, que es la represión propiamente dicha, es decir la repulsión, por parte del yo o del superyó, de representaciones incompatibles con las propias exigencias; 3] el *regreso de lo reprimido*, donde los elementos reprimidos, que nunca son suprimidos por la represión, tienden a reaparecer de manera

deformada mediante los mecanismos del **desplazamiento** (*v.*), de la **condensación** (*v.*) y de la **conversión** (*v.*), asumiendo el rasgo típico de los síntomas.

La represión originaria y la secundaria están unidas entre sí según una modalidad que Freud describe así: "Pues bien; tenemos razones para suponer una *represión primordial*, una primera fase de la represión que consiste en que a la agencia representante (*Representanz*) psíquica (agencia representante-representación) de la pulsión se le deniega la admisión en lo consciente.[...] La segunda fase de la represión, la *represión propiamente dicha*, recae sobre retoños psíquicos de la agencia representante reprimida o sobre unos itinerarios de pensamiento que, procedentes de alguna otra parte, han entrado en un vínculo asociativo con ella. A causa de ese vínculo, tales representaciones experimentan el mismo destino que lo reprimido primordial. La represión propiamente dicha es entonces un 'esfuerzo de dar caza'. Por lo demás, se comete un error cuando se destaca con exclusividad la repulsión que se ejerce desde lo consciente sobre lo que ha de reprimirse. En igual medida debe tenerse en cuenta la atracción que lo reprimido primordial ejerce sobre todo aquello con lo cual puede ponerse en conexión. Probablemente, la tendencia a la represión no alcanzaría su propósito si estas fuerzas (atracción y repulsión) no cooperasen, si no existiese algo reprimido desde antes, presto a recoger lo repelido por lo consciente." (1915 [1976: 143]).

Según Freud, el desarrollo del yo y la adaptación al ambiente dependen de la represión originaria, sin la cual las pulsiones serían descargadas inmediatamente por medio de la satisfacción alucinatoria del deseo. Al mismo tiempo, una represión secundaria excesiva conduce a un desarrollo defectuoso del yo y a la aparición de síntomas. J. Lacan regresa a la noción freudiana de represión y la reinterpreta como "esa especie de discordancia entre el significado y el significante, determinada por toda censura de origen social" (1954: 364) que es responsable de la escisión, para Lacan irresoluble, entre naturaleza y cultura (*v.* **lacaniana, teoría**, § 8).

BIBLIOGRAFÍA: Freud, S. (1894); Freud, S. (1896); Freud, S. (1915); Lacan, J. (1954).

reproche (al. *Vorwurf*; fr. *reproche*; ingl. *reproach*; it. *rimprovero*)

Observación verbal que se propone subrayar la incorrección o la gravedad de una acción con el objeto de evitar su repetición y de ofrecer al interesado la posibilidad de reconsiderar en sus justos términos la situación en la que se dio la infracción. En los casos de **depresión** (*v.*) son frecuentes los reproches que el sujeto se dirige a sí mismo por culpas que él mismo agiganta o que simplemente no ha cometido.

reproche o reprobación (al. *Tadel*; fr. *blâme*; ingl. *blame*; it. *biasimo*)

Desaprobación social explícita o implícita que provoca en el sujeto sentimientos de culpa, con la consiguiente inhibición de conductas percibidas como inconvenientes o reprobables en opinión de los demás.

repulsión
v. ATRACCIÓN-REPULSIÓN, TEORÍA DE LA; *v.* PSICOFARMACOLOGÍA, § I, 1, *a*.

resentimiento (al. *Ressentiment*; fr. *ressentiment*; ingl. *resentment*; it. *risentimento*)

Aversión y odio hacia todo aquello que no se puede ser o no se puede tener. Por su vinculación a un profundo sentimiento de impotencia que anula todo posibilidad de represalia, el resentimiento no logra traducirse en venganza, pero puede crear, como pensaba F. Nietzsche a propósito de la "moral del resentimiento", valores individuales y colectivos en los que se expresa la venganza imaginaria de los resentidos: "En la moral la revuelta de los esclavos comienza desde que el *ressentiment* se vuelve creador y genera valores; el *ressentiment* de esos seres a los cuales la verdadera reacción, la de la acción, les está negada y que se consuelan mediante una venganza imaginaria. Mientras toda moral aristocrática florece de un triunfante sí que se dice a uno mismo, la moral de los esclavos [...] requiere, para expresarse en términos psicológicos, estímulos externos a fin de

poder actuar... su acción es fundamentalmente una reacción" (1887, § 10).

BIBLIOGRAFÍA: Nietzsche, F. (1887).

residuo diurno
v. RESTO DIURNO.

resimbolización (al. *Wiedersymbolisierung*; fr. *resymbolisation*; ingl. *resymbolization*; it. *risimbolizzazione*)

Proceso de reinvestimiento simbólico que se realiza con motivo de toda nueva adaptación a la vida en la que es necesario redefinir las propias concepciones y en especial las relativas a los conflictos personales, modificando el horizonte semántico de referencia. Este proceso no se manifiesta sólo con motivo de transformaciones favorables de la personalidad sino también en las situaciones psicóticas o delirantes, cuando se conciben psicosis y delirios como intenciones extremas de encontrar un sentido modificando el horizonte de los significados (*v.* **delirio**, § 2).

resistencia (al. *Widerstand*; fr. *résistance*; ingl. *resistance*; it. *resistenza*)

Término psicoanalítico que se refiere a la oposición inconsciente del sujeto sometido a **análisis** (*v.*, § 2, *c*) a llegar a sus propias dinámicas profundas. Según S. Freud la resistencia, que se acentúa conforme el tratamiento analítico se acerca al núcleo patógeno central, cumple una función defensiva, que llevan a cabo, además del yo, la **represión** (*v.*), la resistencia de **transferencia** (*v.*) y el beneficio secundario de la enfermedad (*v.* **beneficio de la enfermedad**); también por el ello mediante la **obsesión** (*v.*, § 2) y por el superyó a través de la necesidad de **castigo** (*v.*, § 3): "debemos librar combate contra cinco clases de resistencia que provienen de tres lados, a saber: del yo, del ello y del superyó, demostrando ser el yo la fuente de tres formas de ella, diversas por su dinámica. La primera de estas tres resistencias yoicas es la resistencia de *represión* [...]. De ella se separa la resistencia de *transferencia* [...] una resistencia yoica, pero de muy diversa naturaleza, la que parte de la *ganancia de la enfermedad* [...] la cuarta clase de resistencia, la del *ello*, acabamos de hacerla responsable de la necesidad de la reelaboración. La quinta resistencia, la del *superyó* [...] es la más oscura pero no siempre la más débil, parece brotar de la conciencia de culpa o necesidad de castigo; se opone a todo éxito y, por tanto, también a la curación mediante el análisis" (1925 [1976: 149-150]).

BIBLIOGRAFÍA: Freud, S. (1904); Freud, S. (1925); Freud, S. (1937).

resocialización
v. PSICOLOGÍA SOCIAL, § 5.

resonancia (al. *Resonanz*; fr. *résonance*; ingl. *resonance*; it. *risonanza*)

Huella más o menos profunda y duradera dejada en la psique humana por todo lo que es percibido. El término tiene un uso específico: 1] en *psicofísica*, donde H. von Helmholtz formuló la "teoría de la resonancia" para explicar la recepción de las diferentes tonalidades basándose en la hipótesis de que nuestro oído elabora los estímulos de entrada de manera que descompone una onda sonora en sus elementos, produciendo para cada una de éstas una resonancia específica; 2] en el *test de Rorschach*, donde se distinguen los "tipos de resonancia interna" cuya acción con el ambiente depende sobre todo de la actividad intrapsíquica; 3] en el *método de resonancia*, según la denominación de K. Bühler, relativo a la modalidad de percibir, sobre todo las formas de contenido expresivo, de manera más intuitiva y sugestiva que analítica.

BIBLIOGRAFÍA: Bühler, K. (1913); Helmhotz, H. von (1863); Rorschach, H. (1921).

respeto (al. *Respekt*; fr. *respect*; ingl. *respect*; it. *rispetto*)

Reconocimiento de la dignidad propia y de los demás con un comportamiento congruente con este reconocimiento. Aristóteles incluye el respeto en la categoría de las emociones, excluyéndolo de las virtudes (*Ética*, II, 7, 1108

a), mientras I. Kant, pese a haberlo incluido en el orden de los sentimientos, lo asumió como único sentimiento moral, porque el sentimiento del respeto, que siempre se refiere a las personas y nunca a las cosas, "es producto de la razón y no sirve para el juicio de las acciones, ni para fundar la ley moral objetiva, sino simplemente como *impulso* para hacer de esta ley la máxima en sí" (1788, I, I, cap. III). El respeto es, siempre para Kant, eso que permite tratar a los semejantes, y más en general al hombre, siempre como un fin, y nunca como un medio.

BIBLIOGRAFÍA: Aristóteles (1973); Kant, I. (1788).

responder, tendencia a
v. RESPONSE SET.

responsabilidad (al. *Verantwortung*; fr. *responsabilité*; ingl. *responsability*; it. *responsabilità*)

Conocimiento de las consecuencias de las propias acciones que permite regular, basándose en éstas, las elecciones a realizar. El concepto de responsabilidad presupone el de **libertad** (*v.*) en su doble acepción de ausencia de constricción o de impedimentos, y de capacidad para determinarse según una elección autónoma con miras a finalidades y búsqueda de los medios adecuados. La responsabilidad no debe confundirse con la *imputabilidad*, que es la simple atribución de una acción a un sujeto, asumido como causa de esa acción, independientemente de las condiciones de libertad interior o exterior en la que el sujeto mismo se encuentra al actuar. La noción de responsabilidad, elaborada en el ámbito de la filosofía del derecho, resulta decisiva en el trabajo de la **psicología forense** (*v.*) cuando debe establecer los límites de la libertad a disposición del sujeto en el momento de la acción y de su nivel de conocimiento y de capacidad de valoración de las consecuencias vinculadas a la acción misma.

Entre las ciencias que contribuyen a definir los límites de la responsabilidad encontramos a la *psicología genética* que, con J. Piaget, mostró que antes de los 7 años los niños no son capaces de evaluar una acción basándose en la intención que la favoreció, sino sólo con base en las consecuencias que produjo, por lo que consideran más responsable a quien provocó un daño mayor no deseándolo que al que causó uno menor intencionalmente; la *antropología cultural* que, adoptando el principio de la **relatividad** (*v.*), identifica la prioridad de los valores vigentes en una determinada cultura y el grado de conocimiento de los agentes sociales, basándose en su nivel cultural; la *psicología social*, que distingue la responsabilidad individual de la "difusión de la responsabilidad", que reduce el sentido de conciencia moral en un individuo insertado en un grupo o en una masa, aumentando la indiferencia (*v.* **psicología de la masa**); el *psicoanálisis* que, además de indicar todos los condicionamientos inconscientes, es capaz de mostrar que muchas acciones, incluso delictivas y criminales, que pueden parecer irresponsables, son producidas en realidad por un exceso de responsabilidad que induce en el sujeto inclinaciones autopunitivas (*v.* **castigo**, § 3).

BIBLIOGRAFÍA: Darley, J.M. y B. Latané (1968); Daskalakis, E. (1975); Freud, S. (1909); Gil, J. (1980); Giuliani, A. (1977); Heider, F. (1958); Henriot, J. (1977); Lacan, J. (1951); Piaget, J. (1932).

response set

Expresión inglesa que equivale a *tendencia a responder*, y que se refiere a todos los factores que contribuyen a la falsificación de las respuestas proporcionadas en un test psicológico. Se distinguen factores *formales* cuando las falsificaciones son inducidas por las características de elaboración de un test, y factores *de contenido* cuando dependen de las circunstancias de aceptación del test (*v.*, § 1). Entre los factores más frecuentes se deben recordar la **aceptación social** (*v.*), que induce al sujeto a responder en el sentido socialmente aprobado, el cálculo de los efectos, que pueden ser de neutralidad o de extremismo, disposiciones defensivas o de fuga, simulación, disimulación y mentira. Existen escalas de evaluación, como la escala K y L incluidas en el **MMPI** (*v.*) (Minnesota Multiphasic Personality Inventory), para calcular la

tendencia a producir voluntariamente capacidades negativas por motivos defensivos o por tendencia autocrítica (escala K), o a proporcionar respuestas para dar una imagen favorable y positiva (escala L). Para reducir las respuestas conformes a la aceptación social A.L. Edwards introdujo un test objetivo denominado **EPPS** (*v.*) (Edwards Personal Preference Schedule); para la medición de la necesidad de aceptación social D.P. Crowen y D. Marlowe idearon un test que refleja una posición mental comúnmente aprobada y por lo tanto socialmente gratificante, capaz de proporcionar una medición basándose en el número de las respuestas afirmativas del sujeto.

BIBLIOGRAFÍA: Berg, I.A. (1967); Crowne, D.P. y D. Marlowe (1964); Edwards, A.L., (1954).

respuesta vaga (al. *Seitenantwort*; fr. *réponse à côté*; ingl. *approximate answer*; it. *risposta a lato*)

Trastorno del pensamiento, frecuente en la condición esquizofrénica, en el cual la respuesta al interlocutor no tiene en consideración lo que le es requerido con la pregunta. El fenómeno es observable también en el **síndrome de Ganser** (*v.*), pero la incoherencia no es total y también permite sospechar una posible intencionalidad incluso en la no pertinencia de la respuesta.

restitución (al. *Rückerstattung*; fr. *restitution*; ingl. *restitution*; it. *restituzione*)

El término se utiliza en ámbito psicoanalítico: 1] como sinónimo de reparación (*v.* **kleiniana, teoría**, § 3), que según M. Klein es ese proceso defensivo que reduce la culpa enmendando, respecto a un objeto investido de valencias destructivas; 2] en la construcción de delirios que tienen la finalidad de "restituir" al paciente un sentido que ya no logra tomar en la realidad del mundo, como en el caso que describió S. Freud, donde "el paranoico reconstruye el mundo, ya no espléndido en verdad, pero por lo menos de tal manera como para poder vivir de nuevo en éste. Lo reconstruye con el trabajo de su delirio. La formación delirante que nosotros consideramos el producto de la enfermedad constituye en verdad la intención de curación, la reconstrucción" (1910: 396; *v.* **delirio**, § 2).

BIBLIOGRAFÍA: Freud, S. (1910); Klein, M. y J. Rivière (1937).

resto diurno (al. *Tagesrest*; fr. *reste diurne*; ingl. *day's residue*; it. *resto diurno*)

Presencia en el sueño de acontecimientos o de detalles de acontecimientos de la vida del día o de los días anteriores. S. Freud excluye que esto suceda por la permanencia de la preocupación que invade dichos acontecimientos y considera en cambio que éstos sirvan como material mediante el cual el deseo inconsciente realiza su aparición en el sueño evitando la censura justo gracias a la insignificancia del resto diurno utilizado: "Me imagino las cosas así: el deseo conciente sólo deviene excitador de un sueño si logra despertar otro deseo paralelo, inconciente, mediante el cual se refuerza." (1899 [1976: 545]). Por analogía se habla también de *resto nocturno*, a propósito de la permanencia del material onírico durante el estado de alerta, limitado a su contenido manifiesto (*v.* **contenido latente-contenido manifiesto**).

BIBLIOGRAFÍA: Freud, S. (1899).

Restorff, efecto (al. *Restorffeffekt*; fr. *effet Restorff*; ingl. *Restorff effect*; it. *Restorff, effetto*)

Ventaja en la retención de ciertos estímulos percibidos de manera más diferenciada respecto a los otros. La diferenciación, que puede ser de orden perceptivo o semántico, produce una evidenciación del reactivo, con el consiguiente aumento de atención en la codificación y en la elaboración del dato. Dicho efecto se ha relacionado a la articulación figura-fondo que destacó K. Koffka en el ámbito de la **psicología de la forma** (*v.*, § II, 2).

BIBLIOGRAFÍA: Restorff, H. von (1933).

retardo mental (al. *Schwachsinn*; fr. *arriération mentale*; ingl. *mental retardation*; it. *ritardo mentale*)

En la revisión de la nomenclatura psiquiátrica realizada en 1988 por el DMS (Manual diagnóstico y estadístico de los trastornos mentales; *v.* **diagnóstico**, § 4) la expresión *retardo mental* sustituyó toda esa nomenclatura (*oligofrenia, insuficiencia mental, frenastenia, hipofrenia, deficiencia mental*) con la que se indicaba un defecto de la inteligencia debido a un insuficiente desarrollo o una disminución de las capacidades intelectuales por causas prenatales (hereditarias, congénitas), perinatales y posnatales de muy diferente naturaleza. El retardo mental, en cuanto es desarrollo fallido o insuficiente desarrollo, debe distinguirse de la **demencia** (*v.*), que es un debilitamiento de las facultades intelectuales debidas a la muerte de un importante número de células de la corteza cerebral. Sobre la base de su gravedad el DSM distingue un retraso mental *gravísimo* con CI inferior a 20 (anteriormente denominado *idiotez*); *grave*, con CI de 20 a 35 (que la vieja nomenclatura denominaba *imbecilidad*); *moderado*, con CI de 35 a 50 (conocido también como *debilidad mental* o *debilidad*); *leve*, con CI de 50 a 70 (o *subnormalidad*). El déficit de inteligencia va acompañado por una inadecuación del funcionamiento adaptativo, es decir una incapacidad del sujeto para corresponder a los estándares propios de su edad o de su grupo cultural en áreas como la actividad y la responsabilidad sociales, la comunicación, las actividades de la vida cotidiana, la independencia personal y la autosuficiencia.

Los factores etiopatológicos que pueden estar en la base del retardo mental pueden ser *congénitos*, es decir debidos a una alteración existente desde la célula germinal, como errores del metabolismo unidos a anomalías genéticas, como el **síndrome de Down** (*v.*) o mongolismo, trastornos endocrinos como en el caso del **cretinismo** (*v.*), falta de ciertas enzimas, como en el caso de la oligofrenia fenilpirúvica, debida a una intoxicación del organismo, y por tanto también del cerebro, por la imposibilidad de eliminar sustancias tóxicas producidas por el organismo. Entre los factores etiopatológicos adquiridos se suele distinguir los *prenatales*, que se refieren a infecciones del embrión, como por ejemplo el virus de la rubéola cuando agrede a la madre grávida; enfermedades infecciosas o parasitarias, intoxicaciones exógenas maternas, o tóxicas endógenas, como uremia o diabetes; *perinatales*, debidas a traumas obstétricos o a asfixia del niño durante un parto prolongado y dificultoso; *posnatales* por efecto de meningoencefalitis que puede curarse, pero dejando una destrucción cerebral extensa. Junto a esta patogénesis orgánica existen asimismo retardos mentales (denominados también *seudoinsuficiencias mentales*) que no se derivan de lesiones anatómicas, sino de una subutilización del cerebro en sujetos con poca estimulación (*v.* **privación**) sobre todo en la infancia, cuando se observa una más rápida capacidad de adquisición, y en los sujetos sociológicamente en desventaja, ya sea por aislamiento afectivo, o por grave carencia de medios económicos y culturales.

BIBLIOGRAFÍA: American Psychiatric Association (1988); Benda, C. (1949); Fau, R. *et al.* (1968); Jervis, G. (1959-1966); Jervis, G. (1975); Kirman, B.H. (1972); Kohler, C. (1967); Mannoni, M. (1964); O'Connor, N. y B. Hermelin (1966); Passow, A.H., M. Goldberg y A. Tannenbaum (1967); Zazzo, R. (1970).

retención (al. *Verhaltung*; fr. *rétention*; ingl. *retention*; it. *ritenzione*)

El término puede referirse: 1] al *estadio de la memoria* que consiste en el almacenamiento de la información sensorial que sigue al registro y precede a la recuperación (*v.* **memoria**, § 3, *b*); 2] a un *comportamiento* que caracteriza la fase anal del desarrollo libidinal que conjeturó S. Freud, que se expresa con la retención de las heces (*v.* **anal**, § 2); 3] a una *estasis temporal*, o sea a esa modalidad constitutiva de la existencia gracias a la cual la existencia es capaz de darse un pasado (*v.* **tiempo**, § II, 2).

reticencia (al. *Zurückhaltung*; fr. *réticence*; ingl. *reticence*; it. *reticenza*)

Tendencia a esconder y a no decir, unida al deseo de dar a entender lo que se considera inconveniente o socialmente no aprobable.

En términos gráficos la reticencia se expresa con la interrupción de la frase seguida de puntos suspensivos.

reticular, formación
v. FORMACIÓN RETICULAR.

retifismo (al. *Retifismus*; fr. *rétifisme*; ingl. *retifism*; it. *retifismo*)

Fetichismo (*v.*) del pie o del zapato. El término deriva del nombre del escritor francés Rétif de la Bretonne (1734-1806) quien presentaba este tipo de comportamiento sexual, en el cual el pie y el zapato asumen el valor generalmente atribuido a los órganos sexuales.

retiro vegetativo
v. PSICOSOMÁTICA, § I, 11.

retórica (al. *Rhetorik*; fr. *rhétorique*; ingl. *rhetoric*; it. *retorica*)

Definida por los antiguos como arte de la persuasión mediante el uso de instrumentos lingüísticos, hoy la retórica es la ciencia de la generación y la comprensión del texto promedio de la identificación de las reglas que son la base de su constitución. El psicoanálisis de S. Freud hizo una contribución significativa en este sentido cuando, indicando la doble vía discursiva de la que se sirve la psique en el nivel consciente y el inconsciente, indicó en los mecanismos de la **condensación** (*v.*) y del **desplazamiento** (*v.*), que corresponden a las figuras retóricas de la metáfora y de la metonimia, las características con las que el inconsciente se manifiesta en el sueño, en los *lapsus*, en el chiste, con deformaciones que se observan también en el lenguaje utilizado en el ámbito de determinadas patologías. La correspondencia es especialmente evidente en la descripción freudiana del *trabajo del sueño* que responde a "una necesidad de encaminar las conexiones precisamente hacia la impresión reciente, aunque indiferente: esta tiene que ofrecer una aptitud particular para ello, en virtud de alguna cualidad suya. De lo contrario, sería igualmente viable que los pensamientos oníricos desplazaran su acento a un elemento inesencial de su propio círculo de representaciones." (1899 [1976: 194]). Estas vinculaciones se realizan mediante cuatro operaciones: la condensación, el desplazamiento, la representación y la elaboración secundaria, expuestas en la voz **sueño onírico**, § II, 2.

Con la intención de identificar los efectos del inconsciente en el discurso, Freud hizo una significativa contribución a la retórica, reconocida también por el lingüista É. Benveniste quien al respecto escribe: "El inconsciente se sirve de una verdadera retórica propia que, como el estilo, tiene sus figuras, y el viejo elenco de los tropos ofrecería un repertorio apropiado a los dos registros de la expresión" (1966: 106). Por su parte otro lingüista, R. Jakobson, afirma: "La competencia entre los procedimientos metonímicos y metafóricos es evidente en todo proceso simbólico, tanto intrasubjetivo como social. Así, en un estudio de la estructura de los sueños el problema fundamental es saber si los símbolos y las secuencias temporales utilizados fueron establecidos en la contigüidad ('desplazamiento' metonímico y 'condensación' sinecdóquica de Freud), o en la semejanza ('identificación' y 'simbolismo' de Freud)" (1956: 44). J. Lacan, reflexionando acerca de estas analogías, sostiene que la interpretación freudiana de los sueños "está muy anticipada respecto a las formalizaciones de la lingüística, y sin duda se podría demostrar que les abrió el camino gracias únicamente a su peso con verdad. [...] Pero las dos vertientes de la incidencia del significante sobre el significado vuelven a encontrarse allí. La *Verdichtung*, condensación, es la estructura de sobreimposición de los significantes donde toma su campo la *metáfora*, [...] la *Verschiebung* o desplazamiento es, más cerca del término alemán, ese viraje de la significación que la metonimia demuestra, es decir el giro de la significación demostrado y que, desde su aparición en Freud, se presenta como el medio del inconsciente más apropiado para burlar a la censura" (1957: 506-507). Por lo que se refiere a la correspondencia entre condensación y desplazamiento, por un lado y metáfora y metonimia, por el otro, véase la voz **metáfora**, mientras que para lo tocante a la lectura del inconsciente como retórica véase la voz **lacaniana, teoría**, § 3-4.

BIBLIOGRAFÍA: Barilli, R. (1979); Benveniste, E. (1966); Freud, S. (1899); Freud, S. (1901); Freud,

S. (1905); Jakobson, R. (1956); Kremer-Marietti, A. (1978); Lacan, J. (1957).

retroalimentación (al. *Rückwirkung*; fr. *rétroaction*; ingl. *feedback*; it. *retroazione*)

Acción de regreso del efecto a la causa que la produjo, con la consiguiente modificación *a posteriori* del principio que activó el proceso. El concepto de retroalimentación elaborado en el ámbito cibernético, resultó especialmente útil para explicar muchos fenómenos biológicos (*biorretroalimentación*) y psicológicos. Se distingue entre retroalimentación negativa o positiva según el regreso de la información hacia el informador reduzca o aumente el rendimiento de este último, como cuando el acontecimiento disminuye o aumenta la actividad, o cuando el alimento sacia o incrementa el apetito. Los procesos de retroalimentación han sido estudiados particularmente en *psicología social*, donde se observa una adecuación o rectificación espontánea del comportamiento en relación con las informaciones que provienen del comportamiento de los demás; en *psicología sistémica*, que sustituye el concepto de causalidad lineal por el de circularidad, donde cada punto del sistema influye en cada uno de los otros y es influido por ellos, y en *psicología del aprendizaje*, donde el nivel de conocimientos alcanzado facilita la recepción de nuevos datos y, por un efecto de regreso, aumenta el dominio de las informaciones adquiridas. En el ámbito conductista se interpreta la retroalimentación como una forma de condicionamiento operativo (*v.* **aprendizaje**, § I, 2), donde la recompensa es la confirmación de la señal de regreso.

Una forma especial de retroalimentación es la *biorretroalimentación* (*biofeedback*) o retroalimentación biológica, técnica específica que le permite al sujeto controlar funciones físicas autónomas, como el ritmo cardiaco, la presión sanguínea, la temperatura cutánea, el grado de relajación muscular, obteniendo una información inmediata de los acontecimientos sometidos a control mediante aparatos electrofisiológicos e instrumentos de monitoreo.

BIBLIOGRAFÍA: Chiari, G. (1982); Pancheri, P. (1979).

retrocognición
v. PARAPSICOLOGÍA, § 1.

retroflexión
v. PSICOLOGÍA DE LA FORMA, § IV, 2, *d.*

retrogénesis (al. *Rückentstehung*; fr. *arrière-genèse*; ingl. *retrogenesis*; it. *retrogenesi*)

Concepto que introdujo A. Staercke para señalar que todo desarrollo implica un retroceso a fases más primitivas, por lo que la línea de crecimiento en el ámbito de la conciencia no está regulada por la *evolución*, que supone la articulación de la nueva formación sobre la inmediatamente anterior, sino por la *revolución*, según lo expresa Staercke, caracterizada por continuas rupturas con las adquisiciones más recientes, posibles gracias a la activación de estadios inferiores no desarrollados hasta ese momento.

BIBLIOGRAFÍA: Staercke, A. (1929).

retrogresión (al. *Rückwirkung*; fr. *rétrogression*; ingl. *retrogression*; it. *retrogressione*)

Concepto que introdujo K. Lewin para indicar la reactivación de un comportamiento activado en otra fase biográfica del individuo. Lewin distingue la retrogresión de la **regresión** (*v.*) para evitar implicaciones psicoanalíticas y porque la regresión implica la activación de un comportamiento primitivo que puede no haber sido adoptado nunca en el pasado.

BIBLIOGRAFÍA: Lewin, K. (1935).

retrospección (al. *Rückblick*; fr. *rétrospection*; ingl. *retrospection*; it. *retrospezione*)

Análisis de los contenidos mnémicos conscientes que se refieren al propio pasado y que constituyen el punto de partida de toda **introspección** (*v.*).

reumatismo psicógeno
v. LOCOMOCIÓN, § 3.

revancha (al. *Schadloshaltung*; fr. *revanche*; ingl. *revenge*; it. *rivalsa*)

Deseo de vengarse por una ofensa recibida que, en la dinámica psicológica interna, puede desembocar en un miedo a la venganza que induce a negar o a reprimir la propia agresividad.

reversibilidad (al. *Umkehrbarkeit*; fr. *réversibilité*; ingl. *reversibility*; it. *reversibilità*)

Propiedad de una secuencia cuyos términos son susceptibles de invertirse.

1] PSICOLOGÍA DE LA FORMA. En este ámbito se habla de reversibilidad a propósito de las imáge-

Figura reversible en la cual se alterna una copa (en blanco) o dos rostros encontrados (en negro), de E. Rubin.

nes contiguas cuando, en momentos diferentes, una hace retroceder a la otra como fondo de la figura emergente. E. Rubin, a quien se deben los estudios más profundos de las figuras reversibles, la más conocida de las cuales es aquella en la que aparecen alternativamente una copa (en blanco) y dos perfiles de rostros (en negro), aisló tres factores fundamentales a los cuales subyacen las imágenes: *a*] el tamaño relativo de las partes, que permite que la más grande asuma la función de fondo; *b*] la convexidad o concavidad de los márgenes, que hace destacar con función de figura la zona con márgenes cerrados; *c*] la orientación espacial, que asigna la función de figura a la zona dispuesta según la vertical y la horizontal. La reversibilidad resulta cuando ninguna de estas condiciones favorece una zona respecto a la otra. El estudio de las figuras reversibles condujo a suponer la reducción de toda la realidad perceptiva (*v.* **percepción**, § 3, *a*) a la realidad física, como consideraba el **elementarismo** (*v.*), y permitió a la **psicología de la forma** (*v.*, § II, 2) hablar de objeto fenoménico independientemente de la referencia de las sensaciones.

2] COGNOSCITIVISMO. J. Piaget habló de reversibilidad a propósito de la operación mental que el niño adquiere entre los 6 y los 11 años en el estadio de las operaciones concretas (*v.* **cognición**, § 2, *c*), cuando es capaz de regresar al punto del cual partió para realizar una operación, con la conciencia de que se trata del mismo recorrido y de que no cambia por la inversión de sentido. La reversibilidad, que es índice de flexibilidad de pensamiento, incluye dos operaciones: *a*] la *inversión* o *negación*, por lo que las operaciones realizadas en un sentido pueden serlo también en el sentido opuesto, de manera que si 3 + 5 = 8, entonces 8 − 5 = 3; *b*] la *compensación* o *reciprocidad*, por la que dentro del mismo sistema existe la posibilidad de compensar el efecto de una operación, como en el caso de la conservación del volumen del líquido incluso con diferente altura observable porque se vertió en recipientes de diferente tamaño.

BIBLIOGRAFÍA: Piaget, J. (1923); Piaget, J. (1947); Rubin, E. (1921).

Ribot, ley de
v. MEMORIA, § 6.

riesgo (al. *Wagnis*; fr. *risque*; ingl. *risk*; it. *rischio*)

Aspecto negativo de la posibilidad. Toda posibilidad, en efecto, implica, además del poder ser, el poder no ser. Implícito en toda elección y en toda decisión, el riesgo vinculado a la elección de la existencia lo consideró en el ámbito filosófico K. Jaspers (*v.* **decisión**, § 6), mientras en el psicológico es objeto de investigaciones en el campo de la psicología social, donde se define como **elección** (*v.*) de una alternativa entre dos o más posibles, a cada una de las cuales están asociados resultados positivos y negativos. En el riesgo desempeñan una función decisiva las probabilidades que ofrece la situación en la que se está operando y la evaluación de estas probabilidades por parte de quien debe asumir la decisión. En esta evaluación intervienen la función desempeñada por los argumentos persuasivos, la fuerza de la motivación, la capacidad de realizar comparaciones correctas, el índice de responsabilidad que cada uno siente que debe asumir, por lo que los cuestionarios preparados para medir la capacidad de asumir riesgos, como el CDQ (Choice Dilemmas Questionnaire), terminan por ser verdaderos cuestionarios de personalidad.

El criterio del riesgo se basa siempre en la **racionalidad** (*v.*) según el modelo EU (*expected utility*: utilidad esperada), por el que un individuo racional elige la opción de riesgo que considera pueda optimizar la utilidad que se espera alcanzar con la elección. Esta optimización resulta de un producto cuyos factores son la *probabilidad* de cierto resultado unido a la elección y el *valor* que posee ese resultado. Si se asume que una persona tiene la capacidad de construir teóricamente un punto de referencia neutral y que los resultados son evaluados como desviaciones positivas o negativas a partir de este punto de referencia, se comprueba que las probabilidades mínimas tienen una influencia mayor sobre las decisiones que las altas, y que el peso de la decisión es más importante que el de la simple probabilidad.

Estas consideraciones inducen a estructurar el riesgo como una secuencia de decisiones en la que a cada fase del proceso se le pueden atribuir pesos y criterios diferentes (*v.* **decisión**, § 5). En esta distribución de pesos y criterios son determinantes los éxitos y los fracasos pasados, donde el fracaso favorece la conducta de riesgo, mientras el éxito favorece la actitud prudente, en línea con una conducta de consolidación y conservadurismo. Otros factores son el sexo, la edad, la condición social, la pertenencia a un grupo, caso en el cual se ha podido demostrar que el grupo generalmente es más prudente que el individuo, mientras el individuo, dentro del grupo, puede asumir más fácilmente una conducta de riesgo, porque la responsabilidad está repartida. A estos factores se debe agregar la consideración general de la sociedad, que tiende a atribuir un valor más alto a la conducta de riesgo que a la conducta prudente, y también este factor interviene en el elemento de decisión.

BIBLIOGRAFÍA: Blascovich, J. y G.P. Ginsburg (1978); Coombs, C.H. (1975); Dion, K.L., R.S. Baron y N. Miller (1978); Kogan, N. y M.A. Wallach (1967).

rigidez (al. *Starrheit*; fr. *rigidité*; ingl. *rigidity*; it. *rigidità*)

El significado del término depende de varios contextos.

1] En *neurofisiología* rigidez es la hipertonicidad muscular (*v.* **tono muscular**) que se verifica en algunas patologías del sistema **extrapiramidal** (*v.*) y que se manifiesta con el aumento del tono plástico y de postura, como en el caso del **mal de Parkinson** (*v.*).

2] En *bioenergética* con este término se hace referencia a la represión de los impulsos emocionales placenteros, causa de una serie de bloqueos que se manifiestan en una especie de coraza o armadura de carácter (*v.* **carácter**, § 3, *c*), acompañada por espasmos de la musculatura, responsables de la coraza muscular que reduce la movilidad de las células y la irrigación sanguínea de los tejidos (*v.* **bioenergética**).

3] En *psicología de la adaptación* por rigidez se entiende una escasa flexibilidad al activar acciones autoplásticas que prevén la modificación de la persona y de sus actitudes en relación con las condiciones ambientales cambiadas (*v.* **aloplástica-autoplástica**). Se distingue una rigidez *primaria*, que es una incapacidad habitual para cambiar de disposición, y una rigidez *secundaria*, que algunos identifican con la **perseveración** (*v.*), expresada en una especie de inercia psíquica que no permite renunciar a ciertos hábitos de percepción y de pensamiento ni en relación con determinadas convicciones ni en relación con sistemas enteros de persuasión y disposición. Existen numerosos tests para la evaluación de la rigidez psí-

quica, a partir del que prepararon R.B. Cattell y L.G. Tiner.

4] En *psicología cognoscitiva* se habla de rigidez a propósito de esas formas de percepción y de pensamiento que se limitan a la elaboración y la ordenación de las informaciones con rigurosos vínculos y constricciones internos, que no permiten ninguna manifestación de **creatividad** (*v.*, § 2).

5] En *tipología* G. Pfahler llama "rígidas" y "elásticas" a las actitudes que C.G. Jung definió como "introvertido" y "extrovertido" (*v.* **extroversión-introversión**, § 3).

BIBLIOGRAFÍA: Cattell, R.B. y L.G. Tiner (1949); Ferenczi, S. (1930); Pfahler, G. (1929); Reich, W. (1933); Wertheimer, M. (1945).

rinolalia
v. DISFONÍA.

risa (al. *Lachen*; fr. *rire*; ingl. *laughter*; it. *riso*)

Fenómeno mímico-fonético caracterizado por la contracción de los músculos faciales y espiraciones intermitentes debidas a contracciones espontáneas del diafragma. Según C. Darwin la risa responde a una función adaptativa en cuanto consolida el vínculo entre el pequeño y la madre, sirviendo de vehículo espontáneo, análogo al llanto, de las necesidades del niño. Para R.A. Spitz la aparición de la risa, alrededor del segundo o tercer mes de vida, indica el paso del estadio no objetal al preobjetal (*v.* **objeto**), caracterizado por la primera percepción externa, que por lo general es un rostro humano, con el que el niño instituye una primera relación preferencial, incluso si el dato perceptivo todavía está indiferenciado. La risa, interpretada como primera y rudimentaria estructuración del yo, que todavía no puede ser interpretada como expresión de un hecho emotivo, adquiere significado social gracias al refuerzo positivo que recibe del mundo circundante; por lo tanto, traduciéndose de automatismo fisiológico en expresión intencional de un estado afectivo, es elaborado según modulaciones diferenciadas, aptas para expresar respuestas afectivas de diferente grado y naturaleza, que van desde la complacencia hasta la satisfacción, el sarcasmo, la ironía, el desprecio, etcétera.

Además de la interpretación psicopatológica de K. Jaspers, que interpreta la risa y el llanto como pequeñas catástrofes corporales (v. **llanto**), existe la interpretación psicoanalítica de S. Freud, para quien la risa es una desviación de la energía psíquica que, desinvestida de los lugares en los que habitualmente se afirma, es dirigida hacia afuera y descargada como episodio somático (v. **chiste**). La disponibilidad de energía psíquica es por consiguiente la condición preliminar de la risa que, en las manifestaciones psicopatológicas, asume la forma de risa obsesiva, con frecuencia en contraste con el estado emotivo del sujeto. Para las diferentes interpretaciones dadas a la risa, sobre todo en el campo filosófico, véase la voz **cómico**.

BIBLIOGRAFÍA: Bergson, H. (1900); Darwin, C. (1859); Freud, S. (1905); Jaspers, K. (1913-1959); Olbrechts-Tyteca, L. (1974); Spitz R.A. (1958); Sully, J. (1904).

ritmo (al. *Rhythmus*; fr. *rythme*; ingl. *rhythm*; it. *ritmo*)

Periodicidad de un proceso marcado por la sucesión regular de fases opuestas.

1] BIOLOGÍA. En este ámbito la referencia es el curso, pautado por sucesiones regulares, de los procesos vitales, como los latidos del corazón y de los vasos arteriales, las oscilaciones del potencial eléctrico registrable en la **electroencefalografía** (v.), los ritmos respiratorios y, más ampliamente, los ciclos del hambre, la sed, el sueño, con periodicidad diaria, mensual, como los ciclos menstruales, o estacional, en sintonía con la variación de temperatura. La configuración que en cada individuo asume esta cadencia de ritmos endógenos y exógenos recibe el nombre de *biorritmo*, cuya desincronización frecuente o prolongada puede provocar consecuencias en la salud física y psíquica. Entre los biorritmos más conocidos están los *ritmos circadianos*, o ritmos día-noche, que derivan su nombre del latín *dies* (día). Se trata de variaciones cíclicas de actividad biológica que se cumplen en un período de aproximadamente 24 horas. Entre los muchos parámetros con periodicidad circadiana están

el metabolismo basal, el control central de la temperatura corporal, la frecuencia cardiaca, diversos aspectos de la función renal, la sensibilidad a los venenos y a las toxinas, muchas funciones endocrinas, y así sucesivamente. Parece, sin embargo, que la sincronización principal es el ritmo sueño-vigilia (v. **sueño fisiológico**, § 2) que, al variar de un sujeto a otro, permite la distinción entre "tipos diurnos", y "tipos nocturnos" basándose en el momento del día en que el individuo proporciona una mejor capacidad intelectual y motriz. La regularidad del ritmo circadiano disminuye cuando se producen cambios en la actividad cotidiana, como una variación de huso horario o el inicio de una actividad laboral nocturna. Los tiempos de adaptación son subjetivos, con una media de tres días para reequilibrar un desplazamiento de doce horas.

2] PSICOLOGÍA. En este ámbito se comprueba que la periodicidad de los procesos biológicos es la base del ritmo de los más variados comportamientos psíquicos y en especial del humor, en el que es fácil comprobar la *oscilación* o *fluctuación diaria*. Típica es, por ejemplo, la oscilación del humor en la personalidad deprimida; se comprueba que, si la depresión es endógena, hay una disminución del humor por la mañana y una mejoría al anochecer, mientras que cuando es de tipo reactivo la depresión se agrava al anochecer (v. **depresión**, § 2). Además se comprobó que las oscilaciones diarias tienen un ritmo de doce horas y no están influidas por la duración del sueño o la calidad del trastorno. En psicopatología tienen comportamiento rítmico las manifestaciones ciclotímicas, con períodos de depresión y períodos de exuberancia maniaca, mientras en el ámbito psicoanalítico S. Freud remonta al ritmo los comportamientos unidos a la producción de placer: "No hay ninguna duda de que los estímulos generadores de placer están ligados a particulares condiciones; pero no las conocemos. Entre ellas, el carácter rítmico no puede menos que desempeñar un papel." (1905 [1976: 166]). Por su parte C.G. Jung considera que el ritmo "no sólo se presenta en la esfera de la sexualidad en sentido estricto, sino también en la de los mecanismos de seducción, música y danza y, en fin, en la del trabajo propiamente dicho". Jung, oponiéndose a la opinión de Freud que reconduce el ritmo a la fase nutritiva, afirma que "representa un carácter peculiar de todos los procesos emotivos en general", porque "toda excitación, poco importa en qué fase de la vida, tiende a expresarse rítmicamente, es decir tiende a repeticiones y a perseveraciones" (1912-1952: 157).

BIBLIOGRAFÍA: Arieti, S. y J. Bemporad (1978) Arndt, M. (1930); Ferraris, A. y A. Oliverio (1983); Freud, S. (1905); Jung, C.G. (1912-1952); Oliverio, A. (1981); Zani, A. (1983).

rito (al. *Ritus*; fr. *rite*; ingl. *rite*; it. *rito*)

Secuencia de actos regulados por normas rigurosamente codificadas. A diferencia del **mito** (*v.*), que es una representación basada en la narración verbal, el rito es una secuencia gestual de expresión pragmática. Según algunos, como W.R. Smith, "las religiones primitivas están constituidas prevalecientemente por sistemas de comportamientos pragmáticos que sólo en una fase posterior de evolución proporcionaron el principio de elaboraciones fantásticas como los mitos" (1889: 341); según otros, como É. Durkheim, "el rito no es otra cosa que el mito realizado. [...] Si separamos el rito del mito no se comprende cómo por siglos los hombres hayan podido continuar realizando gestos sin objetivo" (1912: 87). En cuanto al significado del rito, existen numerosas interpretaciones, localizables sobre todo en el ámbito de la antropología y de la psicología de lo profundo.

1] ANTROPOLOGÍA CULTURAL. En este campo la tendencia es buscar el *significado* del rito en la *función* que éste desarrolla y para la cual se realiza. Entre las funciones más significativas se han señalado:
a] *El control sobrenatural*. Tesis que sostiene B. Malinowski para quien el rito "es una forma de actividad que permite al hombre, por constricción o por persuasión, actuar en el mundo sobrenatural que hace existir con sus deseos, sus esperanzas, sus temores y sus previsiones" (1922: 940).
b] *El control de las fuerzas naturales* que la insuficiencia técnica no permitía dominar. Ésta es la tesis de J.G. Frazer, para quien "las creencias mágicas y religiosas tienen la finalidad de explicar los fenómenos naturales, los ritos la de controlarlos" (1911-1915: 941).

c] *La necesidad de protección*. Esta tesis, sostenida por Malinowski, quien ve en la repetición ritual y codificada un eficiente instrumento de reducción de la ansiedad, es afirmada también por A. Van Gennep, quien asigna al rito la tarea de proteger al individuo en las fases de paso de la adolescencia a la edad adulta, del celibato al matrimonio, de la vida a la muerte, y semejantes. De la misma línea es la interpretación de E. De Martino, para quien el rito ayuda a superar y a soportar las dificultades que se encuentran cotidianamente, ya que proporciona modelos de comportamiento tranquilizadores garantizados por la tradición (*v.* **magia**).
d] *La garantía del orden social*. A.R. Radcliffe-Brown no comparte la interpretación protectora del rito en relación con la ansiedad individual, para él no es verdad que "a falta del rito y de las creencias asociadas con él el individuo experimentaría ansiedad; por el contrario, es el rito el que tiene por efecto psicológico crear un sentimiento de inseguridad y de peligro. Es poco creíble que un isleño andamanés considerara peligroso ingerir carne de manatí, de puerco o de tortuga, si no existiese un complejo de ritos especiales, cuyo fin declarado es proteger de estos peligros" (1952: 145). De esto deduce que la función del rito es proteger al grupo social de los peligros amenazando con peligros mayores, y de "mantener y transmitir de una generación a la otra las disposiciones emocionales de las que depende la existencia misma de la sociedad tal como está constituida" (1922: 88). Esta opinión la comparte M. Gluckman, para quien la función del rito es reproducir el equilibrio social en situaciones de conflicto potencial, sobre todo cuando "el orden social entra en conflicto con las aspiraciones individuales" (1963: 54). De la misma opinión es V.W. Turner, para quien el rito "puede ser considerado un formidable instrumento para expresar, mantener y depurar periódicamente un orden social secular, privado de una fuerte centralización política y demasiado cargado de conflictos sociales" (1968: 21).
e] *La función cognoscitiva* del rito, subrayada por Turner, quien en la "dramatización" y "representación" ritual ve el elemento que "permite sacar a la luz el conflicto (que por lo tanto es reconocido colectivamente), y aclarar la naturaleza, actuando también con métodos racionales para establecer responsabilidades, sanciones, reparaciones. La importancia de este as-

pecto cognoscitivo está comprobada por la idea *ndembu* según la cual el rito quita la máscara, revela, hace público aquello que es privado, oculto" (1968: 190-191). Sobre el valor cognoscitivo del rito, argumentado de otra manera, insiste también V. Valeri, para quien "el rito se presenta como un conjunto de signos sin ofrecer el código que permite interpretarlos completamente. Esto aparece, por una parte, como dotado de sentido; por la otra privado de un sentido aparente. Este contraste atrae poderosamente la atención y es estimulante: puede tener el efecto de estimular la investigación de un significado en aquello que no lo tiene generalmente, pero que está 'puesto entre comillas' como si lo tuviera. [...] Ya que estimula las tendencias proyectivas, juega con las expectativas, las paradojas y los puntos oscuros de la experiencia, el rito tiende a poner en evidencia tanto lo que es contradictorio o sin sentido claro en la experiencia *externa* (de la sociedad o de la naturaleza) como lo que es problemático en la experiencia *interna* de los sujetos" (1981: 230).

f] La *función comunicativa* del rito la señala R. Firth; para él "el rito es una serie formal de procedimientos de naturaleza simbólica que involucra un código de comunicación social y que se funda en la creencia de poseer una eficiencia específica, por lo que puede actuar en las condiciones técnicas y sociales del celebrante y de los participantes" (1967: 73). De la misma opinión es E. Leach, quien concibe el rito como "una actividad caracterizada por el hecho de 'decir algo' de los individuos que están involucrados en la acción, en especial resaltando el estatus-función y explicando la estructura social del grupo. En el rito se expresa un código de informaciones de importancia vital para la sociedad que lo practica" (1968: 522).

g] La *garantía de la continuidad de la experiencia* es el rasgo que resaltó C. Lévi-Strauss, para quien "mientras el mito voltea decididamente la espalda a lo continuo para aislar mediante distinciones, contrastes, oposiciones, el rito sigue un movimiento en sentido inverso: parte de las unidades discontinuas que le impuso esta conceptualización preliminar de lo real, y va en pos de lo continuo, tratando de alcanzarlo, no obstante que la ruptura inicial realizada por el pensamiento vuelva esta tarea eternamente imposible. De ello se deriva esa maraña característica de obstinación y de impotencia que explica por qué razón el ritual tiene siempre un aspec-

to maniaco y desesperado. [...] Como juego complicado y esencialmente irracional, contrariamente al pensamiento mítico, el rito sigue siendo, pese a todo, indispensable porque introduce en toda acción con un mínimo de seriedad un elemento de lentitud y de reflexión, de pausas, de etapas intermedias, y logra así moderar hasta la guerra" (1971: 641).

h] El *significado inconsciente* del rito lo destacaron L. Lévy-Bruhl, quien ve en él la determinación de las representaciones colectivas inconscientes (*v.* **antropología**, § 2), y A. Gell quien, partiendo de la comprobación de que el rito es una comunicación mediante símbolos no verbales, considera que en él encuentran expresión los contenidos inconscientes de individuos y de grupos que, en cuanto inconscientes, escapan a la verbalización: "los símbolos del rito son símbolos de una realidad inconsciente que sólo es posible entender mediante el símbolo mismo" (1975: 214).

2] PSICOLOGÍA DE LO PROFUNDO. En este ámbito son dos las interpretaciones del rito y de la ritualidad:

a] El *psicoanálisis* traza un paralelismo entre la práctica ritual y el **ceremonial** (*v.*) obsesivo que favorece una serie más o menos compleja y estereotipada de actos, con la intención de reducir la angustia determinada por pulsiones que el sujeto no puede satisfacer porque las juzga inaceptables. Escribe S. Freud: "Fácilmente se advierte dónde se sitúa la semejanza entre el ceremonial neurótico y las acciones sagradas del rito religioso: en la angustia de la conciencia moral a raíz de omisiones, en el pleno aislamiento respecto de todo otro obrar (prohibición de ser perturbado), así como en la escrupulosidad con que se ejecutan los detalles" (1907 [1976: 103]), por lo que "De acuerdo con estas concordancias y analogías, uno podría atreverse a concebir la neurosis obsesiva como un correspondiente patológico de la formación de la religión, calificando a la neurosis como una religiosidad individual, y a la religión, como una neurosis obsesiva universal. La concordancia más esencial residiría en la renuncia, en ambas subyacente, al quehacer de unas pulsiones dadas constitucionalmente; la diferencia más decisiva, en la naturaleza de estas pulsiones, que en la neurosis son exclusivamente sexuales y en la religión son de origen egoísta." (1907 [1976: 109]).

b] La *psicología analítica* interpreta el rito como un contenedor psíquico de la **transforma-**

ción (*v.*), que se vuelve necesario cuando el equilibrio psíquico del sujeto está amenazado por la transición de una forma de ser a otra, por lo que si no se proporcionara un ritual adecuado, como por lo general sucede en la experiencia religiosa, el individuo tiende a encontrar espontánea e inconscientemente rituales que salvaguarden la estabilidad de la personalidad, mientras está dándose la transición de una condición psicológica a la otra. El ritual no incide en la transformación pero la abarca, evitando posibles descompensaciones. En este sentido C.G. Jung escribe: "La religión me parece una actitud peculiar de la mente humana que se podría definir, en armonía con el uso originario del término *religio*, como la consideración y el *cumplimiento escrupuloso* de ciertos factores dinámicos, reconocidos como 'potencias': espíritus, demonios, dioses, leyes, ideas, ideales, o como sea que el hombre haya querido llamar a tales factores, de los cuales experimentó en su propio mundo la potencia y los peligros, lo suficiente para juzgarlos dignos de la más escrupulosa consideración" (1938-1940: 18).

BIBLIOGRAFÍA: De Martino, E. (1958); Durkheim, É. (1912); Firth, R. (1967); Frazer, J.G (1911-1915); Freud, S. (1907); Freud, S. (1912-1913); Gell, A. (1975); Gennep, A. Van (1909); Gluckman, M. (1962); Gluckman, M. (1963); Jung, C.G. (1938-1940); Kluckhohn, C. (1942); Leach, E. (1968); Lévy-Bruhl, L. (1910); Lévy-Strauss, C. (1971); Malinowski, B. (1922); Radcliffe-Brown, A.R. (1922); Radcliffe-Brown, A.R. (1952); Reik, T. (1920-1930); Smith, W.R. (1889); Turner, V.W. (1968); Turner, V.W. (1969); Valeri, V. (1981).

rivalidad (al. *Wetteifer*; fr. *rivalité*; ingl. *rivalry*; it. *rivalità*)

Controversia, prolongada en el tiempo, entre dos personas o grupos motivados por el deseo de conquistar, cada uno, superioridad sobre el otro. La psicología se ha interesado especialmente por la rivalidad entre los hermanos (*v.* **familia**, § II, 3) en competencia emotiva por ganarse la atención y el amor de los padres. En este tipo de rivalidad, llamada también **celos** (*v.*), se pueden ver importantes experiencias de la primera infancia y en especial la relación edípica con los padres (*v.* **Edipo, complejo de**).

robo del pensamiento
v. ECLIPSE MENTAL.

rodeo, acción de (al. *Umweghandlung*; fr. *action de détour*; ingl. *detour action*; it. *azione di detour*)

Conducta de rodeo o desviación que no alcanza la meta directamente sino mediante acciones que, consideradas en forma aislada, parecen no tener nada que ver con la meta misma. No obstante que W. Köhler encontró un comportamiento semejante en los chimpancés y K. Bühler en los niños, K. Lewin sostiene que esta conducta no es instintiva, porque supone la capacidad de dominar los impulsos y, eventualmente, de sustituir la meta original por otra equivalente. Por esto las acciones de rodeo (*detour*) se encuentran con más frecuencia en el comportamiento adulto.

BIBLIOGRAFÍA: Lewin, K. (1936).

rodopsina
v. VISUAL, SISTEMA, § 2.

rogeriana, terapia
v. PSICOLOGÍA ROGERIANA, § 2.

rol (al. *Rolle*; fr. *rôle*; ingl. *role*; it. *ruolo*)

Conjunto de normas y de expectativas que convergen en un individuo por ocupar una determinada posición en un sistema social. Si la posición es el **estatus** (*v.*) el rol es el aspecto dinámico del estatus, es decir el comportamiento formal previsible que de ahí se deriva, con el margen de variación expresado por el *grado de conformidad* al rol, que depende de cuánto se acerque un individuo, con sus acciones, al modelo abstracto descrito y prescrito por la estructura normativa. En el concepto de rol, por lo tanto, está implícita una discrepancia entre ser y aparecer, entre aquello que uno es en verdad, y las expectativas que los otros dirigen hacia él basándose en las características estructurales del **grupo** (*v.*, § II, 5), de la institución, del sistema social, que establecen las funciones basándose en el sistema de relaciones vigentes en el sistema mismo.

1] PSICOLOGÍA SOCIAL. En este ámbito se subraya el carácter *prescriptivo* del rol, unido a la necesidad social de fijar *a priori* los roles y los comportamientos para asegurar una relativa estabilidad al sistema social. Respecto a este rasgo prescriptivo, cada uno de los individuos tiende instintivamente a escapar a las reglas y a las expectativas impuestas por el rol para conservar un grado de libertad. Cuando la conformidad está completamente desatendida o intencionalmente trasgredida se habla de *desviación*. La imprecisión prescriptiva determina situaciones de *ambigüedad de rol* debida a informaciones inadecuadas acerca del cargo y de los objetivos por alcanzar, de *sobrecarga de rol* que puede ser de tipo cuantitativo o cualitativo, de *conflicto de roles*, cuando las tareas de un rol penetran en las de otro o cuando un individuo se ve obligado a desempeñar más de un rol, para cada uno de los cuales están previstos comportamientos diferentes, y de *elasticidad del rol* cuando la cualidad de las tareas prevé posibilidades de juego o de improvisación más allá del esquema prescriptivo. La Escuela de Francfort, con T.W. Adorno, vio en el rol la primera forma de enajenación, unida a la división del trabajo propia de la sociedad burguesa, cuya superación incluso parece difícil por la función de intermediación imposible de eliminar que desempeña el rol entre la dimensión individual y la colectiva.

2] PSICOLOGÍA DINÁMICA. En este ámbito se considera la adopción de un rol, a partir de la infancia en relación con las expectativas de los padres acerca del niño, como la primera forma de estructuración de la *identidad*. Dicha función es interiorizada basándose en el sexo, la edad, la posición en la familia, mediante los procesos de **identificación** (*v.*) que constituyen los canales de las primeras transacciones entre niño y padres, entre niño y maestros. En el adolescente, observa E.H. Erikson, cuando el individuo debe redefinir su identidad, existe la posibilidad de que un exceso de identificación en el rol adquirido obstruya la afirmación de la identidad auténtica. Este concepto es análogo al de C.G. Jung, quien distingue el proceso de **individuación** (*v.*) de una excesiva identificación con la **persona** (*v.*, § 2), es decir con la máscara que

cada uno asume en el nivel social. Por lo que se refiere al aspecto psicodinámico del rol se expresaron también J.L. Moreno, quien lo concibe como una interpretación espontánea, por parte del individuo, de un aspecto psicológico o de una potencialidad que puede ser representada tanto en una acción dramática (*v.* **psicodrama**), como en la vida real, donde cada uno tiene la posibilidad, mayor o menor, de moverse entre posiciones y formas de actuar diferentes, y G.H. Mead, quien considera el rol como una condición necesaria para la formación de la personalidad que se estructura y se diversifica gracias a la capacidad de cada uno de "tomar el papel del otro" interiorizando las actitudes, cosa que permite controlar el comportamiento propio basándose en las expectativas de los demas. Con esto se sobreentiende: *a*] la eficiencia del rol en la regulación del comportamiento; *b*] su esencialidad en el aprendizaje, que sería imposible en ausencia de comportamientos propios relativamente previsibles y de los demás. Por lo que se refiere a la diferenciación de roles véase la voz **grupo**, § II, 5).

BIBLIOGRAFÍA: Adorno, Th.W. (1972); Amerio, P. y G.P. Quaglino (1979); Biddle, B.J. y E.J. Thomas (1966); Collett, P. (coord.) (1977); Durkheim, É. (1895); Erikson, E.H. (1950); Goffman, E. (1971); Harré, R. (1979); Jung, C.G. (1921); Linton, R. (1945); Mead, G.H. (1934); Moreno, J.L. (1953); Parsons, T. (1951).

romboencéfalo

v. ENCÉFALO, § 1, *a*.

Rorschach, test de (al. *Rorschach test*; fr. *test de Rorschach*; ingl. *Rorschach test*; it. *test di Rorschach*)

Test proyectivo que ideó el psicólogo suizo H. Rorschach para indagar las características fundamentales de la personalidad mediante las respuestas verbales que un sujeto proporciona frente a estímulos visuales ambiguos. El test consiste en una serie de diez figuras que reproducen manchas de tinta con dos partes simétricas: cinco son grises y negras, con matices que varían de una a otra, dos son grises y rojas, tres son policromas. Al referir qué ve o qué le recuerdan esas manchas, el sujeto revela sus carácterísticas perceptivas, sus tendencias congnitivo-afectivas y la configuración de base de su personalidad. El test de Rorschach es la técnica proyectiva de más amplia aplicación en psicología y en psicopatología; se utiliza para obtener en breve tiempo un perfil de la estructura de carácter del individuo, y como test de investigación de la influencia que ejerce el ambiente en el desarrollo de la inteligencia y de la personalidad.

Técnicamente el test prevé cuatro momentos: 1] la *atención* al protocolo, que debe darse salvaguardando algunas disposiciones relativas al tipo de ambiente elegido, a la iluminación y a las posiciones respectivas del sujeto y del examinador; 2] la *indagación*, que consiste en requerir aclaraciones a las respuestas dadas; 3] la *clasificación* de las respuestas que se dan basándose en tres elementos: el área elegida, donde se revela si la respuesta afecta a toda la figura o a un detalle, el contenido, que puede ser humano, animal, anatómico, geográfico, abstracto, etc., los factores determinantes que activaron el proceso perceptivo-asociativo, como la forma de la mancha, el color, el movimiento, etc., con la clasificación, donde también se decide la "banalidad" o la "originalidad" de la respuesta, se llega a una formulación codificada de todos los datos obtenidos que permiten llegar a 4] el *escrutinio* donde, basándose en el número de las respuestas, en su cualidad, en la duración de la prueba, en el tipo de percepción, en los factores determinantes, se construye un psicodrama que permite evaluar cuantitativa y cualitativamente las capacidades actuales y potenciales del sujeto. Los puntos de localización en especial esclarecen el funcionamiento de las actividades cognoscitivas; las respuestas relativas a la forma revelan las capacidades de estructuración; las respuestas-movimiento la creatividad; las respuestas-color la permeabilidad del sujeto respecto al ambiente; las respuestas claro-oscuro los estados emotivos tanto generales como del humor.

El test de Rorschach puede ser interpretado desde un punto de vista psicoanalítico con referencia sobre todo a los contenidos, desde el punto de vista fenomenológico con referencia a la forma con la que el sujeto vive la prueba, y desde el punto de vista de la psicología diferencial con referencia a los datos que se pueden cuantificar para aislar los elementos característicos de las diferentes tipologías del carácter y de los diferentes síndromes psiquiátricos en el caso de una aplicación psicopatológica.

BIBLIOGRAFÍA: Bohm, E. (1951); Bohm, E. (1967); Rorschach, H. (1921); Schafer, R. (1954).

Rosenthal, efecto
v. CIEGO, EXPERIMENTO.

Rosenzweig, test de frustración de
(al. *Rosenzweig-P-F-Test*; fr. *test de frustration de Rosenzweig*; ingl. *Rosenzweig picture frustration study*; it. *Rosenzweig, test di*)

Test proyectivo elaborado por S. Rosenzweig que permite evaluar los comportamientos que pueden ser inducidos por circunstancias frustrantes. El test prevé la presentación de 24 dibujos, cada uno de los cuales representa la confrontación entre dos individuos, uno de ellos que se encuentra en una situación frustrante. El sujeto examinado, identificándose con aquel que sufre la frustración, debe responder al otro individuo, cuyo mensaje escrito aparece en forma de viñeta. Por lo que se refiere al tipo de reacción se distinguen respuestas *extrapunitivas*, que se orientan contra el ambiente o contra otras personas; *intrapunitivas*, que el sujeto dirige a sí mismo; *no punitivas*, cuando el sujeto escapa a la agresividad y asume un tono conciliador. Por lo que se refiere al tipo de agresividad se distingue: el *dominio de la situación*, la *defensa del yo*, o la *persistencia de la necesidad*, cuando se refuerza la solución del problema frustrante. Un método de clasificación permite combinar el tipo de reacción con el tipo de agresividad para evaluar el efecto de las frustraciones en las diferentes edades de la vida y en los diferentes contextos socioculturales.

BIBLIOGRAFÍA: Rosenzweig, S. (1960).

rotacismo (al. *Rhotazismus*; fr. *rhotacisme*; ingl. *rhotacism*; it. *rotacismo*)

Defecto de pronunciación de la letra "r".

rumor
v. AUDITIVO, APARATO; INFORMACIÓN, TEORÍA DE LA, § 1.

rupofobia (al. *Mysophobie*; fr. *rupophobie*; ingl. *rupophobia*; it. *rupofobia*)

Fobia por la suciedad, que activa un mecanismo obsesivo que obliga al sujeto a dedicarse a limpiezas continuas. Según el psicoanálisis la rupofobia puede esconder un rechazo inconfesado a la sexualidad, al esperma, a las menstruaciones, a la gravidez, que el sujeto vive en forma conflictiva.

ruptura
v. ESCISIÓN.

saber

v. LACANIANA, TEORÍA, § 8.

sabor

v. GUSTATIVO, APARATO.

saboteador interno (al. *Innesaboteur*; fr. *saboteur intérieur*; ingl. *internal saboteur*; it. *sabotatore interno*)

Término que introdujo W.R.D. Fairbairn para indicar el yo antilibidinal o agresivo, contrapuesto al yo libidinal, que se forma en la fase **esquizoide** (*v.*) donde el yo, originariamente unitario, se escinde en el curso de las primeras relaciones objetales. El "saboteador interno" contribuye a la formación del superyó (*v.* **esquizofrenia**, § I, 2, *c*).

BIBLIOGRAFÍA: Fairbairn, W.R.D. (1946).

saciedad

v. ALIMENTACIÓN.

sacrificio (al. *Opfer*; fr. *sacrifice*; ingl. *sacrifice*; it. *sacrificio*)

Ofrecimiento de un objeto, que en el acto de la oferta se vuelve **sagrado** (*v.*), al establecer una mediación entre el hombre y la divinidad. El objeto primero es "puesto en medio" entre los dos y después "quitado de en medio" mediante su destrucción, para crear una comunión inmediata. El sacrificio se distingue de la **magia** (*v.*) porque, mientras esta última tiende a forzar a la divinidad para que conceda sus favores, el sacrificio tiende en cambio a crear una situación de comunicación o comunión.

1] ANTROPOLOGÍA. En este ámbito el sacrificio es interpretado como momento de la reconstrucción del grupo social. Esta tesis, que enunció É. Durkheim, volvió a proponerla R. Girard, quien en el sacrificio ve la reconstitución de la cohesión social mediante la expulsión de la violencia que circula en el grupo por medio de su atribución al **chivo expiatorio** (*v.*), sobre el que se descargan las tensiones que de otra manera destruirían a la comunidad. La destrucción del chivo expiatorio, su asesinato por sacrificio, cumple para la comunidad una función catártica y reconstructiva (*v.* **sagrado**, § 8).

2] PSICOANÁLISIS. S. Freud remonta el sacrificio a la situación edípica primordial presente en el origen de la historia tanto social como individual. Freud, dando crédito a la teoría de W.R. Smith según la cual, ofreciendo una parte del animal sacrificado al dios y consumiendo el resto, los hombres afirmaban su parentesco con el dios y garantizaban su ayuda, desarrolla la idea del banquete totémico que sigue al asesinato del padre tótem, en el cual la ambivalencia de los sentimientos de duelo por la muerte del animal tótem y de felicidad en el momento del banquete totémico, reconduce a la ambivalencia de los sentimientos respecto al padre quien, al igual que el tótem, prohíbe el incesto (casarse con la madre) y el asesinato del tótem (asesinar al padre). La correspondencia entre prohibiciones totémicas y prohibiciones paternas y después, mediante la interiorización del padre, superyoicas, vuelve a llevar a los dos deseos suprimidos del **complejo de Edipo** (*v.*) que la ritualidad del sacrificio invoca nuevamente, porque están en la base de la institución social y de la construcción individual (*v.* **tótem**, § 2).

3] PSICOLOGÍA ANALÍTICA. C.G. Jung habla de sacrificio en una doble acepción: como pasión

(*Passion*) del yo que sufre la violencia del sí mismo, y como ofrecimiento (*Opfer*) del yo que renuncia a su autonomía porque reconoce un principio ordenador sobreimpuesto en la conciencia individual (*v.* **psicología analítica**, § 4). Escribe Jung: "La individuación es una tarea heroica o trágica, en todo caso dificilísima, porque implica un sufrimiento, una *pasión del yo*, es decir del hombre empírico, como fue hasta ahora, al que acontece ser recibido en una esfera más amplia, y desnudarse de esa obstinada autonomía que se cree libre. Él sufre, por decirlo así, la *violencia del sí mismo*" (1942-1948: 156). Si el sacrificio del yo es un derrumbe ante las potencias del sí mismo, tenemos el resultado que Jung define como "trágico" de la psicosis; si en cambio el sacrificio es consciente, si "yo decido contra mi yo y anulo mi reivindicación por esa instancia sobreordenada de mi yoicidad" (1942-1954: 248) que es el sí mismo, entonces se abre el diálogo entre yo y sí donde Jung identifica la esencia del proceso de individuación psicológica (*v.* **sagrado**, § 10).

BIBLIOGRAFÍA: Durkheim, É. (1912); Freud, S. (1912-1913); Galimberti, U. (1984); Girard, R. (1972); Girard, R. (1987); Jung, C.G. (1928); Jung, C.G. (1942-1948); Jung, C.G. (1942-1954); Smith, W.R. (1889).

sadismo (al. *Sadismus*; fr. *sadisme*; ingl. *sadism*; it. *sadismo*)

El término designa: 1] una *perversión sexual* en la que el sujeto goza con el sufrimiento que impone a otros; 2] un *rasgo de carácter* propio de quien se complace con la crueldad. El término lo introdujo R. von Krafft-Ebing, quien lo derivó del nombre del marqués de Sade. S. Freud, quien utiliza el término algunas veces para indicar la fusión de sexualidad y violencia, otras para el ejercicio de la sola violencia, sin implicaciones sexuales, concibió el sadismo primero como un fenómeno primario capaz de convertirse en **masoquismo** (*v.*), por lo tanto como desviación hacia afuera de la pulsión de muerte que se manifestaría originalmente como masoquismo. En términos dinámicos no está claro si el sadismo como fusión de pulsiones libidinales y agresivas es una manifestación de tendencias innatas

agresivas o la reacción a frustraciones y a humillaciones. Análogamente, no está claro si el placer que se deriva de la actividad sádica radique en la visión del dolor de los otros o en el sentido de poder que se deriva de ser capaz de provocar dolor.

En la bibliografía psicoanalítica se encuentran expresiones que, en correspondencia con las fases del desarrollo de la libido, hablan de sadismo *oral* vinculada a la función fantasticada de la boca y de los dientes con la posibilidad de morder y lacerar; *anal*, vinculado a fantasías de control y de coerción; *fálico*, donde el pene se vive como arma de violencia y destrucción. En cambio, respecto a los elementos del aparato psíquico se habla de *sadismo del ello*, referido a impulsos instintivos destructivos por miedo a venganzas externas y para procurarse la aprobación externa, y de *sadismo del superyó*, rígido y cruel en relación con el yo que, necesitado de castigos, desempeña una función **masoquista** (*v.*). Para las relaciones intrapsíquicas e interpsíquicas entre sadismo y masoquismo véase **sadomasoquismo**.

Además del psicoanálisis, también se ocupan del sadismo la etología y la antropología en relación con el problema de la agresividad, considerada por algunos como un instinto primario que sirvió para seleccionar los individuos más resistentes, y por otros como un comportamiento reactivo a la frustración. La primera hipótesis la comparte M. Klein, quien considera la agresividad como un elemento primario del aparato psíquico; la segunda W. Reich, que ve el sadismo en términos de defensa y de adaptación.

BIBLIOGRAFÍA: Ellis, H. (1897-1910); Freud, S. (1905); Freud, S. (1915); Freud, S. (1920); Freud, S. (1922); Freud, S. (1924); Klein, M. (1978); Krafft-Ebing, R. von (1886); Lorenz, K. (1963).

sadomasoquismo (al. *Sadomasochismus*; fr. *sadomasochisme*; ingl. *sadomasochism*; it. *sadomasochismo*)

Relación complementaria y simétrica de **sadismo** (*v.*) y **masoquismo** (*v.*) que, en la evolución de la vida pulsional, se manifiesta tanto en el nivel interpsíquico como relación *dominio-sumisión*, cuanto, en el nivel intrapsíquico, como *autocastigo*. S. Freud, quien hereda la expresión de R. von Krafft-Ebing y de H. Ellis, considera el sadismo y el masoquismo como dos vertientes de la misma perversión, cuyas formas activa y pasiva se encuentran en el mismo individuo: "la propiedad más llamativa de esta perversión reside en que su forma activa y su forma pasiva habitualmente se encuentran juntas en la misma persona. El que siente placer en producir dolor a otro en una relación sexual es capaz también de gozar como placer del dolor que deriva de unas relaciones sexuales. Un sádico es siempre también al mismo tiempo un masoquista, aunque uno de los dos aspectos de la perversión, el pasivo o el activo, puede haberse desarrollado en él con más fuerza y constituir su práctica sexual prevaleciente." (1905 [1976: 145]).

En una *primera fase* de su pensamiento (1905-1919) Freud consideró el sadismo como originario y el masoquismo como un sadismo reflejado en la propia persona, con la consiguiente conversión de la actividad en pasividad, que puede manifestarse en dos formas: una donde el sujeto se hace sufrir a sí mismo, como en las neurosis obsesivas (*v.* **obsesión**, § 2), la otra en la que el sujeto se hace infligir dolor por otra persona, a la que cede su propio sadismo, mientras el sádico goza masoquistamente por una identificación con el sujeto que sufre.

En una *segunda fase* (1919-1937), vinculando el masoquismo a la pulsión de muerte, Freud postula el masoquismo como originario y el sadismo como un masoquismo secundario caracterizado porque el sadismo se vuelve hacia la misma persona que lo manifiesta: "Un sector de esta pulsión es puesto directamente al servicio de la función sexual, donde tiene a su cargo una importante operación. Es el sadismo propiamente dicho. Otro sector no obedece a este traslado hacia afuera, permanece en el interior del organismo y allí es ligado libidinosamente con ayuda de la coexcitación sexual antes mencionada; en ese sector tenemos que discernir el masoquismo erógeno, originario." (1924 [1976: 169]). Freud considera el par sadismo-masoquismo como una de las grandes polaridades que caracterizan la vida sexual, que se puede encontrar en los pares **actividad-pasividad** (*v.*), **masculino-femenino, fálico-castrado**.

BIBLIOGRAFÍA: Ellis, H. (1897-1910); Freud, S. (1905); Freud, S. (1915); Freud, S. (1919); Freud, S. (1920); Freud, S. (1924); Krafft-Ebing, R. von (1886); Lagache, D. (1960).

safismo
v. LESBIANISMO.

sagrado (al. *Heilige*; fr. *sacré*; ingl. *sacred*; it. *sacro*)

El término "sagrado" significa "separado", y la sacralidad no es una condición moral sino una cualidad que se adhiere a lo que tiene relación y contacto con potencias que el hombre, no pudiendo dominarlas, advierte como superiores a sí y, como tales, atribuibles a lo divino, concebido como "separado" y "otro" respecto al mundo humano. El contacto con el mundo sagrado corre por cuenta de personas consagradas y separadas del resto de la comunidad (los sacerdotes), en espacios separados de los otros por estar cargados de poder (manantiales, árboles, montes y después templos e iglesias), en tiempos separados de los demás y denominados festivos (*v.* **fiesta**), que delimitan los períodos sagrados de los profanos donde, fuera del templo (*fanum*) se desarrolla la vida de cada día, regulada por el trabajo y por las prohibiciones (*v.* **tabú**), de donde se originan las reglas y las **transgresiones** (*v.*).

La oposición sagrado-profano reproduce la oposición **puro-impuro** (*v.*) con la que se circunscribe la esfera del **mal** (*v.*), creando esquemas de orden que se apoyan en la antítesis de un polo positivo y uno negativo. Con la impureza está ligado el **contagio** (*v.*), con la consiguiente reacción de terror y de procedimientos de aislamiento de donde se sale con prácticas rituales especiales (*v.* **rito**), mágicas (*v.* **magia**) y de **sacrificio** (*v.*). Rito, magia y sacrificio sirven para mantener alejados los efectos maléficos de las potencias superiores que viven en la esfera de lo sagrado, y para propiciar los benéficos. De lo sagrado se dan diversas interpretaciones antropológicas y psicológicas porque lo sagrado no está sólo *fuera* del hombre, sino también *dentro* de él, pudiéndose interpretar todas las mitologías (*v.* **mito**) como proyecciones del inconsciente colectivo de una tribu, de una época.

1] *La escuela sociológica francesa*, con É. Durkheim y M. Mauss, subrayan como característica de lo sagrado su *superioridad* y su *heterogeneidad* respecto a lo profano. Al respecto Durkheim escribe: "la división del mundo en dos dominios, que abarcan, uno, todo lo que es sagrado, y el otro todo lo que es profano, es el carácter distintivo del pensamiento religioso. [...] Las cosas sagradas son *superiores* en dignidad y poder a las cosas profanas, y especialmente al hombre, cuando éste no es más que un hombre y no tiene de por sí nada de sagrado. [...] No existe en la historia del pensamiento otro ejemplo de dos categorías de cosas tan profundamente *diferentes*, tan radicalmente *opuestas* la una a la otra. [...] Las energías de una no son simplemente las que se encuentran en la otra, provistas de algún grado más; son de otra naturaleza. [...] Esta *heterogeneidad* es tanta que con frecuencia degenera en un verdadero antagonismo. Los dos mundos están concebidos no sólo como separados, sino también como hostiles y celosos rivales el uno del otro" (1912: 39-42).

Las cosas sagradas están cargadas de **maná** (*v.*) con el que expresan su poder y su influencia, y a ellas se llega mediante el **sacrificio** (*v.*), que Mauss interpreta como el momento emblemático de la experiencia de lo sagrado en el cual, mediante la intervención de la víctima, se realiza una "ruptura de nivel" entre el plano de lo sagrado y el de lo profano, que permite el paso de un estado al otro. Para Durkheim este paso tiene el sabor de la *profanación* y del *sacrilegio*, porque rompe la barrera que prohíbe la relación, por lo que "toda profanación implica una consagración pero temible para el sujeto consagrado y también para los que se le acercan" (1912: 350). En el antagonismo sagrado/profano Durkheim ve la expresión de un antagonismo psíquico que describe así: "El mundo sagrado tiene una relación de antagonismo con el mundo profano: ambos corresponden a dos formas de vida que se excluyen, o que por lo menos no pueden vivirse en el mismo momento y con la misma intensidad. [...] Estoy aquí frente a dos sistemas de estados de conciencia que están orientados y que orientan nuestra conducta hacia polos contrarios. [...] Pero tal antagonismo psíquico, tal exclusión recíproca de las ideas, naturalmente debe llegar a la exclusión de las cosas correspondientes. Porque las ideas no coexisten, es necesario que las cosas no se toquen, que de ninguna manera estén en

relación: es el mismo principio de la prohibición" (1912: 346-347).

2] *L. Lévy-Bruhl* ve lo sagrado como un intento de interpretación típico del pensamiento **prelógico** (*v.*) de la mentalidad primitiva, que a diferencia de la nuestra, que frente a un fenómeno inexplicable asume una posición de suspensión del juicio, de inmediato recurre a "explicaciones místicas": "Si está interesado en un fenómeno, si no se limita a percibirlo, por así decirlo, pasivamente, y sin reaccionar, el primitivo pensará de inmediato, como por una especie de reflejo mental, en una potencia oculta e invisible de la que este fenómeno es la manifestación" (1922: 20). Para Lévy-Bruhl no existe una oposición entre sagrado y profano, pero, por la función explicativa que desempeña lo sagrado, hay una invasión ontológica de lo sagrado en toda la realidad, vista a través de la participación **mística** (*v.*) que la mentalidad "lógica", que reduce todo a lo "natural" o a lo "profano", rechaza.

3] *N. Söderblom*, partiendo del valor de "separado" incluso en el concepto de "sagrado", establece una correspondencia entre sagrado = impuro y profano = puro basándose en el tabú que obliga a evitar cosas o personas que sean consideradas "impuras", y cosas o personas que sean consideradas "sagradas". Sólo después, por un proceso de evolución en la concepción de la divinidad, "se unió 'profano' e 'impuro', por un lado, y 'puro' y 'sagrado', por el otro" (1913: 737).

4] *R. Otto* tomó la esencia de lo sagrado en lo **numinoso** (*v.*), donde se expresa la relación de temor y veneración que caracteriza el encuentro con todo lo que es "inefable en cuanto es absolutamente inaccesible a la comprensión conceptual" (1917: 17). Respecto a la numinosidad de lo sagrado "el hombre percibe el sentimiento despectivo de sí" en una profanidad que no se refiere a cada una de las acciones profanas, sino más bien a todo su ser criatura, a la presencia de lo que está por encima de cada criatura.

5] *G. Van der Leeuw* une los dos significados de sagrado propuestos por Söderblom y Otto en el sentido de que si "sagrado", como por otro lado "tabú", es lo que está "separado", la invasión de lo sagrado en la vida del hombre produce, como opina Otto, "estupor", porque lo sagrado es el *ganz Anderes*, "lo absolutamente diferente. La inclinación instintiva llevaría a evitarlo, pero incluso así se está impulsado a buscarlo. El hombre debe hacerse a un lado, alejarse de la potencia, y no obstante debe interesarse por ésta. Ya no sería capaz de soportar ni un por qué ni un consecuentemente. Söderblom ciertamente tiene razón cuando, encontrando en esta relación la esencia de la religión, la define como misterio. Esto se presintió aun antes de invocar a cualquier divinidad; en efecto, en la religión Dios llegó tarde" (1933: 29).

6] *M. Eliade* ve en lo sagrado la "última realidad de donde obtiene poder y fuerza la vida" (1948: 40). Si lo sagrado es el fondo ontológico del universo, todo el universo puede ser sacralizado. Esta posición, que A. Di Nola define como *panontismo*, y que distingue del *panteísmo*, requiere que se vea el devenir, no como una *historia*, sino como una *hierofanía*. Lo sagrado, por lo tanto, es una "visión del mundo" a la que se puede llegar sólo si se resiste "la atracción que ejerce la 'historia' y las aptitudes de la vida humana para estar en la historia y para hacer historia" (1948: 477-478).

7] *J. Cazeneuve*, influido por la psicología junguiana, ve en lo sagrado los momentos arquetípicos en los que se integra y tiende a realizarse la condición humana mediante una síntesis entre **arquetipo** (*v.*) y dato histórico, que suele reflejar el arquetipo: "la síntesis no se puede realizar si no es por medio de símbolos capaces de representar el orden de la condición humana y, al mismo tiempo, de tener la fuerza de lo que escapa a tales órdenes, de lo que no está limitado a eso. Esos símbolos deben garantizar las reglas del universo humano y, sin embargo, tener la forma y la figura de lo que es extra humano. Lo sagrado participa junto con lo que es regular y con lo que es excepcional" (1958: 261).

8] *R. Girard* identifica la esencia de lo sagrado en la violencia del acto constitutivo de cada grupo social, del que se obtiene la purificación con el **sacrificio** (*v.*, § 1). En el sacrificio la víctima (*v.* **chivo expiatorio**) atrae hacia sí la violencia difundida en el grupo social y,

con su muerte, la expulsa, transfiriéndola al mundo de lo sagrado al que pertenece, volviendo a dar su inocencia a los miembros del grupo: "El sacrificio protege a la comunidad completa de *su* propia violencia cuando la dirige hacia víctimas que están fuera de ella. El sacrificio polariza en la víctima las causas de desacuerdo esparcidas por doquier y las disipa, proponiendo una satisfacción parcial" (1972: 21). Una vez establecida la ecuación entre sagrado y violencia, Girard concluye que "ninguna sociedad puede vivir 'en lo sagrado', es decir en la violencia. Vivir en una sociedad es escapar de la violencia. [...] Pero la tendencia a cancelar lo sagrado, a eliminarlo completamente, prepara para el regreso encubierto de lo sagrado, en una forma no trascendente sino, antes bien, inmanente, en la forma de la violencia y del saber de la violencia" (1972: 417-418).

9] *S. Acquaviva* ve la historia del progreso humano como una historia de *desacralización* en la medida en que el control racional de la realidad se amplía, reduciendo el área de lo sagrado. Además plantea la sospecha de que el carácter afinalista de la sociedad tecnológica genera incertidumbre en relación con el sentido de la existencia, que puede asumir las características de la angustia y del terror que son las premisas de la maduración de lo sagrado.

10] *C.G. Jung* identifica en la figura del sí mismo el correlativo psicológico de lo sagrado (*v.* **psicología analítica**, § 4), y le atribuye los dos significados históricos de "sagrado": lo "terrible" y lo "benéfico". En efecto, el sí mismo, si bien por un lado es el horizonte indiferenciado de la coincidencia de los opuestos de donde emerge el yo, diferenciándose y procediendo por diferenciaciones (como es evidente en el pensamiento racional), por el otro es aquello a lo que el yo debe abrirse para evitar la peligrosa unilateralidad que lo cierra a los mensajes del sí mismo: "El hecho de que el *yo sea asimilado por el sí mismo* se debe considerar una catástrofe psíquica [...] porque el yo consciente que está diferenciado se encontraría en un espacio absoluto y en un tiempo absoluto, [...] su marcha resultaría trastornada y la puerta quedaría abierta de par en par a todos los incidentes posibles". Por otro lado, "la acentuación de la personalidad del yo y del mundo de la conciencia puede fácilmente asumir proporciones tales como para psicologizar a las figuras del inconsciente, con la consecuencia de que el *sí mismo es asimilado en el yo*. Pese a que todo esto significa precisamente un proceso opuesto al descrito arriba, el resultado es el mismo: la inflación. En este caso el mundo de la conciencia debería ser demolido a favor de la realidad del inconsciente, mientras en el primer caso la realidad debe ser defendida de un estado arcaico de sueño 'eterno' y 'omnipresente'" (1951: 24-25). Por lo que se refiere a las figuras de lo sagrado interiorizadas por el sí mismo, véase **arquetipo**, § 1.

BIBLIOGRAFÍA: Acquaviva, S. (1961); Caillois, R. (1939); Cazeneuve, J. (1958), De Martino, E. (1984); Di Nola, A. (1981); Durkheim, É. (1912); Eliade, M. (1948); Galimberti, U. (1984); Girard, R. (1972); Jung, C.G. (1938-1940); Jung, C.G. (1951); Lévy-Bruhl, L. (1922); Mauss, M. (1950); Otto, R. (1917); Söderblom, N. (1913); Van der Leeuw, G. (1933); Zunini, G. (1966).

salivación, reflejo de
v. REFLEJO, § 2, *f.*

salud (al. *Gesundheit*; fr. *santé*; ingl. *health*; it. *salute*)

Condición de plena eficiencia funcional que, en el hombre, abarca también funciones lógicas, afectivas, de relación, en contextos interpersonales y sociales. Tal condición varía con las fases de la cultura y no se puede tipificar en forma definitiva. El concepto de salud debe distinguirse del de **norma** (*v.*) cuyos parámetros están definidos por los sistemas de referencia adoptados. Como condición de plena eficiencia funcional la salud es algo más que la simple ausencia de enfermedad, y por esto no puede reducirse a categoría médica. Si es específico del hombre estar en el mundo para descifrar los significados mediante un sistema de signos, cualquier riesgo de esta capacidad de interpretación agrede globalmente su estado de salud, que no sólo tiene referencias orgánicas sino también culturales.

BIBLIOGRAFÍA: Prodi, G. (1981).

saludo (al. *Gruss*; fr. *salut*; ingl. *greeting*; it. *saluto*)

Señal de reconocimiento entre dos individuos que en el mundo humano se traduce en un **gesto** (*v.*, § 3, *a*) emblemático, en el cual la relación entre signo y significado es convenida basándose en la cultura de pertenencia, mientras en el mundo animal se traduce en complicados rituales que varían de una especie a otra.

BIBLIOGRAFÍA: Leroi-Gourhan, A. (1964-1965).

salvaje, análisis
v. ANÁLISIS SALVAJE.

Sander, ilusión de
v. ILUSIÓN, § 4, *s.*

Sapir-Whorf, hipótesis de
v. WHORF, HIPÓTESIS DE.

satiriasis (al. *Satyriasis*; fr. *satyriasis*; ingl. *satyriasis*; it. *satiriasi*)

Es una acentuación más cuantitativa que cualitativa de la sexualidad masculina, acompañada a tal punto de pérdida de inhibición que asume características patológicas. Es frecuente en sujetos oligofrénicos y en los síndromes maniacos. Su correspondiente femenino es la **ninfomanía** (*v.*).

satisfacción
v. GRATIFICACIÓN.

satisfacción o **cumplimiento** (al. *Wunscherfüllung*; fr. *accomplissement de désir*; ingl. *wish-fulfilment*; it. *appagamento*)

Término adoptado por S. Freud para indicar la satisfacción alucinatoria de un deseo en el **sueño** (*v.*), en el **síntoma** (*v.*), o en el **fantasma** (*v.* **fantasía**, § 1). Este concepto, en el que se recoge la tesis central de la interpretación freudiana de los sueños, se hizo extensivo después a la interpretación de la neurosis, cuya formación respondería al mismo objetivo. En una carta a W. Fliess Freud escribe que "el último pensamiento general se ha sostenido y parece querer crecer hasta lo infinito. No sólo el sueño es un cumplimiento de deseo; también lo es el ataque histérico. El síntoma histérico lo es, y probablemente lo sea todo resultado neurótico, pues anteriormente ya lo he discernido en cuanto a la insania delirante aguda" (1887-1904 [1976: 320]). En la satisfacción alucinatoria del deseo el sujeto descuida las condiciones que le permitirían realizar su deseo en el plano de la realidad, o bien deforma la percepción de la realidad de manera que no puede descubrir cuánto se opone a la satisfacción del deseo.

BIBLIOGRAFÍA: Freud, S. (1887-1904); Freud, S. (1899).

satisfacción, experiencia de (al. *Befriedigungserlebnis*; fr. *expérience de satisfaction*; ingl. *experience of satisfaction*; al. *soddisfacimento, esperienza di*)

Expresión que utiliza S. Freud para referirse a la supresión, en el lactante, mediante una intervención externa, de una tensión interna creada por la necesidad. La imagen del objeto que garantiza la satisfacción se puede encontrar posteriormente en el fondo de la constitución del deseo del sujeto que, en ausencia del objeto, investirá la imagen en forma alucinatoria. La formación del yo permitirá evitar la confusión del sujeto entre alucinación y percepción.

BIBLIOGRAFÍA: Freud, S. (1895).

saturación (al. *Sättigung*; fr. *saturation*; ingl. *saturation*; it. *saturazione*)

El término se utiliza con varias acepciones; entre las más frecuentes están:

1] *saturación cromática* o grado de amplitud con la que una tonalidad está presente en una impresión cromática. El grado de saturación está definido por su distancia del gris (*v.* **color**, § 1);

2] *saturación semántica*, que designa la reducción o la pérdida de significado de una palabra o de una expresión excesivamente repetidas;

3] *saturación psíquica*, que indica el estado de aversión emotiva hacia una acción repetida continuamente en una situación uniforme que dura mucho tiempo. La tensión emotiva producida por la saturación se difunde hacia las acciones colaterales (saturación asociada), generando un valor positivo hacia las acciones contrarias a la tarea por la cual se percibió saturación.

saturnismo
v. PLOMO, INTOXICACIÓN DE.

sbarramento
v. CANCELACIÓN, TEST DE.

Scacco, neurosis de
v. DESTINO, § 2.

scaling

Término inglés que sirve para indicar la cuantificación de nuestras percepciones mediante números. La medición es expresada en una **escala** (*v.*) y los procedimientos mediante los cuales se llega a la cuantificación son, entre los más difundidos actualmente: 1] el *scaling de confusión*, donde la distancia psicológica entre dos objetos es expresada por el número de veces que los objetos fueron confundidos entre sí; 2] el *scaling directo*, donde se pide a algunas personas que den valores numéricos a los atributos físicos de manera que los valores asignados sean proporcionales a sus impresiones subjetivas. Además de evaluar en términos de tamaño, potencia, calidad y cantidad, el *scaling* encuentra aplicación también en el campo sociológico para evaluar, por ejemplo, la gravedad que la sociedad atribuye a ciertos crímenes o a ciertos castigos (*v.* **opinión**).

SCAT (**Sport competition anxiety test**)
v. PSICOLOGÍA DEL DEPORTE.

sceno-test

Test proyectivo que formuló G. von Staabs con materiales de juego constituidos por figuras plegables de personas, animales y plantas, con las que se escenifica una representación de la vida familiar o social. La simbología de la que están cargadas las diferentes escenas reproduce la conflictividad del ambiente, la vida familiar y las relaciones con los padres. Preparado con finalidades terapéuticas para los niños, se utiliza también como test proyectivo en edades posteriores a la infantil.

BIBLIOGRAFÍA: Staabs, G. von (1964).

Schafer-Murphy, efecto de (al. *Schafer-Murphy effekt*; fr. *effet de Schafer-Murphy*; ingl. *Schafer Murphy's effect*; it. *Schafer-Murphy, effetto di*)

Selectividad perceptiva de aspectos y de imágenes que emergen de la interpretación de una figura ambigua, donde se puede observar que la percepción se orienta hacia el aspecto de la figura cuyo realce se vinculó antes a una aprobación.

score

Término inglés con el que se indica la puntuación atribuida a un sujeto basándose en los resultados obtenidos en un test.

Seashore, test de
v. PSICOLOGÍA DE LA MÚSICA, § 2.

secretina
v. ENDOCRINO, SISTEMA, § 9, *b.*

secuencial, análisis
v. ANÁLISIS SECUENCIAL.

secundario, proceso
v. PROCESO PRIMARIO-PROCESO SECUNDARIO.

sed
v. ALIMENTACIÓN.

seducción, teoría de la (al. *Verführungstheorie*; fr. *théorie de la séduction*; ingl. *theory of seduction*; it. *seduzione, teoria della*)

Teoría que elaboró S. Freud entre 1895 y 1897, según la cual en la base de las neurosis estaría el recuerdo de escenas reales de seducción sufridas en la infancia, en un período en el cual el niño, incapaz de experimentar emociones sexuales, está imposibilitado para integrar la experiencia. En un segundo momento, cuando, por algunos rasgos asociativos, un recuerdo se une a la escena de seducción, se produce un flujo de excitación endógena de la que el sujeto se defiende con la represión del recuerdo. Este mecanismo estaría en la base de las neurosis obsesivas así como de la histeria. En una carta del 21 de septiembre de 1897 Freud confiesa a W. Fliess que ha abandonado esa teoría: "Quiero confiarte el gran secreto que poco a poco se me fue trasluciendo en las últimas semanas. Ya no creo más en mi *neurotica*" (1892-1897 [1976: 301]). A partir de esa fecha Freud considera que la escena de seducción no necesariamente corresponde a un hecho real, sino que expresa, la mayor parte de las veces, una reconstrucción fantasmática que sirve al sujeto para disimular la actividad autoerótica de los primeros años de la infancia.

BIBLIOGRAFÍA: Freud, S. (1986); Freud, S. (1892-1897); Freud, S. (1905); Freud, S. (1914).

seguridad (al. *Sicherheit*; fr. *sûreté*; ingl. *security*; it. *sicurezza*)

Estabilidad alcanzada mediante la satisfacción de las necesidades vitales y de las aspiraciones sociales y culturalmente inducidas.

En el ámbito psiquiátrico R.D. Laing habla de *seguridad ontológica* a propósito de un "individuo que tiene experiencia de sí mismo como de una cosa viva, real y completa; diferenciado del resto del mundo, en circunstancias ordinarias, tan claramente como para no poner nunca en duda su propia identidad y autonomía, una autonomía continua en el tiempo, dotada de coherencia interna, de sustancialidad, de legitimidad y de valor; espacialmente idéntica al propio cuerpo y, por lo general, como algo que tuvo principio con el nacimiento, o aproximadamente con éste, y que se extinguirá con la muerte. Todo esto representa el sólido núcleo de la seguridad ontológica" (1959: 50). La desestructuración de esta seguridad o **implosión** (*v*.) es para Laing la base de todo proceso psicótico.

En el ámbito psicoanalítico K. Horney introdujo la noción de *dispositivo de seguridad* para cualquier medio de protección y de defensa que prepara el individuo contra las amenazas del ambiente o de su propio fondo pulsional, mientras H.S. Sullivan interpreta una vasta gama de sentimientos como –el aburrimiento, la cólera, el desprecio, la irritación, en un contexto aparentemente privado de motivaciones comprensibles–, como defensa contra la inseguridad. Por lo que se refiere a la función que desempeña la seguridad en la psicodinámica de la socialización, véase **psicología social**, § 2.

BIBLIOGRAFÍA: Horney, K. (1945); Laing, R.D. (1959); Sullivan, H.S. (1956).

selección (al. *Auswahl*; fr. *sélection*; ingl. *selection*; it. *selezione*)

Elección de los mejores elementos de una serie basándose en características medidas con criterios funcionales. El término, que proviene de la teoría evolutiva de C. Darwin (*v*. **evolución**), se utiliza en los diferentes ámbitos de la psicología con las siguientes acepciones:

1] NEUROPSICOLOGÍA. La organización nerviosa selecciona las informaciones importantes para los fines de la adaptación de la conducta, involucrando en tal selección los sistemas aferentes específicos que transportan los mensajes sensoriales; las vías aferentes del control central de tales informaciones; los sistemas aferentes no específicos de la formación reticular y de los núcleos talámicos de proyección difusa. Selecciona además las influencias motivacionales que favorecen el aprendizaje, vinculadas a la vida emotiva-instintiva y a los cambios del ambiente interno,

percibidos como estados de necesidad; por ejemplo el hambre, la sed, la pulsionalidad sexual.

2] PSICOLOGÍA DE LA PERCEPCIÓN. En la cantidad de estímulos que llenan un espacio perceptivo se realiza siempre una selección que permite distinguir una figura de un fondo, un sonido de un ruido. Análogamente, en el espacio psíquico se seleccionan los rasgos que en el pasado demostraron ser significativos, o que en el presente son útiles para la solución de algún problema. También se realiza una selección en el campo patológico cuando por ejemplo, como en el caso de la paranoia, de cientos de mensajes se seleccionan y se perciben sólo aquellos que confirma la propia experiencia persecutoria. Son parte de este ámbito todas las formas en las que se "ve sólo aquello que se quiere ver o se espera ver" (*v*. **percepción**, § 8).

3] PSICOLOGÍA EXPERIMENTAL. En este ámbito el término "selección" se refiere a la cualidad de un reactivo del test que sirve para diferenciar el grado con que una característica se manifiesta en varios sujetos. La selección, aquí, se define como correlación de un reactivo con el valor del conjunto.

4] PSICOLOGÍA DEL TRABAJO. Elección de los más idóneos por sus aptitudes y capacidades de respuesta, con la eliminación de los menos idóneos (selección negativa). La selección profesional se realiza mediante el estudio del comportamiento, el examen de la motivación, la entrevista y el uso de tests. La elección se hace favoreciendo los elementos objetivos (comportamiento) respecto a los subjetivos (motivación), porque estos últimos son más difíciles de evaluar y el mismo individuo puede engañarse acerca del valor de su motivación, por lo que la selección profesional, si bien es capaz de ayudar en la organización para la elección de los individuos, puede no ayudar al individuo en la elección de la propia profesión. Por lo que se refiere a los tests de selección véase **psicología del trabajo**, § 5.

5] PSICOLOGÍA ESCOLAR. En el proceso de formación escolar la selección se da basándose en la evaluación del aprovechamiento, que indica el grado de respuesta de un alumno en relación con los objetivos prefijados por los educadores. En la escuela de la obligatoriedad, además de los objetivos, se toma en consideración esa variante subjetiva que son las capacidades individuales (*v.* **escolar, formación,** § 1).

semántica
v. LINGÜÍSTICA, § 1, *b.*

semema
v. LINGÜÍSTICA, § 1, *b.*

semiología
v. SEMIÓTICA.

semiótica (al. *Semiotik*; fr. *sémiotique*; ingl. *semiotics*; it. *semiotica*)

El término, introducido por Galeno para indicar la ciencia de los síntomas en la medicina, hoy, aunque mantiene ese significado, designa la teoría general de los signos, tanto verbales (*v.* **lingüística**) como no verbales (*v.* **gesto,** § 3), respecto a su significación, producción, transmisión e interpretación. Aunque tiene orígenes muy remotos, la semiótica se constituyó como ciencia con C.S. Peirce y F. de Saussure, a lo cual se debe la doble denominación de *semiótica* en el ámbito anglófono y de *semiología* en el francófono. El **signo** (*v.*) es una entidad constituida por un *significante* y por un *significado*, y es analizable en el plano de la expresión y en el plano del contenido.

Se debe a De Saussure la consideración del signo como elemento de un sistema o **código** (*v.*) sin el cual el signo resulta incomprensible. Esta oposición encontró su radicalización con L. Wittgenstein, para quien el significado de un signo no es una cosa sino que depende de las reglas con base en las cuales se dan los lenguajes, las palabras, los juegos lingüísticos: "Cada signo, *por sí mismo*, parece muerto. ¿Qué le da vida? Vive en el uso" (1953, § 432). Esta posición debilita la distinción entre *denotación* (*v.*) del signo que subyace a la existencia de un significado, y *connotación*, que se refiere a los aspectos variables y subjetivos de la significación; en uno y otro caso se trataría siempre de un acuerdo, aunque fuese en niveles diferentes. A partir de estas premisas U. Eco puede decir que "la semiótica o ciencia de los signos es la ciencia de cómo se constituye históricamente el sujeto. Es probable que en esto pensara Peirce cuando escribía: Ya que el hombre puede pensar sólo por medio de palabras o de otros símbolos externos, éstos podrían voltearse y decir: 'Tú no significas nada que no te hayamos enseñado nosotros, y por lo tanto significas sólo en cuanto orientas alguna palabra como la intérprete de tu pensamiento'. De hecho, por lo tanto, los hombres y las palabras se educan recíprocamente: todo aumento de información en un hombre conlleva –y es conllevado por– un correspondiente aumento de información de una palabra. [...] La palabra o signo que el hombre usa es el hombre mismo (1868: 84)" (1981: 665).

La semiología de inspiración saussuriana recorrió después dos itinerarios. El primero, que inició E. Buyssens, indaga los sistemas de signos fuertemente codificados en los que la intención comunicativa es primera (*semiología de la comunicación*); el segundo, que tiene su principal representante en R. Barthes, examina todos los fenómenos significativos desde un punto de vista sociológico, declinando la semiología en una especie de teoría general de la cultura (*semiología significativa*).

En el ámbito anglófono Peirce articula una semiótica alrededor de la noción de *intérprete*, por lo que un signo interpreta a otro, y en torno a la tripartición de los signos en indicadores, iconos y símbolos, según tengamos una relación de contigüidad, similitud o convencionalidad con el referente. C. Morris hace, referencia a Peirce en su tripartición de los niveles en que es posible aproximarse a un signo: *semántico* por lo que se refiere a su significado, proporcionado por la relación del signo con su referente; *sintáctico*, dado por la relación entre los signos en su combinación recíproca; *pragmático*, que se activa en la relación entre el signo y quien lo usa (*v.* **lingüística,** § 1).

BIBLIOGRAFÍA: Barthes, R. (1964); Buyssens, E. (1943); De Mauro, T. (1971); Eco, U. (1975); Eco, U. (1981); Morris, C. (1938); Peirce, C.S. (1868); Saussure, F. de (1916); Wittgenstein, L. (1953).

senectud
v. PSICOLOGÍA DEL ENVEJECIMIENTO.

senilidad

v. PSICOLOGÍA DEL ENVEJECIMIENTO.

seno (al. *Brust*; fr. *sein*; ingl. *breast*; it. *seno*)

El término se utiliza para referirse tanto al órgano anatómico como a la idea y a la fantasía unidas a él. S. Freud considera el seno materno como el punto de partida de toda la vida sexual, el modelo jamás alcanzado de toda satisfacción posterior, al cual regresa con frecuencia la fantasía en períodos de privación: "El primer objeto erótico del niño es el pecho materno nutricio; el amor se engendra apuntalado en la necesidad de nutrición satisfecha. Por cierto que al comienzo el pecho no es distinguido del cuerpo propio, y cuando tiene que ser divorciado del cuerpo, trasladado hacia '*afuera*' por la frecuencia con que el niño lo echa de menos, toma consigo, como '*objeto*', una parte de la investidura libidinal originariamente narcisista. Este primer objeto se completa luego en la persona de la madre, quien no sólo nutre, sino también cuida, y provoca en el niño tantas otras sensaciones corporales, así placenteras como displacenteras. En el cuidado del cuerpo, ella deviene la primera seductora del niño. En estas dos relaciones arraiga la significatividad única de la madre, que es incomparable y se fija inmutable para toda la vida, como el primero y más intenso objeto de amor, como arquetipo de todos los vínculos posteriores de amor..." (1938 [1976: 188]). M. Klein introduce el concepto de *escisión del seno* para designar el proceso psicológico mediante el cual el niño separa un seno "bueno", amado porque es fuente de satisfacción, de un seno "malo", odiado por su efecto insatisfactorio y frustrante. Esta escisión es un mecanismo con el que el niño se defiende de la ambivalencia del amor y del odio dirigidos hacia el mismo objeto: el seno, la madre (*v.* **kleiniana**, **teoría**).

BIBLIOGRAFÍA: Freud, S. (1938); Klein, M. (1978).

sensación (al. *Empfindung*; fr. *sensation*; ingl. *sensation*; it. *sensazione*)

El término se utiliza en psicología donde indica los *elementos* del conocimiento sensible, que ya no puede escindirse, provocado por estímulos externos que actúan sobre los órganos sensoriales, y en psicología analítica, donde indica una *función* psíquica y un *tipo* psicológico.

1] PSICOLOGÍA. En este ámbito existen dos posiciones: una que reivindica la autonomía de la sensación, y una que la resuelve sin residuos en la **percepción** (*v.*).

a] *La primera posición* es la que sostiene la psicología de orientación fisiológica, que identifica la sensación con la **sensibilidad** (*v.*), es decir con la estimulación de los órganos sensoriales que, en el nivel de los centros nerviosos superiores, produce la identificación de las huellas provocadas por los estímulos recibidos por los aparatos sensoriales y propioceptivos. Esta tesis la afirman en el campo psicológico W. Wundt y E.B. Titchener, representantes del **elementarismo** (*v.*), una orientación de pensamiento según la cual la sensación se refiere a los datos elementales de la conciencia sensible que no pueden ser descompuestos en elementos más simples, mientras la percepción es un proceso más complejo, que reúne una multiplicidad de sensaciones. E.H. Weber y G.T. Fechner elaboraron una ley, llamada precisamente de **Weber-Fechner** (*v.*) para la medición de la sensación.

b] *La segunda posición*, en cambio, es la que sostiene la **psicología de la forma** (*v.*), que resuelve sin residuos la sensación en la *percepción* porque, como escribe A. Gemelli, "Para el psicólogo no existe la sensación pura; ésta es una abstracción; para él existe la estimulación de los receptores sensoriales, que es un hecho biológico, y existe la percepción, que es el producto de un proceso complejo, donde los datos sensoriales son elaborados, modificados, transformados hasta dar el conocimiento de un determinado objeto percibido en esas condiciones determinadas" (1952: 52-53). En otras palabras, el individuo sólo puede entrar en contacto con la "realidad objetiva" de los estímulos a través de su "realidad subjetiva", que requiere la integración de la sensación con otros elementos de naturaleza mnésica, afectiva, experiencial, que vuelven indiscernible el dato sensorial del dato perceptivo.

2] PSICOLOGÍA ANALÍTICA. C.G. Jung considera "la sensación idéntica a la percepción. [...] Ésta es, por un lado, un elemento de la representación, en cuanto transmite la imagen perceptiva del objeto externo a aquélla; por el otro, es un elemento del sentimiento, pues confiere al sentimiento mismo el carácter de afecto mediante la percepción de las alteraciones somáticas. En cuanto transmite a la conciencia las alteraciones somáticas, la sensación representa también los instintos fisiológicos; pero no es idéntica a éstos, por tratarse de una función puramente perceptiva. [...] Sensación e intuición representan para mí un par de opuestos o, lo que es lo mismo, dos funciones que se compensan mutuamente, como el pensamiento y el sentimiento. La función de pensar y la de sentir se desarrollan, como funciones autónomas, tanto ontogenética como filogenéticamente, de la sensación. La sensación, en cuanto fenómeno elemental, es un simple dato que de hecho no está sometido a las leyes de la razón, al contrario del pensamiento y del sentimiento. Por lo tanto la considero una *función irracional*, aunque el intelecto logre ordenar un gran número de sensaciones en un complejo racional. Un individuo que orienta su actitud general según el principio de la sensación pertenece al *tipo sensorial*" (1921: 478-479). El tipo de sensación, de acuerdo con la actitud, puede ser extrovertido, y entonces es capturado por todo aquello que le llega de la percepción de los objetos externos, o introvertido, y entonces se "orienta basándose en la intensidad del elemento sensorial subjetivo accionado por el estímulo objetivo. En este caso nunca es posible prever desde afuera lo que producirá una impresión y lo que no la producirá" (1921: 400). Para ulteriores aclaraciones véanse las voces **actitud**, § 2; **función**, § 2, *b*; **tipología**, § 2.

BIBLIOGRAFÍA: Fechner, G.T. (1860); Gemelli, A. (1952); Jung, C.G. (1921); Ludel, J. (1978); Titchener, E.B. (1901-1905); Wundt, W. (1858-1862).

sensibilidad (al. *Empfindlichkeit*; fr. *sensibilité*; ingl. *sensitivity*; it. *sensibilità*)

Capacidad de un **receptor** (*v.*) para responder de forma selectiva y diferenciada a estímulos sensoriales. Se suele distinguir una *sensibilidad general*, subdividida en *somática* y *visce-*

ral, distribuida en todo el cuerpo y vinculada a receptores dispersos, con un escaso o modesto grado de diferenciación, y *sensibilidades especiales*, diferenciadas en *visuales*, acústicas, *estatokinéticas, olfativas* y *gustativas*. Para el estudio de las sensibilidades especiales remitimos a las voces relativas al **aparato visual** (*v.*), acústico (*v.* **auditivo, sistema**), **vestibular** (*v.*), **olfativo** (*v.*) y **gustativo** (*v.*). Aquí nos ocuparemos de la sensibilidad general que, desde el punto de vista somático, abarca dos sistemas: la *sensibilidad cutánea*, diferenciada en *táctil, térmica* y *dolorosa*, proveniente de los receptores situados en la piel, y la *sensibilidad profunda* o *propioceptiva*, proveniente de los receptores situados en los músculos, tendones, ligamentos, articulaciones y huesos, que se suele dividir en *consciente* e *inconsciente*. Desde el punto de vista evolutivo la sensibilidad cutánea suele distinguirse en *protopática* –que es la primera en aparecer en la serie animal, tiene una localización aproximada y abarca la sensibilidad táctil indiscriminada, la térmica y la dolorosa– y *epicrítica*, de aparición más tardía, localizada con precisión y que abarca la sensibilidad táctil discriminativa, la térmica a las temperaturas intermedias y, tal vez, un elemento de la sensibilidad profunda discriminativa. Para integrar las diferentes clasificaciones G. Girotti adopta este esquema:

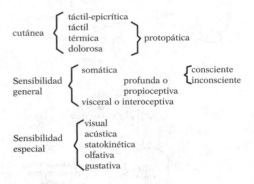

1] LA SENSIBILIDAD CUTÁNEA. Esta sensibilidad utiliza múltiples receptores, que pueden ser simples ramificaciones terminales de fibras nerviosas o corpúsculos microscópicos que incorporan una terminación nerviosa. Como estos receptores están entremezclados y difundidos en toda la superficie cutánea, la finura con que son percibidas las impresiones relativas al contacto, la presión, el calor, el frío y el dolor en cada zona está en relación con la densidad local de los receptores propios de la misma. Las fibras de la sensibilidad táctil *protopática* pasan por el lado de la médula opuesto al lado de origen, subiendo hasta el tálamo y de allí a la corteza del lóbulo parietal, en la región denominada área sensitiva somática. En cambio las fibras correspondientes a la sensibilidad táctil *epicrítica* prosiguen hasta el bulbo; allí terminan correspondiendo con células cuyas fibras continúan hasta el tálamo, donde otras neuronas conducen los impulsos hasta el área sensitivo-somática. En todos los sistemas sensitivos somáticos la representación cortical se establece en el área del hemisferio opuesto al lado del cuerpo en el que se encuentran los receptores de origen.

2] SENSIBILIDAD PROFUNDA O PROPIOCEPTIVA. Esta sensibilidad proviene de los receptores situados en el aparato muscular y esquelético, y

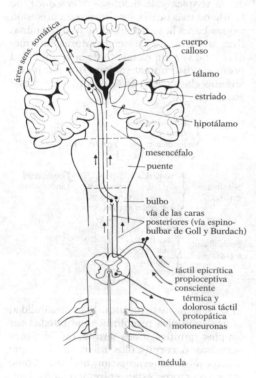

La vía de la sensibilidad general somática.

concierne a informaciones sobre el grado de tracción y tensión de los músculos, tendones y haces nerviosos, y respecto a la posición y el movimiento de las diferentes partes del cuerpo. Esta forma de sensibilidad abarca una modalidad *consciente*, que sigue la misma vía que la sensibilidad táctil epicrítica, y a la que son referidas las impresiones subjetivas acerca de la posición y el movimiento de las extremidades, y una modalidad *inconsciente*, que sigue las vías directas al cerebelo, proporcionando informaciones necesarias para su función de coordinación motriz.

3] LA SENSIBILIDAD VISCERAL O INTEROCEPTIVA. Proviene de los receptores situados en las vísceras y en las paredes de los vasos sanguíneos. Está considerada parte del sistema vegetativo, aunque la sede de su representación cortical no se conoce bien y es discutida.

4] CARACTERÍSTICAS DE LA SENSIBILIDAD. Las sensaciones difieren entre sí por:

a] *cualidad*, es decir, pueden ser táctiles, dolorosas, visuales, auditivas, etc. Las diferentes cualidades sensoriales no están mediadas por una supuesta energía específica de los diversos nervios, sino más bien por los diferentes sistemas de sensibilidad implicados, es decir por los diferentes receptores periféricos y las distintas áreas de proyección cortical a donde llegan los mensajes;

b] *intensidad*, es decir el número de impulsos que recorre cada fibra en la unidad de tiempo y el número de fibras excitadas en el campo de determinada vía aferente. Ambos factores varían en función de la intensidad de la estimulación que actúa en los receptores;

c] *duración*, que depende directamente del tiempo de la estimulación y de sus efectos fisiológicos, condicionantes de la interferencia de fenómenos como la **adaptación** (*v.*) y la **habituación** (*v.*). Para la medición de la sensación se recurre al concepto de **umbral** (*v.*), apto para identificar determinada variación de la sensación de un estímulo mínimo capaz de provocar una sensación, y de uno máximo, más allá del cual la sensación ya no aumenta o desaparece.

5] ANESTESIA, HIPERESTESIA, HIPOESTESIA. Frente a los estímulos sensoriales pueden darse variaciones por exceso (*hiperestesia*) o por defecto (*hipoestesia*) después de alteraciones periféricas. Dichas variaciones, que pueden ser estudiadas y medidas con los métodos desarrollados por la *estesiometría*, pueden ser también de tipo cualitativo, como en el caso de la *parestesia* que es una alteración subjetiva de la sensibilidad, caracterizada por el retardo en la percepción o por sensaciones especiales, como hormigueo y calambres, o bien de tipo específico, como la *parapsia*, que es una alteración de la sensibilidad táctil. En presencia de una insensibilidad total se habla de *anestesia* que, generalizada en la **narcosis** (*v.*), puede ser inducida, en forma total o localizada en áreas circunscritas, con sustancias farmacológicas que interrumpen haces de conductibilidad nerviosa.

En sentido figurado, el término "anestesia" se utiliza en *sexología* para indicar la incapacidad de experimentar placer de nivel genital (*v.* **frigidez**) así como *tipología* (*v.*, § 1, *b*) constitucional, donde E. Kretschmer distingue el "tipo anestésico" para indicar a un sujeto frío y emocionalmente pobre "por pérdida de inmediatez entre estímulo afectivo y reacción motriz", y el "tipo hiperestésico", sujeto tímido, hipersensible, nervioso, inseguro, perteneciente a la categoría de los esquizotímicos.

BIBLIOGRAFÍA: Benedetti, G. (1969); Girotti, G. (1972).

sensitividad (al. *Empfindungsfähigkeit*; fr. *sensitivité*; ingl. *sensitiveness*; it. *sensitività*)

Término utilizado en parapsicología para referirse a las capacidades llamadas "paranormales", que permiten percibir estímulos que normalmente no se captan con los órganos sensoriales. Forman parte de la percepción extrasensorial de la que está dotado el sensitivo, la clarividencia, la precognición y la telepatía (*v.* **parapsicología**, § 1) El sensitivo debe distinguirse del **médium** (*v.*), quien interactúa con los antepasados.

sensorium

Término latino utilizado en sentido específico para indicar la sede central de las sensaciones, localizada en la circunvolución parietal ascendente; en sentido genérico designa todo el aparato sensorial del cuerpo. Se considera *íntegro* el *sensorium* de una persona consciente de sí y orientada en el tiempo y en el espacio, y *alterado* el de una persona confundida y desorientada.

sensualidad (al. *Sinnlichkeit*; fr. *sensualité*; ingl. *sensuality*; it. *sensualità*)

Condición subjetiva u objetiva vinculada a los requerimientos de los sentidos y al placer que se asocia con ellos, en especial a la dimensión erótica y estética. El término asume un significado más específico con S. Freud, quien distingue una corriente de **ternura** (*v.*) "un erotismo que, por esa vía, es desviado de sus metas sexuales." por una "corriente 'sensual', que ya no ignora sus metas. [...] Al parecer nunca deja [...] de investir, ahora con montos libidinales más intensos, los objetos de la elección infantil primaria" (1910-1917 [1976: 175]).

BIBLIOGRAFÍA: Freud, S. (1910-1917).

sentido (al. *Sinn*; fr. *sens*; ingl. *meaning*; it. *senso*)

Cuando no se refiere a los órganos de los **sentidos** (*v.*) el término se refiere al significado que para cada uno asumen su existencia y el mundo en el que se manifiesta. En esta acepción de "sentido" han insistido particularmente:

1] LA FENOMENOLOGÍA. Según esta orientación el hombre, a diferencia del animal, está originalmente abierto al sentido (*Sinn*), entendido como horizonte dentro del cual cada uno fija determinados significados (*Bedeutungen*) en los que se expresa la propia existencia. El sentido no está ya dado, sino que es conferido en cada ocasión, y con esta acepción la fenomenología habla del hombre como dador de sentido (*Sinngebung*). En esta perspectiva las diferentes enfermedades mentales pueden ser interpretadas como otras tantas modalidades en las que el sujeto se revela incapaz de proporcionar sentido a la existencia y al mundo que ésta inicia (*v.* **análisis existencial**, § 2-3).

2] LA PSICOLOGÍA ANALÍTICA. En este ámbito se considera que la capacidad de encontrar un sentido es la función específica de la psique, así como la incapacidad de encontrarlo es la causa de fondo de las psiconeurosis. Al respecto C.G. Jung escribe: "La psiconeurosis es, en último término, un sufrimiento de la psique que no ha encontrado su propio sentido. Pero del sufrimiento de la psique se derivan toda creación espiritual y todo progreso del hombre espiritual; y el sufrimiento se debe al estancamiento espiritual, a la esterilidad psíquica" (1932: 314). A partir de estas premisas Jung no acepta interpretar las neurosis exclusivamente desde el punto de vista casual, como pretendía el método de S. Freud, y por lo tanto instaura el método **constructivo** (v.), orientado a encontrar el sentido, en ausencia del cual se instituye la neurosis. Dicho sentido, al no ser una verdad absoluta sino una interpretación de la conciencia individual, tiene los rasgos del mito personal, dentro del cual encuentra su sentido la vida de cada quien.

BIBLIOGRAFÍA: Binswanger, L. (1928); Jung, C.G. (1932).

sentidos, órganos de los (al. *Sinnesorgane*; fr. *organs de sens*; ingl. *sense organs*; it. *senso, organi di*)

Sistemas sensibles (v. **sensibilidad**) a determinados estímulos provenientes del ambiente externo. **Receptores** (v.) especializados traducen tales estímulos en impulsos nerviosos. Se distinguen cinco especialmente diferenciados: el sistema **gustativo** (v.), **olfativo** (v.), táctil (v. **sensibilidad**, § 1), **auditivo** (v.) y **visual** (v.), para el estudio de los cuales se remite a las voces específicas.

sentimiento (al. *Gefühl*; fr. *sentiment*; ingl. *feeling*; it. *sentimento*)

Resonancia afectiva menos intensa que la **pasión** (v.) y más duradera que la **emoción** (v.), con la que el sujeto vive sus estados subjetivos y los aspectos del mundo externo. En psicología el sentimiento ha sido objeto de análisis fenomenológicos y de consideraciones específicas en el ámbito de la psicología de lo profundo.

1] FENOMENOLOGÍA. En este campo las contribuciones más significativas son las de M. Scheler quien, partiendo del motivo pascaliano según el cual "el corazón tiene razones que la razón desconoce", reivindica un rasgo cognoscitivo específico de la dimensión sentimental, que consiste en la forma de aprender, adquirir y actuar frente a un estado emotivo. Además, mientras el estado emotivo tiene un vínculo *causal* con el acontecimiento que lo produjo, el sentimiento está abierto, originalmente, a su objeto, que es el *valor* del acontecimiento, por lo que sufrimos al no podernos alegrar todo lo que el valor del acontecimiento merecería, o viceversa. Antes que cualquier moral, religión y filosofía, el sentimiento intuye los valores que se distribuyen en una escala favorecida por los sentimientos vinculados con la percepción (*Empfindungsgefühle*), como el placer y el dolor; por los sentimientos vitales (*Lebensgefühle*), como la plenitud, el vacío interior, la tensión; por los sentimientos anímicos (*seelische Gefühle*) como el amor, el odio, la alegría, la tristeza, y por los sentimientos espirituales (*geistige Gefühle*) relativos al sentido de la existencia y del mundo, como la esperanza, la desesperación, la beatitud, el éxtasis. También M. Heidegger encuentra en la situación afectiva (*Befindlichkeit*) una característica ontológica de la existencia humana en la que se expresa la tonalidad emotiva con la que el hombre está abierto al mundo: la situación afectiva "no sólo caracteriza ontológicamente al ser-ahí, sino que, en virtud de su apertura, asume una importancia metodológica fundamental para el análisis existencial" (1927: 232). La situación afectiva designa ese "encontrarse ahí" (*be-finden*) del hombre en su apertura al mundo, siempre determinada sentimentalmente: "Lo que en el campo ontológico designamos con la expresión 'situación emotiva' es conocidísimo y cotidianísimo desde la Antigüedad bajo el nombre de tonalidad emotiva, humor" (1927: 225).

Entre los sentimientos ontológicos fundamentales Heidegger menciona el **aburrimiento** (v.), la **alegría** (v.) y la **angustia** (v., § 1), cuya característica es la de surgir en presencia de la totalidad, y no de este o aquel objeto. A tal temática también se une J.-P. Sartre con sus análisis relativos al sentido de la **náusea** (v.), donde se revela la impenetrabilidad del mundo y la insignificancia de la existencia humana.

2] PSICOLOGÍA ANALÍTICA. C.G. Jung incluye el sentimiento entre las cuatro funciones psíquicas fundamentales (*v.* **función**, § 2, *b*); pensamiento y sentimiento se definen como racionales (*v.* **juicio**, § 3), mientras que sensación e intuición son irracionales: "El sentimiento es ante todo un proceso que se desarrolla entre el yo y un determinado contenido, y precisamente un proceso que proporciona al contenido un determinado *valor* en el sentido de una aceptación o de un rechazo ('placer' o 'dolor'). [...] Sentir es, por lo tanto, una especie de *juicio*, diferente sin embargo del juicio fundado en el pensamiento, en cuanto no se produce con la intención de establecer un nexo conceptual sino dirigido a una aceptación o un rechazo, sobre todo de carácter subjetivo. [...] El sentimiento se distingue del *afecto* por el hecho de que éste no provoca inervaciones somáticas advertibles, sino un proceso común de pensamiento, ni más ni menos" (1921: 480-481). Jung distingue además un sentimiento *activo*, como amar, de uno *pasivo*, como estar enamorado, y precisa que "en rigor sólo el sentir activo, orientado, puede designarse como racional, mientras el sentir pasivo es *irracional*, pues produce valores sin la participación y en algunos casos incluso contra la intención del sujeto" (1921: 483). El sentimiento, uniéndose a la **actitud** (*v.*, § 2), extrovertida o introvertida, configura una **tipología** (*v.*, § 2) psicológica donde los tipos de sentimientos se distinguen según su sentir esté provocado por los objetos externos (extrovertido) o por su resonancia interior (introvertido).

3] PSICOLOGÍA INDIVIDUAL. A. Adler habla de sentimiento a propósito de: la *personalidad*, para referirse al complejo de las resonancias emotivas generadas por la imagen o valoración, con diversos grados de objetividad o distorsión, de la propia personalidad; la *enfermedad*, para referirse a la forma de vivirla introduciéndola más o menos en el propio estilo de vida; la *inferioridad* (*v.*), en la cual se manifiesta una condición de inadecuación y de incomodidad que nace de una condición objetiva o ficticia de inferioridad que se deriva de confrontaciones interpersonales negativas; la *inseguridad* (*v.*), en la que el individuo percibe una situación externa de peligro que no es capaz de dominar y, por último, de *sentimiento social*, instancia innata en el hombre que determina una necesidad de cooperación y de coparticipación emotiva con sus semejantes (*v.* **psicología individual**).

BIBLIOGRAFÍA: Adler, A. (1926); Heidegger, M. (1927); Heidegger, M. (1929); Jung, C.G. (1921); Sartre, J. P. (1938); Sartre, J.-P. (1943); Scheler, M. (1923).

señal (al. *Signal*; fr. *signal*; ingl. *signal*; it. *segnale*)

El término se utiliza en *etología* (*v.*, § 2) a propósito de las expresiones sonoras, olfativas, visuales y de conducta que sirven para la comunicación dentro de la misma especie; en la *teoría de la información* (*v.*, § 1), para referirse a cualquier estímulo que contenga informaciones, en contraposición a "rumor", que no contiene información alguna; en *psicoanálisis*, donde se habla de "señales de angustia" para designar un dispositivo accionado por el yo frente a una situación de peligro (*v.* **angustia**, § 2, *d*); en *psicología del aprendizaje* (*v.*, § II, 2) para referirse a la forma de aprendizaje cognoscitivo llamada "aprendizaje por señales".

separación (al. *Trennung*; fr. *séparation*; ingl. *separation*; it. *separazione*)

Distanciamiento que puede estar acompañado de angustia por el temor a perder a la persona amada o considerada indispensable para satisfacer la propia necesidad de protección y cuidado. Según O. Rank dicha angustia es una continuación de la experiencia traumática que caracterizó la separación del cuerpo materno en ocasión del nacimiento (*v.* **trauma**, § 4). Para M. Balint, en cambio, es una reiteración de la angustia primaria (*v.* **angustia**, § 2, 9), percibida cuando el libido investida en la madre se quedó inutilizada por la ausencia de ésta. De la misma opinión es R.A. Spitz, para quien la separación puede asumir en el niño formas patológicas que llegan hasta la depresión anaclítica (*v.* **anaclisis**, § 3), mientras en el adulto, según la hipótesis de M. Klein, es una reanudación de la angustia depresiva o persecutoria para defenderse de la cual se necesita la presencia de otra persona, ya sea como defensa frente al temor de perder el contacto con el objeto interno capaz de proteger, o entre el temor de no lograr dominar una creciente tensión pulsional interna (*v.* **kleiniana**, **teoría**, § 2).

BIBLIOGRAFÍA: Balint, M. (1952); Bowlby, J. (1969-1983); Klein, M. (1978); Rank, O. (1924); Spitz R.A. (1958).

séptum, área del
v. LÍMBICO, SISTEMA.

ser-en-el-mundo
v. MUNDO, § 3.

ser-en-sí
v. ANÁLISIS EXISTENCIAL, § 2, *a.*

serie complementaria (al. *Ergänzungsreihe*; fr. *série complémentaire*; ingl. *complementary series*; it. *serie complementare*)

Expresión que introdujo S. Freud en relación con la controversia sobre si "las neurosis son enfermedades endógenas o exógenas". La respuesta de Freud prevé que "los casos de contracción de neurosis se ordenan en una serie dentro de la cual dos factores –constitución sexual y vivencia o, si ustedes quieren, fijación libidinal y frustración– aparecen de tal modo que uno aumenta cuando el otro disminuye. En un extremo de la serie se sitúan los casos de los que ustedes pueden decir con convencimiento: A consecuencia de su peculiar desarrollo libidinal, estos hombres habrían enfermado de cualquier manera, cualesquiera que hubiesen sido sus vivencias y los miramientos con que los tratase la vida. En el otro extremo se encuentran los casos en que ustedes se verían llevados a juzgar, a la inversa, que sin duda habrían escapado a la enfermedad si la vida no los hubiera puesto en esta o estotra situación. En los casos ubicados entre ambos extremos, un más o un menos de constitución sexual predisponente se conjuga con un más o un menos de exigencias vitales dañinas." (1915-1917 [1976: 316]).

BIBLIOGRAFÍA: Freud, S. (1915-1917).

serotonina
v. ENDOCRINO, SISTEMA, § 9; NEUROTRANSMISORES.

sesgo (ingl. *bias*)

El término inglés *bias* (en español *bies* o *sesgo* y en francés *biais*), literalmente "línea oblicua", deriva del latín *bifax*, *bifacis*, "doble cara", y se usa en psicología con el significado específico de prejuicio, interpretación arbitraria, precomprensión, distorsión. Con un significado más amplio indica la inclinación de la mente hacia un objeto en particular. En los procedimientos experimentales y en general en el ámbito estadístico indica la alteración, también intencional, de las condiciones del experimento, de tal modo que introduce un error constante en los resultados. Típico es el caso de la aceptación de una muestra no representativa del grupo al cual se aplican después las conclusiones estadísticas alcanzadas.

set

Término inglés utilizado para indicar una orientación temporal, una disposición, una acentuación de la atención dirigida a una situación estímulo especial. Derivado del *Aufgabe* con que la escuela de Würzburg indicaba la *espera perceptiva* del sujeto experimental en relación con un elemento específico de la situación estímulo, el concepto de *set* se amplió al ámbito de la *motricidad* como disposición para ejecutar una reacción muscular determinada, y al ámbito *mnémico* como activación de la disposición para recordar, por la que el sujeto que está sobreaviso proporciona un rendimiento mnésico mayor que el que no lo está.

setting

Término inglés utilizado para indicar el *contexto de investigación*, delimitado en la forma más rigurosa posible, de manera que cuanto se observa, describe, comprende, explica pueda tener importancia científica. El concepto de *setting* como espacio de investigación se utiliza fundamentalmente en dos ámbitos.

1] *Psicología experimental*, donde se determinan las reglas de aplicación de un test, en ausencia de las cuales es imposible un relevamiento que tenga consistencia científica. Para esto se determina la secuencia de presentación de cada una de las pruebas, el tipo de comunicación verbal, las características de un eventual estímulo en caso de reacción ansiosa o de fracaso; se garantiza la neutralidad respecto al sujeto de quien aplica el test para evitar contaminaciones entre los niveles de evaluación profesional o afectiva, todo para no invalidar el proceso de conocimiento y de credibilidad de los datos.

2] *Psicoanálisis*, donde el *setting* delimita un área espaciotemporal vinculada por reglas que determinan papeles y funciones para poder analizar el significado afectivo de las experiencias del paciente en una situación específicamente preparada para este relevamiento, que algunos definen como casi experimental, para evitar la actuación de estilos de relación típicos de la vida cotidiana, alterando el régimen de las **proyecciones** (*v*.) y de la **transfer** (*v*.), difíciles de evaluar porque son poco discernibles en una situación no protegida por el *setting*. El *setting* psicoanalítico clásico, donde se determinan el ritmo de las sesiones, su duración, las características del encuentro, la prohibición de encontrarse en otro lugar, puede sufrir modificaciones para adaptarse a exigencias especiales, como en el caso del análisis de los niños, de los adolescentes o de los psicóticos (*v*. **análisis**).

BIBLIOGRAFÍA: Anastasi, A. (1954); Balint, M. (1957); Semi, A.A. (1985); Semi, A.A., (coord.) (1988).

seudoalucinación
v. ALUCINACIÓN.

seudociesis
v. GRAVIDEZ.

seudodemencia (al. *Pseudoschwach-sinn*; fr. *pseudodémence*; ingl. *pseudodementia*; it. *pseudodemenza*)

Marcada indiferencia hacia todo lo que rodea al sujeto, sin un deterioro mental real (*v*. **demencia**). Esta forma se debe distinguir de la *seudodemencia histérica* que describió C.K. Wernicke, que se observa después de traumas craneanos, choques emocionales o intoxicaciones, con una sintomatología muy semejante al **síndrome de Ganser** (*v*.).

BIBLIOGRAFÍA: Wernicke, C.K. (1894).

seudoembarazo
v. GRAVIDEZ.

seudoestesia (al. *Pseudoesthesie*; fr. *pseudoesthésie*; ingl. *pseudoesthesia*; it. *pseudoestesia*)

Sensación o percepción sin un estímulo correspondiente, como en el caso del miembro fantasma (*v*. **somatoagnosia**, § 1, *e*).

seudohermafroditismo
v. HERMAFRODITISMO.

seudoinsuficiencia mental
v. RETARDO MENTAL.

seudología (al. *Pseudologie*; fr. *pseudologie*; ingl. *pseudologia*; it. *pseudologia*)

Tendencia habitual a inventar mentiras, en las que con frecuencia cree el propio autor, con el fin de despertar admiración, compasión o aun interés en los demás. Forman parte de este ámbito la exageración, la jactancia, el falso recuerdo, frecuentes en sujetos aparentemente seguros y fantasiosos, pero en realidad necesitados de afirmación y confirmación, que obtienen reduciendo a los demás a la función de espectadores encantados. K. Jaspers la clasificó entre las formas de histeria, H. Haenseller interpretó la seudología como un mecanismo de defensa anticonflictivo que permite rechazar y, al mismo tiempo, vivir en forma gratificante un acontecimiento ambivalente, mitomaníacamente deformado.

BIBLIOGRAFÍA: Haenseller, H. (1968); Jaspers, K. (1913-1959).

seudomnesia
v. MEMORIA, § 8, *b.*

seudomutualidad (al. *Pseudowechsel-seitigkeit*; fr. *pseudomutualité*; ingl. *pseudomutuality*; it. *pseudomutualità*)

Relación entre parejas y miembros de una familia basada eminentemente en la satisfacción de las necesidades neuróticas recíprocas (*v.* **matrimonio**).

seudorreminiscencia
v. MEMORIA, § 8, *b.*

sexofobia (al. *Geschlechtsangst*; fr. *phobie du sex*; ingl. *sex phobia*; it. *sessuofobia*)

Fobia (*v.*) por la sexualidad y por todo lo que la recuerda.

sexología (al. *Sexualwissenschaft*; fr. *sexologie*; ingl. *sexuology*; it. *sessuologia*)

Ciencia de reciente constitución que estudia los aspectos normales y patológicos de la **sexualidad** (*v.*) considerada desde el punto de vista genético, endocrinológico, neurológico, psicológico y socio cultural. Por lo que se refiere a los trastornos vinculados a la sexualidad véanse las voces específicas, en gran parte enlistadas en la voz **sexualidad**, § 2.

sexualidad (al. *Geschlechtlichkeit*; fr. *sexualité*; ingl. *sexuality*; it. *sessualità*)

Complejo de caracteres físicos, funcionales, psíquicos y culturales aptos para la perpetuación de la especie. En el hombre el acto sexual se manifiesta como un fenómeno muy complejo al cual, junto con las expresiones genéticas, la funcionalidad endocrina y nerviosa, se suman elementos psicológicos individuales y normas culturales que influyen de diversas formas en la experiencia y la conducta sexual de cada individuo.

1] BIOLOGÍA. En el nivel orgánico hay tres sistemas que interactúan en la determinación y en la funcionalidad sexual: el sistema genético, el sistema endocrino y el sistema nervioso, que E. Maura describe así en su relación recíproca:

a] *En el nivel genético* el sexo se determina en el momento de la fecundación. En la especie humana los gametos femeninos contienen cada uno un cromosoma X, mientras la mitad de los gametos masculinos contienen el cromosoma X y la otra mitad el cromosoma Y. En el acto de la fecundación, si a la célula huevo (X) se une el espermatozoide con cromosoma Y, se tiene la combinación XY que corresponde al individuo masculino; si se une el espermatozoide con cromosoma X se tiene la combinación XX que corresponde al individuo femenino. Ya en este nivel pueden manifestarse anomalías que inciden en la diferenciación sexual, como la falta del segundo cromosoma (sujetos XO), que tiene su correspondiente clínico en el síndrome de **Turner** (*v.*), o como la presencia de un cromosoma de más (sujetos XXY) como en el síndrome de **Klinefelter** (*v.*)

b] *En el nivel endocrino*, después de la sexta semana de vida intrauterina comienza la diferenciación del embrión de sexo masculino bajo la influencia de la testosterona (*v.* **endocrino**, **sistema**, § 6, *a*), que inhibe el desarrollo de estructuras femeninas. La testosterona, actuando en el **hipotálamo** (*v.*), determina el funcionamiento en dirección masculina, mientras las correlaciones entre el sistema hipotalámico y el sistema **límbico** (*v.*) son responsables, en la edad adulta, de la **erección** (*v.*) y del **orgasmo** (*v.*). En la vertiente femenina la influencia del hipotálamo en la hipófisis permite a esta última, mediante las gonadotropinas, estimular las gónadas (*v.* **endocrino**, **sistema**, § 6), determinando la maduración del folículo y las modificaciones uterinas responsables del ciclo femenino (*v.* **menstruaciones**).

c] *En el nivel nervioso* el mecanismo de la erección y de la eyaculación está regulado por los sistemas **simpáticos** (*v.*) y parasimpáticos que determinan una vasodilatación arterial y una contracción venosa simultánea, de la que depende la erección del pene y del clítoris. Las lesiones medulares o periféricas determinadas por fenómenos dismetabólicos, como por ejemplo la diabetes, por lesiones traumáticas o por procesos degenerativos, como en el caso de la esclerosis, acarrean trastornos parciales o totales de la erección y de la eyaculación. En la mujer los estímulos en el nivel del clítoris son esenciales para determinar el orgasmo, que consiste en una descarga neuromuscular circunvaginal, mientras en el hombre la estimulación debe interesar la cabeza y el cuerpo del pene para que se produzca el orgasmo, que consiste en espamos clónicos de los músculos situados en la raíz del pene y del perineo. Erección y orgasmo están determinados, no sólo por las influencias espinales, hipotalámicas y límbicas, sino también por la acción que sobre éstas ejerce la actividad mnésica y fantasmática cortical (*v.* **orgasmo**, § 1).

2] PSICOANÁLISIS. Ya que la actividad sexual, a diferencia de otras funciones, tiene necesidad del otro para poder expresarse completamente, desde el punto de vista psicológico la evolución de la sexualidad coincide con la evolución de los *procesos de relación.* En este ámbito la contribución más significativa la ofreció el psicoanálisis, que introdujo el concepto de sexualidad infantil a partir de las relaciones duales madre-hijo. Esto implica una *ampliación del concepto de sexualidad,* que no está regulada exclusivamente por el funcionamiento de los órganos sexuales orientados hacia el coito con el fin de la conservación de la especie, sino también por el mundo de la relación, que madura la personalidad, llevándola de la condición depredadora infantil y omnipotente al desarrollo genital que se concreta en el encuentro con el otro, para después encontrar ulteriores manifestaciones mediadas por la simbolización y por la **sublimación** (*v.*). A partir de este criterio es posible trazar un itinerario llamado "normal" de la sexualidad: éste recorre la fase **oral** (*v.*), **anal** (*v.*) y **fálica** (*v.*) en los primeros años de vida, para después expresarse en la complejidad edípica (*v.* **Edipo, complejo de**) donde madura la orientación sexual mediante la **identificación** (*v.*) con el progenitor del mismo sexo que, al prohibir la relación incestuosa (*v.* **incesto**, § 2) con el de sexo opuesto, favorece, con el temor a la **castración** (*v.*), la formación del **superyó** (*v.*), el cual prohíbe la satisfacción inmediata del deseo, creando las condiciones para una elaboración simbólica del mismo. Después de una fase de **latencia** (*v.*), que dura hasta la pubertad, se entra a la fase **genital** (*v.*), en la que se efectúa la relación con el otro en forma sexual completa.

En este proceso de maduración pueden darse formas de **fijación** (*v.*) en las diferentes fases del desarrollo o formas de **regresión** (*v.*) a aquellas en las que se encuentra una satisfacción excesiva o muy deficiente. Los efectos manifiestos de estos procesos son visibles en las llamadas "**perversiones**" (*v.*), que son desviaciones respecto al acto sexual definido como coito (*v.* **cópula**), es decir la penetración genital con una persona del otro sexo. Las "perversiones" se distinguen sobre la base del *objeto* sexual, como en los casos de **homosexualidad** (*v.*), **pedofilia** (*v.*), **zoorastia** (*v.*); de la *zona corporal,* como en el coito oral, anal, etc.; de *condiciones extrínsecas* consideradas indispensables para obtener placer, como el **fetichismo** (*v.*), el **exhibicionismo** (*v.*), la **escopofilia** (*v.*), el **sadomasoquismo** (*v.*) y el **trasvestismo** (*v.*). La **masturbación** (*v.*) es considerada, en parte, fisiológica en el itinerario que conduce de la condición narcisista infantil a la condición madura de la relación con el otro, y patológica cuando es índice de un defecto de relación, o síntoma de trastornos mentales como la masturbación desenfrenada en casos de oligofrenia y esquizofrenia.

Se debe distinguir de las perversiones las *insuficiencias sexuales* en las cuales la alteración es sólo cuantitativa, como en la **impotencia** (*v.*), la **eyaculación** (*v.*) precoz, la **frigidez** (*v.*), el **vaginismo** (*v.*) y la **dispareunia** (*v.*). Estos trastornos pueden tener como base causas físicas o psíquicas. Estas últimas pueden generar un círculo vicioso, activando procesos de ansiedad que inhiben el desarrollo normal del acto sexual.

3] ANTROPOLOGÍA SOCIAL. Tanto en el nivel biológico como psicológico la ambivalencia sexual, la actividad y la pasividad se registran como diferencias en el cuerpo de *cada* sujeto y no como un término absoluto vinculado a un determinado órgano sexual. Pero esta ambivalencia sexual profunda se pasó culturalmente a segundo plano por las exigencias de la organización genital y por el orden social. La antropología social, con los trabajos de B.

Malinowski y de C. Lévi-Strauss, demostró que la cultura, sobre todo la primitiva, siempre ha buscado dispersar esta realidad irreductible para reducirla semióticamente a la gran diferenciación de lo masculino y de lo femenino, entendidos como dos sexos plenos, absolutamente diferentes y opuestos entre sí. Resuelta la dificultad de los sexos en la diferencia de los órganos sexuales, la distinción masculino/femenino fue el primer principio de orden alrededor del cual se organizaron las culturas primitivas que, por ejemplo, no conocían ninguna forma de trabajo en que participaran juntos hombres y mujeres. La oposición sexual, que se transforma en oposición del espacio y del tiempo vividos respectivamente por el hombre y por la mujer, se expresa en oposición socioeconómica entre un grupo de productores y un grupo de recolectores-consumidores, por lo que la diferencia sexual, si por un lado es la causa de la *reproducción de la especie*, por el otro es el efecto de la *producción social*, y esto no sólo en el sentido de que cada reproducción sexual está sometida al orden de una cultura que controla los nacimientos basándose en los recursos del territorio, sino en el más profundo de que el dispositivo significante de la diferencia sexual juega en niveles que sobrepasan a tal punto las características biológicas de la reproducción que hace considerar, en la distribución de las funciones y de las obligaciones, que la diferencia sea más *sexuada* que *sexual*.

Las prohibiciones sexuales se transforman en **tabúes** (*v.*), **ritos** (*v.*) y **mitos** (*v.*), dividiendo el espacio y el tiempo en **sagrado** (*v.*) y **profano**, los actos en puros e impuros (*v.* **puro-impuro**); determinan las etapas de crecimiento, como la **iniciación** (*v.*), que bajo la forma de un renacimiento simbólico señala el paso de la adolescencia a la edad adulta, caracterizada por la relación sexual orientada hacia la **exogamia** (*v.*), que prevé el intercambio de mujeres y la prohibición de la relación sexual dentro del grupo, percibida bajo el símbolo del **incesto** (*v.*, § 1). Estas reglas culturales permiten que la pareja paterna, paritaria desde el punto de vista de la generación, se vuelva jerárquica en la representación social, por lo que el concepto social de "madre" es absorbido por el biológico de "generadora", mientras el significado biológico de "genera-

dor" es absorbido por el social de "padre". Mediante esta representación social el hijo interioriza su identidad sexual junto con los valores jerárquicos de la sociedad en la que vive. Esta interiorización tiene sus repercusiones en el ámbito psicológico en términos de experiencia y de comportamientos, que incluso pueden llegar hasta el nivel biológico por la influencia de los elementos psíquicos en los mecanismos fisiológicos.

BIBLIOGRAFÍA: Abraham, G., P. Marrama, C. Carani y J.M. Gaillard (1986); Abraham, G. y W. Pasini (1975); Amato, S. (1985); Archer, J. y B. Lloyd (1982); Bataille, G. (1957); Cavallo Boggi, P. (1978); Ceccarelli, F. (1978); Ellis, H. (1897-1910); Foucault, M. (1976-1984); Freud, S. (1905); Freud, S. (1912-1913); Freud, S. (1925); Freud, S. (1931); Galimberti, U. (1983); Kaplan, H.S. (1976); Kinsey A.C. *et al.* (1948); Kinsey A.C. *et al.* (1953); Krafft-Ebing, R. von (1886); Lévi-Strauss, C. (1947); Maccoby, E. y C.N. Jacklin (1966); Mainardi, D. (1975); Malinowski, B. (1927); Marrama, P. *et al.* (1987); Masters, W.H. y V.E. Johnson (1966); Maura, E. (1983); Mead, M. (1935); Mead, M. (1949); Millet, K. (1969); Oliverio, A. y A. Oliverio Ferraris (1978); Pasini, W., C. Crépault y U. Galimberti (1987); Rosen, I. (1968); Steiner, F.B. (1956); Weitz, S. (1970); Witting, M.A. y A.C. Peterson (1979).

shock (al. *Schock*; fr. *choc*; ingl. *shock*; it. *shock*)

Estado de suspensión o de grave disminución de funciones fundamentales, como la respiración y la circulación, con pérdida u obnubilación de la conciencia, provocadas inesperada y en general imprevistamente por acciones lesivas diversas, como traumas accidentales o quirúrgicos, emociones intensas, paso de fuertes corrientes eléctricas a través del cuerpo, ingestión de cierto fármacos. En *psicología experimental* se somete a shock a animales para las investigaciones del condicionamiento, de la memoria y de la frustración, mientras en el *ámbito psicoterapéutico* los medios más en uso para provocar el shock del sistema nervioso central son, aunque su uso ha ido disminuyendo, medios eléctricos, como el **electrochoque** (*v.*) o farmacológicos, como la **insulinoterapia** (*v.*).

sí mismo (al. *Selbst*; fr. *soi*; ingl. *self*; it. *sé*)

El término adquiere su significado a partir de la orientación teórica que dispone su empleo y decide su uso. En términos generales tres son los significados fundamentales atribuidos hasta ahora: 1] núcleo de la conciencia autorreflexiva; 2] núcleo permanente y perdurable en el curso de los cambios somáticos y psíquicos que caracterizan a la existencia individual; 3] totalidad de las instancias psíquicas relativas a la persona, en contraposición a las relaciones objetales.

1] PSICOLOGÍA. En este campo la noción de sí mismo aparece con W. James, quien habló de tres constituyentes del sí: el *sí mismo material*, que se deriva de la conciencia del cuerpo, del ambiente y de los bienes del individuo; el *sí mismo social*, constituido, por un lado, por las percepciones o imágenes que cada uno supone que los otros tienen de él, y por el otro por las normas y valores sociales que forman parte de la visión compartida del mundo; el *sí mismo espiritual*, que es autoconocimiento que cada uno tiene de sí y de su propia existencia. Desde entonces las investigaciones del concepto del sí mismo se desarrollaron en la dirección de una posible orientación hacia el estudio de la integración personal, y en este sentido el sí mismo es percibido como: 1] *agente* de las propias acciones a partir de las corporales, acompañadas de la experiencia de que lo que tiene que ver con el cuerpo tiene que ver conmigo; 2] *continuo*, donde la continuidad está garantizada por los recuerdos, que tienen una ubicación precisa en el pasado personal, donde se puede encontrar una identidad subyacente a los cambios; 3] *en relación con los demás*, cuyos comportamientos de aceptación o de rechazo influyen en el concepto de sí; 4] *como portador de valores* sobre la base de los cuales se construye un *sí mismo ideal*, que representa lo que a una persona le gustaría realizar. Una incongruencia entre lo que se es y lo que se desea ser genera ansiedad, así como una incongruencia entre el *sí mismo interior* y el *sí mismo exterior* o "falso" o irreal" puede generar distorsiones en el flujo de la experiencia y del concepto de sí. La valoración de sí mismo es confiada a la **autoestima** (*v.*), en la que actúan el éxito, el fracaso y la congruencia entre la valoración que un individuo tiene de sí y el valor que le asignan los demás. Se comprobó que la necesidad de ser aprobado es superior a la necesidad de *realización de sí mismo* (*v.* **autorrealización**), es decir de afirmación de la identidad.

G.W. Allport ilustró con un ejemplo todos estos elementos que intervienen en la formación del concepto de sí mismo: "Supongamos que ustedes deben enfrentar un examen muy difícil y crucial. Sin duda sentirán una alteración en el latido de su pulso y trastornos en el estómago (*sí corporal*); además tendrán conocimiento del significado de ese examen respecto a su pasado y a su futuro (*identidad personal*), de su orgullosa participación (*autoestima*), de lo que el éxito o el fracaso significaría para sus familias (*extensión del sí mismo*), de sus esperanzas o aspiraciones (*imágenes de sí mismo*), de su propio rol como resolvedor de problemas en los exámenes (*agente racional*), y de la pertinencia de la situación completa para sus fines a largo plazo (*tendencia del proprium*)" (1961: 53). El concepto de sí mismo actúa como guía del comportamiento y criterio de conducta, incluso si una excesiva atención sobre sí puede hacer más difícil resolver una situación con aspectos ilógicos e incongruentes. El sí mismo es dinámico, y en su variación participan emociones, disposiciones, grado de conocimiento, nivel de coherencia lógica, tolerancia de la contradicción y de las discrepancias que, en la interacción social, el concepto de sí mismo está inevitablemente obligado a sufrir.

2] PSICOLOGÍA SOCIAL. En este ámbito se subraya la naturaleza interpersonal del sí mismo, dejando en la sombra las cualidades unificadoras y estabilizadoras que subrayan el psicoanálisis y la psicología humanista. Desde este punto de vista el sí mismo es una construcción hecha a partir de las actitudes que los demás asumen en relación con nosotros, de lo cual, en una segunda etapa, se desarrolla la autorreflexión, que permite que cada uno se considere a sí mismo como objeto de su propio conocimiento. Con este propósito G.H. Mead distingue "el yo en mí como diferentes fases del sí mismo, en el sentido de que el mí responde a las actitudes organizadas por los demás que nosotros asumimos en forma precisa, y que determinan en consecuencia nuestra conducta, ya que esto es propio de un carácter consciente del sí mismo. Entonces el mí puede ser considerado como lo que le da forma al yo. La novedad está producida por la acción del yo, pero su estructura, la forma del sí mismo, es convencional" (1934: 218). Desde este punto de vista el sí mismo es un fenómeno completamente *interpsíquico*, más que intrapsíquico, pues es el reflejo de las opiniones y de las actitudes que los demás, directa o indirectamente, nos comunican, hasta llegar a la conclusión radical por la que la sociedad constituye el espejo en el que cada uno ve reflejada su propia imagen o concepto de sí. Dada la influencia recíproca entre el concepto de sí y los continuos cambios del ambiente social, la estabilidad del sí mismo sólo puede ser relativa. En esta relatividad S.G. Jones ve la condición más favorable para todos los procesos que tienen la intención de propiciar un cambio del sí.

3] PSICOANÁLISIS. En este ámbito la noción de sí mismo es una adquisición posterior al modelo teórico que propuso S. Freud, donde todavía se pueden encontrar algunas premisas como: *a*] la distinción entre placer y displacer, con tendencia a desplazar hacia afuera las fuentes interiores de displacer, atribuyendo a éstas la carga agresiva que el sujeto advierte dentro de sí, para protegerse a sí mismo de un exceso dañino de agresividad no neutralizada; *b*] los estudios del narcisismo o amor de sí que, oportunamente profundizados, habrían llevado, en opinión de Freud, a la comprensión de las psicosis. Y en efecto, cuando el yo sea visualizado como sedimentación de los objetos interiorizados, se verá la **escisión** (*v*., § II) como ruptura de su precaria función sintética; *c*] la ampliación del concepto del yo, que el psicoanálisis clásico había considerado principalmente desde el punto de vista de las funciones defensivas, con menoscabo de las de relación. Puesto el yo en relación con el ambiente externo y con sus objetos, nacen, en contraposición a las representaciones objetales, las representaciones del sí mismo en el yo o, si se prefiere, el yo en la forma reflexiva de sí. Los exponentes más significativos de la llamada *psicología del sí mismo* son:

a] H. Kohut, quien concibe el sí mismo como sistema organizado de los recuerdos, señalados comúnmente como representaciones de sí, a los que se debe reconocer un significa-

do dinámico y genético, pues no se trata de simples contenidos mentales sino de una constelación psicológica organizada que sigue ejerciendo una activa influencia dinámica en el comportamiento. A partir de estas premisas Kohut solicita un desplazamiento de la psicología de lo profundo del yo al sí mismo, algo requerido también por las condiciones sociológicas modificadas, que con frecuencia mantienen alejados a los padres de los hijos, provocando en los niños, en lugar de la tradicional situación edípica, un trastorno narcisista del sí mismo que necesita al objeto como el organismo al oxígeno. Cuando falta el objeto-madre, capaz de aceptar los requerimientos infantiles, el niño, en lugar de experimentar "el goce del sí mismo completo", se recluye en forma narcisista en un fragmento de su experiencia psicológica que da inicio a un sí mismo defendido, que es la base de las dos figuras antropológicas, que Kohut dibuja como un hombre culpable que tiende a la satisfacción de las pulsiones, y un hombre trágico, orientado desesperadamente a la realización del sí mismo.

b] O. Kerberg comparte la teoría del sí mismo como polo de investimiento narcisista, y elabora una nueva perspectiva teórica a partir de los *borderline* o casos marginales (*v*. **marginal, síndrome**, § 1), en los cuales los objetos son interiorizados pero no metabolizados, por lo que el sí mismo no resulta integrado sino que se manifiesta constantemente con actitudes que no presentan una continuidad entre sí, con la consiguiente carencia de una identidad sólida. En la misma línea de interpretación encontramos a B. Grunberger, para quien el estado de **elación** (*v*.), es decir la experiencia de unicidad, pacificación y satisfacción despojada de necesidades que se experimenta en el curso de la vida prenatal y que es base de toda expresión narcisista, dificulta la relación con los objetos, con la consiguiente falta de interiorización y metabolización, sin las cuales es imposible un proceso madurativo y una continuidad en el intercambio con el mundo.

c] K. Horney distingue un *sí mismo actual*, que es la persona completa, somática y psíquica, consciente e inconsciente, tal como se da en la realidad en un determinado momento; el *sí mismo real*, que es el potencial de crecimiento y de desarrollo ulteriores, y el *sí mis-*

mo idealizado, que es una identificación con una imagen idealizada de sí a la que recurre el neurótico para defenderse contra el reconocimiento de la discrepancia entre lo que es y lo que quisiera ser. Una identificación completa con el sí mismo ideal trae consigo el rechazo del sí mismo actual, con los consiguientes sentimientos de autodesprecio y dependencia de otras personas sobre las cuales se formó la imagen idealizada de sí.

d] Sobre los efectos psicóticos de la constitución fallida de un sí mismo insistió especialmente B. Bettelheim, con sus numerosas investigaciones sobre el **autismo** (*v.*), interpretado como una confirmación, en el mundo real, de las angustias fantasmáticas que caracterizaron la vida neonatal. La coincidencia entre elementos aterrorizantes del mundo interno y del mundo externo obliga al niño a interrumpir la comunicación consigo mismo y con los demás. El tratamiento consiste en alcanzar al niño en su "fortaleza vacía" con un enriquecimiento del sí mismo y del no sí mismo mediante la experiencia de una completa aceptación por parte del mundo externo, que rompa la coincidencia negativa entre los fantasmas del mundo interno y las confirmaciones del externo.

e] S. Arieti llevó a cabo una reflexión orgánica del sí mismo; para él "los sentimientos, las ideas, las elecciones y las acciones del hombre alcanzan su más alto desarrollo en la reciprocidad social, pero comienzan y terminan en la intimidad del sí mismo consciente" (1971: 15). Existen diversos sí mismo e imágenes de sí según la fase de desarrollo, a partir del nivel sensomotor y hasta el de una entidad dotada de voluntad a la que se llega mediante un recorrido evolutivo que funciona incluso en las psicosis, donde los procesos cognoscitivos no logran controlar los afectivos. Para Arieti el proceso psíquico no encuentra su realización en la adaptación o en la autorrealización sino en una meta que trasciende la realidad y las potencialidades individuales, y que se manifiesta en la "expansión del sí mismo" mediante acciones creativas que van desde las intuiciones del esquizofrénico hasta la producción del artista y el descubrimiento del científico, que tienen en común un "residuo" de respeto a la lógica compartida.

4] PSICOLOGÍA INTERPERSONAL. H.S. Sullivan, emancipando la formación del yo de los con-

dicionamientos biológicos a los que lo sometió Freud, para referirla a la interacción humana, considerada como originaria y condicionante de la misma evolución biológica, llama *sistema del sí mismo* a los rasgos constantes y definitivos de la personalidad, seleccionados entre los muchos posibles después de la influencia determinante de las relaciones interpersonales y en especial de las que se dan entre los padres y el hijo, porque las acciones y las cualidades del niño que encuentran desaprobación tienden a ser excluidas de la conciencia y disociadas. Los impulsos disociativos no son destructivos por sí mismos, pero pueden ocasionar angustia porque existe un interés emotivo en mantener el sistema del sí mismo inmune de cualquier cosa que lo amenace. No lejana de la hipótesis de Sullivan está la concepción del *verdadero sí mismo* (*true self*) que elaboró E. Fromm, quien llama así a la suma total de las potencialidades de una persona, en condiciones sociales y culturales favorables que podrían desarrollarse. Fromm ve la neurosis en términos de relaciones interpersonales y de presiones culturales que con frecuencia obstruyen las potencialidades individuales, y concibe la terapia no como adaptación a la cultura en que se vive sino como desarrollo del verdadero sí mismo, cuyas neurosis se deben imputar a las carencias culturales o a las nuevas necesidades inducidas por la cultura, la inadecuación a las cuales produce sentimientos de vergüenza y pérdida de autoestima.

5] PSICOLOGÍA HUMANÍSTICO-EXISTENCIAL. Para esta orientación teórica el sí mismo no es un elemento psíquico sino un proceso de **autorealización** (*v.*) considerada como única y auténtica motivación del comportamiento, al que las mismas pulsiones están subordinadas. Sigue esta hipótesis R. May, para quien "la capacidad más importante que emerge en el ser humano es la autorrealización (*self-relatedness*)" (1967: 79) a partir de ese "centro" que cada ser humano trata de afirmar y que no se mantiene automáticamente, como en las plantas y en los animales, porque la participación con otros seres, si bien por un lado enriquece esta centralidad, por el otro puede comprometerla por la calidad de la interrelación. En la misma línea de interpretación está A.H. Maslow, para quien la realización de sí debe afirmarse más allá de las máscaras que cada uno está obligado a adoptar en los momentos públicos de su existencia (*v.* **psicología humanista**). La dinámica entre "yo" y "social", que en relación con el yo cumple una función de contención, se desarrolla mediante diferentes recorridos. Uno de ellos es el de J.L. Moreno, quien ideó una técnica, el **psicodrama** (*v.*), para la compensación de los aspectos deficitarios del sí mismo. Otro es el de C.R.Rogers, que creó la "terapia no directiva" (*v.* **psicología rogeriana** § 1), orientada a favorecer las que en su opinión son las tendencias innatas para la integración, la actualización de sí y la realización con los demás que, juntos, constituyen la unidad de la **personalidad** (*v.*, § 16), que no es estructural sino dinámica, y que sólo puede asirse en su devenir, aunque esto con frecuencia se ve impedido por el miedo a lo nuevo o a la adopción de los valores ambientales a los que el sujeto es renuente a renunciar por el miedo a perder las relaciones afectivas.

6] PSICOLOGÍA ANALÍTICA. C.G. Jung, que hace de la relación yo-sí mismo el eje fundamental de su concepción de la psique, considera que "el sí mismo no es sólo el centro, sino también todo el perímetro que envuelve, juntos, la conciencia y el inconsciente; es el centro de esta totalidad, así como el yo es el centro de la mente consciente" (1951: 444). Por lo que se refiere a las dos acepciones junguianas del sí mismo, como momento inicial de la vida psíquica y como su realización y meta, véase **psicología analítica**, § 4.

7] PSICOLOGÍA INDIVIDUAL. A. Adler introduce la noción de *sí creativo* para indicar un sistema subjetivo sumamente personalizado que encabeza las experiencias psíquicas, ordenándolas en un estilo de vida (*Lebensstil*) (*v.* **estilo**), en el cual todo individuo es reconocible.

8] PSICOLOGÍA CONDUCTISTA. En este ámbito se suele reconocer un *sí mismo fenoménico*, que es el sí mismo del que el sujeto está consciente en la percepción de sí, y un *sí mismo inferido*, que es el sí percibido por el observador externo y que resulta, no de material introspectivo, sino de los tests proyectivos y de las entrevistas clínicas. Desde el punto de vista conductista la atención está dirigida al sí mismo inferido, en cuanto la imagen de sí que resulta de lo que cada uno piensa de sí es falsificada, la mayoría de las veces, por elementos inconscientes.

9] PSICOLOGÍA COGNOSCITIVISTA. Aquí tiene lugar la crítica más radical del concepto del sí mismo que nace, según M. Minsky, "de una antigua creencia errada, un asunto tan enraizado en nosotros que nunca pensamos ponerlo en discusión. El asunto es que dentro de nosotros vive una persona que piensa por nosotros; a esta persona la consideramos nuestro sí mismo. ¿Cómo funciona la visión? Simple: nuestro sí mismo ve a través de nuestros ojos, de la misma manera que nosotros vemos desde una ventana. ¿Cómo hacemos para hablar? Aquí todo parece venir de adentro: es nuestro sí mismo el que tiene algo que comunicarnos. ¿Cómo tomamos decisiones? Nuestro sí mismo usa su 'libre albedrío'. Ahora está claro que estas respuestas en realidad no son respuestas sino palabras más o menos vacías que sólo parecen respuestas en la medida necesaria para que no nos hagamos más preguntas" (1985: 19-20). Minsky considera que sería más provechosa una investigación que, en lugar de dirigirse al sí mismo, se dirigiese a las ideas que dan inicio a la noción de sí mismo. Éstas representan "las convicciones de lo que *somos*. A su vez, estas últimas abarcan las convicciones de lo que somos capaces de hacer, así como de lo que eventualmente estamos dispuestos a hacer, y nosotros las aprovechamos cada vez que resolvemos un problema o que proyectamos hacer algo. Las llamaré, con una expresión bastante vaga, *autoimágenes*. Además de nuestras autoimágenes, las ideas que tenemos de nosotros mismos abarcan también las ideas de lo que *quisiéramos* ser y las ideas de lo que *deberíamos* ser. Estas ideas, que llamaré *autoideales*, influyen en el desarrollo desde la infancia, pero por lo general son difíciles de expresar, porque son inaccesibles a la conciencia" (1985: 67).

BIBLIOGRAFÍA: Adler, A. (1912); Allport, G.W. (1961); Arieti, S. (1971); Arieti, S. (1976); Bettelheim, B. (1967); Burns, R.B. (1979); Freud, S. (1914); Freud, S. (1920); Fromm, E. (1976); Gergen, K.J. (1971); Grunberger, B. (1971); Horney, K. (1950); James, W. (1890); Jones, S.G. (1973); Jung, C.G. (1951); Kahn, M.M.R. (1983); Kernberg, O. (1972); Kernberg, O. (1975); Kohut, H. (1971); Kohut, H. (1978); Lasch, C. (1979); Maslow, A.H. (1954); May, R. (1967); Mead, G.H. (1934); Minsky, M. (1985); Mischel, T. (coord.) (1977); Moreno, J.L. (1953); Rogers, C.R. (1951); Sullivan, H.S. (1953); Wegner, D.M. y R.R. Vellacher (coords.) (1980).

sicigia (al. *Syzygie*; fr. *syzygie*; ingl. *syzygy*; it. *sizigia*)

Complementariedad interna de un par de **opuestos** (*v.*, § 2). El término se usa en la psicología analítica junguiana para describir la dinámica masculina-femenina expresada en la relación **ánima** (*v.*, § 3) **animus** (*v.*): "La sicigia consta de tres elementos, a saber: la parte femenina que corresponde al hombre y la virilidad que corresponde a la mujer, la experiencia que el hombre tiene de la mujer y viceversa y, finalmente, la imagen arquetípica femenina y masculina. El primer elemento puede estar integrado en la personalidad mediante la toma de conciencia; el último no" (1951: 21).

BIBLIOGRAFÍA: Jung, C.G. (1951).

sífilis (al. *Syphilis*; fr. *syphilis*; ingl. *syphilis*; it. *sifilide*)

La sífilis, llamada también *lúes* o *lúes venérea*, es una enfermedad venérea infecciosa y contagiosa de curso cíclico debida a una bacteria o espiroqueta conocida como *Treponema pallidum* que, penetrando en los espacios linfáticos perivasculares, produce una reacción específica, consistente en una acumulación de células mononucleadas, principalmente linfocitos y plasmocitos, que forman un tejido muy vascularizado. El cuadro clínico distingue una sífilis *adquirida*, que se desarrolla en tres fases, y una *congénita*, contraída por los padres y presente desde el nacimiento, con los síntomas típicos de la segunda o tercera fase: *a*] la *fase primaria* está caracterizada por la presencia de una úlcera inicial en el punto de ingreso del treponema. La úlcera, que aparece a los ocho días, aproximadamente, no supura y no es dolorosa. Cicatriza de manera espontánea más o menos en un mes; *b*] la *fase secundaria* está caracterizada por erupción (sifilodermis) en diferentes partes del cuerpo. Aparecen en especial manchas rosáceas en el tórax, llamadas "roseolas", que desaparecen después de algunas semanas; *c*] la *fase terciaria* se caracteriza por la presencia de espiroquetas que en cualquier momento, incluso después de muchos años, pueden atacar órganos vitales, produciendo lesiones óseas, musculares, hepáticas, testiculares, oculares, cardiovasculares, nerviosas. Las espiroquetas, localizadas en el sistema nervioso, pueden determinar dos enfermedades: la *parálisis progresiva*, que es una verdadera enfermedad mental (*v.* **parálisis**, § 2), y la *tabes dorsal espasmódica*, *ataxia locomotriz progresiva* o *esclerosis dorsal posterior*, que es una enfermedad de la médula en la que se pierde el sentido de la ubicación de las extremidades, con la consiguiente dificultad para la marcha, por degeneración de las fibras nerviosas debida a la afectación de los nervios espinales. Cuando las características de la parálisis progresiva y de la tabes dorsal se suman, se habla de *taboparesis*. La sífilis puede curarse y combatirse con tratamiento antibiótico, más eficiente cuanto más temprano. En las fases más avanzadas, cuando ya está comprometido el sistema nervioso, la sífilis altera las capacidades del individuo y la organización de su personalidad. Se puede observar entonces la aparición de ideas delirantes o de tipo expansivo con temas megalomaniacos (*v.* **megalomanía**), o de tipo depresivo con temas hipocondriacos (*v.* **hipocondría**), muy variados en sus manifestaciones.

sigmatismo
v. DISLALIA.

significación
v. PSICOLOGÍA DE LA FORMA, § II, 4.

significado
v. SIGNO.

significancia
v. ESTADÍSTICA, § II, 4.

significante

v. SIGNO.

signo (al. *Zeichen*; fr. *signe*; ingl. *sign*; it. *segno*)

Relación entre un significante y un significado, donde por *significante* se entiende el plano de la expresión y por *significado* el plano del contenido. La escolástica medieval lo definió como "algo que suplanta a otra cosa (*aliquid stat pro aliquo*)". El signo encontró su formulación en el ámbito lingüístico con F. de Saussure: "El signo lingüístico une, no una cosa y un nombre, sino un concepto y una imagen acústica. Esta última no es el sonido material, cosa puramente física, sino la huella psíquica de este sonido, la representación que nos es dada por el testimonio de nuestros sentidos; ésta es sensorial y si la llamamos 'material' es sólo en tal sentido y en oposición al otro término de la asociación, el concepto, generalmente más abstracto. [...] Proponemos conservar la palabra *signo* para designar al total, y remplazar *concepto* e *imagen acústica* con *significado* y *significante*, respectivamente; estos dos últimos términos tienen la ventaja de volver evidente la oposición que los separa tanto entre sí como del total del que forman parte" (1916: 85).

El modelo saussuriano del signo como entidad con dos caras (significante y significado) lo retomó L. Hjelmslev quien, haciendo extensiva la noción de signo más allá del ámbito lingüístico, sustituyó los términos "imagen acústica" y "concepto" con los más generales de "plano de expresión" y "plano de contenido". Luego la díada significado-significante se transformó en tríada, representada por un triángulo en el cual el plano de la expresión, vehículo de los signos o signo en sentido estricto, refiere al vértice superior, donde se encuentra el *significado* o *intención* del término, y al vértice derecho, donde se encuentra el *referente* (*v.*) o *extensión* del término, que se refiere a la clase de los objetos por mencionar, la que sí utiliza el vehículo de los signos.

1] SIGNO Y COMUNICACIÓN. El signo, utilizado para transmitir una información, se introduce en la serie: fuente emisora-canal-mensaje-destinatario, donde es necesario distinguir la

señal (que es de orden cuantitativo y que se caracteriza por su presencia o ausencia en el recorrido que, desde una fuente de informaciones, a través de un aparato transmisor, un emisor hace pasar por un canal hasta un aparato receptor que lo pueda captar) del *signo*, que es el significado de la señal, que sólo puede interpretarse en presencia de un **código** (*v.*, § 1) que transforma la señal en un mensaje perceptible y comprensible para un destinatario (*v.* **información**, **teoría de la**).

2] SIGNO Y SIGNIFICACIÓN. Desde este punto de vista el signo es la relación triangular arriba ilustrada que remite intensivamente a un significado y extensivamente a un referente. Esta tríada ya había aparecido de modo embrionario con Platón y Aristóteles; después la desarrollaron los estoicos, quienes habían distinguido un *semainon*, que es el signo verdadero, como entidad física; un *semainomenon*, que es lo que dice el signo, y un *pragma*, que es el objeto, el acontecimiento o la acción a la que el signo se refiere. Entre los signos rige la ley de la progresividad y de la *semiosis ilimitada*, por la que cualquier objeto puede ser instituido como significante de otro objeto. El signo no existe como entidad física observable sino como *relación* entre el plano de la expresión (significante) y el plano del contenido (significado), caracterizados el primero por la forma y el segundo por la sustancia. La relación entre significante y significado es convencional, y lo que preside el acuerdo es un código del que depende el carácter denotativo o connotativo del signo (*v.* **denotación**), además de su *sentido*, que es un recorrido de lectura que se elige dentro del enlace que fijó el código entre los elementos expresivos y las unidades culturales.

3] SEMÁNTICA, SINTÁCTICA Y PRAGMÁTICA DEL SIGNO. C. Morris, al introducir esta distinción, llamó *semántica* a la relación del signo con lo que significa, *sintáctica* a las reglas de combinación que insertan un signo en una secuencia de otros signos, y *pragmática* al uso que se hace de un signo o a su efecto en el destinatario (*v.* **lingüística**, § 1).

4] EL SIGNO EN LA PSICOLOGÍA DE LO PROFUNDO. En este ámbito se suele distinguir el *signo*, indicador de un proceso patológico que puede observar el médico, del *síntoma* (*v.*), que es la manifestación de este proceso que causa sufrimiento al paciente. Obviamente todo síntoma es signo de un proceso subyacente, pero los términos deben mantenerse diferenciados porque se da el caso, como en la histeria de conversión, de que el paciente se queje de síntomas físicos mientras no es evidente ningún signo de enfermedad física.

Más articulada es la distinción entre *signo* y *símbolo* (*v.*). S. Freud adopta el término "signo" para indicar la presencia de algo, y el término "símbolo" cuando el algo que aparece refiere a algo más, que sólo puede ser alcanzado mediante la interpretación. Para C.G. Jung, en cambio, lo que para Freud es un símbolo forma parte de la categoría del signo, porque signo es todo aquello cuyo significado se conoce, mientras que símbolo es lo que remite a algo ignoto o relativamente desconocido, por lo que "significado simbólico y significado sintomatológico son cosas completamente diferentes" (1921: 483). El símbolo contiene un excedente de sentido respecto al significado conocido, y su fuerza simbólica dura mientras dure este excedente. Cuando se descubre el significado de un símbolo éste deja de ser un símbolo y se resuelve en el signo. Por ejemplo, una fantasía, explicada desde el punto de vista de su *génesis* es signo de un determinado conflicto; observada desde el punto de vista de su *sentido* es un símbolo de posibilidades todavía desconocidas (1921: 443).

En la interpretación del signo y en su relación con el orden simbólico J. Lacan se atiene al lenguaje propio de la semiótica, pero entre significante y significado no establece una relación, como prevé Saussure, sino una escisión (*Referete*) entre la red del significante y la del significado, por lo que "es en la cadena del significante que el sentido *insiste*, pero ninguno de los elementos de la cadena *consiste* en la significación de la que es capaz en ese mismo momento" (1957: 497; *v.* **lacaniana, teoría**, § 7).

BIBLIOGRAFÍA: Barthes, R. (1964); Eco, U. (1973); Eco, U. (1975); Eco, U. (1981); Freud, S. (1899); Hjelmslev, L. (1943); Jori, M. (1985); Jung, C.G. (1921); Lacan, J. (1957); Morris, C. (1946); Ogden, C.K. e I.A. Richards (1932); Peirce, C.S. (1931-1935); Saussure, F. de (1916).

sílabas sin sentido
v. EBBINGHAUS, LEY DE.

silencio (al. *Schweigen*; fr. *silence*; ingl. *silence*; it. *silenzio*)

El término tiene un significado técnico y uno especulativo. En la primera acepción el silencio es la condición de la palabra que, sin el intervalo del silencio, no podría enunciarse en su sonido y en su significado; en la segunda acepción dice lo *inexpresable* más allá de lo que puede ser dicho y descrito, y en este sentido debe leerse la expresión de L. Wittgenstein "Sobre lo que no se puede hablar, se debe callar" (1922: 82). El silencio señala el límite de la comprensión (*v.* **psicología comprensiva**) frente a lo que K. Jaspers llama lo *indescifrable*, que se encuentra después de descifrar todos los signos del mundo: "Frente al ser [...] cesa, además del pensamiento, también la palabra. [...] Si después la respuesta quiere romper el silencio, hablará sin decir nada" (1933: 1180).

1] *En el ámbito fenomenológico* P.A. Rovatti ve en el *silencio* el contrario del *sujeto* que, nombrando todas las cosas, las sustrajo de su variación de sentido para producirlas en ese único significado inscrito en el nombre asignado. Si se supera el *horror vacui* que el silencio puede evocar, si "no se tiene horror a reconocer este vacío que nos apuramos en llenar, y se lo deja actuar", entonces "el lenguaje puede entrar en una especie de oscilación: nombres y cosas se encuentran desacelerados en su correspondencia. Se vuelven más visibles los residuos y los deslices semánticos: la palabra, por inercia atraída por la organización conceptual normal, es llevada a manifestar su propio halo metafórico. En cierta forma sucede, en este ejercicio de corrección, lo contrario de lo que se suele pensar: no una saturación de los espacios y, por así decir, un registro de los conceptos, sino una apertura o una mayor visión de los efectos metafóricos, en beneficio de algo que no sé si se puede llamar simplemente 'claridad'; ciertamente es una densificación del lenguaje, como si las palabras pidieran para sí un volumen, un espesor (un juego de llenos y de vacíos) que lo artificioso de la escritura inmediata tiende casi siempre a comprimir" (1922: 130).

2] *En el ámbito hermenéutico* V. Vitiello identifica en el silencio el lugar donde la filosofía puede abrir el horizonte de la pregunta como "*Destruktion* de cada *Weil* en la constante reproposición del *Warum*". Al hacerlo la filosofía atestigua "la 'mortalidad' de la palabra. Porque si no hay palabra-respuesta, no hay palabra definitiva: la respuesta es siempre definitiva. Pero esto no se narra, 'se prueba', 'se experimenta'. Siempre de nuevo. Por lo tanto la misma muerte es para la palabra filosófica una 'tarea'. Una pregunta, *la* pregunta de qué hacer *immer wieder*, para comprender siempre de nuevo y siempre mejor. La 'muerte' permanece como primer interlocutor del diálogo filosófico. Los otros interlocutores –todos los demás– son solamente 'figuras' de la muerte. Figuras del Otro. Del Silencio. La palabra filosófica, en su preguntar, da la palabra al Otro, al Silencio, a la muerte. Es su tarea *decir el Silencio*. El silencio *de las* cosas, *en las* cosas, *en los* nombres, *en los* 'sonidos' de las cosas. [...] Al decir las cosas, al decir el Silencio presente en los sonidos de las cosas, la palabra filosófica vuelve a encender la maravilla para el existente, la maravilla *que el existente* es. Maravilla que no es encanto, o superación estática de la razón; es, y sigue siendo, reflexión. La reflexión del *cogito* que 'experimenta' juntas la angustia del Silencio y la alegría de la palabra *en el sonido de las cosas*" (1991: 218-219).

3] *En el ámbito religioso* el silencio expresa, en el plano ritual, la abstención de toda palabra profana; en el plano ascético la tranquilidad de los sentidos y de las facultades espirituales, y en el plano propiamente místico el momento supremo de la experiencia religiosa. Al respecto G. Pozzi y C. Leonardi determinan que "en sentido místico el silencio de la criatura es el abandono de la actividad discursiva por la pura contemplación; el silencio de Dios designa el sentimiento, experimentado por quien ora, de que Dios no responde a la oración del hombre" (1988: 745).

BIBLIOGRAFÍA: Heidegger, M. (1959); Jaspers, K. (1933); Pozzi, G. y C. Leonardi (1988); Rovatti, P.A. (1992); Vitiello, V. (1991); Wittgenstein, L. (1922).

simbiosis (al. *Symbiose*; fr. *symbiose*; ingl. *symbiosis*; it. *simbiosi*)

Término tomado de la biología, donde indica una relación de íntima dependencia ecológica entre dos organismos de especies diferentes que de su interdependencia obtienen una ventaja recíproca. El concepto se hizo extensivo al nivel sociobiológico para indicar las interacciones ecológicas y de conducta de sociedades completas en la producción e intercambio de los medios de subsistencia. En psicología M.S. Mahler introdujo el concepto de *fase simbiótica* para los primeros treinta meses de vida del niño, caracterizados por una dependencia total y exclusiva de la madre. Para Mahler esta fase es fisiológica y a su ausencia se deben imputar las diferentes formas de **autismo** (*v.*). Si no se resuelve, la simbiosis da inicio al llamado *síndrome de Mahler*, que se manifiesta entre el segundo y tercer año de vida en los niños que no maduran la capacidad de separarse de la madre. El cuadro clínico está caracterizado por crisis de cólera, agitación, pánico, soliloquio alucinatorio, donde el niño se defiende del mundo, percibido como hostil y destructivo, con delirio de omnipotencia y ritos autistas. Cuando se posterga, la simbiosis impide la **individuación** (*v.*) y, en niveles más o menos evidentes, repercute en la edad adulta en la elección matrimonial (*v.* **matrimonio**), en la cual cada miembro de la pareja tiene necesidad del otro según características que se asemejan a las de la dependencia infantil. La simbiosis está considerada el contrario exacto de la **relación** (*v.*), donde el uno y el otro se reconocen y son reconocidos recíprocamente en sus respectivas autonomías.

BIBLIOGRAFÍA: Mahler, M.S. (1952); Mahler, M.S. (1968).

símbolo (al. *Sinnbild*; fr. *symbole*; ingl. *symbol*; it. *simbolo*)

La palabra se deriva del griego συμβάλλειν, que significa "juntar". En la antigua Grecia se había difundido la costumbre de cortar en dos un anillo, una moneda o cualquier objeto, y darle una mitad a un amigo o un huésped. Estas mitades, conservadas por una y otra parte, de generación en generación, permitía reconocerse a los descendientes de los dos amigos. Este signo de reconocimiento se llamaba *símbolo*. Platón, al referir el mito de "Zeus que, queriendo castigar al hombre sin destruirlo, lo partió en dos", concluye que desde entonces "cada uno de nosotros es el símbolo de un hombre" (*Banquete*: 189-193), la mitad que busca a la otra mitad, el símbolo correspondiente. Por lo tanto el símbolo, como el signo, está caracterizado por el *reenvío*; esto permitió, por un lado, incluir el símbolo en el orden del **signo** (*v.*) como su caso específico; por el otro oponerlo al signo porque, mientras éste reúne de manera convencional una cosa con alguna otra cosa (*aliquid stat pro aliquo*), el símbolo, evocando su parte correspondiente, reenvía a una determinada realidad que no está dada por la convención sino por la recomposición de un entero.

1] TEOLOGÍA. La teología fue el primer gran escenario de las operaciones simbólicas orientadas a satisfacer la diferencia entre la *letra* y el *espíritu*. La historia de la exégesis prevé que las Escrituras sean fuente infinita de interpretaciones, pero lo que la interpretación descubre debe ya encontrarse en las Escrituras. En este círculo se abren dos itinerarios: el *alegórico*, que debe tener un código para traducir sus propias figuras a significados socializables y comunicables, y el *simbólico*, que no puede tener código y por lo tanto queda abierto y disponible a todas las proyecciones del intérprete. Cuando una determinada lectura simbólica se afirma y, de proyección privada al principio, se transforma en forma común de ver y de entender, entonces es la lectura simbólica la que proporciona las reglas de la alegórica; en caso contrario es el símbolo el que es codificado alegóricamente. Estos dos itinerarios distinguen la experiencia mística de la codificada por la tradición compartida.

2] FENOMENOLOGÍA DE LA RELIGIÓN. Las contribuciones de G. Van der Leew, M. Eliade, R. Guénon y H. Corbin, incluso en la peculiaridad de sus respectivas orientaciones, están de acuerdo en identificar en el símbolo un *llamado al origen*, donde queda escondida y celosamente protegida la verdad original (Guénon), o la fuente de la cual manan nuevos sentidos y nuevos significados, por lo demás nunca exhaustivos (Corbin). Del símbolo, como palabra original, nacen todas las palabras sucesivas que hablan en línea con la palabra original, pero sin resolverla en sí, por lo que cada discurso sobre el símbolo es siempre un discurso *del* símbolo y *en el* símbolo, nunca el símbolo en el discurso. En cuanto palabra original dentro de la cual cada palabra, cada enunciación explícita, se vuelve posible, el símbolo, como toda leyenda que habla de los orígenes teogónicos, cosmológicos o simplemente étnicos, populares o personales, abre un mundo y las cosas que, sólo en cuanto incluidas en ese mundo, son significativas. El símbolo no es significante por sí mismo; su forma de decir no es el significar sino el indicar, el mostrar, el hacer aparecer. Significantes son las palabras en cuanto reconducen a lo que está indicado por el símbolo.

Esta reconducción, que la tradición islámica llama *ta'wil*, es una reconducción de las palabras a los caminos abiertos por el símbolo que, desde este punto de vista, no es una revelación, una palabra que baja del cielo, sino un fondo original al cual remontarse. Como escribe Corbin, "*Ta'wil* significa *hacer regresar a*, volver a llevar al origen, y por lo tanto encontrar el sentido verdadero y original. Ya que hace llegar una cosa a su origen, aquel que practica el *ta'wil* es alguien que le quita al enunciado su apariencia exterior y no lo hace regresar a su verdad" (1954: 33). Practicar el *ta'wil* en el que se expresa la actividad simbólica significa para Corbin "ocultar lo aparente y manifestar lo oculto" (1964: 29). Ésta es una operación que "no se cumple a golpe de silogismos, y ni siquiera abandonando lo exotérico por lo esotérico, sino reuniendo los dos en una composición simbólica. En efecto, lo exotérico es lo aparente, la evidencia literal, la ley, mientras lo esotérico es lo escondido, pero sin embargo es siempre a través de esto que aparece, es a través de lo exotérico que se puede llegar a lo oculto" (1964: 29). "En efecto el símbolo –concluye Corbin– no es un *signo* artificialmente construido sino lo que se abre espontáneamente en el alma para anunciar algo que no puede ser expresado de otra manera. Ésa es la *única* expresión a través de la cual una realidad se vuelve *transparente* para el alma, mientras en sí misma queda más allá de cualquier posible expresión" (1954: 34).

3] FILOSOFÍA. Las primeras reflexiones orgánicas sobre el símbolo se iniciaron en el siglo XIX en el círculo romántico de Heidelberg con G.F. Creuzer, quien habla del símbolo como de una epifanía de lo divino, "como un rayo que llega de las profundidades del ser y del pensamiento" (1810-1812: 35). La posición de Creuzer la compartió también J.J. Bachofen, para quien el símbolo es algo concluido en sí mismo y por sí mismo suficiente, que puede proponer varias explicaciones pero quedando, en su esencia, completamente autónomo de toda explicación. Esta posición no la comparte G.W.F. Hegel quien, rebatiendo el planteamiento de Creuzer, quien concibe al símbolo como algo "en sí mismo concluido y por sí mismo suficiente" (1836-1838: 346), afirma que "símbolo en general es una existencia externa que está inmediatamente presente o proporcionada a la intuición, pero que no se debe tomar con base en esta misma, tal como de inmediato se presenta, sino en un sentido más amplio y universal. Por lo tanto en el símbolo se deben distinguir de inmediato dos caras: el significado y su expresión" (1836-1838: 344).

Después de la edad romántica e idealista encontramos, entre los que explican el símbolo en el signo, a C.S. Peirce, quien distingue el *icono*, que se refiere al objeto en virtud de caracteres propios, como por ejemplo la semejanza; el indicador, que se refiere en virtud de una determinación como la causalidad física, y el *símbolo*, "que es un signo que se refiere al objeto que éste denota en virtud de una ley, por lo general una asociación de ideas" (1931-1935: 140), donde es evidente que el símbolo forma parte del orden de los signos, estando vinculado al objeto por un acuerdo social. También E. Cassirer llega a una identificación entre simbólico y semiótico, partiendo de la premisa kantiana según la cual la ciencia no refleja la estructura del ser, sino pone los propios objetos de conocimiento "como símbolos

intelectuales libremente creados", considera la actividad simbólica como producción de las condiciones de lo que es cognoscible, y "el símbolo no como un revestimiento meramente accidental del pensamiento, sino como su órgano necesario y esencial"; de aquí la conclusión: "todo pensamiento verdaderamente riguroso y exacto encuentra su punto final sólo en lo simbólico, en la semiótica en la que éste se apoya" (1921-1929: 20). Después de esto Cassirer reconoce una diferencia entre las formas simbólicas "de naturaleza conceptual" y "de naturaleza puramente imitativa", pero recoge estas diferencias bajo la categoría idéntica de lo simbólico-semiótico.

Una lectura del símbolo en estrecha correlación con el problema hermenéutico de la interpretación se puede encontrar en P. Ricœur y en G. Vattimo; para este último "la hermenéutica heideggeriana se funda en el supuesto de que lo que permanece escondido no constituye el límite y el fracaso del pensamiento, sino más bien el único terreno fecundo en el que el pensamiento puede florecer y desarrollarse" (1963: 150). Vattimo, contraponiendo la interpretación en el ideal de ser explícito totalmente, ve a la palabra no como un signo sino como un llamado, no diferente de la forma que los románticos leían los símbolos; en efecto, "aquello por lo que un pensamiento vale –escribe Vattimo– no es por lo que dice sino por lo que deja sin decir, pero aun así haciéndolo surgir, llamándolo en una forma que no es la del enunciarse" (1963: 152).

U. Eco, finalmente, lee el símbolo como una decisión: "el mundo simbólico supone siempre de alguna manera un proceso de *invención* aplicado a un *reconocimiento*. Encuentro un elemento que podría asumir o que ya asumió funciones de señal y decido verlo como la proyección de una porción suficientemente imprecisa de contenido. [...] La forma simbólica, por lo tanto, es un procedimiento no necesariamente de producción, sino de alguna manera siempre de uso del texto, que puede ser aplicado a todo texto y a todo tipo de signo mediante una decisión pragmática ('quiero interpretar simbólicamente') que produce en el nivel semántico una nueva función de señal, asociando con expresiones ya dotadas de contenido codificado nuevas porciones de contenido lo más indeterminadas y decididas por el destinatario que sea posible. Es una característica del mundo simbólico que, en caso de que se abstenga de efectuarlo, el texto permanece dotado de un sentido independiente en el nivel literal y figurativo" (1981: 910-911).

4] ANTROPOLOGÍA. Los criterios adoptados para delimitar el ámbito de lo simbólico son fundamentalmente dos: con base en el primero pertenece al orden de lo simbólico todo aquello que tiene carácter mental pero no se presenta en términos racionales; sobre la base del segundo pertenece a lo simbólico todo aquello que es semántico, con excepción del lenguaje. Estas dos posiciones contienen diferentes articulaciones, que prevén:

a] El símbolo como expresión de lo irracional: es la tesis que sostiene E.B. Tylor, para quien las operaciones simbólicas que expresan los primitivos son el fruto de razonamientos defectuosos, de inferencias no justificadas, porque están fundadas sobre datos insuficientes a causa "de la inteligencia todavía burda y ruda que, aplicándose a los hechos de la vida cotidiana, modelan, con ayuda de éstos, la trama de una filosofía primitiva" (1871: 70). De la misma opinión es J.G. Frazer, quien considera el orden simbólico con el que los primitivos vinculan mágicamente las cosas entre sí como el producto "de una asociación errónea de ideas, como la de que lo semejante produce lo semejante, o como la que está en la base de la relación de simpatía por la cual las cosas que alguna vez estuvieron en contacto deban seguir estándolo siempre, no obstante su hetereogeneidad" (1911-1915: 63). Para L. Lévy-Bruhl, finalmente, el simbolismo no es tanto el producto de una racionalidad que fracasa cuanto la expresión de la participación **mística** (*v.*) que prescinde de los principios de causalidad y de no contradicción, por lo que "mientras para nosotros la causa y el efecto están dados en el tiempo y casi siempre en el espacio, la mentalidad primitiva admite que en cada instante sea percibido sólo uno de los dos términos; el otro pertenece al conjunto de los seres invisibles y no perceptibles" (1922: 77).

b] El símbolo como signo arbitrario: es la tesis que sostiene L.A. White, para quien "el sentido de los símbolos deriva y depende de quien los utiliza; los seres humanos confieren cierto significado a hechos o acontecimientos que por lo tanto se vuelven símbolos" (1949: 52).

Esta arbitrariedad simbólica la reconoce pero la reduce R. Firth, quien distingue las "señales" reguladas por un código común para emisor y receptor, de los "símbolos" en los que "se verifica una falta de adhesión más acentuada, incluso tal vez intencionalmente, en las atribuciones de productor e intérprete" (1973: 55).

Esto depende, según J. Beattie, del hecho de que "los símbolos –a diferencia de las señales– representan o implican algún concepto abstracto. No se refieren simplemente a un hecho o a un objeto concreto, sino a conceptos abstractos como el poder, la solidaridad de grupo, la autoridad familiar o política, o bien a algo importante, algo difícil o imposible de transmitir directamente" (1964: 106).

c] El símbolo como estructura de categoría: es ésta la tesis de V.W. Turner, quien propone distinguir tres niveles de operaciones simbólicas: 1] la significación exegética proporcionada por el comentario indígena; 2] el significado operacional vinculado al uso que se le da y al elemento afectivo que acompaña este uso; 3] la significación posicional que "depende de las relaciones estructurales que algunos símbolos instauran entre sí" (1967: 42). C. Lévi-Strauss critica la posición de Turner juzgándola "un piadoso homenaje a la afectividad" (1971: 630), para colocar el símbolo "simultáneamente en el lenguaje y más allá del lenguaje" (1958: 234), para significar "toda gran unidad constitutiva que tiene la naturaleza de una *relación*" (1958: 237), en el sentido de que mientras el uso común del lenguaje utiliza categorías para enunciar proposiciones del mundo, el pensamiento simbólico emplea las proposiciones del mundo para establecer relaciones entre categorías. Pero si en el lenguaje lo importante no es el contenido sino la relación de categoría, las contradicciones de la mentalidad primitiva que señaló Lévy-Bruhl se reducen, porque en el nivel de categoría "las formas de contradicción son mucho menos variables que los contenidos empíricos" (1962: 110).

d] El símbolo como algo diferente del signo, con la consiguiente irreductibilidad del orden simbólico al orden semántico; es la tesis que sostiene, además de C.G. Jung de quien se hablará más adelante, R. Ruyer, para quien "el simbolismo, en la acepción más estrecha de la palabra, se refiere a una realidad que trasciende la realidad cotidiana de todos los hombres. En este sentido el simbolismo hace posible el aspecto metafísico de la cultura" (1994: 106). Más clara es la distinción de D. Sperber, para quien el orden simbólico es una "memoria enciclopédica" que evoca representaciones ahí donde fracasa el signo conceptual que define las cosas: "El dispositivo simbólico es un dispositivo mental unido al dispositivo conceptual. [...] Las representaciones conceptuales que no han podido construirse y evaluarse regularmente constituyen el *input* del dispositivo simbólico. En otras palabras, el dispositivo simbólico tiene por *input* el *output* defectuoso del dispositivo conceptual. [...] Si además la evocación simbólica termina bien, si se encontró una solución válida que permita dar a la pregunta inicial una respuesta unívoca, la evocación puede detenerse aquí. [...] Se desprende que el *output* del simbólico sirve de *input* al dispositivo conceptual; en otras palabras, el dispositivo simbólico es un mecanismo de retroalimentación unido al dispositivo conceptual" (1974: 136-139). Una concesión a la irreductibilidad del símbolo al signo la hace también Lévi-Strauss cuando advierte que entre los primitivos existen significados que escapan a la relación significante/significado, como en el caso de la palabra *maná* (*v.*), que significa "fuerza, acción, cualidad, estado; sustantivo, adjetivo y verbo a un mismo tiempo; abstracto y concreto; omnipresente y localizado. En efecto, el *maná* es todo esto junto, y lo es precisamente porque no es nada de todo eso, sino simple forma o, con más exactitud, símbolo en estado puro, susceptible, por lo tanto, de cargarse de cualquier contenido que se quiera" (1950: LII).

5] PSICOANÁLISIS. En el ámbito psicoanalítico el símbolo forma parte de la categoría de los signos en cuanto existe una relación constante y, mediante la interpretación, identificable, entre el símbolo y lo simbolizado. Esta constancia no está afirmada sólo en el nivel individual sino también en el cultural, en las expresiones simbólicas del mito, la religión, el folclor, el lenguaje.

a] S. *Freud* encuentra la esencia del símbolo en la relación constante entre la expresión manifiesta de un sueño, de un lapsus, de un síntoma, y su referencia latente localizable en el nivel inconsciente (*v.* **contenido latente-contenido manifiesto**). Esta relación constante se basa en la analogía que puede localizarse si se identifican las operaciones de **condensación** (*v.*), **desplazamiento** (*v.*) y **sustitución** (*v.*) de las que se sirve la **censura** (*v.*) para satisfacer de manera encubierta un deseo suprimido o reprimido. Para la interpretación de los símbolos existen, según Freud, dos vías: la primera se basa en las asociaciones de quien sueña (*v.* **asociación**, § 4); la segunda, cuando el sujeto es incapaz de proporcionar asociaciones al respecto, consiste en la interpretación de los símbolos mismos (*v.* **interpretación**). Freud, en efecto, considera que "si se eliminase la censura onírica estaríamos todavía en condiciones de comprender los sueños. [...] De tal manera, uno tiene la tentación de interpretar por sí mismo esos elementos oníricos 'mudos', de emprender por sus propios medios una traducción de ellos. Y se le impone con evidencia que toda vez que arriesga esa sustitución obtiene un sentido satisfactorio, mientras que el sueño permanece falto de sentido y su trama interrumpida hasta que uno no se resuelve a esa intervención" (1915-1917 [1976: 136-137]). Y esto es mucho más cierto si se considera que "Este simbolismo no pertenece en propiedad al sueño, sino al representar inconsciente, en especial del pueblo; y más completo que en el sueño lo hallaremos en el folclor, los mitos, sagas y giros ideomáticos, en la sabiduría del refranero y en los chistes que circulan en un pueblo." (1899 [1976: 356-357]). Es verdad que siempre existe la posibilidad de que quien sueña atribuya al uso simbólico las cosas más variadas, pero Freud considera también que estas acepciones se leen más fácilmente en presencia de un *código simbólico* que se empeña en construir, a partir de sus supuestos teóricos, en lo cual se distingue de Jung, quien favorece lo inexplicable, y por lo tanto la imposibilidad de codificar el material simbólico.

b] S. *Ferenczi*, enfrentando el problema relacionado de cómo la humanidad produjo estos símbolos y cómo se apropió de éstos cada quien, identifica "en la insuficiente capacidad de discernimiento propia de la infancia la condición fundamental para el surgimiento de las fases preliminares ontogenéticas y filogenéticas de los procesos cognoscitivos. Al respecto –escribe Ferenczi– quisiera hacer una objeción relativa al uso de la palabra 'símbolo' para denominar todas las fases cognoscitivas preliminares; también las comparaciones, alegorías, metáforas, alusiones, parábolas, representaciones indirectas de cada especie pueden, en cierta forma, ser interpretadas como productos de esas distinciones y definiciones confusas; sin embargo, en sentido psicoanalítico éstos no son símbolos. Símbolos en sentido psicoanalítico son solamente las cosas (o representaciones) a las que en la conciencia corresponde un investimiento afectivo inexplicable en términos lógicos, y de las que es posible establecer, por vía analítica, que deben esa importancia afectiva a la identificación *inconsciente* con otra cosa (representación) a la que, en realidad, corresponde ese excedente. Por lo tanto no todas las comparaciones son símbolos, sino tan sólo aquellas en las que uno de los términos de la ecuación es reprimido en el inconsciente" (1913: 88-89).

c] E. *Jones* está de acuerdo con Ferenczi en la tesis de que "se simboliza sólo lo que es reprimido, y sólo lo que es reprimido tiene necesidad de ser simbolizado. Esta conclusión debe ser considerada como la vara de medir de la teoría del simbolismo" (1948: 106). G. Röheim, aceptando esta versión considera que se explica así la función del símbolo pero no su origen, que reside en la necesidad de transformar un objeto potencialmente peligroso en objeto libidinal: "Ver en la serpiente un pene constituye una intención de transformar el objeto peligroso en libidinal. En segundo lugar, dondequiera nos encontremos frente a la necesidad de transmitir un significado, encubriéndolo al mismo tiempo, 'serpiente' será el equivalente simbólico de 'pene'. La institución de tal nexo es de las que yo defino como 'potencialmente universales', en el sentido de que surgen sobre una base universalmente humana, que no necesita un tipo específico de personalidad, cultura o neurosis" (1950: 37).

d] M. *Klein* y W.R. *Bion* no limitan la noción de símbolo a la transformación de un contenido latente en contenido manifiesto, sino que la hacen extensiva a los "objetos internos" –como por ejemplo el seno "bueno" y el "malo"– que habiéndose enraizado con un significado profundo en la mente condicionan la forma de percibir la realidad externa. Este simbolismo original que Klein vincula a la dinámica depresiva y Bion a la tolerancia

y a la represión del dolor, permanece activo al generar los procesos mentales más evolucionados, entre ellos la representación de los objetos de la realidad externa, aunque ya no exista correspondencia entre el seno interiorizado y algún seno real (v. **kleiniana, teoría**, § 1).

e] J. *Lacan* asume el orden simbólico como orden original al que se niega a asignar un significado porque, siguiendo las orientaciones de F. de Saussure y de Lévi-Strauss, el significante no refiere a un significado sino a un sistema significante caracterizado por oposiciones diferenciales que no creó cada sujeto, sino en el cual, más bien, está inserto como en el patrimonio de su historia y de su cultura, por lo que Lacan puede decir: "Si el hombre llega a pensar en el orden simbólico es porque ante todo está atrapado en su ser" (1966: 49). Y continúa: "Todos los seres humanos participan en el universo de los símbolos, están incluidos y lo experimentan mucho más de lo que lo constituyen; son mucho más sus sostenes que sus agentes" (1953-1954: 198). Como orden al que está sometida la comunidad humana, lo simbólico dicta leyes a los otros órdenes: a lo imaginario y a lo real, que se subordinan a lo simbólico (v. **lacaniana, teoría**, § 8). Por otro lado el significado simbólico, estructurado alrededor de una carencia, puede estar equivocado en cuanto evoca "la ausencia en la presencia y la presencia en la ausencia" (1953-1954: 196). En todo caso, el deseo del hombre se vuelve verdaderamente humano cuando ya no está enajenado en lo imaginario sino se reconoce en lo simbólico: "Si se debiera definir en qué momento el hombre se vuelve hombre diremos que es en el momento en el que, por poco que sea, entra en la relación simbólica" (1953-1954: 195; v. **lacaniana, teoría**, § 9).

6] PSICOLOGÍA ANALÍTICA. La distinción entre signo y símbolo es clara con C.G. Jung, quien al respecto escribe: "Según mi manera de ver el concepto de símbolo se debe distinguir rigurosamente del concepto de simple *signo*. Significado *simbólico* y significado *semiótico* son cosas por entero diferentes. [...] La rueda con alas del empleado de los ferrocarriles no es un símbolo de los ferrocarriles sino un signo que denota la pertenencia a la empresa ferroviaria. El símbolo, en cambio, siempre presupone que la expresión elegida es la mejor indicación o formulación posible de un dato de hecho relativamente desconocido, pero cuya existencia es reconocida o considerada necesaria [...] mientras un símbolo está vivo es expresión de una cosa que no se puede caracterizar de mejor forma. El símbolo está vivo sólo mientras está cargado de significado. Pero cuando ya mostró su significado, es decir cuando se encontró esa expresión que formula la cosa buscada, esperada o presentida todavía mejor que el símbolo en uso hasta ese momento, el símbolo *muere*. [...] Una expresión propuesta para una cosa conocida permanece siempre como simple signo y nunca constituirá un símbolo. Por esto es absolutamente imposible crear un símbolo vivo, es decir cargado de significado, a partir de vínculos conocidos, ya que lo que se crea así no contiene nada más que lo que se le puso adentro. [...] Todo fenómeno psicológico es un símbolo si se supone que afirma o significa alguna cosa más y distinta que por el momento se oculta a nuestra conciencia. Sin duda esta suposición es posible dondequiera haya una conciencia orientada hacia ulteriores significados posibles de las cosas. [...] Que una cosa sea un símbolo o no depende ante todo de la actitud de la conciencia de quien observa; de la actitud, por ejemplo, de un intelecto, que considere el hecho dado no sólo como tal sino también como expresión de factores desconocidos. Por consiguiente es posible que cierto hecho no aparezca para nada como simbólico para quien lo produjo, pero que en cambio lo parezca a otra conciencia" (1921: 483-485). De esta exposición se deduce que para Jung: *a*] no existen contenidos simbólicos de no ser para una *conciencia* que los instaura; *b*] los símbolos son *históricos* porque en cuanto producen su significado dejan de ser símbolos y se vuelven signos; *c*] el símbolo no es un significado, sino una *acción* que mantiene en tensión a los opuestos de cuya integración nacen los procesos transformadores; *d*] en el símbolo hay un *excedente de sentido* hacia el cual se orienta el proceso de transformación psíquica (*v*. **psicología analítica**, § 1-2).

M. Trevi identifica en estos términos la diferencia entre el símbolo freudiano y el junguiano: "mientras la naturaleza del símbolo freudiano se aclara en su función *homeostática* (reencuentro del equilibrio trastornado por la doble función de servir de vehículo fantástico a la pulsión y al mismo tiempo ocultarla), la función del símbolo junguiano es por excelencia *anhomeostática*, en el sentido de que dicho símbolo provoca una tensión en lugar de anularla; crea un impulso hacia delante; abre un nuevo desnivel energético; se inclina hacia un equilibrio que está constantemente más allá. Desde este punto de vista, que podríamos llamar dinámico, se puede contraponer adecuadamente el símbolo freudiano al símbolo junguiano, en el sentido de que el primero puede definirse como, *sinizetico* (de *synizànein*, regresar al estado anterior), y el segundo, por el contrario como *metapoyético* (de *metapoiéin*, transformar)" (1986: 8).

BIBLIOGRAFÍA: Alleau, R. (1976); Bachofen, J.J. (1861); Beattie, J. (1964); Bertoletti, P. (1986); Bion, W.R. (1963); Cassirer, E. (1921-1929); Corbin, H. (1954); Corbin, H. (1964); Creuzer, G.F. (1810-1812); Douglas, M. (1973); Durand, G. (1964); Eco, U. (1981); Eliade, M. (1952); Ferenczi, S. (1913); Firth, R. (1973); Fornari, F. (1976); Frazer, J.G. (1911-1917); Freud, S. (1899); Freud, S. (1915-1917); Galimberti, U. (1984); Guénon, R. (1962); Hegel, G.W.F. (1836-1838); Jacobi, J. (1957); Jones, E. (1948); Jung, C.G. (1912-1952); Jung, C.G. (1912); Klein, M. (1978); Lacan J. (1978); Lacan J. (1966); Lévi-Strauss, C. (1950); Lévi-Strauss, C. (1958); Lévi-Strauss, C. (1962); Lévi-Strauss, C. (1971); Lévy-Bruhl, L. (1922); Melchiorre, V. (1972); Moreno, M. (1973); Peirce, C.S. (1931-1935); Platón (1973); Ricœur, P. (1969); Ricœur, P. (1975); Róheim, G. (1950); Ruyer, R. (1964); Saussure, F. de (1916); Sini, C. (1991); Sperber, D. (1970); Todorov, T. (1977); Trevi, M. (1986); Tullio-Altan, C. (1990); Turner, V.W. (1967); Tylor, E.B. (1871); Van der Leeuw, G. (1933); Vattimo, G. (1963); Werner, H. y B. Kaplan (1984); White, L.A. (1949); Withmont, E.C. (1969).

simillimum

v. HOMEOPATÍA.

Simmonds, mal de

v. CAQUEXIA.

simpatía (al. *Sympathie*; fr. *sympathie*; ingl. *sympathy*; it. *simpatia*)

Sentimiento vinculado a la participación y la comunicación de los estados afectivos. La noción fue introducida por los estoicos para indicar la afinidad objetiva entre las cosas, y con esta acepción la retomó la **alquimia** (*v.*), que la convirtió en la condición para la atracción y la repulsión de los elementos alquímicos. A. Smith consideró la simpatía como el único canal a través del cual nos ponemos en comunicación con los demás: "Ya que no tenemos ninguna experiencia inmediata de lo que sienten los demás, no podemos formarnos ninguna idea de lo que a los otros les sucede si no es concibiendo, mediante la simpatía, lo que nosotros mismos percibimos en una situación semejante" (1759, III, 1). En el siglo XX M. Scheler distingue la simpatía de los fenómenos parecidos con los que con frecuencia se la confunde, en especial con el contagio afectivo, porque, lejos de tener un carácter automático y pasivo, la simpatía, que para Scheler trasciende en la **empatía** (*v.*, § 1), expresa la intención de volver a sentir la alegría o la tristeza de los demás por altruismo: "La simpatía es una función y no conlleva un estado afectivo en la persona que la experimenta. El estado afectivo de B, implícito en la piedad que siento, sigue siendo para mí el estado afectivo de B: no se produce en mí, que lo compadezco, y no provoca en mí un estado igual o semejante" (1923: 69). En el campo psicológico L. Szondi construyó una compleja teoría de los comportamientos de atracción y de repulsión de acuerdo con las inclinaciones espirituales de una persona, que estarían condicionados por la presencia de cualidades fenotípicas y genotípicas hereditarias, mientras J.L. Moreno hizo de la simpatía la base de un test sociométrico para determinar la estructura de las relaciones interpersonales en determinado individuo, asignando a la atracción que está de acuerdo con las inclinaciones espirituales de las personas el significado de liberación de la propia espontaneidad.

BIBLIOGRAFÍA: Moreno, J.L. (1953); Scheler, M. (1923); Smith, A. (1759); Szondi, L. (1960).

simpático, sistema nervioso (al. *Sympathikus nervensystem*; fr. *système nerveux sympatique*; ingl. *sympathetic nervous system*; it. *simpatico, sistema nervoso*)

Parte del **sistema nervioso** (*v.*, § 2), denominado también *autónomo* o *vegetativo*, que controla la actividad de los órganos internos, la musculatura lisa y las glándulas, que se lleva a cabo independientemente de la voluntad.

Abarca las fibras nerviosas que inervan los órganos viscerales del cuerpo de los que recibe informaciones continuas gracias a las neuronas sensitivas, viscerales y las correspondientes fibras aferentes, a las que envía impulsos que regulan las funciones debido al enlace con neuronas, localizadas en el sistema nervioso central, que originan fibras aferentes. Tales fibras sólo llegan a la zona corporal de destino después de enlazarse por vía simpática a una segunda neurona, ubicada siempre fuera del sistema nervioso central. El sistema vegetativo se distingue en dos secciones generalmente opuestas: el ortosimpático y el parasimpático.

1] *El ortosimpático* está constituido por fibras aferentes que se originan en la porción toraco-lumbar de la médula espinal y se conectan a las neuronas presentes en los ganglios que, junto con las fibras, forman dos cordones laterales que corren paralelos a la columna vertebral, de donde se originan las fibras destinadas a los diferentes órganos internos.

2] *El parasimpático* está constituido por las fibras eferentes que se originan en el tronco encefálico y en la porción sacra de la médula espinal, y se conectan a neuronas presentes en ganglios más distales, localizados cerca al órgano inervado.

Las acciones de los dos sistemas generalmente son opuestas cuando inervan una misma estructura, pero también se conocen interacciones más complejas, como en el acto sexual del varón, que requiere la erección (parasimpático) seguida de la eyaculación (ortosimpático). Además, la conexión de las fibras del sistema vegetativo con áreas encefálicas como el **hipotálamo** (*v.*), a su vez en relación con el sistema **límbico** (*v.*) y con la

formación reticular (*v.*), permite que este sistema intervenga en los procesos de la vida instintiva y emotiva, en las manifestaciones psicosomáticas (*v.* **psicosomática**), y que por ende tenga importancia desde el punto de vista psicológico.

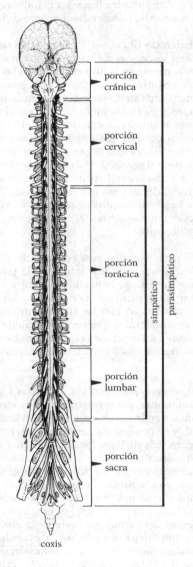

porción
cránica

porción
cervical

porción
torácica

simpático

parasimpático

porción
lumbar

porción
sacra

coxis

Representación esquemática del sistema nervioso simpático

simulación (al. *Vortäuschung;* fr. *simulation;* ingl. *simulation;* it. *simulazione*)

En psicología el término se utiliza en dos contextos diferentes, que tienen en común el significado genérico de *ficción.*

1] SIMULACIÓN DE LOS PROCESOS COGNOSCITIVOS. Preparación de programas computarizados que conjeturan las fases de los procesos que intervienen en la **cognición** (*v.*), para obtener la solución inicial de determinados problemas a partir de principios generales, para identificar y aislar las etapas que se suponen se recorren en el desarrollo de los procesos intelectuales, o para reunir los datos empíricos estadísticamente seleccionados como base para la construcción de una teoría general. La eficiencia de la simulación depende, según los casos, de la validez de la teoría general asumida, o de la utilidad de los datos introducidos para la formulación de la teoría. La simulación además de usarse en el sector de la psicología del pensamiento y de la percepción, donde cada información debe ser preparada y codificada para ser accesible a la elaboración, se utiliza para el estudio de la relación entre aprendizaje y solución de problemas, y para completar las estructuras teóricas que presentan lagunas por falta de datos experimentales.

2] SIMULACIÓN DE LA ENFERMEDAD. En la ficción de la enfermedad subyace un problema epistemológico que tiene una historia e interpretaciones diferentes.

a] *Psicoanálisis.* Antes de S. Freud la **histeria** (*v.*) estaba considerada una especie de engaño perpetrado por el paciente en relación con el médico, porque el organicismo imperante no permitía considerar "enfermedad" a las manifestaciones que no se revelaban en una alteración orgánica. La reducción del **cuerpo** (*v.*, § 3) a puro organismo permitía recompensar al enfermo "verdadero" con exención del trabajo, derecho al reposo, atenciones especiales, y censurar o hasta castigar al enfermo que se limitara a simular la "verdadera" enfermedad. Freud, al introducir el concepto de neurosis, propuso llamar "enfermos" también a los "simuladores". De esta forma amplió el concepto de enfermedad, por lo que enfermos no son sólo aquellos en los que el imperfecto funcionamiento del organismo presenta dificultades para la adaptación social, sino también aquellos cuya mala adaptación social está determinada, no por el organismo, sino por todos aquellos (padres, familia, sociedad) que están a cargo de su crecimiento y de su cuidado. Freud, modificando el sistema de clasificación, liberó al simulador del juicio "moral" para entregarlo al "clínico", que deberá encontrar en el nivel inconsciente las razones de la simulación que, de ahí en adelante, será interpretada cada vez menos como engaño y cada vez más como mecanismo de defensa.

b] *Psiquiatría*. En este ámbito, donde la noción de inconsciente no era operativa, se procedió en la misma dirección, aunque en forma más burda, considerando "loco" y por lo tanto psíquicamente enfermo a quien fuera capaz de simular. Así E. Bleuler escribe: "Aquellos que simulan trastornos mentales con cierta habilidad son casi todos psicópatas y algunos realmente locos. Comprobar la simulación, en consecuencia, no significa para nada demostrar que el paciente está mentalmente sano y es responsable de sus propias acciones" (1911-1960: 191); mientras K. Eissler escribe que "se puede sostener con razón que la simulación es siempre síntoma de un estado patológico, con frecuencia más grave que una alteración neurótica, en la medida en que denuncia la presencia de una interrupción del desarrollo en una fase precoz" (1951: 252).

c] *Antipsiquiatría*. T.S. Szasz ve la simulación, no como una enfermedad, sino como un *protolenguaje* dictado por el hecho de que cuando determinadas circunstancias vuelven difícil o imposible la expresión verbal directa, el individuo, para comunicarse, no tiene otra posibilidad que recurrir, como los niños que todavía no saben hablar, a la expresión somática, por lo que fenómenos como las parálisis, la ceguera, las sorderas histéricas, más que simulaciones de enfermedades, son "acontecimientos que hablan por sí solos en términos más claros que si recurriesen a la palabra que, en determinadas circunstancias, no sería escuchada y a veces hasta resultaría inexpresiva. [...] En un contexto cultural en el cual al enfermo no se le niega nada, es inevitable recurrir al lenguaje de la enfermedad para quien se siente incapaz de movilizar al otro con el simple lenguaje de carácter informativo. Desde este punto de vista la simulación no es una enfermedad sino una simple *transforma-*

ción lingüística con el fin de orientar de manera diferente las acciones de quien escucha. [...] El significado de muchos certificados médicos y de otros tantos peritajes psiquiátricos se debe buscar en este protolenguaje que, traducido al idioma común, sonaría más o menos así: 'Haga algo para que en mi certificado se diga que deben dejar de atormentarme'; 'Diga a la corte y al juez que yo no era responsable', y así sucesivamente" (1961: 150-155).

d] *Fenomenología*. En este ámbito se ve la simulación como una de las tantas formas de *representación* (*v*. **histeria**, § 3), donde un individuo se deja capturar por un papel o por un personaje que asume e interpreta. Para la representación nos entrena la misma sociedad; no existiría diferencia entre público y privado si la vida pública no necesitara la representación de funciones; no habría crecimiento y formación del yo si el niño no se entrenara, durante la infancia, para representar modelos adultos. La representación, que J.-P. Sartre define como "la condición de quien *nunca* es eso que *está haciendo*" (1943: 86), obliga al simulador a identificarse con sus síntomas. El hecho de que no lo haga con conocimiento dice que el simulador, para "mentirles" a los demás, está obligado antes que nada a "mentirse" a sí mismo. Este no poder permitirse ni siquiera decirse a uno mismo la verdad confirma cuán estrecho es el espacio de libertad del simulador y cuán urgente es para él defenderse de esa angustia representando un papel. La representación vuelve a remitir a una disminución de la coexistencia (*Mit-dasein*), que obliga a un individuo a una existencia "inauténtica" con la acepción etimológica de "no propia" (*v*. **autenticidad-inautenticidad**).

BIBLIOGRAFÍA: Bara, B.G. (coord.) (1978); Bleuler, E. (1911-1960); Cordeschi, R. (1984); Eissler, K. (1951); Freud, S. (1892-1895); Hunt, E.B., J. Marin y P.J. Stone (1966); Minsky, M. (1986); Morin, E. (1986); Newell, A. y H.A. Simon (1972); Rosenfield, I. (1988); Sartre, J.-P. (1943); Szasz, T.S. (1961); Young, R.M. (1974).

sinapsis (al. *Synapse*; fr. *synapse*; ingl. *synapse*; it. *sinapsi*)

Región de contigüidad entre **neuronas** (*v*.) que se establece entre las ramificaciones terminales de un cilindroeje perteneciente a determinada neurona (elemento *presináptico*) y las dendritas o el cuerpo celular de otra neurona (elemento *postsináptico*). Cuando un impulso alcanza un *botón sináptico*, es decir una de las hinchazones microscópicas que se encuentran en las últimas ramificaciones del axón, se liberan *sustancias de transmisión* de naturaleza química que atraviesan el espacio sináptico y transmiten el impulso a la siguiente neurona sucesiva.

La morfología de las sinapsis varía notablemente; cada variedad de neurona posee terminaciones sinápticas de aspecto característico, a veces correspondientes a muchos tipos morfológicos distintos. Por lo general una neurona está conectada a muchas otras, con frecuencia dispersas en diferentes zonas del encéfalo y de la médula espinal, y forma intrincadas concatenaciones de células nerviosas que constituyen, en el ámbito del sistema nervioso central, complejas vías para las informaciones aferentes y eferentes, que son la base del comportamiento, del aprendizaje y de la memoria.

Además de las sinapsis interneuronales existen también, las que están en correspondencia con los puntos de contigüidad neuromusculares, donde la terminación de una fibra nerviosa motriz se dispone cerca de una fibra musculoesquelética; tal zona toma el nombre de *placa motriz*. El umbral de excitabilidad no se puede alcanzar con un simple impulso, sino que la rápida sucesión de varios impulsos provoca la liberación de una cantidad suficiente de un mediador químico para generar el impulso de la siguiente neurona. La sinapsis determina la **conducción nerviosa** (*v.*) polarizada porque permite la transmisión del impulso nervioso en una sola dirección, y es la causa del retardo central que sufre la excitación en su propagación interneuronal.

Se distinguen sinapsis *excitadoras* y sinapsis *inhibidoras*. Las primeras excitan a la neurona contigua, causando la activación. El proceso mediante el cual la activación de algunas neuronas se suma para producir un estímulo suficientemente intenso para activar a otra neurona se llama *adición*. Ésta puede ser temporal, por la rápida sucesión de diferentes impulsos, o espacial, por los efectos que se determinan en diferentes puntos de la membrana celular en correspondencia a otros tantos botones sinápticos. Se denominan en cambio inhibido-

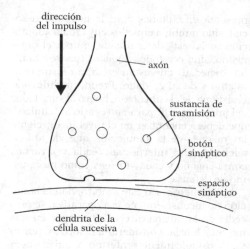

Representación esquemática de una sinapsis.

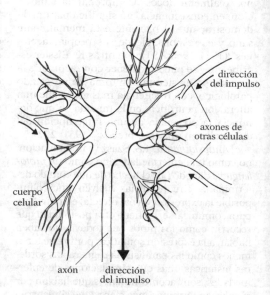

Representación esquemática de más sinapsis que terminan en una sola neurona

ras a las sinapsis que impiden la activación de la célula siguiente.

Después que una sustancia de transmisión llega a la neurona contigua es destruida, por lo que no puede volver a estimular a la célula. Los gases nerviosos, por ejemplo, funcionan impidiendo la destrucción de las moléculas de transmisión; la muerte es el resultado de la excitación continua y se produce por parálisis respiratoria. Lo mismo puede decirse del alucinógeno LSD que, por ser semejante a la serotonina, que es una sustancia de transmisión de algunas sinapsis del cerebro, causa la activación de neuronas incluso cuando no se transmite ningún impulso de los órganos sensoriales, por lo que los consumidores de LSD ven cosas que en realidad no existen. Las sinapsis inhibidoras, al controlar la difusión de la excitación, mantienen la actividad canalizada en redes o circuitos apropiados. Los ataques epilépticos, por ejemplo, pueden deberse a la excitación simultánea de numerosos circuitos cerebrales diferentes.

sincinesia (al. *Synkinesie*; fr. *syncinésie*; ingl. *synkynesis*; it. *sincinesia*)

Movimiento involuntario que acompaña a un movimiento voluntario sin poseer un significado funcional. Es característico de las hemiplejías en las cuales el sujeto, al contraer voluntariamente un músculo, presenta otros movimientos no deseados ni necesarios, por ejemplo la elevación del párpado superior durante los movimientos de la mandíbula.

sincrónica, investigación
v. LONGITUDINAL-TRANSVERSAL, INVESTIGACIÓN.

sincronicidad (al. *Synchronizität*; fr. *synchronicité*; ingl. *synchronicity*; it. *sincronicità*)

Concepto que introdujo C.G. Jung para indicar a la correlación entre hechos interiores y exteriores que escapa a una explicación causal. En opinión de Jung se dan tres tipos de sincronicidad: "1] Coincidencia de un estado psíquico con un acontecimiento externo simultáneo y objetivo que corresponde al estado o contenido psíquico, donde entre estado psíquico y acontecimiento exterior no se observa ninguna relación de causalidad. 2] Coincidencia de un estado psíquico con un acontecimiento externo (más o menos simul-

táneo) correspondiente, pero que se desarrolla fuera de la esfera de percepción del observador, y por ende distante en el espacio, y sólo se puede corroborar posteriormente. 3] Coincidencia de un estado psíquico con un acontecimiento correspondiente todavía no existente, futuro, es decir lejano en el tiempo, que a su vez sólo se puede corroborar *a posteriori*" (1952: 545). El concepto de sincronicidad no debe colocarse junto a los fenómenos de la **parapsicología** (*v.*) sino más bien insertarse en una visión de los acontecimientos como participantes en un todo estructurado según el modelo de la armonía prestablecida de G.W. Leibniz, o el modelo schopenhaueriano de la "simultaneidad de términos no vinculados causalmente". Las referencias explícitas a estos antecedentes (1952: 457-459) ubican el concepto junguiano de sincronicidad en dirección de la investigación que busca el significado de los acontecimientos no sólo en sus antecedentes causales, también en el ámbito de sus relaciones estructurales, donde el estructuralismo subyacente supone una forma de armonía experiencial entre los acontecimientos y nuestra comprensión de los mismos.

BIBLIOGRAFÍA: Jung, C.G. (1952).

síndrome (al. *Syndrom*; fr. *syndrome*; ingl. *syndrome*; it. *sindrome*)

El término lo introdujo Hipócrates para indicar un *complejo de síntomas* (*v.* **síntoma**), cada uno de los cuales no manifiesta un significado especial sino que, junto con los otros, refiere a un cuadro clínico reconocible. El término es recurrente con especial frecuencia e importancia en psiquiatría donde, a diferencia de lo que sucede en medicina, la relación que del síntoma remite a la causa patógena no es evidente, como en el ámbito somático, ni se la puede inducir con el mismo grado de verosimilitud y probabilidad. Por la convicción de que en las enfermedades psíquicas todo se manifiesta sintomatológicamente sin poderse llegar a una causa, sino cuando mucho a las condiciones de surgimiento, desde W. Griesinger hasta K. Jaspers se adoptó el concepto de *síndrome psíquico*, *psicosíndrome* o *tipos de cuadros de estado*, a los que se llegó mediante un recorrido que Jaspers describe así: "En el curso del desarrollo histórico casi todas las unidades psicopatológicas han tenido funciones de unidades morbosas. En tiempos pasados las alucinaciones eran 'una' enfermedad, el delirio era 'una' enfermedad, los contenidos especiales de las diferentes acciones constituían 'una' enfermedad (piromanía, cleptomanía, dipsomanía, y así sucesivamente). Tales concepciones, que conducen a infinitos registros y hacen padecer numerosas 'enfermedades' a una misma persona al mismo tiempo, están universalmente superadas, y en tiempos recientes los únicos puntos de vista que sirven son los *cuadros de estado*" (1913-1959: 607).

Y continúa Jaspers: "desde que se aprendió a considerar la evolución de la enfermedad como uno de los signos más importantes para la clasificación de las enfermedades, se distinguen los *cuadros de estado*, que constituyen la manifestación transitoria de una enfermedad, del proceso patológico completo. Para poder caracterizar más fácilmente estos cuadros de estado se creó el concepto de complejo sintomático; se encontraron determinados agrupamientos de síntomas que se pueden considerar *tipos de cuadros de estado* que permiten ordenar las numerosas variaciones" (1913-1959: 625).

Los criterios que adoptó Jaspers para identificar los complejos sintomáticos son: "1] las manifestaciones objetivas y subjetivas que se imponen por sí mismas; 2] la frecuencia de la aparición simultánea; 3] la relación de los síntomas; 4] la distinción entre síntomas primarios y secundarios" (1913-1959: 625-628). Una excepción a este criterio que definió Jaspers son los *síndromes orgánicos*, manifestaciones de trastornos de ciertas funciones, como en el caso de las psicosis exógenas que describe K. Bonhoeffer, determinadas por "agentes nocivos exógenos del tipo más variado, que determinan una sintomatología psíquica aguda fundamentalmente uniforme" (1909: 500), o como en el caso de lesiones de unidades anatomofuncionales (*v.* **psicoorgánico, síndrome**).

Por tratarse de un complejo de síntomas, al estudio de los síndromes se aplica la estadística, desde cuyo punto de vista, según la descripción de H.J. Eysenck, "un síndrome es fundamentalmente una noción estadística basada en una covariación; es obvio que su deri-

vación se apoya en argumentos más firmes cuando se utiliza: 1] con base en un esquema correctamente formulado; 2] con la media de los requisitos estadísticos y de las dificultades implicadas; 3] con el fundamento seguro de la medición cuantitativa de un resultado objetivo de prueba; 4] en relación con ejemplos correctamente elegidos entre la población en cuestión; 5] en armonía con las reglas significativas aceptadas en general por la estadística biológica" (1971: 16). Al adoptar estos criterios se hace posible una confrontación estadística entre los diferentes "perfiles sindrómicos" y entre las diferentes fases del mismo síndrome, en los que se comprende el *cambio de síndrome*.

BIBLIOGRAFÍA: Bonhoeffer, K. (1909); Eysenck, H.J. (1971); Gaston, A. (1987); Griesinger, W. (1845); Jaspers, K. (1913-1959).

sinergia (al. *Synergie*; fr. *synergie*; ingl. *synergy*; it. *sinergia*)

El término, derivado de la biología, indica la relación entre dos o más agentes cuyo efecto combinado es mayor que la suma de los efectos de cada uno. Así, por ejemplo, narcóticos y alcohol juntos tienen un efecto depresivo mayor que la suma de sus efectos si se los ingiere por separado. La sinergia puede ser negativa o positiva, según la combinación favorable o desfavorable de los elementos del sistema. El término se utiliza frecuentemente en **cibernética** (*v.*), en la teoría general de sistemas (*v.* **psicología sistémica**, § 2) y, en sentido amplio, para todas las formas de colaboración, sobre todo en el campo económico y directivo (*v.* **psicología comercial**).

sinestesia (al. *Synästhesie*; fr. *synesthésie*; ingl. *synesthesia*; it. *sinestesia*)

La sinestesia, también llamada sensación secundaria, se produce cuando se interesan otros sistemas sensoriales además del específico, por lo que, por ejemplo, junto a una sensación auditiva es posible experimentar una sensación visual que la acompaña (*sinopsia*). Lo mismo ocurre con la *verbocro-*

mia, por lo que ciertas palabras están acompañadas de una sensación de color, y en general con las formas de *fotismo*, en las que sensaciones de color pueden acompañar percepciones de gusto, tacto, dolor, calor, frío y semejantes. Según K. Jaspers la sinestesia depende de la "confusión de la sensorialidad, que anula la clara objetividad de lo percibido" (1913-1959: 80; *v.* **alucinación**, § 1, *n*). A partir de esta sintomatología E.R. Jaensch distingue el tipo *integrado* del tipo *sinestésico* o *desintegrado* que, a causa de una indiferenciación original de los campos sensoriales, presenta una disminución del principio integrativo de la experiencia perceptiva (*v.* **eidetismo**).

BIBLIOGRAFÍA: Jaensch, E.R. (1930); Jaspers, K. (1913-1959).

sinopsia
v. SINESTESIA.

sintáctica
v. LINGÜÍSTICA, § 1, *c*.

sintáxico, modo
v. PARATAXIA.

síntesis (al. *Synthese*; fr. *synthèse*; ingl. *synthesis*; it. *sintesi*)

En psicología el término se usa como sinónimo de **integración** (*v.*), o para denominar una orientación psicológica de la cual proviene una técnica psicoterapéutica denominada **psicosíntesis** (*v.*).

sintético, método
v. CONSTRUCTIVO, MÉTODO.

sintético, tipo
v. TIPOLOGÍA, § 5.

sintimia
v. CATATIMIA.

síntoma (al. *Symptom*; fr. *symptôme*; ingl. *symptom*; it. *sintomo*)

Indicio de un estado morboso. En medicina rige la distinción entre el ***signo*** (*v.*), que es un fenómeno objetivo que el examinador asume como indicador de un proceso patológico, y el *síntoma*, fenómeno subjetivo que percibe el paciente y que después se decodifica. Como manifestación de un proceso subyacente el síntoma es comprensible sólo en una lógica causal dentro de la cual, como escribe K. Jaspers, "se distinguen, según la proximidad de la causa, los síntomas fundamentales (primarios, axiales) de los síntomas accesorios (secundarios, marginales). De manera análoga, entre las causas de los síntomas se distinguen las patógenas (que provocan fenómenos) y las patoplásticas (que sólo dan su forma)" (1913-1959: 493). Incluso manteniéndose siempre en una lógica causal, en el ámbito psicopatológico el síntoma asume significados diferentes según los cuadros teóricos de referencia dentro de los cuales se realiza la lectura del trastorno psíquico.

1] PSICOLOGÍA DE LO PROFUNDO. En psicoanálisis S. Freud identifica la **represión** (*v.*) como el acontecimiento responsable de la **formación del síntoma** (*v.*), que puede manifestarse como **formación de compromiso** (*v.*) entre dos exigencias contrastantes mediante la satisfacción parcial de ambas; como **formación reactiva** (*v.*), que permite dominar un impulso inaceptable con la exageración de la tendencia opuesta; como **formación sustitutiva** (*v.*), que permite satisfacer un deseo reprimido mediante otro deseo. C.G. Jung, introduciendo en la lectura de los procesos psíquicos la hipótesis finalista junto a la hipótesis causal (*v.* **constructivo, método**), porque "cuando se tiene que ver con cosas psíquicas preguntarse 'por qué ocurre tal cosa' no es necesariamente más productivo que preguntarse 'con qué fin sucede'" (1945-1948: 303), considera que el mismo signo visto en una lógica causal aparece como *síntoma*, mientras visto en una lógica finalista aparece como **símbolo** (*v.*, § 6). Así, por ejemplo, "la fantasía puede ser entendida en un sentido causal o en un sentido finalista. Para una explicación causal aparece como un *síntoma* de un estado fisiológico o personal que es el resultado de acontecimientos precedentes. Para la explicación finalista, en cambio, la fantasía se presenta como un *símbolo* que, con la ayuda de materiales ya existentes, intenta caracterizar o identificar un determinado objetivo o, más bien, una determinada línea de desarrollo" (1921: 443). J. Lacan, adoptando la terminología saussuriana que distingue entre significante y significado, trata el síntoma como un signo lingüístico que funciona como significante de un elemento inconsciente, a su vez tratado como un signo lingüístico, y ve el inconsciente estructurado como un lenguaje (*v.* **lacaniana, teoría**, § 3).

2] PSIQUIATRÍA FENOMENOLÓGICA. En el ámbito fenomenológico se impugna la posibilidad de utilizar la noción de síntoma a propósito de las enfermedades mentales porque el síntoma remite a una causa que no existe a menos que se suponga a partir de una teoría; por lo tanto los signos se deben considerar, no como *síntomas*, sino como *significados* que manifiestan algo aunque este algo es fundamentalmente diferente de la experiencia común. En este sentido K. Schneider escribe que "es necesario abandonar el significado médico del término 'síntoma', porque una formación psicopatológica de estado o de curso no es una enfermedad que puede producir síntomas" (1946: 93). Esta postura ya la había anticipado Jaspers para quien, en el campo de las enfermedades mentales, no se puede adoptar la investigación causal típica de las ciencias naturales, porque la enfermedad no es un "objeto natural", sino un "proceso" (*v.* **psicología comprensiva**).

BIBLIOGRAFÍA: Freud, S. (1915-1917); Jaspers, K. (1913-1959); Jung, C.G. (1921); Jung, C.G. (1945-1948); Lacan, J. (1966); Schneider, K. (1946).

sintomático, acto
v. ACTO, § 2, *c.*

sintonía (al. *Abstimmung*; fr. *syntonie*; ingl. *syntony*; it. *sintonia*)

Término que introdujo E. Bleuler para indicar la condición del individuo cuya "afectividad va acorde con la gente que está a su alrededor y con las circunstancias del ambiente, y cuyos sentimientos actuales están todos completamente armonizados y, al igual que las aspiraciones, unificados" (1922: 47). El término lo retomó E. Kretschmer para indicar una armonía interior entre sentimiento y pensamiento; por lo tanto, en términos cognoscitivistas, es lo opuesto a la **disonancia cognoscitiva** (*v.*).

BIBLIOGRAFÍA: Bleuler, E. (1922); Kretschmer, E. (1922).

sistemas, teoría general de los
v. PSICOLOGÍA SISTÉMICA, § 1.

sistemática
v. CLASIFICACIÓN.

sistémica, terapia
v. PSICOLOGÍA SISTÉMICA, § 2.

situación (al. *Situation*; fr. *situation*; ingl. *situation*; it. *situazione*)

Término que introdujo K. Jaspers para indicar la relación que todo hombre tiene con el mundo del cual recibe límites y condicionamientos en la medida en que cada uno nació en un lugar, de ciertos padres y no de otros, en una cierta cultura, con un cierto carácter, con determinadas posibilidades vinculadas al ambiente del que no puede prescindir, porque ahí se entierran sus raíces. Pero la situación se ofrece también para su trascendencia, entendida como superación y espacio donde se abren las posibilidades de la existencia, que por lo tanto vive una tensión (*Spannung*) entre lo que la condiciona y lo que le permite superar, a partir de esa condición, el límite. Pero, siempre en opinión de Jaspers, existen también *situaciones límite* como la "de deber estar siempre en una situación, no poder vivir sin lucha y dolor, tener que asumir inevitablemente la propia culpa, deber morir", que son intransferibles. Éstas "escapan a nuestra comprensión, así como escapa a nuestra realidad existencial eso que está más allá de ellas. Son como un muro contra el que chocamos y naufragamos" (1933: 678). La psiquiatría fenomenológica ve en el rechazo de la situación tres formas de existencia fallida que se manifiestan en el rechazo de las propias raíces, en la renuncia a la proyectualidad de la existencia como superación de la situación, y en el rechazo de la limitación inscrita en toda situación límite. Por lo que se refiere a la *ansiedad de situación* referida a las formas fóbicas, véase la voz **angustia**, § 4, *c*.

BIBLIOGRAFÍA: Jaspers, K. (1933).

Skaggs-Robinson, hipótesis de
v. INHIBICIÓN, § 3.

sobreaprendizaje (al. *Überlernen*; fr. *surapprentissage*; ingl. *overlearning*; it. *sovrapprendimento*)

Proseguimiento del ejercicio de memorización aun después de haber sido capaces de reproducir sin dudas o errores el material memorizado. Óptimo para la retención a corto plazo, el sobreaprendizaje revela una eficiencia progresiva descendente según la curva de la aceleración negativa.

BIBLIOGRAFÍA: Foppa, K. (1970).

sobrecompensación
v. COMPENSACIÓN, § 2; FORMACIÓN REACTIVA.

sobredeterminación (al. *Überdeterminierung*; fr. *surdétermination*; ingl. *overdetermination*; it. *sovradeterminazione*)

Característica frecuente de las formaciones del inconsciente, como los síntomas o los sueños, que resultan determinantes por una pluralidad de factores –por lo que también se habla de *polideterminación*– que remiten o a más de una causa o a diversas secuencias significativas, cada una de las cuales posee su propia coherencia, pero que no son capaces de entregar cuentas por completo y en forma exhaustiva de la formación inconsciente. La sobredeterminación es el efecto de la **condensación** (*v.*) que en el sueño o en el síntoma compone diferentes elementos que pueden ser, en opinión de S. Freud, dos términos en conflicto, como el deseo y la censura, o elementos diferentes condensados en el punto en que se cruzan, realizando una **formación de compromiso** (*v.*): "Las operaciones de la condensación pueden ser completamente extraordinarias. Con su auxilio, es posible a veces unificar en un sueño manifiesto dos ilaciones enteramente diversas de pensamientos latentes, de suerte que puede obtenerse una interpretación en apariencia suficiente de un sueño, cuando en verdad se omite una sobreinterpretación posible." (1915-1917 [1976: 158]).

En el concepto freudiano de sobredeterminación J. Lacan encuentra la confirmación de su tesis que interpreta el inconsciente y sus formaciones como un lenguaje: "Ya que, si para admitir un síntoma en la psicopatología psicoanalítica, sea éste neurótico o menos, Freud exige ese mínimo de sobredeterminación que constituye un doble sentido, símbolo de un conflicto difunto más allá de su función en un conflicto presente *no menos simbólico*, si nos enseñó a seguir el texto de las asociaciones libres la ramificación ascendente de esta descendencia simbólica, para encontrar en los puntos donde las formas verbales se vuelven a cruzar con los nudos de su estructura, ya es absolutamente claro que el síntoma se resuelve por completo en un análisis del lenguaje, ya que éste mismo está estructurado como un lenguaje, es lenguaje cuya palabra debe ser liberada" (1956: 262; *v.* **síntoma**).

BIBLIOGRAFÍA: Freud, S. (1915-1917); Lacan, J. (1956).

sobreinterpretación (al. *Überdeutung*; fr. *surinterprétation*; ingl. *overinterpretation*; it. *sovrainterpretazione*)

Interpretación posterior a un primer nivel interpretativo que parece coherente y suficientemente completo. La sobreinterpretación es una consecuencia de la **sobredeterminación** (*v.*) de la formación inconsciente, a su vez debida a la **condensación** (*v.*) de más instancias psíquicas en una única manifestación sintomática u onírica. Al respecto S. Freud escribe: "El sueño aparece a menudo como *multívoco*. No sólo es posible, como lo muestran los ejemplos, que en él se reúnan varios cumplimientos de deseo, sino que un sentido, un cumplimiento de deseo, vaya cubriendo a los otros hasta que debajo de todos tropecemos con el cumplimiento de un deseo de la primera infancia. También aquí cabe preguntarse si en aquel enunciado el 'a menudo' no ha de remplazarse, más correctamente, por un 'como regla general'" (1899 [1976: 232]). Sin embargo la sobreinterpretación tiene un límite en lo que Freud llama el *ombligo del sueño*, donde se hunde en lo desconocido: "Aun en los sueños mejor interpretados es preciso a menudo dejar un lugar en sombras, porque en la interpretación se observa que de ahí arranca una madeja de pensamientos oníricos que no se dejan desenredar, pero que tampoco han hecho otras contribuciones al contenido del sueño. Entonces ese es el ombligo del sueño, el lugar en que él se asienta en lo no conocido. Los pensamientos oníricos con que nos topamos a raíz de la interpretación tienen que permanecer sin clausura alguna y desbordar en todas las direcciones dentro de la enmarañada red de nuestro mundo de pensamientos. Y desde un lugar más espeso de ese tejido se eleva luego el deseo del sueño como el hongo de su micelio." (1899 [1976: 519]).

BIBLIOGRAFÍA: Freud, S. (1899).

sobreinvestimiento
v. INVESTIMIENTO, § 3.

sobrerrendimiento
v. RENDIMIENTO.

sobresalto (al. *Zussammenschrecken*; fr. *tressaillement*; ingl. *startle*; it. *trasalimento*)

Respuesta emotiva, rápida e imprevista, ante estímulos sensoriales inesperados, generalmente auditivos, que modifican la situación en términos de un peligro inesperado para el que no se estaba preparado con defensas especiales. En el nivel corporal el sobresalto se manifiesta con movimientos reflejos incontrolados, saltos y calambres viscerales.

sobrevaluación
v. AUTOESTIMA.

social, psicología
v. PSICOLOGÍA SOCIAL.

socialización
v. PSICOLOGÍA SOCIAL, § 1, 2, 3; GRUPO, § II, 8.

sociedad
v. PSICOLOGÍA SOCIAL.

sociobiología
v. GENÉTICA, § 5, c.

sociodrama
v. PSICODRAMA, § 3.

sociograma
v. SOCIOMETRÍA.

sociolingüística
v. LINGÜÍSTICA, § 4.

sociometría (al. *Soziometrie*; fr. *sociométrie*; ingl. *sociometry*; it. *sociometria*)

Método que elaboró J.L. Moreno para "el estudio de la estructura psicológica afectiva de la sociedad humana. Esta estructura, rara vez visible en la superficie de los procesos sociales, consiste en complejos modelos interpersonales, que son estudiados mediante procedimientos cuantitativos y cualitativos" (1953: 37). Entre éstos el más significativo es el *test sociométrico*, que destaca, y representa gráficamente en el *sociograma*, los llamados *sentimientos tele*, es decir los factores de atracción y de rechazo entre los miembros del grupo, mediante una serie de preguntas que requieren que cada integrante se exprese en términos de "elección", de "rechazo" o de "indiferencia" respecto a cada uno de los otros miembros. La confrontación entre los diversos puntajes permite comprobar el grado de reciprocidad en las elecciones, identificar los miembros simplemente ignorados y los activamente rechazados, e identificar el nivel de integración global del grupo. Dicha organización tiene sus raíces en lo que Moreno llama *átomo social*, que es la estructura social más pequeña de una comunidad en la que se expresan las relaciones psicológicas entre individuos a partir de la primera relación del niño con la madre (*v.* **familia**, § II, 1); aquí se expresa el primer núcleo del átomo social que después cada individuo aumenta y con el paso del tiempo modifica, agregando las personas que le son agradables o desagradables y de las que resulta aceptado o rechazado.

BIBLIOGRAFÍA: Moreno, J.L. (1953); Schützenberger, A.A. (1962).

sociopatía
v. PSICOLOGÍA SOCIAL, § 5; PSICOPATÍA.

sociopatología (al. *Sozialpathologie*; fr. *pathologie sociale*; ingl. *sociopathology*; it. *sociopatologia*)

Estudio de los fenómenos patológicos del organismo social considerado como un todo, que repercuten en la patología individual de los integrantes de una determinada sociedad. Los ámbitos de investigación hacen referencia: 1] a la relación entre patología mental y condiciones culturales y socioeconómicas; 2] a la incidencia diferente del trastorno mental según el tipo de sociedad o los diferentes estratos de la sociedad; 3] a la variación en el tiempo de las expresiones psicopatológicas basándose en los órdenes sociales modificados y en las transformaciones culturales.

BIBLIOGRAFÍA: Fromm, E. (1955); Hollingshead, A.B. y F.C. Redlich (1962); Wulff, E. (1974).

sociopsicoanálisis (al. *Sozialpsychoanalyse*; fr. *sociopsychanalyse*; ingl. *sociopsychoanalysis*; it. *sociopsicoanalisi*)

Movimiento que surgió hacia fines de los sesenta alrededor de la obra de G. Mendel, según quien el **psicoanálisis** (*v.*), al limitarse al esquema familiar, no incluye las fuerzas que organizan a la sociedad capitalista y que no obstante actúan en el inconsciente individual. De aquí la necesidad de una articulación entre la lógica del inconsciente y la lógica de la economía y de la política, sin la cual los sujetos, retenidos en el aislamiento de la relación dual típica del tratamiento psicoanalítico, no tienen ninguna posibilidad de transformarse en adultos. Estos conceptos los anticiparon bajo diferentes perfiles W. Reich, quien volvió a llevar numerosos núcleos neuróticos a la moral sexual coercitiva de la sociedad capitalista (*v.* **bioenergética**); G. Deleuze y F. Guattari, quienes acusan al psicoanálisis de no salir del recinto familiar para no hacer cuentas con el potencial revolucionario inscrito en cada estructura deseable (*v.* **deseo**, § 6); E. Fromm, quien delinea una tipología de carácter (*v.* **carácter**, § 3, *f*; **deseo**, § 4) basándose en el tipo de sociedad en la que el individuo está viviendo, y H. Marcuse, quien denuncia la influencia de lo social en la uniformidad que caracteriza a los crecimientos individuales (*v.* **deseo**, § 5).

BIBLIOGRAFÍA: Deleuze, G. y F. Guattari (1972); Fromm, E. (1970); Marcuse, H. (1964); Mendel, G. (1968); Reich, W. (1935).

sociopsiquiatría
v. PSIQUIATRÍA, § 7.

sociotécnica
v. ERGONOMÍA.

socioterapia (al. *Soziotherapy*; fr. *sociothérapie*; ingl. *sociotherapie*; it. *socioterapia*)

Forma de tratamiento psiquiátrico en el cual el ambiente social del paciente está construido y se hace funcionar de manera que constituya de por sí un hecho terapéutico. Por lo tanto la socioterapia no debe confundirse con las terapias de **grupo** (v., § III), de la **familia** (v., § III), ocupacional (v. **ergoterapia**), que se basan en la estimulación o en la reestructuración de la dimensión comunicativa y social del yo, sino que debe verse como una terapia institucional, en la que se favorecen iniciativas individuales orientadas hacia la comunidad, en pro de la plena participación de todos los miembros en la vida cotidiana con el fin de su recuperación para una vida plena en la sociedad. El régimen terapéutico lo sintetizó R. N. Rapaport en cuatro puntos: democracia, comunidad, permisividad y examen de realidad, en el sentido de proporcionar al paciente un modelo de grupo social democrático, de permitirle un aprendizaje mediante una experiencia permisiva, de introducirlo en un sistema de comunicación mediante la reunión de la comunidad que permite a cada uno un examen de realidad a partir de la reacción del grupo a su comportamiento.

BIBLIOGRAFÍA: Autores varios (1977); Basaglia, F. (coord.) (1968); Clark, D.H. (1974); Edelson, M. (1970); Goffman, E. (1961); Jones, M. (1968); Rapaport, R.N. (1960); Szasz, T.S. (1970).

sodomía (al. *Sodomie*; fr. *sodomie*; ingl. *sodomy*; it. *sodomia*)

El término, que proviene de la narración bíblica (*Génesis*, 19) relativo al comportamiento sexual de los habitantes de Sodoma, indica el coito homosexual masculino. Pero hay una diferencia en el uso del término entre los autores de lengua inglesa para quienes sodomía indica cualquier coito anal, y entre los autores de lengua alemana, para los cuales el término se hace extensivo también a las relaciones con animales, por lo que se vuelve sinónimo de bestialidad o **zoorastia** (v.).

soledad (al. *Einsamkeit*; fr. *solitude*; ingl. *solitude*; it. *solitudine*)

Condición psicológica que nace de la falta de relaciones interpersonales significativas o de la discrepancia entre las relaciones humanas que un sujeto desea tener y las que efectivamente tiene, que pueden ser insatisfactorias por su naturaleza, por su número, o por la incapacidad del sujeto mismo para establecer o para mantener relaciones positivas y significativas con los demás. Hay un sentido en el que la soledad es un dato que no puede ir más allá de la existencia humana que nunca puede salir de "su" mundo y de "su" forma de percibir y ver las cosas; esta situación, que la filosofía llama **solipsismo** (v.), subraya la absoluta intransferibilidad de la conciencia personal. Además también hay una soledad *elegida* como estilo de vida para favorecer experiencias de sentido ulterior al que comúnmente se comparte, y una soledad que se deriva de la *percepción del mundo como hostil*, negativo o indiferente, que induce a refugiarse dentro de sí hasta que en algunos casos se llega incluso al disgusto por uno mismo, debido al hecho de que, por haber cortado los vínculos con todo, la existencia se encuentra en la imposibilidad de proporcionarse a sí misma otro sentido que el del cautiverio en la propia individualidad. Estas tres formas de soledad se describieron en el nivel fenomenológico como *limitación* de la existencia, *plenitud* de la experiencia y *vacío* de experiencia.

BIBLIOGRAFÍA: Bianca M. (coord.) (1986); Miceli, M. (1981); Oliverio, A. (1979); Storr, A. (1988).

solicitación (al. *Entgegenkommen*; fr. *complaisance*; ingl. *compliance*; it. *compiacenza*).

Actitud excesivamente acomodaticia, con rasgos de sumisión respecto a los demás, debida a la necesidad de ser aceptados o al temor de no obtener suficiente estima y afecto (v. **conformismo**). De este significado general deben diferenciarse dos acepciones específicas del término:

1] SOLICITACIÓN MOTRIZ. Expresión presente en la bibliografía psiquiátrica para indicar una reacción, frecuente en los niños que responden a un ligero contacto de la mano moviendo todo el cuerpo.

2] SOLICITACIÓN SOMÁTICA. Expresión que introdujo S. Freud para indicar la disponibilidad del cuerpo y, más específicamente, de un órgano o de un aparato, para transformarse en un objeto de **conversión** (*v.*), es decir de trasposición de un conflicto psíquico reprimido en un síntoma somático. La complacencia somática caracteriza la histeria de conversión (*v.* **histeria**, § 1, *b*) que, en opinión de Freud "no puede producirse sin cierta *solicitación* (transacción) *somática* brindada por un proceso normal o patológico en el interior de un órgano del cuerpo, o relativo a ese órgano" (1901 [1976: 37]). Por eso la histeria se distingue de otras formas de psiconeurosis; en efecto, "en todas las psiconeurosis los procesos psíquicos son durante un buen trecho los mismos, y sólo después entra en cuenta la 'solicitación somática' que procura a los procesos psíquicos inconscientes una salida hacia lo corporal. Cuando este factor no se presenta, el estado total será diverso de un síntoma histérico, pese a lo cual es afín en cierta medida: tal vez una fobia o una idea obsesiva; en suma, un síntoma psíquico" (1901 [1976: 38]). La elección del órgano se da por la debilidad congénita o adquirida del órgano mismo, que ofrece menor resistencia, por el vínculo especial que un órgano tiene con la situación en la que se presentó la represión del conflicto, o por cualquier vínculo simbólico del órgano con el conflicto. El concepto de complacencia somática se retomó y se hizo extensivo a la **psicosomática** (*v.*), más allá del campo de la histeria, para indicar el poder expresivo del cuerpo y de su actitud para representar el remordimiento o el investimiento narcisista del propio cuerpo.

BIBLIOGRAFÍA: Alexander, F. (1950); Fenichel, O. (1945); Freud, S. (1892-1895); Freud, S. (1901) [1976].

solipsismo (al. *Solipsismus*; fr. *solipsisme*; ingl. *solipsism*; it. *solipsismo*)

Término filosófico que alude a la absoluta intransferibilidad de la conciencia, por lo que el yo sólo se conoce plenamente a sí mismo (*solus ipse*), y a los otros los conoce sólo como contenidos de su propia conciencia. Por extensión el término lo utilizó en el ámbito psicoanalítico I.D. Suttie a propósito de la fase narcisista del niño, que vive el mundo sólo como lugar de satisfacción de sus deseos y a los otros sólo como instrumentos para su propia satisfacción.

BIBLIOGRAFÍA: Suttie, I.D. (1935).

soma
v. CUERPO.

somatización
v. PSICOSOMÁTICA.

somatoagnosia (al. *Somatoagnosie*; fr. *somatoagnosie*; ingl. *somatoagnosia*; it. *somatoagnosia*)

Trastorno del conocimiento y del uso del cuerpo, ya sea por distorsión de la propia representación cortical de algunas regiones del cuerpo, o por lesiones en la zona cortical asociativa, con la consiguiente alteración del esquema corporal (*v.* **cuerpo**, § 1). Junto con esta interpretación neuropsicológica existe una interpretación fenomenológica de la somatoagnosia que no parte del dualismo cuerpo-psique, sino de la relación cuerpo-mundo.

1] NEUROPSICOLOGÍA. En este ámbito se elaboró una distinción entre las diferentes formas de somatoagnosia que considera, entre las más significativas:

a] *Autotopoagnosia*: incapacidad para indicar exactamente las partes del cuerpo propio y del de los demás.

b] *Aloestesia*: incapacidad para localizar los estímulos cutáneos que se perciben.

c] *Astereognosia*: incapacidad para identificar un objeto con el tacto.

d] *Anosognosia*: incapacidad para reconocer un estado morboso en el propio cuerpo, por lo que el sujeto atribuye a la parte sana de su cuerpo la afección que interesa a la parte enferma, o ignora la parálisis o la ceguera o la sordera del órgano afectado. Depende de la hemiplejía izquierda masiva, con la que puede asociarse un mecanismo de defensa que rechaza tomar conciencia de la afección.

e] *Miembro fantasma*: sensación de poseer todavía el miembro después de su amputación o mutilación. Puede advertirse como presencia indolora sólo acompañada por leves hormigueos, o como sensación dolorosa, intensa, prolongada, acompañada de prurito, ardor y estiramiento. También se dan *ilusiones de amputación* caracterizadas por la impresión de que partes del propio cuerpo están desprendidas.

f] Hemiagnosia: ausencia de reacciones ante los estímulos dolorosos, limitada al lado afectado.

g] Hemisomatoagnosia: incapacidad para reconocer como propio el hemicuerpo paralizado.

h] Alucinaciones cenestésicas: impresiones de transformación y cambio de volumen, largo y peso del propio cuerpo. Son frecuentes las sensaciones de *disomatoagnosia*, en la doble forma de *microsomatoagnosia* y de *macrosomatoagnosia*, donde las partes del cuerpo se viven como más pequeñas o más grandes (*v.* **cenestesia**).

i] Síndrome de Babinski: abarca la anosognosia, la hemisomatoagnosia y las alucinaciones cenestésicas. Se observa en las hemiplejías izquierdas masivas con lesiones parietales derechas, y se evidencia con la destrucción de la representación cortical del esquema corporal que el sujeto no sabe interpretar a menos que utilice engramas verbales y conceptuales adquiridos en la infancia y concernientes a un cuerpo normal que ha mantenido intactas sus potencialidades.

j] Síndrome de Gerstmann: reconocimiento fallido de la lateralización derecha o izquierda acompañado, en algunos casos, de **acalculia** (*v.*), **agrafia** (*v.*), **agnosia** (*v.*) digital que no permite distinguir los diferentes dedos, y de graves trastornos de la orientación espacial. Parece estar determinada por una lesión cerebral en la región del pliegue curvo del hemisferio dominante.

2] FENOMENOLOGÍA. El estudio de las diferentes formas de somatoagnosia planteó un problema epistemológico de notable interés en el ámbito de la fenomenología, que propone abandonar la investigación de correspondencias entre psique y soma (*v.* **cuerpo**, § 3) a las que se remontan las investigaciones neurofisiológicas, porque psique y soma no son dos realidades sino dos formas de ver la misma realidad, que no es ni orgánica ni psíquica sino "relacional". Se trata, como escribe M. Merleau-Ponty, de entender el concepto de cuerpo desde su anatomía hasta su relación

con el mundo, porque "si el cuerpo es el vehículo del ser en el mundo, para un ser vivo tener un cuerpo significa unirse a un ambiente definido, confundirse con ciertos proyectos y comprometerse continuamente. En este contexto el rechazo de la deficiencia es sólo el inverso de nuestra inercia en el mundo, la negación implícita de cuanto se opone al movimiento natural que nos arroja a nuestras tareas, nuestras preocupaciones, nuestra situación, nuestros horizontes familiares. Tener un brazo fantasma significa quedar abiertos a todas las acciones de las que sólo el brazo es capaz, conservar el campo práctico que teníamos antes de la mutilación" (1945: 130). Desde este punto de vista "el miembro fantasma no es el simple efecto de una causalidad objetiva, y ni siquiera una *cogitatio*. Podría ser una conmixtión de ambas sólo si encontráramos el medio para articular una sobre la otra, lo 'psíquico' y lo 'fisiológico', el 'por sí' y el 'en sí', y para combinar su encuentro, y sólo si los procesos en tercera persona y los actos personales pudieran ser integrados en un ámbito común para ambos" (1945: 125-126).

Si se renuncia al dualismo **psicofísico** (*v.*) de origen cartesiano que, después de haber separado *res cogitans* y *res extensa*, organismo y psique, se encuentra en la imposibilidad de ordenarlos y de explicar los fenómenos que desmienten esta separación, es posible descubrir que –escribe siempre Merleau-Ponty– "nuestro cuerpo implica dos estratos diferentes, el del *cuerpo habitual* y el del *cuerpo actual*. En el primero figuran los gestos propios del manipular que desaparecieron del segundo, y el problema de saber cómo me pueda sentir yo, provisto de un miembro que ya no tengo se reduce, de hecho, al de saber cómo el cuerpo habitual puede garantizar al cuerpo actual. ¿De qué manera puedo percibir objetos como si fueran manipulables, si no puedo manipularlos?" (1945: 131). A esta pregunta no le puede dar respuesta el dualismo psicofísico de origen cartesiano sino sólo la visión fenomenológica que ve el cuerpo a partir del mundo, por lo que "en el mismo momento en el que mi mundo habitual hace surgir en mí intenciones habituales, ya no puedo, si estoy amputado, unirme efectivamente a aquél: precisamente porque se presentan como manipulables, los objetos manipulables interrogan a una mano que ya no tengo. Así, en el conjunto de mi cuerpo se delimitan regiones de silencio.

Por ello el enfermo conoce su mutilación precisamente porque la ignora, y la ignora precisamente porque la conoce" (1945: 130-131). La somatoagnosia, en todas sus manifestaciones, constituye para la fenomenología una prueba de que nuestro cuerpo está destinado al mundo, y por lo tanto rechaza ignorar ese mundo o esa zona de mundo que en su integridad alcanzaba.

BIBLIOGRAFÍA: Babinski, J. (1918); Bay, E. (1950); Galimberti, U. (1979); Gerstmann, J. (1918); Gerstmann, J. (1957); Goldstein, K. y A. Gelb (1920); Merleau-Ponty, M. (1945); Schilder, P. (1935-1950).

somatogénesis
v. PSICOGÉNESIS.

somatosensitiva, área
v. CORTEZA CEREBRAL, § 2.

somatotonía
v. TIPOLOGÍA, § 1, *c.*

somatotropina (STH)
v. ENDOCRINO, SISTEMA, § 1, *a.*

sombra (al. *Schatten*; fr. *ombre*; ingl. *shadow*; it. *ombra*)

Concepto junguiano que indica "el otro lado" de la personalidad, el lado oscuro, inferior, indiferenciado, que se contrapone al yo consciente. "Cada uno de nosotros va seguido de una sombra que cuanto menos incorporada está a la vida consciente del individuo, tanto más negra y densa es. [...] Si las tendencias de la sombra, que son reprimidas, no representaran otra cosa que el mal, no existiría ningún problema. Pero la sombra representa sólo algo inferior, primitivo, inadecuado y torpe, y no es mala en sentido absoluto. Abarca, entre otras cosas, cualidades inferiores, infantiles y primitivas, que en cierto sentido volverían la existencia humana más vital y más bella; pero se enfrentan a reglas consagradas por la tradición" (1938-1940: 82-84). Los procesos dinámicos vinculados con la sombra los estudió M. Trevi, quien distinguió la *pro-*

yección de la sombra, causa de todas las antipatías e idiosincrasias, debidas al hecho de que al otro se refiere cuanto hay de sombrío en la propia personalidad; el *reconocimiento* de la sombra que se da mediante el análisis de las proyecciones; la *escisión* de la sombra que se manifiesta en un rechazo, con la consiguiente vida autónoma de la sombra, sin ninguna relación con el resto de la personalidad (un ejemplo literario es la popular narración de R.L. Stevenson, *El extraño Caso del Dr. Jekyll y el Sr. Hyde*); la *identificación* con la sombra que en una cierta forma es la reproducción negativa de la escisión de la misma, por lo que la energía psíquica sólo activa las partes oscuras de la personalidad; la *integración* de la sombra que, respecto al simple reconocimiento, se traduce en una aceptación de la parte negativa de la personalidad y en su elevación a la dignidad de polo de un campo energético. Sólo en este punto la energía que se perdía antes en la sombra no reconocida o rechazada queda disponible para el yo. La integración de la sombra es un paso esencial en el proceso de **individuación** (*v.*).

BIBLIOGRAFÍA: Jung, C.G. (1938-1940); Jung, C.G. (1951); Trevi, M. y A. Romano (1975); Trevi, M. (1986).

somnolencia
v. DORMIR, § 3, *d.*

sonambulismo
v. DORMIR, § 3, *c.*

sondeo
v. OPINIÓN; CUESTIONARIO.

sonido
v. AUDITIVO, APARATO.

sonrisa (al. *Lächeln*; fr. *sourire*; ingl. *smile*; it. *sorriso*)

Movimiento expresivo que aparece entre el primer y el segundo mes de vida del niño en reacción a estímulos externos, como los sonidos, las voces, las imágenes y la presencia de figuras familiares. R.A. Spitz encuentra en la sonrisa el rasgo que califica la segunda fase del desarrollo infantil, en la que el niño pasa de una condición de indiferenciación entre mundo externo y mundo interno a una primera forma de reconocimiento del mundo externo, que se manifiesta en la respuesta de la sonrisa. En el adulto la sonrisa es un medio de comunicación interpersonal utilizado en ocasión de actitudes formales asumidas por cortesía o en presencia de sentimientos de benevolencia y simpatía. La sonrisa debe distinguirse de la **risa** (*v.*), a la que subyace una dinámica psicológica completamente diferente.

BIBLIOGRAFÍA: Spitz R.A. (1958).

sopor

v. DORMIR, § 3, *d.*

soportar

v. TOLERANCIA.

sordera (al. *Taubheit*; fr. *surdité*; ingl. *deafness*; it. *sordità*)

Falta parcial (*hipoacusia*) o total (*anacusia*) del sentido del oído (*v.* **auditivo, aparato**) debida a causas congénitas o adquiridas. Si es precoz la sordera se acompaña de mudez (*sordomudez*). En este caso las posibilidades de comunicación corren por cuenta de técnicas de entrenamiento basadas en principios ópticos y táctiles, y de la adquisición del lenguaje de los sordomudos, que utiliza una estructura de signos y símbolos basados en la mímica y en la gestualidad (*v.* **dactilología**). Las personas sordas tienden a una personalidad aislada, insegura, desconfiada respecto a los demás, por ende con rasgos paranoides (*v.* **paranoia**) debidos a la sensación de aislamiento debida a la incapacidad de oír, que aumenta las interpretaciones erróneas.

BIBLIOGRAFÍA: Cimino, E. (1978); Del Bo, M. y A. Cippone de Filippis (1978); Montanini, M.M., L. Fruggeri y M. Facchini (1979).

sordomudez

v. SORDERA.

sorpresa (al. *Überraschung*; fr. *surprise*; ingl. *surprise*; it. *sorpresa*)

Emoción que surge cuando interviene un acontecimiento inesperado o contrario a las expectativas. En el ámbito de la información H. Frank introdujo el *valor de sorpresa* determinado por la relación entre la información del mensaje y la incertidumbre que este mensaje elimina. Con base en este criterio es posible construir una escala que va de lo "banal" a lo "sorprendente". En el nivel del comportamiento la sorpresa provoca generalmente una modificación imprevista de la dirección de la actividad.

BIBLIOGRAFÍA: Frank, H. (1964).

sotería (al. *Soterie*; fr. *sotérie*; ingl. *soteria*; it. *soteria*)

Expresión que introdujo H.P. Laughlin para indicar las neurosis caracterizadas por una necesidad de seguridad que activa conductas dirigidas a la búsqueda de objetos tranquilizadores. Por este motivo Laughlin ve la sotería como el contrario de la **fobia** (*v.*), que favorece conductas de evitación.

BIBLIOGRAFÍA: Laughlin, H.P. (1970).

Stratton, experimento de (al. *Strattonscher versuch*; fr. *essai de Straton*; ingl. *Stratton's experiment*; it. *Stratton, experimento di*)

Experimento que introdujo G.M. Stratton para el estudio de la orientación y de la adaptación perceptiva. Durante muchos días usó anteojos con lentes de inversión, que le hacían ver las cosas de cabeza. Uno de los resultados más significativos fue que después de cierto tiempo ya no veía el entorno invertido, pues había restablecido la coordinación videomotriz previa. La técnica de Stratton fue utilizada después para el estudio de las circunstancias de desarrollo de la percepción.

BIBLIOGRAFÍA: Stratton, G.M. (1897).

subconsciente (al. *Unterbewusst*; fr. *subconscient*; ingl. *subconscious*; it. *subconscio*)

Término que se utilizó en el ámbito de la psicología y de la psicopatología de finales del siglo XIX; lo empleó en especial P. Janet para explicar los fenómenos de desdoblamiento de la **personalidad** (*v.*), basándose en la hipótesis de una segunda conciencia, más atenuada, responsable de la **escisión** (*v.*, §II, 1) psíquica. S. Freud, después de haber utilizado el término en el período de su colaboración con J. Breuer, lo rechazó porque, como conciencia atenuada, la noción de subconsciente lleva a resolver lo psíquico en el ámbito de lo consciente: "También de la distinción entre supra*conciencia* y sub*conciencia*, predilecta de la bibliografía más reciente sobre las psiconeurosis, tenemos nosotros que mantenernos alejados, pues precisamente parece destacar la equiparación entre lo psíquico y consciente" (1899 [1976: 603]). Además, sigue diciendo Freud, "cuando alguien habla de subconciencia, yo no se si, tópicamente, mienta algo situado en el alma por debajo de la conciencia, o, cualitativamente, una conciencia otra, por así decir subterránea." (1926 [1976: 185]). Por estas razones Freud y el psicoanálisis que fundó nunca utilizan el término subconsciente sino **inconsciente** (*v.*).

BIBLIOGRAFÍA: Freud, S. (1892-1895); Freud, S. (1899); Freud, S. (1926); Janet, P. (1930).

subinvestimiento
v. INVESTIMIENTO, § 2.

sublimación (al. *Sublimierung*; fr. *sublimation*; ingl. *sublimation*; it. *sublimazione*)

Término psicoanalítico que indica el mecanismo responsable del desplazamiento de una pulsión sexual o agresiva hacia una meta no sexual y no agresiva que encuentre valoración social, como la actividad artística o la investigación intelectual. S. Freud escribe al respecto, que la pulsión sexual "Pone a disposición del trabajo cultural unos volúmenes de fuerza enormemente grandes, y esto sin ninguna duda se debe a la peculiaridad, que ella presenta con particular relieve, de poder desplazar su meta sin sufrir un menoscabo esencial en cuanto a intensidad. A esta facultad de permutar la meta sexual originaria por otra, ya no sexual, pero psíquicamente emparentada con ella, se le llama la facultad para la *sublimación.*" (1908 [1976: 168]).

La sublimación utiliza energía neutralizada (*v.* **neutralización**) que sufrió un proceso de *desexualización* y de *desagresivización* por el cual la energía libidinal, que según las leyes del **proceso primario** (*v.*) tiende naturalmente a una descarga inmediata orientada hacia la meta sexual o agresiva, es neutralizada y puesta a disposición de actividades sublimadas de acuerdo con el desarrollo del yo y del mundo cultural y social en el que el yo se expresa: "Distinguimos con el nombre de *sublimación* cierta clase de modificación de la meta y cambio de vía del objeto en la que interviene nuestra valoración social." (1932 [1976: 89]). Con la intención de explicar el mecanismo de la sublimación Freud recurrió a tres hipótesis:

a] La sublimación se refiere a las *pulsiones parciales* (*v.* **pulsión**, § 2, *e*) no integradas en la genitalidad y que, si no se subliman, activan conductas perversas (*v.* **perversión**), como la curiosidad sexual infantil que puede degenerar en **escopofilia** (*v.*) o sublimarse en curiosidad intelectual: "De tal suerte, las fuerzas valorizables para el trabajo cultural se consiguen en en buena medida por la sofocación de los elementos llamados *perversos* de la excitación sexual" (1908 [1976: 169]).

b] La *teoría del apoyo* (*v.* **anaclisis**, § 1), según en la cual las pulsiones sexuales se apoyan en pulsiones de autoconservación, permite conjeturar que "esos mismos caminos por los cuales las perturbaciones sexuales desbordan sobre las restantes funciones del cuerpo servirían en el estado de salud a otro importante logro. Por ellos se consumaría la atracción de las fuerzas pulsionales sexuales hacia otras metas, no sexuales; vale decir, la sublimación de la sexualidad." (1905 [1976: 187]).

c] La *teoría del* **narcisismo** (*v.*, § 1-2), que prevé un retiro de la energía libidinal del objeto hacia el yo, también implica una desexualización de esta energía que la vuelve disponible para la sublimación: "Si esta energía de desplazamiento es libido desexualizada, es lícito llamarla también *sublimada*, pues seguiría perseverando en el propósito principal del Eros, el de unir y ligar, en la medida en que sirve a la producción de aquella unicidad por la cual –o por la pugna hacia la cual– el yo se distingue." (1922 [1976: 46]). Si se adopta esta última hipótesis, la sublimación estaría íntimamente vinculada con la dimensión narcisista del yo.

Freud consideró el concepto de sublimación como un mecanismo de **defensa** (v. § 2) no patológico: "A estos nueve métodos de defensa [...] se le agrega un décimo que es más pertinente en el estudio de la normalidad que en el de las neurosis, a saber la sublimación o el desplazamiento de la meta pulsional" (1936: 180), mientras M. Klein remonta la sublimación al ámbito de la reparación o restablecimiento del objeto "bueno" despedazado por las pulsiones destructivas, porque "el desarrollo libidinal está estimulado y reforzado en cada fase por el impulso a reparar y, en última instancia, por el sentimiento de culpa" (1945: 398 v. **kleiniana**, **teoría**, § 3). Por lo que se refiere a la relación entre sublimación y producción artística véase la voz **psicología del arte**, § 2, a.

BIBLIOGRAFÍA: Chasseguet-Smirgel, J. (1985); Freud, A. (1936); Freud, S. (1905); Freud, S. (1908); Freud, S. (1910); Freud, S. (1922); Freud, S. (1932); Klein, M. (1945).

subliminal (al. *Unterschwellig*; fr. *subliminal*; ingl. *subliminal*; it. *subliminale*)

Adjetivo que se refiere al **estímulo** (v.) que actúa por debajo del **umbral** (v.) de la percepción y de la conciencia. Todavía no se ha confirmado si los mensajes presentados en el nivel subliminal pueden modificar las actitudes de los destinatarios.

BIBLIOGRAFÍA: McConnell, J. V. *et al.* (1958).

subnormalidad
v. INTELIGENCIA, § 2; RETARADO MENTAL.

subrendimiento
v. RENDIMIENTO.

subvaloración
v. AUTOESTIMA.

succión (al. *Ansaugen*; fr. *sucement*; ingl. *sucking*; it. *suzione*)

Comportamiento instintivo del neonato para la satisfacción alimentaria que, según S. Freud, está acompañado por una satisfacción libidinal (v. **anaclisis**, § 1), la que prosigue con la succión del pulgar, que cumple con una función calmante y distensiva que Freud interpreta como actividad autoerótica (v. **oral**, § 3) y M. Klein como actividad sustitutiva a falta de un objeto externo (pezón).

BIBLIOGRAFÍA: Freud, S. (1905); Klein, M. (1932).

sueño (al. *Traum*; fr. *rêve*; ingl. *dream*; it. *sogno*)

Actividad mental que se desarrolla mientras se duerme y de la que se pueden conservar, después de despertar, imágenes, pensamientos, emociones que caracterizaron a la escena onírica. Ésta, completamente gobernada por las leyes de la afectividad, presenta una estructuración por entero separada de los principios que regulan al pensamiento lógico y la orientación en la realidad, sobre todo por lo que se refiere a los principios de identidad, de causalidad, de no contradicción y a las coordenadas espacio-temporales, que experimentan profundas alteraciones respecto a la experiencia diurna.

I] NEUROFISIOLOGÍA. Los estudios neurofisiológicos destacan, como lo documenta M. Bertini, que en cuanto el organismo entra en la fase REM del **dormir** (v., § 1), o sueño onírico, se tiene, respecto al sueño no onírico (no REM) que lo precede y sigue inmediatamente, una significativa **activación** (v.) caracterizada por procesos: a] *vegetativos*, como la aceleración del latido cardiaco y del ritmo respiratorio, el aumento de la presión sistólica de la sangre, la erección del pene, el aumento de la resistencia cutánea, con reducción de los reflejos galvánicos espontáneos; b] *musculares*, con movimientos oculares rápidos, movilidad reducida, disminución del tono muscular con acentuación de los movimientos finos en especial en las manos y en la cara; c] *neurofisiológicos*, respecto a la actividad de la corteza, a la activación del hipocampo y de las áreas subcorticales y mesoencefálicas, reducción de los potenciales evocados, umbrales de despertar relativamente bajos; d] *metabólicos cerebrales*, con aumento del flujo sanguíneo cortical, el consumo del oxígeno cerebral y la temperatura cerebral; e] *neuroendocrinos*, con activación de la hipófisis, alteración de las hormonas somatotropa, tiroidea y de las hormonas gonádicas; f] *farmacológicos*, que reducen el tiempo onírico como los barbitúricos y las anfetaminas, o que lo aumentan, como la reserpina y el LSD.

En los intervalos no REM, que preceden y siguen a las fases REM caracterizadas por la presencia de sueños, el cerebro no suspende el proceso ideativo, pero éste resulta menos vivaz y tiende a asumir formas semejantes al pensamiento del estado de vigilia, incluso si, por informes obtenidos al despertar a sujetos durante los períodos no REM, se pueden reconocer indicios de ideación típica del período REM. Respecto al contenido se observó además que, con el alargamiento de la actividad onírica, los sueños se refieren a lugares, situaciones, acontecimientos, actividades cada vez más lejanos en el tiempo o sepultados en el olvido.

Por lo que se refiere a la *función* del sueño se han presentado diversas hipótesis de tipo biológico y de tipo psicológico, entre las que recordamos: a] la limpieza del sistema nervioso de los metabolitos endógenos producidos durante la actividad; b] la estimulación de la corteza, esencial en el niño para su desarrollo; c] la reorganización de los esquemas excitadores del sistema nervioso central que se desorganizan durante la etapa no REM; d] la recuperación de la deprivación cuando se duerme y el funcionamiento cortical está reducido; e] la selección de las informaciones acumuladas durante el día para favorecer los procesos de almacenamiento de las memorias; f] la descarga de impulsos fisiológicos en el niño e instintivos en el adulto; g] la satisfacción, en forma encubierta, de los deseos y la solución de problemas emotivos para una mejor adaptación a la vida real.

Por lo que se refiere al *olvido* del sueño las observaciones experimentales han señalado:

a] que el recuerdo del sueño disminuye rápidamente después de finalizar el período REM; b] que el despertar nocturno o brusco permite recordar mejor los sueños que el despertar gradual; c] que se recuerdan mejor los sueños matutinos, así como los más largos y los más ricos en intensidad emotiva. A estas condiciones generales se deben agregar las diferencias individuales, que en el nivel experimental dieron los siguientes resultados: a] recuerdan *más* los sueños los que tienen más tiempo onírico, los que presentan un mayor grado de ansiedad, los que tienden a ser más introspectivos; b] recuerdan *menos* los que tienen una personalidad más represiva y menos creativa –como lo demostraron pruebas efectuadas con estudiantes de ingeniería y estudiantes de disciplinas artísticas–, los que tienen sueños bastante realistas y lógicos, y los que tienen una mayor memoria visual y que por lo tanto se admiran menos de sus sueños ya que pueden integrarlos más fácilmente al pensamiento diurno. A estas consideraciones se deben agregar las hipótesis psicoanalíticas que se refieren al fenómeno de la **censura** (v.) y a las condiciones de **transferencia** (v.) que se instaura entre quien cuenta su sueño y quien escucha.

Pruebas experimentales basadas en electroencefalografía y en el registro de los movimientos oculares destacaron características típicas de la fase REM en los mamíferos y en los pájaros, pero no en los reptiles. Esto hizo considerar que en la evolución de la especie la fase REM puede haber aparecido más tarde. En el hombre dicha fase se conjetura aun en la vida fetal y, después del nacimiento, mucho antes de que el niño adquiera percepción visual y memoria. La proporción de la etapa REM respecto al total es máxima en la infancia, cuando alcanza valores que oscilan alrededor del 50%, para después reducirse en la edad adulta más o menos al 25% hasta descender, a partir de los 60 años, hasta un 15%, aproximadamente. En el sueño infantil, además, es máximo el elemento fisiológico y mínimo el de contenido subjetivo, que en cambio aumenta en la edad adulta. La mayor parte de los sueños está privada de tonalidades cromáticas aunque existen dudas al respecto, debido a que la incidencia del color aumenta en relación con la cercanía temporal entre el sueño y su narración. En los ciegos hay sueños visuales cuando la ceguera surgió después del sexto-séptimo año de vida, mientras los ciegos desde el nacimiento refieren sueños en los que están implicadas imágenes no visuales pero vinculadas a otras formas sensoriales. Esto ha hecho pensar que los movimientos oculares no se relacionen tanto a la visión como a la imaginación del sueño.

II] PSICOANÁLISIS. El psicoanálisis, con S. Freud, asigna al sueño un significado psicológico que se puede encontrar mediante la **interpretación** (*v*.) que traza a la inversa el camino recorrido en el *trabajo del sueño* que transforma el contenido **latente** (*v*.) en contenido manifiesto. El trabajo del sueño no es creativo sino transformativo; esto responde a "una suerte de constreñimiento a componer en una unidad, en el sueño, todas las fuentes de estímulo onírico existentes" (1899 [1976: 195]). Éstas son los estímulos somáticos, los **residuos diurnos** (*v*.), los pensamientos del sueño, que son unificados y expresados en el contenido manifiesto después de la **deformación** (*v*.) efectuada, por motivos de **censura** (*v*.), por el trabajo del sueño mediante cuatro operaciones: la **condensación** (*v*.), el **desplazamiento** (*v*.), la **representación** (*v*., § 1) y la **elaboración** (*v*., § 2) secundaria.

1] *La naturaleza y las funciones del sueño* las indica la teoría freudiana en estos términos:

a] *El sueño es un producto psíquico*, por lo tanto no es exclusivamente un producto somático; "no carece de sentido, no es absurdo, no presupone que una parte de nuestro tesoro de representaciones duerme al tiempo que otra empieza a despertar. Es un fenómeno psíquico de pleno derecho, más precisamente un cumplimiento de deseo; debe clasificárselo dentro de la concatenación de las acciones anímicas de vigilia que nos resultan comprensibles; lo ha construido una actividad mental en extremo compleja" (1899 [1976: 142]).

b] *El sueño es una forma de pensamiento*: "una forma particular de nuestro pensamiento, posibilitada por las condiciones del estado del dormir. Es el *trabajo del sueño* el que produce esa forma, y sólo él es la esencia del sueño, la explicación de su especificidad" (1899 [1976: 502]). Esta forma de pensamiento, según la opinión de Freud, no debe identificarse con el inconsciente porque "el sueño no es lo 'inconsciente'; es la forma en que un pensa-

miento que ha quedado pendiente desde lo preconciente, o aun desde lo conciente de la vida de vigilia, pudo ser trasegado merced a las condiciones favorables del estado del dormir. Dentro de este último, ganó el apoyo de mociones inconcientes de deseo y experimentó así la desfiguración por obra del 'trabajo del sueño', que está determinado por los mecanismos que rigen para lo inconciente" (1920 [1976: 158]).

c] *El sueño onírico protege al sueño fisiológico:* "El sueño es el guardián del dormir, no su perturbador. [...] El deseo de dormir (al que el yo consciente se ha acomodado y que junto con la censura onírica y la 'elaboración secundaria', abordaremos después, son su contribución al soñar), debe entonces computarse en todos los casos como motivo de la formación de sueños, y todo sueño logrado es un cumplimiento de él" (1899 [1976: 245-246]).

d] *"El sueño es la satisfacción (encubierta) de un deseo (supresión, represión)"* (1899: 154). Esto depende del hecho de que "es un producto del sistema inconsciente, el cual no conoce otra meta para su propio trabajo aparte de la satisfacción de un deseo y no dispone de otra fuerza que las constituidas por los impulsos de deseo" (1899: 518).

e] *El sueño es una formación de compromiso*: "tiene una doble función: por un lado está acorde con el yo, puesto que sirve al deseo de dormir mediante la tramitación de los estímulos que lo perturban, y por el otro permite a una moción pulsional reprimida la satisfacción que es posible en estas condiciones, en la forma de un cumplimiento alucinatorio de deseo. Empero, todo el proceso de formación del sueño, permitido por el yo durmiente, se encuentra bajo la condición de la censura ejercida por el resto de la represión (esfuerzo de desalojo) que se conservó. No puedo exponer de manera más simple el proceso, pues él mismo no es simple" (1932 [1976: 18]).

2] *El trabajo del sueño*, llamado también *trabajo onírico*, lo define Freud como "esencia del sueño" y lo describe en estos términos: "Lo primero que muestra al investigador la comparación entre contenido y pensamientos del sueño es que aquí se cumplió un vasto *trabajo de condensación*. El sueño es escueto, pobre, lacónico, si se lo compara con la extensión y la riqueza de los pensamientos oníricos" (1899 [1976: 287]). En segundo lugar, "en la formación de los sueños ocurre entonces *una transferencia y un desplazamiento de las intensidades psíquicas* de los elementos singulares, de lo cual deriva la diferencia de texto entre contenido y pensamientos oníricos. El proceso que con esto suponemos es lisa y llanamente la pieza esencial del trabajo onírico: merece el nombre de *desplazamiento onírico. El desplazamiento y la condensación oníricos* son los dos maestros artesanos a cuya actividad podemos atribuir principalmente la configuración del sueño" (1899 [1976: 313]). En tercer lugar hacen su aparición los medios de *representación* de las relaciones lógicas, como las relaciones de causalidad, identidad, semejanza, concordancia, conexión (1899: 311). En cuarto lugar se realiza la *elaboración secundaria* que "con retazos y harapos tapa las lagunas en el edificio del sueño" (1899 [1976: 487]). Estos mecanismos retóricos están presentes, en opinión de Freud, también en las psiconeurosis: "Las deformaciones léxicas del sueño se asemejan mucho a las que conocemos en la paranoia, pero que tampoco faltan en la histeria y en las ideas obsesivas. Tanto para el sueño como para las psiconeurosis la fuente común son los artificios verbales de los niños, que en ciertos períodos tratan de hecho a las palabras como si fuesen objetos e inventan lenguajes nuevos y formaciones sintácticas artificiales" (1899 [1976: 309]).

3] *La interpretación del sueño* la considera Freud "es la vía regia hacia el conocimiento de lo inconciente dentro de la vida anímica" (1899 [1976: 597]). Ésta recorre a la inversa el camino recorrido por el trabajo del sueño, retrocediendo desde el contenido manifiesto hasta el significado latente al que conducen las **asociaciones libres** (*v.*, § 4) del soñador y el conocimiento del simbolismo onírico (*v.* **símbolo**, § 5, *a*). Con la guía de estas indicaciones se llega a poner de manifiesto algunos temas centrales que remiten al deseo reprimido, por lo general de naturaleza infantil o sexual, que constituye a un mismo tiempo la fuerza del sueño y su significado latente: "los elementos presentes en el contenido del sueño que han de aprehenderse como símbolos nos obligan a una técnica combinada que, por una parte, se apoya en las asociaciones del soñante y, por la otra, llena lo que falta

con la comprensión de los símbolos por el intérprete" (1899 [1976: 359]). "El conocimiento del simbolismo onírico, en cambio, resulta el medio más valioso para la interpretación precisamente donde las asociaciones de quien soñó fallan o se vuelven insuficientes" (1900: 48).

Las excepciones a la teoría según la cual todos los sueños son satisfacción de deseos son para Freud sólo aparentes, por lo que por ejemplo en los *sueños de castigo* lo que se satisface es el deseo de quien sueña en ser castigado por los impulsos de deseos reprimidos o ilegítimos; en los *sueños de contradeseo*, donde el tema es la frustración de un deseo, lo que se satisface es un deseo masoquista satisfecho por una aparente frustración. Lo mismo puede decirse de los *sueños de angustia* (*v.* **pesadilla**), debidos a una falla del trabajo onírico que no logra encubrir lo suficiente el deseo prohibido y crear un compromiso entre la satisfacción del deseo inconsciente y el deseo preconsciente de dormir que exige la supresión de la excitación inconsciente. Una excepción aparente la constituyen los *sueños en las neurosis traumáticas*, a propósito de las cuales Freud escribe: "en la neurosis traumática los sueños reconducen tan regularmente al enfermo a la situación en que sufrió el accidente, es palmario que no están al servicio del cumplimiento de deseo, cuya producción alucinatoria devino la función de los sueños bajo el imperio del principio de placer. Pero tenemos derecho a suponer que por esa vía contribuyen a otra tarea que debe resolverse antes de que el principio de placer pueda iniciar su imperio. Estos sueños buscan recuperar el dominio (*Bewältigung*) sobre el estímulo por medio de un desarrollo de angustia cuya omisión causó la neurosis traumática. Nos proporcionan así una perspectiva sobre la función del aparato anímico que, sin contradecir al principio de placer, es empero independiente de él y parece más originaria que el propósito de ganar placer y evitar displacer" (1920 [1976: 31]). Por lo que se refiere al *olvido del sueño*, Freud considera responsable no tanto el paso del sueño a la vigilia, cuanto la acción conjunta de la **censura** (*v.*) y de la **resistencia** (*v.*).

III] PSICOLOGÍA ANALÍTICA. La psicología analítica con C.G. Jung, define el sueño como "una autorrepresentación espontánea de la situación actual del inconsciente expresada en forma simbólica. Esta concepción contrasta con la fórmula freudiana sólo en cuanto renuncia a dar una formulación precisa del sentido del sueño y, aunque afirma que el sueño es una representación simbólica de un contenido inconsciente, deja en duda el problema de si estos contenidos son siempre satisfacciones de deseos" (1916-1948: 282). A partir de estas premisas Jung ofrece su línea de lectura del sueño que, esquemáticamente, puede indicarse en los siguientes puntos.

1] Los sueños pueden ser vistos no sólo con el método causal sino también con el *prospectivo o **constructivo** (v.),* porque "cuando se tiene que ver con cosas psíquicas el preguntarse '¿por qué se verifica tal cosa?' no es necesariamente más productivo que preguntarse '¿Con qué fin sucede?'" (1945-1948: 303). Esto permite a Jung ver en el sueño las *líneas de desarrollo* de un proceso psíquico a partir de las potencialidades que en aquél se manifiestan como todavía no realizadas.

2] Por esto es necesario renunciar a una simbología onírica válida para todos y hacer referencia al *contexto biográfico* y *psicológico* del que sueña: "Para establecer el significado del sueño preparé, sobre la base de las constataciones arriba recordadas, un procedimiento al que di el nombre de 'relevación de contexto', y que consiste en esto: cada vez que del sueño emerge algo particular se establece mediante las asociaciones del pàciente qué matiz de significado asume para él eso particular" (1945-1948: 307-308).

3] "Desde el momento en que el significado de la mayor parte de los sueños *no* coincide con las tendencias de la conciencia sino demuestra desviaciones características, debemos suponer que el inconsciente, matriz de los sueños, posee una función autónoma" (1945-1948: 309). A esta función Jung le da el nombre de *compensación,* que define como "una confrontación y una comparación de datos o puntos de vista diferentes, confrontación de la que emerge un 'equilibrio' o una 'rectificación'. Existen, a este respecto, tres posibilidades. Si la actitud de la conciencia hacia la situación vital es en gran medida unilateral, el sueño se sitúa en el extremo opuesto. Si la conciencia tie-

ne una actitud relativamente cercana al 'punto medio', el sueño se satisface con variantes. Pero si la actitud de la conciencia es 'correcta' (adecuada), el sueño coincide con la tendencia de la conciencia y por lo tanto la subraya, aunque pierda su autonomía característica" (1945-1948: 310).

4] Por lo que toca a la interpretación, ésta puede referirse al objeto (*Objektsufe*) o al sujeto (*Subjektsufe*), según las figuras oníricas sean interpretadas por lo que significan en la vida de quien las sueña, o como expresión simbólica de sus componentes psquícos.

5] Además del inconsciente personal, el sueño puede hacerse representante de temas propios del *inconsciente colectivo.* En este caso Jung habla de "'grandes' sueños, es decir de sueños ricos en significado que provienen desde este estrato más profundo. Su significado se manifiesta –prescindiendo de la impresión subjetiva– desde su plasticidad, que no pocas veces muestra fuerza y belleza poética. Tales sueños se presentan casi siempre en períodos decisivos de la vida, es decir en la primera juventud, durante la pubertad, a medio camino (entre los 36 y los 40 años) y en *conspectu mortis.* Su interpretación con frecuencia implica dificultades considerables porque el material que puede ofrecer el que sueña es muy escaso. Ya no se trata, en el caso de las imágenes arquetípicas, de experiencias personales, sino en cierta manera de ideas generales cuyo significado fundamental se debe buscar en el sentido que le es característico, y no en cualquier contexto de acontecimientos personales" (1945-1948: 313-314).

IV] ANÁLISIS EXISTENCIAL. El análisis existencial interpreta el sueño como una "manera de ser en el mundo", aunque sea diferente a la de la vigilia, porque en el sueño no hay distinción entre yo y mundo, con la consiguiente anulación de la relación comunicativa del sujeto con su ambiente y sustracción del sujeto del campo de sus experiencias, por lo que el sujeto, de activo, se vuelve pasivo, privado de libertad, incapaz de integrar y diferenciar. En este contexto no tiene mucho sentido buscar el significado de los sueños, porque como escribe L. Binswanger, "soñar significa: no sé qué me sucede, ni cómo me sucede. En el yo, en el 'mí', reaparece la particularidad, el *quisque* [cada uno], el ἕϰαστος, pero eso no es para nada el que sueña, es más bien ése al cual –'y él no sabe cómo'– le sucede eso" (1930: 95). Tomando de nuevo el fragmento 89 de Heráclito "Aquellos que están despiertos tienen un mundo común, mientras entre los durmientes cada uno se encamina a un mundo privado", Binswanger subraya que "ya Heráclito se había dado cuenta de que la ruptura del mundo común, su interrupción, tiene una importancia fundamental para la caracterización de la vida psíquica en el sueño y para su delimitación respecto a la del estado de vigilia" (1930: 89). Además, mientras en el estado de vela el sujeto es artífice de la historia de su vida en el sueño se vuelve una función de vida, en la que más que vivir es vivido por la vida: "Hasta que el hombre sueña 'es', para retomar mi vieja distinción, 'función de la vida', cuando está despierto él hace 'historia de vida'. Y justamente hace la historia de su propia vida, la historia interior de su vida, que no debe confundirse con la historia externa, con la historia del mundo, porque su participación o abstención de esta última no depende sólo de él" (1930: 95-96).

v] COGNOSCITIVISMO. El cognoscitivismo interpreta el sueño como una función esencialmente cognoscitiva que permite llegar a material ideativo diferente de aquel al que tiene acceso la conciencia diurna. Dicho material ideativo está connotado por la creatividad, liberada por el hecho de que en el sueño las formas de pensamiento habituales se atenúan, permitiendo que las ideas, mantenidas aparte durante la elaboración diurna, se asomen y hagan posibles asociaciones fecundas. Por ende el sueño liberaría vías de comunicación por lo general inhibidas en la forma del pensamiento diurno. Estudios experimentales demostraron además que los sujetos de "pensamiento divergente" en los que domina el hemisferio derecho, el mismo que es especialmente activo en el sueño, recuerdan con más facilidad el sueño que aquellos cuyo estilo de pensamiento es de tipo "convergente", en los que domina el hemisferio izquierdo (v. **pensamiento**, § I, 2).

BIBLIOGRAFÍA: Bachelard, G. (1960); Bachelard, G. (1970); Bakan, P. (1976); Bertini, M. (1972); Bertini, M. y C. Violani (coords.) (1982); Binswanger, L. (1930); Caillois, R. (1956); Freud, S. (1899); Freud, S. (1900); Freud, S. (1915-1917); Freud, S. (1920); Freud, S. (1932); Hartmann, E.L. (1967); Jones, R.M. (1970); Jung, C.G. (1916-1948); Jung, C.G. (1934); Jung, C.G. (1945-1948); Koestler, A. (1964); Mancia, M. (1987); Oswald, I. (1962); Resnik, S. (1982); Rose, S. (1976); Rycroft, Ch. (1979).

sueño, cura del
v. NARCOTERAPIA.

sueño diurno
v. FANTASÍA, § 2.

suero de la verdad
v. NARCOANÁLISIS.

sugerencia
v. PROMPTING.

sugestionabilidad
v. SUGESTIÓN.

sugestión (al. *Suggestion*; fr. *suggestion*; ingl. *suggestion*; it. *suggestione*)

Aceptación acrítica de una opinión, idea, o comportamiento que nace del sujeto mismo (*autosugestión*) o de la influencia de los otros (*heterosugestión*). La sugestión tiene un mecanismo ideativo-motor semejante a la **imitación** (*v.*) típica de los niños respecto a los adultos, y cumple una función importante en las relaciones interpersonales, por lo que es objeto de estudio en el ámbito de la psicología social; en tratamientos terapéuticos como la **hipnosis** (*v.*), que se basa casi exclusivamente en la sugestión; en el *tratamiento psicoanalítico* (*v.* **análisis**), donde no está excluido el elemento sugestivo, y en la *terapia sugestiva*, que consiste en ofrecerle al paciente imágenes que modifican adecuadamente su estado (*v.* **pitiatismo**). El grado de influenciabilidad individual mediante la sugestión recibe el nombre de *sugestionabilidad*; asume formas patológicas en las personalidades histéricas e inmaduras hasta llegar a niveles de obediencia automática en las esquizofrenias catatónicas. En cambio se habla de *sugestividad* a propósito de signos, objetos, situaciones capaces de provocar emociones o acciones con fondo emocional.

Se han elaborado tests de sugestividad, como el *test de Wartegg*, que mide la reacción frente a ciertos signos a los que se atribuyó determinado significado para obtener datos en el diagnóstico de la personalidad. La sugestión ciertamente es la forma más antigua de tratamiento de los enfermos psíquicos, y tiene una relación muy íntima con el pensamiento mágico (*v.* **magia**). E. Coué desarrolló una técnica terapéutica basada en la autosugestión mediante la cual un individuo trata de inducir un efecto deseado, como la **autoestima** (*v.*) o el autoestímulo, con efectos benéficos en su conducta. Esta técnica, llamada *coueismo*, prevé también métodos autosugestivos centrados en los propios trastornos, con la autoconvicción progresiva de su desaparición gradual. La sugestión es la base también de la administración de **placebos** (*v.*).

BIBLIOGRAFÍA: Benussi, V. (1925); Benussi, V. (1932); Coué, E. (1922); Freud, S. (1888-1892); Hull, C.L. (1933); Jung, C.G. (1902); Schmidbauer, W. (1969); Schultz, J.H. (1932); Wartegg, E. (1957); Wundt, W. (1911).

sugestiva, terapia
v. SUGESTIÓN.

sugestividad
v. SUGESTIÓN.

suicidio (al. *Selbstmord*; fr. *suicide*; ingl. *suicide*; it. *suicidio*)

Acto intencional por el que una persona se quita la vida. Antes que un síntoma de patología mental el suicidio es un concepto familiar al individuo normal, para quien posee un valor afectivo, un valor ético y un significado existencial.

1] EPIDEMIOLOGÍA. La epidemiología del suicidio es objeto de profundas investigaciones porque en los países más industrializados el suicidio se cuenta entre las diez primeras causas de muerte. Es raro en la infancia y su incidencia aumenta con el paso de los años, con el doble de frecuencia en los varones que en las mujeres. Se ha registrado también una fluctuación circadiana (*v.* **ritmo**, § 1) con una frecuencia máxima después de la medianoche y una fluctuación anual, con índices máximos en primavera. Como el aislamiento favorece el suicidio, se ha comprobado una mayor incidencia en los grandes centros urbanos y entre personas que viven solas, más que en los casados; son más numerosos en las clases económicamente más acomodadas que en las menos ricas. Hoy las modalidades más difundidas de suicidio están representadas por sobredosis de fármacos y el envenenamiento con gas doméstico, y se han vuelto más raros los métodos violentos.

2] PATOLOGÍA. La patología que subyace al suicidio remite, en la mayor parte de los casos, a trasfondos depresivos y, en particular, a las depresiones endógenas, más que a las neuróticas y reactivas. También en el ámbito de las esquizofrenias y de las toxicomanías se pueden presentar suicidios pero, a diferencia de lo que sucede en las depresiones endógenas, no existe un conocimiento verdadero de las consecuencias del acto. En el estudio de las predisposiciones al suicidio se reconoce unánimemente la importante función que cumple el aislamiento interhumano, íntimamente vinculado a la pérdida de significado y de sentido de la existencia.

3] EL INTENTO DE SUICIDIO. Es un suicidio fallido debido a los medios utilizados o a las circunstancias externas que lo impidieron. A diferencia del suicidio, generalmente considerado intencional, el intento de suicidio es definido como *contraintencional*, porque está favorecido, no tanto por un impulso autodestructivo, cuanto por una intención, aun cuando inadecuada, de afirmación de sí y de solicitud de ayuda. El intento de suicidio se presenta con casi el doble de frecuencia en las mujeres que en los hombres, y su incidencia disminuye con la edad. Es más usual en las personas inmaduras y frágiles, para las cuales representa muchas veces una defensa y protesta inadecuadas ante una frustración que se tiene la impresión de no poder soportar, con la intención de provocar en los demás sentimientos de culpa o de solidaridad. En los jóvenes generalmente expresa un comportamiento reactivo a una desilusión sentimental con la secreta esperanza de recuperar a la pareja, o también un acto de rebeldía frente a los padres considerados opresores para castigarlos o para obtener en el futuro mayor autonomía.

4] LAS INTERPRETACIONES. Las interpretaciones del suicidio varían según el orden de las categorías utilizadas:

a] *En el nivel sociológico* E. Durkheim distingue cuatro tipos de suicidio: *egoísta*, cuando un individuo no está integrado en forma adecuada en la sociedad y se ve obligado a confiar únicamente en sus recursos personales; *altruista* cuando el individuo se identifica con la cultura o con el ideal del grupo de pertenencia; *anómico* cuando el individuo, por la dispersión de las relaciones en las que está integrado, ya no encuentra su identidad, y *fatalista* cuando el individuo se siente parte de un destino del que no puede separarse sin una grave pérdida de sentido de su propia existencia.

b] *En el nivel filosófico* K. Jaspers rechaza la reducción del suicidio a problema clínico, prefiriendo llevarlo al problema más amplio de la libertad humana. La clínica, en efecto, revela las condiciones que están en la base del suicidio, pero no lo que existe de *incondicionado* en este gesto: "La acción suicida no se puede conocer en su incondicionalidad sino sólo en las condiciones y en los motivos que la determinan. En la medida en que puede ser una acción libre de la existencia, en la situación límite, está abierta a la existencia posible, a su problema, a su amor, a su turbación. Como tal, es objeto de una valoración éticoreligiosa lo mismo si es condenada que permitida o hasta alentada. El origen incondicionado del suicidio sigue siendo un secreto incomunicable de cada cual" (1933: 785).

c] *En el nivel clínico*, además de la postura de L. Binswanger, que sigue a Jaspers en la interpretación del suicidio como intención de encontrar el significado extremo de la propia existencia, está la interpretación de S. Freud, para quien el suicidio es un derivado del instinto de muerte; de M. Klein, para quien en el suicidio se puede interpretar la hostilidad traspuesta del objeto al sujeto, por lo que el acto suicida es al mismo tiempo un gesto vengativo y reparador, una venganza y una expia-

ción, porque el suicida recita en el drama de su vida el doble papel de culpable y de víctima inocente, y de E. Stengel, para quien "los que intentan el suicidio tienden a quedarse cerca de los demás o de ir hacia los demás. Los intentos de suicidio actúan como señales de alarma y tienen el efecto de una invocación y de una ayuda, aunque ninguna invocación de ese género pueda ser comprendida en el plano consciente" (1964: 31). C.L. Cazzullo y otros consideran abstracta cualquier interpretación general del suicidio porque "si la psiquiatría se confronta con estos acontecimientos radicales (y finales) de la condición humana, no puede dejar de considerarlos en su realidad y en su dimensión empírica. Por eso a la psiquiatría le corresponde evaluar la fenomenología y la articulación histórica de cada suicidio, con el fin de analizar y aprovechar, *en cada uno de los casos*, la posible medida de libertad y de falta de libertad del gesto realizado. El problema esencial, en efecto, es el de la posibilidad de que en el suicidio se tenga una capacidad real de decisión libre: de una libertad en la elección. Obviamente en psiquiatría se tiene que ver con una libertad entendida *no* abstractamente, *sino* sumergida en el contexto de una praxis y de una investigación clínica, esto es, empírica" (1987: 18).

BIBLIOGRAFÍA: Binswanger, L. (1944-1946); Blondel, C. (1933); Camus, A. (1942); Cazzullo, C.L., G. Invernizzi y A. Vitali (1987); Durkheim, E. (1896); Haim, A. (1969); Hillman, J. (1964); Jaspers, K. (1933); Klein, M. (1952); Moron, P. (1975); Stengel, E. (1964).

sujeto (al. *Subjekt*; fr. *sujet*; ingl. *subject*; it. *soggetto*)

El término, que se deriva del latín *subiectum*, que traduce el griego ὑποκείμενον, significa "lo que se sujeta", "lo que está abajo". De importancia eminentemente filosófica, la problemática del sujeto también se impuso en el ámbito psicoanalítico, sobre todo con S. Freud y J. Lacan.

El pensamiento griego consideró al sujeto desde dos ángulos: *a*] como *sustancia* a la que se atribuyen cualidades y determinaciones; *b*] como *individuo* entendido en el nivel ontológico como actor en el orden del conocimiento y de la acción, y en el nivel lógico-gramatical como soporte de la proposición.

El pensamiento moderno, con R. Descartes, concibe al sujeto: *a*] como *sustancia* pensante (*res cogitans*) en contraposición a la sustancia extendida (*rex extensa*); *b*] como *actividad* cognoscitiva (*cogito*, yo pienso), que explica el mundo con una representación del sujeto. El sujeto en cuestión no es el sujeto individual, sino el sujeto trascendental a partir del cual también es cognoscible el sujeto individual.

El pensamiento contemporáneo, y en especial la filosofía del siglo xx, considera que el sujeto no existe en sí, sino que está dado por los procedimientos discursivos que hablan de él. Esta reflexión que inició F. Nietzsche, quien considera al sujeto un producto de la gramática, la comparten en distintos registros y con estructuras justificativas diferentes la crítica marxista de la conciencia entendida como superestructura ideológica, el **estructuralismo** (*v.*) adoptado en lingüística y en antropología, la **fenomenología** (*v.*) de E. Husserl, la ontología de M. Heidegger, la **hermenéutica** (*v.*), que rechaza la contraposición sujeto-objeto, y el psicoanálisis, que desplaza el eje de referencia de la subjetividad del **yo** (*v.*) a ese fondo no yoico que Freud llama **ello** (*v.*), y Lacan llama *ça*. Y precisamente a Lacan se deben, en el ámbito psicológico, las contribuciones más significativas y específicas de la problemática del sujeto, en su opinión dividido entre el lenguaje del deseo que habla (*ça parle*) mediante los lapsus, los sueños, los síntomas, de los que el presunto sujeto no es autor, y el lenguaje simbólico o intersubjetivo que no es producto del presunto sujeto porque se trata de un saber que preexiste a toda subjetividad; es más, que la instituye y la hospeda: "Todos lo seres humanos participan en el universo de los símbolos, están incluidos y lo sufren más de lo que lo constituyen; son mucho más los soportes que los agentes" (1966: 198). A partir de estas premisas Lacan habla de una *división del sujeto* enajenado, por un lado, por la alteridad de un deseo que habla sin saberlo, y por el otro por la alteridad del lenguaje que preexiste al sujeto y lo instituye (*v.* **lacaniana**, **teoría**, § 1, 2, 3). Con Lacan, el psicoanálisis también comparte sin reservas las conclusiones a las que llegó por caminos diferentes la filosofía del siglo xx que

sustituyó al *sujeto* del discurso por el *orden* discursivo, es decir el conjunto de los discursos que abarcan también al discurso que "habla" del sujeto.

BIBLIOGRAFÍA: Foucault, M. (1966); Foucault, M. (1971); Freud, S. (1922); Gadamer, H.G. (1960); Heidegger, M. (1927); Husserl, E. (1931); Jakobson, R. (1963); Lacan, J. (1966); Lévi-Strauss, C. (1958); Merleau-Ponty, M. (1945); Natoli, S. (1979); Nietzsche, F. (1873); Ricœur, P. (1969); Vattimo, G. (1974); Vattimo, G. (1981); Wittgenstein, L. (1980).

suma

v. EXCITABILIDAD, § 1; SINAPSIS.

suma de afecto

v. AFECTO, § 1.

sumisión (al. *Unterwürfigkeit*; fr. *soumission*; ingl. *submission*; it. *sottomissione*)

Aceptación de la supremacía o el dominio de otro. El término tiene importancia en etología, donde los gestos de sumisión se han descrito como inhibidores de las amenazas agresivas por parte de los miembros de la misma especie, y en la bibliografía psicoanalítica, que clasifica la actitud de sumisión entre las figuras de pasividad y de **masoquismo** (*v.*).

BIBLIOGRAFÍA: Lorenz, K. (1963).

superdotado

v. INTELIGENCIA, § 2; PSICOPEDAGOGÍA, § 2.

superioridad, complejo de (al. *Überlegenheitkomplex*; fr. *complexe de supériorité*; ingl. *superiority complex*; it. *superiorità, complesso di*)

Sobrecompensación (*v.* **compensación**, § 2) de un sentimiento de inferioridad mediante la cual, según A. Adler, se estructura una ficción que agiganta la autoestima y disminuye la valoración de los demás: "Este esfuerzo psíquico compensatorio se desarrolla con frecuencia, para poder superar las situaciones difíciles de la vida, por nuevos caminos, y se muestra muy experto para cumplir en forma maravillosa con el fin de encubrir el déficit que se siente. La forma más común con la que se intenta esconder el sentido de inferioridad nacido en la primera infancia consiste en la construcción de una superestructura psíquica compensadora que, en el *modus vivendi* nervioso, intenta readquirir en la vida la *superioridad* y un punto de apoyo, con disposiciones e inseguridades listas y preparadas y en pleno ejercicio" (1920: 37). La consecución de la superioridad está, para Adler, en la base de toda actitud neurótica: "el nervioso ha puesto su vida psíquica al servicio de su aspiración de una *posición de predominio* sobre sus semejantes en mayor medida que las personas relativamente normales. Su deseo de tal predominio permite que, con la 'enfermedad', rechace coacciones extrañas, exigencias de terceros y obligaciones sociales" (1920: 32).

BIBLIOGRAFÍA: Adler, A. (1920).

superstición (al. *Aberglaube*; fr. *superstition*; ingl. *superstition*; it. *superstizione*)

Creencia o conjunto de creencias carentes de fundamento racional pero incondicionalmente aceptadas y, cuando tienen una consecuencia práctica, escrupulosamente ejecutadas por el valor protectivo que el sujeto les atribuye. Su sentido se debe buscar en el contexto más amplio de la **magia** (*v*.).

supervisión
v. ANÁLISIS DIDÁCTICO, § 2.

superyó (al. *Über-Ich*; fr. *surmoi*; ingl. *super-ego*; it. *super-io*)

Término psicoanalítico que introdujo S. Freud en el ámbito de la segunda teoría del **aparato psíquico** (*v*., § 5), que prevé tres instancias de la personalidad: el **ello** (*v*.), el **yo** (*v*., § 1) y el **superyó**. Este último cumple la función de juez o censor frente al yo, sobre el cual ejerce una función de crítica, autoobservación y formación de los ideales. No coincide con la conciencia moral de la tradición occidental porque su forma de actuar es en gran parte inconsciente. Anticipada por los conceptos de **censura** (*v*.) y de sentimiento de **culpa** (*v*., § 3), la expresión superyó aparece por primera vez en *El yo y el ello* de 1922, aunque ya en la *Metapsicología* de 1915 Freud había afirmado comprobar "que una parte del yo se contrapone a la otra, la aprecia críticamente, la toma por objeto, digamos. Y todas nuestras ulteriores observaciones corroborarán la sospecha de que la instancia crítica escindida del yo en este caso podría probar su autonomía también en otras situaciones. Hallaremos en la realidad fundamento para separar esa instancia del resto del yo." (1915 [1976: 245]). Posteriormente, en *El yo y el ello*, Freud identifica el *superyó* con el ideal del yo (*v*. **yo, ideal del**): "Los motivos que nos movieron a suponer la existencia de un grado (*Stufe*; también, 'estadio') en el interior del yo, una diferenciación dentro de él, que ha de llamarse *ideal yo* o *superyó*. Ellos conservan su vigencia. Que esta pieza del yo mantiene un vínculo menos firme con la conciencia, he ahí la novedad que pide aclaración." (1922 [1976: 30]). Esta identificación entre superyó e ideal del yo no siempre persiste en los escritos posteriores, donde en ocasiones se tiende a distinguir la función de la prohibición asignada al superyó y la de ideal y de modelo, asignada al ideal del yo.

Para Freud la formación del superyó se inicia con la declinación del complejo edípico, cuando el niño, alrededor de los 5 años, renuncia a la satisfacción de sus deseos incestuosos e interioriza la prohibición. Posteriormente esta instancia es reforzada por la educación y por las exigencias morales, religiosas y sociales. Sin embargo existe una diferencia entre la formación del superyó en el varón y la mujer, en el varón, "Bajo la impresión del peligro de perder el pene, el complejo de Edipo es abandonado, reprimido, en el caso más normal, radicalmente destruido, y se instaura como su heredero un severo superyó. Lo que acontece en la niña es casi lo contrario. El complejo de castración prepara al complejo de Edipo en vez de destruirlo; por el influjo de la envidia del pene, la niña es expulsada de la ligazón-madre y desemboca en la situación edípica como en un puerto. Ausente la angustia de castración, falta el motivo principal que había esforzado al varoncito a superar el complejo de Edipo. La niña permanece dentro de él por un tiempo indefinido, sólo después lo deconstruye y aun entonces lo hace de manera incompleta. En tales constelaciones tiene que sufrir menoscabo la formación del superyó, no puede alcanzar la fuerza y la independencia que le confieren su significatividad cultural y [...] las feministas no escucharán de buen grado si uno señala las consecuencias de este factor para el carácter femenino medio." (1932 [1976: 120]). Siempre de acuerdo con la relación padres-niños, Freud precisa que "el superyó del niño no se edifica en verdad según el modelo de sus progenitores, sino según el superyó de ellos; se llena con mismo contenido, deviene portador de la tradición, de todas las valoraciones perdurables que se han reproducido por este camino a lo largo de las generaciones" (1932 [1976: 62]).

Después de Freud se manifestó una tendencia a anticipar la formación del superyó, que S. Ferenczi ubica en la época de la fase **anal** (*v.*, § 2), en ocasión del entrenamiento de los esfínteres; M. Klein en la época de la interiorización de los objetos "buenos" y "malos", con el paso sucesivo de un superyó sádico animado por un sentimiento de culpa persecutoria a un superyó maduro que caracteriza la posición depresiva (*v.* **kleiniana**, **teoría**, § 1, 2), mientras R.A. Spitz indica como anticipaciones del superyó las acciones físicas impuestas al niño, la intención de dominio y la identificación con el agresor.

BIBLIOGRAFÍA: Ferenczi, S. (1925); Freud, S. (1915); Freud, S. (1922); Freud, S. (1932); Klein, M. (1933); Spitz, R.A. (1958).

suprarrenales
v. ENDOCRINO, SISTEMA, § 5.

supresión (al. *Unterdrückung*; fr. *suppression*; ingl. *suppression*; it. *soppressione*)

Mecanismo de defensa del yo que voluntaria y conscientemente tiende a evitar los sentimientos desagradables y los impulsos conflictivos. Debe diferenciarse de la **represión** (*v.*), cuyo mecanismo se instaura en el nivel inconsciente.

surménage

Término francés con el que se indica un estado de fatiga intelectual y física debida a un esfuerzo excesivo cuya sintomatología abarca insomnio, cansancio matinal, agotamiento, falta de atención y cefalea. Cuando se prolonga expone al individuo a la vulnerabilidad propia del **estrés** (*v.*).

susceptibilidad (al. *Reizbarkeit*; fr. *susceptibilité*; ingl. *susceptibility*; it. *suscettibilità*)

Acentuada sensibilidad emotiva que se manifiesta en un excesivo grado de excitabilidad y receptividad interior, sobre todo en el caso de juicios críticos o negativos.

suspicacia (al. *Misstrauen*; fr. *méfiance*; ingl. *suspiciousness*; it. *sospettosità*)

Actitud adquirida por el individuo que ve la realidad con temor, duda y otros sentimientos hostiles madurados por experiencias negativas reales o imaginarias que, cuando se consolidan, predisponen a experiencias paranoicas (*v.* **paranoia**).

sustitución (al. *Ersetzung*; fr. *substitution*; ingl. *substitution*; it. *sostituzione*)

Término psicoanalítico utilizado con dos acepciones: 1] para indicar el mecanismo que cumple la función de satisfacer un deseo reprimido mediante una *formación sustitutiva* (*v.*), que conserva una relación simbólica con el deseo reprimido; 2] para indicar la transferencia de estados afectivos de una persona a la otra, como sucede en el crecimiento, donde el primer objeto de amor, la madre, es sustituido por otras figuras –la hermana, la maestra, la amiga, la mujer amada– donde las semejanzas entre lo sustituido y lo original se reducen progresivamente. Con esta acepción, en la bibliografía psicoanalítica, además del término *sustituto*, se utiliza también el término *remplazado*, mientras el acto con el que se transfiere la experiencia afectiva se llama *trasposición*.

susto (al. *Schreck*; fr. *frayeur*; ingl. *fright*; it. *spavento*)

Reacción ante un peligro inesperado. El elemento "sorpresa", en opinión de S. Freud, distingue el susto del miedo y de la angustia: "Los términos 'susto', 'miedo' y 'angustia' se usan erróneamente como sinónimos; en realidad corresponden a tres actitudes diferentes frente al peligro. La 'angustia' indica cierta situación que puede definirse como de espera del peligro y de preparación para el mismo, que incluso puede ser desconocido. El 'miedo' necesita un determinado objeto al que se teme; el 'susto', en cambio, designa el estado de quien se encuentra frente a un peligro sin estar preparado, y subraya el elemento de sorpresa. No creo que la angustia pueda producir una neurosis traumática; en la angustia hay algo que protege del susto y por tanto también de la neurosis de susto" (1920: 198-199). Freud, que concibe la angustia como espera del peligro y preparación para ello, puede decir que "el hombre se protege del horror mediante la angustia" (1915-1917 [1976]: 360]). El susto provoca reacciones psicofísicas que van desde la modificación del comportamiento motor, con rigidez y contracción corporal, hasta estados de desvarío, abstracción, cambio de la percepción del tiempo, falta de respuesta afectiva, trastornos de orientación, trastornos vasovegetativos como taquicardia, y vértigos, trastornos del sueño que, si se prolongan, determinan la llamada *neurosis de susto*.

BIBLIOGRAFÍA: Freud, S. (1915-1917); Freud, S. (1920).

Sydenham, corea de
v. COREA, § 2.

Szondi, prueba de (al. *Triebtest*; fr. *test de Szondi*; ingl. *Szondi test*; it. *Szondi, prova di*)

Test proyectivo de la personalidad que introdujo el psiquiatra húngaro L. Szondi para el análisis de las pulsiones dominantes que, según el autor, se forman en el *inconsciente familiar* –que él concibe como un inconsciente intermedio entre el personal y el colectivo– en el cual se originan los comportamientos selectivos y las elecciones individuales. El material del test consiste en 48 láminas divididas en seis series de ocho, cada una de las cuales reproduce la fotografía de pacientes psiquiátricos clasificados según la personalidad homosexual, sádica, epiléptica, histérica, catatónica, paranoide, depresiva y maniaca. Tras la primera presentación de una serie, durante la cual el sujeto debe elegir a los dos personajes más simpáticos y posteriormente a los dos más antipáticos, la prueba se repite diez días después con series diferentes. Estos personajes constituirían situaciones estímulo ideales para identificar las tendencias pulsionales del sujeto sometido a la prueba, de donde emergerían los rasgos fundamentales de su personalidad. No obstante el resultado insatisfactorio de la prueba de validación, el test de Szondi conserva cierta consideración en psicología clínica por las tres hipótesis que sostiene: la hipótesis *fisiognómica* (*v.*), que conjetura la posibilidad de identificar el carácter de los individuos por su aspecto corporal, la hipótesis del *inconsciente familiar*, y la hipótesis *genética*, según la cual la vida individual estaría gobernada por un plan oculto determinado por "genes recesivos latentes".

BIBLIOGRAFÍA: Szondi, L. (1960).

tabú (al. *Tabu*; fr. *tabou*; ingl. *taboo*; it. *tabù*)

Término polinesio, que introdujo en Europa; en 1777, J. Cook, quien observó su uso en algunas islas del Pacífico, donde se prohibía el contacto con cosas consideradas sagradas o impuras. El significado del término depende de las diferentes interpretaciones proporcionadas en el ámbito antropológico y el psicoanalítico.

1] EL SIGNIFICADO RELIGIOSO. Este significado lo subrayó W. Robertson Smith, para quien "las cosas sagradas y las impuras tienen en común que en ambos casos la posibilidad del contacto y de su uso por parte de los hombres sufre restricciones cuya violación entraña peligros sobrenaturales" (1889: 446). Esta tesis, compartida por quienes en la oposición sagrado/profano identifican lo **sagrado** (*v.*) con lo impuro (*v.* **puro-impuro**), la introdujo E. Durkheim, según quien "la prohibición religiosa implica necesariamente la noción de sagrado; ésta se deriva del respeto que inspira el objeto sagrado y tiene la finalidad de impedir que se falte a este respeto. Por el contrario, las prohibiciones mágicas suponen sólo la noción totalmente laica de propiedad. Las cosas que el mago recomienda mantener separadas son aquellas que, debido a sus propiedades características, no pueden ser mezcladas o acercadas sin peligro" (1912: 329).

2] EL SIGNIFICADO SOCIAL. Este significado lo puso en primer plano F.B. Steiner, para quien "el tabú concierne: 1] a todos los mecanismos sociales de obediencia que tengan un significado ritual; 2] a los comportamientos restrictivos específicos en situaciones peligrosas. Se podría decir que esto tiene que ver con la sociología misma del peligro, porque también

forman parte: 3] la protección de los individuos que están en peligro; 4] la protección de la sociedad contra los individuos comprometidos y por lo tanto peligrosos" (1956: 8). De la misma opinión es R.R. Marrett, para quien "los tabúes son prácticas consuetudinarias, una parte de la ley no escrita de la sociedad; a esto, por lo tanto, se le debe atribuir por lo menos una parte de la fuerza que los vuelve efectivos" (1909: 81).

3] EL SIGNIFICADO LÓGICO-CLASIFICATORIO. Este significado lo señaló L. Lévy-Bruhl, para quien la función fundamental que cumple en la mentalidad primitiva la noción de tabú es la de educar para la clasificación mediante la identificación de los tipos de trasgresión. Además, la red de relaciones que los tabúes establecen entre las cosas, personas, posibilidades o prohibiciones de contacto, relación con lo puro, lo impuro y lo sagrado, favorece, si no precisamente una conexión causal, sí las que Lévy-Bruhl llama "preconexiones", que son el antecedente del pensamiento lógico (*v.* **prelógico**). Esta línea interpretativa la sigue también C. Lévi-Strauss, para quien el sentido de los tabúes no se desprende de su análisis y ni siquiera de las largas listas reportadas por antropólogos como J.G. Frazer, sino sólo de la conexión entre **tótem** (*v.*) y tabú, en que el hombre ha organizado el mundo y denotado los elementos "ya no mediante el principio de la analogía, sino mediante el principio de la diferencia y de la oposición" (1962: 145). En efecto, "prohibir algunas especies no es más que uno de los muchos medios para volverlas significativas, y la regla práctica aparece por lo tanto como un operador al servicio del sentido, en una lógica que, al ser cualitativa, puede funcionar tan bien con los comportamientos como con las imágenes" (1962: 116). Para Lévi-Strauss, por lo tanto, el significado del tabú no se debe buscar en el nivel del contenido sino en el de la forma, y precisamente en la forma disyuntiva que, en pareja con el tótem, hace "de la prohibición el método diferencial más redituable. [...] Prohibiciones y prescripciones alimentarias, por consiguiente, no son más que medios teóricamente equivalentes para 'significar el significado' en un sistema lógico" (1962: 117).

4] EL SIGNIFICADO PSICOANALÍTICO. Este significado lo señaló S. Freud en estos términos: "El significado del tabú se nos explica siguiendo dos direcciones contrapuestas. Por una parte, nos dice 'sagrado', 'santificado', y, por otra, 'ominoso', 'peligroso', 'prohibido', 'impuro'. Lo opuesto al tabú se llama en lengua polinesia '*noa*': lo acostumbrado, lo asequible a todos. Así, adhiere al tabú algo como el concepto de una reserva; el tabú se expresa también esencialmente en prohibiciones y limitaciones. Nuestra expresión compuesta 'horror sagrado' equivaldría en muchos casos al sentido del tabú." (1912-1913 [1976: 27]). En los tabúes del incesto (*v.* **endogamia-exogamia**) y del asesinato del padre (*v.* **antropología**, § 1), así como en el sacrificio ritual del animal totémico (*v.* **tótem**, § 2; **sacrificio**, § 2) que refuerza esos tabúes, Freud reconoce una correspondencia con las prohibiciones del complejo edípico a partir de las cuales comienza a estructurarse el superyó. Además, en su opinión existe una correspondencia entre el tabú y la neurosis obsesiva (*v.* **obsesión**, § 2), que puede identificarse: *a*] en la falta de motivaciones que, en ambos casos, está en la base de las prohibiciones; *b*] en su convalidación por efecto de una necesidad interior; *c*] en el **contagio** (*v.*) de los objetos prohibidos; *d*] en la creación de prácticas ceremoniales y rituales (*v.* **rito**, § 2, *a*) derivadas de las prohibiciones.

BIBLIOGRAFÍA· Durkheim, E. (1912); Frazer, J.G. (1875); Freud, S. (1912-1913); Lévi-Strauss, C. (1962); Lévy-Bruhl, L. (1922); Marrett, R.R. (1909); Mead, M. (1937); Smith, W.R. (1889); Steiner, F.B. (1956).

tacto
v. SENSIBILIDAD, § 1.

tálamo (al. *Thalamus*; fr. *thalamus*; ingl. *thalamus*; it. *talamo*)

Centro de intercambio de los recorridos que llevan de y a la corteza. Está situado al lado del tercer ventrículo; tiene forma ovoidal y está compuesto por tres núcleos secundarios que, en relación con sus conexiones, pueden agruparse en tres sistemas: 1] de *proyección específica*, adonde llegan los haces nerviosos que transportan la **sensibilidad** (*v.*) general y las sensibilidades específicas (acústica, visual, gustativa) de la periferia a la **corteza cerebral** (*v.*); 2] de *proyección no específica*, donde no llegan fibras de la periferia sino de los otros núcleos talámicos y del **hipotálamo** (*v.*) para ir de allí a las áreas asociativas de los lóbulos frontal, temporal, parietal y occipital; 3] *talámico-reticular*, conectado con numerosas formaciones subcorticales, que ejerce en la corteza cerebral una actividad íntimamente integrada con la de la formación **reticular** (*v.*) del tronco encefálico, esenciales para mantener el estado de vigilia (*v.* **sueño**, § 2). En el tálamo se elaboraría además el componente *protopático* emocional de las sensaciones, y en la corteza el componente *epicrítico* intelectivo. Esto explica por qué en las lesiones destructivas de la corteza parietal se pierde la capacidad epicrítica para analizar exactamente las características de los estímulos, pero no la protopática para reconocer burdamente la naturaleza y para percibir las implicaciones afectivas placenteras o dolorosas. La exaltación del contenido emocional de las sensaciones, por la que, por ejemplo, un leve piquete produce un dolor intenso, se observa en las lesiones parciales del tálamo (de naturaleza circulatoria o tumoral) que determinan irritación o que lo liberan de influencias inhibidoras provenientes de la corteza, mientras las lesiones que provocan la destrucción total conducen a la pérdida completa de la sensibilidad.

talento (al. *Talent*; fr. *talent*; ingl. *talent*; it. *talento*)

Habilidad específica presente en forma destacada en un individuo. Con esta acepción se habla de talento artístico, musical, matemático, organizativo y similares. El problema del talento contrapone a *genetistas*, como C. Burt, cuya tesis se coloca en la tradición Darwin-Galton, que afirman el origen "natural" del talento, y *ambientalistas*, como T. Husen, según quien el ambiente es responsable del origen de un talento y de su modificación. Queda abierta la cuestión de si el talento es una figura de la inteligencia y como tal susceptible de medición, o bien si expresa los rasgos típicos de una personalidad no susceptibles de medición cuantitativa. En torno al uso y desarrollo de los talentos existen dos orientaciones educativas: una dirigida al *potenciamiento* del talento por las ventajas prácticas y económicas que formarían parte de lo social, el otro dirigido a la *compensación* del talento mediante una especial atención a las áreas en las que el individuo se manifiesta menos dotado, con miras a un desarrollo más completo de su personalidad.

BIBLIOGRAFÍA: Andreani, S. y O. Orio (1972); Boudon, R. (1973); Burt, C. (1972); Husen, T. (1974).

Tánatos
v. EROS-TÁNATOS.

tangencialidad
v. DISPERSIÓN, 1.

tantrismo (al. *Tantrismus*; fr. *tantrisme*; ingl. *tantrism*; it. *tantrismo*)

Complejo doctrinal que encuentra su codificación en los *tantras*, voz sánscrita que significa "tejido" –por lo tanto "sistema"– de ritos y doctrinas, en los que después del siglo v a.C. se reúne por escrito la tradición místico-mágica del hinduismo. En el tantrismo se puede identificar un recorrido psicológico que tiene como meta la unificación de los contrarios, y en especial del principio masculino y femenino presentes en todo hombre, en correspondencia con el modelo cósmico que prevé un absoluto concebido como divinidad masculina que no puede nada si no está animado por la energía, cuya personificación es expresada por una divinidad femenina. La práctica ritual regula las formas de un itinerario psicológico que, partiendo de la condición carnal del hombre, celebra en la unión sexual la composición de los opuestos, los cuales, según la doctrina tántrica, están en la base tanto de la vibración emocional como de la tensión intelectual que conduce al absoluto.

La psicología tántrica representa para Jung una confirmación del significado no exclusivamente "sexual" de la sexualidad, en el sentido de que ésta es ante todo símbolo de la composición de los contrarios, cuya polaridad constituye el principio del dinamismo psíquico, y no una mera "pulsión" que requiere ser interpretada, como quería S. Freud, desde un punto de vista puramente biológico: "De esta manera el psicoanálisis freudiano se detuvo en esencia en las experiencias del *Sidpa-bardo*, es decir en las fantasías sexuales y tendencias 'incompatibles' similares que causan angustia y otros estados afectivos. La teoría freudiana, sin embargo, es el primer intento occidental de investigar desde abajo por así decirlo, es decir desde la esfera instintiva animal, la zona psíquica que en el lamaísmo tántrico corresponde al *Sidpa-bardo*. Es verdad que un muy justificado miedo metafísico impidió a Freud entrar en la esfera 'oculta'. [...] Pero quien penetra en el inconsciente con prejuicios biológicos queda detenido en la esfera sexual, y no puede continuar hacia afuera, sino sólo seguir retrocediendo hacia la existencia física" (1935-1953: 529-530). La interpretación de Jung la comparte M. Eliade, para quien "en el tantrismo las prácticas corporales y en especial la unión sexual ya no son un acto biológico instintivo sino un ritual por medio del cual la pareja humana se transforma en pareja divina" (1948: 190).

BIBLIOGRAFÍA: Abhinavagupta (1972); Bhagwan Shree Rajneesh (1991); Eliade, M. (1948); Garrison, O.V. (1964); Jung, C.G. (1935-1953).

taquicardia (al. *Tachykardie*; fr. *tachycardie*; ingl. *tachycardia*; it. *tachicardia*)

Aumento de frecuencia de las pulsaciones cardiacas más allá de los límites considerados normales. Se distinguen una taquicardia *paroxística*, con inicio y fin bruscos, que se pueden comprobar electrocardiográficamente y que se advierten en términos subjetivos con sensaciones de constricción torácica y palpitaciones; una *sinusal*, de tipo funcional, consiguiente a un estado de ansiedad crónica, que debe clasificarse más como un trastorno psicofisiológico que como un trastorno verdadero cardiocirculatorio; una *ortoestática*, que depende del cambio de posición corporal de reclinada a erecta y viceversa. Cuando no es de origen orgánico la taquicardia depende de condiciones psicológicas caracterizadas por **estrés** (*v.*), ansiedad crónica y estados de excitación aguda.

BIBLIOGRAFÍA: Pancheri, P. (1980).

taquifemia
v. HAPLOLOGÍA.

tara (al. *Erbfehler*, fr. *tare*, ingl. *taint*, it. *tara*)

El término, que proviene del árabe *tarh*, que significa "lo que se quita", es de acepción genérica y en ocasiones se utiliza en ciencias médicas para indicar una anomalía hereditaria transmitida en el nivel genotípico, y que incluso puede no manifestarse en el fenotípico (*v.* **genética**, § 3).

tarantulismo (al. *Tarantolismus*; fr. *tarantolisme*; ingl. *tarantolism*; it. *tarantolismo*)

Sistema terapéutico institucionalizado y socializado de manifestaciones con fondo histeroide o epileptoide que la población atribuye a la picadura de una tarántula, incluso si este animal no tiene nada que ver con el acontecimiento, de no ser en la fantasía popular. E. De Martino, que estudió el fenómeno en el sur de Italia, escribe que "el 'tratamiento' consistía sobre todo en el uso de determinados ritmos musicales que tenían la función de desbloquear el bloqueo psíquico, de provocar un acceso de agitación maniaca y de conducir tal agitación hacia el surco institucional de una danza saltante, repetida durante tres días desde el alba hasta la puesta del sol" (1959: 142). Prácticas similares se encuentran en los países islámicos desde el norte de África hasta la Península Arábiga, en Sudán y en Etiopía donde, refiere H. Jeanmaire, rituales análogos, "con danzas frenéticas a las que el poseí-

do se abandona [...] no tienen por fin la supresión de los estados afectivos y delirantes que resultan del estado de posesión sino más bien su transformación mediante la eliminación del factor depresivo y su utilización con miras a un nuevo equilibrio de la personalidad a través de una especie de simbiosis con el espíritu protector y una normalización bajo la forma de un trance provocado por el estado de crisis" (1949: 64). Tales prácticas, difundidas en el área mediterránea y africana, tienen para De Martino evidentes relaciones con el tarantulismo. En efecto, "el estado de crisis, el trance provocado por orden de 'directores de escena', la función ordenadora del ritmo musical, la danza, la necesidad de repetir periódicamente la práctica, y sobre todo la 'curación' como control ritual de una crisis que sin el control del rito oscilaría en la polaridad de depresión melancólica y de excitación maniaca, constituyen elementos característicos del tarantulismo" (1959: 143).

De Martino y Jeanmaire concuerdan en considerar que esta práctica terapéutica era ya conocida para Platón, quien en *Las leyes* (790e-791b) escribe: "La condición de los niños y de los agitados se expresa en un estado de ansiedad que proviene de una disposición no buena del alma. Cuando a semejantes agitaciones se contrapone una sacudida exterior, el movimiento que viene de afuera domina el movimiento interior de susto y de locura y, dominándolo, vuelve a llevar el alma a la calma y a la tranquilidad trastornadas por los penosos sobresaltos del corazón. Y esto es de gran beneficio, porque los niños encuentran el don del sueño, mientras los demás, despiertos, se sienten arrastrados por el furor de la danza al sonido de las flautas, y con la ayuda de los dioses, a los cuales cada enfermo hace sacrificios y a los que presenta oportunas ofrendas, llegan, después del frenesí y el furor, a la tranquilidad y a la recta razón. Y mi teoría, incluso expuesta en tan pocas palabras, proporciona una explicación probable de tal fenómeno" Jeanmaire, confrontando este pasaje de Platón con otros, como por ejemplo en *Fedro* (244a-245c), donde se distingue entre la locura y la "justa manía" que tiene lugar en los ritos de iniciación, concluye que "dicha manía es 'justa' porque se refiere a prácticas que consisten esencialmente en regularizar el ataque de locura, dándole a ésta una orientación teléstica" (1951: 138).

BIBLIOGRAFÍA: De Martino, E. (1959); De Martino, E. (coord.) (1961); Jeanmaire, H. (1949); Jeanmaire, H. (1951); Platón (1973).

tarea (al. *Aufgabe*; fr. *tâche*; ingl. *task*; it. *compito*)

Actividad asignada a un individuo por otras personas o por él mismo como instrumento de aprendizaje o como objetivo a realizar. En *psicología experimental* se llama tarea al conjunto de los comportamientos que se solicitan al sujeto experimental para realizar un experimento, mientras en *psicología del trabajo* se habla de "análisis de la tarea" para la serie de procedimientos orientados a identificar los conocimientos y las actitudes necesarios para el desarrollo de determinada actividad. Los resultados a los que se llega sirven para la construcción de estrategias de entrenamiento y para la evaluación del personal laboral. En este análisis se distinguen la *descripción* de la tarea, en la que se identifican las actividades que caracterizan determinado trabajo y las condiciones ambientales, sociales y psicológicas en que éste se realiza, y la *especificación* de la tarea, donde se delinean de manera más detallada las etapas esenciales para el desarrollo de las diferentes actividades y su orden de importancia.

tartamudeo
v. LALACIÓN.

tasa (al. *Ziffer*; fr. *taux*; ingl. *rate*; it. *tasso*)

En psicología el término se utiliza con la acepción estadística que indica la frecuencia y la incidencia de un acontecimiento en una población (*v*. **estadística**, § II, 1). En este ámbito se distingue una tasa *específica* que se basa en una población o una clase de la misma homogénea respecto a un carácter específico, como por ejemplo la incidencia de muerte en sujetos masculinos de 30-40 años por cada mil varones de 30-40 años; y una tasa *estándar*, que es el valor que resulta si determinada población tiene la misma distribución, respecto a un carácter particular, que otra población tomada como modelo estándar (*v*. **estandarización**). El análisis de las tasas permite que las investigacio-

nes de **epidemiología** (*v*.) tengan una orientación decisiva para la calidad de la intervención.

TAT (*thematic apperception test*)

Reactivo de percepción temática que ideó H. A. Murray para evidenciar temores, esperanzas, deseos, miedos, necesidades del sujeto, al que se le pide que interprete escenas imaginarias de fuerte contenido emotivo o que elabore una historia a partir de situaciones o personajes de expresión ambigua. Según Murray la narración es el espejo de predisposiciones, impulsos, deseos, sentimientos, pensamientos, frustraciones y conflictos de la persona que interpreta y narra. Los elementos que deben buscarse en la historia son: el *héroe*, con el que el sujeto por lo general se identifica, los *factores intrínsecos* representados por los sentimientos y por las tendencias que caracterizan la conducta del héroe, y los *factores extrínsecos* que revelan su adaptación al medio. Además de la valoración numérica para cada uno de estos factores, existe un análisis temático que intenta reunir los significados psicodinámicos presentes en la historia. A diferencia del **test de Rorschach** (*v*.), que procura un análisis formal de la personalidad, el test de Murray pone en evidencia las situaciones emocionales e interpersonales.

BIBLIOGRAFÍA: Murray, H.A. (1938); Murray, H.A. (1943).

ta'wil
v. SÍMBOLO, § 2.

taxia
v. TROPISMO.

taxonomía
v. CLASIFICACIÓN.

taylorismo (al. *Taylorismus*; fr. *taylorisme*; ingl. *taylorism*; it. *taylorismo*)

Organización del trabajo ideada por F.W. Taylor, que prevé el aumento de la productividad de la empresa y la utilización de personal carente de habilidades específicas mediante una división radical del trabajo en pequeños segmentos, siempre idénticos y repetitivos, que componen el trabajo en cadena. Desde el punto de vista psicológico se comprobó que tal método provoca pérdida de la motivación y escasa inversión emotiva por parte del trabajador que, además del aburrimiento de la repetitividad, disminuye la estima por sí mismo por el poco involucramiento y por la autopercepción en términos exclusivamente funcionales.

BIBLIOGRAFÍA: Taylor, F.W. (1911).

técnica (al. *Technik*; fr. *technique*; ingl. *technique*; it. *tecnica*)

Término que adoptó W.R.D. Fairbairn para indicar procesos, semejantes a las **defensas** (*v.*), adoptados en la fase de "semiindependencia" que señala la transición de la dependencia materna a la autonomía. Fairbairn distingue: *a*] una técnica *fóbica* con la que el niño, después de haberse construido dos imágenes de la madre, una "buena" y una "mala", las externaliza imaginándose protegido por la imagen buena y en riesgo de los ataques de la mala. Una vez externadas, estas imágenes determinan una oscilación entre la **claustrofobia** (*v.*), favorecida por el deseo de escapar a la sofocante protección de la imagen buena, y la **agorafobia** (*v.*), favorecida por el deseo de escapar de un mundo que se imagina poblado de sujetos malos; *b*] una técnica *histérica*, con externalización de la imagen buena e internalización de la imagen mala, con la consecuencia de considerar buenos los objetos externos y malos los propios impulsos interiores; *c*] una técnica *obsesiva*, con internalización de ambas imágenes que permiten una semiindependencia respecto a la madre; *d*] una técnica *paranoide* con internalización de la imagen buena y externalización de la mala, con la consiguiente consideración positiva de los propios impulsos y de las propias intenciones, y consideración negativa de los objetos vividos como persecutorios.

BIBLIOGRAFÍA: Fairbairn, W.R.D. (1946).

técnica activa (al. *Aktive technik*; fr. *technique active*; ingl. *active technique*; it. *tecnica attiva*)

Variante técnica que introdujo en el procedimiento analítico S. Ferenczi según quien es oportuno que, en algunos casos, el analista no limite su intervención a la interpretación, ateniéndose para todo lo demás a la regla freudiana de la **abstinencia** (*v.*, § 2), sino que intervenga con órdenes, sobre todo en presencia de coacciones a repetir (*v.* **coacción**, § 2). Así, por ejemplo, escribe Ferenczi, "en las neurosis obsesivas el paciente intenta, según su costumbre, desplazar todo el análisis hacia el terreno intelectual y utilizar las asociaciones como instrumentos de sus cavilaciones obsesivas. Pues bien, nunca se podrá llevar a cabo el tratamiento de una neurosis obsesiva si antes –con la ayuda, precisamente, de prescripciones activas– no se logra desplazar el campo de batalla del terreno intelectual al emocional, es decir transformar provisionalmente al obsesivo en histérico" (1925: 331-332). Después Ferenczi vuelve a examinar su teoría basándose en la constatación de que, mediante órdenes y prohibiciones, el analista terminaba por representar la función de superyó paterno, aumentando las resistencias del paciente, por lo que, escribe Ferenczi: "La experiencia me enseñó que no es necesario dar órdenes y prohibiciones específicas para obtener determinados cambios de comportamiento. [...] Debemos conformarnos con interpretar las tendencias ocultas del paciente y actuar y apoyar sus tímidas intenciones para superar las inhibiciones neuróticas todavía activas, *sin* haberlo empujado antes en esta dirección con prescripciones coercitivas; es más, *sin ni siquiera haberle dado consejos en tal sentido*" (1927-1928: 314). Técnica activa se llama también al procedimiento que adoptó W. Stekel en la interpretación de los sueños: "Es necesario trabajar alrededor de la interpretación que se obtiene del envoltorio simbólico del sueño sin ninguna ayuda por parte del paciente" (1911: 27).

BIBLIOGRAFÍA: Ferenczi, S. (1925); Ferenczi, S. (1927-1928); Stekel, W. (1911).

técnica analítica
v. ANÁLISIS.

tele
v. SOCIOMETRÍA.

telekinesis
v. PARAPSICOLOGÍA, § 2.

telencéfalo
v. ENCÉFALO, § 1, *c.*

teleología (al. *Teleologie*; fr. *téléologie*; ingl. *teleology*; it. *teleologia*)

El término lo introdujo C. Wolff para indicar "la parte de la filosofía natural que explica los fines de las cosas" (1728, § 85). Lo adoptan: 1] la *psicología analítica* para referirse al **método constructivo** (*v.*) que permite interpretar los fenómenos psíquicos en término de objetivos últimos; 2] la *fenomenología* que, con el término *telos*, no entiende la sustitución de la explicación finalista por la explicación causal, sino el análisis de aquello que, en términos de motivación y de investigación de sentido, está en la base de la construcción misma de las leyes científicas, sin distinción entre ciencias de la naturaleza y ciencias del espíritu.

BIBLIOGRAFÍA: Wolff, Ch. (1728).

telepatía
v. PARAPSICOLOGÍA, § 1.

teleplasma
v. PARAPSICOLOGÍA, § 2.

telestesia
v. PARAPSICOLOGÍA, § 1.

telotropismo
v. TROPISMO.

tema (al. *Worüber*; fr. *thème*; ingl. *theme*; it. *tema*)

Término que utiliza el **análisis existencial** (*v.*) para indicar el motivo de fondo alrededor del cual se organizan los contenidos ideativos y emotivos de las diferentes formas de enajenación que, consideradas desde el punto de vista fenomenológico, revelan una coherencia interna que se reúne en torno a un núcleo temático (*Kern*), al cual se pueden llevar las diferentes manifestaciones sintomáticas que de otra forma serían incomprensibles (*v.* **psicología comprensiva**). Con otra acepción, el término lo utiliza también H.A. Murray en el ámbito de su teoría de la **personalidad** (*v.*, § 13).

BIBLIOGRAFÍA: Binswanger, L. (1956); Borgna, E. (1988); Murray, H.A. (1938).

temblor (al. *Zittern*; fr. *tremblement*; ingl. *tremor*; it. *tremore*)

Contracción rítmica e involuntaria que puede interesar todo el cuerpo o una parte específica. De naturaleza patológica, el temblor puede tener una base orgánica psíquica. Se cuentan entre los *temblores orgánicos* los debidos a disfunciones del sistema nervioso central o periférico, como el temblor del síndrome cerebral, del **mal de Parkinson** (*v.*), el temblor senil y el que caracteriza el estado avanzado del **alcoholismo** (*v.*, § 6, *a*). En cambio son *temblores de origen psíquico* los histéricos que se reducen cuando no se les hace caso, los inducidos por la ansiedad o por fuertes emociones que desaparecen cuando se resuelve el factor emotivo ansiógeno. Existen también temblores inducidos por fármacos, por ejemplo los neurolépticos o el litio, como efectos colaterales de estas sustancias.

BIBLIOGRAFÍA: Marshall, J. (1968); Wacholder, K.H. (1929).

temenos

Recinto que delimita el área de lo **sagrado** (*v.*). El término lo utiliza C.G. Jung para describir metafóricamente tanto el área psicológicamente cargada de tensión que rodea un **complejo** (*v.*) que la conciencia no es capaz de enfrentar directamente, ya sea en el ámbito analítico en el que se expresan las fuerzas inconscientes del analista y del paciente, o en el área psíquica caracterizada por lo numinoso del sí mismo (*v.* **psicología analítica**, § 4) y simbólicamente representada por el **mandala** (*v.*). Al mismo orden de significados se refiere la expresión alquímica *vaso hermético*, que designa el recipiente en el que se da la transformación de los opuestos, gracias a la presencia de un elemento sagrado y desconocido que vuelve aleatorio el resultado positivo del proceso de transformación. Así, escribe Jung, "en el simbolismo del mandala se protege un efecto mágico muy antiguo, que se deriva originalmente del 'círculo protector', del 'círculo mágico', cuya magia se ha conservado en infinitas tradiciones populares. La imagen tiene el objetivo evidente de trazar un *sulcus primigenius*, un mágico surco alrededor del centro, *templum, temenos* (recinto sagrado) de la personalidad más íntima, para evitar la 'dispersión', o para mantener alejado en forma apotropaica las distracciones provocadas por el mundo externo" (1929-1957: 35).

BIBLIOGRAFÍA: Jung, C.G. (1929-1957).

temor (al. *Furcht*; fr. *crainte*; ingl. *dread*; it. *timore*)

El término se deriva del contexto religioso, donde indica el sentimiento que invade al hombre que percibe la presencia de un ser que lo traspasa en sus límites y que manifiesta su potencia sin revelar su naturaleza oculta. El aspecto del *tremendum* es un rasgo que siempre acompaña la percepción de lo divino y de lo sagrado. Diferente al **miedo** (*v.*), que siempre se refiere a algo determinado y cuya peligrosidad se conoce, el temor, cuando está interiorizado, participa en la formación de la conciencia moral que encauza los impulsos trasgresivos.

BIBLIOGRAFÍA: Freud, S. (1912-1913); Otto, R. (1917); Zunini, G. (1966).

temperamento (al. *Temperament*; fr. *tempérament*; ingl. *temperament*; it. *temperamento*)

El término expresa el resultado de los rasgos emotivos de la personalidad que dependen, por un lado, de los constituyentes fisiológicos, de naturaleza sobre todo endocrina, y por el otro de la configuración tipológico-constitucional. Del latín *temperies*, que literalmente significa "humor", los antiguos, a partir de Hipócrates, y después con Galeno, hacían depender la idiosincrasia del individuo de la preponderancia de un humor respecto a otros. Esta dependencia fisiológica hoy está sostenida por la teoría somático-constitucionalista que construyó, sobre este supuesto, diferentes tipologías a partir de la referencia somática adoptada (*v.* **tipología**, § 1). En la historia de la psicología el término *temperamento* se sustituyó por **carácter** (*v.*) y posteriormente por **personalidad** (*v.*). En esta sucesión se puede interpretar un paso gradual de una concepción "fisiológica" a una cada vez más "psicológica", en la que el individuo es considerado en términos más globales y complejos que su simple dependencia de los factores somático-constitucionales. En consecuencia, análoga suerte le tocó al término **constitución** (*v.*).

tenacidad (al. *Tenazität*; fr. *tenacité*; ingl. *tenacity*; it. *tenacia*)

El término, que en su acepción genérica alude a la constancia y a la determinación de la actitud en la ejecución de una tarea o en la consecución de un propósito, se utiliza en sentido específico a propósito del grado de atención, variable de un individuo a otro, en la ejecución de una tarea. La tenacidad de la atención puede medirse con los tests de lápiz (*v.* **test**).

BIBLIOGRAFÍA: Meili, R. (1955).

tendencia

Incremento o disminución, constante o esporádica, de un conjunto de datos en el tiempo. Cualquier universo estadístico puede ser sometido al *análisis de tendencia* para verificar el significado de los datos y la credibilidad de la previsión (*v.* **estadística**, § II).

tendencia (al. *Tendenz*; fr. *tendance*; ingl. *tendency*; it. *tendenza*)

Disposición, hereditaria o adquirida, para una determinada actividad o forma de comportamiento. Por su carácter constante y habitual se distingue del *impulso* (*Trieb*) que es un empuje a la acción imprevisto y no duradero. Además de este significado general, el término tiene un uso específico: *a*] en *estadística,* donde indica el cambio uniforme y regular de un fenómeno en determinada dirección; *b*] en *psicoanálisis* donde W. Stekel distingue una tendencia, "catagógica" en la cual impulsos psíquicos inhibidores impiden a una persona alcanzar los fines que se propone, y una tendencia "analógica" de tipo constructivo que permite la realización; *c*] en *psicología individual,* donde A. Adler denomina "tendencia final" a la estructura dominante que guía un recorrido neurótico, concepto éste que tiene sus antecedentes en la concepción de la "idea fija" de P. Janet y en el concepto de "idea sobrecargada" de C.K. Wernicke; *d*] en la *psicología cognoscitivista,* donde N. Ach distingue una tendencia "determinante" que organiza la sucesión de los pensamientos de acuerdo con la representación de la acción, una "anticipadora" cuando, una vez aprendida determinada secuencia, se tiende a anticipar la respuesta conforme a la secuencia aprendida antes de la presentación del nuevo *input* informativo; una tendencia "perseverante" cuando en el aprendizaje se revela dependencia de lo que apenas se acaba de aprender; *e*] en los *test psicológicos* se considera la "tendencia a responder" en forma verdadera o falsa, como lo ilustra la voz **response set**.

BIBLIOGRAFÍA: Ach, N. (1935); Adler, A. (1920); Stekel, W. (1908).

tener (al. *haben*; fr. *avoir*; ingl. *to have*;· it. *avere*)

Término introducido por E. Fromm en oposición al término "ser" para indicar la condición de quien suple la insuficiencia verdadera o supuesta de su ser a través de la adquisición o, como dice Fromm, la **incorporación** (*v.*) de las cosas. Esta actitud, que tiene sus raíces en la fase oral, se manifiesta cuando "el niño muestra la tendencia a meterse en la boca las cosas que desea porque su ser no es todavía capaz de permitirle otras formas de control de esas posesiones. La misma relación se encuentra en muchas formas de canibalismo, en las que, devorando a otro ser humano, se cree que se adquie-

ren sus poderes. [...] La actitud implícita del consumista es el devoramiento del mundo entero. El consumidor es un eterno lactante que grita para obtener su biberón" (1976: 45-46). La estrategia de suplir la insuficiencia del ser con el tener no lleva a obtener ningún resultado, porque en el momento en el que se posee alguna cosa ésta pierde su carácter gratificante.

BIBLIOGRAFÍA: Fromm, E. (1976).

tensión (al. *Spannung*; fr. *tension*; ingl. *tension*; it. *tensione*)

Contraste entre dos o más fuerzas opuestas entre sí que, de forma *estructural* y por lo tanto insuperable, o en forma *accidental* y por consiguiente superable, puede caracterizar la foma de ser de cualquier entidad o situación.

1] *La tensión estructural* la reconoce tanto la tradición occidental, que con Heráclito interpreta el logos como "armonía secreta de los contrarios", como la tradición oriental, para la cual el todo está gobernado por las dos energías primarias opuestas del *yin* y el *yang* (*v.*). Esta antigua concepción de las energías de signo opuesto que no se concilian en una unidad superior la aceptó la psicología de lo profundo, tanto con S. Freud, quien habla de par o polaridad de opuestos (*v.* **opuestos**, § 2, *a*) como con C.G. Jung, quien enuncia la ley de la enantiodromia y el principio de la *"coniunctio oppositorum"* (*v.* **opuestos**, § 2, *b*).

2] *La tensión accidental* proviene de la concepción aristotélica y se refiere al intervalo que separa la potencia de su plena actuación en el acto. Esta forma de pensar, muy difundida incluso en el lenguaje común, traducida psicológicamente se refiere al intervalo que separa la **necesidad** (*v.*) o el **deseo** (*v.*) de su satisfacción, en la que se expresa la **homeostasis** (*v.*), es decir la tendencia del organismo a mantener su equilibrio basándose en el principio que G.T. Fechner había llamado de *estabilidad* y Freud de **constancia** (*v.*, § 2). El estado de tensión está acompañado de una condición emotiva cuya dinámica se expuso en la voz **emoción**, § V.

BIBLIOGRAFÍA: Cannon, W.B. (1932); Fechner, G.T. (1873); Freud, S. (1920); Jung, C.G. (1955-1956).

tentación (al. *Versuchung*; fr. *tentation*; ingl. *temptation*; it. *tentazione*)

Condición conflictiva provocada por el deseo de obtener una satisfacción o una ventaja personal en contraste con la norma socialmente acordada e interiorizada por el sujeto, que percibe el impulso a trasgredirla. La tentación puede ser frenada por mecanismos de control externos o por mecanismos internos señalando, según el tipo de control inhibidor, el carácter heterónomo o autónomo de la moral del sujeto (*v.* **autonomía-heteronomía**). La capacidad de resistencia a la tentación, para la que se identificaron algunos tests, se asume como uno de los factores que intervienen en la valoración de la capacidad para delinquir.

teoría del campo
v. CAMPO § 2.

terapéutica, comunidad
v. COMUNIDAD, § 2.

terapia
v. PSICOTERAPIA.

tercera infancia (al. *Spätere Kindheit*; fr. *troisième enfance*; ingl. *late childhood*; it. *fanciullezza*)

Fase del crecimiento que abarca desde la infancia hasta la preadolescencia, caracterizada, desde un punto de vista psicoanalítico, por un período de **latencia** (*v.*) en el cual se observa una interrupción del desarrollo libidinal que determina en el niño un comportamiento menos turbulento, dominado por **sublimaciones** (*v.*) parciales, formaciones **reactivas** (*v.*) y por la tendencia a orientar su atención hacia intereses diferentes de los sexuales, como la escuela, los compañeros de juego, las actividades deportivas, los libros, etc. Esta modificación está determinada por la declinación del **complejo de Edipo** (*v.*), por las imposibilidades reales de satisfacción pulsional, por la constitución del superyó interiorizado y por las presiones sociales externas, que obligan a la tensión pulsional a buscar sus satis-

facciones en forma sustitutiva. En el plano de la realización con los padres los deseos libidinales asumen manifestaciones sublimadas de ternura, devoción y respeto. En esta fase la experiencia escolar ayuda en gran medida a consolidar la socialización, a enriquecer el patrimonio cognoscitivo en concomitancia con la adquisición de una capacidad de abstracción más refinada. Los estudios más significativos dedicados a esta edad son los de E. Claparède, de la función educativa del **juego** (*v.*, § 4) y los de J. Piaget sobre los estadios de desarrollo de la inteligencia (*v.* **cognición**, § 2).

BIBLIOGRAFÍA: Berkowitz, L. (1964); Claparède, E. (1909); Freud, S. (1924); Jasselin, I.M. (1964); Piaget, J (1923); Piaget, J. (1926); Piaget, J. (1947); Singer, R.D. y A. Singer (1977).

terminal (al. *End-*; fr. *terminal*; ingl. *terminal*; it. *terminale*)

Cumplimiento de una fase que implica satisfacción. El término se utiliza para referirse: 1] a la meta alcanzada con la acción (*Endahandlung*) favorecida por la base instintiva, como la obtención de comida en el caso de la conducta apetitiva, o la derrota del adversario en el caso de la conducta agresiva; 2] al placer (*Endlust*) asociado con el efecto de descarga de la tensión anteriormente acumulada, como en el caso del orgasmo en el clímax de la excitación sexual (*v.* **placer**, § 3).

termotropismo
v. TROPISMO.

ternura (al. *Zärtlichkeit*; fr. *tendresse*; ingl. *tenderness*; it. *tenerezza*)

Actitud afectuosa y delicada que puede traducirse en una verdadera abnegación, como en el caso de la ternura materna o filial. La ternura no es un sentimiento ocasional sino una actitud que caracteriza a la personalidad. S. Freud asigna al término un significado preciso, distinguiendo una corriente sexual "que ya no desconoce sus metas" de una corriente de ternura en la cual el placer sexual se apoya en la satisfacción de las pulsiones de autoconservación. Respecto a la **sexualidad** (*v*.), escribe Freud, "la tierna es la más antigua. Proviene de la primera infancia, se ha formado sobre la base de los intereses de la pulsión de autoconservación y se dirige a las personas que integran la familia y a las que tienen a su cargo la crianza del niño. [...] La 'ternura' de los padres y personas a cargo de la crianza, que rara vez desmiente su carácter erótico ('el niño como juguete erótico'), contribuye en mucho a acrecentar los aportes del erotismo a las investiduras de las pulsiones yoicas en el niño y a conferirles un grado que no podrá menos que entrar en cuenta en el desarrollo posterior" (1910-1917 [1976: 174]).

BIBLIOGRAFÍA: Freud, S. (1910-1917).

territorialidad (al. *Territorialität*; fr. *territorialité*; ingl. *territoriality*; it. *territorialità*)

Término que introdujo el etólogo H.E. Howard para indicar la tendencia de los animales a circunscribir determinada área considerada idónea para la obtención de alimento y para la reproducción. La delimitación del territorio por parte de un grupo de animales de la misma especie se hace con secreciones corporales como la orina, las heces, las emisiones odoríferas, o con vocalizaciones de alerta de efectos amenazadores. Dentro del territorio se presentan la regulación de la población y las formas de colaboración, donde cada individuo se esfuerza por el grupo en el intercambio de alimentos, el cuidado de las crías, hasta llegar en algunos casos, al sacrificio de la vida en defensa del grupo.

BIBLIOGRAFÍA: Davies, N.B. (1978); Howard, H.E. (1920); Lindauer, M. (1991).

terror
v. PÁNICO.

test

Reactivo psicológico utilizado para obtener una medición objetiva y estandarizada que permita analizar las diferencias entre las reacciones psíquicas de varios individuos o las reacciones psíquicas del mismo individuo en diferentes momentos o condiciones. La estandarización del test implica uniformidad de procedimiento, con el fin de que sea posible la comparación entre los diferentes puntajes del mismo individuo o de varios.

1] LAS CARACTERÍSTICAS FUNDAMENTALES DE UN TEST. Un test mental, para poder utilizarse, debe poseer por lo menos las siguientes características:

a] *Validez*. Capacidad de un test para medir exactamente lo que se propone, a lo que se debe su selectividad entre lo que debe medirse y lo que no interesa. Dentro de este criterio se distinguen: la validez de *contenido*, relativa a las funciones o mecanismos mentales que deben tomarse en consideración cuando se elabora un test; la validez *conceptual* o exactitud con la que un test se adhiere al modelo hipotético de la función por examinar; la validez de *congruencia*, que resulta de la confrontación de los resultados proporcionados por el test con los obtenidos con instrumentos análogos; la validez *concomitante*, que resulta de la confrontación de los resultados del nuevo test con los obtenidos con otros métodos en el mismo período; la validez *predictiva*, que se desprende de la confrontación de los resultados del test con los indicadores de éxito profesional o escolar obtenidos en un período posterior a la aplicación del test. Diferentes factores, impiden o limitan la comprobación de la validez, como la escasa pureza de *criterio* de la que no se logra establecer si es en verdad expresión de la aptitud estudiada por el test; recurrir a *juicios parciales* que ya incorporan un juicio subjetivo del sujeto examinado; la forma de los **reactivos** (*v*.), que pueden requerir una respuesta que deja espacios que pueden ser saturados por el caso; el límite de *tiempo* en la ejecución de la prueba, que resulta particularmente incongruente para pruebas de carácter creativo; la poca *adaptación* del test a las características sociales, culturales y profesionales de la muestra, y semejantes.

b] *Credibilidad*. Esta segunda característica, llamada también *confiabilidad*, la proporcionan la *escrupulosidad* con la que mide el test y la *constancia* de sus mediciones, que deben proporcionar resultados idénticos si la prueba se aplica repetidamente al mismo individuo en las mismas condiciones. El primer carácter lo asegura la *homogeneidad* de los reactivos, que no pueden referirse a pruebas heterogéneas entre sí, y su *capacidad discriminativa*, en el sentido de que un reactivo poco discriminativo es inútil. El segundo carácter, llamado también *estabilidad*, se puede comprobar con tres métodos: 1] el *test-retest*, que consiste en la aplicación repetida, después de un tiempo, del mismo test al mismo grupo de sujetos, para verificar, mediante la correlación, el *índice de constancia*; 2] las *formas paralelas*, por lo que se preparan dos prototipos de la misma naturaleza y del mismo grado de dificultad con el fin de obtener, mediante su correlación, el *índice de equivalencia*; 3] la *división por mitad* (*split-half*), que consiste en la comparación de los re sultados de una mitad del reactivo con las de la otra mitad. La elección de las dos mitades se hace entre los reactivos pares e impares, y lo que se obtiene es el índice de homogeneidad.

c] *Sensibilidad*. Esta característica se puede obtener verificando la capacidad del test para discriminar entre un individuo y otro, así como entre los diferentes niveles evolutivos y de aprendizaje del mismo individuo. Para la primera comprobación es necesaria una gama bastante amplia de evaluaciones dentro de las cuales distribuir a la población que se examinará; para la segunda se requiere que los reactivos se elaboren de manera tal que abarquen por completo el rasgo evolutivo de la aptitud que se quiere evaluar.

d] *Practicidad y economía*. Son características de limitado valor teórico, pero que deciden de hecho la adopción de un reactivo en lugar de otro. Por *practicidad* se entiende la comodidad de uso, la simplicidad de la corrección, la facilidad para el conteo del puntaje; por *economía* se entiende el costo limitado, el tiempo de aplicación y la rapidez del escrutinio de los resultados. En el ámbito de los tests la distinción fundamental es entre *test de rendimiento* o resultado o eficiencia y *test de personalidad*, donde se distinguen los tests *objetivos* y los tests *proyectivos*.

2] TESTS DE RENDIMIENTO. Consisten en una serie de pruebas de dificultad creciente y estandarizadas en una muestra suficientemente representativa, con el fin de evaluar determinadas funciones psíquicas o determinadas aptitudes.

a] *Tests de inteligencia*. El primer reactivo mental se remonta a A. Binet para la determinación del coeficiente intelectual (*v.* **inteligencia**, § 2) mediante una relación entre edad mental y edad cronológica. Este test, conocido como escala de **Binet-Simon** (*v.*), se reelaboró en 1908 y posteriormente en 1916, cuando recibió el nombre de escala Stanford-Binet; más tarde, tanto por una serie de dificultades técnicas de naturaleza estadística como porque las metodologías utilizadas en la infancia no dan resultados satisfactorios en los adultos, se abandonó y se sustituyó con el test **Wechsler-Bellevue** (*v.*), que todavía hoy es el más usado para la determinación del nivel de inteligencia. De este campo forman parte el test de Raven (*v.* **matrices progresivas**) para la evaluación global de la inteligencia, el test de F. Galton (*v.* **asociación**, § 3, *b*), la **escala de Alexander** (*v.*) para la evaluación de la inteligencia práctica, la escala de **Borelli-Oléron** (*v.*) para la medición de la inteligencia en niños con defectos del aparato auditivo, el **test del léxico** (*v.*) para la inteligencia lingüística, y otros más, como el test de Guildforf y el de Thurstone, expuestos en la voz **inteligencia** (*v.*, § 2).

b] *Tests para facultades específicas* como el **test de cancelación** (*v.*) para la medición de la atención, la **escala de Oseretzki** (*v.*) para la actividad motriz, el **test de velocidad** (*v.*), para medir la velocidad en la ejecución de una tarea, las pruebas de Nagel para la capacidad para distinguir los **colores** (*v.*, § 3), mientras en el ámbito de la psicología del trabajo tenemos el test de idoneidad, que es de tipo previsor de acuerdo con el acontecimiento en una eventual actividad futura, el sistema de test de Giese, para la evaluación de las aptitudes profesionales, y el test de Pauli para la medición de la concentración, de la constancia y de la calidad del desempeño de la actividad laboral (*v.* **psicología del trabajo**, § 5).

c] *Tests clínico-diagnósticos*, utilizados cuando se trata de establecer si el desorden es de tipo funcional u orgánico. Figuran entre ellos los tests *psicofisiológicos* que estudian las modificaciones biológicas durante los acontecimientos psíquicos tanto en el sujeto normal como en el patológico, y los tests *neuropsicológicos*, que calculan con precisión y confiabilidad aspectos como la velocidad de respuesta, el nivel de comprensión, el lenguaje, la memoria visual, la habilidad psicomotriz. Entre estos tests recordamos las matrices progresivas de Raven (*v.* **matrices progresivas**), para el estudio del razonamiento y la solución de problemas, el test de **Goldstein** (v.), aplicado a los cerebrolesionados, el test de **Benton** (*v.*) para el estado de compromiso de las funciones mentales en los niños y en los adolescentes, el test **Bender Gestalt** (*v.*) para la medición de las funciones visoperceptivas y visoconstructivas.

3] TESTS DE PERSONALIDAD. Se proponen explorar la personalidad, ya sea en su globalidad o en alguna de sus dimensiones, como los tests de dominio-sumisión o los de introversión-extroversión, con el fin de referirla a una clasificación o a una **tipología** (*v.*). En este caso los datos, a diferencia de lo que sucede en los test de rendimiento, se someten a una interpretación no sólo cuantitativa, sino también cualitativa. En este ámbito se distinguen dos grandes categorías: los *tests objetivos,* elaborados con principios homólogos a los de los test de rendimiento, es decir con pruebas o preguntas cuyas respuestas primero se cuentan cuantitativamente y después se evalúan cualitativamente, y los *tests proyectivos,* idóneos para la investigación de los procesos inconscientes, pero que no se pueden sujetar fácilmente a una generalización de las respuestas dentro de esquemas prefijados y, por lo tanto, cuantificables.

a] *Los tests objetivos.* En este ámbito se adoptaron diversos métodos para enfrentar las dificultades inherentes a la elaboración de los aspectos invariables de personalidad:

1] el método de la *elaboración empírica,* que utiliza respuestas de grupos de referencia formados por individuos que presentan las características que se intentan evaluar. Esta estandarización obtenida de la muestra de población de referencia permite transformar los puntos "brutos" obtenidos de la muestra examinada en puntajes "ponderados". Tal ejemplo es el MMPI (*v.*) –Minnesota Multiphasic Personality Inventory– que examina los rasgos patológicos de la personalidad mediante la confrontación entre las respuestas de los sujetos examinados y las de los pacientes afectados por diversos tipos de trastornos mentales;

2] el método que utiliza el *análisis factorial* donde, considerando un número significativo de supuestas manifestaciones de capacidades mentales, y calculando para cada una el coeficiente de correlación con todas las demás, se procede a la construcción de conjuntos que codifican un determinado rasgo o función mental en relación con las correlaciones respectivas. A este criterio responde el cuestionario **Cattell test 16 PF** (*v.*);

3] el método de la elaboración del test basándose en un *modelo teórico* con validez experimental como el EPI (*v.*) –Eysenck Personality Inventory– elaborado basándose en la teoría de la personalidad que preparó H.J. Eysenck;

4] el método de la *correlación para el estilo de respuesta* como el EPPS (*v.*) –Personal Preference Schedule– de A.L. Edwards, ideado para reducir la **aceptación social** (*v.*) por parte del entrevistado en la formulación de sus respuestas;

5] las *rating scales* (RS) (*v.* **escala**) que, a diferencia de los cuestionarios de personalidad arriba enumerados, no intentan enfocar las características estructurales de una personalidad, sino calificar una sintomatología clínica y sus posibles variaciones en el tiempo.

b] *Los tests proyectivos* son tests no rígidamente estructurados donde el sujeto, respondiendo con más libertad, pone algo más personal en sus respuestas que, al ser examinadas, permiten discernir los aspectos inconscientes de su personalidad. El término "proyectivo" se refiere al mecanismo de la **proyección** (*v.*, 3) que ilustra el psicoanálisis, con el que el sujeto expulsa de sí y localiza en el otro, persona o cosa, cualidades, sentimientos, deseos que él no reconoce o rechaza en sí mismo. En las técnicas proyectivas el término "proyección" es utilizado con una acepción más amplia y se refiere a la modalidad con la que el sujeto organiza sus experiencias, proyectando en un material no estructurado la estructura de su personalidad. Este tipo de test revisa la producción imaginativa con la que el sujeto es libre de crear su propio mundo, revelando en su creación incluso las tendencias inconscientes de las que no tiene pleno conocimiento. Las características principales de este test son: la *ambigüedad del estímulo* proporcionado, la *multiplicidad de las respuestas* posibles, no sometidas al juicio verdadero/falso, correcto/equivocado, y la *interpretación* de la prueba que, a diferencia de las técnicas psicométricas, no excluye una relación interpersonal con el examinador.

Forman parte de este grupo: el TAT (*v.*) –Thematic Apperception Test–, que revela los temas fundamentales recurrentes en las producciones imaginativas del sujeto; el test de **Rorscharch** (*v.*), que se basa en la hipótesis de que las respuestas verbales que proporciona el sujeto, reflejando sus características cognoscitivo-afectivas, proporcionan un cuadro de su estructura de personalidad; el CAT (*v.*) –Children Apperception Test– que elaboró L. Bellak para el estudio de la personalidad de los niños; el ORT (*v.*) –Object Relations Technique– que elaboró H. Phillipson a partir de los supuestos teóricos que están en la base de la relación objetal (*v.* **objeto**, 4); el Blacky pictures (*v.* **pintura**) que elaboró G.S. Blum para evaluar los diversos elementos de competencia psicoanalítica; el método de las fábulas (*v.* **cuento**) que desarrolló L. Düss para evaluar las reacciones normales, patológicas y sintomáticas en la forma en que el niño concluye una fábula que comenzó el experimentador; los tests que utilizan el **dibujo** (*v.*) de la familia, del árbol, de la figura humana como otros tantos esquemas sobre los cuales se proyectan la experiencia, la percepción de sí y las tendencias del inconsciente.

Además de los enumerados existen, naturalmente, otros muchos tests proyectivos que se distinguen por las técnicas utilizadas, que pueden ser: *constructivas,* en las que el sujeto da una estructura a un material no estructurado; *de elaboración,* donde, en presencia de elementos bien definidos, se preparan escenarios más amplios, como el test del mosaico de Lowenfeld, el test del mundo de Buhler, el test de la aldea de Arthus; *lúdicos,* usados para la exploración de la personalidad del niño y no para su tratamiento terapéutico; *refractivos,* en los cuales la personalidad del sujeto se revela en la forma con la que utiliza un medio convencional de comunicación, como puede ser la escritura.

BIBLIOGRAFÍA: Anastasi, A. (1954); Anzieu, D. (1960); Boncori, L. (1993); Bosinelli, M. (coord.) (1984); Calvi, G (1972); Guildorf, J.P. (1954); Meili, R. (1955); Murray, H.A. (1938); Passi Tognazzo, D. (1975); Purghé, F. (1984); Rapaport, D., M.M. Gill y R. Schafer (1945-1946); Rorschach, H. (1921); Tyler, L.E. (1972); Wartegg, E. (1957).

test de Pauli
v. CONCENTRACIÓN; PSICOLOGÍA DEL TRABAJO, § 5.

test de Thurstone
v. ACTITUD, § 4; INTELIGENCIA, § 2, *a,* 3, *f.*

test de velocidad (al. *Geschwindigkeit test;* fr. *test de vitesse;* ingl. *speed-test;* it. *speed-test*)

Test de rendimiento que mide la velocidad con la que se desarrollan una o más tareas en cierta unidad de tiempo. Se utiliza para medir la atención, la concentración, la perseverancia y la destreza motriz.

BIBLIOGRAFÍA: Meili, R. (1955).

test Stanford-Binet
v. INTELIGENCIA, § 2.

testículo
v. ENDOCRINO, SISTEMA, § 6, *a.*

testimonio (al. *Aussage;* fr. *témoignage;* ingl. *testimony;* it. *testimonianza*)

Término que adquirió su importancia semántica en el existencialismo donde, a partir de S. Kierkegaard, se establece una relación absoluta entre la irrepetible existencia de cada uno y la verdad. Esta relación la ilustró K. Jaspers a propósito de G. Bruno y G. Galilei: la retractación de Galileo no le quita nada a la verdad científica de la teoría heliocéntrica, mientras la verdad filosófica de Bruno existe sólo en el testimonio que él le rinde, por lo que una retractación destruiría también su verdad filosófica: "Aquí está la diferencia: hay una verdad que, retractada, muere; y hay una verdad que ninguna retractación es capaz de eliminar. Los dos acusados se comportan de acuerdo con el tipo de verdad que cada uno representa. La verdad de la que yo obtengo mi existencia vive sólo si yo me identifico con ésta; histórica en su apariencia, no posee una validez universal igual a su enunciación objetiva, pero es incondicionada. La verdad que yo puedo demostrar puede subsistir incluso sin mí, es universalmente válida, no es histórica, no depende del tiempo, pero tampoco es incondicionada, porque depende de las premisas y de los métodos del conocimiento en conexión con los fines" (1948: 57). La esencia del testimonio como relación exclusiva de cada cual con la verdad regresa también con M. Heidegger en el concepto de autenticidad contrapuesto a la forma inauténtica de existir en el anonimato del "sí mismo" impersonal (*v.* **autenticidad-inautenticidad**, § 1).

De opinión opuesta es F. Nietzsche, quien niega de manera absoluta que con la declaración se testifique cualquier forma de verdad: "Que los mártires demuestren algo en relación con la verdad de un hecho, es tan poco cierto que me obliga a negar que un mártir tenga en general algo en común con la verdad. Ya en el tono con el que un mártir le echa en cara al mundo sus convicciones de la verdad se expresa un grado tan bajo de honestidad intelectual, una obtusidad tal frente al problema de la verdad, que nunca se tiene la necesidad de rebatir a un mártir. La verdad no es algo que uno posea y el otro no. [...] La sangre es el peor testigo de la verdad; la sangre también envenena la doctrina más pura y la transforma en delirio y en odio de los corazones" (1895, § 53). Como "pasión por la verdad" la declaración es una pasión como las otras, que testimonian no tanto la verdad cuanto los intereses a los que está unida cierta forma de vida, y a la que no puede renunciar si no es renunciando a la propia vida. Nietzsche, al identificar en la pasionalidad el fundamento de la declaración, anticipa el modelo psicoanalítico que no le reconoce primacía a la conciencia sino a las pulsiones que de diversas formas la determinan. A estas conclusiones también llegó la psicología experimental que, a propósito de la declaración jurídica, constata que ésta nunca es un recuerdo imparcial y absoluto, sino que implica una intervención selectiva consciente o inconsciente del testigo, quien vuelve a elaborar la verdad de hecho basándose en su cultura, en su personalidad y en sus prejuicios.

Con este fin se elaboraron test de idoneidad para atestiguar que miden las capacidades del testigo para reducir su propio elemento interpretativo.

BIBLIOGRAFÍA: Gullotta, G. (coord.) (1979); Heidegger, M. (1927); Jaspers, K. (1948); Kierkegaard, S. (1843); Musatti, C. (1931); Nietzsche, F. (1895); Vattimo, G. (1980); Garzanti, (1980).

testosterona
v. ENDOCRINO, SISTEMA, § 6, *a*.

teta, ritmo
v. ELECTROENCEFALOGRAFÍA.

tetatranopia
v. COLOR, § 3.

tic (al. *Tick*; fr. *tic*; ingl. *tic*; it. *tic*)

Movimiento rápido, repetitivo, coordinado y estereotipado, repetido en la mímica y en la gestualidad, que se presenta en relación con la tensión del sujeto sin que su voluntad pueda impedirlo. Dichas manifestaciones hiperquinéticas, que interesan al sistema extrapiramidal (*v.* **extrapiramidal, sistema**), aparecen con frecuencia en la edad infantil y en la adolescencia, para después reducirse en la edad adulta y reaparecer en la senil. La afección, cuando no depende de lesiones orgánicas, es de origen psicógeno y se acentúa en situaciones emotivas y estresantes.

En el ámbito psicoanalítico estos trastornos se interpretan como fenómenos de **desplazamiento** (*v.*) o de **conversión** (*v.*) en el sentido que describe O. Fenichel, para quien "las situaciones suprimidas, cuyas intenciones motrices regresan en el tic, son sumamente emotivas, ya que representan una vez más las tentaciones instintivas o los castigos por los impulsos que se mantuvieron alejados. En los tics, un movimiento que en un momento era signo concomitante de un afecto (excitación sexual, rabia, angustia, pesadumbre, triunfo, molestia) ahora equivale al mismo afecto, manifestándose en lugar del suprimido. Esto puede suceder en diferentes formas: 1] el tic representa una parte del síndrome afectivo original, cuyo significado mental permanece inconsciente; 2] el tic representa un movimiento cuyo significado inconsciente es una defensa contra un efecto que se está preparando; 3] el tic no representa directamente el afecto o defensa contra el afecto sino, más bien, otros movimientos o impulsos motores que se originaron durante una excitación emotiva suprimida, tanto en el paciente como en otra persona con la que el paciente se había identificado histéricamente" (1945: 357-358).

Para G. Jervis el tic es una forma especial de ritual obsesivo (v. **obsesión**). En efecto, "éste tiene siempre un origen y un significado bastante precisos: guiñar un ojo puede servir para cautivar a los demás, o a la buena suerte, en un momento difícil; levantar un hombro es un conjuro hacia un pensamiento molesto y fuente de ansiedad; arrugar la nariz es un gesto de distanciamiento y de desconfianza, y así sucesivamente. Pocas veces el sujeto tiene conocimiento de esto, pero con frecuencia estos significados se vuelven evidentes si piensa cuáles son los momentos en que repite el tic, y recuerda el contenido de su mente en esos instantes. El tic, como todos los rituales obsesivos, tiende con el tiempo a volverse autónomo, es decir a repetirse en las circunstancias más diversas en forma casi automática, como mecanismo de alejamiento y de 'descarga' de la ansiedad" (1975: 267).

BIBLIOGRAFÍA: Fenichel, O. (1945); Ferenczi, S. (1921); Jervis, G. (1975).

tiempo (al. *Zeit*; fr. *temps*; ingl. *time*; it. *tempo*)

Noción elaborada en el ámbito filosófico, donde ha sido definida de diversas maneras basándose en los ordenamientos especulativos a partir de los cuales también la psicología ha formulado de diferentes formas su noción de temporalidad.

I] FILOSOFÍA.

1] En el mundo griego se pueden encontrar dos figuras del tiempo:

a] El *tiempo cíclico* (κύκλος) regulado por la sucesión de las estaciones que, con la cadencia de su ritmo, expresan la regularidad del ciclo, donde no puede acontecer nada que no haya ya acontecido y nada puede suceder si no es conformándose a lo ya sucedido. En el tiempo cíclico no hay futuro que no sea el simple retomar el pasado que el presente refuerza, por lo que no hay nada que esperar, de no ser lo que debe regresar. La uniformidad, como reproducción idéntica de las formas y de las especies, es el rasgo característico de este tipo de temporalidad en la que se registra una identidad entre el fin y el final, porque la necesidad que administra el ciclo no destina la temporalidad a algo sino que simplemente la refuerza como eterno regreso.

b] El *tiempo proyectual* (σκοπός) rompe el tiempo cíclico que regula el ritmo de la naturaleza, iniciando un tiempo del hombre medido por sus intenciones. Esta temporalidad no ve hacia el pasado sino hacia el futuro, y no la preside la figura del regreso sino la del alcance del objetivo. El campo de juego está definido por el "hoy" y por el "mañana", es decir por ese breve intervalo que transcurre entre la elección de los medios y la realización de los fines, en un futuro íntimamente vinculado al presente; de otra manera podría resultar una sustancial ineficiencia de los medios.

Los textos filosóficos en los que encuentra expresión la temporalidad en el mundo griego son el *Timeo* (37, d) de Platón, donde el tiempo se define como "imagen móvil de la eternidad que procede según el número" con referencia al cielo que, con sus astros, proporciona la medida del devenir temporal, y la *Física* (219 b) de Aristóteles, donde el tiempo se define como "el número del movimiento según el antes y el después"; como "en la naturaleza de las cosas sólo el alma o el intelecto que hay en ésta tienen la capacidad de numerar, resulta imposible la existencia del tiempo sin la del alma" (*Física*, 223 a). Con Aristóteles se hizo explícita la conexión tiempo y psique.

2] En la época cristiana se abre paso otra figura del tiempo, el *tiempo escatológico* (ἔσχατον), caracterizado por la convicción de que la historia del hombre tiene un sentido ya escrito en el origen del tiempo y por realizarse con el tiempo. Frente al tiempo cíclico, donde el fin se expresaba con el final, en el tiempo escatológico el final es el que hace aparecer con toda claridad el fin de todo lo que aparece en el tiempo. Al final se cumple todo lo que al principio se había querido. Nace la "historia", que elimina la temporalidad de la insignificancia de la ciclicidad de la naturaleza, y de la brevedad de la proyectualidad del individuo. Intérprete de esta nueva forma de representarse el tiempo es Agustín de Hipona.

3] En la edad moderna se afirma la concepción científica del tiempo fundada en la mecánica galileana, que concibe el tiempo como una serie idealmente reversible de instantes homogéneos. A esta visión se oponen tanto el empirismo, que asegura el carácter psicológico de la temporalidad, asignando al tiempo físico el valor de pura abstracción o ficción, como el racionalismo que, con G. W. Leibniz, reconoce en el tiempo algo de ideal, y no un "ser real". Esta contraposición entre tiempo objetivo y tiempo psicológico la concilia I. Kant, quien define el tiempo como una "forma *a priori*" del conocimiento sensible, de donde se inicia el proceso de construcción de la experiencia y del posterior conocimiento científico.

4] En la segunda mitad del siglo XIX y en el XX la concepción científica de la temporalidad entró en crisis con el descubrimiento de la irreversibilidad de los fenómenos termodinámicos, que no se concilia con la homogeneidad equivalente de los instantes de la mecánica clásica, porque cada instante es heterogéneo respecto al precedente, y la serie no es reversible. En el siglo XX tres son las figuras del tiempo que asumieron mayor importancia filosófica:

a] La *unidad espacio-temporal* que conjeturó A. Einstein, para quien no tiene sentido hablar de un tiempo absoluto sino que es necesario indicar siempre las coordenadas espaciales a las que se refiere porque, por ejemplo, dos hechos contemporáneos respecto al Sol no son contemporáneos respecto a la Tierra. Se deriva de ello que la separación del tiempo y del espacio no es realizable en la experiencia física, y que su independencia recíproca es un postulado arbitrario de la vieja mecánica. De la misma opinión es E. Minkowski, para quien, así como no hay duración única para cualquier lugar, tampoco hay duración única para cualquier tiempo o movimiento, por lo que tiempo y espacio no tienen sentido fuera de su unión.

b] El *tiempo como duración* contra el tiempo espacializado está en la base de la concepción de H. Bergson, quien al tiempo científico abstracto contrapone la continuidad de la duración vivida en el deslizarse incesante de nuestra vida psíquica. En la duración, o tiempo vivido, no es posible distinguir los "estados" porque cada momento se traspasa al otro con una continuidad ininterrumpida.

c] El *tiempo como dimensión ontológica* de la existencia que inició, desde el punto de vista fenomenológico, E. Husserl, para quien en la **presencia** (*v.*) está la recíproca implicación de la retención del pasado y de la extensión del futuro, y desde el ontológico M. Heidegger, para quien el tiempo es constitutivo de la existencia cuyo pasado remite a su ser arrojado en el mundo (*Geworfenheit*) con miras a un proyecto (*Entwurf*) con el que se expresa el futuro. En cuanto proyectada hacia el futuro, la existencia tiene como posibilidad más característica la muerte, que define la esencia de la condición humana y su historicidad. Estas orientaciones filosóficas constituyen la base de las diferentes concepciones psicológicas del tiempo, a las que han dedicado especial atención la psiquiatría fenomenológica, la psicología experimental y el psicoanálisis.

II] PSIQUIATRÍA FENOMENOLÓGICA. En este ámbito son cuatro las contribuciones más significativas:

1] *K. Jaspers y la conciencia del tiempo*. Para Jaspers el individuo está contenido entre el nacimiento y la muerte, y por lo tanto la temporalidad le corresponde por una necesidad interior, en el doble sentido de *tiempo vital* y de *conciencia del tiempo*. El tiempo vital está vinculado a la especie y tiene una periodicidad que coincide con la curva de la vida. Está regulado por los acontecimientos fisiológicos que son el sustrato de nuestras modificaciones, de los que depende la experiencia del tiempo y la conciencia que de éste tenemos, donde el *pasado* nunca es definitivamente pasado, sino que compendia al presente, no porque lo recuerdo o lo represento sino porque lo soy y cotidianamente lo retomo en el estilo de mis actos, en los que se puede encontrar mi identidad. El *presente*, que en sí no es nada, tiene el poder de hacer ser el "ya no" de mi pasado y el "todavía no" de mi futuro. Nos lo confirman, dice Jaspers, ciertos enfermos psíquicos y algunos lesionados cerebrales que, encerrados en la pura actualidad del presente sin memoria del pasado y sin proyección hacia el futuro, son incapaces de dar sentido al mundo y a sus gestos en el mundo. Con un pasado y un futuro encogidos en el puro presente, se está en la imposibilidad de ubicar el presente mismo, porque falta el arco intencional que proyecte alrededor del sujeto, además del pasado y del futuro, el ambiente humano poblado de cosas y personas. El *futuro* existe sólo para la espera humana; las cosas no tienen futuro. Lo expresa un doble no ser: el no ser de lo que espero y la posibilidad de no serlo. Por esto el futuro siempre está recorrido por un sentimiento de ansiedad y desasosiego que se hace más evidente cuando el avance del pasado hace imposibles todos los posibles irrealizados, todos los recorridos que podían abrirse a los lados del camino recorrido. En esto reside la "historicidad" de la realidad humana, en la cual las decisiones futuras proporcionan al pasado un sentido definitivo, por fuerza de un cierto porvenir, con base en el cual se dirá, ante hechos realizados, que el pasado era la preparación para los mismos.

2] *L. Binswanger y los éxtasis temporales.* La intencionalidad de la conciencia humana se enuncia según las modalidades que Husserl había indicado como *retentio, praesentatio* y *protentio,* que permiten a cada subjetividad proporcionarse respectivamente un pasado, un presente y un futuro que son los *objetos* temporales constituidos por las modalidades con las que la conciencia se proyecta. Binswanger ilustra así estas formas *a priori* de la temporalidad: "mientras hablo, en la *praesentatio,* ya tengo expansiones, de otra forma no podría terminar la frase; de la misma manera las tengo 'durante' la *praesentatio,* también la *retentio,* de otra manera no sabría de lo que hablo" (1960: 33). A partir de estas tres modalidades constitutivas de la temporalidad vivida Binswanger considera que el melancólico está prisionero en la *retentio,* sin ninguna capacidad extensiva ni, por lo tanto, posibilidad de proporcionarse un futuro (v. **depresión**, § 3, *b*), mientras el maniaco vive en una absoluta *praesentatio,* sin capacidad retentiva y extensiva (v. **manía**). Con el trastorno de una modalidad intencional, escribe Binswanger, "está trastornado *todo* el 'proceso', *todo* el flujo o el carácter de continuidad, no sólo de la

temporalización, sino sobre todo del 'pensamiento' en general" (1960: 35).

3] *E. Minkowski y el tiempo vivido.* Considerando el tiempo desde el punto de vista psíquico, lo que cuenta, dice Minkowski, no son las categorías lógicas con que las objetivamos, sino la forma de vivirlo a la que nos entregamos. En este ámbito se puede comprobar una diferencia cualitativa entre el pasado y el futuro, que no pueden colocarse en el mismo plano como puras y simples exaltaciones temporales, porque, por ejemplo, el futuro trae consigo la *creatividad,* de la que el pasado sólo puede estar privado. Al futuro está vinculada además la *actividad,* que no tiene su contrario en la pasividad sino en la espera: "En la actividad tendemos hacia el porvenir, en la espera, en cambio, vivimos, por decirlo así, el tiempo en sentido contrario; vemos el porvenir venir hacia nosotros y esperamos que se vuelva presente" (1933: 89), como se puede comprobar en la patología de la melancolía, donde la actividad se sustituye con el vacío de la espera en la que el tiempo no es vivido, sino soportado.

Al futuro también están vinculados el deseo y la esperanza que nos permiten ir más allá de la inmediatez del presente, extendiendo las perspectivas del porvenir. En el *deseo* supero mi actividad y las obras que ésta realizó, y que en su conjunto forman el horizonte de mi haber. Cerrarse en el haber significa incapacidad para trascender las propias obras que se vuelven el horizonte terminado de la identidad: "Encontrar perfecto lo que se creó es poner una cosa muerta donde sólo hay cabida para una cosa viva, es transformar en desierto el campo fértil de la existencia" (1933: 61). El cierre del futuro es la extinción de la *esperanza,* que es la estructura básica de la condición humana en cuanto sustenta y hace posible la vida como horizonte abierto. Por eso, escribe E. Borgna, "las características del sufrimiento melancólico, de la angustia ante la experiencia de la muerte y del morir, son argumentadas en su último horizonte de significado por la aterrorizadora experiencia del no-poder-ya-superar, es decir de la fractura de la esperanza como horizonte de trascendencia" (1977: 35). La oposición futuro-pasado puede asumirse como principio de oposición entre *bien* y *mal,* en el sentido de que los valores positivos producidos por el pasado se vuelven mal si, obstinados, no abren el futuro y no se ofrecen como etapas para una ulterior experiencia.

4] *E. Straus y la doble temporalidad*. Straus distingue un tiempo del yo (*Ich-Zeit*) de un tiempo del mundo (*Welt-Zeit*), distinción que se puede experimentar en la vida cotidiana cuando se tiene la impresión que el tiempo transcurre muy rápido o muy lento. En la depresión melancólica el tiempo del yo parece sufrir una detención por la incapacidad de adquirir independencia del pasado y de poner fin a las situaciones transcurridas. La actividad del yo ya no alcanza al mundo, y un sentimiento de fatalidad o un irreparable "demasiado tarde" afectan cualquier esbozo de acción. Incluso lamentándose de la obsesión del pasado, el melancólico parece buscar en éste un apoyo y una seguridad respecto al mundo que se le escapa. Sus "ideas-recuerdo" se vuelven sus "ideas-refugio". Por haberse despedazado en él ese sincronismo vivido que es la base de su sintonía con el mundo, tiene la permanente sensación de "quedarse atrás" respecto a los acontecimientos del entorno y al curso de la vida, que se tiñe de ese sentido de impotencia donde el camino hacia el porvenir se vuelve un rápido encaminarse hacia la muerte, que se transforma en el perfil de su existencia: "La *vida* en mí va hacia el porvenir y *yo* en cambio voy hacia la muerte" (1933: 141), escribe Minkowski. Ésta, que en términos teóricos podría ser una verdad, denuncia la desesperada distancia del tiempo del yo respecto al tiempo del mundo.

III] PSICOLOGÍA EXPERIMENTAL. En este ámbito las áreas de investigación se desarrollaron alrededor de los siguientes aspectos:

1] *La adquisición de la noción de tiempo* que, según J. Piaget, toma cuerpo mediante las acciones actuadas por el niño mismo y percibidas más como fenómenos de proceso que como fenómenos temporales en sí (*v.* **cognición**, § 2).

2] *El tiempo de reacción* o intervalo que transcurre entre la exposición al estímulo y la emisión de la respuesta que, respecto a los resultados medios de las pruebas, puede ser anticipada o retardada (*v.* **reacción**, § 1-2).

3] *El reloj biológico* que es un mecanismo fisiológico, de naturaleza todavía desconocida, que proporciona el sentido del tiempo regula-

do por ritmos endógenos y exógenos, responsables de las variaciones fisiológicas y psicológicas (*v.* **ritmo**).

4] *La experiencia del tiempo* que depende íntimamente de: *a*] las *necesidades* vinculadas a las expectativas de satisfacción; *b*] los *estímulos* cuya intencionalidad, frecuencia y duración configuran el tiempo como "vacío" o "lleno", y el primero se vive como más largo que el segundo, mientras en retrospectiva una hora llena de estímulos se recuerda más larga que una hora sin estímulos; *c*] la *edad*, por lo que para los viejos el tiempo pasa subjetivamente más rápido, con la consiguiente valoración de un período de tiempo como más breve que para los jóvenes; *d*] el *sexo*, por lo que las mujeres son menos precisas que los hombres en la valoración del tiempo; *e*] el *estrés* que conlleva una valoración diferente del mismo período de tiempo; *f*] las *diferencias individuales y ambientales* que dependen, respectivamente, de las condiciones del organismo y de los requerimientos que se reciben del ambiente.

IV] PSICOANÁLISIS. En este ámbito es necesario distinguir la teoría clásica de la lacaniana.

1] *Para S. Freud* el tiempo es: *a*] un rasgo característico del *proceso secundario* respecto al **proceso primario** (*v.*), que no considera el tiempo, mientras el primero lo hace. Esto se debe, en opinión de Freud, al hecho de que el sentido del tiempo nace de la experiencia del aplazamiento entre el deseo y su satisfacción, por lo que el proceso primario que tiende a la inmediata satisfacción del deseo niega el tiempo, mientras la inclinación a la adaptación, más allá del principio del placer, típica del proceso secundario, lleva al descubrimiento del tiempo; *b*] un rasgo constitutivo de la *memoria*, por lo que experiencias pasadas son capaces de ejercer un efecto en el presente, con consecuencias neuróticas cuando el porvenir no trae ninguna novedad, porque el sujeto está refrenado por una forma típica de tener experiencia adquirida en el pasado y no superada; *c*] un rasgo constitutivo de la *identidad*, donde el pasado continúa en el presente y prefigura el futuro como estilo de vida.

2] *Para J. Lacan* el tiempo psicológicamente significativo no es el cronológico sino el *lógico*, cuya medición no está dada por los minutos sino por las unidades de significación, cada una de las cuales se modula en tres momentos: "el instante de la mirada, el tiempo para comprender, el tiempo para concluir" (1945: 198). El tiempo del análisis es, para Lacan, la **transferencia** (*v.*) cuya liquidación es correlativa al derrumbe del "sujeto supuesto saber" que no sucede con el reconocimiento de una nueva visión del mundo, sino con el movimiento del **deseo** (*v.*, § 3) inconsciente.

BIBLIOGRAFÍA: Aristóteles (1973); Bergson, H. (1896); Binswanger, L. (1960); Blumenberg, H. (1986); Borgna, E. (1977); Callieri, B. (1981); Doob, L. (1971); Elias, N. (1984); Ferrarotti, F. (1987); Freud, S. (1899); Galimberti, U. (1987); Giovanelli, G. y G. Mucciarelli (1978); Gorman, B.S. y A.F. Wessman (coords.) (1977); Heidegger, M. (1927); Husserl, E. (1912-1928); Jaspers, K. (1913-1959); Jedlowski, P. (1986); Lacan, J. (1945); Luce, G.G. (1971); Marramao, G. (1990); Minkowski, E. (1933); Paci, E. (1965); Piaget, J. (1946); Platón (1973); Ricœur, P. (1983); Straus, E. (1928); Vicario, G. (1973); Voyat, G. (1977).

timbre
v. AUDITIVO, APARATO.

timidez (al. *Schüchternheit*; fr. *timidité*; ingl. *shyness*; it. *timidezza*)

Desazón al encontrarse frente a extraños; se manifiesta en un comportamiento titubeante, esquivo o torpe en situaciones de naturaleza social. Son manifestaciones de timidez el enrojecimiento del rostro, dificultad para la expresión verbal, torpeza gestual y otras inhibiciones físicas y psíquicas. La timidez puede ser *ocasional*, cuando aparece en situaciones nuevas o de alguna manera insólitas para el sujeto, o *típica*, debida a sentimientos de inferioridad imputables a poca confianza en sí mismo o a errores educativos en relación con la socialización. O. Fenichel clasifica la timidez entre las formas de *angustia social*, que "puede representar una parte del miedo infantil a los padres, nunca interiorizada completamente, o una reproyección del superyó hacia el medio" (1945: 583). Con esta explicación Fenichel no excluye una relación entre la timidez y la **escopofilia** (*v.*), donde la timidez sería el resultado de la inhibición del deseo de ver.

BIBLIOGRAFÍA: Fenichel, O. (1945).

timo
v. ENDOCRINO, SISTEMA, § 8.

timoanaléctico
v. PSICOFARMACOLOGÍA, § II, 1.

timoléctico
v. PSICOFARMACOLOGÍA, § I, 1.

timopático (al. *Thymopathisch*; fr. *thymopathique*; ingl. *thymophatic*; it. *timopatico*)

Término que introdujo E. Bleuler para indicar la tipología del sujeto maniaco-depresivo, caracterizada por falta de estabilidad emotiva, con excesos de euforia y de tristeza no imputables a acontecimientos externos, sino a una disposición de carácter.

BIBLIOGRAFÍA: Bleuler, E. (1911-1960).

timorgasia
v. ERGASIA.

timosina
v. ENDOCRINO, SISTEMA, § 8.

tipología (al. *Typologie*; fr. *typologie*; ingl. *typology*; it. *tipologia*)

Clasificación de los individuos basándose en su *tipo*, término con el que se indica, por un lado, el conjunto de *características* comunes a cierto número de individuos, y por el otro el *modelo ideal* que se construye por abstracción a partir de esas características. El método tipológico está indicado como primera orientación en el estudio de esos sectores que todavía no se prestan a un análisis cuantitativo, con la advertencia de que los *tipos mixtos* son mucho más frecuentes que los *tipos puros* obtenidos sobrevaluando los caracteres diferenciales. El uso acrítico del tipo produce el *estereotipo*, que nace del uso rígido y cristalizado del cuadro de referencia. Las tipologías se distinguen de acuerdo con los criterios adoptados para su construcción y articulación.

1] EL CRITERIO SOMÁTICO CONSTITUCIONAL.

a] Galeno introdujo la primera distinción tipológica a partir de la teoría de los humores responsables de las diferencias emotivas observables. Su distinción en *sanguíneos, flemáticos, coléricos* y *melancólicos*, según prevaleciesen la sangre, la flema, la bilis amarilla o la bilis negra, ha recorrido los siglos dejando su huella en el lenguaje popular.

b] E. Kretschmer estableció una correlación entre índices morfológicos del cuerpo humano (fenotipo) y determinadas características de la personalidad, válidas tanto para individuos normales como para psicóticos, con diferencias sólo cuantitativas. Los tipos son cuatro, tres fundamentales y uno accesorio: el tipo *pícnico*, caracterizado en el plano somático por redondez de contornos, amplitud de las cavidades del cuerpo, abundantes depósitos de grasa, y en el plano psicológico por una predisposición *ciclotímica* con fases maniacas y depresivas; el tipo *leptosómico* o *asténico*, caracterizado en el plano somático por el predominio de las medidas verticales, y en el plano psicológico por una disposición *esquizotímica*, que en caso de psicosis se transforma en esquizofrenia; el tipo *atlético* caracterizado en el plano somático por un sistema muscular bien desarrollado, y en el plano psicológico por una disposición *viscosa*, con lentitud de pensamiento, perseverancia e irritabilidad. En último lugar el tipo *displásico*, predispuesto a la epilepsia y con muchas variedades dismórficas. Según Kretschmer esta tipología corresponde también a diferencias fisiológicas sobre todo con referencia a las glándulas endocrinas y al metabolismo.

c] W.H. Scheldon inicia una tipología que, a diferencia de la de Kretschmer, se basa en sujetos normales y está elaborada a partir de un sistema morfológico de tres dimensiones que corresponden a otros tantos estados evolutivos de los tejidos derivados de las tres capas embrionarias: ectodermo, mesodermo y endodermo. Al *ectoformismo* corresponde el tipo *cerebrotónico*, en el que predomina la racionalidad con rasgos de hipersensibilidad, tendencia a la soledad y a la vida interior; al *mesoformismo* corresponde el tipo *somatotónico*, con rasgos de dinamismo, facilidad en las relaciones sociales y tendencia al ejercicio físico; al *endoformismo* corresponde el tipo *viscerotónico*, en el cual predomina la afectividad, con rasgos de pasividad, sociabilidad y tendencia a la vida sedentaria.

d] N. Pende, en el ámbito de la medicina constitucional, describió una variedad de tipos psicológicos a partir del defecto o del exceso de funcionamiento de las glándulas endocrinas, con los consiguientes efectos en la constitución física y en la disposición psicológica. Son el tipo *hipertiroideo*, contrapuesto al tipo *hipotiroideo*, que difieren por el exceso o el defecto de la secreción de la tiroides; el tipo *hiperpituitárico* y el *hipopituitárico*, diferenciados por el desarrollo excesivo o insuficiente de la hipófisis; con el mismo criterio Pende distingue el *hipertímico* del *hipotímico*, el *hipersuprarrenálico* del *hiposuprarrenálico* y así sucesivamente, a partir de todos los centros de secreción hormonal (*v.* **endocrino, sistema**).

e] Otras clasificaciones con fondo somático-constitucional son las de Rostan y Sigaud, que distinguen el tipo *cerebral, muscular, digestivo, respiratorio,* según el predominio de un aparato sobre los otros, y numerosas denominaciones más que revelan correspondencias con la clasificación de Kretschmer, como el tipo macro-micro-normoesquelético de De Giovanni, el tipo macro-picno-normospláncnico de Viola, el tipo hiper-hipo-normo-tónico de Tandler, y otros más que reproducen el mismo esquema (*v.* **eumorfismo**).

2] EL CRITERIO PSICOLÓGICO: ACTITUDES Y FUNCIONES. Este criterio lo introdujo C.G. Jung a partir de la **actitud** (*v.,* § 2), que puede estar orientada hacia la introversión o la extroversión (*v.*), que combinándose con la **función** (*v.,* § 2, *b*) dominante de las cuatro que previó Jung –pensamiento, sentimiento, sensación e intuición– genera ocho tipos psicológicos. El extrovertido se orienta basándose en los datos objetivos, mientras el introvertido lo hace basándose en la resonancia subjetiva que los mismos datos producen. En el ámbito de las funciones el pensamiento y el sentimiento se denominan racionales porque proceden respectivamente por "valoraciones" de orden mental y afectivo, mientras la sensación y la intuición proceden por "percepciones" que se refieren respectivamente a lo que está presente de manera inmediata y a lo que lo así presente permite presagiar. Al precisar el criterio que inspira su propia tipología respecto al criterio somático-constitucional, Jung escribe que "la tipología fisiológica procura antes que nada la definición de indicadores físicos exteriores gracias a los cuales es posible clasificar a los individuos y analizarlos en sus otras características. Las investigaciones de Kretschmer mostraron que la particularidad fisiológica se extiende hasta los condicionamientos psíquicos. La tipología psicológica procede en principio de la misma manera, pero su punto de partida se encuentra, por así decirlo, no afuera, sino adentro. No procura clasificar indicadores exteriores sino que trata de descubrir los principios interiores de las actitudes psicológicas medias. Mientras una tipología fisiológica debe aplicar esencialmente, si desea alcanzar sus resultados, una metodología propia de las ciencias naturales, la ausencia de visibilidad y mensurabilidad de los procesos psíquicos impone el recurso a una metodología que sea propia de las ciencias del espíritu, es decir una metodología de tipo analítico" (1929: 125-126). La distinción entre *introversión* y *extroversión* de Jung reaparece bajo otra denominación con H. Rorscharch: *intratensivo* y *extensivo* (1921), en E.R. Jaensch: *integrado* y *desintegrado* (1930), y en G. Pfahler: *rígido* y *elástico* (1929).

3] EL CRITERIO FENOMENOLÓGICO-INTUITIVO DE LAS CIENCIAS DEL ESPÍRITU. Este criterio establece una correlación entre la creación cultural y la característica psicológica con la que el individuo ve el mundo.

a] *F. von Schiller* puso en evidencia por primera vez esta relación dentro de lo poético, distinguiendo la actitud *espontánea*, con la que el poeta "sigue, con sencillez, la naturaleza y la sensación, limitándose a la mera imitación de la realidad", y la actitud *sentimental*, en la que el poeta "reflexiona sobre la impresión que los objetos causan sobre él, y sólo en esta reflexión se basa la conmoción en la que él mismo se transfiere y nos transfiere" (1796: 248-249). A propósito de esta distinción schilleriana Jung escribe que "Schiller llegó a establecer la existencia de dos tipos psicológicos a los cuales, en su concepción, corresponde el mismo significado que yo atribuyo al introvertido y al extrovertido" (1921: 141).

b] *F. Nietzsche* introduce la distinción entre *apolíneo* y *dionisiaco*, que la psicología posterior utilizará como modelos tipológicos. Por su parte él se sirve de ellos para interpretar el espíritu de la antigua helenicidad, en su opinión basado en el contraste y la composición posterior del elemento armónico, formal y luminoso que representa Apolo, y el oscuro, estático y creativo que representa Dionisos: "En el sustrato dionisiaco del mundo sólo puede pasar a la conciencia del individuo precisamente aquello que después puede de nuevo ser superado por la fuerza de trasfiguración apolínea, de manera que estos dos instintos artísticos están obligados a desarrollar sus fuerzas en íntima proporción recíproca, según la ley de la eterna justicia. Donde las fuerzas dionisiacas se elevan tan impetuosamente como podemos experimentarlo, tiene que haber ya descendido hasta nosotros, envuelto en una nube, Apolo" (1873: 162). Jung, comentando la dicotomía nietzscheana desde la perspectiva psicoanalítica, escribe que "lo apolíneo es la percepción de las imágenes interiores de la belleza, de la mesura y de los sentimientos armónicos y disciplinados" (1921: 145), mientras "lo dionisiaco es la liberación del instinto que no tolera ningún límite, el desencadenamiento de la desenfrenada *dynamis* animalesca y divina, la ruptura del principio de individuación y, al mismo tiempo, 'éxtasis delirante' porque se infringe" (1921: 150).

c] *W. Dilthey* distingue tres tipos psicológicos a los que se deben remitir muchas otras visiones del mundo: el tipo *naturalista-materialista* que expresa su intuición del mundo en el concepto de *causa*, por lo que la naturaleza aparece como un conjunto de hechos que constituyen un orden necesario, sin ningún espacio para los conceptos de valor y de fin; el tipo *idealista-objetivo*, basado en la vida del *sentimiento*, por lo que el mundo aparece ordenado por las categorías del sentido, del valor y del significado en cuanto manifestaciones de un principio espiritual; el tipo *idealista-liberador*, que interpreta el mundo en términos de *voluntad* con la consiguiente afirmación de la independencia del espíritu de la naturaleza y admisión de la trascendencia.

d] *K. Jaspers* repropone el esquema diltheyano entre actitud psicológica y visión del mundo, estableciendo una correspondencia entre la actitud *objetiva*, la *autorreflexiva* y la *entusiasta*, a las que corresponden una imagen del mundo *espacio-sensorial, psíquico-cultural* y *metafísica*, como se ilustró en la voz **actitud** (*v.*, § 3). Al criterio fenomenológico-intuitivo se remontan también L. Klages y E. Spranger, que sin embargo no hablan de "tipo psicológico", sino de "**carácter**" (*v.*).

4] EL CRITERIO PSICOANALÍTICO Y LOS DESARROLLOS PSICODINÁMICOS. El psicoanálisis proporcionó una contribución esencial al estudio de los "caracteres" considerados desde el punto de vista genético y dinámico. Como no se trata de "modelos ideales" a los que responde la definición de "tipo psicológico", sino de "formaciones" que tienen una génesis y una dinámica, sólo de manera aproximada se pueden considerar "tipos psicológicos" los "caracteres" que describe el psicoanálisis clásico y sus desarrollos posteriores (*v.* **carácter**, § 2-3).

5] EL CRITERIO PERCEPTIVO. A partir de la constatación de que la percepción no sólo está modulada por la acción del estímulo externo, sino también por la estructura de la personalidad, se procedió a la elaboración de sistemas tipológicos que, según el criterio adoptado, generan los pares *analítico-sintético*, según la tendencia sea a captar los particulares o los conjuntos; *acentuador-liberador*, según la tendencia a "cerrar" o no el espacio fenoménico percibido; *dependiente-independiente del campo*, según la percepción se apoye o no en los datos ofrecidos por el campo visual. Para estas distinciones véase la voz **percepción**, § 9, mientras para la distinción entre *tipos de integración* y *tipos sinestésicos* véase la voz **eidetismo**.

6] EL CRITERIO EXPERIMENTAL. Forman parte de este grupo todas las tipologías obtenidas con tests proyectivos en los cuales el tipo psicológico es el resultado del principio que se asume en la elaboración de la batería de **tests**. (*v.*).

BIBLIOGRAFÍA: Dilthey, W (1907); Jaensch, E.R. (1930); Jaspers, K. (1919); Jung, C.G. (1921); Jung, C.G.(1929); Klages, L. (1926); Kretschmer, E. (1921); Nietzsche, F. (1873); Pende, N. (1928); Pfahler, G. (1929); Rorschach, H. (1921); Scheldon, W.H. (1942); Schiller, F. von (1796); Spieth, N.R. (1949); Spranger, E. (1914).

tirotropina (TSH)
v. ENDOCRINO, SISTEMA, § 1, *a*.

tiroides
v. ENDOCRINO, SISTEMA, § 2.

tiroxina (T$_4$)
v. ENDOCRINO, SISTEMA, § 2.

todo o nada, ley del
v. ACCIÓN, § 2, *a*.

tolerancia (al. *Toleranz*; fr. *tolérance*; ingl. *tolerance*; it. *tolleranza*)

En el ámbito psicológico el término se utiliza fundamentalmente con tres acepciones: 1] como sinónimo de *soportar*, para referirse a la capacidad de sostener tensiones y frustraciones dominando y adaptando la propia conducta incluso frente a la falta de gratificaciones instintivas o existenciales inmediatas, o en relación con la propia experiencia, tanto en relación con los demás, absteniéndose de penalizar, aunque sólo sea con un juicio negativo, actitudes, costumbres y opiniones diferentes por su contenido o finalidad de las propias; 2] por extensión se habla de *tolerancia social* para referirse al límite puesto o adquirido por un contexto social hacia actitudes anómalas o poco adecuadas a las reglas de convivencia; 3] se habla también de tolerancia con referencia a la ingestión de *sustancias tóxicas* para indicar el estado adaptativo en relación con una cierta cantidad ingerida (*v.* **toxicomanía**).

tonalidad
v. COLOR, § 1.

tono muscular (al. *Muskeltonus*; fr. *tonus musculaire*; ingl. *muscle tonus*; it. *tono musculare*)

Ligera tensión permanente de los músculos mantenida con la participación de pocas unidades motrices. El tono, sostenido por vía re-

fleja (*v.* **reflejo**) por los impulsos propioceptivos (*v.* **sensibilidad**), está graduado y distribuido en forma diferente entre los distintos
grupos musculares, según las actitudes asumidas por las diferentes partes del cuerpo, por lo
que, por ejemplo, en la postura erecta será más
pronunciado el tono de los extensores, mientras en la postura flexionada lo será, el de los
flexores. La actividad voluntaria requiere cierto grado de tono muscular preexistente e implica a su vez modificaciones complejas en la distribución del tono para permitir plasticidad,
fluidez y una gestualidad fluida. En efecto, si el
tono muscular está muy elevado, como en las
parálisis espásticas, no son posibles los movimientos finos. Al tono muscular contribuyen el
cerebelo, los núcleos vestibulares y la formación reticular. La pérdida de tonicidad del aparato muscular recibe el nombre de *atonía*,
mientras el aumento o la disminución se denominan respectivamente *hipertonía* e *hipotonía*.
La hipertonía puede ser causada por interrupción de las vías piramidales, con la consiguiente espasticidad o contractura muscular, o por
lesiones extrapiramidales que causan rigidez,
mientras la hipotonía puede depender de interrupción de las vías nerviosas aferentes, de lesiones de las neuronas motrices periféricas, de
enfermedades que interesan al sistema piramidal o el cerebelo.

tópico, punto de vista
v. APARATO PSÍQUICO, § 3-5.

torpeza (al. *Plumpheit*; fr. *gaucherie*;
ingl. *awkwardness*; it. *goffaggine*)

Impericia del comportamiento, frecuente en la
adolescencia, interpretado como poco dominio
del propio cuerpo en transformación y como
expresión de problemas de relación típicos de
esta edad. En sentido más específico se habla
de *torpeza predispuesta* a propósito de la incapacidad, programada en el nivel inconsciente,
con la que el sujeto se pone en la condición de
no ejecutar correctamente ciertos actos que teme en secreto. Tal tipo de torpeza es frecuente
en la ejecución de actos sexuales.

BIBLIOGRAFÍA: Gordon, N. e I. McKinlay (coords.)
(1980); Gubby, S. (1975).

torpor
v. CONCIENCIA, § 3 *a*.

totalidad (al. *Ganzheit*; fr. *totalité*; ingl.
totality; it. *totalità*)

Conjunto que expresa un significado superior
a la suma de las partes que lo componen, las
que en la totalidad están orgánicamente vinculadas a partir de un principio unitario. Dicho principio establece la diferencia entre "totalidad" y "multiplicidad", donde las partes
carecen de relación entre sí. El concepto de
totalidad, categoría de gran importancia en filosofía, que como ámbito disciplinario se inicia históricamente con la búsqueda del principio de *todas* las cosas, se adoptó en psicología
en estrecha unión con el concepto de **estructura** (*v.*), donde se destacan los principios que están en la base de la formación de una totalidad, y con el concepto de **forma** (*v.*), que manifiesta el significado que las partes asumen en
el todo, un significado irreductible a la suma
de las partes. Por lo que se refiere a los ámbitos disciplinarios donde la noción de totalidad
encuentra mayores aplicaciones, véase la voz
holismo.

TOTE (test-operate, test-exit)

Unidad de medida ideada en el ámbito del cognoscitivismo que sustituye a la unidad de medida representada por el **reflejo** (*v.*), adoptada
en el ámbito conductista; es el "plano del comportamiento" fundado en la premisa de que el
individuo no se limita a reaccionar ante los estímulos ambientales sino que interactúa con el
ambiente, comprobando la congruencia entre
su proyecto de conducta y las condiciones objetivas existentes. El TOTE construido sobre un
modelo cibernético, mide la relación entre la situación actual (*state of organism*) y la situación
esperada (*state to be tested*). En caso de incongruencia entre la disposición para reaccionar y
el plano de reacción se procede a una corrección para reducir la incongruencia (*operate*),
mientras, en caso de congruencia, tiene lugar la
reacción final (*exit*).

BIBLIOGRAFÍA: Miller, G.A., E. Galanter, y K.H. Pribram (1960).

tótem (al. *Totem*; fr. *totem*; ingl. *totem*; it. *totem*)

Objeto natural, generalmente un animal o una planta, que goza de especial veneración por parte de un grupo social que reconoce un vínculo específico con el tótem, asumido como emblema del grupo, fundamento de su mitología y garantía de su solidaridad. El término lo introdujo en 1791 J.K. Long, un viajero inglés que encontró el vocablo *ototeman* que, en la lengua de los indios de los Grandes Lagos, significa: "es de mi clan". Sobre el totemismo existen interpretaciones antropológicas y psicoanalíticas.

1] LAS INTERPRETACIONES ANTROPOLÓGICAS. En este ámbito se asignan al tótem significados muy diferentes. Según E. Durkheim desempeña una función social y religiosa, porque por una parte vincula en forma indisoluble a los miembros del clan y por la otra, al ser el tótem el clan mismo, hipostatizado y representado bajo la especie concreta del vegetal o del animal que sirve de tótem, al adorar al tótem el clan se adora a sí mismo.

Más funcionalista es la tesis de B. Malinowski, quien ve una íntima relación entre el vegetal o el animal elegido como tótem y el tipo de nutrición habitual en la tribu: "Breve es el camino que lleva de la floresta virgen al estómago, y después al espíritu del salvaje, el mundo que se le ofrece como un cuadro confuso del cual se separan sólo las especies animales y vegetales útiles, y en primer lugar las que son comestibles." De aquí la conclusión: "el totemismo nos parece como una bendición proporcionada por la religión al hombre primitivo en su esfuerzo por obtener del ambiente cuanto puede serle útil, en la lucha por la vida" (1948: 27-28).

A.R. Radcliffe-Brown rechaza la interpretación de Malinowski y considera esencial, para descubrir la función del tótem, poner atención a la diferencia de los animales totémicos, donde se representa la articulación de las relaciones sociales: "Las semejanzas y las diferencias entre las especies animales se traducen en términos de amistad y de conflicto, de solidaridad y de oposición. En otras palabras, el universo de la vida animal es representado en forma de relaciones sociales, como las que prevalecen en la sociedad de los hombres" (1958: 133-134).

F. Boas considera que el totemismo es una fuente primitiva de clasificación, en el sentido de que "la homología de los signos distintivos de las divisiones sociales, dentro de una tribu, prueba que su uso tiene origen en una tendencia a la clasificación" (1916: 323). De esta forma Boas vuelve a tomar la tesis de E.B. Tylor, quien había advertido la necesidad de "considerar la tendencia del espíritu humano a desentrañar el universo por medio de la clasificación", por lo que no duda "en protestar contra la forma en la que los tótems fueron considerados base de la religión, o casi" (1899: 143-144).

Una hipótesis psicológica fue la que propuso E.E. Evans-Pritchard, según quien en el tótem se manifiestan los contenidos proyectivos del grupo: "En consecuencia, la relación totémica no puede buscarse en la naturaleza particular del tótem sino en las asociaciones que esto evoca para el espíritu, porque en las criaturas se proyectan nociones y sentimientos cuyo origen se encuentra en otro lado y no en ellas mismas" (1956: 82).

A.P. Elkin define el sistema totémico mediante tres criterios: "La *forma* o manera en que los tótems son distribuidos entre los individuos y los grupos (en función del sexo, de la pertenencia a un clan, a una mitad, etc.); el *significado* del papel desempeñado por el tótem en relación con el individuo (como asistente, guardián, compañero o símbolo del grupo social o del grupo cultural); por último, la *función* que corresponde al papel que el sistema totémico desempeña en el grupo (prescripción de matrimonios, sanciones sociales y morales)" (1933-1934: 62-63). Los miembros de un clan, en efecto, no pueden casarse con una persona que posea su mismo tótem (*v.* **endogamia-exogamia**), no pueden comer a su tótem y, si esto sucede, se efectúa en la forma ritual del **sacrificio** (*v.*, § 1, 2) que tiene el fin de reafirmar la solidaridad del grupo.

Para C. Lévi-Strauss el totemismo es una "ilusión que proviene de una distorsión del campo semántico, de la que se derivan fenómenos del mismo tipo. Ciertos aspectos del campo fueron favorecidos a expensas de otros, para conferirles una originalidad y una singularidad que de por sí no tenían: se los volvía misteriosos, en efecto, en cuanto eran sustraídos del sistema del que formaban parte integral, junto con sus transformaciones" (1962: 28). La conclusión es que el totemismo no hace otra cosa que manifestar correlaciones y oposiciones que podrían formularse de manera diferente. Su carácter distintivo radica en el uso de la nomenclatura vegetal o animal, pero las especies naturales elegidas por el lenguaje totémico no fueron adoptadas porque fueran "buenas para comer", sino porque eran "buenas para pensar".

2] LA INTERPRETACIÓN PSICOANALÍTICA. S. Freud encuentra en el totemismo un doble sistema de prohibiciones: la prohibición del incesto y la prohibición de asesinar al padre, que son las mismas prohibiciones del **complejo de Edipo** (v.). Este paralelismo le permite establecer que la forma de estructurarse del individuo pasa a través de las mismas prohibiciones (v. **tabú**, § 4) que señalaron el nacimiento de la sociedad: "Mi punto de partida fue la llamativa coincidencia entre los dos tabúes decretados por el totemismo –el de no matar al tótem y el de no usar sexualmente a ninguna mujer del mismo clan totémico– y los dos contenidos del complejo de Edipo –el de eliminar al padre y tomar por mujer a la madre–. Así nos vimos tentados a equiparar con el animal totémico al padre, cosa que por lo demás hacen expresamente los primitivos al venerarlo como el antepasado del clan." (1924 [1976: 62-63]). Por lo que se refiere a los efectos de la pertenencia totémica en la organización social, en la religión y en las restricciones éticas, véase la voz **endogamia-exogamia**, mientras para lo que se refiere a la incidencia del sistema totémico en relación con el paso de la humanidad del principio de placer de fondo regresivo, al principio de realidad, véase la voz **antropología**, § 1, *a*.

BIBLIOGRAFÍA: Boas, F. (1916); Durkheim, E. (1912); Elkin, A.P. (1933-1934); Evans-Pritchard, E.E. (1956); Freud, S. (1912-1913); Freud, S. (1924); Freud, S. (1929); Gennep, A. Van (1920); Lévi-Strauss, C. (1962); Malinowski, B. (1948); McLennan, J.F. (1869); Radcliffe-Brown, A.R. (1958); Testart, A. (1981); Tylor, E.B. (1899).

tóxico
v. PSICOFARMACOLOGÍA, § I, 1, *a*.

toxicodependencia
v. TOXICOMANÍA.

toxicomanía (al. *Rauschgiftsucht*; fr. *toxicomanie*; ingl. *toxicomania*; it. *tossicomania*)

Dependencia de sustancias tóxicas como el alcohol (*v.* **alcoholismo**), los estupefacientes (*v.* **droga**) y los psicofármacos (*v.* **psicofarmacología**). Al respecto es oportuno, como subraya G. Jervis, distinguir la *toxicodependencia*, que se verifica cuando el sujeto introduce establemente en sus hábitos la sustancia tóxica porque está *psicológicamente* condicionado, hasta el punto de que sólo con grandes dificultades puede desarrollar sin ella sus actividades cotidianas, del *hábito*, que se refiere a la dependencia *física* del organismo, que la necesita para el metabolismo mismo, hasta el punto de requerir dosis cada vez mayores para evitar los síntomas de **abstinencia** (*v.*, § 3) que experimenta quien queda repentinamente privado de la sustancia. El uso esporádico de sustancias tóxicas no constituye toxicomanía, aunque quien se vuelve adicto se da cuenta cuando ya es demasiado tarde, porque parte de la psicología del toxicómano es minimizar su dependencia del tóxico y engañarse creyendo poder interrumpir a voluntad el uso habitual.

La tendencia a tomar en consideración sólo los trastornos físicos (hábito) y no los psicológicos (dependencia) se ha manifestado como un grave error, porque la dependencia psicológica no es menos tenaz que la habituación física. En el comportamiento de los toxicómanos, escribe Jervis, "es posible confirmar con especial claridad la existencia de un problema psicológico que constituye uno de los enigmas fundamentales de la psiquiatría: la tendencia a regresar para repetir muchas veces esquemas de comportamiento claramente tendientes al fracaso. En términos un poco técnicos, se puede sostener la hipótesis de que los toxicómanos, como otros, tengan la tendencia a metahistorizar una situación de fracaso y de crisis, ritualizándola mediante la repetición. Pero en muchos casos, sobre todo de alcohólicos y de heroinómanos, la toxicomanía se vuelve, después de cierto punto, voluntad de muerte; es decir, en la práctica, un suicidio progresivo" (1975: 343).

Desde el punto de vista psicodinámico L. Zoja interpreta la toxicodependencia como un intento fracasado de **iniciación** (v.) "Inclinarse hacia las drogas puede verse como una intención de iniciación, fallida desde la premisa por falta de conocimiento. Las etapas del proceso podrían resumirse así: 1] situación de partida que se trasciende porque parece insignificante; [...] 2] muerte en la iniciación, con aceptación de una fase de cerrarse al mundo; [...] 3] renacimiento por la iniciación favorecido psicológicamente al compartir la experiencia con otros. [...] El toxicodependiente de nuestra sociedad fracasa en el proceso completo, no tanto por las características con las que consume la droga cuanto porque se brinca por completo la segunda fase. De esta manera muestra estar intoxicado ya desde el principio, no por una sustancia sino por no admitir renuncias, depresiones, espacios psíquicos vacíos. En resumen, no dispone del espacio interior que, junto con los rituales externos, debe funcionar como receptáculo para la experiencia de renovación" (1985: 7-8). En la premisa de estas hipótesis también están de acuerdo las investigaciones sociológicas, que ven en la toxicodependencia un intento de respuesta individualista y anestesiante adoptada por los individuos contra los aspectos más inhumanos e insoportables de la vida que están obligados a vivir.

BIBLIOGRAFÍA: Cancrini, L. (coord.) (1972); Cancrini, L. (coord.) (1980); Glatt, M.M. (1974); Jervis, G. (1975); Lamour, C. y M.R. Lamberti (1972); Martignoni G. (coord.) (1986); Rigliano, P. (1991); Rusconi, M. y B. Blumir (1972); Zoja, L. (1985).

trabajo
v. PSICOLOGÍA DEL TRABAJO.

trabajo del sueño
v. SUEÑO, § II, 2.

trabajo, terapia del
v. ERGOTERAPIA.

tradición (al. *Überlieferung*; fr. *tradition*; ingl. *tradition*; it. *tradizione*)

El término, que se deriva del latín *traditio*, "entrega", se refiere al patrimonio cultural que se transmite de generación en generación, constituyendo la base a partir de la cual se inician los procesos innovadores que mantienen una relación dialéctica con la tradición. Desde el punto de vista psicológico la tradición se toma en consideración sobre todo por el aspecto inconsciente de su transmisión, que se evidencia en el nivel: a] *hermenéutico*, donde el patrimonio de la tradición constituye la base de la disposición precomprensiva (v. **precomprensión**) que condiciona toda comprensión. Como escribe H.G. Gadamer, "la tradición posee ciertos derechos y determina en gran medida nuestras posiciones y nuestros comportamientos" (1960: 329), porque "lo que llena nuestra conciencia histórica es siempre una multiplicidad de voces; en las que resuena el pasado. El pasado existe sólo en la multiplicidad de tales voces; esto constituye la esencia de la tradición" (1960: 326); b] *antropológico*, donde según C. Lévi-Strauss la tradición constituye ese inconsciente colectivo sin el cual "la oposición entre yo y los demás no podría ser superada" (1950: XXXIV) y y no se daría ninguna posibilidad de comprensión; c] *psicodinámico*, en el sentido que precisó C.G. Jung, para quien la tradición constituye el terreno de representaciones colectivas que, en forma de **arquetipos** (v.), se identifican en el inconsciente colectivo como "formas a *priori* de la representación, donde lo que se hereda no son las representaciones, sino la forma" (1938-1945: 81).

BIBLIOGRAFÍA: Gadamer, H.G. (1960); Jung, C.G. (1938-1954); Lévi-Strauss, C. (1950).

traducción
v. GENÉTICA, § 1, *b*.

tráfico
v. PSICOLOGÍA DEL TRÁFICO.

trágico (al. *Tragisch*; fr. *tragique*; ingl. *tragic*; it. *tragico*)

Visión del mundo que pone en evidencia lo absurdo de la existencia y su insensatez en la escena del mundo. La filosofía occidental, frente a la dimensión trágica escenificada en la Grecia antigua, ofreció sustancialmente dos interpretaciones: *a*] la hegeliana, que prevé la resolución de lo trágico en la relación de la parte con el todo: "La solución trágica es tan legítima y necesaria como la colisión trágica. En efecto, por medio de ésta la justicia eterna se ejerce en los fines y en los individuos de manera tal que restaura la sustancia ética mediante la destrucción de la individualidad que perturba su tranquilidad" (1836-1838: 1596); *b*] la schopenhaueriana, según la cual lo trágico se adhiere al mismo principio constitutivo de la realidad (la voluntad irracional) respecto al cual el sentido que todo individuo confiere a su propia existencia es un simple engaño: "La tragedia es la representación de la vida en su aspecto aterrador. El dolor sin nombre, los afanes de la humanidad, el triunfo de la perfidia, el menospreciable dominio del caso y la fatal precipitación de los justos y de los inocentes nos son presentados por ella, de suerte que constituye un signo significativo de la naturaleza propia del mundo y del ser" (1819, § 51).

F. Nietzsche concuerda con la visión schopenhaueriana, pero sustituye los remedios del arte, de la compasión y del ascetismo que propuso Schopenhauer por la invitación a liberar todas las formas de vida en una visión estética de la existencia. En la *Intención de autocrítica*, antepuesto al *Origen de la tragedia* en 1886, escribe: "En el libro se repite varias veces la alusiva frase de que la existencia del mundo sólo está justificada como fenómeno estético. Y en efecto todo el libro, detrás de cada acontecimiento, ve sólo un sentido y un sentido recóndito de artista; un 'Dios', si se quiere, pero sin duda sólo un Dios-artista, absolutamente negligente e inmortal, que tanto al construir como al destruir, en el bien como en el mal, desea experimentar el mismo placer y despotismo y que, creando mundos, se libera de la opresión de la plenitud y de la sobreabundancia, del sufrimiento de los contrastes en él incluidos. El mundo es en cada momento la alcanzada liberación de Dios, como visión eternamente nueva del ser más sufrido, más contrastado, más rico en contradicciones, que sabe liberarse sólo en la ilusión" (1886: 9).

S. Freud interviene en el tema ocupándose del problema de la *representación de lo trágico*, a propósito de la cual Aristóteles había dicho que es "imitación de acontecimientos que provocan piedad y terror y que encabezan la purificación de tales emociones" (*Poética*, 6, 1449 b). Freud coincide: "Si el fin del drama consiste en provocar 'terror y piedad', en producir una 'purificación (purga) de los afectos', como se supone desde Aristóteles, ese mismo propósito puede describirse con algo más de detalle diciendo que se trata de abrir fuentes de placer o de goce en nuestra vida afectiva (tal como a raíz de lo cómico, del chiste, etc., se las abre en el trabajo de nuestra inteligencia, el mismo que había vuelto inaccesibles muchas de esas fuentes)." (1905 [1976: 277]). La tragedia, continúa Freud, "es una tragedia sublevada: autor y espectadores toman partido por los rebeldes." (1905 [1976: 279]); su representación "apacigua de algún modo la incipiente revuelta contra el orden divino del mundo, que ha instaurado el sufrimiento." (1905 [1976: 278]).

BIBLIOGRAFÍA: Aristóteles (1973); Freud, S. (1905); Hegel, G.W.F. (1836-1838); Nietzsche, F. (1886); Schopenhauer, A. (1819).

training
v. ADIESTRAMIENTO.

training **analítico**
v. ANÁLISIS DIDÁCTICO.

trance (al. *Verzückung*; fr. *transe*; ingl. *trance*; it. *trance*)

Alteración del estado de conciencia semejante al sueño, pero con características electroencefálicas similares a las del estado de vigilia. Durante el estado de trance el individuo pierde el conocimiento y los contactos con la realidad, hasta volver a la condición normal, acompañada de amnesia. El estado de trance puede observarse en la sugestión hipnótica (*v.* **hipnosis**), en la sintomatología de la **histeria** (*v.*), en algunas formas de **epilepsia** (*v.*), o en estados de excitación que pueden arrastrar a grupos completos entregados a rituales mágico-religiosos. Esta interpretación del estado de trance no la comparten etnólogos y estudiosos de los fenómenos religiosos, quienes objetan a la hipótesis psicopatológica; como escribe por ejemplo M. Eliade, "los chamanes, en apariencia tan semejante a los epilépticos y a los histéricos, dan prueba de una constitución nerviosa más que normal; logran concentrarse con una intensidad desconocida para los profanos; resisten a los máximos esfuerzos, controlan sus movimientos estáticos y así sucesivamente" (1951: 48). Desde su punto de vista el estado de trance es una experiencia de paso y de transformación, como lo indica la etimología latina *transitus*, regulada por una fase de crisis, trascendencia y recuperación de sí, a la que corresponden motivos y significados diferentes según el contexto cultural, pero dirigidos siempre a determinar o a controlar el paso de un estado de desorden individual o colectivo a un estado de orden, donde en el desorden entran la enfermedad física o el estado de desequilibrio psíquico, y en el orden la curación o la creación de un nuevo equilibrio.

BIBLIOGRAFÍA: Bastide, R. (1970); De Martino, E. (1959); Eliade, M. (1951); Janet, P. (1928); Métraux, A. (1958).

tranquilizante
v. PSICOFARMACOLOGÍA, § I, 1, *b*.

transacción (al. *Transaktion*; fr. *transaction*; ingl. *transaction*; it. *transazione*)

Concepto que introdujo J. Dewey y que en el ámbito psicológico adoptaron A. Ames, H. Cantril y H. Hittleson, quienes lo convirtieron en el principio de su orientación –denominada *transaccionalismo*– según la cual los elementos psíquicos no están preconstituidos sino determinados por la participación activa del sujeto en los acontecimientos con los que interactúa. Típicos ejemplos de transacción son la **percepción** (*v.*) que, según los transaccionalistas, no se debe considerar como una simple reacción a estímulos provenientes del ambiente externo sino como un proceso activo en el cual quien percibe construye el mundo de su propia experiencia perceptiva, y de la **familia** (*v.*, § II), donde las características psicológicas de los respectivos elementos sólo se pueden manifestar en el contexto de su transacción.

BIBLIOGRAFÍA: Dewey, J. y A.F. Bentley (1949); Hittleson, H. (coord.) (1970).

transaccional, análisis
v. ANÁLISIS TRANSACCIONAL.

transaccional, terapia
v. ANÁLISIS TRANSACCIONAL.

transcripción
v. GENÉTICA, § 1, *b*.

transcultural, psicología
v. PSICOLOGÍA TRANSCULTURAL.

transcultural, psiquiatría
v. ANTROPOLOGÍA, § 7.

transexualismo (al. *Transexualismus*; fr. *transsexualisme*; ingl. *transexualism*; it. *transessualismo*)

Deseo, en sujetos que desde el punto de vista genotípico y fenotípico pertenecen a un sexo, de pertenecer al sexo opuesto. Como tal, el transexual debe distinguirse del hermafrodita (*v.* **hermafroditismo**), en el que existen las gónadas de los dos sexos, y del seudohermafrodita, en el que están presentes gónadas masculinas en una persona con rasgos somáticos femeninos, y viceversa. A diferencia del trasvestido (*v.* **travestismo**), el transexual rechaza su sexo y procura transformarlo ingiriendo hormonas sexuales, recurriendo a prácticas de mutilación, o sometiéndose a intervenciones quirúrgicas que consisten, en el varón, en una penectomía y una ginecomastia mediante estrógenos o prótesis mamarias, y en la mujer una mastectomía bilateral acompañada de esterilización radiológica y operación plástica de los genitales. La naturaleza psicógena del transexualismo todavía no ha sido aclarada, aunque parece que trastornos de la fase oral y una relación especialmente agresiva y destructiva con el seno materno llevan a estos individuos a una fuerte identificación vicaria con la femineidad en general.

BIBLIOGRAFÍA: Baumann, H. (1955); Benjamin, H. (1964); Ellis, H. (1933); Green, R. y J. Money (1969).

transfer
v. APRENDIZAJE, § II, 3.

transferencia (al. *Transferenz*; fr. *transférence*; ingl. *transference*; it. *trasferenza*)

Tendencia a transferir la experiencia pasada a la interpretación de la situación presente. Este concepto general asume significados específicos: *a*] en la *teoría del aprendizaje* y en especial en los casos de *generalización* (v. **aprendizaje**, § I, 1, *c*) en los que, frente a nuevas situaciones que se parecen a situaciones anteriores, se tiende a reaccionar de la misma manera, y de *transferencia* (v. **aprendizaje**, § II, 3), donde se observa la influencia que el aprendizaje de una actividad ejerce en otra actividad; *b*] en la *teoría psicoanalítica*, donde se utilizan los términos específicos de *transferencia* (v.) y *contratransferencia* (v. **transferencia**, § 4).

transferencia (al. *Übertragung*; fr. *transfert*; ingl. *transference*; it. *transfert*)

La transferencia designa en general la condición emotiva que caracteriza la relación del paciente con el analista, y en sentido específico la transferencia hacia la persona del analista de algunas representaciones inconscientes propias del paciente. La transferencia del analista hacia el paciente comúnmente se denomina *contratransferencia*.

1. NATURALEZA DE LA TRANSFERENCIA.

a] S. Freud elaboró gradualmente el concepto de transferencia partiendo de la noción de **desplazamiento** (v.) porque, en la transferencia, el paciente desplaza hacia el analista

sus propios conflictos intrasubjetivos, que a su vez son residuos de las relaciones intersubjetivas reales o fantasmáticas que vivió en la infancia: "Es entonces del todo normal e inteligible –escribe Freud– que la investidura libidinal apronta en la expectativa de alguien que está parcialmente insatisfecho se vuelva hacia el médico. De acuerdo con nuestra premisa, esa investidura se atendrá a modelos, se anudará a uno de los clisés preexistentes en la persona en cuestión o, como también podemos decirlo, incertará al médico en una de las 'series' psíquicas que el paciente ha formado hasta ese momento. Responde a los vínculos reales con el médico que para semejante seriación se vuelva decisiva la 'imago paterna' –según una feliz expresión de Jung (1911-12: 164)–. Empero, la trasferencia no está atada a ese modelo; también puede producirse siguiendo la imago materna o de un hermano varón." (1911-1912 [1976: 98]).

Se distingue una transferencia *positiva* o *negativa* según la cualidad del sentimiento, que puede ser afectuoso u hostil, reproduciendo el elemento positivo y negativo del **complejo de Edipo** (v.): "Puesto que la transferencia reproduce el vínculo con los padres, asume también su ambivalencia. Difícilmente se pueda evitar que la actitud positiva hacia el analista se trueque de golpe un día en la negativa, hostil. También esta es de ordinario una repetición del pasado. La obediencia al padre (si de este se trataba), el cortejamiento de su favor, arraigaba en un deseo erótico dirigido a su persona. En algún momento esa demanda esfuerza también para salir a la luz dentro de la trasferencia y reclama satisfacción. En la situación analítica sólo puede tropezar con una denegación." (1938 [1976: 176]). El carácter positivo o negativo de la transferencia se refiere a la cualidad del afecto expresado, y no al resultado favorable o desfavorable de la transferencia en el tratamiento. En efecto, como observa D. Lagache: "Se sabe que la transferencia de sentimientos positivos puede tener efectos negativos; a la inversa, la manifestación de sentimientos negativos puede constituir un progreso decisivo" (1952: 102).

b] M. Klein considera que en la transferencia se manifiestan no tanto los elementos edípicos como las *relaciones objetales* (v. **teoría**, **kleiniana**, § 1) de los primerísimos años de vida que el paciente no puede recordar, pero que pueden ser reconstruidos precisamente a partir de las reacciones de transferencia del paciente: "El paciente, en efecto, es llevado inevitablemente a afrontar los conflictos y las angustias que revive en relación con el analista, sirviéndose de los mismos sistemas usados en el pasado lejano. Esto quiere decir que trata de separarse del analista así como trataba de separarse de sus objetos originarios" (1952: 534). La tesis kleiniana de la transferencia como reveladora de las relaciones objetales fue aceptada por W.R.D. Fairbairn, D.W. Winnicott, y M. Balint quien, además de recomendar "la interpretación de la transferencia del paciente en términos de relaciones objetales" (1952: 225), conjetura la posibilidad de encontrar en la evolución de la transferencia la sucesión genética de las fases que recorrió el paciente en el curso de su primer desarrollo.

c] C.G. Jung considera que la transferencia no necesariamente posee una naturaleza sexual y que no expresa de manera inevitable las relaciones edípicas ya vividas, porque también puede ser manifestación de tendencias psíquicas que piden ser actualizadas: "De ninguna manera es verdad que se proyecten exclusivamente contenidos eróticos o experiencias infantiles. [...] Se puede proyectar todo, y la transferencia erótica es sólo una entre tantas. En el inconsciente humano hay otros muchos contenidos que también son de naturaleza sumamente emocional y que son tan susceptibles de proyección como la sexualidad. Todos los contenidos que activa el inconsciente tienen la tendencia a aparecer en las proyecciones" (1935: 133). Por lo que se refiere a la intensidad de la transferencia y a la dinámica que rige su activación y su reabsorción, Jung escribe que "la intensidad de la relación de transferencia corresponde siempre a la importancia de sus contenidos para el sujeto. En el caso de una transferencia excepcionalmente intensa se puede tener la certeza de que los contenidos de la transferencia, una vez identificados y hechos conscientes, serán para el paciente tan importantes como lo era la transferencia. Cuando una transferencia se interrumpe no se disuelve en el aire, sino que su intensidad, o una cantidad correspondiente de energía, aparecerá en otro lugar, por ejemplo en otra relación o en cualquier otra forma psicológica importante. Con la disolución de la transferencia toda la emoción proyectada

regresa al sujeto y el paciente entonces está en posesión del tesoro que antes, en el curso de la transferencia, prácticamente había derrochado" (1935: 134).

2] LA INTERPRETACIÓN DE LA TRANSFERENCIA.

a] En opinión de Freud la transferencia puede ser la manifestación de 1] una *resistencia* al trabajo analítico y al recuerdo de memorias y fantasías del pasado cuya comunicación resulta limitada por el contexto seductor u hostil instaurado por el paciente: "Así, en la cura analítica la transferencia se nos aparece siempre, en un primer momento, sólo como el arma más poderosa de la resistencia, y tenemos derecho a concluir que la intensidad y tenacidad de aquella son un efecto y una expresión de esta." (1911-1912 [1976: 102]); 2] una *coacción a repetir* el estilo de las relaciones paternas vividas en la época del complejo edípico; 3] una *actualización* de los conflictos inconscientes que en la transferencia no "quieren ser recordadas, como la cura lo desea, sino que aspiran a reproducirse en consonancia con la atemporalidad y la capacidad de alucinación de lo inconciente. Al igual que en el sueño, el enfermo atribuye condición presente y realidad objetiva a los resultados del despertar de sus mociones inconcientes; quiere actuar (*agieren*) sus pasiones sin atender a la situación objetiva (*real*).[...] Es innegable que domeñar los fenómenos de la transferencia depara al psicoanalista las mayores dificultades, pero no se debe olvidar que justamente ellos nos brindan el inapreciable servicio de volver actuales y manifiestas las mociones de amor escondidas y olvidadas de los pacientes; pues, en definitiva, nadie puede ser ajusticiado *in absentia* o *in effigie*." (1911-1912 [1976: 105]). Tras identificar estos tres significados de la transferencia Freud pasó de una concepción originaria, que veía a la transferencia como cualquier otro síntoma que se interponía como un obstáculo a la relación terapéutica normal, a una concepción que, sin desmentir a la primera, toma para los fines de la terapia el aspecto positivo: "Esta *transferencia*, que tanto en su forma positiva cuanto en la negativa entra al servicio de la *resistencia*, se se convierte para el médico en el más poderoso medio auxiliar del tratamiento y desempeña en la dinámica de la cura un papel que sería difícil exagerar" (1922 [1976: 243]).

b] Diferente es la interpretación de Jung, quien clasifica la transferencia dentro del fenómeno más amplio de la **proyección** (*v.*), que tiene sus raíces "en un inconsciente activado que necesita expresarse. La intensidad de la transferencia corresponde al significado del contenido proyectado. Una fuerte transferencia de naturaleza violenta corresponde a un contenido quemante; encierra algo importante, algo que tiene un elevado valor para el paciente. En la medida en la que esto es proyectado, el analista parece encarnar esta cosa tan valiosa e importante. No puede introducir ningún cambio en esta lamentable situación, pero está obligado a restituir este valor al paciente, y el análisis no está concluido mientras el paciente no haya restaurado ese tesoro. Por lo tanto si el paciente proyecta sobre alguien un complejo de redentor, es necesario restituirle algo que no sea menos que un redentor, algo que pueda representar eso. Pero lo cierto es que nosotros no somos los redentores. Las proyecciones de naturaleza arquetípica son especialmente difíciles para el análisis. Cada profesión posee su riesgo específico, y el peligro del analista consiste en dejarse contagiar por las proyecciones transferenciales, sobre todo las de naturaleza arquetípica" (1935: 142-143). Aquí Jung subraya el motivo de la *restitución* del contenido transferido hacia el analista en cuanto puede ser un motivo particularmente significativo en la economía psíquica del paciente, y el motivo del *contagio*, que permite clasificar el fenómeno de la transferencia en el contexto más amplio de la mentalidad primitiva (*v.* **sagrado**) que representa, para Jung, un modelo en el que es posible leer la forma en que se articulan los procesos inconscientes.

3] LA NEUROSIS DE TRANSFERENCIA. Es una expresión que introdujo Jung y aceptó Freud, quien le asigna un doble significado: nosográfico y psicoterapéutico.

a] En sentido *nosográfico* Jung había distinguido las neurosis de transferencia de las psicosis basándose en la dirección de la libido, que en las psicosis es "introvertida", es decir no se transfiere hacia los objetos, por lo que los pacientes son poco accesibles al tratamiento analítico debido a la falta de proyección y, en consecuencia, de transferencia. Freud distingue en cambio la neurosis de

transferencia, es decir la histeria de angustia y de conversión (*v.* **histeria**, § 1, *a-b*) y la neurosis obsesiva (*v.* **obsesión**, § 2), de la neurosis narcisista, en la cual la libido es retirada de los objetos y revertida hacia el yo (*v.* **narcisimo**). Por esta razón las neurosis de transferencia son más accesibles al tratamiento analítico, debido a su mayor elemento proyectivo y transferencial. En el tratamiento de las neurosis de transferencia puede instaurarse una "neurosis de transferencia" en su acepción psicoterapéutica.

b] En sentido *psicoterapéutico* Freud llama neurosis de transferencia a una neurosis artificial que nace en la relación transferencial y en la que se manifiestan las neurosis infantiles. En la relación de transferencia, en efecto, el complejo de síntomas de las manifestaciones patológicas asume una nueva configuración en relación con la situación analítica: "Con tal que el paciente nos muestre al menos la solicitud (*Entgegenkommen*) de respetar las condiciones de existencia del tratamiento, conseguimos, casi siempre, dar a todos los síntomas de la enfermedad un nuevo significado trasferencial, sustituir su neurosis ordinaria por una neurosis de trasferencia, de la que puede ser curado en virtud del trabajo terapéutico. La trasferencia crea así un reino intermedio entre la enfermedad y la vida, en virtud del cual se cumple el tránsito de aquella a esta. El nuevo estado ha asumido todos los caracteres de la enfermedad, pero constituye una enfermedad artificial asequible por doquiera a nuestra intervención." (1913-1914 [1976: 156]). No obstante este aspecto positivo para los fines de la curación, Freud no deja de señalar los peligros vinculados a la coacción a repetir que entraña toda neurosis de transferencia, por lo que "el médico se ha empeñado por restringir en todo lo posible el campo de esta neurosis de trasferencia, por esforzar el máximo recuerdo y admitir la mínima repetición. La proporción que se establece entre recuerdo y reproducción es diferente en cada caso. Por lo general, el médico no puede ahorrar al analizado esta fase de la cura; tiene que dejarle revivenciar cierto fragmento de su vida olvidada, cuidando que al par que lo hace conserve cierto grado de reflexión en virtud del cual esa realidad aparente pueda individualizarse cada vez como reflejo de un pasado olvidado." (1920 [1976: 19]).

4] LA CONTRATRANSFERENCIA. La contratransferencia denomina, en su acepción más *amplia*, la experiencia emotiva global del analista en relación con el paciente. Dicha experiencia constituye un instrumento esencial para la comprensión y la comunicación con el paciente, así como para la orientación de las propias respuestas emotivas; en su acepción más *específica* se refiere a las reacciones inconscientes que la transferencia del paciente induce en el analista. Al respecto D. Lagache considera que transferencia y contratransferencia no reproducirían los procesos propios del paciente y del analista, respectivamente, sino que tanto el uno como el otro irían al encuentro de la transferencia y la contratransferencia, entendida esta última como la reacción a la transferencia del otro. Sobre el significado de la contratransferencia y el uso que se puede de ella hacer existen varias opiniones.

a] Freud, quien habla de contratransferencia a partir de 1910, escribe: "Nos hemos visto llevados a prestar atención a la 'contratransferencia' que se instala en el médico por el influjo que el paciente ejerce sobre su sentir inconciente, y no estamos lejos de exigirle que la discierna dentro de sí y la domine. Desde que un número mayor de personas ejercen el psicoanálisis e intercambian sus experiencias, hemos notado que cada psicoanalista sólo llega hasta donde se lo permiten sus propios complejos y resistencias interiores, y por eso exigimos que inicie su actividad con un autoanálisis y lo profundice de manera ininterrumpida a medida que hace sus experiencias en los enfermos. Quien no consiga nada con ese autoanálisis puede considerar que carece de la aptitud para analizar enfermos." (1910 [1976: 136]). Después Freud se dio cuenta de que el **autoanálisis** (*v.*) era insuficiente para comprender y aislar los conflictos del analista, por lo que propuso a los terapeutas que se sometiesen a un análisis primero personal y después didáctico.

Con la acepción freudiana la contratransferencia constituye, en el fondo, un elemento que obstaculiza el progreso en la terapia, ya que invalida la actitud impasible y de separación emotiva que Freud recomienda mediante la llamada *regla del espejo*: "el médico no debe ser transparente para el analizado, sino, como la luna de un espejo, mostrar sólo lo que le es mostrado." (1911-1912 [1976: 117]).

En caso contrario, sentimientos, resistencias, conflictos interiores del analista influyen negativamente en la terapia alterando su evolución, como en el caso de una agresividad inconsciente, de profundos sentimientos de culpa que pueden causar actitudes de excesiva mediación o premura terapéutica o impedirle al analista ver determinadas resistencias del paciente; lo mismo se puede decir sobre la necesidad inconsciente de gratificación narcisista, que puede producir en el analista una ambición terapéutica exagerada, acompañada de hostilidad respecto a los pacientes que no progresan en el tratamiento.

b] Jung, por su lado, partiendo del concepto de que el tratamiento analítico es ante todo una relación, considera que la contratransferencia no sólo es imposible de eliminar sino que en ocasiones resulta indispensable para la terapia como instrumento de conocimiento y de participación, por lo que "no favorece para nada que quien cura se defienda de la influencia del paciente, envolviéndose en una nube de autoridad paternalista-profesional; de hacerlo renuncia a utilizar un elemento esencial de conocimiento. El paciente, asimismo, ejerce inconscientemente su propia influencia en el terapeuta y provoca cambios en su inconsciente: esas perturbaciones psíquicas (verdaderas lesiones profesionales) bien conocidas para tantos psicoterapeutas y que ilustran visiblemente la influencia casi 'química' del paciente. Una de las manifestaciones más notables de este tipo es la 'contratransferencia' inducida por la transferencia, pero son frecuentes los efectos de naturaleza mucho más sutil. Para dar una idea puede servir la antigua concepción del demonio de la enfermedad: la enfermedad puede ser transmitida a una persona sana que, gracias a su salud, dominará al demonio, sin perjudicar su propio bienestar. En la relación entre terapeuta y paciente existen factores irracionales que operan una recíproca 'transformación', a la que la personalidad más fuerte, más estable, da el golpe decisivo. Pero he observado muchos casos en los que el paciente asimiló al terapeuta no obstante todas sus teorías y sus intentos profesionales, y la mayor parte de las veces, aunque no siempre, con desventaja de este último" (1929: 80-81). Para Jung la contratransferencia no debe rechazarse sino aceptarse y controlarse, porque está en la base de la transformación recíproca que confiere a la relación ese aspecto dinámico que le es propio, donde no están en acción sólo el yo del analista y el yo del paciente, sino también el inconsciente del analista y el inconsciente del paciente, cuya comunicación constituye el elemento analítico más auténtico.

c] Klein compara la relación del analista con el paciente con un receptáculo materno en el cual el paciente, igual que el niño, puede modificar su forma de interpretar la experiencia, introyectando las características con las que fue tratado. La escuela kleiniana, con B. Joseph, llega a considerar que la contratransferencia es el instrumento privilegiado para comprender la naturaleza de la relación instaurada: "Mucho de lo que sabemos de la transferencia proviene de nuestra comprensión de cómo el paciente actúa sobre nosotros por las más diversas causas; de cómo los pacientes buscan atraernos hacia su sistema defensivo; de cómo actúan inconscientemente con nosotros en la transferencia, tratando de hacernos actuar con ellos; de cómo transmiten aspectos de su mundo interior, construido en la infancia y después elaborado en la niñez y en la edad adulta, experiencias que con frecuencia no encuentran expresión en palabras y que sólo podemos captar a partir de los sentimientos que surgen en nosotros mediante la contratransferencia" (1975: 62).

BIBLIOGRAFÍA: Balint, M. (1939); Balint, M. (1952); Balint, M. (1957); Benedetti, G. *et al* (1979); Fiumanò, M. (coord.) (1989); Freud, S. (1892-1895); Freud, S. (1910); Freud, S. (1911-1912); Freud, S. (1913-1914); Freud, S. (1920); Freud, S. (1922); Freud, S. (1937); Freud, S. (1938); Fromm-Reichmann, F. (1959); Joseph, B. (1975); Jung, C.G. (1929); Jung, C.G. (1935); Jung, C.G. (1946); Klein, M. (1952); Lacan, J. (1952); Lagache, D. (1952); Moreno, M. (1975); Schafer, R. (1983); Winnicott, D.W. (1949).

transfiguración (al. *Veränderung*; fr. *transfiguration*; ingl. *trasfiguration*; it. *trasfigurazione*)

Metamorfosis de los significados que asumen los objetos, las personas, las situaciones, en las experiencias delirantes, alucinatorias o simplemente cuando el sujeto está dominado por pa-

siones amorosas o políticas, o por experiencias artísticas o místicas en las cuales el carácter de dato de los objetos es sólo el punto de partida de un proceso interpretativo que da inicio a una nueva visión del mundo, diferente de la comúnmente compartida. Al respecto E. Borgna escribe que "la conciencia de una realidad diferente (diferente de la que está habitualmente frente a nosotros) no es, en el fondo, sino la conciencia de que *en lo* real los significados se transforman vertiginosamente" (1988: 90). La sucesión de experiencias de transfiguración incide en la configuración de la identidad personal.

BIBLIOGRAFÍA: Borgna, E. (1988).

transformación (al. *Verwandlung*; fr. *transformation*; ingl. *transformation*; it. *trasformazione*)

Transición psíquica que C.G. Jung señala como meta de la psicoterapia; su opuesto es la **represión** (*v.*). La transformación se produce, en efecto, llevando a la conciencia contenidos que, si hubieran quedado inconscientes, no habrían permitido el desarrollo del yo hacia la realización de sí que Jung llama **individuación** (*v.*). Este tipo de desarrollo implica una temporal **regresión** (*v.*) o, como dice Jung, una "pérdida del sentido del yo", para permitir que los contenidos inconscientes emerjan a fin de poder integrarlos después (*v.* **integración**, § 2). Toda transformación conlleva una experiencia de trascendencia (*v.* **función**, § 2, *a*) dentro de la cual se expresa una muerte simbólica respecto a la condición psíquica precedente, y un **renacimiento** (*v.*). La transformación no es un cambio radical sino relativo; de otra manera nos encontraríamos frente a una **escisión** (*v.*, § I, 2) de la personalidad, sin ninguna continuidad yoica. Además, no sólo tiene significado positivo, porque también se dan transformaciones negativas como, por ejemplo, la pérdida de *ánima* (*v.*, § 3).

El tema de la transformación, que caracteriza toda la concepción analítica de Jung (*v.* **psicología analítica**), señaló la ruptura entre S. Freud y Jung, que precisamente con el concepto de transformación se alejó del modelo naturalista freudiano para introducir en la psicología la dimensión del espíritu, en el sentido que Dilthey le da al término, y la dimensión de la historia que, en sus aspectos antropológicos, religiosos y sociales proporciona numerosos símbolos que se pueden interpretar como "símbolos de transformación" de un estado al otro (*v.* **iniciación**). En lugar del término "transformación", que adoptó Jung, otras orientaciones psicológicas prefieren **cambio** (*v.*, § 2).

BIBLIOGRAFÍA: Jung, C.G. (1912-1952); Jung, C.G. (1928); Jung, C.G. (1957-1958).

transicional, objeto
v. OBJETO, § 6.

transinformación
v. COMUNICACIÓN, § 1.

transitivismo (al. *Transitivismus*; fr. *transitivisme*; ingl. *transitivism*; it. *transitivismo*)

Diferenciación incompleta entre uno y los demás, normal en los niños y patológica en los esquizofrénicos, que conlleva una sustancial incapacidad para atribuirse a uno mismo los pensamientos y las experiencias propios, que generalmente son referidos a otras personas. Desde el punto de vista fenomenológico el transitivismo se considera un efecto de la desestructuración de la "esfera de pertenencia (*Eigenheitsphäre*)" que permite a cada quien distinguir lo que es propio (*eigen*) de lo que es diferente de sí. El término lo introdujo C.K. Wernicke para indicar la proyección hacia afuera de los contenidos psíquicos.

BIBLIOGRAFÍA: Binswanger, L. (1921-1941); Laing, R.D. (1959); Wernicke, C.K. (1894).

tránsito, síndrome de
v. CONCIENCIA, § 3, *c.*

transmisión (al. *Übertragung*; fr. *transmission*; ingl. *transmission*; it. *trasmissione*)

El término se utiliza con diferentes acepciones: 1] en relación con la transmisión *heredi-taria* (*v.* **genética**, § 1, *a*); 2] en relación con la transmisión *nerviosa* a propósito del paso del impulso nervioso de una neurona a otra, o bien de una neurona a un órgano efector, generalmente un músculo (*v.* **sinapsis**); 3] en relación con la transmisión *social* del patrimonio lingüístico, cultural, de las tradiciones, leyes y costumbres, mediante la enseñanza oral y escrita; 4] en relación con la transmisión del *pensamiento* (*v.* **parapsicología**, § 1).

transpersonal, psicología
v. PSICOLOGÍA TRANSPERSONAL.

transversal, investigación
v. LONGITUDINAL-TRANSVERSAL, INVESTIGACIÓN.

trascendente, función
v. FUNCIÓN, § 2, *a.*

trascendencia
v. ANÁLISIS EXISTENCIAL, § 2, *c.*

trasgresión (al. *Übertretung*; fr. *transgression*; ingl. *transgression*; it. *trasgressione*)

Acción que excede o infringe el orden de las leyes, de las prohibiciones y de las interdicciones vigentes en determinado ámbito cultural.

M. Foucault subrayó el carácter ambivalente de todo gesto trasgresivo, porque "límites y trasgresiones deben unos a otras la densidad de su ser. No hay límite más allá del gesto que lo atraviesa, no hay gesto más que en el momento en que se atraviesa el límite. La trasgresión, por lo tanto, no está en el límite como el blanco lo está para el negro, como lo excluido para lo incluido, como lo permitido para lo prohibido; aquello hacia lo cual se desencadena la trasgresión es el límite que la encadena. La trasgresión es la glorificación del límite" (1963: 58-59).

Lugar privilegiado de la suspensión de las reglas es el espacio de lo *sagrado* (*v.*) donde, escribe R. Caillois, se celebra la fiesta de los dioses y de los soberanos, en oposición al espacio *profano*, fuera del templo (*fanum*), donde se desarrolla la vida cotidiana, regida por las reglas del trabajo y de esas prohibiciones que la fiesta quebranta consumiendo, en una prodigalidad que ignora toda medida, los bienes recogidos en los días de trabajo.

En esta línea interpretativa encontramos también a G. Bataille, para quien sagrada es la ley impartida por los soberanos y por los dioses que, precisamente porque la emanan, están fuera de ella, y por consiguiente viven la trasgresión. A los soberanos y a los dioses todo les es lícito, y de esta licitud participan los súbditos y los fieles cuando se celebran las fiestas de los soberanos y de los dioses. La **fiesta** (*v.*, § 2) no suspende las prohibiciones, pero permite que se realicen actos que por lo general están prohibidos. Al introducir así la trasgresión, la fiesta confirma la prohibición. Por eso las religiones, que es donde se reúnen mayoritariamente las prohibiciones, "introducen las fiestas 'de guardar', y en las fiestas 'ordenan las trasgresiones'" (1957: 77). A partir de estas premisas Bataille encuentra en las trasgresiones la esencia de la sexualidad humana: "Lo que existe de notable en la prohibición sexual es su plena revelación en la trasgresión. [...] Tanto que la esencia del erotismo está constituida por la intrincada asociación entre placer sexual y prohibición: nunca, humanamente, la prohibición aparece sin la revelación del placer, nunca el placer sin el sentimiento de la prohibición. [...] En la esfera humana la actividad sexual se separa de la simplicidad animal, es esencialmente una trasgresión" (1957: 116-117).

BIBLIOGRAFÍA: Bataille, G. (1957); Caillois, R. (1939); Foucault, M. (1963); Galimberti, U. (1983).

traslación
v. TRANSFERENCIA.

trasposición
v. SUSTITUCIÓN; PSICOLOGÍA DE LA FORMA, § II, 6.

trastorno (al. *Störung*; fr. *trouble*; ingl. *disorder*; it. *turba*)

Alteración de naturaleza funcional que modifica las condiciones normales de un sistema motor, nervioso, psicológico, etcétera.

trastorno (al. *Störung*; fr. *dérangement*; ingl. *trouble*; it. *disturbo*)

Término genérico que adquiere distintos significados respecto al contexto en el que se utiliza.

1] PSICOLOGÍA EXPERIMENTAL. Se habla de *experimentos de trastorno* para referirse a situaciones en las que se introducen sistemas que interfieren en la percepción del sujeto, alterándola, como por ejemplo el uso de lentes que invierten lo que se ve, que introdujo G.M. Stratton. En este ámbito se distingue una *sensibilidad al trastorno*, constituida por el umbral en el que se distrae la atención involuntaria de un individuo, y una *variable de trastorno*, o factor de trastorno, que es la interferencia de elementos causales y no cuantificables que alteran los resultados de una observación experimental y que se pueden eliminar con recursos especiales.

2] PSICOLOGÍA CLÍNICA. Se utiliza la expresión *trastornos del comportamiento* para indicar las formas menos graves de las anomalías, frecuentes en los niños y en los adolescentes, que no se derivan de alguna patología orgánica y que no remiten a cuadros psicóticos. Por lo general tales trastornos se consideran reactivos a un ambiente afectiva y socialmente desprovisto, y se manifiestan con problemas de desarrollo de la personalidad, dificultades escolares y rasgos neuróticos. En este ámbito se distinguen los *trastornos episódicos*, que se verifican cuando la conducta habitual de un individuo se altera por la aparición de comportamientos incoherentes en relación con su carácter e inadecuados al contexto en el que aparecen, y los *trastornos transitorios por situación*, que surgen de manera aguda y repentina como reacción de adaptación a una situación agotadora, por lo que con la desaparición de la situación desaparecen también los síntomas, cuya permanencia sería indicio de una patología subyacente. Siempre en el ámbito de la psicología clínica, se habla de *trastorno funcional* a propósito de la alteración del funcionamiento de un órgano o de un aparato sin que se puedan encontrar modificaciones patológicas de las estructuras. No es correcta la identificación de "trastorno funcional" y "trastorno psicógeno" porque, aunque es verdad que los trastornos de origen psíquico son trastornos funcionales, no siempre ocurre lo contrario.

tratamiento
v. CURA.

trato
v. DISPOSICIÓN; PERSONALIDAD; § 2.

trauma (al. *Trauma*; fr. *traumatisme*; ingl. *trauma*; it. *trauma*)

Palabra griega que significa "herida", "laceración". El término se utiliza en *medicina somática*, donde indica las lesiones provocadas por agentes mecánicos cuya fuerza es superior a la resistencia de los tejidos cutáneos o de los órganos que encuentran; en *neuropsiquiatría*, donde indica una lesión del sistema nervioso o, por trasposición metafórica, una lesión del organismo psíquico debida a acontecimientos que irrumpen bruscamente en forma destructiva; en *psicoanálisis*, donde la noción de trauma es objeto de una teoría específica.

1] LA TEORÍA PSICOANALÍTICA DEL TRAUMA. La elaboró S. Freud quien, con la noción de trauma, se refiere a la intensidad de un acontecimiento al que el sujeto no es capaz de responder en forma adecuada: "esta concepción al pie de la letra: nos enseña el camino hacia una consideración, llamémosla *económica*, de los procesos anímicos. Más: la expresión 'traumática' no tiene otro sentido que ese, el económico. La aplicamos a una vivencia que en un breve lapso provoca en la vida anímica un exceso tal en la intensidad de estímulo que su tramitación o finiquitación (*Aufarbeitung*) por las vías habituales y normales fracasa, de donde por fuerza resultan trastornos duraderos para la economía energética." (1915-1917 [1976: 251-252]). La intensidad de la excitación puede es-

tar determinada por un acontecimiento único o por una acumulación de excitaciones, cada una de las cuales es tolerable pero ante lo que el sujeto no logra una **abreacción** (*v.*) o **elaboración** (*v.*). El efecto traumático depende de la susceptibilidad (*Empfänglichkeit*) del sujeto, de las condiciones psicológicas en que se encuentra en el momento del acontecimiento, de las situaciones de hecho que no permiten una reacción adecuada, y del conflicto psíquico que impide al sujeto integrar la experiencia que le sobreviene desde fuera.

Al principio Freud dividió la acción del trauma en dos momentos: una primera escena, llamada de **seducción** (*v.*), en la que el niño sufre una tentativa sexual por parte de un adulto sin que esto provoque una excitación especial; una segunda escena, en la pubertad, que vuelve a evocar a la primera y provoca un flujo de excitación sexual que arrasa las defensas del yo. Más tarde Freud redujo la importancia de la seducción infantil para acentuar la del *acontecimiento accidental* que interviene en un segundo momento y actúa en la *predisposición* neurótica del sujeto, que abarca dos factores: uno endógeno, representado por la constitución sexual, y uno exógeno, representado por el acontecimiento infantil. El acontecimiento accidental y la predisposición componen una serie complementaria (*v.* **complementariedad**). Esta segunda noción de trauma aparece en la bibliografía freudiana a propósito de la *coacción a repetir* (*v.* **coacción**, § 2), especialmente evidente en la repetición de los sueños, en la que el sujeto revive el acontecimiento traumático como si intentara dominarlo, y a propósito de la *señal de angustia* (*v.* **angustia**, § 2, *d*) que le permite al yo no ser arrastrado por la angustia traumática del trauma.

2] LA NEUROSIS TRAUMÁTICA. Esta neurosis surge en el momento del trauma y se desarrolla siguiendo dos recorridos hipotéticos: *a*] activando una estructura neurótica preexistente; *b*] determinando en el sujeto una fijación del acontecimiento traumático que no tuvo abreacción, con una posterior inhibición generalizada de la actividad del sujeto. En la base de esta fijación participan, para Freud, dos factores: una sacudida del organismo (*Erschütterung*) y un susto psíquico (*Schreck*), donde el término "en cambio, se llama terror al estado en que se cae cuando se corre un peligro sin estar preparado:" (1920 [1976: 13]). O. Fenichel distingue la neurosis traumática de la neurosis actual (*v.* **neurosis**, § 2) por "las *repeticiones* características del trauma en los sueños y en los síntomas. Estas repeticiones representan intenciones de llegar a un dominio retardado o fraccionado de cantidades de excitación no dominadas" (1945: 607). Para una descripción más detallada de los sueños en la neurosis traumática *v.* **sueño**, § II, 3).

3] LA NEUROSIS POSTRAUMÁTICA. Es ésta una expresión de la bibliografía psiquiátrica que distingue: *a*] un *síndrome psicógeno inmediatamente posterior al trauma*, en el cual, en ausencia de lesiones cerebrales, se observa un estado crepuscular de la conciencia, una alteración afectiva y de conducta, y síntomas vegetativos como taquicardia, trastornos gastrointestinales y semejantes; *b*] un *síndrome psicógeno tardío*, que aparece tras un período de latencia asintomática como una serie de trastornos psíquicos interpretados como beneficio secundario de la enfermedad (*v.* **beneficio de la enfermedad**), porque por lo general duran hasta obtener el resarcimiento. Por esto también se la llama *neurosis de indemnización* o *neurosis de compensación*.

4] EL TRAUMA DEL NACIMIENTO. Este trauma se refiere a una lesión física o psíquica que puede producirse en el momento del nacimiento por efecto de un parto *distócico*. Cuando en cambio el parto se desarrolla de manera fisiológica (parto *eutócico*), el trauma del nacimiento no es tomado en consideración, porque no se considera que el proceso como tal influya en el desarrollo psíquico sucesivo del sujeto, como en cambio lo considera en el ámbito psicoanalítico O. Rank, para quien con el proceso del nacimiento se presenta un estado de privación total, donde el neonato está expuesto al riesgo de la no satisfacción de las necesidades antes satisfechas. La misma fisiología del proceso del nacimiento, que implica la ruptura de la unidad prenatal en una dualidad, y conlleva la posterior exposición a la precariedad de la vida individual, determina la radical ruptura traumática que Rank llama *prototrauma* y lo señala como acontecimiento de alcance determinante para todas las reacciones posteriores de angus-

tia del individuo, que se interpretan como repeticiones del "prototrauma". De esta forma Rank coloca el principio de la causalidad psíquica en el umbral entre lo biológico y lo psíquico, como ya lo había hecho S. Freud en sus obras juveniles. De opinión contraria es S. Ferenczi, quien al respecto escribe: "Cuanto más observo más me doy cuenta de que ningún desarrollo y ningún cambio aportado por la vida encuentra al individuo tan bien preparado como lo está para el nacimiento" (1926: 383).

BIBLIOGRAFÍA: Fenichel, O. (1945); Ferenczi, S. (1919); Ferenczi, S. (1926); Freud, S. (1892-1895); Freud, S. (1915-1917); Freud, S. (1920); Freud, S. (1925); Rank (1924).

traumática, neurosis
v. TRAUMA, § 2.

traumatofilia
v. PREDISPOSICIÓN.

travestismo (al. *Transvestitismus*; fr. *travestisme*; ingl. *transvestism*; it. *travestitismo*)

Llamado también *eonismo*, el travestismo, que no debe confundirse con el **transexualismo** (*v.*), se refiere a la necesidad de algunos individuos, que desde el punto de vista genotípico y fenotípico pertenecen a un sexo, de adoptar vestidos, arreglos y características de conducta del sexo opuesto. El término lo introdujo M. Hirschfeld, quien conjeturaba en el trasvestido una condición intersexual, mientras, desde el punto de vista psicoanalítico, O. Fenichel opina que "el travestismo masculino asume al mismo tiempo la actitud del homosexual que sustituye el amor por la madre por una identificación con ella, y la del fetichista que se niega a admitir que la mujer no tenga pene. [...] El acto de trasvestirse, por lo tanto, tiene dos significados inconscientes: *a*] desde el punto de vista del objeto y del fetichismo: la persona cohabita, no con una mujer, sino con sus vestidos, y éstos representan en forma simbólica el pene; *b*] un significado narcisista: el trasvestido mismo representa a la mujer fálica bajo cuyos vestidos se oculta un pene. [...] La diferencia entre el travestismo masculino y el femenino consiste en que los hombres, a despecho de su 'jugar a la mujer', tienen efectivamente la posibilidad de demostrarse que el pene no se perdió después del juego, mientras la mujer no tiene ninguna posibilidad de tranquilizarse de forma análoga; sólo puede simular. Así, el travestismo de las mujeres es una forma de desplazar la envidia del pene hacia la envidia de una semejanza masculina. El travestismo masculino tiene un carácter más grave; el femenino es sólo una 'simulación'" (1945: 386-387). El travestismo, fuera del ámbito psicológico, también se estudia en el antropológico por su difusión en el mundo de los primitivos, donde cumple la función de un rito de iniciación, y más en general en todas las expresiones culturales que se mueven alrededor del motivo de la máscara.

BIBLIOGRAFÍA: Bürger Prinz, A., H. Albrecht y H. Glese (1967); Fenichel, O. (1945); Hirschfeld, M. (1910); Karsch-Haachk, F. (1911).

triángulo de los colores
v. COLOR, § 1.

tribadismo
v. LESBIANISMO.

tricotilomanía (al. *Trichotillomanie*; fr. *trichotillomanie*; ingl. *trichotillomania*; it. *tricotillomania*)

Comportamiento compulsivo y a veces inconsciente que lleva a arrancarse insistentemente los cabellos. Es frecuente en el comportamiento de algunos adolescentes con graves conflictos, que de esta forma expresan instancias inconscientes autoagresivas o exigencias autopunitivas.

tricromasia
v. COLOR, § 3.

tricromatismo
v. COLOR, § 3.

triolismo (al. *Triolismus*; fr. *triolisme*; ingl. *triolism*; it. *triolismo*)

Relación sexual que prevé la participación de tres personas, dos de ellas del mismo sexo, para satisfacer los elementos bisexuales de los participantes. Una variación de las relaciones sexuales triangulares es aquella en la que uno de los participantes se limita a satisfacer sus impulsos voyeristas (*v.* **escopofilia**).

trisomía 21
v. DOWN, SÍNDROME DE.

tristeza
v. DEPRESIÓN.

tritanomalía
v. COLOR, § 3.

tritanopía
v. COLOR, § 3.

triyodotironina (T_3)
v. ENDOCRINO, SISTEMA, § 2.

tronco del encéfalo
v. ENCÉFALO, § 1, *b*.

tropismo (al. *Tropismus*; fr. *tropisme*; ingl. *tropism*; it. *tropismo*)

También llamado *taxia*, es una reacción direccional de una célula o de un organismo en respuesta a un estímulo externo: 1] en relación con la *dirección* recibe el nombre de tropismo positivo cuando está dirigido al origen del estímulo, y negativo cuando se da en dirección opuesta en forma de evitación; 2] en relación con la *cualidad* se habla de fototropismo, quimiotropismo, termotropismo y similares, según el estímulo sea la luz, una sustancia química, la temperatura u otra cosa; 3] en relación con la *posición final* del cuerpo respecto al origen del estímulo se habla de tropotropismo, cuando la meta es un equilibrio entre dos receptores dispuestos en forma especular; telotropismo para la dirección rectilínea hacia una meta variable; mnemotropismo cuando la orientación del movimiento es hacia muchas fuentes de estímulo a las cuales se dirige sucesivamente y cuyas referencias espaciales y temporales se almacenan en la memoria.

BIBLIOGRAFÍA: Kühn, A. (1919); Tinbergen, N. (1951).

tropotropismo
v. TROPISMO.

Tsedek, test de (al. *Tsedek-test*; fr. *test de Tsédek*; ingl. *Tsedek-test*; it. *Tsedek, test di*)

Test de personalidad (*v.* **test**, § 3) que ideó H. Baruk para evaluar el nivel de moralidad de un individuo al que se le pide expresar un juicio para 15 situaciones que se deben resolver en términos de justicia (en hebreo *tsedek*). Por tratarse de juicios de valor el test resiente el relativismo del modelo cultural al que pertenece quien es sometido al test y quien lo interpreta.

BIBLIOGRAFÍA: Baruk, H. (1956).

túnel, efecto de
v. PERCEPCIÓN, § 6, *a*.

turbación (al. *Verlegenheit*; fr. *embarras*; ingl. *embarrassment*; it. *imbarazzo*)

Estado temporal de perplejidad en la elección de una actitud o de un comportamiento. V. D'Urso y V.L. Zammuner escriben al respecto que la turbación tiene que ver al menos con tres campos de experiencia: "el *material*, que se refiere a dimensiones físicas o a sensaciones físicas; el *cognoscitivo*, en el que el resultado de una paralización o limitación de los movimientos se debe atribuir en cambio a que no se sabe qué hacer, a no querer hacer o a no poder hacer; el *emotivo*, en los dos grados de

incomodidad, el que se hace manifiesto y el más fuerte, el interno, que llega al límite de la vergüenza y el sufrimiento. [...] La turbación es, por lo tanto, un estado emotivo más o menos intenso y de duración variable (de pocos segundos a pocos minutos), que implica manifestaciones externas típicas y que puede ir acompañado por modificaciones psicofisiológicas (del ritmo cardiaco, la frecuencia respiratoria, la vasodilatación, la tensión muscular, etc.). [...] El concepto que comparten conocidos investigadores de diferentes áreas es el de *crisis de la imagen pública*" (1990: 20-21).

BIBLIOGRAFÍA: D'Urso, V. (coord.) (1990).

turbulencia (al. *Turbulenz*; fr. *turbulence*; ingl. *turbulence*; it. *turbolenza*)

Inquietud que da inicio a una dispersión de energía en actividades improductivas; puede estar acompañada por una sensación de placer que caracteriza a toda descarga de tensión. Subyacente a la turbulencia puede haber una marcada hostilidad o una intención de sobrecompensación, frecuente en los casos en los que falta un reconocimiento adecuado (*v.* **compensación**, § 2).

Turner, síndrome de (al. *Turner-Syndrom*; fr. *syndrome de Turner*; ingl. *Turner's syndrome*; it. *Turner, sindrome di*)

Síndrome debido a una anormalidad cromosómica (*v.* **genética**, § 2), más precisamente a la falta total (monosomía del cromosoma X, es decir cariotipo 45, X0) o parcial de uno de los dos cromosomas sexuales. Los sujetos que presentan tal anomalía son mujeres estériles y presentan genitales externos e internos de tipo infantil. Otras características clínicas son amenorrea primaria, baja estatura y diversas malformaciones somáticas. Desde el punto de vista psíquico se observan rasgos de pasividad, apatía y trastornos de la conducta que van desde la exuberancia hasta la excesiva inhibición. La inteligencia está en los límites de la norma o con algún leve grado de retardo mental.

BIBLIOGRAFÍA: Turner, H. (1953).

úlcera péptica (al. *Peptischgeschwür*; fr. *ulcère peptique*; ingl. *peptic ulcer*; it. *ulcera peptica*)

Interrupción de la continuidad de la mucosa del canal digestivo que resulta expuesto a la acción corrosiva del ácido clorhídrico y de las enzimas digestivas. Las concomitantes psicológicas que predisponen a la enfermedad están vinculadas al desarrollo precoz de las emociones, articuladas alrededor de las sensaciones elementales de seguridad y de confianza asociadas con las sensaciones de hambre y satisfacción. Según la hipótesis psicosomática que formuló F. Alexander, los pacientes con úlcera muestran conflictos entre sus persistentes necesidades infantiles de amor, protección, dependencia, y las limitaciones para la satisfacción de estas necesidades impuestas por la vida adulta. La condición de dependencia de deseos orales y pasivos favorecería una hipersecreción gástrica, posteriormente reforzada por manifestaciones de cólera, resentimiento y ansiedad, unidas a la condición de inseguridad. Existen, además, úlceras gastroduodenales por **estrés** (*v.*) que reactivan un estado de inseguridad con el que el sujeto asoció desde la infancia una respuesta de estimulación neurovegetativa del estómago.

BIBLIOGRAFÍA: Alexander, F. (1950).

umbral (al. *Schwelle*; fr. *seuil*; ingl. *threshold*; it. *soglia*)

Valor mínimo de un estímulo que da lugar a una respuesta del organismo. Para un determinado tipo de sensación se suele distinguir: 1] el *umbral absoluto inferior* o *umbral inicial*, definido por el estímulo mínimo capaz de provocar una sensación; 2] el *umbral absoluto superior* o *umbral terminal*, que corresponde al valor máximo del estímulo, más allá del cual la sensación ya no aumenta, o desaparece; 3] el *umbral diferencial*, que es la variación mínima, en términos de incremento o decremento en la medida de un estímulo, necesaria para obtener la mínima variación apreciable de la sensación. La necesidad de considerar más variables de la situación objetiva de estimulación para definir mejor los umbrales y las variaciones de un determinado aspecto de la sensación misma favoreció el desarrollo de la *psicofísica multidimensional* frente a la psicofísica clásica que inició G.Th. Fechner, quien se limitaba a la consideración de un solo estímulo a partir del cual se podía formular la ley según la cual la intensidad de una sensación subjetiva es proporcional al logaritmo del excitante físico (*v.* **Weber-Fechner, ley de**).

BIBLIOGRAFÍA: Fechner, G.Th. (1860).

Umwelt
v. MUNDO, § 2-3.

universales lingüísticos
v. LINGÜÍSTICA, § 1, *h.*

universo
v. ESTADÍSTICA, § II, 1.

uretral, erotismo
v. EROTISMO, § 3.

Uroboros (al. *Uroboros*; fr. *Uroboros*; ingl. *Uroboros*; it. *Uroboro*)

Antiguo símbolo egipcio representado iconográficamente por la serpiente que se muerde la cola, asumido por el simbolismo de la psicología analítica como arquetipo de lo indiferenciado que es anterior al desarrollo de la personalidad y a la diferenciación de los opuestos, en la que se inicia la dinámica psíquica.

BIBLIOGRAFÍA: Neumann, E. (1949).

urolagnia
v. COPROLAGNIA.

urticaria
v. PIEL, § 8.

utilizabilidad
v. PSICOLOGÍA DE LA FORMA, § II, 7.

utopía (al. *Utopie*; fr. *utopie*; ingl. *utopia*; it. *utopia*)

El término, que etimológicamente significa "no lugar", fue acuñado por T. Moro, quien bautizó así una isla imaginaria caracterizada por las mejores condiciones de vida que fuera razonable conjeturar si tan sólo se adoptaran formas especiales de organización social. Desde entonces el término entró al lenguaje común con un significado ambivalente: negativo en cuanto se refiere a lo irrealizable de un proyecto, positivo en cuanto instaura la proyectualidad como sentido y forma del tiempo y de la existencia. Como figura del tiempo la utopía retoma la tríada religiosa: culpa, redención, salvación, para reformularla en esa perspectiva donde el pasado aparece como enfermedad, la ciencia como redención, el progreso como salvación. De esta forma el futuro se ve como una ética terapéutica donde los males se eliminan mediante el control racional de los afectos. En esto la utopía se distingue de la revolución, con la que tiene en común la previsión de un vuelco del dominio del mal por el del bien, con una diferencia: mientras la utopía tiene necesidad de *mucho futuro*, la revolución se enciende por *otro* futuro, por lo que la utopía tiene un carácter *progresivo* en el orden del tiempo, mientras la revolución tiene un carácter *explosivo*, porque señala la aceleración del tiempo por la irrupción del elemento salvador y solucionador. Desde el punto de vista existencial, cuando la utopía no decae al nivel de sueño o fantasía, tiene el valor positivo de la no resignación en cuanto acoge a la esperanza, nunca disminuida, de una posibilidad extrema.

BIBLIOGRAFÍA: Baldini, M. (coord.) (1974); Bloch, E. (1959); Bortone L. (coord.) (1969); Mannheim, K. (1929); Moro, T. (1516); Servier, J. (1967); Wunenberg, J.J. (1979).

vagabundeo
v. DROMOMANÍA.

vaginismo (al. *Vaginismus*; fr. *vaginisme*; ingl. *vaginismus*; it. *vaginismo*)

Contracción espasmódica y dolorosa del músculo de la vagina que impide la penetración del pene. En ausencia de una causa orgánica los motivos deben buscarse en el nivel psicológico donde el rechazo de la relación sexual por parte de la mujer se manifiesta en términos somáticos, no sólo con una inhibición de la excitación sexual sino también con un comportamiento orientado a asegurar la persistencia de la misma. En esto ve O. Fenichel la diferencia entre vaginismo y **frigidez** (*v.*): "El vaginismo es a la frigidez lo que la formación reactiva es a la supresión; la excitación sexual no sólo está inhibida, sino que se vuelve algo positivo para asegurar la conservación de tales inhibiciones, y para hacer físicamente imposible la relación sexual" (1945: 197).

BIBLIOGRAFÍA: Fenichel, O. (1945); Freud, S. (1910-1917); Kinsey A.C. *et al.* (1953).

validación
v. TEST, § 1, *a*.

valor (al. *Mut*; fr. *courage*; ingl. *courage*; it. *coraggio*)

Actitud positiva con la que se hace frente a una situación de peligro o con la que se pretende un fin de alcance difícil e incierto. Como estado emotivo opuesto al miedo, el valor se ha considerado una de las principales virtudes humanas desde los tiempos de Aristóteles, que lo distingue de la temeridad, considerándolo el justo medio entre ésta y el miedo. En efecto, a diferencia de la temeridad, el valor tiene en consideración las condiciones de realización de la finalidad o de superación del peligro.

BIBLIOGRAFÍA: Aristotele, (1973).

valor (al. *Mut*; fr. *courage*; ingl. *courage*; it. *coraggio*)

Actitud positiva con la que se hace frente a una situación de peligro o con la que se pretende un fin de alcance difícil e incierto. Como estado emotivo opuesto al miedo, el valor se ha considerado una de las principales virtudes humanas desde los tiempos de Aristóteles, que lo distingue de la temeridad, considerándolo el justo medio entre ésta y el miedo. En efecto, a diferencia de la temeridad, el valor tiene en consideración las condiciones de realización de la finalidad o de superación del peligro.

BIBLIOGRAFÍA: Aristotele, (1973).

valor (al. *Wert*; fr. *valeur*; ingl. *value*; it. *valore*)

El término, que se deriva de la esfera económica, donde indica el precio de una cosa (valor de intercambio) o su utilidad (valor de uso), pasó al ámbito ético, donde indica los significados ideales que tienen la función de orientar la acción y de valorar la correspondencia con las normas asumidas como "válidas". En el campo psicológico, junto a este significado *ético*, que es mantenido sin embargo dentro de un *relativismo cultural* que no reconoce valores absolutos sino relativos a las diferentes culturas y a las diferentes épocas, existe uno más *instrumental*, que llama "valor" a todo lo que es meta de una necesidad, de un deseo o de un interés. Entre los dos niveles no hay oposición sino jerarquía, en el sentido de que cada valor puede considerarse "instrumental" para la consecución de los valores considerados superiores.

Cada valor resulta connotado por: *a*] la *cualidad*, que puede ser afectiva cuando responde a un criterio de aceptación, cognoscitiva cuando responde a un criterio de verdad, o moral cuando se refiere a problemas de convivencia y de orden; *b*] la *intensidad*, que se refiere al grado de adhesión a un determinado valor que se mide con el consiguiente sentimiento de culpa por su desatención, o con la reacción que golpea a quien no lo respeta; *c*] la *adhesión*, que indica el grado de conformidad a las normas asumidas como valores dentro de determinada cultura; *d*] el *campo de aplicación*, que puede referirse a la colectividad completa o a sectores limitados de ésta. Los valores, traduciéndose en normas, deciden también la cualidad y el grado de la **desviación** (*v*.) de las reglas que cada sociedad se da en correspondencia con los valores que reconoce.

BIBLIOGRAFÍA: Allport, G.W., P.E. Vernon y G. Lindzey (1960); Becker, H. (1950); Hartmann, N. (1926); Kluckhohn, F.R. y F.L. Strodbeck (1961); Napoleoni, C. (1976); Nietzsche, F. (1886); Rokeach, M. (1974); Scheler, M. (1913-1916).

vampirismo (al. *Vampirismus*; fr. *vampirisme*; ingl. *vampirism*; it. *vampirismo*)

Succión de sangre que fluye de cortaduras o mordeduras, de las cuales se obtiene placer sexual. Algunos consideran las mordeduras de amor durante la relación sexual como una forma de vampirismo que manifiesta sadismo oral y deseo de **incorporación** (*v*.).

variabilidad
v. ESTADÍSTICA, § I, 3.

variable
v. PSICOLOGÍA EXPERIMENTAL, § 1.

varianza
v. ESTADÍSTICA, § I, 3.

vasectomía (al. *Vasektomie*; fr. *vasectomie*; ingl. *vasectomy*; it. *vasectomia*)

Interrupción quirúrgica de los conductos espermáticos que transportan los espermatozoides de los testículos a la uretra y de ahí al exterior. En ocasiones la operación es irreversible.

vaso hermético
v. TEMENOS.

vasopresina (ADN)
v. ENDOCRINO, SISTEMA, § 1, *b*.

vector (al. *Vektor*; fr. *vecteur*; ingl. *vector*; it. *vettore*)

Representación geométrica de una fuerza mediante un segmento orientado que tiene *punto de aplicación*, *dirección* (la recta a la que pertenece el segmento), *orientación* (la flecha que indica el sentido de recorrido) y *módulo* (la extensión del segmento, proporcional a la intensidad de la medida que representa el vector). En la teoría psicológica de K. Lewin el vector indica un estado motivacional interno orientado hacia un objeto, que determina la dirección y la intensidad del comportamiento (*v*. **campo**, § 2).

BIBLIOGRAFÍA: Lewin, K. (1935).

vegetativo, sistema nervioso
v. SIMPÁTICO, SISTEMA NERVIOSO.

vejez
v. PSICOLOGÍA DEL ENVEJECIMIENTO.

vela (vigilia)
v. SUEÑO, § 2.

velocidad aparente
v. PERCEPCIÓN, § 6, *b*.

ventaja de la enfermedad
v. BENEFICIO DE LA ENFERMEDAD.

ventrículo (al. *Ventrikel*; fr. *ventricule*; ingl. *ventricle*; it. *ventricolo*)

Cavidad dentro de: 1] el *corazón*, donde tenemos un ventrículo izquierdo que bombea la sangre arterial a la aorta, y uno derecho que manda la sangre venosa a los pulmones; 2] el *cerebro*, donde tenemos cuatro ventrículos, que contienen el líquido cefalorraquídeo, los primeros dos están dispuestos simétricamente a lo largo de una línea longitudinal que va del lóbulo frontal al occipital; el tercero está en comunicación con los primeros dos a través de los "agujeros de Monro", y el cuarto está situado detrás del tronco encefálico, conectado por el "acueducto de Silvio".

verbalización (al. *Verbalisierung*; fr. *verbalisation*; ingl. *verbalization*; it. *verbalizzazione*)

El término se utiliza en neuropsicología para indicar el trastorno del **sueño** (*v.*, § 3, *c*) que consiste en que el sujeto habla durante la fase NREM del sueño, probablemente sin ninguna relación con la actividad onírica, y en *psicoanálisis* para referirse al acto de poner en palabras los contenidos psíquicos que, por ser intrínsecamente no verbales, escapan al lenguaje socializado y compartido y, por consiguiente, a la comprensión intersubjetiva. La verbalización es anterior a la traducción del **proceso primario** (*v.*) en proceso secundario, permitiendo una articulación inteligible de los contenidos inconscientes y una interpretación de las visiones oníricas.

BIBLIOGRAFÍA: Freud, S. (1899).

verbigeración
v. ESQUIZOFASIA.

verbocromía
v. SINESTESIA.

verdad, suero de la
v. NARCOANÁLISIS.

vergüenza (al. *Scham*; fr. *honte*; ingl. *shame*; it. *vergogna*)

Turbación o sentido de indignidad del sujeto que imagina recibir o que efectivamente recibe desaprobación de su estado o de su conducta por parte de los demás. La vergüenza ha sido objeto de estudios en el ámbito fenomenológico y el psicoanalítico.

1] FENOMENOLOGÍA. A partir de G.W.F. Hegel, quien encuentra en el sentimiento de la vergüenza lo que permite al hombre "cancelar la indigencia de la vida animal [...] escondiendo los órganos que son superfluos para la expresión del espíritu" (1836-1838: 980-981), el sentimiento de vergüenza lo confirma S. Kierkegaard como "angustia y temor de vestirse de la diferencia animal" (1844: 146), donde la referencia es a la *vergüenza del cuerpo* (respecto al espíritu) de la que hay huella en la narración bíblica de Adán y Eva que, después de la culpa, "se dieron cuenta de estar desnudos y probaron vergüenza" (*Génesis*, 3, 7). El tema lo retoma J.-P. Sartre, quien remonta la vergüenza al puro y simple hecho de estar expuestos a la mirada del otro, que nos roba nuestra subjetividad, para reducirnos a objeto de su espectáculo. La vergüenza, escribe Sartre, "no es el sentimiento de ser este o aquel objeto criticable, sino en general de ser *un* objeto, es decir de reconocerme en ese ser degradado, dependiente y cristalizado que soy para los demás. La vergüenza es el sentimiento de la *caída original*, no por el hecho de que haya cometido este o aquel error, sino simplemente por el hecho de que 'caí' en el mundo, en medio de las cosas, y que tengo necesidad de la mediación de los demás para ser lo que soy. El pudor y, en especial, el temor a ser sorprendidos en estado de desnudez no son sino especificaciones simbólicas de la vergüenza original: el cuerpo simboliza aquí nuestra objetividad sin defensa. Vestirse significa disimular la propia objetividad, reclamar el derecho de ver sin ser visto, es decir de puro sujeto. Por esto el símbolo biológico de la caída, después del pecado original, es que Adán y Eva 'entienden que están desnudos'" (1943: 362-363). Siempre en el ámbito fenomenológico M. Scheler vuelve a la interpretación de Hegel y de Kierkegaard, según la cual la vergüenza se deriva de la supresión del lado espiritual del hombre, debido a lo cual lo que queda, la carnalidad y la corporeidad, se advierte como culpa. En polémica con S. Freud, quien interpreta la vergüenza como una forma de represión, Scheler afirma que el sentimiento de la vergüenza evita la represión, porque no es una reacción afectiva contra algo que ya existe, como el recuerdo de actos sexuales realizados en la primera infancia, sino eso que permite evitar ideas y deseos que podrían ser causa de represión.

2] PSICOANÁLISIS. En este ámbito, según O. Fenichel, "la vergüenza como motivo de defensa primero está dirigida contra el exhibicionismo y la escopofilia. [...] 'Yo me avergüenzo' significa 'No quiero ser visto.' Por lo tanto, las personas que se avergüenzan se esconden o por lo menos voltean el rostro, incluso también cierran los ojos y se niegan a ver. Esto es una especie de gesto mágico, y se deriva de la creencia mágica de que quien no ve no puede ser visto. Es interesante notar, aun cuando no sea fácil de explicar, que la vergüenza parece estar unida en forma específica a los fenómenos de erotismo uretral. El castigo vergonzoso de ridiculizar por lo general se utiliza contra los que se orinan, e indica que la misma conexión entre la vergüenza y el erotismo uretral era eficiente ya en las generaciones anteriores. La finalidad de la ambición basada en el erotismo uretral es la de probar que ya no es necesario avergonzarse. Probablemente en la vergüenza se deban distinguir las siguientes fases: 1] la vergüenza como un modelo de reacción fisiológica arcaica: ser visto equivale a ser despreciado; 2] el yo usa este modelo fisiológico con fines defensivos; la señal es: 'si tú haces esto o aquello serás visto y despreciado'; 3] la señal falla en caso de incontinencia y se es invadido por la vergüenza, exactamente como en el pánico" (1945: 159-160).

Investigaciones psicoanalíticas más recientes, rechazando el vínculo estrecho entre una fase del desarrollo psicosexual y un síntoma, afirman, con A.A. Semi, que "la vergüenza señala un conflicto entre las exigencias narcisistas del sujeto –mantener las conquistas efectuadas en el curso del desarrollo y la correspondiente imagen de sí– y las libidinales, que inconscientemente, sólo se consideran posibles de satisfacción en una configuración intrapsíquica precedente a la actual" (1990: 151). Según H.M. Lynd la vergüenza está en estrecha relación con el sentido de la propia identidad, y es provocada por experiencias que cuestionan el concepto que tenemos de nosotros mismos, porque nos obligan a vernos con los ojos de los demás y a reconocer la discrepancia entre la forma en que los demás nos perciben y la forma en que nos percibimos nosotros mismos. Las experiencias vergonzosas, si son aceptadas, aumentan nuestro autoconocimiento y las posibilidades de autotransformación; en cambio, si son negadas, provocan el desarrollo de una coraza defensiva.

BIBLIOGRAFÍA: Battacchi, M.W. y O. Codispoti (1992); Duerr, H.P. (1988); Fenichel, O. (1945); Freud, S. (1896); Hegel, G.W.F. (1836-1838); Kierkegaard, S. (1844); Lynd, H.M. (1958); Sartre, J.-P. (1943); Scheler, M. (1913); Semi, A.A. (1990).

vértigo (al. *Schwindel*; fr. *vertige*; ingl. *dizziness*; it. *vertigine*)

Sensación de pérdida de equilibrio y de rotación rápida del cuerpo o del ambiente circundante. Está acompañada de tendencia a caer, vómito y sudoración. Las causas pueden ser múltiples y, van desde la disfunción laberíntica (*v.* **vestibular**, **sistema**, § 1) pasando por los estados de intoxicación, hasta patologías cerebrales. El vértigo puede ser también de origen psicógeno, y según algunos es posible ver en él una forma de defensa contra sensaciones dolorosas o conflictos intolerables.

vestibular, sistema (al. *Vestibularsystem*; fr. *système vestibulaire*; ingl. *vestibular system*; it. *vestibolare, sistema*)

Aparato destinado a la conservación del equilibrio y a la orientación del cuerpo en el espacio, por lo que también se llama *sistema estatokinético*. Los órganos sensoriales del equilibrio están localizados en el *laberinto*, que es la parte no auditiva del oído interno (*v.* **auditivo, aparato**). El sistema abarca los canales semicirculares y las vejigas vestibulares.

1] Los *tres canales semicirculares* yacen en tres planos perpendiculares el uno al otro de manera que registran la rotación del cuerpo en uno de estos planos. Los canales, llenos de líquido (endolinfa), contienen en una extremidad, llamada ampolla, los receptores, que son células con procesos ciliares sumergidos en una masa gelatinosa. Cuando son estimulados mecánicamente por el inicio o por la suspensión de movimientos rotatorios de la cabeza en el espacio, los receptores transmiten la información al nervio vestibular. Cuando la rotación es lenta y moderada se tiene una información del desplazamiento corporal; cuando es más decidida se sienten náuseas y vértigos.

2] Las *vejigas vestibulares*, que se encuentran entre las bases de los canales semicirculares y la coclea, contribuyen a la percepción del cuerpo cuando está en posición de reposo, y reaccionan a los cambios de posición de la cabeza, como por ejemplo la inclinación, sin necesidad de que haya rotación para activarse. Las vejigas vestibulares son el *utrículo* y el *sáculo*, compuestos por células ciliadas que se insertan en una masa gelatinosa con cuya presión son estimuladas mecánicamente para pasar la información a las fibras del nervio vestibular y, por lo tanto, a los centros encefálicos. Todos estos propioceptores (*v.* **receptores**) están unidos, mediante los núcleos vestibulares, con los centros de recepción e integración del cerebelo y con los centros motores del mesencéfalo y la médula espinal, mediante los cuales provocan movimientos musculares reflejos de los ojos, la cabeza, el cuello, el tronco y las extremidades para ajustar el equilibrio y la postura.

vicariación (al. *Einsetzung*; fr. *vicariation*; ingl. *replacement*; it. *vicariazione*)

Término utilizado en neurofisiología para indicar el fenómeno por el que la actividad de una zona cerebral lesionada puede ser asumida por otra tras cierto período de tiempo necesario para que la nueva zona "aprendida" lo que había aprendido la otra (*v.* **memoria**, § 1).

vicio (al. *Laster*; fr. *vice*; ingl. *vice*; it. *vizio*)

Categoría moral que denota la práctica de conductas consideradas negativas basándose en un determinado sistema de valores. Opuesto a la **virtud** (*v.*), entendida como dominio de la racionalidad sobre los impulsos instintivos, el vicio es una sujeción a la instintividad sin ninguna regla racional, con el rasgo del **hábito** (*v.*) que reduce el espacio de libertad del sujeto en relación con la conducta considerada viciosa. En el ámbito psicológico esta categoría, considerada insuficiente desde el punto de vista explicativo, es sustituida por lo general por la de **desviación** (*v.*).

víctima (al. *Opfer*; fr. *victime*; ingl. *victim*; it. *vittima*)

Individuo o grupo que, sin haber violado reglas acordadas, es sometido a vejaciones, maltratos y sufrimientos de todo tipo, con frecuencia por efecto de ese mecanismo proyectivo que instituye el **chivo expiatorio** (*v.*). La condición de víctima puede también ser una experiencia injustificada en el plano de la realidad, o una forma de simulación para obtener afecto o ventajas de algún género. En estos casos se habla de *conducta victimista*.

victimismo
v. VÍCTIMA.

victimología
v. PSICOLOGÍA FORENSE, § 2.

vida (al. *Leben*; fr. *vie*; ingl. *life*; it. *vita*)

Atributo de todos los seres que se presentan como sistemas organizados relativamente autónomos y que, desde el nacimiento, pasan por el crecimiento, la diferenciación y la reproducción, conservando una integridad estructural que se disuelve con la muerte. En el ámbito psicológico el término aparece acompañado de adjetivos o de sustantivos que indican el uso específico.

1] FASES DE LA VIDA. Esta expresión hace referencia a la descripción psicológica del curso de la vida, llamada también *psicología de la vida*, regulada por los ritmos biológicos, las disposiciones individuales, las dinámicas intrapsíquicas y la influencia cultural de la sociedad. Estos factores intervienen en los procesos de maduración, los cuales se realizan en una secuencia ontogenética que se presume universal, en períodos relativamente previsibles y describibles de acuerdo con la teoría interpretativa que se adopte.

a] *La psicología de lo profundo* conoce dos interpretaciones. la de S. Freud, que recorre el arco que va de la primera infancia a la juventud, regulado por las fases **oral** (*v.*), **anal** (*v.*), **fálica** (*v.*) de la **latencia** (*v.*) y **genital** (*v.*), caracterizadas por la progresiva organización de la libido que, "privada de centro", pasa de una fase "anárquica" y "polimorfa" a una fase organizada alrededor de la genitalidad reproductiva: "Con el advenimiento de la pubertad se introducen los cambios que llevan la vida sexual infantil a su conformación normal definitiva. La pulsión sexual era hasta entonces predominantemente autoerótica; ahora halla el objeto sexual. Hasta ese momento actuaba partiendo de pulsiones y zonas erógenas singulares que, independientemente unas de otras, buscaban un cierto placer en calidad de única meta sexual. Ahora es dada una nueva meta sexual; para alcanzarla, todas las pulsiones parciales cooperan, al par que las zonas erógenas se subordinan al primado de la zona genital." (1905 [1976: 189]).

Por su parte C.G. Jung señala cuatro fases: la *infancia*, en la que "la psicología del individuo es sobre todo instintiva y por lo tanto libre de problemas" (1930-1931: 420); la *juventud*, "que despedaza los sueños de la infancia" y se caracteriza por la formación del yo, por la adaptación a la realidad, por la confirmación de la propia identidad sexual; la *madurez*, con la que se inicia la segunda mitad de la vida, "donde el sol retira sus rayos para iluminarse a sí mismo, después de haber difundido su luz en el mundo" (1930-1931: 428). En esta fase comienzan procesos de interiorización, contactos con la **sombra** (*v.*), es decir con las propias partes reprimidas y con las potencialidades no desarrolladas, además de la recuperación de la parte contrasexual, femenina para el varón y masculina para la mujer, con miras a una realización total de sí hecha posible por el continuo diálogo entre el yo y el inconsciente para llegar a una progresiva actuación del sí mismo; la *vejez*, en la que se da una debilitación de la conciencia y una reinmersión en el inconsciente psíquico del que emergimos al pasar de la infancia a la juventud. Con base en estas divisiones el tratamiento psicológico tiene finalidades diferentes: adaptable en la primera parte de la vida e individuativo en la segunda.

b] *La psicología del yo*, con E.H. Erikson, identifica en el ciclo biológico ocho fases de construcción o crisis de identidad; a la primera infancia corresponde la confianza de base o la desconfianza; a la segunda infancia la autonomía o la vergüenza y la duda; a la edad preescolar la iniciativa o la culpa; a la edad escolar la productividad o la inferioridad; a la adolescencia la identidad o la confusión de las funciones; a la juventud la intimidad o el aislamiento; a la edad madura la capacidad generativa o el estancamiento; a la edad avanzada la integridad del yo o la desesperación (*v.* **psicología del yo**, § 3).

c] *La psicología conductista*, con H. Thomae, ritma el desarrollo de la personalidad a partir de cuatro variables: el comportamiento potencial dado por la interacción entre individuo y ambiente; la expectativa del individuo basándose en su experiencia pasada; el refuerzo que acompaña a sus iniciativas y la motivación que las promueve. De estos cuatro elementos se pueden obtener fórmulas predictivas del comportamiento en las diferentes edades de la vida.

d] *La psicología social*, con R.J. Havighurst, prefigura las fases de desarrollo a partir de la categoría de las relaciones: *diádica* en la primera experiencia del niño con fondo afectivo y confiado; *triádica* a través de la confrontación con la figura paterna que es signo de normatividad; de *grupo* que, a partir de los estadios lúdicos y escolares, llega a los laborales, competitivos y sociales.

2] VIDA COTIDIANA. Con esta expresión se entiende el conjunto de las actividades, conocimientos, relaciones sociales, representaciones, creencias, afectos, objetos e instrumentos con los cuales los hombres reproducen día a día sus condiciones de existencia. Como un microcosmos en el que se reflejan y se articulan experiencias, conflictos, tensiones y cambios psicológicos, Freud consideró la vida cotidiana desde el punto de vista psicoanalítico en la *Psicopatología de la vida cotidiana*.

3] ESTILO DE VIDA. Con esta expresión A. Adler indica la huella subjetiva que cada individuo imprime a su propia vida, basándose en los fines que eligió en su proyectualidad y que determinan las formas de comportamiento, de juicio y de afectividad (*v.* **estilo**).

4] PULSIÓN DE VIDA. Polo pulsional que Freud contrapuso a las pulsiones de muerte (*v.* **muerte**, § 2) que tienden a la reducción de la tensión y al regreso al estado inorgánico, mientras las pulsiones de vida tienden no sólo a conservar las unidades vitales existentes sino también a construir, partiendo de éstas, unidades más comprensivas: "Tras larga vacilación y oscilación nos hemos resuelto a aceptar sólo dos pulsiones básicas: *Eros y pulsión de destrucción*. [...] meta de la primera es producir unidades cada vez más grandes y, así, conservarlas, o sea, una ligazón (*Bindung*); la meta de la otra es, al contrario, disolver nexos y, así, destruir las cosas del mundo." (1938 [1976: 146]). Pulsiones de vida y pulsiones de muerte reflejan, según Freud, los dos grandes principios que ya están en acción en el mundo físico (atracción y repulsión) y que estarían en la base de los fenómenos vitales (anabolismo y catabolismo; *v* **pulsión**, § 1, *g*, 2).

5] ESPACIO DE VIDA. Llamado también "espacio vital", es un concepto fundamental en la teoría del campo que elaboró K. Lewin, quien introdujo la variante metodológica por la cual la persona y el ambiente deben considerarse a partir de su relación, de la cual es expresión el espacio vital. La persona originalmente inserta en un medio, no puede analizarse como una mónada exclusivamente en su recorrido biográfico y en sus estructuras interiores, sino sólo a partir de su relación con el ambiente donde adquiere forma y estructura (*v.* **campo**, § 2).

6] MUNDO DE LA VIDA. Véase la voz **mundo**, § 2.

BIBLIOGRAFÍA: Adler, A. (1926); Baltes, P.B. y K.W. Schaie (coords.) (1973); Erikson, E.H. (1950); Freud, S. (1901); Freud, S. (1905); Freud, S. (1915-1917); Freud, S. (1938); Havighurst, R.J. (1963); Heller, A. (1970); Jung, C.G. (1928); Jung, C.G. (1930-1931); Lefebvre, H. (1947); Lewin, K. (1936); Neugarten B.L. (coord.) (1968); Thomae, H. (1968).

vigilancia

v. CONCIENCIA, § 2.

vínculos

v. LIBIDO, § 1, *e*; DOBLE VÍNCULO.

Vineland, escala de (al. *Vinelandsskala*; fr. *échelle de Vineland*; ingl. *Vineland's scale*; it. *Vineland, scala di*)

Escala para identificar la madurez social, entendida como capacidad para bastarse por sí mismo y para asumir responsabilidades. La evaluación, que toma en consideración seis elementos (autosuficiencia, locomoción, ocupación, comunicación, autonomía y socialización) se expresa en "edad social" (ES) y "coeficiente social" (CS).

violencia (al. *Gewalt*; fr. *violence*; ingl. *violence*; it. *violenza*)

Rasgo constitutivo de la naturaleza humana y de su historia que se puede interpretar como una intención reiterada orientada a contener la violencia, ya sea atribuyéndola a divinidades místicas, para expulsarla del grupo humano, o fijando reglas que tienen como fin su contención. En efecto, como escribe J.P. Faye, parece que "cada sociedad nace a sus propios ojos en momento en que se da la narración de su violencia" (1981: 1081). Se suele distinguir una violencia física contra el cuerpo de otro con intención destructiva, y una violencia moral que va del control al condicionamiento, de la influencia a la imposición de creencias o valores. Desde el punto de vista psicológico la violencia se considera como una figura de la **agresividad** (*v.*), que se registra en reacción a verdaderas o presuntas injusticias sufridas, como intención de realizar la propia personalidad, o como incapacidad de pasar del principio del placer al principio de realidad, con la consiguiente intolerancia a la **frustración** (*v.*). Desde el punto de vista psicoanalítico S. Freud clasificó la violencia entre las figuras de la pulsión de muerte (*v.* **muerte**, § 2) en perenne dialéctica con las pulsiones de vida (*v.* **vida**, § 4) que están en la base de la sexualidad y de la autoconservación.

BIBLIOGRAFÍA: Aron, R. (1973); Faye, J.P (1981); Freud, S. (1929); Girard, R. (1972); Hobbes, T. (1651); Rousseau, J.-J. (1762); Sorel, G. (1908).

virginidad (al. *Jungfräulichkeit*; fr. *virginité*; ingl. *virginity*; it. *verginità*)

Condición de la mujer antes de la desfloración. S. Freud conjetura que "El primero que satisface la añoranza de amor –larga y penosamente contenida– de la doncella, superando así las resistencias que los influjos del medio y de la educación le habían erigido, es tomado por ella en una relación duradera cuya posibilidad ya ningún otro tiene." (1917 [1976: 189]). Esto explica por qué el hombre le da tanta importancia a la virginidad de la mujer, pero también porqué la mujer termina vengándose de la desfloración en la medida en que el hombre que la desfloró no es ese hombre –el padre– a quien estaban ligadas originalmente las pulsiones de la virgen. El resentimiento femenino puede manifestarse con la **frigidez** (*v.*) o con la incapacidad para liberarse del hombre que la desfloró aunque las relaciones con él sean pésimas. La razón, dice Freud, consiste en que para estas mujeres "no han consumado su venganza en él, y en los casos más acusados la moción vengativa ni siquiera ha llegado a su conciencia." (1917 [1976: 203]).

BIBLIOGRAFÍA: Freud, S. (1917).

virilidad (al. *Männlichkeit*; fr. *virilité*; ingl. *virility*; it. *virilità*)

Conjunto de rasgos físicos y psicológicos –como la fuerza, el vigor, el valor, la actividad y el dominio– que caracterizan el modelo cultural del sujeto masculino en contraste con el sujeto femenino. A este modelo se remonta la **protesta viril** (*v.*) a la que se refiere A. Adler como una forma de compensación de sentimientos de inferioridad. Se debe distinguir del *virilismo*, que se refiere a la adopción de actitudes masculinas en la mujer (*v.* **metatropismo**).

BIBLIOGRAFÍA: Adler, A. (1920).

virilismo
v. METATROPRISMO.

virtud (al. *Tugend*; fr. *vertu*; ingl. *virtue*; it. *virtù*)

Excelencia de una capacidad o de una cualidad. La elaboración filosófica de esta noción caracteriza a la virtud como dominio de la parte racional sobre los impulsos instintivos de la naturaleza humana, convirtiéndola en uno de los conceptos cardinales de la moral. Con esta acepción el concepto es recurrente en el ámbito psicopedagógico, donde la educación en la virtud es educación en el dominio de sí.

BIBLIOGRAFÍA: Erikson, E.H. (1964); Giammancheri, E. y M. Peretti (1978).

viscerotomía
v. TIPOLOGÍA, § 1, *c*.

viscosidad
v. LIBIDO, § 1, *c*; TIPOLOGÍA, § 1, *b*.

visión (al. *Vision*; fr. *vision*; ingl. *vision*; it. *visione*)

El término abarca un campo de significados que se refieren: 1] al funcionamiento de la *facultad visual* (*v.* **visual, aparato**); 2] a la *percepción visual* donde las informaciones reunidas por el órgano sensorial son organizadas en campos y objetos dotados de significado (*v.* **percepción**); 3] a la *alucinación* (*v.*, § 1, *b*) que es una falsa percepción, involuntaria y acrítica, que tiene los caracteres de la sensorialidad y de la proyección espacial; 4] a la *ilusión* (*v.*), que es una distorsión de la percepción en la que estímulos sensoriales externos se combinan con elementos reproducidos; 5] a la *visión del mundo* que es la forma de concebir la realidad (*v.* **mundo**, § 1); 6] a la *visión en la acepción religiosa* de visión sobrenatural, profética, mística (*v.* **éxtasis**); 7] a la *visión extrasensorial* que es una percepción sin la intervención de la facultad visual (*v.* **parapsicología**, § 1). La polivalencia del término no depende de la ambigüedad intrínseca del estatuto de la visión a la que corresponde, además de la facultad de observar, verificar y constatar, también la incógnita del engaño, de la ilusión y de la falsa percepción.

visión del mundo

v. MUNDO, § 1.

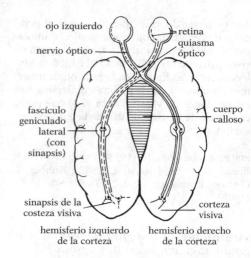

Representación esquemática de los recorridos visivos.

visual, aparato (al. *Sehsystem*; fr. *système visuel*; ingl. *visual system*; it. *visivo, sistema*)

Aparato sensible a esa porción de energía electromagnética que se transmite a través del espacio y que llamamos *luz visible*, comprendida en un intervalo de longitud de onda entre los 400 y los 700 nanómetros. El ojo reacciona a formas de estimulación diferentes a las ondas luminosas. Una presión en el bulbo ocular o el paso de una corriente eléctrica a través de la cabeza produce una sensación de luz, que por lo tanto es una cualidad producida en el ojo en el momento de la estimulación.

1] EL OJO HUMANO. La luz entra al ojo a través de la córnea, mientras la cantidad de luz que debe pasar está regulada por la pupila, cuya contracción o dilatación están bajo el control del sistema nervioso autónomo y, en especial, del parasimpático, que regula las variaciones de dimensión de la pupila en relación con las variaciones de iluminación. El *simpático* (*v.*) dilata la pupila incluso cuando se presentan condiciones de fuerte tensión emotiva, sean placenteras o desagradables. El *cristalino* enfoca la luz en la *retina*, una membrana nerviosa formada por tres estratos principales: *a*] los *conos* y los *bastones*, células sensitivas que transforman

la luz en impulsos nerviosos; *b*] las *células bipolares*, que establecen conexiones sinápticas con los conos y los bastones; *c*] las *células ganglionares* que constituyen el *nervio óptico* que pasa dentro de la caja.

Después de un breve recorrido los nervios ópticos de los dos lados se cruzan parcialmente en el *quiasma óptico*. En cada retina se distinguen dos mitades, llamadas *nasal* y *temporal* según estén próximas, respectivamente, a la nariz y a la sien. Sólo las fibras que provienen de la mitad nasal se cruzan en el quiasma óptico, por lo que la mitad retínica temporal de un ojo y la mitad retínica nasal del otro ojo reciben los estímulos provenientes de la misma mitad del campo visual. Se deriva de ello que una lesión en el lóbulo occipital de un hemisferio, adonde llegan las fibras del nervio óptico para alcanzar las áreas corticales en las que se producen las representaciones visuales, provocará zonas ciegas en ambos ojos. Este fenómeno es con frecuencia un indicio para la localización de tumores o lesiones cerebrales.

Las células retínicas que funcionan como fotorreceptores son los conos y los bastones. Los *bastones* son los principales responsables de la visión de baja intensidad de luz, no discriminan los colores y dan una visión sólo en blanco y negro; los *conos*, en cambio, actúan sólo en la visión diurna dando una imagen a colores y detallada, permitiendo ver tanto los

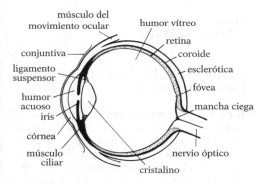

músculo del
movimiento ocular

humor vítreo

retina

coroide

conjuntiva

ligamento
suspensor

esclerótica

humor
acuoso

fóvea

iris

mancha ciega

córnea

músculo
ciliar

nervio óptico

cristalino

Sección transversal del ojo.

colores *acromáticos*, como el blanco, el negro y los matices de grises, cuanto los *colores cromáticos* como el rojo, el verde, el amarillo y el azul (*v.* **color**, § 2). La mayor parte de los conos se encuentra en la *fóvea*, que es el centro del campo visual y, que envía sus fibras a ambas porciones ópticas, por lo que la representación cortical de cada fóvea resulta bilateral. No lejos de la fóvea hay un área sensible, la *mancha ciega*, donde las fibras nerviosas provenientes de las células ganglionares se agrupan para formar el nervio óptico.

2] LA LUMINOSIDAD. Cada célula de la retina codifica la luminosidad mediante su activación: cuanto más brillante es la iluminación, tanto más frecuente es la activación de las células. El paso de la luz diurna a la nocturna se verifica gradualmente. En el crepúsculo la visión depende esencialmente de los bastones. Ante un cambio imprevisto de condiciones de luminosidad el ojo tiene necesidad de algunos minutos para adaptarse, permitiendo que los conos se vuelvan gradualmente sensibles a una luz más débil y a los bastones que aumenten de manera progresiva su sensibilidad. El mecanismo de la visión depende de una serie de transformaciones químicas de una sustancia rosada, llamada *rodopsina*, que se aclara tendiendo al amarillo cuando está expuesta a la luz. La rodopsina es el intermediario entre la luz que entra al ojo y la activación de los nervios sensoriales que producen la visión. La sustancia que interviene en el ciclo de la ro-

dopsina es una forma modificada de la vitamina A cuya carencia en la dieta impide que los bastones formen una cantidad suficiente de rodopsina, produciendo la llamada *ceguera nocturna*.

3] EL COLOR. Sólo es modificado por los conos, algunos de los cuales son sensibles al rojo, otros al verde, otros al amarillo, otros al azul. Cada tipo de cono posee una sensibilidad diferente porque es activado por una luz de determinada longitud de onda. Cualquier color que impacte la retina resulta compuesto de cantidades diferentes de estos colores primarios. Aquí es necesario distinguir la mezcla de las *luces*, que es *aditiva*, de la mezcla de los *pigmentos*, que es *extractiva*. La luz es la fuente de todos los colores y los pigmentos son simplemente los reflectores o los absorbedores de los colores, que adquieren su coloración absorbiendo o extrayendo algunas partes del espectro y reflejando las que quedan. Por lo que se refiere a los atributos del color (tonalidad, claridad, saturación), las teorías de la visión del color (tricromática y cuatricromática), los trastornos de la visión del color, además de sus significaciones emotivas y simbólicas, véase la voz **color**.

4] LA PROFUNDIDAD Y LA DISTANCIA. El mundo real, como el mundo percibido, tiene tres dimensiones: altura, anchura y profundidad. En cambio la retina dispone de sólo dos dimensiones, por lo que surge el problema de cómo es posible para el observador codificar la distancia relativa de los objetos. Además de los indicios contenidos en las representaciones bidimensionales, como por ejemplo la perspectiva, o el hecho de que en la retina los objetos más lejanos provocan imágenes más pequeñas de las que generarían a menor distancia, el cerebro utiliza la *convergencia* de los ojos que se produce conforme el objeto se acerca, y la *disparidad retínica*, por la que cada ojo recibe una imagen ligeramente diferente del objeto observado si éste está cerca, mientras que si está lejos la disparidad resulta mucho menor. Al combinar las informaciones provenientes de la convergencia y de la disparidad retínica el aparato visual establece que si el indicio constituido por la convergencia indica que el objeto está lejos, leves disparidades reducen la distancia indicada por la convergencia, obteniendo así una medida correcta de la distancia y de la profundidad (*v.* **percepción**, § 5).

5] EL MOVIMIENTO. Con los ojos inmóviles, la imagen de un objeto en movimiento atraviesa los campos receptivos de muchas células cerebrales. El movimiento, por lo tanto, puede ser codificado mediante el paso de la excitación de una célula a otra, o también de algunas células corticales que sólo se activan cuando un objeto atraviesa en una dirección particular su campo receptivo. El registro del movimiento es todavía más complicado, ya que las imágenes atraviesan la retina incluso cuando movemos los ojos y, no obstante esto, el movimiento del ojo no hace que el mundo parezca moverse frente al observador. La razón reside aparentemente en el hecho de que los impulsos nerviosos, pasando del cerebro a los músculos oculares, actúan también en el sistema de percepción del movimiento, de manera que si al ojo se le ordena moverse la misma orden contrabalancea el efecto de las imágenes que atraviesan los campos receptivos.

Mediante los registros electrooculográficos se identificaron cinco tipos de movimientos oculares: *a*] *movimientos sacádicos*: sirven para llevar las fóveas hacia un objeto de interés, como cuando se ve o se examina algo; *b*] *movimientos lentos de seguimiento*: sirven para mantener las fóveas sobre el objeto observado, que puede estar fijo o en movimiento, se coordinan con los movimientos de la cabeza y determinan los desplazamientos de la mirada; *c*] *nistagmo optokinético*: serie alternada de movimientos lentos de seguimiento y de movimientos sacádicos sumamente veloces, como cuando se fija la vista en un punto del paisaje hasta que sale del campo visual, después de lo cual entra un movimiento sacádico que vuelve a llevar la fijación hacia otro punto, y así sucesivamente; *d*] *reflejos vestíbulo-oculares*: permiten estabilizar la posición de los ojos independientemente de la de la cabeza; *e*] *movimientos de vergencia*: se verifican fijando un objeto que se acerca (convergencia) o que se aleja (divergencia). Junto con la disparidad retínica, la vergencia es un elemento para evaluar la distancia.

BIBLIOGRAFÍA: Dodwell, P.C. (1968); Gregory, R.L. (1966); Maffei, L. y L. Mecacci (1979); Pierantoni, R. (1981).

vista
v. VISUAL, APARATO.

vitalidad (al. *Vitalität*; fr. *vitalité*; ingl. *vitality*; it. *vitalità*)

Tono afectivo caracterizado por potencia, vivacidad y energía, además de capacidad de resistencia y recuperación psíquica. El término, que en filosofía F. Nietzsche contrapuso al estilo renunciante y mortificador inducido por las morales tradicionales, en psicología tiene su opuesto en los procesos de *desvitalización* imputables a enfermedades orgánicas, decaimiento senil o patología con fondo depresivo.

BIBLIOGRAFÍA: Nietzsche, F. (1886); Von Zerssen, D. (1969).

vitalismo (al. *Vitalismus*; fr. *vitalisme*; ingl. *vitalism*; it. *vitalismo*)

Término que se refiere a todas las doctrinas que sostienen la irreductibilidad de la vida a los fenómenos fisicoquímicos que pueden analizarse con una postura mecanicista. Este agente "no mecánico" al cual se refiere la vida fue denominado "fuerza vital" por el fisiólogo C. Bernard, "fuerza dominante" por J. Reinke, "entelequia" por H. Driesch, quien retoma la denominación aristotélica, e "impulso vital" por el filósofo H. Bergson. Al vitalismo se le criticó plantear como causa de la vida un puro y simple nombre al que no corresponde nada observable. Hoy, con los progresos de la biología molecular y de la genética, la polémica entre vitalistas y mecanicistas perdió mucha de su consistencia, incluso para las precisiones metodológicas ofrecidas tanto por los mecanicistas, que no pretenden pronunciarse sobre la naturaleza de lo real, sino tan sólo actuar *como si* todas las actividades vitales pudieran ser explicadas adecuadamente en términos fisicoquímicos, como por los vitalistas, que observan dos posiciones contrapuestas como modelos interpretativos para describir, como Bergson, lo que es dinámico y activo y lo que es pura repetición sin procesos creativos.

BIBLIOGRAFÍA: Bergson, H. (1907); Driesch, H. (1905).

vocación (al. *Berufung*; fr. *vocation*; ingl. *vocation*; it. *vocazione*)

Aspiración profunda de dedicarse a una misión, una profesión, un arte. El concepto, que tiene sus orígenes en el contexto religioso, donde se refiere a la elección que se cumple escuchando la voz (de aquí "vocación") de Dios, asume hoy el significado más genérico de atracción hacia determinada actividad o profesión (*v.* **psicología del trabajo**, § 4). El carácter subjetivo de dicha atracción o propensión distingue la vocación de la **aptitud** (*v.*), que es un criterio de valoración objetiva referida a una potencialidad natural comprobable.

vocalización
v. LALACIÓN.

volición (al. *Willensäusserung*; fr. *volition*; ingl. *volition*; it. *volizione*)

Acto intencional que precede y preside las acciones voluntarias donde el sujeto es en cierta medida un agente libre que efectúa un comportamiento con miras a un fin que se propone alcanzar (*v.* **voluntad**). En la volición es posible distinguir un momento mental, que es la anticipación de la conducta, y uno operativo, que es su ejecución (*v.* **motivación**, § 6).

voluntad (al. *Wille*; fr. *volonté*; ingl. *will*; it. *volontà*)

Principio de la acción consciente con miras a un fin por alcanzar. En el ámbito de la filosofía la voluntad se ha tratado como una parte de las facultades espirituales a partir de los griegos, quienes la concibieron como el resultado del apetito y la razón, en el sentido de que la razón aprueba o desaprueba el objeto apetecible, delibera acerca de los medios necesarios para alcanzarlo, para después llegar a la **volición** (*v.*), que se expresa en la acción. La psicología, renunciando a la investigación de los principios y abandonando la doctrina de las **facultades** (*v.*) del alma, dejó de tomar en consideración la no-

ción de voluntad, porque es demasiado abstracta y no es suceptible de controles experimentales, prefiriendo una visión determinista de la psique (*v.* **determinismo**), o la sustitución del término voluntad por el par de términos **motivación** (*v.*) e **inhibición** (*v.*). Esto no impidió que la palabra, pese a no ser ya tematizada, se siguiese utilizando en el uso discursivo, tanto en el ámbito de la psicología científica como en el de la psicología de lo profundo.

1] PSICOLOGÍA CIENTÍFICA. En el nivel fisiológico se distinguen los movimientos voluntarios de los movimientos reflejos, refiriéndose a los músculos controlados por los centros superiores del cerebro, y aquellos controlados por los arcos reflejos (*v.* **movimiento**, § 1). Por analogía, la psicología tradicional distinguía el acto voluntario, que es consciente, meditado, adaptado a un fin respecto al cual es capaz de organizar acciones o diferirlas en el tiempo, del acto reflejo o **automatismo** (*v.*), que no tiene estas características. A partir de estas premisas el acto voluntario es la síntesis de cuatro elementos: *a*] la *representación* del acto a cumplir; *b*] la *deliberación* acerca de los medios a utilizar en función del objetivo que se quiere alcanzar; *c*] la *decisión* por la que ese acto es elegido entre los demás; *d*] la *ejecución* de la acción. Todo esto implica la intervención de la inteligencia, el aprendizaje y el conocimiento, además de las nociones de decisión autónoma, libertad y responsabilidad de acuerdo con la deliberación y la ejecución. La implicación de todos estos factores manifiesta que el concepto de voluntad puede definirse sólo movilizando toda la personalidad del individuo, tanto en el nivel pulsional, de acuerdo con el predominio de un deseo o de una tendencia afectiva sobre las demás, como en el nivel intelectual, de acuerdo con la representación que se impone como fin entre las muchas posibles, o en el nivel de conducta, de acuerdo con la elección de la acción más idónea para el logro del objetivo. Una vez aceptado el concepto de voluntad, se puede hablar de *patología de la voluntad* para todas las situaciones caracterizadas por indecisiones, perplejidades, dudas, conflictos, que llevan a una incapacidad para resolverse en la acción voluntaria. A esto se agregan la *impulsividad* (*v.*), que conduce a la acción sin conceder espacio a la representación y a la deliberación, así como la *carencia* (hipobulia) o la *falta* (v. **abulia**) de voluntad que se observa en las depresiones, en los estados confusionales, en las demencias, y en los comportamientos negativistas (v. **negativismo**) de tipo catatónico, donde la voluntad parece totalmente anulada. En *pedagogía*, donde la noción de voluntad es aceptada y utilizada sin una excesiva problematización, se hace de la libertad del acto voluntario el fundamento de la educación, que opera incluso en los condicionamientos que inclinan el acto voluntario hacia unos fines en lugar de otros.

2] PSICOLOGÍA DE LO PROFUNDO. El concepto de voluntad no forma parte de la teoría psicoanalítica que elaboró S. Freud porque es incompatible con el problema del determinismo psíquico y con la concepción de la neurosis, causada por procesos inconscientes, a la que la noción de voluntad no es aplicable. En este contexto persiste el problema de justificar el concepto de **motivación** (v., § 4), difícil de referir solamente al orden pulsional. En el ámbito de la psicología individual A. Adler habla de voluntad en la acepción de voluntad de potencia (v. **potencia**, § 2), como intención de compensación de complejos de inferioridad, mientras en psicología analítica C.G. Jung escribe: "Por voluntad entiendo la suma de energía psíquica de la que puede disponer la conciencia. El proceso de volición sería, por lo tanto, un proceso energético activado por una motivación consciente. De modo que no llamaría volitivo a un proceso psíquico determinado por una motivación inconsciente. La voluntad es un fenómeno psicológico que debe su existencia a la civilización y a la educación moral, pero que está casi completamente ausente en la mentalidad primitiva" (1921: 492).

BIBLIOGRAFÍA: Ach, N. (1935); Adler, A. (1926); Allport, G.W (1954); Cattell, R.B. y P. Kline (1977); Farber, L.H. (1966); Jung, C.G. (1921); Lewin, K. (1935); Lindworsky, J. (1949); Maslow, A.H. (1954); May, R. (1969); Mortimore G.W. (coord.) (1971); Ricœur, P. (1949-1960); Ryle, G. (1949).

voluntad de potencia
v. POTENCIA, § 2.

voluntarismo (al. *Volontarismus*; fr. *volontarisme*; ingl. *volontarism*; it. *volontarismo*)

El término, que en filosofía se aplica a las doctrinas que afirman la primacía de la voluntad sobre el intelecto, interpretando en consecuencia la actividad racional como una intención de racionalización de actos voluntarios, en psicología corresponde a las teorías que admiten la existencia de un comportamiento voluntario, en oposición al modelo determinista (v. **determinismo**) según el cual todo está condicionado.

voluptuosidad (al. *Wollust*; fr. *volupté*; ingl. *voluptuousness*; it. *voluttà*)

Placer intenso y difuso percibido en ocasión de la satisfacción de un deseo sensual o espiritual.

vómito (al. *Erbrechen*; fr. *vomissement*; ingl. *vomiting*; it. *vomito*)

Expulsión por la boca del contenido gástrico mediante contracciones peristálticas de la musculatura estomacal. Cuando se produce por factores emotivos se habla de vómito nervioso, que tiene un significado simbólico de rechazo, como el vómito matutino de los niños que no aceptan la escuela, el vómito en la gravidez que, cuando no depende de condiciones orgánicas, puede significar el rechazo del hijo, el vómito en las anoréxicas como negativa a sostener su propio cuerpo, y el vómito histérico, que es el único camino permitido por el conflicto a quien no puede admitir de manera consciente que rechaza una idea, una persona o una situación.

voyerismo
v. ESCOPOFILIA.

voz (al. *Stimme*; fr. *voix*; ingl. *voice*; it. *voce*)

Sonido que produce la vibración de las cuerdas vocales, objeto de estudio de la *fonética*, que se ocupa de la producción (fonética articulatoria) y de la percepción (fonética acústica) de los sonidos; de la *fonología*, que se refiere a su función comunicativa, ya que la voz no es sólo algo que "se dice", sino también que "se escucha" (*v.* **lingüística**, § 1, *e-f*); de la *psicología de la edad evolutiva*, porque el cambio de la voz asume un especial significado cn el curso de las edades de la vida y en especial en la adolescencia, donde figura entre los caracteres sexuales secundarios. La voz tiene además una especial importancia en los estudios de la **comunicación** (*v.*, § 1-2), de acuerdo con la estructura (emisor, mensaje, receptor) y las funciones (referencial, expresiva, connativa, fática, etc.), y en los estudios de la *emoción*, que es algo que se revela incluso con la voz. En cambio son objeto de la *psicología clínica* los trastornos de la fonación (*v.* **len-**guaje, § 5) de origen neurológico y psicológico, y las llamadas "voces", diferenciadas en internas y externas. Las primeras se consideran seudoalucinaciones y consisten en una percepción sensorial auditiva que el sujeto siente provenir de su interior y hacia la cual manticnc una capacidad crítica; las segundas son verdaderas alucinaciones caracterizadas por una percepción psicosensorial, sin estímulos externos, proyectada en el espacio y que el paciente mismo considera proveniente de afuera en ausencia de cualquier intervención crítica (*v.* **alucinación**, § 1, *a*).

BIBLIOGRAFÍA: Barthes, R. (1981); Bologna, C. (1981); Cipriano, P. (1978); Derrida, J. (1967); Jakobson, R. (1944); Lacan, J. (1953-1954); Ong, W.J. (1977); Rosolato, G. (1969); Saussure, F. de (1916).

Ward-Hovland, fenómeno de (al. *Ward-Hovland Phänomen*; fr. *phénomène de Ward-Hovland*; ingl. *Ward-Hovland phenomenon*; it. *Ward-Hovland, fenomeno di*)

Aumento de la retención observado cuando en un proceso de aprendizaje media un intervalo de unos pocos minutos entre una unidad aprendida y la siguiente (*v.* **memoria**, § 3, *b*).

BIBLIOGRAFÍA: Hovland, C.I. (1938); Ward, L.B. (1939).

warming-up
v. RENDIMIENTO.

Wartegg, test de
v. SUGESTIÓN.

Weber-Fechner, ley de (al. *Weber-Fechnersche gesetz*; fr. *loi de Weber-Fechner*; ingl. *Weber-Fechner law*; it. *Weber-Fechner, legge di*)

Ley que formuló en el ámbito de la **psicofísica** (*v.*) E.H. Weber, según quien la relación entre el valor del *estímulo físico* (S) y el valor del *umbral diferencial* (ΔS), es decir la cantidad de cambio del estímulo necesario para producir una diferencia observable el 50% de las veces, es una constante (K) que se representa como sigue:

$$\frac{\Delta S}{S} = K$$

Según Weber la relación es diferente, pero constante, para cada cualidad sensorial. En el caso del peso, si el valor del estímulo estándar (S) es de 4 g y el cambio del estímulo percibido el 50% de las veces (ΔS) de 1 g, la relación constante para el continuo del estímulo de peso será de

$$\frac{1}{4}\left(\frac{\Delta S}{S} = \frac{1}{4}\right)$$

La ley de Weber fue revisada por G.T. Fechner, para quien la intensidad de la sensación (S) que el sujeto tiene del estímulo es proporcional al logaritmo (log) de la medida física del estímulo (R), por lo que: S = K log R. Por lo tanto, si bien es verdad, como opina Weber, que la medida del umbral diferencial aumenta cuando crece el tamaño del estímulo estándar, la función no es lineal. Más bien el umbral diferencial necesita un aumento cada vez mayor del estímulo conforme aumenta el tamaño del estándar.

S.S. Stevens propuso en 1957 una ley psicofísica alternativa a la de Fechner, según la cual el estímulo y la sensación no son logarítmicamente correlativos, sino tales que la sensación resulta una determinada potencia del estímulo. En la siguiente función: $\psi = \kappa\varphi^a$, donde ψ representa la medida de la sensación y φ la intensidad del estímulo, k es una constante arbitraria vinculada a la unidad de medida, mientras el exponente varía en relación con la modalidad sensorial considerada y las condiciones de presentación de los estímulos. Si a = 1 la función se vuelve lineal, si a > 1 la función es positivamente acelerada, si a < 1 es negativamente acelerada.

BIBLIOGRAFÍA: Fechner, G.T. (1860); Stevens, S.S. (1961); Weber, M.E.H. (1834).

Wechsler-Bellevue, test de (al. *Wechsler-Bellevue-test*; fr. *test de Wechsler-Bellevue*; ingl. *Wechsler-Bellevue test*; it. *Wechsler-Bellevue, test di*)

Test de inteligencia para adultos constituido por once pruebas de dificultad creciente, seis de ellas de carácter verbal (definición de vocablos, comprensión general, cultura general, razonamiento, memoria aritmética, analogías) y cinco de carácter práctico (sucesión exacta de imágenes, complemento de figuras, diseño con cubos, rompecabezas, asociaciones de símbolos y números). Los resultados estandarizados se presentan en tablas preordenadas que permiten la evaluación del coeficiente intelectual (CI) del sujeto (*v.* **inteligencia**, § 2). El test permite también la medición psicométrica del **deterioro** (*v.*) mental mediante dos subpruebas denominadas "pruebas que tienen" (*hold test*), que se refieren a las adquisiciones básicas, como la cultura general, la definición de vocablos, la reconstrucción de figuras, y "pruebas que no tienen" (*don't hold test*), que se refieren a la inteligencia "fluida", que difiere de la "cristalizada" porque se puede aplicar a situaciones nuevas. El índice de deterioro se calcula considerando el puntaje obtenido en los dos tipos de pruebas y confrontándolo después con los datos de una tabla. Cuando el índice de deterioro (ID) muestra una pérdida del 20% respecto a la fisiológica, se habla de deterioro patológico.

BIBLIOGRAFÍA: Anastasi, A. (1954); Wechsler, D. (1939).

Weltanschauung
v. VISIÓN DEL MUNDO.

Wernicke, afasia de
v. AFASIA, § 2, *a*; LENGUAJE, § 5, *a*.

Wernicke, área de
v. CORTEZA CEREBRAL, § 5; LENGUAJE, § 2.

Whorf, hipótesis de (al. *Whorfshypothese*; fr. *hypothèse de Whorf*; ingl. *Whorf's hypothesis*; it. *Whorf, ipotesi di*)

Hipótesis que formuló B.L. Whorf, conocida también como *hipótesis de Sapir-Whorf* por la influencia de las ideas de E. Sapir en su formulación, según la cual las categorías lingüísticas influyen hasta tal punto en el pensamiento y en la cultura de los pueblos como para condicionar las respectivas visiones del mundo (*v.* **mundo**, § 1). Esto se debe, explica Whorf, a que "el sistema lingüístico de fondo (en otras palabras la gramática) de cada lengua no es sólo un instrumento de reproducción para expresar las ideas, sino que da forma a las ideas; es el pro-

grama y la guía de la actividad mental del individuo, del análisis de sus impresiones, de la síntesis de los objetos mentales de los que se ocupa. [...] Analizamos la naturaleza según las líneas trazadas por nuestros lenguajes. [...] Nos vemos inducidos así a un nuevo principio de relatividad, según el cual diferentes observadores no son conducidos por los mismos hechos físicos a la misma imagen del universo, a menos que su fondo lingüístico sea semejante, o de alguna manera pueda ajustarse" (1956: 169-170).

BIBLIOGRAFÍA: Sapir, E. (1929); Whorf, B.L. (1956).

Winzen, principio de (al. *Winzenscher satz*; fr. *principe de Winzen*; ingl. *Winzen's proposition*; it. *Winzen, principio di*)

Principio según el cual la asociación entre dos elementos de aprendizaje es facilitada si el elemento más conocido aparece primero en función de estímulo.

BIBLIOGRAFÍA: Winzen, K. (1921).

wishful thinking

Locución inglesa comúnmente utilizada para referirse al pensamiento orientado por el deseo, por lo que se cree como cierto aquello que responde a un deseo intenso.

Witiko, psicosis de
v. ANTROPOLOGÍA, § 7.

Witte-König, efecto de (al. *Witte-König effekt*; fr. *effet de Witte-König*; ingl. *Witte-König's effect*; it. *Witte-König, effetto di*)

Efecto de fusión de las imágenes visuales en presencia de estímulos indiferenciados para cada ojo.

BIBLIOGRAFÍA: König, E. (1962).

Wundt, ilusión de
v. ILUSIÓN, § 4, *t*.

xantocianopsia
v. COLOR, § 3.

xantopsia
v. COLOR, § 3.

xenofobia (al. *Fremdenfeindlichkeit*; fr. *xénophobie*; ingl. *xenophobia*; it. *xenofobia*)

Aversión y hostilidad hacia los extranjeros. Contrariamente a lo que podría hacer pensar el término fobia, no se trata de miedo patológico sino de hostilidad determinada por prejuicios religiosos, socioculturales o, más simplemente, por factores políticos o económicos.

xenoglosia (al. *Xenoglossie*; fr. *xénoglossie*; ingl. *xenoglossy*; it. *xenoglossia*)

Fenómeno paranormal que se produce a veces en estado de **trance** (*v.*), cuando el sujeto habla una lengua que ignora por completo.

BIBLIOGRAFÍA: Flournoy, T. (1889).

xerofilia (al. *Xerophilie*; fr. *xérophilie*; ingl. *xerophilia*; it. *xerofilia*)

Amor por los lugares áridos y desiertos.

yatrogenia

v. IATROGENIA.

yin y yang

Categorías de la filosofía china que indican la acción de dos principios opuestos: *yin* (femenino, negativo, tenebroso, terrestre) y *yang* (masculino, positivo, luminoso, celeste), que originan la manifestación cósmica. Su inseparabilidad y complementariedad están expresadas eficientemente por el símbolo del *tao*: un círculo dividido en dos mitades iguales, una negra (*yin*) y la otra blanca (*yang*), que contienen, respectivamente, un punto blanco y uno negro, para representar la presencia de la luz en la sombra y de la sombra en la luz. La simetría rotatoria del *tao* manifiesta su carácter dinámico y recuerda un movimiento cíclico, en el que cada una de las dos fuerzas, llegadas a su clímax, confluyen en el opuesto que ya contiene en sí. De aquí la interpretación taoísta de todos los cambios y las fluctuaciones presentes en la naturaleza, sean éstas físicas o psíquicas, como resultado de la interacción dinámica entre los polos arquetípicos. Las diferentes combinaciones posibles entre *yin* y *yang*, expresadas en hexagramas (figuras de seis líneas, de las cuales las rotas son *yin* y las completas *yang*), se encuentra en el *I ching* o *Libro de los cambios*, texto de los más antiguos e importantes de la cultura china, que R. Wilhelm introdujo en Occidente. Aquí la representación simbólica de la configuración cósmica del momento se asocia con su interpretación oracular, permitiendo así que quien lo consulta obtenga indicaciones para la forma de actuar más oportuna a su situación. Como señaló C.G. Jung en su prefacio a la edición inglesa del *I ching* (1948), "esto revela una sorprendente concordancia de factores psíquicos intrasubjetivos y factores externos objetivos" (1950: 598), idea que el mismo Jung desarrollaría más tarde en el concepto de **sincronicidad** (*v.*).

BIBLIOGRAFÍA: Jung, C.G. (1950); Tommasini, F. y L. Lanciotti (coords.) (1977); Wilhelm, R. (coord.) (1950).

yo (al. *Ich*; fr. *moi*; ingl. *ego*; it. *io*).

La reflexión filosófica dio consistencia a este concepto con R. Descartes. Antes de él la tradición platónica-agustiniana hablaba de "conciencia", con una acepción sustancialmente moral. Descartes, superando el "realismo ingenuo" de la filosofía antigua, según la cual las cosas son tal como la visión y el pensamiento humano las acogen, afirma que el único conocimiento seguro que se presenta a quien observa atentamente sus propios pensamientos no concierne a los objetos externos sino a la existencia de un yo pensante (*cogito*), respecto al cual los objetos externos son sólo representaciones. En los siglos posteriores la noción del yo iría asumiendo, en el discurso filosófico, varios significados que oscilan entre una concepción *sustancial* del yo, sede de la identidad personal, y una concepción *funcional*, que concibe al yo como principio unificador de la experiencia, hasta llegar a F. Nietzsche, para quien el yo es una ficción que resulta de fuerzas heterogéneas (deseos y voliciones) irreductibles a una identidad, que por lo tanto no tiene ninguna validez, ni teórica ni práctica; por el contrario, agrega Nietzsche, con toda probabilidad "el yo es un producto de la gramática".

S. Freud, siguiendo la huella de Nietzsche, introduce en el *yo pienso* de Descartes la misma duda que Descartes había introducido en el realismo ingenuo que lo precedió, desenmascarando en la visión inocente del yo lo que el yo iniciado por Descartes había desenmascarado en la visión ingenua de la realidad. Se abre así el juego entre apariencia y realidad, oculto y visible, latente y manifiesto, donde el yo aparece como elaboración secundaria de una realidad que no es yoica, y que Freud, asumiendo la expresión de Nietzsche, llama **ello** (*v*.).

1] PSICOANÁLISIS. Esta disciplina es el laboratorio más significativo en el cual en nuestro siglo XX se unificó la noción de yo, que Freud concibe como una instancia del **aparato psíquico** (*v*.), diferente del ello y del superyó, y que se puede considerar desde diferentes puntos de vista:

a] Desde el punto de vista *tópico* el yo es una relación de dependencia: de las pulsiones que tienen su sede en el ello, de los imperativos del superyó, y de las exigencias de la realidad. Como mediador de las diversas instancias muchas veces contradictorias de la persona, el yo, escribe Freud, "sometida a tres servidumbres [...] de peligros: de parte del mundo exterior, de la libido del ello y de la severidad del superyó. [...] Como ser fronterizo, el yo quiere mediar entre el mundo y el ello, hacer que el ello obedezca al mundo, y –a través de sus propias acciones musculares– hacer que el mundo haga justicia al deseo del ello." (1922 [1976: 56]).

b] Desde el punto de vista *dinámico* el yo representa, en el conflicto de la personalidad, el polo defensivo; esto se manifiesta con los mecanismos de **defensa** (*v*.) que se activan en presencia de un afecto desagradable que Freud llama "señal de angustia": "El yo es el genuino almácigo de la angustia. Amenazado por las tres clases de peligro, el yo desarrolla el reflejo de huida retirando su propia investidura de la percepción amenazadora, o del proceso del ello estimado amenazador, y emitiendo aquella como angustia. Esta reacción primitiva es relevada más tarde por la ejecución de investiduras protectoras (mecanismo de las fobias). No se puede indicar qué es lo que da miedo al yo a raíz del peligro exterior o del peligro libidinal en el ello; sabemos que es su avasallamiento o aniquilación, pero

analíticamente no podemos aprehenderlo." (1922 [1976: 57-58]).

c] Desde el punto de vista *económico* el yo desarrolla una función de vínculo de los procesos psíquicos, y esto también cuando se expresa en operaciones defensivas en las cuales, contaminados por los caracteres típicos del **proceso primario** (*v*.), los intentos de vínculo asumen un carácter compulsivo, repetitivo y poco capaz de adherirse a los datos de la realidad, como en el mecanismo arriba citado de las fobias.

d] Desde el punto de vista *genético* Freud formula dos hipótesis poco compatibles entre sí: la primera considera al yo una diferenciación del ello debida al contacto con la realidad exterior; la segunda lo ve como el resultado de identificaciones que llevan a la formación de un objeto de amor investido por el ello. Los dos puntos de vista los expone Freud así: "El yo se desarrolla desde la percepción de las pulsiones hacia su gobierno sobre estas, desde la obediencia a las pulsiones hacia su inhibición. En esta operación participa intensamente el ideal del yo, siendo, como lo es en parte, una formación reactiva contra los procesos pulsionales del ello. El psicoanálisis es un instrumento destinado a posibilitar al yo la conquista progresiva del ello. [...] En verdad, se comporta como el médico en una cura analítica, pues con su miramiento por el mundo real, se recomienda al ello como objeto libidinal y quiere dirigir sobre sí la libido del ello. No sólo es el auxiliador del ello; es también su siervo sumiso, que corteja el amor de su amo" (1922 [1976: 56]). A partir de esta estructura genética encuentran su justificación las nociones de **narcisismo** (*v*.) en las que el yo se ofrece como objeto de amor a la libido exactamente como si fuese un objeto externo, y de **identificación** (*v*.), donde el yo se vuelve depositario de las relaciones intersubjetivas, con las consiguientes *formaciones internas* que dan inicio al ideal del yo, al yo ideal y al superyó como sistema de prohibiciones (*v*. **yo, ideal del; yo ideal; superyó**).

Los desarrollos de la teoría freudiana y sus variaciones se desplegaron sustancialmente en tres direcciones: la psicología del yo que inició H. Hartmann, la psicología analítica de C.G. Jung y la teoría lacaniana del "supuesto sujeto".

2] LA PSICOLOGÍA DEL YO. Esta corriente psico-analítica estudia la progresión del principio del placer hacia el de realidad, en la cual el yo, mediante procesos de maduración y de aprendizaje, desarrolla aptitudes para actividades cuya ejecución se vive con placer (gratificación funcional) y que contribuyen a su vez a fortalecer el principio de realidad. Estos procesos de aprendizaje dependen, para Hartmann, de cuatro factores: el grado de madurez del yo, las reacciones del ambiente, la tolerancia del yo ante frustraciones y renuncias, la cantidad de gratificación derivada de los procesos de aprendizaje. El desarrollo del yo está caracterizado por algunos pasos decisivos, como la *constancia objetal*, que permite adquirir una relación estable con los objetos incluso en su ausencia, y la *señal de ansiedad*, producida activamente por el yo para anticipar los peligros y prevenirlos con una reacción adecuada. La señal de ansiedad activa también los *mecanismos de defensa* que están a disposición del yo contra los peligros y las amenazas de los instintos; estos mecanismos pueden evolucionar después como estructuras autónomas (autonomía secundaria del yo), o encontrarse regresivamente al servicio del ello o del superyó, tal como en el caso del pensamiento utilizado para dudas obsesivas o de la percepción empleada para exigencias voyeurísticas. En este caso tenemos una agresivización y una sexualización de las funciones del yo. La liberación de las funciones y de las actividades del yo de su íntimo vínculo con las exigencias instintivas es lo que le permite al hombre un comportamiento más variable y plástico respecto a los requerimientos internos y externos.

3] PSICOLOGÍA ANALÍTICA. Jung entiende el yo como uno de los muchos complejos que acompañan a la psique (*v.* **complejo**, § 2) y a este propósito escribe: "Por 'yo' entiendo un complejo de representaciones que para mí constituye el centro del campo de mi conciencia y que me parece poseer un alto grado de continuidad y de identidad consigo mismo. Por eso también hablo de un *complejo del yo*. El complejo del yo es tanto un contenido como una condición de la *conciencia*, ya que un elemento psíquico para mí es consciente en cuanto se refiere al complejo del

yo. Sin embargo, ya que el yo es sólo el centro del campo de mi conciencia, no es idéntico a la totalidad de mi psique, sino solamente un complejo entre otros. Por lo tanto distingo entre el *yo* y el *sí mismo*, en cuanto el yo es sólo el sujeto de mi conciencia, mientras el sí mismo es el sujeto de mi psique completa, y por consiguiente también de la inconsciente. En este sentido el sí mismo sería una entidad (ideal) que incluye al yo" (1921: 468). En esta relación yo-sí mismo (*v.* **psicología analítica**, § 4) los peligros son que el yo no emerja de su primitiva identidad con el sí mismo y por lo tanto sea incapaz de afrontar los requerimientos del mundo externo; que el yo sea comparado con el sí mismo, con la consiguiente **inflación** (*v.*) de la conciencia; que el yo asuma una actitud rígida ya sin ninguna referencia con el sí mismo, con la consiguiente detención del desarrollo de la personalidad; que el yo no sea capaz de relacionarse con un complejo específico por las tensiones que éste genera, con la consiguiente autonomización del complejo que puede dominar a su gusto la vida del individuo y oprimir al yo.

4] LA TEORÍA LACANIANA. Esta teoría radicaliza la posición de Freud: "El yo no es patrón en su casa", con una dislocación de la conciencia en antítesis a la perspectiva egológica y logocéntrica de la filosofía y de la cultura. En esta perspectiva anticartesiana Lacan escribe: "Pienso donde no soy, luego soy donde no pienso" (1957: 513). El yo, en cuyo nombre habla el inconsciente, no es "sujeto", sino "sujetado": "El Yo, por su función defensiva y por lo tanto narcisista, no es otra cosa que el sujeto imaginario, es decir el sujetado, sin verdadera autonomía o libertad de conflictos o de desconocimiento enajenante." De esto resulta que "El yo está estructurado exactamente como un síntoma. No es otra cosa que un síntoma privilegiado dentro del sujeto. Es el síntoma humano por excelencia, la enfermedad mental del hombre" (1953-1954: 20) La primacía del inconsciente, de origen freudiano, está acompañada en Lacan con la primacía del orden simbólico, de origen estructuralista, según la cual el individuo está recorrido por una trama impersonal de símbolos y de significados que lo constituyen, pero que él no creó y no domina: "Todos los seres humanos participan del universo de los símbolos, están incluidos y los padecen mucho más de lo que lo constituyen, son mucho más los soportes que los agentes" (1953-1954: 198). En Lacan, por lo tanto, no es decisivo el yo, que es más bien un síntoma, sino el orden simbólico que preexiste a cada yo y lo instituye.

5] LOS ESTUDIOS DE LA PERSONALIDAD. Estos estudios confieren al yo un lugar central bajo diferentes perfiles: *a*] como fuente o fin de la motivación, donde los intereses del yo, el amor por sí mismo, la necesidad de autoafirmación, intervienen para suscitar casi la totalidad de los comportamientos; *b*] como instancia organizadora de la *experiencia* que se construye sobre la base de las mejores formas –para cada individuo– de adaptación al ambiente; *c*] como lugar de la *autopercepción*, que va desde la imagen de sí, pasando por la conciencia de las propias capacidades, inclinaciones, aversiones, hasta la conciencia del ser-aquí-y-ahora. En el ámbito conductista esta autopercepción se da mediante el examen de comportamientos que se pueden objetivar por medio de reactivos. La contribución más significativa en este campo fue la de G.H. Mead, para quien "el 'yo' es la respuesta del organismo a las actitudes de los demás, el 'mí' es el conjunto organizado de actitudes de los demás que un individuo asume. Las actitudes de los demás constituyen el 'mí' organizado y entonces el individuo reacciona ante éste como un 'yo'. [...] El 'yo' es su acción que se contrapone a la situación social dentro de su conducta, y entra en su experiencia sólo después que él realizó la acción. Entonces el individuo adquiere conciencia" (1934: 189). En este contexto el yo está pensado como una respuesta al mundo y sólo secundariamente como conciencia de sí (*v*. **otro**, § 2).

6] LA CRÍTICA FENOMENOLÓGICA. La psiquiatría fenomenológica critica en forma radical la noción de yo porque, como escribe R.D. Laing, "términos como mente y cuerpo, psique y soma, ello, yo, superyó, además de dividir al hombre según el sistema de referencia presupuesto, se refieren a él como a una entidad aislada cuya cualidad esencial no es la de estar en relación con los otros y con el

mundo" (1959: 23). Entonces, si la locura es precisamente la "escisión" del hombre, su "lejanía" de los demás, su "extrañeidad" respecto al mundo, ¿cómo se puede pensar en aliviar aplicando una doctrina cuyos principios son la reproducción exacta de los elementos de la locura? ¿Cómo se puede pensar en conducir a la unidad de su esencia a un hombre "en pedazos" sirviéndose de una doctrina que nunca ha conocido la unidad, sino siempre y sólo la yuxtaposición de los "pedazos"? El esfuerzo de reconstrucción de las ciencias psicológicas que nunca han conocido la *unidad* del hombre, sino siempre y sólo la *composición* de las partes que la ciencia ya entregó a los diferentes sistemas, se parece –concluye Laing– "al esfuerzo desesperado de los esquizofrénicos por recomponer su yo y su mundo disgregados" (1959: 24). La noción de yo es sustituida por la fenomenología con la noción de **presencia** (*v*.) donde no hay una subjetividad (yo) que se relaciona con una objetividad (mundo), sino una relación original que hace del hombre un ser-en-el-mundo más allá de la escisión sujeto-objeto, útil a la ciencia y a su metodología, pero incapaz de reproducir y describir la manera en la que el hombre es en el mundo (*v*. **análisis existencial**, § 1).

BIBLIOGRAFÍA: Allport, G.W. (1955); Freud, A. (1936); Freud, S. (1922); Freud, S. (1938); Hartmann, H. (1966); Jung, C.G. (1921); Lacan, J. (1953-1979); Lacan, J. (1957); Laing, R.D. (1959); Mead, G.H. (1934); Wylie, R.C. (1961).

yo, alteración del (al. *Ich-Veränderung*; fr. *altération du moi*; ingl. *ego-alteration*; it. *modificazione dell'io*)

Expresión psicoanalítica que utilizó S. Freud para referirse a la alteración que experimenta el yo después de la adquisición de estructuras defensivas que mantiene incluso tras la desaparición del conflicto por el cual se activaron: "El yo fortalecido del adulto sigue defendiéndose de unos peligros que ya no existen en la realidad objetiva, y aun se ve esforzado a rebuscar aquellas situaciones de la realidad que puedan servir como sustitutos aproximados el peligro originario, a fin de justificar su aferramiento a los modos habituales de reacción." (1937 [1976: 240]).

BIBLIOGRAFÍA: Freud, S. (1936); Freud, S. (1937).

yo, anacoresis del (al. *Ich Anachorese*; fr. *anachorèse du moi*; ingl. *ego anachoresis*; it. *anacoresi dell'io*)

Condición frecuente en la sintomatología esquizofrénica en la que el sujeto ya no siente sus propias representaciones como "suyas", sino como extrañas, guiadas por otros y suministradas por el mundo externo.

yo auxiliar
v. PSICODRAMA, § 1.

yo, centro del (al. *Ego-Zentrum*; fr. *centre du moi*; ingl. *ego-center*; it. *centro dell'Io*)

Expresión que introdujo P. Schilder para designar un presunto núcleo o parte interna del yo rodeado por una parte periférica respecto a la cual las diferentes experiencias de la vida se dislocan a "distancias diferentes". "Bajo este perfil –escribe Schilder– nuestros problemas, nuestras emociones, nuestros sentimientos y nuestras actitudes, pertenecen más íntimamente al centro del yo que las experiencias relativas al mundo externo y a nuestro cuerpo" (1938: 85). En el centro del yo Schilder coloca el dolor, la excitación sexual y la angustia.

BIBLIOGRAFÍA: Schilder, P. (1938).

yo colectivo (al. *Kollektiv-Ich*; fr. *moi collectif*; ingl. *collective ego*; it. *io collettivo*)

Expresión que introdujo R. Laforgue, según quien "el yo no sólo es un producto individual, sino, al mismo tiempo, un producto del grupo, en la medida en que refleja los conceptos y manifiesta su mentalidad" (1940: 48).

BIBLIOGRAFÍA: Laforgue, R. (1940).

yo, complejo autónomo del
v. COMPLEJO, § 2.

yo corpóreo (al. *Körperliches Ich*; fr. *moi corporel*; ingl. *body ego*; it. *io corporeo*)

Término que introdujo S. Freud, para quien "O sea que el yo deriva [...] de sensaciones corporales, principalmente las que parten de la superficie del cuerpo." (1922 [1976: 27-28n.). El término psicoanalítico yo corpóreo, que retoma H. Nunberg, para quien "el núcleo alrededor del cual se reagrupan todos los conceptos del propio yo es el yo corpóreo, cuya función principal es la percepción" (1931: 125), debe distinguirse de las expresiones que utiliza P. Schilder, que se refieren a la *imagen corporal* que designa la concepción que se tiene del propio cuerpo, y al *esquema corporal* que es un término neurológico para la representación orgánica del cuerpo en el cerebro (*v.* **cuerpo**, § 1).

BIBLIOGRAFÍA: Freud, S. (1922); Nunberg, H. (1931); Schilder, P. (1935-1950).

yo, escisión del
v. ESCISIÓN, § 2, *b*.

yo, falso (al. *Falsch-Ich*; fr. *moi faux*; ingl. *false ego*; it. *falso io*)

Expresión que introdujo R.D. Laing para indicar el nacimiento y el crecimiento de un yo inauténtico porque se construye en las expectativas de otra persona, en general la madre, por lo que, junto a un yo auténtico, verdadero y real, crece un falso yo que refleja lo que los demás quieren y esperan. Este falso yo, dócil y conciliador, obliga al individuo a "vivir como respuesta a otros" (1959: 114). El falso yo, para Laing, está en la base de la constitución **esquizoide** (*v.*, § 5).

BIBLIOGRAFÍA: Laing, R.D. (1959).

yo ideal (al. *Idealich*; fr. *moi idéal*; ingl. *ideal ego*; it. *io ideale*).

Formación inconsciente creada por la omnipotencia narcisista. S. Freud identifica el yo ideal

(*Idealich*) con el **ideal del yo** (*v.*) (*Ichideal*), pero algunos autores retomaron este par de términos para indicar dos formaciones intrapsíquicas diferentes. Para H. Nunberg el yo ideal es una formación genéticamente anterior al superyó que el sujeto, en el curso de su desarrollo, dejaría atrás, sin renunciar a la aspiración a regresar como, en opinión de Nunberg, sucede en las psicosis. Para D. Lagache el yo ideal, concebido como ideal narcisista de omnipotencia, no se limita a la unión del yo con el ello, como prevé la hipótesis de Nunberg, sino que implica "una identificación primaria con otro ser investido de omnipotencia, es decir con la madre" (1958: 43). El yo ideal, para Lagache, sirve de soporte para la identificación heroica con los grandes personajes de la historia y de la vida contemporánea, y "con el progreso del tratamiento, se ve delinearse y emerger el yo ideal como una formación irreductible al ideal del yo" (1958: 42). Para J. Lacan, en fin, el yo ideal es una formación narcisista que encuentra su origen en la "fase del espejo" y pertenece a la dimensión de lo imaginario (*v.* **lacaniana, teoría**, § 5).

BIBLIOGRAFÍA: Freud, S. (1914); Freud, S. (1922); Lacan, J. (1949); Lagache, D. (1958); Nunberg, H. (1932).

yo, ideal del (al. *Ichideal*; fr. *idéal du moi*; ingl. *ego ideal*; it. *ideal dell'io*)

Término que utiliza Freud en ocasión de la segunda formulación del **aparato psíquico** (*v.*, § 5) para designar una formación intrapsíquica relativamente autónoma a la que el yo hace referencia para valorar sus realizaciones efectivas. En *El yo y el ello* Freud identifica el ideal del yo, o el **yo ideal** (*v.*) con el superyó, mientras en otros escritos posteriores diferencia a veces las dos instancias, en cuanto el conflicto con el superyó evoca sentimiento de *culpa*, mientras la confrontación con el ideal del yo genera sentimiento de *inferioridad*. El ideal del yo tiene orígenes narcisistas: "...uno ha erigido en el interior de sí un *ideal* por el cual mide su yo actual. [...] Y sobre este yo ideal recae ahora el amor de sí mismo de que en la infancia gozó el yo real. El narcisismo aparece desplazado a este nuevo yo ideal que, como el infantil, se encuentra en posesión de todas las perfecciones valiosas. [...] Lo que él proyecta frente a sí como su ideal es el sustituto del narcisismo perdido de su infancia, en la que él fue su propio ideal." (1914 [1976: 90-91]). El estado de narcisismo se abandona a causa de la crítica de los padres en relación con el niño. La interiorización de tales críticas produce esa condición de autoobservación que confronta el yo actual con el yo ideal.

Freud también remonta al ideal del yo la sumisión al líder, colocado por el sujeto en el lugar del ideal del yo. De esta manera se explican las convergencias que están en la base de la constitución del grupo social y de la **psicología de las masas** (*v.*). Cuando por fin Freud atribuyó al superyó las tres funciones de "observación de sí, la conciencia moral y la función del ideal." (1932 [1976: 62]), el ideal fue reabsorbido en la instancia del superyó, si bien el psicoanálisis posterior continuó manteniendo la distinción, motivada, como escribe H. Nunberg, por el hecho de que "mientras el yo obedece al superyó por miedo al castigo, se somete al ideal del yo por amor" (1932: 102).

BIBLIOGRAFÍA: Chasseguet-Smirgel, J. (1975); Freud, S. (1914); Freud, S. (1921); Freud, S. (1922); Freud, S. (1932); Nunberg, H. (1932).

yo incorpóreo (al. *Unkörperliches Ich*; fr. *moi incorporel*; ingl. *bodiless ego*; it. *io incorporeo*)

Término que introdujo R.D. Laing para indicar la que en su opinión es la condición de base de la esquizofrenia, en la que "el individuo siente su yo más o menos separado de su propio cuerpo. El cuerpo se vive, no tanto como el núcleo mismo del ser, sino como un objeto entre los otros muchos objetos del mundo. En lugar de ser el centro del verdadero yo, el cuerpo se vive como el centro de un falso yo, que el yo 'verdadero', el yo 'interior', incorpóreo y separado, puede ver, según los casos, con ternura, con curiosidad, con odio. Tal escisión del yo del cuerpo priva al yo incorpóreo de la posibilidad de participar de manera directa en cualquier aspecto de la vida de este mundo, que se media exclusivamente por las percepciones, por las sensaciones y por los movimientos del cuerpo (expresiones, gestos, palabras, acciones, etc.). El yo incorpóreo, simple espectador de todo lo que el cuerpo hace, no se empeña directamente en nada" (1959: 79).

BIBLIOGRAFÍA: Laing, R. D. (1959).

yo, interés del (al. *Ichinteresse*; fr. *intérêt du moi*; ingl. *ego interest*; it. *interesse dell'io*)

Expresión que introdujeron M. Sherif y H. Cantril, y que es recurrente en la psicología social en la cual, mediante experimentaciones, se pudo comprobar la posibilidad de inducir "necesidades secundarias" que involucran al yo de la misma manera que las "necesidades primarias". A partir de la comprobación de que la organización perceptiva tiende a ser adecuada al estado motivacional, por lo que los sujetos hambrientos tienden a percibir objetos neutros como relativos a la alimentación, por analogía se estableció y comprobó, con métodos de inducción experimental, que una situación de involucramiento del yo hace funcionar una necesidad secundaria de la misma manera que una primaria.

Del interés del yo (*Ichinteresse*) también habla S. Freud, con la acepción específica de las **pulsiones del yo** (v.), antepuestas a la autoconservación del individuo, cuya energía, escribe Freud, no es "libido", sino "interés" (v. **narcisismo**, § 3).

BIBLIOGRAFÍA: Atkinson, J.W. (1958); Freud, S. (1914); Sherif, M. y H. Cantril (1947).

yo, investimiento del
v. INVESTIMIENTO.

yo, libido del (al. *Ichlibido*; fr. *libido du moi*; ingl. *ego-libido*; it. *libido dell'io*)

También llamada *libido narcisista*, la libido del yo es ese investimiento de la **libido** (v.) que en lugar de orientarse hacia un objeto (libido objetal) se orienta hacia la propia persona. La libido, según S. Freud, comenzaría investiéndose en el yo (narcisismo primario) antes de ser enviada, a partir del yo, hacia los objetos externos: "Nos formamos así la imagen de una originaria investidura libidinal del yo, cedida des-

pués a los objetos; empero, considerada en su fondo, ella persiste, y es a las investiduras de objeto como el cuerpo de una ameba a los seudópodos que emite." (1914 [1976: 73]). Naturalmente, la *libido* del yo, al ser una pulsión sexual, debe distinguirse del **interés del yo** (v.), que es una pulsión autoconservadora. Para una mayor profundización véanse **yo, pulsión del** y **narcisismo**, § 3.

BIBLIOGRAFÍA: Freud, S. (1914).

yo, límites del (al. *Ichgrenzen*; fr. *confins du moi*; ingl. *ego boundaries*; it. *confines dell'io*)

Concepto que introdujo P. Federn para delimitar, en el nivel tópico y en una perspectiva metapsicológica, el ámbito del yo de la realidad externa y de la interna, esto permite la distinción entre yo y no yo y entre realidad e irrealidad. El niño, por ejemplo, que vive en un estado de identificación primaria con la madre, pasa gradualmente a desarrollar un límite del yo que le permite el descubrimiento de los objetos como cosas diferentes a sí mismo. El límite interno delimita al yo del inconsciente reprimido; dicho límite se refuerza con contrainvestimientos (v. **investimiento**, § 5) que impiden la invasión del material inconsciente. Su flexibilidad se revela en los estados **hipnagógicos** (v.) y durante el sueño, cuando los límites del yo se debilitan, permitiendo que material no yoico entre en el ámbito del yo. El límite *externo* delimita al yo del mundo de cosas y de personas que no son él. Los procesos de rápida e incontrolada identificación con los demás denotan un límite débil, cuyo precio lo paga el sentido de identidad; lo mismo puede decirse de las psicosis en las que el sujeto se siente invadido por las cosas del mundo y se siente a sí mismo como cosa del mundo (v. **conciencia**, § 3, *e*).

BIBLIOGRAFÍA: Federn, P. (1932); Federn, P. (1943); Pankow, G. (1969).

yo onírico (al. *Traum-Ich*; fr. *moi onirique*; ingl. *dream-ego*; it. *io onirico*)

Expresión que introdujo C.G. Jung para designar un fragmento del yo consciente durante el sueño. "En el sueño onírico la conciencia no está completamente apagada; permanece una conciencia limitada. Por tal motivo, en la mayor parte de los sueños se posee todavía una relativa conciencia del propio yo, un yo que sin embargo es muy limitado y característicamente modificado, y que es definido como yo onírico. [...] A este yo se asocian en el sueño contenidos psíquicos que se confrontan con el yo como las circunstancias externas reales, razón por la cual también en el sueño nosotros somos transferidos en situaciones que no tienen ninguna analogía con el pensamiento del estado de vigilia, sino más bien con situaciones reales" (1920-1948: 327-328). En el campo psicoanalítico P. Federn basó en el estudio del yo onírico la distinción entre yo corpóreo (*body ego*) y yo psíquico (*mental ego*), sosteniendo que en el sueño el yo corpóreo desaparece, mientras el yo psíquico permanece, a diferencia del estado de vigilia, en el cual el yo psíquico se percibe como si estuviera dentro del yo corpóreo.

BIBLIOGRAFÍA: Federn, P. (1952) Jung, C.G. (1939); Jung, C.G. (1920-1948).

yo placer-yo realidad (al. *Lust-Ich-Real-Ich*; fr. *moi-plaisir-moi-réalité*; ingl. *pleasure-ego-reality-ego*; it. *io-piacere-io-realtà*)

Términos que utilizó S. Freud para definir dos formas de funcionamiento de las pulsiones del yo (*v.*), según el **principio del placer** (*v.*, § 1) y según el **principio de realidad** (*v.*, § 3): "Así como el yo placer no puede más que *desear*, trabajar por la ganancia de placer y evitar el displacer, de igual modo el yo-realidad no tiene más que hacer que aspirar a *beneficios* y asegurarse contra perjuicios. En verdad, la sustitución del principio de placer por el principio de realidad no implica el destronamiento del primero, sino su aseguramiento. Se abandona a un placer momentáneo, pero inseguro en sus consecuencias, sólo para ganar por el nuevo camino un placer seguro, que vendrá después." (1911 [1976: 228]). En la dialéctica entre yo placer y yo realidad hay una primera fase en la que el sujeto coincide con todo lo placentero, y el mundo externo con todo lo desagradable. Esta división se cumple mediante una **introyec-**

ción (*v.*) de la parte de los objetos del mundo que es fuente de placer, y con la **proyección** (*v.*) hacia afuera de aquello que en el interior es ocasión de displacer: "El yo placer originario quiere, [...] introyectarse todo lo bueno, arrojar de sí todo lo malo. Al comienzo son para él idénticos lo malo, lo ajeno al yo, lo que se encuentra afuera." (1925 [1976: 254-255]). En una fase posterior el sujeto trata de encontrar fuera un objeto real correspondiente al objeto interior satisfactorio y perdido, y éste es el punto de partida del examen de realidad: "Ahora ya no se trata de si algo percibido (una cosa del mundo) debe ser acogido o no en el interior del yo, sino de si algo presente como representación dentro del yo puede ser reencontrado también en la percepción (realidad)." (1925 [1976: 255]).

BIBLIOGRAFÍA: Freud, S. (1911); Freud, S. (1915); Freud, S. (1925).

yo, psicología del
v. PSICOLOGÍA DEL YO.

yo, pulsión del (al. *Ichtrieb*; fr. *pulsion du moi*; ingl. *ego instinct*; it. *pulsione dell'io*)

Energía psíquica encargada de la **conservación** (*v.*, § 2) del yo y que está a su servicio en el conflicto defensivo; como tal, es opuesta a la pulsión sexual. Escribe S. Freud: "Estas pulsiones no siempre son conciliables entre sí; a menudo entran en un conflicto de intereses; y las oposiciones entre representaciones no son sino la expresión de las luchas entre las pulsiones singulares. De particularísimo valor para nuestro ensayo explicativo es la inequívoca oposición entre las pulsiones que sirven a la sexualidad, la ganancia de placer sexual, y aquellas otras que tienen por meta la autoconservación del individuo, las pulsiones yoicas. Siguiendo las palabras del poeta, podemos clasificar como 'hambre' o como 'amor' a todas las pulsiones orgánicas de acción eficaz dentro de nuestra alma." (1910 [1976: 211-212]).

Las razones de la oposición entre los dos órdenes de pulsiones se debe buscar en el hecho de que, escribe Freud, "el individuo lleva realmente una existencia doble, en cuanto es fin para sí mismo y eslabón dentro de una cadena de la cual es tributario contra su voluntad o, al menos, sin que medie esta. [...] La separación de las pulsiones sexuales respecto de las yoicas no haría sino reflejar esta función doble del individuo" (1914 [1976: 76]). En el cuadro del funcionamiento del **aparato psíquico** (*v.*) las pulsiones del yo, en cuanto protegen la autoconservación, tienden a funcionar según el **principio de realidad** (*v.*, § 3). Por eso la energía de las pulsiones del yo no es "libido", sino "interés" (*v.* **yo, interés del**).

Con la introducción del concepto de **narcisismo** (*v.*), en el cual las pulsiones sexuales pueden orientar su energía no hacia un objeto externo (libido objetal) sino hacia el yo (libido narcisista), también la autoconservación favorecida por las pulsiones del yo parece poder remontarse hacia el amor por sí mismo, por lo tanto hacia la libido, en este caso declinada narcisistamente. Esto no significa para Freud un acercamiento a la teoría monista de la energía pulsional que sostiene C.G. Jung: "De esa manera se suscitó la apariencia de que la lenta investigación analítica no había hecho sino seguir con retraso a la especulación de Jung sobre el libido primordial, en particular porque la trasmudación de la libido de objeto en narcisismo conllevaba inevitablemente una cierta desexualización, una resignación de las metas sexuales especiales. Empero, se impone esta reflexión: el hecho de que las pulsiones de autoconservación del yo hayan de reconocerse como libidinosas no prueba que en el yo no actúen otras pulsiones." (1922 [1976: 252]). Para mayor profundización véanse **pulsiones**, § 1, *g*, 2 y **narcisismo**, § 3.

BIBLIOGRAFÍA: Freud, S. (1910); Freud, S. (1914); Freud, S.(1922).

yo realidad

v. YO PLACER-YO REALIDAD.

Yoga

El término, cuya raíz *yui* significa "unir juntos", "mantener estrechos", "poner bajo el yugo", encierra, según la definición de M. Eliade, una serie de técnicas ascéticas y de métodos de contemplación orientados a obtener la unificación entre el alma humana y la divina o, lo que es lo mismo, la liberación del "sí mismo" como principio trascendente en el hombre. Las fuentes principales de la tradición yoga son los *Upanisad* y los *Yoga sutra* de Patanjali. Esta última obra describe los ocho *anga* ("miembros") del yoga, serie de técnicas y conjunto de etapas del itinerario espiritual cuyo destino último es la liberación definitiva: 1] *yama* (las abstinencias); 2] *niyama* (las disciplinas); 3] *asana* (las posiciones); 4] *prananyama* (el ritmo de la respiración); 5] *pratyahara* (la emancipación de la actividad sensorial de los objetos externos); 6] *dharana* (la concentración); 7] *dhyana* (la meditación); 8] *samadhi* (el éxtasis, la iluminación). C.G. Jung interpreta el yoga como una "disciplina psicológica" o un "método de higiene psíquica" donde "la emoción física (inervación) se une a la espiritual (idea universal). Se deriva de allí una integridad vivida, por lo que [...] el yoga es la adecuada expresión y el método más apropiado para fundir cuerpo y espíritu hasta formar una unidad difícilmente discutible, creando una disposición psicológica que permite intuiciones que trascienden la conciencia" (1936: 544). En Occidente se han derivado del yoga diversas técnicas de relajación; entre las más conocidas está el entrenamiento **autógeno** (*v.*).

BIBLIOGRAFÍA: Aurobindo, S. (1965); Eliade, M. (1948); Eliade, M. (1954); Jung, C.G. (1936).

Young-Helmholtz, teoría tricromática de

v. COLOR, § 2, *a*.

Zeigarnik, efecto de (al. *Zeigarniksef-fekt*; fr. *effet de Zeigarnik*; ingl. *Zeigarnik's effect*; it. *Zeigarnik, effetto di*)

Tendencia –que identificó B. Zeigarnik– a recordar más fácilmente una tarea interrumpida o dejada incompleta que una tarea llevada a su conclusión, debido a la tensión inducida por la frustración de una actividad dirigida hacia una meta. Como este efecto está íntimamente vinculado a la personalidad del sujeto y a la importancia de la tarea, se formuló el *cociente Zeigarnik*, que mide su incidencia en los diferentes individuos.

BIBLIOGRAFÍA: Zeigarnik, B. (1927).

Zen

Escuela budista cuyo nombre se deriva de la traducción japonesa del término chino *ch'an* que significa "meditación". Lo zen, extraño a especulaciones filosóficas, se configura esencialmente como una disciplina espiritual cuyo fin es la consecución del *satori* o "iluminación", que es un conocimiento experimental de la unidad del ser que se refleja en toda manifestación del mundo visible y que sólo es posible alcanzar superando el conocimiento intelectual que procede por pares de opuestos, es decir siguiendo un itinerario que no permite llegar a la intuición de la identidad del ser. Esta intuición no se conquista, pero sucede si se es capaz de producir ese "vacío de sí" que crea un espacio para recibir el sentido profundo de la realidad que se revela. Para la creación de este vacío la escuela *rinzai* usa el sistema *koan*, que consiste en preguntas paradojales y problemas insolubles. Asomándose a ellos el que quiere alcanzar la iluminación puede constatar la insuficiencia de las capacidades intelectuales para la comprensión pro-

funda. La escuela *soto*, en cambio, favorece la práctica del *zazen* (meditación en posición sentada), en el cual la concentración del ritmo respiratorio permite ese vacío mental adecuado para recibir la iluminación.

C.G. Jung intenta una explicación de la práctica del *zen* en los términos de la psicología analítica que concibe al inconsciente, no como un simple lugar de lo reprimido, sino como "una totalidad no describible de todos los factores subliminales, o sea una 'visión total' de naturaleza potencial. Esto constituye la disposición total de la cual la conciencia obtiene en cada ocasión sólo pequeñísimos fragmentos. Entonces, si la conciencia se vacía al máximo de sus contenidos, también éstos caen (por lo menos por un tiempo) en un estado de inconciencia. [...] La energía ahorrada se devuelve al inconsciente, cuya carga mental se refuerza hasta cierto punto máximo. Esto aumenta la capacidad de los contenidos inconscientes de irrumpir en la conciencia. [...] Si se logra insertar adecuadamente en la vida de la conciencia los fragmentos ofrecidos o impuestos por el inconsciente, se deriva una forma de existencia psíquica que corresponde mejor a la integridad de la personalidad individual; también se eliminan así conflictos estériles entre la personalidad consciente y la inconsciente. La psicología moderna descansa sobre este principio" (1939: 561-562).

BIBLIOGRAFÍA: Humphreys, C. (1957); Jung, C.G. (1939); Suzuki, D.T. (1927-1934); Suzuki, D.T. (1934).

Zipf, ley de (al. *Zipfsche gesetz*; fr. *loi de Zipf*; ingl. *Zipf's law*; it. *Zipf, legge di*)

Relación inversa que encontró G.F. Zipf entre la longitud de una palabra y su frecuencia. En consecuencia las palabras cuya frecuencia aumenta en el uso lingüístico muestran la tendencia a ser abreviadas, por lo que "automóvil" se transforma en "auto".

BIBLIOGRAFÍA: Zipf, G.K. (1949).

Zöllner, ilusión de
v. ILUSIÓN, § 4, u.

zona erógena (al. *Erogene zone*; fr. *zone érogène*; ingl. *erotogenic zone*; it. *zona erogena*)

Término psicoanalítico utilizado para indicar las partes del cuerpo idóneas para recibir y para manifestar una excitación de naturaleza sexual (v. **erotismo**).

zona histerógena (al. *Hysterogene zone*; fr. *zone hystérogène*; ingl. *hysterogenic zone*; it. *zona isterogena*)

Término que S. Freud toma de J.M. Charcot para indicar las regiones del cuerpo que en la **histeria** (v.) de conversión son percibidas como sede de sensaciones dolorosas. En realidad las zonas histerógenas producen también reacciones de placer, manifestando los mismos caracteres que las zonas eróticas (v. **erogenidad**). Éstas, en efecto, están libidinalmente investidas y, al igual que las demás, no presentan una ubicación fija en el organismo, sino que son intercambiables. En el síndrome histérico ese proceso de erogenización es especialmente vital, tanto que el ataque histérico puede considerarse el equivalente de un orgasmo.

BIBLIOGRAFÍA: Charcot, J.M. (1887-1889); Freud, S. (1892-1895); Freud, S. (1905).

zooerastia (al. *Bestialität*; fr. *bestialité*; ingl. *zooerasty*; it. *zooerastia*)

Prácticas sexuales con animales. Difundida en la Antigüedad, cuando era socialmente aceptada y en algunas culturas ritualizada, la zooerastia, condenada por la cultura bíblica, que la señala como la culpa más grave de los pecados de Sodoma (*Levítico*, 20, 15), hoy se utiliza en algunas culturas rurales, no como alternativa a las relaciones humanas sino como sustituto ante su insuficiencia o imposibilidad. Como forma electiva la zooerastia asume un aspecto patológico en la forma *anancástica*, donde hay escisión entre el sí mismo habitual y el sí sexual envilecido y denigrado, o en la *narcisista*, donde, por efecto de la regresión que alcanzó estados muy arcaicos, el sí narcisista, que vive en una condición de omnipotencia libidinal, trata al animal como parte de sí. R. von Krafft-Ebing, quien introdujo el uso de este término, distinguió la zooerastia de la **zoofilia** (v.).

BIBLIOGRAFÍA: Krafft-Ebing, R. von (1886).

zoofilia (al. *Zoophilie*; fr. *zoophilie*; ingl. *zoophilia*; it. *zoofilia*)

Amor por los animales que se manifiesta en cuidados, caricias, mimos. Cuando el apego es excesivo se conjetura una actitud contrafóbica en relación con los animales o un defecto de adaptación social.

zoofobia (al. *Zoophobie*; fr. *zoophobie*; ingl. *zoophobia*; it. *zoofobia*)

Miedo por los animales. Síntoma neurótico que, en opinión de S. Freud, es frecuente en los niños en la fase edípica, cuando el miedo por el padre (representante del peligro de castración) es desplazado hacia un animal. "[...] tan pronto como discierne el peligro de castración, el yo da la señal de angustia e inhibe el proceso de investidura amenazador en el ello; lo hace por una manera que todavía no inteligimos, por medio de la instancia placer-displacer. Al mismo tiempo se consuma la formación de la fobia. La angustia de castración recibe otro objeto y una expresión desfigurada (dislocada): ser mordido por el caballo (ser devorado por el lobo), en vez de ser castrado por el padre. La formación sustitutiva tiene dos manifiestas ventajas; la primera, que esquiva un conflicto de ambivalencia, pues el padre es simultáneamente un objeto amado; y la segunda, que permite al yo suspender el desarrollo de angustia." (1925 [1976: 119]). Esta última posibilidad se realiza mediante la evitación del animal objeto de la proyección, del cual es posible huir más generalmente que del padre. La interpretación que hace Freud de la zoofobia está en íntima analogía con la del totemismo, donde están presentes las mismas condiciones del complejo de Edipo, y en especial dos elementos de concordancia: la completa identificación con el animal totémico (encarnación del padre) y la actitud emotiva ambivalente hacia el animal (*v.* **tótem**, § 2).

BIBLIOGRAFÍA: Freud, S. (1908); Freud, S. (1912-1913); Freud, S. (1914); Freud, S. (1925).

zoológica, psicología
v. PSICOLOGÍA ANIMAL.

zoopsia (al. *Zoopsie*; fr. *zoopsie*; ingl. *zoopsia*; it. *zoopsia*)

Alucinación visual de insectos o de otros animales, frecuente en las psicosis alcohólicas (*v.* **alcoholismo**, § 6, *a*) y en las intoxicaciones con cocaína.

zoosadismo (al. *Zoosadismus*; fr. *zoosadisme*; ingl. *zoosadism*; it. *zoosadismo*)

Forma de **sadismo** (*v.*) que tiene como objeto los animales. La pulsión agresiva, con frecuencia de origen sexual, encuentra su satisfacción en acciones lesionantes o en el asesinato de animales, así como en la observación de escenas crueles de tal naturaleza.

zoosemiótica (al. *Zoosemiotik*; fr. *zoosémiotique*; ingl. *zoosemiotics*; it. *zoosemiotica*)

Estudio de los códigos con los que los animales transmiten, conservan y elaboran informaciones. Un código es, por ejemplo, la danza de las abejas, cuya velocidad, trayectoria y dirección tienen valores simbólicos precisos y diferenciados, capaces de identificar el lugar en el que se encuentran flores cargadas de néctar, su distancia del panal, y hasta la calidad del néctar. El lenguaje animal, a diferencia del humano, es completamente natural, no se desarrolla y se refiere exclusivamente a acontecimientos inmediatos y a objetos concretos.

BIBLIOGRAFÍA: Sebeok, T.A. (1968).

BIBLIOGRAFÍA

Autores varios, 1963, *Le psicosi sperimentali*, Milán, Feltrinelli.

Autores varios, 1967, *Le désir et la perversion*, París, Seuil.

Autores varios, 1969a, *Epilepsie. Diagnose und Therapie*, Munich, Karge.

Autores varios, 1968, *Pubblicità e televisione*, Roma, ERI.

Autores varios, 1969, *La pedagogia speciale e i suoi metodi*, Brescia, La Scuola.

Autores varios, 1970, *Il concetto di cultura*, Turín, Einaudi.

Autores varios, 1970, *Paralinguistica e cinesia*, Milán, Bompiani.

Autores varios, 1970, *Studies on animal and human behaviour*, Cambridge, University Press.

Autores varios (1965), *Il concetto di informazione nella società contemporanea*, Bari, De Donato, 1971.

Autores varios, 1971, *L'educazione degli svantaggiati*, Milán, Angeli.

Autores varios, 1973, *Questioni di meto-dologia e di didattica*, Brescia, La Scuola.

Autores varios, 1974, *La scuola tra crisi e utopia*, Brescia, La Scuola.

Autores varios, 1975, *Le minoranze oppresse*, Il Mulino, Bolonia.

Autores varios, 1976, *L'orientamento*, La Scuola, Brescia.

Autores varios, 1976, *Pedagogia della valutazione scolastica*, La Scuola, Brescia.

Autores varios, 1976, *Proposte didattiche*, Turín, Loescher.

Autores varios, 1977, *Educazione degli handicappati*, Milán, Angeli.

Autores varios, 1979., *Personalità e questione femminile*, Roma, Bulzoni

Autores varios, 1981, *L'identità personale*, Padua, Cedam.

Autores varios, 198, Turín, Loescher1, *Intelligenza e diversità*.

Autores varios, 1982, "Dislessia e disturbi di apprendimento", *Neuropsichiatria Infantile*, núm. 250-251.

Autores varios, 1982, *Motricità e vita psichica del feto*, Roma, Gruppo Editoriale Medico.

Autores varios, 1983, *Il giudizio morale nell'adolescenza: Categorie cognitive e valori*, Milán, Angeli.

Autores varios, 1985, "Comunicazione", en *Gli strumenti del sapere contemporaneo*, Turín, UTET.

Autores varios, 1986, *Immagini dell'uomo*, Florencia, Rosini.

Autores varios, 1987, *Esperienza e progresso: L'agopuntura, la farmacologia, l'igiene nella medicina cinese*, Roma, Paracelso.

Autores varios, 1988, *Eros e amore*, Red, Como.

Autores varios, *Illich in discussione*, Milán, Emme, s/f.

Abbiate Fubini, A., 1974, *I complessi della casalinga*, Florencia, La Nuova Italia.

Abelson, R.P., 1976, *Cognition and social behavior*, Nueva York, Erlbaum.

Abhinavagupta, 1972, *Tantraloka – Luce delle Sacre Scritture*, Turín, UTET.

Abraham, G. y W. Pasini, 1975, *Introduzione alla sessuologia clinica*, Feltrinelli, Milán [Introducción a la sexología médica, Barcelona, Crítica]

Abraham, G., P. Marrama, C. Carani y J.M. Gaillard, 1986, *Psiconeuroendocrinologia del piacere*, Milán, Masson.

"Contributi dell'erotismo orale alla formazione del carattere" (1924), *Opere*, vol. I, Boringhieri, Turín, 1975.

Abraham, K. (1908), "Le differenze psicosessuali fra isteria e dementia praecos", *Opere*, vol. I, Turín, Boringhieri, 1975.

Abraham, K. (1923), "Inizi e sviluppo dell'amore oggettuale, *Opere*, vol. I, Turín, Boringhieri, 1975.

Abraham, K. (1911), "Note per l'indagine e il trattamento psicoanalitico della follia maniaco-depressiva e di stati affini", *Opere*, vol. I, Turín, Boringhieri, 1975.

Abraham, K. (1907-1925), "Sessualità infantile e teoria della libido", *Opere*, vol. I, Turín, Boringhieri, 1975.

Abraham, K. (1925), "Studi psicoanalitici sulla formazione del carattere", *Opere*, vol. I, Turín, Boringhieri, 1975.

Abraham, K. (1917), "Sulla ejaculatio praecox", *Opere*, vol. I, Turín, Boringhieri, 1975.

Abraham, K. (1920), "Sulla sessualità del bambino", *Opere*, vol. I, Turín, Boringhieri, 1975.

Abraham, K. (1921), "Supplementi alla teoria del carattere anale", en *Studi psicoanalitici sulla formazione del carattere* (1925), *Opere*, vol. I, Turín Boringhieri, 1975.

Abraham, K. (1924), "Tentativo di una storia evolutiva della libido sulla base della psicoanalisi dei disturbi psichici", *Opere*, vol. I, Turín, Boringhieri, 1975.

Abraham, K. (1919), "Una forma particolare di resistenza nevrotica al metodo psicoanalitico", *Opere*, vol. II, Turín, Boringhieri, 1975.

Abraham, K. (1923), "Vedute psicoanalitiche su alcune caratteristiche del pensiero infantile", *Opere*, vol. I, Turín, Boringhieri, 1975.

Abraham, K. 1975, *Opere*, Turín, Boringhieri.

Abramson, H.A., 1967, *The use of lsd in psychotherapy and alcoholism*, Indianapolis.

Abt, L.E. y L. Bellak (1961), *Psicologia proiettiva*, Milán, Longanesi, 1967 [*Psicología proyectiva*, Buenos Aires, Paidós].

Acarín Tusell, N. y J. Álvarez Sabin, J. Peres Serra *et al.*, 1989, *Glosario de Neurología*, Madrid, Sociedad Española de Neurología.

Ach, N., 1921, *Über die Begriffsbildung*, Bamberg.

___, 1935, *Analyse des Willens*, Berlín.

Achfield, M.G., 1965, The sexual behaviour of young people, Boston, Longman.

Achille, P.A., 1972, "La dinamica del gruppo delinquente", en *Nuove questione di psicologia*, vol. II, Brescia, La Scuola.

Ackerman, N.W. (1958), *Psicodinamica della vita familiare* Turín, Boringhieri, 1968 [*Grupoterapia de la familia*, Buenos Aires, Horme].

Ackerman, N.W. (1962), *Patologia e terapia della vita familiare*, Feltrinelli, Milán, 1970a.

Ackerman, N.W. (1959-1966), "Psicoterapia della famiglia", en Arieti S. (coord.), 1970b, *Manuale di psichiatria*, vol. III, Turín, Boringhieri [*Psicoterapia de la familia neurótica*, Buenos Aires, Horme].

Acquaviva, S., 1961, *L'eclissi del sacro nella civiltà industriale*, Milán, Comunità [*Eclipse de lo sagrado en la civilización industrial*, Bilbao, Mensajero].

Adams, A.E., 1971, *Informationstheorie und Psychopathologie des Gedächtnis*, Berlín, Springer.

Adams, J.L., 1974, *Conceptual blockbusting. A guide to better ideas*, San Francisco, Freeman.

Adler, A., 1907, *Studie über Minderwertigkeit der Organen*, Wein, Urban and Schwarzenberg [*Estudios sobre la inferioridad de los órganos*, Buenos Aires, Paidós].

Adler, A., 1908, "Der Aggressionstrieb im Leben und in der Neurose", *Fortschritte der Medizin*, vol. 26.

Adler, A. (1920), *Prassi e teoria della psicologia individuale*, Roma, Astrolabio, 1947.

___ (1912), *Il temperamento nervoso*, Roma, Astrolabio, 1950.

___ (1966), *Psicologia analitica*, Milán, Bompiani, 1972.

___ (1930), *Psicologia dell'educazione*, Roma, Newton Compton, 1975.

___ (1926), *Psicologia individuale e conoscenza dell'uomo*, Roma, Newton Compton, 1975.

Adorno, T.W. (1962), *Introduzione alla sociologia della musica*, Turín, Einaudi, 1971.

___ (1972), *Scritti sociologici*, Turín, Einaudi, 1976.

Adorno, T.W. *et al.* (1950), *La personalità autoritaria*, Milán, Comunità, 1973.

Adrian, A.D. (1947), *I fondamenti fisiologici della percezione*, Turín, Boringhieri, 1952.

Aganoff, B.W. (coord.), 1980, *Neurobiological basis of learning and memory*, Nueva York, Wiley.

Ahrenfeldt, R.H., 1966, "La notion de santé mentale", *Encyclopédie médico-chirurgicale (Psychiatrie)*, París.

Ajuriaguerra(1960), J. de, "Les apraxies", *Rev. Neurol.*, núm. 102.

Alain, O., 1965, *L'harmonie*, París, puf.

Alberoni, F., 1960, *Contributo allo studio dell'integrazione sociale dell'immigrato*, Milán, Vita e Pensiero.

___, 1964, *Consumi e società*, Bolonia, Il Mulino.

___, 1979, *Innamoramento e amore*, Milán, Garzanti [*Enamoramiento y amor*, Barcelona, Gedisa, 1998].

___, 1984, *L'amicizia*, Milán, Garzanti [*La amistad*, Barcelona, Gedisa, 1998].

___, 1986, "Psicosintesi e immagine dell'uomo", en *Immagini dell'uomo*, Florencia, Rosini.

___, 1991, *Gli invidiosi*, Milán, Garzanti [*Envidiosos*, México, Gedisa Mexicana, 1991].

Alberts, B. *et al.*, 1989, *Molecular biology of the cell*, Nueva York, Garland.

Alcock, J., 1979, *Animal behavior*, Sunderland, Sinauer [*Comportamiento animal: enfoque evolutivo*, Barcelona, Salvat].

Alexander, F. (1950), *Medicina psicosomatica*, Florencia, Giunti Barbera, 1951.

Alexander, F. y H. Healy, 1935, *Roots of crime*, Nueva York, Knopf.

Alexandre, V., 1971, *Les échelles d'attitude*, París, Delarge.

Alexandrian, F. (1983), *Storia della filosofia occulta*, Milán, Mondadori, 1984.

Alfieri, F. , 1974, *Il mestiere di maestro*, Milán, Emme.

Alle, R. (1976), *La scienza dei simboli*, Florencia, Sansoni, 1983.

Alléon, A.M., O. Morwon y S. Lebovici, 1985, *Adolescence terminée, adolescence interminable*, París, PUF.

Allport, F.H., 1937, "Toward a science opinion", *Public Opinion Quarterly*, I, 1.

Allport, G.W., 1937, *Personality: A psychological interpretation*, Nueva York, Holt.

___, 1963, *Divenire: Fondamenti di una psicologia della personalità*, Florencia, Editrice Universitaria.

___ (1954), *La natura del pregiudizio*, Florencia, La Nuova Italia, 1973 [*La naturaleza del prejuicio*, Buenos Aires, Eudeba].

___ (1961), *Psicologia della personalità*, Zurich, Pas, 1973.

Allport, G.W., P.E. Vernon y G. Lindzey, 1960, *A study of values*, Boston, Houghton Mifflin.

Althusser (1976), L., *Freud e Lacan*, Editori Riuniti, Roma, 1977.

Altrocchi, J., 1972, *Mental health consultation*, Nueva York, Appleton-Century-Crofts.

Alvin, J. (1965), *La música como terapia*, Roma, Armando, 1968 [*La musicoterapia*, Buenos Aires, Paidós].

Alzheimer, A., 1907, *Über eigenartige Erkrankung der Hirnrinden*, *All. Ztschr. f. Psychiat.*.

Amato, S., 1985, *Sessualità e corporeità. I limiti dell'identificazione giuridica*, Milán, Giuffrè.

American Psychiatric Association, 1988, *Manuale diagnostico e statistico dei disturbi mentali* (DSM-III-R), Milán, Masson [*Manual diagnóstico y estadístico de los transtornos mentales*, CD-ROM, Barcelona, Masson, 1996].

Amerio, P. y F. Borgogno, 1975, *Introduzione alla psicologia dei piccoli gruppi*, Turín, Giappichelli.

Amerio, P. y G.P. Quaglino, 1979, *Il gruppo. Realtà e rappresentazione sociale*, Turín, Book Store.
___, 1980, *Mente e società nella ricerca psicologica*, Turín, Book Store.
Amerio, P., 1982, *Teorie in psicologia sociale*, Bolonia, Il Mulino.
Amerio, P., E. Bosotti y F. Amione, 1978, *La dissonanza cognitiva*, Turín, Boringhieri.
Ammaniti, M., F. Antonucci y B. Iaccarino, 1975, *Appunti di psicopatologia*, Roma, Bulzoni.
Ammon, G. (1974), *Psicosomatica*, Roma, Borla, 1977.
Anagarika Govinda, 1984, *Meditazione creativa e coscienza multidimensionale*, Roma, Astrolabio [*Meditación creativa y conciencia multidimensional*, Buenos Aires, Kier, 1987].
Anastasi, A. (1954), *I test psicologici*, Milán, Angeli, 1969 [*Tests Psicológicos*, México, Prentice-Hall, 1998].
___ (1964), *Applicazioni della psicologia*, Roma, LAF, 1974.
Ancona, L., 1960, "Il colloquio strumento di indagine in psicologia sociale e clinica", *Atti XII Congresso Psicologi Italiani*, Florencia.
___, 1968, "Psicologia dell'amore coniugale", *Enciclopedia del matrimonio*, Brescia, Queriniana.
___, 1970, *Dinamica della percezione*, Milán, Mondadori.
___, 1972, "L'aggressività", *Nuove questioni di psicologia*, vol. 1, Brescia, La Scuola.
___, 1972, "L'aspetto dinamico della motivazione, il conflitto psichico e i meccanismi di difesa", en *Nuove questioni di psicologia*, vol. 1, Brescia, La Scuola.
___, 1972, "L'ipnosi come processo psicodinamico", *Nuove questioni di psicologia*, vol. 1, Brescia, La Scuola.
Anderson, J.R., 1980, *Cognitive psychology and its implications*, San Francisco, Freeman.
Anderson, J.R. y G.H. Bower, 1973, *Human associative memory*, Washington D.C., Winston and Sons.
Anderson, M., 1985, *La cromoterapia*, Milán, Armenia.
Andolfi, M. *et al.*, 1982, *La famiglia rigida*, Milán, Feltrinelli.
Andreani, S. y O. Orio, 1972, *Le radici psicologiche del talento*, Bolonia, Il Mulino.
Andreoli, V., 1973, *Demonologia e schizofrenia*, Milán, Tamburini.
Anello, A. y R. Venturini, 1981, *Musica: Terapia e autorealizzazione*, Roma, Bulzoni.
Angela, P., 1979, *Viaggio nel mondo del paranormale*, Milán, Garzanti.
Angell, J.R., 1904, *Psychology*, Nueva York, Holt.
Angell, J.R. (1907), "L'area della psicologia funzionale", N. Dazzi y L. Mecacci (coords.), *Storia antologica de lla psicologia*, Florencia, Guinti Barbera, 1982.
Angyal, A., 1937, *Foundation for a science of personality*, Nueva York, Commonwealth Fund.
Anstey, E., 1977, *An introduction to selection interviewing*, Londres, H.M. Stationery Office.
Antiseri, D., 1981, *Teoria unificata del metodo*, Padua, Liviana.
Antonelli, F. y A. Salvini, 1978, *Psicologia dello sport*, Roma, Lombardo.

Anzieu, D., 1959, *L'autoanalyse*, París, puf [*El autoanálisis de Freud y el descubrimiento del psicoanálisis*, México, Siglo XXI, 1988].
___, 1960, *Les méthodes projectives*, París, puf [*Métodos proyectivos*, Buenos Aires, Ábaco, 1981].
___ (1985), *L'Io-pelle*, Roma, Borla, 1987 [*El yo piel*, Madrid, Biblioteca, Nueva, 1987].
___ (1990), *L'epidermide nomade e la pelle psichica*, Milán, Cortina, 1992.
Archer, J. y B. Lloyd, 1982, *Sex and gender in society*, Harmondsworth, Penguin.
Ardigò, A., 1966, "Sociologia dell'educazione e della famiglia", *Questioni di sociologia*, Brescia, La Scuola.
Ardigò, A. y C. Donati, 1976, *Famiglia acquisitiva e decentramento industriale*, Milán, Angeli.
Argyle, M., 1976, *Il comportamento sociale*, Bolonia, Il Mulino.
___ (1965), *Il corpo e il suo linguaggio. Studi sulla comunicazione non verbale*, Bolonia, Zanichelli, 1978.
Argyle, M. y B. Beit-Hallahmi, 1975, *The social psychology of religion*, Boston, Routledge and Kegan.
Argyris, C., 1965, *Organization and innovation*, Homewood, Dorsey Press.
Ariès, P., 1979, "Infanzia", *Enciclopedia*, vol. VII, Turín, Einaudi.
Arieti, S. (1971), *Il Sé intrapsichico*, Turín, Boringhieri, 1969.
___, "La creatività e il suo potenziamento", S. Arieti (coord.), *Manuale di psichiatria* (1959-1966), vol. VIII, Turín, Boringhieri, 1970.
___ (1974), *Interpretazione della schizofrenia*, Milán, Feltrinelli, 1978.
___ (1976), *Creatività. La sintesi magica*, Roma, Il Pensiero Scientifico, 1979.
Arieti, S. y J. Bemporad (1978), *La depressione grave e lieve*, Milán, Feltrinelli, 1981.
___, 1973a, "Analitici primi, Retorica", *Opere*, vol. I, 4, Bari, Laterza.
___, 1973b, "Categorie, Retorica", *Opere*, vol. I, Bari, Laterza.
___, 1973c, "Dell'anima", *Opere*, vol. II, Bari, Laterza.
___, 1973d, "Della memoria e della reminiscenza", en *Opere*, vol. II, Bari, Laterza.
___, 1973e, "Etica eudemia", *Opere*, vol. III, Bari, Laterza.
___, 1973f, "Etica nicomachea", *Opere*, vol. III, Bari, Laterza.
___, 1973g, "Fisica", *Opere*, Bari, Laterza.
___, 1973h, "Metafisica", *Opere*, vol. III, Bari, La terza.
___, 1973i, "Poetica", *Opere*, vol. IV, Bari, Laterza.
___, 1973j, "Riproduzione degli animali", *Opere*, vol. II, Bari, Laterza.
Arndt, M., 1930, "Über täglichen Wechsel psychischer Krankheitszustände", *Allg. Z. Psychiat.*, núm. 92.
Arnheim, R. (1966), *Verso una psicologia dell'arte*, Turín, Einaudi, 1969 [*Hacia una psicología del arte. Arte y entropía*, Madrid , Alianza].
___ (1954), *Arte e percezione visiva*, Milán, Feltrinelli, 1971 [*Arte y percepción visual*, Madrid, Alianza].

___ (1971), *Entropia e arte. Saggio sul disordine e l'ordine*, Turín, Einaudi, 1974.

___ (1969), *Il pensiero visivo*, Turín, Einaudi, 1974 [*El pensamiento Visual*, Barcelona, Paidós, 1986].

___, 1987a, "L'altro Gustav Theodor Fechner", *Intuizione e intelleto. Nuovi saggi di psicologia dell'arte*, Milán, Feltrinelli.

___ (1986), *Intuizione e intelletto. Nuovi saggi di psicologia dell'arte*, Milán, Feltrinelli, 1987b.

Arnold, M.B., 1960, *Emotion and personality*, Nueva York, Columbia University Press [*Emoción y personalidad*, Buenos Aires, Losada, 1970].

Arnold, W., 1970, *Angewandte Psychologie*, Stuttgart.

___, 1971, "Psychological problems of cybernetics", *Education*, núm. 3.

Arnold, W. y R. Pauli, 1970, *Der Pauli-test*, Munich.

Aron, J. P. y R. Kempf (1978), *Il pene e la demoralizzazione dell'Occidente*, Milán, Sansoni, 1979.

Aron, R., 1950, "Social structure and ruling class", British Journal of Sociology, Londres.

___, 1973, *Histoire et dialectique de la violence*, París.

Aronfreed, J., 1968, *Conduct and conscience*, Nueva York.

Artaud, A. (1938), *Il teatro e il suo doppio*, Turín, Einaudi, 1968 [*El teatro y su doble*, Barcelona, Edhasa].

Asch, S.E.(1952), *Psicologia sociale*, Turín, SEI, 1968 [*Psicología social*, Buenos Aires, Eudeba].

Aschmoneit, W., 1972, *Zur Pädagogik der Lateralität*, Limburg.

Ashby, W.R. (1956), *Introduzione alla cibernetica*, Turín, Einaudi, 1971.

Assagioli, R., 1973, *Principi e metodi della psicosintesi terapeutica*, Roma, Astrolabio.

___, 1977, *L'atto di volontà*, Roma, Astrolabio.

Atkinson, J.W., 1958, *Motives in fantasy, action, and society*, Princeton, Van Nonstrand Princeton.

___ (1964), *La motivazione*, Bolonia, Il Mulino, 1973.

___, 1983, *Personality, motivation and action*, Nueva York, Praeger.

Atlan, H., 1972, *L'organisation biologique et la théorie de l'information*, París, Herman.

Augé, M., 1979a, "Iniziazione", *Enciclopedia*, vol. VII, Turín, Einaudi.

___, 1979b, "Magia", *Enciclopedia*, vol. VIII, Turín, Einaudi.

Augenti, A., 1977, *La questione scolastica dei ragazzi handicappati*, Florencia, La Nuova Italia.

Aulagnier, P., S. Leclaire y S. Resnik, 1978, *Psicosi e linguaggio*, Venecia, Marsilio.

Aurobindo, S. (1965), *La sintesi dello Yoga*, Roma, Astrolabio, 1967-1969 [*Síntesis del yoga*, Buenos Aires, Kier, 1980].

Avanzini, G., 1974, *Alfred Binet e la pedagogia scientifica*, Turín, Paravia.

Aversa, L., 1984, "Il mondo immaginale", *Psichiatria e Psicoterapia Analitica*, núm. III, 1.

___, 1987, *Interpretazione e individuazione. Progetto ermeneutico per la psicologia analitica*, Roma, Borla.

Ax, A.F., 1953, "The physiological differentiation between fear and anger in humans", *Psychosomatic Medicine*, núm. 15.

Ayer, A.J. (1964), *Il concetto di persona*, Milán, Il Saggiatore, 1966.

Ayers, M.R., 1968, *The refutation of determinism*, Londres, Methuen.

Azrin, N.H. y W.C. Holz, 1966, en W.K. Honig, *Operant behavior*, Nueva York, Appleton-Century-Crofts.

Babini, V.P., F. Minuz y A. Tagliavini, 1986, *La donna nelle scienze dell'uomo*, Milán, Angeli.

Babinski, J., 1918, "Anosognosie", *Rev. neurol.*, núm. 31.

Babinski, J., 1908, "My conception of hysteria and hypnotism (pithiatism)", *Alienist. and Neurol.*, núm. 1.

Bacharach, S.B. y E.J. Lawler, 1981, *Bargaining: Power, tactics and outcomes*, San Francisco, Jossey.

Bachelard, G. (1960), *La poetica della rêveire*, Bari, Dedalo, 1972 [*Poética de ensoñación*, México, FCE, 1982].

Bachelard, G. (1928), *Essai sur la connaissance approchée*, París, Vrin, 1973.

Bachelard, G. (1970), *Il diritto di sognare*, Bari, Dedalo, 1974 [*El derecho de soñar*, México. FCE, 1985].

Bachelard, G. (1972), *Il materialismo razionale*, Bari, Dedalo, 1975a.

Bachelard, G. (1969), *Il razionalismo applicato*, Bari, Dedalo, 1975b.

Bachelard, G. (1957), *La poetica dello spazio*, Bari, Dedalo, 1975c [*La poética del espacio*, México, FCE,1986].

Bachelard, G. (1934), *Il nuovo spirito scientifico*, Bari, Laterza, 1978 [*La formación del espíritu científico*, Siglo XXI, Argentina, 1994].

Bachofen, J.J. (1861), *Il matriarcato*, Turín, Einaudi, 1988 [*Matriarcado: una investigación sobre la ginecocracia en el mundo antiguo según su naturaleza religiosa y jurídica*, Madrid, Akal].

Baczko, B., 1979, *Immaginazione sociale*, Enciclopedia, vol. VII, Turín, Einaudi [*Imaginarios sociales*, Buenos Aires, Nueva Visión, 1991].

Badalato, G. y M.G. Di Tullio, 1979, *Gruppi terapeutici e gruppi di formazione*, Roma, Bulzoni.

Baddeley, A. (1982), *La memoria*, Bari, Laterza, 1984 [*Psicología de la memoria*, Madrid, Debate, 1983].

Bagnara, S., 1984a, "L'affidabilità umana dei sistemi uomo-automazione", *Studi Organizzativi*, núms. 3-4.

Bagnara, S., 1984b, *L'attenzione*, Bolonia, Il Mulino.

Bagnara, S. y R. Misiti (coords.), 1978, *La psicologia ambientale*, Bolonia, Il Mulino.

Bagnasco, C., P. Baldi y F. Grasso, 1979, *Partecipazione e territorio*, Florencia, La Nuova Italia.

Bahnsen, J., 1867, *Beiträge zur Charakterologie*, Leipzig.

Bakan, P., 1976, "The right-brain is the dreamer", *Psychology today*.

Baker, R.R, 1978, *The evolutionary ecology of animal migration*, Nueva York, Holmes & Meier.

Balckham, G.J. y A. Silberman, 1974, *La modificazione del comportamento*, Roma, Armando.

Balconi, M. y G. Del Carlo Giannini, 1987, *Il disegno e la psicoanalisi infantile*, Milán, Cortina.

Baldini, M. (coord.), 1974, *Il pensiero utopico*, Roma, Armando.

Baldissera, F. y G.M. Pace, 1981, *No al dolore. Origine e significato del dolore*, Milán, Feltrinelli.

Baldwin, A.L., 1967, *Theories of child development*, Nueva York, Wiley & Sons.

Balint, M., 1963, *Psychotherapeutische Techniken in der Medizin*, Bern, Stuttgart.

Balint, M. (1957), *Medico, paziente e malattia*, Milán, Feltrinelli, 1961.

Balint, M. (1965), *L'analisi didattica*, Rimini, Guaraldi, 1974a.

Balint, M. (1939), "Transfert e controtransfert", en *L'analisi didattica*, Rimini, Guaraldi, 1974b.

Balint, M. (1952), *L'amore primario*, Milán, Cortina, 1991.

Balint, R. , 1909, "Optische ataxie", *Monatschr. Psychiat. Neurol*, núm. 25.

Ballerini, A. y M. Rossi Monti, 1983, *Dopo la schizofrenia*, Milán, Feltrinelli.

Baltes, P.B., 1968, "Longitudinal and cross-sectional sequences in the study of age and generation effects", *Human Development*, núm. 11.

Baltes, P.B., S.W. Cornelius y J. R. Nesselroade, 1978, "Cohort effects in developmental psychology: Theoretical and methodological perspectives", *Minnesota symposia on child psychology*, vol. IX, Hillsdale, Erlbaum.

Baltes, P.B. y H.W. Reese, 1977, *Life-span developmental psychology. Introduction to research methods*, Belmont, Brooks Cole.

Baltes, P.B. y K.W. Schaie (coords.), 1973, *Life-span developmental psychology: Personality and socialization*, Nueva York, Academic Press.

Bandura, A., 1969, *Principles of behavior modification*, Nueva York, Holt, Rinehart and Winston [*Principios de modificación de conducta*, Salamanca, Sígueme, 1983].

Bandura, A., 1973, *Aggression: A social learning analysis*, Englewood Cliffs, Prentice-Hall.

Bandura, A., 1977, *Social learing theory*, Englewwod Cliffs, Prentice-Hall.

Bannister, D. y F. Fransella (1971), *L'uomo ricercatore. Introduzione alla psicologia dei costrutti personali*, Florencia, Martinelli, 1986.

Bär, E. (1975), *Semiotica e psicoterapia* Roma, Astrolabio, 1979.

Bara, B.G., 1990, *Scienza cognitiva*, Turín, Bollati Boringhieri.

Bara, B.G. (coord.), 1978, *Intelligenza artificiale*, Milán, Angeli

Barasch, D.P., 1980, "Predictive sociobiology: Damselfishes and sparrows", *Sociobiology: Beyond nature/nature?*, Washington, D.C., A.A.A.S.

Barbault, A. (1961), *Della psicoanalisi all'astrologia*, Siena, Morini, 1971 [*Del psicoanálisis a la astrología*, Buenos Aires, Dédalo].

Barber, T.X. (1969), *Ipnosi. Un approccio scientifico*, Roma, Astrolabio, 1972.

Barbera, M., 1945, *Ontogenesi e biotipologia*, Roma.

Barbizet, J. y P. (1977), Duizabo, *Neuropsicologia*, Milán, Masson, 1983.

Barilli, R., 1979, *Retorica*, Milán, ISEDI.

Barker, R., 1968, *Ecological psychology*, Stanford, Stanford, University Press.

Barker, R., T. Dembo y K. Lewin, 1941, "Frustration and regression", *University of Iowa, Studies in Child Welfare*, 18, núm. 386.

Barthes, R. (1964), *Elementi di semiologia*, Turín, Einaudi, 1966 [*Elementos de semiología*, Montevideo, Eppal]).

Barthes, R., 1981, *Le grain de la voix*, París, Seuil [*El grano de la voz, México*, Siglo XXI, 1981].

Barthes, R. y P. Mauriès, 1981, "Scrittura", *Enciclopedia*, vol. XII, Turín, Einaudi.

Bartlett, F.C. (1932), *La memoria*, Milán, Angeli, 1974.

Bartlett, F.C. (1958), *Il pensiero*, Milán, Angeli, 1975.

Bartoli, P., 1981, *Il condizionamento sociale*, Florencia, La Nuova Italia.

Bartolini, G., 1976, *Il consulente di coppia*, Bolonia, Zanichelli.

Bartolomeis, F. De, 1953, *La pedagogia come scienza*, Florencia, La Nuova Italia.

Bartolomeis, F. De, 1978, *La pratica del lavoro di gruppo*, Turín, Loescher.

Barton, R., 1966, *Institutional neurosis*, Bristol, Wright.

Barucci, M., 1990, *Trattato di psicogeriatria*, Florencia, USES.

Barucci, M., 1991, *Sonno e insonnia*, Turín, UTET Libreria.

Baruk, H., 1956, "Morale médicale", *Presse Méd.*, núm. 64.

Basaglia, F. (coord.), 1966, *Institutional neurosis*, Bristol, Wright.

Basaglia, F. (coord.), 1968, *L'istituzione negata*, Turín, Einaudi [*Institución negada*, Buenos Aires, Corregidor].

Basaglia, F., 1978, "Clinica", *Enciclopedia*, vol. III, Turín, Einaudi.

Basaglia, F. (1953-1980), *Scritti*, Turín, Einaudi, 1981-1982.

Basaglia, F. y F. Basaglia Ongaro (coords.), 1971, *La maggioranza deviante*, Turín, Einaudi.

Basaglia, F. y F. Basaglia Ongaro, 1979, "Follia", *Enciclopedia*, vol. VI, Turín, Einaudi.

Bashir, M., 1984, *Come leggere la mano*, Milán, Garzanti.

Bass, B.M., 1965, *Organizational psychology*, Boston, Allyn-Bacon.

Basso, A., 1977, *Il paziente afasico*, Milán, Feltrinelli.

Bastide, R., 1967, *Sociologie des maladies mentales*, París, Flammarion [*Sociología de las enfermedades mentales*, México, Siglo XXI, 1983].

Bastide, R. (1950), *Sociologia e psicoanalisi*, Bari, Dedalo, 1972.

Bastide, R. (1970), *Dall'istinto allo spirito*, Milán, Angeli, 1976.

Bastook, M., 1967, *Courtship*, Londres.

Bataille, G. (1957), *L'erotismo*, Milán, Mondadori, 1969 [*Eroitsmo*, Barcelona, Tusquets].

Bataille, G. (1949), *La parte maledetta*, Bertani, Verona, 1972.

Bates, F.L., 1956, "Position, role and status: A reformulation of concepts", *Social Forces*, núm. 34.

Bateson, G., 1966, "The characteristics and context of imprinting", *Biological Review*, núm. 41.

Bateson, G. (1972), *Verso un'ecologia della mente*, Milán, Adelphi, 1976 [*Pasos hacia una ecología de la mente*, Buenos Aires, Planeta, 1991].

Bateson, G. (1979), *Mente e natura*, Milán, Adelphi, 1984 [*Espíritu y naturaleza*, Buenos Aires, Amorrortu, 1990].

Bateson, W., 1909, *Mendel's principles of heredity*, Londres, Cambridge University Press.

Battacchi, M.W., 1970, *Delinquenza minorile, psicologia e istituzioni totali*, Florencia, Giunti Martello.

Battacchi, M.W. y O. Codispoti, 1992, *La vergogna*, Bolonia, Il Mulino.

Baudouin, C. (1963), *L'opera di Jung*, Milán, Garzanti, 1978.

Baudrillard, J. (1972), *Per una critica dell'economia politica del segno*, Milán, Mazzotta, 1974 [*Crítica de la economía política del signo*, México, Siglo XXI, 1995].

Baudrillard, J. (1976), *Lo scambio simbolico e la morte*, Milán, Feltrinelli, 1979 [*Intercambio simbólico y la muerte*, Caracas, Monte Ávila, 1997].

Baudrillard, J. (1988), *La trasparenza del male*, Milán, Feltrinelli, 1990 [*Transparencia del mal*, Barcelona, Anagrama].

Baum, A. y Y.M. Epstein (coords.), 1968, *Human response to crowding*, Hillsdale, Eribaum.

Baumann, H., 1955, *Das doppelte Geschlecht*, Berlín.

Bay, E., 1950, *Agnosie und Funktionswandel. Eine hirnpathologische Studie*, Berlín, Springer.

Bayertz, K., 1982, "Darwinismus als Ideologie", en *Darwin und die Evolutionstheorie*, Colonia, Pahl Rugenstein.

Bazzi, T. y G. Giorda, 1982, *Il training autogeno*, Roma, Città Nuova.

Beach, F.A., 1954, *Sex and behaviour*, Nueva York [*Sexo y conducta*, México, Siglo XXI, 1970].

Beard, G., 1884, *Sexual neuroasthenia (nervous exhaustion), its hygiene, causes, symptoms, and treatment*, Nueva York.

Beattie, J. (1964), *Uomini diversi da noi*, Bari, Laterza, 1972 [*Otras culturas*, México, FCE].

Beaudot, A. (coord.), 1977, *La creatività*, Turín, Loescher.

Beauvoir, S. de (1949), *Il secondo sesso*, Milán, Il Saggiatore, 1961 [*Segundo sexo*, Buenos Aires, Siglo Veinte].

Beccaria, C. (1764), "Dei delitti e delle pene", *Opere*, Florencia, Sansoni, 1958 [*De los delitos y de las penas*, Bogotá, Temis, 1994].

Becchi, E., 1969, *Problemi dello sperimentalismo educativo*, Roma, Armando.

Bechtoldt, H.P., 1959, "Construct validity. A critique", *Amer. Psychol.*, núm. 14.

Beck, A.T., 1976, *Cognitive therapy and emotional disorders*, Nueva York, International University Press [*Terapia cognitiva de los transtornos de la personalidad*, Barcelona, Paidós, 1995].

Beck, A.T. (1967), *La depressione*, Turín, Boringhieri, 1978.

Beck, W.S., 1979, "Invecchiamento", *Enciclopedia*, vol. VII, Turín, Einaudi.

Becker, A.M. y E. Jager, (1978), "La psicoterapia del dialogo centrata sul cliente", en H. Strotzka (coord.), *Manuale di psicoterapia*, Roma, Città Nuovo, 1987.

Becker, H. (1950), *Società e valori*, Milán, Bompiani, 1963.

Beers, C.W., 1941, *Eine Seele die sich wiederfand*, Basilea.

Belisario, L., 1987a, "La dimensione relazionale del gioco", en S. Marsicano (coord.), *Comunicazione e disagio sociale*, Milán, Angeli.

Belisario, L., 1987b, "Età evolutiva dello sviluppo psichico", en S. Marsicaro (coord.), *Comunicazione e disagio sociale*, Milán, Angeli.

Belisario, L. (coord.), 1988, *Gioco e simbologia degli affetti*, Milán, Guerini e Associati.

Bellack, A.S. y M. Hersen, 1979, *Research and practice in social skills training*, Nueva York, Plenum.

Bellak, L., 1954, *The TAT and CAT in clinical use*, Nueva York, Grune and Stratton [*TAT, CAT y SAP: uso clínico*, México, Manual Moderno, 1995].

Bellak, L. y S.S. Bellak, 1952, *Children's apperception test* (CAT), Nueva York, C.P. S. [*Test de apercepción infantil*, Buenos Aires, Paidós].

Bello, P.,C. Dolto y A. Schiffmann, 1985, *Contraccezione, gravidanza, aborto*, Bari, Dedalo.

Bellotto, M., 1985a, "Decisione", *Gli strumenti del sapere contemporaneo*, vol. II, Turín, UTET.

Bellotto, M., 1985b, "Motivazione", *Gli strumenti dell sapere contemporaneo*, vol. II, Turín, UTET.

Belloto, M., 1985c, "Osservazione", *Gli strumenti del sapere contemporaneo*, vol. II, Turín, UTET.

Bellotto, M., 1985d, "Psicologia: La matrice sperimentale", *Gli strumenti del sapere contemporaneo*, vol. I, Turín, UTET.

Bellomo, L. y C. Ribolzi, 1979, *L'inserimento degli handicappati nella scuola dell'obbligo*, Bolonia, Il Mulino.

Bem, J.D., 1972, "Self perception theory", en L. Berkowitz (coord.), *Advances in experimental social psychology*, vol. VI, Nueva York, Academic Press.

Benda, C., 1949, *Mongolism and cretinism*, Nueva York, Grune.

Bender, H., 1976, *Parapsychologie. Entwicklungen, Ergebnisse, Probleme*, Darmstadt. [*Parapsicología hoy*, Buenos Aires, Lidiun, 1993].

Bender, L., 1938, "A visual motor Gestalt test and its clinical use", *American Orthopsychiatric Association*, núm. 3, Researchs Monographs [*Test gestáltico visomotor*, Buenos Aires, Paidós].

Bender, L., 1960, "Autism in children with mental deficiency", *American Journal of Mental Deficiency*, núm. 63.

Benedek, T.F. (1959-1966), "Funzioni sessuali nella donna e loro alterazioni", en S. Arieti (coord.), *Manuale di Osichiatria*, vol. II, Turín, Boringhieri, 1969.

Benedetti, G., 1952, *Die Alkoholalluzinosen*, Stuttgart, Thieme.

Benedetti, G., 1969a, "L'area corticale motoria", *Neuropsicologia*, Milán, Feltrinelli.

Benedetti, G., 1969b, "Attenzione", *Neuropsicologia*, Milán, Feltrinelli.

Benedetti, G., 1969c, "La coscienza", *Neuropsicologia*, Milán, Feltrinelli.

Benedetti, G., 1969d, *Neuropsicología*, Milán, Feltrinelli.

Benedetti, G. *et al.*, 1979, *Paziente e analista nella terapia della psicosi*, Milán, Feltrinelli.

Benedict, R. (1932), "Configurations of culture in North America", en *American Anthropologist*, XXXIV, pp. 1-27.

Benedict, R. (1934), *Modelli di cultura*, Milán, Feltrinelli, 1970.

Benjamin, H., 1964, "Transexualismus: Wesen und Behandlung", *Nervenartz*, núm. 35.

Benjamin, W., 1975, *Sull'hashish*, Turín, Einaudi [*Haschish*, Madrid, Taurus].

Benne, K.D. y P. Sheats, 1955, *Die Grundlagen der Sozial psychologie*, Berlín, Rembrandt.

Bennet, E.A., 1962, *C.G. Jung*, Milán, Rizzolo.

Bentley, A.F., 1931, "Sociology and mathematics", *Sociological Review*, núm. XXIII.

Benton, A.L., 1963, *Revised visual retention test*, Nueva York, Psychological Corporation.

Benton, A.L. y D. Pearl (coord.), 1979, *Dyslexia: An appraisal of current knowledge*, Oxford, Oxford, University Press.

Benussi, V., 1925., *La suggestione e l'ipnosi come mezzi di analisi psichica reale*, Bolonia.

Benussi, V., 1932, *Suggestione e psicoanalisi*, Messina.

Benveniste, E. (1966), *Problemi di linguistica generale*, Milán, Saggiatore, 1971 [*Problemas de lingüística general*, México, Siglo XXI, 1995].

Bereiter, C. y S. Engelmann (1966), *Scuola per l'infanzia e svantaggio culturale*, Milán, Angeli, 1977.

Beres, D., 1960, "Imagination", *Intern. Journal of Psychoan.*, núm. 41.

Berg, I.A., 1967, *Response set personality assessment*, Chicago.

Berg, I.A. y B.M. Bass, 1961, Conformity and deviation, Nueva York.

Bergin, A.E., 1966, "Some implications of psychotherapy research for therapeutic practice", *Journal of Abnormal Psychology*, núm. 71.

Bergin, A.E., 1978, *Handbook of psychotherapy and behavior change*, Nueva York, Wiley.

Bergler, E. (1949), *Le neurosi di base*, Roma, Astrolabio, 1971.

Bergson, H. (1907), *L'evoluzione creatrice*, Bari, Laterza, 1957.

Bergson, H. (1932), *Le due fonti della morale e della religione*, Milán, Comunità, 1979 [Dos fuentes de la moral y de la religión, México, Porrúa, 1990].

Bergson, H. (1900), *Il riso. Saggio sul significato del comico*, Bari, Laterza, 1982.

Bergson, H. (1896), "Materia e memoria", *Opere 1889-1896*, Milán, Mondadori, 1986.

Bergson, H. (1889), "Saggio sui dati immediati della coscienza", *Opere 1889-1896*, Milán, Mondadori, 1986b.

Beritz, L. (1960), *I servi del potere*, Milán, Bompiani, 1963.

Berkowitz, L., 1962, *Aggression: A social psychological analysis*, Nueva York, McGraw-Hill.

Berkowitz, L. (1964), *Lo sviluppo delle motivazioni e dei valori nel bambino*, Florencia, La Nuova Italia, 1973.

Berle, A.A. Jr. y G.C. Means (1932), *Società per azioni e proprietà privada*, Turín, 1966.

Berlinguer, G., 1973, *Medicina e politica*, Bari, De Donato [*Psiquiatría y poder*, Barcelona, Gedisa, 1997].

Berlyne, D.E. (1960), *Conflitto, attivazione e creatività*, Milán, Angeli, 1971.

Bernard, C. (1865), *Introduzione allo studio della medicina sperimentale*, Milán, Feltrinelli, 1951 [*Introducción al estudio de la medicina experimental*, México, UNAM, 1994].

Bernard, M. (1972), *I riti del corpo*, Roma, Tattilo, 1974 [*Cuerpo*, Buenos Aires, Paidós].

Bernard-Weil, E., 1979, "Identificazione e transfert", *Enciclopedia*, vol. VI, Turín, Einaudi.

Berne, E. (1964), *A che giuoco giochiamo*, Milán, Bompiani, 1967 [*Juegos en que participamos*, México, Diana].

Berne, E. (1972), *Analisi transazionale e psicoterapia*, Roma, Astrolabio, 1977 [*Análisis transaccional en Psicoterapia*, Buenos Aires, Psique].

Bernheim, H., 1964, *Hypnosis and suggestion in psychotherapy*, Nueva York.

Bernstein, B. (1970), "Classe sociale, linguaggio e comunicazione", *Linguaggio e società*, Bolonia, Il Mulino, 1973.

Bernstein, N.A., 1967, The co-ordination and regulation of movements, Oxford, Pergamon.

Berofsky, B. (coord.), 1966., *Free will and determinism*, Nueva York, Harper and Row

Berruto, G., 1980, *La variabilità sociale della lingua*, Turín, Loescher.

Bert, G., 1974, *Il medico immaginario e il malato per forza*, Milán, Feltrinelli.

Bertalanffy, L. von (1968), *Teoria generale dei sistemi*, Milán, ILI, 1971 [*Teoría general de los sistemas*, México, FCE, 1987].

Bertin, G.M., 1953, *Etica e pedagogia dell'impegno*, Milán.

Bertin, G.M., 1976, *Educazione alla ragione*, Roma, Armando.

Bertini, M., 1972, "La dinamica psicofisiologica del sogno", *Nuove questioni di psicologia*, Brescia, La Scuola.

Bertini, M., 1972b, "Il matrimonio come processo di evoluzione psichica", *Nuove questioni di psicologia*, vol. II, Brescia, La Scuola.

Bertini, M. y C. Violani (coords.), 1982, *Cervello e sogno. Neurobiologia e psicologia*, Milán, Feltrinelli.

Bertoletti, P., 1986, *Mito e simbolo*, Bari, Dedalo.

Bertolini, E., 1971, *Delinquenza minorile e disadattamento*, Roma, Armando.

Bertolini, P. y G. Cavallini, 1977, *Metodologia e didattica*, Milán, Mondadori.

Bertoloni, P., 1965, *Per una pedagogia del ragazzo difficile*, Bolonia, Malipiero.

Bertolini, P., 1988, *L'esistere pedagogico*, Florencia, La Nuova Italia.

Bertolini, P. y R. Farné, 1978, *Territorio e intervento culturale*, Bolonia, Cappelli.

Bettelheim, B. (1967), *La fortezza vuota*, Milán, Garzanti, 1976 [*Fortaleza vacía*, Barcelona, Laia].

Bettelheim, B. (1987), *Un genitore quasi perfetto*, Milán, Feltrinelli, 1987 [*No hay padres perfectos*, México, Grijalbo].

Betti, R., 1979, "Intelligenza artificiale", *Enciclopedia*, vol. VII, Turín, Einaudi.

Beveridge, W.I. (1950), *L'arte della ricera scientifica*, Roma, Armando, 1981 [*Arte de la investigación científica*, Caracas, U. Central, 1982].

Bhagwan Shree Rajneesh (1991), *Tantra. La comprensione suprema*, Bompiani, Milán, 1993 [*Psicología de lo esotérico. Amor, sexo y oración: tantra tres peldaños hacia lo divino*, Cádiz, U. Cádiz].

Bianca M. (coord.), 1986, *Discorsi sulla solitudine*, Venecia, Marsilio.

Bibring, E., "The conception of the repetition compulsion", *Psychoanalytic Quarterly*, vol. XII, núm. 4.

Biddle, B.J. y E.J. Thomas, 1966, *Role theory, concepts and research*, Nueva York, Wiley.

Bidney, D., 1953, *Theoretical anthropology*, Nueva York, Columbia University Press.

Bienville, J.D.T. de, 1986, *La ninfomania, ovvero il furore uterino*, Venecia, Marsilio.

Bikow, K.M., 1935, "Studies in the plysiology of digestion of man", *Journal of Phsycology*, Moscú, English.

Bills, A.G., 1931, "Blocking: A new principle of mental fatigue", *Amer. J. Psychol.*, núm. 43.

Bindra, D. y J. Stewart, 1969, *La motivazione*, Turín, Boringhieri.

Binet, A., 1891, *Les altérations de la personnalité*, París.

Binet, A., 1903, *L'étude expérimentale de l'intelligence*, París, Schleicher.

Binet, A. y T. Simon, 1905, "Méthodes nouvelles pour le diagnostique du niveau intellectuel des anormaux", *Année Psychologique*, núm. 11.

Binet, A. y T. Simon (1909), *Le moderne idee educative*, Turín, Paravia, 1976.

Binswanger, L., 1942, *Grundformen und Erkenntnis menschlichen Daseins*, Zurich, Niehans.

Binswanger, L., 1945, "Über die manische Lebensform", *Schweiz. Med.* Wochenscrift, núm. 75.

Binswanger, L., 1957, *Schizofrenie*, Pfullingen, Neske.

Binswanger, L. (1949), "L'esaltazione fissata", *Tre forme di esistenza mancata*, Milán, Il Saggiatore, 1964.

Binswanger, L. (1952), *La stramberia*, *Tre forme di esistenza mancata*, Milán, Il Saggiatore, 1964b.

Binswanger, L. (1956), *Tre forme di esistenza mancata: Esaltazione fissata, stramberia, manierismo*, , Il Saggiatore, Milán, 1964c [*Tres formas de la existencia frustrada*, Buenos Aires, Arnorrortu, 1973].

Binswagner, L., 1970, *Per un'antropologia fenomenologica*, Milán, Feltrinelli.

Binswanger, L. (1936), "La concezione freudiana dell'uomo alla luce dell'antropologia", *Per un'antropologia fenomenologica*, Milán, 1970b.

Binswanger, L. (1936), "Freud e la costituzione della psichiatria clinica", en *Per un'antropologia fenomenologica*, Milán, Fertinelli, 1970c.

Binswanger, L. (1928), *Funzione della vita e storia della vita interiore*, *Per un'antropologia fenomenologica*, Milán, Feltrinelli, 1970d.

Binswanger, L. (1930), "Sogno ed esistenza", *Per un'antropologia fenomenologica*, Milán, Feltrinelli, 1970e.

Binswanger, L. (1960), *Melanconia e mania*, Turín, Boringhieri, 1971.

Binswanger, L. (1944-1946), "Il caso Ellen West", *Il caso Ellen West e altri saggi*, Milán, Bompiani, 1973.

Binswanger, L. (1930-1957), *Essere nel mondo*, Roma, Astrolabio, 1973b.

Binswanger, L. (1946), "L'indirizzo antropoanalitico in psichiatria", *Il caso Ellen West e altri saggi*, Milán, Bompiani, 1973.

Binswanger, L. (1965), *Delirio*, Venecia, Marsilio, 1990.

Bion, W.R. (1962), *Apprendere dall'esperienza*, Roma, Armando, 1972 [*Aprendiendo de la experiencia*, Buenos Aires, Paidós].

Bion, W.R. (1961), *Esperienze nei gruppi*, Roma, Armando, 1971 [*Experiencias en grupos*, Buenos Aires, Paidós].

Bion, W.R. (1970), *Attenzione e interpretazione*, Roma, Armando, 1973.

Bion, W.R. (1963), *Gli elementi della psicoanalisi*, Roma, Armando, 1973 [*Elementos del psicoanálisis*, Buenos Aires, Horme].

Birdwhistell, R.L. , 1959, "Contribution of linguistic-kinesics. Studies in the understanding of schizophrenia", *Schizophrenia. An integrated approach*, Nueva York, The Ronald Press.

Birdwhistell, R.L., 1970, *Kinesics and context: Essays on body-motion communication*, Fialdelfia, University of Pennsylvania Press.

Birdwhistell, R., 1972, *Kinesics and context*, Nueva York, Ballantine.

Bischof, L.J., 1954, *Intelligence. Statistical conceptions of its nature*, Nueva York, Doubleday and Company.

Bisiach, E., 1977, *Neuropsicologia clínica*, Milán, Angeli.

Bisio, B., 1977, *Psiche e dirito penale*, Roma, Bulzoni.

Bize, R. y J. Milhaud, 1958, *Psicologia industriale*, Roma, Paoline.

Black, M. (1954), *Modelli, archetipi, metafore*, Parma, Patriche Editrice, 1983 [*Modelos y metáforas*, Madrid, Tecnos, 1967].

Blackwell, D., 1947, "Conditional expectation and unbiased sequential estimation", *Annals of Mathematical Statistics*, núm. 18.

Blanc, M., 1982, "Les théories de l'évolution aujourd-'hui", *La Recherche*, núm. 129.

Blandino, G. y B. Cannella, 1978, *La psicologia sociale nella scuola*, Turín, Paravia.

Blascovich, J. y G.P. Ginsburg, 1978, "Conceptual analysis of risk-taking in "risk-shift" research", *Journal for the Theory of Social Behavior*, núm. 8.

Blau, P.M., 1964, *Exchange and power in social life*, Nueva York, Wiley, [*Intercambio y poder en la vida social*, Barcelona, Hora].

Bleandonou, G. (1976), *Dizionario di psichiatria sociale*, Roma, Editori Riuniti, 1980.

Bleuler, E., 1910, "Vortrag über Ambivalenz", en *Zentralblatt für Psychoanalyse*, núm. 1.

Bleuler, E., 1910-1911, "Zur Theorie des schizophrenen Negativismus", *Psychiat. -neurol. Wschr*, vol. 12.

Bleuler, E., 1911, "Dementia praecox oder Gruppe der Schizophrenien", en G. Aschaffenburg, *Handbuch der Psychiatrie*, Leipzig, Deuticke.

Bleuler, M., 1954, *Endocrinologische Psychiatrie*, stuttgart, Thieme.

Bleuler, E., 1922, "Die Probleme der Schizoide und Syntonie", *Zschr. ges. Neur. Psychiat.*, núm. 78.

Bleuler, E. (1911-1960), "Apatia", en *Trattato di psichiatria*, Milán, Feltrinelli, 1967.

Bleuler, E. (1911-1960), *Trattato di psichiatria*, Milán, Feltrinelli, 1967.

Bloch, E. (1959), "Das Prinzip Hoffnung", *Gesamtausgabe*, Suhrkamp, Frankfurt a. M., vol. v, 1978.

Bloch, S., 1982, *What is psycotherapy?*, Oxford, Oxford University Press.

Block, J.H. y L.W. Anderson, 1978, *Mastery learning in classe*, Turín, Loescher.

Blondel, C., 1933, *Le suicide*, París, Alcan.

Blood, R.O., 1962, *Marriage*, The Free Press of Glencoe.

Bloom, B. S. (1964), *Stabilità nel mutamento delle caratteristiche personali*, Roma, Armando, 1974.

Bloom, B. S. (1956), *Tassonomia degli objettive educativi*, Teramo, Giunti e Lisciani, 1983 [*Taxonomía de los objetivos de la educación*, Buenos Aires, Ateneo, 1990].

Bloom, H. (1975), *La Kabbalà e la tradizione critica*, Milán, Feltrinelli, 1981 [La Cábala y la crítica, Caracas, Monte Ávila, 1992].

Bloomfield, L. (1933), *Il linguaggio*, Milán, Il Saggiatore, 1974.

Blos, P. (1987), *L'adolecenza: Un'interpretazione psicoanalitica*, Milán, Angeli, 1988.

Blum, G.S., 1971, *Le Blacky Pictures: Una tecnica per l'esplorazione delle dinamiche di personalità*, Florencia, O.S.

Blum, R.H., 1967, *Alcoholism: A modern psychological approach to treatment*, San Francisco.

Blumberg, P., 1974, "The decline and fall of the status symbol: Some thoughts on status in a post-industrial society", *Social Problems*, núm. XXI.

Blumenberg, H. (1960), *Paradigmi per una metaforologia*, Bolonia Il Mulino, 1969.

Blumenberg, H., 1986, *Lebenszeit und Weltzeit*, Klostermann, Frankfurt a. M..

Blumer, H., 1969, *Symbolic interactionism*, Englewood Cliffs, Prentice-Hall, [*Interaccionismo simbólico*, Barcelona, Hora].

Blumir, G., 1980, *Eroina*, Milán, Feltrinelli.

Blumir, G. y M. Rusconi, 1976, *La droga eil sistema*, Milán, Feltrinelli.

Boakes, R.A. y M.S. Halliday (coords.), 1972, *Inhibition and learning*, Nueva York, Academic Press.

Boas, F., 1916, "The origin of totemism", *American Anthropologist*, núm. XVIII.

Boas, F., 1948, *Race, language and culture*, Toronto, Collier Macmillan.

Boas, F. (1938), "I limiti del metodo comparativo in antropologia", en *Antropologia culturale*, Milán, Hoepli, 1970.

Boas, F. (1938), "Primi tratti culturali", en Autores Varios, *Il concetto di cultura*, Turín, Einaudi, 1970b.

Boe, E.E. y R.M. Church, 1969, *Punishment: Issues and experiments*, Nueva York.

Boehm, F., 1932, "Formen und Motive der Anthropologie", *Imago*, núm. 18.

Bogardus, E.S., 1928, *Immigration and race attitudes*, Boston.

Bohm, E. (1951),*Manuale di psicodiagnostica di Rorschach*, Florencia, Giunti Barbera, 1969.

Bohm, E. (1967), *Risposte al test di Rorschach*, Florencia, Giunti Barbera, 1969.

Doilès, C., 1978, "Danza", *Enciclopedia*, vol. IV, Einaudi.

Bolanzo, F., 1874, *Psychologie vom empirischem Standpunkt*, Leipzig.

Boldrini, M., 1960, *Manuale di statistica*, Milán, Giuffrè.

Boll, F., C. Bezold y W. Gundel (1966), *Storia dell'astrologia*, Bari, Laterza, 1977.

Bolles, R.C., 1975, *Theory of motivation*, Nueva York, Harper and Row [*Teoría de la motivación: investigación experimental y evaluación*, México, Trillas, 1990].

Bologna, C., 1981, "Voce", *Enciclopedia*, vol. XIV, Turín, Einaudi.

Bolton, N., 1977, *Concept formation*, Oxford, Pergamon.

Bompiani, G., 1987, *L'attesa*, Milán, Feltrinelli.

Bonaparte, M. (1951), *La sessualità della donna*, Roma, Newton Compton, 1972.

Bonaparte, M., 1973, *L'amore, la morte, il tempo*, Rimini, Guaraldi.

Bonaparte, M. (1934), *Introduzione alla teoria degli istinti*, Roma, Newton Compton, 1975a.

Bonaparte, M. (1934), "La sessualità femminile", en *Introduzione alla teoria degli istinti*, Roma, Newton Compton, 1975b.

Boncori, L., 1993, *Teoria e tecniche dei test*, turín, Bollati, Boringhieri.

Bonetti, A. *et al.*, 1975, *Problemi della famiglia*, Milán, Tamburini.

Bonhoeffer, K., 1909, "Zur Frage der exogenen Psychosen", *Zbl. Nervenk. Psychiat.*, núm. 32.

Bonica, J.J. (coord.), 1980, *Pain research publications: Association for research in nervous and metal disease*, Nueva York, Raven Press.

Bonime, W. (1959-1966), "Psicodinamica della depressione nevrotica", en S. Arieti (coord.), *Manuale di psichiatria*, vol. I, Turín, Boringhieri, 1969.

Bopst, H., 1962, *Color and personality*, Nueva York.

Borghi, L., 1974, *Scuola e comunità*, Florencia, La Nuova Italia.

Borgna, E., 1962, *Malinconia*, Milán, Feltrinelli.

Borgna, E., 1974, "La metamorfosi schizofrenica della spazialità", *Rivista di Psichiatria*, núm. IX, 6.

Borgna, E., 1976, "La schizophrenia sine schizophrenia", *Rivista di Psichiatria*, núm. 3.

Borgna, E., 1977, "La malinconia come metamorfosi della speranza", *Freniatria*, núm. CI, 1.

Borgna, E., 1979, *Per una psichiatria fenomenologica*, en U. Galimberti, *Psichiatria e fenomenologia*, Milán, Feltrinelli.

Borgna, E., 1980, "Fenomenologia della paranoia", en *La paranoia e l'antropologismo*, Milán, Spirali.

Borgna, E., 1988a, *I conflitti del conoscere. Strutture del sapere ed esperienza della follia*, Milán, Feltrinelli.

Borgna, E., 1988b, "Il mondo del delirio", en *I conflitti del conoscere*, Milán, Feltrinelli.

Boring, E.G., 1950, *A history of experimental psychology*, Nueva York, Appleton-Century-Crofts, 2a. ed. [*Historia de la psicología experimental*, México, Trillas].

Borne, E., 1958, *Le probléme du mal*, París, PUF.

Bortone L. (coord.), 1969, *L'utopia*, Turín, Loescher.

Bosches, L.D. y F.A. Gibbs (1972), *Le epilessie*, Roma, Il Pensiero Scientifico, 1973.

Boscolo, P., 1969, *Cibernetica e didattica*, Florencia, La Nuova Italia.

Boscolo, P.,1980, *Psicologia dell'educazione*, Florencia, Giunti Barbera.

Boscolo, P., 1986, *Psicologia dell'apprendimento scolastico*, Turín, UTET Libreria.

Bosinelli, M. (coord.), 1984, *Metodi in psicologia clinica*, Il Mulino, Bolonia.

Bosinelli, M. (coord.), 1981, *Processi mentali durante il sonno*, Milán, Angeli.

Boss, M., 1959, *Introduction à la médicine psychosomatique*, París, PUF.

Boss, M. (1957), *Psicoanalisi e analitica esistenziale*, Roma, Astrolabio, 1973.

Bostroem, A., 1928, "Katatone Störungen", en *Handbuch der Geisteskrankheiten*, Berlín, Springer.

Boszormeny-Nagy, I. y J.L. Framo (1965), *Psicoterapia intensiva della famiglia*, Turín, Boringhieri, 1969.

Bottiroli, G., 1978, "Eros", Enciclopedia, vol. V, Turín, Einaudi.

Bouché-Leclercq, A., 1899, *L'astrologie grecque*, París.

Boudon, R. (1968), *Strutturalismo e scienze umane*, Einaudi, Turín, 1970.

Boudon, R., 1973, *L'inégalité des chances*, París.

Bourcier, A. (1966), *Per una nuova educazione morale*, Roma, Borla, 1968.

Boursin, J.L., 1978, *Sondage, indices, statistiques: La forme scientifique du mensonge?*, París, Tchou.

Boutonier, J., 1937, *Les dessins des enfants*, París, Du scarabée.

Bower, T.G.R. (1974), *Lo sviluppo neuropsicologico nell'infanzia*, Roma, Il Pensiero Scientifico, 1978.

Bowlby, J. (1951), *Cure materne e igiene mentale del fanciullo*, Florencia, Giunti Barbera, 1957 [*Cuidados maternos y la salud mental*, Buenos Aires, Hvmanitas].

Bowlby, J. (1969-1980 3 vols.), *Attaccamento e perdita*, Turín, Boringhieri, 1976-1983 [*Pérdida afectiva: tristeza y depresión*, Buenos Aires, Paidós].

Bowlby, J. (1979), *Costruzione e rottura dei legami affettivi*, Milán, Cortina, 1982 [*Vínculos afectivos: formación, desarrollo y pérdida*, Madrid, Morata].

Bowles, N. y F. Hyndes, 1978, *Psi-research*, Nueva York, Harper and Row.

Boynton, R.M., 1979, *Human color vision*, Nueva York-Londres, Holt, Rinehart & Winston.

Brachfeld, O., 1954, *Les sentiments d'infériorité*, Ginebra, Le Mont Blanc.

Braid, J., 1846, *The power of the mind over the body*, Londres.

Braun, E., 1928, *Psychogene Reaktionen*, en O. Bumke (coord.), *Geisteskrankheiten*, Berlín, Springer.

Breggin, P.R. (1979), *Elettroshock*, Milán, Feltrinelli, 1984.

Brentano, F., 1874, *Psychologie vom empirischen Standpunkt*, Leipzig, Duncker.

Brentano, F. (1911), *La classificazione delle attività psichiche*, Lanciano, Carabba, 1913.

Brezinka, W. (1974), *La scienza dell'educazione*, Roma, Armando, 1976.

Bridgman, P.W. (1927), *La logica della fisica moderna*, Turín, 1965.

Bridgman, P.W. (1934-1959), *La critica operazionale nella scienza*, Turín, Boringhieri, 1969.

Brimer, M.A., 1978, *Sources of difference in school achievement*, National Foundations for Educational Research, Alough, Buks.

Briquet, P., 1859, *Traité clinique et thérapeutique de l'hystérie*, París, Baillière.

Brissaud, E., 1899, *Leçons sur les maladies nerveuses*, París, Masson.

Brisset, C., 1967, "Grossesse puerpéralité et troubles mentaux", en *Concours Med*.

Broadbent, D.E., 1958, *Perception and communication*, Nueva York, Pergamon [*Percepción y comunicación*, Madrid, Debate, 1983].

Broca, P.P. (1861), "La sede della facoltà del linguaggio articolato", en *Teorie del cervello*, Turín, Loescher, 1982.

Brogden, H.E., 1940, "A factor analysis of forty character tests", *Psychology Monography*, núm. 2.

Brookover, W.B. *et al.*, 1976, *Elementary school climate and school achievement*, East Lansing, Michigan State University.

Brosses, C. de, 1760, *Du culte des dieux fétiches, ou paralléle de l'ancienne religion actuelle de la Nigritie*, París.

Brown, J.A.C. (1954), *Psicologia sociale dell'industria*, Milán, Mondadori, 1961 [*La psicología social de la industria*, México, FCE, 1987].

Brown, J.F., 1928, "Über gesehene Geschwindigkeiten", *Psychologische Forschung*, núm. 10.

Brown, J.S. e I.E. Farber, 1951, "Emotions conceptualized as intervening variables - with suggestions toward a theory of frustration", *Psychol. Bull.*, núm. 48.

Brown, N.O. (1959), *La vita contro la morte*, Milán, Il Saggiatore, 1973.

Bruch, H. (1974), *Apprendere le psicoterapie*, Turín, Boringhieri, 1979.

Bruch, H. (1973), *Patologia del comportamento alimentare: Obesità, Anoressia mentale e personalità*, Milán, Feltrinelli, 1977.

Bruch, H. (1978), *La gabbia d'oro. L'enigma dell'anoressia mentale*, Milán, Feltrinelli, 1981.

Bruch, H. (1988), *Anoressia. Casi clinici*, Milán, Cortina, 1988.

Brun, B. *et al.*, 1977, "Ambiente", *Enciclopedia*, vol. I, Turín, Einaudi.

Bruner, J.S. (1966), *Verso una teoria dell'istruzione*, Roma, Armando, 1967.

Bruner, J.S. (1964), *Il conoscere: Saggi per la mano sinistra*, Roma, Armando, 1968.

Bruner, J.S. *et al.* (1966), *Studi sullo sviluppo cognitivo*, Roma, Armando, 1968.

Bruner, J.S. *et al.* (1956), *Il pensiero. Strategie e categorie*, Roma, Armando, 1969.

Bruner, J.S. (1973), *Psicologia della conoscenza*, Roma, Armando, 1976.

Bruner, J.S. (1962), "Condizioni della creatività", en A. Beaudot (coord.), *La creatività*, Turín, Loescher, 1977.

Bruner, J.S., 1981, *Gioco e realtà sociale*, Roma, Armando.

Bruner, J.S., 1981, *Il gioco in un mundo di simboli*, Roma, Armando.

Bruner, J.S. (1983), *Alla ricerca della mente*, Roma, Armando, 1984.

Bruner, J.S., 1988, *Mente a più dimensioni*, Bari, Laterza.

Brunswick, E., 1934, *Wahrnehmung und Gegestandswelt*, Wien, Deuticke.

Brusatin, M., 1983, *Storia dei colori*, Turín, Einaudi [*Historia de los colores*, Barcelona, Paidós, 1987].

Buber, M. (1923), *L'io e il tu*, Milán, Comunità, 1959 [*Yo y tú*, Buenos Aires, Nueva Visión].

Bühler, C. y M. Allen (1972), *Introduzione alla psicologia umanistica*, Armando, Roma, 1976.

Bühler, K., 1908, Tatsachen und Probleme zu einer Psycologie der Denkvorgänge, *Arch. ges. Psychol.*, núm. 12.

Bühler, K., 1913, *Die Gestaltwahrnehmungen*, Stuttgart.

Bühler, K., 1933, *Ausdruckstheorie. Das System an der Geschichte aufgezeigt*, Jena, Fisher.

Buiatti, M., 1985, "Genetica", en *Gli strumenti del sapere contemporaneo*, vol. I, Turín, UTET.

Bultmann, R., 1848-1952, *Kerygma und Mythos*, Tubinga, Siebeck.

Bultmann, R.(1933-1965), *Credere e comprendere*, Brescia, Queriniana, 1975.

Bunge, M., 1979, *Treatise on basic philosophy*, Dordrecht, Reidel.

Bunge, M., 1980, *The mind-body problem*, Oxford, Pergamon [*El problema mente y cerebro: un enfoque psicobiológico*, Madrid, Tecnos, 1985].

Burgalassi, S., 1975, *L'età inutile. Considerazioni sociologiche sull'emarginazione anziana*, Pisa, Giardini.

Bürger Prinz, A., H. Albrecht y H. Glese, 1967, *Zur Phänomenologie des Transvestitismus bei Männern*, Stuttgart, Enke.

Burnham, J. (1941), *La rivoluzione dei tecnici*, Milán, 1946.

Burns, R.B., 1979, *The self concept: Theory, measurement, development and behavior*, Londres.

Burt, C., 1938, "The analysis of temperament", *British Journal of Medical Psychology*, núm. 17.

Burt, C., 1940, *The factors of the mind*, Londres, University of London Press.

Burt, C., 1966, "The genetic determination of differences in intelligence: A study of monozygotic twins reared together and apart", *Brit. J. Psychol.*, núm. 57.

Burt, C., 1972, "Inheritance of general intelligence", *American Psychologist*, núm. 3.

Busemann, A., 1925, *Die Sprache der Jugend als Ausdruck der Entwicklungsrytmik*, Jena.

Busemann, A., 1948, *Still und Charakter*, Meisenheim.

Busino, G., 1979, "Gruppo", *Enciclopedia*, vol. VI, Turín, Einaudi.

Busino, G., 1980, "Opinione", *Enciclopedia*, vol. X, Turín, Einaudi.

Busnelli, C., 1972, "Il contributo della psicologia ai problemi della pedagogia speciale", en *Nuove questioni di psicologia*, Brescia, Scuola.

Bussmann, H., 1971, *Zur Kybernetik des Lernprozesses*, Düsseldorf, Schwann.

Butturini, U. y M. Passeri, 1972, *Fondamenti di gerontologia e di geriatria*, Parma, Oppici.

Buyse, R., 1935, *L'expérimentation en pédagogie*, Bruselas, Maurice Lamertin.

Buyssens, E., 1943, *Le langage et le discours*, Office de publicité, Bruxelles.

Buyssens, E., 1967, *La communication et l'articulation linguistique*, Bruselas, Presses Universitaries.

Caianiello, E.R. y E. Di Giulio, 1980, *La cibernetica*, Florencia, Le Monnier.

Caillois, R., 1938, *Le mythe et l'homme*, París, PUF [*El mito y el hombre*, México, FCE, 1988].

Caillois, R., 1939, *L'homme et le sacré*, París Gallimard [*El hombre y lo sagrado*, México, FCE, 1984].

Caillois, R. (1956), *L'incertezza dei sogni*, Milán, Feltrinelli, 1970.

Callewaert, H., 1954, *Graphologie et physiologie de l'écriture*, Louvain, Nauwelaerts.

Callieri, B., 1954, "Contributo allo studio psicopatologico dell'esperienza schizofrenica della fine del mondo", *Archivio di psicologia, neurologia e psichiatria*, núm. 16.

Callieri, B., 1982, *Quando vince l'ombra. Problemi di psicopatologia clinica*, Roma, Città Nuova.

Callieri, B. (1981), "Fenomenologia dell'attesa, *Psyche*, núm. 3-4, 1989a.

Callieri, B. (1977), "La perplessità", *Psyche*, núm. 3-4, 1989b.

Callieri, B. (1963-1987), "Scritti scelti", *Psyche*, núm. 3-4, 1989c.

Callieri, B. (1977), "Lo spazio vissuto", *Psyche*, núm. 3-4, 1989d.

Callieri, B. y A. Semerari, 1966, "Contributo psicopatologico al problema della necrofilia", *Sessuologia*, núm. 1.

Callieri, B. y G. De Vicentiis, 1974, *Psicologia e psicopatologia del pudore*, Roma, Il Pensiero Scientifico.

Calonghi, L., 1956, *Test e esprimenti*, Turín, PAS.

Calonghi, L., 1976, *Valutazione*, La Scuola, Brescia.

Calvi, G., 1972a, "La creatività", en Nuove questioni di psicologia, vol. I, Brescia, La Scuola.

Calvi, G., 1972b, "La diagnosi psicologica e i suoi strumenti", en *Nuove questioni di psicologia*, La Scuola, Brescia.

Calvi, G., 1983, *Psicologia politica*, Milán, Eurisko.

Cameron, D.E., 1956, "Psychic drving", *American Journal Psychiatry*, núm. 112.

Campbell, A., 1984, *Sette stati di coscienza*, Roma, Astrolabio.

Campbell, B.A. y R.M. Church, 1969, *Punishment and aversive behavior*, Nueva York, Appleton-Century-Crofts.

Campbell, D.T. y J.C. Stanley, 1963, "Experimental and quasiexperimental designs for research on teaching", *Handbook of research on teaching*, Chicago, McNally.

Campbell, D., 1967, "Stereotypes and the perception of group differences", *American psychologist*, núm. 22.

Campbell, J.P., 1971, "Personnel training and development", en *Annual Review of Psychology*.

Campbell, J.P. *et al.*, 1970, *Managerial behavior, performance and effectiveness*, Nueva York, McGraw-Hill.

Campbell, K. (1970), Mente e corpo, Roma, Armando, 1976 [*Mente y cuerpo*, México, UNAM, 1987].

Camus, A. (1942), *Il mito di Sisifo*, Milán, Bompiani, 1969 [*El mito de Sisifo*, Madrid, Alianza].

Cancrini, L., 1980, *Tossicomanie*, Roma, Editori Riunite.

Cancrini, L., 1982, *Guida alla psicoterapia*, Roma, Editori Riuniti.

Cancrini, L. (coord.), 1972, *Esperienze di una ricerca sulle tossicomanie giovanili*, Milán, Mondadori.

Cancrini L. (coord.), 1977, *Verso una teoria della schizofrenia*, Turín, Boringhieri.

Candland, D.K., 1955, *Psychology: The experimental approach*, Nueva York, McGraw-Hill.

Canepa, G., 1978, "Personalità e delinquenza", en *Problemi di antropologia criminale e di criminologia clinica*, Milán, Giuffrè.

Canestrari, R., 1972, "La dinamica del percepire", en *Nuove questioni di psicologia*, Brescia, La Scuola.

Canestrari, R. y M.W. Battacchi, 1963, *Strutture e dinamiche della personalità nell'antisocialità minorile*, Bologna, malipiero.

Canetti, E. (1960), *Massa e potere*, Milán, Adelphi, 1973 [*Masa y poder*, Barcelona, Muchnik].

Canevaro, A., 1979, *Bambini handicappati: Crescere insieme*, Bolonia, Cappelli.

Canistraro, P.V., 1975, *La fabbrica del consenso. Fascismo e mass media*, Bari, Laterza.

Cannao, M. *et al.*, 1980, *Psicomotricità e processi educativi*, Milán, Vita e Pensiero.

Cannon, W.B., 1929, *Bodily changes in pain, hunger, fear and rage*, Nueva York, Appleton.

Cannon, W.B., 1931, "Again the James-Lange-Theory and the thalamic theories of emotion", *Psychol. Rev.*, núm. 42.

Cannon, W.B. -(1932), *La saggezza del corpo*, Milán, Bompiani, 1956.

Cantril, H., 1941, *The psychology of social movement*, Nueva York, Wiley.

Caplan, G., 1964, *Principles of preventive psychiatry*, Nueva York, Basic Books [*Principios de psiquiatría preventiva*, Buenos Aires, Paidós].

Caplan, G., 1970, *The theory and practice of mental health consultation*, Nueva York, Basic Books.

Capolio, I., 1980, *Il training autogeno*, Milán, Sperling, & Kupfer.

Capra, F. (1982), *Il punto di svolta*, Milán, Feltrinelli, 1984.

Caprara, G.V., A. Carotenuto y A. De Coro, 1976, *Gli istinti nell'uomo*, Padua, Marsilio.

Caprara, G.V., 1981, *Personalità e aggressività*, Roma, Bulzoni.

Caprara, G.V. y R. Luccio (coords.), 1986, *Teorie della personalità*, Bolonia, Il Mulino.

Caprettini, G.P., 1979, "Immagine", *Enciclopedia*, vol. VII, Turín, Einaudi.

Caprio, F., 1957, *Female homosexuality*, Nueva York.

Caramelli, N., 1979, *Epistemologia genetica e teoria della conoscenza en J. Piaget*, Milán, Angeli.

Caramelli, N. (coord.), 1983, *La psicologia cognitivista*, Bolonia, Il Mulino.

Cargnello, D., 1966, *Alterità e alienità*, Milán, Feltrinelli.

Cargnello, D., 1984, *Il caso Ernst Wagner*, Milán, Feltrinelli.

Carli, R., 1972, "Fenomenologia dell'adattamento sociale", en *Nuove questioni di psicologia*, Brescia, La Scuola.

Carli, R., 1987, *Psicologia clinica. Introduzione alla teoria e alla tecnica*, Turín, UTET, Libreria.

Carli, R. y R.M. Paniccia, 1981, *Psicosociologia delle organizzazioni e delle istituzioni*, Il Mulino, Bolonia.

Carli, L. y A. Quadrio (coords.), 1981, *Clinica della psicomotricità*, Milán, Feltrinelli.

Carlosöo, S., 1972, *How man moves. Kinesiological studies and methods*, Londres, Heinemann.

Carlson, E.A., 1966, *The gene: A critical history*, Londres, Saunders.

Carnap, R., 1931, "Psychology in physical language", en *Erkenntnis*, Leipzig.

Carnap, R. (1953), "Controllabilità e significato", en *Il neoempirismo*, Turín, UTET, 1969.

Carotenuto, A., 1977a, *Jung e la cultura italiana*, Roma, Astrolabio.

Carotenuto, A., 1977b, *Senso e contenuto della psicologia analitica*, Turín, Boringhieri.

Carotenuto, A., 1991, "Psicologia della personalità creativa", en *Trattato di psicologia della personalità e delle differenze individuali*, Milán, Cortina.

Carotenuto, A., *1987, Eros e pathos, Bompiani, Milán* [*Eros y phatos: matices del sufrimiento en el amor*, Santiago, Cuatro Vientos].

Carotenuto, A., 1991, *Trattato di psicologia della personalità e delle differenze individuali*, Milán, Cortina.

Carpenter, W. B., 1846, *Principles of human psychology*, Londres.

Carr, H.A., 1925, *Psychology: A study of mental activity*, Nueva York, Longmans.

Carson, R. (1962), *Primavera silenziosa*, Milán, Feltrinelli, 1963 [*Primavera silenciosa*, Barcelona, Grijalbo].

Carta, E., 1976, *Consultorio familiare*, Nápoles, Editoriale Dehoniane.

Carta, I., 1991, *L'età inquieta*, Milán, Frassinelli.

Carus, C.G., 1846, *Psyche, zur Entwicklungsgeschichte der Seele*, Leipzig.

Caruso, P., 1969, *Conversazion: con Lévi-Strauss, Foucault, Lacan*, Milán, Mursiam [*Conversaciones con Lévi-Strauss, Foucault y Lacan*, Barcelona, Anagrama].

Casey *et al.*, 1966, "XYY chromosome and antisocial behavior", *Lancet*.

Cassini, A. y A. Dellantonio, 1982, *Le basi fisiologiche dei processi motivazionali ed emotivi*, Il Mulino, Bolonia.

Cassirer, E. (1925), *Linguaggio e mito*, Milán, Garzanti, 1961.

Cassirer, E. (1921-1929), *Filosofia delle forme simboliche*, Florencia, La Nueva Italia, 1961-1966 [*Filosofía de las formas simbólicas*, México, FCE, 1971].

Cassirer, E. (1944), *Saggio sull'uomo*, Milán, Longanesi, 1968.

Castaneda, C. (1968), *A scuola dallo stregone*, Roma, Astralobio, 1970.

Castel, R. (1976), *L'ordine psichiatrico*, Milán, Feltrinelli, 1980.

Catalano Nobili C. y G. Cerquetelli, 1974, *Gli psicopatici*, Roma, Il Pensiero Scientifico.

Cattell, J.M., 1904, *The conception and method of psycology*, Nueva York, the Science Press.

Cattell, R.B., 1946, *The description and measurement of personality*, Nueva York, World Book, Yonkers.

Cattell, R.B., 1950, *Personality: A systematic theoretical and factual study*, Nueva York, McGraw-Hill.

Cattell, R.B., 1952, *Factor analysis*, Nueva York, Harper and Row.

Cattell, R.B. (1952), *Lo stato attuale nella ricerca e costruzione di test fattoriali di attitudine e personalità*, Milán, Vita e Pensiero, 1955.

Cattell, R.B., 1957, *Personality and motivation structure measurement*, Nueva York, Ward Book, Yonkers.

Cattell, R.B., 1966, *Handbook of multivariate experimental psychology*, Chicago, Rand Mc Nally.

Cattell, J.P. (1959-1966), "Fenomeni di depersonalizzazione", en S. Arieti, *Manuale di psichiatria*, vol. I, Turín, Boringhieri, 1969.

Cattell, R.B. y P. Child, 1975, *Motivation and dynamic structure*, Nueva York, Wiley.

Cattell, R.B. y P. Kline (1977), *Personalità e motivazione*, Bolonia, Il Mulino, 1982.

Cattell, R.B. y L.G. Tiner, 1949, "The varieties of structural rigidity", *J. Personality*, núm. 17.

Cavalli, L., 1965, *La democrazia manipolata*, Milán, Angeli.

Cavalli Sforza, L.L. y W.F. Bodmer, 1971, *The genetics of human populations*, San Francisco, Freeman.

Cavallo Boggi, P., 1978, *Immagine di sé e ruolo sessuale*, Nápoles Guida.

Cavanna, R. (coord.), 1973, *Aspetti scientifici della parapsicologia*, Turín, Boringhieri.

Cazeneuve, J., 1958, *Les rites et la condition humaine*, París, PUF.

Cazzulo, C.L., 1970, *Studi di psichitria*, Roma, Il Pensiero Scientifico.

Cazzullo, C.L. (coord.), 1984, *La depressione. Condizione esistenziale o insidia biologica?* Roma, Il Pensiero Scientifico.

Cazzullo, C.L., G. Invernizzi y A. Vitali, 1987, *Le condotte suicidarie*, Florencia, USES.

Ceccarelli, F., 1978, *Il tabù dell'incesto. I fondamenti biologici del linguaggio della cultura*, Turín, Einaudi.

Ceretti, A., 1992, *L'orizzonte artificiale. Problemi epistemologici della criminologia*, Padua, Cedam.

Cerletti, V. y L. Bini, 1938, "L'elettroshock", *Archivio psicol. Neurol. e Psichiat.*, núm. 19.

Cerroni, U., 1975, *Il rapporto uomo-donna nella civiltà borghese*, Roma, Editori Rivniti [*La relación hombre-mujer en la sociedad burguesa*, Madrid, Akal].

Ceruti, M., 1989, *La danza che crea. Evoluzione e cognizione nell'epistemologia genetica*, Milán, Feltrinelli.

Cesa-Bianchi, M., 1962, "Gli aspetti teoretici della personalità", en *Questioni di psicologia*, Brescia, La Scuola.

Cesa-Bianchi, M., 1972, "Metodi di ricerca in psicologia scientifica", en *Nuove questioni di psicologia*, vol. I, Brescia, La Scuola.

Cesa-Bianchi, M. (coord.), 1978, *Psicologia della senescenza*, Milán, Angeli.

Challe, J., 1967, *Learning to read. The great debate*, Nueva York, McGraw-Hill.

Chance, M.R.A. y R.R. Larsen, 1976, *The social structure of attention*, Londres-Nueva York, Wiley.

Changeux, J.P. (1983), *L'uomo neuronale*, Milán, Feltrinelli, 1983.

Chapetsy, M.E. y H.W. Demonti, 1963, *Alcoholism and society*, Londres, Oxford University Press.

Chapman, L.J., J.P. Chapman y G.A. Miller, 1964, "A theory of verbal behaviour in schizophrenia", *Progress in Experimental Personality Research*, núm. 1.

Charcot, J.M., 1890, "Metallothérapie et hypnotisme", en *Oeuvres*, vol. IX, Bourneville.

Charcot, J.M. (1887-1889), *Lezioni alla Salpêtrière*, Milán, Guerini e Associati, 1889.

Chasseguet-Smirgel, J. (1985), *Creatività e perversione*, Milán, Cortina, 1987.

Chasseguet-Smirgel, J., 1989, *Per una psicoanalisi dell'arte e della creatività*, Milán, Cortina.

Chasseguet-Smirgel, J. (1975), *L'ideale dell'Io. Saggio psicoanalitico sulla "malattia d'idealita"*, Milán, Cortina, 1991.

Chateau, J., 1946, *Le jeu de l'efant*, París, URIU.

Chertok, L., 1966, *Feminilité et maternité*, París, Desclée de Brouver.

Chertok, L., 1969, *Psychophysiological mechanisms of hypnosis*, Berlín, Springer.

Chertok, L. e I. Stengers (1989), *Il cuore e la ragione. L'ipnosi come problema da Lavoisier a Lacan*, Milán, Feltrinelli, 1991.

Chesler, P. (1972), *Le donne e la pazzia*, Turín, Einaudi, 1977.

Chess, S. (1959-1966), *"Psichiatria nei primi tre anni di vita"*, en S. Arieti (coord.), *Manuale di psichiatria*, vol. II, Turín, Boringhieri, 1969.

Chiari, S., 1964, *"Il colloquio nella teoria e nella pratica della psicologia"*, *Boll. Psicol. Appl.*

Chiari, S., 1973, *Il problema psicologico degli interessi*, Florencia, La Nuova Italia.

Chiari, G., 1982, *Biofeedback, emozione e malattia*, Milán, Angeli.

Childs, H.L., 1965, *Public opinion, nature, formation and role*, Princeton, Van Nostrand.

Chisholm, R., 1976, *Person and object*, La Salle, Open Court Publishing.

Chomsky, N. (1965), *"La grammatica generativa trasformazionale"*, en *Saggi linguistici*, vol. II, Turín, Boringhieri, 1969-1970.

Chomsky, N. (1957), *Le strutture della sintasi*, Bari, Laterza, 1970.

Choron, J., 1972, *Suicide*, Nueva York, Scribner's.

Chown, S.M., 1972, *Human aging*, Londres, Penguin.

Christensen, H., 1964, *Handbook of marriage and family*, Chicago, Rand McNally.

Churchill, G.A., 1979, *Marketing research. Methodological foundations*, Hillsdale, Dryden.

Chute, E., 1947, *Fatigue and impairment in man*, Nueva York.

Ciani N. (coord.), 1983, *Il narcisismo*, Roma, Borla.

Ciapanna, C., 1979, *Marihuana e altre storie*, Roma, Ciapanna.

Cifarelli, D.M., 1985, *"Stima"* en *Gli strumenti del sapere contemporaneo*, vol. II, Turín, UTET.

Cifarelli, D.M. y E. Regazzini, 1985, *"Statistica"*, en *Gli strumenti del sapere contemporaneo*, vol. I, Turín, UTET.

Cimino, E., 1978, *Psicologia del bambino sordo*, Florencia, Guinti Barbera.

Cippone De Filippis, A., 1974, *Turbe del linguaggio e riabilitazione*, Armando, Roma.

Cipriano, P., 1978, *Fas e Nefas*, Roma, Istituto di glottologia dell'Università di Roma.

Clanton, G. y L.G. Smith, 1969, *Jealousy*, Englewood Cliffs, Prentice-Hall.

Claparède, E. (1931), *Educazione funzionale*, Editrice Universitaria, Florencia, 1967.

Claparède, E., 1903, *L'association des idées*, París.

Claparède, E. (1909), *Psicologia del fanciullo e pedagogia sperimentale. Lo sviluppo mentale*, Florencia, Editrice Universitaria, 1964.

Claparède, E. (1915), *La scuola su misura*, Florencia, La Nuova Italia, 1966.

Claparède, E. (1933), *La genesi dell'ipotesi*, Florencia, Giunti Barbera, 1972.

Claridge, G. S., 1969, *Personality and arousal*, Oxford, Pergamon.

Clark, D.H. (1973), *Psichiatria e terapia sociale*, Milán, Feltrinelli, 1976 [*Terapia social de psiquiatría*, Madrid, Morata, 1982].

Clausse, A., 1964, *Teoria dello studio dell'ambiente*, Florencia, La Nuova Italia.

Cleckley, H.M. (1959-1966), *"Gli static psicopatici"*, en S. Arieti (coord.), *Manuale di psichiatria*, vol. I, Turín, Boringhieri, 1969.

Clement, G. (1979), *Vita e leggenda di J. Lacan*, Bari, Laterza, 1982.

Cocchiara, G., 1948, *Il mito del "buon selvaggio"*, Messina.

Codrington, R.H., 1891, *The Melanesians: Studies in their anthropology and folklore*, Press, Oxford, Clarendon.

Coe, R.M. y A. Wilden, 1978, *"Errore"*, *Enciclopedia*, vol. V, Turín, Einaudi.

Cohen, A.K. (1955), *Ragazzi delinquenti*, Milán, Feltrinelli, 1974.

Cohen, D.B., 1979, *Sleep and dreaming: Origins, nature and functions*, Oxford-Nueva York, Pergamon.

Cohen, R., 1970, *"Objektive Klassifikationsverfahren"*, *Bull. Schweiz. Akad. Med. Wiss.*, núm. 25.

Coirault, R. y H. Laborit, 1956, *Le delirium tremens*, París, Masson.

Coleman, J.C. (1980), *La natura dell' adolecenza*, Bolonia, Il Mulino, 1983.

Collett, P. (coord.), 1977, *Social rules and social behavior*, Oxford, Basil Blackwell.

Collin, R., 1980, *Theory of celestial influence*, Londres, Watkins.

Collins, A., 1977, *"Why cognitive science"*, *Cognitive Science*, núm. 1.

Colmant, H.J., 1965, *Enzephalopathien bei Chronischem Alkoholismus*, Stuttgart, Enke.

Coltheart, M., 1980, *"Iconic memory and visible persistence"*, *Perception and Psychophysics*, núm. 27.

Commission on Classification and Terminology of the International Leangue Against Epilepsy. Proposal for Revised Clinical and Electroencephalographic Classification of Epileptic Seizures. *Epilepsia*, 1981, 22:489-501.

Commission on Classification and Terminology of the International League Against Epilepsy. Proposal for Revised Classification of Epilepsies and Apileptic Syndromes. *Epilepsia*, 1989, 30:389-399.

Comte, A. (1830-1842), *Corso di filosofia positiva*, Turín, UTET, 1967 [*Filosofía positiva*, México, Porrúa, 1991].

Condominas, G., 1981, *"Spazio sociale"*, *Enciclopedia*, vol. XIII, Einaudi.

Conrad, K., 1960, "Die symptomatischen Psychosen", *Psychiatrie der Gegenwart*, Berlín, Springer.

Conrad, K., 1963, *Der Konstitutionstyp*, Berlín.

Conrad, K., 1966, *Die beginnende Schizophrenie*, Stuttgart, Thieme.

Contessa, G., 1977, *Dinamiche di gruppo e ricerca*, Brescia, La Scuola.

Continenza, B., 1981, "Darwin e la psicologia", *Storia e Critica della Psicologia*, núm. 2.

Continenza, B. y V. Somenzi, 1979, *L'etologia*, Turín, Loescher.

Cooley, C.H. (1909), *L'organizzazione sociale*, Milán, Communità, 1963.

Coomaraswamy, A.K. (1977), *Il grande brivido. Saggi di simbolica e arte*, Milán, Adelphi, 1987.

Coombs, C.H., 1975, "Portfolio theory and the measurement of risk, en M. F. Kaplan y S. Schwartz (coords.), *Human judgement and decision processes*, Nueva York, Academic Press.

Cooper, B. y H.G. Morgan (1973), *Psichiatria epidemiologica*, Turín, Boringhieri, 1981.

Cooper, C.L. y J. Marshall, 1978, *Understanding executive stress*, Londres, Macmillan.

Cooper, D. (1971), *La morte della famiglia*, Turín, Einaudi, 1972ª [*La muerte de la familia*, Barcelona, Ariel].

Cooper, D. (1967), *Psichiatria e antipsichiatria*, Roma, Armando, 1972b [*Psiquiatría y antipsiquiatría*, Buenos Aires, Paidós].

Cooper, D., 1976, "La politica dell'orgasmo", en *Sessualità e politica*, Milán, Feltrinelli.

Cooper, D. (1978), *Il linguaggio della folia*, Milán, Feltrinelli, 1979 [*El lenguaje de la locura*, Barcelona, Ariel].

Coplen, C. y S. Lebovici (1973), *Problemi psicologici dell'adolescenza*, Turín, Boringhieri, 1978.

Corbin, H., 1954, *Avicenne et le récit visionnaire*, Département d'Iranologie de l'Institut Franco-Iranien, Libraire d'Amérique et d'Orient, París [*Avicena y el relato visionario*, Barcelona, Paidós, 1995].

Corbin, H. (1964), *Storia della filosofia islamica*, Milán, Adelphi, 1973.

Corbin, H., 1976, *L'imagination créatrice dans le sufisme d'Ibn Arabi*, París, Flammario [*La imaginación creadora en el sufismo de Ibn Arabi*, Barcelona, Destino, 1993].

Corbin, H., 1983, *Face de Dieu, face de l'homme*, París, Flammarion.

Corbin, H. (1979), *Corpo spirituale e terra celeste*, Milán, Adelphi, 1986.

Cordeschi, R., 1984, "La teoria dell'elaborazione umana dell'informazione", en *Evoluzione e modelli*, Roma, Editori Riuniti.

Coren, S. y J.A. Girgus, 1978, *Seeing is deceiving: The psychology of visual illusions*, Hillsdale, Erlbaum.

Corman, L. (1967), *Il test del disegno della famiglia nella pratica medico-pedagogica*, Turín, Boringhieri, 1970 [*Test del dibujo de la familia en la práctica médico-pedagógica*, Buenos Aires, Kapeluz].

Cornoldi, C., 1986, *Apprendimento e memoria nell'uomo*, Turín, UTET.

Cortilli, G., F. Saibene y B. Rossi, 1986, *Fisiologia e psicologia dello sport*, Milán, EST Mondadori.

Coser, L.A. (1956), *Le funzioni del conflitto sociale*, Milán, Feltrinelli, 1967.

Coué, E., 1922, *Self-mastery through conscious autosuggestion*, Londres [*El método de autosugestión*, Barcelona, Obelisco].

Cousinet, R. (1950), *La vita sociale dei ragazzi*, Florencia, La Nuova Italia, 1965.

Cox, T., 1978, *Stress*, Londres, Macmillan.

Craft, M. (coord.), 1966, *Psycopathic disorders*, Londres, Pergamon Press.

Cramer, J.B. (1959-1966), "Le nevrosi infantili", en S. Arieti (coord.),*Manuale di Psichiatria*), vol. II, Turín, Boringhieri, 1969.

Cranach, M. von y R. Harré (coords), 1980, *The analysis of action*, Cambridge, Cambridge University Press.

Cremerius, J., 1975, *Neurosi e genialità*, Turín, Boringhieri [*Neurosis y genialidad*, Madrid, Taurus].

Crescenzo, G. De, 1975, *L'etologia e l'uomo*, Florencia, La Nuova Italia.

Creuzer, G.F., 1810-1812, *Symbolik und Mythologie der alten Völker, besonders der Griechen*, Leipzig, Heyer und Leske.

Cronbach, L.J., 1960, *Essential of psychological testing*, Nueva York, Harper and Row.

Cronbach, L.J. y P.E. Meehl, 1955, "Construct validity in psychological test", *Psychol. Bull.*, núm. 52.

Crosignani, P.G., 1984, *La contraccezione*, Roma, Il Pensiero Scientifico.

Crowder, N.A., 1958, *Intrinsically programmed materials for teaching complex skills and concepts*, Washington, American Psychological Association.

Crowne, D.P. y D. Marlowe, 1964, *The approval motive. Studies in evaluative dependence*, Nueva York, Wiley.

Cumming, D.E. y W.E. y Henry, 1961, *Growing Old*, Londres, Basic Books.

Curi, U., 1973, *L'analisi operazionale in psicologia*, Milán, Angeli.

Curi, U., 1977, *Psicologia e critica dell'ideologia*, Verona, Bertani.

Curtius, F., 1933, *Über Degenerationszeichen*, Stuttgart, Enke.

D'Ancona, U., 1966, *Trattato di zoologia*, Turín, UTET.

D'Urso, V. (coord.), 1990, *Imbarazzo, vergogna e altri affanni*, Milán, Cortina.

Dal Pra, M.,1977, "Cabala", *Enciclopedia*, vol. II, Turín, Einaudi.

Danchin, A., 1982, "Eredità", *Enciclopedia*, vol. XV, Turín, Einaudi.

Danziger, K. (1971), *La socializzazione*, Bolonia, Il Mulino, 1973.

Darley, J.M. y B. Latané, 1968, "Bystander intervention in emergencies: Diffusion of responsability", *Journal of Personality and Social Psychology*, núm. 8.

Darwin, C. 1868, *The variation of animals and plants under domestication*, Londres, Murray.

Darwin, C. (1859), *L'origine delle specie*, Turín, Boringhieri, 1976 [*El origen de las especies*, Madrid, Edaf].

Darwin, C. (1872), *L'espressione delle emozioni negli vomini e negli animale*, Turín, Boringhieri, 1982 [*La expresión de las emociones en los animales y en el hombre*, Madrid, Alianza].

Daskalakis, E., 1975, *Réflexions sur la responsabilité pénale*, París, PUF.

Davies, N.B., 1978, "Ecological questions about territorial behaviour", en J.R. Krebs y N.B. Davies (coords.), *Behavioural ecology: An evolutionary approach*, Oxford, Blackwell Scientific.

Davis, A., 1948, *Social class influences upon learning*, Cambridge, Harvard University Press.

Davis, G.A., 1973, *Psychology of problem solving: Theory and practice*, Nueva York, Basic Books.

Dawkins, R., 1976, "Hierarchical organization: A candidate principle for ethology", en P.P.G. Bateson y R.A. Hinde (coords.), *Growing points in ethology*, Cambridge-Nueva York, Cambridge University Press.

Dawkins, R., 1979, *Il gene egoista*, Bolonia, Zanichelli.

De Bartolomeis, F., 1953, *La pedagogia come scienza*, Florencia, La Nuova Italia.

De Candido, D., 1984, *Guida alla ricerca motivazionale*, Milán, Angeli.

De Carlo, N.A., 1979, *Introduzione al campionamento*, Padova, Liviana.

De Feudis, F.V., 1975, "*La Recherche*, núm. LV.

De Filippis, C., 1974, *Turbe del linguaggio e riabilitazione*, Roma, Armando.

De Finetti, B., 1970, *Teoria della probabilità*, Einaudi, Turín.

De Grada, E., 1972, *Introduzione alla psicologia sociale*, Roma Bulzoni.

De La Motte-H. Harber, 1984, *Psicologia della musica*, Milán, Longanesi.

De Landsheere, G., 1935, *Introduction à la recherche en éducation*, París, Colin-Bourrelier.

De Leo, G. y A. Salvini, 1978, *Normalità e devianza*, Milán, Mazzotta.

De Leo, G. *et al.*, 1981, *L'interazione deviante*, Milán, Giuffrè.

De Marchi, L., 1970, *Wilhelm Reich. Biografia di un'idea*, Milán, Sugarco.

De Martino, E., 1948, *Il mondo magico*, Turín, Einaudi.

De Martino, E., 1958, *Morte e pianto rituale*, Turín, Boringhieri.

De Martino, E., 1959, *Sud e magia*, Milán, Feltrinelli.

De Martino, E. (coord.), 1961, *La terra del rimosso*, Milán, Il Saggiatore.

De Martino, E. (coord.), 1962, *Magia e civiltà*, Milán, Garzanti.

De Mauro, T., 1971, *Senso e significato*, Bari, Adriatica.

De Michelis, G., 1985, "Cibernetica", *Gli strumenti del sapere contemporaneo*, vol. I Turín, UTET.

De Mijolla, A. y S. A. Schentoub, 1973, *Pour une psychanalyse de l'alcoolisme*, París, Payot.

De Montmollin, M. (1967), *L'istruzione programmata*, Turín, SEI, 1968.

De Negri Trentin, R., 1976, *Esperimenti di psicologia di gruppo*, Florencia, Giunti Martello.

De Rita, L., 1955, *Il problema psicologico della socializzazione*, Bari, Cressati.

De Schill, S. (1978), *Terapia psicoanalitica di gruppo*, Milán, Feltrinelli, 1980.

De Seta, L., 1989, *Le origini del senso di colpa*, Roma, Melusina.

De Toni, G., 1970, *L'accrescimento umano*, Brescia, La Scuola.

De Vicentiis, G., 1972, *Psicopatologia forense*, Padua, Piccin.

Deag, J. M., 1980, *Social behavior of animals*, Londres, Arnold.

Decroly, O. (1929), *La funzione di globalizzazione e l'insegnamento*, Florencia, La Nuova Italia, 1966.

Decroly, O. y J. Boon, 1921, *Vers l'école renovée*, París.

Dei, B., 1986, *Canone. Dimensione linguistica e progetto terapeutico*, Salerno, Cooperativa Editrice.

Del Bo, M. y A. Cippone de Filippis, 1978, *La sordità infantile grave*, Roma, Armando.

Del Miglio, C.M., 1980, *Il problema della donna. Soggettività psicosociale e identità sessuale*, Roma, Città Nuova.

Delaunay, A., 1978a, "Comportamento e condizionamento", *Enciclopedia*, Turín, vol. III, Einaudi.

Delaunay, A., 1978b, "Emozione e motivazione", *Enciclopedia*, vol. V, Turín, Einaudi.

Delaunay, A., 1979, "Istinto", *Enciclopedia*, vol. VII, Turín, Einaudi.

Delaunay, A., 1980, "Omeostasi", *Enciclopedia*, vol. IX, Turín, Einaudi.

Deleuze, G. y F. Guattari (1972), *L'anti-Edipo. Capitalismo e schizofrenia*, Turín, Einaudi, 1975.

Dement, W.C. (1972), *Introduzione allo studio del sonno e dell'attività onirica*, Bolonia, Zanichelli, 1977.

Denes, F. y C. Umiltà (coord.), 1978, *I due cervelli. Neuropsicologia dei processi cognitivi*, Il Mulino, Bolonia.

Dennet, D.C. (1978), *Brainstorms. Saggi filosofici sulla mente e la psicologia*, Milán, Adelphi, 1991.

Department of Education and Science, 1972, *Children with specific reading difficulties*, Londres, HM Stationery office.

Derleth, A., 1950, *Beyond space and time*, Nueva York.

Deropp, S., 1980, *Le droghe e la mente*, Roma, Ciapanna.

Derrida, J. (1967), *La voce e il fenomeno*, Milán, Jaca Book, 1968 [*La voz y el fenómeno*, Valencia, Pretextos, 1985].

Derrida, J. (1967), *Della grammatologia*, Milán, Jaca Books, 1969 [*De la gramatología*, México, Siglo XXI].

Derrida, J. (1967), *La scrittura e la differenza*, Einaudi, Turín, 1971.

Descartes, R. (1937), "Discorso sul metodo", *Opere*, Bari, Laterza, 1986 [*Discurso del método*, México, Porrúa, 1992].

Descartes, R. (1641), "Meditazioni metafisiche sulla filosofia prima", Opere, vol. I, Bari, Laterza, 1986b [*Meditaciones metafísicas*, México, Porrúa, 1992].

Descartes, R. (1649), *Le passioni dell'anima*, Bari, Laterza, 1986c.

Dessì, F.F., 1985, "Etologia", *Gli strumenti del sapere contemporaneo*, vol. I, Turín, UTET.

Detienne, M. (1977), *Dioniso e la pantera profumata*, Bari, Laterza, 1981.

Deutsch, A. (1967), "Modelli di comunicazione e sistemi di decisione", en *Teoria e metodi in scienza politica*, Bolonia, Il Mulino, 1971.

Deutsch, F. (1959), *Il misterioso salto dalla mente al corpo*, Florencia, Martinelli, 1959.

Deutsch, H., 1925, Zur Psychoanalyse der weiblichen Sexual-funktionen: Der Deflorationsakt, Leipzig.

Deutsch, H., 1928, "Zur Genese der Platzangst", en *Internationalische Zeitschrift für Psychoanalyse*, núm. XIV.

—, 1934, "Über einen Typus der Pseudo-Affektivitaet" ("als ob"), *Int. Zeitschrift für Psychoanalyse*, núm. XX.

Deutsch, M., 1973, *The resolution of conflicts*, Nueva York, Yale University Press.

Deutsch, H., 1977, *Problemi dell'adolescenza*, Florencia, La Nuova Italia.

Deutsch, H. (1944-1945), *Psicologia della donna*, Turín, Boringhieri, 1977.

Deutsch, M. *et al.*, 1967, *The disadvantaged child*, Nueva York, Basic Books.

Devereux, G. (1972), *Saggi di etnopsicoanalisi complementarista*, Milán, Bompiani, 1975 [*Etnopsicoanálisis complementarista*, Buenos Aires, Amorrortu, 1975].

Dewey, J., 1895, "The theory of emotion", *Psychological Review*.

Dewey, J., 1896, "The reflex arc concept in psychology", *Psychological Review*, núm. 3.

Dewey, J., 1887, *Psychology*, Nueva York.

Dewey, J., 1916, *Essay in experimental logic*, The University of Chicago.

Dewey, J. (1916), *Democrazia e educazione*, Florencia, La Nuova Italia, 1949.

Dewey, J. (1917), "La necessità di un recupero della filosofia", en Autores Varios, *Intelligenza creativa*, Florencia, La Nuova Italia, 1957.

Dewey, J. (1949), *Scuola e società*, Florencia, La Nuova Italia, 1960.

Dewey, J. (1929), *La ricerca della certezza*, Florencia, La Nuova Italia, 1965.

Dewey, J. (1922), *Natura e condotta dell'uomo*, Florencia, La Nuova Italia, 1966.

Dewey, J. (1929), *Fonti di una scienza dell'educazione*, Florencia, Borelli, 1967.

Dewey, J. (1925), *Esperienza e natura*, Milán, Mursia, 1973.

Dewey, J. y A. F. Bentley, 1949, *Knowing and the known*, Boston, Beacon Press.

Di Gennaro, G., M. Bonomo y R Breda, 1976, *Ordinamento penitenziario e misure alternative alla detenzione*, Milán, Angeli.

Di Giacomo, J.P., 1985, *Rappresentazioni sociali e movimenti collettivi*, Nápoles, Liguori.

Di Leo, G., 1981, *La giustizia dei minori. La delinquenza mentale e le sue istituzioni*, Turín, Einaudi.

Di Lorenzo, S., 1980, *La donna e la sua ombra*, Milán, Emme Edizioni.

Di Nola, A., 1970, "Circoncisione", *Enciclopedia delle religioni*, vol. II.

Di Nola, A., 1972, "Peccato", *Enciclopedia delle religioni*, vol. IV, Florencia, Vallecchi.

Di Nola, A., 1981, "Sacro/profano", *Enciclopedia*, vol. XII, Turín, Einaudi.

Diderot, D. y J.B. D'Alembert (coords.), (1751-1772), *Encyclopédie ou dictionnaire raisonné des arts et des métiers*, Parma, F.M. Ricci, 1970.

Diels, H. y W. Kranz (1951-1952), *I presocratici. Testimonianze e frammenti*, Bari, Laterza, 1983.

Diethelm, O., 1936, *Treatment in psychiatry*, Nueva York, Macmillan.

Dilthey, W. (1910), "Der Aufbau der geschichtlichen Welt in den Geisteswissenschaften", *Gesammelte Schriften*, vol. VII, Leipzig, Teubner, 1914-1936a.

Dilthey, W. (1984), "Ideen über eine beschreibende und zergliedernde Psychologie", *Gesammelte Werke*, vol. V, Leipzig, Teubner, 1914-1936b.

Dilthey, W. (1907), "Das Wesen der Philosophie", *Gesammelte Schriften*, vol. V, Leipzig, Teubner, 1914-1936c.

Dilthey, W. (1896), "*Beiträge zum Studium der* Individualität", *Gesammelte Schriften*, vol. V, Stuttgart, Teubner, 1957a.

Dilthey, W. (1900), "Die Entstehung der Hermeneutik", *Gesammelte Schriften*, vol. V, Stuttgart, Teubner, 1957b.

Dilthey, W. (1888), "Über die Möglichkeit einer allgemeingültinen pädagogischen Wissenschaft", *Gesammelte Schriften*, vol. VI, Stuttgart, Teubner, 1958.

Dimond, S.J., 1970, *The social behavior of animals*, Londres.

Dion, K.L., R.S. Baron y N. Miller, 1978, "Why do groups make riskier decisions than individuals?", en L. Berkowitz (coord.), *Advances in experimental social psychology*, vol. V, Nueva York, Academic Press.

Dodwell, P.C., 1968, "Studi sull'apparato visivo", en B.M. Foss (coord.), *I nuovi orizzonti della psicologia*, Turín, Boringhieri.

Dogana, F., 1976, *Psicopatologia dei consumi quotidiani*, Milán, Angeli [*Psicopatología del consumo cotidiano*, Barcelona, Gedisa, 1984].

Doise, W. (1976), *Psicologia sociale dei rapporti tra gruppi*, Bolonia, Il Mulino, 1977.

Dollar, J. y N.E. Miller (1950), *Personalità e psicoterapia*, Milán, Angeli, 1975 [*Personalidad y psicoterapia*, Bilbao, Desclée].

Dollard, J. *et al.* (1939), *Frustrazione e aggressività*, Florencia, Giunti Barbera, 1967.

Donati, P., 1975, "Sociodinamica delle strutture e funzioni della famiglia contemporanea", en A. Bonetti *et al.*, *Problemi della famiglia*, Milán, Tamburini.

Donn, L., 1988, *Freud e Jung*, Milán, Leonardo.

Doob, L., 1971, *Patterning of time*, New Haven, Yale University Press.

Dörner, K. (1969), *Il borghese e il folle. Storia sociale della psichiatria*, Bari, Laterza, 1975.

Doron, R., 1971, *La conscience gestuelle*, París, Vri.

Dorsch, F., 1963, *Geschichte und Probleme der angewandten Psychologie*, Bern, Huber.

Dottrens, R. (1961), *Maestri per il mondo di domani*, Florencia, La Nuova Italia, 1968.

Douglas, M. (1973), *Simboli naturali*, Turín, Einaudi, 1979 [*Símbolos naturales: exploraciones en cosmología*, Madrid, Alianza].

Downs, R.N. y D. Stea (coords.), 1973, *Image and environment: Cognitive mapping and spatial behavior*, Chicago, Aldine.

Dreikurs, R. (1950), *Lineamenti della psicologia di Adler*, Florencia, La Nuova Italia, 1968.

Driesch, H., 1905, *Der Vitalismus als Geschichte und Lehre*, Leipzig.

Driesch, H., 1952, *Parapsychologie*, 3a. ed., Munich.

Droz, R., 1979, "Innato/acquisito", *Enciclopedia*, vol. VII, Turín, Einaudi.

Droz, R., 1980, "Percezione", *Enciclopedia*, vol. X, Turín, Einaudi.

Drucker, P.F., *Manuale di management. Compiti, responsabilità, metodi*, Milán, Etas Libri, 1978.

Druckman, D., 1977, *Negotiations: Social-psychological perspective*, Beverly Hills, Sage.

Duby, G. (1984), *L'amore e la sessualità*, Bari, Dedalo, 1986.

Duck, S.W. y R. Gilmour, 1981, *Personal relationships*, Nueva York, Academic Press.

Ducrot, O., 1980, "Referente", *Enciclopedia*, vol. XI, Einaudi, Turín.

Duerr, H.P. (1988), *Nudità e vergogna*, Venecia, Marsilio, 1991.

Duffy, E., 1962, *Activation and behavior*, Nueva York, Wiley.

Duhl, F.J. (1969), "Intervento, terapia e mutamento", en W. Gray, F.J. Duhl y N.D. Rizzo (coords.), *Teoria generale dei sistemi e psichiatria*, Milán, Feltrinelli, 1978.

Duhm, E., 1959, "Entwicklung und Differenzierung", *Hdb. der Psychol.*, vol. III, Göttingen.

Dührssen, A., 1965, *Psychogene Erkrankungen bei Kindern und Jugendlichen*, Verlag für medizinische Psychologie, Göttingen.

Duiker, H. y N. Frijda, 1960, *National character and national stereotype*, Amsterdam.

Dumézil, G. (1968), *Mito e epopea*, Turín, Einaudi, 1982 [*Mito y epopeya*, México, FCE].

Dunbar, H.F., 1943, *Psychosomatic diagnosis*, Londres, Hoeber.

Duncker, K. (1963), *La psicologia del pensiero produttivo*, Florencia, Editrice Universitaria, 1969.

Dunkell, S. (1977), *Le posizioni del sonno*, Milán, Sonzogno, 1978.

Dunn, L.C., 1978, *Breve storia della genetica*, Milán, ISEDI.

Durand, G. (1963), *Le strutture antropologiche dell'immaginario*, Bari, Dedalo, 1972.

Durand, G. (1964), *L'immaginazione simbolica*, Roma, El Pensiero Scientifico, 1977 [*La imaginación simbólica*, Buenos Aires, Amorrortu, 1971].

Durand, Y. y J. Morenon, 1972, *L'imaginaire de l'alcoolisme*, París, Éditions Universitaires.

During, A., 1916, *Die Ermüdung*, Viena, Hölder.

Durkheim, É., 1897, "La prohibition de l'inceste et ses origines", *Année sociologique*, I.

Durkheim, É. (1895), *Le regole del metodo sociologico*, Milán, Comunità, 1969a [*Las reglas del método sociológico*, Buenos Aires, Pléyade].

Durkheim, É. (1898), *Rappresentazioni individuali e rappresentazioni colletive*, en *Le regole del metodo sociologico*, Milán, Comunità, 1969b.

Durkheim, É. (1897), *Il suicidio*, Turín, UTET, 1969c [*El suicidio*, México, Premiá, 1986].

Durkheim, É. (1893), *La divisione del lavoro sociale*, Milán, Comunità, 1971a [*La división del trabajo social*, México, Premiá, 1985].

Durkheim, É. (1912), *Le forme elementari della vita religiosa*, Milán, Comunità, 1971b [*Las formas elementales de la vida religiosa*, Madrid, Akal].

Durkheim, É. (1911), "Pedagogia", en *La sociologia e l'educazione*, Roma, Newton Compton, 1971c.

Durkheim, É. y M. Mauss (1901-1902), "Alcune forme primitive di classificazione", *Sociologia e antropologia*, Roma, Newton Compton, 1976.

Düss, L., 1950, *La méthode des fables en psychoanalyse infantile*, París, L'Arche.

Ebbinghaus, H. (1885), *La memoria*, Bolonia, Zanichelli, 1975.

Eccles, J., 1982, *Mind-body problem*, Washington, Paragon House.

Eckardt, W. y A. Newcombe, 1969, "Militarism, personality and other social attitudes", *Journ. of Conflict Resolution*, núm. 13.

Eco, U., 1968, *La struttura assente. Introduzione alla ricerca semiologica*, Milán, Bompiani [*La estructura ausente*, Barcelona, Lumen].

Eco, U., 1971, *Le forme del contenuto*, Bompiani, Milán.

Eco, U., 1973, *Segno*, Milán, ISEDI.

Eco, U., 1975, *Trattato di semiotica generale*, Milán, Bompiani.

Eco, U., 1978, "Codice", *Enciclopedia*, vol. III, Turín, Einaudi.

Eco, U., 1980, "Metafora", *Enciclopedia*, vol. IX, Turín, Einaudi.

Eco, U., 1981a, "Segno", *Enciclopedia*, vol. XII, Turín, Einaudi.

Eco, U., 1981b, "Simbolo", *Enciclopedia*, vol. XII, Einaudi, Turín.

Eco, U., 1984, *Semiotica e filosofia del linguaggio*, Turín, Einaudi [*Semiótica y filosofía del lenguaje*, San Pedro Sula, Imet].

Edelson, M. (1970), *Socioterapia e psicoterapia*, Roma, Astrolabio, 1974.

Edwards, A.L., 1954, *Edwards Personal Preference Schedule*, Nueva York, Psychological Corporation.

Edwards, A.L., 1969, *Statistical analysis*, Nueva York, Holt, Rinehart and Winston.

Ehrenfels, Ch. von (1890), *Le qualità figurali*, Faenza,

Errano, 1979.

Ehrenstein, W., 1947, *Probleme der Ganzheitspsychologie Wahrnehmungslehre*, Leipzig.

Eibl-Eibesfeldt, I., 1957, "Ausdrucksformen der Säugetiere", en W. Kukental, *Handbuch der Zoologie*, vol. VIII, Berlín.

Eibl-Eibesfeldt, I. (1971), *Amore e odio. Per una storia naturale dei comportamenti elementari*, Milán, Mondadori, 1973.

Eibl-Eibesfeldt, I., 1979, "Human ethology: Concepts and implications for the sciences of man", *Behavioral and Brain Sciences*, núm. 1.

Einstein, A. y L. Infeld, 1938, *The evolution of physics*, Nueva York.

Eisenberg, L., 1956, "The autistic children", *American Journal of Psychiatry*, núm. 112.

Eisenberg, L., 1957, "The fathers of autistic children", *American Journal of Orthopsychiatry*, núm. 27.

Eisenstadt, S.N. (1966), *Da generazione a generazione*, Milán, Angeli, 1971.

Eisenstein, V.W., 1956, *Neurotic interaction on marriage*, Nueva York, Basic Books.

Eissler, K., 1951, "Malingering", *Psychoanalysis and culture*, Nueva York, International Universities Press.

Ekeh, P.P., 1974, *Social exchange theory: The two traditions*, Cambridge, Cambridge University Press.

Ekman, P. y W.V. Friesen, 1975, *Unmasking the face*, Englewood Cliffs, Prentice-Hall.

Ekman, P., W.V. Friesen y P. Ellsworth, 1972, *Emotion in the human face*, Nueva York, Pergamon.

Eliade, M. (1962), *Mefistofele e l'androgine*, Roma, Edizioni Mediterranee, 1971.

Eliade, M. (1969), *La nostalgia delle origini*, Brescia, Morcelliana, 1972.

Eliade, M. (1948), *Tecniche dello Yoga*, Turín, Boringhieri, 1972a.

Eliade, M. (1948), *Trattato di storia delle religioni*, Turín, Boringhieri, 1972b [Tratado de la historia de las religiones, México, Era, 1972].

Eliade, M. (1948), *Trattato dello Yoga*, Turín, Boringhieri, 1972c.

Eliade, M. (1965), *Il sacro e il profano*, Turín, Boringhieri, 1973.

Eliade, M. (1963), *Mito e realtà*, Milán, Rusconi, 1974a [*Mito y realidad*, Barcelona, Labor, 1991].

Eliade, M. (1967), *La nascita mistica. Riti e simboli d'iniziazione*, Brescia, Morcelliana, 1974b [*Iniciaciones místicas*, Madrid, Taurus].

Eliade, M. (1951), *Lo sciamanismo e le tecniche dell'estasi*, Roma, Edizioni Mediterranee, 1974c [*El chamanismo y las técnicas arcaicas del éxtasis*, México, FCE, 1968].

Eliade, M. (1957), *Miti, sogni e misteri*, Milán, Rusconi, 1976.

Eliade, M. (1975-1983), *Storia delle credenze e delle idee religiose*, Florencia, Sansoni, 1979-1983.

Eliade, M. (1952), *Immagini e simboli*, Milán, Jaca Book, 1981. [*Imágenes y símbolos*, Madrid, Taurus].

Elias, N. y E. Dunning (1986), *Sport e aggressività*, Il Mulino, Bolonia, 1989.

Elias, N., *Saggio sul tempo* (1984), Il Mulino, Bolonia, 1986.

Elkin, A.P., 1933-1934, "Studies in Australian totemism", *Oceania*, núm. IV, 1.

Ellenberger, H.F. (1970), *La scoperta dell'inconscio*, Turín, Boringhieri, 1980.

Ellis, H., 1933, *Etudes de psychopathologie sexuelle*, París, Mercure.

Ellis, H. (1897-1910), *Psicoanalisi del sesso*, Roma, Newton Compton, 1969.

Enzensberger, H.M. (1970), "Fondamenti per una teoria socialista dei mezzi di comunicazioni di massa", *Contro l'industria culturale*, Rimini, Guaraldi, 1971 [*Elementos para una teoría de los medios de comunicación*, Barcelona, Anagrama].

Epaulard, A., 1901, *Vampirisme, Nécrophilie, Necrosadisme*, Lyon.

Eraclito, E. (1951), "Frammenti", en H. Diels y W. Kranz, *I presocratici, testimonianze e frammenti*, Bari, Laterza, 1983.

Erdelyi, M.H. (1985), *Freud cognitivista*, Bolonia, Il Mulino, 1989.

Erickson, E. H., 1959, "Identity and the life cycle", en G. S. Klein (coord.), *Psychological Issues Monograph*, Nueva York, International University Press.

Erikson, E.H. (1964), *Introspezione e responsabilità*, Roma, Armando, 1972.

Erismann, T.H., 1973, *Grundproblem der Kybernetik, Zwischen, Technik und Psychologie*, Berlín.

Erikson, E.H. (1968), *Gioventù e crisi di identità*, Roma, Armando, 1974.

Erickson, E.H. (1974), *Aspetti di una nuova identitá*, Roma, Armando, 1975.

Erikson, E.H. (1950), *Infanzia e società*, Roma, Armando, 1976.

Erismann, T.H., 1947, *Psychologie und Recht*, Berlín.

Esler, A. (coord.), *The youth revolution. The conflict of generations in modern history*, Lexington, Health, 1974.

Espir, M.L.E. y C.F. Rose, 1970, *The basic neurology of speech*, Oxford, Blackwell.

Esquirol, J., 1838, *Des maladies mentales considérées sous les rapports médical, hygiénique et médico-légal*, París.

Etzioni, A., 1964, *Modern organizations*, Englewood Cliffs, Prentice-Hall [*Organizaciones modernas*, México, Limusa-Noriega].

Evans, F.C., 1956, "Ecosystem as the basic unit in ecology", *Science*, núm. 123.

Evans, R.J., 1981, "Intervista a Erich Fromm", en *La psicologia oggi*, Roma, Newton Compton.

Evans-Pritchard, E.E., 1956, *Nuer Religion*, Oxford, University Press [*Religión Nuer*, Madrid, Taurus].

Evola, J., 1971, *La tradizione ermetica*, Roma, Edizioni Mediterranee.

Ewald, G., 1924, *Temperament und charakter*, Berlín.

Ewen, S.J., 1971, "Psychiatry and dentistry", *Ann. Clin. Res.*, núm. 3.

Ewing, C.P., 1978, *Crisis intervention as psychoterapy*, Nueva York, Oxford University Press.

Ey, H., 1955, "Groupe des psychoses schizophéniques et des psychoses délirantes chroniques", *Encyclopédie Médico-Chirurgicale*, París.

Ey, H., 1963, *La conscience*, París, PUF.

Ey, H., 1963, "Esquisse d'une conception organo-dynamique de la structure, de la nosographie et de l'étiopathogénie des maladies mentales", *Psychiatrie der Gegenwart*, Berlín, Springer.

Ey, H., 1973, *Traité des hallucinations*, París, Masson.

Ey, H., 1977, *La notion de schizophrénie*, París, Desclée de Brouwer.

Ey, H., P. Bernard y C. Brisset, 1979, "Il campo della coscienza", *Manuale di Psichiatria*, Milán, Masson [*Tratado de psiquiatría*, Barcelona, Masson].

Eysenck, H.J. y S.B.G. Eysenck, 1963, *The Eysenck personality inventory*, San Diego, Educational and Industrial Testing Service.

Eysenck, H.J. y S. Rachman (1965), *Terapia del comportamento nevrotico. Un'alternativa alla psicoanalisi*, Milán, Angeli, 1973.

Eysenck, H.J., 1947, *Dimensions of personality*, Londres, Routledge and Kegan.

Eysenck, H.J., 1952, *The scientific study of personality*, Londres, Routledge and Kegan Paul.

Eysenck, H.J., 1957, *Dimension of anxiety and hysteria*, Londres, Routledge and Kegan.

Eysenck, H.J., 1961, *Handbook of abnormal psychology*, Nueva York, Basic Books.

Eysenck, H.J. (1961), *Uso e abuso in psicologia*, Florencia, Editrice Universitaria, 1965.

Eysenck, H.J., 1967, *The biological basis of personality*, Springfield, Thomas.

Eysenck, H.J., 1970, *The structure of human personality*, Londres, Methuen.

Eysenck, H.J., 1972, *Psychology is about people*, Londres, Allen Lane.

Eysenck, H.J., 1975, "Nuove vie della psicoterapia", *Psicologia Contemporanea*, núm. 10.

Eysenck, H.J., 1979, "The conditioning model of neurosis", *Behavioral and Brain Sciences*, núm. 2.

Eysenck, H.J. (1964), *Crimine e personalità*, Roma, Armando, 1980.

Eysenck, H.J. (1970), "La spiegazione e il concetto di personalità", en Autores Varios, *La spiegazione nelle scienze del comportamento*, Milán, Angeli, 1981.

Eysenck, H.J., 1986, *Personalidad y diferencias individuales*, Madrid, Pirámide.

Fabbrini, A. y A. Melucci, 1992, *L'età dell'oro. Adolescenti tra sogno ed esperienza*, Milán, Feltrinelli.

Fabris, G., 1970, *Il comportamento del consumatore*, Milán, Angeli.

Fagan, J. e I.L. Shephero, 1971, *Gestalt therapy now: Theory, techniques, applications*, Nueva York, Londres, Harper Colophon Books [*Teoría y técnica de la psicoterapia gestáltica*, Buenos Aires, Amorrortu, 1989].

Fagen, R., 1981, *Animal play behavior*, Oxford, Oxford University Press.

Fages, J.B. (1971), *Che cosa ha veramente detto Lacan*, Roma, Astrolabio, 1972.

Fairbairn, W.R.D. (1946), *Studi psicoanalitici sulla personalità*, Turín, Boringhieri, 1970 [*Estudio psicoanalítico de la personalidad*, Buenos Aires, Horme].

Falorni, M.L., 1968, *Aspetti psicologici della personalità nell'età evolutiva*, Florencia, Giunti Barbera.

Fantini, B., 1979, *La genetica classica*, Turín, Loescher.

Farber, I.E., 1948, "Response fixation under anxiety and non anxiety conditions", *Journal Experimental Psychology*, núm. 38.

Farber, L.H., 1966, *The ways of the will*, Londres, Constable.

Farr, R.M. (coord.), 1982, *Social representation*, Cambridge, Cambridge University Press.

Fau, R. *et al.* (1968), *Psicoterapia dei deboli mentali*, Roma, Armando, 1971.

Faurobert, M., 1962, *Les degrés de l'alcoolisme*, París, Hachette.

Faye, J.P., 1981, "Violenza", *Enciclopedia*, vol. XIV, Turín, Einaudi.

Fayol, H. (1916), *Direzione industriale e generale*, Milán, 1960 [*Administración industrial y general*, Santiago, Universitaria].

Fechner, G.T., 1848, "Über das Lustprinzip des Handelns", *Zeitschrift für Philosphie und philosophische Kritik*, Halle.

Fechner, G.T., 1871, *Zur experimentalen Aesthetik*, Leipzig, Hirzel.

Fechner, G.T., 1873, *Einige Ideen zur Schöpfungs - und Entwicklungsgeschichte der Organismen*, Leipzig, Breitkopf und Härtel.

Fechner, G.T. (1860), *Elemente der Psychophysik*, Leipzig, Breitkopf und Härtel, 1889.

Fechner, G.T. (1851), *Zend-Avesta*, Leipzig, Insel, 1919.

Federn, P. (1943), "L'analisi della psicosi, en *Psicosi e psicologia dell'Io*, Turín, Boringhieri, 1976a.

Federn, P. (1952), *Psicosi e psicologia dell'Io*, Turín, Boringhieri, 1976b [*La psicología del yo y la psicosis*, Buenos Aires, Amorrortu, 1984].

Federn, P. (1952), *Psicosi e psicologia dell'Io*, Turín, Boringhieri, 1976c.

Federn, P. (1932), "Il senso dell'Io nel sogno", en *Psicosi e psicologia dell'Io*, Turín, Boringhieri, 1976d.

Federspil, G., 1977, "Il problema del metodo in medicina clinica: Antiche e nuove concezioni", *Rassegna Clinico-Scientifica*.

Federspil, G., 1980, *I fondamenti del metodo in medicina clinica e sperimentale*, Padua, Piccin.

Feer, H., 1970, "Kybernetik in der Psychiatrie. Schizophrenie und Depression", *Bibl. Psychiatr.*, núm. 145, Munich, Karger.

Feldam, M.P., 1977, *Criminal behaviour: A psychological analysis*, Nueva York, Londres, Wiley.

Feldman, C.F. y S. Toulmin, 1975, "Logic and theories of mind", *Proceedings of the Nebraska Symposium on motivation*, Lincoln, University Press of Nebraska.

Fenichel, O., 1940, "Acting out", *Psychoanalysis Review*, núm. 3, Londres

Fenichel, O. (1945), *Trattato di psicoanalisi*, Roma, Astrolabio, 1951.

Ferenczi, S. (1930), "Autoplastica e alloplastica", Opere, vol. IV, Rímini, Guaraldi, 1974a.

Ferenczi, S. (1927-1928), "L'elasticità della tecnica psicoanalitica", *Opere*, vol. III, Rimini, Guaraldi, 1974b.

Ferenczi, S. (1929), "Maschile e femminile", *Opere*, vol. III, Rimini, Guaraldi, 1974c.

Ferenczi, S. (1928), "La preparazione dello psicoanalista", *Opere*, vol. III, Rimini, Guaraldi, 1974d.

Ferenczi, F., 1988-1992, *Opere*, Milán, Cortina.

Ferenczi, S. (1912), "Il concetto di introiezione", *Opere*, vol. I, Milán, cortina, 1989a.

Ferenczi, S. (1909), "Introiezione e transfert", *Opere*, vol. I, Milán, Cortina, 1989b.

Ferenczi, S. (1911), "Le parole oscene: Saggio sulla psicologia della fase di latenza", *Opere*, vol. I, Milán, Cortina, 1989c.

Ferenczi, S. (1911), "Stimolazione della zona erogena anale come causa scatenante della paranoia (Contributo al tema dei rapporti tra omosessualità e paranoia)", Opere, vol. I, Milán, Cortina, 1989d.

Ferenczi, S. (1916), "Due tipi di nevrosi di guerra (isteria)", *Opere*, vol. II, Milán, Cortina, 1990a.

Ferenczi, S. (1913), "Fasi evolutive del senso di realità", *Opere*, vol. II, Milán, Cortina, 1990b.

Ferenczi, S. (1914), "L'omoerotismo: Nosologia dell'omosessualità maschile", Opere, vol. II, Milán, Cortina, 1990c.

Ferenczi, S. (1917), "Le patonevrosi", *Opere*, vol. II, Milán, Cortina, 1990d.

Ferenczi, S. (1915), "Spettrofobia", *Opere*, vol. II, Milán, Cortina, 1990f.

Ferenczi, S. (1913), "Sull'ontogenesi dei simboli", *Opere*, vol. II, Milán, Cortina, 1990g.

Ferenczi, S. (1925), Psicoanalisi delle abitudini sessuali, Opere, vol. III, Milán, Cortina, 1991.

Ferenczi, S. (1926), "Critica di 'Tecnica psicoanalitica' di Otto Rank", *Opere*, III, Milán, Cortina, 1992a.

Ferenczi, S. (1919), "Fenomeni di materializzazione isterica", Opere, vol. III, Milán, Cortina, 1992b.

Ferenczi, S. (1921), "Osservazioni psicoanalitiche sul tic", *Opere*, vol. III, Milán, Cortina, 1992c.

Ferenczi, S. (1925), "Psicoanalisi delle abitudini sessuali", *Opere*, vol. III, Milán, Cortina, 1992d.

Ferenczi, S. (1919), "Psicoanalisi delle nevrosi di guerra, *Opere*, vol. III, Milán, Cortina, 1992e.

Ferenczi, S. (1924), "Thalassa", *Opere*, vol. III, Milán, Cortina, 1992f.

Ferracuti, F. (coord.), 1990, *Trattato di criminologia, medicina criminologica e psichiatria forense*, Milán, Giuffrè.

Ferraris, A. y A. Oliverio, 1983, *I ritmi della vita*, Roma, Editori Riuniti.

Ferraro, G., 1979, *Il linguaggio del mito*, Milán, Feltrinelli.

Ferrarotti, F., 1966, "Sociologia del lavoro", en Questioni di sociologia, La Scuola, Brescia.

Ferrarotti, F., 1972, *Sociologia del potere*, Bari, Laterza.

Ferrarotti, F., 1987, *Il ricordo e la temporalità*, Bari, Laterza.

Ferrio, C., 1950, *Trattato di psichiatria clinica e forense*, Roma.

Ferrucci, P., 1981, *Crescere, Teoria e pratica della psicosintesii*, Roma, Astrolabio.

Ferruzzi, F., 1982, *L'introspezione nella storia della psicologia*, Roma, Bulzoni.

Festinger, L., 1954, "A theory of social comparison processes", *Human Relations*, núm. 7.

Festinger, L. (1957), *Teoria della dissonanza cognitiva*, Milán, Angeli, 1973.

Feuchtersleben, E. von, 1938, *Zur Diätetik der Secle*, Wien.

Feuchtinger, O., 1946, *Fettsucht und Magersucht*, Stuttgart, Enke.

Feuerbach, L. (1841), *L'essenza del cristianesimo*, Opere, Bari, Laterza, 1965 [*La esencia del cristianismo*, Madrid, Trotta, 1995].

Feyerabend, P.K. (1975), *Contro il metodo*, Milán, Feltrinell, 1979 [*Tratado contra el método*, México, REI, 1993].

Fichte, J.G. (1794), *Dottrina della scienza*, Bari, Laterza, 1975 [*Introducción a la doctrina de la ciencia*, Madrid, Tecnos, 1987].

Finke, J., 1970, *Schlafstörungen: Ursachen und Behandlung*, Stuttgart, Thieme.

Finkelburg, F.C. (1870), "Niederrhein", *Gesellschaft in Bonn, medicin section*, núm. 7.

Firth, R. (1973), *Simboli pubblici e privati*, Bari, Laterza, 1977.

Firth, R., 1967, *Tikopia. Ritual and belief*, Londres, Routledge & Kegan Paul.

Fischer, S., 1967, "The placebo reactor", *Dis. Nerv. Syst.*, núm. 28.

Fishman, J.A., 1979, *Istruzione bilingue: Una prospettiva sociologica internazionale*, Bergamo, Minerva Italica.

Fishman, J.A. (1970), *La sociologia del linguaggio*, Roma, Officina, 1975.

Fiumanò, M. (coord.), 1989, *Il tempo del transfert*, Milán, Guerini e Associati.

Flechter, R., 1968, *Instinct in man*, Londres, Allen and Unwin.

Fliess, W., 1906, *Der Ablauf des Lebens*, Wien.

Florence, J., 1978, *L'identification dans la théorie freudienne*, Saint-Louis, Facultés Universitaires.

Flores D'Arcais, G.B., 1962, *L'ambiente*, Brescia, La Scuola.

Flores D'Arcais, G.B., 1964, *Metodi statistici per la ricerca psicologica*, Editrice Universitaria, Florencia.

Flores D'Arcais, G.B., 1968, *Introduzione alla teoria dei test*, Padua, CLEUP.

Flores D'Arcais, G.B. y L. Arcuri, 1976, Florencia, *La misura degli atteggiamenti, Giunti Martello*.

Flournoy, T., 1902, *Les principes de la psychologie religieuse*, París, Seuil.

Flournoy, T. (1889), *Dalle Indie al pianeta Marte. Il caso di Hélène Smith: Dallo spiritismo alla nascita della psicoanalisi*, Milán, Feltrinelli, 1985.

Foa, U.G. y E.B. Foa, 1974, *Societal structures of the mind*, Springfield, Thomas.

Fodor, J.A. (1988), *Psicosemantica*, Bolonia, Il Mulino, 1990.

Follins, S. y J. Azoulay, 1966, "La dépersonalisation", *Encl. Med. Chir. Psych.*, París.

Fontana Tommasućci, L., 1969, *Istruzione programmata e macchine per insegnare*, Roma, Armando.

Fonzi, A., 1957, *Problemi di psicologia infantile*, Einaudi, Turín.

Foppa, K. (1970), *Apprendimento e comportamento*, Roma, Armando, 1975.

Forbes, T.W., 1972, *Human factors in highway traffic safety research*, Nueva York.

Formaggio, D., 1973, *Arte*, Milán, ISEDI.

Fornari, F., 1978, *Coinema e icona*, Milán, Il Saggiatore.

Fornari, F., 1963, *La vita affettiva originaria del bambino*, Milán, Feltrinelli.

Fornari, F., 1966a, *Nuovi orientamienti della psicoanalisi*, Milán, Feltrinelli.

Fornari, F., 1966b, *Psicoanalisi della guerra*, Milán, Feltrinelli [*Psicoanálisis de la guerra*, México, Siglo XXI, 1972].

Fornari, F., 1975, *Genitalità e cultura*, Milán, Feltrinelli.

Fornari, F., 1976, *Simbolo e codice*, Milán, Feltrinelli.

Fornari, F., 1978, *Le strutture affettive del significato*, Milán, Cortina.

Fornari, F., 1979, *I fondamenti di una teoria psicoanalitica del linguaggio*, Turín, Boringhieri.

Fornari, F., 1984, *Psicoanalisi della musica*, Milán, Longanesi.

Fornari, B. y F. Fornari, 1974, *Psicoanalisi e ricerca letteraria*, Milán, Principato.

Foucault, M. (1966), *Le parole e le cose*, Milán, Rizzoli, 1967 [*Las palabras y las cosas. Una arqueología de las ciencias humanas*, México, Siglo XXI, 1995].

Foucault, M. (1963), *Nascita della clinica*, Turín, Einaudi, 1969 [*El nacimiento de la clínica*, México, Siglo XXI, 1995].

Foucault, M. (1963), "Prefazione alla trasgressione", *Scritti letterari*, Milán, Feltrinelli, 1971.

Foucault, M. (1971), *L'ordine del discorso*, Turín, Einaudi, 1972 [*El orden del discurso*, Barcelona, Tusquets].

Foucault, M. (1975), *Sorvegliare e punire. Nascita della prigione*, Turín, Einaudi, 1976a [*Vigilar y castigar. Nacimiento de la prisión*, México, Siglo XXI, 1995].

Foucault, M. (1963), *Storia della follia nell'età classica*, Milán, Rizzoli, 1976b [*Historia de la locura en la época clásica*, México, FCE, 1986].

Foucault, M. (1977), *Microfisica del potere*, Turín, Einaudi, 1977.

Foucault, M. (1976-1984), *La volantà di sapere. Storia della sessualità*, Milán, Feltrinelli, 1978-1984 [*Historia de la sexualidad, 1: La voluntad de saber*, México, Siglo XXI, 1995].

Foulkes, S.H. (1964), *Analisi terapeutica di gruppo*, Turín, Boringhieri, 1967.

Fox, M.W., 1968, *Abnormal behavior in animals*, Filadelfia.

Fraisse P., J. Piaget y M. Reuchlin (1963), *Psicologia sperimentale*, Turín, Einaudi, 1990 [*Psicología experimental*, Barcelona, Oikus-tau].

Frances, R., 1962, *Le développement perceptif*, París, PUF.

Francescato, D., 1977, *Psicologia di comunità*, Milán, Feltrinelli.

Francescato, D., A. Cortesini y S. Dini, 1983, *Psicologia di comunità. Esperienze a confronto*, Roma, Il Pensiero Scientifico.

Francioni, M., 1978, *Psicoanalisi, linguistica ed epistemologia in J. Lacan*, Einaudi, Turín [*Psicoanálisis, lingüística y epistemología en Jacques Lacan*, Barcelona, Gedisa, 1984].

Frank, H., 1964, *Kybernetische Analysen subjectiver Sachverhalte*, Schnelle.

Frank, H. (1969), *Pedagogia e cibernetica*, Roma, Armando, 1974.

Frank, J.D., 1935, "Individual differences in certain aspects of the level of aspiration", *American Journal of Psychology* núm. 47.

Frankenstein, C., 1970, *Impaired intelligence: Pathology and rehabilitation*, Londres, Science Publishers.

Frankl, V.E. (1956), *Teoria e terapia della nevrosi*, Brescia, Morcelliana, 1978.

Franklin, R.L., 1968, *Free will and determinism*, Londres, Routledge and Kegan.

Franz, M.L. von, 1978, *Il mito di Jung*, Turín, Boringhieri.

Franz, M.L. von (1971), *Il femminile nella fiaba*, Turín, Boringhieri, 1983.

Franz, M.L. von (1969), *Le fiabe interpretate*, Turín, Boringhieri, 1980.

Franz, M.L. von (1970), *L'eterno fanciullo*, Como, Red, 1989.

Frazer, C. y K. Scherer (coord.), 1979, *Social psychology of language*, Cambridge, Cambridge University Press.

Frazer, J.G., 1875, "Taboo", *Encyclopaedia Britannica*, Londres.

Frazer, J.G. (1911), *Il ramo d'oro*, Turín, Boringhieri, 1973 [*La rama dorada. Magia y religión*, México, FCE, 1986].

Fredericks, J.A.M., 1969, "Consciousness", *Handbook of clinical neurology*, vol. III, Amsterdam.

Freedman, A.M., H.I. Kaplan y E. Sadock, 1976, *Comprehensiue textbook of psychiatry*, Baltimore, The Williams and Wilkins.

Freeman, T., J.L. Cameron y A. Mc Ghie (1958), *Schizofrenici cronici*, Turín, Boringhieri, 1972.

Freeman, W. (1959-1966), "La psicochirugia", en S. Arieti (coord.), *Manuale di psichiatria*, Turín, Boringhieri, 1970.

French, J.W., 1948, "The validity of a persistence test", *Psychometrica*, núm. 13.

French, T.M., 1952, *The integration of behavior*, Chicago, University of Chicago Press.

Freud, A. (1936), "L'Io e i meccanismi di difesa", *Opere*, vol. I, Turín, Boringhieri, 1978.

Freud, A., 1978-1979, *Opere*, Turín, Boringhieri.

Freud, A. (1958), "Adolescenza", *Opere*, vol. II, Turín, Boringhieri, 1979a.

Freud, A. (1970), "L'analisi infantile come sottospecialità della psicoanalisi", *Opere*, vol. III, Turín, Boringhieri, 1979b.

Freud, A. (1965), "Normalità e patologia nell'età infantile", *Opere*, vol. III, Turín, Boringhieri, 1979c.

Freud, A. (1960), "Osservazioni sullo sviluppo infantile", *Opere*, vol. II, Turín, Boringhieri, 1979d.

Freud, A. (1946), "Lo studio psicoanalitico dei disturbi infantili dell'alimentazione", *Opere*, vol. II, Turín, Boringhieri, 1979e.

Freud, A. *et al.* (1977), *L'aiuto al bambino malato*, Turín, Boringhieri, 1987.

Freud, S., 1891, *Zur Auffassung der Aphasien*, Leipzig, Deuticke.

Freud, S. (1888-1892), "Ipnotismo e suggestione", *Opere*, vol. I, Turín, Boringhieri, 1967 ["Trabajos sobre hipnosis y sugestión (1888-1892)", *Obras completas*, vol. I, Buenos Aires, Amorrortu, 1976].

Freud, S. (1888), "Isteria", *Opere*, vol. I, Turín, Boringhieri, 1967 ["Histeria", *Obras completas*, vol. I, Buenos Aires, Amorrortu, 1976].

Freud, S., 1967-1980, *Opere*, Turín, Boringhieri [*Obras completas*, 23 vols., Buenos Aires, Amorrortu, 1976].

Freud, S. (1896), "L'ereditarietà e l'etiologia delle nevrosi", *Opere*, vol. II, Turín, Boringhieri, 1968 ["La herencia y la etiología de la neurosis", *Obras completas*, vol. I, Buenos Aires, Amorrortu, 1976].

Freud, S. (1896), "Etiologia dell'isteria", *Opere*, vol. II, Turín, Boringhieri, 1968 ["La etiología de la histeria", *Obras completas*, vol. III, Buenos Aires, Amorrortu, 1976].

Freud, S. (1899), "L'interpretazione dei sogni", *Opere*, vol. III, Turín, Boringhieri, 1966 ["La interpretación de los sueños", *Obras completas*, vols. IV-V, Buenos Aires, Amorrortu, 1976].

Freud, S. (1894), "Legittimità di separare dalla nevrastenia un preciso complesso di sintomi come 'nevrosi d'angoscia'", *Opere*, vol. II, Turín, Boringhieri, 1968 ["Sobre la justificación de separar de la neurastenia un determinado síndrome en calidad de 'neurosis de angustia' ", *Obras completas*, vol. III, Buenos Aires, Amorrortu, 1976].

Freud, S. (1893), "Meccanismo psichico dei fenomeni isterici", *Opere*, vol. II, Turín, Boringhieri, 1968 ["Sobre el mecanismo psíquico de fenómenos histéricos", *Obras completas*, vol. III, Buenos Aires, Amorrortu, 1976].

Freud, S. (1894), "Minuta 'E'. Come si origina l'angoscia", en "Minute teoriche per Wilhelm Fliess" (1892-1897) , *Opere*, vol. II, Turín, Boringhieri, 1968 ["Manuscrito E: ¿Cómo se genera la angustia?", *Obras completas*, vol. I, Buenos Aires, Amorrortu, 1976].

Freud, S. (1892-1897), "Minute teoriche per Wilhelm Fliess", *Opere*, vol. II, Turín, Boringhieri, 1968 ["Fragmentos de la correspondencia con Fliess", *Obras completas*, vol. I, Buenos Aires, Amorrortu, 1976].

Freud, S. (1896), "Nuove osservazioni sulle neuropsicosi da difesa", *Opere*, vol. II, Turín, Boringhieri, 1968 ["Nuevas puntualizaciones sobre la neuropsicosis de defensa", *Obras completas*, vol. III, Buenos Aires, Amorrortu, 1976].

Freud, S. (1894), "La neuropsicosi da difesa", *Opere*, vol. II, Turín, Boringhieri, 1968 ["La neuropsicosis de defensa", *Obras completas*, vol. III, Buenos Aires, Amorrortu, 1976].

Freud, S. (1895), "Ossessioni e fobie", *Opere*, vol. II, Turín, Boringhieri, 1968 ["Obsesiones y fobias. Su mecanismo psíquico y su etiología", *Obras completas*, vol. III, Buenos Aires, Amorrortu, 1976].

Freud, S. (1895), "Progetto di una psicologia", *Opere*, vol. II, Turín, Boringhieri, 1968 ["Proyecto de psicología", *Obras completas*, vol. I, Buenos Aires, Amorrortu, 1976].

Freud, S. (1885c), "A proposito di una critica della 'nevrosi d'angoscia'", *Opere*, vol. II, Turín, Boringhieri, 1968 ["A propósito de las críticas a la 'neurosis de angustia'", *Obras completas*, vol. III, Buenos Aires, Amorrortu, 1976].

Freud, S. (1899), "Ricordi di copertura, *Opere*, vol. II, Turín, Boringhieri, 1968 ["Sobre los recuerdos encubridores", *Obras completas*, vol. III, Buenos Aires, Amorrortu, 1976].

Freud, S. (1898), "La sessualità nell'etiologia delle nevrosi", *Opere*, vol. II, Turín, Boringhieri, 1968 ["La sexualidad en la etiología de las neurosis", *Obras completas*, vol. III, Buenos Aires, Amorrortu, 1976].

Freud, S. (1897), "Sommari dei lavori scientifici del libero docente dottor Sigmund Freud 1877-1897", *Opere*, vol. II, Turín, Boringhieri, 1968 ["Sumario de los trabajos científicos del docente adscrito Sigmund Freud, 1877-1897", *Obras completas*, vol. III, Buenos Aires, Amorrortu, 1976].

Freud, S. (1892-1895), "Studi sull'isteria (In collaborazione con Josef Breuer)", *Opere*, vol. I, Turín, Boringhieri, 1967 ["Estudios sobre la histeria (Breuer, Freud)", *Obras completas*, vol. II, Buenos Aires, Amorrortu, 1976].

Freud, S., 1968, *Le origini della psicoanalisi. Lettere a Wilhelm Fliess 1887-1902*, Turín, Boringhieri.

Freud, S. (1905), "Le aberrazioni sessuali", en "Tre saggi sulla teoria sessuale", *Opere*, vol. IV, Turín, Boringhieri, 1970 ["Las aberraciones sexuales en 'Tres ensayos de teoría sexual' ", *Obras completas*, vol. VII, Buenos Aires, Amorrortu, 1976].

Freud, S. (1901), "Frammento di un'analisi d'isteria (Caso clinico di Dora)", *Opere*, vol. IV, Turín, Boringhieri, 1970), ["Fragmento de análisis de un caso clínico", *Obras completas*, vol. VII, Buenos Aires, Amorrortu, 1976].

Freud, S. (1900), "Il sogno", *Opere*, vol. IV, Turín, Boringhieri, 1970 ["La interpretación de los sueños", *Obras completas*, vol. IV, Buenos Aires, Amorrortu, 1976].

Freud, S., "Prefazione alla terza edizione" (1914) a "Tre saggi sulla teoria sessuale" (1905), *Opere*, vol. IV, Turín, Boringhieri, 1970 ["Prólogo a la tercera edición (1914) en 'Tres ensayos de teoría sexual (1905)'", *Obras completas*, vol. VII, Buenos Aires, Amorrortu, 1976].

Freud, S. (1901), "Psicopatologia della vita quotidiana", *Opere*, vol. IV, Turín, Boringhieri, 1970 ["Psicopatología de la vida cotidiana", *Obras completas*, vol. VI, Buenos Aires, Amorrortu, 1976].

Freud, S. (1904), "Psicoterapia", *Opere*, vol. IV, Turín, Boringhieri, 1970 ["Sobre psicoterapia", *Obras completas*, vol. VII, Buenos Aires, Amorrortu, 1976].

Freud, S. (1905), "Tre saggi sulla teoria sessuale", *Opere*, vol. IV, Turín, Boringhieri, 1970 ["Tres ensayos de teoría sexual", *Obras completas*, vol. VII, Buenos Aires, Amorrortu, 1976].

Freud, S. (1908), "Analisi della fobia di un bambino di cinque anni (Caso clinico del piccolo Hans)", *Opere*, vol. V, Turín, Boringhieri, 1972 ["Análisis de la fobia de un niño de cinco años", *Obras completas*, vol. X, Buenos Aires, Amorrortu, 1976].

Freud, S. (1907), "Azioni ossessive e pratiche religiose", *Opere*, vol. V, Turín, Boringhieri, 1972 ["Acciones obsesivas y prácticas religiosas", *Obras completas*, vol. IX, Buenos Aires, Amorrortu, 1976].

Freud, S. (1908), "Carattere ed erotismo anale", *Opere*, vol. V, Turín, Boringhieri, 1972 ["Carácter y erotismo anal", *Obras completas*, vol. X, Buenos Aires, Amorrortu, 1976].

Freud, S. (1906), "Diagnostica del fatto e psicoanalisi", *Opere*, vol. V, Turín, Boringhieri, 1972.

Freud, S. (1908), "Fantasie isteriche e loro relazione con la bisesualità", *Opere*, vol. V, Turín, Boringhieri, 1972 ["Las fantasías histéricas y su relación con la bisexualidad", *Obras completas*, vol. IX, Buenos Aires, Amorrortu, 1976].

Freud, S. (1906), "Il delirio e i sogni nella 'Gradiva' di Wilhelm Jensen", *Opere*, vol. V, Turín, Boringhieri, 1972 ["El delirio y los sueños de 'Gradiva' de Wilhelm Jensen", *Obras completas*, vol. IX, Buenos Aires, Amorrortu, 1976].

Freud, S. (1905b), "Le mie opinioni sul ruolo della sessualità nell'etiologia delle nevrosi", *Opere*, vol. V, Turín, Boringhieri, 1972 ["Mis tesis sobre el papel de la sexualidad en la etiología de las neurosis", *Obras completas*, vol. VII, Buenos Aires, Amorrortu, 1976].

Freud, S. (1908), "La morale sessuale 'civile' e il nervosismo moderno", *Opere*, vol. V, Turín, Boringhieri, 1972 ["La moral sexual 'cultural' y la nerviosidad moderna", *Obras completas*, vol. IX, Buenos Aires, Amorrortu, 1976].

Freud, S. (1905), "Il motto di spirito e la sua relazione con l'inconscio", *Opere*, vol. V, Turín, Boringhieri, 1972 ["El chiste y su relación con el inconsciente", *Obras completas*, vol. IX, Buenos Aires, Amorrortu, 1976].

Freud, S. (1907), "Il poeta e la fantasia", *Opere*, vol. V, Turín, Boringhieri, 1972 ["El creador literario y el fantaseo", *Obras completas*, vol. IX, Buenos Aires, Amorrortu, 1976].

Freud, S. (1908), "Il romanzo familiare dei nevrotici", *Opere*, vol. V, Turín, Boringhieri, 1972 ["La novela familiar de los neuróticos", *Obras completas*, vol. IX, Buenos Aires, Amorrortu, 1976].)

Freud, S. (1908), "Osservazioni generali sull'attacco isterico", *Opere*, vol. V, Turín, Boringhieri, 1972 ["Apre-

ciaciones generales sobre el ataque histérico", *Obras completas*, vol. IX, Buenos Aires, Amorrortu, 1976].

Freud, S. (1905), "Personaggi psicopatici sulla scena", *Opere*, vol. V, Turín, Boringhieri, 1972 ["Personajes psicopáticos en el escenario", *Obras completas*, vol. VII, Buenos Aires, Amorrortu, 1976].

Freud, S. (1908), "Teorie sessuali dei bambini", *Opere*, vol. V, Turín, Boringhieri, 1972 ["La sexualidad infantil en 'Tres ensayos de teoría sexual' ", *Obras completas*, vol. VII, Buenos Aires, Amorrortu, 1976].

Freud, S. (1970), "Carteggio Freud-Groddeck 1917-1934", Milán, Adelphi, 1973.

Freud, S. (1909), "Cinque conferenze sulla psicoanalisi", *Opere*, vol. VI, Turín, Boringhieri, 1974 ["Cinco conferencias sobre psicoanálisis", *Obras completas*, vol. XI, Buenos Aires, Amorrortu, 1976].

Freud, S. (1912), "Consigli al medico nel trattamento psicoanalitico", *Opere*, vol. VI, Turín, Boringhieri, 1974 ["Consejos al médico sobre el tratamiento psicoanalítico", *Obras completas*, vol. XII, Buenos Aires, Amorrortu, 1976].

Freud, S. (1912), "Contributi a una discussione sull'onanismo", *Opere*, vol. VI, Turín, Boringhieri, 1974 ["Contribuciones para un debate sobre onanismo", *Obras completas*, vol. XII, Buenos Aires, Amorrortu, 1976].

Freud, S. (1910-1917), "Contributi alla psicologia della vita amorosa", *Opere*, vol. VI, Turín, Boringhieri, 1974 ["Contribuciones a la psicología del amor", *Obras completas*, vol. XI, Buenos Aires, Amorrortu, 1976].

Freud, S. (1912), "Dinamica della traslazione", en "Tecnica della psicoanalisi" (1911-1912), *Opere*, vol. VI, Turín, Boringhieri, 1974 ["Sobre la dinámica de la transferencia" (1911-1912), *Obras completas*, vol. XII, Buenos Aires, Amorrortu, 1976].

Freud, S. (1910), "I disturbi visivi psicogeni nell'interpretazione psicoanalitica", *Opere*, vol. VI, Turín, Boringhieri, 1974 ["La perturbación psicógena de la visión según el psicoanálisis", *Obras completas*, vol. XI, Buenos Aires, Amorrortu, 1976].

Freud, S. (1911), "L'impiego dell'interpretazione dei sogni nella psicoanalisi", *Opere*, vol. VI, Turín, Boringhieri, 1974 ["El uso de la interpretación de los sueños en el psicoanális", *Obras completas*, vol. V, Buenos Aires, Amorrortu, 1976].

Freud, S. (1912), "Modi tipici di ammalarsi nervosamente", *Opere*, vol. VI, Turín, Boringhieri, 1974.

Freud, S. (1912), "Nota sull'inconscio in psicoanalisi", *Opere*, vol. VI, Turín, Boringhieri, 1974.

Freud, S. (1909), "Osservazioni su un caso di nevrosi ossessiva (Caso clinico dell'uomo dei topi)", *Opere*, vol. IV, Turín, Boringhieri, 1974 ["A propósito de un caso de neurosis obsesiva", *Obras completas*, vol. X, Buenos Aires, Amorrortu, 1976].

Freud, S. (1910), "Osservazioni psicoanalitiche su un caso di paranoia (dementia paranoides) descritto autobiograficamente (Caso clinico del presidente Schreber)", *Opere*, vol. IV, Turín, Boringhieri, 1974

["Puntualizaciones psicoanalíticas sobre un caso de paranoia (Dementia paranoides) descrito autobiográficamente", *Obras completas*, vol. XII, Buenos Aires, Amorrortu, 1976].

Freud, S. (1911), "Precisazioni sui due princìpi dell'accadere psichico", *Opere*, vol. VI, Turín, Boringhieri, 1974 ["Formulaciones sobre los dos principios del acaecer psíquico", *Obras completas*, vol. XII, Buenos Aires, Amorrortu, 1976].

Freud, S. (1910), "Le prospettive future della terapia psicoanalitica", *Opere*, vol. VI, Turín, Boringhieri, 1974 ["Las perspectivas futuras de la terapia psicoanalítica", *Obras completas*, vol. XI, Buenos Aires, Amorrortu, 1976].

Freud, S. (1910), "Psicoanalisi 'selvaggia'", *Opere*, vol. VI, Turín, Boringhieri, 1974 ["Sobre el psicoanálisis silvestre", *Obras completas*, vol. XI, Buenos Aires, Amorrortu, 1976].

Freud, S. (1910), "Un ricordo d'infanzia di Leonardo da Vinci", *Opere*, vol. VI, Turín, Boringhieri, 1974 ["Un recuerdo infantil de Leonardo da Vinci", *Obras completas*, vol. XI, Buenos Aires, Amorrortu, 1976].

Freud, S. (1910), "Significato opposto delle parole primordiali", *Opere*, vol. VI, Turín, Boringhieri, 1974 ["Sobre el sentido antitético de las palabras primitivas", *Obras completas*, vol. XI, Buenos Aires, Amorrortu, 1976].

Freud, S. (1912), "Sulla più comune degradazione della vita amorosa", en "Contributi alla psicologia della vita amorosa" (1910-1917), *Opere*, vol. VI, Turín, Boringhieri, 1974 ["Sobre la más generalizada degradación de la vida amorosa (Contribuciones a la psicología del amor)" (1910-1917), *Obras completas*, vol. XI, Buenos Aires, Amorrortu, 1976].

Freud, S. (1917), "Il tabú della verginità", "Contributi alla psicologia della vita amorosa" (1910-1917), *Opere*, vol. VI, Turín, Boringhieri, 1974 ["El tabú de la virginidad" (Contribuciones a la psicología del amor) *Obras completas*, vol. XI, Buenos Aires, Amorrortu, 1976].

Freud, S. (1913), "Le bugie di due bambine", *Opere*, vol. VII, Turín, Boringhieri, 1975 ["Dos mentiras infantiles", *Obras completas*, vol. XII, Buenos Aires, Amorrortu, 1976].

Freud, S., "La disposizione alla nevrosi ossessiva. Contributo al problema della scelta della nevrosi" (1913), *Opere*, vol. VII, Turín, Boringhieri, 1975 ["La predisposición a la neurosis obsesiva. Contribución al problema de la elección de neurosis", *Obras completas*, vol. XII, Buenos Aires, Amorrortu, 1976].

Freud, S. (1914), "Introduzione al narcisismo", *Opere*, vol. VII, Turín, Boringhieri, 1975 ["Introducción al narcisismo", *Obras completas*, vol. XIV, Buenos Aires, Amorrortu, 1976].

Freud, S. (1913), "L'interesse per la psicoanalisi", *Opere*, vol. VII, Turín, Boringhieri, 1975 ["El interés por el psicoanálisis", *Obras completas*, vol. XIII, Buenos Aires, Amorrortu, 1976].

Freud, S. (1913), "Il Mosè di Michelangelo", *Opere*, vol. VII, Turín, Boringhieri, 1975 ["El Moisés de Miguel Ángel", *Obras completas*, vol. XIV, Buenos Aires, Amorrortu, 1976].

Freud, S. (1913-1914), "Nuovi consigli sulla tecnica della psicoanalisi", *Opere*, vol. VII, Turín, Boringhieri, 1975 ["Sobre la iniciación del tratamiento (Nuevos consejos sobre la técnica del psicoanális", *Obras completas*, vol. XII, Buenos Aires, Amorrortu, 1976].

Freud, S. (1914), "Osservazioni sull'amore di traslazione", en "Nuovi consigli sulla tecnica della psicoanalisi" (1913-1914), *Opere*, vol. VII, Turín, Boringhieri, 1975 ["Puntualizaciones sobre el amor de transferencia (Nuevos consejos sobre el amor de transferencia)", *Obras completas*, vol. XII, Buenos Aires, Amorrortu, 1976].

Freud, S. (1914), "Per la storia del movimento psicoanalitico", *Opere*, vol. VII, Turín, Boringhieri, 1975 ["Contribución a la historia del movimiento psicoanalítico", *Obras completas*, vol. XIV, Buenos Aires, Amorrortu, 1976].

Freud, S. (1913), "Prefazione alla traduzione di 'Riti scatologici di tutti i popoli' di J. G. Bourke", *Opere*, vol. VII, Turín, Boringhieri, 1975 ["Prólogo a la traducción al alemán de J.G. Bourke, Scatologic rites of all nations", *Obras completas*, vol. XII, Buenos Aires, Amorrortu, 1976].

Freud, S. (1914), "Ricordare, ripetere e rielaborare", en "Nuovi consigli sulla tecnica psicoanalitica" (1913-1914), *Opere*, vol. VII, Turín, Boringhieri, 1975 ["Recordar, repetir y reelaborar (Nuevos consejos sobre la técnica del psicoanálisis)", *Obras completas*, vol. XII, Buenos Aires, Amorrortu, 1976].

Freud, S. (1912-1913), "Totem e tabú: Alcune concordanze nella vita psichica dei selvaggi e dei nevrotici", *Opere*, vol. VII, Turín, Boringhieri, 1975 ["Tótem y tabú. Algunas concordancias en la vida anímica de los salvajes y de los neuróticos", *Obras completas*, vol. XIII, Buenos Aires, Amorrortu, 1976].

Freud, S. (1916), "Alcuni tipi di carattere tratti dal lavoro psicoanalitico", *Opere*, vol. VIII, Turín, Boringhieri, 1976 ["Algunos tipos de carácter dilucidados por el trabajo psicoanalítico", *Obras completas*, vol. XIV, Buenos Aires, Amorrortu, 1976].

Freud, S. (1915), "Comunicazione di un caso di paranoia in contrasto con la teoria psicoanalitica", *Opere*, vol. VIII, Turín, Boringhieri, 1976 ["Un caso de paranoia que contradice la teoría psicoanalítica", *Obras completas*, vol. XIV, Buenos Aires, Amorrortu, 1976].

Freud, S. (1915b), "Considerazioni attuali sulla guerra e la morte", *Opere*, vol. VIII, Turín, Boringhieri, 1976 ["De guerra y muerte. Temas de actualidad", *Obras completas*, vol. XIV, Buenos Aires, Amorrortu, 1976].

Freud, S. (1915), "L'inconscio", en "Metapsicologia", *Opere*, vol. VIII, Turín, Boringhieri, 1976 ["El inconciente", *Obras completas*, vol. XIV, Buenos Aires, Amorrortu, 1976].

Freud, S. (1916), "Una difficoltà della psicoanalisi", *Opere*, vol. VIII, Turín, Boringhieri, 1976 ["Una dificultad del psicoanálisis", *Obras completas*, vol. XVII, Buenos Aires, Amorrortu editores, 1976].

Freud, S. (1915-1917), "Introduzione alla psicoanalisi", *Opere*, vol. VIII, Boringhieri, Turín, 1976.

Freud, S. (1915), "Lutto e melanconia", en "Metapsicologia", *Opere*, vol. VIII, Turín, Boringhieri, 1976 ["Duelo y melancolía", *Obras completas*, vol. XIV, Buenos Aires, Amorrortu, 1976].

Freud, S. (1915), "Metapsicologia", *Opere*, vol. VIII, Turín, Boringhieri, 1976 ["Trabajos sobre metapsicología", *Obras completas*, vol. XIV, Buenos Aires, Amorrortu, 1976].

Freud, S. (1915), "Pulsioni e loro destini", en "Metapsicologia", *Opere*, vol. VIII, Turín, Boringhieri, 1976 ["Pulsiones y destinos de pulsión", *Obras completas*, vol. XIV, Buenos Aires, Amorrortu, 1976].

Freud, S. (1915), "La rimozione", en "Metapsicologia", *Opere*, vol. VIII, Turín, Boringhieri, 1976 ["La represión", *Obras completas*, vol. XIV, Buenos Aires, Amorrortu, 1976].

Freud, S. (1975), *Sorvegliare e punire. Nascita della prigione*, Turín, Einaudi, 1976.

Freud, S. (1915), "Supplemento metapsicologico alla teoria del sogno", en "Metapsicologia", *Opere*, vol. VIII, Turín, Boringhieri, 1976 ["Complemento metapsicológico a la doctrina de los sueños", *Obras completas*, vol. XIV, Buenos Aires, Amorrortu, 1976].

Freud, S. (1915-1917), "La teoria della libido e il narcisismo", en "Introduzione alla psicoanalisi", *Opere*, vol. VIII, Turín, Boringhieri, 1976 ["La teoría de la libido y el narcisimo", *Obras completas*, vol. XVI, Buenos Aires, Amorrortu, 1976].

Freud, S. (1917), "Trasformazioni pulsionali, particolarmente dell'erotismo anale", *Opere*, vol. VIII, Turín, Boringhieri, 1976 ["Sobre las transposiciones de la pulsión, en particular del erotismo anal", *Obras completas*, vol. XVII, Buenos Aires, Amorrortu, 1976].

Freud, S. (1921), "Alcuni meccanismi nevrotici nella gelosia, paranoia e omosessualità", *Opere*, vol. IX, Turín, Boringhieri, 1977a ["Sobre algunos mecanismos neuróticos en los celos, la paranoia y la homosexualidad", *Obras completas*, vol. XVIII, Buenos Aires, Amorrortu, 1976].

Freud, S. (1919), "Un bambino viene picchiato" *(Contributo alla conoscenza delle perversioni sessuali)*, *Opere*, vol. IX, Turín, Boringhieri, 1977b ["Pegan a un niño. Contribución al conocimiento de la génesis de las perversiones sexuales", *Obras completas*, vol. XVII, Buenos Aires, Amorrortu, 1976].

Freud, S. (1920), "Al di là del principio di piacere", *Opere*, vol. IX, Turín, Boringhieri, 1977c ["Más allá del principio del placer", *Obras completas*, vol. XVIII, Buenos Aires, Amorrortu, 1976].

Freud, S. (1922), "Due voci di enciclopedia: 'psicoanalisi' e 'teoria della libido'", *Opere*, vol. XI, Turín, Boringhieri, 1977d ["Dos artículos de enciclopedia: Psicoanálisis y Teoría de la libido", *Obras completas*, vol. XVIII, Buenos Aires, Amorrortu, 1976].

Freud, S. (1922), "L'Io e l'Es", *Opere*, vol. IX, Turín, Boringhieri, 1977e ["El yo y el ello", *Obras completas*, vol. XIX, Buenos Aires, Amorrortu editores, 1976].

Freud, S. (1923), "Nevrosi e psicosi", *Opere*, vol. IX, Turín, Boringhieri, 1977f ["Neurosis y psicosis", *Obras completas*, vol. XIX, Buenos Aires, Amorrortu, 1976].

Freud, S. (1923), "L'organizzazione genitale infantile (un'interpolazione nella teoria sessuale)", *Opere*, vol. IX, Turín, Boringhieri, 1977g ["La organización genital infantil (Una interpolación en la teoría de la sexualidad)", *Obras completas*, vol. XIX, Buenos Aires, Amorrortu, 1976].

Freud, S. (1919), "Il perturbante", *Opere*, vol. IX, Turín, Boringhieri, 1977h.

Freud, S. (1920), "Psicogenesi di un caso di omosessualità femminile", *Opere*, vol. XI, Turín, Boringhieri, 1977i ["Sobre la psicogénesis de un caso de homosexualidad femenina", *Obras completas*, vol. XVIII, Buenos Aires, Amorrortu, 1976].

Freud, S. (1921), "Psicologia delle masse e analisi dell'Io", *Opere*, vol. IX, Turín, Boringhieri, 1977j ["Psicología de las masas y análisis del yo", *Obras completas*, vol. XVIII, Buenos Aires, Amorrortu, 1976].

Freud, S. (1922), "Sogno e telepatia", *Opere*, vol. IX, Turín, Boringhieri, 1977k ["Sueño y telepatía", *Obras completas*, vol. XVIII, Buenos Aires, Amorrortu, 1976].

Freud, S. (1918), "Vie della terapia psicoanalitica", *Opere*, vol. IX, Turín, Boringhieri, 1977l ["Nuevos caminos de la terapia psicoanalítica", *Obras completas*, vol. XVII, Buenos Aires, Amorrortu, 1976].

Freud, S. (1924), "Autobiografia", *Opere*, vol. X, Turín, Boringhieri, 1978a ["Presentación autobiográfica", *Obras completas*, vol. XX, Buenos Aires, Amorrortu, 1976].

Freud, S. (1927), "L'avvenire di un'illusione", *Opere*, vol. X, Turín, Boringhieri, 1978b ["El porvenir de una ilusión", *Obras completas*, vol. XXI, Buenos Aires, Amorrortu, 1976].

Freud, S. (1929), "Il disagio della civiltà", *Opere*, vol. X, Turín, Boringhieri, 1978c ["El malestar en la cultura", *Obras completas*, vol. XXI, Buenos Aires, Amorrortu, 1976].

Freud, S. (1927), "Feticismo", *Opere*, vol. X, Turín, Boringhieri, 1978d ["Fetichismo", *Obras completas*, vol. XXI, Buenos Aires, Amorrortu, 1976].

Freud, S. (1925), "Inibizione, sintomo e angoscia", *Opere*, vol. X, Turín, Boringhieri, 1978e ["Inhibición, síntoma y angustia", *Obras completas*, vol. XX, Buenos Aires, Amorrortu, 1976].

Freud, S. (1932), "Introduzione alla psicoanalisi (nuova serie di lezioni)", *Opere*, vol. XI, Turín, Boringhieri, 1979f ["Nuevas conferencias de introducción al psicoanálisis", *Obras completas*, vol. XXI, Buenos Aires, Amorrortu, 1976].

Freud, S. (1936), "L'Io e i meccanismi di difesa", *Opere*, vol. I, Turín, Boringhieri, 1978g.

Freud, S. (1925), "La negazione", *Opere*, vol. X, Turín, Boringhieri, 1978h ["La negación", *Obras completas*, vol. XIX, Buenos Aires, Amorrortu, 1976].

Freud, S. (1924), "Nota sul 'notes magico'", *Opere*, vol. X, Turín, Boringhieri, 1978i ["Notas sobre la pizarra mágica", *Obras completas*, vol. XIX, Buenos Aires, Amorrortu, 1976].

Freud, S. (1925b), *Opere*, vol. X, Turín, Boringhieri, 1978j.

Freud, S. (1924), "Il tramonto del complesso edipico", *Opere*, vol. X, Turín, Boringhieri, 1978k ["El sepultamiento del complejo de Edipo", *Obras completas*, vol. XIX, Buenos Aires, Amorrortu, 1976].

Freud, S. (1924), "La perdita di realtà nella nevrosi e nella psicosi", *Opere*, vol. X, Turín, Boringhieri, 1978l ["La pérdida de la realidad en la neurosis y en la psicósis", *Obras completas*, vol. XIX, Buenos Aires, Amorrortu, 1976].

Freud, S. (1926), "Il problema dell'analisi condotta da non medici. Conversazione con un interlocutore imparziale", *Opere*, vol. X, Turín, Boringhieri, 1978m.

Freud, S. (1924), "Il problema economico del masochismo", *Opere*, vol. X, Turín, Boringhieri, 1978n ["El problema económico del masoquismo", *Obras completas*, vol. XIX, Buenos Aires, Amorrortu, 1976].

Freud, S. (1927), "L'umorismo", *Opere*, vol. X, Turín, Boringhieri, 1978o ["El humor", *Obras completas*, vol. XXI, Buenos Aires, Amorrortu, 1976].

Freud, S. (1925), "Alcune differenze psichiche della differenza anatomica tra i sessi", *Opere*, vol. XI, Turín, Boringhieri, 1979a ["Algunas consecuencias psíquicas de la diferencia anatómica entre los sexos", *Obras completas*, vol. XIX, Buenos Aires, Amorrortu, 1976].

Freud, S. (1937), "Analisi terminabile e interminabile", *Opere*, vol. XI, Turín, Boringhieri, 1979b ["Análisis terminable e interminable", *Obras completas*, vol. XXIII, Buenos Aires, Amorrortu, 1976].

Freud, S. (1938), "Compendio di psicoanalisi", *Opere*, vol. XI, Turín, Boringhieri, 1979c.

Freud, S. (1937), "Costruzioni nell'analisi", *Opere*, vol. XI Turín, Boringhieri, 1979d ["Construcciones en el análisis", *Obras completas*, vol. XXIII, Buenos Aires, Amorrortu, 1976].

Freud, S. (1932), "La femminilità", en "Introduzione alla psicoanalisi (nuova serie di lezioni)", *Opere*, vol. XI, Turín, Boringhieri, 1979e ["La feminidad 'Nuevas conferencias de introducción al psicoanálisis'", *Obras completas*, vol. XXII, Buenos Aires, Amorrortu, 1976].

Freud, S. (1950), "Osservazioni sullo sviluppo infantile", *Opere*, vol. II, Turín, Boringhieri, 1979.

Freud, S. (1932b), "Perché la guerra? (Carteggio con Einstein)", *Opere*, vol. XI, Turín, Boringhieri, 1979 ["¿Por qué la guerra? (Einstein y Freud)", *Obras completas*, vol. XX, Buenos Aires, Amorrortu, 1976].

Freud, S. (1938), "La scissione dell'Io nel processo di difesa", *Opere*, vol. XI, Turín, Boringhieri, 1979 ["La escisión del yo en el proceso defensivo", *Obras completas*, vol. XXIII, Buenos Aires, Amorrortu, 1976].

Freud, S. (1931), "Sessualità femminile", *Opere*, vol. XI, Turín, Boringhieri, 1979 ["Sobre la sexualidad femenina", *Obras completas*, vol. XXI, Buenos Aires, Amorrortu, 1976].

Freud, S. (1934-1938), "L'uomo Mosè e la religione monoteistica: Tre saggi", *Opere*, vol. XI, Turín, Boringhieri, 1979 ["Moisés y la religión monoteísta", *Obras completas*, vol. XXIII, Buenos Aires, Amorrortu, 1976].

Freud, S., 1986, *Lettere a Wilhelm Fliess 1887-1904*, Turín, Boringhieri.

Freud, S., 1986, "Lettere a W. Fliess del 6 dicembre 1896", en S. Freud, *Lettere a Wilhelm Fliess 1887-1904*, Turín, Boringhieri.

Freud, S. y G. Groddeck, 1973, *Carteggio*, Milán, Adelphi.

Freund, J., 1965, *L'essence du politique*, París, Sirey.

Friedlander, K., 1947, *The psycho-analytical approach to juvenile delinquency*, Londres [*Psicoanálisis de la delincuencia juvenil*, Buenos Aires, Paidós].

Frighi, L., 1979, *Appunti di igiene mentale*, Roma, Bulzoni.

Frijda, N. (1987), *Emozioni*, Bolonia, Il Mulino, 1990.

Frisoni, F., 1984, *La mano, l'uomo e il suo destino. Lineamenti pratici divinatori e semiologici di chiromanzia*, Milán, Mursia.

Frobenius, L. (1933), *Storia della civiltà africana. Prolegomeni di una morfologia storica*, Turín, Einaudi, 1950.

Froldure, E. (1949), *Premi e castighi nell'educazione giovanile*, Turín, SEI, 1963.

Frölich, W.D., 1982, *Angst*, Munich, Deutscher Taschenbuch.

Fromm, E. (1973), *Anatomia della distruttività umana*, Milán, Mondadori, 1975 [*Anatomía de la destructividad humana*, México, Siglo XXI, 1991].

Fromm, E. (1976), *Avere o essere?*, Milán, Mondadori, 1977 [*Tener o ser*, México, FCE, 1987].

Fromm, E. (1941), *Fuga dalla libertà*, Milán, Comunità, 1976 [*Miedo de la libertad*, Barcelona, Paidós].

Fromm, E. (1979), *Grandezza e limiti del pensiero di Freud*, Milán, Mondadori, 1979 [*Grandeza y limitación del pensamiento de Freud*, México, Siglo XXI, 1991].

Fromm, E. (1951), *Il linguaggio dimenticato*, Milán, Bompiani, 1962 [*El lenguaje olvidado*, Buenos Aires, Edicial].

Fromm, E. (1956), *L'arte di amare*, Milán, Il Saggiatore, 1976 [*El arte de amar*, Buenos Aires, Paidós].

Fromm, E. (1970), *La crisi della psicoanalisi*, Milán, Mondadori, 1971 [*La crisis del psicoanálisis*, Buenos Aires, Paidós].

Fromm, E. (1968), *La rivoluzione della speranza*, Milán, Etas Kompass, 1969 [*La revolución de la esperanza*, México, FCE, 1987].

Fromm, E. (1955), *Psicoanalisi della società contempo ranea*, Milán, Comunitá, 1976 [*Psicoanálisis de la sociedad contemporánea. Hacia una sociedad sana*, México, FCE, 1987].

Fromm, E. (1936), *Studi sull'autorità e la famiglia*, Milán, Mondadori, 1976.

Fromm-Reichmann, F. (1959), *Psicoanalisi e psicoterapia*, Milán, Feltrinelli, 1964.

Frontori, L. (coord.), 1992, *Adolescenza e oggetti*, Milán, Cortina.

Frontori, L., 1988, *Il mercato dei segni*, Milán, Cortina.

Fry, E.B. (1963), *Macchine per insegnare e istruzione programmata*, Turín, Loescher, 1969.

Fuchs, E. (1970), *Ermeneutica*, Milán, CELUC, 1974.

Fuchs, W., 1973, *Le immagini della morte nella società moderna*, Turín, Einaudi.

Fulcanelli (1964), *Il mistero delle cattedrali*, Roma, Edizioni Mediterranee, 1972.

Fulcanelli (1965), *Le dimore filosofali*, Roma, Edizioni Mediterranee, 1973.

Fulton, J.F. y F.D. Ingrahm, 1929, "Emotional disturbance following experimental lesions of the base of the brain", *J. Psychol.*, núm. 67, Londres.

Furlan, P. M. y R. L. Picci, 1990, *Alcol, alcolici, alcolismo*, Turín, Bollati Boringhieri.

Gabel, J. (1962), *La falsa coscienza*, Bari, Dedalo, 1967.

Gabrielli, F., 1983., "Le sindromi psicosomatiche", en F. Giberti y R. Rossi, *Manuale di* psichiatria, Padua, Piccin.

Gadamer, H.G. (1960), *Verità e metodo*, Bompiani, Milán, 1983 [*Verdad y método*, Salamanca, Sígueme].

Gadenne, V. (1976), *La validità delle scienze psicologiche*, Roma, Città Nuova, 1987.

Gagné, R.M., 1959, "Problem solving", Ann. Rev. Psychol., núm. 10.

Gagné, R.M., 1974, *Essentials of learning for instruction*, Hillsdale, Dryden Press.

Gagné, R.M. (1965), *Le condizioni dell'apprendimento*, Roma, Armando, 1981.

Galimberti, U., 1985, "Antropologia culturale", *Gli strumenti del sapere contemporaneo*, vol. I, Turín, UTET.

Galimberti, U., 1979, "Corpo e psiche nella tradizione occidentale", *Psichiatria e fenomenologia*, Milán, Feltrinelli.

Galimberti, U., 1983, "Corpo e trasgressione", *Il corpo*, Milán, Feltrinelli.

Galimberti, U., 1985, "Cultura", *Gli strumenti del sapere contemporaneo*, vol. II, Turín, UTET.

Galimberti, U., 1983, "Il corpo e la demarcazione sessuale", *Il corpo*, Milán, Feltrinelli.

Galimberti, U., 1983, "L'immaginario dei desideri", *Il corpo*, Milán, Feltrinelli.

Galimberti, U., 1979, "L'isteria e la presenza simulata", *Psichiatria e fenomenologia*, Milán, Feltrinelli.

Galimberti, U., 1984, "La divina follia", *La terra senza il male*, Milán, Feltrinelli.

Galimberti, U., 1979, "La mania e la presenza momentanea", *Psichiatria e fenomenologia*, Milán, Feltrinelli.

Galimberti, U., 1987, "Le figure del tempo", *Gli equivoci dell'anima*, Milán, Feltrinelli.

Galimberti, U., 1978, "Morte", *Gli strumenti del sapere contemporaneo*, Turín, UTET, vol. II.

Galimberti, U., 1987, *Gli equivoci dell'anima*, Milán, Feltrinelli.

Galimberti, U., 1983, *Il corpo*, Milán, Feltrinelli.

Galimberti, U., 1984, *La terra senza il male. Jung dall'inconscio al simbolo*, Milán, Feltrinelli.

Galimberti, U., 1979, *Psichiatria e fenomenología*, Milán, Feltrinelli.

Gall, F.J., *Anatomie et pathologie du système nerveux*, París, 1810.

Gall, F.J., 1822-1823, *Sur les fonctions du cerveau et sur celles de chacune de ses parties*, París.

Galli, G. (coord.), 1973, *Psicoterapia e scienze umane*, Milán, Feltrinelli.

Gallino, L., 1978, "Status", *Dizionario di sociologia*, Turín, UTET [*Diccionario de sociología*, México, Siglo XXI, 1995].

Gallo, E. y V. Ruggiero, 1983, *Il carcere in Europa*, Verona, Bertani.

Galperin P. J. (coord.), 1972, *Probleme der Lerntheorie*, Berlín, Volk und Wissen.

Galton, F., 1869, *Hereditary genius*, Londres, Appleton.

Galton, F., 1889, *Natural inheritance*, Londres, Macmillan.

Galton, F., 1897, *Psychometric experiments*, Londres, Brain.

Galtung, J., 1967, *theories of conflict*, Londres.

Gamaleri, G., 1976, *La galassia McLuhan*, Roma, Armando [*Galaxia McLuhan*, Barcelona, Mitre].

Ganser, S.M.J., 1898, "Über einen eigenartigen hysterischen Dammerzustand", *Arch. Psychiatrie*, núm. 30.

Gardet, L. y O. Lacombe, 1988, *L'esperienza del Sé. Studio di mistica comparata*, Milán, Massimo.

Gardini, M., 1984, *Il libro della mano. Personalità e destino attraverso la chiromanzia*, Milán, Mondadori.

Gardner, H. (1989), *Aprire le menti. La creatività e i dilemi dell'educazione*, Milán, Feltrinelli, 1991.

Gardner, H. (1983), *Formae mentis. Saggio sulla pluralità dell'intelligenza*, Milán, Feltrinelli, 1987.

Gardner, H. (1985), *La nuova scienza della mente. Storia della rivoluzione cognitiva*, Milán, Feltrinelli, 1988 [*La nueva ciencia de la mente. Historia de la Revolución cognitiva*, Buenos Aires, Paidós, 1987].

Gardner, H., 1975, *The shattered mind: The person after brain damage*, Nueva York, Kopf.

Garello, E., 1987, *Mitofanie*, Milán, Todariana.

Garin, E., 1976, *Lo zodiaco della vita*, Bari, Laterza.

Garrison, O.V. (1964), *Tantra: Lo yoga del sesso*, Roma, Editoriale Mediterranee, 1966.

Garroni, E., 1978, "Creatività", *Enciclopedia*, vol. IV, Turín, Einaudi.

Gasseau, M. y G. Gasca, 1991, *Lo psicodramma junghiano*, Turín, Boringhieri.

Gaston, A., 1985, "Follia", *Gli strumenti del sapere contemporaneo*, vol. II, Turín, UTET.

Gaston, A., 1991, "Il cammino del tempo nella psicologia: Percepire, pensare, intuire", *Notiziario della fondazione S. Carlo*, núm. 352, modena.

Gaston, A., 1985, "Psichiatria", en *Gli strumenti del sapere contemporaneo*, vol. 1, Turín, UTET.

Gaston, A., 1987, *Genealogia dell'alienazione*, Milán, Feltrinelli.

Gates, R.R., 1923, *Heredity and eugenics*, Londres, Constable.

Gates, R.R., 1946, *Human genetics*, Nueva York, Macmillan.

Gathaut, H., 1975, *Dizionario dell'epilessia*, Roma, Il Pensiero Scientifico.

Gattullo, M., 1968, *Didattica e docimologia*, Roma, Armando.

Gava, G., 1977, *Mente versus corpo*, Padova, Liviana.

Gay, W.I., 1968, *Methods of animal experimentation*, Nueva York.

Gedda, L., 1948, "Psicologia della società intrageminale", *Riv. di Psicol.*, núm. 4.

Gedda, L., 1951, *Studio dei gemelli*, Roma, Armando.

Gedo, J.E. y A. Goldberg (1973), *Modelli della mente*, Roma, Astrolabio, 1975 [*Modelos de la mente*, Buenos Aires, Amorrortu, 1980].

Geen. R.G., 1976, *Personality: The skein of behaviour*, Londres, Kimpton.

Gelb, I.J., 1963, *A study of writing*, Chicago, Chicago University Press [*Historia de la escritura*, Madrid, Alianza].

Gell, A., 1975, *Metamorphosis of the cassowaries. Umeda society, language and ritual*, Londres, Atholne.

Gemelli, A., 1952, *Introduzione alla psicologia*, Milán, Vita e Pensiero.

Genco, A., 1977, *Educazione nuova e non direttiva*, Brescia, La Scuola.

Gennep, A. Van (1909), *I riti di passaggio*, Turín, Boringhieri, 1981 [*Los ritos de paso*, Madrid, Taurus].

Gennep, A. Van, 1920, *L'état actuel du problème totémique*, París, Nourry.

Genovesi, G., 1976, *Il gioco*, Florencia, Le Monnier.

Gentile, G. (1913), *Sommario di pedagogia come scienza filosofica*, Florencia, Sansoni, 1934.

Gentis, R., 1958, *Les alcooliques*, París, Éditions du Scarabée.

Gergen, K.J., 1971, *The concept of self*, Holt, Rinehart & Winston, Nueva York.

Gergen, K.J., 1982, *Towards transformation in social knowledge*, Nueva York, Springer.

Gerstmann, J., 1918, "Reine taktile Agnosie" *Mschr. Psychiat. Neurol.*, núm. 44.

Gerstmann, J., 1957, "Some note on the Gerstmann Syndrome", *Neurology*, núm. 7.

Gesell, A.y H. Thompson, 1941, "Twins T and C from infancy to adolescence: A biogenetic study of individual differences by the method of co-twin control", *Genet. Psychol. Monogr.*, núm. 24.

Getzels, S.W. y P.W. Jackson, 1962, *Creativity and intelligence*, Nueva York, Wiley.

Geymonat, L., 1982, "Il concetto di probabilità", *Filosofia della probabilità*, Milán, Feltrinelli.

Giachetti, R., 1984, *Il bacio*, Milán, Idealibri.

Giamblico, 1984, *I misteri egiziani*, Milán, Rusconi.

Giammancheri, E. y M. Peretti, 1978, *L'educazione morale*, Brescia, La Scuola.

Giani Gallino, T. (coord.), 1989, *Le grandi madri*, Milán, Feltrinelli.

Giannattasio, E. y R. Nencini, 1983, *Conoscenza e modellizzazione nella psicologia*, Roma, La Goliardica.

Gianotti, G. (coord.), 1983, *Struttura e patologia del linguaggio*, Bolonia, Il Mulino.

Giberti, F., 1966, "Equivalenti depressivi e depressioni marginali", *Relazioni clinico-scientifiche*, núm. 93.

Giberti, F., 1982, "Le sindrome distimiche" en F. Giberti y R. Rossi, *Manuale di psichiatria*, Padua, Piccin.

Giberti, F., 1983, "Le sindromi schizofreniche" en Giberti F. y R. Rossi, *Manuale di psichiatria*, Padova, Piccin.

Giberti, F., 1983, "Psichiatria, medicina e società" en F. Giberti y R. Rossi, *Manuale di psichiatria*, Padua, Piccin.

Giberti, F., R. Rossi y C. Baconcini, 1983, "Le terapie somatiche in psichiatria", en F. Giberti y R. Rossi, *Manuale di psichiatria*, Padua, Piccin.

Gibson, J.J., 1933, "Adaptation after-effect and contrast in the perception of curved lines", *J. Exp. Psychol*, núm. 16.

Gibson, J.J., 1950, *The perception of the visual world*, Boston, Houghton Mifflin.

Giddens, A., C. Offe, A. Touraine y P. Ceri, 1987, *Ecologia politica*, Milán, Feltrinelli.

Gil, F., 1978, "Conoscenza", *Enciclopedia*, vol. III, Turín, Einaudi.

Gil, F., 1979, "Insegnamento", *Enciclopedia*, vol. VII, Turín, Einaudi.

Gil, J., 1980, "Responsabilità", *Enciclopedia*, vol. XI, Turín, Einaudi.

Gill, M.M. y M. Brenman, 1961, *Hypnosis and related states*, Nueva York, International Universities Press.

Gilligan, C. (1982), *Con voce di donna. Etica e formazione della personalità*, Milán, Feltrinelli, 1987.

Ginzburg, C., 1986, *Miti Emblemi Spie*, Turín, Einaudi [*Mitos, emblemas, indicios*, Barcelona, Gedisa, 1989].

Giovanelli, G. y G. Mucciarelli, 1978, *Lo studio psicologico del tempo*, Bolonia, Cappelli.

Girard, G., 1980, *Società conformista e individuo*, Milán, Angeli.

Girard, R. (1982), *Il capro espiatorio*, Milán, Adelphi, 1987.

Girard, R. (1972), *La violenza e il sacro*, Milán, Adelphi, 1980.

Girotti, G., 1972, "I fondamenti fisiologici dell'attività psichica", *Nuove questioni di psicologia*, vol. II, Brescia, La Scuola.

Giuliani, A., 1977, "Imputation et justification", *Archives de philophie du droit*, núm. XXII.

Glatt, M.M. (1974), *I fenomeni di dipendenza*, Milán, Feltrinelli, 1979.

Gliozzi, G., 1967, "Il mito del buon selvaggio nella storiografia tra Ottocento e Novecento", *Rivista Filosofica*.

Glover, E. (1950), *Freud o Jung?*, Milán, Sugarco, 1978.

Glover, E., 1970, *I fondamenti teorici e clinici della psicoanalisi*, Roma, Astrolabio.

Gluckman, M. (1962), *Il rituale nei rapporti sociali*, Roma, Officina, 1972.

Gluckman, M., 1963, *Order and rebellion in tribal Africa*, Londres, Cohen and West.

Gluech, E.T. (1950), *Dal fanciullo al delinquente*, Florencia, La Nuova Italia, 1958.

Gneco, A., 1977, *Educazione nuova e non direttività*, Brescia, La Scuola.

Goblot, E., 1925, *La barrière et le niveau*, París, Alcan.

Goethe, J.W. (1808), *La teoria dei colori*, Milán, Il Saggiatore, 1981.

Goffman, E. (1961), *Asylum. Le istituzioni totali*, Turín, Einaudi, 1968.

Goffman, E. (1959), *La vita quotidiana come rappresentazione*, Bolonia, Il Mulino, 1969.

Goffman, E. (1967-1969), *Modelli di interazione*, Bolonia, Il Mulino, 1971.

Goffman, E. (1971), *Relazioni in pubblico*, Milán, Bompiani, 1981 [*Relaciones en público: microestudios del orden público*, Madrid, Alianza].

Goffman, E. (1965), *Stigma. L'identità negata*, Bari, Laterza, 1970 [*Estigma. La identidad deteriorada*, Buenos Aires, Amorrortu, 1989].

Goldberg, J. (1985), *La colpa. Un assioma della psicoanalisi*, Milán, Feltrinelli, 1988.

Goldsmith, E. y R. Allen (1972), *La morte ecologica*, Bari, Laterza, 1972.

Goldstein, J.H. y P.E. McGhee (1927), *La psicologia dello humour*, Milán, Angeli, 1976.

Goldstein, J. y J. Kornfield, 1988, *Cuore della saggezza. Esercizi di meditazione*, Roma, Astrolabio.

Goldstein, K. y A. Gelb, 1920, "Psychologische Analysen hirnpathologischer Fälle auf Grund von Untersuchungen Hirnverletzter", *Z. Psychol. Physiol. Sinnesorg.*, núm. 83.

Goldstein, K. y M. Schrer, 1953, "Abstract and concrete behavior. An experimental study with special test", *Psychological Monographs*, núm. 239.

Goldstein, K., 1933, "L'analyse de l'aphasie et l'essence du langage", *Journal de Psychologie*.

Goldstein, K., 1934, *Der Aufbau des Organismus*, Nijhoff, Haag.

Goldstein, M.J. y M. Scheerer, 1965., "Abstraktes und konkretes Verhalten", en C.F. Grauman, *Denken*, Köln-Berlín

Gombrich, E.H. (1960), *Arte e illusione*, Turín, Einaudi, 1976.

Gombrich, E.H. (1984), *Custodi della memoria*, Milán, Feltrinelli, 1985.

Gombrich, E.H. (1965), *Freud e la psicologia dell'arte. Stile, forma e struttura alla luce della psicoanalisi*, Turín, Einaudi, 1967.

Gombrich, E.H. (1982), *L'immagine e l'occhio*, Turín, Einaudi, 1985.

Gomila, J., 1978., "Desiderio", *Enciclopedia*, vol. IV, Turín, Einaudi

Goodenough, F., 1926, *Measurement of intelligenze by drawings*, Nueva York, World Book.

Goodman, N. (1983), *Fatti, ipotesi e previsioni*, Bari, Laterza, 1985.

Goodworth, C.T., 1979, *Effective interviewing for employment selection*, Londres, Business Books.

Gordon, N. e I. McKinlay (coords.), 1980, *Helping clumsy children*, Edinburgo, Churchill Livingstone.

Gorman, B.S. y A.F. Wessman (coords.), 1977, *Personal experience of time*, Nueva York, Plenum Press.

Goshen, C.E., 1963, "Mental retardation and neurotic maternal attitudes", *Archives of general psychiatry*, núm. 9.

Gottschaldt, K., 1942, *Die Methodik der Persönlichkeitsforschung in der Erbpsychologie*, Leipzig.

Gough, K., "The origin of the family", en R. R. Reiter (coord.), 1975, *Toward an anthropology of women*, Nueva York, Monthly Review.

Graf, O., 1955, *Erforschung der geistigen Ermüdung und nervösen Belastung*, Colonia, Opladen.

Granata, G., 1987, *Psichiatria omeopatica*, Como, Red.

Grandi, G., 1977, *Misurazione e valutazione*, Florencia, La Nuova Italia.

Grandjean, E. (1979), *Il lavoro a misura d'uomo. Trattato di ergonomia*, Milán, Comunità, 1986.

Granone, F.,1979, *Trattato di ipnosi*, Turín, UTET.

Grant, J.H., 1973, "Pornography", Medicine: Science and Law, núm. 13.

Gray, J., 1968, *Animal locomotion*, Londres, Weindenfeld and Nicolson.

Gray, W., F.J. Duhl y N.D. Rizzo (1969), *Teoria generale dei sistemi e psichiatria*, Milán, Feltrinelli, 1978.

Green, C., 1968, *Out-of-the-body experiences*, Oxford, Institute for Psychophysical Research.

Green, D.M. y J.A. Swets, 1966, *Signal detection theory and psychophysics*, Nueva York.

Green, J. (1976), *Il linguaggio*, Milán, Mondadori, 1979.

Green, L., 1986, *Relating. An astrological guide to living with other*, Wellingborough, The Aquarian Press.

Green, P.E. y E.F. Ronald, 1973, *Introduzione alle ricerche di marketing*, Milán, ISEDI.

Green, R. y J. Money, 1969, *Transexualism and sex reassignement*, Baltimore, Johns Hopkins University Press.

Greenberg, I.A. (coord.), 1974, *Psychodrama: Theory and therapy*, Nueva York, Behavioral Publications.

Greenson, R.R. (1959-1966), "L'indirizzo psicoanalitico classico" en S. Arietti (coord.), Manuale di psichiatria, vol. II, Turín, Boringhieri, 1969.

Greenson, R.R., 1961-1962, "Zum Problem der Empathie", *Psyche*, núm. 15.

Greenson, R.R. (1967), *Tecnica e pratica psicoanalitica*, Milán, Feltrinelli, 1971 [*Técnica y práctica del psicoanálisis*, México, Siglo XXI, 1994].

Greenson, R. (1953), *La noia* en *Esplorazioni psicoanalitiche* (1978), Turín, Boringhieri, 1984.

Greganti, G., 1976, *Carcere e comunità*, Roma, EP.

Gregory, L.R., 1968, "Le illusioni ottiche", en B.M. Foss (coord.), *I nuovi orizzonti della psicologia*, Turín; Boringhieri.

Gregory, R.L. y E.H. Gombrich (coords.), 1973, *Illusion in nature and art*, Nueva York, Duckwort, Condon-Scribner.

Gregory, R.L. (1966), *Occhio e cervello*, Milán, Cortina, 1991.

Griesinger, W., 1843, "Über psychische Reflexaktionen", *Abhandlungen*, vol. I.

Griesinger, W., 1845, *Pathologie und Therapie der psychischen Krankheiten*, Stuttgart, Braunschweig.

Griffin, D., 1966, *Guidandosi con l'eco*, Bolonia, Zanichelli.

Griffin, D. (1976), *L'animale consapevole*, Turín, Boringhieri, 1979.

Griffin, D., 1976, *The question of animal awareness. Evolutionary continuity of mental experience*, Nueva York, Rockefeller University Press.

Griffith, C.R., 1943, *Principles of systematic psychology*, Urbana, University of Illinois Press.

Grinker, R.R. y J.P. Spiegel, 1945, *War Neuroses*, Nueva York, Blakiston.

Groddeck, G.W. (1921), *Lo scrutatore d'anime*, Milán, Adelphi, 1978.

Groddeck, G. (1923), *Il libro dell'Es*, Milán, Bompiani, 1981 [*El libro del ello*, Madrid, Taurus].

Groddeck, G. (1933), *Il linguaggio dell'Es*, Milán, Adelphi, 1969.

Groppo, M., 1972, "L'istruzione programmata", *Nuove questioni di psicologia*, vol. II, Brescia, La Scuola.

Gross, A. y A. Etzioni (1985), *Organizzazioni e società*, Bolonia, Il Mulino, 1987.

Gross, K., 1930, *Die Spiele der Tiere*, Jena, Fischer.

Groves, P. y R. Thompson, 1970, "Habituation: A dual process theory", *Psychological Review*, núm. 77.

Grunberger, B. (1971), *Il narcisismo*, Bari, Laterza, 1977.

Grygier, T., J. Chesley y E.W. Tuters, 1969, "Parental deprivation: A study of delinquent children", *Brit. J. Criminol.*, núm. 9.

Guarrasi, V., 1978, *La condizione marginale*, Palermo, Sellerio.

Guatri, L., 1960, *Introduzione alla teoria delle ricerche di mercato*, Giuffrè, Milán.

Gubby, S., 1975, *The clumsy child*, Londres-Filadelfia, Saunders.

Guénon, R. (1945), *Il regno della quantità e i segni dei tempi*, Milán, Adelphi, 1982.

Guénon, R. (1957), *La grande triade*, Milán, Adelphi, 1980.

Guénon, R. (1962), *Simboli della scienza sacra*, Milán, Adelphi, 1975 [*Símbolos fundamentales de la ciencia sagrada*, Barcelona, Paidós, 1995].

Guidano, V.F. y M.A. Reda, 1980, *Cognitivismo e psicoterapia*, Milán, Angeli.

Guildorf, J. P., 1963, *Fundamental statistics in psychology and education*, Nueva York, McGraw-Hill.

Guildorf, J.P., 1959, *Personality*, Nueva York, McGraw-Hill.

Guildorf, J.P., 1954, *Psychometric methods*, Nueva York, McGraw-Hill.

Guildorf, J.P., 1967, *The nature of human intelligence*, Nueva York, McGraw-Hill.

Guillaume, P. (1937), *La psicologia della forma*, Florencia, Giunti Barbera, 1963 [*La psicología de la forma*, Buenos Aires, Psique].

Gulliver, P.H., 1964, *Disputes and negotiations: A cross-cultural perspective*, Nueva York, Academic Press.

Gullotta, G. (coord.), 1979, *Psicologia giuridica*, Milán, Angeli.

Gutheil, E.A. (1959-1966), "Disfunzioni sessuali nell'uomo", en S. Arieti (coord.), *Trattato di psichiatria*, vol. II, Turín, Boringhieri, 1969.

Guthrie, E.R., 1952, *The psychology of learning*, Nueva York, Harper and Row.

Haber, R.N., 1966, *Current research in motivation*, Holt, Nueva York.

Habermas, J. y N. Luhmann (1971), *Teoria della società o tecnologia sociale*, Milán, Etas Libri, 1983.

Habermas, J. (1968), *Conoscenza e interesse*, Bari, Laterza, 1973 [*Conocimiento e interés*, Madrid, Taurus].

Habermas, J. (1973), *Cultura e critica*, Turín, Einaudi, 1980.

Habermas, J. (1981), *Teoria dell'agire comunicativo*, Bolonia, Il Mulino, 1986 [*Teoría de la acción comunicativa*, Madrid, Taurus, 1988].

Habermas, J. (1963), *Teoria e prassi nella società tecnologica*, Bari, Laterza, 1971.

Hacker, W., 1978, *Allgemeine und Ingenierur psychologie. Psychische Struktur and Regulation von Arbeitstätigkeiten*, Stuttgart, Hüber.

Haeckel, E.H., 1870, "Über Entwicklungsgang und Aufgabe der Zoologie", *Jenaische Zeitschrift Med. Naturwissenschaft*, núm. 5.

Haefner, H., 1954, "Die existentielle Depression", *Arch. Psychiat. Neurol.*, núm. 191.

Haenseller, H., 1968, "Psychodynamik der Pseudologie", *Nervenartz*, núm. 39.

Hahnemann, C.S., 1834, *Esposizione della dottrina omeopatica*, Venecia.

Haim, A., 1969, *Les suicides d'adolescents*, París, Payot.

Hain, J.D., 1964, "The Bender Gestalt test: A scoring method for identifying brain damage", *Journal of Consulting Psychology*.

Hale, G.A. y M. Lewis (coords.), 1979, *Attention and cognitive development*, Nueva York-Londres, Plenum.

Haley, G., 1967, *Hypnosis and therapy*, Nueva York, Grune and Stratton.

Haley, J. (coord.) (1971), *Fondamenti di terapia della famiglia*, Milán, Feltrinelli, 1980 [*Técnicas de terapia familiar*, Buenos Aires, Amorrortu, 1989].

Hall, C.S. y V.J. Nordby, 1982, *Jung e la psicologia analitica*, Bari, Laterza [*Fundamentos de la psicología de Jung*, Buenos Aires, Psique].

Hall, E.T. (1964), *La dimensione nascosta*, Milán, Bompiani, 1969 [*La dimensión oculta*, México, Siglo XXI, 1994].

Halleck, S.L., 1971, *The politics of therapy*, Nueva York, Science House.

Handjaras, L. *et al.*, 1983, *Concetti e conoscenza*, Turín, Loescher.

Hannah, B., 1980, *Vita e opere di C.G. Jung*, Milán, Rusconi.

Hannay, A., 1971, *Mental images. A defence*, Nueva York, Humanities Press.

Harding, E. (1934), *I misteri della donna*, Roma, Astrolabio, 1973.

Harding, E. (1932), *La strada della donna*, Roma, Astrolabio, 1951.

Hardy, M. y S. Heyes (1982), "Lo sviluppo del concetto di sé", en *Introduzione alla psicologia*, Milán, Feltrinelli, 1983.

Hargreaves, D.H., 1967, *Social relations in a secundary school*, Londres, Routledge and Kegan [*Relaciones interpersonales en la educación*, Madrid, Narcea, 1986].

Harlow, H.F., 1949, "The formation of learning sets", *Psychological Review*, 56.

Harper, R.A. (1975), *Le nuove psicoterapie*, Florencia, La Nuova Italia, 1981.

Harré, R. y P.F. Secord (1972), *La spiegazione del comportamento sociale*, Bolonia, Il Mulino, 1977.

Harré, R., 1983, *Personal being*, Oxford, Basil Blackwell.

Harré, R., 1979, *Social being*, Oxford, Basil Blackwell.

Hartmann, E.L., 1967, *The biology of dreaming*, Springfield, Thomas Publisher.

Hartmann, E.L., 1973, *The functions of sleep*, New Haven, Yale University Press.

Hartmann, E. von, 1869, *Philosophie des Unbewussten*, Berlín, Duncker.

Hartmann, G.W., 1935, *Gestalt psychology*, Nueva York.

Hartmann, H., E. Kris y R. M. Loewenstein (1946), *Scritti di psicologia psicoanalitica*, Turín, Boringhieri, 1978.

Hartmann, H., 1958, *Ego psychology and the problem of adaptation*, Nueva York, International Universities Press.

Hartmann, H. (1927), *Fondamenti della psicoanalisi*, Milán, Feltrinelli, 1981.

Hartmann, H. (1939), *Psicologia dell'Io e problema dell'adattamento*, Turín, Boringhieri, 1966 [*Psicología del yo y el problema de la adaptación*, Buenos Aires, Paidós, 1987].

Hartmann, H. (1947), *Saggi sulla psicologia dell'Io*, Turín, Boringhieri, 1976 [*Ensayo sobre la psicología del yo*, México, FCE, 1987].

Hartmann, N. (1926), *Etica. Assiologia dei costumi*, vol. II, Nápoles, Guida, 1970.

Hartmann, N. (1941), *Introduzione all'ontologia critica*, Nápoles, Guida, 1972.

Hathawai, S.R. y J.C. McKinley, 1967, *Minnesota Multiphasic Personality Inventory*, Nueva York, Psychological Corporation.

Hauser, A. (1958), *Le teorie dell'arte. Tendenze e metodi della, critica moderna*, Turín, Einaudi, 1969.

Hauser, A. (1974), *Sociologia dell'arte. I. Teoria generale*, Turín, Einaudi, 1977.

Havighurst, R.J., 1963, "Dominant concerns in the cycle en L. Schenk-Danzinger, y H. Thomae (coords.), *Gegenwartsproblem der Entwicklungspsychologie*, Gotinga.

Haworth, M.R. (1964), *Psicoterapia infantile*, Roma, Armando, 1970.

Hay, G.G., 1970, "Dysmorphophobia", *Brit. J. Psychiat.*, núm. 116.

Haynal, A. (1976), *Il senso della disperazione*, Milán, Feltrinelli, 1980.

Hays, W.L., 1963, *Statistics for psychologists*, Nueva York, Holt, Rinehart and Winston.

Head, H. y A. Green, 1954, "Sur l'héautoscopie. (A propos de quelques cas récents)", *Encéphale*, núm. 46.

Hebb, D.O. y W.R. Thompson, 1954, "The social significance of animal studies" en G. Lindzey (coord.), *Handbook of social psychology*, Reading, Addison-Wesley.

Hebb, D.O., 1958, "The motivating effects of exteroceptive stimulation", *American Psychologist*, vol. 13.

Hebb, D.O., 1966, *A textbook of psychology*, Londres, Saunders.

Hebb, D.O. (1949), *L'organizazione del comportamento. Una teoria neuropsicologica*, Milán, Angeli, 1975 [*La organización de la conducta*, Madrid, Debate, 1985].

Hebb, D.O. (1966), *Psicologia*, Florencia, La Nuova Italia, 1970 [*Psicología, Bogotá, Interamericana*, 1975].

Hebert, J.P., 1977, *Race et intelligence*, París, Copernic.

Hecaen, H. (1972), *Introduzione alla neuropsicologia*, Roma, Bulzoni, 1976.

Hecaen, H., R. Angelergues y J.A. Douzens, 1963, "Les Agraphies", *Neuropsychologia* núm. 1.

Heckhausen, H., "Models of motivation: Progressive unfolding and unredied deficiences" en Autores Varios, 1987, *Cognitive and motivational aspects of action*, North Holland, Amsterdam.

Hector, H., 1971, "Selbsterkenntnis als fehlender Psychologie-Begriff", *Praktische Psychologie*, núm. 25.

Hediger, H., 1956, *L'instinct dans le comportement des animaux et de l'homme*, París.

Hegel, G.W.F. (1817), *Enciclopedia delle scienze filosofiche in compendio*, Bari, Laterza, 1968 [*Enciclopedia de las ciencias filosóficas*, México, Porrúa, 1990].

Hegel, G.W.F. (1836-1838), *Estetica*, Milán, Feltrinelli, 1963 [*Estética (1, 2 y 3)*, Buenos Aires, Siglo Veinte].

Hegel, G.W.F. (1807), *Fenomenologia dello spirito*, Florencia, La Nuova Italia, 1963 [*Fenomenología del espíritu*, México, FCE, 1987].

Hegel, G.W.F. (1821), *Lineamenti di filosofia del diritto*, Bari, Laterza, 1954 [*Principios de la filosofía del derecho*, Barcelona, Edhasa].

Heidegger, M. (1929), "Che cos'é la metafisica?", en *Segnavia*, Milán, Adelphi, 1987[*¿Qué es la metafísica?*, Montevideo, Técnica].

Heidegger, M. (1946), "Lettera sull 'umanismo'" en *Segnavia*, Milán, Adelphi, 1987.

Heidegger, M. (1954), *Che cosa significa pensare?*, Milán, Sugarco, 1978.

Heidegger, M. (1927), *Essere e tempo*, Turín, UTET, 1978.

Heidegger, M. (1959), *In cammino verso il linguaggio*, Milán, Mursia, 1973.

Heider, F., 1958, *La psicologia delle relazioni interpersonali*, Bolonia, Il Mulino, 1972.

Heller, A. (1970), *Sociologia della vita quotidiana*, Roma, Editori Riuniti, 1975.

Hellpach, W., 1923, *Die geopsychischen Erscheinungen*, Leipzig.

Hellpach, W. (1944), *Geopsiche*, Roma, Paoline, 1973.

Helmholtz, H.L. F. von (1882), "Über die Thermodynamik chemischer Vorgänge", *Abhandlungen zur Thermodynamic Chemischer Vorgänge*, núm. 18, Leipzig, Engelmann, 1902.

Helmholtz, H.L.F. von, 1866, *Handbuch der physiologischen Optik*, Leipzig, Voss.

Helmhotz, H. von, *Die Lehre von den Tonempfindungen als physiologische Grundlage für Theorie der Musik*, Leipzig, Voss, 1863.

Hemming, J. (1967), *L'adolescenza die femminile*, Florencia, La Nuova Italia, 1971.

Hempel, C.G. (1952-1958), *La formazione dei concetti e delle teorie nella scienza empirica*, Milán, Feltrinelli, 1961 [*Fundamentos de la formación de conceptos en la ciencia empírica*, Madrid, Alianza, 1988].

Henderson, D.K. y R.D. Gillespie, 1972, *Trattato di psichiatria*, Roma, Universo.

Hendrick, Y., 1943, "The discussion of the 'instinct to master'", *Psychoanalytic Quarterly*, vol. XII.

Henriot, J., 1977, "Note sur la date et le sens de l'apparition du mot 'responsabilité'", *Archives de philosophie du droit*, núm. XXII.

Henry, A. (1971), *Metonimia e metafora*, Turín, Einaudi, 1975.

Henry, H. (1968), *La ricerca motivazionale*, Milán, Angeli, 1970.

Herbart, J.F. (1802), "Zwei Vorlesungen über Pädagogik", en E. Codignola (coord.), *Antologia pedagogica*, Palermo, Sandron, 1972.

Herbart, J.F. (1813), *Introduzione alla filosofia*, Bari, Laterza, 1907.

Herbart, J.F. (1806), *Pedagogia generale dedotta dal fine dell'educazione*, Padua, Cedam, 1946.

Herder, J.G. (1778), "Vom Erkennen und Empfinden", *Werke*, vol. VIII, Berlín, Suphan, 1877-1899.

Hering, E., 1920, *Grundzüge der Lehre vom Lichtsinn*, Berlín.

Héritier, F., 1979, "Famiglia", *Enciclopedia*, vol. VI, Turín, Einaudi.

Herrnstein, R.J., D.H. Loveland y C. Cable, 1976, "Natural concepts in the pigeon", *J. of Experimental Psychology: Animal Behavior Process*, núm. 2.

Herskovits, M.J. (1947), "Dichiarazione alla Commissione dei diritti umani delle Nazioni Unite" en C. Tullio Altan, *Manuale di antropologia culturale*, Milán, Bompiani, 1975.

Herskovits, M.J. (1948), "Una teoria della cultura" en Autores Varios, *Il concetto di cultura*, Turín, Einaudi, 1970.

Herskovits, M.J., 1948, *Man and his works*, Nueva York, Knopf [*El hombre y sus obras*, México, FCE, 1952].

Hertz, R., 1905-1906, "Contribution à une étude sur la représentation collective de la mort", *L'année sociologique*, núm. 10.

Herzberg, F., 1966, *Work and the nature of man*, Cleveland, World.

Hesnard, A. (1911), "L'inversion sexuelle chez la femme", en H. Ellis (coord.), *Études de la pathologie sexuelle*, París, Club des livres précieux, 1964.

Hesnard, A., 1961, *Les phobies et la névrose phobique*, París, Payot.

Hesnard, A., 1954, *Morale sans péché*, París, PUF.

Hess, W.R., 1954, "The diencephalic sleep centre" en J.F. Delafresnaye, *Brain mechanism and consciouness*, Oxford, Blackwell.

Heston, L.L. y J. Shields, 1968, "Homosexuality in twins", *Arch. Gen. Psychiatr.*, núm. 18.

Heuyer, G., 1969, *La délinquance juvénile*, París, PUF.

Heywood, J.H., 1974, "Chemosystematics, an artificial discipline", *Chemistry in Botanical Classification*, Nueva York, Academic Press.

Hilgard, E.R. y G.H. Bower (1975), *Le teorie dell'apprendimento*, Milán, Angeli, 1976.

Hilgard, E.R., R.C. Atkinson y R. L. Atkinson (1953), *Psicologia*, Florencia, Giunti Barbera, 1984.

Hill, C.W., 1955, "Military psychology" en A.A. Roback (coord.), *Present-day psychology*, Nueva York.

Hill, O.W., 1976, *Modern trend in psychosomatic medicine*, Londres, Butterworths.

Hillman, J., 1980, "Photos. La nostalgia del puer aeternus", *Dopo Jung*, Milán, Angeli.

Hillman, J., 1987, "Psicologia archetipica", *L'immaginale*, núm. 8.

Hillman, J. (1985), Anima. Anatomia di una nozione personificata, Milán, Adelphi, 1989.

Hillman, J. (1972), *Il mito dell'analisi*, Milán, Adelphi, 1979.

Hillman, J. (1937-1979), *Il sogno e il mondo infero*, Milán, Il Saggiatore, 1988.

Hillman, J. (1964), *Il suicidio e l'anima*, Roma, Astrolabio, 1972.

Hillman, J., 1983, *Intervista su amore, anima e psiche*, Bari, Laterza.

Hillman, J. (1975), *Re-visione della psicologia*, Milán, Adelphi, 1983.

Hillman, J. (1973-1979), *Saggi sul puer*, Milán, Cortina, 1988.

Hillman, J. (1972), *Saggio su Pan*, Milán, Adelphi, 1977.

Hillman, J. (1967), *Senex et puer*, Venecia, Marsilio, 1973.

Hinde, R.A. (coord.) (1972), *La comunicazione non verbale*, Bari, Laterza, 1974.

Hinde, R.A. y J.S. Hinde, 1976, *Instinct and intelligence*, Oxford, Oxford University Press.

Hinde, R.A., 1966, *Animal behavior: A synthesis of ethology and comparative psychology*, Nueva York, McGraw-Hill.

Hinde, R.A. (1974), *Le basi biologiche del comportamento sociale umano*, Bolonia, Zanichelli, 1977.

Hinde, R.A. (1979), *Le relazioni interpersonali*, Bolonia, Il Mulino, 1982.

Hinshelwood, R.D. (1989), *Dizionario di psicoanalisi kleiniana*, Milán, Cortina, 1990.

Hirai, T., 1984, *Meditazione Zen come terapia*, Como, Red.

Hirschfeld, M., 1910, *Die Travestiten. Eine Untersuchung über den erotischen Verkleidungstrieb*, Berlín.

Hittleson, H. (coord.), 1970, *Environmental psychology*, Nueva York, Holt, Rinehart & Winston.

Hjelmslev, L. (1943), *I fondamenti della teoria del linguaggio*, Turín, Einaudi, 1968.

Hobbes, T. (1651), *Leviatano*, Bari, Latera, 1911-1912 [*Leviatán. La materia, forma y poder de un estado eclesiástico y civil*, Madrid, Alianza, 1989].

Hoch, A., S.E. Jeliffe y A. Meyer, 1911, *Dementia praecox*, Boston, Gorham.

Hoch, P. H., 1970, "Le terapie farmacologiche", S. Arieti (coord.), *Manuale di psichiatria*, vol. III, Turín, Boringhieri.

Hochmann, J., 1973, *Psichiatria e comunità*, Bari, Laterza.

Hofer, J., 1688, *Dissertatio medica de nostalgia*, Basel, Bertsch.

Höffding, H., 1901, *Religionsphilosophie*, Copenhague.

Hoffer, A. y H. Osmond, 1967, *The hallucinogens*, Nueva York, Academic Press.

Hoffmann, H., 1921, *Studien über Vererbung und Entstehung geistiger Störungen*, Berlín, Springer.

Hofstadter, D.R. y D.C. Dennet (1981), *L'Io della mente*, Milán, Adelphi, 1985.

Hofstadter, D.R., 1987, *Ambigrammi. Un microcosmo ideale per lo studio della creatività*, Florencia, Hopefulmonster.

Hofstätter, P.R. (1957), Dinamica di gruppo: Critica alla psicologia di massa, Milán, Angeli, 1978.

Hollingshead, A.B. y F.C. Redlich (1962), *Classi sociali e malattie mentali*, Turín, Einaudi, 1965.

Hollis, M., 1977, *Models of man*, Nueva York, Cambridge University Press.

Holst, E. von y H. Mittelstaedt, 1950, "Das Reafferenzprinzip: Wechselwirkungen zwischen Zentralnervensystem und Peripherie", *Naturwissenschaft*, núm. 37.

Holt, R., 1962, "A critical examination of Freuds concept of founds-vs free cathexis", Journal Amer. Psychoanal. Ass, núm. 10.

Homans, G.C. (1961), *Le forme elementari del comportamento sociale*, Milán, Angeli, 1975.

Homans, P. (1969), *Jung e la costruzione di una psicologia*, Roma, Astrolabio, 1982.

Homburger, A., 1912, *Lebensschiksale geisteskranker strafgefangener*, Berlín, Springer.

Horkheimer, M. (coord.) (1936), *Studi sull'autorità e la famiglia*, Turín, UTET, 1974.

Horkheimer, M. y T.W. Adorno (1947), *Dialettica dell'illuminismo*, Turín, Einaudi, 1966 [Dialéctica de la ilustración, Madrid, Trotta, 1994].

Horkheimer, M. (1968), *Teoría critica*, Turín, Einaudi, 1974.

Horney, K. (1926), "Fuga dalla femminilità" en J. Baker Miller (coord.), *Le donne e la psicoanalisi* (1974), Turín, Boringhieri, 1976.

Horney, K. (1935), "Il problema del masochismo femminile" en J.B. Miller (coord.), *Le donne e la psicoanalisi*, Turín, Boringhieri, 1976.

Horney, K. (1924), "Sulla genesi del complesso di castrazione nelle donne", *Psicologia femminile*, Roma, Armando, 1973.

Horney, K. (1937), *La personalità nevrotica del nostro tempo*, Roma, Newton Compton, 1976.

Horney, K. (1950), *Nevrosi e sviluppo della personalità*, Milán, Bompiani, 1953.

Horney, K. (1939), *Nuove vie della psicoanalisi*, Milán, Bompiani, 1950.

Horsley, J. S., 1936, "Narcoanalysis", *Journal of Mental Science*, núm. 82.

Horvilleur, A., 1986, *Piccola enciclopedia dell'omeopatia*, Florencia, Edizioni del Riccio.

Hotyat, F., 1969, *Esami: Aspetti docimologici e pedagogici*, Brescia, La Scuola.

House, E.L. y B. Pansky, 1967, *A functional approach to neuroanatomy*, Nueva York.

House, R.J. y M.L. Baetz, 1979, "Leadership" en B.M. Staw (coord.), Research in organization behavior, vol. I, Greenwich, JAJ Press.

Hovland, C.I., 1938, "Experimental studies in rote-learning theory", *J. Exp. Psychol.*, núm. 23.

Howard, H.E., 1920, *Territory in bird life*, Nueva York, Arno Press.

Hubert, R. (1946), *Trattato di pedagogia*, Roma, Armando, 1975.

Hübner, K. (1985), *La verità del mito*, Milán, Feltrinelli, 1990.

Huisman, D. (coord.) (1973), *Parapsicologia*, Milán, Trento Procaccianti, 1975.

Huizinga, J. (1938), *Homo ludens*, Turín, Einaudi, 1949 [*Homo ludens*, Madrid, Alianza].

Hull, C.L., 1930, "Knowledge and purpose as habit mechanism", *Psychol. Rev.*, núm. 37.

Hull, C.L., 1952, *A behavior system*, New Heaven, Yale University Press.

Hull, C.L., 1952, *Essentials of behavior*, Nueva York, Yale University Press.

Hull, C.L., 1933, *Hypnosis and suggestibility: An experimental approach*, Nueva York, Appleton.

Hull, C.L. (1943), *I principi del comportamento*, Roma, Armando, 1978.

Humbert, E.G. (1983), *Carl Gustav Jung*, Roma, Città Nuova, 1987.

Hume, D. (1748), *Ricerche sull'intelletto umano*, Bari, Laterza, 1968 [*Investigaciones sobre el conocimiento humano*, Madrid, Alianza, 1985].

Humphreys, C. (1957), *Lo Zen*, Roma, Astrolabio, 1963.

Hunt, E.B., J. Marin y P.J. Stone, 1966, *Experiments in induction*, Londres.

Hunter, I.M.L., 1964, *Memory*, Middlesex, Penguin Books.

Hunter, W.S., 1924, "The symbolic process", *Psychol Rev.*, núm. 31.

Husen, T. (1972), *Attitudine, possibilità, carriera*, Florencia, La Nuova Italia, 1976.

Husen, T. (1974), *Talento, uguaglianza e meritocrazia*, Florencia, La Nuova Italia, 1977.

Husserl, E. (1912-1928), *Idee per una fenomenologia pura e per una filosofia fenomenologica*, Turín, Einaudi, 1965 [*Ideas relativas para una fenomenología pura y una filosofía fenomenológica*, México, FCE, 1986].

Husserl, E., 1972, *La crisi delle scienze europee e la fenomenologia trascendentale*, Milán, Il Saggiatore.

Husserl, E. (1931), *Meditazioni cartesiane*, Milán, Bompiani, 1960 [*Meditaciones cortesianas*, México, FCE, 1986].

Husserl, E. (1913), *Ricerche logiche*, Milán, Il Saggiatore, 1968 [*Investigaciones lógicas*, Madrid, Aliana, 1982].

Huxley, A. (1954), *Le porte della percezione. Paradiso e Inferno*, Milán, Mondadori, 1986 [*Las puertas de la percepción*, Barcelona, Edhasa].

Illich, I., 1975, *La némésis médicale*, París, Seuil [*Némesis médica*, México, Mortiz, 1986].

Imbasciati, A. (coord.), 1973, *Psicoanalisi e femminilità*, Milán, Angeli.

Imbasciati, A. y D. Calorio, 1981, *Il protomentale*, Turín, Boringhieri.

Imbasciati, A. y E. Castelli, 1975, *Psicologia del fumetto*, Rimini, Guaraldi.

Imbasciati, A., 1986, "Individuo e personalità nelle teorie psicologiche", *Introduzione alle scienze psicologiche*, Turín, UTET Libreria.

Immelman, K., 1981, *Introduction to ethology*, Nueva York, Plenum Press.

Inhelder, B. y J. Piaget (1967), *Dalla logica del fanciullo alla logica dell'adolescente*, Florencia, Giunti Barbera, 1975.

Irigaray, L. (1985), *Etica della diferenza sessuale*, Milán, Feltrinelli, 1987.

Isaacs, S., 1952, *Developments in psychoanalysis*, Londres, Hogarth Press.

Issacs, S. (1929), *Dalla nascita ai sei anni*, Florencia, Editrice Universitaria, 1962.

Issacs, S. (1944), *Lo sviluppo intellettuale dei bambini*, Florencia, Editrice Universitaria, 1961.

Itelson, L.B. (1964), *Metodi matematici e cibernetici in pedagogia*, Milán, Feltrinelli, 1968.

Ittelson, W.H., 1960, *Visual space perception*, Nueva York, Springer.

Itten, J. (1979), *Arte del colore*, Milán, Il Saggiatore, 1984.

Izard, C.E., 1977, *Human emotions*, Nueva York, Plenum Press.

Izard, C.E., 1971, *The face of emotions*, Nueva York, Appleton-Century-Crofts.

Izzo, D. y G. Mancassola, 1977, *Il curricolo*, Florencia, Le Monnier.

Jackendoff, R., 1990, *Coscienza e mente computazionale*, Bolonia, Il Mulino.

Jackson D.D. (coord.) (1960), *Eziologia della schizofrenia*, Milán, Feltrinelli, 1964.

Jackson, H., 1884, "The croonian lectures on evolution and dissolution of the nervous system", *Brit. Med. J.*, núm. I.

Jacob, F. (1978), *Evoluzione e bricolage*, Turín, Einaudi, 1978.

Jacob, F. (1970), *La logica del vivente*, Turín, Einaudi, 1971.

Jacobi, J. (1957), *Complesso, archetivo, simbolo*, Turín, Boringhieri, 1971 [*Complejo, arquetipo y símbolo en la psicología de C.G. Jung*, México, FCE, 1983].

Jacobson, E. (1971), *La depressione*, Florencia, Martinelli, 1977.

Jacoby, G.W., 1918, *The unsound mind and the law*, Londres.

Jaensch, E.R., 1919, *Die Eidetik und die typologische Forschungsmethode*, Leipzig, Barth.

Jaensch, E.R., 1934, *Körperform, Wesensart, Rasse*, Leipzig, Barth.

Jaensch, E.R., 1930, *Studien zur Psychologie der menschlicher Typen*, Leipzig, Barth.

Jakobson, R. (1956), "Due aspetti del linguaggio e due tipi di afasia, en *Saggi di linguistica generale* (1963), Milán, Feltrinelli, 1966.

Jakobson, R. (1944), "Verso una tipologia linguistica delle menomazioni afasiche", en *Il farsi e il disfarsi del linguaggio*, Turín, Einaudi, 1971.

Jakobson, R. (1944), *Il farsi e il disfarsi del linguaggio. Linguaggio infantile e afasia*, Turín, Einaudi, 1971.

Jakobson, R. (1963), *Saggi di linguistica generale*, Milán, Feltrinelli, 1966 [*Ensayos de lingüística general*, Barcelona, Ariel].

James, W., 1884, "What is emotion?", *Mind*, núm. IX.

James, W. (1902), *Le varie forme della coscienza religiosa*, Milán, Bocca, 1954.

James, W. (1890), *Principi di psicologia*, Milán, Società Editrice Libraria, 1901.

James, W. (1912), *Saggi sull'empirismo radicale*, Bari, Laterza, 1971.

Janet, P., 1928, *De l'angoisse à l'extase*, París, Alcan [*De la angustia al éxtasis*, México, FCE, 1992].

Janet, P., 1930, *L aforce et la faiblesse psychologiques*, París, Maloine.

Janet, P., 1889, *L'automatisme psychologique*, París, Alcan.

Janet, P., 1892, *L'etat mental des hystériques*, París, Alcan.

Janet, P., 1928, *L'évolution de la mémoire et la notion du temps*, París, Maloine.

Janet, P., 1930, *La force et la faiblesse psychologique*, Maloine, París.

Janet, P., 1903, *Les obsessions et la psychasthénie*, París, Alcan.

Janet, P., 1910, *The major symptoms of hysteria*, Nueva York, Macmillan.

Jaques, E. (1971), *Autorità e partecipaione nell'azienda*, Milán, Angeli, 1975.

Jaques, E. (1970), *Lavoro, creatività e giustizia sociale*, Turín, Boringhieri, 1978.

Jaspers, K., 1954, Die Frage der Entmythologisierung. Eine Diskussion mit Rudolf Bultmann, Munich, Piper.

Jaspers, K. (1933), *Filosofia*, Turín, UTET, 1978.

Jaspers, K. (1922), *Genio e follia. Analisi patografica di Strindberg, Van Gogh, Swedenborg, Hölderlin*, Milán, Rusconi, 1990.

Jaspers, K. (1950-1955), *Il medico nell'età della tecnica*, Milán, Cortina, 1991 [*La práctica médica en la era tecnológica*, Barcelona, Gedisa, 1988].

Jaspers, K. (1959), *La bomba atomica eil destino* dell'uomo, Milán, Il Saggiatore, 1960.

Jaspers, K. (1948), *La fede filosofica*, Turín, Marietti, 1973 [*La fe filosófica*, Buenos Aires, Losada, 1968].

Jaspers, K. (1919), *Psicologia delle visioni del mondo*, Roma, Astrolabio, 1950.

Jaspers, K. (1913-1959), *Psicopatologia generale*, Roma, Il Pensiero Scientifico, 1964.

Jaspers, K., 1947, *Von der Wahrheit*, Munich, Piper.

Jasselin, I. M., 1964, *Lo sviluppo psicosociale del fanciullo*, Florencia, Giunti Barbera.

Jastrow, J., 1981, "A study of Zöllner's figures and other related illusions", *American Journal of Psychology*, núm. 4.

Jaynes, J. (1976), *Il crollo della mente bicamerale e l'origene della coscienza*, Milán, Adelphi, 1984 [*El origen de la conciencia en la ruptura de la mente bicamaral*, México, FCE, 1987].

Jeanmaire, H., 1949, "Le traitement de la manie dans les mystères de Dionysos et des Corybantes", *Journal de Psychologie*.

Jeanmaire, H. (1951), *Dioniso*, Turín, Einaudi, 1972.

Jedlowski, P., 1986, *Il tempo dell'esperienza*, Milán, Angeli.

Jellinek, E.M., 1940, "Analysis of psychological experiments on the effects of alcohol", *Quart. J. Stud. Alc.* núm. 1.

Jellinek, E.M., 1960, *The disease concept of alcoholism*, New Haven, University Press.

Jensen, A.R. et al., 1969, *Environment, heredity and intelligence*, Cambridge, Harvard Educational Review.

Jersild, A.T., 1960, *Psicologia del bambino*, Brecia, La Scuola.

Jersild, A.T. (1967), *Psicologia dell'adolescenza*, Brecia, La Scuola, 1970.

Jervis, G.J., 1975, "Alcoholismo", *Manuale critico di psichiatria*, Milán, Feltrinelli.

Jervis, G., 1975, "Allucinazione", *Manuale critico de psichiatria*, Milán, Feltrinelli.

Jervis, G., 1975, "Delirio", *Manuale critico di psichiatria*, Milán, Feltrinelli.

Jervis, G., 1975, "Demenza", *Manuale critico di psichiatria*, Milán, Feltrinelli.

Jervis, G., 1975, "Depressione", *Manuale critico di psichiatria*, Milán, Feltrinelli.

Jervis, G., 1975, "Fobie e ossessioni", *Manuale critico di psichiatria*, Milán, Feltrinelli.

Jervis, G., 1975, "Isteria", *Manuale critico di psichiatria*, Milán, Feltrinelli.

Jervis, G., 1975, "La guarigione e la terapia", *Manuale critico di psichiatria*, Milán, Feltrinelli.

Jervis, G., 1975, "Neurastenia", *Manuale critico de psiquiatría*, Milán, Feltrinelli.

Jervis, G., 1975, "Nevrosi", *Manuale critico de psichiatria*, Milán, Feltrinelli.

Jervis, G., 1975, "Perversione", *Manuale critico di psichiatria*, Milán, Feltrinelli.

Jervis, G., 1975, "Tossicomanie", *Manuale critico di psichiatria*, Milán, Feltrinelli.

Jervis, G. (1964), *Insuficiencia mentale, Manuale critico di psichiatria*, Milán, Feltrinelli, 1975.

Jervis, G., 1993, *Introduzione alla psicologia dinomica*, Milán, Feltrinelli.

Jervis, G. (1959-1966), *Le deficienze mentali*, en S. Arieti (coord.), *Manuale di psichiatria*, vol. II, Turín, Boringhieri, 1969.

Jervis, G., 1975, "Mania", *Manuale critico di psichiatria*, Milán, Feltrinelli.

Jervis, G., 1975, *Manuale critico de psiquiatría*, Milán, Feltrinelli [*Manual crítico de psiquatría*, Barcelona, Anagrama].

Jesi, F., 1981, "Alchimia", *Enciclopedia di filosofia*, Milán, Garzanti.

Jesi, F., 1980, *Il mito*, Milán, Mondadori.

Jesi, F., 1977, *La festa. Antropologia, etnologia, folklore*, Turín, Rosenberg & Sellier.

Joannes, F.V., 1973, *Crisi dell'antifemminismo*, Milán, Mondadori.

Johannsen, W., 1909, *Elemente der Exakten Erblichkeitslehre*, Jena, Fischer.

Johnson-Laird, P. N., 1990, *La mente e il computer*, Bolonia, Il Mulino.

Jonas, H. (1934-1954), *Lo gnosticismo*, Turín, SEI, 1973.

Jones, E., 1932, "The phallic phase", *Papers on Psychoanalysis*, Londres.

Jones, E. (1949), *Amleto e Edipo*, Milán, Il Formichiere, 1975.

Jones, E., 1908, *Rationalization in everyday life*, Londres.

Jones, E. (1951), *Saggi di psicoanalisi applicata*, Rimini, Guaraldi, 1971-1972.

Jones, E. (1948), *Teoria del simbolismo. Studi sulla sessualità femminile e altri saggi*, Roma, Astrolabio, 1972.

Jones, E. (1953), *Vita e opere di Freud. Ultima fase (1919-1939)*, vol. III, Milán, Il Saggiatore, 1962.

Jones, M. (1968), *Ideologia e pratica della psichiatria sociale*, Milán, Etas Kompass, 1970.

Jones, M., 1962, *Social psychiatry in the community*, Nueva York, Springfield.

Jones, R.M., 1970, *The new psichology of dreaming*, Nueva York, Grune and Stratton.

Jones, S.G., 1973, "Self and interpersonal evaluations: Esteem theories versus consistency theories", *Psychological Bulletin*, núm. 79.

Jores, A. (1956), *L'uomo malato. Introduzione alla medicina psicosomatica*, Florencia, Giunti Barbera, 1963.

Jori, M., 1985, "Referente", *Gli strumenti del sapere contemporaneo*, vol. II, Turín, UTET.

Jori, M., 1985, "Segno", *Gli strumenti del sapere contemporaneo*, vol. II, Turín, UTET.

Joseph, B., 1975, "The patient who is difficult to reach", en P. Giovacchini (coord.), *Tactics and techniques in psychoanalytic therapy*, Nueva York, Jason Aronson.

Josselyn, I.M. (1962), *L'adolescente e il suo mondo*, Florencia, Editrice Universitaria, 1965 [*El adolescente y su mundo*, Buenos Aires, Psique].

Josselyn, I.M. (1962), *Lo sviluppo psicosociale del fanciullo*, Florencia, Editrice Universitaria, 1965 [*El desarrollo psicosocial del niño*, Buenos Aires, Psique].

Jost, A., 1897, "Die Assoziationsfestigkeit in ihrer Abhängigkeit von der Verteilung der Wiederholungen", *Z. Psychol.*, núm. 14.

Jung, C.G. y K. Kerényi (1940-1941), *Prolegomeni allo studio scientifico del mito*, Turín, Boringhieri, 1972.

Jung, C.G. (1916), "Adattamento, individuazione e collettività", *Opere*, vol. VII, Turín, Boringhieri, 1983.

Jung, C.G. (1951), "Aion. Ricerche sul simbolismo del Sé", *Opere*, vol. IX, 2, Turín, Boringhieri, 1982.

Jung, C.G. (1928), "Anima e animus", en "L'Io e l'inconscio", *Opere*, vol. VII, Turín, Boringhieri, 1983 [*Relaciones entre el yo y el inconciente*, Buenos Aires, Paidós, 1987].

Jung, C.G. (1934), "Anima e morte", *Opere*, vol. VIII, Turín, Boringhieri, 1976.

Jung, C.G. (1927-1931), "Anima e terra", *Opere*, vol. X, 1, Turín, Boringhieri, 1985.

Jung, C.G. (1921), "Anima, en Tipi psicologici", *Opere*, vol. VI, Turín, Boringhieri, 1969.

Jung, C.G. (1959), "Bene e male nella psicologia analitica", *Opere*, vol. XI, Turín, Boringhieri, 1979.

Jung, C.G. (1935), "Che cos'è la psicoterapia?", *Opere*, vol. XVI, Turín, Boringhieri, 1981.

Jung, C.G. (1918-1959), "Civiltà in transizione", *Opere*, vol. X, 1 y 2, Turín, Boringhieri, 1985-1986.

Jung, C.G. (1929-1957), "Commento al 'Segreto del fiore d'oro'", *Opere*, vol. XIII, Turín, Boringhieri, 1988.

Jung, C.G. (1935-1953), "Commento psicologico al 'Bardo Thödol' (Il libro tibetano dei morti)", *Opere*, vol. XI, Turín, Boringhieri, 1979.

Jung, C.G. (1916-1948), "Considerazioni generali sulla psicologia del sogno", *Opere*, vol. III, Turín, Boringhieri, 1976.

Jung, C.G. (1934), "Considerazioni generali sulla teoria dei complessi", *Opere*, vol. VIII, Turín, Boringhieri, 1976.

Jung, C.G. (1939), "Coscienza, inconscio e individuazione", *Opere*, vol. IX, 1, Turín, Boringhieri, 1980.

Jung, C.G. (1911), "Critica a Bleuler, 'Teoria del negativismo schizofrenico'", *Opere*, Turín, Boringhieri, 1971.

Jung, C.G. (1937), "Determinanti psicologiche del comportamento umano", *Opere*, vol. VIII, Turín, Boringhieri, 1976.

Jung, C.G. (1934-1950), "Empiria del processo d'individuazione", *Opere*, vol. IX, 1, Turín, Boringhieri, 1980.

Jung, C.G. (1928), "Energetica psichica", *Opere*, vol. VIII, Turín, Boringhieri, 1976.

Jung, C.G. (1934-1954), "Gli archetipi dell'inconscio collettivo", *Opere*, vol. IX, 1, Turín, Boringhieri, 1980 [*Arquetipos e inconciente colectivo*, Barcelona, Paidós, 1985].

Jung, C.G. (1938-1954), "Gli aspetti psicologici dell'archetipo della madre", *Opere*, vol. IX, 1, Turín, Boringhieri, 1980.

Jung, C.G. (1930-1931), "Gli stadi della vita", *Opere*, vol. VIII, Turín, Boringhieri, 1976.

Jung, C.G. (1920-1948), "I fondamenti psicologici della credenza negli spiriti", *Opere*, vol. VIII, Turín, Boringhieri, 1976.

Jung, C.G. (1929), "I problemi della psicoterapia moderna", *Opere*, vol. XVI, Turín, Boringhieri, 1981.

Jung, C.G. (1932), "I rapporti della psicoterapia con la cura d'anime", *Opere*, vol. XI, Turín, Boringhieri, 1979.

Jung, C.G. (1936), "Il concetto di inconscio collettivo", *Opere*, vol. IX, 1, Turín, Boringhieri, 1980.

Jung, C.G. (1929), "Il contrasto tra Freud e Jung", *Opere*, vol. IV, Turín, Boringhieri, 1973.

Jung, C.G. (1925), "Il matrimonio come relazione psicologica", *Opere*, vol. XVII, Turín, Boringhieri, 1992.

Jung, C.G. (1929), "Il significato della costituzione e dell'eredità in psicologia", *Opere*, vol. VIII, Turín, Boringhieri, 1976.

Jung, C.G. (1942-1954), "Il simbolo della trasformazione nella messa", *Opere*, vol. XI, Turín, Boringhieri, 1979.

Jung, C.G. (1934), "L'applicabilità pratica dell'analisi dei sogni", *Opere*, vol. XVI, Turín, Boringhieri, 1981.

Jung, C.G. (1945-1948), "L'essenza dei sogni", *Opere*, vol. VIII, Turín, Boringhieri, 1976.

Jung, C.G. (1909-1949), "L'importanza del padre nel destino dell'individuo", *Opere*, vol. IV, Turín, Boringhieri, 1973.

Jung, C.G. (1928), "L'Io e l'inconscio", *Opere*, vol. VII, Turín, Boringhieri, 1983.

Jung, C.G. (1951), "L'ombra", en "Aion", *Opere*, vol. IX, 2, Turín, Boringhieri, 1982.

Jung, C.G. (1957-1958), "La funzione trascendente", *Opere*, vol. VIII, Turín, Boringhieri, 1976.

Jung, C.G. (1922), "La psicologia analitica nei suoi rapporti con l'arte poetica", *Il problema dell'inconscio nella psicologia moderna*, Einaudi, Turín, 1959.

Jung, C.G. (1946), "La psicologia della traslazione illustrata con l'ausilio di una serie di immagini alchemiche", *Opere*, vol. XVI, Turín, Boringhieri, 1981.

Jung, C.G. (1952), "La sincronicità come principio di nessi acausali", *Opere*, vol. VIII, Turín, Boringhieri, 1976.

Jung, C.G. (1912-1952), "Le due forme del pensare", en "Simboli della trasformazione", *Opere*, vol. V, Turín, Boringhieri, 1970.

Jung, C.G. (1948), "Lexikonartikel Tiefenspsychologie", *Gesammelte Werke*, vol. XVIII, 2, Walter, Olten und Freiburg in Breisgau, 1981.

Jung, C.G. (1936), "Lo Yoga e l'Occidente", *Opere*, vol. IX, Turín, Boringhieri, 1979.

Jung, C.G. (1955-1956), "Mysterium coniunctionis", *Opere*, vol. XIV, 1, 2, 3, Turín, Boringhieri, 1989-1991.

Jung, C.G. (1939), "Nuove considerazioni sulla schizofrenia", *Opere*, vol. III, Turín, Boringhieri, 1971.

Jung, C.G. (1928-1959), "Pratica della psicoterapia", *Opere*, vol. XVI, Turín, Boringhieri, 1981.

Jung, C.G. (1950), "Prefazione a 'I Ching'", *Opere*, vol. XI, Turín, Boringhieri, 1979.

Jung, C.G. (1939), "Prefazione a D. T. Suzuki, 'La grande liberazione. Introduzione al buddhismo zen'", *Opere*, vol. XI, Turín, Boringhieri, 1979.

Jung, C.G. (1930), "Prefazione a W.M. Kranefeldt, 'Die Psychoanalyse'", *Opere*, vol. IV, Turín, Boringhieri, 1973.

Jung, C.G. (1916-1917), "Prefazione ai 'Collected Papers on Analytical Psychology'", *Opere*, vol. IV, Turín, Boringhieri, 1973.

Jung, C.G. (1917), "Prefazione alla seconda edizione dei 'Collected Papers on Analytical Psychology'", *Opere*, vol. IV, Turín, Boringhieri, 1973.

Jung, C.G. (1916-1917), "Prefazioni ai 'Collected Papers on Analytical Psychology'", *Opere*, vol. IV, Turín, Boringhieri, 1973.

Jung, C.G. (1939), "Psicogenesi della schizofrenia", *Opere*, vol. III, Turín, Boringhieri, 1971.

Jung, C.G. (1907-1959), "Psicogenesi delle malattie mentali", *Opere*, vol. III, Turín, Boringhieri, 1971.

Jung, C.G. (1935), "Psicologia analitica", Milano, Mondadori, 1975.

Jung, C.G. (1940), "Psicologia dell'archetipo del Fanciullo", *Opere*, vol. IX, 1, Turín, Boringhieri, 1980.

Jung, C.G. (1917-1943), "Psicologia dell'inconscio", *Opere*, vol. VII, Turín, Boringhieri, 1983.

Jung, C.G. (1907), "Psicologia della dementia praecox", *Opere*, vol. III, Turín, Boringhieri, 1971.

Jung, C.G. (1946), "Psicologia della traslazione", *Opere*, vol. XVI, Turín, Boringhieri, 1981.

Jung, C.G. (1944), "Psicologia e alchimia", Turín, Boringhieri, 1981.

Jung, C.G. (1902), "Psicologia e patologia dei cosiddetti fenomeni occulti", *Opere*, vol. I, Turín, Boringhieri, 1970.

Jung, C.G. (1938-1940), "Psicologia e religione", *Opere*, vol. XI, Turín, Boringhieri, 1979.

Jung, C.G. (1933), "Realtà e surrealtà", *Opere*, vol. VIII, Turín, Boringhieri, 1976.

Jung, C.G. (1904), "Ricerche sperimentali sulle associazioni di individui normali", *Opere*, vol. II, 1, Turín, Boringhieri, 1984.

Jung, C.G. (1905-1937), "Ricerche sperimentali", *Opere*, vol. II, 2, Turín, Boringhieri, 1987.

Jung, C.G. (1947-1954), "Riflessioni teoriche sull'essenza della psiche", *Opere*, vol. VIII, Turín, Boringhieri, 1976.

Jung, C.G. (1942-1948), "Saggio d'interpretazione psicologica del dogma della Trinità", *Opere*, vol. XI, Turín, Boringhieri, 1979.

Jung, C.G. (1913), "Saggio di esposizione della teoria psicoanalitica", *Opere*, vol. IV, Turín, Boringhieri, 1973.

Jung, C.G. (1912-1952), "Simboli della trasformazione", *Opere*, vol. V, Turín, Boringhieri, 1970.

Jung, C.G. (1912-1952), "Simboli della trasformazione", *Opere*, vol. V, Turín, Boringhieri, 1970.

Jung, C.G. (1950), "Simbolismo del mandala", *Opere*, vol. IX, 1, Turín, Boringhieri, 1980.

Jung, C.G. (1912), "Simbolo", en "Tipi psicologici", *Opere*, vol. VI, Turín, Boringhieri, 1969.

Jung, C.G. (1929-1957), "Studi sull'alchimia", *Opere*, vol. XIII, Turín, Boringhieri, 1988.

Jung, C.G. (1936-1954), "Sull'archetipo, con particolare riguardo al concetto di anima", *Opere*, vol. IX, 1, Turín, Boringhieri, 1980.

Jung, C.G. (1916), "Sulla psicoanalisi", *Opere*, vol. IV, Turín, Boringhieri, 1973.

Jung, C.G. (1921), "Tipi psicologici", *Opere*, vol. VI, Turín, Boringhieri, 1969.

Jung, C.G. (1936), "traumsymbole des Individuationsprozess", *Werke*, vol. XII, Walter, Olten und Freiburg in Breisgau, 1980.

Jung, C.G., 1934, *Animus und Anima*, Zurich, Rascher.

Jung, C.G., 1969, *Opere*, Turín, Boringhieri.

Juritsch, M. (1966), *Il ruolo del padre nell'educazione*, Brescia, La Scuola, 1969.

Kafka, G., 1937, "Grundsätzliches zur Ausdruckspsychologie", *Acta Psychol.*, núm. 3.

Kahlbaum, K.L., 1874, *Die Katatonie oder das Spannungsirresein*, Berlín, Hirschwald.

Kahlbaum, K.L., 1863, *Gruppierung der psychischen Krankheiten*, Danzing, Kafemann.

Kahn, M.M.R. (1983), *I sé nascosti*, Turín, Boringhieri, Bollati, 1990.

Kahneman, D. (1973), *Psicologia dell'attenzione*, Florencia, Giunti Barbera, 1981.

Kainz, F., 1960, *Psychologie der Sprache*, Stuttgart, Enke.

Kalinowsky, L.B. (1959-1966), "La terapia convulsivante da shock", en S. Arieti, (coord.), *Manuale di psichiatria*, vol. III, Turín, Boringhieri, 1970.

Kalveram, K.T., 1970, "Über faktorenanalyse", *Arch. Ges. Psychol.*, núm. 22.

Kandinsky, W., 1974, *Tutti gli scritti*, Milán, Feltrinelli.

Kanizsa, G., 1980, *Grammatica del vedere*, Bolonia, Il Mulino [*Gramática de la percepción*, Barcelona, Paidós, 1987].

Kanizsa, G., P. Legrenzi y M. Sonino, 1983, *Percezione, linguaggio, pensiero*, Bolonia, Il Mulino.

Kanner, L., 1943, "Autistic disturbances of affective contact", *Nervous Child*, núm. 2.

Kant, I. (1798), *Antropologia pragmatica*, Bari, Laterza, 1969.

Kant, I. (1788), *Critica della ragion pratica*, Bari, Laterza, 1955 [*Crítica de la razón pura*, México, Porrúa, 1991].

Kant, I. (1790), *Critica dellgiudizio*, Bari, Laterza, 1960.

Kant, I. (1781), *Critiica della ragion pura*, Bari, Laterza, 1959.

Kant, I. (1785), *Fondamenti della metafisica dei costumi*, Florencia, La Nuova Italia, 1958 [*Fundamentación de la metafísica de las costumbres*, México, Porrúa, 1998].

Kant, I. (1803), *La pedagogia*, Florencia, La Nuova Italia, 1946.

Kant, I. (1793), *La religione entro e limiti della sola ragione*, Bari, Laterza, 1980.

Kant, I. (1797), *Metafisica dei costumi*, Bari, Laterza, 1970.

Kaplan, H.S., 1976, *Le nuove terapie sessuali*, Milán, Bompiani [*La nueva terapia sexual*, Madrid, Alianza, 1985].

Kaplan, M.F. y S. Schwartz (coord.), 1975, *Human judgment and decision processes*, Nueva York, Academic Press.

Kardiner, A. y E. Preble (1961), *Lo studio dell'uomo*, Milán, Bompiani, 1964.

Kardiner, A. y L. Spiegel, 1947, *War stress and neurotic illness*, Nueva York, Hoeber.

Kardiner, A. (1939), *L'individuo e la sua società*, Milán, Bompiani, 1965.

Kardiner, A. (1959-1966), *Nevrosi traumatiche di guerra*, en S. Arieti (coord.),*Trattato di psichiatria*, vol. I, Turín, Boringhieri, 1969.

Karsch-Haachk, F., 1911, *Das gleichgeschlechtliche Leben der Naturvölker*, Munich.

Kast, W., 1983, "Das Assoziation sexperiment in der therapeutischen Praxis", en I. Ridel (coord.), *Farben*, Stuttgart, Kreuz Verlag.

Katona, G. (1940), *Organizzazione e memorizzazione*, Florencia, Giunti Barbera, 1971.

Katz, D. y R.L. Kahn, 1968, *La psicologia sociale delle organizzazioni*, Milán, Etas Kompas.

Katz, D., 1960, "Psicologia sociale", *Trattato di psicologia*, Turín, Boringhieri.

Katz, D. (1946), *La psicologia della forma*, Turín, Boringhieri, 1950.

Kealiinohomoku, J., 1965, "A comparative study of dance as a constellation of motor behaviors among Africans and United States negroes", *Dance Horizons*, Brooklyn.

Kealiinohomoku, J., 1972, "Folk dance", en R. Dorson (coord.), *Folklore and folklife: An introduction*, Chicago, University of Chicago Press.

Keats, J.A., K.F. Collis y G.S. Halford, 1978, *Cognitive development*, Londres, Wiley Sons.

Keiner, F., 1962, *Hand, Gebärde und Charakter*, Munich.

Kekes, J.A., 1976, *A justification of rationality*, Nueva York, State University Press.

Keller, W., 1954, *Psychologie und Philosophie des Wollens*, Munich, Reinhardt.

Kelly, G.A., 1955, *The psychology of personal constructs*, Nueva York, Norton.

Kempf, E.J., 1921, *Psychopathology*, San Luis.

Kendon, A. (coord.), 1975, *Nonverbal communication, interaction and gesture*, La Haya, Mouton.

Kennedy, A. y A. Wilkes, 1975, *Studies in longtern memory*, Nueva York, Wiley.

Kenny, A., 1963, *Action, emotion and will*, Nueva York, Humanities Press.

Kerényi, K. (1940), *L'antica religione*, Roma, Astrolabio, 1951 [*La religión antigua*, Madrid, Revista de Occidente].

Kerényi, K. (1939-1949), *Miti e misteri*, Turín, Boringhieri, 1978.

Kerlinger, F., 1973, *Foundations of behavioral research*, Nueva York, Holt [*Investigación del comportamiento*, Bogotá, Interamericana, 1979].

Kernberg, O. (1972), *Mondo interno e realtà esterna*, Turín, Boringhieri, 1980.

Kernberg, O. (1975), *Sindromi marginali e narcisismo patologico*, Turín, Boringhieri, 1978.

Kerschensteiner, G., 1926, *Theorie der Bildung*, Múnich.

Keuls, E.C. (1985), *Il regno della fallocrazia*, Milán, Il Saggiatore, 1988.

Kielholz, P., 1972, *Depressive illness*, Berna, Húber.

Kierkegaard, S. (1843), *Diario del seduttore*, Milán, Bocca, 1963 [*Diario de un seductor*, México, Juan Pablos, 1984].

Kierkegaard, S. (1843), *Enten-Eller*, Milán, Adelphi, 1976-1989 [*Temor y temblor*, Buenos Aires, Losada, 1991].

Kierkegaard, S. (1844), *Il concetto dell'angoscia*, Florencia, Sansoni, 1965.

Kierkegaard, S. (1849), *La malattia mortale*, Florencia, Sansoni, 1965.

Kilpatrick, W.H. (1915), *Filosofia dell'educazione*, Florencia, La Nuova Italia, 1963.

King, J.A., 1966, "Recent finding in the experimental analysis of aggression", *American Zoologist*.

King, R.C. (1972), Dizionario di genetica, ISEDI, Milán, 1974 [*Genética*, Madrid, Espasa-Calpe].

Kinsey A.C. *et al.* (1948), *Il comportamento sessuale dell'uomo*, Milán, Bompiani, 1963.

Kinsey A.C. *et al.* (1953), *Il comportamento sessuale della donna*, Mián, Bompiani, 1965.

Kintsch, W., 1970, *Learning memory and conceptual processing*, Nueva York, Wiley.

Kintsch, W., 1977, *Memory and cognition*, Nueva York, Wiley.

Kirchhoff, R., 1957, *Allgmeine Ausdruckslehre*, Gotinga.

Kirk, G.S. (1969), *Il mito*, Nápoles, Liguori, 1980.

Kirman, B.H, 1972, *The mentally handicapped child*, Londres, Nelson.

Kissel, P. y D. Barruchand, 1964, *Placebos et effet placebo en médecine*, París.

Klaesi, J., 1922, *Über die Bedeutung und Entstehung der Stereotypien*, Berlín, Karger.

Klages, L., 1929-1932, *Der Geist als Widersacher der Seele*, Leipzig-Bonn, Barth.

Klages, L., 1926, *Die Grundlagen der Charakterkunde*, Barth, Bonn, Leipzig.

Klages, L., 1936, *Grundlegung der Wissenschaft vom Ausdruck*, Leipzig-Bonn, Barth.

Klages, L., 1917, *Handschrift und Charakter*, Leipzig-Bonn, Barth.

Klama, J., 1991, *L'aggressività, realtà e mito*, Turín, Bollati Boringhieri.

Klein, M. y J. Rivière (1937), *Amore, odio e riparazione*, Roma, Astrolabio, 1969 [*Amor, odio y reparación*, Buenos Aires, Horme].

Klein, M. (1935), "Contributo alla psicogenesi degli stati maniacodepressivi", *Scritti 1921-1958*, Turín, Boringhieri, 1978.

Klein, M. (1928), "I primi stadi del conflitto edipico", en *Scritti 1921-1958*, Turín, Boringhieri, 1978.

Klein, M. (1945), "Il complesso edipico alla luce delle angosce primitive", *Scritti 1921-1958*, Turín, Boringhieri, 1978.

Klein, M. (1945), "Il complesso edipico alla luce delle angosce primitive", *Scritti 1921-1958*, Turín, Boringhieri, 1978.

Klein, M. (1940), "Il lutto e la sua connessione con gli stati maniaco-depressivi", *Scritti 1921-1958*, Turín, Boringhieri, 1978.

Klein, M. (1933), "Il primo sviluppo della coscienza morale nel bambino", *Scritti 1921-1958*, Turín, Boringhieri, 1978.

Klein, M. (1930), "L'importanza della formazione dei simboli nello sviluppo dell'Io", *Scritti 1921-1958*, Turín, Boringhieri, 1978.

Klein, M. (1923), "La scuola nello sviluppo libidico del bambino", *Scritti 1921-1958*, Turín, Boringhieri, 1978.

Klein, M. (1955), "La tecnica psicoanalitica del gioco: Sua storia e suo significato", en M. Klein, P. Herman, y R. Money-kyrle (coords.), *Nuove vie della psicoanalisi*, Milán, Il Saggiatore, 1966.

Klein, M. (1952), "Le influenze reciproche nello sviluppo dell'Io e dell'Es", *Scritti 1921-1958*, Turín, Boringhieri, 1978.

Klein, M. (1952), "Le origini della traslazione", *Scritti 1921-1958*, Turín, Boringhieri, 1978.

Klein, M. (1921), "Lo sviluppo di un bambino", *Scritti 1921-1958*, Turín, Boringhieri, 1978.

Klein, M. (1948), "Sulla teoria dell'angoscia e del senso di colpa", *Scritti (1921-1958)*, Turín, Boringhieri, 1978.

Klein, M. (1958), "Sullo sviluppo dell'attività psichica", *Scritti 1921-1958*, turín, Boringhieri, 1978.

Klein, M. (1957), *Invidia e gratitudine*, Florencia, Martinelli, 1969 [*Envidia y gratitud*, Barcelona, Paidós, 1988].

Klein, M. (1932), *La psicoanali dei bambini*, Florencia, Martinelli, 1969 [*Psicoanálisis de niños*, Barcelona, Paidós].

Klein, M., P Heimann y R. Money-Kyrle (coords.) (1955), *Nuove vie della psicoanalisi*, Milán, Il Saggiatore, 1966.

Klein, M., 1978, *Scritti 1921-1958*, Turín, Boringhieri.

Kleinke, C.L., 1978, *Self-perception: The psychology of personal awareness*, San Francisco, Freeman.

Kleist, K., 1951, "Las esquizofrenias paranoides", *Acta Luso-españ. Neurol. Psiquiat.*

Kleist, K., 1934, *Gehirnpathologie*, Leipzig, Barth.

Klerman, G. et al. (1984), *Psicoterapia interpersonale della depressione*, Turín, Bollati Boringhieri, 1989.

Klinzing, D.R., D.G. Klinzing (1972), *Il bambino all'ospedale*, Florencia, La Nuove Italia, 1979.

Kluckhohn, C. y A.L. Kroeber (1952), *Il concetto di cultura*, Bolonia, Il Mulino, 1972.

Kluckhohn, C. y W.H. Kelly (1945), "Il concetto di cultura", en Autores Varios, *Il concetto di cultura*, Bolonia, Il Mulino, 1972.

Kluckhohn, C., 1942, "Muths and ritual. A general theory", *H.T.R.* , núm. 35.

Kluckhohn, F.R. y F.L. Strodbeck, 1961, *Valutations in value orientations*, Londres.

Knehr, H., 1973, *Libertà e disciplina*, Roma, Armando.

Knuth, D.E., 1973, *The art of computer programming*, vol. 1, Rading, Addison-Wesley [*El arte de programar ordenadores*, Barcelona, Reverté, 1990].

Koch Candela, M.C., 1988, *Nel tempio nel bosco. Mito e fiaba nella conversazione terapeutica*, Milán, Cortina.

Koch, J.A., 1891, *die psychopa thischen Minderwertigkeitem*, Ravensburg, Maier.

Kochen, M., 1971, "Cognitive learning processes: An explication", en N.V. Flindler y B. Meltzer (coords.), *Artificial intelligence and heuristic programming*, Edinburgo, University Press.

Kock, K. (1949), *Il test dell'albero*, Florencia, O.S., 1959 [*El test del árbol*, Buenos Aires, Kapelusz].

Koeklin, C., 1926, "Les temps et la musique", *La Revue Musicale*, núm. VII.

Koestler, A. (1964), *L'atto della creazione*, Roma, Astrolabio, 1980.

Koffka, K., 1970, *Principi di psicologia della forma*, Turín, Boringhieri.

Koffka, K., 1921, *The growth of the mind*, Londres, Routledge & Kegan.

Kofman, S. (1980), *L'enigma donna. La sessualità femminile nei testi di Freud*, Milán, Bompiani, 1982.

Kogan, N. y M.A., 1967, "Wallach, Risk taking as a function of the situation, the person and the group", en G. Mandler (coord.), *New directions in psychology*, Nueva York, Holt, Rinehart & Winston.

Kohlberg, L., 1964, "Development of moral character and moral ideology", *Review of Child Development Research*, vol. 1, Nueva York.

Kohler, C., 1967, *Jeunes déficients mentaux*, Dessart, Bruxenes.

Köhler, I., 1952, "Der Fernsinne der Blinden", *Die Umschau*, núm. 52.

Köhler, W., 1920, *Die physischen Gestalten in Ruhe und im stationären Zustand*, Zustand, Vieweg.

Köhler, W. (1917), *L'intelligenza delle scimmie antropoidi*, Florencia, Giunti Barbera, 1961.

Köhler, W. (1929), *La psicologia della Gestalt*, Milán, Feltrinelli, 1961.

Kohnson, R.N., 1972, *Aggression in man and animals*, Filadelfia, Saunders.

Kohut, H. (1978), *La ricerca del Sé*, Boringhieri, Turín, 1982 [*La restauración del sí-mismo*, Buenos Aires, Paidós].

Kohut, H. (1971), *Narcisismo e analisi del Sé*, Turín, Boringhieri, 1976.

Kojève, A. (1982), *Linee di una fenomenologia del diritto*, Milán, Jaca Book, 1988.

König, E., 1962, *Experimentelle Beiträge zur Theorie des binocularen Einfach und Tiefensehens*, Meisenheim.

Koppitz, E.M., 1964, *The Bender Gestalt test for young children*, Nueva York [*Test gestáltico de Bender*, Barcelona, Oikus-tau].

Korchin, S.J. (1976), *Psicologia clinica moderna*, Roma, Borla, 1981.

Körner, S., 1970, *Categorial frameworks*, Nueva York, Barnes and Noble.

Kornhauser, A. (1965), *Lavoro operaio e salute mentale*, Milán, Angeli, 1973.

Koseleff, P., 1936, "Eine modifikation des Charpentier-Effektes", *Psychologische Forschung*, núm. 21.

Koyré, A. (1961), *I filosofi e le macchine*, Turín, Einaudi, 1977.

Kraepelin, E., 1892, "Über Katalepsie" *Allg. Z. Psychiat.*, núm. 48.

Kraepelin, E. (1913), *Maniac-depressive insanity and paranoia*, Edinburgo, Livingstone, 1921.

Kraepelin, E., 1909, *Psichiatrie*, Leipzig, Barth.

Kraepelin, E. (1833), *Trattato di psichiatria*, Milán, Vallardi, 1907.

Krafft, W., 1966, *Das betriebliche Vorschlagswesen als Gruppenaufgabe und Gruppenproblem*, Berlín.

Krafft-Ebing, R. von (1886), *Psicopatia sessuale. Perversioni e anomalie*, Edizioni Mediterranee, Roma, 1975.

Kranz, F., 1960, *Psychologie der Sprache*, Ranke, Stuttgart.

Kraus, F., 1926, *Allgemeine und spezielle Pathologie der Person*, Leipzig.

Kremer-Marietti, A. (1978), *Lacan o la retorica dell'inconscio*, Roma, Astrolabio, 1981.

Kretschmer, E., 1918, *Der sensitive Beziehungswahn*, Berlín, Springer.

Kretschmer, E. (1921), *Körperbau und Charakter*, Berlín, Springer, 1967.

Kretschmer, E. (1922), *Manuale teorico-pratico di psicologia medica*, Florencia, Sansoni, 1952.

Kringlen, E., 1966, "Schizophrenia in twins", *Psychiatry*, núm. 29.

Kris, E. (1952), *Ricerche psicoanalitiche sull'arte*, Turín, Einaudi, 1967.

Kristeva, J., 1974, "La femme, ce n'est jamais ça", *Tel Quel*, núm. 59.

Kristeva, J. (1987), *Sole nero. Depressione e malinconia*, Milán, Feltrinelli, 1988 [*Sol negro: Depresión y melancolía*, Carácas, Monte Ávila].

Kroeber, A.L. (1952), *La natura della cultura*, Bolonia, Il Mulino, 1964.

Kroh, O., 1929, "Experimentelle Beiträge zur Typenkunde", *Z. Psychol. Suppl.*, vol. 14.

Kronhausen, E.P., 1970, *Pornography and law*, Nueva York, Ballantine.

Kryspin-Exner, K., 1966., Psychosen und Prozessverläufe des Alkoholismus, Viena, Ueberreuter

Kühn, A., 1919, *Orientierung der Tiere in Raum*, Jena.

Külpe, O., 1893, *Vorlesungen über Psychologie*, Leipzig, Engelmann.

Künkel, W., 1928, *Einführung in die Charakterologie*, Leipzig.

Kutter, P., W. Loch, H, Roskamp y W. Wesiache (1971), Psicanalisi medica. La teoria della malattia nella psicanalisi, Milán, Feltrinelli, 1975.

La Forgia, M., 1991, *Sogni di uno spiritista. Empirismo psicologico e parapsicologico in C. G. Jung*, Roma, Melusina.

Lacan J. (1953-1979), *Le séminaire*, París, Seuil, 1975-1981. *Libro I: Gli scritti tecnici di Freud, 1953-1954* (1975a), Turín, Einaudi, 1978; *Libro II: L'Io nella teoria di Freud e nella tecnica della psicoanalisi, 1954-1955* (1978), Turín, Einaudi, 1985; *Libro XI: I quattro concetti fondamentali della psicoanalisi, 1964* (1973), Turín, Einaudi, 1979; *Libro XX: Ancora, 1972-1973* (1975b), Turín, Einaudi, 1983.

Lacan, J. (1972), "Del godimento", *Il seminario. Libro XX: Ancora* (1972-1973), Turín, Einaudi, 1983.

Lacan, J. (1950), "Discorso sulla causalità psichica", *Scritti*, vol. I, Turín, Einaudi, 1974 [*Escritos 1*, México, Siglo XXI, 1995].

Lacan, J. (1956), "Funzione e campo della parola o del liriguaggio in psicoanalisi", *Scritti*, vol. I, Turín, Einaudi, 1974 [*Escritos 1*, México, Siglo XXI, 1995].

Lacan, J. (1957), "Il seminario su 'La lettera rubata'", *Scritti*, vol. I, Turín, Einaudi, 1974 [*Escritos 1*, México, Siglo XXI, 1995].

Lacan, J. (1945), "Il tempo logico e l'asserzione di certezza anticipata", *Scritti*, vol. I, Turín, Einaudi, 1974 [*Escritos 1*, México, Siglo XXI, 1995].

Lacan, J. (1954), "Introduzione al commento di Jean Hyppolite sulla 'Verneinung' di Freud", *Scritti*, vol. I, Turín, Einaudi, 1966 [*Escritos 1*, México, Siglo XXI, 1995].

Lacan, J. (1951), "Introduzione teorica alle funzioni della psicoanalisi in criminologia", *Scritti*, vol. I, Turín, Einaudi, 1974 [*Escritos 1*, México, Siglo XXI, 1995].

Lacan, J. (1963), "Kant con Sade", *Scritti*, vol. II, Turín, Einaudi, 1974 [*Escritos 2*, México, Siglo XXI, 1999].

Lacan, J. (1957), "L'istanza della lettera dell'inconscio o la ragione dopo Freud", *Scritti*, vol. I, Turín, Einaudi, 1974 [*Escritos 1*, México, Siglo XXI, 1995].

Lacan, J. (1961), "La direzione della cura ei principi del suo potere", *Scritti*, vol. II, Turín, Einaudi, 1974 [*Escritos 2*, México, Siglo XXI, 1999].

Lacan, J. (1953-1954), "La funzione creatice della parola", *Il Seminario. Libro I: Gli scritti tecnici di Freud*, Turín, Einaudi, 1978.

Lacan, J. (1957), "La psicoanalisi eil suo insegnamento", *Scritti*, vol. I, Turín, Einaudi, 1974 [*Escritos 1*, México, Siglo XXI, 1995].

Lacan, J. (1966), "La scienza e la verità", *Scritti*, vol. II, Turín, Einaudi, 1974 [*Escritos 2*, México, Siglo XXI, 1999].

Lacan, J. (1958), "La significazione del fallo", *Scritti*, vol. II, Turín, Einaudi, 1974 [*Escritos 2*, México, Siglo XXI, 1999].

Lacan, J., 1975, "La Troisième", *Lettres de l'École Freudienne*, núm. 16.

Lacan, J. (1949), "Lo stadio dello specchio come formatore della funzione dell'Io", *Scritti*, vol. I, Turín, Einaudi, 1974 [*Escritos 1*, México, Siglo XXI, 1995].

Lacan, J. (1966), "Posizione dell'inconscio", *Scritti*, vol. II, Turín, Einaudi, 1974 [*Escritos 2*, México, Siglo XXI, 1999].

Lacan, J., 1966, "Psychanalyse et médecine", *Cahier du Collège de Médecine*, núm. 12.

Lacan, J. (1970), "Radiofonia", *Scilicet*, Milán, Feltrinelli, 1977.

Lacan, J. (1960), "Souversion del soggetto e dialettica del desiderio nell'inconscio freudiano", *Scritti*, vol. II, Turín, Einaudi, 1974 [*Escritos 2*, México, Siglo XXI, 1999].

Lacan, J. (1958), "Una questione preliminare adogni possibile trattamento della psicosi, *Scritti*, vol. II, Turín, Einaudi, 1974 [*Escritos 2*, México, Siglo XXI, 1999].

Lacan, J. (1955), "Varianti della cura-tipo", *Scritti*, vol. I, Turín, Einaudi, 1974 [*Escritos 1*, México, Siglo XXI, 1995].

Lacan, J., 1978, *Il seminario. Libro I: Gli scritti tecnici di Freud, 1953-1954*, Turín, Einaudi.

Lacan, J., 1985, *Il seminario. Libro III. Le psicosi 1955-1956*, Turín, Einaudi.

Lacan, J., 1985, *Il semiñario. Libro III: Le psicosi, 1955-1956*, Turín, Einaudi.

Lacan, J., 1979, *Il seminario. Libro XI: I quattro concetti fondamentali della psicoanalisi, 1964*, Turín, Einaudi.

Lacan, J., 1983, *Il seminario. Libro XX: Ancora 1972-1973*, Turín, Einaudi.

Lacan, J. (1952), *Intervento sul transfert*, Scritti, vol. I, Turín, Einaudi, 1974 [*Escritos 1*, México, Siglo XXI, 1995].

Lacan, J., 1977, *Scilicet*, Milán, Feltrinelli.

Lacan, J. (1966), *Scritti*, Turín, Einaudi, 1974.

Ladavas, E., 1982, "Specializzazione emisferica ed emozioni", *Neuropsicologia sperimentale*, Milán, Angeli.

Laeng, M., 1970, *L'educazione nella civiltà tecnologica*, Roma, Armando.

Laforgue, R., 1936, "La névrose familiale", Revue Française de Psychanalyse, vol. IX.

Laforgue, R., 1939, *Psychopatologie de l'échec*, París, Payot.

Laforgue, R., 1940, *The relativity of reality*, Nueva York.

Lagache, D., 1958, "La psychanalyse et la structure de la personnalité", *La Psychanalyse*, vol. VI, París, PUF.

Lagache, D., 1952, "Le problème du transfert", *Revue Française de Psychanalyse*, vol. XVI.

Lagache, D., 1960, "Situation de l'aggressivité", *Bulletin de Psychologie*, vol. XIV, núm. 1.

Lai, G., 1988, *Disidentità*, Milán, Feltrinelli.

Lai, G., 1976, *Gruppi di apprendimento*, Turín, Boringhieri.

Laicardi, C. y A. Piperno, 1980, *La qualità della vita nella terza età*, Roma, Borla.

Laing, R.D. y A. Esterson (1964), *Normalità e follia nella famiglia*, Turín, Einaudi, 1970 [*Cordura, locura y familia. Familias de esquizofrénicos*, México, FCE, 1986].

Laing, R.D. (1959), *L'io diviso*, Turín, Einaudi, 1970 [*El yo dividido. Un estudio sobre la salud y la enfermedad*, México, FCE, 1988].

Laing, R.D. (1959), *L'Io e gli altri. Psicopatologia dei processi interattivi*, Florencia, Sansoni, 1977 [*El yo y los otros*, México, FCE, 1985].

Laing, R.D. (1967), *La politica dell' esperienza*, Milán, Feltrinelli, 1968 [*La política de la experiencia, Barcelona*, Crítica].

Laing, R.D. (1969), *La politica della famiglia*, Turín, Einaudi, 1973.

Lamarck, J.B. (1809), "Philosophie zoologique", *Ouvres*, París, 1925.

Lamert, E.M., 1951, *Social pathology*, Nueva York, Hill Book Company.

Lamour, C. y M.R. Lamberti (1972), *Il sistema mondiale della droga*, Turín, Einaudi, 1973.

Lance J.W. et al., 1983, "Brain stem influences on the cephalic circulation: Experimental data from cat and monkey of relevance to the mechanism of migraine", *Headache*, núm. 23.

Landgrebe, L. (1968), *Fenomenologia e storia*, Bolonia, Il Mulino, 1972.

Landsberg, P.L., 1960, *Einführung in die philosophische anthropologie*, Frankfurt a. M., Suhrkamp.

Lange, C.G., 1885, *Les émotions*, París.

Lange, J., 1936, "Agnosie und apraxie", *Handbuch der Neurologie*, Berlín, Springer.

Langen, D., 1968, *Der, Weg des Autogenen Training*, Darmstadt.

Langer, D., 1962, *Informationstheorie und Psychologie*, Gotinga.

Lanternari, V., 1976, *La grande festa*, Basi, Dedalo.

Lanzarone, G.A., 1985, "Algoritmo", *Gli strumenti del sapere contemporaneo*, vol. II, Turín, UTET.

Lanzi, G., 1983, *L'adolescenza*, Roma, Il Pensiero Scientifico.

Lapassade, G. (1970), *L'analisi istituzionale*, Milán, ISEDI, 1974.

Lapierre, A. y B. Aucouturier (1980), *Il corpo e l'inconscio in educazione e terapia*, Roma, Armando, 1984.

Lapierre, A. y B. Aucouturier (1979), *La simbologia del movimento*, Cremona, Edipsicologiche, 1983.

Laplanche, J. y J.B. Pontalis, 1964, "Fantasme originaire, fantasmes des origines, origine du fantasme", *Les Temps Modernes*, núm. 215.

Laqueur, H.P., 1978, "La teoria generale dei sistemi e la terapia familiare multipla", en W. Gray, F.J. Duhl, N.D. Rizzo (coords.), *Teoria generale dei sistemi e psichiatria* (1969) Milán, Feltrinelli.

Lasch, C. (1971), *Il paradiso in terra. Il progresso e la sua critica*, Milán, Feltrinelli, 1992.

Lasch, C. (1979), *La cultura del narcisismo*, Milán, Bompiani, 1981.

Lashley, K., 1929, *Brain mechanism and intelligence*, Chicago, Nueva York, Hafner.

Lasswell, H.D., 1975, "Potere e personalità", *Potere, politica e personalità*, Turín, UTET.

Latané, B. y J.M. Darley (1970), *The unresponsive bystander: Why doesn't he help?*, Nueva York, Appleton.

Laughlin, H.P., 1970, *The ego and its defenses*, –Nueva York– Croffts, Appleton.

Lawler, J., 1978, *Intelligence, génétique, racisme*, París, Seuil.

Lazarsfeld, P.F., 1957, "Public opinion and the classical tradition", *Public Opinion Quarterly*, núm. XXI, 1.

Lazarus, R.S., 1976, *Patterns of adjustment*, Nueva York, McGraw-Hill.

Lazarus, R.S., 1966, *Psychological stress and the coping process*, Nueva York, McGraw-Hill.

Lazarus-Mainka, G. (1976), Aspetti psicologici dell'angoscia, Roma, Città Nuova, 1987.

Le Bon, G. (1895), *La psicologia delle folle*, Milán, Mondadori, 1980 [*La psicología de las masas*, Madrid, Morata].

Le Boulch, J., 1969, *L'éducation par le mouvement*, París [*La educación por el movimiento en la edad escolar*, Buenos Aires, Paidós].

Le Boulch, J. (1971), *Verso una scienza del movimento umano*, Roma, Armando, 1975 [*Hacia una ciencia del movimiento humano*, Buenos Aires, Paidós].

Le Goff, J., 1980, "Peccato", *Enciclopedia*, vol 10, Turín, Einaudi.

Le Grand, Y., 1957, *Light, colour and vision*, Nueva York.

Le Roy, E., 1929, *La pensée intuitive*, París.

Le Savoureux, H., 1914, "L'ennui normal et pathologique", *J. Psychol. Norm. Pathol.*, vol. 11.

Le Savoureux, H., 1913, *Contribution à l'étude des perversions de l'instinct de conservation: Le spleen*, París, Steinheil.

Leach, E., 1968, "Ritual", *International Encyclopedia of the social sciences*, Nueva York, Mcmillan.

Lebovici, S. y M. Soulé (1970), *La conoscenza del bambino e la psicoanalisi*, Milán, Feltrinelli, 1972.

Lecky, P., 1945, *Self-consistency: A theory of personality*, Nueva York, Long Island Press [*Autoconciencia: una teoría de la personalidad*, Bilbao, Desclée].

Lederer, W. (1968), *Ginofobia: La paura delle donne*, Milán, Feltrinelli, 1973.

Lee, B.S., 1950, "Effects of delayed feedback", *J. Acoust. Soc. America*, núm. 22.

Leech, G., 1974, *Semantics*, Londres, Pelican Books [*Semántica*, Madrid, Alianza].

Lefebvre, H., 1947, *Critique de la vie quotidienne*, París.

Lefebvre, H., 1974, *La production del l'espace*, París, Anthropos.

Lefebvre, H., 1967, *Position: Contre les tecnocrates*, París, Gonthier.

Legrenzi, P. (coord.), 1980, *Storia della psicologia*, Bolonia, Il Mulino.

Legrenzi, P. y A. Mazzocco, 1973, *Psicologia del pensiero*, Milán, Martello.

Lehr, U. (1976), *Psicologia degli anziani*, Turí, SEI, 1979.

Leibniz, G.W. (1671), "Hyphotesis Physica Nova", *Die philosophische Schriften*, vol. IV, Berlín, 1875.

Leibniz, G.W. (1703), *Nuovi saggi sull'intelleto umano*, Bari, Laterza, 1963.

Leigh, E., 1971, *Adaptation and diversity*, San Francisco, Freeman.

Leischner, A., 1961, "Die autoskopischen Halluzinationen (Héautoskopie)", *Fortschr. Neurol. Psychiat.*, núm. 29.

Leischner, A., 1957, *Die Störungen der Schriftsprache (Agraphie und Alexie)*, Stuttgart, Thieme.

Lemaire, J.G., 1964, *La relaxation*, París, Payot.

Lemert, E., 1962, "Paranoia and the dynamics of exclusion", *Sociometry*.

Lennard, H.L. y A. Bernstein, 1960, *The anathomy of psychotherapy*, Nueva York, Columbia University.

Lenneberg, E.H. (1967), *Fondamenti biologici del linguaggio*, Turín, Boringhieri, 1971.

Lennep, D.J., 1958, *Manual for picture test*, 2a. ed., Utrecht.

Lentini, L., 1985, "Errore", *Gli strumenti del sapere contemporaneo*, vol. II, Turín, UTET.

Lentini, L., 1990, *Il paradigma del sapere*, Milán, Angeli.

Leonhard, K. (1962), *Le psicosi endogene*, Milán, Feltrinelli, 1968.

Leontiev, A.N. (1975), *Attività, coscienza, personalità*, Florencia, Giunti Barbera, 1977.

Leper, R.W., 1948, "A motivation theory of emotion to replace 'emotion as disorganized response'", *Psychol. Rev.*, núm. 55.

Lereboullet, J., 1972, *L'alcoolisme*, París, Baillière.

Lerner, I.M., 1958, *Genetic basis of selection*, Nueva York, Wiley.

Leroi-Gourhan, A. (1964-1965), *Il gesto e la parola*, Turín, Einaudi, 1977.

Lersch, P., 1938, *Aufbau des Charakters*, Leipzig.

Lersch, P., 1955, *Gesicht und Seele*, 4a. ed., Munich.

Leslie, A.S. (coord.), 1978, *Encyclopedia of occultism and parapsychology*, Detroit, Gale Research Co.

Leukel, F. (1976), *Psicologia fisiologica*, Bolonia, Zanichelli, 1980.

Levey, J., 1988, *Arte del rilassamento, della concentrazione, della meditazione. Tecniche antiche per la mente moderna*, Roma, Astrolabio.

Levi, L. (coord.), 1971, *Society, stress and disease*, Londres, Oxford University Press.

Lévi-Strauss, C. (1950), "Introduzione all'opera di Marcel Mauss", en M. Mauss, *Teoria generale della magia e altri saggi*, Turín, Einaudi, 1965.

Lévi-Strauss, C. (1960-1967), "La famiglia", *Razza e storia e altri studi di antropologia*, Turín, Einaudi, 1967.

Lévi-Strauss, C. (1958), *Antropologia strutturale*, Milán, Il Saggiatore, 1966 [*Antropología estructural. Mito, sociedad, humanidades*, México, Siglo XXI, 1995].

Lévi-Strauss, C. (1964), *Il crudo e il cotto*, Milán, Il Saggiatore, 1966.

Lévi-Strauss, C. (1962), *Il pensiero selvaggio*, Milán, Il Saggiatore, 1970 [*El pensamiento salvaje*, México, FCE, 1964].

Lévi-Strauss, C. (1962), *Il totemismo oggi*, Milán, Feltrinelli, 1964 [*El totemismo en la actualidad*, México, FCE, 1965].

Lévi-Strauss, C. (1971), *L'uomo nudo*, Milán, Il Saggiatore, 1974.

Lévi-Strauss, C. (1985), *La vasaia gelosa*, Turín, Einaudi, 1987.

Lévi-Strauss, C. (1947), *Le strutture elementari della parentela*, Milán, Feltrinelli, 1972 [*Las estructuras elementales del parentezco*, Buenos Aires, Paidós].

Lévi-Strauss, C. (1960-1967), *Razza e storia e altri studi di antropologia*, Turín, Einaudi, 1967.

Lévi-Strauss, C. (1955), *Tristi tropici*, Milán, Il Saggiatore, 1975 [*Tristes trópicos*, Barcelona, Paidós, 1992].

Lévin, J.R., y M. Pressley (coords.), 1983, *Cognitive strategy research: Educational applications*, Nueva York, Springer.

Levy Jacob, M. (1950), *Il rapporto affetivo maestri-scolari*, Florencia, Editrice Universitaria, 1966.

Levy, J., 1982, "Lateralization and its implications for variations in development", en E. Gollin (coord.), *Development plasticity*, Nueva York, Academic Press.

Lévy-Bruhl, L. (1927), *L'anima primitiva*, Turín, Boringhieri, 1962.

Lévy-Bruhl, L. (1922), *La mentalità primitiva*, Turín, Einaudi, 1966.

Lévy-Bruhl, L. (1935), *La mitologia primitiva*, Roma, Newton Compton, 1973.

Lévy-Bruhl, L. (1910), *Psiche e società primitive*, Roma, Newton Compton, 1970.

Lévy-Bruhl, L. (1931), *Sovrannaturale e natura nella mentalità primitiva*, Roma, Newton Compton, 1973.

Lewin, B.D., 1946, "Sleep, the mouth and the dream screen", *The Psychoanalytic Quarterly*, núm. 15.

Lewin, B.D., 1951, *The psychoanalysis of elation*, Londres, Hogarth.

Lewin, B., 1974, *Gene expression*, Nueva York, Wiley.

Lewin, K., 1978, "Decisioni di gruppo e cambiamenti sociali", en Autores Varios, *Psicologia sociale: Testi fondamentali inglesi e americani*, O.S., Florencia.

Lewin, K., 1977, *Antologia di scritti*, Bolonia, Il Mulino.

Lewin, K., 1951, *Field theory in social science*, Nueva York, Horper [*Teoría del campo de la ciencia social*, Buenos Aires, Paidós].

Lewin, K. (1948), *I conflitti sociali. Saggi di dinamica di gruppo*, Milán, Angeli, 1976.

Lewin, K. (1936), *Principi di psicologia topologica*, Florencia, O.S., 1961.

Lewin, K., R. Lippit y R.K. White, 1939, "Paterns of aggressive behaviour in experimentally created 'Social Climates'", en *Journal of Social Psychology*, núm. 10.

Lewin, K. (1935), *Teoria dinamica della personalità*, Florencia, Giunti Barbera, 1965 [*Dinámica de la personalidad*, Madrid, Morata, 1973].

Lewin, L., 1927, *Phantastica*, Berlín, Stilke.

Lewis, C.S. (1960), *I quattro amori: Affetto, amicizia, eros e carità*, Milán, Jaca Book, 1982 [*Los cuatro amores*, Santiago, Universitaria, 1988].

Lewis, H., 1971, *Shame and guilt in neurosis*, Nueva York, International Universities Press.

Lewontin, R.C. y R. Levins, 1978, "Evoluzione", *Enciclopedia*, vol. v, Turín, Einaudi.

Lewontin, R.C., 1974, *The genetic bases of evolutionary change*, Nueva York, Columbia University Press [*La base genética de la evolución*, Barcelona, Omega].

Liberto, M., 1974, *Discriminazione sociale oggi*, Roma, Edizioni Paoline

Lidz, T. (1973), *Famiglia e origine della schizofrenia*, Florencia, Sansoni, 1975.

Liebowitz, M.R., 1979, "Is borderline a distinct entity?" *Schizophrenia Bulletin*, núm. 5.

Limbos, E., 1972, *L'animatore socio-culturale*, Roma, Armando.

Lindauer, M. (1991), *Sulle tracce dell'altruismo. Il funzionalismo delle società animali*, Milán, Feltrinelli, 1993.

Lindsay, P.H. y D.A. Norman (1977), "La condiscendenza", *L'uomo elaboratore di informazioni*, Florencia, Giunti Barbera, 1983.

Lindsay, P.H. (1977), *L'uomo elaboratore di informazioni*, Florencia, Giunti Barbera, 1983.

Lindsley, D.B., 1960, "Attention, consciousness, sleep and wakefulness", en J. Field (coord.), *Handbook of Physiology*, Amer. Physiol. Soc., vol. i, Washington.

Lindsley, D.B., 1951, "Emotion", *Handbook of experimental psychology*, Nueva York, Wiley.

Lindsley, G. (coord.), 1958, *Assessment of human motives*, Nueva York, Rinehart.

Lindworsky, J. (1949), *L'educazione della volontà*, Brescia, La Scuola, 1956 [*El poder de la voluntad*, Bilbao, El Mensajero].

Lindzey, G., 1954, *Handbook of social psychology*, Cambridge, Addison Wesley.

Linsky, L. (1952), *Semantica e filosofia del linguaggio*, Milán, Il Saggiatore, 1969.

Linton, R. (1938), "La cultura, la società e l'individuale", en Autores Varios, *Il concetto di cultura*, Turín, Einaudi, 1970.

Linton, R. (1936), *Lo studio dell'uomo*, Bolonia, Il Mulino, 1973 [*Estudio del hombre*, México, FCE, 1985].

Linton, R. (1945), *The cultural background of personality*, Nueva York, Appleton-Century, 1945 [*Cultura y personalidad*, México, FCE, 1983].

Lipps, T., 1903-1906, *Ästhetik. Psychologie des Schönesund der Kunst*, Hamburg, Suphan.

Lisciani, G., 1969, *Pedagogia della contestazione*, Roma, Armando.

Lisham, W.A., 1978, *Organic psychiatry. The psychological consequences of cerebral disorders*, Oxford-Mosby, St. Louis, Blackwell Scientific.

Livolsi, M., 1969, *Comunicazioni e cultura di massa*, Milán, Hoepli.

Lloyd, R. y S. Williamson (1968), *Harry, ritratto di uno psicopatico*, Milán, Feltrinelli, 1970.

Locke, J. (1667), *Lettera sulla tolleranza*, Florencia, La Nuova Italia, 1963 [*Carta sobre la tolerancia*, Madrid, Tecnus, 1988].

Locke, J. (1688), *Saggio sull'intelletto umano*, Bari, Laterza, 1951.

Loewenstein, R., 1935, "Phallic passivity in men", *J. Psychoanal*, núm. 16.

Lombroso, C. (1897), *Genio e degenerazione*, Milán, Bocca, 1907.

Lombroso, C., 1878, *L'uomo delinquente in rapporto all'antropologia, alla giurisprudenza e alla psichiatria*, Milán, Bocca.

Lombroso, C., 1890, *La psicologia dei testimoni nei processi di procedura penale*, Turín.

Lombroso, C., 1873, *Medicina legale. La medicina legale dell'alienazione studiata secondo il metodo positivo*, Turín.

Loras, O., 1961, *L'asthme, angoisse du souffle*, Lyon, Libráirie du Rhône.

Lorenz, K. (1985), "L'analogia come fonte di conoscenza", *Pegaso*, núm. 1, 1985.

Lorenz, K. (1963), *L'aggressività*, Milán, Il Saggiatore, 1976 [*Sobre la agresión: el pretendido mal*, México, Siglo XXI, 1995].

Lorenz, K. (1985), *L'analogia come fonte di conoscenza*, *Pegaso*, núm. 1, 1985.

Lorenz, K. (1949), *L'anello di re Salomone*, Milán, Adelphi, 1967.

Lorenz, K. (1978), *L'etologia. Fondamenti e metodi*, Turín, Boringhieri, 1980 [*Elementos de la etiología: estudio comparado de las conductas*, Barcelona, Paidós, 1986].

Lorenz, K., 1970-1971, *Studies in animal and human behavior*, Cambridge, Harvard University Press.

Lorenz, K., 1965, *Über tierisches und menschliches Verhalten*, Munich, Piper.

Lorenzer, A. (1971), *Crisi del linguaggio e psicoanalisi*, Bari, Laterza, 1975.

Lorenzetti, L. M. (coord.), 1989, *Dall'educazione musicale alla musicoterapia*, Padua, Zanibon.

Lorenzetti, L.M. y A. Peccagnini (coords.), 1980, *Psicologia della musica*, Milán, Angeli.

Low, B., 1920, *Psycho-analysis*, Londres.

Lowen, A. (1975), *Bioenergetica*, Milán, Feltrinelli, 1983 [*Bioenergética*, México, Diana].

Lowen, A. (1958), *Il linguaggio del corpo*, Milán, Feltrinelli, 1978.

Lowenfeld, M. (1935), *Il gioco nell'infanzia*, Florencia, La Nuova Italia, 1962.

Lowie, R.H. (1917), "I determinanti della cultura", en Autores Varios, *Il concetto di cultura*, Turín, Einaudi, 1970.

Luccio, R. (coord.), 1982, *Soggetti e sperimentatori nella ricerca psicologica*, Bolonia, Il Mulino.

Luccio, R., 1972, "La personalità", *Nuove questioni di psicologia*, Brescia, La Scuola.

Luce, G.G., 1971, *Body time*, Nueva York, Pantheon.

Luce, R.D., R.R. Bush y E. Galanter, 1963, *Handbook of mathematical psychology*, Nueva York, Wiley & Sons.

Luchsinger, R. y G.E. Arnold, 1970, *Handbuch der Stimm-und Sprachheilkunde*, Wien.

Ludel, J. (1978), *I processi sensoriali*, Il Mulino, Bolonia, 1981.

Luft, J. (1968), *Introduzione alla dinamica di gruppo*, Florencia, La Nuova Italia, 1973.

Lugaresi, E.,G. Coccagna, y P. Pazzaglia, 1972, *I disturbi del sonno*, Bolonia, Gaggi.

Luhmann, N. (1975), *Potere e complessità sociale*, Milán, Il Saggiatore, 1979.

Luhmann, N. (1980), *Struttura della società e semantica*, Bari, Laterza, 1983.

Luquet, P., 1973, "Les idéaux du Moi et l'idéal du Je", *Rev. Franç. Psychanal.*, núm. 37.

Lurija, A.R. (1973), *Come lavora il cervello*, Bolonia, Il Mulino, 1977.

Lurija, A.R. (1975), *Corso di psicologia generale*, Roma, Riuntini, 1979.

Lurija, A.R. (1962), *Le funzioni corticali superiori nell'uomo*, Florencia, Giunti Barbera, 1967.

Lurija, A.R. (1971), *Linguaggio e comportamento*, Roma, Editori Riuniti, 1971.

Lurija, A.R. (1962), *Neuropsicologia della memoria*, Roma, Armando, 1981.

Lurija, A.R. (1973), *Neuropsicologia e neurolinguistica*, Roma, Editori Riuniti, 1976.

Lurija, A.R. (1975), *Problemi fondamentali di neurolinguistica*, Roma, Armando, 1978.

Lüscher, M., 1976, *Il test dei colori*, Roma, Astrolabio [*El test de los colores*, Buenos Aires, Paidós].

Lutte, G., 1964, *L'adolescente e il suo gruppo*, Zurich, Pas.

Lutte, G., 1987, *Psicologia dell'adolescenza*, Bolonia, Il Mulino.

Luzzato, L. y R. Pompas, 1969, *Il linguaggio del colore*, Milán, Il Castello.

Lynd, H.M., 1958, *On shame and the search for identity*, Londres, Routledge and Kegan.

Lynn, R., 1966, *Attention, arousal and the orienting reaction*, Oxford, Pergamon.

Lyons, J. (1977), *Manuale di semantica*, Bari, Laterza, 1980.

Lyotard, J.F. (1974), *Economia libidinale*, Florencia, Colportage, 1978.

Maanen, J. van, 1977, *Organizational careers: Some new perspectives*, Londres, Wiley.

Mac Lean, P.D., 1949, "Psychosomatic disease and the 'visceral brain'", *Psychosomatic Medicine*, núm. 11.

Mac Lean, P.D. (1973-1974), *Evoluzione del cervello e comportamento umano*, Turín, Einaudi, 1984.

Mac Nicol Jr., E.F., 1964, "Three-pigment color vision", *Scientific American*, núm. 33.

Maccoby, E. y C.N. Jacklin, 1966, *The psychology of sex differences*, Stanford, University Press.

Mach, E. (1905), *Conoscenza ed errore*, Turín, Einaudi, 1982.

Machover, K. (1949), *Il disegno della figura umana*, Florencia, Le Monnier, 1969.

Mackay, D., 1975, *Clinical psychology: Theory and therapy*, Londres, Methuen.

Maderna, A., D. Ianni Y P. Membrino, 1987, "Gli anziani", enS. Marsicano (coord.), *Comunicazione e disagio sociale*, Milán, Angeli.

Madinier, G., 1973, *Coscienza e giustizia*, Milán, Giuffrè.

Madison, P., 1961, *Freud's concept of repression and defence*, Minneapolis, Minnesota University Press.

Maffei, L. y L. Mecacci, 1979, *La visione. Dalla neurofisiologia alla psicologia*, Milán, Mondadori.

Maggini, C. y R. Dalle Luche, 1991, *Il paradiso e la noia. Riflessioni metapsicologiche sulla noia morbosa*, Turín, Bollati Boringhieri.

Maggiore, L., 1954, *Psiche e cecità*, Roma, Studium.

Magherini, G., R. Vigevani, G. Gurrieri e I. Nicoletti, 1977, *Salute mentale e territorio*, Florencia, Le Monnier.

Magnan, V., 1874, *De l'alcoolisme*, París, Delahaye.

Magoun, H.W., 1958, *The waking brain*, Springfield, Thomas [*El cerebro despierto*, México, Prensa Médica, 1964].

Maher, B.A., 1972, "The language of schizofrenia: A review and interpretation", *British Journal of Psychiatry*, núm. 120.

Maher, B.A., 1972, "The language of schizophrenia: A review and interpretation", *British Journal of Psychiatry*, núm. 120.

Mahler, M.S., 1952, "On child psychosis and schizophrenia: Autistic and symbiotic infantile psychoses", *The psychoanalytic study of the child*, vol. VII, Nueva York, University Press.

Mahler, M.S., F. Pine y A. Bergman (1975), *La nascita psicologica del bambino*, Turín, Boringhieri, 1978

[*El nacimiento psicológico del infante*, Buenos Aires, Marymar, 1977].

Mahler, M.S. (1968), *Le psicosi infantile*, Turín, Boringhieri, 1972.

Mahler, M.S., M. Furer y C.F. Settlage (1959-1966), "Disturbi affettivi gravi nel bambino: Le psicosi", en S. Arieti (coord.), *Manuale di psichiatria*, vol. II, Turín, Boringhieri, 1969.

Maier, H., 1965, *Three theories of child development*, Nueva York, Harper [*Tres teorías sobre el desarrollo del niño*, Buenos Aires, Amorrortu, 1989].

Maier, N.R.S., 1970, *Problem solving and creativity individuals*, Belmont.

Mailloux, N., 1962, "La personalità del delinquente e la ricerca contemporanea", *Archivio di Psicologia, Neurologia e Psichiatria*, núm. 23.

Mainardi, D., 1977, "Etologia", *Enciclopedia del Novecento*, vol. II, Roma, Istituto dell'Enciclopedia Italiana.

Mainardi, D., 1975, *La scelta sessuale nell'evoluzione della specie*, Turín, Boringhieri.

Maisondieu, J., 1986, *Les thérapies familiales*, París, PUF.

Malacrea, M. y A. Vassalli (coords.), 1990, *Segreti di famiglia. L'intervento nei casi di incesto*, Milán, Cortina.

Malcolm, N. (1971), *Mente, corpo e materialismo*, Milán, ISEDI, 1973.

Malinowski, B. (1931), "Cultura", en AA. VV., *Il concetto di cultura*, Turín, Einaudi, 1970.

Malinowski, B., 1923, "Psycho-analysis and anthropology", *Psyche*, IV.

Malinowski, B., 1939, "The group and the individual in functional analysis", *American Journal of Sociology*, núm. 44.

Malinowski, B. (1922), *Argonauti del Pacifico occidentale*, Roma, Newton Compton, 1973.

Malinowski, B. (1926-1927), *Il mito e il padre nella psicologia primitiva*, Roma, Newton Compton, 1976.

Malinowski, B., 1948, *Magic, science and religion and other essays*, Boston, Glencoe [*Magia, ciencia y religión*, Barcelona, Ariel].

Malinowski, B. (1927), *Sesso e repressione sessuale tra i selvaggi*, Turín, Boringhieri, 1969 [*La vida sexual de los salvajes*, Madrid, Morata, 1975].

Malinowski, B. (1944), *Teoria scientifica della cultura e altri saggi*, Milán, Feltrinelli, 1962.

Malitz, S. y P.H. Hoch (1959-1966), *Terapia farmacologica: Neurolettici e tranquillanti*, en S. Arieti (coord.), *Manuale di psichiatria*, vol. III, Turín, Boringhieri, 1970.

Malitz, S. (1959-1966), *Terapia farmacologica: Gli antidepressivi*, S. Arieti (coord.), *Manuale di psichiatria*, , vol. III, Turín, Boringhieri, 1970.

Malrieu, P., 1967, *La construction de l'imaginaire*, Bruselas, Bessart.

Malthus, T.R. (1798), *An essay on the principle of population as it affects the future improvement of society*, Londres, Everyman's Library, 1914 [*Ensayo sobre el principio de la población*, México, FCE, 1977].

Mancia, M., 1987, *Il sogno come religione della mente*, Bari, Laterza.

Mancia, M., 1990, *Nello sguardo di Narciso*, Bari, Laterza.

Mancia, M., 1980, *Neurofisiologia e vita mentale*, Bolonia, Zanichelli.

Mancini, F. y S. Semerari (coords.), 1985, La psicologia dei costrutti personali, Milán, Angeli.

Mandler, G., 1981, *What is cognitive psychology? What isn't*, Los Ángeles, American Psychological Association.

Mannheim, H., 1965, *Comparative criminology*, Londres.

Mannheim, K., 1974, "What is a social generation?", en A. Esler (coord.), *The youth revolution. The conflict of generations in modern history*, Lexington, Heath.

Mannheim, K., 1956, *Essay on the sociology of culture*, Londres.

Mannheim, K. (1929), *Ideologia e utopia*, Bolonia, Il Mulino, 1957.

Manning, A. (1972), *Il comportamento animale*, Turín, Boringhieri, 1979 [*Introducción a la conducta animal*, Madrid, Alianza].

Mannoni, M. (1964), *Il bambino ritardato e la madre*, Turín, Boringhieri, 1971 [*El niño retardado y su madre*, Buenos Aires, Paidós].

Mannoni, M., 1974, *Il primo colloquio con lo psicoanalista*, Roma, Armando [*La primera entrevista con el psicoanalista*, Barcelona, Gedisa, 1979].

Mantegazza, P., 1926, *Fisiologia del dolore*, Sesto San Giovanni, Barin.

Marc, A., 1949, *Psychologie réflexive*, Bruselas.

Marcellesi, G.B. y G. Bernard, 1979, *Introduzione alla sociolinguistica*, Bari, Laterza [*Introducción a la sociolingüística: la lingüística social*, Madrid, Gredos].

Marcoli, F., 1988, *Wilfred R. Bion e le "Esperienze nei gruppi"*, Roma, Armando.

Marcozzi, V., 1958, *Ascesi e psiche*, Brescia, Morcelliana.

Marcus, I.M. y J.J. Francis (coords.) (1975), *La masturbazione*, Milán, Feltrinelli, 1979.

Marcuse, H., "Prefazione politica" (1966), a *Eros y civiltà* (1955), Turín, Einaudi, 1968.

Marcuse, H. (1955), *Eros e civiltà*, Turín, Einaudi, 1968 [*Eros y civilización*, Barcelona, Ariel].

Marcuse, H. (1969), *L'autorità e la famiglia*, Turín, Einaudi, 1970.

Marcuse, H. (1964), *L'uomo a una dimensione*, Turín, Einaudi, 1967 [*El hombre unidimensional*, México, Mortiz, 1987].

Marhaba, A., 1976, *Antinomie epistemologiche nella psicologia contemporanea*, Florencia, Giunti Barbera.

Marie, P., 1906, "Révision de la question de l'aphasie", *Semaine Médicale*, núm. 21.

Marigliano, B. y B. Vertecchi, 1977, *La programmazione didattica*, Roma, Editori Riuniti.

Marks Mishne, Y., 1985, *Il lavoro clinico con i bambini*, Florencia, Martinelli.

Marks, I.M., 1969, *Fears and phobias*, Londres, Heinemann [*Miedos, fobias y rituales: pánico, ansiedad y sus transtornos*, Barcelona, Martínez Roca, 1989].

Marler, P. y W.G. Hamilton, 1966, *Mechanism of animal behaviour*, Nueva York, Wiley.

Marletta, L., 1976, *L'interpretazione dei colori*, Milán, Urano.

Marrama, P. *et al.*, 1987, *Biopsicosessuologia*, Modena, Università degli Studi.

Marramao, G., 1990, *Minima temporalia*, Milán, Il Saggiatore.

Marrett, R.R., 1909, *The threshold of religion*, Londres, Methuen.

Marschner, G., 1972, *Revisions-test*, Gotinga.

Marsh, P., 1978, *Aggression: The illusion of violence*, Londres, Dent.

Marshall, J., 1968, "Tremor", *Handbook of Clinical Neurology*, vol. VI. Amsterdam, Vinken.

Marsicano, S., 1991, *Verso Itaca. Strutture psicologiche della formazione mentale*, Milán, Guerini.

Martens, R., 1977, *Sport competition anxiety test*, Champaign, Human Kinetics.

Martignoni G. (coord.), 1986, *Mutamenti generazionali e fenomeno droga. Esiste un nuovo tossicomane?*, Lugano, Alice.

Martin, H.O., 1977, "The assessment of training", *Personnel Management*, núm. 39.

Martinelli, R., 1975, *L'identità personale nell'adolescente*, Florencia, La Nuova Italia.

Marty P. *et al.* (1965), *L'indagine psicosomatica*, Turín, Boringhieri, 1968.

Marty, A., 1908, *Untersuchungen zur Grundlegung der allgemeinen Grammatik und Sprachphilosophie*, La Haya.

Marty, P., 1951, "Aspects psychodynamiques de l'étude clinique de quelques cas de cèphalalgies", *Rev. Franç. Psychanal.*, núm. 15.

Marx, K. (1867-1894), *Il capitale*, Roma, Riuniti, 1974 [*El capital. Crítica de la economía política*, México, Siglo XXI, 1971].

Marx, K. (1848), *Manoscritti economico-filosofici del 1844*, Turín, Einaudi, 1968 [*Manuscritos de 1844*, Barcelona, Crítica].

Marx, K. (1859), *Per la critica dell'economia politica*, Roma, riuniti, 1957 [*Introducción general a la crítica de la economía política*, México, Siglo XXI, 1991].

Marzi, A. y L. Chiari, 1960, *L'orientamento scolastico e professionale in Italia e nel mondo*, Roma, Armando.

Marzuoli, U., 1961, *Psiche e condizionamento*, Milán, Feltrinelli.

Maslow, A.H. (1954), *Motivazione e personalità*, Roma, Armando, 1973 [*Motivación y personalidad*, Madrid, Díaz de Santos, 1991].

Maslow, A.H. (1968), *Verso una psicologia dell'essere*, Roma, Astrolabio, 1971.

Mason, J.W., 1971, "A re-evaluation of the concept of 'non-specificity' in stress theory", *Journal of Psychiatric Research*, núm. VIII.

Masserman, J.H., 1943, *Behaviour and neurosis*, Chicago.

Masserman, J.H., 1955, *The practice of dynamic psychiatry*, Filadelfia, Saunders.

Masters, W.H. y V.E. Johnson (1966), *L'atto sessuale nell'uomo e nella donna*, Milán, Feltrinelli, 1967.

Mastrojacovo, P., J.E. Rynders y G. Albertini, 1981, *La sindrome di Down*, Roma, Il Pensiero Scientifico.

Masullo, A., 1955, *Intuizione e discorso*, Nápoles.

Matte Blanco, I. (1975), *L'inconscio come insiemi infiniti*, Turín, Einaudi, 1981.

Maura, E., 1983, "Le sindromi psicosessuali", en F. Giberti y R. Rossi, *Manuale di psichiatria*, Padova, Picin.

Mauss, M. (1950), *Teoria generale della magia e altri saggi*, Turín, Einaudi, 1965.

Mauss, R. (1973), *Le teorie psicologiche dell'adollescenza*, Florencia, La Nuova Italia, 1976.

May, R. (1969), *L'amore e la volontà*, Roma, Astrolabio, 1971 [*Amor y voluntad: las fuerzas humanas que dan sentido a nuestra vida*, Barcelona, Gedisa, 1985].

May, R. (1967), *La psicologia e il dilemma umano*, Roma, Astrolabio, 1970 [*La psicología y el dilema del hombre*, Buenos Aires, Celtia, 1989].

Mayer, R., 1984, "Le cefalee nell'età evolutiva", *Infanzia Anormale*, núm. 60.

Maynard Smith, J., 1979, "Game theory and evolution of behavior", *Proceedings of the Royal Society of London*, núm. 205.

Maynard Smith, J., 1974, "The theory of games and the evolution of animal conflicts", *Journal of Theoretical Biology*, núm. 47.

Maynard Smith, J., 1981, "Will a sexual population evolue to ain SES?", *American Naturalist*, núm. 117.

Mayr, E. (1981), *Biologia ed evoluzione*, Turín, Boringhieri, 1982.

Mazzetti, R., 1962, *Il bambino, il gioco, il giocattalo*, Roma, Armando.

Mc Cord W. y J. Mc Cord (1964), *Lo psicopatico*, Roma, Astrolabio, 1970.

Mc Dougall, J. (1989), *Teatri del corpo. Un approccio psicoanalitico ai disturbi psicoso matici*, Milán, Cortina, 1990.

Mc Dougall, W., 1908, *An introduction to social psychology*, Londres, Methuen.

Mc Dougall, W., 1912, *Psychology: The study of behavior*, Londres, Williams and Nogat.

Mc Dougall, W., 1933, *The energies of man*, Londres, Methuen.

Mc Dougall, W., 1934, *The frontiers of psychology*, Londres, Methuen.

Mc Guire, W.J., 1969, "The nature of attitudes and attitude change", en G. Lindzley y E. Aronson (coords.), *Handbook of social psychology*, vol. III, Reading, Addison-Wesley.

Mc Lennan, J.F. (1885), "Sistemi arcaici di parentela e loro effetti sulla struttura dei gruppi primitivi", en U. Fabietti (coord.), *Alle origini dell'antropologia*, Turín, Doringhieri, 1980.

McClelland, D.C., 1955, *Studies in motivation*, Nueva York, Appleton-Century-Crofts [*Estudios de la motivación humana*, Madrid, Narcea, 1989].

McClelland, D.C., 1961, *The achieving society*, Princeton, Van Nostrand.

McClelland, D.C., 1967, *The anatomy of achievement motivation*, Nueva York, Academic Press.

McConnell, J.V. *et al.*, 1958, "Subliminal stimulation. An overview", *Amer. Psychologist*, núm. 3.

McFarland, D.J., 1977, "Decision-making in animals", *Nature*, núm. 269.

McGaugh, J.L. y M.M. Herz, 1972, *Memory consolidation*, San Francisco, Freeman.

McGhee, P.E. y J.H. Goldstein, 1980, *Handbook of humour research*, Nueva York, Springer.

McGrew, W.C. (1972), *Il comportamento infantile. Uno studio etologico*, Milán, Angeli, 1980.

McIver, M., 1923, *Society, its structure and changes*, Nueva York.

McKay, D.M., 1961, "The informational analysis of questions and commands", *Information theory*, Londres, Butterworth.

McLennan, J.F. (1869), "L'origine del totemismo: Il culto degli animali e delle piante", en U. Fabietti (coord.), *Alle origini dell'antropologia*, Turín, Boringhieri, 1980.

McLennan, J.F. (1885), "Sistemi arcaici di parentela e loro effetti sulla struttura dei gruppi primitivi, en U. Fabietti (coord.), *Alle origini dell'antropologia*, Turín, Boringhieri, 1980.

McLuhan, M. (1960), *Gli strumenti del comunicare*, Milán, Il Saggiatore, 1974.

McNemar, Q., 1969, *Psychological statistics*, Nueva York, Wiley.

Mead, G.H. (1934), *Mente, sé e società*, Florencia, Giunti Barbera, 1966 [*Espíritu, persona y sociedad*, México, Paidós, Mexicana].

Mead, M., 1937, "Tabú", *Encyclopedia of the social sciences*, vol. VII, Londres.

Mead, M., 1937, *Cooperation and competition among primitive peoples*, Nueva York, McGraw-Hill.

Mead, M. (1949), *Maschio e femmina*, Milán, Il Saggiatore, 1962.

Mead, M. (1935), *Sesso e temperamento*, Milán, Il Saggiatore, 1967.

Meade, J.E. y A.S. Parkes (coords.), 1965, *Biological aspects of social problems*, Edinburgh, Oliver and Boyd.

Meadows, D.H., 1972, *I limiti dello sviluppo*, Roma.

Meazzini, P. (coord.), 1983, Trattato teorico-pratico di terapia e modificazione del comportamento, Pordenone, ERIP.

Meazzini, P. y A. Galeazzi, 1978, *Paure e fobie*, Florencia, Giunti Barbera.

Meazzini, P., 1980, *II comportamentismo: Una storia culturale*, Padua, ERIP.

Mecacci L. (coord.), 1982, *Tecniche psicofisiologiche*, Bolonia, Zanichelli.

Mecacci, L., 1984, *Identikit del cervello*, Roma, Laterza [*Radiografía del cerebro*, Barcelona, Ariel].

Mecchia, R., 1979, "Immaginazione", *Enciclopedia*, vol. VII, Turín, Einaudi.

Meduna, L.J., 1936, *Die konvulsionstherapie der Schizophrenie*, La Haya, Marhold.

Meili, R. y H. Rohracher, 1968, *Lehrbuch der experimentellen psychologie*, Stuttgart-Wien.

Meili, R. (1955), *Manuale di diagnostica psicologica*, Florencia, Giunti Barbera, 1967.

Meili, R. (1957), *Prime fasi nello sviluppo del carattere*, Florencia, Giunti Barbera, 1968.

Meinong, A. von (1889), *Gli oggetti d'ordine superiore in rapporto alla percezione interna*, Faenza, Errano, 1979.

Melchiorre, V., 1987, *Corpo e persona*, Génova, Marietti.

Melchiorre, V., 1972, *L'immaginazione simbolica*, Bolonia, Il Mulino.

Melchiorre, V., 1977, *Metacritica dell'eros*, Milán, Vita e Pensiero.

Melchiorre, V., 1964, *Sul senso della morte*, Brescia, Morcelliana.

Melton, A.M., 1963, "Implications of short-term memory for a general theory of memory", *Journal of Verbal Learning and Verbal Behavior*, núm. 1.

Melzack, R. y P.D. Wall, 1976, *L'enigma del dolore*, Bolonia, Zanichelli.

Mendel, G. (1968), *La rivolta contro il padre*, Florencia, Vallecchi, 1973.

Mendel, G., 1864, Versuche über Pflanzenhybriden, *Verhandlungen des Naturforschenden Vereins in Brünn*, núm. IV.

Mendelson, J.H., 1966, *Alcoholism*, Boston, Little.

Menninger-Lerchenthal, E., 1935, *Das Truggebilde der eigenen Gestalt (Héautoskopie, Doppelganger)*, Berlín, Kargen.

Mensching, G., 1931, *Die Idee der Sünde*, Leipzig, Hinrichs.

Merleau-Ponty, M. (1948), "Il dubbio di Cézanne" *Senso e non senso*, Milán, Il Saggiatore-Garzanti, 1962.

Merleau-Ponty, M. (1945), *Fenomenologia della percezione*, Milán, Il Saggiatore, 1972.

Merleau-Ponty, M. (1942), *La struttura del comportamento*, Milán, Bompiani, 1963.

Merlin, A. y L. Santucci, 1961, *Il libro dell'amicizia*, Milán, Mondadori.

Merrel, D.J., 1981, *Ecological genetics*, Londres, Longman.

Merton, R.K. (1942), *Teorie e struttura sociale*, Bolonia, Il Mulino, 1983 [*Teoría y estructura sociales*, México, FCE, 1987].

Merton, R., 1962, "The self-fulfilling prophecy", *Antioch Review*, núm. 8.

Meschieri, L., 1962, "L'orientamento scolastico proffesionale", en *Questioni di psicologia*, Brescia, La Scuola.

Mesmer, F.A. (1779), *"Mémoire sur la découverte du magnétisme animal"*, Le magnétisme animal, París, 1971.

Metelli Di Lallo, C., 1964, *problemi psicopedagogici*, Bari, Laterza.

Métraux, A. (1958), *Il vudu haitiano*, Turín, Einaudi, 1971.

Metzger, W., 1934, "Tiefenerscheinungen in optischen Bewegungsfeldern", *Psychol. Forsch*, núm. 20.

Metzger, W., 1953, *Gesetze des Sehens*, Frankfurt A. M.

Metzger, W. (1941), *I fondamenti della psicologia della Gestalt*, Florencia, Barbera, Giunti, 1984.

Meuris, J., 1982, *Guida alla comprensione dell'omeopatia e materia medica*, Como, Red.

Meyer, A., 1910, "The dynamic interpretation of dementia praecox", Am. J. Psychol., núm. 21.

Meyer, A., 1951, *Collected works*, Baltimore, Johns Hopkins University Press.

Meyer, A., 1958, *Psychobiology: A science of man*, Springfield, Thomas.

Meyer, M.S. (1972), *Introduzione alla metodologia del curricolo*, Roma, Armando, 1977.

Meyer, V. y E.S. Chesser (1970), *La terapia comportamentale*, Turín, Boringhieri, 1976.

Meyers, C.S. (1958), *Introduzione alla psicologia industriale*, Milán, Etas Kompass, 1963.

Meynert, T., 1890, *Klinische Vorlesungen über Psychiatrie*, Wien.

Miceli, M., 1981, "Solitudine. Indirizzi e problemi di ricerca", *Giornale Italiano di Psicoloia*, núm. 8.

Michaux, L., 1969, *Les phobies*, París, Hachette.

Michelini Tocci, F., 1986, "Cabala, psicologia e storia", *Annali dell'Istituto Universitario Orientale di Napoli*, núm. 46.

Michels, R. (1911), *La sociologia del partito politico nella democrazia moderna*, Bolonia, Il Mulino, 1966.

Michotte, A.E., 1946, *La perception de la causalité*, París.

Mieli, M., 1977, *Elementi di critica omosessuale*, Turín, Einaudi.

Mierke, K., 1966, *Konzentrationsfähigkeit und Konzentrations-schwäche*, Berna-Stuttgart.

Mila, M., 1965, *L'esperienza musicale e l'estetica*, Turín, Einaudi.

Milgram, S., 1965, "Some conditions of obedience and disobedience to authority", *Human Relations*, núm. 18.

Milgram, S. (1974), *Obbedienza all'autorità. Il celebre esperimento di Yale sul conflitto tra disciplina e coscienza*, Milán, Bompiani, 1975.

Mill, J.S. (1843), *Sistema di logica deduttiva e induttiva*, Turín, UTET, 1988.

Millar, S. (1968), *La psicologia del gioco infantile*, Turín, Boringhieri, 1974.

Miller, G.A., 1979, *A very personal history*, Cambridge, Institute of Technologie.

Miller, G.A., E. Galanter, y K.H. Pribram (1960), *Piani e struttura del comportamento*, Milán, Angeli, 1971.

Miller, G.A. (1962), *I problemi della psicologia*, Milán, Mondadori, 1964.

Miller, H.L. y P.S. Siegel, 1972, *Loving: A psychological approach*, Nueva York, Wiley.

Miller, J.B. (coord.) (1974), *Le donne e la psicoanalisi*, Turín, Boringhieri, 1976.

Miller, N.E. y J. Dollard (1941), *Imitazione e apprendimento sociale*, Milán, Angeli, 1977.

Millet, K. (1969), *La politica del sesso*, Milán, Rizzoli, 1971.

Millet, K. (1971), *Prostituzione*, Turín, Einaudi, 1975.

Milner B. (coord.), 1966, *Cognitive process and the brain*, Londres, Nostrand.

Milner, B., 1966, "Effects of frontal lobectomy in man", XVIII Congresso Internazionale di Psicologia, Moscú.

Milner, P.M., 1973, *Psicologia fisiologica*, Bolonia, Zanichelli.

Minguzzi, E., 1976, *Alchimia*, Milán, Armenia.

Minguzzi, G., 1973, *Dinamica psicologica dei gruppi sociali*, Bolonia, Il Mulino.

Minkowski, E. (1953), "L'effimero, durare e avere una durate, e l'eterno", *Filosofia, semantica, psicopatologia*, Milán, Mursia, 1969.

Minkowski, E., 1937, "La psychopathologie: Son orientation, ses tendences", *L'évolution psychiatrique*, núm. 3.

Minkowski, E. (1933), *Il tempo vissuto. Fenomenologia e psicopatologia*, Turín, Einaudi, 1971 [El tiempo vivido. Estudios fenomenológicos y psicológicos, México, FCE, 1982].

Minkowski, E. (1927), *La Schizofrenia*, Verona, Bertani, 1980 [*Esquizofrenia*, Buenos Aires, Paidós].

Minkowski, E. (1966), *Trattato di psicopatologia*, Milán, Feltrinelli, 1973.

Minkowski, E., V.E. Gebsattel, E. Strauss (1923-1948), *Antropologia e psicopatologia*, Milán, Bompiani, 1967.

Minsky, M. (1986), *La società della mente*, Milán, Adelphi, 1989.

Miotto, A., 1953, *Psicologia della propaganda*, Florencia, Editrice Universitaria.

Mira y López, E., 1962, *Psicodiagnóstica miocinetica*, Madrid.

Mischel, T. (coord.), 1977, *The self: Psychological and philosophical issues*, Oxford, Basil Blackwell.

Mises, L. Von, 1991, *Burocrazie*, Rusconi, Milán.

Misiti, R., 1972, "Attivazione, stati di coscienza, ipnosi", *Nuove questioni di psicologia*, Brescia, La Scuola.

Mitchell, J. (1974), Psicoanalisi e femminismo, Turín, Einaudi, 1976.

Mitscherlich, A. (1966-1967), *Malattia come conflitto*, Milán, Feltrinelli, 1976.

Mitscherlich, A. (1966), *Verso una società senza padre*, Milán, Feltrinelli, 1970.

Mittler, P., 1971, *The study of twins*, Harmondsworth, Penguin.

Modica, M., 1979, "Imitazione", *Enciclopedia*, vol. VII, Turín, Einaudi.

Moebius, P.J. (1894), Compendio di neuropatologia, Turín, Rosenberg & Sellier, 1894.

Moebius, P.J. (1900), *L'inferiorità mentale della donna*, Turín, Einaudi, 1978.

Moeller, M.L., 1969, "Die Prüfung als Kernmodell psychosozialer Konflikte", *Sozialpsychologie*.

Moja, E.A., 1990, "Le ragioni del placebo", *Tabloid*, núm. 1.

Mollon, J.D., 1983, "Color vision", *Annual Review of Psychology*, núm. 33.

Moltmann, J. (1964), *Teologia della speranza*, Brescia, Queriniana, 1974 [Teología de la esperanza, Salamanca, Sígueme, 1989].

Monakow, C.V. y R. Morgue, 1930, *Biologische Einführung in das Studium der Neurologie und Psychopathologie*, Stuttgart-Leipzig.

Monbeck, M.E., 1973, *The meaning of blindness*, Bloomington, Indiana University Press.

Money-Kyrle, R. (1955), "Psicoanalisi ed etica", *Nuove vie della psicoanalisi*, Milán, Il Saggiatore, 1971.

Monod, J. (1970), *Il caso e la necessità*, Milán, Mondadori, 1970 [*El azar y la necesidad*, Barcelona, Tusquets].

Montanini, M.M., L. Fruggeri y M. Facchini, 1979, *Dal*

gesto al gesto. Il bambino sordo tra gesto e parola, Bolonia, Cappelli.

Montefoschi, S., 1982, Al di là del tabù dell'incesto, Milán, Feltrinelli.

Montefoschi, S., 1985, C.G. Jung, un pensiero in divenire, Milán, Garzanti.

Montefoschi, S., 1977, L'uno e l'altro, Milán, Feltrinelli.

Montessori, M., 1916, L'autoeducazione nelle scuole elementari, Milán.

Monti Civelli, E., 1980, La socializzazione del fanciullo
non vedente, Milán, Angeli.

Montuschi, F., 1976, L'apprendimento, Brescia, La
Scuola.

Moravia, S., 1986, L'enigma della mente, Bari, Laterza.

Moray, N., 1969, Listening and attention, Londres-Balti-
more, Penguin.

Morel, B.A., 1860, Traité des maladies mentales, París.

Moreno, J.L., 1959, Gruppenpsychotherapie und Psychodrama. Einleitung in die Theorie und Praxis,
Stuttgart, Thieme.

Moreno, J.L. (1946), Hypnodrama and psychodrama,
Boston, Bacon House, 1950.

Moreno, J.L. (1947), Il teatro della spontaneità, Florencia, Guaraldi, 1973.

Moreno, J.L., 1985, Manuale di psicodramma, Roma,
Astrolabio.

Moreno, J.L. (1953), Principi di sociometria, di psicoterapia di gruppo e sociodramma, Milán, Etas Kompass, 1964.

Moreno, N., 1970, "L'impotenza sessuale femminile: La
frigidità", en Autores Varios, L'impotenza sessuale,
aspetti clinici e terapeutici, Roma.

Moreno, M., 1978, Introduzione alla prassi della psicologia analitica, Roma, Il Pensiero Scientifico.

Moreno, M., 1973, La dimensione simbolica, Venecia,
Marsilio.

Moreno, M., 1975, Venti argomenti per un seminario di
psicoterapia, Turín, Boringhieri.

Moretti, G.M., Manuale di grafologia, Milán, 1914.

Morgan, L.H., 1894, Introduction to comparative psychology, Nueva York.

Morgan, L.H. (1877), La società antica. Le linee del progresso umano dallo stato selvaggio alla civiltà, Milán,
Feltrinelli, 1970.

Morin, E., 1971, L'homme et la mort dans l'histoire, París, Seuil.

Morin, E. (1986), La conoscenza della conoscenza, Milán, Feltrinelli, 1989.

Moro, T., 1516, Libellus vere aureus nec minus salutaris
quam festivus de optimo reipublicae statu deque nova insula Utopia, Louvain, Martens.

Moron, P. (1975), Il suicidio, Milán, Garzanti, 1976 [El
suicidio, Buenos Aires, Ábaco, 1980].

Morris, C. (1938), Lineamenti di una teoria dei segni, Turín, Paravia, 1954.

Morris, C. (1946), Segni, linguaggio e comportamento,
Milán, Longanesi, 1963.

Morris, D., et al. (1979), I gesti. Origini e diffusione, Milán, Mondadori, 1983.

Morris, D. (1971), L'uomo e i suoi gesti, Milán, Mondadori, 1978.

Morselli, E., 1885-1894, Manuale di semiotica delle malattie mentali, Turín.

Mortimore G.W. (coord.), 1971, Weakness of will, Londres, McMillan.

Moruzzi, G., 1975, "I meccanismi del sonno e della ve-
glia", Fisiologia della vita di relazione, Turín, UTET.

Mosca, G. (1884), Teorica dei governi e governo parlamen-
tare, Turín, UTET, 1982.

Mosconi, G. y V. D'Urso, 1974, Il farsi e il disfarsi del problema, Florencia, Giunti Barbera.

Mosconi, G., 1981, "All'origine dei problemi. L'incompa-
tibilità presente nella mente", en Autores Varios,
Educazione alla ricerca e trasmissione del sapere, Turín, Loescher.

Moscovici, S. y B. Personnaz, 1980, "Studies in social
influence", Journal of Experimental Social Psychology, núm. 16.

Moscovici, S., 1972, "Society and theory in social psychology", The context of social psychology, Nueva
York, Academic Press.

Moscovici, S., 1981, L'âge des foules, París, Fayard.

Moscovici, S., 1961, La psychanalyse, son image et son
public, París, PUF.

Moscovici, S., 1979, Psychologie des minorités actives,
París, PUF [Psicología de las minorías activas, Madrid, Morata, 1981].

Moser, U., I. Zeppelin y W. Schneider, 1968, "Computer
simulation of a model of neurotic defence processes", Bulletin Psichologischen Instituts der Universi-
tät, núm. 2, Zurich.

Most, P.H., 1983, Psicologia dello sport, Milán, Masson.

Mostyn, B., 1978, A handbook of motivational and attitude research techniques, Bradford, MCB.

Mowrer, O.H., 1960, Learning theory and behavior, Nueva York, Ronald.

Mucchielli, R. y A. Bourcier, 1975, La dislessia, Florencia, La Nuova Italia.

Mugny, G., 1982, The power of minorities, Londres, Academic Press.

Muncie, W. (1959-1966), "L'indirizzo psicobiologico",
en S. Arieti (coord.), Manuale di psichiatria, vol. III,
Turín, Boringhieri, 1970.

Mura, G., 1990, Ermeneutica e verità, Roma, Città Nuova.

Muralt, A., 1958, Neue Ergebnisse der Nervenphysiologie,
Urban & Schwarzenberg, Berlín.

Murdock, G.P., 1970, "La scienza della cultura", en Autores Varios, Il concetto di cultura, Turín, Einaudi.

Murdock, G.P., 1937, Statistical correlations in the science of society, New Haven, Yale University Press.

Murphy, G., 1947, Personality: A bisocial approach to origin and structure, Nueva York, Harper.

Murray, E.J. (1964), Psicologia dinamica, Milán, Martello, 1973.

Murray, H.A., 1938, Explorations in personality, Nueva
York, Oxford University Press.

Murray, H.A., 1943, Thematic apperception test manual,
Nueva York, Oxford University Press.

Murrel, K.F.H. (1965), *Ergonomia, l'uomo e il lavoro*, Turín, ISPER, 1971.

Murstein, J.B., 1965, *Handbook of projective techniques*, Nueva York, Basic Books.

Musatti, C. (1929), "La psicologia della forma", en G. Mucciarelli (coord.), *La psicologia italiana*, vol. II, Bolonia, Pitagora, 1984.

Musatti, C., 1972, "Prefazione" a M. Cesa-Bianchi *et al.*, *La percezione*, Milán, Angeli.

Musatti, C., 1953, "Psicologia clinica e clinica psicologica", *Archivio di Psicologia, Neurologia e Psichiatria*, núm. 1-2.

Musatti, C., 1931, *Elementi della psicologia della testimonianza*, Padua.

Musatti, C., 1949, *Trattato di psicoanalisi*, Turín, Boringhieri.

Mussen, P.H., 1983, *Desarrollo psicológico del niño*, Trillas, México [*Desarrollo psicológico del niño*, México, Trillas, 1983].

Mussen, P.H. (1963), *La psicologia dell'età evolutiva*, Milán, Martello, 1969.

Mutti, M.G., 1990, *Vergine*, Milán, De Vecchi.

Muus, R.E. (1973), *Le teorie psicologiche dell'adolescenza*, Florencia, La Nuova Italia, 1976 [*Teorías de la adolescencia*, Buenos Aires, Paidós].

Nabert, J. (1955), *Saggio sul male*, Padua, La Garangola, 1974.

Nacht, S., 1938, "Le masochisme", *Revue Française de Psychanalyse*, vol. X, núm. 2.

Nagera, H. (coord.) (1969), *I concetti fondamentali della psicoanalisi*, Turín, Bollati Boringhieri, 1987.

Napoleoni, C., 1976, *Valore*, Milán, ISEDI.

Napolitani, D., 1986, *Di palo in frasca*, Milán, Corpo 10.

Napolitani, D., 1987, *Individualità e gruppalità*, Turín, Boringhieri.

Napolitani, F., 1972, "Il gruppo come strumento terapeutico", *Nuove questioni di psicologia*, vol. II, Brescia, La Scuola.

Naranjo, C. y R. Ornstein, 1971, *On the psychology of meditation*, Nueva York, Viking.

Naranjo, C. (1973), *Teoria della tecnica Gestalt*, Roma, Melusina, 1989.

Natanson, M., 1963, "Philosophische Grundfragen der Psychiatrie", *Psychiatrie der Gegenwart*, Berlín, Springer.

Natoli, S., 1986, *L'esperienza del dolore*, Milán, Feltrinelli.

Natoli, S., 1979, *Soggetto e fondamento*, Padova, Antenore.

Nattiez, J.J., 1979, "Melodia", *Enciclopedia*, vol. VIII, Turín, Einaudi.

Navarro, F., 1985, *Test delle figure da colorare*, Florencia, O.S.

Neisser, U., 1963, "The multiplicity of thought", *Brit. J. Psychol.*, núm. 54.

Neisser, U. (1967), *Psicologia cognitivista*, Florencia, Giunti Barbera, 1976 [*Psicología cognoscitiva*, México, Trillas, 1976].

Nemiah, J.C. *et al.*, 1976, *Alexithymia: A view of the psychosomatic process*, Londres, Hill.

Nemiah, J.C. (1959-1966), "L'aggressività neurotica", en

S. Arieti, *Manuale di psichiatria*, vol. I, Turín, Boringhieri, 1969.

Neugarten B.L. (coord.), 1968, *Middle age and aging*, Chicago, University Press.

Neumann, E. (1972), *Evoluzione culturale e religione*, Roma, Armando, 1974.

Neumann, E. (1956), *La grande madre. Fenomenología delle configurazioni femminili dell'inconscio*, Roma, Astrolabio, 1981.

Neumann, E. (1949), *Storia delle origini della coscienza*, Astrolabio, Roma, 1978.

Neumann, J. von J. y D. Morgenstern, 1944, *Theory of games and economic behavior*, Nueva York, Princenton University Press.

Newcomb, T.M., 1953, "An approach to the study of communicative acts", *Psychological Review*, núm. 60.

Newell, A. y H.A. Simon, 1972, *Human problem solving*, Englewood-Cliffs, Prentice-Hall.

Nicolaïdis, N. (1984), *La rappresentazione*, Turín, Bollati Boringhieri, 1988.

Nicosia, F.M. (1966), *Processi di decisione del consumatore nel marketing e nella pubblicità*, Milán, Etas Kompass, 1973.

Nielsen, J.M., 1946, *Agnosia, apraxia, aphasia: Their value in cerebral localization*, Nueva York, Hoeber.

Nietzsche, F. (1886), "Al di là del bene e del male", *Opere*, vol. VI, 2, Milán, Adelphi, 1968 [*Más allá del bien y del mal*, México, Porrúa, 1998].

Nietzsche, F. (1882-1886), "Ditirambi di Dionisio", *Opere*, vol. IV, 4, Milán, Adelphi, 1970.

Nietzsche, F. (1873), "La nascita della tragedia", *Opere*, vol. III, 1, Milán, Adelphi, 1972 [*El nacimiento de la tragedia*, Madrid, Alianza, 1985].

Nietzsche, F. (1873), "Su verità e menzogna in senso extramorale", *Opere*, vol. III, 2, Milán, Adelphi, 1973.

Nietzsche, F. (1886), "Tentativo di autocritica", *La nascita della tragedia* (1873), *Opere*, vol. III, 1, Milán, Adelphi, 1972.

Nietzsche, F. (1887), *Genealogia della morale*, *Opere*, vol. VI, 2, Milán, Adelphi, 1968 [*Genealogía de la moral*, Madrid, Alianza, 1985].

Nietzsche, F. (1895), *L'anticristo*, *Opere*, vol. VI, 3, Milán, Adelphi, 1970 [*El anticristo*, Madrid, Alianza].

Nolan, C.Y. y C.J. Kederis, 1969, *Perceptual factors in Braille words recognition*, Nueva York, American Foundation for the Blind.

Norman, D.A. (1974), *Memoria e attenzione*, Milán, Angeli, 1976 [*El aprendizaje y la memoria*, Madrid, Alianza, 1985].

Norman, D., 1980, "Twelve issues for cognitive science", *Cognitive Science*, núm. 4.

Novara, F. y R.A. Rizzi, 1971, *Psicologia del lavoro*, Il Mulino, Bolonia.

Nunberg, H. y E. Federn (coords.), 1973, *Dibattiti della società psicoanalitica di Vienna 1906-1908*, Turín, Boringhieri.

Nunberg, H., 1931, "The synthetic function of the ego", *International Journal of Psychology*.

Nunberg, H., 1932, *Allgemeine Neurosenlehre auf psychoanalytischer Grundlage*, Berlín.

Nuttin, J., 1958, *Origine et développements des motifs*, en Autores Varios, *La motivation*, París, PUF.

Nuttin, J., 1953, *Tâche, réussite et échec. Théorie de la conduite humaine*, Louvain, Publications de l'Université de Louvain.

O'Brien, E., 1965, *Varieties of mystical experience*, Nueva York, Mentor.

O'Connor, N. y B. Hermelin, 1966, *Le langage et la pensée dans la déficience mentale profonde*, París, Gauthier-Villars.

Odum, E.P. (1971), *Principi di ecologia*, Padua, Piccini, 1973 [*Fundamentos de ecología*, México, Interamericana, 1985].

Ogden, C.K. e I.A. Richards (1932), *Il significato del significato*, Milán, Il Saggiatore, 1966 [*El significado del significado*, Barcelona, Paidós, 1984].

Olbrechts-Tyteca, L. (1974), *Il comico del discorso. Un contributo alla teoria generale del comico e del riso*, Milán, Feltrinelli, 1977.

Oléron, P., 1957, *Les composantes de l'intelligence d'après les recherches factorielles*, París, PUF.

Oliver, C. y A. J. Holland, 1986, "Down's syndrome and Alzheimer's disease", *Psychological Medicine*, núm. 16.

Oliverio, A. y A. Oliverio Ferraris, 1978, *Maschio-femmina: Biologia, psicologia, sociologia del comportamento sessuale*, Zanichelli, Bolonia.

Oliverio, A., 1981, "I ritmi circadiani" *Le Scienze*, núm. 14.

Oliverio, A., 1979, *La società solitaria*, Roma, Riuniti.

Oliverio, A., 1977, *Maturità e vecchiaia*, Milán, Feltrinelli.

Olivetti Berardinelli, M., 1971, *Identificazione e proiezione*, Bolonia, Cappelli.

Olmsted, M.S. (1959), *Gruppi sociali elementari*, Bolonia, Il Mulino, 1963 [*Pequeño grupo*, Buenos Aires, Paidós].

Olson, M. (1965), *La logica dell'azione collettiva*, Milán, Feltrinelli, 1983 [*La lógica de la acción colectiva*, México, Limusa-Noriega, 1992].

Ong, W.J. (1967), *Interface della parola*, Bolonia, Il Mulino, 1989.

Ong, W.J. (1982), *Oralità e scrittura*, Bolonia, Il Mulino, Bolonia, 1986 [*Oralidad y escritura. Tecnologías de la palabra*, México, FCE, 1987].

Oppenheim, A., 1966, *Questionnaire design and attitude measurement*, Londres, Heinemann.

Oppenheim, H., 1889, *Die traumatischen Neurosen*, Berlín, Hirschwald.

Oppenheimer, R., 1956, "Analogy in science", *American Psychology*, núm. 11.

Orem, J. y C.D. Barnes (coord.), 1980, *Physiology in sleep*, Londres, Academic Press.

Organizzaione Mondiale della Sanità (OSM), 1971, *Pharmacodépendance*, Copenhague, Bureau Régional de l'Europe.

Organizzazione Mondale della Sanità (OSM), 1973, *The role of psychologist in mental health services*, World Health Organization, Copenhagen.

Orlic, M. L. (1971), *L'educazione gestuale*, Roma, Armando, 1976.

Ortega y Gasset, J., 1974, "The importance of generationhood", en A. Esler (coord.),*The youth revolution. The conflict of generations in modern history*, Lexington, Heath.

Ortega y Gasset, J. (1930), *La ribellione delle masse*, Bolonia, Il Mulino, 1962 [*La rebelión de las masas*, Madrid, Alianza].

Oseretzky, N., 1925, "Eine metrische Stufenleiter zur Untersuchung der motorischen Begabung bei Kindern", *Zeitung für Kinderforschung*, núm. 30.

Osgood, C.E., 1966, "Dimensionality of the semantic space for communication via facial expressions", *Scandinavian Journal of Psychology*, núm. 7.

Osgood, C.E., 1967, "Semantic differential technique in the comparative study of cultures", en *Readings in the psychology of language*, Nueva York, Englewood Cliffs, Prentice-Hall.

Osgood, C.E., G.J. Suci y P.H. Tannenbaum, 1957, *The measurement of meaning*, Urbana, University of Illinois.

Osgood, C.E., 1957, *Limited war. The challenge to* American Strategy, Chicago.

Osgood, C.E., 1956, *Method and theory in experimental psychology*, Nueva York, Oxford Press.

Ossicini, A., 1973, *La relazione madre-bambino*, Florencia, Editrice Universitaria.

Osterman, E., 1963, "Les états psychopathologiques du postpartum", *Encéphale*, núm. 5.

Osterrieth, P. (1957), *Introduzione alla psicologia del bambino*, Florencia, Editrice Universitaria, 1965 [*Psicología infantil*, Madrid, Morata].

Ostow, M. (1959-1966), "I fondamenti biologici del comportamento umano", en S. Arieti (coord.), *Manuale di Psichiatria*, vol. I, Turín, Boringhieri, 1969.

Oswald, I., 1962, *Sleeping and waking, physiology and psychology*, Nueva York, Elsevier Publishing.

Oswald, I. (1970), *Sonno e sogno*, Bari, Laterza, 1980.

Ottaway, A.K.C., 1970, *Apprendimento attraverso l'esperienza di gruppo*, Roma, Armando.

Otto, R. (1917), *Il sacro*, Milán, Feltrinelli, 1984.

Otto, W., 1955, *Mythos und seine Bedeutung für die Menschheit*, Diederichs, Düsseldorf.

Paci, E., 1965., *Tempo e relazione*, Milán, Il Saggiatore

Pagliarani, L. *et al.*, 1990, *Glossario di psicoterapia progettuale*, Milán, Guerini e Associati.

Pagliarani, L., 1985, *Il coraggio di Venere*, Milán, Cortina.

Pagliarani, L., 1975, *Il lavoro come momento di connessione tra mondo interno e mondo esterno attraverso la mediazione del principio di realtà*, Bergamo, Cis.

Palmer, S., 1976, *La prevenzione del crimine*, Roma, Armando.

Palmonari, A. (coord.), 1976, *Problemi attuali della psicologia sociale*, Bolonia, Il Mulino.

Palmonari, A. y P. Ricci Bitti, 1978, *Aspetti cognitivi della socializzazione in età evolutiva*, Bolonia, Il Mulino.

Pancheri, P., 1979, *Biofeedback. Tecniche di controllo in psichiatria, psicosomatica e medicina*, Roma, Bulzoni.

Pancheri, P., 1980, *Stress, emozioni, malattia*, Milán, Mondadori.

Pancheri, P., 1984, *Trattato di medicina psicosomatica*, Florencia, USES.

Pankow, G. (1969), *L'uomo e la sua psicosi*, Milán, Feltrinelli, 1977.

Pankow, G. (1977), *Struttura familiare e psicosi*, Milán, Feltrinelli, 1979.

Pao, P.N. (1979), *Disturbi schizofrenici*, Milán, Cortina, 1984.

Papi, F.,1978, *Educazione*, Milán, ISEDI.

Parasuraman, R., 1983, *Varieties of attention*, Nueva York, Wiley.

Parenti, F., 1978, *Assieme per uccidere. Psicologia della violenza di gruppo*, Roma, Armando.

Parenti, F., 1975, *Dizionario ragionato di psicologia individuale*, Milán, Cortina.

Parenti, F., 1983, *La psicologia individuale depo Adler*, Roma, Astrolabio.

Pareti, G., 1990, *La tentazione dell'occulto*, Turín, Bollati Boringhieri.

Pareto, V. (1916), *Trattato di sociologia generale*, Milán, Comunità, 1964.

Pareyson, L., 1971, *Verità e interpretazione*, Milán, Mursia.

Parisi, D., 1978, "Sui limiti del metodo sperimentale in psicologia", *Giornale Italiano di Psicologia*, núm. 2.

Parisi, D., 1981, *La psicolingüistica*, Florencia, Le Monnier.

Park, R.E. (1928), "Human communities", *Collected Papers*, vol. II, Glencoe, 1952.

Parkes, C.M. (1972), *Il lutto studi sul cordoglio negli adulti*, Milán, Feltrinelli, 1980.

Parlidis, G.T. y T.R. Miels (coord.), 1981, "Dyslexia, research and its applications to education", *British Medical Association New Review*.

Parry, J., 1973, *Psicologia della comunicazione umana*, Roma, Armando.

Parsons, T. y R.F. Bales (1955), *Famiglia e socializzazione*, Milán, Mondadori, 1974.

Parsons, T. (1963), "Sul concetto di potere politico", *Sistema politico e potere sociale*, Milán, Giuffrè, 1975.

Parsons, T., 1949, "Toward a common language for the area of social science: Status and role", *Essays in sociological theory, pure and applied*, Glencoe.

Parsons, T. (1951), *Il sistema sociale*, Milán, Comunità, 1965.

Parsons, T. (1937), *La struttura dell'azione sociale*, Bolonia, Il Mulino, 1987.

Pascal, B., 1968, *Pensieri*, Milán, Mondadori.

Pascal, G.R. y B.J. Suttell, 1951, *The Bender Gestalt test: Quantification and validity for adults*, Nueva York.

Pasini, W., "Ginecologia psicosomatica", en H. Haynal y Pasini, W., *Medicina psicoanalítica*, Milan, Masson, 1979.

Pasini, W., C. Crépault y U. Galimberti, 1988, *L'immaginario sessuale*, Milán, Cortina.

Pasini, W. (1974), *Contraccezione e desiderio di maternità*, Milán, Feltrinelli, 1980.

Pasini, W., 1982, *Il corpo in psicoterapia*, Milán, Cortina.

Passi, Tognazzo, D., 1985, *Metodi e tecniche nella diagnosi della personalità*, Florencia, Giunti Barbera.

Passingham, R., 1981, *The human primate*, Nueva York, Academic Press.

Passow, A.H., M. Goldberg y A. Tannenbaum (1967), *L'educazione degli svantaggiati*, Milán, Angeli, 1971.

Pastore, N., 1949, *The nature-nature controversy*, Nueva York, King's Crown Press.

Patterson, C. H., 1980, *Theories of couseling and psychotherapy*, Nueva York, Harper and Row.

Patterson, C., 1978, *Evolution*, Nueva York, Cornell University Press.

Paul, N.L. (1969), "Un approccio sistemico generale alla maturazione umana e alla terapia familiare", en W. Gray, F.J. Duhl y N.D. Rizzo (coords.), *Teoria generale dei sistemi e psichiatria*, Milán, Feltrinelli, 1978.

Pauletta D'Anna, G.M. (coord.), 1990, *Modelli psicoanalitici del gruppo*, Milán, Guerini e Associati.

Pauli, R. y W. Arnold, 1972, *Psychologisches Praktikum*, Stuttgart.

Pavlov, I.P., 1953, "Zwanzigjährige Erfahrungen mit dem objektiven Studium der höheren Nerventätigkeit (des Verhaltens) der Tiere", *Sämtliche Werke*, vol. III, Berlín.

Pavlov, I.P. (1927), *I riflessi condizionati*, Turín, Boringhieri, 1966.

Pavlov, I.P., 1938, *Twenty years' experience of the objective study of the higher nervous activity (bahavior) of animals*, Moscú-Leningrado, Biomedigz.

Pawlik, K., 1968, *Dimensionen des Verhaltens*, Bern-Stuttgart, Huber.

Paykel, E.S., 1982, *Handbook of affective disorders*, Londres, Living-stone.

Payns, S., 1953, "A conception of feminity", *Brit. J. Med. Psych.*, núm. 15.

Pearce, J. y E. Miller, 1973, *Clinical aspects of dementia*, Londres, Ballière Tindall.

Pearce, J., 1974, *Exploring the crack in the cosmic ego: Split minds and metarialities*, Nueva York, Julian Press.

Peirce, C.S. (1868), "Pensiero-segno-uomo", *Semiotica*, Turín, Einaudi, 1980.

Peirce, C.S. (1923), *Caso amore e logica*, Turín, Taylor, 1956.

Peirce, C.S. (1931-1935), *Semiotica. I fondamenti della semiotica cognitiva*, Turín, Einaudi, 1980.

Pende, N., 1928, *Le debolezze di costituzione*, Roma.

Perelman, C. y L. Olbrechts-Tyteca (1952), *Trattato dell'argomentazione*, Turín, Einaudi, 1966.

Perls, F., 1969, *Gestalt therapy verbatim*, La fayette, California, Real People Press.

Perls, F. (1973), *L'approccio della Gestalt. Testimone oculare della terapia*, Roma, Astrolabio, 1977.

Perls, F., R.F. Hefferline y P. Goodman (1951), *Teoria e practica della terapia della Gestalt*, Roma, Astrolabio, 1971.

Perugia, A., 1962, "Gli aspetti evolutivi della personalità", *Questioni di psicologia*, Brecia, La Scuola.

Perusini, G., 1910, "Über klinisch und histologisch eigenartige psychische Erkrankungen des späteren Lebensalters", *Hist. U. Histophatol. Arb. Nissl*, núm. 3.

Pestalozzi, G.H. (1800), "Die methode" *Gesammelte Werke*, vol. x, Berlín, 1943.

Peters, R.S., 1965, "Education as initiation", *Philosophical Analysis and Education*, Londres, Routledge & Kegan Paul.

Peters, R.S., 1958, *The concept of motivation*, Londres, Routledge & Kegan Paul.

Peterson, C.R. y L.R. Beach, 1967, "Man as intuitive statistician", *Psychol. Bull.*, núm. 68.

Petrignani S. (coord.), 1986, *Una donna, un secolo*, Roma, Il Ventaglio.

Petroni, G., 1969, *La sociologia dei consumi*, Milán, Angeli.

Petter, G. y B. Garau, 1968, *Il mondo del colore*, Florencia, Giunti Barbera.

Petter, G., 1972, "Evoluzione dinamica dell'attività cognitiva", *Nuove questioni di psicologia*, Brescia, La Scuola.

Petter, G., 1978, *Lo sviluppo mentale nelle ricerche di J. Piaget*, Florencia, Giunti Barbera.

Petter, G., 1968, *Problemi psicologici della preadolescenza e dell'adolescenza*, Florencia, La Nuova Italia.

Pfaff D. W., (coord.), 1982, *The pshysiological mechanisms of motivation*, Berlín, Springer.

Pfahler, G., 1929, *System der Typenlehre*, Leipzig, Barth.

Pfister, M., 1981, *Il test della piramide del colore*, Florencia, O. S.

Ph. Kronhausen, E., 1970, *Pornography and law*, Ballantine, Nueva York.

Phares, E.J., 1979, *Clinical psychology. Concepts, methods, and profession*, Homewood.

Philips, E., 1978, *The social skills bases of psychopathology*, Londres, Grune and Stratton.

Philipson, H. (1962), *La tecnica delle relazioni oggettuali*, Florencia, O. S., 1974.

Phillipson, R.V., 1970, Modern trends in drug dependence and alcoholism, Londres, Butterworths.

Piaget, J. y B. Inhelder, 1959., *La genèse des structures logiques élémentaires: Classification et sériation*, Neuchâtel, Delachaux et Niestlé

Piaget, J. y B. Inhelder (1966), *La psicologia del bambino*, Turín, Einaudi, 1970.

Piaget, J. y B. Inhelder (1941), *Lo sviluppo delle qualità fisiche nel bambino*, Florencia, La Nuova Italia, 1968.

Piaget, J. y R. Garcia, (1971) *Esperienza e teoria della causalità*, Bari, Laterza, 1973.

Piaget, J., 1960, "Les praxies de l'enfant", *Rev. Neurol.*, núm. 102.

Piaget, J., 1956, "Perception, motricité et intelligence", *Enfance*, núm. 2.

Piaget, J., 1959, *Apprentissage et connaissance*, París, PUF.

Piaget, J. (1967), *Biologia e conoscenza*, Turín, Einaudi, 1983.

Piaget, J., 1967, *Biologie et connaissance*, París, Gallimard [*Biología y conocimiento*, México, Siglo XXI, 1994].

Piaget, J. (1930-1965), *Dal bambino all'adolescente: La costruzione del pensiero*, Florencia, La Nuova Italia, 1969.

Piaget, J., 1977, *Études sociologiques*, Génova, Droz.

Piaget, J. (1924), *Giudizio e ragionamento nel bambino*, Florencia, Nuova Italia, 1958.

Piaget, J. (1961), *I meccanismi percettivi*, Florencia, Giunti Barbera, 1975.

Piaget, J. (1932), *Il giudizio morale nel fanciullo*, Florencia, Giunti Barbera, 1973.

Piaget, J. (1923), *Il linguaggio e il pensiero nel fanciullo*, Florencia, Editrice Universitaria, 1968 [*El lenguaje y el pensamiento del niño pequeño*, Buenos Aires, Paidós].

Piaget, J., 1951, *Introduction à l'épistémologie génétique*, París, PUF.

Piaget, J. (1970), *L'epistemologia genetica*, Bari, Laterza, 1983.

Piaget, J. (1945), *La formazione del simbolo nel bambino*, Florencia, La Nuova Italia, 1972 [*La formación del símbolo en el niño*, México, FCE, 1987].

Piaget, J. (1959), *La genesi delle strutture logiche elementari*, Florencia, La Nuova Italia, 1977.

Piaget, J. (1936), *La nascita dell'intelligenza nel bambino*, Florencia, La Nuova Italia, 1963.

Piaget, J. (1966), *La psicologia del bambino*, Turín, Einaudi, 1970.

Piaget, J. (1926), *La rappresentazione del mondo nel fanciullo*, Turín, Boringhieri, 1966.

Piaget, J. (1946), *Lo sviluppo della nozione di tempo nel bambino*, Florencia, La Nuova Italia, 1979 [*El desarrollo y la noción de tiempo en el niño*, México, FCE, 1978].

Piaget, J. (1964), *Lo sviluppo mentale del bambino e altri studi di* psicología, Turín, Einaudi, 1967.

Piaget, J. (1953), *Logica e psicologia*, Florencia, La Nuova Italia, 1969.

Piaget, J. (1947), *Psicologia dell'intelligenza*, Florencia, Editrice Universitaria, 1964.

Piaget, J. (1928), *Psicopedagogia e mentalità infantile*, Florencia, Le Monnier, 1970.

Piaget, J. (1965), *Saggezza e illusioni della filosofia*, Turín, Einaudi, 1969.

Piaget, J., 1949, *Traité de logique*, París, Colín.

Pichon-Rivière, E. (1971), *Il processo gruppale*, Loreto, Lauretanca, 1985.

Pick, A., 1901, "Senile Hirnatrophie als Grundlage von Herderscheinungen", *Wien Klin. Wchnschr.*, núm. 14.

Pick, A., 1921, *Die neurologische Forschungsrichtung in der Psychopathologie und andere Aufsätze*, Berlín, Karger.

Pick, A., 1908, *Über Asymbolie und Aphasie*, Berlín, Karger.

Picq, L. y P. Vayer (1968), *Educazione psicomotoria e ritardo mentale*, Roma, Armando, 1968.

Pierantoni, R., 1982, *L'occhio e l'idea. Fisiologia e storia della visione*, Turín, Boringhieri [*El ojo y la idea*, Barcelona, Paidós, 1984].

Pierce, J.R. (1961), *Simboli, codici, messaggi. La teoria dell'informazione*, Milán, Mondadori, 1963.

Piéron, H., 1954, *L'utilisation des aptitudes*, París, PUF.

Piéron, H., 1949, *La psychologie différentielle*, París, PUF.

Piéron, H., 1959, *Traité de psychologie appliquée*, París, PUF.

Pike, K.L., 1954, *Language in relation to a unified theory of the structure of human behavior*, Glendale, Summer Institute of Linguistics.

Pillsbury, D.M., W.B. Shelley y A.M. Kligman, 1956, *Dermatology*, Filadelfia, Saunders.

Pinel, P. (1800), *La mania. Trattato medico-filosofico sull'alienazione mentale*, Venecia, Marsilio, 1987.

Pinel, P., 1798, *Nosographie philosophique ou la méthode de l'analyse appliquée à la médecine*, París, Crapelet.

Pinkus, L., 1991, "Psicologia e religione", Autores Varios, *Introduzione allo studio della religione*, Turín, UTET Librería.

Pinkus, L., 1955, *Marriage: Studies in emotional conflict and growth*, Londres, Methuen.

Pinkus, L., 1975, *Metodologia clinica in psicologia*, Roma, Armando.

Pinkus, L., 1985, *psicologia del malato*, Roma, Paoline.

Pinkus, L., 1989, *Psicosomatica. Salute e malattia nell'età tecnologica*, Roma, La Nuova Italia Scientifica.

Pinto Minerva, F., 1974, *Educazione e senescenza*, Roma, Bulzoni.

Piret, R., 1971, *Psicologia differenziale dei sessi*, Roma, Paoline.

Piro, S., 1967, *Il linguaggio schizofrenico*, Milán, Feltrinelli.

Pitch, T., 1989, *Responsabilità limitate. Attori, conflitti, giustizia penale*, Milán, Feltrinelli.

Pizzamiglio, L., 1972, "Lo sviluppo del linguaggio", *Nuove questioni di psicologia*, vol. I, Brescia, La Scuola.

Pizzamiglio, L., 1968, *I disturbi del linguaggio*, Milán, Etas Kompass.

Platón, 1973, "Convito", *Opere*, Bari, Laterza.

Platón, 1873, "Convito, Fedro", *Opere*, Bari, Laterza.

Platón, 1973, "Fedone", *Opere*, Bari, Laterza [*Fedón*, Buenos Aires, Eudeba].

Platón, 1973, "Fredo", *Opere*, Bari, Laterza.

Platón, 1973, "Fredo, Le leggi", *Opere*, Bari, Laterza.

Platón, 1973, "Teeteto", *Opere*, Bari, Laterza [*Teeteto*, Lima, Universo].

Platón, 1973, "Timeo", *Opere*, Bari, Laterza [*Timeo*, Buenos Aires, Colihue, 1999].

Plogg, D., 1964, "Verhaltensforschung und Psychiatrie" *Psychiatrie der Gegenwart*, Berlín, Springer.

Plotino, 1959 *Enneadi*, Bari, Laterza [*Eneadas*, Madrid, Gredos, 1985].

Plunkett, R. y J. Gordon, 1960, *Epidemiology and mental illness*, Nueva York, Basic Books.

Plutchik, R., 1980, *Emotion: A psychoevolutionary synthesis*, Nueva York, Harper & Row.

Poetzl, O., 1967, "Experimentell erregte Traumbilder in ihren Beziehungen zum indirekten Sehen", *Z. Ges. Neurol. Psychiat.*, núm. 37.

Poli, M., 1951, *Psicologia animale e etologia*, Bolonia, Il Mulino.

Politzer, G., 1928, *Critique des fondements de la psychologie*, París, Rieder.

Pombeni, M.L., 1990, *Orientamento scolastico e professionale*, Bolonia, Il Mulino.

Ponsod, A., 1967, *Lehrbuch der gerichtlichen Medizin*, Stuttgart.

Pontecorvo, C., 1981, "Educazione e scuola di fronte alle differenze di intelligenza", en *Intelligenza e diversità*, Turín, Loescher.

Pontecorvo, M. (coord.), 1986, *Esperienze di psicoterapia infantile: Il modello Tavistock*, Florencia, Martinelli.

Ponzo, E., G. Ferrante y A. Groppelli, 1965, *Il contributo sperimentale italiano alla psicologia dell'età evolutiva dal 1905 al 1964*, L'Aquila, Japadre.

Pope, K.S., 1980, *On love and loving*, San Francisco, Jossey-Bass.

Pophal, R., 1965, *Graphologie in Vorlesungen*, Stuttgart.

Popham, R.E., 1970, *Alcohol and alcoholism*, Toronto, University Press.

Popper, K.R. (1940), "Che cos'è la dialettica?", *Congetture e confutazioni* (1963), Bolonia, Il Mulino, 1972.

Popper, K.R. (1972), "L'evoluzione e l'albero della conoscenza", *Conoscenza oggettiva*, Roma, Armando, 1975.

Popper, K.R. (1968), "La teoria del pensiero oggettivo", *Conoscenza oggettiva*, Roma, Armando, 1975 [*El conocimiento objetivo*, Madrid, Tecnos, 1988].

Popper, K.R. (1963), *Congetture e confutazioni*, Bolonia, Il Mulino, 1972 [*Conjeturas y refutaciones*, Buenos Aires, Paidós].

Popper, K.R. (1945), *La società aperta e i suoi nemici*, Roma, Armando, 1974 [*La sociedad abierta y sus enemigos*, Barcelona, Paidós].

Popper, K.R. (1935), *Logica della scoperta scientifica*, Turín, Einaudi, 1970 [*Lógica de la investigación científica*, México, REI, 1991].

Pozzi, G. y C. Leonardi, 1988, *Scrittrici mistiche italiane*, Génova, Marietti.

Pranzatelli, M.R., T.A. Pedley, 1990, "Differential diagnoses in children" en M. Dam, L. Gram, eds. Compehensive epileptology, pag. 423-447, Raven Press, Nueva York.

Pranzini, V., 1978, *Giovani in carcere*, Roma, Armando.

Prel, K., 1899, *Die Magie als Naturwissenschaft*, Berlín.

Pressley, M. y J.R. Levin (coords.), 1983, *Cognitive strategy research: Psychological foundations*, Nueva York, Springer.

Prete, A. (coord.), 1992, *Nostalgia, storia di un sentimento*, Milán, Cortina.

Preti, G., 1968, *Retorica e logica. Le due culture*, Turín, Einaudi.

Pribram, K.H., 1980, *The biology of emotions and other feelings*, Nueva York, Academic Press.

Prince, M., 1916, *The unconscious*, Nueva York, Longmans.

Prini, P., 1989, *L'ambiguità dell'essere*, Génova, Marietti.

Proclo, 1985, *I manuali, testi magico-teurgici*, Milán, Rusconi.

Prodi, G., 1981, "Salute/malattia", *Enciclopedia*, vol. XII, Turín, Einaudi.

Propp, V.J. (1947), "Lo specifico del folclore", *Edipo alla luce del folclore*, Turín, Einaudi, 1975.

Propp, V.J. (1928-1946), *Edipo alla luce del folclore*, Turín, Einaudi, 1975.

Propp, V.J. (1946), *Le radici storiche dei racconti di fate*, Turín, Boringhieri, 1985 [*Raíces históricas del cuento*, Madrid, Fundamentos, 1987].

Propp, V.J., *Morfologia della fiaba* (1928), Turín, Einaudi, 1966.

Provine, W.B., 1978, "Eredità", *Enciclopedia*, vol. V, Turín, Einaudi.

Provine, W.B., 1979, "Genotipo/fenotipo", *Enciclopedia*, vol. VI, Turín, Einaudi.

Pulver, M., 1945, *Symbolik der Handschrift*, Zurich.

Pulver, M., 1945, *Symbolik der Handschrift*, Zurich.

Purghé, F. y A. Imbasciati, 1981, *Psicologia dei processi visivi*, Roma, Il Pensiero Scientifico.

Purghé, F., 1984, *La misurazione in psicologia*, Turín, Tirrenia.

Putnam, H. (1975), *Mente, Linguaggio e realità*, Milán, Adelphi, 1987.

Quadrio, A. y L. Venini, 1980, *Aspetti biosociali dello sviluppo*, Milán, Angeli.

Quadrio, A., 1972, "L'attività ludica", *Nuove questioni di psicologia*, vol. I, Brescia, La Scuola.

Quadrio, A., 1968, *Ricerche ed esperienze sugli adolescenti*, Milán, Vita e Pensiero.

Rabut, A.O. (1957), *Dio e l'evoluzione*, Roma, Borla, 1963.

Racamier, P.C., 1956, "Psychothérapie psychanalytique", *La psychanalyse d'aujourd'hui*, París, PUF.

Rachlin, H., 1970, *Introduction to modern behaviorism*, San Francisco, Open University, Freeman.

Rachman, S. y J. Teasdale, 1969, *Aversion therapy and the behavior disorders*, Londres, Routledge and Kegan.

Radcliffe Brown, A.R., 1949, "White's view of a science of culture", *American Anthropologist*, vol. LI.

Radcliffe-Brown, A.R. (1958), *Il metodo dell'antropologia sociale*, Roma, Officina, 1973 [*El método de la antropología social*, Barcelona, Anagrama].

Radcliffe-Brown, A.R. (1952), *Struttura e funzione nella società primitiva*, Milán, Jaca Book, 1968.

Radcliffe-Brown, A.R., 1922, *The Andaman islanders*, Cambridge, University Press.

Rado, S. (1927), "Il problema della malinconia", en W. Gaylin (coord.), *Il significato della disperazione*, Florencia, Martinelli, 1956.

Rado, S. (1959-1966), "La nevrosi ossessiva", en S. Arieti (coord.), *Manuale di psichiatria*, vol. I, Turín, Boringhieri, 1969.

Rado, S., 1956, *Psychoanalysis of behaviour*, Nueva York.

Rank, O. (1924), *Il trauma della nascita e il suo significato psicoanalitico*, Rimini, Guaraldi, 1972 [*El trauma del nacimiento*, Buenos Aires, Paidós].

Rank, O. (1907), *L'artista. Approccio a una psicologia sessuale*, Milán, Sugarco, 1987.

Rank, O. (1936), *Will therapy and truth and reality*, Nueva York, Norton & Company, 1949.

Rapaport, A., 1964, *Strategy and conscience*, Nueva York.

Rapaport, D., 1958, "The theory of Ego autonomy: A generalization", *Bulletin Menninger Clinic*, núm. 22.

Rapaport, D. (1954), *Affettività e pensiero nella teoria psicoanalitica*, Milán, Angeli, 1972.

Rapaport, D., 1942, *Emotions and memory*, Baltimore, Williams & Wilkins.

Rapaport, D. (1967), *Il modello concettuale della psicoanalisi. Scritti 1942-1960*, Milán, Feltrinelli, 1977.

Rapaport, D., M.M. Gill y R. Schafer (1945-1946), *Reattivi psicodiagnostici*, Turín, Boringhieri, 1976.

Rapaport, L., 1962, "The state of crisis: Some theoretcal considerations", *Social Service Review*, núm. 36.

Rapaport, R.N., 1960, *Community as a doctor*, Londres, Tavistock.

Rawls, J. (1971), *Una teoria della giustizia*, Milán, Feltrinelli, 1984 [*Teoría de la justicia*, México, FCE, 1985].

Reed, G., 1972, *The psychology of anomalous experience. A cognitive approach*, Londres, Hutchinson, University Library.

Rees, L., 1961, "Constitutional factors and abnormal behaviour", *Handbook of abnormal psychology*, Nueva York, Basic Books.

Reich, W. (1933), *Analisi del caratere*, Milán, Sugarco, 1973 [*Análisis del carácter*, Buenos Aires, Paidós].

Reich, W. (1926), *Genitalità*, Milán, Sugarco, 1979.

Reich, W. (1935), *L'irruzione della morale sessuale coercitiva*, Milán, Sugarco, 1972.

Reich, W. (1948), *La biopatia del cancro*, Milán, Sugarco, 1976.

Reich, W. (1942), *La funzione dell'orgasmo*, Milán, Sugarco, 1977 [*La función del orgasmo*, Buenos Aires, Paidós].

Reich, W. (1942), *La funzione dell'orgasmo*, Milán, Sugarco, 1977.

Reich, W. (1945), *La rivoluzione sessuale*, Milán, Feltrinelli, 1987.

Reich, W. (1942), *La scoperta dell'orgone: I. La funzione dell'orgasmo, II. La biopatia del cancro* (1948), Milán, Sugarco, 1976-1977.

Reich, W., 1971-1977, *Opere*, Milán, Sugarco, vol. 1-14.

Reich, W. (1933), *Psicologia di massa del fascismo*, Milán, Sugarco, 1971.

Reid, J.E. y F.E. Inbau, 1966, *Truth and deception*, Baltimore.

Reik, T. (1957), *Amore e lussuria*, Milán, Sugarco, 1960.

Reik, T. (1920-1930), *Il rito religioso. Studi psicoanalitici*, Turín, Boringhieri, 1977.

Reik, Th. (1940), *Il masochismo nell'uomo moderno*, Milán, Sugarco, 1963.

Reitano M. (coord.), 1980, *Psicofisiologia dello stress*, Milán, Kappa.

Remplein, H., 1967, *Psychologie der Persönlichkeit*, Basilea.

Resnik, S., 1979, "Isteria", *Enciclopedia*, vol. VII, Turín, Einaudi.

Resnik, S., 1982, *Il teatro del sogno*, Turín, Boringhieri.

Resnik, S. (1972), *Persona e psicosi*, Turín, Einaudi, 1976.

Restorff, H. von, 1933, "Über die Wirkung von Bereichsbildung in Spurenfield", *Psychologische Forschung*, núm. 18.

Reuchlin, M. (1971), "L'utilizzazione delle attitudini", *Trattato di psicologia applicata*, Roma, Armando, 1973.

Reuchlin, M. (1967), *La psicologia differenziale*, Roma, Armando, 1974.

Reuchlin, M., 1962, *Les méthodes quantitatives en psychologie*, París, PUF.

Reuchlin, M., 1973, *Trattato di psicologia applicata*, Roma, Armando.

Revesz, G. (1944), *Psicologia della musica*, Florencia, Giunti Barbera, 1983.

Revesz, G., 1952, *Talent und Genie*, Berna.

Reynolds, V., 1976, "The origins of a behavioural vocabulary: The case of the rhesus monkey", *Journal for the Theory of Social Behaviour*, núm. 6.

Reynolds, V., 1978, *La biologia dell'azione umana*, Milán, EST Mondadori.

Rhine, J.B. y J.G. Pratt, 1962, *Parapsychology*, Springfield [*Parapsicología*, Buenos Aires, Troquel].

Rhine, J.B., W. McDougall y W. Prince, 1934, *Extrasensory perception*, Boston, Boston Society for Psychic Research, Humphries.

Ribot, T.A., 1914, *La vie inconsciente et les mouvements*, París, Alcan.

Richter, H.E., 1969, *Herzneurose*, Stuttgart, Thieme.

Ricklefs, R.E. (1973), *Ecologia*, Bolonia, Zanichelli, 1976.

Ricœur, P. (1965), *Dell'interpretazione. Saggio su Freud*, Milán, Il Saggiatore, 1966 [*Freud: Una interpretación de la cultura*, México, Siglo XXI, 1991].

Ricœur, P. (1960), *Finitudine e colpa*, Bolonia, Il Mulino, 1970 [*Finitud y culpabilidad*, Madrid, Taurus].

Ricœur, P. (1969), *Il conflitto delle interpretazioni*, Milán, Jaca Book, 1977.

Ricœur, P. (1975), *La metafora viva*, Milán, Jaca Book, 1981.

Ricœur, P., 1949-1960, *Philosophie de la volonté*, París, Seuil.

Ricœur, P. (1983), *Tempo e racconto*, Milán, Jaca Book, 1986 [*Tiempo y narración*, México, Siglo XXI, 1985].

Riedel I. (coord.), 1983, *Farben*, Stuttgart, Kreuz.

Rifflet-Lemaire, A. (1970), *Introduzione a Jacques Lacan*, Roma, Astrolabio, 1972.

Rigliano, P. y O. Siciliani, 1988, *Famiglia, schizofrenia, violenza*, Roma, La Nuova Italia Scientifica.

Rigliano, P., 1991, *Eroina, dolore, cambiamento*, Milán, Unicopli.

Rimland, B., 1964, *Infantile autism*, Nueva York, Appleton.

Rita, L. De, 1955, *Il problema psicologico della socializzazione*, Cressati, Bari.

Riva, A., 1972, "Genesi e dinamica della vita emotiva", *Nuove questioni di psicologia*, vol. I, Brescia, La Scuola.

Riva, A., 1972, "Problemi di adattamento alla vita familiare nell'infanzia", *Nuove questioni di psicologia*, vol. II, Brescia, La Scuola.

Robb, G.P., L.C. Bernardoni y R.W. Johnson, 1972, *Assessment of individual mental ability*, Scranton, International Textbook.

Robin, G., 1950, *Précis de neuro-psychiatrie enfantine*, 2a. ed., París, Doin.

Robinet, I., 1987, *Meditazione taoista*, Roma, Astrolabio.

Robinson, E.S., 1927, "The 'similarity' factor in retroaction", *Amer. J. Psychol.*, núm. 51.

Robinson, E.S., 1932, *Association theory to day*, Nueva York.

Robinson, J.O., 1972, *The psychology of visual illusion*, Londres, Hutchinson.

Robustelli, F., 1972, "La memoria", *Nuove questioni di psicologia*, Brescia, La Scuola.

Rodhes, R.H., 1950, *Hypnosis, theory, practice, application*, Nueva York, Citadel Press.

Rogers C.R. *et al.*, 1967, *Person to person: The problem of being human*, Lafayette, Real People Press.

Rogers, C.R. y R.F. Dymond, 1954, *Psychotherapy and personality change: Coordinated studies in the client-centered approach*, Chicago, University Press.

Rogers, C.R., 1959, "Toward a theory of creativity", en H.H. Anderson, *Creativity and its cultivation*, Nueva York, Harpers and Brothers.

Rogers, C.R. (1951), *La terapia centrata sul cliente*, Florencia, Martinelli, 1970 [*Psicoterapia centrada en el cliente*, Buenos Aires, Paidós].

Rogers, C.R., 1961, *On becoming a person: A therapist's view of psychotherapy?* Boston, Hughton Mifflin.

Róheim, G. (1955), *Magia e schizofrenia*, Milán, Il Saggiatore, 1973.

Róheim, G. (1943), *Origine e funzione della cultura*, Milán, Feltrinelli, 1972.

Róheim, G. (1950), *Psicoanalisi e antropologia*, Milán, Rizzoli, 1974.

Róheim, G., 1934, *The riddle of the Sfinx*, Londres, Hogarth.

Rokeach, M., 1974, *The nature of human values*, Nueva York.

Rokeach, M., 1960, *The open and closed mind*, Nueva York, Basic Books.

Rolland, R., 1960, "Lettera a Freud del 5 dicembre 1927", en S. Freud, *Lettere 1873-1939*, Turín, Boringhieri.

Romagnoli, A., 1973, *Ragazzi ciechi*, Roma, Armando.

Romanes, G.J., 1882, *Animal intelligence*, Londres, Kegan Paul.

Romano, B., 1984, *Il riconoscimento come relazione giuridica fondamentale*, Roma, Bulzoni.

Romano, D.F., 1974, *Psicologia tra ideologia e scienza*, Milán, Mazzotta.

Romito, P., 1992, *La depressione dopo il parto*, Bolonia, Il Mulino.

Roncato, S., 1982, *Apprendimento e memoria*, Bolonia, Il Mulino.

Ronco, A., 1963, *La scuola di Würzburg*, Zurich, Pas.

Rorschach, H., 1921, *Psychodiagnostik*, Berna, Huber [*Psicodiagnóstico*, Buenos Aires, Paidós].

Rorty, A. (coord.), 1976, *The identities of person*, Berkeley, University Press.

Rosano, C., 1977, *Musicoterapia teorica e practica*, Florencia, Giunti Barbera.

Rosati, L., 1977, *Pedagogia, permissività e scuola*, Fossano, Esperienze.

Rose, S. (1976), *Il cervello e la coscienza*, Milán, Mondadori, 1977.

Rosen, I., 1968, *Le deviazioni sessuali*, Milán, Bompiani.

Rosen, J.N., 1953, *Direct analysis. Selected papers*, Nueva York, Grune and Stratton [*Psicoanálisis directo*, Madrid, Biblioteca Nueva].

Rosenfeld, G., 1966, *Theorie und Praxis der Lernmotivation*, Berlín.

Rosenfield, I. (1988), *L'invenzione della memoria*, Milán, Rizzoli, 1989.

Rosenthal, R.A., 1966, *Experimenter effects in behavioral research*, Nueva York, Appleton-Century-Crofts.

Rosenthal, R. y L. Jacobson (1968), *Pigmalione in classe*, Milán, Angeli, 1975.

Rosenzweig, M.R. y E.L. Bennet (coords.), 1976, *Neural mechanism of learning and memory*, Cambridge, MIT Press.

Rosenzweig, S., 1960, *The Rosenzweig picture-frustration study, children's form*, en A. I. Rabin y M. R. Haworth, *Projective techniques with children*, Nueva York, Grune and Stratton.

Rosiello L. (coord.), 1974, *Letteratura e strutturalismo*, Bolonia, Zanichelli.

Rosolato, G., 1969, "La voix", *Essai sur le symbolique*, París, Gallimard.

Rossanda, R., 1987, *Anche per me. Donna, persona, memoria*, Milán, Feltrinelli.

Rossi Monti, M., 1978, *Psichiatria e fenomenologia*, Turín, Loescher.

Rossi, R. y F.J. Scarsi, 1983, "Elementi di diagnostica e di classificazione psichiatrica", en F. Giberti y R. Rossi, *Manuale di psichiatria*, Padua, Piccin.

Rossi, R. y R. Peraldo Gianolino, 1983, Le sindromi marginali, en F. Giberti y R. Rossi, *Manuale di psichiatria*, Padova, Piccin.

Rotter, J.B., 1972, *Applications of a social learning theory of personality*, Nueva York, Holt.

Rougement D. (de) (1939), *L'amore e l'occidente*, Milán, Rizzoli, 1977.

Rousseau, J.-J. (1763), *Emilio e altri scritti pedagogici*, Florencia, Sansoni, 1963 [*Emilio o de la educación*, México, Porrúa, 1989].

Rousseau, J.-J. (1762), *Il contratto sociale*, Turín, Einaudi, 1971 [*El contrato social*, México, Porrúa, 1992].

Rovatti, P.A., 1988, *Il declino della luce. Saggi su filosofia e metafora*, Génova, Marietti [*Como la luz tenue*, Barcelona, Gedisa, 1991].

Rovatti, P.A., 1992, *L'esercizio del silenzio*, Milán, Cortina.

Roveda, P., 1979, *Il transfert nell'attività educativa*, Milán, Angeli.

Roy John, E., 1967, *Mechanisms of memory*, Nueva York, Academic Press.

Royce, J.R., 1978, "How we can best advance the construction of theory in psychology", *Canadian Psychological Review*, núm. 19.

Rubin, E., 1921, *Visuell wahrgenommene Figuren*, Copenhague, Gyldendal.

Rubin, J.Z. y B.R. Brown, 1975, *The social psychology of bargaining and negotiation*, Nueva York, Academic Press.

Rubin, V. (coord.), 1975, Cannabis and culture, Londres, Mouton, La Haya.

Rubini, V., 1975, *Basi teoriche del testing psicologico*, Bolonia, Patron.

Rubini, V., 1980, *La creatività*, Florencia, Giunti Barbera.

Rubino, A., 1968, "Fisiopatologia dell'accesso epilettico", *Atti del XVI Congresso nazionale di neurologia*, Roma.

Rudhyar, D. (1970), *L'astrologia della personalità*, Roma, Astrolabio, 1986.

Ruitenbeek, H.M. (1967), *La psicoterapia delle perversioni*, Roma, Astrolabio, 1968.

Rumelhart, D.E., *Comments of cognitive science*, manuscrito inédito, San Diego, University of California.

Rümke, H.C., 1950, "Signification de la phénoménologie dans l'étude clinique des délirants", *Psychopathologie des délires*, París, Hermann.

Rusch, J. (1951), "Comunicazione e malattia mentale: Approccio psichiatrico", *La matrice sociale nella psichiatria*, Bolonia, Il Mulino, 1976.

Rusconi, M. y B. Blumir, 1972, *La droga e il sistema*, Milán, Feltrinelli.

Rushton, J., 1980, *Altruism socialization and society*, Englewood Cliffs, Prentice Hall.

Russell, B. y A.N. Whitehead (1910-1913), *Principia mathematica*, Florencia, La Nuova Italia, 1977.

Russell, B. (1938), *Il potere*, Milán, Feltrinelli, 1981.

Russo, G., 1968, *Metodologia e didattica per le classi differenziali*, Roma, Armando.

Ruyer, R. (1964), *L'animale, l'uomo e la funzione simbolica*, Milán, Bompiani, 1972.

Rycroft, C. (coord.), 1966, *Psychoanalysis observed*, Londres, Constable.

Rycroft, C. (1962), "An observation on the defensive function of schizophrenic thinking and delusionformation", *Imagination and reality*, Londres, Hogart Press, 1968.

Rycroft, C. (1968), "Frigidità", *Dizionario critico di psicoanalisi*, Roma, Astrolabio, 1970.

Rycroft, C., 1968, *Imagination and reality*, Londres, Hogarth Press.

Rycroft, Ch. (1979), *L'innocenza dei sogni*, Bari, Laterza, 1980.

Ryder, N. B., 1985, "The cohort as a concept in the study of social change", *American Sociological Review*, núm. 30.

Ryle, G. (1949), *Il concetto dimente*, Turín, Einaudi, 1955.

Ryle, G. (1949), *Lo spirito come comportamento*, Turín, Einaudi, 1955.

Sachs, C., 1985, *Storia della danza*, Milán, Il Saggiatore.

Sadler, W.A., 1969, *Existence and love*, Nueva York, Schribner

Safouan, M., 1971, *Che cos'è lo strutturalismo?*, Milán, ISEDI.

Sakel, S., 1938, *The pharmachological shock treatment of schizophrenia*, Nueva York, Nervous and Mental Disease Publication Company.

Samarin, W.J., 1968, "Linguisticality of glossolalia", *Hartford Quartely*, núm. 8.

Samarin, W.J., 1972, "Variation and variables in (religious) glossolalia", *Language in Society*, núm. 1.

Sambursky, S., G. Scholem, H. Corbin, D. Zahan y T. Izutsu (1973), *Il sentimento del colore. L'esperienza cromatica come simbolo, cultura e scienza*, Como, Red, 1990.

Santagostino, P., 1987, *Storia della medicina psicosomatica*, Milán, Riza.

Santas, G. (1988), *Platone e Freud. Due teorie sull'eros*, Bolonia, Il Mulino, 1990.

Sapir, E. (1929), "La posizione della linguistica come scienza", *Cultura, linguaggio e personalità* (1949), Turín, Einaudi, 1972.

Sapir, E. (1949), *Cultura, linguaggio e personalità*, Turín, Einaudi, 1972.

Sapir, E. (1921), *Il linguaggio*, Turín, Einaudi, 1969 [*El lenguaje. Introducción al estudio del habla*, México, FCE, 1984].

Saraceno, C., 1975, *La famiglia nella società contemporanea*, Turín, Loescher.

Sarbin, T.R., 1977, "Contextualism: A world view for modern psychology, en A. W. Landfield (coord.), *Nebraska symposyum on motivation*, Lincoln, University Press of Nebraska.

Sartori, G., 1984, *La lettura. Processi normali e dislessia*, Bolonia, Il Mulino [*La política. Lógica y método en las ciencias sociales*, México, FCE, 1987].

Sartre, J.-P. (1939), *Idee per una teoria delle emozioni*, Milán, Bompiani, 1962 [*Bosquejo de una teoría de las emociones*, Madrid, Alianza].

Sartre, J.-P. (1940), *Immagine e coscienza*, Turín, Einaudi, 1976.

Sartre, J.-P. (1943), *L'essere e il nulla*, Milán, Il Saggiatore, 1968 [*El ser y la nada*, Buenos Aires, Losada, 1989].

Sartre, J.-P. (1936), *L'immaginazione*, Milán, Bompiani, 1968 [*La imaginación*, Barcelona, Edhasa].

Sartre, J.-P. (1938), *La nausea*, Turín, Einaudi, 1974 [*La náusea*, Madrid, Alianza, 1984].

Saul, L. y C. Bernstein, 1941, "The emotional setting in some attacks of urticaria", *Psychosomatic Medicine*, núm. 4.

Saumells, R., 1952, *La dialéctica del espacio*, Madrid.

Saussure, F. de (1916), *Corso di linguistica generalle*, Bari, Laterza, 1976 [*Curso de lingüística general*, Buenos Aires, Losada, 1978].

Sauvy, A., 1977, *L'opinion publique*, París, PUF [*La opinión pública*, Barcelona, Oikos-Tau].

Scabini, E., 1972, "L'intelligenza", *Nuove questioni di psicologia*, Brescia, La Scuola.

Scachter, M., 1971, "Névroses dysmorphiques-complexes de laideur et délire ou conviction délirante de dysmorphie", *Ann. Méd. Psychol.*, núm. 115.

Scalisi, T.G. y A.M. Longoni, 1968, "Ricerche sperimentali sull'asimmetria cerebrale nei dislessici evolutivi", *Giornale Italiano di Psicologia*, núm. 13.

Scaparro, F. y G. Roi, 1992, *La maschera del cattivo. Delinquenza minorile e responsabilità adulta*, Milán, Unicopli.

Scarduelli, P., 1971, *L'analisi strutturale dei miti*, Milán, CELUC.

Scarpellini, C., 1972, "Orientamento della persona verso la professione", *Nuove questioni di psicologia*, vol. II, Bresia, La Scuola.

Schafer, R. (1983), *L'atteggiamento analitico*, Milán, Feltrinelli, 1984.

Schafer, R. (1954), *L'interpretazione psicoanalitica del Rorschach*, Turín, Boringhieri, 1981.

Schafer, R. (1971), *Linguaggio e insight*, Roma, Astrolabio, 1978.

Schaff, A. (1974), *Marxismo, strutturalismo e il metodo della scienza*, Milán, Feltrinelli, 1976.

Scharfetter, C. (1976-1991), *Psicopatologia generale*, Milán, Feltrinelli, 1992 [*Introducción a la psicopatología general*, Madrid, Morata, 1989].

Scheffler, I. (1960), *Il linguaggio della pedagogia*, Brescia, La Scuola, 1972.

Scheflen, A., 1977, *Il linguaggio del comportamento*, Roma, Astrolabio.

Schein, E.H., 1978, *Career dynamics*, Addison Wesley Reading.

Scheldon, W.H., 1942, *The varieties of temperament*, Nueva York, Harper.

Scheler, M. (1923), *Essenza e forma della simpatia*, Roma, Città Nuova, 1980.

Scheler, M. (1913-1916), *Il formalismo nell'etica e l'etica materiale dei valori*, Milán, Bocca, 1944.

Scheler, M. (1913), *Pudore e sentimento del pudore*, Nápoles, Guida, 1979.

Scheller, H., 1963, "Über das Wesen der Orientiertheit", *Nervenarzt*, núm. 34.

Schelling, F.W.J. (1810), "Stuttgarter Privatvorlesungen", *Werke*, Munich, Schröter, 1927.

Schelling, F.J.W. (1800), *Sistema dell'idealismo trascendentale*, Bari, Laterza, 1965.

Schelling, F.W.J. (1842-1846), *Filosofia della mitologia*, Milán, Mursia, 1990.

Schelling, T.C., 1960, *The strategy of conflict*, Cambridge, Harvard University Press.

Schfield, M.G., 1965, *The sexual behaviour of young people*, Boston, Longman.

Schidtke, H., 1965, *Die Ermüdung*, Stuttgart.

Schilder, P., 1920, "Über Gedankenentwicklung", *Zeitung Neur. Psychiat.*, núm. 59.

Schilder, P. (1935-1950), *Immagine di sé e schema corporeo*, Milán, Angeli, 1973 [*Imagen y apariencia del cuerpo humano*, Buenos Aires, Paidós].

Schilder, P., 1942, *Mind, perception and thought*, Nueva York, International University Press.

Schilder, P., 1938, *Psychotherapy*, Nueva York, International Universities Press.

Schilder, P.,1922, *Über das Wesen der Hypnose*, Berlín, Springer.

Schiller, F. von (1796), "Über naive und sentimentalische Dichtung", *Werke*, vol. xviii, Tubinga, 1826.

Schleiermacher, F.D.E. (1829), "Über den Begriff der Hermeneutik", *Etica ed ermeneutica*, Nápoles, Bibliopolis, 1985.

Schleiermacher, F.D.E. (1829), "Über den Begriff der Hermeneutik", *Etica ed ermeneutica*, Nápoles, Bibliopolis, 1985.

Schmeidler, W., 1969, *Extrasensory perception*, Nueva York.

Schmidbauer, W., 1969, "Schamanismus und Psychotherapie", *Psychol*. Rdsch., núm. 20.

Schmideberg, M., 1969, "I casi limite", en S. Arieti, *Manuale di* psichiatria, vol. i, Turín, Boringhieri.

Schmideberg, M., 1956., "The borderline case", *Journal of the American Psychoanalytic Association*, núm. 4

Schneider, H.J., 1979, *Kriminologie, Jugend-Strafrecht, Strafvollzug*, Munich.

Schneider, K., 1930, *Die Psychologie der Schizophrenen*, Leipzig, Thieme.

Schneider, K., 1950, *Die psychopathischen Persönlich Keitem*, Wien, Deuticke [*Personalidades psicopáticas*, Madrid, Morata, 1980].

Schneider, K. (1946), *Psicopatologia clinica*, Florencia, Sansoni, 1967.

Schneider, P.B. (1969), *Psicologia medica*, Milán, Feltrinelli, 1972.

Schoeck, H. (1969), *L'invidia e la società*, Milán, Rusconi, 1974 [*La envidia: una teoría de la sociedad*, Buenos Aires, Club de Lectores, 1980].

Scholem, G. (1974), *La cabala*, Roma, Ed. Mediterranee, 1988 [*La cábala y su simbolismo*, México, Siglo XXI, 1995].

Scholem, G. (1960), *La Kabbalah e il suo simbolismo*, Turín, Einaudi, 1980.

Scholem, G. (1957), *Le grandi correnti della mistica ebraica*, Milán, Il Saggiatore, 1965.

Scholl, R., 1953, *Sholl-test, Kindertest*, Stuttgart.

Schopenhauer, A. (1851), "Sulla teoria dei colori", *Parerga e paralipomena*, Milán, Adelphi, 1983.

Schopenhauer, A. (1819), *Il mondo come volontà e rappresentazione*, Bari, Laterza, 1978.

Schorsch, G., 1934, *Zur theorie der Halluzinationen*, Stuttgart, Barth.

Schraml, W.J., (coord.) (1969), *Elementi di psicologia clinica*, Bolonia, Il Mulino, 1978.

Schultz, J.H., 1958, *Die seelische Krankenbehandlung*, Stuttgart, Thieme.

Schultz, J.H. (1932), *Il training autogeno*, Milán, Feltrinelli, 1968.

Schuré, E. (1899), *I grandi iniziati*, Bari, Laterza, 1982 [*Los grandes iniciados*, Buenos Aires, Lidium, 1987].

Schützenberger A.A. y M.J. Sauret (1977), "Terapie e formazione con il grido", *Il corpo e il gruppo*, Roma, Astrolabio, 1978.

Schützenberger, A.A. y M.J. Sauret (1977), "Laura Sheleen. La terapia con la danza e l'espressione-impressione", *Il corpo e il gruppo*, Roma, Astrolabio, 1978.

Schützenberger, A.A. y M.J. Sauret (1977), *Il corpo e il gruppo*, Roma, Astrolabio, 1978.

Schützenberger, A.A. (1962), *La-sociometria*, Roma, Armando, 1975.

Schützenberger, A.A. (1966), *Lo psicodramma*, Florencia, Martinelli, 1972.

Schwartz, S. (1972), *L'educazione di domani*, Florencia, La Nuova Italia, 1977.

Schwidder, W., 1951, "Zur Ätiologie und Therapie des Pavor nocturnus", *DtsC. Med. Journal*, núm. 2.

Scott, J.P., 1958, *Aggression*, Chicago.

Sdino, C., 1972, "L'attività istintiva negli animali e nell'uomo", *Nuove questioni di psicologia*, vol. i, Brescia, La Scuola.

Searle, J.R., 1988, *Mente*, cervello, intelligenza, Milán, Bompiani.

Searles, H.F. (1982), *Il paziente borderline*, Turín, Bollati Boringhieri, 1988.

Searles, H.F. (1971), *Scritti sulla schizo frenia*, Turín, Boringhieri, 1974.

Seashore, C. E. (coord.), 1938, *Psychology of music*, Nueva York, McGraw-Hill.

Sebeok, T.A. (1968), *Zoosemiotica. Studi sulla comunicazione animale*, Milán, Bompiani, 1973.

Sèchehaye, M.A. (1950), *Diario di una schizofrenica*, Florencia, Giunti Barbera, 1965.

Sèchehaye, M.A., 1947, *Symbolic realization*, Nueva York, International University Press.

Sechenov, I. (1965), *I riflessi del cervello*, Roma, Armando, 1970.

Secord, P.F. y C.W. Backman, 1961, "Personality theory and the problem of stability and change in individual behavior", *Psychological Review*, núm. 68.

Sedlmayr, H. (1979), *La luce nelle sue manifestazione artistiche*, Palermo, Centro Internazionale Studi di Estetica, 1985.

Segal, H. (1955), "Un'approccio psicoanalitico all'estetica", en *M. Klein* (coord.), *Nuove vie della psicoanalisi*, Milán, Il Saggiatore, 1971.

Segal, H. (1963), *Introduzione all'opera di M. Klein*, Florencia, Martinelli, 1968.

Seguy, H., E. Faivre y M. Hutin (1970), *Esoterismo, spiritismo, massoneria*, Bari, Laterza, 1977.

Sekida, K., 1975, *Zen training: Methods and philosophy*, Nueva York, Weatherill.

Selg, H., 1968, *Diagnostik der Aggressivität*, Gotinga.

Seligman, M. y S. Maier, 1967, "Failure to escape traumatic shock", *Journal of Experimental Psychology*, núm. 74.

Sells, S.B., 1936, "The atmosphere effect: An experimental study of reasoning", *Archiv. Psychol.*, núm. 29.

Selvini Palazzoli M. et al., 1988, *I giochi psicotici nella famiglia*, Milán, Cortina.

Selvini Palazzoli, M. et al., 1975, *Paradosso e contraparadosso*, Milán, Feltrinelli.

Selvini Palazzoli, M., 1981, *L'anoressia mentale*, Milán, Feltrinelli.

Selye, H., 1976, "The general adaptation syndrome and the disease of adaptation", *F. Clin. Endocrinol.*, núm. 117.

Selz, O., 1922, *Zur psychologie des produktiven Denkens und des Irrtums*, Bonn.

Semi, A.A. (coord.), 1988, *Trattato di psicoanalisi. Teoria e tecnica*, vol. I, Milán, Cortina.

Semi, A.A., 1990, *Paura, vergogna e altri affanni*, Milán, Cortina.

Semi, A.A., 1985, *Tecnica del colloquio*, Milán, Cortina.

Semon, R., 1908, *Die Mneme als erhaltendes Prinzip im Wechsel des organischen Geschehens*, Leipzig, Engelmann.

Serieux, P. y J. Capgras, 1909, *Les folies raisonnantes. Le délire d'interprétation*, París, Alcan.

Serra, A., 1972, "Le basi genetiche del comportamento umano", *Nuove questioni di psicologia*, vol. I, Brescia, La Scuola.

Serra, C. (coord.), 1980, *Psicologia e giustizia*, Milán, Giuffrè.

Servier, J., 1967, *Histoire de l'utopie*, París, Gallimard.

Sève, L. (1969), *Marxismo e teoria della personalità*, Turín, Einaudi, 1973 [*Marxismo y teoría de la personalidad*, Buenos Aires, Amorrortu, 1973].

Severino, E., 1985, "Il grido", *Il parricidio mancato*, Milán, Adelphi.

Severino, E., 1980, *Destino della necessità*, Milán, Adelphi.

Severino, E. (1972), *Essenza del nichilismo*, Milán, Adelphi, 1982.

Severino, E., 1979, *Legge e caso*, Milán, Adelphi.

Shainess, N. (1959-1966), "*Problemi psicologici connessi alla maternità*", en S. Arieti (coord.), *Manuale di psichiatria*, vol. I, Turín, Boringhieri, 1969.

Shannon, C.E. y W. Weaver (1949), *Teoria matematica delle comunicazioni*, Milán, Etas Kompass, 1971.

Shapiro, D., 1965, *Neurotic styles*, Nueva York, Basic Books [*Estilos neuróticos*, Buenos Aires, Psique].

Sharp, R. y A. Green, 1968, *Education and social control*, Londres, Routledge & Kegan.

Shaw, M.E., 1976, *Group dynamics. The dynamics of small group behavior*, Nueva York, McGraw-Hill.

Sheldon, W.H., S.S. Stevens, W.B. Tucker, 1940, *The varieties of human physique: An introduction to constitutional psychology*, Nueva York, Harper and Row.

Sheleff, L.S., 1981, *Generations apart. Adult hostility to youth*, Nueva York, McGraw-Hill.

Sheperd, M., 1961, "Morbid jealousy: Some clinical and social aspects of a psychiatric symptom", *Journal of Mental Science*, núm. 107.

Sherif, M.S.H. (1967), *L'interazione sociale*, Bolonia, Il Mulino, 1972.

Sherif, M. y H. Cantril, 1947 *The psychology of ego involvements*, Nueva York.

Sherif, M. y Sherif C.W., 1953, *Groups in harmony and tension*, Londres.

Shorr, J.B. (coord.), 1980, *Imagery: Its many dimensions and applications*, Nueva York, Plenum Press.

Shorter, E. (1985), *La tormentata storia del rapporto medico paziente*, Milán, Feltrinelli, 1986.

Shorter, E. (1983), *Storia del corpo femminile*, Milán, Feltrinelli, 1984.

Shury, R.W., 1977, *Linguistic theory. What can it say about reading?*, Newark, International Reading Association.

Siani, R., O. Siciliani y L. Burti, 1990, *Strategie di psicoterapia e riabilitazione*, Milán, Feltrinelli.

Sichel, A., 1983, *I modi dell'incontro. Idee per una psicoterapia fenomenologica*, Poggibonsi, Lalli.

Siciliani de Cumis, N., 1980, *Filologia, politica e didattica del buon senso*, Turín, Loescher.

Sigall, H., E. Aronson y T. van Hoose, 1970, "The cooperative subject: Myth or reality?", *Journal of Experimental Social Psychology*, núm. 28.

Silberer, H., 1909, "Bericht über eine Methode, gewisse symbolische Halluzinationserscheinungen, hervorzurufen und zu beobachten", *Jb. Psychoan. Psychopath. Forsch.*

Silberer, H., 1914, *Probleme der Mystik und ihrer Symbolik*, Viena, Heller.

Silverstone, T. (coord.), 1976, *Appetite and food intake*, Berlín, Abakon.

Silverstone, T. y P. Turner (1974), *L'impiego dei farmaci in psichiatria*, Milán, Feltrinelli, 1980.

Simmel, G. (1900), "Il rapporto tipico tra denaro e prostituzione", *Filosofia del denaro*, Turín, UTET, 1984.

Simmel, G., 1911, "Weibliche Kultur", *Archiv für Sozialwissenschaft und Sozialpolitik*, núm. XXXIII.

Simmel, G. (1900), *Filosofia del denaro*, Turín, UTET, 1984.

Simmel, G., 1919, *Philosophische Kultur*, Leipzig, Klinkhard und Bierman.

Simon, C.W. y W.H. Emmons, 1956, "EEG, Consciousness and sleep", *Science*, núm. 124.

Simon, H.A. (1969), *Le scienze dell'artificiale*, Milán, ISEDI, 1973.

Simon, W. y H. Gagnon, 1970, *Sexuelle Aussenseiter*, Hamburgo.

Simoneit, M., 1933, *Wehrpsychologie*, Munich.

Simpson, G.G., 1944, *Tempo and mode in evolution*, Nueva York, Columbia University Press.

Sims, A. (1988), *Introduzione alla psicopatologia descrittiva*, Milán, Cortina, 1992.

Sindoni Ricci, P., 1984, *Arte e alienazione. Estetica e patografia in Jaspers*, Nápoles, Giannini.

Singer, J., 1976, *Androgeny. Towards a new theory of the self*, Londres, Routledge & Kegan.

Singer, R.D. y A. Singer, 1977, *Lo sviluppo psicologico del bambino*, Florencia, La Nuova Italia.

Sini, C., 1991, *Il simbolo e l'uomo*, Milán, Egea.

Sjoebring, H., 1963, *La personalité. Structure et développement*, París, Doin.

Skaggs, E.S., 1925, "Further studies in retroactive inhibition", *Psychol. Monogr.*, núm. 34.

Skinner, B.F., 1973, "L'analisi operazionale dei termini psicologici", en U. Curi, *L'analisi operazionale in psicologia*, Milán, Angeli.

Skinner, B.F. (1957), *Il comportamento verbale*, Roma, Armando, 1976.

Skinner, B.F. (1974), *La scienza del comportamento ovvero il behaviorismo*, Milán, Sugarco, 1976.

Skinner, B.F. (1967), *La tecnologia dell'insegnamento*, Brescia, La Scuoal, 1970.

Skinner, B.F. (1953), *Scienza e comportamento*, Milán, Angeli, 1971.

Skinner, B.F. (1959), *Studi e ricerche*, Florencia, Giunti Barbera, 1976.

Skinner, B.F., 1938, *The behavior of organism*, Nueva York, Appleton-Century.

Skrzypcaz, J.F., 1981, "L'innée et l'acquis: Inégalités naturelles, inégalités sociales", *Chronique sociale*, Lyon.

Slaby, A.E. y R.J. Wyatt, 1974, *Dementia in the Presenium*, Springfield, C. Thomas.

Slavson, S.R. y M. Schiffer (1962), *Psicoterapie di gruppo per bambini*, Turín, Boringhieri, 1979.

Slavson, S.R., 1952, *Analytic group psychotherapy*, Nueva York, Columbia University Press [*Tratado de psicoterapia grupal analítica*, Buenos Aires, Paidós].

Smart, J.J.C., 1963a, "Materialism", *Journal of Philosophy*, Nueva York, vol. 60, núm. 22.

Smart, J.J.C., 1963, *Philosophy and scientific realism*, Londres, Routledge.

Smith, A. (1759), "Theory of moral sentiments", *Works*, vol. IV, Londres, 1811-1812.

Smith, A. (1776), *La ricchezza delle nazioni*, Turín, UTET, 1975 [*Investigación sobre la naturaleza y las causas de la riqueza de las naciones*, Barcelona, Oikos-Tau, 1987].

Smith, F., 1971, *Understanding reading. A psycholinguistic analysis of reading and learning to read*, Londres, Holt, Rinehart and Winston.

Smith, H.F. y T.R.G. Green, 1980, *Human interaction with computers*, Londres, Academic Press.

Smith, M.B., J.S. Bruner y R.W. White, 1956, *Opinions and personality*, Nueva York, Wiley.

Smith, W.R., 1889, *Religion of the Semites*, Nueva York, Meridian Books.

Snyder, M. "Selfmonitoring process", en L. Berkowitz (coord.), 1979, *Advances in experimental social psychology*, vol. XII, Nueva York, Academic Press.

Söderblom, N., 1913, "Holiness (general and primitive)", en J. Hastings (coord.), *Encyclopedia of religion and ethics*, vol. IV. Edinburgh, Clark.

Sohn-Rethel, A., 1971, *Warenform und Denkform*, Viena, Europa Verlag.

Sokolov, E.N., 1963, *Perception and the conditioned reflex*, Oxford [*Percepción y reflejo condicionado*, México, Trillas, 1982].

Sollier, P., 1903, *Les phénomènes d'autoscopie*, París, Alcan.

Sokolow, E.N., 1963, *Perception and the conditioned reflex*, Nueva York, Oxford.

Somenzi, V. (coord.), 1965, *La filosofia degli automi*, Turín, Boringhieri.

Sommers, P. van (1989), *La gelosia*, Bari, Laterza, 1991 [*Los celos*, Buenos Aires, Paidós, 1989].

Sorel, G. (1908), *Riflessioni sulla violenza*, Basi, Laterza, 1970 [*Reflexiones sobre la violencia*, Madrid, Alianza].

Spaltro, E., 1972, "Fenomenologia e dinamica della socializzazione", *Nuove questione di psicologia*, vol. II, Brescia, La Scuola.

Spaltro, E., 1980, "Interviste, riunioni, gruppi: Teoria dell'intervista di gruppo", en G. Trentini, *Manuale del colloquio e dell'intervista*, Milán, ISEDI.

Spaltro, E., 1972, "La dinamica dei piccoli gruppi", *Nuove questioni di psicologia*, vol. II, Brescia, La Scuola.

Spaltro, E., 1962, "La dinamica individuo-gruppo nei rapporti educativi", en L. Ancona (coord.), *Questioni di psicologia*, Brescia, La Scuola.

Spaltro, E., 1969, *Gruppi e cambiamento*, Milán, Etas Kompass.

Spaltro, E., 1967, *La psicologia del lavoro*, Milán, Etas Kompass.

Spann, O., 1950, *Die Ganzheit in Philosophie und Wissenschaft*, Viena.

Spearman, C.E., 1927, *The abilities of man*, Londres, McMillan.

Spencer, H., 1857, "Progress: It's law and cause", *Westminster Review*, núm. XI.

Spencer, H. (1862), *I primi principi*, Milán, Bocca, 1901.

Spencer, H. (1884), *L'uomo contro lo Stato*, Città di Castello, 1901 [*El hombre contra el estado*, Buenos Aires, Goncourt].

Spengler, O. (1917), *Il tramonto dell'Occidente*, Milán, Longanesi, 1957.

Sperber, D. (1970), *Per una teoria del simbolismo*, Turín, Einaudi, 1981.

Sperbes, M., 1976, *Alfred Adler et la psychologie individuelle*, París, Masson.

Sperri, T., 1959, *Nekrophilie*, Basel.

Spiegel, B., 1965, *Über die Notwendigkeit biotischer Versuchsansätze in der Verhaltensforschung*, Gotinga.

Spiegel, J.P. y F.R. Kluckhohn, 1954, *Integration and conflict in family behavior*, Topeka, Kan, Group for the Advancement of Psychiatry.

Spiegel, J.P. y N.W. Bell, 1969-1970, "La famiglia del paziente psichiatrico", en S. Arieti (coord.), *Manuale di psichiatria*, vol. I, Turín, Boringhieri.

Spiegel, R., 1969-1970, "Problemi specifici della comunicazione nei disturbi psichiatrici", en S. Arieti (coord.), *Manuale de psichiatria*, vol. III, Turín, Boringhieri.

Spielberg, D.C., (coord.), 1972, *Anxiety: Behavior*, Nueva York, Academic Press.

Spieth, N.R., 1949, *Der Mensch als Typus*, Stuttgart.

Spinnler, H.B., A. Sterzi y G. Vallar, 1977, *Le amnesie*, Milán, Angeli.

Spinoza, B. (1677), *Etica*, Turín, Boringhieri, 1958 [*Ética. Tratado teológico-político*, México, Porrúa, 1998].

Spinuler, M., 1981, *Il decadimento demenziale*, Roma, Il Pensiero Scientifico.

Spitz R.A. (1958), *Il primo anno divita del bambino*, Florencia, Editrice Universitaria, 1962 [*El primer año de vida del niño*, Buenos Aires, Aguilar, 1987].

Spitz, R.A., 1946, "Anaclitic depression", *Psychoanalitic study of child*, núm. V, Nueva York, IUP.

Spitz, R.A., 1964, "Hospitalism", *The psychoanalitic study of the child*, vol. 2, Nueva York, International University Press.

Spitz, R.A., 1945, "Hospitalism. An inquiry into the genesis of psychiatric conditions", *Early Childhood*, núm. I, PSC.

Spitz, R.A., 1958, "On the genesis of superego components", *Psychoanalytic Study of the Child*, núm. XIII.

Spitz, R.A., 1957, "Vers une réevaluation de l'autoérotisme", *Psich. de l'Enf.*, núm. 7.

Spitz, R.A. (1957), *Il no e il sì*, Roma, Armando, 1970 [*No y sí: sobre la génesis de la comunicación humana*, Buenos Aires, Horme].

Spörli, S., 1968, *Kritische Theorie diagnostischer Praxis, dargestellt am Beispiel Verkehrmedizin*, Berlín-Heidelberg.

Spranger, E. (1955), *Ambiente e cultura*, Roma, Armando, 1959.

Spranger, E., 1914, *Lebensformen. Geisteswissenschaftliche Psychologie und Ethik der Persönlichkeit*, Halle.

Spurlock, J., 1970, "Social deprivation in childhood and character formation", *Journal of the American Psychoanalytic Association*, núm. 22.

Staabs, G. von (1964), *Lo sceno-test*, Florencia, Giunti Barbera, 1972.

Staal, F. (1975), *Introduzione allo studio del misticismo orientale e occidentale*, Roma, Astrolabio, 1981.

Staercke, A., 1929, "Das Gewissen und die Wiederholung", *Int. Z. Psychoan.*, núm. 15.

Stamm, R.A., 1965, "Perspectiven zu einer Vergleichenden Ausdrucksforschung", *Handbuch der Psychologie*, vol. V, Gotinga.

Stampfl, T.G. y D.J. Lewis, 1968, "Implosive therapy-a behavioral therapy?", *Behaviour Res. Therapy*, núm. 6.

Stärke, A., 1921, "The castration complex", *International Journal of Psycho-analysis*, núm. II, Londres.

Starobinski, L. (1960), *Storia del trattamento della malinconia dalle origini al 1900*, Milán, Guerini e Associati, 1990.

Stati, S., 1976, *La sintassi*, Bolonia, Zanichelli.

Stegagno, L., 1991, *Psicofisiologia*, Turín, Bollati Boringhieri.

Stein, E. (1917), *Il problema dell'empatia*, Roma, Studium, 1985.

Steinberg, H. *et al.*, 1964, *Animal behaviour and drug action*, Londres.

Steinbook, R.M. y M.E. Jones, 1965, "Suggestibility and the placebo response", *J. Nerv. Ment.*, núm. 140.

Steiner, F.B. (1956), *Tabu*, Turín, Boringhieri, 1980.

Steiner, R., 1975, *Processo di simbolizzazione nell'opera di Melanie Klein*, Turín, Boringhieri.

Steiner, R. (1976), *Sull'essenza dei colori*, Milán, Antroposofica, 1982.

Stekel, W., 1949, *Compulsion and doubt*, Nueva York.

Stekel, W., 1911, *Die Sprache des Traumes*, Munich, Bergmann.

Stekel, W., 1908, *Nervöse Angstzustände und ihre Behandlung*, Berlín, Urban & Schwarzenberg.

Stella, S. y C. Kaneklin, 1974, *L'attività di comando*, Milán, Etas Kompass.

Stenbuch, K. (1965), *Automa e uomo*, Turín, Boringhieri, 1965.

Stengel, E. (1964), *Il suicidio e il tentato suicidio*, Milán, Feltrinelli, 1977 [*Psicología del suicidio y los intentos suicidas*, Buenos Aires, Horme].

Stenhouse, L. (1975), *Dalla scuola del programma alla scuola del curricolo*, Roma, Armando, 1977.

Stern, C., 1956, *Principles of human genetics*, San Francisco, Freeman.

Stern, W., 1935, *Allegemeine Psychologie auf personalistischer Grundlage*, Berlín, Den Haag.

Stern, W., 1965, *Die Kindersprache*, Darmstadt.

Sternbach, R.A., 1968, *Pain: A psychophysiological analysis*, Nueva York-Londres.

Sternberg, R.J. y M.L. Barnes (1988), *La psicologia dell'amore*, Milán, Bompiani, 1990.

Stevens, S.S., 1968, "Ratio scales of opinion", en D.K. Whitla (coord.), *Handbook of measurement in behavioral sciences*, Reading.

Stevens, S.S., 1951, *Handbook of experimental psychology*, Nueva York, Wiley & Sons.

Stevens, S.S., 1961, *Psychophysics of sensory function*, W. A. Rosenblith (coord.), *Sensory communication*, Nueva York, Wiley.

Stirner, M. (1844), *L'unico e la sua proprietà*, Milán, Adelphi, 1979 [*Lo único y su propiedad*, México, Juan Pablos, 1972].

Stoetzel, J. (1963), *Psicologia sociale*, Roma, Armando, 1969.

Stogdill, R.M. y A.E. Coons (coords.), 1957, *Leader behavior: Its description and measurement*, Columbus, Ohio State University, Bureau Business Research.

Stoppino, M., 1974, *Le forme del potere*, Nápoles, Guida.

Storch, A., 1924, *The primitive archaic forms in schizophrenia*, Nervous and mental disease publication company, Nueva York.

Storch, A., 1965, *Wege zur Welt und Existenz des Geisteskranken*, Stuttgart, Hippokrates.

Storr, A. (1972), *La dinamica della creatività*, Roma, Astrolabio, 1973.

Storr, A. (1988), *Solitudine*, Milán, Mondadori, 1989.

Strang, R. (1959), *Introduzione allo studio del fanciullo*, Florencia, La Nuova Italia, 1968.

Stransky, E., 1903, "Zur Kenntnis gewisser erworbener Blödsinnsformen", *Jahr. F. Psych.*, núm. 24.

Stratton, G.M., 1897, "Vision without inversion of the retinal image", *Psychol. Rev.*, núm. 4.

Strauss, E., 1928, "Das Zeiterlebnis in der endogenen Depression und in der psychopatischer Verstimmung", *Monatschrift für Psychiatrie und Neurologie*, núm. LXVIII.

Strauss, E., 1956, *Von Sinn der Sinne*, Berlín, Springer.

Strauss, H. (1959-1966), "Le epilessie", en S. Arieti (coord.), *Manuale di psichiatria*, vol. II, Turín, Boringhieri, 1969-1970.

Strelau, J. y H.J. Eysenck, 1986, *Arousal and personality dimensions*, Nueva York, Plenum.

Strologo, E., 1972, "La motivazione: Prospettiva teorica", *Nuove questioni di psicologia*, Brescia, La Scuola.

Strotzka, H. (1978), *Manuale di psicoterapia*, Roma, Città Nuova, 1987.

Stryer, L., 1988, *Biochemistry*, Nueva York, Freeman [*Bioquímica*, Barcelona, Reverté, 1996].

Stunkard, A.J., 1980, *Obesity*, Filadelfia, Saunders.

Sullivan, H.S. (1954), *Il colloquio psichiatrico*, Milán, Feltrinelli, 1967 [*La entrevista psiquiátrica*, Buenos Aires, Psique].

Sullivan, H.S. (1939), *La moderna concezione della psichiatria*, Milán, Feltrinelli, 1961 [*Concepciones de la psiquiatría moderna*, Buenos Aires, Psique].

Sullivan, H.S. (1956), *Studi clinici*, Milán, Feltrinelli, 1965 [*Estudios clínicos de psiquiatría*, Buenos Aires, Psique].

Sullivan, H. S. (1953), *Teoria interpersonale della psichiatria*, Milán, Feltrinelli, 1962.

Sully, J., 1904, *Essai sur le rire. Ses formes, ses causes, son développement et sa valeur*, París, Alcan.

Summerfield A. (coord.), 1977, *La psicologia cognitivista*, Milán, Angeli.

Sumner, W.G., 1962., *Costumi di gruppo*, Milán, Comunità

Sutherland, N.S., 1971, *Mechanisms of animal discriminations learning*, Nueva York, Academic Press.

Suttie, I.D. (1935), *The origins of love and hate*, Harmondsworth, Penguin Books, 1960.

Suzuki, D.T. (1934), *Introduzione al buddhismo Zen*, Roma, Astrolabio, 1970 [*Introducción al budismo Zen*, Bilbao, Mensajero].

Suzuki, D.T. (1927-1934), *Saggi sul buddhismo Zen*, Roma, Mediterranee, 1978 [*Ensayos sobre budismo Zen*, Buenos Aires, Kier, 1986].

Swets, J.A. y A.B. Kristofferson, 1970, "Attention", *Ann. Rev. of Psychology*, núm. 21.

Symond, P.M., 1948, *Symonds' picture story test*, Nueva York.

Szalita, A.B. (1966), "Dinamica dei disturbi psichici dell'età involutiva", en S. Arieti (coord.), *Manuale di psichiatria*, vol. I, Turín, Boringhieri, 1969.

Szasz, T.S. (1970), *Disumanizzazione dell'uomo*, Milán, Feltrinelli, 1974.

Szasz, T.S. (1970), *I manipolatori della pazzia*, Milán, Feltrinelli, 1972.

Szasz, T.S. (1974), *Il mito della droga*, Milán, Feltrinelli, 1977 [*Nuestro derecho a las drogas*, Barcelona, Anagrama].

Szasz, T.S. (1961), *Il mito della malattia mentale*, Milán, Il Saggiatore, 1966 [*El mito de la enfermedad mental*, Buenos Aires, Amorrortu, 1982].

Szondi, L., 1960, *Lehrbuch der experimentellen Triebdiagnostik*, Bern-Stuttgart [*Tratado del diagnóstico experimental de los instintos*, Madrid, Biblioteca Nueva].

Taddei, N., 1973, *Lettura strutturale della foto e del fumetto*, Roma, Bulzoni.

Tagliacarne, G., 1964, *Teoria e pratica delle ricerche di mercato*, Milán, Giuffrè.

Tajfel, H. (coord.), 1982, *Social identity and intergroup relations*, Cambridge, University Press.

Tajfel, H. y C. Fraser (1978), *Introduzione alla psicologia sociale*, Bolonia, Il Mulino, 1978.

Tajfel, H., 1982, "Social psychology and intergroup relations", *Annual Review of Psychology*, núm. 33.

Tajfel, H., 1981, *Human groups and social categories: Studies in social psychology*, Cambridge, Cambridge University Press.

Tannenbaum, R., 1970, *Psicologia sociale del lavoro organizzato*, Milán, Angeli.

Tanner, J.M., 1962, *Growth of adolescence*, Springfield, Oxford, Thomas.

Tarde, G. (1890), "Le leggi dell'imitazione", *Scritti sociologici*, Turín, UTET, 1979.

Tarpy, R.M. y R.E. Mayer, 1978, *Foundations of learning and memory*, Foresman Glenview, Scott.

Tart, C., 1972, "Concerning the scientific study of the human aura", *Journal of the Society for Psychical Research*, núm. 46.

Tart, C., 1977, *Psi: Scientific studies of the psychic realm*, Nueva York, Dutton.

Tart, C. 1969, *Stati alterati di coscienza* , Roma, Astrolabio, 1976.

Tart, C., 1975, *Transpersonal psychologies*, Nueva York, Harper & Row [*Psicologías transpersonales: las tradiciones espirituales y la psicología contemporánea*, Barcelona, Paidós, 1994].

Taylor, F.W. (1911), *Principi di organizzazione scientifica del lavoro*, Milán, Angeli, 1975.

Taylor, F.W., 1911-1947, *Scientific management*, Nueva York, Harper.

Taylor, J.R., 1962, *The behavioral basis of perception*, New Haven, Yale University Press.

Taylor, W.L., 1953, "Close procedure: A new tool for measuring for readability", *Journalism Quarterly*, núm. 30.

Teilhard de Chardin, P. (1938-1940), *Il fenomeno umano*, Milán, Il Saggiatore, 1968.

Tellenbach, H. (1961), *Melancolia*, Roma, Il Pensiero Scientifico, 1975 [*Melancolía: visión histórica del problema, endogenidad, topología, patogenia, clínica*, Madrid, Morata, 1976].

Telleschi, R. y G. Torre, 1988, *Il primo colloquio con l'adolescente*, Milán, Cortina.

Tempieri, G., 1972, "Aspetti psicologici dell'adattamento scolastico", *Nuove questioni di psicologia*, vol. II, Brescia, La Scuola.

Terman, L.M. y M.A. Merrill, 1960, *Stanford-Binet intelligence scale: Manual for the third revision, form L-M*, Boston, Houghton Mifflin.

Testart, A., 1981, "Totem", *Enciclopedia*, vol. XIV, Turín, Einaudi.

Teuber, H.L., 1966, *Alteration of perception after brain injury*, Berlín, Springer.

Thibaut, J.W. y H.H. Kelley (1959), *Psicologia sociale dei gruppi*, Bolonia, Il Mulino, 1974.

Thienemann-Thass, T. (1967), *La formazione subconscia del linguaggio*, Roma, Astrolabio, 1968.

Thomae, H., 1968, *Das Individuum und seine Welt*, Gotinga.

Thomae, H., 1959, *Entwicklung und Prägung*, Gotinga.

Thomas, A., S. Chess y H.G. Birch, 1968, *Temperament and behavior disorders in children*, Nueva York, New York University Press.

Thomas, L.V. (1975), *Antropologia della morte*, Milán, Garzanti, 1976 [*Antropología de la muerte*, México, FCE, 1983].

Thompson, R. (1967), *Fondamenti di psicologia fisiologica*, Bolonia, Il Mulino, 1975 [*Introducción a la psicología fisiológica*, México, Oxford University Press-Harla, 1977].

Thompson, W.I. (1987), *Ecologia e autonomia*, Milán, Feltrinelli, 1988.

Thomshinsky, Ch., 1983, *Guida alla macrobiotica*, Milán, Feltrinelli.

Thomson, R. (1968), *Storia della psicologia*, Turín, Boringhieri, 1972.

Thorndike, E.L., 1911, *Animal intelligence*, Nueva York, McMillan.

Thorndike, E.L., 1931, *Human intelligence*, Nueva York, McMillan.

Thorndike, E.L., 1963, *The concepts of over and under achievement*, Nueva York, Columbia University.

Thorpe, W.H. (1979), *L'etologia. Origini e sviluppi*, Roma, Armando, 1983 [*Breve historia de la etología*, Madrid, Alianza, 1982].

Thraser, M.F., 1966, *The gang. A study of 1.313 gangs in Chicago*, Chicago, The University of Chicago Press, Abridged.

Thurstone, L.L., 1940, "Current issues in factor analysis", *Psychol. Bull.*, núm. 37.

Thurstone, L.L., 1947, *Multiple factor analysis*, Chicago, Chicago University Press.

Thurstone, L.L., 1955, *The differential growth of mental abilities*, Chapel Hill, Psychometric Laboratory, Univ. of North Carolina.

Thurstone, L.L., 1936, *The vectors of the mind*, Chicago, Chicago University Press.

Tibaldi, E. y A. Zullini, 1985, "Ecologia", *Gli strumenti del sapere contemporaneo*, vol. I, Turín, UTET.

Tillich, P., 1926, *Die religiöse Lage der Gegenwart*, Berlín, Hartmann.

Tillich, P., 1958, *Dynamics of faith*, Nueva York, Harper & Row.

Tinbergen, N., 1953, *Social behaviour in animals*, Londres, Methuen.

Tinbergen, N., 1951, *The study of instinct*, Oxford, Clarendon Press [*Estudio del instinto*, México, Siglo XXI, 1989].

Titchener, E.B., 1910-1912, *A textbook of psychology*, Nueva York.

Titchener, E.B., 1901-1905, *Experimental psychology*, Nueva York.

Titone, R. (coord.), 1978, *Il bambino bilingue*, Roma, Armando.

Titone, R. (coord.), 1975, *Questioni di tecnologia didattica*, Brescia, La Scuola.

Titone, R., 1959, *Presupposti teoretici della psicologia funzionale*, Roma, PAS.

Tobach, E., R.L. Aronson y E. Shaw, 1977, *The biopsychology of development*, Londres, Academic Press.

Todarello, O. y P. Porcelli, 1992, *Psicosomatica come paradosso. Il problema della psicosomatica in psicoanalisi*, Turín, Bollati Boringhieri.

Todorov, T. (1977), *Teorie del simbolo*, Milán, Garzanti, 1984 [*Teorías del símbolo*, Carácas, Monte Ávila, 1993].

Togliatti, M.M. y U. Telfener (coords.), 1991, *Dall'individuo al sistema*, Turín, Bollati Boringhieri.

Tölle, R., 1966, Katamnestische Untersuchung zur Biographie abnormer Persönlichkeiten, Berlín, Springer.

Tolman, E.C., 1922, "A new formula of behaviorism", *Psych. Rev.*, núm. 29.

Tolman, E.C., 1948, "*Cognitive maps in rats and men*", *Psychol. Rev.*, núm. 56.

Tolman, E.C., 1951, "The determiners of behavior at choice point", *Collected Papers in Psychology*, Los Ángeles, Berkeley.

Tolman, E.C. (1932), *Il comportamento intenzionale negli animali e negli uomini*, Roma, Armando, 1983 [*Principios de conducta intencional*, Buenos Aires, Nueva Visión].

Tomás de Aquino (1270), *Trattato sull'unità dell'intelletto contro gli averroisti*, Florencia, Sansoni, 1938.

Tomaszewski, T., 1978, *Tätigkeit und Bewusstsein*, Weinheim, Beltz.

Tomeo, V., 1985, "Devianza", *Gli strumenti del sapere contemporaneo*, vol. II, Turín, UTET.

Tommasini, F. y L. Lanciotti (coords.), 1977, *Testi taoisti*, Turín, UTET.

Tönnies, F. (1887), *Comunità e società*, Milán, Comunità, 1963.

Torbidoni, L. y L. Zanin, 1976, *Grafologia*, Brescia, La Scuola.

Tornatore, L., 1985, "Istruzione", *Gli strumenti del sapere contemporaneo*, vol. II, Turín, UTET.

Tornatore, L., 1985, "Pedagogia", *Gli strumenti del sapere contemporaneo*, vol. I, Turín, UTET.

Torrance, E.P. y R. Gupta, 1964, *Programmed experiences in creative thinking*, Minneapolis, University of Minnesota Press.

Trentini, G. (coord.), 1987, *Il cerchio magico. Il gruppo come oggetto e come metodo in psicologia sociale e clinica*, Milán, Angeli.

Trentini, G. (coord.), 1980, *Manuale del colloquio e dell'intervista*, Milán, ISEDI.

Trentini, G., 1962, "I metodi di indagine in psicologia", *Questioni di psicologia*, Brescia, La Scuola.

Trentini, G., 1972, "La ricerca e l'intervento psicosociale impegnati nel marketing", *Nuove questioni di psicologia*, Brescia, La Scuola.

Trentini, G., 1980, "Potere/autorità", *Enciclopedia*, vol. X, Turín, Einaudi.

Trentini, G., 1980, "Quoziente intellettuale", *Enciclopedia*, vol. XI, Turín, Einaudi.

Trentini, G., 1980, "Tassonomia generale del colloquio e

dell'intervista", *Manuale del colloquio e dell'intervista*, Milán, ISEDI.

Trentini, G., 1974, *Compendio di psicologia dinamica*, Milán, Vita e Pensiero.

Trentini, G., R. Carli y G. Padovani, 1972, *La diagnosi psicologica*, Milán, Etas Kompass.

Trevi, M. y A. Romano, 1975, *Studi sull'ombra*, Venecia, Marsilio.

Trevi, M., 1987, "Cultura, individuo, individuazione", *Per uno junghismo critico*, Milán, Bompiani.

Trevi, M., 1987, "Individuazione e funzione simbolica", *Per uno junghismo critico*, Milán, Bompiani.

Trevi, M., 1986, "Ombra: Metafora e simbolo", *Metafore del simbolo*, Milán, Cortina.

Trevi, M., 1990, "Progetto e destino", *Rivista Italiana di Gruppoanalisi*, núm. 1.

Trevi, M., 1986, "Simbolo e eros", *Metafore del simbolo*, Milán, Cortina.

Trevi, M., 1991, *Adesione e distanza. Una lettura critica de "L'Io e l'inconscio" di Jung*, Roma, Melusina.

Trevi, M., 1986, *Interpretatio duplex*, Roma, Borla.

Trevi, M., 1986, *Metafore del simbolo*, Milán, Cortina.

Trevi, M., 1987, *Per uno junghismo critico*, Milán, Bompiani.

Triandis, H. (coord.), 1980, *Handbook of cross-cultural psychology*, Boston, Allyn and Bacon.

Triandis, H.C., 1972, *The analysis of subjective culture*, Nueva York, Wiley.

Trist, E.L., K.W. Bamforth, 1951, "Some social and psychological consequences of the long-wall method of coal-getting", *Human Relations*, núm. 4.

Trombetta, C. (coord.), 1989, *Psicologia analitica contemporanea*, Milán, Bompiani.

Trower, P. y B.M. Bryant, 1978, *Social skills and mental health*, Londres, Methuen.

Trubeckoj, N.S. (1939), *Fondamenti di fonologia*, Turín, Einaudi, 1971.

Tullio-Altan, C., 1990, "Sullo specifico del simbolo", *Metodi e Ricerche*, núm. IX, 1.

Tullmann, K., 1982, *Guida alla meditazione*, Queriniana, Brescia.

Turing, A. (1950), "Macchine calcolatrici e intelligenza", V. Somenzi (coord.), *La filosofia degli automi*, Turín, Boringhieri, 1965.

Turner, H., 1953, "Promoting understanding of aged patients", *Soc. Casework*, núm. 34.

Turner, J.H., 1978, *The structure of sociological theory*, Homewood, Dorsey Press.

Turner, V.W. (1969), *I processi rituali: Struttura e antristuttura*, Brescia, Morcelliana, 1972 [*El proceso ritual*, Madrid, Alianza, 1989].

Turner, V.W. (1967), *La foresta dei simboli*, Brescia, Morcelliana, 1977 [*La selva de los símbolos*, México, Siglo XXI, 1990].

Turner, V. W., 1968, *The drums of affliction*, Oxford, Clarendon Press.

Tyler, L.E., 1972, *Reattivi mentali e misure nell'esame psicologico*, Milán, Martello.

Tylor, E.B. (1871), "La scienza della cultura", en Autores Varios, *Il concetto di cultura*, Turín, Einaudi, 1970.

Tylor, E.B. (1871), "Lo sviluppo della civiltà", en U. Fabietti (coord.), *Alle origini dell'antropologia*, Turín, Boringhieri, 1980.

Tylor, E.B., 1899, "Remarks on totemism", *Journal of the Royal Anthropological Institute*, núm. 1.

Tylor, E.B., 1871, *Primitive culture*, Londres, Murray.

Ullmann, J.F., 1974, *Psychologie der Lateralität*, Bern.

Underwood, G.J., 1966, *Experimental psychology*, Nueva York, Appleton-Century-Crofts.

Untersteiner, M., 1965, *La fisiologia del mito*, Florencia, La Nouva Italia.

Urbain, J.D., 1980, "Morte", *Enciclopedia*, vol. IX, Turín, Einaudi.

Vaihinger, H. (1911), *La filosofia del "Come se"*, Roma, Astrolabio, 1967.

Valeri, V., 1979, "Feticismo", *Enciclopedia*, vol. VI, Turín, Einaudi.

Valeri, V., 1981, "Rito", *Enciclopedia*, vol. XII, Turín, Einaudi.

Van den Berg, J. H. (1955), *Fenomenologia e psichiatria*, Milán, Bompiani, 1961.

Van der Leeuw, G. (1933), *Fenomenologia della religione*, Turín, Boringhieri, 1975.

Vannier, L. (1955), *La tipologia omeopatica e le sue applicazioni*, Como, Red, 1983 [*Compendio de terapéutica homeopática*, México, Porrúa, 1998].

Vattimo, G., 1980, "Tramonto del soggetto e problema della testimonianza", *Le avventure della differenza*, Milán, Garzanti.

Vattimo, G., 1981, *Al di là del soggetto*, Milán, Feltrinelli [*Más allá del sujeto*, Barcelona, Paidós, 1992].

Vattimo, G., 1963, *Essere, storia e linguaggio in Heidegger*, Turín, Edizione di "Filosofia".

Vattimo, G., 1989, *Etica dell'interpretazione*, Turín, Rosenberg & Sellier.

Vattimo, G., 1974, *Il soggetto e la maschera*, Milán, Bompiani [*El sujeto y la máscara*, Barcelona, Península, 1989].

Vattimo, G., 1980, *Le avventure della differenza*, Milán, Garzanti.

Vayer, P. (1971), *L'educazione psicomotria nell'età prescolastica*, Roma, Armando, 1973.

Vecchio, S. (coord.), 1989, *Nostalgia. Scritti psicoanalitici*, Bergamo, Lubriana.

Vegetti Finzi, S., 1986, "Ninfomania: Tempo e mito della sessualità femminile", en J.D.T. de Bienville, *La ninfomania, ovvero il furore uterino*, Venecia, Marsilio.

Vegetti Finzi, S., 1990, *Il bambino nella notte. Divenire donna, divenire madre*, Milán, Mondadori.

Vegetti Finzi, S., 1990, *L'invidia*, Milán, Scheiwiller.

Vegetti Finzi, S., 1988, *La famiglia moltiplicata*, Milán, Angeli.

Vegetti Finzi, S., 1987, *La ricerca delle donne*, Turín, Rosenberg & Sellier.

Vegetti Finzi, S., 1986-1990, *Storia della psicoanalisi*, Milán, Mondadori.

Vegetti Finzi, S., 1986-1990, *Storia della psicoanalisi*, Milán, Mondadori.

Veith, I., 1965, *The history of a disease*, Chicago, Chicago University Press.

Venturini, R., M. Lombardo Radice y M.G. Imperiali, 1985, *Color-World-Test*, Florencia, O.S.

Vercellone, F., 1992, *Introduzione a "Il nichilismo"*, Bari, Laterza.

Vernant, J.P. (1965), *Mito e pensiero presso i Greci. Studi di psicologia storica*, Turín, Einaudi, 1970 [*Mito y pensamiento en la Grecia antigua*, Barcelona, Ariel].

Vernon, M.D. (1962), *La psicologia della percezione*, Roma, Astrolabio, 1968 [*La psicología de la percepción*, Buenos Aires, Horme].

Vernon, P.E., 1969, *Intelligence and cultural environment*, Londres, Methuen.

Vernon, P.E., 1950, The structure of human abilities, Londres, Methuen.

Vertecchi, B., 1987, "La scuola dell'obbligo", en *Comunicazione e disagio sociale*, Milán, Angeli.

Vertecchi, B., 1984, *Manuale della valutazione*, Roma, Editori Riuniti.

Vexküll, T. von, 1963, *Grundfragen der psychosomatischen Medizin*, Hamburgo, Rowohlt.

Viale, R. (coord.), 1989, *Mente umana, mente artificiale*, Milán, Feltrinelli.

Vianello, R., 1980, *Ricerche psicologiche sulla religiosità infantile*, Florencia, Giunti Barbera.

Vianello, S., 1967, *Lezioni di metodologia statistica*, Milán.

Viano, C.A., 1977, *Etica*, Milán, ISEDI.

Viaud, G., 1952, *Les instincts*, París, PUF.

Vicario, G., 1973, *Tempo psicologico ed eventi*, Florencia, Giunti Barbera.

Vico, G. (1744), *La scienza nuova seconda*, Bari, Laterza, 1953.

Victroff, D., 1972, *Psicologia della pubblicità*, Roma, Armando.

Vigna, C., 1990, "Verità del desiderio", en E. Berti (coord.), *Problemi di etica*, Padua, Gregoriana.

Villoni Betocchi, G. (coord.), 1986,"Problemi di metodologia di studio delle rappresentazioni sociali", *Psicologia e società*, núm. 1.

Vinay, M.P., 1970, *Igiene mentale*, Roma, Paoline.

Visalberghi, A., 1978, *Pedagogia e scienza dell'educazione*, Milán, Mondadori.

Visalberghi, A., 1965, *Problemi della ricerca pedagogica*, Florencia, La Nuova Italia.

Visconti, L., 1961, "Studio bibliografico sulla delinquenza giovanile con particolare riferimento alle bande", *Infanzia Anormale*, núm. 40.

Vitiello, V., 1991, "Dire il silenzio", en Autores Varios, *Filosofia 90*, Bari, Laterza.

Vizziello, G.D., G. Disnan y M.R. Colucci, 1991, *Genitori psicotici*, Turín, Bollati Boringhieri.

Völgyesi, F.A., 1950, *Hypnotherapie und psychosomatische Probleme*, Stuttgart.

Volpi, D., 1977, *Didattica dei fumetti*, Brescia, La Scuola.

Volpicelli, L., 1962, *La vita del gioco*, Roma, Armando [*La vida del juego*, Buenos Aires, Estrada].

Voltaire, 1751-1765, "Imagination", *Encyclopédie*, vol. VIII, París, Briasson.

Von Franz, M.L. (1971), *Il femminile nella fiaba*, Turín, Boringhieri, 1983.

Von Franz, M.L., 1978, *Il mito di Jung*, Turín, Boringhieri.

Von Franz, M.L. (1970), *L'eterno fanciullo*, Como, Red, 1989.

Von Franz, M.L. (1969), *Le fiabe interpretate*, Turín, Boringhieri, 1980.

Von Mises, L. (1983), *Burocrazia*, Milán, Rusconi, 1991.

Von Zerssen, D., 1969, "Das Devitalise rungssyndrom bei endogenen Depressionen und bei Endokrinopathien", *Melancholie*, Stuttgart, Thieme.

Voronin, L.G., 1965, *Orienting reflex and exploratory. Logical sciences*, Washington.

Voyat, G, 1977, "Perception and concept of time: A developmental perspective", en B.S. Gorman y A.F. Wessman (coords.), *Personal experience of time*, Nueva York, Plenum Press.

Vuillet, J., 1962, *La notion de milieu en pédagogie*, París.

Vuri, V., 1974, "Premi e castighi", en Autores Varios, *La pedagogia*, vol. X, Milán, Vallardi.

Vygotskij, L.S. (1933), "Il gioco e la sua funzione nello sviluppo psichico del bambino", *Antologia degli scritti*, Bolonia, Il Mulino, 1983.

Vygotskij, L.S. (1926), *Il processo cognitivo*, Turín, Boringhieri, 1980.

Vygotskij, L.S. (1934), *Lo sviluppo psichico del bambino*, Florencia, Giunti Barbera, 1973.

Vygotskij, L.S. (1934), *Pensiero e linguaggio*, Florencia, Giunti Barbera, 1966 [*Pensamiento y lenguaje*, México, Quinto Sol].

W. y Pasini, 1979, *Medicina psicosomatica*, Milán, Masson.

Wacholder, K.H., 1929, "Untersuchungen über organischen und nichtorganischen Tremor", *Arch. Psychiat. Nervenkr.*, núm. 88.

Waelder, R., 1963, "Psychic determinism and the possibility of predications", *Psychoanalytic Quarterly*, núm. 32.

Wahl, C.W. (1959-1966), "Sindromi psicosomatiche comunemente trascurate", en S. Arieti (coord.), *Trattato di psichiatria*, vol. II, Turín, Boringhieri, 1969-1970.

Wald, R., 1950, *Statistical decision functions*, Nueva York, Wiley.

Walk, R. y J. H. Pick (coords.), 1981, *Intersensory perception and sensory integration*, Nueva York, Plenum.

Walk, R., 1978, *Perception and experience*, Nueva York, Plenum.

Walker, H.M. y J. Lev, 1953, *Statistical inference*, Nueva York, Holt, Rinehart and Winston.

Wallace, A.F.C., 1961,*Culture and personality*, Nueva York, Random House.

Walsch, K.W. (1978), *Neuropsicologia clinica*, Bolonia, Il Mulino, 1981.

Walsh R. y F. Vaughan, 1980, *Beyond Ego: Transpersonal dimensions in psychology*, Los Ángeles, Tarcher.

Walster, E., G.W. Walster, y E. Bershind, 1978, *Equity: Theory and research*, Boston, Allyn and Bacon.

Wanrooij, B.P.F., 1990, *Storia del pudore*, Venecia, Marsilio.

Ward, L.B., 1939, "Reminescence and rote learning", *Psychol. Monogr.*, núm. 49.

Warner, R. (1987), *Schizofrenia e guarigione*, Milán, Feltrinelli, 1991.

Warnock, M., 1976, *Imagination*, Londres, Faber and Faber [*Imaginación*, México, FCE, 1981].

Warr, P.B., 1978, *Psychology at work*, Harmondsworth, Penguin.

Warren N. (coord.), 1977-1980, Studies in cross-cultural psychology, Londres-Nueva York, Academic Press.

Warren, D.H., 1977, *Blindness and early childhood development*, Nueva York, American Foundation for the Blind.

Warren, H.C., 1921, *A history of association psychology*, Nueva York, Scribner.

Warren, R.M. y R.P. Warren, 1968, *Helmholtz on perception: Its physiology and development*, Nueva York.

Wartegg, E. (1957), *Il reattivo nel disegno*, Florencia, O.S., 1972.

Wason, P.C. y P.N. Johnson-Laird (1972), *La psicologia del ragionamento*, Florencia, Giunti Barbera, 1977.

Waterman, R., 1962, "Role of dancing in human society: Address and conversation", *Focus on Dance*, núm. 3.

Watkins, M.J. y J.M. Gardiner, 1982, "Cued recall", en R.C. Puff (coord.), *Handbook of research methods in human memory and cognition*, Nueva York, Academic Press.

Watson, J.B. y R. Rayner, 1920, "Conditioned emotional reactions", *Journal of Experimental Psychology*, núm. 3.

Watson, J.B. y W. McDougall, 1929, *The battle of behaviorism: An exposition and an exposure*, Nueva York, Horton.

Watson, J.B. (1913), "La psicologia così come la vede il comportamentista", *Antologia degli scritti*, Bolonia, Il Mulino, 1976.

Watson, J.B., 1914, *Behaviorism: An introduction to comparative psychology*, Nueva York, Norton.

Watson, J.B., 1928, *Psychological care of infant and child*, Nueva York, Harper.

Watson, J.B., 1919, *Psychology from the standpoint of behaviorist*, Filadelfia, Lippincott.

Watson, J.D. y F.H.C. Crick, 1953, "Molecular structure of nucleic acids", *Nature*, núm. CLXXI.

Watzlawick, P. (coord.) (1981), *La realtà inventata. Contributi al costruttivismo*, Milán, Feltrinelli, 1988 [*La realidad inventada*, Barcelona, gedisa, 1988].

Watzlawick, P. y J.H. Weakland (coords.) (1976), *La prospettiva relazionale*, Roma, Astrolabio, 1978.

Watzlawick, P. (1978), *Il linguaggio del cambiamento*, Milán, Feltrinelli, 1988.

Watzlawick, P., J.H. Beavin y D.D. Jackson (1967), *Pragmatica della comunicazione umana*, Roma, Astrolabio, 1971.

Watzlawick, P., J.H. Beavin y D.D. Jackson (1967), *Pragmatica della comunicazione umana*, Roma, Astrolabio, 1971.

Watzlawick, P., J.H. Weakland y R. Fisch (1973), *Change*, Roma, Astrolabio, 1974.

Weber, E.H., 1834, *De pulsu, resorpitione, auditu et tactu: Annotationes anatomicae et physiologicae*, Leipzig.

Weber, M. (1906), "Studi critici intorno alla logica delle scienze della cultura", *Il metodo delle scienze storico-sociale*, Turín, Einaudi, 1958.

Weber, M. (1922), *Economia e società*, Milán, Comunità, 1968 [*Economía y sociedad*, México, FCE, 1964].

Weber, M. (1919), *Il lavoro intelletuale come professione*, Turín, Einaudi, 1971.

Weber, M. (1904-1921), *Sociologia delle religione*, Turín, UTET, 1976.

Wechsler, D., 1939, *The measurement and appraisal of adult intelligence*, Baltimore, Williams & Wilkins.

Wedell, K., 1973, *Learning and perceptuo-motor disabilities in children*, Nueva York, Wiley.

Wegner, D.M. y R.R. Vellacher (coords.), 1980, *The self in social psychology*, Oxford University Press, Oxford.

Wehr, G. (1985), *Jung*, Milán, Rizzoli, 1987.

Weideger, P. (1975), *Mestruazioni e menopausa*, Milán, La Salamandra, 1975.

Weiner, B., 1980, *Human motivation*, Nueva York, Holt.

Weiner, H., 1977, *Psychobiology and human disease*, Nueva York, Elsevier.

Weiner-Elkind, H. (1969), *Lo sviluppo umano*, Roma, Armando, 1974.

Weininger, O. (1903), *Sesso e carattere*, Milán, Feltrinelli, 1968.

Weinreich, U. (1953), *Lingue in contatto*, Turín, Boringhieri, 1974.

Weinrich, H., 1976, "Dispute sulla metafora", *Metafora e menzogna*, Bolonia, Il Mulino.

Weisenbaum, J., 1976, *Computer power and human reason*, Freeman, San Francisco.

Weiss, E. y O.S. English (1949), *Medicina psicosomatica*, Roma, Astrolabio, 1965.

Weiss, E. (1960), *Struttura e dinamica della mente umana*, Milán, Cortina, 1991.

Weitz, S., 1970, *Sex roles*, Nueva York, Oxford University Press.

Weitzenhoffer, A.M., 1953, *Hypnotisme, an objective study in suggestibility*, Nueva York, Wiley.

Weizsäcker, V. von (1926-1949), *Filosofia della medicina*, Milán, Guerini e Associati, 1990.

Welford, A.T., 1968, *Fundamentals of skill*, Londres, Methuen.

Wellek, A., 1950, *Die Polarität im Aufbau des Charakters*, Bern.

Weltner, K., 1970, *Informationstheorie und Erziehungswissenschaften*, Quickborn, Schnelle.

Werner, H. y B. Kaplan (1984), *La formazione del simbolo*, Milán, Cortina, 1989.

Werner, H., 1970, *Psicologia comparata dello sviluppo mentale*, Florencia, Giunti Barbera.

Wernicke, C.K., 1894, "Grundriss der Psychiatrie", *Klinischen Vorlesungen*, Leipzig, Thieme.

Wernicke, C.K. (1874), "Il complesso dei sintomi dell'afasia", *Teorie del cervello*, Turín, Loescher, 1971.

Wernicke, C.K., 1879, "Über das Bewusstein", *Allg. Z. Psychiatrie*, núm. 35.

Wernicke, C.K., 1880, *Über den wissenschaftlichen Standpunkt in der Psichiatrie*, Kassel.

Wertheimer, M., 1940, "Über Gestalttheorie", *Symposion*, núm. 1.

Wertheimer, M., 1923, "Untersuchungen zur Lehre von der Gestalt", *Psychologische Forschung*, núm. IV.

Wertheimer, M., 1925, *Drei Abhandlungen zur Gestalttheorie*, Erlangen.

Wertheimer, M. (1945), *Il pensiero produttivo*, Florencia, Giunti Barbera, 1965 [*El pensamiento productivo*, Barcelona, Paidós, 1991].

Wes, D. y D.P. Farrington, 1977, *The delinquent way of life*, Londres, Heinemann.

Whitaker, H.H. (coord.), 1976-1980, *Studies in neurolinguistics*, Nueva York, Academic Press.

White, A.R., 1964, *Attention*, Oxford, Oxford University Press.

White, G., 1977, *Socialization*, Londres, Longman.

White, L.A. (1949), *La scienza della cultura*, Florencia, Sansoni, 1969 [*La ciencia de la cultura*, Buenos Aires, Paidós].

White, R.K., 1981, "An experimental study of leadership and group life", en G. Swanson, T. Newcombe y E. Hatley (coords.), *Reading in social psychology*, Nueva York, Holt.

Whitmont, E.C. (1969), *La ricerca simbolica. Concetti di base della psicologia analitica*, Roma, Astrolabio, 1982.

Whitmont, E.C. (1980), *Omeopatia e psicoanalisi*, Como, Red, 1987.

Whittington, H.G., 1976, *I centri d'igiene mentale nel territorio*, Florencia, Martinelli.

Whitty, C.W.M. y O.L. Zangwill (coords.), 1977, *Amnesia: Clinical, psychological and medicolegal aspects*, Londres, Butterworth.

Whorf, B.L. (1956), *Linguaggio, pensiero e realtà*, Turín, Boringhieri, 1970.

Wichstrom, R.L., 1970, *Fundamental motor patterns*, Filadelfia, Lea & Feloiger.

Wickelgren, W.A., 1974, *How to solve problems*, San Francisco, Freeman.

Wickler, W. (1968), *Mimetismo animale e vegetale*, Milán, Il Saggiatore, 1968.

Widlöcher, D., 1965, *L'interprétation des dessins d'enfants*, Bruselas, Dessart.

Widmann, C., 1988, *Il simbolismo dei colori*, Abano Terme, Piovan.

Wiener, N. (1948), *La cibernetica*, Milán, Il Saggiatore, 1968 [*La cibernética*, Barcelona, Tusquets, 1985].

Wieser, R., 1969, *Grundriss der Graphologie*, Munich.

Wilber, K., 1982, *The holographic paradigm and other paradoxes: Exploring the leading edge of science*, Londres, Sahambhala.

Wilden, A., 1978, "Comunicazione", *Enciclopedia*, vol. III, Turín, Einaudi.

Wilden, A., 1979, "Informazione", *Enciclopedia*, vol. VII, Turín, Einaudi.

Wilhelm, R. (coord.), 1950, *I King*, Roma, Astrolabio [*I Ching: el libro de las mutaciones*, Buenos Aires, Sudamericana].

Williams, B.A.O., 1969, "Internal and external reason", *Moral luck*, Cambridge University Press, Cambridge.

Williams, G.C., 1966, *Adaptation and natural selection*, Princeton, Princeton University Press.

Williams, M., 1970, *Brain damage and the mind*, Londres, Penguin.

Williams, R., 1981, *Career management and career planning*, Londres, HM Stationery Office.

Wilmanns, K., 1906, *Zur Psychopatologie des Landstreichers*, Leipzig, Barth.

Wilson, B., 1971, *Rationality*, Schocken Books, Nueva York.

Wilson, E.O. (1975), *Sociobiologia. La nuova sintesi*, Bolonia, Zanichelli, 1979.

Wilson, E.O. (1978), *Sulla natura umana*, Bolonia, Zanichelli, 1980 [*Sobre la naturaleza humana*, México, FCE, 1980].

Wind, E. (1958), *Misteri pagani nel rinascimento*, Milán, Adelphi, 1985.

Windelband, W., 1894-1911, *Präludien. Aussätze und Reden zur Philosophie und ihrer Geschichte*, Tubinga.

Wing, J.K. *et al.*, 1978, "The concept of a 'case' in psychiatric population surveys", *Psychological Medicine*, núm. 8.

Wing, J.K. y A.M. Hailey, 1972, *Evaluating a community psychiatric service*, Londres, Oxford University Press.

Wing, J.K. y B. Morris, 1981, *Handbook of psychiatric rehabilitation practice*, Oxford, Oxford University Press.

Wing, L. (1968), *I bambini autistici*, Roma, Armando, 1974 [*La educación del niño autista*, Buenos Aires, Paidós].

Winnicott, D.W., 1949, "Hate in the counter-transference", *Int. J. Psychoanal.*, núm. 30.

Winnicott, D.W. (1953), "Oggetti transizionali e fenomeni transizionali", *Dalla pediatria alla psicoanalisi* (1958), Florencia, 1975.

Winnicott, D.W. (1958), *Dalla pediatria alla psicoanalisi*, Florencia, Martinelli, 1975 [*Escritos de pediatría y psicoanálisis*, Barcelona, Laia].

Winnicott, D.W., 1979, *Gioco e realtà*, Roma, Armando [*Realidad y juego*, Barcelona, Gedisa, 1972].

Winnicott, D.W., 1987, *I bambini e le loro madri*, Milán, Cortina.

Winnicott, D.W. (1984), *Il bambino deprivato*, Milán, Cortina, 1986.

Winnicott, D.W. (1965), *La famiglia e lo sviluppo dell'individuo*, Roma, Armando, 1976 [*La familia y el desarrollo del individuo*, Buenos Aires, Horme].

Winnicott, D.W. (1965), *Sviluppo affettivo e ambiente*, Roma, Armando, 1976.

Winston, P., 1977, *Artificial intelligence*, Reading, Addison-Wesley [*Inteligencia artificial*, México, Addison Wesley, 1994].

Winzen, K., 1921, "Die Abhägigkeit der paarweisen Assoziation von der Stellung des besser haftenden Gliedes", *Z. Psychol.*, núm. 86.

Wirz, P., 1925, "Anthropologische und ethnologische Ergebnisse der Zentral Neu-Guinea Expedition 1921-1922", *Nova Guinea*, núm. XVI.

Wisdom, J. (1964), *Filosofia analitica e psicoanalisi*, Roma, Armando, 1979.

Withe, R. (coord.), 1976, *Surveys in parapsichology*, Metuchen, Scarecrow Press.

Withmont, E.C. (1969), *La ricerca simbolica*, Roma, Astrolabio, 1982.

Witkin H.A. *et al.* (1962), *La differenziazione psicologica*, Roma, Bulzoni, 1976.

Witkin, *et al.*, 1954, *Personality through perception*, Nueva York, Harper.

Wittgenstein, L. (1977), *Osservazioni sui colore. Una grammatica del vedere*, Turín, Einaudi, 1982 [*Observaciones sobre los colores*, Barcelona, Paidós, 1994].

Wittgenstein, L. (1980), *Osservazioni sulla filosofia della psicologia*, Milán, Adelphi, 1990 [*Últimos escritos sobre filosofía de la psicología*, Madrid, Tecnos, 1987].

Wittgenstein, L. (1953), *Ricerche filosofiche*, Turín, Einaudi, 1967 [*Observaciones filosóficas*, México, UNAM, 1997].

Wittgenstein, L. (1922), *Tractatus logico-philosophicus*, Turín, Einaudi, 1974 [*Tractus lógico-philosophicus*, Madrid, Alianza].

Witting, M.A. y A.C. Peterson, 1979, *Sex-related differences in cognitive functioning: Development issues*, Nueva York, Academic Press.

Wittkower, E.D. y H. Warnes, 1977, *Psychosomatic medicine, its clinical application*, Hagerstown, Maryland, Harper & Row.

Wolberg, L.R., 1955, *Hypnoanalysis*, Nueva York, Grune.

Wolff, Ch. (1728), "Philosophia rationalis sive logica", *Werke*, Hildesheim, 1962.

Wolff, T., 1935, "Einführung in die Grundlagen der Komplexen Psychologie", *Die Kulturelle Bedeutung der komplexen Psychologie*, Zurich, Psychologischer Club.

Wolman, B. *et al.*, 1977, *Handbook of parapsychology*, Nueva York, Van Nostrand Reinhold.

Wolpe, J. y A.A. Lazarus (1966), *Tecniche di terapia del comportamento*, Milán, Angeli, 1977 [*Práctica de la terapia de la conducta*, México, Trillas, 1993].

Wolpe, J., 1958, *Psychotherapy by reciprocal inhibitions*, Stanford, Stanford University Press [*Psicoterapia por inhibición recíproca*, Bilbao, Desclée].

Woods, P., 1979, *The divided school*, Londres, Routledge & Kegan.

Woodworth, R.S. y H. Scholsberg, 1956, *Experimental psychology*, Nueva York, Holt.

Woollams, S. y M. Brown, 1978, *Transactional analysis*, Michigan, Huron Valley Press.

Worringer, W., 1908, *Abstraktion und Einfühlung*, Munich.

Wright, S., 1977, *Evolution and the genetics of populations*, Chicago, The University of Chicago Press.

Wroom, V. H., 1964, *Work and motivation*, Nueva York, Wiley.

Wulff, E. (1974), *Psichiatria e classi sociali*, Bari, Laterza, 1977.

Wundt, W., 1862, "Beiträge zur Theorie der Sinneswahrnehmung", Zeitschrift für rationelle Medizin.

Wundt, W. (1896), *Compendio di psicologia*, Turín, Clausen, 1900.

Wundt, W. (1912), *Elementi di psicologia dei popoli*, Milán, Bocca, 1929 [*Elementos de la psicología de los pueblos*, Barcelona, Alta fulla, 1990].

Wundt, W., 1873-1874, *Grundzüge der physiologischen Psychologie*, Leipzig, Engelmann.

Wundt, W.,1911, *Hypnotismus und Suggestion*, Leipzig, Engelmann.

Wundt, W., 1989, *System der philosophie*, Leipzig, Engelmann.

Wundt, W., 1900-1920, *Völkerpsychologie: Eine Untersuchung der Entwicklungsgesetze von Sprache, Mythus und Sitte*, Leipzig, Kröner.

Wunenberg, J.J., 1979, *L'utopie ou la crise de l'imaginaire*, París, Delarge.

Wylie, R.C. (1961), *La struttura della personalità*, Roma, Armando, 1967.

Wyrsch, J., 1960, *Gesellschaft, Kultur und psychische Störung*, Stuttgart, Thieme.

Yates, F. (1964), *Giordano Bruno e la tradizione ermetica*, Bari, Laterza, 1985 [*Giordano Bruno y la tradición hermética*, Barcelona, Ariel].

Yerkes, R.M. y J.D. Dodson, 1908, "The relation of strength of stimulus to rapidity of habit-formation", *Journal of Comparative Neurology and Psychology*, núm. 18.

Yolm, I.D. (1975), *Teoria e pratica della psicoterapia di gruppo*, Turín, Boringhieri, 1977.

Young, O.R., 1975, *Bargaining: Formal theories of negotiation*, Urbana, University of Illinois Press.

Young, P.T., 1943, *Emotion in man and animals*, Nueva York, Wiley.

Young, P.T., 1961, *Motivation and emotion*, Nueva York, Wiley.

Young, R.M., 1974, "Production systems as models of cognitive development", *Artificial intelligence and the simulation of behavior*, núm. 1.

Yu, V.L., 1979, "Evaluating the performance of a computer-based consultant", *Computer Programs in Biomedicine*, núm. 14.

Zajonc, R.B., 1965, "Social facilitation", *Science*, núm. 149.

Zaleznik, A., C.R. Christensen y F.J. Roethlisberger (1961), *Motivazione, produttività e soddisfazione nel lavoro*, Bolonia, Il Mulino, 1964.

Zambelloni, F., 1978, *Autorità e autoritarismo*, Florencia, La Nuova Italia.

Zani, A., 1983, "Ritmi biologici e lavoro a turni", *Sapere*, núm. 5.

Zapparoli, G.C., 1979, *La paura e la noia*, Milán, Il Saggiatore.

Zapparoli, G. y F. Ferradini, 1963, *Introduzione allo studio della percezione del movimento*, Milán, ISPSIV, Milán.

Zartman, I.X., 1978, *The negotiation process*, Beverly Hills, Sage.

Zatti, P., 1975, *Persona giuridica e soggetività*, Padua, Cedam.

Zavalloni, R., 1962, "La vita emotiva", *Questioni di psicologia*, Brescia, La Scuola.

Zavalloni, R., 1977, *Il problema degli handicappati: Sviluppi e prospettive*, Roma, Armando.

Zavalloni, R., 1969, *La pedagogia speciale e i suoi metodi*, Brescia, La Scuola.

Zavalloni, R., 1971, *La terapia non direttiva nell'educazione*, Roma, Armando.

Zazzo, R., 1970, *I deboli mentali*, Turín, SEI.

Zazzo, R., 1960, *Les jumeaux, la couple et la personne*, París.

Zeh, W., 1964, *Progressive Paralyse*, Thieme, Stuttgart.

Zeigarnik, B., 1927, "Über das Behalten von erledigten und unerledigten Handlungen", *Psychologische Forschung*, núm. 9.

Zeller, E.A., 1818, "Irre", *Allgemeine Encyclopedie der Wissenschaften und Kunste*, vol. 24.

Zeller, G., *Die Geschichte der Einheitspsychose vor Kraepelin Cunveröffentlichte durch die 77. Wanderversammlung südwestdeutscher Neurologen und Psychiater 1961 preisgekrönte Abhandlung zum thema: eschichte der Einheitspsychose*, inédito.

Zerbetto, R., 1986, L'immagine dell'uomo secondo la terapia della Gestalt", *Immagini dell'uomo*, Florencia, Rosini.

Zichen, T., 1887, *Leitfaden der physiologischen* Psychologie, Jena.

Ziehen, T., 1887, *Leitfaden der physiologischen Psychologie*, Jena.

Zilboorg, G. y G.W. Henry (1941), *Storia della psichiatria*, Milán, Feltrinelli, 1963.

Zilboorg, G., 1931, "Depressive reaction related to parenthood", *American Journal of Psychiatry*, núm. 87.

Zimbardo, P.G., 1970, "The human choice: Individuation, reason and order versus deindividuation, impulse and chaos", Nebraska symposium on motivation, Lincoln, University of Nebraska Press.

Zipf, G.K., 1949, *Human behavior and the principle of the least effort*, Cambridge, Addison-Wesley.

Zoja, L., 1985, "Psicologia del profondo", *Gli strumenti del sapere contemporaneo*, vol. I, Turín, UTET.

Zoja, L., 1985, *Nascere non basta. Iniziazione e tossicodipendenza*, Milán, Cortina.

Zolla E. (coord.), 1976-1980, *I mistici dell'Occidente*, Milán, Rizzoli.

Zubek, J.P., 1969, *Sensory deprivation*, Nueva York.

Zucconi, A., 1986, "Psicologia rogersiana", *Immagini dell'uomo*, Florencia, Rosini.

Zulliger, H., 1973, *Bande giovanili*, Florencia, La Nuova Italia.

Zulliger, H., 1969, *Gioco e fanciulli*, Florencia, Editrice Universitaria.

Zunini, G., 1962, "L'attività istintiva", *Questioni di psicologia*, Brescia, La Scuola.

Zunini, G., 1966, *Homo religiosus: Capitoli di psicologia della religiosità*, Milán, Il Saggiatore [*Homo religiosus. Estudio sobre psicología de la religión*, Buenos Aires, Eudeba].

Zurif, E. y A. Caramazza (coords.), 1978, *Language acquisition and language breakdown: Parallels and divergencies*, Londres, University Press.

ÍNDICE DE AUTORES

Nagera, H.: nosología
Napoleoni, C.: valor
Napolitani, D.: gregarismo; grupo; psicología social
Napolitani, F.: grupo
Naranjo, C.: meditació ; psicología de la forma
Natanson, M.: norma
Natoli, S.: dolor; sujeto
Nattiez, J.J.: psicología de la música
Navarro, F.: color
Necker: cubo, test del; Necker, cubo de
Neisser, U.: corĩgnición; cognitiva; cognitivismo; disonancia pensamiento; psicología sistémica
Nemiah, J.C.: agresividad; psicosomática
Nencini, R.: determinismo
Nesselroade, J.R.: cohortes, análisis de las
Neugarten, B.L.: vida
Neumann, E.: arquetipo; circunambulación; consciencia; diferenciación; dragón; evolucionismo; fálico, culto; feminidad; héroe; humorismo; mama grande; matriarcado; psicología analítica
Neumann, J. von.: cooperación; filogénesis-ontogénesis
Neurath, O.: fisicalismo
Newcomb, T.M.: coherencia
Newcombe, A.: dogmatismo
Newcombe, Th.: gerarquía
Newell, A.: simulación
Newton, I.: alquimia; creatividad; espacio
Nicolaïdis, N.: representante
Nicoletti, I.: epidemiología
Nicosia, F.M.: psicología comercial; psicología de la publicidad
Nielsen, J.M.: afasia; alexia
Nietzsche, F.: antropomorfismo; carácter; creatividad; destino; ello; genio; nihilismo; no-yo; progreso; psicología individual; resentimiento; sujeto; testimonio; tipología; trágico; valor; vitalidad; Yo
Nolan, C.Y.: ceguera
Nordby, V.J.: psicología analítica
Norman, D.A.: atención; cognitivismo; conformismo; eurística; fusión; información, teoría de la
Novalis (Hardenberg, F.L. von): empatía
Novara, F.: psicología del trabajo
Nunberg, H.: psicología individual; Yo corpóreo; Yo ideal; Yo, ideal del
Nuttin, J.: motivación

O'Brien, E.: misticismo
O'Connor, N.: retardo mental
Odier, Ch.: neurosis
Odum, E.P.: ecología
Offe, C.: ecología
Ogden, C.K.: comunicación; lingüística; signo
Ogino, K.: anticoncepción

Olbrechts-Tyteca, L.: chiste; cómico; convención; persuación; risa
Oléron, P.: Borelli-Oléron, escala de; ejecución, test de; inteligencia; test
Oliver, C.: Down, síndrome de
Oliver, J.: paleofrenia
Oliverio, A.: psicología del envejecimiento; pubertad; ritmo; sexualidad; soledad
Oliverio Ferrar A.: pubertad; sexualidad
Olivetti Berardinelli, M.: identificación
Olmsted, M.S.: grupo
Olson, M.: costumbre
Omero: mito
Ong, W.J.: lectura; lenguaje; voz
Oppenheim, A.: cuestionario
Oppenheim, H.: ceraunofobia
Oppenheimer, R.: observación
Orbison: ilusión; Orbison, ilusión de
Orem, J.: sueño
Orgel, L.: psicología del envejecimiento
Orígene: autolesión
Orio, O.: talento
Orlic, M.L.: apraxia; gesto
Ornstein, R.: meditación
Ortega y Gasset, J.: generación; psicología de las masas
Osborne, A.L.: paleofrenia
Oseretzki, N.: desarrollo; Oseretzki, escala de; cociente; test
Osgood, C.E.: coherencia; comportamiento; denotación; emoción; experimento; psicología experimental; psicología militar
Osmond, H.: droga
Ossicini, A.: familia; psicología de la edad evolutiva
Osterman, E.: parto
Osterrieth, P.: psicología de la edad evolutiva
Ostow, M.: rabia
Oswald, I.: sueño; dormir
Otaway, A.K.C.: grupo
Otto, R.: demoniaco; misticismo; mito; numinoso; psicología de la religión; sagrado; temor

Pacem G.M.: dolor
Paci, E.: fenomenología; tiempo
Padovani, G.: decisión; diagnóstico
Pagliarani, L.: psicosocioanálisis
Palmer, S.: delincuencia
Palmonari, A.: psicología social
Paniccia, R.M.: grupo; psicología aplicada
Pancheri, P.: emoción; psicosomática; retroalimentación; estres; taquicardia
Pankow, G.: análisis directo; cuerpo; desarticulación; esquizofrenia; psicosis; psicoterapia; Yo, confines del
Pansky, B.: localización